Ästhetische Grundbegriffe (ÄGB) Historisches Wörterbuch in sieben Bänden

Herausgegeben von Karlheinz Barck
(Geschäftsführung)
Martin Fontius
Dieter Schlenstedt
Burkhart Steinwachs
Friedrich Wolfzettel

Redaktion Berlin
Dieter Kliche
(Leitung und Koordination)
Bertolt Fessen
Martina Kempter

Redaktion Frankfurt/Main
Sandra Luckert
Volker Michel

Ästhetische Grundbegriffe

Band 6
Tanz – Zeitalter/Epoche

Studienausgabe

Verlag J. B. Metzler
Stuttgart · Weimar

Studentische Mitarbeiter: Maren Gehl, Valentina Six und Annegret Strümpfel (Redaktion Berlin); Mercedeh S. Golriz und Denise Meixler (Redaktion Frankfurt am Main)

Bibliografische Information der Deutschen Bibliothek
Die Deutsche Bibliothek verzeichnet diese Publikation in der Deutschen Nationalbibliografie; detaillierte bibliografische Daten sind im Internet über <http://dnb.ddb.de> abrufbar

Gedruckt auf chlorfrei gebleichtem, säurefreiem und alterungsbeständigem Papier

Gesamtwerk:
ISBN 978-3-476-02353-7

Band 6:
ISBN 978-3-476-02359-9

Dieses Werk einschließlich aller seiner Teile ist urheberrechtlich geschützt. Jede Verwertung außerhalb der engen Grenzen des Urheberrechtsgesetzes ist ohne Zustimmung des Verlages unzulässig und strafbar. Dies gilt insbesondere für Vervielfältigungen, Übersetzungen, Mikroverfilmungen und die Einspeicherung und Verarbeitung in elektronischen Systemen.

© 2005/2010 J.B. Metzler'sche Verlagsbuchhandlung
und Carl Ernst Poeschel Verlag GmbH in Stuttgart
www.metzlerverlag.de
info@metzlerverlag.de
Einbandgestaltung: Willy Löffelhardt/Melanie Frasch
Satz: Typomedia GmbH, Ostfildern
Druck und Bindung: Ebner & Spiegel GmbH, Ulm
Printed in Germany
September 2010
Verlag J.B. Metzler Stuttgart · Weimar

Inhaltsverzeichnis

Benutzungshinweise VI
Siglenverzeichnis VII
Verzeichnis der abgekürzt zitierten antiken und
biblischen Quellen XIII

Artikel

Tanz (ROGER W. MÜLLER FARGUELL, Winterthur) 1
Techniken, künstlerische (FRIEDRICH KITTLER, Berlin) 15
Text/Textualität (CLEMENS KNOBLOCH, Siegen) 23
Theatralität (HELMAR SCHRAMM, Berlin) 48
Tradition – Innovation (TILL R. KUHNLE, Augsburg) 74
Tragisch/Tragik (ROLAND GALLE, Essen) 117
Traum/Vision (HANS ULRICH RECK, Köln) 171

Unbewußt/das Unbewußte (MAI WEGENER, Berlin) 202
Unheimlich/das Unheimliche (ANNELEEN MASSCHELEIN, Löwen) 241
Unterhaltung/Gespräch (MECHTHILD ALBERT, Saarbrücken) 260
Urbanismus (HEINZ PAETZOLD, Hamburg/Kassel) 281

Vage/unbestimmt (REMO BODEI, Pisa) 312
Verstehen/Interpretation (RAINER LESCHKE, Siegen) 330

Vollkommen/Vollkommenheit (JOSEF FRÜCHTL, Münster; SIBILLE MISCHER, Münster) 367
Wahrheit/Wahrscheinlichkeit (BURGHARD DAMERAU, verstorben) 398
Wahrnehmung (MARTIN FONTIUS, Berlin) 436
Warenästhetik/Kulturindustrie (MARK NAPIERALA, Jena; TILMAN REITZ, Jena) 461
Weiblichkeit (DOROTHEA DORNHOF, Berlin) 481
Werk (JAN-PETER PUDELEK, Berlin) 520
Wertung/Wert (JAKOB STEINBRENNER, München) 588
Widerspiegelung/Spiegel/Abbild (HANS HEINZ HOLZ, S. Abbondio; THOMAS METSCHER, Ottersberg) 617
Wirkung/Rezeption (HERMANN JOSEF SCHNACKERTZ, Eichstätt) 670
Witz (MARKUS WINKLER, Genf; CHRISTINE GOULDING, Chico, Cal.) 694
Wunderbar (KARLHEINZ BARCK, Berlin) 730

Zeitalter/Epoche (JUSTUS FETSCHER, Berlin) 774

Benutzungshinweise

Die Artikel der *Ästhetischen Grundbegriffe* folgen einem vorgegebenen Rahmen: Der Artikelkopf führt das Lemma an, wie es üblicherweise im Deutschen benutzt wird; dann, sofern möglich, auf Altgriechisch und Latein sowie in den europäischen Hauptsprachen Englisch, Französisch, Italienisch, Spanisch und Russisch. Die vorangestellte Artikelgliederung wird zur Orientierung des Lesers auch in der Kopfzeile mitgeführt.

Die Bibliographie am Ende des Artikels faßt die wesentliche Literatur zum Thema zusammen und dokumentiert die neuere Forschungslage. Sie verzeichnet keine Quellentexte; diese werden mit ausführlichen Angaben im Anmerkungsapparat genannt. So verstehen sich die Anmerkungen zugleich als eine durchlaufende Gesamtbibliographie zum Thema.

In den Quellenangaben erscheinen die zitierten Einzelschriften mit dem Datum des Erstdrucks. Liegt zwischen diesem und dem Entstehungsdatum ein großer zeitlicher Abstand, so wird letzteres verzeichnet. Zitiert wird, was die europäischen Hauptsprachen anbelangt, in der Regel nach den Originalquellen. Außer im Englischen und Französischen werden fremdsprachigen Zitaten gängige und leicht zugängliche Übersetzungen hinzugefügt. Quellenangaben altgriechischer und lateinischer Texte werden, wenn ein bloßer Verweis erfolgt, in der inneren Zitierweise gegeben. Wird ein Text zitiert, nennt die Angabe Edition und Seitenzahl der Übersetzung. Wo keine Übersetzung nachgewiesen ist, stammt sie vom Autor. Für sämtliche Zitate im Text werden Stellennachweise geführt. Sammelnachweise folgen auf das letzte der zu belegenden Zitate. Erscheinen Stellennachweise zu Zitaten direkt im laufenden Text, so beziehen sich die Angaben stets auf die in der vorausgehenden Anmerkung genannte Edition. Gelegentliche Flexionsänderungen in den Zitaten werden nicht eigens gekennzeichnet. Hervorhebungen im Original stehen ausschließlich kursiv.

Vielbenutzte und gut zugängliche Werk- und Einzelausgaben, ebenso große Wörterbücher und Enzyklopädien, werden mit Siglen bezeichnet, die das Siglenverzeichnis erschließt. Ihm folgt ein Verzeichnis der abgekürzt zitierten antiken und biblischen Quellen.

Siglenverzeichnis

1. Wörterbücher und Enzyklopädien

ADELUNG – JOHANN CHRISTOPH ADELUNG, Grammatisch-kritisches Wörterbuch der hochdeutschen Mundart, mit beständiger Vergleichung der übrigen Mundarten, besonders aber der Oberdeutschen (1774–1786); zweyte, vermehrte u. verbesserte Ausgabe, 4 Bde. (Leipzig 1793–1801)

BAYLE – PIERRE BAYLE, Dictionaire historique et critique, 2 Bde. in 4 Teilen (Rotterdam 1697); 2. Aufl., 3 Bde. (Rotterdam 1702); 3. Aufl., hg. v. P. Marchand, 4 Bde. (Rotterdam 1720); 4. Aufl., hg. v. P. Des Maizeaux, 4 Bde. (Amsterdam u. a. 1730); 5. Aufl., hg. v. P. Des Maizeaux, 4 Bde. (Amsterdam u. a. 1740); hg. v. A. J. Q. Beuchot, 16 Bde. (Paris 1820–1824)

BLANKENBURG – CHRISTIAN FRIEDRICH VON BLANKENBURG, Litterarische Zusätze zu Johann Georg Sulzers allgemeiner Theorie der schönen Künste […] (zuerst integriert in: SULZER [1786/ 1787]), 3 Bde. (Leipzig 1796–1798)

BROCKHAUS – DAVID ARNOLD FRIEDRICH BROCKHAUS, Conversations-Lexicon oder kurzgefasstes Handwörterbuch für die in der gesellschaftlichen Unterhaltung aus den Wissenschaften und Künsten vorkommenden Gegenstände […], 6 Bde. u. 2 Suppl.bde. (Amsterdam/ Leipzig 1809–1811) [und spätere Auflagen, mit wechselnden Titeln]

CHAMBERS – EPHRAIM CHAMBERS, Cyclopaedia: or, An Universal Dictionary of Arts and Sciences, Containing an Explication of the Terms and an Account of the Things Signified Thereby in the Several Arts, Liberal and Mechanical, and the Several Sciences, Human and Divine, Compiled from the Best Authors, 2 Bde. (London 1728)

DIDEROT (ENCYCLOPÉDIE) – Encyclopédie, ou Dictionnaire raisonné des sciences, des arts et des métiers, par une Société de gens de lettres. Mis en ordre & publié par M. Diderot, […] & quant à la partie mathématique, par M. d'Alembert […], 35 Bde. (Paris/Neufchastel/Amsterdam 1751–1780): [A-Z], 17 Bde. (Paris/Neufchastel 1751–1765); Recueil de planches, 11 Bde. (Paris 1762–1772); Supplément, 4 Bde. (Amsterdam 1776–1777); Suite du recueil de planches, 1 Bd. (Paris/Amsterdam 1777); Table analytique et raisonnée, 2 Bde. (Paris/Amsterdam 1780)

EDWARDS – The Encyclopedia of Philosophy, hg. v. P. Edwards, 8 Bde. (New York/London 1967), 1 Bd. Supplement, hg. v. D. M. Borchert (New York u. a. 1996)

EISLER – RUDOLF EISLER, Wörterbuch der philosophischen Begriffe und Ausdrücke quellenmäßig bearbeitet (1899), 4. Aufl., 3 Bde. (Berlin 1927–1930)

ENCYCLOPAEDIA BRITANNICA – The Encyclopaedia Britannica, or, a Dictionary of Arts and Sciences, compiled upon a new plan, 3 Bde. (Edinburgh 1771) [und spätere Auflagen]

ERSCH/GRUBER – JOHANN SAMUEL ERSCH/ JOHANN GOTTFRIED GRUBER, Allgemeine Encyclopädie der Wissenschaften und Künste, Sect. 1, 99 Bde. u. Reg.bd. (Leipzig 1818–1892), Sect. 2, 43 Bde. (1827–1889), Sect. 3, 25 Bde. (1830–1850)

FURETIÈRE – ANTOINE FURETIÈRE, Dictionaire universel, Contenant generalement tous les Mots François tant vieux que modernes, & les Termes de toutes les Sciences et des Arts […] 3 Bde. (Den Haag/Rotterdam 1690); 2. Ausg., hg. v. H. Basnage de Bauval, 3 Bde. (Den Haag/ Rotterdam 1701); Neue Ausg., hg. v. J. Brutel de La Rivière, 4 Bde. (Den Haag 1727) [und andere Auflagen]

GOTTSCHED – JOHANN CHRISTOPH GOTTSCHED, Handlexicon oder kurzgefaßtes Wörterbuch der schönen Wissenschaften und freyen Künste (Leipzig 1760)

GRIMM – JACOB GRIMM/WILHELM GRIMM, Deutsches Wörterbuch, 16 Bde. u. Quellenverzeichnis (Leipzig 1854–1971)

GROVE – The New Grove Dictionary of Music and Musicians, hg. v. S. Sadie, 20 Bde. (London/New York 1980); 2. Aufl., 29 Bde. (London/New York 2001)

HAUG – Historisch-kritisches Wörterbuch des Marxismus, hg. v. W. F. Haug (Hamburg 1994 ff.)

HEBENSTREIT – WILHELM HEBENSTREIT, Wissenschaftlich-literarische Encyklopädie der Aesthetik. Ein etymologisch-kritisches Wörterbuch der ästhetischen Kunstsprache (Wien 1843)
HEINSIUS – THEODOR HEINSIUS, Volksthümliches Wörterbuch der Deutschen Sprache mit Bezeichnung der Aussprache und Betonung für die Geschäfts- und Lesewelt, 4 Bde. (Hannover 1818–1822) [und spätere Auflagen]
HEYDENREICH – CARL HEINRICH HEYDENREICH, Aesthetisches Wörterbuch über die bildenden Künste nach Watelet und Lévesque. Mit nöthigen Abkürzungen und Zusätzen fehlender Artikel kritisch bearbeitet, 4 Bde. (Leipzig 1793–1795)
JACOB – Encyclopédie philosophique universelle, hg. v. A. Jacob, 4 Abt., 6 Bde. (Paris 1989–1998)
JEITTELES – IGNAZ JEITTELES, Aesthetisches Lexikon. Ein alphabetisches Handbuch zur Theorie der Philosophie des Schönen und der schönen Künste […], 2 Bde. (Wien 1835/1837)
KLUGE – FRIEDRICH KLUGE, Etymologisches Wörterbuch der deutschen Sprache (1883), 24., erw. Aufl., bearb. v. E. Seebold (Berlin/New York 2002) [und frühere Auflagen]
KOSELLECK – Geschichtliche Grundbegriffe. Historisches Lexikon zur politisch-sozialen Sprache in Deutschland, hg. v. O. Brunner/W. Conze/R. Koselleck, 8 Bde. (Stuttgart 1972–1997)
KRUG – WILHELM TRAUGOTT KRUG, Allgemeines Handwörterbuch der philosophischen Wissenschaften, nebst ihrer Literatur und Geschichte. Nach dem heutigen Standpuncte der Wissenschaft bearb. u. hg. (1827–1829); zweite, verbesserte u. vermehrte, Aufl., 5 Bde. (Leipzig 1832–1838)
KRÜNITZ – JOHANN GEORG KRÜNITZ (Hg.), Oeconomische Encyclopädie oder allgemeines System der Land-, Haus und Staats-Wirthschaft (übers. a. d. Frz.), fortges. v. F. J. Floerke (ab Bd. 73), H. G. Floerke (ab Bd. 78), J. W. D. Korth (ab Bd. 124), C. O. Hoffmann (ab Bd. 226), 242 Bde. (Berlin 1773–1858)
LAROUSSE – PIERRE ATHANASE LAROUSSE, Grand dictionnaire universel du XIXe siècle, 15 Bde., 2 Suppl.bde. (Paris 1866–1888)

LITTRÉ – MAXIMILIEN PAUL ÉMILE LITTRÉ, Dictionnaire de la langue française, 4 Bde. (Paris 1863–1869) [und spätere Auflagen]
LTK - Lexikon für Theologie und Kirche, 2. Aufl., hg. v. J. Höfer/K. Rahner, 10 Bde. (Freiburg 1957–1965); 3., völlig neu bearb. Aufl., hg. v. W. Kasper, 11 Bde. (Freiburg u. a. 1993–2001)
MEYER – HERMANN JULIUS MEYER, Neues Conversations-Lexikon für alle Stände, 15 Bde. u. Suppl.bd. Portraits, Ansichten, Karten (Hildburghausen 1857–1860) [und spätere Auflagen, mit wechselnden Titeln]
MGG – Die Musik in Geschichte und Gegenwart, hg. v. F. Blume, 17 Bde. (Kassel u. a. 1949/1951–1986); 2., neubearb. Aufl., hg. v. L. Finscher (Kassel u. a. 1994 ff.)
MITTELSTRASS – Enzyklopädie Philosophie und Wissenschaftstheorie, hg. v. J. Mittelstraß, Bd. 1–2 (Mannheim/Wien/Zürich 1980–1984), Bd. 3–4 (Stuttgart/Weimar 1995–1996)
OED – The Oxford English Dictionary. Second Edition, hg. v. J. A. Simpson/E. S. C. Weiner, 20 Bde. (Oxford 1989)
PANCKOUCKE – Encyclopédie méthodique, ou par ordre de matières, par une Société de Gens de Lettres, de Savans et d'Artistes, 196 Bde. (Paris/Lüttich 1782–1832)
PAUL – HERMANN PAUL, Deutsches Wörterbuch, 9., vollst. neu bearb. Aufl. v. H. Henne (Tübingen 1992)
PAULY – Pauly's Real-Encyclopädie der classischen Altertumswissenschaft, neue Bearb., begonnen v. G. Wissowa, Reihe 1, 47 Halbbde.(Stuttgart 1894–1963), Reihe 2, Halbbde. 1–18 (Stuttgart 1914–1967), Halbbd. 19 (München 1972), Suppl.bde. 1–12 (Stuttgart 1903–1970), Suppl.bde. 13–15 (München 1973–1978), Register u. Nachträge u. Suppl. (München 1980), Gesamtregister, Bd. 1 (Stuttgart/Weimar 1997)
PAULY (KL) – Der kleine Pauly. Lexikon der Antike, hg. v. K. Ziegler/W. Sontheimer, Bd. 1–3 (Stuttgart 1964–1969), Bd. 4–5 (München 1972–1975)
PAULY (NEU) – Der neue Pauly. Enzyklopädie der Antike, hg. v. H. Cancik/H. Schneider/M. Landfester, 16 Bde. (Stuttgart/Weimar 1996–2003)

RAC – Reallexikon für Antike und Christentum. Sachwörterbuch zur Auseinandersetzung des Christentums mit der antiken Welt, hg. v. T. Klauser (Stuttgart 1950 ff.)
RGG – Die Religion in Geschichte und Gegenwart. Handwörterbuch für Theologie und Religionswissenschaft, 3. Aufl., hg. v. K. Galling, 6 Bde. u. Reg.bd. (Tübingen 1957–1965); 4., völlig neu bearb. Aufl., hg. v. H. D. Betz u. a., 8 Bde. u. Reg.bd. (Tübingen 1998 ff.)
RITTER – Historisches Wörterbuch der Philosophie, hg. v. J. Ritter/K. Gründer (Basel/Stuttgart 1971 ff.)
ROSCHER – Ausführliches Lexikon der griechischen und römischen Mythologie, hg. v. W. H. Roscher, Bd. 1–5 (Leipzig 1884–1924), Bd. 6 (Leipzig/Berlin 1924–1937)
SANDKÜHLER – Europäische Enzyklopädie zu Philosophie und Wissenschaften, hg. v. H. J. Sandkühler u. a., 4 Bde. (Hamburg 1990)
SOURIAU – Vocabulaire d'Esthétique, hg. v. É. Souriau/A. Souriau (Paris 1990)
SULZER – JOHANN GEORG SULZER, Allgemeine Theorie der Schönen Künste in einzeln, nach alphabetischer Ordnung der Kunstwörter auf einander folgenden, Artikeln abgehandelt, 2 Bde. (Leipzig 1771/1774); 2. verb. Aufl., 4 Bde. (Leipzig 1778/1779); neue [von Christian Friedrich von Blankenburg] vermehrte Aufl., 4 Bde. (Leipzig 1786/1787); neue [von C. F. v. Blankenburg] vermehrte zweyte Auflage, 4 Bde. u. Reg.bd. (Leipzig 1792–1799)
TRE – Theologische Realenzyklopädie, hg. v. G. Krause/G. Müller (Berlin/New York 1976 ff.)
TRÉVOUX – Dictionnaire universel françois et latin, vulgairement appelé Dictionnaire de Trévoux […] (1704); 7. Aufl., 8 Bde. (Paris 1771) [und andere Auflagen]
TRÜBNER – Trübners Deutsches Wörterbuch, hg. v. A. Götze/W. Mitzka, 8 Bde. (Berlin 1939–1957)
TURNER – The Dictionary of Art, hg. v. J. Turner, 34 Bde. (London 1996)
UEDING – Historisches Wörterbuch der Rhetorik, hg. v. G. Ueding (Tübingen 1992 ff.)
WALCH – JOHANN GEORG WALCH, Philosophisches Lexicon. Darinnen Die in allen Theilen der Philosophie, als Logic, Metaphysic, Physic, Pneumatic, Ethic, natürlichen Theologie und Rechts-Gelehrsamkeit, wie auch Politic fürkommenden Materien und Kunst-Wörter erkläret und aus der Historie erläutert; die Streitigkeiten der ältern und neuern Philosophen erzehlet, die dahin gehörigen Bücher und Schrifften angeführet, und alles nach Alphabetischer Ordnung vorgestellet werden (Leipzig 1726); Zweyte verbesserte und mit denen Leben alter und neuer Philosophen vermehrte Auflage (Leipzig 1733); davon Titelauflage (Leipzig 1740); Vierte Aufl. in zween Theilen, mit vielen neuen Zusätzen und Artikeln vermehret, und bis auf gegenwärtige Zeiten fortgesetzet, wie auch mit einer kurzen kritischen Geschichte der Philosophie aus dem Bruckerischen großen Werke versehen, von Justus Christian Hennings (Leipzig 1775)
WATELET – CLAUDE HENRI WATELET/PIERRE CHARLES LÉVESQUE, Dictionnaire des arts de peinture, sculpture et gravure, 5 Bde. (Paris 1792)
ZEDLER – JOHANN HEINRICH ZEDLER, Grosses vollständiges Universal-Lexicon aller Wissenschaften und Künste, 64 Bde. u. 4 Suppl.bde. (Halle/Leipzig 1732–1754)

2. Werkausgaben und Einzelschriften

ADORNO – THEODOR W. ADORNO, Gesammelte Schriften, hg. v. R. Tiedemann u. a., 20 Bde. (Frankfurt a. M. 1970–1986)
AST – FRIEDRICH AST, System der Kunstlehre oder Lehr- und Handbuch der Ästhetik (Leipzig 1805)
BACON – FRANCIS BACON, The Works, hg. v. J. Spedding/R. L. Ellis/D. D. Heath, 14 Bde. (London 1858–1874)
BATTEUX (1746) – CHARLES BATTEUX, Les beaux Arts réduits à un même Principe (Paris 1746)
BATTEUX (1747) – CHARLES BATTEUX, Les beaux Arts réduits à un même Principe (Paris 1747)
BATTEUX (1773) – CHARLES BATTEUX, Les Beaux Arts Réduits à un même Principe (Paris 1773)

BAUDELAIRE – CHARLES BAUDELAIRE, Œuvres complètes, 2 Bde., hg. v. C. Pichois (Paris 1975/ 1976)
BAUMGARTEN – ALEXANDER GOTTLIEB BAUMGARTEN, Aesthetica, 2 Bde. (Frankfurt a. d. O. 1750/1758)
BAUMGARTEN (DT) - ALEXANDER GOTTLIEB BAUMGARTEN, Theoretische Ästhetik. Die grundlegenden Abschnitte aus der ›Aesthetica‹ (1750/1758), lat.-dt., übers. u. hg. v. H. R. Schweizer (Hamburg 1983)
BENJAMIN – WALTER BENJAMIN, Gesammelte Schriften, hg. v. R. Tiedemann/H. Schweppenhäuser, 7 Bde. u. 3 Suppl.bde. (Frankfurt a. M. 1972–1999)
BLOCH – ERNST BLOCH, Gesamtausgabe, 16 Bde. u. Erg.bd. (Frankfurt a. M. 1959–1978)
BODMER - JOHANN JACOB BODMER, Critische Betrachtungen über die Poetischen Gemählde der Dichter (Zürich 1741)
BOILEAU - NICOLAS BOILEAU-DESPRÉAUX, Œuvres complètes, hg. v. F. Escal (Paris 1966)
BOUTERWEK – FRIEDRICH BOUTERWEK, Aesthetik (Leipzig 1806)
BRECHT – BERTOLT BRECHT, Gesammelte Werke, 20 Bde. (Frankfurt a. M. 1967)
BRECHT (BFA) – BERTOLT BRECHT, Werke. Große kommentierte Berliner und Frankfurter Ausgabe, hg. v. W. Hecht u. a., 30 Bde. u. Reg.bd. (Berlin/Frankfurt a. M. 1988–2000)
BREITINGER - JOHANN JAKOB BREITINGER, Critische Dichtkunst, 2 Bde. (Zürich 1740)
BROCH – HERMANN BROCH, Kommentierte Werkausgabe, hg. v. P. M. Lützeler (Frankfurt a. M. 1976 ff.)
BURCKHARDT – JACOB BURCKHARDT, Gesamtausgabe, 14 Bde. (Stuttgart/Berlin/Leipzig 1929–1934)
BURKE – EDMUND BURKE, A Philosophical Enquiry into the Origin of Our Ideas of the Sublime and Beautiful (1757), hg. v. J. T. Boulton (London 1958)
COLERIDGE – SAMUEL TAYLOR COLERIDGE, The Collected Works, hg. v. K. Coburn (London/ Princeton 1969 ff.)
CONDILLAC - ÉTIENNE BONNOT DE CONDILLAC, Œuvres philosophiques, hg. v. G. Le Roy, 3 Bde. (Paris 1947–1951)

DESCARTES – RENÉ DESCARTES, Œuvres, hg. v. C. Adam/P. Tannery, 12 Bde. u. Indexbd. (Paris 1897–1913)
DIDEROT (ASSÉZAT) – DENIS DIDEROT, Œuvres complètes, hg. v. J. Assézat/M. Tourneux, 20 Bde. (Paris 1875–1877)
DIDEROT (VARLOOT) – DENIS DIDEROT, Œuvres complètes, hg. v. H. Dieckmann/J. Proust/ J. Varloot (Paris 1975 ff.)
DILTHEY – WILHELM DILTHEY, Gesammelte Schriften, Bd. 1–9, 11, 12 (Leipzig/Berlin 1914–1936); Bd. 10, 13 ff. (Göttingen 1958 ff.) [und spätere Auflagen]
DU BOS – JEAN-BAPTISTE DU BOS, Réflexions critiques sur la poësie et sur la peinture (1719), 7. Aufl., 3 Bde. (Paris 1770)
FEUERBACH – LUDWIG FEUERBACH, Gesammelte Werke, hg. v. W. Schuffenhauer (Berlin 1967 ff.)
FLAUBERT - GUSTAVE FLAUBERT, Œuvres complètes, hg. v. d. Société des Études littéraires françaises (Paris 1971 ff.)
FREUD (GW) – SIGMUND FREUD, Gesammelte Werke, hg. v. A. Freud u. a., Bd. 1–17 (London 1940–1952), Bd. 18 (Frankfurt a. M. 1968), Nachlaßbd. (Frankfurt a. M. 1987)
FREUD (SA) – SIGMUND FREUD, Studienausgabe, hg. v. A. Mitscherlich/A. Richards/J. Strachey, 10 Bde. u. Erg.bd. (Frankfurt a. M. 1969–1975) [und spätere Auflagen]
GADAMER - HANS-GEORG GADAMER, Gesammelte Werke, 10 Bde. (Tübingen 1985–1995)
GOETHE (BA) – JOHANN WOLFGANG GOETHE, Berliner Ausgabe, 22 Bde. u. Suppl.bd. (Berlin/ Weimar 1960–1978)
GOETHE (HA) – JOHANN WOLFGANG GOETHE, Werke, hg. v. E. Trunz, 14 Bde. (Hamburg 1948–1960) [und spätere Auflagen, seit 1972 in München] [Hamburger Ausgabe]
GOETHE (WA) – JOHANN WOLFGANG GOETHE, Werke, hg. i. Auftr. d. Großherzogin Sophie von Sachsen, 143 Bde. (Weimar 1887–1919) [Weimarer Ausgabe]
GOTTSCHED (DICHTKUNST) – JOHANN CHRISTOPH GOTTSCHED, Versuch einer Critischen Dichtkunst (1730); 4. Aufl. (Leipzig 1751)
HEGEL (ÄSTH) – GEORG WILHELM FRIEDRICH

HEGEL, Ästhetik (1835–1838), hg. v. F. Bassenge (Berlin 1955)
HEGEL (GLOCKNER) - GEORG WILHELM FRIEDRICH HEGEL, Sämtliche Werke. Jubiläumsausgabe in 20 Bänden, mit einer Hegel-Monographie (Bd. 21–22) und einem Hegel-Lexikon (Bd. 23–26) hg. v. H. Glockner (Stuttgart 1927–1940)
HEGEL (TWA) - GEORG WILHELM FRIEDRICH HEGEL, Werke, hg. v. E. Moldenhauer/K. M. Michel, 20 Bde. u. Reg.bd. (Frankfurt a. M. 1969–1979) [Theorie-Werkausgabe]
HEIDEGGER - MARTIN HEIDEGGER, Gesamtausgabe (Frankfurt a. M. 1976 ff.)
HEINE (DA) – HEINRICH HEINE, Historisch-kritische Gesamtausgabe der Werke, hg. v. M. Windfuhr, 16 Bde. (Hamburg 1973–1997) [Düsseldorfer Ausgabe]
HEINE (HSA) - HEINRICH HEINE, Säkularausgabe. Werke, Briefwechsel, Lebenszeugnisse, hg. v. d. Nationalen Forschungs- und Gedenkstätten der klass. dt. Literatur in Weimar (dann Stiftung Weimarer Klassik) u. d. Centre National de la Recherche Scientifique in Paris (Berlin/Paris 1970 ff.)
HERDER – JOHANN GOTTFRIED HERDER, Sämmtliche Werke, hg. v. B. Suphan, 33 Bde. (Berlin 1877–1913)
HOBBES (ENGL) - THOMAS HOBBES, The English Works, hg. v. W. Molesworth, 12 Bde. (London 1839–1845)
HOBBES (LAT) - THOMAS HOBBES, Opera philosophica quae Latine scripsit omnia, hg. v. W. Molesworth, 5 Bde. (London 1839–1845)
HOBBES (LEV) – THOMAS HOBBES, Leviathan (1651), hg. v. R. Tuck (Cambridge u. a. 1991)
HÖLDERLIN (FA) – FRIEDRICH HÖLDERLIN, Sämtl. Werke. Hist.-krit. Ausgabe, hg. von D. E. Sattler (Frankfurt a. M. 1975 ff.) [Frankfurter Ausgabe]
HÖLDERLIN (GSA) – FRIEDRICH HÖLDERLIN, Sämtliche Werke, 8 Bde., hg. v. F. Beissner (Stuttgart 1943–1985) [Große Stuttgarter Ausgabe]
HOME – HENRY HOME, Elements of Criticism, 3 Bde. (Edinburgh 1762) [und spätere Auflagen]
HUMBOLDT – WILHELM VON HUMBOLDT, Gesammelte Schriften, hg. v. d. Kgl. Preuß. Akad. d. Wiss., 17 Bde. (Berlin/Leipzig 1903–1936)

HUME – DAVID HUME, The Philosophical Works, hg. v. T. H. Green/T. H. Grose, 4 Bde. (London 1874–1875)
HUME (ENQUIRIES) – DAVID HUME, Enquiries Concerning Human Understanding and Concerning the Principles of Morals, hg. v. L. A. Selby-Bigge/P. H. Nidditch (Oxford 1975)
HUME (TREATISE) – DAVID HUME, A Treatise of Human Nature (1739–1740), hg. v. L. A. Selby-Bigge/P. H. Nidditch (Oxford 1978)
HUSSERL – EDMUND HUSSERL, Husserliana. Ges. Werke, auf Grund des Nachlasses veröff. vom Husserl-Archiv Louvain/Leuven unter Leitung von H. L. van Breda; ab Bd. 22 in Verb. mit R. Boehm unter d. Leitung von S. Ijsseling (Den Haag 1950–1987; Dordrecht/Boston/London 1989 ff.)
HUTCHESON – FRANCIS HUTCHESON, Collected Works, hg. v. B. Fabian, 7 Bde. (Hildesheim 1969–1971)
HUTCHESON (INQUIRY) – FRANCIS HUTCHESON, An Inquiry Concerning Beauty, Order, Harmony, Design (1725), hg. v. P. Kivy (Den Haag 1973)
JEAN PAUL (HKA) - JEAN PAUL, Sämtliche Werke. Historisch-kritische Ausgabe, Abt. 1, 18 Bde. (Weimar 1927–1963), Abt. 2, Bd. 1–5 (Weimar 1928–1936), Bd. 6 ff. (Weimar 1996 ff.), Abt. 3, 9 Bde. (Berlin 1956–1964)
JEAN PAUL (MILLER) – JEAN PAUL, Sämtliche Werke, hg. v. N. Miller, Abt. 1, 6 Bde., Abt. 2, 4 Bde. (München 1959–1985) [und spätere Auflagen]
JUNG - CARL GUSTAV JUNG, Gesammelte Werke, Bd. 1, 3, 4, 6–8, 11, 16 (Zürich/Stuttgart 1958–1969), Bd. 2, 5, 9, 10, 12–15, 17–19 u. Suppl.bd. (Olten/Freiburg i. Br. 1971–1987)
KANT (AA) – IMMANUEL KANT, Gesammelte Schriften, hg. v. d. Kgl. Preuß. bzw. Preuß. bzw. Dt. Akad. d. Wiss. bzw. d. Akad. d. Wiss. d. DDR bzw. Berlin-Brandenb. Akad. d. Wiss. (Berlin 1902 ff.) [Akademieausgabe]
KANT (WA) – IMMANUEL KANT, Werke, hg. v. W. Weischedel, 12 Bde. (Frankfurt a. M. 1974–1977) [Werkausgabe im Suhrkamp-Taschenbuch Wissenschaft]
KIERKEGAARD – SØREN KIERKEGAARD, Gesam-

melte Werke, hg. u. übers. v. E. Hirsch/H. Gerdes/H. M. Junghans, 36 Abt. u. Reg.bd. (Düsseldorf/Köln 1950–1969)
KLEIST – HEINRICH VON KLEIST, Sämtliche Werke u. Briefe, hg. v. H. Sembdner, 2 Bde. (München ⁹1993) [und frühere Auflagen]
KRACAUER – SIEGFRIED KRACAUER, Schriften (Frankfurt a. M. 1971 ff.)
LA METTRIE – JULIEN OFFRAY DE LA METTRIE, Œuvres philosophiques, hg. v. F. Markovits, 2 Bde. (Paris 1987)
LESSING (GÖPFERT) - GOTTHOLD EPHRAIM LESSING, Werke, hg. v. H. G. Göpfert, 8 Bde. (München 1970–1979)
LESSING (LACHMANN) – GOTTHOLD EPHRAIM LESSING, Sämtliche Schriften, hg. v. K. Lachmann/F. Muncker, 23 Bde. (Stuttgart ³1886–1924)
LICHTENBERG - GEORG CHRISTOPH LICHTENBERG, Schriften u. Briefe, hg. v. W. Promies, 4 Bde. u. 2 Kommentarbde. (München 1968–1992)
LOCKE (ESSAY) – JOHN LOCKE, An Essay Concerning Human Understanding (1690), hg. v. P. H. Nidditch (Oxford 1975)
LUKÁCS – GEORG LUKÁCS, Werke, Bd. 2, 4–12 (Neuwied/Berlin 1962–1971), Bd. 13–17 (Darmstadt/Neuwied 1974–1986)
MALEBRANCHE – NICOLAS MALEBRANCHE, Œuvres complètes, hg. v. A. Robinet, 20 Bde. u. 2 Indexbde. (Paris 1958–1984)
MEIER – GEORG FRIEDRICH MEIER, Anfangsgründe aller schönen Wissenschaften (1748–1750), 2. Aufl., 3 Bde. (Halle 1754–1759)
MENDELSSOHN – MOSES MENDELSSOHN, Gesammelte Schriften, hg. v. I. Elbogen u. a. (Stuttgart-Bad Cannstatt 1971 ff.)
MEW – KARL MARX/FRIEDRICH ENGELS, Werke, hg. v. Institut für Marxismus-Leninismus beim ZK der SED, 43 Bde., 2 Bde. Verzeichnis, 1 Bd. Sachregister (Berlin 1956–1990)
MONTAIGNE - MICHEL DE MONTAIGNE, Les Essais (1580), hg. v. F. Strowski/F. Gebelin/P. Villey, 5 Bde. (Bordeaux 1906–1933)
MORITZ – KARL PHILIPP MORITZ, Werke in drei Bänden, hg. v. H. Günther (Frankfurt a. M. 1981)
NIETZSCHE (KGA) – FRIEDRICH NIETZSCHE, Werke. Kritische Gesamtausgabe, hg. v. G. Colli/M. Montinari (Berlin 1967 ff.)
NIETZSCHE (SCHLECHTA) – FRIEDRICH NIETZSCHE, Werke, hg. v. K. Schlechta, 3 Bde. (München 1954–1956) [und spätere Auflagen]
NOVALIS – NOVALIS, Schriften. Die Werke Friedrich von Hardenbergs, hg. v. P. Kluckhohn/R. Samuel/H.-J. Mähl, Bd. 1–3, 2. Aufl. (Stuttgart 1960–1968); 3. Aufl. (Stuttgart 1977–1988); Bd. 4–5 (Stuttgart 1975/1988), Bd. 6 [in 4 Teilbdn.] (Stuttgart 1998 ff.)
RIEDEL – FRIEDRICH JUSTUS RIEDEL, Theorie der schönen Künste und Wissenschaften. Ein Auszug aus den Werken verschiedener Schriftsteller (Jena 1767)
ROSENKRANZ – KARL ROSENKRANZ, Ästhetik des Häßlichen (1853), hg. v. D. Kliche, 2. Aufl. (Leipzig 1996)
ROUSSEAU – JEAN-JACQUES ROUSSEAU, Œuvres complètes, hg. v. B. Gagnebin/M. Raymond, 5 Bde. (Paris 1959–1995)
RUGE – ARNOLD RUGE, Neue Vorschule der Aesthetik. Das Komische mit einem komischen Anhange (Halle 1836)
SCHELLING (SW) – FRIEDRICH WILHELM JOSEPH SCHELLING, Sämmtliche Werke, hg. v. K. F. A. Schelling, Abt. 1, 10 Bde., Abt. 2, 4 Bde. (Stuttgart/Augsburg 1856–1861)
SCHILLER – FRIEDRICH SCHILLER, Werke. Nationalausgabe, hg. v. J. Petersen u. a. (Weimar 1943 ff.)
SCHLEGEL (KFSA) – Kritische Friedrich-Schlegel-Ausgabe, hg. v. E. Behler u. a. (Paderborn u. a. 1958 ff.)
SCHLEIERMACHER – FRIEDRICH DANIEL ERNST SCHLEIERMACHER, Krit. Gesamtausgabe, hg. v. H.-J. Birkner u. a. (Berlin/New York 1980 ff.)
SCHOPENHAUER – ARTHUR SCHOPENHAUER, Sämtliche Werke, hg. v. A. Hübscher, 7 Bde., 2. Aufl. (Wiesbaden 1946–1950) [und spätere Auflagen]
SHAFTESBURY – ANTHONY ASHLEY COOPER, EARL OF SHAFTESBURY, Complete Works/Sämtliche Werke. Standard Edition, hg. u. übers. v. W. Benda u. a. (Stuttgart-Bad Cannstatt 1981 ff.)
SOLGER – KARL WILHELM FERDINAND SOLGER, Vorlesungen über Aesthetik, hg. v. K. W. L. Heyse (Leipzig 1829)

SPINOZA – BARUCH DE SPINOZA, Opera. Im
Auftr. d. Heidelb. Akad. d. Wiss. hg. v.
C. Gebhardt, Bd. 1–4 (Heidelberg o. J. [1925]),
Bd. 5 (Heidelberg 1987)
VALÉRY – PAUL VALÉRY, Œuvres, hg. v. J. Hytier,
2 Bde. (Paris 1957/1960)
VALÉRY (CAHIERS) – PAUL VALÉRY, Cahiers, hg.
v. J. Robinson-Valéry, 2 Bde. (Paris 1973/1974)
VISCHER – FRIEDRICH THEODOR VISCHER,
Aesthetik oder Wissenschaft des Schönen. Zum
Gebrauch für Vorlesungen (1846–1858), hg. v.
R. Vischer, 6 Bde. (München 1922–1923)
VOLTAIRE – VOLTAIRE, Œuvres complètes, hg. v.
L. Moland, 52 Bde. (Paris 1877–1885)
WIELAND (AA) – CHRISTOPH MARTIN WIELAND,
Gesammelte Schriften, hg. v. d. Kgl. Preuß.
bzw. Preuß. bzw. Dt. Akad. d. Wiss. bzw. d.
Akad. d. Wiss. d. DDR bzw. Berlin-Brandenb.
Akad. d. Wiss. (Berlin 1909 ff.) [Akademieausgabe]
WIELAND (SW) – CHRISTOPH MARTIN WIELAND,
Sämmtliche Werke, 39 Bde. u. 6 Suppl.bde.
(Leipzig 1794–1811)
WINCKELMANN – JOHANN JOACHIM WINCKELMANN, Sämtliche Werke. Einzige vollständige
Ausgabe, hg. v. J. Eiselein, 12 Bde. (Donaueschingen 1825–1829), Abbildungen, 1
Bd. (Donaueschingen 1835)
WOLFF – CHRISTIAN WOLFF, Gesammelte Werke,
hg. v. J. École u. a., Abt. 1, 22 Bde., Abt. 2,
37 Bde., Abt. 3: Ergänzungsreihe (Hildesheim
1964 ff.)

3. Text- und Quellensammlungen

MIGNE (PL) – PAUL MIGNE (Hg.), Patrologiae
cursus completus […]. Series Latina, 221 Bde.
(Paris 1844–1864), 5 Suppl.bde., hg. v. A.
Hamman (Paris 1958–1974)
MIGNE (PG) – PAUL MIGNE (Hg.), Patrologiae
cursus completus […]. Series Graeca, 162 Bde.
(Paris 1857–1912)
CCHR (L) – Corpus Christianorum. Series Latina
(Turnhout 1954 ff.)

Verzeichnis der abgekürzt zitierten antiken und biblischen Quellen

Abkürzungen griechischer Werktitel

AISCHYLOS
Prom.   Prometheus
Eum.   Eumenides
Ag.   Agamemnon

ARISTOPHANES
Nub.   Nubes
Thesm.   Thesmophoriazusae

ARISTOTELES
An.   De anima
Cael.   De caelo
Eth. Eud.   Ethica Eudemia
Eth. Nic.   Ethica Nicomachea
Int.   De interpretatione
Metaph.   Metaphysica
Phys.   Physica
Poet.   Poetica
Pol.   Politica
Probl.   Problemata
Rhet.   Rhetorica
Sens.   De sensu
Top.   Topica

EURIPIDES
Hipp.   Hippolytus

HESIOD
Erg.   ἔργα καὶ ἡμέραι
Theog.   Theogonia

HOMER
Il.   Ilias
Od.   Odyssee

PINDAR
O.   Olympien

PLATON

Alk. 1, 2	Alkibiades 1, 2
Ax.	Axiochos
Charm.	Charmides
Epist.	Epistulae
Euthyd.	Euthydemos
Gorg.	Gorgias
Hipp. mai., min.	Hippias maior, minor
Ion	Ion
Krat.	Kratylos
Leg.	Leges
Phaid.	Phaidon
Phaidr.	Phaidros
Phil.	Philebos
Polit.	Politikos
Prot.	Protagoras
Rep.	De re publica
Sis.	Sisyphos
Soph.	Sophistes
Symp.	Symposion
Tht.	Theaitetos
Tim.	Timaios

SOPHOKLES

Ant.	Antigone
Oid. K.	Oidipus auf Kolonos
Phil.	Philoktetes

XENOPHON

Kyr.	Kyrupaideia
Lak. pol.	Λακεδαιμονίων πολιτεία
Mem.	Memorabilia
Oik.	Oikonomikos

Abkürzungen lateinischer Werktitel

AUGUSTINUS

Civ.	De civitate dei
Conf.	Confessiones

CICERO

Ac. 1	Lucullus sive Academicorum priorum libri
Ac. 2	Academicorum posteriorum Libri
Att.	Epistulae ad Atticum
Brut.	Brutus
De or.	De oratore
Div.	De divinatione
Fam.	Epistulae ad familiares
Fin.	De finibus
Inv.	De inventione
Leg.	De legibus
Nat.	De natura deorum
Off.	De officiis
Or.	Orator
S. Rosc.	Pro Sex. Roscio Amerino
Top.	Topica
Tusc.	Tusculanae disputationes

HORAZ

Ars	Ars poetica
C.	Carmina
Epist.	Epistulae
S.	Sermones

OVID

Am.	Amores
Fast.	Fasti
Met.	Metamorphoses
Trist.	Tristia

PLAUTUS

Men.	Menaechmi

PLINIUS

Nat.	Naturalis historia

QUINTILIAN

Inst.	Institutio oratoria
Rhet. Her.	Rhetorica ad C. Herennium

SALLUST

Cat.	Coniuratio Catilinae
Iug.	Bellum Iugurthinum

SENECA

Benef.	De beneficiis
Epist.	Epistulae ad Lucilium
Nat.	Naturales quaestiones

TACITUS

Ann.	Annales

VERGIL
Aen. Aeneis
Aet. Aetna
Ecl. Eclogae
Georg. Georgica

Abkürzungen biblischer Bücher und außerkanonischer Schriften

ALTES TESTAMENT
Gen. Genesis (1. Buch Mose)
Ex. Exodus (2. Buch Mose)
Lev. Leviticus (3. Buch Mose)
Num. Numeri (4. Buch Mose)
Dtn. Deuteronomium (5. Buch Mose)
Jos. Josua
Jes. Jesaja
Jer. Jeremia
Am. Amos
Mi. Micha
Ps. Psalmen
Koh. Kohelet (Prediger)
Dan. Daniel

NEUES TESTAMENT
Mt. Matthäus
Mk. Markus
Lk. Lukas
Joh. Johannes
Act. Apostelgeschichte
Röm. Römerbrief
1., 2. Kor. 1., 2. Korintherbrief
Gal. Galaterbrief
Phil.. Philipperbrief
Kol. Kolosserbrief
1., 2. Tim. 1., 2. Timotheusbrief
Tit. Titusbrief
Hebr. Hebräerbrief
1., 2. Petr. 1., 2. Petrusbrief
1., 2., 3. Joh. 1., 2., 3. Johannesbrief
Apk. Offenbarung Johannis

AUSSERKANONISCHE SCHRIFTEN
Jdt. Judith
Weish. Weisheit Salomos
1., 2. Makk. 1., 2. Makkabäerbuch
Sir. Jesus Sirach

Tanz

(griech. ὄρχησις, χορεία; lat. saltatio; engl. dance; frz. danse; ital. danza; span. danza; russ. танец)

Einleitung; I. 18. Jahrhundert; 1. Wissenschaft der Tanzkunst; 2. Verschriftlichung der Tanzsprache; 3. Semiotik des Tanzes; 4. Der Tanz im Kanon der schönen Künste; 5. Theatralik des Tanzes; 6. Schillers Ästhetik des Tanzes; II. 19. Jahrhundert; 1. Kleists ›Marionettentheater‹ und das romantische Ballett; 2. Tanz in der bürgerlichen Gesellschaft; 3. Tanzpädagogik; 4. Tanz als Metapher des Realen; 5. Nietzsches Rhetorik des Tanzes; III. 20. Jahrhundert; 1. Tanz als poetologisches Modell; 2. Ausdrucksdimensionen des Tanzes; 3. Formalisierungen des Tanzes; 4. Tanz als Gesellschaftsutopie; 5. Zeitgenössische Tanzästhetiken; Zusammenfassung

Einleitung

Der Tanz als körpersprachliche, zumeist rhythmisch-musikalisch induzierte Bewegungsart gehört zu den ephemeren Kunstformen. Das Substantiv Tanz (mhd. tanz, mnd. dans, danz) ist seit dem 12./13. Jh. bezeugt und wurde aus dem Altfranzösischen (danse) entlehnt. Seine neuzeitliche und moderne Begriffsgeschichte orientiert sich v. a. an gattungsästhetischen, semiotischen und pädagogischen Diskursen. In seinen ekstatischen und rituellen Formen gilt er als anthropologische Konstante.[1] Gestik, Mimik, Pantomimik sowie seine Beziehung zu Drama, Musik, Plastik, Malerei und Poesie, zu Freiheit und Norm, auch zur sozialen und ethnischen Bezugsgruppe bestimmen den Einzel-, Gesellschafts- und Kunsttanz in der Ästhetik seiner jeweiligen historischen Erscheinungsform. Vom philosophischen Diskurs nach Platon vernachlässigt[2], findet der Tanz als »synthetische Kunstform«[3] erst im 18. Jh. Eingang in den Kanon der schönen Künste. Während der Solotanz den Menschen als Kunstwerk und Ausdruckswesen thematisiert, macht seine soziale Funktion den Tanz zum Träger sakraler und profaner Gesellschaftszeremonielle, aber auch zum Medium von Kritik und sozialer Utopie.

I. 18. Jahrhundert

1. Wissenschaft der Tanzkunst

Die (früh)neuzeitliche Begriffsbildung zum Tanz ist weitgehend geprägt von der Ablehnung heidnisch-kultischer und spätantiker Kunsttanzformen durch den Klerus.[4] Der Kanon zumeist pietistisch motivierter Askesevorschriften führt im frühen 18. Jh. zu einem Legitimationsdruck auf die Tanzmeister, deren Traktate zur Tanzkunst darum bemüht sind, Theorien der Natur- und Kunstbeherrschung in einer Tanzwissenschaft zu vereinen. Die wissenschaftliche Begründung der Tanzkunst charakterisiert den zeitgenössischen Diskurs sowohl deutschsprachiger Arbeiten von Lovis Bonin (*Die neueste Art zur galanten und theatralischen Tantz-Kunst*, 1712) und Samuel R. Behr (*Die Kunst wohl zu Tantzen*, 1713) als auch der französischen von Claude F. Ménestrier (*Des ballets anciens et modernes selon les règles du théâtre*, 1682) und Pierre Rameau (*Le maître à danser*, 1725).[5] Der Leipziger Tanz- und Fechtmeister Johann Pasch hält das geltende Paradigma in seiner *Beschreibung wahrer Tanz-Kunst* (1707) fest: »Wahre Tanz-Kunst ist in Theoria eine Wissenschaft, welche dem Triebe der Natur zu

---

1 Vgl. DOROTHEE GÜNTHER, Der Tanz als Bewegungsphänomen. Wesen und Werden (Reinbek b. Hamburg 1962); KAYE HOFFMAN, Tanz, Trance, Transformation (München 1984).

2 Vgl. FRANCIS E. SPARSHOTT, Why Philosophy Neglects the Dance (London 1983); SPARSHOTT, Off the Ground. First Steps to a Philosophical Consideration of the Dance (Princeton 1988).

3 VERENA KÖHNE-KIRSCH, Die ›schöne Kunst‹ des Tanzes. Phänomenologische Erörterung einer flüchtigen Kunstart (Frankfurt a. M. u. a. 1990), 9.

4 Vgl. CARL ANDRESEN, Die Kritik der Alten Kirche am Tanz der Spätantike, in: F. Heyer (Hg.), Der Tanz in der modernen Gesellschaft (Hamburg 1958), 139 f.; VERA JUNG, ›Wilde‹ Tänze – ›Gelehrte‹ Tanzkunst, in: R. v. Dülmen (Hg.), Körper-Geschichten. Studien zur Historischen Kulturforschung (Frankfurt a. M. 1996), 43–70.

5 Vgl. KURT PETERMANN, Tanzbibliographie. Verzeichnis der in deutscher Sprache veröffentlichten Schriften und Aufsätze zum Bühnen-, Gesellschafts-, Kinder-, Volks- und Turniertanz sowie zur Tanzwissenschaft (Leipzig 1966); KARL HEINZ TAUBERT, Höfische Tänze. Ihre Geschichte und Choreographie (Mainz u. a. 1968), 7–13.

mehr als höchst-nöthiger/ oder auch freudiger Bewegung (per disciplinas Philosophicas) solche Regeln setzet oder giebet/ damit die Bewegung in Praxi (in specie per disciplinas Mathematicas) vernünftig/ und also recht natürlich und menschlich verrichtet/ und zu einem und dem anderen Gebrauche angewendet werden können.«[6] Die Selbstdisziplinierung an Körper und Geist[7] gilt seit der Antike als Regulativ zur Ausprägung sozialer Distinktionsmerkmale. Gemäß der von Platon dargelegten Unterscheidung zwischen kriegerischer (πυρρίχη, pyrrichē) und friedlicher (ἐμμέλεια, emmeleia) Bewegungserziehung[8] wird die Tanzkunst einerseits militärischen Exerzitien zur Seite gestellt, andererseits dient sie dem standesgemäß disziplinierten Handeln im öffentlichen Raum. Bindeglied zwischen physischer und mentaler Disziplin bildet in den tanzwissenschaftlichen Traktaten eine Rhetorik des Tanzes, die Gestus und Aktion nach Regeln der Redekunst komponiert. Analog zur Dispositio einer Rede wird die Schrittfolge organisiert; die Ordnung der Figuren folgt den Regeln der Elocutio. Entsprechend führt die Darstellung (Repraesentatio) des Tanzes von der Inventio eines Themas, das poetisch, allegorisch oder dramatisch aufgefaßt wird, zur mimetischen Executio mit Rücksicht auf rhetorische Mnemotechniken.[9] Auf diese Verwandtschaft von Tanz- und Redekunst verweist bereits Lukian.[10] Der rein mechanischen Applikation schulrhetorischer Formen auf die Tanzkunst hat Jean Georges Noverre in seinen *Lettres sur la danse, et sur les ballets* (1760) eine ›Sprache‹ des Tanzes entgegengesetzt, die mit dem Anspruch auftritt, auch die Seele des Publikums dramatisch zu bewegen.[11]

2. Verschriftlichung der Tanzsprache

Über den sprachlich-mimetischen Ursprung des Tanzes äußert sich Platon, der die Tanzkunst als »Nachahmung der gesprochenen Worte durch die Gesten« (μίμησις τῶν λεγομένων σχήμασι)[12] bezeichnet. Eine Verschriftlichung dieser Tanzsprache unternimmt die systematische Tanznotation von Raoul Auger de Feuillet aus der Schule des Charles-Louis Beauchamp, Tanzmeister am Hof Ludwigs XIV. Feuillets *Chorégraphie, ou l'art de décrire la danse par caractères, figures et signes démonstratifs* (1700) ist die erste moderne bildliche Tanzschrift seit Thoinot Arbeaus (Anagramm für Jehan Tabourot) im Jahr 1588 gedruckten Notationsversuchen *Orchésographie*. Im 18. Jh. wird die Bezeichnung Choreographie (aus griech. χορός, choros, ›Tanz, Reigen‹ und γράφειν, graphein, ›schreiben‹) für ›Tanzschrift‹ gebräuchlich. Anders als seinem englischen Übersetzer John Weaver[13], der später in seinen eigenen *Anatomical and Mechanical Lectures upon Dancing* (1721) eine streng physiologische Kenntnis des tanzenden Körpers fordert, geht es Feuillet um eine Notation, die Studium, Kommunikation und Mnemonik des Tanzes garantiert. In seinen tabellarischen Darstellungen werden die elementaren Tanzpositionen durch Zeichen der jeweiligen Fußstellungen schematisch kodifiziert und nach dem System einer Ars combinatoria zu komplexen Choreographien verkettet.[14] Nach diesem synoptischen System choreographischer und musikalischer Notation publiziert Feuillet um 1700 einen *Recueil de danses* mit Kompositionen von Louis Pécour. Der Leipziger Tanzmeister Gottfried Taubert charakterisiert in seiner materialreichen ›Apologie für die wahre Tantz-Kunst‹, getitelt *Rechtschaffener Tantzmeister oder gründliche Erklärung der frantzösischen Tantz-Kunst*

---

6 JOHANN PASCH, Beschreibung wahrer Tanz-Kunst (1707), hg. v. K. Petermann (München 1978), 16.
7 Vgl. RUDOLF ZUR LIPPE, Naturbeherrschung am Menschen, 2 Bde. (Frankfurt a.M. 1974).
8 Vgl. PLATON, Leg. 7, 814d-816d.
9 Vgl. PASCH (s. Anm. 6), 32f.
10 Vgl. LUKIAN, De saltatione 35f.
11 Vgl. JEAN GEORGES NOVERRE, Lettres sur la danse, et sur les ballets (Stuttgart 1760), 28f.
12 PLATON, Leg. 7, 816a; dt.: Die Gesetze, hg. v. O. Gigon, übers. v. R. Rufener (Zürich/München 1974), 304; vgl. HERMANN KOLLER, Mimesis in der Antike. Nachahmung, Darstellung, Ausdruck (Bern 1954), 25-48.
13 Vgl. FEUILLET, Orchesography or, the Art of Dancing, by Characters and Demonstrative Figures, übers. v. J. Weaver (London 1706).
14 Vgl. CLAUDIA JESCHKE, Tanzschriften. Ihre Geschichte und Methode. Die illustrierte Darstellung eines Phänomens von den Anfängen bis zur Gegenwart (Bad Reichenhall 1983), 73-78, 199-208; JUTTA VOSS, ›Von Schritt zu Schritt in verständlichen Zeichen und Characteres‹: Zur Geschichte der Tanznotation, in: Kodikas/Code. Ars Semeiotica 18 (1995), 154.

(1717), deren 2. Buch eine deutsche Übersetzung der *Chorégraphie* enthält, Feuillets Kartographie des Tanzes als arithmetische Kombinationskunst.[15] Taubert erweitert das semiotische Notationssystem seines französischen Vorbilds zu einem umfassenden Kompendium der Ethik und der Theorie des Tanzes, womit er einen bedeutenden Beitrag zur bürgerlichen Kulturgeschichte des frühen 18. Jh. leistet. Eine Kritik an Feuillets ebenso komplizierter wie ungenauer »algebre des Danseurs« bringt Noverre in seinen *Lettres sur la danse, et sur les ballets* vor: »Plus la Danse s'embellira, plus les caracteres se multiplieront, & plus cette science sera inintelligible«[16]. Die kommentierten Choreographien des Gesellschafts- und Volkstanzes aus der zweiten Jahrhunderthälfte, wie Carl Joseph von Feldtensteins *Erweiterung der Kunst nach der Chorographie zu tanzen, Tänze zu erfinden, und aufzusetzen; wie auch Anweisung zu verschiedenen National-Tänzen* (1772), gelten als wichtige Dokumente der Nationalfolklore.

3. Semiotik des Tanzes

Die Tanznotation wird in der Zeichentheorie des 18. Jh. kontrovers diskutiert. Die Semiotik der Tanzmeister[17] wird in der *Psychologia empirica* (1732) Christian Wolffs in exemplarischer Weise beigezogen, sie findet ihren Niederschlag aber auch in Étienne Bonnot de Condillacs *Essai sur l'origine des connoissances humaines* (1746) und vor allem in Johann Heinrich Lamberts *Neuem Organon* (1764). In der *Psychologia empirica* geht Wolff im Zusammenhang seiner Analyse intuitiver und symbolischer Erkenntnis auf Feuillets Kunst, »Tanzschritte durch Zeichen auszudrücken« (saltationes per characteres exprimendi), ein: »Ope eorundem saltationes noviter inventae absenti communicari facilius ac multo brevius possunt, quam si verbis describendae forent.«[18] (Mit ihrer Hilfe könnten neu erfundene Tänze abwesenden Personen leichter und viel kürzer mitgeteilt werden, als wenn sie mit Worten beschrieben würden.) Die zeitgenössische Tanznotation wird in die seit dem 17. Jh. andauernde Problematik einbezogen, zwischen den ›figurae hieroglyphicae‹ und den arbiträren Zeichen der ›linguae‹ systematisch zu unterscheiden. Wolff und Lambert gehen überdies auf die Frage nach der intuitiven oder begrifflichen Erkennbar-

keit von Bewegung ein, wie sie Leibniz in seinen Meditationen zur ›cognitio symbolica‹ eröffnet hat. Für Lambert ist die symbolische Erkenntnis bezüglich der Tanzbewegung »auf eine gedoppelte Art figürlich« bedingt, insofern einerseits die Zeichenform einer Figur des Tanzes geometrisch sichtbar macht, andererseits Tanzgattungen wie ›la chaîne‹ oder ›le moulinet‹ einen abstrakten Bewegungsbegriff in Form einer Trope vorstellen. So liege Feuillets Choreographie der figürlichen Erkenntnis näher als die musikalische Notenschrift: »Da die Tänze selbst Figuren und Bewegungen sind, so ist auch die Zeichnung derselben in einem viel einfachern Verstande figürlich, als die Zeichnung der Töne in der Musik vermittelst der Noten.«[19] Als unzureichend bezeichnet indessen Condillac diesen figürlichen Aspekt der Tanzschrift gerade wegen ihrer fehlenden Musikalität. Er kontrastiert die Feuilletsche Tanzschrift mit der Prosodie der alten Sprachen und findet in der Lehre vom musikalischen Akzent und den Silbenquantitäten, trotz eingeschränkter Kodierbarkeit sprachlicher Dynamik, eine größere Zeichenvarietät, um die Eigenschaften des Ausdrucks zu taxieren: »On ne sauroit tirer aucune induction de la choréographie, ou de l'art d'écrire en notes les pas et les figures d'une entrée de ballet. [...] Dans notre déclamation, les sons, pour la plupart, [...] sont ce que, dans les ballets, sont certaines expressions que la choréographie n'apprend pas à décrire.«[20] Die moderne Semiotik

---

15 Vgl. GOTTFRIED TAUBERT, Rechtschaffener Tantzmeister oder gründliche Erklärung der frantzösischen Tantz-Kunst (Leipzig 1717), 737 (2. Buch, Kap. XLIV).
16 NOVERRE (s. Anm. 11), 387.
17 Vgl. GEROLD UNGEHEUER, Der Tanzmeister bei den Philosophen. Miszellen aus der Semiotik des 18. Jahrhunderts, in: Kodikas/Code. Ars Semeiotica 2 (1980), 353–376.
18 CHRISTIAN WOLFF, Psychologia empirica (1732), in: WOLFF, Abt. 2, Bd. 5 (1968), 207.
19 JOHANN HEINRICH LAMBERT, Neues Organon oder Gedanken über die Erforschung und Bezeichnung des Wahren und dessen Unterscheidung von Irrtum und Schein (1764), hg. v. G. Schenk, Bd. 2 (Berlin 1990), 474 f.
20 ÉTIENNE BONNOT DE CONDILLAC, Essai sur l'origine des connoissances humaines (1746), in: CONDILLAC, Bd. 1 (1947), 67.

wird die Verbindung synchroner Aussagen (ikonische Zeichen und Figuren) mit diachronen Abläufen als »kinesische Codes« (codici cinesici)[21] bezeichnen.

4. *Der Tanz im Kanon der schönen Künste*
Friedrich Gottlieb Klopstocks Poetik der »Wortbewegung«[22] kommt das Verdienst zu, den Tanz mit dem rhythmisch-prosodischen Potential der Sprache vereint zu haben. Seine Einführung der ›Tanzkunst‹ in den Rivalitätskonflikt um den *Rang der schönen Künste und der schönen Wissenschaften* (1758) signalisiert zudem einen Statuswandel des Tanzes in der ästhetischen Theorie seiner Zeit. Immanuel Kant schätzt in der *Kritik der Urteilskraft* (1790) den ästhetischen Wert der schönen Künste nach ihrer Fähigkeit, das Spiel der Einbildungskraft von seiten der Empfindung oder von der Idee her zu bewegen. In den bildenden Künsten werden »bleibende«, in den darstellenden »transitorische« Funktionen der Einbildungskraft angesprochen. In diesem Wertsystem bildet der Tanz eine »Verbindung der schönen Künste in einem und demselben Produkte«[23]. G. W. F. Hegel wird den Tanz im ›System der einzelnen Künste‹ seiner *Ästhetik* (1835–1838)

unter die »unvollkommenen Künste«[24] einordnen, und zwar als dynamische ›Mittelgattung‹ bei der dialektischen Bestimmung von Musik und Plastik. Zu den Vorreitern des Paradigmenwechsels um die Mitte des 18. Jh., der die Künste auch nach Maßgabe ihrer Fähigkeit bewertet, Bewegung zu repräsentieren, zählt neben Charles Batteux[25] und Noverre auch Johann Gottfried Herder, der die von Johann Joachim Winckelmann geprägte kunsttheoretische Diskussion um die Anwendbarkeit griechischer Schönheitstopoi auf zeitgenössische Kunstformen aus der starren Privilegierung von Ruhe über Bewegung herausführt. Das Aufsprengen strenger Gattungsgrenzen und die Erschütterung des Schönheitsideals äußerer Ruhe wird für den Kunstbegriff des Sturm und Drang konstitutiv, dessen Bildsprache von Johann Georg Hamann in seiner *Aesthetica in nuce* (1762) als »ein taumelnder Tanz«[26] beschrieben wird.

Die Ut-pictura-poesis-Debatte (Winckelmann, Lessing, Herder, Goethe), die sich um das transitorische Moment bildhafter Darstellung dreht, wird begleitet von der Frage nach der unsichtbaren Bewegung der Musik und ihrer Darstellung im Tanz: Musik stellt nach Herder das innere Wesen des ästhetischen Gegenstandes dar, während die bildenden und darstellenden Künste dessen äußere Darstellung bieten. Im 4. seiner *Kritischen Wälder* (1769) plädiert er für eine ›natürliche Poesie‹ der Tanzkunst, die den Begriff der Schönheit aus der harmonischen Verbindung »lebendiger Bildhauerei«, »sichtbarer Musik« und »stummer Poesie«[27] gewinnt. Im Anschluß an Platon bezeichnet er in seiner kunsttheoretischen Spätschrift *Kalligone* (1800) die Musik als »Führerin des Tanzes«, die den Menschen in einer unsichtbaren Klangwelt zum gestischen Ausdruck »eines Tanzes jeder Seelenbewegung«[28] anrege. Damit hat Herder im Zeichen auflebender Empfindsamkeit zumal auf die Tendenz des Sturm und Drang gewirkt, die Bewegung am Kunstgegenstand mit einer Bewegung des seelischen Erlebens zu identifizieren. Die Verbindung von Kunst- und Selbstbetrachtung, die funktionale Parallelisierung der Begriffe von ›motion‹ und ›émotion‹ zieht in der Folge eine Kodifizierung ästhetisch induzierter Gefühlslagen mit sich, zu deren bedeutendstem Illustrator Daniel Chodowiecki mit seiner graphischen Serie *Natür-*

---

21 UMBERTO ECO, La struttura assente (Mailand 1968), 154; dt.: Einführung in die Semiotik, übers. v. J. Trabant (München 1972), 255.
22 FRIEDRICH GOTTLIEB KLOPSTOCK, Vom deutschen Hexameter (1779), in: Klopstock, Sämmtliche Werke, Bd. 10 (Leipzig 1855), 129; vgl. WINFRIED MENNINGHAUS, Dichtung als Tanz – Zu Klopstocks Poetik der Wortbewegung, in: Comparatio. Revue internationale de littérature comparée 3 (1991), 129–150.
23 IMMANUEL KANT, Kritik der Urteilskraft (1790), in: KANT (WA), Bd. 10 (1974), 269, 264.
24 HEGEL, Vorlesungen über die Ästhetik (1835–1838), in: HEGEL (TWA), Bd. 14 (1970), 262; vgl. ebd., Bd. 15 (1970), 324.
25 Vgl. BATTEUX (1746), 250–291.
26 JOHANN GEORG HAMANN, Aesthetica in nuce (1762), in: Hamann, Schriften zur Sprache, hg. v. J. Simon (Frankfurt a. M. 1967), 107.
27 JOHANN GOTTFRIED HERDER, Kritische Wälder. Oder Betrachtungen über die Wißenschaft und Kunst des Schönen (1769), in: HERDER, Bd. 4 (1878), 121 f.
28 HERDER, Kalligone (1800), in: HERDER, Bd. 22 (1880), 181.

liche und affectirte Handlungen des Lebens (1778) geworden ist.

5. Theatralik des Tanzes

Die Suche nach typisierbaren Analogien zwischen Kunstkörper und emotionalem Ausdruck des Menschen schlägt sich sowohl in der Affektenlehre und Physiognomik als auch in der Tanz- und Schauspieltheorie der zweiten Hälfte des 18. Jh. nieder. Im Kampf wider die manierierte Pantomimik auf der Bühne hebt Gotthold Ephraim Lessing die moralische Signifikanz der Cheironomie (Gebärdensprache) hervor: »Jede Bewegung, welche die Hand bei moralischen Stellen macht, muß bedeutend sein«, hält er im 4. Stück seiner Hamburgischen Dramaturgie (1767–1768) fest, »oft kann man bis in das Malerische damit gehen; wenn man nur das Pantomimische vermeidet«[29]. Für die Tanzbühne hat Noverre, dessen Briefe über die Tanzkunst Lessing 1769 teilweise übersetzt, eine ebenso programmatische wie umstrittene Schrift verfaßt, worin er die intentionale Bedeutsamkeit von Mimik und Gestik in der getanzten Pantomime rehabilitieren will: »Enfants de Terpsichore, renoncez aux cabrioles, aux entrechats & aux pas trop compliqués; abandonnez la minauderie pour vous livrer aux sentiments, aux graces naïves & à l'expression; appliquez-vous à la Pantomime noble; n'oubliez jamais quelle est l'âme de votre Art; mettez de l'esprit & du raisonnement dans vos pas de deux.« Noverres ästhetische Konzeption des ›ballet d'action‹ verknüpft den Ausdruck emotionaler Bewegung mit dem Anspruch, ein bewegtes Gemälde der Natur und zugleich eine dramatische Handlung darzustellen: »Un Ballet est un tableau, la Scene est la toile, les mouvements méchaniques des figurants sont les couleurs, leur phisionomie est, si j'ose m'exprimer ainsi, le pinceau, l'ensemble & la vivacité des Scenes, le choix de la Musique, la décoration & le costume en font le coloris; enfin, le Compositeur est le Peintre. Si la nature lui a donné ce feu & cet enthousiasme, l'ame de la Peinture & de la Poésie, l'immortalité lui est également assurée.«[30] Noverres synästhetische Konzeption der Tanzkunst, welche Poesie, Malerei und Drama in sich vereint, weist bereits auf die romantische Universalpoesie Friedrich Schlegels voraus.

6. Schillers Ästhetik des Tanzes

In theoretischer Auseinandersetzung mit Kant und Herder hat Friedrich Schiller in seinem Briefwechsel mit Christian Gottfried Körner, herausgegeben unter dem Titel Kallias oder über die Schönheit (1793), die Rationalität ästhetischer Urteilsbildung mit der zeitgenössischen Diskussion um eine dynamische Kunstform zur Deckung gebracht.[31] Die Künste Europas erfahren erstmals einen normativen Impuls von Edmund Burkes A Philosophical Enquiry into the Origin of our Ideas of the Sublime and Beautiful (1757) und von William Hogarths The Analysis of Beauty (1753). Davon nimmt Schiller v. a. die von Hogarth als »line of grace« deklarierte Serpentinenform auf sowie das ästhetische Ideal eines »ornamental way of moving«[32]. Seinen Begriff einer »Schönheit der Bewegung«, die ohne jeden »Tanzmeisterzwang« im Gange und in den Stellungen« auskommt, entwickelt Schiller aus der Betrachtung des englischen Kontertanzes: »Ich weiß für das Ideal des schönen Umgangs kein passenderes Bild als einen gut getanzten und aus vielen verwickelten Touren komponierten englischen Tanz. Ein Zuschauer aus der Galerie sieht unzählige Bewegungen, die sich aufs bunteste durchkreuzen und ihre Richtung lebhaft und mutwillig verändern und doch niemals zusammenstoßen. Alles ist so geordnet, daß der eine schon Platz gemacht hat, wenn der andere kommt, alles fügt sich so geschickt und doch wieder so kunstlos ineinander, daß jeder nur seinem eigenen Kopf zu folgen scheint und doch nie dem andern in den Weg tritt. Es ist das treffendste Sinnbild der behaupteten eigenen Freiheit und der geschonten Freiheit des anderen.«[33] In seiner Elegie Der Tanz (1795) hat

---

29 GOTTHOLD EPHRAIM LESSING, Hamburgische Dramaturgie (1767–1768), in: LESSING (GÖPFERT), Bd. 4 (1973), 250.
30 NOVERRE (s. Anm. 11), 55, 2.
31 Vgl. MARK WILLIAM ROCHE, Dynamic Stillness. Philosophical Concepts of ›Ruhe‹ in Schiller, Hölderlin, Büchner and Heine (Tübingen 1987), 1–16.
32 WILLIAM HOGARTH, The Analysis of Beauty (1753), hg. v. J. Burke (Oxford 1955), 56, 153.
33 FRIEDRICH SCHILLER, Kallias oder über die Schönheit. Briefe an Körner (1793), in: Schiller, Sämtliche Werke, hg. v. G. Fricke/H. G. Göpfert, Bd. 5 (München 1984), 425.

Schiller der freien Spielform einer beweglichen Sozialordnung nochmals das Gepräge eines ›ästhetischen Staates‹ verliehen, wie er ihn im 27. *Brief Über die ästhetische Erziehung des Menschen* (1795) beschrieben hat.[34] Jahre nach dem *Kallias-Briefwechsel* mit Schiller verfaßt Körner für Heinrich von Kleists *Phöbus* einen Aufsatz *Über die Bedeutung des Tanzes* (1808), der die Verwandtschaft von Prosodie und Tanz herausstellt.[35]

II. 19. Jahrhundert

1. Kleists ›Marionettentheater‹ und das romantische Ballett

Heinrich von Kleists Aufsatz *Über das Marionettentheater* (1810) nimmt eine Schlüsselstellung in der ästhetischen Begriffsbildung des Tanzes zur Zeit der Romantik ein. Hier wird die Frage erörtert, ob ein Puppenspieler »selbst ein Tänzer sein, oder wenigstens einen Begriff vom Schönen im Tanz

---

34 Vgl. SCHILLER, Über die ästhetische Erziehung des Menschen in einer Reihe von Briefen (1795), in: ebd., 667.
35 Vgl. CHRISTIAN GOTTFRIED KÖRNER, Über die Bedeutung des Tanzes, in: Phöbus I (1808), 1. Stück, 33–38.
36 HEINRICH V. KLEIST, Über das Marionettentheater (1810), in: KLEIST, Bd. 2 (⁷1984), 340.
37 Ebd., 341 f.
38 Vgl. RUDOLF DRUX, Marionette Mensch. Ein Metaphernkomplex und sein Kontext von E. T. A. Hoffmann bis Georg Büchner (München 1986), 181; BERNHARD GREINER, ›Der Weg des Tänzers‹. Kleists Schrift ›Über das Marionettentheater‹, in: Neue Rundschau 98 (1987), H. 3, 112–131.
39 KLEIST (s. Anm. 36), 340; vgl. PAUL DE MAN, Aesthetic Formalization: Kleist's ›Über das Marionettentheater‹, in: de Man, The Rhetoric of Romanticism (New York 1984), 263–290; ROGER W. MÜLLER FARGUELL, Tanz-Figuren. Zur metaphorischen Konstitution von Bewegung in Texten. Schiller, Kleist, Heine, Nietzsche (München 1995), 141 ff.
40 KLEIST (s. Anm. 36), 345.
41 Vgl. GABRIELE KLEIN, FrauenKörperTanz. Eine Zivilisationsgeschichte des Tanzes (Weinheim/Berlin 1992), 105; RUDOLF BRAUN/DAVID GUGERLI, Macht des Tanzes – Tanz der Mächtigen. Hoffeste und Herrschaftszeremoniell 1550–1914 (München 1993), 166 f.

haben müsse«[36], wobei die These aufgestellt wird, daß im Tanz der Marionette mehr Anmut und Grazie zu finden sei als bei den geschicktesten Tänzern. Die Marionette erscheint frei von Ziererei, indem ihre »Seele (vis motrix)« stets im »Schwerpunkt der Bewegung« liegt und sie, der Schwerkraft »antigrav«[37] folgend, den Boden nur elfenhaft streift, um daraus den Schwung ihrer Glieder zu beleben. Zum romantischen Bewegungsideal wird schwebende Leichtigkeit durch Charles Blasis in *The Code of Terpsichore* (1825) stilisiert. Märchenhafte Elfentänze der Primaballerina mit Spitzenschuhen und Tutu haben diesen ätherischen Tanz popularisiert, etwa im Ballett *La Sylphide* (1832), später auch in Jacques Offenbachs ›Elfentanz‹ aus der Oper *Die Rheinnixen* (1872). Kleist hingegen radikalisiert das zeitgenössische Kunstideal von Anmut und Grazie des Tanzes in der Weise paradoxal, daß es erst durch die Künstlichkeit der Bewegung mechanischer Glieder und Prothesen ganz einzulösen wäre.[38] Anders als Schiller formalisiert er die Schönheit der Bewegung nicht in Form einer Serpentine, sondern als elliptische Linie, die den »Weg der Seele des Tänzers« beschreibt. Diese Linie könne nicht anders gefunden werden »als dadurch, daß sich der Maschinist in den Schwerpunkt der Marionette versetzt, d. h. mit andern Worten, *tanzt*«[39]. Im Modell des Marionettentanzes wird eine Annäherung des mechanischen Tanzes an den romantischen Topos des »Unendlichen« gesucht, in dem sich die Grazie wieder einfinde, »wenn die Erkenntnis gleichsam durch ein Unendliches gegangen ist, [...] d. h. in dem Gliedermann, oder in dem Gott«[40].

2. Tanz in der bürgerlichen Gesellschaft

Der Durchbruch des Walzers gegen Ende des 18. Jh. steht im Zeichen einer gewandelten Körper- und Bewegungskultur im Übergang zur bürgerlichen Gesellschaft.[41] Die anfängliche Unsicherheit im Wechsel vom höfischen Gesellschafts- zum offenen Paartanz spiegelt sich in Johann Wolfgang Goethes »Ball auf dem Lande« aus den *Leiden des jungen Werther* (1774): »Wir schlangen uns in Menuetts um einander herum [...]. Lotte und ihr Tänzer fingen einen Englischen [Kontertanz – d. Verf.] an, und wie wohl mir's war, als sie auch in der Reihe die Figur mit uns anfing, magst du fühlen. [...] Es ist hier so Mode, fuhr sie fort, daß jedes Paar, das zusammen gehört, bei'm Deutschen [Walzer – d. Verf.] zusammen bleibt [...]. Und da wir nun gar an's Walzen kamen, und wie die Sphären um einander herumrollten, ging's freilich anfangs, weil's die Wenigsten können, ein bißchen bunt durch einander.«[42] Analog zur Ballszene aus Wolfgang Amadeus Mozarts *Don Giovanni* (1787)[43] chiffriert die Gleichzeitigkeit des Ungleichzeitigen in den aufgeführten Tanzformen von Menuett und Walzer eine politische wie soziale Gegenwelt, die mit einer neuen Raum- und Zeiterfahrung korrespondiert: Auf der Schwelle zum 19. Jh. verwandelt sich das statische Weltbild in ein dynamisches. Das Menuett (aus lat. minutus, ›vermindert, sehr klein‹, dt. seit dem 17. Jh. als ›Kleinschrittanz‹ bekannt) tritt in seiner gesellschaftlichen Bedeutung zurück; der Walzer (aus mhd. walzen, ›rollen, drehen‹), ab Ende des 18. Jh. als Sammelbegriff verschiedener Drehtänze gebraucht, avanciert zum deutschen ›Nationaltanz‹. Zugleich differenzieren und verselbständigen sich Kunst-, Gesellschafts- und Volkstanz.

3. Tanzpädagogik

In diesem sich dynamisierenden Sozialverband fungiert die Etikette als erzieherisches Korrektiv. So stellt das Standardwerk des Moralphilosophen Adolph Freiherr von Knigge, *Über den Umgang mit Menschen* (1788), die Gefahren des Tanzes als Bewährungsprobe guter Erziehung dar: »Der Tanz versetzt uns in eine Art von Rausch, in welchem die Gemüter die Verstellung vergessen – Wohl dem, der nichts zu verbergen hat!« Knigges »Anständigkeitsregeln beim Tanze«[44] folgen in der ersten Hälfte des 19. Jh. eine Reihe von ›Leitfäden‹ und Lehrbüchern zur bürgerlichen Etikette, die mit ihrer Verhaltens-, Bewegungs-, Körper- und Tanzkultur ein ›gebildetes Publikum‹, mithin den Bürger als ›Gentilhomme‹ ansprechen. Es prägt sich ein inhaltlicher Musterkanon von Bildungs- und Habitusschablonen heraus, der durch die obligate ›Tanzstunde‹ junger Bildungsbürger vermittelt wird. So erscheinen etwa in Leipzig Georg Carl Claudius' *Kurze Anweisung zur wahren feinen Lebensart nebst den nöthigsten Regeln der Etikette und des*

Wohlverhaltens für Jünglinge, die mit Glück in die Welt treten wollen (1800) sowie Johann Heinrich Kattfusz' *Taschenbuch für Freunde und Freundinnen des Tanzens* (1800), in Ilmenau Louis Casortis *Der instructive Tanzmeister für Herren und Damen* (1826) und in München Franz Xaver Nadlers *Kallischematik, oder Anleitung zu einem edlen Anstande und zur schönen, gefälligen Haltung des Körpers, sowohl im gesellschaftlichen Umgange als beim Tanze* (1834). Auch der vom Turnvater Jahn beeinflußte liberale Tanzlehrer in Jena, Eduard David Helmke, beansprucht mit seinem Lehrsystem der *Neuen Tanz- und Bildungsschule* (1829), Gymnastik, Philosophie und Ästhetik zu verbinden. Standesbewußt legt die bürgerliche Tanzpädagogik darauf Wert, »daß nie ein Lehrer untergebne oder dienende Personen, Handwerksgesellen und dergl., die jedoch nicht jeder Tanzlehrer in Unterricht nimmt, zu den Herren und Damen in dieselbe Classe«[45] aufnimmt. Das spannungsreiche »Abgrenzungs- und Auswahldilemma«[46] prägt das merkantile Selbstverständnis freiberuflicher Tanzlehrer, die sich im kleinstädtischen Milieu der Metternichzeit zu behaupten haben. Helmke richtet sich mit seiner *Kunst, sich durch Selbstunterricht in kurzer Zeit zum feinen Weltmann und sehr geschickten Tänzer zu bilden* (1830) auch direkt an den bürgerlichen Verbraucher. Darüber hinaus führt die Einstellung von Tanz- und Sportlehrern an öffentlichen Schulen seit Beginn des 19. Jh. zur Verankerung des Tanzes im humanistischen Erziehungskanon. Als erster Tanzlehrer Schulpfortas legt Franz Anton Roller in seinem

---

42 JOHANN WOLFGANG GOETHE, Die Leiden des jungen Werther (1774), in: GOETHE (WA), Abt. 1, Bd. 19 (1899), 25, 31 f.
43 Vgl. PAUL NETTL, Mozart und der Tanz. Zur Geschichte des Balletts und Gesellschaftstanzes (Zürich/Stuttgart 1960), 49 ff.
44 ADOLPH FREIHERR VON KNIGGE, Über den Umgang mit Menschen (1788), hg. v. G. Ueding (Frankfurt a. M. 1977), 278.
45 EDUARD DAVID HELMKE, Neue Tanz- und Bildungsschule. Ein gründlicher Leitfaden für Eltern und Lehrer bei der Erziehung der Kinder und für die erwachsene Jugend, um sich einen hohen Grad der feinen Bildung zu verschaffen und sich zu kunstfertigen und ausgezeichneten Tänzern zu bilden (1829; Leipzig 1982), 133.
46 BRAUN/GUGERLI (s. Anm. 41), 240.

Systematischen Lehrbuch der bildenden Tanzkunst und körperlichen Ausbildung von der Geburt an bis zum vollendeten Wachsthume des Menschen (1843) die Verbindung des ›Nützlichen‹ und ›Schönen‹ in schulischer Bewegungserziehung nahe.[47]

4. Tanz als Metapher des Realen

Als politische Metapher hat vor allem Heinrich Heine den Tanz eingesetzt. Bei unmißverständlicher Stoßrichtung gegen die Restauration persifliert Heine im ersten Teil seiner *Reisebilder*, *Die Harzreise* (1824), die eingeschränkte Bewegungsfreiheit des deutschen Bundestags unter den Bedingungen des Wiener Kongresses. Seine Allegorese der »diplomatischen Bedeutung des Balletts« als Pirouettieren des Bundestages, als Menuett der kleinen Fürsten oder als trunkenes Schwanken im Ringen um das europäische Gleichgewicht, stellt »in getanzten Chiffern das Schicksal des deutschen Vaterlandes vor Augen«[48]. Dieser Technik einer ›getanzten Persiflage‹ bedient sich Heine auch im 5. Artikel seiner Zeitschriftenserie über *Französische Zustände* (1832), die er für die Augsburger *Allgemeine Zeitung* aus dem Pariser Exil verfaßt:

---

47 Vgl. FRANZ ANTON ROLLER, Systematisches Lehrbuch der bildenden Tanzkunst und körperlichen Ausbildung (Weimar 1843), V–X.
48 HEINRICH HEINE, Die Harzreise (1826), in: Heine, Sämtliche Schriften, hg. v. K. Briegleb, Bd. 2 (München 1969), 147 f.
49 HEINE, Französische Zustände (1832), in: Heine (s. Anm. 48), Bd. 3 (München 1971), 149 f.
50 HEINE, Lutetia. Berichte über Politik, Kunst und Volksleben (1842), in: Heine (s. Anm. 48), Bd. 5 (München 1974), 394.
51 Vgl. MAX NIEHAUS, Himmel, Hölle und Trikot. Heinrich Heine und das Ballett (München 1959); BENNO VON WIESE, Das tanzende Universum, in: von Wiese, Signaturen. Zu Heinrich Heine und seinem Werk (Berlin 1976), 134–166; KLAUS BRIEGLEB, Opfer Heine? Versuche über die Schriftzüge der Revolution (Frankfurt a. M. 1986); MÜLLER FARGUELL (s. Anm. 39), 177 f.
52 HEINE, Atta Troll (1847), in: Heine (s. Anm. 48), Bd. 4 (München 1971), 563 (Caput XXIV, 11. Str.)
53 Vgl. WINFRIED WOESLER, Heines Tanzbär. Historisch-literarische Untersuchungen zum ›Atta Troll‹ (Düsseldorf 1978), 341–345, 351 f.
54 KARL MARX, Kritik der Hegelschen Rechtsphilosophie (1843), in: MEW, Bd. 1 (1956), 381.

»Da tanzten sie nun, um zu zeigen, daß Frankreich glücklich sei; sie tanzten für ihr System, für den Frieden, für die Ruhe Europas; sie wollten die Kurse in die Höhe tanzen, sie tanzten à la hausse. Freilich manchmal, während den erfreulichsten Entrechats, brachte das diplomatische Korps allerlei Hiobsdepeschen aus Belgien, Spanien, England und Italien; aber man ließ keine Bestürzung merken, und tanzte verzweiflungsvoll lustig weiter.«[49] Besonders ihr seit 1830 in Frankreich beliebten Cancan oder Chahut stellt Heine seiner Leserschaft der *Lutetia. Berichte über Politik, Kunst und Volksleben* vom Februar 1842 als Karnevalisierung der gesellschaftlichen Reglements unter dem Bürgerkönigtum Louis-Philippes vor: »Es ist kaum begreiflich, wie das Volk unter solcher schmählichen Kontrolle seine lachende Heiterkeit und Tanzlust behält. Dieser gallische Leichtsinn aber macht eben seine vergnügtesten Sprünge, wenn er in der Zwangsjacke steckt, und obgleich das strenge Polizeiauge es verhütet, daß der Cancan in seiner zynischen Bestimmtheit getanzt wird, so wissen doch die Tänzer durch allerlei ironische Entrechats und übertreibende Anstandsgesten ihre verpönten Gedanken zu offenbaren, und die Verschleierung erscheint alsdann noch unzüchtiger als die Nacktheit selbst.«[50] Mehr noch als in seinen späteren Ballettlibrettos *Der Doktor Faust* (1847) und *Die Göttin Diana* (1854), die jene Ambivalenzthematik von Tanzlust und Totentanz als seiner kulturphilosophischen Schrift *Elementargeister* und der Novelle *Florentinische Nächte* (beide 1835) wiederaufnehmen, auch Heines journalistische Glossen gezeichnet von einer ironisch-revolutionären Ästhetik, die den Tanz als eine subversive Signatur seiner Zeit begreift.[51] Im Versepos vom tanzenden »Tendenzbären«[52] *Atta Troll* (1847) hat Heine zugleich eine Ikone der Gesinnungskritik geprägt, die die politische Dichtkunst des Jungen Deutschland ridikülisiert.[53] Diese parodistische Verwendung des Tanzes im Sinne eines politischen Gegenliedes hat Karl Marx in seiner Einleitung zur *Kritik der Hegelschen Rechtsphilosophie* (1843) auf die einschlägige Sentenz gebracht, man müsse »diese versteinerten Verhältnisse dadurch zum Tanzen zwingen, daß man ihnen die eigene Melodie vorsingt«[54]

Dem stehen vor allem in der zweiten Jahrhunderthälfte ästhetisierende Ballettbetrachtungen gegenüber, die an der ›Realismusfrage‹ wenig Interesse zeigen.⁵⁵ Nebst Charles Baudelaire, der in *La Fanfarlo* (1847) das erotische Mysterium des Tanzes als »poésie avec des bras et des jambes«⁵⁶ feiert, konzentriert sich die ästhetische Begriffsvermittlung des Tanzgeschehens in Théophile Gautiers *Salons* (1833 ff.) und Feuilletons darauf, den Rausch weiblicher Schönheit, die mythische Inszenierung tödlicher Tanzekstase (*Giselle*, 1841), das Faszinosum der Femme fatale und des Exotischen (etwa in der Figur der Salome) in professionelle Kunstkritik umzuwandeln.⁵⁷

5. Nietzsches Rhetorik des Tanzes

Durch seine facettenreiche Verwendung des Tanzbegriffes hat Friedrich Nietzsches Denken in der Folge vielfältigsten Einfluß auf Konzeptionen des Tanzes in den bildenden und darstellenden Künsten genommen. In *Die Fröhliche Wissenschaft* (1882) hat Nietzsche einer Gewohnheit Ausdruck gegeben, »im Freien zu denken, gehend, springend, steigend, tanzend«, und dabei Wertfragen als Choreographie dynamischer Denkfiguren in Szene zu setzen.»Unsre ersten Werthfragen, in Bezug auf Buch, Mensch und Musik, lauten: ›kann er gehen? mehr noch, kann er tanzen?‹«⁵⁸ In der *Götzen-Dämmerung* (1889) ruft Nietzsche die Bedeutung der Tanzerziehung im platonischen Kulturstaat in Erinnerung, wobei er ergänzt, daß auch Denken wie Tanzen gelernt sein will,»als eine Art Tanzen«:»Man kann nämlich das *Tanzen* in jeder Form nicht von den *vornehmen Erziehung* abrechnen, Tanzenkönnen mit den Füssen, mit den Begriffen, mit den Worten; habe ich noch zu sagen, dass man es auch mit der *Feder* können muss, – dass man *schreiben* lernen muss?«⁵⁹ Zur Urverwandtschaft von Tanz und Sprache äußert sich Nietzsche in seiner Frühschrift zur *Geburt der Tragödie aus dem Geiste der Musik* (1872). Im kulturhistorischen Rückgriff auf den frühgriechischen Dionysoskult läßt er den Tanz des Tragödienchors aus dionysischem Melos und apollinischem Logos hervorgehen: Was der dionysisch erregte Satyrchor in leiblicher Symbolik tanzt, stellen die apollinischen Schauspieler als sprachlich objektivierte Traumvision auf der Szene dar.⁶⁰ Diese ursprüngliche Trennung von rauschhaft-symbolischem Tanz und sprachlich repräsen-

tierendem Schein ist nach Nietzsche für Geburt und Geschichte der abendländischen Tragödie ebenso konstitutiv, wie sie sich, im Hinblick auf Richard Wagners Konzeption des Gesamtkunstwerks⁶¹, aus der Einheit von Tanz, Ton- und Dichtkunst stets aufs neue hervorzubringen hätte. »Singend und tanzend äussert sich der Mensch als Mitglied einer höheren Gemeinsamkeit: [...] Der Mensch ist nicht mehr Künstler, er ist Kunstwerk geworden.«⁶² Im menschlichen Kunstwerk des Tanzes sind Subjekt und Objekt, Tänzer und Tanz ununterscheidbar.⁶³ In der Folge bringt William B. Yeats die selbstreflexive Struktur dieser Kunstform auf den Nenner:»How can we know the dancer from the dance?«⁶⁴ Das rhetorische und stilistische Spiel mit der Selbstähnlichkeit von Subjekt und

---

55 Vgl. HORST KOEGLER, Versuche über das Realismusproblem im Ballett des 19. Jahrhunderts, in: Das Ballett und die Künste, hg. v. der Internationalen Sommerakademie des Tanzes (Köln 1981), 6–19.
56 CHARLES BAUDELAIRE, La Fanfarlo (1847), in: BAUDELAIRE, Bd. 1 (1975), 573.
57 Vgl. THÉOPHILE GAUTIER, Écrits sur la danse, hg. v. I. Guest (Arles 1995); DEIRDRE PRIDDIN, The Art of the Dance in French Literature from Théophile Gautier to Paul Valéry (London 1952), 18 f.; KLEIN (s. Anm. 41), 120 f.; GUY DUCREY, Corps et graphies. Poétique de la danse et de la danseuse à la fin du 19ᵉ siècle (Genf 1996), 265, 277.
58 FRIEDRICH NIETZSCHE, Die fröhliche Wissenschaft (1882), in: NIETZSCHE (KGA), Abt. 5, Bd. 2 (1973), 296.
59 NIETZSCHE, Götzen-Dämmerung (1889), in: NIETZSCHE (KGA), Abt. 6, Bd. 3 (1969), 103 f.
60 Vgl. NIETZSCHE, Die Geburt der Tragödie (1872), in: NIETZSCHE (KGA), Abt. 3, Bd. 1 (1972), 58 f.; MÜLLER FARGUELL (s. Anm. 39), 278 f.
61 Vgl. RICHARD WAGNER, Das Kunstwerk der Zukunft (1850), in: Wagner, Gesammelte Schriften und Dichtungen, Bd. 3 (Leipzig 1887), 67.
62 NIETZSCHE (s. Anm. 60), 26.
63 Vgl. DE MAN, Semiology and Rhetoric, in: de Man, Allegories of Reading. Figural Language in Rousseau, Nietzsche, Rilke, and Proust (New Haven/London 1979), 3–19; JOHN E. ATWELL, The Significance of Dance in Nietzsche's Thought, in: The Midwest Quarterly 25 (1984), H. 2, 129–147; NICOLAS S. HUMPHREY, Heinrich Heine und Friedrich Nietzsche. Dance as Metaphor and Rhetorical Imagery (Baltimore 1987).
64 WILLIAM B. YEATS, Among School Children (1928), in: Yeats, The Poems, hg. v. R. J. Finneran (London 1983), 217.

Objekt des Tanzes[65] demonstriert Nietzsche in *Also sprach Zarathustra* (1883–1885) in allegorischen Tanzliedern sowie im Motiv des Seiltänzers.[66] Zarathustras Aufruf, den »Geist der Schwere [zu] tödten«, ist an Selbstüberwindung und die Lehre gebunden, »dass alles Schwere leicht, aller Leib Tänzer, aller Geist Vogel werde«[67]. Seine ›Umwertung aller Werte‹ und die Anwendung einer elevatorischen Rhetorik des Tanzes auf Gegenstände der Philosophie, Politik und Gesellschaft haben Nietzsches polyperspektivischen Dynamismus zur ›Drehscheibe‹ des philosophischen Diskurses von Moderne und Postmoderne werden lassen.[68]

---

65 Vgl. JACQUES DERRIDA, La question du style, in: Nietzsche aujourd'hui?, Bd. 1 (Paris 1973), 241 f.
66 Vgl. MARION FABER, Angels of Daring. Tightrope Walker and Acrobat in Nietzsche, Kafka, Rilke and Thomas Mann (Stuttgart 1979); BÉATRICE COMMENGÉ, La danse de Nietzsche (Paris 1988); ANNEMARIE PIEPER, ›Ein Seil geknüpft zwischen Tier und Übermensch‹. Philosophische Erläuterungen zu Nietzsches erstem ›Zarathustra‹ (Stuttgart 1990).
67 NIETZSCHE, Also sprach Zarathustra (1883–85), in: NIETZSCHE (KGA), Abt. 6, Bd. 1 (1968), 45, 286.
68 Vgl. JÜRGEN HABERMAS, Eintritt in die Postmoderne: Nietzsche als Drehscheibe (entst. 1983), in: Habermas, Der philosophische Diskurs der Moderne (Frankfurt a. M. 1985), 104–129; HENK MANSCHOT, Nietzsche und die Postmoderne in der Philosophie, übers. v. C. Goldmann, in: D. Kamper/W. v. Reijen (Hg.), Die unvollendete Vernunft. Moderne versus Postmoderne (Frankfurt a. M. 1987), 478–496; GRAHAM PARKES, The Dance from Mouth to Hand, in: C. Koelb (Hg.), Nietzsche as Postmodernist. Essays Pro and Contra (New York 1990), 127–141.
69 GABRIELE BRANDSTETTER, Tanz-Lektüren. Körperbilder und Raumfiguren der Avantgarde (Frankfurt a. M. 1995), 290.
70 Vgl. WOLFGANG ROTHE, Tänzer und Täter. Gestalten des Expressionismus (Frankfurt a. M. 1979); LEONA VAN VAERENBERGH, Tanz und Tanzbewegung. Ein Beitrag zur Deutung deutscher Lyrik von der Dekadenz bis zum Frühexpressionismus (Frankfurt a. M. u. a. 1991); GREGOR GUMPERT, Die Rede vom Tanz. Körperästhetik in der Literatur der Jahrhundertwende (München 1994).
71 BRANDSTETTER/BRYGIDA M. OCHAIM, Loïe Fuller. Tanz. Licht-Spiel. Art Nouveau (Freiburg 1989), 7.
72 STÉPHANE MALLARMÉ, Ballets (1886), in: Mallarmé, Œuvres complètes, hg. v. H. Mondor/G. Jean-Aubry (Paris 1974), 304.

III. 20. Jahrhundert

1. Tanz als poetologisches Modell

Als Folge des Virtuosentums in den performativen Künsten wird das autonome Körperkunstwerk der Tänzerin, wie es auch Edgar Degas und Auguste Rodin wiederholt thematisieren, um die Jahrhundertwende zum vorherrschenden Meditationsobjekt der Theater- und Tanzästhetiker. Loïe Fuller, Isadora Duncan, Ruth St. Denis, aber auch eine gestische Schauspielerin wie Eleonora Duse gelten zu jener Zeit als paradigmatische Gestalten. Im Zeichen der Problematisierung traditioneller Kreativitätskonzepte substituiert die Tänzerin als »poetologische Modellfunktion«[69] nicht selten den klassischen Topos der Muse und verweist damit auf Prozeßcharakter und Medialität künstlerischen Schaffens der Avantgarde. Mit Schwerpunkten im Fin de siècle und im Expressionismus profiliert sich der Tanz als Medium der Sprach- und Kulturkritik in der literarischen Moderne.[70] Inbegriff eines neuartigen »synästhetischen Bewegungstheaters«[71], das Bewegung, Raum und Licht miteinander verschmilzt, ist um die Jahrhundertwende Loïe Fullers ›Serpentinentanz‹, der ein breites Wirkungsfeld in der avantgardistischen Kunstszene vom Impressionismus über den ornamentalen Jugendstil bis zum Art Nouveau entfaltet. Fullers Freitanz sprengt die Fesseln des klassischen Balletts und setzt den Körper als bewegliche Lichtskulptur in Szene. Sie bedient sich einer Lichttechnik, die bereits in den 1880er Jahren durch die ›Chronophotographies‹ von Eadweard Muybridge und Etienne J. Marey erprobt wurde.

Stéphane Mallarmé bringt in seinem Essai *Ballets* (1886) diesen tänzerischen Symbolismus auf ein zentrales Axiom: »A savoir que la danseuse *n'est pas une femme qui danse*, pour ces motifs juxtaposés qu'elle *n'est pas une femme*, mais une métaphore résumant un des aspects élémentaires de notre forme, glaive, coupe, fleur, etc., et *qu'elle ne danse pas*, suggérant, par le prodige de raccourcis ou d'élans, avec une écriture corporelle ce qu'il faudrait des paragraphes en prose dialoguée autant que descriptive, pour exprimer, dans la rédaction: poëme dégagé de tout appareil du scribe.«[72] Die stumme Gebärdenschrift des Tanzes wird in dem Maß zur kri-

tischen Negation der Schriftsprache, als sie den Schriftraum kreiert, ohne ihn zu usurpieren.[73] Für die poetische Sprachskepsis des Fin de siècle, als deren Wortführer der junge Hugo von Hofmannsthal hervortritt, wird der ephemere Tanz zum ersehnten Gegenpol: »Wir sind im Besitz eines entsetzlichen Verfahrens, das Denken völlig unter den Begriffen zu ersticken. [...] So ist eine verzweifelte Liebe zu allen Künsten erwacht, die schweigend ausgeübt werden: die Musik, das Tanzen und alle Künste der Akrobaten und Gaukler.«[74] In seinem Aufsatz *Über die Pantomime* (1911) stellt Hofmannsthal der »Sprache der Worte« eine Sprache der »reinen Gebärden« tanzender Körper entgegen: »Die Sprache der Worte ist scheinbar individuell, in Wahrheit generisch, die des Körpers scheinbar allgemein, in Wahrheit höchst persönlich. Auch redet nicht der Körper zum Körper, sondern das menschliche Ganze zum Ganzen.«[75] Daß die Sprachkritik im Tanz eine ›Rhetorik des Schweigens‹ beschwört, gilt ebenso für Hofmannsthals Tragödienschluß seiner *Elektra* (1903) – »Wer glücklich ist wie wir, dem ziemt nur eins: / schweigen und tanzen«[76] – wie für Rainer Maria Rilkes Beschreibung der »Tanzfigur« im 28. seiner *Sonette an Orpheus* (1923) als einer »unerhörten Mitte«[77]. Rilkes Poetik des Tanzes stellt Wandlung und Metamorphose ins Zentrum seiner Bewegungsgedichte und sucht »in dem Schwung der Figur nichts wie den wendenden Punkt«[78].
Das Transitorische des Tanzes ist gleichfalls Gegenstand des sokratischen Dialogs in Paul Valérys *L'âme et la danse* (1921), der die Erkenntnisfunktion fugativer Kunst zur Sprache bringt. Wie Welle und Feuer, so sei auch der Tanz ein »acte pure des métamorphoses«[79], in dem der Augenblick die Form gebäre und die Form den Augenblick sichtbar mache. Die transitorische Form des Augenblicks wird im ekstatischen Drehtanz manifest, wenn sich der Zusammenhalt der Dingwelt scheinbar auflöst und die Tänzerin in der Mitte ihrer Bewegung ruht. Diese absolute Form der Bewegung bestimmt Valéry in seiner *Philosophie de la danse* (1936) als abstrakte Idee des Tanzes, die sich auf andere Künste übertragen läßt. In einer beständigen Ablösung, Verwandlung und Entgrenzung findet sie Eingang in das Gedicht: »Commencer de dire ces vers, c'est entrer dans une danse verbale.«[80]

2. Ausdrucksdimensionen des Tanzes

Die erstrebte Emanzipation vom reinen Worttheater und die »Überwindung des toten und starren Wortweltbildes«[81] führen zu Beginn des 20. Jh. zu einer größeren Aufmerksamkeit für die optisch wirkenden Bühnenmittel, die szenische Gestaltung, Lichteffekte, Kostüm und Maske sowie für die expressive Pantomimik. Auch die egalitären Jazztänze aus Amerika, vom Foxtrott über den Shimmy bis zum Charleston, die Europa in den ›Wilden Zwanzigern‹ bewegen, werden von Heinz Pollack als *Revolution des Gesellschaftstanzes* (1922) betrachtet. In offener Opposition zur klassischen Balletttradition, die mit Serge P. Diaghilevs *Ballets Russes* (1909) noch einmal einen Höhepunkt findet, erlebt die ›Bewegungskunst‹ im Freien Tanz oder Ausdruckstanz eine epochale, wiewohl auch heterogene Neubestimmung.[82] Als Schlüsselbegriffe der frühen Reformbewegungen können ›Natur‹, ›Leben‹, ›Kosmos‹, ›Ausdruck‹ und ›Trance‹ gelten. Gemeinsame Anknüpfungspunkte

---

73 Vgl. GUMPERT (s. Anm. 70), 158 ff.; BRANDSTETTER (s. Anm. 69), 332 ff.; DUCREY (s. Anm. 57), 372 f.
74 HUGO VON HOFMANNSTHAL, Eine Monographie. ›Friedrich Mitterwurzer‹, von Eugen Guglia [Rez.] (1895), in: Hofmannsthal, Gesammelte Werke, hg. v. H. Steiner, Prosa, Bd. 1 (Frankfurt a. M. 1950), 265.
75 HOFMANNSTHAL, Über die Pantomime (1911), in: ebd., Prosa, Bd. 3 (Frankfurt 1952), 49 f.
76 HOFMANNSTHAL, Elektra. Tragödie in einem Aufzug frei nach Sophokles (1903), in: ebd., Dramen, Bd. 2 (1954), 75.
77 RAINER MARIA RILKE, Die Sonette an Orpheus (1923), in: Rilke, Sämtliche Werke, hg. v. E. Zinn, Bd. 1 (Wiesbaden 1955), 769 f.
78 Ebd., 758; vgl. DIETGARD KRAMER-LAUFF, Tanz und Tänzerisches in Rilkes Lyrik (München 1969).
79 PAUL VALÉRY, L'âme et la danse (1921), in: VALÉRY, Bd. 2 (1960), 165.
80 VALÉRY, Philosophie de la danse (1936), in: VALÉRY, Bd. 1 (1957), 1400; vgl. KÖHNE-KIRSCH (s. Anm. 3), 149 f.; GUMPERT (s. Anm. 70), 171 ff.; BRANDSTETTER (s. Anm. 69), 284–289.
81 FRITZ BÖHME, Tanzkunst (Dessau 1926), 41.
82 Vgl. GUNHILD OBERZAUCHER-SCHÜLLER (Hg.), Ausdruckstanz. Eine mitteleuropäische Bewegung der ersten Hälfte des 20. Jahrhunderts (Wilhelmshaven 1992).

finden sich bei François Delsarte im dreiteiligen System des intellektuellen, emotionalen und physischen Ausdrucksvermögens sowie bei Émile Jaques-Dalcroze im System der ›Rhythmischen Gymnastik‹, das sich mit der körperlich differenzierten Visualisierung musikalischer Strukturen durch Bewegung im Raum befaßt. Eingebettet in ein allgemeines Programm der Kultur- und Lebensreform, erneuert Jaques-Dalcroze das antike Konzept der ›Eurhythmie‹ (εὐρυθμία)[83] im Rahmen der 1912 eingeweihten Gartenstadt in Hellerau bei Dresden, wo in Zusammenarbeit mit dem Theaterreformer Adolphe Appia die Idee ›rhythmischer Plattformen‹ im ›lebenden Raum‹ des Tanztheaters realisiert wird.

Von den bedeutendsten Vertreterinnen des expressiven Tanzes, namentlich Isadora Duncan, Mary Wigman[84] und Martha Graham, wird die Relation von Körper und Raum als intuitive Ausdrucksdimension verstanden, die, ausgehend von Körpermitte und unter Betonung der Erdenschwere, Mikro- und Makrokosmos, Innen- und Außenwelt, Zentrum und Peripherie in einer organischen Entwicklung hervorbringt. So bezeichnet Wigman in ihren Reflexionen zur *Sprache des Tanzes* (1963) den Raum als »eigentlichen Wirkungsbereich des Tänzers«: »Nicht der greifbare, der begrenzte und begrenzende Raum der konkreten Wirklichkeiten, sondern der imaginäre, der irrationale Raum der tänzerischen Expansion, der die Grenzen der Körperlichkeit aufzuheben vermag und der ins Fließen gebrachten Gebärde eine scheinbare Unendlichkeit verleiht, in der sie sich zu verstrahlen, zu verströmen, zu verhauchen scheint.«[85] Der Tanz wird nicht mehr durch den konkreten Raum, sondern der imaginäre Raum durch den Tanz definiert. Der ›ekstatische Tanz‹ gilt als Paradigma einer subjektzentrierten Raumerfahrung, die eine Verbindung der Tanzenden mit den überindividuellen Kräften von Natur und Kosmos sucht. Entsprechend betonen Dreh- und Spiraltänze wiederholt die »Radianz des Körpers«[86] und erweitern den »tänzerischen Sinn«[87] getanzter Sprache über den kritisch suspendierten Logozentrismus der Schriftkultur hinaus zur künstlerisch erlebten Wirklichkeitsinterpretation.[88] »Erst in seiner räumlichen Strahlung empfängt der Tanz seine letzte und entscheidende Wirkung«, schreibt Wigman: »Denn in ihr verdichten sich seine flüchtigen Zeichen zur lesbaren und einprägsamen Spiegelschrift, in der die tänzerische Aussage zu dem wird, was sie sein soll und werden muß: *Sprache* – die lebendige, künstlerische Sprache des Tanzes.«[89]

In Form einer zyklischen ›Raumharmonielehre‹ hat Rudolf von Laban die ›Weltanschauung des Tänzers‹ in die ganzheitlich-vitalistische Konzeption seiner ›Choreosophie‹ übertragen.[90] Sie gründet im platonisch-pythagoreischen Ideengut und rekurriert auf Ludwig Klages' biozentrische Anthropologie sowie auf Henri Bergsons intuitionistischen ›élan vital‹. Fast gleichzeitig mit Rudolf Steiners anthroposophischem Tanzalphabet der ›Eurythmie‹ entwirft Laban in den 20er Jahren sein Notationssystem einer digitalen ›Tanzschrift‹, die, durch das analoge Modell des dreidimensionalen ›Ikosaeders‹ ergänzt, den *Schrifttanz* (1928) zu einer Methodik mit universalem Anspruch werden läßt.[91]

---

83 Vgl. PLATON, Rep. 7, 522a; PLATON, Prot., 326b; LUKIAN, De saltatione 72.
84 Vgl. HEDWIG MÜLLER, Die Begründung des Ausdruckstanzes durch Mary Wigman (Diss. Köln 1986).
85 MARY WIGMAN, Die Sprache des Tanzes (1963; München 1986), 12.
86 BRANDSTETTER, Elevation und Transparenz. Der Augenblick im Ballett und modernen Bühnentanz, in: C. W. Thomsen/H. Holländer (Hg.), Augenblick und Zeitpunkt. Studien zur Zeitstruktur und Zeitmetaphorik in Kunst und Wissenschaften (Darmstadt 1984), 483.
87 RUDOLF VON LABAN, Die Welt des Tänzers (Stuttgart 1920), 44.
88 Vgl. INGE BAXMANN, ›Die Gesinnung ins Schwingen bringen‹. Tanz als Metasprache und Gesellschaftsutopie in der Kultur der zwanziger Jahre, in: H. U. Gumbrecht/K. L. Pfeiffer (Hg.), Materialität der Kommunikation (Frankfurt a.M. 1988), 360–373; BRANDSTETTER (s. Anm. 69), 413–421.
89 WIGMAN (s. Anm. 85), 12.
90 Vgl. RUDOLF VON LABAN, Choreutics, hg. v. L. Ullmann (London 1966); dt.: Choreutik. Grundlagen der Raumharmonielehre des Tanzes, übers. v. C. Perrottet (Wilhelmshaven 1991), 7 f.
91 Vgl. VALERIE PRESTON-DUNLOP, Rudolf von Laban, in: Oberzaucher-Schüller (s. Anm. 82), 95–104; KLAUS THORA, Der Einfluss der Lebensphilosophie Rudolf von Labans auf das tänzerische Weltbild, in: ebd., 154–160.

3. Formalisierungen des Tanzes

Der Theatertheoretiker und Regisseur Edward Gordon Craig postuliert in seinem Aufsatz *The Actor and the Über-Marionette*, der 1908 in seiner Zeitschrift *The Mask* erscheint, eine Stilisierung darstellerischer Bewegung bis zur »symbolical gesture« eines zeichenhaft-andeutenden Gebärdenspiels. Ihm schwebt ein ›Theater der Zukunft‹ vor, worin der personifizierende Darsteller vollends durch das Maskenspiel einer »inanimate figure«[92] ersetzt würde, die sich tranceartig der vollkommenen Bewegung annähert. 1921 veröffentlicht William B. Yeats mit seinen *Four Plays for Dancers* eine Reihe von marionettenhaft-abstrakten Tanzspielen, die Craigs Theaterästhetik der Künstlichkeit mit den regelhaften Sprechgesängen und Bewegungen des japanischen Nô-Theaters verbinden.[93] Durch streng formalisierte Bewegungssprache sollen die Akteure zum kontrollierten Vorzeigen von Gefühlen und Gedanken gezwungen werden; eine distanzierende Gestik, die in ihrer objektivierenden Verfremdung auf die Dramaturgie Bertolt Brechts vorausweist, aber auch auf die Kunst der Depersonalisierung nach dem hieratischen Vorbild des balinesischen Tanztheaters durch Antonin Artaud (*Sur le théatre balinais*, 1931).

Den »bedenklichen Hang, sich zu formalisieren«[94] teilt der Tanz nach Siegfried Kracauer hinsichtlich der Skandierung von Zeit in Raumkonstruktionen mit der Reisekultur. »Was tanzt, will anders werden und dahin abreisen«, hat dem Ernst Bloch in *Das Prinzip Hoffnung* nachgetragen: »Das Fahrzeug sind wir selbst.«[95] Die Formalisierung des Tanzes in den 20er Jahren steht im Zusammenhang einer beschleunigten sozialen Mobilität sowie der Taylorisierung von Arbeitsprozessen.[96] Sie spiegelt sich sowohl in der futuristischen Fasziniertheit angesichts technisierter Geschwindigkeit wie in der kubistischen Zerlegung von Bewegungsabläufen oder in den dadaistischen Zerstückelungsexperimenten der ›Lettres dansantes‹.[97] Im Kontext einer konstruktivistischen Ästhetik hat Vsevolod E. Mejerchol'd die Techniken moderner Industriearbeit mit denjenigen der darstellenden Künste parallelisiert: Studium und Inszenierungen des Tanzes folgen den ›Gesetzen der Biomechanik‹, mit dem Ziel, unproduktive Bewegung zu eliminieren.[98] Im Brennpunkt der ›Neuen Sachlichkeit‹ auf der Bühne stehen die *Bauhaustänze* Oskar Schlemmers. Die Figurinen seines *Triadischen Balletts* (1922) stellen eine kinetische Ganzkörpermaske dar und bewegen sich mechanistisch im Umfeld einer geometrischen Raumlineatur. Schlemmers analytisch-konstruktivistischer Raum- und Bewegungsbegriff prägt sich in seiner Konzeption einer ›Tänzerischen Mathematik‹ aus: »Die Gesetze des kubischen Raumes sind das unsichtbare Liniennetz der planimetrischen und stereometrischen Beziehungen. Dieser Mathematik entspricht die dem menschlichen Körper innewohnende Mathematik und schafft den Ausgleich durch Bewegungen, die ihrem Wesen nach *mechanisch und vom Verstand* bestimmt sind.« Die abstrakten Funktionsgesetze zwischen Körper und Raum nehmen in einer »wandelnden Architektur«[99] von Modellkostümen Gestalt an, deren Entstehung veranschaulicht wird, »stellt man sich den Raum mit einer weichen plastischen Masse gefüllt vor, in der die Stadien des tänzerischen Bewegungsablaufes sich als negative Formen verhärten«[100]. Hinter den Bühnenexperimenten des Bauhauses

---

92 EDWARD GORDON CRAIG, The Actor and the Über-Marionette (1908), in: Craig, On Movement and Dance, hg. v. A. Rood (New York 1977), 40, 50.
93 Vgl. GUMPERT (s. Anm. 70), 117.
94 SIEGFRIED KRACAUER, Die Reise und der Tanz (1925), in: KRACAUER, Bd. 5/1 (1990), 290.
95 ERNST BLOCH, Das Prinzip Hoffnung (entst. 1938–1947; ersch. 1954–1959), in: BLOCH, Bd. 5 (1959), 456.
96 Vgl. SIEGFRIED GIEDION, Mechanization Takes Command (Oxford 1948).
97 Vgl. LEONETTA BENTIVOGLIO, Danza e futurismo in Italia. 1913–1933, in: La danza italiana I (1984), 61–82; BRANDSTETTER (s. Anm. 69), 386–413, 424–432.
98 Vgl. VSEVOLOD E. MEJERCHOL'D, Aktër buduščego (1922), in: Mejerchol'd, Stat'i, pis'ma, reči, besedy, Bd. 2 (Moskau 1968), 488; dt.: Der Schauspieler der Zukunft und die Biomechanik, übers. v. H. Hawemann, in: Mejerchol'd, Theaterarbeit 1917–1930, hg. v. R. Tietze (München 1974), 75.
99 OSKAR SCHLEMMER, Mensch und Kunstfigur, in: Schlemmer/L. Moholy-Nagy (Hg.), Die Bühne im Bauhaus (München 1925), 13, 16.
100 SCHLEMMER, Tänzerische Mathematik, in: P. Stefan (Hg.), Tanz in dieser Zeit (Wien/New York 1926), 34.

steht keine naive Technikbegeisterung, sondern die »Erkenntnis des Unmechanisierbaren«[101] aus einer dialektischen Bestimmung der unaufhaltsamen Mechanisierungsprozesse am menschlichen Körper.

4. Tanz als Gesellschaftsutopie

Der Tanz als Gesellschaftsutopie, als Ausdruck einer Arbeits- und Volksgemeinschaft, wie sie sich bereits beim Theaterreformer Georg Fuchs in *Der Tanz* (1906) als »Kultform«[102] der Massen abzeichnet und von Havelock Ellis in *The Dance of Life* (1923) zum kulturphilosophischen Monismus erhoben wird, erlebt in der Zwischenkriegszeit durch die Synthese von Kult- und Arbeitsbewegung seine größte Verbreitung. Als »neuen Kulturfaktor«[103] begrüßt John Schikowski in *Der neue Tanz* (1924) die Solidaritätserfahrung im Rhythmus des kollektiven Tanzes, während Rudolf Bode den »Rhythmus als Lebensanschauung« zelebriert, die den gymnastischen Gruppentanz gegen das »metrische Prinzip«[104] von Technik und Intellekt profiliert. Von Labans chorischem Gesamtkunstwerk über die ›Bewegungschöre‹ der kommunistischen Agit-Prop-Gruppen bis hin zu den Massenornamenten der Revuetheater[105] etablieren sich Basistechniken der Massenchoreographie, an die eine totalitäre Inszenierung der Volksgemeinschaft anknüpfen kann, die den »rhythmischen Faktor« zur Verbindung »aller Glieder des Volkes«[106] einsetzt.

5. Zeitgenössische Tanzästhetiken

Die Tanzästhetiken der Nachkriegszeit können mit Ludwig Wittgenstein als unterschiedliche Sprachspiele der »*Vorstellung* des Tanzens«[107] begriffen werden. Die konzeptionelle ›Metaerzählung‹ (Jean-François Lyotard) tritt hinter das jeweilige Darstellungsexperiment mit Tanzkonzepten, -stilen und -traditionen zurück. Sei es, daß ein Vokabular von Ornamenten neoklassisch inszeniert (George Balanchine) oder die Theatralik der Stile zur Erfahrung der Alterität wird (Maurice Béjart), sei es, daß Montage- und surreale Verwandlungstechniken die Kombinierbarkeit von Material und Geste thematisieren, abstrahieren bzw. negieren (Gerhard Bohner): Stets bleibt die Avantgarde der konzeptionellen Durchbrechung verpflichtet. Dem stehen jugendkulturelle Musik- und Tanzformen gegenüber, vom Rock'n Roll der 50er über den Rap der 80er bis zum Techno der 90er Jahre, deren Kennzeichen eine zunehmende Individualisierung sowie die rasche Kommerzialisierung durch die Kulturindustrie ist. Im Bereich des Kunsttanzes weicht das Narrative und Mimetische dem aleatorischen Spiel mit Wiederholungen (Merce Cunningham, Trisha Brown), der kritischen Isolation von getanzten Trivialmythen (Pina Bausch) und der mechanischen Reduktion im ›Minimal Dance‹ (Phil Glass) bis hin zur Intermittierung der Zeitkünste in Intervallen, Lücken und der bewegungslosen Stille (John Cage).[108] Medialität und Virtualität markieren als Trendbegriffe das Problemfeld, dem sich die experimentelle Tanzpraxis am Ende des 20. Jh. durch elektronische Kompositionstechnik, Videokunst und Computersimulation stellt. Die gegenwärtige Konstitution des Tanzes in der Selbstbeobachtung setzt der Choreograph William Forsythe 1984 in Analogie zum Wörterbuch: »ein Buch, in dem sich die Sprache selbst beschreibt«.[109]

---

101 SCHLEMMER (s. Anm. 99), 7.
102 GEORG FUCHS, Der Tanz (Stuttgart 1906), 7.
103 JOHN SCHIKOWSKI, Der neue Tanz (Berlin 1924), 4.
104 RUDOLF BODE, Rhythmus und Körpererziehung (Jena 1923), 63, 35.
105 Vgl. REINHARD KLOOSS/THOMAS REUTER, Körperbilder. Menschenornamente in Revuetheater und Revuefilm (Frankfurt a. M. 1980).
106 BÖHME, Deutscher Tanz und Volkstanz (1934), zit. nach Marion Kant/Lilian Karina, Tanz unterm Hakenkreuz. Eine Dokumentation (Berlin 1996), 127; vgl. HENNING EICHBERG u. a., Massenspiele. NS-Thingspiel, Arbeiterweihespiel und olympisches Zeremoniell (Stuttgart 1977).
107 LUDWIG WITTGENSTEIN, Philosophische Untersuchungen (1953), in: Wittgenstein, Werkausgabe, Bd. 1 (Frankfurt a. M. 1989), 387.
108 Vgl. BRANDSTETTER, Intervalle. Raum, Zeit und Körper im Tanz des 20. Jahrhunderts, in: M. Bergelt/H. Völckers (Hg.), Zeit-Räume (München 1991), 225–270; HANNE SEITZ, Räume im Dazwischen. Bewegung, Spiel und Inszenierung im Kontext ästhetischer Theorie und Praxis. Grundlegung einer Bewegungsästhetik (Essen 1996).
109 WILLIAM FORSYTHE [Interview], Gutes Theater ganz anderer Art, in: Ballett International 7 (1984), H. 8, 9.

Zusammenfassung

Die flüchtige Zeitkunst des Tanzes hat im philosophischen Diskurs nach Platon, der ihm großen erzieherischen Wert beimißt, bis zu seiner Aufwertung bei Herder, Schiller, Hegel und Nietzsche wenig Beachtung gefunden. Erst durch seine wissenschaftliche Beschreibung und die elaborierte choreographische Notation zu Beginn des 18. Jh. wird der Tanz auch Gegenstand semiotischer Untersuchungen. Im Kanon der schönen Künste findet er gegen Ende des 18. Jh. in seiner Eigenschaft Aufnahme, zwischen Kunst und Natur, Regel und Freiheit, Gestus und Emotion, überhaupt zwischen bildenden und darstellenden Künsten zu vermitteln. Der Übergang vom Menuett zum Walzer und Cancan spiegelt eine gewandelte Körper- und Bewegungskultur der bürgerlichen Gesellschaft; sie profiliert einerseits das Virtuosentum auf der Bühne, andererseits eine sittliche Tanzpädagogik. Der Tanz wird zur politischen Metapher (Heine), zur Figur dynamischen Denkens (Nietzsche), schließlich nach der Jahrhundertwende zum Medium poetologischer Reflexion. Mit dem Aufbrechen der klassischen Ballettnormen und dem Aufkommen des Jazz avanciert der Tanz zum Leitbegriff der ›Wilden Zwanziger‹; in Theorie und Praxis werden in der ersten Hälfte des 20. Jh. nebst dem autonomen Körperkunstwerk die Ausdrucksdimensionen des Subjekts erprobt, ebenso die konstruktivistische Formalisierung und die Ästhetisierung von Massenchoreographien. Die Nachkriegszeit weist eine Differenzierung von jugendkultureller und experimenteller Tanzkultur auf. Der postmoderne Tanz begreift die historischen und gegenwärtigen Tanzkonzeptionen als Material seiner Inszenierung.

Roger W. Müller Farguell

Literatur
BAXMANN, INGE, ›Die Gesinnung ins Schwingen bringen‹. Tanz als Metasprache und Gesellschaftsutopie in der Kultur der zwanziger Jahre, in: H. U. Gumbrecht/K. L. Pfeiffer (Hg.), Materialität der Kommunikation (Frankfurt a. M. 1988), 360–373; BRANDSTETTER, GABRIELE, Tanz-Lektüren. Körperbilder und Raumfiguren der Avantgarde (Frankfurt a. M. 1995); COHEN, MARSHALL/ COPELAND, ROGER (Hg.), What is Dance? Readings in Theory and Criticism (New York 1983); DERRA DE MORODA, FRIDERICA, The Dance Library 1480–1980. A Catalogue (München 1982); DUCREY, GUY, Corps et graphies. Poétique de la danse et de la danseuse à la fin du 19ᵉ siècle (Genf 1996); GUMPERT, GREGOR, Die Rede vom Tanz. Körperästhetik in der Literatur der Jahrhundertwende (München 1994); JESCHKE, CLAUDIA, Tanzschriften. Ihre Geschichte und Methode. Die illustrierte Darstellung eines Phänomens von den Anfängen bis zur Gegenwart (Bad Reichenhall 1983); KOCH, MARION, Salomes Schleier. Eine andere Kulturgeschichte des Tanzes (Hamburg 1995); KLEIN, GABRIELE, FrauenKörperTanz. Eine Zivilisationsgeschichte des Tanzes (Weinheim/Berlin 1992); KÖHNE-KIRSCH, VERENA, Die ›schöne Kunst‹ des Tanzes. Phänomenologische Erörterung einer flüchtigen Kunstart (Frankfurt a. M. u. a. 1990); MÜLLER FARGUELL, ROGER W., Tanz-Figuren. Zur metaphorischen Konstitution von Bewegung in Texten. Schiller, Kleist, Heine, Nietzsche (München 1995); SCHEPER, DIRK, Oskar Schlemmer. Das Triadische Ballett und die Bauhausbühne (Berlin 1988); SEITZ, HANNE, Räume im Dazwischen. Bewegung, Spiel und Inszenierung im Kontext ästhetischer Theorie und Praxis. Grundlegung einer Bewegungsästhetik (Essen 1996); SORELL, WALTER, Der Tanz als Spiegel der Zeit. Eine Kulturgeschichte des Tanzes (Wilhelmshaven 1985).

Techniken, künstlerische

(griech. τέχναι; lat. artes; engl. artistic techniques; frz. techniques artistiques; ital. tecniche artistiche; span. técnicas artísticas; russ. художественные средства, художественные техники).

I. Sein als Physis; II. Sein als Vorstellung; III. Sein als Technik

Künstlerische Techniken heißen im folgenden Aufriß, der ihre europäische Geschichte entwirft, wissensgesteuerte Verfahrensweisen beim Schaffen von Werken, die anders als Inhalte gelehrt und formalisiert werden können, unter den hochtechnischen Bedingungen von heute also auch automatisiert. Nun entzieht sich aber nicht nur der Gehalt oder Sinn, wo es ihn denn gibt, seiner Technisierung, sondern auch und gerade der Sachverhalt, daß jene künstlerischen Techniken selbst mehrfache Wandlungen durchlaufen haben, versperrt sich einer technisierenden Erfassung. Sie können daher nur als Ereignisse innerhalb einer langen Geschichte zureichend beschrieben werden.

I. Sein als Physis

Wie alle anderen Worte, die zu denken geben, sind auch Kunst und Technik Gaben der Griechen. Entscheidend aber bleibt, daß auf griechisch Kunst und Technik nicht wie in der Neuzeit auseinanderfallen, was künstlerische Techniken fast tautologisch klingen läßt. Denn im Begriffsumfang reicht das Wort τέχνη (technē), dessen Wurzel so etwas wie ›zimmern‹ auf deutsch besagt, von der höchsten prophetischen Zukunftsschau bis zu Künsten wie Dichtung oder Plastik, vom Alltag der Handwerke bis zum Negativkompositum für Schwarzkunst und »Betrügerei« (κακοτεχνίην)[1].

Die Griechen scheinen auch die ersten zu sein, welche die Frage nach dem göttlichen, fremdländischen oder griechischen Ursprung jeder einzelnen Kunst und Technik aufgeworfen haben. So wetteifern Kadmos, Palamedes[2], Prometheus, aber auch Platons Ägypter Theut und selbst die Musen um den Ruhm, das griechische Vokalalphabet, diese Grundlage europäischer Dichtung und Wissenschaft, erfunden zu haben. Allen elementaren Kulturtechniken und (gegebenenfalls) Künsten entsprechen daher Stifter oder Stifterinnen: Prometheus dem Feuer, Hermes der Leier, Athena der Flöte, Hephaistos dem Schmiedehandwerk.[3] In diesem Sinn kommt mit den Griechen die Frage selbst auf, wie künstlerische Techniken auf die Welt gekommen sind.

---

1 HERAKLIT, B 129, in: Die Fragmente der Vorsokratiker, hg. u. übers. v. H. Diels/W. Kranz, Bd. 1 (Berlin ⁷1954), 181.
2 Vgl. BARRY B. POWELL, Homer and the Origin of the Greek Alphabet (Cambridge u. a. 1991), 5 f., 233–236.
3 Vgl. REIMAR MÜLLER, Die Entdeckung der Kultur. Antike Theorien über Ursprung und Entwicklung der Kultur von Homer bis Seneca (Düsseldorf/Zürich 2003), 43, 73–76.
4 Vgl. ARISTOTELES, Phys. 2, 8, 199a15–17.
5 Vgl. XENOPHON, Lak. pol. 1, 3.
6 Vgl. JOHANN BECKMANN, Entwurf einer allgemeinen Technologie (Leipzig/Göttingen 1806).
7 ARISTOTELES, Phys. 2, 3, 195a17.

Schon darum umfaßt τέχνη alles, was im Gegensatz zur φύσις (physis, Natur), und das heißt zum κόσμος (kosmos, Welt[all]), nicht von sich selbst her aufgeht, dessen Wesen oder Zweck die Griechen aber eben deshalb als Nachahmen (μίμησις, mimēsis) dieser physis bestimmen. Τέχνη verfügt nicht einfach wie νόμος (nomos), die Satzung, über ein Handeln (πρᾶξις, praxis), sondern setzt Seiendes ins Werk, das – nach der klassischen Bestimmung bei Aristoteles – Natürlichem entweder nachgebildet ist oder es einem Endzweck zuführt, den die Natur selbst nicht erreicht hätte[4]: Sie heißt daher ein Machen (ποίησις, poiēsis) im weiten, nicht auf Poesie beschränkten Sinn. Wenn dieses Machen – wie bei freien Musikern und Dichtern, Bildhauern und Architekten – wahrhaft Neues sein läßt, kommt den Künstlern derselbe Ruhm zu wie Erfindern; wenn es bloß Werkstoffe handwerklich behandelt, sinkt es herab zum Gegensatz von jener ποίησις, die in der φύσις (physis) selbst wirkt: der Zwiefalt von Zeugen und Gebären. Aus dieser dienenden Funktion der Technik, die ja in der Antike immer auch Sklavenarbeit einschloß, folgt umgekehrt, daß freie griechische Städte – wie Xenophon über Zweck und Ziel von Spartas Gesetzen angibt – auf τεκνοποιία (teknopoiia), dem Kindermachen, gründen[5], moderne Staaten und Wirtschaften seit etwa 1800 dagegen nach Johann Beckmanns Wortprägung – auf Technologie.[6]

Es war Aristoteles, der den Begriff künstlerischer Technik – bezeichnenderweise am Beispiel des Erzgusses von Götterbildern – maßgeblich bestimmt hat. In ihrer Geschiedenheit vom natürlichen Zeugen ins Werden schließen alle Techniken oder Künste ein Wissen ein. Handwerkern und Künstlern muß im vorhinein der Anblick dessen vorschweben, was ihr Werk nach seiner Vollendung sein wird. Das erhebt sie oder leitende Künstler zwar zu Architekten, aber nicht zu neuzeitlichen Schöpfern oder Genies. Der Macher bleibt vielmehr nur eine unter vier Ursachen (αἴτια bzw. αἰτίαι), die im vollendeten Gebilde am Werk gewesen sind: der »Stoff« (ὕλη[7]) und die geschaute »Form« (εἶδος – 194b26), der Ausgang vom »Urquell« (ἀρχή – 194b29) oder Werkenden her und schließlich oder zuhöchst der Hingang auf den »Zweck« (τέλος – 194b32), wie er das Einzelding zu seiner Wirklichkeit (ἐνέργεια, energeia) bringt. Denn schon weil der Bewirkende ebensogut Polyklet heißen kann wie »Bildhauer« (ἀνδριαντοποιός – 195a34) schlechthin, sind Künstler bei den Griechen weder Autoren noch Genies (im Doppelwortsinn von inspiriertem ›genius‹ und technischem ›ingénieur‹).

Die Weise, in der solches Wissen vorgeht, vorliegt und weitergegeben wird, bleibt in den griechischen Besprechungen der τέχνη daher oft unterbestimmt. Denn mit einer einzigen Ausnahme ist es freien Bürgern im Gegensatz zu Sklaven und Handwerkern (βάναυσοι, banausoi) untersagt, technisch zu arbeiten. Diese Ausnahme folgt unmittelbar aus der griechischen Erfindung des einzigen Alphabets, das seit 800 v. Chr. die Laute einer Sprache einschließlich aller Vokale einzeln anschreibt, seit etwa 570 gleichfalls die Zahlen und schließlich in Ausnahmefällen auch musikalische Tonhöhen. Das Vokalalphabet als Verschriftung von *Ilias* und *Odyssee*, und zwar noch zu Lebzeiten ihres mündlichen Sängers[8], bleibt mithin die elementare oder basale Technik, die allem Kunstschönen seitdem zugrunde liegt. Buchstaben (γράμματα, grammata) sind abzählbare Elemente (στοιχεῖα, stoicheia), die Sein und Denken zueinander halten und damit denken heißen, lang bevor sich auch die φύσις (physis) den Griechen in Elemente gliedert. Deshalb gibt jeder Schauspieler unter attischer Sonne seinen Zuschauern sehr schlicht zu hören, welche Kunst und Lust es ist, die Buchrolle einer Tragödie oder Komödie gelesen und auswendig behalten zu haben.[9] Aus demselben Grunde schickt es sich für freie junge Männer, diesen ›Kreis‹ des Griechenalphabets lang vor ihren Kampfspielarten zu erlernen: als γραμματική τέχνη (grammatikē technē) das Lesen und Schreiben, als ἀριθμητική (arithmētikē) das Rechnen mit Zahlen, als γεωμετρική (geōmetrikē) das Bilden beschrifteter Figuren und schließlich als ἁρμονία (harmonia) schlechthin das Singen, Tanzen und Leierspiel.

Erst Aristoteles, mit dem die mathematische Neigung des Denkens abbricht, setzt das gründende Wissen von der ἁρμονία zu einer unter vielen gleichrangigen Wissensformen herab, wenn er etwa Harmonik und Optik (ἁρμονική und ὀπτική [τέχνη]) auf dieselbe Ebene rückt.[10] Der ehrwürdige Name ἁρμονία, den eine Tochter von Liebe und Krieg auch selbst führt[11], steht dabei für das älteste technische Wissen der Griechen: Das heutige Unteritalien hieß nur darum Großes Griechenland, weil Pythagoras von Samos und seinen ersten Schülern daselbst die Entdeckung gelang, daß die acht Töne der Leier zueinander in harmonischen Beziehungen stehen, oder griechischer gesagt, Verhältnisse (λόγοι) zwischen den kleinsten natürlichen Zahlen darstellen: Die Oktave (ἁρμονία) als Zweiteilung einer schwingenden Saite ist ein Durchgang durch ein Ganzes (διὰ πασῶν)[12], im Doppelschritt einer Quinte und einer Quarte zusammenkommt (2:1 = 3:2 × 4:3)[13] und am Kanon (dem späteren Monochord) ebenso praktisch wie mathematisch aufweisbar und unterweisbar wird. Die Kithara also, nicht etwa Platons spätere mythische Sphärenharmonie zwischen Sonne, Mond und fünf Planeten, hat Europas Kunst ihr erstes ›epistemisches Ding‹[14] geschenkt.

Es gibt daher keine Technik, auch nicht gerade in den Künsten, die ohne Wissen von Zahlen ihr Werk bewirken könnte. Solange die griechische Dichtung von Saiteninstrumenten begleiteter Gesang bleibt, gelten die Maßzahlen in Harmonie und Rhythmus gleichermaßen für epische Vorträge, Hymnen und Dramenchöre. Auch die Tempelarchitektur, zumal in pythagoreischen Unteritalien, setzt einfache ganzzahlige Verhältnisse in Stein, und das selbst an Gebäudeteilen, die den Tempelbesuchern verborgen bleiben. Erst bei Versuchen, solche Verhältnisse (λόγοι) wie im Fall des Bildhauers Polykleitos) auf den Menschenleib oder (im Fall der Steinchenfiguren des Pythago-

---

8 Vgl. POWELL (s. Anm. 2), 221–237.
9 Vgl. JESPER SVENBRO, Phrasikleia. Anthropologie de la lecture en Grèce ancienne (Paris 1988), 190–198.
10 Vgl. ARISTOTELES, Metaph. 13, 3, 1078a14.
11 Vgl. JOHANNES LOHMANN, Der Ursprung der Musik (1959), in: Lohmann, Musikḗ und Logos. Aufsätze zur griechischen Philosophie und Musiktheorie, hg. v. V. Giannarás (Stuttgart 1970), 51.
12 Vgl. ebd., 82, 39.
13 Vgl. ebd., 46, 63, 84.
14 Vgl. HANS-JÖRG RHEINBERGER, Experimentalsysteme und epistemische Dinge. Eine Geschichte der Proteinsynthese im Reagenzglas (Göttingen 2001).

reers Eurytos[15]) auf die Form (εἶδος) von Lebewesen wie Pferd und Mensch zu übertragen, versagen die Mittel griechischer Geometrie und Arithmetik. Aus eben diesem Grund prägt Aristoteles sein Begriffspaar von Form (εἶδος) und Stoff (ὕλη), das – jeder mathematischen Bestimmtheit bar – dennoch die Ästhetiken vor Heidegger nachhaltig bestimmt hat. Zumal Dichtern und Malern bleibt seit Aristoteles' Lehrer Platon alles Wissen von den Dingen, die sie darstellen, abgesprochen und nur das immanent technische belassen, Nachahmungen oder »Schattenbilder« sinnlicher Dinge anfertigen zu können (εἰδώλου δημιουργός)[16], die aber schon ihrerseits unsinnliche Ideen nachahmen. (Noch für Hegel erweist das »Produzieren«, sofern es »ein mit technischem Verstande und mechanischen Äußerlichkeiten beschäftigtes Arbeiten« ist, den »Künstler« als »den Meister« jenes »Gottes«, den das »Kunstwerk« als »Werk der freien Willkür«[17] doch ehren soll.) Solche Verfahren entfaltet die hellenistische Philosophie in ihren Grammatiken, Poetiken und Rhetoriken, ohne sie allerdings Techniken zu nennen. Wenn Aristoteles' *Poetik*, bezeichnend genug, mathematisch-musikalische λόγοι in sprachliche überführt und die Metapher, mit der Empedokles »das Alter ›Abend des Lebens‹« (τὸ γῆρας ἑσπέραν βίου)[18] nennt, aus dem Verhältnis des Abends zum Tag das des Alters zum Leben herleitet, klärt sie eine lediglich poetische oder auch rhetorische Figur, keine künstlerische Technik.

Bis ins Hochmittelalter bleiben Grammatik, Dialektik und Rhetorik die drei elementaren unter sieben freien Künsten, während die Poetik ein Schattendasein fristet. Erst das anschließende, auf eine Vierteilung der Mathematik als Wissen »über Geometrie, Zahlen (Arithmetik) und Sphärik und [...] Musik« (περὶ γαμετρίας καὶ ἀριθμῶν καὶ σφαιρικᾶς καὶ [...] μωσικᾶς)[19] durch den Pythagoreer Archytas von Tarent zurückgehende Quadrivium erweitert dieses ›triviale‹ Trivium um wahrhafte Wissenschaften, die mit den Zahlen auch Techniken einschließen: Musik und Arithmetik, Astronomie und Geometrie.[20] Andere Kunsttechniken außer dem Singen und Sagen übergeht die europäische Universität, bevor im späten 18. Jh. Archäologie und Kunstgeschichte aufkommen. Nicht zufällig entwickelt Guido von Arezzo um 1020, als Neubeginn gegenüber den Griechen, unser Notenliniensystem, tritt um 1220 an die Stelle des alten Wortes ›list‹ (Geschick) ›kunst‹ im spätlateinischen Doppelsinn von ars und scientia.

II. Sein als Vorstellung

In dieser langen Latenzzeit, die künstlerische Techniken vom Hellenismus bis ins Hochmittelalter umhüllt hat, gibt es allerdings Ausnahmen: Mechanik und Architektur. Die Mechanik lehrt seit Archytas von Tarent, ihrem pythagoreischen Begründer, das diagrammatische Entwerfen »mit der geometrischen Zeichnung« (διαγράμματι γεωμετρικῶι)[21] nicht bloß von Werkzeugen wie etwa der Kithara, sondern von Maschinen (lateinisch machina geht unmittelbar auf dorisches, d. h. unteritalisches μαχανά zurück, nicht auf ionisch-attisches μηχανή, das noch lange die Grundbedeutung List bewahrt und damit Athens technischen Rückstand belegt), wie sie seit Heron von Alexandria ins Theater einziehen. Trotz Platons Verbot, mathematische Gesetze in irdischen Materialien zum Laufen zu bringen, reißt die Überlieferungskette von Archytas – dessen »zum Nutzen der ganzen Menschheit für alle Ewigkeit« (ad omnium utilitatem perpetuo)[22] erarbeitete Gedanken Vitruv zufolge mehr Würdigung verdienen als die schnell

---

15 Vgl. ARISTOTELES, Metaph. 14, 5, 1092b10–13.
16 PLATON, Rep. 10, 599d; dt.: Der Staat, übers. v. O. Apelt (Leipzig 1923), 395.
17 HEGEL, Enzyklopädie der philosophischen Wissenschaften (1817), in: HEGEL (TWA), Bd. 10 (1970), 369 (§ 560).
18 ARISTOTELES, Poet. 21, 1457b24; dt.: Poetik, griech.-dt., hg. u. übers. v. M. Fuhrmann (Stuttgart 1982), 69.
19 ARCHYTAS, B 1, in: Diels/Kranz (s. Anm. 1), 432.
20 Vgl. ERNST ROBERT CURTIUS, Europäische Literatur und lateinisches Mittelalter (1948; Bern ⁴1963), 46–67.
21 ARCHYTAS, A 1, in: Diels/Kranz (s. Anm. 1), 421.
22 Vgl. VITRUV, De architectura 9, Vorrede, 15; dt.: Zehn Bücher über Architektur, lat.-dt., hg. u. übers. v. C. Fensterbusch (Darmstadt ⁴1987), 411.

verwelkenden Lorbeeren und Körper der Sportler
– zu Archimedes von Syrakus nicht ab[23], bis sie bei
Vitruv, der auch zwischen einfachen aristotelischen
Werkzeugen und Archytas' Maschinen unterscheidet[24],
die römische Baukunst durchdringt:
in den Kampfmaschinen der gallischen Kriege
nicht minder als in den Prachtbauten des Augusteischen
Friedens. Ohne mathematisch-technisches
Wissen wäre die Kuppel des Pantheons nie errichtet
worden.

Viele Indizien sprechen nun aber dafür, daß die
frühe Neuzeit gerade darin Epoche gemacht hat,
musikalisches oder architektonisches Wissen auf
andere Künste zu übertragen. Filippo Brunelleschi
verläßt die Zunft der Florentiner Goldschmiede,
also eine ars mechanica, um nach Jahren privater
Mathematikstudien um 1420 erstens die Kuppel
von Santa Maria del Fiore zu konstruieren und
zweitens die Architektur von San Giovanni ins erste
linearperspektivische Tafelbild der Geschichte
zu bannen.[25] Leon Battista Alberti, Brunelleschis
adliger Freund und Schüler, legt 1435 oder 1436
mit *Della Pittura* den ersten konstruktiven Traktat
über Linearperspektive vor, um auch das niedrige
Handwerk der Maler – nach den Leitbildern euklidischer
Optik und mittelalterlicher Musik – in
eine technisch begründete, also freie Kunst zu
überführen.[26] Im Jahr 1596 schließlich verwirft Simon
Stevin die ganzzahlig reinen Tonverhältnisse
der Pythagoreer, um alle elf chromatischen Töne
einer Oktave auf dasselbe irrationale Intervall zu
stimmen (›temperieren‹), was Musizieren in beliebigen
Dur- oder Moll-Tonarten überhaupt erst erlaubt.[27]
Seitdem umfassen Künste vor allen anderen
jene Dreiheit, die Hegel mit gutem Recht romantisch
nannte: Malerei, Musik und Dichtung. Ihrer
aller Einheit stellt seit 1600 die Guckkastenoper
dank perspektivischer Kulissen, arioser Primadonnen
und generalbaßbegleiteter Rezitative zunächst
Fürstenhochzeiten und nachmals Bürgerfesten vor.
Was die Ästhetiken des deutschen Idealismus allerdings
verdunkeln, seitdem Kants *Kritik der Urtheilskraft*
das Dichten zur höchsten, nämlich dem
Denken nächsten Kunst ernannt hat[28], sind jene
künstlerischen Techniken, ohne die kein Tafelbild
und keine Symphonie zustande kämen. An die
Stelle von Stilen, wie sie die Griechen zumal in
der Tempelarchitektur unterschieden, sind Standards
wie Linearperspektive oder gleichschwebende
Temperatur getreten, deren Algorithmen
dann ganze Künstlergenerationen mehr oder minder
unbewußt befolgen mußten. (Es hat drei Jahrhunderte
gebraucht, bis die Kunstgeschichte Vermeers
Tafelbildern, den schönsten von der Welt,
die Camera obscura aller Perspektive nachgewiesen
hat.) Seit Alberti (wie nach ihm Dürer) Gutenbergs
Buchdruck ausdrücklich begrüßt und überdacht
hat, schließen solche Standards immer auch
technische Zeichnungen ein, wie erst das Medium
Buchdruck sie fehlerlos vermassen kann.[29] Seit
Kepler und Descartes geben solche Diagramme
zudem zu wissen, welche Geometrie sowohl der
Camera obscura als auch dem perspektivischen
Sehen zum Grund liegt, welche Algebra sowohl
dem instrumentalen Akkord wie dem musikalischen
Hören. Es wird daher möglich, künstlerische
Techniken wie auch tierische Organe als Maschinen
statt als bloße Werkzeuge zu denken und den
Begriff des Arbeitssklaven zu verabschieden. (Deshalb
ersetzen an den Musikinstrumenten Silber,
Messing, Stahl immer mehr das Pflanzliche und

---

23 Vgl. PLUTARCH, Marcellus 14, 6–15.
24 Vgl. VITRUV, De architectura 10, 1, 3; dt. 461.
25 Vgl. SAMUEL EDGERTON JR., The Heritage of Giotto's
Geometry: Art and Science on the Eve of the
Scientific Revolution (1991; Ithaca/London ²1993);
JACQUES LACAN, Le séminaire, hg. v. J.-A. Miller,
livre 7: L'éthique de la psychanalyse (entst. 1959–
1960) (Paris 1986), 160–163.
26 Vgl. MARCEL BACIC, The Birth of Perspective from
the Spirit of Music, in: Perspektíva/Perspective
[Ausst.-Kat.], hg. v. d. Kunsthalle Budapest (Budapest
2000), 251–260.
27 Vgl. SIMON STEVIN, Vande Spiegheling der Singconst
(entst. 1585)/On the Theory of the Art of Singing,
niederl.-engl., hg. u. übers. v. A. D. Fokker, in: Stevin,
The Principal Works, hg. v. E. Crone u. a., Bd. 5
(Amsterdam 1966), 422–459.
28 Vgl. KANT, Kritik der Urtheilskraft (1790), in: KANT
(AA), Bd. 5 (1908), 326–330 (§ 53).
29 Vgl. MARIO CARPO, L'architettura dell'età della
stampa. Oralità, scrittura, libro stampato e riproduzione
meccanica dell'immagine nella storia delle teorie
architettoniche (Mailand 1998); engl.: Architecture
in the Age of Printing: Orality, Writing, Typography,
and Printed Images in the History of
Architectural Theory, übers. v. S. Benson (Cambridge,
Mass./London 2001), 119–124.

Tierische.) Bei Euler schließlich verschmelzen Optik und Akustik[30], also die wissenschaftlich-technischen Grundlagen romantischer Kunstgenüsse, zu einer einzigen partiellen Differentialgleichung, die Schwingungen (Frequenzen) im allgemeinen anzuschreiben erlaubt, weil ihre Lösung auf trigonometrische Ausdrücke für Obertongemische, und das heißt Klangfarben, unmittelbar zurückführt. Diese allgemeine, von Euler noch bestrittene Lösung der Schwingungsgleichung fand Daniel Bernoulli.[31] Sie hat auf dem Weg über Joseph Fouriers *Théorie analytique de la chaleur* (1822) zur allgemeinsten mathematischen Modellierung physikalisch-ästhetischer Entsprechungen geführt. Die Grade solcher Allgemeinheit ermißt Lamberts *Neues Organon* an Notationssystemen wie etwa polyphonen Partituren, deren Technizität Symphonien und Sonaten erst ermöglicht hat.[32]

Denn wo Philolaos von Kroton und sein Schüler Archytas den Längenverhältnissen von Saiten das Walten oder ›Welten‹ einer Harmonie ablasen – nach Philoslaos wäre es unmöglich gewesen, mit den Dingen »eine Weltordnung zu begünden, wenn nicht Harmonie dazu gekommen wäre« (κοσμηθῆναι, εἰ μὴ ἁρμονία ἐπεγένετο)[33] –, schreibt die mathematische Physik der Zeitereignisse neuzeitlichen Künsten nachgerade vor, was sie physiologisch vorgestellten Sinnen vorzustellen haben. Die Zeit des Weltbildes, wie Heidegger sie nannte, verhält also auch künstlerische Techniken zur repraesentatio der res extensa für ein ego cogito: Reflexion und Refraktion, Spiegelung und Brechung sind erst einmal Formeln Cartesischer Optik[34], bevor die Malerei des 18. Jh. sie auch in ihre Tafelbilder setzt.[35] Obertonreihen, wie sie ganz entsprechend die Klangfarbenmalerei von Symphonieorchestern bestimmen, sind erst einmal Entdeckungen von Joseph Sauveurs neuer experimenteller Akustik[36], bevor Rameau ihnen den Dur-Akkord ablernen oder Rousseau dem die naturnachahmend-reine Melodie entgegensetzen kann.[37] Aber nicht weil empfindende Individuen oder geniale Autoren im Werk ihre bloße Seele ausdrücken würden, kündigen die Künste spätestens ab 1770 dem aristotelischen Gebot der Naturnachahmung; sie tun es, weil die Illudierung einer zweiten Wirklichkeit ohne avancierte Kunsttechniken nicht zu bewerkstelligen wäre. Zwei wissenschaftliche Großprojekte, die britische Royal Society und Diderots französische *Encyclopédie* (1751–1780), verfolgen den erklärten Zweck, Handwerkerwissen, vordem zünftig und darum geheim, für Wissenschaften anzuzapfen. Aus der merkantilistischen Kopplung von arts und métiers, die seit Jean-Baptiste Colbert Europas Manufakturen auf Mode und Europas mechanische Künste umgekehrt auf Programmierbarkeit (wie im Webstuhl Jacques de Vaucansons und hernach Joseph-Marie Jacquards) umgestellt hat, wird um 1800 ein strenger Gegensatz zwischen Künsten und arts industriels, der auch Luhmanns theoretischer Scheidung zweier Gesellschaftssysteme, Wirtschaft und absoluter Kunst, unbefragt zugrunde liegt. Ganz entsprechend trennen sich um 1780 die Ingenieure in Wort und Sache von den Architekten; die einen rechnen fortan Statiken und Materi-

---

30 Vgl. LEONHARD EULER, Lettres à une princesse d'Allemagne sur divers sujets de physique & de philosophie (1768–1772), in: Euler, Opera omnia, hg. v. A. Speiser u. a., Abt. 3, Bd. 11 (Zürich 1960), 51–74 (Nr. 22–31); ebd., Bd. 12 (Zürich 1960), 6–8 (Nr. 135).
31 Vgl. DANIEL BERNOULLI, Reflexions et éclaircissemens sur les nouvelles vibrations des cordes, in: Histoire de l'Académie Royale des Sciences et Belles Lettres de Berlin 9 (1753), 147–195.
32 Vgl. JOHANN HEINRICH LAMBERT, Neues Organon oder Gedanken über die Erforschung und Bezeichnung des Wahren und dessen Unterscheidung vom Irrthum und Schein, Bd. 2 (Leipzig 1764), 16f. (Semiotik, 1, 25).
33 PHILOLAOS, B 6, in: Diels/Kranz (s. Anm. 1), 409.
34 Vgl. MICHEL AUTHIER, La réfraction et l'›oubli‹ cartésien, in: M. Serres (Hg.), Éléments d'histoire des sciences (Paris 1989), 251–273; dt.: Die Geschichte der Brechung und Descartes' ›vergessene‹ Quellen, in: M. Serres (Hg.), Elemente einer Geschichte der Wissenschaften, übers. v. H. Brühmann (Frankfurt a. M. 1994), 445–486.
35 Vgl. MICHAEL BAXANDALL, Shadows and Enlightenment (New Haven/London 1995), 76–117.
36 Vgl. JOSEPH SAUVEUR, Principes d'Acoustique et de Musique, ou Système general des Intervalles des Sons, & de son application à tous les Systêmes & à tous les Instrumens de Musique (Paris 1701).
37 Vgl. JEAN-JACQUES ROUSSEAU, Essai sur l'origine des langues (entst. 1755–1761), in: ROUSSEAU, Bd. 5 (1995), 410–417 (Kap. 12–14).

almöglichkeiten durch, die anderen legen kühlen Zweckbauten – vom Theater über das Gefängnis bis zur Bank – erklärende Fassaden an. Spätestens seitdem ist künstlerische Technik alles das, was nicht in Konsumentensinne fallen darf, soll es sie illudieren können. Der Künstler wird daher zum Spezialisten der Produktion oder (wie beim Dirigenten) der Reproduktion, das absolute Kunstwerk zur Phantasmagorie.[38] Die hochtechnische Phantasmagorie schließt allerdings nicht aus, sondern ein, daß erst Wagners Musikdramen, im Unterschied zur klassischen Oper, Arbeitsmusiken zu sehen und zu hören geben.

Im Jahre 1793 erkennt das revolutionäre Paris im Theater eine Maschine, die in Optik und Akustik – schon den Zuschauern zuliebe – wissenschaftlich-technischen Fortschritt machen muß: Argandlampen erhöhen die Beleuchtung, Maßnahmen die Stille im Zuschauersaal. Seit 1830 begreifen Komponisten wie Berlioz – frei nach Descartes – Orchester nicht mehr als eine Spielergruppe, die aus toten Tieren sanfte Töne lockt, sondern als einen Maschinenpark, der aus Holz und Blech, Stahl und Messing gleichwohl homogene Klangteppiche webt. 1850 schließlich erklärt Richard Wagner, alle Dichtung zwischen ihm und Aischylos, dem Ende musikalisch-tragischer Gesamtkunstwerke in Athen, habe nurmehr »den Katalog einer Bildergalerie« vorgelegt, »aber nicht die Bilder selbst«[39]. (Das tut zwar Sophokles unrecht, doch niemandem sonst.) Ab 1856, dem Entdeckungsjahr der ersten Anilinfarbe, erweitern synthetische Pigmente auch die Paletten der Maler, ganz wie Metallinstrumente den Farbraum des großen Orchesters zum stufenlosen Spektrum ausbauen. Moderne Malerei, wie sie seit Realismus und Impressionismus unterm Konkurrenzdruck der Photographie steht, kann Albertis standardisierte Zentralperspektive vor allem darum aufgeben, weil der experimentelle Einsatz neuester Industrieprodukte immer wieder Überraschungen zeitigt.

III. Sein als Technik

Der nachgerade militärtechnische Kult um moderne Avantgarden darf aber nicht darüber hinwegtäuschen, daß die Industrialisierung vormals künstlerischer Techniken schlichtweg ohne Kunst auskommt. Nachdem Helmholtz ab 1860 die physikalischen und physiologischen Prozesse, die jeder Akustik und Optik zugrunde liegen, geklärt oder, mehr noch, Naturgesetze und Sinnesorgane systematisch korreliert hat[40], wird es Ingenieuren wie Thomas Alva Edison möglich, beide Wahrnehmungen selbst zu industrialisieren: das Hören im Phonographen (1877), das Sehen im Kinetoskop (1893).[41] Künstlerische Techniken schlagen also in technische Medien um, Einzelverfahren in ganze Systeme der Aufnahme und Wiedergabe. Derart geschlossene Übertragungsketten erlauben es, die reproduzierten Sänger, Musiker und Schauspieler aus jedem Wissen im griechischen Wortsinn erstmals wieder zu entlassen: Der frühe Jazz, den folgerecht nur Schallplatten überliefern, geht von musikalischen Analphabeten aus um die Welt, der Stummfilmstar bringt es ohne Lektüre und Bühnenaussprache zu Ruhm. Neuen technischen Berufen zumal für ledige Frauen – von der Telephonvermittlung bis zum Schreibmaschinendiktat – gewähren Unterhaltungsmedien eine neue Freizeit, unverwechselbar mit griechischer σχολή (scholē, Muße).

In einer ersten Phase beruhten diese Medien auf methodisch strikter Trennung zwischen den Sinnesfeldern, deren Eigenheiten sie erkunden. Der Phonograph gibt nichts zu sehen, der Stummfilm nichts zu hören; weil Phonographenwalze und Zelluloidrolle in Echtzeit beschrieben und ausgelesen werden können, entfällt das Alphabet als übersinnliche Einheit aller Sinne. Eben das erlaubt es beiden Medien, in einer Rückkopplungsschleife zu ihren eigenen technischen Parametern neue äs-

---

38 Vgl. THEODOR W. ADORNO, Versuch über Wagner (1964), in: ADORNO, Bd. 13 (1971), 82–91.
39 RICHARD WAGNER, Das Kunstwerk der Zukunft (1850), in: Wagner, Ges. Schriften und Dichtungen, Bd. 3 (Leipzig ²1887), 105 f.
40 Vgl. HERMANN VON HELMHOLTZ, Handbuch der physiologischen Optik (1867; Leipzig ²1886–1896); HELMHOLTZ, Die Lehre von den Tonempfindungen als physiologische Grundlage für die Theorie der Musik (1863; Braunschweig ⁵1896).
41 Vgl. FRIEDRICH KITTLER, Grammophon Film Typewriter (Berlin 1986), 10 f., 25–29.

thetische Verfahren – von der Geräuschmikrophonie oder Großaufnahme bis zum Hörspiel oder Trickfilm – zu entwickeln, wie sie der Guckkastenbühne allesamt verschlossen bleiben mußten. Das hat wohl als erster Medientheoretiker Hugo Münsterberg vom Harvard Psychological Lab beim technisch-physiologischen Vergleich von Stummspielfilm und Bühnenkunst erkannt.[42] So rückt ›das Medium‹ gerade in den engen Grenzen seiner Bandbreite und Auflösung zu jener ›Botschaft‹ (Marshall McLuhan) auf, die marxistische Kunsttheorien von Béla Balázs bis Walter Benjamin allzu ungeschichtlich reflektierten.

Erst in einer zweiten Phase nach dem Ersten Weltkrieg, der die Verarbeitung und Übertragung medialer Daten zumal militärtechnisch von Mechanik auf Elektronik umgestellt hat, sind die getrennten Sinnesfelder von Auge und Ohr wieder kombinierbar geworden. Tonfilm und Fernsehen bescheren multimediale Illusionen, deren offensiver, und das heißt massenwirksamer, Realismus zugrundeliegende Hochtechnologien allerdings nicht minder phantasmagorisch oder werbewirksam als ihr großes Vorbild Bayreuth tarnt. Daß sex and crime, technischer denn je, zum Inhalt sondergleichen werden, macht das Wunder ihrer Ausstrahlung unangreifbar. Gerade umgekehrt unternehmen moderne Medienkünste den asketischen Versuch, derlei versteckte Technologien durch Mißbrauch oder Verfremdung selbst wie vormals künstlerische Techniken einzusetzen.

Auf diese Herausforderung durch Medien haben die hergebrachten, und das heißt vom Ursprung

---

42 Vgl. HUGO MÜNSTERBERG, The Photoplay: A Psychological Study (New York 1916).
43 Vgl. KITTLER, Aufschreibesysteme. 1800, 1900 (1985; München ⁴2003), 213–446 (Teil II: 1900).
44 PAUL VALÉRY, La Conquête de l'ubiquité (1928), in: VALÉRY, Bd. 2 (1960), 1285.
45 Vgl. VALÉRY, Eupalinos ou l'Architecte (1921), in: ebd., 136.
46 Vgl. VALÉRY, Au sujet du ›Cimetière marin‹ (1933), in: ebd., Bd. 1 (1957), 1496–1507.
47 Vgl. VALÉRY, Histoire d'Amphion (1932), in: ebd., Bd. 2, 1278.
48 Vgl. ALAN M. TURING, Intelligence Service. Schriften, hg. v. B. Dotzler/F. Kittler, übers. v. Dotzler u. a. (Berlin 1987).

her griechischen, Künste zwei Antworten: Im durchschnittlichen Fall schwankt ihre Reaktion zwischen Übernahme und Absetzung, also beispielsweise von der filmischen Lichtregie auch in modernen Theatern bis zur mittelalterlichen Handschriftlichkeit von Stefan-George-Gedichten[43]; im höchsten Fall dagegen wird Kunst selbst zur Frage nach dem, was moderne Technik heißt, der Künstler also zum Ingenieur. Paul Valéry, der nicht umsonst mit einer Studie über Leonardo da Vinci debütierte, zieht 1928 aus der Erfindung des Radios, d. h. der Verschaltung elektrischer Hochfrequenzen und neuronaler Niederfrequenzen den Schluß, alle Künste auf »distribution de Réalité Sensible à domicile«[44] umzustellen. Gleichwie Amphions Leierspiel die architektonische Errichtung der Stadt Theben ist oder das moderne, aber unplatonische Idealschiff seine Form vom Windkanal empfängt[45], so soll auch die Dichtung – im Gegensatz zur sofort vergessenen verschwindenden Alltagsrede – ihre Sprache in eine derart unaufhörliche Oszillation zwischen Sinn und Klang der Worte versetzen[46], daß gerade dies reine Schwingen niemals aus dem Gedächtnis geht[47], die Übertragung also mit ihrer Speicherung zusammenfällt.

Aber das alles sind Improvisationen überm Körper der reellen Zahlen gewesen, Kompromisse zwischen Kunst und Sinnlichkeiten. In einer dritten Phase nämlich, die den Zweiten Weltkrieg vorbereitet und gewonnen hat, holt die Technisierung auch das unvordenkliche Medium unserer Lettern und Ziffern ein: die Alphabetschrift, Europas erste oder tiefste Technologie. Computer sind vom Prinzip her Turingmaschinen und darum imstande, diskrete Zeichenketten selbständig zu schreiben und zu lesen, zu löschen und zu befolgen.[48] Und da in elektronisch-technischer Praxis schon Leibniz' zwei Ziffern 0 und 1 zur Codierung aller möglichen Schriften, Geräusche und Bilder hinreichen, scheint unter Computerbedingungen die Universalität des griechischen Vokalalphabets wiedergewonnen, aber auf der Grundlage der Zahl. Es gibt daher keine Kunstwerke mehr, keine Ästhetik von Algorithmen, logisch-mathematischen Operationen also, die in endlicher Laufzeit zum Ende und Erfolg führen, nicht zumindest angenähert erfaßt werden könnte. In der Miniaturform digitaler Schaltkreise sind die technischen

Verfahren, auf denen nicht nur Europas Künste, sondern auch Europas Wissenschaften beruhten, zu einer ebenso autonomen wie programmierbaren Wirklichkeit geronnen. Jede geschichtliche oder denkbare Bildgebung, linearperspektivisch oder nicht, jede mögliche musikalische Stimmung, pythagoreisch oder nicht: alle lassen sie sich, scheinbar ohne überhaupt noch Stoffe zu berühren, durch Algorithmen simulieren. Das Internet kann, was an Werken je entstanden ist, in digitalen Formen speichern und übertragen, unendlich oft und autorlos kopierbar. Ob Künste, Künstler und ihr einst revolutionärer, nämlich goethezeitlicher Urheberrechtsschutz[49] dieser Herausforderung gewachsen sein werden, steht in den Sternen.

Computer jedenfalls würden erst dann versagen, wenn es darum ginge, ihren Sinn oder Zweck selbst zu bestimmen. Eben damit erweisen sie aber, daß jener Sinn, so es ihn denn gibt, kein Menschenwerk sein kann: »j'entends par poésie, d'une façon très générale, la recherche du sens inaliénable des choses«[50].

Friedrich Kittler

Literatur
AYRES, JAMES, The Artist's Craft: A History of Tools, Techniques and Materials (Oxford 1985); BÜSCHER, BARBARA/HERRMANN, HANS-CHRISTIAN VON/HOFFMANN, CHRISTOPH (Hg.), Ästhetik als Programm. Max Bense/Daten und Streuungen (Kaleidoskopien, Bd. 5) (Berlin 2004); FRANCASTEL, PIERRE, Art et technique aux XIXe et XXe siècles (Paris 1956); HOFSTÄTTER, HANS H. u. a. (Hg.), Geschichte der Kunst und der künstlerischen Techniken (München [1965]/[1967]); LÖBL, RUDOLF, TEXNH – Techne. Untersuchungen zur Bedeutung dieses Worts in der Zeit von Homer bis Aristoteles (Würzburg 1997/2003); MAINBERGER, GONSALV K., Rhetorische Techne (Nietzsche) in der psychoanalytischen Technik (Freud). Prolegomena zur Rationalität der Psychoanalyse, in: J. Figl (Hg.), Von Nietzsche zu Freud. Übereinstimmungen und Differenzen von Denkmotiven (Wien 1996), 69–95; MITCHAM, CARL, Thinking through Technology: The Path between Engineering and Philosophy (Chicago 1994); MÖBIUS, HANNO/BERNS, JÖRG JOCHEN (Hg.), Die Mechanik in den Künsten. Studien zur ästhetischen Bedeutung von Naturwissenschaft und Technologie (Marburg 1990); MUMFORD, LEWIS, Technics and Civilization (New York 1934); MUMFORD, LEWIS, Art and Technics (New York 1952); NYE, DAVID E., American Technological Sublime (Cambridge, Mass. 1994); ROHBECK, JOHANNES, Technologische Urteilskraft. Zu einer Ethik technischen Handelns (Frankfurt a. M. 1993).

Text/Textualität
(engl. text, textuality; frz. texte, textualité; ital. testo, testualità; span. texto, textualidad; russ. текст, текстуальность)

Einleitung: Reichweite, Architektonik und gegenwärtiger Zustand des Textbegriffes; I. Der begriffliche Status von Text in der Geschichte; 1. Wort und Begriff; 2. Bezeichnungsfestigkeit und Begrifflichkeit; 3. Begriffliche Äquivalente von Text post und ante litteram; 4. Der vorfindliche Sinn von Text als Ausgangspunkt; **II. Geschichte der Begriffe Text und Textualität**; 1. Von der antiken Rhetorik zur Bibel; 2. Text, Zeichen und Sache in der Hermeneutik der Aufklärung; 3. Text im Jahrhundert der Philologen; 4. Der strukturalistische Textbegriff; 5. Vom Werk zum Text; 6. Neuere Entwicklungen des Textbegriffs; 7. Die soziale Welt als Text; **Nachbemerkung**

Einleitung: Reichweite, Architektonik und gegenwärtiger Zustand des Textbegriffes

Zur lateinischen Wortfamilie texere (weben) gehören die Substantive textus/textum/textura (Gewebe, Geflecht, Zusammenhang, Struktur; Machart, Stil [der Rede]), die schon früh auch für den Zusammenhang des Gesprochenen und Geschriebenen verwendet werden. Textus bei Cicero und Quintilian entspricht nicht dem deutschen Text, sondern ist eher mit Stil, Duktus, Machart zu übersetzen.[1] Als Entlehnung taucht der Ausdruck text zuerst im Spätmittelhochdeutschen auf.[2] Bis ins 18. Jh. verläuft die Bedeutungsentwicklung im Deutschen und Französischen annähernd gleich. Die Encyclopédie (1751–1780) listet fast die gleichen Teilbedeutungen auf wie deutsche Nachschlagewerke: was man liest in den Büchern der Bibel;

49 Vgl. HEINRICH BOSSE, Autorschaft ist Werkherrschaft. Über die Entstehung des Urheberrechts aus dem Geist der Goethezeit (Paderborn u. a. 1981).
50 ROLAND BARTHES, Mythologies (Paris 1957), 268.
1 Vgl. KONAD EHLICH, Zum Textbegriff, in: A. Rothkegel/B. Sandig (Hg.), Text – Textsorten – Semantik. Linguistische Modelle und maschinelle Verfahren (Hamburg 1984), 10.
2 Vgl. ›Text‹, in: GRIMM, Bd. 11/1/1 (1935), 294; ›Text‹, in: HANS SCHULZ u. a., Deutsches Fremdwörterbuch, Bd. 5 (Berlin/New York 1981), 201–204.

Bezeichnung für das Korpus der Heiligen Schriften (Antonym: Glosse, Kommentar); der griechische bzw. hebräische Urtext; Passage der *Bibel*, deren man sich bedient, ein Dogma zu beweisen oder einen Irrtum zurückzuweisen; Bibelstelle, die als Grundlage der Predigt dient. Daneben gibt es folgende Teilbedeutungen: prächtiges Evangelienbuch; die Worte zu Musikstücken; Drucktechnik.

Die heute vorherrschende Bedeutung ›(schriftlich) niedergelegte Äußerung von mehr als Satzlänge, die einen Sinnzusammenhang bildet‹, folgt recht zwanglos aus der Gegenstandsausweitung der älteren Oppositionen zu ›Text‹: Kommentar, Glosse, Anmerkung.

Allgemein bezeichnet der Terminus mithin »Worte, die – und insofern sie – für Etwas als Grund- und Unterlage dienen«[3]. Die gemeinsprachliche Bedeutung des Ausdrucks läßt sich wie folgt zusammenfassen: Wortlaut oder materielle Vergegenständlichung eines (zumeist schriftlich) fixierten Sprachwerkes. Fachsprachlich gehört Text heute mit Wort, Satz, Zeichen und einigem mehr zu den aspektheterogenen und offenen Grundbegriffen der Sprach- und Literaturwissenschaft, die nicht abschließend definiert werden können, weil ihre theoretische Produktivität vorwiegend heuristischer Natur ist und sich nur im Rahmen axiomatischer Ausformulierungen entfaltet.

In der Gemeinsprache ist die Grundbedeutung von Text relativ stabil: Der Ausdruck dient der Bezeichnung schriftlich fixierter Dokumente auf der einen, ihres Wortlautes auf der anderen Seite. Konturiert wird diese Gemeinbedeutung durch die beiden Oppositionen von Text zu Rede und Interpretation. Insofern diese grund- und bildungssprachliche Bedeutung ihrerseits als ›technische‹

---

3 ›Text‹, in: DANIEL SANDERS, Wörterbuch der deutschen Sprache (1860–1865), Bd. 2/2 (Leipzig 1865), 1300.
4 Vgl. CLEMENS KNOBLOCH/BURKHARD SCHAEDER, Fächerübergreifender wissenschaftlicher Wortschatz, in: Schaeder (Hg.), Siegener Institut für Sprachen im Beruf (SiSiB) (Essen 1994), 125–148.
5 Vgl. LUTZ DANNEBERG, Zur Theorie der werkimmanenten Interpretation, in: W. Barner/C. König (Hg.), Zeitenwechsel. Germanistische Literaturwissenschaft vor und nach 1945 (Frankfurt a.M. 1996), 313–342.
6 Vgl. CESARE SEGRE, ›Testo‹, in: Enciclopedia Einaudi, hg. v. R. Romano, Bd. 14 (Turin 1981), 269–291.

Ausgangs- und Motivbedeutung für fachliche und theoretische Terminologisierungen variabler Stringenz und Reichweite dient, handelt es sich um einen ›fächerübergreifenden wissenschaftlichen Ausdruck‹[4], behaftet mit den semantischen Eigentümlichkeiten solcher Zwitterwesen.

In ästhetischen Debatten größerer Reichweite war ›Text‹ in neuerer Zeit insofern involviert, als der Ausdruck im polemischen Gegensatz zum Werkbegriff gleichzeitig dessen evaluative Komponente neutralisiert und dessen ehedem exklusive Zurechnungsbasis verbreitert hat. Die Ausdehnung literatur- und textwissenschaftlicher Bemühungen auf sprachliche Trivial- und Gebrauchsformen ohne höheren literarischen Anspruch ging damit einher. Was als Werk nicht aufzutreten beansprucht, kann als Text gleichwohl Gegenstand fachlicher Bearbeitung werden. Diese Konstellation ersetzt die alte und paradoxe Ausgangslage der Literaturwissenschaft durch eine neue, nicht minder paradoxe: Ehedem, im Kontext eines emphatischen Werkbegriffes, mußte das literarische Kunstwerk eigentlich als solches interpretationsunabhängig identifizierbar sein. Im Grunde mußte die Wertung der Forschung vorausgehen, weil nur ein Werk Aufmerksamkeit beanspruchen konnte.[5] Als Texte hingegen sind alle Sprachwerke gleichermaßen grau, und ihre schiere Textualität erlaubt es nicht, ästhetische Wertungen zu begründen.

Die Opposition von Text und Interpretation konnotiert die Autorität des Geschriebenen gegenüber den Wechselfällen der subjektiven Auffassung. Nur dann, wenn das Geschriebene selbst Autorität hat, entwickelt und institutionalisiert sich Philologie als Aufmerksamkeit für Wortlaut und Formulierung, für Struktur und Variation geschriebener Sprache.[6] Die Oppositionen von Text zu Auslegung, Glosse und Kommentar unterstreichen diese Konnotation.

Die Schwächung und Auflösung dieses Systems von Oppositionen und Konnotationen ist ein gemeinsames Merkmal aller neueren Terminologisierungen von Text. Galt der philologischen Praxis Textualität als die Bedingung der Identität und Wiederholbarkeit von Sinn, so verschiebt die neostrukturalistische Vorliebe für Lektüren und Lesarten den Akzent in die Gegenrichtung, hin zur Einmaligkeit der Textualität erst konstituierenden

›heraklitischen‹ Lesepraxen, die es schlechthin unmöglich erscheinen lassen, daß man zweimal in denselben Text steigt. Die physische Identität eines Textes qua Zeichenkörper, philologischer Garant für die (freilich immer grenzwertig gedachte) Reproduzierbarkeit von Sinn, erscheint aus dieser Sicht als unangemessene Verkleidung für die offene, niemals festlegbare, unendliche Diffusion von Sinn, für die ein Text eigentlich stehe. Manfred Frank hat wiederholt darauf hingewiesen, daß diese Konstellation von der gemeinhin als ›hermeneutisch‹ titulierten nur wenig unterscheidet, was aber die Protagonisten beider Richtungen nicht an der Pflege einer unversöhnlichen Feindschaft hindert.[7]

Die problemtheoretische Klammer, die alle ›alten‹ und ›neuen‹ Textbegriffe zusammenhält, ist die Frage nach der (Un-)Wiederholbarkeit von Sinn. Ihr Korrolar ist das System der Zurechnungsadressen, die für realisierten Sinn in Anspruch genommen werden. Das kann die Autorität des Textes selbst sein, der Autor, der Rezipient, die Sprache, die ›Sache‹, von welcher der Text handelt, usw.[8]

Mit der Abwendung vom geschlossen und statisch gedachten Werk, das in wechselnden Zeiten und Kontexten lediglich die ihm von Anfang an innewohnenden ›Seiten‹ offenbart, wird diese Wiederholbarkeit zusehends problematisch. Die Hinwendung zur (per definitionem unwiederholbaren) Dynamik situierter Interaktion und Kommunikation läßt den ›alten‹ Textbegriff wirklich alt aussehen. Seine Wiederholbarkeitssuggestion erscheint als trügerische Projektion der Schriftform und als wahrhaft praktische Idealisierung einer Schicht, deren Autorität im Auslegungsmonopol heiliger Schriften begründet und von deren Autorität nur geliehen ist. Die Grundfrage, um die es hierbei geht, ist eine sprach- und zeichentheoretische: Kontexte suggerieren die Unwiederholbarkeit von Sinn, sind aber natürlich auf Zeichen und Symbole angewiesen, die in ihnen zu Zeichen und Symbolen mit lokalem Sinn werden. Zeichen und Symbole ihrerseits leben jedoch ausschließlich aus der Suggestion, daß sie einen selbstidentischen, wiederholbaren, gegen wechselnde Kontexte absetzbaren semantischen Gehalt haben, obwohl sie im Verkehr für die Realisierung ihres Sinnes auch

auf wechselnde und präzisierende Kontexte angewiesen sind. Zwischen den beiden Polen der materiellen Wiederholbarkeit des Zeichenkörpers und der Unwiederholbarkeit kommunikativer Konstellationen liegt der theoretische Verschiebebahnhof, in dem sich die neueren Terminologisierungen von Text abspielen. Je nachdem, welches Quantum von Wiederholbarkeit eine Texttheorie zuläßt, fährt sie auf einem anderen Gleis. Eine Extremposition wird markiert von der Hypothese, nur der materielle Signifikant eines Zeichens sei wiederholbar, alles bi- oder multilateral Semiotische, alles aus Ausdruck und Inhalt Bestehende hingegen sei unhintergehbar konstellationsgebunden. Die (paradoxe) Formel hierfür lautet: Zeichenhaftigkeit (= Textualität) = Unwiederholbarkeit. Diese Position läßt sich zu der Annahme ›mildern‹, bestimmte Zeichen (etwa bezeichnungsfeste, stark lexikalisierte, hoch institutionalisierte) hätten einen identisch wiederholbaren semantischen Kern, der durch wechselnde Kontexte bloß spezifiziert oder angereichert wird.

Die Mittelposition auf diesem Kontinuum wird eingenommen von der (bei Laien und Linguisten gleichermaßen verbreiteten) ›linguistic ideology‹[9], nach der das gesamte Lexikon einer Sprache durch relativ feste Bedeutungs- und Bezeichnungsverhältnisse stabilisiert und wiederholbar gemacht ist, während die Präzisierung von Sinnanweisungen fallweise einerseits in der syntagmatischen Verkettung der Zeichen, andererseits in den Umständen der Verwendung von Ausdrücken zu finden ist. Diese ›Ideologie‹ enthält auch die Hypothese, daß sich für eine situierte Äußerung, einen token im interaktionalen Text, eine nur eine richtige Interpretation angeben lasse, die teils an die Intention des Sprechers, teils an die von allen geteilte Bedeutung der Ausdrücke rückgekoppelt sei. Es

---

7 Vgl. MANFRED FRANK, Was ist Neostrukturalismus? (Frankfurt a. M. 1984), 129–134, 541–572.
8 Vgl. KNOBLOCH, Problemgeschichte und Begriffsgeschichte, in: H. E. Brekle u. a. (Hg.), A Science in the Making: The Regensburg Symposia on European Linguistic Historiography (Münster 1996), 259–273.
9 Vgl. MICHAEL SILVERSTEIN, Language Structure and Linguistic Ideology, in: P. R. Clyne/W. F. Hanks/C. L. Hofbauer (Hg.), The Elements: A Parasession on Linguistic Units and Levels (Chicago 1979), 193–247.

versteht sich, daß dieser metapragmatische Glaubenssatz eng mit dem Systemvertrauen in die Verläßlichkeit der sprachlichen Kommunikation zusammenhängt, mit der allgemeinen Erwartung, Äußerungen seien in der Regel für alle praktischen Zwecke hinreichend eindeutig. Offenkundig ist aber auch, daß dieser Glaubenssatz auf philologische Textverständnisse abgefärbt hat.

Am entgegengesetzten Ende des Verschiebebahnhofs wird nicht das selbstidentisch wiederholbare Zeichen zur Chimäre, sondern die offenen und dynamischen Potenzen ›antwortender‹ Kontexte und Umstände. Man operiert mit der (grenzwertigen) Hypothese, auch der globale und komplexe Sinn punktuell-eindeutiger Konstellationen der Textproduktion und -rezeption sei nicht nur eindeutig, sondern im Prinzip auch wiederherstellbar und darstellbar für ein späteres Publikum. Keine historische Disziplin kann ganz ohne diese Chimäre leben, wenn sie sich nicht selbst aufgeben will – auch die Begriffsgeschichte nicht.

Weil der semantische Spielraum des Textbegriffes diesen Verschiebebahnhof in seiner Gesamtheit umfaßt, ist Text ein potentieller master term, ein gebietskonstitutiver Grundbegriff einer Kulturwissenschaft, die sich als allgemeine Kultursemiotik versteht. Sein Thema ist die (Un-)Wiederholbarkeit von Sinn.

Mit der Auflösung der für die Alltagsbedeutung von Text konstitutiven Oppositionen geht die Verflüssigung und Prozessualisierung von Sinn notwendig einher. Wenn die objektivierte Schriftform Wiederholbarkeit von Sinn nicht garantiert, dann werden notwendig alle Erwartungen von Wiederholbarkeit zweifelhaft. Wenn Zeichen grundsätzlich nicht gegen ihre fallweise vorgenommene Deutung abgesetzt werden können, dann ist die Textualität kultureller Praxen an deren materielle Vergegenständlichung nicht gebunden. Es wird folgerichtig, auch da von Texten zu sprechen, wo wir nur zeichengesteuerte kulturelle Praxen ohne dauerhafte Vergegenständlichung vorfinden. Der Weg wird frei für einen kulturanthropologischen Textbegriff, der die Wiederholbarkeitssuggestion in allen zeichenvermittelten kulturellen Praxen aufdeckt und expliziert.[10] Daß nicht allein Sprache semiotisch prozessiert wird, der Sprache wohl aber ein Haupt- und Ehrenplatz im ›gesellschaftlichen Leben der Zeichen‹ gebühre, ist ja ein (in der kanonischen Fassung des *Cours* enthaltenes[11]) gemeinstrukturalistisches Axiom. Versuche, dieses Axiom zu präzisieren und zu entfalten, finden sich in vielen kultursoziologischen Theorien des 20. Jh. (z. B. bei Hans Freyer, Alfred Schütz, George Herbert Mead, Thomas Luckmann, Clifford Geertz). Aus einer solchen Sicht lassen sich kulturelle Praxen als (wiederholbare?) Texte auffassen und nach Grad und Art ihrer (scheinhaften oder wirklichen) Objektivierung in Zeichensystemen anordnen. Das erste Modell dieser Art findet man der Sache nach bei Freyer, der freilich den Ausdruck Text in diesem Zusammenhang nicht verwendet.[12]

Daß bei dieser Verlagerung von Sinn in die semiotisch orientierten Vollzüge selbst der ›alte‹ Textbegriff weitgehend auf der Strecke bleibt, ist daran zu erkennen, daß verschiedentlich für die Aufzeichnung und Objektivierung solchermaßen orientierter Praxen andere und neue Bezeichnungen eingeführt werden: record, Dokument, »Kommunikatbasis«[13] usw. Die wissenschaftsrhetorischen Potenzen des Textbegriffes freilich ändern sich bei dieser Verschiebung zu den Vollzügen nicht wesentlich. Die Identität und Wiederholbarkeit von Handlungen unterliegt den gleichen Paradoxien wie die von Zeichen und Symbolen. Hilfsweise Zusatzterminologisierungen (Prätext, Subtext usw.), wie man sie häufig (aber nicht einheitlich definiert) antreffen kann, beziehen sich auf Sinnschichten, die ein Text qua Anspielung auf andere Texte oder auf Deutungsgewohnheiten aufrufen kann, ohne daß sie auf der propositionalen Ebene manifest werden. Wenn Geertz, für den Text als Grund- und Leitbegriff fungiert, das »un-

---

10 Vgl. CLIFFORD GEERTZ, Local Knowledge: Further Essays in Interpretive Anthropology (New York 1983).
11 Vgl. FERDINAND DE SAUSSURE, Cours de linguistique générale (1916), hg. v. T. De Mauro (Paris 1972), 33; dt.: Grundfragen der allgemeinen Sprachwissenschaft, übers. v. H. Lommel (Berlin ²1967), 19.
12 Vgl. HANS FREYER, Theorie des objektiven Geistes. Eine Einleitung in die Kulturphilosophie (1923; Leipzig/Berlin ³1934).
13 SIEGFRIED J. SCHMIDT, Grundriß der Empirischen Literaturwissenschaft (1980; Frankfurt a. M. 1991), 96 u. ö.

packing of performed meaning«[14] als Aufgabe der Kulturanthropologie bestimmt, dann gerät er in Schwierigkeiten, die denen der Philologie auf den ersten Blick entgegengesetzt zu sein scheinen. Auf den zweiten Blick sind es jedoch beinahe die gleichen. Der Versuch, einen von seinen fallweise aktionalen Vollzügen gar nicht zeichenhaft abgesetzten Sinn zu fixieren, zeigt, daß Selbstidentität und Wiederholbarkeit auch bei Handlungen nur in deren sprachlicher Typisierung zu haben ist. So verändert sich am Ende nicht viel. Ein gemeinsprachlicher Text ist ein Gebilde, dem ich mich (vermeintlich) immer wieder zuwenden kann, während ein (Sinn-)Vollzug an sich unwiederholbar ist. Die sprachliche Typisierung einer kulturellen Praxis suggeriert, sie sei so wiederholbar wie ein Zeichen. So stiftet der kulturanthropologische Textbegriff das Type-token-Problem von der anderen Seite neu. Eine sprachlich identifizierte und ›ausgepackte‹ Handlung gewinnt den Anschein von Wiederholbarkeit dadurch, daß sie im günstigsten Falle einer aus der Kultur der Akteure selbst genommenen sprachlichen Typisierung oder Bedeutungskategorie zugeordnet werden kann. Infolgedessen werden tendenziell die kulturellen Praxen semiotisch analysierbar, mittels deren die Akteure Handlungen als ›Fälle von‹ bestimmten typisierten Bedeutungskategorien verstehen.

Zwangsläufig in Auflösung geraten ist durch die geschilderten Verschiebungen ein anderer traditioneller Bezugspunkt des Text-Sinn-Feldes: der Autor oder, wie es in emphatischer Pose oft heißt, das ›Subjekt‹ des Sinnes. Von dieser Neuerung wird gewöhnlich am meisten Aufhebens gemacht, obwohl auch schon in der klassischen *Hermeneutik* Schleiermachers das biographisch konstituierte Subjekt nur den einen Pol der Sinndynamik bildet (›psychologische Interpretation‹), die Rekonstruktion der objektivierten sprachlichen Praxen und Darstellungstechniken (von den relativ zeitstabilen der Grammatik und des Lexikons bis hin zu den stärker variablen, zeitgebundenen Traditionen und Gewohnheiten des Sprechens) den anderen, der gleichfalls subjektfrei gedacht wurde (›grammatische Interpretation‹).[15] Selbst die ›psychologische Interpretation‹ bezieht den Sinn nicht auf die subjektive Intention des Autors, sondern auf dessen Persönlichkeit als Folie und Hintergrund. Demgegenüber erscheint aus der Sicht der neueren Textbegriffe jeder Rückverweis von Sinn auf einen personalen Urheber als Illusion, weil Sinn als subjektfreie, allein auf Selbst- und Kontextbezügen gründende Kategorie vorgestellt wird.

Wenn also der kontextuell variierte Selbstbezug der Zeichen die einzige Sinnquelle bildet (während Subjektbezug ebenso wie semantische und referentielle Identität Illusionen sind), dann kann der jeweilige Benutzer eines Zeichens sich zwar einbilden, mit dessen Gebrauch etwas zu intendieren, tatsächlich aber ist die Sinndynamik jedem absichtlichen Einfluß entzogen. Sowenig der Autor eines geschriebenen Werkes dessen Deutungen in der Hand hat, sobald der Text zugänglich ist, sowenig kann irgendein Zeichenbenutzer Urheber von bestimmtem Sinn sein. Die Vorstellung eines Subjektes erscheint nun ihrerseits als Artefakt und Projektion eines Zeichenprozesses, der sich selbst konstituiert. Richard Brütting spricht in diesem Zusammenhang davon, der Text werde eine Art »semiotisches Mobile«[16], bewegt durch die wechselnden Beziehbarkeiten auf andere Texte, auf den gesellschaftlichen Gesamttext, auf neue Verwendungsweisen der alten Zeichen.

Mit dem Subjekt als Sinngaranten geht dem neueren Textbegriff gleichzeitig eine weitere, ehedem für Sinnkonstitution in Anspruch genommene Beziehbarkeit verloren: die referentielle Beziehung der Zeichen eines Textes auf irgendeine Art von Realität, wie sie von allen klassischen Weisen der Interpretation (wie auch immer vermittelt, gebrochen, indirekt, übersetzt) angenommen wird. Referenz ist hier nicht im technischen Sinne der Semantik als singulär bestimmter Objektbezug, sondern nur ganz allgemein als Außenbezug von Texten gemeint. Da indessen unsere nimmermüden

---

14 GEERTZ, Blurred Genres: The Refiguration of Social Thought (1980), in: Geertz (s. Anm. 10), 29.
15 Vgl. FRIEDRICH SCHLEIERMACHER, Hermeneutik und Kritik mit besonderer Beziehung auf das Neue Testament, hg. v. F. Lücke, in: Schleiermacher, Sämmtl. Werke, Abt. 1, Bd. 7 (Berlin 1838), 12–28 u. ö.
16 Vgl. RICHARD BRÜTTING, ›Écriture‹ und ›texte‹. Die französische Literaturtheorie ›nach dem Strukturalismus‹. Kritik traditioneller Positionen und Neuansätze (Bonn 1976), 74.

Chimärenjäger die ganze Welt zum Text erklären, kann es natürlich außerhalb ihrer keinen Stützpunkt für semiotische Mediationen geben. Der Stoff eines Textes besteht ausschließlich aus anderen Zeichen.

Wenn die Sinndynamik eines Textes ausschließlich und autonom im Feld wechselnder Selbstbezüge und Kontextualisierungen spielt, dann versteht sich seine Unwiederholbarkeit von selbst. Die jeweils letzte Verwendung eines Zeichens verändert ja bereits den Kontext, welcher für die jeweils nächste Verwendung desselben Zeichenkörpers als Resonanzraum zur Verfügung steht. Diese Ansicht hat viele Affinitäten zur literarischen Praxis Gertrude Steins, zu deren ästhetischen Stilmitteln ja die Veränderung durch Wiederholung gehört, die ständige Repetition eines Ausdrucks oder einer Konstruktion, die ihren Sinn just in dem Maße verfremden und verändern, in dem sie im immer komplexer werdenden Kontext ihrer selbst gelesen werden müssen.

Gemeinsam ist den neueren Ansätzen in der Textwissenschaft die polemische Gegenposition zur allgegenwärtigen Suggestion, mit den Zeichenkörpern sei auch deren Sinngehalt beliebig (technisch wie medial) reproduzierbar. Es ist dies der theoretische Kontext, der den diversen Umkontextualisierungspraktiken der avantgardistischen Ästhetik ihren Distinktionswert zuspielt: Was passiert, wenn man (wie Marcel Duchamp) einem Urinal ein änigmatisierendes Sprachzeichen beigesellt und es in einem Kontext plaziert, der zu ästhetischen Deutungen einlädt? Wenn es stimmt, daß »einer der Haupteinsätze in der Kämpfe in der Kunst stets und überall die Frage der legitimen Zugehörigkeit zum Feld ist«[17], dann vermochte man mit Hilfe des emphatischen Werkbegriffes (durch dessen schiere Verwendung) das Problem als gelöst darzustellen. Der evaluativ neutralisierte und auf alle Zeichengebilde ausgeweitete Textbegriff hält das Problem dagegen als ungelöst im Zustand dauernder kommunikativer Präsenz: Die Qualität eines Textes ist keine ihm innewohnende Eigenschaft, sie ist lediglich eine Art von Akzent, der Zeichengebilden in bestimmten Milieus habituell verliehen wird. Insofern paßt der modernisierte Textbegriff in eine ideologische ›Szene‹, deren Vorderbühne egalitär und relativistisch organisiert ist[18]: Alles geht, die Systeme kultureller und ästhetischer Präferenzen scheinen gleichberechtigt nebeneinanderzuliegen, Kitsch, Kunst und Werbung bedienen sich der nämlichen Zeicheninventare; aber auf der Hinterbühne gilt die distinktive und hierarchisierende Logik der ›kleinen Unterschiede‹ (Bourdieu). Am Ende heißt ›Anything goes‹ ja nicht, daß alles ›in‹ wäre, im Gegenteil, es heißt, daß der ›in‹ ist, der ›Anything goes‹ sagt. Wehe jedoch, einer hängt Ansichten an, die als ›veraltete‹ erkannt wurden. Das nämlich ›geht‹ durchaus nicht.

Mit der Differenz von Text und Welt geht nicht nur die im weitesten Sinne abbildende Zeichenbeziehung verloren, sondern auch noch eine weitere Eigenschaft, die (zu Texten objektivierten) Zeichen traditionell zugeschrieben wurde: die Eigenschaft nämlich, gesellschaftliche Aufbewahrungs- und Tradierungsform von Wissen zu sein. Im allgemeinen fassen Kulturhistoriker die Genese und Verbreitung von Schrift und später dann die des Buchdrucks[19] nicht allein als mediale Revolutionen, sondern als sozial und mental gleichermaßen schwerwiegende Umwälzungen des individuellen und gesellschaftlichen Verhältnisses zur Tradierung und Aneignung von Wissen.[20] Diese Erklärungs-

---

17 PIERRE BOURDIEU, Genèse historique d'une esthétique pure, in: Les Cahiers du Musée National d'Art moderne 27 (1989), 95–106; dt.: Die historische Genese einer reinen Ästhetik, übers. v. B. Dieckmann, in: Merkur 46 (1992), 975.
18 Vgl. PANAJOTIS KONDYLIS, Der Niedergang der bürgerlichen Denk- und Lebensform (Weinheim 1991), 238–267.
19 Vgl. JACK GOODY (Hg.), Literacy in Traditional Societies (Cambridge 1968); WALTER J. ONG, Orality and Literacy: The Technologizing of the World (London/New York 1982); MICHAEL GIESECKE, Der Buchdruck in der frühen Neuzeit. Eine historische Fallstudie über die Durchsetzung neuer Informations- und Kommunikationstechnologien (Frankfurt a. M. 1991).
20 Vgl. ECKART SCHEERER, Mündlichkeit und Schriftlichkeit: Implikationen für die Modellierung kognitiver Prozesse (Bericht Nr. 71/1991, Forschungsgruppe ›Mind and Brain‹, Zentrum für interdisziplinäre Forschung [ZiF], Universität Bielefeld); DAVID R. OLSON, Mind and Media: The Epistemic Functions of Literacy, in: Journal of Communication 38 (1988), H. 3, 27–36; OLSON, Thinking about Narrative, in: B. K. Britton/A. D. Pellegrini (Hg.), Narrative Thought and Narrative Language (Hillsdale, N. J./Hove/London 1990), 99–111.

möglichkeit geht mit dem Verlust der Wiederholbarkeitssuggestion von Sinn zwar nicht restlos verloren, sie verschiebt sich aber unterderhand zu einer Lehre, deren Sinn die Konstruktion (vermeintlicher) Kontinuitäten in der Kultur ist. Man kann bestenfalls den Anschein von Wissenstradierung und -kontinuität an der Dauersuggestion geschriebener und verbreiteter Texte festmachen; tatsächlich bilden die niedergelegten Zeichenkörper kanonischer Texte aber nicht mehr als den Anlaß und Auslöser für die Konstruktion von Kontinuität in der Diskontinuität.

Wenn schließlich die Hauptsinnquelle von Texten die reflexive Beziehung auf den sich ständig verschiebenden Horizont anderer Texte (bzw. eines hypothetischen Gesamttextes) ist, dann führt dies automatisch zu einer Universalisierung und Aufwertung derjenigen textuellen Kategorien, die traditionell Aspekte partieller Reflexivität von Texten beschreiben: Rekurrenz, Zitat, Anspielung, Redewiedergabe, geprägte Idiomatik, Intertextualität. Angelegt ist diese Aufwertung bereits in klassischen strukturalistischen Arbeiten.[21] Wäre die Reflexivität des Zeichengebrauchs (d. h. die Eigenschaft jeder Zeichenverwendung, die früheren Verwendungen des nämlichen Zeichenkörpers global zu konnotieren) letztlich die Hauptsinnquelle, dann käme eben alles darauf an, die Formen, Arten und Erscheinungsweisen der Reflexivität so zu ordnen, daß auch der Anschein geordneter Außenbezüge (›Referenz‹, ›Subjekt‹) erklärbar wird. Interessant für die Konstitution von Textualität wäre dann die Frage, was sich für die verschiedenen Arten von Zeichen noch zu wiederholen scheint, wenn sich ein Zeichenkörper wiederholt, und wie die (vermeintliche) Selbstidentität von Zeichen auf diesem Wege ausgebildet wird. Es ist dies ja auch das Lernproblem jedes Individuums, das sich in laufende Zeichenprozesse einschaltet: Es muß herausbekommen, was sich für die übrigen Zeichenbenutzer noch zu wiederholen scheint, wenn sich ein Zeichenkörper wiederholt[22], und außerdem noch, welche Situationsparameter den Einsatz bestimmter Zeichenkörper steuern. Selbstverständlich ist auch die hoch reflexive Frage erlaubt, warum die Propagandisten frei flottierenden und unwiederholbaren Sinnes beständig Texte schreiben, in denen immer wieder die nämlichen

Pflichtzitate von Nietzsche, Heidegger und Husserl mit einigen Wahlpflichtzitaten von Derrida, Lacan, Barthes und anderen wechseln.

Unter den fachlichen Terminologisierungen des Textbegriffes ist, neben den unzähligen linguistischen[23], die editionswissenschaftliche zu nennen.[24] Dort hat sich der Ausdruck Text bis in die jüngste Zeit als ›impliziter Grundbegriff‹ in der Tradition der Philologie erhalten. Die praktischen Probleme der Edition erzwingen Entscheidungen darüber, ob der Text eines Werkes ausschließlich die eine und richtige Fassung oder aber die Gesamtheit der belegten Fassungen und Veränderungen desselben umfaßt.[25]

Von großer praktischer Bedeutung ist daneben die Ausweitung textwissenschaftlicher Verfahren und Begriffe auf mediale Objektivationen, die nicht schriftlich, aber materiell reproduzierbar sind: Hörspiele, Filme, Videos, Cartoons, Comics, aber auch Ballett, Theater, Parade usw. Wenn eine Kultur wie ein Zeichensystem funktioniert, dann können alle ihre Manifestationen als Texte gelesen werden, die fest aufgezeichneten allein haben den Vorzug, über den einzelnen Zuwendungsakt hinaus kontinuiert zu werden.

Geistesgeschichtlich betrachtet, handelt es sich bei den neuen Textbegriffen um eine Radikalisie-

---

21 Vgl. VALENTIN N. VOLOŠINOV, Marksizm i filosofia jazyka (Leningrad 1928); dt.: Marxismus und Sprachphilosophie, hg. v. S. M. Weber, übers. v. R. Horlemann (Frankfurt a. M./Berlin/Wien 1975); TZVETAN TODOROV, Mikhaïl Bakhtine et la théorie de l'énoncé, in: H. Geckeler u. a. (Hg.), Logos Semantikos. Studia linguistica in honorem Eugenio Coseriu 1921–1981, Bd. 1 (Berlin/New York/Madrid 1981), 289–299; ROMAN JAKOBSON, Poetik. Ausgewählte Aufsätze 1921–1971, hg. v. E. Holenstein/T. Schelbert (Frankfurt a. M. 1979).
22 Vgl. SILVERSTEIN, The Interdeterminacy of Contextualization: When is Enough Enough?, in: P. Auer/A. Di Luzio (Hg.), The Contextualization of Language (Amsterdam/Philadelphia 1992), 55–76.
23 Vgl. EUGENIO COSERIU, Textlinguistik. Eine Einführung (1980; Tübingen ²1981).
24 Vgl. SIEGFRIED SCHEIBE/CHRISTEL LAUFER (Hg.), Zu Werk und Text. Beiträge zur Textologie (Berlin 1991).
25 Vgl. GUNTER MARTENS, Was ist – aus editorischer Sicht – ein Text? Überlegungen zur Bestimmung eines Zentralbegriffs der Editionsphilologie, in: Scheibe/Laufer (s. Anm. 24), 135–156.

rung strukturalistischer und semiotischer Gedanken. Von den strukturalistischen Strömungen ist die Kopenhagener Glossematik[26] am wichtigsten gewesen, von den semiotischen die radikalisierte Theorie des Interpretanten aus der Peirceschen semiotischen Begriffstrias von Zeichen, Objekt und Interpretant. Schon für den Stammvater der modernen Zeichentheorie stand der Interpretant nicht für ein Subjekt, sondern für ein Verhalten oder eine Gewohnheit, in deren Zusammenhang Phänomene als Zeichen interpretiert werden müssen, damit das Verhalten als solches weitergehen kann.

Während traditionell Schrift auch den Maßstab abgibt, an welchem die ›flüchtigen‹ Kommunikationen gemessen werden, hat der ›neue‹ Textbegriff den Spieß umgekehrt und die Einmaligkeit und Unwiederholbarkeit der Interaktion dem Text qua Lektüre zurückerstattet. Insgesamt liefert die Konjunktur des Verhältnisses von Schrift und Rede[27], die Literalitätsdebatte in den Kulturwissenschaften, den aktuellen geistesgeschichtlichen Hintergrund für die neueren Entwicklungen des Textbegriffes.

I. Der begriffliche Status von Text in der Geschichte

1. Wort und Begriff

Die Worte einer Sprache bilden das wesentliche gesellschaftlich objektivierte Zeichenmaterial für die alltägliche Kommunikation und für die kognitive Selbstorganisation des individuellen Bewußtseins. Wiewohl die Bedeutung der Wortzeichen in gewissen Grenzen objektiv ist (bzw. objektiviert werden kann), da sie zum Sprachsystem gehört, geht der Sinn ihrer fallweise situierten Verwendung über den objektiven Systemwert weit hinaus. Begrifflich nennt man einesteils die konzeptuelle oder intensionale Organisation der Wortbedeutung selbst (kraft deren sie in der Regel grenzunscharfe Extension definiert), anderenteils stellt man den Begriff auch als wesentliche, epistemologische und definierte Konzeptualisierung den eher akzidentellen, häufig nicht schlüssig definierten und bloß nominativen Alltagssprachbedeutungen gegenüber. In ihrer Verwendung erheben die letzteren nur Anspruch auf kommunikative Identifizierbarkeit des jeweils Gemeinten, nicht auf dessen wesentliche und erschöpfende Konzeptualisierung. Wortbedeutungen bilden eher inklusive Oppositionen und lassen sich als ungeordnete Merkmalskomplexe beschreiben, die nicht bei jeder Verwendung alle relevant werden. Schließlich gilt ein weiterer Begriff von Begriff in den neueren sozialgeschichtlichen Arbeiten, die an den Wörtern als Brennpunkten und Organisatoren gesellschaftlicher Erfahrung und Kommunikation interessiert sind: Begrifflich heißen da Wortbedeutungen, die in der analytischen Zusammenschau ihrer Verwendungen als Träger wesentlicher sozial- oder ideengeschichtlicher Bewegungen erscheinen, Wortbedeutungen, die dem Historiker als Faktoren und Indikatoren geschichtlicher Prozesse dienen können.[28] Die Widersprüche zwischen den verschiedenen Bedeutungen von Begriff bleiben in praxi ohne negative Auswirkung, wo sich ein ideengeschichtlicher Entwicklungsstrang mit einer sprachlichen Chiffre fest verbindet (›Kultur‹, ›Nation‹, ›Sozialismus‹, ›Staat‹ usw.). Dort kann Ideengeschichte als zur gesellschaftlichen Kommunikation hin erweiterte Wortgeschichte begriffen werden, und die Geschichte der Wortbedeutung zeigt wenigstens tendenziell auch die Evolution eines Begriffs.

Für ›Text‹ ist dieses Verfahren nicht praktikabel. Das Stichwort taugt nicht als Faktor oder Indikator geschichtlicher Vorgänge. Es läßt sich nicht begriffsgeschichtlich adeln. Seine Wortbedeutungen zeigen wenig Neigung zu dramatischer Verände-

---

26 Vgl. HANS JOERGEN ULDALL/LOUIS HJELMSLEV, Outline of Glossematics: A Study in the Methodology of the Humanities with Special Reference to Linguistics, Bd. I: ULDALL, General Theory (Kopenhagen 1957).
27 Vgl. JACQUES DERRIDA, L'écriture et la différence (Paris 1967); OLSON, Mind and Media (s. Anm. 20); SCHEERER (s. Anm. 20).
28 Vgl. REINHART KOSELLECK, Vergangene Zukunft. Zur Semantik geschichtlicher Zeiten (Frankfurt a. M. 1979); KOSELLECK, Sozialgeschichte und Begriffsgeschichte, in: W. Schieder/V. Sellin (Hg.), Sozialgeschichte in Deutschland, Bd. 1 (Göttingen 1986), 89–109; DIETRICH BUSSE, Historische Semantik. Analyse eines Programms (Stuttgart 1987).

rung. Bis zum Aufkommen von Theorien über Text und Textualität dient das Wort fast ausschließlich relativ stabilen Bezeichnungszwecken. Auch nach der ›Verbegrifflichung‹ von Text kann der Ausdruck bestenfalls als wissenschaftshistorischer und wissenschaftssoziologischer Indikator gelten, da seine Relevanz in der nichtfachlichen Kommunikation gering, jedenfalls nicht begrifflich im Sinne der Sozialgeschichte ist.

2. *Bezeichnungsfestigkeit und Begrifflichkeit*

Man erhält nur partiell die gleiche Geschichte, wenn man einesteils untersucht, was im Laufe der Zeit mit den Worten Text und Textualität bezeichnet worden ist, anderenteils aber die begrifflichen Äquivalente dessen, was wir heute als Textbegriff vorfinden bzw. mit Text bezeichnen. Sucht man die historischen Bezeichnungen für verbindlich aufbewahrte, vergegenständlichte sprachliche Zeichenprozesse, so findet man, daß sie nicht immer Texte hießen. Umgekehrt war über einen großen Zeitraum Text kein Begriff im sozial- oder ästetikhistorischen Sinne, sondern der eingeführte Name für das Korpus bzw. für den überlieferten Wortlaut der Heiligen Schrift, die Bezeichnung für den Schriftpassus, der einer Predigt zugrunde gelegt wurde usw.

Die Fixierung eines Wortes als Name und seine Begrifflichkeit schließen sich aber tendenziell aus. Denn zur Begrifflichkeit gehört sowohl im erkenntnistheoretischen als auch im sozialgeschichtlichen Sinne eine Art von semantischem Überschuß über die bloße Namensfunktion hinaus: die ›generative‹ Fähigkeit, neue Gegenstände zu subsumieren, zu definieren und zu charakterisieren (›Gegenstand‹ steht hier für vieles). Offene Horizonte der Intension und Extension sind auch Voraussetzung dafür, daß über die Besetzung von Begriffen ideologisch gestritten werden kann (›ideologisch‹ ist hier im vormarxschen Sinne verstanden als die gesellschaftliche und kognitive Organisation der Ideen und Vorstellungen betreffend).

Die Frage ›Was ist ein Text?‹ läßt sich auf ganz unterschiedliche Weise stellen und beantworten[29]: Man kann von einem (als gekannt unterstellten) Lexem Text her a) nach dessen Denotaten (Extension) oder aber b) nach dessen semantischen Merk-

malen (Intension) fragen. Man kann schließlich von einem (als problematisch unterstellten) Gegenstand Text c) nach dessen richtiger begrifflicher Charakterisierung oder d) nach dessen adäquaten Bezeichnungen fragen. Die Vermengung dieser Problemebenen verursacht das Durcheinander (nicht nur) beim Textbegriff. Der methodischen Unterscheidung dieser verschiedenen Fragestellungen entspricht bei Text auch eine historische Differenzierung der Sache selbst (die hier eben die Begrifflichkeit und Wortbedeutung von Text ist). Die Wortgeschichte von Text erlaubt bis zum 20. Jh. fast nur Fragen nach a), während die Begriffsgeschichte von Text eigentlich erst mit dem Problematischwerden des Gegenstandes Text (und mit der Theoriebildung darüber) im 20. Jh. beginnt.

In diesem Sinne sind Gegenstandsausweitung und Verbegrifflichung von Text parallele Prozesse. Vom festen Namen der Bibel über die Bezeichnung schriftlich tradierter Werke und dann von auslegungsfähigen Zeugnissen der Sprachkommunikation überhaupt führt dieser ›zwiespältige‹ Prozeß der Verbegrifflichung und Bezeichnungserweiterung zu einem Ausdruck, der alle sozialsemiotischen Prozesse umfassen kann.

3. *Begriffliche Äquivalente von Text post und ante litteram*

Als nominative Äquivalente von Text können alle Bezeichnungen für auslegungsbedürftige soziale Zeichengebilde gelten, zuerst der Ausdruck Zeichen selbst, aber auch Werk, Schrift, Quelle, Zeugnis, Urkunde. In jüngster Zeit kommt unter dem Einfluß der neueren französischen Sprachphilosophie und einer global auf den sozialen Zeichenprozeß gerichteten Perspektive der Ausdruck Diskurs hinzu. Im philologischen 19. Jh. heißen die Texte, mit denen man sich so eingehend beschäftigt, fast immer Werke oder Schriften, während Text nur als Bestimmungswort in der Nominalkomposition häufig begegnet (Textkritik, Textauslegung usw.).

---

[29] Vgl. KLAUS HEGER, Text und Textlinguistik, in: J. S. Petöfi (Hg.), Text vs. Sentence: Basic Questions of Text Linguistics, Bd. 1 (Hamburg 1979), 49–62.

Aus der Perspektive der übergeordneten Begriffe Hermeneutik und Philologie gibt es eine komplementäre Begriffsgeschichte von Text als Name für alle als auslegungsbedürftig geltenden Zeichengebilde. In dieser Hinsicht spiegelt die wachsende Extension von ›Text‹ den wachsenden Gebietsanspruch der Hermeneutik: von den im Wortlaut überlieferten heiligen Schriften über die Schriftzeugnisse der Antike, die Texte der Nationalphilologie bis hin zum Einschluß des anspruchsvollen Gesprächs unter Zeitgenossen bei Schleiermacher. Auch die Ausweitung der Textualität auf alle sozial-semiotischen Prozesse und Ordnungen (mithin über die Grenzen des Sprachlichen hinaus) folgt in jüngster Zeit noch diesem Muster.

4. Der vorfindliche Sinn von Text als Ausgangspunkt

Text gehört heute, wie oben notiert, mit Wort, Satz und Zeichen zu den aspektheterogenen und offenen Grundbegriffen der Sprach- und Literaturwissenschaften, die nicht abschließend definiert werden können, weil ihre theoretische Produktivität vorwiegend heuristischer Natur ist und sich nur innerhalb bestehender Axiomatisierungen entfaltet.[30] Der alltagssprachliche Ausdruck Text dient dabei als Ausgangs- und Anschlußpunkt. Er bezeichnet wertungsfrei ein materiell abgeschlossenes und schriftlich niedergelegtes Sprachwerk, jedoch nicht im Sinne der bloßen physischen Realität, der bestimmten Anordnung von Zeichenkörpern, sondern als Grenzbegriff für die Reproduzierbarkeit von Sinn.[31] Bis in die Fachumgangssprache der Kultur- und Literaturwissenschaft hinein handelt, wer von Texten spricht, von einer semantisch relativ festen Instanz, die sich in Opposition gegen subjektive Zutaten der Rezipienten konturiert.

Hier ist das System der Bezüge darzustellen, das den Textbegriff nach heutigem Verständnis axiomatisch erschöpft: Produzentenbezug, Rezipientenbezug, Sach- und Zeitbezug, Sprach-, Sinn-, Handlungs-, Selbstbezug, intertextuelle Bezüge. Die historische Entfaltung des Begriffs kann jeweils als Selektion aus diesen Bezügen beschrieben werden (wobei das Künstliche, das ›Quasi-Hegelianische‹ an diesem Verfahren herauszustellen ist, weil ja realiter keinesfalls ›Selbstentfaltung‹ der ein für allemal angelegten Aspekte stattfindet; nur wenn man, wie nötig, den vorfindlichen Begriffssinn als Ausgangspunkt der Rekonstruktion nimmt, stellen sich die Dinge so dar; das ist auch ein Hauptunterschied zur Wort- und Bedeutungsgeschichte, die sich ihres durchgehenden Gegenstandes einfach durch die materiale Lautform versichern kann).

Die vorfindliche Bedeutung von Text steckt voller Ambivalenzen. Diese findet man aber auch in den Verbegrifflichungen und Terminologisierungen des Ausdrucks. Einerseits gilt Text als Name für Einheiten der realisierten (bzw. fixierten) Rede, andererseits bezeichnet man auch das materielle Substrat einer Sprechhandlung, das ›beliebig‹ reaktualisiert werden kann, als Text. Im ersten Sinne sind Texte die einzige kommunikative Realität der Sprache, im zweiten Sinne bezeichnet Text gerade das, was von der kommunikativen Realisierung im jeweiligen Fall abgehoben und unabhängig ist. Die Textualität eines Sprachgebildes oberhalb der Satzebene ist kohärenz- oder kohäsionsbedingt.[32] Die Techniken der Herstellung von Kohäsion sind aber teils sprachsystemisch, d. h. lexikalisch oder grammatisch (Anapher, Ellipse, Konjunktion, Merkmalsrekurrenz usw.), teils liegen sie ganz in der Sach- und Sinnebene unseres Weltwissens, teils in einer Schicht unserer Sprachkompetenz, die nicht einzelsprachlich gebunden ist.[33] Wer vom geordneten Zusammenhang mehrerer Sätze zum Textbegriff kommt, für den sind Texte Sprachgebilde von mehr als Satzlänge, die linguistisch beschrieben werden können. Wer Text als Namen für sprachlich realisierten Sinn versteht, für den bilden die sprachsystemischen Techniken der ›Vertextung‹ von Sinn nur einen Ausschnitt der Textanalyse (Eugenio Coseriu: ›transphrastische Grammatik‹ vs. ›Linguistik des Sinns‹[34]).

Prekär wird im Ausdruck Text das alltägliche Vor-Urteil, wonach die Bedeutung der Wörter der

---

30 Vgl. KNOBLOCH, Geisteswissenschaftliche Grundbegriffe als Problem der Fachsprachenforschung, in: Fachsprache 11 (1989), 113–126.
31 Vgl. SEGRE (s. Anm. 6), 270.
32 Vgl. MICHAEL ALEXANDER KIRKWOOD HALLIDAY/ RUQAIYA HASAN, Cohesion in English (London 1976).
33 Vgl. COSERIU (s. Anm. 23), 5–9.
34 Vgl. ebd., 51–153, 154–176.

Sprache (als einer objektiven Instanz) zugerechnet wird, der Sinn des Gesagten aber dem Sprechenden: In der abgelösten Form des Textes fällt der Sinn ganz dem Rezipienten anheim, und nur die erneute kommunikative Thematisierung kann ihn zwingen, seine Auslegung am ›Wortlaut‹ des Textes plausibel zu machen. In vielen Fällen erzwingt die sympraktische Rede eine Verständigungskontrolle am Fortgang des koordinierten Handelns. In jedem Fall erlaubt sie die Rückfrage bei Unklarheiten. Der Text hingegen steht allein, und er muß es tun können, wenn wir ihn für einen Text halten sollen. Zwar mag der Produzent eines geschriebenen Textes bestimmte Adressaten im Auge gehabt haben, doch kann ›im Prinzip‹ jeder einen geschriebenen Text lesen, auch dann noch, wenn die Gesamtheit der Orientierungshorizonte des Schreibers längst untergegangen ist. Darin liegt bereits die Möglichkeit, daß der bloße Zeitablauf aus einem gegebenen Text etwas macht, was dem Autor gar nicht hätte in den Sinn kommen können.[35] Darin liegt jedoch auch der Anlaß für die professionelle Rekonstruktion untergegangener Horizonte, die freilich nur dann einsetzt, wenn Dokumente aus der Perspektive der rezipierenden Epoche gleichzeitig ›heilig‹ und aktuell ›unverständlich‹ sind. In dieser Konstellation lauern die Paradoxien scharenweise. Die unter dem Namen des hermeneutischen Zirkels bekannte ist nur die auffallendste. Je mehr die Verständigung auf der abgelösten sprachlichen Formulierung allein ruht, desto problematischer wird sie. Im Extrem ermöglicht es die Textform, daß der Rezipient Gesagtes bloß zum Anlaß individueller, assoziativer und kontingenter Sinnproduktion nimmt. Gleichwohl halten wir an der Erwartung fest, daß Texte im Prinzip (mehr oder weniger) richtig verstanden werden können. Die Überprüfung kann nur im System der oben genannten Bezüge stattfinden. Sprachwissen und -können des Rezipienten garantieren kein Rede- oder Textverständnis. Sie geben nur den ersten Plan, der dann in tieferen Schichten abgearbeitet wird.[36] Und doch hat man unter Umständen vom Text allein die Sprachform. Offenbar rekurriert Textverstehen auf die Gesamtheit des Rezipientenwissens, das sinnhaft mit dem Text verbunden werden kann. Kraft dieser Tatsache gehört es immer in dessen Horizont, und gewiß hat das sicher oft tiefe

und aufgeklärte Verständnis, das sich ein Experte von einem alten Text erarbeitet, oft mit dem einfachen Vollzugssinn gar nichts zu tun, den ein Text für seine zeitgenössischen Adressaten gehabt haben mag, die ihn wohl kaum jahrelang bearbeitet haben. Oder, anders gesagt, philologisch können auch triviale Texte nur durch andere, nichttriviale Texte interpretiert werden, aber der ›user‹ eines trivialen Textes hinterläßt keine Rezeptionsdokumente. Er verfertigt keine interpretierenden Texte. Ziel solcher professionellen Operationen am Text ist gewöhnlich die Explikation des Impliziten.

Aufgrund des problematischen begrifflichen Status von Text gehe ich in den folgenden Abschnitten der Durchführung jeweils einen doppelten Weg: von der Geschichte des Wortes bzw. der Wortfamilie zur historischen Praxis der Auslegung überlieferter Sprachzeugnisse und von den in der Auslegungspraxis und im Begriffsfeld lebendigen Ansichten über Textualität bzw. über die Natur des ›Auszulegenden‹ zu den jeweils vorherrschenden Bezeichnungen.

II. Geschichte der Begriffe Text und Textualität

1. Von der antiken Rhetorik zur Bibel

In der antiken Überlieferung besteht die Tätigkeit des ›Philologen‹ (der zunächst noch ›Grammatiker‹ hieß, während der Name ›Philologe‹ allgemein für den Liebhaber der Rede, der Literatur und für den Gebildeten gebraucht wurde[37]) aus vier bis sechs Teilaufgaben der Textanalyse. Bei Dionysios Thrax, einem im 2. vorchristlichen Jahrhundert lebenden Schüler Aristarchs und Verfasser des ältesten Handbuchs der Grammatik, sind es sechs:

---

35 Vgl. SEGRE (s. Anm. 6), 271.
36 Vgl. GEROLD UNGEHEUER, Vor-Urteile über Sprechen, Mitteilen, Verstehen (1987), in: Ungeheuer, Kommunikationstheoretische Schriften, Bd. 1, hg. v. J. G. Juchem (Aachen 1987), 325–327.
37 Vgl. HEYMANN STEINTHAL, Geschichte der Sprachwissenschaft bei den Griechen und Römern mit besonderer Rücksicht auf die Logik (1863), Bd. 2 (Berlin ²1891), 14–17.

1. Lectio, »das gekonnte laute Vorlesen nach Prosodie und Akzent« (ἀνάγνωσις ἐντριβῆς κατὰ προσῳδίαν); 2. »Erklärung der verwandten rhetorischen Figuren« (ἐξήγησις κατὰ τοὺς ἐνυπάρχοντας ποιητικοὺς τρόπους); 3. »Sprach- und Sacherklärungen« (γλωσσῶν τε καὶ ἱστοριῶν πρόχειρος ἀπόδοσις); 4. »Auffinden der Wortableitungen« (ἐτυμολογίας εὕρεσις); 5. »Darlegungen zur Formenlehre« (ἀναλογίας ἐκλογισμός); und als höchste Kunst schließlich 6. das »Kunsturteil« (κρίσις ποιημάτων[38]). In einem Scholion zu Dionysios Thrax findet man vier wesentliche Abteilungen – emendatio (Wiederherstellung des Originaltextes), lectio, enarratio (Sacherklärung) und iudicium (Kunsturteil): »Seit alters gibt es vier Teile der Grammatik: [...] Textverbesserung, Vorlesen, Sacherklärung und Kunsturteil.« (Τὸ πάλαι μέρη τῆς γραμματικῆς ἦν τέσσερα· [...] διορθωτικόν, ἀναγνωστικόν, ἐξηγητικὸν καὶ κριτικόν.[39]) Das Auszulegende waren die γράμματα (grammata, lat. literae, wörtlich: die Buchstaben). Die Bedeutung von grammata weitete sich von Inschrift, Brief,

Staatsakte zu Schriftwerk überhaupt, Literatur, Text.

Die antike Auslegungspraxis verweist durch ihren autoritativen Charakter auf den Problemkreis, der namentlich die theologische und juristische Hermeneutik bis zum Beginn der Aufklärung beherrscht: die verbindliche normative Auslegung von Gesetzen und heiligen Texten.[40] Zu vermitteln war der Wille des Gesetzgebers oder der normative Sinn kanonischer Texte für die aktuelle Gegenwart und Praxis der Zeitgenossen des Auslegenden. Bis zur frühen Neuzeit war die Vorstellung vorherrschend, der Text sei ein Gegebenes und alle Interpretationen stammten allein von ihm selbst. Weder die Subjektivität des Interpretierenden noch der Wechsel der zeitlichen Horizonte fanden Berücksichtigung.

Im Quintilianischen »dicendi textum«[41] (Gewebe der Sprache) schwingt keineswegs die heutige Vorstellung mit, nach der Textualität gewissermaßen das Fixierungsmittel von Sinn ist oder das Material, in dem Sinn aufbewahrt wird; vielmehr ist der Duktus der sprachlichen Gedankenführung selbst gemeint. Der antike Hermeneut versteht sich nicht so sehr als Interpret eines Textes im heutigen Sinne, sondern viel eher als Mittler und Sprachrohr von dessen Autor.[42] Der Text als solcher ist kaum abgesetzt von den Intentionen seines Urhebers.

Aus antiken und patristischen Quellen speist sich die das ganze Mittelalter hindurch gültige Doktrin vom vierfachen Schriftsinn, kodifiziert und systematisiert durch Cassian[43] (mit der von Origenes stammenden Augustinischen Lehre von der Stufenfolge des wörtlichen, moralischen und geistigen Sinnes der Bibel als wichtigstem Vorläufer).[44] Danach lehrt die wörtliche Bedeutung der historischen Tatsachen, die allegorische den Glaubenssatz, der sich daraus ergibt, die moralische die daraus folgende Handlungsanweisung und die anagogische den theologisch-heilsgeschichtlichen Sinn. Mit dem Merksatz des 1283 gestorbenen Dominikaners Augustinus von Dänemark: »Der Buchstabe lehrt die Ereignisse, die Allegorie, was du glauben sollst, / die Moral der Geschichte, was du tun sollst, die Anagogie (Hinaufführung), was du hoffen sollst.« (Littera gesta docet, quid credas allegoria / Moralis quid agas, quid speres anago-

---

38 DIONYSIOS THRAX, Ars grammatica 1, in: Grammatici Graeci, Bd. 1/1, hg. v. G. Uhlig (Leipzig 1883), 5 f.; vgl. THEODOR BIRT, Kritik und Hermeneutik nebst Abriß des antiken Buchwesens (München 1913), 7.
39 Commentarius Melampodis seu Diomedis 1, in: Grammatici Graeci, Bd. 1/3: Scholia in Dionysii Thracis Artem grammaticam, hg. v. A. Hilgard (Leipzig 1901), 12.
40 Vgl. HANS-GEORG GADAMER, ›Hermeneutik‹, in: RITTER, Bd. 3 (1974), 1062.
41 QUINTILIAN, Inst. 9, 4, 17; vgl. EMILIO BETTI, Teoria generale della interpretazione, Bd. 1 (Mailand 1955), 354; dt.: Allgemeine Auslegungslehre als Methodik der Geisteswissenschaften, übers. v. Betti (Tübingen 1967), 266.
42 Vgl. JEAN PÉPIN, L'herméneutique ancienne. Les mots et les idées, in: Poétique 6 (1975), H. 23, 291–300; dt.: Die frühe Hermeneutik. Worte und Vorstellungen, übers. v. C. Voigt, in: V. Bohn (Hg.), Typologie. Internationale Beiträge zur Poetik (Frankfurt a. M. 1988), 97–113.
43 Vgl. GERHARD EBELING, ›Hermeneutik‹, in: RGG, Bd. 3 (³1959), 249.
44 Vgl. ORIGINES, De principiis 4, 2, 4; GADAMER (s. Anm. 40), 1062; MAXIMILIAN SCHERNER, ›Text‹. Untersuchungen zur Begriffsgeschichte, in: Archiv für Begriffsgeschichte 39 (1996), 117.

gia.⁴⁵) Erst von der Reformationstheologie wird diese Doktrin umgestoßen. Das sola scriptura (»Alleyn die schrifft«⁴⁶), Luthers Lehre von der Selbstauslegung der Schrift (»scriptura [...] sui ipsius interpres«⁴⁷), reduziert den Glaubenswert der Schrift zunächst auf ihren Wortsinn und wendet diesen polemisch gegen die Lehrautorität der Kirche. Daraufhin wendet sich die Reformationstheologie dem Bibeltext selbst neu zu und verwirft die autoritative Tradition seiner Auslegung. In diesem Streit steckt eine Einsicht, an die zu erinnern sich auch heute lohnt: daß nämlich die schriftliche Codierung der ›gesta‹ stringenter und dauerhafter ist als die inferentielle, allusive, kulturelle und pragmatische Sinn ihres Berichtes in der Kommunikation.

Außerdem wird in der Literatur die Ansicht vertreten, daß die reformatorische Disjunktion von autoritativem Text selbst auf der einen Seite und von zweifelhaft-prüfungsbedürftiger Auslegung auf der anderen den Katalysator für das neuzeitliche Erkenntnisproblem abgegeben habe.⁴⁸ Am Beispiel autoritativer Texte sei zuerst das Problem aufgetreten, verbindlich zwischen ›objektivem‹ Sachgehalt und ›subjektiver‹ Zutat zu unterscheiden, und diese Polarisierung sei Muster des neuzeitlichen Erkenntnisproblems geworden: zu unterscheiden nämlich, was von den Sinneseindrücken Wirkung der wahrgenommenen Sache selbst und was ›subjektive‹ Zutat des Erkennenden und seiner Sinnesorganisation sei.

Seit dem Mittelalter oszilliert die lexikalische Bedeutung (bzw. der Bezeichnungswert) des Ausdrucks Text zwischen der Ebene des Werkes selbst und seiner materiellen Realisierung in einer Abschrift. Noch in der humanistischen und der neueren Philologie spricht man bei überlieferten Abschriften eines Werkes vielfach von dessen Texten.⁴⁹

2. Text, Zeichen und Sache in der Hermeneutik der Aufklärung

Die Textverstehenslehren der Aufklärung sind zunächst überwiegend am Verständnis der Sache interessiert und betrachten den Text nur als Vehikel auf dem Weg zu dieser. In Zedlers *Universal-Lexicon* findet man unter ›Text‹ (neben kurzen Einträ-

gen zu ›Text [...] in der Musick‹, ›Text, in der Schrifftgüsserey‹⁵⁰ u. a.) eine längere Abhandlung über die Bibelstelle, die der Predigt zugrunde gelegt wird. Auch hier heißt es: »Erkläre die Worte deines Textes, wo es nöthig ist; am allermeisten aber suche die Sachen, die in deinem Text enthalten sind, zu erklären.«⁵¹ In der semiotischen Fundierung des Textes gibt es zunächst weder einen Platz für die Subjektivität des Autors noch für den ›Eigensinn‹ der Sprache(n). Die Möglichkeit, die Dinge dieser Welt zu verstehen, wird als unproblematisch vorausgesetzt.⁵² Es sind und bleiben die ›Sachen selbst‹, auf welche die Zeichen des Textes letztlich zurückgeführt werden müssen. Peter Szondi argumentiert, daß genuine Hermeneutik erst dann ins Spiel kommt, wenn (mit Friedrich Ast und Schleiermacher) sowohl der Autor selbst als Ziel der Deutungen wie auch die sprachliche Brechung des Gegenstandes den Umgang mit Texten neu perspektivieren.⁵³

Definitorisch findet man bei Georg Friedrich Meier ein Verständnis von Text, das in seinen Merkmalen dem heutigen weitgehend entspricht: »*Der Text* (textus) ist die Rede, in so ferne sie, als der Gegenstand der Auslegung, betrachtet wird.« Und weiter: »Eine Rede, welche keinen Sinn hat, kan kein Text seyn«⁵⁴. Auch die Verselbständigung des Textsinnes gegenüber dem Verständnis des Au-

---

45 AUGUSTINUS VON DÄNEMARK, Rotulus pugillaris 1, hg. v. A. Walz, in: Angelicum 6 (1929), 256.
46 MARTIN LUTHER, Antwort deutsch auf König Heinrichs Buch (1522), in: Luther, Werke. Kritische Gesamtausgabe, Bd. 10/2 (Weimar 1907), 232; vgl. LUTHER, Contra Henricum Regem Angliae (1522), in: ebd., 186.
47 LUTHER, Assertio omnium articulorum M. Lutheri per bullam Leonis X. novissimam damnatorum (1520), in: ebd., Bd. 7 (Weimar 1897), 97.
48 Vgl. OLSON, Mind and Media (s. Anm. 20), 29 f.; OLSON, Thinking about Narrative (s. Anm. 20), 103 f.
49 Vgl. SEGRE (s. Anm. 6), 270.
50 Vgl. ZEDLER, Bd. 43 (1745), 305, 315.
51 ›Text einer Predigt‹, in: ebd., 305.
52 Vgl. PETER SZONDI, Einführung in die literarische Hermeneutik, in: Szondi, Studienausgabe der Vorlesungen, hg. v. J. Bollack u. a., Bd. 5 (Frankfurt a. M. 1975), 142.
53 Vgl. ebd., 142 f.
54 GEORG FRIEDRICH MEIER, Versuch einer allgemeinen Auslegungskunst (Halle 1757), 58, 60 (§§ 105, 109).

tors ist vollständig gedacht: Der Ausleger ist keineswegs gehalten, alles ebenso zu denken, wie es der Autor gedacht hat. Er kann eine klarere, gewissere, größere Kenntnis des Sinnes haben als dieser. Zur Auslegung eines Textes gehört die vollständige Erkenntnis der actio, auch insofern sie im Text selbst nicht niedergelegt worden ist. Die wahre Natur der Sache, von welcher der Text handelt, ist dessen beste Auslegung. Der Oberbegriff für das Auszulegende überhaupt ist bei Meier »Zeichen« (4f., 57 [§§ 7, 103]). Die auszulegenden Redegattungen oder Texte sind: 1. »die heilige Schrift« (130 [§ 251]); 2. »die bürgerlichen Gesetze« (130 [§ 252]); 3. »sittliche Charakteristik« (130 [§ 253]) (gemeint sind Reden, die auf den Charakter ihres Urhebers verweisen); 4. »Diplomata« (131 [§ 254]); 5. »die Oracul [...], das ist, [...] Vorhersehungen« (131 [§ 255]). Bei Johann Martin Chladenius findet man wenige Jahre vor Meier die Lehre vom »Sehe-Punckt«[55], von der notwendigen Perspektivität eines jeden Textes, mit der dialektischen (und bereits auf Schleiermachers hermeneutische Prinzipien hindeutenden) Folgerung, daß man einesteils dem Autor in seine innersten Absichten und Nebengedanken folgen, anderenteils aber auch alle objektiven Umstände des berichteten Ereignisses nach Zeit, Ort usw. rekonstruieren müsse, um die spontane Perspektivität des Autors oder Textes zu neutralisieren.

Das primär sachlich gerichtete Interesse der Aufklärung an Texten ist freilich mehrfach zu relativieren. Schon von Spinoza wird die Sprachlich-

---

[55] JOHANN MARTIN CHLADENIUS, Einleitung zur richtigen Auslegung vernünftiger Reden und Schrifften (Leipzig 1742), 182, 187 (§§ 306, 309).
[56] BARUCH DE SPINOZA, Tractatus Theologico-Politicus (1670), in: SPINOZA, Bd. 3 (1925), 100 (Cap. 7); dt.: Theologisch-politischer Traktat, übers. v. C. Gebhardt (Leipzig 1908), 137.
[57] Vgl. HENDRIK BIRUS, Zum Verhältnis von Hermeneutik und Sprachtheorie im 18. Jahrhundert, in: R. Wimmer (Hg.), Sprachtheorie. Der Sprachbegriff in Wissenschaft und Alltag (Düsseldorf/Bielefeld 1987), 143–174.
[58] Vgl. JOHANN HEINRICH LAMBERT, Neues Organon oder Gedanken über die Erforschung und Bezeichnung des Wahren und dessen Unterscheidung vom Irrthum und Schein, Bd. 2 (Leipzig 1764), 5–43; AXEL BÜHLER/LUIGI CATALDI MADONNA (Hg.), Hermeneutik der Aufklärung (Hamburg 1994).

keit der Texte reflektiert: »den wahren Sinn« (verum sensum) einer Textstelle dürfe man nicht mit der »Wahrheit ihres Inhalts« (rerum veritate)[56] verwechseln; der zur Sprachgestalt gehörige Teil des Textsinnes ergibt sich aus der Vergleichung des Sprachgebrauchs in bezug auf die Sache. Im letzten Drittel des 18. Jh., mit dem gewaltig zunehmenden Interesse des gebildeten Publikums an Fragen der Sprache und der Sprachlichkeit, schlägt das Sachinteresse vollends in Sprachinteresse um. Die Sachdimension der Texte, für Meier noch selbstverständlicher Interessenschwerpunkt, tritt zurück hinter deren Eigenschaft, unmittelbarer Ausdruck der Kulturen, Nationen, Völker zu sein. Die Sprachen selbst werden zu individualisierten Verkörperungen der nationalen Kulturen. Die allgemeine Grammatik der Aufklärungszeit (mit ihrer Mischung aus sensualistischen und rationalistischen Motiven) fand in den Einzelsprachen die gemeinsamen Bedingungen vernünftigen Urteilens verkörpert. Sie befindet sich um 1800 überall auf dem Rückzug. Der fehlende manifeste Kontakt zwischen Sprachwissenschaft und Hermeneutik im 18. Jh., über den sich Hendrik Birus zu wundern scheint[57], hat seine Ursache in der traditionellen Gebildeorientierung der Sprachwissenschaftler (im Unterschied zur naturgemäßen Werkorientierung der Hermeneutiker). Diese Konstellation ändert sich erst, als nach 1800 die Sprachwissenschaft selbst Nationalphilologie (und damit text- oder werkorientiert) wird. Die Anlagen dazu findet man freilich schon bei Herder, Karl Philipp Moritz, August Ferdinand Bernhardi und anderen Autoren der Übergangszeit. Auch Johann Heinrich Lamberts Zeichenlehre, mit der Theorie des ›symbolischen Erkenntniß‹ als Kernstück, dürfte in einer ausgeführten Geschichte der Aufklärungshermeneutik nicht fehlen.[58]

3. Text im Jahrhundert der Philologen

Die Professionalisierung der Philologie, die sich in mehreren Etappen durch das 19. Jh. zieht, führt zu einer zunehmenden Distanzierung der Texte (bzw. des Textsinnes) von der Lebenswelt der Rezipienten. Dominierte bislang die Vorstellung, der Text ›spreche‹ unmittelbar zu jedem Rezipienten, der mit dem Organon der Philologen (Grammatik,

Hermeneutik, Kritik) umzugehen weiß, so wird ›authentischer‹ Textsinn nun zu einer Größe, die der mühsamen (und immer approximativ bleibenden) historischen Rekonstruktion bedarf und von professionellen Experten verwaltet wird. Auch wandelt sich die (aufklärerische) Vorstellung von den nützlichen Lehren, die man aus der Beschäftigung mit den ›alten‹ Texten ziehen könne, zum eher indirekten, von der bürgerlich-praktischen Welt zunehmend distanzierten Bildungswert. Karl Gottfried Wilhelm Theile betrachtet die hermeneutische Wissenschaft zwar als eine historische dem Ziel und den Wegen nach, hält aber ihren wesentlichen Inhalt für apriorisch fundiert (nach dem gedanklichen Muster des ausgehenden 18. Jh.: Ableitung der wesentlichen und notwendigen Bestimmungen aus dem Begriff der Mitteilung und des Interpretierens).[59]

Die Axiomatisierung der Hermeneutik (namentlich bei Schleiermacher) zu einer allgemeinen Textwissenschaft begleitet die Professionalisierung der Philologien. Theile konstatiert noch, daß die klassische Philologie bis dato ohne eine Theorie der Auslegung ausgekommen sei.[60] Um 1900 ist das Geschäft der Auslegung klassischer Texte kodifiziert und mechanisiert. Die Hermeneutik ist wesentlich ein Werk der Theologen und Juristen. Erst Schleiermacher vollzieht die Gemeinsamkeit des Bildungsbürgertums, Texte auszulegen, auch in der Theorie programmatisch nach (Friedrich August Wolf und Ast gehen ihm freilich voraus).

Im 19. Jh. ist und bleibt der Status von Text der eines impliziten Grundbegriffes. Charakteristischerweise findet man in den Handbüchern und Nachschlagewerken der Epoche keinen Eintrag ›Text‹, wohl aber Komposita mit ›Text‹ als Bestimmungswort und als Grundwort, während der ganze Kanon der philologischen Termini technici wie Konjektur, emendatio, recensio, Kritik, Überlieferung, Auslegung auf ›Text‹ als einen impliziten Zentralbegriff verweist.

Was das System der konstitutiven Bezüge angeht, so gibt es folgenschwere Verschiebungen gegenüber der Hermeneutik der Aufklärung: Für diese transportieren Texte dominant ein Verständnis der Sache, von der sie handeln, und in der vollen Rekonstruktion dieses Sachverständnisses gipfelt auch die Leistung des Hermeneuten.[61] Nun-

mehr (bei Ast, Wolf, Schleiermacher) ist es der ›Geist‹ der vergangenen Epoche, der erweckt werden soll, und das Werk gilt als Ausdruck der (typischen, klassischen) Individualität des Autors im Rahmen der Epoche. Nicht mehr das textuell Dargestellte ist bevorzugter Gegenstand der Rekonstruktion und des Verständnisses, sondern die »Cultursituation«[62] und die Individualität des Autors in ihr. Der auszulegende Text wird (vor allem bei Ast[63]) ein emphatisches Ganzes, bei dem der Sinn jeder Einzelheit in ihrer Beziehung auf die Grundidee liegt. Der Hermeneut stopft also nicht mehr bloß das Sinngewebe des löchrig gewordenen Textes, er muß vielmehr dessen Grundmuster völlig neu konstruieren.

Während Schleiermachers Hermeneutik aber noch bipolar und dialektisch angelegt ist (zwischen der umfassenden Rekonstruktion des Sprachzustands sowie der Traditionen des Sprechens – grammatische Interpretation – und der Einordnung der Schrift in die Biographie des Autors – psychologische Interpretation[64]), wird Text in der zweiten Jahrhunderthälfte zusehends psychologisiert. Es gilt nun, das Vorstellen und Erleben des Autors möglichst authentisch nachzuvollziehen (Dilthey). Die Psychologie wird zur Leit- und Vorbildwissenschaft der Philologen und der Sprachwissenschaft. Jeder Text ist ein Dokument des Fremdseelischen und will als solches verstanden werden. Kongenialität und Intuition sind gefragte Eigenschaften des Auslegers. Hier ist eine Hypothek aufgenommen worden, an die die Hermeneutik bis heute trägt: Sie hat sich auf ›einfühlende‹ Techniken und Fähigkeiten gestützt, die nicht objektivierbar sind. Komplementär zur Psychologisierung der höheren Hermeneutik findet man die

---

59 Vgl. KARL GOTTFRIED WILHELM THEILE, ›Hermeneutik‹, in: ERSCH/GRUBER, Abt. 2, Bd. 6 (1829), 304a.
60 Vgl. ebd.
61 Vgl. SZONDI (s. Anm. 52), 142 f.
62 PHILIPP WEGENER, Untersuchungen über die Grundfragen des Sprachlebens (Halle 1885), 27.
63 Vgl. FRIEDRICH AST, Grundlinien der Grammatik, Hermeneutik und Kritik (Landshut 1808), 171–173, 178–181 (§§ 71, 75).
64 Vgl. FRANK, Das individuelle Allgemeine. Textstrukturierung und -interpretation nach Schleiermacher (Frankfurt a. M. 1977).

Mechanisierung und ›Technisierung‹ der niederen. Deren Verfahren werden kochbuchartig in feste Regeln des Umgangs mit klassischen Texten gefaßt.[65] Der implizite und weitgehend unbewußte Charakter des philologischen Textbegriffs zeigt sich in der wenig problematisierten Rückprojektion der eigenen Standards in die erforschten Epochen: Die Vorstellung, zu jedem Werk habe es eine und nur eine ›richtige‹ Fassung zu geben, während alle ›anderen‹ Abschriften Verfälschungen seien, gehört zum Werk-Autor-Verhältnis des 19. Jh., nicht unbedingt aber auch zu den erforschten Texten. Das Original ist die Chimäre der Philologie, und die Überlieferung eines Werkes ist von seiner Verfälschung nicht zu unterscheiden.[66]

4. Der strukturalistische Textbegriff

In ihrer klassischen Fassung kennt die strukturalistische Lehre allein Systeme von signifikativen Einheiten, die ihren Wert (valeur) in der Opposition zu allen anderen Einheiten fixieren. Systemrelationen in diesem Sinne sind extratextuell, extrakommunikativ. Sie werden in der Rede nur ›realisiert‹, existieren aber außerhalb derselben. Der Text ist lediglich der Ort, an dem man durch methodische Analyse die Systembeziehungen findet, er ist der Inbegriff aller Realisierungen des Systems, als ›parole‹ aber selbst nicht einheitlich organisiert, sondern voller Kontingenzen. Sehr unterschiedlich sind Theorie und Emphase, mit denen sich die Schulen des (linguistischen und literaturwissenschaftlichen) Strukturalismus auf ihre textuelle Basis rückbeziehen. Die Distributionsanalyse der Schule um Zelig Harris kennt Texte als materielle Arrangements der Zeichen auf verschiedenen Ebenen (und nennt sie ›discourse‹).[67] Für Louis Hjelmslev, den Mitbegründer der Glossematik, dessen Ansichten sowohl für die sowjetische Kultursemiotik Jurij M. Lotmans als auch für den französischen Strukturalismus (einschließlich seiner Post- und Neoformen) wichtig geworden sind, sind Texte sekundäre oder konnotative Systeme, da ihre eigenen signifikativen Ordnungen auf denen des Sprachsystems aufruhen. Für die textuellen Beziehungen bilden die bilateralen Sprachzeichen (Ausdruck und Inhalt bzw. Form des Ausdrucks und Form des Inhalts) ihrerseits nur die Ausdrucksseite (signifiant), die den (außersprachlichen) Textsinn (signifié) organisiert.[68]

Hier knüpft unter anderem die Tartuer Schule der Kultursemiotik an. Bei Lotman wird der künstlerische Text definiert als explizite, begrenzte, strukturierte und fixierte Zeichenmenge, bestehend aus externen und internen Beziehungen.[69] Die extratextuellen Bezüge ergeben sich unter anderem durch die Relation auf die Gesamtmenge der Elemente und Codes, aus denen die des jeweiligen Textes ausgewählt sind. Literarische Texte sind ihrerseits modellbildende Systeme, d. h. sie verdichten ihren Sinn und Informationswert durch Mehrfachcodierung, durch externe und interne Umcodierung von Bedeutungen. Literarische Texte erhöhen die Prägnanz ihres Inhalts, ihrer Information, ihrer Außenbeziehungen durch besondere Prinzipien der parallelen und kontrastierenden Organisation ihrer Innenbeziehungen. Textualität beruht nicht notwendig auf Schriftlichkeit, sondern auf kanonischen ›festgestellter‹ Formulierung. Hier gilt, daß jeder realisierte Text eine geordnete Extraktion aus dem kulturellen Gesamttext darstellt, auf welchen die Sinneinheiten letztlich als auf ihren Fundus verweisen.[70]

In der gemeinstrukturalistischen Opposition von System und Prozeß gehören Texte zunächst ganz auf die Seite des Prozesses. Sie sind dessen Realisierungen und kraft dieser Tatsache auch indirekt Realisierungsformen des Systems. Es versteht sich, daß diese Perspektive aus der Analyse natürlicher Sprachen her genommen ist, bei der es zunächst den Anschein hat, daß das System der Einheiten, Relationen und Oppositionen mit der unendlichen Menge der Realisierungen aus deren Grund-

---

65 Vgl. BIRT (s. Anm. 38).
66 Vgl. SEGRE (s. Anm. 6), 280.
67 Vgl. ZELIG S. HARRIS, Discourse Analysis Reprints (1957; Den Haag 1963).
68 Vgl. JÜRGEN TRABANT, Zur Semiologie des literarischen Kunstwerks. Glossematik und Literaturtheorie (München 1970), 21–31.
69 Vgl. JURIJ M. LOTMAN, Struktura chudožestvennogo teksta (1970), in: Lotman, Ob iskusstve (Sankt Petersburg 1998), 59–66; dt.: Die Struktur literarischer Texte, übers. v. R.-D. Keil (München 1972), 81–91.
70 Vgl. SEGRE (s. Anm. 6), 289.

lage reinlich abgetrennt werden kann.[71] Was in einem Text steht, das interessiert aus dieser Perspektive zunächst nur, insofern es auf Systembezüge rückverweist. Von hier ist es noch ein langer Weg zu der Erkenntnis, daß der ›Sinn‹ eines Textes kein Abkömmling des Sprachsystems ist, dieses vielmehr seinerseits aus den geordneten Chiffren und Kürzeln besteht, mit deren Hilfe ›Diskurse‹, kulturelle Texte erzeugt und reproduziert werden können.

Die ideengeschichtlich bedeutsame Leistung der Kopenhagener *Glossematik* (Hjelmslev, Hans Joergen Uldall) haftet vornehmlich an den Ausdrücken Text und Konnotation. Dem gemeinstrukturalistischen Axiom, wonach Inhalt und Ausdruck in Zeichensystemen nur ›aneinander‹ sich ordnen und ordnen lassen, haben die Kopenhagener eine bestimmte Gestalt gegeben: das Modell der vier durch Kreuzklassifikation verbundenen Strata.[72] Die Inhalts- und Ausdrucksseite eines Zeichensystems werden jeweils noch einmal in Form und Substanz unterteilt, so daß die folgenden vier Strata entstehen: Substanz des Ausdrucks – Form des Ausdrucks – Form des Inhalts – Substanz des Inhalts. Die Substanz des Ausdrucks ist das Medium des Zeichenträgers, bei natürlichen Sprachen also etwa der Laut, die Schrift, das Morsealphabet. Die Substanz des Inhalts ist eine Weltanschauung oder Kultur, die Gesamtheit der kulturellen Muster, Typisierungen, ›beliefs‹. Die beiden mittleren Schichten (Form des Ausdrucks – Form des Inhalts) definieren eine Sprache, die von der Glossematik mithin als reine Zuordnung von Formen gedacht wird. Beide substantiellen Strata gehören an sich nicht zu einer Sprache, sie liefern ihr nur den Stoff, der von ihr geordnet wird. ›Konnotative‹ Systeme bilden sich, wenn komplexe bilaterale Zeicheneinheiten ihrerseits zu ausdrucksseitigen Verkörperungen weiterer Inhalte werden. Just das ist in allen Texten der Fall. Die textuelle ›Konnotation‹ macht aus den bilateralen Zeichen des Codes gewissermaßen trilaterale semiotische Einheiten, die auf kulturell typisierte Situationen verweisen. Jede Ablösung eines Textes aus seinen originären Verwendungszusammenhängen erzeugt ein neues Objekt, das als Ensemble von Text und Situation beschrieben werden muß.[73] Hier ist der für den neueren Textbegriff zentrale Gedanke angelegt, daß Texte

nicht primär unproblematische Erscheinungsformen des Codes, sondern vielmehr problematische Codierungen einer Kultur sind. Geschwächt wird durch diese Problemverschiebung die Autonomie des Codes, der nun nicht mehr als selbständige Sinnquelle erscheint, sondern als reine Form für die geordnete Darstellung kontingenter, konnotativ vereinnahmter Sinngehalte. Schon für Uldall ist die ›Substanz des Inhalts‹ für alle Zeichensysteme gleich, die in ein und derselben Kultur operieren. Deshalb kann man ein und dieselbe Situation im Prinzip in Texte aller Zeichensysteme übersetzen. Auch die Ausweitung des Textbegriffs auf flüchtige, nicht aufgezeichnete Systeme von Handlungen und Orientierungen findet man bereits in der Glossematik. Uldall argumentiert, Soziologen und Anthropologen müßten an verläßlichen Sprachbeschreibungen interessiert sein, »since they can no more afford to ignore the texts of their situations than the linguists the situations of their texts«[74]. Sowohl die Tartuer Kultursemiotik als auch die anthropologische Textlehre konnten hier leicht ansetzen, ebenso natürlich die ungemein erfolgreichen Film-, Mode- und sonstigen Spartensemiotiken der letzten Jahrzehnte.

Für die Vertreter des Prager Strukturalismus stellt sich Text etwas anders dar.[75] Texte gelten als Sequenzen von Satz-tokens, nicht von Satz-types, die vielmehr zum Code, zum System, gerechnet werden. Konstitutiv für die Identität eines Textes ist nicht die Bedeutung der Sätze, sondern der Sinn der Äußerungen, aus denen er aufgebaut ist. Das ist im Kern die linguistische Position dieser Schule. Coserius ›Linguistik des Sinns‹[76] kann als Programm einer Texttheorie im Geiste des Prager Strukturalismus gelesen werden.

Jakobsons klassische Definition eines dichterischen Textes nimmt dagegen ihren Ausgang bei einem bestimmten Gebrauch, der von den Techniken des sprachlichen Codes gemacht wird: Projek-

---

71 Vgl. DE SAUSSURE (s. Anm. 11), 24; dt. 10.
72 Vgl. ULDALL (s. Anm. 26), 26.
73 Vgl. ebd., 29.
74 Ebd., 30.
75 Vgl. JAKOBSON (s. Anm. 21); PETR SGALL, Remarks on Text, Language and Communication, in: Petöfi (s. Anm. 29), 89–100.
76 Vgl. COSERIU (s. Anm. 23), 51–153.

tion des Äquivalenzprinzips (Ähnlichkeit, Rekurrenz, Kontrast) von der paradigmatischen Achse der Selektion auf die syntagmatische Achse der Verknüpfung. Vorgetragen 1960, wählt diese These durchaus den Code als ›Generator‹ des textuellen Sinnes und vor allem der ästhetischen Qualitäten der Sprachkunst. Jakobsons »*poetische* Funktion der Sprache« (*poetic* function of language)[77], zu Karl Bühlers ›Organonmodell‹[78] als dominante »*Einstellung* auf die *Botschaft*« (set [*Einstellung*] toward the *message*)[79] hinzuaddiert, ist diesbezüglich sehr deutlich: Es ist die reflexive Formgebung, die Konzentration auf das Arrangement der Mittel, was eine Zeichenfolge zum künstlerischen Text macht. In Kunstwerken dominiert die poetische Funktion das Ensemble der Sprachfunktionen, aber zu finden ist sie im Konzert der übrigen Funktionen auch anderweitig. Jakobson bleibt der Perspektive des klassischen Strukturalismus darin treu, daß Texte für ihn im Kern Manifestationen des ihnen zugrunde liegenden Codes bleiben. Dessen Möglichkeiten sind es, auf denen die komplexen Sinneffekte der Kommunikation basieren.

Einen ganz anderen, gleichwohl ebenfalls strukturalistischen Ansatz wählt Vladimir Propp. Für ihn geben nicht die Zeichen und Symbole des Codes die Bauteile eines (Märchen-)Textes ab, es sind vielmehr die textsortentypischen Rollen, Aktionen, Ereignisse und Entwicklungen, welche in wechselnden zeichenhaften Einkleidungen und Abfolgen die im Kern stabile und wiederkehrende Ordnung des Märchens charakterisieren. Zwischen den sprachlich-symbolischen Code auf der einen

77 Vgl. JAKOBSON, Linguistics and Poetics, in: T. A. Sebeok (Hg.), Style in Language (New York/London 1960), 356; dt.: Linguistik und Poetik, übers. v. T. Schelbert, in: Jakobson (s. Anm. 21), 92.
78 Vgl. KARL BÜHLER, Sprachtheorie. Die Darstellungsfunktion der Sprache (Jena 1934), 24–33.
79 JAKOBSON (s. Anm. 77), 356; dt. 92.
80 VLADIMIR J. PROPP, Morfologija skazki (1928; Moskau ²1969), 36; dt.: Morphologie des Märchens, übers. v. C. Wendt (München 1972), 39.
81 Vgl. KENNETH BURKE, A Grammar of Motives (Berkeley/Los Angeles 1969).
82 Vgl. BRÜTTING (s. Anm. 16); FRANK, Das Sagbare und das Unsagbare. Studien zur neuesten französischen Hermeneutik und Texttheorie (Frankfurt a. M. 1980); FRANK (s. Anm. 7).

und das einzelne Märchen auf der anderen Seite schiebt sich eine strukturell und funktional wohlgeordnete Dramaturgie aus Rollen und ihren Funktionen. Diese ist ihrerseits so stabil, daß sie auch im Wechsel ausdrucksseitiger Erscheinungsformen immer erkennbar bleibt. Diese Ordnung liegt zwar implizit einem Korpus von Texten zugrunde, sie bildet aber insofern keinen selbständigen Code, als ihre spezifischen Einheiten von Inhalt und Ausdruck außerhalb der Textsorte Märchen nicht als solche vorkommen und sich variabler Zeichengestalten zur Materialisierung bedienen können. So besteht eine hochgradige Offenheit jener »*Mangel-* oder *Fehlsituation*« (ситуации нехватки или недостачи)[80], die regelmäßig zur Ausgangslage des Märchens gehört. Das ›Fehlende‹ kann auftreten als Nahrung, Geld, Braut, Bräutigam, Kind, Zaubermittel usw.

Bedacht ist bei Propp einmal die Reflexivität und Autonomie textueller Traditionen (und nicht nur der Traditionen des sprachlichen Codes), dann aber auch der Umstand, daß mit dieser relativen Autonomie einer Textsorte spezifische Tropisierungsmöglichkeiten einhergehen: Das dramaturgische Muster geht so fest in den Erwartungsbestand der Rezipienten ein, daß es unter den diversesten ausdrucksseitigen Erscheinungen aufgerufen werden kann. In der glossematischen Terminologie: Ganz unterschiedliche Einheiten von Ausdruck und Inhalt konnotieren unter den gegebenen Bedingungen den nämlichen kulturellen Inhalt.

Propps Ansatz ist überall da wichtig geworden, wo es nicht angeht, bei der Analyse von Texten direkt vom Zeichen und seinem (festen, selbstidentischen) Wert auszugehen, wo das für Text oder Textsorte konstitutive wiederkehrende Muster in der Ebene der Rolle, der Handlung, der Dramaturgie liegt. Das ist nicht nur dort der Fall, wo es feste Zeichenrepertoires im Sinne einer ›Sprache‹ gar nicht gibt (also etwa bei allen Formen des bildlichen und filmischen Erzählens), sondern auch da, wo mit Hilfe sprachlicher Zeichen rhetorische und dramatische Texttraditionen bedient werden. Eine breit fundierte philosophische Konzeption dramaturgischer Textanalysen gibt Kenneth Burke.[81]

In den neostrukturalistischen Schulen wird das Textkonzept radikalisiert, verallgemeinert und entdifferenziert.[82] Der Text wird emphatisch aufgewertet: Vom bloßen Ort der System- (und anderer) Beziehungen wird er zum einzigen und eigentlichen Zentrum der sprachlichen Sinnproduktion und zum eigentlichen Subjekt der semiotischen Prozesse. Aufgegeben wird die (freilich auch im klassischen Strukturalismus immer relative) Identität und Stabilität der Werte (valeurs), mit denen die Zeichenelemente in den Text eingehen. Es gibt nun außerhalb des universalen Textes (discours) gar keinen Punkt mehr, auf den sich Zeichen beziehen könnten, auch keine relativ stabile langue-Struktur, die den jeweiligen textuellen Verwendungen der Zeichen und Schemata zum Halt dienen könnte. Das Prinzip der Differenz (jedes Zeichenelement fixiert seinen Wert relativ zu allen anderen Zeichenelementen) löst bei Ferdinand de Saussure das Sprachsystem mit seinen relativ festen darstellungstechnischen Ordnungen aus den Kontingenzen der Rede. Dieses verständige Prinzip wird in sein Gegenteil verkehrt, wenn es nicht den Systemwert, sondern eben die Kontingenzen der jeweiligen Zeichenverwendung im Text aufhellen soll, wie bei Derrida. Saussures berühmter Satz, wonach es »in der Sprache [...] nur Verschiedenheiten *ohne positive Einzelglieder*« gibt (dans la langue il n'y a que des différences *sans termes positifs*)[83] wird grotesk uminterpretiert, denn für Saussure schließt dieser Satz eben auch sein Gegenteil mit ein: Die jedesmalige Verwendung eines langue-Elements in der Rede (oder eben im Text) ergibt immer einen ›terme positif‹, denn in der Rede beziehen sich die Systemelemente eben nicht nur auf sich selbst, sondern auf das, worüber gesprochen wird. De Saussures Genfer Schüler (Charles Bally, Albert Sechehaye) haben in diese Richtung weitergedacht. Die Übertragung des universalisierten Differenzprinzips auf den Text führt dazu, daß man nichts mehr in der Hand hat: Das Gesamt der gesellschaftlichen Kommunikation besteht dann nur noch aus einem »semiotischen Mobile«[84], das sich ganz unabhängig von den Sprechern (und durch diese hindurch) bewegt und in dem es keine feste Stelle mehr gibt. Die gesellschaftliche Kommunikation wird zur unkontrollierbaren, selbstlaufenden Maschine dämonisiert – eine Prozedur, deren Haupteffekt darin besteht, daß die Maschinisten zum Verschwinden gebracht werden.

5. Vom Werk zum Text

In den 60er und frühen 70er Jahren ist zu beobachten, wie sich der emphatische Werkbegriff der BRD-Literaturwissenschaft zu einem säkularisierten und weitgehend wertungsfreien Textbegriff hin verschiebt. Vertreter avantgardistischer Ästhetiken wie Max Bense beginnen in den Jahren um 1960, ihre Arbeiten ›Texte‹ zu nennen. Das Literarische oder Künstlerische an einem Text gehört damit nicht mehr in die unproblematische Vorab-Selektion ›würdiger‹ Gegenstände, es wird zu einem theoretischen Problem, das nach textanalytischen Lösungen verlangt. In diesem Kontext wird in der BRD der neuere Strukturalismus rezipiert.[85] Parallel dazu gibt es, über den Textbegriff vermittelt, eine Gegenstandsausweitung, die der Literaturwissenschaft auch triviale und alltägliche Sprachwerke zuführt. Diese Entwicklung verschiebt gleichzeitig den literaturwissenschaftlichen Interessenschwerpunkt ein Stück weit von der kunstmäßigen oder ›richtigen‹ Interpretation hin zur tatsächlichen Rezeption. Die strukturalistischen Poetiken (Jakobson, Jan Mukařovský, Lotman, Algirda Julien Greimas, Tzvetan Todorov) tragen mit ihren semiotischen und linguistischen Traditionen zur Objektivierung literaturwissenschaftlicher Methoden bei.

Fast zeitgleich wird in der französischen Diskussion das Fundament der post- und neostrukturalistischen Texttheorie gelegt. Wirkungsmächtig sind in diesem Zusammenhang vor allem Julia Kristeva und die Gruppe *Tel quel* sowie Barthes, dessen Artikel für die *Encyclopaedia Universalis* exemplarisch die Verschiebungen zeigt, die den diskursiven Gehalt des Textbegriffes heimsuchen. Barthes stellt dort heraus, daß der tradierte Textbegriff nicht zufällig im Kontext von gesellschaftlichen Institutio-

---

83 DE SAUSSURE (s. Anm. 11), 166; dt. 143.
84 BRÜTTING (s. Anm. 16), 74.
85 Vgl. HELGA GALLAS (Hg.), Strukturalismus als interpretatives Verfahren (Darmstadt/Neuwied 1972); HELMUT KREUZER/RUL GUNZENHÄUSER (Hg.), Mathematik und Dichtung. Versuch zur Frage einer exakten Literaturwissenschaft (München 1965); MAX BENSE, Theorie der Texte. Eine Einführung in neuere Auffassungen und Methoden (Köln 1962).

nen entstanden ist: Recht, Macht, Kirche, Lehre, Literatur. Präsentiert wurden Texte als eine Art Waffe gegen die Zeit (»une arme contre le temps«[86]), als moralisch-autoritative Gegenstände mit Dauersuggestion, verbunden mit der theoretischen Illusion, die Kommunikation als signifikative Praxis (»pratique signifiante«, 1680) ließe sich einfrieren und stillstellen. Barthes selbst betont gegen den autoritativen Produktcharakter der Texte, daß diese weit eher als Inszenierung einer Produktion (»le théâtre même d'une production«, 1681) verstanden werden müßten, welche den Autor und den Leser zusammenbringt. Vehement negiert wird die traditionell strukturalistische Ansicht, Textsinn ließe sich aus Zeichenbedeutungen konstruieren oder auf solche zurückführen. Die Dynamik von Sinnprozessen läßt sich nicht arretieren. Feste Bedeutungen seien in Texten nicht zu finden, wohl aber der Stoff zu Operationen im beweglichen Spiel der Signifikanten (»jeu mobile de signifiants«, 1682). Die traditionellen Zurechnungsinstanzen für Sinn (Autor, Code, Rezipient) werden dergestalt verschoben, daß am Ende der Text eine Art mythisches Subjekt wird: Es ist der Text selbst, der unermüdlich in den Weinbergen der Signifikanz arbeitet, nicht sein Autor und schon gar nicht sein Rezipient.

Schließlich wird der Textbegriff ausgeweitet auf sämtliche signifikanten (bzw. semiotischen) Praktiken (Bild, Musik, Film usw.), aber gleichzeitig reemphatisiert durch das Merkmal und die Bedingung des signifikanten Überschusses (»débordement signifiant«, 1686). Was darunter zu verstehen sei, wird nicht vollkommen klar. Der latente Kunstanspruch freilich lauert in der programmatischen Erklärung, der Kommentar zu einem Kunstwerk habe selbst ein Text zu sein oder zu werden: »*Que le commentaire soit lui-même un texte*, voilà en somme ce qui est demandé par la théorie du texte«. Rhetorisch steht zu vermuten, daß dieser Anspruch ehrgeizigen Kulturwissenschaftlern schmeicheln könnte, stellt er doch ihre Auslegungen auf eine Ebene mit dem ausgelegten Werk. In der Konsequenz, so Barthes, gibt es keine Kritiker mehr, sondern nur noch Schriftsteller (»il n'y a de critiques, seulement des écrivains«, 1688). Die rhetorische Suggestion dieses Satzes können nur Naive bestreiten. Unzweifelhaft richtig daran ist freilich, daß einen (emphatischen) Text für die Rezeption nur verändern kann, wer einen neuen Text produziert, dessen Wirkung ihn ebenfalls als emphatischen ausweist. Das kann allerdings auch ein Ereignis sein. Barthes' Textdefinition erzeugt einen neuen Gegenstand: die Lektüre. Der ›festgestellte‹ Text ist eine Illusion, weil Art und Horizont der Zuwendung niemals ›festgestellt‹ werden können. Barthes kreditiert Kristeva und die Telquelisten mit der Einführung der Ausdrücke, welche das Erkennungszeichen der neostrukturalistischen Texttheorie abgeben: Intertextualität, Phänotext und Genotext, signifikante Praxis usw. Fast synchron weitet sich auch die linguistische Perspektive von der (zu formalisierenden) Syntax des Satzes hin zu Sinn-, Text- und Handlungsgesichtspunkten (›pragmatische Wende‹). Das führt zu einer kurzfristigen Annäherung von linguistischen und literaturwissenschaftlichen Theoriebemühungen im Zeichen des Textbegriffes.[87]

Die weiteren Schicksale dieser Annäherung sind instruktiv. Sie zeigen die Bandbreite konträrer Anschlußmöglichkeiten, die im Textbegriff beschlossen liegt. Bei allem Interesse für allgemeine Ordnungen richtet sich doch das literaturwissenschaftliche Fragen naturgemäß auf den Werkcharakter der Texte (nunmehr nicht im emphatischen Sinne, sondern im Sinne der Opposition von Sprachwerk und Sprachgebilde bei Karl Bühler[88]), das linguistische auf den Gebildecharakter. Es ist eher die umfassende ›Differenz‹-Qualität eines Textes, die literaturwissenschaftliche Interesse beflügelt; die Linguistik haftet ihrer Natur gemäß mehr an den schematisierten und objektivierbaren Texttechniken, während sie zur singulären Besonderheit eines

---

86 ROLAND BARTHES, ›Texte (théorie du)‹ (1973), in: Barthes, Œuvres complètes, hg. v. É. Marty, Bd. 2 (Paris 1994), 1677.
87 Vgl. SIEGFRIED J. SCHMIDT, Text, Bedeutung, Ästhetik (München 1970); TEUN A. VAN DIJK (Hg.), Beiträge zur generativen Poetik (München 1972); MANFRED TITZMANN, Strukturale Textanalyse (München 1977); DIJK, Tekstwetenschap. Een interdisciplinaire inleiding (Utrecht/Antwerpen 1978); dt.: Textwissenschaft. Eine interdisziplinäre Einführung, übers. v. C. Sauer (Tübingen 1980).
88 Vgl. K. BÜHLER (s. Anm. 78), 48–69.

Textes wenig zu sagen weiß. Auch den strukturalistischen Poetiken sind die literarischen Texte eher Material zur Veranschaulichung ästhetischer Sprachwirkungen, und man erhebt nicht den Anspruch, die gesamten Sinnpotenzen eines Textes zu entfalten (oder auf den ›wahren‹ Sinn zu reduzieren).

Klaus Heger formuliert konsequent, daß aus einer sprachwissenschaftlichen Textlinguistik alle diejenigen Fragen ausgeschlossen bleiben, die sich nicht auf bestimmte ›Signemränge‹ (d. h. auf Mittel des Sprachsystems, für die Kommunikation Sinn zu codieren) beziehen, sondern auf die jeweils historische Gebundenheit von deren Vorkommen.[89] Naturgemäß haftet das literaturwissenschaftliche Interesse eben am historisch gebundenen Vorkommen von Sprachzeichen und nicht an der Logik ihres Funktionierens. Bei einem solchen Verständnis hat die Literaturwissenschaft also von der Textlinguistik nichts zu erwarten. Anders stünde die Sache freilich im textlinguistischen Programm, das Coseriu entfaltet und das den Anspruch erhebt, auch die ›vorkommensgebundenen‹ und extratextuellen Zeichenbezüge in ihrer Gesamtheit zu rekonstruieren.[90]

6. Neuere Entwicklungen des Textbegriffs

Hauptmotiv der textlinguistischen Strömung in der Sprachwissenschaft war zweifellos der Wunsch, die extrakommunikative Sicht der Systemlinguistik zu überwinden und Zugang zur kommunikativen Wirklichkeit des Sprechens und Sprachverstehens zu bekommen. Es war daher in der Regel die ›Text-in-Funktion‹, auf die sich das Interesse konzentrierte, und nicht das tradierte Sprachzeugnis des Philologen. An die Stelle der kargen Systembedeutung von Sprachzeichen trat der emphatische Anspruch, die Gesamtheit der Sinnbezüge zu rekonstruieren, die das textuelle Zeichen verfügbar macht (und die weder alle sprachlich noch alle textintern sind). Von den komplementären Lesarten des linguistischen Textbegriffes ist hier die von der ›Linguistik des Sinns‹ einschlägig: Sprachzeugnisse werden nicht als Manifestationen grammatikal Systemstrukturen, sondern als geordnete kommunikative Vermittlung von ›Sinn‹ gelesen. Die andere Lesart ist die der ›transphrastischen Grammatik‹, welche die Suche nach systemischen Regularitäten oberhalb der Satzebene fortsetzt. Text ist dann einfach die höchstrangige Systemeinheit in der Kette Phonem-Morphem-Wort-Syntagma-Satz-Text. Wiewohl es zwischen beiden Lesarten Berührungspunkte (und vor allem: unklare Mischungen) gibt, drängen sie die Linguistik in entgegengesetzte Richtungen: Die ›Linguistik des Sinnes‹ führt rasch über die Grenzen der einzelsprachlichen Grammatik hinaus. Die transphrastische Grammatik bleibt per definitionem in diesen Grenzen. Als gestalteter Sinn verweist jeder Text alsbald auf die außersprachlichen Ressourcen der Sprachkommunikation (sozial geteiltes und verteiltes Wissen, Sach- und Personenkenntnis, allgemeine Bedingungen der Sprachkommunikation), auf allgemein-psychologischen Mechanismen der Sinngestaltung und -verarbeitung, die in seine Formulierung ebenso eingehen wie in seine rezeptive Reaktualisierung. Für die ›Linguistik des Sinnes‹ sind die grammatischen Strukturmöglichkeiten ›eigensinnige Werkzeuge‹ des Sprechens, die dies mitgestalten. Für die ›transphrastische Grammatik‹ bleibt die Sinnhaftigkeit der Texte im Status einer ›Bedingung der Möglichkeit‹ bzw. einer vorausgesetzten, aber nicht systematisch genutzten Ressource. Auch innerhalb geistesverwandter textlinguistischer Schulen schwankt der Sinn des Textbegriffes hartnäckig zwischen kommunikativen, extrakommunikativen und eher ›konstruktiven‹ Lesarten. »A text is a unit of language in use«[91], heißt es bei Michael Alexander Kirkwood Halliday und Ruqaiya Hasan. In den Arbeiten Teun A. van Dijks ist Text der Name für ein theoretisches Konstrukt, das dem Prozeß der Sprachkommunikation vom Forscher unterlegt wird. Und beinahe immer schwingt die alltagssprachliche Bedeutung mit, nach welcher Text eben gerade das (meist schriftliche) Dokument einer Sprachkommunikation ist, soweit es zeitlich versetzt und reaktualisiert werden kann.

Neuere Arbeiten zum Textbegriff stellen darüber hinaus den Zusammenhang der Textform mit der Organisation und Tradierung gesellschaftlichen

---

89 Vgl. HEGER (s. Anm. 29), 52.
90 Vgl. COSERIU (s. Anm. 23), 88–101.
91 HALLIDAY/HASAN (s. Anm. 32), 1.

Wissens ins Zentrum.⁹² Hier ist besonders darauf zu verweisen, daß nicht bloß die kommunikative Stabilisierung, die Überwindung von Zeit und Raum und die Situationsentbindbarkeit Faktoren bei der ›Textualisierung‹ des Sprechens sind, sondern auch kognitiv-intellektuelle Faktoren: Prozesse von bestimmter kognitiver Komplexität brauchen die Möglichkeit der Elaboration und beständigen Rückkopplung am Außenhalt; weiterhin dürfte bei der Genese von Textualität die rituelle Fixierung sprachlicher Formulierungen eine beträchtliche Rolle gespielt haben. In diesem Sinne ist die ›textförmige‹ Organisation von Wissen Voraussetzung seiner gesellschaftlichen Tradierung und Verselbständigung als Wissen, seiner Ablösung vom Können. Die Art und Weise der textuellen Aufbewahrung von Wissen wird dabei rasch zum Problem. Als dessen Indikator kann die Opposition der beiden Positionen: ›alles ist (im) Text‹ und ›fast alles ist nicht im Text‹ dienen.⁹³ Einmal ist der Text bloß ein geordnetes System von Anhaltspunkten, das der Rezipient auf sein vorgängiges Wissenssystem, dieses erweiternd, bezieht, das andere Mal ist Text die einzige Existenzform sozialer und kommunikativer Wirklichkeit. Der Widerspruch ist nur scheinbar. Der ubiquitäre Textbegriff stellt verquer dar, daß alles durch die Sprache hindurch muß, um soziales Wissen auf der Ebene der Repräsentation zu werden; daß alles explizite Wissen anschließbar ist an die Formen der Sprache, ohne doch mit ihnen zusammenzufallen. Insofern ist alles explizite Wissen im Text und nicht im Text, weil bei weitem nicht alle Verstehensvoraussetzungen in ihm explizit codiert sind. Die zeitlich, sachlich und sozial ›zerdehnte‹ und polarisierte Kommunikationssituation ist wesentliches Merkmal der Textualität bei Konrad Ehlich.⁹⁴

Eine zentrale begriffliche Entwicklung von Text im 20. Jh. hebt darauf ab, daß nicht so sehr der Autor als Individuum (wie in der erlebnispsychologischen Hermeneutik Diltheys), noch die Struktur des Codes (wie im strukturalistischen Textbegriff), noch auch die textuell dargestellte Sache (wie in der Aufklärungssemiotik) oder das historisch tradierte Verständnis (wie in der Hermeneutik Hans-Georg Gadamers) zentrale Dimensionen von Textualität sind, sondern vielmehr die (immer unvollständige) Objektivation einer sozialen Konstellation in einer (Zeichen-)Form, die eben diese Konstellation überdauert und aus anderen sozialen Konstellationen heraus reaktualisierbar ist. Frühe Ansätze zu einem solchen Verständnis von Textualität findet man in der Sache schon bei Freyer und bei Vološinov – laut Todorov ist ›Valentin N. Vološinov‹ ein Pseudonym, unter dem Bachtin veröffentlicht hat.⁹⁵ Gespeist wird ein solches Textverständnis natürlich auch von der Theorie und Praxis der Hermeneutik, deren jeweilige Schwerpunkte ja immer als Selektionen im Rahmen dieser abstrakten Bestimmung verstanden werden können. Denn ob man einen überlieferten Text als Zeugnis für historische Vorgänge, für einen Sprachzustand, für die Biographie des Autors usw. nimmt – immer handelt es sich um die selektive Reaktualisierung sozialer Konstellationen aus ›Resten‹, die in selbst traditionsfähigen Zeichensystemen codiert sind. Auch die neueren Hypothesen über den Zusammenhang von Textualität und Wissensorganisation fügen sich in eine solche Sicht der Dinge nahtlos ein.⁹⁶

In diesem Licht ist auch die Debatte über Einheit oder Pluralität von Textsinn müßig.⁹⁷ Während sich traditionelle Hermeneuten wie Emilio Betti und Eric Donald Hirsch gegen die Pluralitätsannahme wehren⁹⁸, schafft in der Heidegger-Tradition jeder Rezeptionsakt eine neue ›Horizontverschmelzung‹ und somit neuen Sinn (Derrida hat Heidegger nur ein wenig ›modernisiert‹,

---

92 Vgl. EHLICH (s. Anm. 1), 9–25; WOLFDIETRICH HARTUNG, Wissensarten und Textkonstitution, in: Z. Hlavsa/D. Viehweger (Hg.), Makrostrukturen im Text und im Gespräch (Linguistische Studien, Reihe A, Nr. 191) (Berlin 1989), 95–124; HARTUNG, Kommunikation und Wissen (Berlin 1991).
93 Vgl. HARTUNG, Wissensarten und Textkonstitution (s. Anm. 92), 97–102.
94 Vgl. EHLICH (s. Anm. 1), 9–25.
95 Vgl. FREYER (s. Anm. 12); VOLOŠINOV (s. Anm. 21); TODOROV (s. Anm. 21), 289.
96 Vgl. HARTUNG, Wissensarten und Textkonstitution (s. Anm. 92).
97 Vgl. UWE JAPP, Hermeneutik – Der theoretische Diskurs, die Literatur und die Konstruktion ihres Zusammenhangs in den philologischen Wissenschaften (München 1977).
98 Vgl. BETTI (s. Anm. 41), 354–357; dt. 265–267; ERIC DONALD HIRSCH, The Aims of Interpretation (Chicago 1976).

aus der Kette der Tradition ist die Kette der Signifikanten geworden). Die Unabschließbarkeit aller Textauslegung ist seit Schleiermacher ein Gemeinplatz, und ob man die tradierte äußere Textgestalt als Garant der Einheit oder die beständige Neuauslegung als Garant der Vielheit ansieht, ändert in praxi wenig.

Während Textualität hier für die Möglichkeit der Tradition steht (ohne diese freilich als bruchlose oder widerspruchsfreie zu garantieren), radikalisiert die neostrukturalistische Textlehre das Kontextprinzip bis zu dem Indifferenzpunkt von ›Code‹ und Gesamttext (»texte général«[99] bei Derrida): Jede Verwendung eines Sprachelements verändert dieses auf eine grundsätzlich unvorhersehbare Weise. Der Gesamttext (Code) ist allein verantwortlich für diese Variation. Ein zentrales Problem dieser (Hyper-)Generalisierung scheint mir zu sein, daß auf ihrer Ebene die Differenz von Sach- und Zeichenauslegung, von Sprach- und Weltwissen, von Sinn und Bedeutung nicht mehr zur Verfügung steht. Ein Code, der außer seinem Eigensinn nichts codiert, ist keiner.

Alle, auch die subtilsten und nuanciertesten Sinneffekte kann man grundsätzlich auf den Text zurückführen, dem man sie entnimmt, auf den Code, der sie ›hergeben‹ muß, oder auf die Absicht des Sprechers, der sie hervorbringt. Die neostrukturalistische Text- und Diskurstheorie planiert die Dreidimensionalität auch dieses Bedingungsgefüges (die Begriffe Text und Diskurs sind in jüngster Zeit semantisch so eng zusammengerückt, daß z.B. Thomas A. Sebeok in seinem semiotischen Lexikon für beide nur einen gemeinsamen Eintrag hat[100]). Schon das alltägliche Sprachbewußtsein kennt den Fall, daß sich ein Sinneffekt text- oder codebedingt unfreiwillig durchsetzt, wenn ein Sprecher etwas ›sagt‹, was er nicht sagen will: Versprecher, sprachliche Fehlleistungen usw. Die Sprachpsychologie lokalisiert die Bedingungen solcher Fehlleistungen im Code, im Sprecher und im Text. Die eindimensionale Sinntheorie der ›différance‹ läßt immer nur den code/texte général aus dem Sprecher sprechen und bedeutet daher einen Differenzierungsverlust. Gleichzeitig klärt freilich eine solche ›monomane‹ Theorie über den konventionellen Charakter der Zurechnungsprozesse auf, mit deren Hilfe wir in praxi kommunikativen Sinn auf seine vermeintlichen ›Urheber‹ verteilen.

Wechselt man die vom Wort Text definierte Perspektive zugunsten der in Schriftkulturen dominanten Sacherfahrung von Textualität (im Sinne von Literalität), dann wird deutlich, wie auch unsere Vorstellungen von der Dynamik gesprochener Kommunikation vom gewohnten Umgang mit schriftlichen Texten her geprägt ist. Es wird argumentiert, daß bereits die Vorstellung, der Code gesprochener Sprache bestehe aus diskreten und invarianten Symbolen und den Regeln ihrer syntagmatischen Verknüpfung, primär eine Suggestion der Schriftform sei.[101] Demgegenüber sei der Charakter des Sprechens eher kontinuierlich und ereignishaft, auf selbstidentische Symbole und die Regeln ihrer Verknüpfung nur sehr begrenzt abbildbar. Unsere von den Schriftkonventionen geprägten Segmentierungsgewohnheiten freilich verleiten uns dazu, auch an gesprochenem ›Text‹ mit den vertrauten Mitteln zu operieren. Wenn es stimmt, daß die Schrifterfahrung unser Bild von der Rede gleichermaßen prägt und verfälscht, dann ist Textualität in der Tat ein Schlüsselkonzept für das Verständnis semiotischer Systeme. Das Symbol- und Verknüpfungssystem, als das wir schon die gesprochene Sprache zu verstehen geneigt sind (im Symbolverarbeitungsparadigma der Kognitionswissenschaft ebenso wie im sprachlichen common sense), erweist sich dann lediglich als Asymptote eines Entwicklungsprozesses, der von der Schriftlichkeit in Gang gesetzt und angetrieben wird.

7. Die soziale Welt als Text

Es ist die Kulturwissenschaft der 20er Jahre, die zuerst versucht, alle sozialen Objektiv- und Zeichengebilde begrifflich zusammenzufassen, die einzig in den auf sie gerichteten, sie einbeziehenden, sie

---

99 DERRIDA, Positions. Entretien avec Jean-Louis Houdebine et Guy Scarpetta (1971), in: Derrida, Positions (Paris 1972), 82.
100 Vgl. JÁNOS S. PETÖFI/A. SCHEFFCYZYK, ›Text, Discourse‹, in: Sebeok (Hg.), Encyclopedic Dictionary of Semiotics, Bd. 2 (Berlin/New York/Amsterdam 1986), 1080–1088.
101 Vgl. SCHEERER (s. Anm. 20).

praktisch und theoretisch auslegenden Sozialhandlungen ›belebt‹ werden, obwohl ihr Sinn gegenüber den Handlungen, in die sie eingehen, als objektiv imponiert.[102] Diese Perspektive rückt beinahe von selbst alle Manifestationen des ›objektiven Geistes‹ – Zeichen, Institutionen, Sozialformen – in einer Ebene zusammen.

Mit dem Eindringen strukturalistischer Methoden und Denkweisen in Soziologie, Kulturwissenschaft und Ethnologie (u.a. bei Claude Lévi-Strauss, Barthes, Derrida, Lacan, Kristeva) beginnt auch das Reden von der ›Textualität‹ aller sozialsemiotischen Prozesse. Unsere Fähigkeit, den Ausdrucks-, Symbol- und Signalwert aller sozialen Erscheinungen mehr oder weniger flüssig und gekonnt zu ›lesen‹, legt den Vergleich mit der Lektüre schriftlicher Texte nahe. Sozial- und Textwissenschaften werden eng zusammengerückt. Das ist übrigens eine Gemeinsamkeit der neostrukturalistischen und der interpretativen Sozialwissenschaft, bei aller sonstigen Differenz.[103] Die ›objektive Hermeneutik‹ in den Sozialwissenschaften (Ulrich Oevermann z. B.)[104] versteht Texte als unwiederholbare Interaktionsprodukte und unterscheidet davon auch die aufgezeichnete Form derselben auch terminologisch (›records‹). Die Aufzeichnung ist problematische Repräsentation einer Handlungsfolge, die als solche nicht wieder eingefangen werden kann.[105] Damit bleibt der Textbegriff an den primären Vollzug sozialer Handlungen gebunden, und was man landläufig einen Text nennt (ein

---

102 Vgl. FREYER (s. Anm. 12), 100–109.
103 Vgl. PAUL RICŒUR, The Model of the Text: Meaningful Action Considered as a Text, in: Social Research 38 (1971), 529–562; dt.: Der Text als Modell: hermeneutisches Verstehen, übers. v. W. L. Bühl, in: Bühl (Hg.), Verstehende Soziologie (München 1972), 252–283; HANS-GEORG SOEFFNER (Hg.), Interpretative Verfahren in den Sozial- und Textwissenschaften (Stuttgart 1979); SOEFFNER, Hermeneutik. Zur Genese einer wissenschaftlichen Einstellung durch die Praxis der Auslegung (1984), in: Soeffner, Auslegung des Alltags – Der Alltag der Auslegung (Frankfurt a. M. 1989), 98–139.
104 Vgl. JO REICHERTZ, Probleme qualitativer Sozialforschung. Zur Entstehungsgeschichte der objektiven Hermeneutik (Frankfurt a. M./New York 1986).
105 Vgl. SOEFFNER, Prämissen einer sozialwissenschaftlichen Hermeneutik (1982), in: Soeffner, Auslegung des Alltags (s. Anm. 103), 67–73.

›record‹ eben), ist dann der bloße Schatten eines solchen.

Diese ›Entgrenzung‹ des Textbegriffes vollzieht sich in mehreren Etappen. Das tertium comparationis ist zunächst die Sprache, der Code. Wenn Mode, Architektur, Mythos, bildende Kunst usw. semiotische Systeme (und mithin Sprachen) sind, dann sind ihre Realisierungen Texte. Den Universalitätsanspruch der Hermeneutik begründete einst die Ansicht von der Sprachmäßigkeit aller Verstehens- und Auslegungsprozesse. Was die Textualität angeht, so sind die Konsequenzen beider Ansichten (bei aller Feindschaft) jedenfalls die gleichen. Der nächste Schritt entgrenzt die Zeichensysteme gegenüber ihren Benutzern und reduziert diese zu bloßen Durchgangsstationen, Relais des Diskurses. Wenn jeweils die in jeder Verwendung eines Zeichens neue Kontextualisierung allein und von sich aus den differenten Sinn schafft, dann ist dieser einzig ein Effekt des Codes/Textes.

Nachbemerkung

Es scheint mir nicht sinnvoll, alle Rede- oder gar Zeichenvorkommen Text zu nennen, wie dies im Namen des ›entgrenzten‹ neostrukturalistischen Textbegriffes häufig praktiziert wird. Verzichtet man auf das definitorische Element der fixierten, transportablen und zeitüberdauernden Gestalt, verwischt sich die Grenze zur sympraktisch eingebundenen Rede (mit ihren Koordinationszwecken für übergeordnete Tätigkeitssysteme). Sinnvoller scheint es mir zu sein, Textualität an die gesellschaftliche Aufbewahrung von Wissen zu binden. Nur weil Texte diese Eigenschaft haben, kann ihre jeweilige Aktualisierung und Rezeption zur Nach- und Neukonstruktion von Wissen führen. Daß jede Fixierung von Sinn semantisch relativ und ›riskant‹ ist (und angewiesen auf den aktiv antwortenden Kontext des Rezipienten), bleibt dabei unbenommen. Daß auch die Textualität nichtsprachlicher Ausdruckssysteme (Architektur, Mode usw.) wird dadurch nicht unmöglich, sondern lediglich problematischer und kritischer. Die gespaltene oder ›zerdehnte‹ Kommunikationssituation, die Ehlich als textkonstitutiv annimmt, ist weder an sich an die Schriftform gebunden noch unbedingt an die Sprachlichkeit der Kommunikation (obwohl allein die Schrift diesem Kommunikationstyp eine nennenswerte gesellschaftliche Bedeutung verschafft). Aber Kleider und Gebäude werden, obwohl sie natürlich Zeichenwerte haben und annehmen, nicht als Kommunikationen erzeugt und aufbewahrt. Sie wehren sich durchaus nicht dagegen, daß ein Nachgeborener oder auch ein Zeitgenosse ihnen einen völlig anderen Sinn als den konventionellen unterlegt. Und darum ist ihre Sprachlichkeit ebenso problematisch wie ihre Textualität.

Gegenüber der wesentlich flüchtigen und eingebetteten Alltagsrede ist die (variable) Fähigkeit von Text festzuhalten, den Rezipienten aktiv in außeralltägliche Orientierungsfelder zu versetzen und dabei selbst wechselnde Rezeptionssysteme partiell zu überdauern. In diesem Sinne wäre Textualität die graduelle Profilierung eines komplexen und ›augenblicklichen‹ Zeichensinnes gegenüber den Umständen seiner ursprünglichen Verwendung. Mit einer solchen Axiomatik ließe sich der Widerspruch aufheben und bearbeiten, der darin liegt, daß der Textbegriff einmal von der vollen Realisation eines Sinnes her gedacht ist, zum anderen aber gerade eine realisationsunabhängige Dokumenteinheit bezeichnet. Vielleicht gibt es kein groteskeres Beispiel eines Textschicksals als das der unter dem Namen *Protokolle der Weisen von Zion* bekannten Collage antisemitischer Fiktionen.[106] Im NS-Feindmythos wurde diesem Text autoritativ der Status einer Quelle, eines ›authentischen‹ Dokumentes erteilt, das die ›Realität‹ der jüdischen Weltverschwörung belegen sollte. Natürlich ist die NS-Ideologie weder eine ›Wirkung‹ dieses Textes, noch ist die Textgestalt eine ›Wirkung‹ der NS-Ideologie. Aber die heuristische und analytische Brauchbarkeit eines jeden Textbegriffes hat sich daran zu erweisen, daß sie die Paßformen zwischen den kurrenten Deutungsmustern und den Zeichengebilden herausarbeitet, welche sie konnotieren. Dabei versteht es sich von selbst, daß ein und dieselbe Textgestalt synchron wie diachron unterschiedliche Praxen artikulieren kann. Stabil (im Sinne von unbegrenzt wiederholbar) ist noch nicht einmal der propositionale Gehalt eines Textes, wenngleich die Ebene von ›Referenz und Prädikation‹ im Prinzip eher rekonstruierbar ist als die jeweils artikulierte Praxis. Ästhetische wie politische Praxen orientieren sich freilich dominant am konnotativen Gedächtnis der Kommunikation.

Clemens Knobloch

Literatur

BEAUGRANDE, ROBERT ALAIN DE/DRESSLER, WOLFGANG ULRICH, Introduction to Text Linguistics (London 1980); BEAUGRANDE, ROBERT ALAIN DE, Text, Discourse, and Process: Toward a Multidisciplinary Science of Texts (Norwood, N. J. 1980); BRINKER, KLAUS, Linguistische Textanalyse (Berlin 1985); BRÜTTING, RICHARD, ›Text‹ und ›écriture‹ in der französischen Literaturwissenschaft nach dem Strukturalismus (Bonn 1976); BUSSE, DIETRICH, Historische Semantik: Analyse eines Programms (Stuttgart 1987); COSERIU, EUGENIO, Textlinguistik. Eine Einführung (1980; Tübingen ²1981); DIJK, TEUN A. VAN/PETÖFI, JÁNOS S. (Hg.), Grammars and Descriptions (Studies in Text Theory and Text Analysis) (Berlin/New York 1977); DIJK, TEUN A. VAN, Tekstwetenschap. Een interdisciplinaire inleiding (Utrecht/Antwerpen 1978); dt.: Textwissenschaft. Interdisziplinäre Einführung, übers. v. C. Sauer (Tübingen 1980); DORFMÜLLER-KARPUSA, KÄTHI/PETÖFI, JÁNOS (Hg.), Text, Kontext, Interpretation. Einige Aspekte der Texttheoretischen Forschung (Hamburg 1981); DRESSLER, WOLFGANG (Hg.), Textlinguistik (Darmstadt 1978); FORGET, PHILIPPE (Hg.), Text und Interpretation (München 1984); FRANK, MANFRED, Das individuelle Allgemeine. Textstrukturierung und Textinterpretation nach Schleiermacher (Frankfurt a. M. 1977); FRANK, Das Sagbare und das Unsagbare. Studien zur neuesten französischen Hermeneutik und Texttheorie (Frankfurt a. M. 1980); GROSSE, ERNST ULRICH, Text und Kommunikation. Eine linguistische Einführung in die Funktionen der Texte (Stuttgart u. a. 1976); HALLIDAY, MICHAEL ALEXANDER KIRKWOOD/HASAN, RUQAIYA, Language, Context, and Text: Aspects of Language in a Social-Semiotic Perspective (1985; Oxford 1989); HARTMAN, GEOFFREY H., Saving the Text: Literature, Derrida, Philosophy (Baltimore/London 1981); JELITTE, HERBERT (Hg.), Sowjetrussische Textlinguistik, 2 Bde. (Frankfurt a. M. 1976); KALLMEYER, WERNER u. a., Lektürekolleg zur Textlinguistik, 2 Bde. (Frankfurt a. M. 1974); KNOBLOCH, CLEMENS, Zum Status und zur Geschichte des Textbegriffs. Eine Skizze, in: Zeitschrift für Literaturwissenschaft und Linguistik 20 (1990), H. 77, 66–87; MARTENS, GUNTER, Was ist – aus editorischer Sicht – ein Text? Überlegungen zur Bestimmung eines Zentralbegriffs der Editionsphilologie, in: S. Scheibe/C. Laufer (Hg.), Zu Werk und Text. Beiträge zur Textologie (Berlin 1991), 135–156; NASSEN, ULRICH, Texthermeneutik

---

[106] Vgl. UMBERTO ECO, Sei passeggiate nei boschi narrativi (Milano 1994), 145–175.

- Aktualität, Geschichte, Kritik (Paderborn 1979); ONG, WALTER J., Orality and Literacy: The Technologizing of the World (London/New York 1982); PETÖFI, JÁNOS S. (Hg.), Untersuchungen zur Texttheorie (Berlin 1977); PETÖFI, JÁNOS S. (Hg.), Text vs. Sentence: Basic Questions of Text Linguistics, 2 Bde. (Hamburg 1979); PETÖFI, JÁNOS S. (Hg.), Text vs. Sentence Continued (Hamburg 1981); SCHERNER, MAXIMILIAN, ›Text‹. Untersuchungen zur Begriffsgeschichte, in: Archiv für Begriffsgeschichte 39 (1996), 103–160; SCHMIDT, SIEGFRIED J., Texttheorie. Probleme einer Linguistik der sprachlichen Kommunikation (München 1973); SEGRE, CESARE, ›Testo‹, in: R. Romano (Hg.), Enciclopedia Einaudi, Bd. 14 (Turin 1981), 269–291; TITZMANN, MANFRED, Strukturale Textanalyse (München 1977); WATTS, RICHARD J., The Pragmalinguistic Analysis of Narrative Texts (Tübingen 1981).

Theatralität

(engl. theatricality; frz. théâtralité; ital. teatralità; span. teatralidad; russ. театральность)

Einleitung; **I. Theater als metaphorisches Modell (Schwerpunkt Renaissance)**; 1. Skizze zur Entwicklung der Theater-Metapher; 2. Antike-Rezeption (Erasmus von Rotterdam); 3. Essayistisches Denken und ›Neue Wissenschaft‹ (Montaigne und Bacon); 4. Theater-Metapher und Körpererfahrung (Paracelsus); **II. Theater als rhetorisches Instrument (Schwerpunkt 17. und 18. Jahrhundert)**; 1. Machttheater und theatrale Erziehung (Hobbes und Locke); 2. Zensur als praktische Arbeit am Begriff; **III. Theater als schöne Kunst (Schwerpunkt 18. und 19. Jahrhundert)**; 1. Autonomiekonzepte und Theaterkunst; 2. Theatralität und der Wandel der Öffentlichkeit im 19. Jahrhundert; **IV. Theatralität und Medienkultur (Schwerpunkt 20. Jahrhundert)**; 1. Theatralität als interdisziplinäres Diskurselement; 2. Bühnen des Wissens

Einleitung

Mit dem Begriff ›Theatralität‹ werden insbesondere in den letzten drei Jahrzehnten völlig neue Sichtweisen auf Fragen der Wahrnehmung, der Körperlichkeit, der kulturellen und politischen Entwicklung im Zeichen neuer Medien sowie auf Interferenzen von Wissenschaft und Kunst in den wissenschaftlichen Diskurs eingebracht. Das Spektrum der Publikationen zu theoretischen und historischen Aspekten von Theatralität ist inzwischen kaum mehr überschaubar. Vor diesem Hintergrund tauchen seit einiger Zeit resümierende Darstellungen und Sammelbände auf, in denen versucht wird, maßgebliche Arbeitsfelder zu bestimmen und kritisch zu würdigen.[1] Die Erschließung völlig neuer Gegenstandsfelder hat sich oft mit experimenteller Erprobung neuer Methoden und Infragestellungen tradierter begrifflicher und sachlicher Abgrenzungen verbunden. Grundsätzlich kann man feststellen, daß Ansätze von ›Theatralität‹ meist gerade auf die Relativierung bzw. Dekonstruktion bestehender Begriffe und Methoden zielten.[2]

Als relevanter Erstbeleg für das Auftauchen von ›Theatralität‹ bzw. ›театральность‹ im Sinne einer konsequenten begrifflichen Infragestellung ästhe-

---

1 Vgl. ERIKA FISCHER-LICHTE, Introduction: Theatricality: A Key Concept in Theatre and Cultural Studies, in: Theatre Research International 20 (1995), H. 2, 85–89; FISCHER-LICHTE, From Theatre to Theatricality – How to Construct Reality, in: ebd., 97–105; CHRISTOPHER B. BALME/CHRISTA HASCHE/WOLFGANG MÜHL-BENNINGHAUS (Hg.), Horizonte der Emanzipation. Texte zu Theater und Theatralität (Berlin 1999); FISCHER-LICHTE u.a. (Hg.), Theatralität [Reihe] (Tübingen 2000ff.); JOSETTE FÉRAL (Hg.), Sub-Stance. A Review of Theory and Literary Criticism, Sondernummer ›Theatricality‹, Bd. 31 (Madison 2002); PHILINE HELAS, ›Theatralität und Performanz‹, in: U. Pfisterer (Hg.). Metzler Lexikon Kunstwissenschaft (Stuttgart 2003), 352–354; FLORIAN VASSEN, ›Theatralität‹, in: G. Koch/M. Streisand (Hg.), Wörterbuch der Theaterpädagogik (Berlin 2003), 330–333.
2 Vgl. HELMAR SCHRAMM, Theatralität und Öffentlichkeit. Vorstudien zur Begriffsgeschichte von ›Theater‹, in: K. Barck/M. Fontius/W. Thierse (Hg.), Ästhetische Grundbegriffe. Studien zu einem historischen Wörterbuch (Berlin 1990), 202–242.

scher Grenzen des Kunsttheaters zu Beginn des 20. Jh. wird immer wieder Nikolaj Evreinov mit seinen Arbeiten *Teatr kak takovoj* (Theater als solches) von 1912 und *Teatr dlja sebja* (Theater für einen selbst) von 1915 genannt.[3] Als 1928 eine erste Arbeit erscheint, die analog zu Heinrich Wölfflins *Kunstgeschichtlichen Grundbegriffen* (1915) explizit *Theaterwissenschaftliche Grundbegriffe* thematisiert, ist darin allerdings von Theatralität keine Rede.[4] Dies erklärt sich vor allem daraus, daß es der frühen Theaterwissenschaft darauf ankam, gegen die bislang übliche, am Drama orientierte philologische Sicht, einen ganz neuen, klar umgrenzten Begriff von Theater als Kunst der Aufführung abzugrenzen.[5] Theatralität aber läuft eher darauf hinaus, die begrifflichen Grenzen institutionalisierter Formen von Theaterkunst systematisch zu öffnen. So gesehen ist die Geste Evreinovs, die auf eine bewußte Relativierung der strikten Scheidung von Kunst und Leben zielt – und zwar im Kontext eines ganzen Spektrums ähnlicher Konzepte avantgardistischer Kunst – durchaus paradigmatisch, obwohl die breite Entfaltung von Theatralitätskonzepten seit den 70er Jahren des 20. Jh. sich keineswegs aus einem systematischen Rückbezug darauf erklärt.[6]

Die Entstehung solcher Konzepte und ihr Konnex im Schnittpunkt von ›Theatralität‹ erklärt sich viel eher daraus, daß unter dem Einfluß technischer Medien grundsätzliche Neuorientierungen erforderlich werden. Der Bezug auf Theater und seine Elemente bietet sich in dieser Situation an, weil unterschiedlichste Theaterformen immer wieder auf dem Gefüge von Wahrnehmung, Bewegung und Sprache als Faktoren kultureller Energie beruhen.[7] Theatergeschichte läßt sich durchaus fassen als Archiv solcher Konstellationen oder komplexer ›Theatralitätsgefüge‹.[8] Begriffsgeschichtliche Lexikoneinträge und Studien belegen dagegen klar, daß der heute weit verbreitete Begriff von Theaterkunst nichts anderes als das Resultat einer allmählichen Eingrenzung ist.[9] Hinzu kam seit den 70er Jahren in verstärktem Maß die medienvermittelte Begegnung mit nichteuropäischen Kulturen, die auf ihre Weise zur Etablierung eines neuen interkulturellen Verständnisses von Theatralität beitragen.[10] ›Theatralität‹ ist also nicht zu verwechseln mit ›Theater‹, hängt aber dennoch

mit bestimmten Seiten der Kulturgeschichte von Theater zusammen. Der Bezug auf ästhetische Diskurse erwächst dabei vor allem aus einer Problema-

3 Vgl. NIKOLAJ N. EVREINOV, Teatr kak takovoj (1912; Berlin 1923); EVREINOV, Teatr dlja sebja, 3 Bde. (St. Petersburg 1915–1917); HARALD XANDER, Theatralität im vorrevolutionären russischen Theater. Evreinovs Entgrenzung des Theaterbegriffs, in: Fischer-Lichte u. a. (Hg.), Arbeitsfelder der Theaterwissenschaft (Tübingen 1994); GERDA BAUMBACH, Immer noch Theatralität. Historisch-kritische Erwägungen in Anbetracht der russischen Theaterhistoriographie des frühen 20. Jahrhunderts, in: Rudolf Münz, Theatralität und Theater. Zur Historiographie von Theatralitätsgefügen, hg. v. G. Amm (Berlin 1998), 9–59; ELEONORE KALISCH, Theatral'nost' als kulturanthropologische Kategorie. Nikolai Evreinovs Modell des theatralen Instinkts vor dem Hintergrund seiner ›Geschichte der Körperstrafen in Rußland‹, in: J. Fiebach/W. Mühl-Benninghaus (Hg.), Herrschaft des Symbolischen. Bewegungsformen gesellschaftlicher Theatralität in Europa, Asien, Afrika (Berlin 2002), 141–163.
4 Vgl. OSKAR EBERLE, Theaterwissenschaftliche Grundbegriffe (1928), in: H. Klier (Hg.), Theaterwissenschaft im deutschsprachigen Raum. Texte zum Selbstverständnis (Darmstadt 1981), 77–92.
5 Vgl. HANS CHRISTIAN VON HERRMANN, Die Virtualität des Szenischen. Zur Genealogie nicht-literarischen Theaters (Habil. Leipzig 2002), 211–265.
6 Vgl. JOACHIM FIEBACH, Brechts ›Straßenszene‹. Versuch über die Reichweite eines Theatermodells, in: Weimarer Beiträge 24 (1978), H. 2, 123–134.
7 Vgl. SCHRAMM, Theatralität und Denkstil, in: Schramm, Karneval des Denkens. Theatralität im Spiegel philosophischer Texte des 16. und 17. Jahrhunderts (Berlin 1996), 37–46 u. 249–264.
8 Vgl. MÜNZ (s. Anm. 3); MÜNZ, Theatralität und Theater. Konzeptionelle Erwägungen zum Forschungsprojekt ›Theatergeschichte‹, in: Wiss. Beiträge der Theaterhochschule Leipzig 61 (1989), H. 1, 5–20.
9 Vgl. ›Theater-Theatrum Sympatheticum‹, in: ZEDLER, Bd. 43 (1745), 458–471; LOUIS DE JAUCOURT, ›Théâtre‹, in: DIDEROT (ENCYCLOPÉDIE), Bd. 16 (1765), 227–238; SILVIO D'AMICO, Encyclopedia dello spettacolo, 9 Bde. (Rom 1954–1968); JOHANN SOFER, Bemerkungen zur Geschichte des Begriffes ›Weltheater‹, in: Maske und Kothurn 2 (1956), 256–268; ›Theater‹-›Theaterwesen‹, in: GRIMM, Bd. 11/1/1 (1935), 331–341; THOMAS KIRCHNER, Der Theaterbegriff des Barock, in: Maske und Kothurn 31 (1985), 131–140.
10 Vgl. FIEBACH, König und Dirigent für die Musik seiner Rede. Grenzverschiebungen in Kunst- und Kulturwissenschaften, in: Weimarer Beiträge 29 (1983),

tisierung von Möglichkeiten und Grenzen der Wahrnehmung.[11]

Will man das begriffsgeschichtliche Archiv ›Theater‹ mit Blick auf Theatralität öffnen, so sind drei wesentliche Bezugsfelder zu unterscheiden: Theater als metaphorisches Modell; Theater als rhetorisches Instrument; Theater als schöne Kunst. Im Geschichtsverlauf überlagern sich diese drei Perspektiven und bilden oft krasse Spannungsverhältnisse gegeneinander, in denen sich die Widersprüchlichkeit des semantischen Feldes offenbart.

Die besondere Qualität des Begriffs ›Theatralität‹ kommt zum Tragen, wenn Michel Foucault sein *Theatrum philosophicum* (1970) aufschlägt oder wenn Jean-François Lyotard über die philosophische und politische Bühne nachsinnt.[12] Die weitgefächerte internationale Diskussion seit Anfang der 70er Jahre impliziert nicht zuletzt ein experimentelles Suchen nach neuen Möglichkeiten theoretischer Sprache angesichts eines weltweiten Umbruchs kultureller Praktiken.

H. 10, 1685–1708; DIANA TAYLOR/JUAN VILLEGAS (Hg.), Negotiating Performance. Gender, Sexuality, and Theatricality in Latin/o America (Durham/London 1994); BALME, Metaphors of Spectacle. Theatricality, Perception and Performative Encounters in the Pacific, in: Fischer-Lichte u. a. (Hg.), Wahrnehmung und Medialität (Tübingen/Basel 2001), 215–231.
11 Vgl. ELIZABETH BURNS, Theatricality. A Study of Convention in the Theatre and in Social Life (London 1972).
12 Vgl. MICHEL FOUCAULT, Theatrum philosophicum, in: Critique 282 (1970), 885–908; JEAN-FRANÇOIS LYOTARD, Règles et paradoxes et appendice svelte, in: Babylone 1 (1983), 67–80.
13 PAUL O. KRISTELLER, Renaissance-Philosophie und die mittelalterliche Tradition (1965), in: Kristeller, Humanismus und Renaissance, Bd. 1 (München 1974), 143.

I. Theater als metaphorisches Modell (Schwerpunkt Renaissance)

›Theatralität‹ weist selber durchaus metaphorische Züge auf, wobei der Charakter des Metaphorischen hier nicht als Ausdruck oberflächlicher Rhetorik mißzuverstehen ist. Im Gegenteil: Unter Bedingungen medialer Entwicklungen des 20. Jh. und des damit verbundenen neuen Verhältnisses von Wahrnehmung und Sprache, von Wort, Zahl und Bild lassen sich Veränderungen von Begriffen gar nicht mehr ohne angemessene Metaphorologie behandeln.

Seinen Schwerpunkt sieht das folgende Kapitel in der frühen europäischen Neuzeit als »Zeitalter, das sich in einem Gärungsprozeß befand«[13]. Die umwälzende Gewalt betraf nicht nur lokalisierbare Gemeinwesen, sie traf die Architektonik kultureller Grenzen insgesamt. Der enorme Verbreitungsgrad des geflügelten Wortes von der ›verkehrten Welt‹ resultierte aus vielen Ursachen. So führten etwa ökonomische Entwicklungen, die Erschließung neuer Handelswege, die ursprüngliche Akkumulation von Kapital, die Etablierung neuer Techniken je nach regionaler Situation zu einschneidenden Veränderungen des Lebensstils.

Ließ sich der Ort der Welt geographisch relativ exakt kartographieren, so erwies er sich doch auch als paradoxer Nichtort: Das von Abraham Ortelius 1570 vorgelegte *Theatrum orbis terrarum*, ein faszinierendes Kartenwerk zum geographischen Schauplatz des Erdkreises, überlagerte sich mit diversen Ansätzen, die Welt als ein ambivalentes theatrum mundi zu betrachten. Theater mit seinen konstituierenden Elementen wie Maske, Kostüm, Rollenspiel, vor allem aber auch der Relation Bühne/Publikum, stand den Versuchen, sich in einem traumatisch verschlungenen Irrgarten disparater Erfahrungsfragmente und Glaubensprinzipien zu bewegen, als distanzgewährendes Orientierungsmodell zu Diensten und unterstützte das Bemühen, sich einen Begriff von der Welt zu machen.

1. Skizze zur Entwicklung der Theater-Metapher

(a) Wortgeschichtlich nachweisbar ist die Herkunft des Topos ›Welttheater‹ bereits in der Antike, wobei Platon, Lukian, Seneca, Plotin für die Renaissance-Rezeption besonders wichtig sind.¹⁴ Rudolf Helm gibt 1906 in seinem Werk *Lucian und Menipp* eine skizzenhafte typologische Übersicht zu Teilaspekten der antiken Theatermetaphorik und weist auf die außerordentliche Fülle noch zu erschließenden begriffsgeschichtlichen Quellenmaterials hin.¹⁵ Eine Rezeption und kritische Modifikation erfolgt dann durch Augustinus, Tertullian und durch Novatian. Die Ablehnung der römischen Schauspiele wird unterstrichen durch Gegenmodelle der ›mirabili‹ Deia und der ›spectacula christiana‹.¹⁶ Für die spätere Bezugnahme ist nicht unerheblich, daß der von den Kirchenvätern verwendete Begriff der ›Schauspiele‹ sehr weitgesteckt war (Theater, Amphitheater, Circus, Argon). Dies führte in späteren Auseinandersetzungen um das Theater bei Rückgriff auf die patristische Autorität zu Mißverständnissen und bewußten Entstellungen.¹⁷ Als dritte wichtige Ursprungsquelle metaphorischer Anspielungen auf Elemente des Theaters ist die Bibel zu nennen.

(b) Im Mittelalter wirkt der Topos fort und wird z. T. sehr wirkungsvoll variiert: So etwa im 12. Jh. bei Johann von Salisbury in seinem *Policraticus*, bemerkenswert deshalb, weil dieses Werk durch seine Neuauflage 1595 einen starken Einfluß auf die Rezeptionsgeschichte ausübte und möglicherweise die Quelle für die 1599 belegte Inschrift am Globe-Theater – ›Totus mundus agit histrionem‹, im übertragenen Sinne ›Die ganze Welt ist eine Bühne‹ – war. Beachtenswert für metaphorische Bezüge des Theaters auf die Kirche ist die allegorische Auslegung der christlichen Messe durch Amalar von Metz. Obwohl zunächst offiziell bekämpft, setzte sich diese Sicht später durch. Eine Tendenz zur Verstärkung des Theaterbezugs läßt sich zudem bei Honorius von Autun finden.¹⁸ Mittelalterliche Festkultur und karnevaleske Weltsicht führen zu einer enormen Verbreitung des Topos ›verkehrte Welt‹. Die Grenze zur Theatermetaphorik im engeren Sinne ist oft fließend. Zu nennen ist auch die mittelalterliche Magie, in deren Sprache – u. a. in den Schriften Roger Bacons, bei Robert Greathead und Albertus Magnus – Theatermetaphorik bei der Überschneidung von Machttechniken und spielerischen Ritualen eine wichtige Rolle einnimmt. Dies wird ebenfalls bedeutsam für die magia naturalis im 16. Jh., etwa bei Giambattista Della Porta. Generell ist die Theatermetaphorik zu sehen vor dem sprachhistorischen Hintergrund der Allegoresetradition und diverser Bild-Schrift-Konstellationen (z. B. mittelalterliche Wandmalerei, Totentänze, Heilsspiegel). Ihre Auswirkungen zeigen sich in den Bilderschriften der Renaissance, speziell in der Emblematik.

(c) In auffallend reicher Fülle ziert die Theatermetaphorik die europäische Dichtung der Renaissance und des 17. Jh. Bei François Rabelais und Pedro Calderón de la Barca, bei William Shakespeare und Jean Racine treibt die Doppelbödigkeit solcher Motive verwirrend gestaffelte Spiegelungen närrischer Phantasie und schwarzen Wahns hervor. Auch im deutschsprachigen Raum hat die Theater-Metapher tiefe Spuren hinterlassen, insbesondere bei Andreas Gryphius, Christian Hofmann von Hofmanswaldau und Daniel Casper von Lohenstein.¹⁹ Parallelen lassen sich in der bildenden Kunst beobachten. So faßt Federico Zuccari in sei-

---

14 Vgl. ERNST ROBERT CURTIUS, Europäische Literatur und lateinisches Mittelalter (1948; Bern 1984), 148; RALF KONERSMANN, Weltteater als Daseinsmetapher, in: Konersmann, Der Schleier des Timanthes. Perspektiven der historischen Semantik (Frankfurt a. M. 1994), 84 ff.

15 Vgl. RUDOLF HELM, Lucian und Menipp (Leipzig/ Berlin 1906), 45–59.

16 Vgl. WERNER WEISMANN, Kirche und Schauspiele. Die Schauspiele im Urteil der lateinischen Kirchenväter unter besonderer Berücksichtigung von Augustin (Würzburg 1972), 107–110, 173 f.

17 Vgl. ANTON REISER, Theatromania, oder Die Werke der Finsterniß in denen öffentlichen Schau-Spielen von den alten Kirchen-Vätern verdammet (Ratzeburg 1681); JOHANN M. GÖZE, Theologische Untersuchung der Sittlichkeit der heutigen deutschen Schaubühne (Hamburg 1769).

18 Vgl. ROLF STEINBACH, Die deutschen Oster- und Passionsspiele des Mittelalters. Versuch einer Darstellung und Wesensbestimmung nebst einer Bibliographie zum deutschen geistlichen Spiel des Mittelalters (Köln/Wien 1970), 4.

19 Vgl. LÁSZLO BUZÁS, Der Vergleich des Lebens mit dem Theater in der deutschen Barockliteratur (Pécs 1941); PETER RUSTERHOLZ, Theatrum vitae humanae. Funktion und Bedeutungswandel eines poetischen Bildes. Studien zu den Dichtungen von Andreas Gryphius, Christian Hofmann von Hofmannswaldau und Daniel Casper von Lohenstein (1966; Berlin 1970).

nem epochemachenden Traktat *L'idea de' pittori, scultori, et architetti* (1607) Kunst überhaupt als metaphorisches Abenteuer, und im ausgeklügelten Labyrinth des Manierismus wird der Bildbetrachter zu verspieltem Scharfsinn angeregt.[20] All dies potenziert sich im Lichte der verbreiteten Spiel- und Festpraktiken, funktionierte doch insgesamt noch »Theater als Teil des allgemeinen gesellschaftlichen Lebens«[21]. Der beispiellose Fest- und Theaterrausch, das ›große Welttheater‹[22] der barocken Hofkultur fand seinen Widerhall im Sprachverhalten, in den Sprachspielen der Zeit. Hinzu kommt folgender Umstand: »Das Wort ›Theatrum‹, also Schauplatz, wurde noch Anfang des 17. Jh. für jeden erhabenen Ort, auf dem sich etwas des Zeigens würdiges ereignete, gebraucht.«[23] Veröffentlichung schlechthin haftet dem Wort als historischer Bedeutungsaspekt an, und daher erklärt sich sein Auftauchen in Buchtiteln unterschiedlichsten Inhalts, eine Tendenz, die durch das ganze 17. Jh. fortwirkt, so z. B. 1631 im großen Nachschlagewerk von Laurentius Beyerlinck *Magnum theatrum vitae humanae*[24] oder in dem ab 1627 in 21 Folianten periodisch erscheinenden *Theatrum Europaeum*. Die Breite des Spektrums kommt zum Ausdruck durch Veröffentlichungen wie Stanislaw Lubienieckis *Theatrum cometicum* (1681), Gottfried Dexels *Theatrum historicum curiosum. Das ist: Historischer offener Schau-Platz* (1698) oder Jacob Döplers *Theatrum poenarum, suppliciarum et executionum criminalium. Oder Schau-Platz derer Leibes- und Lebens-Straffen* (1693/1697). Noch im 18. Jh. tauchen entsprechende Titel vereinzelt auf, wie z. B. Jacob Leupolds *Theatrum arithmetico-geometricum. Das ist: Schau-Platz der Rechen- und Mess-Kunst* (1727).

(d) Im 18. Jh. wirkt die Theatermetaphorik fort, wobei bedeutende neue Akzente zu konstatieren sind: Die Theater-Metapher trifft etwa seit der Jahrhundertmitte auf eine Terminologie von Drama und Schauspielkunst, eine Fachsprache des Theaters. Im Lichte des sich konstituierenden ästhetischen Begriffsverständnisses wird der ›Spielraum‹ des metaphorischen Modells systematisch eingeschränkt. Andererseits erwachsen aus der gestiegenen öffentlichen Wertigkeit von Theater sowie aus den entwickelten dramaturgischen Strukturen auch neue Anreize modellhafter Übertragung. Dies zeigt sich an drei Themenkreisen, nämlich an der Anwendung von Theatermetaphorik auf Strukturen des menschlichen Geistes, der Naturzusammenhänge und der Geschichte oder vielmehr dem »Theater der Weltgeschichte«[25]. Eine neue Qualität gewinnt die Theater-Metapher auch im Rahmen der sich verschärfenden Religionskritik, speziell in Frankreich. In zugespitzter Form findet sie nun auch Eingang in kulturkritische Gesellschaftsbetrachtungen, und zwar unter Akzentuierung des städtischen und nationalen Momente. Unter dem Einfluß des mechanischen Materialismus – und gegen Ende des Jahrhunderts verschärft durch beginnende Anzeichen der Industrialisierung – findet die Marionetten-Metaphorik zunehmende Verbreitung.[26] Das Interesse an der ›Natur des Menschen‹, der Aufschwung von Erfahrungsseelenkunde und Individualpsychologie führen gegen Ende des 18. Jh. zu verstärkten Bezugnahmen auf die Verhaltensfigur des Narren.

(e) Im 19. Jh. kommt es in der Tendenz zu einer krisenhaften Überlagerung dreier Ebenen des Theaterbegriffs (metaphorisches Modell, rhetorisches Instrument, schöne Kunst). Von Interesse für die Theatermetaphorik sind folgende Punkte: Es vollzieht sich ein Wandel der theaterästhetischen Fachterminologie bei gleichzeitiger Dogmatisierungstendenz. Die Theater-Metapher tritt dazu in

---

20 Vgl. GUSTAV RENÉ HOCKE, Die Welt als Labyrinth. Manier und Manie in der europäischen Kunst. Beiträge zur Ikonographie und Formgeschichte der europäischen Kunst von 1520–1650 und der Gegenwart (Berlin 1957).
21 Vgl. MÜNZ, Zwischen ›Theaterkrieg‹ und ›Nationaltheateridee‹ – Zu den Anfängen der bürgerlichen deutschen Theaterhistoriographie, in: Wiss. Zs. der Humboldt-Universität zu Berlin, Gesellschafts- u. sprachwiss. Reihe 18 (1969), H. 1, 15–36.
22 Vgl. RICHARD ALEWYN, Das große Welttheater. Die Epoche der höfischen Feste (1959; München/Berlin ²1985).
23 RUSTERHOLZ (s. Anm. 19), 15.
24 Vgl. LAURENTIUS BEYERLINCK, Magnum theatrum vitae humanae, 6 Bde. (Köln 1631).
25 GEORG WILHELM FRIEDRICH HEGEL, Geographische Grundlage der Weltgeschichte (Vorlesung, erstmals gehalten 1822/1823), in: HEGEL (TWA), Bd. 12 (1970), 132.
26 Vgl. ELEONORE RAPP, Die Marionette in der deutschen Dichtung vom Sturm und Drang bis zur Romantik (Leipzig 1924).

ein Spannungsverhältnis. Hervorzuheben ist auch die Reaktivierung des Topos ›theatrum mundi‹ durch die romantische Bewegung, so bei Wilhelm Heinrich Wackenroder, Novalis und Jean Paul.[27] Gegen die Ausbreitung eines Bildungsbürgertums steht dann eine kulturkritisch akzentuierte Radikalisierung der Theatermetaphorik, gipfelnd bei Friedrich Nietzsche: »Theater und Musik das Haschisch-Rauchen und Betel-Kauen der Europäer! Oh wer erzählt uns die ganze Geschichte der Narcotica! Es ist beinahe die Geschichte der ›Bildung‹, der sogenannten höheren Bildung!«[28] Die Aushöhlung traditioneller Ideale und Wertvorstellungen, verbunden mit kapitalistischer Entfremdung, trägt zur Vertiefung von Identitätskrisen bei. In der Literatur findet eine breite Thematisierung von Rollenempfinden und Maskierungszwang statt. Die fortschreitende Entwicklung der Technik und die Überschneidung von Kunst und Industrie fördern unter neuen Prämissen eine ›Sprache der Dinge‹ zutage. Das öffentliche Leben wird allmählich immer stärker durch das Spektakel der Waren, durch Werbung und die Wechselwirkung von Theater und Mode geprägt: Primadonnenkult auf der einen Seite, Erfindung des Mannequins auf der anderen. Zu erwähnen ist in diesem Kontext auch die weitverzweigte Verwendung von Theatermetaphorik in den ökonomischen und gesellschaftspolitischen Schriften von Karl Marx.[29]

2. Antike-Rezeption (Erasmus von Rotterdam)

Der ›Welttheater‹-Topos wird bereits im Zuge humanistischer Antike-Rezeption nachhaltig wiederbelebt. Bei seiner Verbreitung und Differenzierung leistet Erasmus von Rotterdam einen herausragenden Beitrag, wenn er von »dieser wunderbaren Bühne der Welt« (mirabilem hanc mundi machinam)[30] spricht.

Der Zusammenhang zwischen einer räumlichen Gliederung des Weltganzen und einer Scheidung der menschlichen Existenz in ein sekundäres Außen und ein wesentliches Innen bestimmt im 16. Jh. weithin die Ausformung von Weltsichten und Denkansätzen. Die solchen religiösen Debatten innewohnende Tendenz, in der Erscheinungswelt, im menschlichen Verhalten und in der Materialität von Schrift theatrale Seiten zu entdecken,

überlagert sich mit Reaktivierungen der antiken rhetorischen Denkfigur des theatrum mundi. Sucht Erasmus im Kirchenstreit, ausgehend von seiner katholischen Konfession, eine tolerante Mitte, so ist er gleichzeitig auch um Vermittlung zwischen humanistischer Bildung und religionsethischen Prinzipien bemüht. Beim Versuch, seine komplexen Interessenfelder aufeinander abzustimmen, gewinnt das Theaterdispositiv eine Orientierungs- und Ordnungsfunktion. Wichtig ist bei Erasmus nicht allein die im Weltganzen und in der Schrift sich spiegelnde Scheidung in den äußeren und den inneren Menschen, sondern auch die konkrete Ausformung einer zentralen Beobachtungs- und Darstellungsperspektive. Direkte Bezüge auf ein metaphorisches ›Theater der Götter‹, in dem christliche Motive und antike Quellenbezüge einander durchdringen, finden sich bei Erasmus in unterschiedlichsten Kontexten, die von ernsten religionsethischen Überlegungen bis zu satirisch-ironischen Gedankenspielen reichen. So heißt es etwa im *Lob der Torheit* (1511): »Einfach unglaublich ist es, wieviel Spaß und Vergnügen die Menschlein tagtäglich den Himmlischen machen. Die Götter verwenden nämlich nur ihre nüchternen Stunden, den Vormittag, auf ihre Beratungen und das Anhören der Wünsche. Sind sie einmal erst angeheitert vom Nektar und haben keine Lust zu ernsten Dingen mehr, dann setzen sie sich auf die äußerste Fluh des Himmels, lehnen sich vor und gucken hinunter, zu sehen, was die Menschen treiben; kein Schauspiel ist ihnen lieber. Weiß Gott, es ist aber auch ein Theater!« (Quin etiam incredibile sit dictu, quos ludos, quas delitias, ho-

---

27 Vgl. BERNHARD GREINER, Welttheater als Montage. Wirklichkeitsdarstellung und Leserbezug in romantischer und moderner Literatur (Heidelberg 1977).

28 FRIEDRICH NIETZSCHE, Die fröhliche Wissenschaft (1882), in: NIETZSCHE (KGA), Abt. 5, Bd. 2 (1973), 120.

29 Vgl. MÜNZ, Charaktermaske und Theatergleichnis bei Marx, in: Münz, Das ›andere‹ Theater. Studien zu einem deutschsprachigen teatro dell'arte der Lessingzeit (Berlin 1979), 19–59.

30 ERASMUS VON ROTTERDAM, Enchiridion militis christiani/Handbüchlein eines christlichen Streiters (1503), übers. v. W. Welzig, in: Erasmus von Rotterdam, Ausgewählte Schriften in 8 Bänden, lat.-dt., hg. v. W. Welzig, Bd. 1 (Darmstadt 1968), 322/323.

munculi quotidie praebeant Superis. Nam hi quidem horas illas sobrias, et antemeridianas iurgiosis consultationibus, ac votis audiendis impartiunt. Caeterum ubi iam nectare madent, neque lubet quidquam serium agere, tum qua parte coelum quam maxime prominet, ibi consident ac pronis frontibus, quid agitent homines speculantur. Nec est aliud spectaculum illis suavius. Deum immortalem! quod theatrum est illud, quam varius stultorum tumultus?)[31]

3. Essayistisches Denken und ›Neue Wissenschaft‹ (Montaigne und Bacon)

Wichtige Züge der Architektonik des europäischen Wissens der Neuzeit sind den Denkgebäuden Francis Bacons und Michel de Montaignes ablesbar. Beiden gemeinsam ist ein universeller Zweifel, beide sehen sich in die beängstigend wechselvolle Szenerie einer ›verkehrten Welt‹ hineingeworfen, und beide versuchen sie, ihre disparaten Erfahrungsfragmente in großangelegten philosophischen Ganzheitsentwürfen buchstäblich ›durchzuspielen‹: bei Montaigne mehr auf den Kosmos des eigenen Ich gerichtet, bei Bacon auf die Natur des Weltganzen. Theater hilft bei diesen Versuchen, sich in einem traumatisch verschlungenen Irrgarten der eigenen Lage zu vergewissern.

Nicht zufällig hat Montaigne in seinem Reisetagebuch der 80er Jahre des 16. Jh. einen Reigen unterschiedlichster Schauspiele (öffentliche Hinrichtungen, Prozessionen, Feierlichkeiten, Zeremonien) gesammelt; in solchen Gebräuchen erkennt er »la meilleure et plus effectuelle part des polices«[32]. Im Sog eines derartig strukturierten öffentlichen Lebens wird jedermann zum Rollenspieler, niemand kann sich dem entziehen: »Du masque et de l'apparence il n'en faut pas faire une essence réelle, ny de l'estranger le propre.« (989)

Als zentrale Ursache für das allerorten entfesselte Rollenspiel notiert Montaigne folgendes: »Les hommes se donnent à louage. Leurs facultez ne sont pas pour eux, elles sont pour ceux à qui ils s'asservissent« (981). Montaigne spürt eine Tendenz der Aufspaltung von Nutzen und Vergnügen, Arbeit und Spiel, Körper und Geist. Skeptisch gegen diesen Strom der Zeit, beharrt er auf einem Ganzheitsideal spielerischer Produktivität und sucht – gegen das Auseinanderklaffen von »ouvrier« und »ouvrage« (783) – die Einheit von Person und Text.

Bacon hat in seiner Lehre von den Idolen vier Quellen der menschlichen Täuschung systematisiert; bezeichnenderweise befinden sich darunter auch sogenannte »Idola Theatri«[33] (Idole des Theaters). Eine pointierte Zuspitzung findet das verbreitete Empfinden allgegenwärtiger theatraler Täuschung darin, daß in Bacons New Atlantis einen speziellen Haustypus gibt, ein Theater der demonstrativen Demaskierung und Ent-Täuschung: »We have also houses of deceits of the senses; where we represent all manner of feats of juggling, false apparitions, impostures, and illusions, and their fallacies. And surely you will easily believe that we that have so many things truly natural which induce admiration, could in a world of particulars deceive the senses, if we would disguise those things and labour to make them seem more miraculous. But we do hate all impostures and lies.«[34]

4. Theater-Metapher und Körpererfahrung (Paracelsus)

Gewisse Parallelen zur Theatermetaphorik lassen sich auch in den bildenden Künsten beobachten. Hervorhebenswert ist dabei die »riesige Bilderenzyklopädie der emblematischen Bücher«[35] Andreas Alciatis Emblematum liber löst 1531 von Italien her eine bis tief ins 18. Jh. nachhallende Resonanz in ganz Europa aus. Nicht allein durch Bücher, wie z. B. den 1683 zu Nürnberg erschienenen

---

31 ERASMUS VON ROTTERDAM, Mōrias enkōmion sive laus stultitiae (1511)/Das Lob der Torheit, in: ebd., Bd. 2, übers. v. A. Hartmann (Darmstadt 1975), 112/113.
32 MICHEL DE MONTAIGNE, Essais (1580), in: Montaigne, Œuvres complètes, hg. v. A. Thibaudet/M. Rat (Paris 1962), 908 f.
33 FRANCIS BACON, Novum Organum (1620)/Neues Organon, lat.-dt., hg. v. W. Krohn, übers. v. R. Hoffmann/G. Korff (Hamburg ²1999), 100.
34 BACON, New Atlantis (1627), in: BACON, Bd. 3 (London 1859), 164.
35 ALBRECHT SCHÖNE, Emblematik und Dramatik im Zeitalter des Barock (München 1962), 48.

Emblematischen Catechismus, sondern auch über die Präsenz emblematisch geschmückter Gebrauchsgegenstände wird der metaphorische Denkstil verbreitet, eine Sicht auf die Welt als ›Mundus symbolicus‹[36]. Dabei weist die emblematische Bild-Text-Struktur starke Analogien zu bestimmten körperlichen Seiten der theatralen Kultur wie etwa den ›lebenden Bildern‹ auf: »Das Emblembild erscheint als Miniaturbühne; das dramatische Schaugerüst erweist sich als ein ins Riesenhafte vergrößertes emblematisches Bild.«[37] Begriffsgeschichtlich relevante Bezüge zur Theater-Metapher springen geradezu ins Auge durch Buchtitel wie Jean Jacques Boissards *Theatrum vitae humanae* (1596) oder das 1623 erschienene *Theatrum emblematicum* des Gregor Kleppis. Tradierte mediale Strukturen der direkten körperlich-personalen Kommunikation, das deutet sich in solchen Symptomen an, verflechten sich mit neuen, durch den Buchdruck ermöglichten Sprachebenen.

Erst ganz allmählich jedoch festigen und differenzieren sich die neuen Informationsnetze. Daher wirken überlieferte Erfahrungstechniken lange nach. 1537 verteidigt Paracelsus sein Landfahren mit dem Argument, daß von einem festen Ort aus kein Überblick der Heilkünste möglich sei, »sonder sie müssen zusamen geklaubt werden, genomen und gesucht do do sie seind«[38]. Derart räumlich beschränkte Öffentlichkeiten zwingen in doppeltem Sinne zu körperlicher Selbsterfahrung: Einerseits müssen neue Wissenshorizonte buchstäblich physisch erwandert werden, zum andern aber fordert die begrenzte Lebenswelt eine gezielte Selbstbeobachtung heraus. Die Erweiterung von Weltsichten geschieht zunächst gewissermaßen am Leitfaden des menschlichen Leibes.[39] Vom Mikrokosmos des eigenen Ich wird durch kühne metaphorische Vergleiche raumzeitlicher Abgrund zum Weltganzen überspannt: »Gewißlich ist eine Zusammenstimmung aller Sachen in diesem gantzen Erdenkreiß / und vergleicht sich / der sichtbare Himmel mit der Erden / der Mensch mit der gantzen Welt«[40].

Wenn gerade Paracelsus in dieser Hinsicht weit über den Bereich der Medizin hinaus als Anreger zu wirken vermag, so hängt dies u.a. mit der grenzüberschreitenden ›Weite‹ seiner Lehren zusammen. Das Auftauchen neuer Krankheiten wird als Zeichen eines großen Entwicklungsvorgangs gesehen, dessen Verlaufsform gleichnishaft aus einem anthropologischen Grund sich herleitet. Der Weltraum konstituiert sich aus geheimnisvollen, unsichtbaren Kräften, die sich Paracelsus über ein metaphorisches Denken in Analogien veranschaulicht. Daraus folgen die sinnlich-poetischen Dimensionen seiner Sicht und seiner Sprache. Die Funktion der Gleichnisse besteht darin, eine heterogene Fülle von beobachtbaren Phänomenen als widersprüchliche Ganzheit zu begreifen und auf diesem Wege die rätselhafte organische Einheit des (gesunden oder kranken) Menschen zu entschlüsseln. So wird von einer anderen Seite her deutlich, warum Paracelsus, ausgehend von ganz konkreten Beobachtungen, als höchst origineller Sprachschöpfer wirkt: Er sucht nach einer Ausdrucksweise, die sich dem dynamischen Zusammenspiel der unterschiedlichen Weltsphären, ihren wechselseitigen Spiegelungen und Einflüssen gleichsam mimetisch einfügt.

Sein Sprachkonzept ist äußerst weit gefaßt. Neben der ›buchstabischen‹ Wörtersprache der Schrift umfaßt es Mimik und Gestik, wie überhaupt die ganze Formenvielfalt äußerer Erscheinungen als entzifferbare physiognomische (An-)Zeichen gesunder oder kranker Prozesse. Von daher ist es nicht verwunderlich, daß der Mediziner für Paracelsus unter allen Beobachtern eine exponierte Sonderstellung einnimmt; die Arzneiwissenschaft stellt den Gipfel jeglicher Beobachtungskunst dar.

---

36 Vgl. MICHAEL SCHILLING, Imagines mundi. Metaphorische Darstellungen der Welt in der Emblematik (Frankfurt a. M./Bern/Cirencester 1979).

37 SCHÖNE (s. Anm. 35), 225.

38 THEOPHRAST VON HOHENHEIM gen. PARACELSUS, Sieben Defensiones. Verantwortung über etliche Verunglimpfungen seiner Mißgönner (1537), in: Paracelsus, Sämtliche Werke, hg. v. K. Sudhoff, Abt. 1, Bd. 11 (München/Berlin 1928), 141.

39 Vgl. GÜNTHER LOHR, Körpertext. Historische Semiotik der komischen Praxis (Opladen 1987), 92; CHRISTOPH WULF/DIETMAR KAMPER (Hg.), Logik und Leidenschaft. Erträge historischer Anthropologie (Berlin 2002).

40 GEORG PHILIP HARSDÖRFFER, Frawenzimmer. Gesprechspiele / so bey Ehr- und Tugendliebenden Gesellschaften / mit nutzlicher Ergetzlichkeit / beliebet und geübet werden mögen, Teil 8 (Nürnberg 1649), 191f.

In seinen Schriften ist daher gleichsam der Grundriß eines komplizierten theatrum mundi enthalten, das sich über die praktische Tätigkeit des Arztes als ›Menschenbeobachter‹ konstituiert. Was sich hier andeutet, ist in gewisser Weise eben jener tiefe Wesenszusammenhang »entre le principe du théâtre et celui de l'alchimie«[41], auf den später Antonin Artaud zu sprechen kommt, als er, jenseits der Überformung durch die Schriftkultur-Tradition, nach originären Ursprüngen des Theaters sucht.

So wird also im Spiegel der Theater-Metapher das ganze Spektrum lebendiger Erfahrung reflektiert und ›zur Sprache gebracht‹. Der historische Bogen spannt sich von der *Göttlichen Komödie* bis zu »des Teufels Spektakel«[42], und die darin vibrierende Ambivalenz hat vielleicht kein anderer so lakonisch genau getroffen wie Blaise Pascal: »Le dernier acte est sanglant, quelque belle que soi la comédie en tout le reste. On jette enfin de la terre sur la tête et en voilà pour jamais.«[43]

Anzumerken wäre noch eine aus begriffsgeschichtlicher Sicht interessante Beobachtung: Die Idee des theatrum mundi durchläuft auch eine kulturgeschichtliche Bahn ihrer praktischen Umsetzung, eine Geschichte des real existierenden Mechanismus; Profanierung, Banalisierung und schließlich auch Ironisierung gehen damit einher.

Die 1624 herausgegebene *Physiologia* des Athanasius Kircher, eine »Weltbühne der Paradoxien«[44], enthält auch den technischen Entwurf einer Metaphernmaschine. Verfaßt Jacob Böhme 1612 seine *Aurora*, seinen ungeheuren philosophischen Entwurf über die europäische ›Morgenröte im Aufgang‹, so gibt Nicola Sabbattini 1638 genaue theatermechanische Anweisungen: »Wie man Morgenröte aufsteigen lassen kann« (modo di far nascere l'Aurora)[45]. Verstanden sich die italienischen Theatralingenieure des 17. Jh. noch als ›Ingenieure der Unendlichkeit‹[46], so bestaunt das Publikum einer deutschen Provinz im Winter 1774/1775 ein »*Theatrum Mundi*, ein Welttheater in der Nuß, wo sich unter andern ein Stücklein Welt, nämlich der *Seehafen von Genua* präsentirte«[47]. Bei Søren Kierkegaard findet sich 1843 ein ähnliches Motiv in ironischer Akzentuierung, wenn die Rede ist von der »Lust zu theatralischem Auftreten«, verbunden mit der Phantasie, »die ganze Welt in einer Nußschale zu haben, die größer ist als die ganze Welt, und doch nicht größer, als daß das Individuum sie füllen könnte.«[48]

II. Theater als rhetorisches Instrument (Schwerpunkt 17. und 18. Jahrhundert)

Eine wichtige Seite von Theatralität besteht darin, daß die Entfaltung dieses interdisziplinären Diskurselements nicht verstanden werden kann ohne Bezug auf medientechnische Entwicklungen und deren instrumentelle Implikationen. Daher verdienen jene Entwicklungen Beachtung, in denen sich die systematische Instrumentalisierung bestimmter Seiten theatraler Kultur und damit verbundene Bemühungen um ein effektives Wirkungsmedium abzeichnen. Solche Instrumentalisierungstendenzen gehen zunächst auch mit dem Versuch zusammen, einen scharf begrenzten Begriff von Theater zu definieren. Einen Schwerpunkt darf man im 17. Jh. sehen. In dieser Zeit wird aus dem Chaos die Ordnung hervorgetrieben, aus dem Spiel die Regel, aus dem Zweifel die Methode. Das ist die charakteristische Tendenz. Auffällig ist, daß sich die Entfaltung einer qualitativ neuen Wahrnehmungskultur – als praktische Herausarbeitung

---

41 ANTONIN ARTAUD, Le théâtre et son double (1932), in: Artaud, Œuvres complètes, Bd. 4 (Paris 1964), 58.
42 JACOB BÖHME, Aurora oder Morgenröte im Aufgang (1634), in: Böhme, Aurora oder Morgenröte im Aufgang. Ausgewählte Texte, hg. v. G. Bartsch (Leipzig 1974), 142.
43 BLAISE PASCAL, Pensées (1670), in: Pascal, Œuvres complètes, hg. v. M. Le Guern, Bd. 2 (Paris 2000), 600.
44 HOCKE (s. Anm. 20), 123.
45 NICOLA SABBATTINI, [Practica di fabricar scene, e machine ne' teatri] Anleitung, Dekorationen und Theatermaschinen herzustellen (1638), übers. u. mit dem Urtext hg. v. W. Flemming (Weimar 1926), 161; dt. 274 f.
46 Vgl. DIETRICH MACK, Ingenieure der Unendlichkeit, in: Mack (Hg.), Barockfeste. Nachrichten und Zeugnisse über theatralische Feste nebst einem Singspiel der Markgräfin Wilhelmine von Bayreuth (München 1979), 8–12.
47 JOHANN FRIEDRICH SCHÜTZE, Hamburgische Theater-Geschichte (1794; Leipzig 1975), 103.
48 SØREN KIERKEGAARD, Die Wiederholung (1843), in: KIERKEGAARD, Abt. 5/6 (1955), 30.

neuer Medien, Techniken und Verfahren der Beobachtung – innig verbindet mit jenem Traum vom totalen Überblick, an dem sich wissenschaftlicher Fortschritt ab etwa 1600 zunehmend orientiert. Mit René Descartes' *Discours de la méthode* wird 1637 der Anspruch auf ein Universum zweifelsfrei gesicherten Wissens programmatisch. Voraussetzung dafür ist das methodische Ziehen einer scharfen Grenze zwischen der eigensinnigen (physischen) Wahrnehmungswelt und einem berechenbaren (geistigen) Raum der systematischen Repräsentation. Charakteristisch für das ganze Zeitalter ist die theoretische und praktische Herausarbeitung eines Begriffs von Repräsentation, in dem sich Tendenzen der wissenschaftlichen Rationalisierung mit solchen der öffentlichkeitsprägenden Herrschaft überschneiden. Es kommt gleichermaßen zur Begründung des modernen Staates wie auch zur Erfindung des Laboratoriums und Entfaltung experimenteller Wissenschaften.[49] Beide Tendenzen verbinden sich auf vielfältige Weise mit bestimmten Seiten von Theatralität.

1. Machttheater und theatrale Erziehung (Hobbes und Locke)

Kein Theater könnte wohl je den Hang zu überlebensgroßen Kunstfiguren so weit treiben wie Thomas Hobbes, der 1651 eine unvergleichlich monströse Gewaltfigur als Repräsentation staatlicher Ordnungsutopie auf die philosophisch-politische Bühne schickt: »For by art is created that great *Leviathan* called a *Commonwealth*, or *State*, in Latin *Civitas*, which is but an artificial man; though of greater stature and strength than the natural, for whose protection and defence it was intended«[50]. Untertanen betrachtet Hobbes als bloße Menge, »und (wenn dies auch paradox ist) der König ist das Volk« (et, quamquam paradoxum sit, *rex* est *populus*)[51]. Dieser Zentralismus bedarf eines Öffentlichkeitsnetzes, das geeignet ist, Machtsprache in jeden Winkel zu verbreiten.

Vertieft wird dieser heilige Glaube an die Wirkungsmacht der Sprache offenbar vor dem Altar der Druckerpresse; immerhin vergleicht Hobbes den Verstand des gemeinen Volkes mit einem reinen Papier, »fit to receive whatsoever by public authority shall be imprinted in them«[52]. Aber das Volk kann nicht lesen. So wird die Idee der funktionierenden Amtssprache komplettiert durch die Erfindung des autorisierten Funktionärs. Als Kind des Leviathan erscheint »a *feigned* or *artificial person*« (147). Der Bühnenbegriff ›persona‹ wandelte sich zur Bezeichnung derjenigen, die stellvertretend reden oder handeln: »So that a *person*, is the same that an *actor* is, both on the stage and in common conversation; and to *personate*, is to *act*, or *represent* himself, or another; and he that acteth another, is said to bear his person, or act in his name; [...] as a *representer*, or *representative*, a *lieutenant*, a *vicar*, an *attorney*, a *deputy*, a *procurator*, an *actor*, and the like.« (148)

Der herrschaftsgeometrische Entwurf kann sich aber nicht beschränken auf den Bauplan der Staatsmaschine im Großen; das Perpetuum mobile der Macht muß in der Natur jedes einzelnen Bürgers mechanisch verankert werden. Dementsprechend findet das staatsphilosophische Denken von Hobbes eine geradezu ideale Synchronfigur im Erziehungsprogramm des John Locke.

Lernen durch Täuschung heißt bei ihm die Devise.[53] Ungezügelte Begierden werden bezwungen durch List, Gewohnheiten ausgejätet und neu gepflanzt. Starkes Verlangen nach reizvollen Spielen wird durch eine Spielpflicht gelähmt, ungeliebte Arbeiten werden durch Scheinverbote reizvoll gemacht. Die Zeit verlangt, davon ist Locke überzeugt, eine Umgestaltung der Freuden.[54] Erfolg krönt diese Simulationspädagogik allerdings erst, wenn ein verwandeltes ›Auftreten‹, wenn soziales Rollenspiel im Zögling »become natural in every part; falling, as skilful musicians' fingers do, into

---

49 Vgl. STEPHEN SHAPIN/SIMON SCHAFFER, Leviathan and the Air-Pump. Hobbes, Boyle and the Experimental Life (Princeton 1985).
50 THOMAS HOBBES, Leviathan or, the Matter, Form, and Power of a Commonwealth, Ecclesiastical and Civil (1651), in: HOBBES (ENGL), Bd. 3 (1839), IX.
51 HOBBES, De cive (1642), in: HOBBES (LAT), Bd. 2 (1839), 291; dt.: Vom Menschen/Vom Bürger, hg. v. G. Gawlick, übers. v. M. Frischeisen-Köhler (Hamburg ²1966), 199.
52 HOBBES (s. Anm. 50), 325.
53 Vgl. JOHN LOCKE, Some Thoughts Concerning Education (1693), in: LOCKE, Bd. 9 (1823), 122.
54 Vgl. LOCKE, An Essay Concerning Human Understanding (1690), in: LOCKE, Bd. 1 (1823), 286.

harmonious order, without care, and without thought«[55]. Das verlangt stetige Beeinflussung über sehr lange Phasen biographischer Entwicklung.

Man erkennt hierin einen sensualistischen Ansatz zur methodischen Rationalisierung menschlicher Sinnlichkeit, einen programmatischen Versuch der Systematisierung sinnlicher Ausdrucksvermögen zu organisierten Formen symbolischer Gewalt. Dieses Grundprinzip ist für das Verständnis medialer Strukturveränderungen von Öffentlichkeit zu Beginn des 18. Jh. und somit auch für eine begriffsgeschichtliche Perspektive auf mediale Seiten von Theatralität äußerst relevant. Seine Übertragbarkeit auf die Ebene öffentlicher Lustbarkeiten klingt in einer Bemerkung von Leibniz an, die wie ein Nachtrag zum Hauslehrerkonzept von Locke wirkt: »et un homme fait, à qui manque cette excellente éducation, doit commencer plustost tard que jamais à chercher des plaisirs lumineux et raisonnables, pour les opposer à ceux des sens qui sont confus mais touchans.«[56] Dies wirkt wie ein direkter Vorgriff auf jene Erziehungsstrategien, die dem Theater im Lauf des 18. Jh. von Voltaire und anderen eingeschrieben werden: »C'est la plus belle éducation qu'on puisse donner à la jeunesse, le plus noble délassement du travail, la meilleure instruction pour tous les ordres des citoyens«[57]. Und noch um 1900 klingt dieser Gedanke bei Sigmund Freud an, wenn es heißt: »Das teilnehmende Zuschauen beim Schau-Spiel leistet dem Erwachsenen dasselbe wie das Spiel dem Kinde«[58].

Von der spontanen Wirkungsmacht sinnlicher Eindrücke konnte man sich überall im öffentlichen Leben ganz praktische Begriffe machen, sei es durch die Attraktionskraft spielerischer Zerstreuungen, sei es durch die weitverbreitete Lust am Schrecklichen. ›Erleuchtete und vernünftige Vergnügungen‹ dagegen wurden eher gegen die Praxis konzipiert, und ihre Durchsetzung vollzog sich gewissermaßen simultan zu äußerst drakonischen machtpolitischen Strukturveränderungen der Öffentlichkeit. Ihre Instrumentalisierung wird deutlich, wenn es bei Anthony Ashley Cooper Earl of Shaftesbury heißt: »The Magistrate, if he be any Artist, shou'd have a gentler hand; and instead of Causticks, Incisions, and Amputations, shou'd be using the softest Balms«[59].

Aus vielen Gründen bot speziell Theater sich an, als ein Instrument der sanften Gewalt begriffen zu werden. »Une pièce de théâtre est une représentation de quelque événement, de quelque action de la vie humaine; et cette représentation doit être telle qu'elle plaise«[60], heißt es bei Bernard Le Bovier de Fontenelle, und diese positiv rezipierte Beziehung auf menschliches Handeln bildet fortan ein Grundmotiv vieler Konzepte des Aufklärungstheaters.

Überall in Europa zeichnen sich um die Wende zum 18. Jh. qualitativ neue Formen von Öffentlichkeit ab, wodurch auch das Nachdenken über mediale Aspekte von Theater wichtige Anstöße erhält. Besonders in Frankreich wird fortan daran gearbeitet, einen Theaterbegriff im Sinne aufklärerischer Wirkungsideale zu instrumentalisieren, allerdings im Zuge heftiger Kontroversen, wie überhaupt gerade solche kritischen Auseinandersetzungen dazu zwingen, begriffliche Klärungen oder vielmehr Differenzierungen herbeizuführen. Etwa hundert Jahre nach Bacons ›houses of deceits‹-Vision werden die von ihm entworfenen Schutztechniken gegen theatrale Formen der Täuschung durch Jean-Baptiste Du Bos im Zuge seiner Verteidigung des Theaters an den gesunden Menschenverstand des Zuschauers delegiert: »Nous n'y aportons point la prevention avec laquelle celui qui s'est laissé persuader par un Magicien qu'il lui fera voir un Spectre, entre dans la caverne où le Phantôme doit aparoître. Cette prevention dispose beaucoup à l'illusion, mais nous ne l'apportons

---

55 LOCKE (s. Anm. 53), 79.
56 GOTTFRIED WILHELM LEIBNIZ, Nouveaux essais sur l'entendement humain (entst. 1703-1705, ersch. 1746), übers. u. hg. v. W. v. Engelhardt/H. H. Holz, Bd. 1 (Frankfurt a. M. 1961), 286.
57 VOLTAIRE an Francesco Albergati Capacelli (23. 12. 1760), in: Voltaire, Correspondance, hg. v. T. Besterman, Bd. 6 (Paris 1980), 159.
58 SIGMUND FREUD, Psychopathische Personen auf der Bühne (entst. 1905/1906, ersch. 1942), in: FREUD (GW), Bd. 19 (Frankfurt a. M. 1987), 656.
59 SHAFTESBURY, A Letter Concerning Enthusiasm (1708), in: SHAFTESBURY, Abt. 1, Bd. 1 (1981), 326.
60 BERNARD LE BOVIER DE FONTENELLE, Préface générale des pièces suivantes (1751), in: Fontenelle, Œuvres complètes, hg. v. G.-B. Depping, Bd. 3 (Paris 1818), 438.

point au théâtre.«[61] Besondere Beachtung verdient die Auseinandersetzung zwischen Jean Le Rond d'Alembert und Jean-Jacques Rousseau um das Wesen der Schauspiele. »Au premier coup d'œil jetté sur ces institutions, je vois d'abord qu'un Spectacle est un amusement; et s'il est vrai qu'il faille des amusemens à l'homme, vous conviendrez au moins [...] qu'ils sont nécessaires, et que tout amusement inutile est un mal, pour un Etre dont la vie est si courte et le tems si précieux«[62], lautet ein Hauptargument Rousseaus. D'Alembert dagegen differenziert seinen Begriff von Theater mit Blick auf das jeweilige Publikum und ist überzeugt, »que les représentations théâtrales sont plus utiles à un peuple qui a conservé ses mœurs, qu'à celui qui aurait perdu les siennes«[63]. Die Zustimmungen für diese Position reichen von Jean François Marmontel, der das Theater als »une école de politesse & de goût«[64] begreift, bis hin zur differenzierten Argumentation Louis Sébastien Merciers, der gewisse Gefahren einräumt, die jedoch erfolgreich zu vermeiden wären, um das Theater zu einem höchst wirksamen Medium zu instrumentalisieren: »Cependant le moyen le plus actif & le plus prompt d'armer invinciblement les forces de la raison humaine & de jeter tout-à-coup sur un peuple une grande masse de lumières, seroit, à coup sûr, le théâtre«[65]. Die sich im Lauf des 18. Jh. durchsetzende Grundtendenz bestand schließlich darin, im Theater »un moyen d'instruction publique«[66] zu sehen, und diese Auffassung wirkte nachdrücklich nach Deutschland hinein, wo sich der Gedanke an Theater als ein äußerst weitreichendes Machtinstrument ausdifferenzieren konnte; der Begriff des Nationaltheaters, immer wieder als Kristallisationskern politischen Räsonnements dienend, zeugt davon. Johann Friedrich Löwen, erster Direktor eines deutschen Nationaltheaters (*Hamburger Entreprise*, 1767), wirbt für die Schauspiele u. a. mit dem Argument: »Welch ein vortreffliches Hülfsmittel könnten sie der Regierung seyn, wenn es darauf ankäme, die Veränderung eines Gesetzes, oder die Abschaffung eines Gebrauchs vorzubereiten«[67].

2. *Zensur als praktische Arbeit am Begriff*

Joseph von Sonnenfels, erster offiziell eingesetzter Theaterzensor im deutschsprachigen Raum, gibt 1768 unmißverständlich zu verstehen: »Die Schaubühne ist vermögend, dem Umgang einer Nation einen gewissen Anstrich von Artigkeit zu geben und die Sprache der Gesellschaften zu reinigen«[68].

Voraussetzung eines solchen Funktionsverständnisses ist allerdings eine methodische Rationalisierung der vorhandenen theatralen Kultur, eine drastische Reform mit ätzenden Mitteln, Einschnitten und Amputationen. Der Begriff der gereinigten Bühne, als siamesischer Zwilling mit dem des Nationaltheaters erwachsen, zeugt davon.

Für das begriffsgeschichtliche Verständnis der inneren Strukturierung dieses Wortpaares ist die Vertreibung des Harlekin besonders aufschlußreich. In Deutschland wurde der Bühnennarr durch Johann Christoph Gottsched mit einem kulturpolitischen Bannfluch belegt. Begriffsgeschichtliche Konsequenz solcher Realprozesse konstatiert Karl Friedrich Flögel 1789 in seiner *Geschichte der Hofnarren*: »In unsern erleuchteten Zeiten sind viele Benennungen, die vor Alters ehrwürdig waren, zu Schimpfwörtern geworden«[69]. Rechtfertigungsversuche des theatralischen Narrentums erfolgten neben Flögel zwar durch Lessing, Thomas Abbt, Christoph Martin Wieland, Johann Georg Sulzer, Friedrich Justus Riedel, Johann Wilhelm

---

61 DU BOS, Bd. 1 (1770), 452.
62 JEAN-JACQUES ROUSSEAU, Lettre à M. d'Alembert (1758), in: ROUSSEAU, Bd. 5 (1995), 15.
63 JEAN LE ROND D'ALEMBERT, Lettre à J. J. Rousseau, citoyen de Genève (1759), in: d'Alembert, Œuvres, Bd. 4 (1821; Genf 1967), 443.
64 JEAN-FRANÇOIS MARMONTEL, Apologie du théâtre, ou Analyse de la lettre de M. Rousseau, citoyen de Genève, à M. D'Alembert, au sujet des spectacles, in: Marmontel, Contes moraux, suivi d'une apologie du théâtre, Bd. 2 (Den Haag 1763), 160.
65 LOUIS-SÉBASTIEN MERCIER, Du théâtre, ou Nouvel essai sur l'art dramatique (Amsterdam 1773), 3.
66 MARIE-JOSEPH DE CHÉNIER, La liberté du théâtre en France (Paris 1818), XXXIV.
67 JOHANN FRIEDRICH LÖWEN, Geschichte des deutschen Theaters [1766] und Flugschriften über das Hamburgische Nationaltheater [1766/1767], hg. v. H. Stümcke (Berlin 1905), 72.
68 JOSEPH VON SONNENFELS, Grundsätze der Policey-, Handlungs- und Finanzwissenschaft (Wien 1768), 127.
69 KARL FRIEDRICH FLÖGEL, Geschichte der Hofnarren (1789; Hildesheim/New York 1977), 36.

Ludwig Gleim, Friedrich Nicolai und Justus Möser, liefen im Endeffekt aber eher auf eine Konservierung hinaus, nicht auf Reaktivierung des kritischen Potentials.[70] In gewisser Weise wurzelt darin bereits jene Verharmlosungstendenz, die dann im 19. Jh. auch begrifflich bestimmend werden soll: »Schelm und Schalk hat im Laufe der Jahrhunderte einen merkwürdigen Bedeutungswechsel erfahren. Ursprünglich zur Kennzeichnung bösartiger Gemütsbeschaffenheit verwandt, wird es heute gebraucht, um einen liebenswürdigen Charakterzug zu benennen.«[71] Hinter dieser wortgeschichtlichen ›Sprachregelung‹ ist die scharfe kulturpolitische Säuberungswelle kaum mehr zu ahnen, deren prominentes Opfer der Harlekin einst geworden war. Seine Verbannung deutet auf gesellschaftliche Distinktionsvorgänge hin, in deren Rahmen auch die methodische Rationalisierung von Theater zu einem ›rhetorischen Instrument‹ verstanden werden kann.

Ist diese Entwicklung erst einmal vollzogen, verlagert sich der Kampf um die feinen Unterschiede auf eine andere Ebene. Exemplarisch verdeutlichen läßt sich dies durch einen Blick auf den wortgeschichtlichen Ursprung von ›Zirkus‹. 1807 wird in Paris der *Cirque Olympique* eröffnet, »der der jungen Unterhaltungskunst ihren Namen gibt: Zirkus. Bei der Einführung der neuen Bezeichnung steht die Behörde Pate: Ein Dekret Napoleons von 1807 hat allen Schaustellern von Raritäten und Kuriositäten verboten, weiterhin ihre Häuser als Theater zu bezeichnen«[72]. Philosophische Vernunft wird durch die europäische Aufklärung programmatisch verknüpft mit der Idee einer berechenbaren Theatralität politischer Öffentlichkeit. Begriffsgeschichtlich von Interesse ist die mediale Vernetzung von Theater mit der Entfaltung einer literarischen Öffentlichkeit (so lassen sich z.B. 133 deutschsprachige Theaterzeitschriften für die 2. Hälfte des 18. Jh. nachweisen) sowie mit der kulturgeschichtlichen Ausformung der Öffentlichkeit des geselligen Verkehrs, reflektiert in Schauspieltheorien, Erziehungsprogrammen, physiognomischen Theorien usw. Doch nicht allein im Lichte des allgemeinen Aufschwungs öffentlichen Lebens gewinnt Theater seine Kontur. Die Dialektik der Aufklärung impliziert auch scharfe soziokulturelle Ausgrenzungsprozesse. Beachtliche historische Beiträge zur begrifflichen Eingrenzung von Theater als öffentliches Medium leistet die Zensur als definierende Gewalt. Die Geschichte politischen Theaters wird gewissermaßen begleitet durch Theaterdefinitionen der Zensur.

Zensureffekte resultieren im 18. Jh. wesentlich aus kunsttheoretischen und ästhetischen Programmansätzen. Löwen hält es für gut,»wenn das Amt der römischen Censoren, denen die Aufsicht über das Theater anvertraut war, bey uns wieder könnte hergestellt werden«[73]. Und auch Sulzer fragt: »Sollten nicht gegen die Verfälschung der Kunst Strafgesetze gemacht seyn, wie gegen die Verfälschung des Geldes?«[74] Indirekte Zensur bewirkt auch die sich gegen das Jahrhundertende herausbildende ästhetische Autonomieanspruch. So spricht sich Goethe immer wieder gegen politische und personelle Anspielungen auf der Bühne aus. »Das Schauspiel soll eine heitere ästhetische Stimmung hervorbringen, die durch solche Realitäten durchaus gestört wird«[75].

III. Theater als schöne Kunst (Schwerpunkt 18. und 19. Jahrhundert)

Theater spielte als praktische Bezugsgröße und Denkmodell eine wichtige Rolle bei der Herausbildung ästhetischer Grundbegriffe zwischen 1750 und 1800. Kann man mit einiger Berechtigung davon ausgehen, daß sich die Ästhetik im 18. Jh. aus dem Geiste der Rhetorik und in Ablösung von

---

70 Vgl. WOLFGANG PROMIES, Der Bürger und der Narr oder das Risiko der Phantasie. Sechs Kapitel über das Irrationale in der Literatur des Rationalismus (München 1966), 118.
71 GUSTAV SIEGERT, ›Schalkhaft‹, in: Encyclopädisches Handbuch der Pädagogik, hg. v. W. Rein, Bd. 8 (Langensalza ²1908), 648.
72 GÜNTER BOSE/ERICH BRINKMANN, Circus. Geschichte und Ästhetik einer niederen Kunst (Berlin 1978), 53.
73 LÖWEN (s. Anm. 67), 70f.
74 ›Künste; Schöne Künste‹, in: SULZER, Bd. 3 (1793), 80.
75 JOHANN WOLFGANG GOETHE an Heinrich Karl Abraham Eichstädt (16. 12. 1805), in: GOETHE (WA), Abt. 2, Bd. 19 (1895), 73.

III. Theater als schöne Kunst (Schwerpunkt 18. und 19. Jahrhundert) 61

dieser Grundlage konstituiert, so ergeben sich gerade vor dem Hintergrund der systematischen Instrumentalisierung von Theater bemerkenswerte Einsichten. Mit Blick auf ›Theatralität‹ ist der spannungsreiche Übergang vom Konzept des rhetorischen Instruments hin zu einem Begriff von Theater als ›schöner Kunst‹ deshalb wichtig, weil sich darin Widersprüche auftun, die immer wieder auf Dimensionen theatraler Kultur jenseits des Kunsttheaters verweisen. Hierbei zeigt sich die begriffsgeschichtliche Relevanz der materiellen Praxis. Theater als metaphorisches Modell, als rhetorisches Instrument und als schöne Kunst – im 19. Jh. treten diese drei semantischen Felder in ein sehr widersprüchliches Verhältnis zueinander, und gerade aus diesen Widersprüchen treten Ansätze jenes Begriffs von Theatralität hervor, der dann im 20. Jh. zum Schnittpunkt interdisziplinärer Diskurse wird.

1. Autonomiekonzepte und Theaterkunst

Zweckgebundene Zergliederung des Menschen, mechanische Einfunktionierung in widersprüchlichste Verhaltensrollen wird im 18. Jh. immer wieder aus verschiedensten Blickwinkeln kritisch beleuchtet. Die Palette reicht von Shaftesbury, der sich bereits am Beispiel von »Wrestlers«, »Vaulters«, »Racers«, »Riders«, »Tennis-Players«[76] usw. gegen spezialistische Verarmung wendet, bis zu Adolph Freiherr von Knigges Verachtung von Gesprächen, die »zur Hälfte aus gewissen Formeln bestehen«[77].

Offenbar wird es immer komplizierter, den sozialen Spannungen mit angestrengter öffentlicher Schauspielerei zu genügen. Während Lord Chesterfields Briefe an seinen Sohn Philip noch ganz von der Gewißheit getragen sind, daß eine zwar höchst aufwendige, aber erfolgversprechende Weitervermittlung sozialer Rollenerfahrung möglich sei – »I am going off the stage, you are coming upon it«[78] – ist der psychologische Roman *Anton Reiser* (1785–1790) von Karl Philipp Moritz lesbar als eine quälende Bestandsaufnahme der gescheiterten Selbstdarstellung. Eine häufig variierte Grunderfahrung des Helden kommt zum Ausdruck, wenn es heißt: »Er hatte sich dabei auf eine sehr theatralische Szene gefaßt gemacht, die ihm aber gänzlich mißlang«[79]. Am Ende schlägt das Leiden am gesellschaftlichen Maskierungszwang um in zügellose Theaterleidenschaft; doch verkrampfte Lebensschauspielerei, das erweist sich schnell, läßt sich mitnichten einfach in befreiende Schauspiel-Kunst hinübertreiben.[80] Moritz analysiert voll Selbstbetroffenheit einen exemplarischen Fall theatralischer Schizophrenie: »Reiser lebte im Grunde immer ein doppeltes, ganz voneinander verschiedenes inneres und äußeres Leben«[81]. Da eine produktive Vermittlung dieser beiden Sphären im gesellschaftlichen Alltag undenkbar ist, bleibt als rettender Ausweg nur ihre ganz bewußte und selbstbestimmte Trennung voneinander. In Moritz' Verständnis von Autonomie, in dem sich auf bemerkenswerte Weise ein komplexer Begriff des Theatralischen spiegelt, erscheint die Freisetzung individueller Kräfte als eine gesellschaftliche, als menschheitliche Aufgabe.

Die Autonomiekonzepte (Kant, Schiller, Moritz, Goethe) gegen Ende des 18. Jh. sind tief verwurzelt in einer – durch englische und französische Einflüsse inspirierten – Diskussion um den Naturbegriff, um die Natürlichkeit menschlicher Existenz und daraus ableitbare anthropologische Maßbilder für Politik und Gesellschaft. Gleichzeitig gipfelt darin ein ästhetisches Denken, das sich seit Beginn des Jahrhunderts im Wechselverhältnis mit der Entfaltung öffentlicher Kunstpraxis vertieft hat. Theater (als Schauspielkunst, als Drama) hat dabei eine wichtige Rolle gespielt. So korrespondiert dann auch die Begründung der Ästhetik als philosophische Disziplin um die Jahrhundertmitte

---

76 SHAFTESBURY, The Moralists (1709), in: SHAFTESBURY, Bd. 2/1 (1987), 190.
77 ADOLPH FREIHERR VON KNIGGE, Über den Umgang mit Menschen (1788/1790), hg. v. G. Ueding (Frankfurt a. M. 1977), 50.
78 PHILIP DORMER STANHOPE EARL OF CHESTERFIELD an seinen Sohn Philip Stanhope (12. 10. 1748), in: Chesterfield, The Letters, hg. v. J. Bradshaw, Bd. 1 (London 1893), 156.
79 KARL PHILIPP MORITZ, Anton Reiser. Ein psychologischer Roman (1786), hg. v. E.-P. Wieckenberg (Leipzig 1987), 182.
80 Vgl. ECKEHARD CATHOLY, Karl Philipp Moritz und die Ursprünge der deutschen Theaterleidenschaft (Tübingen 1962).
81 MORITZ (s. Anm. 79), 187.

mit dramaturgischen und schauspieltheoretischen Neuansätzen.

Begriffsgeschichtlich aufschlußreich ist der Zusammenhang zwischen raumarchitektonischer Abgeschlossenheit der Theaterwelt und ästhetischem Autonomiedenken. Parallel zur weiteren Ausbildung der Ästhetik kommt es in Deutschland zu einem Aufschwung des Theaterbaus, und das Theater entwickelt »eine geschlossene Berufssprache«[82], eine verbindliche Terminologie.[83] Im Laufe des 19. Jh. gewinnt dieser Gesichtspunkt noch größeren Stellenwert. So liest man bei Friedrich Theodor Vischer: »Das Theater insbesondere ist ein idealer Raum: das Ganze der Bühne und des Zuschauerraums soll die Stimmung erregen, daß hier der reinste Auszug des Lebens in einer Handlung sich aufrollt, und die Architektur hat dementsprechend einen Boden, eine Umschließung zu schaffen, wie wir sie uns vorstellen, wenn wir reine Menschheit, frei von allem Druck des gemeinen Zufalls und Bedürfnisses, uns in der edelsten äußern Umgebung denken. Das moderne Theater ist wesentlich Innenbau«[84].

Doch die Auffassung von ›Theater‹ als autonome, als schöne Kunst treibt gravierende Widersprüche hervor, die vielleicht exemplarisch für innere Spannungen bei der Herausbildung ästhetischer Grundbegriffe stehen. Warum aber treten solche Probleme mit Blick auf Theaterkunst stärker ans Licht als bei anderen Künsten?

Philosophische Ästhetik hat sich unter dem Einfluß rhetorischer Tradition entwickelt, in Alexander Gottlieb Baumgartens *Aesthetica* (1750/1758) sind die Fundamente der Rhetorik überall erkennbar. Selbst August Wilhelm Schlegels ästhetische

82 ALFRED SCHIRMER, Deutsche Wortkunde. Eine kulturgeschichtliche Betrachtung des deutschen Wortschatzes (Berlin 1946), 85.
83 Vgl. URS MEHLIN, Die Fachsprache des Theaters. Eine Untersuchung der Terminologie von Bühnentechnik, Schauspielkunst und Theaterorganisation (Düsseldorf 1969).
84 VISCHER, Bd. 3 (1922), 305.
85 AUGUST WILHELM SCHLEGEL, Vorlesungen über dramatische Kunst und Literatur (1809–1811), hg. v. G. V. Amoretti, Bd. 1 (Bonn/Leipzig 1923), 23.
86 Vgl. RUDOLF WEIL, Das Berliner Theaterpublikum unter A. W. Ifflands Direktion (1796 bis 1814) (Berlin 1932), 87.

»Erörterung der Grundbegriffe des *Dramatischen*, *Theatralischen*, *Tragischen* und *Comischen*« erinnert noch an diesen Hintergrund, wenn es heißt, der dramatische Dichter habe »einen Theil seines Geschäftes mit dem Volksredner gemein«[85]. Allerdings zielt Schlegels Vergleich gerade nicht auf die zweckgebundene Öffentlichkeitsfunktion von Theater als rhetorischem Instrument, sondern auf die interne Bündelung der Aufmerksamkeit des Publikums vor dem Altar der dramatischen Kunst.

Rhetorik als hochkultivierter Apparat der kalkulierten Verhaltensprägung wird im Laufe des 18. Jh. immer mehr mit den Welten trügerischen Scheins, mit der gesellschaftlichen Maschinerie des Rollenzwangs und der symbolischen Gewalt identifiziert. Dagegen richtet sich nicht zuletzt der Autonomieansatz ästhetischen Denkens. In der erwähnten Schizophrenie des Anton Reiser klafft ein Abgrund, der auch die Trennungslinie zwischen Ästhetik und Rhetorik markiert. Oder aus anderer Perspektive betrachtet: diese Schizophrenie schreibt sich dem Begriff von ›Theater‹ (als rhetorischem Instrument par excellence) in dem Moment ein, da sich ästhetische Auffassungen von Kunst historisch durchsetzen.

Um 1800 ändern sich die Leitbegriffe durchgehend: Das ästhetisch bildende Vergnügen, das zweckfrei Spielerische wird betont, das Theater als ›moralische Anstalt‹, ›Richtstuhl‹, ›Sittenschule‹, ›Kanzel‹, als ›Forum‹ oder ›Podium‹ tritt in den Hintergrund (in Zeitschriften für das breite Publikum übrigens mit ca. fünfzehnjähriger Verzögerung gegenüber der ›Fachdiskussion‹). Auch die Inschriften der Schauspielgebäude werden dem Trend der Zeit angepaßt.[86] Solche äußerlichen Akzentverschiebungen ändern jedoch nichts an der Tatsache, daß Theater stets fest in die medialen Strukturen der Öffentlichkeit eingebunden bleibt; ohne direkt anwesendes Publikum kann Theaterkunst keine Werke in die Welt setzen. Daher rührt dann auch die Tendenz, das ›ästhetische Wesen‹ von Theater am Drama festzumachen, die Aufführung als bloße Umsetzung anzusehen, die Schauspielkunst als ›anhängende Kunst‹. Die schizophrene Disposition des ästhetisch begriffenen, des Kunst-Theaters äußert sich auch in besonders kraß in einer seltsam gespaltenen Wirkungsstrategie: Die Zuschauer sollen angesprochen, sollen gefesselt werden, gleichzeitig aber im Interesse der in sich geschlossenen Kunstvollkommenheit am besten gänzlich verschwinden.

Der innere Zwiespalt von Theater als ›rhetorischem Instrument‹ und ›schöner Kunst‹, der zwangsläufig im ästhetischen Theaterbegriff gärende Dualismus, wird bereits sehr anschaulich im Spielkonzept Friedrich Schillers. Es gelte »unsere Natur, welche die Kunst [und das heißt neben den mechanischen Künsten auch: die Kunst der rhetorischen Einflußnahme, der symbolischen Gewalt – d. Verf.] zerstört hat, durch eine höhere Kunst wieder herzustellen«[87]. Solche Überlegungen sind vorbereitet worden durch Entwicklungen in Schauspieltheorie und Dramaturgie. Natürlichkeit, immer auch verstanden als Oppositionsformel gegen das Politikum öffentlicher Verstellungszwänge, wird zum Wahrscheinlichkeitsgebot für Dramatiker und Bühnendarsteller.

Alle starren, erkünstelten Regeln sollen beiseite gefegt werden: »Tombez, tombez, murailles, qui séparent les genres! Que le poëte porte une vue libre dans une vaste campagne.«[88] Doch die Entfesselung der produktiven Natur des Genies im Dienste der Menschheit, als Stellvertreter der Menschheit, verlangt ihren Preis. Das Privileg der radikalen Grenzüberschreitung ist keineswegs konkret verallgemeinert denkbar, geschweige denn realisierbar. Daher muß das programmatische Fallen metaphorischer Mauern durch die Errichtung neuer Schranken abgesichert werden, wie sie Denis Diderot bereits 1758 entworfen hatte – die ›vierte Wand‹ als Geburtsnarbe eines ästhetischen Begriffs ›Theater‹: »Les spectateurs ne sont que des témoins ignorés de la chose [...]. Soit donc que vous composiez, soit que vous jouiez, ne pensez non plus au spectateur que s'il n'existait pas. Imaginez, sur le bord du théâtre, un grand mur qui vous sépare du parterre; jouez comme si la toile ne se levait pas.«[89]

2. Theatralität und der Wandel der Öffentlichkeit im 19. Jahrhundert

Goethes ursprünglich dem Autonomiebegriff der Kunst und des Theaters verpflichtete Vision, der Mensch strebe aus dem unwägbaren Reich der Naturgewalten empor, »bis es ihm endlich gelingt, die Circulation aller seiner wahren und gemachten Bedürfnisse in einen Palast einzuschließen, so fern es möglich ist, alle zerstreute Schönheit und Glückseligkeit in seine gläsernen Mauern zu bannen«[90] – dieser demonstrative Fortschrittsglaube wird 1851 ironischerweise mit dem industriellen Warenspektakel des Londoner Kristallpalasts zur paradoxen theatralen Realität. Der junge Schiller konnte die öffentlichkeitsprägende Aura der Kunst noch mit unschuldigem Enthusiasmus beschwören: »So gar Industrie und Erfindungsgeist könnten und würden vor dem Schauplaze Feuer fangen«[91] Richard Wagner dagegen beklagt voll Ernüchterung, »daß die Kunst, statt sich von immerhin respektablen Herren, wie die geistige Kirche und geistreiche Fürsten es waren, zu befreien, einer viel schlimmeren Herrin mit Haut und Haar sich verkaufte: der Industrie«[92]. Hatte die ästhetische Theorie seit Mitte des 18. Jh. in immer neuen Anläufen versucht, die Produktivität menschlicher Sinnlichkeit angemessen auf den Begriff zu bringen, so prägt nun die industrielle Praxis dem Reich der Sinne ihre Signaturen auf.

Entscheidend für viele, im einzelnen höchst unterschiedlich gelagerte Bezüge auf das semantische Feld ›Theater‹ im 19. Jh. ist häufig der Versuch, jenseits der tatsächlichen Härte sozialer, ökonomischer, juristischer und politischer Widersprüche, das Idealbild einer politischen Gemeinschaft am Maßstab jenes ›Reiches des Spiels und des Scheins‹ kritisch zu orientieren, das um 1800 zum ästhetisch-philosophisch sanktionierten Bestimmungs-

---

87 FRIEDRICH SCHILLER, Ueber die ästhetische Erziehung des Menschen in einer Reihe von Briefen (1795), in: SCHILLER, Bd. 20 (1962), 328.
88 MERCIER (s. Anm. 65), 105.
89 DENIS DIDEROT, De la poésie dramatique (1758), in: DIDEROT (ASSÉZAT), Bd. 7 (1875), 340, 345.
90 GOETHE, [Rez.] Johann Georg Sulzer, Die schönen Künste in ihrem Ursprung, ihrer wahren Natur und besten Anwendung (1772), in: GOETHE (WA), Abt. 1, Bd. 37 (1896), 210.
91 SCHILLER, Was kann eine gute stehende Schaubühne eigentlich wirken? (1784), in: SCHILLER, Bd. 20 (1962), 99.
92 RICHARD WAGNER, Die Kunst und die Revolution (1849), in: K. Hammer (Hg.), Dramaturgische Schriften des 19. Jahrhunderts, Bd. 1 (Berlin 1987), 683.

ort der Künste geworden war. (Eine entscheidende Ausnahme bildete allerdings der bei Marx entfaltete Begriff der ›ökonomischen Charaktermaske‹.[93]) ›Theater‹ hat als vielversprechendes wie auch täuschendes Denkmodell insofern eine Sonderstellung inne, als es durch die Ereignishaftigkeit seiner Existenzweise gleichsam das Ideal der Kunst und der Gemeinschaft in einem sinnlich erfahrbaren Raum aufeinander beziehen kann.

In Friedrich Schleiermachers *Versuch einer Theorie des geselligen Betragens* aus dem Jahre 1802 wird Geselligkeit, unter explizitem Bezug auf dramaturgische Prinzipien und Begriffe, im wohlverstandenen Sinne zum Analogon einer idealen Gesellschaft. Möglich ist ihm diese weitreichende Konsequenz, indem er das Ideal einer freien, d.h. von den alltäglichen Schranken der Familie und des Berufs entbundenen Geselligkeit zum »vollendeten System«[94] einer tätigen Gemeinschaft verdichtet. Ausgehend von Kant, der bereits 1784 den widersprüchlichen Progreß menschheitlicher Kultur im Begriff der »ungeselligen Geselligkeit«[95] erfaßt hatte, entwirft Schleiermacher im Ideal freier Geselligkeit das autonome Kunstwerk einer Harmonie gemeinschaftlicher Tätigkeit.

Die ganze kritisch intendierte Palette begriffsgeschichtlich relevanter Bezüge auf die Kulissenhaftigkeit und die Maskeraden von ›Theater‹, wie überhaupt auf dessen Spiel mit Dimensionen von Täuschung, Trug und Schein im 19. Jh., läßt sich hier kaum andeuten und muß auf einige exemplarische Positionen beschränkt bleiben.

Arthur Schopenhauers philosophisches Hauptwerk *Die Welt als Wille und Vorstellung* (1819) läßt sich in diesem Kontext lesen als hochkomplexe »Betrachtung des Schauspiels der Objektivation des Willens«[96]. In seinem Ringen um begriffliche Fundamente seiner Philosophie spiegelt sich die ganze Theatralität erfahrbarer Lebenszusammenhänge als ein Wesen, das sich »in Millionen Gestalten von endloser Verschiedenheit darstellt und so das bunteste und barockeste Schauspiel ohne Anfang und Ende aufführt« und das »hinter allen jenen Masken steckt, so dicht verlarvt, daß es sich selbst nicht wiedererkennt«[97].

Immer wieder kreisen auch Kierkegaards Überlegungen um das »Schauspiel des Lebens«[98] als ambivalentes semantisches Feld, dem sich unterschiedliche Bedeutungsebenen einschreiben, die von detaillierten Beobachtungen wie etwa der Tendenz zur »Schaustellung von Kunstfertigkeit«[99] bis hin zur grundsätzlichen Feststellung reichen: »Hinter der Welt, in der wir leben, fern im Hintergrunde liegt eine andre Welt, die zu jener ersten ungefähr in dem gleichen Verhältnis steht, in welchem die Szene, die man im Theater mitunter hinter der wirklichen Szene sieht, zu dieser letzteren steht.«[100]

Extrem verschärft wird die kulturkritische Deutung des Zusammenhangs von Theatralität und Öffentlichkeit schließlich bei Nietzsche. Abgesehen von zahllosen beiläufigen Bemerkungen gegen »die Barbarei des theatralischen Effekts«[101] und seiner Betonung, er sei »wesentlich antitheatralisch geartet«[102], ist dabei die fundamentale Bedeutung seines Ansatzes einer physiologisch fundierten Ästhetik für die prinzipielle Revision ästhetischer Grundbegriffe hervorzuheben, was sich unter ausdrücklichem Bezug auf historische Formen von Theatralität bereits in der *Geburt der Tragödie aus dem Geiste der Musik* (1872) abzeichnet. Solche Überlegungen weisen interessante Parallelen zur physiologischen Fundierung der ›experimentalen

---

93 Vgl. MÜNZ (s. Anm. 29), 39–47.
94 FRIEDRICH DANIEL ERNST SCHLEIERMACHER, Brouillon zur Ethik (1802), in: Schleiermacher, Philosophische Schriften, hg. v. J. Rachold (Berlin 1984), 42.
95 IMMANUEL KANT, Ideen zu einer allgemeinen Geschichte in weltbürgerlicher Absicht (1784), in: Kant, Von den Träumen der Vernunft. Kleine Schriften zur Kunst, Philosophie, Geschichte und Politik, hg. v. S. u. B. Dietzsch (Leipzig ²1981), 207.
96 ARTHUR SCHOPENHAUER, Die Welt als Wille und Vorstellung (1819), in: SCHOPENHAUER, Bd. 2 (1949), 316.
97 Ebd., Bd. 3 (1949), 362.
98 KIERKEGAARD (s. Anm. 48), 50.
99 KIERKEGAARD, Eine literarische Anzeige (1846), in: KIERKEGAARD, Abt. 17 (1954), 76.
100 KIERKEGAARD, Entweder – Oder (1843), in: KIERKEGAARD, Abt. 1 (1956), 328.
101 NIETZSCHE, Nachgelassene Fragmente [1880–1881], in: NIETZSCHE (KGA), Abt. 5, Bd. 1 (1973), 727.
102 NIETZSCHE, Nietzsche contra Wagner. Aktenstücke eines Psychologen (1889), in: ebd., Abt. 6, Bd. 3 (1969), 417.

III. Theater als schöne Kunst (Schwerpunkt 18. und 19. Jahrhundert) 65

Ästhetik‹ bei Gustav Theodor Fechner unter Bezug auf die Begriffe von Spiel bzw. »Schauspiel«[103] sowie zur frühen Psychoanalyse bei Freud auf. Werden allerdings bei Freud physiologische Grundlagen psychischer Prozesse anfangs sehr stark mit Blick auf Instrumente und Apparate des Laboratoriums begriffen – man habe sich »das Instrument, welches den Seelenleistungen dient«, vorzustellen »wie etwa ein zusammengesetztes Mikroskop, einen photographischen Apparat u. dgl.«[104] – spielen Begriffe von Drama und Theater in seinem methodischen Ansatz im Lauf der Zeit eine immer wichtigere Rolle, ausgehend von der These, daß hysterische Anfälle »mimische Darstellungen von erlebten und gedichteten Szenen sind, welche die Phantasie der Kranken beschäftigen, ohne ihnen bewußt zu werden«[105]. Man findet bei Freud nicht allein differenzierte Unterscheidungen des sozialen, psychologischen oder psychopathologischen Dramas[106], sondern gleichsam ein ganzes Theatralitätskonzept, das nicht erst seit der Fundamentalkritik von Gilles Deleuze und Félix Guattari in *L'Anti-Œdipe* (1972) – »à l'inconscient comme usine, on a substitué un théâtre antique; aux unités de production de l'inconscient, on a substitué la représentation«[107] – eine überaus wichtige Rolle bei der Revidierung oder Dekonstruktion ästhetischer Grundbegriffe im 20. Jh. spielen soll.

Begriffliche Koordinatensysteme werden im 19. Jh. durch massenhaft verwandelte Wahrnehmungsgewohnheiten und sinnliche Reize erschüttert. »Welche Veränderungen müssen jetzt eintreten in unserer Anschauungsweise und in unseren Vorstellungen! Sogar die Elementarbegriffe von Zeit und Raum sind schwankend geworden«[108], berichtet Heinrich Heine 1843 aus Paris. Sofern aber nun tradierte Begriffssysteme sich um ihrer konservierten Reinheit willen immer stärker gegen die Metamorphosen der Wirklichkeit abkapseln, wird metaphorisches Denken als grenzüberschreitende Alternative erprobt, eine breite Entwicklung, die bei Nietzsche zweifellos einen gewissen Kulminationspunkt erreicht; als exemplarisch darf angesehen werden, wenn er 1873 schreibt: »Was ist also Wahrheit? Ein bewegliches Heer von Metaphern«[109].

Sprachlichem Krisenbewußtsein korreliert im 19. Jh. eine durchgreifende Umgestaltung der Öffentlichkeit, eine allgegenwärtige Verwandlung der Räume, der Dimensionen und Perspektiven öffentlichen Ausdrucks. Das von Kant philosophisch begründete Gesellschaftsmodell eines rationalen öffentlichen Diskurses selbstbewußter Vernunftspersonen wird entzaubert durch den Eigensinn kapitalistischer Rationalisierung. Damit wird auch der Autoritätsanspruch eines Öffentlichkeitsideals des gedruckten Wortes in ein Licht des Zweifels gerückt, überstrahlt durch die glitzernde Trivialität neuer Verkaufsöffentlichkeiten. Das allmählich entfesselte Reklameschauspiel der Warenwelt, der städtische Rhythmus öffentlicher Auftritte, das alltägliche Gedränge der Massen, die kalkulierte Verspieltheit der Mode – all das signalisiert einen Wandel medialer Strukturen des öffentlichen Lebens.[110] Hinzu kommt die technische Erfindung bislang ganz unbekannter Medien. Aus dem Dunkel photographischer Experimente treten mit immer schärferer Kontur die faszinierenden Hieroglyphen einer suggestiven Bildersprache auf den Plan der Öffentlichkeit. So konstituiert sich, unmerklich fast und dennoch überall spürbar, aus unzähligen Fragmenten eine wirkungsmächtige Rhetorik qualitativ neuer Symbolsysteme.

Einerseits bildet der Übergang zum 19. Jh. eine diskursgeschichtliche Epochenschwelle, an der sich

---

103 GUSTAV THEODOR FECHNER, Zur experimentalen Aesthetik, in: Abh. Kgl. Sächs. Ges. d. Wiss. 14 (1871), 30.
104 FREUD, Die Traumdeutung (1900), in: FREUD (GW), Bd. 2/3 (London 1942), 541.
105 FREUD, Das Interesse an der Psychoanalyse (1913), in: ebd., Bd. 8 (London 1945), 399.
106 Vgl. FREUD (s. Anm. 58), 658 f.
107 GILLES DELEUZE/FÉLIX GUATTARI, L'Anti-Œdipe (Paris 1972), 31.
108 HEINRICH HEINE, Lutezia. Berichte über Politik, Kunst und Volksleben (1854 [Artikel vom 5. 5. 1843]), in: HEINE (HSA), Bd. 11 (1974), 182.
109 NIETZSCHE, Über Wahrheit und Lüge im aussermoralischen Sinn (1873), in: NIETZSCHE (KGA), Abt. 3, Bd. 2 (1973), 374.
110 Vgl. WALTER BENJAMIN, Das Passagen-Werk (entst. 1927–1940), in: BENJAMIN, Bd. 5 (1991); CHRISTOPH ASENDORF, Batterien der Lebenskraft. Zur Geschichte der Dinge und ihrer Wahrnehmung im 19. Jahrhundert (Berlin 1984).

gewissermaßen das Licht der Aufklärung bricht und zu einem vielfarbigen Spektrum aufschlußreicher Fragestellungen ausdifferenziert. Zum anderen aber ragen die Schatten des 19. Jh. bis in die Gegenwart und deuten damit auf den primären Ursprungsort vieler gravierender Probleme hin. Guy Debords Diagnostizierung einer *Société du spectacle* (1971) etwa wäre gar nicht denkbar ohne die erwähnte Konstituierung einer Rhetorik qualitativ neuer Symbolsysteme im vergangenen Jahrhundert. Bei Richard Sennett schließlich münden materialreiche Studien zum Wandel des öffentlichen Lebens nicht zufällig in die zugespitzte Formulierung: »The 19th century is not yet over.«[111]

IV. Theatralität und Medienkultur (Schwerpunkt 20. Jahrhundert)

Im Zuge werkästhetischer Orientierungen zu Beginn des 19. Jh. wird das ›Theatralische‹ als ästhetischer Grundbegriff dem dramatischen Kunstwerk theoretisch zugeordnet. Diese Nobilitierung zum Grundbegriff hat jedoch mit dem interdisziplinären Diskurselement ›Theatralität‹ nicht viel gemein; im Gegenteil – eine derartige hierarchische Neuverortung geht eher mit einer systematischen Verdrängung wesentlicher Seiten eines komplexen Theaterbegriffs und damit verbundener begriffsgeschichtlich relevanter Spuren von ›Theatralität‹ einher.

Nicht zuletzt als Gegenreaktion auf diesen ästhetisch begründeten und begrifflich fixierten Literaturzentrismus bildet sich an der Wende zum 20. Jh. die Theaterwissenschaft heraus. Allerdings verbindet sich deren Entstehung mit einer seltsamen begrifflich-theoretischen Paradoxie: Zu einer Zeit nämlich, da durch die europäischen Avantgardebewegungen der tradierte Kunstbegriff grundsätzlich in Frage gestellt wird[112], etabliert sie sich als neue Kunstwissenschaft mit dem Ziel, gegen die Dominanz des Dramas die theatralische Aufführung als eigenständige Kunst zu behaupten. In ihrem erklärten Anspruch, Theater als besondere Kunstgattung begrifflich auszudifferenzieren, ist Theaterwissenschaft jedoch schon bald durch Entwicklungen in der kulturellen Praxis geradezu überrollt worden. Theatrale Darstellungen erlangen – verbreitet durch immer weiter reichende Medientechnik, durch großangelegte Veranstaltungen in Politik, Sport, Musikkultur – eine ungeheure Vielfalt und rhetorische Tiefenwirkung auf ein Massenpublikum. Theatrale Wirkungsstrategie, genau erprobt und verfeinert im experimentellen Spielraum der Kunst, wird übertragen auf ganz andere Ebenen des öffentlichen Lebens. Immer deutlicher zeichnen sich solche Entgrenzungen von Theater als wesentliche praktische Tendenz ab. Bertolt Brecht mit seinen Überlegungen zum Theater des Alltags[113] und Artaud mit seiner zugespitzten Problematisierung (»toutes les limites sillonnant la théâtralité«[114]) markieren gleichsam zwei Pole in einem Feld solcher praktisch-experimentellen Ansätze. Weitreichende theoretische Konsequenzen dieser Entgrenzungen sind erkennbar im Spiegel einer interdisziplinären Diskussion, die sich seit Ende der 1960er Jahre zunehmend um einen Begriff von Theatralität herauskristallisiert. Im Mittelpunkt steht dabei nicht zuletzt der medienbedingte Umbruch von Zeichensystemen und Wahrnehmungsgewohnheiten als weltweites Kulturproblem; schon aus diesem Grunde ist die Diskussion vom Wesen der Sache her international und interkulturell orientiert. Hinzu kommt ein weiterer Aspekt, der in den letzten Jahren immer mehr an Bedeutung gewonnen hat: ein wachsendes Problembewußtsein für die Performanz von Wissen, für die Tatsache, daß sich unter dem Einfluß neuer Medien die Produktion, Speicherung und Vermittlung von Wissen fundamental verändert.

---

111 RICHARD SENNETT, The Fall of Public Man (Cambridge u. a. 1977), 27.
112 Vgl. KARLHEINZ BARCK, ›Avantgarde‹, in: Barck u. a. (Hg.), Ästhetische Grundbegriffe, Bd. 1 (Stuttgart/Weimar 2000), 544–577.
113 Vgl. FIEBACH (s. Anm. 6); SCHRAMM, Das Haus der Täuschungen (Bacon). Einige Überlegungen zu Brechts Ansatz eines ›alltäglichen Theaters‹, in: W. Heise (Hg.), Brecht 88. Anregungen zum Dialog über die Vernunft am Jahrtausendende (Berlin 1987), 48–68.
114 JACQUES DERRIDA, Le théâtre de la cruauté (1966), in: Derrida, L'écriture et la différence (Paris 1967), 359.

1. Theatralität als interdisziplinäres Diskurselement

In seinem komplizierten Bau erweckt das semantische Feld ›Theatralität‹ geradezu den Anschein eines Labyrinths. Hinzu kommt die Vernetzung mit ähnlich strukturierten Diskurselementen, die vor dem Hintergrund medientechnischer Entwicklungen in den letzten Jahren größere Bedeutung erlangt haben, wie ›Oralität‹, ›Performance‹, ›Körperlichkeit‹, ›Inszenierung‹, ›Ereignis‹ u. a. m. Von einer abstrakt fixierten, metatheoretischen Zentralperspektive her läßt sich definitiv kein Überblick mit Tiefenschärfe organisieren. Folgt man aber den verschiedenen Spuren nur einigermaßen konsequent, so muß disziplinäre Umgrenzung ständig überschritten werden. Das thematisierte Problem des Umbruchs von Sprachweisen und Wahrnehmungsgewohnheiten wird somit auf spezifische Weise gewissermaßen auch methodologisch erfahren.

Die von Brecht bereits in den 30er Jahren unter dem Einfluß von Radio und Film thematisierte ›Theatralität des Alltags‹ wird nach dem 2. Weltkrieg, als einer Urerfahrung physischer Gewalt im 20. Jh., von Henri Lefebvre in seiner *Critique de la vie quotidienne* (1947) ganz explizit unter dem Aspekt symbolischer Gewalt problematisiert.[115] In ähnlicher Weise implizieren auch die 1957 publizierten *Mythologies* von Roland Barthes einen Bezug auf theatrale Seiten alltäglicher Erfahrungen im Zeichen medial geprägter Verbreitungsmuster. Eine breite Diskussion um Alltagsästhetik, verbunden mit der Suche nach alternativen Lebensentwürfen sowie Kultur- und Kunstkonzepten, entwickelt sich schließlich in den 70er und 80er Jahren und fördert dabei immer neue Gesichtspunkte von Theatralität insbesondere in der medialen Inszenierung von Politik zutage.[116] Wichtig ist hierbei: Alltag ist im wesentlichen unspektakulär und dennoch theatralisch, denn es gibt ein unsichtbares Theater des Alltags. Sehr prägnant heißt es dazu bei Lyotard: »Cacher – montrer: la théâtralité«[117]. Damit ist gemeint, daß »la mise en scène, technique d'exclusions et d'effacements, qui est activité politique par excellence«[118], sowohl in ihren spektakulären wie auch unauffälligen Formen darauf abzielt, Normalisierungsdispositive zu etablieren. Die inszenierte ›Normalität‹ kann als Theater rezi- piert werden oder nicht: entscheidend ist dabei stets die Beobachterperspektive.

Die damit verbundene Infragestellung eines tradierten Begriffs von Theater als Kunst berührt auf ähnliche Weise auch andere Künste. Im Zeichen neuer Medien werden Fragestellungen laut, die im Rahmen hergebrachter Gattungsbegriffe nur absurde Legitimationsdiskurse heraufbeschwören. Treffend konstatierte Friedrich Kittler seinerzeit: »Statt immer zu fragen, was die Heraufkunft von Medien den Künsten bringt, wäre umgekehrt zu untersuchen, ob nicht die Medien selber zu Künsten einer technischen Zeit geworden sind und ihren Stellenwert übernommen haben.«[119] So kann denn auch der Entgrenzung des Theaterbegriffs in Richtung Alltagserfahrung nicht etwa durch die bloße Erweiterung der Grenzen des Kunstbegriffs entsprochen werden. Es geht nicht mehr nur um die technische Reproduzierbarkeit des Kunstwerkes, sondern eher um die synergetische Verschmelzung von Technologien, Sprachsystemen und ästhetischen Reizen, d. h. um ein völlig verändertes Koordinatensystem heterogener Wirklichkeiten. In der Komplexität des Theatralitätsbegriffs spiegelt sich eine kaleidoskopische Realität, eine Welt der tiefgestaffelten Scheinbilder, die Überlagerungen der Medialität audiovisuellen Scheins mit einer komplexen »optique de l'illusion motrice«[120] ent-

---

115 Vgl. HENRI LEFEBVRE, Critique de la vie quotidienne (Paris 1947), 74 f.
116 Vgl. MICHEL DE CERTEAU, L'invention du quotidien: les arts de faire (Paris 1980); PETER BÜRGER, Der Alltag, die Allegorie und die Avantgarde. Bemerkungen mit Rücksicht auf J. Beuys, in: Merkur 40 (1986), 12; HANS-GEORG SOEFFNER, Stil und Stilisierung. Punk oder die Überhöhung des Alltags, in: H. U. Gumbrecht/K. O. Pfeiffer (Hg.), Stil. Geschichten und Funktionen eines kulturwissenschaftlichen Diskurselements (Frankfurt a. M. 1986), 317–341; MICHEL MAFFESOLI, Theatralität, die das alltägliche Drama konstituiert, übers. v. K. Lehnert, in: Ästhetik und Kommunikation, H. 67/68 (1987), 33–34.
117 LYOTARD, La dent, la paume (1972), in: Lyotard, Des dispositifs pulsionnels (1973; Paris 1980), 89.
118 LYOTARD, L'acinéma (1973), in: ebd., 60.
119 FRIEDRICH KITTLER, Synergie von Mensch und Maschine, in: F. Rötzer/S. Rogenhofer (Hg.), Kunst machen? Gespräche und Essays (München 1991), 93.
120 PAUL VIRILIO, L'horizon négatif. Essai de dromoscopie (Paris 1984), 164.

springt. Die damit verbundene Habitualisierung von Wahrnehmungsweisen beeinflußt nicht nur das Verhältnis zur Wirklichkeit. Betroffen ist die gesamte Strukturierung der menschlichen Existenz, d. h. anthropologische Fragestellungen erweisen sich unter völlig verändertem Vorzeichen als relevant. Bezeichnenderweise durchwandert das klassische ›Subjekt‹ die kulturphilosophischen Suchtexte nun als ›Fremder‹, als ›Nomade‹, ›Reisevoyeur‹, ›telematischer Mensch‹, ›Passagier‹, als ›fraktales Subjekt‹ und immer wieder auch als ›Rollenspieler‹, ›Schauspieler‹. Die fiktive Einheit des Subjekts zergliedert sich in einem Spektrum disparater Wahrnehmungswelten. Zwischen diesem Prozeß des radikalen Hervortretens der Differenz aus der trügerischen Einheit der Person und dem Ende der Autonomie von Kunst besteht ein fundamentaler Zusammenhang.

Als interdisziplinäres Diskurselement zieht Theatralität schnell das Interesse von Disziplinen wie Soziologie, Psychologie, Kultur- und Kunstwissenschaften, Medienwissenschaft, reflexiver Literaturwissenschaft, historischer Anthropologie und Ethnologie auf sich. Impulse wurden auch bei der völligen Neuformierung ganzer Forschungsrichtungen, wie z. B. der Oralitätsforschung, wirksam. Besonders deutlich wird dies in dem 1983 veröffentlichten, richtungsweisenden Werk *Introduction à la poésie orale* des Mediävisten Paul Zumthor. Das Auftreten von Erzählern, fest verankert in der Kultur archaischer Gesellschaften, belegt für Zumthor ein tiefes Bedürfnis,»dont la manifestation la plus révélatrice est sans doute l'universalité et la pérennité de ce que nous désignons du terme ambigu de *théâtre*«[121]. Die fundamentale Bedeu-

tung des Theaterdispositivs für seinen innovativen Forschungsansatz wird offenbar, wenn er zum Postulat erhebt, daß alle von ihm behandelten poetischen Tatbestände »participent en quelque manière à ce qui fait l'essence du théâtre; que tout ce qui est dit de celui-ci peut, d'une certaine manière, l'être d'eux« (56). Im Kapitel ›Présence du corps‹ führt Zumthor explizit den Begriff der Theatralität ein; seine Schlußfolgerungen reichen bis in brisante kulturelle Veränderungen hochindustrialisierter Länder der Gegenwart hinein, bis hin zur »émergence d'un sujet ›théâtral‹« (286) im performativen Kontext der Postmoderne.

Die Analyse moderner Systeme als ›Gesellschaften des Spektakels‹[122], das Interesse an der Strukturierung sozialen Rollenverhaltens – *Wir alle spielen Theater* (1969) heißt denn auch die deutsche Übersetzung von Erving Goffmanns *Presentation of Self in Everyday Life* (1959) – hängt auf fundamentale Weise mit der Revolutionierung von Medientechnologien zusammen. Die Entfaltung einer facettenreichen »Medien-Theatralität«[123] wirkt als mächtiger Verstärker bei der Habitualisierung feiner Unterschiede von Sprach- und Verhaltensmasken. Aber die Medien dienen keineswegs nur als technische Träger von Botschaften, vielmehr verändern sie durch das ihnen innewohnende Zusammenspiel zwischen hochkomplexen Zeichensystemen und Technologie unser gesamtes Verständnis von Sprachkultur grundlegend. Gerade die Betrachtung von sprachlicher Kommunikation unter dem pragmatischen Aspekt der Performanz macht deutlich, inwiefern Theatralität als interdisziplinäres Diskurselement Brücken zwischen weit auseinanderliegenden Gebieten zu schlagen vermag: Plötzlich treten höchst anregende Berührungspunkte zwischen der Analyse moderner Medienkultur und der anthropologischen Erforschung oraler Kulturen hervor.

Abgesehen davon, daß Formen des Rituals in den Strukturen hochentwickelter Gesellschaften weiter wirksam sind, ergeben sich für die Untersuchung theatralischer Dimensionen moderner Gesellschaften bzw. bei der Betrachtung von Theater als Paradigma der Moderne wichtige Anregungen aus der Arbeit der ethnologischen Feldforschung mit dem Theatermodell. Das methodologische Problembewußtsein innerhalb der Ethnologie schärft sich in

---

[121] PAUL ZUMTHOR, Introduction à la poésie orale (Paris 1983), 53.
[122] Vgl. FERDINAND MOUNT, The Theatre of Politics (London 1972); UMBERTO ECO, Spektakel-Kultur (1980), übers. v. B. Kroeber, in: Theater heute 11 (1984), 1–3; GAUTAM DASGUPTA, The Theatricks of Politics, in: Performing Arts Journal 11 (1988), H. 2, 77–83; MICHAEL ROGIN, ›Make my Day!‹: Spectacle as Amnesia in Imperial Politics, in: Representation 29 (1990), 99–123.
[123] FIEBACH, Zur Geschichtlichkeit der Dinge und der Perspektiven. Bewegungen des historisch materialistischen Blicks, in: R. Möhrmann (Hg.), Theaterwissenschaft heute (Berlin 1990), 384.

Laufe ihrer Entwicklung an einem ihr innewohnenden, grundlegenden Konfliktpotential, ist sie doch »d'abord une science européenne utilisant, fût-ce à son corps défendant, les concepts de la tradition. Par conséquent, qu'il le veuille ou non, et cela ne dépend pas d'une décision de l'ethnologue, celui-ci accueille dans son discours les prémisses de l'ethnocentrisme au moment même où il le dénonce.«[124] Die Versuche, über das Theatermodell Beobachtungs- und Erklärungsstrategien zu entwickeln und zu verfeinern, erwachsen nicht zuletzt aus dem Bestreben, solche Bindungen an tradierte Begriffe zu relativieren oder zu unterlaufen. Damit eröffnen sich allerdings eine Reihe neuer Komplikationen, d. h. die feste Einbindung in traditionelle europäische Denkstrukturen kann sich auf anderer Ebene reproduzieren. Deutlich wird dies beispielsweise, wenn Victor Turner sein ethnologisches Konzept des sozialen Dramas in strikter Analogie zu konventionellen Theaterformen entwirft; so geht er etwa davon aus, daß die Form des sozialen Dramas »closely corresponds to Aristotle's description of tragedy in the *Poetics*«[125]. Der Ethnologe Fritz Kramer, der sich, wenn auch aus ganz anderer Perspektive (Akzentuierung der Beziehungen zwischen Besessenheit und Kunst), intensiv mit theatralen Elementen nichteuropäischer Kultur beschäftigt hat, wirft Turner denn auch vor, er bewege »sich ganz im Bannkreis einer spezifisch modernen Konfrontation mit dem Fremden«[126].

Die anregende Kraft der Ethnologie für andere Disziplinen resultiert insgesamt aus derartigen kontroversen Diskussionen, in denen zwangsläufig die gesamte europäische Kultur- und Wissenschaftsgeschichte kritisch hinterfragt wird. Das Theatermodell spielt dabei allein schon aufgrund des maßgeblichen Beobachtungsgegenstandes eine wichtige Rolle: In oralen Kulturen fügen sich Elemente wie Masken, Tänze, Erzählungen, Gesänge, rituelle Handlungen zu einem komplexen Gefüge theatralisch relevanter Strukturen.

Ein interessanter Gesichtspunkt der interdisziplinären Theatralitätsdiskussion der letzten Jahrzehnte besteht nun in folgender Tendenz: Auf der einen Seite kristallisieren sich in der Ethnologie wichtige methodologische Diskussionen um das Für und Wider des Theaterbegriffs (mit der ›performativen Ethnographie‹ bildet sich gar eine eigenständige Forschungsrichtung heraus), auf der anderen Seite wird sich Theaterwissenschaft der kunstwissenschaftlichen Beschränktheit ihres Gegenstandes und der Fragwürdigkeit ihres Begriffs von Theater gerade auch im Lichte einer gewachsenen Aufmerksamkeit für nichteuropäische Kulturen und ethnologische Fragestellungen bewußt. Wenn etwa Joachim Fiebach seit Anfang der 70er Jahre die traditionellen Grenzen des Theaterbegriffs und damit das gesamte Gegenstandsfeld der Theaterwissenschaft einer systematischen Revision unterzog, so hängt dies gewiß auch mit seinen Studien zur europäischen Theateravantgarde des 20. Jh. zusammen, mehr noch aber mit seiner Hinwendung zur Untersuchung von Theaterformen in Afrika.[127]

Durch die reflexive Ethnologie wurde die Relation zwischen Beobachter und Beobachtungsgegenstand exemplarisch als methodologisches Problem erkannt. Es gibt keine absolute Distanz zwischen Beobachter und Objekt, und folglich keine ›Objektivität‹ der Wahrnehmung und des Verstehens. Der Beobachter ist immer auch Konstrukteur seines Gegenstandes.

Von solchen Voraussetzungen her zeigt es sich, daß Theatralität nicht allein als eine spezifische Form (mehr oder weniger spektakulärer) Bewegungen oder Sprachen aufzufassen ist, sondern daß sie auch durch eine besondere Form der Wahrnehmung hervorgebracht wird. Elizabeth Burns entwickelte bereits 1972 die These, Theatralität (›theatricality‹) sei primär als Wahrnehmungsmodus (›particular viewpoint‹, ›mode of perception‹) aufzufassen, relevant als Publikumsbegriff (›audience term‹); die Frage, ob Verhaltensweisen als ›theatralische‹ beobachtet und bewertet werden, sei nicht vom aktiven Handeln allein abhängig, sei »not simply a matter of degrees of demonstrativeness«[128].

---

124 DERRIDA, La structure, le signe et le jeu dans le discours des sciences humaines (1966), in: Derrida (s. Anm. 114), 414.
125 VICTOR TURNER, From Ritual to Theatre. The Human Seriousness of Play (New York 1982), 72.
126 FRITZ W. KRAMER, Der rote Fes. Über Besessenheit und Kunst in Afrika (Frankfurt a. M. 1987), 238.
127 Vgl. FIEBACH, Die Toten als die Macht der Lebenden. Zur Theorie und Geschichte von Theater in Afrika (Berlin 1986).
128 BURNS (s. Anm. 11), 20.

Die gleiche Situation kann aus extrem unterschiedlichen, ja gegensätzlichen Blickwinkeln betrachtet werden, Theatralität konstituiert sich jedoch nur im Rahmen bestimmter Rezeptionsweisen. Wodurch wird aber die Art des Zuschauens eigentlich qualitativ bestimmt? So lautet ihre zentrale Frage, und eine entscheidende Antwort darauf kristallisiert sich für sie am Begriff der gesellschaftlichen Konventionen.

In diesem Sinne verbindet sich die Frage nach Dimensionen der Theatralität also stets aufs engste mit dem Problem der Intensität von Wahrnehmungsweisen. Die plötzliche Erschütterung blind praktizierter Gewohnheiten kann eine starke Intensivierung vorhandener Wahrnehmungsmuster mit sich bringen; Brecht hat versucht, diesen Sachverhalt als theatrale Verfremdungstechnik zu instrumentalisieren. Solche ereignishaften Brüche etablierter Ordnungssysteme können sich auf unterschiedlichsten Ebenen als kultureller Entwertungsschub auf vorhandene Muster beziehen. In diesem Sinne gibt es eine Affinität zwischen ästhetischen, wahrnehmungsbedingten Seiten von Theatralität und Begriffen wie ›Revolution‹, ›Epochenschwelle‹, ›rites de passage‹ (bei Arnold van Gennep), ›rupture épistémologique‹ (bei Gaston Bachelard), ›ökonomisch-soziale Blickschranke‹ (bei Ernst Bloch), ›paradigm shift‹ (bei Thomas S. Kuhn), ›transgression‹ (bei Foucault).

Auf einen begriffsgeschichtlich relevanten Aspekt macht Heinz von Foerster aufmerksam, wenn er 1989 schreibt: »Es ist ganz erstaunlich, wie sehr sich das Weltbild ändert, wenn man die Guckkastenphilosophie des unbeteiligten Beschreibers mit der Einsicht des mitfühlenden Beteiligten vertauscht. Ja sogar die logische (semantische) Struktur dieser beiden Weltbilder sind bezüglich Fragestellung, Sprachgebrauch und was wir ›Erklärung‹ nennen, fundamental verschieden [...]. Diese Einsicht gibt dem Problem der Wahrnehmung eine völlig neue Perspektive: es sind die durch Bewegung hervorgebrachten Veränderungen des Wahrgenommenen, die wir wahrnehmen. Wie der Biologe Humberto Maturana sagt: ›Wir sehen mit unseren Beinen‹.«[129] Mit diesen Ausführungen gerät erneut der Typus des Wanderers, des Nomaden, des Flaneurs in den Blick. So ist es denn auch kein Zufall, wenn der Ethnologe Klaus-Peter Koepping die Simmelsche Figur des Fremden zum »Idealtyp des ethnographischen Forschers«[130] qualifiziert.

Festzuhalten wäre hier nun, daß sich die theatralisch relevante Verfremdung von Zuschauerpositionen sowohl in der Dimension des Zeitlichen als auch in der des Räumlichen abspielen kann und daß beides strukturell miteinander korrespondiert. Diese Korrespondenz ist vor allem deshalb zu beachten, weil sich darin mit aller Konsequenz jene Verschiebungen von Raum-Zeit-Konstellationen unter dem Einfluß neuer Medien abzeichnen, in deren Folge nicht nur der Rhythmus von Lebensformen und Denkweisen einem umfassenden Wandel unterliegt, sondern auch der seit dem 18. Jh. durchgesetzte Geschichtsbegriff. Auf welche Weise ein Begriff von Theatralität dazu beitragen kann, neue Zugangsweisen zum ›geschichtlichen Raum‹ zu entdecken und zu erproben, zeigt Hayden White 1973 in seinem Konzept der *Metahistory*.[131] Wesentliche Anregungen für ein interdisziplinäres Neuverständnis von Raum-Zeit-Dimensionen finden sich aber bereits bei Bachelard. Sein einflußreiches Werk *La poétique de l'espace* (1957) verdient u. a. deswegen besondere Aufmerksamkeit, weil Bachelards wissenschaftliche Entwicklung auf exemplarische Weise durch Grenzüberschreitungen zwischen Natur- und Geisteswissenschaft gekennzeichnet ist. Als Mathematiker und Philosoph wendet er sich Fragen des dichterischen Bildes, der Psychologie und historischen Formen der Imagination zu; bezogen auf raumzeitliche Dimensionen des Denkens und der Sprache spricht er bezeichnenderweise vom »théâtre du passé qu'est notre mémoire«[132].

So konnten sich Untersuchungen von Theatralität unter dem Aspekt der Wahrnehmungsweise im

---

129 HEINZ VON FOERSTER, Wahrnehmen, in: Philosophien der neuen Technologie, hg. v. Ars Electronica (Berlin 1989), 36.
130 KLAUS-PETER KOEPPING, Authentizität als Selbstfindung durch den anderen: Ethnologie zwischen Engagement und Reflexion, zwischen Leben und Wissenschaft, in: H.-P. Duerr (Hg.), Authentizität und Betrug in der Ethnologie (Frankfurt a. M. 1987), 27 f.
131 Vgl. HAYDEN WHITE, Metahistory. The Historical Imagination in Nineteenth-Century Europe (Baltimore 1973), 191–229.
132 GASTON BACHELARD, La poétique de l'espace (Paris 1957), 27.

ersten Fall (d. h. als historische Forschung) um Epizentren kultureller Entwertungsschübe kristallisieren. Im zweiten Fall läuft das Interesse u. a. auf Wahrnehmungsumbrüche bei der Begegnung von Fremdkulturen im Ereignisraum der Gegenwart hinaus. Wie sehr ein theatralisch relevanter Wahrnehmungsmodus gerade von solchen interkulturellen Bewegungen forciert werden kann, wird exemplarisch deutlich, wenn Richard Schechner Indien als eine einzige, riesige »performance«[133] betrachtet oder wenn Roland Barthes »le spectacle de la rue japonaise (ou plus généralement du lieu public)«[134] schildert.

Nicht zuletzt der totalen Veränderung des ganzen Koordinatensystems von Raum-Zeit-Strukturen ist es geschuldet, daß Diagnosen zur Wahrnehmungskultur und zu Problemen der Aisthesis heute buchstäblich existentielle Wichtigkeit erlangen. Gleichzeitig deutet sich in dieser Symptomatik an, daß wir uns mitten in einem kulturellen Entwertungsschub befinden, der alles bisher Dagewesene an Komplexität und Geschwindigkeit übertrifft. Vor diesem Hintergrund überlagern sich jetzt Aspekte der Theatralität mit solchen der technisch-medialen Simulation. Das Wahrnehmungsproblem erlangt unter solchen Vorzeichen eine völlig neue Größenordnung und verbindet sich auf qualitativ neue Weise mit dem Status des Denkens und der Einbildungskraft. In diesem Kontext erscheint folgendes durchaus nicht übertrieben oder bloß im oberflächlichen Sinn metaphorisch: Mit der weiteren Entwicklung hochkomplexer Computer- und Medientechnologie kommt etwas auf den Beobachter zu, das bislang nur auf der Bühne der Philosophie als Modell existierte – »das Schauspiel des Denkens«[135].

2. Bühnen des Wissens

Mit einem kurzen Ausblick auf solche Ansätze von Theatralität, in denen sich theater- und wissenschaftsgeschichtliche Perspektiven kreuzen, schließt sich gleichsam der Kreis: Ging es anfangs um die Begründung und Erprobung neuer Ansätze von Wissen(schaft) im Lichte der Theater- Metapher, so richtet sich die Aufmerksamkeit nun auf ›Bühnen des Wissens‹[136] unserer Tage. Entscheidend ist, daß neue Medientechniken und kulturelle Veränderungen weitreichende Konsequenzen für die Produktion, Speicherung, Systematisierung und Vermittlung von Wissen implizieren. Insbesondere der Wandel im Verhältnis von Textualität und Performativität wirkt sich auf den Status tradierter wissenschaftlicher Disziplinen, Methoden und Begriffe aus. Daher kann es kaum verwundern, daß internationale Diskussionen um ›Science Studies‹ und Wissenschaftsgeschichte seit den 80er Jahren einen enormen Aufschwung erfahren.[137] Die Beobachtung theatraler Momente des Wissens ist letztlich im weitgefächerten Kontext dieser Diskurse zu verorten.

Zunächst ist allerdings zu fragen, worin die spezifische Leistungsfähigkeit des Theatralitätsbegriffs im gegebenen Zusammenhang zu sehen ist. Dazu kann man sagen, daß die vielschichtige Problematik der Performanz von Wissen insbesondere mit Blick auf die grundsätzliche Beziehung von Wissenschaft und Kunst von Interesse ist. Dabei handelt es sich seit jeher um eine widersprüchliche Relation, die im 20. Jh. auffälligen Veränderungen unterliegt, welche sich speziell dem Theater symptomatisch einschreiben. Als hochkomplexes kulturelles System, das potentiell alle anderen Künste umfaßt, ist Theater unter dem Einfluß neuer Medien in besonderem Maße gezwungen, seine Position im dynamischen Wandel von Wahrnehmungs-, Bewegungs- und Sprachformen immer wieder neu zu bestimmen. Auf unterschiedlichste Weise werden daher praktische Bezüge zwischen Wissenschaft und Theater unter dem Signum des Experimentierens reflektiert. Beachtung verdienen in diesem Kontext auch solche Arbeiten, in denen direkte Bezüge zwischen konkreten historischen

---

133 RICHARD SCHECHNER, A Letter from Calcutta, in: Schechner, Performative Circumstances from the Avant Garde to Ramlila (Kalkutta 1983), XI.

134 ROLAND BARTHES, L'empire des signes (Paris 1970), 106.

135 BAUDRILLARD, Videowelt und fraktales Subjekt, übers. v. M. Rüb, in: Philosophien der neuen Technologie (s. Anm. 129), 127.

136 Vgl. SCHRAMM u. a. (Hg.), Bühnen des Wissens. Interferenzen von Wissenschaft und Kunst (Berlin 2003).

137 Vgl. MARIO BIAGIOLI (Hg.), The Science Studies Reader (New York 1999).

Theaterformen und wissenschafts- bzw. technikgeschichtlichen Entwicklungen der jeweiligen Zeit hergestellt werden.[138] Konzeptionell ausbaufähige Untersuchungen des Zusammenspiels theater- und wissenschaftsgeschichtlicher Entwicklungen sind jedoch erst auf Basis jener kulturwissenschaftlichen Neuansätze von Theatralität möglich gewesen, die nicht nur das Gegenstandsfeld enorm erweiterten, sondern auch Fragestellungen, methodisches Vorgehen, Begriffe substantiell beeinflußten. Daraus wiederum erwuchsen vielfältige Impulse für die Erforschung historischer Theatralitätsformen. Indem auf diese Weise der kulturprägende Zusammenhang von ›Theatralität und Repräsentation‹ immer stärker ins Zentrum der Aufmerksamkeit rückt, geraten zwangsläufig auch wesentliche Relationen zwischen Theater- und Wissenschaftsgeschichte auf völlig neue Weise in den Blick.

So versucht Yehuda Elkana, im Rahmen seines Entwurfs einer Anthropologie der Erkenntnis, die ›Entwicklung des Wissens als episches Theater einer listigen Vernunft‹ zu fassen.[139] Es entstanden bemerkenswerte Arbeiten zum Verhältnis von Theater und Philosophie.[140] In den 90er Jahren werden schließlich im Lichte des Theatralitätsbegriffs vielfältige Bezüge zwischen Computer, Techniken des Denkens und Theater reflektiert.[141] Wenn dabei allerdings zuweilen allzu mechanisch versucht wird, Brücken zwischen interaktiven Computertechnologien und klassischen Theaterdramaturgien zu schlagen, werden die performativen Seiten heutigen Wissens eher verzerrt als geklärt.

Ein qualifizierter Begriff von Theatralität, der sich nicht einseitig an der Textualität dramaturgischer Strukturen, sondern eher am performativen Zusammenspiel von Wahrnehmung, Bewegung und Sprache orientiert, kann jedoch dazu beitragen, aufschlußreiche Bezüge zwischen Theater- und Wissenschaftsgeschichte zu entdecken. Dabei ist zu beachten, daß sich der Aufbau historischer Konfigurationen des Wissens mit einer Stilisierung dreier Kulturfaktoren – nämlich Wahrnehmung, Bewegung und Sprache – verbindet. Genau darin aber deutet sich eine bemerkenswerte Beziehung zwischen Theater- und Wissenschaftsgeschichte an. Keinem anderen traditionellen Kulturphänomen ist nämlich das kunstvoll stilisierte Zusammenspiel von Wahrnehmung, Bewegung und Sprache in gleichem Maße eigen wie dem Theater. Zwischen der Verortung des Beobachters im Repräsentationsraum der Wissenschaft und der raumzeitlichen Organisation von Sehen, Sprechen, Handeln im Kanon europäischer Theaterformen bestehen aufschlußreiche Bezüge.

Parallel zum Aufkommen und zur immer stärkeren Differenzierung eines solchen Theatralitätsbegriffs ist in interdisziplinären Diskurselement auch seit Ende der 60er Jahre in verstärktem Maße Veröffentlichungen zu verzeichnen, in denen Wissenschaftsgeschichte mehr oder weniger explizit als Kulturgeschichte in Erscheinung tritt und die zahlreiche konkrete Befunde zur Inszenierung, Konstruktion bzw. Performanz von Wissen enthalten.[142] Die bis in die jüngste Zeit reichende Fülle von Publikationen einer kulturgeschichtlich angelegten Wissenschaftsgeschichte, deren Resultate zur Theatralität von Wissen auf produktive Weise mit Ergebnissen der theaterwissenschaftlichen For-

---

138 Vgl. FRANCES A. YATES, The Art of Memory (London 1966); MARGRET DIETRICH, Vom Einfluß der Mathematik und Mechanik auf das Barocktheater (Wien/Köln/Graz 1970); PHILIP BUTTERWORTH, Theatre of Fire. Special Effects in Early English and Scottish Theatre (London 1998).
139 Vgl. YEHUDA ELKANA, Anthropologie der Erkenntnis. Die Entwicklung des Wissens als episches Theater einer listigen Vernunft, übers. v. R. Achlama (Frankfurt a. M. 1986).
140 Vgl. MARCO BASCHERA, Das dramatische Denken. Studien zur Beziehung von Theorie und Theater anhand von I. Kants ›Kritik der reinen Vernunft‹ und D. Diderots ›Paradoxe sur le comédien‹ (Heidelberg 1989); CONSTANTIN BOUNDAS/DOROTHEA OLKOWSKI, Gilles Deleuze and the Theatre of Philosophy (New York 1994).
141 Vgl. CHARLES D. LAUGHLIN JR./JOHN MCMANUS/ EUGENE D'AQUILI, The Theater of Mind, in: Laughlin/McManus/d'Aquili, Brain, Symbol & Experience. Toward a Neurophenomenology of Human Consciousness (Boston/Shaftesbury 1990), 212–237; BRENDA LAUREL, Computer as Theatre (Addison 1991); JANET H. MURRAY, Hamlet on the Holodeck. The Future of Narrative in Cyberspace (Cambridge 1997).
142 Vgl. FOUCAULT, Les mots et les choses. Une archéologie des sciences humaines (Paris 1966); FOUCAULT, L'archéologie du savoir (Paris 1969); HANS

schung korrespondieren, kann hier kaum skizzenhaft angedeutet werden.[143] Im Rahmen solcher Forschungsansätze finden sich, allein schon aufgrund ihrer synchronischen Komplexität, auch bemerkenswerte Spuren einer grundlegenden Vernetzung mit Fragen der Ästhetik und der Kunst. Zum Kristallisationspunkt solcher Bezüge werden insbesondere jene Untersuchungen, in denen es um konkrete Strategien des exakten Beobachtens und damit um eine Problematisierung von Konventionen, Stilisierungen, Techniken der Wahrnehmung geht.

Die konzeptionsbildende Qualität eines solchen thematischen Schwerpunktes erschöpft sich aber keineswegs im Herausarbeiten einer historischen Typologie des wissenschaftlichen Beobachtens.[144] Produktive Inspirationen erwachsen vor allem aus Korrelationen zu jener ästhetischen Wende, die sich seit Mitte der 70er Jahre abzeichnet und in deren Zentrum Fragen der Wahrnehmung stehen.[145] So gewinnt allmählich ein Begriff von Aisthesis Kontur, der sich geradezu als programmatischer Schnittpunkt interdisziplinärer Diskurse erweist und der erheblich dazu beiträgt, mitten im Zentrum wissenschaftsgeschichtlicher Gegenstände ästhetische Fragestellungen, Bezüge auf Kunst, Poesie, Phantasie zu entdecken, und damit auch spezielle Fragen nach der Theatralität von Wissen.

Helmar Schramm

Literatur

BALME, CHRISTOPHER B./HASCHE, CHRISTA/MÜHLBENNINGHAUS, WOLFGANG (Hg.), Horizonte der Emanzipation. Texte zu Theater und Theatralität (Berlin 1999); BOURGAUX, JACQUES, Possessions et simulacres. Aux sources de la théâtralité (Paris 1973); BURNS, ELIZABETH, Theatricality. A Study of Convention in the Theatre and in Social Life (London 1972); DEBORD, GUY, La société du spectacle (1971; Paris 1989); ELKANA, YEHUDA, Anthropologie der Erkenntnis. Die Entwicklung des Wissens als episches Theater einer listigen Vernunft, übers. v. R. Achlama (Frankfurt a.M. 1986); FEBVRE, MICHÈLE, Danse contemporaine et théâtralité (Paris 1995); FÉRAL, JOSETTE (Hg.), Sub-Stance. A Review of Theory and Literary Criticism, Sondernummer ›Theatricality‹, Bd. 31 (Madison 2002); FIEBACH, JOACHIM, Keine Hoffnung, keine Verzweiflung. Versuche um Theaterkunst und Theatralität (Berlin 1998); FISCHER-FICHTE, ERIKA, Theatralität: Theater als kulturelles Modell, in: Fischer-Lichte, Ästhetische Erfahrung. Das Semiotische und das Performative (Tübingen/Basel 2001), 269–343; FISCHER-LICHTE, ERIKA (Hg.), Theatralität und die Krisen der Repräsentation (Stuttgart/Weimar 2001); KOTTE, ANDREAS, Theatralität: Ein Begriff sucht seinen Gegenstand, in: Forum modernes Theater 13 (1998), H. 2, 117–133; MATALA DE MAZZA, ETHEL/PORNSCHLEGEL, CLEMENS (Hg.), Inszenierte Welt. Theatralität als Argument literarischer Texte (Freiburg i. Br. 2003); MÜNZ, RUDOLF, Theatralität und Theater. Zur Historiographie von Theatralitätsgefügen, hg. v. G. Amm (Berlin 1998); NEUMANN, GERHARD/PROSS, CAROLINE/WILDGRUBER, GERALD (Hg.), Szenographien. Theatralität als Kategorie der Literaturwissenschaft (Freiburg i. Br. 2000); SCHECHNER, RICHARD, Performance Theory 1970–1976 (New York 1977); SCHRAMM, HELMAR, Karneval des Denkens. Theatralität im Spiegel philosophischer Texte des 16. und 17. Jahrhunderts (Berlin 1996); THORET, YVES, La théâtralité: étude freudienne (Paris 1993); TURNER, VICTOR, From Ritual to Theatre. The Human Seriousness of Play (New York 1982); ZUMTHOR, PAUL, Introduction à la poésie orale (Paris 1983).

BLUMENBERG, Der Prozeß der theoretischen Neugierde (Frankfurt a. M. 1973); RUDOLF ZUR LIPPE, Naturbeherrschung am Menschen, 2 Bde. (Frankfurt a. M. 1974); WOLF LEPENIES, Das Ende der Naturgeschichte. Wandel kultureller Selbstverständlichkeit in den Wissenschaften des 18. und 19. Jahrhunderts (München 1976).

143 Vgl. SIMON SCHAFFER, Natural Philosophy and Public Spectacle in the Eighteenth Century, in: History of Science 21 (1983), 1–43; MICHEL SERRES (Hg.), Eléments d'histoire des sciences (Paris 1989); JAN GOLINSKI, Science as Public Culture. Chemistry and Enlightenment in Britain 1760–1820 (Cambridge 1992); SARAH SCHECHNER GENUTH, Comets, Popular Culture, and the Birth of Modern Cosmology (Princeton 1997).

144 Vgl. LUDWIK FLECK, Über die wissenschaftliche Beobachtung und die Wahrnehmung im allgemeinen (1935), in: Fleck, Erfahrung und Tatsache. Gesammelte Aufsätze, hg. v. L. Schäfer/T. Schnelle (Frankfurt a. M. 1983), 59–82; HENNING KLAUSS, Zur Genealogie des wissenschaftlichen Blicks (Oldenburg 1986); ULRIKE HICK, Geschichte der optischen Medien (München 1999).

145 Vgl. BARCK u.a. (Hg.), Aisthesis: Wahrnehmung heute oder Perspektiven einer anderen Ästhetik (Leipzig 1990).

Tradition – Innovation

(griech. παράδοσις – ἀνακαίνωσις; lat. traditio – innovatio; engl. tradition – innovation; frz. tradition – innovation; ital. tradizione – innovazione; span. tradición – innovación; russ. традиция – новаторство)

I. Wort- und Begriffsgeschichte; a) Tradition; b) Innovation; c) Tradition – Innovation; **II. Tradition als Problem der Kulturtheorie;** 1. Lateinische Antike: imitatio und aemulatio; 2. Mittelalter: Die Kraftlinien des typologischen Denkens; 3. Renaissance und Manierismus; 4. Die ›Doctrine classique‹; 5. Die ›Querelle des anciens et des modernes‹; **III. Die neue Rede von der Tradition;** 1. Voraussetzungen; 2. Identität und Ideologie; 3. Fixierung des idealistischen Traditionsbegriffs; **IV. Der Weg in die Moderne;** 1. Tradition zwischen Historismus und Voluntarismus; 2. Neue Technik – neue Kunst; **V. Funktionalisierungen;** 1. Tradition und ›literarische Evolution‹; 2. ›Ästhetische Innovation‹ als Effekt; 3. Tradition, ›Latenz‹ und das messianische Neue; 4. Tradition in der kritisch-rationalen Wissenschaftstheorie; 5. Innovation in der informationstheoretischen und semiotischen Ästhetik; **VI. Reibungsverluste: Tradition – Innovation in der Postmoderne**

I. Wort- und Begriffsgeschichte

Tradition – Innovation dient als oppositionelles Begriffspaar zur Bezeichnung von Entwicklungen im Spannungsfeld von Kontinuität und Wandel. Als Topos in der Ästhetik oft mit einer wertenden Bedeutung versehen, die an kulturellen Manifesta-

tionen entweder dem Neuen oder dem Alten den Vorzug gibt, bezeichnet es die Prozessualität innerhalb eines kulturellen bzw. künstlerischen Bezugssystems. Der Dualismus Tradition – Innovation ist untrennbar mit den Topoi verbunden, welche die Moderne beschreiben; insbesondere ist ihm jener Topos eingeschrieben, wonach »*das Kunstwerk [...] sich im Streit eines Gegensatzes*«[1] entfalte.

a) Tradition

In der Geschichte des Begriffs Tradition, abgeleitet von lat. traditio ›Auslieferung, Übergabe; Vortrag, Lehre, Satzung‹, aber auch ›Verrat‹ (zu lat. tradere, ›übergeben, weiterreichen, aushändigen; anvertrauen; übereignen, verkaufen; aufzeichnen; schriftlich oder mündlich mitteilen, berichten, vortragen, lehren‹, auch ›ausliefern, verraten‹), geht die Geschichte der Terminologie von ›Übergabehandlungen‹ und ›Überlieferungen‹ in unterschiedlichen rechtlichen, politischen, gesellschaftlichen, wirtschaftlichen, religiösen und kulturellen Bereichen auf.[2] Eine erste fachterminologische Einschränkung von tradere/traditio findet durch das antike Rechtssystem statt, in der griech. παραδιδόναι (seltener die Nominalbildung παράδοσις) und lat. tradere rechtlich relevante Übergabevorgänge bezeichnen.[3] Auf weitere griechische und lateinische Besetzungen zurückgehend, steht seit der Antike lat. traditio (griech. παράδοσις) für das ›Weiterreichen von Wissen, Normen und Fertigkeiten‹. Im Rhetorikunterricht werden tradere und docere häufig als Synonyme verwendet.

Bestimmt Tradition letztlich jede Religion, so bilden – im Gegensatz zu den antiken Religionen – Judentum und Christentum theologische Systeme heraus, in denen der Überlieferungsterminologie eine wichtige Funktion zufällt, wobei v. a. das *Neue Testament* diese entfaltet und in der Patristik der apostolische Sukzession legitimiert.[4] Für das Judentum erfolgten Repristination und Kodifizierung der Überlieferung (Tradition) unter persischer Fremdherrschaft: Die Kolonisatoren bedienten sich der Überlieferung, nicht zuletzt zu Beschützern dieser Völker aufzuschwingen. Zugleich wurde aus dem entpolitisierten Kanon die Gewalt des prophetischen Wortes getilgt: Tradition trat in ein Spannungsverhältnis zur Offenbarung.[5]

---

[1] BEAT WYSS, Der Wille zur Kunst. Zur ästhetischen Mentalität der Moderne (Köln 1996), 94.
[2] Vgl. VOLKER STEENBLOCK, ›Tradition‹, in: RITTER, Bd. 10 (1998), 1315–1329.
[3] Vgl. WALTER MAGASS, Tradition – Zur Herkunft eines rechtlichen und literarischen Begriffs, in: Kairos 24 (1982), 110–120; SIEGFRIED WIEDENHOFER, ›Tradition, Traditionalismus‹, in: KOSELLECK, Bd. 6 (1990), 608 ff.
[4] Vgl. NIKLAS LUHMANN, Die Religion der Gesellschaft (Frankfurt a. M. 2000), 63 f.; YVES M.-J. CONGAR, La tradition et les traditions, Bd. 1 (Paris 1960), 20–24.
[5] Vgl. JAN ASSMANN, Das kulturelle Gedächtnis. Schrift, Erinnerung und politische Identität in frühen Hochkulturen (München ³2000), 207 f.

Lat. traditio erfuhr zunächst seine Prägung durch die Theologie in Wortverbindungen wie »traditio evangelica«[6] als ›Überlieferung einer Lehre‹. Für die Reformation ist traditio gleichbedeutend mit den von Luther als traditiones hominum denunzierten Dogmen und Glaubenssätzen der katholischen Kirche, mit einer Entfremdung von der Offenbarung.[7] Bei dem wissenschaftskritischen Renaissancedenker Heinrich Cornelius Agrippa von Nettesheim hingegen wird die Tradition gleichgesetzt mit der prophetischen Rede, auf der letztlich die wahre Theologie gründe: »Wie die Prophetie die Rede von Propheten, so ist diese Art der Theologie nichts anderes als die Überlieferung von Theologen, d. h. von Männern, die mit Gott reden.« (Quamadmodum Prophetia est sermo Prophetarum, sic Theologia non est aliud quam traditio Theologorum, hoc est, cum Deo loquentium.)[8]

Mit den für das Lateinische genannten Bedeutungen gelangt traditio in die europäischen Volkssprachen: Die Verwendung von Tradition im Sinne von ›Verrat‹ ist im Deutschen vereinzelt (16. Jh.), im Englischen dagegen häufiger belegt (15.–17. Jh.).[9] Seit dem 13. Jh. im Französischen[10] und Italienischen[11] und seit dem 16. Jh. im Deutschen[12] und Englischen ist Tradition (tradieren) bzw. tradition/tradizione auch in der Rechtssprache für bestimmte Formen der Eigentumsübergabe nachgewiesen, so in den juristischen bzw. rechtsphilosophischen Überlegungen Kants.[13] In der Bedeutung von ›Weitergabe von Glaubensgrundsätzen, Techniken und (Fach-) Wissen (von Generation zu Generation)‹ ist Tradition in den Volkssprachen seit dem 14. Jh. (engl.) bzw. dem 17. Jh. (frz. und dt.) und in der Bedeutung ›mündliche oder schriftliche Überlieferung (traditio oralis/literalis) von Vergangenem (oft im Sinne von Sage, Mythos oder Legende)‹ seit dem 17. Jh. (ital. 16. Jh., jedoch nur für die mündliche Überlieferung) verbreitet. Für die beiden letztgenannten Bedeutungen wird im Deutschen seit dem 16. Jh. parallel das Wort ›Überlieferung‹ verwendet.[14] Mit dem ausgehenden 18. Jh. löst sich der Begriff Tradition immer mehr aus dem religiösen Kontext und bezeichnet nun in allen Bereichen des Lebens eine die Identität einer sozialen Gruppe und schließlich eines Staatswesens (Nationalstaat) begründenden Überlieferung: Tradition wird damit zum Garanten einer politischen Legitimität, die sich nicht mehr ausschließlich religiös begründet. Damit unterscheidet sich Tradition von bloßer Konvention: »Sobald die Konvention sich der Regelmäßigkeiten des Handelns bemächtigt hat, aus einem ›Massenhandeln‹ also ein ›Einverständnishandeln‹ geworden ist [...], wollen wir von ›Tradition‹ sprechen.«[15] Das im 18. Jh. einsetzende geschichtsphilosophische Denken bereitet schließlich den Boden für das Etablieren von Tradition als »Verhältnis-Kategorie, die auf geschichtliche Bewegung verweist«[16]. Zunächst postuliert die Theologie im Gegensatz zu millenaristischen Bewegungen eine

---

6 TERTULLIAN, Adversus Marcionem 5, 19, 1, in: CCHR (L), Bd. 1/1 (1954), 720; vgl. TERTULLIAN, De praescriptione haereticorum 21, 6, in: ebd., 230.

7 Vgl. MARTIN LUTHER, Acta Augustana (1518), in: Luther, Werke. Kritische Gesamtausgabe, Bd. 2 (Weimar 1884), 17; PHILIPP MELANCHTHON, Die Augsburgische Konfession (1530), in: Die Bekenntnisschriften der evangelisch-lutherischen Kirche, hg. im Gedenkjahr der Augsburgischen Konfession 1930 (Göttingen ⁶1967), 69f.; GOTTHOLD EPHRAIM LESSING, Sogenannte Briefe an den Herrn Doktor Walch (entst. 1779), in: LESSING (GÖPFERT), Bd. 7 (1976), 677–708.

8 HEINRICH CORNELIUS AGRIPPA VON NETTESHEIM, De incertitudine et vanitate scientiarum atque artium liber (1531; Leiden 1644), 289; dt.: Über die Fragwürdigkeit, ja Nichtigkeit der Wissenschaften, Künste und Gewerbe, übers. v. G. Güpner, hg. v. S. Wollgast (Berlin 1993), 246.

9 Vgl. ›tradieren‹, in: GRIMM, Bd. 11/1/1 (1935), 1022; ›Tradition‹, in: OED, Bd. 18 (²1989), 353.

10 Vgl. ›Tradition‹, in: P. Imbs (Hg.), Trésor de la langue française, Bd. 16 (Paris 1992), 444f.

11 Vgl. ›Tradizione‹, in: N. Tommaseo, Dizionario della lingua italiana, Bd. 4/2 (Pisa/Rom/Neapel 1879), 1531.

12 Vgl. ›Tradition‹, in: GRIMM, Bd. 11/1/1 (1935), 1022–1025.

13 Vgl. IMMANUEL KANT, Die Metaphysik der Sitten (1785), in: KANT (WA), Bd. 8 (⁹1991), 387.

14 Vgl. ›Überlieferung‹, in: GRIMM, Bd. 11/2 (1936), 397–398.

15 MAX WEBER, Wirtschaft und Gesellschaft. Grundriß der verstehenden Soziologie (1922; Tübingen ⁵1980), 192.

16 ROBERT WEIMANN, Tradition als literar-geschichtliche Kategorie, in: Weimann, Literaturgeschichte und Mythologie. Methodologische und historische Studien (1971; Frankfurt a. M. 1977), 42.

»statische Zeitstruktur«[17], die dann zum Fundament für politische Prognostik und Legitimationsstrategien wird.

b) Innovation

Innovation findet seit Beginn des 19. Jh. als aus dem lat. innovatio (›Erneuerung, Veränderung‹; zu lat. innovare, ›erneuern‹) entlehntes Fremdwort Eingang in deutsche Wörterbücher – möglicherweise über frz. innovation. Der Gebrauch bleibt bis ins 20. Jh. vorrangig auf die Bereiche Wissenschaft und Technik beschränkt.[18] Die frühesten Belege für die Entlehnung von lat. innovatio in den Volkssprachen finden sich im Französischen seit dem ausgehenden 13. Jh. als Terminus der Rechtssprache zur Bezeichnung bestimmter Formen der Schuldübernahme.[19] Bis weit ins 19. Jh wird frz. innovation überwiegend in ähnlichem Kontext wie das aus dem Französischen entlehnte dt. Innovation gebraucht: als »innovation scientifique«[20]. Bereits seit dem 18. Jh. ist jedoch noch eine weitere Bedeutung zu verzeichnen. In der *Encyclopédie* steht ›Innovation‹ u. a. für einen politischen (revolutionären) Umbruch, der zunächst im Widerspruch zu den Gesetzen des Gemeinwesens steht – und damit auch jeder Tradition i. S. von kultureller und politischer Identität widerspricht: »nouveauté, ou changement important qu'on fait dans le gouvernement politique d'un état, contre l'usage & les regles de sa constitution.« Solch tiefgreifende Veränderungen seien nur mit Bedacht und – wenn die Ordnung ihrer wirklich bedürfe – nach den Regeln der Vernunft durchzuführen: »Les révolutions que le temps amene dans le cours de la nature, arrivent pas-à-pas; il faut donc imiter cette lenteur pour les innovations utiles qu'on peut introduire dans l'état; car il ne s'agit pas ici de celles de la police d'une ville particuliere.«[21] Im 19. Jh. warnt der Architekturtheoretiker Eugène-Emmanuel Viollet-Le-Duc vor einem »démon de l'innovation«, einem Geist, der »avec toutes les traditions«[22] breche. 1883 gebraucht Joris-Karl Huysmans innovation zur Bezeichnung fundamentaler Neuerungen im Umgang mit künstlerischen Materialien: »Il faut avoir fréquenté les expositions successives des Indépendants pour bien apprécier toute l'innovation que ces artistes ont apportée, au point de vue matériel, dans l'ordonnance de leurs œuvres.«[23]

Das englische Verbalabstraktum innovation ist seit dem 16. Jh. als Vorgangs- und Handlungsbezeichnung (›erneuern, Einführen von Neuerungen, Veränderung von Bestehendem‹ – bei Shakespeare auch ›Umwälzung, Revolution, lat. nova res‹) und als Zustandsbezeichnung (›Neuerung, Neueinführung, neue Verfahrensweise‹) belegt; erst im 19. Jh. wird es auch als juristischer Terminus gebraucht[24]; seit Mitte des 20. Jh. bezeichnet es in der angloamerikanischen Wirtschaftssprache vorrangig die Einführung eines neuen Produktes bzw. ein neues Produkt auf dem Markt, schließlich auch grundlegende Neuerungen in allen Bereichen bzw. diese herbeiführende Handlungen oder Vorgänge.[25] Unter angloamerikanischem Einfluß findet dt. Innovation (Adjektiv: innovativ) bald Eingang in die Fachterminologie der Wirtschaft; in den 1960er Jahren erfolgt dann eine dem angloamerikanischen Gebrauch entsprechende Bedeutungserweiterung; das Adjektiv innovativ kann sich überdies auf die Disposition für Neuerungen beziehen. Über die substantivischen und adjektivischen Komposita sowie über die mit dem Adjektiv innovativ gebildeten Wortverbindungen ›Innovationsgeist‹, ›Innovationsbereitschaft‹, ›innovationsfreudig‹, ›innovativer Geist‹ u. ä. entsteht in der Alltagssprache eine semantische Unschärfe von In-

---

17 REINHART KOSELLECK, Vergangene Zukunft. Zur Semantik geschichtlicher Zeiten (Frankfurt a. M. 1989), 33.
18 Vgl. ARNOLD ZINGERLE, ›Innovation‹, in: RITTER, Bd. 4 (1976), 391–393.
19 Vgl. ›Innovation‹, in: Trésor de la langue française (s. Anm. 10), Bd. 10 (Paris 1983), 259;
20 HONORÉ DE BALZAC, La comédie humaine. Avant-propos (1842), in: Balzac, La comédie humaine, hg. v. P.-G. Castex, Bd. 1 (Paris 1976), 7.
21 LOUIS DE JAUCOURT, ›Innovation‹, in: DIDEROT (ENCYCLOPÉDIE), Bd. 8 (1765), 755.
22 EUGÈNE EMMANUEL VIOLLET-LE-DUC, Entretiens sur l'architecture (Paris 1863), 125.
23 JORIS-KARL HUYSMANS, L'art moderne (1883), in: Huysmans, Œuvres complètes, hg. v. C. Grolleau, Bd. 6 (Paris 1929), 274.
24 Vgl. ›Innovation‹, in: OED, Bd. 7 (²1989), 998.
25 Vgl. ›Innovation‹, in: BRODER CARSTENSEN, Anglizismen-Wörterbuch. Der Einfluß des Englischen auf den deutschen Wortschatz nach 1945, Bd. 2 (Berlin/New York 1994), 703.

novation bzw. innovativ zu ›Originalität‹, ›Kreativität‹ bzw. ›kreativ‹; eine entsprechende semantische Unschärfe findet sich auch in engl. innovation bzw. innovative.

Es gilt festzuhalten, daß dt. Innovation und engl. innovation nach 1945 zunächst überwiegend in den Fachterminologien von Ökonomie, Soziologie und Technik auftreten und erst nach und nach als Schlagwort in die Kulturwissenschaften eingehen, um den kulturellen und künstlerischen Wandel in Analogie zu den genannten Bereichen zu beschreiben.

c) Tradition – Innovation

Seit dem 3. Jh. n. Chr. ist vereinzelt die Gegenüberstellung von innovare und tradere belegt, so etwa im Grundsatz der römischen Kirche: »Nihil innouetur [...], nisi quod traditum est« (Nichts möge neu eingeführt werden [...], als was schon überliefert ist)[26], wobei hier die Legitimation der kirchlichen Lehre durch das von ihr selbst geschaffene Faktum gemeint ist. Dieser frühe Beleg läßt bereits eine erste Schlußfolgerung zu: Der Wunsch, Tradition einen Oppositionsbegriff hinzuzufügen, zeigt das kritische Reflektieren der mit dem Traditionsbegriff verknüpften Legitimität aus einer Position heraus an, die ihrerseits nach Legitimierung strebt; eine solche Position ist sowohl auf der Grundlage faktisch vollzogener Veränderungen als auch auf der eines Veränderungen einfordernden Gegenentwurfs denkbar. (Vergleichbares kann mutatis mutandis auch über die lat. Wortpaare antiqui – moderni und vetustas – novitas gesagt werden.) Der Gebrauch von Verhältniskategorien ist mögliches Indiz für eine Krise. Von gesellschaftlicher Krise wird dann gesprochen, »wenn die Gesellschaftsmitglieder Strukturwandlungen als bestandskritisch *erfahren* und ihre soziale Identität bedroht fühlen«[27]. Doch aus der mit dem 18. Jh. einsetzenden kritisch reflektierenden Haltung zur Geschichte heraus können oppositionelle Wort- bzw. Begriffspaare entstehen, in denen sich das latente oder manifeste Bewußtsein von einem in die Zukunft gerichteten (weltlichen) historischen Prozeß eingeschrieben hat; daher ist es bezeichnend, daß solche Wort- bzw. Begriffspaare erst mit der geschichtlichen Zäsur durch die Französische Revolution an Bedeutung gewinnen.

Darüber hinaus artikulieren sie in der Folgezeit das seit der Aufklärung bewußt problematisierte Spannungsverhältnis zwischen kollektivem Anspruch und Individuum; sie verweisen auf einen noch nicht zum Abschluß gelangten Prozeß der Theorien- und Begriffsbildung, den Wilfried Barner pointiert: »Der temporale wie der soziale Aspekt schlägt sich nieder in den – alltagssprachlichen wie wissenschaftssprachlichen – Oppositionsbegriffen zu Tradition (oder Überlieferung): Wandel, Evolution, Innovation, Fortschritt, Revolution. In ihnen ist zunächst, als gemeinsame Differenz, das Kollektive von Tradition gefaßt. Sie wird individuell rezipiert, aktualisiert, ist aber nie als solche individuell. Hier grenzt sich Tradition ab von Gewohnheit, die auch individuell sein kann und deren kollektiver Ausprägung, als (schweigender oder ausdrücklicher) ›Konvention‹ neuerdings größerer Aufmerksamkeit zuteil wird.«[28] Zwar gibt es in französischen Texten aus dem 19. Jh. bereits vereinzelt Belege zur Gegenüberstellung von tradition – innovation, das oppositionelle Begriffspaar Tradition – Innovation hingegen hat sich erst in jüngerer Zeit in den Gesellschafts- und Kulturwissenschaften zur Bezeichnung des Verhältnisses von Alt und Neu durchgesetzt. Die Verwendung des zum Topos avancierten Begriffspaars muß immer der Geschichte der beiden Einzelbegriffe eingedenk bleiben. Ebensowenig darf man übersehen, daß mit ihm nach wie vor weitere Wort- bzw. Begriffspaare konkurrieren: Tradition – Evolution, Tradition – Fortschritt, Tradition – Revolution, Tradition – Moderne (Modernität), antiquus – modernus, vetustas – novitas, progressiv – konservativ (reaktionär) usf. Auf die Ästhetik bezogen muß festgestellt werden, daß diese Wort- bzw. Be-

---

26 CYPRIAN an Pompeius (im J. 296), in: CCHR (L), Bd. 3/C (1996), 565 (74, 2, 2); dt.: Des Heiligen Kirchenvaters Caecilius Cyprianus Briefe, übers. v. J. Bär (München 1928), 359; vgl. WIEDENHOFER (s. Anm. 3), 616.

27 JÜRGEN HABERMAS, Legitimationsprobleme im Spätkapitalismus (1973; Frankfurt a. M. ⁵1979), 12.

28 WILFRIED BARNER, Über das Negieren von Tradition. Zur Typologie literaturprogrammatischer Epochenwenden in Deutschland, in: R. Herzog/Koselleck (Hg.), Epochenschwelle und Epochenbewußtsein (München 1987), 13.

griffspaare aus anderen Disziplinen an sie herangetragen worden sind. Auch hat keines von ihnen einen so weitgehenden Bedeutungswandel erfahren, als daß es unter Aufgabe seiner jeweiligen Herkunft und seines ideologischen Wirkungspotentials völlig in der ästhetischen Terminologie aufgegangen wäre. Erst vor dem Hintergrund der semantischen Entwicklung im 20. Jh. kann sich ›Innovation‹ über partikulare terminologische Besetzungen hinweg als eine zu ›Tradition‹ in Opposition stehende Verhältniskategorie durchsetzen. Von daher ist die Rede von Tradition – Innovation als eine Kompromißbildung zu sehen, die sich ihrerseits nie ganz von bestimmten ästhetischen oder weltanschaulichen Programmen zu lösen vermag. Da diese Rede auf dem temporalen Hiatus von Altem und Neuem gründet, an dem die historische Bewegung sichtbar wird, läßt ihr Gebrauch auch auf ein bestimmtes Verhältnis zur Geschichte schließen. Ein genuin ästhetisches Moment ist dagegen die jeweilige Gestalt des Hiatus, wie er in den Künsten an bestimmten gattungsimmanenten oder gattungsübergreifenden Merkmalen konkretisierbar ist. Werden solche Merkmale innerhalb einer bestimmten Zeitspanne an möglichst vielen Einzelwerken wahrgenommen, kommt es schließlich zur Festlegung einer Epoche. Daß es sich dabei um keine objektive Größe handeln kann, verdeutlicht Hans Blumenberg: »Als ›Epoche‹ gilt erst für uns, was die rhetorische Hyperbel vom Epochemachenden aufgebracht hat.«[29] Allgemeiner formuliert bedeutet dies: ›Neu‹ ist nur, was post festum zum ›Neuen‹ erklärt wird. Aus der Sicht der antiken Rhetorik verweist letztlich ein jedes den temporalen Hiatus von ›Altem‹ und ›Neuem‹ fassende Begriffspaar auf eine rhetorisch-topische Argumentation. Dies gilt nicht weniger für den Topos Tradition – Innovation. Daher kann dieses Begriffspaar nicht als Einheit zum Gegenstand einer begriffsgeschichtlichen Untersuchung werden; seine Geschichte ist vielmehr die unterschiedlicher Theorien und Topoi, eine Geschichte, die in der antiken Rhetorik ihren Ausgang nimmt[30] und sich in der Theologie zum ersten Mal zu einem »metaphorologischen Grundkonflikt«[31] entwickelt.

II. Tradition als Problem der Kulturtheorie

Das theologische Traditionsverständnis ist durchgängig an der schriftlichen Überlieferung ausgerichtet. Indes ist Tradition für jede Religion konstitutiv, also auch für Religionen, die nicht auf schriftlicher Überlieferung gründen. In der Beziehung der jeweiligen Gemeinschaft zu einem Bekenntnis bestimmt sich Tradition durch den Grad des erinnernden Bewußtseins von den Zielen. Die urchristliche Gemeinde lebte noch in einer von diesen bestimmten geschichtlichen Gemeinsamkeit[32], doch im Zuge der Erweiterung der Inhalte individueller und kollektiver Erinnerung wurde, so Maurice Halbwachs, zur Sicherung des Bestands die Fixierung von Tradition notwendig.[33] Die Verschriftlichung kann damit als ein wichtiges Moment der Traditionsbildung angesehen werden. Durch die Schrift jedoch gerät Tradition in einen Konflikt mit der Geschichte, die ihr im Zeichen des Wandels zusehends eine feste Zeitstelle zuweist. Eine Gemeinschaft wird ihrer Tradition entfremdet: »C'est qu'en général l'histoire ne commence qu'au point où finit la tradition, moment où s'éteint ou se décompose la mémoire sociale.«[34] Mit anderen Worten: Wo von Tradition die Rede ist, geht es um den Bestand der gesamten Ordnung – nichts anderes ist mit dem von Theologen und Religionshistorikern konstatierten ›metaphorologischen Grundkonflikt‹ gemeint. Die Argumentationen von Max Weber und Halbwachs zeigen, daß Tradition nun definitiv zum Gegenstand einer Kulturtheorie geworden ist, welche sich nicht einseitig auf schriftliche Überlieferung stützen darf. So schreibt Anthony Giddens: »Writing expands

---

29 HANS BLUMENBERG, Die Legitimität der Neuzeit. Erneuerte Ausgabe (1966; Frankfurt a. M. 1996), 531.
30 Vgl. HEINRICH LAUSBERG, Elemente der literarischen Rhetorik (1949; München ²1963), 26 (§ 40).
31 MARKUS BUNTFUSS, Tradition und Innovation. Die Funktion der Metapher in der theologischen Theoriensprache (Berlin/New York 1997), 189.
32 Vgl. ASSMANN (s. Anm. 5), 65f.
33 Vgl. MAURICE HALBWACHS, Les cadres sociaux de la mémoire (1925; Paris 2001), 199.
34 HALBWACHS, La mémoire collective (1950; Paris 2002), 130.

the level of time-space distanciation and creates a perspective of past, present, and future in which the reflexive appropriation of knowledge can be set off from designated tradition.« Giddens hebt hervor, daß die Schriftform lediglich eine spezifische Form der Traditionsaneignung ist und innerhalb einer umfassenderen Kulturtheorie nur bedingt als Kriterium taugt, will man eine Kultur bzw. Zivilisation adäquat erfassen: »In oral cultures, tradition is not known as such, even though these cultures are the most traditional of all.«[35] Dies zeigt auch die von der Wissenssoziologie getroffene Feststellung, daß möglicherweise der vereinzelt Tradition reflektierende Skeptizismus in den sogenannten primitiven Gesellschaften – ja in der gesamten Vormoderne – gesellschaftlich nicht hinreichend organisiert war, »to offer a challenge to the upholders of the ›official‹ tradition«[36]. Daraus resultiert die Möglichkeit zur Herausbildung konkurrierender Traditionen, von denen jene, die um ihr Machtmonopol ringt, zur Ideologie wird. Entsprechend bewegt sich die Unterscheidung zwischen Vormoderne und Moderne auch nur innerhalb eines zivilisationsgeschichtlich vorbestimmten Bezugssystems. Anhand eines Beispiels von Claude Lévi-Strauss stellt Blumenberg fest, daß der Wechsel von einem vormodernen in ein modernes Bezugssystem zwangsläufig eine Auflösung der alten Lebensweise zur Folge habe. Ein solch radikaler Vorgang bedeute den mit hoher Wahrscheinlichkeit »letal« ausgehenden »Identitätsbruch, den man sich angewöhnt hat, ›Kulturrevolution‹ zu nennen«[37]. Der Versuch, innerhalb einer Zivilisation eine Kulturrevolution durchzuführen, wie etwa im revolutionären China, führt allerdings mit hoher Wahrscheinlichkeit dazu, daß ein solch expliziter Bruch mit der Tradition letztlich wieder mit Versatzstücken aus eben dieser bewältigt wird – nach dem von Freud aufgezeigten Muster der sekundären Bearbeitung traumatischer Neurosen.[38] Umgekehrt wird nicht selten in Zeiten der Krise das Bestehende gedanklich auf eschatologische Endzeitvisionen, auf den Bruch, hin transzendiert.

Aus all dem folgt nun für die Kulturtheorie die Notwendigkeit – als Quintessenz der Auseinandersetzung mit Tradition im 19. und beginnenden 20. Jh. –, daß sie auf eine umfassendere Kategorie zurückzugreifen hat, innerhalb derer Veränderungen untersucht werden. Solche Kategorien sind z. B. ›la mémoire collective‹ (Halbwachs) oder das ›kulturelle Gedächtnis‹ (Jan Assmann). Indes gilt dies nicht unbedingt für Partialsysteme innerhalb der jeweiligen Kultur, da eine bestimmte Gruppe über ihre eigene Tradition verfügen kann, so die Vertreter eines Berufszweigs, die v. a. Fertigkeiten ›tradieren‹ – so auch in Literatur und Kunst, in denen Tradition immer auf etwas schriftlich Fixiertes bzw. auf ein Artefakt verweist. Dennoch ist der weite Horizont der Tradition auch hier fest eingeschrieben. Sie bildet den irreduziblen Grund einer jeden Neuerung (Innovation), die ihrerseits aus dem potentiellen oder vollzogenen Wandel heraus Tradition erst zum Gegenstand der Reflexion macht. Über diesen Gegensatz wird für die Moderne eine Kultur in ihrer Geschichtlichkeit konkretisiert. So gibt es für den Musikwissenschaftler Hans Heinrich Eggebrecht ohne das Ineinandergreifen von Tradition und Innovation schlicht keine Geschichte der Musik.[39]

1. Lateinische Antike: imitatio und aemulatio

Die antike Rhetorik fordert das sichere Beherrschen aller rhetorischen Mittel durch Übung (exercitatio) an Vorbildern (imitatio), um diese schließlich im Wettstreit zu übertreffen (aemulatio).[40] Der Begriff aemulatio weist jedoch über die Rhetorik hinaus und bezeichnet auch ein Verhältnis literarischer und künstlerischer Produktion zu ihren Vorbildern, von denen sie sich auf schöpferische Weise zu lösen suchten; er steht auch für die ersten Ansätze zu einer literarischen Evolutions-

---

35 ANTHONY GIDDENS, The Consequences of Modernity (Cambridge 1990), 37.
36 PETER L. BERGER/THOMAS LUCKMANN, The Social Construction of Reality (1966; London 1967), 139.
37 BLUMENBERG, Lebenszeit und Weltzeit (Frankfurt a. M. 1986), 59.
38 Vgl. CLAUDE LÉVI-STRAUSS, Anthropologie structurale (1958; Paris 1985), 262 f.
39 Vgl. HANS HEINRICH EGGEBRECHT, Musik im Abendland. Prozesse und Stationen vom Mittelalter bis zur Gegenwart (1991; München ²1998), 10, 821.
40 Vgl. GERT UEDING/BERND STEINBRINK, Grundriß der Rhetorik. Geschichte – Technik – Methode (1976; Stuttgart/Weimar ³1994), 328.

theorie.[41] In einem Exkurs zu seiner *Historia Romana* erkennt Velleius Paterculus in der aemulatio das – im weitesten Sinne – epochenstiftende Prinzip in der Redekunst sowie in allen anderen Künsten. Es dient ihm dazu, sich der Frage anzunähern, warum ähnlich große Schöpfer in jeweils einer Kunstgattung zu einer bestimmten Zeit (»in suum quodque saeculum«[42]) wirkten und wie sich damit Epochen herausbilden konnten. Der Wetteifer (aemulatio) sei der Nährboden für den schöpferischen Geist (ingenium), und Neid oder Bewunderung seien die Motive für die imitatio; nur was mit höchster Anstrengung betrieben werde, könne zur höchsten Vollendung gelangen; schließlich sei es unmöglich, auf den Gipfeln der Vollkommenheit zu verharren. Wenn ihre Möglichkeiten zur Fortentwicklung ausgeschöpft seien, dann verliere eine Kunst zwangsläufig an Qualität und Bedeutung (»naturaque quod summo studio petitum est, ascendit in summum difficilisque in perfecto mora est, naturaliterque quod procedere non potest, recedit.«[43]) Die Folge sei, daß der schöpferische Geist sich einem neuen Gegenstand zuwenden müsse. Es gilt hier festzuhalten, daß Velleius Paterculus die Begriffe imitatio und aemulatio keineswegs antithetisch begreift, sondern als einander bedingende Prinzipien[44], die in ihrer Dynamik auf die höchste Vollendung einer Kunstgattung abzielen. Das Neue als die materia nova markiert für ihn einen notwendigen Bruch: Das ingenium wendet sich jetzt einer anderen Kunst zu, um nunmehr diese zu ihrer höchsten Vollendung zu führen. Damit kennt er auch keine den Künsten immanente Tradition; allenfalls ließen seine Ausführungen die Annahme einer der Entfaltung der Künste förderlichen gesellschaftlichen Tradition zu, wenn er feststellt, daß im antiken Griechenland die Redekunst (eloquentia) einzig in Athen zu höchster Blüte gelangt sei, andere Städte dagegen keine berühmten Redner hervorgebracht hätten.

Velleius' Ausführungen zur aemulatio zeichnen in idealtypischer Weise die Genese eines vollendeten Werkes und die Herausbildung eines Höhenkamms in den Künsten nach. Dabei darf nicht übersehen werden, daß die griechische und lateinische Antike keineswegs von einem in Epochenabschnitten denkenden historischen Bewußtsein geprägt war.[45] Eine Auswahl vorbildlicher Werke von älteren Autoren (auctores classici) sollte die Kontinuität sichern[46]; so erstellte etwa Quintilian für die Redekunst einen Kanon von Autoren, die – wie die Wettkampfmetaphern ›provocare‹ und ›cedere‹ in seinen Schriften belegen – Gegenstand von imitatio und aemulatio sein sollten.[47] Der Inhalt war Gegenstand der inventio, dem kunstvollen Auffinden von Argumenten und Stoffen. Das rhetorische Regelsystem seit dem Frühhellenismus legte die Literatur der attischen Klassik zugrunde.[48] Zu einem ersten ausführlich dokumentierten Literaturstreit kam es in der Attizismus-Asianismus-Kontroverse: Diese nahm gegen Mitte des 1. Jh. v. Chr. in Rom ihren Ausgang, als sich die in der Provinz Asia rhetorisch geschulten Römer von den bis dahin weitgehend unhinterfragten attischen Kanon trennten.[49] Vor diesem Hintergrund dürfte auch die *Historia* des Velleius zu sehen sein. Die ›Alten‹ (antiqui) blieben in der Antike keinesfalls immer unangetastete Autoritäten; in ihrer Konfrontation mit den ›Neuen‹ (novi, seit der Spätantike neoterici) zeichnet sich bereits eine über die aemulatio hinausweisende Querelle um nunmehr mit einem

---

41 Vgl. BARBARA BAUER, ›Aemulatio‹, in: UEDING, Bd. 1 (1992), 141 f.
42 VELLEIUS PATERCULUS, Historia Romana 1, 17, 5; dt.: Römische Geschichte, lat.-dt., übers. u. hg. v. M. Giebel (Stuttgart 1992), 37; vgl. MANFRED HINZ, Gracián, Velleius Paterculus und die ›aemulatio‹, in: W.-D. Lange/W. Matzat (Hg.), Sonderwege in die Neuzeit. Dialogizität und Intertextualität in der spanischen Literatur zwischen Mittelalter und Aufklärung (Bonn 1997), 28 ff.
43 VELLEIUS PATERCULUS (s. Anm. 42), 1, 17, 6; dt. 39.
44 Vgl. ›aemulatio‹, in: Thesaurus linguae Latinae, Bd. 1 (Leipzig 1900), 970–972.
45 Vgl. ERNST ROBERT CURTIUS, Europäische Literatur und lateinisches Mittelalter (1948; München [7]1969), 257.
46 Vgl. ebd., 253 ff.; BAUER (s. Anm. 41), 143.
47 Vgl. QUINTILIAN, Inst., 10, 1, 93; 10, 1, 101; dt.: Ausbildung des Redners, zwölf Bücher, lat.-dt., übers. u. hg. v. H. Rahn, Bd. 2 (Darmstadt 1972), 469, 473; BAUER (s. Anm. 41), 148.
48 Vgl. HANS GERD RÖTZER, Traditionalität und Modernität in der europäischen Literatur. Ein Überblick vom Attizismus-Asianismus-Streit bis zur ›Querelle des Anciens et des Modernes‹ (Darmstadt 1979), 3.
49 Vgl. ebd., 4; ALBRECHT DIHLE, ›Attizismus‹, in: UEDING, Bd. 1 (1992), 1163–1176; JOACHIM ADAMIETZ/FRANZ-HUBERT ROBLING, ›Asianismus‹, in: UEDING, Bd. 1 (1992), 1114–1121.

historischen Index versehene Verhältniskategorien ab, die alle Künste erfaßt. Allerdings sind in lateinischen Quellen auch vereinzelte Hinweise auf verschollene Theorien griechischer Autoren zu einer fortschreitenden Entwicklung der bildhauerischen technē im Dienste der Mimesis zu finden.[50]

2. Mittelalter: Die Kraftlinien des typologischen Denkens

Im Mittelalter, das ganz im Zeichen christlicher Eschatologie stand, bildete sich eine an der Bibelexegese geschulte geschichtliche Denkform heraus, für die erst im 18. Jh., abgeleitet aus griech. typos und antitypos, der Begriff ›Typologie‹ geprägt werden sollte. Friedrich Ohly bezeichnet die Typologie als eine »auf die *Geschichte* gerichtete Art der Allegorese«[51]. Sie stellt eine Sinnbeziehung zwischen den beiden Seiten der Weltzeit her, die von der Genesis bis zum Jüngsten Gericht reicht und durch die Ankunft Christi eine Zäsur erfahren hat.[52] Dabei repräsentiert die Zeit vor Christus den typos und die nach Christus den antitypos. Erst die *Offenbarung* kündet vom Ende dieser Weltzeit, die durch die ›Neue Welt Gottes‹ abgelöst wird[53]; innerhalb der Weltzeit dagegen sind das Alte und das Neue immer im Sinne einer überwindenden Vollendung der vetustas durch die novitas aufeinander bezogen. Seit dem 12. Jh. wurde die Beschränkung der typologischen Methode aus ihrer einseitigen Anbindung an die Exegese des *Alten Testaments* gelöst, und Typen aus dem profanen Altertum fanden Aufnahme in dieses Deutungsverfahren. Das typologische Denken bildet eine der Konstanten, die dem Mittelalter das Gepräge einer homogenen Epoche verleihen, obgleich es mannigfache kulturelle Höhepunkte kennt. Ein geschärftes Wahrnehmungsbewußtsein für das Neue ist einem christozentrischen Denken, das einzig die durch Christi Geburt markierte Zäsur der Weltzeit anerkennt, fremd. Auch bleibt die Schöpfungsmetaphorik vom Mittelalter bis weit in die moderne Theologie hinein (creatio bzw. creatio ex nihilo – und damit die Schaffung des völlig Neuen) einzig auf das Wirken Gottes bezogen.[54]

Es würde jedoch zu kurz greifen, das Mittelalter einzig aus der Perspektive einer reinen Christozentrik heraus zu deuten. Das Aufkommen des Wortes modernus im 5. Jh. – in Gelasius' *Epistolae pontificum* (494/495) zunächst noch bezogen auf die damals aktuellen Dekrete der letzten römischen Synode im Unterschied zu den antiquis regulae – zeugt durchaus von einer reflektierenden Selbstbestimmung des mittelalterlichen Denkens. Bei Cassiodorus steht die antiquitas für das heidnisch-römische Altertum, das für die moderni, das Gotenreich, politischen Vorbildcharakter besitzt; im 9. Jh. wird zwischen dem saeculum modernum, dem Universalreich Karls, und der römischen Antike unterschieden, was bis in die ›Renaissance‹ des 12. Jh. hineinwirkt, in der auch die antikisierenden Romane und der höfische Roman entstehen[55]; dann kommt es zu einem fortschreitenden Einbeziehen des christlichen Altertums in die Bedeutung von antiquitas. Während in der Politik das Heilige Römische Reich mit dem biblisch begründeten Anspruch der translatio imperii einen eindeutigen Bezug zum paganen Altertum herstellt, gestaltet sich ein solcher in der Rezeption von Literatur und Philosophie vielschichtiger. Dabei können prinzipiell drei Positionen ausgemacht werden: (1) die radikale Ablehnung der heidnischen Antike; (2) die Anerkennung der formalen Leistung antiker Autoren; (3) die Legitimierung ihrer Inhalte aufgrund typologischer Lektüre. Als Fazit zur typologischen Lektüre pagan-antiker Texte und des *Alten Testaments* läßt sich sagen, daß sie eine Strategie der konsequenten Repristination ist, um den kirchlichen Anspruch auf unumstößliche theologische Autorität zu sichern. Auch in der Entwicklung des

---

50 Vgl. ERNST H. GOMBRICH, The Ideas of Progress and their Impact on Art (New York [Priv.dr.] 1971); dt.: Kunst und Fortschritt. Wirkung und Wandlung einer Idee (1978; Köln ²1987), 9 f.
51 FRIEDRICH OHLY, Typologie als Denkform der Geschichtsbetrachtung, in: V. Bohn (Hg.), Typologie. Internationale Beiträge zur Poetik (Frankfurt a. M. 1988), 24.
52 Vgl. ebd., 27.
53 Vgl. Apk. 21–22.
54 Vgl. BUNTFUSS (s. Anm. 31), 217.
55 Vgl. HANS ROBERT JAUSS, Literaturgeschichte als Provokation (Frankfurt a. M. 1970), 16 ff.; ERICH KÖHLER, Vorlesungen zur Geschichte der französischen Literatur. Mittelalter 1, hg. v. H. Krauß (Stuttgart u. a. 1985), 93 f.

Wortpaares antiqui (antiquitas) – moderni[56] zeigt sich die typologische Denkform als für die mittelalterliche Geschichtserfahrung prägendes Moment: Das Neue bezieht seine Kraft aus dem Alten, das aber erst im Neuen seine Steigerung erfährt.[57]

3. Renaissance und Manierismus

Für die abendländische (Kultur-)Geschichte nach der Antike gilt im allgemeinen Bewußtsein noch immer die Annahme eines zeitlich-historischen Bruchs, den Odo Marquard pointiert: »zur amtierenden Grundzäsur wird die Mittelalter-Neuzeit-Zäsur.«[58] Ebenso gilt aber, daß keine einheitliche Auffassung darüber herrscht, wie diese Zäsur zu fassen sei. Nicht weniger divergieren die Ansätze zur Bestimmung jener Epoche, die gemeinhin für den Beginn der Neuzeit steht: die Renaissance.[59] Auf die bildenden Künste bezogen, erheben die Theorien des 19. Jh. den ›Naturalismus‹ des 15. Jh. zum entscheidenden Kriterium der Epochenbestimmung; dieser ›Naturalismus‹ – wie etwa bei Jan van Eyck – stellt jedoch eine konsequente Fortentwicklung der Spätgotik dar.[60] Ein weiterer, umgreifenderer Aspekt der Epochenbestimmung ist an der ›Rhetorik der Säkularisierung‹ orientiert, für die der Ausruf ›the resurrection‹ von Francis Bacon beim Anblick antiker Statuen nackter Menschen zum Paradigma geworden ist.[61] Seit dem 19. Jh., als sich der Begriff Renaissance zur Bezeichnung der Epoche etwa von 1300 bis 1600 durchsetzt, gilt folgende Anschauung: Der ›finsteren‹ Zeit des theologisch geprägten Mittelalters steht nun jene der Wiedergeburt (›rinascita‹, ›renaissance‹), des entspringenden Quells (›risorgimento‹), der Auferstehung (›resurrection‹, ›risurrezione‹) einer zunehmend säkularen Welt entgegen – allerdings verwendet Petrarca die Topoi von ›Tod‹ und ›Wiedergeburt‹, von ›Licht‹ und ›Dunkelheit‹, zur Verklärung der christlichen Antike, die vom ›finsteren‹ Mittelalter abgelöst worden sei.[62] Die Geschichtsbetrachtung befreit sich aus dem Wirkungskreis des christozentrischen Denkens und wendet sich hin zur Annahme einer natürlich-zyklischen Bewegung.

Das Bild der Renaissance stützt sich vornehmlich auf Quellen des 16. Jh., die ihrerseits bereits die Gestalt eines historischen Rückblicks haben. So verschiebt Giorgio Vasari in seinen Künstlerbiographien *Le vite de' più eccellenti architetti, pittori ed scultori italiani da Cimabue insino a' tempi nostri* (1550) den Antipoden zum ›finsteren‹ Mittelalter, das den Untergang der Kunst gebracht habe, in die pagane Antike; der Maler Giotto wird für ihn zum Inbegriff der Wiederentdeckung der Natur, über die der Weg zur Antike führe, eine Wiederentdeckung, in der er mehr als eine bloße »restauracione« sieht, nämlich eine »rinascita«[63]. Unter dem Einfluß antiker Schriftsteller entwickelt Vasari ein Schema, das die Wiedergeburt der Künste in Italien um 1300 erklärt[64]; von dieser Zeit an sieht er eine kontinuierlich fortschreitende Entwicklung, die mit Michelangelo jedoch ihren nicht mehr zu übertreffenden Höhepunkt erreicht. Von seinem

---

56 Vgl. ELISABETH GÖSSMANN, Antiqui und Moderni im Mittelalter. Eine geschichtliche Standortbestimmung (München/Paderborn/Wien 1974); ALBERT ZIMMERMANN (Hg.), Antiqui und Moderni. Traditionsbewußtsein und Fortschrittsbewußtsein im späten Mittelalter (Berlin/New York 1974).
57 Vgl. JAUSS (s. Anm. 55), 16–20; CURTIUS (s. Anm. 45), 256–261.
58 ODO MARQUARD, Temporale Positionalität – Zum geschichtlichen Zäsurbedarf des modernen Menschen, in: Herzog/Koselleck (s. Anm. 28), 346.
59 Vgl. ARNOLD HAUSER, Sozialgeschichte der Kunst und Literatur (1953; München 1983), 281–294; KARLHEINZ STIERLE, Renaissance – Die Entstehung eines Epochenbegriffs aus dem Geist des 19. Jahrhunderts, in: Herzog/Koselleck (s. Anm. 28), 453–492.
60 Vgl. JOHAN HUIZINGA, Herfsttij der middeleeuwen. Studie over levens- en gedachtenvormen der veertiende en vijftiende eeuw in Frankrijk en de Nederlanden (Haarlem 1919); dt.: Herbst des Mittelalters. Studien über Lebens- und Geistesformen des 14. und 15. Jahrhunderts in Frankreich und den Niederlanden, hg. v. K. Köster (1919; Stuttgart ¹¹1975), 388.
61 Vgl. BLUMENBERG (s. Anm. 29), 117.
62 Vgl. FRANCESCO PETRARCA, De sui ipsius et multorum ignorantia/Über seine und vieler anderer Unwissenheit, lat.-dt., übers. v. K. Kubusch, hg. v. A. Buck (Hamburg 1993); STIERLE (s. Anm. 59), 454 ff.
63 GIORGIO VASARI, Le vite de' più eccellenti architetti, pittori ed scultori italiani da Cimabue insino a' tempi nostri (1550), hg. v. G. Milanesi, Bd. 1 (Florenz 1876), 223; vgl. STIERLE (s. Anm. 59), 457 f.
64 Vgl. GOMBRICH (s. Anm. 50), 15.

II. Tradition als Problem der Kulturtheorie   83

Standort aus betrachtet, stellt sich die Geschichte der Kunst als die eines Niedergangs dar.[65] In zumeist in lateinischer Sprache abgefaßten poetologischen Schriften (z. B. von Petrarca und Julius Caesar Scaliger) wird die aemulatio antiker Autoren gefordert. Sowohl in Italien als auch in Frankreich gewinnt die volkssprachliche Literatur an Bedeutung, und die Gelehrten ringen um die Anerkennung der jeweiligen Nationalsprache als eine dem Lateinischen gleichrangige. Die französische Literatur des 16. Jh. umfaßt ein breites Spektrum, das von den Grotesken eines Rabelais bis zu einem antikisierenden Klassizismus reicht. Namentlich die Dichter der Pléiade äußern sich programmatisch zur Volkssprache als Literatursprache. Joachim Du Bellay fordert in La deffence et illustration de la langue françoyse (1549) zur Nachahmung (›imitation‹) – nicht Übersetzung – antiker Autoren (›anciens‹) auf, um die französische Sprache zu bereichern (›illustrer‹); vorbildlich seien die ›anciens‹ durch ihre Verdienste in der ›invention‹ (i. e. inventio, hier offensichtlich vorrangig auf den sprachlichen Ausdruck bezogen); wer den Wert seiner Sprache zu bereichern trachte, möge hierin den antiken Autoren folgen (»amplifier la langue françoyse par l'immitation des anciens auteurs grecz et romains«[66]). Du Bellay greift dabei z. T. die Argumente von Sperone Speroni auf, der in seinem Dialogo delle lingue (1542) allerdings so weit ging, die Abkehr von den zum Ballast gewordenen antiken Sprachen zu fordern.[67] Pierre de Ronsard bezeichnet in seinem Abbregé de l'art poëtique françoys (1565) mit ›invention‹ sowohl das Auffinden von Gedanken, das sich durch Naturanlage oder Studium der vorbildlichen Autoren ergebe[68], als auch die angeborene Vorstellungskraft, durch welche der Dichter die wahrscheinlichen oder denkbaren Dinge nachahmen, erfinden und darstellen könne.[69] Die Poesie, gemeint ist hier die der griechischen Antike, sei in ihren Anfängen nur eine ›allegorische‹ (d.h. didaktische) Theologie gewesen. Nachdem sie dann mit Homer ihren Höhepunkt erreicht habe, seien später Dichter gefolgt, die sich mehr durch Kunstfertigkeit ausgezeichnet hätten als durch göttliche Inspiration. Diese wiederum seien von römischen Dichtern geschmäcklerisch nachgeahmt worden.[70] In Spanien proklamiert Cristóbal de Villalón in seiner Ingeniosa com-paración entre lo antiguo y lo presente (1539) gar die Überlegenheit der Gegenwart.[71]

Mit der Spätrenaissance kommt es, ausgehend von Italien, insbesondere in der bildenden Kunst zu einer das antike bzw. antikisierende Harmonieprinzip sprengenden Formensprache des Manierismus, die Arnold Hauser auf eine Krise, eine »Erschütterung der Kriterien der Wirklichkeit«[72] zurückführt. Die vielschichtige Bedeutung des Begriffs Manierismus, der auf ital. ›(gran') maniera‹ zurückgeht und bei Vasari – noch deutlicher bei Raffaello Borghini – die persönliche Ausdrucksweise eines Künstlers bezeichnet, rückt nicht zuletzt den individuellen (neuen) Zug am Kunstwerk in den Vordergrund, weshalb im Manierismus mitunter der eigentliche Ursprung der modernen Kunst gesehen wird.[73] Im 17. Jh. wird die maniera in Italien durch Giovanni Pietro Bellori und Carlo Cesare Malvasia als affektierte Kunstübung desavouiert[74], in Frankreich steht ihr die aufkommende Doctrine classique entgegen. Anders in Spanien, wo Baltasar Gracián die Subjektivierung auf die Spitze treibt und sein Postulat von der ›excelencia de primero‹, wonach nur der (historisch) Erste eine herausragende Stellung beanspruchen kann (El héroe, 1637), auch zum letztlich entscheidenden ästhetischen Kriterium erhebt: Nicht durch imita-

---

65 Vgl. HANS KÖRNER, Auf der Suche nach der ›wahren Einheit‹. Ganzheitsvorstellungen in der französischen Malerei und Kunstliteratur vom mittleren 17. bis zum mittleren 19. Jahrhundert (München 1988), 43.
66 JOACHIM DU BELLAY, La deffence et illustration de la langue françoyse (1549), hg. v. H. Chamard (Paris 1904), 103.
67 Vgl. RÖTZER (s. Anm. 48), 88.
68 Vgl. PIERRE DE RONSARD, Abbregé de l'Art poëtique françoys (1565), in: Ronsard, Œuvres complètes, hg. v. J. Céard u. a., Bd. 2 (Paris 1994), 1175.
69 Vgl. ebd., 1175.
70 Vgl. ebd., 1175.
71 Vgl. KARL KOHUT, Ingeniosa comparación entre lo antiguo y lo presente. Aufnahme und Kritik der antiken Tradition im spanischen Humanismus, in: K. Heitmann/E. Schroeder (Hg.), Renatae litterae. Studien zum Nachleben der Antike und zur europäischen Renaissance (Frankfurt a. M. 1973), 220 f.
72 HAUSER (s. Anm. 59), 383.
73 Vgl. HAUSER, Der Ursprung der modernen Kunst und Literatur. Die Entwicklung des Manierismus seit der Krise der Renaissance (1964; München 1979).
74 Vgl. HAUSER (s. Anm. 59), 378.

tio könne man den Gipfel des Ruhmes erklimmen, sondern allein durch Erneuerung. Dabei rekurriert Gracián auf den rhetorischen Begriff der aemulatio, den er nunmehr als Antonym zur imitatio verabsolutiert.[75] Von einer »traditionsabbrechenden Innovationsstrategie«[76] kann jedoch einzig – und dies mit Einschränkungen – aus einer zurückschauenden Perspektive auf die gesamte Renaissancekultur gesprochen werden. Die ›Innovationsstrategien‹ der italienischen Hofmannstraktate sind der rhetorischen inventio zuzuordnen und somit Teil des acutum genus dicendi, dem ital. acutezza (Castiglione) und span. agudeza (Gracián) entsprechen.[77] Dasselbe gilt für das seit Dante belegte und im 16. und 17. Jh. verbreitete Stilmittel des concetto (frz. concet oder concept), zusehends abgelöst durch pointe[78], worauf auch die entsprechende Bedeutung von frz. esprit zurückgeht.[79] Das acutum genus dicendi kennt das Neue nur als ein wirkungsästhetisches Moment und keineswegs als epochale Neuerung im Sinne von Innovation.

4. Die ›Doctrine classique‹

Einen vehementen Angriff auf den Manierismus und den literarischen Barock führt in Frankreich Jean-Louis Guez de Balzac. Seine Argumentation beginnt mit der gegen den Humanismus gerichteten Unterscheidung zwischen paganer und christlicher Antike. Einen notwendigen Bruch konstatiert Balzac dort, wo die christliche Religion auf Stil, Sprache und Grammatik des antiken Lateins keine Rücksicht mehr zu nehmen brauche.[80] Die religiöse Überzeugung habe alle formalen Fesseln zu sprengen und letztlich sowohl gegen die Sprache als auch gegen die Sitten der heidnischen Welt zu verstoßen. Dies gilt indes nicht für die Literatur, die sich am zeitgenössischen Publikum orientiert: Gegen den in der Haltung der bienséance begründeten Zeitgeschmack dürfe nicht verstoßen werden.[81] Einen solchen Verstoß aber stellt für ihn das Mißachten der Wahrscheinlichkeit (vraisemblance) dar. Dies sei insbesondere dann gegeben, wenn Motive aus der antiken Mythologie in Texte mit biblischen Motiven eingebracht würden. Dabei lehnt er für die Literatur eine Auslegung nach der allegorischen bzw. typologischen Methode ab, gegen die er sich auch in seinem *Socrate chrétien* (1652) wenden wird.[82] Sein Argument bezieht sich ausschließlich auf sein zeitgenössisches höfisches Publikum. Der Bereich der Literatur ist der sensus literalis; sie ist das Residuum des delectare und nicht des docere[83] – womit deren Eigenständigkeit proklamiert wird. Die Ausführungen von Guez de Balzac sind im Kontext einer lebhaft geführten ›Querelle‹ um das humanistische Erbe der Renaissance zu sehen. So lehnt etwa der anonyme jesuitische Verfasser des Traktates *De auxiliis* (1632) jede dogmatische oder kirchenpolitische Abweichung von der patristischen traditio ab; zugleich verteidigen die Jesuiten den Schulkanon mit seinem inzwischen humanistischen Gepräge.[84] Die seit dem 16. Jh. getroffene Unterscheidung zwischen dem delectare zugerechneten paganen und einer christlichen Literatur gehört mit zu den Voraussetzungen für eine klassizistische Poetik der französischsprachigen Literatur, die sich in ihren Prämissen überwiegend an Aristoteles und Horaz orientiert. Ihren eigentlichen Ausgang nimmt die Normierung jedoch in der ›Öffentlichkeit‹ des

---

75 Vgl. BALTASAR GRACIÁN, El héroe (1637), in: Gracián, Obras completas, hg. v. M. Batllori/C. Peralta, Bd. 1 (Madrid 1969), 254a; HINZ (s. Anm. 42), 25 ff.
76 HINZ (s. Anm. 42), 27.
77 Vgl. HINZ, Rhetorische Strategien des Hofmanns. Studien zu den italienischen Hofmannstraktaten des 16. und 17. Jahrhunderts (Stuttgart 1992).
78 Vgl. DIETRICH BRIESEMEISTER, ›Concetto‹, in: UEDING, Bd. 2 (1994), 311–314.
79 Vgl. CURTIUS (s. Anm. 45), 298 ff.; TILL R. KUHNLE, ›Klassizismus‹. IV. Neuzeit. 2. Frankreich‹, in: UEDING, Bd. 4 (1998), 1005–1022; BÉRENGÈRE PARMENTIER, Le siècle des moralistes. De Montaigne à La Bruyère (Paris 2000), 252 f.
80 Vgl. JEAN-LOUIS GUEZ DE BALZAC, Dissertation sur une tragédie intitulée ›Herodes infanticida‹, in: Guez de Balzac, Œuvres diverses (1644), hg. v. R. Zuber (Paris 1995), 184.
81 Vgl. ebd., 185; KUHNLE (s. Anm. 79).
82 Vgl. ZUBER, Guez de Balzac et les deux antiquités, in: XVIIe Siècle 33 (1981), 146.
83 Vgl. ebd., 196.
84 Vgl. REINHART HERZOG, Epochenerlebnis ›Revolution‹ und Epochenbewußtsein ›Spätantike‹ – Zur Genese einer historischen Epoche bei Chateaubriand, in: Herzog/Koselleck (s. Anm. 28), 212 f.

17. Jh., die von den beiden gesellschaftlichen Säulen des Absolutismus (›la cour et la ville‹) gebildet wird.[85] Mit der literarischen Normierung korreliert eine Sprachpflege, welche die Vorbildlichkeit dieser Öffentlichkeit und der ›bons auteurs françoys‹ für die Sprache festschreibt.[86] Unter den ›bons auteurs‹ werden überwiegend zeitgenössische Autoren verstanden, die keinem festen Kanon zugerechnet sind. Der durch Pierre Corneilles *Le Cid* (1637) ausgelöste Literaturstreit (›Querelle du Cid‹), an dem die von Richelieu zum Zwecke der Sprachnormierung 1635 gegründete *Académie française* maßgeblich beteiligt ist, und das Erscheinen von Nicolas Boileaus *L'art poétique* (1674) markieren die entscheidenden Eckdaten für die Herausbildung der Doctrine classique. Boileau beruft sich u. a. auf François de Malherbes' *Commentaire sur Desportes* (1606), in dem dieser mit den antiken Kriterien puritas und consuetudo zur Kritik an dem Dichter Philippe Desportes aufgerufen hat.[87] Die Repristination antiker Autoren als Vertreter eines als vollkommen angesehenen Literatursystems wird nun definitiv zum Maßstab für die zeitgenössische literarische Produktion.

Obwohl mit großer Liebe zum Detail geführt, bietet der post festum als Doctrine classique bezeichnete Diskurs keinen ausformulierten Regelkatalog, sondern beruft sich einzig auf die postulierte Vollkommenheit der ›anciens‹. Auf diese Weise sichern seine Träger die Autorität jener Instanz, der sie huldigen. Wenn Guillaume Colletet in seinem 1636 vor der *Académie* gehaltenen *Discours de l'éloquence, et de l'imitation des anciens* die Möglichkeit zum aemulativen Überbieten der anciens durch die Nachahmung derselben erklärt – »en les imitant, on les peut surpasser«[88] –, dann sieht er das Überbieten als einen kollektiven Akt an, der ganz im Dienste Frankreichs stehe und dem nicht zu überbietenden Vorbild Richelieus folge. Der die zeitgenössische literarische Produktion flankierende normative Forderungskatalog der Doctrine classique läßt für das ›Neue‹ innerhalb eng gezogener Grenzen für das acutum dicendi genus nur wenig Spielraum. Durch Einschränkung der rhetorischen Figuren wird die pathetische Bühnenrede der Tragödie auf die ›klassische Dämpfung‹[89] verpflichtet, ›nouveauté‹ und ›surprise‹ kennzeichnen dagegen Komödie und Tragikomödie.[90] Die unaufdringliche ›surprise‹ ist auch in der Konversation beheimatet, jenem genre délicat, dessen Beherrschung esprit erfordert. In Voltaires *Encyclopédie*-Artikel heißt es schließlich über den esprit: »Aristote a bien raison de dire, qu'*il faut du nouveau*; le premier qui pour exprimer que les plaisirs sont mêlés d'amertumes, les regarda comme des roses accompagnées d'épines, eut de l'*esprit*. Ceux qui le répétèrent n'en eurent point.«[91]

5. *Die* ›*Querelle des anciens et des modernes*‹

Bereits zur Zeit ihrer Blüte erhebt sich Kritik an der Doctrine classique. Jean Desmarets de Saint-Sorlin etwa formuliert eine Widerlegung der am antiken Vorbild ausgerichteten Tragödie: Nicht die Tugenden der heidnischen Helden seien vorbildlich, sondern die der Heiligen. Kam es innerhalb der Doctrine classique zu einem Quidproquo von ›imitatio naturae‹ und ›imitation des anciens‹, zu einer fast bis zur Synonymie reichenden semanti-

---

85 Vgl. ERICH AUERBACH, La cour et la ville, in: Auerbach, Vier Untersuchungen zur Geschichte der französischen Bildung (Berlin 1951), 12–50; WERNER KRAUSS, Über die Träger der klassischen Gesinnung im 17. Jahrhundert (1934), in: Krauss, Gesammelte Aufsätze zur Literatur und Sprachwissenschaft (Frankfurt a. M. 1949), 321–338; NORBERT ELIAS, Die höfische Gesellschaft (1969; Frankfurt a. M. 1994), 120 ff.
86 Vgl. CLAUDE FAVRE DE VAUGELAS, Remarques sur la langue françoise (1647), hg. v. A. Chassang, Bd. 1 (Paris o. J.), 11–50 (Préface); HARALD WEINRICH, Vaugelas und die Lehre vom guten Sprachgebrauch, in: Zeitschrift für romanische Philologie 76 (1960), 1–33.
87 Vgl. LAUSBERG, Die Stellung Malherbes in der Geschichte der französischen Schriftsprache, in: Romanische Forschungen 62 (1950), 172–200.
88 GUILLAUME COLLETET, Discours de l'éloquence, et de l'imitation des anciens (1638), in: Colletet, L'art poétique (1658; Genf 1970), 52 f.
89 Vgl. LEO SPITZER, Die klassische Dämpfung in Racines Stil, in: Spitzer, Romanische Stil- und Literaturstudien, Bd. 1 (Marburg 1931), 135–270.
90 Vgl. PETER BÜRGER, Die frühen Komödien Pierre Corneilles und das französische Theater um 1630. Eine wirkungsästhetische Analyse (Frankfurt a. M. 1971), 48–56.
91 VOLTAIRE, ›Esprit, (Philos. & Belles-Lettr.)‹, in: DIDEROT (ENCYCLOPÉDIE), Bd. 5 (1755), 973.

schen Unschärfe zwischen inventio, mimesis und imitatio, so erklärt Desmarets nun das klassizistische Wahrscheinlichkeitspostulat (vraisemblance) für unvereinbar mit dem Wahrheitsanspruch des christlichen Schöpfungsbegriffs und hebt die ›invention‹ als die eigenständige Leistung des Menschen hervor. Das einzige, freilich unerreichbare, Vorbild sei die Bibel[92]; in der Natur gebe es keine Vorbilder (»modèles«[93]) für die Poesie. Der Unterschied zwischen imitatio und inventio entspreche dem zwischen ›copiste‹ und ›inventeur‹ in der Malerei: Der handwerklich arbeitende ›copiste‹ verfüge nicht über den schöpferischen Geist eines ›inventeur‹[94]. In Desmarets impliziter Analogie von Schöpfer und Dichter[95], dem allen Vorgaben enthobenen ›inventeur‹[96], ist bereits der Geniebegriff des 18. Jh. angelegt.

1671 veröffentlicht Gabriel Guéret *La guerre des auteurs anciens et modernes*. Mit seiner kriegerischen Metapher stellt er die Parameter jenes Literaturstreites einander gegenüber, in dem es um eine Revision des Verhältnisses zur Antike geht: die ›Querelle des anciens et des modernes‹. Zum offenen Literaturstreit – und damit zur eigentlichen ›Querelle des anciens et des modernes‹, wie sie heute genannt wird – kommt es 1687 mit Charles Perraults vor der *Académie française* gehaltenen Vortrag *Le siècle de Louis le Grand*, in dem er seine Verteidigung der ›modernes‹ vorbereitet. Damit zieht er sich den Widerspruch von Autoritäten wie Boileau, François de Salignac de la Mothe Fénelon und Jean de La Bruyère zu, die die Partei der ›anciens‹ bilden. Auf seine Seite schlägt sich der junge Bernard Le Bovier de Fontenelle, ein Bewunderer der antiken Rhetorik. In seiner *Digression sur les anciens et les modernes* (1688) proklamiert Fontenelle die Eigenständigkeit der modernes gegenüber der antiken Poesie. Fontenelle weist in diesem Zusammenhang darauf hin, daß sowohl die Redekunst als auch die Dichtung als Produkte der Imagination den Vorzug hätten, schneller zur »perfection«[97] gelangen zu können als die Wissenschaften. Eine jede Disziplin folge ihren eigenen Entwicklungsgesetzen; in Übereinstimmung mit Velleius Paterculus weist er einer jeden Disziplin ihre Epoche zu: Im 17. Jh. gelte dies für die Philosophie; in der Antike habe die Rhetorik eine größere ›perfection‹ erreicht als die Poesie.[98] Fontenelle zieht deshalb die Überlegenheit der antiken Autoren in Zweifel: Für ihn gibt es keinen qualitativen Unterschied zwischen den Dimensionen Vergangenheit und Zukunft. Er bestreitet die Auffassung von der Einmaligkeit der im Altertum erreichten Vollkommenheit. Die Gegenüberstellung von Rhetorik und Poesie mit ihrem unterschiedlichen Grad der ›perfection‹ ist als eine argumentative Strategie zu verstehen, die das Ziel verfolgt, den Prozeß des Sich-Vervollkommnens (›se perfectionner‹) als einen in der historischen Dimension zwar offenen, nichtsdestoweniger aber auf einen dem jeweiligen Teilgebiet eigenen Punkt der Vollendung (›point de la perfection‹) ausgerichteten darzustellen. Fontenelles entelechisches Fortschrittsverständnis hat folglich die historische, den Geschichtsverlauf beschreibende Zeit noch nicht im Blick.[99] Die perfection ist dabei ein abstraktes Ideal ohne formal-inhaltliche Vorgaben. Fontenelle beabsichtigt keineswegs, die anciens und jegliche imitatio zu verwerfen; vielmehr sucht er den Eigenwert der modernes zu betonen – und schränkt die aemulatio ein: »Quand nous aurons trouvé que les Anciens ont atteint, sur quelque chose, le point de perfection, contentons-nous de dire qu'ils ne peu-

---

92 Vgl. JEAN DESMARETS DE SAINT-SORLIN, Les délices de l'esprit – dialogues (Paris 1658), [Prologue, nicht pag.].
93 DESMARETS DE SAINT-SORLIN, La comparaison de la langue et de la poësie françoise, avec la grecque et la latine, et des poëtes grecs, latins et françois (Paris 1670), 9.
94 Vgl. ebd., 94, 41.
95 Vgl. DESMARETS DE SAINT-SORLIN, Marie Madeleine ou le triomphe de la grâce – Poëme (Paris 1669), [Prologue, nicht pag.].
96 Vgl. DESMARETS DE SAINT-SORLIN (s. Anm. 93), 90.
97 BERNARD LE BOVIER DE FONTENELLE, Digression sur les Anciens et les Modernes (1688), in: Fontenelle, Œuvres complètes, hg. v. A. Niderst, Bd. 2 (Paris 1991), 419.
98 Vgl. ebd., 421f.
99 Vgl. JAUSS, Ästhetische Normen und geschichtliche Reflexion in der ›Querelle des Anciens et des Modernes‹, in: Charles Perrault, Parallèle des anciens et des modernes en ce qui regarde les arts et les sciences (1688–1697), hg. v. Jauss (München 1964), 16.

vent être surpassés: mais ne disons pas qu'ils ne peuvent être égalés.«[100]

Im selben Jahr wie Fontenelles *Digression* (1688) erscheint der erste Teil von Perraults vierbändiger *Parallèle des anciens et des modernes*, in der er zur beckmesserischen Kritik an seinem Vortrag *Le siècle de Louis le Grand* Stellung bezieht. Er nimmt diese Replik zum Anlaß für eine umfassende kunst-, kultur- und wissenschaftstheoretische Stellungnahme. Einige der in der *Parallèle* entwickelten oder aufgegriffenen Argumente belegen ein neues Bewußtsein von der künstlerischen Produktion und werden die ästhetische Diskussion bis weit ins 18. Jh. hinein mitbestimmen. Perrault faßt die Künste zu einem einheitlichen System gleichberechtigter Gattungen zusammen, ein Gedanke, den er in einer weiteren Schrift, *Le cabinet des beaux arts* (1690), ausführt: Die beaux arts werden nachdrücklich von den Artes liberales abgegrenzt; zu jenem System zählt nunmehr auch die ›éloquence‹. Die Annahme eines solchen Systems begründet eine von der engen Anbindung an die Rhetorik emanzipierte Kunsttheorie und stellt einen wichtigen Schritt auf dem Weg zur Ästhetik als einer eigenständigen philosophischen Disziplin dar. Eine der gewichtigsten Einlassungen Perraults ist die Frage, warum man in allen Künsten von einem Prozeß ständiger Weiterentwicklung spreche, von der Poesie der Antike dagegen, die sich noch im Stadium ihrer Kindheit befinde, bereits von Vollendung.[101] Indem er die Produkte der Künste als historisch relative Ausdrucksformen der absoluten Vollkommenheit des Schönen betrachtet, gewinnt bei ihm dieses Ideal (›l'idée du beau‹) erst an Gewicht: Es läßt sich nicht mehr auf das abstrakte Regelwerk der Doctrine classique verpflichten. Damit wird der ›bon goût‹ zu der einzigen Instanz, die über Kunst zu urteilen hat: Geschmack ist Zeitgeschmack.[102] Die letzte Konsequenz wird die Subjektivierung des Geschmacksurteils sein. In diesem Zusammenhang kommt es auch zu einer wichtigen publikumssoziologischen Betrachtung: Das neue Lesepublikum löst die Bildungselite der ›sçavans‹ als Autorität ab. Die nunmehr mögliche gewordene Differenzierung lenkt den Blick auch auf die Rezeptionsbedingungen.[103] Besonders deutlich tritt in *Le siècle de Louis le Grand* und in seiner ersten *Parallèle* das Selbstverständnis einer eigenständigen Epoche hervor; seinem zyklischen Epochenverständnis verpflichtet, gibt er jedoch zu bedenken, daß der kulturelle Zenit bereits erreicht sein könnte.[104]

Die Vertreter der modernes behaupten die Eigenständigkeit der Literatur und schließlich der Kunst (›les beaux arts‹) ihrer Zeit überhaupt und verweisen, geleitet vom Gedanken der aemulatio, darauf, daß sie wohl die Qualität der antiken Literatur erreichen könne. Curtius nennt die ›Querelle des anciens et des modernes‹ ein »konstantes Phänomen der Literaturgeschichte«[105], das er bereits an der Asianismus-Debatte ausmacht. Jauß spricht zutreffender von einem »literarischen Topos«[106], und als solcher scheint er in das Begriffspaar Tradition – Innovation Eingang gefunden zu haben. Der Topos der ›querelle littéraire‹ wurde mit Augustin Simon Irailhs umfassender Studie *Querelles littéraires ou mémoires pour servir à l'histoire des révolutions de la République des Lettres depuis Homère jusqu'à nos jours* (1761) aus der Perspektive aufklärerischen Fortschrittsdenkens gesehen und zum Paradigma einer kulturgeschichtlichen Betrachtungsweise erhoben: »Au milieu de toutes ces disputes, soutenues de part & d'autre avec tant de chaleur, à travers ce fatras d'injures & de libèles, parmi ces révolutions continuelles de la république des lettres, le lecteur pourra suivre le fil de nos connoissances, les progrès du goût, la marche de l'esprit humain«[107]. Innerhalb dieser Geschichte der querelles littéraires wird auch ausdrücklich die ›Querelle des anciens et des modernes‹ als historische Auseinandersetzung um die Doctrine classique genannt[108] – noch vor der Verankerung des Terminus als Topos in der Literaturgeschichte durch Hippolyte Rigault

---

100 FONTENELLE (s. Anm. 97), 424.
101 Vgl. PERRAULT, Parallèle des anciens et des modernes [1697] (s. Anm. 99), 289.
102 Vgl. ebd., 299.
103 Vgl. ebd., 331.
104 Vgl. PERRAULT, Parallèle des anciens et des modernes [1688] (s. Anm. 99), 114.
105 CURTIUS (s. Anm. 45), 256.
106 JAUSS (s. Anm. 55), 14.
107 AUGUSTIN SIMON IRAILH, Querelles littéraires ou mémoires pour servir à l'histoire des révolutions de la République des Lettres depuis Homère jusqu'à nos jours, Bd. 1 (Paris 1761), XIV.
108 Vgl. ebd., Bd. 2 (Paris 1761), 285 ff.

1856.[109] Dennoch ist eine Gleichsetzung dieses Topos mit jenem von Tradition – Innovation problematisch, zumal die historische ›Querelle‹ sich noch innerhalb universaler Vergleichskategorien bewegt, denen ein entelechisches Entwicklungsschema eingeschrieben ist. Diese Kategorien widersprechen, wie Luhmann feststellt, auch dem »Postulat nach Originalität«[110] und den nunmehr historisch begründeten gattungsimmanenten Stilmerkmalen. Die Position der modernes hat die Herausbildung eines auf Autonomie gegründeten Systems von Kunst und Literatur befördert.[111] Indes ist ihre Position nicht mit der Forderung nach formaler Erneuerung in der Literatur verbunden. Die erst gegen Mitte des 18. Jh. abklingende historische ›Querelle des anciens et des modernes‹ hat in Frankreich die Literatur- und Kunsttheorie aus dem engen Korsett der Doctrine classique befreit; sie hat den Klassizismus (als Terminus in Frankreich erst seit dem beginnenden 19. Jh. geläufig) aus dem Inventar absolutistischer Legitimationsstrategien herausgelöst und damit entscheidend dazu beigetragen, ihn zum Konstituens eines eigenständigen nationalen »Literatursystems«[112], einer eigenen Literaturtradition zu machen.

England erlangt nicht zuletzt durch Charles de Saint-Évremond Kenntnis von den Positionen der französischen ›Querelle des anciens et des modernes‹.[113] Dieser Rezeption ging Bacon mit seinen wissenschaftstheoretischen Schriften voraus: Die herkömmliche Form des Erschließens von Wirklichkeit erfolge über starre Idole (›Idola‹), die eine Herrschaft des Vorurteils darstellen, das wahrer Erkenntnis entgegenstehe. Eine besondere Wirkungsmacht schrieb er jenen Idolen zu, die den dogmatischen Setzungen philosophischer Lehrmeinungen entspringen, »welche durch Tradition, Leichtgläubigkeit und Nachlässigkeit Geltung erlangt haben« (quae ex traditione et fide et neglectu invaluerunt)[114]. Dennoch kann Bacon, dessen Philosophie auf dem Postulat der Erneuerung beruht, nicht einfach als traditionsfeindlich eingeordnet werden. In *The Advancement of Learning* (1605) und in *De dignitate et augmentis scientiarum* (1623) hielt er an der Tradition als dem wesentlichen Element des Lernens fest: »For all knowledge is either delivered by teachers, or attained by men's proper endeavours: and therefore as the principal part of tradition of knowledge concerneth chiefly writing of books, so the relative part thereof concerneth reading of books.«[115] Daher unterteilte er die »tradition of knowledge« nach zwei Gesichtspunkten: »the one Critical, the other Pedantical«[116]. Beide Formen seien unverbrüchlich miteinander verknüpft: »For Pedantical knowledge, it containeth that difference of Tradition which is proper for use«[117]. Seine Verteidigung der Erneuerung begann in der Auseinandersetzung mit der Rhetorik. So zeigte er etwa, daß die rhetorische inventio durch ihre Rückbindung an topica keinesfalls echte inventio im Sinne von erfinden (invenire), dem Aufdecken von Unbekanntem (»ignota detegere«[118]) bedeuten könne.

Der im Kontext der englischen Querelle (›Battle of the Books‹) geführte Disput nimmt seinen Ausgang im wissenschaftstheoretischen Streit darüber, ob Aristoteles oder Bacon der Vorzug zu geben sci. William Temple wendet sich in seinem *Essay upon the Ancient and Modern Learning* (1690) vehement gegen Bacon und Fontenelle. Ihm tritt William Wotton entgegen, der in seinen *Reflections upon*

---

109 Vgl. HIPPOLYTE RIGAULT, Histoire de la Querelle des Anciens et des Modernes (1856; New York 1963); ALFRED LOMBARD, La Querelle des Anciens et des Modernes. L'Abbé Du Bos (Neuchâtel 1908), 6; AUGUST BUCK, Die ›Querelle des Anciens et des Modernes‹ im italienischen Selbstverständnis der Renaissance und des Barocks (Wiesbaden 1973), 5.
110 LUHMANN, Die Kunst der Gesellschaft (1995; Frankfurt a. M. ²1996), 376.
111 Vgl. ebd., 377; MICHAEL NERLICH, Abenteuer oder das verlorene Selbstverständnis der Moderne. Von der Unaufhebbarkeit experimentellen Handelns (München 1997), 109.
112 CURTIUS (s. Anm. 45), 270.
113 Vgl. GERHARD SAUDER, [Nachwort], in: Edward Young, Gedanken über die Original-Werke, übers. v. H. E. von Teubern (1760; Heidelberg 1977), 6.
114 FRANCIS BACON, Novum organum (1620), in: BACON, Bd. 1 (1858), 165; dt.: Neues Organon, lat.-dt., übers. v. R. Hoffmann/G. Korf, hg. v. W. Krohn, Bd. 1 (Hamburg 1990), 105.
115 BACON, The Advancement of Learning (1605), in: BACON, Bd. 3 (1859), 413 f.
116 Ebd., 413; vgl. BACON, De dignitate et augmentis scientiarum (1623), in: BACON, Bd. 1 (1858), 708 ff.
117 BACON (s. Anm. 115), 415.
118 BACON, De dignitate (s. Anm. 116), 633.

Ancient and Modern Learning (1694) ähnlich argumentiert wie Perrault und die Vergleichbarkeit von kulturellen Leistungen in den unterschiedlichen Epochen bezweifelt. Jonathan Swift ergreift mit seiner Satire *The Battle of the Books* (1704) die Partei der Ancients: Descartes habe Aristoteles zu weichen und Homer trage den Sieg über Perrault und Fontenelle davon.[119] Alexander Pope, ein Verehrer Boileaus, geht daran, Natur und Klassik miteinander zu verbinden, indem er jener einen universalen Status zuweist, den die klassischen Autoren nachgeahmt hätten. Er läßt Tradition in seinen Naturbegriff aufgehen[120] und setzt in seinem *Essay on Criticism* (1711) die aristotelische Mimesis (imitatio naturae) an die Stelle der imitatio: »Learn hence for ancient rules a just esteem; / To copy nature is to copy them.«[121] In seinen Samuel Richardson gewidmeten *Conjectures on Original Composition* (1759) polemisiert Edward Young gegen Pope und gegen eine jede Regelpoetik, wie immer sie auch begründet sein mag. Er antwortet darauf mit einer metaphernreichen Apologie des Genies und der Originalität[122] und rekurriert dabei auf die Inhalte des theologischen Traditionsbegriffs: »His taste partook the error of his religion, – it denied not worship to saints and angels; that is, to writers who, canonized for ages, have received their apotheosis from established and universal fame.«[123] Das Genie seiner Zeit sieht Young einer Gefahr ausgesetzt, welche für die Antike nicht bestanden habe: Es könne zwischen Originalität und Nachahmung wählen, wobei die letztere unweigerlich sein Verkümmern nach sich ziehe.[124] Mit Originalität ist bei ihm aber nicht absolute Freiheit gemeint, sondern die gelungene Nachahmung der Natur. Damit bleibt er dem mimetischen Prinzip verpflichtet, das er gegen die imitatio ausspielt; jene erhebt er zur eigentlichen Bezugsgröße der aemulatio: Die alten Meister sollen keinesfalls verworfen werden: »Imitate them by all means; but imitate aright« (554). Nachahmenswert sei vielmehr der auf die Mimesis hin ausgerichtete Schaffensprozeß: »Such is Emulation's high-spirited advice« (569). In Deutschland, wo bereits 1760 eine Übersetzung erscheint, wird Young von Johann Christoph Gottsched, dem deutschen Verteidiger des ›erlernbaren‹ Regelwerks der Doctrine classique, heftig angegriffen[125], um wenig später in Johann Gottfried Herder einen Verteidiger zu finden.[126]

III. Die neue Rede von der Tradition

1. Voraussetzungen

Die ›Querelle des anciens et des modernes‹ fällt in eine Zeit des aufkommenden Krisenbewußtseins.[127] Schon 1685 erhebt Pierre Bayle die mahnende Stimme gegen »le prejugé de la Tradition«[128]. Gottfried Wilhelm Leibniz thematisiert den Widerspruch zwischen Tradition und Vernunft, wobei er jene nur für die Allgemeinheiten (›generalités‹) gelten läßt, »mais quand on vien au fait, il se trouve que les differens pays ont receu des

---

119 Vgl. RICHARD FORSTER JONES, Ancients and Moderns. A Study of the Background of the Battle of the Books (St. Louis 1936); JONES, The Background of the Battle of the Books, in: Jones, The Seventeenth Century. Studies in the History of English Thought and Literature from Bacon to Pope (London 1951), 10–40; RÖTZER (s. Anm. 48), 98 ff.
120 Vgl. ALEIDA ASSMANN, Zeit und Tradition. Kulturelle Strategien der Dauer (Köln/Weimar/Wien 1999), 137 f.
121 ALEXANDER POPE, An Essay on Criticism (1711), in: Pope, Poetical Works, hg. v. H. Davis (London/New York/Toronto 1968), 68 (V. 139 f.).
122 Vgl. ROLAND MORTIER, L'originalité. Une nouvelle catégorie esthétique au siècle des lumières (Genf 1982), 77.
123 EDWARD YOUNG, Conjectures on Original Composition in a Letter to the Author of ›Sir Charles Grandison‹ (1759), in: Young, The Complete Works, hg. v. J. Nichols, Bd. 2 (1854; Hildesheim 1968), 569.
124 Vgl. ebd., 553.
125 Vgl. LAWRENCE M. PRICE, The Reception of English Literature in Germany (1932; New York 1968), 290 f.
126 Vgl. JOHANN GOTTFRIED HERDER, [Rez.] Joh. Jac. Rambach, Schreiben über die Frage: ob das Lesen der Alten an dem Mangel der Original-Scribenten Schuld sey (1765), in: HERDER, Bd. 1 (1877), 121.
127 Vgl. KOSELLECK, Kritik und Krise. Eine Studie zur Pathogenese der bürgerlichen Welt (1959; Frankfurt a. M. ⁶1989), 132 ff.
128 PIERRE BAYLE, Pensées diverses sur la comète (1682), hg. v. A. Prat, Bd. 1 (1911; Paris 1994), 35 (§ 7).

opinions differentes depuis longtemps; et dans les mêmes pays encor on est allé du blanc au noir«[129]. Mit der Reflexion der Krise setzt die Frage nach der Legitimität ein, die seit dem 18. Jh. auf dem Hintergrund der sich entwickelnden Geschichtsphilosophie gestellt wird. Für diese Zeit konstatiert Luhmann »eine kritische Sichtung der Bindungen an die eigene Tradition. Die Tradition erscheint jetzt als oktroyierte Unmündigkeit, von der man sich befreien muß. Die Kunstreflexion findet sich in einer Situation, in der ihr die Markierung ihres Abstands zur eigenen Tradition aufgegeben ist, und genau darin nimmt sie bei aller Autonomie ihrer Selbsteinschätzung an Gesellschaft teil.«[130] Luhmann argumentiert hier jedoch bereits mit einem abstrakten Verständnis von Tradition, das die Bedeutungen des Wortes im 18. Jh. nicht hinreichend erfaßt. Für Frankreich entstand im Ausgang der ›Querelle des anciens et des modernes‹ durch das etwa von Batteux verfochtene Postulat von der Einheit der Künste[131] zunächst ein besonderes Verhältnis der Negativität zur krisenhaften gesellschaftlichen Situation: In den Künsten entfaltet sich vordergründig ein gegen den Wandel abgeschottetes Residuum, das auch die Prämissen der Doctrine classique in sich aufzunehmen vermochte. Im Frankreich der Aufklärung behielt der Klassizismus seine herausragende Stellung, da er als eine dem Prinzip der raison entsprechende Doktrin angesehen wurde (so auch bei Voltaire). Allerdings kam es nun zu einer Verschiebung in der ästhetischen Theorienbildung, die in letzter Konsequenz die Doctrine classique mit ihrem Regelwerk untergraben sollte. So bildete ein unter Einbeziehung der Lehre Augustinus' und der christlich-neuplatonischen Ontologie formulierter transzendentaler Begriff des Schönen (›le beau‹) die Grundlage der Ästhetik Diderots.[132] Das Schöne in der Kunst zeichne sich durch Einheit aus: »Rien n'est beau sans unité«[133]. Gleichzeitig erhob der Sensualismus Voltaires definitiv das Individuum mit seinen ›sensations‹ und ›sentiments‹[134] zu der Instanz eines (präreflexiven) Geschmacksurteils. An den Sensualismus knüpfte auch Jean-François de Saint-Lambert in seinem Artikel ›Génie‹ für die *Encyclopédie* an: Das Genie habe ein ausgeprägtes Empfindungs- und Erinnerungsvermögen, wodurch es in der Wahrnehmungsfähigkeit seiner Zeit vorausschreite.[135]

Die wichtigsten ästhetischen Theorien im Frankreich des 18. Jh. kristallisieren sich um Versuche, eine universale Vorstellung von Kunst zu entwickeln, aus der die Konfrontation von Alt und Neu weitgehend gebannt ist. Bis zum Ende des 18. Jh. war der Begriff Tradition in den ästhetischen und philosophischen Diskursen Frankreichs von untergeordneter Bedeutung; die entsprechenden Einträge in der *Encyclopédie* setzen den Akzent auf den theologischen und juristischen Sprachgebrauch. Das französische 18. Jh. blieb zunächst dem Gedanken einer zyklischen Kulturtheorie verpflichtet, die auch in anderen Ländern ihre Entsprechungen fand: insbesondere Giambattista Vicos *Principi di una scienza nuova d'intorno alla commune natura delle nazioni* (1725) und die Schriften Johann Joachim Winckelmanns verknüpfen die Geschichte der Kunst mit der der Zivilisation.[136] Erst nach der Französischen Revolution begann ein an der Idee vom linearen Fortschritt, von der ›perfectibilité‹ der Menschheit geprägtes geschichtsphilosophisches Denken, für das v. a. der Philosoph Jean Antoine Nicolas de Caritat de Condorcet (*Esquisse d'un tableau historique des progrès de l'esprit humain*, 1795) steht, diese zyklische Auffassung nachhaltig zu durchbrechen. Mit der Annahme einer linearen Bewegung rückte auch der Hiatus von Alt und Neu ins Blickfeld: die Tradition konnte zum (säkularen) philosophischen Problem werden. Die Philosophie der Aufklärung, die sich der von der Ver-

---

129 LEIBNIZ, Nouveaux essais sur l'entendement humain (entst. 1703–1705), in: Leibniz, Philosophische Schriften, frz.-dt., übers. u. hg. v. W. v. Engelhardt/ H. H. Holz, Bd. 3/2 (1959; Frankfurt a. M. 1996), 656.
130 LUHMANN (s. Anm. 110), 443.
131 Vgl. BATTEUX (1746).
132 Vgl. KÖRNER (s. Anm. 65), 74 ff.
133 DENIS DIDEROT, Pensées détachées sur la peinture, la sculpture, l'architecture et la poésie pour servir de suite aux salons (1798), in: DIDEROT (ASSÉZAT), Bd. 12 (1876), 80.
134 Vgl. VOLTAIRE, ›Goût, (Gramm. Littérat. & Philos.)‹, in: DIDEROT (ENCYCLOPÉDIE), Bd. 7 (1757), 761.
135 Vgl. JEAN-FRANÇOIS DE SAINT-LAMBERT, ›Génie‹,‹ in: DIDEROT (ENCYCLOPÉDIE), Bd. 7 (1757), 581–584.
136 Vgl. GOMBRICH (s. Anm. 50), 37.

nunft geleisteten Durchdringung aller Wissensgebiete verschrieben hat, etabliert geradezu eine Dichotomie von Vernunft und (irrationaler) Tradition – vorrangig im theologischen Sinne. Für Kant etwa gibt es nur eine wahre Voraussetzung für Erkenntnis, »*bloß* die Vernunft, nicht ein vorgeblicher geheimer Wahrheitssinn, keine überschwengliche Anschauung unter dem Namen des Glaubens, worauf Tradition oder Offenbarung, ohne Einstimmung der Vernunft, gepfropft werden kann«[137]. Die Tradition erscheint dem aufklärerischen Denken zunächst als Element einer obsolet gewordenen Philosophie, die sich noch als Magd der Theologie verstanden hat. Doch wo der Blick auf die Geschichte fällt, kann sich das Denken der Tradition (Überlieferung) nicht verweigern – darauf verweist schon Schiller: »Die Quelle aller Geschichte ist Tradition, und das Organ der Tradition ist die Sprache. Die ganze Epoche *vor der Sprache*, so folgenreich sie auch für die *Welt* gewesen, ist für die *Weltgeschichte* verloren.«[138]

Zur Zeit der Aufklärung bilden sich Strömungen heraus, die für sich in Anspruch nehmen, über das Arkanum eines humanitätsstiftenden Wissens zu verfügen: das sich gegen absolutistische Staatsideen etablierende Logengeheimnis.[139] Allen voran die Freimaurerei beruft sich auf die Überlieferung, aus der sie ihr Wissen herleitet: »Und hier fängt die Zeit an, wo die Fingerzeige der niedergeschriebenen Historie freilich ermangeln; aber eine sorgfältig aufbewahrte Tradition, die so viel innere Merkmale der Wahrheit hat, ist bereit, diesen Mangel zu ersetzen.«[140] Diese Tradition aber könne am Ende durch Verschriftlichung zu Historie werden.

Ungeachtet der veränderten produktions- oder wirkungsästhetischen Beurteilung von Kunst und der Herausbildung der Ästhetik als eigene Disziplin durch Baumgarten und Kant, bleibt die europäische Aufklärung, insbesondere die französische, weitgehend einer auf den klassizistischen Kanon bezogenen Kunstbetrachtung verpflichtet. Allerdings deutet indirekt schon Schiller mit seiner Feststellung, die Tradition sei der Ausgang aller Geschichte, auf die Problematik einer solchen zur Abstraktion von der Historie tendierenden Betrachtung von Kunst und Literatur hin. Und Friedrich Schlegel unterstreicht den gemeinsamen Weg von Vernunft und Dichtung im antiken Mythos: »Die Sage oder der *Mythus* ist ja aber eben jene Mischung, wo sich Überlieferung und Dichtung gatten, wo die Ahndung der kindischen Vernunft und die Morgenröte der schönen Kunst ineinander verschmelzen.«[141]

In Frankreich kommt es mit dem beginnenden 19. Jh. zu einem großangelegten Angriff auf die Doctrine classique, der unter der Bezeichnung ›romantisme‹ eine literaturhistorische Zäsur markiert. Am augenscheinlichsten formuliert Victor Hugo in seiner *Préface de Cromwell* (1827) das Unvermögen tradierter Gattungen, das universale Prinzip der Poesie adäquat zu artikulieren. Sein Gegenentwurf ist ein nach Monumentalität strebendes Drama als Vollendung einer die Extreme (›le sublime‹, ›le grotesque‹) in Harmonie aufhebenden »poésie complète«[142]. Der Dichter wird ganz im Sinne der europäischen Romantik zum poeta vates[143] – ein Topos, dessen sich nicht zuletzt auch der Saint-Simonismus im Namen seines utopischen Gesellschaftsentwurfes bedient, um die Dichter zur »avantgarde«[144] zu erklären. Unter dem Eindruck romantischer Verherrlichung des Mittelalters als einer Epoche der Totalität entwickeln die Saint-Simonisten den geschichtsphilosophischen Entwurf einer Drei-Stadien-Lehre – gleichsam das umgreifendere, auf eine vollkommenere Zukunft gerichtete Gegenstück zu den drei Stufen in den Zivilisationstheorien des 18. Jh. –,

---

137 KANT, Was heißt: sich im Denken orientieren? (1786), in: KANT (WA), Bd. 5 (⁹1996), 268.
138 SCHILLER, Was heißt und zu welchem Ende studiert man Universalgeschichte? Eine akademische Antrittsrede (1789), in: Schiller, Sämtliche Werke, hg. v. G. Fricke/H. Göpfert, Bd. 4 (1958; München/Darmstadt ⁶1980), 761.
139 Vgl. KOSELLECK (s. Anm. 127), 68 ff.
140 LESSING, Ernst und Falk (entst. 1778–1780), in: LESSING (GÖPFERT), Bd. 8 (1979), 486.
141 FRIEDRICH SCHLEGEL, Über das Studium der griechischen Poesie (1795/1796), in: SCHLEGEL (KFSA), Abt. 1, Bd. 1 (1979), 303.
142 VICTOR HUGO, Préface de Cromwell (1827), in: Hugo, Théâtre complet, hg. v. J.-J. Thierry/J. Mélèze, Bd. 1 (Paris 1963), 424.
143 Vgl. PAUL BÉNICHOU, Le temps des prophètes. Doctrines de l'âge romantique (Paris 1977).
144 OLINDE RODRIGUES, L'artiste, le savant et l'industriel. Dialogue (1825), in: Claude-Henri de Saint-Simon, Œuvres, Bd. 5 (Paris 1966), 210.

der zufolge jetzt eine neue, organische Gesellschaftsordnung bevorstehe. In dieser neuen Gesellschaftsordnung stelle sich die Kunst in die Dienste eines neuen Kultes.[145] Die Autonomie der Kunst wird antizipierend aufgehoben und ihre Gattungen erhalten konkrete Funktionen. Das Gattungsgrenzen sprengende »Gesamtkunstwerk«[146] wird zu einem kultischen Quidproquo von gesellschaftlicher Praxis und Kunst weitergedacht; das Genie wird wieder auf das Kollektiv verpflichtet – oder: Neue Kunst ist nur in einer neuen Gesellschaft denkbar. Der Ausblick auf das Frankreich des 19. Jh. zeigt: Kunst und Literatur werden jetzt nicht mehr ausschließlich aus der Perspektive einer kanonorientierten Ästhetik betrachtet, sondern auch in einem historischen Kontext verortet, der neue bzw. konkurrierende Institutionalisierungen künstlerischer Produktion zeitigt. Es ist insbesondere ein Verdienst der romantischen Kunsttheorie und Geschichtsphilosophie, die Aufklärung dahingehend zu korrigieren, daß die Dichotomie von Vernunft und Tradition überwunden wird und letztere zu neuem Recht gelangt.[147] Hat sich in Deutschland schon mit Winckelmann eine neue Sicht auf den zur Norm gewordenen Klassizismus durchgesetzt, welche dessen vorbildlichen Werke an ihrem historischen Ort situierte, »um ein inhaltlich umschriebenes Stilideal, und zugleich historisch-deskriptiv eine Zeit oder eine Epoche zu bezeichnen, die dieses Ideal erfüllte«[148], so bereitet die Romantik

den Weg für einen umfassenderen Traditionsbegriff, der die gesamte Kultur und Verfassung einer Gesellschaft umgreift.

2. Identität und Ideologie

»Poesie ist die Muttersprache des menschlichen Geschlechts«[149] – dieser Satz Johann Georg Hamanns begründet das neue Interesse an der Volkspoesie. Besonders Herder macht es sich zur Aufgabe, dem englischen Vorbild (Thomas Percy, *Reliques of Ancient Poetry*, 1765) folgend, alte Volksdichtungen, in denen die Urform menschlichen Gemeinwesens zum Ausdruck gelange, zu sammeln. Die noch existierenden Naturvölker zeichneten sich durch eine Dichtung aus, welche die Seele ihrer Nation widerspiegle.[150] Auch wenn Herder im Europa des 18. Jh. die Volkspoesie in den unteren sozialen Schichten zu finden meint, ist sie nach seiner Auffassung nicht das literarische Erzeugnis einer bestimmten sozialen Schicht, sondern mündlich Überliefertes, das sich allein durch sein Alter und seine ursprüngliche Ausdrucksform auszeichne. Herders Suche gilt den »Originalnationen der Welt«, von denen die »Allgemeine Geschichte des menschlichen Geschlechts«[151] ihren Ausgang genommen habe. Aus dieser Sicht kommt es auch zu einer Neubewertung des klassischen Altertums, in dem die Griechen allein zur Quelle der Geschichte geworden seien, »und welch eine späte, durchlöcherte und oft versiegende Quelle« (583), die vieles nicht zu erfassen vermocht habe: »Alles außer ihnen [den Griechen – d. Verf.] entweder ohne Nationalgeschichtschreiber oder diese Nationalgeschichte verloren und verdrängt.« (582 f.) Auf die griechische Dichtung zurückblickend, verneint schließlich F. Schlegel die Vorstellung von einer creatio ex nihilo durch das Genie: »Große Genies haben herkulische Kraft an den Versuch verschwendet, eine epische Welt, einen glücklichen Mythus aus nichts zu erschaffen. Die Tradition eines Volks – diese nationale Fantasie – kann ein großer Geist wohl fortbilden und idealisieren, aber nicht metamorphosieren oder aus Nichts erschaffen.«[152]

Mit der Aufwertung der mündlichen Überlieferung einer Kollektivität, eines Volkes, im Spannungsfeld von Aufklärung und Romantik begrün-

---

145 Vgl. ÉMILE BARRAULT, Appel aux artistes. Du passé et de l'avenir des beaux-arts (Paris 1830).
146 WALTER BENJAMIN, Das Passagen-Werk (entst. 1927–1940), in: BENJAMIN, Bd. 5/2 (1982) 718, 740.
147 Vgl. HANS-GEORG GADAMER, Wahrheit und Methode. Grundzüge einer philosophischen Hermeneutik (1960), in: GADAMER, Bd. 1 (1986), 285.
148 Ebd., 293.
149 JOHANN GEORG HAMANN, Aesthetica in nuce (1762), in: Hamann, Sämtliche Werke, hg. v. J. Nadler, Bd. 2 (Wien 1950), 197.
150 Vgl. HERDER, Von Deutscher Art und Kunst (1773), in: HERDER, Bd. 5 (1877), 164.
151 HERDER, Ueber die neuere Deutsche Literatur. Fragmente. Erste Sammlung. Zweite völlig umgearbeitete Ausgabe [Aus einem Entwurf der Bearbeitung (1767/1768)], in: Herder, Ausgewählte Werke in Einzelausgaben. Schriften zur Literatur, hg. v. R. Otto, Bd. 1 (Berlin/Weimar 1985), 582 f.
152 SCHLEGEL (s. Anm. 141), 333.

den deutsche Denker über die Sprache ein neues Traditionsverständnis. Hamann kritisiert eine Philosophie – insbesondere die Kants –, die den ebenso irrtümlichen wie vergeblichen Versuch unternommen habe, die Vernunft von aller Überlieferung/Tradition zu lösen. Über die Vernunft setzt er die nunmehr nicht minder transzendental verstandene Sprache, »das einzige erste und letzte Organon und Kriterion der Vernunft«[153]. Erfahrung und Überlieferung (Tradition) werden damit zu unabdingbaren Voraussetzungen der Vernunft erklärt. Herder greift diesen Gedanken auf und entwickelt ihn fort. Nach seiner Auffassung ist die Tradition über die Sprache mit der Offenbarung verknüpft, so daß die Erziehung des Menschengeschlechts ebenso wie die Bildung des Individuums durch die Übung in Nachahmung die Überlieferung sicherstelle: »Da nun aber unser specifischer Charakter eben darinn liegt, daß wir, beinah ohne Instinkt gebohren, nur durch eine Lebenslange Uebung zur Menschheit gebildet werden, und sowohl die Perfectibilität als die Corruptibilität unsres Geschlechts hierauf beruhet: so wird eben damit auch die Geschichte der Menschheit nothwendig ein Ganzes, d. i. eine Kette der Geselligkeit und bildenden Tradition vom Ersten bis zum letzten Gliede.«[154] An die Kette der Tradition, des Garanten einer jeden menschlichen Ordnung, anzuknüpfen, sei die Aufgabe der Philosophie der Geschichte.[155] Die Romantik schließlich bereitet endgültig den Weg für die Einbettung des Traditionsbegriffs in ein totalisierendes Bild von Mensch und Kosmos; so notiert 1798 Novalis: »Über die Verwandl[ung] der Geschichte in Tradition. Leztere ist höher.«[156]

Doch schon Herder warnt davor, daß bei einer blinden Ausrichtung auf die Tradition sich diese gegen eine jede Erneuerung richten könne: »Die Tradition ist eine an sich vortrefliche, unserm Geschlecht unentbehrliche Naturordnung; sobald sie aber sowohl in praktischen Staatsanstalten als im Unterricht alle Denkkraft fesselt, allen Fortgang der Menschenvernunft und Verbesserung nach neuen Umständen und Zeiten hindert: so ist sie das wahre Opium des Geistes sowohl für Staaten als Sekten und einzelne Menschen.«[157] Herders Warnung vor dem Mißbrauch der Tradition als Legitimationsstrategie, als Ideologie, wird von Friedrich Engels zugespitzt: »Die Religion, einmal gebildet, enthält stets einen überlieferten Stoff, wie denn auf allen ideologischen Gebieten die Tradition eine große konservative Macht ist. Aber die Veränderungen, die mit diesem Stoff vorgehn, entspringen aus den Klassenverhältnissen, also aus den ökonomischen Verhältnissen der Menschen, die diese Veränderungen vornehmen.«[158] Und noch deutlicher heißt es bei Karl Marx: »Es ist ferner klar, daß es hier wie immer im Interesse des herrschenden Teils der Gesellschaft ist, das Bestehende als Gesetz zu heiligen und seine durch Gebrauch und Tradition gegebnen Schranken als gesetzliche zu fixieren.«[159] Die Kritik von Marx und Engels trifft hier jenes Traditionsverständnis, das sich im Gefolge der französischen Restauration als auch des deutschen Idealismus herausgebildet hat.

Mit dem Beginn des 19. Jh. setzte v. a. in Frankreich die politisch-ideologische Besetzung des Traditionsbegriffs ein. Die Gegenbewegung zu den Ideen der Französischen Revolution, die Restauration (Joseph Marie Comte de Maistre, Louis Gabriel Ambroise Vicomte de Bonald und der junge Hugues-Félicité-Robert de La Mennais), vindizierte die Tradition für ihre an der Familie ausgerichteten gesellschaftspolitischen Vorstellungen: »car les mœurs ne sont que les lois domestiques

---

153 HAMANN, Metakritik über den Purismus der Vernunft (entst. 1784), in: Hamann (s. Anm. 149), Bd. 3 (1951), 284.
154 HERDER, Ideen zur Philosophie der Geschichte der Menschheit (1784–1791), in: HERDER, Bd. 13 (1887), 345; vgl. ebd., 354 ff.
155 Vgl. ebd., 352.
156 NOVALIS, Vorarbeiten zu verschiedenen Fragmentensammlungen (1798), in: Novalis, Werke, Tagebücher und Briefe Friedrich von Hardenbergs, hg. v. H.-J. Mähl/R. Samuel, Bd. 2 (1978; Darmstadt 1999), 423.
157 HERDER, Ideen zur Philosophie der Geschichte der Menschheit, in: HERDER, Bd. 14 (1909), 89.
158 FRIEDRICH ENGELS, Ludwig Feuerbach und der Ausgang der klassischen deutschen Philosophie (1886), in: MEW, Bd. 21 (1962), 305.
159 KARL MARX, Das Kapital. Kritik der politischen Ökonomie, Bd. 3 (1894), in: MEW, Bd. 25 (1970), 801; vgl. MARX, Der achtzehnte Brumaire des Louis Bonaparte (1852), in: MEW, Bd. 8 (1960), 115.

conservées par la tradition«¹⁶⁰. Diese Strömung sollte das Etikett ›traditionalisme‹ (1851) erhalten.¹⁶¹ Tradition bzw. ›traditionalisme‹ wurde in der Sprache der politisch-ideologischen Auseinandersetzung mehr und mehr gleichbedeutend mit ›konservativ‹ bzw. ›Konservativismus‹ und als Oppositionsbegriff zu ›révolutionnaire‹ gebraucht, was sich auch in den anderen europäischen Sprachen durchsetzen sollte. Insbesondere in Frankreich aber konnte sich ›traditionalisme‹ – und damit ein dem Irrationalen verpflichtetes Traditionsverständnis – als politischer Oppositionsbegriff zu ›rationalisme‹ etablieren.¹⁶²

3. Fixierung des idealistischen Traditionsbegriffs

Für das 18. und das beginnende 19. Jh. in Deutschland kann zusammenfassend festgestellt werden, daß der Gegenstandsbereich, den das Wort Tradition (Überlieferung) bezeichnet, auch als ein dem (historischen) Prozeß des Werdens unterworfener oder als auf diesen verweisender angesehen wird. Goethe faßt den daraus entstehenden Konflikt zwischen Tradition (Überlieferung) und Individuum in eine Reflexion: »Wir stehen mit der Überlieferung beständig im Kampfe, und jene Forderung, daß wir die Erfahrung des Gegenwärtigen auf eigene Autorität machen sollten, ruft uns gleichfalls zu einem bedenklichen Streit auf. Und doch fühlt ein Mensch, dem eine originelle Wirksamkeit zuteil geworden, den Beruf, diesen doppelten Kampf persönlich zu bestehen, der durch den Fortschritt der Wissenschaften nicht erleichtert, sondern erschwert wird. Denn es ist am Ende doch nur immer das Individuum, das einer breiteren Natur und breiteren Überlieferung Brust und Stirn bieten soll.«¹⁶³ Goethes Darstellung bezieht sich nicht vorrangig auf die Kunst, sondern auf die Gesamtheit der Wissenschaften. Und dennoch drängt die von ihm gewählte Metaphorik des Kampfes den Begriff aemulatio auf. Der Unterschied besteht allerdings darin, daß der Kampf gegen ein beständig Anwachsendes dem Heranbilden des Menschen als Individuum und seiner Eingliederung in diesen Prozeß einer ›breiteren Überlieferung‹ dient. Notabene: Die Autorität des Überlieferten ist nicht gleichzusetzen mit abstrakten Konventionen! Auch ist nach Goethe das Überlieferte keineswegs als eine homogene Größe zu verstehen: Es komme in der Gestalt von Denkmälern oder bloßen Trümmern einher, als »praktischer Handgriff«, als eine fortwährende Notwendigkeit und nicht zuletzt als etwas, das »der Mensch, ohne zu wollen, immer wieder selbst hervorbringt, wie Musik und die übrigen Künste«¹⁶⁴. Durch die Überlieferung wirke das Abwesende auf uns, jedoch in unterschiedlicher Form: »Die gewöhnliche ist historisch zu nennen; eine höhere, der Einbildungskraft verwandte, ist mythisch. Sucht man hinter dieser noch etwas Drittes, irgendeine Bedeutung, so verwandelt sie sich in Mystik.«¹⁶⁵ Die Hierarchie zeigt, daß dem Individuum eine wichtige Funktion in der Konkretisierung des Überlieferten zufällt. Auch gelte es, über dem Erfolg der Literatur das »frühere Wirksame« nicht zu vergessen, sich immer wieder den »Altvorderen« zuzuwenden, um letztlich zu erhalten, was »an uns Original« (505) sei. Mit anderen Worten: Da sich der Kern des Überlieferten, das Original, dem analytischen Zugriff entzieht, ist Tradition in letzter Konsequenz nur am Individuum selbst festzumachen. Wandel oder Evolution können für Goethe keineswegs als Oppositionsbegriffe zu Tradition (Überlieferung) gefaßt werden. Diese Hinwendung zum Individuum und zur Entelechie zeugt nicht zuletzt von einer Skepsis gegenüber einem teleologischen oder gar eschatologischen Geschichtsbild.¹⁶⁶ Das Genie bei Goethe ist gleichbedeutend mit Originalität einer schöpferischen inventio, welche im-

---

160 LOUIS GABRIEL AMBROISE VICOMTE DE BONALD, Essai analytique sur les lois naturelles de l'ordre social, ou Du pouvoir, du ministre et du sujet dans la société (1800; Paris 1840), 232.
161 Vgl. HEINZ PEPPERLE, ›Traditionalismus‹, in: G. Klaus/M. Buhr (Hg.), Marxistisch-leninistisches Wörterbuch zur Philosophie, Bd. 3 (Reinbek b. Hamburg 1983), 1229–1231.
162 Vgl. ›Traditionalisme‹, in: ANDRÉ LALANDE, Vocabulaire technique et critique de la philosophie (1926; Paris ¹⁴1983), 1141–1143; ›Tradition‹, in: ebd., 1140–1141.
163 GOETHE, Maximen und Reflexionen, in: GOETHE (HA), Bd. 12 (⁹1981), 392.
164 GOETHE, Materialien zur Geschichte der Farbenlehre (entst. 1805–1806), in: GOETHE (HA), Bd. 14 (⁷1982), 51f.
165 GOETHE (s. Anm. 163), 392.
166 Vgl. ebd., 393.

mer auch – im Sinne rhetorischer invention – auf das Vorausgegangene zurückgreift. Für die Genieästhetiken der französischen und deutschen Aufklärung sowie der Weimarer Klassik gilt, daß sie, obzwar dem Individuum zugewandt, keinesfalls traditionsfeindlich sind.

In Friedrich Schleiermachers Schriften zur Ethik geht Tradition einher mit der Vorstellung von einer Gemeinschaft, die sich als Erkenntnisgemeinschaft erweist, die sich auf den Erkenntnisprozeß des einzelnen bezieht und in der Auseinandersetzung mit den anderen konstituiert.[167] Diese Gemeinschaft ist aber geprägt von ihrem historischen Ort. Der Begriff Tradition bleibt bei ihm vorrangig auf die mündliche Überlieferung beschränkt, die sich als der Anspruch der unteren Klassen des Volkes erweise, zugleich aber unvollständig sein könne. Hier habe die »pädagogische Tätigkeit« eine wichtige Aufgabe: »Sie soll ein Supplement geben wenigstens in den Fällen, wo die Tradition des unmittelbaren Lebens eine armselige sein muß. Die Schule hat für die Jugend aus dem Volke das geschichtliche Bewußtsein soweit zu entwickeln und soweit sie geschichtlich zurückzuführen, bis sie an die Zeit kommt, in der eine bestimmte geschichtliche Bewegung stattgefunden hat, welche den gegenwärtigen Zustand veranlaßt hat, so daß das Volk zu einem lebendigen, d.h. genetischen Bewußtsein seiner Verhältnisse kommt.«[168]

Ambivalent gestaltet sich Hegels Verhältnis zur Tradition. In der *Phänomenologie des Geistes* (1807) erweist sie sich ihm als Teil jenes Prinzips, das der »Bewegung, die der Geist ist«, und dem »reinen Selbstbewußtsein« widerspricht, als eine Form des »Hinausgehens« der Vorstellung, für das gilt: »indem es nur Instinkt ist, verkennt es sich, verwirft mit der Form auch den Inhalt, und, was dasselbe ist, setzt ihn zu einer geschichtlichen Vorstellung und einem Erbstücke der Tradition herab; hierin ist das rein Äußerliche des Glaubens nur beibehalten und damit als ein erkenntnisloses Totes; das *Innerliche* desselben aber ist verschwunden, weil dies der Begriff wäre, der sich als Begriff weiß.«[169] Jedoch trifft hier sein Verdikt offensichtlich eine mißverstandene Tradition.[170] Was bei Schleiermacher ein fester Bestandteil der Erkenntnisgemeinschaft ist, geht bei ihm im dialektischen Begriff der Bildung, dem Zusammenwirken von Allgemeinem und Besonderem auf. Tradition erscheint ihm zunächst als eine dem dialektischen Prinzip eher zuwiderlaufende Kategorie. In seiner Ästhetik hingegen gelangt die Tradition mit Blick auf die antike Dichtung durchaus zu ihrem Recht, jedoch nicht etwa im Sinne F. Schlegels, der das Genie zum Vollzugsorgan des Überlieferten erklärt hat, sondern indem er den Dichter zu jenem erhebt, der ihm erst seinen Gehalt verleihe. »Beides aber, Tradition und eigenes Bilden, läßt sich durchaus vereinigen. Die Tradition ist das erste, der Ausgangspunkt, der wohl Ingredienzien überliefert, aber noch nicht den eigentlichen Gehalt und die echte Form für die Götter mitbringt. Diesen Gehalt nahmen jene Dichter aus ihrem Geist und fanden in freier Umwandlung für denselben auch die wahre Gestalt und sind dadurch in der Tat die Erzeuger der Mythologie geworden, welche wir in der griechischen Kunst bewundern.«[171] In seinen *Vorlesungen über die Geschichte der Philosophie* (1833–1836) weitet er den Begriff der Tradition aus, indem er Herders Bild von der ›heiligen Kette‹ aufgreift und dieses in ein produktives, Neuerungen in sich aufnehmendes Prinzip umdeutet: »Diese Tradition ist aber nicht nur eine Haushälterin, die nur Empfangenes treu verwahrt und es so den Nachkommen unverändert überliefert. Sie ist nicht ein unbewegtes Steinbild, sondern lebendig und schwillt als ein

---

167 Vgl. FRIEDRICH DANIEL ERNST SCHLEIERMACHER, Ethik 1812/13 (Einleitung und Güterlehre), in: Schleiermacher, Werke, hg. v. O. Braun/J. Bauer, Bd. 2 (Leipzig 1913) 305f.; GUNTER SCHOLTZ, Ethik und Hermeneutik. Schleiermachers Grundlegung der Geisteswissenschaften (Frankfurt a.M. 1995), 134.
168 SCHLEIERMACHER, Grundzüge der Erziehungskunst (Vorlesungen 1826), in: Schleiermacher, Texte zur Pädagogik. Kommentierte Studienausgabe, hg. v. M. Winkler/J. Brachmann, Bd. 2 (Frankfurt a.M. 2000), 275.
169 GEORG WILHELM FRIEDRICH HEGEL, Phänomenologie des Geistes (1807), in: HEGEL (TWA), Bd. 3 (1970), 560.
170 Vgl. HEGEL, Grundlinien der Philosophie des Rechts (1821, recte 1820), in: HEGEL (TWA), Bd. 7 (1970), 22f.
171 HEGEL, Vorlesungen über die Ästhetik (1835–1838), Bd. 2, in: HEGEL (TWA), Bd. 14 (1970), 77.

mächtiger Strom, der sich vergrößert, je weiter er von seinem Ursprunge aus vorgedrungen ist.«[172]

IV. Der Weg in die Moderne

1. Tradition zwischen Historismus und Voluntarismus

Wenn Curtius von einer denkbaren »Morphologie der literarischen Tradition«[173] spricht und die über einen Kanon vermittelte Tradition als den Garanten von Kontinuität betrachtet, dann erfolgt dies aus der Sicht einer auf Wilhelm Diltheys Lebensphilosophie zurückgehenden Vorstellung von Geistesgeschichte. Das hier entwickelte Traditionsverständnis ist Teil des in sich zutiefst geschichtspessimistischen Historismus. Dieser begreift Geschichte nicht mehr als gesetzmäßigen historischen Prozeß und überantwortet die Geschichtsbetrachtung einer individualisierten Perspektive. Das Verhältnis von Historismus und Tradition resümiert Werner Krauss in einer kritischen Bestandsaufnahme: »Im Historismus war die Geschichte zum Ausdruck der bloßen Bewegung verkümmert. Das Sein und die Dauer waren als ungehobener Restbestand des geschichtlichen Prozesses zurückgeblieben. Sie bilden nunmehr das Element, mit dem sich die Geschichte die hemmenden Gegenkräfte auf dem eigenen Boden bereitet. Der Fluchtbewegung begegnet nunmehr der Ausschnitt der bleibenden Werte und Traditionen. Die Traditionen sind die Verpflichtung auf die geschichtliche Dauer.«[174] Dilthey begreift das »historische Bewußtsein von der Endlichkeit jeder geschichtlichen Erscheinung«

als den letzten Schritt zur Befreiung des Menschen: »Das Leben wird frei vom Erkennen durch Begriffe; der Geist wird souverän allen Spinngeweben dogmatischen Denkens gegenüber. [...] Und der Relativität gegenüber macht sich die Kontinuität der schaffenden Kraft als die kernhafte historische Tatsache geltend.«[175] Aus dieser geistesgeschichtlichen Hinwendung zur Kontinuität verliert Tradition jeden Bezug zu ihrem historischen Ort. Literatur- und Kunstgeschichte verfolgen nun den Auftrag, die Kontinuität der schöpferischen Kräfte zu objektivieren und den Kanon einer Weltliteratur zu erstellen. Der Gegenstand der Geistesgeschichte entsteht am Erleben der schaffenden Kraft, die sich nicht mehr in das enge Korsett einer Nationalliteratur zwängen läßt. Ihre Methode, sich diesem Gegenstand des Erlebens zu nähern, ist die hermeneutische. Um die Geistesgeschichte gegen die Historie abzuschotten, die als depravierende Kraft empfunden wird, gilt die Aufmerksamkeit einer an Dilthey geschulten Kulturwissenschaft der – wie Krauss schreibt – »Wiederkehr typischer Richtungsgedanken«, einer Typenlehre, die Manifestationen unterschiedlichster Epochen »auf einen einzigen Nenner der Stilgesinnung«[176] verpflichtet. Die Entwicklung der geistesgeschichtlichen Methode in Deutschland ist als logische Konsequenz der Ästhetik des 19. Jh. zu sehen, die über Kants Diktum vom interesselosen Wohlgefallen über die Autonomiepostulate des L'art pour l'art und des Ästhetizismus das Ästhetische in eine Position der Negativität hinsichtlich der Lebenswirklichkeit drängen; sie blickt zurück auf ein ausdifferenziertes und aus ihrer Sicht vollendetes System der Kunstgattungen als dem vermeintlich einzigen Garanten ästhetischer Erfahrung. In diesem Kontext kann auch Hegel mit seinem Satz: »Auf dem idealen Boden der Kunst muß aber die Not des Lebens beseitigt sein«[177] vereinnahmt werden. Es ist ein Kultur- und Kunstverständnis, das sich einseitig an der Vergangenheit orientiert und für die Gegenwart letztlich jegliche authentische künstlerische Produktion in Abrede stellt. Tradition wird zum Signum einer Anschauung, die (Kultur-)Geschichte auf den Status eines Gewordenen verweist.

Wilhelm Windelband verteidigt die »Unentfliehbarkeit der Tradition« gegen die im Anschluß an Friedrich Nietzsche erfolgenden Angriffe auf

---

172 HEGEL, Vorlesungen über die Geschichte der Philosophie (1833–1836), Bd. 1, in: HEGEL (TWA), Bd. 18 (1971), 21.
173 CURTIUS (s. Anm. 45), 396.
174 KRAUSS, Literaturgeschichte als geschichtlicher Auftrag: Sinn und Form 2 (1950), H. 4, 110.
175 WILHELM DILTHEY, Der Aufbau der geschichtlichen Welt in den Geisteswissenschaften (1910), in: DILTHEY, Bd. 7 (Stuttgart/Göttingen ⁵1968), 291.
176 KRAUSS (s. Anm. 174), 99 f.
177 HEGEL, Vorlesungen über die Ästhetik (1835–1838), Bd. 1, in: HEGEL (TWA), Bd. 13 (1970), 333.

die Tradition, wobei er auf deren eigene Verpflichtung auf das überlieferte Kulturgut verweist. Nietzsches »voluntaristisches« Denken steht für ihn im Kontext eines technizistisch geprägten Fortschrittsideals: »Aber der voluntaristische Zug, der in *Nietzsches* dionysischem Grundwesen mit seiner apollinischen Bildung ringt, hat sich bei der großen Masse der Zeitgenossen durch den utilistischen Zug gefärbt und verstärkt. Dieser Utilismus hängt selbstverständlich mit dem Charakter unseres Zeitalters der Technik zusammen [...]. Gerade dieser Utilismus aber meinte den ganzen historischen Ballast unserer traditionellen Bildung loswerden zu können, um sich, unbeirrt von ihren Vorurteilen, einer reinen Auffassung der natürlichen Wirklichkeit hinzugeben.«[178]

Gegen den Historismus und sein Traditionsverständnis stehen einige Richtungen philosophischen Denkens und politischer Ideologie, die sich einem vitalistischen, lebens- oder existenzphilosophischen Bild vom Menschen verschrieben haben und sich nicht zuletzt auf Nietzsche berufen. Dieser verwies mit seiner Schrift *Die Geburt der Tragödie aus dem Geiste der Musik* (1872) die höchste Ausprägung ästhetischer Erfahrung und die ihr adäquate Gattung, die Tragödie, in die Antike: Was vormals Tradition hieß, geht nun in dem Dualismus von Apollinischem und Dionysischem, von Schein und ekstatischer Erfahrung auf. Von daher auch seine Erwartung, Richard Wagner könne nunmehr einen Neuaufbruch wagen, indem er mit seiner Kunst eine ihrer Erfahrung adäquate Zukunft antizipiere: »Das tiefste Bedürfniss treibt ihn [Wagner – d. Verf.], für seine Kunst die *Tradition eines Styls* zu begründen, durch welche sein Werk, in reiner Gestalt, von einer Zeit zur anderen fortleben könne, bis es jene *Zukunft* erreicht, für welche es von seinem Schöpfer vorausbestimmt war.«[179] Es ist nur folgerichtig, daß Wagners Gegenentwurf eines *Kunstwerks der Zukunft* (1849) zuerst als ein diese Kunstgattungen in sich vereinendes ›Gesamtkunstwerk‹ mit anthropologischem Anspruch gedacht werden mußte, von dem aus die Gesellschaft neu zu organisieren sei.[180] Für den jungen Nietzsche war die Kunst Wagners eben Ausdruck jenes Willens zur Tradition: »Damit es Institutionen giebt, muss es eine Art Wille, Instinkt, Imperativ geben, antiliberal bis zur Bosheit: den Willen zur Tradition, zur Autorität, zur Verantwortlichkeit auf Jahrhunderte hinaus, zur *Solidarität* von Geschlechter-Ketten vorwärts und rückwärts in infinitum. Ist dieser Wille da, so gründet sich Etwas wie das imperium Romanum«[181]. Nietzsches Forderung ist die nach einem Traditionsstifter, der sich über jede gesetzte Tradition hinwegheben soll. Als eindeutig von Nietzsche geprägt zeigt sich Webers Schilderung einer durch die Bürokratie ihres heiligen Charakters beraubten Tradition, der das Charisma gegenüberstehe: »das Charisma in seinen höchsten Erscheinungsformen [sprengt] Regel und Tradition überhaupt und stülpt alle Heiligkeitsbegriffe geradezu um.«[182]

Der von Vasari zum unüberbietbaren Vollender der Kunst erklärte Michelangelo gerät bei dem Lebensphilosophen Georg Simmel zur tragischen Gestalt: »Michelangelo war gewiß der vollkommenste Typus des Schöpfers: die von seinen Gestalten bevölkerte Welt ist ausschließlich in seinem Geiste erwachsen. Allein er formte sie nach den Normen der klassischen Tradition, und diese übten den Zwang, an dem das Ungestüm seiner Schöpferkraft sich fortwährend brach, in dem es sich, zu tragischem Konflikt, eingeengt fühlte«[183]. Tradition und Methode in der Kunst sind ihm »Hemmungen des Lebens«, die der expressionistische Maler abstreife: »Ich möchte mir das Schaffen des expressionistischen Malers (und entsprechend, nur nicht so einfach ausdrückbar, in allen anderen Künsten) bei absoluter Reinheit so vorstellen, daß

---

178 WILHELM WINDELBAND, Über Wesen und Wert der Tradition im Kulturleben (1908), in: Windelband, Präludien. Aufsätze und Reden zur Philosophie und ihrer Geschichte, Bd. 2 (Tübingen ⁹1924), 247f.
179 FRIEDRICH NIETZSCHE, Unzeitgemässe Betrachtungen. 4. Stück: Richard Wagner in Bayreuth (1876), in: NIETZSCHE (KGA), Abt. 4, Bd. 1 (1967), 70.
180 Vgl. RICHARD WAGNER, Das Kunstwerk der Zukunft (1849), in: Wagner, Dichtungen und Schriften, hg. v. D. Borchmeyer, Bd. 6 (Frankfurt a.M. 1983), 28f.
181 NIETZSCHE, Götzen-Dämmerung oder Wie man mit dem Hammer philosophirt (1889), in: NIETZSCHE (KGA), Abt. 6, Bd. 3 (1969), 135.
182 WEBER (s. Anm. 15), 658.
183 GEORG SIMMEL, Gestalt und Schöpfer (1916), in: Simmel, Gesamtausgabe, hg. v. O. Rammstedt, Bd. 13 (Frankfurt a.M. 2000), 187.

seine seelische Bewegtheit sich ohne weiteres in die Hand, die den Pinsel hält, fortsetzt«[184]. Was Kunst ist, bestimmt nicht mehr die Kategorie der Form, die sich an einem tradierten Kanon orientiert, sondern die produktionsästhetische Kategorie des Aufgehens im individuellen Schöpfungsakt, der absolute Vorrang des Subjektiven vor aller Fremdbestimmtheit.

In der Existenzphilosophie Martin Heideggers geht der Traditionsbegriff als Teil jener Geschichte der Ontologie auf, deren Destruktion er in *Sein und Zeit* (1927) zum Programm erhoben hat. Seine Argumentation basiert auf der vorgegebenen Tradition, die sich gegen die (authentische) Geschichtlichkeit des Daseins stellt, und nicht, wie bei Nietzsche, auf dem schöpferischen Willen zur Tradition. Tradition geriert sich ihm zum hemmenden Prinzip: »Sie [die Tradition – d. Verf.] überantwortet das Überkommene der Selbstverständlichkeit und verlegt den Zugang zu den ursprünglichen ›Quellen‹, daraus die überlieferten Kategorien und Begriffe z. T. in echter Weise geschöpft wurden. Die Tradition macht sogar eine solche Herkunft überhaupt vergessen.«[185] Die ›überlieferten Kategorien‹ sind dabei durchaus als Ausfluß dessen zu verstehen, was Nietzsche den ›Willen zur Tradition‹ genannt hat. Doch Heideggers Argumentation verhält sich zu der Nietzsches komplementär: Einmal als Gegebenes an- bzw. hingenommen, beraubt die Tradition das Dasein seiner Möglichkeiten, indem sie sich – einem Schleier gleich – über ihre Ursprünge legt.[186] So fährt Heidegger fort: »Sie bildet die Unbedürftigkeit aus, einen solchen Rückgang in seiner Notwendigkeit auch nur zu verstehen. Die Tradition entwurzelt die Geschichtlichkeit des Daseins so weit, daß es sich nur noch im Interesse an der Vielgestaltigkeit möglicher Typen, Richtungen, Standpunkte des Philosophierens in den entlegensten und fremdesten Kulturen bewegt und mit diesem Interesse die eigene Bodenlosigkeit zu verhüllen sucht. Die Folge wird, daß das Dasein bei allem historischen Interesse und allem Eifer für eine philologisch ›sachliche‹ Interpretation die elementarsten Bedingungen nicht mehr versteht, die einen positiven Rückgang zur Vergangenheit im Sinne einer produktiven Aneignung ihrer allein ermöglichen.«[187] Die Übertragung in die Terminologie der Rhetorik mag Heideggers Position verdeutlichen: Tradition ist für ihn gleichbedeutend mit einem blind hingenommenen Koordinatensystem, in dem sich das Dasein über die imitatio immer aufgehoben weiß; dagegen hält er die aemulatio, jenen Imperativ, der das Dasein darauf verpflichtet, durch seinen ›Willen‹ (Nietzsche) sich über den Willen der Traditionsstifter zu erheben.

Während bei Heidegger im Ringen des Daseins mit der Tradition dieser noch eine erhebliche Wirkungsmacht zugestanden wird, führt Sartre in *L'être et le néant* (1943) den Gedanken dahin weiter, daß er die freie Wahl der Haltung zur Gesamtheit individueller und kollektiver Vergangenheit in den Vordergrund rückt: »ce qui est passé est un certain genre d'engagement vis-à-vis du passé et une certaine espèce de tradition.«[188] Auf dem Weg zu einer dialektischen Begründung des Existenzialismus erhält die Tradition, obwohl er den Terminus weitgehend meidet, bei Sartre ein neues Gewicht. Der Mensch in der Geschichte soll sich von einem Denken befreien, das sowohl das Individuum als auch eine konkrete Gruppe auf den Status eines bloßen Signifikats reduziert (»au rôle d'un signifié«), und auf diese Weise zu einem totalisierenden Akteur werden; der dialektische Existentialismus begreift sich als ein theoretisches Fundament der Interpretation und der Totalisierung (»une base théorique d'interprétation et de totalisation«), mit dem sich der Mensch die hinter den Gegebenheiten stehenden Absichten erschließt, »dans l'intention d'*apprendre* et non de *retrouver*«[189]. Dieser Gedanke ließe sich auf eine Formel bringen: Tradition und Emanzipation.

Heidegger erörtert das Problem der Tradition (Überlieferung) noch einmal in seinen Überlegun-

---

184 SIMMEL, Der Konflikt der modernen Kultur. Ein Vortrag (1918), in: ebd., Bd. 16 (Frankfurt a. M. 1999), 191.
185 MARTIN HEIDEGGER, Sein und Zeit (1927), in: HEIDEGGER, Abt. I, Bd. 2 (1977), 29 (§ 6).
186 Vgl. ASSMANN (s. Anm. 120), 145–150.
187 HEIDEGGER (s. Anm. 185), 29 (§ 6).
188 JEAN-PAUL SARTRE, L'être et le néant. Essai d'ontologie phénoménologique (Paris 1943), 561.
189 SARTRE, Questions de méthode (1957/1958), in: Sartre, Critique de la raison dialectique, hg. v. A.-E. Sartre, Bd. 1 (1960; Paris 1985), 123.

IV. Der Weg in die Moderne

gen zum Wesen des Kunstwerks: Sind Werke einmal ihrem Ort entrissen, im Museum aufbewahrt, so habe ein nicht mehr rückgängig zu machender Weltzerfall stattgefunden: »Als die Gewesenen stehen sie [die Werke – d. Verf.] uns im Bereich der Überlieferung und Aufbewahrung entgegen. Fortan bleiben sie nur solche Gegenstände.«[190] Die Überlieferung geht bei Heidegger in dessen Begriff ›Bewahrung‹ auf, durch die ein Geschaffenes erst zu einem den gewohnten Bezügen entrückten Werk werde: »Dieses: das Werk ein Werk sein lassen, nennen wir die Bewahrung des Werkes. Für die Bewahrung erst gibt sich das Werk in seinem Geschaffensein als das wirkliche, d. h. jetzt: werkhaft anwesende.« (54) Ohne Sprache gibt es keine Bewahrung, denn allein die Sprache bringe das Seiende erst als Seiendes ins Offene. Kunstwerke sind ihm in ihrem Wesen Poesie, eine auf besondere Weise über die Sprache erfolgende Form der Öffnung. Hier greift Heidegger auf die Kunsttheorie der Romantik zurück: »Wenn alle Kunst im Wesen Dichtung ist, dann müssen Baukunst, Bildkunst, Tonkunst auf die Poesie zurückgeführt werden. Das ist reine Willkür. Gewiß, solange wir meinen, die genannten Künste seien Abarten der Sprachkunst, falls wir die Poesie durch diesen leicht mißdeutbaren Titel kennzeichnen dürfen. Aber Poesie ist nur eine Weise des lichtenden Entwerfens der Wahrheit, d. h. des Dichtens in diesem weiteren Sinne.« (60 f.) Ein solcher Begriff vom Kunstwerk eröffnet in seiner eigenen Welt dem Dasein wiederum Möglichkeiten, die von der Tradition verschüttet werden, jener Tradition, der die (erinnernde) Bewahrung entgegensteht. Bewahrung ist aber unabhängig von der Aktualisierung zu denken; vielmehr ist sie dem Werk, dem einstmals als Geschaffenes Hervorgebrachten, als Potentialität mitgegeben, auch wenn es dem Vergessen anheimfallen sollte. Somit gelingt es Heidegger, eine Art existenzial-ontologisch fundierten Historismus zu postulieren, indem er (gesellschaftliche) Tradition gegen Bewahrung ausspielt.

Nietzsches Forderung nach der radikalen Zäsur, mit der sich eine Neuerung auf ihre Vollendung in Tradition hin zu bewegen habe, findet auch ihren Nachhall in Oswald Spenglers kulturpessimistischem Denken: »Denn was für jede Frühzeit dieser schöpferische Aufstieg zur lebendigen Form, das ist für jede Spätzeit *die Macht der Tradition*, nämlich die alte und feste Zucht, der sicher gewordene Takt von solcher Stärke, daß er das Absterben der alten Geschlechter überdauert und unaufhörlich neue Menschen und Daseinsströme aus der Tiefe in seinen Bann zieht.«[191] Tradition avanciert bei Spengler zu einem (autoritären) Prinzip, das zum Vollzugsorgan des dem Neubeginn zugewandten Willens wird. Es ist keine Tradition ohne vorausgegangene Zäsur denkbar. José Ortega y Gasset konzediert seiner Zeit eine nie gekannte Stärke, mit der sie über die vorausgegangenen Epochen hinausgewachsen sei. Aber diese Stärke gehe einher mit Traditionsverlust, der Orientierungslosigkeit und Furcht erzeuge: »Esta grave disociación de pretérito y presente es el hecho general de nuestra época y en ella va incluida la sospecha, más o menos confusa, que engendra el azoramiento peculiar de la vida en estos años. [...] El resto de espíritu tradicional se ha evaporado. Los modelos, las normas, las pautas, no nos sirven. Tenemos que resolvernos nuestros problemas sin colaboración activa del pasado, en pleno actualismo – sean de arte, de ciencia o de política.« (Dies entscheidende Auseinandertreten von Vergangenheit und Gegenwart ist eine allgemeine Tatsache unserer Epoche, und das mehr oder minder verworrene Gefühl davon erzeugt die merkwürdige Bestürzung des Lebens in diesen gegenwärtigen Jahren. [...] Der Geist der Tradition ist bis auf den letzten Rest entflohen. Vorbilder, Normen, feste Formen nützen uns nichts. Wir haben unsere Probleme – seien sie künstlerisch, wissenschaftlich oder politisch – ohne die tätige Mitarbeit der Vergangenheit in voller Gegenwart zu lösen.)[192] Der Mensch der Moderne ist ein zur Gegenwart Verurteilter. Die Bestandsaufnahme Ortega y Gassets beschreibt den Grund, auf dem die Existenzphilosophie Fuß fassen konnte. Im Zeichen des Massenmenschen und sei-

---

190 HEIDEGGER, Der Ursprung des Kunstwerkes (1935/1936), in: HEIDEGGER, Abt. I, Bd. 5 (1977), 27.
191 OSWALD SPENGLER, Der Untergang des Abendlandes. Umrisse einer Morphologie der Weltgeschichte (1918; München [12]1995), 976.
192 JOSÉ ORTEGA Y GASSET, La rebelión de las masas (1930; Madrid [43]1975), 90; dt.: Der Aufstand der Massen, übers. v. H. Weyl (1930; Reinbek b. Hamburg 1983), 25.

ner Unmoral sieht er seine Zeit als die der »mera negación«[193] (bloßen Verneinung), die eines Aufschreis harrt. Spengler und Ortega y Gasset sind die beiden herausragenden Vertreter eines Kulturpessimismus, der in der Kunst der Moderne letztlich nur noch *Entartung* (Max Nordau, 1892/1893), oder, wie Hans Sedlmayr, einen *Verlust der Mitte* (1948) registriert: Der Abschied vom Gesamtkunstwerk, dem die marktorientierte Segmentierung der Einzelkünste nachfolgt, wurde durch die Neuzeit eingeleitet und war durch die späte Romantik nicht mehr zu revidieren.[194] Kulturgeschichte wird zur Krankheitsgeschichte, das Neue zum pathologischen Symptom.[195]

2. Neue Technik – neue Kunst

Im 19. Jh., mit dem Eintritt in die Moderne, sieht sich die Ästhetik mit einem dreifachen Problem konfrontiert: (1) Das explosionsartig zunehmende Quantum an technischen Innovationen, das zur industriellen Revolution anwächst, verändert die Lebensbedingungen und Modalitäten der Wahrnehmung auf eine solch radikale Weise, daß deren Transposition in der Kunst nach Vergleichbarem drängt; so bringt etwa Benjamin in seinen Baudelaire-Interpretationen diese neue Entwicklung mit dem Dichter auf den Begriff des ›Chocks‹[196]. (2) Mit der sich etablierenden bürgerlichen Ordnung entsteht ein Kunstmarkt, der die Dichotomisierung von Kunst in hohe und Trivial- bzw. Massenkunst festschreibt. (3) Mit den technischen Innovationen geht eine Revolutionierung der Möglichkeiten künstlerischen Schaffens einher, von denen die folgenreichsten die zu einer Mechanisierung der Kunst führenden neuen Reproduktionstechniken werden.

Schon im 15. und 16. Jh., als der Buchdruck seinen Siegeszug antrat und graphische Reproduktionsverfahren verbessert bzw. neu entwickelt wurden (Kupferstich und Radierung), regte sich erster Widerstand gegen eine mechanische Reproduktion von Texten und Bildern.[197] Als mit der Erfindung der Lithographie im ausgehenden 18. Jh. Künstlern ein noch wirkungsvolleres Reproduktionsinstrument zur Verfügung stand und in der ersten Hälfte des 19. Jh. die Daguerreotypie der Photographie den Weg bereitete, wurde eine Revision des Kunstbegriffs eingeleitet, die technische Innovationen im Bereich der Medien – Film, Ton und Tonfilm sowie in jüngster Vergangenheit Video und digitale Aufnahmetechniken – einschließen sollten. Mit der neuen Technik ist auch der durch den Realismus eingeleitete Wandel des Gegenstandsbereichs der Kunst besiegelt worden: Das jetzt entfaltete mimetische Potential führt eine einseitig an Tradition ausgerichtete inventio als Maßstab für die Inhalte der Kunst definitiv ad absurdum.

Eine erste eingehende Analyse der neuen Verhältnisse unternimmt Benjamin in seinem Essay *Das Kunstwerk im Zeitalter seiner technischen Reproduzierbarkeit*. Mit den neuen Reproduktionsverfahren sei das »Hier und Jetzt des Kunstwerks« ausgefallen, jenes hic et nunc, an dem sich seine Geschichte, »der es im Laufe seines Bestehens unterworfen gewesen ist«[198], vollzogen habe. Hier setzt für Benjamin die Relevanz der Tradition ein, die er – ganz im etymologischen Sinne von tradere – in der Geschichte des Originals verortet. Die Echtheit des Originals aber entziehe sich einer jeden Reproduzierbarkeit.[199] Die technische Reproduzierbarkeit bewirke den Verlust des ein Kunstwerk konstituierenden ›Hier und Jetzt‹, sie bedeute das Zertrümmern seiner Aura. Da jedoch diesem Akt der Destruktion eine Veränderung der Sinneswahrnehmung korrespondiere, werde auch das vormals Einmalige – mittels Reproduktion – in diesen Prozeß einbezogen und den Massen zugänglich.[200] Zum Paradigma der neuen Kunst erhebt Benjamin

---

193 Ebd., 260; dt. 141.
194 Vgl. HANS SEDLMAYR, Verlust der Mitte. Die bildende Kunst des 19. und 20. Jahrhunderts als Symptom und Symbol unserer Zeit (1948; Frankfurt a. M. ¹⁰1983), 87f.
195 Vgl. WYSS, Trauer der Vollendung (1985; Köln ³1997), 238–314.
196 Vgl. BENJAMIN, Charles Baudelaire. Ein Lyriker im Zeitalter des Hochkapitalismus (1936), in: BENJAMIN, Bd. 1/2 (1974), 630ff.
197 Vgl. EDGAR WIND, Art and Anarchy. The Reith Lectures 1960 revised and enlarged (London 1963), 69f.
198 BENJAMIN, Das Kunstwerk im Zeitalter seiner technischen Reproduzierbarkeit (2. Fassung, entst. 1935–1936), in: BENJAMIN, Bd. 1/2 (1974), 475.
199 Vgl. ebd., 476.
200 Vgl. ebd., 477–480.

den Film. Obwohl Medium der Zerstreuung, habe der Film die Möglichkeiten zu veränderten Modalitäten der Wahrnehmung eröffnet, wodurch ihm u. a. eine »revolutionäre Funktion« zufalle, nämlich »die künstlerische und wissenschaftliche Verwertung der Photographie, die vordem meist auseinander fielen, als identisch erkennbar zu machen« (499). Die spezifischen Effekte des Films, die diese Leistung ausmachen, seine ›Chock‹-Momente, habe z. B. der Dadaismus mit den Mitteln der Malerei und Literatur vorwegzunehmen versucht, doch erst der Film habe sie einzulösen vermocht.[201] Für Hauser bestätigt insbesondere am russischen Film, »daß, sobald einmal in der Kunst die Übertragung aus dem Stofflichen ins Formale vollzogen ist, die Form als ein rein Technisches, ohne den weltanschaulichen Hintergrund, aus dem sie hervorgegangen ist, übernommen und verwendet werden kann«[202].

Benjamins Essay ist in Zusammenhang mit dem Anspruch der historischen Avantgardebewegungen zu sehen, den Status der Kunst – die »*Institution Kunst*«[203] – in der bürgerlichen Gesellschaft mit dem Ziel zu kritisieren, den Hiat zwischen Kunst und Lebenspraxis zu überwinden. Der avantgardistische Impetus richtet sich gegen das Postulat von der Autonomie, das in der (geistesgeschichtlichen) Reflexion von einem Tradition für sich beanspruchenden Teilsystem kanonfähiger Kunst und in bezug auf den Künstler von einem an dieser Tradition ausgerichteten ›handwerklichen‹ Selbstverständnis ausgeht. Daher stehen die historischen Avantgardebewegungen – von denen der Dadaismus und der Futurismus als die radikalsten angesehen werden – für einen zweifachen Bruch: (1) mit einer vermeintlichen Tradition, die sich in L'art pour l'art und elitärem Ästhetizismus erschöpft; (2) mit der Dichotomie von Kunst und gesellschaftlicher Praxis. Die an den Begriffen ›Schönheit‹ und ›Wohlgefallen‹ orientierte Tradition des Ästhetischen provozieren die historischen Avantgarden durch neue Verfahren – z. B. Collagen, Photomontagen und objets trouvés, die Verfremdung des Alltäglichen (Surrealismus) oder das Einbeziehen technischer Innovationen, so der Kult der Geschwindigkeit (›velocità‹) im Futurismus[204], in der Kunst. Der auf diese Weise bewirkte ›Chock‹ meint sowohl Negation, nämlich die der tradierten (bürgerlichen) Kunstauffassung, als auch Erneuerung, nämlich die der Wahrnehmungsgewohnheiten. Die historischen Avantgarden, die ihre Wirkung auf das Unerwartete, Provokative und Neue gründen, haben die Herausbildung des Topos Tradition – Innovation vorbereitet, eines Topos, der gerade die mit der Avantgarde einsetzende Revision ästhetischer bzw. kunst- und literaturgeschichtlicher Begriffe zu verdecken droht. Gegen eine solche oberflächliche Antithese von ›Altem‹ und ›Neuen‹ widerspricht Benjamin im Namen der materialistischen Geschichtsphilosophie, die sowohl die einseitige Hinwendung zum Neuen als auch die Apologie des Immergleichen – womit auch die Geistesgeschichte gemeint ist – als »Kategorien des historischen Scheins«[205] entlarvt. Die Berechtigung des Benjaminschen Widerspruchs macht das von André Breton formulierte Selbstverständnis des Surrealismus deutlich: Mit dem am Ende des ersten *Manifeste du surréalisme* (1924) propagierten »*non-conformisme* absolu«[206] verabschiedet sich die Bewegung ihrerseits aus der Geschichte und konzediert im Namen einer »certaine aristocratie de pensée«[207] letztlich ihr Aufrücken zur Tradition. Hier kann in bezug auf das Traditionsverständnis eine Parallele zu T. S. Eliot gezogen werden, der einer von Diskontinuität beherrschten

201 Vgl. ebd., 501.
202 HAUSER (s. Anm. 59), 1025.
203 PETER BÜRGER, Theorie der Avantgarde (Frankfurt a. M. 1974), 29; vgl. BÜRGER, Institution Kunst als literatursoziologische Kategorie. Skizze einer Theorie des historischen Wandels der gesellschaftlichen Funktion der Literatur, in: Bürger (Hg.), Vermittlung – Rezeption – Funktion. Ästhetische Theorie und Methodologie der Literaturwissenschaft (Frankfurt a. M. 1979), 173–199.
204 Vgl. FILIPPO TOMMASO MARINETTI, Fondazione e Manifesto del Futurismo (1909), in: Marinetti, Teoria e invenzione futurista, hg. v. L. De Maria (Mailand 1968), 10–14.
205 BENJAMIN (s. Anm. 146), 1251; vgl. JAUSS, Aus alt mach neu? Tradition und Innovation in ästhetischer Erfahrung, in: W. Kluxen (Hg.), Tradition und Innovation. 13. Deutscher Kongreß für Philosophie (Hamburg 1988), 406.
206 ANDRÉ BRETON, Manifeste du surréalisme (1924), in: Breton, Œuvres complètes, hg. v. M. Bonnet, Bd. 1 (Paris 1988), 346.
207 BRETON, Caractères de l'évolution moderne et ce qui en participe (1922), in: ebd., 291.

Zeitlichkeit in der Ereignisgeschichte den ›historical sense‹, mit einer dem Kanon zugewandten, Vergangenheit und Gegenwart integrierenden homogenen Zeitlichkeit, entgegensetzt: »historical sense compels a man to write not merely with his own generation in his bones, but with a feeling that the whole of the literature of Europe from Homer and within it the whole of the literature of his own country has a simultaneous existence and composes a simultaneous order.«[208] Mit anderen Worten: Tradition gilt wieder als Garant der Autonomie von Kunst und Literatur und hebt den Anspruch der historischen Avantgarden auf ein Durchbrechen der Dichotomie von Kunst und Lebenspraxis auf.

V. Funktionalisierungen

1. Tradition und ›literarische Evolution‹

In den 20er Jahren entwickeln russische Literaturwissenschaftler unter dem Einfluß des von der futuristischen Avantgarde geführten Angriffs auf ein kontemplatives Kunstverständnis die formalistische Methode[209], die sich mit einem neuen wissenschaftlichen Anspruch ästhetischen und insbesondere literarischen Manifestationen annähert: »Uns zeichnet nicht ›Formalismus‹ als ästhetische Theorie und nicht ›Methodologie‹ als abgeschlossenes wissenschaftliches System aus, sondern einzig das Bestreben, auf Grundlage von spezifischen Eigenschaften des literarischen Materials eine selbständige Wissenschaft von der Literatur zu entwickeln.« (Для нас характерен не ›формализм‹, как эстетическая теория, и не ›методология‹, как законченная научная система, а только стремление к созданию самостоятельной литературной науки на основе специфических свойств литературного материала.)[210] Der russische Formalismus betrachtet in seiner Frühphase Kunst und insbesondere Literatur von ihrer Produktion her. Ein zentraler Begriff des russischen Formalismus ist daher der des ›Materials‹, der als Korrelat der ›Form‹ nunmehr an die Stelle des ›Inhalts‹ tritt; das Begriffspaar ›Form – Inhalt‹ wird durch das Begriffspaar ›Form – Material‹ abgelöst: Form als ästhetische Kategorie bezeichnet das Prinzip, nach dem das Material – in der Literatur sind damit Sprache, Motive, Topoi, Weltanschauungen usw. gemeint – organisiert wird.[211] Die zur Bearbeitung des ›Materials‹ eingesetzten Verfahren werden ›Kunstmittel‹ genannt. Der Formalismus hat die Analyse dieser Verfahren zur Aufgabe der Literaturwissenschaft erklärt. Jede künstlerische Arbeit betrachtet er als einen Prozeß Objekte verfremdender Deformation. Bei Viktor B. Šklovskij beschreibt ›ostranenie‹ (Verfremdung), die sich durch die künstlerische Tätigkeit (Produktion) einstellende Veränderung der alltäglichen Wahrnehmung von Dingen, nach folgendem Schema: Kunst erschwere die Wahrnehmung und lenke auf diese Weise den Blick auf den Wahrnehmungsprozeß selbst; das Erleben eines solchen Prozesses sei in der Kunst Selbstzweck und müsse verlängert werden; da Kunst ein Mittel sei, das Machen einer Sache zu erleben, sei das Gemachte in der Kunst unwichtig.[212] Mit der Hinwendung zur künstlerischen Produktion und den Begriffen ›Material‹ und ›Verfremdung‹ legt der russische Formalismus das theoretische Fundament für eine Analogie zwischen technischer Innovation und Neuerung im Kunstschaffen, um sie zugleich im Ansatz zu widerlegen: Nicht die Innovation am

---

208 T. S. ELIOT, Tradition and the Individual Talent (1919), in: Eliot, Selected Prose, hg. v. F. Kermode (London 1975), 38; vgl. ASSMANN (s. Anm. 120), 150–156.
209 Vgl. PETER V. ZIMA, Literarische Ästhetik. Methoden und Modelle der Literaturwissenschaft (1991; Tübingen ²1995), 88–99.
210 BORIS M. ÉJCHENBAUM, Teorija ›formal'nogo metoda‹, in: Éjchenbaum, Literatura. Teorija, kritika, polemika (1927; Chicago 1969), 117; dt.: Die Theorie der formalen Methode, in: Éjchenbaum, Aufsätze zur Theorie und Geschichte der Literatur, übers. v. A. Kaempfe (Frankfurt a. M. 1965), 9; vgl. HANS GÜNTHER, Marxismus und Formalismus, in: Günther, Marxismus und Formalismus. Dokumente einer literaturtheoretischen Kontroverse (München 1973), 9; BÜRGER, Zum wissenschaftslogischen Status des Formalismus, in: Bürger, Vermittlung – Rezeption – Funktion (s. Anm. 203), 101–117.
211 Vgl. GÜNTHER (s. Anm. 210), 9.
212 Vgl. VIKTOR B. ŠKLOVSKIJ, Iskusstvo, kak priem/ Die Kunst als Verfahren (1916), russ.-dt., übers. v. R. Fieguth, in: J. Striedter (Hg.), Texte der russischen Formalisten, Bd. 1 (München 1969), 14/15.

Produkt als das ›Neue‹ mit verbesserten und erweiterten Funktionen, sondern der veränderte Umgang mit dem Material ist Gegenstand formalistischer Analyse, weshalb auch das Neue bzw. Innovation nicht den Status einer eigenständigen ästhetischen Kategorie beanspruchen kann; ein solcher kommt vielmehr der Verfremdung zu.
  Hier setzt die Frage nach dem geschichtlichen Index in der Literaturbetrachtung ein. Allen Richtungen des Formalismus gemeinsam ist die Ablehnung der bis dato herrschenden Literaturgeschichtsschreibung mit ihrer Traditionsbezogenheit. So verwirft Jurij Tynjanov (1927), der eine Theorie der literarischen Evolution entwickelt, die Tradition als Maßstab der Literaturbetrachtung: »Der Grundbegriff der alten Literaturgeschichte, die ›Tradition‹, erweist sich als unrechtmäßige Abstraktion eines oder mehrerer literarischer Elemente desselben Systems, in dem sie das gleiche ›emploi‹ haben und die gleiche Rolle spielen, und als deren Kontraktion mit eben diesen Elementen eines anderen Systems, in dem sie ein anderes ›emploi‹ besitzen, zu einer vermeintlich einheitlichen, scheinbar ungeteilten Reihe. / Als Hauptbegriff der literarischen Evolution erweist sich die *Ablösung* der Systeme, die Frage der ›Traditionen‹ aber verlagert sich auf eine andere Ebene.« (Основное понятие старой истории литературы ›традиция‹ оказывается неправомерной абстракцией одного или многих литературных элементов одной системы, в которой они находятся на одном ›амплуа‹ и играют одну роль, и сведением их с теми же элементами другой системы, в которой они находятся на другом ›амплуа‹ – в фиктивно-едином, кажущийся целостным ряд. / Главным понятием литературной эволюции оказывается смена систем, а вопрос о ›традициях‹ переносится в другую плоскость.)[213] Sowohl das Einzelwerk als auch die Literatur als solche bezeichnet Tynjanov als ›Systeme‹, wobei er nicht präzise zwischen den Termini ›Reihe‹ und ›System‹ unterscheidet. System setzt er in Beziehung zu anderen Reihen, wodurch sein Ansatz eine historisch-gesellschaftliche Dimension erhält. ›Funktion‹ nennt er die Beziehung des jeweiligen Elementes zu den anderen Elementen eines Systems[214], wobei ein System wiederum als Element eines weiteren Systems gedacht werden kann. Aus dieser Beziehung heraus treten spezifische Fakta hervor, welche die Funktionsqualität des jeweiligen Elementes bestimmen, so etwa seine ›Funktion‹ als literarisches Werk: »Daß ein Faktum als *literarisches* Faktum existiert, hängt von seiner Differenzqualität ab (d. h. von seiner Korrelation sei es zur literarischen, sei es zur außerliterarischen Reihe)« (Существование факта, как литературного, зависит от его диференцированного качества [т. е. от соотнесенности либо с литературным, либо с внелитературным рядом] – 440/441). Literarische »Evolution als ›Ablösung‹ des Systems« setze folglich keine vollständige Erneuerung der einzelnen Elemente voraus, »sondern *eine neue Funktion dieser formalen Elemente*« (но они предполагают новую функцию этих формальных элементов – 458/459). Fazit: Eine Literaturgeschichte darf sich nicht allein im Vergleich der Formen erschöpfen, sondern muß sich auch dem Funktionswandel der einzelnen Elemente zuwenden. Tynjanov gibt dabei folgendes zu berücksichtigen: »Die dem Aussehen nach nicht im geringsten ähnlichen Erscheinungen verschiedener funktionaler Systeme können ihren Funktionen nach ähnlich sein, und umgekehrt. Das Problem wird hier dadurch verdeckt, daß jede literarische Richtung in einer bestimmten Periode sich ihren Rückhalt in den vorausgegangenen Systemen sucht, – was man als ›Traditionalität‹ bezeichnen kann.« (Совершенно несходные по видимости явления разных функциональных систем могут быть сходны по функциям, и наоборот. Вопрос затемняется здесь тем, что каждое литературное направление в известный период ищет своих опорных пунктов в предшествующих системах, – то что можно назвать ›традиционностью‹. – 458/459) Folglich kennt Tynjanov auch keine antithetische Gegenüberstellung von Tradition und Evolution, da beide Begriffe für ihn in unterschiedlichen epistemologischen Positionen verwurzelt sind.

---

213 JURIJ TYNJANOV, O literaturnoj ėvoljucii/Über die literarische Evolution (1927), russ.-dt., übers. v. H. Imendörffer, in: ebd., 436/437.
214 Vgl. ebd., 438/439.

Roman Jakobson verankert die Tradition in der Kommunikationstheorie als ein für die Konstituierung von Zeichenklassen relevantes Prinzip, wodurch sie die Wahrnehmung präjudiziere: »Die bedingte Sprache der Malerei hat man zu erlernen, um ein Bild sehen zu können, ähnlich wie man ohne Kenntnis der Sprache etwas Gesagtes nicht verstehen kann. Diese Bedingtheit, die Traditionalität malerischer Darbietung bedingen in bedeutendem Maße den eigentlichen Akt unserer visuellen Wahrnehmung. Je nach dem Akkumulationsgrad von Tradition wird ein gemaltes Bild zu einem Ideogramm, zu einer Formel, mit der unverzüglich aufgrund der Korrespondenz ein Gegenstand verbunden wird. Das Wiedererkennen vollzieht sich in Sekundenschnelle. Wir hören auf, ein Bild zu sehen. Das Ideogramm muß deformiert werden. Der Maler als Neuerer muß an den Dingen sehen, was man gestern nicht sah, muß der Wahrnehmung eine neue Form geben.« (Условному живописному языку надо научиться, чтобы увидеть картину, подобно тому, как нельзя понять сказанного, не зная языка. Эта условность, традиционность живописной подачи в значительной степени обуславливает самый акт нашего зрительного восприятия. По мере накопления традиции, живописный образ становится идеограммой, формулой, с которой немедленно по смежности связывается предмет. Узнавание становится мгновенным. Мы перестаем видеть картину. Идеограмма должна быть деформирована. Увидеть в вещи то, чего вчера не видели, должен живописец-новатор, навязать восприятию новую форму.)[215] Am Beispiel des literarischen Realismus zeigt Jakobson auf, daß Tradition keineswegs eine starre Kategorie darstellt: Habe sich eine Form des Realismus etabliert, so seien neue realistische Künstler gezwungen, sich z. B. als Neorealisten oder Naturalisten zu definieren. Diesen Prozeß der Distanzierung macht Jakobson bis in die Richtungen hinein aus, die den Realismus für sich beanspruchen, obzwar sie die Prämissen der anfangs etablierten Realismuskonzeption weit hinter sich gelassen haben; dadurch fallen dem Wort Realismus schließlich so viele Bedeutungen zu, daß es als Maßstab der Kunst- und Literaturbetrachtung seine Relevanz verliert.

Jan Mukařovský, herausragender Vertreter des Prager Strukturalismus, betrachtet den Wandel in der Kunst von der Veränderung der Normen her, die man als das analytische Erfassen und, in Anlehnung an Curtius, als die Sicherung von Tradition auf abstrakter Ebene bezeichnen könnte. Ausgehend von der Jurisprudenz konstatiert Mukařovský, daß jede Praxis, die sich auf eine Norm beziehe, nicht bloß Interpretation derselben, sondern ihrerseits normbildend sei, da gerade das Rechtssystem ja nicht den Einzelfall zu erfassen vermöge: »Auch die ästhetischen Normen werden durch die Anwendung umgestaltet. Während aber die Rechtsnormen, sofern es sich nicht um Gesetzgebung im eigentlichen Sinne handelt, sich nur innerhalb sehr enger Grenzen verändern und die Sprachnormen diesen Prozeß zwar wirkungsvoll aber unsichtbar vollziehen, geschehen die Veränderungen der ästhetischen Normen mit sehr großer Spannweite und unverhüllt. Es wird indes nicht in allen Teilen des ästhetischen Bereichs auf die Wandlung der ästhetischen Norm auf gleich intensive Weise aufmerksam gemacht; am auffälligsten sind die Veränderungen dort, wo der Bruch der ästhetischen Norm eines der hauptsächlichsten Mittel der Wirkung ist.«[216] Der Schluß dieser Passage verweist eindeutig auf die historischen Avantgarden. Das Kunstwerk sei, so Mukařovský, »immer eine inadäquate Anwendung der ästhetischen Norm«, erst durch den Normbruch zeichne es sich als solches aus. Den Begriff ›Bruch‹ definiert er als »das Verhältnis zwischen der zeitlich vorausgehenden und der von ihr abweichenden, jetzt sich bildenden neuen Norm« (45). Mit dem Verstoß gegen eine ästhetische Norm sei gleichzeitig ein Verstoß gegen den Geschmack verbunden, bis dieser sich der neuen Norm zuwende; das ästhetische Wohlgefallen an der ›lebenden Kunst‹ werde also

---

[215] ROMAN JAKOBSON, O chudožestvennom realizme/ Über den Realismus in der Kunst (1921), russ.-dt., übers. v. K. Eimermacher, in: ebd., 376/377.

[216] JAN MUKAŘOVSKÝ, Estetická funkce, norma a hodnota jako sociální fakty (Prag 1936); dt.: Ästhetische Funktion, Norm und ästhetischer Wert als soziale Fakten, in: Mukařovský, Kapitel aus der Ästhetik, übers. v. W. Schamschula (1970; Frankfurt a. M. 1982), 44 f.

immer von einem gewissen Mißbehagen begleitet. Das Mißbehagen kann folglich als das residuale Fortwirken des Umstandes, daß das nunmehr Schöne einst dem Wohlgefallen widersprochen hat, verstanden werden; das Residuale bedingt zugleich die Disposition, das Neue nach einiger Zeit zu akzeptieren. Mukařovskýs These zu dem von der historischen Avantgardebewegungen vollzogenen Bruch läßt sich daher wie folgt resümieren: Ein Kunstwerk kann das Mißbehagen auf einen extrem hohen Grad treiben – Mukařovský nennt dafür den Surrealismus als Beispiel; es bleibt jedoch auch in der größten Provokation jenes »Mißbehagen«, welches das »ästhetische Wohlgefallen« (47) begleitet, so daß sich durch die Provokation hindurch die Kunst in ihren konstitutiven Prinzipien behauptet, d. h. wenn sich das Mißbehagen innerhalb der Grenzen bewegt, die dem Wohlgefallen als Funktion gesetzt sind. So sind auch die historischen Avantgarden keineswegs als das Ende der Kunst zu denken, und ihre Normen werden Teil jenes Kanons der mechanisierten Normen, die in der von Mukařovský ausgemachten »Hierarchie der ästhetischen Normsysteme« (58) die unteren Plätze belegen.

Der junge Michail Bachtin rückt über eine Neubewertung des ›Inhalts‹ (содержание) Kunst und Literatur in den Horizont einer historischen Anthropologie, von wo aus es zu einer direkten Gegenüberstellung von Tradition und ›Neuartigkeit‹ (новизна) kommt. Das epochenspezifische Bild des Menschen von sich selbst wird zum Fokus einer Theorie der Kunst. Diese Theorie ist keine Theorie der einzelnen Kunstgattungen, vielmehr wendet sie sich der Frage nach dem Ort der Kunst in der jeweiligen Kultur zu. Bachtin betrachtet das Verhältnis von Tradition und ›Neuartigkeit‹ aus der Trias ›Inhalt‹, ›Form‹ und ›Material‹ heraus, wobei er den Inhalt als das ›Neuartigkeit‹ bewirkende Moment ansieht. ›Neuartigkeit‹ gründe weder im freien Spiel der Form noch im Widerstand des Materials im experimentierenden Umgang mit derselben. Bachtins Argument ist von seinem Stilverständnis her zu verstehen: »Ein großer Stil umfaßt alle Gebiete der Kunst – oder aber es gibt ihn nicht; denn er ist vor allem der Stil der Sicht der Welt, dann erst der der Bearbeitung des Materials.« (Большой стиль обнимает все области искусства, или его нет, ибо он есть стиль прежде всего самого видения мира и уже затем обработки материала.)[217] Der Stil schließe somit ›Neuartigkeit‹ auf der Inhaltsseite aus. Bachtin nennt den »Klassizismus« (классицизм) den Stil par excellence, der seine ganze Kraft auf die konstitutiven »Momente der ästhetischen Vervollkommnung« (моменты эстетического завершения) und die »immanente Vertiefung der traditionellen Tendenzen des Lebens« (имманентное углубление традиционной направленности жизни) konzentriere. Komme es dagegen zu Spannungen und zu ›Neuartigkeit‹, dann sei dies in der Regel bereits ein Zeichen der Krise: »Die Intensität und die Neuartigkeit im Produzieren des Inhalts ist in den meisten Fällen bereits ein Zeichen für die Krise des ästhetischen Schaffens.« (Напряженность и новизна творчества содержания в большинстве случаев есть уже признак кризиса эстетического творчерства.) Inhaltliche ›Neuartigkeit‹ erweise sich zuerst als eine »Krise der Autorschaft« (кризис авторства) (176; dt. 276), denn sie bedeute das Infragestellen der Kunst an ihrem traditionellen Ort. Für den ›Klassizismus‹ als Epochenstil gilt somit: Er ist ein Gefüge, in dem eine die Lebenspraxis überschreitende, ›transgrediente‹ Form – wie Bachtin in Anknüpfung an den Neukantianismus schreibt – als das einheitsstiftende Moment wirke.[218] Die Romantik dagegen mit ihrer Vorstellung vom »ganzheitlichen Schaffen« (целостного творчества) und vom »ganzheitlichen Menschen« (целостного человека) (176; dt. 276) führe zu einem Verlust dieser ›transgredienten‹ Position des Kunstschaffens. Dem Autor werde das Recht abgesprochen, sich außerhalb der Lebenspraxis zu situieren; er verfüge aber zugleich auch über keinen festen Ort mehr in ihr – kurz: Bachtin schildert hier die Grunderfahrung der Moderne.

---

217 MICHAIL M. BACHTIN, Avtor i geroj v ėstetičeskoj dejatel'nosti (um 1920–1925), in: Bachtin, Ėstetika slovesnogo tvorčestva (Moskau 1979), 175; dt.: Autor und Held in der ästhetischen Tätigkeit [Teilübers.], übers. v. I. Faix, in: Kunst und Literatur (1978), H. 6, 276.
218 Vgl. ebd., 176ff.; dt. 276ff.

2. ›Ästhetische Innovation‹ als Effekt

Aus marxistischer Perspektive erkennt Wolfgang F. Haug in der fortwährenden Erneuerung der Gestalt eines Produktes eine Technik, die auf weitaus radikalere Weise als die qualitative Vergreisung die Gebrauchszeit eines Produkts verkürze und die Nachfrage belebe: »Diese Technik setzt bei der Ästhetik der Ware an. Durch periodische Neuinszenierung des Erscheinens einer Ware verkürzt sie die Gebrauchsdauer der in der Konsumsphäre gerade fungierenden Exemplare der betreffenden Warenart. Diese Technik sei im folgenden als ästhetische Innovation bezeichnet.«[219] Innovation kennzeichnet die sich scheinbar von selbst bewegende, eine sinnlich-übersinnliche Gestalt annehmende Ware; sie ist Ausdruck des Warenfetischismus. Das eigentliche Ziel der ästhetischen Innovation sei jedoch nicht etwa die ästhetische Erneuerung, sondern das ästhetische Veralten eines Produktes innerhalb einer Produktgattung. Die von Haug formulierte Theorie einer Technik der ästhetischen Innovation spitzt das auf unterschiedlichen sozialpsychologischen Konstituenten beruhende Phänomen Mode auf die Produktion und Vermarktung von Waren zu, die nicht mehr primär der Selbstinszenierung des Individuums, sondern der Inszenierung ihrer selbst dienen. Generell gilt für die ästhetische Innovation, daß sie nicht über ein bestimmtes Maß der Vertrautheit hinausgehen darf, d. h.: Der Gebrauchswert substituiert die Tradition. An die Analyse der ästhetischen Innovation läßt sich daher folgendes anschließen: Die Sprache der Mode wie auch die Sprache der Ware verbindet eine rhetorische Strategie (amplificatio[220]), hinter der sich unterschiedliche sozial-psychologische und ökonomische Momente verbergen. Die steigernde Amplifikation bzw. die gegen das zur ›Veraltung‹ bestimmte Produkt gerichtete verkleinernde Amplifikation (minutio) führt das ›ästhetische Werterlebnis‹ herbei, ein Erlebnis, das die Parteilichkeit stiftende amplificatio nunmehr als Aufforderung zum Kauf begreift, wobei der Gebrauchswert des als neue Ware inszenierten Industrieproduktes weiter in den Hintergrund rückt. Die Mittel hierfür liefert die Umgestaltung akzidentieller, d. h. den Gebrauchswert eines Produktes nicht beeinflussender Elemente wie Form und Farbe.

Roland Barthes' Essay über das Modell DS 19 des Automobilherstellers Citroën (*La nouvelle Citroën*, 1957) zeigt anschaulich die Rhetorik, welche die Strategie der ästhetischen Innovation von Waren prägt: Dem französischen Hersteller sei es gelungen, über bloße Modellkorrekturen hinweg die Illusion zu erzeugen, man habe mit dem Modell DS 19 das Auto neu erfunden.[221] Die technische Perfektion, die dem Industrieprodukt Automobil die Aura einer natura naturans verleiht, läßt Barthes zu der ›rhetorischen Hyperbel vom Epochemachenden‹ (Blumenberg) greifen, womit gesagt sein soll, daß das Modell DS 19 zur schöpferischen aemulatio im Automobilbau herausfordert, daß es zum Gegenstand der imitatio wird. Zugleich vermittle diese Perfektion auch jenen Grad der Vertrautheit, die das Automobil mit der sublimierten Erscheinungsform des im alltäglichen Gebrauch Befindlichen (»sublimation de l'ustensilité«[222]) verbinde: es behält seinen Gebrauchswert.

Die im Zeichen ästhetischer Innovation stehende Warenproduktion hat zwei gegenläufige Bedingungen zu erfüllen: Sie muß durch ein ständiges Neuinszenieren von Produkten das Veralten vorausgegangener Produkte mit vergleichbarem Gebrauchswert vorspiegeln und gleichzeitig Standards für die Serienproduktion setzen, die ihrerseits in immer kürzerer Zeit einen immer größeren Ausstoß bewältigen muß. Angesichts dieser Leistung im Bereich der industriellen Warenproduktion sieht Bazon Brock das Verständnis von der genuin künstlerischen Produktion als revisionsbedürftig an: »Mit der bloßen Innovationsleistung können sich die Künstler nicht mehr von Warenproduzenten unterscheiden, da die Warenproduk-

---

219 WOLFGANG F. HAUG, Kritik der Warenästhetik (1971; Frankfurt a. M. ²1972), 50; vgl. MARTIN JÜRGENS, Moderne und Mimesis. Vorschlag für eine Theorie der modernen Kunst (Münster 1988), 120 ff.
220 Vgl. LAUSBERG, Elemente der literarischen Rhetorik (s. Anm. 30), 38 ff. (§§ 73 ff.).
221 Vgl. ROLAND BARTHES, Mythologies, suivi de Le Mythe, aujourd'hui (1957) in: Barthes, Œuvres complètes, hg. v. É. Marty, Bd. 1 (Paris 1993), 655 f.; WOLFGANG WELSCH, Unsere postmoderne Moderne (1987; Berlin ⁴1993), 94.
222 BARTHES (s. Anm. 221), 656.

tion inzwischen innovativer geworden ist als die künstlerische. Fazit: Aufbrechen der Künstlerrollen.«[223] Ästhetische Innovation heißt die Anwendung künstlerischer Techniken auf kunstfremde Zwecke, das Erzeugen von Effekten im Dienste einer Rhetorik der Ware; ›ästhetische Innovation‹ allein kann keine Innovation der Kunst im Sinne einer epochalen Zäsur meinen, denn mit Bachtin gilt es festzuhalten: »Das technische Moment sind die Faktoren des künstlerischen Eindrucks, nicht aber die ästhetisch bedeutsamen Summanden des Inhalts dieses Eindrucks, das heißt des ästhetischen Objektes.« (технические моменты – это факторы художественного впечатления, но не эстетически значимые слагаемые содержания этого впечатления, то есть эстетического объекта.)[224] Und in einer Notiz über den Besuch eines Broadway-Theaters unterstreicht Bertolt Brecht die Diskrepanz zwischen einem reaktionären Inhalt und den sich explosionsartig entfaltenden Effekten auf der mit modernster Technik ausgestatteten Bühne: »Diese ›Technik‹ wird dazu verwendet und ist dazu entwickelt, an Dingen und Ideen Interesse zu erwecken, die nicht im Interesse des Publikums sind.«[225] Brecht hebt die affirmative Seite des Effekts hervor, die auch dort besteht, wo dieser scheinbar einzig im Dienste der Kunst stehe. Hermann Broch entlarvt die Beschränkung auf den Effekt als das der Kunst Fremde, wenn er etwa über das schlechte L'art pour l'art schreibt, es sei nur »l'art pour l'effet, kurzum Kitsch, der Pseudo-Neues ohne neue Realitätseinsicht hervorbringt, oder aber sich überhaupt nicht um Neues kümmert und seine Effekte mit mehr oder minder akademischem Eklektizismus erzeugt«[226]. Gerade auf der Ebene der technischen Momente entsteht das für neue Effekte konstitutive Innovationspotential; nur über diese Momente kann eine Analogie zwischen ästhetischen und technischen bzw. ökonomischen Innovationsprozessen erfolgen, allerdings unter Preisgabe dessen, was Kunst ist. Schon F. Schlegel hat vor der Verabsolutierung des Effekts gewarnt[227], und Kitsch ist, was vorgibt, Kunst zu sein und doch nur die Funktion erfüllt, Stimmungen zu erzeugen.[228] Das Prinzip der ästhetischen Innovation potenziert letztlich den Kitsch, indem es etwas als Kunst ausgibt, was keine ist, und dabei einem Kunstverständnis Vorschub leistet, das Kunst mit Neuinszenierung gleichsetzt. Eine Folge ist daher das polemische Mißverstehen der Moderne durch reaktionäre Kunstkritiker wie Sedlmayr. Dieser erkennt in der Revolution der modernen Kunst einen radikalen Bruch, den die Kunst durch ihre konsequente Unterwerfung unter das Außerkünstlerische, d. h. technische Innovationen und Effekte, vollzogen haben soll.[229] Vom Effektcharakter des Neuen innerhalb fester Gattungsnormen lebt aber v. a. die Unterhaltungskunst. Am Beispiel der Science-Fiction-Literatur verdeutlicht dies Brock: »Was sich also als literarischer Stilwille anzubieten scheint, ist im wesentlichen ein Problem des Innovationsniveaus, der Dichte der Neuigkeiten, die den Fortgang der Handlung ermöglichen. Ist dieses Innovationsniveau gering, so muß der Autor des öfteren zurückgreifen auf Erfahrungen und Kenntnisse, die der Leser bereits hat und die er vor allem meistens aus dem hat, was er für Literatur hält. Die Eigentümlichkeit der Darstellung im S.-F. kann in dem die Geschichte bedingenden Verlauf beschrieben werden durch Innovation und Einfallslosigkeit, durch Neuigkeit und Rückverweisung oder Rückfall in Schonbekanntes.«[230]

---

223 BAZON BROCK, Ästhetik als Vermittlung. Arbeitsbiographie eines Generalisten, hg. v. K. Fohrbeck (Köln 1977), 308.
224 BACHTIN, Problema soderžanija, materiala i formy v slovesnom chudožestvennom tvorčestve, in: Bachtin, Voprosy literatury i èstetiki (Moskau 1975), 47; dt.: Das Problem von Inhalt, Material und Form im Wortkunstschaffen, in: Bachtin, Die Ästhetik des Wortes, übers. v. R. Grübel u. S. Reese, hg. v. R. Grübel (Frankfurt a. M. 1979), 131.
225 BERTOLT BRECHT, Über Bühnenbau und Musik des epischen Theaters (1935–1942), in: BRECHT, Bd. 15 (1967), 469; vgl. BERND JÜRGEN WARNEKEN, Literarische Produktion. Grundzüge einer materialistischen Theorie der Kunstliteratur (Frankfurt a. M. 1979), 22–29.
226 HERMANN BROCH, Hofmannsthal und seine Zeit (1947/1948), in: BROCH, Bd. 9/1 (1976), 257 f.
227 Vgl. F. SCHLEGEL, Seine prosaischen Jugendschriften, hg. v. J. Minor, Bd. 1 (1882; Wien ²1906), 110.
228 Vgl. LUDWIG GIESZ, Phänomenologie des Kitsches (1960; Frankfurt a. M. 1994), 53 ff.
229 Vgl. SEDLMAYR, Die Revolution der modernen Kunst (Reinbek b. Hamburg 1955), 111.
230 BROCK (s. Anm. 223), 87.

3. Tradition, ›Latenz‹ und das messianische Neue

Von weitreichender Bedeutung für die neueren Theorien zur Tradition wird die von Freud in seiner Schrift *Der Mann Moses und die monotheistische Religion* (1937/1939) vorgenommene Revision des Traditionsbegriffs. Er geht dabei von dem paradoxen Umstand aus, daß nach der anfänglichen Abwendung von der Mosesreligion sich schließlich doch der jüdische Monotheismus herausbilden konnte. Freud nimmt an, daß sich die mosaische Tradition in Gestalt mündlicher Überlieferung als Widerspruch und Ergänzung zu den ersten Versuchen einer Geschichtsschreibung habe erhalten können, um letztendlich als das wahrhaftigere Moment über die schriftliche Fixierung zu triumphieren.[231] Daß die Tradition so wirken konnte, erklärt Freud mit einem Vergleich aus der Individualpsychologie: Auf einen Schock komme es erst nach Wochen zur Symptombildung der »traumatischen Neurose«, die sich ungeachtet der zeitlichen Distanz direkt auf die erfahrenen Erschütterungen beziehe. Als den gemeinsamen »Charakter« von Neurose und Religionsgeschichte macht Freud die »Latenz«[232] aus. Aus der als ›Latenz‹ begriffenen Tradition heraus versucht Freud auch Epochen besonderer literarischer Blüte zu erklären: Das Epos eines Homer oder die attischen Dramatiker hätten aus dem reichen Sagenmaterial geschöpft, das ihnen mittels der Tradition aus verschütteten Zeiten der Hochkultur überliefert worden sei, das also latent fortgewirkt habe. Dieses Material habe sich im Widerspruch zur Geschichtsschreibung in den Werken niedergeschlagen. Doch schließt Freud nicht aus, daß die Tradition durch die Niederschrift eine sie erschöpfende Fixierung erfahre.[233]

In der Tiefenpsychologie C. G. Jungs finden sich Tradition und Latenz im ›Archetypus‹ aufgehoben, der das jeweilige seit Urzeiten vorgegebene, sich der Abstraktion entziehende Strukturmoment einer jeden menschlichen Tätigkeit – und folglich auch einer jeden ästhetischen Manifestation – bezeichnet.[234] Ernst Bloch kritisiert die tiefenpsychologische Archetypenlehre ob ihrer Vorwegnahme der strukturalistischen Methode, einen »Rückgriff auf unveränderlich sich durchhaltende Grundstrukturen, auf dauernde Urtypen«[235] er bereits bei Jung ausmacht. Echte Archetypen dagegen seien nicht als in ihrer Bedeutung an den Ort ihres erstmaligen Auftretens fixierte, sondern als »fortbedeutende« zu fassen, »deren Wiederkehr sich besonders genau aus ihrer *Unabgegoltenheit* herleitet, aus ihrer Zukunft in der Vergangenheit und gerade nicht aus einer scheinbar ahistorischen Stabilität«[236]. Für Bloch verweist der Jungsche Archetypus lediglich in den Bereich des »ausschließlich nach unten Verdrängten, unterbewußt Findbaren«, das sich weithin ins Bekannte auflösen lasse und daher nur von einer »langweiligen«, die Nachtträume beherrschenden »Latenz« sei. Dem hält er die das »Erhofft-Erahnte«, die Tagesphantasien erzeugende und über utopisches Potential verfügende »unerschöpfliche Latenz«[237] entgegen.

Die von Freud über die Verbindung von Tradition und Latenz vorbereitete Revision des Traditionsbegriffs hat dazu angeregt, in der Tradition nun nicht mehr – wie dies avantgardistische Programme nahegelegt hatten – das Abgegoltene, das durch das Neue zu Ersetzende, zu sehen, sondern einen aus der Vergangenheit in die Gegenwart hineinragenden Imperativ. Der Blick auf das Unabgegoltene ist nicht nur der auf das Verdrängte in Ontogenese und Philogenese, auf die Wirkungsmacht der Ideologie, die sich den Traditionsbegriff einverleibt hat; vielmehr meint er gerade das ganz andere, das sich Geltung zu verschaffen sucht, das im Lauf der Geschichte immerfort nach seinem Recht drängt. Benjamin spricht von Tradition, wenn er diejenigen, die von der jeweils herrschenden, Status quo als einen unumstößlichen festlegenden Ideologie vergessen werden, in Erinnerung ruft und einen neuen Begriff der Geschichte fordert:

---

231 Vgl. SIGMUND FREUD, Der Mann Moses und die monotheistische Religion (1936/1939), in: FREUD (SA), Bd. 9 (1974), 517.
232 Ebd., 516.
233 Vgl. ebd., 519f.
234 Vgl. CARL GUSTAV JUNG, Symbole der Wandlung. Analyse des Vorspiels zu einer Schizophrenie (1911/1912; 1952), in: JUNG, Bd. 5 (1973), 295f.; JUNG, Zur Psychologie des Kindarchetypus (1940), in: JUNG, Bd. 9/1 (1976), 169.
235 ERNST BLOCH, Experimentum mundi (entst. 1972–1974), in: BLOCH, Bd. 15 (1975), 158.
236 Ebd., 159.
237 BLOCH, Das Prinzip Hoffnung (entst. 1938–1947; 1954–1959), in: BLOCH, Bd. 5 (1959), 181f.

»Die Tradition der Unterdrückten belehrt uns darüber, daß der ›Ausnahmezustand‹, in dem wir leben, die Regel ist. Wir müssen zu einem Begriff der Geschichte kommen, der dem entspricht.«[238] Tradition wird hier keinesfalls als etwas Starres gefaßt. Benjamin – wie auch Bloch und Theodor W. Adorno – ist in seinem Ansatz nachhaltig von der neueren jüdischen Philosophie geprägt: Eine enge Verbindung von Tradition und Offenbarung kennzeichnet eine Grundhaltung, die sich gegen einen starren Traditionsbegriff wendet. Bei Gershom Scholem ist die Tradition das alles in sich aufgreifende Grundprinzip, das als ein schöpferisches zu begreifen sei[239], während sein Lehrer Hermann Cohen in der Tradition noch eine Verfremdung der ursprünglichen Erfahrung erkannte: »Diese Erweiterung der Offenbarung auf die Tradition ist unabwendbar eine Auflösung der Offenbarung in *Erkenntnis*.«[240] Benjamin steht hingegen in Einklang mit Scholems Charakterisierung des jüdischen Traditionsverständnisses als jenem Überindividuellen, in das sich das Individuelle einschreibt: »Die Tradition ist eine der großen Leistungen, in der die Beziehung des menschlichen Lebens auf seine Grundlagen realisiert wird. Sie ist die lebendige Berührung, in der der Mensch die uralte Wahrheit ergreift und über alle Geschlechter hin in der Zwiesprache des Gebens und Nehmens sich mit ihr verbindet.«[241]

Das Neue im Sinne von Innovation spielt bei Benjamin und Bloch nur eine untergeordnete Rolle, weil es sich im Ephemeren verliert. Auf diesem Hintergrund ist auch Adornos dialektische Besetzung des Traditionsbegriffs im Zeichen seiner Kritik am zweckrationalen Denken zu sehen. Adorno sieht Tradition im Widerspruch zur Rationalität, »obwohl diese in jener sich bildete«. Die bürgerliche Gesellschaft, in der einzig das Prinzip des Tausches von Äquivalenten dominiert, macht Adorno für den Traditionsverlust verantwortlich: »Mit bürgerlicher Gesellschaft ist Tradition strengen Sinnes unvereinbar.«[242] Mit den modernen Produktionsverfahren sind die handwerklichen Produktionsweisen, deren Praxis auch für die ästhetische Tradition traditionsbildend war, in Vergessenheit geraten. Mit dem Verlust traditioneller Elemente geht auch das Bewußtsein von der zeitlichen Kontinuität und damit von der Geschichtlichkeit verloren.[243] Die bürgerliche Gesellschaft versucht die verlorene Tradition ästhetisch (im Sinne Søren Kierkegaards) zu ersetzen. Dies manifestiert sich ideologisch dort, wo mit dem Hinweis auf Werte nach Legitimation gerufen wird – eine Strategie, die Adorno in ihrer Widersprüchlichkeit entlarvt: Während die Vernunft in einer von Zweckrationalität bestimmten Welt den Menschen unterjocht und insofern ins Irrationale umschlägt, als der Mensch sich mit seiner Vernunft nicht mehr gegen diesen Prozeß zu stemmen vermag, muß das Bestehende »Sukkurs suchen bei eben dem Irrationalen, das es ausrottet, bei der Tradition, die doch, ein Unwillkürliches, dem Zugriff sich entzieht, falsch wird durch Appell« (312). Im Sog des Traditionsverlustes entsteht für die Künste eine ambivalente Situation: Wohl kann der Künstler, der sich selbst in keine Tradition mehr eingebunden weiß, über Traditionen frei verfügen.[244] Doch der Rekurs auf Tradition zeitigt allenfalls Kunstgewerbe, wofür Adorno die neoklassizistischen Richtungen als Beispiel nennt. Die Ablehnung einer unaufrichtigen Tradition, welcher der Bürger huldigt, hat einen raschen Wechsel der ästhetischen Programme zur Folge. Mit anderen Worten: Die Neuerungen entstehen auf dem Boden einer »Allergie gegen Tradition« (313), die in das Entstehen eines regelrechten Verbotskanons mündet, der die gesamte Kunstgeschichte zu usurpieren sich anschickt. Dennoch beansprucht die Geschichte weiter ihre Macht. Und die Allergie gegen falsche Tradition droht zu verschütten, was Tradition noch an Unabgegoltenem, an Latenz in sich birgt. Selbst dort, wo man sich bar jeder Tradition wähnt, ist man in den Fängen der Geschichte: So hat z. B. ein jeder

---

238 BENJAMIN, Über den Begriff der Geschichte (entst. 1939–1940), in: BENJAMIN, Bd. 1/2 (1974), 697.
239 Vgl. GERSHOM SCHOLEM, Offenbarung und Tradition als religiöse Kategorien im Judentum, in: Scholem, Über einige Grundbegriffe des Judentums (Frankfurt a. M. 1970), 120.
240 HERMANN COHEN, Religion der Vernunft aus den Quellen des Judentums, hg. v. B. Strauß (1919; Wiesbaden ³1995), 301.
241 SCHOLEM (s. Anm. 239), 120.
242 THEODOR W. ADORNO, Über Tradition (1966), in: ADORNO, Bd. 10/1 (1977), 310.
243 Vgl. ebd., 310f.
244 Vgl. ebd., 312.

Schriftsteller bereits über die Sprache Teil an der Tradition und damit an einer erinnerungswürdigen Schicksalhaftigkeit, »denn die geschichtliche Spur an den Dingen, Worten, Farben und Tönen ist immer die vergangenen Leidens« (315). Tradition birgt einen Imperativ in sich, der nicht dem Vergessen anheimfallen darf: Alles Erreichte ist Erworbenes, Errungenes. Die entscheidende Quintessenz aus Adornos dialektischer Betrachtung der Tradition für die Kunst lautet: Auch in der Verweigerung wirkt das Vergangene fort.[245]

Ungeachtet seiner kritischen Bestandsaufnahme der Tradition erhebt Adorno in seiner *Ästhetischen Theorie*, die vor dem Hintergrund des radikalen Bruchs zu sehen ist, den die ästhetische Moderne insbesondere durch die historischen Avantgardebewegungen für sich beansprucht hat – das ›Neue‹ in den Rang einer Kategorie. Mit diesem Bruch reflektiert die Kunst der Moderne einen entscheidenden Faktor ihrer eigenen geschichtlichen Situation: »In einer wesentlich nicht-traditionalistischen Gesellschaft ist ästhetische Tradition a priori dubios. Die Autorität des Neuen ist die des geschichtlich Unausweichlichen.« Der Begriff der Moderne negiere nicht einfach die Stile vorausgegangener Epochen, sondern die Tradition als solche; daher sei »seine Abstraktheit [...] verkoppelt mit dem Warencharakter der Kunst«[246]. Gegen diese Bestimmung der Moderne in der Kunst erhebt Peter Bürger den Einwand, daß sie sich zu einseitig an dem von der historischen Avantgarde beanspruchten Bruch orientiere und diesen zum Entwicklungsprinzip moderner Kunst überhaupt mache. In letzter Konsequenz habe Adorno es versäumt, seine Kategorie des Neuen hinreichend zu historisieren.[247] Allerdings nur eine oberflächliche Lektüre von Adornos Konzeption der modernen Kunst als Refus erlaubt es, sein Postulat auf ein Innovationspotential zu reduzieren, das über ein Verständnis des Neuen im Sinne der ästhetischen Innovation, der unablässigen Neuinszenierung von Waren, nicht hinauskommt. In der *Ästhetischen Theorie*, deren radikale Position der Negativität ihm mannigfache Kritik eingetragen hat[248], deutet Adorno an, vor welchem Horizont nach der Positivität von Kunst und nach der ästhetischen Erfahrung zu fragen ist. Die Aporie, die aus einer historischen Betrachtung des Traditionsverlustes und der Konzeption einer scheinbar geschichtslos dem Neuen zugewandten modernen Kunst entsteht, erhält dort ihre Relativierung, wo Kunst und Realität aufeinanderstoßen. Kunst sei – getreu der These Schopenhauers – als die ›Welt noch einmal‹ zu sehen. Er gibt dabei zu bedenken, daß diese Welt der Kunst in ihrer Komposition mit Elementen der ersten versetzt sei, »gemäß den jüdischen Beschreibungen vom messianischen Zustand, der in allem sei wie der gewohnte und nur um ein Winziges anders«[249]. Diese Aussage ist nur mit Blick auf die Bestimmung der Tradition als Latenz zu verstehen: Sind künstlerische Materialien und Verfahrensweisen frei verfügbar, ist der Künstler also nicht mehr Teil einer künstlerischen Tradition als Praxis, so bezieht Kunst den Kunstcharakter, mit dem sie sich vom bloßen Kunsthandwerk oder sentimentalen Kitsch unterscheidet, aus einem Bezug zur realen Welt, der in dem Aufgreifen der in dieser enthaltenen Latenzen besteht. Auf diese Weise rückt Kunst gerade nach dem (vermeintlich) radikalen Bruch durch die historische Avantgarde zur Geschichte auf. Der Vergleich mit dem »messianischen Zustand«[250] meint also das utopische – und nicht etwa kulturrevolutionäre – Potential der Kunst, die durch sie vermittelte Ahnung von dem intramundan noch Unabgegoltenen.

Der jüdische Messianismus ist auch Ausgangspunkt für Jacques Derridas im Anschluß an Hegel, Marx und Heidegger erfolgte Widerlegung der millenaristischen Konzeption vom Ende der Geschichte bei Francis Fukuyama: »Il s'agissait alors de penser une autre historicité non pas une nouvelle histoire ou encore moins un ›new historicism‹, mais une autre ouverture de l'événementialité comme historicité qui permît de ne pas y renoncer mais au contraire d'ouvrir l'accès à une pensée af-

---

245 Vgl. ADORNO, Ästhetische Theorie (1970), in: ADORNO, Bd. 7 (1970), 60.
246 Ebd., 38.
247 Vgl. BÜRGER, Theorie der Avantgarde (s. Anm. 203), 83 f.
248 Vgl. JAUSS, Negativität und Identifikation, in: H. Weinrich (Hg.), Positionen der Negativität (München 1975), 264 ff.; JAUSS, Aus alt mach neu? (s. Anm. 205), 393–413.
249 ADORNO (s. Anm. 245), 208.
250 BLOCH (s. Anm. 235), 159.

firmatrice de la promesse messianique et émancipatoire comme *promesse*: comme promesse et non comme programme ou dessin onto-théologique ou onto-eschatologique. Car loin qu'il faille renoncer au désir émancipatoire, il faut y tenir plus que jamais, semble-t-il, et d'ailleurs comme à l'indestructible même du ›il faut‹. C'est là la condition d'une re-politisation, peut-être d'un autre concept du politique.«[251]

4. Tradition in der kritisch-rationalen Wissenschaftstheorie

Aus einem weiter gefaßten Verständnis von Idiosynkrasie heraus stellt Paul Feyerabend in seiner kritisch-rationalistischen Wissenschaftstheorie zwei verschiedene Traditionskonzeptionen einander gegenüber. Mit »Idiosynkrasie« bezeichnet er ein Verhalten, das, sich objektiven Regeln entziehend, Teil der »historischen Tradition« sei. Die »Idiosynkrasien« sind für ihn gleichbedeutend mit »praktischen Kenntnissen«, so etwa dem vollkommenen Beherrschen einer Sprache. Die »abstrakte Tradition« suche dagegen ein Regelwerk zu erstellen und führe daher zu »theoretischer Erkenntnis«. Als solche könne sie jedoch nur, um beim Beispiel zu bleiben, einen Teil der Sprache als System erfassen. Für Feyerabend ist jedoch keine »abstrakte Tradition« ohne historische und damit »idiosynkratische« Komponente denkbar; der Vorrang gebührt der Praxis: »der Kennende und nicht die objektiven Regeln beurteilen einen Vorgang«[252]. Feyerabend geht bei seiner Beurteilung der Tradition zunächst wie Adorno von einer Gegenüberstellung von Vernunft und Praxis bzw. Vernunft und Tradition aus, um dann die These zu entwickeln, daß ein Wandel, eine Reform, nichts anderes meine als die Verdrängung einer Tradition durch eine andere, wobei diese lediglich noch nicht als solche erscheine. Was die Vernunft anbelangt, so sei diese nur eine Handlungsform, eine Tradition unter anderen. Als Movens eines jeden Wandels erkennt er daher die »Wechselwirkung von Traditionen« (39). Hierfür nennt Feyerabend ein Beispiel aus der Literaturgeschichte: »Als Gottsched das deutsche Theater reformieren wollte, suchte er nach guten Stücken, das heißt, er suchte nach einer Tradition, die würdiger, geordneter und eindrucksvoller war

als das, was sich auf deutschen Bühnen seinerzeit abspielte« (52). Aus der Sicht der Wissenschaftstheorie Feyerabends mit ihrer Verschränkung von Praxis und Tradition kann Innovation als Maßstab keine Gültigkeit beanspruchen, weil das Neue sich letztlich immer als eine Tradition erweist. Ähnlich lautet die Position von Thomas S. Kuhn, der eine Parallele zwischen den Entwicklungen in den Wissenschaften und in den Künsten sieht: Nur durch die Praxis innerhalb einer Tradition könne es zu jener Veränderung der Aufgabenstellung (›Paradigmenwechsel‹) kommen, der post festum sich als Revolution erweise.[253] Er vindiziert damit für den kritisch-rationalen Traditionsbegriff eine historische Perspektive, die bei Karl Popper in den Hintergrund rückt. Dieser betrachtet Tradition zuallererst als soziologische Kategorie[254], wobei er die Sprache zum Medium der Wahrheit erhebt, das diese zugleich verschleiere. Dem Verschleiern wirke eine eigene Tradition entgegen, nämlich die der Vernunft. Mit anderen Worten: Popper bannt aus seiner rationalen Theorie der Tradition einen jeglichen Irrationalismus, um damit dem ideologischen Mißbrauch, etwa faschistischer Provenienz, zu begegnen: »This is the tradition and discipline of clear speaking and of clear thinking; it is the critical tradition – the tradition of reason.«[255]

Für die unterschiedlichen Ansätze zu einer Revision des Traditionsbegriffs – auch wenn dieser je nach epistemologischem Standort durch andere

---

[251] JACQUES DERRIDA, Spectres de Marx. L'État de la dette, le travail du deuil et la nouvelle Internationale (Paris 1993), 125 f.
[252] PAUL FEYERABEND, Erkenntnis für freie Menschen. Veränderte Ausgabe (Frankfurt a. M. 1980), 65.
[253] Vgl. THOMAS S. KUHN, The Essential Tension: Tradition and Innovation in Scientific Research, in: C. W. Taylor/F. Barron (Hg.), Scientific Creativity. Its Recognition and Development (1963; New York/London/Sidney ²1966), 341–354; KUHN, Comment on the Relation of Science and Art, in: Comparative Studies in Society and History 11 (1969), 403–412.
[254] Vgl. KARL POPPER, Towards a Rational Theory of Tradition, in: Popper, Conjectures and Refutations. The Growth of Scientific Knowledge (London 1963), 123.
[255] Ebd., 135.

Begriffe flankiert oder gar substituiert wird: ›paradigms‹ (Kuhn), ›models‹[256] oder gar die das gesellschaftlich-kulturelle Leben strukturierenden »epistémè«[257] in Foucaults ›Archéologie des sciences humaines‹ – kann folgendes als Resümee festgehalten werden: Nicht das Neue ist Ausgang der Reflexionen über die Tradition, sondern die Bestimmung der Tradition als fester Bestandteil gesellschaftlichen Lebens, als Raum schöpferischen Erinnerns. Erneuerung oder gar Revolution als das Ersetzen einer Tradition durch eine andere oder als Paradigmenwechsel vollzieht sich durch die Praxis innerhalb von Partialsystemen und ist daher nicht als ein das ganze Lebensweise umfassender Identitätsbruch zu sehen. Nicht zuletzt vor dem Hintergrund solcher Feststellungen hat sich die Auffassung von einem dialektischen Einbeziehen der Tradition in die kritische Betrachtung gesellschaftlich-kultureller Prozesse weitgehend durchgesetzt[258]; in der kritischen Sozialwissenschaft etwa eines Jürgen Habermas erscheinen Normen und Konventionen (mit anderen Worten: Tradition) in dem weiter gefaßten Konzept der »Lebenswelt«[259] aufgehoben.

5. Innovation in der informationstheoretischen und semiotischen Ästhetik

Einen eigenen Stellenwert erhält die Innovation in der informationstheoretischen Ästhetik. Max Bense definiert das Kunstwerk als »*Träger einer* besonderen, nämlich *ästhetischen Information*«[260]. Nun ist nach der Informationstheorie jede Information nur dann wirklich Information, wenn sie Innovation ist, d. h. wenn sie Neues und Überraschendes bietet. Die »ästhetische Information« zeichne sich, so Bense, durch eine besondere Intensität des Überraschungseffekts aus. Die mathematische Bestimmung von Information und damit Innovation erfasse »das originale Moment in einem Ordnungsschema« (327 f.). Mathematisch ausgedrückt gilt: Die Reinheit der Information bestimmt sich nach dem Grad ihrer vom jeweiligen Ordnungsschema her gesehenen Unwahrscheinlichkeit. Damit ist jedoch noch keine Aussage über ihre Bedeutung gemacht, sondern lediglich die Innovation numerisch ausgedrückt.[261] Daher setzt für Bense das »Verstehen« – ein Begriff, mit dem er auf die Hermeneutik rekurriert – einer Botschaft voraus, daß »bestimmte Züge der Zeichenfolge« bekannt sind; Kommunikation erfordert einen möglichst geringen Grad an Innovation. Hier setzt Bense zu einer Präzisierung dessen an, was eine »ästhetische Botschaft« ausmacht: »Die ästhetische Botschaft jedoch verschiebt den statistischen Charakter der Zeichenfolge in Richtung höherer Innovation, Überraschung, Fragilität, Unstimmigkeit, deren Inbegriff wir dann Originalität nennen« (330). Die informationstheoretische Ästhetik verzichtet auf die Tradition als antithetischen Begriff; vielmehr versucht sie ihren Ansatz in ›traditionelle‹ ästhetische Positionen einzuschreiben. Als Beispiel hierfür nennt Bense die Unterscheidung zwischen Originalität und Stil: Originalität drücke sich in einer Maßzahl innovativer, überraschender Selektionen von Zeichen aus, während der Stil »von redundanten Zügen der Gestaltung« geprägt sei, also bereits identifizierbare »Ordnungsrelationen« (330) aufweise.

Umberto Eco führt den informationstheoretischen Ansatz weiter; Bezug nehmend auf die Positionen von Spitzer und Auerbach postuliert er, daß »die ästhetische Botschaft sich im *Verstoß gegen die Norm* verwirklicht« (il messaggio estetico [...] si attua nell'*offendere la norma*)[262]. Dieses Paradigma verabsolutieren hieße jedoch, Entropie zu erzeugen. Für die ›dichterische Rede‹ sei ergänzend gesagt, daß Unordnung nur insofern entstehe, als diese »mit dem statistischen Begriff der Entropie *nur mehr in übertragenem Sinne* gleichgesetzt« werden könne (non può più essere identificato alla nozione

---

256 Vgl. MARY B. HESSE, Models and Analogies in Science (London/New York 1963).
257 MICHEL FOUCAULT, Les mots et les choses. Une archéologie des sciences humaines (Paris 1966), 47.
258 Vgl. LESZEK KOLAKOWSKI, Vom Sinn der Tradition, in: Merkur 23 (1969), H. 12, 1085.
259 HABERMAS, Theorie des kommunikativen Handelns, Bd. 2 (1981; Frankfurt a. M. 1988), 199.
260 MAX BENSE, Aesthetica. Einführung in die neue Ästhetik (1965; Baden-Baden ²1982), 265.
261 Vgl. ebd., 328.
262 UMBERTO ECO, La struttura assente (1968; Mailand 1980), 68; dt.: Einführung in die Semiotik, übers. v. J. Trabant (München 1972), 151.

statistica di entropia *se non in senso traslato*)²⁶³. Eine »ästhetische Funktion« (funzione estetica) habe eine Botschaft nur dann, »wenn sie sich als zweideutig strukturiert darstellt und wenn sie als sich auf sich selbst beziehend (autoreflexiv) erscheint, d. h. wenn sie die Aufmerksamkeit des Empfängers vor allem auf ihre eigene Form lenken will« (quando si presenta come strutturato in modo ambiguo e appare autoriflessivo, quando cioè intende attirare l'attenzione del destinatario anzitutto sulla propria forma)²⁶⁴. Die ›ästhetische Funktion‹ setzt aber voraus, daß sie – in bezug auf den Code, gegen den sie verstößt – folgende Bedingung erfüllt: »Alle Ebenen der Botschaft verletzen die Norm nach derselben Regel. Diese Regel, dieser Code des Werks, ist von Rechts wegen ein *Idiolekt* [...]. Dieser Idiolekt erzeugt Nachahmung, Manier, stilistische Gewohnheit und schließlich neue Normen, wie uns unsere ganze Kulturgeschichte lehrt.« (tutti i livelli del messaggio offendono la norma seguendo la stessa regola. Questa regola, questo codice dell'opera, in linea di diretto è un *idioletto* [...]; di fatto questo idioletto genera imitazione, maniera, consuetudine stilistica e infine nuove norme, con ci insegna tutta la storia dell'arte e della cultura.)²⁶⁵ Der Idiolekt meint letztlich das Zusammenspiel von aemulatio und imitatio. Die informationstheoretischen und semiotischen Theorien zur Ästhetik erheben die Innovation, die Kommunikation erschwert, ohne sie in bloßes Geräusch aufzulösen, nicht nur in den Rang einer ästhetischen Kategorie, sondern erklären sie zur differentia specifica von Kunst überhaupt. Innovation hat damit auch nicht den Rang einer zu Tradition in Opposition stehenden historischen Verhältniskategorie; vielmehr bleibt diesem Ansatz die Frage nach einer allgemeinen Theorie der ästhetischen Erfahrung eingeschrieben, die er nicht einzulösen vermag.²⁶⁶

VI. Reibungsverluste: Tradition – Innovation in der Postmoderne

Durchaus in Anlehnung an den kritischen Rationalismus formuliert Jean-François Lyotard in *La condition postmoderne* (1979) seine Antwort auf die Paradigmen der Moderne, die für ihn zugleich eine Widerlegung der Kritischen Theorie darstellt: Der Zusammenbruch abstrakt begründeter Legitimationsstrategien habe in der Wissenschaft den Ruf nach der Legitimierung des der Vernunft Widerstreitenden (»paralogie«²⁶⁷) provoziert. Lyotards Bestandsaufnahme der ›condition postmoderne‹ konvergiert hier mit der kritisch-rationalistischen Wissenschaftstheorie, die – über die Praxis – den Wandel in den Wissenschaften auf idiosynkratische Faktoren zurückführt. Feyerabend formuliert, daß eine solche Bestandsaufnahme aus der Sicht eines klassischen Rationalismus, der ausschließlich auf reflektierten Maßstäben gründet, als ein »anything goes«²⁶⁸ erscheinen muß. Lyotard betont den Unterschied zwischen ›paralogie‹ und Innovation: Diese sei von einem System bestimmt oder zumindest stehe sie in dessen Diensten, während jene ein überraschendes, oft erst post festum zu bestimmendes Moment – »fait dans la pragmatique des savoirs« (98 f.) – ausmache. Innerhalb seiner Argumentation ergibt sich extrapolierend für das herkömmliche Begriffspaar Tradition und Innovation folgende Konsequenz: Es wird ausschließlich auf ein konkretes System bezogen gedacht und verliert, hinsichtlich der Innovation, jegliche Relevanz zur Bezeichnung einer (epochalen) Zäsur.

Nicht anders verhält es sich bei Derrida, für den nach der epochalen Wende in der Philosophie vom Logozentrismus zum Phonozentrismus die Wissenschaftstheorie eine völlig neue Richtung einschlägt: »le *concept de la science* ou de la scientificité de la science – ce que l'on a toujours déterminé comme *logique* – concept qui a toujours été un concept philosophique, même si la pratique de la science n'a en fait jamais cessé de contester l'im-

---

263 ECO, Opera aperta. Forma e indeterminazione nelle poetiche contemporane (1962; Mailand ²1967), 107; dt.: Das offene Kunstwerk, übers. v. G. Memmert (1973; Frankfurt a. M. 1977), 121.
264 ECO (s. Anm. 262), 62; dt. 145 f.
265 Ebd., 68; dt. 151 f.
266 Vgl. ebd., 70; dt. 156.
267 JEAN-FRANÇOIS LYOTARD, La condition postmoderne. Rapport sur le savoir (Paris 1979), 98.
268 FEYERABEND, Against Method. Outline of an Anarchistic Theory of Knowledge (London 1975), 10; vgl. FEYERABEND (s. Anm. 252), 97 ff.; WELSCH (s. Anm. 221), 34 f., 135 f.

périalisme du logos, par exemple en faisant appel, depuis toujours et de plus en plus, à l'écriture non-phonétique. Sans doute cette subversion a-t-elle toujours été contenue à l'intérieur d'un système allocutoire qui a donné naissance au projet de la science et aux conventions de toute caractéristique non-phonétique. Il n'a pu en être autrement. Il appartient néanmoins à notre époque qu'au moment où la phonétisation de l'écriture – origine historique et possibilité structurelle de la philosophie comme de la science, condition de l'*epistémè* – tend à s'emparer de la culture mondiale, la science ne puisse plus s'en satisfaire en aucune de ses avancées.«[269] Derrida knüpft an Heideggers Projekt einer Destruktion der Geschichte der Ontologie und die damit verbundene Abkehr von Tradition zugunsten einer allein in der Sprache beheimateten Bewahrung an. Die fundamentale Wende bei Derrida ist der Primat der Schrift (écriture), den er als den Ort des freien Spiels der Signifikanten begreift: Wohl in Anlehnung an das Schriftverständnis des Judentums wird die konsonantische Schrift des Hebräischen durch das Hinzufügen vokalischer Elemente im Sinne von Randglossen, ›marges‹[270], interpretiert. Die Schrift sei bestimmt von einem abwesenden transzendentalen Signifikat (auf welches das Setzen des an sich arbiträren Zeichens zurückgeht), also an keinen vorgegebenen Sinn gebunden, sie lade ein zur »aventure séminale de la trace«[271]. In der Unbestimmtheit der Spur (trace) gehen nun sowohl Tradition als auch Heideggers Bewahrung – und damit die Totalität des abendländischen Denkens – auf. An die Stelle der vom Logos vorgegebenen (metaphysischen) Sinnkonstituierung tritt nun die Dekonstruktion, das sich jedes festgelegten Standpunktes enthaltende (dynamische) Verfahren, in dem die Totalität des abendländischen Denkens (mit anderen Worten: der Tradition) neu befragt wird: »la dé-construction de *la plus grande totalité* – le concept d'*epistémè* et de la métaphysique logocentrique – dans laquelle se sont produites, sans jamais poser la question radicale de l'écriture, toutes les méthodes occidentales d'analyse, d'explication, de lecture ou d'interprétation.«[272] Herausragendes Signum eines solchen Dekonstruktivismus ist, daß er keineswegs die Tradition (›la plus grande totalité‹) eskamotiert, sondern im Gestalt des philosophischen Kanons fortwährend auf sie bezogen bleibt. Dasselbe gilt für eine sich dekonstruktivistisch verstehende Literaturwissenschaft im Gefolge von Paul de Man.[273]

Besonders manifest wird die Traditionsbezogenheit Derridas dort, wo er den Begriff der ›bricolage‹[274] anspricht. Ein jeder ›discours‹ sei ein Bearbeiten (basteln, ›bricoler‹) der Überlieferung/Tradition (hier: ›texte d'un héritage‹): »Si l'on appelle bricolage la nécessité d'emprunter ses concepts au texte d'un héritage plus ou moins cohérent ou ruiné, on doit dire que tout discours est bricoleur. L'ingénieur, que Lévi-Strauss oppose au bricoleur, devrait, lui, construire la totalité de son langage, syntaxe et lexique. En ce sens l'ingénieur est un mythe: un sujet qui serait à l'origine absolue de son propre discours et le construirait ›de toutes pièces‹ serait le créateur du verbe, le verbe lui-même. L'idée de l'ingénieur qui aurait rompu avec tout bricolage est donc une idée théologique; et comme Lévi-Strauss nous dit ailleurs que le bricolage est mythopoétique, il y a tout à parier que l'ingénieur est un mythe produit par le bricoleur. Dès lors qu'on cesse de croire à un tel ingénieur et à un discours rompant avec la réception historique«[275]. Derrida verwirft hiermit jegliche fundamentale Innovation als ein theologisches Konzept, als die nicht zu leistende creatio ex nihilo. Innerhalb der Kraftlinien des Diskurses ist die Bewegung des Neuen immerzu auf der Grundlage des diskursiv Vorgegebenen zu denken, ohne dessen Konstituenten, die sich letztlich hinter der Spur verbergen und ein offenes System zeigten, zu überschreiten.

Die poststrukturalistische Texttheorie kassiert die Unterscheidung von Tradition und Innovation – nimmt man als Beispiel Julia Kristevas Bestimmung des literarischen Textes als eine »permuta-

---

269 DERRIDA, De la Grammatologie (Paris 1967), 12 f.
270 Vgl. DERRIDA, Marges de la philosophie (Paris 1972).
271 DERRIDA, L'écriture et la différence (Paris 1967), 427.
272 DERRIDA (s. Anm. 269), 68.
273 Vgl. JONATHAN CULLER, On Deconstruction. Theory and Criticism after Structuralism (Ithaca 1982), 316 f.
274 Vgl. LÉVI-STRAUSS, La pensée sauvage (1962; Paris 1990), 30 ff.
275 DERRIDA (s. Anm. 271), 418; vgl. dagegen ASSMANN (s. Anm. 5), 288 f.

tion de textes, une inter-textualité: dans l'espace d'un texte plusieurs ennoncés pris à d'autres textes se croisent et se neutralisent«[276]. Das vom einzelnen Text, insbesondere dem Romantext, geleistete intertextuelle Zusammenspiel schreibe sich als »idéologème« in das diskursive System der Gegenwartsliteratur ein; seit der »coupure épistémologique du XIXe-XXe siècle« sei die Literatur definitiv nicht mehr auf ein irreduzibles Sinngefüge zurückzuführen: »L'acceptation d'un texte comme un idéologème détermine la démarche même d'une sémiotique qui, en étudiant le texte comme une intertextualité, le pense ainsi dans (le texte de) la société et l'histoire«[277]. Tradition geht somit in dem Text der Gesellschaft und der Geschichte auf und konstituiert damit zugleich den jeweiligen Einzeltext in seiner Einzigartigkeit. Ähnlich argumentiert der Romancier Claude Simon, wenn er in der Kunst zwischen den Traditionen (›les traditions‹), die lediglich tote Formen wiederholen, und der Tradition (›la tradition‹), einem dynamischen Prinzip, das uns geprägt habe und von dem sich eine jede Erneuerung abhebe, unterscheidet. Von der dynamischen Tradition gehe eine jede Revolution aus, die dann auch wieder auf diese zurückführe: Seine Revolution ist eine permanente.[278]

Aus der Sicht der antithetischen Gegenüberstellung von Tradition und Innovation kann die sogenannte Postmoderne als die Reaktion auf ein sich erschöpfendes Innovationsparadigma gesehen werden. Eco reagiert darauf mit einer Neubestimmung des Bezugs zur Vergangenheit. Ausgehend von dem Unternehmen der historischen Avantgarden, mit der Vergangenheit abzurechnen, weil diese auf uns laste, und der daraus resultierenden Aporie, daß die Avantgarde, die er mit der Moderne gleichsetzt, in ihrem verzweifelten destruktiven Impetus ihrerseits einen Metadiskurs geschaffen habe, der von ihren unmöglichen Texten spreche, hält er die Ironie für die einzig denkbare Antwort: »La risposta post-moderna al moderno consiste nel riconoscere che il passato, visto che non può essere distrutto, perché la sua distruzione porta al silenzio, deve essere rivisitato: con ironia, in modo non innocente.« (Die postmoderne Antwort auf die Moderne besteht in der Einsicht und Anerkennung, daß die Vergangenheit, nachdem sie nun einmal nicht zerstört werden kann, da ihre Zerstörung zum Schweigen führt, auf neue Weise ins Auge gefaßt werden muß: mit Ironie, ohne Unschuld.)[279] Ecos Verständnis der Postmoderne liegt das einer Moderne zugrunde, die sich über den von den historischen Avantgardebewegungen beanspruchten – aber gescheiterten – Traditionsbruch definiert und deren Impetus in eine regelrechte Erschöpfung mündet.[280] Der Rückgriff auf die Hyperbel vom Traditionsbruch durch die Avantgarde führt daher eine jede begriffliche Fixierung der Postmoderne in eine unabwendbare Aporie, weil sie auf keine vergleichbare epochenkonstituierende Zäsur zurückzublicken vermag.[281] Von einer solchen Verlegenheit zeugen generell die mit den Präfixen ›Neo-‹ und ›Post-‹ vorgenommenen Begriffsbildungen. ›Postmoderne‹ als historisch verankerten Begriff demontiert allerdings Eco: Wenn er ›postmodern‹ als ›Geisteshaltung‹, als »Kunstwollen«[282] (dt. im Original) einen metahistorischen Status zuweist, will sagen, einer jeden Epoche ihre Postmoderne zuschreibt, dann rückt er nolens volens zu den Prämissen der Geistesgeschichte auf. Die Wendung Ecos zu einem postmodernen Historismus ist kein Zufall[283], muß doch gerade eine semiotische bzw. informationstheoretische Ästhetik, die Innovation zum entscheidenden Maßstab des Ästhetischen erhebt, nach einer adäquaten Antwort auf den Umstand suchen, daß schon die Kultur der Moderne sowohl

---

276 JULIA KRISTEVA, Problèmes de la structuration du texte, in: Foucault u.a., Théorie d'ensemble (Paris 1968), 299.
277 KRISTEVA, Σημειωτιχὴ [Semiotikē]. Recherches pour une sémanalyse (Paris 1969), 119.
278 Vgl. CLAUDE SIMON, Tradition et Révolution, in: La Quinzaine littéraire (1. 5. – 15. 5. 1967), 12–13; KUHNLE, Chronos und Thanatos. Zum Existenzialismus des ›nouveau romancier‹ Claude Simon (Tübingen 1995), 489f.
279 ECO, Il nome della rosa. In appendice: Postille a ›Il nome della rosa‹ 1983 (Mailand ^{11}1986), 529; dt.: Nachschrift zum ›Namen der Rose‹, übers. v. B. Kroeber (1984; München/Wien ^{8}1986), 78.
280 Vgl. JOHN BARTH, The Literature of Exhaustion (New York 1967); BARTH, The Literature of Replenishment (New York 1980).
281 Vgl. WELSCH (s. Anm. 221), 91–94.
282 ECO (s. Anm. 279), 528; dt. 77.
283 Vgl. ROLAND SIMON-SCHAEFER, Vom Ende der Innovationskunst, in: Kluxen (s. Anm. 205), 438.

in der ästhetische Innovation einfordernden Entwicklung der Märkte als auch in einer den Bruch mit der Tradition für sich vindizierenden künstlerischen Produktion die Zahl der Innovationen pro Zeiteinheit ständig hat anwachsen lassen. Lübbe nennt dieses Phänomen die »temporale Innovationsverdichtung«[284]. Die Folge ist ein Verarmen der ›ästhetischen Botschaft‹ (Bense) hin zu jener sich als Kitsch artikulierenden Entropie, von der die informationstheoretische Ästhetik spricht und damit die kulturpessimistischen Theorien etwa von Spengler bis Lévi-Strauss affirmiert.

Die noch zu bewältigende ›Innovationsverdichtung‹ der Moderne und ihre Aporien führten nach Lyotard in die condition postmoderne. Seine kritische Revision des Innovationsparadigmas durch das Postulat der ›paralogie‹ zieht eine entsprechende Bestimmung des Ästhetischen nach sich: Eine jede ästhetische Erfahrung sei letztlich an den Augenblick der Konkretisierung gebunden, von einem »now« (engl. im Original) geleitet, dem die Frage »Arrive-t-il?«[285] eingeschrieben sei; sie sei das »Ereignis« (dt. im Original), auf dessen Grund das Erhabene (»le sublime«, 118) entstehe. Träger des ›Arrive-t-il?‹ ist für Lyotard eine echte Avantgarde, die diese Frage in jede Innovation hineintrage, ohne in deren Konkretisierung eine Antwort zu finden: »Entre deux informations, il n'arrive rien, par définition.« (117) Indem der Kunst eine verdinglichte Zeitvorstellung mit der Annahme indifferenter Einheiten – was der »confusion entre l'innovation et l'*Ereignis*« gleichkomme – oktroyiert worden sei, habe ein Quidproquo von Waren- und Kunstproduktion entstehen können. So sei es dem Kunstmarkt gelungen, von einer echten Avantgarde – die nichts von der Versöhnlichkeit Ecoscher Ironie hat – mit dem Hinweis darauf abzulenken, daß diese in inkommensurablen Lärm abzugleiten und folglich auch ihren Marktwert zu verlieren drohe. Mit anderen Worten: Das Innovationsparadigma als Signum des Avantgardismus kann sich nur deshalb behaupten, weil künstlerische Produktion sich den Prämissen der Warenästhetik unterwirft. Um verkauft werden zu können, müssen Kunstwerke wie Waren bei aller (ästhetischer) Innovation immer einen hohen Anteil an Redundanzen aufweisen, die Vertrautheit garantieren.[286] Der Kunst aber, will sie sich als Kunst behaupten, bleibt die von einem numinosen ›Arrive-t-il?‹ geleitete Erwartung als Konstituens ästhetischer Erfahrung eingeschrieben. Hier ist der Grund einer jeden Erfahrung überhaupt oder der letzte Seinsgrund mit gemeint, den Lyotard im Anschluß an den jüdischen Philosophen Emmanuel Lévinas als das unbestimmbare »*Il y a lui-même*«[287] bezeichnet – und damit rückt er zur Existenzphilosophie auf, die den Primat der Existenz über eine jede Rede von der Tradition erklärt. Lyotard spricht von einem »cynisme de l'innovation« (118), hinter dem sich die Verzweiflung darüber verberge, daß eigentlich nichts mehr geschehe, und der sich in ein ›als ob‹ flüchte: »Mais innover consiste à faire comme s'il arrivait beaucoup de choses, et à les faire arriver.« Die Leistung, die er einer echten Avantgarde abverlangt, ist mehr als nur Traditionsbruch, den sich die »métaphysique du capital« ihrerseits wieder einverleiben würde: Innovation wird durch den Rekurs auf den Gedanken vom ›Neuen‹ als Schein entlarvt – wie auch Tradition.

Till R. Kuhnle

---

284 LÜBBE, Historisierung und Ästhetisierung. Über Unverbindlichkeiten im Fortschritt, in: ebd., 416.
285 LYOTARD, L'inhumain. Causeries sur le temps (Paris 1988), 117.
286 Vgl. BARTHES, Le plaisir du texte (1973), in: Barthes (s. Anm. 221), Bd. 2 (Paris 1994), 1522.
287 LYOTARD (s. Anm. 285), 117; vgl. EMMANUEL LÉVINAS, De l'existence à l'existant (Paris 1947), 100; EDITH WYSCHOGROD, Emmanuel Lévinas. The Problem of Ethical Metaphysics (Den Haag 1974), 218; KUHNLE, Ernst und Revolte. Ein Versuch zum ›Existentiellen Messianismus‹, in: Romanistische Zeitschrift für Literaturgeschichte 22 (1998), H. 1/2, 131f.

Literatur
ADORNO, THEODOR W., Über Tradition, in: ADORNO, Bd. 10/1 (1977), 310–320; ARENDT, HANNAH, Fragwürdige Traditionsbestände im politischen Denken der Gegenwart: vier Essays (Frankfurt a.M. 1957); ASSMANN, ALEIDA, Zeit und Tradition. Kulturelle Strategien der Dauer (Köln/Weimar/Wien 1999); ASSMANN, ALEIDA/ASSMANN, JAN/HARDMEIER, CHRISTOPH (Hg.), Schrift und Gedächtnis. Beiträge zur Archäologie der literarischen Kommunikation (München ³1998); ASSMANN, JAN, Das kulturelle Gedächtnis. Schrift, Erinnerung und politische Identität in frühen Hochkulturen (1992; München ³2000); DANIEL-ROPS, HENRI (Hg.), Tradition et

innovation: la querelle des anciens et des modernes dans le monde actuel (Genf 1956); BALLMER, CHRISTOPH/ GARTMANN, THOMAS (Hg.), Tradition und Innovation in der Musik: Festschrift für Ernst Lichtenhahn zum 60. Geburtstag (Winterthur 1993); BARNER, WILFRIED, Über das Negieren von Tradition. Zur Typologie literaturprogrammatischer Epochenwenden in Deutschland, in: R. Herzog/R. Koselleck (Hg.), Epochenschwelle und Epochenbewußtsein (München 1987), 3–51; BARNER, WILFRIED (Hg.), Tradition, Norm, Innovation. Soziales und literarisches Traditionsverhalten in der Frühzeit der deutschen Aufklärung (München 1989); BENSE, MAX, Einführung in die informationstheoretische Ästhetik. Grundlegung und Anwendung in der Texttheorie (Reinbek b. Hamburg 1969); BÜRGER, PETER, Theorie der Avantgarde (Frankfurt a. M. [10]1995); BURKE, PETER, Tradition and Innovation in Renaissance Italy. A Sociological Approach (London 1974); CLOVER, FRANK M./ HUMPHREYS, R. STEPHEN (Hg.), Tradition and Innovation in Late Antiquity (Madison, Wis. 1989); FOURNET-BÉTANCOURT, RAÚL (Hg.), Kulturen zwischen Tradition und Innovation: stehen wir am Ende der traditionellen Kulturen? Dokumentation des 3. Internationalen Kongresses für Interkulturelle Philosophie (Frankfurt a. M. 2001); HALBWACHS, MAURICE, Les cadres sociaux de la mémoire (1925; Paris 2001); JAUSS, HANS ROBERT, Literaturgeschichte als Provokation (Frankfurt a. M. 1970); KLUXEN, WOLFGANG (Hg.), Tradition und Innovation. 13. Deutscher Kongreß für Philosophie (Hamburg 1988); KOLAKOWSKI, LESZEK, Vom Sinn der Tradition, in: Merkur 23 (1969), 1085–1092; KRAUSS, ROSALIND E., The Originality of the Avant-Garde and other Modernist Myths (Cambridge, Mass./London 1985); KUHN, HELMUT/WIEDMANN, FRANZ (Hg.), Die Philosophie und die Frage nach dem Fortschritt. Verhandlungen des 7. Kongresses für Philosophie, Philosophie und Fortschritt (München 1964); KUHN, THOMAS S., The Essential Tension: Tradition and Innovation in Scientific Research, in: C. W. Taylor (Hg.), The Third University of Utah Research Conference on the Identification of Creative Scientific Talents (Salt Lake City 1959), 162–174; MOOG-GRÜNEWALD, MARIA (Hg.), Das Neue: eine Denkfigur der Moderne (Heidelberg 2002); PARSONS, TALCOTT, Societies. Evolutionary and Comparative Perspectives (Englewood Cliffs, N. J. 1966); ROLOFF, VOLKER (Hg.), Tradition und Modernität. Aspekte der Auseinandersetzung zwischen ›Anciens‹ und ›Modernes‹ (Essen 1988); SCHMAUS, MICHAEL (Hg.), Die mündliche Überlieferung. Beiträge zum Begriff der Tradition (München 1957); SCHOLEM, GERSHOM, Offenbarung und Tradition als religiöse Kategorien im Judentum, in: Scholem, Über einige Grundbegriffe des Judentums (Frankfurt a. M. 1970), 90–120; SCHOLTZ, GUNTHER (Hg.), Historismus am Ende des 20. Jahrhunderts. Eine internationale Diskussion (Berlin 1997); SCHWINDT, JÜRGEN PAUL (Hg.), Zwischen Tradition und Innovation. Poetische Verfahren im Spannungsfeld klassischer und neuerer Literatur und Literaturwissenschaft (München u. a. 2000); SUNTRUP, RUDOLF/VEENSTRA, JAN R. (Hg.), Tradition and Innovation in an Era of Change/Tradition and Innovation im Übergang zur Frühen Neuzeit (Frankfurt a. M. u. a. 2001); WEIZSÄCKER, CARL-FRIEDRICH VON, Die Rolle der Tradition in der Philosophie, in: Weizsäcker, Die Einheit der Natur. Studien (München [3]1983), 371–384; WILSON, HALF T., Tradition and Innovation. The Idea of Civilization as Culture and its Significance (London/Boston 1984).

Tragisch/Tragik

(griech. τραγικός; lat. tragicus, ars tragica; engl. tragic; frz. tragique; ital. tragico; span. trágico; russ. трагическое)

Einleitung; I. Von den Anfängen bis zum Ausgang des Mittelalters; 1. Griechische Antike. Aristoteles; 2. Die römische Tradition; 3. Mittelalter; **II. Von der Renaissance bis zur Aufklärung;** 1. Übersetzungen, Kommentare und Poetiken der italienischen Renaissance; 2. Stationen der französischen und englischen Renaissance; 3. Die französische Klassik; 4. Die Transformation von Tragik und Tragödie in der Aufklärung; **III. Philosophie des Tragischen;** 1. Schiller und Goethe; 2. Hegel im Kontext; 3. Revision von Aufklärung und Fortschritt: Schopenhauer und Nietzsche; **IV. Ausblick auf das 20. Jahrhundert**

Einleitung

Mit dem Titel des 1993 erschienenen Essays *Anschwellender Bocksgesang* hat Botho Strauß das Ziel seiner im weiteren entfalteten Gedankenführung bereits angedeutet: Gegen den von einer vergesellschafteten Kultur dirigierten Hegemonialanspruch über Geist und Moral, Wissenschaft und Glauben setzt er seine Hoffnung auf die Tragödie als »geistige Reserve« der Zukunft. Aus ihr will er die Möglichkeit gewinnen, »im Namen der Weisheit der Völker, im Namen Shakespeares, im Namen der Rangabwertung von Wirklichkeit, im Namen der Verbesserung der menschlichen Leidenskraft gegen die politischen Relativierungen von Existenz« Widerstand zu leisten: »Die Tragödie gab ein Maß zum Erfahren des Unheils wie auch dazu, es ertragen zu lernen. Sie schloß die Möglichkeit aus, es zu leugnen, es zu politisieren oder gesellschaftlich zu entsorgen.«[1] Scharf wird die implizierte Normativität und Distanznahme gegen ein entkonturiert Alltägliches als Qualität der Tragödie und des Tragischen zur Geltung gebracht. Vergleichbaren Inhalts ist das vielleicht wirkungsmächtigste Plädoyer für die Tragödie, welches das 20. Jh. hervorgebracht hat: ein Passus aus Jean Anouilhs *Antigone* (1946), in dem die vollkommene Kompromißlosigkeit und die unkorrumpierbare Reinheit des Handelns als Gratifikation des Tragödien-Todes gegen die dem Drama zugehörige Hoffnung ausgespielt und gleichsam angepriesen wird. Lakonisch heißt es: »C'est propre, la tragédie. C'est reposant, c'est sûr ... [...] Dans le drame, on se débat parce qu'on espère en sortir. C'est ignoble, c'est utilitaire. Là, c'est gratuit. C'est pour les rois. Et il n'y a plus rien à tenter, enfin!«[2]

Ein amerikanisches Seitenstück zu dieser Apologie der Tragödie bildet ein anläßlich der Erstaufführung von Eugene O'Neills *The Iceman Cometh* 1946 in der Zeitschrift *Life* erschienener Leitartikel. Der (anonyme) Verfasser erörtert, inwiefern die amerikanische Gesellschaft durch den ihr eigenen Mangel an hierarchischem Gefälle und mehr noch aufgrund des für sie konstitutiven Fortschrittsoptimismus blind sei für das Phänomen des Tragischen, für den Schauder, welchen den Menschen im Banne des Tragischen erreiche. Seine tendenziell auf alle modernen Gesellschaften über-

tragbaren Gedanken führen ihn zu einer Überlegung, in der Annäherung an das Tragische und Zeitdiagnose noch einmal zusammenlaufen: »if Americans believe that there are no insoluble questions, they can't ask tragic questions. And if they believe that punishment is only for ignorance or inadequate effort, they can't give tragic answers. They can't have the tragic sense. – That sense is to feel a due humility before the forces that are able to humble us, without wishing to avoid the contest where the humbling may take place. We will be a more civilized people when we get it.«[3]

Die Überschreitung und Aufkündigung einer den Menschen gemeinhin umstellenden sowie festlegenden Wirklichkeit zieht sich in jüngerer Zeit wie ein roter Faden durch vielfältige Bestimmungsversuche des Tragischen: »Die meisten Menschen sind zu zaghaft und zu ängstlich, als daß sie es wagten, geradewegs in ihre inneren Brände zu blicken. Tragische Helden hingegen sind begierig zu erfahren, was diese Brände sind, und das ist ein Teil ihrer fanatischen Aufrichtigkeit.«[4] In allgemeinerer Formulierung schreibt Jean-Marie Domenach: »L'homme tragique est un être séparé, qui refuse le monde, que sa passion ou son exigence de pureté entraîne hors de la réalité.«[5] Und echohaft heißt es in einer eher saloppen Erörterung: »Mais le tragique [...] donne un coup de vieux à l'esprit de sérieux de tous les systèmes, quels qu'ils soient, de la société programmée.«[6] Das kulturkritische Negationspotential, das der Tragödie und dem Tragischen zugesprochen wird, kann aber für eine allgemeine Erfassung des Phänomens nicht hinreichen. Dies zeigt nicht zuletzt ein Blick auf die Wirkungsdimension der Tragödie, die schon Aristoteles in seine Wesensbestimmung aufgenommen und die Hans-Georg Gadamer dafür genutzt hat, »schmerzhafte Entzweiung«[7] lediglich als Ausgangspunkt des tragischen Prozesses zu lesen, dessen Zielpunkt aber als »tragische Affirmation« zu deuten: »Die tragische Affirmation ist Einsicht kraft der Sinnkontinuität, in die sich der Zuschauer selbst zurückstellt.« (126)

Die Spannweite in der Bestimmung der Tragödie und des Tragischen hat als Herausforderung gewirkt, Definitionsversuche mit einem ahistorischen Geltungsanspruch ins Spiel zu bringen. Programmatisch schreibt Oscar Mandel: »A work of

---

1 BOTHO STRAUSS, Anschwellender Bocksgesang, in: Der Spiegel 47 (1993), H. 6, 205.
2 JEAN ANOUILH, Antigone (Paris 1946), 55 f.
3 [ANONYMUS], Untragic America, in: Life (1946), H. 20, 32.
4 RALPH J. KAUFMANN, Die Tragödie und ihre konstituierenden Voraussetzungen, in: V. Sander (Hg.), Tragik und Tragödie (Darmstadt 1971), 433.
5 JEAN-MARIE DOMENACH, Le retour du tragique (Paris 1967), 295.
6 MICHEL MAFFESOLI, L'instant éternel. Le retour du tragique dans les sociétés postmodernes (Paris 2000), 15.
7 HANS-GEORG GADAMER, Wahrheit und Methode. Grundzüge einer philosophischen Hermeneutik (1960; Tübingen ²1965), 124.

art is tragic if it substantiates the following situation: A protagonist who commands our earnest good will is impelled in a given world by a purpose, or undertakes an action, of a certain seriousness and magnitude; and by that very purpose or action, subject to that same given world, necessarily and inevitably meets with grave spiritual or physical suffering.«[8] Mehr als die einzelnen Bestandteile dieser Definition interessiert hier, daß Mandel mit der nachgeschobenen These von der Selbstdestruktivität des Helden eine substantielle Erweiterung seiner Ausgangsposition schon im Zuge von deren vermeintlicher Erläuterung vornimmt und so die Aporie seines Definitionsanspruchs selbst demonstriert.[9] Dieses Detail interessiert, weil es von grundlegender Bedeutung ist. »Definierbar ist nur das, was keine Geschichte hat«[10], notiert Friedrich Nietzsche. Gegen Mandel und Nietzsche folgend wird im weiteren darauf verzichtet, ahistorische Festschreibungen über Tragödie und Tragik zu treffen.

I. Von den Anfängen bis zum Ausgang des Mittelalters

Im heutigen Gebrauch des Wortes ›tragisch‹ lassen sich drei klar voneinander abgrenzbare Bedeutungsebenen unterscheiden: 1. die alltagssprachliche Bezeichnung für ein extremes Unglück: »synonym for calamity«[11]; 2. die Bezeichnung von Ereignissen, Situationen, Konflikten und Charakteren in bezug auf ihr Vorkommen und ihre Funktion in bestimmten künstlerischen Formen, insbesondere in der Tragödie; und 3. eine philosophische Reflexion, die zwar auf die Tragödie zurückgreift, sich ineins aber von diesem Bezugspunkt ablöst und die grundlegende Erfassung von Lebensphänomenen für sich in Anspruch nimmt. Angesichts des Umstands, daß der alltagssprachliche Gebrauch von ›tragisch‹ sich vorderhand einer sukzessiven Bedeutungserweiterung und -verflachung dessen verdankt, was Merkmal der Tragödie gewesen ist, die Verselbständigung einer philosophischen Konzeption von ›Tragik‹ aber ein geschichtlich sehr junges Phänomen ist, erweist sich die die Tragödie selbst betreffende Bedeutung von

›tragisch‹ als wort- und begriffsgeschichtlich primordial.

Die Tragödie erwächst aus dem Mythos. Nachdrücklich ist die Nicht-Identität von ›Mythos‹ und ›Tragödie‹ von Hans-Thies Lehmann betont worden: »Die Tragödie exponiert leidvolle Szenen der mythischen Tradition. Neue Bedeutung nehmen diese an, weil und insofern in die mythische Zeit die punktuelle Perspektive des Menschen eingeführt wird.«[12] Diese Distanzgewinnung der Tragödie dem Mythos gegenüber, solcherart am Kenntlichwerden des Subjekts festgemacht, hat Ernst Howald an die spezifische Wirkungsintention der Tragödie dadurch gebunden, daß er einen ersten und einen zweiten ›Leib‹ der Tragödie unterschieden hat. Als erster Leib der attischen Tragödie gelten ihm der Mythos und die vom Mythos bereitgestellten Handlungselemente. Tragisch aber sind diese Handlungselemente noch nicht per se. Sie werden es erst durch ihre Transformierung in einen zweiten Leib, der seinerseits unter dem Gesetz der Spannungssteigerung steht, also auf die Publikumswirkung hin bezogen ist und in dieser Wirkung seine Einlösung findet: »Tragik ist also das, was eine organisch gesteigerte seelische Spannung hervorruft, es ist ein Geschehen, das in einer solchen Abfolge von Einzelsituationen besteht, die imstande sind, in einer gleichmäßig progressiven Weise uns in immer höhere Spannung und Erregung zu versetzen. Weil diese Steigerung organisch und gleichmäßig ist, muß sie unerbittlich scheinen.«[13] Howald löst damit einen der vermeintlichen Eckpfeiler der Organisation des Tragischen, die Unerbittlichkeit in der Geschehensfolge, aus wie immer verstandenen Ursache-Folge-Verhältnissen heraus und bildet sie in eine Rezeptionska-

---

8 OSCAR MANDEL, A Definition of Tragedy (New York 1961), 20.
9 Vgl. ebd., 24.
10 FRIEDRICH NIETZSCHE, Zur Genealogie der Moral (1887), in: NIETZSCHE (SCHLECHTA), Bd. 2 (1966), 821.
11 MANDEL (s. Anm. 8), 5.
12 HANS-THIES LEHMANN, Theater und Mythos. Die Konstitution des Subjekts im Diskurs der antiken Tragödie (Stuttgart 1991), 54.
13 ERNST HOWALD, Das Tragische, in: Neue Schweizer Rundschau / Nouvelle Revue suisse 22 (1929), 424.

tegorie um. Entscheidend für das Wirklichwerden des Tragischen sind demnach nicht die Götter oder das Schicksal oder das Milieu oder die Psyche, entscheidend ist, daß mit solchen Bausteinen ein »Spannungsleib« (422) geschaffen wird, der im Zuschauer den Effekt der Unerbittlichkeit unabweisbar macht und die Realität des Tragischen schafft. Ergänzt sei dieses allgemeine Problemtableau durch einen abschließenden Hinweis auf Murray Kriegers Unterscheidung zwischen ›tragischer Sehweise‹ und ›Tragödie‹. Anders als Lehmann und auch Howald entwirft Krieger einen Primat des Tragischen, dem eine geradezu unerträgliche Härte zugesprochen wird, die durch die ästhetische Form der Tragödie abgemildert werden muß. Die tragische Sehweise bedarf der Form der Tragödie, »um der Welt das geistig Heile zu erhalten, das die tragische Sehweise selbst verneinte«[14].

1. Griechische Antike. Aristoteles

Entstehungsgeschichtlich ist ›tragisch‹ an das Wort und auch die Institution ›Tragödie‹ unmittelbar rückgebunden. Vom Streit der Altphilologen um den Ursprung der Tragödie sei festgehalten, daß kultische und literarische Wurzeln (gemäß Kapitel 4 der *Poetik* des Aristoteles) sich in der Frühgeschichte der Tragödie kreuzen. Ist auch die Herleitung von τραγῳδία (Tragödie) von τράγος (Bock) und ᾠδή (Gesang) unbestritten, so läßt doch die Wortkomposition ›Bock + Gesang‹ grammatisch und genealogisch sehr unterschiedliche Begriffsbildungen zu, von denen die prominentesten sind:

---

14 MURRAY KRIEGER, Die Tragödie und die tragische Sehweise, in: Sander (s. Anm. 4), 281.
15 HUBERT CANCIK, ›Tragödie‹, in: PAULY (KL), Bd. 5 (München 1975), 909.
16 Vgl. WALTER BURKERT, Griechische Tragödie und Opferritual, in: Burkert, Wilder Ursprung. Opferritual und Mythos bei den Griechen (Berlin 1990), 13–39; JEAN-PIERRE VERNANT/PIERRE VIDAL-NAQUET, Mythe et tragédie en Grèce ancienne, 2 Bde. (Paris 1972/1986).
17 KONRAT ZIEGLER, ›Tragödie‹, in: PAULY, Bd. 6/2 (Stuttgart 1937), 1920.
18 Vgl. JOACHIM LATACZ, Einführung in die griechische Tragödie (Göttingen 1993), 53–64.
19 KONRAD THEODOR PREUSS, Der Unterbau des Dramas, in: Vorträge der Bibliothek Warburg 7 (1930), 1.

1. »Gesang anläßlich eines Bockopfers«, 2. »Lied der Böcke« und – in neuerer Zeit aber weniger diskutiert – 3. »Lied um den Bockspreis«[15]. Die Tragödie als Opfergesang zu verstehen gibt in besonderem Maße Raum dafür, ihre Frühgeschichte durch Opfer, Ritus und Dionysosmysterien bestimmt zu sehen.[16] Selbst unter den Bedingungen der (mehrheitlich bevorzugten) Entscheidung für »Gesang der Böcke«[17] bleiben aber kultische Formen von dominanter Bedeutung: Als Keimzelle der Tragödie wird ein durch Weinrausch evoziertes Dionysoslied der Menge verstanden, das in einen ekstatischen Tanz einmündet, in dem um Dionysos gescharte, bocksartige und phallische Satyrn den Chor bilden.[18] Entscheidend ist, daß der kultisch-dionysische Herkunftsbereich der Tragödie dem Wort selbst eingeschrieben bleibt. Der »Unterbau des Dramas«[19] mit seiner rituellen Vorgeschichte, mit seinen Masken, Tänzen, Umzügen und den Elementen orgiastischer Ergriffenheit ist spätestens nach der Reform durch Peisistratos (2. Hälfte des 6. Jh. v. Chr.) und der nun vollzogenen Herauslösung des ersten Schauspielers aus dem Chor überblendet worden, bleibt aber wortgeschichtlich als Substrat von ›Tragödie‹ erhalten.

Entsprechendes gilt auch für τραγικός (tragisch), welches ursprünglich ›bocksartig‹, ›zum Bock gehörig‹ heißt, in dieser Bedeutung aber im attischen Griechisch und während des die Tragödiendichtung und -aufführungen begründenden 5. Jh. v. Chr. zurücktritt, so daß schließlich als Grundbedeutung ›der Tragödie eigen‹, ›zur Tragödie gehörig‹ vorrangig ist. Wichtig ist, daß seit Aristophanes, vor allem aber im 4. Jh. v. Chr. τραγικός auf die dominante Wortbedeutung ›zur Tragödie gehörend‹ nicht mehr eingeschränkt bleibt. Vielmehr kommt es zu einer umfassenden Bedeutungserweiterung, die nachhaltig in das Spektrum der späteren Wortverwendung ausgreift. Eine Schlüsselfunktion in diesem Prozeß dürfte Platon zuzuschreiben sein. Die Applikation seiner kunstkritischen Grundposition auf die sich in Niedergang befindende Tragödienpraxis seiner Zeit führt nicht nur dazu, daß er die Tragödie als Schauplatz furchtbarer Taten und Affekte ausmacht, sondern sie auf dieser Basis auch als Einfallstor für die von ihm gefürchtete Affizierung und Unterstützung des vernunftfernen epithymētīkon und eine daraus sich ergebende Schwächung des oberen Seelenvermögens, des Logistikon, sieht.[20] So nennt er als Erkennungszeichen für »die tragische Dichtkunst [...], daß sie mehr auf die Lust ausgeht und darauf, den Zuschauern gefällig zu sein« (ἡ τῶν τραγῳδιῶν ποίησις [...] ὅτι πρὸς τὴν ἡδονὴν μᾶλλον ὥρμηται καὶ τὸ χαρίζεσθαι τοῖς θεαταῖς)[21]. Die folgenreiche semantische Erweiterung von ›tragisch‹ ist folgendermaßen auf den Punkt gebracht worden: »Es handelt sich dabei um eine Bedeutung, die auch wir wohl noch mit dem Worte verbinden; verstehen wir doch nicht selten unter ›tragisch‹ ein Schwernehmen des Unwesentlichen, das affektierte Zur-Schau-Tragen einer traurigen Stimmung. Ähnlich verwendet nun Platon den Begriff. Alles bewußt oder unbewußt Anspruchsvolle, alles, was auf ein Publikum wirken sollte, was also den Philosophen irgendwie mit dem äußeren Schein verwandt bedünken mußte, bezeichnet er mit dem Wort τραγικός, das bei ihm somit auch die Bedeutung des Schwülstigen angenommen hat.«[22] Festzuhalten ist, daß im 4. Jh. v. Chr. ein Prozeß beschleunigt wird, in dessen Verlauf die ältere Bedeutung von τραγικός nämlich ›zur Tragödie gehörend‹, dominant bleibt, aber ergänzt wird um eine übertragene Wortverwendung im Sinne von ›erhaben‹ oder auch ›prahlerisch‹ oder ›ergreifend‹, in welcher der ursprüngliche Bezug auf die Tragödie in den Hintergrund treten kann.

Ihre intensivste Wirkung hat die partiell abschätzige Einfärbung, die das Wort τραγικός durch Platon erhalten hatte, dadurch hervorgebracht, daß Aristoteles seine eigene Tragödientheorie als Antwort auf Platon konzipiert hat.[23] Führen die tragischen Affekte Platon zufolge zu der bezeichneten Schwächung des oberen Seelenvermögens und einer entsprechenden Gefährdung des Publikums, so weiß Aristoteles in schierer Umkehrung von Platons Ausgangspunkt diese Affekte und den tragischen Prozeß insgesamt für eine Reinigung und Stärkung der Zuschauer umzudeuten. Die kapitale Verdichtung, die die Konzeption des Tragischen auf diesem Wege erfährt, ist ein Ergebnis der Wirkungsgeschichte. So gilt das Diktum: »Kein Text hat die Geschichte des Tragischen so sehr geprägt wie die *Poetik* des Aristoteles«[24]; zugleich hat die negative Antwort, die Henri Gouhier auf die selbstgestellte Frage gibt, ob und inwiefern die *Poetik* überhaupt dem Problem des Tragischen gilt[25], ihre eigene Berechtigung. Aristoteles führt die zu seiner Zeit dominante Verwendungsweise von τραγικός – also den Gebrauch des Wortes in der Bedeutung ›zur Tragödie gehörig‹/›der Tragödie eigen‹ – fort, verschärft sie allenfalls zu der Bedeutung ›das Wesen der Tragödie ausdrückend‹. Mit dieser eingeschränkten und am Substantiv orientierten Wortbedeutung hängt es wohl auch zusammen, daß der adjektivischen Form in der Forschung eigene Aufmerksamkeit nicht entgegengebracht wird. Aus heuristischen Gründen bietet sich eine Konzentration auf die adjektivische Form gleichwohl an, umkreist doch gerade der Einsatz von τραγικός eine Sequenz von besonders relevanten Kernbegriffen der *Poetik* – und zwar die Begriffe ἁμαρτία (hamartia, Irrtum, Fehler), περιπέτεια (Peripetie, plötzlicher Umschwung, Wendepunkt), ἀναγνώρισις (anagnōrisis, Wiedererkennung) und πάθος (Pathos, schweres Leid). Sie fungieren im Verständnis des Aristoteles als Konstitutionsbedingungen der Tragödie und avancieren in der Neuzeit nicht selten zu Gelenkstellen in der Diskussion um das Tragische.

Aristoteles verwendet das Wort τραγικός in der *Poetik* nur selten, stets jedoch in einem Zusammenhang, der deutlich macht, daß für ihn die funktionale Einbindung dessen, was er als wesenhaft zur Tragödie gehörig auffaßt, unabdingbar ist. ›Tragisch‹ kann für Aristoteles nie die Nachahmung eines einzelnen Ereignisses, sondern immer nur die Nachahmung einer spezifischen »Zusam-

---

20 Vgl. PLATON, Rep. 10, 595b; 603a-b; 605a-d.
21 PLATON, Gorg. 502b-c; dt.: Gorgias, in: Platon, Sämtliche Werke, übers. v. F. Schleiermacher, hg. v. W. F. Otto u. a., Bd. 1 (Reinbek b. Hamburg 1957), 258.
22 JOHANNES GEFFCKEN, Der Begriff des Tragischen in der Antike. Ein Beitrag zur Geschichte der antiken Ästhetik, in: Vorträge der Bibliothek Warburg 7 (1927), 119 f.
23 Vgl. ALBIN LESKY, Geschichte der griechischen Literatur (1958; Bern/München ³1971), 640.
24 REINHARD LOOCK, ›Tragische, das‹, in: RITTER, Bd. 10 (1998), 1335.
25 Vgl. HENRI GOUHIER, Réflexions sur le tragique et ses problèmes, in: Revue de théologie et de philosophie 5 (1971), 306.

menfügung der Geschehnisse« (ἡ τῶν πραγμάτων σύστασις)²⁶ sein. Diese Zusammenfügung erfüllt die Voraussetzung, als tragisch qualifiziert zu werden, wenn sie beim Zuschauer Jammer und Schauder erweckt. Es geht also stets darum, daß das einzelne Geschehnis in eine sehr spezifische Verflechtung eingebunden wird und diese Verflechtung sich an der angestrebten Wirkung bemißt. In diesem Zusammenhang ist die Wendung aus dem 13. Kapitel zu sehen, der zufolge die Tragödien sich als »die tragischsten« (τραγικώτατοι)²⁷ erwiesen haben, die den Umschlag von Glück in Unglück als Folgewirkung »eines Fehlers« (δι' ἁμαρτίαν τινά)²⁸ des Protagonisten in Szene setzen. Nicht zuletzt durch die vorab erwogenen – dann aber wieder verworfenen – konkurrierenden Modelle, die zum Gegenstand haben, daß makellose Männer von Glück in Unglück, Schufte von Unglück in Glück geraten, wird vor Augen geführt, worauf die schließliche Entscheidung für eine an der Hamartia orientierte Handlungsoption gestützt ist: Die Hamartia fungiert als Auslösungsmechanismus innerhalb eines komplizierten Geschehnis- und Wirkungsablaufs, welcher in der Hervorrufung von Jammer und Schauder seinen Zielpunkt hat. Über die Frage nach der genauen Bedeutung dieser Hamartia ist eine intensive Debatte geführt worden. Noch im 19. Jh. wird mehrheitlich die These vertreten, daß Gegenstand der Hamartia eine moralische Schuld, eine charakterlich ableitbare Fehlhandlung ist. Die im Englischen üblich gewordene Übersetzung einer derart moralisch verstandenen Hamartia mit ›tragic flaw‹ gibt diese Position genau wieder, während die deutsche Wendung ›tragische Schuld‹ eine gewisse Überzeichnung insofern darstellt, als sie nicht genügend Raum läßt für die Disproportionalität zwischen (eher schwacher) Ursache und großer Wirkung.²⁹ Diese Deutung von Hamartia wird im Zuge der ›philologischen Interpretation‹ in Frage gestellt. Hamartia wird nun pointierter als Irrtum, versehentliches Abweichen vom richtigen Weg oder intellektueller Fehlgriff verstanden. Der für die Hamartia anfällige Held wird von Max Kommerell als »ein Ungeschickter, ein tragisch Linkischer im großen Stil«³⁰ gesehen. Werner Söffing resümiert: »Die Hamartia kann weder als Charakterschwäche (›tragic flaw‹) noch als sittliche Schuld (›tragic guilt‹) verstanden werden, sondern nur als tragischer Irrtum (›tragic error‹), als moralisch indifferenter, folgenreicher Fehlgriff«³¹. Diese völlige Lösung des moralisch-sittlichen Aspekts wird in neueren Arbeiten als verfehlt angesehen, eine Verbindung der intellektuellen und der moralischen Lesart für möglich und nötig gehalten.³² Hellmut Flashar referiert, »daß Hamartia einen charakterbedingten, sittlich relevanten Denkfehler bedeutet, wobei der Ursprung des Falschen in der betreffenden Person selbst liegt, die die fehlerhafte Handlung zu verantworten hat, wenn auch kein Vorsatz und keine Böswilligkeit vorliegen.«³³ Das dieser Position inhärente Problem liegt darin, Plausibilisierungen für den tragischen Prozeß anzubieten, welche nicht mehr hinreichend Raum lassen für die »schmerzhafte Entzweiung«³⁴, die Aristoteles zufolge unabdingbar ist für Jammer und Schauder und also die Einlösung der tragischen Wirkung.

Im 18. Kapitel fällt ebenfalls der Terminus ›tragisch‹, und zwar im Zusammenhang mit dem Peripetie. Mittels der Peripetien erreichen die Dichter, was sie erstreben: das Tragische.³⁵ Steht die Hamartia am Anfang des tragischen Prozesses, so sind Peripetie und Anagnorisis seine zentralen Gelenkstellen. Der plötzliche Umschlag steht für

---

26 ARISTOTELES, Poet. 6, 1450a15; dt.: Poetik, griech.-dt., hg. u. übers. v. M. Fuhrmann (Stuttgart 2001), 21.
27 Ebd., 1453a27–28; dt. 41.
28 Ebd., 1453a9–10; dt. 39.
29 Vgl. RAINER SAUER, Charakter und tragische Schuld, in: Archiv für Geschichte der Philosophie 46 (1964), 18.
30 MAX KOMMERELL, Lessing und Aristoteles. Untersuchungen über die Theorie der Tragödie (1940; Frankfurt a. M. ³1960), 127.
31 WERNER SÖFFING, Deskriptive und normative Bestimmungen in der ›Poetik‹ des Aristoteles (Amsterdam 1981), 179.
32 Vgl. VIVIANA CESSI, Erkennen und Handeln in der Theorie des Tragischen bei Aristoteles (Frankfurt a. M. 1987), 262.
33 HELLMUT FLASHAR, Die Poetik des Aristoteles und die griechische Tragödie, in: Flashar (Hg.), Tragödie. Idee und Transformation (Stuttgart/Leipzig 1997), 56.
34 GADAMER (s. Anm. 7), 124.
35 Vgl. ARISTOTELES, Poet., 1456a21; ANDREAS ZIERL, Affekte in der Tragödie. Orestie, Oidipus Tyrannos und die Poetik des Aristoteles (Berlin 1994), 24.

das Hervorbrechen eines vermeintlich Fremden, das den Menschen überwältigt, ihn aus seiner Bahn wirft, ihn aber auch, mittels der Einsicht in seine Situation, eben dies heißt Anagnorisis, auf einer höheren Stufe zu sich zurückzuführen vermag.[36] Die Verkettung, die für das Handlungsgeschehen gilt, erhält erst durch die Peripetie ihre eigentliche Wucht: »Die Peripetie ist [...] der Umschlag dessen, was erreicht werden soll, in das Gegenteil« (Ἔστι δὲ περιπέτεια μὲν ἡ εἰς τὸ ἐναντίον τῶν πραττομένων μεταβολή)[37]. Der Umschlag von Glück in Unglück ist auf keinen Fall durch eine Gleichung irgendwelcher Art, schon gar nicht durch die von Schuld und Sühne, zu schließen. Eine zentrale Figur in der Konstruktion des Tragischen wird die Peripetie dadurch, daß mit ihr die Handlungsintention verkehrt und der Rahmen einer vorhersehbaren Zukunft gesprengt wird. Gleichwohl ist das, was im Zeichen der Peripetie Gestalt gewinnt, nicht bloße oder gar abschreckende Kontingenz, sondern rückgebunden an einen von Aristoteles vorgeschriebenen Prozeß, der sich im Rahmen von Wahrscheinlichkeit und innerer Notwendigkeit abspielt, aber auch für das Wunderbare offen sein kann. Es ist ein Prozeß, der Identifikation nicht ausschließt, sondern zu ihr einlädt. Diese den Begriffen inhärente Spannung macht die Besonderheit von Peripetie und Anagnorisis, ihr Geeignetsein für einen tragischen Vorgang, aus; in einer Formulierung, wie sie bereits im 6. Kapitel vorkommt, liest man: »Außerdem sind die Dinge, mit denen die Tragödie die Zuschauer am meisten ergreift, Bestandteile des Mythos, nämlich die Peripetien und die Wiedererkennungen.« (Πρὸς δὲ τούτοις τὰ μέγιστα οἷς ψυχαγωγεῖ ἡ τραγῳδία τοῦ μύθου μέρη ἐστίν, αἵ τε περιπέτειαι καὶ ἀναγνωρίσεις.)[38]

Ein weiteres Mal kommt der Begriff ›tragisch‹ im 14. Kapitel vor. Und wieder geht es um den funktionalen Zusammenhang der tragischen Handlung. Aristoteles erwägt die vier Möglichkeiten, die sich aus dem Verhältnis von Wissen und Tun ergeben. Man kann wissend tun und nicht tun, ebenso wie unwissend tun und nicht tun.[39] Die Konklusion aus diesen Erörterungen besagt, daß unter diesen vier Möglichkeiten diejenige die schlechteste ist, welche Wissen (inklusiv der Absicht) und schließliches Nicht-Handeln miteinander verknüpft: »Denn darin ist zwar etwas Abscheuliches enthalten, jedoch nichts Tragisches; es tritt nämlich kein schweres Leid ein.« (τό τε γὰρ μιαρὸν ἔχει, καὶ οὐ τραγικόν· ἀπαθὲς γάρ.)[40] Die verworfene Möglichkeit ist eine, die »abscheulich« (μιαρόν) in dem Sinne wäre, daß ihr Ablauf offensichtlich vollkommen quer stünde zu jener anthropologischen Disposition, die günstigenfalls in die Erweckung von Jammer und Schauder überführt werden kann. Tragisch und also der Tragödie besonders zuträglich, so läßt sich der zitierte Passus positiv reformulieren, ist eine Handlungskonfiguration, die eben dieses Ergebnis abruft. Trotz der viel diskutierten Präferenz, die Aristoteles in diesem Kontext für die Option ›Handlungsabsicht (ohne Wissen) und schließliches Nicht-Handeln‹ formuliert, darf als generelle Maxime gelten, daß Bestandteil einer Jammer und Schauder erweckenden Handlung die Hinführung zu schwerem Leid (πάθος)[41] ist. Der Begriff Pathos, den Aristoteles in sehr divergierenden Zusammenhängen benutzt, bewahrt allemal eine passive Einfärbung. Ein enormer Grad an Leiden ist dem Begriff eigen und auch die komplementär mitgeführte Vorstellung eines ungeheuren Falls. »Pathos ist also ein Ereignis, wovon Menschen betroffen werden; und zwar ereignet sich durch ein Handeln der Betroffenen.«[42] Dieses den Menschen widerfahrende Leid löst seine Wirkung nicht als factum brutum aus, sondern insofern als es interpretiert und gespiegelt wird in der Reaktion der Akteure.[43] Insbesondere aber ist mit Pathos die finale Station benannt, der Weg, der mit Hamartia eingesetzt und über Peripetie und Anagnorisis geführt hat, schließlich einmündet. Konturiert wird somit das innere Handlungsskelett, das Aristoteles zufolge die Tragödie auszeichnet. Dieses Handlungsskelett mit den Stationen Hamartia → Peripetie / Ana-

---

36 Vgl. CLIFFORD LEECH, Tragedy (London 1969), 65.
37 ARISTOTELES, Poet. 11, 1452a22–23; dt. 35.
38 Ebd., 1450a33–35; dt. 23.
39 Vgl. MANFRED FUHRMANN, Anmerkungen, in: ebd., 120 (Kap. 14, Anm. 7).
40 ARISTOTELES, Poet. 14, 1453b38–39; dt. 45.
41 Vgl. SÖFFING (s. Anm. 31), 122f.
42 KOMMERELL (s. Anm. 30), 184.
43 Vgl. ZIERL (s. Anm. 35), 40.

gnorisis → Pathos gewinnt seine innere Schlüssigkeit aus dem Umstand, optimale Voraussetzung für den eigentlichen Zielpunkt der Tragödie zu sein: die Erweckung von Jammer (ἔλεος) und Schauder (φόβος) sowie die »Reinigung von derartigen Erregungszuständen« (τὴν τῶν τοιούτων παθημάτων κάθαρσιν)[44]. Dieser sogenannte Katharsissatz ist legendär, und seine Rezeptionsgeschichte darf als ein Knotenpunkt der europäischen Kulturgeschichte betrachtet werden.[45]

Hervorzuheben ist hier vor allem das Komplementärverhältnis, welches das von Hamartia bis Pathos reichende Handlungsgerüst als Kernbestand der Darstellungsebene und die Hervorrufung der Katharsis als Ziel und Zentrum der Rezeptionsebene miteinander verschränkt. Die tragischen Affekte sind beiden Ebenen zugehörig und profilieren sich in ihrer je eigenen Ausformung wechselseitig. Die tragische Handlung selbst steht im Vorzeichen des Jammervollen und Schaudererregenden und bildet somit die Voraussetzung für jene »Affekttransformationen«[46], hin zur Ebene der Rezeption, die ganz von eben diesen Affekten dominiert wird. In dem Maße, in dem Aristoteles sehr präzise Vorstellungen über die Wirkung der Tragödie zugrunde legt, leitet sich eben daraus eine feste Vorgabe für das Arrangement der Geschehnisse und deren inhaltliche Prägung ab. Entsprechend gilt auch: Die hier nachgezeichneten Vorgaben für die Handlungsentfaltung verpflichten dazu, eine scharf umrissene Vorstellung von der Katharsis anzusetzen. Entsprechend heißt es auch im ersten Abschnitt des 14. Kapitels: »Denn man darf mit Hilfe der Tragödie nicht jede Art von Vergnügen hervorzurufen suchen, sondern nur die ihr gemäße.« (οὐ γὰρ πᾶσαν δεῖ ζητεῖν ἡδονὴν ἀπὸ τραγῳδίας, ἀλλὰ τὴν οἰκείαν.)[47] Das der Tragödie gemäße Vergnügen aber liegt für Aristoteles zunächst einmal in der Hervorrufung von Jammer und Schauder sowie in einem zweiten Schritt in der Reinigung ebensolcher Erregungszustände.

Die Tendenz, die hier schon für die Aneignung der Hamartia festgestellt wurde, gilt erst recht für das Verständnis des Katharsissatzes: Vom 19. Jh. an hat eine intensive historisch-philologische Forschung dazu geführt, die seit der Aufklärung geltenden ethischen Prämissen und Zielsetzungen der Katharsis abzuschwächen oder gar aufzulösen und sie durch eine medizinisch-diätetische Deutung zu substituieren. Jacob Bernays forciert einen »*pathologischen* Gesichtspunkt«[48] als Leitfaden für die Interpretation des Katharsissatzes. Die Katharsis – von Gotthold Ephraim Lessing noch als »Verwandlung der Leidenschaften in tugendhafte Fertigkeiten«[49] gepriesen – mutiert für ihn zur »erleichternden Entladung«[50] in einem an medizinischen Purgierungspraktiken orientierten Sinn des Wortes. Wolfgang Schadewaldts folgenreiche Deutung aus den 50er Jahren des 20. Jh. hat den Ansatz von Bernays fortgeführt und vor allem dadurch ausgebaut, daß er die für die Erzeugung von Katharsis konstitutiven Affekte ›phobos‹ und ›eleos‹ ins Zentrum seiner Untersuchung rückt und ihr Verständnis auf eine ganz neue Grundlage stellt.[51] Beide Affekte werden nun aus dem christlichen Horizont, in welchem sie seit der Renaissance standen, herausgelöst und entschieden jeweils als ›Elementaraffekt‹[52] vorgestellt. Aufgerufen wird damit eine unmittelbare Affektgewalt, der die Zuschauer leidend ausgesetzt sind. ›Phobos‹, bislang als Furcht übersetzt, wird nun nicht mehr als eine das Subjekt festigende Gemütsbewegung vorgestellt, sondern als plötzliches Ergriffenwerden durch einen Schauder vor dem Furchtbaren, welches auf der Bühne geschieht oder zu geschehen droht, als Kälteschauer, der das Blut gefrieren läßt. Und ›eleos‹, gemeinhin als ein durchaus christlich geprägtes Mitleiden ver-

---

44 ARISTOTELES, Poet. 6, 1449b27–28; dt. 19.
45 Vgl. WERNER MITTENZWEI, ›Katharsis‹, in: K. Barck u. a. (Hg.), Ästhetische Grundbegriffe, Bd. 3 (Stuttgart/Weimar 2001), 245–272.
46 ZIERL (s. Anm. 35), 29.
47 ARISTOTELES, Poet., 1453b10–11; dt. 43.
48 JACOB BERNAYS, Grundzüge der verlorenen Abhandlung des Aristoteles über Wirkung der Tragödie, in: Abhandlungen der Historisch-Philosophischen Gesellschaft in Breslau 1 (1857), 141.
49 GOTTHOLD EPHRAIM LESSING, Hamburgische Dramaturgie (1767–1768), in: Lessing, Gesammelte Werke in zehn Bänden, hg. v. P. Rilla, Bd. 6 (Berlin/Weimar 1968), 399.
50 BERNAYS (s. Anm. 48), 148.
51 Vgl. WOLFGANG SCHADEWALDT, Furcht und Mitleid? Zur Deutung des Aristotelischen Tragödiensatzes (1955), in: Schadewaldt, Antike und Gegenwart. Über die Tragödie (München 1966), 16–60.
52 Ebd., 18, 24.

standen und entsprechend positiv gewertet, wird nun von Schadewaldt auf den ursprünglichen Wortsinn eines schmerzhaften Mit-Erleidens, das einem unverdient in Unglück Geratenen gilt, zurückgeführt. Gedacht ist wiederum an ein heftiges affektives Erfaßtwerden, für welches Schadewaldt nun die Übersetzung ›Jammer‹ oder ›Rührung‹ einsetzt. Entscheidend ist, daß es sich um einen heftigen, schmerzhaften Affekt handelt, der, wie der Schrecken, als schwere Störung empfunden wird. Die Übersetzung von ›phobos‹ und ›eleos‹ mit ›Schauder‹ bzw. ›Jammer‹ und ihre Deutung als störende Elementaraffekte führt dazu, daß auch der Katharsis selbst keinerlei läuternde, bessernde oder irgendwie erzieherische Aufgabe mehr zugesprochen wird, sondern sie ihrerseits als ein elementarer Vorgang verstanden wird, präsentiert nun als »Ausscheiden, Beseitigen, Fortschaffen von störenden und beschwerlichen Stoffen (und Erregungen) aus dem Organismus« (40).

Dieses Modell ist in neueren Untersuchungen wiederum in Frage gestellt worden, indem den konstruktiven und geistigen Zügen des tragischen Prozesses größere Aufmerksamkeit gewidmet worden ist. Arbogast Schmitt[53] und Viviana Cessi[54] haben, indem sie antizipierende Phantasie- und Vorstellungstätigkeiten als konstitutive Elemente der tragischen Handlung aufweisen konnten, auch Terrain für die These gewonnen, daß die Affekte in der Deutung des Aristoteles durchaus einen rationalen oder kognitiven Aspekt haben. Wenn der Zuschauer zu partizipierender Identifikation eingeladen ist, so gilt doch auch, daß im Schauder, von dem er erfaßt wird, ein Wissen um die historische und lebensweltliche Ferne der agierenden Personen mitschwingt; und wenn er vom schmerzhaften Jammer über den unverdient Leidenden ergriffen wird, so setzt die Empfindung dieses Jammers die Mitführung eines ethischen Urteils voraus. Das solchermaßen als Bestandteil der Affekte berücksichtigte »reflektorische Moment« führt Flashar pointiert zu der gegen Schadewaldt gerichteten Formulierung, daß die tragischen Affekte »keine Elementaraffekte im Sinne der Gänsehaut und des Taschentuchs«[55] sind und mithin auch die Katharsis die über lange Zeit unterstellte kategoriale Trennung zwischen Erkenntnisvermögen und Affekten zu unterlaufen in der Lage ist.

Für die Tragödie wird so eine »Einheit von Erkenntnis, tragischem Affekt und Vergnügen«[56] für möglich gehalten.

2. Die römische Tradition

Es gehört zu den Phänomenen der Geistesgeschichte, daß die Semantik des Terminus ›tragisch‹ in der Antike nur peripher durch die kleine Schrift des Aristoteles, die ja nicht für die Öffentlichkeit bestimmt war und auch nur sporadisch zur Kenntnis genommen wurde, beeinflußt worden ist.[57] Hauptursache dürfte sein, daß die Tragödie selbst für viele Jahrhunderte nicht mehr im Mittelpunkt literarischer Produktivität und kulturellen Interesses stand. Die relative Marginalisierung der Tragödie kennzeichnet auch die römische Literatur. Unbeschadet des Umstands, daß es eine auf das griechische Modell rekurrierende römische Tragödienproduktion und -praxis zur Zeit der Republik durchaus gegeben hat und später mit den – freilich mehr für die Lektüre reservierten – Stücken Senecas eine eigenständige »Transformation der griechischen durch die römische Tragödie«[58] hat eingebracht werden können, ist doch offenkundig, daß beide Rezeptionsphasen der griechischen Tragiker nicht dazu angetan waren, die Tragödie als neuen Mittelpunkt der römischen Literatur auszubilden. Schon Lessing räsoniert darüber, »warum die Römer in dem Tragischen noch so weit unter dem Mittelmäßigen geblieben sind«, und erwägt als Ursache »die gladiatorischen Spiele«, die ganz auf die Präsentation von Emotionskontrolle ausgerichtet gewesen seien und somit in schierem Wi-

---

53 Vgl. ARBOGAST SCHMITT, Menschliches Fehlen und tragisches Scheitern. Zur Handlungsmotivation im Sophokleischen ›König Ödipus‹, in: Rheinisches Museum 131 (1988), 3–30.
54 Vgl. CESSI (s. Anm. 32), 104–126.
55 FLASHAR (s. Anm. 33), 61.
56 ZIERL (s. Anm. 35), 90.
57 Vgl. FUHRMANN, Nachwort, in: Aristoteles (s. Anm. 26), 144–178.
58 Vgl. ECKHARD LEFÈVRE, Die Transformation der griechischen durch die römische Tragödie am Beispiel von Senecas ›Medea‹, in: Flashar (s. Anm. 33), 66.

derspruch zur »Absicht der tragischen Bühne«[59] gestanden hätten. Ein deutliches Indiz für die relative Randständigkeit der Tragödie im römischen Geistesleben mag man schließlich darin sehen, daß von allen aus dem Griechischen übernommenen dramatischen Gattungen allein die Tragödie die griechische Bezeichnung (τραγῳδία) auch im Lateinischen (tragoedia) bewahrt und also von den Römern mit einem Fremdwort bezeichnet worden ist.[60]

Vor diesem Hintergrund wird es kaum verwundern, daß lat. ›tragicus‹ die vom Griechischen her vorgegebene Wortbedeutung zunächst fortschreibt (»Of or belonging to tragic drama«; »Suitable to tragedy, tragic in style«[61]), wobei neben der engen Anlehnung an Gestalt und Aufführung der Tragödie (einschließlich der Bezeichnung des Tragödiendichters und -schauspielers) die übertragene Bedeutung im Sinne von ›erhaben‹, ›pathetisch‹, ›schwülstig‹ als Stil- und Gattungsmerkmal nachhaltig entwickelt und in dieser Gewichtung auch neu akzentuiert wird. Zugespitzt läßt sich sagen, daß die Termini ›tragoedia‹ und ›tragicus‹ im klassischen Latein bevorzugt als Möglichkeit genutzt werden, die Regeln der Stiltrennung zu verdeutlichen: »When writers did come to make stylistic comparisons, tragedy was an obvious candidate for the most exalted rank«[62]. Eindrücklich wird diese Vorrangigkeit der Frage von Gattungs- und Sprachseparierung durch den Einsatz von ›tragicus‹ in Horaz' *Epistula ad Pisones* bezeugt, wenn dort in einer normativen Wendung für eine pointierte Abgrenzung einer tragischen und einer komischen Sprechweise votiert wird: »versibus exponi tragicis res comica non volt« (Was komisch ist, will nicht im Schwung und Pomp des Trauerspieles vorgetragen sein)[63]. Ein Diktum, das nicht ausschließt, daß die Tragödie in Einzelfällen auch über einen alltäglichen Sprachstil verfügen kann, etwa um die Rührung des Zuschauers zu gewinnen: »et tragicus plerumque dolet sermone pedestri, / Telephus et Peleus cum pauper et exsul uterque / proicit ampullas et sesquipedalia verba, / si curat cor spectantis tetigisse querella.« (Wenn *Telephus* und *Peleus* / im tiefsten Elend, dürftig und verbannt / aus ihrem Vaterland, des Hörers Herz / mit ihren Klagen rühren wollen, lehrt / sie die *Natur* ganz einen andern Ton! / Da werfen sie die hohen Stelzen und / die ellenlangen Wörter gerne weg! – V. 95 ff.; dt. 517 f.) Auf dieser Ebene der Stil- und Gattungserörterung liegt die Wendung von Quintilian, der, Lektürevorschläge für Schulklassen unterbreitend, der tragoedia die ›gravitas‹, der comoedia die ›elegantia‹ zuweist: »multum autem veteres etiam Latini conferunt, quamquam plerique plus ingenio quam arte valuerunt, in primis copiam verborum, quorum in tragoediis gravitas, in comoediis elegantia et quidam velut ἀττικισμός inveniri potest.« (Viel bietet aber auch die ältere lateinische Dichtung, wenn auch die meisten Dichter ihre Stärke mehr im natürlichen Talent als in der Kunst der Form haben, vor allem für die Wortwahl, wofür man in den Tragödien den würdigen, in den Komödien den geschmackvollen Ausdruck und so etwas wie ἀττικισμός [Attizismus – d. Verf.] finden kann.)[64] Ergänzt wird diese sprachlich-stilistische Bestimmung durch eine pointierte Engführung der Tragödie mit der Ständeklausel: »comoedia a tragoedia differt, quod in tragoedia introducuntur heroes duces reges, in comoedia humiles atque privatae *personae*.«[65] (Die Komödie unterscheidet sich von der Tragödie dadurch, daß in der Tragödie Helden, Heerführer und Könige agieren, in der Komödie aber bescheidene und uns vertraute Personen.)

Daß es auch in der klassisch-römischen Literatur inhaltliche Schwerpunktsetzungen für ›tragicus‹ gibt, zeigt z. B. ein Passus in Livius' *Ab urbe condita libri*, welcher eine Episode aus der Frühgeschichte

---

59 LESSING, Laokoon oder über die Grenzen der Malerei und Poesie (1766), in: Lessing (s. Anm. 49), Bd. 5 (Berlin/Weimar 1968), 41.
60 Vgl. JAN HENRIK WASZINK, Die griechische Tragödie im Urteil der Römer und der Christen, in: Jahrbuch für Antike und Christentum 7 (1964), 141.
61 ›Tragicus‹, in: P. G. Glare (Hg.), Oxford Latin Dictionary, Bd. 8 (Oxford 1982), 1957.
62 HENRY A. KELLY, Ideas and Forms of Tragedy from Aristoteles to the Middle Ages (Cambridge 1993), 7.
63 HORAZ, Ars 89; dt.: Christoph Martin Wieland, Übersetzung des Horaz, hg. v. M. Fuhrmann (Frankfurt a. M. 1986), 517.
64 QUINTILIAN, Inst. I, 8, 8; dt.: Ausbildung des Redners. Zwölf Bücher, lat.-dt., hg. u. übers. v. H. Rahn, Bd. 1 (Darmstadt 1972), 119.
65 DIOMEDES, Ars Grammatica, in: H. Keil (Hg.), Flavii Sosipatri Charisii artis grammaticae libri V (1857; Hildesheim 1981), 488.

Roms – die durch Verwandtenmord errungene Königsherrschaft des Tarquinius Superbus – durch die mitgeführte Anspielung auf griechische Tragödienmythen kennzeichnet: »tulit enim et Romana regia sceleris tragici exemplum«[66]. Zu übersetzen ist hier mit: »Denn auch das Königshaus in Rom bot das Beispiel eines Verbrechens, wie es aus Tragödien bekannt ist«. Der Rekurs auf die antike Tragödie und die ihr eigenen moralischen Grenzüberschreitungen hat also die Funktion, das Verbrecherische, das in der Frühgeschichte Roms ausgemacht worden ist, zu benennen und eventuell auch zu nobilitieren. Diese Tradition wirkt noch in den auf das 7./8. Jh. n. Chr. datierten und kanonisch formulierenden *Liber glossarum* hinein, erhält aber den im Mittelalter obligaten moralischen Akzent, wenn nun die Verbrechen als Gegenstand der Tragödie folgendermaßen benannt werden: »Tragoedia est genus carminis quo poete regum casus durissimos et scelera inaudita uel deorum res alto sonito describant.« (Die Tragödie ist ein Trauergesang, wo Dichter in erhabenem Ton die härtesten Stürze der Könige, unerhörte Verbrechen oder die Dinge der Götter beschreiben.)[67]

Ganz anders funktioniert der Rückgriff auf das ›scelus tragicum‹ in den frühchristlichen Zeugnissen. Mit ihnen wird die theaterfeindliche Tradition, die Platon schon inaugurierte, in pointierter Steigerung fortgeführt. Schon bei Tertullian werden die inhaltlichen Dimensionen des Tragödiengeschehens in ganz neuer Schärfe wahrgenommen, wenn auch als ein Schauplatz moralischer Verwerflichkeiten, welche obendrein zur Nachahmung anstiften: »Quodsi sunt tragoediae et comoediae scelerum et libidinum auctrices cruentae et lasciuae, impiae et prodigae, nullius rei aut atrocis aut vilis commemoratio melior est« (Wenn aber Tragödien und Komödien blutrünstige und unzüchtige, ruchlose und ausschweifende Beispiele sind, die zu Verbrechen und Wollust anstiften, dann kann auch die Aufführung einer entweder gräßlichen oder gemeinen Sache nicht besser sein). Mit einer pointierten Konklusion proklamiert Tertullian nicht weniger als die Aufhebung der ästhetischen Qualität aller Schauspielformen: »quod in facto reicitur, etiam in dicto non est recipiendum.« (was als Tat zurückgewiesen wird, ist auch in Worten nicht akzeptabel.)[68]

Vorgezeichnet sind damit schon die Hauptkoordinaten von Augustinus' großer Theater-Kritik. Ihren historischen Ort findet sie nicht zuletzt in dem Umstand, daß kultische Volksfeste und jede Art von öffentlichem Schauspiel als besonders attraktives Erbe der alten Religion wirksam sind und entsprechend Augustinus' Gegenwehr hervorrufen.[69] Erstens macht er es sich zur Aufgabe, sämtliche Bühnenkünste seiner Zeit und auch den überlieferten Mythos, aus dem sie immer noch sich speisen, einer rigoristisch-christlichen Moralkritik zu unterwerfen; zweitens nimmt er das ganz eindeutige Ergebnis dieser Kritik, nämlich daß die Schauspiele sich als eine Art »Teufelsdienst« (diabolo seruiretur)[70] darstellen, lediglich zum Ausgangspunkt dafür, eine der weitreichendsten und beunruhigendsten Fragen der Kulturgeschichte mit aller Schärfe zu formulieren: Wie ist es möglich, so lautet das von ihm gestellte Problem, daß die fiktionale Repräsentation von Ereignissen, die unmittelbar zu erleben die Menschen aufs äußerste fürchten und verabscheuen würden, von ihnen intensiv genossen werden kann? »Wie kommt es, daß der Mensch dort schmerzlich fühlen will, wenn er Trauriges und Tragisches sich ansieht? Er möchte es gewiß nicht an sich selbst erleiden, und gleichwohl, als Zuschauer will er Schmerz dabei empfinden, und gerade der Schmerz ist sein Genuß. Was ist das, wenn nicht Irrsinn zum Erbarmen?« (Quid est, quod ibi homo vult dolere cum spectat luctuosa et tragica, quae tamen pati ipse nollet? Et tamen pati vult ex eis dolorem spectator

---

66 TITUS LIVIUS, Ab urbe condita libri 1, 46, 3, hg. v. W. Weißenborn/H. J. Müller, Bd. 1 (Berlin ¹¹1963), 230.
67 LACTANTIUS, Liber glossarvm. Glossaria reliqva, hg. v. G. Goetz (1894; Amsterdam 1965), 102; dt. zit. nach DAVID E. GEORGE, Deutsche Tragödientheorien vom Mittelalter bis zu Lessing. Texte und Kommentare (München 1972), 24 f.
68 QUINTUS SEPTIMUS TERTULLIANUS, De spectaculis 17,7; dt.: Über die Spiele, lat.-dt., übers. u. hg. v. K.-W. Weeber (Stuttgart 1988), 59.
69 Vgl. FRITZ VAN DER MEER, Augustinus der Seelsorger. Leben und Wirken eines Kirchenvaters (Köln 1951), 72–83.
70 AUGUSTINUS, Civ. 4, 26; dt.: Der Gottesstaat, lat.-dt., hg. u. übers. v. C. J. Perl, Bd. 1 (Paderborn u. a. 1979), 267.

et dolor ipse est voluptas eius. Quid est nisi miserabilis insania?)[71] Auffallend ist vor allem, daß Augustinus hier den Sammelbegriff ›luctuosa et tragica‹ aufruft, ihn in seiner ästhetischen Dimension zur Geltung bringt und so offensichtlich das von ihm avisierte Problem auf eine allgemeine Ebene erheben kann. Wie weit Augustinus schließlich damit über den von ihm selbst gesteckten moralischen Horizont der Theatererfahrung hinausführt und eine ihn selbst bedrängende Frage aufwirft, das zeigt vielleicht am deutlichsten seine eigene harsche Einordnung des von ihm freigelegten Phänomens als ›insania‹.

3. Mittelalter

Mit dem Ende des römischen Reiches klingt die Tradition ab, in der das Erbe der griechischen Tragödie noch mitgeführt worden war. Das heraufziehende Mittelalter setzt einen ordo-Gedanken durch, der für die ontologische Unordnung, an welche die Tragödie rückgebunden ist, keinen Raum läßt. Entsprechend wird schon Charles de Saint-Évremond feststellen: »L'esprit de notre religion est directement opposé à celui de la tragédie.«[72] So verschwinden ›tragoedia‹ und ›tragicus‹ zunehmend aus dem Repertoire der kulturell maßgeblichen Debatten. Für diese Relevanzeinbuße bietet bereits Boethius ein schönes Beispiel. Im Vordergrund des zweiten Buchs seines Hauptwerks *De consolatione philosophiae* stehen die Wirksamkeit der Fortuna und die (auch stoisch fundierte) Gegenwehr, die der Mensch ihrem dauernden Wechselspiel gegenüber aus der philosophia gewinnen kann. In diesem Kontext nun wird die tragoedia als ein Bild für den jederzeit zu gewärtigenden Sturz der Großen und die damit zusammenhängenden Umschläge des Lebens benannt: »Quid tragoediarum clamor aliud deflet nisi indiscreto ictu fortunam felicia regna vertentem?« (Was beweint der Weheruf der Tragödien anderes als das Schicksal, das mit seinem Schlage ohne Unterschied glückliche Reiche umstürzt?)[73] Bezeichnet aber wird mit »tragoediarum clamor« nicht eine Charakterisierung der Tragödie oder tragischer Konstellationen; vielmehr wird ein festes, in der Diatribentradition eingeübtes Bild der Tragödie abgerufen[74], um eine möglichst treffende Vorstellung der Fortuna profilieren zu können.

Entsprechend läßt Boethius sich schon jener Epoche zuordnen, in der das Rad der Fortuna die dominante Illustrationsfigur für Leiderfahrung und katastrophenträchtige Schicksalswendungen wird[75], die Tragödie hingegen und jedwede Form tragischer Inszenierungen zunehmend an Bedeutung einbüßen, bis sie schließlich vorwiegend zur Erläuterung der Stiltrennungslehren beigezogen werden. Ging es im klassischen Rom, wo ›tragoedia‹ diese Funktion ebenfalls schon hatte, noch darum, normative Vorgaben für eine zumindest partiell (über Pantomimen und Lektüre) lebendig gehaltene Gattung zu formulieren, so stehen nun die modus loquendi immer mehr im Vordergrund des Interesses. Wie weit die solchermaßen eingeleitete Entkonturierung von ›tragoedia‹ und ›tragicus‹ reicht, dafür bietet kein Geringerer als Dante sehr markante Beispiele. Berühmt ist insbesondere der Vers *Inferno* 20, 113, in welchem Dante Vergil von der *Aeneis* als von »L'alta mia tragedia« sprechen läßt, eine Wendung, die von Hermann Gmelin durchaus unzutreffend mit »Mein tragisches Gedicht«[76] übersetzt wird. Er verschleift damit, daß Dante den Terminus ›tragedia‹ soweit entgrenzt, daß jegliche Dichtung in hohem Stil damit erfaßt werden kann. Daß diese sprachlich-stilistische Perspektivierung von ›tragoedia‹ und ›tragicus‹ bei Dante fest verankert ist, erweist neben *Convivio* 1, 5, 8 vor allem *De vulgari eloquentia*, wenn ebendort ein triadisches Stilschema folgendermaßen vorgestellt wird: »Deinde in hiis que dicenda occurrunt debemus discretione potiri,

---

71 AUGUSTINUS, Conf. 3, 2, 2; dt.: Bekenntnisse, lat.-dt., hg. u. übers. v. J. Bernhart (München 1955), 99.
72 CHARLES DE SAINT-ÉVREMOND, De la tragédie ancienne et moderne (1672), in: Saint-Évremond, Œuvres en prose, hg. v. R. Ternois, Bd. 4 (Paris 1969), 173.
73 BOETHIUS, De consolatione philosophiae 2, 2. p.; dt.: Trost der Philosophie, lat.-dt., hg. u. übers. v. E. Gegenschatz/O. Gigon (München/Zürich 1990), 49.
74 Vgl. JOACHIM GRUBER, Kommentar zu Boethius ›De consolatione philosophiae‹ (Berlin/New York 1978), 177.
75 Vgl. KELLY (s. Anm. 62), 221 f.
76 DANTE ALIGHIERI, La divina commedia, Inf. 20, 113; dt.: Die göttliche Komödie, ital.-dt., hg. u. übers. v. H. Gmelin, Bd. 1 (Stuttgart 1949), 241.

utrum tragice, sive comice, sive elegiace sint canenda. Per tragediam superiorem stilum inducimus, per comediam inferiorem, per elegiam stilum intelligimus miserorum.« (Dann müssen wir hinsichtlich der Dinge, die sich zum Dichten darbieten, uns der Unterscheidung mächtig machen, ob sie tragisch, komisch oder elegisch zu besingen sind. Unter Tragödie verstehen wir die höhere Dichtart [stilus], unter Komödie die niedere, und unter Elegie verstehen wir die Dichtart der Unglücklichen.)[77] Diese Transformierung eines in früheren und späteren Zeiten zentralen Gattungsbegriffs in eine Stilqualität findet allerdings bei Dante eine nachhaltige Korrektur in der *Epistola 13* an Cangrande della Scala, in welcher die Abgrenzung von Tragödie und Komödie nicht mehr nur über stilistische Argumente, sondern auch über die ›materia‹ vorgenommen wird: »Et est comedia genus quoddam poetice narrationis ab omnibus aliis differens. Differt ergo a tragedia in materia per hoc, quod tragedia in principio est admirabilis et quieta, in fine seu exitu est fetida et horribilis […]. Comedia vero inchoat asperitatem alicuius rei, sed eius materia prospere terminatur«. (Und die Komödie ist eine Art poetische Erzählung, die sich von allen anderen unterscheidet. Sie unterscheidet sich nämlich von der Tragödie im Stoff dadurch, daß die Tragödie zu Beginn bewundernswert ist und ruhig, am Ende oder zum Schluß aber ekelerregend und erschreckend […]. Die Komödie aber beginnt mit dem Abstossenden einer Sache, aber ihr Stoff wird glücklich abgeschlossen)[78] Als Kennzeichen der ›materia‹, welche der Tragödie zugesprochen wird, tritt ein prozessualer Wandel von einem guten Anfang zu einem schlimmen Ende in den Vordergrund der Aussage. Daraus ist zu schließen, daß eine präzise Tragödienkenntnis eher nicht anzusetzen ist, wohl aber ein Eindringen von Relevanzmerkmalen der Fortuna und des de-casibus-Schemas in diese Bestimmung für möglich zu halten ist. Berücksichtigt man ferner, daß das ›furchtbare Ende‹ in den bald aufblühenden Bestimmungsversuchen von ›tragisch‹ als fester Bezugspunkt fungieren wird, so zeichnet sich ab, daß Dante in seiner aspektreichen Annäherung an ›tragoedia‹/›tragicus‹ am Schnittpunkt antiker, mittelalterlicher und frühneuzeitlicher Gesichtspunkte zu verorten ist und einen entsprechend schillernden Ausblick auf unseren Begriff gibt. Negativ ist als entscheidendes Kennzeichen der mittelalterlichen Begriffsverwendung festzuhalten, daß in ihr nicht einmal die szenisch-dramatische Präsentation als Wesensmerkmal fungiert.[79]

II. Von der Renaissance bis zur Aufklärung

Im Zuge der Renaissance erfahren Begriff und Konzept der Tragödie eine ganz neue Fokussierung, ausgerichtet an der *Poetik* des Aristoteles. Es geht dabei um nicht weniger als die »nascita di un tragico moderno«[80]. Dies bedeutet auch: Das Projekt ›Wiedergewinnung der *Poetik*‹ hat, aus heutiger Sicht, nicht etwa zum Inhalt, die Bedingungen der Tragödie und die zugehörigen Implikationen des Tragischen, wie Aristoteles sie umrissen hatte, zu restituieren. Das Ergebnis des säkularen Aneignungsprozesses der *Poetik* wird vielmehr darin liegen, aristotelische Kategorien mit neuzeitlichen humanistischen und christlichen Leitvorstellungen zu einer Amalgamierung zu führen, welche dann ihrerseits auf Vorstellungen des Tragischen von erheblichem Einfluß ist. In funktionsgeschichtlicher Perspektive handelt es sich dabei um eine Kompensation für die nun virulent werdenden Erklärungsdefizite christlicher Weltdeutung.[81]

---

77 DANTE, De vulgari eloquentia 2, 4; dt.: Über das Dichten in der Muttersprache, übers. v. F. Dornseiff/ J. Balogh (Darmstadt 1925), 56.
78 DANTE, Epistola 13, 29; dt.: Das Schreiben an Cangrande della Scala, lat.-dt., hg. u. übers. v. T. Ricklin (Hamburg 1993), 13.
79 Vgl. RAINER STILLERS, Drama und Dramentheorie der Antike in der Poetik des italienischen Humanismus, in: B. Zimmermann (Hg.), Antike Dramentheorie und ihre Rezeption (Stuttgart 1992), 140–158.
80 ENEA BALMAS, Della nascita di un tragico moderno, in: E. Mosele (Hg.), Dalla tragedia rinascimentale alla tragicommedia barocca. Esperienze teatrali a confronto in Italia e in Francia (Fasano 1993), 13.
81 Vgl. ANDREAS KABLITZ, Tragischer Fall und verborgene Wahrheit. Torquato Tassos ›Re Torrismondo‹, in: Flashar (s. Anm. 33), 84–109.

1. Übersetzungen, Kommentare und Poetiken der italienischen Renaissance

Nachdem das Mittelalter die *Poetik* nur in einer verstümmelten Übertragung aus dem Arabischen hatte zur Kenntnis nehmen können, erschien nach einer ersten lateinischen Version im Jahre 1498 vom frühen 16. Jh. an in dichter Folge eine ganze Serie von Ausgaben. Über deren Rezeption wird schließlich die neuzeitliche Theorie der Tragödie in Italien selbst, in Frankreich, England und auch Deutschland ihr Fundament erhalten. Es wird eine Epoche eröffnet, die eigene weltanschauliche und kulturpragmatische Fragen, Probleme und Lösungsintentionen in eine nuancenreiche Interpretation des Aristoteles einspeist und auf dieser Basis eine vermeintlich philologisch argumentierende Gattungspoetik hervorbringt, die – über die ›doctrine classique‹ bis hin zu Lessing – sich als so dominant erweist, daß sie theoretische Fragen zur Tragödie und zu den Konstitutionsbedingungen von ›tragisch‹ ganz in sich aufsaugt.

Im letzten Drittel des 16. Jh. erscheint in Venedig eine Ausgabe mit den gesammelten Dramen von Giovan Battista Giraldi. Im Vorwort zu seinem Stück *Cleopatra* (1583) gibt der Verfasser eine Tragödiendefinition in Versen, welche die wesentlichen Themen der so ausgefeilten poetologischen Diskussionen der zurückliegenden Dezennien zusammenführt. In ihrer schnörkellos vereinfachten Version treten die angeführten Merkmale pointiert hervor. Sie bezeichnen präzise die Differenz zu den oft entkonturierten Vorstellungen des Mittelalters und markieren die Eckpunkte, auf die sich die Tragödiendiskussion bis in die Aufklärung hinein zentrieren wird: »Fra le cose trovate da gli antichi / [...] Ottiene la tragedia il primo luoco. / Che s'ella imita le reali attioni / Con quella gravità, con quel decoro / Onde compassion ne nasca, e horrore, / Purga de' vitij gli animi mortali, / E lor face bramar sol la virtute / Veggendo che fin facciano coloro, / Che in tutto buon non sono e in

---

82 GIOVAN BATTISTA GIRALDI, Le Tragedie (Venedig 1583), 7.
83 GIRALDI, [Iudicium de defensione tragędiae (1558)] MS Vat. Lat. 6528, fol. 231.

tutto rei.«[82] (Unter den den Alten überlieferten Dingen nimmt die Tragödie den ersten Platz ein. Denn indem sie edle Handlungen mit dem Ernst und in dem angemessenen Stil nachahmt, aus denen Mitleid und Schauder hervorgehen, reinigt sie das menschliche Gemüt von Lastern und erregt in ihm die Sehnsucht einzig nach der Tugend; ihr Ziel ist, daß so auch diejenigen reagieren sollen, die in allem böse und nicht gut sind.) Natürlich handelt es sich hier um ein Definitionsangebot, welches auf der Kenntnis der *Poetik* beruht. Ebenso offenkundig ist aber die Differenz, die diese Bestimmung von der des Aristoteles trennt.

Die Nachahmung edler Handlungen (»imita le reali attioni«) wird von Giraldi im Vordergrund seiner Tragödienbestimmung angesiedelt. Beide ins Spiel gebrachte Konzeptualisierungen verdienen Beachtung: die Nachahmung ebenso wie die Ständeklausel. Die im Mittelalter vor allem das genus dicendi illustrierende Ständeklausel wird von Giraldi in die eher offenen Vorgaben, die Aristoteles zu diesem Punkt gemacht hat, eingespeist. Kombiniert wird die auf das Mittelalter zurückgreifende Bestimmung der ›reali attioni‹ mit dem originär aristotelischen Argument, wesentlich sei für die Tragödie die Nachahmung von Handlung, was zu einer verschärften Wahrnehmung der kompositorischen Bündelung des dargestellten Geschehens führen und schließlich in eine Erörterung der Einheitsregeln münden wird. Wie nachhaltig dieser Prozeß geradezu ontologisch abgesichert wird, macht eine Äußerung von Giraldi offenkundig, in welcher er die Fokussierung auf eine (in sich geschlossene) Handlung als dem Verfahren der Nachahmung immanent ansieht: »Cum imitatio, poesis sit res qudam naturalis, at natura tantum in suis actionibus proponit sibi unum finem, necessarium est ut actio, quam imitatur tragedia, sit una, quia est optimum, et nobilissimum poesis genus.«[83] (Da die Nachahmung und die Dichtung ein natürliches Phänomen sind, die Natur aber in ihren Handlungen sich nur ein einziges Ziel setzt, ist es notwendigerweise so, daß die Handlung, die die Tragödie nachahmt, in sich geschlossen ist, wodurch sie denn das beste und edelste Genus der Dichtung ist.) Pointierter noch heißt es bei Francesco Robortello: »cum tragœdia imitatio sit actionis vnius, quæ quàmprimum producitur ad exitum.«⁸⁴ (Denn die Tragödie ist die Nachahmung einer einzigen Handlung, die sobald wie möglich zum Ende führt.) Aufmerksamkeit zieht des weiteren eine komplementäre Qualität der imitatio auf sich, die wiederum von Robortello freigelegt wird und die durchaus als Reflexion auf den ästhetischen Status des in den Blick gebrachten Tragödiengeschehens gefaßt werden kann. Betont wird von Robortello, daß mittels der imitatio das dargestellte Geschehen, wie furchtbar es in sich auch ist, zur Quelle von Vergnügen beim Zuschauer zu werden vermag und gerade in dieser Transformation die Wirksamkeit der imitatio sich erweist: »voluptatem, quæ capitur ex tragœdia, esse eam, quam parit imitatio.« (146) (Das Vergnügen, welches aus der Tragödie gewonnen wird, ist das, welches die Nachahmung bereitet.) Verschärft Robortello mit dieser Bestimmung bereits die Wendung des Aristoteles, der zufolge Nachahmung den Menschen angeboren ist und ihnen Freude bereitet, so verdient besonderes Interesse, daß er sein Insistieren auf der Rolle der imitatio für eine qualitative Differenzierung zwischen Komödie und Tragödie nutzt. Waren beide Gattungen traditionellerweise über den Stand der Protagonisten, die Stilhöhe der Sprache und über den Zielpunkt des Geschehens unterschieden worden, so unternimmt es Robortello nun, sie mittels der unterschiedlichen Wirksamkeit und Notwendigkeit der imitatio zu separieren. Beruhen zwar beide Theaterformen auf der Nachahmung, so resultiert aber Robortello zufolge das Vergnügen des Zuschauers im Fall der Komödie aus dem Inhalt der dargestellten Handlung, im Fall der Tragödie aber aus dem Modalitätswandel des Dargestellten, welcher durch die imitatio gewonnen worden ist. Die imitatio ermöglicht entsprechend eine ästhetische Transformierung des Dargestellten in einen Status, der es dem Zuschauer erlaubt, auch das per se schaurige oder abstoßende Tragödiengeschehen zu genießen.: »Quòd si quæras vtra maior voluptas, ausim affirmare, quæ ex tragœdia prouenit maiorem multò. altius enim peruadit animos, rariusque nobis cōtingit; maioreque quadam vi fit imitatio illa.« (Ebd.) (Wenn Du nun fragst, welche von beiden ein größeres Vergnügen bereitet, möchte ich zu behaupten wagen, daß das weitaus größere Vergnügen aus der Tragödie hervorgeht. Tiefer nämlich durchdringt sie die Seele, berührt uns in außergewöhnlicher Art und Weise. Die Nachahmung vollzieht sich bei jener mit einer gewiß größeren Wirkungsmächtigkeit.)

Kompositorische Konzentration und ästhetischer Darstellungsmodus werden von nun an in der poetologischen Diskussion als Koordinaten mitgeführt, von denen im weiteren wichtige Impulse auf die Semantik von ›Tragödie‹ und ›Tragik‹ ausgehen. Tun sich die Renaissancepoetiken schwer damit, den von Aristoteles als »Zusammensetzung der Geschehnisse« (τὴν σύνθεσιν τῶν πραγμάτων)⁸⁵ definierten Mythos als Einheit der Handlung zu erfassen und wiederzugeben, so ist kaum zu entscheiden, ob diese Schwierigkeit schon auf eine Vorrangstellung der in der Neuzeit schließlich durchgesetzten vierten Einheit, der des Helden, verweist. Pointiert proklamiert jedenfalls wird die Einheit der Zeit, und die Einheit der Handlung stellt sich häufig eher als eine unumgängliche Folgeerscheinung ein. So etwa schreibt Robortello im Zuge einer Unterscheidung zwischen Tragödie und Epos: »nam repraesentatio tragica non excedit imitationem rerum gestarum spatio longiore, quam circuitu vnius solis.« (denn die Aufführung der Tragödie überschreitet nicht die Nachahmung der dargestellten Handlung um einen Zeitraum, der länger ist als ein einziger Sonnenumlauf.) Und im gleichen Kontext begründet er den Handlungsaufbau des Sophokleischen Ödipus mit folgenden Worten: »quo in loco obseruare licet Sophoclis poëtæ industriam in scribendo eo poëmatis genere; cum enim intelligeret, vno die absolui debere actionis tragicæ imitationem; semper ad exitum festinat.«⁸⁶ (an dieser Stelle darf man auf den Fleiß hinweisen, von dem der Dichter Sophokles beim Schreiben dieses dichterischen Genus beseelt war. Weil er nämlich einsah, daß die Nachahmung der tragischen Handlung an einem einzigen Tage vollendet werden muß, eilt er immer dem Handlungsende entgegen.) Die Raffung der Dauer, die hier so nachdrücklich eingeklagt und expliziert wird, akzentuiert bereits die Hand-

---

84 FRANCESCO ROBORTELLO, In librum Aristotelis De arte poetica explicationes (1548; München 1968), 50.
85 ARISTOTELES, Poet. 6, 1450a4–5; dt. 19.
86 ROBORTELLO (s. Anm. 84), 50.

lungsverdichtung, die ihrerseits, im Modus der Nachahmung, zu einem Erkennungszeichen der Gattung Tragödie wird und auch Syntagmen wie ›repraesentatio tragica‹ und ›actio tragica‹ mit besonderer Bedeutung auflädt. In beiden Fällen geht es vorderhand um eine Gattungsspezifizierung, im ersten Fall in Abgrenzung zum Epos, im zweiten als Spezifizierung des Sophokleischen Verfahrens der Handlungsführung. Entscheidend ist aber, daß über die hier ablesbare Auseinandersetzung mit der Poetik Begriffsbildungen entstehen und dominant werden, die ein abgrenzbares und abgegrenztes Eigenrecht eines als ›tragisch‹ bezeichneten Geschehniszusammenhangs erkennbar werden lassen. Dies gilt ganz offensichtlich für die mit vielen Belegen vertretene ›actio tragica‹[87] und die Konjunktur, die diesem Begriff dadurch zuwächst, daß er in der ›doctrine classique‹[88] und mehr noch bei Lessing[89] zum Angelpunkt der Einheitsdiskussion und also der ästhetischen Strukturierung von tragischen Ereignissen wird. Es gilt ebenso aber für ›repraesentatio tragica‹, eine Formulierung, die im oben zitierten Kontext von Robortello gegen die Nachahmung der handlungskonstitutiven Ereignisse (»imitationem rerum gestarum«) abgesetzt wird. Da die ›imitatio rerum gestarum‹ nicht die Ereignisse in ihrer Rohform bezeichnet, sondern durchaus deren dichterisch bearbeitete Gestalt aufruft, erhält die Redeweise von der ›repraesentatio tragica‹ ein temporal intendiertes eigenständiges Gewicht. Sicherlich ist zunächst einmal die tatsächliche ›Aufführung‹ und die von ihr in Anspruch genommene Dauer angesprochen, die von der zeitlichen Erstreckung der im Modus der Nachahmung dargestellten Handlung unterschieden wird.[90] In diesem Sinn also bezeichnet ›repraesentatio tragica‹ die Vorführung, die tragödienspezifische Ereignisse zum Gegenstand hat. Ganz in diesem Sinne heißt es bei Jean Chapelain: »La poésie dramatique ou représentative a pour objet l'imitation des actions humaines«[91]. Aufschlußreich für die Bedeutung von ›repraesentatio tragica‹ ist darüber hinaus aber, daß in Italien noch im 16. Jh. Fortentwicklungen von geistlichen Spielen unter dem Terminus ›sacre rappresentazioni‹ – alternativ auch ›tragoediae‹ genannt – allgegenwärtig waren.[92] Berücksichtigt man des weiteren, daß ›repraesentatio‹ bis ins 17. Jh. hinein ein »Gegenwärtigseinlassen« in dem Sinne bedeutet, daß »das Abgebildete im Abbild selber anwesend wird«[93], so erschließt sich ein Konnotationsfeld, welches auf die Bedeutung von ›repraesentatio tragica‹ nicht ohne Folgen bleiben kann. Erläuternd sei angemerkt, daß Thomas von Aquin die Liturgie insgesamt als »repraesentatio dominicae passionis« (Vergegenwärtigung des Herrenleidens)[94] bezeichnet und damit einem Repräsentationsbegriff zum Durchbruch verholfen hatte, der auf der Realpräsenz Gottes in der Eucharistiefeier beruht. Damit wiederum war eine Tradition begründet, die in ihrer Auswirkung auf das Theater ›repraesentatio‹ weniger als ›Aufführung‹ und mehr als ›Vergegenwärtigung‹ verstehen lassen mußte, so daß die uns als Ausgangspunkt dienende Wendung ›repraesentatio tragica‹, so gelesen, auf eine realpräsentische Vergegenwärtigung tragischer Wirklichkeit weisen würde. Festzuhalten ist, daß in den poetologischen Texten der Renaissance latent eine Dynamik des Tragischen mitschwingt, deren begriffliche Form sowohl mit Repristinationen kultisch fundierter Frühformen als auch mit realpräsentischen Inszenierungen der Tragödie im ›Theater der Grausamkeit‹ wird kompatibel gemacht werden können.

Die Analyse der Tragödienwirkung, wie sie Giraldi zusammengefaßt hat, nimmt in den Poetiken der Renaissance einen zentralen Stellenwert ein. Geführt wird diese Wirkungsdiskussion, soweit die Tragödie betrifft, weitgehend über Reformulierungen und Erläuterungen des Katharsissatzes von Aristoteles. Es ist heute üblich geworden, zwi-

---

87 Vgl. ebd., 128.
88 Vgl. JACQUES SCHERER, La dramaturgie classique en France (Paris 1950), 98–109.
89 Vgl. KOMMERELL (s. Anm. 30), 143–163.
90 Vgl. ebd., 286f.
91 JEAN CHAPELAIN, Discours de la poésie représentative (1635), in: Chapelain, Opuscules critiques, hg. v. A. C. Hunter (Paris 1936), 129.
92 Vgl. TIMOTHY J. REISS, Renaissance Theatre and Theory of Tragedy, in: G. P. Norton (Hg.), The Cambridge History of Literary Criticism, Bd. 3 (Cambridge 1999), 232.
93 GADAMER (s. Anm. 7), 134.
94 THOMAS VON AQUIN, Summa theologica 3, q. 80, a. 12, ad 3; dt.: Summa theologica, lat.-dt., hg. v. Katholischen Akademikerverband, Bd. 30 (Salzburg 1938), 276.

schen einer moralisch-pädagogischen oder auch ethischen, einer emotiven und einer medizinischen oder auch hedonistischen Interpretation des Katharsissatzes zu unterscheiden. Komplementär dazu ist eine dreifache Lesart des Genetivs »τὴν τῶν τοιούτων παθημάτων κάθαρσιν« (Reinigung von derartigen Erregungszuständen)[95] zu einem festen Versatzstück in der Literatur zu diesem Thema geworden: Der genetivus subjectivus besagt, daß die Affekte Furcht und Mitleid selbst die Reinigung vornehmen, ihnen also eine eigene aktive Leistung zugesprochen wird, der genetivus objectivus, daß sie ihrerseits – im Sinne einer Läuterung – gereinigt werden, und der genetivus seperativus zu dem Ergebnis führt, daß die Zuschauer von eben diesen Affekten lustvoll befreit werden. Eine Ausdifferenzierung der unterschiedlichen Verfahrensweisen und der entsprechenden Zielsetzungen ist schon in der Mitte des 16. Jh. anzutreffen. Aber schematische Klassifizierungen bilden nicht den Ausgangspunkt, sondern das Ergebnis jener langen Wirkungsgeschichte des Katharsissatzes, die bis in die neueste Zeit hinein an Intensität kaum eingebüßt hat.

Ganz eindeutig dominiert in der Renaissance eine moralische Lesart des Katharsissatzes. Eine besonders pointierte Akzentsetzung erfährt diese Lesart in einer weiteren Schrift Giraldis: »la Tragedia coll'horrore, & colla compassione, mostrando quello che debbiam fuggire, ci purga dalle perturbationi, nelle quali sono incorse le persone Tragiche.«[96] (Mittels Schrecken und Mitleid reinigt uns die Tragödie, indem sie uns vor Augen führt, was wir fliehen sollen, von den Seelenstörungen, in welche die tragischen Helden verstrickt sind.) Der Sinn dieser Formulierung ist vorderhand recht klar: Über den Weg der Abschreckung führt die Tragödie zur Reinigung. Aufschlußreich ist dabei, daß wir – also ein universell konzipiertes Publikum – von eben den Seelenstörungen gereinigt werden, welche die »persone Tragiche« durchdringen. Das Attribut ›Tragiche‹ wird hier also streng für die Charakterisierung der Handlungsprotagonisten reserviert. Sie sind es, die in die »perturbationi« (Seelenstörungen) verstrickt sind und bleiben. In ihrer Eigenschaft als »persone Tragiche« tragen sie die Male solchen ›Gestörtseins‹ an sich. Sie sind in diesen Zustand, wie man das ›incorse‹ übersetzen

könnte, »verrannt« und können daraus auch nicht wie das Publikum gelöst und befreit werden. Es drängt sich auf, in dieser Opposition zweier so entgegengesetzter Zustände die Wirksamkeit christlicher Parameter auszumachen und demnach die ›persone Tragiche‹ als durch Sündenfall und Schuld eingebunden zu verstehen, die korrespondierende ›Reinigung‹ für die Betrachter aber als eine christlich motivierte Schuldlösung bzw. Schuldüberwindung zu lesen. Dem entspricht auch, wenn Daniel Heinsius schon 1611 ›katharsis‹ nicht mehr mit dem ja durchaus moralisch geprägten Wort ›purgatio‹ übersetzt, sondern – die eingeschlagene Tendenz verschärfend – den Prozeß der Reinigung nun als Sühne, als »perturbationum expiatione«[97], bezeichnet. Es versteht sich nahezu von selbst, daß – unserer Versdefinition entsprechend – die Tragödienhandlung ein musterhaft schlimmes Ende derjenigen demonstriert, die »in tutto buon non sono e in tutto rei«[98].

Zu beobachten sind in der Renaissance aber auch nachhaltige Versuche, die moralisierende Eingrenzung zu durchbrechen und eine ihr vor- oder nachgelagerte Handlungs- und vor allem Affektdynamik als Zentrum des tragischen Prozesses zurückzugewinnen. Erleichtert werden diese Tendenzen durch die strukturell wirksame Fusion von poetologischem und rhetorischem Denken, welche die Renaissance durchzieht und eine Freisetzung von Wirkungsaffekten wesentlich begünstigt. Besonderes Gewicht gilt dem Ringen um weitgehende Identität der involvierten Affekte, pointiert zum Ausdruck gebracht von Giulio del Bene, der eine gegen die Komödie abgesetzte Gattungsdefinition ganz auf der Wirkung des ›movere‹ aufbaut und mit einer in dieser Zeit überraschenden Dezidiertheit einen nur auf Furcht und Mitleid bezogenen Affektprozeß ganz auf die Seite des Publikums verlagert, wenn er formuliert: »la tragedia, muoue timore et la misericordia ne petti delli auditori, per

---

95 ARISTOTELES, Poet. 6, 1449b27–28; dt. 19.
96 GIRALDI, Discorso intorno al comporre de i romanzi, delle comedie, e delle tragedie (Venedig 1554), 219.
97 DANIEL HEINSIUS, De tragoedia constitutione (1611; Hildesheim/New York 1976), 11.
98 GIRALDI (s. Anm. 82), 7.

questi medesimi liberare e purgarli da questi medesimi affetti di timore et di misericordia«[99] (Die Tragödie weckt in der Brust der Zuhörer Furcht und Mitleid, um sie von eben diesen Affekten der Furcht und des Mitleids zu befreien und zu reinigen). In dem Maße, in dem das moralisch geprägte Horrorszenarium und seine Sanktionierung als Gegenstand der Tragödie sich abschwächt, wird Raum geschaffen für eine Affektmobilisierung und Affektbefreiung, die nicht mehr im Vorzeichen von Abschreckung, sondern von partizipierender Einstimmung steht und nun, überspitzt gesagt, in den Mittelpunkt des Geschehens rückt. Und die angestrebte Affektmobilisierung wird potentiell zum bestimmenden Kriterium für inhaltliche Konstellationen der Tragödie, wie etwa erkennbar wird, wenn Sperone Speroni den ›mittleren Helden‹ einklagt: »Se dunque il terrore, e la compassione nasce dalla similitudine, che è trà l'huomo, che patisce alcun male, e colui, che lo uede patire, perche uedendo io alcuno, che à me sia simile, oppresso dà qualche infortunio, e pensando io, che ciò sopra di me medesimamente, possa cadere, son mosso à terrore, e pietà di un tal fatto; e hauendosi la Tragedia à rappresentare alla moltitudine, laquale è d'huomini posti trà buoni, e cattiui, però faceua bisogno, che le persone Tragiche fussero mezane, acciòche dalla simiglianza, ch'era trà esse col popolo del Teatro, hauesse à nascere la compassione, e'l terrore.«[100] (Wenn also der Schrecken und das Mitleid eine Frucht der Ähnlichkeit sind, die zwischen dem unter einem Übel Leidenden und jenem besteht, der diesem Leiden zuschaut, dann werde ich ebenso zu Schrecken und Mitleiden bewegt, wenn ich jemanden mir ähnlichen von einem Unglück niedergedrückt sehe und bedenke, daß ein solches Unglück auch mich befallen kann; und da nun die Tragödie vor einer Menge aufgeführt wird, unter der ebenso gute wie schlechte Menschen sind, müßte ich dafür sorgen, daß die tragischen Personen auf mittlerer Ebene seien, damit aus der Ähnlichkeit zwischen ihnen und dem Theaterpublikum Mitleid und Schrecken hervorgehen könnte.) In einer Diktion, die deutlich auf Lessing vorausweist und dessen Proklamation eines ›mittleren‹ Helden, der mit dem Zuschauer von gleichem ›Schrot und Korn‹ sein soll, antizipiert, macht Speroni die Bedingungen und Voraussetzungen affektiver Erschütterung (»son mosso«) zum Angelpunkt seiner Argumentation. Die affektive Erschütterung wird – als oberstes Ziel – zum Gradmesser für die die Tragödie konstituierenden Bestandteile. Daß die Protagonisten der Handlung von mittlerem Zuschnitt sein sollen, widerspricht ja durchaus der oben skizzierten rhetorischen Tradition der Tragödienbestimmung. Um so auffallender ist, daß die in sich nicht einfach deutbaren Hinweise des Aristoteles von Speroni über den Primat der Zielsetzung entschieden werden. Von mittlerem Zuschnitt müssen seinem auf lebensweltliche Erfahrungen rekurrierenden Ansatz nach die Protagonisten sein, damit Furcht und Mitleid sich im Zuschauer entfalten können. Die ›persone Tragiche‹ erhalten also – dies ist der entscheidende Unterschied zu ihrer oben angeführten Bestimmung durch Giraldi – ihre Qualifizierung vom Ziel der affektiven Durchdringung des Zuschauers her. Das Attribut ›tragisch‹ wird damit aus primär inhaltlichen Bestimmungen herausgelöst und in einen affektbestimmten Wirkungszusammenhang gestellt. Besonders markant geschieht dies in der rhetorischen Frage von Antonio Sebastiano Minturno: »Qual cosa è così Tragica, come il muouer altrui?«[101] (Was heißt also ›tragisch‹ anderes als das Gemüt anderer zu bewegen?), einer Frage, die weit ins 18. Jh. vorausweist und schließlich zu der Redeweise von den ›tragischen Affekten‹ führen wird.

2. Stationen der französischen und englischen Renaissance

Die vielen Stimmen der Renaissance-Poetiken laufen nicht in einem Akkord zusammen. Dies mag dazu beigetragen haben, daß sie von einer korrespondierenden Tragödienproduktion im gro-

---

99 GIULIO DEL BENE, Che la Fauola e la Comedia uuole essere honesta e non contenere mali costumi, MS BNF, Magl. 9, 137, 55v.
100 SPERONE SPERONI, Canace tragedia, alla qvale sono Aggivnte alcune altre sue compositioni, e vna apologia e alcune lettioni in difesi della tragedia (Venedig 1597), 167.
101 ANTONIO SEBASTIANO MINTURNO, L'arte poetica (1564; München 1971), 76.

Ben Stil nicht beantwortet worden sind.[102] Wie sehr eher schlichte Akzentsetzungen einem gattungsmäßigen Erfolg entgegenkommen, das bekunden 1559 in England und Frankreich erschienene Prosasammlungen, die – quer zur Aristoteles-Rezeption – in einer Amalgamierung aus Erbaulichem und Schaurigem, befördert durch den jeweiligen Bestsellerstatus, in erheblichem Maße als substrathaftes Anregungspotential für die in beiden Ländern bald folgende große Tragödienproduktion gedient haben dürften: der *Mirror for Magistrates* und die *Histoires tragiques*. Exemplarisch ist hier auf die *Histoires tragiques* als auf eine spezifische Form von Erzählungen einzugehen, die bis in das 18. Jh. hinein in Frankreich höchst erfolgreich gewesen sind. An ihrem Anfang steht die Übersetzung und Bearbeitung der Novellen von Matteo Bandello durch Pierre Boaistuau und François Belleforest. Deren Ausgabe führt den Titel *Histoires tragiques*[103] und begründet eine Gattungsform, in welcher abenteuerliche Verwicklungen und vor allem ein grausiges Ende im Vordergrund des Geschehens stehen. Ihren Höhepunkt findet die Gattung in einer 1619 herausgegebenen Sammlung von François de Rosset.[104] Der Autor verarbeitet zeitgenössische Kriminalfälle, Liebesgeschichten und Gewaltverbrechen zu einer Szenerie, in der, unter der Regie der Leidenschaften, moralische und soziale Regeln transgrediert und die Akteure in ein unheilvolles Ende geführt werden. So lenken diese Geschichten durch ihre inhaltliche Ausformung den Blick auf ein desaströses Ende, das zum dominanten Gattungsmerkmal wird. Versucht man, die Semantik von ›tragique‹, wie sie diesen Erzählungen eignet, einzugrenzen, so bietet sich als Ausgangspunkt die Beobachtung an, daß dieser Terminus meist mit einem anderen Attribut zusammen genannt wird. Die am häufigsten assoziierten Adjektive lauten: ›malheureux‹, ›déplorable‹, ›sanglant‹, ›funeste‹, ›lamentable‹, ›pitoyable‹ und ›exécrable‹, und von diesen ist ›funeste‹ das mit Abstand am häufigsten beigezogene Adjektiv.[105] ›Funeste‹ wiederum ist mit Vorstellungen von Gewalt, Untergang und irreparablem Verhängnis verbunden. Verstärkt wird dieser Effekt noch durch eine Verlagerung solch gesammelten Unheils auf das Ende der jeweiligen Geschichten. Das gilt strukturell, findet aber auch in einzelnen Syntagmen seinen Niederschlag, so daß ›fin‹ und ›mort‹ besonders häufig besagte Kennzeichnungen auf sich ziehen. So kündet Rossets Erzähler in der siebzehnten seiner Geschichten an, von den »cruautés de Lystorac et de sa fin funeste et tragique«[106] zu handeln. Die Verschränkung von ›cruautés‹ einerseits und ›fin funeste et tragique‹ andererseits zeigt auf engstem Raum den Kern des die *Histoires tragiques* weitgehend bestimmenden Strukturgesetzes an: In dem furchtbaren Ende, das den Protagonisten widerfährt, löst sich eine durchgreifende göttliche Gerechtigkeit ein. Die Frage, in welchem Grad die Inszenierung dieser Gerechtigkeit ein Ermöglichungsgrund für das Ausspielen ästhetisch faszinierender Grausamkeiten ist, drängt sich auf, ohne immer eindeutig beantwortet werden zu können. Allenthalben greifbar ist das explizite Vorhaben, ein Gegenspiel von moralischem Vergehen und schlimmem Ende zu präsentieren. So heißt es in der Ankündigung der neunzehnten Novelle, in der Formulierung von Rossets Erzähler: »C'est la fin tragique et funeste de Flamine que le Ciel avait douée de beaucoup de perfections. Elle en abusa follement par son impudicité, et encore plus par le meurtre qu'elle fit commettre en la personne de son mari. Dieu, qui juge et qui rétribue à chacun selon ses œuvres, veuille que la cruauté exercée sur son corps soit l'expiation du vice de son mari.« (427) Die in der Forschung herausgestellte strenge Schematisierung der *Histoires tragiques*[107] spiegelt sich innerhalb dieses Einleitungspassus darin, daß in der Folge einer begünstigten Ausgangslage (1.)

---

102 Vgl. AUGUST BUCK, Italienische Dichtungslehren. Vom Mittelalter bis zum Ausgang der Renaissance (Tübingen 1952), 117–171.
103 Vgl. XVIII. Histoires tragiques. Extraictes des œuvres Italiennes de Bandel & mises langue Françoise. Les six premieres par Pierre Boisteau […]. Les douze suivans par François de Belle Forest (Lyon 1596).
104 Vgl. FRANÇOIS DE ROSSET, Les histoires mémorables et tragiques de ce temps (1619), hg. v. A. de Vaucher Gravili (Paris 1994).
105 Vgl. ALAIN RIFFAUD, Fortune du mot tragique, in: Papers on French Seventeenth Century Literature 21 (1994), 533–551.
106 ROSSET (s. Anm. 104), 365.
107 Vgl. SERGIO POLI, Histoire(s) tragique(s). Anthologie/Typologie d'un genre littéraire (Fasano 1991), 21–41.

eine leidenschaftsbedingte Transgression angekündigt wird (2.), die erst in einer strengen Sühnung einen Abschluß findet (3.). Wiederum macht das Beispiel deutlich, daß gerade der Endpunkt der solchermaßen organisierten Erzählungen als ›tragique‹ qualifiziert wird. Diesem negativ besetzten Zielpunkt geht eine Peripetie voraus, die ihrerseits rückgebunden ist an eine exzessive Leidenschaft, die zu schwerer moralischer Verirrung führt und erst im katastrophenträchtigen und meist gewaltsamen Ende eine überfällige, aber auch den Zuhörer oder Leser bewegende Korrektur erhält, so daß transgredierende Leidenschaft und ein eben diese Leidenschaft vindizierendes tragisches Ende eng miteinander verwoben sind. Das Spektrum der solcherart abgerufenen Leidenschaften zeigt die Vielfalt der Lebensbereiche, derer sich die *Histoires tragiques* annehmen: »De toutes les passions humaines je pense que celle de l'Amour est la plus violente. [...] L'Histoire que je veux raconter en rend tesmoignage. Elle contient tout ce qui se peut remarquer en amour de funeste et de tragique.«[108] Ähnliche Ansprüche kommen aber auch dem Rachebedürfnis zu, insbesondere wenn es sich verschmähter Liebe oder verlorener Ehre verdankt und Sache der Frauen wird: »Cruelle vengeance que tu as bien souvent de pouvoir sur les hommes! [...] Mais particulierement le sexe qui est le plus doux et le plus benin, est sujet à cette passion. Mille histoires en rendent tesmoignage, et particulierement ceste cy, que je donne à la postérité pour l'une des plus pitoyables et tragiques qu'on puisse lire.« (318) Als kollektives Verhängnis wird bei Claude Malingre die Verzweiflung (im Sinne kriegerischer Kompromißlosigkeit und Todesverachtung) angeklagt: »Le desespoir a souventefois produit des effects grandement tragiques et funestes, aussi l'histoire fournit assez d'exemples de cette manie ou fureur d'esprit, où des villes entières, et des peuples obstinez se sont miserablement per-

dus.«[109] Und als letztes Beispiel sei noch die politische Leidenschaft schlechthin, der Ehrgeiz, hier angeführt: »Execrable faim de regner, à quoy ne pousses tu le courage des Mortels! S'il est permis de violer le droict, on le peut faire (dit un ambitieux) pourveu que ce soit pour avoir domination sur les autres. [...] Ils [die Ehrgeizigen – d. Verf.] ont le plus souvent terminé leurs jours par une fin funeste et tragique.«[110]

Die zitierten Passagen finden sich durchgehend in der Einleitung der jeweiligen Novelle und haben insofern eine klassifizierende Funktion. Sie künden ein Geschehen an, das sich nach einer inneren Gesetzmäßigkeit abspielen wird. So sehr vorderhand nur der jeweilige Ausgang der Novellen als ›tragique‹ bezeichnet wird, so zieht doch in dem Maße, in dem die entsprechenden Bestimmungen klassifikatorische Bedeutung gewinnen, das Ereignisgefüge insgesamt die Konnotation des Tragischen auf sich. Das aber heißt, daß im Rahmen der *Histoires tragiques* – fast zeitgleich zu den so elaborierten Erörterungen in den Poetiken – ein eigenes und eher basales Modell des Tragischen Kontur gewinnt. Dieses Modell hat mehr substrathafte Züge, ist in dieser Eigenschaft aber höchst erfolgreich gewesen. Es wird bestimmt durch einen verhängnisvollen und erschütternden Ausgang, der zusammengedacht werden muß mit leidenschaftsbedingten Verfehlungen und einer tendenziell plakativen Einlösung poetischer Gerechtigkeit. Wichtigstes Kennzeichen dieses Modells aber ist die ganz neue Bedeutung, die in ihm den Leidenschaften zukommt. Von nun an werden sie Hauptakteure in allen Inszenierungen des Tragischen sein. Dies gilt für die französische Entwicklung, die über Pierre Corneille zu Jean Racine führt, erst recht aber für die englische Tragödientradition.

So zentral die Rolle der Leidenschaften bei Shakespeare auch sein wird, der *Mirror for Magistrates* lenkt, als eine der vermuteten Quellen seines Werks[111], den Blick noch einmal zurück auf die im Mittelalter vorherrschende Fortuna-Tradition und ihre Erklärungsfunktion für den Fall und das schlimme Ende der Großen. Selbst wenn im Zuge dieser Tradition die mittelalterliche Weltverachtung verabschiedet wird, so bleiben die Protagonisten im wesentlichen doch exempelgebende Ma-

---

108 ROSSET (s. Anm. 104), 182.
109 CLAUDE MALINGRE, Histoires tragiques de nostre temps (Rouen 1635), 670.
110 ROSSET (s. Anm. 104), 387.
111 Vgl. WALTER F. SCHIRMER, Glück und Ende der Könige in Shakespeares Historien, in: K. L. Klein (Hg.), Wege der Shakespeare-Forschung (Darmstadt 1971), 13.

rionetten dieser Fortuna, geeignet, die vermeintlichen Wirkungsmöglichkeiten der Menschen als illusionär erscheinen zu lassen. Dem korrespondiert die Tragödienbestimmung von Geoffrey Chaucer: »Tragedie is to seyn a certeyn storie, / As olde bokes maken us memorie, / Of him that stood in greet prosperitee / And is y-fallen out of heigh degree / Into miserie, and endeth wrecchedly.«[112]

Vor diesem Hintergrund tritt die im Werk Sidneys entfaltete neue Vielschichtigkeit hervor, die gegen Ende des 16. Jh. im Blick auf die Tragödie, auch in England, möglich geworden ist. Sir Philip Sidney kommt für diesen Zusammenhang besondere Bedeutung zu, da in seinem Werk deutlich Interferenzen zwischen einer – allerdings nur idealtypisch scharf abgrenzbaren – mittelalterlichen, mehr an der Fortuna orientierten Tradition auf der einen und neo-aristotelischen Motiven auf der anderen Seite zu erkennen sind. Deutlich zitiert, aber auch bereits überboten wird die Fortuna-orientierte Tradition, wenn es in der *Apology for Poetry* (1595) heißt: »the right use of Comedy will (I think) by nobody be blamed, and much less of the high and excellent Tragedy, that openeth the greatest wounds, and showeth forth the ulcers that are covered with tissue; that maketh kings fear to be tyrants, and tyrants manifest their tyrannical humours; that, with stirring the affects of admiration and commiseration, teacheth the uncertainty of this world, and upon how weak foundations gilden roofs are builded«[113]. Ausgangspunkt ist der moralische Nutzen, der hier für die Tragödie reklamiert wird und vorderhand über furchteinflößende Abschreckung eingelöst wird. Expliziter als in den Poetiken der Renaissance üblich, werden von Sidney aber geläufige Fortuna-Motive wie die Unsicherheit der Welt und die Brüchigkeit aller vermeintlich so fest verankerten Macht in das Zentrum seiner Bestimmung gestellt. In unmittelbarer Anlehnung an die Aristoteles-Rezeption dürfte wiederum der Hinweis auf die Affektdynamik stehen, die hier mit der Verbindung von »admiration and commiseration« ins Spiel gebracht wird.

Deutlich verschärft wird diese Reflexion auf das affektive Wirkungspotential der Tragödie noch, wenn Sidney im Kontext des zitierten Passus eine Anekdote aus Plutarch als Argument für seine *Apology* anführt: »But how much it [die Tragödie – d. Verf.] can move, Plutarch yieldeth a notable testimony of the abominable tyrant Alexander Pheraeus; from whose eyes a tragedy, well made and represented, drew abundance of tears, who without all pity had murdered infinite numbers, and some of his own blood; so as he that was not ashamed to make matters for tragedies, yet could not resist the sweet violence of a tragedy. And if it wrought no further good in him, it was that he, in despite of himself, withdrew himself from hearkening to that which might mollify his hardened heart.« (118) Hier geht es nicht mehr darum, mittels des großen Bösewichts und seines unheilvollen Endes auf exemplarische Weise göttliche Vergeltung von Stolz und Missetaten zu demonstrieren, sondern um das viel weiter gesteckte Ziel, die Macht der Poesie am exponierten Beispiel der Tragödie zu erweisen. Und diese Macht verdankt sich einer von ihr ausgehenden einfühlsam-affektiven Wirkung. Der ›abominable tyrant‹, von dem überkommener Lesart nach die den Zuschauer erfassende Abschreckung herrührte, wird nun selber zum Zuschauer und als solcher zum Gewährsmann für ein ganz neues Potential der Tragödie. Im Zuge einer allerdings nur heuristischen Trennung von Lebenswelt und Kunst wird die Ablösung vom Modell der Abschreckung zur Voraussetzung dafür, die Sonderbedingungen und -möglichkeiten der Kunst zu explorieren: Der Tyrann, der in seiner Herrschaftspraxis ›without all pity‹ war, durch nichts sich rühren ließ und gerade dadurch, wie es nun heißt, den Stoff für Tragödien lieferte, wird als Zuschauer der Tragödie, über deren Inhalt bezeichnenderweise gar nichts weiteres mehr gesagt wird, erweicht und zu Tränen gerührt. Wie weit Sidney mit solchen Formulierungen auf die Diskussion des 18. Jh. vorgreift, zeigt sich, wenn er abschließend bemüht ist, die lebenspraktische Tragweite dieser ästhetisch induzierten Gefühlslage zu erweisen: Es hat demnach nur akzidentielle Gründe, daß die ästhetisch motivierte Gefühlser-

---

112 GEOFFREY CHAUCER, Canterbury Tales, 3163 ff., in: W. W. Skeat (Hg.), The Complete Works of Geoffrey Chaucer, Bd. 4 (1900; Oxford ²1972), 243.
113 PHILIP SIDNEY, An Apology for Poetry or the Defence of Poesy (1595), hg. v. G. Shepherd (London 1965), 117 f.

weichung des Tyrannen seine praktische Lebensweise nicht umgestaltet hat. Wäre er nur etwas aufgeschlossener seiner neuen Erfahrung gegenüber gewesen, so hätte sein versteinertes Herz auf Dauer transformiert werden können, und der grundsätzlich gültige Triumph der Tragödie wäre an diesem Beispiel schon auf Dauer evident geworden. Wenn Sidney auf diese Weise auch seine apologetische Absicht einlöst, überwölbt wird der moralische Nutzen vom Eigengewicht, das der affektiven Erschütterung des Zuschauers zugesprochen wird und die entscheidende Nobilitierung der Tragödie trägt. In eben dieser Modalität aber darf Sidneys ausdifferenziertes Wirkungsmodell der Tragödie, das noch um die affektorientierte Denotation von ›tragic‹ in *Arcadia* (1590) zu ergänzen wäre[114], als ein Hohlspiegel für Shakespeares umfassende Explorierung des Tragischen gelten.

Ohne in seinem Werk bereits eine Theorie des Tragischen explizit zu machen, besetzt Shakespeare mit der Verwendung von ›tragic(al)‹ und ›tragedy‹, konnotativ und auch denotativ, wichtige Bedeutungsfelder seiner Historien und Tragödien. Atmosphärisch aussagekräftig ist vor allem der attributive Gebrauch. Deutliche Kontur erhält das Wort ›tragical‹ bereits, wenn es in *1 Henry VI* (1623) – Warwick spricht zu Gloucester – heißt: »Behold, my lord of Winchester, the Duke / Hath banished

---

114 Vgl. SIDNEY, The Countess of Pembroke's Arcadia (The new Arcadia) (1590), hg. v. V. Skretkowicz (Oxford 1987).
115 SHAKESPEARE, The First Part of Henry the Sixth (1623), 3. Aufz., 1. Sz., V. 125–128, in: S. Greenblatt (Hg.), The Norton Shakespeare, based on the Oxford Edition (New York 1997), 472.
116 Vgl. ›Moody‹, in: C. T. Onions (Hg.), The Shorter Oxford English Dictionary on Historical Principles (Oxford ³1962), 1278.
117 SHAKESPEARE, The First Part of the Contention of the Two Famous Houses of York and Lancaster (The Second Part of Henry VI; 1594), 4. Aufz., 1. Sz., V. 4, in: The Norton Shakespeare (s. Anm. 115), 261.
118 SHAKESPEARE, Richard III (1597), 4. Aufz., 4. Sz., V. 7, in: ebd., 573.
119 Vgl. JAMES V. CUNNINGHAM, ›Tragedy‹ in Shakespeare, in: A Journal of English Literature History 17 (1950), 36–46.
120 SHAKESPEARE (s. Anm. 118), 3. Aufz., 2. Sz., V. 54–56, in: The Norton Shakespeare (s. Anm. 115), 553.

moody disconted fury, / As by his smoothèd brows it does appear. Why look you still so stern and tragical?«[115] Zunächst wird ›tragical‹ hier durch ›stern‹ im Sinne von ›unbeweglich‹, ›streng‹, ›finster‹ und ›verbohrt‹ näher beleuchtet. Vor allem aber bekommt die nun freigesetzte Bedeutung dadurch Kontur, daß die humoralpathologisch zu verstehende »moody [...] fury«, die hatte ausgeschlossen werden sollen, in Gestalt einer ›tragischen Physiognomik‹ wiederkehrt.[116] Als Gegenbegriff fungieren allein die ›smoothèd brows‹, eine natürlich ironisch evozierte Ungetrübtheit, die nur dazu dient, die kommenden und eben katastrophenträchtigen Verwicklungen schärfer ins Licht zu rücken. Als Vorgriff auf diesen prozessualen Ablauf ist die niederdrückende und in Aussichtslosigkeit gebannte Grundstimmung zu verstehen, die eben ›tragical‹ heißt und in *2 Henry VI* (1594) bündig als »tragic melancholy«[117] bezeichnet wird. Etwas verlagert wird diese Bedeutung von »tragical«, wenn explizit der Ziel- und Endpunkt einer Geschehnisfolge als gleichermaßen unheilvoll und ausweglos bezeichnet werden soll, wie es etwa in *Richard III* (1597) geschieht, als Queen Margaret für ihre Feinde ein Ende in Aussicht nimmt, das sie als »bitter, black and tragical«[118] beschwört.

Damit klingt schon die Bedeutung an, die, viel klarer als das Attribut, der Terminus ›tragedy‹ selbst mit sich führt: die Hervorhebung eines grausamen Endes, eines gewaltsamen, oft plötzlichen Todes. Intrige, Gewalt, Verschwörung und Mord, diese Kette von Greueln, die mit dem elisabethanischen Theater verknüpft wird, findet in dem Begriff ›tragedy‹, wie Shakespeare ihn verwendet, ihren Widerhall und kulminierenden Abschluß.[119] Dies tritt etwa hervor, wenn Hastings in *Richard III* den Ruin seiner Feinde mit den Worten antizipiert: »But I shall laugh at this a twelvemonth hence: / That they which brought me in my master's hate, / I live to look upon their tragedy.«[120] In blutiger Metaphorik wird dieses Motiv zum Erkennungszeichen gleichsam vorzivilisatorischer Metzelei und schieren Raubtierverhaltens, wenn es bereits in *2 Henry VI* heißt: »Who finds the heifer dead and bleeding fresh, / And sees fast by a butcher with an axe, / But will suspect 'twas he that made the slaughter? / Who finds the partridge in the puttock's nest / But may imagine how the bird was dead, / Although the kite soar with unbloodied beak? / Even so suspicious is the tragedy.«[121]

3. Die französische Klassik

In der literaturgeschichtlichen Entwicklung in Frankreich hat die von Giovanni Battista Guarini inaugurierte Pastoraltradition und die von ihr besetzte Liebesthematik einen zentralen Anteil an der Auflösung sowie der Um- und Neuorientierung der Gattungen, dergestalt daß die These über »einen genetischen Zusammenhang von italienischer paratragischer Pastorale und französischer klassizistischer Tragödie«[122] plausibel gemacht werden konnte. Unbestreitbar ist, daß die Liebe zu einem integralen Bestandteil in der zunehmend strukturierten Tragödie der französischen Klassik und zu einem Fokus tragischer Konstellationen avanciert. Man kann die Liebesthematik als paradigmatisches Erkennungszeichen für jenen »Système nouveau de Tragédie«[123] bezeichnen, den René Rapin für die zeitgenössische Tragödienproduktion in Anspruch nimmt und welcher – in Termini geschichtlicher Prozessualität übertragen – als Index für den die Neuzeit kennzeichnenden Verinnerlichungsschub zu lesen ist, der bei Corneille erst ansatzweise, bei Racine aber massiv die Tragödie sowie die ihr impliziten Formen des Tragischen prägt und der, vororientierend, bereits die Regeln mitstrukturiert, die notorisch für die französische Klassik sind.

Der sukzessiv entwickelte Regelkanon der französischen Klassik ruft als autoritativen Bezugspunkt insbesondere Aristoteles auf und ist reich an Reprisen der Renaissancepoetiken, überbietet diese aber dadurch, daß er auf eine sozialdisziplinierende Erneuerung des eigenen Nationaltheaters gerichtet ist und in diesem Ziel seinen eigentlichen Orientierungspunkt findet. So sind die einzelnen poetologischen Diskussionspunkte – mag es sich dabei um sprachliche Lizenzen oder Aufbaufragen, um den Stellenwert moralischer Vorgaben oder die Rolle der Einheitsregeln handeln – weitgehend in ein funktionales Verhältnis zum Zentrum der klassizistischen Poetik, der Bestimmung der vraisemblance, gestellt und, über sie vermittelt, auf eine tatsächliche oder projektive Theaterpraxis bezogen.[124] Im Zuge der von Richelieu mitgesteuerten ›Querelle du Cid‹ gibt Georges de Scudéry die Argumentationsrichtung vor: »entre toutes les règles [...] la plus importante, et comme la fondamentale de tout l'Ouvrage, est celle de la vray-semblance.«[125] Es macht die Sonderstellung Corneilles aus, daß er sich dem kunsttheoretischen und politischen Druck der Zeit nicht beugt und an seiner Gegenposition festhält: Provokativ eröffnet er die Sammlung seiner theatertheoretischen Schriften mit der Losung: »on en est venu jusqu'à établir une maxime très fausse, *qu'il faut que le sujet d'une tragédie soit vraisemblable.*«[126] Racines Antwort ist gleichermaßen lakonisch und eindeutig, macht aber die von ihm vorgenommene Akzentverschiebung sichtbar: »Il n'y a que le vraisemblable qui touche dans la Tragédie.«[127] Durch die ›vraisemblance‹ und die von ihr geleistete Filterung und Überhöhung von Wirklichkeit wird die Ausgestaltung der habituellen Normen des höfischen Publikums weiter befördert und zugleich eine Mimikry der Kunst an diese Normen sichergestellt. Die solcherart mit der höfischen Dezenz oder auch ›bienséance‹ kurzgeschlossene ›vraisemblance‹ wird mithin zu einem für die Theaterarbeit der Zeit konstitutiven Bezugspunkt. Nur gegen sie oder aus ihr heraus kann die Manifestation des Tragischen in der französischen Klassik Kontur gewinnen.

---

121 SHAKESPEARE (s. Anm. 117), 3. Aufz., 2. Sz., V. 188–194, in: ebd., 255.
122 KARL MAURER, Die verkannte Tragödie. Die Wiedergeburt der Tragödie aus dem Geist der Pastorale, in: Maurer, Goethe und die romanische Welt. Studien zur Goethezeit und ihrer europäischen Vorgeschichte (Paderborn u. a. 1997), 225.
123 RENÉ RAPIN, Réflexions sur la poétique d'Aristote et sur les ouvrages des poetes anciens et modernes (1674; Hildesheim/New York 1973), 182.
124 Vgl. RENÉ BRAY, La formation de la doctrine classique en France (1927; Paris ³1963), 191–214.
125 GEORGES DE SCUDÉRY, Observations sur le Cid (1637), in: A. Gasté (Hg.), La querelle du Cid. Pièces et pamphlets d'après les originaux (1898; Genf 1970), 74.
126 PIERRE CORNEILLE, Les trois discours sur le poème dramatique (1660), in: Corneille, Œuvres complètes, hg. v. G. Couton, Bd. 3 (Paris 1987), 117.
127 JEAN RACINE, Préface de ›Bérénice‹ (1670), in: Racine, Œuvres complètes, hg. v. G. Forestier, Bd. 1 (Paris 1999), 451.

Hauptzeuge für den Primat der ›vraisemblance‹ ist François Hédelin Abbé d'Aubignac. Die von ihm verfochtene Absage an die Ereignispoetik und der korrespondierende Verzicht auf Handlungskomplexität führen nicht nur zu einer dezenzorientierten Neutralisierung herkömmlich schauriger Tragödienausgänge, sondern auch zu einer auffallenden Formalisierung und Abschwächung des Tragödienbegriffs überhaupt. So sichert d'Aubignac in einem zentralen Passus zwar das Konzept des Tragischen gegen seine Reduktion auf einen blutigen Ausgang ab, kann aber die damit frei gewordene und schließlich erst durch Racine neu besetzte Position noch nicht mit einer emotiv geprägten Tragik auffüllen: »plusieurs se sont imaginés que le mot de *Tragique* ne signifiait jamais qu'une aventure funeste & sanglante; et qu'un Poëme Dramatique ne pouvoit être nommé *Tragédie*, si la Catastrophe ne contenoit la mort ou l'infortune des principaux Personnages: mais c'est à tort, étant certain que ce terme ne veut rien dire sinon *Une chose magnifique, serieuse, grave & convenable aux agitations et aux grands revers de la fortune des Princes*; et qu'une Piéce de Theatre porte ce nom de Tragédie seulement en consideration des Incidens & des Personnes dont elle represente la vie, & non pas à raison de la Catastrophe.«[128] So greift d'Aubignac auf eine Position zurück, die in einer frappierenden Nähe zur rhetorischen Tradition der Stiltrennung steht; er erweitert diese Tradition ansatzweise um einen elegischen Blick auf die condition humaine, kann mit diesen Mitteln aber für eine zeitgenössische Erfassung des Tragischen keinen aussagekräftigen Rahmen finden. Gerade der Autor, der die Zentralkategorie der klassizistischen Poetik, die ›vraisemblance‹, befördert hat, hinterläßt, was die wichtigste Gattung der Zeit, die Tragödie, angeht, ein eher konturloses Bild. Eben damit legt er eine dem 17. Jh. immanente Spannung zwischen klassizistischen Vorgaben und Tragödie frei.

Was Corneille angeht, so liegt der Fall eher einfach. Die Überschreitung der gesellschaftlich und ästhetisch lizenzierten Wirklichkeit – programmatisch als »aller au-delà du vraisemblable«[129] ausgerufen – wird mit dem Begriff des Tragischen schon im *Cid* (1637) verbunden: Elvire versucht die Herrin Chimène von der Ehrverpflichtung, nach dem Duellsieg Rodrigues nun ihrerseits ihren Vater rächen zu wollen, mit den Worten »Quittez, quittez, Madame, un dessein si tragique«[130] abzubringen. Theoretisch deklariert Corneille diesen impliziten Akt des »dépassement«[131] zum Zentrum seiner Tragödienarbeit, wenn er folgenden Kernsatz, von dem alle weiteren Differenzierungen ihren Ausgang nehmen, formuliert: »la tragédie […] veut pour son sujet, une action illustre, extraordinaire, sérieuse […] et […] demande de grands périls pour ses héros«[132]. Die zuerst legitimierte und dann geforderte »action […] extraordinaire« hat die Überschreitung der ›vraisemblance‹ und der höfischen Gesittung zu ihrer konstitutiven Voraussetzung, sie zielt auf eine Tragödie, welche sich aus außerordentlichen Stoffen speist, die per se unwahrscheinlich, durch historische Faktizität aber beglaubigt sind. Sie werden von Corneille für einen Impetus und eine bis zum äußersten gespannte Seelenbewegung genutzt, die man zu einem »ungeheuren Fall des Wollens oder Leidens«[133] hat erklären können. Diese forcierte Bewegung, die einem Halbvers aus *Horace* (1641) zufolge »hors de l'ordre commun«[134] führt und die in einem berühmt gewordenen Appell aus *Rodogune* (1644) – »Sors de mon cœur, Nature«[135] – alle Menschlichkeit und Natürlichkeit hinter sich zu lassen bereit ist, kulminiert in einem Zustand, den man als das tragische Dispositiv Corneilles bezeichnen könnte und der von ihm selbst mit Bezug auf die Figur der Cléopâtre in *Rodogune* als jenseits aller Moral liegende, ja häufig an Verbrechen gebundene »grandeur d'âme« gefaßt wird: »tous ses crimes sont accompagnés d'une grandeur d'âme, qui a quelque chose de si haut, qu'en même temps qu'on déteste

---

128 FRANÇOIS HÉDELIN ABBÉ D'AUBIGNAC, La pratique du théâtre und andere Schriften zur ›Doctrine classique‹, hg. v. H. J. Neuschäfer (München 1971), 128f.
129 CORNEILLE (s. Anm. 126), 118.
130 CORNEILLE, Le Cid (1637), in: Corneille (s. Anm. 126), Bd. 1 (Paris 1980), 742.
131 JACQUES MOREL, La tragédie (Paris 1964), 60.
132 CORNEILLE (s. Anm. 126), 125.
133 KOMMERELL (s. Anm. 30), 157.
134 CORNEILLE, Horace (1641), in: Corneille (s. Anm. 130), 859.
135 CORNEILLE, Rodogune (1644), in: ebd., Bd. 2 (Paris 1984), 253.

ses actions, on admire la source dont elles partent.«¹³⁶

Ungeachtet ihrer kasuistisch anmutenden Selbstprüfungen und ihrer nachhaltig betonten inneren Brüchigkeit¹³⁷, ist die von Corneilleschen Helden vollzogene projektive Selbsterhöhung in den Zustand der ›grandeur d'âme‹ nicht als Psychologisierung der Charaktere zu fassen, vielmehr wesentlich auf eine Manifestation in Taten und Ereignisverflechtungen (»traiter les choses selon le nécessaire«¹³⁸) gerichtet. Sie bringen mittels der »unité de péril« (174) jene Krise hervor, in der die Tragödie ihren Zielpunkt findet. Insofern ist die Geschichte mit den ihr eigenen Gefahren das zentrale Explikationsfeld dieser tragischen Konstellierungen: Und dies – wenn auch in Gestalt häufig sehr entlegener Stoffe – in einem zeitnahen Sinn insofern, als der im 17. Jh. sich verbreitende Gedanke der Staatsräson vielerlei Anlaß bieten konnte, über Notwendigkeit und Größe von Verbrechen zu reflektieren sowie die tragikbildende Kraft derart motivierter Transgressionen in Szene zu setzen und zu explorieren.¹³⁹ Damit ist ein Kontext benannt, der es offensichtlich macht, daß die Liebe in den Corneilleschen Tragödien nur figuriert, um überwunden zu werden und um in diesem Gestus der Selbstübersteigung eine Annäherung an überpersönliche tragische Affekte zu erreichen: »Lorsqu'on met sur la scène un simple intrique d'amour entre des rois, et qu'ils ne courent aucun péril, ni de leur vie, ni de leur État, je ne crois pas que bien que les personnes soient illustres, l'action le soit assez pour s'élever jusqu'à la tragédie. Sa dignité demande quelque grand intérêt d'État, ou quelque passion plus noble et plus mâle que l'amour, telles que sont l'ambition ou la vengeance; et veut donner à craindre des malheurs plus grands, que la perte d'une maîtresse.«¹⁴⁰

Erst eine vertikal ausgerichtete Willensanspannung ermöglicht das Erreichen des hier eingeklagten »grand intérêt d'Etat« und also die Sicherung der »passion plus noble«, welche auf die »grandeur d'âme« führt. Einzig die dramatische Entfaltung dieser »grandeur d'âme« kann von Seiten des Publikums den affektiven Widerhall hervorrufen, den Corneille nach eher gequälten Erörterungen über die Tragweite der aristotelischen Katharsis als den wichtigsten tragischen Wirkungsaffekt ausgibt: die »admiration«¹⁴¹. Diese wird zum Brennspiegel von Corneilles Tragödientheorie und -praxis. In ihr findet jener »éclat des belles actions«¹⁴² seinen Niederschlag, der ein jedes seiner Konflikt- und Transgressionsszenarien überstrahlt und der geeignet ist, die je aufgerufene Tragik wieder zu relativieren.

In pointiertem Widerspruch zu Corneille bestimmt Racine in seinem poetologischen Schlüsseltext, dem Vorwort zu *Bérénice* (1670), als zentrales Wirkungsziel der Tragödie eine hochgeartete Traurigkeit, einen Affekt, der nicht wie die ›admiration‹ an heroischer Grenzüberschreitung, sondern an leidgeprägter Partizipation ausgerichtet ist: »Ce n'est point une nécessité qu'il y ait du sang et des morts dans une Tragédie; il suffit que l'Action en soit grande, que les Acteurs soient héroïques, que les Passions y soient excitées, et que tout s'y ressente de cette tristesse majestueuse qui fait tout le plaisir de la Tragédie.«¹⁴³ Nach der in der zweiten Hälfte des 17. Jh. üblichen Marginalisierung von ›sang‹ und ›morts‹ werden vertraute Merkmale (»Action […] grande«, »Acteurs […] héroïques«) aufgerufen, um in ihrem Schutz die Racine-spezifische Dimension für die Bestimmung der Tragödie herauszustellen: die ganz in den Vordergrund rückende Erregung der Leidenschaften, die ob ihrer – theoretisch allerdings nicht explizierten – Unerfüllbarkeit in die von Akteuren und Zuschauern geteilte »tristesse majestueuse« einmünden. Daß diese, insofern als es sich um einen Wirkungsaffekt handelt, mit »tout le plaisir de la Tragédie« kurzgeschlossen werden kann – an anderer Stelle heißt es lakonisch »La principale Règle est de plaire et de toucher« (452) – zeigt an, wie sehr Racine die emotive Erschütterung des Zuschauers zum Maßstab des tragischen Prozesses macht. Er

---

136 CORNEILLE (s. Anm. 126), 129.
137 Vgl. SERGE DOUBROVSKY, Corneille et la dialectique du héros (Paris 1963).
138 CORNEILLE (s. Anm. 126), 164.
139 Vgl. MATEI CHIHAIA, Institution und Transgression. Inszenierte Opfer in den Tragödien Corneilles und Racines (Tübingen 2002), 86–92.
140 CORNEILLE (s. Anm. 126), 124.
141 CORNEILLE, Nicomède (1651), in: Corneille (s. Anm. 135), 641.
142 CORNEILLE (s. Anm. 126), 171.
143 RACINE (s. Anm. 127), 450.

tut dies über eine äußerste Annäherung an Aristoteles. Stellt man sich Corneilles Abwehr der Katharsis, die für ihn nur ein (obendrein untaugliches) Mittel zur moralischen Besserung des Zuschauers sein konnte[144], vor Augen, so tritt hervor, einen wie weiten Weg Racine zurückzulegen hatte, bis er schließlich – wenn auch an entlegener, nicht für die Öffentlichkeit bestimmter Stelle, in einer Mischung aus Übersetzung und Kommentar der *Poetik* – festhalten kann: »La tragédie [...] (elle ne se fait) point par un récit, mais par une représentation vive qui, excitant la pitié et la terreur, purge (et tempère) ces sortes de passions. (C'est-à-dire qu'en émouvant ces passions, elle leur ôte ce qu'elles ont d'excessif et de vicieux, et les ramène à un état modéré et conforme à la raison.)«[145] Indem Racine für seine Analyse der Katharsis die auf der Bühne dargestellten Leidenschaften in ihrer jeweiligen Besonderheit außer acht läßt und die Katharsis als einen Akt der Selbstreinigung der genuin tragischen Affekte Furcht und Mitleid liest, gelingt es ihm auch, konzeptionell den Erregungsablauf auf einen Zustand zurückzuführen, der sich als ›conforme à la raison‹ erweist, den Zuschauer also in der Ordnung bestätigt, die durch die Exploration der Leidenschaften so nachhaltig unterlaufen worden war.

Als Aufbauprinzipien, die zu diesem Ziel führen können, nennt Racine »une action simple, soutenue de la violence des passions, de la beauté des sentiments, et de l'élégance de l'expression.«[146] Mit der Preisgabe der noch für Corneille konstitutiven Ereignisverflechtung und ihrer Ablösung durch die ›action simple‹ wird die Voraussetzung für die Verlagerung der Geschehnisdynamik ins Innere nur weniger Personen geschaffen. Diese Interiorisierung und die mit ihr ermöglichte psycho-spatiale Eingrenzung bewirkt geradezu ideale Voraussetzungen für die Entfesselung der ›violence des passions‹ als zentraler Schaltstelle des tragischen Prozesses. Nicht hinreichend beachtet wird in heutigen Interpretationen die Ausponderierung, die Racine selbst für diese ›violence des passions‹ ins Spiel bringt, wenn er sie um die ›beauté des sentiments‹ und die ›élégance de l'expression‹ ergänzt. Erst über diese Mittel und die durch sie möglich gewordene Ästhetisierung einer per se schaurigen Realität kann die von Racine entworfene Rückbindung der Tragödie an die vraisemblance gelingen. Die von Racine befürwortete vraisemblance indiziert nicht Abhängigkeit von den gesellschaftlichen Belangen und Erwartungen der Zeit, sondern deren Indienstnahme für den Entwurf einer Tragödienkunst, die sich als absolut dadurch erweist, daß ein nacktes Leidenschaftssubstrat mit Formvorgaben der klassischen Kunst – gemeint sind insbesondere sprachliche und stilistische Perfektion, Dignität der Charaktere, Aufrufung kollektiv verbürgter Ordnungen – amalgamiert und auf diese Art das früher die Tragödie inhaltlich charakterisierende Pathos der Distanz als ein vornehmlich ästhetisches erwiesen werden kann:»Les Personnages Tragiques doivent être regardés d'un autre œil que nous ne regardons d'ordinaire les Personnes que nous avons vues de si près.«[147]

Unter diesen Rahmenbedingungen erhält auch die Liebe als Kernbestand der Racineschen Tragödien einen neuen Stellenwert. Sie steht nicht mehr, wie noch bei Corneille, für eine Leidenschaft, die notwendig ist, um das zeitgenössische Publikum in das Tragödiengeschehen einzustimmen, die im weiteren aber überwunden und verabschiedet werden muß, sondern macht nun selbst das Gegenstandsfeld des tragischen Prozesses aus. Sicherlich kann mit ihr an das Publikum angeknüpft werden, ineins aber bietet sie die Möglichkeit, dessen eher galante Erfahrungen bis auf eine archaische Stufe der menschlichen Natur hin zu erweitern und zu vertiefen, die Liebe also – gestützt auf den ganzen Apparat der vraisemblance – mit der ›violence des passions‹ auszustatten und ihr derart das Tremendum eines ästhetisch transformierten Sujets zu verleihen, das schrecklich und faszinierend in einem ist. Darüber hinaus eignet sich die Liebesthematik wie kaum ein zweiter Gegenstand dazu, die in Racines Theater manifest werdende Verlagerung vom Handlungsprimat, wie er fraglos in der Antike gegolten hat, zu dem in der

---

144 Vgl. CORNEILLE (s. Anm. 126), 145 f.
145 RACINE, Extraits de la ›Poétique‹ d'Aristote (1693), in: Racine, Œuvres complètes, hg. v. R. Picard, Bd. 2 (Paris 1969), 923.
146 RACINE (s. Anm. 127), 451.
147 RACINE, Préface de ›Bajazet‹ (1672), in: Racine (s. Anm. 127), 625.

Neuzeit dominant werdenden Vorrang der Charaktere und der entsprechenden Neufundierung des Tragischen sinnfällig zu machen.

Ein einziges Mal verwendet Racine den Terminus ›tragique‹ in einer Tragödie, in La Thébaïde (1664), als Jocaste den verzweifelten Versuch unternimmt, ihre Zwillingssöhne Polynice und Etéocle von einem gegeneinander gerichteten Vernichtungskampf abzubringen, indem sie ein ›tragisches‹ Ende als Menetekel beschwört: »Ô Dieux! Que je me vois cruellement déçue! / N'avais je tant pressé cette fatale vue, / Que pour les désunir encore plus que jamais? / Ah! Mes Fils, est-ce là comme on parle de paix. / Quittez, au nom des Dieux, ces tragiques pensées.«[148] Jocaste ruft mit ihren »tragiques pensées« inhaltlich und strukturell durchaus Grundprinzipien Racinescher Tragik auf. So wird das fatale Geschick der Brüder implizit – über ihre Abstammung von Ödipus und Jocaste – in Form der (sexuelle Perversion einschließenden) Genealogie ebenso in Szene gesetzt wie explizit als Manifestation eines todbringenden Bruderkampfes um Macht. Darüber hinaus wird mit Jocastes Worten der katastrophenträchtige Ausgang in einen Kontext gestellt, in welchem er als Umkehrung der ursprünglichen Handlungsintention thematisch wird, so daß diese ironische Figur des Verhängnisses, die dem Tragischen im weiteren zugeprochen werden wird, hier schon Kontur gewinnt. Als Bestätigung dieser ersten Anführung von ›tragique‹ kann man die eher poetologische Verwendung des Begriffs in einem erst 1675 verfaßten Vorwort zu La Thébaïde lesen, in welchem Racine den an ihn gerichteten und von ihm akzeptierten Vorwurf, dieses Stück sei in seinem Ende besonders blutrünstig, mit dem Hinweis beantwortet: »En effet il n'y paraît presque pas un Acteur qui ne meure à la fin. Mais aussi c'est la Thébaïde. C'est-à-dire le sujet le plus Tragique de l'Antiquité.«[149] Wahrscheinlich hat Racine diese Formulierung auch als Möglichkeit genutzt, über sie eine eigene, moderne – und das heißt gegen die Antike abgesetzte – Profilgebung von ›tragique‹ ins Spiel zu bringen, ungeachtet des Umstands, daß auch diese moderne Konturgebung über antike Stoffe in Szene gesetzt wird. Deutlich macht dies die in eine Litotes gekleidete Kommentierung des in Bérénice inszenierten definitiven Abschieds zwischen Titus und Bérénice: »le dernier

Adieu qu'elle dit à Titus, et l'effort qu'elle se fait pour s'en séparer, n'est pas le moins tragique de la Pièce, et j'ose dire qu'il renouvelle assez bien dans le cœur des Spectateurs l'émotion que le reste y avait pu exciter.«[150] Ganz in das Innere einer pernierenden Seelenqual verlagert, kann die extrem ausgedünnte Handlung von Bérénice mit ihrem neuartigen Tragödienende in Form eines elegischen Abschieds zum Ermöglichungsgrund für die extreme Gemütserschütterung werden, die Racine immer neu als via regia zur Erschließung der tragischen Wirkung umkreist. Insofern wird die ›violence des passions‹ epochenübergreifend und den jeweiligen Tragödienmodalitäten angepaßt als Schlüssel zum tragischen Geschehen und zur tragischen Wirkung hypostasiert.

Wie die ›violence des passions‹ zu fassen ist, darüber gibt ein Passus von Jean de La Bruyère Auskunft, in welchem die von der Tragödie ausgehenden Affektbewegungen intensiv nachgezeichnet, aus allen gesellschaftlichen und moralischen Einbindungen herausgelöst und somit absolut gesetzt werden: »Le Poème tragique vous serre le cœur dès son commencement; vous laisse à peine dans tout son progrès la liberté de respirer et le temps de vous remettre; ou s'il vous donne quelque relâche, c'est pour vous replonger dans de nouveaux abîmes et dans de nouvelles alarmes: il vous conduit à la terreur par la pitié, ou réciproquement à la pitié par le terrible; vous mène par les larmes, par les sanglots, par l'incertitude, par l'espérance, par la crainte, par les surprises, et par l'horreur jusqu'à la catastrophe«[151]. Als kongenialer Kommentar zu Racine ist diese Analyse von La Bruyère gerade deswegen anzusehen, weil in ihr – wie noch nie seit der Wiederentdeckung des Aristoteles – die tragischen Affekte um ihrer selbst willen, als gleichsam kreatürlicher Erregungsablauf, verfolgt worden sind; dadurch kann die Natur des Menschen, wie das späte 17. Jh. sie zu sehen befähigt

---

148 RACINE, La Thébaïde ou les Frères ennemis (1664), in: Racine (s. Anm. 127), 99.
149 RACINE, Préface de ›La Thébaïde‹ (1675), in: ebd., 119.
150 RACINE (s. Anm. 127), 450.
151 JEAN DE LA BRUYÈRE, Les caractères (1688), hg. v. L. van Delft (Paris 1998), 148.

war, als das einzige Zentrum des zugehörigen Theaters und der von ihm inszenierten Tragik in den Mittelpunkt der Aufmerksamkeit rücken.

Wie sehr die Tragödie des 17. Jh. – und insbesondere die Racines – auf eine neue Exploration der menschlichen Natur gerichtet ist, bezeugt mit besonderem Scharfsinn die theologische und jansenistische Theaterkritik der Zeit. Ruht alle christlich orientierte Erziehung dem Verständnis der Zeit nach wesentlich darauf, den nach dem Sündenfall leidenschaftsanfälligen Menschen durch ›horreur‹ gegen die ihn bedrohenden Gefährdungen zu stärken, und waren die bis ins 17. Jh. hineinreichenden Versuche, den Katharsissatz als moralisches Remedium gegen die auf der Bühne dargestellten Passionen zu lesen, ja auch darauf gerichtet, diesem Anliegen gerecht zu werden, so liegt die Leistung der hier präsentierten Theaterkritik darin, diesen Kompromiß zunichte zu machen und die Unhintergehbarkeit eines affirmativen Verhältnisses des Theaters zu den in Szene gesetzten Leidenschaften zu betonen. »L'imitation de ces passions ne nous plaît, que parce que le fond de notre corruption n'excite en même-temps un mouvement tout semblable, qui nous transforme en quelque force, & nous fait entrer dans la passion qui nous est representée.«[152] Was dem jansenistischen Kritiker solcherart ein Menetekel ist, eben dies macht er aber auch als Verlockung und als Leistung der klassischen Tragödie identifizierbar: nämlich den Umstand, daß der bislang normativ abgewehrte Teil der menschlichen Natur – Inzest und Kindesmord sind lediglich die deutlichsten Markierungen dieser terra incognita – im Modus des tragischen Tremendum als Teil eben dieser Natur anerkennungsfähig werden kann und insofern die Tragödie der Klassik, wie auch die Moralistik der Zeit, ihre weitreichendste Funktion darin gewinnt, eine derart säkulare Erweiterung der Anthropologie der Neuzeit in die Wege geleitet zu haben.

4. Die Transformation von Tragik und Tragödie in der Aufklärung

Ist die in der französischen Klassik freigesetzte Tragik verwoben mit einer Anthropologie, in welche früher perhorreszierte Seiten der menschlichen Natur integriert werden können, und verdankt sich die theoretisch herausgestellte und in den Stücken ausagierte ›violence des passions‹ nicht zuletzt dieser Rückkoppelung der klassischen Tragödie an ein pessimistisches Menschenbild, so gewinnt gegenläufig im 18. Jh. die optimistische Anthropologie der Aufklärung und ihre Fundierung in einer theodizeehaft abgesicherten Weltordnung erheblichen Einfluß auf die epochale Neugestaltung der Tragödie und die nun überhaupt einsetzende Reflexion auf das Tragische. Auszumachen ist die bis in die Moderne reichende Tendenz, daß der Impuls des tragischen Geschehens, der in vorausliegenden Zeiten am Exzeß von Leidenschaft ablesbar war und im Sturz der Großen auch eine fundamentale Infragestellung sinnhafter Ordnungen zu erkennen gab, an dem hinfort sakrosankten Richtmaß von Vernunft und Moral sowie von rekurrent gewordenen Progreßerwartungen zu messen ist. In die Wege geleitet wird damit eine Entwicklung, die zu einer tiefgreifenden Transformation der Tragödie in der Aufklärung und generell dazu führt, die Konzeption des Tragischen den Grundbedingungen der Aufklärung zu assimilieren. Das weitreichendste Ergebnis dieses Prozesses liegt in einer Fokussierung der tragischen Wirkung auf sympathetische Affekte, bis hin zu dem den ganzen Menschen erfassenden und transformierenden tragischen Mitleid, wie es Lessing entwerfen wird. Gekoppelt an diese Umpolung der Wirkungsbestimmung ist eine Einebnung und Neutralisierung konstitutiver Merkmale der überkommenen Tragödie. Erkennbar wird der Beginn jenes Prozesses, der auf die Formel ›Death of Tragedy‹[153] gebracht worden ist, strukturell auch als ›Krise der Tragödie‹ analysiert werden kann und sich daran bemißt, daß seit der Aufklärung mit dem Primat von Vernunft und Ausgleich dem Tragischen in seiner überlieferten Gestalt die Grundlage entzogen wird. Es handelt sich um einen Prozeß, welcher nicht ohne Gegenwehr geblieben ist und insofern zu der Frage nach einem überzeit-

---

152 PIERRE NICOLE, Traité de la comédie (entst. ca. 1659–1675), hg. v. G. Couton (Paris 1961), 52.
153 Vgl. GEORGE STEINER, Death of Tragedy (New York 1961).

lichen Kern tragischer Weltaneignung zurückführt.[154]

Als Erkennungszeichen für die Krise der Tragödie ist ins Feld geführt worden, daß das 18. Jh. erstmals eine nicht mehr nur beiläufige Substantivierung von ›tragique‹ einbringt.[155] Das aus der Gattungsbindung herausgelöste substantivierte Adjektiv setzt sich auffallenderweise und offensichtlich substitutiv in der Epoche durch, in der die Gattung Tragödie mit ihren traditionellen Bestimmungsmerkmalen einer zunehmenden Erosion unterliegt. Wenn es in einer erweiterten Ausgabe des 1704 erstmals erschienenen *Dictionnaire de Trévoux* (1752) heißt: »tragique est aussi substantif. Corneille et Racine ont excellé dans le tragique, c'est à dire dans le genre tragique. Le tragique est ce qui forme l'essence de la tragédie. Il contient la terreur et la pitié«[156], so bleibt die Rückbindung von ›tragique‹ zu ›la tragédie‹ dominant. Zugleich impliziert der Bezug auf ›l'essence de la Tragédie‹ neben semantischer Verdichtung eine mögliche Evaporation des bezeichneten Inhalts, hier noch abgewehrt durch den Rekurs auf Furcht und Mitleid. Aussagekräftiger ist der *Encyclopédie*-Artikel ›Tragique‹ (1765), der mit einem Zitat aus dem *Dictionnaire de Trévoux* beginnt, im weiteren aber vor allem darauf gerichtet ist, Tendenzen entgegenzutreten, die die Bedeutung des Tragischen abzuschwächen und einem harmonisierenden Zeitgeschmack anzupassen bestrebt sind. Die Gegenposition wird mit der Feststellung »C'est ce qui amollit et abâtardit le tragique parmi nous«[157] deutlich in die Schranken gewiesen, aber als eine zentrale Strömung der Zeit beglaubigt. Dem Vorfeld dieses Prozesses wird man eine wirkungsanalytische Überlegung La Bruyères zuordnen können, die zunächst der von ihm festgestellten Hemmung gilt, sich im Theater dem Weinen ebenso unbeschwert wie dem Lachen hinzugeben, und die dann diesen als Manko wahrgenommenen Umstand in der Evokation einer gleichsam idealen Wirkungsweise des Tragischen aufhebt: »l'effet naturel du grand tragique serait de pleurer tous franchement et de concert à la vue l'un de l'autre«[158]. Interessant ist vorderhand die prognostische Dimension, die diese Aussage gewinnt, sobald man berücksichtigt, daß Mischgattungen des 18. Jh. wie ›comédie larmoyante‹, ›drame bourgeois‹ und ›tragédie domestique‹ – unter freilich veränderten Publikumsbedingungen – eben die Wirkung enthemmten Tränenflusses hervorrufen werden, die hier noch dem ›grand tragique‹ als Potential reserviert wird.

Die semantische Verschiebung, die dem substantivierten Adjektiv ›le tragique‹ schon bei dessen Genese eignet, setzt sich fort, wenn Voltaire in seinem 1731 verfaßten *Discours sur la Tragédie* die Tragödiendichter der Antike dafür kritisiert, »le dégoûtant et l'incroyable pour le tragique et le merveilleux« genommen zu haben. Versucht er solcherart ›le tragique‹ an die Geschmacksnormen der eigenen Zeit anzubinden, so schlägt er zugleich eine Öffnung der als rigide wahrgenommenen Regeln der bienséance vor: »nous n'arrivons pas au tragique dans la crainte d'en passer les bornes.«[159] Mit den beiden gegenläufigen Positionen ist ein Dilemma bezeichnet, welches Voltaire als selbsternannten Erneuerer der Tragödie zeitlebens begleiten wird. Bei aller Kritik, die er übt, kennt er die Faszination, die von Sophokles oder auch Shakespeare ausgeht, und beschwört die tragische Kunst der Griechen als die einer »nation […] qui n'était point amollie par des idées d'une tendresse lâche et efféminée«. Entsprechend weiß er die Klimax aus der *Elektra* des Sophokles, nämlich daß Oreste willentlich seine Mutter tötet – »horrible dans nos mœurs« – als besonders wirkungsvollen Knoten des Stücks einzustufen: als »ce qui faisait tout le grand tragique, tout le terrible de cette action«[160]. Ineins aber steht dieser Faszination seine Konklusion entgegen, daß das Stück in einem durchaus exemplarischen Sinn in ein »tragique atroce«[161]

---

154 Vgl. ROLAND GALLE, Tragödie und Aufklärung. Zum Funktionswandel des Tragischen zwischen Racine und Büchner (Stuttgart 1976), 64–86.
155 Vgl. PATRICIA OSTER, Marivaux und das Ende der Tragödie (München 1992), 45.
156 ›Tragique‹, in: TRÉVOUX, Bd. 8 (1752), 134.
157 LOUIS DE JAUCOURT, ›Tragique‹, in: DIDEROT (ENCYCLOPÉDIE), Bd. 16 (1765), 521.
158 LA BRUYÈRE (s. Anm. 151), 147.
159 VOLTAIRE, Discours sur la Tragédie (1731), in: VOLTAIRE, Bd. 2 (1877), 318.
160 Ebd.
161 VOLTAIRE, Dissertation sur les principales tragédies anciennes et modernes (1750), in: ebd., Bd. 5 (1877), 174.

münde und sich seine Übernahme in ein Theater der Neuzeit von daher verbiete. Entsprechend akzentuiert er seine eigenen Tragödien weitgehend so, daß Grundanliegen der Aufklärung mit dem tragischen Verlauf zusammengeführt werden können. Dazu zählt, wenn Voltaire in seiner Bearbeitung des Orest-Stoffes dem Helden eine scharf umrissene Hamartia in Form der Transgression eines Göttergebots zuweist, um solcherart eine nachvollziehbare Relationierung von Schuld und tragischem Unglück zu ermöglichen, und wenn er obendrein den tragischen Kulminationspunkt des Stücks, den Muttermord, noch dadurch neutralisiert, daß Orest Klytemnestra nur unbeabsichtigt und aus Versehen tötet.[162] Vor diesem Hintergrund kann das von Voltaire favorisierte Projekt der »tragédies tragiques«[163] einsichtig werden. In dem Bestreben, die starken Effekte der antiken Tragödie zu bewahren, sie aber mit Stoffen kompatibel zu machen, die nicht »atroce« oder »détestable«[164], sondern mit den Geschmacks- und Moralnormen der eigenen Zeit vereinbar sind, schlägt er ein Verfahren vor, das erstens eine Isolierung und eine Art Abhub ursprünglicher und tragischer Wirkungseffekte unter Abstoßung ihres Substrats, der am schaurigen Mythos der Antike orientierten Stücke, zum Inhalt hat und zweitens auf die Sicherstellung dieser Effekte für eine formal und inhaltlich harmonisierte Tragödie zielt. Konkret führt dies zu dem fortwährenden Appell Voltaires, das Tragische über intensive Bilder, bisweilen über exzessive Stimuli, ja sogar über gezielt eingesetzten Nervenkitzel zu erreichen, diese Mittel aber so einzusetzen,

daß »sur la scène tragique [...] toujours toutesfois les bienséances«[165] unverrückbarer Orientierungspunkt bleiben. So fordert er für die von ihm projektierte Tragödie, deren sakralen und mythischen Ursprung er übrigens ausdrücklich hervorhebt[166], »une impression [...] forte« als charakteristisches Zentrum und nennt weiter als geradezu unverzichtbare Ingredienzien »chaleur« ebenso wie »pompe« und »appareil«, die »grande action théâtrale« und die »tableaux frappants des infortunes humaines«[167]. Signatur der so avisierten »changements arrivés à l'art tragique« (211) ist die Schlüsselstellung, die Voltaire der Dimension von ›pathétique‹ am Beispiel zweier seiner Stücke zuschreibt: »On a voulu donner, dans *Sémiramis*, un spectacle encore plus pathétique que dans *Mérope*; on y a déployé tout l'appareil de l'ancien théâtre grec.«[168] Greifbar wird das oben skizzierte Prozedere mit dem Ergebnis, daß das Substrat der antiken Tragödie durch eine Intensivierung von tendenziell selbstbezüglichen, am Tränenfluß orientierten Empfindungsaffekten, die ihrerseits nun das Attribut ›tragisch‹ an sich binden, abgelöst wird. So scheut Voltaire sich nicht an Scipion Maffei bezüglich dessen *Mérope* zu schreiben: »J'avoue que votre sujet me paraît beaucoup plus intéressant et plus tragique que celui d'*Athalie*; et si notre admirable Racine a mis plus d'art, de poésie et de grandeur dans son chef d'œuvre, je ne doute pas que le vôtre n'ait fait couler beaucoup plus de larmes.«[169] Und in einem Selbstkommentar zu seiner eigenen *Oreste*-Version fragt er programmatisch: »Ces passages de la pitié à la colère, ce jeu des passions, ne sont-ils pas véritablement tragiques?«[170]

Es ist nicht ohne Ironie, daß Voltaire die Aushöhlung und empathiegesteuerte Umbesetzung des traditionellen Verständnisses von ›tragique‹ im Gewand einer eher orthodoxen Erneuerung der Tragödie einzubringen versucht hat. Und sicherlich ist es kein Zufall, daß dieser Versuch gescheitert ist. Die Theaterrevolution, vor der er selbst zeitlebens zurückscheute, die aber in seinen Tragödien und mehr noch in seiner Tragödientheorie angelegt war, findet im 18. Jh. – von George Lillo über Diderot bis hin zu Lessing – gleichwohl eine epochale Einlösung und gibt die Matrix vor, innerhalb derer die aufklärungsvirulente Bedeutung von ›tragisch‹ ihren neuen Ort findet. Es geht in

---

162 Vgl. VOLTAIRE, Oreste (1750), in: ebd., 137–143 u. 154f.
163 VOLTAIRE an Jean-François de Saint-Lambert (15. 11. 1760), in: Voltaire, Correspondance, hg. v. T. Besterman, Bd. 6 (Paris 1985), 86.
164 VOLTAIRE (s. Anm. 161), 182.
165 VOLTAIRE, Préface de ›Les Scythes‹ (1768), in: VOLTAIRE, Bd. 6 (1877), 270.
166 Vgl. VOLTAIRE, Appel à toutes le nations de l'Europe (1761), in: ebd., Bd. 24 (1879), 211f.
167 Ebd., 218f.
168 VOLTAIRE, Dissertation sur la tragédie ancienne et moderne (1752), in: ebd., Bd. 4 (1877), 499.
169 VOLTAIRE, A M. le Marquis Scipion Maffei auteur de la Mérope italienne (1744), in: ebd., 180.
170 VOLTAIRE (s. Anm. 161), 184.

der nun erschlossenen Konstellation nicht mehr um das Schicksal der Großen und die distanzvermittelte Erschütterung der Zuschauer, sondern um das Ergriffenwerden des bürgerlichen Publikums von es unmittelbar berührenden Belangen. So entwickelt die Aufklärung Theaterformen, die von der Intention getragen werden, tragische Konfigurationen und tragische Wirkungen auf eine allgemeinmenschliche Grundlage zurückzuführen und derart zu ›demokratisieren‹. Besonders nachhaltig gilt dies für Diderot, der pointiert mit der überkommenen Tragödie bricht und sie ablöst durch die ›tragédie domestique‹, die einen zentralen Platz in seinem »système dramatique«[171] gewinnt. Die ehedem zentralen Gattungen, die reine Komödie und die große Tragödie, werden nun im wörtlichen Sinn an den Rand gedrängt. In den Mittelpunkt rücken die tugendbefördernde ›comédie sérieuse‹ und vor allem die ›tragédie domestique‹, die zur neuen Heimstätte für die aufklärungsrelevante Fortschreibung tragischer Leidenschaften proklamiert werden kann.[172]

Mittels ›Demokratisierung‹ der künstlerischen Verfahren und Rückbindung der dargestellten Ereignisse an eine prästabilierte Harmonie schafft Diderot für das Theater – aufklärungsparadigmatisch – Voraussetzungen, die eine Transformation der überkommenen Funktion des Tragischen eröffnen und auch unumgänglich machen. Er selbst spielt die so frei gewordenen Möglichkeiten in zwei Varianten durch: 1.) Für die Darstellungsebene entwirft er einen Ablauf, den er selbst als »tableau des malheurs qui nous environnent« bezeichnet. In diesen »tableau« sind zwar verschiedene Versatzstücke des alten Tragödienschemas eingebaut, nun aber so umakzentuiert, daß die Sequenz der Stationen nicht auf eine fundamentale Ordnungserschütterung, sondern auf ein partielles, aber folgenreiches Unglück verweisen: »Un renversement de fortune, la crainte de l'ignominie, les suites de la misère, une passion qui conduit l'homme à sa ruine, de sa ruine au désespoir, du désespoir à une mort violente, ne sont pas des événements rares; et vous croyez qu'ils ne vous affecteraient pas autant que la mort fabuleuse d'un tyran, ou le sacrifice d'un enfant aux autels des Dieux d'Athènes ou de Rome?« (149) In Kontrast gesetzt zu den mythischen Katastrophen der alten Tragödie, wird das bürgerliche Leben der Neuzeit mit seinen eher alltäglichen Glückswendungen und Anfälligkeiten für individuelle Schwächen auf sein tragisches Potential hin befragt und ausgewertet. Auffallend ist dabei, wie sehr das Diderotsche Modell darauf angelegt ist, das eintretende Unglück als in sich verzahnt und als für jedermann nachvollziehbar erscheinen zu lassen, so daß es, ex negativo, gleichsam als Bestätigung des »ordre universel des choses« zu figurieren vermag. Und kein Zweifel kann daran sein, daß die affektive Bewegung, die dem zugrunde gelegten Geschehen zugesprochen wird, als Antwort auf eben diese Ordnung und als seine Affirmierung zu verstehen ist. 2.) In dem Maße aber, in dem diese affirmierende Affektbewegung in den Vordergrund rückt, kann sie sich von dem Geschehen, auf dem sie vermeintlich notwendigerweise aufruht, ablösen und verselbständigen. In der Folge wird das Tragische, zum ersten Mal in seiner schon langen Geschichte, als Ergebnis einer perspektivischen Option thematisch: »C'est moins le sujet qui rend une pièce comique, sérieuse ou tragique. Les effets de l'amour, de la jalousie, du jeu, du dérèglement, de l'ambition, de la haine, de l'envie, peuvent faire rire, réfléchir, ou trembler.« (141 f.) Diderot nimmt die Aufklärung dadurch beim Wort, daß er die Tragödie entsubstantialisiert. Entscheidend sind für ihn nicht mehr die strukturelle Figuration des Geschehens oder die zerstörerische Gewalt der Leidenschaften, maßgeblich ist die Disposition, mit der Geschehen und Leidenschaften arrangiert, aufgenommen und verarbeitet werden. Insofern legt Diderot den Grundstein für die heute bewährte Position, daß nicht Fakten und nicht einmal Geschehnisabläufe per se tragisch sind, sondern dies immer nur durch je spezifische Adaptationen zu werden vermögen.

Gemessen an einer derart optionalen Perspektivierung der tragischen Wirkung bleibt die aufklärerische Tragödientheorie in Deutschland normativ rückgebunden und in ihrem Ertrag für das Problem des Tragischen zunächst eher marginal,

---

171 DENIS DIDEROT, De la poésie dramatique (1758), in: Diderot, Œuvres esthétiques, hg. v. P. Vernière (Paris 1965), 191.

172 Vgl. DIDEROT, Entretiens sur le fils naturel (1757), in: ebd., 148.

allenfalls symptomatologisch aufschlußreich für das Verhältnis von Tragik und Aufklärung. Dies gilt an erster Stelle für Johann Christoph Gottsched, dessen Poetik noch im Banne des französischen Klassizismus steht, der zugleich aber die seine Zeit kennzeichnende moralische Zielsetzung auf plakative Art sich zum Anliegen macht und somit eine Spannung produziert, für die er ein kaum mögliches Gleichgewicht sucht. Brennpunktartig zeigt sein *Ödipus*-Kommentar, wie in der Frühaufklärung tragische Konstellationen der (antiken) Klassik intensiv rezipiert, ineins aber zu Bedingungen der eigenen Zeit adaptiert und somit auf die nun dominante Moralisierungsintention umgepolt werden. Aus der Modell-Tragödie der Antike wird auf diese Art ein moralisches Exempel für die Neuzeit gemacht. Gottsched achtet in seiner Rekonstruktion des Stücks darauf, daß eine Anteilnahme des Zuschauers für Ödipus, der seinem Urteil nach »mehr unglücklich als lasterhaft« ist, möglich bleibt; in den Vordergrund rückt im weiteren die Absicht, dem Helden eine Mitverantwortung am Geschehen aufzubürden; umgesetzt wird dies dadurch, daß er im Kampf mit Laius als »hitzig, gewaltsam und eigensinnig« ausgewiesen wird und so eine für jedermann nachvollziehbare Relationierung von Schuld und schließlich eingetretenem Unglück einsichtig werden soll: »Denn hätte er nur niemanden erschlagen, so wäre alles übrige nicht erfolget.«[173] Daß Gottsched in seiner Argumentation auf diese durchaus moralisch verstandene Schuld des Ödipus gleichsam angewiesen ist, zeigt nicht zuletzt die Konklusion, die er schließlich mit Bezug auf sein Schicksal zieht: »Man hat einestheils Mitleiden mit ihm, anderntheils aber bewundert man die göttliche Rache, die gar kein Laster ungestraft läßt.« (608) Ausgangspunkt der tragischen Wirkung ist nicht mehr die schockartige Außerkraftsetzung selbstverständlich gewordener Welt- und Menschenbilder, sondern umgekehrt eine dezidierte Apologie herrschender Ord-

nungsmächte. Unter diesem Vorzeichen ist zu sehen, wie Gottsched in sein Urteil zwei tragödientheoretisch erprobte Termini einbringt, die in der weiteren Entwicklung, bei Friedrich Nicolai, Moses Mendelssohn und auch bei Lessing eine entscheidende und stets neu besetzte Rolle spielen werden: die Begriffe Mitleid und Bewunderung. Für Gottsched steht das Mitleiden keineswegs im Vordergrund des tragischen Prozesses. Es repräsentiert lediglich eine schwach besetzte Klammer zwischen den Zuschauern und den dramatis personae, damit auf dieser Basis das für ihn zentrale Ziel, die Bewunderung der göttlichen Gerechtigkeit, die über allem Geschehen waltet, zur Geltung kommen kann. Nicht zuletzt dadurch, daß die Bewunderung nicht einer Person, sondern einem abstrakten Prinzip gilt, tritt hervor, wie sehr der auf Corneille zurückführende Terminus von Gottsched ordnungsaffirmativ eingesetzt wird. Indem die Bewunderung im Vorzeichen einer rationalistischen Moral konfiguriert und mit einem vernunftorientierten Ziel aufgefüllt wird, tritt hervor, wie weit der Weg bis hin zu der von Lessing eingebrachten affektpsychologischen Entschlüsselung der Tragödie tatsächlich ist.

Gegen Gottscheds schulmeisterliche Moralisierung der Tragödie, die immer auch eine Dämpfung der Leidenschaften einschließt, verficht Nicolai in seiner *Abhandlung vom Trauerspiele* (1757) und im Briefwechsel mit Lessing die im Rahmen der Aufklärung vorderhand erstaunliche These, Zweck der Tragödie bzw. des Trauerspiels sei nicht sittliche Besserung mittels Reinigung der Leidenschaften, sondern einzig die Erregung der Leidenschaften selbst: »Die Größe einer tragischen Handlung muß also in ihr selbst liegen, und sie wird alsdenn tragisch groß seyn, wenn sie geschickt ist, heftige Leidenschaften zu erregen.«[174] Mit bislang unbekannter Schärfe löst Nicolai die avisierten Leidenschaften aus Orientierungsbezügen jeglicher Art heraus und hypostasiert ihr schieres Hervortreiben zum Erkennungszeichen tragischer Prozesse. Der erklärende Hinweis auf Jean-Baptiste Du Bos und die sensualistische Tradition der französischen Frühaufklärung ist zwar berechtigt, kann aber auch verstellen, daß Du Bos selbst vor vergleichbar dezidierten Isolierungen einer rein affektiven Wirkungsbestimmung der Tragödie zurück-

---

173 GOTTSCHED (DICHTKUNST), 607.
174 FRIEDRICH NICOLAI, Abhandlung vom Trauerspiele (1757), in: J. Schulte-Sasse (Hg.), Lessing – Mendelssohn – Nicolai. Briefwechsel über das Trauerspiel (München 1972), 19.

schreckte.[175] Wie sehr diese von moralischen Interessen und Zweckbestimmungen freie Apotheose der Leidenschaften im Jahrhundert der Aufklärung eine Provokation darstellt und abgearbeitet werden muß, demonstriert Lessing, der den Affekt des tragischen Mitleids so konzipiert, daß Erregung der Leidenschaften und sittliche Besserung – zwei Grundanliegen der Aufklärung – zusammenfinden können.

So entschieden Nicolai sein Konzept der tragisch fundierten Erregungsintensivierung auf die Affekte Schrecken, Mitleid und Bewunderung ausdifferenziert, so nachhaltig Mendelssohn an der Bedeutung des Schreckens festhält und die Bewunderung vor dem Mitleid an die erste Stelle in der Skalierung der tragischen Empfindungen setzt[176], Lessing verfolgt zuerst im Briefwechsel mit Nicolai und Mendelssohn und später auch in der *Hamburgischen Dramaturgie* (1767–1768) das Ziel, das Mitleid ganz ins Zentrum der tragischen Affekte zu stellen: »Kurz, ich finde keine einzige Leidenschaft, die das Trauerspiel in dem Zuschauer rege macht, als das Mitleiden.«[177] Dieser Kernsatz ist vorderhand affektanalytisch ausgerichtet. Gestützt auf Mendelssohn bestimmt Lessing das Mitleiden als einen gemischten Affekt sui generis. Es wird verstanden als ein »Betrübniß über ein verlohrnes Gut«, als eine affektive Antwort also auf eine Konstellation, die gleichermaßen angenehme und unangenehme Vorstellungen abruft und in der Folge »nicht allein die Idee des Verlusts, sondern auch die Idee des Guts […] unzertrennlich verknüpft«[178]. Diese wechselseitige Durchdringung zweier ursprünglich gegenläufiger Gemütsbewegungen wird immer neu herangezogen, um das in Blick genommene Mitleiden zu paraphrasieren. So wird im weiteren Kontext das Zusammenspiel von »guten Eigenschaften und Unfällen«[179] sowie von »Vollkommenheiten und Unglücksfällen« als Resonanzboden des Mitleids und die komplementäre Einheit von »Bewunderung und Schmerz«[180] als Vorgriff auf dessen Wirksamwerden vorgestellt. Eine qualitative Steigerung findet diese analytische Bestimmung in dem Brief an Mendelssohn vom 2. Februar 1757, in dem Lessing das Mitleiden gegen alle anderen Affekte abgrenzt. Er tut dies mit Hilfe des Saitengleichnisses über die Unterscheidung zwischen ersten und zweiten Affekten. Als erste Affekte werden die von den dramatis personae ausagierten Leidenschaften (Haß, Eifersucht, Hochmut usw.) bezeichnet, als zweite Affekte deren Nachhall oder Nachklingen im Zuschauer. Aus dieser Intensitätsabstufung der Affekte gewinnt Lessing dann das zentrale Argument, daß die Überlagerung von unangenehmen ersten und angenehmen zweiten Affekten als neues Ergebnis im Zuschauer das tragische Mitleiden hervorbringt. Es ist allen nachhallenden Affekten gegenüber singulär dadurch, ein Zuschaueraffekt und zugleich ein primärer, unabgeleiteter Affekt zu sein: »Denn diesen Affekt empfinden nicht die spielenden Personen, und wir empfinden ihn nicht blos, weil sie ihn empfinden, sondern er entsteht in uns ursprünglich aus der Wirkung der Gegenstände auf uns: er ist kein *zweyter* mitgetheilter Affekt«[181]. Gestalt also gewinnt das so verstandene tragische Mitleiden dadurch, daß die von den dramatis personae ausgehenden Leidenschaften – »in einer Art dialektischen Umschlages«[182] – transformiert werden können in »tragische Affizierbarkeit überhaupt«[183], in jenes Ein- und Mitschwingen mit dem dargestellten Geschehen, welches, von Kommerell als »Selbstverwechslung«[184] bezeichnet, eine Voraussetzung menschlicher Selbstkorrektur und der entscheidende Ermöglichungsgrund dafür wird, »daß das Trauerspiel durch Erzeugung der Leidenschaften bessern kann«[185]. Spätestens an dieser Stelle wird aber evident, daß Lessings Option für das derart fundierte Mitleiden als einzigen tra-

---

175 Vgl. DU BOS, Bd. 1 (1770), 457–466.
176 Vgl. MOSES MENDELSSOHN an Gotthold Ephraim Lessing (23. 11. 1756), in: Schulte-Sasse (s. Anm. 174), 60.
177 LESSING an Friedrich Nicolai (November 1756), in: ebd., 54.
178 LESSING an Mendelssohn (13. 11. 1756), in: ebd., 58.
179 LESSING an Nicolai (29. 11. 1756), in: ebd., 68.
180 LESSING an Mendelssohn (18. 12. 1756), in: ebd., 77.
181 LESSING an Mendelssohn (2. 2. 1757), in: ebd., 103.
182 JOCHEN SCHULTE-SASSE, Der Stellenwert des Briefwechsels in der Geschichte der deutschen Ästhetik, in: ebd., 211.
183 HANS-JÜRGEN SCHINGS, Der mitleidigste Mensch ist der beste Mensch. Poetik des Mitleids von Lessing bis Büchner (München 1980), 37.
184 KOMMERELL (s. Anm. 30), 99.
185 LESSING an Nicolai (Nov. 1756), in: Schulte-Sasse (s. Anm. 174), 53.

gischen Affekt eine Überbietung seiner Mitleidstheorie, soweit sie sensualistisch inspiriert ist, einschließt. Besondere Bedeutung kommt der Ausgangssituation zu, die Lessing zuerst gegenüber Nicolai und Mendelssohn und dann in der *Hamburgischen Dramaturgie* als Quelle für das tragische Mitleiden entwirft. In einem Brief an Nicolai vom 29. November 1756 läßt er einen Bettler auftreten, der einem Dritten, dem potentiellen Zuschauer, vor Augen führt, wie er sein Amt verloren hat und nun samt seiner Familie drohendem Hunger ausgesetzt ist. Die spontane Rührung, die sein Los hervorruft, wird in Mitleid verwandelt, sobald er die Wiedergabe seines Unglücks mit ihn auszeichnenden guten Eigenschaften, dem Umstand etwa, daß er einem korrupten Minister gegenüber sich als unbestechlich erwiesen hat und deswegen entlassen worden ist, zu verknüpfen weiß. Mit der in den Worten »ich bin vom Amte gesetzt, weil ich zu ehrlich war«[186] pathetisch beschworenen Situation erfüllt dann der Bettler auf geradezu ideale Weise die affekttheoretischen Voraussetzungen für tragisches Mitleid. Eine in Unglück und Ohnmacht führende Tugend auf der einen Seite und das in Tränen der Rührung sich erfüllende Mitleiden auf der anderen Seite bedingen und verstärken sich gegenseitig. Da aber das derart avisierte tragische Mitleid nicht als Form eines »autistischen Genusses«[187], sondern als sozial fermentierte Schule der Menschlichkeit zu verstehen und der Satz »*Der mitleidigste Mensch ist der beste Mensch*, zu allen gesellschaftlichen Tugenden, zu allen Arten der Großmuth der aufgelegteste«[188] programmatisch als Fluchtpunkt für die Tragödie im Vorzeichen bürgerlicher Selbstfindung zu lesen ist, stellt sich die Frage, ob die zitierte Ausgangssituation mit ihrer Kombination von Unglück und Tugend der Vision einer affektiv begründeten und moralisch wirksamen Vervollkommnung des Publikums gerecht zu werden vermag. Jedenfalls setzt die *Hamburgische*

Dramaturgie genau an diesem Punkt mit einer pointierten Reformulierung der tragischen Ausgangssituation ein. Als »der Tragödie würdig« wird nun ein Protagonist vorgestellt, der wiederum zusammen mit seiner Familie in Unglück und existentielle Not geraten ist. Diesmal aber sind nicht gute Eigenschaften die Ursache für sein Unglück, sondern »Gefälligkeit gegen unwürdige Freunde« und die Schwäche, durch »das verführerische Beispiel ins Spiel verstricket« worden zu sein, verbunden nun nicht mit stolzer Unbeugsamkeit, sondern mit »Scham und Reue«. Unter diesen Veränderungen gilt, daß es »in der Geschichte der Helden rührendere, moralischere, mit einem Worte, tragischere Situation«[189] als die nun entworfene nicht gegeben hat. Die Frage aber, wie denn die solcherart aufgerufene Einheit von affektiver Rührung, moralischer Besserung und Tragik zu denken sei, findet ihre Antwort in der *Hamburgischen Dramaturgie* insgesamt oder, metonymisch, in ihrem Hauptsatz, daß die Tragödie »ein Gedicht ist, welches Mitleid erreget« (391).

Im Zentrum der *Hamburgischen Dramaturgie* steht eine Sequenz von wirkungsästhetischen Konfigurationen, die als Scharnierstellen der nun konzipierten Tragödie fungieren. Sie dienen dazu, die Rückkoppelung zwischen tragischer Handlungsmatrix und tragischem Mitleid zu befestigen und auf diesem Weg Tragik überhaupt an das empathische Mitleiden des Rezipienten zu binden. In dieser Perspektive rückt zu allererst die in der *Hamburgischen Dramaturgie* vorgenommene Veränderung der tragischen Ausgangslage in ihr Recht. Erst durch die sinnliche Schwäche und Verführbarkeit des Protagonisten wird die Hamartia als affektives Inzitament wirksam. Dem entspricht, daß auch die weitere Einbringung aristotelischer Begriffe – in ihrer jeweiligen Anverwandlung an die moral-philosophische Ästhetik des Mitleids – die Funktion hat, die Fortschreibung und Legitimierung der nun projektierten Tragödie zu beglaubigen und zu befördern. Dies gilt insbesondere für Lessings folgenreiche Neuübersetzung von ›phobos‹ mit ›Furcht‹ statt wie bislang mit ›Schrecken‹. Verbunden mit dieser Übersetzung sind die harsche Abwendung von Corneille und die Deutung, daß der genannte Affekt nicht – distanzbildend – auf die dramatis personae gerichtet ist, sondern genau um-

---

186 LESSING an Nicolai (29. 11. 1756), in: ebd., 68.
187 ALOIS WIERLACHER, Das bürgerliche Drama (München 1968), 153.
188 LESSING an Nicolai (November 1756), in: Schulte-Sasse (s. Anm. 174), 55.
189 LESSING (s. Anm. 49), 76.

gekehrt eine Furcht bezeichnet, die dem Zuschauer selbst gilt, eine affektive Bewegung also meint, die von dem Bühnengeschehen zwar ausgelöst, aber auf den Zuschauer zurückgelenkt wird und auf eben diese Weise ihn sich seiner Ähnlichkeit mit den handelnden Personen bewußt werden läßt. In diesem Sinne verstanden, führt die berühmte Formel von der Furcht als dem »auf uns selbst bezogenen Mitleid« (381) unmittelbar über zu der nicht weniger berühmten, derzufolge Held und Zuschauer »von gleichem Schrot und Korne« (383) sein sollen. Gemeinsam tragen diese Stationen die entscheidende Abgrenzung von Philanthropie und tragischem Mitleid. Erst »durch die Dazukunft einer wahrscheinlichen Furcht für uns selbst« (390) wird aus den bloß mitleidigen Empfindungen der Philanthropie das auf Dauer und tatkräftige Einlösung angelegte tragische Mitleid, und erst dieses tragische Mitleid kann das Ziel der so verstandenen Tragödie, die »Verwandlung der Leidenschaften in tugendhafte Fertigkeiten« (399) – Lessings Version des Katharsissatzes – gewährleisten.

Wenn also Lessing im 14. Stück der *Hamburgischen Dramaturgie* eine »tragischere Situation« nicht für denkbar hält als die des neuen Helden, der – aus der Ständeklausel entlassen – durch eine Schwäche in äußerstes Unglück geraten ist, so beruht gleichwohl, wie die skizzierte wirkungsästhetische Argumentation zeigt, die Qualität des Tragischen nicht schon auf der situativen Bestimmung der Handlungsfolge, sondern gewinnt Realität erst dadurch, daß der Zuschauer sich in einer im tragischen Mitleiden dokumentierten Affinität zu dem Dargestellten erfährt. Ihre entscheidende Nobilitierung erlangt dieses Mitleiden als Gewährleistung des Tragischen dadurch, daß es zum Maßstab wird für die postulierte Kongruenz zwischen der Handlungsmatrix, dem Zuschauer und »dem Ganzen des ewigen Schöpfers« (402). Nur wenn eine solche Kongruenz gegeben ist, nur wenn die tragische Handlung als »Schattenriß« (402) der übergreifenden Weltordnung zu wirken vermag, wird das tragische Mitleiden als edelste Befähigung und als Quelle der Selbstvervollkommnung des Menschen aktiviert. Damit aber wird die Tragödie, so wie Lessing sie konzipiert, zum Paradigma einer theodizeeartig geordneten Welt.

III. Philosophie des Tragischen

Angestoßen durch den Umstand, daß in der Folge der ›Querelle‹[190] die antike und die moderne Tragödie in ihrer jeweiligen Besonderheit und auf die ihnen eigene ›essence de la tragédie‹ befragt werden, kommt es, als Ergebnis der Aufklärung, zu einer sukzessiven Ablösung der wirkungsästhetisch dominierten Tragödientheorien. An ihre Stelle tritt vom ausgehenden 18. Jh. an die Verselbständigung einer Reflexion, die nicht mehr nur dem Bauprinzip sowie dem moralischen und affektiven Zielpunkt der Tragödie, sondern ihrem philosophischen Gehalt gilt. Es setzt damit der Prozeß ein, der zur Philosophie des Tragischen geführt hat, wie sie von Friedrich Wilhelm Joseph Schelling bis Karl Jaspers, mit besonderem Schwerpunkt im deutschen Idealismus, sich herausgebildet hat. Als gemeinsamen Nenner dieser Stationen hat Peter Szondi eine formallogische Struktur aufgedeckt, die des Dialektischen: »Nur *der* Untergang ist tragisch, der aus der Einheit der Gegensätze, aus dem Umschlag des Einen in sein Gegenteil, aus der Selbstentzweiung erfolgt.«[191] Diese inhaltliche Spezifizierung der Modalität, unter welcher menschlicher Untergang als ›tragisch‹ in den Blick genommen wird, erfährt eine entscheidende Erweiterung dadurch, daß die der Dialektik immanente geschichtliche Dynamik freigesetzt und sowohl der Prozeßcharakter der jeweils untersuchten Tragödienhandlung als auch die Relation von (vergangener) Tragödie und (gegenwärtiger) Reflexion philosophisch befragt werden. Indem evident gemacht werden kann, daß die antike Tragödie als Gegenstand der Reflexion und das neuzeitlich autonome Ich als Origo dieser Reflexion die mythisch verankerte Wirklichkeit der Tragödie und das dieser Wirklichkeit (vermeintlich) enthobene Ich der Moderne kraft dialektischer Progression zwar auseinander hervorgegangen sind, schließlich aber ganz voneinander abgetrennten Stadien der Ent-

---

190 Vgl. HANS ROBERT JAUSS, Schlegels und Schillers Replik auf die ›Querelle des Anciens et des Modernes‹, in: Jauß, Literaturgeschichte als Provokation (Frankfurt a. M. 1970), 67–106.
191 PETER SZONDI, Versuch über das Tragische (1961; Frankfurt a. M. ²1964), 60.

wicklungsgeschichte des menschlichen Bewußtseins zuzurechnen sind, entwickelt sich aus der Philosophie des Tragischen als deren (allerdings zentraler) Sonderfall eine geschichtsphilosophische Reflexion über die Tragödie. Diese Reflexion wird dadurch nobilitiert, daß Hegel ihre Begründung und Ausdifferenzierung in das Zentrum seiner Philosophie gestellt hat. Inwiefern Hegel selbst seine Position dahingehend unterminiert, daß ihm zufolge das Ich der Moderne seinerseits in die Wirklichkeit des Tragischen involviert ist, bleibt zu prüfen. Einen Sonderfall gleichsam am anderen Spektrum der Philosophie des Tragischen repräsentieren die lebensphilosophisch ausgerichteten Theorien, die um die Wende vom 19. zum 20. Jh. eine intensive Verbreitung finden und es sich zum Programm machen, die historische Verortung, die die geschichtsphilosophische Bestimmung nachhaltig herausgestellt hatte, zu eskamotieren und eine Tragikkonzeption zu entwerfen, in der Kategorien der historischen Differenz keine Rolle spielen.

Allgemeiner läßt sich sagen, daß es in der Philosophie des Tragischen um eine Reflexion auf eine spezifische Form menschlichen Untergangs zu den Bedingungen einer je besonderen philosophischen Konstruktion von Wirklichkeit geht. Das Tragische als Gegenstand philosophischer Reflexion wird zu einem Kohäsionsprinzip unterschiedlicher philosophischer Modellierungen von Wirklichkeit. Diese philosophische Appropriation des Tragischen kann an die Geschichte und Erscheinungsform der Tragödie relativ nah angelehnt sein, wie dies etwa bei Friedrich Hölderlin der Fall ist, sie kann ihre ursprünglichen Vorgaben aber auch weitgehend abgestoßen haben, wie es etwa das Beispiel Miguel de Unamunos zeigt. Entscheidend bei einer solch allgemeinen Betrachtungsweise ist, daß die philosophische Denkbewegung, wie sehr sie auch durch eine Auseinandersetzung mit der Tragödie angeregt und moduliert sein mag, jeweils ein strukturgebendes Eigengewicht besitzt und – etwas überspitzt formuliert – sich der Dignität des Tragischen bedient, um zentralen Konfigurationen der eigenen Welterfassung Kontur zu geben.

In diese notorische Genese und Entfaltung einer Philosophie des Tragischen ist ein Bestimmungsfaktor eingewoben, der ihr wie selbstverständlich zugehört und seit dem späten 18. Jh. geradezu konstitutive Bedeutung für jegliche Auseinandersetzung mit der Tragödie gewinnt. Man kann diesen Faktor als ›Erbe der Aufklärung‹ markieren und auf den Umstand abheben, daß jede neuzeitliche Bestimmung des Tragischen an Grundprinzipien der Aufklärung – u. a. optimistische Anthropologie, Autonomie des Individuums, Geschichtsprogreß und Versöhnung – abarbeiten muß. Dies geschieht teils in der Art, daß zentrale Gedanken der Aufklärung in wie immer vermittelter Form integraler Bestandteil einer Theorie oder Philosophie des Tragischen werden (Hegel), teils über die Ausgliederung der Tragödie in die dunklen Zeiten einer abgeschiedenen Epoche (Goethe), teils aber auch via negationis, so nämlich, daß der Versuch unternommen wird, das Vordringen der Aufklärung in die Bestimmung des Tragischen rückgängig zu machen und auf diese Art eine Argumentationsebene wiederzugewinnen, die durch die Aufklärung gleichsam verschüttet worden ist (Nietzsche). In jedem der angeführten Fälle aber wirkt die Aufklärung als Katalysator. Und so kann man in dieser vermittelten Wirkung der Aufklärung den größten gemeinsamen Nenner für die Reformulierung des Tragischen seit dem späten 18. Jh. sehen.

1. *Schiller und Goethe*

Die Frage, mit der Friedrich Schiller im Jahre 1791 seine theoretischen Erörterungen über die Tragödie eröffnet, wie nämlich das Vergnügen an tragischen Gegenständen zu erklären sei[192], steht hinsichtlich ihrer wirkungsästhetischen Implikationen noch in einem ambivalenten Verhältnis zur skizzierten Theorie des bürgerlichen Trauerspiels. Wenn Schiller mit seiner Leitfrage die affekttheoretischen Intentionen von Diderot und Lessing weiterführt, so nimmt er doch zugleich eine wesentliche Umbesetzung der Zielvorgabe dadurch vor, daß er die von Lessing ins Auge gefaßten »Fertigkeiten« durch eine pointiert ästhetische Disposi-

---

192 Vgl. FRIEDRICH SCHILLER, Über den Grund des Vergnügens an tragischen Gegenständen (1791), in: Schiller, Sämtliche Werke, hg. v. G. Fricke/H. Göpfert, Bd. 5 (Darmstadt ⁹1993), 358–372.

tion, das Vergnügen an tragischen Gegenständen, substituiert. Vor allem komplementiert Schiller durch die Antwort auf seine Titelfrage das von ihm geteilte affekttheoretische Interesse der Vorgänger durch einen Eckwert seiner Philosophie: die Theorie des Erhabenen. Insofern markieren das ästhetische Vergnügen und die Theorie des Erhabenen gemeinsam die Zäsur, mit der Schiller sich vom bürgerlichen Trauerspiel absetzt und die Grundlage für eine Neubegründung der hohen Tragödie schafft. Anzumerken bleibt, daß Schillers ästhetisch ausgerichtete Frage auch im 18. Jh. eine Vorgeschichte hat. Namentlich sind für England David Hume und Edmund Burke, für Frankreich Bernard Le Bovier de Fontenelle und Charles Batteux zu nennen, Autoren also, deren Augenmerk kaum dem bürgerlichen Trauerspiel, sondern vor allem der überkommenen Tragödie gilt. Gemeinsam ist ihnen, daß sie in der Zeit, in der Diderot und Lessing für das Theater die vollkommene Illusion von Wirklichkeit reklamieren, das Bewußtsein des Zuschauers von der Fiktionalität der tragischen Handlung in den Mittelpunkt ihrer Untersuchung rücken und auch als Ursache für das ästhetische Vergnügen ausmachen. So hält Hume in einem entscheidenden Argument fest, daß ungeachtet aller affektiven Wucht, die vom Theatergeschehen ausgehe, im Zuschauer doch immer »a certain idea of falsehood« gegenwärtig bleibe. »This idea«, fährt er dann fort, »suffices to diminish the pain which we suffer [...] and to reduce that affliction to such a pitch as converts it into pleasure«[193]. Geradezu echohaft stellt Batteux seinerseits die Bedeutung der Illusionsdurchbrechung für den ästhetischen Status der Tragödienwirkung heraus: »malgré l'illusion du théâtre, à quelque degré qu'on la suppose, on sent toujours la feinte, et que la feinte sentie affaiblit le coup, et le réduit au point où il n'est plus que plaisir.«[194] So ist es denn auch Batteux, der im Zuge seiner im 18. Jh. ungewöhnlich moralfreien Katharsisanalyse erstmals das Syntagma »plaisir tragique«[195] ins Spiel bringt. Schiller rekurriert in seinen diversen Abhandlungen über das Tragische immer wieder auf die Tragweite, die der Einsicht des Zuschauers in den Fiktionscharakter der tragischen Handlung zukommt. Entscheidend wird dieses Argument, das, isoliert betrachtet, sich bis auf die renaissancistische Rezeption des Aristo-

teles zurückverfolgen läßt, für Schillers Tragödientheorie erst durch die Einbeziehung der von Burke und insbesondere von Immanuel Kant weiter entwickelten Kategorie des Erhabenen. Mittels ihrer belehnt er eine zentrale philosophische Position der Aufklärung und entwickelt eine Konzeption von Tragik, in der wirkungsästhetische Zielsetzungen und gehaltliche Perspektivierungen ineinander greifen und sich wechselseitig stützen.

Zentraler Ausgangspunkt für Schillers Theorie des Erhabenen und mithin für seine Konzeption des Tragischen ist die von ihm zugrunde gelegte dualistische Anthropologie. Ihr zufolge sind im Menschen Sinnlichkeit und Vernunft, animalische Natur und selbsttätiger Geist, Notwendigkeit und Selbstbestimmung gemeinsam präsent, allerdings durch »Disharmonie«[196] gegeneinander abgesetzt. Gerade diese innere Zerrissenheit ist es, die das Wesen des Menschen bezeichnet. Während die Kapazität und auch das Risiko des Schönen darin liegen, diese Disharmonie im Schein geglückter »Zusammenstimmung«[197] zu überspielen, sieht Schiller das entscheidende Potential des Erhabenen darin, die bezeichnete Disjunktion aufzudecken und auch mit einem deutlichen Wertgefälle zugunsten von Freiheit und Selbstbestimmung zu versehen. So ist das Erhabene eine Konstellation, in der das Gegenspiel von physischer Begrenztheit und vernunftgestützter Autonomie als Wesensmerkmal des Menschen sich spiegelt, in der aber dieser Dualismus ineins überboten wird durch die Gewißheit, daß gerade dann, wenn der Mensch mit seiner physischen Natur in ausweglose Bedrängnis gerät, »unsre vernünftige Natur [...] ihre Überlegenheit, ihre Freiheit von Schranken fühlt« (489) und als »unbezwingliche Burg unsrer moralischen Frei-

---

193 DAVID HUME, Of Tragedy (1757), in: Hume, Philosophical Works, hg. v. T. Hill Green/T. Hodge Grose, Bd. 3 (Aalen 1964), 260.
194 Zit. nach RAYMOND NAVES, L'Abbé Batteux et la catharsis (1941), in: Mélanges de la Société Toulousaine d'Etudes classiques, Bd. 1 (Toulouse 1946), 295.
195 Ebd., 291.
196 SCHILLER, Über das Pathetische (1793), in: Schiller (s. Anm. 192), 520.
197 SCHILLER, Über das Erhabene (ersch. 1801), in: ebd., 797.

heit«[198] Gestalt zu gewinnen vermag. Es ist dies allerdings eine Gestalt, die sich der Abstoßung oder auch »Aufopferung«[199] der physischen Natur verdankt, also einer Form der Selbstnegation, die auf die Durchsetzung moralischer Autonomie gerichtet ist.

Die solcherart in die dialektische Figur des Erhabenen gewendete dualistische Anthropologie bildet die Matrix, innerhalb derer Schiller seine Theorie des Tragischen verortet. Schaltstelle ist dabei die Konzeption des Pathetischen. Sie hat in dem äußersten Leiden, dem der Mensch aufgrund seiner physischen Begrenztheit und seines Unterworfenseins unter die Notwendigkeit ausgesetzt ist, ihr Fundament. Dieses Leiden bis zum Exzeß zu treiben und den Zuschauer damit zu affizieren, wird als Aufgabe des tragischen Dichters angesehen. Wobei aber dieses exzessive Leiden niemals Selbstzweck sein darf und auch die Dignität des Pathetischen (wie die des Tragischen) erst durch den »Widerstand«[200] gewinnt, den die moralische Instanz im Menschen gegen das in Naturbedingtheit verhaftete Leiden zu mobilisieren vermag. So ist es auch dieser Widerstand und die von ihm bezeugte Überlegenheit der moralischen Autonomie, die das primär ausgespielte Leiden auf seiten des Zuschauers in ein erhebendes Gefühl, von Schiller zuerst als »Vergnügen«, dann als »Rührung« bezeichnet, umzuwandeln die Kraft hat: »Das erste Gesetz der tragischen Kunst war die Darstellung der leidenden Natur. Das zweite ist Darstellung des moralischen Widerstandes gegen das Leiden.« (515)

Der so nachhaltig eingesetzte Begriff der »Darstellung« weist auf den ästhetischen Modus, der zusammen mit dem Leiden und dem Erhabenen für Schillers Begriff des Tragischen konstitutiv wird. Erst durch eine doppelte Gegenwehr kann die drohende Allgewalt naturbedingten Leidens in das tragikäquivalente Pathetische oder »Pathetischerhabene«[201] transformiert werden: durch die im Erhabenen aufscheinende »moralische Independenz von Naturgesetzen«[202] und durch eine die Realisierung dieser Independenz erleichternde Abschwächung der affektiven Bedrängnis durch ästhetische Distanz. Über sie wird gesichert, daß das Leiden in eine fiktionale Handlung eingebunden und nur solcherart vermittelt den Rezipienten als »tragische Rührung«[203] oder »erhabene Rührungen«[204] erreichen kann. Wenn also der tragische Künstler seinem Helden »die ganze volle Ladung des Leidens«[205] verabreichen muß, um so das Ausmaß des nötigen »Widerstands«, welcher durch die moralische Independenz umgesetzt wird, vor Augen zu führen, so muß er zugleich auf seiten des Rezipienten doch auch das Bewußtsein von der Fiktionalität des Geschehens aufrecht erhalten, um die Erhebung über das Leiden und das aus dieser Erhebung resultierende ästhetische Gefallen nicht zu gefährden. Pointiert zusammengeführt: »Die Vorstellung eines fremden Leidens, verbunden mit Affekt und mit dem Bewußtsein unserer inneren, moralischen Freiheit, ist *pathetischerhaben.*«[206] Der so sich konturierende Modus des Ästhetischen steht schließlich auch dafür ein, daß das Pathetische – bevorzugterweise in der Form der Tragödienhandlung – als »Inokulation des unvermeidlichen Schicksals« zu wirken und den Zuschauer durch »künstliches Unglück«[207] in die selbstbestimmte Bewältigung wahren Unglücks einzuüben vermag. Wird solcherart modifiziert noch einmal die wirkungsästhetische Tradition der Tragödie aufgerufen, so wird diese Tradition in Schillers Theorie doch schon überlagert von den philosophischen Vorgaben, hier der Theorie des Erhabenen, die hinfort zunehmend das Verständnis des Tragischen durchdringen werden.

Schiller profiliert die Theorie des Erhabenen und die ihr immanente Idee moralischer Autonomie als Grundlage seiner Konzeption des Tragischen nicht zuletzt dadurch, daß er eine wertende Unterscheidung zwischen antiker und neuzeitlicher Tragödie vornimmt. Kann er in Corneilles *Cid* und speziell in dem zwischen Rodrigue und

---

198 SCHILLER (s. Anm. 196), 525.
199 SCHILLER (s. Anm. 192), 366.
200 SCHILLER (s. Anm. 196), 521.
201 SCHILLER, Vom Erhabenen (1793), in: Schiller (s. Anm. 192), 509.
202 SCHILLER (s. Anm. 196), 512.
203 SCHILLER, Über die tragische Kunst (1792), in: Schiller (s. Anm. 192), 381.
204 SCHILLER (s. Anm. 197), 805.
205 SCHILLER (s. Anm. 196), 513.
206 SCHILLER (s. Anm. 201), 509.
207 SCHILLLER (s. Anm. 197), 805 f.

Chimène ausgetragenen Kampf um die Ehre die von ihm in Form willentlicher Autonomie projektierte Selbstbestimmung durch Selbstnegation – als Preisgabe sinnlicher Ansprüche – geradezu paradigmatisch eingelöst finden und erkennt er entsprechend in diesem Drama ein »Meisterstück der tragischen Bühne«, so sieht er in der antiken Tragödie doch eher »eine blinde Unterwürfigkeit unter das Schicksal« am Werke und jedenfalls die »vernunftfordernde Vernunft«[208] nicht angemessen eingelöst.

Eben diesen Hiat zwischen den Grundbestrebungen der auf Moralität, Vernunft und Willen ausgerichteten Menschen der Neuzeit und den am Primat der Notwendigkeit orientierten Bedingungen der antiken Tragödie greift Goethe auf, um auf dieser Grundlage – in schierer Umkehrung der Schillerschen Position – eine deutliche Präferenz für die Tragödie der Alten zu formulieren und einen dieser Präferenz entsprechenden Begriff des Tragischen durchzusetzen. Es ist nicht zuletzt die zeitlebens beibehaltene Geltung einer solcherart begründeten Konzeption, die Goethe schließlich dazu führt, für sich selbst eine nachhaltige Distanznahme dem Tragischen gegenüber in Anspruch zu nehmen.

Als erstes aber ist festzuhalten, daß der tragik-relevante Dissens zwischen Schiller und Goethe eher latent und ihr diesbezüglicher Austausch auf im engeren Sinn poetologische Stichworte wie die viel diskutierte »tragische Analysis«[209] konzentriert bleibt. Bezeichnenderweise als Postscriptum formuliert Goethe eine Art Gegenmodell zu Schillers Konzeption des Tragischen, wenn er am 26. April 1797 an Schiller schreibt: »Im Trauerspiel kann und soll das Schicksal oder, welches einerlei ist, die entschiedne Natur des Menschen, die ihn blind da- und dorthin führt, walten und herrschen, sie muß ihn niemals zu seinem Zweck, sondern immer von seinem Zweck abführen, der Held darf seines Verstandes nicht mächtig sein, der Verstand darf gar nicht in die Tragödie entrieren, als bei Nebenpersonen zur Desavantage des Haupthelden und so weiter.«[210] Es ist sicherlich kein Zufall, daß Schiller diesen Vorstoß unbeantwortet läßt. Indem Goethe eine Szenerie des Tragischen entwirft, die durch das undurchsichtige Walten einer Kraft bestimmt ist, welche sei es von außen (als »Schicksal«), sei es von innen (als »entschiedne Natur des Menschen«) wirkt und über dieses Wirken in Widerspruch tritt zu dem Ziel, welches dem Helden ursprünglich als sein »Zweck«[211] eingeschrieben war, konnotiert er Tragik mit der Inversion von Lebensentwürfen, mit der Aufhebung selbstbestimmender Vermögen (wie der des »Verstandes«) und mit »blind« geleiteter Irreführung so grundlegend, daß in einem solchen Modell für eine Figur wie das Pathetischerhabene und die ihm inhärente Selbstversicherung des modernen Menschen gar kein Raum sein kann. Damit zusammen wird evident, daß Goethes Bestimmung des Tragischen als Experimentierfeld für die grundlegenden Triebfedern, Anliegen und Konflikte der Neuzeit nicht konzipiert ist, ihr ein Platz in der ›Geschichtsphilosophie des Tragischen‹ also nur unter Vorbehalt zugewiesen werden sollte. Und so kann es nicht überraschen, daß Goethe Positionen, die seiner eigenen und der Schillerschen Fokussierung des Tragischen entsprechen, schließlich in der späten Abhandlung *Shakespeare und kein Ende* (ersch. 1815/1826) schroff dissoziiert, indem er die Neuzeit unter das von Schiller favorisierte Vorzeichen des ›Wollens‹, die Antike und insbesondere die antike Tragödie unter das von ihm selbst als entscheidend analysierte Prinzip des ›Sollens‹ stellt. Dabei wird allerdings das ›Wollen‹, welches gleichsam als phantasmagorische Kraft und jedenfalls »der Gott der neuern Zeit« vorgestellt wird, höchst reserviert in den Blick genommen. Nicht nur als »schmeichlerisch« wird es charakterisiert, sondern vor allem dadurch gekennzeichnet, daß es – der Realität nicht standhaltend – das für es konstitutive »Unvermögen des Vollbringens« ausblendet und eben dadurch sich in eben diesem Unvermögen als »getröstet«[212] zu gerieren vermag.

---

208 SCHILLER (s. Anm. 203), 380f.
209 SCHILLER an Goethe (2. 10. 1797), in: E. Staiger (Hg.), Der Briefwechsel zwischen Schiller und Goethe (Frankfurt a. M. 1961), 247.
210 GOETHE an Schiller (26. 4. 1797), in: ebd., 194f.
211 GOETHE, Anhang. Maximen und Reflexionen, in: Goethes Sämtliche Werke. Jubiläumsausgabe, hg. v. E. von der Hellen, Bd. 4 (Stuttgart/Berlin [o. J.]), 252.
212 GOETHE, Shakespeare und kein Ende (ersch. 1815/1826), in: ebd., Bd. 37, 43.

Goethe schreibt gegen die Hypertrophie des ›Wollens‹ ein Modell des Tragischen fest, das an Notwendigkeit und individueller Entmächtigung orientiert bleibt. Dem lapidaren Satz »das Muß ist eine harte Nuß« (42), korrespondiert die normative Festschreibung: »Durch das Sollen wird die Tragödie groß und stark, durch das Wollen schwach und klein.« (43) In Versform gebündelt paraphrasiert Goethe die bisher skizzierte doppelte Position, daß er das Tragische an die Suprematie von Sollen und Schicksal bindet und es – gerade aufgrund dieser Bedingung – idealiter in der Antike verortet sieht, nochmals im *Prolog zur Eröffnung des Berliner Theaters am 26. Mai 1821*, in welchem er die Muse des Dramas sagen läßt: »Vom tragisch Reinen stellen wir euch dar / Des düstern Wollens traurige Gefahr; / Der kräftige Mann, voll Trieb und willevoll, / Er kennt sich nicht, er weiß nicht, was er soll, / Er scheint sich unbezwinglich wie sein Mut / Und wütet hin, erreget fremde Wut / Und wird zuletzt verderblich überrennt / Von einem Schicksal, das er auch nicht kennt. / [...] Ein solches Drama, wer es je getan, / Es stand dem Griechenvolk am besten an; / Sie haben, großen Sinns und geistiger Macht, / Mit wenigen Figuren das vollbracht.«[213]

Vor dem Hintergrund dieser inhaltlichen Konturierung und epochalen Verortung sind die verstreuten Äußerungen zu sehen, mit denen Goethe punktuell, aber stets schärfend, sein Verhältnis zu Tragödie und Tragik umreißt. Es geht ihm immer darum, die Ausweglosigkeit tragischer Situationen pointiert herauszustellen und ein persönliches Zurückschrecken vor dem so deutlich gezeichneten Phänomen zu bekunden. So sieht er seine eventuelle Absicht, »irgendeine tragische Situation zu bearbeiten«, an ein ihn okkupierendes »lebhaftes pathologisches Interesse« gebunden; eine Selbstbeobachtung, die er dann zu der Befürchtung forciert, daß er sich schon »durch den bloßen Versuch zerstören könnte«[214]. Zumindest implizit rückt er das Tragische noch nachhaltiger in jenem Diktum von sich, das der Kanzler Müller festgehalten hat: »Alles Tragische beruht auf einem unausgleichbaren Gegensatz. – So wie Ausgleichung eintritt, oder möglich, schwindet das Tragische.«[215] Als Fortschreibung ist die – in unerwartetem Kontext sich findende – Bestimmung zu lesen: »Das Grundmotiv aber aller tragischen Situationen ist das Abscheiden«[216], zu der sich wiederum komplementär lesen läßt, daß er Molières *Misanthrope* (1666) »tragisch« nennt, weil dieses Stück »uns oft selbst zur Verzweiflung bringt und wie aus der Welt jagen möchte.«[217] Eine Schlüsselfunktion kommt einem späten Brief an Carl Friedrich Zelter zu, in dem Goethe – gleichsam eine Summe seiner Annäherungen an das Tragische ziehend – schreibt: »Was die Tragödie betrifft, ist es ein kitzlicher Punkt. Ich bin nicht zum tragischen Dichter geboren, da meine Natur konziliant ist; daher kann der rein-tragische Fall mich nicht interessieren, welcher eigentlich von Haus aus unversöhnlich sein muß, und in dieser übrigens so äußerst platten Welt kommt mir das Unversöhnliche ganz absurd vor.«[218] Die Fremdheit dem Tragischen gegenüber, die Goethe für sich konstatiert, ist keine persönliche Idiosynkrasie. Sie korrespondiert dem Zustand der modernen Welt, die sich geradezu durch eine Negation der die Tragödie kennzeichnenden Kategorien erfassen läßt: Ist der »rein-tragische Fall« »unversöhnlich«, und ist in ihm jeder Ausgleich verstellt, so ist die moderne Welt, gerade darin ist sie eine Prolongierung der Aufklärung, auf Kompromiß und Verständigung, auf die sprichwörtlich gewordene Eindämmung von Konflikten und auf die noch eigens zu thematisierende ›Versöhnung‹ ausgerichtet.

Goethe sichert einen Begriff von Tragik, der nicht von der Aufklärung affiziert ist, vielmehr eine archaische Entschiedenheit und Konfrontation als unverzichtbar festschreibt. Er erweist der Aufklärung seinen Tribut dadurch, daß er sie und

---

213 GOETHE, Prolog zur Eröffnung des Berliner Theaters am 26. Mai 1821, in: ebd., Bd. 9, 292.
214 GOETHE an Schiller (9. 12. 1797), in: Staiger (s. Anm. 209), 266.
215 FRIEDRICH VON MÜLLER, Unterhaltungen mit Goethe (6. 6. 1824), hg. v. R. Grumach (München ²1982), 127.
216 GOETHE, Wilhelm Tischbeins Idyllen (1821), in: Goethe (s. Anm. 211), Bd. 35, 200.
217 GOETHE, [Rez.] Histoire de la vie et des ouvrages de Molière, par J. Tascherau. Paris 1828, in: ebd., Bd. 38, 161.
218 GOETHE an Carl Friedrich Zelter (31. 10. 1831), in: K. R. Mandelkow (Hg.), Goethes Briefe, Bd. 4 (Hamburg 1967), 458.

die durch sie geprägte Welt gegen den von ihm freigelegten »rein-tragischen Fall« abschirmt. Nur scheinbar widerspricht dem, daß Goethe in seinem Aristoteles-Kommentar die Bedeutung der Katharsis aus ihrer säkular gültigen Verschränkung von Bühne und Publikum herauslöst und sie als »Ausgleichung«, als »aussöhnende Abrundung«[219] der tragischen Handlung selbst liest. Die Katharsis solcherart als werkimmanente »Ausgleichung« zu lesen, bedeutet einen Triumph der klassizistischen Ästhetik. Die »tragische Situation«, wie Goethe sie expliziert und verstanden hat, wird aber davon nicht mehr tangiert.

2. Hegel im Kontext

In den *Gesprächen mit Eckermann* kritisiert Goethe an dem Hegel-Schüler Hermann Friedrich Wilhelm Hinrichs, daß dieser bei der Betrachtung der griechischen Tragödie »ganz von der *Idee*« ausgehe und ihm derart »durch die Hegelsche Philosophie [...] ein unbefangenes natürliches Anschauen und Denken [...] ausgetrieben« sei. Selbst die weiterführende Polemik, daß man bei der Lektüre seines Sophokles-Buchs an Stellen gerate, »wo unser Verstand durchaus stille steht und man nicht mehr weiß, was man lieset«[220], ist sicherlich nicht nur auf Hinrichs gemünzt, sondern auch auf den ›Meister‹ selbst.

Ungeachtet solch prominenter Distanznahme kann kein Zweifel daran sein, daß gerade die Philosophie des deutschen Idealismus eine fundamentale Erweiterung in der Kommentierung des Tragischen mit sich gebracht hat. Sie beruht nicht so sehr auf einer schieren Leitfunktion der ›Idee‹, sondern eher darauf, daß die ›Idee‹ mit den antiken Tragödien zusammengeführt und so eine Amalgamierung beider Wirklichkeiten eingebracht wird. Als zentral erachtete Termini wie Freiheit und Notwendigkeit, Bewußtsein und Natur, Schuld und Versöhnung, Paradoxon und Dialektik, allen voran aber der Begriff des Schicksals, werden an das Tragische gebunden, über dessen philosophische Durchdringung ausdifferenziert und ineins damit genutzt, die Konzeption des Tragischen zu schärfen. Dieses Tragische wird dabei zum überindividuellen Modellfall für die in extremis hervortretende Situation des Menschen in einer neuartig perspektivierten Welt. Freigesetzt wird eine in der Geschichte des Tragischen vollkommen neue Begrifflichkeit und Problemverdichtung, die darauf gerichtet ist, prozessuale Abläufe, Konfliktverknotungen und gegebenenfalls auch -auflösungen zu erfassen. Ist auch grundlegend zu unterscheiden, ob die jeweils gewonnene Gestalt des Tragischen für die antike Welt reserviert oder auch für die Moderne in Anspruch genommen wird, so geht es in der Philosophie des deutschen Idealismus nie um eine musealisierende Historisierung des Tragischen, eher um dessen geschichtsphilosophische Überwindung oder ›Aufhebung‹ in einer unter neuen Bedingungen fundierten Moderne.

Zentraler Bezugspunkt für die philosophische Auseinandersetzung mit dem Tragischen zu Beginn des 19. Jh. sind die zwei damals bekanntesten Stücke des Sophokles: *König Ödipus* und *Antigone*. Schelling markiert die Hauptzäsur, die seiner Argumentation zugrunde liegt, indem er die seit Jahrhunderten gültige wirkungsästhetische Betrachtungsweise sowie das damit vorgegebene Ziel der Katharsis fallen läßt, im besonderen die von Aristoteles auf dieses Ziel hin funktionalisierte Hamartia durch ein metaphysisch konzipiertes Schuldproblem substituiert und somit eine gravierende Umbesetzung vornimmt, die er selbst als »höhere Ansicht« der Tragödie proklamiert: »daß die tragische Person *nothwendig* eines Verbrechens schuldig sey (und je höher die Schuld ist, wie die des Oedipus, desto tragischer oder verwickelter). Dieß ist das höchste denkbare Unglück, ohne wahre Schuld durch Verhängniß schuldig zu werden.«[221]

Am Anfang der Philosophie des Tragischen steht also eine Umwendung der Blickrichtung weg von dem zuvor avisierten moralischen oder affektiven Zielpunkt des tragischen Prozesses hin zu dessen Ursache. Darüber hinaus wird diese Ursache bei Schelling durch Begriffe wie ›Nothwendigkeit‹, ›Verhängnis‹ und ›Schicksal‹ in bislang nicht the-

---

219 GOETHE, Nachlese zu Aristoteles' Poetik (1827), in: Goethe (s. Anm. 211), Bd. 38, 82.
220 GOETHE, Gespräche mit Eckermann (28. 3. 1827), hg. v. F. Deibel (Leipzig [o. J.]), 285.
221 FRIEDRICH WILHELM JOSEPH SCHELLING, Philosophie der Kunst (entst. 1802–1803), in: SCHELLING, Abt. 1, Bd. 5 (1859), 695.

matisierter Schärfe der Verfügungsgewalt des Menschen entzogen. Das ›Verhängnis‹ verstrickt den Menschen in Verbrechen, für die ihn eine zurechenbare Schuld nicht trifft. Im Unterschied aber zu Ansätzen, die eine bloße Schicksalsapologetik betreiben, wird der Triumph der ›objektiven Welt‹ für Schelling tragisch erst dadurch, daß die über den Menschen obsiegende ›Notwendigkeit‹ gleichwohl in der Freiheit des Menschen eine Antwort findet. Reicht diese Freiheit auch nicht hin, das ›Verhängnis‹ zu besiegen und die aus ihm sich ergebenden Verbrechen zu verhindern, so kann sie dennoch sich – und der Würde des Menschen – Kontur geben, indem sie die ob der Verbrechen verhängten Strafen sich zuzurechnen vermag und so sich zu eigen macht. Als Paradigma des solcherart gestellten Problems fungiert *König Ödipus*. Angestoßen »nicht sowohl, wie Aristoteles sagt, durch einen Irrthum«, sondern durch »ein unvermeidliches Verhängniß oder eine Rache der Götter« (695) »vollendet sich das Schicksal des Oedipus, ihm selbst unbewußt« (696). Das hier erstmals als »unbewußt« bezeichnete Schicksal des Ödipus ist aber damit, daß es als Spielball der Götter oder der Notwendigkeit ausgemacht wird, im Sinne Schellings erst partiell beschrieben. Konstitutiv für dieses Schicksal ist das in ihm repräsentierte dialektische Verhältnis der objektiven Welt und der mit ihr verbundenen Notwendigkeit zu subjektiven Äußerungsformen der Freiheit. In eben diesem Verhältnis sieht Schelling »das einzig wahrhaft *Tragische* in der Tragödie« (697) begründet. Am Ausgangspunkt des so perspektivierten Weges von Ödipus steht die Vernichtung seiner Freiheit durch die ›objektive Welt‹. Ist er dazu bestimmt, extreme Verbrechen zu begehen und also schuldig zu werden, so ist sein Kampf gegen dieses furchtbare Schicksal unverzichtbarer Teil seiner tragischen Existenz, insofern als dieser Kampf seinen freien Willen bezeugt. Entsprechend hat die ihn im weiteren ereilende Strafe eine doppelte Begründung: Einerseits muß er für das Verbrechen büßen, das er tatsächlich begangen hat. Andererseits allerdings wird er auch für seinen Kampf gegen das Schicksal bestraft. Indem er als Unterlegener die Strafe akzeptiert, erweist er, aus freiem Willen heraus gehandelt zu haben. So wird in eben der Handlungsfigur, in der Schicksal die Freiheit vernichtet, die Existenz eben dieser Freiheit demonstriert: »Es ist der größte Gedanke und der höchste Sieg der Freiheit, willig auch die Strafe für ein unvermeidliches Verbrechen zu tragen, um so im Verlust seiner Freiheit selbst eben diese Freiheit zu beweisen, und noch mit einer Erklärung des freien Willens unterzugehen.« (697)

So deutlich das Eigenrecht ist, das »Nothwendigkeit« und »Schicksal« bei Schelling gewinnen, das Pathos der Freiheit, welches in seiner Bestimmung des Tragischen das letzte Wort behält, bildet eine Klammer zwischen ihm und Schiller und markiert die Differenz, die beider Position von der Hölderlins trennt. In seinen unterschiedlichen Annäherungen an das Tragische geht es für Hölderlin nicht mehr nur um eine den Menschen betreffende Dialektik von fremdbestimmter Vernichtung und Selbstbehauptung, sondern mehr noch um das In-Erscheinung-Treten des Göttlichen selbst, um einen Prozeß, für den Schadewaldt die Wendung vom »Gottgeschehen«[222] gewählt hat, in dem man aber auch das Hervorbrechen einer als heilig erkannten »Naturmacht« (302) sehen kann, schließlich um die in einer todesnahen Begegnung gewonnene Abklärung des Verhältnisses von Gott/Natur auf der einen sowie dem Menschen auf der anderen Seite. Es ist dies eine Begegnung, die eine rauschhafte Entgrenzung zum Gegenstand hat, dann aber die Wiedergewinnung rezentrierender Identitätssuche anzeigt. Es fehlt nicht an Hinweisen, die Dimension dieser Begegnung auf Zeitdiagnose, Geschichte und Revolution – auf die »vaterländische Umkehr«[223] hin – auszudehnen[224]; bestimmt aber ist sie durch ein ins Grundsätzliche gewendetes Gegenspiel von menschlichem Bewußtsein und einem dieses Bewußtsein negierenden Göttlichen, das auch als Naturmacht zu er-

---

222 SCHADEWALDT, Hölderlins Übersetzung des Sophokles (1957), in: Schadewaldt, Hellas und Hesperien. Gesammelte Schriften zur Antike und zur neueren Literatur in zwei Bänden, Bd. 2 (Zürich/Stuttgart 1970), 287.
223 FRIEDRICH HÖLDERLIN, Anmerkungen zu Antigonä (1804), in: HÖLDERLIN (FA), Bd. 16 (1988), 419.
224 Vgl. JOCHEN SCHMIDT, Tragödie und Tragödientheorie. Hölderlins Sophokles-Deutung, in: Hölderlin-Jahrbuch 29 (1994/1995), 64–82.

scheinen vermag. Mitten im Zentrum des deutschen Idealismus ermöglicht es somit die Figur des Tragischen, den Menschen in dialektischer Opposition zu einer Macht zu sehen, die dem ›Andern der Vernunft‹ angehört und in dieser Funktion eine ganz eigendynamische und doch auch die Rolle des Menschen profilierende Bedeutung gewinnt. Zwar spielen das in dieser Zeit rekurrente Paradoxon von unschuldigem Schuldigsein und die durchaus komplementäre Dialektik von Freiheit und Notwendigkeit in Hölderlins Begriff des Tragischen hinein; strukturell aber steht ein eher formales Bewegungsgesetz im Vordergrund: das Gegenspiel von plötzlicher, gewaltsamer Vereinigung und deren Rückübersetzung in erneute, dann aber gereinigte Dissoziation.

Diese Figur wird im *Grund zum Empedokles* (ca. 1799–1800) durch das Oppositionspaar von Organischem und Aorgischem mit Leben gefüllt. Es geht um zwei vermeintlich sich ausschließende Weltprinzipien. Das Organische ist als das Feste, Formbestimmte, Geregelte zu verstehen. Es steht in Affinität zu Ordnung und Gesetz, auch zur Kunst. Das Aorgische hingegen ist in sich gestaltlos, flutend, unbestimmt. Ihm ist die Kraft zu steter Erneuerung und zur Lebenserzeugung, aber auch die zur Ordnungszerstörung eigen, es ist Ausdruck der Natur. Im Zuge der Bewegung, welche die Gestaltwerdung des Tragischen auslöst, streben die beiden Prinzipien über sich hinaus und, im Verlangen nach Vollkommenheit, auf das ihnen ermangelnde Gegenbild ihrer selbst hin. Sie werden aus der sie bestimmenden Grundorientierung herausgelöst und – von innerer Gewalt angetrieben – so geführt, daß das Organische sich in das Aorgische hinein entgrenzt und in ihm sich verliert, umgekehrt das Aorgische sich im Organischen verdichtet und so Gestalt erhält. Das Ergebnis dieses Prozesses, die »höchste Versöhnung«, ist aber »wie ein Trug«[225]. Hervorgetreten ist ein »Übermaas der Innigkeit« (872), das keinen Bestand haben kann. Erst im tragischen Untergang und im »Opfer« (874), welche von dieser trügerischen Versöhnung ihren unumgänglichen Ausgang nehmen, eröffnet sich ergebnishaft eine Option, aus der »die Innigkeit des vergangenen Moments nun allgemeiner gehaltner unterscheidender, klarer hervorgeht« (872).

Diese großräumige Annäherung an das Tragische gewinnt durch das »innigere Studium der Griechen«[226], zu dem Hölderlin sich in einem wahrscheinlich zur Jahreswende 1799/1800 verfaßten Brief an Christian Gottfried Schütz bekennt, ein schärferes Profil, sedimentiert in seiner intensiven Auseinandersetzung mit Sophokles. Eine Schlüsselfunktion gewinnt die Eingangsszene des *Ödipus*, in der ›trügerische Innigkeit‹ zwischen Gott und Mensch dadurch entsteht, daß Ödipus aus der ihm zugemessenen (und ihn begrenzenden) Rolle des Königs heraustritt und den Anspruch erhebt, die Ursache des Unheils, unter dem die Stadt leidet, aus eigener Kraft in geradezu gottähnlicher Mission aufklären zu können. Es ist die Phase des Stücks, in welcher höchste, aber trügerische Versöhnung hergestellt wird. Den ganzen ersten Teil des *Ödipus* liest Hölderlin derart als eine Grenzüberschreitung und eine an den Rand der Vernichtung führende Entgrenzung, in der der tragische Held sich in Verblendung verliert und eine gleichsam rauschhafte Einheit zwischen Mensch und Gott dadurch herstellt, daß er »priesterlich«[227] sich verhält und den Orakelspruch »zu unendlich deutet« (251), zu unendlich im Sinne von ›zu eigenmächtig‹, ›zu selbstmächtig‹[228]. Während für Hölderlin der allgemein gehaltene Spruch des Orakels – »Man soll des Landes Schmach […] verfolgen«[229] – lediglich darauf gerichtet sein kann, eine »gute bürgerliche Ordnung«[230] zu erstellen, ist es für ihn Ödipus selbst, der »das allgemeine Gebot argwöhnisch ins Besondere deutet«, den Tod des Lajos allererst in den Vordergrund der Nachfor-

---

225 HÖLDERLIN, Grund zum Empedokles (ca. 1799–1800), in: HÖLDERLIN (FA), Bd. 13 (1985), 871.
226 HÖLDERLIN an Christian Gottfried Schütz (ca. 1799/1800), in: Hölderlin, Die Briefe. Briefe an Hölderlin. Dokumente, hg. v. J. Schmidt (Frankfurt a. M. 1992), 411.
227 HÖLDERLIN, Anmerkungen zum Oedipus (1804), in: HÖLDERLIN (FA), Bd. 16 (1988), 252.
228 Vgl. GERHARD KURZ, Poetische Logik. Zu Hölderlins ›Anmerkungen‹ zu ›Oedipus‹ und ›Antigonae‹, in: C. Jamme/O. Pöggeler (Hg.), Jenseits des Idealismus. Hölderlins letzte Homburger Jahre (1804–1806) (Bonn 1988), 88.
229 HÖLDERLIN, Oedipus der Tyrann (1804), in: HÖLDERLIN (FA) (s. Anm. 223), 89 (V. 96 f.).
230 HÖLDERLIN (s. Anm. 227), 252.

schung rückt und so den »nefas« (251), in dem er sich wird wiedererkennen müssen, ausspricht. Ödipus folgt diesem Gottes-Sog »wie trunken« (253) bis hin zur Peripetie, die bestimmbar ist als sukzessive Auflösung der Verblendung: als »das verzweifelnde Ringen, zu sich selbst zu kommen«, als das »närrischwilde Nachsuchen nach einem Bewußtseyn.« (254) Es ist aber erst der tragische Deszensus, »ein Schicksal, das alle Demut und allen Stolz des Menschen erregt«[231], welcher den Weg aus der trügerischen Versöhnung hin zu diesem »Bewußtseyn« erschließt.

Die Singularität von Hölderlins Ödipus-Deutung liegt darin, daß die unbewußt geschehenen Verbrechen, Vatermord und Inzest, gar nicht im Vordergrund seiner Deutung stehen, vielmehr den Horizont bilden, vor dem die spezifische Dynamik des Tragischen, wie er sie sieht, sich entfalten kann. Es ist eine Dynamik, welche sowohl die simplen, an Ödipus gerichteten Schuldzuweisungen der aufklärerischen Rezeption als auch die emphatischen Beschwörungen eines den Menschen marginalisierenden Schicksals entkräftet und die Rolle des im Spiegel von Gott und Natur gesehenen Menschen stärkt. Nichts zeigt diesen Zusammenhang deutlicher als der »negativ-dialektisch«[232] zu lesende Schlüsselpassus, in dem Hölderlin eine nahezu definitorische Annäherung an das Tragische unternimmt: »Die Darstellung des Tragischen beruht vorzüglich darauf, daß das Ungeheure, wie der Gott und Mensch sich paart, und gränzenlos die Naturmacht und des Menschen Innerstes im Zorn Eins wird, dadurch sich begreift, daß das gränzenlose Eineswerden durch gränzenloses Scheiden sich reinigt.«[233] Was im Kontext des Empedokles als »höchste Versöhnung« erschien und in dem Brief an Schütz lakonisch in die Formel »Der Gott und Mensch scheint Eins«[234] gefaßt ist, wird nun dramatisch ins »Ungeheure« gewendet: in eine sexuelle Konnotationen nicht ausschließende Vereinigung[235], jedenfalls in eine exzessive Grenzüberschreitung. Diese Paarung von Gott und Mensch, die am Anfang des tragischen Prozesses steht, indiziert von seiten des Menschen nicht etwa Erfüllung und unio mystica, sondern »eine äußerste Heteronomie [...] des tragischen Helden«[236], von seiten des Gottes »Untreue«[237], ein gewaltsames Heraustreten aus seiner überkommenen Aufgabe, die darin liegt, zwischen Mensch und Natur ein Gleichgewicht zu halten.[238] Wie immer es um die Ursache des ausgelösten Prozesses steht – »Pest und Sinnesverwirrung«[239] werden genannt –, initiiert wird jedenfalls ein Bewegungsstrudel, in welchem »Gott« und »Naturmacht« in einem zerstörerischen Furor »tragisch, den Menschen seiner Lebenssphäre [...] entrükt und in die exzentrische Sphäre der Todten reißt.« (251) Aus dieser Sphäre heraus, in der der Mensch – via Negation des Bewußtseins – ganz der »Naturmacht« amalgamiert ist und der tragische Held, wie es in einer viel kommentierten Wendung heißt, »als unbedeutend = 0 gesetzt wird«[240], nimmt die Tragödie einen neuen Anlauf. Es handelt sich um einen Weg zurück und vorwärts zugleich, jedenfalls dahin, daß »Mensch und Gott [...] sich begreift«, und zwar dergestalt, »daß das gränzenlose Eineswerden durch gränzenloses Scheiden sich reinigt«[241]. Die angestrebte Selbstfindung, dem Sprachgebrauch der Zeit nach als ›sich begreifen‹[242] gefaßt, führt über eine gewaltsame und das tragische Opfer einschließende Re-Separierung von Gott und Mensch. Die von Hölderlin in den tragischen Prozeß integrierte Katharsis, in der das so verworrene Verhältnis der durchaus überindividuellen Akteure »sich reinigt«, projektiert mithin – als Ergebnis des »gränzenlosen Scheidens« – ein irreduzibles Spannungsgefüge zwischen Gott, Mensch und Natur zum Fluchtpunkt der Tragödie.

Entscheidend an diesem Entwurf ist, daß Hölderlin mit seiner Theorie der Tragödie nicht auf

---

231 HÖLDERLIN an Schütz (s. Anm. 226), 412.
232 KLAUS DÜSING, Die Theorie der Tragödie bei Hölderlin und Hegel, in: Jamme/Pöggeler (s. Anm. 228), 59.
233 HÖLDERLIN (s. Anm. 227), 257.
234 HÖLDERLIN an Schütz (s. Anm. 226), 412.
235 Vgl. GEORGE STEINER, Antigones (Oxford 1984), 212.
236 HELMUT HÜHN, Mnemosyne. Zeit und Erinnerung in Hölderlins Denken (Stuttgart/Weimar 1997), 213.
237 HÖLDERLIN (s. Anm. 227), 258.
238 Vgl. HÖLDERLIN (s. Anm. 223), 418.
239 HÖLDERLIN (s. Anm. 227), 257.
240 HÖLDERLIN, Die Bedeutung der Tragödien (entst. ca. 1801–1803), in: HÖLDERLIN (FA), Bd. 14 (1979), 383.
241 HÖLDERLIN (s. Anm. 234).
242 Vgl. ›sich begreifen‹, in: GRIMM, Bd. 1 (1854), 1310.

eine Aufhebung oder Überwindung von tragischen Widerprüchen und Konflikten in einer umfassenden Versöhnung zielt. Seine Sonderstellung im deutschen Idealismus beruht darauf, die »höchste Versöhnung« als eine Form exzentrischer Entgrenzung oder auch Maßlosigkeit an den Anfang des tragischen Prozesses zu stellen und die Auflösung dieser Versöhnung zum weiteren Gegenstand der Tragödie zu machen. Es geht um die über das tragische Opfer geleistete Transformation der trügerischen Versöhnung in eine Situation, in welcher der Mensch seiner selbst in der ihn kennzeichnenden unaufhebbaren Begrenztheit und auch Widersprüchlichkeit inne zu werden vermag.

Hat Hölderlin derart die gegenüber der ›Naturmacht‹ und dem ›Göttlichen‹ paradoxe Situation des Menschen zum Fokus seiner Philosophie des Tragischen gemacht, so erweitert Hegel das Terrain dieser Philosophie um einen für die Weltaneignung des 19. Jh. schlechterdings primordialen Gegenstandsbereich: um den der Geschichte. Zwar wird nicht der Gang der Geschichte per se mit den ihm eigenen »Konjunkturen der äußeren Zufälligkeiten«[243], mit seiner gegebenenfalls »faulen Existenz«[244] und auch nicht mit den ihn kennzeichnenden Merkmalen einer »Schlachtbank« (35) als tragisch angesehen. Die Ebene der Geschichte, die durch banale Alltäglichkeit, individuell geprägtes Leid und heterogene Vernichtung gekennzeichnet ist, wird explizit von der Dimension des Tragischen ausgeschlossen. Entsprechend setzt Hegel auch mit Nachdruck »ein Unglück als Unglück«, das mit seinem »Gemälde des Jammers und Elends nur zerreißend« wirken kann, gegen ein »wahrhaft tragisches Leiden«[245] ab. Tragisch können geschichtliche Vorkommnisse erst werden, wenn sie philosophisch gefiltert, näherhin als Realisationsprozeß der Vernunft auf dem Wege zu sich selbst perspektiviert und also geschichtsphilosophisch situiert werden.

Unter diesen Vorgaben rücken als geschichtliches Ereignis »das Schicksal des Sokrates«[246] und als Kunstwerk die sophokleische *Antigone* in das Zentrum von Hegels Interesse und werden zu den Paradigmen, an denen er seinen Begriff von Tragik entwickelt. Beiden Erscheinungsformen ist gemeinsam, daß sie ihren historischen Ort in der Antike haben, der in ihnen ausgetragene Konflikt von repräsentativer Bedeutung ist und aus dem Untergang, der in ihnen in Szene gesetzt wird, jeweils »neue Welt« (515) aufgeht. Diese »neue Welt« beinhaltet immer schon eine Abstoßung der durch Tragik mitgeprägten Vergangenheit und die Durchsetzung einer neuzeitlichen (Subjektivitäts- und Rechts-)Geschichte, in welcher Tragik – in geschichtsphilosophischer Perspektive gelesen – zwar als Ermöglichungsgrund der Moderne, nicht mehr aber als ihr integraler Bestandteil fungiert. Wie sehr entsprechend die klassische Antike und die ihr eigene »*schöne* Sittlichkeit«[247] die Heimstätte der von Hegel konzipierten Tragik bildet, dies erweisen insbesondere deren zentrale Konstitutionselemente, die in ihrer verschränkten Wirksamkeit folgendermaßen zusammengeführt werden: »So berechtigt als der tragische Zweck und Charakter, so notwendig als die tragische Kollision ist daher *drittens* auch die tragische Lösung dieses Zwiespalts.«[248]

Der »tragische Zweck und Charakter« – terminologisch häufig auch als ›Pathos‹ gefaßt – bildet den ersten Baustein des tragischen Prozesses und wird von Hegel in scharfer Abgrenzung gegen die in der neuzeitlichen Tragödie allgegenwärtige »Leidenschaft«[249] profiliert. Während die Leidenschaft »immer den Nebenbegriff des Geringen, Niedrigen« (301) mit sich führt, ist es dem in der Antike situierten und auf die Antike angewiesenen »Pathos« vorbehalten, »diese unmittelbare Einheit [...] von Substantiellem und Individualität« (244) zum Träger der tragischen Handlung zu machen. Die solcherart fundierten »tragischen Heroen«[250] sind so beschaffen, daß sie aus innerer Plastizität heraus handeln und ihnen demgemäß die abwägende Entscheidungsfindung der neuzeitlichen

---

243 GEORG WILHELM FRIEDRICH HEGEL, Vorlesungen über die Ästhetik (1835–1838), in: HEGEL (TWA), Bd. 15 (1970), 526.
244 HEGEL, Vorlesungen über die Philosophie der Geschichte (1837), in: ebd., Bd. 12 (1970), 53.
245 HEGEL (s. Anm. 243), 526.
246 HEGEL, Vorlesungen über die Geschichte der Philosophie (1833–1836), in: ebd., Bd. 18 (1971), 447.
247 HEGEL (s. Anm. 244), 138.
248 HEGEL (s. Anm. 243), 524.
249 HEGEL (s. Anm. 243), in: HEGEL (TWA), Bd. 13 (1970), 301.
250 HEGEL (s. Anm. 243), 545.

Helden ganz fremd ist: »Das eben ist die Stärke der großen Charaktere, daß sie nicht wählen, sondern durch und durch von Hause aus das *sind*, was sie wollen und vollbringen.« (546) Entsprechend ist auch »die falsche Vorstellung von *Schuld und Unschuld*« (545) ihnen gegenüber gegenstandslos: »Solch einem Heros könnte man nichts Schlimmeres nachsagen, als daß er unschuldig gehandelt habe. Es ist die Ehre der großen Charaktere, schuldig zu sein.« (546) In eben dieser Form des großen Charakters gewinnt die »Entzweiung«[251] des Allgemeinen Gestalt und hat die »Kollision«, das zweite und entscheidende Konstitutionselement der tragischen Handlung, ihre Voraussetzung.

Das Pathos ruft aufgrund der mit seiner Gestaltwerdung notwendigerweise verbundenen Vereinzelung ein ihm adäquates Gegenpathos auf den Plan und gerät mit ihm in »Kollision«. An genau diese Konstellation bindet Hegel das Tragische: »Das ursprünglich Tragische besteht nun darin, daß innerhalb solcher Kollision beide Seiten des Gegensatzes für sich genommen *Berechtigung* haben, während sie andererseits dennoch den wahren positiven Gehalt ihres Zwecks und Charakters nur als Negation und *Verletzung* der anderen, gleichberechtigten Macht durchzubringen imstande sind«[252]. Vorab zeigt der Konflikt zwischen Athen und Sokrates, wie diese »Kollision« in der Form von (unreflektierter) »Sittlichkeit«[253] und (subjektiver) »Moralität« (445) zwei für die Antike konstitutive Prinzipien gegeneinander führt: Das Prinzip der »Sittlichkeit« – das unbefragte Recht also – kann seinen Geltungsanspruch nicht anders verfolgen, als indem es anstrebt, die aufgetretene »Moralität« zu vernichten. Diese wiederum wird mit dem Tod des Sokrates zwar »aufgeopfert«[254], muß ineins aber – als Ergebnis der Auseinandersetzung – die »Sittlichkeit« untergraben und zum Verschwinden bringen. In potenzierter Form nimmt Hegel die so geartete Bedingungen der »Kollision« in seiner *Antigone*-Interpretation wieder auf, indem er die gegeneinander streitenden Individuen, Kreon und Antigone, je für sich schon als »Totalität« auftreten sieht. Kreon, heißt dies, ist nicht nur Repräsentant des Staatsprinzips, sondern hat an dem Gegenprinzip, der Familie, durchaus teil; so wie umgekehrt Antigone ihrerseits nicht nur die Familie vertritt, sondern selbst dem Staat zugehört: »So ist beiden an ihnen selbst das immanent, wogegen sie sich wechselweise erheben, und sie werden an dem selber ergriffen und gebrochen, was zum Kreise ihres eigenen Daseins gehört.« Wird in diesem Modell der Auseinandersetzung auch bereits der schiere Antagonismus überschritten, so bleibt es gleichwohl geeignet, die »beiderseitige Berechtigung« (547) der sich widerstreitenden Parteien hervorzutreiben. Auf sie gestützt, kann Hegel die traditionellerweise dem tragischen Konflikt inhärente moralische Hierarchisierung neutralisieren und die wirkungsmächtige Figur einer in sich notwendigen Konfrontation als Erkennungszeichen der tragischen Kollision installieren. Unter Ausgrenzung trivialitätsaffiner Vorstellungen seiner Zeit sichert er nicht zuletzt auf diesem Weg den tragischen Konflikt gegen »blindes Schicksal« ab und betont den Umstand, daß die an das Pathos und also an das Substantielle rückgebundene Kollision durchaus in der »Vernünftigkeit des Schicksals« aufgehoben bleibt und diese zu gewährleisten vermag.

Ihre Einlösung findet diese »Vernünftigkeit des Schicksals« in der »tragischen Lösung«, in welcher nicht weniger als »das Walten einer höheren Weltregierung« (537 f.) soll ablesbar sein. Indem das dialektisch-teleologische Geschichtsdenken Hegels für seinen Begriff des Tragischen einzustehen hat, wird dieser Begriff selbst – erstmals in seiner langen Geschichte – in ein Modell der Progression eingebunden. Tragischer Untergang ist derart beschaffen, daß er die Heilung in sich enthalten muß. Im Begriff des Tragischen ist immer schon eine Dimension mitzudenken, in welcher die ihr zugrunde liegende Vernichtung überwunden und produktiv gewendet ist zugunsten eines zukunftsbildenden Projekts, das dem ruinös ausgetragenen Konflikt selbst immanent ist. Die von Hölderlin so kritisch gesehene Kategorie der ›Versöhnung‹ wird für Hegel zum Fluchtpunkt und auch zum Organisationsprinzip des tragischen Prozesses: »Das wahrhaft Substantielle, das zur Wirklichkeit zu gelangen hat, ist aber nicht der Kampf der Besonder-

---

251 HEGEL (s. Anm. 249), 268.
252 HEGEL (s. Anm. 243), 523.
253 HEGEL (s. Anm. 246), 445, 473.
254 HEGEL (s. Anm. 243), 549.

III. Philosophie des Tragischen

heiten [...], sondern die Versöhnung, in welcher sich die bestimmten Zwecke und Individuen ohne Verletzung und Gegensatz einklangsvoll betätigen.« (524)

Diese geschichtsphilosophisch ausgerichtete Kompatibilisierung von Tragik und perspektivischer Versöhnung ist äußerst folgenreich gewesen. Aus ihr leitet sich die Reservierung der Tragik für die Antike ebenso ab wie der Entwurf einer Moderne, welche Tragik in sich aufgehoben und also verabschiedet hat. Wenn Hegel es vermocht hat, Grundimpulse der Aufklärung – Vernünftigkeit und Fortschritt – in die Theorie des Tragischen zu integrieren, so geschieht dies ersichtlich um den Preis, den Stachel des Tragischen für die Analyse der eigenen und der zukünftigen Zeit stumpf werden zu lassen. Zur Wirkungsmächtigkeit Hegels wird man allerdings zählen müssen, daß in der vermeintlich tragikfreien Moderne eine Wiedergewinnung des Tragischen ausgerufen wird, die nicht zuletzt als Revokation seiner Versöhnungsthese zu verstehen ist. Als erstes bleibt aber hervorzuheben, daß in jüngerer Zeit Hegel selbst Lektüreweisen unterzogen worden ist, die darauf gerichtet sind, seine geschichtsphilosophischen Kernaussagen zu dekonstruieren. In Frage gezogen hat man insbesondere, daß die Vorstellung einer von Tragik abgelösten Moderne als verbindlicher Zielpunkt seiner Theorie des Tragischen festgeschrieben werden kann. Mit Rekurs auf seine Interpretation der klassischen, griechischen Tragödie ist Hegel nunmehr für die These von einer »Wiederkehr der Tragik in der Moderne«[255] in Anspruch genommen worden. Allzu verkürzt wiedergegeben, lautet das Ergebnis der entsprechenden Lektüre, daß die klassische Tragödie als Urszene der Moderne insofern zu deuten sei, als sie aus der Krise der Sittlichkeit auch die Entfaltung moderner Subjektivität generiere, diese Subjektivität aber, in der ihr eigenen Entzweiung von Rechtszustand und Authentizität, die Male einer auch in der Moderne nicht aufhebbaren Tragik mit sich führe.[256] Ist diese Lesart darauf gerichtet, das historisch präzisierende Vermögen von Hegels Geschichts- und Bewußtseinsanalyse für eine tragik-affine Deutung der Moderne fruchtbar zu machen, so ermöglicht sie darüber hinaus eine behutsame Anbindung von Hegels Tragödientheorie an romantisch inspirierte Strömungen des 19. Jh. dadurch, daß sie – durch das Insistieren auf dem Modus der Darstellung – die Einsicht in ein reflexives Potential freisetzt, das die rigide Entschiedenheit des heroischen Selbstbewußtseins bricht und so Spielräume zur Verfügung stellt, die in einer ›Tragik‹ und ›Ironie‹ kombinierenden Begrifflichkeit einen gewichtigen Niederschlag gefunden haben.

Gegen zeitgenössische Kritik hat August Wilhelm Schlegel im Kontext seiner Shakespeare-Interpretationen »diese geheime Ironie der Charakteristik« als einen »Abgrund von Scharfsinn« herausgestellt, unbeschadet des Umstands, daß dadurch der »Enthusiasmus«[257] der Rezipienten eingeschränkt werde. Schlegel erschließt über die Ironie paradigmatisch die Personendarstellung und explizit auch die Handlungsführung der Shakespeareschen Tragödie für Zwischentöne, Spiegelungen und Brechungen, die den Inszenierungs- und Spielcharakter des aufgeführten Geschehens sinnfällig machen. Evident wird für ihn auf diese Art, daß der Dichter »den schönen, unwiderstehlich anziehenden Schein, den er selbst hervorgezaubert, wenn er anders wollte, unerbittlich vernichten könnte.« Vor diesem Hintergrund tritt umso nachhaltiger hervor, daß Schlegel das Tragische gegen diese weitreichende Lizenzierung der Ironie abzuschirmen bemüht ist: »Wo das eigentlich Tragische eintritt, hört freilich alle Ironie auf«. Ist also für Schlegel der Einfluß der Ironie da an ein Ende gekommen, wo Tragik beginnt und »die Unterwerfung sterblicher Wesen unter ein unvermeidliches Schicksal den strengen Ernst fordert« (137), so öffnet schon Karl Wilhelm Ferdinand Solger die Bedeutung des Tragischen für den Universalitätsanspruch der Ironie. In Annäherung an den Ironie-Begriff von August Wilhelm Schlegel heißt es bei ihm: »Wie würden uns die Bitterkeiten des Äschylos und die Grausamkeiten des *Shakspeare* zerfleischen, wenn es dabei nur auf den traurigen

---

255 CHRISTOPH MENKE, Tragödie im Sittlichen. Gerechtigkeit und Freiheit nach Hegel (Frankfurt a. M. 1996), 72.
256 Vgl. ebd., 73.
257 AUGUST WILHELM SCHLEGEL, Vorlesungen über dramatische Kunst und Literatur (1809–1811), in: Schlegel, Kritische Schriften und Briefe, hg. v. E. Lohner, Bd. 6 (Stuttgart u. a. 1967), 136.

164 Tragisch/Tragik

Ernst abgesehen wäre, und nicht die Ironie uns über alles erhöbe?«[258] Von Adam Müller wird dann die Ironie geradezu als Bedingung des Tragischen angeführt: »Der Ernst von der Ironie entblößt gibt das *Weinerliche*, dagegen von der Ironie oder dem Gotte oder der Freiheit begleitet, gibt er [...] das *Tragische*«[259]. Eine Art Bündelung, in welcher der von A. W. Schlegel noch ausgegrenzte ›Enthusiasmus‹ nun als »Begeisterung« integriert wird, erfährt diese Verwendungsweise des Begriffs schließlich in Wilhelm Hebenstreits *Encyklopädie der Aesthetik* (1843): »Diese Ironie aber, welche die menschliche Größe zum Tode schmückt, indem sie solche auf den Gipfel des Glanzes zu führen scheint, ist der Geist, durch welchen dem Dichter die Welt in harmonischen Fluß tritt, und die wesentliche andere Seite seiner Begeisterung. Sie gehört in so fern jeder Sphäre des Schönen, insbesondere jedoch dem Tragischen an.«[260]

Historisch durchgesetzt hat sich allerdings das Syntagma ›tragische Ironie‹, welches – gemessen an der romantisch fundierten und philosophisch relevanten Kombination von ›Ironie‹ und ›Tragik‹ – eine deutliche Bedeutungsverengung zum Gegenstand hat. Bezeichnet nämlich wird als ›tragische Ironie‹ ein vorderhand dramentechnisches Verfahren, das allerdings abgründige Perspektivierungen auf das Geschick des Protagonisten eröffnet. Die bis auf den heutigen Tag übliche Grundbedeutung des Terminus hat erstmals 1833 Connop Thirlwall, ein mit der deutschen Romantik vertrauter englischer Altertumsforscher, ausformuliert. In seinem

---

258 KARL WILHELM FERDINAND SOLGER, Beurtheilung der Vorlesungen über dramatische Kunst und Literatur [von A. W. Schlegel] (1819), in: Solger, Nachgelassene Schriften und Briefwechsel, hg. v. L. Tieck/ F. v. Raumer, Bd. 2 (Leipzig 1826), 513 f.
259 ADAM MÜLLER, Ironie, Lustspiel, Aristophanes (1808), in: Müller, Kritische/ästhetische und philosophische Schriften. Kritische Ausgabe, hg. v. W. Schroeder/W. Siebert, Bd. 1 (Neuwied/Berlin 1967), 240.
260 HEBENSTREIT, 809.
261 Vgl. CONNOP THIRLWALL, On the Irony of Sophocles, in: The Philological Museum 2 (1833), 493, 536.
262 Ebd., 498 f.
263 KARL MARX, Zur Kritik der Hegelschen Rechtsphilosophie. Einleitung (1844), in: Marx, Die Frühschriften, hg. v. S. Landshut (Stuttgart 1971), 211 f.

Ödipus-Kommentar verwendet er zweimal den Terminus ›tragic irony‹[261] und kennzeichnet deren Wesen folgendermaßen: »that the poet has so constructed his plot, as always to evolve the successive steps of the disclosure out of the incidents, which either exhibit the delusive security of Oedipus in the strongest light, or tend to cherish his confidence, and allay his fears.«[262]

Wird man Hegel für die philosophischen Implikationen, die das Zusammendenken von Ironie und Tragik hat, nur in sehr begrenztem Umfang in Anspruch nehmen wollen, so markieren aber Anmerkungen von Karl Marx und Friedrich Engels auf der einen sowie intensive Erörterungen Friedrich Hebbels auf der anderen Seite die inhaltliche Spannweite, welche die unter Hegels Einfluß stehende Theorie des Tragischen mitten im 19. Jh. gewinnt. Auffallender ist, daß die weit auseinanderliegenden Positionen gemeinsam die Krise bezeichnen, von der die geschichtsphilosophische Theorie des Tragischen zunehmend eingeholt wird.

Berühmt ist der Passus, in dem Marx eine tragische und eine komische Version für die Ablösung ehemals geschichtswirksamer Mächte am Beispiel der alten Götter Griechenlands erörtert, die zweimal verabschiedet worden seien: einmal tragisch durch den *Prometheus* des Äschylos, dann komisch in den *Gesprächen* Lukians. Diese Figur einer doppelten Überwindung appliziert Marx auf die Rolle des Ancien régime, das in der Französischen Revolution tragisch untergegangen sei, im deutschen 19. Jh. aber einen nur noch komischen Abwehrkampf führe: »Es ist lehrreich für sie [die modernen Völker Europas – d. Verf.], das *ancien régime*, das bei ihnen seine *Tragödie* erlebte, als deutschen Revenant seine *Komödie* spielen zu sehen. *Tragisch* war seine Geschichte, solange es die präexistierende Gewalt der Welt, die Freiheit dagegen ein persönlicher Einfall war, mit einem Wort, solange es selbst an seine Berechtigung glaubte und glauben mußte. Solange das *ancien régime* als vorhandene Weltordnung mit einer erst werdenden Welt kämpfte, stand auf seiner Seite ein weltgeschichtlicher Irrtum, aber kein persönlicher. Sein Untergang war daher tragisch.«[263] Stellt man sich noch einmal vor Augen, daß Hegel die Tragödie der Antike vorbehalten hatte, weil in dieser Epoche –

im Pathos des tragischen Helden – repräsentative und individuelle Belange zusammenfallen konnten, so tritt hervor, wie sehr Marx die Figur des Tragischen – und dessen Repräsentanten – auf eine nicht-individuelle Gesetzmäßigkeit der Geschichte zurückbildet. Von nachgeordneter Bedeutung ist dabei, ob der (solchermaßen reduzierte) Repräsentant, wie im zitierten Kontext, für eine reaktionäre und notwendig untergehende Klasse steht oder aber, wie bisweilen von Marx erwogen, als zu früh gekommener Revolutionär agiert. In beiden Fällen verfehlt er den notwendigen Gang der Geschichte und erfüllt in eben diesem Modus der Verfehlung die Qualität des Tragischen. Entsprechend ruht der zentrale Dissens in der Sickingen-Debatte darin, daß Ferdinand Lassalle als Widerpart von Marx und Engels eine Positivierung des Tragischen voraussetzt und sich nicht damit abfinden mag, den Helden seines Stücks *Franz von Sickingen* (1859) als Repräsentanten einer Klasse oder eines geschichtlichen Konflikts verrechnen zu lassen: »Endlich aber, und das bleibt die Hauptsache, ist der von mir gewählte Konflikt ohne Zweifel bei weitem *tiefer, tragischer und revolutionärer* als dieser von Engels angeratene gewesen wäre. Er ist tiefer und tragischer schon deshalb, weil mein Konflikt Sickingen selbst *immanent* ist, während jener Konflikt nur *zwischen ihm und seiner Partei* stattgefunden hätte.«[264]

Ganz am entgegengesetzten Pol der Hegel-Nachfolge geht es Hebbel darum, einen Prozeß als tragisch festzuhalten, der die Herauslösung von Individualität aus einem Allgemeinen und die Vernichtung des so gegebenen Besonderen zugunsten einer »Versöhnung der Idee«[265] zum Gegenstand hat. Ins Zentrum der Argumentation rückt dabei »die ewige Wahrheit […], daß das Leben als Vereinzelung, die nicht Maaß zu halten weiß, die Schuld nicht bloß zufällig erzeugt, sondern sie notwendig und wesentlich mit einschließt und bedingt«[266]. Ist die vorgängige Löschung von Individualität und die Selbsttransformation in ein Allgemeines die Voraussetzung, unter der Marx/Engels Tragik als repräsentative Partizipation an notwendigen Umbrüchen in der Geschichte konzedieren konnten, so setzt Hebbel, umgekehrt, den Akzent ganz darauf, daß Tragik im Prozeß der Individuierung ihre Grundlage hat. Demgemäß kann Hebbel den »Begriff der tragischen *Schuld*« gleichsetzen mit der »Incongruenz zwischen Idee und Erscheinung«[267], mit der Manifestation von Individualitätsbildung überhaupt: »Das Leben ist der große Strom, die Individualitäten sind Tropfen, die tragischen aber Eisstücke, die wieder zerschmolzen werden müssen und sich, damit dies möglich sei, aneinander abreißen und zerstoßen.«[268] Gerade diese Reflexion kann als Illustration für die Wendung von Szondi gelten, derzufolge Hebbel »noch den metaphysischen Weg des Idealismus geht, aber ohne das Wissen um den Sinn, in dessen Besitz der Weg einst angetreten wurde«[269]. Formelhaft läßt sich anschließen, daß die angesprochene Krise des Tragischen sich daran ablesen läßt, daß dieser ehemals gegebene Sinn eines metaphysischen Wegs bei Marx/Engels, in den konkreten Gang der Geschichte gewendet, in Form der Revolution übermächtig gegeben ist und die Individualität ganz aufzehrt, bei Hebbel aber hinfällig geworden ist und schon in die Nähe des Pantragismus weist. Dieses Ergebnis wird Jaspers dazu führen, Hebbel »ein Elendsbewußtsein im Gewande philosophischer Aufstutzung«[270] zu attestieren.

3. Revision von *Aufklärung und Fortschritt*: Schopenhauer und Nietzsche

In der idealistischen Theorie des Tragischen hatte der jeweils mitgeführte Fluchtpunkt einer aufklärungsinspirierten Progression nicht zuletzt die Aufgabe, als Filter für die Inhalte zu fungieren, denen Zugang zum Arkanum der Tragödie gewährt werden konnte. In abrupter Abkehr von dieser stilisierenden Tradition sichert Arthur Schopenhauer

---

264 FERDINAND LASSALLE an Karl Marx und Friedrich Engels (27. Mai 1859), in: W. Hinderer (Hg.), Sikkingen-Debatte. Ein Beitrag zur materialistischen Literaturtheorie (Darmstadt/Neuwied 1974), 70 f.
265 FRIEDRICH HEBBEL, Tagebücher (Nr. 2634; Jan. 1843), in: Hebbel, Sämtliche Werke, hg. v. R. M. Werner, Abt. 2, Bd. 2 (Berlin 1904–1907), 217.
266 HEBBEL, Mein Wort über das Drama (1843), in: ebd., Abt. 1, Bd. 11 (Berlin 1904), a.
267 HEBBEL (s. Anm. 265), 409 (Nr. 3158; Juni 1844).
268 Ebd., 239 (Nr. 2664; März 1843).
269 SZONDI (s. Anm. 191), 43.
270 KARL JASPERS, Von der Wahrheit (1947; München ²1958), 957.

für die Tragödie »die Darstellung der schrecklichen Seite des Lebens« in ganzer Vielfalt. Entsprechend sieht er ihren Hauptgegenstand darin, »daß der namenlose Schmerz, der Jammer der Menschheit, der Triumph der Bosheit, die höhnende Herrschaft des Zufalls und der rettungslose Fall der Gerechten und Unschuldigen uns [...] vorgeführt werden«[271]. Wie entschieden er damit den Rahmen der idealistisch konzipierten Theorie des Tragischen durchbricht, zeigt sich insbesondere, wenn er das Trauerspiel – wie er die Tragödie bevorzugterweise nennt – in Subgattungen aufteilt, die erstens durch »Bosheit eines Charakters«, zweitens »durch blindes Schicksal, d.i. Zufall und Irrthum« und drittens »durch die bloße Stellung der Personen gegen einander« (337) ausgezeichnet sein sollen, durch Merkmale also, die eine geschichtsteleologisch ausgerichtete Selektion und Übersteigung des Leidens jedenfalls nicht in Aussicht stellen.

Seine Teilhabe an der das 19. Jh. dominierenden Philosophie des Tragischen erweist Schopenhauer dadurch, daß er das auf der Bühne dargestellte Leiden als Ermöglichungsgrund dafür konzipiert, den Zuschauer an »die vollkommene Erkenntniß des Wesens der Welt« (335) heranzuführen. Sie liegt für ihn in dem »*Quietiv* des Willens«: in der »Resignation«. In pointierter Wendung gegen die Philosophie seiner Zeit, welche »allgemeine Begriffe construirt und daraus Kartenhäuser baut«[272], stützt Schopenhauer seine Welterschließung auf den sich ihm ubiquitär darstellenden »Willen zum Leben«[273]. Aus ihm nährt sich das principium individuationis, das seinerseits zu einem perennierenden Widerstreit des Willens mit sich selbst führt, näherhin zu all den Formen des Kampfes und wechselseitiger Zerfleischung, von denen Natur- und Menschheitsgeschichte erfüllt sind. Im Menschen allerdings vermag extremes Leiden oder die Konfrontation mit dem Tod, diesen Mechanismus des Willens zu brechen und den einzig alternativen Zustand der »Selbstverneinung« (505), »die Verneinung des Willens zum Leben« (506), zu ermöglichen. An eben dieser Stelle setzt Schopenhauer das Potential der Tragödie ein. In ästhetischem Suspens gewährt sie dem Zuschauer eine Assimilation an das auf der Bühne dargestellte Leiden und mit der Resignation als neuer Form der Katharsis eben den Gewinn, der gemeinhin nur um den Preis annähernder Vernichtung zu haben ist: »Was allem Tragischen, in welcher Gestalt es auch auftrete, den eigenthümlichen Schwung zur Erhebung giebt, ist das Aufgehen der Erkenntniß, daß die Welt, das Leben, kein wahres Genügen gewähren könne, mithin unsere Anhänglichkeit nicht werth sei: darin besteht der tragische Geist: er leitet demnach zur Resignation hin.«[274]

Eben diesen Passus zitiert Nietzsche 1886, als er im Rückblick auf seine vierzehn Jahre zuvor erstmals erschienene Schrift *Die Geburt der Tragödie aus dem Geiste der Musik* sich definitiv von Schopenhauer lossagt. »Resignationismus«[275] nennt er nun abschätzig dessen Intention, die Tragödie für eine Herauslösung aus dem Willen und den natürlichen Lebensantrieben zu nutzen. Nicht weniger pointiert distanziert er sich von seinem eigenen Frühwerk. Dessen berühmter Schlüsselsatz, daß »nur als *ästhetisches Phänomen* [...] das Dasein und die Welt ewig *gerechtfertigt*« (40) sei, bezeichnet er in der späten Kommentierung als »Artisten-Metaphysik« (14). Beiden nun verworfenen Optionen für die Tragödie war ursprünglich eine Art Erlösungsfunktion zugesprochen worden. Die von Schopenhauer als Katharsis gelesene »Resignation« stellte ein Befreitwerden vom »Willen zum Leben« in Aussicht, und das »ästhetische Phänomen« in Form des Apollinischen hatte in Nietzsches Jugendschrift die Aufgabe, das Grauenhafte und Chaotische des Lebens, das Dionysische, in Form und Gestalt hinein zu transformieren, es solcherart erträglich zu machen und es also – in einem nicht-moralischen, einem ästhetischen Sinne – zu rehabilitieren. Das In-Szene-Setzen des Dionysischen schafft also in der Form der Tragödie eine Wirklichkeit, die ihr zugrunde liegende Substrat, das ursprünglich Tragische, übersteigt und so den »metaphysischen

---

271 ARTHUR SCHOPENHAUER, Die Welt als Wille und Vorstellung (1819), in: Schopenhauer, Werke in fünf Bänden, hg. v. L. Lütkehaus, Bd. 1 (Zürich 1988), 335.
272 Ebd., Bd. 2 (Zürich 1988), 415.
273 Ebd., Bd. 1, 363.
274 Ebd., Bd. 2, 504.
275 NIETZSCHE, Die Geburt der Tragödie oder Griechentum und Pessimismus (1872), in: NIETZSCHE (SCHLECHTA), Bd. 1 (1966), 16.

Trost« (97) einlöst, welcher der Tragödie, diesem frühen Verständnis gemäß, eingeschrieben ist. Diese doppelte Bändigung des Tragischen – die in Schopenhauerscher und die in eigener Manier – kündigt der späte Nietzsche auf und substituiert sie durch ein nun in Aussicht genommenes »tragisches Zeitalter«[276], welches den Menschen gegen alle Verneinungs- und Überhöhungstendenzen zu schützen in Anspruch nimmt. In einem pointierten Diktum wird die Hauptthese der Tragödienschrift revoziert, indem es nun heißt: »Was den Menschen rechtfertigt ist seine Realität – sie wird ihn ewig rechtfertigen.«[277] Aus dieser Subvertierung jeder Form von Metaphysik und Moral leitet sich ab, daß die Tragödie nicht mehr an die Möglichkeit sinngebender Deutung, nicht mehr an gestaltende Repräsentation und auch nicht mehr an die funktional-psychologische Dimension der Illusionsbildung und daraus ableitbarer Wirkungen geknüpft wird. In einer Welt, die durch Moral und Fortschritt, durch Wissenschaft und Religion lauter Bearbeitungen und Verfälschungen des Lebens ausgesetzt ist, wird das – einzigartige – Potential der Tragödie darin gesehen, reproduzierender Spiegel einer archaischen Realität zu sein. Im quasi-tautologischen »Jasagen zum Leben«[278] findet das nun ausgerufene »tragische Zeitalter« sein Losungswort.

Laufen die Positionen des späten und des frühen Nietzsche auseinander, so schließen sie sich, perspektivisch, doch wieder zusammen, sobald man als ihren gemeinsamen Sub- und Gegentext die Tragödientheorie Hegels liest. Im Brennspiegel von Hegel fokussiert sich auch die Position Nietzsches auf eine sein gesamtes Werk betreffende zentrale These hin. Ist Hegels Theorie darauf gerichtet, als tragisch einen dialektisch fundierten, auf Versöhnung vorausweisenden Untergang zu fassen, so finden die divergierenden Ansätze Nietzsches ihren gemeinsamen Nenner, gegenbildlich, darin, die Tragödie als eine Kunst zu verstehen, die geeignet ist, »den ewigen Grundtext homo natura«[279] über einen infiniten Regreß zu entziffern und so zu einer Wirklichkeit zu führen, welche die Dignität des Tragischen dadurch für sich in Anspruch nehmen kann, daß sie eine gleichsam vorzivilisatorische Einheit von Leiden und Vitalität festhält. Gegen Hegels kulturaffirmativen Begriff von Tragik und Tragödie konturiert Nietzsches kontinuierliche Reflexion über das Tragische sich als Kampf gegen die Zeichen kultureller Progression und Wahrheitsentstellung: als Apotheose eines Urzustands, die diesem zugleich Züge einer Utopie verleiht.

Bereits in der *Geburt der Tragödie* verfolgt Nietzsche seine These vom dithyrambischen Chor als dem Ursprung der Tragödie, indem er die ihr geschichtlich zugewachsenen Merkmale außer Kraft zu setzen bemüht ist. So sieht er den »Satyrchor [...] als Chor von Naturwesen, die gleichsam hinter aller Zivilisation unvertilgbar leben«[280], in einer »Natur [...], in der die Riegel der Kultur noch unterbrochen sind« (49). Daraus ergibt sich wie selbstverständlich, daß »der ganze Gegensatz von Volk und Fürst, überhaupt jegliche politische Sphäre« (44) aus der Tragödie ausgeschlossen bleibt und die Darsteller des Chors in der Aufführung zu »zeitlosen, außerhalb aller Gesellschaftssphären lebenden Dienern ihres Gottes« (52) geworden sind. Und schließlich wird auch das Gegenspiel von Apollinischem und Dionysischem dahingehend akzentuiert, daß »unter dem mystischen Jubelruf des Dionysos [...] der Weg zu den Müttern des Seins, zu dem innersten Kern der Dinge offenliegt.« (88) In diesem Kern findet Nietzsche den Ursprung der Tragödie, den freizulegen für ihn aber kein philologischer Selbstzweck ist. Entscheidend ist vielmehr, daß er eine »Verknüpfung von Ursprung und Wesen«[281] vornimmt, den rekonstruierten Ursprung der Tragödie auch als ihr Wesen postuliert, damit die Tragödie selbst – insofern als sie Teil kulturgeschichtlicher Entwicklung ist – als »Illusion«[282] denunziert und somit eine Position gewinnt, die seiner späteren Theorie als Grundlage

---

276 NIETZSCHE, Ecce Homo (1888), in: ebd., Bd. 2 (1966), 1111.
277 NIETZSCHE, Götzen-Dämmerung (1889), in: ebd., 1008.
278 NIETZSCHE (s. Anm. 276), 1111.
279 NIETZSCHE, Jenseits von Gut und Böse (1886), in: ebd., 696.
280 NIETZSCHE (s. Anm. 275), 47.
281 BARBARA VON REIBNITZ, Ein Kommentar zu Friedrich Nietzsche, ›Die Geburt der Tragödie aus dem Geiste der Musik‹, Kap. 1–12 (Stuttgart 1992), 183.
282 NIETZSCHE (s. Anm. 275), 99.

dienen kann. Das Terrain für diese Theorie wird zuerst durch die ›Genealogie der Moral‹ und die ebendort betriebene Relativierung aller Sinn- und Wert-Dimensionen bis hin zu ihrer Rückführung auf die als axiomatisch gesehene »Grausamkeit«[283], schließlich durch eine bis zum Exzeß getriebene Annihilierung von Geschichte aufbereitet: durch das von Nietzsche in Aussicht gestellte »Attentat auf zwei Jahrtausende Widernatur und Menschenschändung«[284]. Die Tragödie sieht er nun gleichsam als Vorgriff auf das Gelingen dieses Attentats, als Ermöglichung einer Ur-Wirklichkeit, in welcher »das Kriegerische in unserer Seele seine Saturnalien«[285] feiert, als Wiedergewinnung eines paradoxen, gleichermaßen vor- und nachgeschichtlichen »Zustands *ohne* Furcht vor dem Furchtbaren«. In ihm wird das Tragische identifizierbar als Evokation der »süßesten Grausamkeit«: Als pathetische Beschwörung also von Leid-Erfahrung und Leid-Zufügung sowie als eine mit diesem Leid und dieser »Grausamkeit« verbundene Lust, die aber, anders als in der säkularen Tradition dieser Figur, nicht mehr aus philosophisch konzipierter Überwindung oder wirkungsästhetischer Kompensation dieses Leids, sondern undialektisch aus seiner schieren Bejahung sich herleitet. Wenn aber Nietzsche, gestützt auf diese Ausgangslage, sich »als den ersten *tragischen Philosophen*«[286] bezeichnet und – in anderem Kontext – schreibt: »*ich habe das Tragische erst entdeckt*«[287], so schärft die Verstiegenheit dieser Formulierungen doch den Blick dafür, daß ihm mit seiner auf der Wiederbelebung der Grausamkeit ruhenden Apologie des Tragischen zwar eine Revokation der idealistischen Ansätze und insbesondere von Hegels Versöhnungsprojekt gelingt, sein Unternehmen aber bereits als Symptom für die im 20. Jh. virulent werdende Krise des Tragischen zu werten ist.

IV. Ausblick auf das 20. Jahrhundert

Die Philosophie des Tragischen hat in der gegenläufigen Reflexion von Hegel und Nietzsche ihren Scheitelpunkt gefunden. Seit Beginn des 20. Jh. unterliegt sie einer Erosion, die an dem Umstand ablesbar ist, daß das Tragische als Kohäsionsprinzip philosophischer Konstruktbildung zunehmend an Bedeutung einbüßt. Die proliferierenden Bearbeitungen, Kommentare und Reflexionen, welche Fragen des Tragischen weiterhin hervorrufen, werden in den zentralen künstlerischen und philosophischen Welt-Modellierungen eher von der Peripherie her aufgegriffen und fortgeschrieben. Sie lassen sich gemeinhin als Fußnoten zu den großen kulturaffirmativen oder archaisierenden Entwürfen des 19. Jh. lesen, entwickeln auf dieser Basis aber auch eine eigene Produktivität und können somit als Herausforderung in einer Kultur wirksam werden, die auf den ersten Blick – bedingt durch Enthierarchisierung, Banalisierung und Werteverfall – durch einen weitgehenden Verlust der Dimension des Tragischen geprägt zu sein scheint.

In deutlicher Anlehnung an die Tradition ist die Lebens- und Existenzphilosophie zu sehen, soweit sie eine Fortschreibung der Philosophie des Tragischen zum Gegenstand hat. Besondere Beachtung verdient zunächst Georg Simmel, der in seine Phänomenologie der Kultur eine Bestimmung des Tragischen einschreibt, die über ihren originären Kontext weit hinausführt: »als ein tragisches Verhängnis – im Unterschied gegen ein trauriges oder von außen her zerstörendes – bezeichnen wir doch wohl dies: daß die gegen ein Wesen gerichteten vernichtenden Kräfte aus den tiefsten Schichten eben dieses Wesens selbst entspringen; daß sich mit seiner Zerstörung ein Schicksal vollzieht, das in ihm selbst angelegt und sozusagen die logische Entwicklung eben der Struktur ist, mit der das Wesen seine eigene Positivität aufgebaut hat.«[288] Indem Simmel diese Freilegung eines Kultur-Tragischen erkennbar der Gestalt der Tragödie abgewinnt und potentiell auch als Interpretament für die Tragödie wirksam macht, überbietet er die seiner Kulturkonzeption durchaus affine Vorstellung einer im Lebensganzen aufgehenden Tragik. Unamuno hingegen, der als prominentester Vertreter des damit angesprochenen und um die Jahrhun-

---

283 NIETZSCHE (s. Anm. 10), 808.
284 NIETZSCHE (s. Anm. 276), 1111.
285 NIETZSCHE (s. Anm. 277), 1005.
286 NIETZSCHE (s. Anm. 276), 1110.
287 NIETZSCHE, Aus dem Nachlaß der Achtzigerjahre, in: NIETZSCHE (SCHLECHTA), Bd. 3 (1966), 432.
288 GEORG SIMMEL, Der Begriff und die Tragödie der Kultur (1911), in: Simmel, Gesamtausgabe, hg. v. O. Rammstedt, Bd. 14 (Frankfurt a. M. 1996), 411.

dertwende weit verbreiteten Pantragismus gelten kann, hat eine völlige Entgrenzung des Tragischen sowohl von künstlerischen Formen als auch von historischen Profilsetzungen sich zum Programm gemacht. Zu einem Zeitpunkt, zu dem das Tragische in der Philosophie kaum noch eine dominante Rolle spielt, ruft Unamuno ein alles umfassendes »sentimiento trájico de la vida«[289] (tragisches Lebensgefühl) aus und proklamiert damit ein Erkennungswort für die Befindlichkeit seiner Zeit, nicht ohne wichtige Gegenpositionen auf den Plan zu rufen. So hat Walter Benjamin in seiner gleichermaßen philologisch und geschichtsphilosophisch begründeten Kritik die »so ganz vergebliche Bemühung, das Tragische als allgemeinmenschlichen Gehalt zu vergegenwärtigen«[290], an der pantragistisch ausgerichteten *Ästhetik des Tragischen* (1897) von Johannes Volkelt festgemacht und – explizit gegen ihn gerichtet – das Tragische an die einmalige mythische Urgeschichte des griechischen Volkes rückgebunden. In ihr allein – so seine These – fällt es der »tragischen Dichtung« (112) zu, »die griechische, die entscheidende Auseinandersetzung mit der dämonischen Weltordnung« auszutragen. Eine dezidiert philosophische Absetzung vom Pantragismus und eine neue, existentialistisch geprägte Antwort auf die Frage nach der Leistungskraft des Tragischen bringt schließlich Jaspers ein; an die Stelle des ›sentimiento trájico‹ setzt er das »tragische Wissen«[291], welches in vielfacher Hinsicht abgegrenzt und gegen ein diffundierendes Gefühl vor allem dadurch ausgezeichnet wird, daß in ihm der aktive Gestus des Befragens menschlicher Leid-Erfahrung in den Vordergrund tritt; so vermittelt wird durch das Tragische eine »Berührung mit dem Sein«[292] möglich. Ödipus kann zur Kristallisationsfigur für dieses »tragische Wissen« werden: »Er ist sich des Heils und Unheils seines Forschens bewußt, beides ergreifend, weil er Wahrheit will.« (934)

Auf weitaus prominentere Art hatte Sigmund Freud schon zuvor das Schicksal des Ödipus in den Mittelpunkt der Psychoanalyse gestellt. Mittels der Psychoanalyse dürfte Freud wie kein zweiter das Tragische im 20. Jh. geltend gemacht haben. Ausgangspunkt seiner zuerst in der *Traumdeutung* (1900) entwickelten Gedankenbewegung ist die Beobachtung, daß *König Ödipus* eine ungebrochene Faszination noch auf den modernen Zuschauer und Leser ausübt. Als Erklärung unterbreitet er eine These, die später unter dem Begriff »Ödipuskomplex«[293] subsumiert wurde. Sie besagt, daß das mythisch ferne Geschick des thebanischen Königs, der ohne sein Wissen und gegen seine Absicht schwere Schuld auf sich lädt, die sexuell konnotierten Wunsch- und Aggressionsphantasien eines jeden Menschenkindes spiegelt.[294] Erst dadurch, daß Freud die Tragödie des Sophokles als entstellte und verdrängte Enttäußerung einer allen Menschen gemeinsamen phantasmatischen Erfahrung liest und sie derart als unbewußtes Geschehen naturalisiert, kann die *Ödipus*-Handlung sich als geeignet erweisen, in das Zentrum der Psychoanalyse zu führen und ineins die Spannweite anzuzeigen, die die Adaptation des Tragischen im Vorzeichen der neuen Theorie gewinnt. Auf der einen Seite führt von dieser Deutung eine regressiv verlaufende Bewegung über die Bearbeitung des Sophokles noch zurück, hin zu »jener großen urzeitlichen Tragödie«[295], die in Gestalt des vorgeschichtlichen Vatermords den Anfängen der Menschheitsgeschichte als Exzeß von unumgehbarer Gewalt und Schuld eingeschrieben ist. Zum anderen aber sieht Freud »im Ödipuskomplex die Anfänge der Religion, der Sittlichkeit, Gesellschaft und Kunst zusammentreffen« (189), so daß von ihm ausgehend eine Überwindung der traumatischen Urgeschichte, eine Selbstbefreiung hin zu Ichstärkung und Autonomie, möglich zu werden scheint. Es handelt sich dabei um ein Ziel, das eine Verabschiedung des Tragischen im Zeichen einer als emanzipatorisch gefaßten Psychoanalyse beinhaltet. Im Sinne einer solchen Zielsetzung hatte Hermann Bahr schon zu

---

289 Vgl. MIGUEL DE UNAMUNO, Del sentimiento trájico de la vida en los hombres y en los pueblos (Madrid 1913).
290 WALTER BENJAMIN, Ursprung des deutschen Trauerspiels (1928; Frankfurt a. M. 1963), 102.
291 JASPERS (s. Anm. 270), 917; vgl. PAUL RICŒUR, Sur le tragique, in: Esprit 21 (1953), 449–467.
292 JASPERS (s. Anm. 273), 946.
293 SIGMUND FREUD, Das Interesse an der Psychoanalyse (1913), in: FREUD (GW), Bd. 8 (1943), 419.
294 Vgl. FREUD, Die Traumdeutung (1900), in: ebd., Bd. 2/3 (1942), 269.
295 FREUD, Totem und Tabu (1912/1913), in: ebd., Bd. 9 (1940), 188.

Beginn des Jahrhunderts – mit Rekurs auf Freud – »die bösen tragischen Triebe« der Vergangenheit zugeschlagen und die provokative Frage gestellt: »Was soll uns also das Tragische noch?«[296] Zwingender aber als diese sich zwischenzeitlich in seinem Werk abzeichnende Perspektive einer Überwindung des Tragischen wird für Freud das Wissen, daß das archaische Urgeschehen um Gewalt und Schuld in jeder weiteren Entwicklung – phylo- und ontogenetisch – mitgeführt werden muß und auch die neuzeitliche Kultur-, Bildungs- und Fortschrittsgeschichte mit dem ihr eingeschriebenen Begehrenskampf sowie mit der unaufgelösten Spannung von Lebens- und Todestrieb auf jene selbstzerstörerischen Kräfte zurückverwiesen bleibt, die zu transzendieren er angetreten war.

Die anfängliche Positivierung, die dem Tragischen aus lebensphilosophischer und auch aus psychoanalytischer Perspektive zuwächst, findet vorderhand ein entscheidendes Gegengewicht im weiten Spektrum einer bis heute andauernden, ästhetisch orientierten Gesellschaftskritik. Untereinander höchst divergierenden Positionen liegt gemeinsam die These zugrunde, daß das überkommene Konzept des Tragischen im Rahmen der bürgerlichen Kultur die Funktion hat, fehlgeleitete und veränderbare Ergebnisse menschlichen Handelns als naturgegeben und unbeeinflußbar geltend zu machen, also eben die Verhaltensweisen und gesellschaftlichen Verhältnisse zu affirmieren, die umzugestalten diese Kritik sich zum Ziel gesetzt hat. Exemplarisch ist der Kommentar, den Bertolt Brecht im Jahre 1930 notiert: »Tragisch war für die Bourgeoisie der Rest von Qual, der durch die herrschende Gesellschaftsordnung, die ja für die bestmögliche gelten muß, nicht mehr wegorganisiert werden konnte, also unheilbar, schicksalhaft, ewig aussah. Es gab viel Tragik in ihrer Weltordnung. Ihre Welt war nur zum kleinsten Teil zu

---

296 HERMANN BAHR, Dialog vom Tragischen (1903), in: Bahr, Dialog vom Tragischen (Berlin 1904), 30 f.
297 BERTOLT BRECHT, Voraussetzung der ›Tragik‹ (1930), in: BRECHT (BFA), Bd. 21 (1992), 384.
298 MAX HORKHEIMER/THEODOR W. ADORNO, Dialektik der Aufklärung. Philosophische Fragmente (1944; Frankfurt a. M. 1969), 160.
299 BRECHT, [V-Effekte, Dreigespräch] (1938), in: BRECHT (BFA), Bd. 22/1 (1993), 399.

ordnen.«[297] Auf das Theorem der Kulturindustrie übertragen, liest sich die ideologiekritische Unterminierung des traditionellen Tragikbegriffs in der *Dialektik der Aufklärung* (1944) von Theodor W. Adorno und Max Horkheimer so: »Tragik, zum einkalkulierten und bejahten Moment der Welt gemacht, schlägt ihr zum Segen an. Sie schützt vorm Vorwurf, sie nähme es mit der Wahrheit nicht genau, während man doch zynisch bedauernd diese sich zueignet. Sie macht die Fadheit des zensierten Glücks interessant und die Interessantheit handlich.« So scharf diese Abrechnung mit der bürgerlichen Inanspruchnahme des Tragischen auch ist, die genannten Autoren wollen die Handhabung des Begriffs nicht einfach annullieren, sich aber ebensowenig auf die in der offiziellen marxistischen Ästhetik lizensierte Position zurückdrängen lassen, der Vsevolod V. Višnevskij mit seinem Stück *Optimističeskaja tragedija* (Optimistische Tragödie, 1933) einen klangvollen Namen gegeben hatte. Zu offensichtlich ist, daß dieses Modell – bestimmt durch den heroischen Opfertod eines Kämpfers für die Revolution – auf neuer Ebene die affirmierende Funktion wiederholt, die der bürgerlichen Tragödie vorgeworfen wird. So suchen Adorno/Horkheimer für die Tragik die Kraft der Negation zu sichern, indem sie festhalten, daß »ihr paradoxer Sinn einmal im hoffnungslosen Widerstand gegen die mythische Drohung bestand.«[298] Brecht wiederum möchte – in expliziter Absetzung von Višnevskij – die Diskussion um das Tragische von großen Leitbegriffen wie »*Utopie, Optimismus, Glückseligkeit*«[299] ganz freihalten und sie auf die Wirkungsebene einschränken. Es geht ihm dann darum, »tragische Stimmung« und »tragische Schauer« (401) für Konstellationen zu reservieren, in denen »die Historizität und Praktikabilität der gesellschaftlichen Grundlage berücksichtigt« (400) bleibt und in denen etwa »ein Mensch dargestellt wird, wie er das eine tut, was ihn verdirbt, und das andere tun könnte, was ihn nicht verdürbe« (401). Hält Brecht allenfalls an einem medial transformierten Tragik-Begriff fest, dessen Gebrauch die Einsicht in ein gesellschaftlich offenes Bedingungsgefüge voraussetzt, so übersteigt Heiner Müller diesen Bezugsrahmen, wenn er auf einer gesellschaftlich nicht-korrigierbaren Wiederkehr von Verletzung, Leid und Tod insistiert:

»Wenn der Kommunismus gesiegt hat und die sozialen und ökonomischen Probleme gelöst sind, dann beginnt die Tragödie des Menschen.«[300]

Roland Galle

Literatur
BÁRBERI SQUAROTTI, GIORGIO, Le sorti del ›tragico‹. Il novecento italiano: romanzo e teatro (Ravenna 1978); BARTHES, ROLAND, Sur Racine (Paris 1963); BRADLEY, ANDREW C., Shakespearean Tragedy. Lectures on Hamlet, Othello, King Lear, Macbeth (1904; Basingstoke ³1993); DOMENACH, JEAN-MARIE, Le retour du tragique (Paris 1967); EAGLETON, TERRY, Sweet Violence. The Idea of the Tragic (London 2003); FLASHAR, HELLMUT (Hg.), Tragödie. Idee und Transformation (Stuttgart/Leipzig 1997); FRICK, WERNER, ›Die mythische Methode‹. Komparatistische Studien zur Transformation der griechischen Tragödie im Drama der klassischen Moderne (Tübingen 1998); GALLE, ROLAND, Tragödie und Aufklärung. Zum Funktionswandel des Tragischen zwischen Racine und Büchner (Stuttgart 1976); GEORGE, DAVID E., Deutsche Tragödientheorien vom Mittelalter bis zu Lessing. Texte und Kommentare (München 1972); HENN, THOMAS R., The Harvest of Tragedy (London 1966); KOMMERELL, MAX, Lessing und Aristoteles (1940; Frankfurt a. M. ³1960); LATACZ, JOACHIM, Einführung in die griechische Tragödie (Göttingen 1993); LEHMANN, HANS-THIES, Theater und Mythos. Die Konstitution des Subjekts im Diskurs der antiken Tragödie (Stuttgart 1991); LESKY, ALBIN, Die tragische Dichtung der Hellenen (1956; Göttingen ²1972); LUSERKE, MATHIAS (Hg.), Die Aristotelische Katharsis. Dokumente ihrer Deutung im 19. und 20. Jahrhundert (Hildesheim 1991); MANDEL, OSCAR, A Definition of Tragedy (New York 1961); MATTIODA, ENRICO, Teoria della Tragedia nel Settecento (Modena 1994); MENKE, CHRISTOPH, Die Tragödie im Sittlichen. Gerechtigkeit und Freiheit nach Hegel (Frankfurt a. M. 1996); MOREL, JACQUES, La tragédie (Paris 1964); NUTTALL, ANTHONY D., Why does Tragedy give Pleasure? (Oxford 1996); PROFITLICH, ULRICH (Hg.), Tragödientheorie. Texte und Kommentare. Vom Barock bis zur Gegenwart (Reinbek b. Hamburg 1999); ROHOU, JEAN, La tragédie classique (1550–1793) (Paris 1996); SANDER, VOLKMAR (Hg.), Tragik und Tragödie (Darmstadt 1971); SILK, MICHAEL S. (Hg.), Tragedy and the Tragic: Greek Theatre and Beyond (Oxford 1996); STEINER, GEORGE, Death of Tragedy (New York 1961); SZONDI, PETER, Versuch über das Tragische (1961; Frankfurt a. M. ²1964); TRUCHET, JACQUES, La tragédie classique en France (1976; Paris ³1997); VERNANT, JEAN-PIERRE/VIDAL-NAQUET, PIERRE, Mythe et tragédie en Grèce ancienne, 2 Bde. (Paris 1972/1986).

Traum/Vision

(griech. ὄνειρος, ὄψις; lat. somnium, visio;
engl. dream, vision; frz. rêve, vision;
ital. sogno, visione; span. sueño, visión;
russ. сон, видение)

Einleitung; I. Definitorische Konturen; 1. Halluzination, Vision und Traum; 2. Traum in Beziehung zur Bildform der Groteske – Zum Ort des Traums in der Kunst; 3. Traum und Imagination; **II. Ethnologische Differenzierungen, Subversion des Begehrens, Anarchie des Traums;** III. Anthropologie und Existenzphilosophie des Traums; IV. Traum und ästhetische Kritik der Vernunft; V. Psychoanalytische Kunsttheorien; VI. **Traum, Film, technische Bildmedien; VII. Geschichte des Traumes – Modellbildungen vom Aufbruch der Romantik zur Wissenschaft von der Psyche; VIII. Funktionswandel der nachnuminosen Träume;** IX. Piaget, Lacan, Bloch; X. Freuds Traumtheorie: Eine Theorie des Bildes?

Einleitung

Traum und Vision sind epistemologisch und physiologisch, aber auch kultur- und mentalitätsgeschichtlich auf vielfältige Weise miteinander verbunden. Sie lassen sich empirisch und analytisch von benachbarten Kategorien und Phänomenen wie Halluzination, Wahrnehmung, Imagination u. ä. nicht völlig trennen. Die darin wirkenden klassifikatorischen Differenzierungen gehören zu einer Wissenschaftskultur, die durch ganz unterschiedliche Interessen geprägt ist, jedenfalls aber seit geraumer Zeit unbedingt vom Ende der Epoche der heiligen Träume und Visionen ausgeht. Die Verschränkung von Traum und Vision im Medium der göttlichen Botschaft war über lange Zeit und über die Schwelle zur Zivilisation hinaus eine verschiedene Kulturen verbindende Konzeption. Für die Entwicklung einer ästhetischen und auf die Künste bezogenen Reflexion von Traum und Vision ist der Aufbruch aus dem antik-christlichen Modell wesentlich. Hatte die Antike ein zuneh-

---

300 HEINER MÜLLER, Der Dramatiker und die Geschichte. Gespräch mit Horst Laube, in: Theater heute 16 (1975) [Sonderheft], 123.

mendes Interesse an der sinnhaften Entzifferung der Traumsymbole und einer nicht mehr animistischen Objektivierung der Visionen, so stellt das Christentum den Traum hinter einen selektiven, ausgezeichneten Typus von religiöser, heilsgeschichtlicher Offenbarungsvision zurück. Erst im Ausgang aus dieser antik-mittelalterlichen Welt wurde die ästhetische Dimension von Traum und Vision als eigenständig anerkannt und als eine mögliche poetische Erfahrung und Konstruktion ausgedrückt.

Drei paradigmatische Situationen sind bis heute entscheidend für eine begriffsgeschichtlich bedachte Ästhetik des Traums und der Vision, wobei diese Situationen auch Schwellen eines gewandelten Umgangs mit vielfältigen Kontexten darstellen. Nicht nur die Veränderung der Auffassung von Traum und Vision ist bemerkenswert, sondern auch die Beziehungstypen, die in der Folge zwischen Traum/Vision und den jeweils vorherrschenden Medien für Bild und Poetik hergestellt werden. Die drei wesentlichen Stationen und Einschnitte bilden (1) die Romantik, in der Traumtätigkeit und Vision generell als Leistungen der Künste oder mindestens in entschiedener Analogie zu ihnen beansprucht worden sind und eine eigentliche ästhetische Fundierung erhalten; (2) die Psychoanalyse, die auf einer Registratur der Artikulationen analog zum Grammophon, auf dem Tableau der Photographie als stabilem und ruhendem Raumbild sowie auf der Hermeneutik von Bild- und Schrift-Sinn beruhte; (3) die technisch reproduzierbaren Bewegt-Bild-Medien, welche die formalen Leistungen des Traums und der Vision mittels semiotischer Verfahren und spezifischer Zeichenverkettungen einerseits, als apparative Manipulationen, Simulationen und Projektionen von Imaginationen und Bildformen andererseits durchsichtig machen. Weitere Erfindungen im Bereich der Bilder, v. a. hinsichtlich der Intermedialität und der Synthese von Körper, Bild, Imagination und Raum werden – in Gestalt erweiterter virtueller Realitäten und immersiver Environments – ein spezifisches Verhältnis zur Ästhetik des Traums und der Vision finden, das wesentlich durch Denkformen des 20. Jh. vorgeprägt ist. Die für die Illusion des Subjekts triumphal erscheinende Säkularisierung und Profanierung der Vision in der Traumanalyse findet ihre Fortsetzung in einer technisch-apparativen Einschränkung des traumdeutenden, die Schrift und den Sinn beherrschenden Subjekts. Umgekehrt erscheinen die physiologischen, anthropologischen und kulturell bedingten Formen des Träumens und der Vision als ein historisch reflektierbarer und deutlich werdender Fundus für das Verstehen aller die Imagination und das Imaginäre bestimmenden Mechanismen und Formbildungen. Die psychologische Einsicht, daß Träume und Visionen eine herausragende Quelle der Kunst sind, wird heute durch die Umkehrung ergänzt: Kunst ermöglicht Träume und Visionen, soll deren quasi-sakrale Kraft besetzen und den Zerfall des religiösen Banns poetisch ausgleichen.

I. Definitorische Konturen

Traum und Vision gründen theoretisch im Vermögen der Phantasie, der Imagination, des Vorstellungsvermögens und der Einbildungskräfte. »Fantasme, en allemand: *Phantasie*: C'est le terme pour désigner l'imagination, non pas tant la ›faculté d'imaginer‹ (l'*Einbildungskraft* des philosophes) que le monde imaginaire et ses contenus, les ›imaginations‹ ou ›fantasmes‹ dans lesquels se retranche volontiers le névrosé ou le poète.«[1] »Unconscious phantasy does not distinguish between opposites, fails to articulate space and time as we know it, and allows all firm boundaries to melt in a free chaotic mingling of forms.«[2] Phantasie ist eine Fähigkeit zu spontanen, von Regeln nicht geleiteten Handlungen. Diese Fähigkeit mag Regeln haben, sie ist aber nicht als technische Fähigkeit im engeren Sinn zu definieren. »Wenn man es für selbstverständlich hält, daß sich der Mensch an seiner Phantasie vergnügt, so bedenke man, daß diese Phantasie nicht wie ein gemaltes Bild oder ein plastisches Modell ist, sondern ein kompliziertes Gebilde aus

---

1 JEAN LAPLANCHE/JEAN-BERTRAND PONTALIS, Fantasme originaire. Fantasmes des origines. Origines du fantasme (Paris 1985), 13.
2 ANTON EHRENZWEIG, The Hidden Order of Art. A Study in the Psychology of Artistic Imagination (Berkeley/Los Angeles 1967), 3.

I. Definitorische Konturen 173

heterogenen Bestandteilen: Wörtern und Bildern. Man wird dann das Operieren mit Schrift- und Lautzeichen nicht mehr in Gegensatz stellen zu dem Operieren mit ›Vorstellungsbildern‹ der Ereignisse.«[3] Das griechische Wort Phantasie hat hauptsächlich die Bedeutung ›Erscheinung‹. Schon in der Antike, bei Philostrat, erhält Phantasie die bis heute geläufige Bedeutung von ›produktiver Einbildungskraft‹. Die Geschichte des vor-imaginären Phantasiebegriffs ist abhängig vom Bedeutungswandel der Imagination und damit einer signifikanten Umschichtung in der Hierarchie der ›episteme‹. Entsprechend der allgemeineren Begriffsgeschichte von ›Einbildungskraft‹ reduzierte sich eine Phantasie, der keine eigenständige produktive Leistung zugedacht werden konnte, meistens auf Wahrnehmung. Bei Aristoteles wird das umschrieben als ein Vermögen, auf bestimmte Weise Dinge erscheinen zu lassen, sei es in der Vorstellung, im Denken, im Gedächtnis, als Erinnerung oder eben auch als Traumbild. Aristoteles gesteht allerdings auch zu, daß die Phantasie keine reine Sinneswahrnehmung sein kann, da sie vom Willen abhängt und, im Unterschied zu den Urteilen, einen emotiven Abstand zwischen Wahrnehmungsform und Wahrnehmungsgegenstand erlaubt.

Die christliche Skepsis bringt es mit sich, daß Phantasie als Vorstellungskraft erscheint, die im Gegensatz zum Verstand steht, da sie durchgängig und vollkommen von der Sinneswahrnehmung abhängig ist. Die christliche Euphorie für Epiphanien und Visionen beruht dementsprechend auf einer aufwendig konstruierten und strengen Mediatisierungsvorgabe. Typischerweise wird dagegen in der Renaissance, z.B. in Marsilio Ficinos neoplatonischer Theologie oder in Michel de Montaignes 21. Kapitel des ersten Buches seiner *Essais* (1580) ›De la force de l'imagination‹ die Phantasie durch Freiheit und Spiel bestimmt, und zwar für Handwerk und Künste. Im Zeichen des Positivismus wird Phantasie zunehmend zu den Sekundärbildungen gerechnet. Die Psychoanalyse stellt sie in den Dienst ihres Systems der Partialtriebe und ihrer sexualpathologischen Dechiffrierung der Symbole. Verdrängung und Wiederkehr beschreiben in der Psychoanalyse eine Pathogenese bewußter Phantasien, unbewußte verlaufen gänzlich in der unsteuerbaren Logik der primären Prozesse. Sie gehören zur Form. Sigmund Freud konstatiert für die »métapsychologie du rêve [...] la même parenté entre les fantasmes inconscients les plus profonds et la rêverie diurne: dans le travail du rêve, le fantasme est présent aux deux extrémités du processus«[4]. Die Phantasie ist mit dem unbewußten Wunsch, aber auch mit der sekundären Bearbeitung verbunden. Sie verknüpft die Arbeit des wachen Denkens mit der Triebstruktur der psychischen Apparate. Traum und Phantasie kommunizieren ›von innen her miteinander‹ (»de l'intérieur« [60]) und symbolisieren sich wechselseitig.

Traum und Vision gründen generell und spezifisch in den Mechanismen der Einbildungskraft. Diese ist ein Vermögen, Daten, die einmal in der Wahrnehmung gewonnen und organisiert worden sind, zu einer Vorstellung des Gegenstandes zu synthetisieren und diese, in eine dem Objekt angemessen genaue Form gebracht, unabhängig vom Gegenstand zu reproduzieren. Die antike Auffassung ging davon aus, daß aus der Wahrnehmung Phantasmata herausgefiltert würden, welche dem Verstand einen adäquaten Gegenstand repräsentierten, wohingegen Gottfried Wilhelm Leibniz die Einbildungskraft als Vermögen auffaßte, Gegenstände rein in der inneren Anschauung zu vergegenwärtigen. Ähnlich ist die Akzentuierung des Begriffs ›imaginatio‹, der bei Aristoteles ein immaterielles Bild des Wahrgenommenen entwirft, aber auch verantwortlich ist für die Nachbilder von Sinneseindrücken sowie für die Traum- und Gedächtnisbilder von Gegenständen. René Descartes spricht in der zweiten der *Meditationes de prima philosophia* (1641) von der »vis [...] imaginandi«[5] als dem irrtumsfähigen Vermögen der Repräsentation von Sachverhalten. Seit dem 17. Jh. wird im deutschen Sprachgebrauch ›imaginatio‹ durch Einbildung, ›vis imaginandi‹ durch Einbildungskraft wie-

---

3 LUDWIG WITTGENSTEIN, Bemerkungen über Frazers ›Golden Bough‹ (1967), in: Wittgenstein, Vortrag über Ethik und andere kleine Schriften, hg. u. übers. v. J. Schulte (Frankfurt a.M. 1989), 36.
4 LAPLANCHE/PONTALIS (s. Anm. 1), 58.
5 RENÉ DESCARTES, Meditationes de prima philosophia/ Meditationen über die Grundlagen der Philosophie (1641), lat.-dt., hg. v. L. Gäbe, übers. v. A. Buchenau/ L. Gäbe (Hamburg 1959), 50.

dergegeben. In diesen Zeitraum fällt auch, und dies keineswegs nur im deutschen Sprachraum, eine ästhetische Erweiterung des Begriffs. Mit der Einbildungskraft ist nicht nur die Fähigkeit umschrieben, einen Gegenstand gemäß den wahrgenommenen und im Idealfall originalgetreu erinnerten Merkmalen zu reproduzieren, sondern auch ein Vermögen zur Produktion eines Gegenstands unabhängig von seinem Wahrnehmungsbild. Künstlerische Phantasie entsteht innerhalb der ›episteme‹ der Imagination – denn in dieser wird der ästhetische Gegenstand formalisiert. Vor der ästhetischen Anerkennung der produktiven Einbildungskraft als genuines Vermögen in Gestalt der künstlerischen Phantasie war Einbildung immer noch aristotelisch gedacht als eine Bewegung, die auf Grund wirklich erfolgter Wahrnehmung entstehe. Zwar sieht Descartes in der Einbildungskraft schon die Fähigkeit enthalten, intellektuelle Einsichten durch innere Verbildlichung zur Anschauung zu bringen, aber diese über das eigentliche Denken hinausweisende Fähigkeit wird doch bis weit ins 18. Jh. dem kognitiven Operieren zugeschlagen und von der Kunsttheorie ferngehalten. Das ändert sich erst mit der Rehabilitierung der unteren Erkenntnisvermögen durch Alexander Baumgarten, Edmund Burke und Immanuel Kant. Die weitestgehende Funktionsbestimmung der Einbildungskraft legt Johann Gottlieb Fichte vor, für dessen Identitätsphilosophie, besonders zwischen 1801 und 1806, die Einbildungskraft der Zentralbegriff ist. Nur durch ihre Vermittlung gelange überhaupt etwas in den Verstand. Sie ist das entscheidende Medium. Hegel schließlich rückt sie näher an die Psychologie und rechnet zu ihr auch Träume, Visionen, Somnambulismus. Seit dem 19. Jh. ist mehrheitlich eine Unterordnung der Einbildungskraft unter den Begriff der Phantasie festzustellen. Die wissenschaftliche Differenzierung der Neuzeit und insbesondere der positivistischen Epoche rubriziert Träume und Geisteskrankheiten nicht mehr im Bereich des Imaginären, sondern der Psychopathologie, Psychologie und Medizin.

1. Halluzination, Vision und Traum

Vision und Traum können zugleich als Resultate, Resultanten wie Voraussetzungen ästhetischer Produktion angesehen werden. Ihre Unterscheidung betrifft Funktionslogik und Form. Der Traum ist eine Form von sequentiellem Bilder-Denken, dessen Unsteuerbarkeit sich territorial und graduell von der Vision unterscheidet. Er verläuft, mit Ausnahme des Tagtraums, in Nicht-Wachzuständen und generiert kaum intentional steuerbare Gehalte. Vision wie Traum sind, historisch, zunächst Medien der Mitteilung göttlicher Botschaften.

Vorstellungen, die einen durchschnittlichen Schärfegrad bei weitem überschreiten und wie direkte Wahrnehmungen wirken, also erscheinen, als ob sie keine Vorstellungen wären, sondern wirkliche Erscheinungen eines faktisch abwesenden Gegenstandes, nennt man Halluzinationen. Gustave Flaubert beschreibt in einem Brief an Hippolyte Taine am 1. 12. 1866, in welcher Plötzlichkeit dies in der Verfolgung der Halluzinationen geschehen kann. Nach einer Phase unbestimmter Angst stellt sich »tout à coup, comme la foudre, envahissement ou plutôt irruption instantanée *de la mémoire*« ein, »et on n'a pas le temps de regarder ces images internes qui défilent avec furie«[6]. Der Wille hat Einfluß auf die Halluzinationen nach diesem außerordentlichen Zeugnis Flauberts nur im negativen Sinne, der Befreiung von ihrem Einfluß. Halluzinationen sind im wesentlichen Reaktivierungen des Gedächtnisses. Die Konzentration der Erinnerung, angestoßen durch irgendein Tagesereignis, verführt zur Nachahmung, deren Repräsentation sich als Halluzination vollzieht. Die künstlerische Halluzination ist jedoch begrenzt. Ihr größerer Raum wäre der Traum, der sie jedoch sofort wieder ruhigstellte. Zwar ähnelt die künstlerische Intuition den hypnagogen Halluzinationen im Hinblick auf ihre Flüchtigkeit, aber die innere Vision eines Künstlers ist qualitativ geschieden von der Halluzination.

Träume sind, der Konvention nach, meistens mit dem Schlaf verbunden, Visionen gehören zur Welt des Wachens. Traum und Vision überschreiten einen gegebenen Wahrnehmungsraum, den Alltag, die Zeitform, die Regeln, die gewohnten Handlungen. ›Vision‹ steht für »Öffnung des inne-

---

6 GUSTAVE FLAUBERT an Hippolyte Taine (1. 12. 1866), in: Flaubert, Correspondance, hg. v. J. Bruneau, Bd. 3 (Paris 1991), 572.

I. Definitorische Konturen

ren Auges«[7]. Zwar dominiert bei den Visionen der Gesichtssinn, das Auge, aber die visionären Erfahrungen laufen auf mehreren Kanälen und sind oft mit erläuternden Auditionen, von Götterstimmen und Unterweisungen, verbunden.

Der Bildanklang im Begriff Vision, die Umschreibung von Gesichten und Schauen sind für echte Visionserlebnisse nur technische Hilfsmittel. Grundsätzlich gilt sowohl für die theologische wie für die psychologische Interpretation der visionären Erscheinungen, die immer auch Denotationen zu sein scheinen, daß die menschliche Sprache sich als unzureichend für die Beschreibung wirklicher Visionen herausstellen wird. »Die Sprache der Visionen ist in erster Linie eine Bildersprache.« (415) Die Berichte der Visionäre sprechen oft von etwas, »was vor den Bildern, vor den unterscheidbaren Tönen, vor der Aktivierung ihrer geistlichen Wahrnehmungsorgane und vor der Unterscheidung ihrer Denkkategorien liegt.« (313) Zur eigentlichen Vision gehört grundsätzlich die Erfahrung des Verlustes aller menschlich zentrierten Fähigkeiten, also auch des visuellen Unterscheidungsvermögens. Meister Eckhart beurteilt die Verwendung von Bildern in der Beschreibung der Visionen entsprechend negativ. Jede Verzerrung des »Transzendenzerlebnisses« wird durch ihn »radikal abgelehnt« (317). Die reine Schau ist bildlos, unsagbare, gestaltlose Gottesschau.

2. Traum in Beziehung zur Bildform der Groteske – Zum Ort des Traums in der Kunst

Eine historisch für das Verhältnis von Traum, Vision und Phantasie besonders interessante Kunstform ist die Groteske, »le lieu privilégié de combinaisons associant géométrie (symétrie, permutations) et caprice (monstres, grimaces), en obéissant à une véritable ›stylistique‹«[8]. Grotesken haben zahlreiche Ausprägungen. Es handelt sich um »ornements qui échappent à toute définition raisonnable« und die eine angenehme Wirkung haben, visuell Virtuosität vorführen, zwischen dekorativer Schnurre und geheimnisvoll vermuteter Hieroglyphe schwanken können. Kurzum: »Les grottesques ont le charme inconsistant du rêve« (47), regen die Sinnlichkeit an und halten zugleich den Verstand zum Narren. Theoretische Grundlage ist das pareidolische Sehen, allerdings auch, für den Künstler wie für den Betrachter, eine äußerst große Kenntnis und virtuose Verwendung von Kipp- und Übergangsfiguren und -verbindungen möglichst vieler verschiedener Motive, die zwischen Bedeutung und Dekor schillern, möglichst beide Seiten in sich vereinigen, die Lineatur meisterhaft verspielter ornamentaler Linien und die kryptische Semiose ikonischer und allegorischer Motive, Figuren, Bedeutungsträger. In zahlreichen Traktaten des 16. Jh., wesentlich vorgeprägt durch Leonardo da Vincis Anweisungen zur Manipulation der pareidolischen Effekte und durch seine hieroglyphischen Spekulationen über eine visuelle lingua franca, in der das energetische Geheimnis der Natur unverstellt zum Ausdruck komme, wird die Groteske als dieses Zwitterwesen geschildert. Die verschiedenen Namen und Umschreibungen, welche diese Form erhält – ›fantasticherie‹, Luftschlösser, haltlose Bilder, Spiele des Wahns u. a. – werden im Übergang zum 17. Jh. unter einen einzigen Begriff zusammengefaßt: ›Schimäre‹. Die durch keine Vernunft zu rechtfertigenden Formen werden als ›geträumte Formen‹ (insogni) rezipiert. Man vermutet geheime Botschaften und verdeckte Sinnschichten, die sich hinter Scherzen und unterhaltsamen Arabesken verbergen könnten. Es ist allerdings kein Zufall, daß für die Grotesken auch die Vermutung angestrengt wird, es handle sich in Wahrheit um besondere Hieroglyphen, tiefste Natur- und Weltgeheimnisse betreffend. So wie Freud später den Traum mit den Hieroglyphen, dem Rebus und anderen Rätselbildern in engste Verbindung bringen wird, so wird schon im 17. und 18. Jh. die Groteske mit dem Traum und der Hieroglyphe in eine wesentliche, nahezu organische Verbindung gebracht. Jean Paul rückt in seiner *Vorschule der Ästhetik* (1804) diesen Aspekt des Hieroglyphischen in eine Verbindung von Natur und Kunst ein, deren unterschiedliche Grundierung sich den Tätigkeiten des Witzes, der Phantasie und allgemein der Imagination verdanken. »Wenn der Witz das spielende *Anagramm* der Natur ist: so ist die Phantasie das *Hieroglyphen-Alphabet* derselben,

---

[7] ERNST BENZ, Die Vision. Erfahrungsformen und Bilderwelt (Stuttgart 1969), 97.
[8] ANDRÉ CHASTEL, La grottesque (Paris 1988), 39.

wovon sie mit wenigen Bildern ausgesprochen wird.«[9] Die Kunst der Groteske hat im weiteren unterschiedlich prominente Exponenten gefunden. Herausragend sind in dieser Hinsicht ohne Zweifel Giovanni Battista Piranesis Verbindung von Antikeninszenierung, Memorialkult und Capriccio, aber auch die Stiche von Jacques Callot und zahlreiche der Gemälde und Karikaturen von Honoré Daumier.

Das Weiter- und Nachleben der Groteske wirkt in die Karikatur, in Witz, Anspielung, dekorative oder gar metaphysische Zeichenhaftigkeit bis heute hinein. Über die magisch-animistische Verlebendigung toter Dinge (Warenallegorien) bei Grandville reicht die Wirkung bis zu Art déco, Jugendstil, Aubrey Beardsley, Ferdinand Hodler, aber auch bis zur semio-kosmischen Metaphysik Paul Klees. Es ist kein Zufall, daß all diese Autoren und Richtungen sich intensiv mit dem Thema des Traums befassen. Zwar haben sie nicht Träume gemalt, aber die gemalten Visionen in den theoretischen Kontext des Traums und einer Phantasietätigkeit, die im Traum eine spezifische Denkform findet, gerückt. Grandville jedenfalls nimmt auf diesem Hintergrund für sich eine Macht der Phantasie in Anspruch, die er als »transformations, déformations et réformations de songes«[10] umschreibt.

Die Bildform der Groteske ist bestimmt durch Zwischenstufen. Zwischen Vision und Imagination, Epiphanie und virtuos eigenwilligem Entwurf steht sie als artikuliertes Beispiel einer Zuschreibungsleistung der Kunst im Hinblick auf visuelle Einbildungskraft zwischen Traum, Phantasie und kognitiv kontrollierter Komposition. Die Geschichte der Künste bietet das ganze Spektrum schillernder Begriffsübergänge in diesem Feld. Ohne Zweifel dominiert in diesen neben den Vermögen der Imagination, Poesie und Phantasie nicht der Traum, sondern die Vision. Die Vision bildet die eigentliche Klammer zwischen den vormodernen, handwerklich ausgeformten theophanatischen Bildern und den aus dem Begriffssystem der Kunst heraus konzipierten, alle Vermögen der Imagination ansprechenden Phantasmen der visuellen Einbildungskraft. Der Begriff der Vision wird mit und seit der Romantik bestimmend für die auf ein innerlich Psychisches gegründete Bildfähigkeit, die als individuelle Errungenschaft und Befähigung erscheint. William Blake ist dafür ebenso wie die deutschen Romantiker, darunter v. a. Caspar David Friedrich und Carl Gustav Carus, der seine Bilderarbeit als naturphilosophisches Studium verstand. Francisco de Goya beruft sich explizit auf die durch nichts anderes beherrschbare Instanz einer individuellen Phantasie. Ihr eigne ein nicht veräußerbares Recht, Fragmente der Wirklichkeit zu transformieren und zu einer höheren Realität zusammenzusetzen, die nicht mehr der erscheinenden Wirklichkeit, nicht mehr dem Sichtbaren entsprechen müsse. Die normative, nach-mimetische Darstellung des Nicht-Sichtbaren legitimiert das intra-psychische und intra-imaginative Geschehen als eines, das an die Stelle der geoffenbarten Visionen, der Referenzen der theologischen Bildnisse vor der Entstehung der neuzeitlichen Kunst zu treten vermag.[11] Entsprechend religiös, wenn auch in durchgängig säkularisierter Ausprägung und als Echo auf Friedrich Nietzsches physiologische Ästhetik zu verstehen, ist diese Instanz der Innerlichkeit als letzter Grund der Visionen des singulären Künstlers in den dafür maßgeblichen Schriften Wassily Kandinskys gepriesen worden. (In erster Linie ist hier die Schrift von 1912 zu nennen: Über das Geistige in der Kunst.) Mit der klassischen Moderne wird die Auffassung, daß das Wesentliche unsichtbar sei und nunmehr die aktivierte Imagination des Rezipienten das nicht malbare Bild vorstellen müsse, zu einem eigentlichen Dogma. Kasimir Malewitsch entwickelt die Auffassung, daß dieser Imagination nur noch energetische Intensitäten, aber keine Gegenstände mehr zu entsprechen vermögen. Gegen diese moderne Überhöhung des Numinosen in der Erfahrung einer nicht-referentiellen Transzendenz des Bildes als Medium seiner selbst artikulieren sich Auffassungen, die nicht zufällig die Darstellungsmöglichkeiten des Symbolischen mit den Qualitä-

---

9 JEAN PAUL, Vorschule der Ästhetik (1804), in: JEAN PAUL (MILLER), Abt. 1, Bd. 5 (1963), 47.
10 GRANDVILLE, zit. nach Chastel (s. Anm. 8), 82.
11 Vgl. HANS BELTING, Bild und Kult. Eine Geschichte des Bildes vor dem Zeitalter der Kunst (München 1990), 9.

I. Definitorische Konturen

ten des Traums in Verbindung bringen. Der Traum erscheint darin als eine Übersteigerung der Phantasie in Richtung einer genialischen Affektion, die naturgegeben sei. Man hat das schon für die albtraumhafte Wirkung der ›pinturas negras‹ von Goya artikuliert und den Traum-Diskurs der Romantik später generell auf symbolistische Auffassungen ausgedehnt, beispielsweise diejenigen von Gustave Moreau und Vincent van Gogh. Die Undarstellbarkeit des Numinosen gibt allen begrifflichen Nuancierungen der Imagination ein unauflösbares Eigenrecht: Individuelle Mythologien, Phantasien, Visionen, Träumereien – sie alle belegen die poetischen Möglichkeiten einer nach-referentiellen Kunst. Festzustellen ist ein massiver Überhang der Poetiken der Vision über diejenigen des Traums.

Explizit auf diese Zusammenhänge Bezug genommen hat – und dies erlaubt seine wesentliche historische Markierung – der Surrealismus. Er bezog sich stärker auf den Traum und weniger auf die Vision, die eine Domäne singulärer Figuren wie Antonin Artaud oder Henri Michaux war, wobei sich Vision und der Gebrauch von Drogen, insbesondere Meskalin, mit der Poetik des Bildes signifikant und auf folgenreiche Weise verbanden. In der Programmatik des Surrealismus erscheint der Traum nicht isoliert, sondern als ein Agent des Wunderbaren, zu dem auch bestimmte Interferenzzustände des Wachens und Schlafens rechnen. Systematisch interessiert sich der Surrealismus für den Traum als vom kompositorischen Kontrollbewußtsein unterschiedene Bewußtseins- und Denkform, die in primären Quellen künstlerischen Schaffens aufgespürt werden soll: Zeichnungen von Kindern, Bildproduktionen außereuropäischer Kulturen, Manifestationen des im medizinischen Diskurs entwerteten Psychopathologischen. André Bretons zentrale Bestimmung der Funktion des Traums für das Programm des Surrealismus lautet so: »Je crois à la résolution future de ces deux états, en apparence si contradictoires, que sont le rêve et la réalité, en une sorte de réalité absolue, de surréalité.«[12] (Theodor W. Adorno kritisierte dies als »Traumwirrnis des Surrealismus«[13].) Der Begriff des Traums im Surrealismus meint einen Zustand unzensierten Denkens, in dem und durch den dessen reine Form zur Erscheinung kommen soll.

Surrealität setzt begriffsgeschichtlich u. a. Charles Baudelaires Supranaturalismus fort. Eine – ethisch, ästhetisch, sozial und politisch – kompromißlose Apotheose der Phantasie[14] verbindet sich mit dem Anspruch, Objekte herzustellen, die nur im Traum vorkommen. Obwohl der Surrealismus eine methodische Verbindung von Poesie, Kunst und Traum sucht, verzweigen sich seine Anstrengungen in qualitativ höchst unterschiedliche Konzepte. Der Traum der Surrealisten steht im einzelnen für divergente Erwartungen. In allen Fällen ist er aber eher eine Funktion der Imagination als eine Manifestation der Seele. Seine enge Koppelung an die Imagination ist für die konzeptuelle Bedeutung des Traums in der Kunst durchaus in einem generellen Sinn repräsentativ. Es geht nicht um die psychische Mechanik oder die Maschinen des Denkens, die durch den Traum freigesetzt werden, sondern ganz um die poetische Artikulation einer Imagination, deren Auffassung vom Traum die Entgrenzung von ästhetischen Regeln einer kognitiven Kontrolle beabsichtigt. Der Traum steht für eine Ortsangabe der Hoffnung auf solche Entregelung. Der Surrealismus hat zahlreiche Methoden entwickelt, wie im Bann des Traums die Imagination das kognitive Regelwerk des Traumgeschehens poetisch auszuformen vermag – seine experimentellen Nutzungen des Traumgeschehens beinhalten jedenfalls eine eigenständige Erforschung von Medien der Traumbearbeitung jenseits der psychologischen Wissenschaften.

3. *Traum und Imagination*

Der Traum konstituiert in der phänomenologischen Psychologie von Jean Paul Sartre eine intentionale Affirmation, die eine real wahrgenommene Welt aus der geistigen Bildproduktion heraus als

---

12 ANDRÉ BRETON, Premier manifeste du surréalisme (1924), in: Breton, Les manifestes du surréalisme suivis de Prolégomènes à un troisième manifeste du surréalisme ou non (Paris 1946), 28.

13 THEODOR W. ADORNO, Ästhetische Theorie, in: ADORNO, Bd. 7 (1970), 145.

14 Vgl. SALVADOR DALÍ, La conquête de l'irrationel (Paris 1935).

wahrnehmbare konstruiert. Der Traum hat für Sartre keine wirkliche Macht, da er jederzeit durch Reflexion unterbrochen werden kann. »Au contraire, le seul moyen dont dispose le dormeur pour sortir d'un rêve, c'est la constatation réflexive: je rêve. Et pour faire cette constatation, il n'est besoin de rien si ce n'est de produire une conscience réflexive.«[15] Imagination ist durch die Transzendierung der Sprache im Medium des Bildes ausgezeichnet. Das beinhaltet eine Überschreitung der Wahrnehmung. In der Selbstvergewisserung der Bedingungen dieser Überschreitung konstituiert sich das Subjekt der Imagination zugleich als Perspektive auf die Einschreibung der Instanzen des Imaginären in das Subjekt. »Die Imagination kann in diesem Sinne verstanden werden als eine invariante Disposition zu subjektabhängiger Perspektivierung und Transzendierung von Wahrnehmungen.«[16] Das durch die jeweiligen Traumdeutungen aufgezehrte Bild erweckt aus dem Träumen eine neue Kraft für die Imagination. Das Subjekt, der Traum selbst, oszilliert zwischen Bildern einer subjektiven Entfremdung oder existenzialen Pathologie und den Bildern einer objektiven historischen Erfüllung. Diese zirkulieren im System der Symbole und Zeichen der modernen Gesellschaft und ihren Medien. Die Rede von der Traumfabrik und der Gesellschaft des Spektakels trägt dem Rechnung. »A mesure que la nécessité se trouve socialement rêvée, le rêve devient nécessaire. Le spectacle est le mauvais rêve de la société moderne enchaînée, qui n'exprime finalement que son désir de dormir. Le spectacle est le gardien de ce sommeil.«[17] Konträr dagegen steht die Insistenz der Kunst auf dem Rätselcharakter, was sich allerdings demselben Mechanismus der Herstellung und Regulierung des Traums durch die Medien der Gesellschaft verdankt. Wo die Gesellschaft des Spektakels den Traum profaniert und aufhellt, verdunkelt sie andererseits die Kunst durch deren Verbindung mit der Sphäre des Traums. So resümiert Adorno: »Radikale Moderne wahrt die Immanenz der Kunst, bei Strafe ihrer Selbstaufhebung, derart, daß Gesellschaft einzig verdunkelt wie in den Träumen in sie eingelassen wird, denen man die Kunstwerke von je verglichen.« In expliziter Bezugnahme auf die Kulturindustrie oder Gesellschaft des Spektakels heißt es: »Das Moment des Scheins in der Kunst entfaltet sich geschichtlich zu solcher subjektiven Verstocktheit, welche im Zeitalter der Kulturindustrie die Kunst als synthetischen Traum der empirischen Realität eingliedert und wie die Reflexion über die Kunst so die ihr immanente abschneidet.«[18] In gewisser Weise ist das Träumen eine zentrale Regenerierung der Imagination. »L'image alors peut s'offrir à nouveau, non plus comme renoncement à l'imagination, mais comme son accomplissement au contraire; purifié au feu du rêve, ce qui en elle n'était qu'altération de l'imaginaire devient cendre, mais ce feu lui-même s'achève dans la flamme. L'image n'est plus image de quelque chose, tout entière projetée vers une absence qu'elle remplace; elle est recueillie en soi-même et se donne comme la plénitude d'une présence.«[19] Imaginieren bedeutet, sich an die Stelle alles Anderen zu setzen, eine stetige Substitution seiner selbst mit allem zu vollziehen. Ich bin die Dinge, als die ich mich erfahre. Imagination ist De-Subjektivierung. »L'imaginaire est transcendant« (111). Imaginieren heißt, sich als den Sinn seiner Welt, sich absolut zu setzen, um die eigene Welt als die relativste zu erfahren, was zugleich Zeichen der Freiheit ist. Imaginieren richtet sich nach Michel Foucault immer auf das Endgültige, Entscheidende, Abschließende. Freiheit und Schicksal sind keine Antipoden mehr, sondern Momente einer sich vollendenden Totalisierung. Und immer wieder kehrt die Imagination als Traum in eine Ursprungsbewegung ein, die sich als Träumen enthüllt. Ursprung meint keinen Beginn, sondern eine im Träumen mitlaufende Qualität. »Imaginer [...], c'est se viser soi-même dans le moment du rêve; c'est se rêver rêvant.« (112)

---

15 JEAN PAUL SARTRE, L'Imaginaire. Psychologie phénoménologique de l'imagination (Paris 1940), 224.
16 KARLHEINZ BARCK, Poesie und Imagination. Studien zu ihrer Reflexionsgeschichte zwischen Aufklärung und Moderne (Stuttgart/Weimar 1993), 122.
17 GUY DEBORD, La société du spectacle (1967; Paris 1983), 16.
18 ADORNO (s. Anm. 13), 336, 463.
19 MICHEL FOUCAULT, [Einleitung zu Ludwig Binswangers ›Rêve et l'Existence‹, 1954], in: Foucault, Dits et Écrits 1954–1988, hg. v. D. Defert/F. Ewald, Bd. I (Paris 1994), 118.

II. Ethnologische Differenzierungen, Subversion des Begehrens, Anarchie des Traums

Jeder Kulturvergleich der Träume geht davon aus, daß Träumen anthropologisch unausweichlich ist, daß die Träume etwas bedeuten und daß ihre Entzifferung von der Mentalität der jeweiligen Kultur abhängt. Was sich unterscheidet, sind der Adressat und die Instanz der Traumdeutung. Verschieden sind auch die Legitimationsmuster der Auszeichnung von Traumdeutungskompetenzen. Nicht alle Gesellschaften gehen davon aus, daß der Traum individuell entschlüsselt wird, weil nicht alle Gesellschaften den Begriff des Individuums kennen. Fazit der ethnographisch-komparatistischen Traumuntersuchungen ist, daß die Erklärung des Traums in einem funktionalen Sinne keine wirklichen Fortschritte macht und daß, auf der anderen Seite, das dargestellte, rhetorische Material des Traums über verschiedene Reichweiten und Zuständigkeitsregulierungen hinaus immer schon in den Korpus einer kulturellen Codierung und Variation der gesellschaftlichen Einbildungskräfte aufgenommen worden ist. Damit teilt der Traum als Objekt der Forschung das Schicksal aller Objekte einer Komparatistik, die in das universal erfolgreiche Modell der neuzeitlichen europäischen Epistemologie eingebunden ist. Es gibt Hierarchien, Zentralisierungen, es gibt einen durchaus imperialen Grundzug der Traumtheorie, der nicht der Empirie seines Stoffs entspringt, sondern den Formen des durch bestimmte Methoden geschaffenen kognitiven Gebäudes – insbesondere die Begründung seines Fundaments und den Abschluß der Theorie zu einer Metaphysik der Erfahrungen betreffend. Es scheint, als ob die Vermischung von Wahrheit und Fiktion grundsätzlich außerhalb eines strengen Wissens bleibt. Die Auszeichnung eines solchen Außerhalb ist die Sphäre des Traums und seine Autonomie, die über den Ausschluß besonders wirksam zur Geltung gelangt.

Epistemologisch gibt es zwei Strategien einer Rationalisierung des Traums: den Versuch einer Objektivierung, d.h. einer formalen Logik des Traums, losgelöst von der Psychologie, und die Unterordnung von Traum, Imagination und Einbildungskräften als bloß kompensatorische Funktionen, als partielle Entlastungen oder Re-Generierungen einer positiv verwertbaren wissenschaftlich kontrollierten Phantasie unter die maßgebende neuzeitliche Epistemologie. »Comme il n'y a pas de critères fermes qui permettent de distinguer les faits de la fiction, la fiction de la théorie et encore la théorie du fait, l'homme est réduit à la spéculation et à la déduction, exposé à l'étonnement et à la crainte, dans une proportion que nous ne pouvons plus imaginer.«

Der Traum selbst erscheint durch die Funktionalisierung der Epistemologie als die Kompensationsfigur, die seine eigene Erzählung zu garantieren hat. Die Depotenzierung ist ihm im Namen der Bedeutung eingeschrieben. »En d'autres termes, le rêve apparaît comme possédé par une force cognitive en regard de secteurs autrement inaccessibles de la réalité objective tels que le futur et l'au-delà notamment, ou plus généralement en regard des vérités portant sur les relations de l'homme et du divin.«[20] Der Traum erscheint immer zweifach: als Gegenstand einer Objektivierung durch den Diskurs und als Angebot einer Verunsicherung der Kognition. Der Traum praktiziert besonders deutlich die für die Imagination so notwendige Vermischung oder Konfusion. Solche konfundierenden oder synästhetischen, expansiven, nicht-analytischen Anschauungen werden im hegemonialen Diskurs der Neuzeit nur mehr in Reservaten wie Poesie oder Kunst zugelassen. Dagegen steht ›Traumzeit‹ für eine parallele Welt, eine autonome Realität, eine Wirklichkeit eigener Art außerhalb des epistemologisch standardisierten Erkenntnisrealismus. »›Traumzeit‹ ist die freie Übersetzung des Wortes *Alcheringa* der Aranda-Stämme im Zentrum des australischen Kontinents [...]. ›Traumzeit‹ meint die mythische Urzeit mit dem schöpferischen Wirken göttlicher Wesen, dem die Menschen, Tiere, Pflanzen und alles sonst Seiende die Existenz verdanken.«[21] Die Gestalten der Traum-

---

20 GUSTAVE EDMUND VON GRUNEBAUM, Introduction: La fonction culturelle du rêve dans l'Islam classique, in: R. Caillois/von Grunebaum (Hg.), Le rêve et les sociétés humaines (Paris 1967), 9 f.
21 WALDEMAR STÖHR, Totem, Traumzeit, Tjurunga – Die australischen Religionen, in: M. Eliade, Geschichte der religiösen Ideen, Bd. 3/2, hg. v. I. P. Culianu (Freiburg/Basel/Wien 1979), 191.

zeit sind die Gründer und Helden der Kultur. In die Traumzeit und das durch sie regulierte Geschehen inkorporieren sich bestimmte Schöpferwesen. Die gesamte Schöpfung ist so »in den Totem-Ahnen und den embryonalen Vorformen des Menschen präexistent« (195). Alles, was mit dem Wesen und den Ausdrucksformen der Traumzeit in Verbindung steht, ist sakral: Orte, Handlungen, Objekte, Figuren. Bestimmte Akteure werden als Inkorporationen der Traumzeit von den dazu Autorisierten, des Zeichenlesens Kundigen, als Mittler ausgesucht: Medien, Schamanen. Dabei spielt die Gegebenheit, aber auch die Technik des Träumens eine herausragende Rolle: »Zum Medizinmann wurde man im Traum berufen.« (203) Hans Peter Duerr resümiert den hauptsächlichen Gedanken so: »Wir haben gesehen, daß ›Traumzeit‹ die Perspektive bedeutet, in der man, was man sieht, ohne Rücksicht auf das sieht, was es einmal war oder was es einmal sein wird. In gleicher Weise ist der ›Traumort‹ an keiner bestimmten Stelle, obgleich er natürlich in der gewöhnlichen, der Alltagsperspektive an einer bestimmten Stelle liegt.«[22] Jean Gebser verwendet den Begriff Traumzeit früher als die bisher zitierten Quellen, allerdings in einem anderen, auf Freud und das individuelle Traumerleben bezogenen Sinne: »Die Traumzeit ist eine andere als die Uhrenzeit oder als der Begriff Zeit.«[23]

Kunstrichtungen wie der Surrealismus haben präzise versucht, diese parallele Traumzeit aus den Verdrängungsleistungen der Zivilisation herauszubrechen und gegen diese zu wenden. Der Traum erscheint dann als eine primäre Manifestation spontaner Subjektivität, einer Naturkraft, die nicht ans Individuum gebunden ist und aller Gesellschaft vorausgeht. Dieser Traum prägt eine Sphäre der Anarchie, der ästhetischen Subversion, der Unmöglichkeit der Herrschaft. »Der ästhetisch mündige Mensch wäre unbeherrschbar. Die kritische Funktion des ästhetischen Phänomens liegt darin, daß es, kraft der Verschiebung des psychischen Akzents, die Gefühlsverankerung der Gesellschaft in uns rückgängig macht, die sozusagen als ihr Pendant ständig idealisierende Vorstellung in den Köpfen der Menschen produziert.«[24] Der Traum ist eine genuine Form nicht der Phantasie, sondern der Wirklichkeitserzeugung. In diesem Formgedanken hat der Traum mit der Kunst das gemeinsam, daß beide prozessual ihre Formbestimmtheit gewinnen. In der »radikalen Abwehr der Kunst vom Ideal kommt ihr der *Traum* zu Hilfe. Der Traum ist derjenige Modus der Existenz, der durch den guten Willen und daher durch die Normen der ethisch strukturierten Gesellschaft am wenigsten beeinflußbar ist. Zugleich widerlegt er die Auffassung, daß die Wirklichkeit, sofern sie vom Ideal nicht geprägt ist, formlos sei. Der Traum ist wesentlich Form, er ist sogar, im Unterschied zum Ideal, eine aktive, lebende, assimilierende Form. Allerdings fehlt ihm jedes idealisierende Moment. Nicht nur idealisiert der Traum nicht (im Unterschied zu scheinbar verwandten Formen wie der Utopie und dem Märchen), er ist sogar eine dem Idealisieren stracks entgegengesetzte, tätige Form: *Idealkritik*. Der Traum ist an den Körper gebunden. Er geht von der sinnlichen Wirklichkeit als einer unveränderlichen Tatsache aus. Er ist Kritik des Ideals, sofern das Ideal die sinnliche Wirklichkeit beschneiden, erziehen, zurechtkorrigieren will. Dieser idealkritischen Funktion des Traumes bedient sich die radikale Moderne. Sie bedient sich der Traumform, um Kritik an der Gesellschaft als ganzer und an jenen Literaturgattungen zu üben, die ihrem Ideal unterworfen sind. Die radikale Moderne setzt die geträumte Gesellschaft der idealen Gesellschaft entgegen.« (264) Die tiefste, begründende Form des Traums ist die »mimetische Grundstruktur«, »früheste Erkenntnisform der Menschheit« (19). Traum ist Mimesis im Sinne der Individuierung und eines grenzenlosen Ichs. »Alles sagt Ich im Traum. Die absichtliche Verkennung der fundamentalsten Tatsache aller Träume: der durch die Traumform selber gegebenen mimetischen Grundstruktur, jener Gabe, durch Verzauberung des moralischen Sinnes ein anderer als ich selbst zu werden, führt zu immer neuen Absurditäten.« (17) In dieser Mimesis »entfaltet sich die

---

[22] HANS PETER DUERR, Traumzeit. Über die Grenze zwischen Wildnis und Zivilisation (Frankfurt a.M. 1978), 147.
[23] JEAN GEBSER, Ursprung und Gegenwart, Bd. 2 (Stuttgart 1953), 193.
[24] ELISABETH LENK, Die unbewußte Gesellschaft. Über die mimetische Grundstruktur in der Literatur und im Traum (München 1983), 30.

Grundkraft von verwandelter Natur als Naturkraft im Menschen und durch dessen Anthropologie hindurch. »Der Traum ist ein in die Natur eingelassener geistähnlicher Zustand.« (85) Der Schlüssel dieses Traumbegriffs liegt in der Kunst, der Funktion des Poetischen. Der Künstler wird nicht nur zur herausragend affizierten Gestalt für eine in der Subjektivität als Aufspaltung zu ihrer Reflexion kommende Natur, sondern er wird auch zum utopischen Agenten einer heilenden Versöhnung oder Wiedervereinigung der zerrissenen Elemente. Die Künste sind Statthalter und in der Moderne auch wieder reale Medien einer »Wiedergeburt des Traumes aus der Kunst und damit die Befreiung des Traumes von jenem Diskurs, der ihn Jahrtausende lang begleitet und an die Welt des Handelns gekettet hatte.« (255) »Die Kunst wird zu einem profanen Ersatz der heiligen Handlung.« (310) Der Traum wird zur Nische, der Körper zur letzten Hoffnung des Lebendigen. »Der Traum ist jenes winzige Grundstück, das Partikelchen Zeit, das kleine Stück Raum, das die Gesellschaft noch nicht total besetzt hält.« (294)

III. Anthropologie und Existenzphilosophie des Traums

Die Traumerfahrungen verweisen, unabhängig davon, in welchem Medium ihre Übersetzung ausgedrückt wird, auf eine anthropologische Bedeutung des Traums oder eine Anthropologie der Imagination. »L'analyse anthropologique d'un rêve découvre plus de couches significatives que ne l'implique la méthode freudienne. La psychanalyse n'explore qu'une dimension de l'univers onirique, celle du vocabulaire symbolique, tout au long de laquelle se fait la transmutation d'un passé déterminant à un présent qui le symbolise; [...] la pluralité des significations symboliques ne fait pas surgir un nouvel axe de significations indépendants.« Was Foucault zu Ludwig Binswangers *Traum und Existenz* (1930) anmerkt, leitet sich aus einer anderen Konzeption des Subjekts her, die im Unterschied zu Freuds Auffassung, das Subjekt des Traums sei immer eine geminderte Subjektivität, sei nur eine zwischen dem Träumer und dem Geträumten oszillierende, insgesamt nur projizierte und suspendierte Subjektivität, vom Aufscheinen einer totalisierten Existenz im Traum ausgeht. »C'est grâce aux textes de Binswanger qu'on peut le mieux saisir ce que peut être le sujet du rêve. Ce sujet n'y est pas décrit comme une des significations possibles de l'un des personnages, mais comme le fondement de toutes les significations éventuelles du rêve, et, dans cette mesure, il n'est pas la réédition d'une forme antérieure ou d'une étape archaïque de la personnalité, il se manifeste comme le devenir et la totalité de l'existence elle-même.«[25] »Traum, der ja seinerseits nichts anderes ist als eine bestimmte Art des Menschseins überhaupt.«[26] Der Traum steht nicht im Dienste einer Referenz auf Geschichte, hat keine Funktion von Wahrheit, demnach auch kein zwingendes oder privilegiertes Medium der psychoanalytischen Interpretation. Aber er hat einen Primat »pour la connaissance anthropologique de l'homme concret«. Er ist wesentlichste Kraft in einer »anthropologie de l'expression, plus fondamentale à notre sens qu'une anthropologie de l'imagination«[27]. Das Subjekt des Traums ist nicht die ichsagende Person, sondern der Traum selbst. Sein Inhalt verweist auf die Form, die – so Foucault, Binswanger verstärkend – eine sich selbst setzende Freiheit, von Prozeßbeginn und sich öffnender Zukunft, von Antizipation und Ausdruck potentieller Freiheit ist.

Der anthropologische Entwurf des Traums als Existenzausdruck gründet wesentlich im Bildhaften des Traums. Jede Deutung des Traums erfährt die Ambivalenz des Traums, dessen Sinn sich in ihm vergegenwärtigt, ihn aber zugleich verflüchtigt. Foucault formuliert poetisch: »Le feu onirique, c'est la brûlante satisfaction du désir sexuel, mais ce qui fait que le désir prend forme dans la substance subtile du feu, c'est tout ce qui refuse ce désir et cherche sans cesse à l'éteindre.« (69 f.) Das Bild des Traums, das eigentlich der Traum als Bild ist und nicht das Medium einer visuell übermittelten Aussage, ist mehr als die unmittelbare Erfüllung von Sinn. »L'image dans sa plénitude est détermi-

---

25 FOUCAULT (s. Anm. 19), 96, 98.
26 LUDWIG BINSWANGER, Traum und Existenz (1930; Bern/Berlin 1992), 102.
27 FOUCAULT (s. Anm. 19), 118 f.

née par surdétermination. La dimension proprement imaginaire de l'expression significative est entièrement omise.« (70) Foucault trennt deshalb auch die ›Anzeigeelemente‹ (éléments d'indication) für den Analytiker von den Bedeutungsinhalten, »qui constituent, de l'intérieur, l'expérience onirique« (76). Das Träumen sei zwar auch eine Bilder-Rhapsodie, aber die äußerliche Tatsache visueller Sequenzen erschöpft keineswegs sein Geschehen. Träumen ist »une expérience imaginaire« (80). Die Traumwelt ist eine eigene Welt, in der sich die Konstitution der Welt für das Individuum als seine eigene Einsamkeit zeigt. Das ist die existenzphilosophische Grundannahme, die davon ausgeht, daß im Traum die Existenz als solche sich zeigt. »Le rêve dévoile, à son principe, cette ambiguïté du monde qui tout ensemble désigne l'existence qui se projette en lui et se profile à son expérience selon la forme de l'objectivité.« (90)

IV. Traum und ästhetische Kritik der Vernunft

Der Traum kann – im Zeichen einer radikalen Postmoderne – als Wunde einer triumphalen Vernunft, als ihre Kontrastfolie, als Schatten- und Kehrseite angesehen werden. Jean-François Lyotard bezeichnet diese Auffassung des Traums als einen Freudschen Subtext und als die letzte große Figur einer gegen die Anbindung des Traums an Sprache gerichteten Konzeption des Träumens. »La dernière grande figure où celle du rêve vient se réfléchir est celle du non-langage, de l'extériorité, de la cruauté, la figure dionysiaque. Elle n'est pas absente de la pensée freudienne, comme l'attestent les essais qui ont suivi *Au-delà du principe de plaisir*. [...] Le rêve trouve dans la région nocturne du désir et de la mort sa contrée d'origine, en tout cas son lieu d'élection; il n'a plus de compte à rendre au jour [...]. Sans doute le romantisme et, après lui

---

28 JEAN-FRANÇOIS LYOTARD, ›Rêve‹, in: Encyclopaedia Universalis, Bd. 19 (Paris 1990), 991.
29 GILLES DELEUZE/FÉLIX GUATTARI, L'anti-Œdipe. Capitalisme et schizophrénie I (1972; Paris 1995), 377 f.

encore, le surréalisme chercheront-ils à réconcilier en leurs rêves écrits (*nachgeträumte*, dit Jean Paul, re-rêvés en écriture après coup) la sombre tradition souterraine des agitations et des cauchemars avec l'ascension apaisante vers la clarté.«[28]

Die Ambivalenz des Traums ist nichts anderes als die sichtbar und offensichtlich zu Tage tretende Aporie des Subjekts. Die Umwendung der Traumtheorie in eine poetische Praktik einerseits, einen Algorithmus oder eine Maschine andererseits, wie sie die libidinösen Wunschmaschinen von Gilles Deleuze und Félix Guattari für den Traum postulieren, ist ein später, aber genuin romantischer Reflex auf die vollkommene Ungewißheit, wie zu träumen sei, und erst recht darauf, daß jede Instanz einer gesicherten Traumdeutung, jede autoritative Klärung wahrer, wesentlicher, eigentlicher und tiefer Mitteilung historisch wie intrapsychisch, sozial wie transzendental scheitern mußte. »Soit l'exemple du rêve: oui le rêve est œdipien, et il n'y a pas de quoi s'en étonner, parce qu'il est une re-territorialisation perverse par rapport à la déterritorialisation du sommeil et du cauchemar [...]. Et pourtant au sein du rêve lui-même, comme du fantasme et du délire, des machines fonctionnent en tant qu'indices de déterritorialisation [...] la machine est toujours infernale dans le rêve de famille. Elle introduit des coupures et des flux qui empêchent le rêve de se renfermer sur sa scène et de se systématiser dans sa représentation. Elle fait valoir un facteur irréductible de non-sens, qui se développera ailleurs et au dehors, dans les conjonctions du réel en tant que tel.«[29] Die Konstruktion eines Subjekts ohne jede religiöse Referenz erzwingt die Unabschließbarkeit jeder Traumdeutung. Die Deutung vollzieht sich nicht mehr im Modell der Abbildung, sondern dem der Performanz.

V. Psychoanalytische Kunsttheorien

Zahlreiche psychoanalytische Theorien versuchen, Kunst nach dem Modell der Symptombildung, als sekundären Prozeß, zu verstehen. Umgekehrt wird zuweilen vorgeschlagen, die Sekundärbildungstheorie der Psychoanalyse als versteckte Anleihe beim Kunstprozeß zu lesen. Paul Ricœur stellt dementsprechend fest, daß im Diskurs der Psychoanalyse der Traum in der Reihe der kulturellen Analoga (»la série des analogues culturels«) nicht zufällig einen Vorrang einnimmt. Die diskursive Affinität von Kunst- und Traumerklärung ist in der Ikonographie der Kunstgeschichte, aber auch in der Wissenschaftstheorie des 19. Jh. insgesamt vorgeformt. Das Paradigma der Traumtheorie als einer Entzifferung von Sinn geht nicht nur aus der Hysterieforschung und der Psychoanalyse, sondern ihrer Situierung im Gebäude der deskriptiven und evaluierenden Kulturwissenschaften hervor. Die Elemente des Traumbegriffs sind – nicht erst in der Hermeneutik der therapeutischen Situation, von ›talking cure‹ und Assoziativismus – unmißverständlich an der Sinnfunktion einer kompensatorisch verstandenen Kulturwissenschaft orientiert. Der Stil der Deutung und die besondere Veranschaulichung des theoretisch erfaßten Materials lassen sich im Feld des Traums als ästhetische Formen benennen: Der Traum hat einen Sinn oder einen Gedanken, dem er einen Ausdruck gibt. Er sucht dem Sinn ein ästhetisches Gewand, spielt also ein Doppelspiel. Er ist die verkleidete Erfüllung eines verdrängten Wunsches, was sich auf einen präzisen Interpretationstypus, die Hermeneutik der Entzifferung (»un type précis d'interprétation, l'herméneutique du décryptage«) richtet. Die Traumarbeit ist zwar komplexer als eine Verallgemeinerung der skripturalen Exegese (»une généralisation de l'exégèse scripturaire«), daß aber die Traumdeutung jeglicher Deutung als Paradigma dienen kann, rührt daher, daß der Traum selbst das Paradigma aller Listen des Wunsches ist: »le rêve est lui-même le paradigme de toutes les ruses du désir«[30].

Sarah Kofmans L'enfance de l'art (1970) geht nicht von der von und seit Freud eingespielten Analogie von Traum und Kunst aus, sondern vertauscht die Entstehung der Kunst aus den psychischen Prozessen mit der Einsicht, daß gerade der Traumdeutung das Interpretationsmodell der Kunst zugrunde liegt. Die Primärprozesse, die im Traum zum Ausdruck kommen und durch die Traumdeutung verhandelt werden, sind genuine und bedingende Momente des Kunstprozesses. Die Freudsche Traumerzählung ist dagegen eine das Begehren des Bildes tilgende Narration des Ich: Konstitution der Subjektzentrale als und nach dem Modell des Bildungsromans. Kofman begründet die Verbindung von stereotypisierender wie vielfältiger, also sich ausfaltender Narration mit Freuds Vorliebe für Rebus und Hieroglyphen. Die Traumdeutung arbeitet mit Signifikanten, die im Primärprozeß durch eine Logik der Figurationen ausgezeichnet ist. Das entspricht der linguistischen Theorie u. a. von Ferdinand de Saussure und Roman Jakobson, nach der jeder poetische Text durch einen Prä-Text bestimmt wird. Exakt so muß der Traumgedanke, der abstrakt und noch ohne Gestalt ist, in eine Gestalt, ein Bild, eine Erzählung gekleidet, mit Stoffen versehen werden. Traum und Kunst entwickeln Ausdrucksverfahren, bestimmen sich an den Bedingungen der Darstellbarkeit. Beide sind ein »énigme figurative«[31]. Der Rätselcharakter der Kunst gründet also darin, daß in ihr die Primärprozesse auf rätselhafte Weise am Werke sind. In diese Primärprozesse schießen aber auch gesellschaftliche, nicht nur psychologische Gehalte ein, wie Adorno gegen eine Psychoanalyse der Kunst einwendet: »Soweit Kunst durch subjektive Erfahrung hindurch sich konstituiert, dringt gesellschaftlicher Gehalt wesentlich in sie ein; nicht wörtlich jedoch, sondern modifiziert, gekappt, schattenhaft. Das, nichts Psychologisches ist die wahre Affinität der Kunstwerke zum Traum.«[32] Zwar fördert eine Psychoanalyse der Kunst nach Adorno Einsichten in das Inwendige der Kunst zutage, das nicht selber aus der Kunst hervorgeht, aber sie verwechsle die Kunst mit den Dokumenten, verlege diese in den Träumenden und reduziere den Traum zugleich auf die stofflichen Elemente. »Kunstwerke sind der Psychoanalyse Tagträume« (20). Sie können, sublimiert, verstanden werden als »Stellvertreter der sinnlichen Regungen, die sie allenfalls durch eine Art von Traumarbeit unkenntlich machen« (24). Die Auflösung der Kunstwerke in Deutungen harmonisiert Adorno zufolge die Gegensätze zu einem »Traumbild eines besseren Lebens, ungedenk des Schlechten, dem es abgerungen ward« (25). Kunstwerke inkorporieren

---

30 PAUL RICŒUR, De l'interprétation. Essai sur Freud (Paris 1965), 161.
31 SARAH KOFMAN, L'enfance de l'art. Une interprétation de l'esthétique freudienne (Paris 1970), 60.
32 ADORNO (s. Anm. 13), 459.

spezifische Erfahrungen, sie sind »Empirie durch empirische Deformation. Das ist ihre Affinität zum Traum, so weit sie auch ihre Formgesetzlichkeit den Träumen entrückt.« (133)

Kunst liefert also ein differenziertes Modell für das Verständnis der sekundären Bearbeitungen von Traum und Phantasie insgesamt. Es ist in der Kunst ein formendes Bewußtsein in der Gestalt eines unbewußt bleibenden, orientierenden Symbolgehalts am Werk. »This secondary process also occurs as the so-called secondary revision of a dream memory. The original structure of a dream has the apparent incoherence and chaos of the primary process. When after waking we try to recall it we will inevitably project a better gestalt into it, iron out seemingly superfluous detail and fill in incoherences and gaps. We simply cannot remember the dream in its original less differentiated structure.«[33] Das würde erklären, weshalb in der Kunst so wenig Träume gezeichnet oder gemalt worden sind. Geht man nämlich davon aus, daß der Traum »nicht das Objekt der Zeichnung, sondern Vermittler ihrer Funktion«[34] ist, dann korrespondieren Traum und Zeichnung im Hinblick auf die Formung der primären Phantasieschicht. Der Traum kann, da er Form ist, kein Gegenstand von Darstellung sein.

VI. Traum, Film, technische Bildmedien

Beispielhaft für die Wertung der Traumtätigkeit hinsichtlich der Ästhetik und Kunst des 20. Jh. ist der surrealistische Film. Das Verhältnis von Traum und Poesie, das die Stoffe und Montageformen des surrealistischen Films erarbeitet haben, ist abhängig von den Bedingungen der technischen Apparatur und transformiert diese zugleich im Hinblick auf zahlreiche künstlerische Fragestellungen älterer Medien, insgesamt der Kunst seit der Romantik. Diese doppelte Bewegung – verändernde Integration der Künste in die technische Apparatur, Eröffnung medialer Subroutinen durch ein traumorientiertes Bewußtsein – macht die beispielhafte Koppelung von Traum-Poesie und Zeitmedium des technisch bewegten Bildes aus und markiert darin die historisch datierbare Leistung des surrealistischen Films. Er widmet sich zugleich einer Traumwie einer Filmlogik. ›Écriture automatique‹ mag zwar zunächst als eine Methode des Schreibens erprobt worden sein, erhellt aber gleichermaßen das Insistieren auf einer Denkform des Bildlichen, die von der größtmöglichen Ferne der Bilder ausgeht, der wundersamen Kraft der Kollisionen und Störungen.

Allgemein gilt als erster surrealistischer Film der von Germaine Dulac nach einem Szenario Antonin Artauds gedrehte *La Coquille et le clergyman* (1927). Das Motiv des Stillstandes der Zeit und die Inversion des Augenblickes in *Anemic Cinema* (1925/1926) von Marcel Duchamp, Man Ray und Marc Allégret, in dem es um die Raumillusion rotierender Scheiben und die erotische Transformation des Spiralzeichens durch sprachliche Anspielungen geht, können als genuin surrealistische Obsessionen angesprochen werden, die thematisch in den Skulpturen Alberto Giacomettis wiederbegegnen. Stofflich ähnlich gelagerte, auf die Sprache assoziativen Träumens ausgerichtete Filme der vom Impressionismus zum ›cinéma pur‹ konvertierten Dulac – *Étude cinégraphique sur une arabesque* (1927), *Disque 927* (1929) – benutzen ebenfalls ein sequentielles Bilderdenken, das sich als Untersuchung der filmischen Sprache (langue) durch ihre Ausdrucksformen (paroles) versteht. Eine surrealistische Klammer zwischen Dadaismus und ›cinéma pur‹ kann man in der Entwicklung einer visuellen Sprache erblicken, die auf den medial bestimmten sequentiellen Filmrhythmus jenseits von Tatsachenlogik, Realismus und dokumentarischer Schilderung zielt. Eigentliche Paradigmen des surrealistischen Films, zugleich Standards der Rezeptionsgeschichte poetischer Traumrhetorik, sind Salvador Dalís und Luis Buñuels *Un chien andalou* (1928) und *L'âge d'or* (1930). Zu erwähnen sind außerdem *Impatience* (1928) von Charles Dekeukeleire, Werke des von diesem beeinflußten Henri Storck sowie, als formaler Vorläufer, der allerdings nur in Beschreibungen überlieferte Streifen *Vita futurista* (1916) von Arnaldo Ginna.

---
33 EHRENZWEIG (s. Anm. 2), 78.
34 SERGIO FINZI, Traum und Zeichnung, in: Der Traum offenbart das Wesen der Dinge [Ausst.-Kat.], hg. v. der Fondazione Antonio Mazzotta (Mailand 1991), 7.

Der Traum kann auf diesem konkreten Hintergrund – wie Edgar Morin das sowohl im weiten Sinne der Anthropologie wie im engeren Hinblick auf Kinematographie und Medienphilosophie tut – interpretiert werden als »musée imaginaire de notre pensée en enfance: la magie«[35]. Film/Kino und Traum sind nach Morin Verkleidungsspiele – »car au cinéma, comme disait Paul Valéry, tous les attributs du rêve sont revêtus par la précision du réel« (158). Die magische Vision, die visuelle Halluzination, die Diffundierung der Zeitformen, die Assimilation von Aufmerksamkeit und Zerstreuung, die Stimulierung eines halluzinativen Wachtraumzustandes belegen, daß die kinematographische Vision eine enge Verbindung zur normalen Wahrnehmung eingeht. Unterschieden ist nur die Intensität, nicht das Wesen der Halluzinationen und Wahrnehmungen. Natürlich sind im Kino die halluzinogenen Prozesse stärker als im Alltagsleben ausgebildet. Jedenfalls sind aber auch die Formen der normalen Wahrnehmung niemals frei von Imaginationen und Visionen. Umgekehrt kann gelten: »le réel demeure présent même dans l'extravagance du rêve.« (159) Diese gängige Auffassung erhält ihre Spitze erst in der unvermeidlichen Ergänzung durch das Komplement der imaginären, visionären, irrealen und fiktiven Durchsetzung und Überformung der normalen Wahrnehmungen. Diese Durchsetzung produziert das Kino als ein technologisch ermöglichter, exteriorisierter, kollektiver Traum. Besonders der fiktionale Film dient Morin als »exemple du syncrétisme dialectique d'irréel et de réel qui caractérise le cinéma« (163). Es ist weniger das psychisch Unbewußte, das eine Wunschdynamik des Träumens entwickelt, als vielmehr ein alltägliches Selbstempfinden im affektiven Verlangen, das im Ungenügen des Realen, in der Figur des Mangels begründet liegt. Die Vergegenständlichung des schwer Faßlichen nach Regeln einer Formierung des Visuellen, einer Anordnung der Bedingungen, wie es Bild werden kann, faßt Morin als eine letztlich anthropologische Tätigkeit, die sich in der Kinematographie besonders wirkungsvoll ausdrückt und bekannte Praktiken verbindet: Beschwörung, Ritus, Magie.

Entscheidend ist, daß vom Film eine traumanaloge Wirkung ausgeht, die einen Geisteszustand des Tagträumens, des Halluzinierens erzeugt. Von der Magie bis zur Kinematographie sind die Bezüge zwischen innerer Bilderzeugung, psychischer Wirkung, Wahrnehmung und Bilderzeugungstechniken/Medien immer als Transformation, als Relation und als Schnittstelle zu denken. Stetig werden, psychisch und technisch, intrinsisch und extrinsisch, Korrelationen zwischen den Möglichkeiten einer technischen Stimulation der Bilder und einer psychischen Simulation und Halluzination, einer Emergenz von Wirkungsempfänglichkeiten hergestellt.

Welches zeitgeschichtlich ausgezeichnete Medium zur Plausibilisierung des Traumgeschehens vorrangig herangezogen wird, ist offensichtlich abhängig von der sozialen und diskursiven Ordnung der Medien, der Hierarchie ihrer Legitimitäten. Das bedeutet keineswegs, daß eine abstrakte Form des Traums im Sinne einer unverrückbaren Gegebenheit maßgebend ist, sondern daß die Form des Träumens historisch gemäß den Einwirkungen der Standards, Perspektiven und Restriktionen visueller Erfahrungen durch vorgängige mediale Einrichtung des Visuellen veränderlich ist. Die mediale Variabilität des Träumens ist die strukturelle Konstante seiner Anthropologie. Ob der Traum in seiner visuellen Eigenheit einem romantischen Gemälde, einer diffusen Fotografie oder dem Film gleicht, hängt nicht von dem – ohnehin unmöglichen – Nachweis seiner entsprechenden Objektbeschaffenheit ab, sondern von einer methodologischen Reflexion, aber auch dem Druck der Technologie auf Handeln und Denken. Denn die Auszeichnung der diversen Medien, Materialitäten und Medien der Bilder für die Paradigmatik des Traums vollzieht sich – bis hin zu Freud, der diese Tradition partiell beerbt und belebt, unbedingt und weitgehend aber von ihr geprägt ist – nicht auf der Ebene einer unschuldigen Phänomenologie oder einer bloß hermeneutischen Sinn-Verklammerung. Die mediale Affinität der Psychoanalyse bezeichnet eine Interpenetration von Seele und Technik aus dem Blick einer materialistischen Medientheorie. »Die zweite industrielle Revolution zieht ins Wissen ein. Psychotechnik verschaltet Psychologie und Medientechnik unter der Vor-

---

35 EDGAR MORIN, Le cinéma ou l'homme imaginaire. Essai d'anthropologie sociologique (Paris 1956), 84.

gabe, daß jeder psychische Apparat auch ein technischer ist und umgekehrt.«[36] Das gilt für die Träume besonders. Ihre Medialität ergibt sich aus der Funktion des Subtextes. Die bewegten Bilder fließen unterhalb der Hermeneutik des Subjekts. Sie berühren und bewegen über die Intensität von Wahrnehmung und Erleben den Körper. Sie wirken deshalb phantasmatisch, erreichen aber nicht die psychoanalytisch bedeutsame, dem Subjekt per se innewohnende Instanz des Traumas.

Die flüchtigen Bilder des Films, das Drama einer Illusion, welche in der Projektion den Fluß des Lichtes unterbricht, um auf dem Monitor des Imaginären den Anschein der Bewegung zu erzeugen, haben die Form des Traums. Interessanterweise erweisen sich filmische Begriffe und kinemato-ästhetische Erklärungsversuche nicht nur gegenüber dem Traum von Belang, sondern fungieren nicht selten als tatsächliche Erklärungsmodelle der Bildsprache in religionswissenschaftlichen Untersuchungen zum Phänomen der Vision. »Es ist durchaus nicht so, wie man zunächst annehmen möchte, daß die Visionen gleich als fertige Bilder in ihrer eigenen visionären Dimension auftreten. Die technische Analogie zur Vision ist nicht die Projektion eines Diapositives, durch die ein fertiges farbiges oder schwarz-weißes Bild auf eine leere Leinwand geworfen wird, sondern ist eher der Ablauf eines Filmes, der die verschiedenen Möglichkeiten der Fernaufnahme, der Nahaufnahme, der Großaufnahme von Einzelausschnitten oder Einzelszenen, des Auf- und Abblendens, des Übereinander- oder Nebeneinanderkopierens verschiedener Bildausschnitte oder Szenen, ja, sogar der Trickaufnahmen verwendet und auch die verschiedensten Möglichkeiten der Kombination von Bild und Ton, der vorausgehenden, synchronisierten oder nachfolgend gesprochenen Erläuterungen, der Tonuntermalung und der Geräuschkulisse besitzt.«[37]

Kino ist die gegenständlich gewordene Funktion des Träumens auf der Ebene einer durch andere initiierten und festgelegten Dramaturgie und Inszenierung einer visuellen Ordnung. Das erklärt, weshalb der Film von Anfang an mit dem Träumen in Verbindung gebracht worden ist und in gewisser Weise die Kinematographie die Konsequenzen aus der romantischen Selbstverdächtigung des besessenen Menschen zieht. Der Film steht nicht mehr unbedingt im Dienste der Mimesis, sondern ermöglicht die formale Konstruktion mentaler Kategorien innerhalb eines hergestellten Geschehens, einer Simulation von Erzählung. Er spielt durch, was bisher unbewußte Akte wie Gedächtnis, Aufmerksamkeit und Einbildungskraft leisten, indem er diese Formen dynamisiert und deren Wirken an die Stelle der älteren Mimesis setzt. Film ist entsprechend nicht mehr Referenz von Sinn und Bedeutung, sondern Stimulation und Organisation von Aufmerksamkeitsenergie in der Gestalt eines Sinnentaumels, der von den technischen Bedingungen des Mediums Film überhaupt nicht mehr getrennt werden kann.[38] Ob der Film und später das Fernsehen die Träume verändern, dürfte empirisch schwierig zu untersuchen sein. Auf der Hand liegt aber der Sinn der Vermutung, daß die Beschreibung der Träume, ihre Funktionsbestimmung und formale Auszeichnung, von den zeitschichtlichen Medienprozessen, den epochalen Medialisierungen und der Dominanz der Kommunikationsmedien nicht unbeeinflußt sind.

Heute kann beispielsweise mit mehr als nur spekulativem Gewinn überlegt werden, ob nicht die televisuelle Kanal-Umschalttechnik von Switching oder Zapping, welche eine historisch genau datierbare Apparatur voraussetzt, Wesentliches über die Form des Träumens besagt, nicht weil sich die Träume änderten, sondern weil in den Medientechnologien Formbedingungen funktionalisiert werden, die genauen Aufschluß über noch nicht angemessen durchschaute Formaspekte des Träumens liefern – immerhin verändert Switching/Zapping das visuelle Material in einem kognitiv relevanten Sinne.[39]

Daß Freuds *Traumdeutung* (1900) in die Geburtsstunde des Kinos fällt, darf also gerade im Hinblick auf die meta-theoretische und methodologische Verschränkung von Traumdeutung und Bildmedien in Betracht gezogen werden. Was die psychoanalytischen Konsequenzen dieser Verschränkung

---

36 FRIEDRICH A. KITTLER, Grammophon, Film, Typewriter (Berlin 1986), 238.
37 BENZ (s. Anm. 7), 163.
38 Vgl. KITTLER (s. Anm. 36), 177–269.
39 Vgl. HARTMUT WINKLER, Switching – Zapping. Ein Text zum Thema und ein parallellaufendes Unterhaltungsprogramm (Frankfurt a. M. 1991).

angeht, so müssen sie medientheoretisch gegen Freud in dessen eigenem Kontext nachgeholt werden. Rudolf Heinz bemüht sich seit Jahrzehnten intensiv um entsprechende Korrekturen. Der Traum ist, so die von Freud gänzlich verschiedene Auffassung von Heinz, eine Denkform. Beim Traum ist nicht der Inhalt, sondern die Dramaturgie entscheidend. Sie organisiert die Traumform als eine Form des Denkens. Der Traum ist linguistisch nicht die bei Freud von de Saussure übernommene Dialektik von Latenz und Manifestation, sondern nur die Persistenz seiner sich endlos wiederholenden Form. »À la limite, nulle différence de nature entre la vie de l'esprit rêvant et l'activité de penser, c'est ici et là la même ›matière‹ de représentations, seulement un peu plus liées le jour [...]: la figure de langage qui gouverne l'œuvre d'Aristote, par exemple, n'est pas la même que celle qui prévaut dans les *Confessions* de saint Augustin. [...] Il faut enfin marquer les limites de cette méthode de référence du rêve au langage, et c'est alors sans doute que l'on témoigne d'une véritable considération à l'endroit du premier: on verra que l'analogue peut-être le plus fidèle du ›désordre‹ onirique, la figure nocturne du délire dionysiaque (l'autre hellénisme), n'est pas comme les précédentes une configuration du langage, mais plutôt un dispositif d'anti-langage ou de non-langage, une figure *acéphale* (G. Bataille) ou *de cruauté* (A. Artaud).«[40]

Der Traum generiert Signifikanten ohne Signifikate oder mit allzu vielen Signifikaten, delirierend in einem unzähmbaren Überschuß und Mehrwert. Freud koppelt ohne Begründung Bewußtsein und Denken von diesen Subroutinen ab. Durch die einfache Dualität von bestimmendem Unbewußtem und funktionaler Repräsentation als Denken sichert er die Instanz des numinosen Traums als eines Mediums der Repräsentation verborgener Gehalte von einem Denken ab, dessen Form er bewußten und willentlichen Repräsentationen, den Propositionen von Sachverhalten vorbehält. Dagegen postuliert Heinz, daß das Subjekt nicht das Ganze oder alles sei. Das Subjekt entsteht als Konstruktion durch die Notwendigkeit, Schuldgefühle zu limitieren. Die Kränkung des Subjekts gehört also untrennbar zu dessen Souveränität. Die Psychoanalyse bekräftigt diese Doppelgestalt durch die Abspaltung von Gehalt und Form. Der hermeneutische Verweis auf die Botschaft der Träume ist also nur die Spezifikation einer Bewältigung von Schuldhaftigkeit. Der Bann der Illusion entspringt nicht der Form – des Traums, des Denkens –, sondern der Konstruktion von Subjektivität, die sich immer wieder im abgespaltenen Gehalt des Traums wiederfindet und spiegelt. Die Psychoanalyse baut eine Doppelillusion auf: Subjektmacht versus Schuldnotstand.

Der Traum ist aber eher eine Residualkategorie als ein Gebilde aus Signifikanten. Jede ausschließliche Konstruktion des Traums als Signifikanz (nicht nur die Freudsche) ist an die Illusion des Subjekts gebunden. Gegen die semantische Traumdeutung Freuds setzt Heinz den Autosymbolismus, der jeden Gehalt des Traums erklärt, weil er jeden möglich macht. Die Kritik am psychoanalytischen Symbolbegriff betrifft den Umstand, daß die symbolisierende Zutat gerade die Symbolproduktion ist. Das Symbol erscheint in der Psychoanalyse meist als Erklärungsgrund des Symbolisierten. »Der Traum hat es aber an sich, sich andauernd auf sich selber zu beziehen, sich sozusagen selber zu träumen.«[41] Es ist eine Grundthese der von Heinz entwickelten Pathognostik[42], daß innerhalb der psychischen Phänomenologie alles, was phänomenal existiert, »*zunächst die vollkommene Selbstdarstellung seiner eigenen Funktionsweise leistet*«[43]. Das Traumvermögen ist auf besondere Weise autopoetisch. Aus erkenntnistheoretischen Gründen kann die Formeigenschaft des Traums nichts Präzises

---

40 LYOTARD (s. Anm. 28), 989.
41 RUDOLF HEINZ, Somnium Novum. Zur Kritik der psychoanalytischen Traumtheorie, Bd. 1 (Wien 1994), 116.
42 Vgl. KARL THOMAS PETERSEN, Von der Psychoanalyse zur Pathognostik. Ansätze einer neuen Traumtheorie, in: R. Heinz/Petersen (Hg.), Somnium Novum. Zur Kritik der psychoanalytischen Traumtheorie, Bd. 2 (Wien 1994), 36f., 40f., 46ff., 51, 56, 59f.; THOMAS CREMANNS, Attraktion und Repulsion. Am Beispiel eines Traumes von Sigmund Freud, in: ebd., 87; MARIE-LUISE HEUSER, Traum-Algorithmen. Überlegungen zur Mathematisierbarkeit der pathognostischen Theorie der Traumproduktion, in: ebd., 115f.; GERTRUD LETTAU, Naturphilosophische Rhapsodien über Schlaf und Traum, exemplifiziert an Freuds ›Traum von Irmas Injektion‹, in: ebd., 140.
43 PETERSEN (s. Anm. 42), 45.

über die in ihm auftauchenden Gehalte sagen, da diese Aspektualisierungen der Traum-Form sind, Variationen der Attribute dieser Form, mithin mediatisierte Gehalte, nicht aber solche, die in Referenz sich erhärten. Der manifeste Gehalt läßt sich also aus prinzipiellen Gründen nicht auf einen latenten Gedanken zurückführen, weil dieser Gedanke nicht Proposition ist, sondern Form, Form des Denkens und nicht Denkinhalt. Zur Traumform gehört beispielsweise die Zensurinstanz, die keineswegs auf der Ebene des Über-Ich situiert ist, sondern »Teil der Traumarbeit selber, in erster Linie wohl der *Rücksicht auf Darstellbarkeit* als des Initialaktes der Repräsentierbarkeit«[44] geschuldet.

Der Traum ist die Form der Wiederholung und Wiederholung als Form. Nicht die Erfüllung des Wunsches ist das Ziel des Traums, sondern seine immer wieder vollzogene Fundierung im Wunsch. In Form des Traums kehrt das Imaginäre durch die Hintertüren der Phantasmatik und des Unheimlichen ins Zentrum einer obsoleten Bildervernunft zurück. Dieses Imaginäre ist auch die Bühne einer gigantischen Medienmaschine. Heinz geht soweit, die durch die Psychoanalyse beschriebenen Wirkungen im Strom der Phantasmen, dem Sog der Medienmaschine, der technologisch erzeugten Bilder, der elektronischen und elektromagnetischen Aufzeichnungsdramaturgien und Schnitttechniken untergehen zu sehen. Mit ihrem privilegierten Objekt scheitere auch die Psychoanalyse als Versprechen einer Tiefenhermeneutik hoffnungslos und erweise sich als ein die Medienmaschine bloß kompensierendes Sinnversprechen, das seine Kraft aus seiner Überflüssigkeit bezieht. »Am Zeugnis der Abschaffung der Psychoanalyse durch Video mit der wissenschaftlichen Rückwirkung der empirischen Schlaf- und Traumforschung führt indessen kein Weg vorbei«. Es erweist sich für Heinz, daß die »mediale Objektivierung des Traums«[45] die Psychoanalyse geradezu hervorgebracht hat.

Solche Überlegungen gelten – im Hinblick auf ein veränderliches Traummaterial und auf die medial sich weiter differenzierende Methode der Traumanalyse – auch für neuere, seit Kino, TV und Video entwickelte Medien, v. a. die Implementierungen von Mensch und Maschine im aktuellen Medienverbund von TV, Computer, Kino und 3-D-Bewegtbildillusion. Zum Zusammenhang von Bildtheorie, Wahrnehmungspsychologie, Trauminszenierung, empirischer Schlafforschung und philosophischer Dekonstruktion des Subjekts verspricht die Traumfraktalität von Cyberspace (in allen Ausformungen von Räumen und Netzen) relevante, empirisch wie theoretisch in einem anspruchsvollen Sinne aber erst noch zu entwickelnde Aufschlüsse.

VII. Geschichte des Traumes – Modellbildungen vom Aufbruch der Romantik zur Wissenschaft von der Psyche

Die Wahrnehmung der Bedeutsamkeit von Träumen, das Interesse an den möglichen verborgenen Mitteilungen und die Tatsache, daß im Traum ein Zugang zu einer verborgenen Welt dem Menschen sich eröffnet, ist schon früh religiös, später anthropologisch gedeutet worden. »Ce que nous apprend l'histoire du rêve pour sa signification anthropologique, c'est qu'il est à la fois révélateur du monde dans sa transcendance, et aussi modulation de ce monde dans sa substance, sur l'élément de sa matérialité.«[46] Visionäre Zustände im Schlaf wurden von alters her mit der Wanderung der Seele, ihrer Fähigkeit zur Abtrennung vom Körper in Verbindung gebracht. Die Entdeckung, daß die Menschen schon immer träumten und bemüht waren, sich ihre Träume zu erklären, ist zwar erst spät explizit formuliert, aber schon früh und implizit als wesentliche Erfahrung menschlicher Existenz angesehen worden. Dabei handelt es sich jedoch genau besehen um eine nachgreifende Stilisierung aus dem Geist der Anthropologie, d. h. aus der epistemologischen Sicht des 18. Jh. Gebser erörtert eine archaische Struktur oder eine Frühzeit, in der keineswegs vom Tatbestand der Seele in diesem anthropologischen Sinne ausgegangen werden muß, was auch darauf schließen läßt, daß das Träumen nicht immer stattgefunden hat. »Traumlosigkeit [...] ist Unerwachtheit der Seele, denn der Traum ist eine der Manifestationsformen der Seele.

---
44 Ebd., 54.
45 HEINZ (s. Anm. 41), 105, 109.
46 FOUCAULT (s. Anm. 19), 88.

Insofern ist die Frühzeit jene Zeit, da die Seele noch schläft, wobei der Schlaf anfänglich so tief gewesen sein mag, daß die Seele, wenn auch nicht inexistent, so doch (möglicherweise in einer geistigen Vorform) bewußtseinsfern war.«[47] Die besondere Wertschätzung des Traums – Schwelle zu einer anderen, heiligen, mindestens aber verborgenen Welt – ist jedoch in allen Kulturen, besonders in nach-archaischen Epochen, festzustellen. Überall existiert seitdem ein Bewußtsein über die Besonderheit dieser Welt. In einer Paraphrase der Traumphilosophie Heraklits zeigt sich der Sachverhalt so: »La cosmogonie du rêve, c'est l'origine de l'existence elle-même.«[48]

In zahlreichen Kulturen gelten die Träume nicht in erster Linie als überwältigende, undeutbare und offene Visionen, sondern als heilige Offenbarungen von Wunsch und Schicksal. Träume erscheinen deshalb mit gutem Grund oft als parallel zu und verwandt mit Mythen.[49] Ein besonderes Bewußtsein – ob individuell oder kollektiv, manifest oder latent, subtextuell oder direkt zugänglich, historisch wandelbar oder synchron unveränderlich – wird diesen Sphären zugeschrieben. Davon bildet das Christentum eine spezifische Variante. Es gibt im christlichen Blick auf die Abwege des Träumens für den Menschen keinen sinnlich merkbaren Unterschied zwischen der göttlichen und der teuflischen Welt. Thomas von Aquin hat deshalb eine Dämonologie des permanenten Irrtumsverdachts entworfen. Der Teufel könne alle Verwandlungen und Inkorporationen vortäuschen.[50] Diese fundamentale ontologische Unsicherheit wird später, bei Descartes, methodisch noch einmal mit anderem Ergebnis durchgespielt, taucht aber in allen Konstruktionen auf, die eine bestimmte Instanz der absoluten Autorität als eine unberührbare, unbezweifelbare Entscheidung benötigen, z.B. bei der Ersetzung des irrlichternden, schillernden Traums durch die Traumdeutung.

Die eigentliche Entdeckung des Unbewußten fällt aber erst ins 19. Jh. Es wurde zu einem Gemeinplatz, daß ein unbewußtes Seelenleben existiere. Philosophisch werteten vor allem Arthur Schopenhauer und Eduard von Hartmann die Kategorie des Unbewußten auf. Bereits im 17. und 18. Jh., v. a. im Kontext des Sturm und Drang und dann der Romantik, wuchs das Interesse an dieser verborgenen Dimension.[51] Hatte die Aufklärung die Diskussion der prophetischen Träume nur didaktisch zugelassen und mit großem Aufwand eine anthropologische Auffassung vom prinzipiell defizitären Wesen des Traums durchgesetzt, so erschien in der Romantik der Traum als eine genuine und experimentierende Tätigkeit, ausgestattet mit der unbewußten poetischen Kraft eines ›unwillkürlichen Dichtens‹. Die von und seit den Surrealisten so gewohnte Gleichsetzung von Poesie und Traum wird schon durch Jean Paul und Herder, Karl Philipp Moritz und Christoph Martin Wieland verbindlich formuliert.[52] »Der Traum ist das [...] Mutterland der Phantasie«, schreibt Jean Paul im *Leben des Quintus Fixlein* (1796) unter der Überschrift ›Über die natürliche Magie der Einbildungskraft‹. Allerdings ist es ihm keineswegs um die Entregelung des Ichs zu tun, sondern um die Vergeistigung der Sinne in diesem, und zwar dergestalt, »daß unser bekanntes Ich die *Sukzession* in der Phantasie (wie das *Simultaneum* in der Empfindung) ordnet und regelt, sogar im Chaos des Traums«[53]. Diese souverän ordnende Instanz des Ichs hält den Traum aus, »der selber ein täglicher Wahnsinn ist«[54]. Dies geschieht durch verschiebende Wiederholung: »Jeder Geist, der die trübe Wirklichkeit nachträumt, erwache wie ich!«[55] Insgesamt finden sich im Werk von Jean Paul zahlrei-

---

47 GEBSER (s. Anm. 23), Bd. 1 (Stuttgart 1949), 75.
48 FOUCAULT (s. Anm. 19), 91.
49 Vgl. ERICH FROMM, Märchen, Mythen und Träume. Eine Einführung zum Verständnis von Träumen, Märchen und Mythen (Zürich 1957), 7f., 183f.
50 Vgl. LENK (s. Anm. 24), 204.
51 Vgl. ERNST BLOCH, Das Prinzip Hoffnung (1954/1957; Frankfurt a.M. ²1959), 113.
52 Vgl. KLAUS DIRSCHERL, Traumrhetorik von Jean Paul bis Lautréamont, in: K. Maurer/W. Wehle (Hg.), Romantik. Aufbruch zur Moderne (München 1991), 129–172; MANFRED ENGEL, ›Träumen und Nichtträumen zugleich‹. Novalis' Theorie und Poetik des Traumes zwischen Aufklärung und Hochromantik, in: H. Uerlings (Hg.), Novalis und die Wissenschaften (Tübingen 1997), 143–168.
53 JEAN PAUL, Leben des Quintus Fixlein (1796), in: JEAN PAUL (MILLER), Abt. 1, Bd. 4 (1962), 196f.
54 JEAN PAUL, Der Traum einer Wahnsinnigen (1808), in: JEAN PAUL (MILLER), Abt. 2, Bd. 3 (1963), 201.
55 JEAN PAUL, Bund des Traums mit dem Wachen (1815), in: ebd., 344.

che Träume und Traumerzählungen, aber auch diskursive Erörterungen der Traumfähigkeit und -tätigkeit. Besonders eindrücklich sind der ›Traum über das All‹ in *Der Komet* (1820–1822), die Polyloge über Schlaf, Traum, Alter und Unsterblichkeit in *Selina oder über die Unsterblichkeit der Seele* (1821), *Die Frage im Traum, und die Antwort im Wachen* (entst. 1811), *Der Traum einer Wahnsinnigen* (1808), *Der Traum und die Wahrheit* (entst. 1797), *Traum eines bösen Geistes vor seinem Abfalle* (entst. 1818). Albert Béguin resümiert: In den großen Romanen Jean Pauls haben die Träume »une signification essentielle: c'est par eux surtout que s'opère la transfiguration du monde, l'irruption de la clarté après la vision des ténèbres. Le double aspect de la géographie onirique [...] correspond ainsi, plutôt qu'à une double et constante coloration des rêves nocturnes du poète, à l'alternance des pires épouvantes et des plus magnifiques ivresses, qui commande à toute sa vie.«[56]

Ging Kant noch von einem psychodynamisch unproblematischen Nutzen des Träumens aus – »Das Träumen ist eine weise Veranstaltung der Natur zur Erregung der Lebenskraft durch Affecten, die sich auf unwillkürlich gedichtete Begebenheiten beziehen, indessen daß die auf der Willkür beruhenden Bewegungen des Körpers, nämlich die der Muskeln, suspendirt sind. – Nur muß man die Traumgeschichten nicht für Offenbarungen aus einer unsichtbaren Welt annehmen.«[57] –, so wird für Novalis nicht nur die unsichtbare Welt das eigentlich zu verstehende Rätsel, sondern das Träumen einer ihrer treibenden Gründe. »Die Welt wird Traum, der Traum wird Welt«[58] – damit ist die entscheidende, das wesentliche Charakteristikum der Romantik darstellende Umkehrung in der Bewertung von Traum und Realität ausgesprochen. Novalis geht von einer wesenhaften und wesentlichen Einheit von Traum und Welt aus und gründet, ganz im Sinne Friedrich Wilhelm Schellings, Traum und Poesie in der universalen Weltseele und einer Emergenz unterschiedlicher, klar aufgebauter Stufen des Bewußtseins. »Der Traum belehrt uns auf eine merckwürdige Weise von der Leichtigkeit unsrer Seele, in jedes Object einzudringen – sich in jedes sogleich zu verwandeln.«[59] Für Novalis ist der Traum der Ursprung der Schöpfung und Kunst entsprechend die nobelste Verkörperung der Einbildungskraft. Dieser, die er einen »wunderbaren Sinn«[60] nennt, traut er zu, alle anderen Sinne ersetzen zu können. Sie ist in Gedächtnis und Verstand das wirkende, alle inneren und äußeren Kräfte anleitende Prinzip. Auch für Baudelaire ist die Umwertung von Traum und Realität im Zeichen eines ›Supranaturalismus‹ vollkommen selbstverständlich. »Le bon sens nous dit que les choses de la terre n'existent que bien peu, et que la vraie réalité n'est que dans les rêves.« Gegenüber den natürlichen Träumen, die aus den Gedächtnisspuren der tagsüber wahrgenommenen Dinge hervorgehen, ist eine andere Art von Traum interessant, der nicht in der Welt des natürlichen Menschen beheimatet ist: »le rêve absurde, imprévu, sans rapport ni connexion avec le caractère, la vie et les passions du dormeur! ce rêve, que j'appellerai hiéroglyphique, représente évidemment le côté surnaturel de la vie«[61]. Gleichzeitig ist der Traum eingebettet nicht nur in Verkettungen, sondern auch ganzen »séries de raisonnements, qui ont besoin, pour se reproduire, du milieu qui leur a donné naissance«[62]. Die Insistenz des Numinosen schließt also den Fortgang der rekonstruktiven Interpretationen im Sinne der Bedeutsamkeit eines Historischen, Gegebenen und Entstandenen nicht aus, sondern zeichnet sich durch das Hin-und-Her-Gehen zwischen der natürlichen und einer supranaturalen, artifiziellen Welt aus. Die Poesie verweist auf die Wahrheit der Welt und steht in Korrespondenz mit einem hieroglyphischen Wörterbuch. »La Poésie est ce qu'il y a de plus réel,

---

56 ALBERT BÉGUIN, L'âme romantique et le rêve: essai sur le romantisme allemand et la poésie française (1939; Paris 1946), 182.
57 IMMANUEL KANT, Anthropologie in pragmatischer Hinsicht (1798), in: KANT (AA), Bd. 7 (1917), 175 f.
58 NOVALIS, Heinrich von Ofterdingen (1802), in: NOVALIS, Bd. 1 (²1960), 319.
59 NOVALIS, Das Allgemeine Brouillon – Materialien zur Enzyklopädistik (1798/1799), in: NOVALIS, Bd. 3 (²1960), 309.
60 NOVALIS, Studien zur Bildenden Kunst (1798), in: NOVALIS, Bd. 2 (²1960), 650.
61 CHARLES BAUDELAIRE, Les paradis artificiels. Opium et haschisch (1860), in: BAUDELAIRE, Bd. 1 (1975), 399, 408.
62 BAUDELAIRE, Edgar Allan Poe, sa vie et ses œuvres (1856), in: BAUDELAIRE, Bd. 2 (1976), 315.

c'est ce qui n'est complètement vrai que dans un autre monde. – Ce monde-ci, – dictionnaire hiéroglyphique.«[63] Daran haben Visionen teil[64], die aus einer tiefen poetischen Wachsamkeit und einem nicht genealogisch bedingenden Hang zum Artifiziellen, Symbolischen und Transzendenten hervorgehen – welche Kategorien ein Numinoses, vor allem aber auch ein Nicht-Empirisches bezeichnen, das in Korrespondenz zu nicht individuierten Kräften des Lebens steht. Innerlichkeit, Spiritualität und Unendlichkeit sind Kennzeichen der Romantik und zeichnen der modernen Kunst einen Index ein, der für eine Poetik des Traums maßgebend werden wird. »Qui dit romantisme dit art moderne, – c'est-à-dire intimité, spiritualité, couleur, aspiration vers l'infini, exprimées par tous les moyens que contiennent les arts.«[65] Die artifizielle Überhöhung des romantischen Hangs zur Unendlichkeit ist gerade im 19. Jh. und im Bannkreis Baudelaires immer wieder an Rauschmittel gekoppelt. Um so gewichtiger, daß Baudelaire die Sphäre des Traums von der Verfügbarkeit der Metaphern und Drogen gleicherweise abkoppelt und als natürliche Disposition behandelt, wie z. B. in dem Prosagedicht *L'invitation au voyage* (1857): »Des rêves! toujours des rêves! et plus l'âme est ambitieuse et délicate, plus les rêves l'éloignent du possible. Chaque homme porte en lui sa dose d'opium naturel, incessamment sécrétée et renouvelée, et, de la naissance à la mort, combien comptons-nous d'heures remplies par la jouissance positive, par l'action réussie et décidée?«[66]

Die Veränderung der epistemologischen Struktur an der Schwelle zur und, noch entschiedener, seit der Romantik ging einher mit einem Wandel der Mentalität. Der bezog sich nicht zuletzt auf die Funktion der Einbildungskraft. Denn die Einbildungskraft, die so lange bei den unteren Erkenntnisvermögen und bestenfalls in der Grauzone zwischen unteren und mittleren kognitiven Fähigkeiten angesiedelt worden war, wird nun ein positiv besetzter Begriff. »Während die Aufklärer im Traum das zwecklose Spiel der Einbildungskraft sehen, identifizieren ihn die Romantiker mit unbewußter Produktivität schlechthin.«[67] Schopenhauer, Nietzsche und Charles Darwin sind Erben eines entschiedenen Umschlags der geistvoll gedachten Romantiknatur in bloße Triebnatur, für

welche Entwicklungslinie Freuds *Traumdeutung* einen konsequenten Abschluß darstellt. Die ›Entdeckung des Unbewußten‹ steht im Zusammenhang mit den mentalen Innovationen des 18. Jh., besonders mit einer Anthropologie, die, nach dem deklarierten Tod oder mindestens der Relativierung Gottes, im Inneren des Subjekts diejenigen göttlichen Qualitäten eruiert, die aus der makrokosmischen Welt eben verabschiedet worden sind. Die Erforschung des Unbewußten wird das Schlüsselthema der Wissenschaften im 18. Jh.; Biologie, Archäologie, Geologie, Mythologie, Okkultismus und Psychologie beschäftigen sich in einem vordem unbekannten Ausmaß damit. Nach der ernüchternden Erhellung oder dem Leerräumen eines säkularisierten Himmels geht die Richtung nun in eine verheißungsvolle Tiefe.

Das Schichtenmodell wird für viele epistemologische Argumentationen und Vorhaben verbindlich. Es bezieht seine Anschaulichkeit aus Archäologie und Geologie, wird aber sofort als erhellende Metaphorik auf die psychischen Prozesse übertragen. Johann Joachim Winckelmanns Konzeption der Archäologie führt zur Entdeckung der historischen Schichten Trojas durch Heinrich Schliemann. »Geologische und psychologische Schichten beherrschen die Vorstellungswelt des nur mehr der Erde und dem Menschen sich zuwendenden Forschens. Es sind Schichten, an denen die Zeit offensichtlich wird, die sich im Unbekannten verliert: im Ursprung, der in den Konzepten der ›Urphänomene‹, der ›Urworte‹, des ›Urgesteins‹, der ›Urpflanze‹ Goethes bis zu jenen der psychologischen Urbilder oder Archetypen C. G. Jungs aufscheint und die Bemühungen um das Erfassen des Nicht-Räumlichen anschaulich macht. Nicht mehr der Unbekannte wird theologisch gesucht – das Unbekannte wird anthropologisch erforscht und führt zur Entdeckung der ›Zeit‹ in ihren vielfältigsten

---

63 BAUDELAIRE, Puisque réalisme il y a (um 1855), in: ebd., 59.
64 Vgl. BAUDELAIRE (s. Anm. 61), 422–426.
65 BAUDELAIRE, Salon de 1846, in: BAUDELAIRE, Bd. 2 (1976), 421.
66 BAUDELAIRE, Le Spleen de Paris (1869), in: BAUDELAIRE, Bd. 1 (1975), 303.
67 ENGEL (s. Anm. 52), 153.

Manifestationsarten«[68]. Auch die Mythologie wird anthropozentrisch. 1787 beginnt Karl Philipp Moritz in Rom, wie Goethe berichtet, eine ›Götterlehre‹ der Alten in rein menschlichem Sinne‹ zu schreiben. Es faszinieren nicht mehr die Weltseele und das Numinose, sondern das Verborgene, Vergessene und räumlich Unsichtbare. Latenzen und Intensitäten nehmen Gestalt an oder werden mindestens in einem kulturell neu innervierten Sinne spürbar. Die Profanisierung des Göttlichen ist mit der Sakralisierung des Unbewußten historisch und strukturell zwingend verbunden. Der Traum wird zu einer quasi-heiligen Manifestationsform des im Inneren waltenden Geheimnisses, und zwar genau so, wie vordem Visionen, Epiphanien und Offenbarungen von außen das Göttliche in die Welt scheinen ließen. »In dem Moment, da die patriarchalische Welt zerbricht, da das Erbe des ›Roi Soleil‹ von der aufsteigenden Flut der ›erwachenden Linken‹ weggespült wird, da das Bild des himmlischen Vaters verblaßt, da der Mensch, im Anfang des Zeitalters der Maschinen und der Masse, beginnt, aus einem Subjekt zum Objekt zu werden, aus einem handwerklich schöpferischen Individuum zu einem Diener, ja Sklaven der Maschine – in diesem Moment der Verluste, da droht, daß der Mensch sich selber verliert, da beginnt das neue Suchen: selbst nicht mehr Individuum und Person, sucht er das Unpersönliche und Sachliche, und er sucht es ›hier‹ und nicht mehr ›drüben‹, sucht nicht mehr, was man nie wissen, sondern nur glauben kann, [...] das noch nicht Gewußte: das ›Unbewußte‹.«[69]

Die spekulative romantische Auffassung von einer poetischen Naturkraft des Traumdenkens jenseits der legitimierten wissenschaftlichen Kognition wurde mit der Zeit durch eine experimentelle, dann klinische Umwendung und damit Reduktion der Traumpoesie auf eine szientistische Zeichentheorie abgelöst.

Zur Geschichte der Objektivierung und damit Bändigung von Traum und Vision gehört auch die für das 19. Jh. typische Doppelung der Psyche in eine bewußte und eine unbewußte.[70] Vielfältige Erscheinungsformen der Phantasie, die als Faktoren einer psychischen Krankheit gelten konnten, wurden mit den Wirkungen der Phantasie und der Imagination in Verbindung gebracht, einer Kraft, der seit spätestens Montaigne nicht nur die Fähigkeit zur Verwandlung der Naturzustände innewohnt, sondern der auch die der Verwischung der Grenzen zwischen klarem Wach- und delirierendem Traumbewußtsein zugeschrieben worden ist. Die Wirkungsgeschichte des doppelten Bewußtseins als Beschreibung einer besonderen Empfindlichkeit und Empfänglichkeit für Einbildungskräfte drückt sich in der Literatur aus als eine Kontinuität der Traum-Obsession von Edgar Allan Poe über Robert Louis Stevenson und Guy de Maupassant bis James Joyce und Marcel Proust. Bei Poe erscheint der Traum als Klammer für alles, was überhaupt zur Erscheinung kommen kann. In der traumgebenden Instanz von Descartes wird die Unterscheidung zwischen Schimäre/Traum und klarem und sicherem Wissen prinzipiell eingezogen. Sie ist nur mehr stetig dem Traum ausgeliefert. Damit macht sich dessen Sphäre als übergeordnete und unausweichliche, jederzeit und ausschließlich vorherrschende geltend, was Poe in seinem Gedicht *A Dream Within a Dream* (1827) in aller Kürze so formuliert: »*All* that we see or seem / Is but a dream within a dream.«[71] Henri Bergson wird – durchaus im Geiste Poes, wenn auch ohne explizite Referenz – in seinem Buch *Essai sur les données immédiates de la conscience* (1889) gegen Ende des Jahrhunderts parallel zur physiologischen oder Leib-Ästhetik Nietzsches behaupten, die Kunst sei bloß eine verfeinerte und vergeistigte Version des Hypnotismus. Die frühe dynamische Psychiatrie hat das seit der Renaissance breit entwickelte Studium der ›Imaginatio‹ für ihre Zwecke weidlich genutzt. Sie bezieht den kulturtypologischen Antagonismus zwischen Aufklärung und Romantik in ihre Theorie mit ein. Besonders das Naturdenken der Romantiker wurde wichtig. Und dies in mehreren Punkten: Das Gefühl für die Natur verlieh dieser den Status des Subjekts oder, wie bei Schelling, einer Summe von Potenzen. So

---

68 GEBSER (s. Anm. 23), 190.
69 Ebd., 187.
70 Vgl. HENRY F. ELLENBERGER, The Discovery of the Unconscious. The History and Evolution of Dynamic Psychiatry (New York 1970), 110f.
71 EDGAR ALLAN POE, A Dream Within a Dream (1827), in: Poe, The Complete Tales and Poems, hg. v. H. Allen (New York 1938), 967.

wie sich hinter der sichtbaren eine unsichtbare Natur verbirgt, wirkt diese verborgene Natur auf dem Grund der Seele und kann, durch die Medien ihrer Umformung und Verstellung hindurch, entziffert werden. Von daher rührt das vitale Interesse der Romantik an allen Manifestationen des Unbewußten (Träume, Genie, Geisteskrankheiten, Quellen der Kreativität, Schicksalsphilosophie, Tiefen- und Charakterpsychologie). Die systematische Untersuchung der Mythen durch Friedrich Schlegel, Georg Friedrich Creuzer und Schelling stand ebenfalls im Dienste einer Vertiefung dieser Kenntnis von der verborgen wirkenden, beseelten Natur – eine Auffassung, die noch in der spekulativ-materialistischen Wendung Ernst Blochs zu einem dynamischen und offenen Natursubjekt nachwirkt. Das tiefe Gefühl für die Dimension des Werdens in der Natur geht einher mit einem geschärften Sensorium für Singularitäten, seien diese historischer oder individualpsychologischer Natur. Die sich entfaltende Weltseele bei Schelling, Urphänomen und Metamorphose bei Goethe, die Einheit von Mensch und Natur, der Kult des verborgenen Erdinnern und die Theorie des dreifach geschichteten Unbewußten bei Carus – mit einer Wirkungsgeschichte bis zu Joseph Beuys – bezeichnen ein Erkenntnisinteresse und ein Selbstverständnis, das für die Erforschung und Konzeptualisierung der Träume äußerst förderlich war – bis hin zu exzessiv metaphysischen Vorstellungen eines gemeinsamen kollektiven Unbewußten als des Mittlers zwischen Weltseele und individueller Psyche. Kein Wunder, daß kaum ein Philosoph oder Dichter der Romantik nicht Gedanken über Träume formuliert hätte. Auch die hieroglyphische Auffassung von der Symbolik des Traums, die bei Freud eine so wesentliche Rolle spielen wird und die Herkunft der Traumdeutung aus der Rezeption der bildenden und literarischen Künste belegt, beginnt mit der romantischen Auffassung von einer Traumbildsprache, die hinter den unterschiedlichen kulturellen Sprachen eine Einheit des Menschen durch eine einzig den Träumen vorbehaltene universale Symbolsprache quer durch Raum und Zeit postuliert.

Allerdings ist auch für die Traum-Thematik die epochale Zerrissenheit des Menschen in der Romantik bindend und die Sehnsucht nach intensiver, offenbar durch die Erfahrung von Verstörung und Gefährdung erst recht bestärkter Versöhnung wohl zunehmend an den Rand des Wahnsinns getrieben worden. Schellings Theorie, nach welcher der Mensch vom Bezug auf Gott, Natur und Universum abgeschnitten ist, denkt in der undenkbaren Figur einer reflexiven Anschauung die Einheit durch das Zerrissene hindurch, intensiviert aber mehr die zentrifugalen als die zentrierenden Kräfte. Nicht zufällig wird unter dem Zugriff der ästhetischen Intensivierung des Leibes diese Theorie Schellings auf verschlungenen Wegen zur Theorie des Es bei Nietzsche. Von dort strahlt sie weiter aus und läßt sich nicht nur in den Auffassungen Freuds wiederfinden, sondern auch in der Konzeption der Schizophrenie beim Nervenarzt Eugen Bleuler. Der enge Zusammenhang von Genialität, Traum und Geisteskrankheit, den die Romantik geschaffen hat, drückt sich in der späteren Psychologie als Affinität von Traum und Geisteskrankheit aus. Die Zuschreibung der kreativen Funktion zu einer Seele, welche Wach- und Traumzustände gleichermaßen umfaßt, ist von der mythopoetischen Auffassung des Unbewußten nicht zu trennen.

VIII. Funktionswandel der nachnuminosen Träume

Wesentliche historische Anzeiger für den Funktionswandel der Träume von numinosen Sendeappellen mit transzendentalem Offenbarungscharakter zu den typischen Bildinszenierungen einer mit sich selbst spielenden Einbildungskraft sind die von Moritz, Salomon Maimon und anderen Ende des 18. Jh. geführten Debatten um Traum, Vision, Somnambulismus, Divination, Schlafwandlerei und Halluzination, Täuschung und Selbsttäuschung. Nichts ist bezeichnender als die Erörterung des Traums als einer besonderen »Art Täuschung«[72]. Der Traum ist ein wechselseitig erfol-

---

[72] SALOMON MAIMON, Über den Traum und über das Divinationsvermögen. Fortsetzung (1792), in: K. P. Moritz, Die Schriften in 30 Bänden, hg. v. P. Nettelbeck/U. Nettelbeck, Bd. 9 (Nördlingen 1986), 57.

gender Unterbruch von Sinnen und Einbildungskraft, ein »Mittelzustand zwischen Schlafen und Wachen« (58). Kriterium der Unwahrscheinlichkeit des Traumerlebens ist die Unterbrechung einer in der Erfahrung gegründeten Assoziationskette. Die Nichtwirklichkeit der Vorstellungen außer uns ergibt sich durch eine Kontiguität in der Aneinanderreihung fremder, nicht zueinander gehörender Elemente. Gerade eine unwahrscheinliche Verbindungsmöglichkeit macht die empirische Wirkung und poetische Faszination des Traums für die Debatten einer empiristisch sich vorurteilslos gebenden Spätaufklärung aus. Die Willkürlichkeit, mit der sich die Unterbrechung von Erscheinungsketten steuern läßt, »das *willkürliche* Fortsetzen oder Unterbrechen einer Ideenreihe [ist] ein positives Merkmal des Wachens« (64). Parallel zu dieser Intentionalität weiten sich die Zustände und Aktivitäten der Phantasie aus. Tagträume und Erscheinungen im Wachzustand ergänzen Wille und Verstand. Die Religionskritik der Aufklärung bestand in der Anerkennung der allen Religionen zugrundeliegenden Visionen, die nun aber als einfache, allegorische oder symbolische Visionen auf die Nachbarschaft zum Traum und die Tätigkeit der produktiven Einbildungskraft, also auf das innere Vermögen des Subjekts bezogen und nicht mehr als Repräsentationen einer übermenschlichen, externen göttlichen Mitteilung gedeutet werden. Die Ähnlichkeit von Traum und Vision soll weder geleugnet noch als übernatürliche Erscheinung gewertet, sondern als Naturerscheinung nach den Gesetzen der Psychologie untersucht und erklärt werden. Die Kunst wird zu einer dem Traum als Mittelzustand zwischen Schlafen und Wachen vergleichbaren Technik, das Ich in der Schwebe zu halten.

Die historische Grenze und entscheidende Umbruchstelle bildet die Konstruktion des Bewußtseins als Schlüssel für das Unbewußte: Jenes ist nunmehr der maßgebliche Diskurs, in den dieses sich einzugliedern, an dem es sich zu bewähren hat. Zwar entspringt der Diskurs des Unbewußten der Konstruktion des Bewußtseins. Aber diese Konstruktion behauptet sich nur als Domestizierung der realen, im Diskurs abgewehrten und weiterhin abzuwehrenden Kraft. Insofern kann das Unbewußte, zum Beispiel in der idealistischen Systemphilosophie Schellings, als »Vorgeschichte des Bewußtseins«[73] gelten, die in diesem immer wieder reproduziert wird. Die Psychoanalyse kann genealogisch, aber auch geltungsstrategisch als ein spätes Zerfallsprodukt der romantischen Naturphilosophie des Unbewußten angesehen werden. Die Psychoanalyse ist aus dieser Sicht eine depotenzierte Form der Transzendentalphilosophie, eine Figur der Subjektkränkung, die schon die Romantik, allerdings nicht im Zeichen der Depression, sondern einer emphatischen, die Verzweiflung einschließenden Verklärung der Einbildungskraft, vehement anerkannt hat. Denn depotenzierend wirkt »jene Bewegung, in der die Transzendentalphilosophie auf die Ohnmacht des ›Ich‹ und das ihm gegenüber ›Andere‹ als Grund kommt«[74].

Zur Korrektur solcher Entgegensetzungen bringt Nietzsche den archaischen Glauben an den Traum als Ursprung aller Metaphysik ins Spiel. Dieser Traumglaube sei ein Mißverständnis und der Ursprung des Leib-Seele-Dualismus. Die Auffassung des Traums als einer eigenständigen numinosen Sphäre bewirke, wovon er nur Zeugnis abzulegen glaube: Die ontologische Spaltung der Wirklichkeit und die Scheidung in Sphären, die in der Folge dieser Spaltung nach Graden von Fiktionalität und Eigentlichkeit bewertet werden. »*Mißverständnis des Traumes.* – Im Traum glaubte der Mensch in den Zeitaltern roher uranfänglicher Kultur eine *zweite reale Welt* kennenzulernen; hier ist der Ursprung aller Metaphysik. Ohne den Traum hätte man keinen Anlaß zu einer Scheidung der Welt gefunden.«[75] Gerade wegen seiner atavistischen Präsenz ist der Traum ein Medium instinktsicherer Unterrichtung. »*Aus dem Traume deuten.* – Was man mitunter im Wachen nicht genau weiß und fühlt [...] – darüber belehrt völlig unzweideutig der Traum.« (767) Der Traum ist damit nicht ein erst in der Traumdeutung herzustellendes Geschehen, sondern klar und von einer distinkten logischen Wertigkeit. Obwohl Nietzsche den

---

73 ODO MARQUARD, Transzendentaler Idealismus, romantische Naturphilosophie, Psychoanalyse (Köln 1987), 96.
74 Ebd., 121.
75 FRIEDRICH NIETZSCHE, Menschliches, Allzumenschliches (1878), in: NIETZSCHE (SCHLECHTA), Bd. I (1954), 450.

Traum skeptisch – und durchaus in Übereinstimmung mit dem psychologischen Forschungsstand seiner Zeit – als eine somatische Reaktionsbildung versteht, betrachtet er die Möglichkeit einer atavistischen Rückholung der Traumeinsicht mit der Kunst, die eine analoge Vertauschung von Ursachen und Wirkungen vornimmt und zum Verständnis des ›älteren Menschentums‹ beiträgt. »Aber wir alle gleichen im Traume diesem Wilden; [...] Die vollkommne Deutlichkeit aller Traum-Vorstellungen, welche den unbedingten Glauben an ihre Realität zur Voraussetzung hat, erinnert uns wieder an Zustände früherer Menschheit, [...] im Schlaf und Traum machen wir das Pensum früheren Menschentums noch einmal durch.« (454) Der Traum ist atavistisch und kompensatorisch zugleich – nach Nietzsche ist er dies aber nicht seiner Undeutlichkeit wegen, sondern, konträr, durch seine Deutlichkeit im Hinblick auf suggestive Ursachenbildungen, die kausale Instrumentalisierung der ersten Einfälle. »Im Traum übt sich dieses uralte Stück Menschentum in uns fort, denn es ist die Grundlage, auf der die höhere Vernunft sich entwickelte und in jedem Menschen sich noch entwickelt: der Traum bringt uns in ferne Zustände der menschlichen Kultur wieder zurück und gibt ein Mittel an die Hand, sie besser zu verstehen. Das Traumdenken wird uns jetzt so leicht, weil wir in ungeheuren Entwicklungsstrecken der Menschheit gerade auf diese Form des phantastischen und wohlfeilen Erklärens aus dem ersten beliebigen Einfalle heraus so gut eingedrillt worden sind. Insofern ist der Traum eine Erholung für das Gehirn, welches am Tage den strengeren Anforderungen an das Denken zu genügen hat, wie sie von der höheren Kultur gestellt werden.« (455)

Die These einer individuellen wie gattungsgeschichtlichen Grundierung der Vernunft im Traum hat Folgen für diejenige Auffassung der Poesie, welche dieser eine durch die gesellschaftliche Formierung und Verwertung der Erkenntnisse prinzipiell nicht erreichbare Sphäre überschreibt. Parallel zu einer lebenskritischen Auffassung der Künste entwickelt sich die tiefe Überzeugung von einer wesenhaften und verbindlichen Affinität zwischen Kunst und Traum. Spätestens bei Gérard de Nerval werden künstlerische Arbeit und Träumen eines. Nerval weitet »den Begriff des Traums auf jegliche psychische Aktivität aus, die sich außerhalb der rationalen Kontrolle des Traum- und Imaginationssubjekts entfaltet«[76]. Das Verhältnis von Wachwelt und imaginierter Welt ist jederzeit in beide Richtungen vertauschbar. Es ist kein Zufall, daß Nervals Reisen in den Orient (1839–1840, 1843) und die alles andere als dokumentarischen Berichte dazu – 1851 erstmals in zwei Bänden als *Voyage en Orient* publiziert – nicht nur als Reisetagebuch, sondern immer wieder als ›récit de rêve‹, ethnologische Reportage und Erkundung des Imaginären gelesen und gewürdigt worden sind. Sie gehören zu zahlreichen Träumen, inneren und äußeren, nicht zuletzt aber zum gesamtgesellschaftlichen, fiktionalen und kompensatorischen Traum des 19. Jh. von einem paradiesischen Orient.[77] Die Reflexionen des räsonierenden Subjekts schießen in den Traum ebenso unbeherrschbar ein wie dessen Deutung in die Vernunft und von dort wieder ins Material des Träumens. Diese Traumerfahrung wird »zu einer echten Herausforderung an die Stabilität literarischer Rede [...]. Die Sprache wird gleichsam infiziert von der schwierigen Segmentierbarkeit des Traumerlebnisses und seiner problematischen Referenzierbarkeit«[78]. Bei Lautréamont schließlich wird alles Schreiben – den Surrealismus präfigurierend, von diesem ausdrücklich als Prägungsformel anerkannt – eine Sprache der Beschwörung, die den Traum als Poesie der Revolte gegen Vernunft, Identität und Gesellschaft einsetzt.

IX. Piaget, Lacan, Bloch

Psychoanalytische Theorie, Existenzialphilosophie und phänomenologische Psychologie stellen wesentliche Zweige der Traumtheorie dar. Um eine ausreichende Vielfalt der Theoriebildung wenigstens anzudeuten, seien beispielhaft drei weitere Modelle skizziert, die methodisch einer genetischen Epistemologie, einer Metapsychologie und einer spekulativen Philosophie verpflichtet und

---

76 DIRSCHERL (s. Anm. 52), 15.
77 Vgl. EDWARD W. SAID, Orientalism (New York 1978).
78 DIRSCHERL (s. Anm. 52), 27.

mit drei Namen zu adressieren sind: Jean Piaget, Jacques Lacan und Ernst Bloch.

Piaget behandelt den Traum im Unterschied zu Freud als einen ›sekundären Symbolismus‹ und vergleicht ihn mit einem Spiel, das bloß weniger bewußt ist als gewöhnliche Fiktionen. Grundsätzlich rechnet die Theorie von den unbewußten Quellen des Traums zu den affektiven Schemata, denn die Funktion des unbewußten Symbolismus ist mit deren Mechanik verknüpft. Die Theorien des unbewußten und symbolischen Denkens, das eine positive Rolle spielt und nach Piaget keineswegs nur Verkleidung ist, fügen sich ein »dans le dynamisme commun au développement de la pensée en général et à celui de l'affectivité«. Mit Verweis auf Alfred Binet hält Piaget daran fest, daß das Denken eine unbewußte Aktivität des Geistes ist, es also wenig sinnvoll erscheint, diesem Denken eine substantiell autonome Sphäre undurchschaubarer Symbole zu unterlegen, die als Filter der individuellen Lebensgeschichte, als Zensur singulärer, mindestens besonderer Wünsche, fungiert. Das Unbewußte der Symbole ist deshalb kein psychoanalytisches Problem, »parce que toute assimilation, dans la mesure où elle ne cherche pas son équilibre avec une accomodation actuelle, c'est-à-dire où elle ne donne pas lieu à une généralisation intentionnelle, s'effectue inconsciemment«[79]. Im gängigen psychoanalytischen Traumdiskurs dagegen wird mit zwei polar oder divergent zueinander stehenden Zeichenbegriffen gearbeitet: den Metaphern und den Geheimzeichen. Erstere sind kontrollierbare Bedeutungen, letztere solche, die dem Subjekt verborgen bleiben. »Mais le problème est de savoir s'il existe une ligne de démarcation nette entre le symbolisme conscient de l'enfant et ce symbolisme caché. C'est essentiellement pour montrer qu'il n'en est rien, et que la pensée symbolique forme bien un seul tout« (180). Piaget interpretiert in seiner genetischen Epistemologie alle Stufen der ontogenetischen Entwicklung als einen zusammenhängenden Prozeß der Schematisierung, des Zusammenspiels von Assimilation und Akkomodation, das von den senso-motorischen bis zu den logischen Operationen reicht. Bild, Traum, Nachahmung, Spiel sind spezifische Modelle der Integration und Weiterentwicklung solcher Schemata, die kulturunabhängig in einer konstanten Reihung und Stufenbildung aufgebaut werden. Die soziale Regulierung bildet ein Erfahrungsmodell, durch das aus den höheren Formen des anschaulichen Denkens schließlich die Operationen des rationalen Denkens werden. Gegen Freuds Deutung des Symboldenkens, in welches Piaget zu Recht den so oft als Ausnahme und Singularität gedeuteten Weg des Traums miteinbezieht, und gegen Freuds Auffassung, daß der Traum immer die symbolische Verwirklichung eines verdrängten Wunsches ist, wendet Piaget ein, daß es nicht erwiesen ist, daß »les symboles les plus élémentaires sont le produit d'une ›condensation‹ d'images, laquelle peut être indépendante de la censure et due à de simples facteurs d'économie de la pensée« (194 f.).

Mit Lacan wird das Bewußtsein psychotisch und auch als solches bezeichnet. Sprache ist nicht nur oder in erster Linie die Sprache der Vernunft, sondern auch die verrückende Sprache der Glossolalie, die para-linguistische Ausdruckskraft des Schreiens und Atmens, Gestikulierens und Nuancierens. Die Darstellung des Traums bei Lacan weicht einer poetischen Transformation des Traums. Bei Lacan ist die Auffassung, die dem Unbewußten den Status der Sprache und dem Traum die Form eines spezifischen Denkens verleiht, vermittelt durch seine intensive Rezeption der surrealistischen Künste und Theoreme, besonders von Artaud, Dalí und Paul Éluard. Lacan ging nicht primär von der Psychoanalyse aus, sondern, mindestens vor dem ›Spiegel-Stadium‹ von 1936, von der Gestalttheorie und Kinderpsychologie Charlotte Bühlers und Elsa Köhlers.[80] Das Interesse an der künstlerischen Dimension psychischer Primärbildung in verschiedenen Kulturen wie im Subtext der abendländischen Zivilisation mit ihrem neuzeitlichen Mythos der Transparenz ist auch daran ablesbar, daß Lacan Grundüberlegungen seiner Disser-

---

[79] JEAN PIAGET, La formation du symbole chez l'enfant. Imitation, jeu et rêve, image et représentation (1959; Paris [7]1978), 223.
[80] Vgl. PETER GORSEN, Der ›kritische Paranoiker‹, Kommentar und Rückblick, in: S. Dalí, Unabhängigkeitserklärung der Phantasie und Erklärung der Rechte des Menschen auf seine Verrücktheit. Gesammelte Schriften, hg. v. A. Matthes/T. D. Stegmann, übers. v. B. Weidmann (München 1974), 447.

tation in Beiträgen für die Kunstzeitschrift *Minotaure* zusammenfaßte.[81] Lacan erörtert darin, wie die Symbolarbeit des Wahns mit der kryptischen Logik künstlerischer Inspiration verglichen werden kann. Bestimmte Techniken, wie Freud sie in der *Traumdeutung* beschrieben hat, wie Verdichtung und Verdoppelungen, diskutiert Lacan im Hinblick auf exemplarisch künstlerische Verfahren, v. a. im Bereich der Poesie (so ausdrücklich: Anamorphose, Wortagglutination, Iteration von Verben, Oxymoron). Die iterative und zugleich verschlungene Struktur der Poesie schien ihm eine genuine und wahrhafte Analogie zur Logik der Paranoia zu bilden. Umgekehrt drückte sich das Interesse der Künstler an psycho-theoretischen Fragestellungen dadurch aus, daß Lacan für *Minotaure* eine Analyse der Verbrechen der Geschwister Papin verfaßte, einem nicht nur bei Surrealisten Aufsehen erregenden Fall eines ›induzierten Irreseins‹ und übertragenen Wahns.

In Lacans Semiologie ist das Schreckliche das Unvorstellbare, weshalb das Reale das ist, was Subjekte nur in Form eines Traumas erfahren, d. h. was, in paradoxer Erfahrung, ihnen nur gegenwärtig ist, insofern es sich ihnen verschließt, das, wofür noch kein Zeichen sich hat finden lassen. Das Reale ist, was unterhalb des semiotischen Prozesses verschwindet. Insofern ist es das Unbewußte im älteren Sinne. Das Reale ist das nicht Verzeichenbare. Es ist Bedingung der Möglichkeit der Semiose durch Absenz. Umgekehrt sichert das Symbolische die Spur des Realen negativ, es ist Ausdruck von dessen Überlegenheit und seinem eigenen Mangel. Deshalb schießen unentwegt Bilder in das Symbolische ein. Ohne die Bedrohungen durch das Imaginäre wäre das Symbolische nur abarbeitende Zeichenkette, reines Aufschreibesystem, konditioniertes Verhalten. Lacan insistiert zunächst mit traditionell hermeneutischem Verweis auf Freud darauf, »que le rêve a la structure d'une phrase, ou plutôt, à nous en tenir à sa lettre, d'un rébus, c'est-à-dire d'une écriture, dont le rêve de l'enfant représenterait l'idéographie primordiale, et qui chez l'adulte reproduit l'emploi phonétique et symbolique à la fois des éléments signifiants, que l'on retrouve aussi bien dans les hiéroglyphes de l'ancienne Egypte que dans les caractères dont la Chine conserve l'usage.«[82]

Traumdeutung ist Übersetzung eines Textes und selber Text. Die Ausarbeitung der Deutung versteht sich analog zur Darstellungsleistung des Traums als eine rhetorische Inszenierung mit syntaktischen Verschiebungen (Ellipse, Pleonasmus, Syllepsis, Wiederholung, Apposition usw.) und semantischen Verdichtungen (Metapher, Katachrese, Allegorie, Autonomasie, Metonymie, Synekdoche usw.). Der rhetorische Schmuck des Traums ist die Szenerie als Selbst-Verstellung eines demonstrativen Subjektes, das seine Intentionen verbirgt. Im Unterschied zu Freud aber ist die Wunschdynamik des Träumenden aus der Sicht von Lacan nicht auf eine in letzter Instanz regressive Dynamik des internen Wunsches gerichtet, sondern auf das Begehren nach dem Begehren des Anderen. Die Sinnauflösung findet im Anderen seinen Fluchtpunkt. Lacan übersetzt den Wunsch des Traums nicht mit dem obsessionellen ›désir‹, sondern mit dem ambivalenteren, zwischen Frömmigkeit und Verlangen pendelnden ›vœu‹.

Das Begehren des Freudschen Traums hält Lacan, geschult an Georges Bataille, für eine Verharmlosung des Verlangens. Die Freudsche Traumdeutung erscheint als eine Zurücknahme des obsessionellen Traums vom Begehren des Anderen, Zurücknahme einer ›rupture‹, die das Subjekt, retrospektiv und prospektiv, immer wieder durchstreicht. Freud nimmt für Lacan deshalb einen prominenten Platz in der Geschichte des cartesianischen Bewußtseins ein. »La promotion de la conscience comme essentielle au sujet dans la séquelle historique du *cogito* cartésien, est pour nous l'accentuation trompeuse de la transparence du Je en acte aux dépens de l'opacité du signifiant qui le détermine.«[83] Dieses cartesianische Subjekt hat Wirkungen bis mindestens in die Epoche Hegels. Es erhält sich in dessen dialektischer Systemkonstruktion als Denunzierung des bösen Traums oder

---

[81] Vgl. JACQUES LACAN, Le problème du style et la conception psychiatrique des formes paranoïaques de l'expérience, in: Minotaure 1 (1933), 68 f.
[82] LACAN, Fonction et champ de la parole et du langage en psychanalyse (1953), in: Lacan, Écrits 1 (Paris 1966), 145 f.
[83] LACAN, Subversion du sujet et dialectique du désir dans l'inconscient freudien (1960), in: Lacan, Écrits 2 (Paris 1971), 170.

des Traums als des Bösen mittels der Selbstbehauptung einer den Leib bändigenden Geistinstanz, der Geisterstimme des Monströsen und Gespenstischen: »Das Böse schlechthin ist demnach der in seiner unmittelbaren Natürlichkeit oder auf der Spitze seiner Einzelheit oder mit Hilfe der wilden Unordnung seiner ›Materialität‹ sich haltende ›Geist‹ des Körpers: geradezu ein Schreckgespenst des Systems, weil er in den Bildern der Träume nur auseinanderfließen, die gestufte Bewegung des Ganzen lediglich stillstellen und bloß den langweiligen Kreislauf der leeren Wiederholung des Gleichen vollziehen kann.«[84]

Traumtheoretisch bedeutsam ist Lacans Umstülpung oder Verschiebung der zentralen analytischen Begriffe Freuds in rhetorische oder linguistische Kategorien: Die Verdichtung (Substitution, Selektion, Similarität) assimiliert sich der Metapher und gehört zur syntagmatischen Achse der Zeichenrelationen, die Verschiebung (Anreihung, Kontiguität) verbindet sich mit der Metonymie und ist der paradigmatischen Achse der Sprache zugehörig. Die Bewegungen der Metapher und der Metonymie sind lebendige Prozesse und Abstraktionen zugleich, beides ist untrennbar. Lacan weicht aber entschieden und absichtsvoll von der Saussureschen Linearität ab. Saussure organisierte die Diskurskette nur in der Richtung der Zeit und gab ihr eine einzige Stimme. »Mais il suffit d'écouter la poésie [...] pour que s'y fasse entendre une polyphonie et que tout discours s'avère s'aligner sur les plusieurs portées d'une partition.«[85]

Es gibt keine Metasprache, die Sprache ist keine Suprastruktur, auch wäre es sinnlos, von Übersetzungen zu reden. Was sich im Unbewußten ausspricht, ist nicht aus anderem Stoff als das, was im Sprechen zum Ausdruck kommt. Die Freudschen Agenten der Psychodynamik und der Wunschmaschinen bleiben sich in ihren Rollen treu, bewegen sich künftig aber nur mehr als Beschreibungen von Beschreibungen. Der Wunsch gehört also nicht nur zur Ordnung der Metonymie, er ist in deren Funktionsmechanik von dieser untrennbar. »Le déplacement est une métonymie par qui le désir glisse d'un signifiant à un autre sous l'effet d'un objet à jamais perdu qui le cause et dont il n'est que la quête métonymique.«[86] Weit über Lacans unübersehbare Zögerlichkeit hinaus indiziert das Metonymische (Verschiebung), dessen Vernachlässigung durch Freud Lacan nicht müde wird anzuprangern, nicht eine wörtliche oder textuelle Sprache, sondern Bildlichkeit. Die Transformation der Sprachstruktur löst das Unbewußte von der Sprache, setzt das Begehren frei und transformiert die Grenzen des Symbolischen durch die Verführungen der Imagination.

Deren Bilder lassen sich historisch und funktional studieren, was Blochs Unternehmen einer ›Ästhetik des Vorscheins‹ als Orientierung der Kraft des Träumens systematisch entwickelt. Das Hauptwerk von Bloch, *Das Prinzip Hoffnung* (entst. 1938–1947), verlegt dementsprechend den Traum auf den als Subjekt gedachten doppelten Körper von Natur und Kultur und entwickelt eine weit ausgreifende, im Kern aber sich stets auf den Bildcharakter des Träumens in allen Manifestationsbereichen des Imaginären – von der kosmischen Natur bis zur symbolischen Formalisierung humaner Artefakte – konzentrierende Philosophie des Traums. Das zeigt schon der ursprünglich geplante Titel, nun programmatisch so benannte Themen-Aufriß des Werks: »Träume vom besseren Leben«[87], worin bereits eine qualitative Ausrichtung der Traumdynamik auf einen normativen Gehalt, auf den Prozeß des Überschreitens, das Medium utopischer Bilder, die Erfahrung von Kritik und Differenz hin vorgenommen wird.

Der Traum ist bei Bloch Form, Reflexionsfigur und Stoff. Er gehört zu den Antriebsenergien des Bewußtseins und verweist, in ihrer Natur des Menschen erlebte Dynamik, auf einen sich auf allen Ebenen ins Offene entwerfenden Prozeß, der niemals zum Stillstand kommt. Mit der Setzung: »Der Inhalt des Nachttraums ist versteckt und verstellt, der Inhalt der Tagphantasie ist offen, ausfabelnd, antizipierend, und sein Latentes liegt vorn« (111), formuliert Bloch den methodologischen Ausgangspunkt seiner Untersuchung: Träume sind

---

84 DIETMAR KAMPER, Zur Geschichte der Einbildungskraft (Reinbek b. Hamburg 1990), 111.
85 LACAN, L'instance de la lettre dans l'inconscient ou la raison depuis Freud (1957), in: Lacan (s. Anm. 82), 260.
86 PATRICK GUYOMARD, ›Lacan‹, in: Encyclopaedia Universalis (Paris 1995), 402.
87 BLOCH (s. Anm. 51), 9.

im wesentlichen Tagträume oder wirken durch deren Potential. Der Traum markiert die Instanz des Möglichen, zunächst diffus, später genauer gefaßt als Transformation der Latenz in das Manifeste und ein konkret-real Mögliches. Er wird mithin nicht nur als formale, sondern auch als formbildende Voraussetzung des Träumens bezeichnet. Der Reichtum der gesammelten, quer durch die Geschichte artikulierten Traumaffekte und -bilder beschreibt den enzyklopädischen Horizont des symbolisch vergegenständlichten, vertikal und horizontal, d. h. nach sich unterscheidenden Rhetoriken wie nach Gebieten und Landschaften beschreibbaren Träumens. Der Tagtraum bildet den Affektkern, ist Spur und Verdichtung des mitschwingenden Stoffs des Unfertigen und Unerfüllten.

Tag- und Nachtträume unterscheiden sich funktional und hinsichtlich des Grades an Bewußtsein der Enttäuschung des Wunsches. Sie haben nicht nur eine unterschiedliche Richtung, sondern auch einen unterschiedlichen Akteur. Dem Träumen liegt das Wünschen zugrunde, genauer: das am Wünschen selber Träumerische. »Wenige Wünsche sind nicht träumerisch beschwert, gerade dann, wenn sie etwas zu sich kommen. Und nun: der tagsüber Träumerische ist ersichtlich ein anderer als der Träumer in der Nacht. Der Träumerische zieht oft Irrlicht nach, kommt vom Wege ab.« (86 f.) Die Form des Traums ist – bei Bloch wie bei Foucault – Radikalisierung, nicht Aufhebung der Wünsche. Der Traum bleibt dieser Form durch diese selbst, nicht nur als Inkorporation des Wunschgehaltes, verpflichtet. »Jeder Traum bleibt dadurch einer, daß ihm noch zu wenig gelungen, fertig geworden ist.« (387) Damit ist die Traumbasis des Prinzips Hoffnung als eines Regulativs bezeichnet: So wie der Traum im Unfertigen erst Traum wird, also in einer Fragmentarischen oder in einer nichtauflösbaren Nicht-Identität sein Existenzmedium hat, so Hoffnung im Bewußtsein jederzeit gefährdenden Scheiterns. Das wird metatheoretisch durch explizite Abgrenzung gegenüber Freud verstärkt.

So wie bei Freud Transparenz in der Herrschaft des Selbst über sich, die Triebe und die ihm entgegengebrachten Auflagen das Ziel ist, in das jeder Wunsch formal und stofflich aufgehen soll, so bezieht das prozessierende Subjekt bei Bloch gerade aus der Unauflösbarkeit eines undurchschaubaren, eines dunklen Jetzt seine Kraft. Bloch fundiert seine Traumphilosophie gänzlich im Gedanken der Kunst. Sein Begriff der Kunst setzt auf die Manifestation eines Überschusses, an dem die Differenz von Manifestation und Latenz einsehbar bleibt, wohingegen Freud genuin künstlerische, in sich autonom bestimmte Manifestation als Verirrung, narrativen Schmuggel, rhetorische Contrebande und kognitive Verstellung einer eigentlichen, substanziell höherrangigen Latenz ansieht. Er reduziert Kunst auf Reaktionsbildung, wie er im Traumgeschehen die abzählbar wenigen, dafür wesentlichen Determinanten eines als Sinn referierbaren Kerngehalts aufzusuchen bestrebt ist.

X. Freuds Traumtheorie: Eine Theorie des Bildes?

Von den Träumen wird seit je behauptet, daß man aus ihnen Schlüsse auf das Seelenleben der Menschen ziehen könne. Schon Georg Christoph Lichtenberg meinte, daß man Wesen und Charakter eines Menschen besser aus seinen Träumen als aus seinen Worten und Handlungen erschließen könne. Solche Skepsis steht am Ursprung der Inspiration von Freuds *Traumdeutung*. Freud wollte dem vordergründigen und offensichtlichen Unsinn des Traumberichts einen hintergründigen Sinn abgewinnen, d. h. die narrativen Materialien durch die Dramaturgie des Formalen und Formgebenden ersetzen. Diese Methode ist also zunächst eine unbestritten hermeneutische. Eine Bedeutungslosigkeit des Traums wird entschieden abgewiesen – Träumen ist nichts Zufälliges, Überflüssiges, Formloses. Ebenso lehnt Freud aber die über Jahrtausende das Mysterium des Traums bestimmenden, den Traum an die Seite von Märchen und Mythen stellenden prognostisch-mantischen Charakterisierungen des Traums ab. Träume fallen nicht mit den Deutungen ihrer Erscheinungsweisen zusammen. »In das Nachtleben scheint verbannt, was einst im Wachen herrschte, als das psychische Leben noch jung und untüchtig war [...]. *Das Träumen ist ein Stück des überwundenen Kinderseelenle-*

bens.«[88] Freuds *Traumdeutung* reiht sich also auch zeitgeschichtlich in die im Bereich der Kunst wenig später virulent werdenden Primitivierungen und Archaisierungen ein. »Das Träumen sei im ganzen ein Stück Regression zu den frühesten Verhältnissen des Träumers, ein Wiederbeleben seiner Kindheit, der in ihr herrschend gewesenen Triebregungen und verfügbar gewesenen Ausdrucksweisen.« (524) Der Traum liefert einen Schlüssel für das Verständnis von Wahrnehmungsvorgängen, die alle »*virtuell*« (579) sind. Die Traumgedanken gehören »unserem nicht bewußtgewordenen Denken an, aus dem durch eine gewisse Umsetzung auch die bewußten Gedanken hervorgehen« (486). Denken ist als Form Residualität aller Funktionen, die für ›Bewußtsein‹ stehen. Seine Verkettungen können mit organischen, aber auch mit Turingmaschinen-Modellen beschrieben werden. Freud benutzt, mehr oder weniger ausdrücklich, linguistische Modelle: ›Langue‹ erscheint als Form von Kompetenz durch Generierbarkeit und ist die Bedingung der Performanzen von Sprache als Sprechen in Lautfolgen oder Schreiben in/von notierbaren Sätzen. Ganz ähnlich hat Lacan das Modell des Unbewußten, die ›Vernunft seit Freud‹[89], beschrieben als einen regelrechten Algorithmus der Bedeutungserzeugung durch die Division von Signifikanten und Leerstellen des Bedeutens.

Traum ist immer Traumgeschehen, also je aktuale Performanz. Seine Sprache ist vorrangig eine bildsprachliche in dem Maße, wie sich das Bewußtsein im Denken verliert, d. h. wie das bewußte Operieren an die Grenzen der Residualität heranreicht. Deshalb spricht Freud von spezifischen, von ›gewissen Umsetzungen‹ auch der be-

---

88 SIGMUND FREUD, Die Traumdeutung (1900), in: FREUD (SA), Bd. 2 (1972), 540.
89 Vgl. LACAN, L'instance de la lettre dans l'inconscient ou la raison depuis Freud, in: La Psychanalyse 3 (1957), 47–81.
90 Vgl. FREUD (s. Anm. 88), 340.
91 ROGER HOFMANN, Bilderschrift und Schriftbild in der Analyse des Wolfsmannes, in: M. Sturm/G. C. Tholen/R. Zendron (Hg.), Phantasma und Phantome. Gestalten des Unheimlichen in Kunst und Psychoanalyse [Ausst.-Kat.] (Linz 1995), 41.
92 FREUD (s. Anm. 88), 523.

wußten Gedanken aus dem Unbewußten. Das Traumleben als Form verwandelt nicht Unbewußtes in Gedanken, sondern unbewußte Gedanken in einen Trauminhalt, ein szenisches Geschehen, eine narrative Inszenierung. Bildhaft ist das Formenrepertoire dieser Verdichtung deshalb, weil im Traum Worte zu Dingen werden und die Bedeutungsbildung ambivalent bleibt, wenn auch die spätere Fixierung auf Wortsprache die Verdichtung zu domestizieren trachtet.[90] Solange die Bildproduktion jedoch nur symptomatologisch und unter dem Diktat einer Zensur stattfindet, die nicht Bestandteil des Bewußtseins, sondern diesem als Regulativ übergeordnet ist, solange wird das Bild unweigerlich in den Signifikanten einer Bedeutung umgewandelt. Die Konzeption der ›Bilderschrift‹ wird damit selbst zum Symptom für die Herrschaft der Schrift. Traumarbeit als unbewußtes Denken wird gefiltert durch die Signifikantenwerte, welche die unbewußten Zeichen nicht den Schemata des Bewußtseins, sondern seiner Verstellung zuordnen. Freud verbalisiert die Kette der Assoziationen mit dem Ziel, eine verbindliche Erzählung, eine hochsignifikante Kette der Assoziationen zu erhalten, die als Text kodifiziert werden könnte. Der Traumgedanke erscheint nicht mehr als Bild und Latenz, sondern als Sprache und Ordnung der Signifikanten. Das bedeutet, daß das Imaginäre symbolisiert, ins Reich der Schrift eingegliedert, durch Rhetorik geformt wird, »Rhetorik allerdings nicht der gesprochenen Sprache, sondern einer Bilderschrift. Mit den Worten Lacans: Rhetorik der *lalangue*, Sprache des Subjekts des Unbewußten.«[91] Obzwar das Medium des Traums die visuelle Darstellung ist, verläuft die Traumdeutung nicht nach dem Bilderwert der Imagination, sondern den Zeichenbeziehungen verbalisierter Traumgedanken. Es entsteht ein Text, der den drängenden und gefährlichen ästhetischen Überschuß der Traum-Imagination kontrolliert und neutralisiert. Die »Eigentümlichkeit des Traums, seinen Vorstellungsinhalt in sinnliche Bilder umzugießen«[92], hält Freud im wesentlichen, mindestens für sich selbst, für unergründbar. Er behilft sich mit einem ›regredienten Charakter‹ des Traumes, wobei er unterstreicht, daß, im Unterschied zu normalen Regressionen, der Traum die volle halluzinatorische Besetzung des Wahrnehmungssystems ermögliche.

Bilder haben wie Träume die Eigenschaft, unbegrenzt zu sein, keine Negationen, keine Disjunktionen zu kennen, der Operatoren-, Begriffs- und Urteilslogik enthoben zu sein, keine irreversible Zeit zu besitzen und selbst dort, wo die zeitliche Ordnung durch ein räumliches Arrangement determiniert ist, keine Reversibilität des Blicks oder der Abfolge zu erfordern oder zu fördern. Freud bringt, neben dem Verweis auf die Welt der Märchen – nachgerade ein Stereotyp der psychologischen Trauminterpretation –, den Traum zu wiederholten Malen in einen expliziten Zusammenhang mit Dichtung und Phantasie.

Besonders die sekundäre Bearbeitung – neben Verdichtung, Verschiebung und Darstellung das vierte bewußtseinsspezifische Moment der Traumarbeit – wird von Freud als eine kunstähnliche poetische Macht der Traumgestaltung beschrieben. Ihr eignet die »Fähigkeit, schöpferisch neue Beiträge zum Traume zu liefern« (472). Dieses Element des Traumgedankens bezeichnet Freud als ›Phantasie‹, und er weist darauf hin, daß gerade der Tagtraum von den Psychiatern nicht angemessen erkannt und beschrieben worden sei. »Im übrigen werden diese Phantasien wie alle anderen Bestandteile der Traumgedanken zusammengeschoben, verdichtet, die eine durch die andere überlagert u. dgl.« (474) Entscheidend ist, daß der latente Trauminhalt, aus dem die Deutung des Traums als Lösung von dessen Geheimnis erscheint, nicht mehr nur dem Reich der Schrift entspringt. Traumgedanke und Trauminhalt erscheinen als zwei verschiedene Sprachen, die sich den Bildern gleichermaßen einschreiben. Diese Ambivalenz ist eine des Träumens, von Bildern und Kunstwerken zugleich. Das betrifft nicht nur ihre Gehalte und Darstellungsformen, sondern auch ihre mentale Konstruktion, ihre Logik. Diese bleibt grundsätzlich ambivalent. Zwar erscheinen Kunstwerke trotz ihrer stofflichen Affinität zum Traum wegen ihrer autonomen Formgesetzlichkeit als diesem prinzipiell fernstehend. Aber die stetige Herausforderung von Variabilität und Aleatorik verbindet Kunstwerke und den Traum in einer spezifischen Weise, die Adorno mit unveränderter Gültigkeit so formuliert hat: »Die Logik der Werke indiziert sich als uneigentlich dadurch, daß sie allen Einzelereignissen und Lösungen eine unvergleichlich viel größere Variationsbreite gewährt als sonst die Logik; nicht von der Hand zu weisen die aufdringliche Erinnerung an die Traumlogik, in der ebenfalls das Gefühl des zwingend Folgerechten mit einem Moment von Zufälligkeit sich verbindet.«[93] Diese Verbindung läßt sich nicht mehr auf Kunstwerke reduzieren. Wenn es eine Logik des Träumens gibt, dann die einer Bildhaftigkeit der Apparaturen und Medien, in denen Bilder produziert und kommuniziert werden – intrapsychisch, medial, sozial und als Schnittstelle von ›Subjekt‹ und ›Realität‹.

Hans Ulrich Reck

Literatur

BACHELARD, GASTON, La poétique de la rêverie (Paris 1960); BENZ, ERNST, Die Vision. Erfahrungsformen und Bilderwelt (Stuttgart 1969); BINSWANGER, LUDWIG, Wandlungen in der Auffassung und Deutung des Traumes von den Griechen bis zur Gegenwart (Berlin 1928); BINSWANGER, LUDWIG, Traum und Existenz. Einl. v. Michel Foucault (Bern/Berlin 1992); CAILLOIS, ROGER/ VON GRUNEBAUM, GUSTAVE EDMUND (Hg.), Le rêve et les sociétés humaines (Paris 1967); ELLENBERGER, HENRY F., The Discovery of the Unconscious. The History and Evolution of Dynamic Psychiatry (New York 1970); JÜTTEMANN, GERD u. a. (Hg.), Die Seele. Ihre Geschichte im Abendland (Weinheim 1991); KUPFER, ALEXANDER, Die künstlichen Paradiese – Rausch und Realität seit der Romantik. Ein Handbuch (Stuttgart/ Weimar 1996); LAPLANCHE, JEAN/PONTALIS, JEAN-BERTRAND, Fantasme originaire. Fantasmes des origines. Origines du fantasme (Paris 1985); MORIN, EDGAR, Le cinéma ou l'homme imaginaire. Essai d'anthropologie sociologique (Paris 1956); PIAGET, JEAN, La formation du symbole chez l'enfant. Imitation, jeu et rêve, image et représentation (Neuchâtel 1959); SARTRE, JEAN PAUL, L'Imaginaire. Psychologie phénoménologique de l'imagination (Paris 1948).

---

93 ADORNO (s. Anm. 13), 206.

Unbewußt/das Unbewußte

(engl. unconscious; frz. inconscient; ital. inconscio; span. inconsciente; russ. бессознательное)

Einleitung; I. Wortgeschichte; II. Aufklärung: Die dunklen Empfindungen und die Begründung der Ästhetik; 1. ›Petites perceptions‹; 2. ›Traces confuses‹; 3. ›Fundus animae‹; 4. ›Es denkt‹; **III. Romantik: Das Unbewußte als Lebenskraft und als ästhetischer Grundbegriff;** 1. Lebenskraft; 2. ›Das genialische Unbewußtseyn‹; 3. Das transzendentalphilosophische Unbewußte; 4. Traum und Poesie; 5. Der bewußtlose Wille; 6. Das absolut Unbewußte; **IV. Zeit der Ausdifferenzierung: Das Unbewußte zwischen Physiologie und Philosophie;** 1. Das physiologische Unbewußte; a) Die psychophysische Schwelle; b) ›The Unconscious Cerebration‹; c) ›L'hystérie et l'inconscient‹; 2. Das psychologische Unbewußte; a) Psychisch Unbewußtes; b) ›The subliminal Self‹; c) ›L'automatisme psychologique‹; d) Das hereditäre Unbewußte; 3. Das philosophische Unbewußte; a) Metaphysik des Unbewußten; b) Gauklerisches Bewußtsein; **V. Freud …;** 1. Wie ein Rebus; 2. Die Gesetze des Unbewußten; 3. Freud und die Ästhetik; **VI. … und das 20. Jahrhundert;** 1. Das känästhetische Unbewußte; 2. Das surrealistische Unbewußte; 3. Das kollektive Unbewußte; 4. ›Das Optisch-Unbewußte‹; 5. Sublimierung des Unbewußten; 6. Form und Unbewußtes; 7. ›L'inconscient structuré comme un langage‹; 8. ›L'inconscient comme usine‹; 9. Die gesellschaftliche Dimension des Unbewußten; 10. Das Symbolische, das Imaginäre, das Reale

Einleitung

Der Begriff des ›Unbewußten‹, so wie er heute gebraucht wird, hat seine entscheidende Prägung durch die Psychoanalyse erfahren. Er steht zum Begriff des Bewußtseins nicht in einer einfachen, gleichgewichtigen, sondern in einer dynamischen Opposition, d. h. er bezeichnet keineswegs alles, was dem Subjekt nicht bewußt ist, sondern vielmehr das, von dem es nicht wissen will und das trotzdem seine Wirkung entfaltet. Unbewußtes

tritt jenseits der bewußten Intention des Subjekts in Erscheinung und durchkreuzt diese.

Von seiten der Neurologie wird in jüngster Zeit allerdings ein Begriff des Unbewußten ins Spiel gebracht, der sich von einer solchen dynamischen Auffassung trennt. Die neuen bilderzeugenden Verfahren der Hirnforschung scheinen einen direkten Zugang zur physiologischen Grundlage des Unbewußten zu versprechen; allerdings wird hierbei der dynamische Begriff durch einen bloß deskriptiven Gebrauch des Wortes ersetzt.

Auf die Konzeption des Unbewußten im obigen Sinne, die ausgehend von den *Bildungen* des Unbewußten – Traum, Symptom, Fehlleistung usw. – geprägt wurde, wird heute in der Psychoanalyse selbst wie in der Kunst- und Kulturtheorie zurückgegriffen. Dabei ist erst vor kurzem explizit der Begriff eines ›ästhetischen Unbewußten‹ formuliert worden. In seinem Buch *L'inconscient esthétique* (2001) sieht Jacques Rancière dessen historische Wurzeln ins 18. Jh. zurückreichen. Das Aufkommen eines ästhetischen Unbewußten gehe mit dem der Ästhetik selbst einher, die als ein Denken der Kunst beschrieben wird, welches Denken und Nicht-Denken in sich vereint. Dieser Begriff von Ästhetik ist nicht so sehr an die Begründung der Disziplin gebunden, sondern läßt sich, wie Rancière zeigt, bereits bei Giambattista Vico in dessen Figur des »wahren Homer« (vero Omero[1]) finden, insofern Vico dem Erzähler seine traditionellen Privilegien (des Erfindens) abspricht und sie der Sprache selbst zurechnet, in der Homer schrieb. Als eine der exemplarischen Figuren des ›ästhetischen Unbewußten‹ kann der Sophokleische Ödipus gelten, der zu den großen »malades du savoir« zählt: »La figure d'Œdipe […] suppose un régime de pensée de l'art où le propre de l'art est d'être l'identité d'une démarche consciente et d'une production inconsciente, d'une action voulue et d'un processus involontaire, en bref l'identité d'un *logos* et d'un *pathos*.«[2] Rancière, der sich hier vor allem der Literatur widmet, verfolgt die Ausprägungen des ›ästhetischen Unbewußten‹ durch die Geschichte bis heute und arbeitet zwei Formen heraus, in denen es sich manifestiert: als stumme zu entziffernde Schrift bzw. Spur der Geschichte (Novalis, Lord Byron, Honoré de Balzac u. a.) oder als anonymes Sprechen einer unartikulierba-

---

1 GIAMBATTISTA VICO, La scienza nuova seconda giusta l'edizione del 1744, hg. v. F. Nicolini (Bari ⁴1953), 383 (libro terzo).
2 JACQUES RANCIÈRE, L'inconscient esthétique (Paris 2001), 26, 31.

ren Wahrheit (Henrik Ibsen, Maurice Maeterlinck, Thadeuz Kantor u. a.).[3] Er wirft die Frage auf, ob die Bezugnahmen verschiedener französischer Kunsttheoretiker – insbesondere von Jean-François Lyotard, Louis Marin und Georges Didi-Huberman – auf das Freudsche Unbewußte nicht zu Unrecht erfolgen, da sich Freud gegen die zweite Form des Unbewußten als einer überindividuellen und verabsolutierbaren Wahrheit verwahrt habe, die diese doch affirmieren. Das Freudsche Unbewußte, dessen Begründung sich, wie Rancière ausführt, auf die Existenz des ästhetischen Unbewußten stützte, nimmt die erste Form desselben auf, stellt sich der zweiten aber entgegen. Rancière hat damit die Debatte um den Begriff des Unbewußten und seinen Gebrauch in der Ästhetik neu eröffnet.

Verschiedenste Formen des Unbewußten sind bisher bereits von anderen Autoren unterschieden worden: Neben dem psychoanalytischen sind vor allem das romantische Unbewußte, aber auch das zerebrale, das spiritistische oder das hereditäre Unbewußte beschrieben worden. Durch die Geschichte hindurch hat der Begriff des Unbewußten in sehr verschiedenen Bereichen Aufnahme und eine spezifische Ausprägung erfahren: in Philosophie, Ästhetik, Physiologie, Psychopathologie, Psychoanalyse sowie im alltäglichen Sprachgebrauch. Im weitesten Sinne, und wenn man den Begriff vom Wort löst, sind Formulierungen über unbewußte Kräfte, Vorstellungen oder Seelenregionen seit der Antike und nicht allein im Abendland zu finden. Die Schriften Plotins wären hier ebenso anzuführen wie magische Auffassungen des Unbewußten, die Lehren der Mystikerinnen und Mystiker ebenso zu nennen wie die lange Kette literarischer Umkreisungen des Unbewußten. »My affection hath an unknown bottom, like the Bay of Portugal«[4], heißt es bei William Shakespeare. Die Entstehung des Begriffs vom Unbewußten in der europäischen Moderne, dessen Geschichte hier allein betrachtet wird, fällt mit der Begründung der positiven Wissenschaften zusammen und setzt ad negationem mit René Descartes' Gleichsetzung von Denken und Bewußtsein ein. Erst nach dieser einschneidenden Identifizierung waren die Denker auf grundlegende Weise dazu herausgefordert, ihre Annahme unbewußter Vorstellungen zu rechtfertigen und anzugeben, ob und wo sie diesen einen Ort zuweisen können.

Dabei stand der Begriff des Unbewußten, wenn auch nicht ausschließlich, so doch durchgängig, in enger Verbindung mit der Ästhetik – und dies sowohl in der Perspektive, in der Rancière sich auf sie bezieht, als auch unter einem mehr der Disziplin geltenden Blickwinkel. Bereits bei der Begründung des Faches Ästhetik durch Alexander Gottlieb Baumgarten spielte er – in Form der ›dunklen Vorstellungen‹ – eine bedeutsame Rolle, und besonders in der romantischen Ästhetik wurde der Begriff des Unbewußten ausführlich entfaltet. Im Zusammenhang wahrnehmungstheoretischer Überlegungen, also einer mehr als Aisthesis verstandenen Ästhetik, wurde auf ihn ebenso Bezug genommen wie in produktionsästhetischen Reflexionen höchst unterschiedlicher Fassung.

Das Unbewußte ist nicht zuletzt auch ein Begriff der Künstler selber. »Mich befällt das Unbewußte schubweise, und wenn ich den richtigen Zeitpunkt verpasse, besteht die Gefahr, daß es sich verflüchtigt«[5], bekannte der schnell- und vielschreibende Romancier Georges Simenon, der sich gerne als Schriftsteller des Unbewußten verstanden wissen wollte. Francis Bacon, der sich ausführlich über die Bedeutung des Zufalls in seiner malerischen Tätigkeit geäußert hat, bezog den Begriff mit äußerster Vorsicht in die Diskussion ein. Von den durch Zufall entstandenen Dingen sagte er: »They come over without the brain interfering with the inevitability of an image. It seems to come straight out of what we choose to call the unconscious with the foam of the unconscious locked around it – which is its freshness.«[6] Glenn Gould schließlich sprach vor seiner Klavier-Abschlußklasse über den grundlegenden Raum der

---

3 Vgl. ebd., 33–42.
4 WILLIAM SHAKESPEARE, As You Like It (um 1600), 4. Aufz., 1. Sz., V. 197 f., in: Shakespeare, The Complete Works, hg. v. S. Wells/G. Taylor (Oxford 1986), 726.
5 GEORGES SIMENON, Simenon sur le gril (Genf 1968); dt.: Simenon auf der Couch. Fünf Ärzte verhören den Autor sieben Stunden lang, übers v. I. Kuhn (1985; Zürich 1988), 11.
6 DAVID SYLVESTER, Interview 4 [with Francis Bacon] (1974), in: Sylvester, Interviews with Francis Bacon 1962–1979 (London 1980), 120.

Negation: »The trouble begins when we start to be so impressed by the strategies of our systematized thought that we forget that it does relate to an obverse, that it is hewn from negation, that it is but very small security against the void of negation which surrounds it.«[7]

I. Wortgeschichte

›Unbewußt‹ leitet sich ab von frühnhd. ›bewissen‹, das in der Form von ›unbewist‹, mhd. ›unbewust‹, zunächst vor allem im Sinne von ›unbekannt‹ überliefert ist. So heißt es bei Martin Luther über die Epistel an die Hebräer: »wer sie aber geschrieben habe, ist unbewust, wil auch wol unbewust bleiben«[8]. Die Adjektivbildung ist seit dem 16. Jh. positiv als auch in der Negationsform bezeugt. Das Grimmsche Wörterbuch bemerkt interessanterweise, aber ohne weitere Hinweise: »heutiges bewuszt scheint vielfach nur rückbildung aus unbewuszt.«[9] Unter dem Stichwort ›unbewußt‹ verweist noch Johann Heinrich Zedlers Lexikon 1746 auf das Lemma »Unwissenheit, lat. *Ignorantia*«[10]. Bevor und während das Wort im 18. und besonders im 19. Jh. einen prominenten Platz in der philosophischen und poetischen Reflexion erhält und zum Begriff avanciert, hat sich das Spektrum seines Gebrauchs deutlich erweitert und umfaßt Bedeutungen wie ›ahnungslos‹, ›unfreiwillig‹, ›sinnlos‹, ›absichtslos‹, ›unwillkürlich‹, ›zufällig‹ usw. Der *Grimm* gibt hierfür zahlreiche Beispiele.

Die Substantivierung markiert den ersten Höhepunkt der Begriffsbildung. Dabei geht die substantivische Form »das Unbewußtseyn«[11] – zuerst bei Ernst Platner, aber auch bei Friedrich Schlegel, Carl Gustav Carus und Gustav Theodor Fechner in Gebrauch – der Bildung ›das Unbewußte‹ voran, die neben anderen Formen 1800 bei Friedrich Wilhelm Joseph Schelling zu finden ist. Johann Christoph Adelung hält noch 1801 fest, daß das Substantiv, als das hier merkwürdigerweise »der Unbewußt«[12] angegeben wird, selten verwendet wird. Erst um die Mitte des 19. Jh. setzt sich die Form ›das Unbewußte‹ durch, befördert durch Carus und Eduard von Hartmann.

Das französische Substantiv inconscience ist ab 1794 nachgewiesen[13], während das Adjektiv inconscient erst 1879 in substantivierter Form – in Bezug zur Hartmannschen Schrift *Die Philosophie des Unbewußten* (1869) – aufgeführt wird.[14] Vor allem diese zweite Form erlangt terminologischen Status. ›L'inconscience‹ wird unspezifischer auch für die grundlegende Abwesenheit von Bewußtsein etwa eines Minerals oder für den Zustand der Anästhesie verwendet: »État d'inconscience provoqué par le chloroforme«[15]. Neben diesen Bildungen findet sich auch die Form ›subconscient‹ – besonders bei Pierre Janet und seinen Schülern –, die auch heute noch gelegentlich gebraucht wird, wie entsprechend im Englischen: ›subconscious‹ oder im Deutschen: ›unterbewußt‹. Für die Psychoanalyse hat Freud die Rede vom *Unter*bewußten unbrauchbar zurückgewiesen. Das englische ›unconscious‹ taucht bereits 1751 bei Henry Home, Lord Kames auf.[16] Es wird aber erst bemerkenswert spät, nämlich 1953, in die *Encyclopædia Britannica* übernommen.[17]

Die Begriffsgeschichte des Unbewußten hat ihre Aufmerksamkeit in besonderem Maße den Metaphern zuzuwenden, die den Ausdruck begleitet oder noch mehr: ersetzt haben. Als die Negativbildung *un*bewußt noch keineswegs Begriffsstatus hatte und vielmehr im Sinne von ›unbekannt‹

---

7 GLENN GOULD, Prologue: Advice to a Graduation (1964), in: T. Page (Hg.), The Glenn Gould Reader (New York 1984), 5.
8 MARTIN LUTHER, Vorrede auff die Epistel: An die Ebreer, in: Dr. Martin Luther's Bibelübersetzung nach der letzten Original-Ausgabe, hg. v. H. E. Bindseil/H. A. Niemeyer, Bd. 7 (Halle 1855), 464.
9 ›Unbewuszt‹, in: GRIMM, Bd. 11/3 (1936), 381.
10 ›Unwissenheit, lat. Ignorantia‹, in: ZEDLER, Bd. 49 (1746), 2547–2557.
11 ERNST PLATNER, Philosophische Aphorismen nebst einigen Anleitungen zur philosophischen Geschichte (Leipzig 1776), 9.
12 ›Unbewußt‹, in: ADELUNG, Bd. 4 (1801), 836.
13 Vgl. ›inconscience‹, in: Le grand Robert de la langue française, hg. v. A. Rey, Bd. 5 (Paris ²1985), 488.
14 Vgl. ÉMILE LITTRÉ, Dictionnaire de la langue française, Supplément (Paris 1879), 198.
15 ›Inconscience‹ (s. Anm. 13), 488.
16 Vgl. HENRY HOME, Essays on the Principles of Morality and Natural Religion (Edinburgh 1751), 260.
17 Vgl. ›Unconscious‹, in: Encyclopædia Britannica. A New Survey of Universal Knowledge, Bd. 22 (London/Chicago/Toronto 1953), 680f.

gebraucht wurde, bereitete die Metaphorik des Dunklen – als Gegensatz zur Helle des Bewußtseins – bereits jenes Feld vor, auf dem das Unbewußte in die Philosophie eingehen sollte. Neben dem Dunklen sind besonders die Metaphoriken des Grundes (Baumgarten), der Tiefe und des Abgrundes (Herder) verbreitet, außerdem die Assoziation mit dem Rätselhaften oder dem Weiblichen (»*Elsa* ist das Unbewußte«[18]). Im Zusammenhang des Unbewußten aufgerufen, ›färben‹ bzw. lokalisieren sie dieses je verschieden.

II. Aufklärung: Die dunklen Empfindungen und die Begründung der Ästhetik

1. ›Petites perceptions‹

Die Anfänge einer theoretischen Ausarbeitung des Begriffs des Unbewußten liegen in der Moderne. Sie fielen in die Zeit der grundlegenden Neudefinition der Begriffe von Erkenntnis, Wissen und Bewußtsein, die mit der Begründung der positiven Wissenschaften einherging und die von einem tiefgreifenden Wandel des Verhältnisses von Subjekt und Wissen (markiert durch Descartes' ›cogito‹-Subjekt) begleitet war. Die Erörterung unbewußter Vorstellungen bzw. Wahrnehmungen trat als Diskussion der Grenzen und zugleich des Grundes von Erkenntnis auf den Plan. Der religiöse Kontext rückte in den Hintergrund. Diese frühe Problematisierung des Unbewußten war zumeist eine philosophisch-erkenntnistheoretische, ihre Argumente waren systematische und erst in zweiter Linie auf eine physiologische und psychologische Empirie bezogen.

Die Cartesische Gleichsetzung des Seelischen (der res cogitans) mit dem Bewußtsein bildet qua Ausschluß den Anfang einer Debatte, in deren Verlauf zunehmend nicht-bewußte Anteile in der Seele anerkannt werden. Descartes selbst hat die Vorstellung unbewußter Inhalte der Seele ausdrücklich bekämpft[19], und diese Position in der Diskussion um seinen Begriff der ›ideae innatae‹, der angeborenen bzw. von Gott eingegebenen Ideen, zu verteidigen gesucht. Daß er seinen Träumen in der Nacht vom 10. auf den 11. November 1619[20] einen philosophischen Stellenwert zugesprochen hat, ist als (unbewußtes) Gegenmoment zu seiner explizit vorgetragenen Ablehnung interpretiert worden.[21]

Gottfried Wilhelm Leibniz wird allgemein das Verdienst zugesprochen, die Debatte über die Existenz unbewußter Vorstellungen mit einem positiven Urteil über diese eröffnet zu haben. Besonders im deutschsprachigen Raum hat ihm dies den Titel des ›Vaters einer Philosophie des Unbewußten‹[22] eingetragen. Er gebraucht allerdings nicht das Wort unbewußt. Die von ihm beschriebenen, dem Bewußtsein entgehenden Vorstellungen nennt er »petites perceptions«[23], die dazugehörige Erkenntnisform ist die ›cognitio obscura‹[24] – sie werden also mit metaphorischen Bildungen gefaßt. Erst im Zuge mehrerer Übersetzungsvorgänge wurde hier nachträglich der Anfang der Begriffsbildung gesetzt: ›petites‹ – ›dunkele‹ – ›bewußtlose‹ und schließlich ›unbewußte‹ Vorstellungen. Platons Anamnesislehre im Dialog *Menon* bildete dabei für Leibniz und die ihm folgenden Autoren einen Beleg für die antike Annahme angeborener nicht bewußter Erkenntnisse, mit dem die Debatte historische Tiefe gewann. Leibniz' Konzeption der ›petites perceptions‹ nimmt in seinem Gesamtwerk

---

18 RICHARD WAGNER, Eine Mittheilung an meine Freunde (1851), in: Wagner, Gesammelte Schriften und Dichtungen, Bd. 4 (Leipzig ²1888), 301.
19 Vgl. RENÉ DESCARTES, Meditationes de prima philosophia (1641), in: DESCARTES, Bd. 7 (1904), 246.
20 Vgl. ADRIEN BAILLET, Vie de Monsieur Descartes, Bd. 1 (1691; Paris 1992), 81 f.
21 Vgl. LUDGER LÜTKEHAUS, Einleitung, in: Lütkehaus, ›Dieses wahre innere Afrika‹. Texte zur Entdeckung des Unbewußten vor Freud (Frankfurt a. M. 1989), 19.
22 Vgl. EDUARD VON HARTMANN, Philosophie des Unbewußten (1869; Hildesheim/Zürich/New York 1989), 13 f.; KURT JOACHIM GRAU, Die Entwicklung des Bewusstseinsbegriffes im XVII. und XVIII. Jahrhundert (Halle 1916), 159.
23 GOTTFRIED WILHELM LEIBNIZ, Nouveaux essais sur l'entendement humain (entst. 1701–1704; ersch. 1765), in: Leibniz, Die philosophischen Schriften, hg. C. I. Gerhardt, Bd. 5 (Berlin 1885), 48.
24 Vgl. ebd., 236 ff.; LEIBNIZ, Meditationes de Cognitione, Veritate, et Ideis (1684), in: ebd., Bd. 4 (Berlin 1880), 422 ff.

einen systematisch wichtigen Platz ein und wird unter anderem von seiner mathematischen Theorie der Infinitesimalien gestützt. Leibniz geht von einer graduellen Abstufung der Perzeptionen aus, wobei die unendlich klare und die unendlich kleine Perzeption nur durch einen Sprung zu erreichen wären, aber gerade über diese Berührung mit dem Unendlichen ist jedes Seiende mit dem gesamten Rest des Universums verknüpft.[25] Die unendlich klare Perzeption ist der höchsten Monade, Gott, vorbehalten; von dort gibt es eine Stufenfolge hinab bis zur unendlich kleinen, d. h. apperzeptiv unmerklichen Perzeption, welche dem Zustand des traumlosen Schlafes oder der Ohnmacht entspricht. Der Mensch bewegt sich im Mittelfeld dieser Stufenfolge. Nach dem Gesetz der Kontinuität der Perzeptionsfolge ist die Seele grundsätzlich nie ohne Perzeption, doch kann sie Perzeptionen haben, ohne diese bewußt wahrzunehmen. Gegen John Lockes Empirismus hält Leibniz mit Descartes an der Existenz angeborener Ideen fest, aber gegen die Cartesianer gewandt schreibt er: »C'est une grande source d'erreurs de croire qu'il n'y a aucune perception dans l'ame que celles dont elle s'apperçoit«[26].

Diese Perzeptionen ohne Bewußtsein zeigen Wirkungen, wie sie Leibniz etwa für die ästhetische Lust festhält: So beruht der Musikgenuß »dans les convenances des nombres, et dans le compte dont nous ne nous appercevons pas.«[27] Ähnliches gelte, wie er anfügt, für die anderen Sinne. Leibniz' ›perceptions‹ betreffen, wie hier deutlich wird, keineswegs allein die Kognition. In summa bilden die unmerklichen Perzeptionen die Basis dessen, was die Seele wahrnimmt, d. h. apperzipiert – wie Sandkörner, die den Strand bilden, oder unendlich kleine Wellengeräusche, die sich zum Meeresrauschen zusammensetzen.[28] In ihrer Beschaffenheit sind sie von anderen Vorstellungen nicht grundsätzlich verschieden. Der Leibnizsche Gedanke des Unbewußten geht nicht darauf aus, diesem besondere Eigenschaften, eine spezifische Ordnung oder bevorzugte Inhalte zuzuweisen.

2. ›Traces confuses‹

Wenn Leibniz auch der meistgenannte Autor bleibt, den spätere Konzeptionen des Unbewußten als ersten Pionier auf diesem Feld anführen, sei doch angemerkt, daß er nicht die einzige ›Traditionslinie des Unbewußten‹[29] eröffnet hat. Neben und vor der Leibnizschen Konzeption unbewußter Perzeptionen finden sich frühe moderne Formulierungen über Vorgänge jenseits des Bewußtseins in Frankreich etwa bei Michel de Montaigne (»car il y a plusieurs mouvemens en nous qui ne partent pas de nostre ordonnance«[30]), Blaise Pascal (»le cœur a ses raisons, que la raison ne connaît point«[31]), bei Nicolas Malebranche und seinen Schülern sowie in England vor allem bei den Neuplatonikern des 17. Jh. Die besonders von Malebranche ausgearbeitete Konzeption der »liaison des traces« und der »traces confuses«[32] eröffnet, wie Rudolf Behrens gezeigt hat, ein Leibniz gegenüber stark differierendes Feld, von dem auch der französische Roman des 18. Jh. beeinflußt wird (Abbé Prévost, Pierre Carlet Chamblain de Marivaux).[33] Die »par machine«[34] aktivierbaren, im Körper nach dem Cartesischen Wachstafelmodell niedergelegten Gedächtnisspuren vermögen, vom Bewußtsein unkontrolliert, Imaginationen zu erwecken, deren Auftreten eine Herausforderung für die moralische wie literarische Reflexion darstellen. Zu den Neuplatonikern der englischen Schule, die die Existenz unbewußter Vorstellungen bejahen,

---

25 Vgl. LEIBNIZ (s. Anm. 23), 48.
26 Ebd., 106.
27 LEIBNIZ, Principes de la Nature et de la Grace, fondés en raison (1714), in: Leibniz (s. Anm. 23), Bd. 6 (Berlin 1885), 605.
28 Vgl. LEIBNIZ (s. Anm. 23), 47.
29 Vgl. GÜNTER GÖDDE, Traditionslinien des ›Unbewußten‹: Schopenhauer, Nietzsche, Freud (Tübingen 1999).
30 MICHEL DE MONTAIGNE, Essais (1580), hg. v. M. Rat, Bd. 1 (Paris 1962), 412.
31 BLAISE PASCAL, Pensées (1669), hg. v. L. Brunschvicg, Bd. 2 (Paris 1904), 201.
32 NICOLAS MALEBRANCHE, De la recherche de la vérité (1674/1675), hg. v. G. Rodis-Lewis, Bd. 1 (Paris 1962), 216, 218.
33 Vgl. RUDOLF BEHRENS, Die Spur des Körpers. Zur Kartographie des Unbewußten in der französischen Frühaufklärung, in: H.-J. Schings (Hg.), Der ganze Mensch. Anthropologie und Literatur im 18. Jahrhundert (Stuttgart/Weimar 1994), 561–583.
34 MALEBRANCHE (s. Anm. 32), 207f.; vgl. GENEVIÈVE LEWIS, Le problème de l'inconscient et le cartésianisme (1950; Paris 1985).

zählen Ralph Cudworth (»Vital Energy without Clear and Express [...] Consciousneß«[35]) und John Norris, ein Schüler Malebranches, der 1690 gegen Locke die Existenz unbewußter Ideen verteidigt (»Impression without Consciousness«[36]).

3. ›Fundus animae‹

Christian Wolffs Popularisierung der Leibnizschen Ideen hat entscheidend zur Verbreitung der Lehre von den ›dunklen Vorstellungen‹ im Deutschland des 18. Jh. beigetragen. Wenn diese um die Mitte des Jahrhunderts als anerkannte Lehrmeinung angeführt wird, so geht dies wesentlich auf die große Zahl seiner Schüler zurück. Wolff übersetzte Leibniz' Terminologie mit »dunckele [...] Vorstellungen« oder »Empfindungen ohne Bewustseyn«[37]. Er gilt als Schöpfer des Substantivs ›Bewusstseyn‹.[38] Erst Ernst Platner, Schöpfer des Wortes ›Unbewußtseyn‹, hat in seinen *Philosophischen Aphorismen* (1776) den Leibnizschen Terminus mit »bewußtlose Vorstellungen«[39] übersetzt. »Im Zustande des Unbewußtseyns, entstehen [...] dunkle, d.i. merkmallose Vorstellungen« (10), heißt es bei Platner auch. Wie für Wolff bilden die dunklen Vorstellungen die Grenze des Erkennbaren. Sie sind bei Wolff allein negativ bestimmt als jene Teile der Seele, in denen das Licht (›lumen animae‹) fehlt. Seine Annahme, daß die klaren Vorstellungen die schwächeren Vorstellungen verdunkeln, veranschaulicht er mit der Unsichtbarkeit der Sterne bei Tageslicht. Die dunklen bzw. im Schatten (›tenebrae‹) liegenden Teile der Seele bleiben der Erkenntnis unzugänglich.[40]

Die Gegner des Begriffs der dunklen Vorstellungen[41] lehnen diesen vor allem mit dem Hinweis auf die Untrennbarkeit von Bewußtsein und Vorstellung ab, von wo aus sie die Annahme der (bewußten) Kenntnis nicht bewußter Vorstellungen als paradox zurückweisen. Bei seinen Befürwortern[42] nimmt der Begriff verschiedene Akzentuierungen an. Er findet Eingang in die Vernunftlehren und die Psychologien der Zeit und geht aber vor allem in die Begründung der Ästhetik ein, die sich als »Ästhetische Erfahrungs-Kunst«[43] eben diesen aus der Logik ausgeschlossenen, weil unklaren Vorstellungen zuwendet. Baumgarten prägte in seiner *Metaphysik* 1739 den Begriff des »fundus animae«,

der in der philosophischen Literatur des 18. Jh. vielerorts diskutiert wurde: »Sunt in anima perceptiones obscurae [...]. Harum complexus *fundus animae* dicitur.« (Es gibt in der Seele dunkle Vorstellungen. Deren Gesamtheit wird der Grund der Seele genannt.)[44] Baumgarten übernahm, der Wolffschen Seelenlehre folgend, die Unterscheidung in klare und dunkle Vorstellungen und sah dem Reich des Lichtes, »campus claritatis (lucis)«, das größere Reich der Finsternis, »campus obscuritatis (tenebrarum)«[45], gegenüberstehen. Er baute aber darüber hinausgehend die Bedeutung des dunklen Reiches aus, indem er diesem mit der Begründung der Ästhetik eine eigens zuständige Disziplin zur Seite stellte, die sich mit der Logik der unteren Erkenntnisvermögen befaßt, d.h. – wie Hans Adler betont hat – mit der »Logik des Undeutlichen«[46]. Baumgarten nannte die von den unteren Erkenntnisvermögen erworbenen Vorstellungen die sinnlichen oder ›repraesentationes sensitivae‹[47] und applizierte so das Feld der Ästhetik

---

35 RALPH CUDWORTH, The True Intellectual System of the Universe (London 1678), 160.
36 JOHN NORRIS, Cursory Reflections upon a Book call'd, An Essay concerning Human Understanding. In a Letter to a Friend (London 1690), 8.
37 CHRISTIAN WOLFF, Vernünfftige Gedancken von Gott, der Welt und der Seele des Menschen, und auch allen Dingen überhaupt (1720/¹¹1751), in: WOLFF, Abt. 1, Bd. 2 (1983), 499 (§ 805), 496 (§ 797).
38 Vgl. ebd., 457 (§ 731) u. ö.
39 PLATNER (s. Anm. 11), 92, 109.
40 Vgl. WOLFF, Psychologia empirica (1738), in: WOLFF, Abt. 2, Bd. 5 (1968), 23 f. (§ 35 f.).
41 Vgl. GRAU (s. Anm. 22), 218–230.
42 Vgl. ebd., 204–213.
43 ALEXANDER GOTTLIEB BAUMGARTEN, Philosophischer Briefe zweites Schreiben [d.i. Philosophische Briefe von Aletheophilus] (1741), in: Baumgarten, Texte zur Grundlegung der Ästhetik, lat.-dt., hg. u. übers. v. H. R. Schweizer (Hamburg 1983), 71.
44 BAUMGARTEN, Metaphysica (1739/⁷1779; Hildesheim 1963), 176 (§ 511); dt.: Metaphysik, in: ebd., 5.
45 Ebd., 176 (§ 514).
46 HANS ADLER, Fundus Animae – der Grund der Seele. Zur Gnoseologie des Dunklen in der Aufklärung, in: Deutsche Vierteljahrsschrift 62 (1988), 205.
47 Vgl. BAUMGARTEN, Meditationes philosophicae de nonnullis ad poema pertinentibus/Philosophische Betrachtungen über einige Bedingungen des Gedichtes (1735), lat.-dt., übers. v. H. Paetzold (Hamburg 1983), 8 (§ 3).

die Wissenschaft der sinnlichen Erkenntnis – auf das Reich der dunklen Vorstellungen. Das Dunkle spielte hier eine Rolle, die nicht mehr randständig war, ihm kommt ein zentraler Platz innerhalb der Reflexion des neuen Faches zu. Da er aber das Dunkle für sich genommen als zu undifferenziert ansah, wies Baumgarten die Annahme zurück, daß die Poetizität eines Gedichtes mit seiner Dunkelheit steige, und siedelte sie im Gegenteil in der ›extensiv größeren Klarheit‹ an.[48] Diese Haltung teilt Johann Georg Sulzer, wenn er für die Analyse des ästhetischen Eindrucks die Gleichung aufstellt: Je höher der Grad der Klarheit bzw. Deutlichkeit einer Vorstellung, desto höher der Grad der ästhetischen Lust, d. h. des begleitenden Lustgefühls.[49] Auch Sulzer hat sich nachdrücklich für eine stärkere Beschäftigung mit den »dunkeln Gegenden der Seele«[50] ausgesprochen. Der Begriff der Dunkelheit umfaßt bei ihm über die Vorstellungen hinaus auch die Existenz dunkler Urteile und Empfindungen, dunklen Verlangens und dunkeln Abscheus: »Das sind die, *Ich weiß nicht was*, die jedermann zuweilen empfindet. Kurz, alle Kräfte der Seele können sich auf zweyerley Art äußern; auf eine deutliche [...] oder auf eine dunkle Art und so, daß wir selbst nicht wissen, wie die Sache in uns vorgeht.«[51] Sulzer spricht diesen dunklen Regungen »sehr merkliche Wirkungen« zu: Sie prägen Stimmungen und Vorurteile, Leidenschaften, Sitten und Gewohnheiten der Seele und lassen uns »Dinge sagen [...], die wir schlechterdings verbergen wollten«[52]. In seinen Schriften gewinnt das Reich des Dunklen an Einfluß und an psychologischer Differenzierung, es bekommt Qualitäten zugesprochen.[53] Auch in die Literatur geht die neue Konzeption der dunklen Handlungen der Seele ein. Wie Wolfgang Riedel gezeigt hat, wird Sulzers Konzept von Friedrich Schiller in seinem Drama *Die Räuber* (1781) aufgenommen, um die Psychologie Franz Moors auszufeilen.[54]

Mit der Anspielung auf das ›Ich weiß nicht was‹ streift Sulzer hier die lange und verzweigte Überlieferung des ›Je ne sais quoi‹, die sich als eine weitere Form des Verweises auf Unbewußtes betrachten läßt.[55]

4. ›Es denkt‹

Was der Platz des Dunklen für die Aufklärung (dort wo sie sich am weitestgehenden darauf einließ) sein konnte, hat am deutlichsten Georg Friedrich Meier im Zusammenhang mit seiner Erkenntnislehre formuliert: »Die dunkle Erkenntnis ist das Chaos der Seele, der rohe Klumpen Materie, den die schöpferische Kraft der Seele bearbeitet, und aus welchem sie nach und nach alle klare Erkenntnis zusammensetzt. Ohne dunkle Erkenntnis könnten wir gar keine klare Erkenntnis haben«[56]. Das Dunkle ist das Unbearbeitete. Es wird nicht selbst in den Blick genommen und bleibt der deutlichen Erkenntnis – deren Grund es gleichwohl bildet – unzugänglich. Die einzige Eigenschaft, die sich dieser sonst kaum spezifizierten bewußtseinslosen ›Roherkenntnis‹ zuschreiben läßt, ist ihre Dunkelheit. Sie bekommt einen Platz in der Ästhetik, jedoch erst die Romantik wird in dieser Dunkelheit selbst eine schöpferische Kraft ansiedeln, in der Aufklärung bleiben das Dunkle und die Kraft, die es umgestaltet, getrennt.

---

48 Vgl. ebd., 16 (§ 15 ff.).
49 Vgl. JOHANN GEORG SULZER, Untersuchungen über den Ursprung der angenehmen und der unangenehmen Empfindungen (1751–1752), in: Sulzer, Vermischte Philosophische Schriften. Aus den Jahrbüchern der Akademie der Wissenschaften zu Berlin gesammelt (Leipzig 1773), 10, 18; GRAU (s. Anm. 22), 211.
50 SULZER, Kurzer Begriff aller Wißenschaften und andern Theile der Gelehrsamkeit, worin jeder nach seinem Inhalt, Nutzen und Vollkommenheit kürzlich beschrieben wird (1745; Leipzig ²1759), 159 (§ 206).
51 SULZER, Erklärung eines psychologischen paradoxen Satzes: Daß der Mensch zuweilen nicht nur ohne Antrieb und ohne sichtbare Gründe sondern selbst gegen dringende Antriebe und überzeugende Gründe handelt und urtheilet (1759), in: Sulzer (s. Anm. 49), 108.
52 SULZER, Zergliederung des Begriffs der Vernunft (1758), in: ebd., 261.
53 Vgl. WOLFGANG RIEDEL, Erkennen und Empfinden. Anthropologische Achsendrehung und Wende zur Ästhetik bei Johann Georg Sulzer, in: Schings (s. Anm. 33), 410–439.
54 Vgl. RIEDEL, Die Aufklärung und das Unbewußte. Die Inversionen des Franz Moor, in: Jahrbuch der deutschen Schillergesellschaft 37 (1993), 198–220.
55 Vgl. ERICH KÖHLER, ›Je ne sais quoi‹, in: RITTER, Bd. 4 (1976), 640–644.
56 GEORG FRIEDRICH MEIER, Vernunftlehre (1752), hg. v. G. Schenk, Teil 1 (Halle 1997), 176 (§ 159).

Auch Immanuel Kant bringt in seiner *Anthropologie* (1798) die Perspektive der Aufklärung prägnant zum Ausdruck. Nachdem er auf den Widerspruch von Vorstellungen, die wir haben, ohne uns ihrer bewußt zu sein, hingewiesen hat, räumt er die Existenz »dunkeler Vorstellungen« ein und spricht ihnen sogleich die größte Ausbreitung auf der »*Karte* unseres Gemüts« zu. Sie bilden ein Reich, das für die Aufklärung (noch) unerschlossen im Dunkeln liegt. Da aber feststeht, daß »das Feld unserer Sinnenanschauungen und Empfindungen, deren wir uns nicht bewußt sind, ob wir gleich unbezweifelt schließen können, daß wir sie haben, d. i. *dunkeler* Vorstellungen im Menschen (und so auch in Tieren), unermeßlich sei, die klaren dagegen nur unendlich wenige Punkte derselben enthalten, die dem Bewußtsein offen liegen; daß gleichsam auf der großen *Karte* unseres Gemüts nur wenig Stellen *illuminiert* sind«, so kann uns dies nur »Bewunderung über unser eigenes Wesen einflößen: denn eine höhere Macht dürfte nur rufen: es werde Licht! so würde auch ohne Zutun des Mindesten (z. B. wenn wir einen Literator mit allem dem nehmen, was er in seinem Gedächtnis hat) gleichsam eine halbe Welt ihm vor Augen liegen«. Aber wenn auch, »das Feld *dunkler* Vorstellungen das größte im Menschen« ist, kommt Kant zu dem Schluß, daß »die Theorie derselben doch nur zur physiologischen Anthropologie, nicht zur pragmatischen, worauf es hier eigentlich abgesehen ist«, gehört, da sie den Menschen, »nur in seinem passiven Teile, als Spiel der Empfindungen« berücksichtigt. Dies hindert ihn jedoch nicht, ihre Macht zu bemerken – »öfter aber noch sind wir selbst ein Spiel dunkler Vorstellungen« – und einen Hinweis auf ihr bevorzugtes Feld zu geben: »So ist es mit der Geschlechtsliebe bewandt«[57]. Karl Philipp Moritz' *Magazin zur Erfahrungsseelenkunde* (1783–1793) hatte sich damals bereits programmatisch den verschiedensten unbekannten, dunklen Regionen des Seelenlebens zugewandt, um zur weiteren Erhellung der seelischen Landkarte mittels protokollierter Selbstbeobachtungen beizutragen. Im ersten Heft des Magazins erörtert Moritz die unpersönlichen Formulierungen, wie jenes ›Es denkt‹, das durch Georg Christoph Lichtenberg Berühmtheit erlangen und im 19. Jh. von vielen Autoren aufgenommen werden sollte.[58] Bei Moritz heißt es, »daß wir durch das unpersönliche *es* dasjenige anzudeuten suchen, was außer der Sphäre unserer Begriffe liegt, und wofür die Sprache keinen Nahmen hat. [...] Wenn ich sage, *ich denke*, so ist es, als ob mein Gedanke von mir selber oder von meiner Willenskraft bestimmt wird, sage ich aber, *mich dünkt*, so ist es, als ob ich von meinem Gedanken bestimmt werde.«[59] Die berühmte Formulierung Lichtenbergs ein Jahrzehnt später lautete: »*Es* denkt, sollte man sagen, so wie man sagt: *es blitzt*. Zu sagen *cogito*, ist schon zu viel, so bald man es durch *Ich denke* übersetzt.«[60]

Zeitlich vor der *Anthropologie* liegt eine Äußerung Kants zum unbewußten Schaffen des Genies, die den romantischen Zusammenhang aufscheinen läßt, der sich zeitgleich bereits formulierte. 1790 in der *Kritik der Urteilskraft* betonte Kant die Bedeutung der unbewußt schaffenden Natur für den Künstler und zumal für das Genie: Für letzteres gelte, »daß es, wie es sein Produkt zu Stande bringe, selbst nicht beschreiben, oder wissenschaftlich anzeigen könne, sondern daß es als *Natur* die Regel gebe; und daher der Urheber des Produkts, welches er seinem Genie verdankt, selbst nicht weiß, wie sich in ihm die Ideen dazu herbei finden, auch es nicht in seiner Gewalt hat, dergleichen nach Belieben oder planmäßig auszudenken«[61].

---

57 IMMANUEL KANT, Anthropologie in pragmatischer Hinsicht (1798), in: KANT (WA), Bd. 12 (1977), 418 f. (§ 5).

58 Vgl. ›Zur Genealogie des Es‹ [Themenheft], in: Psyche 39 (1985), 97–169; THOMAS H. MACHO, Was denkt? Einige Überlegungen zu den philosophischen Wurzeln der Psychoanalyse, in: L. Nagl/H. Vetter/H. Leupold-Löwenthal (Hg.), Philosophie und Psychoanalyse (Gießen 1997), 191–204.

59 KARL PHILIPP MORITZ, Magazin zur Erfahrungsseelenkunde als ein Lesebuch für Gelehrte und Ungelehrte, 1. Bd., 1. Stück (1783), in: Moritz, Die Schriften in dreißig Bänden, hg. v. P. u. U. Nettelbeck, Bd. 1 (Nördlingen 1986), 78.

60 GEORG CHRISTOPH LICHTENBERG, Sudelbücher II. Heft K (1793–1796). Aphorismus 76, in: Lichtenberg, Schriften und Briefe, hg. v. W. Promies, Bd. 2 (München/Wien ³1991), 412.

61 KANT, Kritik der Urteilskraft (1790), in: KANT (WA), Bd. 10 (1974), 242 f. (§ 46).

III. Romantik: Das Unbewußte als Lebenskraft und als ästhetischer Grundbegriff

Die Romantiker haben den Begriff des Unbewußten auf eine Weise gefaßt, die sich von dem Zugang der Aufklärung grundlegend unterschied. Sie operierten verstärkt mit substantivischen Bildungen und entfalteten den Begriff in ihren philosophischen, ästhetischen und physiologischen Debatten erstmals ausführlicher. Diese systematische Bezugnahme und Ausarbeitung des Begriffs verknüpfte sich mit einer affirmativen Haltung gegenüber unbewußten Kräften, deren Bedeutung besonders für das künstlerische Schaffen hervorgehoben wurde. Unbewußt war jetzt weniger eine Eigenschaft, die ansonsten wesensgleichen Vorstellungen bzw. Affekten zukam oder abging, das Unbewußte war vielmehr selbst mit Qualitäten ausgestattet. Es wurde zu einer Kraft, und zwar einer vitalen, gestaltend-plastischen, schöpferischen, göttlichen Kraft. Man erachtete es bisweilen als ein eigenes Reich. Die Metaphorik, die den Begriff begleitet oder vertritt, wird somit vielfältiger, der Grund und das Dunkle bleiben aber die nächstverwandten Assoziationen. An dieser Stelle sei bemerkt, daß das ›Irrationale‹, das oftmals dem romantischen Unbewußten zugeordnet wird, in vielen Fällen eine Rückprojektion des späten 19. Jh. ist und weniger eine Assoziation der Romantiker selber.

Ohne selbst der Romantik zurechenbar zu sein, weist Johann Gottfried Herders Position bereits auf die durchgreifenden Veränderungen voraus. Seine an die Aufklärung anknüpfende Aufwertung der unteren Erkenntnisvermögen räumt dem »dunkeln Grunde« der Seele einen wichtigen Platz in der Philosophie ein und stärkt auch bei ihm besonders die Bedeutung der Ästhetik, die diese sinnliche Erkenntnis oder, wie es bei ihm heißt, »den Abgrund *dunkler* Gedanken, aus welchem sich nachher Triebe und Affekten, und Lust und Unlust heben«, zu erschließen bestrebt ist. Herder stellt sich jedoch in Gegensatz zu Baumgarten und Sulzer, wenn er sein »ganzes Gefühl für das Schöne und Gute« jetzt ausdrücklich »in diese dunkle Gegenden«[62] verlegt, und kündigt damit ein verändertes ästhetisches Programm an. Die Zuwendung zu den »tiefsten Tiefen unsrer Seele« geht bei ihm mit einer Kritik am Schematismus der Leibnizschen Konzeption der ›cognitio obscura‹ zusammen: »Vor solchem Abgrund dunkler Empfindungen, Kräfte und Reize graut nun unsrer hellen und klaren Philosophie am meisten: sie segnet sich davor, als vor der Hölle *unterster* Seelenkräfte und mag lieber auf dem Leibnizischen Schachbrett mit einigen tauben Wörtern und Klassifikationen von *dunkeln* und *klaren, deutlichen* und *verworrenen* Ideen, *vom Erkennen in* und *außer sich, mit sich* und *ohne sich selbst* u. dgl. spielen.«[63] Wie es für die Epoche kennzeichnend werden sollte, ging Herder von einer Kraft aus, die er mit der Lebenskraft in eins setzt und als unbewußt beschreibt (wenn auch noch ohne dieses Wort zu gebrauchen): »So gewiß ichs weiß, daß ich denke und kenne doch meine denkende Kraft nicht: so gewiß empfinde und sehe ichs, daß ich lebe, wenn ich gleich auch nie weiß, was Lebenskraft sei. Angebohren, organisch, genetisch ist dies Vermögen: es ist der Grund meiner Natur-Kräfte, der innere Genius meines Daseyns.«[64]

Die beiden Hauptschauplätze, auf denen die Ausarbeitung des Begriffs des Unbewußten in der Romantik erfolgt, bilden die Diskussionen über die Lebenskraft und die Ästhetik, wobei beide Felder eng miteinander verschränkt sind, nicht zuletzt über den Bezug zur Natur und den Naturkräften, aus denen der Künstler und besonders das Genie schöpfen.

1. Lebenskraft

Der von Friedrich Casimir Medicus geprägte Begriff der Lebenskraft kam Mitte der 1770er Jahre parallel zu dem von Franz Anton Mesmer zuerst in Wien und dann in Paris propagierten magnetischen Fluidum sowie zu den galvanischen Versuchen Johann Wilhelm Ritters u. a. auf. Der Mes-

---

62 JOHANN GOTTFRIED HERDER, Von Baumgartens Denkart in seinen Schriften (1767), in: HERDER, Bd. 32 (1899), 185 f.
63 HERDER, Vom Erkennen und Empfinden der menschlichen Seele (1778), in: ebd., Bd. 8 (1892), 185, 179 f.
64 HERDER, Ideen zur Philosophie der Geschichte der Menschheit. Zweiter Theil (1785), in: ebd., Bd. 13 (1887), 276.

merismus erklärte seine ebenso spektakulären wie umstrittenen Heilerfolge mit der Annahme magnetischer Einflüsse, die dem Bewußtsein entgehen und von Mesmer selbst materiell, von seinem Schüler Armand de Chastenet, Marquis de Puységur, jedoch als psychische Beeinflussung gedeutet wurden. Der Mesmerismus bildete damit eine eigenständige Theorietradition heraus, die sich unterschiedlich stark mit anderen Ansätzen mischte. Aber auch die verschiedenen Theorien der Lebenskraft um 1800 spezifizierten die Kräfte, von denen sie ausgingen, keineswegs einheitlich, akzentuierten jedoch durchgängig Prozesse jenseits des Bewußtseins. Seit Mitte der 1790er Jahre unter den romantischen Ärzten zunehmend verbreitet, wurde die Lebenskraft mehr und mehr als eine psychophysische oder direkt als psychische Kraft verstanden und dann explizit (von so unterschiedlichen Denkern wie Johann Christian Reil, Joachim Dietrich Brandis, Jean Paul, Arthur Schopenhauer, Carus) als unbewußt gekennzeichnet.[65] Reil hält fest, daß allen Gestaltungsvorgängen »ein Intelligentes, wiewohl bewußtlos wirkendes«[66] zugrunde liegt. Von Reil stammt überdies der einflußreiche Text *Über die Eigenschaften des Ganglien-Systems und sein Verhältniss zum Central-Systeme* (1807), worin er das Nervensystem in die genannten zwei Systeme differenziert und das Gangliensystem mit dem Unbewußten – wörtlich der »bewußtlosen«[67] Sphäre – gleichsetzt. Besonders deutlich ist die Identifizierung von Lebenskraft und Unbewußtem bei Jean Paul ausgesprochen: »Also bleibt nichts übrig für den Aufenthalt und Thron der Lebenskraft als das große Reich des Unbewußten in der Seele selber.«[68] Jean Paul war als Schüler Platners mit den unbewußten Vorstellungen vertraut und ist wie viele seiner Zeitgenossen am Magnetismus interessiert. Das Unbewußte geht auch in seine *Vorschule der Ästhetik* (1804) ein. Die Kombinatorik, die das von überall her gesammelte Material unter der Feder des Dichters ordnet, ist nach Jean Paul eine unbewußte: »Das Mächtigste im Dichter, welches seinen Werken die gute und die böse Seele einbläset, ist gerade das Unbewußte.«[69] In *Selina* (1827) findet sich die bemerkenswerte Eröffnung eines neuen metaphorischen Raumes für das Unbewußte. Wie Kant bedient sich Jean Paul eines kartographischen Bildes, doch darüber hinausgehend, weist er dem Unbewußten hier einen bestimmten Kontinent zu: »Wir machen aber von dem Länderreichtum des Ich viel zu kleine oder enge Messungen, wenn wir das ungeheure Reich des Unbewußten, dieses wahre innere Afrika, auslassen.«[70]

2. ›Das genialische Unbewußtseyn‹

In der romantischen Ästhetik erfährt das Unbewußte eine starke Aufwertung vor allem dort, wo sie Genieästhetik wird. Es verbindet den Künstler und zumal das Genie mit den Naturkräften, genauer: den Kräften einer göttlich beseelten Natur. Das Unbewußte ist kein individuell Spezifiziertes, es ist Öffnung auf einen transindividuellen göttlichen Kern hin, durch den der einzelne in das Ganze der Natur eingelassen ist. Nicht immer wurde dabei das Leibnizsche Unbewußte abgelehnt, wenn auch durchgängig stark uminterpretiert. So bezeichnet Friedrich Schlegel um 1800 die »unbewußte Vorstellung« als Leibniz' »besten Gedanken«[71] und Leibniz selbst als »Urbild von genialischem Unbewußtseyn«[72]. Er konstatiert: »An genialischem Unbewußtsein können die Philosophen, dünkt mich, den Dichtern den Rang wohl recht streitig machen.«[73] Das Zusammenspiel von

---

65 Vgl. STEFAN GOLDMANN, Von der Lebenskraft zum Unbewußten. Konzeptwandel in der Anthropologie um 1800, in: R. G. Appell (Hg.), Homöopathie und Philosophie & Philosophie der Homöopathie (Eisenach 1998), 149–174.
66 JOHANN CHRISTIAN REIL, Entwurf einer allgemeinen Pathologie, Bd. 1 (Halle 1815), 67.
67 REIL, Über die Eigenschaften des Ganglien-Systems und sein Verhältniss zum Central-Systeme, in: Archiv für die Physiologie 7 (Halle 1807), H. 2, 210, 215 f. u. ö.
68 JEAN PAUL, Selina oder über die Unsterblichkeit der Seele (1827), in: JEAN PAUL (MILLER), Abt. 1, Bd. 6 (1963), 1188.
69 JEAN PAUL, Vorschule der Ästhetik (1804), in: JEAN PAUL (MILLER), Abt. 1, Bd. 5 (1963), 60 (§ 13).
70 JEAN PAUL (s. Anm. 68), 1182.
71 FRIEDRICH SCHLEGEL, Zur Philosophie (um 1803–1807), in: SCHLEGEL (KFSA), Bd. 18 (1963), 575 (Fr. 138).
72 SCHLEGEL, Philosophische Scholien (1798), in: ebd., 50 (Fr. 318).
73 SCHLEGEL, Athenäums-Fragmente (1798), in: ebd., Bd. 2 (1967), 215 (Fr. 299).

Genie und Unbewußtem wird in der Romantik zu einer feststehenden Verbindung. So hält auch Goethe, bei dem sich zahlreiche Bezugnahmen auf das Unbewußte finden, fest: »Ich glaube daß alles was das Genie, als Genie, thut, unbewußt geschehe.«[74] Von Ludwig Klages wird Goethe sogar rückblickend als der »Entdecker des Unbewußten«[75] bezeichnet. Vor dem Hintergrund der Genieästhetik und des hier gebildeten Begriffs des Unbewußten formulierte Friedrich Schleiermacher später die hermeneutische Aufgabe, »›die Rede zuerst ebensogut und dann besser zu verstehen als ihr Urheber‹. Denn weil wir keine unmittelbare Kenntnis dessen haben, was in ihm ist, so müssen wir vieles zum Bewußtsein zu bringen suchen, was ihm unbewußt bleiben kann«[76].

3. Das transzendentalphilosophische Unbewußte

Schelling legte 1800 die erste systematische philosophische Ausarbeitung des Begriffs des Unbewußten als eines ästhetischen Grundbegriffs vor und übte mit ihr wirkungsgeschichtlich großen Einfluß aus.[77] Bei Schelling tritt der Begriff des Unbewußten nun gegen den der Lebenskraft an, welchen er ablehnt. Im *System des transcendentalen Idealismus* (1800) bestimmt er den »Grundcharakter

---

74 JOHANN WOLFGANG GOETHE an Friedrich Schiller (3. oder 4. 4. 1801), in: GOETHE (WA), Abt. 4, Bd. 15 (1894), 212.
75 LUDWIG KLAGES, Goethe als Seelenforscher (Leipzig 1932), 37.
76 FRIEDRICH SCHLEIERMACHER, Hermeneutik und Kritik (1838; Frankfurt a. M. 1977), 94; vgl. GOLDMANN (s. Anm. 65), 159, 170.
77 Vgl. JOHANNES ORTH, Der psychologische Begriff des Unbewußten in der Schelling'schen Schule: Novalis, Schubert, Burdach, Carus (Diss. Heidelberg 1914).
78 FRIEDRICH WILHELM JOSEPH SCHELLING, System des transcendentalen Idealismus (1800), in: SCHELLING (SW), Abt. 1, Bd. 3 (1858), 620.
79 Vgl. ODO MARQUARD, Transzendentaler Idealismus, romantische Naturphilosophie, Psychoanalyse (Köln 1987), 168.
80 SCHELLING (s. Anm. 78), 619.
81 SCHELLING, Philosophie der Kunst (aus dem handschriftlichen Nachlaß) (vorgetragen 1802–1803), in: SCHELLING (SW), Abt. 1, Bd. 5 (1859), 696.
82 SCHELLING (s. Anm. 78), 600.

jedes Kunstwerks«[78] durch seine Beziehung zum Unbewußten, genauer durch seine Leistung, den Widerspruch zwischen bewußter und bewußtloser Tätigkeit aufzulösen, da beide in der Entstehung des Kunstwerks harmonisch vereint sind. Wie Odo Marquard in seinem Buch zu den romantischen Wurzeln des Unbewußten ausgeführt hat, ist Kunst bei Schelling eine höhere Form der Naturpräsenz, d. h. das Kunstwerk stellt sich als eine Kreuzung zwischen Natur- und Freiheitsprodukt dar, sofern ersteres bewußtlos hervorgebracht und zweiteres durch bewußten Willen geschaffen ist.[79] »Das Kunstwerk reflektirt uns die Identität der bewußten und der bewußtlosen Thätigkeit.«[80] Da es darin einzigartig ist, tritt das Kunstwerk für Schelling an die Spitze der Philosophie: »daß die Kunst das einzige wahre und ewige Organon zugleich und Document der Philosophie sey« (627). Die Unterscheidung beider hält er wie folgt fest: Während »die Produktion in der Kunst nach außen sich richtet, um das Unbewußte durch Produkte zu reflektieren, richtet sich die philosophische Produktion unmittelbar nach innen, um es in intellektueller Anschauung zu reflektieren.« (351) Die Methode dieser philosophischen Reflexion ist das genetische Vorgehen bzw. die Anamnese. Schellings Transzendentalphilosophie bestimmt das Unbewußte als das »absolut Identische« (625), als ein Höheres und zugleich als Grund der Identität, als verborgene Notwendigkeit, Schicksal bzw. das Objektive. Von Schelling wird erstmals das Schicksal des Ödipus als »ihm selbst unbewußt«[81] bezeichnet. Der am häufigsten gebrauchte Terminus ist ›bewußtlos‹, an markanter Stelle allerdings heißt es mit einer bemerkenswerten Aushebelung der Licht-Dunkel-Metaphorik: »Dieses ewig Unbewußte, was, gleichsam die ewige Sonne im Reich der Geister, durch sein eignes ungetrübtes Licht sich verbirgt, und obgleich es nie Objekt wird, doch allen freien Handlungen seine Identität aufdrückt, ist zugleich dasselbe für alle Intelligenzen, die unsichtbare Wurzel, wovon alle Intelligenzen nur die Potenzen sind, und das ewig Vermittelnde des sich selbst bestimmenden Subjektiven in uns und des Objektiven oder Anschauenden, zugleich der Grund der Gesetzmäßigkeit in der Freiheit und der Freiheit in der Gesetzmäßigkeit des Objektiven.«[82] Auch Schelling zufolge offenbart sich die unbewußte Natur in besonderer Weise durch das Genie, allerdings bedarf es der Philosophie, um diese Natur erkenntnismäßig zu erfassen.

4. Traum und Poesie

In der Traumtheorie der Romantik, deren wichtigste Vertreter Gotthilf Heinrich Schubert und Karl Friedrich Burdach sind, überlagern sich naturphilosophische, physiologische und ästhetische Überlegungen. Dementsprechend vielschichtig ist hier auch der Begriff des Unbewußten. Im freien Spiel der Imagination sieht man die Verwandtschaft von Traum und Poesie liegen, beide speisen sich aus der gleichen Quelle. Auch wird beiden Produktionen ein prophetischer Geist zugesprochen. Die Beschreibung der Produktionsweisen bleibt dabei aber different. Schubert stützt sich in seiner Theorie auf Reils Gangliensystem-Unbewußtes, er nennt »die Sprache des Traums« eine »Hieroglyphensprache«[83], deren Symbolik gedeutet werden kann. Der überindividuellen Konzeption des Unbewußten entsprechend haben die Symbole im Traum universalen Charakter. Burdach spricht vom Traum als »Naturtätigkeit der Seele [...], welche nicht durch die Macht der Individualität beschränkt, nicht durch Selbstbewußtsein gestört, nicht durch Selbstbestimmung gerichtet wird, sondern in freiem Spiele sich ergehende Lebendigkeit der sensiblen Zentralpunkte ist«[84].

Novalis, in dessen Aufzeichnungen der Begriff des Unbewußten nicht direkt erscheint, der aber wiederholt auf den Zusammenhang zwischen Traum und Poesie zu sprechen kommt, ist nachträglich oft mit dem romantischen Unbewußten in Verbindung gebracht worden.[85] Seine Theorie spiegelt sich auch in der literarischen Gestaltung der Träume in Heinrich von Ofterdingen (1802). Ganz allgemein findet man vielfältige Spuren des romantischen Unbewußten in der Literatur der Zeit. E. T. A Hoffmann, der zahlreiche Anregungen von Reil, Schubert u. a. verarbeitet, gibt ihm dabei eine eigene, neue Färbung. Es bekommt jene beängstigende, düstere Charakteristik, die Freud später dazu führen wird, Hoffmanns Erzählung Der Sandmann (1816) in seinem Text über das Unheimliche zu analysieren.[86] Bei Hoffmann findet sich außerdem der Gedanke einer Bewußt-

seinszensur, der ansonsten nicht zum Begriff des romantischen Unbewußten gehört. Auch auf diese Passage aus den Elixieren des Teufels (1815–1816) hat Freud später aufmerksam gemacht:»Was haben Sie denn nun davon! ich meine von der besonderen Geistesfunktion, die man Bewußtsein nennt und die nichts anders ist als die verfluchte Tätigkeit eines verdammten Toreinnehmers – Akziseoffizianten – Oberkontrollassistenten, der sein heilloses Comptoir im Oberstübchen aufgeschlagen hat und zu aller Ware, die hinaus will, sagt: ›Hei ... hei ... die Ausfuhr ist verboten ... im Lande, im Lande bleibt's. –‹«[87]

5. Der bewußtlose Wille

Schopenhauer hält am Begriff der Lebenskraft fest und vereint diesen, wie auch die Eigenschaft der ›Unbewußtheit‹, mit seiner Konzeption des Willens: »Der Wille, als das Ding an sich, macht das innere, wahre und unzerstörbare Wesen des Menschen aus: an sich selbst ist er jedoch bewußtlos.«[88] In seiner Charakterisierung des Unbewußten tritt die romantische Version eines kollektiven Unbewußten noch einmal sehr deutlich hervor. »So isolirt das Gehirn mit seinem Bewußtseyn die menschlichen Individuen: hingegen der unbewußte Theil, das vegetative Leben, mit seinem Gangliensystem, darin im Schlaf das Gehirnbewußtseyn, gleich einem Lotus, der sich nächtlich in die Fluth versenkt, untergeht, ist ein gemeinsa-

---

83 GOTTHILF HEINRICH SCHUBERT, Die Symbolik des Traumes (Bamberg 1814), 2 u. ö.
84 KARL FRIEDRICH BURDACH, Die Physiologie als Erfahrungswissenschaft, Bd. 3 (1830; Leipzig ²1838), 512.
85 Vgl. ORTH (s. Anm. 77).
86 Vgl. SIGMUND FREUD, Das Unheimliche (1919), in: FREUD (GW), Bd. 12 (1947), 227–268.
87 ERNST THEODOR AMADEUS HOFFMANN, Die Elixiere des Teufels (1815/1816), in: Hoffmann, Werke, hg. v. H. Kraft/M. Wacker, Bd. 1 (Frankfurt a.M. 1967), 488; vgl. FREUD, E. T. A. Hoffmann über die Bewußtseinsfunktion (1919), in: FREUD (GW), Nachtragsband (1987), 769.
88 ARTHUR SCHOPENHAUER, Die Welt als Wille und Vorstellung, Bd. 2 (1844), in: Schopenhauer, Werke in fünf Bänden nach den Ausgaben letzter Hand, hg. v. L. Lütkehaus, Bd. 2 (Zürich 1988), 232 (Kap. 19); vgl. GÖDDE (s. Anm. 29), 384–464.

mes Leben Aller, mittelst dessen sie sogar ausnahmsweise kommuniziren können«[89]. Der unbewußte Wille ist eine ebenso unverzichtbare wie unbeherrschbare Grundkraft. Allerdings zeichnet sich das Genie nach Schopenhauer gerade dadurch aus, eine gewisse Freiheit von ihm erlangt zu haben. Diese, wenn auch nur zeitweilige, Erlösung von der Herrschaft des Willens, der den Menschen an seinen Körper bindet, vermag neben der Askese auch die ästhetische Kontemplation zu verschaffen. Die Ästhetik bietet so die Chance einer (wenn auch begrenzten) Befreiung vom Unbewußt-Körperlichen, so wie die Kunst nur in einer gewissen Loslösung von diesem entstehen kann. Schopenhauers Argumentation für die Notwendigkeit der Annahme unbewußter Vorgänge ist in vielerlei Hinsicht romantisch geprägt, trägt jedoch bereits Züge der späteren Debatten. So nimmt sein Schluß von der Lückenhaftigkeit der Bewußtseinsdaten auf das Vorhandensein unbewußter Vorgänge spätere Argumentationsweisen vorweg: »Fast möchte man glauben, daß die Hälfte alles unsers Denkens ohne Bewußtseyn vor sich gehe. Meistens kommt die Konklusion, ohne daß die Prämissen deutlich gedacht worden. [...] Das kann nur die Folge einer unbewußten Rumination seyn.«[90] Gerade diese Perspektive konnte der verspätet einsetzenden Rezeption um die Jahrhundertmitte dann höchst aktuell entgegenkommen. Auf seine Akzentuierung der geschlechtlichen Begierde als Ausdruck des unbewußten Lebenswillens im Individuum hat später besonders Freud hingewiesen. Schopenhauer betont wiederholt, daß das Geschlechtsverhältnis »der unsichtbare Mittelpunkt alles Thuns und Treibens ist«, der »trotz allen ihm übergeworfenen Schleiern überall hervorguckt«[91].

6. Das absolut Unbewußte

Das Werk des Naturphilosophen, Arztes und Malers Carus Psyche: zur Entwicklungsgeschichte der Seele (1846) legt schließlich eine ausführliche, auf den romantischen Grundlagen aufbauende Theorie des Unbewußten vor. Sein berühmter erster Satz lautet programmatisch: »Der Schlüssel zur Erkenntnis vom Wesen des bewußten Seelenlebens liegt in der Region des Unbewußtseins.«[92] In dieser Perspektive ist es dann das Bewußtsein, das »immer als ein Wunder hervortritt« (285). Carus' Ansatz steht in der Tradition der medizinischen Anthropologie, und auch sein Begriff des Unbewußten ist von ihr psychophysiologisch geprägt. Daher stellte er dem genannten Werk 1851 das Buch Physis. Geschichte des leiblichen Lebens zur Seite. Grundlegend ist bei Carus der Entwicklungsgedanke: Das Unbewußte ist bereits in der embryonischen Wachstumsperiode die gestaltende Kraft, und der erwachsene Mensch kehrt periodisch im Schlaf in diese unbewußten Anfänge seiner Existenz zurück. Lebenskraft (Bildungstrieb) und Seele, die bei Carus zusammenfallen, bilden »jenes erste Unbewußte« (16). Carus sieht wie Schelling die genetische Methode als Hauptmethode an, die darauf zielt, »unser Dasein geistig zu rekonstruieren von dem bewußten Sein ins Unbewußte zurück« (4). In Differenz zu Schelling versteht er seinen Ansatz jedoch als antimetaphysisch.

Bei Carus ist besonders deutlich zu sehen, wie in der Romantik die zunächst der Lebenskraft zugesprochenen Eigenschaften auf das Unbewußte überwandern: Es ist unermüdlich fließend und zeitlos, Quelle der Heilung von Krankheiten, es ist plastische Kraft, physiologische und göttliche Gegebenheit zugleich. Carus führt die später oft übernommene Unterscheidung eines »absolut Unbewußten« göttlichen Ursprungs von einem bewußtseinsfähigen und nur periodisch versinkenden »relativ Unbewußten« (66) ein. Dabei gilt sein vorrangiges Interesse dem absolut Unbewußten, das wiederum allgemein oder partiell genannt wird, je nachdem, ob es ein Wesen allein und ausschließlich durchdringt – wie beim Embryo der Fall – oder neben einem entstandenen Bewußtsein wirkt – wie beim Erwachsenen. Das absolut Unbewußte kennzeichnet er als »ein gänzlich unbewußtes Walten der Idee, d. h. des ursprünglich Göttlichen in uns« (64) bzw. als das Walten einer »Intelligenz«, die »als ein wahrhaft ›unbewußtes Denken«« (66) alles durchdringt. Carus baut die Hell-Dunkel-Metaphorik

---

89 SCHOPENHAUER (s. Anm. 88), 382 (Kap. 25).
90 SCHOPENHAUER, Parerga und Paralipomena (1851), in: ebd., Bd. 5 (Zürich 1988), 58 f.
91 SCHOPENHAUER (s. Anm. 88), 596 (Kap. 42).
92 CARL GUSTAV CARUS, Psyche: zur Entwicklungsgeschichte der Seele (1846), hg. v. R. Marr (Leipzig o. J.), 1.

aus und geht so weit, den »Nachtvölkern (Negern)« (63) eine größere Nähe zur unbewußten Anlage zu bescheinigen. Jean Pauls ›inneres Afrika‹ ist hier von einer Metapher in die Ordnung der Wirklichkeit übergesprungen. In anderem Zusammenhang gibt die Kirchenarchitektur das Bild: Das Bewußtsein als Spitze eines gotischen Doms wird getragen von den unter der Erde ruhenden Gemäuern des absolut Unbewußten. Dieses ist bei Carus bald stärker metaphysisch, bald mehr physiologisch konnotiert. Der Begriff des Unbewußten bleibt bei ihm überhaupt höchst inkohärent, er changiert zwischen religiösen, biologischen, psychologischen und philosophischen Zuschreibungen. Diese Vielschichtigkeit entspricht allerdings genau der Uneinheitlichkeit des romantischen Unbewußten, welches zahlreiche seither etablierte Diskurstrennungen unterläuft.

»Die Romantiker waren die Entdecker des Unbewußten«[93], so wird Ricarda Huch im Jahr 1902 rückblickend das Kapitel ›Apollo und Dionysos‹ ihres ersten Bandes der *Romantik* beginnen lassen und besonders Novalis' und Carus' Beiträge herausstellen.

IV. Zeit der Ausdifferenzierung: Das Unbewußte zwischen Physiologie und Philosophie

In der zweiten Hälfte des 19. Jh. traten die Verwendungsweisen des Begriffs ›unbewußt‹ weit auseinander. Aufgrund der Ausdifferenzierung der Disziplinen und der erklärten Neubegründung der Wissenschaften vom Leben standen diese Verwendungsweisen teils konkurrierend (Physiologie und Philosophie), zum Teil aber auch anregend (Physiologie und Ästhetik) zueinander. Vor allem die Konjunktur des Begriffs in den medizinischen Fächern Sinnesphysiologie, Hirnforschung und Psychopathologie war neu. Bereits die Ärzte in der Romantik haben dieser Konjunktur mit ihrer Aufmerksamkeit auf Traum, Somnambulismus und hypnotische Phänomene sowie ihren Spekulationen zu einem physiologischen Unbewußten in verschiedener Hinsicht den Weg geebnet. Dennoch bildete sich jetzt ein fundamental veränderter Begriff des Unbewußten heraus. Die Auflösung des Konzepts der Lebenskraft diskreditierte in der Physiologie jegliche Vorstellung eines Unbewußten, die sich an dieses anlehnte. ›Unbewußt‹ wurde in der Physiologie des 19. Jh. fast ausschließlich wieder in adjektivischer Form, selten substantiviert gebraucht. Es bezeichnete begrenzte Vorgänge, Ausschnitte des psychophysischen Geschehens und keineswegs eine lebendige teleologische Kraft oder Lebensenergie als Gesamt. Dies gilt allerdings nicht für die philosophische Konzeption des Unbewußten, wie sie Hartmann prominent machte. *Die Philosophie des Unbewußten* war das erste Werk, das den substantivierten Terminus in den Titel hob, und es setzte sich mit seiner explizit metaphysischen Konstruktion in Spannung zu den empirischen Wissenschaften. Seine Verbreitung gab der Rede vom Unbewußten einen bis dahin ungekannten Aufschwung, der der medizinischen Reflexion unverbunden blieb. Allgemein stehen die zeitgenössischen philosophischen Beiträge zum Unbewußten (Karl Fortlage, Immanuel Hermann Fichte, Friedrich Nietzsche) in einer Differenz zu den Wissenschaften, die zuvor so nicht bestand und die in den Werken sehr unterschiedlich behandelt wird. Nietzsche kommt es zu, hier die provokativsten Quergänge vollzogen zu haben. Von den Medizinern wie von den empirischen Psychologen wurde das philosophische Unbewußte als spekulativ zurückgewiesen, die Kennzeichnung bestimmter Vorgänge als unbewußt hingegen war mit dem Szientismus des 19. Jh. vereinbar. Der Begriff des Unbewußten bekam dabei einen beschreibenden und tendenziell wieder quantitativen Charakter. Die Bezugnahme auf Leibniz' Konzeption der ›petites perceptions‹ konnte hier anknüpfen. Aber in folgenreichem Unterschied zur Aufklärung werden die unbewußt genannten Vorgänge jetzt in experimentellen Arrangements erforscht. Es gehört zu den grundlegenden Neuerungen des 19. Jh., daß die Bezeichnung ›unbewußt‹ erstmals einen wissenschaftlich-empirischen Status beansprucht.

---

93 RICARDA HUCH, Die Romantik (1902), in: Huch, Gesammelte Werke, hg. v. W. Emrich, Bd. 6 (Köln/Berlin 1969), 90.

Verschiedene Momente haben die Konjunktur dieses psychophysiologischen Begriffs des Unbewußten besonders gestützt: Die sich durchsetzende mechanistische Perspektive beförderte die Aufmerksamkeit für automatische bzw. reflektorische und damit jenseits der Direktiven des Bewußtseins ablaufende Prozesse im Hirn. Besonders in Großbritannien begannen die ab den 1840er Jahren entstehenden Reflexlehren eine ›Unconscious Cerebration‹ (William B. Carpenter) zu thematisieren. Die Beschäftigung mit den Phänomenen des Hypnotismus oder anderer pathologischer oder tranceartiger Dissoziation des Bewußtseins wurde ausgebaut und besonders in Frankreich mit der Neurosen- und Hysterieforschung kombiniert und bekannt gemacht. Als drittes Moment läßt sich die vor allem in Deutschland aufblühende Sinnesphysiologie anführen, die Fragen der unbewußten Wahrnehmungssteuerung und der Wahrnehmungsschwelle auf den Plan brachte. Die Kooperation von Sinnesphysiologie und Ästhetik brachte dabei Überlegungen zu einem ›aisthetischen Unbewußten‹ – wie man es nennen könnte – hervor, die auch in der künstlerischen Orientierung der Avantgarde aufgenommen wurden. Die Begründer der abstrakten Malerei, und besonders Wassily Kandinsky, zeigten großes Interesse an diesen Forschungen.

1. Das physiologische Unbewußte

a) Die psychophysische Schwelle

Johann Friedrich Herbart hat bereits früh mit einem spekulativ-mathematischen Ansatz gearbeitet, der zahlreiche Autoren nach ihm beeinflußte und in dessen Rahmen er den Begriff einer »*Schwelle des Bewusstseyns*« einführte. Bereits in seinem *Lehrbuch zur Psychologie* (1816) entwirft er ein dynamisch-mechanisches Modell des Vorstellungslebens, in dem sich Vorstellungen gegenseitig hemmen und am Bewußtwerden hindern können. Sie überschreiten dann nicht die »Schwelle des Bewusstseyns«. Der Begriff unbewußt wird von ihm nicht dezidiert verwandt, sondern eher mit »*Grad der Verdunkelung*«[94] oder »Verborgenem«[95] umschrieben. Herbart spricht explizit von ›Verdrängung‹[96], verbindet damit aber keine Zensur und keinen Entstellungsvorgang wie später Freud beschreibt, sondern daß die unterdrückte Vorstellung sich in eine Kraft, ihr Streben umsetzt. Die von in diesem Zustand ausgehende Wirkungskraft glaubt Herbart mathematisch angeben zu können. In seinem einschlägigen Werk *Psychologie als Wissenschaft neu gegründet auf Erfahrung, Metaphysik und Mathematik* (1824) baute er seine Konzeption weiter aus. Gustav Theodor Fechner etablierte, gestützt auf Ernst Heinrich Webers Untersuchungen zum Tastempfinden, dann einen experimentell fundierten Schwellenbegriff. Die »psychophysische Schwelle« steht am Eintritt der Empfindungen ins Bewußtsein, ihr kommt in Fechners *Psychophysik* 1860 eine zentrale Stellung zu. An sie knüpft sich nun direkt die Vorstellung des Unbewußten: »Über das Alles hat der Begriff der psychophysischen Schwelle die wichtigste Bedeutung schon dadurch, daß er für den Begriff des Unbewusstseins überhaupt ein festes Fundament giebt. Die Psychologie kann von unbewussten Empfindungen, Vorstellungen, ja von Wirkungen unbewusster Empfindungen, Vorstellungen nicht abstrahiren.«[97] Fechner spricht in der Konsequenz auch von »negativen Bewußtseinswerthen«, um »unbewusste Werthe von der Empfindung« (435) zu bezeichnen. Seine Äußerungen zum Traum, der wie der Schlaf zu den ›unbewußten Zuständen‹ zählt, haben Anklänge an die Romantik (mit explizitem Verweis auf Burdach), etwa wenn Fechner festhält, daß »die Phantasie namentlich im Traume zuweilen etwas hervorbringe, was sie im Wachen nicht vermocht hätte«. »Der Träumende ist ein Dichter« (515), fügt er hinzu. Doch auch diese Formulierungen finden ihren Zusammenhang in der Psychophysik als einer letztlich auf quantifizierbare Verhältnisse ausgerichteten Wissenschaft. Bei Fechner gibt es keinen Traum-Sinn. Und wenn

---

94 JOHANN FRIEDRICH HERBART, Lehrbuch zur Psychologie (1816/²1834), in: Herbart, Sämtliche Werke, in chronologischer Reihenfolge, hg. v. K. Kehrbach, Bd. 4 (Langensalza 1891), 372, 370.
95 HERBART, Psychologie als Wissenschaft neu gegründet auf Erfahrung, Metaphysik und Mathematik (1824), in: ebd., Bd. 5 (Langensalza 1890), 202.
96 Vgl. HERBART (s. Anm. 94), 371, 373.
97 GUSTAV THEODOR FECHNER, Elemente der Psychophysik. Zweiter Teil (1860; Leipzig ³1907), 432.

Freud später die Formulierung vom anderen »Schauplatz der Träume« (512) aufnehmen und berühmt machen wird, so löst er sie dabei aus Fechners Zusammenhang heraus. Dessen Vergleiche des Sitzes der psychophysischen Tätigkeit im Traume mit einer »naturwüchsigen Wildnis ohne Wege« (515) oder dem »Gehirne eines Kindes oder Wilden« (514) könnten ihm allerdings zugesagt haben.

Der Begriff des Unbewußten spielt auch in Fechners einflußreichem Entwurf einer »Aesthetik von [...] Unten«[98] eine Rolle. Dabei ist weniger der Schwellenbegriff entscheidend, den er hier direkt übernimmt (unter der »ästhetischen Schwelle« (49) liegende Reize lösen keine Ge- oder Mißfallensreaktion aus bzw. lassen keine ästhetischen Kontraste entstehen), sondern das 6. und letzte Prinzip seiner *Vorschule der Aesthetik* (1871), das sogenannte »aesthetische Associationsprincip« (86). Fechner gibt den von einer Wahrnehmung ausgelösten Assoziationen das entscheidende Gewicht im ästhetischen Urteil und betrachtet diese Assoziationen, die die Bedeutung des Wahrgenommenen stiften, als zumeist unbewußt. Er formuliert dieses gegen den ästhetischen Formalismus der Herbartschule stehende Prinzip besonders für die optischen Wahrnehmungen. Es gilt sowohl für die Rezeptions- als auch für die Produktionsästhetik. Die entscheidenden Aspekte des Schönen in den Künsten entstehen in der Wahrnehmung wie im künstlerischen Schaffen durch assoziative Faktoren: »es ist überall der ins Unbewusstsein gesunkene, darin verschmolzene, Nachklang dessen, was je im Bewusstsein war«, was »den Quell« (113) der Phantasietätigkeit darstellt. Fechner führt die Linie vom unbewußten Assoziationsnetz hier bis zur instinktiven Einrichtung des Menschen.[99]

In der florierenden sinnesphysiologischen Forschung verbreitete sich die Annahme unbewußter, der Wahrnehmung zugrundeliegender Vorgänge schnell. Hermann von Helmholtz prägte 1867 in seinem *Handbuch der physiologischen Optik* die vielfach aufgenommene und diskutierte Formulierung von den »unbewussten Schlüssen«. Damit bezeichnete er jene »psychischen Acte«[100], auf denen die gewöhnlichen Wahrnehmungen beruhen, welche aus den Sinnesempfindungen erst erschlossen werden müssen. Bereits zehn Jahre zuvor zog Helmholtz aus seinem Ansatz Folgerungen für die Ästhetik. In seinem Vortrag *Über die physiologischen Ursachen der musikalischen Harmonien* (1857) hielt er fest, daß »das verborgene Gesetz, das den Wohlklang der harmonischen Tonverbindungen bedingt, [...] recht eigentlich ein Unbewußtes« sei. Wenn die Ästhetik, so Helmholtz »das Wesen des künstlerisch Schönen in seiner unbewußten Vernunftmäßigkeit«[101] sucht, enthüllt die Antwort des Physiologen, daß an dieser Stelle die Gesetze der unbewußten nervlichen Empfindungen (in diesem Fall der Obertöne) zu finden sind. Auch der Physiologe Ewald Hering, der gegen Helmholtz' Theorie erworbener unbewußter Schlüsse eine nativistische Auffassung der Wahrnehmung vertrat, betonte in seiner überaus einflußreichen Rede *Über das Gedächtnis als eine allgemeine Funktion der organisierten Materie* 1870: Der »Psychologie verschwände oft genug die Seele unter den Händen, wenn sie sie nicht an ihren unbewußten Zuständen festhalten wollte«. Auf Hering stützt sich besonders die Erörterung des Zusammenhangs von Unbewußtsein und Gedächtnis. Er sprach sowohl von »Ketten unbewußter materieller Nervenprozesse« als auch von »unbewußten Vorstellungsreihen und unbewußten Schlüssen«[102]. Von dem Romancier Samuel Butler wurde diese Rede ins Englische übertragen und 1880 in seinem Buch *Unconscious Memory* bekannt gemacht.[103] Butler verband hierin

---

98 FECHNER, Vorschule der Aesthetik. Erster Theil (1871; Leipzig ²1897), 1.
99 Vgl. ebd., 153.
100 HERMANN VON HELMHOLTZ, Handbuch der physiologischen Optik (1856–1866; Leipzig 1867), 430.
101 HELMHOLTZ, Über die physiologischen Ursachen der musikalischen Harmonien (1857), hg. v. F. Krafft (München 1971), 54.
102 EWALD HERING, Über das Gedächtnis als eine allgemeine Funktion der organisierten Materie. Vortrag gehalten in der feierlichen Sitzung der Kaiserlichen Akademie der Wissenschaften in Wien am 30. Mai 1870 (1870; Leipzig 1905), 10 f.
103 Vgl. SAMUEL BUTLER, Unconscious Memory (1880), in: Butler, The Shrewsbury Edition of the Works, hg. v. H. F. Jones/A. T. Bartholomew, Bd. 6 (London 1924), 69–94.

die Unterstützung von Herings Ideen mit einer Kritik an Hartmanns *Philosophie des Unbewußten*.

b) ›The Unconscious Cerebration‹
Die Konjunktur des Begriffs hat in Großbritannien einen etwas anderen Ausgangspunkt gehabt. Hier stand der Begriff des zerebralen Unbewußten im Mittelpunkt, und die entscheidenden Schritte zu seiner Hypostasierung kamen aus den neuen Hirn-Reflex-Theorien, die besonders von den Edinburgher Medizinern in den 1840–1860er Jahren entwickelt wurden.[104] Der Anstoß lag in der Beschäftigung mit der Hypnose, zuerst durch James Braid 1843, und mit hysterischen Phänomenen sowie dem Mesmerismus. Auch Überlegungen zu unbewußten Schaffensprozessen bei Künstlern flossen in die Überlegungen mit ein. Zwischen Thomas Laycock und William B. Carpenter kam es dabei zu einem Streit um die Priorität für die Formulierung der Gesetze der ›Unconscious Cerebration‹. Carpenter hatte diesen Begriff 1853 in der 4. Auflage seiner *Principles of Human Physiology* eingeführt und popularisiert: »But not only is much of our highest Mental Activity thus to be regarded as the expression of the *automatic* action of the Cerebrum: – we seem justified in proceeding further, and in affirming that the Cerebrum may act upon impressions transmitted to it, and may elaborate results such as we might have attained by the purposive direction of our minds to the subject, *without any consciousness* on our own parts«. »It is difficult to find an appropriate term for this class of operations. [...] The designation *Unconscious Cerebration* is perhaps less objectionable than any other.«[105] Laycock konnte dagegen für sich in Anspruch nehmen, bereits in den 40er Jahren solche automatischen Abläufe oder Reflexfunktionen des Gehirns beschrieben und damit die gleichen Gesetze unbewußter Vorgänge formuliert zu haben, die Carpenter unter den genannten Begriff faßt.[106] William Hamilton löste 1859–1860 mit seiner Lehre der ›unconscious mental modifications‹[107] einen philosophischen Disput über das Unbewußte aus, der in einigen Zügen den Streit um Leibniz ›petites perceptions‹, auf die er sich berief, wiederbelebte und in dem auch John Stuart Mill 1865 Stellung beziehen wird – allerdings auf der Gegenseite.[108] Die stärkste Zuspitzung erfährt die Annahme 1867 durch den Londoner Arzt und Psychiater Henry Maudsley, dem zufolge geistige Aktionen von Grund auf unbewußt sind: »It is a truth which cannot be too distinctly borne in mind, that consciousness is not co-extensive with mind. From the first moment of its independent existence the brain begins to assimilate impressions from without, and to re-act thereto in corresponding organic adaptations; this it does at first without consciousness, and this continues to do unconsciously more or less throughout life. Thus it is that mental power is being organized before the supervention of consciousness«[109]. Sein Schüler Hughlings Jacksons wird diesen Ansatz modernisieren und verbreiten.

Die Weiterentwicklung der Reflexologie, wie sie besonders auch in Rußland durch Ivan M. Sečenov, Vladimir M. Bechterev und Ivan P. Pavlov vorangetrieben wurde, vergrößerte die Möglichkeiten, an ein solches ›zerebrales Unbewußtes‹ anzuknüpfen. Die Reflexologie wurde ein Feld für beides: sowohl für die Ablehnung des Unbewußten als auch für Versuche, es wissenschaftlich zu erforschen. Auf ihrer Basis konnte für und gegen ein psychisches Unbewußtes argumentiert werden, da die automatischen, unwillkürlichen Vorgänge, die die Reflexologie in den Blick nahm, zunächst einmal psychischen Manifestationen zugrunde lagen. Besonders bei den russischen Wissenschaftlern verband sich die Reflexologie später auf eigenwillige

---

104 Vgl. MARCEL GAUCHET, L'inconscient cérébral (Paris 1992), 41–83.
105 WILLIAM BENJAMIN CARPENTER, Principles of Human Physiology, with their Chief Applications to Pathology, Hygiene and Forensic Medicine (um 1844; London ⁴1853), 607, 609.
106 Vgl. THOMAS LAYCOCK, Mind and Brain: or, The Correlations of Consciousness and Organisation, Bd. 2 (Edinburgh/London 1860), 465–480.
107 Vgl. WILLIAM HAMILTON, Lectures on Metaphysics and Logics [Nr. 18], Bd. 1 (Edinburgh/London 1859), 338–363.
108 Vgl. JOHN STUART MILL, An Examination of Sir William Hamilton's Philosophy (1865), in: Mill, Collected Works, hg. v. J. M. Robson, Bd. 9 (Toronto/Buffalo 1979), 272–285.
109 HENRY MAUDSLEY, The Physiology and Pathology of the Mind (1867; London 1993), 15.

Weise mit der Rezeption der Psychoanalyse.[110] Der in Paris lebende Nicolas Kostyleff widmete sich dabei auf der Basis dieser Verbindung ausführlich ästhetischen Überlegungen zum Mechanismus der poetischen Imagination.[111]

c) ›L'hystérie et l'inconscient‹

Auch in Frankreich wurde die Rede von unbewußten Vorgängen in der Medizin vor allem über die Beschäftigung mit hypnagogen Zuständen und Halluzinationen sowie mit verschiedenen Psychopathologien, vor allem der Hysterie, geläufig. Eine frühere Erörterung zum Unbewußten findet sich auch hier im Zusammenhang reflexologischer Überlegungen bei dem an der Salpêtrière tätigen Psychiater Jules-Bernard Luys, der 1874 festhielt, »que dans la plupart de nos actions, il y a toujours un fond commun *inconscient* où elles viennent toutes converger. Elles paraissent bien en apparence être libres et spontanées et les effets directs de notre volonté et de notre personnalité consciente, mais en les étudiant dans leurs origines profondes on reconnaît aisément qu'elles ne sont plus ou moins que les manifestations d'*incitations inconscientes* qui se déroulent automatiquement à notre insu et les résultats de force aveugles en réserve dans notre intimité«[112]. Die Pariser Salpêtrière unter der Leitung Jean-Martin Charcots und die durch Hippolyte Bernheim und Ambroise Liébeault begründete Schule von Nancy wurden zu international renommierten Zentren der Hypnoseforschung. Dabei stellten Charcot wie seine Mitarbeiter Charles Richet und Charles Féré eher unbewußte physiologische Prozesse in den Vordergrund, während die Schule von Nancy die hypnotischen Erscheinungen eher psychologisch durch unbewußt wirkende Suggestion verursacht sah. Berühmt wurden an der Salpêtrière aber vor allem die öffentlichen Demonstrationen, in denen Charcot Hysterikerinnen unter Hypnose setzte, um die Gesetzmäßigkeiten ihrer Symptomatik, die sich dann auf seine Direktiven hin jenseits der bewußten Beeinflußbarkeit durch die Patientinnen entwickelte, unter Beweis zu stellen. Diese Demonstrationen bildeten einen Kreuzungspunkt, an dem sich medizinische, voyeuristische und künstlerische Interessen trafen, die sich auf Phänomene des Unbewußten richteten, welche hier zerlegt und inszeniert wurden.

Auch Freud gehörte bekanntlich 1885–1886 zu den Hospitanten Charcots. Unter den Hörern war ebenso Guy de Maupassant, dessen berühmte Erzählung Le Horla (1887) das Unbewußte literarisch als jenes bedrohliche, unfaßbare ›Horla‹ in Szene setzte.

Im medizinischen Wörterbuch Amédée Dechambres von 1882 ist die allgemeine Akzeptanz der Annahme neurophysiologischer unbewußter Vorgänge festgehalten: »Tous les observateurs sont aujourd'hui d'accord avec Carpenter, Laycock, Onimus, Luys, etc. pour accepter qu'il existe un certain nombre de phénomènes de l'activité cérébrale – phénomènes souvent complexes – qui constituent ce qu'on a appelé la *cérébration inconsciente*«[113]. Diese Einigkeit beruht allerdings auf einem höchst unspezifischen, letztlich deskriptiv verwendeten Begriff des Unbewußten. Sie stellt, wie Marcel Gauchet gezeigt hat[114], einen einschneidenden Perspektivwechsel insofern dar, als sie die herausgehobene Stellung des Bewußtseins und des Erkenntnissubjektes erschütterte, nicht aber weil sie den Begriff des Unbewußten selbst spezifizierte. Es war zunächst unerheblich, wie diese Prozesse genannt, ja sogar wie sie im einzelnen aufgefaßt wurden. Es genügte, daß man über ihre Unbewußtheit in dem allgemeinsten Sinne einig war, daß sie von eben der Instanz nicht registriert wurden, deren notwendige Grundlage sie nichtsdestotrotz bildeten: Mit medizinischer Autorität wurde hier die Abhängigkeit der Erscheinungen des Bewußtseins von Prozessen behauptet, die

---

110 Vgl. NAUM E. ISLONDSKIJ, Physiologische Grundlagen der Tiefenpsychologie unter besonderer Berücksichtigung der Psychoanalyse (Berlin/Wien 1930); FILIPP V. BASSIN, Problema bessoznatel'nogo (Moskau 1968); BASSIN, Unbewußtes und Verhalten, übers. v. E. Assmann/W. Kretschmer (Stuttgart 1978).
111 Vgl. NICOLAS KOSTYLEFF, Le méchanisme cérébral de la pensée (Paris 1914).
112 JULES-BERNARD LUYS, Etudes de physiologie et de pathologie cérébrales. Des actions réflexes du cerveau dans les conditions normales et pathologiques de leur fonctionnement (Paris 1874), 102.
113 BENJAMIN BALL/ANTOINE RITTI, ›Délire‹, in: A. Dechambre u.a. (Hg.), Dictionnaire encyclopédique des sciences médicales, Sér. 1, Bd. 26 (Paris 1882), 336.
114 Vgl. GAUCHET (s. Anm. 104), 32–39.

diesem fundamental entzogen sind. Die Ansichten teilten sich, sobald ihre uneindeutige, bald physische, bald psychische Kennzeichnung einer eindeutigen Zuordnung weichen sollte. Im Zuge der zunehmenden Ausdifferenzierung erhielt diese Frage verstärkt Relevanz. Die Annahme psychischer unbewußter Vorgänge wurde damit zu einem umstrittenen Diskussionsgegenstand, genauer: die Frage, ob unbewußte Vorgänge, wie sie jetzt hypostasiert wurden – als Grundlage zahlreicher psychischer, d. i. bewußter Vorgänge –, sinnvollerweise selbst als psychische Vorgänge betrachtet werden könnten oder sogar müßten. Einige Befürworter eines »psychischen Unbewussten«[115], wie etwa Theodor Lipps, brachten vor, daß die Rede vom physiologischen oder zerebralen Unbewußten nichtssagend sei, da der Begriff des Unbewußten allererst auf psychischem Gebiet seine Spannung erhalte. Ein psychisches Unbewußtes nahmen – wenn auch mit beträchtlichen Differenzen – sowohl einige der neuen empirischen Psychologen als auch die Philosophen an.

2. *Das psychologische Unbewußte*

a) Psychisch Unbewußtes
Wilhelm Wundt, Begründer der Experimentalpsychologie in Deutschland, ging zunächst in der Nachfolge von Helmholtz von der Existenz psychischer unbewußter Schlüsse aus, da, wie er sagte, »die Wahrnehmungsprozesse unbewusster Natur sind«[116]. Er hat sich jedoch im Laufe seiner Theoriebildung zunehmend schärfer gegen die Annahme eines psychisch Unbewußten ausgesprochen und schließlich eine solche Vorstellung in seinem *Grundriß der Psychologie* als »durchaus unfruchtbar«[117] bezeichnet. Für ihn liegt Unbewußtes außerhalb der überprüfbaren (bewußten) Erfahrung und bleibt so unzugänglich für eine (wissenschaftliche) Definition. Wundt hatte damit das Unbewußte aus der wissenschaftlichen Psychologie ausgeschlossen. Es standen jedoch den Psychologen (darunter Franz Brentano, Theodor Ziehen und Hugo Münsterberg)[118], die wie Wundt die Hypothese unbewußter Vorstellungen als paradox oder kontradiktorisch ablehnen, diejenigen Psychologen gegenüber, die die Annahme unbewußter psychischer Vorgänge verteidigen. Darunter waren dann auch wieder experimentalpsychologische Annäherungen zu finden.[119]

Die ausführlichste Verteidigung des Unbewußten von psychologisch-empirischer Seite her hat in Deutschland Lipps unternommen. 1896 erklärte er die Anerkennung eines unbewußt Psychischen zu einer Grundsatzfrage der Psychologie überhaupt.[120] Ohne die Annahme einer unbewußten Basis sowie unbewußter Vorstellungen und Empfindungen lasse sich der Zusammenhang des psychischen Lebens nicht erfassen. Lipps wendete sich dabei sowohl gegen die metaphysische Verwendung des Begriffs als auch gegen die Identifizierung des Unbewußten mit physiologischen Vorgängen und beanspruchte einen erfahrungswissenschaftlichen Zugang. Bei ihm findet sich der Begriff wieder häufiger substantiviert. Auch Lipps hat wie Fechner und andere Psychologen der Zeit seinen psychologischen Arbeiten Überlegungen zur Ästhetik an die Seite gestellt, die er ausdrücklich als Teil der Psychologie verstand.[121] Lipps knüpfte darin an die Einfühlungsästhetik Robert Vischers an, die selbst bereits von unbewußten Vorgängen ausging, nämlich von der unbewußten, unwillkürlichen Übertragung der menschlichen Seelenstimmung und Leibform auf die Objekte. Die Objektform ist nach Vischer Produkt eines »unbewußten Unterlegens von Seelenstimmun-

---

115 THEODOR LIPPS, Der Begriff des Unbewussten in der Psychologie, in: Dritter Internationaler Congress für Psychologie in München 4. bis 7. August 1896 (München 1897), 155.
116 WILHELM WUNDT, Beiträge zur Theorie der Sinneswahrnehmung (1858–1859; Leipzig/Heidelberg 1862), 436.
117 WUNDT, Grundriss der Psychologie (1898; Leipzig 1922), 251.
118 Vgl. GRAU, Bewußtsein, Unbewußtes, Unterbewußtes (München 1922), 72.
119 Vgl. FRANCIS GALTON, Inquiries into Human Faculty and its Development (London 1883), 203–207 (Kap. ›Antechamber of Consciousness‹); NARZISS ACH, Über die Willenstätigkeit und das Denken (Göttingen 1905), 187–239; WILLY HELLPACH, Psychotechnik des Unbewußtseins, in: Industrielle Psychotechnik 13 (1936), H. 4–5, 104–116.
120 Vgl. LIPPS (s. Anm. 115).
121 Vgl. LIPPS, Ästhetik. Psychologie des Schönen und der Kunst, Bd. 1: Grundlegung der Ästhetik (Hamburg 1903).

gen«[122]. Neben Lipps hat besonders Johannes Volkelt die Einfühlungsästhetik weitergeführt, die sich bei ihm mit einer Theorie der unbewußt symbolisierenden Traumphantasie verbindet.[123] Volkelts Begriff des Unbewußten steht allerdings dem romantischen Verständnis wieder wesentlich näher. Die Traumtheorien des späten 19. Jh. kommen ansonsten größtenteils ohne einen psychischen Begriff des Unbewußten aus, da die dominierende »Leibreiztheorie«[124] der Traumbildung physiologische Prozesse zugrunde legt.

b) ›The subliminal Self‹
Eine besondere Stellung nimmt der Genfer Arzt und Professor für Psychologie Théodore Flournoy ein, dessen Theorie psychischer unterbewußter oder subliminaler Vorgänge zwischen allen Lagern entstand. Seine langjährige Beobachtung des spiritistischen Mediums Hélène Smith führte ihn zu der Annahme, daß die Fremdsprache, die diese in ihrer Trance sprach, auf unbewußte Erinnerung (Kryptomnesie) früherer Lektüren zurückginge. Flournoys terminologische Offenheit entspricht seiner theoretisch wenig festgelegten Perspektive: »Les mots *subliminal* (*sub limen*; unter der Schwelle; *sous le seuil*), et *subconscient* ou *sous-conscient* sont pratiquement synonymes et désignent les phénomènes et processus qu'on a quelque raison de croire conscients, bien qu'ils soient ignorés du sujet parce qu'ils ont lieu pour ainsi dire au-dessous du niveau de sa conscience ordinaire. La question reste naturellement ouverte de savoir si et jusqu'à quel point, dans chaque cas particulier, ces processus cachés sont vraiment accompagnés de conscience ou se réduisent au pur mécanisme de la ›cérébration inconsciente‹, auquel cas l'expression ›conscience subliminale‹ ne peut plus leur être appliquée que métaphoriquement, ce qui n'est point une raison pour la bannir.«[125] Flournoy gab damit auf Basis der Annahme unterbewußter Vorgänge eine wissenschaftliche psychologische Erklärung für spiritistische Phänomene, wie dies auch andere Autoren vor und nach ihm versuchten. Dabei übernahm er den Begriff subliminal direkt aus den spiritistischen Lehren selbst, namentlich von dem Dichter und 1882 Mitbegründer der parapsychologischen *Society of Psychical Research* in London Frederic W. H. Myers. Auf ihn geht die Begründung und Systematisierung eines ›spiritistischen Unbewußten‹ zurück, das eine weitere Facette des Begriffs des Unbewußten in dieser Epoche darstellt. Myers prägte den Terminus des »subliminal Self«[126], welcher auch von nicht parapsychologisch affizierten Autoren übernommen wurde. Seine Funktionen können sich in den Schöpfungen des Genies offenbaren wie ebenso in der Fähigkeit, mit den Toten Kontakt aufzunehmen. Das spiritistische Unbewußte ist ein kollektives, die Wesen untereinander wie mit den unterstellten jenseitigen Kräften vereinigendes Unbewußtes, es ist bei Myers vor allem auch ein kreatives, ›mythopoietisches‹ Unbewußtes.[127] Myers differenzierte den Begriff des Automatismus und beschäftigte sich als einer der ersten mit dem Phänomen des ›Automatic Writing‹. Seine Schrift selben Titels[128] wird von William James bis zu den Surrealisten intensiv rezipiert.[129]

c) ›L'automatisme psychologique‹
In Frankreich hat vor allem Janet eine Theorie des psychischen Unterbewußten bzw. der »actes subconscients«[130], wie er auch sagt, ausgearbeitet und vertreten. Seine 1889 publizierte philosophische

---

[122] ROBERT VISCHER, Vorwort (1872), in: Vischer, Ueber das optische Formgefühl. Ein Beitrag zur Aesthetik (Leipzig 1873), III.
[123] Vgl. JOHANNES VOLKELT, Die Traum-Phantasie (Stuttgart 1875).
[124] GOLDMANN, Via Regia zum Unbewußten. Freud und die Traumforschung im 19. Jahrhundert (Gießen 2003), 39.
[125] THÉODORE FLOURNOY, Préface, in: Flournoy, Des Indes à la Planète Mars. Étude sur un cas de somnambulisme avec glossolalie (Genf 1899), XII.
[126] FREDERIC W. H. MYERS, Human Personality and Its Survival of Bodily Death (1903), hg. v. S. Smith (New York 1961), 27.
[127] Vgl. HENRY F. ELLENBERGER, The Discovery of the Unconscious. The History and Evolution of Dynamic Psychiatry (London 1970), 314.
[128] Vgl. MYERS, Automatic Writing, in: Proceedings of the Society for Psychical Research, Bd. 3 (London 1885), 1–63 u. Bd. 4 (London 1886–1887), 209–261; MYERS, On a Telepathic Explanation of Some So-called Spiritualistic Phenomena, in: ebd., Bd. 2 (London 1884), 217–237.
[129] Vgl. GAUCHET (s. Anm. 104), 117.
[130] PIERRE JANET, L'automatisme psychologique. Essai de psychologie expérimentale sur les formes inférieures de l'activité humaine (Paris 1889), 223 u. ö.

Dissertation *Automatisme psychologique* (1889) war ausdrücklich zur Behauptung psychischer unbewußter Reflexvorgänge verfaßt worden. Janet ist eng mit den Kreisen der französischen Hypnose- und Hysterieforschung verbunden gewesen, seine medizinische Dissertation reichte er 1893 an der Salpêtrière ein. Er wird später in Konkurrenz zu Freud treten, dessen sexuelle Akzentuierung des Unbewußten er ablehnte und dessen Priorität er bestritt; in London kam es 1913 darüber zu einem offenen Streit. Der Begriff des ›subconscient‹ wird, wie auch bei Flournoy sichtbar wurde, in dieser Zeit häufig neben dem des ›inconscient‹ verwendet (auch im Deutschen und Englischen), ohne daß die Autoren die Differenz zwischen einer hierarchisch-topischen (unter-) und einer durch die Verneinung (un-) gekennzeichneten Verortung ihres Gegenstandes zum Bewußtsein thematisieren. Neben Janets psychologischem Ansatz ist in Frankreich besonders die physiologisch-zerebrale Konzeption des Unbewußten weiter ausgebaut worden. Auch in den psychologischen Überlegungen genoß der physiologische Aspekt große Autorität. Gerade von dieser Basis aus werden hier Theorien entwickelt, die weit über den medizinischen Bereich hinausgehen bzw. weite Bereiche der Kultur ›medizinalisieren‹. Einen Versuch, aus der Physiologie heraus zu Aussagen über die Funktion des Unterbewußten in der schöpferischen Produktion zu kommen, hat 1897 der Marinearzt Paul Emmanuel Chabaneix unternommen. Er macht in seinem Büchlein *Le subconscient chez les artistes, les savants et les écrivains* (1897) einen physiologisch spezifizierten unterbewußten Zustand, das »subconscient physiologique«, für die künstlerische und wissenschaftliche Produktivität verantwortlich und sieht diesen Zustand als eine Art nervliche Intoxikation an: »Une des maladies du cerveau, c'est l'automatisme ou l'apparition du subconscient. Et ce subconscient, nous l'avons vu, au lieu d'être un trouble pour l'esprit, est souvent un ferment de création, quand il n'est pas lui-même création.«[131] Der Philosoph Théodule Ribot befördert in seinen Arbeiten in Anlehnung an die englischen Theoretiker und die Arbeiten von Alexander Herzen einen physiologischen Begriff des Unbewußten[132]; im Zusammenhang mit der kreativen Einbildungskraft betrachtete er allerdings die physiologischen Theorien des Unbewußten als unzureichend und verwies in seinem Buch *L'imagination créatrice* (1900) auf Flournoys Experimente mit H. Smith.[133]

d) Das hereditäre Unbewußte

Eine Entwicklung des Begriffs des Unbewußten wird in Frankreich besondere Berühmtheit erlangen, die – ausgehend von einem körperlich eingeschriebenen Unbewußten – eine Verbindung zur Soziologie und zur Völker- bzw. Rassenpsychologie schlägt: die Theorie des ›hereditären Unbewußten‹. Bei Gustave Le Bon, dem neben Vacher de Lapouge bekanntesten Vertreter dieser Richtung, heißt es 1894 nicht ohne dramatischen Einschlag: »Les morts [...] régissent l'immense domaine de l'inconscient, cet invisible empire duquel relèvent toutes les manifestations de l'intelligence et du caractère.«[134] Die Vorstellung eines ererbten Fundus der Seele, der in jedem einzelnen unbewußt und dessen Individualität überlagernd und bestimmend wirkt, ging sowohl mit der Vorstellung eines kollektiven Unbewußten als auch mit der eines rassenmäßigen Unbewußten einher. In seinen Anfängen entwickelte sich der Begriff des hereditären aus dem des zerebralen Unbewußten (als eine bestimmte Interpretation der im Hirn gespeicherten unbewußten Vorgänge). Der Begriff des Unbewußten erhält hier eine politisch-nationalistische Färbung, die besonders bei extremen Rechten wie Jules Soury deutlich chauvinistische und rassistische Züge trägt.[135] Die Verknüpfung des Unbewußten mit dem Phänomen der Masse, die sich bereits bei Luys und Gabriel Tarde[136] findet, wird besonders von Le Bon ausgearbeitet: »L'action inconsciente des foules se substituant à

---

131 PAUL CHABANEIX, Le subconscient chez les artistes, les savants et les écrivains (Paris 1897), 23, 117.
132 Vgl. THÉODULE RIBOT, La vie inconsciente et les mouvements (Paris 1914).
133 Vgl. RIBOT, Sur la nature du facteur inconscient, in: Ribot, L'imagination créatrice (Paris 1900), 287.
134 GUSTAVE LE BON, Lois psychologiques de l'évolution des peuples (1894; Paris ¹⁵1919), 27.
135 Vgl. GAUCHET (s. Anm. 104), 123–126.
136 Vgl. LUYS (s. Anm. 112); GABRIEL TARDE, Les lois de l'imitation. Étude sociologique (Paris 1890).

l'activité consciente des individus est une des principales caractéristiques de l'âge actuel.«[137] Das Konzept wird in Freuds *Massenpsychologie und Ichanalyse* (1921) diskutiert, der seinen Begriff des Unbewußten deutlich gegen ein solches hereditäres, kollektives und rassisch spezifiziertes Unbewußtes absetzt. Den zeitgenössischen Genie- und Entartungstheorien dagegen kam dieser Begriff entgegen.

3. Das philosophische Unbewußte

a) Metaphysik des Unbewußten

Die philosophische Ausarbeitung des Begriffs erfährt besonders in Deutschland noch einmal einen mächtigen Aufschwung, der zunächst durch die verspätet, aber intensiv einsetzende Schopenhauer-Rezeption zum Unbewußten besonders bei Fortlage und dann durch die schnelle Bekanntheit von Hartmanns *Philosophie des Unbewußten* beflügelt wird. Diese erschien 5 Jahre nach dem Standardwerk *Psychologie* (1864) von Immanuel Hermann Fichte, in dem die unbewußten Grundlagen des Bewußtseins in naturphilosophischer Tradition beschrieben wurden und Fichte unter anderem die Formulierung von der »Enge des Bewusstseins«[138] prägte. Hartmanns Buch erfuhr nicht nur zahlreiche Neuauflagen, sondern wurde außerdem ins Französische, Englische, Russische und Schwedische übersetzt und in den Salons des 19. Jh. begeistert rezipiert. Hartmanns Konzeption nahm dabei höchst Widersprüchliches zusammen, was sowohl zur Größe als auch zur Kurzlebigkeit seines Ruhmes beigetragen haben mag. Seine dreiteilig aufsteigende Gliederung vom ›Unbewußten in der Leiblichkeit‹, über das ›Unbewußte im Geiste‹ bis zur eigentlichen ›Metaphysik des Unbewußten‹ zeigt die epochenspezifische Trennung der Register ebenso wie das Bestreben des Autors, sämtliche Facetten des Begriffs zu integrieren und metaphysisch zu überschreiten. Gerade das Versprechen, dem Szientismus der Zeit Genüge zu tun, sowie gleichzeitig der von diesem ausgeschlossenen teleologischen Spekulation Raum zu geben, stützten den Erfolg des Buches. Sich gegen ein nur graduelles bzw. Schwellen-Unbewußtes à la Leibniz oder Fechner abgrenzend, sieht Hartmann seinen Begriff des Unbewußten als eine einheitliche metaphysische Wesenheit an und beruft sich dafür auf so unterschiedliche Denker wie Schelling, Schopenhauer und Hegel. Hegels absoluter Idee bescheinigt er dabei »viel Aehnlichkeit mit dem, was ich das Unbewusste nenne«[139]. Angelehnt an Carus' Einteilung ist auch Hartmanns Unbewußtes ein absolut Unbewußtes. Es ist »an sich unbewußt psychisch«, »rein aktiv und produktiv« – und von daher auch die entscheidende Kraft der künstlerischen Inspiration. Hartmann rechnet ihm im »ästhetischen Urtheil und der künstlerischen Production« (210) entscheidende Bedeutung zu. »In der blossen Auffassung des Schönen aber werden wir gewiss einen Instinct anerkennen müssen« (327), der, wie er sagt, zum Zwecke der Vervollkommnung des Menschen arbeitet. Weit darüber hinaus jedoch sieht Hartmann das Unbewußte als bewegende Kraft an, die überindividuell und hellsichtig den Weltprozeß lenkt. Der hier entwickelten Philosophie des Unbewußten liegt eine teleologische Konzeption zugrunde, in der sich Fortschrittsphilosophie und Pessimismus auf eigene Weise gepaart finden.

Neben Hartmann wurde, wie Francis Gabriel gezeigt hat[140], vor allem Richard Wagner in der öffentlichen Wahrnehmung dieser Jahre mit dem Unbewußten verknüpft. »Unbewußt –,/ höchste Lust!«[141] ließ Wagner Isolde in seiner Oper *Tristan und Isolde* (1859) singen. Wagners musikalische Ästhetik steht später im Zentrum der Schrift *Musique et inconscience* (1908) von Albert Bazaillas, der sich auf Hartmann, vor allem aber auf Schopenhauer

---

137 LE BON, Psychologie des foules (Paris 1895), I.
138 IMMANUEL HERMANN FICHTE, Psychologie. Die Lehre vom bewussten Geiste des Menschen, oder Entwicklungsgeschichte des Bewusstseins, begründet auf Anthropologie und innerer Erfahrung, 1. Theil (Leipzig 1864), 166.
139 HARTMANN (s. Anm. 22), 18.
140 Vgl. FRANCIS GABRIEL, Richard Wagner: le chant de l'inconscient (Paris 1998).
141 RICHARD WAGNER, Tristan und Isolde (1859), in: Wagner, Die Musikdramen (München 1978), 384 [3. Aufz., 3. Sz., letzter Vers]; vgl. FRIEDRICH KITTLER, Weltatem. Über Wagners Medientechnologie, in: Kittler/M. Schneider/S. Weber (Hg.), Diskursanalysen, Bd. 1 (Opladen 1987), 102.

beruft, um eine Bestimmung des Unbewußten aus der Erfahrung der Musik zu entwickeln.[142]

b) Gauklerisches Bewußtsein
Nietzsches Akzentuierung des Begriffs des Unbewußten hielt dagegen verzögerter, aber nachhaltiger Einzug in die philosophische Debatte, weil er sich u. a. erst in dem posthum publizierten Nachlaß häufig gebraucht findet.[143] Schopenhauers unbewußter Wille wie auch Hartmanns Philosophie wurden von Nietzsche zunächst zustimmend rezipiert, bis er sich von beiden abwendet und besonders über die teleologische Ausrichtung des Hartmannschen Unbewußten spottet. Obgleich der Terminus in seinen Publikationen sparsam verwandt wird, ist der Begriff des Unbewußten in Nietzsches Philosophie vielfach und grundlegend eingewoben. Dabei legt Nietzsche weniger eine geschlossene Theorie des Unbewußten vor, als daß er einen virtuosen und polemischen Gebrauch dieses Begriffs entfaltet. Besonders dort, wo es ihm um die Offenlegung des unbewußten Grundes der Moral oder der modernen Wissenschaften geht bzw. um die unbewußten Motive, die die Existenz und Erscheinungsweise des modernen Selbstbewußtseins stützen, ist sein Einsatz entlarvend. So konstatiert Nietzsche, »wie sehr unbewußt *unser*

---

142 Vgl. ALBERT BAZAILLAS, Musique et inconscience. Introduction à la psychologie de l'inconscient (Paris 1908).
143 Vgl. GÖDDE, Nietzsches Perspektivierung des Unbewußten, in: Nietzsche-Studien 31 (2002), 155.
144 FRIEDRICH NIETZSCHE, Nachgelassenes Fragment 39 [14] (1885), in: NIETZSCHE (KGA), Abt. 7, Bd. 3 (1974), 355.
145 NIETZSCHE, Ueber Wahrheit und Lüge im aussermoralischen Sinne (1873), in: NIETZSCHE (KGA), Abt. 3, Bd. 3 (1973), 371.
146 NIETZSCHE, Nachgel. Fr. 5 [55] (1886–1887), in: NIETZSCHE (KGA), Abt. 8, Bd. 1 (1974), 209.
147 NIETZSCHE, Nachgel. Fr. 19 [107] (1872–1873), in: NIETZSCHE (KGA), Abt. 3, Bd. 4 (1978), 42.
148 NIETZSCHE, Nachgel. Fr. 15 [52] (1883), in: NIETZSCHE (KGA), Abt. 7, Bd. 1 (1977), 517.
149 NIETZSCHE, Nachgel. Fr. 12 [1] (1871), in: NIETZSCHE (KGA), Abt. 3, Bd. 3, 378.
150 NIETZSCHE, Nachgel. Fr. 5 [89] (1870–1871), in: ebd., 120.
151 NIETZSCHE, Die Geburt der Tragödie (1872), in: NIETZSCHE (KGA), Abt. 3, Bd. 1 (1972), 104.

---

moralischer Kanon […] in unserer *ganzen sogenannten Wissenschaft regirt*«[144]. In *Ueber Wahrheit und Lüge im aussermoralischen Sinne* (1873) kommt er ausführlich auf die Illusion der Selbstkenntnis zu sprechen: »Was weiss der Mensch eigentlich von sich selbst! Ja, vermöchte er auch nur sich einmal vollständig, hingelegt wie in einen erleuchteten Glaskasten, zu percipiren? Verschweigt die Natur ihm nicht das Allermeiste, selbst über seinen Körper, um ihn, abseits von den Windungen der Gedärme, dem raschen Fluss der Blutströme, den verwickelten Fasererzitterungen, in ein stolzes gauklerisches Bewusstsein zu bannen und einzuschliessen! Sie warf den Schlüssel weg: und wehe der verhängnissvollen Neubegier, die durch eine Spalte einmal aus dem Bewusstseinszimmer heraus und hinab zu sehen vermöchte«[145]. Die Verbindung des Unbewußten mit dem Dunklen ist für Nietzsche keine innerliche, sondern eine Frage der Perspektive: »Was aus unserem Bewusstsein sich entfernt und deshalb *dunkel wird, kann* deshalb an sich vollkommen klar sein. *Das Dunkelwerden ist Sache der Bewußtseins-Perspektive.*«[146] Nietzsches gute Kenntnis der zeitgenössischen physiologischen Arbeiten hat auch seinen Begriff des Unbewußten merklich geprägt. Wo er seine Charakteristika näher ausweist, zeichnet er gern ein psychophysiologisches, leibliches Unbewußtes, das er den »Verächtern des Leibes« entgegenhält. Das hindert nicht die Fülle psychologischer Ausdrücke in Nietzsches Nachlaß, wie »das unbewußte Denken«[147] oder »*Unbewußtes Gedächtniß*«[148]. Bemerkenswert ist besonders der Gedanke eines sprachlich induzierten Unbewußten bei Nietzsche: »Was symbolisirt aber das Wort? Doch gewiß nur Vorstellungen, seien dies nun bewußte oder, der Mehrzahl nach unbewußte: denn wie sollte ein Wort-Symbol jenem innersten Wesen, dessen Abbilder wir selbst, sammt der Welt, sind, entsprechen?«[149] Daraus folgt die Aufgabe, wie Nietzsche an anderer Stelle festhält, eine »Zeichensprache« zu finden, die zum »Bewußtmachen des Unbewußten«[150] taugt.

Der Künstler ist auch bei Nietzsche ein unbewußt schaffender, wobei das Unbewußte hier in eins geht mit dem Instinkt. In der *Geburt der Tragödie* (1872) spricht er von der »instinctiv unbewussten dionysischen Weisheit«[151]. Gegen Schopenhauers Verneinung setzt Nietzsche hier die Bejahung des (unbewußten) Willens. Auch in späteren Schriften findet sich diese Nähe von Instinkt bzw. Trieb und Unbewußtem. Das Unbewußte ist dann Kraftmetapher und steht auf der Seite des Willens zur Macht. Es gehört zu den nietzscheanischen Wendungen, daß er zugleich die in dieser Perspektive liegende Idealisierung aufs Korn nimmt: »Die Künstler selbst wünschen, daß das Instinktive ›Göttliche‹ Unbewußte in ihnen am höchsten taxirt werde und stellen den Sachverhalt nicht treu dar«[152].

V. Freud ...

Sigmund Freud entwickelte am Ausgang des 19. Jh. eine fundamental neue Theorie und zudem eine Praxis des Unbewußten. Er kam aus der Schule der empirischen Wissenschaften, nahm aber das außerwissenschaftliche Wissen in die von ihm begründete Psychoanalyse dezidiert mit auf. In Freuds Begriff des Unbewußten verschränkt und durchkreuzt sich auf eigentümliche Weise der Szientismus, den Freud in seiner medizinischen Ausbildung rezipiert und aufrechterhalten hat, mit dem Wissen der Künstler wie auch dem der ›Verrückten‹ und der Normalen selber.[153] Der Philosophie gegenüber blieb er reserviert. In einem späten Interview soll Freud die Entdeckung des Unbewußten weder der Philosophie noch der Medizin, noch auch der Psychoanalyse zugesprochen, sondern betont haben: »Not I, but the poets discovered the unconscious«[154]. Auch an anderen Stellen hebt er die Vorläuferschaft der Künstler und besonders der Dichter, d. h. der Sprachkünstler hervor. Noch bevor künstlerische Werke als Gegenstand der Psychoanalyse in den Blick rückten, gingen Dichtung und Mythos direkt in die Ausformulierung und in die Konstituierung der Psychoanalyse selbst mit ein: Bereits mit der von ihnen so genannten ›kathartischen Methode‹ griffen Freud und Josef Breuer die Begrifflichkeit der aristotelischen Poetik auf. Besonders aber die Bedeutung der sophokleischen Tragödie für die Formulierung des Ödipuskomplexes betrifft das Grundgerüst des psychoanalytischen Unbewußten, neben dem, nicht weniger grundlegend, der Bezug auf den Narziß-Mythos steht. Die Psychoanalyse ist daher als Mythopoiesis beschrieben worden[155], und es ist hervorgehoben worden, daß die Herausbildung eines ›ästhetischen Unbewußten‹[156] eine Vorbedingung für Freuds Formulierung des psychoanalytischen Unbewußten war. Das ›Unbewußte‹ bildet den Kernbegriff der Psychoanalyse und wird theoretisch vor allem in Freuds ›Metapsychologie‹ entfaltet.

1. Wie ein Rebus

Der empirische Ausgangspunkt Freuds war die Beschäftigung mit der neurotischen Symptombildung, dem Traum und den Fehlleistungen im Alltagsleben sowie die Feststellung, daß diesen Phänomenen eine verwandte Struktur zugrunde liege: ein unbewußter und entstellter, zu entziffernder Sinn. Das Unbewußte wird bei Freud erstmals Gegenstand eines detailliert und theoretisch ausgearbeiteten Analyseverfahrens. Dieses besteht im engeren Sinne in der ›talking cure‹, der psychoanalytischen Behandlung, zu deren Grundregeln das Gebot der ›freien Assoziation‹[157] gehört, wie auf seiten des Analytikers die »gleichschwebende Aufmerksamkeit«[158]. Die Übertragung ist die Form, in der das Unbewußte hier gegenwärtig wird und sich zuspitzt. Sie und ihre Durcharbeitung stehen im Zentrum der Kur. Grundsätzlich und über den

---

152 NIETZSCHE, Nachgel. Fr. 23 [84] (1876–1877), in: NIETZSCHE (KGA), Abt. 4, Bd. 2 (1967), 529.
153 Vgl. MAI WEGENER, Neuronen und Neurosen. Der psychische Apparat bei Freud und Lacan. Ein historisch-theoretischer Versuch zu Freuds ›Entwurf‹ von 1895 (München 2004), 123–195.
154 PHILIP R. LEHRMANN, Freud's Contributions to Science [Interview mit Freud], in: Harofé Haivri 1 (1940), 161–167, zit. nach NORMAN N. HOLLAND, Freud and the Poet's Eye: His Ambivalence Toward the Artist, unter: http://www.clas.ufl.edu/ipsa/journal/1998_holland01.shtml
155 Vgl. JEAN STAROBINSKI, Psychoanalyse et connaissance littéraire (1964), in: Starobinski, L'œil vivant, Bd. 2 (Paris 1970), 275.
156 Vgl. RANCIÈRE (s. Anm. 2).
157 Vgl. FREUD, Die Traumdeutung (1900), in: FREUD (GW), Bd. 2/3 (1942), 107 f.
158 FREUD, Ratschläge für den Arzt bei der psychoanalytischen Behandlung (1912), in: FREUD (GW), Bd. 8 (1943), 377.

Rahmen der Behandlung hinausgehend besteht die psychoanalytische Methode in einer spezifischen Deutungskunst, die bei der Entzifferung neurotischer Symptome ebenso wie bei der Interpretation von Kunstwerken wie etwa dem *Moses* (1513–1516) von Michelangelo Anwendung findet. Die Psychoanalyse ist als eine Spurenlesekunst beschrieben worden[159]: Die Deutung knüpft an Indizien, (entstellte) Spuren unbewußter Vorgänge an. Sie geht en détail vor sich, d. h. sie nimmt die Einzelelemente gesondert und sucht von hier aus das Netz der unbewußten Zusammenhänge wie in einem Rebus zu rekonstruieren. Paradigmatisch für dieses Verfahren sind das Signorelli-Beispiel und die Analyse des Traums von Irmas Injektion.[160] Die Freudsche Psychoanalyse arbeitet nicht mit einem feststehenden Symbolregister wie etwa die Mantik oder später wieder die Archetypenlehre Jungs. Der Sinn der Bildungen erschließt sich allererst aus dem inneren Verweisungszusammenhang der Elemente im Kontext der subjektiven Assoziationen.

2. Die Gesetze des Unbewußten

Dieser Herangehensweise liegen die psychoanalytischen Annahmen über die Arbeitsweise des Unbewußten zugrunde, des »eigentlich realen Psychischen«[161], wie es in der *Traumdeutung* (1900) heißt. Freuds Theorie geht davon aus, daß dem Unbewußten ein eigengesetzlicher Determinismus unterliegt. Unbewußte Vorgänge werden als Primärprozesse beschrieben, sie sind bestimmt von den Mechanismen der Verdichtung und Verschiebung, die auch für die Entstellung des unbewußten Materials sorgen. Dieses vermag allein in entstellter Form die Zensur zu passieren. Die Bildungen des Unbewußten sind daher immer Kompromisse zwischen zensierender Instanz (Über-Ich, Ich) und unbewußtem Wunsch, zwischen Versagung und Triebbefriedigung. Sie sind entstellte Wiederkehr des Verdrängten. Das Unbewußte für sich genommen nimmt keine Rücksicht auf die äußere Realität. Es kennt weder den Widerspruch oder die Verneinung noch die Instanz der Zeit. Es wird entscheidend durch die traumatischen Ereignisse des infantilen Sexuallebens, die Entdeckung des Geschlechtsunterschieds, den Ödipuskomplex und seinen Untergang, geprägt, denen die ersten Befriedigungs- und Schmerzerlebnisse, die Stillzeit und die Reinlichkeitserziehung vorangehen. Ihre Energie beziehen die unbewußten Vorstellungen aus dem Es, »dem großen Reservoir der Libido«[162]. Freud ersetzte sein erstes Triebmodell (Selbsterhaltungs- und Sexualtriebe) später durch die Gegenüberstellung von Sexual- und Todestrieb bzw. Eros und Thanatos.

Da das entscheidende Verhältnis zwischen Unbewußtem und Bewußtsein in der Negation des ersteren durch das letztere besteht, gebraucht Freud allein den Terminus ›das Unbewußte‹ und lehnt die »Bezeichnung eines ›Unterbewußtseins‹ als inkorrekt und irreführend«[163] ab.

3. Freud und die Ästhetik

Freud hat die traditionelle Ästhetik als erfolglos angesehen, ohne selbst eine ästhetische Theorie zu entwickeln: »Die Wissenschaft der Ästhetik untersucht die Bedingungen, unter denen das Schöne empfunden wird; über Natur und Herkunft der Schönheit hat sie keine Aufklärung geben können; wie gebräuchlich, wird die Ergebnislosigkeit durch einen Aufwand an volltönenden, inhaltsarmen Worten verhüllt. Leider weiß auch die Psychoanalyse über die Schönheit am wenigsten zu sagen. Einzig die Ableitung aus dem Gebiet des Sexualempfindens scheint gesichert; es wäre ein vorbildli-

---

159 Vgl. CARLO GINZBURG, Spie. Radici di un paradigma indiziaro, in: A. Gargani (Hg.), Crisi della ragione. Nuovi modelli nel rapporto tra sapere e attività umane (Turin 1979), 57–106; dt.: Spurensicherung. Der Jäger entziffert die Fährte, Sherlock Holmes nimmt die Lupe, Freud liest Morelli – die Wissenschaft auf der Suche nach sich selbst, in: Ginzburg, Spurensicherungen. Über verborgene Geschichte, Kunst und soziales Gedächtnis, übers. v. K. F. Hauber (Berlin 1983), 61–96.
160 Vgl. FREUD, Zur Psychopathologie des Alltagslebens (über Vergessen, Versprechen, Vergreifen, Aberglaube und Irrtum) (1901), in: FREUD (GW), Bd. 4 (1941), 5–12; FREUD (s. Anm. 157), 113–126.
161 FREUD (s. Anm. 157), 617.
162 FREUD, Das Ich und das Es (1923), in: FREUD (GW), Bd. 13 (1040), 258.
163 FREUD, Das Unbewußte (1913), in: FREUD (GW), Bd. 10 (1946), 269; vgl. FREUD (s. Anm. 157), 620.

ches Beispiel einer zielgehemmten Regung.«[164] Der unbewußte Grund für das Schönheitsempfinden liegt im Feld des Sexuellen, Freud bringt hier außerdem den Begriff der Sublimierung ein – eine zwischen Zielhemmung und Desexualisierung angesiedelte Umwandlung der Libido. Es bleibt aber bei der Distanz: »Der Psychoanalytiker verspürt nur selten den Antrieb zu ästhetischen Untersuchungen, auch dann nicht, wenn man die Ästhetik nicht auf die Lehre vom Schönen einengt, sondern sie als Lehre von den Qualitäten unseres Fühlens beschreibt. Er arbeitet in anderen Schichten des Seelenlebens und hat mit den zielgehemmten, gedämpften, von so vielen begleitenden Konstellationen abhängigen Gefühlsregungen, die zumeist der Stoff der Ästhetik sind, wenig zu tun.«[165] Auch produktionsästhetisch, in bezug auf den künstlerischen Prozeß der Materialgestaltung, betonte Freud sein Laientum. Im Dostoevskij-Aufsatz schrieb er: »Leider muß die Analyse vor dem Problem des Dichters die Waffen strecken.«[166] Das hinderte ihn nicht, einige grundsätzliche Thesen über die psychische Disposition des Künstlers und besonders des Dichters aufzustellen: Dieser wende sich in besonders hohem Maße seinen unbewußten Phantasien zu. In seiner Form der Wirklichkeitsabgewandtheit vergleicht Freud ihn mit dem spielenden Kind, dem Tagträumer oder dem Hysteriker. Aber anders als diesen gelingt es ihm, seinen Phantasien ein Publikum zu verschaffen: »Es gibt nämlich einen Rückweg von der Phantasie zur Realität, und das ist – die Kunst.«[167] Dieser Weg besteht in der Bearbeitung der Phantasien, ihrer Milderung wie außerdem ihrer Umgestaltung nach Gesetzen, die einen »rein formalen, d.h. ästhetischen Lustgewinn«[168] verschaffen.

Während Freud einerseits die Künstler als Zeugen für die Entdeckung des Unbewußten anrief, sprach er andererseits der Kunst eine realitätsverändernde Kraft ab. Seine Äußerungen über Kunst sind ausgesprochen ambivalent. Sie sei »fast immer harmlos und wohltätig, sie will nichts anderes sein als Illusion. Außer bei wenigen Personen, die, wie man sagt, von der Kunst besessen sind, wagt sie keine Übergriffe ins Reich der Realität.«[169] Mit dieser Haltung ging eine konservative Kunstauffassung einher, die sich besonders deutlich in Freuds harschen Urteilen über den Expressionismus (Briefe an Oskar Pfister 1920) und des Surrealismus (Briefwechsel mit André Breton 1932 und 1937) kundgetan hat. Ein Besuch Salvador Dalís bei Freud 1938 in London veranlaßt diesen zu einer Präzisierung seiner Haltung, die das Verhältnis von Unbewußtem und Kunst als eine Frage des Maßes, der psychischen Ökonomie erscheinen läßt: »Denn bis dahin war ich geneigt, die Surrealisten, die mich scheinbar zum Schutzpatron gewählt haben, für absolute (sagen wir fünfundneunzig Prozent wie beim Alkohol) Narren zu halten. Der junge Spanier mit seinen treuherzig fanatischen Augen und seiner unleugbar technischen Meisterschaft hat mir eine andere Schätzung nahe gelegt. Es wäre in der Tat sehr interessant, die Entstehung eines solchen Bildes analytisch zu erforschen. Kritisch könnte man doch noch immer sagen, der Begriff der Kunst verweigere sich einer Erweiterung, wenn das quantitative Verhältnis von unbewußtem Material und vorbewußter Verarbeitung nicht eine bestimmte Grenze einhält.«[170] Freud hält an einem Begriff technischer Könnerschaft fest. Anders als seiner Theorie oft unterstellt wurde, gestaltet der Künstler nach Freud nicht geradewegs aus dem Unbewußten heraus. Der Primärprozeß an sich bringt noch keine Kunst hervor. Man kann aber festhalten, daß Freuds Werk gerade eine Kunst anregte, die eine solcherart klassische Kunstauffassung sprengte, und hier seine Texte offenbar Wirkungen hatten, die dem Blickwinkel ihres Autors entzogen blieben. Freuds eigene monographische Arbeiten zur Kunst sind klassischen Sujets gewidmet. Man kann zwei Zugangsarten unterscheiden: die bio-

---

164 FREUD, Das Unbehagen in der Kultur (1930), in: FREUD (GW), Bd. 14 (1948), 441 f.
165 FREUD (s. Anm. 86), 229.
166 FREUD, Dostojewski und die Vatertötung (1928), in: FREUD (GW), Bd. 14 (1948), 399.
167 FREUD, Vorlesungen zur Einführung in die Psychoanalyse (1917), in: FREUD (GW), Bd. 11 (1944), 390.
168 FREUD, Der Dichter und das Phantasieren (1908), in: FREUD (GW), Bd. 7 (1941), 223.
169 FREUD (s. Anm. 167), in: FREUD (GW), Bd. 15 (1944), 173.
170 FREUD an Stefan Zweig (20. 7. 1938), in: Freud, Briefe 1873–1939, hg. v. E. L. Freud (Frankfurt a. M. 1960), 441.

graphische[171] (manchmal pathographisch genannte) und die werkanalytische.[172] Während bei der ersteren die Analyse des Werks auf die Person des Künstlers führt, die Analyse also dessen Unbewußtes befragt, verzichtet die zweite auf den biographischen Bezug und bleibt werkimmanent, kommt also ohne besondere Referenz auf den Künstler aus. Auch hier zielt die psychoanalytische Deutung auf eine unbewußte psychische Konstellation, sofern sie im Werk selbst lesbar ist. Doch läßt sich nicht mehr in gleicher Weise angeben, wessen Unbewußtes im Spiel ist: das des Künstlers oder das des Rezipienten.

VI. ... und das 20. Jahrhundert

Der Begriff des Unbewußten erfährt im 20. Jh. eine bis dahin unbekannte Konjunktur und mit dieser eine Vervielfältigung, die ihm bisweilen seine Prägnanz nimmt. Man gewinnt den Eindruck, daß die zugespitzte Prägung des Begriffs, die Freud unternommen hatte, einen starken Anstoß für neue Denkansätze eröffnete und zugleich heftige Gegenkräfte ins Feld rief. Weder in der Medizin noch in der Psychologie hat sich der Begriff gehalten, der sich jetzt vor allem in der Psychoanalyse, in der Kunst und in der Kulturtheorie entfaltet. Für die Ästhetik wird er gerade als ein Begriff, in dem sich verschiedene Diskurse kreuzen, bedeutsam. Im 20. Jh. ist die Kunst keineswegs der privilegierte Ort des Unbewußten, wie sie dies in der Konzeption der Romantik war. Aber sie wird, besonders in den Avantgarden, zu einem Feld, in dem das Unbewußte entprivatisiert und entpathologisiert erscheint und so der Gesellschaft ihr ›anderes Gesicht‹ zu zeigen vermag. Diese Perspektive ging in den 60er Jahren bis zu einer direkten Politisierung, die die Aufhebung der Verdrängung im Verbund mit der Befreiung der Sexualität durch grundlegende gesellschaftliche Veränderungen erreichen wollte. Sie kennt aber auch subtilere Formen. Verschiedene Avantgarden ließen sich vom Freudschen Unbewußten anregen, so u. a. die Literaten der Wiener Moderne, der Bloomsbury-Kreis, die Surrealisten oder der Avantgarde-Film. Freuds Theorie ist von der Kunst als eine Herausforderung wahrgenommen worden – etwa wie es Otto Groß, Enfant terrible der Psychoanalyse, formulierte:»Eine Kunst, die sich nicht traut, durch die letztmöglichen Fragen der Unbewusstseinspsychologie hindurchzugehen, ist nicht mehr Kunst.«[173] Ganz in diesem Sinne schrieb Arnold Schönberg 1911 in einem Brief an Kandinsky:»Jede Formung, die traditionelle Wirkungen anstrebt, ist nicht ganz frei von Bewußtseins-Akten. Und die Kunst gehört aber dem *Unbewußten!*«[174]

Hugo von Hofmannsthals *Elektra* (1903) und Arthur Schnitzlers *Leutnant Gustl* (1901) gehören zu den beststudierten frühen Werken, die das Freudsche Unbewußte in die Psychologie ihrer Figuren hineingenommen haben. Der Traum, das Pathologische, das Sexuelle wie überhaupt die Eigengesetzlichkeiten des Innenlebens haben in der Wiener Moderne eine neue Form der Ausarbeitung erfahren. Aber erst die nächste Generation begann damit, das Unbewußte in die Textgestalt selbst eingreifen zu lassen und seine Mechanismen in Stil und Duktus ihrer Schriften zur Erscheinung zu bringen. So arbeiteten die Surrealisten oder auch Autoren wie James Joyce, Samuel Beckett oder Louis-Ferdinand Céline mit den Techniken der Fragmentierung und Montage, und das heißt mit den Mechanismen der Verschiebung und Verdichtung. Nicht nur die Figuren sind hier nicht ›Herr im eigenen Haus‹, auch das Sprachmaterial hat eine Dezentrierung erfahren.

---

171 Vgl. FREUD, Der Wahn und die Träume in W. Jensens ›Gradiva‹ (1907), in: FREUD (GW), Bd. 7 (1941), 29–125; FREUD, Eine Kindheitserinnerung des Leonardo da Vinci (1910), in: ebd., Bd. 8 (1943), 127–211; FREUD, Eine Kindheitserinnerung aus ›Dichtung und Wahrheit‹ (1917), in: ebd., Bd. 12 (1947), 13–26; FREUD (s. Anm. 166), 397–418.
172 Vgl. FREUD, Das Motiv der Kästchenwahl (1913), in: FREUD (GW), Bd. 10 (1946), 23–37; FREUD, Der Moses des Michelangelo (1914), in: ebd., 171–201; FREUD (s. Anm. 86), 227–268.
173 OTTO GROSS, Ludwig Rubiners ›Psychoanalyse‹, in: Die Aktion 3 (1913), Nr. 20 v. 14. 5. 1913 (Nachdruck Darmstadt 1961), 507.
174 ARNOLD SCHÖNBERG an Wassily Kandinsky (24. 1. 1911), in: Schönberg/Kandinsky, Briefe, Bilder und Dokumente einer außergewöhnlichen Begegnung, hg. v. J. Hahl-Koch (München 1983), 21.

Daß die Ästhetik (sowohl in der Produktion als auch in der Rezeption von Kunst) mit unbewußten Vorgängen bzw. Empfindungen zu tun hat, steht im 20. Jh. nicht mehr grundsätzlich in Frage. Die Kritik macht sich eher daran fest, daß die Hinzuziehung des Unbewußten der Reflexion nichts wirklich Kunstwürdiges aufschließen würde. Oder aber sie wendet sich spezifisch gegen das Freudsche Unbewußte, dem Irrationalität und Pansexualismus vorgeworfen werden und dem ein weniger sexuelles und auch wissenschaftlich akzeptableres Unbewußtes entgegengesetzt werden soll. Es ist auch die Provokation spürbar, die vom Freudschen Unbewußten für eine an der künstlerischen Freiheit orientierten Ästhetik ausgeht; gegen die befürchtete ›Versklavung‹ durch das Unbewußte wird betont: »To the artist corresponds the freedom of conscious control. To the degree that an artist imagined as ›presiding over a work with his eyes open‹, he is free to accept and deny, propose and dispose.«[175]

1. Das könästhetische Unbewußte

Der Anfang der 20er Jahre auftauchende Begriff eines ›könästhetischen Unterbewußten‹ (Jean Epstein) kennzeichnet treffend, obwohl randständig geblieben, die in den ästhetischen Reflexionen allgemein implizit anerkannte Form von Unbewußtheit. Die Könästhesie bzw. genauer ihre unbewußte Grundlage und Beeinflußbarkeit bildet die Quelle der künstlerischen Sensibilität. Bei Epstein heißt es: »La cœnesthésie étant le visage physiologique du subconscient […]. [Il] est clair qu'une physiologie imparfaite accroît la cœnesthésie qui accroît la sensibilité de l'individu et par conséquent ses dispositions artistiques«[176]. Ein solches Unbewußtes war auch für Schriftsteller und Künstler, die der Psychoanalyse ablehnend gegenüberstanden, annehmbar. So war etwa für Paul Valéry der Begriff des Unbewußten, solange er physiologisch bzw. zerebral angelehnt blieb, durchaus akzeptabel, als psychoanalytischer hingegen unannehmbar. Wie die Konzepte der Inspiration oder des Instinkts rechnete Valéry das Unbewußte grundsätzlich zu der Reihe der nebulösen Rhetoriken, es blieb für ihn zeitlebens mit Verdacht belegt. 1921–1922 notierte er: »J'ai toujours écarté l'inconscient de mes réflexions. Moyen trop commode – pur arbitraire – logomachie vaine – pensais-je, mais je me demande – ou plutôt je me réponds maintenant que peut-être il y aurait quelque chose à faire de cette défaite. / Construire l'inconscient – Ce serait introduire les imaginaires. Ce serait substituer sciemment et artificiellement aux parties inconnues, ›inconscientes‹ que nous supposons dans la suite des modifications internes, une suite comme consciente – douée de propriétés particulières – (à l'égard du réel etc.) – […] Il s'agit (comme en algèbre) de rétablir une continuité – par un symbolisme.«[177] Hier findet sich die Idee einer formalisierten, ja einer mathematisch anschreibbaren Struktur des Unbewußten, die später bei Jacques Lacan – dann innerhalb der Psychoanalyse – wieder auftauchte und weiter ausgearbeitet wurde.

2. Das surrealistische Unbewußte

Am intensivsten haben sich die Surrealisten in den 20er und 30er Jahren dem Unbewußten zugewandt, die mit ihm in bemerkenswerter Kühnheit experimentierten. Dabei galt ihnen das Unbewußte als ein Vermögen, das mit dem Überraschungsakt und der Grenzüberschreitung verbündet war, als ein Schatz entfesselter Imagination, den freizulegen sie sich vorgenommen hatten. Das surrealistische Vorhaben bestand darin, Verfahren seiner Aktivierung und Orte seiner Produktivität zu suchen. Als eine solche Region des Wunderbaren wurde der Traum geschätzt, und nicht nur hier liegen einige Verwandtschaften des surrealistischen Unbewußten mit dem der Romantiker. Die Affirmation der unbewußten Kräfte ist bei den Surrealisten jedoch provozierender angelegt und (vor allem bei Dalí und Georges Bataille) mit einem direkter sexuell geprägten Unbewußten assoziiert. Der skandalöse Ruf der Psychoanalyse hat seinen Anteil an dem großen Interesse, das die Surreali-

---

175 JAMES ELKINS, The Failed and the Inadvertent: Art History and the Concept of the Unconscious, in: The International Journal of Psychoanalysis 75 (1994), 126.
176 JEAN EPSTEIN, La Poésie d'aujourd'hui: Un nouvel état d'intelligence. Lettre de Blaise Cendrars (Paris 1921), 83.
177 VALÉRY (CAHIERS), Bd. 2 (1974), 222 f.

sten und besonders Breton und Dalí Freud entgegenbrachten. Wie für Freud war für die Surrealisten das Unbewußte ein Reales. Aber im Unterschied zu Freud, für den die Instanz der Zensur eine seelische Tatsache war, bestand das surrealistische Ideal in einer freien Kommunikation zwischen unbewußter und äußerer Realität, zwischen Traum und Wirklichkeit. »Je crois à la résolution future de ces deux états, en apparence si contradictoires, que sont le rêve et la réalité, en une sorte de réalité absolue, de *surréalité*«[178], schreibt Breton im *Manifeste du surréalisme* von 1924. Die von den Surrealisten gefeierte ›écriture automatique‹ – ein mit diesem Verfahren entstandener Text ist *Les champs magnétiques* (1919) von Breton und Philippe Soupault – hätte ein Verfahren solch unmittelbarer Kommunizierbarkeit des Unbewußten sein sollen. Ihre konsequente Umsetzung stieß allerdings auf Schwierigkeiten, so daß Breton 1934 ihre Realisierung zur Geschichte »d'une infortune continue«[179] erklärte. Der Begriff des Automatismus, des unkontrollierten Assoziationsstroms war nach Breton für das surrealistische Unbewußte grundlegend: »*Surréalisme*, n. m. Automatisme psychique pur par lequel on se propose d'exprimer, soit verbalement, soit par écrit, soit de toute autre manière, le fonctionnement réel de la pensée. Dictée de la pensée, en l'absence de tout contrôle exercé par la raison, en dehors de toute préoccupation esthétique ou morale.«[180] Dalí bevorzugte einen aktiveren Umgang mit dem Unbewußten und entwarf von daher seine ›paranoisch kritische Methode‹[181]. Einen

weiteren Grundpfeiler des surrealistischen Unbewußten bildete der Begriff des Subliminalen: »Le propre du surréalisme est d'avoir proclamé l'égalité totale de tous les êtres humains normaux devant le message subliminal, d'avoir constamment soutenu que ce message constitue un patrimoine commun dont il ne tient qu'à chacun de revendiquer sa part«[182], heißt es bei Breton. Sowohl das Subliminale als auch der Begriff des Automatismus weisen auf Nicht-Freudsche Auffassungen des Unbewußten hin: nämlich einerseits auf die französische Schule der Salpêtrière und besonders auf Janets Begriff des ›automatisme psychique‹, mit dem die jungen Hilfsärzte Breton und Aragon während des 1. Weltkrieges in der Lazarettstation des Psychiaters Joseph Babinski bekannt wurden, und andererseits auf das spiritistische Unbewußte Myers', das die Surrealisten unter Ausschluß der an ihn geknüpften okkulten Metaphysik adaptieren wollten und dessen Arbeiten sie begeistert aufnahmen.[183] Wie im Spiritismus und wie bereits in der Romantik bildete das Unbewußte für die Surrealisten eine alle Menschen miteinander verbindende Quelle der Imagination. Sie wandten sich jedoch gegen eine religiöse oder metaphysische Interpretation dieser Verbindung.

3. Das kollektive Unbewußte

Die Version des ›kollektiven Unbewußten‹, die Carl Gustav Jung Anfang des 20. Jh. entwickelte, zeigte sich dagegen gerade für eine solche Interpretation offen und ist daher bis heute auch für esoterische Anschlüsse ein Anziehungsfeld. Anders als Freuds Schriften erschien Jungs Herangehensweise den Nationalsozialisten außerdem überführbar in eine völkische Interpretation. Vor dem Hintergrund seiner Zurückweisung des sexuellen und subjektiven Charakters des Unbewußten bei Freud schuf Jung die Konzeption eines kollektiven Unbewußten, das von einer allgemeinen, entsexualisierten, im Grunde der Lebenskraft nahestehenden Kraft gespeist wird. Das kollektive Unbewußte besteht nach der Schule Jungs aus einem der Menschheit gemeinsamen archaischen Schatz von Symbolen – den sogenannten ›Archetypen‹[184] –, in denen die grundlegenden Konflikte und Wandlungen der menschlichen Entwicklung verkörpert

---

178 ANDRÉ BRETON, Manifeste du surréalisme (1924), in: Breton, Manifeste du surréalisme. Poisson soluble (Paris 1924), 23 f.
179 BRETON, Le message automatique (1933), in: Breton, Le point du jour (Paris 1970), 171.
180 BRETON (s. Anm. 178), 42.
181 Vgl. PETER GORSEN, Der ›kritische Paranoiker‹, Kommentar und Rückblick, in: Salvador Dalí, Unabhängigkeitserklärung der Phantasie und Erklärung der Rechte des Menschen auf seine Verrücktheit. Gesammelte Schriften, hg. v. A. Matthes/T. D. Stegmann, übers. v. B. Weidmann (Frankfurt a. M. 1974), 401–518.
182 BRETON (s. Anm. 179), 182.
183 Vgl. STAROBINSKI, Freud, Breton, Myers, in: Starobinski (s. Anm. 155), 320–341.
184 Vgl. CARL GUSTAV JUNG, Symbole der Wandlung (1911–1912), in: JUNG, Bd. 5 (^{5}1988), 81, 291.

sind. Es stellt eine angeborene Matrix und einen mythischen Urgrund dar, was zu einer starken Beschäftigung der jungianischen Schule mit den Mythologien der Völker und deren überlieferter Symbolik führte. Hieraus schöpfen auch die Arbeiten dieser Schule zu Kunst und künstlerischer Kreativität. Der Künstler ist nach Jung »*Kollektivmensch*, ein Träger und Gestalter der unbewußt tätigen Seele der Menschheit. Das ist sein officium«[185]. Dies hinderte Jung nicht am Kontakt zur Avantgarde, wie seine Arbeiten über Pablo Picasso und Joyce zeigen[186] oder umgekehrt z. B. Jackson Pollocks Interesse an der jungianischen Analyse: »I've been a Jungian for a long time.«[187] Jungs archaisierenden Deutungen entging jedoch grundlegend die Prägung der Avantgarden durch die Gegenwart.

4. ›Das Optisch-Unbewußte‹

Die Experimente mit der ›écriture automatique‹ sind von den Surrealisten zu einer Zeit aufgenommen worden, als die neuen technischen Medien – Photographie, Film, Grammophon und Radio – den Alltag eroberten. Vorgänge, die bislang an den menschlichen Sinnes- und Nervenapparat gebunden schienen, fanden in diesen Geräten erstmals ›wie von selbst‹, automatisch statt. So entstand nicht nur die Möglichkeit technischer Reproduktion, sondern auch die völlig neuer Wahrnehmungserfahrungen: Das unbewußte Funktionieren des Sinnesapparates, wie es das 19. Jh. erforscht hatte, war in ihnen materialisiert und verdeutlicht. Es ist bekannt, wie einschneidend dieser Wandel die ästhetische Praxis und Reflexionen anregte. In diesem Zusammenhang der Erfahrung mit neuen Techniken, und speziell der Photographie Étienne Jules Mareys und Eadweard Muybridges, prägte Walter Benjamin 1931 in seiner *Kleinen Geschichte der Photographie* die Formulierung vom ›Optisch-Unbewußten‹. Diese seither so häufig in der ästhetischen Reflexion wiederkehrende Wendung kennzeichnet bei Benjamin die Wahrnehmungsspanne, die allein die Kamera erschließt und die dem bloßen Auge oder vielleicht auch nur der Aufmerksamkeit entgangen wäre: »Von diesem Optisch-Unbewußten erfährt er [der Mensch – d. Verf.] erst durch sie [die Photographie – d. Verf.], wie von dem Triebhaft-Unbewußten durch die Psychoanalyse.«[188] Benjamins Parallelisierung seines Begriffs mit dem der Psychoanalyse hat dabei den Effekt, die durch die neue Technik ermöglichte Überschreitung der sinnesphysiologischen Schwelle als Aufhebung einer Verdrängung erscheinen zu lassen.

Die Begegnung der Psychoanalyse selbst mit den neuen Medien und vor allem mit dem Kino gestaltete sich schwierig.[189] Freud hatte die Einladung zur Mitarbeit an einem Film über das Unbewußte ausgeschlagen, da ihm das Medium zur Übermittlung seiner Theorie suspekt erschienen. Während die Avantgarden bereits die neue Theorie des Unbewußten in eine experimentelle Filmästhetik umzusetzen suchten (Sergej M. Ėjzenštejn, Luis Buñuel u. a.), erwachte auch das Interesse am Unbewußten bei den heranwachsenden Filmgesellschaften, die jedoch viel mehr an einer narrativ zu entfaltenden Dramaturgie der Enthüllung desselben interessiert waren. Nach dem verschollenen Lehrfilm *Ein Blick in die Tiefen der Seele. Der Film vom Unbewußten*, der 1923 von dem Neurologen Curt Thomalla und dem Psychiater Arthur Kronfeld bei der Deutsch-Amerikanischen Film-Union (DAFU) realisiert wurde, entstand so 1926 der berühmte UfA-Film *Geheimnisse einer Seele* von Georg Wilhelm Papst, bei dem die Psychoanalytiker Karl Abraham und Hanns Sachs als Berater mitwirkten. In Fritz Langs Film *Dr. Mabuse, der Spieler* (1922) war vier Jahre zuvor erstmals ein Psychoanalytiker auf der Leinwand dargestellt worden. Mit Regisseuren wie Alfred Hitchcock begannen

---

185 JUNG, Psychologie und Dichtung (1930), in: JUNG, Bd. 15 ([4]1984), 116.
186 Vgl. JUNG, ›Ulysses‹. Ein Monolog (1932), in: ebd., 121–149; JUNG, Picasso (1932), in: ebd., 151–157.
187 SELDEN RODMAN, [Interview with] Jackson Pollock (1956), in: Rodman, Conversations with Artists (New York 1957), 82; vgl. MICHAEL LEJA, Reframing Abstract Expressionism. Subjectivity and Painting in the 1940's (New Haven/London 1993), 121–202.
188 WALTER BENJAMIN, Kleine Geschichte der Photographie (1931), in: BENJAMIN, Bd. 2/1 (1977), 371.
189 Vgl. KARL SIEREK/BARBARA EPPENSTEINER (Hg.), Der Analytiker im Kino. Siegfried Bernfeld, Psychoanalyse, Filmtheorie (Frankfurt a. M./Basel 2000).

dann weniger direkt, sondern eher untergründig von der Psychoanalyse durchzogene filmische Dramaturgien des Unbewußten das Kino zu erobern.[190] Nach dem 2. Weltkrieg und besonders ab den 70er Jahren wird die Filmtheorie (besonders die französische Apparatus-Theorie von Jean-Louis Baudry oder die englische Screen Theory) Begriffe der Psychoanalyse und dabei oft der Lacanschen Theorie aufgreifen, um wiederum nicht nur die filmischen Dramaturgien des Unbewußten, sondern grundlegender die Beteiligung des Unbewußten an der Erfahrung des Kinos überhaupt zu theoretisieren.

5. Sublimierung des Unbewußten

Nach dem 2. Weltkrieg ging die Wiederbelebung der Debatte um das psychoanalytische Unbewußte in der Ästhetik zunächst wesentlich von Exilanten in den USA und England, wie Ernst Kris und Ernst H. Gombrich aus. Sie stand im Zeichen eines sublimierten Unbewußten bzw. der Gestaltung und Umlenkung unbewußter Vorgänge durch den Künstler. An die Stelle der Analogisierung von Kunstwerk und Traum traten jetzt Vergleiche, die den Abstand des Kunstwerks von den unmittelbar unbewußten Bildungen stärker betonen. Dieser Perspektivwechsel vom Unbewußten zum Studium der Ich-Leistungen ist damals durch das Erstarken der von Hartmann, Kris u. a. begründeten Ego-Psychologie ganz allgemein in der Psychoanalyse vorherrschend. Der Psychoanalytiker und Kunstwissenschaftler Kris hat dabei in Absetzung von der ersten Generation kunstinteressierter Psychoanalytiker (Sachs, Otto Rank) diesen Neuanfang wesentlich befördert und gestaltet. Er hat das Modell der Libido-Entwicklung auf die Geschmacksbildung und vor allem auf die stufenweise Erkenntnis der ›ästhetischen Illusion‹ angewendet, die der Verwechslung des Kunstwerks (etwa einer Theateraufführung) mit der Realität, zu der das Kind wie der Primitive neigten, schließlich ein Ende setzte. Kris, der das Kunststudium als »part of the study of communication«[191] betrachtete, hat auch den Vergleich des Kunstwerks mit dem Witz geprägt: Hier wie dort erfolge – nach Freuds Formel über den Witz – die Bildung, indem »ein vorbewußter Gedanke [...] für einen Moment der unbewußten Bearbeitung überlassen«[192] werde. Der Kunsthistoriker Gombrich trug in der Folge, an Kris anschließend, die Diskussion um die Möglichkeit einer psychoanalytischen Kunstinterpretation über die enger psychoanalytisch interessierten Kreise hinaus, wie dies vergleichbar für die Literatur Jean Starobinski getan hat.[193] Gombrich hat dabei die Auffassung des Kunstwerks als Symptom zurückgewiesen. Gegen den Reduktionismus einer pathologisierenden und biographisierenden Interpretation, die sich ihm damit verband, hielt er den Vergleich des Kunstwerks mit dem Symbol, um die Bedeutung des kulturellen Zusammenhangs, des historischen Moments und der künstlerischen Tradition für seine Entstehung hervorzuheben. Arbeiten späterer Theoretiker haben Freuds Symptombegriff für das Kunstwerk allerdings durchaus wieder fruchtbar gemacht, ohne einer biographischen Reduktion anheimzufallen, was besonders durch Lacans strukturalen Ansatz ermöglicht wurde. Louis Marin zielt mit seiner Bezugnahme auf den Begriff des Symptoms (wie den der Spur) vielmehr auf die Überdeterminiertheit eines Kunstwerks. Georges Didi-Huberman, der Freuds Symptombegriff gegen Erwin Panofskys Begriff des Symbols ins Feld führt, verbindet damit eine grundsätzliche Kritik an der Bedeutungsgewißheit im Vorgehen der Kunsthistoriker.[194] Eine andere Akzentuierung Gombrichs hat dagegen zunehmend an Gewicht gewonnen: seine Hervorhebung jener Faktoren, die die Arbeit des Künstlers

---

190 Vgl. SLAVOJ ŽIŽEK (Hg.), Ein Triumph des Blicks über das Auge. Psychoanalyse bei Alfred Hitchcock (Wien 1992).
191 ERNST KRIS, Psychoanalytic Explorations in Art (New York 1952), 16.
192 FREUD, Der Witz und seine Beziehung zum Unbewußten (1905), in: FREUD (GW), Bd. 6 (1940), 189; vgl. KRIS (s. Anm. 191), 312.
193 Vgl. ERNST H. GOMBRICH, Psycho-Analysis and the History of Art (1953), in: Gombrich, Meditations on a Hobby Horse and other Essays on the Theory of Art (London 1965), 30–44; STAROBINSKI (s. Anm. 155), 257–285.
194 Vgl. LOUIS MARIN, Le concept de la figurabilité, ou la rencontre entre l'histoire de l'art et la psychanalyse (1990), in: Marin, De la représentation (Paris 1994), 62–70; GEORGES DIDI-HUBERMAN, Devant l'image. Question posée aux fins d'une histoire de l'art (Paris 1990).

nicht von dessen Subjektivität her, sondern außerhalb derselben hinter seinem Rücken beherrschen. Er betont besonders die Eigengesetzlichkeit des (sprachlichen, bildnerischen oder technischen) Mediums, in dem er arbeitet: »It is the medium, not he, that is active and that expresses these thoughts«, d. h. »the code generates the message«. Gombrich nennt dies »the centrifugal theory of artistic expression«[195]. Dieses mediengenerierte Unbewußte, das bereits bei Benjamin aufgetaucht war, wird in den wahrnehmungstheoretischen Debatten des 20. Jh. zunehmend präsent. »Seinen Seminarbesuchern sagte Lacan ins Gesicht, sie seien, mehr als sie denken könnten, heute Untertanen aller Arten Gadgets vom Mikroskop bis zur Radiotelevision«[196], hielt Friedrich A. Kittler fest, und er befand mit Blick auf Freud: »Kino und Grammophon bleiben das Unbewußte des Unbewußten.«[197]

6. Form und Unbewußtes

Die psychoanalytische Kunst- und Literaturbetrachtung hat im 20. Jh. eine Fülle von Literatur hervorgebracht, in der der Begriff des Unbewußten Anwendung findet. Die Herausbildung unterschiedlicher psychoanalytischer Schulen schlägt sich hier nieder und multipliziert sich mit verschiedenen Perspektiven auf den Gegenstand. Allein die Debatte um Freuds Leonardo da Vinci-Studie (1910), die 1956 von dem Kunsthistoriker Meyer Schapiro eröffnet wurde, ist umfangreich genug, zahlreiche Positionen innerhalb der Psychoanalyse zu versammeln und mit denen ihrer Kritiker zu konfrontieren.[198] Dabei erwies sich besonders die Frage, welche Bedeutung dem Aspekt der künstlerischen Formgebung im Zusammenhang einer Befragung des Unbewußten zukommt, als hochumstritten. Ihre Beantwortung ist jedoch ausschlaggebend für die Einschätzung des Zusammenhangs von Ästhetik und Unbewußtem. In seiner ebenso monumentalen wie dogmatischen Verteidigung der psychoanalytischen Position hat Kurt R. Eissler die Bedeutung des Formaspekts, dessen Berücksichtigung Schapiro und andere gefordert hatten, schroff zurückgewiesen: »The unconscious itself – the It and the repressed to be more exact – however, are not yet tinged by aesthetics but deal with contents and archaic impulses.«[199] Diese Haltung liegt tatsächlich einer großen Zahl psychoanalytischer Arbeiten zur Kunst mehr oder weniger ausgesprochen zugrunde, die von daher nicht ohne weiteres als Beiträge zur Ästhetik angesehen werden wollen oder können. Es haben sich allerdings zunehmend Richtungen herausgebildet, die dem Aspekt der Form große Aufmerksamkeit schenken[200], und es ist grundlegend die Trennbarkeit von Form und Inhalt in Frage gestellt worden.

Der Londoner Kunsthistoriker Anton Ehrenzweig gehört mit Richard Wollheim zu den bekanntesten Vertretern der British School in der psychoanalytischen Ästhetik.[201] Nach Ehrenzweig entwickelt sich die Form – besonders in der modernen Kunst – aus der ›verborgenen Ordnung‹, die dem unbewußten Primärprozeß selbst entspringe. In seinem Buch *The Hidden Order of Art* (1967) beruft er sich vor allem auf Melanie Klein und ihr Konzept der unbewußten Phantasien, aber auch auf Freud und auf Jung. Wie in vielen psychoanalytischen Arbeiten stehen produktionsästhetische Fragen bei ihm im Vordergrund. Ehrenzweig zieht dabei auch den Bereich der Musik hinzu. Mit seinem Begriff des »Unconscious

---

195 GOMBRICH, Freud's Aesthetics (1966), in: Gombrich, Reflections on the History of Art. Views and Reviews, hg. v. R. Woodfield (Oxford 1987), 233, 232, 235.
196 KITTLER, Die Welt des Symbolischen – eine Welt der Maschine, in: Kittler, Draculas Vermächtnis (Leipzig 1993), 77; vgl. JACQUES LACAN, Le séminaire, hg. v. J.-A. Miller, Livre XX: Encore (Paris 1975), 76.
197 KITTLER, Aufschreibesysteme 1800/1900 (1985; München 1995), 359.
198 Vgl. MEYER SCHAPIRO, Leonardo and Freud: An Art-Historical Study (1956), in: Journal of the History of Ideas 17 (1956), 147–178; JACK J. SPECTOR, The Aesthetics of Freud: A Study in Psychoanalysis and Art (London 1972).
199 KURT R. EISSLER, Leonardo da Vinci: Psychoanalytic Notes on the Enigma (New York 1961), 52.
200 Vgl. REIMUT REICHE, Mutterseelenallein. Kunst, Form und Psychoanalyse (Basel/Frankfurt a. M. 2001), 7–38.
201 Vgl. NICOLA GLOVER, Psychoanalytic Aesthetics: The British School, unter: http://human-nature.com/free-associations/glover/index.html.

Scanning«[202] nimmt er Freuds häufig im Zusammenhang der Kunst zitierte Konzepte der ›schwebenden Aufmerksamkeit‹ und der ›freien Assoziation‹ auf, um die spezifische schwebende Wahrnehmung der künstlerischen Produktivität zu charakterisieren.[203] Als »poemagogic images«[204] bezeichnet Ehrenzweig die unbewußten selbstzerstörerischen Vorstellungen, und besonders die des ›sterbenden Gottes‹ (James G. Frazer), die er als notwendige Begleiter des schöpferischen Prozesses ansieht. Zahlreiche Künstler, unter ihnen Richard Hamilton, Eduardo Paolozzi und Bridget Riley, haben Material für seine Arbeit zur Verfügung gestellt.

7. ›L'inconscient structuré comme un langage‹

Die stärkste Erneuerung in der Theorie des Unbewußten, die weit über das Feld der Psychoanalyse hinauswirkte, ging von Jacques Lacan aus. Der französische Psychoanalytiker hat in der zweiten Hälfte des 20. Jh. den Begriff noch einmal radikalisiert und in polemischer Absetzung gegen die Vergessenheit des Unbewußten in der etablierten Psychoanalyse und besonders in der dominierenden Richtung der Ego-Psychologie im doppelten Wortsinn ›anstößig‹ gemacht. Im Unterschied zu

---

202 ANTON EHRENZWEIG, The Hidden Order of Art: A Study in the Psychology of Artistic Imagination (London 1967), 32.
203 Vgl. auch STAROBINSKI (s. Anm. 155), 279.
204 EHRENZWEIG (s. Anm. 202), 176.
205 Vgl. LACAN, Le problème du style et la conception psychiatrique des formes paranoïaques de l'expérience, in: Minotaure 1 (1933), 68 f.; SALVADOR DALÍ, Das geheime Leben des Salvador Dalí, übers. v. R. Schiebler (1942; München 1984), 31 f., 37 ff.
206 LACAN, Le séminaire, Livre XI: Les quatre concepts fondamentaux de la psychanalyse, 1964 (Paris 1973), 23.
207 Vgl. LACAN, Joyce le Symptôme (1979), in: Lacan, Autres écrits (Paris 2001), 565–570.
208 LACAN, Fonction et champ de la parole et du langage en psychanalyse (1953), in: Lacan, Écrits (Paris 1966), 268.
209 Vgl. LACAN, Le séminaire, Livre VII: L'éthique de la psychanalyse, 1959–1960 (Paris 1986), 335.
210 Vgl. LACAN, La chose freudienne ou Sens du retour à Freud en psychanalyse (1955), in: Lacan (s. Anm. 208), 401–436.

Freud begann Lacan seinen Werdegang als Psychiater, sein Zugang zum Unbewußten ist von seiner Arbeit mit Psychotikern beeinflußt worden. Er stand außerdem den Surrealisten nahe, mit denen er freundschaftlich wie denkerisch verbunden war. Die Prägung durch das surrealistische Milieu hat Lacan von Anfang an offen sein lassen für die Kunst und Literatur der Moderne, die er explizit und umfangreich in seine Erörterungen mit aufnahm. Als Dalí 1938 Freud besuchte, dessen Reaktion, wie beschrieben, reserviert blieb, hatte ihm zuvor bereits Lacan, der anders als Freud die Nähe zur Avantgarde suchte, einen Atelier-Besuch abgestattet. Lacan publizierte mehrere Aufsätze in der surrealistischen Zeitschrift Minotaure, deren erstes Heft Dalí Freud als Gastgeschenk mitbrachte. Es enthielt neben einem Aufsatz von ihm auch einen kleinen Text Lacans zur Paranoia.[205]

Den Einsatz der Theorie Lacans bildete seine berühmte Sentenz »l'inconscient est structuré comme un langage«[206]. Das Unbewußte ist strukturiert wie eine Sprache, es folgt dem Gesetz des Signifikanten. Gestützt auf Ferdinand de Saussures Unterscheidung von Signifikant und Signifikat, aber auch unter Hinzuziehung von Philosophie, Mathematik und Kunst entwickelte Lacan seine Lehre vom ›parlêtre‹[207], vom sprachlich ›geschnittenen‹ Subjekt, dessen Spaltung nicht als Pathologie, sondern als Wirkung der Sprache oder allgemeiner der symbolischen Ordnung und Tatsache des Unbewußten anzusehen sei. Den zweiten Grundpfeiler seiner Theorie bildet die Sentenz »le désir de l'homme est le désir de l'Autre«[208], nach der sich das Begehren ausgehend von und gerichtet auf das Begehren des Anderen konstituiert und außerdem als Anderes, im Entzug oder Mangel erfahren wird. Lacan hielt an der sexuellen Realität des Unbewußten und an der ›tragischen Dimension‹ der psychoanalytischen Erfahrung‹ fest.[209]

Seine ›Rückkehr zu Freud‹[210] ist dabei vielschichtig. Einerseits hat Lacans Theorie die Begrifflichkeit Freuds aufgenommen und verschoben (›Verdichtung‹ und ›Verschiebung‹ wurden zu ›Metapher‹ und ›Metonymie‹, ›Wunsch‹ zu ›désir‹), zum Teil hat Lacan Begriffen, die Freud unsystematisch gebraucht hat, einen terminologischen Status verliehen (der ›Andere‹, die ›Nachträglichkeit‹, der ›einzige Zug‹). Andererseits hat Lacan aber auch neue eigene Konzepte eingeführt, die massiv in Freuds Theorie eingreifen (›les mathèmes‹, ›objet a‹, ›la jouissance‹). Besonders seine methodologische Dreiteilung von Symbolischem, Imaginärem und Realem als den drei Konstituenten der menschlichen Realität stellte ein Instrumentarium bereit, das nicht nur innerhalb der psychoanalytischen Theorie und Praxis neue Differenzierungen eröffnete. In der historischen Reihenfolge stand die Einführung des Spiegelstadiums, das die Logik des Imaginären entfaltet, an erster Stelle.[211] Logisch gesehen kommt jedoch dem Register des Symbolischen der erste Platz zu, da sich erst von ihm aus die Unterscheidung der beiden anderen Ordnungen ergibt. Das Symbolische ist das Differenzmedium per se. Vom Unbewußten sagt Lacan, »qu'il est le réel [...] le réel en tant qu'impossible à dire, c'est-à-dire en tant que le réel c'est l'impossible«[212], das Reale, das sich der Symbolisierung entzieht und das vom Imaginären überwuchert wird. Lacans Insistenz auf dem unmöglichen Diskurs des Unbewußten geht bis in die Verfaßtheit seiner Texte, deren Stil von Anfang an polarisierende Wirkungen hatte. Während Freuds Rede vom »unbewußten Sinn«[213] (der Symptome usw.) noch vielfach innerhalb einer Hermeneutik gelesen wurde[214], stellt Lacans Signifikantentheorie die Sinnfrage neu und läßt das Gleiten des Sinns, seine Beziehung zum Unsinn wie auch zum Wahnsinn deutlich hervortreten.

Auch bei Lacan gibt es, wie bei Freud, keine psychoanalytische Ästhetik. Sofern die Ästhetik aber als Aisthesis aufgefaßt wird[215], tragen seine Arbeiten die Bedeutung des Unbewußten erneut und mit Nachdruck in dieses Feld ein: Das Wahrnehmungssubjekt ist ein unbewußtes, d.h. in Lacans Terminologie, ein gespaltenes. Besonders konzentriert ist dies von Lacan im Feld der visuellen Wahrnehmung herausgearbeitet worden, anhand der Spaltung von Auge und Blick.[216] Der Blick nimmt dabei die Stellung des Begehrensobjekts ein und zählt in der Lacanschen Algebra so zu den konstitutiv verlorenen Objekten (›objet a‹), während die Logik des Auges sich über die strukturierende Position dieses verlorenen Objekts auf dem Sehfeld täuschen läßt. Diese Täuschung schreibt nach Lacan besonders die Cartesische geometrale Optik fest, die das Auge als Geometralpunkt und Inbegriff des Bewußtseinssubjekts setzt. Das Auge beherrscht hier das Feld der Vorstellung. Daher die Illusionen der Transparenz und der Reflexivität (»se voir se voir«[217]) auf dem Feld des Sehens und daher das Auftauchen des Blickes allein als Störung oder Fleck im Bild und als Auslöser von Schrecken. Lacan, der Maurice Merleau-Pontys *Le visible et l'invisible* (1964) in seine Erörterungen aufnimmt, setzt der Cartesischen eine vom Begehren geschnittene Logik des Sehfeldes chiastisch gegenüber. Beide existieren in großer und auch aggressiver Spannung zueinander. In der unbewußten Struktur des Sehfeldes ist das Subjekt auf doppelte Weise verortet: zum einen als ein vom Blick/Begehren des Anderen getroffenes und andererseits, sofern es selbst etwas zu sehen gibt (»donner-à-voir«[218]), um das Begehren des Anderen herauszufordern. Eben hier situiert sich die Kunst. Lacan verdeutlicht die Funktion des Blickes daher sowohl an einem Naturphänomen – der tierischen Mimikry in der Interpretation von Roger Caillois[219] –, als auch anhand eines Kunstwerks: der Anamorphose in Hans Holbeins Gemälde *Die französischen Gesandten* (1533). Diese Anamorphose, deren in der Verzerrung verborgene Gestalt sich erst in einer sich vom Bild halb abwendenden Perspektive zu sehen gibt, fängt den Blick des Betrachters ein und konfrontiert diesen, wenn sie sich schließlich als Totenschädel erweist, mit seiner eigenen Vergänglichkeit. Das Bild fungiert als ›Blickfalle‹. Die Kunst des Malers besteht nach Lacan immer in Beziehung zum Blick, wenn dieser auch zu verschiedenen Zeiten auf unterschiedliche Weise ins Bild gesetzt worden ist. Die Anerkennung der

---

211 Vgl. LACAN, Le stade du miroir comme formateur de la fonction du Je (1949), in: Lacan (s. Anm. 208), 93–100; LACAN, Le Symbolique, l'Imaginaire et le Réel, in: Fascicule 1 (1953), 1–28.
212 LACAN, C'est à la lecture de Freud ..., in: Robert Georgin, Lacan (Lausanne 1977), 14 f.
213 FREUD (s. Anm. 167), 289.
214 Vgl. PAUL RICŒUR, De l'interprétation. Essai sur Freud (Paris 1965).
215 Vgl. LACAN (s. Anm. 209), 342.
216 Vgl. LACAN (s. Anm. 206), 65–109.
217 Ebd., 79.
218 Ebd., 105.
219 Vgl. ROGER CAILLOIS, Mimétisme et psychasthénie légendaire, in: Minotaure 7 (1935), 5–10.

bildenden Kunst im sozialen Feld, ihre sublimatorische Wirkung, beruht darauf, daß sie das Begehren zu schauen auf seiten des Betrachters einzufangen vermag. Ihre Wirkung ist dann die einer Pazifizierung des Blicks, der im Augentäuschungsspiel entwaffnet wird und dessen Aggressivität gebremst wird durch die Aufforderung, sich im Bild zu versenken. Lacan bezeichnet dies als die Funktion der Blickzähmung (»dompte-regard«[220]). Er hat der Schönheit in seinem Seminar über die Ethik eine verwandte Funktion zugesprochen. Sie entwaffne das Begehren, heißt es dort im Zusammenhang der Antigone-Interpretation, in der Lacan allerdings zugleich herausstellt, daß der Blendungseffekt der Schönheit als ein Zeichen auf das Todesbegehren Antigones verweist, »la fonction du beau étant précisément de nous indiquer la place du rapport de l'homme à sa propre mort, et de nous l'indiquer que dans un éblouissement«[221]. Lacan nimmt von der Funktion der Blickzähmung jene Kunstrichtungen aus, die eher einen Appell an den Blick richten, wie dies im Expressionismus der Fall sei.

Obwohl Lacan die Stimme unter den Begehrensobjekten anführt, gibt es bei ihm keinerlei vergleichbare Analyse für das Feld der Musik. Der musikalische Bereich bleibt wie bei Freud vernachlässigt. Neben den Interpretationen zur bildenden Kunst – u. a. auch zu Diego Velázquez' *Las Meninas* (1656) – hat Lacan ausführliche Kommentierungen zur antiken Tragödie (Sophokles' *Antigone*), zu klassischen Stoffen (Shakespeares *Hamlet* [1603]) sowie zu modernen Autoren entwickelt (Joyce' *Finnigans Wake* [1939], Marguerite Duras' *Le ravissement de Lol V. Stein* [1964]). In seinem Seminar zu Edgar Allan Poes *The Purloined Letter* hat er mit seiner berühmten Interpretation die Erzählung Poes von 1845 zu einem psychoanalytischen Lehrstück über unbewußte Determinierung gemacht.[222] Lacan mußte sich dafür von Jacques Derrida den Vorwurf gefallen lassen, Poe als Literat nicht gerecht geworden zu sein.[223]

8. ›L'inconscient comme usine‹

Die strukturalistische Perspektive, wie sie sich in dieser Zeit von Frankreich aus verbreitete, ging bereits in sich mit einer Verabschiedung des Bewußtseinssubjekts einher. Der Gedanke der Struktur entthront und dezentriert das Subjekt, das in dieser eher ein Knotenpunkt, ein Energiemoment oder ein Zeichen ist als ein Bewußtsein. Denkfiguren wie die ›différance‹ (Derrida), ›la pensée du dehors‹ (Michel Foucault über Maurice Blanchot) oder das ›punctum‹ (Roland Barthes) markieren diese Dezentrierung.[224] Im engeren Sinne bildeten sich die strukturale Linguistik, begründet durch Roman Jakobson, und die strukturale Anthropologie, begründet durch Claude Lévi-Strauss, heraus, die beide mit einem Subjekt operieren, das von den (sprachlichen oder Mythem-) Strukturen allererst konstituiert wird. »En magie comme en religion comme en linguistique, ce sont les idées inconscientes qui agissent«[225], so habe, wie Lévi-Strauss festhält, bereits 1904 Marcel Mauss geschrieben. In der Folge hat die Aufnahme einer (mehr oder weniger streng gefaßten) strukturalen Perspektive in verschiedensten Disziplinen entscheidend dazu beigetragen, den Begriff des Unbewußten zu verbreiten wie zugleich zu verbreitern. Was in diesen Theorien die Subjekte ohne ihr Wissen determiniert, wie und ob überhaupt ein Subjekt gedacht wird, darin unterscheiden sich die Ansätze erheblich. Allein die strukturale Psychoanalyse spezifizierte die Struktur, mit der sie zu tun hat, als *das* Unbewußte, substantivisch und eigengesetzlich.

In dem Feld zwischen Strukturalismus und Psychoanalyse entstand das Buch *L'Anti-Œdipe* (1972) von Gilles Deleuze und Félix Guattari, das einen der gewitztesten Angriffe gegen die Psychoanalyse darstellte und den Begriff der ›Wunschmaschinen‹ berühmt gemacht hat, welcher der Lacanschen

---

220 LACAN (s. Anm. 206), 102.
221 LACAN (s. Anm. 209), 342; vgl. ebd., 271 ff., 327.
222 Vgl. LACAN, Le séminaire sur ›La Lettre volée‹, in: Lacan, Écrits (s. Anm. 208), 11–61.
223 Vgl. JACQUES DERRIDA, La carte postale de Socrate à Freud et au-delà (Paris 1980), 439–524.
224 Vgl. DERRIDA, La différance, in: Bulletin de la Société française de philosophie 62 (1968), 73–101; MICHEL FOUCAULT, La pensée du dehors (Paris 1966); ROLAND BARTHES, La chambre claire. Note sur la photographie (Paris 1980), 148–151.
225 CLAUDE LÉVI-STRAUSS, Introduction à l'œuvre de Marcel Mauss, in: Marcel Mauss, Sociologie et anthropologie (Paris 1950), XXX.

Theorie einiges verdankt.[226] »La grande découverte de la psychanalyse«, so schreiben sie, »fut celle de la production désirante, des productions de l'inconscient. Mais, avec Œdipe, cette découverte fut vite occultée par un nouvel idéalisme: à l'inconscient comme usine, on a substitué un théâtre antique; aux unités de production de l'inconscient, on a substitué la représentation; à l'inconscient productif, on a substitué un inconscient qui ne pouvait plus que s'exprimer (le mythe, la tragédie, le rêve ...).«[227] Hauptangriffspunkte der beiden Autoren sind die konstitutive Negation und die damit verbundene zentrale Stellung des Mangels in der Psychoanalyse sowie die Bedeutung der familialen Strukturen, gegen die hier das Verfahren der ›Schizo-Analyse‹ propagiert wird. Foucault, der ihr Buch begrüßte, hat sich in seiner Geschichte der Denksysteme ebenfalls von der Negativität des psychoanalytischen Unbewußten abgesetzt: »Was ich jedoch erreichen wollte, war ein *positives Unbewußtes* des Wissens zu enthüllen: eine Ebene, die dem Bewußtsein des Wissenschaftlers entgleitet und dennoch Teil des wissenschaftlichen Diskurses ist«[228]. Seine Arbeit zur Archäologie der Humanwissenschaften ließ Foucault zu dem Schluß kommen, daß das Problem des Unbewußten – »sa possibilité, son statut, son mode d'existence, les moyens de le connaître et de le mettre au jour«[229] – mit der Existenz dieser Wissenschaften selbst einhergehe, wobei die Linguistik, die Ethnologie und die Psychoanalyse jedoch die Episteme der Humanwissenschaften überschreiten.

9. Die gesellschaftliche Dimension des Unbewußten

Relativ unberührt von den theoretischen Entwicklungen in Frankreich erfuhr der Begriff des Unbewußten in Deutschland in derselben Zeit seine Prägung und der kulturellen Rezeption vor allem durch die Frankfurter Schule. Theodor W. Adornos Begegnung mit der Theorie Freuds schlug sich bereits in seiner ersten abgelehnten Habilitationsschrift von 1927 nieder. Unter dem Titel *Zum Begriff des Unbewußten in der transzendentalen Seelenlehre* formuliert er dort sein Ziel einer »*Entzauberung* des Unbewußten«, für das er sich auf die Psychoanalyse stützt. Diese entlaste das Unbewußte vom »metaphysischen Pathos« und fasse es »als eine transzendentale allgemeine und notwendige Gesetzmäßigkeit«[230]. Adorno trennt sich allerdings von der Psychoanalyse, wo diese das Unbewußte zur Schicksalsmacht erklärt und, wie er sagt, naturalisiert. Die Änderung der gesellschaftlichen Verhältnisse bilde die Voraussetzung, aber auch das Versprechen einer möglichen Aufdeckung des Unbewußten. Die gesellschaftspolitische Dimensionierung der Diskussionen um das Unbewußte ist kennzeichnend für die 60er Jahre. Die Schriften Wilhelm Reichs wurden in diesem Zuge verstärkt rezipiert, Herbert Marcuse war ein weiterer Stichwortgeber dieser Orientierung.[231] Die Aufhebung gesellschaftlicher Repression und besonders der sexuellen Unterdrückung stellten in dieser Sicht – an Freuds als bürgerlich kritisierter innerpsychischer Zensurinstanz vorbei – die Auflösung der Verdrängung in Aussicht. Die Rolle, die in dieser Perspektive die Kunst innehaben sollte, kommt in der Arbeit der Adorno-Schülerin Elisabeth Lenk zum Ausdruck: »Was alle bewußtlos tun, hebt der Künstler ins Bewußtsein. Das Unbewußte hat eine gesellschaftliche Dimension. Es ist etwas durch Ausschluß Produziertes, Gewordenes und also Veränderliches. In der Kunst wird die Gesellschaft sich ihrer unbewußten Voraussetzungen bewußt.«[232] Einem hierarchischen Unbewußten, das die gesell-

---

226 Vgl. HENNING SCHMIDGEN, Das Unbewußte der Maschinen. Konzeptionen des Psychischen bei Guattari, Deleuze und Lacan (München 1997).
227 GILLES DELEUZE/FÉLIX GUATTARI, Capitalisme et Schizophrénie, Bd. 1: L'Anti-Œdipe (Paris 1972), 31.
228 FOUCAULT, Vorwort zur deutschen Ausgabe, in: Foucault, Die Ordnung der Dinge. Eine Archäologie der Humanwissenschaften, übers. v. U. Köppen (Frankfurt a. M. 1971), 11 f.
229 FOUCAULT, Les mots et les choses. Une archéologie des sciences humaines (Paris 1966), 375 f.
230 THEODOR W. ADORNO, Zum Begriff des Unbewußten in der transzendentalen Seelenlehre (1927), in: ADORNO, Bd. 1 (1973), 320.
231 Vgl. WILHELM REICH, Die Massenpsychologie des Faschismus (Kopenhagen 1933); REICH, Die Sexualität im Kulturkampf (Kopenhagen 1936); HERBERT MARCUSE, Eros and Civilization (Boston 1955).
232 ELISABETH LENK, Die unbewußte Gesellschaft. Über die mimetische Grundstruktur in der Literatur und im Traum (München 1983), 29.

schaftliche Unterdrückung perpetuiere, stellt die Autorin ein anarchisches Unbewußtes gegenüber, das sie etwa den Naturvölkern zuspricht. Auch Ernst Bloch beschreibt eine Doppelgesichtigkeit des Unbewußten, die allerdings weniger dichotomisch angelegt ist als bei Lenk.[233] In Adornos *Ästhetischer Theorie* (1970) ist Freud als Anziehungs- und Abstoßungsspol gegenwärtig. Adorno räumt der Psychoanalyse das Verdienst ein, gegen die idealistische Auffassung das Nicht-Kunsthafte in der Kunst selbst herausgehoben zu haben, wirft ihr aber vor, die Kunst dabei gerade um das Phänomen ›Kunst‹ verkürzt zu haben, indem sie das Kunstwerk als Ausdruck einer »bloß subjektiven Sprache des Unbewußten« nimmt: »Nur Dilettanten stellen alles in der Kunst aufs Unbewußte ab. Ihr reines Gefühl repetiert heruntergekommene Clichés. Im künstlerischen Produktionsvorgang sind unbewußte Regungen Impuls und Material unter vielem anderen. Sie gehen ins Kunstwerk vermittelt durchs Formgesetz ein«[234]. Odo Marquard konnte in seiner 1963 verfaßten, aber erst 1987 publizierten Habilitationsschrift über die romantischen Wurzeln der Psychoanalyse in einigen Punkten auf die genannte frühe Arbeit Adornos zurückgreifen. Marquards ausführlicher Untersuchung geht es darum, den psychoanalytischen Begriff des Unbewußten als einen philosophischen Begriff zu begründen, indem er die philosophische Vorläuferschaft des psychoanalytischen Unbewußten darlegt. Die »Psychoanalyse ist eine entzauberte romantische Naturphilosophie«[235], heißt es bei ihm. Für Marquard steht die Geschichte des Unbewußten in engem Zusammenhang zu jener der Ästhetik, sofern, wie er ausführt, der Begriff des Unbewußten von der Romantik bis Freud eine Theorie der ›nicht mehr schönen Kunst‹ gestützt hat.[236]

10. Das Symbolische, das Imaginäre, das Reale

Die Psychoanalyse Lacans, die vor diesem Hintergrund in Deutschland erst verzögert rezipiert wurde, belebte zunächst in Frankreich, dann aber auch in anderen Ländern die ästhetischen sowie die kunst- und literaturtheoretischen Debatten. Lacans Arbeiten trugen in die Diskussion Begriffe wie die des unbewußten Begehrens und des Genießens ein, vor allem aber stützte sein struktureller Ansatz einen Zugang zu Kunst und Literatur, der nicht psychologisierend vorging, sondern bei den Werken blieb: Der Text oder das Bild selbst sind vom Netz unbewußter Signifikanten durchwoben, die ebendort (wie ein Rebus) zu entziffern sind. Für die Literaturtheorie schuf die von Lacan behauptete sprachliche Struktur des Unbewußten eine direkte Anschlußmöglichkeit. Eine der frühen wichtigen Arbeiten auf diesem Gebiet ist das 1974 publizierte Buch *La révolution du langage poétique* von Julia Kristeva, in dem sie die Psychoanalyse für eine Poetologie der modernen Literatur fruchtbar zu machen sucht und in den Texten Stéphane Mallarmés und Lautréamonts die Offenheit und Unabschließbarkeit des Prozesses aufzeigt, aus dem Sinn und Subjekt erst hervorgehen.[237] Unter den zahlreichen Texten, die die Konsequenzen der Theorie Lacans für eine Poetologie ausloten, gehört Jutta Prasses Aufsatz *Der blöde Signifikant und die Schrift – Stilfragen* (1982–1983) zu den weniger zahlreichen, die auch Lacans Begriff der ›bêtise‹ aufnehmen.[238]

Für die bildenden Künste evozierte Lacans Zugangsweise zunächst die Frage nach dem Verhältnis von Bild und Sprache. Die Frage, ob das Primat des Signifikanten im Bereich der visuellen Künste herrsche bzw. welche anderen Formen des Unbewußten hier zu gelten haben, ist verschieden

---

233 Vgl. ERNST BLOCH, Aus der Begriffsgeschichte des (doppelsinnig) ›Unbewußten‹, in: BLOCH, Bd. 10 (1969), 86–115.
234 ADORNO, Ästhetische Theorie, in: ADORNO, Bd. 7 (1970), 21.
235 MARQUARD (s. Anm. 79), 164; vgl. RAINER J. KAUS/JOHANNES HEINRICHS, Wandlungen des Unbewußten. Gedanken zu O. Marquards Werk ›Transzendentaler Idealismus – Romantische Naturphilosophie – Psychoanalyse‹, in: Jahrbuch der Psychoanalyse 25 (1989), 124–266.
236 Vgl. MARQUARD, Zur Bedeutung der Theorie des Unbewußten für eine Theorie der nicht mehr schönen Kunst, in: H. R. Jauß (Hg.), Die nicht mehr schönen Künste. Grenzphänomene des Ästhetischen (München 1968), 375–392.
237 Vgl. JULIA KRISTEVA, La révolution du langage poétique (Paris 1974).
238 Vgl. JUTTA PRASSE, Der blöde Signifikant und die Schrift – Stilfragen, in: Der Wunderblock. Zeitschrift für Psychoanalyse 9 (1982), 3–22 und 10 (1983), 37–49; LACAN (s. Anm. 196), 16ff.

beantwortet worden. Jean-François Lyotard, der vor allem mit einem energetischen Modell des Unbewußten und der Libido arbeitet[239], hat in seiner These für die Sprache und das Visuelle je verschiedene Formen der Negation und somit des Unbewußten unterschieden: »Cependant cette inconscience [der Sprache – d. Verf.] est aux antipodes de celle du voir. Celle-ci se réfère à une phénoménologie, celle-là à une archéologie. C'est l'acte même qui par la première est inconscient de soi et s'oublie dans la fascination naïve, naturelle de l'objet qu'il vise; pour la seconde, l'inconscience appartient à l'ordre du virtuel, elle précède et elle entoure l'acte parce qu'elle est ce qui le rend possible, elle l'investit et elle reste méconnue de lui parce qu'il l'efface par sa présence. L'inconscience actuelle est cette ombre que la lumière est pour elle-même, l'anonymat du voir qui voit la chose et ne se voit pas; l'inconscience virtuelle habite non le noyau de l'acte, mais ses entours, elle est l'autre sur lequel il se prend et qu'il oblitère par son existence.«[240] Sowohl von Lyotard als auch von Kristeva wird das Bild als ›das Andere‹ der symbolischen Ordnung beschrieben und ihm dadurch in gewisser Weise eine größere Nähe zum Unbewußten zugesprochen. Kristevas Konzept des Semiotischen und ihre Annahme eines vorsprachlichen oder präsymbolischen Unbewußten, mit dem sie in ihren Literatur- wie Kunstanalysen arbeitet[241], stützt eine solche Sicht. Aber auch bei anderen Autoren sind die Überlegungen um das Verhältnis von Bild und Sprache immer wieder von Fragen der Vorrangstellung des einen vor dem anderen durchzogen. Der Geringschätzung des Imaginären, die man in frühen Arbeiten Lacans wie in der Konzeption des Spiegelstadiums zu finden meinte, wurde eine Aufwertung des Imaginären entgegengesetzt.

In einer ähnlichen Bewegung ist von feministischen Theoretikerinnen die Weiblichkeit als das (subversive) Andere der phallischen symbolischen Ordnung verortet und die Frage nach Existenz und Genese eines spezifisch weiblichen Unbewußten neu belebt worden.[242] Darüber hinaus bildete die Verknüpfung von Weiblichkeit und Imaginärem, die sich beide in ihrer Opposition zum Symbolischen verbanden, den Ausgangspunkt zahlreicher theoretischer wie künstlerischer Arbeiten[243]

zu Inszenierung und Darstellung von Weiblichkeit bzw. (v. a. bei den französischen Theoretikerinnen) zu deren Unrepräsentierbarkeit.

Auf verschiedenen Wegen ist die Gegenüberstellung von Imaginärem und Symbolischem aber auch entdichotomisiert und differenziert worden. Die Frage der Hierarchie zwischen Bild und Sprache trat in den Hintergrund und gab die Aufmerksamkeit frei für Überschneidungen: »Beides, Empfänglichkeit für den Blick und Empfindlichkeit für die Rede, hat einen gemeinsamen Ort: das Unbewußte«[244]. Die Übertragbarkeit sprachlicher (symbolischer) Regeln auf den Bereich des Visuellen wurde ausgelotet, und insbesondere wurde die Begriffskonfusion zwischen Imaginärem und Bild[245] aufgelöst. Diese Gleichsetzung ist, wie bemerkt wurde, in beiden Richtungen kurzschlüssig. Denn es gilt, »daß das ›Imaginäre‹ als Versuchung [wie als Abstoßung – d. Verf.] nicht unbedingt mit ›Bildern‹ im visuellen Sinn ausstaffiert sein muß«[246]. Es kann ebenso mit der Vorstellung eines Geruchs usw. einhergehen; die optischen Modelle, die Lacan zu seiner Erläuterung heranzieht (Spiegelsta-

---

239 Vgl. JEAN-FRANÇOIS LYOTARD, Économie libidinale (Paris 1974).
240 LYOTARD, Discours, figure (1971; Paris ⁴1985), 29 f.; vgl. LYOTARD, Que peindre? Adami, Arakawa, Buren (Paris 1987).
241 Vgl. KRISTEVA, Maternité selon Giovanni Bellini (1975), in: Kristeva, Polylogue (Paris 1977), 409–435.
242 Vgl. KRISTEVA, Des Chinoises (Paris 1974); LUCE IRIGARAY, Speculum de l'autre femme (Paris 1974); EDITH SEIFERT, ›Was will das Weib?‹ Zu Begehren und Lust bei Freud und Lacan (Weinheim/Berlin 1987).
243 Vgl. LAURA MULVEY, Visual Pleasure and Narrative Cinema (1975), in: Mulvey, Visual and Other Pleasures (London 1989), 14–26; VALIE EXPORT, Das Reale und sein Double: der Körper (1987; Bern 1992); SYLVIA EIBLMAYR, Die Frau als Bild. Der weibliche Körper in der Kunst des 20. Jahrhunderts (Berlin 1993).
244 JÜRGEN MANTHEY, Wenn Blicke zeugen könnten. Eine psychohistorische Studie über das Sehen in Literatur und Philosophie (München/Wien 1983), 93; vgl. ULRIKE KADI, Bilderwahn. Arbeit am Imaginären (Wien 1999), 37, 91–100.
245 Vgl. HANNA GEKLE, Tod im Spiegel. Zu Lacans Theorie des Imaginären (Frankfurt a. M. 1996), 156.
246 WALTER SEITTER, Die Macht der Bilder (1981), in: Seitter, Jacques Lacan und ... (Berlin 1984), 17.

dium, ›umgekehrter Blumenstrauß‹)[247], veranschaulichen eine Vorstellungslogik, nicht eine solche des Sehens. Und es gilt umgekehrt, daß ein Bild (ein Gemälde, ein Foto usw.) keineswegs an sich imaginär ist. Das Imaginäre bildet eines der drei Register der psychischen Realität, weshalb die Wahrnehmung (wie ebenso die Herstellung) eines Bildes theoretisch in alle drei Register zerlegt werden kann. Von einem Bild zu sagen, es sei imaginär, kann allein heißen, daß es die Funktion des Imaginären in besonderer Weise anspricht.

Die Aufnahme der Überlegungen Lacans zum Blick trug weiter zur Differenzierung der Auseinandersetzung um Bedeutung und Ort des Unbewußten im visuellen Feld bei. Von Rosalind Krauss ist der Begriff des ›Optisch-Unbewußten‹ aus Benjamins Gebrauchsweise gelöst und mit den Konzepten des Begehrens und des Triebes (Wiederholungszwang) verbunden worden. In ihrem Buch *The Optical Unconscious* (1993) arbeitet sie vor allem mit dem von Lacan entwickelten Schema L, um den ›inneren Ausschluß‹ zu verdeutlichen, der den Ort des Unbewußten kennzeichnet. Diesen Ort hatten historisch im Bereich des Visuellen, so Krauss, die Künstler der ›anderen Moderne‹ (Marcel Duchamp, Hans Bellmer, Max Ernst u. a.) besetzt, die die geschlossene Logik der modernen Visualität von innen her durchquert und gestört haben. »The optical unconscious will claim for itself this dimension of opacity, of repetition, of time. It will map onto the modernist logic only to cut across its grain, to undo it, to figure it otherwise.«[248]

Auch ist die Trias des Symbolischen, Imaginären und Realen als solche hervorgehoben worden: »Die *Unmöglichkeit* der ›Unterdrückung‹ des Imaginären im Symbolischen zeigt ein *Reales* an im Innersten des Symbolischen«[249], hält Žižek fest und bringt damit den dritten Term ins Spiel. Die heikle Stellung des Registers des Realen hat nicht allein in der ästhetischen Diskussion seine Aufnahme erschwert. Doch liegt gerade in der Tatsache, daß das Reale stets auf der Seite des Unmöglichen steht, seine besondere Verbindung mit dem Unbewußten. Die Kunst ist in größte Nähe zu ihm gebracht worden: »Die Kunst kann sich niemals in der Kommunikation auflösen, weil sie einen nicht kommunizierbaren Kern enthält, der Quell unendlich vieler Interpretationen ist. Unter diesem Aspekt ist sie mit dem Realen verwandt, dessen rauhe und felsige Ungehörigkeit (Unangepaßtheit) sie teilt.«[250]

Mai Wegener

Literatur
ADLER, HANS, Fundus Animae – der Grund der Seele. Zur Gnoseologie des Dunklen in der Aufklärung, in: Deutsche Vierteljahrsschrift 62 (1988), 197–220; BEHRENS, RUDOLF, Die Spur des Körpers. Zur Kartographie des Unbewußten in der französischen Frühaufklärung, in: H.-J. Schings (Hg.), Der ganze Mensch. Anthropologie und Literatur im 18. Jahrhundert (Stuttgart/Weimar 1994), 561–583; DURAND, ANNE, L'inconscient de Lipps à Freud. Figures de la transmission (Paris 2003); ELLENBERGER, HENRY F., The Discovery of the Unconscious. The History and Evolution of Dynamic Psychiatry (London 1970); GAUCHET, MARCEL, L'inconscient cérébral (Paris 1992); GÖDDE, GÜNTER, Traditionslinien des ›Unbewußten‹: Schopenhauer, Nietzsche, Freud (Tübingen 1999); GÖDDE, GÜNTER/BUCHHOLZ, MICHAEL B. (Hg.), Macht und Dynamik des Unbewussten. Auseinandersetzungen in Philosophie, Medizin und Psychoanalyse (Gießen 2005); GOLDMANN, STEFAN, Von der Lebenskraft zum Unbewußten. Konzeptwandel in der Anthropologie um 1800, in: R. G. Appell (Hg.), Homöopathie und Philosophie & Philosophie der Homöopathie (Eisenach 1998), 149–174; MARQUARD, ODO, Transzendentaler Idealismus, romantische Naturphilosophie, Psychoanalyse (Köln 1987); RANCIÈRE, JACQUES, L'inconscient esthétique (Paris 2001); RIEDEL, WOLFGANG, Die Aufklärung und das Unbewußte. Die Inversionen des Franz Moor, in: Jahrbuch der deutschen Schillergesellschaft 37 (1993), 198–220; VIDAL, ERIC, Les rapports entre la peinture surréaliste et l'inconscient dans la littérature européenne (Diss. Toulouse 1995); WHYTE, LANCELOT L., The Unconscious before Freud (London/New York 1960).

---

247 Vgl. SEITTER, Das Spiegelstadium, in: G. Fischer u. a. (Hg.), Daedalus – Die Erfindung der Gegenwart [Ausst.-Kat.] (Basel/Frankfurt a. M. 1990), 281; ULRIKE DRAESNER, Atem, Puls, Bahn, in: J. Sartorius (Hg.), Minima Poetica. Für eine Poetik des zeitgenössischen Gedichts (Frankfurt a. M. 2003), 56 ff.
248 ROSALIND E. KRAUSS, The Optical Unconscious (Cambridge, Mass. 1993), 24; vgl. FREDRIC JAMESON, The Political Unconscious. Narrative as a Socially Symbolic Act (Ithaca, N. Y. 1981).
249 ŽIŽEK, Mißverständnisse der Metonymismus, übers. v. N. Haas, in: Der Wunderblock. Zeitschrift für Psychoanalyse 10 (1983), 65.
250 MARIO PERNIOLA, Idiotie und Glanz. Über Ekel und Pracht in der zeitgenössischen Kunst, übers. v. A. Kopetzki, in: Lettre International 45 (1999), 61.

Unheimlich/das Unheimliche
(engl. the uncanny, unhomely; frz. l'inquiétante étrangeté; ital. il perturbante; span. lo ominoso; russ. жуткое)

I. Einleitung: Das Unheimliche als ein Begriff des 20. Jahrhunderts; 1. Zeitgenössische Poetik des Unheimlichen; 2. Wortgeschichte; 3. Freuds Essay über ›Das Unheimliche‹; **II. Das Unheimliche im psychoanalytischen Denken bei und nach Freud;** 1. Das Unheimliche und die Angst; 2. Das Unheimliche und die Literaturtheorie; 3. Der verdrängte phylogenetische Gehalt des Unheimlichen; **III. Konstruktion des Begriffs;** 1. Die Aufnahme des Unheimlichen in den Kanon; 2. Übersetzungen; 3. Nachromantische Genealogien und strukturelle Überschneidungen mit dem Dämonischen, Erhabenen, Grotesken, Phantastischen und Schauerlichen; 4. Strategischer Austausch: Das Fremde und das Vertraute

I. Einleitung: Das Unheimliche als ein Begriff des 20. Jahrhunderts

In grammatikalischer wie in semantischer Hinsicht gehört ›das Unheimliche‹ wie ›das Erhabene‹, ›das Numinos-Dämonische‹, ›das Groteske‹, ›das Phantastische‹, ›das Schauerliche‹ (engl. the gothic) in das Begriffsfeld substantivierter Adjektive; außerdem steht es in einer Reihe mit allgemeineren ästhetischen, politischen, psychologischen und ontologischen Kategorien wie Verfremdung, Entfremdung und Angst. Obwohl all diese Termini oftmals nahezu synonymisch verwendet werden und obwohl das Adjektiv ›unheimlich‹, wie auch ›erhaben‹, in der romantischen, schwarz-romantischen und phantastischen Literatur oft auftaucht – mit E. T. A. Hoffmann als dem »unerreichten Meister des Unheimlichen in der Dichtung«[1] –, handelt es sich bei dem ›Unheimlichen‹ um keinen ästhetischen Grundbegriff mit historischer Tiefe, der im späten 20. Jh. lediglich wiederentdeckt und umgewandelt worden wäre: Vor dieser Zeit gibt es keine einschlägige theoretische oder ästhetische Literatur zu diesem Thema. Als Begriff gehört das Unheimliche eindeutig in das späte 20. Jh.; der Prozeß der Begriffsbildung dauert immer noch an, ist diffus und in einem hohen Maß selbstreflexiv oder metatheoretisch.

Besonderheit darf die Begriffsbildung des Unheimlichen insofern für sich beanspruchen, als sie durch ein fundamentales Paradox gekennzeichnet ist: Während das Unheimliche in verschiedenen Kontexten als ein zunehmend etabliertes und kanonisch gewordenes begriffliches Werkzeug funktioniert, ist es in der diskursiven Perspektive oftmals durch semantische Offenheit und Unbestimmtheit gekennzeichnet – um mit der poststrukturalistischen (›französischen‹) Theorie zu sprechen: durch Dissemination und Widersprüchlichkeit. Autoreflexiv offenbart und hinterfragt der Prozeß der Begriffsbildung die den Begriffen und ihrer Bildung zugrundeliegenden diskursiven Mechanismen, z. B. die künstliche Setzung eines Ursprungs, die metaphorische Natur der Begriffe, die fiktionale Qualität des psychoanalytischen oder theoretischen Diskurses, die Gewalt, welche der Interpretation und der Zusammenfassung als rhetorischen Strategien innewohnt, die Theatralität bzw. den performativen Charakter des naturwissenschaftlichen Diskurses: »the uncanny has remained so peripheral an issue in theoretical discourse, psychoanalytic or not. For it confounds predication, judgement, and lets a certain form of ›constative‹ discourse reveal itself as always already ›performative‹. This mixing of the genres poses a challenge to a notion of scholarship that still insists that knowing and not knowing are mutually exclusive.«[2] Demnach stellt das Unheimliche nichts Geringeres als die epistemologische Grundlage des Denkens und des theoretischen Diskurses in Frage, weil es offenlegt, was um der Klarheit und der Gewißheit willen ignoriert und verdrängt werden muß. Deshalb ist es ein Begriff und darf zugleich keiner sein. Immer bleibt es ›marginal‹ in dem Sinne, daß es am Rand des theoretischen Diskurses operiert und dessen Ansprüche sowohl offenlegt als auch unterminiert.

So dekonstruierten unzählige ›rereadings‹ von Freuds grundlegendem Aufsatz über *Das Unheimliche* (1919) die Unterscheidung zwischen Wissenschaft und Fiktion und die durch das ›phallogozen-

---
1 SIGMUND FREUD, Das Unheimliche (1919), in: FREUD (SA), Bd. 4 (1970), 257.
2 SAMUEL WEBER, The Legend of Freud (1979; Stanford 2000), 21.

trische‹ Ideal des wissenschaftlichen Wissens implizierten Annahmen; statt dessen zeigten sie den metaphorischen Charakter der wissenschaftlichen Sprache und den Anteil von Subjektivität im sogenannten objektiven Diskurs. Auf diese Weise sieht man sich mit einem enormen Paradox konfrontiert: Auch wenn der Begriffsstatus des Unheimlichen in der *Theorie* oft in Frage gestellt wird, *funktioniert* es in der Praxis gleichwohl als Begriff.

1. Zeitgenössische Poetik des Unheimlichen

Der besondere begriffliche Status des Unheimlichen legt nahe, daß der Terminus geprägt wurde, um ein typisches Gefühl des ausgehenden Jahrtausends einzufangen, wie es in zeitgenössischen kulturellen Manifestationen zum Ausdruck gekommen ist: in der bildenden Kunst (so in Ausstellungen der letzten Jahre in Linz, Vancouver, Delmenhorst und Liverpool), im Kino (z. B. bei David Lynch und David Cronenberg), in der Fotografie (z. B. bei Cindy Sherman, Sophie Calle), in der Architektur (z. B. bei Daniel Libeskind, Bernard Tschumi, Peter Eisenman), aber auch in den neuen elektronischen Medien, im Internet und den damit verknüpften Phänomenen der Popkultur wie z. B. dem Cyberpunk. Daneben werden derzeit auch kulturelle und politische Fragen im Zeichen des Unheimlichen abgehandelt. So hat die theoretische (Omni-)Präsenz des Unheimlichen am Ende des Jahrtausends eine Poetik des Unheimlichen im zweifachen Sinn hervorgebracht: als Werkzeug der Analyse und als Richtlinie künstlerischen Schaffens.

Exemplarisch für die Ästhetik der ›unheimlichen‹ 90er Jahre‹ ist das Werk des Filmemachers David Lynch.[3] Von der Reihe von Doppelgängern und der verwickelten Struktur seiner Filme mit ihren Wiederholungen und Verschiebungen einmal abgesehen, offeriert die TV-Serie *Twin Peaks* (1990–1991) einen perfekten Rahmen für das Unheimliche: eine gemütliche, kleinstädtische, durch und durch amerikanische Welt mit Blaubeerkuchen, Kaffee und High-School-Kids, die ganz allmählich an abgründigen, dunkel-sexuellen Geheimnissen zerbricht. In einem Interviewband mit Lynch benutzt der Filmkritiker Chris Rodley das Unheimliche als übergreifendes und verbindendes Konzept[4] und löst es damit als ästhetisches aus dem wissenschaftlich-akademischen Kontext heraus. So wird der Begriff einer breiteren Leserschaft zugänglich gemacht und der zeitgenössischen Kunst und Popkultur zugeführt: »Der Trend ist wirklich da. Dass unter dem Etikett ›Unheimlich‹ eine Ausstellung glaubwürdig neueste Positionen der Malerei versammeln kann, ist Beweis genug: Der lange für die Kunst gestorben geglaubte Gegenstand ist zurück.«[5] Die Ausstellung *UnHEIMlich* in Delmenhorst, auf die sich Benno Schirrmeister bezieht, ist nicht die erste ihrer Art. Die 1995 von Georg-Christoph Tholen und Martin Sturm kuratierte Ausstellung *Augen-Blicke* im Offenen Kulturhaus in Linz war als Dialog zwischen Künstlern und Psychoanalytikern unter Bezugnahme auf Freuds Text konzipiert und behandelte die Motive des Blicks und der verschwimmenden Grenzen zwischen Wirklichkeit und Fiktion.[6]

Spuren des Unheimlichen als Inspirationsquelle lassen sich am Ende des 20. Jh. in mehreren Kunstformen finden. In Libeskinds *Jüdischem Museum* in Berlin, bei dem es sich um ein herausragendes Beispiel einer ›unheimlichen‹ Architektur handelt, die sich mit den Themen Trauma, Gedächtnis und Repräsentation auseinandersetzt, nimmt E. T. A. Hoffmann, nach dem der ›Garten des Exils‹ und der Emigration‹ benannt ist, sowohl buchstäblich als auch metaphorisch breiten Raum ein. Das Werk Winfried G. Sebalds, eine eigenwillige Mischung aus (autographischer) Literatur, Fotografie und Architektur, ist heimgesucht von Melancholie, von Spuren der Vergangenheit und Fragmenten einer verlorengegangenen Identität, vom Trauma

---

3 Vgl. LENORA LEDWON, ›Twin Peaks‹ and the Television Gothic, in: Literature – Film Quarterly 21 (1993), 260–270.
4 Vgl. CHRIS RODLEY, Introduction, in: Lynch on Lynch, hg. v. C. Rodley (London 1999), ix–xiii.
5 BENNO SCHIRRMEISTER, Wiederkehr aus dem Schattenreich, in: Die Tageszeitung (3./4. 1. 2004), 22.
6 Vgl. MARTIN STURM u. a. (Hg.), Lacan. Phantasma und Phantome. Gestalten des Unheimlichen in Kunst und Psychoanalyse [Ausst.-Kat.] (Salzburg 1995); PETER ASSMANN u. a. (Hg.), Kubin. Die andere Seite der Wirklichkeit. Ein Symposium zu Aspekten des Unheimlichen, Phantastischen und Fiktionalen (Salzburg 1995); MIKE KELLEY, The Uncanny [Ausst.-Kat.] (Köln 2004).

und von buchstäblicher wie metaphorischer Obdachlosigkeit nach dem Holocaust. Selbst das Wort ›unheimlich‹ kommt bei ihm, wie der Titel seiner 1991 erschienenen Aufsatzsammlung über die österreichische Literatur programmatisch verrät, nicht eben selten vor.[7]

In seinem Aufsatz *The Uncanny Nineties* behauptet Martin Jay ganz richtig: »By common consent, the theoretical explanation for the current fascination with the concept is Freud's 1919 essay ›The Uncanny‹«[8]. Freuds Aufsatz bildet nicht nur den Ausgangspunkt der hier skizzierten Begriffsgeschichte des 20. Jh., sondern auch den bleibenden Anziehungs- und bündelnden Brennpunkt der Erfolgsgeschichte und gegenwärtigen Konjunktur des Unheimlichen in Kunst und Theorie. Freud selbst nimmt seinen Ausgang von der Wortgeschichte; auch hier soll sie vorab skizziert werden.

2. Wortgeschichte

Das Adjektiv unheimlich kommt vom mittelhochdeutschen ›heim(e)lich‹, aus der althochdeutschen Wurzel ›heima‹. Dornseiff unterscheidet in semantisch-grammatikalischer Hinsicht zwischen ›Heim‹ und ›Haus‹: ›Heim‹ ist »dem Sinne nach eher Substantivierung des Adverbiums heim«[9] (engl. ›home‹). Friedrich Kluge erklärt, wie sich die ziemlich widersprüchlichen Bedeutungen des Adjektivs heimlich – einerseits bedeutet es ›vertraut‹, ›heimelig‹, andererseits aber ›geheim‹, ›heimlich‹, ›versteckt‹ – entwickelten: »Ausgangsbedeutung ›zum Haus gehörig, einheimisch‹, schon von Anfang an auch zur Bezeichnung des damit verborgenen Aspekts: wer sich in das Heim zurückzieht, verbirgt sich vor anderen, vor Fremden«[10]. Auch Freuds gründliche Wörterbuchlektüre zu den Einträgen ›heimlich‹ und ›unheimlich‹ – neben dem das erste Stichwort enthaltenden Band des *Grimmschen Wörterbuchs* von 1877 zieht er vor allem Daniel Sanders' *Wörterbuch der deutschen Sprache* von 1860–1865 heran – widmet sich der doppelten, in sich widersprüchlichen, etymologisch jedoch zusammenhängenden Bedeutung des Adjektivs heimlich. Schließlich hebt Freud eine aus Schellings *Philosophie der Mythologie* (entst. 1835) stammende Definition hervor: »unheimlich nennt man alles, was im Geheimniß, im Verborgnen […] blei-

ben sollte und hervorgetreten ist«[11], woraus er schließt: »heimlich ist ein Wort, das seine Bedeutung nach einer Ambivalenz hin entwickelt, bis es endlich mit seinem Gegensatz unheimlich zusammenfällt. Unheimlich ist irgendwie eine Art von heimlich.«[12]

Dem Band des Grimmschen *Wörterbuchs* von 1936 zufolge erhält das Adjektiv unheimlich, das ursprünglich nur ›nicht vertraut‹ bedeutet, mehr und mehr die negativen Konnotationen von ›ungeheuer‹, ›feindlich‹, ›grauenhaft‹ usw.[13] Im 16. und 17. Jh. erscheint erstmals die Assoziation mit Hexerei, Geistern, Spuk und Aberglauben, ein weiteres Mal gegen Ende des 18. Jh., als der Terminus auch »mit engerer beziehung auf das gefühlsleben«[14] gebraucht wird. Diese semantische Entwicklung bestätigt, daß die Empfindung des Unheimlichen in Zusammenhang mit der Wiederkehr des von der Aufklärung unterdrückten Irrationalismus steht und die Verbindung zu historischen Genres wie dem Schauerroman und dem Phantastischen begünstigt.[15] Abschließend sei angemerkt, daß weder Freud noch die späterhin mit dem Unheimlichen sich befassenden Autoren (mit Ausnahme Mark Z. Danielewskis in der postmodernen Kulterzählung *House of Leaves*[16]) den im 19. Jh. aufkommenden adverbialen Gebrauch von

---

7 Vgl. WINFRIED G. SEBALD, Unheimliche Heimat, Essays zur österreichischen Literatur (Salzburg 1991).
8 MARTIN JAY, The Uncanny Nineties (1995), in: Jay, Cultural Semantics. Keywords for Our Time (London 1998), 157.
9 FRANZ DORNSEIFF, Bezeichnungswandel unseres Wortschatzes (Lahr in Baden 1955), 68.
10 KLUGE (²²1989), 301.
11 FRIEDRICH WILHELM JOSEPH SCHELLING, Philosophie der Mythologie (entst. 1835), in: SCHELLING (sw), Abt. 2, Bd. 2 (1857), 649; vgl. FREUD (s. Anm. 1), 248.
12 FREUD (s. Anm. 1), 250.
13 Vgl. ›unheimlich‹, in: GRIMM, Bd. 11/3 (1936), 1055–1059.
14 Ebd., 1057.
15 Vgl. NIELS WERBER, Gestalten des Unheimlichen. Seine Struktur und Funktion bei Eichendorff und Hoffmann, in: E.-T.-A.-Hoffmann-Jahrbuch 6 (1998), 7–27.
16 Vgl. MARK Z. DANIELEWSKI, House of Leaves (London 2000), 28.

›unheimlich‹ im Sinne einer Verstärkung (›riesig‹) berücksichtigen.

3. Freuds Essay über ›Das Unheimliche‹

Freuds relativ kurzer Text umfaßt drei Hauptteile und bietet, bisweilen auf Kosten der Textkohärenz, ein breites Spektrum an Themen, Ansätzen und Querverbindungen zu anderen Texten aus dem Freudschen Œuvre. Die drei Teile, die keine eigenen Überschriften tragen, lassen sich nicht streng gegeneinander abgrenzen: Einzelne Themen kehren mehrmals wieder, der Gegenstand wird unter verschiedenen Blickwinkeln betrachtet, frühere Schlußfolgerungen werden aufs neue in Frage gestellt. Freud eröffnet die Diskussion mit der Feststellung, das Unheimliche sei ein ›ästhetischer Gegenstand‹ in dem weiten Sinn einer »Lehre von den Qualitäten unseres Fühlens«[17]. Die von dem Psychiater Ernst Jentsch in *Zur Psychologie des Unheimlichen* (1906) vorgebrachten erklärenden Begriffe lehnt Freud ab. Jentsch betrachtet das Unheimliche als Angst vor allem Neuen und Unbekannten: Er verknüpft es mit psychischen Reaktionen wie »Mangel an Orientirung«, »Misstrauen, Missbehagen, selbst Feindseligkeit [...] gegenüber dem Neuen (Misoneismus)« sowie intellektueller »Unsicherheit«[18] und gelangt so zu einer sehr rationalistischen Sicht des Unheimlichen als einer primitiven, durch Wissen und Erziehung allerdings überwindbaren Erscheinung. Freud hingegen schlägt zur Untersuchung des Phänomens einen doppelten, Deduktion und Induktion verbindenden Weg vor. Seine Wörterbuchlektüre hebt auf die lexikalische Ambivalenz von heimlich/unheimlich ab und nimmt Schellings bereits zitierten Satz zum Ausgangspunkt einer Definition, wonach es sich beim Unheimlichen um einen Anflug von Angst handelt, spürbar in dem Augenblick, in dem das Vertraute durch die Wiederkehr des Verdrängten fremd wird.

Der zweite und gehaltvollste Teil des Aufsatzes ist der Diskussion von Beispielen und Fällen von Unheimlichem gewidmet. Im Gegensatz zu Jentsch schreibt Freud die Unheimlichkeit von E.T.A. Hoffmanns Novelle *Der Sandmann* (1816) nicht der ›intellektuellen Unsicherheit‹ zu, etwa dem Zweifel, ob etwas Unbelebtes lebendig ist oder umgekehrt, wie bei der künstlichen Puppe Olimpia, die mit einer lebendigen Frau verwechselt wird. Vielmehr hebt er auf die Verbindung des literarischen Motivs der ausgerissenen Augen, das für Kastrationsangst steht, mit der Figur des Sandmanns als Verkörperung der Kastrationsdrohung ab. Die im Vordergrund stehende symbolische Interpretation in Begriffen der Kastrationsangst, die zugleich als eine Illustration der Psychoanalyse oder als eine Allegorie für sie fungiert, wird ergänzt durch eine strukturelle Lektüre der Positionen und Rollen im Rahmen eines Psychodramas sowie durch eine psychobiographische Lesart, die die Geschichte in den Fußnoten mit Hoffmanns Kindheit verknüpft. Andere unheimliche Motive und Phänomene werden aus einem breiten Spektrum von Material bezogen. In Hoffmanns Erzählung *Die Elixiere des Teufels* (1815/1816) werden die Motive des Doppelgängers, der Verdopplung und der Spaltung auf den von Otto Rank untersuchten primitiven Glauben an das Doppelte als Schutz gegen den Tod zurückgeführt. Wird dieser Glaube auf späteren Stufen der gesellschaftlichen Entwicklung aufgegeben, kehrt sich die Funktion des Doppelgängers um: Er schützt nicht mehr vor dem Tod, sondern wird zum unheimlichen Todesboten. Der Begriff der ›Wiederkehr des Gleichen‹ wird durch eine Reihe von – autobiographischen, literarischen, klinischen und aus dem Volksglauben, Aberglauben und der primitiven Kultur herausgegriffenen – Beispielen illustriert, die auf Quellen im kindlichen Seelenleben zurückgeführt werden. Einerseits wird alles, was an den ›Wiederholungszwang‹, einen Zwang jenseits des Lustprinzips, gemahnt, als unheimlich erfahren. Andererseits führt die »Allmacht der Gedanken«[19], wie sie für eine Zwangsneurose (z.B. des Rattenmannes) typisch ist, zurück zum Animismus und zur Technik der Magie, die Freud 1912–1913 in *Totem und Tabu* erforscht hatte. Freud faßt das Wesen des Unheimlichen in einigen wenigen Thesen zusammen: Erstens wird jeder durch die Verdrängung in Angst verwandelte Affekt, gleich ob positiv oder negativ,

---

17 FREUD (s. Anm. 1), 243.
18 ERNST JENTSCH, Zur Psychologie des Unheimlichen, in: Psychiatrisch-Neurologische Wochenschrift 8 (1906), 195 f.
19 FREUD (s. Anm. 1), 263.

bei seiner Wiederkehr unheimlich werden. Zweitens läßt sich diese psychoanalytische Erkenntnis mit Schellings Definition vereinbaren: Das wiederkehrende Verdrängte ist das, was eigentlich im Verborgenen hätte bleiben sollen, aber trotzdem ans Licht kommt. In Begriffen der Psychoanalyse ist »dies Unheimliche [...] wirklich nichts Neues oder Fremdes, sondern etwas dem Seelenleben von alters her Vertrautes, das ihm nur durch den Prozeß der Verdrängung entfremdet worden ist« (264).

Im dritten und letzten Teil begegnet ein seltsamer rhetorischer Schachzug, wenn Freud seine eigenen Schlußfolgerungen in Frage zu stellen beginnt und eine Reihe von Gegenbeispielen zu seiner Theorie anführt. Anschließend wird eine erste wichtige Unterscheidung zwischen dem »Unheimlichen des Erlebens« und dem »Unheimlichen der Fiktion« in die Definition eingeführt. Unheimlichkeit des Erlebens kann herrühren von einer unerwarteten Konfrontation entweder mit Situationen, die an »*überwundene* primitive Überzeugungen« (271) wie Animismus, Aberglaube, Angst vor der Wiederkehr von Toten erinnern, oder mit der Wiederkehr verdrängter kindlicher Komplexe und Affekte (Kastration, Rückkehr in den Mutterleib). In der Dichtung sind die Verhältnisse noch komplizierter: »Das paradox klingende Ergebnis ist, *daß in der Dichtung vieles nicht unheimlich ist, was unheimlich wäre, wenn es sich im Leben ereignete, und daß in der Dichtung viele Möglichkeiten bestehen, unheimliche Wirkungen zu erzielen, die fürs Leben wegfallen.*« (271 f.) Die Frage, auf welche Weise dieses Abdämpfen oder Neutralisieren (z. B. durch Humor) oder, umgekehrt, das Wiederbeleben oder Verstärken des Unheimlichen ins Werk gesetzt wird, bleibt für Freud eher Sache der Ästhetik als der Psychoanalyse.

II. Das Unheimliche im psychoanalytischen Denken bei und nach Freud

Obwohl der Aufsatz am Ende des 20. Jh. seine »marginal position in the Freudian canon«[20] hinter sich gelassen hat, galt *Das Unheimliche* sowohl wegen der exzentrischen und, wie Samuel Weber wiederholt insistierte, ›abseitigen‹ Position seines Gegenstands als auch wegen der Unbestimmtheit und der eklektischen Struktur des Aufsatzes selbst[21] lange Zeit als »un texte de second plan«[22]. Meistens als der unmittelbare Vorläufer von *Jenseits des Lustprinzips* (1920) angesehen, schwankt *Das Unheimliche* zwischen mehreren psychoanalytischen Forschungsfeldern, der sogenannten angewandten Psychoanalyse einschließlich der psychoanalytischen Ästhetik, der Psychopathologie des Alltagslebens und der psychoanalytischen Theorien (vom Ursprung) der Gesellschaft, der Religion und der Weltanschauung auf der einen Seite; der klinischen Psychoanalyse und der sogenannten Metapsychologie oder psychoanalytischen Theorie auf der anderen. Speziell in der letztgenannten Domäne besitzt der Aufsatz eine Schlüsselstellung in dem Sinne, daß er Kernstücke der wichtigsten Innovationen in Freuds Werk enthält.

1. Das Unheimliche und die Angst

Das Unheimliche wird zumeist mit den Neuerungen der in *Jenseits des Lustprinzips* ausgearbeiteten Triebtheorie assoziiert: mit der Einführung des Todestriebs, mit dem Phänomen des Wiederholungszwanges und mit der ambivalenten Bedeutung des Doppelgängers und der Verdoppelung. Der andere Aufsatz behandelte Wiederholungszwang ist ein Problem, das die Dichotomie zwischen Ich-Trieben und Sexualtrieben (oder Libido) aus der ersten Triebtheorie sowie das auf Spannungsabbau beruhende Modell des Lustprinzips in Frage stellt. Dies führte Freud zu der Hypothese einer noch grundlegenderen Tendenz des Organismus, alle Spannung zu verringern und zu

---

20 DAVID ELLISON, Ethics and Aesthetics in European Modernist Literature. From the Sublime to the Uncanny (Cambridge 2001), 52.
21 Vgl. WEBER, The Sideshow, or: Remarks on a Canny Moment, in: Modern Language Notes 88 (1973), 1103, 1116, 1121; WEBER (s. Anm. 2), 21; JEAN-MICHEL REY, Des mots à l'œuvre (Paris 1979), 19; MICHEL LEDOUX, Autour de l'inquiétante étrangeté. Réflexions sur la castration, le mythe et la mort, in: Revue française de psychanalyse 43 (1979), 469.
22 BERNARD MERIGOT, Note sur l'Unheimliche, in: Littérature 8 (1972), 101.

einem unbelebten Zustand zurückzukehren, die er als Todestrieb bezeichnete. Ferner kündigt das im Fall des Doppelgängers eingeführte Modell der Ichspaltung die zweite Topik aus Ich, Es und Über-Ich an. Drittens muß das Unheimliche im Kontext der Freudschen Theorien zur Angst gesehen werden. Wesentlich für das Unheimliche sind die Konzepte der Verdrängung und der Wiederkehr des Verdrängten. Die Idee, eine jede verdrängte oder überwundene Vorstellung könne unabhängig von der ursprünglich mit ihr verbundenen Empfindung bei ihrer Wiederkehr unheimlich werden, paßt zu der ersten Theorie der Angst, wonach diese eine Folge von Verdrängung ist.[23] In der zweiten Theorie wird Angst dann zur Ursache von Verdrängung.[24] In beiden theoretischen Schriften über die Angst bezieht sich Freud nie auf *Das Unheimliche*, möglicherweise weil er die Empfindung des Unheimlichen eher als ein ästhetisches denn als ein klinisches Problem ansieht.

In seinem dem Thema der ›angoisse‹ gewidmeten *Séminaire X* behandelt Jacques Lacan das Unheimliche – »c'est un article que je n'ai jamais entendu commenter, et dont personne ne semble même s'être aperçu qu'il est la cheville indispensable pour aborder la question de l'angoisse«[25] – als Grundmodell der Angst und hebt auf die Kastration und auf die negative Wahrnehmung des fehlenden Phallus (-φ) ab. Dieses Symbol verweist auf eine imaginäre, durch die Wahrnehmung nicht bestätigte Kastration: Der Phallus, der eigentlich fehlen sollte, wird als noch vorhanden wahrgenommen: »le manque vient à manquer«, und »c'est toujours le *ça ne manque pas*«[26]. Angst wird entsprechend durch die *Absenz* der Kastration, die für das gespaltene Subjekt und den Eintritt in die symbolische Ordnung der Sprache verantwortlich ist, nicht durch die Kastration selbst verursacht. Dies ist verknüpft mit der Doppeldeutigkeit von heimlich/ unheimlich, bei der die Stelle des ›heim‹ als strukturelle Position im Imaginären (auf der Ebene also der spiegelbildlichen Identifikation mit einem Bild) gelesen wird, und mit der ambivalenten Funktion der Verdoppelung. Moustapha Safouan zufolge gilt, »que quelque chose vienne à apparaître dans ce foyer du manque, et alors surgit le sentiment de étrangeté (*Unheimlich*), initiateur et aurore de l'angoisse«[27]. Das Vertraute – die Wahrnehmung des Phallus – wird fremd, weil es, wie der Doppelgänger, an einer Stelle erscheint, an der es erwartungsgemäß fehlen sollte, und es so, anstatt dem Subjekt zu versichern, daß keine Kastration stattfand, gerade selbst zum Zeichen der Kastration wird. Lacans Auffassung der Angst basiert auf der Psychose. Die Wahrnehmung des negativen Phallus ist halluzinatorisch, sie gehört zur Ordnung des Realen: Sie entzieht sich der Darstellbarkeit und bildet auf diese Weise die Hauptquelle der Angst.

Auch der Einfluß Jacques Derridas auf die Entdeckung des Freudschen Textes ist nicht zu unterschätzen. Seine kurzen Kommentare zum Unheimlichen und zur Kastration in *La double séance* (1972) haben den psychoanalytischen Begriff der Kastration von der Problematik der Identität und Subjektbildung hin zu der allgemeineren Problematik der Bezeichnung als eines endlosen Wiederholungsprozesses verschoben, der in einem grundlegenden Mangel an Ursprung oder Wahrheit gründet und den Derrida ›dissémination‹ nennt: »Pas plus que la castration, la dissémination, qui l'entraîne, l'›inscrit‹, la relance, ne peut devenir un signifié originaire, central ou ultime, le lieu propre de la vérité.«[28] Obwohl Derrida in diesem Text dem Unheimlichen nur drei Fußnoten widmete, lösten diese doch ein neues Interesse an Freuds Essay aus und ließen es im Werk einiger der nächsten Gefolgsleute Derridas – Hélène Cixous, Sarah Kofman, Jean-Michel Rey und Samuel Weber – zu einem Leitmotiv werden. Kofman sah sich sogar veranlaßt, Derrida selbst als »un philosophe ›unheimlich‹«[29] zu charakterisieren.

---

23 Vgl. FREUD, Vorlesungen zur Einführung in die Psychoanalyse (1916–1917), in: FREUD (SA), Bd. 1 (1969), 380–397.
24 Vgl. FREUD, Hemmung, Symptom und Angst (1926), in: FREUD (SA), Bd. 6 (1971), 227–308.
25 JACQUES LACAN, Le Séminaire livre X: L'angoisse, hg. v. J.-A. Miller (Paris 2004), 53.
26 Ebd., 53, 67.
27 MOUSTAPHA SAFOUAN, Lacania. Les séminaires de Jacques Lacan 1953–1963 (Paris 2001), 234.
28 JACQUES DERRIDA, La double séance, in: Derrida, La dissémination (Paris 1972), 326.
29 Vgl. SARAH KOFMAN, Un philosophe ›unheimlich‹, in: Kofman, Lectures de Derrida (Paris 1984), 16–114.

2. Das Unheimliche und die Literaturtheorie

Heutzutage wird der Begriff des Unheimlichen meistens mit Freuds Schriften über Kunst und Literatur assoziiert. Dies entspricht auch Freuds eigener Ansicht, denn 1924 nahm er den Text auch in eine Sammlung mit dem Titel *Psychoanalytische Studien an Werken der Dichtung und Kunst* auf. Die meisten Kritiker sind der Auffassung, Herzstück des Aufsatzes über das Unheimliche sei die ausführliche Analyse und Interpretation der Erzählung *Der Sandmann* von E. T. A. Hoffmann. Die ziemlich paradoxe Mischung aus einer verhältnismäßig komplexen und raffinierten Analyse und einer teils schreiend falschen und voreingenommenen Interpretation hat Anlaß zu unzähligen parallelen Lektüren beider Texte gegeben, wie sie seit den 1970er Jahren eine eigene Tradition begründet haben. Eine gute Übersicht über diesen Strang der Forschung geben Elizabeth Wright, Robin Lydenberg und Nicholas Royle.[30] Wright spezifiziert zwei allgemeine und miteinander verbundene Klassen von Versäumnissen: die eine die Literatur, die andere die Psychoanalyse betreffend. »Freud has ignored the narrative strategies and textual devices employed (consciously/unconsciously) by Hoffmann.«[31] Genauer gesagt werfen die Kritiker Freud vor, Elemente der Geschichte wie z. B. einzelne Figuren, Szenen, den Erzähler oder Aspekte wie die Brieffform außer acht gelassen oder fehlinterpretiert zu haben. In Hinblick auf die Novelle wurden alternative Interpretationen in Begriffen von Aggression, Familiengeheimnis oder Narzißmus vorgeschlagen.

Die im ersten und im dritten Teil aufgeworfenen allgemeinen literarischen Fragen erweitern den genuin ästhetischen Spielraum des Textes: Wie kann Literatur auch andere Affekte als die traditionell von der Ästhetik favorisierten, also beispielsweise das Gefühl des Unheimlichen, Furcht, Schrecken oder Ekel erzeugen? Welcher Art ist die Macht des Autors über den Leser? Wie kann ein Autor Affekte, die sich aus den tiefsten Quellen des Unbewußten speisen, auf den Leser übertragen, und wie kann das gleiche Material solch unterschiedliche, sogar gegensätzliche Wirkungen – unheimliche ebenso wie komische – hervorbringen? Diese Fragen knüpfen an frühere Untersuchungen an, in denen Freud dem Geheimnis der schöpferischen Kraft des Künstlers auf den Grund geht.[32] Freud hatte damals noch behauptet, das Material des Dichters, seine Imagination oder Phantasie, stamme aus Kindheitsquellen und Schreiben sei eine Art von Wunscherfüllung. Der Theorie von ›Vorlust‹ oder ›Verlockungsprämie‹ zufolge fördert das formale oder ästhetische Vergnügen an Kunst die Befriedigung des Lesers und mildert die Zensurmechanismen ab, so daß aus unbewußten, verdrängten Quellen tiefere Lust geschöpft werden kann. In der Identifikation mit einem Helden kann der Leser Lust an der Befriedigung von Wünschen empfinden, wie sie bei einer Art von Katharsis normalerweise nicht zulässig wäre.

Der Essay über das Unheimliche wird oftmals als ein Supplement zu Freuds Aufsatz über das dichterische Schaffen angesehen und einer wirkungsorientierten Theorie des Erzählens, Schreibens und Lesens zugrunde gelegt, welche das eher simplizistische Modell künstlerischen Schaffens in den Begriffen von Narzißmus, Wunscherfüllung und Libido mit der zweiten Phase von Freuds Werk vermittelt und es um den Begriff des Todestriebes erweitert. Die Verbindung zwischen dem Unheimlichen als dichterischer Wirkung und dem Begriff von ›Vorlust‹, die zuerst Derrida hergestellt hat[33], wird von Cixous und Kofman weiter ausgebaut.[34] In ihrer performativen Lektüre inszeniert Cixous ironisch die rhetorischen Volten und Nebengefechte von *Das Unheimliche* und dekonstru-

---

30 Vgl. ELIZABETH WRIGHT, Psychoanalytic Criticism. A Reappraisal (Cambridge 1998), 124–134; ROBIN LYDENBERG, Freud's Uncanny Narratives, in: Publications of the Modern Language Association of America 112 (1997), 1073–1074; NICHOLAS ROYLE, The Uncanny. An Introduction (Manchester 2003), 39–50.
31 WRIGHT (s. Anm. 30), 131.
32 Vgl. FREUD, Der Dichter und das Phantasieren (1908), in: FREUD (SA), Bd. 10 (1969), 169–179.
33 Vgl. DERRIDA (s. Anm. 28), 303.
34 Vgl. HÉLÈNE CIXOUS, La fiction et ses fantômes. Une lecture de l'›Unheimliche‹ de Freud (1972), in: Cixous, Prénoms de personne (Paris 1974), 13–39; KOFMAN, L'enfance de l'art (Paris 1970); Kofman, ›Le double e(s)t le diable‹. L'inquiétante étrangeté de ›L'homme au sable (Der Sandmann)‹, in: Kofman, Quatres romans analytiques (Paris 1973), 135–181.

iert die verdrängten Unterströmungen von Freuds Interesse am Unheimlichen. Hier wie bei manchen anderen bekommt Freud die Rolle des Wissenschaftlers zugewiesen, der entschlossen ist, das Wesen oder die Bedeutung der Empfindung aufzudecken. Nie gelingt es ihm, das Rätsel des Unheimlichen durch das Sammeln von Beispielen oder Motiven zu lösen; doch dadurch, daß er der Versuchung nachgibt, selbst zu dichten, entdeckt Freud das Geheimnis des Unheimlichen, indem er es produziert. Die Empfindung des Unheimlichen wird hier als eine Wirkung beschrieben, die als Verlockungsprämie funktioniert, welche Freud zur Grenzüberschreitung zwischen Psychoanalyse und Kunst verleitet. Die Anziehung durch die Dichtung erweist sich selbst als ›Wiederkehr des Verdrängten‹. Freud bekommt das Wesen des Unheimlichen niemals bewußt zu fassen, doch genau dort, wo sein wissenschaftliches Vorhaben scheitert und die Hervorbringung von Dichtung beginnt, spricht es aus den ›Zwischenräumen‹ (les interstices) seines Diskurses.[35]

Kofman beschreibt die Beziehung zwischen Protagonist und Autor mit dem Begriff des Doppelgängers. Als narzißtische Projektion des Ichs des Autors, motiviert durch die den Autor beherrschenden unbewußten Triebe und Wünsche, dient der Protagonist und im weiteren Sinne das dichterische Schaffen einem doppelten Zweck. Einerseits ist die Verdoppelung des Autors ein Weg, dessen Identität festzulegen und zu stärken, ein Schutz vor dem Tod. Andererseits ist sie ein Beweis für die Fragilität und Fragmentierung des Subjekts, das bereits von innen her gespalten ist. »Ce sont les doubles qui sont constitutifs de l'être véritable de l'artiste et de son identité: car qu'il fait ainsi à se dédoubler, à se répéter, à se représenter implique une non-présence à soi, une insatisfaction originaire, la mort immanente à la vie, l'absence d'origine simple et pleine.«[36] Das auktoriale Ich ist demnach ein gespaltenes Subjekt, es kann nicht losgelöst vom literarischen Werk gesehen werden und existiert nicht ohne dieses. Ebenso identifiziert sich der Leser mit den Protagonisten einer Erzählung in einem Verdoppelungsspiel, welchem, da es sich im gesicherten Raum der das Leben nachahmenden Kunst abspielt, die Lust am Ausleben verdrängter Wünsche und Impulse erlaubt ist, ohne daß es die Folgen tragen müßte. Gleichwohl ist der Status von Dichtung kein rein imaginärer.

Während der sekundäre Narzißmus den Prozeß der Identifikation auf seiten sowohl des Schriftstellers als auch des Lesers in Begriffen von Projektion und Einverleibung erklärt, wird der primäre Narzißmus mit überwundenen primitiven Denkweisen wie der Allmacht der Gedanken oder magischen Praktiken in Verbindung gebracht, in denen der Mechanismus der Nachahmung an die Stelle der Identifikation tritt. Als Verdoppelung gelebter Erfahrung gibt mimetisches Erzählen Geburt, Tod und das Wandern zwischen beiden, welches das Leben ausmacht, wieder. In ihrer Austreibung des Todes oder in ihrem phantasmatischen Sieg über ihn verweist Kunst als Verdoppelung des Lebens eben auf den Tod und enthüllt dessen grundlegende Komplizenschaft mit der Kultur. Nach Allan Lloyd-Smith ist der Text keine getreue Wiedergabe oder Nachahmung der Wirklichkeit, sondern die Darstellung einer grundlegenden Absenz oder Verdrängung: »Writing itself is uncanny: the generation of the uncanny in fiction is often at the point when writing bends back upon itself, to observe its own processes, or to dislocate the narrative by the inclusion of another writing within it.«[37]

3. Der verdrängte phylogenetische Gehalt des Unheimlichen

Zum ersten Mal führte Freud den Begriff des Unheimlichen in der dritten Abhandlung von *Totem und Tabu* (1912–1913) im Rahmen seiner Analyse der urzeitlichen, den Prinzipien der Projektion und Allmacht der Gedanken gehorchenden Weltanschauung des Animismus ein.[38] Die animistische Stufe der Gesellschaft beschreibt er als eine vom Lustprinzip beherrschte narzißtische Phase. Durch magische Techniken, die auf der Vorherrschaft der Innenwelt über die äußere Wirklichkeit beruhen,

---

35 Vgl. CIXOUS (s. Anm. 34), 15.
36 KOFMAN, L'enfance (s. Anm. 34), 162.
37 ALLAN LLOYD-SMITH, Uncanny American Fiction. Medusa's Face (London 1989), IX.
38 Vgl. FREUD, Totem und Tabu (1912–1913), in: FREUD (SA), Bd. 9 (1974), 364–386.

kann der Mensch Einfluß auf seine Umgebung ausüben und Geister manipulieren. Weiterhin zeichnet sich die animistische Welt durch Kontiguität aus, Kontakt wird auf telepathischem Wege hergestellt. Die Vorstellung von der ›Allmacht der Gedanken‹ ist eine Form von ›intellektuellem Narzißmus‹ und bildet die Grundlage aller gesellschaftlichen Entwicklung. Mit deren Fortschreiten wird diese Phase sublimiert; Denken und Welt werden voneinander geschieden. Heutzutage wird *Totem und Tabu* sehr kontrovers diskutiert, doch im Freudschen Korpus ist der Text zentral. Wie das Register im 4. Band der *Studienausgabe* unter dem Stichwort ›Das Unheimliche‹ verrät, sind die meisten expliziten Bezugnahmen auf das Unheimliche in seinem Werk in der einen oder anderen Form mit der Phylogenese verbunden: mit Animismus, Aberglauben, dem Okkulten, mit mythischen Motiven und Texten über die Religion. Diese Form angewandter Psychoanalyse war in den 1920er und 30er Jahren außerordentlich populär: In der ersten und einzigen psychoanalytischen Monographie des Freud-Mitarbeiters Theodor Reik, *Der eigene und der fremde Gott* (1923), findet das Konzept in einer religionspsychologischen Studie Anwendung.[39]

In den ersten literaturwissenschaftlichen Arbeiten, die sich mit dem Unheimlichen befassen, wird Freuds Text gewöhnlich im Kontext der phantastischen Literatur gelesen. Viele Autoren, ob sie der Psychoanalyse gegenüber aufgeschlossen sind oder nicht, betrachten *Das Unheimliche* als einen Essay über die Ursprünge des Übernatürlichen.[40] In sämtlichen sich mit dem Phantastischen befassenden Gattungstheorien wird zur Erklärung der primitiven Wurzeln des Übernatürlichen und des Aberglaubens die Psychoanalyse herangezogen, und die Beispiele, die Freud mit Aberglauben und Primitivkultur in Verbindung bringt, werden oft als ein Vorrat an literarischen oder künstlerischen Motiven für das Genre der phantastischen Literatur, für Horrorfilme oder den Surrealismus angesehen. In der späteren poststrukturalistischen Rezeption des Unheimlichen wird die Verbindung zwischen Phylogenese und psychoanalytischer Interpretation der Gesellschaft und Religion jedoch häufig außer acht gelassen oder verdrängt, wie symptomatisch in Dany Nobus' erschöpfender Bibliographie, die nahezu alle Textstellen zum Unheimlichen in Freuds Werk verzeichnet, außer denjenigen in *Totem und Tabu*.[41]

Und doch sind am Ende des 20. Jh. einige der eher kontroversen oder regelrecht umstrittenen Aspekte des Freudschen Werks wie die Primitivkultur, das Medusa-Motiv, das Okkulte und die Telepathie durch ihre Verbindung mit dem Unheimlichen rehabilitiert worden.[42] So entwickelt etwa Hans-Thies Lehmann eine in *Totem und Tabu* vorgestellte Konzeption von Kunst als Zauberei weiter. Die Idee der Manipulation der fiktionalen Welt durch den Künstler in *Das Unheimliche* wird mit dem Bild des Künstlers als Zauberer – einem Relikt der uralten Technik des Magischen – verknüpft. Dies paßt zu einer zeitgenössischen Poetik des Unheimlichen in den Begriffen von Schrecken und Schock; anders als das Erhabene kann das Unheimliche mit seinen primitiven, atavistischen Wurzeln nicht als idealistischer Diskurs aufgearbeitet werden.[43] Royle schlägt als Alternative zum klassischen erzähltheoretischen Begriff der allwissenden Erzählhaltung wie zur idealistischen, theo-

---

39 Vgl. THEODOR REIK, Der eigene und der fremde Gott. Zur Psychoanalyse der religiösen Entwicklung (1923), hg. v. A. Mitscherlich (Frankfurt a. M. 1975), 157–212.
40 Vgl. SIEGBERT S. PRAWER, Reflections on the Numinous and the Uncanny in German Poetry, in: A. Closs (Hg.), Reality and Creative Vision in German Lyrical Poetry (London 1963), 153–173; PRAWER, The ›Uncanny‹ in Literature. An Apology for Its Investigation. Inaugural Lecture (London 1965); PETER PENZOLDT, The Supernatural in Fiction (New York 1952); LOUIS VAX, L'art et la littérature fantastiques (Paris 1960); VAX, La séduction de l'étrange (Paris 1965).
41 Vgl. DANY NOBUS, Het ›Unheimliche‹: een bibliografisch repertorium, in: Psychoanalytische Perspectieven 19/20 (1993), 173–183; ROYLE (s. Anm. 30), 329–333.
42 Vgl. VLADIMIR GRANOFF/REY, L'Occulte, objet de la pensée (Paris 1983); ROYLE, Telepathy and Literature. Essays on the Reading Mind (Oxford 1991); ROYLE, Déjà Vu, in: M. McQuillan u. a. (Hg.), Post-Theory. New Directions in Criticism (Edinburgh 1999), 3–20; FANNY ROSTEK-LÜHMANN, Das schreckliche Weib. Der Mythos von Medusa, in: Sturm (s. Anm. 6), 27–36.
43 Vgl. HANS-THIES LEHMANN, Das Erhabene ist das Unheimliche. Zur Theorie einer Kunst des Ereignisses, in: Merkur, H. 487/488 (1989), 759.

logischen Konnotation des Begriffs der Allwissenheit Freuds Telepathiekonzept vor.[44] Diese Demarchen passen einerseits zur allgemeinen Vorliebe für marginale Texte und andererseits zur Dekonstruktion der wissenschaftlichen Ambitionen der Psychoanalyse, die zur Aneignung des Begriffs durch eine allgemeinere Art von Theorie geführt hat. Freuds prinzipielle Offenheit für alle möglichen Gegenstände und sein selbstreflexives Bewußtsein der Metaphorizität wissenschaftlicher Sprache stellen günstige Umstände für solch kritische diskursive Manöver dar.

Dieser Aspekt der Freudschen Theorie wurde in dekonstruktivistischen Lektüren betont und eingehender erforscht, um die Unterschiede zwischen der Wissenschaftssprache und der Literatursprache zu artikulieren und die Zwischenstellung literaturkritischer Sprache problematisieren zu können.[45] Sprache ist als solche metaphorisch, weshalb das Ideal eindeutiger, klarer Definitionen insofern eine Fiktion ist, als es die grundsätzlich figurative Natur der Sprache verdrängen muß. Ziel der Dekonstruktion ist es, die Fiktion der Wissenschaft als Wiederkehr des Verdrängten aufzuzeigen. In den 1970er Jahren diente der spezifische Status psychoanalytischer Sprache als therapeutisches und heuristisches Werkzeug auch als Modell für einen diskursiven Wissenschaftsbegriff.[46] Begriffe wie die der Verdrängung, des Unbewußten oder des Triebs sind ›theoretische Fiktionen‹, die neben einer Strategie der Darstellung (einen Begriff wie sein Gegenteil umfassend) auch eine emotionale Aufladung mit sich bringen. Wie Dichtung bringen sie eine Wirkung hervor, die über eine Begriffsdefinition hinausgeht. Daß Freud sowohl in *Das Unheimliche* als auch in einigen seiner phylogenetischen Texte[47] auf der lexikalischen Ambivalenz beharrt, wird als exemplarisch für die neuen, in der zeitgenössischen Theorie und Ästhetik verfochtenen mehrdeutigen, offenen, disseminierenden Konzepte wahrgenommen.

III. Konstruktion des Begriffs

1. Die Aufnahme des Unheimlichen in den Kanon

Der sich wandelnde begriffliche Status des Unheimlichen resultiert aus der in den 1980er Jahren beginnenden und immer noch andauernden Aufnahme sowohl des Freudschen Essays als auch des Konzepts in den Kanon. Diese Tendenz läßt sich aus formalen Befunden wie der Tatsache ableiten, daß der Terminus wie auch der Aufsatz, auf den er Bezug nimmt, seither Eingang in Lexika, Glossare, Begriffsregister und Anthologien gefunden hat. In psychoanalytische Lexika wurde ›das Unheimliche‹ regelmäßig erst seit den 1990er Jahren aufgenommen[48] (der erste, doch über lange Zeit einzige Eintrag eines Stichworts ›unheimlich‹ findet sich 1968 bei Ludwig Eidelberg[49]). Als Vorboten dieser Entwicklung hatten mehrere psychoanalytische Zeitschriften dem Thema Sonderhefte gewidmet.[50] Die deutlichsten Bemühungen, den Aufsatz kanonisch werden zu lassen, erfolgten jedoch in der Literatur-, Kultur- und ästhetischen Theorie, wo der Text (oder Auszüge daraus) in alle möglichen Anthologien aufgenommen und das Unheimliche zu

---

44 Vgl. ROYLE, The ›Telepathy‹ Effect, in: Royle (s. Anm. 30), 256–276; JONATHAN CULLER, Omniscience (Theory of Knowledge), in: Narrative 12 (2004), 22–34.
45 Vgl. NEIL HERTZ, Freud and the Sandman (1979), in: Hertz, The End of the Line. Essays on Psychoanalysis and the Sublime (New York 1985), 97–121; PATRICK MAHONEY, Freud as a Writer (New York 1982); REY, La psychanalyse à la hauteur de la fiction, in: Dialectiques 7 (1974), 5–24; REY, Parcours de Freud. Économie et discours (Paris 1974); REY (s. Anm. 20).
46 Vgl. CLAUDINE NORMAND, Métaphore et concept (Brüssel 1976), 152.
47 Vgl. FREUD, Über den Gegensinn der Urworte (1910), in: FREUD (SA), Bd. 4 (1970), 227–234.
48 Vgl. BURNESS E. MOORE u. a. (Hg.), Psychoanalytic Terms and Concepts (New Haven 1990), 201; ROLAND CHEMAMA (Hg.), Dictionnaire de la psychanalyse (Paris 1995), 101; ALAIN DE MIJOLLA u. a. (Hg.), Psychanalyse (Paris 1997), 97–99.
49 Vgl. LUDWIG EIDELBERG, Encyclopedia of Psychoanalysis (London 1968), 456.
50 Vgl. L'inquiétante étrangeté [Themenheft], in: Revue française de la psychanalyse 45 (1981); MARIE MOSCOVICI/REY (Hg.), Langues familières, langues étrangères [Themenheft], in: L'écrit du temps 2 (1982); DANY NOBUS (Hg.), Het on-heimelijke [Themenheft], in: Psychoanalytische Perspektieven 19/20 (1993).

einem Standardkonzept wurde.⁵¹ Die je nach Kontext variierenden Akzentsetzungen offenbaren die für das Wort wie die Begriffsbildung bezeichnende semantische Unbestimmtheit und Ambivalenz, welche zugleich eine breite Anwendbarkeit des Begriffs gewährleisten. Unter dem Einfluß von Dekonstruktion und Poststrukturalismus rückte gerade die Vagheit des Begriffs in den Mittelpunkt: Auf paradoxe Weise zielt das Unheimliche ins Herz des Problems jeder festgelegten Bedeutung, von Definition und Eindeutigkeit in Theorie und Wissenschaft. Nach Susan Bernstein ›wandert‹ das Unheimliche: Es läßt sich nicht fixieren.⁵² Der Mangel an Klarheit in Freuds Schrift geht Hand in Hand mit einem Reichtum an Beispielen und Perspektiven, der von verschiedenen Schulen und Disziplinen begierig aufgegriffen wurde. Diese Flexibilität und Offenheit mündeten in den 1990er Jahren in eine scheinbare Omnipräsenz des Begriffs, welche seinen kanonischen Status paradoxerweise weiter stabilisierte. Die Eingrenzung des Unheimlichen als Begriffswort bringt jedoch notwendig eine Beschneidung seines Bedeutungsreichtums und der Komplexität des Konzepts mit sich; auch muß, will man zu einer festgelegten, statischen, einverständlichen Definition gelangen, die zum Konzept gehörende dynamische Reflexion auf der Metaebene zurückgedrängt werden. Dieses Dilemma zeigt sich in der ersten Monographie zum Thema, *The Uncanny* von Nicholas Royle (2003), in schlagender Deutlichkeit: Da sich das Buch nicht zwischen einer klaren Darlegung und einer Vielfalt von kritischen oder auch persönlichen Standpunkten entscheiden möchte, kommt es in erster Linie als didaktisches Handbuch daher: »the uncanny can perhaps provide ways of beginning to think in less dogmatic terms about the nature of the world, ourselves and a politics of the future«⁵³. Das in der dekonstruktiven Offenheit des Konzeptes begründete Problem wird also nicht mehr weiter reflektiert, sondern in eine Lehrpraxis abgebogen.

Die Erhebung des Unheimlichen in den Kanon und die paradox damit verbundene Absicherung des begrifflichen Status wurden durch mehrere Faktoren ermöglicht. Einmal ist da die Stärke der Psychoanalyse als eines Diskurses im Foucaultschen Sinne. Die Autorfunktion Freud setzt einer endlosen Semiosis eine gewisse Grenze und bildet eine hinreichend solide Basis zur Bündelung der begrifflich auffasernden Dissemination.⁵⁴ Da es sich beim Unheimlichen um keinen der Grundbegriffe der Psychoanalyse handelt, ist es auch nicht so sehr in die Schußlinie der Kritik an dieser geraten und konnte im Gefolge der poststrukturalistischen Vorliebe für das Marginale, Sekundäre und Unbedeutende wiederentdeckt werden. Zweitens kam es zur Aneignung, Ausschlachtung und Anreicherung des Freudschen Unheimlichen auf der Basis anderer, nicht-freudscher Inhalte und Assoziationen. Am Ende des 20. und zu Beginn des 21. Jh. könnte man das Unheimliche als eine Melange aus psychologischer und ästhetischer Verfremdung sowie politischer und gesellschaftlicher (Marxscher) Entfremdung bezeichnen, resultierend aus einem tief verwurzelten, das Dasein des Menschen in der Welt kennzeichnenden verstörenden Gefühl der Obdachlosigkeit (Heideggers ›Nicht-zu-Hausesein‹), doch abgemildert durch leicht surrealistische Untertöne (russ. ostranenije, Verfremdung) und den Anschein von Vertrautheit. Außerdem muß das Konzept trotz seiner Nähe zu Spuk, Gespenstischem und Undarstellbarkeit vor dem sehr realen und konkreten Hintergrund des Endes des 20. Jh. gesehen werden. Die Auflösung der Sowjetunion und der Niedergang des Kommunismus mögen

---

51 Vgl. JEREMY HAWTHORN, A Glossary of Contemporary Literary Theory (London 1992), 94; WRIGHT, Feminism and Psychoanalysis: A Critical Dictionary (Oxford 1992), 440; ANDREW BENNETT/ROYLE, An Introduction to Literature, Criticism and Theory (1995; Harlow 1999), 43; MICHAEL PAYNE, A Dictionary of Cultural and Critical Theory (Oxford 1996), 144; AVRIL HORNER, ›Unheimlich (The Uncanny)‹, in: M. Mulvey-Roberts (Hg.), The Handbook to Gothic Literature (London 1998), 287f.; DAVID MACEY, The Penguin Dictionary of Critical Theory (London 2000), 386; PETER BROOKER, A Concise Glossary of Cultural Theory (London 1999), 144.
52 Vgl. SUSAN BERNSTEIN, It Walks: The Ambulatory Uncanny, in: Modern Language Notes 118 (2003), 1111–1139.
53 ROYLE (s. Anm. 30), 3.
54 Vgl. ANNELEEN MASSCHELEIN, The Concept as Ghost. Conceptualisation of the Uncanny in Late-Twentieth-Century Theory, in: Mosaic 1 (2002), 65.

den unbewußten Wunsch geweckt haben, den durch marxistisches und nach-marxistisches Denken ›befleckten‹ Begriff der Entfremdung durch ein neues Konzept zu ersetzen. Das Aufkommen neuer Medien und Technologien und die zunehmende Virtualität der Kommunikation führte zu einem neuen Interesse am Gespenstischen. Schließlich sind Probleme der Gegenwart wie Fremdenfeindlichkeit, Migration, Exil, Obdachlosigkeit und Trauma allesamt Formen der Angst, die sich auf den Gegensatz zwischen dem Vertrauten, Eigenen und dem Fremden, als bedrohlich empfundenen Fernen beziehen. Drittens kann das Unheimliche nicht losgelöst werden vom Begriff der ›Theorie‹ im Sinne eines mehr oder weniger kohärenten Korpus von Konzepten und Texten, in denen eine mehr oder minder austauschbare Sicht von Literatur, Kunst und Gesellschaft formuliert ist. ›Theorie‹ ist in den Geisteswissenschaften zu einer Art gängiger Münze geworden, und doch nimmt der Begriff zu verschiedenen Zeiten und in verschiedenen Kontexten in Gegnerschaft oder im Einverständnis mit der Kritik unterschiedliche Gestalt an – von der Poetik über Dichtungs-, Kulturbis zur kritischen oder ›französischen‹ Theorie.

2. *Übersetzungen*

Bereits Freud warf in *Das Unheimliche* das Problem der Übersetzung des Begriffs auf. In den meisten (europäischen) Sprachen kann keine genaue Entsprechung gefunden werden, die sowohl den Bedeutungskern von ›heim‹ als auch seine Verneinung enthielte. Deshalb verwenden viele Autoren, wenn sie über das Unheimliche schreiben, gleich

das deutsche Wort oder schlagen neue Übersetzungen dafür vor, die meistens entweder durch Kritik an den eingebürgerten Übersetzungen des Terminus oder durch eine semantische Veränderung des Begriffs begründet werden. So wurden im Französischen gleich mehrere Alternativen vorgeschlagen, da Marie Bonapartes Übersetzung ›inquiétante étrangeté‹ eher gewunden daherkommt und der Vorschlag des neuen Übersetzers ›inquiétant‹ das Problem nicht löst.[55] Der Tradition der phantastischen Literatur entlehnte Wörter wie ›étrange‹ und ›insolite‹ vermochten als Entsprechung für ›unheimlich‹ nie ganz zu überzeugen. Hier verdient freilich noch eine Erwähnung, daß Tzvetan Todorovs Nachbarkategorie zum Phantastischen, das Genre des ›étrange‹, in dem die sonderbaren Vorfälle am Ende eine rationale Erklärung finden, als ›das Unheimliche‹ ins Deutsche und als ›the uncanny‹ ins Englische übersetzt worden ist. Diese Übersetzung gab Anlaß zu Verwechslungen mit dem Freudschen Unheimlichen, das sich hinsichtlich seiner Konnotationen von intellektueller Unsicherheit und Ambivalenz semantisch in größerer Nähe zu Todorovs ›le fantastique‹ befindet, einem anhaltenden zwischen dem Natürlichen und dem Übernatürlichen changierenden Genre.[56]

Einen weiteren Übersetzungsvorschlag machten Lacanianische Wissenschaftler mit dem Neologismus ›extimité‹, den Lacan im Kontext des ›Objekts a‹ verwandte.[57] Dieses Wort bringt buchstäblich das Ineinanderfließen von Innen und Außen zum Ausdruck. »Le plus étrange, le plus inquiétant, c'est ce qu'il y a de plus intime. Et c'est bien en ce sens que Lacan forge le terme de *extimité* pour caractériser l'*objet a*.«[58] Während Bernard Baas, der Lacans Konzept der Angst auf Heideggers Begriff der Unheimlichkeit bezieht, die ontologische Angst des Subjekts angesichts des sich der Signifikation entziehenden Realen betont, historisiert Mladen Dolar den Begriff in einer Interpretation von Mary Shelleys *Frankenstein* (1818) als epistemologische Kategorie. Einerseits enthält ›extimité‹ wie das deutsche ›unheimlich‹ ein semantisches Paradox, andererseits bezeichnet es die aufgehobene Unterscheidung zwischen Innen und Außen und dekonstruiert damit das traditionell aufklärerische Denken, das Dolars Meinung nach den Kern der

---

55 Vgl. ›inquiétant‹, in: A. Bourguignon u. a. (Hg.), Traduire Freud (Paris 1989), 109.
56 Vgl. MARIA TATAR, The House of Fiction: Toward a Definition of the Uncanny, in: Comparative Literature 33 (1981), 168.
57 Vgl. ADAM BRESNICK, Prosopoetic Compulsion. Reading the Uncanny in Freud and Hoffmann, in: The German Review 71 (1996), 114–132; JULIEN QUAKELBEEN/NOBUS, Freud en ›Der Sandmann‹ of de psychoanalyticus en het literaire werk, in: Psychoanalytische Perspektieven 19/20 (1993), 108.
58 BERNARD BAAS, Le désir pur. Parcours philosophiques dans les parages de J. Lacan (Löwen 1992), 115.

Psychoanalyse als einer emanzipatorischen Lehre bildet.[59]

Die morphologische Struktur der englischen Standardübersetzung ›uncanny‹ gleicht der des deutschen Pendants. Wortgeschichtlich betrachtet, kam das Wort in derselben Zeit auf und machte eine vergleichbare Entwicklung durch.[60]

Der in ›unheimlich‹ steckende semantische Kern ›heim‹ liefert unmittelbar einen Ausgangspunkt, um die Isotopie von Haus/Heim zu entfalten. Der räumliche Nexus steht bei der wörtlichen Übertragung von ›unheimlich‹ mit dem engl. ›unhomely‹ im Vordergrund.[61] In der durch Derrida, Lacan und Heidegger beeinflußten postkolonialen Perspektive Homi Bhabas umfaßt ›unhomely‹ die paradigmatische Erfahrung der Exterritorialisierung, Entfremdung und Ambivalenz, die das koloniale und postkoloniale Subjekt ebenso kennzeichnet wie die zeitgenössische Literatur (Toni Morrison, Vdiadhas S. Naipaul usw.): »Although the ›unhomely‹ is a paradigmatic post-colonial experience, it has a resonance that can be heard, distinctly, if erratically, in fiction that negotiate the powers of cultural difference in a range of historical conditions and social contradictions.«[62] Das Wort ›unhomely‹ erscheint im übrigen zumeist im Diskussionskontext sog. dekonstruktiver Architektur und geht zurück auf zwei miteinander verbundene Stränge der Begriffsbildung.

Eine phänomenologisch-dekonstruktive Linie der Architekturtheorie wird in Anknüpfung an Heidegger, Freud und Derrida von David Farrell Krell und Mark Wigley verfolgt.[63] Eine kritischere, gesellschaftspolitische Konzeption des Unheimlichen arbeitet Anthony Vidler heraus. Die ersten drei Kapitel von *The Architectural Uncanny. Essays in the Modern Unhomely* (1992) bieten auf reicher Quellengrundlage eine umfassende Genealogie des Begriffs des Unheimlichen, um ihn auf die Architektur der Gegenwart, speziell auf die sogenannte dekonstruktive Architektur (u. a. Rem Koolhaas, Eisenman, Tschumi und Libeskind) anzuwenden. Ausgangspunkt ist der semantische Kern von ›heim‹ in seinen räumlichen, existentiellen, psychologischen und politischen Implikationen. Die Vorstellung ›heim‹ fällt in zwei Haupträume auseinander, das Haus und die Stadt als lebendige Umgebungen. Vidlers einflußreiches Buch betont den Zusammenhang zwischen dem Unheimlichen und der Heimatlosigkeit im existentiellen oder ontologischen Sinn des Nicht-zu-Hause-Seins, aber auch im politischen Sinn der Wohnungslosigkeit, die er auf die historischen Umstände des 1. Weltkriegs, als Freud und Heidegger über das Unheimliche schrieben, und auf politische Probleme der Gegenwart bezieht. »Estrangement and unhomeliness have emerged as the intellectual watchwords of our century, given periodic material and political force by the resurgence of homelessness itself, a homelessness generated sometimes by war, sometimes by the unequal distribution of wealth.«[64]

3. Nachromantische Genealogien und strukturelle Überschneidungen mit dem Dämonischen, Erhabenen, Grotesken, Phantastischen und Schauerlichen

Generell gruppieren sich die Untersuchungen zum Unheimlichen, entsprechend den Hauptbedeutungen des Wortes, um zwei Achsen. Auf der einen Seite ist da die (nach)romantische Tradition, die den Aspekt des Übernatürlichen oder Transzendenten hervorhebt; auf der anderen Seite der Bedeutungskern des Fremden, der meist in Verbindung mit Theorien des 20. Jh. geltend gemacht wird.

---

59 Vgl. MLADEN DOLAR, ›I Shall Be With You on Your Wedding-Night‹: Lacan and the Uncanny, in: October 58 (1991), 6.
60 Vgl. ROBERT NEWSON, Dickens on the Romantic Side of Familiar Things (New York 1975); ROYLE (s. Anm. 30), 9–12, 20.
61 Vgl. PRAWER, The ›Uncanny‹ in Literature (s. Anm. 40), 22f.
62 HOMI BHABA, The World and the Home, in: Social Text 31 (1992), 142; vgl. BHABA, The Location of Culture (London 1994), 9–11.
63 Vgl. DAVID FARRELL KRELL, Archeticture. Ecstasies of Space, Time, and the Human Body (Albany, N. Y. 1997), 89–131; MARK WIGLEY, The Architecture of Deconstruction. Derrida's Haunt (Cambridge, Mass. 1993), 149–204.
64 ANTHONY VIDLER, The Architectural Uncanny. Essays in the Modern Unhomely (1992; Cambridge, Mass. u. a. 1996), 9; vgl. JAMES CASEBERE u. a., The Spacial Uncanny (New York 2001).

Harold Bloom zufolge wurde Freud in seiner zweiten Topik zum »strong poet of the sublime«[65]. In *Agon. Towards a Theory of Revisionism* (1982) vertritt Bloom die Auffassung, *Das Unheimliche* sei Freuds Theorie des Erhabenen: »it is the only major contribution that the twentieth century made to the aesthetics of the Sublime. [...] The Sublime, as I read Freud, is one of his major repressed concerns, and this literary repression on his part is a clue to what I take to be a gap in his theory of repression«[66]. Freuds wichtiger Beitrag zur Ästhetik des Erhabenen sei, daß das Erhabene in Verdrängung gründe. Konkreter gesagt: das Unheimliche als das »literary« oder »negative Sublime« wird definiert als »that mode in which the poet, while expressing previously repressed thought, desires or emotion, is able to continue to defend himself against his own created image by disowning it, a defense of un-naming it rather than naming it«[67]. Blooms Begriff des Unheimlichen und des negativ Erhabenen, zu dem der Dichter durch Ablehnung eines Vorgängers gelange, paßt zu seiner Theorie der Einflußangst, der zufolge alle starken Dichter sich auf einen bewußten oder unbewußten Kampf mit ihren idealisierten Vorgängern einlassen müssen. Mittels verschiedener Strategien – die mit dem Unheimlichen verknüpfte Strategie lautet ›kenosis or repetition and discontinuity‹[68] – müssen sie sich mit der Größe ihrer Vorbilder abfinden und sie im selben Maße, wie sie für sich selbst Originalität beanspruchen, verdrängen. Der nachromantische Begriff der Einflußangst hat auf Freud in seinen Auseinandersetzungen mit Jentsch, Hoffmann u. a. Anwendung gefunden, wobei gelegentlich nicht mehr scharf zwischen biographischer und literarischer Person getrennt worden ist.[69]

Auf der Grundlage der von Rudolf Otto in *Das Heilige* (1917) getroffenen Unterscheidung zwischen dem Numinosen-Heiligen und dem Dämonisch-Unheimlichen vergleicht Siegbert S. Prawer in seinem Aufsatz *Reflections on the Numinous and the Uncanny in German Poetry* (1963) das Numinose mit dem Unheimlichen. Das Interesse Ottos, eines Zeitgenossen Freuds, galt der Religionsgeschichte und dem Ursprung der Erfahrung des Heiligen.[70] Für Otto zeichnet sich die Erfahrung des Heiligen durch das Tremendum Faszinosum aus, eine Art religiöser Scheu in der Begegnung mit dem Transzendenten. Das Gefühl des Unheimlichen ist damit verbunden und rührt von der verwandten Wurzel des Dämonenglaubens her: »Auch, wo der Dämonen-glaube sich längst zum Götter-glauben erhöht hat, behalten die ›Götter‹ als numina für das Gefühl immer etwas ›Gespenstisches‹ an sich, nämlich den eigentümlichen Charakter des ›Unheimlich-furchtbaren‹, der geradezu mit ihre ›Erhabenheit‹ ausmacht oder durch sie sich schematisiert.«[71] Prawer verknüpft diesen Kern des Unsagbaren mit der Suche nach Transzendenz in der romantischen Dichtung und mit deren unausgesetzten Versuchen, das Unsagbare zu umschreiben. Dabei zeigt er auf, daß die von der Religion angebotenen traditionellen Symbole und Metaphern für den Ausdruck des Numinosen und Unheimlichen in der zeitgenössischen Dichtung untauglich geworden sind. Die häufig wiederkehrenden Bilder der Rückkehr und das Motiv des Doppelgängers in der Dichtung des 19. und 20. Jh. führen ihn zu einer anderen – der Freudschen – Art des Unheimlichen, einer weiteren Konfrontation mit dem anderen, das nicht von außen, sondern aus dem eigenen Inneren kommt.

Auch Hans-Thies Lehmann betont das Versagen der Sprache oder der Bezeichnung in der Erfahrung des Sublimen und des Unheimlichen, zieht letzteren Begriff aber für eine zeitgenössische

---

65 HAROLD BLOOM, Agon. Towards a Theory of Revisionism (New York/Oxford 1982), 117.
66 Ebd., 101; vgl. BLOOM, Freud and the Poetic Sublime. A Catastrophe Theory of the Sublime, in: P. Meisel (Hg.), Freud. A Collection of Critical Essays (New York 1981), 211–231.
67 BLOOM (s. Anm. 65), 108.
68 Vgl. BLOOM, Anxiety of Influence (1973; New York/Oxford 1997), 77–92.
69 Vgl. NOBUS, Freud versus Jentsch: een kruistocht tegen de intellectuele onzekerheid, in: Psychoanalytische Perspektieven 19/20 (1993), 55–65; LUCY ARMITT, Theorizing the Fantastic (London 1996), 48–53.
70 Vgl. LORNE DAWSON, Otto and Freud on the Uncanny and Beyond, in: Journal of the American Academy of Religion 57 (1989), 283–311.
71 RUDOLF OTTO, Das Heilige. Über das Irrationale in der Idee des Göttlichen und sein Verhältnis zum Rationalen (1917; München ²²1932), 19; vgl. PRAWER, Reflections (s. Anm. 40), 154.

Ästhetik des Ereignisses vor. Für Lehmann waren in dem traditionellen Begriff des Erhabenen bereits alle von der zeitgenössischen Kunsttheorie gestellten Fragen enthalten. »Alles war in dieser Szene versammelt, was die heutige Kunsttheorie bewegt: die Frage nach dem, was uns in der Kunst widerfährt (die Rezeption); die Suspension der begrifflichen Orientierung; die Diskontinuierung von Signifikant und Signifikat; die Themen des Unbegrenzten, Ungeformten, Abstrakten; das plötzliche ›Ereignis‹ eines Schocks. Doch in alledem wurde eine Unheimlichkeit registriert, die von der nüchternen Arbeit des Begriffs besiegt werden sollte.«[72] Jedenfalls beraubte die philosophische und theoretische Ausarbeitung des Begriffs des Erhabenen sie ihrer Essenz: der Schockwirkung, der Verknüpfung mit Gefahr, Angst und dem Todestrieb. Lehmann sieht im Aufkommen des Unheimlichen quasi ein Synonym für die Wiederkehr des Verdrängten: Es ist ein Versuch, die verstörende Eigenschaft des Erhabenen zu betonen, wiederherzustellen und zu radikalisieren, ohne sie im zweiten Zug gleich wieder zu neutralisieren.

Obgleich sich Wolfgang Kayser in *Das Groteske* (1957) niemals ausdrücklich auf *Das Unheimliche* bezieht, kommen einige seiner Definitionen Freud sehr nahe: »Man könnte die Welt des Märchens, wenn man von außen auf sie schaut, als fremd und fremdartig bezeichnen. Aber sie ist keine entfremdete Welt. Dazu gehört, daß das, was uns vertraut und heimisch war, sich plötzlich als fremd und unheimlich enthüllt. Es ist unsere Welt, die sich verwandelt hat. Die Plötzlichkeit, die Überraschung gehört wesentlich zum Grotesken.«[73] Das Wort unheimlich figuriert in den unterschiedlichen Charakterisierungen des Grotesken an prominenter Stelle, und Kaysers Textkorpus deckt sich weitgehend mit der Literatur, die mit dem Unheimlichen und Phantastischen in Zusammenhang gebracht wird (Hoffmann, Poe, Dickens, die Surrealisten usw.). Überdies werden viele der in Kaysers Werk behandelten Motive – Verwechslungen zwischen menschlichen, tierischen und pflanzlichen Wesen, zwischen Menschen und Maschinen, romantische und spätromantische Motive wie Puppen, Wachsfiguren und Automaten, Wahnsinn, Entfremdung, Geistesverwirrung, die Stadt, abgetrennte Körperteile, die ein Eigenleben zu führen beginnen, Doppelgänger, Seelenspaltung – auch in *Das Unheimliche* angesprochen.

Todorovs strukturalistische Studie über das Phantastische spielte trotz der eher randständigen Rolle des Unheimlichen für die Herausbildung des Begriffs gleichwohl eine wichtige Rolle, nicht allein wegen der Verschmelzung der Gattungsbegriffe des ›étrange‹ und des ›fantastique‹, sondern auch wegen der Bedeutung, die in seiner Analyse der Themen und der Entwicklung des historischen Phantastischen im 20. Jh. die Psychoanalyse einnimmt.[74] Viele Kritiker ziehen das Freudsche Unheimliche, speziell in den dekonstruierten Formen der ›rereadings‹, heran, um die blinden Flecke in Todorovs Modell auszufüllen. So definiert Jean Bellemin-Noël, um die verstörende Wirkung des Phantastischen zu erklären, das Genre unter Bezug auf das Unheimliche: »le fantastique c'est l'intime qui fait surface et qui dérange«[75]. Er unterscheidet zwischen dem Phantastischen der Dichtung und der psychischen Struktur des Phantasmatischen (›le fantasmatique‹) und diskutiert die Gattung Phantastischen im Licht einer Ästhetik nach Freud. Andere beziehen die Gattung des Phantastischen, das Aufkommen des Spekulären und den Begriff des Unheimlichen auf den historischen Übergang von der Aufklärung zur Romantik.[76]

In den 1980er und 90er Jahren wird das Freudsche *Unheimliche* mit Blick auf den subversiven und revolutionären Gehalt des Phantastischen in radikalere Lektüren der Gattung einbezogen. Weil »fantasy in literature deals so blatantly and repeat-

---

72 LEHMANN (s. Anm. 43), 757.
73 WOLFGANG KAYSER, Das Groteske. Seine Gestaltung in Malerei und Dichtung (Oldenburg 1957), 198 f.
74 Vgl. TZVETAN TODOROV, Introduction à la littérature fantastique (Paris 1970), 52, 157 ff.
75 JEAN BELLEMIN-NOËL, Notes sur le fantastique (textes de Théophile Gautier), in: Littérature 8 (1972), 23.
76 Vgl. MAX MILNER, La Fantasmagorie. Essai sur l'optique fantastique (Paris 1971), 43 ff.; JAY, Downcast Eyes. The Denigration of Vision in Twentieth-Century French Thought (Berkeley, Cal. 1994), 253, 332 f., 453; TERRY CASTLE, The Female Thermometer. Eighteenth-Century Culture and the Invention of the Uncanny (New York 1995); JOACHIM VON DER THÜSEN, Het verlangen naar huivering. Over het sublieme, het wrede en het unheimliche (Amsterdam 1997).

edly with unconscious material that it seems rather absurd to try to understand its significance without some reference to psychoanalysis and the psychoanalytic readings of texts«[77], erscheint das Phantastische bei Rosemary Jackson eher als (geschichtsübergreifender) Modus denn als Gattung. Sie untersucht den Zusammenhang zwischen Dichtung, Wirklichkeit und Imagination und unterscheidet zwischen eskapistischer Phantasie (»art as compensation«) und subversiver Phantasie (»art as estrangement«), die eine radikale Störung von Sprache, Subjekt und Gesellschaft verspricht. Der Begriff des Unheimlichen, der seine Wurzeln einerseits im Animismus und andererseits in Verdrängung bzw. Unterdrückung hat, liefert den Ausgangspunkt für diese Konzeption: »To introduce the fantastic is to replace familiarity, comfort, *das Heimliche*, with estrangement, unease, the uncanny. It is to introduce dark areas, of something completely other and unseen, the spaces outside the limiting frame of the ›human‹ and the ›real‹, outside the control of the ›word‹ and the ›look‹.«[78] Ähnliche Modelle psychoanalytischer und historischer Analysen wurden mit verschiedenen Akzentsetzungen und Ausrichtungen in Studien zu historischen Gattungen, Bewegungen und Strömungen wie dem Schauerroman oder dem Surrealismus in Literatur, Film und bildender Kunst ausgearbeitet.[79] Steven Schneiders Zugang zum Unheimlichen im Horrorfilm zeichnet sich dadurch aus, daß er Freuds doppelte Hypothese vom Unheimlichen in der Dichtung mit George Lakoffs begrifflichem Zugang zur Metapher verbindet. Nach Schneider sind die Monster in Horrorfilmen »metaphorical embodiments of paradigmatic uncanny narratives, and their role [...] is to reconfirm previously surmounted beliefs by their very presence«. Ausgehend von der begrifflich weiten Metapher, wonach »surmounted beliefs are horror film monsters«[80], bietet Schneider sowohl eine Taxinomie verschiedener Filmmonster als auch eine Klärung der Frage, weshalb Monster sowohl universelle als auch historisch kontingente Mittel zur Erzeugung des Unheimlichen sind.

Abgesehen von Inhalten und Motiven, erfolgt die Anwendung des Unheimlichen gewöhnlich auf historischer Grundlage. Bei Texten aus dem 18. und 19. Jh. bilden die Spannung zwischen Rationalismus und Irrationalismus in der Aufklärung und der Romantik sowie die Ästhetik des Erhabenen die Ausgangspunkte. Bei Texten aus dem 20. Jh., speziell des Surrealismus und der Moderne, wird oft die historische Nähe des Freudschen Aufsatzes zu deren spezifischen ästhetischen Praktiken und theoretischen Diskursen betont.[81] Daraus resultiert ein anderer Begriff des Unheimlichen, der eher die Konnotation des ›Unvertrauten‹ als die des ›Übernatürlichen‹ geltend macht, mit Heidegger, Marx und Derrida als den wichtigsten Bezugsgrößen.

4. Strategischer Austausch: Das Fremde und das Vertraute

Der Bedeutungskern ›fremd‹ und die Freudsche Definition des Vertrauten, das fremd wird, können nicht losgelöst werden von einem der wichtigsten Begriffe in vielen Diskursen des 20. Jh.: von Entfremdung in der ökonomischen, politischen, psychologischen und existentiellen Dimension. Seit den frühesten Theoriebildungen zu den Freudschen Konzepten in den 1960er Jahren besteht auf all diesen Ebenen eine Verbindung zwischen dem Unheimlichen und der Entfremdung. Gewissermaßen spiegelt die Genealogie des Konzepts der Unheimlichkeit im Werk Heideggers den Prozeß der Begriffsbildung bei Freud im kleinen. In *Sein und Zeit* (1927) erwähnt Heidegger den Begriff im Zusammenhang der existenzial-ontologischen Charakterisierung von ›Angst‹. Für Heidegger ist

---

77 ROSEMARY JACKSON, Fantasy: The Literature of Subversion (London u. a. 1981), 6.
78 Ebd., 43.
79 Vgl. MARGARET COHEN, Profane Illumination: Walter Benjamin and the Paris of Surrealist Revolution (Berkeley 1993); PAUL COATES, The Gorgon's Gaze. German Cinema, Expressionism, and the Expression of Horror (Cambridge 1991); ROSALIND KRAUSS, The Optical Unconscious (Cambridge, Mass. 1993).
80 STEVEN SCHNEIDER, Monsters as (Uncanny) Metaphors: Freud, Lakoff, and the Representation of Monstrosity in Cinematic Horror, in: Other Voices [Elektronische Ressource]: The (e)Journal of Cultural Criticism 1/3 (1999) [http://www.othervoices.org/1.3/sschneider/monsters.html].
81 Vgl. HAL FOSTER, Compulsive Beauty (Cambridge 1993), XVIII.

Angst keine psychische Empfindung, sondern eine fundamentale existentielle Daseinserfahrung: »In der Angst ist einem ›unheimlich‹. Darin kommt zunächst die eigentümliche Unbestimmtheit dessen, wobei sich das Dasein in der Angst befindet, zum Ausdruck: das Nichts und Nirgends. Unheimlichkeit meint aber dabei zugleich das Nicht-zuhausesein. [...] Die Angst [...] holt das Dasein aus seinem verfallenden Aufgehen in der ›Welt‹ zurück. Die alltägliche Vertrautheit bricht in sich zusammen. Das Dasein ist vereinzelt, das jedoch *als* In-der-Welt-sein. Das In-Sein kommt in den existenzialen ›Modus‹ des *Un-zuhause*. Nichts anderes meint die Rede von der ›Unheimlichkeit‹.«[82] Diese Erfahrung des ›Nicht-zuhause-seins‹ in der Welt ist für Heidegger keine phänomenologische Erfahrung wie ›Furcht‹, sondern existentielle Grundverfaßtheit. Angst kommt aus dem Nichts und konfrontiert den Menschen zum einen mit der ›Geworfenheit‹, paradoxerweise jedoch auch mit seinem ›In-der-Welt-sein‹, mit dem Gewissen und der ›Sorge‹ (dem ›Seinkönnen‹).[83]

In seiner *Einführung in die Metaphysik* (entst. 1935) liest Heidegger das erste Chorlied aus der *Antigone* des Sophokles: »πολλὰ τὰ δεινὰ κοὐδὲν ἀν- / θρώπου δεινότερον πέλει«[84]. Wo Hölderlin zunächst mit »Vieles gewaltge gibts. Doch nichts / Ist gewaltiger, als der Mensch«[85], dann, in der berühmten Druckfassung, mit »Ungeheuer ist viel. Doch nichts / Ungeheuerer, als der Mensch«[86] übersetzt hatte, schlägt Heidegger die Übersetzung des Wortes δεινόν mit ›unheimlich‹ vor: »Vielfältig das Unheimliche, nichts doch / über den Menschen hinaus Unheimlicheres ragend sich regt.«[87] Wie Freud hebt auch Heidegger auf die Ambivalenz von δεινόν ab, das erstens ›furchtbar‹ im Sinne von ›überwältigend‹ (einem Wesenszug des Seienden) und zweitens im Sinn von ›gewaltig‹ (einem Wesenszug des Daseins) meint. Um beide Wortbedeutungen auf den Menschen beziehen zu können, schlägt Heidegger als die passendste Übersetzung ›unheimlich‹ vor: »Das Un-heimliche verstehen wir als jenes, das aus dem ›Heimlichen‹, d. h. Heimischen, Gewohnten, Geläufigen, Ungefährdeten herauswirft. Das Unheimische läßt uns nicht einheimisch sein. Darin liegt das Über-wältigende. Der Mensch aber ist das Unheimlichste, weil er nicht nur inmitten des so verstandenen Un-heimlichen sein Wesen verbringt, sondern weil er aus seinen zunächst und zumeist gewohnten, heimischen Grenzen heraustritt, ausrückt, weil er als der Gewalt-tätige die Grenze des Heimischen überschreitet und zwar gerade in der Richtung auf das Unheimliche im Sinne des Überwältigenden.«[88]

Obwohl Heidegger in späteren Schriften, speziell in seinen für die Architekturtheorie eminent wichtigen Abhandlungen über das Bauen und zur Frage der Technik, wiederholt auf den Begriff Bezug nimmt, wird der Unheimlichkeit als spezifischem Konzept in seinem Werk erst relativ spät und oftmals im Kielwasser des Freudschen ›Unheimlichen‹ und der Lacanschen ›angoisse‹ Aufmerksamkeit zuteil.[89] Verbindungen lassen sich auf der Grundlage des Signifikanten ›unheimlich‹, der historischen Nähe zwischen Freud und Heidegger, dem insistenten, bei Freud, Heidegger und Lacan eine wichtige (wenngleich jeweils andere) Rolle spielenden unpersönlichen ›es‹ sowie auf der Grundlage bestimmter Beispiele (z. B. der Dunkelheit) herstellen und sind oftmals sehr fruchtbar, auch wenn es zwischen den psychoanalytischen und den phänomenologischen Ausarbeitungen des Konzepts gravierende Unterschiede gibt. Die Aufladung des Freudschen Unheimlichen mit Heideggerscher Unheimlichkeit verleiht dem Begriff eine breitere, existentielle Bedeutung. Gewissermaßen könnte man sagen, daß die Heideggersche Unheimlichkeit im Gefolge der Wiederentdeckung von Freuds Essay über *Das Unheimliche* ›enttarnt‹ wurde: Das Interesse an der Dekonstruktion des Freudschen Begriffs mußte, gerade im Fall Heideggers, einer Schlüsselfigur für die dekonstruktive Praxis, eine gewisse Sensibilität für das Vorkom-

---

82 MARTIN HEIDEGGER, Sein und Zeit (1927), in: HEIDEGGER, Bd. 2 (1976), 250f.
83 Vgl. ebd., 367.
84 SOPHOKLES, Ant. 332f.
85 FRIEDRICH HÖLDERLIN, Chor aus der Antigonä (entst. 1800), in: Hölderlin, Sämtl. Werke und Briefe, hg. v. J. Schmidt, Bd. 2 (Frankfurt a. M. 1994), 691.
86 HÖLDERLIN, Antigonä (1804), in: ebd., 873.
87 HEIDEGGER, Einführung in die Metaphysik (entst. 1935), in: HEIDEGGER, Bd. 40 (1976), 112.
88 Ebd., 115f.
89 Vgl. WEBER (s. Anm. 2), 22–31; IRIS DÄRMAN, Drei Maskierungen im Unheimlichen: Husserl, Freud, Heidegger, in: Sturm (s. Anm. 6), 81–94.

men des Wortes schaffen. Dasselbe gilt, wenngleich weniger systematisch, für eine ganze Reihe anderer Philosophen, die – wie Nietzsche, Kierkegaard, Wittgenstein und Descartes – im Licht des Freudschen Unheimlichen neu gelesen wurden.[90]

Ebenso hat sich die Verbindung von Freud und Marx hauptsächlich erst mit Derrida durchgesetzt, obwohl sie bereits früher von Forschern wie Prawer in die Diskussion über das Unheimliche eingeführt wurde. Die früheste dekonstruktivistische Lektüre von Marx in Begriffen des Wiederholungszwangs und des Unheimlichen hat 1977 Jeffrey Mehlman vorgenommen.[91] In *Spectres de Marx* (1993) untersuchte Derrida das Marxsche Erbe dann selbst im Sinne einer Wiederkehr des Verdrängten und in der Spannung zwischen Austreibung und Beschwörung. Interpretationen der Bilder des Gespensts im *Kommunistischen Manifest* (1848), des Geists von Hamlets Vater und des *Unheimlichen* wechseln sich ab mit ausführlichen Bezugnahmen auf zeitgenössische politische Debatten wie solche zur Apartheid, zu den ›Gerechtigkeitstribunalen‹ und zu Francis Fukuyamas Eloge auf den triumphierenden Kapitalismus. Das Projekt einer ›Spuk-‹ oder ›Gespensterwissenschaft‹ stellt die Frage nach einem nicht-transzendentalen Messianismus und nach der Verantwortung der Intellektuellen, die etablierte Ordnung von innen heraus in Frage zu stellen.[92] »Dans les deux discours, celui de Freud et celui de Heidegger, ce recours [auf das Unheimliche – d. Verf.] rend possibles des projets ou des trajets fondamentaux. Mais il le fait tout en déstabilisant en permanence, et plus ou moins souterrainement, l'ordre des distinctions conceptuelles mises en œuvre. Il devrait inquiéter aussi bien l'éthique et la politique qui s'ensuivent implicitement ou explicitement. / Notre hypothèse, c'est qu'il en va de même pour la spectrologie de Marx. Cette grande constellation problématique de la hantise est la nôtre […]. Il [Marx] appartient à un temps de disjonction, à ce ›time out of joint‹ où s'inaugure laborieusement, douloureusement, tragiquement, une nouvelle pensée de frontières, une nouvelle expérience de la maison, du chez-soi et de l'économie.«[93] Ende der 90er Jahre entwickelte sich die ethisch-politische Wende in der Dekonstruktion zur Traumatheorie weiter. Auch hier fügt sich das Unheimliche als Vorbote von *Jenseits des Lustprinzips*, wo der Begriff des Traumas Freud zur Annahme des Todestriebs führte, in die Debatte über den Umgang mit Traumata, bei dem eher solche Kategorien wie Schock, Ereignis und Wiederholung eine Rolle spielen als die der Repräsentation und der narrativen Geschichtsschreibung.[94]

Eine weitere Erkundung der ethischen Potentiale des Begriffs des Unheimlichen stellt Julia Kristevas *Étrangers à nous-mêmes* dar. In ihren Analysen der verschiedenen Darstellungen des Fremden in (abendländischer) Literatur und Philosophie – von der griechischen Mythologie über die Bibel, Paulus, Augustin, Dante, Montaigne, Hegel, Kant bis hin zu Freud – umreißt Kristeva unterschiedliche Wege des Umgangs mit Fremden und skizziert die Entwicklung der Probleme, mit denen Angehörige fremder Kulturen gegenwärtig konfrontiert sind: Rassismus, Nationalismus, Fremdenfeindlichkeit. Kristeva zufolge lehrt uns die Erfahrung des Unheimlichen, daß der Fremde uns nicht von außen infiltriert und bedroht, sondern daß er eher in uns selbst und unsere Identität eine von Anfang an in diesem Sinne kontaminierte ist. »Si je suis étranger, il n'y a pas d'étrangers. […] L'éthique de la psychanalyse implique une politique: il s'agirait d'un cosmopolitisme de type nouveau qui, transversal aux gouvernements, aux économies et aux marchés, œuvre pour une humanité dont la solidarité est

---

90 Vgl. ROYLE (s. Anm. 30), 1–38; GORDON C. BEARN, Wittgenstein and the Uncanny, in: Soundings 76 (1993), 29–58; VANESSA RUMBLE, Kierkegaard and the Uncanny. A Cast of Sinners and Automatons, in: Enrahonar 29 (1998), 131–136; DAVID MCCALLAM, Encountering and Countering the Uncanny in Descartes's ›Méditations‹, in: French Studies 57 (2003), H. 2, 135–147.
91 Vgl. JEFFREY MEHLMAN, Revolution and Repetition. Marx/Hugo/Balzac (Berkeley, Cal. 1977), 1–41.
92 Vgl. JOHN FLETCHER, Marx the Uncanny? Ghosts and Their Relation to the Mode of Production, in: Radical Philosophy 75 (1996), 31–37.
93 DERRIDA, Spectres de Marx (Paris 1993), 276f.
94 Vgl. GEOFFREY HARTMAN, The Fateful Question of Culture (New York 1997); DOMINICK LACAPRA, History and Memory after Auschwitz (Ithaca 1998); LACAPRA, Trauma, Absence, Loss, in: Critical Inquiry 25 (1999), 696–727; ERNST VAN ALPHEN, Caught by History. Holocaust Effects in Contemporary Art, Literature and Theory (Stanford 1997).

fondée sur la conscience de son inconscient – désirant, destructeur, peureux, vide, impossible.«[95] Kristevas Zugang hat die Interpretation des Phantastischen als eines subversiven, kritischen und utopischen Genres stark beeinflußt und insbesondere im Rahmen des Postkolonialismus weitere Deutungen des Fremden in der Perspektive des Unheimlichen angeregt.[96] Im Anschluß an Freuds späten Text *Der Mann Moses und die monotheistische Religion* (1939), in dem die den Antisemitismus grundierende Unheimlichkeit der Juden mit der Kastration und der Ermordung des Urvaters in Verbindung gebracht wird, haben andere Theoretiker das Judentum auf der Folie des Unheimlichen gelesen.[97]

Die Einbringung der marxistischen Tradition der Entfremdung in das Konzept des Unheimlichen hat zu einer Historisierung des Begriffes geführt und verleiht ihm nun zusätzliches kritisches Potential. Die politischen, psychologischen und ontologischen Begriffe von Entfremdung wurden zudem um spezifisch ästhetische Dimensionen der Verfremdung ergänzt, wie sie etwa die russischen Formalisten mit der ›ostranenije‹, Georg Lukács mit der »transzendentalen Obdachlosigkeit«[98], Walter Benjamin mit der »profanen Erleuchtung«[99], Bertolt Brecht und Theodor W. Adorno entfalteten, um den Zusammenhang zwischen Kunst und Gesellschaft zu betonen und die Möglichkeit der Hervorbringung politischer oder ethischer Veränderungen durch dichterische oder künstlerische Effekte nahezulegen. Doch gab es auch kritische Stimmen. Martin Jays Text über *The Uncanny Nineties* signalisiert einige Gefahren, die dem Modestatus des Unheimlichen, »one of the most supercharged words in our current critical vocabulary«, anhaften. Seiner Ansicht nach kann die metaphorische Offenheit des Wortes, das Fehlen eines festen Kerns, was er mit Dekonstruktion in Verbindung bringt, zu Relativismus und sogar Zynismus hinsichtlich ›realer‹ Phänomene wie Obdachlosigkeit oder Exil führen, und schließlich bemerkt er zu seiner Vereinnahmung durch die kapitalistische Gesellschaft selbst: »It is now the height of canniness to market the uncanny.«[100] Dies bringt uns zu einem der Hauptmerkmale des Unheimlichen – sozusagen nach Hause – zurück: zu dessen wörtlicher Insistenz und Unendlichkeit, wie Cixous sie bereits 1972 voraussagte: »L'Unheimliche est sans fin, mais il faut bien que le texte s'arrête.«[101]

Anneleen Masschelein
Aus dem Englischen übers. v. Martina Kempter

Literatur

ARNZEN, MICHAEL (Hg.), The Return of the Uncanny [Themenheft], in: Para*doxa 3/4 (1997); BERGLAND, RENÉE L., The National Uncanny. Indian Ghosts and American Subjects (Hanover, N. H. u. a. 2000); BERNSTEIN, SUSAN, It Walks: The Ambulatory Uncanny, in: Modern Language Notes 118 (2003), 1111–1139; BRESNICK, ADAM, Prosopoetic Compulsion. Reading the Uncanny in Freud and Hoffmann, in: The Germanic Review 71 (1996), 114–132; CASTLE, TERRY, The Female Thermometer. Eighteenth-Century Culture and the Invention of the Uncanny (New York 1995); Deconstruction and the Architecture of the Uncanny [Themenheft], in: Research in Phenomenology 22 (1992); ELLISON, DAVID, Ethics and Aesthetics in European Modernist Literature. From the Sublime to the Uncanny (Cambridge 2001); GARBER, MARJORIE, Shakespeare's Ghostwriters. Literature as Uncanny Causality (New York 1987); GELDER, KEN/JACOBS, JANE M., Uncanny Australia. Sacredness and Identity in a Postcolonial Nation (Melbourne 1998); GRENVILLE, BRUCE, The Uncanny: Experiments in Cyborg Culture (Vancouver 2001); HERTZ, NEIL, Freud and the Sandman (1979), in: Hertz, The End of the Line. Essays on Psychoanalysis and the Sublime (New York 1985), 97–121; L'Inquiétante Étrangeté [Themenheft], in: Revue française de la psychanalyse 45 (1981); JACKSON, ROSEMARY, Fantasy: the Literature of Subversion (London 1981); JAY, MARTIN, The Uncanny Nineties (1995), in: Jay, Cultural Semantics (London 1998), 157–164; KAHANE, CLAIRE (Hg.), Psychoanalyse und das Unheimliche. Essays aus der Amerikanischen Literaturkritik, übers.

---

95 JULIA KRISTEVA, Étrangers à nous-mêmes (Paris 1988), 284.
96 Vgl. KEN GELDER/JANE M. JACOBS, Uncanny Australia. Sacredness and Identity in a Postcolonial Nation (Melbourne 1998); RENÉE L. BERGLAND, The National Uncanny. Indian Ghosts and American Subjects (Hanover, N. H. u. a. 2000).
97 Vgl. SUSAN E. SHAPIRO, The Uncanny Jew: A Brief History of an Image, in: Judaism 46 (1997), 63–78; DIANE JONTE-PACE, Speaking the Unspeakable. Religion, Misogyny and the Uncanny Mother in Freud's Cultural Texts (Berkeley 2001).
98 GEORG LUKÁCS, Die Theorie des Romans (1916; Neuwied/Berlin 1963), 35.
99 WALTER BENJAMIN, Der Sürrealismus (1929), in: BENJAMIN, Bd. 2/1 (1977), 297.
100 JAY (s. Anm. 8), 157, 163.
101 CIXOUS (s. Anm. 34), 34.

v. R. Hauser (Bonn 1981); KITTLER, FRIEDRICH A., ›Das Phantom unseres Ichs‹ und die Literaturpsychologie: E. T. A. Hoffmann – Freud – Lacan, in: Kittler/H. Turk (Hg.), Urszenen. Literaturwissenschaft als Diskursanalyse und Diskurskritik (Frankfurt a. M. 1977), 139–166; KOFMAN, SARAH, ›Le double e(s)t le diable‹. L'inquiétante étrangeté de ›L'homme au sable (Der Sandmann)‹, in: Kofman, Quatres romans analytiques (Paris 1973), 135–181; LEHMANN, HANS-THIES, Das Erhabene ist das Unheimliche. Zur Theorie einer Kunst des Ereignisses, in: Merkur, H. 487/488 (1989), 751–764; LLOYD-SMITH, ALLAN, Uncanny American Fiction. Medusa's Face (London 1989); NOBUS, DANY (Hg.), Het on-heimelijke [Themenheft], in: Psychoanalytische Perspektieven 19/20 (1993); PRAWER, SIEGBERT S., The ›Uncanny‹ in Literature. An Apology for Its Investigation (London 1965); REY, JEAN-MICHEL, La psychanalyse à la hauteur de la fiction, in: Dialectiques 7 (1974), 5–24; STURM, MARTIN u. a. (Hg.), Lacan. Phantasma und Phantome. Gestalten des Unheimlichen in Kunst und Psychoanalyse [Ausst.-Kat.] (Salzburg 1995); VIDLER, ANTHONY, The Architectural Uncanny. Essays in the Modern Unhomely (Cambridge 1992); WOLFREYS, JULIAN, Victorian Hauntings. Spectrality, Gothic, the Uncanny, and Literature (Basingstoke/New York 2002).

Unterhaltung/Gespräch

(griech. διάλογος; lat. sermo; engl. conversation; frz. conversation; ital. conversazione; span. conversación; russ. беседа)

Einleitung; 1. Begriffssystematische Präsentation; 2. Gegenwartsanalytische Betrachtung: ›Neue Oralität‹ – das Gespräch in den elektronischen Medien; **I. Historischer Abriß; II. Epochen;** 1. Italien im Zeitalter der Renaissance – Gesprächsspiele des Höflings und ›civil conversazione‹ des Bürgers; 2. Spanien im Siglo de Oro – Interaktionsstrategien der ›prudentia‹; 3. Frankreich im Grand siècle – Unterhaltung als Schule des ›honnête homme‹; 4. Deutschland im Barockzeitalter – ›Frauenzimmer Gesprächspiele‹; 5. England in der Epoche des Neoklassizismus – Gesprächstugenden zwischen ›wit‹, ›good sense‹ und Benevolenzmoral; 6. Frankreich im Zeitalter der Aufklärung – Lob und Kritik der Konversation; 7. Klassik und Romantik in Deutschland – Gesprächskultur und gesellige Bildung; 8. Bürgerliches Zeitalter – Funktionalisierung und Niedergang der Konversation; 9. Übergänge zur Moderne – Aufhebung der Gesprächskultur in der Literatur; 10. Soziokulturelle Dimensionen des Gesprächs im 20. Jahrhundert

Einleitung

In den letzten Jahrzehnten hat die sprunghafte Weiterentwicklung der elektronischen Kommunikationsmedien einen tiefgreifenden Strukturwandel der zwischenmenschlichen Verständigung ausgelöst. Diesen Übergang von der Ära des Gesprächs zum Zeitalter der Kommunikation vergleicht Ivan Illich mit der radikalen »geistigen Umstellung von epischer Mündlichkeit auf alphabetische Schriftlichkeit«[1], die sich gegen Ende des 5. vorchristlichen Jh. vollzog. Kulturpessimistisch warnt er vor der möglichen Dissoziierung von Wissen und Denken als einer der zahlreichen Gefahren des um sich greifenden ›Kommunikationswesens‹. Im gleichen Tenor beschuldigt Marc Fumaroli die Soziologie und die Linguistik, auf den Ruinen der Konversation die Kommunikation inthronisiert zu haben, mit Diskurs und verbaler Interaktion in ihrem Gefolge.[2] Feierte Marshall McLuhan zu Beginn der 1960er Jahre die Überwindung der schriftgläubigen *Gutenberg Galaxy* (1962) im ›global village‹ der elektronischen Me-

---

1 IVAN ILLICH, Gespräch, nicht Kommunikation, in: G. Becker u. a. (Hg.), Ordnung und Unordnung. Hartmut von Hentig zum 23. September 1985 (Weinheim 1985), 103.
2 Vgl. MARC FUMAROLI, La conversation, in: P. Nora (Hg.), Les lieux de mémoire, Bd. 3 (Paris 1997), 3617.

dien, so beklagt Franco Ferrarotti ein Vierteljahrhundert später *The End of Conversation* (1988), ja den Rückfall in eine »new form of illiteracy«[3]. Was man positiv gewendet als »age of ›second orality‹«[4] bezeichnet, gilt ihm als »electronic pre-literacy«[5].

Doch jenseits der neuen Medien existiert auch weiterhin das authentische Gespräch, wie etwa in den Diskussionsrunden der ›Gremien-‹ oder ›Basisdemokratie‹ oder im Rahmen einer am Vorbild der mediterranen Lebensart orientierten Freizeitkultur.

Parallel zum medialen und soziokulturellen Umbruch der Unterhaltung erfährt das Gespräch zunehmend eine wissenschaftliche Erforschung. Seit Mitte der 70er Jahre rückt die Ars conversationis wieder ins Blickfeld der Kulturhistoriker.[6] Der Dialog als Alltagsgespräch zwischen zwei Personen oder als literarische Gattung wird Gegenstand der Pragmalinguistik[7] bzw. der Literaturwissenschaft[8], flankiert vom Bachtinschen Konzept der Dialogizität.[9] Die hochästhetisierte Dialogkunst der performativen Gattungen ist ebenfalls zu einem wichtigen Forschungsgegenstand avanciert, der allerdings, da zu weitreichend, bis auf wenige Einzelbeispiele aus dem vorliegenden Zusammenhang ausgeklammert werden soll. Symptomatisch für das sich wandelnde epistemologische Interesse am Gespräch als einer von Unmittelbarkeit und Wechselseitigkeit geprägten Form zwischenmenschlicher Rede sind folgende Forschungstendenzen: Während die Untersuchung von Winfried B. Lerg mit ihrem soziologischen, publizistischen und psychologischen Ansatz kennzeichnend ist für die 70er Jahre[10], dominiert im folgenden Jahrzehnt eine interdisziplinäre Betrachtung mit semiotisch-philosophischer[11] bzw. hermeneutischer Fragestellung.[12] In den 90er Jahren schließlich ist das Gespräch vor allem in den Massenmedien präsent und fällt daher überwiegend in die Bereiche der Publizistik und der Kulturwissenschaft.[13]

1. Begriffssystematische Präsentation

Die lateinische Entsprechung des Begriffs Unterhaltung/Gespräch, wie sie etwa bei Cicero zu finden ist, lautet ›sermo‹[14]. Der Terminus ›conversatio‹ ist dagegen erst im 1. Jh. n. Chr. belegt und bezeichnet den menschlichen Umgang und gesellig-gesellschaftlichen Konnex, eine Bedeutung, die die neusprachlichen Derivate dieses Etymons bis ins 18. Jh. bewahren. Daneben wird der Begriff der Konversation im engeren Sinne durch Stefano

---

3 FRANCO FERRAROTTI, The End of Conversation. The Impact of Mass Media on Modern Society (New York/Westport/London 1988), 27.
4 WALTER J. ONG, Orality and Literacy. The Technologizing of the Word (London/New York 1982), 3.
5 FERRAROTTI (s. Anm. 3), VII.
6 Vgl. CLAUDIA SCHMÖLDERS (Hg.), Die Kunst des Gesprächs. Texte zur Geschichte der europäischen Konversationstheorie (München 1979); ›La Conversation‹ [Themenheft], in: Communications 30 (1979); CLAUDIA HENN-SCHMÖLDERS, Ars conversationis. Zur Geschichte der sprachlichen Umgangs, in: Arcadia 10 (1975), 16–33.
7 Vgl. GERD FRITZ/FRANZ HUNDSNURSCHER (Hg.), Handbuch der Dialoganalyse (Tübingen 1994); ERNEST W. B. HESS-LÜTTICH, Zur Rhetorik des Dialogs. Eine multidisziplinäre Forschungsübersicht in sechs Perspektiven, in: Jahrbuch Deutsch als Fremdsprache 18 (1992), 218–241; DIETER FLADER (Hg.), Verbale Interaktion. Studien zur Empirie und Methodologie der Pragmatik (Stuttgart 1991); PIERRE R. LÉON/PAUL PERRON (Hg.), Le dialogue (Ottawa 1985).
8 Vgl. OTTO F. BEST, Der Dialog, in: K. Weissenberger (Hg.), Prosakunst ohne Erzählen: Die Gattungen der nicht-fiktionalen Kunstprosa (Tübingen 1985), 89–104; ROLAND MORTIER, Pour une poétique du dialogue: essai de théorie d'un genre, in: J. P. Strelka (Hg.), Literary Theory and Criticism. Festschrift für René Wellek (Bern u. a. 1984), 457–474; REINO VIRTANEN, Conversations on Dialogue (Lincoln 1977); ROGER BAUER, ›Ein Sohn der Philosophie‹: Über den Dialog als literarische Gattung, in: Jahrbuch der Deutschen Akademie für Sprache und Dichtung (Darmstadt 1976), 29–44; GERHARD BAUER, Zur Poetik des Dialogs (Darmstadt 1969).
9 Vgl. RENATE LACHMANN (Hg.), Dialogizität (München 1982).
10 Vgl. WINFRIED B. LERG, Das Gespräch. Theorie und Praxis der unvermittelten Kommunikation (Düsseldorf 1970).
11 Vgl. ERNESTO GRASSI/HUGO SCHMALE (Hg.), Das Gespräch als Ereignis. Ein semiotisches Problem (München 1982).
12 Vgl. KARLHEINZ STIERLE/RAINER WARNING (Hg.), Das Gespräch (München 1984).
13 Vgl. SHELLEY I. SALAMENSKY (Hg.), Talk, Talk, Talk. The Cultural Life of Everyday Conversation (New York/London 2001); HARALD BURGER, Das Gespräch in den Massenmedien (Berlin/New York 1991).
14 Vgl. CICERO, Off. I, 132.

Guazzos *La civil conversazione* (1574) geprägt und diffundiert dank intensiver Rezeption alsbald ins Französische, Englische und Deutsche.[15]

In der hier zugrundegelegten Bedeutung findet der Begriff ›Unterhaltung‹ erst in der zweiten Hälfte des 18. Jh. Eingang ins Deutsche und wird von Jacob und Wilhelm Grimm unter Bezugnahme auf das Fremdwort ›Conversation‹ mit einem Zitat Friedrich Ludwig Karl Weigands definiert als »das gesellschaftliche hin- und herreden zwischen personen«[16]. Das Substantiv wurde von dem entsprechenden Verb ›unterhalten‹ abgeleitet, das erst im Verlauf des 18. Jh. unter französischem Einfluß seine moderne Bedeutung erlangt hat, deren Sinngehalt und reziproke Qualität ein Joachim-Heinrich-Campe-Zitat belegt: »gewöhnlich ist damit der begriff des angenehmen und auch nützlichen und belehrenden verbunden, wodurch sich die unterhaltung von bloszer kurzweil und bloszem zeitvertreib unterscheidet.«[17]

Im Bedeutungsspektrum von ›Gespräch‹ soll die literarische Gattungsbezeichnung »buch in gesprächsform«[18] hervorgehoben werden. Die übrigen Begriffsbestimmungen, darunter ›geschwätz‹ und ›wortstreit‹, ›besprechung, unterredung, verhandlung, beratung‹ oder »überhaupt unterredung zweier oder mehrerer personen, namentlich in zwangloser unterhaltung«, enthalten keine nennenswerten ästhetischen Implikationen. Diese finden sich in dem Femininum ›gespräche‹, als deren verkürzte Form das Neutrum ausgewiesen wird.

---

15 Vgl. FUMAROLI (s. Anm. 2), 3672.
16 ›Unterhaltung‹, in: GRIMM, Bd. 11/3 (1936), 1611.
17 ›unterhalten‹, in: ebd., 1604.
18 ›Gespräch‹, in: ebd., Bd. 4/1/2 (1897), 4163.
19 ›Gesprächspiel‹, in: ebd., 4166.
20 ›Gesprächston‹, in: ebd.
21 Vgl. ILSE FRÖHLICH, Betrachtungen zum Begriff ›Unterhaltung‹, in: Wissenschaftliche Zeitschrift der Friedrich-Schiller-Universität Jena 36 (1987), 539.
22 Vgl. HELLMUT GEISSNER, Gesprächsrhetorik, in: UEDING, Bd. 3 (1996), 953–964; HESS-LÜTTICH, Gespräch, in: ebd., 929–947; GEISSNER, Gesprächsspiel, in: ebd., 964–969; KARL-HEINZ GÖTTERT, Geselligkeit, in: ebd., 907–914; HESS-LÜTTICH, Dialog, in: ebd., Bd. 2 (1994), 606–621.
23 PETER BURKE, The Art of Conversation (Cambridge 1993), 91.
24 Vgl. ebd., 113.

Hier findet sich schließlich die klassische Doppelbedeutung von ›eloquentia‹ und ›affabilitas‹, »beredsamkeit« und »freundlichkeit die leute anzureden« (4164), d. h. Leutseligkeit bzw. Geselligkeit.

Weitere ästhetische Aspekte des Gesprächs signalisieren die Begriffe ›Gesprächspiel‹, belegt durch Georg Philipp Harsdörffer und definiert als »convivales fabulae, colloquia familiaria«[19] (Tischgespräch, vertraute Gespräche), sowie ›Gesprächston‹, der mit Bezug auf Johann Jacob Engel als »leichter gesprächston« bzw. als »ton der guten gesellschaft« erläutert wird, bezeichnenderweise unter Hinweis auf Christian Garves Anmerkungen zu Ciceros *De officiis*: »fröhlichkeit und gute laune gehört mit zu dem angenehmen gesprächstone«[20].

Das gesellige ›Unterhaltungsgespräch‹ unterscheidet sich vom sachbezogenen ›Klärungsgespräch‹[21], das informelle ›Personengespräch‹ vom ernsthaften ›Sachgespräch‹[22]. Das Gespräch im Sinne von Unterhaltung zeichnet sich als Sprechgenre durch vier Merkmale aus: durch das »cooperative principle«, wie es Herbert P. Grice nannte; zweitens durch die gleiche Verteilung der »speaker rights« im Interesse des »reciprocal interchange of ideas«, so Henry Fielding; drittens durch die »spontaneity and informality of the exchanges« sowie schließlich viertens durch die »non-businesslikeness«[23]; eben diese Zweckfreiheit macht die ästhetische, spielerische Dimension des Gesprächs aus. Nicht zuletzt basiert das Gespräch auf der Annahme einer egalitären Gesellschaft, die sich auf gemeinsame Werte und ›Spielregeln‹ verpflichtet, etwa die Normen der ›honnêteté‹ oder das Ideal des Gentleman.[24] Baldassare Castigliones *Il libro del Cortegiano* (1528) oder den Novellensammlungen von Giovanni Boccaccio, Marguerite de Navarre und Johann Wolfgang von Goethe ist das voluntaristische Gründungsmoment dieser Gesprächsgemeinschaft gattungskonstitutiv eingeschrieben. Sinnfällig zeigt es sich aber auch in den Erziehungstraktaten des 17. und 18. Jh., wo die Beherrschung der Gesprächsnormen zur Eintrittskarte in die ›gute Gesellschaft‹, d. h. ›le monde‹, wird.

Während der Terminus Unterhaltung die Bedeutung sprachlich-kommunikativer Geselligkeit bewahrt hat, gewinnt der Begriff Gespräch im heutigen Sprachgebrauch zunehmend die Konnotation einer interessegeleiteten, klärenden Ausprache bzw. Unterredung (vgl. Telefongespräch, Patienten- oder Beratungsgespräch, psychoanalytisches Gespräch, Beichtgespräch). Dabei handelt es sich um institutionalisierte, stark formalisierte Dialogformen in einer face-to-face-Situation.

2. Gegenwartsanalytische Betrachtung: ›Neue Oralität‹ – das Gespräch in den elektronischen Medien

Obschon die neuen Kommunikationstechnologien dem unterhaltsamen Gespräch im traditionellen Sinne den Boden entziehen, erlauben sie andererseits eine Fortsetzung der Gesprächskultur mit anderen Mitteln, bringen sie doch Interaktionsformen hervor, die durchaus strukturelle Analogien zur historischen Tradition des Gesprächs aufweisen. Die Konversationszirkel des Medienzeitalters sind zum einen die chats, threads und Diskussionsforen im Internet, zum anderen die täglichen Talkshows der Fernsehkanäle.

Das Internet schafft die paradoxe Situation einer universellen Kommunikationsfähigkeit bei absoluter individueller Isolation.[25] Wo der sinnliche Kontakt der face-to-face-Oralität fehlt, eröffnet sich die Möglichkeit einer spielerischen Kunstwelt, in der anonyme User hinter der Maske phantasievoller Pseudonyme miteinander plaudern. Die Faszination des Mediums macht den Inhalt zum trivialen Vorwand für einen elektronischen Dialog, der – bis hin zum Emoticon, dem graphischen Zeichen für paraverbale Signale wie Freude :-), Erstaunen :-o, Ironie ;-) – primär phatische Funktion erfüllt bzw. ludisch-ästhetischen Charakter trägt.

Das Fernsehen bietet den derzeit wohl populärsten Abkömmling der geselligen Konversation, die Talkshow, in der nunmehr Unterhaltung als Gespräch und Entertainment wieder in eins fallen (›Infotainment‹). Zudem weist das Fernsehereignis einen Variantenreichtum auf, der an die Spielarten der historischen Gesprächstypologie erinnert, wie z. B. Liebeskasuistik und Novellistik, Rätsel und Gesprächsspiele. Die Talkshow besitzt nicht zuletzt, wie auch die klassische Konversation, insofern eine relative Komplexität, als ihre Kommunikationssituation bedeutende epochentypische Fragestellungen ethischer und ästhetischer Natur impliziert.[26]

Als Ersatz für gesellige Unterhaltung erlaubt der Fernseh-Talk unterschiedliche Stufen der Partizipation im Spannungsfeld von Medialität und Authentizität. Nur die Personen im Studio partizipieren an einer realen Kommunikationssituation, die Moderator und Gäste aktiv gestalten, während das Studiopublikum vergleichsweise passiv bleibt. Dem Zuschauer am Bildschirm sind verschiedene Rezeptionshaltungen und Interaktionsformen möglich (TED-Abstimmung, telefonische Intervention oder per Fax, online-chat im Anschluß an die Sendung). Schließlich kann die Talkshow auch in ein reales Gespräch zwischen den Rezipienten am heimischen Bildschirm münden. In diesem Sinne vertritt Barbara Sichtermann ein aufklärerisch-optimistisches Verständnis der Talkshow und attestiert ihr einen mustergültig ausgewogenen Gesprächsverlauf sowie eine erzieherische Wirkung als Schule der Toleranz und Konfliktfähigkeit.[27] Kritiker stellen dagegen die kommunikative Leistung der Talkshow in Frage und betonen stattdessen den voyeuristischen Aspekt.[28] Öffentliches Therapie-Gespräch, reißerische Peep-Show oder gesittete ›colloqui familiari‹ – wie auch immer man die Talkshow begreifen will, impliziert sie eine ethische Dimension.

Das ästhetische Erscheinungsbild der Talkshow, deren »Geschmacklosigkeiten«[29] unbestritten sind, wird primär von kommerziellen Interessen bestimmt, d. h. von der Einschaltquote. Entscheidend für die Zuschauerbindung ist die Unverwechsel-

---

25 Vgl. ULLRICH FICHTNER, Das Geschnatter der Chatter. Willkommen im globalen Dorf, in: Frankfurter Rundschau (18. 1. 1997), 6; SHERRY TURKLE/SALAMENSKY, Techno Talk: E-Mail, the Internet, and Other ›Compversations‹, in: Salamensky (s. Anm. 13), 225–245.
26 Vgl. NORBERT SCHNEIDER, Zukunftsformel Programmqualität. Anmerkungen zu einer notwendigen Diskussion, in: Agenda 26 (1996), 15–22.
27 Vgl. BARBARA SICHTERMANN, Die Barfrau hetzt die Mutti auf. Ist die Talk-Show nicht doch besser als ihr Ruf?, in: Die Zeit (11. 10. 1996), 47.
28 Vgl. LOTHAR MIKOS, Spielwiese der Betroffenheit. Die täglichen Talkshows im Nachmittagsprogramm, in: Agenda 26 (1996), 13–14.
29 SCHNEIDER (s. Anm. 26), 16.

barkeit eines Talkformats[30], dessen Originalität im wesentlichen auf dem individuellen Stil des Moderators und seiner Gesprächsführung beruht, einem ästhetischen Kriterium also.[31]

I. Historischer Abriß

Für die Herausbildung der neuzeitlichen Gesprächskultur sind drei Faktoren entscheidend: der humanistische Rückgriff auf antike Gesprächsformen und Rhetoriken (Platon, Cicero), der Eintritt in das Zeitalter des Buchdrucks und die Entstehung überschaubarer höfischer Gesellschaften mit einer Kultur der Muße.

In dieser Hinsicht besitzt die höfische Kultur des Mittelalters eine Vorläuferrolle. Wenngleich das Gespräch im Mittelalter weitgehend die Funktion des Lehrgesprächs bzw. der rhetorisch-dialektischen Übung erfüllt, kommt ihm im Rahmen der höfischen Kultur auch eine unterhaltsame und ästhetische Funktion zu; dafür steht etwa die Form der ›cours d'amours‹ mit ihrer Liebeskasuistik, die sich in den lyrischen Gattungen des ›joc partit‹ und der ›tenzone‹ spiegelt; deren Tradition wirkt bis in die Gesprächsspiele des Barock weiter.[32]

Bei Cicero, etwa in *De officiis*, siedelt sich die ›ars sermonis‹ auf der mittleren Stilebene an; sie ist dem ›aptum‹ und Wertbegriffen wie ›mediocritas‹ (Maßhalten), ›urbanitas‹ (Heiterkeit) und ›affabilitas‹ (Freundlichkeit) verpflichtet.[33] Mit diesen Qualitäten, die ebenso der Rhetorik wie der Ethik zugehören, ist auch das mit der Renaissance einsetzende Konversationsverständnis der Neuzeit verbunden.

Im Übergang zur Buchkultur bestimmt das Oszillieren zwischen Mündlichkeit und Schriftlichkeit die Theorie und Praxis des Dialogs in Form und Inhalt; es erklärt den Erfolg gewisser literarischer Gattungen und konditioniert die Verständigung über die jeweilige Nationalsprache, die den italienischen, französischen und deutschen Konversationsgesellschaften ein besonderes Anliegen ist.

Die neuzeitliche Gesprächskultur entsteht im Rahmen überschaubarer höfischer Gesellschaften, in denen die Rhetorik »Leitdisziplin gesellschaftlichen Verhaltens«[34] unter dem Primat der ›prudentia‹ ist. Die entsprechenden Traktate der italienischen Hofmannskunst und ihrer französischen, englischen und deutschen Nachfolger sind zumeist selbst in Form von Gesprächen verfaßt, in die andere literarische Formen wie Novellen, Gedichte oder Aphorismen eingestreut sind. In ihrer Verknüpfung von Text und Kontext, Lehre und Praxis, ›rhetorica docens‹ und ›rhetorica utens‹ – konzentriert auf der mittlere Stillage im Dienste einer persuasiven ›delectatio‹ – werden die Hofmannstraktate »zu kleinen selbstbezüglichen Universen, zu Selbstportraits einer Gesellschaft und zu den Medien ihrer Selbstverständigung«[35].

An der Wende zur Moderne gerät dieses Ideal der Gesprächskultur in eine Krise. In soziologischer Hinsicht wird der pseudoegalitären Konversationsgesellschaft durch die Französische Revolution der Boden entzogen[36], während sich parallel dazu das Bedingungsfeld der Ästhetik und Rhetorik verändert.[37] Im Verlauf des 18. Jh. vollzieht sich eine deutliche Verlagerung vom mündlichen aufs

---

30 Vgl. JÖRG GRABOSCH, Spaß am Fernsehen. Ein gutes Format bietet ein temporäres Zuhause, in: Agenda 26 (1996), 14; TITUS ARNU, Schneller, schriller, schräger. Neue Talkshows und Serien sollen vor allem dynamisch und jung wirken – auch wenn der Zuschauer nichts davon hat, in: Agenda 26 (1996), 23; SCHNEIDER (s. Anm. 26), 22.
31 Vgl. MIKOS (s. Anm. 28), 13.
32 Vgl. CHRISTA SCHLUMBOHM, Jocus und Amor. Liebesdiskussionen vom mittelalterlichen ›joc partit‹ bis zu den preziösen ›questions d'amour‹ (Hamburg 1974).
33 Vgl. CICERO, Off. 1, 132–137; 2, 48.
34 MANFRED HINZ, Rhetorische Strategien des Hofmannes. Studien zu den italienischen Hofmannstraktaten des 16. und 17. Jahrhunderts (Stuttgart 1992), 19.
35 Ebd., 22.
36 Vgl. GÖTTERT, Kommunikationsideale. Untersuchungen zur europäischen Konversationstheorie (München 1988), 18; NIKLAS LUHMANN, Interaktion in Oberschichten: Zur Transformation ihrer Semantik im 17. und 18. Jahrhundert, in: Luhmann, Gesellschaftsstruktur und Semantik, Bd. 1 (Frankfurt a. M. 1980), 72–161.
37 Vgl. EUGEN BADER, Rede-Rhetorik, Schreib-Rhetorik, Konversationsrhetorik. Eine historisch-systematische Analyse (Tübingen 1994), 64–67.

schriftliche Medium: Die Bedeutung der öffentlichen Rede und der lateinisch-humanistischen Bildung geht zurück, die Buchproduktion steigt dagegen sprunghaft an.[38] Im 17. Jh. herrscht noch eine ausgeglichene Koexistenz zwischen Rede-Rhetorik und Schreib-Rhetorik. Die Affinität von Rhetorik und Poetik belegt die von Madeleine de Scudéry als Kompliment verstandene Charakterisierung der Phylire in *Artamène ou le Grand Cyrus* (1649–1653), die schreibe, wie sie spreche.[39] Von der Abwertung des mündlichen Stilparadigmas an der Wende vom 18. zum 19. Jh. zeugt dagegen die Tatsache, daß Madame de Staël die Bezugnahme auf das Diktum der Epoche, ›converser en écrivant‹, zum Vorwurf gereicht.[40] Mit der Konversationsrhetorik verliert sich auch das für sie konstitutive Paradox der kunstlosen Kunst. Einen Wendepunkt markiert die *Encyclopédie*, die in dem Artikel ›Conversation, Entretien‹ (1754) strikt trennt zwischen schriftlicher und mündlicher Gattung, Buch und Gespräch.[41] Doch nicht nur die »Verstummung«[42] der Rhetorik, sondern die Krise der Rhetorik als solcher, bedingt durch eine Revolutionierung der Kunsttheorie, trägt zum Niedergang des Gesprächs als ästhetischer Praxis bei.[43] Mit der Begründung der Ästhetik durch Alexander Gottlieb Baumgarten fällt die Kunstlehre nunmehr in den Bereich der Philosophie, während die Rhetorik zu einer trivialen Technik absinkt, der die Romantiker den Todesstoß versetzen.[44]

Im Zuge der funktionalen Ausdifferenzierung einer immer komplexeren Gesellschaft wird auch das Gespräch im Verlauf des 19. Jh. spezialisiert und instrumentalisiert; das einer Situation Angemessene in der mündlichen Rede, das ›decorum‹, erstarrt zur bürgerlichen Konvention. Gegen das Schwinden der Ästhetik setzt der Dandysmus seinen ästhetischen Protest[45] – nicht zuletzt, wie Oscar Wilde beweist, durch die Kunst des Gesprächs. In der ersten Hälfte des 20. Jh. wird das Gespräch als gesellige Unterhaltung durch Medien und Politik weiter ausgehöhlt. Während sich in den elektronischen Medien eine ›second orality‹ entwickelt, tragen in der zweiten Hälfte des Jahrhunderts die ›Neue Rhetorik‹ sowie die publizistisch, soziologisch und philosophisch orientierten Kommunikationswissenschaften zur Wiederentdeckung und Aufwertung des Gesprächs bei.

II. Epochen

1. Italien im Zeitalter der Renaissance – Gesprächsspiele des Höflings und ›civil conversazione‹ des Bürgers

Im Verlauf des 16. Jh. vollziehen die drei Klassiker der italienischen Hofmannsliteratur eine ›Rhetorisierung der Konversation‹[46], die, im Spannungsfeld zwischen Rede-Rhetorik und Schreib-Rhetorik, den rhetorischen Kategorien ›natura‹ und ›ars‹ in unterschiedlichem Maß verpflichtet ist: Während sich Castigliones Hofmann zum Zwecke einer perfekten Selbstinszenierung dank der Kunst eine zweite Natur schafft, die dem Paradox der ›sprezzatura‹ (Natürlichkeit) gehorcht, versuchen Guazzo und Giovanni Della Casa durch das rhetorische Regelwerk der Konversation eine ursprüngliche soziale Affektivität wiederzuwecken.

Bei Castigliones *Libro del Cortegiano* handelt es sich um ein diskursives »Gesellschaftsspiel der Hofleute, in dem zugleich dessen Spielregeln verhandelt werden«[47]. Die Bedeutung dieses Traktats be-

---

38 Vgl. MANFRED FUHRMANN, Rhetorik und öffentliche Rede. Über die Ursachen des Verfalls der Rhetorik im ausgehenden 18. Jahrhundert (Konstanz 1983).
39 Vgl. MADELEINE DE SCUDÉRY, Artamène ou le Grand Cyrus (1649–1653), Bd. 10/2 (Paris 1654), 361; CHRISTOPH STROSETZKI, Konversation. Ein Kapitel gesellschaftlicher und literarischer Pragmatik im Frankreich des 17. Jahrhunderts (Frankfurt a.M./ Bern/Las Vegas 1978), 68.
40 Vgl. BRUNHILDE WEHINGER, Conversation um 1800. Salonkultur und literarische Autorschaft bei Germaine de Staël (Berlin 2002), 31 f.
41 Vgl. JEAN LE ROND D'ALEMBERT, ›Conversation, Entretien‹, in: DIDEROT (ENCYCLOPÉDIE), Bd. 4 (1754), 165–166.
42 BADER (s. Anm. 37), 172.
43 Vgl. HELMUT SCHANZE, Einleitung, in: Schanze (Hg.), Rhetorik, Beiträge zu ihrer Geschichte in Deutschland vom 16.–20. Jahrhundert (Frankfurt a.M. 1974), 7–15.
44 Vgl. SCHANZE, Romantik und Rhetorik. Rhetorische Komponenten der Literaturprogrammatik um 1800, in: ebd., 126–144.
45 Vgl. DOMNA C. STANTON, The Aristocrat as Art. A Study of the Honnête Homme and the Dandy in Seventeenth- and Nineteenth-Century French Literature (New York 1980).
46 Vgl. BADER (s. Anm. 37), 112–117.
47 HINZ (s. Anm. 34), 31.

ruht darauf, daß die Konversationsfähigkeit im höfisch-aristokratischen Rahmen den Grad der Gesellschaftsfähigkeit bestimmt.[48] Der Kern des *Cortegiano* ist im eigentlichen Sinne ein Gesprächsspiel, nämlich »di formar con parole un perfetto cortegiano« (mit Worten einen vollendeten Hofmann zu schildern)[49]. Die Schlüsselbegriffe der im *Cortegiano* entwickelten Konversationsrhetorik, ›grazia‹ und ›sprezzatura‹, Anmut und scheinbar kunstlose Natürlichkeit, sind ästhetische Qualitäten, welche die »transzendentale Bedingung der Möglichkeit«[50] gesellschaftlicher Interaktion signalisieren. Als unverzichtbare Werte der Soziabilität begleiten sie die gesprächsweise Zusammenkunft, in der sich ›discrezione‹ (Unterscheidungsvermögen) und ›giudizio‹ (Urteilsfähigkeit) beweisen, in der aber auch, unbeschadet der ›delectatio‹ (des Vergnügens), humanistische Bildungsinhalte vermittelt werden. Der Mensch soll sich im Gespräch »amichevole e dolce« (freundlich und angenehm)[51] bzw. »gentile e amabile« (höflich und liebenswürdig)[52] zeigen.

Eine Generation nach dem *Cortegiano* entstanden, unterscheidet sich der wohl um 1552 verfaßte und sechs Jahre später postum publizierte *Galateo* des gegenreformatorischen Erzbischofs Della Casa deutlich von seinem Vorgänger.[53] Er mißt der ›acutezza‹, dem Scharfsinn des Ingeniums größere Bedeutung bei als Castiglione, zieht andererseits die Grenzen des ›decorum‹ enger und fordert insbesondere eine strikte Affektkontrolle für die Konversationssprache. Überdies nimmt er eine strengere Trennung zwischen öffentlicher und privater Sphäre vor, die inhaltliche Konsequenzen impliziert: Auch humanistische Bildungsinhalte werden nun endgültig verbannt. Della Casas elaborierte Poetik der scherzhaften Pointen und unterhaltsamen Anekdoten (›beffe‹, ›facezie‹) verlangt zugleich eine deutliche Abgrenzung vom niederen Stil im Namen der ›misura‹, des Taktes. Dank seiner novellistischen Struktur, mit der er Beispiele für gesellschaftliches Fehlverhalten sowie den situativen Kontext für regelgerechtes Verhalten liefert, wird der *Galateo* noch stärker rezipiert als der *Cortegiano*. Auch ist das engere Regelwerk, dem der häufig als bürgerlich charakterisierte Autor seinen ›gentiluomo‹ unterwirft, zukunftsweisender als die egalitäre Heiterkeit des Hofmannes.

In Guazzos Traktat *La civil conversazione* wird erstmals der Übergang des isolierten Individuums in den gesellschaftlichen Zustand problematisiert – als Heilung vom Gift der Einsamkeit durch die ›vera medicina‹ der Konversation, verstanden als geselliger Umgang.[54] Gravierende Konsequenzen impliziert die Tatsache, daß die Rhetorik bei Guazzo nicht mehr eine übergreifende Theorie liefert, sondern sich als Spiegel der Ständegesellschaft in eine Vielzahl von Soziolekten auflöst, die – so Peter Burke – allerdings gleichermaßen der ›accommodazione‹ (»sensivity to situation«) und ›mediocrità‹ (»follow the golden mean«[55]) verpflichtet sind. Bezogen auf den höfischen Kontext erscheint die Rhetorik als Heuchelei, wodurch die Unterhaltung im Sinne Castigliones grundsätzlich gefährdet ist. Eine Kunst des Schweigens zeichnet sich ab, die bereits auf die instrumentelle Gesprächshermeneutik eines Baltasar Gracián vorausweist.[56]

Parallel zur gesellschaftlichen Praxis der Konversation ist, wie schon die diesbezügliche Theoriebildung in Gesprächsform zeigt, eine Blüte des philosophisch-essayistischen Dialogs zu verzeichnen.[57] Im Anschluß an Leonardo Bruni, der die ciceronianische Dialogtradition in die italienische Renaissance eingeführt hat, zeugen die entsprechenden poetologischen Traktate von der Beliebtheit dieser Gattung, wie etwa Carlo Sigonis *De dia-*

---

48 Vgl. ebd., 103–110.
49 BALDASSARE CASTIGLIONE, Il libro del Cortegiano (1528), in: Castiglione/Giovanni Della Casa, Opere, hg. v. G. Prezzolini (Mailand 1937), 68; dt.: Das Buch vom Hofmann, übers. v. F. Baumgart (Bremen 1960), 31.
50 HINZ (s. Anm. 34), 31.
51 DELLA CASA, Il galateo (1528), in: Castiglione/Della Casa (s. Anm. 49), 591; dt.: Der Galateo. Traktat über die guten Sitten, hg. u. übers. v. M. Rumpf (Heidelberg 1988), 58.
52 CASTIGLIONE (s. Anm. 49), 149; dt. 128.
53 Vgl. HINZ (s. Anm. 34), 308–325.
54 Vgl. ebd., 327–366; RICHARD AUERNHEIMER, Gemeinschaft und Gespräch. Stefano Guazzos Begriff der ›Conversazione civile‹ (München 1973).
55 BURKE (s. Anm. 23), 102, 101.
56 Vgl. HINZ (s. Anm. 34), 352.
57 Vgl. ›El diálogo en la cultura áurea: de los textos al género‹ [Themenheft], in: Insula 542 (1992); ANA VIAN HERRERO, La ficción conversacional en el diálogo renacentista, in: Edad de Oro 7 (1988), 173–186; MA-

logo liber (1561), Sperone Speronis *Apologia dei dialoghi* (1574) oder Torquato Tassos *Discorso dell'arte del dialogo* (1585).[58] Angesiedelt zwischen Ernst und Scherz, Gelehrsamkeit und Volkstümlichkeit, entspricht der Dialog als eine offene Form dem Bedürfnis der Humanisten nach kontroverser Diskussion, wobei die Rollenprosa zudem evasive Strategien gegenüber der Zensur erlaubt.

Vom »rise of the dialogue«[59] im Zeitalter der Renaissance zeugen ebenfalls die Tischgespräche[60] sowie die Novellistik eines Boccaccio oder einer Marguerite de Navarre. In der höfisch-urbanen Gesellichkeit der Rahmenfiktion spiegelt sich nicht nur die Ästhetisierung der Sitten; die Gespräche, in denen die erzählten Schicksalsfälle zur Debatte gestellt werden, erlauben zugleich die Problematisierung des neuzeitlichen Individuums zwischen Autonomie, Transzendenz und Fortuna.[61]

2. Spanien im Siglo de Oro – Interaktionsstrategien der ›prudentia‹

Eine Sonderentwicklung in der Beurteilung des Gesprächs ist in Spanien zu verzeichnen. Nach der ersten Castiglione-Rezeption bei Juan Boscán (*El cortesano*, 1534) und Antonio de Guevara (*Aviso de privados y doctrina de cortesanos*, 1539) werden ein Jahrhundert später durch Gracián alle konstitutiven Elemente der höfischen Unterhaltung umgewertet.[62] Zwar findet sich in dem Roman *El criticón* (1651) ein Lobpreis auf die »noble conversación« (edle Wechselrede), ist sie doch »hija del discurso, madre del saber, desahogo del alma, comercio de los corazones, vínculo de la amistad, pasto del contento y ocupación de personas« (die Tochter des Nachdenkens, die Mutter des Wissens, eine Erleichterung für die Seele, ein Austausch der Herzen, ein Band der Freundschaft, eine Nahrung der Freude, ein rechtes Anliegen menschlicher Wesen)[63]. Diese Hochschätzung einer allumfassenden Soziabilität wird jedoch alsbald dekonstruiert, etwa indem die Mentorgestalt ein (fiktives) Buch namens ›El Galateo cortesano‹, Paradigma der höfischen Konversationskunst, wegen seiner Unzeitgemäßheit lächerlich macht.[64]

Sein eigenes Verständnis vom menschlichen Umgang skizziert Gracián in den Aphorismen des *Oráculo manual y arte de prudencia* (1647), die alle bisher entwickelten Grundsätze der Gesprächskultur in ihr Gegenteil verkehren. Basierend auf Machiavelli bzw. dem kirchlich gebilligten Tacitismus, entwirft Gracián – als Zeitgenosse von Thomas Hobbes – Strategien zur Machtbehauptung des einzelnen im Konkurrenzkampf rivalisierender Interessen. So sind denn auch Widerspruch und Stichelrede, ansonsten im Namen der Höflichkeit verboten, bei Gracián zulässig, um den Gegner aus der Reserve zu locken. Unter der Herrschaft des falschen Scheins (›parecer‹) findet jede Form von Heuchelei ihre Legitimation, wie etwa in der berühmten Maxime 43: »Sentir con los menos y hablar con los más.« (Denken wie die wenigsten und reden wie die meisten.)[65] Das dem Gespräch zugrundeliegende ciceronianische Ethos wird hier durch eine moralisch indifferente ›prudentia‹ ersetzt, die mit taktischen Finten operiert und das Gespräch im eigentlichen Sinne ad absurdum führt, indem sie zu Diskretion und Schweigen rät. Insofern es gilt, die eigene Verständlichkeit zu ver-

---

RIE-THÉRÈSE JONES-DAVIES (Hg.), Le dialogue au temps de la Renaissance (Paris 1984); DAVID MARSH, The Quattrocento Dialogue: Classical Tradition and Humanist Innovation (Cambridge, Mass. 1980); MUSTAPHA KEMAL BÉNOUIS, Le dialogue philosophique dans la littérature française du seizième siècle (Paris/Den Haag 1976).

58 Vgl. JON R. SNYDER, Writing the Scene of Speaking. Theories of Dialogue in the Late Italian Renaissance (Stanford 1989).

59 BURKE, The Renaissance Dialogue, in: Renaissance Studies 3 (1989), H. 1, 2f.

60 Vgl. MICHEL JEANNERET, Des mets et des mots. Banquets et propos de table à la Renaissance (Paris 1987).

61 Vgl. GISÈLE MATHIEU-CASTELLANI, La conversation conteuse. Les nouvelles de Marguerite de Navarre (Paris 1992).

62 Vgl. GÖTTERT (s. Anm. 36), 44–61.

63 BALTASAR GRACIÁN, El criticón (1651), in: Gracián, Obras completas, Bd. 1 (Madrid 1993), 12; dt.: Criticón oder Über die allgemeinen Laster des Menschen, übers. v. H. Studniczka (Reinbek b. Hamburg 1957), 9.

64 Vgl. ebd., 164f.; dt. 75.

65 GRACIÁN, Oráculo manual y arte de prudencia (1647), in: Gracián (s. Anm. 63), Bd. 2 (Madrid 1993), 208; dt.: Balthazar Gracian's Hand-Orakel und Kunst der Weltklugheit, übers. v. A. Schopenhauer, in: Schopenhauer, Der handschriftliche Nachlaß, Bd. 4/2, hg. v. A. Hübscher (Frankfurt a.M. 1975), 151.

hindern und den anderen zu durchschauen, handelt es sich bei Graciáns ›arte de prudencia‹ weniger um eine Rhetorik als um eine Hermeneutik zwischen ›engaño‹ (Täuschung) und ›desengaño‹ (Enttäuschung). Und obwohl Gracián in seinem *El discreto* (1646) die Ars conversationis noch über die freien Künste stellt[66], besitzt seine Interaktionsstrategie keine ästhetische Dimension, es sei denn die der Maske.

3. Frankreich im Grand siècle – Unterhaltung als Schule des ›honnête homme‹

Im Frankreich des 17. Jh. bildet sich zugleich mit der höfischen Gesellschaft und dem Salonwesen eine spezifische Konversationsrhetorik heraus, die der Kunst der Beredsamkeit zu einem neuen Aufgabenfeld verhilft.[67] Die neue Gesprächskultur orientiert sich an italienischen Modellen, wobei sich der Idealtyp des ›cortegiano‹ zu dem des ›honnête homme‹ wandelt.[68] In seinem Traktat *L'honnête homme ou l'art de plaire à la cour* (1630) erhebt Nicolas Faret die ästhetische Kategorie des ›plaire‹ zum Leitbegriff für Soziabilität und Alltagsrhetorik. Inbegriff einer so verstandenen ›urbanité‹ ist

die ›bienséance‹, die Angemessenheit des Gesprächs an Zeit und Ort, Gegenstand und Person sowie deren Rang. Ethische Aspekte des Gesprächs sind seine Reziprozität und Orientierung am anderen, sein Beitrag zu Selbsterkenntnis und Affektkontrolle, seine Verpflichtung auf Mittelmaß, Aufrichtigkeit und Wahrheit.[69]

Wichtigste soziale Trägerschicht der französischen Gesprächskultur ist der entmachtete Schwertadel, der eine ›Poetik des otium‹[70] hervorbringt, deren mündliche und schriftliche Gattungen dem Paradigma des Attizismus entsprechen, der die Regeln der französischen Klassik relativiert.[71] Bevorzugtes Milieu der Konversation ist daher zunächst der Hof, dann jedoch dessen »contre-institution«[72], der Salon, in dessen Rahmen das zwanglose, zweckfreie und vertraute, ja galante Gespräch (›conversation enjouée‹, ›entretien familier‹) in einer Atmosphäre hypostasierter sozialer Gleichheit verläuft. Die Themen sollen einer ›agréable diversité‹ gehorchen, nicht vertieft werden und für alle Gesprächsteilnehmer gleichermaßen zugänglich sein, weshalb der ›pédant‹ und die ›femme savante‹ die Norm der ›bienséance‹ bzw. ›médiocrité‹ verletzen und der Lächerlichkeit (›ridicule‹) anheimfallen. Als Inbegriff der ›éloquence orale‹ steht die Konversationsrhetorik im Dienste eines breit gefächerten Spektrums sprachlicher Geselligkeit, wie der *Discours de la conversation* (1677) des Chevalier de Méré belegt: »Le plus grand usage de la parole parmy les personnes du monde, c'est la conversation; desorte que les gens qui s'en acquittent le mieux, sont à mon gré les plus éloquens. J'appelle Conversation, tous les entretiens qu'ont toutes sortes de gens, qui se communiquent les uns aux autres, soit qu'on se rencontre par hazard et qu'on n'ait que deux ou trois mots à se dire; soit qu'on se promene ou qu'on voyage avec ses amis, ou mesme avec des personnes que l'on ne connoist pas; soit qu'on se trouve à table avec des gens de bonne compagnie, soit qu'on aille voir des personnes qu'on aime, et c'est où l'on se communique le plus agreablement; soit enfin qu'on se rende en quelque lieu d'assemblée, où l'on ne pense qu'à se divertir, comme en effet, c'est le principal but des entretiens.«[73]

Das Gespräch selbst bildet eine Totalität, die neben dem sprachlichen ›discours‹ und den Einlei-

---

66 Vgl. GRACIÁN, El discreto (1646), in: ebd., 116; dt.: Der kluge Weltmann, übers. v. S. Neumeister (Frankfurt a. M. 1996), 37.
67 Vgl. JACQUELINE HELLEGOUARC'H (Hg.), L'art de la conversation. Anthologie (Paris 1997); BERNARD BRAY/STROSETZKI (Hg.), Art de la lettre – Art de la conversation à l'époque classique en France (Paris 1995); JEAN-PIERRE DENS, L'Art de la conversation au dix-septième siècle, in: Les lettres romanes 27 (1973), 215–224; STROSETZKI (s. Anm. 39).
68 Vgl. ELIZABETH C. GOLDSMITH, ›Exclusive Conversations‹. The Art of Interaction in Seventeenth-Century France (Philadelphia 1988).
69 Vgl. FUMAROLI (s. Anm. 2), 3636.
70 Vgl. ALAIN GÉNETIOT, Poétique du loisir mondain, de Voiture à La Fontaine (Paris 1997); FUMAROLI/PHILIPPE-JOSEPH SALAZAR/EMMANUEL BURY (Hg.), Le loisir lettré à l'âge classique (Genf 1996).
71 Vgl. ROGER ZUBER, Atticisme et classicisme, in: Fumaroli/J. Mesnard (Hg.), Critique et création littéraires en France au XVIIe siècle (Paris 1977), 375–393.
72 FUMAROLI (s. Anm. 2), 3625.
73 ANTOINE GOMBAULD DE MÉRÉ, Discours de la conversation (1677), in: Chevalier de Méré, Œuvres complètes, hg. v. C.-H. Boudhors, Bd. 2 (Paris 1930), 102 f.

tungs- und Abschiedsformeln auch die Inszenierung des Körpers mit Gestik und Mimik, kurz den ›bon air‹, umfaßt.[74] Während die Zulässigkeit von Scherz, Ironie und ›bon mot‹ umstritten ist[75], besteht Einvernehmen hinsichtlich der wesentlichen Stilmerkmale der Konversationsrhetorik, die mit Begriffen wie ›naturel‹, ›naïf‹, ›sans ordre‹ charakterisiert wird, wobei sich an den subtilen ›agréments‹ (Chevalier de Méré) und dem undefinierbaren ›je ne sais quoi‹ (Dominique Bouhours) die individuelle Perfektion erweist. In gleicher Funktion wie die ›sprezzatura‹ verhüllen auch hier ›aisance‹ und scheinbare Nachlässigkeit (›négligé‹) den Kunstcharakter der Unterhaltung, die nicht ins Affektierte oder Schulmäßige abgleiten darf. Dank ihres ›natürlichen‹ Tons erobert die Konversationsrhetorik immer weitere Bereiche der Eloquenz und beeinflußt z. B. auch die Kanzel- und Gerichtsrhetorik, so daß sich schließlich die öffentliche Rede am Modell der privaten ausrichtet: »j'estime que dans le discours public on doit faire en grand ce que dans le familier on fait en petit et en raccourci.«[76] Verpflichtet auf ›pureté‹, ›clarté‹ und ›précision‹, liefert die Salonkonversation mit ihrem ›bon usage‹ den Standard für die sprachliche Norm, die durch die 1635 gegründete *Académie Française* festgeschrieben wird.

Im Zuge der »Literarisierung des gesellschaftlichen Lebens«[77] ist hinsichtlich der Konversation als »genre amphibie«[78] ein besonders enges Wechselverhältnis zwischen Mündlichkeit und Schriftlichkeit zu beobachten, das sich in den historischen Übergang von einem ›âge oratoire‹ zu einem ›âge littéraire‹ einschreibt.[79] Beispielhaft für die Konversation als ästhetisches und ästhetisch reflektiertes Phänomen ist Honoré d'Urfés Schäferroman *L'Astrée* (1607–1627) mit seinen modellhaften Galanterien. In dem Konversationsroman *La prétieuse* (1656–1658) des Abbé de Pure spiegeln sich die Debatten ›feministischer‹ Zirkel[80], während die Gesprächsszenen der heroisch-galanten Romane der Mademoiselle de Scudéry, *Artamène* und *Clélie* (1654–1660), den Ausgangspunkt zu den moralistischen Debatten in ihren späteren *Conversations* und *Entretiens* (1680–1692) bilden.[81] Dergleichen Essayistik in Gesprächsform erfreute sich, bis hin zu Sondergattungen wie der ›Promenade‹ (z. B. de Scudérys *Promenade de Versailles*, 1669) und den

›Dialogues des morts‹ (z. B. bei Bernard Le Bovier de Fontenelle, 1683), besonderer Beliebtheit[82], nicht zuletzt bereits in aufklärerischer Absicht zu Popularisierungszwecken. Die Salons der ›Dames de lettres‹ bringen eine »Dichtung der Mündlichkeit«[83] hervor, zu der neben Gelegenheitslyrik, geistreichen Sentenzen und moralistischen Maximen vor allem auch die Gattung des Briefs gehört, den de Scudéry – wie bereits Cicero – als Gespräch mit Abwesenden betrachtet.[84]

---

74 Vgl. FRANÇOIS DE GRENAILLE, La mode, ou caractère de la religion, de la vie, de la conversation, de la solitude, des compliments, des habits et du style du temps (Paris 1642), 260.
75 Vgl. FRANÇOIS DE CALLIÈRES, Des bons mots et des bons contes, de leur usage, de la raillerie des anciens, de la raillerie et des railleurs de nostre temps (Paris 1692).
76 CLAUDE FLEURY, Dialogues sur l'éloquence judiciaire. Si on doit citer dans les plaidoyers (1664), hg. v. F. Gaquère (Thèse Paris 1925), 91 f.
77 STROSETZKI (s. Anm. 39), 11.
78 FUMAROLI (s. Anm. 2), 3628.
79 Vgl. FUMAROLI, De l'âge de l'éloquence à l'âge de la conversation: la conversion de la rhétorique humaniste dans la France du XVIIe siècle, in: Bray/Strosetzki (s. Anm. 67), 25–45; BADER (s. Anm. 37), 64–67; FUMAROLI, L'âge de l'éloquence. Rhétorique and ›res literaria‹ de la Renaissance au seuil de l'époque classique (Paris 1980).
80 Vgl. MECHTHILD ALBERT, Du paraître à l'être. Les avatars de la conversation féminine dans ›La Prétieuse‹, in: Bray/Strosetzki (s. Anm. 67), 233–244.
81 Vgl. DE SCUDÉRY, ›De l'air galant‹ et autres conversations (1653–1684). Pour une étude de l'archive galante, hg. v. D. Denis (Paris 1998); DELPHINE DENIS, La muse galante. Poétique de la conversation dans l'œuvre de Madeleine de Scudéry (Paris 1997); PHILIP J. WOLFE, Choix de conversations de Mlle de Scudéry (Ravenna 1977).
82 Vgl. ALAIN MONTANDON, Sociopoétique de la promenade (Clermont-Ferrand 2000), 61–64; WOLFE, Dialogue et société: Le genre du dialogue en France de 1630 à 1671 (Diss. Princeton 1974); BRAY, Le dialogue comme forme littéraire au XVIIe siècle, in: Cahiers de l'Association Internationale des Études Françaises 24 (1972), 9–29.
83 RENATE BAADER, Dames de Lettres. Autorinnen des preziösen, hocharistokratischen und ›modernen‹ Salons (1649–1698): Mlle de Scudéry – Mlle de Montpensier – Mme d'Aulnoy (Stuttgart 1986), 55.
84 Vgl. DE SCUDÉRY, Clélie, histoire romaine, Bd. 4 (Paris 1658), 1138; CICERO, Fam. 9, 21, 1.

4. Deutschland im Barockzeitalter – ›Frauenzimmer Gesprächspiele‹

Im Mittelpunkt der deutschen Konversationsrhetorik des Barockzeitalters[85] stehen die achtbändigen *Frauenzimmer Gesprächspiele* (1641–1649) Georg Philipp Harsdörffers.[86] Angesichts der spezifischen Problemlage in Deutschland ist der Nürnberger Patrizier darum bemüht, einen Ausgleich zwischen der humanistischen Gelehrsamkeit des Bürgertums und den höfischen Lebensformen des Adels herzustellen, um gesellige Unterhaltung zu definieren, zu verbreiten und ihr einen gesellschaftlichen Platz zuzuweisen. Zur Grundlegung einer deutschen Gesprächskultur leistet er einen »interkulturellen Transfer«[87], indem er zunächst das ältere Modell der italienischen Gesprächsspiele übernimmt.[88] Später orientiert sich Harsdörffer an zeitgenössischen französischen Vorbildern wie Charles Sorels *Maison des jeux* (1642) oder den *Conférences* (1634–1641) von Théophraste Renaudot, der in seinem ›Bureau d'adresse‹ öffentliche Diskussionen über aktuelle Themen organisierte und 1637 als Begründer der *Gazette* einen frühen Beleg für den Zusammenhang zwischen Gesprächskultur und Journalismus liefert.

Mit dem französischen Gesprächsideal will Harsdörffer auch dessen Ethos der ›honnêteté‹ vermitteln, doch gelingt es ihm nicht, neben den unbefriedigenden Entsprechungen ›Tugend‹ und ›Ehre‹, einen eigenen Begriff zu kreieren. In Anbetracht der unterentwickelten gesellschaftlichen Praxis und des Vorherrschens humanistischer Gelehrsamkeit muß Harsdörffers Versuch einer weiblich bestimmten deutschen Gesprächskunst daher als utopischer Entwurf gelten.

5. England in der Epoche des Neoklassizismus – Gesprächstugenden zwischen ›wit‹, ›good sense‹ und Benevolenzmoral

Englands ›age of conversation‹ erstreckt sich etwa von 1660 bis 1740.[89] Während zunächst ein aristokratisches, auf formale und ästhetische Qualitäten ausgerichtetes Ideal dominiert, setzt im 18. Jh. eine ›Verbürgerlichung‹ der Unterhaltung ein, die sich unter dem Einfluß des Benevolenzgedankens zunehmend an der Moral orientiert. Der Begriff der ›conversation‹, der auch hier noch den gesellschaftlichen Umgang im allgemeinen bedeutet, wird dabei je nach seinen kommunikativen Implikationen ausdifferenziert in ›chat‹, ›talk‹, ›discussion‹ und ›debate‹[90], wie aus einem Kommentar des unzufriedenen Samuel Johnson ersichtlich: »we had *talk* enough, but no *conversation*; there was nothing *discussed*.«[91]

Französische Theoretiker der ›honnêteté‹ und der Konversation – de Scudéry und Eustache Du Refuge, Charles de Marguetel de Saint-Denis de

---

85 Vgl. WILFRIED BARNER, Barockrhetorik. Untersuchungen zu ihren geschichtlichen Grundlagen (Tübingen 1970).
86 Vgl. JEAN-DANIEL KREBS, L'apprentissage de la conversation en Allemagne au XVIIe siècle, in: Montandon (Hg.), Pour une histoire des traités de savoir-vivre en Europe (Clermont-Ferrand 1994), 215–244; KREBS, Georg Philipp Harsdörffers ›Frauenzimmer-Gesprächspiele‹: Konversation als Erziehung zur ›honnêteté‹, in: Montandon (Hg.), Über die deutsche Höflichkeit. Entwicklung der Kommunikationsvorstellungen in den Schriften über Umgangsformen in den deutschsprachigen Ländern (Frankfurt a. M./ Bern/New York 1991), 43–60; ITALO MICHELE BATTAFARANO (Hg.), Georg Philipp Harsdörffer. Ein deutscher Dichter und europäischer Gelehrter (Frankfurt a. M./Bern/New York 1991); KREBS, Georg Philipp Harsdörffer. Poétique et poésie (Frankfurt a. M./Bern/New York 1983).
87 KREBS, ›Frauenzimmer-Gesprächspiele‹ (s. Anm. 86), 44.
88 Vgl. STEFAN MATUSCHEK, Literarische Spieltheorie von Petrarca bis zu den Brüdern Schlegel (Heidelberg 1998); MARGOT KRUSE, Sprachlich-literarische Aspekte der höfischen ›jeux de conversation‹ in Italien und Frankreich, in: AUGUST BUCK/GEORG KAUFFMANN u. a., Europäische Hofkultur im 16. und 17. Jahrhundert, Bd. 2 (Hamburg 1981), 35; ROSMARIE ZELLER, Spiel und Konversation im Barock. Untersuchungen zu Harsdörffers Gesprächspielen (Berlin/ New York 1974).
89 Vgl. KEVIN L. COPE (Hg.), Compendious Conversations. The Method of Dialogue in the Early Enlightenment (Frankfurt a. M. u. a. 1992); JÜRGEN SCHLAEGER, Vom Selbstgespräch zum institutionalisierten Dialog – Zur Genese bürgerlicher Gesprächskultur in England, in: Stierle/Warning (s. Anm. 12), 361–376; DIETER A. BERGER, Die Konversationskunst in England 1660–1740. Ein Sprechphänomen und seine literarische Gestaltung (München 1978).
90 Vgl. BERGER (s. Anm. 89), 11.
91 JAMES BOSWELL, Life of Johnson (1791; London u. a. 1969), 1210.

Saint-Évremond, Pierre d'Ortigue de Vaumorière und Jean-Baptiste Morvan de Bellegarde – werden jenseits des Ärmelkanals rezipiert[92], u. a. von Philip Dormer Stanhope, Fourth Earl of Chesterfield, dessen ›art of pleasing‹ mit seinen ›graces‹ (›decency‹ und ›propriety‹, ›civility‹ und ›politeness‹) eindeutig in dieser Tradition steht.[93] Dennoch weist die englische Gesprächskultur bedeutende Unterschiede zur französischen auf. So plädiert man gegen Zeremoniell und Komplimente, gegen liebenswürdige Schmeicheleien für eine informelle Haltung und offene Freimütigkeit.[94] An die Stelle eines kaum entwickelten Salonwesens tritt jenes Milieu, in dem sich die Society aus Adel und Gentry zur winterlichen ›season‹ in der Hauptstadt trifft: Theater und Ballsäle, Matineen und Soireen. Eine vorwiegend bürgerliche Geselligkeit entfaltet sich in assembly-rooms, Kaffeehäusern, Klubs und nicht zuletzt in Postkutschen.[95] Eine bemerkenswerte Abweichung vom übrigen Europa besteht darin, daß die englischen Frauen wegen ihres niedrigen Bildungsniveaus im Prinzip von der Gesprächskultur ausgeschlossen sind. Erst in der zweiten Hälfte des 18. Jh. kommen gemischte Gesprächszirkel auf, nachdem sich Autoren wie Joseph Addison, Richard Steele und Jonathan Swift aus erzieherischen und philanthropischen Gründen für die Integration der weiblichen ›reasonable creatures‹ eingesetzt haben.[96]

Zur Trennung der Geschlechter hat nicht unerheblich der Puritanismus beigetragen, dessen Einfluß sich auch in der Verwendung von Bibelzitaten zu Konversationszwecken[97] oder in der Verurteilung des Fluchens bemerkbar macht, einem offensichtlich bei beiden Geschlechtern verbreiteten Laster. Daniel Defoe beispielsweise, der die Unterhaltung als »the brightest and most beautiful part of life«, ja im Sinne einer puritanischen Allegorese gar als »emblem of the enjoyment of a future state«[98] schätzt, verdammt das gotteslästerliche Fluchen: »as 'tis an inexcusable Impertinence, so 'tis a Breach upon Good Manners and Conversation«[99]. Neben der Religion nimmt auch die Philosophie Einfluß auf die Herausbildung einer spezifisch englischen Gesprächskultur. Dem Pessimismus eines Hobbes mit seiner Apologie der taktischen Dissimulation stellt Anthony Ashley Cooper Shaftesbury das Ethos der ›benevolence‹ entgegen, das auf Herzensgüte und guten Willen vertraut.[100] Auch Francis Bacon betont die altruistischen Moralwerte der Unterhaltung und den Aspekt der Wissensbereicherung[101], während andere unter dem Einfluß John Lockes »nüchternes Denken und klares Formulieren«[102] propagieren. Den Wandel von einem galanten, rhetorischen und ludischen zu einem unterhaltsamen und informativen Konversationsideal, von einem egoistischen zu einem altruistischen Kommunikationsverhalten formuliert der *Tatler* 1710 wie folgt: »In the ordinary Conversation of this Town, there are so many who can, as they call it, talk well, that there is not One in Twenty that talks to be understood. This proceeds from an Ambition to excel, or, as the Term is, to shine, in Company. The Matter is not to make themselves understood, but admired. They come together with a certain Emulation, rather than Benevolence.«[103]

Wenngleich sich der ›conversational style‹ insofern durch schmucklose Sachlichkeit auszeichnen sollte, gilt der typisch englische ›wit‹ in der aristokratischen Gesprächskultur als »the very soul of conversation«[104]. In Form geistreich-witziger Stil-

---

92 Vgl. BURKE (s. Anm. 23), 108 f.
93 Vgl. BERGER (s. Anm. 89), 98.
94 Vgl. ebd., 54.
95 Vgl. BURKE (s. Anm. 23), 117.
96 Vgl. ebd., 115–117; BERGER (s. Anm. 89), 95 f.
97 Vgl. z. B. Phil. 3, 20; 1 Petr. 1, 15 u. 2, 12; 2 Petr. 2, 7; BERGER (s. Anm. 89), 109.
98 DANIEL DEFOE, Serious Reflections during the Life and Surprising Adventures of Robinson Crusoe (1720), in: The Works of Daniel Defoe, hg. v. G. H. Maynadier, Bd. 3 (New York 1905), 71 [Kap. ›Of the Immorality of Conversation, and the Vulgar Errors of Behaviour‹].
99 DEFOE, An Essay upon Projects (1697), in: Defoe, Selected Writings, hg. v. J. T. Boulton (London/ New York 1965), 31 [Kap. ›Of Academies‹].
100 Vgl. BERGER (s. Anm. 89), 195.
101 Vgl. FRANCIS BACON, Essays or Counsels Civil and Moral (1597), in: BACON, Bd. 6 (1879), 456.
102 BERGER (s. Anm. 89), 195.
103 [RICHARD STEELE], The Tatler, Nr. 244 (31. 10. 1710), in: The Tatler, hg. v. D. F. Bond, Bd. 3 (Oxford 1987), 249.
104 JOHN DRYDEN, Preface to ›An Evening's Love or: the Mock Astrologer‹ (1671), in: Dryden, Of Dramatic Poesy and Other Critical Essays, hg. v. G. Watson, Bd. 1 (London 1962), 149.

wendungen bildet der ›wit‹, d. h. die »sharpness of conceit«[105], den rhetorischen Angelpunkt zwischen gesellschaftlicher Praxis und Literatur.[106] So ist die Sittenkomödie der Restaurationszeit im wesentlichen eine ›wit comedy‹ oder ›comedy of repartee‹: Mit dem Antagonismus zwischen den übertrieben geistreichen ›witwoulds‹ und den vorbildhaften ›truewits‹ lebt die Konversationskomödie von der adligen Unterhaltungskunst, die sie wiedergibt und kritisch kommentiert. Die spaßigspöttische Rede war allerdings schon immer um-

stritten. Nun sollen der plump-aufdringliche wie der bissig-verletzende Spott im Namen der Benevolenzmoral und der Vernunft ersetzt werden durch »innocent mirth and good humour«[107]. So entsteht eine neue Hierarchie der Gesprächstugenden, die Sir William Temple beispielhaft formuliert: »The first ingredient in conversation is truth, the next good sense, the third good humour, and the fourth wit. [...] Of all excellencies that make conversation, good sense and good nature the most necessary, humour the pleasantest.«[108]

Im bürgerlichen Konversationsethos dominieren jene moralischen Werte, die – so Henry Fielding – der »Satisfaction and Happiness of all about us«[109] dienen: ›good breeding‹ bzw. ›good manners‹, ›good sense‹ bzw. ›good judgement‹, ›good humour‹ und ›good will‹ sowie ›sincerity‹ und ›simplicity‹. Diese inneren Qualitäten des bürgerlichen Gentleman und seines Umgangs erfüllen die vom Adel übernommenen äußerlichen Anstandskonventionen mit neuem Geist; Träger dieses Wandlungsprozesses waren die moralischen Wochenschriften wie *The Tatler*, *The Spectator* und *The Guardian*.[110]

Daß das Gespräch geradezu als ästhetisches Paradigma einer ganzen Epoche europäischer Kulturgeschichte gelten kann, beweist auch das ›conversation-piece‹, jene spezifische Gattung des Gruppenporträts, die Antoine Watteau in idealer Weise repräsentiert.[111]

6. Frankreich im Zeitalter der Aufklärung – Lob und Kritik der Konversation

Im Frankreich der Aufklärung sind die Orte der Konversation das vorwiegend von Männern frequentierte Café[112] sowie der von Damen wie Madame du Deffand und Mademoiselle de Lespinasse, Madame Helvétius und Madame Necker geleitete Salon[113], den Fumaroli als »atelier littéraire oral«[114] bezeichnet. Hervorragender Repräsentant dieser Gesellschaftskultur ist Voltaire, der in seiner Korrespondenz wie in seinen frühen Stegreiferzählungen und seinen Altersdialogen nicht nur die Verschränkung von Mündlichkeit und Schriftlichkeit veranschaulicht, sondern auch die strukturelle Gemeinsamkeit zwischen Dialogform und aufklärerischer Funktion.[115]

---

105 DRYDEN, Defence of the Epilogue: Or an Essay on the Dramatic Poetry of the Lost Age (1672), in: ebd., 178.
106 Vgl. BERGER (s. Anm. 89), 130.
107 RICHARD BLACKMORE, An Essay upon Wit (1716; Los Angeles 1946), 201.
108 WILLIAM TEMPLE, Heads Designed for an Essay on Conversation (entst. ca. 1695–1699), in: The Works of Sir William Temple, Bd. 3 (London 1757), 526, 530.
109 HENRY FIELDING, Preface (1743), in: Fielding, Miscellanies, hg. v. H. K. Miller, Bd. 1 (Oxford 1972), IV.
110 Vgl. STEPHEN COPLEY, Commerce, Conversation and Politeness in the Early Eighteenth-Century Periodical, in: British Journal for Eighteenth Century Studies 18 (1995), 63–77; BERGER (s. Anm. 89), 201.
111 Vgl. JACQUES CARRÉ, La représentation du savoir-vivre dans la conversation-piece anglaise au XVIIIe siècle, in: Montandon (Hg.), Convivialité et politesse. Du gigot, des mots et autres savoir-vivre (Clermont-Ferrand 1993), 91–103; MARY VIDAL, Watteau's Painted Conversations. Art, Literature and Talk in Seventeenth- and Eighteenth-Century France (New Haven/London 1992); MARIO PRAZ, Conversation Pieces (London 1971).
112 Vgl. HANS ERICH BÖDEKER, Das Kaffeehaus als Institution aufklärerischer Geselligkeit, in: É. François (Hg.), Sociabilité et société. Bourgeoisie en France, en Allemagne et en Suisse (1750–1850) (Paris 1986), 65–79.
113 Vgl. DENA GOODMAN, The Republic of Letters. A Cultural History of French Enlightenment (Ithaca/London 1994); IRENE HIMBURG-KRAWEHL, Marquisen, Literaten, Revolutionäre. Zeitkommunikation im französischen Salon des 18. Jahrhunderts. Versuch einer historischen Rekonstruktion (Osnabrück 1970).
114 FUMAROLI (s. Anm. 2), 3649.
115 Vgl. STÉPHANE PUJOL, De la conversation à l'entretien littéraire, in: Montandon (Hg.), Du goût, de la conversation et des femmes (Clermont-Ferrand 1994), 131–147; BRIGITTE SCHLIEBEN-LANGE (Hg.),

Das Konversationsverständnis der französischen Aufklärung wird geprägt von den antagonistischen Positionen, die Jean-Jacques Rousseau und Denis Diderot vertreten. Im Sinne seiner Sprach- und Zivilisationskritik verurteilt Rousseau die Pariser Salonkonversation als eitles und heuchlerisches Geschwätz (›vain babil‹), dem er in *Julie, ou La nouvelle Héloïse* (1761) den »mythe originaire de la conversation, l'Arcadie«[116] entgegenstellt. Die Idylle von Clarens verkörpert die Utopie eines authentischen Dialogs, in dem das Herz zum Herzen spricht, das Ideal einer Sprache, die unmittelbar ist wie die Liebe: »simple, sans ornement, sans art, nue comme lui; en un mot, qu'elle brille de ses propres graces et non de la parure du bel-esprit«[117].

Diderot und sein Werk dagegen wären ohne das Milieu der Salonkultur nicht denkbar. Er favorisiert das offene, auch kontroverse Gespräch, dessen Polyphonie die Komplexität der Wirklichkeit widerspiegelt.[118] Eine »infinité de choses diverses«, ja die »idées disparates« sämtlicher Gesprächsteilnehmer werden von den »chaînons imperceptibles« der Ideenassoziationen zusammengehalten, so daß sich die Unterhaltung als vielstimmiges »concert«[119] der Individuen gestaltet – so Diderot in einem Brief an Sophie Volland vom 20. Oktober 1760, den Brunhilde Wehinger als »Fragment einer Theorie der Konversation«[120] bezeichnet. An gleicher Stelle schreibt Diderot über den Zusammenhang zwischen Wahnsinn, Traum und Konversation: »La folie, le rêve, le décousu de la conversation consistent à passer d'un objet à un autre par l'entremise d'une qualité commune.«[121] Nicht zuletzt findet er die seinem philosophischen Denken »adäquate Form der Schriftlichkeit« in »Dialogen, Skizzen, Briefen, die der Form der Konversation verpflichtet sind«[122], man denke etwa an *Le neveu de Rameau* (ca. 1761) oder *Jacques le fataliste et son maître* (ca. 1773–1775).[123]

Von begriffsgeschichtlichem Interesse ist die Tatsache, daß die von Diderot und Jean Le Rond d'Alembert edierte *Encyclopédie* streng zwischen ›conversation‹ und ›entretien‹ unterscheidet. Während die Unterredung (›entretien‹) von einem ernsthaften, zuvor vereinbarten Gegenstand handelt und formal hierarchischen Abhängigkeitsverhältnissen gehorcht, ist die Unterhaltung (›conversation‹) offen und vielstimmig, sie beruht auf Wechselseitigkeit und Freiheit und handelt von beliebigen, zufällig sich ergebenden Themen.[124] Ein solches Verständnis von Konversation beruht auf der Voraussetzung von »Mündlichkeit als Mündigkeit«[125] und impliziert insofern einen aufklärerisch-demokratischen Impetus. Dementsprechend heißt es unter dem Stichwort ›Sociable, aimable‹: »l'homme *sociable* est le vrai citoyen.«[126] Daher liegt die These nahe, die Salonkonversation habe sowohl inhaltlich als auch strukturell der Französischen Revolution den Boden bereitet, an der sie zugleich – aufgrund der ideologischen Diskussionen und der politischen Rhetorik, des gesellschaftlichen Wandels und der wachsenden Bedeutung der Presse – zugrunde gegangen sei.[127]

Zunächst jedoch begünstigen die demokratischen Rahmenbedingungen der Constituante eine letzte Blüte der Konversation, zu der »toute la vigueur de la liberté et toute la grâce de la politesse

---

Fachgespräche in Aufklärung und Revolution (Tübingen 1989); MORTIER, Variations on the Dialogue in the French Enlightenment, in: Studies in Eighteenth Century Culture 16 (1986), 225–240; JOHN PEDERSEN, Le dialogue – du classicisme aux lumières. Réflexions sur l'évolution d'un genre, in: Studia Neophilologica 51 (1979), 305–313.
116 FUMAROLI (s. Anm. 2), 3646.
117 JEAN-JACQUES ROUSSEAU, Julie, ou La nouvelle Héloïse (1761), in: ROUSSEAU, Bd. 2 (1964), 238 f.
118 Vgl. WEHINGER (s. Anm. 40), 52–53, 56–57.
119 DENIS DIDEROT an Sophie Volland (20. 10. 1760), in: Diderot, Correspondance, hg. v. G. Roth, Bd. 3 (Paris 1957), 173.
120 WEHINGER (s. Anm. 40), 46.
121 DIDEROT (s. Anm. 119), 173.
122 WEHINGER (s. Anm. 40), 41.
123 Vgl. JÜRGEN WERTHEIMER, Diderots Dialog-Poetik, in: Wertheimer, ›Der Güter gefährlichstes, die Sprache‹. Zur Krise des Dialogs zwischen Aufklärung und Romantik (München 1990), 30–57; HANS ROBERT JAUSS, Der dialogische und der dialektische Neveu de Rameau oder: Wie Diderot Sokrates und Hegel Diderot rezipierte, in: Stierle/Warning (s. Anm. 12), 393–419.
124 Vgl. D'ALEMBERT (s. Anm. 41), 165.
125 WEHINGER (s. Anm. 40), 39.
126 LOUIS DE JAUCOURT, ›Sociable, aimable‹, in: DIDEROT (ENCYCLOPÉDIE), Bd. 15 (1765), 251.
127 Vgl. WEHINGER (s. Anm. 40), 109 ff.

ancienne«[128] beitragen. Die Kunst der Rede mit all ihren Spielarten befindet sich im Zenit, und Madame de Staël feiert das Gespräch in den Pariser Salons als Krönung des ›esprit français‹ und Inbegriff menschlicher Vollendung: »cette communication des esprits supérieurs entre eux, la plus noble jouissance dont la nature humaine soit capable«[129]. Im weiteren Verlauf der Geschichte vollzieht sich jedoch europaweit ein irreversibler Umbruch, der nicht nur die gesellschaftlichen, sondern auch die rhetorischen Grundlagen der Unterhaltung erschüttert. Die Krise der Konversationsrhetorik bewirkt einerseits nostalgische Evokationen, andererseits innovative Neuansätze. Eine Beschwörung der geistreichen Salonunterhaltung des Ancien régime findet man etwa in dem Gedicht *La conversation* (1812) von Jacques Delille. In drei Gesängen zeichnet der Abbé, der sich als Moralist versteht, Porträts konversierender Typen, geißelt deren Laster und mahnt ein Ideal an, das Madame Geoffrin verkörpert, in deren Salon er einst debütiert hatte.[130] Den gleichen Salon frequentierte auch André Morellet, dessen Abhandlung *De la conversation* ebenfalls im Jahre 1812 erscheint, doch wahrscheinlich bereits um 1778 entstand.[131] In normativer Absicht kritisiert er die häufigsten Untugenden im gesprächigen Umgang, wobei er sich ausdrücklich auf Swift beruft, aus dessen *Hints towards an Essay on Conversation* (1763) er über weite Strecken zitiert.

Den Versuch einer zeitgemäßen Neubegründung der Gesprächsrhetorik in Gestalt einer literarisch-philosophischen, beredten und engagierten ›conversation romantique‹ unternimmt Madame de Staël, die durch Reisen und Exil mit der europäischen Salonkultur von Klassikern und Romantikern vertraut war. ›De l'esprit de conversation‹, Madame de Staëls Manifest zur postrevolutionären Konversationsrhetorik, findet sich in ihrer epochemachenden Studie *De l'Allemagne* von 1810.[132] Wie vor ihr bereits Immanuel Kant in seiner *Anthropologie in pragmatischer Hinsicht* (1798) unterscheidet Madame de Staël zwischen deutscher Buchkultur und französischer Gesprächskultur, zwischen dem gelehrten Tiefsinn des Genies und der geistreichen Leichtigkeit einer eleganten ›varietas‹. Im internationalen Vergleich, so stellt sie fest, schließen die ausgefeilte öffentliche Beredsamkeit und der gefühlsbetonte, zwanglose Umgang im kleinen Kreis einander aus. Allein in Frankreich wisse man beides miteinander zu verbinden – in der ästhetischen Praxis der Salonkonversation als einer Kunst des Wortes: »la parole n'y est pas seulement comme ailleurs un moyen de se communiquer ses idées, ses sentiments et ses affaires, mais c'est un instrument dont on aime à jouer et qui ranime les esprits, comme la musique chez quelques peuples, et les liqueurs fortes chez quelques autres.«[133]

Eindrücklich wird hier dem geselligen Wortwechsel, über die reine Mitteilungsfunktion hinaus, eine eminent ästhetische, ludisch-zweckfreie Bedeutung zugeschrieben. Eine solche Apologie der Konversation als Ästhetik trägt eindeutig romantisches Gepräge, das nicht zuletzt auf de Staëls Umgang mit August Wilhelm Schlegel und dessen Kreis zurückzuführen ist.

7. Klassik und Romantik in Deutschland – Gesprächskultur und gesellige Bildung

Bereits Mitte der 90er Jahre des 18. Jh. hatte Friedrich Schiller mit der Zeitschrift *Die Horen* die Absicht verfolgt, die soziokulturellen Umwälzungen im Gefolge der Französischen Revolution durch eine ästhetische und ethische Geselligkeit zu überwinden. Diesem Programm, das Schiller in seinen *Briefen über die ästhetische Erziehung des Menschen* formuliert, entsprechen ganz ausdrücklich Goethes *Unterhaltungen deutscher Ausgewanderten*[134]; beide

---

128 DE STAËL, Considérations sur les principaux événements de la Révolution française (1818), hg. v. J. Godechot (Paris 1983), 140.
129 Ebd., 141.
130 Vgl. JACQUES DELILLE, La conversation (1812), in: Œuvres de Delille, hg. v. P.-F. Tissot, Bd. 10 (Paris 1833), 129–229.
131 Vgl. ANDRÉ MORELLET, De la conversation (1812). Suivi d'un essai de Jonathan Swift, hg. v. C. Thomas (Paris 1995).
132 Vgl. DE STAËL, De l'Allemagne (1810), in: de Staël, Œuvres complètes, Bd. 2 (1861; Genf 1967), 22–26; WEHINGER (s. Anm. 40), 179–216.
133 DE STAËL (s. Anm. 132), 22.
134 Vgl. GERT UEDING, Gesprächsgesellschaft in Utopia – Goethes Unterhaltungen deutscher Ausgewanderten, in: Ueding, Aufklärung über Rhetorik. Versuche über Beredsamkeit, ihre Theorie und praktische Bewährung (Tübingen 1992), 125–137.

Texte erschienen 1795 in den *Horen*. In Anlehnung an das Vorbild des *Decameron* (entst. zwischen 1349 und 1353) demonstriert die Rahmenhandlung von Goethes Novellen auf ebenso exemplarische wie utopische Weise, daß sich die Wiederherstellung ziviler Ordnung durch ›gesellige Bildung‹ vollzieht, nämlich im privaten Rahmen geselliger Kreise durch das Medium der Konversation. So stellt die Baronesse nach einem leidenschaftlichen politischen Streit die gesellschaftliche Ordnung wieder her, indem sie ihren »Zirkel« als konfliktfreien Raum »geselliger Schonung« definiert und ihn konstitutiven Regeln unterwirft. Da ist zunächst die Affektkontrolle, gefordert »im Namen der gemeinsten Höflichkeit«, sodann der »gute Ton« als Signatur der Harmonie sowie vor allem die ›Verbannung‹ des brisanten Tagesinteresses aus der Unterhaltung, die sich, im Dienste der Zerstreuung, auf »belehrende und aufmunternde Gespräche« beschränken soll: »Laßt alle diese Unterhaltungen, die sich sonst so freiwillig darboten, durch eine Verabredung, durch Vorsatz, durch ein Gesetz wieder bei uns eintreten, bietet alle eure Kräfte auf, lehrreich, nützlich und besonders gesellig zu sein«[135].

In einer Art Gesellschaftsvertrag werden so die Spielregeln einer Unterhaltung festgelegt, deren vordringlicher Zweck die gesellige Bildung ist. Nicht unbeeinflußt von dem in den *Horen* propagierten Konzept zeigt sich Friedrich Schleiermachers *Versuch einer Theorie des geselligen Betragens* (1797), dessen grundlegendes Postulat lautet: »Freie, durch keinen äußeren Zweck gebundene und bestimmte Geselligkeit wird von allen gebildeten Menschen als eins ihrer ersten und edelsten Bedürfnisse laut gefordert.«[136]

Ohne näher auf die formelle und materielle Bestimmung der Geselligkeit einzugehen, sei hier allein ihr Selbstzweck betont, der sie in die Nähe des Kunstschönen und des Spiels rückt: »Das freie Gespräch gehört überwiegend dem künstlerischen Denken an.«[137] Die Zweckfreiheit der Unterhaltung impliziert darüber hinaus, wie schon bei Goethe, ihren konfliktfreien, apolitischen und idealistischen Charakter, mithin die Indifferenz ihrer Inhalte. Die Form der Konversation als einem »Sich-hin-und-her-wenden [conversare – d.Verf.] zwischen den als gleichgültig betrachteten Gegenständen« entspricht Schleiermachers Dialektik, die er, der Übersetzer der platonischen Dialoge (1804–1810), als »Kunst der (philosophischen) Gesprächsführung versteht«[138].

Bei den Frühromantikern Friedrich Schlegel und Ludwig Tieck bildet das Gespräch – in der Kontinuität zwischen Kunst und Leben, gesellschaftlicher Praxis und literarischer Gattung[139] – einen Aspekt der ›progressiven Universalpoesie‹. Den konversationellen Kunstformen, wie sie in Schlegels *Gespräch über die Poesie* (1800) oder in Tiecks *Phantasus* (1812–1816) vorliegen, entspricht, im Sinne des ›erweiterten Kunstbegriffs‹ der Jenaer Romantiker, das »Kunstwerk der Geselligkeit«[140], dessen gesellschaftlicher Ort der literarische Salon ist. Angefangen beim Musenhof der Herzogin Anna Amalia[141] reicht die Reihe der

---

135 JOHANN WOLFGANG GOETHE, Unterhaltungen deutscher Ausgewanderten (1795), in: GOETHE (WA), Abt. 1, Bd. 18 (1895), 117.
136 FRIEDRICH DANIEL ERNST SCHLEIERMACHER, Versuch einer Theorie des geselligen Betragens (1797), in: SCHLEIERMACHER, Abt. 1, Bd. 2 (1984), 165; vgl. ANDREAS ARNDT, Geselligkeit und Gesellschaft. Die Geburt der Dialektik aus dem Geist der Konversation in Schleiermachers ›Versuch einer Theorie des geselligen Betragens‹, in: H. Schultz (Hg.), Salons der Romantik. Beiträge eines Wiepersdorfer Kolloquiums zu Theorie und Geschichte des Salons (Berlin/New York 1997), 45–61.
137 SCHLEIERMACHER, Einleitung in die Dialektik (1832/1833), in: SCHLEIERMACHER, Abt. 2, Bd. 10/1 (2002), 395.
138 ARNDT (s. Anm. 136), 60.
139 Vgl. PETER SEIBERT, Der literarische Salon. Literatur und Geselligkeit zwischen Aufklärung und Vormärz (Stuttgart/Weimar 1993); HERBERT NEUMAIER, Der Konversationston in der frühen Biedermeierzeit 1815–1830 (München 1974); INGE HOFFMANN-AXTHELM, ›Geisterfamilie‹. Studien zur Geselligkeit der Frühromantik (Frankfurt a. M. 1973).
140 HARTWIG SCHULTZ, ›Euer Unglaube an die Naturstimme erzeugt den Aberglauben an eine falsche Politik‹. Fiktive Salongespräche in Bettines ›Königsbuch‹, in: Schultz (s. Anm. 136), 252.
141 Vgl. GABRIELE BUSCH-SALMEN/WALTER SALMEN/CHRISTOPH MICHEL, Der Weimarer Musenhof (Stuttgart 1998); JÖRN GÖRES, Goethes Ideal und die Realität einer geselligen Kultur während des er-

Gastgeberinnen über die Berliner ›salonnières‹[142], Rahel Varnhagen[143] und Henriette Herz[144], die Vertraute Friedrich Schleiermachers, bis hin zur öffentlichkeitsbewußten Bettina von Arnim[145]. Eine letzte Variante romantischer Gesprächskultur findet sich in deren ›Königsbuch‹ (*Dies Buch gehört dem König*, 1843), das sich aber durch den sentimentalisch-volkstümelnden Konversationston, die politisch relevanten Gesprächsteilnehmer aus Kirche und Staat sowie die weibliche Gesprächsführung formal und inhaltlich stark von seinen Vorläufern unterscheidet.[146]

8. Bürgerliches Zeitalter – Funktionalisierung und Niedergang der Konversation

Im weiteren Verlauf des 19. Jh. behauptet sich, trotz des Widerstands der Frühromantiker, jene bürgerliche Funktionalisierung des geselligen Umgangs, die Adolph Freiherr von Knigge mit seinem Diskurs *Über den Umgang mit Menschen* (1788, endgültige Fassung 1790) eingeleitet hatte.[147] Seinen Gegenstand, den er mit dem französischen Begriff ›esprit de conduite‹ bezeichnet, definiert Knigge einleitend als »die Kunst, sich bemerkbar, geltend, geachtet zu machen, ohne beneidet zu werden; sich nach den Temperamenten, Einsichten und Neigungen der Menschen zu richten, ohne falsch zu sein; sich ungezwungen in den Ton jeder Gesellschaft stimmen zu können, ohne weder Eigentümlichkeit des Charakters zu verlieren, noch zu niedriger Schmeichelei herabzulassen.«[148]

Der Freiherr, der die »Konventionen des höfischen Umgangs« selbst »nur mehr aus faktischem und beruflichem Interesse«[149] vertritt, adaptiert die aristokratische Bildungsvorstellung den »pragmatischen Bedürfnissen des aufsteigenden Bürgertums«[150]. Auf der methodischen Grundlage einer deskriptiven, analytischen und wertenden Annäherung an das menschliche Verhalten versucht er, der Komplexität »im Umgange mit Menschen aus allen Klassen, Gegenden und Ständen«[151] möglichst umfassend gerecht zu werden. Dies führt zu einer extremen Auffächerung potentieller Interaktionssituationen, wobei der umfängliche zweite Teil seiner Abhandlung ausschließlich der privaten Sphäre gewidmet ist. Mit dieser »bürgerlichen Idolatrie des häuslichen Lebens« leistet er der »unangemessenen Rezeption seines Werkes im 19. Jahrhundert« Vorschub, die sowohl die politischen als auch die »rhetorisch-humanistischen Elemente seines Bildungsideals«[152] eliminieren wird. Konzipiert im Interesse der »sittlichen Vervollkommnung des Bürgers zum wahrhaft vorbildlichen Menschen« (438f.) wird ›der Knigge‹ nunmehr, als »Grundbuch bürgerlichen Lebens und Strebens« (423), zum Inbegriff der biederen Häuslichkeit eines politisch machtlosen Bürgertums[153], dessen Unterhal-

---

sten Weimarer Jahrzehnts, in: Goethe-Jahrbuch 93 (1976), 84–96; ILSE-MARIE BARTH, Literarische Zirkel und wissenschaftliche Gesellschaften, in: Barth, Literarisches Weimar. Kultur, Literatur, Sozialstruktur im 16.–20. Jahrhundert (Stuttgart 1971), 44–79; WALTER H. BRUFORD, Kultur und Gesellschaft im klassischen Weimar 1775–1806 (Göttingen 1966).

142 Vgl. PETER GRADENWITZ, Literatur und Musik in geselligem Kreise. Geschmacksbildung, Gesprächsstoff und musikalische Unterhaltung in der bürgerlichen Salongesellschaft (Stuttgart 1991); DEBORAH SADIE HERTZ, The Literary Salon in Berlin, 1780–1806: The Social History of an Intellectual Institution (Diss. Minneapolis 1979).

143 Vgl. BARBARA HAHN/URSULA ISSELSTEIN (Hg.), Rahel Levin Varnhagen. Die Wiederentdeckung einer Schriftstellerin (Göttingen 1987).

144 Vgl. MARTIN DAVIES, Portrait of a Lady: Variations on Henriette Herz (1764–1847), in: M. C. Inves (Hg.), Women Writers of the Age of Goethe (Lancaster 1992), 45–75.

145 Vgl. INGRID LEITNER, Liebe und Erkenntnis. Kommunikationsstrukturen bei Bettine von Arnim. Ein Vergleich fiktiven Sprechens mit Gesprächen im Salon, in: Schultz (s. Anm. 136), 250.

146 Vgl. SCHULTZ (s. Anm. 140), 262f.

147 Vgl. MARKUS FAUSER, Das Gespräch im 18. Jahrhundert. Rhetorik und Geselligkeit in Deutschland (Stuttgart 1991).

148 ADOLPH FREIHERR VON KNIGGE, Über den Umgang mit Menschen (1788/1790), hg. v. G. Ueding (Frankfurt a. M. 1977), 23f.

149 UEDING, Die Kunst der gesellschaftlichen Beredsamkeit [Nachwort], in: ebd., 427.

150 Ebd., 452; vgl. PIERRE-ANDRÉ BOIS, Soziale Kommunikation im Dienste der politischen Emanzipation am Beispiel Knigges, in: Montandon (Hg.), Über die deutsche Höflichkeit (s. Anm. 86), 185–196.

151 KNIGGE (s. Anm. 148), 24f.

152 UEDING (s. Anm. 149), 452.

153 Vgl. SUSANNE FLIEGNER, Der Dichter und die Dilettanten. Eduard Mörike und die bürgerliche Geselligkeitskultur des 19. Jahrhunderts (Stuttgart 1991).

tung sich im wesentlichen auf die falsche Idylle der *Gartenlaube* (1853–1937) beschränkt.
Die möglichen Inhalte bürgerlicher Gespräche sind verfügbar im Konversationslexikon, einem Medium, »das Schriftlichkeit der konversationellen Mündlichkeit dienstbar zu machen versteht und zugleich als Orientierungsinstanz in Blick auf gesellschaftliches Wissen für all jene präsentiert wird, die bislang (noch) nicht am ›gesellschaftlichen Verkehr‹ beteiligt waren«[154].
Die Anfänge des deutschen Konversationslexikons reichen zurück ins beginnende 18. Jh., wo es »unentbehrliche Stücke der galanten Gelehrsamkeit« bereitstellt und »alle dergleichen Vocabula« erläutert, »die bei Gelegenheit der einlaufenden Novellen in der täglichen Conversation artiger Leute vorkommen«[155]. Über Begriff und Konzept des Konversationslexikons mokiert sich Goethe in den *Zahmen Xenien* (ersch. 1827): »Conversations-Lexikon heißt's mit Recht, / Weil, wenn die Conversation ist schlecht, / Jedermann / Zur Conversation es nützen kann.«[156]
Während sich das *Damen-Conversations-Lexikon* (1834), dessen im »plaudernden Stil« verfaßte Artikel »in leichter und geschmackvoller Form Wissen vermitteln und die Konversation der ›Lesezirkel‹ anregen«[157] wollen, noch ausdrücklich auf die gesellige Unterhaltung bezieht, verliert das Lexikon allmählich seine Rückbindung an die Konversation. Die »später nie wieder zurückgekehrte Blüthezeit«[158] der französischen Konversation rückt in weite Ferne, war doch auch die Bildung jenes geselligen Jahrhunderts »eine mehr *moralische*«, indessen »die jetzige hingegen vorzugsweise eine *intellectuelle* genannt zu werden verdient«[159]. Joseph Meyers *Großes Conversations-Lexicon* von 1840, das »ein tüchtiges Werkzeug zur intellectuellen Emanzipation« (XII) und Waffe im Kampf für »intellectuelle Gleichheit« gegen die »*Aristokratie* des Wissens« (VI) sein will, erfüllt insofern primär funktionale, berufsorientierte Interessen bürgerlicher Leserschichten, denen es »mit dem wenigsten Aufwande an Zeit und Geld« (XII) positives Sach- und Fachwissen vermittelt. Ein *Letztes Lexikon* (2002), das sich als »das lebendige Poesiealbum und der nostalgische Abgesang auf ein großes literarisches Genre«[160] versteht, resümiert den Niedergang der Gesprächskunst im Spiegel der entsprechenden Lexikoneinträge. Widmet das im Verlag F. A. Brockhaus erschienene *Conversations-Lexicon oder encyclopädisches Handwörterbuch für gebildete Stände* (1814–1819) dem Stichwort ›Conversation‹ noch einen fünfseitigen Essay, so reduzieren sich die diesbezüglichen Erläuterungen, parallel zum schwindenden Prestige, im Laufe der Zeit auf wenige Zeilen, bis die *Brockhaus Enzyklopädie* des Jahres 1990 ›Konversation‹ folgendermaßen definiert: »*früher*: (gebildete) Unterhaltung; heute *bildungssprachlich* für: konventionelles, leichtes Gespräch, das in Gesellschaft häufig nur der Unterhaltung wegen geführt wird.«[161] Die Kunst des geselligen Gesprächs ist verkommen zu jenem grundlosen ›Gerede‹, das Martin Heidegger in *Sein und Zeit* (1927) als Antithese der Rede kritisiert.[162]

---

154 WEHINGER, Zum Begriff der Konversation im ›Conversationslexikon‹, in: B. Dotzler/H. Schramm (Hg.), Cachaça. Fragmente zur Geschichte von Poesie und Imagination (Berlin 1996), 158; vgl. ANGELIKA LINKE, Die Kunst der ›guten Unterhaltung‹: Bürgertum und Gesprächskultur im 19. Jahrhundert, in: Zeitschrift für germanistische Linguistik 16 (1988), 123–144.
155 JOHANN HÜBNER, [Vorrede des ›Realen Staats-, Zeitungs- und Conversations-Lexicons‹ (⁴1709)], zit. nach ERNST HERBERT LEHMANN, Geschichte des Konversationslexikons (Leipzig 1934), 30, 32; vgl. GEORG MEYER, Das Konversations-Lexikon, eine Sonderform der Enzyklopädie. Ein Beitrag zur Geschichte der Bildungsverbreitung in Deutschland (Diss. Göttingen 1965).
156 GOETHE, Zahme Xenien V (ersch. 1827), in: GOETHE (WA), Abt. 1, Bd. 3 (1890), 317.
157 LEHMANN (s. Anm. 155).
158 ›Conversation‹, in: BROCKHAUS, Bd. 2 (³1815), 702.
159 JOSEPH MEYER, Vorwort, in: Meyer (Hg.), Das große Conversations-Lexicon für die gebildeten Stände, Bd. 1 (Hildburghausen 1840), VIII.
160 WERNER BARTENS/MARTIN HALTER/RUDOLF WALTHER, Zur Epoche der Enzyklopädien [Vorwort], in: Bartens/Halter/Walther, Letztes Lexikon (Frankfurt a. M. 2002), 8.
161 ›Konversation‹, in: BROCKHAUS, Bd. 12 (¹⁹1990), 320.
162 Vgl. MARTIN HEIDEGGER, Sein und Zeit (1927), in: HEIDEGGER, Abt. 1, Bd. 2 (1976), 224; SALAMENSKY, Dangerous Talk: Phenomenology, Performativity, Cultural Crisis, in: Salamensky (s. Anm. 13), 15–35.

9. Übergänge zur Moderne – Aufhebung der Gesprächskultur in der Literatur

Das Auseinanderstreben zwischen Gespräch und Buch, das sich am Beispiel des Konversationslexikons beobachten läßt, ist kennzeichnend für die fortschreitende Dissoziierung von Schriftlichkeit und Mündlichkeit. Eine gemeinsame Ästhetik scheint sich im 19. Jh. vollends zu verlieren; die »vases communicants«[163] zwischen Konversation und Literatur zerbrechen. Nur wenige Texte – etwa die Plaudereien in Stendhals *Mémoires d'un touriste* (1838) oder die Novellen eines Jules Barbey d'Aurevilly (1874), die dieser als »sonates de la conversation«[164] bezeichnet – tragen noch unmittelbar die Prägung der Gesprächskunst. Nicht selten schafft die Literatur Parodien der bürgerlich-funktionalen Unterhaltung, der es an Esprit und spielerischer Leichtigkeit, kurzum an ästhetischer Qualität mangelt. Gustave Flauberts Romane und vor allem sein *Dictionnaire des idées reçues* (postum 1911 erschienen) bilden eine bissige Satire der geistlosen Stereotype und reflexartigen Gemeinplätze.[165] Eine teils ironische, teils nostalgische Evokation vergangener Gesprächskultur findet sich in den Konversationskomödien Oscar Wildes und Hugo von Hofmannsthals.[166] In seinem Lustspiel *Der Schwierige* (1917) beschwört Hofmannsthal noch einmal die ästhetischen und ethischen Werte der klassischen Konversation, nämlich Charme und Geist, Grazie, Impromptu und eine souveräne Nonchalance. Auch die großen Romane des beginnenden 20. Jh. leben noch aus der Kultur des Gesprächs, allen voran Marcel Prousts *A la recherche du temps perdu* (1913–1927). An poetologisch zentraler Stelle, nämlich in den Unterhaltungen zwischen Marcel und Swann, setzt Proust der flüchtigen Kunst des Gesprächs ein Denkmal und hebt sie zugleich auf im bleibenden Kunstwerk, dem Buch.[167] Als eines der letzten Refugien des geselligen Gesprächs dürfen die literarischen Kaffeehäuser gelten. Vom Wien des Fin de siècle und dem Madrid der Vanguardia über das Berlin der Weimarer Republik bis zum Paris des Existentialismus sind sie der Ort, wo die Verbindung zwischen Mündlichkeit und Schriftlichkeit als ästhetische Praxis fortbesteht.[168]

10. Soziokulturelle Dimensionen des Gesprächs im 20. Jahrhundert

Ein neu erwachendes wissenschaftliches Interesse am Gespräch signalisiert der Philosoph Moritz Lazarus, der im übrigen gemeinsam mit seiner Gattin einen Salon führte, in dem u.a. Adolph Menzel, Wilhelm Dilthey und Theodor Fontane verkehrten. In einem Vortrag aus dem Jahre 1876 äußert er vorausschauend die Überzeugung, »daß eine Naturlehre der Gespräche als ein Teil der Psychologie und der Psychophysik künftig einmal entstehen wird«[169], nicht ahnend, daß sich die Psychologie binnen kurzem des Gesprächs als Medium der Analyse und Therapie bedienen würde. Lazarus skizziert verschiedene methodische Ansätze, darunter eine Typologie der Gespräche in »Analogie mit den poetischen Gattungen« (11). Emphatisch bezeichnet er die Gespräche als »geistige Atmosphäre, in welcher ein Mensch lebt und atmet« (44 f.) und feiert deren vielfältige Wirkungen: die »Lebenserfüllung«, das »Miterlebnis in der Welt« (36), das »Zusammenwachsen der Wissenschaft und der Wirklichkeit« (37) oder die »Durchbil-

---

163 FUMAROLI (s. Anm. 2), 3655.
164 Zit. nach MICHEL CROUZET, Introduction, in: JULES BARBEY D'AUREVILLY, Les diaboliques (1874), hg. v. M. Crouzet (Paris 1989), 13.
165 Vgl. ANNE HERSCHBERG-PIERROT, Le dictionnaire des idées reçues de Flaubert (Lille 1988).
166 Vgl. HUGO VON HOFMANNSTHAL, Erfundene Gespräche und Briefe, hg. v. E. Ritter (Frankfurt a. M. 1991).
167 Vgl. SABINE BOSCHEINEN, Unendliches Sprechen. Zum Verhältnis von ›conversation‹ und ›écriture‹ in Marcel Prousts ›A la recherche du temps perdu‹ (Tübingen 1997); ULRIKE SPRENGER, Stimme und Schrift. Inszenierte Mündlichkeit in Prousts ›A la recherche du temps perdu‹ (Tübingen 1995); MECHTHILD ALBERT, Gespräche mit Swann – Konversation und immanente Poetik in ›A la recherche du temps perdu‹, in: K. Hölz (Hg.), Marcel Proust. Sprache und Sprachen (Frankfurt a. M./Leipzig 1991), 118–133; ULRICH SCHULZ-BUSCHHAUS, Gemeinplatz und Salonkonversation bei Marcel Proust, in: ebd., 134–150.
168 Vgl. MICHAEL RÖSSNER (Hg.), Literarische Kaffeehäuser – Kaffeehausliteraten (Wien/Köln/Weimar 1999).
169 MORITZ LAZARUS, Über Gespräche (1876), hg. v. K. C. Köhnke (Berlin 1986), 19.

dung« (38) und »Verjüngung der Sprache« (39). Und wenn er die »reine, ziellose Freude an scharfem Denken und genauem Reden« (39) erwähnt, so mag diese zweckfrei-ludische Bestimmung auch den Kunstcharakter der Konversation meinen, obschon er an anderer Stelle behauptet: »Reden [...] ist Natur, Schweigen ist Kunst« (33).

In seiner auf dem ersten deutschen Soziologentag (1910) gehaltenen Rede befaßt sich der Lazarus-Schüler Georg Simmel mit der *Soziologie der Geselligkeit*. Eine gegenüber dem Vortragstext leicht veränderte Fassung bildet ein zentrales Kapitel in seinen *Grundfragen der Soziologie* (1917). Geselligkeit definiert Simmel als »*Spielform der Vergesellschaftung*«[170], in der sich die Individuen in ihrer »reinen Menschlichkeit« zum Austausch geselliger Werte wie »Freude, Entlastung, Lebendigkeit« begegnen. Auf der Wechselseitigkeit beruht die »demokratische Struktur aller Geselligkeit« (110), die sich aufgrund ihrer inneren Dynamik als »Miniaturbild des Gesellschaftsideales« (117f.) erweist, »das man die Freiheit der Bindung nennen könnte« (118). Im Rahmen der Geselligkeit als einem doppelsinnigen »*Gesellschafts*spiel« (113) kommt dem Gespräch im Unterschied zum inhaltlichen Mitteilungscharakter der Alltagskommunikation eine rein ästhetische Bedeutung zu. Das Reden wird zum Selbstzweck, und zwar im Sinne einer »*Kunst des Sich-Unterhaltens*, mit deren eigenen artistischen Gesetzen; im rein geselligen Gespräch ist sein Stoff nur noch der unentbehrliche Träger der Reize, die der lebendige Wechseltausch der Rede als solcher entfaltet.« (115)

Simmels idealistisches Verständnis des Gesprächs erweist sich jedoch als anachronistisch. Hatte sich die Zweckfreiheit bereits im bürgerlichen Jahrhundert weitgehend verloren, so wird zu Beginn des 20. Jh. nunmehr die Geselligkeit an sich zugleich mit der sie auszeichnenden Wechselseitigkeit zerstört. Das gesellige Gespräch wird durch andere Formen sozialer Kommunikation verdrängt: zum einen durch die propagandistische Rhetorik und gesellschaftspolitischen Strukturen der totalitären Systeme, zum anderen durch neue Medien wie Rundfunk und Film. Als Gegenreaktion auf die ethische Bedenklichkeit einer solchen Entwicklung sind die Ansätze der dialogischen Philosophie und dialektischen Theologie von Martin Buber, Albrecht Goes und Emmanuel Lévinas zu bewerten.

Unter dem Zeichen der bewußten Abkehr von totalitären Rede- und Gesellschaftsformen steht auch jene Blütezeit des Gesprächs, die Nicolaus Sombart während seiner Heidelberger Studienjahre (1945–1951) erlebt. Der ›Geist von Heidelberg‹[171] tradiert das Erbe der gelehrt-geselligen Konversation, deren tiefgreifendes Verständnis im Sinne Wilhelm von Humboldts er beschwört: »Das Gespräch war uns Mittel der Wirklichkeitserschließung. Nicht die gewöhnliche Kommunikation, sondern das geistige, das hermeneutische Gespräch. Es gehört in das Register der Freundschaft. In ihm entsteht etwas, das weder der eigene noch der fremde Gedanke ist. Es stiftet eine innige Gemeinsamkeit, einen höheren Grad des Verstehens, der Erkenntnis, der Wahrheit, den als Einzelner zu erreichen unmöglich ist.«[172]

In der Beziehung zu Hanno Kesting und Reinhart Koselleck glaubt Sombart dieses hermeneutisch-freundschaftliche Gespräch idealtypisch verwirklicht zu haben[173], während Max Horkheimer und Theodor W. Adorno, die ihre gemeinsamen Seminare als »dialogischen Doppelmonolog« (289) inszenieren, seines Erachtens eine »wunderliche Show« (288) darbieten. Literarisch-sittliche Ausprägung findet das Gespräch in dem von Stefan George, Rainer Maria Rilke und Hermann Hesse inspirierten Zirkel um den Heidelberger Stadtbaumeister Rudolf Steinbach, der den Studiosi auch als »Genie des Zuhörens« und Beichtvater im »sokratisch-mäeutischen« (110) Gespräch Lebenshilfe bietet. Einen anderen Gesprächsstil pflegt man im Kreis der Gruppe 47, wo über die vorgelesenen Texte in aller Offenheit diskutiert wird: »Der Ton der kritischen Äußerungen ist herb, die Sätze sind

---

170 GEORG SIMMEL, Die Grundfragen der Soziologie (1917), in: Simmel, Gesamtausgabe, hg. v. O. Rammstedt, Bd. 16 (Frankfurt a. M. 1999), 108.
171 Vgl. HUBERT TREIBER/KAROL SAUERLAND (Hg.), Heidelberg im Schnittpunkt intellektueller Kreise. Zur Topographie der ›geistigen Geselligkeit‹ eines Weltdorfes 1850–1950 (Opladen 1995).
172 NICOLAUS SOMBART, Rendezvous mit dem Weltgeist. Heidelberger Reminiszenzen 1945–1951 (Frankfurt a. M. 2000), 50.
173 Vgl. ebd., 256.

knapp, unmissverständlich, respektlos, niemand nimmt ein Blatt vor den Mund.« (142)

Politische Bedeutung erhalten Gespräch und Geselligkeit schließlich im Denken von Dolf Sternberger und Karl Jaspers, die im Hinblick auf das gesellschaftliche Ethos des Gesprächs einen gewissen Übergang bilden zwischen Simmel und Jürgen Habermas. Nach Sternberger ist die bürgerliche Gesellschaft, das »wahre Ziel aller Politik«, dadurch zu erreichen, daß die Bürger »in Gesellschaft und Geselligkeit ihr Geschick selber leiten und ihren Staat selber bilden«[174]. Nicht die Begriffe der Herrschaft und des Feindes, sondern die des »›Freundes‹ und der ›Vereinbarungen‹« begründen das Konzept des Staates als »›Freundschaftsverband‹«[175]. Jaspers seinerseits vertritt eine »Politik der Verständigung und Kommunikation«, die sich »in demokratischen Gremien, in freier Diskussion, in der Auseinandersetzung mit Andersdenkenden, im platonischen Dialog philosophischer Kommunikation« (234) verwirklicht. Philosophie ist für Jaspers, in den Worten Sombarts, eine »universalistische Kommunikationstheorie, eine Prosodie des großen Palavers, eine Poetik des ewigen Gesprächs« (231), deren demokratisches Anliegen sich auch im rhetorischen Gestus seiner mündlichen wie schriftlichen Äußerungen manifestiert: »seine unverwechselbare Rhetorik, die man auch in seinen Büchern wieder findet, war die des Redners, immer improvisiert wirkend, schwebend, unpräzis, approximativ, dabei gefällig und druckreif. Das entsprach seiner Vorstellung von der Offenheit des Denkens, von der Freiheit der Kommunikation, in der die verbale Mitteilung immer etwas Unverbindliches behalten müsse, um den anderen nicht in die Botmäßigkeit eines stringenten Diskurses zu zwingen.« (230)

War Jaspers im Nachkriegsdeutschland mit der praktischen Umsetzung seines kommunikativen Verständnisses von Politik noch gescheitert, so verleiht Habermas in Zusammenhang mit dem gesamtgesellschaftlichen Paradigmawechsel des Jahres 1968 durch seine *Theorie des kommunikativen Handelns* (1981) dem Gespräch eine neue Bedeutung als Grundelement der demokratischen Gesellschaft. Im herrschaftsfreien Diskurs vollzieht sich ein selbstreflexiver Prozeß der Meinungs- und Willensbildung. Die symmetrische, vernunftbestimmte Kommunikation dient einer problematisierenden Verständigung über das unreflektierte kommunikative Handeln mit dem Ziel, einen Konsens zu erreichen. Dieser Entwurf, in dem sich eine von der Studentenbewegung inaugurierte Praxis spiegelt, hat die Organisationsformen der demokratischen Öffentlichkeit und deren Selbstverständnis nachhaltig beeinflußt. In Auseinandersetzung mit dem utopischen Entwurf des aufklärerischen Dialogs und seinem bewußt unrealistischen Gesprächsmodell hinterfragt Peter Sloterdijk dessen kämpferische Variante, die Ideologiekritik, als »polemische Fortsetzung des gescheiterten Dialogs mit anderen Mitteln«[176].

Heute, unter den Bedingungen der Globalisierung und multikultureller Gesellschaften, hat sich das Ethos des Gesprächs in der interkulturellen Kommunikation zu bewähren. Inwieweit ein solcher ›Dialog der Kulturen‹ die ästhetische Produktion beeinflußt, zeigen neben neueren Tendenzen der Populärmusik auch literarische Phänomene, wie beispielsweise der französische Roman *Le salon de conversation* (1997) von Catherine Hermary-Vieille und Michèle Sarde, der das interkulturelle Verstehen in USA der 90er Jahre am Modell eines fremdsprachigen Konversationsunterrichts thematisiert. Zur Jahrtausendwende kann man feststellen, daß das Gespräch als gesellige Unterhaltung weiterhin Relevanz besitzt, denn während das elektronische Medium Internet als Mündlichkeit zweiten Grades einen eigenen Raum kommunikativer und ästhetischer Erfahrung eröffnet, wird auch der primären Mündlichkeit des Gesprächs neue Aufmerksamkeit geschenkt, z.B. unter dem Blickwinkel der Höflichkeit.[177]

Mechthild Albert

---

[174] DOLF STERNBERGER, Aspekte des bürgerlichen Charakters (1949), in: Sternberger, ›Ich wünschte ein Bürger zu sein‹. Neun Versuche über den Staat (1967; Frankfurt a. M. 1995), 27.
[175] SOMBART (s. Anm. 172), 234.
[176] PETER SLOTERDIJK, Kritik der zynischen Vernunft, Bd. 1 (Frankfurt a. M. 1983), 53.
[177] Vgl. BRIGITTE FELDERER/THOMAS MACHO (Hg.), Höflichkeit. Aktualität und Genese von Umgangsformen (München 2002).

Literatur

EDER, ANNA, Das liebenswürdige Geschwätz meines Geschlechtes. Frauengespräche in Texten italienischer, französischer und deutscher Autorinnen (Frankfurt a. M. u. a. 1997); EICKENRODT, SABINE/RAPISARDA, CETTINA (Hg.), Freundschaft im Gespräch (Stuttgart/Weimar 1998); FUMAROLI, MARC, La conversation savante, in: H. Bots/F. Waquet (Hg.), Commercium litterarium. La communication dans la République des Lettres 1600–1750 (Amsterdam/Maarssen 1994), 67–80; FUMAROLI, MARC, La diplomatie de l'esprit. De Montaigne à La Fontaine (Paris 1994); FUMAROLI, MARC, Otium, convivium, sermo: La conversation comme ›lieu comun‹ des lettrés, in: Fumaroli/P.-J. Salazar/E. Bury (Hg.), Le loisir lettré à l'âge classique (Genf 1996), 29–52; GUELLOUZ, SUZANNE, Le dialogue (Paris 1992); IM HOF, ULRICH, Das gesellige Jahrhundert. Gesellschaft und Gesellschaften im Zeitalter der Aufklärung (München 1982); JACOBS, NAOMI, In Praise of the Talking Woman: Gender and Conversation in the Nineteenth Century, in: Nineteenth Century Contexts 14 (1990), 55–70; JACQUES, FRANCIS, Dialogiques. Recherches logiques sur le dialogue (Paris 1979); KALVERKÄMPER, HARTWIG, Kolloquiale Vermittlung von Fachwissen im frühen 18. Jahrhundert. Gezeigt an den ›Entretiens sur la Pluralité des Mondes‹ (1686) von Fontenelle, in: B. Schlieben-Lange (Hg.), Fachgespräche in Aufklärung und Revolution (Tübingen 1989), 17–80; KLEIN, JOSEF, Zur Rhetorik politischer Fernsehdiskussionen, in: G. Ueding (Hg.), Rhetorik zwischen den Wissenschaften. Geschichte, System, Praxis als Probleme des ›Historischen Wörterbuchs der Rhetorik‹ (Tübingen 1991), 353–362; MARIN, LOUIS, De l'entretien (Paris 1997); MONTANDON, ALAIN, Dictionnaire raisonné de la politesse et du savoir-vivre du moyen âge à nos jours (Paris 1995); PERNOT, CAMILLE, La politesse et sa philosophie (Paris 1996); STROSETZKI, CHRISTOPH, De la polémique contre le point d'honneur à l'art de la conversation, in: R. Duchêne/P. Ronzeaud (Hg.), Ordre et contestation au temps des classiques (Paris/Seattle/Tübingen 1992), 99–112; WINN, COLETTE H., L'esthétique du jeu dans l'Heptaméron de Marguerite de Navarre (Montréal/Paris 1993); ZAEHLE, BARBARA, Knigges Umgang mit Menschen und seine Vorläufer. Ein Beitrag zur Geschichte der Gesellschaftsethik (Heidelberg 1933).

Urbanismus

(engl. urbanism; frz. urbanisme; ital. urbanistica; span. urbanismo; russ. урбанизм)

Die heutige Lage: Ausgangspunkte; I. Die Ursprünge des Urbanismus in der zweiten Hälfte des 19. Jahrhunderts; 1. Begriffsgeschichtliche Wurzeln; 2. Urbanismus als Stadt-Raum-Ordnung. Drei Paradigmen; a) Der Urbanismus bei Haussmann; b) Die urbanistischen Entwürfe der utopischen Sozialisten; c) Der kulturalistische Urbanismus; **II. Das Programm des avantgardistischen Urbanismus im Interbellum des 20. Jahrhunderts (Le Corbusier); III. Die soziologische Facette des Begriffs Urbanismus: Von Georg Simmel zur Chicagoer Schule; IV. Die Kritik am funktionalistischen Modell des Urbanismus; V. Kritischer Regionalismus und das partizipatorische Bauen; VI. Urbanismus und Urbanität in zeitgenössischen Theorien;** 1. Henri Lefebvres Konzept einer dynamisierten Urbanität als Kritik am Urbanismus; 2. Urbanismus als Kultur der Verschiedenheit (Richard Sennett); 3. Soziologie der Großstadt und die Frage nach der ›Neuen Urbanität‹ (Häußermann/Siebel); 4. Der Urbanismus heutiger Metropolen. Zwei Modellanalysen; a) Mike Davis und der Mythos Los Angeles; b) Hidenobu Jinnais ›spatial anthropology‹ von Tokio; **Eine Art Resümee**

Die heutige Lage: Ausgangspunkte

Die Postmoderne-Diskussion brachte in der Ästhetik ein neues Interesse für die Architektur mit sich. Die stilkritische Frage, indiziert etwa in Charles Jencks' ›double-coding‹ als Markenzeichen postmoderner Bauten[1], bezeichnet nur die eine Fragerichtung. Daneben gibt es Reflexionen der Ästhetik, in denen nach dem Status der Urbanität heute gefragt wird. Wenn Fredric Jameson sich auf John Portlands Bonaventura-Hotel in Los Angeles bezieht und dies wie das Eaton Center in Toronto oder das Beaubourg in Paris als eine »miniature city«[2] deutet, dann steht der Status der Urbanität

---

[1] Vgl. CHARLES JENCKS, The Language of Post-Modern Architecture (1977; London ⁶1991), 12, 19, 107, 165, 171, 188.

[2] FREDRIC JAMESON, Postmodernism and Consumer Society (1988), in: Jameson, The Cultural Turn: Selected Writings on the Postmodern, 1983–1998 (London/New York 1998), 12.

nach der Einreißung der modernistischen Differenz von ›low culture‹ und ›high culture‹ auf dem Spiel.

Trotz des Revivals der Architektur in der zeitgenössischen Ästhetik ist der Bezug zum Urbanismus im strikten Sinne des Wortes eher locker. Zumeist geht es heute um den Status der Urbanität als einer spezifischen Lebensform. So etwa bei Jean-François Lyotard, der den postmodernen Philosophen in der ›Randzone‹ der Stadt verortet, weil die urbanistischen Utopien der Moderne, eine Kultur für das Volk zu generieren, gescheitert sind und weil das Zentrum der Metropolen in der nostalgischen Touristik ästhetisch genossen wird. Die urbane Existenz, an die noch Louis Wirth in seinem Essay *Urbanism as a Way of Life* (1938) zivilisierende emanzipatorische Hoffnungen knüpfte, ist durch die neuen Kommunikationstechnologien entwertet worden. Das Immergleiche und Grau in Grau der Computerbilder sowie die nostalgische Bilderwelt der Touristik lassen sich, geht man nach Lyotard, nur noch durch eine Ästhetik des Erhabenen herausfordern.[3]

Die Postmoderne brachte eine Neubelebung der Ästhetik der Natur mit sich. Soll die ökologische Dimension dieser Ästhetik stark gemacht werden, dann muß der urbanistische Diskurs der Moderne radikal überschritten werden, weil dieser nur zu einer ›äußerlichen‹ Beziehung des Menschen zur Natur geführt hat. Soll aber die ökologische Katastrophe aufgehalten werden, dann muß auch der Mensch in der Stadt wieder lernen, daß er Teil der Natur ist, und nur dieses Mitbedenken der Natur in uns kann auch ein gewandeltes Verhältnis zur Natur draußen herbeiführen.[4]

Distanz zum modernistischen Diskurs der Stadt gewinnt Roland Barthes, indem er sich auf die Zeichenwelt Japans einläßt. Tokio als Stadt mit einem leeren Zentrum kann dazu anregen, aus den metaphysischen Prämissen des Okzidents herauszutreten. Deren Dichotomien von Tiefe und Oberfläche, von Wahrheit und Schein, von Zentrum und Peripherie hatten sich urbanistisch in einem ›vollen‹ Zentrum niedergeschlagen. Tokio dagegen, wie auch Los Angeles, belegen tagtäglich, daß diese Prämisse nicht akzeptiert werden muß.[5]

Der vorliegende Artikel konzentriert sich auf das Entstehen, die Entwicklung sowie die gegenwärtige Bedeutung des urbanistischen Diskurses. Dem Begriff Urbanismus nahe sind Wortbildungen wie Urbanität oder Urbanisierung; ihnen allen liegt das Adjektiv urban zugrunde. Der Diskurs des Urbanismus reagierte in der zweiten Hälfte des 19. Jh. auf die Krise der industriellen Großstadt. Ildefonso Cerdá, Georges Eugène Baron Haussmann, Charles Fourier und Camillo Sitte sind seine bedeutendsten Autoren. Als wort- und begriffsgeschichtliche Neuerung löste Urbanismus den in einem Artikel der *Encyclopédie* eingeführten, noch von Kant bis hin zu Ernst Cassirer gebrauchten, mit normativen Konnotationen besetzten Begriff der Urbanität (urbanité) ab. Während der *Encyclopédie*-Artikel mit »urbanité romaine« ein dem antiken Rom zugeschriebenes rhetorisch-ästhetisches Ideal bezeichnet, welches »la *politesse* de langage, de l'ésprit et des manières« umfaßt, dieses Ideal in seiner Gegenwart aber »uniquement« dem »cour«[6] zuschreiben kann und beklagt, daß das Wort in der französischen Sprache nicht heimisch geworden sei, feiert Kant schon die bildenden Künste, weil sie die »Urbanität der obern Erkenntniskräfte« »befördern«[7]. Ernst Cassirer rekurrierte noch in seiner *Philosophie der Aufklärung* von 1932 auf diesen Begriffssinn, wenn er den Philosophen der Aufklärung das weltläufige Ideal der ›Urbanität‹ zuspricht, und zwar sogar als Gradmesser der Wissenschaften.[8]

Dem heutigen Wortgebrauch von Urbanität und urban ist noch der normative Klang einer kosmopolitischen Weltläufigkeit abzulauschen. Sie enthält einen ästhetischen Kern: das zwanglose und spielerische Umgehen eines Menschen mit

---

3 Vgl. JEAN-FRANÇOIS LYOTARD, Zone, in: Lyotard, Moralités postmodernes (Paris 1993), 25–36.
4 Vgl. GERNOT BÖHME, Für eine ökologische Naturästhetik (Frankfurt a. M. 1989), 56–76.
5 Vgl. ROLAND BARTHES, L'empire des signes (Paris 1970), 43–46.
6 LOUIS DE JAUCOURT, ›Urbanité romaine‹, in: DIDEROT (ENCYCLOPÉDIE), Bd. 17 (1765), 487f.
7 KANT, Kritik der Urteilskraft (1790), in: KANT (WA), Bd. 10 (1974), 269.
8 Vgl. ERNST CASSIRER, Philosophie der Aufklärung (1932; Tübingen ³1973), 360.

seinem sinnlichen und geistigen Vermögen, das durch den gesellschaftlichen Verkehr in der städtischen Lebenswelt stimuliert wird und sich in ihr auch verkörpert. In der urbanen Kultur ist für uns heute das Ästhetische Teil des sozialen Lebens, und zwar nicht nur im Aspekt der architektonisch gestalteten Umwelt. Das Ästhetische als notwendiges Ingrediens der Urbanität wurde oft – von Lewis Mumford bis Henri Lefebvre und Guy Debord – vom Theater her gedacht: der urbane Raum als szenischer Hintergrund, auf dem die Städter Schauspieler und Zuschauer zugleich sind. Daneben gab und gibt es die Leitvorstellung einer auch ästhetisch gelebten und genossenen Stadt im Fest (von Heide Berndt bis zu Henri Lefebvre).

Nach der terminologischen Einführung des Diskurses vom Urbanismus durch Ildefonso Cerdá in der zweiten Hälfte des 19. Jh. kam es im 20. Jh. zu einer begriffsgeschichtlichen Doppelgleisigkeit. Auf der einen Seite finden wir den Urbanismus der Soziologen der Chicagoer Schule (Robert Park, Louis Wirth): die moderne Metropole als eine zu Toleranz und Moralität führende soziale Form der Vergesellschaftung. Auf der anderen Seite kommt es unabhängig davon zum Urbanismus der Städteplaner-Architekten. Le Corbusiers Programmschrift von 1925 beherrscht als funktionalistische Version des Urbanismus für gut eine Generation die kulturelle Szene. Diese zwei Stränge des Begriffes Urbanismus müssen auch in einem begriffsgeschichtlich angelegten Artikel eine Art organisierendes Zentrum sein. Einerseits situiert Le Corbusier selbst sein Projekt des Urbanismus in den historischen Bahnen, die durch den Baron de Haussmann eröffnet wurden; die späteren urbanistischen Diskurse arbeiten sich wiederum kritisch an Le Corbusier ab. Bei diesen Abgrenzungen wird oft der normative Kern von Urbanität zum kritischen Bezugspunkt: Kritik am funktionalistischen Urbanismus im Namen der Urbanität. Andererseits finden wir auch den Urbanismus der Soziologen, der sich heute in der Frage nach einer ›Neuen Urbanität‹ sowie in Debatten zu einer ›art of living in the city as work of art‹ äußert.

I. Die Ursprünge des Urbanismus in der zweiten Hälfte des 19. Jahrhunderts

1. Begriffsgeschichtliche Wurzeln

Die französische Urbanismusexpertin Françoise Choay schreibt: »The terms *urbanización, urbanisme, town-planning, Städtebau*, which are used today to designate indiscriminately all forms of city planning from ancient to modern, were, in fact, formulated for the first time during the second half of the nineteenth century. Originally they were intented to mark, with the full impact of a neologism, the advent of an entirely novel relationship between Western man and the organization of his cities – resulting from the Industrial Revolution. When Ildefonso Cerdá coined the word *urbanización* in 1867, he meant it to define a *new* field of activity, as yet ›intact, virgin‹, for which the Spanish language had no appropriate term.«[9]

Urbanismus ist ein auf das Stadtganze sich beziehender Diskurs. Er definiert zugleich seinen Gegenstand – die Stadt – und ist ein praktischer »Faktor ihrer Gestaltfindung«[10]. Der Urbanismus reagierte in seinen Ursprüngen auf die Herausforderungen der industriellen Revolution. In ihrem Gefolge kam es zu großen Migrationsschüben, die zu einem gewaltigen Anstieg der Einwohner der Städte führte. Von 1830 bis 1900 verdoppelte sich die Bevölkerung Londons von 2 auf 4 Mio. Paris wuchs von 1 Mio. Einwohner auf mehr als 2 Mio. Hatte Berlin um die Wende vom 18. zum 19. Jh. 150000 Einwohner, so waren es 1890 bereits 1 300000. Die Städte verschoben ihre Grenzen nach außen. In den Randbezirken entstanden Slums der arbeitenden Klassen.

Die städtischen Institutionen waren mit der Bewältigung dieser Migrationsschübe – die Industriearbeiterschaft zog vom Land in die Stadt – überfordert. Über die erbärmlichen Lebensumstände des

---

9 FRANÇOISE CHOAY, The Modern City: Planning in the 19th Century (New York 1969), 7; vgl. ILDEFONSO CERDÁ, Teoría general de Urbanización, Bd. 1 (Madrid 1867), 8.
10 CHOAY, Semiotik und Urbanismus (1972), übers. v. R. Hommes/B. Schneider, in: A. Carlini/B. Schneider (Hg.), Konzept 3. Die Stadt als Text (Tübingen 1976), 59.

Proletariats in den englischen und deutschen Industriestädten schrieb damals Friedrich Engels in *Die Lage der arbeitenden Klasse in England* (1845). Dikkens, Zola, Eugène Sue waren Novellisten der sozialen und ökonomischen Mißstände in den Industriestädten. Die industrielle Revolution führte nicht nur zu Umwälzungen der Produktionstechniken, sondern sie war begleitet von Schüben in der Kommunikations- und in der Transporttechnologie, die sie wiederum stimulierten: Die erste durch Dampfmaschinen gedruckte Zeitung, die *Times*, erschien 1816; die Fotografien von Joseph N. Niepce entstanden 1824; 1843 wurde das erste Telegrafenbüro in England geöffnet. Die Eisenbahnlinie von Liverpool nach Manchester nahm 1830 ihren Betrieb auf. Diese Beschleunigung des Verkehrs und des Informationsflusses förderte die Entwicklung des Kapitalismus.

Das durch all diese Faktoren bedingte neue ›städtische Durcheinander‹ (Engels) forderte sowohl soziologische Reflexionen über die Industriestadt als auch urbanistische Eingriffe heraus. Choay zufolge hatten um die Mitte des 19. Jh. drei Modelle der Urbanistik abgedankt: Erstens paßte das barocke Modell mit seinen Ausblicken, den breiten Prachtstraßen, den Parks und seinem zeremoniellen Zuschnitt nicht mehr auf die industrielle Stadt.[11] Giovanni Antonio Antolinis Projekte für Mailand, die Louis Martin Berthaults für den Pincio in Rom, John Woods d. Ä. Erweiterung der englischen Stadt Bath, John Nashs Projekt für die Regent Street in London (1812–1819) waren die letzten barocken Stadtplanungen. Aber zweitens erwies sich auch das britische Residenz-Modell, das mit seinen ästhetischen Standards der Landlords vom 17. Jh. bis in die Viktorianische Epoche gültig war (Bedford Square, 1776; Tavistock Square, 1864; Gordon Square, 1860) und welches auf dem Besitz von Land außer- wie innerhalb der Stadt basierte, angesichts der Industriestädte als obsolet. Drittens schließlich war auch das koloniale Schachbrettmuster, das von den Kolonisten in Nordamerika (Salt Lake City 1847), in Südafrika (Pretoria 1835) und in Australien (von Colonel William Light in Adelaide 1837) benutzt worden war, auf die neu entstandenen industriellen Metropolen in Europa nicht anwendbar.

Mit Choay lassen sich im 19. Jh. drei verschiedene urbanistische Strömungen gegeneinander profilieren. Diese Differenzierung ist methodisch sinnvoll, weil so der Terminus Urbanismus in seinen verschiedenen Aspekten und Facetten entwickelt werden kann.

2. Urbanismus als Stadt-Raum-Ordnung. Drei Paradigmen

a) Der Urbanismus bei Haussmann

Das *erste* urbanistische Paradigma ist verknüpft mit dem Namen des Barons Haussmann, von 1853 bis 1870 Präfekt der Seinestadt. Er zeichnete verantwortlich für den eingreifenden Umbau von Paris. Die breiten Boulevards, deren Funktion es war, Stadtteile durch ein Zirkularsystem miteinander zu verbinden, gehen auf sein Konto. Choay zufolge war Haussmann nicht so sehr ein politisch bewußter Stadtplaner, der den Abbruch des mittelalterlichen Paris zu verantworten hatte und dadurch die Möglichkeit von Aufständen – das Paris des 19. Jh. war 1818, 1830 und 1848 Schauplatz von Revolutionen – beschnitt, sondern eher ein Technokrat, ein »administrator«[12].

Haussmanns Urbanismus gab dem Verkehrsfluß den Vorrang und unterstützte so den sich entfaltenden Kapitalismus. Haussmann schmiedete Paris zu einer einheitlichen Metropole um. Dies wird noch deutlicher, wenn man seinen Plan mit von Künstlern aus dem Jahre 1793 oder mit von Pierre Patte vergleicht. Für den Konvent angefertigt, sah der Plan von 1793 noch ganz im Geiste des Barock nach ästhetischen Gesichtspunkten gegliederte Stadtteile vor, deren Zentrum jeweils Kirchen oder Monumente bildeten. Haussmann dagegen projektierte die Stadt Paris als Einheit links und rechts der Seine. Die mit Bäumen bepflanzten Boulevards haben keinen Wert an sich, sondern bilden infrastrukturelle Elemente einer

---

11 Vgl. LEWIS MUMFORD, The Culture of Cities (1938; San Diego/New York/London 1970), 73–142; MUMFORD, The City in History. Its Origin, Its Transformations and Its Prospects (London/New York u. a. 1961), 395–467.
12 CHOAY (s. Anm. 9), 15.

netzartigen Struktur, die Haussmann zu einem »general circulatory system«[13] entwickelte.

Neben dem Straßennetz schuf Haussmann freie Flächen, d. h. leere Plätze, die nicht mehr, wie im Barock, für visuelle und zeremonielle Zwecke genutzt werden sollten; die ›Freiflächen‹ hatten vielmehr sanitäre Absichten. Aus seinen dreibändigen *Mémoires* (1890–1893) wird deutlich, daß Haussmanns Ästhetik dem Neoklassizismus – mit seinen an breiten, geraden Straßen entlangführenden uniformen Frontlinien, der Suche nach perspektivischen Effekten und der Lozierung von Denkmälern auf perspektivischen Achsen – anhing. Aber die Ästhetik war im Grunde zweitrangig. International einflußreich wurden, beachtet man spätere Umbauten von Berlin und Wien, Haussmanns Ideen. Zum »Haussmann pattern« (19) zählen nicht zuletzt auch Promenaden, Plätze, öffentliche Parks im Zentrum sowie in den Randzonen von Paris. Als Exponent Haussmannscher Ideen in Deutschland trat nach 1870 Joseph Stübben auf, der bei den Umbauten in Berlin, Köln, teilweise in Dresden und München federführend war. Die Deutschen hatten im Vergleich zu Haussmann allerdings mehr archäologischen Respekt vor Stadttoren oder Überresten von Stadtwällen.[14]

Zwei weitere Elemente gilt es zu bedenken, soll das ›Haussmann pattern‹ ganz verständlich werden. Auf der Fluchtlinie Haussmanns sieht Choay die Idee des Stadtparks. Eindrucksvolles Beispiel ist der in Birkenhead, einem Vorort von Liverpool, durch Joseph Paxton 1844 entworfene Stadtpark. Paxton sucht damit nach praktischen Entsprechungen zu Edwin Chadwicks Gedanken über ›Effects of public walks and gardens on the health and morals of the lower classes of the population‹ in dessen Sozialreport von 1842[15]: Stadtparks dienen dem Proletariat zur Erholung. Zentrale Wege werden ausbalanciert mit kleineren und freien Flächen, die dem Sport und dem Spiel dienen. Das Grün – ehedem Privileg der feudalherrschaftlichen Landbesitzer – wird zum Element der industriellen Stadt, zu der auch das Proletariat gehört. Frederick Law Olmsted entwarf ab 1857 zusammen mit Calvert Vaux den Central Park von New York. Den verschiedenen Bewegungsarten (Fußgänger, Reiter, schnelle und langsame Fahrzeuge) ist darin ebenso Rechnung getragen, wie durch Tunnels und Viadukte die dritte Dimension des Raumes einbezogen wurde. Olmsted und Vaux schützten den Park mit seinen verschiedenen, teils naturbelassenen Landschaften durch eine Art »Great Wall of China«, um so eine »antithesis of objects of vision to those of the streets«[16] zu garantieren. Es war schließlich Paxton, der 1855 einen Plan entwarf, um Londons Verkehrssystem urbanistisch zu ›modernisieren‹: Der *Great Victorian Way* sollte die Wegabstände drastisch reduzieren. Er verband Eisenbahn- und Straßenverkehr, die in einer Art glasüberkuppelten Arkade mit 22 m Breite und 33 m Höhe gegen schlechtes Wetter, Lärm und Staub geschützt und im Winter beheizt sein sollten. Teilweise mit Geschäften versehen, sollte der *Great Victorian Way* tagsüber von Fußgängern und privaten Fahrzeugen und nachts von Marktleuten und vom Verkehr genutzt werden. Obwohl Paxtons Vision nie realisiert wurde, war sie doch inspirierender Hintergrund für die 1863 eröffnete Underground mit ihren schnellen direkten und untereinander vernetzten Linien – und damit eines der das ›Haussmann pattern‹ auf der praktischen Ebene komplettierenden Elemente.

Zum einen besteht der urbanistische Diskurs aus praktischen Vorschlägen, Entwürfen und Plänen zur Gestaltung der Stadt im ganzen. Haussmanns *Mémoires* einerseits, Paxtons *The Evidence* (1855) andererseits und Stübbens didaktische Schrift *Der Städtebau* (1892) sind solche Quellen des urbanistischen Diskurses. Cerdás *Teoría general de Urbanización* (1867) hingegen ist ein systematisches Werk. Auch Cerdá war in Stadtplanungen von Barcelona praktisch involviert. Er entwickelte historische

---

13 Ebd., 18; vgl. BERNARD LANDAU/VINCENT SAINTE MARIE GAUTHIER, Introduction technique, in: Georges Eugène Haussmann, Mémoires (1890–1893), hg. v. F. Choay (Paris 2000), 13.
14 Vgl. CHOAY (s. Anm. 9), 20f.
15 Vgl. EDWIN CHADWICK, Report on the Sanitary Condition of the Labouring Population of Great Britain (1842), hg. v. D. Gladstone (London 1997), 275–278.
16 FREDERICK LAW OLMSTED/CALVERT VAUX, A Review of Recent Changes, and Changes which have been projected, in the Plans of the Central Park (1872), in: F. L. Olmsted jun./T. Kimball (Hg.), Frederick Law Olmsted, Landscape Architect, 1822–1903, Bd. 2 (New York 1922), 251, 249.

Perspektiven der Stadt, entwarf nicht nur Taxonomien für die Stadtplanung, sondern auch für Elemente des Urbanen (Verkehrsadern, Straßen, Plätze, Wohnungen, Gärten, Parks). Historische und funktionale Analysen greifen ineinander. Von besonderem Interesse ist für Cerdá die Diversität der Fortbewegungsarten: Fußgängerbewegungen (»locomoción pedestre«) in antiken Städten, später verlagert auf Pferd (»locomoción ecuestre«) und Wagenfahrzeug (»rodada«), unterbrochen von Ziehschlitten (»locomoción rastrera«[17]). Hierin spiegelt sich das gesteigerte Interesse für den Verkehrsfluß. Nach Choay entwickelt Cerdá eine »metalanguage«[18], in der über das Objekt Stadt kritisch und wissenschaftlich gesprochen werden kann.

Insgesamt läßt sich festhalten, daß der im 19. Jh. entstandene Urbanismus – hier in Gestalt des ›Haussmann-pattern‹ – um Verkehr und Hygiene kreist. Er ist hinsichtlich der Analytik um Klassifikation und System bemüht und offeriert praktische Projekte. Choay nennt das ›Haussmann pattern‹ auch das Paradigma der ›regularization‹[19], d. h. der Regelung des Stadtganzen. Nachzureichen ist nur noch die Beobachtung Leonardo Benevolos, daß der Urbanismus des 19. Jh., um sich als Eingriff in das Ganze der Stadt artikulieren zu können, der Konstitution von stadtübergreifenden Institutionen bedarf. In London wenigstens war eine politische Lobby nötig, um die diversen stadtteilbezogenen und bezirklich gegliederten Behörden (Wohnungsbau, Straßennetz, Volksgesundheit) zu einen. Was in Paris aufgrund des historisch überkommenen Zentralismus der politischen Macht nahezu von selbst gegeben war, die Zentrierung der Macht in einer Institution, mußte in London durch mühselige Kleinarbeit erst erreicht werden.[20]

b) Die urbanistischen Entwürfe der utopischen Sozialisten

Das *zweite* Paradigma des Urbanismus des 19. Jh. umfaßt Konzeptionen, welche mit sozialen Utopien auf die industrielle Gesellschaft reagierten. Sie sind sozialistisch, weil sie die Macht des Kapitalismus anfechten und durch freie Zusammenschlüsse der Arbeiter Gegenmodelle entwerfen: Charles Fouriers ›phalanstères‹ in der Schrift *Théorie de l'unité universelle* (1822), Robert Owens Experimente in New Lanark und New Harmony sowie Etienne Cabets *Voyage en Icarie* (1840). Hier wie dort ging es nicht um Regulierung des städtischen Raumes, sondern eine sozial neu strukturierte Gemeinschaft sollte auch ihr spezifisches urbanistisches Gesicht erhalten. Bei Fourier war der Zusammenhang von neuer sozialer Ordnung und Stadt wohl am intensivsten durchdacht. Fourier lehnte die herrschende Stadt ab und setzte ihr eine neue, die Leidenschaften der Menschen stimulierende Idee von Gesellschaft gegenüber, die ihren Nukleus in den ›phalanstères‹ findet. Diese sind eine Stadt im kleinen. Als Urbanist projektiert Fourier Reformen, welche die Zivilisation zur geschichtlich fälligen Stufe der »ville garantiste«[21] leiten sollen. Der Stadtkern wird umgeben vom Ring der Vororte und Fabriken sowie dem Ring der Alleen und der Vorstadt. Als utopische Fluchtlinie einer neuen Harmonie sind die ›phalanges‹ gedacht. Im durch vorspringende Flügel flankierten Zentralgebäude sind alle Institutionen der Stadt – Bibliothek, Tempel, Kommunikationszentren, Theater, Werkstätten, Gästezimmer – untergebracht. Die räumlich getrennten Arbeitsgebäude umfassen alle der (landwirtschaftlichen) Produktion dienenden Gerätschaften, Ställe und Lagerräume. Fourier, der selbst auf der Höhe von Owens Experimenten war, bündelt urbanistische, gesellschaftstheoretische und ästhetische Faktoren. Prunkstück seiner ›phalanstères‹, die etwa 1600 Menschen beherbergen sollten, waren Straßengalerien (»rues-galeries«, 462), welche die Gebäude miteinander verbinden sollten und deren utopischer Sinn es war, die affektiven Gruppenleidenschaften aufblühen zu lassen.

---

17 CERDÁ (s. Anm. 9), 686.
18 CHOAY (s. Anm. 9), 26.
19 Vgl. ebd., 15–27.
20 Vgl. LEONARDO BENEVOLO, Le origini dell'urbanistica moderna (Bari 1963), 121 ff.; dt.: Die sozialen Ursprünge des modernen Städtebaus, Lehren von gestern – Forderungen für morgen, übers. v. A. Giachi (Gütersloh 1971), 91 ff.
21 CHARLES FOURIER, Théorie de l'unité universelle (1822), in: Fourier, Œuvres complètes, hg. v. d. Société pour la propagation et pour la réalisation de la théorie de Fourier, Bd. 4 (1841; Paris 1966), 303.

I. Die Ursprünge des Urbanismus in der zweiten Hälfte des 19. Jahrhunderts

Der Industrielle Jean Baptiste André Godin sollte Fouriers Ideen, sie allerdings umformend, ab 1859 im französischen Guise (Departement Aisne) realisieren. Godin lehnte Arbeitersiedlungen, sogenannte ›cités ouvrières‹[22], ab. Sie hatten etwa in Le Grand-Hornu bei Mons (Belgien) durch Henri Degorge (ab 1825), in Mühlhausen (ab 1858), in der Cité Napoléon (Paris, dann Batignolles, Neuilly) Gestalt gefunden und wurden später in der Pullman-City (Chicago 1867) und etwa auch in Krupp-Siedlungen (rund um Essen, 1863–1875) verwirklicht. Der Architektur solcher ›cités ouvrières‹ stellt Godin eine soziétäre gegenüber, welche »l'avènement de l'association entre les hommes«[23] befördern soll. Dazu tragen kollektive Einrichtungen – Schulen, Kindergärten, Läden, Bibliothek, Badeanstalt, Restaurants – ebenso bei, wie gesellige ›Feste‹ das soziale Band stärken und erneuern. Wohnen und Arbeit – bei Godin industrielle Produktion von Öfen – sind aufeinander bezogen. Großzügige Wohnungen, genossenschaftliche Produktionsform, Parks, glasüberdachte Innenhöfe und Passagen kennzeichnen die durch das Fouriersche Modell inspirierte Anlage, an der ca. 1800 Menschen teilhatten.

Weniger erfolgreich waren Cabets Versuche, Ikarien zu realisieren. Godins ›familistère‹ funktionierte immerhin bis 1968. Die ›Ikarier‹ dagegen zogen 1848 nach Texas, dann nach New Orleans und nach Nauvoo, Illinois, wo diverse Schismen die Gruppe immer weiter spalteten. Dazu, durchaus mitfühlend, Benevolo: »Così avvenne una specie di *reductio ad absurdum* dell'ambizioso programma di Cabet, e l'idea della grande metropoli condusse alla formazione di villaggi rurali sempre più esigui, fino a raggiungere le dimensioni di normali imprese private.« (Cabets ehrgeizige Pläne waren damit ad absurdum geführt. Denn an Stelle der von ihm geplanten Metropole wurden immer kleinere ländliche Dörfer erbaut, die schließlich nur noch den Umfang ganz normaler privater Unternehmungen hatten.)[24] Ähnlich betont Choay die zumeist auf das Ländliche ausweichende urbanistische Konzeption der Progressiven und nennt deren Urbanismus ›pre-urban‹ – letztlich vielleicht ein Erbe Fouriers. Der »progressist urbanism«[25] des spanischen Republikaners Arturo Soria y Mata dagegen denkt in Cerdás Bahnen und schenkt in seinem ab 1882 entwickelten Projekt der ›Ciudad lineal‹ der Fortbewegung und dem Transport übergroßes Interesse. Er realisiert die erste Straßenbahnlinie in Madrid. Die Stadt der Zukunft soll wesentlich durch breite Straßen bestimmt sein: »Una sola calle de 500 metros de anchura y de la longitud que fuere necesaria, entiéndase bien, de la longitud que fuere necesaria, tal será la ciudad del porvenir, cuyos extremos pueden ser París y San Petersburgo, o Pekín o Bruselas.«[26] (Eine einzige Straße von 500 Metern Breite, welche sich aber so lang wie nötig erstrecken würde, – so lang wie nötig, das sei betont, – dies ist die Stadt der Zukunft, deren Endpunkte Paris und Sankt-Petersburg oder Peking und Brüssel sein können.) Züge und Straßenbahnen sorgen auf diesen Straßen für rasche Beförderung von Massen. So imaginiert Soria etwa Straßenverbindungen zwischen zwei Städten (Algeciras und Gibraltar) oder als Ringe um schon bestehende Städte. Sorias Credo ist die Orthogonale. Natürlich haben Städte auch für Hygiene, Gärten und kulturelle Institutionen zu sorgen. Hier kehren unter progressivem Vorzeichen die Maximen von Haussmann zurück.

Tony Garniers ›cité industrielle‹ schließlich führt beim Entwurf der Stadt auch ästhetische Gesichtspunkte ein. Im Umfang auf 35 000 Einwohner begrenzt, besteht die ›cité industrielle‹ aus verschiedenen diskontinuierlichen Zonen, die durch Grünanlagen voneinander getrennt sind. Das Zentrum der Stadt beherbergt administrative Dienste, Sport- und Unterhaltungszentren, Versammlungshallen, während Wohnhäuser und Schulen an der Peripherie lokalisiert werden. Industriezonen breiten sich außerhalb der Stadt aus. Die Appartements stehen bei Garnier auf Terrassen, Säulenreihen umgeben die öffentlichen Gebäude. Le Corbusier fühlte sich später von Garniers Kombination von

---

22 Vgl. FOURIER, Cités ouvrières. Des modifications à introduire dans l'architecture des villes (Paris 1849).
23 JEAN-BAPTISTE ANDRÉ GODIN, Répartition de la richesse (1878), in: Le devoir: Revue des questions sociales 3 (1878), 36.
24 BENEVOLO (s. Anm. 20), 116; dt. 88.
25 CHOAY (s. Anm. 9), 99.
26 ARTURO SORIA Y MATA, Cosas de Madrid (1882), in: G. R. Collins/C. Flores (Hg.), Arturo Soria y la Ciudad Lineal (Madrid 1968), 167.

praktischen Notwendigkeiten und poetischem Sinn angesprochen.²⁷

c) Der kulturalistische Urbanismus
Neben dem administrativen ›Haussmann pattern‹ und dem utopisch sozialistischen Paradigma hebt sich im ausgehenden 19. Jh. *drittens* noch der kulturalistische Urbanismus ab. John Ruskin einerseits und William Morris andererseits sind die vielleicht bekanntesten Theoretiker, welche die Monotonie und die ökologischen Verwüstungen der industriellen Stadt beklagten und durch den Blick auf die mittelalterliche Stadt Devisen für Erneuerung und ›Umkehr‹ entwickelten. Urbanistische Maximen sind: Varietät gegen Serialität, kunsthandwerkliche Sorgfalt im Detail gegen fabrikförmige Standardisierung, organische Schönheit gegen hygienische Gigantomanie. Beide haben durchaus eine utopische Tendenz. Der Sozialist Morris wollte die Kunst in einer Volkskunst verankern: »The cause of art is the cause of the people.«²⁸

Eine vergleichbare, dem kulturellen Erbe zugewandte Haltung, freilich ohne futuristische Implikationen, kennzeichnet Camillo Sittes Schrift *Der Städtebau nach seinen künstlerischen Grundsätzen* von 1889. »Um den Stadtbau als Kunstwerk kümmert sich eben heute fast niemand mehr, sondern nur als technisches Problem.«²⁹ Sitte möchte die »Schönheiten des alten Städtebaues« (18) des Mittelalters, der Renaissance und der Antike retten und sie den modernen Systemen kontrastieren. Zumeist auf seinen Reisen vor Ort versuchte Sitte, den Strukturen des städtischen Gewebes auf die Spur zu kommen. Als Gesetzmäßigkeit entdeckte er, daß früher die Gebäude auf Plätzen nie isoliert standen wie heute, sondern die Kirchen sich oftmals an andere Gebäude anlehnten: »in Mittelalter und Renaissance« bestand »noch eine lebhafte

---

27 Vgl. TONY GARNIER, Une cité industrielle: Étude pour la construction des villes (1910; Paris ²1932); LE CORBUSIER, Vers une architecture (Paris 1923), 38 f.
28 WILLIAM MORRIS, Art and Socialism (1894), in: Morris, Collected Works, Bd. 23 (London 1912), 204.
29 CAMILLO SITTE, Der Städtebau nach seinen künstlerischen Grundsätzen (1889; Braunschweig/Wiesbaden 1983), 94.
30 CHOAY (s. Anm. 9), 106.
31 Vgl. ebd.

praktische Verwertung der Stadtplätze für öffentliches Leben […] und im Zusammenhange damit auch eine Übereinstimmung zwischen diesen und den anliegenden öffentlichen Gebäuden, während sie heute höchstens noch als Wagenstandplätze dienen und von einer künstlerischen Verbindung zwischen Platz und Gebäuden kaum mehr die Rede ist.« (18) Sittes Klage gilt der Manie der Modernen, architektonische Gebilde als ›freistehend‹ zu behandeln, statt sie in den urbanen Kontext ›einzubinden‹.

Kontinuität, Diversität, Asymmetrie, Irregularität sind die Maximen des Sitteschen Urbanismus. Nicht der Zeichentisch mit seiner A-priori-Konstruktion, sondern die konkrete Erfahrung zählen für ihn im Städtebau. Entscheidend ist der existentielle Wert des Raumes, worauf schon Aristoteles hingewiesen habe, indem er von einer Stadt verlangt habe, daß zu bauen sei, »um die Menschen sicher und *zugleich glücklich* zu machen« (2). Choay wendet kritisch gegen Sitte ein, daß die Überakzentuierung des ästhetischen Aspektes von Gebrauchsgesichtspunkten und von der Bedeutungsmannigfaltigkeit des Urbanen abstrahiere: »This purely aesthetic approach became as mono-semantical as the economically determined planning of Haussmann.«³⁰ Sittes praktische Vorschläge für das Ringstraßen-Projekt in Wien zeigten dies, weil sie die Komplexität der modernen Stadt ignorierten, sich einseitig an Nachbarschaften im Alltagsleben orientierten und die Perspektive des Fußgängers favorisierten.

Sitte war ein einflußreicher Gegenpart zu Haussmann vor allem im deutschsprachigen Raum. Sowohl Karl Henricis Erweiterung Dessaus (1890) und Münchens (1893) sowie Friedrich Puetzers Wirken in Darmstadt, Wiesbaden und Mainz zeigen den Geist Sittes. Städte wie Altona, Brünn, Linz und Olmütz ließen sich von Sitte oder Mitarbeitern beraten.³¹ In England wurde Sitte vor allem über Patrick Geddes und Raymond Unwin einflußreich. Le Corbusier dagegen sollte später seinen Spott über den österreichischen Urbanisten als Anhänger des ›Eselsweges‹ ausgießen, d. h. des gekrümmten anstelle des direkten, linearen Straßenzuges.

Eine bedeutsame Variante des kulturalistischen Urbanismus führte 1898 der Sozialist Ebenezer

Howard mit seinem Entwurf einer ›Garden City‹ ein. Nicht auf bloße Imagination oder auf dreidimensionale Bilder setzend, arbeitete Howard mit Diagrammen, die weiterer Konkretisierung vor Ort bedurften. Die sozialen Fortschritte der modernen Stadt sollten mit den gesunden Bedingungen des Landes kombiniert werden. In Größe und Anzahl der Bewohner (32 000) begrenzt, sollte die Gartenstadt 1/6 der gesamten Fläche (6 000 acres) umfassen. An der Peripherie lagen Agrikultur und Industrie, während der tertiäre Sektor im Zentrum untergebracht war. Howard dachte an ein Netz von untereinander verbundenen Gartenstädten, die nicht den Charakter von Schlafstädten haben sollten; eher ging es ihm dabei um eine Balance zwischen urbanem Stadtzentrum (mit Hygiene) und Ländlichkeit. Mumford hatte dies als Merkmal der mittelalterlichen Stadt hervorgehoben, daß sie nämlich ihr »being of the country«[32] nicht verleugnet, also nicht gegen das umgebende Land abgeschottet ist. Die erste Gartenstadt – Letchworth – wurde 1903 von Howard in Kooperation mit den Architekten Richard Barry Parker und Raymond Unwin gebaut. Im Hinblick auf die Intimität des Raumes, die Vielfalt in der Gestalt der Gebäude und die Anlage der Wege bezog letzterer Inspirationen von Sitte.[33]

II. Das Programm des avantgardistischen Urbanismus im Interbellum des 20. Jahrhunderts (Le Corbusier)

Dem Urbanismus des 20. Jh. hat zweifellos Le Corbusier mit seiner Programmschrift *Urbanisme* (1925) den Stempel aufgedrückt. Aber zunächst verdient Antonio Sant'Elias futuristische Schrift *Il Messaggio* von 1914 unsere Aufmerksamkeit. Sant' Elia fordert nicht die Reform architektonischer Details, sondern einen Plan für die Stadt im ganzen.[34] Die Architektur habe mit der historischen Kontinuität zu brechen: »Das Problem der modernen Architektur ist nicht ein Problem der Neuordnung ihrer Konturen, nicht eine Frage der Erfindung neuer Formen oder neuer Architrave für Türen und Fenster; [...] es hat nichts zu tun mit der Definition formaler Unterschiede zwischen neuen Bauten und den alten. Es handelt sich vielmehr darum, die neuerbauten Gebäude auf einem vernünftigen Plan aufzubauen und dabei jeden nur möglichen wissenschaftlich und technisch bedingten Vorteil auszunutzen; [...] neue Formen, neue Linien, neue Existenzgründe ausschließlich aus den besonderen Umständen der modernen Lebensweise heraus zu entwickeln. [...] Eine so geartete Architektur kann natürlich in keiner Weise dem Gesetz der historischen Kontinuität unterworfen sein. Sie muß ebenso neuartig sein wie unsere Geisteshaltung und wie das zufällige Auf und Ab unserer historischen Gegenwart.« (Il problema dell'architettura moderna non è un problema di rimaneggiamento lineare. Non si tratta di trovare nuove sagome, nuove marginature di finestre e di porte [...], di determinare differenze formali tra l'edificio nuovo e quello vecchio; ma di creare di sana pianta la casa nuova costruita, tesoreggiando ogni risorsa della scienza e della tecnica, [...] determinando nuove forme, nuove linee, una nuova ragione d'essere solo nelle condizioni speciali della vita moderna [...]. Quest'architettura non può essere naturalmente soggetta a nessuna legge di continuità storica. Essa deve essere nuova come sono nuovi il nostro stato d'animo e le contingenze del nostro momento storico.)[35] Die Stadt der Moderne habe Gebrauch zu machen von den neuen Materialien Zement, Glas und Stahl. Sie müsse den gesteigerten Bedingungen des Verkehrs Rechnung tragen. Sie solle sich im Einklang mit der Welt des Maschinenzeitalters entwickeln: »Wir müssen unsere Stadt der Moderne *ex novo* erfinden und aufbauen wie eine ungeheure, vor Erregung glühende Schiffswerft, aktiv, voller Bewegung und rundherum dynamisch, und jedes Bauwerk der Moderne muß wie eine gigantische Maschine sein. Aufzugsschächte dürfen sich nicht länger wie ein-

---

32 MUMFORD (s. Anm. 11), 24.
33 Vgl. CHOAY (s. Anm. 9), 108.
34 Vgl. REYNER BANHAM, Theory and Design in the First Machine Age (1960; London ⁴1975); dt.: Die Revolution der Architektur. Theorie und Gestaltung im Ersten Maschinenzeitalter, übers. v. W. Wagmuth (Reinbek b. Hamburg 1964), 101–110.
35 ANTONIO SANT'ELIA, Il Messaggio (1914), in: Rivista tecnica della Svizzera Italiana (1956), H. 7, 146; dt. zit. nach Banham (s. Anm. 34), 103.

same Würmer in den Treppenschächten verkriechen; die Treppen, dann nutzlos, müssen verschwinden, und die Aufzüge müssen sich an den Fassaden emporwinden wie Schlangen aus Glas und Stahl. Das Haus aus Zement, Eisen und Glas ohne geschnitztes oder gemaltes Ornament, reich nur in seiner immanenten Schönheit der Linien und Formen, [...] ein solches Haus muß sich am Rande eines bewegten Abgrundes erheben; denn die Straße selbst wird nicht mehr wie eine flache Fußmatte vor der Hausschwelle liegen, sondern stockwerktief in die Erde abfallen, sie wird den Verkehr der Großstadt in sich aufnehmen und für die notwendigen Umsteigemöglichkeiten mit metallenen Laufstegen und Transportaufzügen von hoher Geschwindigkeit ausgerüstet sein. [...] wir müssen das Monumentale und das Dekorative über Bord werfen«. (Noi dobbiamo inventare e fabbricare ›ex novo‹ la città moderna simile ad un immenso cantiere tumultuante, agile, mobile, dinamico in ogni sua parte, e la casa moderna simile ad una macchina gigantesca. Gli ascensori non debbono rincantucciarsi come vermi solitarî nei vani delle scale; ma le scale – divenute inutili – debbono essere abolite, e gli ascensori debbono inerpicarsi come serpenti di ferro e di vetro lungo le facciate. La casa di cemento, di vetro, di ferro, senza pittura e senza scoltura, ricca soltanto della bellezza congenita alle sue linee ed ai suoi rilievi [...], deve sorgere sull'orlo di un abisso tumultuante: la strada, la quale non si stenderà più come un soppedaneo al livello delle portinerie, ma si sprofonderà nella terra per più piani, che accoglieranno il traffico metropolitano e saranno congiunti, per i transiti necessari, da passerelle metalliche e da velocissimi ›tapis roulants‹. [...] bisogna abolire il monumentale, il decorativo)[36].

Mit Antonio Sant'Elia im Geist verwandt, doch in den Methoden gänzlich gegensätzlich, geht es Le Corbusier in *Urbanisme* um eine Umwälzung in Architektur und Urbanismus. Die Architektur müsse sich zum Städtebau hin öffnen; denn »la maison, la rue, la ville«[37] bildeten eine Kette. Der gegenwärtige Zustand der Großstädte sei erbärmlich. Weder seien sie in der Lage, die großen Migrationsströme der Menschen aufzufangen, noch würden sie den Bedingungen des modernen Geschäftslebens gerecht: »La vie industrielle et commerciale sera étouffée dans les villes retardataires« (78). Das Leben in den modernen Großstädten, die Le Corbusier mit ihren großen Bevölkerungsmassen seit der zweiten Hälfte des 19. Jh. im Entstehen sieht (Berlin, London, Paris, New York), läßt sich für ihn nicht mehr nach dem alten Schema bewältigen.

Das alte Schema hat Le Corbusier in der plastischen und polemischen Metapher des Weges der Esel (»chemin des ânes«, 5) eingefangen. Die Wege der Esel verlaufen im Zickzack, sind gekrümmt und formen ein unüberschaubares Gewirr. So ist das Bild der herkömmlichen Stadt: »L'âne a tracé toutes les villes« (6). Dem Weg der Esel kontrastiert Le Corbusier den Weg der Menschen, welcher auf der geraden Linie basiert und dem Maß der Geometrie und ihrer Klarheit folgt. Darin drücke sich der zielgerichtete Wille des Menschen aus: Geometrische Klarheit müsse das methodische Werkzeug des Städtebauers sein. Dem Geschichtsbild Le Corbusiers zufolge war die geometrische Klarheit und Rechtwinkligkeit der römischen Städtebilder im Mittelalter vergessen. Fortan habe man die gekrümmten, schmalen Wege mit malerischen Details favorisiert. Ab dem Jahr 1000 hätten die europäischen Städte das Joch des Esels, »la contrainte de l'âne«, auf sich genommen. Die Römer dagegen und später Louis XIV seien »les seules grands urbanistes de l'Occident« (9) gewesen. Sie hätten Sinn für geometrische Übersichtlichkeit besessen, für rechte Winkel und urbane Strukturen aus einem Guß.

Der Weg der Esel ist für Le Corbusier allerdings keineswegs nur eine Sache der Vergangenheit. In Camillo Sittes Bevorzugung des pittoresken Details, der gekrümmten Straße und der Asymmetrien sieht Le Corbusiers polemischer Geist ein Revival des Weges der Esel.[38] Dessen Herrschaft sei historisch durch den Kathedralenbau ab 1300 gebrochen gewesen. Dieser habe Sinn für eine die vielen Details umfassende Ordnung bezeugt. Aber der Wunsch nach Ordnung habe hier nicht den Zustand von »calme« und »équilibre« (34) erreicht. In Sittes urbanistischer Ästhetik indessen erblickt

---

36 Ebd., 147f.; dt. 104.
37 LE CORBUSIER, Urbanisme (1925; Paris 1994), 15.
38 Vgl. ebd., 9–11, 86, 198–201.

Le Corbusier nicht die Linie der Kathedralen, sondern die Wiederkehr des mittelalterlichen Barbarentums. Sitte und die Seinen würden den Bedingungen des großstädtischen, auf dem Automobil basierenden Verkehrs nicht gerecht. Außerdem verstoße Sittes Urbanismus gegen das »sentiment moderne«, das »un esprit de géométrie, un esprit de construction et de synthèse« (36) sei. Moderne ist für Le Corbusier Herrschaft des rechten Winkels, der Geraden, verbunden mit einem Gefühl für die Poetik des Ganzen. Dieser Aspekt zeigt sich auch in seiner Haltung gegenüber dem modernen Ingenieurswesen. Es sei falsch, wie die Futuristen »la beauté de la machine« (46) zur Basis des Urbanismus zu erheben. Die mechanische Schönheit der Ingenieurswerke besteche durchaus. Ingenieure seien genau; sie seien Meister des Details. Aber sie zielten nur auf vergängliche, d. h. immer wieder durch andere ersetzbare Werke. Indem die Städtebauer ein dauerhaftes Bild der Stadt entwürfen, schafften sie etwas, das den Augenblick überlebe. Das nennt Le Corbusier »l'âme de la ville« (54). Diese Seele ist der poetische Überschuß, der Mehrwert, der die mechanische Zweckmäßigkeit transzendiert.

Hier zeichnet sich Le Corbusiers urbanistische Ästhetik ab. Er greift auf den Urbanisten Marc-Antoine Laugier aus dem 18. Jh. zurück und verkündet als die leitende Maxime des Urbanismus das Streben nach Einförmigkeit im einzelnen (»l'uniformité dans le détail«), gepaart mit »chaos«, »tumulte dans l'ensemble«. Nur so entstehe die Stadt im ganzen als eine »symphonie«, als eine kontrapunktische »fugue« (65). Diesem Kriterium würden die alten ›Kunst‹städte Brügge, Venedig, Pompeji, Rom, das alte Paris, Stambul durchaus gerecht. Aber sie könnten nicht zum Vorbild der zeitgenössischen Stadt werden. In dieser werde die paradoxe und spannungsreiche Synthese von Dezenz im Detail und bewegendem Aufruhr im ganzen nur durch Unterwerfung des Baugewerbes unter industrielle Serialiät erreicht. Die Zellen des Hauses sind dementsprechend repetitiv, übersichtlich, standardisiert. Es gibt durchaus Wolkenkratzer mit 20, 40, ja 60 Stockwerken. Damit kann die moderne Metropole der großen Anzahl ihrer Bewohner gerecht werden. Die Häuser müssen sich aber dem Gewebe der rechtwinkeligen, breiten Straßen einfügen. Zugleich sorgen Bäume dafür, daß ein Eindruck des Chaos im ganzen entstehen kann. Le Corbusier wörtlich: »Le phénomène gigantique de la grande ville se développera dans les verdures joyeuses. L'unité dans le détail, le ›tumulte‹ magnifique dans l'ensemble, la commune mesure humaine et la moyenne proportionnelle entre le fait homme et le fait nature. Les beautés de l'architecture qui naîtront d'une passion seront placées par l'urbanisme à ces endroits où, dans un calme volontaire, la surprise, l'étonnement, la joie de la découverte, leur conféreront la valeur qu'on aura voulu leur assigner« (71 f.).

Die Anwendung dieses Prinzips des Urbanismus muß sich bewähren angesichts der Bedingungen der modernen Großstadt. Diese ist gekennzeichnet durch ein explosionsartiges Wachstum der Bevölkerung seit der zweiten Hälfte des 19. Jh. sowie durch eine rapide Zunahme des Automobilverkehrs. »Le centre des villes est un moteur grippé« (87). Die Verkehrsströme, die blockiert seien und die Städte erstickten, seien wieder in Gang zu bringen. Dazu müßten die Innenstädte verdichtet werden. Neue Verkehrsmittel (U-Bahn, Straßenbahn, Flugzeug, Autos) seien zu entwickeln. Die alten Einteilungen der Städte funktionierten nicht mehr. Die moderne Stadt werde nicht durch die Stadttore hindurchschreitend betreten, sondern heute führe der Bahnhof ins Zentrum der Stadt oder trage das Automobil einen über große Straßen ins Zentrum. Bei Le Corbusier erhält das Automobil einen deutlichen Primat: »L'automobile a fait les affaires et les affaires développent l'automobile, sans limite prévisible« (107).

Da die Prinzipien des funktionalistischen Urbanismus als bekannt unterstellt werden können, genügen hier sehr summarische Hinweise. Le Corbusier projektiert eine Zoneneinteilung der Großstadt: Um die Innenstadt mit ihren Geschäfts- und Kulturzentren ziehen sich Grünflächen sowie Industrieviertel und schließlich Gartenstädte. Die Bewegungsströme der Stadt bestehen aus Pendlern, die einerseits zwischen der Innenstadt und den Gartenstädten sowie andererseits zwischen den Gartenstädten und den Industriezonen hin- und herfahren. Bevölkerungsverdichtung, grüne Lungen, gerade Straßen, beschleunigter Verkehr, Bahnhöfe sind wesentliche Elemente der Urbanistik Le Corbusiers. Die Bevölkerungsverdichtung wird durch Hochhausbau erreicht, Verkehrsbeschleunigung durch weiträumige Straßen. Öffentliche Verkehrsmittel sind erforderlich. Die Gartenstädte dienen der Erholung und sollen so gestaltet werden, daß Stadtlandschaften entstehen; denn die Bäume, die ein Element davon sind, vermitteln zwischen Menschen und Hochhäusern.

Wie Manfredo Tafuri in seinem Buch *Progetto e Utopia* (1973) gezeigt hat, operiert Le Corbusier stets auf mehreren einander zugeordneten Ebenen. Im architektonischen Diskurs im engeren Sinn geht es um die Erprobung neuer Modelle und Typologien vor Ort. Man denke an Le Corbusiers Domino-Zelle, die Immeuble-villa, die *Ville pour trois millions d'habitants* und den Plan *Voisin* für Paris. Das Buch *Urbanisme* gibt eine argumentative Begründung sowohl für die *Ville pour trois millions d'habitants* (zuerst ausgestellt auf dem Pariser Herbstsalon 1922) als auch für den Plan *Voisin*, der sich auf das Zentrum von Paris bezieht.[39] D. h. Le Corbusier bietet als Architekt sowohl praktische Lösungsvorschläge als auch ›theoretische‹ Begründungen an. Der urbanistische Diskurs ist ja, wie wir schon sahen, beides: praktische Gestaltfindung und theoretische Reflexion. Zu den späteren urbanistischen Vorschlägen Le Corbusiers gehört etwa der Obus-Plan für Algier aus den frühen 1930er Jahren. Daneben verschaffte er sich im Jahr 1928 mit der Gründung des CIAM (Congrès International d'Architecture Moderne) eine internationale Plattform von urbanistisch orientierten Architekten, die Probleme des funktionalistischen Städtebaus diskutierten.[40] Le Corbusier wollte also erstens durch technische Vorschläge vor Ort die Architekturpraxis verändern, zweitens durch theoretische Argumentationen seine Vorstellungen zum Städtebau einem breiteren Publikum verständlich machen sowie drittens durch die politische internationale Organisation der Architekten und Urbanisten Einfluß auf die Politik der Städteplanung gewinnen.

Im Buch *Urbanisme* wird der Plan für eine Stadt von drei Mio. Einwohnern im Detail erörtert. Le Corbusier unterscheidet zwischen dem Arbeitstag in den Innenstädten (l'heure du travail) und dem Ruhetag (l'heure du repos) in den Gartenstädten.[41] Bezüglich auf den Arbeitstag, unterstreicht er die Wichtigkeit von Wolkenkratzern, deren Sinn aber, wie das Beispiel New Yorks zeigen kann, verfehlt wird, sofern das Bauen nicht den Verkehr berücksichtigt. Der Verkehr hat sicherzustellen, daß die Pendler ihre jeweiligen Orte auch tatsächlich erreichen können. In den Wolkenkratzern der Innenstädte konzentrieren sich Geschäftswelt, Kultur, Wissenschaft, Administration, Banken, umgeben von Restaurants, Cafés, Luxusläden. Hier liegt – wie Le Corbusier wörtlich sagt –»le cerveau de la Ville, le cerveau de tout le pays« (177). Bahnhöfe sowie weiträumige Straßen sorgen für schnellen Verkehrsfluß.

Die Stunden der Ruhe werden in den Geschäftsvierteln selbst oder in den Gartenstädten mit ihren Möglichkeiten zum Sport oder zum Gärtnern verbracht. Dort, in den Gartenstädten der Villen der Reichen, der Eigenheime und der Arbeitermietwohnungen, hat auch die krumme Straße ihren angemessenen Ort; denn beim Promenieren erfreut das Malerische und Pittoreske der Landschaft. Wechselnde Anblicke von Baumreihen entlang den gekrümmten Linien der Straßen bieten dem Auge »un spectacle d'ordre« (201). Das Leben in den Ruhestunden spielt sich dann in der Wohnzelle ab. Diese ist jedoch nicht isoliert, sondern steht im Austausch mit anderen Zellen. Architektonisch wird dies durch Siedlungen in Wabenform (»lotissements fermés à alvéoles«, 205) realisiert.[42] Le Corbusiers Villen-Block ist offen sowohl nach außen als auch, wegen seiner Zweistöckigkeit, nach unten und oben hin. Standardisierungen der Häuser gelten als unproblematisch, da sie ja im Kontext einer sozialen Umwelt mit Einkaufs- und Erholungsmöglichkeiten stehen.

Bezüglich des Stadtbildes ist nach Le Corbusier dafür Sorge zu tragen, daß eine ›Stadtlandschaft‹ (paysage urbain) entsteht, die sich aus dem Blick auf die Häuser und ihre Silhouette sowie aus dem Blick auf die Vegetation ergibt: »les façades des im-

---

39 Vgl. ebd., 157–235, 263–284.
40 Vgl. HEINZ PAETZOLD, Profile der Ästhetik. Der Status von Kunst und Architektur in der Postmoderne (Wien 1990), 159 f.
41 Vgl. LE CORBUSIER (s. Anm. 37), 172, 190.
42 Vgl. ebd., 205 ff.

meubles ›à redents‹ peuvent être d'une grande uniformité; elles feront, au loin comme au près, un grillage, un treillage, sur lequel les ramures des arbres se profileront avec avantage; elles feront un damier avec lequel la géométrie des parterres s'associera bien« (224). Um die ›Symphonie‹ der Stadt zu ermöglichen, sind »les immenses constructions« der Wolkenkratzer auszubalancieren mit der »caresse«, der wohltuenden Erscheinung der Bäume. Auf diese Weise ist dem Menschenmaß Rechnung getragen (»nos propres dimensions«) (225). Le Corbusiers Stadt soll in ihren Bewohnern »fierté civique« (229) erzeugen, eine Haltung, die zwischen ungeformter Triebhaftigkeit auf der einen und Anmaßung und Eitelkeit auf der anderen Seite angesiedelt ist. Diesem Zweck dient das architektonische Mittel, im ›Gewimmel‹ (»grouillement«, 229) der Stadt zugleich Ordnungsstrukturen erkennbar werden zu lassen. Im Anblick der architektonischen Werke erfahren die Menschen des Maschinenzeitalters sowohl ihre eigene Schöpfermacht wie ihren Drang zur Ordnung (»sensation de créer et d'ordonner«, 233).

Seinem 1922 lancierten Plan *Voisin* gibt Le Corbusier in *Urbanisme* ein argumentatives Profil, indem er ihm zunächst einen historischen Abriß des Urbanismus der Stadt Paris vorausschickt.[43] Seiner Darstellung zufolge spielte sich der Kampf um die Gestaltung des Zentrums immer zwischen den Extremen von ›Chirurgie‹ und ›Medizin‹ ab. Große chirurgische urbanistische Operationen (Louis XIV, Haussmann) wechselten sich seit dem 17. Jh. mit kleineren medizinischen Eingriffen ab. Die Straße des Esels tauchte immer wieder als Gefahr auf.

Zweitens konkretisiert Le Corbusier seinen Plan *Voisin*, der darin bestand, 240 Hektar des Zentrums zwischen der Place de la République bis zur Rue du Louvre und vom Ostbahnhof bis zur Rue de Rivoli abzureißen und mit Hochhäusern, Stadtgrün und weiträumigen Straßen zu bestücken, wobei gleichzeitig der Kern des historischen Paris unangetastet bleiben, allerdings durch 18 Wolkenkratzer umsäumt werden sollte. Weiträumige Verkehrsachsen hatten den Zugang zum Zentrum, dem Sitz des Geschäftslebens und dem Sitz von Stadtwohnungen, zu öffnen. Die Stadtwohnungen sollten sich zwischen der Gare Saint Lazare und der Rue de Rivoli und zwischen der Rue des Pyramides und den Champs Élysées erstrecken.

Drittens argumentiert Le Corbusier, was die ökonomische Realisierbarkeit des Plans betrifft, durch die Verdichtung der Bebauung erhöhe sich der ökonomische Wert des Baugrundes. Dadurch könne internationales Kapital angezogen werden. Auf diese Weise würde durch einen »urbanisme [...] brutal« (281) die Gefahr von Bombardements und Luftbomben für immer der Vergangenheit angehören.

III. Die soziologische Facette des Begriffs Urbanismus: Von Georg Simmel zur Chicagoer Schule

Ehe ich auf den Siegeszug des funktionalistischen Städtebaus, dem Le Corbusier Stimme verlieh, und die kritische Distanzierung davon eingehe, möchte ich einen Seitenzweig des urbanistischen Diskurses hervorheben. Neben dem Urbanismus der Architekten und Städteplaner gibt es den Urbanismus der Soziologen. Der Fokus verschiebt sich von der ästhetisch gestalteten Stadt zur Kultur der Stadt, d. h. zu der von den gesellschaftlichen Gruppen und den Individuen erlebten und durchlebten Stadt: 1938 erschien der Essay *Urbanism as a Way of Life* von Louis Wirth. Zu jenem Zeitpunkt war der CIAM noch von Le Corbusier kontrolliert. Der 4. Kongreß 1933 hatte die ›Funktionale Stadt‹ zum Thema und führte zur *Charta von Athen*.[44] Louis Wirth war Robert E. Parks ›Meisterschüler‹. Park seinerseits, formell der Gründer der *Chicago School of Urban Studies*, hatte bei Georg Simmel in Berlin studiert. Und auf Simmel weist der soziologische Zweig der Begriffsgeschichte des Terminus Urbanismus zurück.

Simmels Theorie der Moderne, die weit eher durch Baudelaire als durch Max Weber informiert war, hat die Großstadt zu ihrem Zentrum. Simmel

---

43 Vgl. ebd., 249–260.
44 Vgl. KENNETH FRAMPTON, Modern Architecture. A Critical History (1980; London 1985), 270.

zufolge, der Berlins explosionsartiges Wachstum von der Großstadt zur Metropole selbst miterlebt hatte, sind die Metropolen der Moderne der Sitz der Geldwirtschaft. Das Geld ist dasjenige Medium der Vergesellschaftung, das zur allseitigen Fungibilität der Dinge und der Menschen beiträgt und damit zu deren Entsubstantialisierung. Die Vorherrschaft des Geldes ist gepaart mit einer Dominanz des Rationalismus. Geld wird in Tauschhandlungen veräußert, und Tausch basiert auf der Kategorie der Quantität, dem Zählen, dem Rechnen und dem Kalkulieren. Simmel, der an der Mentalität großstädtischer Individuen interessiert ist, scheint das Leben in der Metropole mit ihrer Hypertrophie von visuellen Eindrücken und sinnlichen Reizen nur deshalb erträglich, weil die Menschen spezifische mentale Register ausbilden. Rationalität ist ein solches Register. Sie ist eine Art Reizschutz, um der großstädtischen Diversität und der Versatilität der sinnlichen Eindrücke standhalten zu können.

Zwei Haltungen kennzeichnen nach Simmel die Mentalität der Bewohner von Metropolen: *Blasiertheit* und *Reserviertheit*. Auf das Übermaß von sinnlichen Reizen antwortet der Bewohner der Metropole mit Blasiertheit.[45] Sie wurzelt insofern in der Geldwirtschaft, als zu deren Wesen gehört, daß das Individuum »alle möglichen Mannigfaltigkeiten des Lebens« für »dieselbe Geldsumme«[46] haben kann. Andererseits besteht das »Wesen« der Blasiertheit in der Abstumpfung gegen »Wert« und »Bedeutung« der »Unterschiede der Dinge«. Der Unterschied der Dinge, der sehr wohl wahrgenommen wird, verliert sich im Grauton der Indifferenz. Die blasierte »Seelenstimmung« ist der »gentreue subjektive Reflex der völlig durchgedrungenen Geldwirtschaft«[47]. Die Blasiertheit als urbanes Psychogramm ist nicht allein ein Vermögen des Registrierens von Vielfalt, sondern sie ist auch der nicht zu stillende Hunger nach immer wieder neuen sinnlichen Eindrücken.[48]

Während die Blasiertheit in der Subjekt-Objekt-Relation situiert ist, bezieht sich die Reserviertheit auf die intersubjektive Relation zu den anderen. Die Kleinstädter ruhen in ihrem »Gemüt«, d.h. im seelischen Mitschwingen mit den anderen, die »geistige Haltung«[49] der Großstädter dagegen besteht in der Reserviertheit den anderen gegenüber. Simmel sagt nicht, daß die Großstädter keine psychischen Reaktionen kennen. Die Skala von Sympathie bis Aversion ist ihnen nur zu vertraut. Aber sie müssen sich angesichts der großen »Menge« in einem Mittelstadium der Indifferenz bewegen. Paradoxerweise ist die Reserviertheit der Ursprung großstädtischer individueller Freiheiten. Diese sind die Folge der »Unabhängigkeit« von Regelungen und sozialen Kodierungen. Zugleich aber erfährt das großstädtische Individuum im »großstädtischen Gewühl«, daß das Reversbild seiner Freiheit das Gefühl der Einsamkeit ist. Der Zugewinn des Großstadtlebens an Unabhängigkeit und Freiheit schlägt sich im »Kosmopolitismus« (126) – einem kumulativen Effekt der Geldwirtschaft – nieder. Die Reserviertheit schafft nicht allein Bedingungen individueller Freiheit und Unabhängigkeit, sie ist auch verantwortlich für die »spezifisch großstädtischen Extravaganzen des Apartseins, der Kaprice«. Hier handelt es sich um Formen des stilisierten »Sich-Heraushebens« (128). Darum hat die *Mode* ihren Sitz in den Metropolen. Die Mode schafft Abgrenzung und Abhebung gegen die Masse der anderen. Sie zeichnet aber zugleich auch ihre Träger als aparte Gemeinschaft aus. Beschleunigung ist der Kern der Mode. Sie ist flüchtig, aber gebieterisch und exklusiv. Mode von gestern ist das Schlimmste.[50]

Für Simmel ist die Metropole derjenige Ort, an dem sich die »Tragödie« der Kultur abspielt und offenbart. Die Moderne produziert ein Mißverhältnis zwischen der objektiven, der zu Werken, Institutionen und Techniken geronnenen Kultur auf der einen Seite und der individuellen persönlichen Basis der Kultur andererseits. Die subjektive

---

45 Vgl. GEORG SIMMEL, Die Großstädte und das Geistesleben (1903), in: Simmel, Gesamtausgabe, hg. v. O. Rammstedt, Bd. 7 (Frankfurt a.M. 1995), 121.
46 SIMMEL, Philosophie des Geldes (1900), in: ebd., Bd. 6 (Frankfurt a.M. 1989), 335.
47 SIMMEL (s. Anm. 45), 121.
48 Vgl. SIMMEL (s. Anm. 46), 336.
49 SIMMEL (s. Anm. 45), 122f.
50 Vgl. DAVID FRISBY, Georg Simmels Theorie der Moderne, in: H.-J. Dahme/O. Rammstedt (Hg.), Georg Simmel und die Moderne. Neue Interpretationen und Materialien (Frankfurt a.M. 1984), 60–65.

Kultivierung hat nicht Schritt gehalten mit der Kultivierung der Objekte und Dinge. Die Großstädte sind die »Schauplätze dieser über alles Persönliche hinauswachsenden Kultur«. Das Leben in der Metropole wird den Individuen unendlich leichtgemacht durch die Vielzahl von »Anregungen« und »Interessen«, zugleich aber erlöschen zunehmend die »persönlichen Färbungen und Unvergleichlichkeiten«[51] individuierter Menschen.

Robert E. Park, der bei Simmel in Berlin Kollegs gehört hatte, wurde der Begründer der *Chicago School of Sociology*, die das neue Genre der ›urban studies‹ einführte. Als Journalist hatte Park Erfahrungen mit den urbanen Bedingungen des Lebens gesammelt, ehe er sich der Soziologie zuwandte. Park glaubte, daß ein gut Teil der Soziologie aus journalistischen Beobachtungen entsteht: »The newspaper [...] is, like art to the artist, less a career than a form of excitement and a way of life.«[52] In einer nachgelassenen autobiographischen Notiz hielt Park fest: »According to my earliest conception of a sociologist he was to be a kind of super-reporter [...]. He was to report a little more accurately, and in a manner a little more detached than the average [...] the ›Big News‹. The ›Big News‹ was the long-time trends which recorded what is actually going on rather than what, on the surface of things, merely seems to be going on.«[53]

Als Theoretiker der Moderne hatte sich Simmel der Metropole zugewandt und wie Park das Metier des Journalismus gesucht. Simmel exerzierte, wie später Walter Benjamin und Siegfried Kracauer, die Form des Essays als spezifisch großstädtisches Genre. Wie Benjamin auf seinen Flanerien das ›Wesen‹ der Moderne in der Metropole erkundet, so flaniert Park durch Chicago, um die conditio humana zu observieren. In seinem berühmten Essay *The City* von 1915 erklärte Park, die Großstadt gebe »all the human characters and traits«, die in kleineren Gemeinschaften verdunkelt und verborgen blieben, auf massive Weise unmittelbar der Beobachtung preis. Aus diesem Grunde sei es gerechtfertigt, die Großstadt »a laboratory or clinic« zu nennen, »in which human nature and social processes may be conveniently and profitably studied«[54]. Für Park ist die Stadt eine Gegebenheit, welche eine »moral« und eine »physical organization« (16) umfaßt. Als Soziologe handelt Park von urbanen Phänomenen wie Nachbarschaft, Segregation von Gegenden, Differenz zwischen direkten und medienbestimmten sozialen Beziehungen, Kommerzialisierung des Lebens, sozialer Kontrolle und politischen Parteien.

Simmel hatte gefragt, wie und ob die individuelle Freiheit in der Metropole der Moderne sich behaupten könne. Park nun suchte nach pragmatischen Freiheiten, die zu sozialen Aktionen führen. Ihm zufolge zeigt sich die Freiheit einer Stadt im selben Maß, wie Divergenzen und Abweichungen erlaubt und toleriert werden. Ein Spezifikum von Parks Ansatz in der ›urban sociology‹ war es, die »anthropology«, die »science of man«, nicht nur, wie bisher, auf das Studium »of primitive peoples« zu beziehen, sondern auch auf den »civilized man«. »Urban life and culture are more varied, subtle, and complicated, but the fundamental motives are in both instances the same.« (15) Typisch für die Chicago School der 1920er und der 1930er Jahre waren durch Park inspirierte ethnographische Studien über soziale Randgruppen und Immigranten in Chicago, über Gangs, Stadtstreicher, Prostituierte, Randzonen und Slums.[55]

Louis Wirth, ein Schüler Parks, läßt sich durch Simmel, aber auch durch Max Weber inspirieren. Für Max Weber waren die europäischen Städte – die antiken Stadtstaaten, die Städte des hohen Mittelalters sowie die stolzen Renaissancestädte – nicht allein geographische Orte auf der Landkarte, sondern Orte des »*Aufstiegs aus der Unfreiheit in die Freiheit* durch das Mittel geldwirtschaftlichen Erwerbs«[56].

---

51 SIMMEL (s. Anm. 45), 130.
52 ROBERT E. PARK, News and the Human Interest Story (1940), in: Park, Collected Papers, hg. v. E. C. Hughes u. a., Bd. 3 (Glencoe, Ill. 1955), 109.
53 PARK, An Autobiographical Note, in: Park, ebd., Bd. 1 (Glencoe, Ill. 1950), VIII f.; vgl. ROLF LINDNER, Die Entdeckung der Stadtkultur. Soziologie aus der Erfahrung der Reportage (Frankfurt a. M. 1990).
54 PARK, The City: Suggestions for the Investigation of Human Behavior in the Urban Environment (1915), in: Park (s. Anm. 52), Bd. 2 (Glencoe, Ill. 1952), 51.
55 Vgl. MIKE SAVAGE/ALAN WARDE, Urban Sociology, Capitalism and Modernity (Basingstoke 1993), 11.
56 MAX WEBER, Wirtschaft und Gesellschaft (1922; Tübingen ⁵1980), 742.

Die Städte waren dies, weil sie den Bürgern Spielräume der Partizipation an der politischen Macht eröffneten und weil sie eine eigene soziale Gemeinschaft stifteten. Zugleich sah aber auch Weber die Stadt der Moderne durch Bürokratie und staatliche Eingriffe von oben gefährdet. Wirth denkt auf den Spuren Webers und Simmels.

In seinem Essay *Urbanism as a Way of Life* gibt Wirth diese Definition der Stadt: »For sociological purposes a city is a relatively large, dense, and permanent settlement of heterogeneous individuals.« Die große Zahl verursacht, was Simmel Blasiertheit nannte und was Wirth als »segmentalization of human relation«[57] reformuliert. Für Wirth bleiben die Kontakte der Menschen in der Stadt, auch wenn sie »face to face« sind, »impersonal, superficial, transitory, and segmental«. Er folgert: »The reserve, the indifference, and the blasé outlook which urbanites manifest in their relationships may thus be regarded as devices for immunizing themselves against the personal claims and expectations of others« (12). Wie Simmel konstatiert Wirth den Zusammenhang zwischen Segmentalisierung und Vorherrschaft der Rationalität im sozialen Verhalten, mit den möglichen Folgen der ›Anomie‹ (Émile Durkheim) oder persönlichen Freiheit.

»Density«, der zweite Faktor, führt seiner Auffassung nach zu funktionalen Differenzierungen der Stadt, so daß diese eigentlich einem »mosaic of social worlds« gleichkommt – mit oftmals abrupten Übergängen zwischen diesen Welten. Aber hier liegt auch die zivilisatorische Leistung der Stadt. Die weit auseinanderliegenden »modes of life« produzieren »a relativistic perspective« und »a sense of toleration of differences« (15). Die Heterogenität, das dritte Merkmal, kann »cosmopolitanism« erzeugen, den Wirth damit erklärt, daß städtische Lebensformen nicht hierarchisch geordnet werden können, wie das etwa bei ländlichen Gemeinschaften oder in »primitive societies« der Fall ist, welche bei der Koordination der Gruppen jedenfalls eher ein »concentric arrangement« (16) aufweisen. Aber

Städte führen nicht allein zu individualistischen Stilisierungen von »uniqueness«, »eccentricity«, »novelty«, »efficient performance« und »inventiveness«, sondern die geldwirtschaftliche Basis der Großstädte hat auch einen »levelling influence«. Standardisierung von sozialen Prozessen und Produkten ist eine Folge der »division of labour« (17) als Vorbedingung der Geldwirtschaft.

Urbanismus läßt sich demzufolge in drei miteinander verknüpften soziologischen Perspektiven empirisch untersuchen: erstens als »a physical structure«, was Population, Technologie und eine »ecological order« (18 f.) einschließt; zweitens als »a characteristic social structure« und drittens als »a set of attitudes and ideas«, »a constellation of personalities« (19) in kollektivem Verhalten und in Mechanismen sozialer Kontrolle.

Bezüglich der ersten Perspektive unterstreicht Wirth, daß eine städtische Population sich nie selbst reproduziert, sondern stets Fremde vom Lande, aus anderen Ländern oder anderen Orten kommen. Divergenzen in Berufen und Reibungen der Kulturen sind die Folge. Als soziale Organisationsform – Wirths zweite Perspektive – zeichnet sich die Stadt durch die Abwertung der Familieneinheiten und der Verwandtschaftsbeziehungen aus. Die rigiden Kasteneinteilungen der vorindustriellen Länder sind verschwunden und ersetzt worden durch Differenzierungen in Einkommen und Status. Zur urbanen Personenstruktur und zum kollektiven Verhalten führt Wirth in dritter Perspektive aus, daß »personal disorganization, mental breakdown, suicide, delinquency, crime, corruption and disorder« (23) häufiger in der Stadt als in ländlichen Gemeinschaften anzutreffen seien. Die Indirektheit des sozialen Verkehrs habe zur Folge, daß das Individuum in Organisationen eintreten müsse, um seine eigenen Interessen überhaupt wahrnehmen zu können. Aber alle Vertretung berge die Gefahr der »manipulation by symbols and stereotypes« (23) in sich.

In ihrem Buch *Urban Sociology, Capitalism and Modernity* (1993), das den Typus einer Kulturanalyse mit soziologischen Mitteln verkörpert, also das, was zu den ›cultural studies‹ zu rechnen ist, haben Mike Savage und Alan Warde die späteren Diskussionen der Thesen von Wirth in der Soziologie ausführlich beschrieben[58], so daß ich mich

---

57 LOUIS WIRTH, Urbanism as a Way of Life, in: The American Journal of Sociology 44 (1938), H. 1, 1.
58 Vgl. SAVAGE/WARDE (s. Anm. 55), 97–110.

auf ganz knappe Hinweise beschränken kann. Wie schildern sie die kritischen Reaktionen? Erstens läßt sich empirisch nicht aufrechterhalten, daß Großstädte als spezifische räumliche Ordnungen unausweichlich ›heterogeneity‹, ›disorder‹ und ›decline of personal relationships‹ erzeugen. Herbert Gans führte in seinem Essay *Urbanism and Suburbanism as Ways of Life* (1968) aus, daß in den Citys und Vorstädten diese Phänomene zwar zu finden sind, aber auch das Gegenteil. Den Ausschlag für die eine oder die andere Richtung gibt der Typus der Politik, der Typus der Einrichtungen, der Typus der Menschen. Bestritten wurde auch Wirths Annahme, daß dörfliche Gemeinschaften harmonisch seien, Urbanität dagegen per se durch Konflikt, Spannung und Gegensatz gekennzeichnet sei. Es gibt ›urban villages‹ mit starken Nachbarschaften und Familienbanden (so etwa Michael Youngs und Peter Willmotts Bethnal Green in London; Herbert Gans' West End in Boston). Robert Redfield, der zur Chicago School zählt und später in einem Beitrag über *The Folk Society* (1947) mit Bezug auf das mexikanische Dorf die Harmonie des Dorflebens pries, muß als intellektueller Mitverursacher der Wirthschen Einseitigkeiten gelten. In seinem klassischen Buch *The Country and the City* (1973) hat Raymond Williams diese Stadt-Land-Dichotomie als Wunschprojektion enthüllt. In Zweifel gezogen wurde auch Wirths Annahme einer allgemeinen urbanen Kultur. Sicher hatte Max Webers Abhandlung *Die Stadt* (1921) Wirths Hypothese mit veranlaßt. Weber erklärte die Stadt als eine sozialökonomisch und politisch eigenständige Formation, die gegen die Hauswirtschaft auf der einen und gegen die Nationalökonomie auf der anderen Seite abgegrenzt werden muß. Gegen diese idealtypische Sicht der Stadt betonen Savage und Warde: Städte weisen in aller Regel derart unterschiedliche Subkulturen auf, daß es schwer fällt, eine homogene Kultur festzustellen. Ein interessanter Fall: Claude S. Fischers *To Dwell Among Friends* (1982) zeigte, daß das Auftauchen von homosexuellen Subkulturen – etwa in San Francisco – das Resultat einer für Großstädte typischen Mobilität zunächst einzelner Personen war. Sodann wurden durch die Attraktivität dieser Subkulturen andere Leute animiert, dorthin zu ziehen, um daran zu partizipieren.

IV. Die Kritik am funktionalistischen Modell des Urbanismus

Le Corbusier hatte versucht, das funktionalistische Modell des Urbanismus zur allgemeinen Doktrin des CIAM zu erheben. In der 1933 unter wesentlichem Einfluß von Le Corbusier formulierten *Charta von Athen* war die Stadt in deutlich differenzierte Zonen eingeteilt worden: Wohnen, Erholung, Arbeit, Verkehr. Grünzonen sollten verschiedenen Funktionen dienen. In den 50er Jahren kam das Ende des CIAM. Bereits 1953 auf dem 9. Kongreß kam es zur Spaltung. Alison und Peter Smithson einerseits und Aldo van Eyck andererseits äußerten scharfe Kritik an den funktionalistischen Credos. So fand 1956 in Dubrovnik der 10. und letzte Kongreß des CIAM statt.[59]

In den 60er und 70er Jahren folgte die theoretische Kritik am funktionalistischen Urbanismus durch Jane Jacobs' *The Death and Life of Great American Cities* (1961), Alexander Mitscherlichs *Die Unwirtlichkeit unserer Städte* (1965) und den von Heide Berndt mitherausgegebenen Band *Architektur als Ideologie* (1968; mit Beiträgen von Berndt, Alfred Lorenzer und Klaus Horn) sowie ihr 1978 erschienenes Buch *Die Natur der Stadt*.

Jane Jacobs rehabilitiert die Straße gegen ihre funktionalistische Interpretation als Transportschiene.[60] Soziales Lernen der Kinder, die ästhetische Darstellung von »self-appointed public characters« (68) und die Nutzung als sozialer urbaner Raum seien wichtige Elemente einer lebendigen Straßenkultur. Jacobs deutet das Auf und Ab der Straßen als ein »ballet of the good city sidewalk« (50). Straßen konstituierten die Quasi-Institution der beobachtenden »eyes«, d. h. der sozialen Kontrolle durch die »natural proprietors of the street« (35). Außerdem fordert Jacobs auf zu einem gemischten Gebrauch von Straßen, von städtischen Räumen und Gebäuden und wendet sich so entschieden gegen die funktionalistischen rigiden Separierungen.[61]

---

59 Vgl. FRAMPTON (s. Anm. 44), 269–271.
60 Vgl. JANE JACOBS, The Death and Life of Great American Cities (New York 1961), 29.
61 Vgl. ebd., 152 ff.

Mitscherlich und Berndt argumentieren gegen den ästhetischen ›Gestalt‹-Verlust des funktionalistischen Städtebaus. Es wird beklagt, daß architektonische Gebilde nicht mehr aufweisen, was Kevin Lynch als ›Einprägsamkeit‹ (»imageability«[62]) bezeichnet. Rigider funktionalistischer Urbanismus und funktionalistische Architektur produzieren soziale und individuelle Neurosen. Mitscherlich wertet das Wohnen in einer »Konfession zur Nahwelt«[63] auf. Die ›Nahwelt‹ ist für ihn der Ort psychischer Identitätsbildung und persönlicher Imaginationskraft. Heide Berndt koppelt die sozialpsychologische und damit immer auch ästhetische Dimension urbanen Lebens an die sozial-ökonomische Dimension. Nach der ›urbanen Revolution‹ (Gordon V. Childe) im Ausgang der neolithischen Epoche und nach der durch Industrialisierung erzwungenen bürgerlichen kapitalistischen Produktionsweise, welche zu modernen städtischen Sozialcharakteren geführt hat, müssen die Menschen sich als ›totale Individuen‹ die durch Warenproduktion angehäufte ›ungeheure Warensammlung‹ (Marx) in einer bewußt vollzogenen Synthese von Sozialisation und Individuation in der Stadt aneignen. Auf diese Weise werden die schon in den archaischen und dann in den barocken Festen illusionistisch immer wieder belebten utopischen Potentiale der Stadt (Mumford) Element einer neuen Stufe der Verstädterung.[64] Ein auf humane Maße gestufter Urbanismus wird gefordert, um eine auch sinnlich-ästhetisch ansprechende urbane Lebenswelt zu ermöglichen.

V. Kritischer Regionalismus und das partizipatorische Bauen

Kritischer Regionalismus auf der einen und die Intuition des partizipatorischen Bauens auf der anderen Seite können als Antworten auf die Aporien des Funktionalismus in Architektur und Urbanismus am Ausgang der 1970er und zu Beginn der 1980er Jahre gelten.

Der kritische Regionalismus (Kenneth Frampton) will die in regionalen Traditionen und Praktiken verankerten kulturellen Ressourcen der Architektur nutzen, um das von der dominanten ›Einheitszivilisation‹ ausgeschlossene kulturell Andere experimentell unter den Bedingungen der Moderne neu zu artikulieren. Die Stoßrichtung geht gegen das in vielen postmodernen Architekturentwürfen favorisierte Szenographische: Verstärkt wird das Tektonische von Bauwerken, verstärkt werden neben deren optischen auch ihre taktilen und olfaktorischen Qualitäten. Repräsentanten des kritischen Regionalismus sind u. a. Tadao Ando (Japan), Aldo van Eyck, Herman Hertzberger (Niederlande), Mario Botta (Italien), Siza Vieira (Portugal), Jörn Utzon (Dänemark) und Alva Aalto (Finnland). Die standortspezifischen Eigenschaften des Lichteinfalls, das Gewahren der taktilen Qualitäten sowie der sensomotorische Aufforderungscharakter des Materials haben hohen Rang. Aldo van Eyck denkt in einem 1963 in der Zeitschrift *The Situationist Times* veröffentlichten programmatischen Text das Verhältnis des Hauses zur Stadt in der Metapher des ›klaren Labyrinths‹.[65] Die durch Guy Debord beeinflußte Bewegung der Situationisten hatte zeitweilig namhafte Künstler der Cobra-Gruppe in sich aufgenommen, so etwa Constant Niewenhuys und Asgar Jorn. Ziel war es, gegen den vereinseitigten Rationalismus der Moderne und gegen die rigide politische Machtausübung die Kräfte der Poesie und der Phantasie in den Alltag der Stadt einzubringen. Herman Hertzberger, ein Schüler Aldo van Eycks, schließt an die niederländische Tradition mit einem kritischen Strukturalismus an, dem zufolge der Architekt Formen artikuliert, die in unterschiedlichen kollektiven und individuellen Formen angeeignet werden können. Das Private und das Öffentliche kommen in den verschiedenen Strukturen des Abgrenzens und der

---

62 KEVIN LYNCH, The Image of the City (Cambridge, Mass./London 1960), 9.
63 ALEXANDER MITSCHERLICH, Die Unwirtlichkeit unserer Städte. Anstiftung zum Unfrieden (1965; Frankfurt a. M. [7]1969), 123.
64 Vgl. HEIDE BERNDT, Die Natur der Stadt (Frankfurt a. M. 1978), 213–230; HERMANN KORTE, Stadtsoziologie. Forschungsprobleme und Forschungsergebnisse der 70er Jahre (Darmstadt 1986), 129–131.
65 Vgl. ALDO VAN EYCK, Labyrinthian Clarity, in: The Situationist Times. International Edition, Nr. 4 (1963), 79–85.

Interaktion zum Zuge, wobei stadtbezogene Paradigmen (Straßen, Passagen) als Formstrukturen genutzt werden.[66] Während der kritische Regionalismus eine urbane architektonische Praktik auszeichnet, bezieht sich die Intuition des partizipatorischen Bauens auf die urbanistischen Aspekte der Architektur. Das partizipatorische Bauen ist eine Pragmatik des Städtebaus nach dem Scheitern des Funktionalismus. Bei Stadterneuerungen der 1970er und 80er Jahre in Amsterdam, Brüssel u. a. Orten haben Architekten wie Theo Bosch, Aldo van Eyck, Maurice Culot, Lucien Kroll, die Gebrüder Rob und Leon Krier ausgehend von der pragmatischen Idee der Vermittlung von architektonischem Expertenwissen und politischer Partizipation der Stadtteilbewohner Praktiken initiiert und gestützt, die als temporärer Konsensus darauf zielen, am stadtteilbezogenen Ausschnitt urbane Strukturen zu retten und zu erneuern. Durch pragmatische Bündelung ästhetischer Aspekte der Stadtgestaltung neben solchen des Verkehrs, der Ökonomie und der regionalen Verwaltung sollte dem blinden politischen Dezisionismus sowie der Technokratie der Experten Einhalt geboten werden.[67]

te d'une révolution dans l'organisation industrielle par un projet de révolution urbaine«[68] zu ergänzen sei. Seiner Auffassung nach würde eine solche urbane Revolution den globalen Prozeß der Verstädterung, welcher durch die industrielle Stadt schon in Gang gekommen ist, bewußt vollziehen. Lefebvre geht davon aus, daß, historisch auf die politische Stadt der Antike (griechische Polis, römische antike Stadt, asiatische Stadt), die Handelsstadt des ausgehenden Mittelalters und die moderne Industriestadt folgend, in der »société bureaucratique de consommation dirigée« unserer Tage sich virtuell als Projekt die »société urbaine« (11 f.) abzeichnet.

Ganz im Geiste der Situationisten – Guy Debord war ein Hörer von Lefebvres Vorlesungen in den 1950er Jahren, dieser selbst war beeinflußt durch die *New Babylon-Projekte* des situationistischen Künstlers Constant aus den 60er Jahren[69] – feiert Lefebvre die Straße. Sie ist keineswegs, wie Le Corbusier gemeint hatte, »seulement un endroit de passage et de circulation«, sondern eher »le lieu (topie) de la rencontre, sans lequel il n'y a pas d'autres rencontres possibles dans les lieux assignés (cafés, théâtres, salles diverses)«. »Dans la rue, théâtre spontané, je deviens spectacle et spectateur,

VI. Urbanismus und Urbanität in zeitgenössischen Theorien

1. Henri Lefebvres Konzept einer dynamisierten Urbanität als Kritik am Urbanismus

Den Urbanismus als eine kapitalistische Ideologie abzulehnen und dies im Namen des Urbanen als Prozeß zu tun – hierin liegt die Bedeutung von Henri Lefebvres Reflexionen für eine Begriffsgeschichte des Terminus Urbanismus. Lefebvre hält den Prozeß der ›urbanisation‹ des Globus für unumkehrbar. Gegen die rigiden und administrativen Formeln des Urbanismus als faktisches Ensemble von Städteplanung und Stadtgestaltung macht er das Urbane als Prozeß und als dynamisches Geschehen stark.

Wie Heide Berndt verfolgt Lefebvre eine durch Marx, daneben freilich auch durch Nietzsche geprägte Perspektive. Er meint, daß »le projet marxis-

---

66 Vgl. FRAMPTON (s. Anm. 44), 313–327; FRAMPTON, Towards a Critical Regionalism. Six Points for an Architecture of Resistance, in: H. Foster (Hg.), The Anti-Aesthetic. Essays on Postmodern Culture (Port Townsend 1983), 16–30; HEINZ PAETZOLD, Architektur und Urbanität. Umrisse einer kritischen Philosophie der Stadt, in: Journal of the Faculty of Letters. The University of Tokyo, Aesthetics 14 (1989), 43–63.
67 Vgl. PAETZOLD, Die beiden Paradigmen der Begründung philosophischer Ästhetik. Konzeption und Urbanität, in: F. Koppe (Hg.), Perspektiven der Kunstphilosophie (Frankfurt a. M. 1991), 270–295, 388–401; GERALD R. BLOMEYER/BARBARA TIETZE (Hg.), In Opposition zur Moderne. Aktuelle Positionen in der Architektur. Ein Textbuch (Braunschweig/Wiesbaden 1980).
68 HENRI LEFEBVRE, La Révolution urbaine (Paris 1970), 136 f.
69 Vgl. ELEONORE KOFMAN/ELIZABETH LEBAS, Lost in Transposition – Time, Space and the City, in: Lefebvre, Writings on Cities, übers. u. hg. v. E. Kofman/E. Lebas (Cambridge 1996), 11 f.; MARC WIGLEY (Hg.), Constant's New Babylon. The Hyper-Architecture of Desire (Rotterdam 1998).

parfois acteur«[70]. Die Straße sei ein ›Schmelztiegel‹.[71] »Dans la rue et par cet espace, un groupe (la ville elle-même) se manifeste«. »La valeur d'usage« sei wichtiger als »la valeur d'échange« (30). Zugleich aber ist die Straße auch »étalage, un défilé entre les boutiques«, also Ort der »marchandise« (31). Insofern könne man auch von einer »*colonisation* de l'espace urbain« sprechen: »l'image«, »la publicité«, »le spectacle des objets« zeigten die »puissance« der »organisation [...] de la consommation«, welche »l'allure et l'importance d'une esthétique et d'une éthique« (32) annehme. Folgerung: »Cet espace urbaine *est* contradiction concrète.« (56).

Analoges gilt von den Monumenten. »Le monument est essentiellement répressif.« (33) Es verherrliche die Machthaber oder eine Institution. Zugleich aber sagt Lefebvre, ganz im Geiste Nietzsches, daß die großen Monumente – etwa die Kathedralen – über ihre Funktion im engeren Sinn hinauswiesen. Sie verkörperten eine »transcendance« (34) über das Unmittelbare. Dieser Reflexion liegt der Satz zugrunde: »Beauté et monumentalité vont ensemble.« (33) Dies sind phänomenologische Beschreibungen des Urbanen, allerdings, Lefebvres eigener Forderung entsprechend, mit Analyse angereichert.

Zu Lefebvres Theorie der Verstädterung gehört, wie bei Mitscherlich, programmatisch die Rehabilitation des Wohnens. Von Le Corbusier als ›Wohnmaschine‹ abgestempelt, muß der Intimbereich des urbanen Lebens im Wohnen neu entdeckt werden. Heidegger, Nietzsche und Gaston Bachelards ›Poetik des Raumes‹[72] sind Kronzeugen, die einer Poetisierung des Wohnens das Wort reden, gemäß dem Wort Hölderlins, daß der Mensch nur ›dichterisch‹ wohnt. Aber Lefebvre geht es methodisch um zwei Operationen. Einerseits hat die Philosophie sich zum Alltäglichen als der von ihr in der Tradition immer verschwiegenen Basis hin zu öffnen. Andererseits geht es darum, die Philosophie aufzuheben durch die Verwirklichung des von ihr Gemeinten und Intendierten in der sozialen Praxis. Der methodische Zwischenschritt ist das, was Lefebvre ›Metaphilosophie‹ nennt. Hinsichtlich der Poetik des Wohnraums kann der Okzident vom Orient (China, Japan) metaphilosophisch lernen: Das ›tokonoma‹ der japanischen Kultur ist ein der Jahreszeit gemäß gewähltes kostbares oder einfaches Objekt, das in einer Ecke des Hauses zu plazieren ist.[73] Alle Überlegungen zur urbanen Praxis spielen sich ab zwischen dem Wohnraum als dem Bereich des Privaten, dem öffentlichen Raum der Gegend und Umgebung und dem durch den Staat bezeichneten globalen Raum der Macht. Für die Wiedergewinnung oder Erneuerung des Urbanen jedoch hat der Wohnraum einen politischen und strategischen Primat.

Hier läßt sich Lefebvres Kritik des Urbanismus, den er eine ›Illusion‹ nennt, anschließen.[74] Die Illusion des Urbanismus ist derjenigen der Philosophie analog, sofern diese sich als System versteht, das alles erklärt und nicht wahrnimmt, daß die Welt draußen immer mehr ist. Der Urbanismus teilt mit dem Staat die Illusion, große Menschenmassen verwalten und wie ein ›Beichtvater‹ bevormunden zu können. Der Urbanismus – und Lefebvre denkt durchaus an Le Corbusier – versteht den Raum als Produkt, d.h. als Teil von Kauf, Verkauf und Austausch. Der städtische Raum wird Teil der Mehrwertproduktion. Der Urbanismus ist Organ der staatlichen Homogenisierung des sozialen Raumes. In Wahrheit aber sind Isotopie und Heterotopie die angemesseneren Konzepte: Städtische Räume sind differentiell aufeinander bezogen. Der Urbanismus ist eine Ideologie, die Kunst, Technik und Wissenschaft zu sein prätendiert oder sich als Avantgarde maskiert.[75] Daher fragt sich der Marxist Lefebvre, ob dem Urbanismus bezüglich der urbanen Praxis eine parallele Funktion zukommt wie seinerzeit der Ideologie für Marx (Hegel, Pierre Joseph Proudhon, David Ricardo einerseits, Bruno Bauer, Max Stirner andererseits). Aber die Urbanisten sind – so Lefebvres Urteil – eher der politischen Ökonomie heute zuzurechnen, d.h. sie kennen keine Widersprüche und sie produzieren Modelle, die weder praktischen noch

---

70 LEFEBVRE (s. Anm. 68), 29.
71 Vgl. ebd., 29.
72 Vgl. GASTON BACHELARD, Poétique de l'espace (Paris 1957).
73 Vgl. LEFEBVRE (s. Anm. 68), 112f.
74 Vgl. ebd., 200–217.
75 Vgl. LEFEBVRE, Le droit à la ville (1967), in: Lefebvre, Le droit à la ville suivi de Espace et politique (Paris 1972), 9.

theoretischen Wert haben, sondern lediglich den Blick auf das Mögliche und Utopische versperren. Der Urbanismus ist in Wahrheit die »application de la rationalité industrielle« und damit die »évacuation de la rationalité urbaine«[76]. Was dem Urbanismus entgeht, ist vor allem die Sicht auf das Urbane im Sinne des ›Werkes‹. Der Urbanismus unterwirft den städtischen Raum dem Denken in Warenlogik und Tauschwertkategorien. Es kommt aber darauf an, die Stadt als Gebrauchswert zu sehen.

›Aneignung‹ statt ›Beherrschung‹, ›Gebrauch‹ statt ›Tausch‹, ›Fest‹ statt ›Konsum‹, ›Werk‹ statt ›Produkt‹ sind die Begriffe, mit denen Lefebvre die virtuell sich abzeichnende soziale Praxis der Urbanität denkt. »L'usage éminent de la ville, c'est-à-dire des rues et des places, des édifices et des monuments, c'est la Fête«[77]. Philosophie und Kunst sind die Modelle, welche die soziale Praxis der Urbanität erfassen. Aber beide müssen ihre Bezogenheit auf das Urbane reflektieren und verstehen lernen. Lefebvre ruft keineswegs zur Rückkehr zur antiken Polis, der Ursprungsstätte der Philosophie, auf. Vielmehr hat das urbane Denken die Haltung der Philosophie zur ›Totalität‹ zu lernen. Die philosophische Haltung verbürgt das Überschreiten der Fragmentarisierungen und Verwüstungen der industriellen Stadt. Als Metaphilosophie überschreitet die Philosophie ihren eigenen Status, indem sie sich in der urbanen Praxis verwirklicht (im Sinne von Marx). Lefebvre spricht vom »droit à la ville« (146), wodurch die Verbannung der Arbeiterklasse in die Vororte durch die industrielle Revolution (Haussmanns Paris) rückgängig gemacht werden soll. Die Kultur der Städte in ihren Zentren soll im Genuß angeeignet werden. Als Vorbild dient die Aneignung von Raum und Zeit in den verschiedenen Künsten: Ausdruck und Lyrismus in der Musik machen Gebrauch vom Zählen, von Ordnung und Maß, ohne darin aufzugehen. Zeit, tragisch oder ernst, kann das Rechnende und Kalkulierende in sich aufnehmen.

Zur städtischen Kultur gehörten von jeher Parks, Gärten, Landschaften. Sie figurieren als Modelle einer auf die Urbanität bezogenen Kunst: »l'art peut devenir *praxis* et *poièsis* à l'échelle sociale: l'art de vivre dans la ville comme œuvre d'art.« Lefebvre spricht von einer »ville éphémère«, »œuvre perpétuelle des habitants, eux-mêmes mobiles et mobilisés pour/par cette œuvre« (139). Diese gewissermaßen Nietzsche geschuldete Perspektive darf nicht die Marxsche Dimension bei Lefebvre verdunkeln und vergessen machen. Die urbane Praxis basiert auf der Produktivkraft Stadt, d.h. der Versammlung und Zentralisierung aller Produkte auf Märkten, vom Markt der Agrar- und Industrieprodukte, dem Markt des Kapital- und Arbeitsmarkt, dem Grundstücksmarkt bis zum Markt der Zeichen und Symbole. Die Stadt erscheint als Kraft der Synthese und der Multiplikation des Disparaten und Differenten. Nur geht es zentral um die Aneignung all dieser Produkte und um ihren Gebrauch. Im Gebrauch wird der Vertrag mit seinen juridischen und politischen Codes überschritten; denn »l'usage, dans l'urbain, comprend des coutumes et donne à la coutume le pas sur le contrat. L'emploi des objets urbains (ce trottoir, cette rue, cette traverse, cet éclairage, etc.) est *coutumier*, non contractuel«[78]. Mit anderen Worten, hier wird das Urbane als ein prozessuales emanzipatorisches Geschehen zur Instanz der Kritik am Urbanismus.

2. Urbanismus als Kultur der Verschiedenheit (Richard Sennett)

Lefebvre begreift das Urbane als ein Geschehen, das auf die Herausbildung der ›société urbaine‹ abzielt. Die normative Komponente des Begriffs der Urbanität im Sinne eines ethisch geläuterten und ästhetisch sich auch im Raum der Stadt verkörpernden Kosmopolitismus stark zu machen ist Sache der Kulturtheorie der Stadt von Richard Sennett. Damit wird ein Faden der Begriffsgeschichte weitergesponnen, der bis zur Aufklärung und ihrem Ideal der Urbanität zurückreicht. Wie muß die städtische Lebenswelt gestaltet sein, um reine Humanität zu ermöglichen? Urbanismus als avantgardistisches Programm von Architekten interessiert Sennett nicht; Urbanismus wird vielmehr zum Faktor einer Kultur der Verschiedenheit. Begriffsgeschichtlich sind Sennetts Theorien wichtig, weil sie den Urbanismus auf eine Realgeschichte der Urbanität beziehen. Während Lefebvre den

---

76 LEFEBVRE (s. Anm. 68), 60.
77 LEFEBVRE (s. Anm. 75), 12.
78 LEFEBVRE (s. Anm. 68), 236.

Urbanismus aus der Perspektive der Urbanität kritisiert, geht es Sennett um deren Realgeschichte. Sennetts Bücher *The Fall of Public Man* (1977), *The Conscience of the Eye*. *The Design and Social Life of Cities* (1990) und *Flesh and Stone*. *The Body and the City in Western Civilization* (1994) verfolgen das Ziel einer Kulturgeschichte der westlichen Zivilisation, gespiegelt in der Geschichte der Stadtgestaltung. In *The Conscience of the Eye* führt Sennett aus, daß die Geschichte der europäischen Urbanität gekennzeichnet war durch eine verhängnisvolle dichotomische Entgegensetzung von psychischer ›Innenwelt‹ und sozialer ›Außenwelt‹. Der urbane Raum wurde im Christentum als unwichtig für die Innerlichkeit angesehen. Schon Augustinus und Isidor von Sevilla hatten diese Spaltung vollzogen. Nur der gestaltete Raum der Kirche galt ihnen als ›civitas‹, welcher der neutrale Raum der ›urbs‹ gegenüberstand: »making space sacred through definitions that contrasted to secular irregularity became a mark of Western urbanism«[79].

In säkularisierter Gestalt taucht dieses Motiv Sennett zufolge noch bei John Ruskin auf, für den das Haus zum »vestal temple«, zum »temple of the hearth watched over by Household Gods«[80] wird. Die Neutralität des urbanen Raumes draußen im Gegensatz zum eigenen ›Heim‹ läßt sich im ›iron grid‹, im Gittersystem der US-amerikanischen Städte des 19. Jh., spiegeln. Die Kapitalisierung des Raumes habe diesen von allen historischen, landschaftlichen und sozialen Wertaspekten gereinigt. Das Gittersystem konstituiere neutrale Territorien, die architektonisch lediglich in vertikaler – Wolkenkratzer seit 1846 –, nicht jedoch in horizontaler Richtung reizten.

Die aufklärerische Urbanistik habe, indem die Stadt mit der äußeren Natur habe vermittelt werden sollen (etwa durch die Anwendung von Gräben als versenkten und deshalb unsichtbaren Einfriedungen, sogenannten ›haw-haws‹), das säkulare Schema des neutralisierten urbanen Raumes nur

geringfügig modifiziert und nicht wirklich durchbrochen.[81] Wie etwa Woods Entwürfe für Bath zeigten, habe sich die Urbanistik damit eher auf den Stadtrand kapriziert.[82] Die aufklärerische Idee der Solidarität, gegründet auf Kommunikation und Kaffeehaus, habe nur universale Einheiten geschaffen. Die visuelle Gestaltung von Räumen dagegen, in denen sich soziale Differenz artikulieren könne, vermöge sich nur auf kleinere Einheiten zu beziehen. Von dieser Diskrepanz zwischen dem Nahen und Kontextuellen einerseits und dem Universalen andererseits sei die aufklärerische Urbanistik gezeichnet geblieben.

Das Streben nach universalen Einheiten sowie die damit zusammenhängende Idee der Integrität des gut geformten Objektes habe noch die »tragic irony« (117) der Architekten der Moderne als der Erben der Aufklärung erzeugt. Mies van der Rohe und Le Corbusier erweisen sich für Sennett als Enkel des aufklärerischen Denkens. Die tragische Ironie zeige sich in ihrer Haltung einer ›émigration intérieure‹, in der die Gegenstände unnahbar werden und die Anonymität sowie die historischen Kontinuitäten des Gebrauchs perhorresziert werden. Le Corbusier verabscheut das bunte Gewimmel der Straße und möchte die geschichtliche Substanz der Stadt überwinden. Mies van der Rohe exerziert die unnahbare Ästhetik der Erhabenheit.

Aber Städte – und hier fußt Sennett auf Jane Jacobs – überbrücken durch Gebrauchswandel und -vielfalt, die sie den Gebäuden und den urbanen Räumen angedeihen lassen, immer auch die Zeiten. Gegen das restriktive aufklärerische Einheitsdenken müsse das Denken in Collagen (wie bei Fernand Léger und in dem 1978 entwickelten Konzept der *Collage City* von Colin Rowe und Fred Koetter) aufgeboten werden, um Urbanität heute auf neuartige Weise zu begreifen. Außerdem sei, im Sinne Parks und Wirths, mit der Fragmentierung und Segmentierung als urbaner Lebensform Ernst zu machen. Auch an Baudelaires Flaneur sei zu denken, der unbesorgt um die eigene stabile Identität in die verschiedensten Rollen schlüpfe. Gerade er könne, wenn mit dem Erblast der Aufklärung wirklich abgerechnet werden solle, ein Modell urbaner Existenz abgeben – viel eher als Kierkegaards Existenzangst, die die ›tragic irony‹ der Moderne nur befestige und reproduziere.

---

79 RICHARD SENNETT, The Conscience of the Eye (New York/London 1990), 16.
80 JOHN RUSKIN, Of Queens' Gardens, in: Ruskin, Sesame and Lilies. Three Lectures (1865; London 1905), 108; vgl. SENNETT (s. Anm. 79), 20.
81 Vgl. SENNETT (s. Anm. 79), 74 ff.
82 Vgl. ebd., 94–96.

Die von den Chicagoer Soziologen aufgedeckte Dialektik der Stadt im Sinne eines ›Ortes auf der Landkarte‹ und im Sinne einer ›moralischen Ordnung‹, die Dialektik zwischen ›urbs‹ und ›civitas‹ lasse sich heute vielleicht mit Hannah Arendts Idee der ›Natalität‹ meistern.[83] Im politischen Willen schüfen die Erwachsenen sich immer wieder gleichsam neu, indem nachwachsende Generationen dazu herausforderten. Die heutigen Metropolen setzten sich aus Menschen zusammen, bei denen nicht nur die Autochthonen zählen könnten, sondern auch die Fremden, die Exilierten, denen immer ›das andere‹ anhafte. Für Sennett ist es nicht der Blick auf die ›Ideen‹, der einen die eigene Identität transzendieren läßt; um das Eigene und das Fremde als die beiden Konstituenten heutiger urbaner Lebensformen in der Metropole in den Blick zu bekommen, macht er vielmehr Simone Weils Konzeption der ›Sympathie mit den anderen‹ stark.[84] Die Flüchtigkeit und das Transitorische der Moderne im Sinne Baudelaires verlangen für ihn einen Perspektivenwechsel, um so etwas wie ein Gewissen des Auges im urbanen Lebensraum zu konstituieren.

3. Soziologie der Großstadt und die Frage nach der ›Neuen Urbanität‹ (Häußermann/Siebel)

In den unter dem Stichwort ›neue Urbanität‹ geführten Debatten treten die politischen Aspekte des Begriffs Urbanismus hervor. Das aber war von Beginn an eine seiner wichtigen Implikationen. Die früher als gesellschaftskritischer oder utopischer Gegenentwurf zur industriellen Stadt entwickelte Problematik erscheint nun in neuer Beleuchtung. Als Soziologen fragen Hartmut Häußermann und Walter Siebel nach den sozioökonomischen Bedingungen der Urbanität heute. »Viele Großstädte erleben gegenwärtig eine Renaissance städtischer Lebensformen«[85], schreiben Häußermann und Siebel. Ablesbar ist diese Renaissance für sie am wichtiger gewordenen Straßenraum der Innenstädte mit seiner kunstvoll stilisierten Kulisse und postmodernen Architektur. In den 1980er Jahren rekrutieren sich die ›neuen Urbaniten‹ der innerstädtischen Wohnquartiere aus Singles und den zu Ein- und Zwei-Personen-Haushalten zusammengeschrumpften ›Familien‹

(Bremen: 70%, Stockholm: 90%).[86] Soziologisch sind die ›neuen Urbaniten‹ die ›young urban professionals‹, für die der städtische Raum die »Bühne von Selbstdarstellung und demonstrativem Konsum« (17) ist. Dazu kommen die ›Alternativen‹, für die das bürgerliche Lebensmodell nicht mehr überzeugend ist. Mit ihren Buchläden, ihrer Gastronomie, ihren kulturellen Einrichtungen und durch ihre soziale Arbeit sind sie auf das städtische Milieu angewiesen. Frühere Arbeiterquartiere und mondäne Bürgerhäuser sind für beide Gruppen attraktiv, weil die Neubauten mit ihren hierarchischen Zimmereinteilungen dem modernen Lebensstil keinen Raum lassen. Yuppies und Alternative eint der Mittelschicht-Hintergrund mit hohem Bildungsgrad.

Wie paßt diese Szene neuer Urbaniten in die globaleren Stadtstrukturen heute? Alle Städte der ›alten‹ Bundesrepublik sehen sich mit Schrumpfungsprozessen konfrontiert, ablesbar an sinkenden Einwohnerzahlen, den dauerhaft Arbeitslosen, dem Veralten ganzer Industrien. Die Stadt des Wachstums gehört der Vergangenheit an. Das gilt für den ›ärmeren‹ Norden wie für die ›reicheren‹ süddeutschen Städte. Die offizielle Politik kommt der neuen Situation, die langfristige ökonomische Trends spiegelt, nicht nach. Hält man am alten Modell des Wachstums als Ziel der Politik fest, dann droht eine Spaltung der Stadtstruktur. Denn man konzentriert sich in diesem Fall auf die international wettbewerbsfähige Metropole mit reicher Infrastruktur (Verkehrssysteme, Messen, Kongreßwesen, aufwendige Kultureinrichtungen, luxuriöse Wohngegenden). Ins Abseits gedrängt wird die auf Mittelschichten abgestimmte Arbeits-, Versorgungs- und Wohnstadt mit ihrer regionalen Zentrierungsfunktion, aber auch die marginalisierte Stadt der Randgruppen und Ausgegrenzten, also die Stadt der dauerhaft Arbeitslosen, der Armen, Drogenabhängigen und Ausländer. Die Einheit der Stadtstruktur zerfällt, Segregation und Verslumungstendenzen sind unvermeidlich.

---

83 Vgl. ebd., 134.
84 Vgl. ebd., 226 ff.
85 HARTMUT HÄUSSERMANN/WALTER SIEBEL, Neue Urbanität (Frankfurt a. M. 1987), 11.
86 Vgl. ebd., 13.

Häußermann und Siebel argumentieren für eine Alternative, nämlich das politisch bewußte Steuern der durch Schrumpfung gekennzeichneten Stadtentwicklung. Neben Bestanderhaltung und zweitem Arbeitsmarkt bezieht sich ein wesentlicher Aspekt ihrer Alternativvorstellungen auf die ›informelle Ökonomie‹. Damit sind Untergrundwirtschaft (Schwarzarbeit), Haushaltsproduktion (Selbsthilfe beim Hausbau) und kommunale Produktion (Freiwilligentätigkeit im karitativen Sektor) gemeint. Ihr Anteil ist beträchtlich (1/3–1/2 des Bruttosozialprodukts). Kann diese Schattenwirtschaft die ökonomische Basis einer neuen Urbanität sein? Häußermann und Siebel plädieren für eine dualwirtschaftliche Orientierung, d. h. für eine Mischung aus formeller und informeller Ökonomie. Die informelle Ökonomie ist vielfältig mit Markt und Staat vermittelt. Die für die Hauswirtschaft erforderlichen Bedingungen (Räume, Qualifikationen, Familienstruktur, soziale Netze) sind in urbanen Lebensformen nicht gegeben, sondern eher das »Sozialkapital« ländlicher Arbeiter. In der Stadt müssen diese Bedingungen als »*materielle und personelle Infrastruktur* in Wohngebieten« (193), d. h. als Werkstätten, Werkzeuge, Arbeitsvermögen allererst geschaffen werden.

Hinsichtlich der Frage einer Neuen Urbanität erweist sich der funktionalistische Urbanismus mit seiner Trennung von Wohnung und Arbeitsstätte, Arbeit und Freizeit, wie in der *Charta von Athen* fixiert, als »Modernisierungsfalle«[87], um einen Ausdruck von Claus Offe und Rolf G. Heinze zu gebrauchen. Die dualwirtschaftliche Strategie setzt voraus, daß diese Separierungen aufgehoben werden. Soll nämlich informelle Arbeit sich emanzipatorisch auswirken und nicht bloß der ›Lebensnot‹ des schieren Überlebens entspringen, dann muß sie sich auf die Sicherheit von Einkommen aus beruflicher Arbeit stützen können. Gegen- oder postfunktionalistisch müssen die »räumlichen und rechtlichen Aneignungsmöglichkeiten im Wohnbereich«[88] erweitert werden. Eine Umverteilung der betrieblichen Arbeit zugunsten der Arbeitslosen ist nötig. In der dualwirtschaftlichen Perspektive gewinnen das Quartier, das »Haus, in dem man lebt« (197), eine neue Bedeutung, denn hier findet die informelle Ökonomie mit ihrem sozialen Netzwerk ihre Basis. Ein Abschied vom funktionalistischen Städtebau ist auch aus ökologischen Gründen angezeigt, denn dieser führt bestenfalls zum Wohnen als Konsum. Nach funktionalistischen Vorstellungen soll der Haushalt auf »minimale Arbeitsverrichtungen« hin rationalisiert werden, »den Rest besorgt die Industrie.« Aber eine »ökologisch verträgliche Lebensweise verlangt mehr Haushaltsarbeit und mehr verantwortliches Denken bei der Haushaltsarbeit« (234). Die dualwirtschaftliche, d. h. formelle und informelle Ökonomie verknüpfende Strategie ist ein zentraler Bestandteil einer progressiven, am emanzipatorischen Begriff der Urbanität festhaltenden Stadtpolitik. Diese ist freilich, wie Häußermann und Siebel immer wieder betonen, abhängig von dem größeren politischen und ökonomischen Rahmen.

Bei der Kultur ist es schon schwieriger, Alternativen anzudeuten, denn die konkurrenzfähigen Metropolen, etwa Frankfurt am Main, setzen die Kultur ökonomisch ein, als Standortaufwertung (attraktives Ambiente der neuen Museen), als Industrie (Umsätze, Arbeitskräfte), als Tourismusbranche. Die »Stadtkronenpolitik« des »Facelifting« (200), der »luxuriös ausstaffierten Bürogebäude« (201) ist an ›high culture‹, an spektakulären Museumsneubauten – »Ein Drittel aller Museen in der Bundesrepublik sind zwischen 1971 und 1981 entstanden« (206) – interessiert. Sie produziert eine »Ästhetisierung der Stadt«, die das »Elend« »beiseite« (208) schafft. Das »kritische Potential von Kultur« geht in »elitärer Distanz« (206) verloren. Aber Kulturpolitik gerät in Aporien, wo sie zu imitieren sucht, was nur aus »sozialen Bewegungen« heraus entstehen kann: »neues Sprechen, anderes Sehen, Überraschung, Kritik und Widerstand« (211). Geld geben und sich jeglicher Kontrolle enthalten, »freie Kulturzonen« schaffen, in denen »Raum für Neues entsteht durch zahlenden Rückzug der Politik« (212) – so ließe sich die Aporie kennzeichnen.

---

[87] CLAUS OFFE/ROLF G. HEINZE, Am Arbeitsmarkt vorbei: Überlegungen zur Neubestimmung ›haushaltlicher‹ Wohlfahrtsproduktion in ihrem Verhältnis zu Markt und Staat, in: Leviathan 4 (1986), 474.
[88] HÄUSSERMANN/SIEBEL (s. Anm. 85), 191.

Das Projekt einer neuen Urbanität hat es schwer, weil kein politischer Träger zu finden ist. Die bürgerliche Urbanität, die sich in der antiken Polis und in der mittelalterlichen Stadt konstituiert hatte, basierte auf der Differenz von Öffentlichkeit und Privatheit, auf demokratischer Teilhabe am Stadtregiment. Aber deren ökonomische und politische Voraussetzungen sind seit dem Hochkapitalismus und dem bürgerlichen Nationalstaat verschwunden. Eine ›Soziologie des Städtebaues‹, wie sie noch Hans Paul Bahrdt versucht und die diese Ideale beschworen hatte[89], gehört der Vergangenheit an.[90] Aber auch die proletarische Kultur, die auf Not und Solidarität gründete und Gegenkultur war, ist verschwunden und überlebt nur noch als Folklore oder erzwungene Rückständigkeit, nicht als Gegenentwurf. Selbst der Flaneur, der Benjamin zufolge im Durchstreifen der Metropole die Moderne mit ihren Moden, ihren Sensationen, ihren Mythen und Aufständen erfuhr[91] und der zu neuen Darstellungsformen der Philosophie anregte, gehört der Vergangenheit an. Wir durchschauen heute seine Männerzentriertheit. Gleichwohl war er Bild der bürgerlichen Befreiung.[92] Er war, wie man hinzufügen kann, abgehoben sowohl gegen den antiken Sokrates, den ›promeneur‹ Rousseaus als auch gegen den Zarathustra Nietzsches.[93] Das Flanieren entlang der Schaufenster vor Ort ist heute durch die Telekommunikation entwertet. Überdies zerstören und mediatisieren die neuen Kommunikationsmittel den öffentlichen Raum der Stadt, da alle politischen Interessen sich in ihnen artikulieren müssen.

Neue Urbanität läßt sich nicht mehr einheitlich in politischen und ökonomischen Kategorien fassen. Die Stadt des Wachstums steht polar der Stadt des Schrumpfens gegenüber. Urbanität wird deshalb heute nur noch in sozialpsychologischen Kategorien faßbar als ein Modus des Verhaltens und der emotionalen Befindlichkeit. Gefordert ist der einzelne, der ›formelle Berufs- und informelle Eigenarbeit‹, ›individuelle Freiheit und ökologische Notwendigkeit‹ als Widerspruch und Ambivalenz aushalten muß. Ihre Versöhnung ist nichts als eine weite Perspektive, die als Utopie aber immer wieder durch die Entität Stadt erneuert und aufgerufen wird.

4. Der Urbanismus heutiger Metropolen. Zwei Modellanalysen

Heute gibt es keine universellen Modelle von Urbanismus mehr. Urbanismus und Urbanität definieren sich vielmehr gemäß der jeweiligen Metropole. Die Lage ist unübersichtlicher und uneindeutiger geworden. Bemerkenswerte und vielbeachtete Modelle, die am Beispiel der zu den größten Städten des Globus gehörenden Metropolen Los Angeles und Tokio konkret vom Urbanismus unserer Tage handeln, sind Mike Davis' *City of Quartz* (1990) und Hidenobu Jinnais *Tokyo. A Spatial Anthropology* (1995).

Für Davis schließt die Analyse des Urbanismus von Los Angeles die politische Ökonomie des Drogenhandels durch jugendliche ›street gangs‹ ebenso ein wie das ›Image‹ von Los Angeles im Sinne eines rassistischen Mythos, die Veränderungen des Funktionswertes des Straßenraumes durch Sicherheitshysterie sowie die politischen Machtstrukturen der Stadt. Obwohl Davis historische Aspekte der Stadtentwicklung beachtet, geht es ihm primär doch um ein eingreifendes kritisches Denken. Aber die Selbstsicherheit, die den Urbanismus Le Corbusiers kennzeichnete, ist genauso verflogen wie der utopische Drive eines Lefebvre oder die liberale Hoffnung eines Louis Wirth. Gleichwohl will Davis den ›Mythos L. A.‹ entzaubern und durch schonungslose Kritik des Bestehenden eine Erneuerung der urbanen Kultur herbeiführen.

Jinnais Bedeutung liegt in der Erarbeitung einer ›Spatial Anthropology‹, welche oft aus dem Kulturvergleich heraus argumentiert. Durch das Lesen

---

89 Vgl. HANS PAUL BAHRDT, Die moderne Großstadt. Soziologische Überlegungen zum Städtebau (Reinbek 1961); KORTE (s. Anm. 64), 9.
90 Vgl. HÄUSSERMANN/SIEBEL (s. Anm. 85), 239.
91 Vgl. SUSAN BUCK-MORSS, The Dialectics of Seeing: Walter Benjamin and the Arcades Project (1989; Cambridge, Mass./London ⁵1993).
92 Vgl. HÄUSSERMANN/SIEBEL (s. Anm. 85), 240f.
93 Vgl. PAETZOLD, The Politics of Strolling. W. Benjamin's Flâneur and After, in: Issues in Contemporary Culture and Aesthetics 2 (1995), 41–50; PAETZOLD, The Philosophical Notion of the City, in: M. Miles/T. Hall/I. Bordon (Hg.), The City Cultures Reader (London/New York 2000), 204–220.

von Stadtplänen historischer Zeiten und den Nachvollzug durch eigenes Erkunden vor Ort (zu Fuß oder auf dem Wasser) wird eine Sensibilität gegenüber topographischen Gegebenheiten der Stadt eingeübt, welche die kulturelle Bedeutung von Wasser und Land, von Straße und Region erspürt. Die Stadt wird gelesen, indem ihre historischen, kulturellen und sozialen Tiefenschichten freigelegt werden.

a) Mike Davis und der Mythos Los Angeles
Wie konnte es zum Mythos Los Angeles kommen? Das unglaubliche Wachstum der Stadt von einem Provinznest im Jahr 1880 zu einer Millionenmetropole 1919 und zu einer 15 Mio. Einwohner zählenden, von Los Angeles dominierten, u. a. Downtown L. A., Hollywood, Pasadena umfassenden Stadtgalaxis heute ging Davis zufolge mit der Schaffung eines ›city-myth‹ einher.[94] In den Jahren des Wirtschaftsbooms zwischen 1885 und 1925 war dies zunächst ein durch Journalisten und Literaten lancierter Stiftungsmythos, der die Stadt Los Angeles als »the promised land of a millenarian Anglo-Saxon racial odyssey« (20), als eine Art »new Rome« auf rassistischer Grundlage feierte: Auf den Ruinen der Kultur der Latinos und Indianer sollte die Sonne Kaliforniens die »racial energies« der »Anglo-Saxons« (27) erblühen lassen.

Ab 1930 hätten ›Entlarver‹ (Debunkers) wie Louis Adamic, Morrow Mayo und Carey McWilliams diesen Mythos entzaubert, indem sie seine rassistische Basis enthüllt und wortreich die »fake urbanity« (34) von Los Angeles unter Anklage gestellt hätten. Gefolgt sei die Zeit des ›noir‹: Romane und Filme, von James M. Cains *The Postman Always Rings Twice* (1934) über Budd Schulbergs *What Makes Sammy Run?* (1940) bis hin zu James Ellroys *Los Angeles Quartet* (1987–1992), hätten die schwarzen Seiten des Studio-Systems von Hollywood geschildert und das Arkadien des Stiftungsmythos in düstere Visionen aufgehen lassen.

Auch vor dem Faschismus geflohene Emigranten – von Adorno über Brecht und Horkheimer zu Döblin, Erich Maria Remarque, Hanns Eisler, Max Reinhart und Arnold Schönberg – hätten den Mythos Los Angeles einschließlich Hollywoods angefochten und zugleich als Anti-Mythos perpetuiert: Los Angeles als ›Hölle‹[95] oder »entsetzliche Idylle«, das sich schnell in »Sand der Wüste«[96] zurückverwandeln werde. Die Eingangsabhandlung des Kulturindustrie-Kapitels in der *Dialektik der Aufklärung* (1947) von Horkheimer und Adorno reflektiere den Urbanismus von Los Angeles. Remarques *Schatten im Paradies* (1967) antizipiere mit der Ansicht, daß Los Angeles nur eine ›counterfeit urbanity‹ aufweise, Jean Baudrillards und Umberto Ecos Bild der Stadt als ›simulacrum‹.[97] Davis zieht das Fazit, daß die Emigranten, nach Europa zurückgekehrt, von Amerika zwar ein anderes Bild als Cowboys oder Lindbergh oder Wolkenkratzer transportiert, den Mythos aber nicht wirklich durchbrochen hätten, weil sie die soziale Realität nicht durch ›Innenerfahrungen‹ an sich hätten herankommen lassen – mit Ausnahme von Aldous Huxley, welcher der sozialistischen Utopie von Llano del Rio einen Besuch abstattete, und natürlich von Herbert Marcuse.

Unter dem Stichwort ›Die Zauberer‹ (The Sorcerers) behandelt Davis die Verschmelzung von Big Business und High Technology, technologischer Rationalität und angestautem Irrationalismus. Schon in den 1930er Jahren habe Robert A. Millikan diesen Spagat realisiert: tagsüber kühler Physiker und abends Initiator von Seancen in Telepathie, Magnetismus und schwarzer Magie. Ron Hubbard, der später die Scientology gründen sollte, sei 1945 von Millikan in Los Angeles salonfähig gemacht worden. Aber zur Kultur von Los Angeles gehörten in den 40er, 50er und 60er Jahren auch die Avantgarden von Free Jazz und Bebop, von ›Rhythm and Blues‹ und die bildnerische Avantgarde der Ferus Gallery (Edward Kienholz, Ed Ruscha, Robert Irwin) mit ihrer ›hot-rod folk art‹. Nach den Tumulten im Jahr 1965, als im Stadtviertel Watts mehr als 30 Menschen ums Leben kamen, schien in der ›barricaded commune‹ (Peter Plagens) und in der ›burning city‹ (Nathan-

---

94 Vgl. MIKE DAVIS, City of Quartz. Excavating the Future in Los Angeles. Photographs by R. Morrow (New York 1990), 23, 110f., 6f.
95 Vgl. BERTOLT BRECHT, Nachdenkend über die Hölle (entst. 1941–1947), in: BRECHT, Bd. 10 (1967), 830.
96 HANNS EISLER, Zweites Gespräch (13. 4. 1958), in: Eisler, Gespräche mit Hans Bunge: Fragen Sie mehr über Brecht (Darmstadt 1986), 44.
97 Vgl. DAVIS (s. Anm. 94), 55.

ael West) die Befreiung von der Kulturindustrie zum Greifen nahe zu sein.[98]

Doch laut Davis hätten Reyner Banhams *Los Angeles: The Architecture of the Four Ecologies* (1971) und seine Hommage an den faktisch bestehenden Urbanismus in der Fernsehdokumentation *Reyner Banham Loves Los Angeles* (1972) für einen intellektuellen Umschwung gesorgt. Das düstere Bild der Stadt sei verschwunden.[99] Die »Mercenaries« (70) der ›high culture‹, wie Davis sie nennt, hätten das Regiment übernommen. Die postmodernistische Crème aus Europa (Baudrillard, Derrida, Charles Jencks) hätten in den 1980er Jahren die Faszination von Los Angeles als Eldorado entdeckt. Seitdem habe sich eine von Thomas Maguire, Eli Broad und Shuwa Investments gesponsorte monumentale ›high culture‹ etabliert, greifbar in dem von Richard Meier entworfenen *J. Paul Getty Center*, in Arata Isozakis *Museum of Contemporary Art* (1986), in der *Dance Gallery* der Tänzerin Bella Lewitzky, in der von Frank Gehry entworfenen *Disney Concert Hall* oder in dem von Peter Sellars geleiteten *Los Angeles Festival*. Dennoch projektiert Davis eine urbanistische Alternative, in welcher der *L. A. School* (Fredric Jameson, Edward Soja, Alan Scott) die Rolle zu fällt, die Leere der offiziellen ›high culture‹ zu entlarven und damit den Mythos L. A. wirkungsvoll zu entzaubern. Aber ein »emergent twenty-first century urbanism« (84) hat nur dann die Chance eines ›hegemonialen Blocks‹ (Antonio Gramsci) gegen die ›high culture‹ des Establishments, wenn sich die postmarxistischen Exerzitien der L. A. School in den Erfahrungen eines ›Dritte-Welt-Los-Angeles‹ in den Ghettos und Slums der Latinos, Blacks und Asians verwurzeln können. Der Rap könnte hier als Vorreiter dienen.[100]

Im Kapitel ›Power Lines‹ unterstreicht Davis den überproportionalen Einfluß der Grundstücksspekulanten schon in der Zeit vor dem durch General Otis dirigierten Boom, der im Ausgang des 19. Jh. einsetzte. Dieser schloß, untypisch für die politische Ökonomie der USA, das jüdische Kapital bis in die 50er Jahre des 20. Jh. rigoros von der politischen Macht aus. Die Macht lag ganz in den Händen der White Anglo-Saxon Protestants (WASP); lediglich Hollywood war ab 1920 durch jüdische Hegemonie gekennzeichnet. In den 60er und 70er Jahren kam es vorübergehend zu einer Koalition von Blacks, Jewish und Liberals. Die 90er Jahre schließlich sehen diversifizierte Machtzentren, die sich auf den Zustrom japanischen, chinesischen, koreanischen und kanadischen Kapitals sowie auf Manhattan stützen. Dadurch droht Los Angeles ›von außen‹ regiert zu werden. Die alten Machteliten des WASP werden zu Konsumenten zurückgestuft.[101]

Das Kapitel ›Fortress L. A.‹ gehört zweifellos zu den Glanzstücken konkreter urbanistischer Analysen heute. Der hysterische Bedarf an Sicherheit (security) zerstöre den öffentlichen Raum der Stadt: »In cities like Los Angeles, on the bad edge of postmodernity, one observes an unprecedented tendency to merge urban design, architecture and the police apparatus into a single, comprehensive security effort.« (224) Alles werde getan, um nicht genehme, ›unappetitliche‹ Menschen von den Shopping Malls fernzuhalten. »The underclass Other« (226) werde abgeschreckt und ausgeschlossen. »A triumphal gloss – ›urban renaissance‹, ›city of the future‹ and so on – is laid over the brutalization of inner-city neighborhoods and the increasing South Africanization of its spatial relations. Even as the walls have come down in Eastern Europe, they are being erected all over Los Angeles.« (227 f.)

Dazu gehören nicht allein soziale Sadismen, wie ›pennersichere‹ (bumproof) Sitze an Bushaltestellen (233), unerwartete Duschprogramme durch Rasensprenger in öffentlichen Parks, aufwendige Stahlkonstruktionen zur Sicherung des Abfalls vor »bag-ladies« in Restaurants oder drastische Verbote von Pappbehausungen (sog. ›cardboard condos‹). »Such cynical repression has turned the majority of the homeless into urban bedouines.« (236) Auch Institutionen der ›high culture‹ wie Büchereien unterliegen einem erbarmungslosen Sicherheitsdenken, wie Davis bezüglich Frank Gehrys Entwurf der *Frances Howard Goldwyn Regional Branch Library* in Hollywood brillant zeigt.[102] Ein unheilvolles Zusammenspiel von öffentlicher Polizei und

---

98 Vgl. DAVIS (s. Anm. 94), 67.
99 Vgl. ebd., 73.
100 Vgl. ebd., 83–88.
101 Vgl. ebd., 112–144.
102 Vgl. ebd., 239 f.

privaten Sicherheitsdiensten zeichnet sich ab, um Shopping Center, Parks und Wohnregionen einer Sicherheitskontrolle zu unterwerfen, die paramilitärische Züge aufweist. Schließlich wird Downtown Los Angeles mit einem dichten Netz von Gefängnissen überzogen, die oft als Hotels oder ›normale‹ Wohnhäuser getarnt sind und die große Zahl jugendlicher Krimineller aufnehmen sollen.[103]

Davis ist sehr drastisch in seinen Schlußfolgerungen. Er konstatiert das Ende eines liberalen Urbanismus und das Absterben des öffentlichen Raums: »The decline of urban liberalism has been accompanied by the death of what might be called the ›Olmstedian vision‹ of public space. Frederick Law Olmsted, it will be recalled, was North America's Haussmann, as well as the Father of Central Park. In the wake of Manhattan's ›Commune‹ of 1863, the great Draft Riot, he conceived public landscapes and parks as social safety-valves, *mixing* classes and ethnicities in common (bourgeois) recreations and enjoyments. As Manfredo Tafuri has shown in his well-known study of Rockefeller Center, the same principle animated the construction of the canonical urban spaces of the La Guardia-Roosevelt era. / This reformist vision of public space — as the emollient of class struggle, if not the bedrock of the American *polis* — is now as obsolete as Keynesian nostrums of full employment. In regard to the ›mixing‹ of classes, contemporary urban America is more like Victorian England than Walt Whitman's or La Guardia's New York. In Los Angeles, once-upon-a-time a demi-paradise of free beaches, luxurious parks, and ›cruising strips‹, genuinely democratic space is all but extinct.« (226f.)

b) Hidenobu Jinnais ›spatial anthropology‹ von Tokio

Jinnais ›spatial anthropology‹ ist darum bemüht, die historischen Tiefenschichten Tokios freizulegen, die Stadt in ihrer gewachsenen, als eine durchgängig von den Menschen, die in ihr leben, geprägte Struktur zu lesen. Damit ist sie von einer hemmungslosen, an Wolkenkratzern und an der Schaffung von homogenen Räumen orientierten Stadtentwicklung westlichen Typs denkbar weit entfernt. Wichtig ist Jinnai die Topographie der Orte, die durch das Ergehen von Stadtregionen im Netz von Straßen und Grundstücken erfahren wird und sich an alten Stadtplänen orientieren kann; dem kulturellen Sinn der Orte spürt er in literarischen Beschreibungen und künstlerischen Darstellungen (z. B. bei den Farbholzschnittmeistern Katsushika Hokusai oder Andō Hiroshige) nach.[104]

Die frühneuzeitliche Vorgängerstadt Tokios, das alte Edo (1600–1867), zeigte alle urbanistischen Merkmale einer japanischen Schloßstadt. Auf den Hügeln lagen die Residenzen der Feudalherren (Daimyō) und der Krieger (Hatamoto, Samurai und niedere Ränge). Das Volk lebte in den dem Wasser abgewonnenen Tälern. Die obere Stadt als Gartenstadt, die untere Stadt als Stadt am Wasser: So entstand eine Struktur, die sich in Tokio noch heute wiederfinden läßt. In der Meiji-Periode nach 1867 wurden über das ererbte Edo westliche Elemente gelegt. Die Residenzen der Daimyō wurden in öffentliche Gebäude, beispielsweise Schulen, umgewandelt. Jedoch blieben die Distrikteinteilungen und Grundstückordnungen weitgehend erhalten. In den 20er Jahren des 20. Jh., in der Zeit der Taishō-Demokratie, drang die Modernisierung des Designs in alle Poren des Alltagslebens. Schönheit und Komfort sollten eine Synthese eingehen. Straßenecken und Plätze, Parks und Alleen wurden entworfen, die auch heute noch das Bild Tokios bestimmen.

Das Wachstum Edos zeigt schon eine erste Besonderheit der japanischen Stadtentwicklung. Die Stadt war nicht von Wällen umgeben, sondern am Stadtrand wurden Tempel gebaut, die der Stadt als Schutz dienten und sich zugleich zu Vergnügungsstätten entwickelten. Die Stadt konstituierte sich nicht durch homogene Räume, sondern als »accumulations of topoi replete of memory and meaning tied to human life« (18). Jinnai markiert einen gravierenden Unterschied zwischen dem Urbanismus Japans und dem Europas: In Europa fallen Grundstück (lot) und Architektur tendenziell zusammen; in Japan hingegen wird das Grundstück immer als gegen den städtischen Raum autark gedacht. Ein

---

103 Vgl. ebd., 243–260.
104 Vgl. HIDENOBU JINNAI, Tokyo. A Spatial Anthropology (1985; Berkeley/Los Angeles/London 1995), 10, 76.

VI. Urbanismus und Urbanität in zeitgenössischen Theorien 309

Grundstück – egal ob das eines Kaufmanns oder das eines Samurais – ist durch einen Zaun gegen die Straße abgegrenzt. Ausgeklügelte Regeln gelten sowohl für das Anlegen von Gärten als auch für die Konstruktion des Hauses.[105] Daher ist die soziale Hierarchie nicht unmittelbar ersichtlich, sie offenbart sich erst hinter dem Zaun oder der Mauer.

Aber für Gebäude der verschiedenen sozialen Klassen der Edo-Periode gilt, daß sie alle den Blick auf den ›Hausberg‹ Fuji-San freigeben sollten.

Nach Jinnai haben in westlichen Städten »tall structures« (41) im Zentrum der Stadt – Türme, Kirchen – symbolische Bedeutung. Japanische Städte dagegen weisen keine zentripetale, sondern eine zentrifugale Struktur auf. Das Gewebe der Städte ist auf deren »broad natural setting and topography« sowie auf außerhalb der Stadt liegende »landmarks« (42) bezogen. Während die westliche Stadt einen zentrierten Kosmos, eine eigene Welt, umgeben von Wällen, etabliert, hält eine japanische Stadt, und Edo im besonderen, eine Beziehung zu der außerhalb ihrer selbst liegenden Welt und Natur.

Gegenüber der Stadt der Krieger auf den Hügeln ist die Stadt des Volkes in Edo-Tokio schon seit dem 17. Jh. eine Wasserstadt: »The economic, social, and cultural life of the city developed in close connection with the water.« (67) Im Westen dagegen wurden Wasser und Grün erst im 20. Jh. wiederentdeckt. In Edo waren nicht nur die Warenhäuser, Märkte und der Fischmarkt am Wasser konzentriert, sondern auch die Tempel. Zu Knotenpunkten des sozialen und kulturellen Lebens entwickelten sich die Brücken.[106] Während im Westen die Theater aufgrund ihres Ursprungs am Hof meist im Zentrum der Stadt lagen, war das japanische Kabuki als Theater ›von unten‹ am Wasser außerhalb des Zentrums lokalisiert. Theater galt als vulgär und war von Anbeginn ans Amüsement gekoppelt; es wurde mit den ›red-light districts‹ assoziiert und lag außerhalb oder am Rande der Stadt. Zum Theater gehen bedeutete, mit dem Schiff in eine andere Welt zu entweichen.[107]

Beim japanischen Urbanismus sind zwei Linien auseinanderzuhalten. Das Grid-System (Jobo-System) mit Ost-West- und Nord-Süd-Achsen, das in Kioto und in Nara angewandt wurde, war von China übernommen und gemäß den Prinzipien des Yin und Yang auf die vier Götter bezogen worden. Dagegen beachtete Edo-Tokio topographische Gegebenheiten – hier waren die Bezüge zur Natur und zum Fuji-San wichtig –, wodurch das Jobo-System affiziert und modifiziert wurde.

Während der Meiji-Periode wurden zwar europäische architektonische Ideen eingeführt – auf öffentlichen Gebäuden wurden Türme angebracht, Eckhäuser wurden mit Portikos, Balkonen und Balustraden bestückt und ihre Ecken ›abgeschnitten‹, um Straßenraum zu erzeugen, zugleich aber hielten sich alte japanische Traditionen des Urbanismus, wie die des halböffentlichen Raumes in Hinterstraßen und Gängen. Diese halböffentlichen Räume waren durch hölzerne Pförtchen von der ›Öffentlichkeit‹ der Hauptstraßen getrennt. Hier in den »backstreet open spaces« wurde Jinnai zufolge »a certain degree of self-government« geformt. West und Ost vergleichend, schreibt Jinnai: »To draw a schematic comparison: we have here two ›ideal types‹, one a ›plaza society‹, the other a ›backstreet society‹. Whereas the former is composed monolithically around the center of society, the stability of the latter depends on the consolidation of innumerable communities at the lower end of society. The contrasting principles of organization upon which the two societies rest are reflected in their urban forms.« (125) Jinnai unterstreicht in diesem Zusammenhang noch einmal die urbane Wichtigkeit der den Brücken vorgelagerten Räume: »Since ancient times in Japan, the riverbanks where outcasts and idlers concentrated formed one of the few unregulated places inside the city, providing the basis for open-air performances and the creation of public space.« (178)

Nach 1920 wurden aus dem Westen adaptierte Prinzipien der Stadtplanung auf Tokio angewandt. Hier sind zwei bemerkenswerte Elemente zu erwähnen. Im japanischen Kontext fungierten Plätze gemeinhin nur als Verkehrsknotenpunkte. Dagegen wurden in den 20er Jahren nach dem großen Erdbeben von 1923 sowohl moderne Flußpromenaden mit Kirschbäumen und Tempeln als auch 52 sogenannte »›vest-pocket‹ parks« (198) eingeführt.

105 Vgl. ebd., 22 ff.
106 Vgl. ebd., 78.
107 Vgl. ebd., 93 f., 98, 100.

Grün sollte geschaffen werden wie auch soziale Räume, wo Kinder spielen und Erwachsene sich treffen konnten. Meist wurden diese Parks von örtlichen Gemeinschaften unterhalten. Freie Plätze, Pavillons, Kinderspielplätze, Bäume, Gebüsch und Rasen waren die Elemente der durch Stadtplaner und Landschaftsarchitekten gestalteten Parks. Obwohl die politischen Effekte geringer waren als man erhoffte, spielen diese Miniparks als verkehrssichere Spielorte für Kinder noch heute eine wichtige Rolle.[108]

Als zweites Element der Erneuerung der 1920er Jahre nennt Jinnai urbane Siedlungen (»Dōjunkai apartments«, 207), in denen das Private und das Öffentliche neuen Bereichen zugeordnet werden. Hinter den Häusern liegen Hofgärten für öffentliche Aktivitäten. Die im 1. Stock liegenden Wohnungen erreicht man durch gemeinschaftliche Korridore, die um den Hofgarten laufen. Das Parterre ist für Geschäfte reserviert.[109] Jinnai zufolge ist diese Zuordnung von Öffentlichkeit und Privatheit westlich inspiriert. Gleichwohl ist das Gefühl für Raum und Sozialität auf einem intimen Level typisch japanisch.

Eine Art Resümee

Wird der Begriff des Urbanismus im Lauf der jüngeren Geschichte wieder durch den der Urbanität ersetzt und kommt es damit lediglich zu einer Universalisierung der ›urbanité‹ des *Encyclopédie*-Artikels? Diese Frage ist gleich aus mehreren Gründen falsch gestellt.

Erstens stehen die Aufklärer der *Encyclopédie* historisch vor dem Einschnitt der durch Großindustrie geprägten Stadt. Der Urbanismus im strikten Sinne des Wortes war ja gerade eine Antwort auf die ganz neuartigen Herausforderungen des industriellen Kapitalismus. Zweitens gibt es weder eine universale Geschichte der Stadt noch eine universale Geschichte der Urbanität. Tokios Öffnung zum modernistischen Urbanismus gleich welcher westlichen Couleur hat die eigenen kulturellen Prägungen nicht ausradieren können. Der ›Mythos‹ Los Angeles hat Kräfte freigesetzt, von denen Le Corbusier nicht einmal träumen konnte. Urbanität bedeutet in Los Angeles etwas ganz anderes als in Paris, Rom, Berlin, Tokio oder in Amsterdam. Und kein universales Schema kann diese Verschiedenheit synthetisieren. Drittens ist es eher richtig zu sagen, daß alle Reflexionen zum Urbanismus nach dem Scheitern von Le Corbusiers Avantgardemodell immer von der Vorstellung geprägt sind, in die sozialen, politischen, ökonomischen Faktoren, die den dynamischen Prozeß des Urbanen bestimmen, die ästhetischen Ansprüche leiblicher Integrität, psychischer und kultureller reflexiver Identitätsbildungen einzutragen. Man kann daran zweifeln, ob durch ›mediale Revolutionen‹ ganz neue Fakten geschaffen werden. Kein Mensch kann nur vor dem oder am Bildschirm leben, sondern jeder muß einmal hinaus. Dann aber stellt sich die Frage nach der urbanen Lebenswelt.

Positiv formuliert heißt das: Bestimmungen des Begriffs der Urbanität, des Urbanen oder der urbanen Lebenswelt heute stehen immer im Schatten des Urbanismus als eines Konzepts, das im 19. Jh. synchron zum Industrialismus entstand und das vor allem durch Le Corbusier im 20. Jh. eine neue Fassung erhielt. Le Corbusier wollte den Avantgardismus der Künstler mit dem technokratischen Reformismus eines Baron de Haussmann zusammenführen. Auch im Scheitern bleibt die Weite seiner Konzeption ein ständiger kritischer Bezugspunkt, weil Disparates – der Gestaltungswille des Architekten, der politische Machtwille, das Beenden einer als verfehlt angesehenen Geschichte, die Beachtung von Ökonomie und Verkehrsfluß – synthetisiert werden sollte.

Neben dem Urbanismus der Architekten gab es aber den Urbanismus der Soziologen und Sozialphilosophen, der den Urbanismus als faktisches Realisat von Verstädterung zumeist an einem normativ gedachten Ideal der Urbanität mißt. Auch wenn Konzeptionen des Urbanen heute sich als Ausschnitt und nicht mehr als Totalität verstehen, bleiben sie begriffsgeschichtlich doch an den Urbanismus als das theoretische Bedenken und das praktische Beeinflussen des Stadtganzen bezogen.

Heinz Paetzold

---

108 Vgl. ebd., 199, 203, 205 f.
109 Vgl. ebd., 208–212.

Literatur

BÖHME, GERNOT, Für eine ökologische Naturästhetik (Frankfurt a. M. 1989); BÖHME, HARTMUT, Von der Vernetzung zur Virtualisierung der Städte: Ende der Philosophie – Beginn des Neuen Jerusalem?, in: M. Schneider/ K. A. Geißler (Hg.), Flimmernde Zeiten. Vom Tempo der Medien (Stuttgart/Leipzig 1999), 309–323; INTERNATIONALES FORUM FÜR GESTALTUNG ULM (Hg.), Strategischer Raum – Urbanität im 21. Jahrhundert/Strategic Space – Urbanity in the 21st Century (Frankfurt a. M. 2000); LINDNER, ROLF, Walks on the Wild Side. Eine Geschichte der Stadtforschung (Frankfurt a. M. 2004); PAETZOLD, HEINZ, Architektur und Urbanität. Umrisse einer kritischen Philosophie der Stadt, in: Journal of the Faculty of Letters. The University of Tokyo, Aesthetics 14 (1989), 43–63; PAETZOLD, HEINZ, Profile der Ästhetik. Der Status von Kunst und Architektur in der Postmoderne (Wien 1990); PAETZOLD, HEINZ, Die beiden Paradigmen der Begründung philosophischer Ästhetik. Konzeption und Urbanität, in: F. Koppe (Hg.), Perspektiven der Kunstphilosophie. Texte und Diskussionen (Frankfurt a. M. 1991), 270–295 u. 388–401; PAETZOLD, HEINZ, Philosophy and City, in: J. A. G. M. Rutten/J. Semah (Hg.), The Third Exile (Amsterdam 1993), 45–54; PAETZOLD, HEINZ, The Philosophical Notion of the City, in: M. Miles/T. Hall/I. Bordon (Hg.), The City Cultures Reader (London/New York 2000), 204–220; SAVAGE, MIKE/WARDE, ALAN, Urban Sociology, Capitalism and Modernity (Houndmills/Basingstoke 1993); SCHABERT, TILO (Hg.), Die Welt der Stadt (München 1990); SENNETT, RICHARD, The Conscience of the Eye. The Design and Social Life of Cities (New York 1990); SENNETT, RICHARD, Flesh and Stone. The Body and the City in Western Civilization (London 1994); SILVA, ARMANDO, Urban Imaginaries from Latin America [Ausst.-Kat. der Documenta 11] (Kassel 2003).

Vage/unbestimmt

(griech. ἀσαφής, ἀόριστος; lat. incertus, indeterminatus; engl. vague, uncertain, indeterminate; frz. vague, indistinct; ital. vago, indeterminato; span. vago, indeterminado; russ. неопределённое, смутное)

I. Wortgeschichte; II. Aktualität/Inaktualität des Begriffs; III. Vorgeschichte und Voraussetzungen; IV. Krise der Vorstellung von der Berechenbarkeit des Schönen; V. Das Vage und das ›Je ne sais quoi‹; VI. Die Romantik und das ›Modell Leopardi‹; VII. Vage Schönheit, Unvollkommenheit und die Musik

I. Wortgeschichte

Das Wort vage entsteht aus dem Zusammenfluß der lateinischen Wörter vacuus (›leer‹) und vagus (›umherschweifend‹) und bezeichnet im allgemeinen, was sich nicht durch Analyse auflösen, sich schwer klassifizieren läßt und unbestimmt bleibt. Das italienische Adjektiv vago und das Substantiv vaghezza – wie im übrigen auch das spanische ›vago‹ – sind darüber hinaus Synonyme für ›schön‹ und ›Schönheit‹, insbesondere für eine nicht genau definierbare Schönheit, die Ort oder Zeit wechselt. Sehr klar läßt sich dies gleich zu Beginn des Gedichts Le ricordanze (entst. 1829; Erinnerungen) von Giacomo Leopardi feststellen: »Vaghe stelle dell'Orsa« (Anmutige Sterne des Bären)[1], wo die Schönheit wandelbar ist, obwohl sie ihre Form behält wie das Sternbild des Großen Bären, das sich am Himmelsgewölbe bewegt und sich dabei immer gleich bleibt. Als ›vaghezze‹ gelangt der Terminus – italianisiert – ins Französische, wo er sich dann als ›vaguesse‹ oder häufiger als substantiviertes Adjektiv (le vague) behauptet. In Beziehung zunächst zur Malerei stehend, wo er sich mit den anderen italienischen Termini ›chiaroscuro‹ und ›sfumato‹ deckt, geht er dann ins Feld der Literatur und der Musik über, wo er schließlich vorherrschend wird, denn einerseits läßt sich Musik nicht in Begriffe fassen (vielleicht, weil es zuviel zu sagen gibt), andererseits ist sie eine Kunst, die sich in der Zeit entfaltet und sich daher nicht, wie dies in der Malerei oder der Bildhauerei geschieht, in festen Bildern fixieren läßt.

Das Deutsche Wörterbuch von Jacob und Wilhelm Grimm weist das Stichwort ›vag‹, gefolgt übrigens von dem Stichwort ›Vagabund‹, als »fremdwort« aus, »dem lateinischen vagus entsprechend, doch wol eher dem franz., als dem lat. entlehnt«[2]. Selten in der Bedeutung von ›unstät, umherschweifend‹, sei es häufiger in jener von ›unbestimmt‹ und seinen Synonymen anzutreffen. Als Belege für den Gebrauch werden u. a. Goethe und Heine angeführt. Tatsächlich beginnt die Erfolgsgeschichte des Begriffs in Frankreich am Ende des 18. Jh., sein Gebrauch durch Joseph Joubert methodisch festgelegt wird und der Begriff in adjektivischer Form in Chateaubriands Essai sur les révolutions (1797) erscheint. Joubert schreibt 1796 in den Carnets: »Il faut aussi apprendre à l'esprit à se jouer dans le vague. Le monde moral et le monde intellectuel en sont pleins.« Im Eintrag vom 26. August 1800 präzisiert er: »il ne faut se permettre d'idée vague que de ce qui est vague. Tout ce qui est vague ne peut être que légèrement configuré.« Und am 21. März 1801 kommt er zu dem Schluß: »vouloir connoître invariablement et fixement ce qui n'est pas vague, et vaguement ce qui est fixe et solide, c'est tendre à ne connaître ni l'un ni l'autre.«[3] Auf diese Weise wird dem Vagen jenes Bürgerrecht zuerkannt, das ihm auch deshalb zusteht, weil es im Leben der Individuen und der Gemeinschaft breiten Raum einnimmt.

Bei Chateaubriand fügt sich der Terminus in den älteren Stamm des ›nescio quid‹ ein und bezeichnet zunächst ein Unbehagen unbekannter Ursache, welches die Gemüter zu ständigen Revolutionen treibt: »un je ne sais quoi, caché je ne sais où« steht für ihn am Anfang einer jeden Revolution, die ausgeht von »cette vague inquiétude, particulière à notre cœur, qui nous fait nous dégoûter

---

1 GIACOMO LEOPARDI, Le ricordanze (entst. 1829)/Erinnerungen, in: Leopardi, Canti e Frammenti/Gesänge und Fragmente, ital.-dt., hg. v. H. Endrulat/G. A. Schwalb, übers. v. H. Endrulat (Stuttgart 1990), 148/149.
2 ›Vag‹, in: GRIMM, Abt. 1, Bd. 12 (1956), 5.
3 JOSEPH JOUBERT, Carnets. Textes recueillis sur les manuscrits autographes, hg. v. A. Beaunier, Bd. 2 (Paris 1994), 190, 394, 406.

également du bonheur et du malheur, et nous précipitera de révolution en révolution, jusqu'au dernier siècle«[4]. Wo Chateaubriand sich auf die Vagheit des Gemüts oder der Leidenschaften bezieht, übersetzt er einen psychischen Zustand in eine ästhetische und zugleich historische Kategorie. Der Akzent fällt hier eher auf den Aspekt des ›vacuus‹, des Leeren, auf den »soif vague de quelque chose«[5], als auf den des ›vagus‹, des unbestimmten Umherschweifens. Diese Konnotation erhält der Terminus hingegen bereits im *Adolphe* (1816) Benjamin Constants, der bezeichnenderweise der deutschen Dichtung ›Vagheit‹ zuschreibt: »La poésie française a toujours un but autre que la beauté poétique. C'est de la morale, ou de l'utilité, ou de l'expérience, ou de la finesse, ou du persiflage, enfin toujours de la réflexion. En conséquence, la poésie n'y existe jamais que comme véhicule ou comme moyen. Il n'y a pas ce vague, cet abandon à des sensations non réfléchies, cette description tellement naturelle, tellement commandée par l'impulsion, que l'auteur ne paraît pas s'apercevoir qu'il décrit, enfin ce qui fait le caractère de la poésie allemande, et ce qui, depuis que je la connais, me paraît être le caractère essentiel de la véritable poésie.«[6]

Der Topos, der den Deutschen eine Vorliebe für ›le vague‹ oder ›le louche‹ zuschreibt, kehrt bei Stendhal in Verbindung mit dem schlechten Einfluß wieder, den die moderne deutsche Philosophie auf Barthold Georg Niebuhr ausübe: »M. Niebuhr serait bien supérieur à tout ceci, si la malheureuse philosophie allemande ne venait jeter du louche et du vague sur les idées du docte Berlinois.«[7] Nietzsche betrachtet diese Neigung zum Vagen seinerseits als ein konstantes Merkmal deutscher Wesensart: »Und wie jeglich Ding sein Gleichniss liebt, so liebt der Deutsche die Wolken und Alles, was unklar, werdend, dämmernd, feucht und verhängt ist: das Ungewisse, Unausgestaltete, Sich-Verschiebende, Wachsende jeder Art fühlt er als ›tief‹. Der Deutsche selbst *ist* nicht, er *wird*, er ›entwickelt sich‹. ›Entwicklung‹ ist deshalb der eigentliche deutsche Fund und Wurf im grossen Reich der philosophischen Formeln: – ein regierender Begriff, der im Bunde mit deutschem Bier und deutscher Musik, daran arbeitet, ganz Europa zu verdeutschen.«[8]

Seit dieser Zeit setzt und festigt sich die Bedeutung von ›vage‹.

II. Aktualität/Inaktualität des Begriffs

Heute hat der Begriff vage seine Aktualität weitgehend eingebüßt, in dem Sinne, daß sich so gut wie keine Ästhetik, Poetik oder künstlerische Praxis direkt auf ihn beruft oder sich nach ihm richtet. Wir haben in der Literatur kein Äquivalent zu Chateaubriand, in der Malerei keines zu William Turner, in der Musik keines zu Claude Debussy, niemanden, der bereit wäre, ihre Grundsätze zu verfechten (auch deshalb nicht, weil ihre Lektionen längst Eingang in die entsprechenden künstlerischen Felder gefunden haben). Die Inflation von Werken und Stilen, die die zeitgenössische Welt kennzeichnet, bringt es gleichwohl mit sich, daß sich Schriftsteller, Maler, Musiker oder Filmregisseure sporadisch ähnlicher Techniken des Unbestimmten bedienen (fließender Übergänge, Pianissimo, Überblendungen), auch wenn sie sie nicht ausdrücklich theoretisieren. Andererseits kann die Idee des Vagen heute wieder an Interesse gewinnen, da sie eine wichtige Etappe im Prozeß der Auflösung der klassischen Begriffe darstellt, die den ›mainstream‹ oder die ›Große Theorie‹ der Ästhetik charakterisiert haben, also eine Rolle spielt bei der Zersetzung der klaren Form, der sichtbaren Harmonie und der Berechenbarkeit des Schönen.

---

4 FRANÇOIS-RENÉ DE CHATEAUBRIAND, Essai sur les révolutions (1797), in: Chateaubriand, Essai sur les révolutions. Génie du christianisme, hg. v. M. Regard (Paris 1978), 263.

5 Ebd., 267.

6 BENJAMIN CONSTANT, Journal intime [Eintrag vom 14. 5. 1804], in: Constant, Œuvres, hg. v. A. Roulin (Paris 1957), 306f.; vgl. MICHEL DELON, Du vague des passions à la passion du vague, in: P. Viallaneix (Hg.), Le Préromantisme: Hypothèque ou Hypothèse? [Actes du Colloque organisé à Clermont-Ferrand, 1972] (Paris 1975), 496.

7 STENDHAL, Voyage en Italie [Rome, Naples et Florence 1826], hg. v. V. Del Litto (Paris 1973), 498.

8 FRIEDRICH NIETZSCHE, Jenseits von Gut und Böse (1886), § 244, in: NIETZSCHE (KGA), Bd. 6/2 (1968), 193.

Diese hatten die Grundlage dafür gebildet, daß die künstlerischen Formen – durch die proklamierte Entsprechung zwischen Wahrheit und Schönheit – von den Sinnen auf jenseits des Sinnlichen liegende, klare und distinkte Ideen zu verweisen schienen. In Weiterentwicklung einer Ahnung von Leibniz entsteht mit Alexander Gottlieb Baumgarten die Ästhetik als eigene Disziplin im Sinne eines Ausdrucks klarer, doch konfuser Ideen. Diese können Inhalte vermitteln, die die Wissenschaften aufgrund ihres Anspruchs auf strenge Exaktheit nicht mitteilen können. Man kann also behaupten, daß der Begriff der Vagheit oder Unbestimmtheit seit der Mitte des 18. Jh. der Ästhetik als solcher innewohnt, ein per definitionem untilgbarer Bestandteil von ihr ist. Andererseits ist der Begriff des Vagen konstitutiv auch für den modernen Begriff des Erhabenen, wie er von Burke und von Kant gefaßt wird. Bereits bei Burke wird das Erhabene nämlich an eine Bedrohung der ›self-preservation‹ geknüpft, welche in jenen negativen und düsteren Aspekten zutage tritt, deren eigentliches Wesen gerade in der Unbestimmtheit liegt: der Tod, ›König allen Schreckens‹, ist die Negation des Lebens; das Unendliche die der Grenzen; das Dunkel die des Lichts; das Schweigen die der Klänge und Geräusche; die Einsamkeit die der Gesellgkeit. Alles löst sich auf diese Weise in eine furchteinflößende nächtliche Unbestimmtheit auf, wie sie mit Edward Youngs *The Complaint, or Night Thoughts* (1742–1745) oder Horace Walpoles *The Castle of Otranto* (1764) das literarische und mit den Gemälden Edward Blakes und Johann Heinrich Füsslis das malerische Panorama der zweiten Hälfte des 18. Jh. beherrschte. In kantischer Perspektive zeigt sich, da die Ideen der Vernunft nicht zur sinnlichen Darstellung gelangen können, das Erhabene dann als Widerstreit zwischen Vernunft und Einbildungskraft, als vergeblicher, eben im Unbestimmten mündender Versuch, die Idee zur Darstellung zu bringen.

Philosophisch trat in den letzten Jahrzehnten lediglich Vladimir Jankélévitch, der Autor von Schriften mit so bezeichnenden Titeln wie *Le Je-ne-sais-quoi et le Presque-rien* (1957), für das Recht des Vagen ein, Schönheit und die unendlich vielen Nuancen der Erfahrung, namentlich im Bereich der Musik, zum Ausdruck zu bringen.[9] Überdies bildet sich neuerdings eine ›fuzzy logic‹ heraus, eine Logik des Vagen, die Jouberts Unterscheidungen auszulöschen scheint und ihren Ursprung bei Bertrand Russell hat.[10]

Blickt man im 20. Jh. noch weiter zurück, so war der Surrealismus die letzte künstlerische Bewegung, die sich ausdrücklich auf das Vage berief und sich des Begriffs der ›terrains vagues‹ bediente, um auf die Anziehungskraft gewisser Orte hinzuweisen, die, weil sie ähnlichen Regeln gehorchen wie eine ›collage mentale‹, nicht zur Wirklichkeit zu gehören scheinen, obwohl sie in diese eingetaucht sind. Denn in der Collagetechnik »l'objet extérieur avait rompu avec son champ habituel, ses parties constituantes s'étaient en quelque sorte émancipées de lui-même, de manière à entretenir avec d'autres éléments des rapports entièrement nouveaux, échappant au principe de réalité, mais n'en tirant pas moins à conséquence sur le plan réel (bouleversement de la notion de relation).«[11] Ähnlich verhält es sich bei Breton mit der Place Dauphine: »Cette Place Dauphine est bien un des lieux les plus profondément retirés que je connaisse, un des pires terrains vagues qui soient à Paris. Chaque fois, que je m'y suis trouvé, j'ai senti m'abandonner peu à peu l'envie d'aller ailleurs, il m'a fallu argumenter avec moi-même pour me dégager d'une étreinte très douce, trop agréablement insistente et, à tout prendre, brisante.«[12]

In noch anderer Weise ist das Thema des Vagen im Surrealismus durch eine ungerichtete, unbestimmte Form der Bewegung vertreten (ähnlich dem ›Flanieren‹ Baudelaires in *À une passante* [1857]; dem ziellosen Umherstreifen des einzelnen, der sich im Gedränge verliert); sodann durch die Ungewißheit, die namengebend war für die Buch-

---

9 Vgl. VLADIMIR JANKÉLÉVITCH, Le Je-ne-sais-quoi et le Presque-rien (Paris 1957); JANKÉLÉVITCH, L'irréversible et la nostalgie (Paris 1974); JANKÉLÉVITCH/BEATRICE BERLOWITZ, Quelque part dans l'inachevé (Paris 1978), 59–65 (Kap. VI: Le vague à l'âme).
10 Vgl. BERTRAND RUSSELL, Vagueness (1923), in: Russell, Collected Papers (London 1986), 147–154; HEINZ J. SKALA/SETTIMO TERMINI/ERIC TRILLAS (Hg.), Aspects of Vagueness (Dordrecht 1984).
11 ANDRÉ BRETON, Genèse et perspective artistiques du surréalisme (1941), in: Breton, Le surréalisme et la peinture (1945; Paris 1965), 64.
12 BRETON, Nadja (1928; Paris 1963), 93.

reihe *Le terrain vague*, in der 1926 auch *Le paysan de Paris* von Louis Aragon erschien. Dieser griff den bei Breton faßbaren Begriff der Extraterritorialität des Vagen in eigener Weise auf und gab ihm eine weitere, epochale Bedeutung, machte ihn gewissermaßen zum Sinnbild der Situation des Menschen in der Moderne: »L'homme aujourd'hui n'erre plus au bord du marais avec ses chiens et son arc: il y a d'autres solitudes qui se sont ouvertes à son instinct de liberté. Terrains vagues intellectuels où l'individu échappe au contraintes sociales.«[13]

Im 20. Jh. kommt es zu einer Wiederentdeckung des Vagen auch dank der Psychoanalyse und deren Aufmerksamkeit für den Traum, welcher in der Verdichtung – wie auch in der Verschiebung – eines seiner Hauptinstrumente besitzt. Durch sie wissen wir, daß die Stadt, das Land, das Haus, von denen wir geträumt haben, tatsächlich existieren und bestimmte Eigenschaften haben, und doch sehen sie jetzt anders aus, so wiedererkennbar sie in ihrer Andersheit auch bleiben. Es gibt eine Abweichung, ein Mehr oder ein Weniger gegenüber der wahrnehmbaren Wirklichkeit und der Erinnerung oder zumindest irgendeinem Bestandteil, der verzerrt, verdeckt, verworren erscheint. Die verbale Reaktion auf die Traumerfahrung könnte etwa folgendermaßen ausfallen: ›So oft habe ich diesen Ort gesehen und habe doch nie bemerkt, daß X oder Y dort waren!‹ Oder: ›Wie konnte ich nur übersehen, daß X oder Y da waren oder nicht da waren oder wie sie aussahen?‹ Das Problem ist theoretisch fesselnd, denn es moduliert in verschiedenen Abstufungen Identität und Alterität, Präzision und Konfusion, Wiedererkennung und Entfremdung, Gewohnheit und Überraschung, ›déjà vu‹ und ›jamais vu‹. Die Freudsche Psychoanalyse führt das gleichzeitige Vorhandensein gegensätzlicher Elemente auf die ›Verdichtung‹ zurück, auf den Mechanismus, durch den sich nach Freud auf ein und demselben Bild verschiedene Figuren überlagern, »wie wenn Sie [beim Fotografieren – d. Verf.] mehrere Aufnahmen auf die nämliche Platte bringen«. Das Ergebnis ist eine »Mischbildung«[14], welche Merkmale von Gegenständen und Individuen auf sich vereinigt, um deren Unterschiedlichkeit man zwar weiß, die aber als miteinander vermischt erscheinen. Die Verdichtung hat ihr Gegenstück in der ›Verschiebung‹, in jener Aktivität, durch die zum ein und demselben Zusammenhang gehörende Elemente auf ganz andere Kontexte und in ganz andere Richtungen verteilt werden, so daß ihre Herkunft nahezu unkenntlich wird.

Die Surrealisten trugen – nicht als einzige – dazu bei, das Interesse für den Traum zu verbreiten, für das, was Jorge Luis Borges als »el más antiguo y el no menos complejo de los géneros literarios« (die älteste und komplexeste literarische Gattung)[15] bezeichnet. Geht man weiter zurück, läßt sich dieses Interesse auch andernorts entdecken und neu bewerten, speziell bei Gérard de Nerval, der in *Aurélia ou le rêve et la vie* (1855) dem Traum die Qualität eines ›souterrain vague‹ zuschreibt: Beim Einschlafen könnten wir nicht genau den Augenblick bestimmen, »où le moi, sous une autre forme, continue l'œuvre de l'existence. C'est un souterrain vague qui s'éclaire peu à peu, et où se dégagent de l'ombre et de la nuit les pâles figures gravement immobiles qui habitent les séjours des limbes.«[16] Indem er überdies die These vertritt, daß der Wahnsinn »l'épanchement du songe dans la vie réelle«[17], das Einbrechen der Traumlogik in das wirkliche Leben sei, schreibt er der Wirklichkeit selbst die Eigenschaft des Unbestimmten und Unbeständigen der Träume zu.

Zu Bewußtseinsveränderungen kommt es im Traum auch durch die Verbindung von Angst und Begehren, so etwa, wenn in der fantastischen Erzählung *La cafetière* (1831) von Théophile Gautier, dem ersten veröffentlichten Text des Autors, die nächtliche Vision des Protagonisten geschildert wird: Gespenster tanzen, und der Protagonist selbst

---

13 LOUIS ARAGON, Le paysan de Paris (1924–1926), in: Aragon, L'œuvre poétique, Bd. 3 (Paris 1974), 130.
14 SIGMUND FREUD, Vorlesungen zur Einführung in die Psychoanalyse (1917), in: FREUD (GW), Bd. 11 (1944), 175.
15 JORGE LUIS BORGES, Prólogo, in: Borges, Libro de los sueños (Buenos Aires 1976), 9; dt.: Buch der Träume, übers. v. G. Haefs, in: Borges, Werke in 20 Bänden, hg. v. G. Haefs/F. Arnold (Frankfurt a. M. 1994), 11.
16 GÉRARD DE NERVAL, Aurélia ou le rêve et la vie (1855), in: Nerval, Œuvres complètes, hg. v. J. Guillaume/C. Pichois u. a., Bd. 3 (Paris 1993), 695.
17 Ebd., 699.

tanzt mit der traumhaft schönen Angéla, die sich müde an ihn lehnt und sich ausruht: »Je n'avais plus aucune idée de l'heure ni du lieu; le monde réel n'existait plus pour moi, et tous les liens qui m'y attachent étaient rompus; mon âme, dégagée de sa prison de boue, nageait dans le vague et l'infini«[18].

Geht man noch weiter zurück, über das romantische Vage und Unbestimmte, welches die gesamte abendländische Kultur gekennzeichnet hat, hinaus, so stößt man auf die Keltophilie, den Ossiankult, die Dichtung Macphersons mit ihrer Beschreibung der Nacht, des Nebels, des Heulens des Windes in den Bäumen, das an die Stimme der Toten denken läßt, der erhabenen, öden Landschaft der Nordseeküsten und -inseln, der Klosterruinen im Mondenschein. Deutliche Spuren dieses Einflusses finden sich sowohl bei Constant als auch bei Chateaubriand. Der Erstgenannte bezieht sich auf das unbestimmte Gefühl, das die Gesänge Ossians auslösen: »Comment définirez-vous l'impression d'une nuit obscure, d'une antique forêt, du vent qui gémit à travers des ruines, ou sur des tombeaux, de l'océan qui se prolonge au-delà des regards? [...] Comment définirez-vous la rêverie, ce frémissement intérieur de l'âme, où viennent se rassembler et comme se perdre, dans une confusion mystérieuse, toutes les puissances des sens et de la pensée?«[19] Chateaubriand bezieht sich genau auf die Landschaften, die in dem Gedicht auftauchen: »Il n'est aucune ruine d'un effet plus pittoresque que ces débris: sous un ciel nébuleux, au milieu des vents et des tempêtes, au bord de cette mer dont Ossian a chanté les orages, leur architecture gothique a quelque chose de grand et de sombre, comme le Dieu de Sinaï, dont elle perpétue le souvenir. Assis sur un autel brisé, dans les Orcades, le voyageur s'étonne de la tristesse de ces lieux; un océan sauvage, des syrtes embrumées, des vallées

où s'élève la pierre d'un tombeau, des torrents qui coulent à travers la bruyère, quelques pins rougeâtres jetés sur la nudité d'un morne flanqué de couches de neige, c'est tout ce qui s'offre aux regards.«[20] Besonders bei Chateaubriand ist die Poetik des Vagen in den Kontext der Entwicklung der Zivilisationen eingebunden. Je fortgeschrittner diese sind, desto vager werden die Leidenschaften wegen der Kluft, die sich auftut zwischen den starken, von der größeren und tiefgründigeren modernen Kultur geweckten Begehrlichkeiten und der Unmöglichkeit, diese zu befriedigen: »Il reste à parler d'un état de l'âme, qui, ce nous semble, n'a pas encore été bien observé; c'est celui qui précède le développement des passions, lorsque nos facultés, jeunes, actives, entières mais renfermées, ne se sont exercées que sur elles-mêmes, sans but et sans objet. Plus les peuples avancent en civilisation, plus cet état du vague des passions augmente; car il arrive alors une chose fort triste: le grand nombre d'exemples qu'on a sous les yeux, la multitude de livres qui traitent de l'homme et de ses sentiments, rendent habile sans expérience. On est détrompé sans avoir joui; il reste encore des désirs, et l'on n'a plus d'illusions. L'imagination est riche, abondante et merveilleuse; l'existence pauvre, sèche et désenchantée. On habite, avec un cœur plein, un monde vide« (714). Das Christentum hat verändernd in den Haushalt der Leidenschaften eingegriffen und hat jene vagen Gemütszustände besser erkennen lassen, die der Entwicklung von Leidenschaften vorausgehen: »Les anciens ont peu connu cette inquiétude secrète, cette aigreur des passions étouffées qui fermentent toutes ensemble: une grande existence politique, les jeux du gymnase et du Champ-de-Mars, les affaires du Forum et de la place publique, remplissaient leurs moments, et ne laissaient aucune place aux ennuis du cœur. [...]. Formée pour nos misères et pour nos besoins, la religion chrétienne nous offre sans cesse le double tableau des chagrins de la terre et des joies célestes; et, par ce moyen, elle fait dans le cœur une source de maux présents et d'espérances lointaines, d'où découlent d'inépuisables rêveries.« (715)

Mit all seinen historischen Diskontinuitäten hat der Begriff des Vagen jedoch – und hierin liegt seine indirekte Aktualität – teil am großen modernen Projekt der Auflösung der Formen der klassi-

---

18 THÉOPHILE GAUTIER, La cafetière (1831), in: Gautier, L'Œuvre fantastique, hg. v. M. Crouzet, Bd. 1 (Paris 1992), 16.
19 CONSTANT, Principes de politique (1815), in: Constant (s. Anm. 6), 1220; vgl. DELON (s. Anm. 6), 488–498.
20 CHATEAUBRIAND, Le génie du christianisme (1802), in: Chateaubriand (s. Anm. 4), 886f.

schen Struktur und gibt eine bezeichnende Chiffre davon ab. Daher wird die genealogische Rekonstruktion der Begriffsbedeutung von hier ihren Ausgang nehmen.

III. Vorgeschichte und Voraussetzungen

Seit ihren griechischen Ursprüngen stand für die abendländische Kultur das Schöne überwiegend im Zeichen der Ideen von Maß und Ordnung; deren weit zurückliegende Voraussetzungen sind in der olympischen Religion zu suchen. Im archaischen Griechenland gewinnen die heiteren Gottheiten des Tages, des Sonnenlichts, allen voran Zeus, nach einem harten Kampf die Oberhand über die chthonischen Götter der Finsternis und der Pflanzenwelt, ohne sie jedoch jemals ganz besiegen zu können. So legt Zeus, der in einer Art göttlichem Staatsstreich seinen Vater Kronos im Erebos gefangengesetzt hat, die eigenen Gesetze fest und verankert sie im Begriff des ›Maßes‹, in der Zuweisung unüberschreitbarer Grenzen an jedes Lebewesen. Gemeinsam mit seinem Sohn Apoll wacht er über diese Maßnahmen oder ›metra‹ nach Regeln, wie sie in den Inschriften auf den Außenmauern des Tempels von Delphi kodifiziert sind: ›Das Gerechteste ist das Schönste‹, ›Beachte die Grenze‹, ›Hybris sei dir verhaßt‹ und ›Nichts im Übermaß‹. Beide Götter kämpfen gegen die anmaßende, in Richtung Unmäßigkeit und Unordnung gehende Überschreitung dieser Grenzen (auch wenn sie die periodische Wiedereinführung des Chaos, wie es von anderen Kulten, besonders dem Dionysoskult, symbolisch ins Werk gesetzt wird, dulden, da sie ihm eine so notwendige wie untergeordnete Funktion zuschreiben).

Zum privilegierten Sitz der ersten differenzierten Reflexionen über das Schöne wurde die pythagoreische Schule mit ihrem mythischen Gründungsvater. Sie übertrug das Ideal des Maßvollen von der religiösen auf die philosophische Ebene, indem sie das Ganze der Natur zum Vorbild erhob: das Universum, in seinen absolut zyklisch und gleichmäßig verlaufenden Phänomenen betrachtet. So lieferte sie der abendländischen Kultur die klarsten und beständigsten, von dieser über Jahrtausende hin bewahrten und überlieferten Kriterien für Schönheit wie für ihr Gegenteil auf der Grundlage von Harmonie, Symmetrie, Ordnung, strenger Formvollendung und Berechenbarkeit (dieselben Kriterien gelten auch im wissenschaftlichen Denken und in der Vorstellung vom Guten, so daß es unter dem Zeichen des richtigen Maßes zu dem Dreiklang von Schönem, Wahrem und Gutem kommt).

Tatsächlich werden die Menschen in nahezu allen bekannten Kulturen stark von Phänomenen der Ordnung, Präzision und Symmetrie, wie sie in ihnen selbst und in ihrer Umwelt anzutreffen sind, angezogen (daneben auch von der Idee der Form, die den Schrecken angesichts der durch den Tod bewirkten Auflösung des Organismus exorzisiert). Sie erzeugen nicht nur ein Empfinden von Sicherheit und Ausgeglichenheit, sondern gewinnen darüber hinaus einen bestimmenden symbolischen Wert, weil der Gegensatz von Ordnung und Unordnung, von Regelmäßigkeit und Zufälligkeit unauslöschliche Spuren im Gemüt hinterläßt. Im Unterschied zur spiegelbildlichen Symmetrie der beiden Körperhälften der Lebewesen ist die Wahrnehmung präziser Formen, klarer und greller Farben oder nach bestimmten Abfolgen sich wiederholender Töne in der Natur relativ selten und ›unwahrscheinlich‹. Und doch lassen sich die entsprechenden Gegenstände gerade deshalb einfacher wiedergeben, weil sie sich deutlich von der Kon-fusion, dem Ineinanderfließen des Hintergrunds abheben. So sind die in seinen verschiedenen Phasen wechselnden Umrisse des Mondes im Bild einer nächtlichen Landschaft einprägsam; eine bestimmte Anzahl kreisförmig angeordneter Pilze auf einer Wiese; die Anordnung der feuerroten Flecken auf dem Rücken bestimmter Insekten oder die kleinen Erhebungen auf dem Kalkgebilde eines Seeigels; die ›Lebenskurven‹ (wie die Spiralförmigkeit einer Muschelschale oder das Oval eines Gesichts).[21] Vor der griechischen war es jedoch keiner Kultur gelungen, mit solcher Strenge und

---

[21] Vgl. ERNST H. GOMBRICH, The Sense of Order (Ithaca 1979); THEODORE A. COOCK, The Curves of Life, being an Account on Spiral Formations and Their Application to Growth in Nature, Science, and to Art (London 1914).

auf der Ebene der Abstraktion reiner ›Formen‹ die Gesetze dieser Ordnung zu entdecken und zu kodifizieren.

Das Maß zeigt sich nach Pythagoras vor allem in der doppelten Gestalt der Klangharmonie und der sichtbaren Symmetrie, Begriffe, die eine Proportion oder geordnete Relation zwischen den Teilen eines Ganzen implizieren: »ἡ μὲν τάξις καὶ συμμετρία καλὰ καὶ σύμφορα, ἡ δ' ἀταξία καὶ ἀσυμμετρία αἰσχρά τε καὶ ἀσύμφορα« (Ordnung und Proportion sind schön und nutzbringend, Unordnung aber und das Fehlen der Proportion sind häßlich und unnütz)[22]. In einem Großteil der griechischen Kultur dominiert auch in späterer Zeit eine Urangst vor dem Unberechenbaren, dem Maßlosen, dem Unbestimmten und Vagen. Bei Platon, und noch lange Zeit nach ihm, gilt: »Ἀλλ' αἶσχος ἄλλο τι πλὴν τὸ τῆς ἀμετρίας πανταχοῦ δυσειδὲς ἐνὸν γένος;« (Und [hältst du] Häßlichkeit für etwas anderes als das überall vorkommende ungestalte Geschlecht der Maßlosigkeit?)[23]. Bei Aristoteles gehört zum Schönen als solches dann das Bestimmte, der Umstand, daß etwas außer genauen Grenzen auch eine nicht zufällige Größe besitzt.[24] Auf diese Weise wird, und zwar auf lange Zeit, Uneindeutigkeit ebenso verworfen wie eine beabsichtigte Erschwernis für die Entzifferung der Formen (was in jüngerer Vergangenheit hingegen als künstlerisch positiver Faktor angesehen wurde, resultierend aus der Entscheidung des Künstlers, nur ja keinen festen Schemata oder im vorhinein fixierten Kanons zu gehorchen, oder aber daraus,

daß der Kreativität der Produzenten und der Nutznießer des Schönen eine bedeutendere Rolle zukam). Das nicht Bestimmte, das Unbestimmte wird schlechterdings als häßlich angesehen: Bedingungen, unter denen Michelangelos unvollendet gebliebene *Pietà Rondanini* (1555–1564) keinerlei Erfolg gehabt hätte.

Die Vorstellung, daß »das Schöne […] auf der Proportion der Teile« beruhe oder »genauer gesagt: […] auf der Wahl der Proportionen und der rechten Anordnung der Teile. Noch genauer: der Größe, Qualität und Quantität der Teile und ihrem gegenseitigen Verhältnis«, wird mitunter unter der Bezeichnung »Große Theorie«[25] geführt. Diese dauerte in Europa vergleichsweise länger als alle anderen, denn sie geriet erst zwischen dem 17. und dem 18. Jh. in Krise, auch wenn viele sie noch in späterer Zeit anerkannten. Die pythagoreische Harmonietradition übte einen enormen Einfluß auf unsere Kultur aus, insofern sie nicht nur zu mathematischen Konzeptionen der Schönheit unterstützt, die im Feld der Kunst oder dem der Ästhetik im Lauf der Jahrhunderte aufeinanderfolgten, sondern auch einige entscheidende Theorien der neuzeitlichen Wissenschaft. So blieben etwa Nikolaus Kopernikus und Johannes Kepler, teilweise aber auch Galileo Galilei mit ihren Leistungen ohne das Erbe der Pythagoreischen Lehre unverständlich. In diesem Sinne hat Aristoteles recht, wenn er mit Bezug auf die Pythagoreer feststellt: »οἱ φάσκοντες οὐδὲν λέγειν τὰς μαθηματικὰς ἐπιστήμας περὶ καλοῦ ἢ ἀγαθοῦ ψεύδονται« (so sind diejenigen im Irrtum, welche behaupten, die mathematischen Wissenschaften handelten nicht von dem Schönen und Guten)[26].

IV. Krise der Vorstellung von der Berechenbarkeit des Schönen

Jahrtausendelang blieb das pythagoreische Modell unangefochten. Zur wohl prägnantesten Wiederaufnahme der Ordnungsidee im – ebenfalls pythagoreischen und neuplatonischen – Sinne eines engen Bandes zwischen der Welt der Gestirne und der irdischen Welt kam es freilich in Italien im Zeitalter des Humanismus und der Renaissance:

---

22 STOBAIOS, Eclogae 4, 1, 40 H, in: Die Fragmente der Vorsokratiker, hg. u. übers. v. H. Diels/W. Kranz, Bd. 1 (Berlin [6]1951), 469.; dt. zit. nach W. Tatarkiewicz, Geschichte der Ästhetik, hg. v. H. R. Schweizer, übers. v. A. Loepfe, Bd. 1 (Basel/Stuttgart 1979), 112.
23 PLATON, Soph. 228a; dt.: Sophistes, übers. v. O. Apelt, in: Platon, Sämtliche Dialoge, Bd. 4 (Hamburg 1988), 39.
24 Vgl. ARISTOTELES, Poet., 1450b-1451a.
25 WŁADYSŁAW TATARKIEWICZ, Dzieje szsciu pojec (Warschau 1975); dt.: Geschichte der sechs Begriffe: Kunst, Schönheit, Form, Kreativität, Mimesis, ästhetisches Erlebnis, übers. v. F. Griese (Frankfurt a. M. 2003), 176.
26 ARISTOTELES, Metaph., 1078a; dt.: Metaphysik, übers. v. H. Bonitz, Halbbd. 2 (Hamburg 1991), 287.

Man betrachte nur die durch Marmorsegmente wiedergegebenen kosmischen Proportionen im Fußboden des Herzogspalastes in Urbino oder lese die Argumentationen Luca Paciolis in der im Jahr 1509 abgefaßten Schrift *De divina proporzione (Von der göttlichen Proportion)*. Den Menschen in den Mittelpunkt des Universums zu rücken – oder auch in die Mitte des ›Bildes‹ bzw. der Schnittfläche der Sehpyramide, deren Spitze nach Leon Battista Albertis Modell einer ›prospettiva legittima‹, einer sog. ›gesetzmäßigen Perspektive‹ im Auge des Betrachters liegt[27] –, dies bedeutet, seine ganz besondere Natur als Spiegel des Ganzen zu dekretieren, als Mikrokosmos des Makrokosmos, als vielgestaltiges Wesen, das den Keim und den Urgrund aller Wesen auf der Welt in sich trägt.

Die relative Ablehnung dieser Ordnung nimmt ihren Anfang im Barock (sie wird nunmehr als allzu abgenutzt, als zu elementar und schematisch erfahren). Dies geschieht jedoch nicht ohne das Zutun klassischen Erbes, genauer infolge der Drucklegung des Traktats *Peri hypsous* (*Über das Erhabene*) des Pseudo-Longinus in Basel im Jahr 1554 und Plotins Theorie eines ›ὑπέρκαλον‹ (hyperkalon), eines Überschönen, das, ganz auf das Eine gerichtet, jede Bestimmtheit verliert und mehr und mehr zum Gestaltlosen wird.[28] Die Wahrheit etabliert sich fest im Rahmen der Wissenschaft und entfernt sich zugleich aus dem Feld der Kunst, die sich in Reaktion darauf bisweilen veranlaßt sieht, an Stelle der Mimesis der Natur ihre eigene, sich keinen strengen Regeln oder festgesetzten Ordnungen beugende schöpferische und erneuernde Kraft, kurzum: ihre eigene ›Genialität‹ zu betonen.

Das Vage beginnt deshalb die Kunst von dem Augenblick an zu beherrschen, in dem das Wahre sich vom Schönen ablöst. Im Abendland muß man, wie gesagt, das Barock und die darauffolgenden Phasen abwarten, bis die Ablehnung der unmittelbaren Entsprechung zwischen Schönheit und Symmetrie bzw. Ordnung sich in der Theorie immer bewußter ausspricht (im Mittelalter hingegen waren, wie an der Struktur einer Stadt wie Siena oder der Fassade vieler Kirchen und Herrschaftshäuser der damaligen Zeit ersichtlich, Verstöße dagegen gängige Praxis). Später dann sollte Edmund Burke fragen: »What proportion do we discover between the stalks and the leaves of flowers, or between the leaves and the pistils? How does the slender stalk of the rose agree with the bulky head under which it bends?«[29] Als die Ästhetik (die auf dem Zeugnis der Sinne basiert) hinter sich läßt, was wir Noetik (die Erkenntnis der Wahrheit vermittels des Verstandes) nennen können, wird nicht nur das berechenbare und mathematische Schöne negiert oder zu etwas eher Flüchtigem und Komplexen erklärt – etwa in Gestalt der in William Hogarths *Analysis of Beauty* (1753) theoretisierten ›serpentine line‹ –, sondern Schönheit und Kunst trennen sich von Wahrheit und Wissenschaft.

Die Auflösung des Modells, das ich der Kürze halber pythagoreisch nennen möchte, löst auf lange Sicht die allmähliche Hintanstellung des theoretischen Primats des Gesichts- und des Gehörsinnes aus, welche jahrtausendelang die Garantie der Objektivität des Schönen und seiner Beziehung zur präzisen, kalkulierbaren und intelligiblen Form gebildet hatten, insofern sie als öffentliche Sinne der Exaktheit galten, charakterisiert durch eine maximale Anzahl von Unterscheidungen, Untergliederungen und Beziehungen, die eindeutig voneinander zu trennen bzw. miteinander zu verbinden waren, charakterisiert auch durch Wahrnehmung auf Distanz, ohne Berührung, sowie durch Wechselseitigkeit (›ich sehe und ich werde gesehen‹, ›ich spreche und man hört mich sprechen‹). Vor diesem Hintergrund erklärt sich sowohl die bestimmende Rolle, die im ästhetischen Urteil und in der künstlerischen Produktion dem ›Geschmack‹ und der Subjektivität zukommt, als auch die Durchsetzung und Legitimierung einer Poetik des ›Vagen‹, die sich auch in der Abkehr vom französischen Garten (mit seinen streng geometrischen Formen, mit seinen zu Quadern, Kegeln, Kugeln, Pyramiden geschnittenen Hecken und Bäumen) und der anschließenden Zuwendung zum englischen, die ›wilderness‹ imitierenden Garten niederschlägt. Im letztgenannten bleibt die Entwicklung der Vegetation vermeintlich dem

---

27 Vgl. OSKAR BÄTSCHMANN, Einleitung, in: Leon Battista Alberti, Della Pittura/Über die Malkunst (entst. 1435/1436), ital.-dt., hg. v. O. Bätschmann/S. Gianfreda (Darmstadt 2002), 16.
28 Vgl. PLOTIN, Enneades 6, 7, 33.
29 BURKE, 94.

Wildwuchs der Natur überlassen, der spontan ein harmonisches Chaos hervorbringt, die Umrisse der Bäume wie die der Besitzungen unscharf werden läßt, wodurch die Eigentümer der die Villen umgebenden großen Parks deren Grenzen nicht mehr genau feststellen können. »Ô Tinian! ô Juan Fernandez!«[30] wird Jean-Jacques Rousseau eine der Figuren seiner *Nouvelle Héloïse* (1761) beim Anblick des englischen Gartens in Clarens ausrufen lassen, der so paradiesisch naturbelassen und wild wie eben jene Südseeinseln wirkt.[31] So werden die Uneindeutigkeit und die gewollte Schwierigkeit schließlich akzeptiert, um die Wiedererkennung des Bekannten zu erleichtern.

Besonders in der zweiten Hälfte des 18. Jh. kommt es zu einer poetischen Aufwertung anderer Sinne, etwa des Geruchssinns. Genau zu dieser Zeit setzt nämlich ein Prozeß der ›Deodorisierung‹ und der Desinfektion der ›Miasmen‹ von Körpern und Milieus ein, der diesen vormals als ›niedrig‹ und tierisch betrachteten Sinn im Gegenzug rehabilitiert, da er nun geschult wird, genauer und schärfer gute von schlechten Gerüchen zu unterscheiden. Nicht zufällig haben die europäischen Schriftsteller (speziell seit Baudelaire, von Émile Zolas *Nana* [1880] bis Joris-Karl Huysmans' *À rebours* [1884], von Gabriele D'Annunzio bis Marcel Proust) auf eine solche Sinnesdeprivation reagiert und sie durch eine besondere Konzentration auf die Welt der Essenzen, der Aromen, auf die vagen Ausdünstungen verschiedener Orte in der Großstadt, den allerabstoßendsten Gestank gar, hyperkompensiert. Bisweilen umgaben sie sich damit im Leben, häufiger beschrieben sie eingehend die endlose Bandbreite der Gerüche, von den raffinierten Düften seltener, exotischer Parfums zu den Ausdünstungen des Bodens, von den Wohlgerüchen der Pflanzen bis zum stechenden Gestank der Verwesung. In den unbestimmten ›confuses paroles‹, welche die Natur in dem Baudelaireschen Gedicht *Correspondances* (1857) zu uns schickt, »les parfums, les couleurs et les sons se répondent« »comme de longs échos qui de loin se confondent«. Vor allem die Düfte senden rätselhafte Botschaften aus, die sich nur mittels ihrer Übertragung in andere Sinnesregister beschreiben lassen: »Il est des parfums frais comme des chairs d'enfants, / Doux comme les hautbois, verts comme les prairies, / – Et d'autres, corrompus, riches et triomphants, // Ayant l'expansion des choses infinies, / Comme l'ambre, le musc, le benjoin et l'encens, / Qui chantent les transports de l'esprit et des sens.«[32]

Benzoe, wie Opium und andere Drogen, wird zum Sinnbild vager Visionen, von ›rêveries‹, die das Gemüt durchziehen, seine normale physiologische Funktion verändern und zu ›Verzückungen‹ führen. Doch um der Vagheit anheimzufallen, braucht man nicht unbedingt Drogen. Sie kann künstlich herbeigeführt werden, wie dies Paul Verlaine praktizierte, der in seinem *Journal* erzählt, wie er sich künstlich in einen Zustand zwischen Wachen und Träumen versetzte, indem er halb die Augen schloß, so daß er die Dinge durch die Rauten wahrnahm, welche die Wimpernkränze bildeten. Die Dinge verloren auf diese Weise jede Bestimmtheit und fanden sich, wie in dem gleichnamigen Gedicht, in einem ›Kaleidoskop‹ wieder: »Dans une rue, au cœur d'une ville de rêve, / Ce sera comme quand on a déjà vécu: / Un instant à la fois très vague et très aigu ... / Ô ce soleil parmi la brume qui se lève! // Ô ce cri sur la mer, cette voix dans les bois!«[33]

Wenn das Schöne seine (der Proportion und der Harmonie innewohnenden) Eigenschaften der Berechenbarkeit und Meßbarkeit verliert, muß sich zwangsläufig auch das Urteil, was schön sei, objektiven und eindeutig festgelegten Kriterien entziehen. Um dieser Konsequenz entgegenzuwirken, kommen verschiedene praktische und theoretische Strategien zum Einsatz. Beispielsweise entwickeln und vermehren sich, sobald die Vorstellung vom objektiven und berechenbaren Schönen aufgegeben ist, die Museen und tragen über die Exempla-

---

30 JEAN-JACQUES ROUSSEAU, Julie, ou la Nouvelle Héloïse (1761), in: ROUSSEAU, Bd. 2 (1964), 471.
31 Vgl. CHRISTOPHER THACKER, The Wildness Pleases (London/Camberra/New York 1983), 153 ff.
32 CHARLES BAUDELAIRE, Correspondances (1857), V. 8, 5, 9–14, in: BAUDELAIRE, Bd. 1 (1975), 11; vgl. BAUDELAIRE, Parfum exotique (1857), V. 9–14, in: ebd., 25 f.; BAUDELAIRE, Le Flacon (1875), in: ebd., 47 f.
33 PAUL VERLAINE, Kaléidoscope (1883), V. 1–5, in: Verlaine, Œuvres poétiques complètes (Paris 1983), 321; vgl. PAULE SOULIÉ-LAPEYRE, Le vague et l'aigu dans la poésie verlainienne (Paris 1975).

rität ihrer Ausstellungsstücke zur Ausbildung und Festlegung von Regeln und Standards bei, die für die Schulung des ›Geschmacks‹ einer immer wachsenden Anzahl von Individuen gleichermaßen annehmbar sind. In der Gestalt gleichsam von Bildunterschriften verbinden solche Institutionen konkrete Beispiele künstlerischen Schaffens mit theoretischen Normen und Kanons, wie sie in Büchern oder im Kunstschaffen der Akademien ausgearbeitet werden. Das Schöne findet auf diese Weise tendenziell Raum im Bereich des ›Geschmacks‹ oder in der Unmittelbarkeit des ›Fühlens‹, wobei das Element der Vagheit – um der Willkür zu entkommen – eine diffizile Anbindung an ›Geschmacksmuster‹ sucht, die für eine mit ›ästhetischer Bildung‹ versehene Gemeinschaft annehmbar sein sollen. In dem Zeitraum, der vom Barock bis zu Kant reicht, verliert das ästhetische Urteil seine Bestimmtheit: Es wird zu einem nicht in genaue Begriffe übersetzbaren ›Gefühl‹ (dem analog zum ›moral sense‹ gebildeten ›sense of beauty‹ bei Hutcheson), zum ›goût‹ bei Charles Batteux, zum ›iudicium sensitivum‹ bei Baumgarten, zur ›Allgemeinheit ohne Begriff‹ und zur ›Zweckmäßigkeit ohne Zweck‹ bei Kant. In ihrer Loslösung vom Intelligiblen verwandeln sich Schönheit und Kunst in Erscheinungen, die nicht die objektive Wahrheit betreffen, sondern einzig und allein unsere subjektive Weise, uns zu einem Gegenstand in Beziehung zu setzen, die ästhetische Erhebung unseres Gefühls der Lust und der Unlust zur Allgemeinheit im ›reflektierenden Urteil‹. Im freien Spiel zwischen Einbildungskraft und Verstand haben zwar auch die Begriffe ihren Part, aber sie werden in der Betrachtung eines spezifischen Werkes zum Klingen gebracht, in eine Art Resonanzkörper verwandelt, in dem sich die Macht der Einbildungskraft zu artikulieren vermag.[34] Auch die spätere Philosophie macht im übrigen die Entdeckung, daß die Wahrheit sich unmöglich ganz auf die Klarheit und Unterscheidbarkeit der Ideen reduzieren kann, insofern das Vage und Unbestimmte nicht minder real und erkennbar ist (wenngleich mit anderen Mitteln) als das, was sich mit absoluter Genauigkeit beschreiben läßt. Zum Fürsprecher dieses Wunsches nach einer Revanche des Vagen und Unbestimmten über die Philosophie als strenge Wissenschaft – nicht nur im Bereich der Ästhetik, sondern auch in der Gnoseologie – machte sich etwa William James.[35]

V. Das Vage und das ›Je ne sais quoi‹

Wie bereits angedeutet, berührt sich die Begriffsgeschichte des Vagen mit der des ›Je ne sais quoi‹, welches seinerseits am Ende einer lange Geschichte steht. Eine wirkmächtige Formel für dieses Element hat als erster Francesco Petrarca gefunden.[36] Tatsächlich schälte er den Ausdruck nescio quid (›ich weiß nicht was‹) aus einem ganz anders gearteten augustinischen Kontext heraus[37] und prägte damit die oft wiederholte und in alle Sprachen übersetzte Formel, die einem Literaturkritiker wie René Wellek als Banner des Verzichts auf das ästhetische Urteil und als implizites Einverständnis mit dem unkontrollierbaren Hereinbrechen subjektiver Laune erschien.[38] Im Rahmen einer Erotik des Schönen hatte jedoch bereits Platon auf ›etwas anderes‹ (ἄλλο τι) angespielt, das die Seele der Liebenden hinreißt, ohne daß sie wüßten, worum es sich handelt, oder es ausdrücken könnten.[39] Aber auch Cicero verwendet oft Ausdrücke des Typs »nescio quid praeclarum ac singulare« (etwas ganz Überragendes und Einzigartiges)[40] oder »illud nescio quid tenue, quod sentiri nullo modo, intellegi

---

34 Vgl. IMMANUEL KANT, Kritik der Urteilskraft (1790), § 49, in: Kant, Schriften zur Ästhetik und Naturphilosophie, hg. v. M. Frank/V. Zanetti, Bd. 2 (Frankfurt a. M. 2001), 665.
35 Vgl. WILLIAM JOSEPH GAVIN, William James and the Reestablishing of the Vague (Philadelphia 1992); CLAUDE LORIN, L'inachevé: peinture, sculpture, littérature (Paris 1984); TIMOTHY WILLIAMSON, Vagueness (London/New York 1994).
36 Vgl. FRANCESCO PETRARCA, Il canzoniere (entst. 1330–1365) 215 (In nobil sangue), in: Petrarca, Rime, Trionfi e Poesie latine, hg. v. F. Neri u. a. (Mailand/Neapel 1951), 287.
37 Vgl. AUGUSTINUS, Conf. 10, 40, 65.
38 Vgl. RENÉ WELLEK, A History of Literary Criticism: 1750–1950, Bd. 1 (1955; London 1966), 21.
39 Vgl. PLATON, Symp. 192c-d.
40 CICERO, Pro A. Licinio Archia Poeta/Rede für den Dichter A. Licinius Archias, 15, in: Cicero, Die politischen Reden, lat.-dt., hg. u. übers. v. M. Fuhrmann, Bd. 2 (München 1993), 20/21.

autem vix potest« (jenes unfaßbare Feine, das man mit den Sinnen überhaupt nicht, mit dem Verstand nur schwer erfassen kann)[41]. Seit der Renaissance wird das ›Ich-weiß-nicht-was‹ jedenfalls zu einer verbreiteten Redensart. In Weiterentwicklung dieser Idee entwirft Agnolo Firenzuola zu Anfang des 16. Jh. in seinen *Discorsi della bellezza delle donne* (*Gespräche über die Schönheit der Frauen*) eine Konzeption der Schönheit, der schon bald großer Erfolg beschieden war. Bei der Betrachtung eines weiblichen Gesichts »noi vediamo assai volte un viso che non ha le parti secondo le comuni misure della bellezza, spargere non di meno quello splendore della grazia di che noi parliamo [...]; dove per lo contrario si vedrà una con proporzionate fattezze, che potrà essere meritamente giudicata bella da ognuno, non di meno non averà un certo ghiotto [...]; però siam forzati a credere che questo splendor nasca da una occulta proporzione, e da una misura che non è ne' nostri libri, la quale noi non conosciamo, anzi non pure imaginiamo, ed è, come si dice delle cose che noi non sappiamo esprimere, ›un non so che‹« (bemerken wir gar oft ein Gesicht, das nach den gewöhnlichen Begriffen durchaus nicht schön ist, diesen Glanz der Grazie ausstrahlen, von dem wir sprechen. [...] während im Gegenteil ein Mädchen mit proportionierten Zügen, die mit Recht von jedermann für schön gehalten werden könnte, trotzdem nichts Einnehmendes haben kann [...]. Deshalb sind wir zu der Annahme genötigt, dieser Glanz entspringe einem verborgenen Gleichmaß und einem Größenverhältnis, von dem nichts in unseren Büchern steht, das wir nicht kennen, ja nicht einmal ahnen, und von dem wir sagen können, wie von unerklärlichen Dingen, es sei ›ein gewisses Etwas‹.)[42] Wie man sieht, ist eines der klassischen charakteristischen Merkmale der Schönheit, die Proportion, nicht verschwunden. Sie ist nur zu etwas Verborgenem und Unerklärlichem geworden.

Eine gründliche Bearbeitung erfuhr das Thema jedoch durch den französischen Jesuiten Dominique Bouhours, dessen 1671 veröffentlichte *Entretiens d'Ariste et d'Eugène* einen Dialog ›Je ne sçay quoy‹ enthalten[43], sowie durch den spanischen Benediktiner Benito Jerónimo Feijoo y Montenegro.[44] Bouhours geht von der Betrachtung des Meeres aus – von seiner Wandelbarkeit und wie es sich bei veränderter Form, Farbe und Bewegung doch immer gleichbleibt – als Symbol der Unausdrückbarkeit und der unnachahmlichen Vielfalt des ›gewissen Etwas‹.[45] Die Betrachtung des Meeres gibt tatsächlich mehr zu denken als sie ausdrücklich sagt und ruft im Geist ein Geheimnis auf, das sich dem Verständnis entzieht. Etwas Analoges geschieht bei der Betrachtung eines menschlichen Gesichts mit seiner spezifischen Physiognomie, mit dem, was es von hunderttausend anderen Gesichtern unterscheidet und eine Differenz bezeichnet, die sich nicht auf das Feuer der Augen, die Breite der Stirn oder den Schnitt des Mundes reduzieren läßt. Und selbst wenn jedes Element in sich meßbar und klassifizierbar wäre, der Sinn des Ganzen würde uns doch immer noch entgehen.[46] Im übrigen ist die ganze Natur voll von solchen ›gewissen Etwas‹, die sich ihrer Einordnung in Schemata und ihrer logischen oder mathematischen Erklärung widersetzen. Die Regelhaftigkeit der galileischen Physik und ihres in vollkommenen Kreisen oder Dreiecken geschriebenen ›großen Buchs der Natur‹ findet sich demnach nicht bei allen Phänomenen wieder. Das Universum scheint entsprechend in zwei Bereiche eingeteilt und zwei verschiedenen Gesetzgebungen unterworfen zu sein: auf der einen Seite den strengen Gesetzen der reinen geometrischen Formen und den Bewegungen der materiellen Körper, auf der anderen dem ›Geheimnis‹ unserer Geschmacksurteile, wenn sie auf das Unklassifizierbare stoßen.

---

41 CICERO, De divinatione 2, 94/Über die Wahrsagung, lat.-dt., hg. u. übers. v. C. Schäublin (München 1991), 222/223.
42 AGNOLO FIRENZUOLA, Discorsi della bellezza delle donne (entst. 1541; ersch. 1548), in: Firenzuola, Opere, hg. v. A. Seroni (Florenz 1958), 563; dt.: Gespräche über die Schönheit der Frauen, übers. v. P. Seliger (Leipzig ⁵1907), 61 f. [Schluß der Übers. leicht abgeändert].
43 Vgl. DOMINIQUE BOUHOURS, Les Entretiens d'Ariste et d'Eugène (Paris 1671), 237–257.
44 Vgl. BENITO JERÓNIMO FEIJOO Y MONTENEGRO, El no sé qué (1734), in: Feijoo, Teatro crítico universal, 8 Bde. (1726–1739), hg. v. Á.-R. Fernández González [Textauswahl] (Madrid 1985), 225–239.
45 Vgl. BOUHOURS (s. Anm. 43), 3 f.
46 Vgl. ebd., 251.

Besonders scharfsinnig ist die Analyse Feijoos in der Abhandlung *El no sé qué*, enthalten im 6. Band seines *Teatro crítico universal* (1734). In der Absicht, ›das Geheimnis zu entschlüsseln‹⁴⁷, verknüpft er das ›No sé qué‹ bei der ›einfachen‹ Schönheit (bestehend beispielsweise in dem beim einzelnen Ton wahrnehmbaren Timbre einer Stimme oder in einer einzelnen Farbnuance) mit der charakteristischen Nichtausdrückbarkeit des Individuellen, insofern Individuen nicht definierbar sind; bei der ›komplexen‹ Schönheit hingegen bringt er dasselbe ›No sé qué‹ mit der einzigartigen und unwiederholbaren »recíproca proporción« (229; wechselseitigen Proportion) der Teile eines zusammengesetzten Ganzen (eines Antlitzes, eines Musikstücks usw.) in Verbindung. Indem er behauptet, daß das sogenannte ›gewisse Etwas‹ bei der einfachen Schönheit eines Tons »no puedes definir ni dar nombre a ese sonido, según su ser individual« (nicht bestimmbar oder benennbar sei, gemäß dem individuellen Sein eben jenes Tons) und daß »los individuos no son definibles« (Individuen nicht definierbar sind) (231), indem er behauptet, daß bei der komplexen Schönheit das gewisse Etwas eines Antlitzes »consiste en una determinada proporción de sus partes, la cual proporción es distinta de aquélla, que vulgarmente está admitida como pauta indefectible de la hermosura« (238; in einer bestimmten Proportion seiner Teile besteht, unterschieden von jener, die gemeinhin als unfehlbare Regel der Schönheit gilt), wird Feijoo gewissermaßen zum Entdecker der Bedeutung der Individualität, des ›individuum omnimode determinatum‹, das Baumgarten in den *Meditationes* (1735) dazu brachte, die Eigenschaften der modernen ›Ästhetik‹ festzulegen⁴⁸: die Irreduzibilität des Sinnlichen auf die Allgemeinheit des Begriffs, seine Unübersetzbarkeit.

Wenngleich er sich nur selten für Themen der Ästhetik interessierte, ist es doch das Verdienst Gottfried Wilhelm Leibniz', daß er die Erkenntnis in eine dunkle oder klare unterteilte und die klare in eine konfuse oder distinkte. Dies bedeutet, daß wir sehr wohl Kenntnisse haben können und tatsächlich auch haben, die zugleich klar und konfus sind, wie beispielsweise die der Farben oder der anderen Gegenstände der sinnlichen Wahrnehmung: Wir können sie zwar vermöge des Gesichts- oder Gehörsinnes unterscheiden, sind aber nicht in der Lage, ihnen andere distinktive Merkmale hinzuzufügen, die es erlaubten, sie in der Gestalt von Worten zu artikulieren (weshalb wir einem Blinden nicht die Farbe Rot oder einem Tauben nicht einen bestimmten musikalischen Ton erklären können). Das gewisse Etwas wird bei Leibniz daher mit den klaren, aber konfusen Wahrnehmungen in Verbindung gebracht, wie es sogar auch jene unseres Denkens sind, wenn wir uns fragen, worin es bestehen mag, oder wenn wir eine Lust empfinden, deren Ursache uns unbekannt ist. Wie im § 24 des *Discours de metaphysique* (entst. 1686) ausgeführt wird, gilt dies auch für Geschmacksurteile über Werke der Kunst: »C'est ainsi que nous connoissons quelques fois *clairement*, sans estre en doute en aucune façon, si un poëme ou bien un tableau est bien ou mal fait, parce qu'il y a un *je ne sçay quoy* qui nous satisfait ou qui nous choque.«⁴⁹ Oder eine klare, aber konfuse Wahrnehmung, in der ein gewisses Etwas zum Ausdruck kommt, ist, nach einem treffenden Beispiel in den *Nouveaux Essais* (1703–1705), die eines Zahnrades in Bewegung, »ce qui en fait disparoistre les dens et paroistre à leur place un transparent continuel imaginaire, composé des apparences successives des dents et de leur intervalles, mais où la succession est si promte que nostre fantaisie ne la sauroit distinguer«⁵⁰. Nur vom stillstehenden Zahnrad können wir eine zugleich klare und distinkte Wahrnehmung haben; in der Wahrnehmung des sich bewegenden Rades jedoch ist das Element der Verschmelzung von Zähnen und Zwischenräumen

---

47 Vgl. FEIJOO (s. Anm. 44), 231, 234.
48 Vgl. ALEXANDER GOTTLIEB BAUMGARTEN, Meditationes philosophicae de nonnullis ad poema pertinentibus (1735)/Philosophische Berachtungen über einige Bedingungen des Gedichts, lat.-dt., hg. v. H. Paetzold (Hamburg 1983), 18 (§ XIX).
49 GOTTFRIED WILHELM LEIBNIZ, [Ohne Ueberschrift, enthaltend ›Discours de métaphysique‹ (entst. 1686)], in: Leibniz, Die philosophischen Schriften, hg. v. C. I. Gerhardt, Bd. 4 (Berlin 1880), 449.
50 LEIBNIZ, Nouveaux Essais sur l'Entendement humain (entst. 1703–1705), in: ebd., Bd. 5 (Berlin 1882), 384 (4, 6, 7).

zu einer kontinuierlichen imaginären Transparenz nicht wegzubekommen: es ist konstitutiv.[51]

VI. Die Romantik und das ›Modell Leopardi‹

Zur theoretischen Vertiefung eines solchen künstlerischen Prinzips der Unbestimmtheit kommt es jedoch erst mit der frühen Generation der deutschen Romantiker, wo es in enger Verbindung mit der planmäßigen Zersetzung der Idee des Schönen als Reflex einer vorbildhaften, klar lesbaren kosmischen Ordnung steht. Oftmals wird dabei schlegelianisch durch Ironie als »Form des Paradoxen«[52] und durch die ›Auflösung‹ jeder Unterscheidung ins Nichts verfahren. Da es, nach Friedrich Schlegel in den *Fragmenten* (1798), ebenso gefährlich ist, sich auf ein System zu beziehen als es abzulehnen, wird eine fortgesetzte Vermittlung zwischen Ordnung und Chaos zum angestrebten Ideal. Für Novalis verwandelt sich das physische und psychische Universum so in eine unauslotbare, nächtliche, mysteriöse Ansammlung von Hieroglyphen, zu deren unentzifferbaren Schönheit man gelangt, indem man mithilfe der berühmten, in den *Fragmen-*

ten entwickelten ›Romantisierung der Welt‹, durch welche das Geheimnisvolle banal und das Banale geheimnisvoll wird, die Wirklichkeit programmatisch kon-fundiert, konfus macht. Paradoxerweise imitiert nunmehr die Wirklichkeit die Kunst, denn die Welt wird als ein »ewig sich selbst bildendes Kunstwerk«[53] aufgefaßt. Seit Schellings *Philosophie der Kunst* (1802) – nach der Entdeckung, daß analog zum Schöpfungsakt der Natur auch der schöpferische Akt des Menschen eine unbewußte Kraft enthält – wird sich die Ästhetik deshalb im wesentlichen mit dem Kunstschönen und nicht mehr direkt mit dem Naturschönen befassen.

Das Undeutliche wird in dieser Phase der kulturellen Entwicklung sowohl in der Musik als auch in der Literatur zum Poetischen par excellence. Beide neigen vor allem in der Spätromantik zum Pianissimo zarter, ineinanderfließender Töne. Eine der eindringlichsten und originellsten Fassungen dieser vagen Schönheit hat uns Leopardi vermittelt, der sie eingehend behandelt und in seinen Werken als Poetik praktiziert. Er läßt sie aus ›romantischen Situationen‹ entstehen, im Anfang definiert durch die sinnliche Vorenthaltung dessen, was der Blick sehen und das Gehör hören könnten, wenn sie es denn keinen Hindernissen begegneten. Denn ihm zufolge verlangt es den Menschen – wie jedes andere Lebewesen auch – ursprünglich nach uneingeschränkter Lust von ›grenzenloser‹ Intensität und Dauer.[54] Deshalb kann seine Seele, »welche Lust sucht in allem, wo sie keine findet, nicht befriedigt werden; wo sie aber welche findet, sind ihr Grenzen ein Graus« (cercando il piacere in tutto, dove non lo trova, già non può essere soddisfatta, dove lo trova, abborre i confini). Gleichwohl gibt es Fälle, in denen die Schranken, die der direkten Entfaltung einer grenzenlosen Lust auferlegt sind, keine Ablehnung hervorrufen, sondern erfreuen: »alle volte l'anima desidererà ed effettivamente desidera una veduta ristretta e confinata in certi modi, come nelle situazioni romantiche«[55] (mitunter wird es die Seele verlangen und verlangt es sie tatsächlich nach einer in gewisser Hinsicht beschränkten und begrenzten Sicht, wie in den romantischen Situationen).

Diese ›romantischen Situationen‹ stehen jedoch nicht im Widerspruch zur Sehnsucht nach dem Unendlichen. Angesichts von Hemmnissen er-

---

51 Vgl. PAOLO D'ANGELO/STEFANO VELOTTI, Il ›non so che‹. Storia di una idea estetica (Palermo 1997), 36–49; ALFRED BAEUMLER, Das Irrationalitätsproblem in der Ästhetik und Logik des 18. Jahrhunderts bis zur Kritik der Urteilskraft (1923; Darmstadt 1981); ERICH KÖHLER, ›Je ne sais quoi‹, in: RITTER, Bd. 4 (1976), 640–644; KÖHLER, Je ne sais quoi. Ein Kapitel aus der Begriffsgeschichte des Unbegreiflichen, in: Romanistisches Jahrbuch 6 (1953/1954), 21–59; JANKÉLÉVITCH, Le Je-ne-sais-quoi (s. Anm. 9); LORIN (s. Anm. 35); WALTHER VON WARTBURG, Non sapio quid, in: Studia Philologica. Homenaje ofrecido a Dámaso Alonso, Bd. 3 (Madrid 1963), 579–584; GIOVANNI MACCHIA, Il naso di Cleopatra (1972), in: Macchia, Elogio della luce (Mailand 1990), 22–38.
52 F. SCHLEGEL, Lyceums-Fragmente (1797), in: SCHLEGEL (KFSA), Bd. 2 (1967), 153.
53 F. SCHLEGEL, Gespräch über die Poesie (1800), in: ebd., 323.
54 Vgl. LEOPARDI, Zibaldone di pensieri, hg. v. A. M. Moroni, Bd. 1 (Mailand 1983), 349 [Eintrag 646 v. 12. 2. 1821].
55 Ebd., 138 [Eintrag 170 v. 12./13. 7. 1820].

gänzt die Einbildungskraft unser unbezwingbares Bedürfnis nach Vollkommenheit und Absolutem, indem sie das jenseits der Grenzen der Wahrnehmung liegende Unendliche oder Unbegrenzte ›fingiert‹ bzw. simuliert: »allora in luogo della vista, lavora l'immaginazione e il fantastico sottentra al reale. L'anima si immagina quello che non vede, che quell'albero, quella siepe, quella torre gli nasconde, e va errando in uno spazio immaginario, e si figura cose che non potrebbe, se la sua vista si estendesse da per tutto, perché il reale escluderebbe l'immaginario«[56] (dann arbeitet anstelle des Sehens die Einbildungskraft, und das Phantastische tritt an die Stelle des Wirklichen. Die Seele stellt sich vor, was sie nicht sieht, was jener Baum, jene Hecke, jener Turm vor ihr verbirgt, und sie durchstreift einen imaginären Raum, und sie stellt sich Dinge vor, die sie sich gar nicht vorstellen könnte, wenn ihre Sicht überallhin reichte, weil das Wirkliche das Vorgestellte ausschlösse). Gestattet sei ein langes, doch erhellendes Zitat: »Da quella parte della mia teoria del piacere dove si mostra come degli oggetti veduti per metà, o con certi impedimenti ec., ci destino idee *indefinite*, si spiega perché piaccia la luce del sole o della luna, veduta in luogo dov'essi non si vedano e non scoprano la sorgente della luce; un luogo solamente in parte illuminato da essa luce; il riflesso di detta luce, e i vari effetti materiali che ne derivano; il penetrare di detta luce in luoghi dov'ella divenga incerta e impedita; e non bene si distingua, come attraverso un canneto, in una selva, per li balconi socchiusi ec. ec. [...] in un andito veduto al di dentro e al di fuori, e in una loggia parimente ec. quei luoghi dove la luce si confonde ec. ec. colle ombre, come sotto un portico, in una loggia impedita e pensile, fra le rupi e i burroni, in una valle, sui colli veduti dalla parte dell'ombra, in modo che ne sieno indorate le cime, il riflesso che produce, per esempio, un vetro colorato su quegli oggetti su cui si riflettono i raggi che passano per detto vetro; tutti quegli oggetti insomma che per diverse materiali e menome circostanze giungono alla nostra vista, *udito* ec., in modo incerto, mal distinto, imperfetto, incompleto, o fuor dell'ordinario ec.«[57] (Aus dem Teil meiner Theorie der Lust, wo gezeigt wird, wie Gegenstände, die wir nur halb oder in gewisser Weise verdeckt etc. sehen, *unbestimmte* Vorstellungen in uns wecken, erklärt sich, weshalb uns das Licht der Sonne oder des Mondes dort gefällt, wo wir es sehen, ohne diese selbst zu sehen, ohne daß also die Lichtquelle entdeckt wird; dort, wo etwas nur zum Teil durch dieses Licht beleuchtet wird; der Widerschein des Lichts und die verschiedenen von ihm ausgehenden stofflichen Wirkungen; das Eindringen des Lichts dort, wo es unbestimmt und gehemmt wird; wo man es nicht klar erkennen kann, es etwa durch ein Röhricht, in einen Wald, durch zugezogene Balkontüren etc. etc. fällt, [...] in einen Gang, der zugleich nach innen und nach außen weist, in einer ebensolchen Loggia, sowie dort, wo das Licht sich mit Schatten vermischt etc., wie unter einer Arkade, in einer geschlossenen, hängenden Loggia, zwischen Schluchten und Klüften, in einem Talgrund, auf Bergen, die schon im Schatten liegen und deren Spitzen noch vergoldet sind, der Widerschein, den beispielsweise ein farbiges Glas auf Gegenständen hervorbringt, auf denen sich durch dieses Glas fallende Strahlen spiegeln; kurzum all jene Gegenstände, die unseren Gesichtssinn, unser *Gehör* etc. durch verschiedene Stoffe und geringste Umstände in unbestimmter, undeutlicher, unvollkommener oder außergewöhnlicher etc. Weise erreichen.)

Gerade weil alle Sinne beschränkt sind (einschließlich des Gesichtssinns, der doch weiter reicht als die anderen, bis zur Wahrnehmung fernster Sterne), ergänzt die Einbildungskraft *per absentiam* das ihnen Mangelnde. Wenn sie überallhin vordringen könnten, gäbe es keine Einbildungskraft, die entsprechend auch keine Wirklichkeit ersetzen könnte. An die Stelle der Wahrnehmung, blockiert durch raum-zeitliche ›Hemmnisse‹ oder durch Unsicherheiten in bezug auf die Beschaffenheit ihrer Gegenstände, tritt – als Ergänzung oder als Gegensatz – die Einbildungskraft. Auf diese Weise wird die Lust, wenn sie eine gewisse Zeit lang entsprechend zurückgehalten wird, zuletzt aufspringen wie eine zusammengedrückte Feder: »Qualunque cosa ci richiama l'idea dell'infinito è piacevole per questo, quando anche non per altro. Così un filare o un viale d'alberi di cui non arri-

---

56 Ebd., 138 [Eintrag 171 v. 12./13. 7. 1820].
57 Ebd., Bd. 2 (Mailand 1983), 632 f. [Eintrag 1744–1746 v. 20. 9. 1821].

viamo a scoprire il fine.«[58] (Was immer in uns die Vorstellung des Unendlichen aufruft, ist, wenn nicht aus anderen Gründen, allein schon deshalb angenehm. So eine Baumreihe oder eine Allee, bei der wir das Ende nicht absehen können.) Tatsächlich bringt die Verneinung oder die Beschränkung der sinnlichen Wahrnehmungen eine komplementäre (nicht spiegelbildliche und nicht entgegengesetzte) Welt zu der unmittelbar über den Gesichtssinn, das Gehör, den Tastsinn und den Geschmack erfahrenen hervor. Ein solcher ›imaginärer Raum‹ wirkt in mancher Hinsicht wie ein konkaver Raum im Verhältnis zur Konvexität des realen Raums, insofern er einen hypothetischen, mutmaßlichen Abdruck davon darstellt; andererseits verhält er sich antagonistisch dazu, insofern er von einer Sehnsucht nach dem Unendlichen herrührt, welche, da sie in dieser zu ihrer Darstellung ungeeigneten Welt keine Entsprechung findet, sie nicht nur nicht widerspiegelt, sondern sie nach anderen Regeln neu zu formulieren gezwungen ist. Kunst ist die Andeutung imaginärer Räume, die sich durch das Sinnliche hindurch auftun, nicht hegelsches sinnliches Scheinen der Idee, sondern ihre Verkörperung. Sie weist auf jenes Unendliche hin, das man nicht fassen, aber gegen das Unbestimmte eintauschen kann.

Wenn uns das Unendliche also verschlossen bleibt, nicht nur von der Seite der Erkenntnis, sondern selbst von der der Einbildungskraft, so bleibt uns doch die Fähigkeit, unbestimmt wahrzunehmen: »La qual cosa ci diletta perché l'anima non vedendo i confini, riceve l'impressione di una specie di infinità, e confonde l'indefinito coll'infinito, non però comprende né concepisce effettivamente nessuna infinità. Anzi nelle immaginazioni le più vaghe e indefinite, e quindi le più sublimi e dilettevoli, l'anima sente espressamente una certa angustia, una certa difficoltà, un certo desiderio insufficiente, un'impotenza decisa di abbracciar tutta la misura di quella sua immaginazione, o concezione o idea«[59] (Was uns erfreut, weil die Seele, die keine Begrenzung sieht, den Eindruck einer Art Unend-

lichkeit erhält und das Unbestimmte mit dem Unendlichen verwechselt, Unendlichkeit jedoch weder wirklich begreift noch zu fassen bekommt. Vielmehr empfindet die Seele noch in den vagesten und unbestimmtesten, mithin erhabensten und angenehmsten Vorstellungen ausdrücklich eine gewisse Enge, eine gewisse Schwierigkeit, eine gewisse unbefriedigte Sehnsucht, eine entschiedene Ohnmacht, das ganze Ausmaß dieser ihrer Einbildung oder Auffassung oder Vorstellung zu umfassen.) Das Umherschweifen, das Sich-Verirren, das Scheitern sind daher die Kennzeichen der Schönheit in ihrer ›vagen‹, d. h. zugleich wandelbaren, schweifenden und unbestimmten Form. Die »vaghe stelle dell'Orsa« (anmutigen Sterne des Bären)[60] der *Ricordanze* oder ›il pastore errante‹ des *Canto notturno di un pastore errante dell'Asia* (entst. 1830; *Nachtgesang eines Wanderhirten Asiens*) bestätigen ihren nomadischen, wechselhaften und unbegrenzten Charakter, wie er in ihrem Wandern innerhalb des ›imaginären Raums‹ zwischen dem Bestimmten und dem Unbestimmten zutage tritt. Die Schönheit fällt mit der Vagheit zusammen, weil die (ursprünglich platonische, vom Christentum aufgegriffene und mit Gott identifizierte) Konzeption einer reinen, festen, starren und naturgegebenen Form sich nicht aufrechterhalten läßt. Denn jede Erkenntnis geht von den Sinnen aus und wird der Einbildungskraft und der Vernunft (wo beide nicht hinreichen) auf der Basis einer unausgesetzten Verarbeitung der ihnen übermittelten Stoffe ergänzt; was sich uns wirklich zeigt, ist lediglich die nicht ableitbare Gegebenheit aller Dinge.

Indem der Suche nach weiteren Annäherungen an eine unerreichbare Unendlichkeit Hemmnisse und Schweigen entgegengesetzt werden, erhält das Diesseits gerade Bestimmtheit, während sich das Jenseits der Imagination angenehm ins Gestaltlose auflöst. Dies verhält sich wie mit dem ›Umherstreifen‹ im Sinne von Reisen: »Chi viaggia molto, ha questo vantaggio dagli altri, che i soggetti delle sue rimembranze presto divengono remoti; di maniera che esse aquistano in breve quel vago e quel poetico, che negli altri non è dato se non dal tempo. Chi non ha viaggiato punto ha questo svantaggio, che tutte le sue rimembranze sono di cose in qualche parte presenti, poiché presenti sono i luoghi ai

---

58 Ebd., Bd. 1 (Mailand 1983), 148 [Eintrag 185 v. 25. 7. 1820].
59 Ebd., 288 [Eintrag 472–473 v. 4. 1. 1821].
60 LEOPARDI (s. Anm. 1).

quali la sua memoria si riferisce.«[61] (Wer viel reist, hat den anderen voraus, daß die Gegenstände seiner Erinnerungen schnell in die Ferne rücken; so daß diese in kurzer Zeit jenes Vage und Poetische bekommen, das bei den anderen nur die Zeit bewirken kann. Wer überhaupt keine Reisen unternommen hat, hat diesen Nachteil, daß all seine Erinnerungen Dinge betreffen, die irgendwo vorhanden sind, denn vorhanden sind die Orte, auf die sich sein Gedächtnis bezieht.) Die Poesie weckt deshalb äußerst lebhafte Emotionen, weil sie die Seele mit vagen, unbegrenzten, nicht klaren Ideen erfüllt. Und dies vor allem, wenn sie Worte benutzt, die das Unbestimmte evozieren: »Le parole *lontano, antico* e simili sono poeticissime e piacevoli, perché destano idee vaste, e indefinite, e non determinabili e confuse.«[62] (Die Worte *fern, alt* und dergl. sind überaus poetisch und angenehm, weil sie weite, unbestimmte, unbegrenzbare und konfuse Vorstellungen wecken.)

Die Spannung zwischen der Ausschließung der Wahrnehmung und der Einbeziehung der Einbildungskraft, zwischen dem Amorphen und der Form evoziert das Unendliche: je klarer die Grenze ist, desto mehr gemahnt sie – durch den Kontrast – an das Unendliche selbst. Auf diese Weise ergibt sich, wie in dem berühmten Gedicht *L'infinito* (entst. 1819; *Unendlichkeit*), ein unausführbarer und unerschöpflicher Vergleich zwischen den Rändern der »Hecke« (siepe) und den »grenzenlosen Räumen jenseits von ihr« (interminati spazi di là da quella), zwischen dem Rauschen der Blätter im Augenblick und dem tiefen Schweigen des Kosmos, zwischen »den vergangenen Zeiten« (le morte stagioni) und »der lebendigen Gegenwart und ihrem Klang« (la presente e viva, e il suon di lei)[63]. Die Grenze, die die Sehnsucht aufs Unendliche hin gern überschreiten würde, ist Brücke und Barriere zugleich: Sie verbindet und trennt, verschmilzt und scheidet. Gerade das Insistieren auf der Doppelwertigkeit dieser Grenze unterscheidet Leopardi sowohl von der klassischen und klassizistischen Tradition einerseits als auch von der deutschen (und zum Teil europäischen) Romantik andererseits. Tatsächlich lehnt er die Betonung der geschlossenen ›schönen Form‹, die sich einem Verweisen auf den ›imaginären Raum‹ jenseits ihrer selbst verweigert (ihn eher in ihrem Inneren einzuschließen sucht), ebenso ab wie die romantische Tendenz zur experimentell offenen Form, zu der von Schlegel proklamierten Auflösung der Ordnung im neuen ›Chaos‹, der Form im regenerierenden Amorphen und zum ›Verschwinden‹ jeder Unterscheidung im Nichts, insofern »das Sein [...] an und für sich selbst nichts [ist]; es ist nur *Schein*; es ist nur die Grenze des Werdens, des Strebens.«[64] Die doppelte Grenze stellt sich auf diese Weise zugleich als ›romantisch‹ dar, insofern sie ›dem Blick‹ etwas ›entzieht‹ und an die Stelle der Wirklichkeit die Einbildungskraft treten läßt, wie auch als klassisch oder klassizistisch, da der ›Blick‹ autoreferentiell das Etwas in die Form diesseits der Grenzen ›einschließt‹. Je präziser die trennende Kontur ist, desto ›vager‹ die daraus sich ergebende Gestalt.

Auch bei Leopardi sind die taghelle Klarheit, die Sonnenklarheit, wie sie von Klassikern und Klassizisten angestrebt wird (mit ihrem Beharren auf der Sichtbarkeit der Harmonie, der Proportion, des Maßes, das sie in der Architektur beispielsweise geometrische Körper wie Kugel, Kubus oder Kegel idealisieren läßt), in ihrer Tendenz zur in sich geschlossenen Perfektion inakzeptabel. Doch ebenso ausgeschlossen ist der totalisierende Rekurs auf das Unbestimmte und das Unbegrenzte in der Art eines Novalis, bei dem die Seele sich auflösen und in der Ununterscheidbarkeit fließender, lichtloser Räume (das Licht hat seine ›Zelte‹ in ›anderen Welten‹ aufgeschlagen) eine wahrere Welt enthüllen möchte. Um die Affinitäten und Unterschiede zu erfassen, vergleiche man Leopardis Dichtungen und seine Betrachtungen über das Indistinkte (und speziell über das oben erwähnte ›Röhricht‹[65]) mit dem 5. der 1832 veröffentlichten *Schilflieder* von Nikolaus Lenau, 1842 vertont von Felix Mendelssohn Bartholdy (Op. 71, Nr. 4):

---

61 LEOPARDI, Pensieri, hg. v. C. Galimberti (Mailand 1982), 79 (Eintrag 87).
62 LEOPARDI (s. Anm. 57), 650 (Eintrag 1789 v. 25. 9. 1821).
63 LEOPARDI, L'Infinito (entst. 1819)/Unendlichkeit, in: Leopardi (s. Anm. 1), 90/91, 92/93.
64 F. SCHLEGEL, Die Entwicklung der Philosophie in zwölf Büchern (entst. 1804–1805), in: SCHLEGEL (KFSA), Bd. 12 (1964), 336.
65 Vgl. LEOPARDI (s. Anm. 57), 632 (Eintrag 1744 v. 20. 9. 1821).

»Auf dem Teich, dem regungslosen, / Weilt des Mondes holder Glanz, / Flechtend seine bleichen Rosen / In des Schilfes grünen Kranz. // Hirsche wandeln dort am Hügel / Blicken in die Nacht empor; / Manchmal regt sich das Geflügel / Träumerisch im tiefen Rohr.«[66]

VII. Vage Schönheit, Unvollkommenheit und die Musik

Seit dem Ende des 18. Jh. bis noch vor wenigen Jahrzehnten ging die Poetik des Vagen und Unbestimmten mit der Vorliebe für das stets, wie jedes Leben, unvollendet bleibende Kunstwerk einher (daß etwa Burke die »unfinished sketches of drawing« mehr schätzte als »the best finishing«[67], liefert ein Beispiel dafür). Hinfällig wird so die Kantische Unterscheidung zwischen ›freier Schönheit‹ (pulchritudo vaga) und ›bloß anhängender Schönheit‹ (pulchritudo adhaerens), die in einem gewissen Maß die klassische Trennung von ›pulcher‹ und ›aptus‹ reproduziert, insofern der Akzent auf dem Vorhandensein bzw. Fehlen einer Zweckmäßigkeit liegt. Bei der Betrachtung von Blumen, Papageien, Muscheln, Mäandern oder Laubwerk auf Tapeten ist die Schönheit, die wir antreffen, ohne jede Zweckgebundenheit, während wir angesichts der Schönheit eines Menschen, eines Pferdes oder eines Gebäudes doch stets einen Begriff vom Zweck, von der Vollkommenheit, vom Guten voraussetzen.[68] Bei Kant bleibt jedoch in beiden Fällen eine Verbindung zum Guten bestehen, welche zwar unbeweisbar ist, doch nicht gekappt werden soll, denn »das Schöne ist das Symbol des Sittlich-Guten«[69].

Dies sind einige der Gründe dafür, weshalb man sich gegenwärtig gemeinhin gegen die Idee eines vollendeten Kunstwerks wendet, womöglich in der hermeneutischen Absicht, es zu ›dekonstruieren‹, unablässig seine Unvollendetheit aufzuzeigen oder mit jedem Schritt sein Verständnis aufzuschieben: Insbesondere hierin liegt für Derrida der Sinn der ›différance‹ oder der ›maintenance‹ in der Architektur. Indem es die inneren Spannungen aufzeigt, die, in der Sprache Gadamers, zu einem ›Seinszuwachs‹ führen[70], erhält das Kunstwerk ein immer individuelleres Gepräge, wird eine Welt für sich. Mit dem Vorherrschen der unvollendeten oder für einen ›endlosen Aufschub‹ empfänglichen vagen Schönheit wird freilich auch das Ideal des Schönen als absolute Vollkommenheit hinfällig (einschließlich der handwerklichen: nach der Horazschen Auffassung von Dichtung muß diese poliert sein wie der Marmor einer Statue, »praesectum [...] ad unguem« [mit gestutztem Nagel geprüft][71]). Die Schlußfolgerung daraus lautet paradoxerweise, daß man sowohl die Schönheit, »celle qui ruine l'être«[72], als auch die Vollkommenheit angreifen muß: »Ruiner la face nue qui monte dans le marbre, / Marteler toute forme, toute beauté. // Aimer la perfection parce qu'elle est le seuil, / Mais la nier sitôt connue, l'oublier morte, / L'imperfection est la cime«[73].

Die Unmöglichkeit, im Kunstwerk eine präzise Bedeutung zu finden, ein Schönes als Ausdruck einer kommunizierbaren Wahrheit, zeigt sich in der Musik, in der seit jeher die Vagheit bzw. die wandelbare Schönheit vorherrscht, die sich in und dank der Zeit entwickelt, die sich konstitutiv aber nicht in ihr erschöpfen kann. Die Musik ist ganz im Phänomen, untrennbar von der eigenen Klanglichkeit: Sie bedeutet nichts als das, was sie zeigt, ohne jede Absicht, Darstellung oder jeden verborgenen Gedanken, dessen Mittler sie nur wäre. Wie Jankélévitch in La musique et l'ineffable (1961) bemerkt: »la musique ne dit que ce qu'elle dit, ou mieux ne ›dit‹ rien, dans la mesure où ›dire‹ est

---

66 NIKOLAUS LENAU, Schilflieder (1832), in: Lenau, Sämtliche Werke und Briefe, hg. v. E. Castle/W. Dietze (Leipzig 1970), 21 f.
67 BURKE, 77.
68 Vgl. KANT, (s. Anm. 34), 555 f. (§ 16).
69 Ebd., 714 (§ 59).
70 Vgl. HANS-GEORG GADAMER, Wahrheit und Methode. Grundzüge einer philosophischen Hermeneutik (1960; Tübingen ⁴1975), 133, 128–137.
71 HORAZ, Ars 290; dt.: Über die Dichtkunst, übers. v. E. Schäfer, in: Horaz, Sämtliche Gedichte, lat.-dt., hg. v. B. Kytzler (Stuttgart 1992), 648/649.
72 YVES BONNEFOY, La beauté (1958), in: Bonnefoy, Poèmes (Paris 1978), 114.
73 BONNEFOY, L'imperfection est la cime (1958), in: ebd., 117.

communiquer un sens«[74]. Tonfolgen in Begriffsreihen übertragen zu wollen würde bedeuten, sie zu verzerren und zu verflachen. Auch weil, wie bereits Mitte des 19. Jh. Eduard Hanslick vertrat, die Musik eine (eher aus ›Adjektiven‹ denn aus ›Substantiven‹ bestehende) Sprache ist, »eine Sprache, die wir sprechen und verstehen, jedoch zu *übersetzen* nicht im Stande sind«[75].

Hinter der Klangoberfläche hat man jedenfalls den Eindruck einer unbegrenzten Tiefe (als ob die Musik aus einer Leere hervorginge, die sie vorübergehend immer wieder auffüllt), einen Eindruck, der von der Wahrnehmung weiterer ›Entwicklungschancen‹ herrührt, des für die Empfindung der Melancholie, der Freude oder des Schmerzes in all ihren Nuancen und Spielarten benötigten Zeitraums. Wie jede Kunst trägt die Musik eine »masque inexpressif«, weil sie sich vornimmt, »d'exprimer l'inexprimable à l'infini«[76], eben das ›ineffable‹, das ›inexprimable‹ ist, »parce qu'il y a sur lui infiniment, interminablement à dire« (93). Daher mündet sie paradoxerweise oftmals in Schweigen und Staunen. Darin liegt ihre kostbare Reserve an Sinn, die nicht aufgeteilt werden kann, indem man sie rasch gegen detaillierte Kommentare eintauscht: »Quand les divins arpèges du *Requiem* se sont évaporés dans l'air – in *Paradisum deducant te angeli* …, chacun a compris qu'il n'est pas besoin d'autres commentaires; alors on a tout dit, et les hommes se regardent en silence« (106 f.).

Für einen beträchtlichen Teil der modernen Sensibilität und des modernen Bewußtseins steht die Schönheit in keinerlei Beziehung zu strengen Formen des ›Ausdrucks‹ mehr. Vielmehr werden wir auf subjektive und nicht leicht zu definierende Regeln verwiesen, und es kommt zu einer Aufhebung der Schranke zwischen Form und Formlosem (wie bei den von Roger Caillois untersuchten Steinen, die Landschaften zu bilden scheinen[77]), zwischen Sichtbarem und Unsichtbarem (wie bei bestimmten Bildern von Jackson Pollock), zwischen Klang und Geräusch (wie im Fall der Strandkonzerte von John Cage, bei denen alle Anwesenden ihre Transistorradios auf einen beliebigen Sender einstellen können, oder wenn in dem Stück *Imaginary Landscape No. 4* [entst. 1951; ersch. 1960] vierundzwanzig Ausführende an den Knöpfen von 12 Radios drehen). Die Schönheit hat sich – greift man auf die Definition Baudelaires aus dem Sonett *À une passante* (1857) zurück – zu einer ›fugitive beauté‹ gewandelt, so daß auch der Ausdruck des Schönen ständige Metamorphosen durchlaufen können muß. Eher denn als abgeschlossenes Werk wird die künstlerische Hervorbringung deshalb oft als Auslöser kaleidoskopischer und instabiler Emotionen oder subjektiver Ahnungen konzipiert und wahrgenommen. Im übrigen ist die Schönheit, wie bereits Paul Valéry in Hinblick auf die Ablehnung all dessen, was unbeweglich erscheint, bemerkte, oftmals »une sorte de morte. La nouveauté, l'intensité, l'étrangeté, en un mot, toutes les *valeurs de choc* l'ont supplantée. L'excitation toute brute est la maîtresse souveraine des âmes récentes; et les œuvres ont pour fonction actuelle de nous arracher à l'état contemplatif, au *bonheur stationnaire* dont l'image était jadis intimement unie à l'idée générale du Beau.«[78] An diesem nicht-stationären, beweglichen und unscharf konturierten Glück hat die moderne Tendenz zum Vagen und Unbestimmten ihren Anteil.

Remo Bodei
Aus dem Italienischen von Martina Kempter

Literatur

BODE, CHRISTOPH, Ästhetik der Ambiguität. Zur Funktion und Bedeutung von Mehrdeutigkeit in der Literatur der Moderne (Tübingen 1988); D'ANGELO, PAOLO/VELOTTI, STEFANO, Il ›non so che‹. Storia di una idea estetica (Palermo 1997); DELON, MICHEL, Du vague des passions à la passion du vague, in: P. Viallaneix (Hg.), Le Préromantisme: Hypothèque ou Hypothèse? [Actes du Colloque organisé à Clermont-Ferrand, 1972] (Paris 1975), 488–498; DÜRRENMATT, JACQUES, Le vertige du vague. Les romantiques face à l'ambiguïté (Paris 2001); GRAFF, DELIA (Hg.), Vagueness (Aldershot u.a. 2002); JANKÉLÉVITCH, VLADIMIR, L'irreversible et le nostalgie (Paris 1974); JANKÉLÉVITCH, VLADIMIR/BERLOWITZ, BEATRICE, Quelque part dans l'inachevé (Paris 1978);

[74] JANKÉLÉVITCH, La musique et l'ineffable (1961; Paris 1983), 89.
[75] EDUARD HANSLICK, Vom Musikalisch-Schönen. Ein Beitrag zur Revision der Ästhetik der Tonkunst (1854), hg. v. D. Strauß, Bd. 1 (Mainz 1990), 78.
[76] JANKÉLÉVITCH (s. Anm. 74), 92.
[77] Vgl. ROGER CALLOIS, L'écriture des pierres (Genf/Paris 1970).
[78] PAUL VALÉRY, Léonard et les philosophes. Lettre à Leo Ferrero (1929), in: VALÉRY, Bd. 1 (1957), 1240 f.

59–65 [Kap. VI: Le vague à l'âme]; JANKÉLÉVITCH, VLADIMIR, Le Je-ne-sais-quoi et le Presque-rien, 3 Bde. (Paris 1980); LORIN, CLAUDE, L'inachevé: peinture, sculpture, littérature (Paris 1984); PERLOFF, MARJORIE, The Poetics of Indeterminacy. Rimbaud to Cage (Princeton, N. J. 1981); SCHOLAR, RICHARD, The Je-ne-sais-quoi. The Word and its Pre-history 1580–1680 (Oxford 2002); SKALA, HEINZ J./TERMINI, SETTIMO/TRILLAS, ERIC (Hg.), Aspects of Vagueness (Dordrecht 1984); STARZYK, LAWRENCE J., If mine had been the painter's hand: The Indeterminate in Nineteenth-Century Poetry and Painting (New York u.a. 1999); ULLRICH, WOLFGANG, Die Geschichte der Unschärfe (Berlin 2002); WILLIAMSON, TIMOTHY, Vagueness (London/New York 1994).

Verstehen/Interpretation

(griech. νόησις, ἐξήγησις, ἑρμηνεία; lat. comprehensio, interpretatio; engl. understanding, interpretation; frz. compréhension, interprétation; ital. comprensione, interpretazione; span. comprensión, interpretación; russ. понимание, интерпретация)

Einleitung; I. Die Entwicklung einer allgemeinen Theorie des Verstehens und der Interpretation im 18. Jahrhundert; 1. Matthias Flacius Illyricus; 2. Spinoza; 3. Wolff; 4. Chladenius; 5. Georg Friedrich Meier; **II. Von der romantischen zur wissenschaftstheoretischen Konzeption des Verstehens;** 1. Ast; 2. Schleiermacher; 3. Boeckh; 4. Steinthal; 5. Dilthey; 6. Nietzsche; **III. Zur ontologischen Valenz des Verstehens;** 1. Heidegger; 2. Gadamer; 3. Sartre; **IV. Nach der ontologischen Theorie des Verstehens;** 1. Verstehen und kommunikatives Handeln; 2. Hermeneutische Reaktionen auf Strukturalismus und Poststrukturalismus; 3. Marxistische Hermeneutik; 4. Rezeptionsästhetik und Rätselcharakter der Kunst; 5. Literaturwissenschaftliche Applikationen der Hermeneutik; **V. Die Relativierung der Interpretation;** 1. Grenzen der Interpretation; 2. Interpretation und plurale Strukturen; 3. Relativierung des Objektbereichs; 4. Systemtheoretische und konstruktivistische Konzepte der Interpretation; 5. Kulturanthropologische Relativierung

Einleitung

Der Verstehensbegriff ist in seinen dominanten Repräsentationen abhängig von der Ausdifferenzierung eines spezifischen geisteswissenschaftlichen Wissenstyps. Zu dessen vornehmsten Gegenständen gehört zwar auch der ästhetische Objektbereich, doch sind die Objektbereiche von Theorien des Verstehens und der Ästhetik kaum kongruent, wenn es auch einen nicht unerheblichen Sektor an Überschneidungen gibt. Ecos Vorstellung, »daß man die Geschichte der Ästhetik reduzieren kann auf eine Geschichte der Theorien über die Interpretation oder d[er] Wirkung, die ein Werk beim Adressaten hervorruft« (che la storia dell'estetica può essere ricondotta a una storia delle teorie dell'interpretazione o dell'effetto che l'opera provoca nel destinatario)[1], trifft so allenfalls in theoretischen Einzelfällen zu; faktisch ist der Verste-

---

[1] UMBERTO ECO, I limiti dell'interpretazione (Mailand 1990), 18; dt.: Die Grenzen der Interpretation, übers. v. G. Memmert (München/Wien 1992), 30.

hens- und Interpretationsbegriff in ästhetischen Theorien jedoch kaum präsent. Baumgarten verweist demgegenüber auf die Nützlichkeit der Ästhetik für Hermeneutik und Exegese[2] und dürfte damit das theoretische Verhältnis eher treffen. Insofern ist der Konnex von ästhetischen Theorien einerseits und Theorien des Verstehens sowie der Interpretation andererseits zunächst ein vermittelter, vermittelt über Elemente im Reservoir ästhetisch virulenter Begriffe, auf die der Verstehens- und Interpretationsbegriff ebenfalls konstitutiv verweist. Die theoretische Tradition des Verstehens- und Interpretationsbegriffs ist von daher nicht vorwiegend eine ästhetische, sondern eher wissenschaftstheoretisch oder fachwissenschaftlich, d. h. vornehmlich philologisch oder theologisch, orientiert.

Im 18. Jh. ist die Ausbildung einer allgemeinen Verstehenstheorie festzustellen, die gegenüber den Verstehensbegriffen in jenen Theoriesträngen, die von der allgemeinen Verstehenstheorie zusammengeführt werden (Rhetorik, theologische, philologische, historische und juristische Hermeneutik sowie Logik), über einen ungleich erweiterten Objektbereich verfügt, der eben auch ästhetische Problemstellungen zu berücksichtigen vermag.

Die weitere Entwicklung des Verstehens- und Interpretationsbegriffes von Georg Friedrich Meier bis Heidegger läßt sich als eine sukzessive Ausweitung des Objektbereichs und, damit vermittelt, des Erkenntnisanspruchs des Verstehens beschreiben. Der von Heidegger inaugurierte Universalitätsanspruch des Verstehens erlaubt von daher keine weitere Fortsetzung der Dynamik in dieser Richtung.

Aufgrund der Überfrachtung des Verstehensbegriffs durch den Universalitätsanspruch werden dessen immer schon vorhandene erkenntnistheoretische Aporien virulent; dies um so mehr, als alternative Theoriemodelle wie Formalismus, Strukturalismus und Systemtheorie aufkommen, die den Verstehens- und Interpretationsbegriff zumindest in seiner hermeneutischen Funktion relativieren und z. T. zu neuen Begriffsbildungen führen. Die Reaktion von seiten der am tradierten Verstehensmodell orientierten Theorien besteht im wesentlichen in Syntheseversuchen, die den Verstehensbegriff mit alternativen Theoriemodellen zu verbinden suchen. Damit verliert der Verstehensbegriff wenigstens tendenziell seine dominante Repräsentationsfunktion für den geisteswissenschaftlichen Wissenstyp, oder er wird in einheitswissenschaftliche Ambitionen eingebunden. Dies führt entweder zu Arrangements im Sinne einer Aufteilung von Objektbereichen, wobei im dem Verstehen zugewiesenen Sektor weitgehend alles beim alten bleibt, oder aber zu kategorialen Integrationen, die zu erheblichen Modifikationen auf der Ebene des Begriffs führen, ja diesen tendenziell obsolet werden lassen.

I. Die Entwicklung einer allgemeinen Theorie des Verstehens und der Interpretation im 18. Jahrhundert

Die Herausbildung von allgemeinen Theorien des Verstehens und der Interpretation im 18. Jh. verläuft im wesentlichen über vier Theoriestränge: die protestantische Theologie, die juristische Hermeneutik, Bemühungen philologischer Kritik seit der Renaissance sowie die Logik. Diesen differenten theoretischen Traditionen entsprechen jedoch kaum minder spezifische Objektbereiche.

Die Entwicklung, die im Rahmen theologischer Fragestellungen zur theoretischen Ausbildung eines Verstehensbegriffs führte, stellt sich als der theoretische Reflex eines systematischen Steuerungsproblems dar: Die Aufhebung von dogmatischen Textzugriffen evoziert bei der anzunehmenden Polyvalenz der Textgrundlage einen Interpretationsspielraum, der nur durch ein sekundäres Steuerungsinstrumentarium in den Griff zu bekommen ist. Insofern läßt sich die substantielle Flexibilisierung allein durch eine methodische Kompensation wieder stabilisieren. Können Textgrundlage und Verstehensprozeß wenigstens ansatzweise konstant gehalten werden, dann gilt das notwendig auch für die produzierten Ergebnisse. Theorien des Verstehens und der Interpretation kommt dabei die Funktion zu, eben solche siche-

---

2 Vgl. BAUMGARTEN (DT), 3 (§§ 3–4).

ren Prozeduren zu entwickeln, die verläßliche Lektüreergebnisse hervorzubringen imstande sind.

Daß ein solches sekundäres Steuerungsinstrumentarium, wie es von den Theorien der Interpretation entworfen wird, mit der gebotenen zeitlichen Verzögerung zu Beginn des 19. Jh. auch pädagogische Bedeutung gewann und so methodische Techniken die Verinnerlichung substantieller Wissensbestände ablösten, verwundert kaum.[3]

Das philologische Erkenntnisinteresse bestand im wesentlichen darin, Verfahren für zuverlässige Übersetzungen sowie Strategien der Textkritik zu entwickeln, die eine gewisse Sicherheit bei der Zuschreibung von Texten ermöglichten. Ein vergleichbares quellenkritisches Interesse führte zur Herausbildung der Theorie der Perspektivik in der historischen Hermeneutik. Darüber hinaus lassen sich innerhalb der Logik einzelne Objektbereiche, insbesondere theologische und historische Aussagen, nur noch bedingt den geltenden Strategien und Kategorien subsumieren, so daß die Ausdifferenzierung eines spezifischen Wissenstyps oder aber die Marginalisierung dieses Bereiches notwendig wird.

Diesen theoretischen Entwicklungen ist gemeinsam, daß ein Interesse an der Ausdifferenzierung eines spezifischen Wissenstyps und zugleich auch das an einer wenigstens bedingten Rationalisierung, zumindest aber einer Entwicklung von Verfahren in einem spezifischen Objektbereich besteht. Eine derartige Regulierung von Interpretationsprozessen ist jedoch zugleich die Voraussetzung einer Applikation der entworfenen Verfahren auf den ästhetischen Gegenstandsbereich und damit einer Integration des ästhetischen Objektbereichs in diesen Wissenstyp. Die Steuerung des Verstehens und dessen wenigstens bedingte Regelung durch

---

3 Vgl. FRIEDRICH A. KITTLER, Das Subjekt als Beamter, in: M. Frank/G. Raulet/W. van Reijen (Hg.), Die Frage nach dem Subjekt (Frankfurt a.M. 1988), 409–415.
4 Vgl. SIEGFRIED J. SCHMIDT, Die Selbstorganisation des Sozialsystems Literatur im 18. Jahrhundert (Frankfurt a.M. 1989).
5 MATTHIAS FLACIUS ILLYRICUS, De ratione cognoscendi sacras literas (1567) 4, 5; dt.: Über den Erkenntnisgrund der Heiligen Schrift, lat.-dt., übers. v. L. Geldsetzer (Düsseldorf 1968), 89, 91.

Verfahren wirkt sich dabei zugleich als ein Steuerungsinstrument aus, das die Stabilisierung eines spezifischen Objektbereichs durch die Ableitung ästhetisch-normativer Kriterien ermöglicht. Eine weitere Voraussetzung der Integration eines ästhetischen Objektbereichs in Theorien, die sich mit dem Verstehensbegriff und Problemen der Interpretation auseinandersetzen, ist die generelle Ausdehnung und Integration der jeweiligen Objektbereiche der differenten Theoriestränge, was die Notwendigkeit einer allgemeinen Theorie des Verstehens deutlich werden läßt.

Die Integration des ästhetischen Objektbereichs in Theorien des Verstehens bedeutet aber noch nicht notwendig eine Engführung von ästhetischer und Verstehens- bzw. Interpretationstheorie, wiewohl in einzelnen Bereichen aufgrund der Interferenzen im Objektbereich von Verstehenstheorien und Ästhetik sich theoretische Konnexe ergeben. Neben der Herausbildung des ›Sozialsystems Literatur‹ im 18. Jahrhundert[4] und der Entwicklung ästhetischer Theorien werden so allmählich auch Hermeneutiken entworfen, die sich des ästhetischen Objektbereichs annehmen und einen Verstehensbegriff hervorbringen, der in kategorialem Zusammenhang zu weiteren zumindest auch ästhetisch virulenten Begriffen wie dem Geniebegriff bzw. dem Begriff der Autorschaft, der These ästhetischer Autonomie, dem Werkbegriff und der Deskription ästhetischer Produktionsprozesse als Schöpfung steht. Der wissenschaftssystematische Ort der Interpretations- und Verstehenstheorien bleibt zunächst allerdings die Hermeneutik.

1. Matthias Flacius Illyricus

Die Steuerung des Rezeptionsprozesses verdichtet sich schon bei Matthias Flacius Illyricus zu einer Art Regelwerk, das wesentliche Elemente hermeneutischer Strategien bereits vorwegnimmt. So soll das Verstehen der Bibel sich auf »den einfachen und eigentlichen Sinn« (simplicem ac genuinum [...] sensum) richten; die allegorische Interpretation kommt erst in Frage, wenn »der buchstäbliche Sinn anderswie untauglich oder absurd ist« (literalis sensus sit alioquin inutilis, aut etiam absurdus)[5]. Ähnlich stellt der Zugriff auf »die Bücher der Ausleger« (interpretum libros – 4, 7; dt. 91) allenfalls

I. Die Entwicklung einer allgemeinen Theorie des Verstehens und der Interpretation

eine ultima ratio des allgemeinen Verstehensprozesses dar. Zugleich unterstellt Flacius einen applikativen Nutzen der Ergebnisse des Verstehensprozesses. Der Text selbst steht unter einem Sinnvorbehalt, d. h. Unverständnis ist in jedem Fall auf einen mangelhaften Rezeptionsprozeß zurückzuführen. Darüber hinaus verrät die Rede von einem ›eigentlichen Sinn‹, daß Flacius von einem identischen, invarianten Sinn der Bibel ausgeht, dessen Erfassen das Ziel des Verstehensprozesses bilde. Neben diesen allgemeinen Prämissen des Verstehensprozesses gibt Flacius pragmatische Regeln der Organisation des Verstehens an, elementare Techniken, die in die Anlage einer »tabellarischen Übersicht« (tabellaris synopsis – 4, 13; dt. 93) einmünden sollen: Man muß die der Schrift zugrundeliegende Intention im Auge behalten, das Argument der Schrift isolieren, die Schriftgattung und »die Anlage und Gliederung des ganzen Buches oder Werkes« (totius ejus libri aut operis distributionem, aut dispositionem – 4, 11; dt. 93) berücksichtigen, wobei vermittels der Körpermetaphorik eine konstitutive Harmonie der Textorganisation, d. h. des Verhältnisses von Teil und Ganzem, unterstellt wird. Darüber hinaus wird auf die Anwendung »der logischen Regeln, ob Grammatik, Rhetorik oder schließlich Dialektik« (Regularum Logicarum; sive Grammatices, sive Rhetorices, sive denique Dialectices – 4, 22; dt. 97), Wert gelegt. Ziel einer solchermaßen intendierten genauen Textlektüre ist die Ermittlung eines identischen Textsinns, wobei die Genauigkeit das Risiko der Beliebigkeit und das Gutdünken des Interpreten vermeiden helfen soll. Flacius' Interesse gilt von daher der Umstellung von einer inhaltlich dogmatischen Rezeptionssteuerung zu einer Steuerung durch Interpretationsstrategien.

2. *Spinoza*

Spinozas Konzeption der Interpretation geht von einer wissenschaftstheoretischen Reflexion aus, die Schrift- und Naturerklärung parallelisiert und insofern ein einheitswissenschaftliches Konzept unterstellt. Von daher ist der für die Ausdifferenzierung einer eigenständigen Theorie des Verstehens konstitutive Wissenschaftsdualismus von Natur- und Geisteswissenschaften noch nicht gegeben. Allerdings wird durch die methodologische Parallelisierung – Ziel ist, »mit der Methode der Naturerklärung« übereinzustimmen (cum methodo interpretandi naturam convenire) – zumindest in Ansätzen so etwas wie ein eigenständiges wissenschaftliches Terrain der Schriftinterpretation angedeutet. Die Geschichte übernimmt dabei die Funktion eines tertium comparationis, d. h. die Erklärung sowohl von Naturphänomenen als auch von Schriften soll über ihre Geschichte funktionieren. Gegenstand einer Theorie der Interpretation sind Textelemente, »die aus den Principien der natürlichen Erleuchtung nicht herzuleiten sind« (quae ex principiis lumine naturali notis deduci nequeunt)[6]. Dabei bleibt die Grundlage der Interpretation einzig der Text selbst; dies insbesondere, um wie bereits bei Flacius falsche Sinnzuschreibungen durch den Interpreten zu vermeiden. Ziel der Interpretation ist es, »den wahren Sinn« (verum sensum) einer Textstelle zu ermitteln, der von der »Wahrheit ihres Inhalts« (rerum veritate, 100; dt. 137) unterschieden wird, über welche die Interpretation keine Aussage macht. Die Interpretation muß »die Natur und die Eigentümlichkeiten der *Sprache*« (naturam & proprietates linguae, 99; dt. 137) sowie die Ordnung des Textes berücksichtigen. Die Ermittlung des Sinns unklarer Textstellen soll über die Parallelstellenmethode und den Rekurs auf den historischen Sprachgebrauch erfolgen, wobei dem Rückgriff auf den »buchstäblichen Sinn« (literalis sensus, 100; dt. 138) der Vorzug gegeben wird. Neben dem Text selbst soll die Interpretation auf den Autor und die Bedingungen der Textproduktion zurückgreifen und zugleich textkritisch verfahren, insofern also die Überlieferungsgeschichte eines Textes berücksichtigen. Spinoza mißt der Autorschaft ein solches Gewicht zu, daß er innerhalb der Bibel die wechselseitige Erklärung paralleler Textstellen differenter Autoren für unzulässig erklärt. Zugleich gliedert Spinoza die Autorintention aus dem legitimen Objektbereich als einen Bereich der Spekulation weitge-

---

6 BARUCH DE SPINOZA, Tractatus Theologico-Politicus (1670), in: SPINOZA, Bd. 3 (1925), 98 (Cap. 7); dt.: Theologisch-politischer Traktat, übers. v. C. Gebhardt (Leipzig 1908), 135.

hend aus, so daß die Konzentration auf die Textgrundlage noch vehementer als bei Flacius ausfällt.

3. Wolff

Die Ausdifferenzierung der Verstehensproblematik aus der Logik, für die zu Beginn des 18. Jh. die *Deutsche Logik* Christian Wolffs charakteristisch ist, verfügt über eine Tradition, die sich als Subordination der allgemeinen Hermeneutik unter die Logik bei Dannhauer und Clauberg bereits im 17. Jh. findet. Der Wolffsche Ansatz ist im 18. Jh. um so mehr von Bedeutung, als er die Grundlage der Konzepte von Johann Martin Chladenius und Georg Friedrich Meier darstellt. Im Kontext der Wolffschen Logik kann von einer selbständigen Theorie des Verstehens noch nicht gesprochen werden; allerdings sind die Kontexte der Präsenz des Verstehensbegriffs zumindest im Hinblick auf den späteren Objektbereich charakteristisch. Verstehen hat nach Wolff zwei Voraussetzungen: »1. daß der, so da redet, bey einem jeden Worte sich etwas gedencken könne: 2. daß der, so ihn reden höret, eben dasjenige sich bey einem jeden Worte gedencken kan, was der andere dencket«[7]. Der Verstehensprozeß wird so als Element eines Kommunikationsprozesses aufgefaßt und nicht ausschließlich auf die Textrezeption bezogen. Zugleich konzentriert sich Wolffs dominantes Interesse auf die Sicherheit des Kommunikationsprozesses. Diese Sicherheit soll über die – auch historisch – stabile Verknüpfung von Wort und Begriff gewährleistet werden, wobei das Verstehen diese Kondition allerdings in eigentümlicher Weise verletzen kann. Wolff räumt ein, »daß man mit einander reden, und einander verstehen, und doch keiner einen Begrif von dem haben kan, was er redet, oder höret, indem von lauter nichts geredet wird. Dergleichen Discurse sind unter Gelehrten nicht selten« (153 [2, 10]). Dabei ist es nicht allein die metaphorische Sprachverwendung, welche die stabile Verknüpfung von Wort und Begriff beeinträchtigt, sondern es tauchen die Möglichkeiten der Polysemie und der Absenz eines Begriffs auf, die durch eine Veränderung des Objektbereichs im ästhetischen Sinne zum Regelfall werden.

Ohnehin geht Wolff davon aus, daß das Operieren mit klaren Begriffen in der alltäglichen Kommunikation nicht gerade häufig sei. Insofern differiert der Objektbereich des Verstehens bereits bei Wolff von dem der Wissenschaft: Verstehen ist noch möglich, wo wissenschaftliche Erkenntnis zumindest noch nicht denkbar ist. Jedoch enthält sich Wolff des Umkehrschlusses, wonach das Verstehen keine wissenschaftliche Operation sei, dadurch, daß er den Verstehensbegriff diffus hält, so daß er ihm beide Dimensionen zuweist: das über konstante Begriffe vermittelte wissenschaftliche Verstehen und das jenseits dieser Sicherheit gegebene alltägliche Verstehen. Die Strategien, die Wolff verfolgt, um zu gesichertem Verstehen zu gelangen, laufen auf eine Präzision des Begriffs hinaus und sind insofern Elemente des wissenschaftlichen Diskurses. Die Differenz der Diskurse wird noch deutlicher, wenn Wolff auf den pragmatischen Rezeptionsprozeß von Texten eingeht. Dabei wird der Verstehensbegriff vom Wahrheitsbegriff weitgehend unabhängig konstituiert: »Da man die historische Wahrheit nicht wissen kan, sondern nur glauben muß« (219 [10, 3]), gelten bei historischen Schriften andere Kriterien als bei wissenschaftlichen, und auch der Verstehensprozeß bleibt auf diese Kriterien verwiesen. So rücken der Autor sowie seine Intention und Historizität in eine gegenüber dem wissenschaftlichen Diskurs dominante Position.

Auf der Ebene der Textrezeption sind es vorwiegend die formalen Kriterien Vollständigkeit, Akkuratheit, Gründlichkeit und Ordnung, welche die Beurteilung einer Schrift ermöglichen. Dabei wird der eigentliche Verstehensprozeß für weitgehend unproblematisch erachtet; problematisch ist erst die Beurteilung oder die Applikation von Texten. Das Verstehen ist so entweder unproblematisch oder aber – im Falle dunkler Texte – schlicht unmöglich; an Strategien zur Kompensation der Unverständlichkeit führt Wolff einzig die Reflexion historischer Differenzen an, wobei das Ziel des Rezeptionsprozesses die Autorintention ist. Zugleich wird neben der Autorintention eine Sinnhypothese unterstellt, indem eine Reduktion von

---

[7] CHRISTIAN WOLFF, Vernünftige Gedancken von den Kräften des menschlichen Verstandes und ihrem richtigen Gebrauche in Erkänntniss der Wahrheit (1712), in: WOLFF, Abt. 1, Bd. 1 (1978), 151 (2, 2).

Polysemien, welche die Annahme einer Widersprüchlichkeit des Textes zur Voraussetzung hätten, ausgeschlossen wird. »Darinnen bestehet demnach die Erklärung einer jeden, und also auch der heiligen Schrift, daß wir 1) den rechten Verstand der Worte [...] und 2) die Verknüpfung der Wahrheiten [...] zeigen« (230 [12, 9]). Der Verstehensbegriff verfügt bei Wolff mithin im Vergleich zu den Begriffen Glauben, Wissen und Erklären über den vergleichsweise größten Begriffsumfang, wird er doch sowohl wissenschaftlicher wie alltäglicher Kommunikation und den entsprechenden Textsorten zugeordnet. Zugleich geht Wolff von einer Wirksamkeit des Verstehens noch jenseits wissenschaftlicher Erklärung aus. Das Verstehen führt zwar zu einem vergleichsweise diffusen Begriff, der aber auch auf in der Folge wichtig werdende Konnexe des Verstehensbegriffs mit weiteren Begriffen wie Autorschaft, Intentionalität, Historizität und Narrativität verweist und insofern ein Begriffsfeld absteckt, das sich noch nicht aus dem Kontext der Logik im Sinne einer eigenständigen Theorie emanzipiert hat, das aber an der Grenze des logischen Terrains angesiedelt wird, wodurch sich die Konstituierung eines spezifischen Objektbereichs einer potentiellen Theorie des Verstehens bereits andeutet.

Die Theorie des Verstehens konstituiert sich von daher an den Rändern von theologischer und juristischer Hermeneutik, Logik und Philologie, und ihre Emanzipation gelingt in dem Maße, in dem sich ein eigenständiger Objektbereich konstituiert und das einheitswissenschaftliche Modell sich zumindest relativiert und ausdifferenziert, wie es sich in dem Konnex von theologischem und historischem Objektbereich vermittels des Glaubensbegriffes und dessen Zuordnung zur rationalen Wissenschaft bereits bei Wolff andeutet. Somit ist von einem komplexen Prozeß der Ausdifferenzierung im 18. Jh. auszugehen, der die Konstituierung des Literatursystems, die Herausbildung eines historisch, philologisch und ästhetisch relevanten wissenschaftlichen Objektbereichs sowie einer Theorie des Verstehens umfaßt. Die Theorie des Verstehens ist insofern integraler Bestandteil eines solchen geisteswissenschaftlichen Feldes, dessen Entwicklung die Präsenz eines Selbstbewußtseins und zumindest die Behauptung einer abgeschlossenen Identität dieses Feldes voraussetzt. Letztlich erfolgt die selbstbewußte, d.h. die auf den Begriff gebrachte Ausdifferenzierung erst mit Dilthey im 19. Jh.; jedoch sind alle wesentlichen Elemente dieses theoretischen Feldes bereits Mitte des 18. Jh. präsent.

4. Chladenius

Johann Martin Chladenius' historische Hermeneutik differenziert zwischen szientifischem Wissen und demjenigen, was einzig hermeneutisch erfahrbar und damit Gegenstand der Interpretation ist: »Die Dinge, welche in der Welt geschehen, sind theils Physicalisch, theils Moralisch.« Das Verstehen moralischer Phänomene beruht wesentlich auf einem mehr oder minder diffusen Alltagswissen, das keinen systematischen Status hat. Darüber hinaus verfügt der historische Diskurs über eine narrative Struktur. Aus diesen Bedingungen ergibt sich eine konstitutive Unsicherheit historischen Wissens. Chladenius rollt die Verstehensproblematik aufgrund seines historischen Erkenntnisinteresses anhand der Differenz von historischer Narration und historischem Sachverhalt auf: Die Begrenzung der Aussagen der Interpretation auf den Text selbst wie bei Spinoza kann vor diesem Hintergrund nicht hinreichen; es ist weiter auf den Sachverhalt zurückzugehen. Insofern kommt die Perspektivik, der »Sehe-Punckt«[8] der Darstellung, als dominanter Faktor ins Spiel. Chladenius differenziert dabei zwischen einer physischen Beobachterperspektive, der Betroffenheit des Textproduzenten und der erkenntnistheoretischen Konzeption des Beobachters. Das Erkenntnisinteresse des Verstehens bei Chladenius ist also wesentlich produktionsästhetisch vermittelt. Aus dieser Perspektive werden der Text und sein Autor zur variablen bzw. relativierbaren Größe vor dem Hintergrund eines identischen Sachverhalts, so daß sich kein Werkbegriff und keine wie immer geartete Auratisierung des Textes und der Autorschaft herausbilden lassen, wie sie auf der Basis der theologischen Hermeneutik entstehen. Die Integration des Gesichtspunktes

---

8 JOHANN MARTIN CHLADENIUS, Einleitung zur richtigen Auslegung vernünfftiger Reden und Schrifften (Leipzig 1742), 182, 187 (§§ 306, 309).

der Perspektive erfolgt insbesondere auf der Ebene der Rezeption in Modi der Wirkungsgeschichte und der Rezeptionsästhetik. Daneben ist der Aspekt der Perspektive insbesondere im Kontext philologischer Textkritik von Bedeutung. Chladenius wird von dem spezifischen Objektbereich dazu bewegt, die Textproduktion selbst als Verstehens- oder Interpretationsprozeß zu denken und insofern die Konditionen eines gedoppelten Verstehensprozesses zu rekonstruieren. Die im ästhetischen Objektbereich ungleich komplexeren Transformationen des Produktionsprozesses legen die Auratisierung des Textes und damit die tendenzielle Exklusion des Produktionsprozesses nahe, so daß das Terrain der Perspektivik sich wesentlich auf den Bereich der Interpretation und den Konnex zur Polyvalenz der Texte verschiebt. Diese Veränderung hat jedoch nicht unerhebliche erkenntnistheoretische Konsequenzen: Kann der historische Verstehensprozeß, wie ihn Chladenius entwickelt, noch mit einem Wahrheitsbegriff als Korrelat operieren, der sich an Sachverhalten orientiert, so zieht die Integration der Perspektivik in den Interpretationsprozeß selbst eine konstitutive Modifikation des erkenntnistheoretischen Status der Interpretation nach sich, die wiederum ein eigenständiges Wissenschaftskonzept sowie einen definierten Objektbereich voraussetzt.

5. Georg Friedrich Meier

Ansätze zu einem solchen eigenständigen wissenschaftlichen Objektbereich sind insofern bereits bei Georg Friedrich Meier festzustellen, als er die Hermeneutik als eigenständigen Erkenntnismodus konstituiert. Meier orientiert sich zwar im Aufbau seiner Argumentation an der *Allgemeinen Auslegungskunst* noch an Wolff, läßt einheitswissenschaftliche Überlegungen jedoch von vornherein fallen und setzt beim Zeichenbegriff an: »*Auslegen im weitern Verstande* […] heißt die Bedeutung aus dem Zeichen klar erkennen«[9]. Die Differenz gegenüber Wolff wird deutlich, wenn die unklare Interpretation als »*aesthetische Auslegung* […] (interpretatio aesthetica)« oder »*sinnliche Auslegung* (interpretatio sensitiva)« Anerkennung als eigenständige Prozedur erfährt. Demunerachtet konzentriert sich Meier weitgehend auf »*die vernünftige Auslegung* (interpretatio rationalis)« bzw. die »*logische Auslegung* (interpretatio logica erudita, philosophica)« (6 [§ 9]), wodurch der Konnex zu Wolff erhalten bleibt. Allerdings wird die Autorposition eindeutig hervorgehoben: »*Die hermeneutisch wahre Bedeutung* […] ist die Absicht um derentwillen der Urheber des Zeichens dasselbe braucht.« (9 [§ 17]) Dabei wird die Intention quasi vom Subjekt abgekoppelt: Die Erkenntnis des Subjekts, die nicht notwendig auf Intentionen schließen läßt, wird insofern nicht als zureichender hermeneutischer Grund anerkannt. Zum harten hermeneutischen Bestand und Objekt der Verstehensoperation wird von daher nur der Konnex von Intention, Bedeutung, Zeichen und Sachverhalt gezählt.

Meier versucht die Unsicherheit im hermeneutischen Verstehensprozeß durch die Differenzierung von zureichenden und unzureichenden hermeneutischen Gründen in den Griff zu bekommen. Dabei ist ihm eine gewisse erkenntnistheoretische Skepsis und Bescheidenheit eigen: »Die völlige Gewißheit wird zur Auslegung nicht nothwendig erfodert, nicht einmal zur gelehrten Auslegung.« Die Reduktion des Erkenntnisanspruchs ist die Grundlage eines künftigen originär hermeneutischen Erkenntnismodus: die systematische Ambivalenz von der dem Verstehen zugrunde gelegten Polyvalenz der Objekte einerseits und der Eindeutigkeit und Identität des Sinns als Telos des Verstehensprozesses andererseits. Insofern deutet sich bei Meier eine Differenzierung des Wissens an, die an Erkenntnisinteressen oder Wissensbestände gekoppelt ist: »Ein Ausleger erkennt den Zusammenhang des Zeichens mit ihren Bedeutungen […] entweder auf eine gemeine oder vernünftige, aesthetische oder gelehrte und philosophische Art […] entweder auf eine völlig gewisse und scientifische oder ungewisse, wahrscheinliche, moralisch gewisse, unwahrscheinliche, zweifelhafte oder erbettelte Art.« (13 [§ 24]) Zwar kann von einer Dichotomisierung der Erkenntnismodi, wie sie sich bei Chladenius andeutet und definitiv bei Dilthey in Erscheinung tritt, noch nicht die Rede sein, doch treten die nachmaligen Antipoden bereits auf: der vernünftig szientifische Diskurs er-

---

[9] GEORG FRIEDRICH MEIER, Versuch einer allgemeinen Auslegungskunst (Halle 1757), 5 (§ 8).

fährt seinen Gegensatz in einem ästhetischen, der mit Unwahrscheinlichkeiten operiert. Daß moralische Gewißheit und ästhetische Interpretation einen epistemologischen Block ausbilden werden, läßt sich Meier noch nicht entnehmen; allerdings bereitet Meiers Ausdifferenzierung des Interpretationsprozesses überhaupt die Grundlage für solche für den Verstehensbegriff relevanten Neuorganisationen. Meier führt neben der am Produktionsprozeß orientierten Autorintention ein zweites Korrelat des Interpretationsprozesses auf der Ebene des Textes ein, den Sinn: »Dasjenige, was die Ausdrücke bezeichnen, ist ihre Bedeutung, und was eine Rede bezeichnet, ist *der Sinn*, oder *der Verstand der Rede* [...]. Der Sinn der Rede ist also der Inbegrif aller einzeln Bedeutungen derjenigen Worte, welche die Rede ausmachen, die mit einander verbunden sind, oder die einander bestimmen« (57 [§ 104]). Sinn wird von daher als eine höhere Einheit der Bedeutung gefaßt, auf deren Ermittlung der Interpretationsprozeß abzielt. Zugleich ist die für selbstverständlich genommene Singularität des Sinns im Verein mit einem spezifischen System der Erkenntnis Voraussetzung der Konstituierung eines eigenen Wissenssystems. Die Singularität des Sinns führt notwendig zur Annahme einer spezifischen Organisiertheit der Zeichenbedeutungen in einem Text, die das Ganzheitstheorem, das den Text als Ganzheit begreift, bereits prinzipiell enthält. Dilthey geht zwar davon aus, daß der »ästhetisch gefaßte Begriff des Ganzen«[10] wesentlich Schellingscher Provenienz, zumindest aber der Romantik zuzurechnen sei; doch wird dessen logische Struktur bereits von der Vorstellung der Singularität des Sinns bei Meier antizipiert.

Diese Annahme eines identischen Sinns als Ziel der Interpretation macht im Verein mit der von Schmidt konstatierten »Privatisierung der Sinnfrage«[11] eine Ausdifferenzierung von professioneller wissenschaftlicher Interpretation und privater Lektüre deutlich. Im Zusammenhang mit der erkenntnistheoretischen Skepsis Meiers ergibt sich für den Verstehensprozeß die Aufgabe einer Annäherung an den Sinn eines Textes. Zugleich sucht Meier Produktion und Rezeption mittels eines verbindlichen Regelsystems als reziproke Prozesse zu rekonstruieren: »Eine klüglich erwählte Rede ist, den Regeln einer vollkommnen Rede, gemäß. Nun kommen die Regeln einer vollkommnen Rede in der Vernunftlehre, Aesthetik, Redekunst und Dichtkunst vor. [...] In so ferne also eine Rede diesen Regeln zuwider ist, in so ferne kan sie entweder gar nicht ausgelegt werden, oder ihr Sinn muß vermittelst äusserlicher hermeneutischer Gründe gefunden werden«[12]. Die Rückversicherung des Interpretationsprozesses in anderen Wissenssystemen dürfte dem Bemühen um die Wissenschaftlichkeit der Interpretation geschuldet sein. Der Sinn als Resultat der Interpretation wird als eine verbundene »Reihe der Vorstellungen« gedacht, der Text selbst ist Mittel des Sinns, und Intention und Sinn korrespondieren einander. Komplexer wird die Situation, wenn der Sinn selbst problematisch wird. Die elementare Form des Sinns ist der »buchstäbliche Sinn«, mit dem allerdings nicht immer zu rechnen ist. In dem Moment, in dem der Text »unbestimt sey, und viele Bedeutungen habe« (63 [§ 114]), könne die Identität der Kategorie nicht gewährleistet werden. Ein weiterer Unsicherheitsfaktor im Verstehensprozeß sind die rhetorischen Figuren der Metapher, der Allegorie und der Ironie, die dazu nötigen, zwischen eigentlichem und uneigentlichem Sinn zu differenzieren. Darüber hinaus kann der Text neben dem durch die Intention festgelegten unmittelbaren Sinn über mittelbaren Sinn verfügen. Insofern deuten sich bereits bei Meier differente Typen der Varianz des Sinns an. Wenn der Sinn als Konnex zwischen Intention, Worten und Text gedacht wird, markiert die Mittelbarkeit die Varianz auf der Ebene der Intention, die Polysemie die auf der Ebene des Wortes und der uneigentliche Sinn die potentiellen Abweichungen auf der Ebene des Textes.

Trotz dieser Unsicherheiten des Interpretationsprozesses hält Meier an einem hermeneutischen Wahrheitskonzept, das sich jedoch wie bei Spinoza ausschließlich auf den Text bezieht, fest: »Da nun ein endlicher Autor betriegen und betrogen werden kan: so kan man, von der hermeneutischen

---

10 WILHELM DILTHEY, Leben Schleiermachers (1870), in: DILTHEY, Bd. 14/2 (1966), 658.
11 SCHMIDT (s. Anm. 4), 347.
12 MEIER (s. Anm. 9), 61 (§ 111).

Wahrheit eines Sinnes, nicht auf seine logische, metaphysische oder moralische Wahrheit allemal schliessen; und eben so wenig umgekehrt« (65 [§ 118]). Die Reduktion des Geltungsanspruches der Wahrheit interpretativer Aussagen auf den Text und dessen Sinn ist ein weiteres Moment der Konstituierung eines spezifischen Objektbereichs der Interpretation. Dieses wird durch die Differenzierung von »logischer Gewißheit« und »hermeneutischer Gewißheit« (68 [§ 126]) verstärkt. Die Identität des Sinns, die den optimalen Effekt einer Interpretation beschreibt (»Folglich denken, der Autor und sein Ausleger, einerley und eben dasselbe« – 69 [§ 128]), wird zugleich jedoch in Abhängigkeit von der Kompetenz der Beteiligten relativiert: »Wenn ein Autor recht verstanden werden soll, so wird dazu nicht nothwendig erfodert, daß der Ausleger dasjenige, was der Autor gedacht hat, auch eben so denke, wie es von dem Autor gedacht worden [...]. Folglich kan der Ausleger eine weitläuftigere, grössere, richtigere, klärere, gewissere und practischere Erkenntniß des Sinnes haben, als der Autor, und umgekehrt.« (70 [§ 129]) Die Symmetrie von Ausdruck und Verstehen ist so nur unter der Bedingung gleicher Kompetenz gegeben; zugleich ist hier bereits das Schleiermachersche ›Besser-Verstehen‹ antizipiert, allerdings ohne die Privilegierung des Verstehensprozesses vor dem Produktionsprozeß. Dieses Besser-Verstehen des Textes wird von Meier allerdings als Sonderfall konstruiert; für den Regelfall gilt die Unterstellung »der höchsten Vollkommenheit der Rede« (71 [§ 130]) und mithin eine Art Sinnhypothese. Die Integration philologischer Textkritik in den hermeneutischen Interpretationsprozeß ist schlichte Folge der Annahme eines singulären Sinns: Die Koppelung von Sinn und Intention ist an die Eindeutigkeit der Zuordnung von Text und Autor gebunden. Daß damit die Autorschaft vehement gestärkt und die strukturelle Reziprozität von Produktion und Interpretation faktisch zurückgenommen wird, macht allein schon die Vorstellung »authentischer Auslegung« (75 [§ 138]) deutlich.

II. Von der romantischen zur wissenschaftstheoretischen Konzeption des Verstehens

In der Romantik, insbesondere der romantischen Hermeneutik Schleiermachers, gewinnt das von der Aufklärung abgesteckte wissenschaftliche Terrain des Verstehensbegriffs eine erhöhte wissenschaftstheoretische Autonomie und erfährt eine nicht unwesentliche Modifikation des Objektbereichs. Die vormals dominante Orientierung auf den theologischen Textbestand wird durch die Ausweitung des Objektbereichs auf ästhetische Texte relativiert, die zu einer durchaus veränderten Problemlage, aber eben auch zu einer eigenständigen Ausprägung des Verstehensbegriffs führen. Dabei handelt es sich vor allem um eine Veränderung der Gewichtung des Verstehensbegriffs, nicht unbedingt jedoch um eine Modifikation der bis dato entwickelten Prozeduren des Verstehens und der grundsätzlichen theoretischen Annahmen. Allerdings wird das Verstehen nunmehr zum generellen Problem und als solches zum Normalfall. Diese Generalisierung reserviert die Theorie des Verstehens nicht mehr für Textbestände, die eine hohe Diskulturalität oder aber eine problematische Überlieferungsgeschichte aufweisen, sondern sie avanciert tendenziell zur Theorie jeglicher Textrezeption.

1. Ast

Friedrich Ast weitet den Gegenstandsbereich des Verstehens vergleichsweise entschlossen auch auf den Bereich der Handlungen, zumindest jedoch auf alle Manifestationen des Geistes aus. Grundsätzlich gehorcht jegliches Handeln einer Methode, die jedoch mit zunehmender Diskulturalität eine erhöhte Bedeutung gewinnt. Die Annahme einer grundsätzlichen Möglichkeit des Verstehens fundiert Friedrich Ast in dem Begriff eines universellen Geistes, der die Gewähr für eine Kompatibilität der differenten Äußerungen des Geistes bieten soll: »Für den Geist giebt es schlechthin nichts *an sich* fremdes, weil er die höhere, unendliche Einheit, das durch keine Peripherie begränzte Centrum alles Lebens ist.«[13] Die ursprüngliche Identität des Geistes, die hier als Grundlage des Verstehens

---

13 FRIEDRICH AST, Grundlinien der Grammatik, Hermeneutik und Kritik (Landshut 1808), 166 (§ 69).

II. Von der romantischen zur wissenschaftstheoretischen Konzeption des Verstehens

angenommen wird, stellt eine Erweiterung der bei Meier noch auf den Text beschränkten Einheit des Sinns dar. Mit dieser Universalität des Geistes wird ein autonomer Objektbereich des Verstehens angenommen, der sich einerseits von empirischer Wahrnehmung unterscheidet und andererseits die Dominanz des Geistes und damit des Verstehens behauptet. Zugleich wird eine Engführung von Geist- und Lebensbegriff vorgenommen, wie sie wieder von Dilthey aufgenommen wird: »Alles Leben ist Geist und ausser dem Geiste giebt es kein Leben, kein Seyn, selbst keine Sinnenwelt; denn die körperlichen Dinge, die dem alles mechanisch Auffassenden träg, leblos und materiell erscheinen, sind dem tiefer Forschenden nur scheinbar erstorbene, im Product erloschene, im Seyn erstarrte Geister« (167). Das Verstehen wird insofern an das universelle und zugleich dominant gesetzte Konstrukt des Geistes gekoppelt: »Alles Verstehen und Auffassen nicht nur einer fremden Welt, sondern überhaupt eines Anderen ist schlechthin unmöglich ohne die ursprüngliche Einheit und Gleichheit alles Geistigen und ohne die ursprüngliche Einheit aller Dinge im Geiste.« (167 f. [§ 70]) Diese ursprüngliche Einheit des Geistes variiert einzig aufgrund historischer bzw. äußerer Faktoren. Aus diesen Annahmen leitet Ast dann auch seine Vorstellungen über die zum Verstehen erforderliche Kompetenz ab: »Und dies eben ist das Ziel der *philologischen* Bildung, den Geist vom Zeitlichen, Zufälligen und Subjektiven zu reinigen, und ihm diejenige Ursprünglichkeit und Allseitigkeit zu ertheilen, die dem höheren und reinen Menschen nothwendig ist, die *Humanität*: auf daß er das Wahre, Gute und Schöne in allen, wenn auch noch so fremden, Formen und Darstellungen auffasse, in sein eigenes Wesen es verwandelnd, und so mit dem ursprünglichen, rein menschlichen Geiste, aus dem er durch die Beschränktheit seiner Zeit, seiner Bildung und Lage getreten ist, wiederum Eins werde.« (168 f.)

Durch diese Rückversicherung des Verstehens in einem universalen Geistbegriff modifiziert sich jedoch zugleich das Erkenntnisinteresse, das dem Verstehen zugewiesen wird. Ging es noch Chladenius um die Rekonstruktion der Perspektive und Meier um die Intention eines Autors, so lösen sich diese Momente nun in einem transhistorischen Geistkonzept auf, und es geht Ast wesentlich darum, universaler Wahrheiten jenseits historisch-kultureller Differenzen durch den Verstehensprozeß habhaft zu werden. Damit reduziert sich natürlich tendenziell die Valenz der Autorposition, ja diese wird strukturell in die Position des Geistes überführt. Ast geht von einem dreigliedrigen Verstehensprozeß aus: Da Texte über drei bedeutungsrelevante Dimensionen, den Inhalt, die Form und den Geist, verfügen, hat das Verstehen als historisches Verstehen sich mit der Inhaltsebene auseinanderzusetzen und im grammatischen Verstehen Form und Sprache eines Textes zu analysieren. Das geistige Verstehen stellt den Konnex zwischen dem Geist des Autors und dem der Epoche her. »Das dritte, *geistige* Verständniß ist das wahre und höhere, in welchem sich das historische und grammatische zu Einem Leben durchdringen.« (177 [§ 74])

Ast behauptet neben dieser dreigliedrigen Struktur des Verstehens dessen Befangenheit in einer Dialektik von Teil und Ganzem: »Das Grundgesetz alles Verstehens und Erkennens ist, aus dem Einzelnen den Geist des Ganzen zu finden, und durch das Ganze das Einzelne zu begreifen; jenes die analytische, dieses die synthetische Methode der Erkenntniß. Beide aber sind nur mit und durch einander gesetzt, eben so, wie das Ganze nicht ohne das Einzelne, als sein Glied, und das Einzelne nicht das Ganze, als die Sphäre, in der es lebt, gedacht werden kann.« (178 f. [§ 75]) Da keines von beiden das andere konstituiert und insofern als das Vorhergehende zu denken wäre, ergibt sich für das Verstehen eine zirkuläre Struktur. »Der Zirkel, daß ich a, b, c u. s. w. nur durch A erkennen kann, aber dieses A selbst wieder nur durch a, b, c u. s. f., ist unauflöslich, wenn beide A und a, b, c als Gegensätze gedacht werden, die sich wechselseitig bedingen und voraussetzen, nicht aber ihre Einheit anerkannt wird, so daß A nicht erst aus a, b, c u. s. f. hervorgeht und durch sie gebildet wird, sondern ihnen selbst vorausgeht, sie alle auf gleiche Weise durchdringt, a, b, c also nichts anderes, als individuelle Darstellungen des Einen A sind.« (180)

Die zirkuläre Grundstruktur des hermeneutischen Verstehens soll also in einer ursprünglichen Einheit des Geistes aufgehoben werden, eine Argumentationsfigur, der sich Heidegger in seiner Konstruktion des hermeneutischen Zirkels wieder bedient. Diese Annahme der Einheit von Teil und Ganzem, die Ast auf allen Ebenen des Textes wiederfindet, führt jedoch zu einer Ambivalenz hinsichtlich des Erkenntnisziels: »aber vollständig verstehen wir den Schriftsteller nur dann, wenn wir den Geist des gesammten Alterthums, der sich in ihm offenbart, in der Einheit mit dem individuellen Geiste des Schriftstellers auffassen« (182 [§ 76]). Die Einheit, die als ursprüngliche eben nur eine ist, läßt rechtens gerade keine Differenzen zu: Die subjektive Entität des Autors ist mithin so wenig ausdifferenzierbar wie verstehbar, sofern die Einheit des Geistes Geltung beansprucht. Die Problematik, die sich hier auf der Ebene der Produktion andeutet, tritt auf der Ebene der Rezeption in dem Zwiespalt von der gleichzeitig angenommenen Polyvalenz der Texte und der Identität des Sinns erneut auf, eine Ambivalenz, die Gadamer mit der Konstruktion des Wirkungshorizonts zu domestizieren sucht. Ast operiert mit der Begriffsopposition von Verstehen und Erklären, deren sich auch Dilthey bedient, jedoch ist die von Dilthey vorgenommene wissenschaftstheoretische Wendung dieser Opposition bei Ast nicht gegeben, sondern Ast geht von einer Abfolge von Verstehen und Erklären aus: Verstehen macht dabei die rezeptive Voraussetzung eines möglichen, als Darstellung bzw. Rekonstruktion sich artikulierenden Erklärens aus. »Das Verstehen faßt zwei Elemente in sich, das Auffassen des Einzelnen, und das Zusammenfassen des Besonderen zum Ganzen Einer Anschauung, Empfindung oder Idee: das Zerlegen in seine Elemente oder Merkmahle, und das Verbinden des Zerlegten zur Einheit der Anschauung oder des Begriffs.« (184 f. [§ 77]) Beide Prozesse, Verstehen und Erklären, sind nach Ast als »wahrhaftes Reproduciren« (187 [§ 80]) des Gegenstandes zu denken, wodurch ästhetische Produktion und Rezeption als symmetrisch einander entsprechende Prozesse konstruiert werden, was die Schleiermachersche These von der Kongenialität des Rezipienten antizipiert.

Mit der Emanzipation hermeneutischer Theorie wird auch die Problematik des Verstehens komplexer gedacht. Die Einfachheit und reguläre Problemlosigkeit der Entsprechung von Wort und Begriff, wie sie bei Wolff und auch noch Meier zu finden ist, wird zur sinnhaften Übereinstimmung differenter Textebenen transformiert und damit, zumal der Objektbereich dieser Einheiten ausgedehnt ist, erheblich differenzierter organisiert. So geht Ast von der Trias von Buchstabe, Sinn und Geist aus und markiert damit unterschiedliche Komplexitätsgrade: »Die Hermeneutik des Buchstaben ist die Wort- und Sacherklärung des Einzelnen, die Hermeneutik des Sinnes die Erklärung seiner Bedeutung im Zusammenhange der gegebenen Stelle, und die Hermeneutik des Geistes die Erklärung seiner höheren Beziehung auf die Idee des Ganzen, in welcher das Einzelne in die Einheit des Ganzen sich auflößt.« (192 [§ 82]) Zugleich markiert das Einheitspostulat, das dieses komplexe Arrangement erforderlich werden läßt, letztlich so etwas wie einen szientistischen Rest und die nur unvollständige Ablösung einer originär geisteswissenschaftlichen Theoriebildung von einheitswissenschaftlichen Konzepten. Sofern das Verstehen und seine wissenschaftliche Valenz an einer wie immer gearteten Identität ausgerichtet bleibt, müssen von daher erkenntnistheoretische Ambivalenzen und Inkompatibilitäten in Kauf genommen werden. Die konstitutive Funktion des hermeneutischen Zirkels für den Verstehensprozeß markiert nichts anderes als den Effekt ebensolcher Inkonsistenzen, die seit Ast der Theorie des Verstehens notwendig inhärieren. Eine vollständige Emanzipation des Verstehens im Rahmen eines eigenständigen Theorieentwurfs hätte insofern mit dem Identitätspostulat brechen müssen.

Zugleich erhalten mit der Einführung des Geistbegriffs in die Theorie des Verstehens die philologische und die historische Ebene, die bei Chladenius und Meier noch dominant waren, eine allenfalls untergeordnete Bedeutung. Ast beschränkt deren Geltung weitgehend auf den Bereich des buchstäblichen Verstehens und rückt sie damit in den tendenziell vorhermeneutischen Bereich. Das eigentliche Verstehen ereignet sich so allererst auf der Ebene des Sinns, in die der Geist immer schon involviert ist: »Der Sinn eines Werkes und einzelner Stellen geht ins Besondere aus dem Geiste und der Tendenz seines Verfassers hervor; nur wer diese begriffen und sich vertraut gemacht hat, ist im Stande, jede Stelle im Geiste ihres Verfassers zu verstehen und ihren wahren Sinn zu enthüllen.« (195 [§ 84]) Das Verstehen kumuliert im Verstehen des Geistes, der – als Repräsentation der Dialektik von Teil und Ganzem – über eine subjektive und eine objektive Dimension verfügt, wobei diese Dimensionen auf differenten Ebenen und unter Bezug auf unterschiedliche Einheiten rekonstruiert werden. Mit dem Verstehen der subjektiven und der objektiven Dimension des Geistes aber hebt sich die ursprüngliche Symmetrie von Produktion und Rezeption tendenziell zugunsten einer Dominanz der Rezeption auf: »Einer solchen unbedingten Würdigung, die zum vollkommnen Verständnisse eben so, wie zur vollständigen Erklärung des Geistes der Schriftsteller nothwendig ist, wird aber nur derjenige fähig seyn, der sich durch die Idee des Wahren, Schönen, Guten an sich über den Schriftsteller selbst zu erheben vermag.« (211 f. [§ 93])

2. Schleiermacher

Schleiermacher setzt sich polemisch mit Asts Theorie des Verstehens auseinander und kritisiert insbesondere den Bezug auf einen abstrakten Geistbegriff sowie den geringen pragmatischen Nutzen der Konzeption Asts. Schleiermacher dehnt den Objektbereich des Verstehens aus: Das Verstehen wird nicht nur angesichts von Texten des Altertums zum Problem, sondern ist unabhängig von Diskulturalität und spezifischen Textsorten. Schleiermacher geht davon aus, »daß [...] das Verstehen auf jedem Punkt muß gewollt und gesucht werden«[14]. Das Verstehen ergibt sich als grundsätzliche Aufgabe bei jeglichem Umgang mit Texten und Gesprächen. Schleiermacher reagiert mithin auf die Universalisierung des Astschen Geistkonzepts durch eine Universalisierung der Verstehensproblematik selbst. Schleiermachers These »Die Hermeneutik als *Kunst des Verstehens* existiert noch nicht *allgemein*, sondern nur mehrere spezielle *Hermeneutiken*« (7) deutet seinen universalistischen Anspruch an, der über die spezifischen Erkenntnisinteressen der theologischen, juristischen oder philologischen Hermeneutiken hinausgeht. Das Verstehen wird für ihn zum Zentrum der Hermeneutik.

Zugleich wird es als ›Kunst‹ und Wissenschaft konzipiert, was eine wissenschaftstheoretische Differenz gegenüber naturwissenschaftlichen Konzepten augenfällig werden läßt. Dieser »*Charakter* der Kunst« (16) verdankt sich der Unmöglichkeit der Mechanisierbarkeit hermeneutischer Regeln. Das Verstehen setzt beim Rezipienten eine spezifische Kompetenz, Talent voraus. Hier wird die Psychologisierung und Individualisierung des Verstehensprozesses durch Schleiermacher deutlich. Die reziproke Konstruktion von Produktion und Rezeption bringt dem Rezipienten in eine dem Textproduzenten prinzipiell vergleichbare Position. Schleiermacher unterscheidet grundsätzlich zwei Typen von Interpretation, die grammatische und die psychologische, die jedoch nicht unabhängig voneinander zu denken sind, sondern als sich ergänzende Prozeduren ein identisches Ergebnis hervorbringen sollen und insofern auch als wechselseitiges Korrektiv gedacht werden. Analog dieser Differenzierung wird eine dual angelegte Hierarchisierung der Komplexität bzw. Notwendigkeit des Verstehens durchgeführt, die sich am Klassischen, das der grammatischen Interpretation zugeordnet wird, und am Originellen, das zur Aufgabe der psychologischen Interpretation wird, ausrichtet. Das Klassische und das Originelle – ihre synchrone Repräsentation bezeichnet Schleiermacher als das Genialische – bilden so den herausragenden Gegenstand des Verstehens, wohingegen Texte, die in dieser Hinsicht keine Ansprüche erheben, als quasi selbstverständlich anzusehen sind, was zumindest in tendenziellem Widerspruch zum universalistischen Ansatz Schleiermachers steht. Schleiermacher erhebt als Konsequenz aus der universalistischen Anlage seiner Konzeption zugleich einen ausschließlichen Geltungsanspruch für diese. Ein Methodenpluralismus wird insofern abgelehnt, und zugleich werden Spezialhermeneutiken einzig als Ableitungen von einer allgemeinen Theorie des Verstehens gedacht, was für eine Konsolidierung des wissenschaftstheoretischen Status der Theorie des Verstehens spricht.

Diesem emanzipierten Status des Verstehens korrespondiert auch Schleiermachers Formulierung der Aufgabe des Verstehens, die darin be-

---

14 FRIEDRICH SCHLEIERMACHER, Hermeneutik und Kritik mit besonderer Beziehung auf das Neue Testament, hg. v. F. Lücke, in: Schleiermacher, Sämmtl. Werke, Abt. 1, Bd. 7 (Berlin 1838), 30.

stehe, »die Rede zuerst eben so gut und dann besser zu verstehen als ihr Urheber« (32). Damit geht Schleiermacher verallgemeinernd über die Kantsche Anmerkung hinaus, die das Besserverstehen noch an Mängel der Konzeption und der Selbstreflexion des Autors band.[15] Auch Schlegel steckte das Telos des Verstehens nicht ganz so hoch wie Schleiermacher, wiewohl er dessen Forderung zumindest in bezug auf das Verstehen von Personen mit einem Mangel an Selbstreflexion vorwegnahm.[16] Schlegel konstatiert im übrigen mit einer gewissen Skepsis einen gegenüber dem Verstehen resistenten Rest, der das Verstehen zur unendlichen Aufgabe werden läßt: »Eine klassische Schrift muß nie ganz verstanden werden können. Aber die, welche gebildet sind und sich bilden, müssen immer mehr draus lernen wollen.«[17]

Schleiermacher verdichtet seine Konzeption des Verstehens in der Formel, nach der Ziel des Verstehens »das *geschichtliche* und *divinatorische (profetische) objective* und *subjective Nachconstruiren der gegebenen Rede*«[18] sei. Mit dieser Formel werden dem Verstehen zwei Dimensionen zugewiesen: die zeitliche – geschichtlich bzw. divinatorisch – und die Dialektik von Allgemeinem und Individuellem – subjektiv und objektiv. Insbesondere die divinatorischen Elemente der Interpretation sind in ihrer wissenschaftlichen Valenz problematisch. Das gilt auch für die Struktur des hermeneutischen Zirkels, die jedem Element der Interpretation eigen sei: »Überall ist das vollkommene Wissen in diesem scheinbaren Kreise, daß jedes Besondere nur aus dem Allgemeinen dessen Theil es ist verstanden werden kann und umgekehrt. Und jedes Wissen ist nur wissenschaftlich wenn es so gebildet ist.« (33) Der wissenschaftliche Status dieser parallel zur Astschen Konzeption entwickelten Konstruktion wird so schlicht gesetzt, wiewohl seine Problematik in der angenommenen Scheinbarkeit durchsichtig wird.

Schleiermacher entwickelt für das Verstehen die »Allgemeine methodologische Regel: a) Anfang mit allgemeiner Übersicht; b) Gleichzeitiges Begriffensein in beiden Richtungen, der grammatischen und psychologischen; c) Nur, wenn beide genau zusammentreffen in einer einzelnen Stelle, kann man weiter gehen; d) Nothwendigkeit des Zurückgehens, wenn sie nicht zusammenstimmen, bis man den Fehler im Calcul gefunden hat.« (37) Die Funktion der grammatischen Interpretation besteht in der Ermittlung des Sinns – Schleiermacher übernimmt dabei Meiers Differenzierung von Bedeutung und Sinn – eines als Einheit aufgefaßten Textes vor dem Hintergrund des historischen Sprachstandes und des dem Text zuzuordnenden Publikumsprojektes. Hierbei greift Schleiermacher weitgehend auf die philologische Tradition der Textinterpretation zurück. Im Zuge des grammatischen Verstehens soll mittels einer logischen Rekonstruktion zwischen Haupt- und Nebengedanken des Textes unterschieden werden. Zugleich geht Schleiermacher davon aus, daß die grammatische Interpretation einen eigenen Objektbereich konstituiert, der sich von dem psychologischen Interpretation trotz der geforderten parallelen Applikation und finalen Übereinstimmung beider Strategien unterscheidet; so wird das grammatische Verstehen tendenziell dem Bereich der Prosa, das psychologische dem Poesie zugewiesen. Dabei wird davon ausgegangen, daß die beiden Modelle der Interpretation idealtypische Differenzierungen darstellen, die puristisch nicht durchzuhalten sind, da sprachliche Erscheinungen immer auch auf psychologische Phänomene verweisen und umgekehrt. Überhaupt zieht es Schleiermacher in der Regel vor, mit graduellen Differenzen und nicht mit klaren Distinktionen zu operieren. Insofern werden auch kategorische Behauptungen immer wieder relativiert.

Die Einheit des Werkes, dessen sprachliche Rekonstruktion Ziel des grammatischen Verstehens ist, wird in der psychologischen Interpretation an das Autor-Subjekt zurückgekoppelt. Die Identität des Sinns, die das Verstehen zu ermitteln hat, wird aus der psychologischen Perspektive in einem Keimentschluß projiziert. Die Repräsentation des Subjekts im Text wird als Stil gefaßt. »Das ganze Ziel ist zu bezeichnen als vollkommenes Verstehen

---

15 Vgl. IMMANUEL KANT, Kritik der reinen Vernunft (1781), in: KANT (WA), Bd. 3 (1974), 322.
16 Vgl. FRIEDRICH SCHLEGEL, Fragmente (1798), in: SCHLEGEL (KFSA), Bd. 2 (1967), 241 (Nr. 401).
17 SCHLEGEL, Kritische Fragmente (1797), in: ebd., 149 (Nr. 20).
18 SCHLEIERMACHER (s. Anm. 14), 31 f.

des Styls.« (145) Die psychologische Interpretation greift auf den Konnex folgender konstitutiver Momente zurück: Individualität des Autor-Subjekts, Individualität des Keimentschlusses eines einzelnen Werkes, Individualität der Darstellungsform, d. h. des Stils. Das Verstehen hat sich den beiden Strukturelementen dieser Serie anzupassen: der Individualität und der Suisuffizienz bzw. Selbstursprünglichkeit. Erst als Gegenstand der psychologischen Interpretation konstituiert sich daher der Gegenstand in seiner manifesten wissenschaftstheoretischen Differenz und bringt damit die Sonderstellung des Verstehensbegriffs zur Geltung. Schleiermacher zieht so aus der Identität des Sinns, die ja bereits Meier ins Zentrum seiner Überlegungen zum Verstehen gerückt hatte, die Konsequenzen, indem er den Repräsentationen der Identität auf den unterschiedlichen in den Verstehensprozeß involvierten Ebenen nachgeht.

Der Konnex von Individualität und Identität hat jedoch Konsequenzen für den wissenschaftstheoretischen Status des Verstehens: Die Wissenschaftlichkeit, die noch für die grammatische Interpretation vergleichsweise unbefangen behauptet werden konnte, wird im Bereich der psychologischen zumindest ambivalent. Gerade der Begriff der Divination, dem zwar als Korrektiv der der Komparation an die Seite gestellt wird, deutet das prekäre Verhältnis zu wissenschaftlichen Kriterien wie denen einer rationalen Überprüf- und Nachvollziehbarkeit der Analyse an: »Die *divinatorische* ist die« Methode, »welche indem man sich selbst gleichsam in den andern verwandelt, das individuelle unmittelbar aufzufassen sucht. Die *comparative* sezt erst den zu verstehenden als ein allgemeines, und findet dann das Eigenthümliche, indem mit andern unter demselben allgemeinen befaßten verglichen wird.« Das Kalkül mit der Divination, der »weibliche Stärke in der Menschenkenntniß« (146), bei der unmittelbaren Auffassung der Individualität ist der Versuch, das Verstehen »der persönlichen Eigenthümlichkeit des Verfasser[s]« (156), die Einheit des Menschen, die Eigentümlichkeit des Stils als ein Identisches zu erfassen, das der Einzigartigkeit des Objekts korrespondiert. Resultat der psychologischen Interpretation soll es sein, »jeden gegebenen Gedankencomplexus als Lebensmoment eines bestimmten Menschen aufzufassen« (148).

Dabei wird die psychologische Interpretation weiter differenziert in eine rein psychologische und eine technische: »Der relative Gegensaz des rein Psychologischen und Technischen ist bestimmter so zu fassen, daß das erste sich mehr auf das Entstehen der Gedanken aus der Gesammtheit der Lebensmomente des Individuums bezieht, das zweite mehr ein Zurückführen ist auf ein bestimmtes Denken und Darstellenwollen, woraus sich Reihen entwickeln.« (152) Die rein psychologische Interpretation erlangt bei spezifischen Textsorten eine dominante Bedeutung: »Je mehr ein Werk aus dem inneren Wesen des Schriftstellers hervorgegangen ist, desto unbedeutender sind für die hermeneutische Aufgabe die äußeren Umstände, ist hingegen der Verf. durch Äußeres zu dem Werke gedrängt worden, desto nothwendiger ist, die äußeren Veranlassungen zu kennen.« (157) Diese Dominanz der psychologischen Interpretation wird darüber hinaus mit Aspekten literarischer Wertung in Verbindung gebracht: »Worin liegt aber der Unterschied zwischen einem wichtigen und unwichtigen Schriftsteller? Der leztere ist ein solcher, bei dem es am wenigsten darauf ankommt, sein Werk als Thatsache seines Lebens zu verstehen, wo vielmehr diese Seite ganz gegen die grammatische verschwindet.« (162)

Die Modifikation, die der Begriff des Verstehens durch Schleiermacher erfährt, stellt sich insofern zum einen als eine Ausweitung des Objekt- und damit eben auch Geltungsbereiches des Begriffs und zum anderen als dessen Psychologisierung dar. Beides setzt eine Etablierung des Verstehensbegriffs als zentraler Kategorie der geisteswissenschaftlichen Methodik und Theoriebildung voraus. Darüber hinaus wird mittels der Psychologisierung des Verstehens, der nur noch bedingt rational einlösbaren Ausrichtung »auf einen Willensakt der Verfasser« (163), eine nachhaltige Ablösung von einheitswissenschaftlichen Konzeptionen und zugleich eine Reduzierung der Bedeutung der philologischen Tradition im Zuge der tendenziellen Unterordnung der grammatischen Interpretation unter die psychologische, insbesondere im ästhetischen Bereich, betrieben. Die theoretischen Ambivalenzen, die durch diese methodische Exponierung des Verstehens erzeugt werden, gehören in der Folge zum wissenschaftstheoretischen Problembereich einer mit dem Verstehensbegriff operierenden geisteswissenschaftlichen Theorie.

3. *Boeckh*

August Boeckhs Reflexion des Verstehens ist zwar primär an philologischen Interessen orientiert, doch konstituiert er einen ähnlich weit gefaßten Objektbereich wie Schleiermacher. »Da die Grundsätze, nach welchen man verstehen soll, die Functionen des Verstehens überall dieselben sind, so kann es keine specifischen Unterschiede der Hermeneutik nach dem Gegenstande der Auslegung geben.«[19] Gegenstand des Verstehens sind so »die mit den Worten verknüpften Vorstellungen«, wobei selbst dieser bereits weit gefaßte Bereich noch einen paradigmatischen Stellenwert hat, da Boeckh durchaus eine »Abzweigung der Kunst-Hermeneutik, welche die Kunstwerke ganz analog den Sprachdenkmälern zu erklären hat« (81), für denkbar hält. Insofern verliert auch die allegorische Interpretation ihren besonderen Status, über den sie im 18. Jh. noch verfügte, und reduziert sich auf ein konventionelles hermeneutisches Problem. Asts Unterscheidung von Erklären und Verstehen vergleichbar, differenziert Boeckh Verstehen und Auslegung, wobei die Auslegung der Ausdruck des Verständnisses ist. Zugleich werden Interpretieren, Auslegen und Erklären weitgehend synonym gebraucht. Ähnlich wie bei Schleiermacher gewinnt das Subjekt bei Boeckh für den Verstehensprozeß eine erhebliche Bedeutung: »Um daher jemand zu verstehen muss man seine *Subjectivität* in Rechnung ziehen.« (82) Grundsätzlich unterscheidet Boeckh vier unterschiedliche Modi des Verstehens: Beim »Verstehen aus den *objektiven* Bedingungen des Mitgetheilten« ist zwischen der grammatischen Interpretation, die den Wortsinn zu ermitteln hat, und der historischen Interpretation, die den Wortsinn vor dem Hintergrund des historischen Kontextes feststellen soll, zu differenzieren. Beim »Verstehen aus den *subjectiven* Bedingungen des Mitgetheilten« (83) ist die individuelle Interpretation,

welche die Bedeutung in Relation zum produzierenden Subjekt zu erfassen sucht, von der generischen Interpretation, welche die gattungstheoretischen und literarhistorischen Bedingungen ermittelt und in etwa der technischen Interpretation Schleiermachers entspricht[20], zu unterscheiden. Jede dieser vier Arten der Interpretation greift nach Boeckh auf unterschiedliche Wissensbestände zurück, das den methodischen und eben nicht substantiellen Status des Verstehens affirmiert, wodurch zugleich der universelle Objektbereich des Verstehens legitimiert wird. Diese vier Interpretationsmethoden sind, »wenn sie auch beständig ineinandergreifen, doch nicht stets alle gleichmässig anwendbar«. Das Verhältnis von grammatischer und individueller Interpretation ist, ähnlich wie bei Schleiermacher das von grammatischer und psychologischer Interpretation, im wesentlichen als ein komplementäres zu denken: »Die grammatische Interpretation erreicht das Maximum der Anwendbarkeit da, wo die individuelle auf das Minimum derselben herabsinkt.« (85)

Obwohl Boeckh mit ähnlichen Begriffsoppositionen wie Schleiermacher operiert, zeichnet sich sein Ansatz durch ein entschieden höheres Wissen um die wissenschaftstheoretische Problematik der subjektiven Dimension des Verstehens aus. Die »*Grenzen*, welche der Auslegung gesteckt sind« (85 f.), hängen zum einen dem als komparatives Korrektiv erforderlichen Material ab, welches Bedingung einer Ermittlung des individuellen Anteils ist, und sie gehen zum anderen auf die »*unendliche* Anzahl von Verhältnissen« zurück, wobei es unmöglich sei, »diese zur discursiven Klarheit zu bringen«. Boeckh zieht aus der solchermaßen gegebenen Komplexität des Verstehens Konsequenzen, die Schleiermacher tendenziell zu umgehen sucht. »Selbst ein und derselbe Mensch nimmt denselben Gegenstand nicht immer auf dieselbe Weise wahr und versteht sich daher selbst nicht vollständig. Wenn also die fremde Individualität nie vollständig verstanden werden kann, so kann die Aufgabe der Hermeneutik nur durch unendliche *Approximation* d. h. durch allmählige, Punkt für Punkt vorschreitende, aber nie vollendete Annäherung gelöst werden.« (86) Durch das Modell des Verstehens als infiniter Aufgabe sukzessiver Näherung, der die vollständige Erfassung des Objekts

---

19 AUGUST BOECKH, Encyklopädie und Methodologie der philologischen Wissenschaften, hg. v. E. Bratuscheck (1877; Leipzig 1886), 80.
20 Vgl. ebd., 141.

nie restlos gelingt, wird der Spielraum geschaffen, der interpretatorische Polyvalenzen koexistieren läßt, ohne notwendig direkten Widerspruch zu evozieren. Auch wenn es sich bei Boeckh noch um eine gerichtete Approximation handelt, die allenfalls einen begrenzten Raum der Variation eröffnet, ist der identische Sinn doch in die Ferne eines regulativen Prinzips gerückt. Die Unsicherheit des Resultates bewirkt, daß auch der Status der Regeln des Verstehens einer notwendigen Ambivalenz ausgesetzt ist und eine »mechanische Anwendung« kaum erfolgreich sein kann, weshalb der »ächte hermeneutische Künstler« »von Natur Blick zum Verstehen haben« (87) bzw. über entsprechendes Talent und Takt verfügen müsse. »Congenialität ist erforderlich. Wer so erklärt, kann allein ein genialer Erklärer genannt werden; denn das Gefühl, welches aus der Aehnlichkeit mit dem Erklärten herauswirkt, ist ein innerlich productives; es tritt hier an die Stelle des Verstandes die Phantasie als hermeneutische Thätigkeit.« (86 f.) Damit tritt der Verstehensbegriff in den Konnex von Talent, Genialität, Gefühl und Phantasie, der zwar zweifelsohne ein spezifisches Terrain konstituiert, wissenschaftstheoretisch aber nicht unerhebliche Probleme in sich birgt.

Demunerachtet hält auch Boeckh die Forderung aufrecht, »dass der Ausleger den Autor nicht nur eben so gut, sondern sogar besser noch verstehen muss als er sich selbst« (87). Zugleich begreift Boeckh das Verstehen als historische Rekonstruktion, so daß der Sinn selbst als historischer gefaßt werden muß. Insofern besteht eine Ambivalenz zwischen dem Besser-Verstehen und der Rekonstruktion eines historischen Verstehens in der Interpretation, denn es darf »durch die historische Interpretation *nicht mehr in die Worte gelegt werden, als die, an welche der Autor sich wendet, dabei denken konnten*« (121). Es sei von daher ein Prozeß einer sukzessiven Steigerung des Verständnisses anzunehmen, dessen Ziel die Rekonstruktion eines historischen Verstehens sei und dessen Bedingungen von subjektiven Faktoren abhingen, die systematisch nicht kontrollierbar seien. Diese Kontrolle könne auch nicht durch einen »sensus communis« (119) oder Wahrscheinlichkeitserwägungen erfolgen, da deren Geltung für den jeweiligen Text erst zu erweisen wären und insofern Annahmen zum Sinn bereits voraussetzten. Darüber hinaus geht Boeckh, um diesen identischen historischen Sinn einer infiniten Approximation – und sei es auch nur als regulatives Prinzip – annehmen zu können, wie Schleiermacher von der konstitutiven Einheit des Werkes aus; und wo diese nicht gegeben sei, scheitere das Verstehen nicht etwa, sondern die Aufgabe beschränke sich dann auf die feststellbaren Einheiten. Diese Einheit des Textes bleibt keineswegs deskriptiv, sondern sie gewinnt eine normative Dimension, wodurch eine dem Verstehensprozeß inhärente Struktur zum ästhetischen Kriterium avanciert: »Aber für den wahren Künstler im Schreiben hat jede Schrift einen einheitlichen Zweck.« (133)

4. Steinthal

Heymann Steinthal bestimmt in Anschluß an die Boeckhsche Differenzierung von Verstehen und Auslegen den Begriff des Verstehens: »Wir interpretiren oder deuten, um zu verstehen. Verständniss ist zunächst das Ziel; ist dieses Ziel erreicht, so ist das Verständniss ein Ergebniss geworden, unser erworbener Besitz; Deutung ist die Thätigkeit, durch welche wir uns in den Besitz des Verständnisses setzen. / Verstehen schlechthin ist allgemein menschlich, wie sprechen und mittheilen«[21]. Das Verstehen ist von daher zunächst eine ebenso universelle wie elementare Praxisform; allerdings zeichnet sich das wissenschaftliche Verstehen durch seine Vermitteltheit, die auf die Anwendung komparativer und deduktiver Strategien zurückgeht, und die Berücksichtigung des umfassenden Kontextes daraus, was verstanden werden soll. Zur Kennzeichnung dieses wissenschaftlichen Verstehens sucht Steinthal die von Schleiermacher und Boeckh aufgeschlüsselten Typen der Interpretation weiter zu differenzieren und zu hierarchisieren. Er operiert dabei mit unterschiedlichen Stufen der Interpretation, denen wiederum einzelne Interpretationsstrategien zugeordnet werden. Zunächst geht es um eine objektbezogene sachliche Orientie-

---

21 HEYMANN STEINTHAL, Die Arten und Formen der Interpretation (1878), in: Steinthal, Kleine sprachtheoretische Schriften, hg. v. W. Bumann (Hildesheim/New York 1970), 535.

rung, die in der grammatischen, der sachlichen und der stilistischen Interpretation erworben werden soll. In den darauf aufbauenden subjektorientierten Interpretationstypen, der individuellen und der historischen Interpretation, soll für die »Rücksicht auf die Individualität des Schriftstellers« und für die »Rücksicht auf die geschichtlichen Verhältnisse des Volkes und auch des Autors« (540) gesorgt werden. Das Ganze kulminiert in einer das Werk genetisch erfassenden psychologischen Interpretation. Die einzelnen Typen der Interpretation werden als hierarchisierte, unterschiedliche Dimensionen einer einzigen Interpretation konstruiert, die sich in der psychologischen Interpretation vollendet. Steinthals Differenzierung und Strukturierung von Typen der Interpretation affirmiert insofern weitgehend die Konzeptionen Schleiermachers und Boeckhs; allerdings verstärkt die Hierarchisierung der Dimensionen das Gewicht und die Sonderstellung der psychologischen Interpretation.

Damit wird innerhalb der methodischen Diskussion eine Ebene des Verstehens forciert, die sich systematisch der Überprüfung entzieht. Die psychologische Interpretation »soll das erkennende Verstehen noch zum begreifenden vertiefen«, »die Genesis« des Kunstwerks »soll begriffen, der Schöpfungsact selbst als solcher, der innere Hergang, in welchem das Bild erwuchs« (540), soll erfaßt werden. Steinthal sucht den prekären wissenschaftlichen Status der psychologischen Interpretation durch massive Aufwertungen zu kompensieren: »Solch ein genetisches Begreifen einer Rede kann an sich, ohne Rücksicht auf den Werth der verstandenen Rede, wahr und tief, kann eine erhebende Erkenntniss sein, gerade so wie der Werth einer naturwissenschaftlichen Erkenntniss unabhängig ist von dem Werthe des erkannten Wesens.« Hier deutet sich bereits eine wissenschaftstheoretische Dichotomie an, die Dilthey systematisiert und ausbaut. Der Verstehensbegriff spielt in diesem Dualismus eine zentrale Rolle: Das Verstehen avanciert gerade im Moment seiner geringsten Strukturiertheit und Überprüfbarkeit zum zentralen Differenzkriterium gegenüber den Naturwissenschaften. Die kompensatorische Aufwertung des Verstehens kulminiert in einem Verständnis, das »nicht nur kein blosses Ereigniss, und nicht nur eine That; sondern […] eine Schöpfung« (542) ist. Von daher verstärken sich die bereits bei Boeckh zu beobachtenden normativen ästhetischen Konsequenzen des Verstehensbegriffs zunehmend: Das Verstehen wird zum zentralen Begriff eines theoretischen Modells, dessen Wahrheit sich Schöpfung, Genialität und Kongenialität verdankt.

5. Dilthey

Dilthey verstärkt und präzisiert die Positionen der romantischen Hermeneutik, indem er sie in eine Dichotomie von Natur- und Geisteswissenschaften einbindet. Damit gewinnt der Verstehensbegriff als zentrales Differenzkriterium eine entscheidende Funktion bei der Konstituierung und Legitimation der Geisteswissenschaften. Insofern wird nun das, was sich ansatzweise in der romantischen Hermeneutik andeutete, auf seinen wissenschaftstheoretischen Begriff gebracht.

In einer Engführung der Positionen Asts und Schleiermachers konzipiert Dilthey den Bezugsrahmen seiner Theorie des Verstehens: »Der Zusammenhang der geistigen Welt geht im Subjekt auf, und es ist die Bewegung des Geistes bis zur Bestimmung des Bedeutungszusammenhanges dieser Welt, welche die einzelnen logischen Vorgänge miteinander verbindet«. Dabei wird das Verstehen ähnlich wie bei Ast in den Konnex von Subjekt und Geist eingebunden: »Das Verstehen ist ein Wiederfinden des Ich im Du; der Geist findet sich auf immer höheren Stufen von Zusammenhang wieder; diese Selbigkeit des Geistes im Ich, im Du, in jedem Subjekt einer Gemeinschaft, in jedem System der Kultur, schließlich in der Totalität des Geistes und der Universalgeschichte macht das Zusammenwirken der verschiedenen Leistungen in den Geisteswissenschaften möglich.«[22]

Dilthey konstituiert mittels eines Konnexes der Kategorien Geist, Leben, Zeit, Erleben, Ausdruck und Verstehen so etwas wie eine Totalität der Geisteswissenschaften und ihres Objektbereichs. Die naturwissenschaftliche Kausalität wird für diesen Bereich suspendiert und durch den Dualismus »des Wirkens und Leidens« (197) substituiert. Der Kon-

---

22 DILTHEY, Entwürfe zur Kritik der historischen Vernunft (entst. 1907–1910), in: DILTHEY, Bd. 7 (1927), 191.

II. Von der romantischen zur wissenschaftstheoretischen Konzeption des Verstehens 347

nex von Lebens- und Zeitbegriff bewegt Dilthey zur Annahme eines irreduziblen Zusammenhangs, der als Sinnzusammenhang gedacht wird und dessen Ermittlung die Aufgabe des Verstehens ist. Insofern bilden das Leben und sein Zusammenhang den Objektbereich des Verstehens, eine Konstituierung des Objektbereichs, die von Habermas in seiner Konzeption der Lebenswelt mit durchaus vergleichbaren wissenschaftstheoretischen Ambitionen fortgesetzt wird. Das Verstehen erfaßt diesen Zusammenhang mittels der »Kategorien von Bedeutung, Wert, Sinn, Zweck« (198), wodurch die normativen Implikationen des Verstehens, die in den Verstehenstheorien der Romantik noch auf eine ästhetische Normativität beschränkt waren, verallgemeinert werden. Das Verstehen wird als die dieser Totalität des Lebenszusammenhangs korrespondierende Erkenntnismethode bestimmt: »Das Verstehen und Deuten ist die Methode, welche die Geisteswissenschaften erfüllt. Alle Funktionen vereinigen sich in ihm. Es enthält alle geisteswissenschaftlichen Wahrheiten in sich.« (205)

Dilthey unterscheidet drei Typen von Lebensäußerungen, die Gegenstand des Verstehens sind: zum einen den Typus der »Begriffe, Urteile, größeren Denkgebilde« (205), zum anderen »die Handlungen« und darüber hinaus den »Erlebnisausdruck« (206), dem der ästhetische Objektbereich zuzuordnen wäre. Dabei geht Dilthey davon aus, daß der ästhetische Erlebnisausdruck, sofern er über ästhetischen Wert verfüge, »sich loslöst von seinem Schöpfer, dem Dichter, Künstler, Schriftsteller« (207), womit die psychologische Ausrichtung auf das produzierende Subjekt, wie sie bei Schleiermacher, Boeckh und Steinthal dominierte, wieder wie bei Ast zugunsten einer Orientierung auf eine Totalität des Lebenszusammenhangs aufgehoben wird. Ästhetische Produktion wird als Hervorbringung eines Ganzen gedacht: »Die Technik des Dichters ist Transformation des Erlebten zu einem nur im Vorstellen des Hörers oder Lesers bestehenden Ganzen«[23]. Vermittels des Ganzen wird der Konnex von ästhetischer Produktion und Verstehen hergestellt.

Der grundsätzlichen Universalisierung des Verstehens bei Dilthey entspricht dessen Konstituierung als elementarer Praxisform: »Das Verstehen erwächst zunächst in den Interessen des praktischen Lebens.«[24] Dieses elementare Verstehen operiert mit Analogieschlüssen. Mittels dieses elementaren Verstehens orientiert sich das Individuum »in der Welt des objektiven Geistes« (209), wobei dieser »die mannigfachen Formen, in denen die zwischen den Individuen bestehende Gemeinsamkeit sich in der Sinneswelt objektiviert hat« (208), bezeichnet. Das Verstehen markiert insofern die »Einordnung der einzelnen Lebensäußerung in ein Gemeinsames« (209). Die höheren Formen des Verstehens resultieren aus der Notwendigkeit der Überwindung sozio-historischer Diskulturalität. »Das Verstehen hat immer ein Einzelnes zu seinem Gegenstand. Und in seinen höheren Formen schließt es nun aus dem induktiven Zusammenhang des in einem Werk oder Leben zusammen Gegebenen auf den Zusammenhang in einem Werk oder einer Person, einem Lebensverhältnis.« (212) Von daher reduziert sich die psychologische Interpretation bei Dilthey auf ein Teilmoment eines allgemeinen Verstehens. »Die psychologische Interpretation muß die Divination des Individuellen beständig verbinden mit der Einordnung des Werkes in seine Gattung.« (226) Das höhere Verstehen ist nun durch die Strategien des Hineinversetzens, des Nachbildens und des Nacherlebens gekennzeichnet. Die Anwendung dieser Strategien des Verstehens beruht »auf einer besonderen persönlichen Genialität« (216) womit Rezeption und Produktion wie in der romantischen Hermeneutik als strukturhomolog gedacht werden. Dilthey leitet den Begriff der Interpretation aus dem höheren Verstehen ab: »Das kunstmäßige Verstehen dauernd fixierter Lebensäußerungen nennen wir *Auslegung*.« (217) Das Verstehen überschreitet als aneignende Strategie das passive Erleben und bildet insofern die Grundlage der Geisteswissenschaften. Wissenschaftstheoretisch unterscheiden sich das Verstehen und damit auch die Interpretation wesentlich von den Prämissen der Naturwissenschaften: »So ist in allem Verstehen ein Irrationales, wie das Leben selber ein solches ist; es kann durch keine Formeln logischer Leistungen repräsentiert

---

23 DILTHEY, Die Einbildungskraft des Dichters. Bausteine für eine Poetik (1887), in: DILTHEY, Bd. 6 (1924), 198.
24 DILTHEY (s. Anm. 22), 207.

werden.«(218) Zur Abgrenzung von Geistes- und Naturwissenschaften operiert Dilthey mit der Begriffsopposition von Verstehen und Erklären: »Wir erklären durch rein intellektuelle Prozesse, aber wir verstehen durch das Zusammenwirken aller Gemütskräfte in der Auffassung. Und wir gehen im Verstehen vom Zusammenhang des Ganzen, der uns lebendig gegeben ist, aus, um aus diesem das einzelne uns faßbar zu machen.«[25] Bei Dilthey avanciert die Kategorie des Verstehens zur konstitutiven Kategorie eines spezifischen Wissenschaftstyps und begründet nicht nur einen besonderen theoretischen Gegenstand, sondern auch die Dichotomie von Natur- und Geisteswissenschaften. »Eine Wissenschaft gehört nur dann den Geisteswissenschaften an, wenn ihr Gegenstand uns durch das Verhalten zugänglich wird, das im Zusammenhang von Leben, Ausdruck und Verstehen fundiert ist.«[26]

Diltheys wissenschaftstheoretisches Erkenntnisinteresse bewirkt, daß er die bei Schleiermacher bereits angelegte Ausdehnung des Objektbereichs des Verstehens weiter forciert und darüber hinaus die Orientierung an einem konkreten Subjekt durch die an einem abstrakten Subjekt, dem Geist bzw. dem Leben, substituiert, was für Gadamers Theorie der Interpretation durchaus von Bedeutung ist. War das Verstehen noch bei Wolff eine Kategorie, die sich am Rande eines in der Ausdifferenzierung begriffenen Systems konstituierte, so hat es sich bei Dilthey, zumindest wenn man die implizite Normativität der diesem Wissenstyp zugewiesenen Begriffe in Rechnung stellt, zur konstitutiven Kategorie eines zumindest latent als dominant eingeschätzten Wissenstyps entwickelt. Zugleich bleibt der lebensphilosophischen Em-

phase Diltheys und ihren zirkulären Begründungszusammenhängen die Reflexion der erkenntnistheoretischen Aporien eines solchermaßen universalisierten Verstehensbegriffes weitgehend fremd. Die Irrationalität des Lebens und seines korrespondierenden Erkenntnismodus wird vergleichsweise unbefangen ontologisiert.

6. Nietzsche

Einer derartigen geisteswissenschaftlichen Privilegierung des Verstehens und der Interpretation, der gegenüber bereits Schlegel ein gewisses Mißtrauen angemeldet hatte (»Nicht selten ist das Auslegen ein Einlegen des Erwünschten, oder des Zweckmäßigen, und viele Ableitungen sind eigentlich Ausleitungen«[27]), setzt Nietzsche eine vehemente Skepsis gegenüber dem Wahrheitsanspruch der Interpretation entgegen. Zwar unterstützt er keineswegs »jenes Verzichtleisten auf Interpretation überhaupt (auf das Vergewaltigen, Zurechtschieben, Abkürzen, Weglassen, Ausstopfen, Ausdichten, Umfälschen und was sonst zum *Wesen* alles Interpretierens gehört)«[28], doch ebensowenig teilt er das Vertrauen in die Erkenntnisleistung der Interpretation; vielmehr betont er deren soziologische Verdächtigkeit und damit ihre allenfalls bedingte wissenschaftliche Tauglichkeit: »Gegen den Positivismus, welcher bei den Phänomenen stehn bleibt ›es gibt nur *Tatsachen*‹, würde ich sagen: nein, gerade Tatsachen gibt es nicht, nur *Interpretationen*. Wir können kein Faktum ›an sich‹ feststellen: vielleicht ist es ein Unsinn, so etwas zu wollen. / ›Es ist alles *subjektiv*‹ sagt ihr: aber schon das ist *Auslegung*. Das ›Subjekt‹ ist nichts Gegebenes, sondern etwas Hinzu-Erdichtetes, Dahinter-Gestecktes. [...] / Soweit überhaupt das Wort ›Erkenntnis‹ Sinn hat, ist die Welt erkennbar: aber sie ist anders *deutbar*, sie hat keinen Sinn hinter sich, sondern unzählige Sinne. − ›Perspektivismus‹. / Unsere Bedürfnisse sind es, *die die Welt auslegen*«[29].

Damit werden alle wesentlichen Kategorien hermeneutischen Verstehens (Subjekt, Identität des Sinns, Wahrheit) vehement relativiert, was die wissenschaftliche Wertigkeit des Verstehens nachhaltig reduziert. Nietzsche mißt dem Verstehen bzw. dem Interpretieren statt dessen eine legitimatorische Funktion zu[30], und damit geraten die Sinnzu-

---

25 DILTHEY, Ideen über eine beschreibende und zergliedernde Psychologie (1894), in: DILTHEY, Bd. 5 (1924), 172.
26 DILTHEY, Der Aufbau der geschichtlichen Welt in den Geisteswissenschaften (1910), in: DILTHEY, Bd. 7 (1927), 87.
27 SCHLEGEL (s. Anm. 16), 169 (Nr. 25).
28 FRIEDRICH NIETZSCHE, Zur Genealogie der Moral (1887), in: NIETZSCHE (SCHLECHTA), Bd. 2 (1960), 890 (3, 24).
29 NIETZSCHE, Aus dem Nachlaß der Achtzigerjahre, in: ebd., Bd. 3 (1994), 903.
30 Vgl. ebd., 626.

III. Zur ontologischen Valenz des Verstehens 349

schreibungen der Interpretation in einen Konnex zu Machtstrukturen: »Der Wille zur Macht *interpretiert*« (489), und »das Interpretieren selbst« ist »eine Form des Willens zur Macht« (487). »In Wahrheit ist Interpretation ein Mittel selbst, um Herr über etwas zu werden.« (489) Dieser Modus interpretierender Machtergreifung wird zwar auch im Zusammenhang ideologiekritischer Konzepte dem Wahrheitsanspruch des Verstehens entgegengehalten, und insofern begründen Nietzsches Reflexionen durchaus eine Tradition; dabei lebt jedoch auch die erkenntnistheoretische Ambivalenz Nietzsches fort, da es nicht gelingt, die Ablehnung »›voraussetzungsloser‹ Wissenschaft«[31] und die Skepsis gegenüber der Interpretation erkenntnistheoretisch bzw. methodisch umzumünzen.

III. Zur ontologischen Valenz des Verstehens

1. Heidegger

Heidegger verstärkt die von Dilthey bereits vorbereitete Tendenz zur Universalisierung des Verstehens noch: »›Verstehen‹ dagegen im Sinne *einer* möglichen Erkenntnisart unter anderen, etwa unterschieden von ›Erklären‹, muß mit diesem als existenziales Derivat des primären, das Sein des Da überhaupt mitkonstituierenden Verstehens interpretiert werden«. Das Verstehen als Erkenntnismodus wird auf ein »ursprüngliches Verstehen«[32] zurückgeführt. »Das Verstehen ist, als Entwerfen, die Seinsart des Daseins, in der es seine Möglichkeiten als Möglichkeiten *ist*.« (145) Dabei ist »Möglichkeit als Existenzial [...] die ursprünglichste und letzte positive ontologische Bestimmtheit des Daseins« (143 f.). »Das Verstehen macht in seinem Entwurfcharakter existenzial das aus, was wir die *Sicht* des Daseins nennen.« (146) Insofern ist das Verstehen der Wahrnehmung und dem Denken vorgängig. Heidegger faßt die Auslegung als »Ausbildung des Verstehens« (148), die mittels ihrer »Als-Struktur« (151) das Verstehen konkretisiert. »Die Auslegung von Etwas als Etwas wird wesenhaft durch Vorhabe, Vorsicht und Vorgriff fundiert. Auslegung ist nie ein voraussetzungsloses Erfassen eines Vorgege-

benen. Wenn sich die besondere Konkretion der Auslegung im Sinne der exakten Textinterpretation gern auf das beruft, was ›dasteht‹, so ist das, was zunächst ›dasteht‹, nichts anderes als die selbstverständliche, undiskutierte Vormeinung des Auslegers, die notwendig in jedem Auslegungsansatz liegt« (150). Damit kommt bei Heidegger die Polyvalenz in den Blick, wodurch sich die erkenntnistheoretische Position der Auslegung nachhaltig relativiert und die rationalistischen Reste, die dem Verstehen qua Identität des Sinns inhärierten, sich verflüchtigen. Sinn als Ergebnis der Auslegung wird so einzig formal gefaßt als das »Woraufhin des Entwurfs« (151).

Bei Heidegger kommt mit der Vorurteilsstruktur des Verstehens dessen erkenntnistheoretische Aporie nachhaltig in den Blick. »Wenn aber Auslegung sich je schon im Verstandenen bewegen und aus ihm her sich nähren muß, wie soll sie dann wissenschaftliche Resultate zeitigen, ohne sich in einem Zirkel zu bewegen, zumal wenn das vorausgesetzte Verständnis überdies noch in der gemeinen Menschen- und Weltkenntnis sich bewegt? Der *Zirkel* aber ist nach den elementarsten Regeln der Logik circulus vitiosus. Damit aber bleibt das Geschäft der historischen Auslegung a priori aus dem Bezirk strenger Erkenntnis verbannt.« (152) Diese scheinbar unprätentiöse erkenntnistheoretische Verortung der geisteswissenschaftlichen Bemühungen wird jedoch sogleich wieder in einer vorgängigen Setzung zurückgeholt: »Das Entscheidende ist nicht, aus dem Zirkel heraus-, sondern in ihn nach der rechten Weise hineinzukommen. Dieser Zirkel des Verstehens ist nicht ein Kreis, in dem sich eine beliebige Erkenntnisart bewegt, sondern er ist der Ausdruck der existenzialen *Vorstruktur* des Daseins selbst.« (153) Derartiger Rückgriff auf die Vorgängigkeit des Verstehens ist schlichtweg nicht mehr zu überbieten, so daß die erkenntnistheoretische Aporie des Verstehens jegliche weniger ambitionierte Fundierung trifft, zumal nach dem Heideggerschen Rückgriff die Kompensationsversuche Asts und Boeckhs, die sich bemühen, die Valenz des Zirkels einzuschränken,

---

31 NIETZSCHE (s. Anm. 28), 890 (3, 24).
32 MARTIN HEIDEGGER, Sein und Zeit (1927; Tübingen 1972), 143.

nicht mehr greifen. So bleibt auch der Rückzug in pragmatischere Gefilde der Interpretation solange verwehrt, wie der Wahrheitsanspruch nicht angegangen wird.

2. Gadamer

Gadamer affirmiert diesen Wahrheitsanspruch, und er übernimmt die ontologische Exposition des Verstehens bei Heidegger; allerdings ist sein Erkenntnisinteresse zumindest auch konkreter Natur: Sein Hauptinteresse gilt dem abgeleiteten Verstehen Heideggers. Gadamer orientiert den Verstehensbegriff paradigmatisch an der Gesprächssituation: »Verstehen heißt zunächst, sich miteinander verstehen‹. Verständnis ist zunächst Einverständnis. So verstehen die Menschen einander zumeist unmittelbar«[33]. Die dem Einverständnis inhärente Sachorientierung weist dabei über die Schleiermachersche Konzeption hinaus. Gadamer übernimmt die von Heidegger aufgezeigte Vorstruktur des Verstehens und appliziert sie auf den linearen Ablauf konkreter Verstehensbemühungen: »Wer einen Text verstehen will, vollzieht immer ein Entwerfen. Er wirft sich einen Sinn des Ganzen voraus, sobald sich ein erster Sinn im Text zeigt. Ein solcher zeigt sich wiederum nur, weil man den Text schon mit gewissen Erwartungen auf einen bestimmten Sinn hin liest. Im Ausarbeiten eines solchen Vorentwurfs, der freilich beständig von dem her revidiert wird, was sich bei weiterem Eindringen in den Sinn ergibt, besteht das Verstehen dessen, was dasteht.« Die erkenntnistheoretische Problematik des solchermaßen auf seinen Gebrauch heruntergeholten hermeneutischen Zirkels wird mittels pragmatischen Interesses, dem diese Struktur zur »logischen Metapher« (271) wird, verbannt. Die Vorstruktur des Verstehens

wird gebändigt von der Bereitschaft, sich von dem Text »etwas sagen zu lassen«, und dem »Bewußtsein für die Andersheit des Textes« (273). Der hermeneutische Zirkel wird damit für Gadamer zur Prozedur des Verstehens: »So läuft die Bewegung des Verstehens stets vom Ganzen zum Teil und zurück zum Ganzen. Die Aufgabe ist, in konzentrischen Kreisen die Einheit des verstandenen Sinns zu erweitern. Einstimmung aller Einzelheiten zum Ganzen ist das jeweilige Kriterium für die Richtigkeit des Verstehens.« (296)

Dabei bleiben die Prämissen der Einheit des Sinns und der Präsenz eines Ganzen[34] unangefochten von ästhetischen Entwicklungen, die durchaus zu berechtigtem Zweifel Anlaß gäben. Vielmehr wendet Gadamer die Problematik identitätsphilosophischer Annahmen ins Normative: Er nimmt einen »Vorgriff der Vollkommenheit« in Anspruch, was besagt, »daß nur das verständlich ist, was wirklich eine vollkommene Einheit von Sinn darstellt«[35]. Gadamer entfernt sich, wie in Ansätzen bereits Dilthey, von der Verpflichtung des Verstehens auf die »intentio auctoris«[36]. Dem hält er das Prinzip der Applikation entgegen, was eine wirkungsgeschichtliche Modifikation des Verstehensbegriffs markiert. Gadamer geht davon aus, »daß im Verstehen immer so etwas wie eine Anwendung des zu verstehenden Textes auf die gegenwärtige Situation des Interpreten stattfindet«[37]. Dabei gibt es zwischen dem Verstehen und der Auslegung keine prinzipielle Differenz, sondern die Auslegung ist lediglich die Explikation des Verstehens. Trotz der Situationsgebundenheit der Applikation konzipiert Gadamer Verstehen als »Horizontverschmelzung« (311), die mit dem historischen Horizont über die einfache Applikation hinausgeht. Allerdings wird durch die Situationsgebundenheit des Verstehens dessen prinzipielle Unabschließbarkeit gleich mitgesetzt. Daß diese infinite Aufgabe des Verstehens in tendenziellem Widerspruch zur Einheit des Sinns tritt, bleibt bei Gadamer unaufgelöst.

Dieser Unabschließbarkeit des Verstehens korrespondiert die Struktur der Beziehung, die durch das Verstehen nach Gadamer aufgebaut wird. Der zu verstehende Text wird als Antwort auf eine Frage begriffen, wodurch die Ableitung des Verstehens von der Gesprächssituation eingelöst wird.

---

33 HANS-GEORG GADAMER, Wahrheit und Methode. Grundzüge einer philosophischen Hermeneutik (1960), in: GADAMER, Bd. 1 (1986), 183.
34 Vgl. GADAMER, Hermeneutik auf der Spur (entst. 1994), in: GADAMER, Bd. 10 (1995), 163.
35 GADAMER (s. Anm. 33), 299.
36 GADAMER, Frühromantik, Hermeneutik, Dekonstruktivismus (1987), in: GADAMER, Bd. 10 (1995), 134.
37 GADAMER (s. Anm. 33), 313.

»Man versteht den Text ja nur in seinem Sinn, indem man den Fragehorizont gewinnt, der als solcher notwendigerweise auch andere mögliche Antworten umfaßt.« (375) Der Fragehorizont des Textes und die ihm inhärenten Sinntendenzen weisen dabei über die subjektiven Intentionen eines Verfassers hinaus. Diese Ablösung begründet zugleich die Eigenständigkeit des Werkes.[38] Darüber hinaus werden, wiewohl immer »dasselbe Werk« Objekt des Verstehens ist, »nach uns andere immer anders verstehen«[39]. »Das ist der Grund, warum alles Verstehen immer mehr ist als bloßes Nachvollziehen einer fremden Meinung. Indem es fragt, legt es Sinnmöglichkeiten offen, und damit geht, was sinnvoll ist, in das eigene Meinen über.«[40] Gadamer gelingt es allerdings nicht, die hier zutage tretende Spannung zwischen der Polyvalenz des Textes und der Identität der Intention wie der Sinnsetzung theoretisch in den Griff zu bekommen, was auch durch die Rückbindung der Horizontverschmelzung an die Sprache als das Medium des Verstehens nicht kompensiert werden kann. Insofern gelingt auch dem Versuch Gadamers, das Verstehen von der Autorintention abzulösen und mit zugleich allgemeinen und konkreten Kategorien zu operieren, nicht jene Vermittlung von Allgemeinem und Individuellem, die das Verstehen als wissenschaftlichen Begriff legitimieren könnte. Seine theoretische Exposition verstellt ihm jedoch zugleich sowohl den Ausweg Heideggers, die ontologische Vorgängigkeit des Verstehens zu behaupten und sich damit aller nachfolgenden wissenschaftstheoretischen Probleme zu entledigen, als auch den Schleiermachers, der eine eigenständige Logik des geisteswissenschaftlichen Terrains behauptet.

3. Sartre

Sartre nimmt die ontologische Fundierung des Verstehens auf die anthropologische Ebene zurück: »L'homme est pour lui-même et pour les autres un être signifiant puisqu'on ne peut jamais comprendre le moindre de ses gestes sans dépasser le présent pur et l'expliquer par l'avenir.«[41] Er konzipiert das Verstehen als progressiv-regressive Methode, was die Zeitdimension des Verstehens wie auch von dessen Gegenstandsbereich hervorhebt, die im Entwurfcharakter der Existenz gründet. »Ainsi la *compréhension* n'est pas autre chose que ma vie réelle, c'est-à-dire le mouvement totalisateur qui ramasse mon prochain, moi-même et l'environnement dans l'unité synthétique d'une objectivation en cours.« (97) Die anthropologische Fundierung des Verstehens konstituiert zugleich dessen Objektbereich, der durchaus wie bei Dilthey und anders als in der ontologischen Begründung des Verstehens über eine Differenzierung des Objektbereichs einen Wissenschaftsdualismus zuläßt, ohne ihn vom Verstehen selbst abzuleiten. Außerdem wird von Sartre die Trennung von Verstehen und Begriff wiederaufgenommen: »*Expliciter* cette compréhension ne conduit nullement à trouver les notions abstraites dont la combinaison pourrait la restituer dans le Savoir conceptuel mais à reproduire soi-même le mouvement dialectique qui part des données subies et s'élève à l'activité signifiante. Cette compréhension qui ne se distingue pas de la *praxis* est à la fois l'existence immédiate [...] et le fondement d'une connaissance indirecte de l'existence« (105). Der spezifische erkenntnistheoretische Ort des Verstehens wird als »*non-savoir rationnel* au sein du savoir« (107) bestimmt und gerät damit ähnlich ambivalent wie das Subjekt dieser Prozesse, das als »universel singulier«[42] vorgestellt wird.

IV. Nach der ontologischen Theorie des Verstehens

1. Verstehen und kommunikatives Handeln

Habermas nimmt die bei Heidegger und eben auch noch bei Gadamer und Sartre zu beobachtende Tendenz zur Privilegierung des Verstehens wieder zurück und nähert sich damit erneut der wissenschaftstheoretischen Dimension des Verste-

---

38 Vgl. GADAMER (s. Anm.36), 134 f.
39 GADAMER (s. Anm. 33), 379.
40 Ebd., 381.
41 JEAN-PAUL SARTRE, Critique de la raison dialectique, Bd. 1 (Paris 1960), 96.
42 SARTRE, L'Idiot de la famille. Gustave Flaubert de 1821 à 1857 (1971–1972), Bd. 1 (Paris 1971), 7.

hens bei Dilthey an. Er geht von der Aporie des Verstehens aus, wonach es »in unvermeidlich allgemeinen Kategorien einen unveräußerlich individuellen Sinn erfassen«[43] soll. Nach Habermas sind dem Verstehen hinsichtlich des Individuellen Grenzen gesetzt: »Das hermeneutische Verstehen kann die Struktur seines Gegenstandes niemals soweit analysieren, daß alles Kontingente daran getilgt wäre.« (204 f.) Zugleich vermag das Verstehen nicht auf »metasprachliche Konstitutionsregeln« (205) zurückzugreifen, anhand deren es sich seiner Allgemeinheit vergewissern könnte.

Hermeneutisches Sinnverstehen entstammt diesem doppelten Defizit, das allerdings von Habermas an die Struktur der Umgangssprache gekoppelt wird und solchermaßen zumindest ansatzweise seine Negativität verlieren soll. Das Verstehen aktualisiert insofern das Potential der Umgangssprache, »das unaussprechlich Individuelle wie immer auch indirekt mitteilbar zu machen« (206). Mit diesem Rekurs auf die Umgangssprache, der sich nur tendenziell von Gadamers Bezugnahme auf Sprache unterscheidet und sich darin artikuliert, daß »der dialogische Sprachgebrauch hermeneutisches Verstehen immer fordert« (208), avanciert das Verstehen zur universellen Praxis, und diese wäre auf wissenschaftlicher Ebene mittels »analytisch zwingender Rekonstruktion durch Anwendung allgemeiner Regeln« (217 f.) allenfalls zu substituieren, wenn »sich jedem Element einer natürlichen Sprache theoriesprachliche Strukturbeschreibungen eindeutig zuordnen lassen«[44] würden, wovon jedoch nicht auszugehen sei. Habermas setzt ähnlich wie Gadamer den »Vorrang der Applikation« und damit die Situationsbestimmtheit des Verstehens voraus. »Das hermeneutische Verstehen ist seiner Struktur nach darauf angelegt, innerhalb kultureller Überlieferungen ein mögliches handlungsorientierendes Selbstverständnis von Individuen und Gruppen und ein reziprokes Fremdverständnis anderer Individuen und anderer Gruppen zu garantieren. Es ermöglicht die Form zwanglosen Konsensus und die Art gebrochener Intersubjektivität, von denen kommunikatives Handeln abhängt.«[45]

Die wissenschaftstheoretische Differenz von Natur- und Geisteswissenschaften wird von Habermas in den erkenntnisleitenden Interessen übersetzt: dem in der Lebenswelt angesiedelten praktischen Erkenntnisinteresse des Verstehens steht ein der Systemwelt zuzuordnendes technisches Erkenntnisinteresse der empirisch-analytischen Wissenschaften gegenüber. Habermas deutet darüber hinaus die Möglichkeit einer Verbindung beider Erkenntnisinteressen in den Sozialwissenschaften an. Zugleich relativiert er den Universalitätsanspruch der Hermeneutik und damit den Objektbereich des Verstehens nicht nur wissenschaftstheoretisch, sondern verweist auch auf dessen immanente Grenzen, die jeweils dann erreicht sind, wenn Elemente »systematisch verzerrter Kommunikation«[46] zum Gegenstand des Verstehens werden. In diesem Kontext wären die Kunstlehren des Verstehens, »die ein natürliches Vermögen methodisch in Zucht nehmen und kultivieren« (331) und insofern in einer kommunikativen Kompetenz gründen, durch ein theoriegeleitetes szenisches oder explanatorisches Verstehen zu substituieren, das auf psychoanalytischem bzw. ideologiekritischem Wissen basiert. Zugleich greift dieses tiefenhermeneutische Verstehen implizit auf eine »Theorie der kommunikativen Kompetenz« (358) zurück, wodurch das erweiterte Verstehensmodell von Habermas den Universalitätsanspruch zumindest des Verstehens implizit restituiert.

Die von Habermas aufgedeckte affirmative Tendenz des Verstehens soll durch ein kritisches Verstehen kompensiert werden, das seinen Halt jedoch einzig Annahmen über die Struktur kommunikativen Handelns zu entnehmen vermag, einem Bezugspunkt, auf den sich allerdings gerade auch die affirmativen Verstehenskonzepte berufen. Die hier zutage tretenden normativen Differenzen des Verstehensbegriffs verdanken sich mithin den jeweiligen Implikationen seiner sprachtheoretischen Fundierung; die normative Struktur des Verstehens selbst wird jedoch auch von dem kritischen Verstehen nicht aufgehoben. »Die utopische Perspektive

---

43 JÜRGEN HABERMAS, Erkenntnis und Interesse (1968; Frankfurt a. M. 1973), 201.
44 HABERMAS, Der Universalitätsanspruch der Hermeneutik (1970), in: Habermas, Zur Logik der Sozialwissenschaften (Frankfurt a. M. ⁵1982), 342.
45 HABERMAS (s. Anm. 43), 218, 221.
46 HABERMAS (s. Anm. 44), 342.

von Versöhnung und Freiheit ist in den Bedingungen einer kommunikativen Vergesellschaftung der Individuen angelegt, sie ist in den sprachlichen Reproduktionsmechanismus der Gattung schon eingebaut.«[47]

Die prinzipielle Eingebundenheit des Verstehenden in die Lebenswelt vereitelt auch für das wissenschaftliche Verstehen die »Trennung von Bedeutungs- und Geltungsfragen, die dem Sinnverstehen einen unverdächtig deskriptiven Charakter sichern könnte« (160). Verstehen impliziert nach Habermas notwendig eine intersubjektive Beziehung, der ebenso notwendig normative Elemente inhärieren. »Der Interpret versteht also die Bedeutung eines Textes in dem Maße, wie er einsieht, warum sich der Autor berechtigt fühlt, bestimmte Behauptungen (als wahr) aufzustellen, bestimmte Werte und Normen (als richtig) anzuerkennen, bestimmte Erlebnisse (als wahrhaftig) zu äußern.« (190) Der Habermassche Begriff des Verstehens geht über dessen konventionelle Funktionsbeschreibung[48] nur insofern hinaus, als er einerseits auf den Modi systematischer Verzerrung von Kommunikation insistiert und andererseits die indisponible Normativität sowohl des wissenschaftlichen als auch des alltäglichen Verstehens offenlegt. Die Rückversicherung des Verstehens in dem regulativen Prinzip des herrschaftsfreien Diskurses begründet wenigstens gegenüber den Konzepten Diltheys und Gadamers keine systematische Differenz, wenn sie sich auch durch eine höhere Sensibilität gegenüber der wissenschaftstheoretischen Problematik des Verstehens auszeichnet.

Karl-Otto Apel ordnet den Verstehensbegriff ähnlich wie Habermas in ein dreigliedriges Wissenschaftssystem ein, das sich aus der Opposition von erklärenden Natur- und verstehenden Geisteswissenschaften konstituiert, die in einem Konzept der Ideologiekritik vermittelt werden sollen. Der Ansatzpunkt zur Relativierung des hermeneutischen Verstehensbegriffs ergibt sich für Apel aus der Begrenztheit möglicher Selbstaufklärung der für das Verstehen konstitutiven Intentionalität. »Wären die Menschen sich selbst durchsichtig in ihren Intentionen, so wären nur zwei komplementäre Erkenntnisinteressen gerechtfertigt: das szientifische Interesse an der technisch relevanten Erkenntnis der Natur und das hermeneutische Interesse an der intersubjektiven Verständigung über mögliche Sinnmotivationen des Lebens. Aber Menschen haben bis jetzt weder ihre politisch-soziale Geschichte ›gemacht‹ noch sind ihre sogenannten geistigen Überzeugungen, wie sie in sprachlichen Dokumenten niedergelegt sind, reiner Ausdruck ihrer geistigen ›Intentionen‹. Alle Resultate ihrer Intentionen sind zugleich Resultate der faktischen Lebensformen, die sie bislang nicht in ihr Selbstverständnis aufnehmen konnten.«[49] Dieser konstitutive Mangel an Selbstaufgeklärtheit soll durch Ideologiekritik kompensiert werden. Zugleich aber bleibt der Verstehensbegriff bei Apel ähnlich ambivalent wie im Habermasschen Konstrukt des explanatorischen Verstehens: Die Aufgabe des Besser-Verstehens, von der auch Popper ausgeht[50], bleibt als Telos der Ideologiekritik erhalten[51], so daß in der Ideologiekritik zumindest eine latente Dominanz des Verstehens bewahrt wird. Zugleich bleibt unklar, wie überhaupt die Kompatibilität von Erklären und Verstehen hergestellt werden soll, wird doch der wissenschaftstheoretische Dissens in ein additives Modell notwendig implementiert, zumal die angekündigte »dialektische Vermittlung«[52] allenfalls behauptet wird.

2. Hermeneutische Reaktionen auf Strukturalismus und Poststrukturalismus

Paul Ricœur geht unter dem Einfluß der strukturalistischen Herausforderung mit seinem Konzept des Verstehens wieder hinter die ontologischen Begründungen des Verstehensprozesses zurück.

---

47 HABERMAS, Theorie des kommunikativen Handelns, Bd. 1 (Frankfurt a.M. 1981), 533.
48 Vgl. ebd., 189.
49 KARL-OTTO APEL, Szientistik, Hermeneutik, Ideologiekritik. Entwurf einer Wissenschaftslehre in erkenntnisanthropologischer Sicht (1968), in: Apel u.a., Hermeneutik und Ideologiekritik (Frankfurt a.M. 1971), 38.
50 Vgl. KARL POPPER, Das Rationalitätsprinzip (1967), übers. v. E. Schiffer, in: Popper, Lesebuch. Ausgewählte Texte zur Erkenntnistheorie, Philosophie der Naturwissenschaften, Metaphysik, Sozialphilosophie, hg. v. D. Miller (Tübingen 1995), 356.
51 Vgl. APEL (s. Anm. 49), 38.
52 Ebd., 44.

Der Verstehensbegriff kehrt damit aus dem universalistischen Kontext zur Beschreibung der Exegese zurück: »l'interprétation […] est le travail de pensée qui consiste à déchiffrer le sens caché dans le sens apparent, à déployer les niveaux de signification impliqués dans la signification littérale«[53]. Die Funktion der Interpretation besteht für Ricœur darin, symbolische Bedeutungen zu ermitteln, die sich unterschiedlichen Symbolisierungsstrategien verdanken, und sich dadurch den Sinn des Textes anzueignen, wodurch sich auch – ein weiteres Anliegen Ricœurs – psychoanalytische Fragestellungen integrieren lassen. Zusätzlich ordnet Ricœur der Interpretation die traditionelle Funktion zu, mit dieser Erschließung symbolischer Bedeutung historische Distanzen aufzuheben. Insofern ist Interpretation die Voraussetzung von Traditionsbildung. Zugleich unterscheidet Ricœur zwei Stufen des Verstehens, die miteinander verknüpft werden sollen: das objektive, auf unbewußte Strukturen gerichtete strukturale und das auf das Existentielle bzw. überdeterminierte Symbole gerichtete hermeneutische Verstehen. Dabei ist das hermeneutische Verstehen insbesondere auf die historische Dimension gerichtet. Der wissenschaftstheoretischen Problematik dieser Kombination eines beobachterunabhängigen strukturalen und eines zirkulär organisierten historischen Verstehens sucht Ricœur sich durch eine Zuordnung zu verschiedenen Wissenssystemen zu entledigen: Das strukturale Verstehen wird als wissenschaftliches aufgefaßt, während das hermeneutische der Philosophie zugewiesen wird. Die Unhintergehbarkeit des hermeneutischen Verstehens begründet Ricœur mit der Unentbehrlichkeit der historischen Dimension sowie mit einer an Dilthey angelehnten Vorstellung des Selbstverstehens im Verstehen des anderen. Das strukturale Verstehen wird von daher als Basis eines unerläßlichen hermeneutischen Sinn- und Symbolverstehens betrachtet.

Unter Rekurs auf Schleiermachers Hermeneutik und insbesondere mit der Heraushebung des grammatischen Elements, gegen dessen Verdrängung durch Gadamer auch Claus von Bormann[54] angeht, strebt Manfred Frank ähnlich wie Ricœur eine Verbindung von sinnverstehender Hermeneutik und strukturalistischer Interpretation an. »Selbst wenn man darauf besteht, daß der ›schöpferische Act‹ […], durch welchen das Subjekt seinen Sinn erfindet, der intentio recta der analytischen Wissenschaften sich entzieht und nur einem ›indirekten Erkennen‹, nämlich dem Verstehen, zugänglich wird […], kann man nicht leugnen, daß er, um wirklich zu werden, einem semiologischen System sich einschreiben muß, das als solches durchaus dem ›savoir direct‹ […] zugänglich ist, ohne daß seine ebenso streng distributionale wie integratorische Logik über den Weg des Verstehens sich zu vermitteln hätte.«[55] Den erkenntnistheoretischen Balanceakt versucht Frank mit Hilfe der auf Sartre[56] zurückgehenden Kategorie des ›individuellen Allgemeinen‹ zu bewältigen, die er auf allen Ebenen der Interpretation (Autor, Text, Interpretation, Rezipient) wiederfindet. Dieses individuelle Allgemeine, das zugleich das Ziel des Verstehens ausmacht, repräsentiert den wissenschaftstheoretischen Dissens, der seit der Konstituierung einer im Verstehensbegriff kumulierenden autonomen Theorie der Geisteswissenschaften diese Theorie begleitet und sucht ihn durch begriffliche Integration zu bewältigen. Dabei stellt die Anerkennung des strukturalistischen Anspruchs unter Rückgriff auf die grammatische Interpretation Schleiermachers gegenüber der existentialontologischen Position Gadamers eine Modifikation dar, die zugleich eine Begrenzung des Objektbereichs des Verstehens nach sich zieht, wie sie auch der Effekt von Habermas' Vermittlungsversuch ist.

Allerdings gelingt diese begrifflich annoncierte Synthese kaum, da Frank sich immer wieder auf einen irreduziblen hermeneutischen Kern beruft, der nur vom Verstehen und eben nicht durch das Allgemeine und diesem kompatible Strategien zu erfassen sei. Die in einem Syntheseversuch vermittelte Relativierung fällt insoweit in die einfache

---

53 PAUL RICŒUR, Existence et herméneutique (1965), in: Ricœur, Le conflit des interprétations. Essais d'herméneutique (Paris 1969), 16.
54 Vgl. CLAUS VON BORMANN, Die Zweideutigkeit der hermeneutischen Erfahrung (1969), in: Apel u. a. (s. Anm. 49), 88.
55 MANFRED FRANK, Das individuelle Allgemeine. Textstrukturierung und -interpretation nach Schleiermacher (Frankfurt a. M. 1977), 263.
56 Vgl. SARTRE (s. Anm. 42), 7.

Affirmation zurück: »Um dieses Novum der Rede zugleich mit dem in ihm inkarnierten ›Combinationsgesez des Menschen‹ zu verstehen, muß ich einen methodisch unabsicherbaren (nämlich aus keiner Regel ableitbaren) Sprung wagen, der mich in jene Leere hineinträgt, in der die ›Semiosis‹ ihren Ursprung hat.«[57] Mit der Rückbindung des Verstehens an Sprachbildungsprozesse fällt Frank allerdings wieder auf Gadamersche Begründungsstrategien zurück. »Einen Text interpretieren heißt also immer auch, den selbst nicht signifikanten Verwendungssinn der in ihm verwobenen Zeichen selbständig zu erfinden«. Insofern bleibt »jedes Verstehen selbst ein Schaffen« oder unter Ansehung der Funktion des Autors ein »gelenktes Schaffen« (351), wobei Frank wiederum auf Sartre rekurriert. Insofern wird die Position des Rezipienten neuerlich gestärkt: »Denn nicht der Autor, sondern der Rezipient entscheidet über die Bedeutung des Diskurses, insofern jede Lektüre – da sie die Regel selbst erfinden muß, als deren Anwendung sie sich begreifen wird – ein durchaus offenes Kommunikationsgeschehen darstellt, innerhalb dessen die Intention des Autors nicht mehr ist als ein unangewandtes Zeichen, dessen bestimmte Interpretation die Tat seines Lesers sein wird.« (357f.)

Daß bei der Betonung der Eigenart des Verstehens als eines spezifischen Erkenntnismodus (die um so vehementer ausfallen muß, je näher man an das erkenntnistheoretische Pendant heranzurücken sucht – und das ist zweifellos Franks Verdienst) die Probleme des Begriffs besonders deutlich werden, ist nahezu unvermeidlich: Die Emanzipation eines originären erkenntnistheoretischen Feldes mit dem Begriff des Verstehens als zentraler Kategorie, die zugleich eine eigene Logik entfaltet, funktioniert nicht, solange es nicht gelingt, auch die Standards des theoretischen Diskurses zu definieren. Da aber über einen wie auch immer modifizierten Wahrheitsbegriff, auf den sich die Theorien des Verstehens verpflichten, zugleich ein szientistischer Rest tradiert wird, werden Modifikationen und Konjekturen, wie bei Frank und Habermas, ja hermeneutische Theorieansätze überhaupt, sofern sie sich mit konkurrierenden Theoriemodellen auseinandersetzen, notwendig als defizitär erfahren, zumal wenn sie sich auf den Kern des Verstehens konzentrieren.

3. Marxistische Hermeneutik

Für den Versuch, eine marxistische Hermeneutik zu konstituieren, sind dieselben wissenschaftstheoretischen Probleme hermeneutischer Wissensproduktion virulent, wie sie die Franksche Auseinandersetzung mit strukturalistischen Theoremen beherrschen. Der prekär-subjektive Status hermeneutischer Interpretation erschwert wenigstens den Konnex mit einer Geschichtstheorie, die zumindest mit Regel-, wenn nicht gar mit Gesetzmäßigkeiten operiert. Derartige Regeln reklamieren immerhin einen Status, der demjenigen der Naturwissenschaften vergleichbar sein soll[58], was jedoch kaum mit Diltheys Prämissen in Übereinstimmung zu bringen ist. Dennoch macht Rainer Rosenberg einen spezifischen Gegenstandsbereich der Hermeneutik aus, der von der geschichtsphilosophischen Differenz des Marxismus gegenüber Diltheys Position unberührt bleibe: Zum einen markiere das Verstehen eine elementare Sozialtechnik, und zum anderen sei die Kunst auf diese Praxisform des Verstehens zugeschnitten.[59]

Damit ist allerdings nur der hermeneutisch beschriebene Verstehensprozeß als Objektbereich der Literatur- und Kunsttheorie begründet; daß diese Wissenschaften sich bei der Annäherung an den Objektbereich selbst hermeneutischer Techniken bedienen, ist von einem solchen Rekurs auf den Objektbereich hingegen nicht gedeckt. Rosenberg sucht insofern seine Begründung zu ergänzen und Allianzen mit der Psychologie zu entwickeln: Alle modernen Kunstpsychologien »gehen von der durch Diltheys Analyse gegebenen Vorstellung aus, daß dieser Prozeß auf die ›ganzheitliche‹ Erfassung des Kunstproduktes gerichtet ist, in deren Ergebnis erst die Einzelheiten, die der Rezipient sukzessiv aufnimmt, ihren Stellenwert erhalten; daß der Prozeß so verläuft, daß ›das eben Vergangene im Gedächtnis zurückbehalten wird und hineintritt in die Anschauung des Folgenden‹; und daß es sich dabei schließlich um einen Akt handelt, in dem die Lücken zwischen den einzelnen im Kunstprodukt

---

57 FRANK (s. Anm. 55), 320.
58 Vgl. RAINER ROSENBERG, Zehn Kapitel zur Geschichte der Germanistik (Berlin 1981), 165f.
59 Vgl. ebd., 166.

enthaltenen Daten durch die Assoziation individueller Lebenserfahrung des Rezipienten ausgefüllt werden. Ebenso herrscht weitgehend Einigkeit darüber, daß dieser Akt [...] in seinem normalen spontanen Ablauf einen psychischen Vorgang darstellt, der mit den Diltheyschen ›höheren Verstehensformen‹ des ›Sich-Hineinversetzens‹, ›Nachbildens‹, ›Nacherlebens‹ annähernd gleichgesetzt werden kann.« (166) Rosenberg geht somit davon aus, daß »die Wirkungspotenz des einzelnen Kunstprodukts [...] nur auf dem Weg des ›Nachbildens‹« entfaltet werden könne. »Die Erklärung kann den Effekt verstärken (oder auch abschwächen), hervorbringen kann sie ihn nicht.« Folglich reduziert sich die Funktion der Literatur- und Kunstwissenschaften, sieht man von der Literaturgeschichte ab, notgedrungen auf eine Art »Verfertigung [...] als Rezeptionsvorschläge gedachter Konkretisationsmuster« (168) und wird damit systematisch dem ideologischen Terrain überantwortet.

Darüber hinaus verweist Rosenberg darauf, daß eben auch die Literaturgeschichte sich hermeneutischer Interpretationsmuster bediene, so daß die Hermeneutik als generelle Methodik der Literatur- und Kunstwissenschaften reüssiert. Solcherart wird zugleich die Intuition rehabilitiert: »Methodisches Vorgehen und Intuition schließen einander im Gesamtverlauf eines Erkenntnisprozesses nicht aus, sondern können einander abwechseln und ergänzen.« (170) Damit wird jedoch aufgrund einer Verschleifung zwischen Theorie und Objektbereich die gesamte wissenschaftstheoretische Problematik der Hermeneutik auch in die Konstituierung einer marxistischen Hermeneutik importiert. Selbst wenn »ästhetisch zu rezipieren« und »»verstehen‹ zu wollen« (171) gleichgesetzt werden, was bereits die Bandbreite möglicher Rezeptionsmodi unnötig einschränkt, ist die Konsequenz, daß die Ästhetik selbst nach hermeneutischen Maximen zu organisieren sei, keineswegs zwangsläufig, und zugleich verhilft die Auslagerung der geschichtsphilosophischen Dimension der marxistischen Hermeneutik kaum zu jener theoretischen Sicherheit und Stringenz, welche die erkenntnistheoretischen Aporien des hermeneutischen Diskurses vermiede.

Hans Jörg Sandkühlers Konzeption einer materialistischen Hermeneutik unterliegt noch weitaus stärker als jene Rosenbergs einem doppelten Legitimationsdruck: Zum einen muß sie sich von den verschiedenen Formen der bürgerlichen Hermeneutik absetzen, und zum anderen muß sie erweisen, daß die materialistische Hermeneutikkritik, die Hermeneutik »als Erscheinung des bürgerlichen Idealismus und Irrationalismus«[60] ablehnt, die intendierte materialistische Hermeneutik nicht trifft. Grundsätzlich wird die materialistische Hermeneutik im Gegensatz zu den Überlegungen der ontologischen Hermeneutik »als abgeleitete Größe« (53) aufgefaßt, deren Bedingungsrahmen von der politischen Ökonomie, der dialektischen Erkenntnistheorie, dem materialistischen Historismus und der Ideologiekritik gebildet wird. Als abgeleitete Methode soll die materialistische Hermeneutik von der »idealistischen Überforderung« (54) befreit sein. Sandkühler lokalisiert die materialistische Hermeneutik wissenschaftssystematisch folgendermaßen: »in den durch die Einheit von Logischem und Historischem bestimmten Wissenschaften arbeitet die materialistische Hermeneutik als Anwendung des Prinzips ›dialektische Rekonstruktion der Genesis‹ auf jene Widerspiegelungsformen, deren Objektivierungen und Materialisierungen in Dokumenten der Sprache vorliegen; sie erklärt die Dokumente der Sprache entsprechend der historischen materiellen Genesis der Sprache als Funktionen der Aneignung der Wirklichkeit.« (52) Sandkühler wirft den bürgerlichen Hermeneutikern vor, sich einerseits auf die Vergangenheit zu konzentrieren und damit jeglichen prospektiven Potentials verlustig zu gehen; andererseits erlägen »die geistestheoretischen Hermeneutiken der Fiktion, die Ganzheit der geschichtlichen Herkunft und des Sinnes von Geschichte sei unter der Herrschaft der kapitalistischen Teilung von materieller Produktion und ideeller Reproduktion durch ›Verstehen‹ zu konstruieren.«

Die grundsätzliche Funktion der Hermeneutik, ein »Verfahren der Gewinnung von Sinngehalten aus Artefaktdokumenten« (56) zu sein, wird dage-

---

60 HANS JÖRG SANDKÜHLER, Praxis und Geschichtsbewußtsein. Studie zur materialistischen Dialektik, Erkenntnistheorie und Hermeneutik (Frankfurt a. M. 1973), 51.

gen von der materialistischen Hermeneutik übernommen. Die materialistische Hermeneutik als »empirische Wissenschaft vom Text« (403) erhebt zwar einen vergleichsweise reduzierten Erkenntnisanspruch, billigt ihren Verfahren jedoch grundsätzlich einen wissenschaftlichen Status zu. »Die materialistische Hermeneutik kann sich nur als text-erklärendes Organon der Ideologiewissenschaft und Erkenntnistheorie in den Einzelwissenschaften etablieren; sie ist keine Disziplin der Philosophie. Wichtig ist: im Gegensatz zur geisteshistorischen philosophischen Hermeneutik löst die materialistische Hermeneutik das allgemeine *Problem* der Erklärung und des Verstehens *nicht.*« (401) »Die materialistische Hermeneutik fungiert als systematische Theorie und als wissenschaftliche Methode der Rekonstruktion und Kritik der Genesis und Geltung ideologischer sprachlich-textuell verfaßter Materiale, die als sozial-historisch determinierte und historisch-logisch vermittelte, objektivierte Widerspiegelungen der Wirklichkeit erkannt werden können.« (402)

Neben einem gegen dogmatische Verhärtungen gerichteten »komplexen Perspektivensystem« (403), das u. a. die »materiellen sozial-ökonomischen Bedingungen«, die »Biographie des Autors«, die »Persönlichkeitspsychologie« und den »gesellschaftlichen Überbau« (404) berücksichtigen soll, wird der paradigmatische Objektbereich von ästhetischen Texten auf Gesetzestexte verlagert, was die tendenziell rationale Orientierung des materialistischen Typs der Hermeneutik dokumentieren soll, an den systematischen Problemen hingegen wenig ändert. Sandkühler begegnet den von den bürgerlichen Literaturwissenschaften überall georteten Archetypen mit einem Versuch radikaler Historisierung, die gleichzeitig auch die Beobachterposition selbst zu integrieren sucht. Daß jedoch die Identität des Sinns – selbst nur als temporalisierte – sich gerade auch der historischen Funktionalisierung hermeneutischer Verstehensoperationen widersetzt und damit theoretisch allenfalls zu überspielende, nicht jedoch zu lösende Probleme erzeugt, entgeht Sandkühler weitgehend. Die tendenzielle Marginalisierung der Hermeneutik, die er implizit protegiert, reagiert durchaus auf bestehende erkenntnistheoretische Probleme der hermeneutischen Verstehenstheorien, die sich allerdings eben auch nicht durch die Konstruktion eines dialektischen bzw. sozio-historischen Rahmens oder aber das schlichte Ineinssetzen von Erklären und Verstehen bewältigen lassen. Zugleich bleibt Sandkühlers Konzept gerade in bezug auf eine Reflexion des Verstehensprozesses nachhaltig unkonkret und fällt damit hinter Rosenbergs Ansatz zurück.

Karlheinz Barck setzt grundsätzlich an einem ähnlichen Punkt wie Sandkühler und Rosenberg an, indem er die prinzipielle hermeneutische Verstehensbereitschaft als eine aus der Absenz historischer Erklärungsfähigkeit resultierende Strategie des »Krisenmanagements«[61], »als Radikalisierung und Ästhetisierung der Krise im bürgerlichen Geschichtsbewußtsein« (323) wertet, der, durch Insistieren auf kritischen materialistischen Erklärungsmodellen zu begegnen sei, zugleich aber eine »Theorie ästhetischer Erfahrung« (321) ausmacht, die allein durch sozio-historische Reflexion nicht in den Griff zu bekommen sei. Dabei umreißt die »Theorie ästhetischer Erfahrung« zunächst wesentlich einen hermeneutisch besetzten Objektbereich, der als von der materialistisch orientierten Literaturgeschichte zu Unrecht marginalisiert empfunden wird. Daß aus dieser Perspektive rezeptionsästhetische Fragestellungen wie die von Hans Robert Jauß attraktiv werden, ist verständlich, zugleich aber auch, daß neben dem »kontemplativen Grundzug dieser Hermeneutik« eine kategoriale »Unbestimmtheit« (322) moniert wird. Darüber hinaus setze das hermeneutische Verstehen neben einer tendenziellen Vergangenheitsorientierung eine Fragwürdigkeit geschichtlicher Traditionen voraus, die durchaus produktiv sein könne. Insofern attestiert Barck hermeneutischen Theoriemodellen – insbesondere mit dem Blick auf ästhetische Erfahrung – durchaus, einen sinnvollen Objektbereich anzuvisieren; ob dessen theoretische Reflexion sich allerdings notwendig hermeneutischer Theoriemodelle bedienen muß oder auch nur kann, bleibt angesichts Barcks massiver Hermeneutikkritik durchaus zweifelhaft.

---

61 KARLHEINZ BARCK, Hermeneutik – eine Herausforderung?, in: Zeitschrift für Germanistik 8 (1987), 321.

4. Rezeptionsästhetik und Rätselcharakter der Kunst

Die rezeptionstheoretische Hermeneutik von Hans Robert Jauß ignoriert weitgehend die geschichtsphilosophischen und erkenntnistheoretischen Probleme des hermeneutischen Diskurses, wie sie von Frank und Rosenberg diskutiert werden, und bedient sich insofern auch der Konzeption Gadamers, ohne sich wie dieser mit deren ontologischen Voraussetzungen auseinanderzusetzen.

Das Verstehen kehrt wieder in den Horizont bestimmbaren philologischen Interesses zurück, wodurch das Verstehen an »Horizontstruktur und Dialogizität«[62] gebunden wird. Die erneute Historisierung des Verstehens stellt nach Jauß eine Reaktion auf die strukturalistische Enthistorisierung dar und artikuliert das Interesse an der Unmittelbarkeit eines vereinzelten Aktes des Verstehens. Ausgehend von der »Partialität menschlicher Erfahrung« (660), differenziert Jauß zwischen »Verstehen als Wiedererkennen und Auslegen einer vorgegebenen oder geoffenbarten Wahrheit« und »Verstehen als Suchen oder Erproben eines möglichen Sinns« (661). Jauß unterscheidet anhand dieser beiden Modi des Verstehens die Übersetzungsfunktion, die mit grammatischer und allegorischer Interpretation eingelöst wird, und eine Sinnsetzungsfunktion, die »das richtige Verständnis nicht mehr garantieren« (662) könne.

Damit betont Jauß die Partialität und Historizität der Sinnsetzung, wie sie in der Konzeption einer Rezeptionsästhetik deutlich wird, und setzt sie von einer im engeren Sinne philologischen Analyse ab, wodurch er sich implizit Integrationsbestrebungen widersetzt, die wie bei Frank und Ricœur strukturalistische und hermeneutische Verstehensinteressen zu verbinden suchen. Die neuerliche Historisierung des Verstehens führt zur Konzeption einer »Horizontabhebung« (667), die einer Horizontverschmelzung im Gadamerschen Sinne vorausgehen müsse und erst die Wahrung der Alterität des zu Verstehenden und der Dialogizität des Verstehens sichere. Jauß' Interesse konzentriert sich auf die Rehabilitierung des Erkenntnisinteresses am »Sich-Verstehen im andern«, das im Gegensatz zum »Sich-Verstehen in einer Sache« (680) noch nicht hinreichend theoretisch beachtet worden sei. Das Risiko der Beliebigkeit des ›Sich-Verstehens im andern‹ soll nach Jauß mittels eines historisch bzw. anthropologisch fundierten Vorverständnisses minimiert werden, wiewohl die grundsätzliche erkenntnistheoretische Problematik solcherart kaum zu beheben sein dürfte.

»Philosophisch ist der Verstehensbegriff durch die Diltheyschule und Kategorien wie Einfühlung kompromittiert. Setzt man selbst derlei Theoreme außer Aktion und fordert Verstehen von Kunstwerken als streng durch deren Objektivität determiniertes Erkennen, türmen sich Schwierigkeiten.« Adorno moniert, stimuliert durch das Festhalten an einer ästhetischen Wahrheit, die schlechte Alternative von Hermeneutik und Szientismus. Er geht davon aus, daß »in der Ästhetik Erkenntnis schichtenweise sich vollzieht.«[63] Das Verstehen des bloßen Sachgehalts und der Intention des Werkes bleiben allenfalls Bedingungen der Möglichkeit des Verstehens und insofern Vorstufe. »Verstehen hat zu seiner Idee, daß man durch volle Erfahrung des Kunstwerks hindurch seines Gehalts als eines Geistigen innewerde. Das betrifft ebenso dessen Verhältnis zu Stoff, Erscheinung und Intention wie seine eigene Wahrheit oder Falschheit, nach der spezifischen Logik der Kunstwerke, welche in diesen das Wahre und Falsche zu unterscheiden lehrt. Verstanden werden Kunstwerke erst, wo ihre Erfahrung die Alternative von wahr und unwahr erreicht oder, als deren Vorstufe, die von richtig und falsch.« (515) Das Insistieren auf einem – wenn auch prekären – Wahrheits- und Autonomiebegriff der Kunst, der keineswegs notwendig ihre Interpretation affiziert, schraubt den universalistischen Zugriff Heideggers zurück auf den ästhetischen Problemstand; allerdings kommt auch dieser Kunstbegriff nicht ohne ein Letztes aus, selbst wenn es bisweilen zur Unwahrheit verkommt. Derartige Alterität der Kunst verfügt angesichts der Unwirtlichkeit der Faktizität notwendig über eine kaum tilgbare Exklusivität, die sich im Rätselcharakter des Kunstwerks artikuliert: »Je besser man ein Kunstwerk versteht, desto mehr mag es nach einer Dimension sich enträtseln, desto

---

62 HANS ROBERT JAUSS, Ästhetische Erfahrung und literarische Hermeneutik (Frankfurt a. M. 1982), 657.
63 THEODOR W. ADORNO, Ästhetische Theorie (1970), in: ADORNO, Bd. 7 (1970), 513.

weniger jedoch klärt es über sein konstitutiv Rätselhaftes auf.« Derartiges Verstehen hat mit den hermeneutischen Bemühungen, die nach allmählicher Akkomodation sich zum finalen Zugriff auf den Sinn aufschwingen, nur mehr wenig zu tun, auch wenn es nicht unwesentliche Elemente wie den Wahrheits- und Werkbegriff tradiert. Die Auflösung der Identität vertagt just jene Offenbarung, auf die es dem um wissenschaftliche Reputation bemühten Verstehen letztlich ankommt. Der Mangel an Identität des Sinns ist allerdings bestenfalls noch negativ einholbar, und dabei wird er zugleich normativ, wodurch sich keineswegs der beste Teil der hermeneutischen Tradition, wenn auch als negativer, bewahrt: »Als konstitutiv aber ist der Rätselcharakter dort zu erkennen, wo er fehlt: Kunstwerke, die der Betrachtung und dem Gedanken ohne Rest aufgehen, sind keine.« (184) Solcherart wird Verstehen zum Probierstein der Kunst, allerdings ist zuvor die Polyvalenz, die dem Verstehen das Rätsel stellt, zum Unnahbaren zu überhöhen und dadurch in klassische Gefilde ästhetischer Alterität und Inkommensurabilität zurückzuführen, wobei der negative Überschuß auch hier eine einfache Identität verstellt.

5. Literaturwissenschaftliche Applikationen der Hermeneutik

Da ästhetische Theorien bzw. philosophische Reflexionen des Verstehens die Operationen jenes Wissenschaftstyps, der sich als Geisteswissenschaft konstituiert, verhandeln, verwundern auch kaum solche Reflexe dieses Wissenstyps, die sich mit Fragen der Interpretation bzw. des Verstehens befassen. So transformiert Emil Staiger Heideggers ontologische Hermeneutik für den literaturwissenschaftlichen Hausgebrauch herunter, indem er ein exemplarisches Praktizieren der Applikation hermeneutischer Kategorien in der literaturwissenschaftlichen Sinnzuschreibung als Theorie der Interpretation deklariert. Staigers Reduktion des hermeneutischen Verstehenskonzepts auf pragmatische Einfachheit hat dabei den Vorzug, die systematischen Probleme in unabweisbarer Deutlichkeit hervortreten zu lassen. Die konstitutive Skepsis gegenüber »bloßer Theorie«, mit der »wohl nichts Entscheidendes auszurichten«[64] sei, wird noch forsch durch eine wissenschaftstheoretisch kaum minder problematische Konfession überboten: »Das allersubjektivste Gefühl gilt als Basis der wissenschaftlichen Arbeit! Ich kann und will es nicht leugnen.« (12)

Daß Heideggers Insistieren auf dem Zirkel[65], das den Primat des Verstehens gegenüber den sich davon ableitenden wissenschaftlichen Strategien begründet, schlicht im Zuge der Konstitution einer Einzeldisziplin annektiert wird und der Primat des Verstehens vor aller wissenschaftlichen Domestizierung zur Grundlage von Interpretationen auch mit wissenschaftlichem Anspruch avanciert und so als jeglichem Interpretationsakt inhärent betrachtet wird, setzt einen recht unbefangenen Umgang Staigers mit vergleichsweise komplexen Theoriearrangements voraus. Dazu paßt auch die These, daß sich »die Interpretation [...] erst seit zehn bis fünfzehn Jahren durchgesetzt« (9) habe, die davon ablenkt, daß Staigers Thesen durchweg bereits über eine respektable Tradition verfügen. Die These von der Polyvalenz des Kunstwerks, d. h., »daß jedes echte, lebendige Kunstwerk in seinen festen Grenzen unendlich ist« (33), wie diejenige, daß die »Interpretation [...] evident« (19) sei, ebenso die, daß der »Gegenstand meiner Interpretation« der »unverwechselbar eigene Stil« (18) des Kunstwerks sei, sowie jene, daß die dem emphatisch gefeierten Kunstwerk einzig angemessene Haltung die von »Liebe und Verehrung« und »unmittelbarem Gefühl« (13) sei, stellen simplifizierende Applikationen bereits traditioneller Elemente einer Theorie der Interpretation dar, die sich allerdings eher Schleiermacherscher als Heideggerscher Provenienz verdankt.

Ebenso wie Heideggers Konzeption kennt auch das Adornosche Insistieren auf dem Rätsel durchaus Nachfolgeformen. Sie sind erreicht, wenn die Negativität, die dem Adornoschen Konzept konstitutiv ist, schlicht fallengelassen wird. Jochen Hörisch schlägt sich bei seiner Begriffsdifferenzierung von Interpretation und Deuten auf die Seite der Deutung und beläßt es beim ungemindert Rätsel-

---

64 EMIL STAIGER, Die Kunst der Interpretation. Studien zur deutschen Literaturgeschichte (1955; Zürich 1957), 11.
65 Vgl. ebd., 11.

haften. Er kehrt damit ungeschmälert zu jener Divination zurück, die traditionell allenfalls die wenn auch logisch konsequente ultima ratio des Verstehens darstellte. Löst Adorno den Machtimpuls identifizierender Interpretation in der Negativität und Unabschließbarkeit auf, so sucht Hörisch ihm mit bloßer Beliebigkeit beizukommen: »Deutung‹ versteht sich – und das unterscheidet sie von der Interpretation – nicht mimetisch, sondern arbiträr.« »Deutungen sind unableitbar«[66], und damit läßt sich über solches Verstehen eigentlich kaum mehr etwas sagen; allenfalls bleibt noch der Vollzug, der in der Regel so überraschend nicht ausfällt. Das Deuten als Reaktion auf die ›Wut des Verstehens‹[67] sichert sich mit der einfachen Affirmation des Rätsels ein Terrain hinter einem identifizierenden Verstehen, das nicht zu vermeiden sei und den Spaß durch die sinnsetzende Stillstellung der Werke verderbe. Hörischs These, daß das Verstehen angesichts neuer Speichermedien zum anachronistischen Luxus verkomme[68], läßt außer acht, daß Speichermedien sich von Verarbeitungsstrategien unterscheiden und der Vorwurf des Unzeitgemäßen die Deutung ungleich schwerer trifft. Die schlichte Inflationierung des zu Verstehenden dürfte zudem ungeeignet sein, Hörischs Rückzug aus dem Verstehen in ein nicht weiter aufklärbares Deuten zu legitimieren.

V. Die Relativierung der Interpretation

Die Universalisierung des Verstehensbegriffs und ihre andere Variante, seine Öffnung in Richtung unkontrollierbarer Beliebigkeit, entwertet nicht nur den Begriff, sondern eben auch die diesem zugeordneten Prozeduren und Operationen. Die Bemühungen, das Verstehen und damit auch die Interpretation aus dieser problematischen Alternative zu befreien, führten zumindest zu substantiellen Modifikationen des Begriffs, wenn nicht gar zu dessen vollständiger Substitution bzw. zu einer Verabschiedung der Interpretation genannten Sinnsetzungsprozeduren. Der Komplex von Subjekt, Schöpfung, Sinn, Werk und Verstehen wird sowohl von strukturalistischen als auch von analytischen und systemtheoretischen Theoriemodellen aufgelöst und das, was dann als Operation des Verstehens fungiert, verkehrt sich wenigstens tendenziell ins Gegenteil der hermeneutischen Operationen.

1. Grenzen der Interpretation

Susan Sontag nimmt Nietzsches erkenntnistheoretischen Skeptizismus auf, teilt jedoch nicht seine universalistisch ambitionierte schroffe Zurückweisung der Interpretation. Sontags Skepsis gegenüber der Interpretation ist weniger am Begriff oder gar einer Theorie der Interpretation orientiert, sondern sie artikuliert ihr Unbehagen gegenüber einer wissenschaftlichen Praxisform. Insofern reagiert Sontag auch nicht theoretisch, sondern sie sucht die Verselbständigung der Polyvalenz gegenüber dem sie ermöglichenden Text durch Rücknahme des sinnsetzenden Eifers wieder ins Lot zu bringen und damit der Prävalenz des Werks wieder zu ihrem Recht zu verhelfen. Daß solcherart zwar symptomatisch das Unwohlsein über eine Praxisform artikuliert wird, kaum aber theoretische Alternativen oder sonstige theoretische Reaktionen entworfen werden, dürfte nicht verwundern. Nach Sontag verdankt sich das Interesse an der Interpretation einer theoretisch indizierten Konzentration auf die Inhaltsdimension der Kunstwerke. Daß allein schon die Rede vom Werk einen spezifischen Interpretationsbegriff voraussetzt und damit auf eben jene Theorie der Interpretation verweist, der sie zu entkommen sucht, entgeht Sontag dabei allerdings. »By interpretation, I mean here a conscious act of the mind which illustrates a certain code, certain ›rules‹ of interpretation. / Directed to art, interpretation means plucking a set of elements [...] from the whole work. The task of interpretation is virtually one of translation.«[69] Dabei überschätzt Sontag das regulative Potential der Theorie der Interpretation erheblich, das kaum jemals ernsthaft zu einer kodifizierten Form gerann. Zu-

---

66 JOCHEN HÖRISCH, Die Wut des Verstehens. Zur Kritik der Hermeneutik (Frankfurt a. M. 1988), 79.
67 Vgl. ebd., 50 f., 85 f.
68 Vgl. ebd., 97.
69 SUSAN SONTAG, Against Interpretation (1964), in: Sontag, Against Interpretation (New York 1966), 5.

gleich läßt sich der Vorwurf der Selektion mit der – im übrigen mit Gadamer und Schleiermacher übereinstimmenden – Annahme eines übersetzenden Gestus der Interpretationsarbeit kaum sinnvoll auf einen Begriff bringen. Interpretation hat nach Sontag die Funktion, einen Text an veränderte Rezeptionsbedingungen zu akkomodieren, wobei allerdings durch den über die Interpretation implementierten Subtext der eigentliche Text verändert werde, was dem Text nicht unbedingt zum Vorteil gereiche: »To interpret is to impoverish, to deplete the world – in order to set up a shadow world of ›meanings.‹« (7) Sofern der Interpretationsakt notwendig zu einer Domestizierung der Kunst führt, ist Sontags Insistieren auf der sinnlich erfaßten Kunst zumindest als Reaktion verständlich, wenn auch die impliziten Prämissen einer solchen Argumentation wie das der Kunst inhärierende Widerstandspotential erst einmal zu erweisen wären. Die Rehabilitation der Sinnlichkeit durch schlichte respektvolle Deskription, die Sontag der Kritik anempfiehlt, »so that we can see the thing at all« (14), markiert wenig mehr als die abstrakte Negation einer kaum minder abstrakten ontologischen Hermeneutik. Die Aversion gegenüber einer die Interpretation hervorbringenden »revenge of the intellect« (7) votiert implizit für jene devote Unmittelbarkeit, deren Unmöglichkeit aufgrund der Einsicht in die Inkommensurabilität der Komplexität den Anlaß zu interpretatorischen Bemühungen bildete. Der Regreß auf eine sinnlich erfahrbare Sache selbst ist alles andere als unverdächtig und vermag allenfalls als Symptom für das Problematischwerden der hermeneutischen Interpretationsdiskurse zu dienen, keinesfalls jedoch als ernst zu nehmender Ausweg.

Eco unternimmt demgegenüber den Versuch, der unbehaglichen Offenheit der Interpretation, die sich infolge des Verlustes einer Orientierung am identischen Sinn einstellt, wenigstens einen Rahmen zu geben, wiewohl er auf der konstitutiven Funktion der Offenheit insistiert. Insofern reagiert er auf dasselbe Problem, das Sontag zur Rehabilitierung der Sinnlichkeit den Anlaß gab; allerdings reagiert er theoretisch. Der »Mehrwert an Sinn« (plusvalore di senso), der in der Interpretation realisiert wird, ist insofern nicht beliebig. Eco differenziert zwischen der Interpretation und dem Gebrauch von Texten. Dabei ist die Interpretation im Gegensatz zum Gebrauch strategisch im Text angelegt: »Ein Text ist nichts anderes als die Strategie, die den Bereich seiner – wenn nicht ›legitimen‹, so doch legitimierbaren – Interpretationen konstituiert.« (E un testo altro non è che la strategia che costituisce l'universo delle sue interpretazioni – se non ›legittime‹ – legittimabili.)[70] Insofern korrespondiert dem Text ein Modell-Leser und damit eben auch eine Modell-Interpretation, wobei Eco nicht von ungefähr – operiert sein Modell gebremster Offenheit doch durchaus noch mit hermeneutischen Resten – bei der wechselseitigen Konstituierung von Text und Interpretation auf den hermeneutischen Zirkel rekurriert.

Eco nimmt das Modell der »intentio operis«[71] auf und koppelt es an die »Kohärenz des Textes« (coerenza testuale, 34; dt. 49) als Kontrollinstanz der Interpretation, womit er zunächst kaum über tradierte hermeneutische Konzepte hinausgelangt und die Kontrolleistung selbst prekär bleibt. Die ›coerenza testuale‹ ist wiederum das Resultat einer kritischen Interpretation, welche die Entstehung der semantischen Interpretation – der Sinnsetzungsprozedur des Adressaten – aus der Textstruktur erklärt. Die kritische Interpretation wird erforderlich, sofern die Eindeutigkeit der semantischen Interpretation in Frage steht, was bei ästhetischen Texten aus systematischen Gründen der Fall ist. Die kritische Interpretation bleibt innerhalb dieses zweistufigen Interpretationsbegriffs wesentlich an der ›intentio operis‹ orientiert, was eine Relativierung der am Subjekt ausgerichteten psychologischen Interpretation darstellt. Der Text avanciert zum »Parameter seiner Interpretationen« (parametro delle proprie interpretazioni, 35; dt. 51) und markiert als solcher zugleich die Grenzen seiner Interpretation. Darüber hinaus sucht Eco die ›legitimen‹ Interpretationen anhand eines Ökonomiekriteriums zu differenzieren: Überkomplexe Interpretationen treten solcherart hinter einfacheren

---

70 UMBERTO ECO, Lector in fabula. La cooperazione interpretativa nei testi narrativi (Mailand 1979), 52, 60; dt.: Lector in fabula. Die Mitarbeit der Interpretation in erzählenden Texten, übers. v. H.-G. Held (München/Wien 1987), 63, 73.
71 ECO (s. Anm. 1), 22; dt. 35.

Modellen zurück. Dabei kommt sowohl den Grenzen als auch der Ökonomie der Interpretation tendenziell die Funktion eines regulativen Prinzips zu; beide sind zwar nicht definitiv positiv zu bestimmen, doch wird ihnen regulatives Potential zugeschrieben.

2. Interpretation und plurale Strukturen

Barthes widerruft die hermeneutische Zurichtung der Interpretation auf einen eindeutig identifizierbaren Sinn. »Interpréter un texte, ce n'est pas lui donner un sens (plus ou moins fondé, plus ou moins libre), c'est au contraire apprécier de quel pluriel il est fait.« Barthes orientiert sich dabei methodisch an einem pluralen Textmodell, dem das klassische geschlossene Textmodell zum beschränkt pluralen Text wird. Indem das Plurale an die Stelle der Einheit des Sinns rückt, wird die Aufgabe der Interpretation nicht nur modifiziert, sondern es werden zugleich die impliziten Voraussetzungen des Interpretationsbegriffs auf der Ebene des Textes und seiner Produktion fallengelassen. »L'interprétation que demande un texte visé immédiatement dans son pluriel n'a rien de libéral: il ne s'agit pas de concéder quelques sens, de reconnaître magnanimement à chacun sa part de vérité; il s'agit, contre toute in-différence, d'affirmer l'être de la pluralité«[72]. Der Eingriff der »activité structuraliste«[73] in das Interpretationsmodell ist mithin grundsätzlicher Natur, wodurch auch der involvierte Begriffskomplex affiziert wird: »il n'y a jamais un *tout du texte* (qui serait, par reversion, origine d'un ordre interne, réconciliation de parties complémentaires, sous l'œil paternel du Modèle représentatif): il faut à la fois dégager le texte de son extérieur et de sa totalité«[74]. Mit der Pluralisierung des Sinns entfällt auch der Bezugsrahmen einer »critique de l'interprétation«[75], denn es geht dieser Kritik nicht darum, »de ›découvrir‹, dans l'œuvre ou l'auteur observé, quelque chose de ›caché‹, de ›profond‹, de ›secret‹, qui aurait passé inaperçu jusque-là [...], mais seulement d'*adjuster* [...] le langage que lui fournit son époque (existentialisme, marxisme, psychanalyse) au langage, c'est-à-dire au système formel de contraintes logiques élaboré par l'auteur selon sa propre époque«[76]. Die Verpflichtung der Interpretation auf Pluralität überhebt selbst der solcherart prätentionslos dargestellten interpretierenden Praxisformen, die darum allerdings kaum weniger gängig sind.

Danto sucht die Problematik der Interpretation durch eine Art Flurbereinigung in den Griff zu bekommen. Er differenziert zwischen einer Oberflächen- und einer Tiefeninterpretation, wobei die von hermeneutischer Theoriebildung akkumulierten Mißlichkeiten der letzteren zugewiesen werden. Diese Differenz gestattet es Danto, sich von der hermeneutischen Tradition zu distanzieren und gleichzeitig den Interpretationsbegriff als ein für die Ästhetik konstitutives Konzept beizubehalten. Die Oberflächeninterpretation wird als derjenige Akt eingeführt, der ein Kunstwerk als solches identifiziert: »I shall think of interpretations as functions which transform material objects into works of art. Interpretation is in effect the lever with which an object is lifted out of the real world and into the artworld, where it becomes vested in often unexpected raiment. Only in relationship to an interpretation is a material object an artwork«[77]. Ist die Interpretation solcherart von der Aufgabe der Sinnzuschreibung über die formale Zuweisung zum Kunstsystem hinaus entlastet, so reduziert sich naturgemäß das Konfliktpotential: über die Zuschreibung ästhetischer Qualität läßt sich auch mit dem Autor bzw. Produzenten eines Textes vergleichsweise einfacher Konsens erzielen als über die Zuschreibung von Sinn. Die im hermeneutischen Kontext des Interpretationsbegriffs verblüffende Inanspruchnahme des Autors wird durch die rigide Beschneidung des Begriffsumfangs und damit eben auch der Aussage erkauft, die letztlich kaum über eine schlichte Tautologie hinauskommt: »If interpretations are what constitute works, there are no works without them and works are misconstituted when interpretation is wrong.«

---

72 ROLAND BARTHES, S/Z (Paris 1970), 11 f.
73 BARTHES, L'activité structuraliste (1963), in: Barthes, Essais critiques (Paris 1964), 214.
74 BARTHES (s. Anm. 72), 12.
75 BARTHES, Les deux critiques (1963), in: Barthes (s. Anm. 73), 246.
76 BARTHES, Qu'est-ce que la critique (1963), in: ebd., 256.
77 ARTHUR C. DANTO, The Philosophical Disenfranchisement of Art (New York 1986), 39.

(45) Dabei markiert die falsche Konstituierung eines Werks eigentlich eine Denkunmöglichkeit, kann doch allenfalls von einer fälschlichen Zuschreibung die Rede sein, was zur Folge hätte, daß es sich um kein Werk mehr handelte, sondern um einen anderweitig bestimmbaren Gegenstand. Insofern verdankt Dantos Ansatz seine Provokation dem Spiel mit einer partiellen Modifikation von Begriffen.

Daß jedoch der Interpretationsbegriff immer schon auf ein Ensemble oder System von Begriffen verweist und nur in diesem Rahmen funktioniert, wird spätestens dann deutlich, wenn ein modifizierter Interpretationsbegriff unbefangen in diesen tradierten Kontext integriert werden soll. Diese Problematik wird bei Danto an den Begriffen des Werkes und des Künstlers evident: »And knowing the artist's interpretation is in effect identifying what he or she has made. The interpretation is not something outside the work: work and interpretation arise together in aesthetic consciousness. As interpretation is inseparable from work, it is inseparable from the artist if it is the artist's work.« (45) Die dem Konstitutionsprozeß des hermeneutischen Diskurses inhärierende zirkuläre Verweisung der die diversen Funktionen (Autor, Produktion, Text, Rezeption und deren Bezugssystem, die Kunst) markierenden Begriffe erhält sich insofern selbst in Dantos reduzierter Variante des Interpretationsbegriffs und läßt sich demgemäß auf die wenig inhaltsschwere Form bringen, daß, wer Kunst produziere, ein Künstler sei, und wer Kunst als Kunst auffasse, interpretiere. Von daher verwundert auch Dantos Reanimation des Wahrheitsbegriffs nicht, begibt sie sich doch gar nicht erst in die erkenntnistheoretisch prekären Gefilde kontroverser Sinnzuschreibung: »There is a truth to interpretation and a stability to works of art which are not relative at all.« (46) Die Oberflächeninterpretation besteht insofern wesentlich in der schlichten Zuschreibung der Kunstqualität.

Davon wird von Danto ein »notion of interpretation which makes the artwork as an explanandum« (44) unterschieden, der sich wiederum in eine »operation know[n] as *Verstehen*« (51) (»So understanding what an author as agent and authority at once could have meant is central to this order of interpretation«, 50) und eine Tiefeninterpretation differenziert, welche die Praxis der Sinnzuschreibung bezeichnet. Die Tiefeninterpretation muß ohne jene ›Autorität‹ der Autorschaft auskommen, die allerdings dem Interpretationsprozeß, wie bereits die Schleiermachers psychologischer Interpretation inhärierende Divinationsbegriff deutlich macht[78], kaum zu mehr Sicherheit oder Eindeutigkeit verhilft. Danto entgehen dabei die systematischen Gemeinsamkeiten, über welche die von ihm in der humanistischen Tradition situierte Verstehenstheorie und die Tiefeninterpretation verfügen; seine Ablehnung der letzteren trifft so notwendig auch die erste. Dantos Zurückweisung der Tiefeninterpretation ergibt sich aus einer keineswegs unbegründeten Aversion gegenüber einer unkontrollierbaren Polyvalenz, die durch die Identifikation des fraglichen Objekts als Kunstwerk in der Oberflächeninterpretation und das Reagieren auf das Kunstwerk substituiert werden soll.[79] Damit wird jedoch die Tiefeninterpretation als Praxisform der Geisteswissenschaften allenfalls beschrieben und vermieden, nicht aber erklärt, und die verbleibende Tautologie eines identifizierten Ästhetischen vermag kaum die entstandene Leerstelle zu füllen.

3. Relativierung des Objektbereichs

Danto versucht insofern, auf die erkenntnistheoretischen Aporien hermeneutisch orientierter Interpretation durch eine Modifikation des Begriffs zu reagieren, die sich alles erkenntnistheoretisch Problematischen entledigt. Er reduziert damit jedoch den Objektbereich einer Theorie der Interpretation derart nachhaltig, daß er die gesamten unter diesen Begriff subsumierten Praxisformen von Theorie freisetzt. Die grundsätzliche Problematik, auf die bereits Rosenberg hinweist, daß nämlich die hermeneutische Konzeption des Verstehens durchaus wenigstens partiell die Praxis der Rezeption reproduziert, daß sie jedoch nicht hinreicht, den Objektbereich theoretisch zu erfassen, läßt sich allenfalls durch eine veränderte Konstituierung des Objektbereichs und damit eben auch ästheti-

---

78 Vgl. ebd., 53–55.
79 Vgl. ebd., 50–53, 62f., 66f.

scher Theorie vermeiden.[80] Auf dieser Basis geht es zunächst darum, Interpretationsprozesse zu erklären, nicht jedoch zu interpretieren. Interpretation als elementare Praxisform wäre aus dieser Perspektive Objekt der Analyse, nicht jedoch zugleich auch theoretisches Instrumentarium. Sinnsetzung wäre der Versuch, über polyvalentem Material Kohärenzen begrenzter Vollständigkeit zu etablieren. Solche Sinnsetzungsoperationen bedienen sich in der konventionellen Lektürepraxis gesellschaftlich vorgehaltener und vermittelter Sinninventare, die das Material für die zu applizierenden Kohärenzen bilden. Verstehen markierte solcherart das Gelingen der Applikation von Sinnelementen dieser Inventare auf konkrete ästhetische Objekte und wäre prinzipiell alles andere als eine individuelle Angelegenheit, sondern konstitutiv kollektiv.

Die dominant zum erkenntnistheoretischen Stein des Anstoßes gewordene ›wissenschaftliche‹ Interpretation, wie sie von seiten der Hermeneutik propagiert wird, unterscheidet sich, wie ja bereits Staiger bemerkt, nicht prinzipiell von der konventionellen Lektüre, sie greift allerdings für ihre Sinnsetzungsoperationen auf andere Sinninventare zurück. Bei diesen Inventaren der ›wissenschaftlichen‹ Interpretation handelt es sich in der Regel um akkumuliertes literarhistorisches Wissen und Ideologeme unterschiedlichster Provenienz. Aus diesen Reservoirs werden die in der Applikation verwandten Kohärenzen bezogen. Zugleich gilt für die ›wissenschaftliche‹ Interpretation aufgrund der Engführung von wissenschaftlichem Innovationsgebot und ästhetischer Originalitätsforderung der Imperativ, mit der Applikation eine konstitutive Differenz zu erzeugen, was nur durch ständige Rekombinationen auf der Ebene des Inventars und Wechsel auf der Ebene der verwandten Kohärenzen funktionieren kann. Übersetzt in den hermeneutischen Diskurs, erscheint die stetige Modifikation des applizierten Sinns als Qualität des rezipierenden Subjekts und damit als dessen Kongenialität. Solche Kongenialität wäre, und das ignorierte der hermeneutische Diskurs in der Regel, in der konventionellen Lektürepraxis allerdings eher störend, schlösse sie doch die kollektive und massenhafte Rezeption kultureller Produktionen mangels einer hinreichenden Anzahl genügend sich unterscheidender Sinnelemente weitgehend aus.

Die Hermeneutik scheitert insofern nicht nur an erkenntnis- und wissenschaftstheoretischen Aporien, sondern gerade auch an der Banalität der Massenrezeption. Das wissenschaftstheoretisch verdächtige Operieren mit so fatal diffusen Strategien wie Intuition, Genialität und Kongenialität, einem emphatischen Werkbegriff und einer angesichts der ästhetischen Moderne eher ratlosen Sinnhypothese sowie die Etablierung einer Kohärenz, welche die Struktur ihres Gegenstandes allenfalls partiell abzubilden in der Lage ist, sich jedoch unvermeidlich als glücklich gefundener Sinn zugleich zum allein Geltenden aufzuschwingen sucht, akkompagniert von daher die Hilflosigkeit gegenüber der radikalen Schlichtheit der in der Massenlektüre applizierten Sinnkonzepte. Die systematischen Aporien der hermeneutischen Interpretation sind insofern kaum durch partielle Nachbesserungen zu vermeiden. Erst eine nachhaltige Veränderung des Theoriedesigns des theoretischen Erkenntnisinteresses, das nicht mehr darauf aus wäre, Sinnsetzungen zu etablieren, sondern die sozio-historischen Bedingungen der Varianz von – per Interpretation und kollektive Lektüre – Texten zugeschriebenem Sinn zum Gegenstand machte und dabei das Feld des inaugurierten wie des ausgeblendeten Sinns in den Blick nähme, reagierte auf die u. a. von Danto beschriebenen Probleme, ohne zugleich nachhaltige Beschneidungen des Objektbereichs ästhetischer Theorie in Kauf nehmen zu müssen. Ästhetische Theorie hätte so nicht nur den Objektbereich zu modifizieren, sondern grundsätzlich das der Sinnsetzung inhärierende Identitätsprinzip zu invertieren und operierte dann nicht mehr – auch nicht vorläufig – mit immer schon prekären Identitäten. Vielmehr basierte ihre Konstituierung auf nicht mehr zentrierbaren Differenzen. Eine derart mit Differenzen umgehende Theorie wäre dezentriert, da sie die Texte eben nicht in einem identischen Sinn zentriert und diesem unterwirft, sondern die Serie der Sinnsetzungen erklärt. Solche dezentrierte Ästhetik erzeugt

---

80 Vgl. RAINER LESCHKE, Metamorphosen des Subjekts. Hermeneutische Reaktionen auf die (post-)strukturalistische Herausforderung, Bd. 2 (Frankfurt a. M. u. a. 1987), 681 ff.

statt der systematischen Ausschließlichkeit der nur vorgeblich einsamen Sinnsetzung der Interpretation ebenso systematisch Anschlußfähigkeit. Dezentrierter Ästhetik werden damit Interpretation und Verstehen zu konstitutiven Funktionen in der sozio-historischen Reproduktion des Ästhetischen, nicht jedoch zur Aufgabe oder zum zu applizierenden Instrument.

4. Systemtheoretische und konstruktivistische Konzepte der Interpretation

In der systemtheoretischen Konzeption Luhmanns kommt dem Verstehensbegriff als konstitutivem Faktor der Kommunikation, die als »basaler Prozeß sozialer Systeme«[81] begriffen wird, ein nicht unerheblicher Stellenwert zu. Dabei nimmt Luhmann zwar wesentliche Elemente des hermeneutischen Verstehensbegriffs auf, überführt sie jedoch in einen argumentativen Kontext, der nicht unerhebliche Modifikationen des Begriffs nach sich zieht. Luhmann weist zunächst vor dem Hintergrund des Versuchs einer universalistischen Theoriebildung einen »hermeneutischen‹ Sinnbegriff [...], der auf verstehende Einordnung in einen übergeordneten Zusammenhang abstellt« (109), und damit auch eine »Sondermethodologie für Sinnsachverhalte« (110) zurück. Demgegenüber geht Luhmann davon aus, daß Sinn eine Differenz, und zwar die »Differenz von *aktual Gegebenem* und auf Grund dieser Gegebenheit *Möglichem*« (111) bezeichne. Verstehen ist in diesem Kontext zunächst eine »besondere Form des Beobachtens« (130), wobei Beobachtung generell als Operieren mit Unterscheidungen gefaßt wird. »Verstehen kommt jedoch nur zustande, wenn man eine bestimmte Unterscheidung, nämlich die von System und Umwelt (und nicht nur: Form/Hintergrund, Text/Kontext) verwendet und in die Unterscheidung geschlossen-selbstreferentiell reproduzierten Sinn hineinprojiziert.« (110 f.) »Verstehen erfordert Beobachtung mit Hilfe der System/Umwelt-Differenz; es erfordert, daß man das zu verstehende System als System auffaßt, das sich an einer eigenen Umwelt sinnhaft orientiert. Da sinnhafte Orientierung immer Welt impliziert, kann ein verstehendes System nicht vermeiden, daß es sich selbst in der Umwelt des verstandenen Systems wiederbegegnet.« (130)

Verstehen löst insofern die Selbstreflexivität der Kommunikation ein. Es richtet sich damit insbesondere auf die Sozialdimension des Sinns. Die Verpflichtung des Verstehens aufs Subjekt wird von Luhmann durch die Zuordnung zum System substituiert, die Ausrichtung auf Identität durch ein »Prozessieren von Selektion« (194) und damit durch eine Orientierung an Differenz abgelöst. Da im Kontext der Systemtheorie die traditionellen Referenzpunkte des Verstehens, Identität und Subjekt, einer Relativierung unterzogen werden, zugleich aber der Objektbereich des Verstehens als Element der Kommunikation eine Generalisierung erfährt und nur der tradierte Bezugspunkt des Sinns, der jedoch zu einem »schlechthin universalen Sinnbegriff« (111) avanciert, erhalten bleibt, begrenzen sich gleichzeitig die Chancen für die Ableitung einer philologischen oder ästhetischen Sondermethodologie des Verstehens.

Die Fortführung des systemtheoretischen Ansatzes im radikalen Konstruktivismus geht von einer die erkenntnistheoretische Problematik des Verstehens- bzw. Interpretationsbegriffs relativierenden Fragestellung aus, die der Interpretation gegenüber eine spürbare Distanz erzeugt: »ich frage nicht: ›Was bedeutet 'L[iteratur]-Interpretation'?‹, sondern: ›Was geschieht, wenn Leute das tun, was sie 'interpretieren' nennen?‹« Folglich sind Interpretationen dem Objekt- und damit nicht dem Aufgabenbereich der empirischen Literaturwissenschaft zuzurechnen. Siegfried J. Schmidt ordnet dem Interpretieren unterschiedliche Verarbeitungsprozeduren zu: »Kommunikatverbalisieren, Kondensieren, metatextuell Beschreiben, Bewerten, Erklären sowie Kombinationen aus diesen Operationen«[82]. Mit diesen kommunikativen Techniken reagieren die Interpretationen auf einen gesellschaftlichen Orientierungsbedarf. Konstitutiv wäre zu differenzieren zwischen dem Umgang mit theoretischen Interpretationen, professioneller Literaturverarbeitung und Verstehensprozessen als Rezeptionshandlungen. Für die ›Theorie Literarischen Kommunikativen Handelns‹ (TLKH) konstatiert Schmidt,

---

81 NIKLAS LUHMANN, Soziale Systeme. Grundriß einer allgemeinen Theorie (Frankfurt a. M. 1984), 192.
82 SCHMIDT, Grundriß der Empirischen Literaturwissenschaft (1980/1982; Frankfurt a. M. 1991), 348.

»daß es dort zwar einen Bedarf an Beschreibungen und Erklärungen gibt, der manches von dem betrifft, was in solchen Texten ausgedrückt wird, die Literaturwissenschaftler als ›Interpretationen‹ bezeichnen; daß dieser Bedarf in einer TLKH aber durch Operationen befriedigt wird, die ganz unterschiedlich ablaufen und unterschiedlichen methodologischen und empirischen Anforderungen genügen; und daß diese Operationen nicht sinnvoll unter einen *einzigen* Oberbegriff – heiße er nun ›Interpretation‹ oder wie immer – geordnet werden können und sollen« (370 f.). Das nichtprofessionelle Verstehen sucht Schmidt unter Rückgriff auf Annahmen biologischer Kognitionstheorie zu erklären, wonach »›Sinn‹ und ›Bedeutung‹ aus selbstorganisierenden [...] kognitiven Prozessen hervorgehen« (386) und insofern von einem operational geschlossenen kognitiven Bereich auszugehen sei, was die Erkenntnisleistung des Verstehens angesichts der als konstitutiv angenommenen Polyvalenz nicht unerheblich relativiert.

5. *Kulturanthropologische Relativierung*

Ähnlich wie die materialistische Hermeneutik versucht Karl Ludwig Pfeiffer die »wissenschaftliche Verhaltensfigur«[83] hermeneutischer Interpretation über die Analyse der historischen Funktionalität dieser Operation zu bestimmen. Der der Hermeneutik inhärierende Imperativ, wonach in jedem Falle verstanden werden solle, verleiht den solcherart organisierten Geisteswissenschaften ein strukturelles Synthesepotential: »So kann man vermuten, daß die Hermeneutik *die Spannweite subjektiver Erfahrung im handlungsentlasteten Raum der Religion,* der Kultur, der Literatur und der inneren Existenz des Menschen zum *Verstehen fundamentaler Daseinswerte* ›hochstilisierte‹, *weil das gesellschaftliche Handeln* in Deutschland keine normative Würde zu erringen vermochte.«[84] Dem hermeneutischen Verstehen als einem »Management geschichtlicher Zeiten« kommt insofern eine Integrationsfunktion zu.

»*Hermeneutik übersetzt zeitliches Geschehen in Sinn*« (15) und restituiert damit imaginär eine aufgrund gesellschaftlicher Dissoziationsprozesse verlorengegangene Identität. Die Konsequenz aus dem Zerfallen selbst solcher imaginären, durch Interpretation erzeugten Einheiten ist ein geisteswissenschaftlicher Methodenpluralismus, der neben dem traditionellen Verstehen, das sich das Durchbrechen des Scheins der Fremdheit der Vergangenheit[85] zutraut, und dem Verstehen verzerrter Kommunikation mittels Ideologiekritik und Psychoanalyse Formen des Verstehens zugelassen hat, die wie rezeptions- und wirkungsästhetische Modelle sowie die empirische Literaturwissenschaft »nicht mehr den Sinn, sondern die Wirkung von Texten und Medien« (25) zum Gegenstand haben.

Damit aber beginnen die Texte ihre Aura zu verlieren: »Daß die Bücher Europas, vor allem die gedruckten, das eigentliche und verstehbare Wesen des Menschen und seiner Welt speichern – das ist die große hermeneutische Illusion.« (32) Pfeiffer stellt dieser Illusion die Interdependenz von Medium und Aneignungsoperationen entgegen: Das Verstehen bleibe damit weitgehend abhängig von der Karriere des Mediums Buch. Das Problem, »ob vielleicht die Medien, die materialen Träger der Kommunikation die Entstehung von Sinn stärker bestimmen als die gesellschaftlichen Strukturen und die kulturell-›geistigen‹ Traditionen, an welche die Sinnproduktion gebunden schien« (33 f.), läßt sich vielleicht gerade vor dem Hintergrund eines »Zusammenbruchs hermeneutischer Sinn-Kontinuität« (34) modifizieren in die Frage nach der sozio-historischen Dynamik von Sinnkonstruktionen und -konstrukten überhaupt, bleibt doch die systematische Differenz medienspezifischer Aneignungsprozeduren fraglich. Die Koinzidenz von Verlust gesellschaftlich verbindlicher Sinninventare und ihren Rekonstruktionsformen – d. h. dem Verstehen und der Interpretation – einerseits und dem Wechsel der Leitmedien andererseits wäre für das Verstehen erst bedeutsam, wenn dem Medienwechsel eben auch ein Wechsel der Aneignungsstrategien korrespondierte.

Vielleicht aber hat die Systematisierung des

---

83 KARL LUDWIG PFEIFFER, Dimensionen der Literatur. Ein spekulativer Versuch, in: H. U. Gumbrecht/K. L. Pfeiffer (Hg.), Materialität der Kommunikation (Frankfurt a. M. 1988), 758.
84 PFEIFFER, Theorien und ihre ›Dynamik‹ in den westlichen Geistes- und Sozialwissenschaften, in: Die Deutsche Literatur, hg. v. d. Gesellschaft für Germanistik d. Kansai Universität, H. 34 (Osaka 1990), 22.
85 Vgl. ebd., 24.

Verstehens und der Interpretation, wie die Hermeneutik sie betrieben hat, gerade dann ihre Rolle ausgespielt, wenn die Forderung an Subjekte, selbständig zu einer wenigstens einigermaßen einheitlichen und verbindlichen Ansicht über kulturelle Daten zu gelangen und ebenso konform Sinn zu produzieren, obsolet geworden ist und so fragmentarische wie beliebige Sinnkonstrukte gesellschaftlich verarbeitbar erscheinen. Das Verstehen und seine Theorie wären dann ähnlich wie die Kategorie des Subjekts eine jener Interimskonstruktionen gewesen, die den Übergang vom kruden Dogmatismus zum banalen Sinnpluralismus zu bewerkstelligen halfen.

Rainer Leschke

Literatur

ABEL, GÜNTER, Interpretationswelten. Gegenwartsphilosophie jenseits von Essentialismus und Relativismus (Frankfurt a.M. 1993); ABEL, GÜNTER, Sprache, Zeichen, Interpretation (Frankfurt a.M. 1999); APEL, KARL-OTTO u.a., Hermeneutik und Ideologiekritik (Frankfurt a.M. 1971); BRENNER, PETER J., Das Problem der Interpretation. Eine Einführung in die Grundlagen der Literaturwissenschaft (Tübingen 1998); ECO, UMBERTO, I limiti dell'interpretazione (Mailand 1990); dt.: Die Grenzen der Interpretation, übers. v. G. Memmert (München/Wien 1992); GERIGK, HORST-JÜRGEN, Lesen und Interpretieren (Göttingen 2002); GUMBRECHT, HANS ULRICH, Diesseits der Hermeneutik. Die Produktion von Präsenz (Frankfurt a.M. 2004); JAUSS, HANS ROBERT, Ästhetische Erfahrung und literarische Hermeneutik (Frankfurt a.M. 1982); JAUSS, HANS ROBERT, Wege des Verstehens (München 1994); O'HEAR, ANTHONY (Hg.), ›Verstehen‹ and Humane Understanding (Cambridge u.a. 1996); VATTIMO, GIANNI, Oltre l'interpretazione. Il significato dell'ermeneutica per la filosofia (Rom/Bari 1994); dt.: Jenseits der Interpretation. Die Bedeutung der Hermeneutik für die Philosophie, übers. v. M. Kempter (Frankfurt a.M. u.a. 1997).

Vollkommen/Vollkommenheit
(griech. τέλειος, ἐντελής, τελειότης; lat. perfectus, perfectio; engl. perfect, perfection; frz. parfait, perfection; ital. perfetto, perfezione; span. perfecto, perfección; russ. совершенное, совершенство)

I. Einleitung; 1. Bedeutungsverlust; 2. Zur Wortgeschichte; 3. Vollkommenheit in der philosophischen Tradition – ein Überblick; 4. Die Wurzeln des Vollkommenheitsbegriffs: Platon, Aristoteles und das christliche Mittelalter; **II. Der Begriff der Vollkommenheit als Grundlage der Ästhetik? Das 18. Jahrhundert bis Kant;** 1. Frankreich; 2. Rationalistische Ästhetik in Deutschland; 3. England; 4. Deutschland zwischen Baumgarten und Kant (Sulzer, Mendelssohn, Winckelmann, Moritz); **III. Entwertung und Rettungsversuche: Kant und die deutsche Klassik;** 1. Kant; 2. Die deutsche Klassik; **IV. Verengung und Verdrängung des Begriffs: Romantik und deutscher Idealismus;** 1. Vollkommenheit ohne Zweckmäßigkeit: Die evaluative Begriffsverengung in der Romantik; 2. Vollendung ohne Vollkommenheit: Von der Romantik zu Schopenhauer und Hegel; **V. Nietzsche und die Ausläufer des Vollkommenheitsdiskurses im 20. Jahrhundert**

I. Einleitung

1. Bedeutungsverlust

Sich des Begriffs der ästhetischen Vollkommenheit zu vergewissern heißt, von Anfang an seinen Bedeutungsverlust zur Kenntnis zu nehmen. Denn der Begriff der Vollkommenheit ist in der gegenwärtigen Ästhetik explizit kaum, in Umdeutungen und im Übergangsbereich zur Ethik aber durchaus von Belang. Der massive Bedeutungsverlust geht, allgemein gesprochen, gewiß auf den ›Bruch‹ (Karl Löwith) im Denken zurück, der mit dem 19. Jh. machtvoll einsetzt und sich im 20. Jh. noch steigert. Das Denken am Leitfaden der Praxis (Karl Marx), der Existenz (Søren Kierkegaard), des Leibes (Arthur Schopenhauer, Friedrich Nietzsche) und schließlich der Sprache steht dem Begriff der Vollkommenheit fremd gegenüber. Das Vollkommene verwischt, was auf seine Entstehung, den Prozeß seines Werdens hinweisen könnte, es leugnet insofern die genetisch unvermeidlichen Momente von Unvollkommenheit, seine ›Endlichkeit‹, gibt sich den Anschein, als wäre es in seiner Vollkommenheit bereits ›zur Welt gekommen‹, leugnet damit auch die Berechtigung der historischen und existentialistischen, aber auch der fallibilistischen Perspektive, ja überhaupt den Pluralismus eines Perspektivismus, wie er spätestens mit Nietzsche wirksam geworden und unter postempiristischem wie postmodernem Vorzeichen reaktualisiert worden ist. Die Vorstellung von Vollkommenheit gehört zudem in den Umkreis des Fortschrittsglaubens des 18. Jh., sei es des Fortschritts der Gesellschaft oder des Menschen, eines Glaubens, der in der Theorie mit dem 19. Jh., in der gesellschaftlichen Praxis mit dem 20. Jh. zu Ende gegangen ist. Seither ist das Vollkommene ideologieverdächtig. Wer in seinem Namen spricht, zieht den Argwohn auf sich, ein unbelehrbarer Parteigänger des Totalitarismus, in welcher Form auch immer, etwa derjenigen einer ›schönen neuen Welt‹, zu sein. Statt dessen gelte es aber, sich die Frage zu stellen, wie man die Verwirklichung von Vollkommenheitsträumen *verhindern* könne – so Aldous Huxley 1932, wenn er *Brave New World* ein Nikolaj-Berdjaev-Zitat als Motto voranstellt: »Les utopies apparaissent comme bien plus réalisables qu'on ne le croyait autrefois. Et nous nous trouvons actuellement devant une question bien autrement angoissante: Comment éviter leur réalisation definitive?«[1] Der Bedeutungsverlust des Begriffs der Vollkommenheit für die Ästhetik liegt aber immanent auch darin begründet, daß er keinen originär und eigenständig ästhetischen Begriff vorstellt. Er steht vielmehr von Anfang an im semantisch konstitutiven Kontext der Ontologie. Sie prägt seine Geschichte in der Ästhetik, und mit ihrem Niedergang, der durch Kant unwiderruflich eingeleitet wird, beginnt auch der des Begriffs der Vollkommenheit.

Gleichwohl ist der Bedeutungsverlust nicht vollständig. Die Historisierung und Fragmentarisierung des Kunstwerks, die das 19. Jh., angestoßen durch die Romantik, durchgeführt hat, entwertet den Begriff der Vollkommenheit ästhetisch nur nach seiner ontologischen Seite, eröffnet aber eine Karriere der paradoxalen Umdeutung, die das Vollkommene qua Vollendetes im Unvollendeten, im Fragment und Aphorismus sucht. Diese Bedeutung bleibt auch im 20. Jh., unterstützt durch Walter Benjamin und Theodor W. Adorno, von Relevanz. Auch erlangt der Begriff der Vollkommenheit im Rahmen postmoderner Rehabilitierungsversuche einer ästhetischen Ethik wieder Prominenz. Der ethische Bedeutungsstrang des Begriffs, der seit Aristoteles thematisch ist, zeigt sich demgemäß ebenso in der Lage, die fundamentale Ontologiekritik des ausgehenden 18. Jh. zu überdauern. Im engeren ästhetischen Kontext erfreut sich der Vollkommenheitsbegriff allerdings nur selten einer Reaktualisierung. Selbst seine romantisch-paradoxale Umwertung wirkt am Ende des 20. Jh. zu hochtrabend, ›sophisticated‹, zu sehr der Metaphysik des Unendlichen vertrauend.

Vielleicht darf man Woody Allens Film *Bullets over Broadway* (1994) als exemplarisches Zeugnis für das zwiespältige, allenfalls ironisch akzeptable Verhältnis des ausgehenden 20. Jh. zur ästhetischen Vollkommenheit ansehen. Es geht darin um einen jungen Autor, der sein Stück am Broadway der 1920er Jahre nur aufführen kann, wenn er gewisse Kompromisse eingeht, wenn er vor allem eine bestimmte Rolle durch die Braut eines Gangsterbosses besetzt, die, eigentlich ein Revuegirl, sich in den Kopf gesetzt hat, eine große Schauspielerin zu sein. Da der Boss eifersüchtig ist, beauftragt er einen seiner Bodyguards, ihr nicht von der Seite zu weichen. Der sitzt dann in den Proben gelangweilt herum, schmökert in Zeitschriften und löst Kreuzworträtsel. Irgendwann beginnt er, Kommentare zum Stück fallen zu lassen, trifft sich mit dem jungen Autor, macht Textvorschläge und nimmt schließlich die Umarbeitung ganz in die Hand. Denn er ist der Mann von der Straße, er spricht die schnörkellose, einfache Sprache, die jeder versteht, während der junge Autor sich an August Strindberg und Anton Čechov orientiert. Je mehr der Killer sich aber als Ghostwriter engagiert, desto mehr erbost er sich über die mangelhafte Umsetzung auf der Bühne. »Es [das Stück – d. Verf.] könnte perfekt sein«[2], wütet er über die unsägliche schauspielerische Leistung der Geliebten seines Bosses, das alles zunichte macht. Die Logik eines

---

1 ALDOUS HUXLEY, Brave New World. A Novel (1932; London 1950), [nicht pag.].
2 WOODY ALLEN, Bullets over Broadway. Eine Komödie. Drehbuch übers. v. J. Neu (Zürich 1995), 136.

Killers läßt daraufhin nur einen Schluß zu: Die Frau muß beiseite geschafft werden. Also erschießt er sie kurzerhand. Er weiß, daß er das mit seinem eigenen Leben bezahlen muß, aber ›sein‹ Stück ist ihm das wert. Die Moral von der Geschicht' ist, daß, wer Vollkommenheit in der Kunst will, bereit sein muß, dafür über Leichen zu gehen. Er oder sie muß bereit sein, dafür zu töten oder selber in den Tod zu gehen. Man darf jedenfalls keine Kompromisse machen und nichts Unvollkommenes präsentieren. Das mag im Alltag und in der Politik angehen, keinesfalls aber in der Kunst (oder in der wahrheitsverpflichteten Wissenschaft). Der Killer erweist sich so als der eigentliche Künstler, und der Künstler muß, im Umkehrschluß, ein Killer sein, wenn die Kunst in ihrer Vollkommenheit es erfordert. Einen Konflikt zwischen Kunst und Moral gibt es für einen Künstler oder eine Künstlerin nicht. Es ist dieser prinzipienfeste Rigorismus, der nicht zuletzt durch die Philosophie des 20. Jh. unterhöhlt worden ist. Wo aber relativierende und kontextualisierende Abwägungen schwerer wiegen als unumstößliche Prinzipien, muß nicht nur generell der ›Abschied vom Prinzipiellen‹ (Odo Marquard) vollzogen werden, sondern speziell auch der vom Prinzip der ästhetischen Vollkommenheit, das, imperativisch formuliert, besagt: ›Wenn du ein Kunstwerk schaffst, dann so, daß es vollkommen ist!‹

Josef Früchtl

2. Zur Wortgeschichte

Der Ausdruck ›vollkommen‹ ist ursprünglich eine Partizipbildung, die etymologisch auf das mittelhochdeutsche Verb ›volkomen‹ für ›vollständig kommen‹, ›zum Ziel kommen‹, ›vollendet werden‹ zurückgeht. Im älteren Deutsch konnte ›vollkommen‹ noch gleichbedeutend mit ›vollendet‹ verwendet werden.[3] In der modernen deutschen Umgangssprache ist diese Bedeutung verblaßt. Hier bedeutet das Adjektiv ›vollkommen‹ zum einen soviel wie ›makellos‹, ›unübertrefflich‹. (Als Synonym wird hier auch das lateinische Lehnwort ›perfekt‹ verwendet.) Zum anderen bedeutet ›vollkommen‹ auch soviel wie ›vollständig‹; diese Bedeutung tritt ausschließlich in attributiver Verwendung auf, oft auch als adverbiale Bestimmung (z. B. ›Die Party war ein vollkommener Mißerfolg‹). Das Substantiv ›Vollkommenheit‹ hat ausschließlich die zuerst genannte Bedeutung von ›Makellosigkeit‹, ›Unübertrefflichkeit‹.

Die entsprechenden Termini in den anderen europäischen Sprachen decken sich nur zum Teil mit der Bedeutung des deutschen ›vollkommen‹, ›Vollkommenheit‹. Die griechischen Adjektive τέλειος und ἐντελής verweisen etymologisch auf τέλος, ›Ziel, Ende‹; damit rückt die Bedeutung ›vollendet‹ sprachlich in den Vordergrund. Davon abgesehen bedeuten aber auch sie soviel wie ›makellos‹ und ›vollständig‹, ›ganz‹. Die griechischen Ausdrücke entsprechen damit in ihrem Bedeutungsspektrum recht genau den Wörtern ›vollkommen‹ und ›Vollkommenheit‹ im älteren Deutsch.

Die lateinischen Ausdrücke ›perfectus‹, ›perfectio‹ usw. sowie ihre Entsprechungen in den romanischen Sprachen und im Englischen gehen als Partizipialbildungen auf ›perficio‹, ›vollenden‹, ›verfertigen‹ zurück.[4] Sie haben die Bedeutung von ›vollendet‹ und von ›makellos‹. Dagegen wird der Begriff der Vollständigkeit nicht durch ›perfectus‹ und seine Entsprechungen, sondern z. B. durch ›completus‹ und abgeleitete Formen ausgedrückt, z. B. ›It was a perfect party‹, aber: ›The party was a complete failure‹.

3. Vollkommenheit in der philosophischen Tradition – ein Überblick

Auch in philosophischen Kontexten wird der Ausdruck ›vollkommen‹ oft in einem ganz anspruchslosen Sinn als Synonym für ›völlig‹ verwendet. Ebenso häufig begegnet die rein evaluative Verwendung, an deren Stelle ohne Sinnverlust andere positiv wertende Ausdrücke eintreten können. Wenn im folgenden vom Begriff der Vollkommenheit die Rede ist, ist jedoch, sofern nicht anders vermerkt, ein stärkerer und ›dichter‹ Begriff ge-

---

3 Vgl. ›vollkommen‹, in: GRIMM, Bd. 12/2 (1951), 680–689.
4 Vgl. ›perfect‹, in: OED, Bd. 11 (1989), 535; ›perfection‹, in: P. Imbs (Hg.), Trésor de la langue française, Bd. 13 (Paris 1988), 76; ›perfetto‹, in: M. Cortelazzo/P. Zolli, Dizionario etimologico della lingua italiana, Bd. 4 (Bologna 1985), 907.

meint, der eine evaluative und eine deskriptive Komponente in sich verbindet. Zusammenfassend läßt sich feststellen: Dem aus der Antike und dem Mittelalter tradierten Verständnis zufolge ist eine vollkommene Entität in deskriptiver Hinsicht durch (a) Ganzheit bzw. Vollständigkeit gekennzeichnet, wobei diese Ganzheit (b) meist darauf zurückgeführt wird, daß alle Teile auf einen gemeinsamen Zweck ausgerichtet sind; (c) sofern die Entität eine Entwicklung durchlaufen hat, ist außerdem das Attribut der Vollendung zuzusprechen.

Eine terminologische Besonderheit, die durch Aristoteles begründet, von Gottfried Wilhelm Leibniz aufgegriffen und später noch einmal von Nietzsche stark gemacht wird, ist die Identifikation von Vollkommenheit und Tätigkeit (ἐντελέχεια, entelecheia). (d) Was die evaluative Komponente des Begriffs betrifft, so konnte die Vollkommenheit einer Entität entweder immanent, im Sinne einer real zu verwirklichenden positiven Eigenschaft verstanden werden oder transzendent, im Sinne eines zu erstrebenden, aber nicht oder zumindest nicht im Diesseits zu erreichenden Ideals.

Es ist der dichte Begriff der Vollkommenheit, der über Jahrhunderte hin, von der Antike bis weit ins 18. Jh. hinein, als ontologischer Fundamentalbegriff reüssiert. ›Vollkommenheit‹ ist insofern kein genuin ästhetischer Terminus. Doch strahlt das ›Denken in Kategorien der Vollkommenheit‹ schon früh in die Ethik und die Erkenntnistheorie aus und spielt auch dort lange eine beherrschende Rolle. Was die Ästhetik betrifft, so gilt es seit der Antike schon fast als philosophische Selbstverständlichkeit, daß Schönheit und Vollkommenheit in enger Beziehung zueinander stehen; indem erstere sich in der einen oder anderen Weise aus letzterer herleiten läßt – aus der des Gegenstands oder (seit Alexander Gottlieb Baumgarten) des betrachtenden Subjekts. Erst im ausgehenden 18. Jh., wesentlich beeinflußt durch David Hume und Immanuel Kant, wandelt sich das Bild, dann allerdings um so rascher und radikaler. Der Grund für den raschen Niedergang des ›Denkens in Kategorien der Vollkommenheit‹ liegt erstens in der Dichte des Begriffs selbst, in der ihn kennzeichnenden en-

gen Verbindung von deskriptiven und evaluativen Komponenten also. In dem Augenblick, in dem zwischen der deskriptiv-theoretischen und der normativ-evaluativen Sphäre unterschieden wird, muß ein Begriff, der beides miteinander verschmilzt, ins theoretische Abseits geraten. Zweitens wird der Begriff der Vollkommenheit durch den der Vollendung verdrängt, wo immer sich im beginnenden 19. Jh. der Blick auf die geschichtliche Dimension der Kunst richtet – wobei Vollendungsprozesse nach dem sich nun durchsetzenden Verständnis nicht mehr in einen Zustand der Vollkommenheit im traditionellen Sinne münden. Drittens schließlich ist auch die Aufwertung des Fragmentarischen in der Romantik, das nun ebenfalls als vollkommener Ausdruck eines Gestaltungswillens verstanden wird, bedeutungsgeschichtlich wichtig: Wo der Ausdruck ›Vollkommenheit‹ weiter verwendet wird, wird er fast immer auf seine evaluative Bedeutung verengt und hierdurch systematisch unfruchtbar. Die bei Nietzsche zu beobachtende Tendenz, Vollkommenheit erneut im Sinne von entelecheia als Tätigkeit zu verstehen und dem Begriff dadurch seine systematische Stellung zu sichern, setzt sich nicht durch.

4. Die Wurzeln des Vollkommenheitsbegriffs: Platon, Aristoteles und das christliche Mittelalter

Die Quellen für das Verständnis des Vollkommenheitsbegriffs liegen bei Platon, Aristoteles sowie in der christlichen Theologie und Moralphilosophie. Die späteren Debatten betreffen die systematische Rolle, die der Begriff in verschiedenen Kontexten spielt, und damit auch sein Verhältnis zu anderen Begriffen, wie etwa dem der Schönheit. Sie treffen jedoch nicht die Kernbedeutungen des Terminus, die durch die genannten Traditionen festgelegt werden.

Platon verwendet den Ausdruck τέλειος, ohne ihn zum selbständigen Gegenstand einer begriffsanalytischen Überlegung zu machen, im Sinne von Ganzheit und Integrität. Im *Philebos* findet sich eher beiläufig eine Identifikation des vollständig ›Guten‹ (ἀγαθόν) und ›Erstrebenswerten‹ (αἱρετόν) mit dem ›Vollkommenen‹ (τέλεον)[5]. Im *Timaios*, wo Platon seine Schöpfungslehre entfaltet, erscheint Vollkommenheit als ein Attribut der ge-

---

5 Vgl. PLATON, Phil., 61a.

schaffenen Welt: Ein in jeder Hinsicht vollkommenes, körperliches Ding ist, wie er ausführt, ein allumfassendes, in sich geschlossenes und wohlproportioniertes, geordnetes Ganzes, das keine Veränderung erleidet und nichts Seiendes außer sich hat. Platon zufolge wird dieses Kriterium nur durch die Welt als Ganze erfüllt.[6] Eine Welt mit den aufgezählten Eigenschaften, der also das Attribut der Vollkommenheit zukommt, ist als solche Abbild des Ewigen, Ungewordenen, der Ideen. Denn auch diese sind unveränderlich und in gewissem Sinne in sich geschlossen. Anders gesagt: Die sinnliche Welt hat bestimmte Gestalteigenschaften, die zusammengenommen ihre Vollkommenheit ausmachen, und aufgrund dieser Eigenschaften ist sie Abbild der Ideen. Diese Äußerungen sind in den allgemeineren Kontext von Platons Schönheitstheorie zu stellen: Für Platon ist die Schönheit einer Sache daraus zu erklären, daß sie an der Idee der Schönheit teilhat. Vor diesem Hintergrund kann man feststellen, daß die Vollkommenheit der sinnlichen Welt im Sinne von Ganzheit der entscheidende Zug ist, durch welchen sie zunächst überhaupt befähigt ist, an Ideen teilzuhaben; das gilt insbesondere für die Teilhabe an der Idee des Schönen als einer der höchsten Ideen. Auch Ideen haben bestimmte ganzheitliche Züge. Auch sie erleiden z. B. keine Veränderung und sind in sich geschlossen, und die Idee der Schönheit ist wiederum die Idee dieser Züge oder Eigenschaften. Schönheit, Ganzheit und Vollkommenheit sind also interdependent. Was vollkommen und ein Ganzes ist, ist auch schön und umgekehrt: »denn nimmer möchte wohl etwas einem Unvollkommenen Ähnliches zu einem Schönen werden« (ἀτελεῖ γὰρ ἐοικὸς οὐδέν ποτ' ἂν γένοιτο καλόν)[7].

Der Zusammenhang von Schönheit und Idee des Schönen einerseits und Schönheit und Vollkommenheit im Sinne von Ganzheit andererseits bleibt, vermittelt über Platonismus und Neuplatonismus, auch für die ästhetischen Theorien des Mittelalters bestimmend. Der Ausdruck ›perfectio‹ wird, sofern er im ästhetischen Kontext auftritt, vorwiegend im Sinne von Ganzheit und Vollständigkeit verwendet. Dies gilt auch noch für die unter dem Einfluß des Neoaristotelismus stehenden ästhetischen Theorien seit Albertus Magnus, in denen zwischen dem Schönen und dem Guten als verschiedenen Aspekten einer Sache unterschieden wird.[8] Thomas von Aquin zufolge ist »integritas sive perfectio« (Ganzheit oder Vollkommenheit), neben »claritas« (Klarheit) und »proportio sive consonantia«[9] (Ordnung), eines der drei Kriterien, die ein schönes Ding erfüllen muß. Im Hinblick auf die Kunst kommt für Thomas dann allerdings noch die Forderung nach Zweckmäßigkeit und damit einer andersgelagerten Vollkommenheit hinzu: Kunstwerke müssen auch den Zweck erfüllen, um dessentwillen sie hergestellt wurden.[10]

Schon bei Aristoteles, dem ersten, der den Begriff der Vollkommenheit systematisch analysiert, erweitert sich das Verständnis gegenüber der platonischen Tradition. Seine Ausführungen sind, neben den Erweiterungen, die das Mittelalter vornimmt, grundlegend für die spätere Verwendungsgeschichte des Begriffs; direkt oder indirekt nehmen alle Autoren, die über Vollkommenheit schreiben, sowohl innerhalb wie auch außerhalb der engeren Grenzen der Ästhetik, auf ihn Bezug. Aristoteles' Analyse von τέλειος findet sich im Rahmen der terminologischen Abhandlung, die als Buch 4 in der *Metaphysik* Eingang gefunden hat. Ausgehend vom Sprachgebrauch seiner Zeit unterscheidet er drei Grundbedeutungen: (a) »Vollendet nennt man einmal das, außerhalb dessen sich auch nicht ein einziger Teil finden läßt« (τέλειον λέγεται ἓν μὲν οὗ μὴ ἔστιν ἔξω τι λαβεῖν μηδὲ ἓν μόριον)[11]; dies entspricht in etwa dem deutschen ›Ganzheit‹, ›Vollständigkeit‹ und damit dem oben bereits dargestellten platonischen Begriffsverständnis. (b) Vollkommen ist außerdem, »was der Tüch-

---

6 Vgl. PLATON, Tim., 31a.
7 Ebd., 30c; dt.: Platon, Sämtliche Werke, übers. v. F. Schleiermacher u. H. Müller, hg. v. W. F. Otto, E. Grassi u. G. Plamböck, Bd. 5 (Hamburg 1959), 155.
8 Vgl. ALBERTUS MAGNUS, Super Dionysium de divinibus nominibus; in: Albertus Magnus, Opera omnia, hg. v. Albertus-Magnus-Institut Bonn, Bd. 37/1 (Münster 1972), 180–196.
9 THOMAS VON AQUIN, Summa theologica 1, q. 39, a. 8.
10 Vgl. ebd., 1, q. 91, a. 3.
11 ARISTOTELES, Metaph. 4, 16, 1021b12–13; dt.: Metaphysik, griech.-dt., übers. v. H. Bonitz, hg. v. H. Seidel, Bd. 1 (Hamburg 1978), 227; vgl. ARISTOTELES, Phys. 3, 6, 207a13.

tigkeit nach und im Guten in seiner Gattung nicht übertroffen werden kann« (τὸ κατ' ἀρετὴν καὶ τὸ εὖ μὴ ἔχον ὑπερβολὴν πρὸς τὸ γένος)[12]. Wie im Kontext der *Nikomachischen Ethik* deutlich wird, verfügt ein Ding über Tüchtigkeit bzw. Tugend und damit über Vollkommenheit, wenn es imstande ist, sein ἔργον zu verrichten.[13] Die Übersetzungen dieses Ausdrucks schwanken zwischen ›Zweck‹, ›eigentümliche Tätigkeit‹, ›Leistung‹, ›Werk‹, ›Verrichtung‹. Die Bestimmung der Vollkommenheit als einer Sache, die in vorzüglicher Weise ihr ἔργον verrichtet, wird sich als äußerst wirkmächtig erweisen, indem Vollkommenheit bis weit ins 18. Jh. hinein mit Zweckmäßigkeit in Verbindung gebracht wird. Daß die Vollkommenheit insbesondere des Menschen auf seine Fähigkeit, Zwecke zu erfüllen, zurückgeführt wird, hat daneben auch Auswirkungen auf die Konstitutionsgeschichte der Ästhetik als einer philosophischen Disziplin. Auch die menschliche Tugend, und damit die menschliche Vollkommenheit, besteht Aristoteles zufolge in der möglichst vollkommenen Verrichtung des artspezifischen ἔργον. Nicht nur können alle für Menschen typischen Tätigkeiten jeweils für sich genommen mehr oder weniger vollkommen ausgeführt werden, sondern Aristoteles nimmt auch eine bestimmte Hierarchie unter ihnen an. Die intellektuelle Tätigkeit nimmt den obersten Rang ein, weil der Mensch sie mit den Göttern gemeinsam hat. In der besonderen Wertschätzung der intellektuellen Vollkommenheit, die Aristoteles mit seinen Vorgängern, allen voran Platon teilt, liegt ein wesentlicher Grund dafür, daß die mögliche Vervollkommnung der ›unteren‹ Kräfte vernachlässigt und damit die Ästhetik als philosophische Disziplin erst spät begründet wird. (c) »Ferner heißt das vollendet, was einen guten Zweck (Ziel, Ende) hat« (οἷς ὑπάρχει τὸ τέλος σπουδαῖον, ταῦτα λέγεται τέλεια)[14]. Wenn ein Ding die τέλος im Sinne von vollendet bezeichnet wird, so schließt dies nach der Aristotelischen Bestimmung bereits ein, daß es auch τέλειος in dem Sinne ist, daß es ›sein ἔργον verrichtet‹. Diese Bestimmung wird allerdings erweitert um eine entwicklungstheoretische Dimension: Vollendet können trivialerweise nur solche Dinge sein, die eine Veränderung durchlaufen. Solange sie noch in der Entwicklung begriffen sind, haben sie nach Aristotelischem Verständnis ihr Ziel außer sich; erst danach tragen sie es in sich.[15] Wenn spätere Denker, wie z. B. Kant, Vollkommenheit im Sinne von absoluter, innerer Zweckmäßigkeit verstehen, dann knüpfen sie an diese Unterscheidung an. Daß Vollendungsprozesse in einen Zustand der Vollkommenheit und damit der Zweckmäßigkeit münden, wird erst im 19. Jh., und hier besonders nachhaltig von Schopenhauer, bestritten werden.

Ein Spezialfall, der schon aufgrund der sprachlichen Nähe zu τέλειος zumindest erwähnt werden sollte, stellt der von Aristoteles geprägte Ausdruck ἐντελέχεια dar. Es ist umstritten, ob die Bildung auf ἐντελής + ἔχειν (das Vollendete haben) oder auf ἐν + τέλος + ἔχειν (das Ziel in sich haben) zurückgeht. In der Aristotelischen Ontologie ist der Begriff der Entelechie gemeinsam mit dem der ἐνέργεια (Tätigkeit, Verwirklichung, Wirksamkeit) dem der δύναμις (Vermögen, Fähigkeit, Kraft) entgegengesetzt. Ἐντελέχεια und ἐνέργεια werden durch dieselben Beispiele eingeführt, so daß sie zumindest extensional gleichbedeutend sind. Entsprechend der umstrittenen Etymologie ist auch die genaue Bedeutung des Terminus unklar, die zwischen ›Vollendung‹ im Sinne eines Zustands, des ›Am-Ende-angelangt-Seins‹, und ›Aktivität, die ihr Ziel in sich trägt‹ schwankt.

Bei Aristoteles finden sich eher schwache Bezüge zwischen dem Begriff der Vollkommenheit und ästhetischen Themen. Das Schöne ist, wie Aristoteles in der *Metaphysik* ausführt, durch »Ordnung« (τάξις), »Ebenmaß« (συμμετρία) und »Bestimmtheit« (τὸ ὡρισμένον)[16] ausgezeichnet. Die Vollkommenheit des Gegenstands findet hier keine Erwähnung. In der Kunsttheorie steht bekanntlich der Mimesis-Begriff im Vordergrund; der Terminus ›Vollkommenheit‹ taucht allerdings im Kontext der Tragödiendefinition auf: »Vorausgesetzt ist, daß die Tragödie die Nachahmung einer vollständigen und ganzen Handlung ist, und zwar von einer bestimmten Länge« (κεῖται δὴ ἡμῖν τὴν τραγῳδίαν τελείας καὶ ὅλης πράξεως εἶναι μίμησιν,

---

12 ARISTOTELES, Metaph. 4, 16, 1021b14–15; dt. 229.
13 Vgl. ARISTOTELES, Eth. Nic. 1, 6, 1097b25–1098a21.
14 ARISTOTELES, Metaph. 4, 16, 1021b23–24; dt. 229.
15 Vgl. ebd., 9, 6, 1048b14–17.
16 Ebd., 13, 3, 1078b1; dt. Bd. 2 (Hamburg 1980), 289.

ἐχούσης τι μέγεθος)¹⁷. Entscheidend ist auch hier offenbar wiederum die erste der von Aristoteles unterschiedenen Bedeutungen des Begriffs, d. h. Ganzheit bzw. Vollständigkeit; dies entspricht den ästhetischen Vorstellungen des Platonismus. Was die deskriptive Komponente des Vollkommenheitsbegriffs betrifft, gibt es nach Aristoteles keine wesentlichen Neuerungen. Etwas anderes gilt für seinen evaluativen Gehalt. Für Aristoteles und die in seiner Tradition stehenden Denker ist Vollkommenheit eine immanent zu verwirklichende, positive Eigenschaft, die gelegentlich an Organismen oder menschlichen Charakteren zu beobachten ist. Demgegenüber macht sich das christliche Mittelalter, bei gleichbleibendem Verständnis der deskriptiven Komponente, für die Vorstellung stark, daß Vollkommenheit im Sinne eines transzendenten Ideals zu verstehen ist, das angestrebt, aber nicht erreicht werden kann. Entscheidend hierfür ist die Bestimmung Gottes als eines ›ens perfectissimum‹. Dieser Gottesbegriff wird von Anselm von Canterbury begründet¹⁸ und gehört zum festen Bestand der mittelalterlichen Scholastik. Die Attribute göttlicher Vollkommenheit umfassen Allmacht, Allgüte und Allweisheit. Als grundlegend hierfür kann die zweite der von Aristoteles unterschiedenen Bedeutungen des Ausdrucks τέλειος angesehen werden: Vollkommenheit im Sinne von Makellosigkeit, Unübertrefflichkeit, wobei die Referenz nun weiter gefaßt wird. War das Attribut der Vollkommenheit bei Aristoteles jeweils auf Dinge einer bestimmten Art, mit einem jeweils bestimmten Guten bezogen, so wird diese Einschränkung nun zugunsten des Begriffs des vollkommen Seienden schlechthin aufgegeben. Der Begriff der Vollkommenheit fällt so zusammen mit dem Begriff des absolut Guten. Die Vorstellung eines ›ens perfectissimum‹ ist damit auch offen für Elemente des Platonismus, denn als absolut und schlechthin gut gilt in der platonischen Tradition die Sphäre des Geistes und hier insbesondere die Idee des Guten als die höchste aller Ideen. Während Gott den normativen Vorstellungen entspricht, die für Seiendes überhaupt gelten, sind die geschaffenen Dinge allenfalls vollkommen gemessen an den Normen, die für Dinge ihrer Art gelten. Gott ist erste und oberste Ursache für das Sein und die Vollkommenheit der geschaffenen Dinge,

die sich ihm gegenüber als Beschränkungen, als bloße Teilvollkommenheiten darstellen.¹⁹ Die Gleichsetzung von Gott und vollkommen Seienden wird auch in der Neuzeit beibehalten. Revisionen finden sich allerdings bei der Bestimmung des Verhältnisses zwischen Gott als dem vollkommen und in höchstem Grade Seienden und der Natur. Dieses Verhältnis wird von einigen Autoren nicht mehr als das zwischen Schöpfer und (äußerem) Werk verstanden, sondern zwischen einem inneren schöpferischen Prinzip und seiner Erscheinung (Giordano Bruno) oder zwischen einer Substanz und ihren Attributen (Baruch de Spinoza).

Gott ist nicht nur das vollkommenste Wesen in der ontologischen Ordnung der Dinge, sondern auch moralisches Leitbild. Dementsprechend wird seit dem Frühmittelalter auch die Idee der moralischen Vollkommenheit in ein neues, stärker pflichtenethisch geprägtes Koordinatensystem eingebunden. Die Kommentatoren berufen sich u. a. auf Mt. 19, 16–24, wo unterschieden wird zwischen dem Befolgen der Gebote, wodurch das ewige Leben erreicht wird, und einer darüber hinausgehenden Vollkommenheit, durch die man das Himmelreich gewinnt. Systematisch untermauert wird diese Unterscheidung durch die Denker der Hochscholastik, etwa durch Thomas von Aquin. Für die weitere Bedeutungsgeschichte ist sie vor allem deshalb bedeutsam, weil sie den Gläubigen lediglich auferlegt, die höchste Stufe der Vollkommenheit anzustreben, nicht aber sie zu erreichen. Moralische Vollkommenheit ist also nicht nur ein Ziel, auf das hin unsere Natur angelegt ist (soweit ist der Gedanke aristotelisch), sondern als solches auch ein Ideal, dem sich anzunähern geboten ist (dies ist die christliche Zutat). Die Idee der aktiven Selbstvervollkommnung ist seither ein Grundthema der abendländischen Ethik.²⁰ Sie findet sich bei Pico della Mirandola, Erasmus von Rotterdam und anderen in der Vorstellung vom Menschen als

---

17 ARISTOTELES, Poet. 7, 1450b23–25; dt.: Poetik, übers. v. O. Gigon (Stuttgart 1961), 33.
18 Vgl. ANSELM VON CANTERBURY, Monologion, lat.-dt., übers. u. hg. v. F. S. Schmitt (Stuttgart-Bad Cannstatt 1964), 120–123.
19 Vgl. THOMAS VON AQUIN (s. Anm. 9), I, q. 2, a. 3.
20 Vgl. CHRISTIAN GRAWE, ›Bestimmung des Menschen‹, in: RITTER, Bd. 1 (1971), 857.

Schöpfer seiner selbst, wie auch in der These von der unendlichen Perfektibilität der Menschheit, die Mitte des 18. Jh. in Frankreich aufkommt und von dort in den deutschen Idealismus und die Romantik ausstrahlt.

II. Der Begriff der Vollkommenheit als Grundlage der Ästhetik? Das 18. Jahrhundert bis Kant

Schon Schopenhauer diagnostiziert, daß im 18. Jh. der Begriff der Vollkommenheit »eine kurrente Münze« war, »die Angel, um welche sich fast alles Moralisiren und selbst Theologisiren drehte«[21]. Der Begriff wird etwa ab 1750 nicht mehr nur ontologisch und ethisch, sondern auch geschichtsphilosophisch, in der These von der ›unendlichen Perfektibilität des Menschen‹ fruchtbar gemacht. Für die Ästhetik bleibt diese spezielle Weiterentwicklung der Tradition zunächst noch unerheblich – dies ändert sich erst gegen Ende des Jahrhunderts. Das Denken in Kategorien der Vollkommenheit trägt auf ästhetischem Gebiet in anderer Weise neue Früchte: Die Beziehung zwischen Schönheit, ästhetischer Lust und Vollkommenheit bildet einen der Fixpunkte, um die die auflebende ästhetische Diskussion des 18. Jh. kreist. Selbst Autoren, die einen grundsätzlich anderen Ansatz vertreten, wie etwa Edmund Burke, kommen nicht umhin, die Beziehung zumindest zu erwägen. Um einen Weg durch das verwirrende Feld philosophischer Positionen zu bahnen, einige orientierende Bemerkungen vorab:

(a) Auf der einen Seite wird weiterhin ein Zusammenhang zwischen der Vollkommenheit eines wahrgenommenen Gegenstands und seiner Schönheit postuliert – im folgenden wird auf diese Option unter dem Titel ›gegenstandsbezogener Zusammenhang zwischen Schönheit und Vollkommenheit‹ Bezug genommen. Der Zusammenhang kann als kausale oder begrifflich-logische Beziehung konzipiert werden. Der ersten Option zufolge, die etwa von Francis Hutcheson oder Charles Batteux gewählt wird, verursacht ein Gegenstand durch seine Vollkommenheit bestimmte emotionale Reaktionen im Subjekt, die wiederum konstitutiv für die Beurteilung seiner Schönheit sind. Vor allem rationalistische Ästhetiker optieren jedoch für die zweite, weit stärkere begrifflich-logische Beziehung. Dieser Sicht zufolge ist die Vollkommenheit eines Gegenstandes der Inhalt der ästhetischen Lust und infolge dessen auch der Beurteilung seiner Schönheit.

(b) Von nicht wenigen Autoren wird der Geschmack sinngemäß als ein zur Vollkommenheit gebildetes sinnliches Erkenntnisvermögen bezeichnet, so etwa von Hume und Baumgarten. Indem zugleich Schönheit als ein durch den Geschmack kenntliches Phänomen gedeutet wird, wird darüber hinaus ein Zusammenhang zwischen der Vollkommenheit des wahrnehmenden Subjekts und der Schönheit des Gegenstands postuliert – im folgenden als ›subjektbezogener Zusammenhang zwischen Schönheit und Vollkommenheit‹ bezeichnet. Man kann feststellen, daß sich die Ästhetik als eine Lehre vom Geschmack herausbildet, indem sich die Aufmerksamkeit vom gegenstands- auf den subjektbezogenen Zusammenhang von Vollkommenheit und Schönheit verlagert bzw. dieser subjektbezogene Zusammenhang überhaupt erst in den Blick kommt. Auch hier lassen sich eine kausale und eine logisch-begriffliche Sicht unterscheiden. Nach der kausalen Ansicht, vertreten etwa von Batteux und Hutcheson, verursacht die subjektive Vollkommenheit, für die der ausgebildete Geschmack steht, die Lust am Schönen. Nach der logisch-begrifflichen Auffassung hingegen impliziert das ästhetische Wohlgefallen die subjektive Vollkommenheit, es hat diese Vollkommenheit zum Gegenstand; diese Position vertritt beispielsweise Leibniz, auch Kant steht ihr nahe.

(c) Andere Autoren stellen sowohl einen gegenstands- wie auch einen subjektbezogenen Zusammenhang zwischen Schönheit und Vollkommenheit fest. Schönheit hängt nach ihrer Auffassung sowohl mit der Vollkommenheit des Gegenstandes als auch mit der des Subjekts zusammen. So sind etwa für die rationalistische Ästhetik in der Nachfolge von Leibniz beide Vorstellungen eng miteinander verzahnt: Die Vollkommenheit des Gegen-

---

[21] ARTHUR SCHOPENHAUER, Die Welt als Wille und Vorstellung (1819), in: Schopenhauer, Werke in fünf Bänden, hg. v. L. Lütkehaus, Bd. 1 (Zürich 1988), 543.

II. Der Begriff der Vollkommenheit als Grundlage der Ästhetik? Das 18. Jahrhundert bis Kant

standes wird hier durch eine vollkommene Perzeption vollständig erkannt; und eine Perzeption ist gerade dadurch vollkommen, daß sie diese Vollkommenheit erkennt.

1. Frankreich

Noch bis zur Mitte des 18. Jh. steht die ästhetische Diskussion Frankreichs im Bann des cartesischen Dualismus von ›res extensa‹ und ›res cogitans‹: mal wird das Schöne den Sinnen, mal dem Intellekt zugeschlagen. Strittig ist außerdem, ob es objektive, kultur- und individuenübergreifende oder allenfalls relative Regeln dafür geben könne. Ab etwa 1750 wird dann vermehrt der Versuch unternommen, die Dichotomien zu überwinden, indem auf der Subjektseite die Vollkommenheit der Sinne oder des Herzens jener des Verstandes gleichgestellt wird (Batteux) oder auf der Gegenstandsseite die Vollkommenheit nur als eine Art der Schönheit betrachtet wird (Diderot).

In Batteux' einflußreicher Kunsttheorie erscheint der Begriff produktionsästhetisch auf der Gegenstands-, rezeptionsästhetisch auf der Subjektseite. Der Künstler greift, so Batteux, aus den Entwürfen und Ausdrücken der Natur seine Vorbilder heraus, um dann ein vollkommeneres Nachbild zu schaffen.[22] Die Vollkommenheit eines Kunstwerks besteht in der »varieté« und »excellence« seiner Teile, die harmonisch zu einem einheitlichen Ganzen zusammengefügt werden, woraus »symmetrie« und »proportion«[23] entspringen. Was die Seite des rezipierenden Subjekts betrifft, so unterscheidet Batteux zwischen der Vollkommenheit des Verstandes und des Herzens – zu beiden trägt die Kunst bei. Hier ist unter Vollkommenheit soviel wie (intellektuelle und somatische) Funktionsfähigkeit zu verstehen.[24] Was die Vollkommenheit des Verstandes angeht, konstatiert Batteux einen kausalen Zusammenhang mit der Vollkommenheit des Gegenstandes. Die Vollkommenheit des Kunstwerks übt den Verstand des betrachtenden Subjekts, es fördert ihn in seiner Tätigkeit und vervollkommnet ihn dadurch. Außerdem macht diese Übung und die daraus folgende Selbstvervollkommnung uns Vergnügen. Es handelt sich hier jedoch um ein Gefallen an der vollkommenen Gestalt ohne innere Anteilnahme.[25]

Nicht durch strukturelle Merkmale, sondern durch seinen Inhalt macht Batteux zufolge die Kunst aber auch unser Herz vollkommener und schafft dadurch auch ihm Vergnügen.[26] Indem sie dies tut, ist sie nicht nur schön, sondern auch gut. Batteux versucht also, die von René Descartes überlieferte Dichotomie dadurch zu überwinden, daß er den Geschmack am Schönen mit der Fähigkeit identifiziert, sich sowohl durch den Verstand als auch durch das Herz vergnügen zu lassen, indem sich beide vervollkommnen.

Einen Kompromiß zwischen der klassizistisch-objektivistischen und der relativistischen (und der Tendenz nach anti-klassizistischen) Ästhetik versucht Diderot in seinen *Recherches philosophiques sur l'origine et la nature du beau* (1752) – zugleich sein Beitrag für das Lemma ›Beau‹ (1752) in der *Encyclopédie* – herbeizuführen. Die Definition des Schönen, daß es nämlich imstande sein müsse, die »idée de rapports« zu wecken, läßt zwar die Möglichkeit offen, daß darunter auch jene »rapports«[27] fallen, welche die Vollkommenheit kennzeichnen, doch bleiben prinzipiell auch andere Optionen offen. Der Begriff der ›perfection‹ wird von Diderot 1765 in seinem *Encyclopédie*-Artikel ganz im Sinne der Tradition als Übereinstimmung verschiedener Dinge, die alle einem Ziel oder einer Absicht dienen, definiert: »l'accord qui regne dans la varieté de plusieurs choses différentes, qui concourent toutes au même but«; die Vollkommenheit ist dabei um so größer, je genauer die Teile der Absicht bzw. den verschiedenen Absichten entsprechen: »Tout composé fait dans de certaines vûes est plus ou moins parfait, à proportion que ses parties s'assortissent exactement à ces vûes.« Für jede Vollkommenheit gebe es eine »raison générale«, die man auch als »raison déterminante de la perfection«[28] bezeichnen

---

22 Vgl. CHARLES BATTEUX, Les beaux-arts réduits à un même principe (1746; Paris 1753), 27.
23 Ebd., 56, 58.
24 Vgl. ebd., 39.
25 Vgl. ebd., 63 ff.
26 Vgl. ebd., 52 f.
27 DENIS DIDEROT, Recherches philosophiques sur l'origine et la nature du beau (1752), in: DIDEROT (ASSÉZAT), Bd. 10 (1876), 26.
28 DIDEROT, ›Perfection‹, in: DIDEROT (ENCYCLOPÉDIE), Bd. 12 (1765), 351.

könne: Diderot denkt hier offenbar an den rechtfertigenden Grund, den man jeweils dafür anführen kann, daß ein Ding vollkommen sein soll; der Sache nach liegt dieser Grund in nichts anderem als dem Zweck. So verweise man etwa, um die Vollkommenheit der Konstruktion eines Fernrohrs zu demonstrieren, auf den Zweck, entfernte Dinge zu erkennen («on démontre, dis-je, la *perfection* de chacune de ses parties, & conséquemment celle du tout, par leur rapport au but qu'on se propose d'apercevoir les objets éloignés«).

Gemäß dem aufklärerischen Selbstverständnis der *Encyclopédie* widmet Diderot sich in seinem Artikel ausführlich den Fehlern, die bei der Beurteilung der Vollkommenheit eines Dings auftreten können. So werde oft übersehen, daß ein Teil mehrere Zwecke haben kann und seine Vollkommenheit mithin eine »perfection composée« sei, die sich danach bemißt, wie gut es allen seinen Zwecken dient. Oder es werde fälschlicherweise nicht beachtet, daß ein Ding neben unmittelbaren auch mittelbare Zwecke haben kann und daß seine Vollkommenheit sich danach bemißt, ob es beiden Zwecken dient; in diesem Fall sei zwischen einer »perfection prochaine« und einer »perfection éloignée« zu unterscheiden, wobei letzterer laut Diderot der Primat zukommt. Diderot leitet daraus die Maxime ab, bei der Beurteilung der Vollkommenheit eines Dings stets das Ganze im Auge zu behalten: »C'est un principe capital pour écarter les jugemens faux & précipités sur la *perfection* des choses; il faut en embrasser toute l'économie pour raisonner pertinemment.« (352)

Bezüge zur Ästhetik finden sich hier nicht – wenn man von dem im Beispiel einer Säule auch angesprochenen Zweck des ›Zierens‹ absieht. Im *Salon* von 1767 scheint Diderot den Begriff des Schönen doch wieder auf den klassischen Vollkommenheitsbegriff zu verengen. Kunstwerke – hier besonders Abbildungen des menschlichen Körpers – sind danach Nachbildungen eines »modèle premier«[29], das der Künstler in seinem Geist geschaffen hat, indem er von den Unvollkommenheiten der wirklichen Menschen abstrahiert. Diese Unvollkommenheiten beruhen auf den Lebensbedingungen der Menschen, die dazu führen, daß je bestimmte Lebensfunktionen einseitig ausgebildet werden – auf Kosten anderer Funktionen. Das ›modèle premier‹ ist die Vorstellung eines Menschen, der alle seine natürlichen Zwecke zu erfüllen vermöchte. Diderots Ausführungen über das Idealmodell fügen sich zwanglos in seine Überlegungen zur Vollkommenheit ein: Denn das beschriebene Modell ist nichts anderes als die Vorstellung eines Menschen, der über eine ›perfection composée‹ verfügt, und die Kunst bildet diese Vorstellung nach.

2. Rationalistische Ästhetik in Deutschland

In Anknüpfung an die ältere Tradition unternimmt die rationalistische Ästhetik den Versuch, eine logisch-begriffliche Beziehung zwischen Schönheit und Geschmack einerseits und Vollkommenheit andererseits herzustellen. Diese Bemühungen setzen zu ihrem Verständnis die Konzeptionen von Leibniz und Christian Wolff voraus, für die der Begriff der Vollkommenheit eine herausragende Rolle auf praktisch allen philosophischen Gebieten spielt. Auf der durch Leibniz und Wolff geschaffenen Grundlage setzt in der Mitte des 18. Jh. eine außerordentlich breite und vielgestaltige ästhetische Diskussion ein, die darauf abzielt, die traditionelle Vorstellung von der Schönheit als anschaulich erkannter Vollkommenheit weiterzuentwickeln, zu präzisieren und nicht zuletzt auch zu relativieren. Gelegentlich wird die Anbindung der anschaulich erfahrenen Schönheit an die objektiv erkannte Vollkommenheit bereits so weit gelockert, daß die ursprüngliche Formel nur noch eine verbale Hülle ist, unter der sich Theorien verbergen, die ihr inhaltlich kaum noch entsprechen. Doch bewegen sich alle diese Beiträge zumindest insofern in dem von Leibniz und Wolff vorgegebenen Rahmen, als sie dessen Terminologie verwenden und stets explizit, in vielen Fällen auch implizit am epistemologischen und nicht zuletzt wertmäßigen Vorrang der rationalen Erkenntnis vor der sinnlichen Erfahrung festhalten.

Für Leibniz selbst ist die Welt als Ganzes in dem Sinne vollkommen, daß sie die beste aller möglichen Welten ist, gemäß dem sogenannten ›Voll-

---

29 DIDEROT, Salon de 1767, in: DIDEROT (ASSÉZAT), Bd. 11 (1876), 11f.

II. Der Begriff der Vollkommenheit als Grundlage der Ästhetik? Das 18. Jahrhundert bis Kant   377

kommenheitsprinzip«. Als »l'ordre de l'univers entier [qui] est le plus parfait qui se puisse«[30], spiegelt sie Gottes Eigenschaften im höchsten Grade wieder. Diese Welt ist außerdem nach Art einer Stufenleiter immer vollkommenerer Wesen bzw. Monaden geordnet, die von Pflanzen und Tieren über den Menschen bis hin zu Gott reicht. Das Wesen jeder Monade ist Tätigsein, und zwar genauer Perzipieren und Streben von Perzeption zu Perzeption. Unter direktem Rückgriff auf Aristoteles bezeichnet Leibniz die Monaden daher als »*Entelechies*«[31]. Der Grad ihrer Vollkommenheit bemißt sich nach dem Grad ihrer Tätigkeit. Bei Gott findet sich eine absolute Vollkommenheit (»Dieu est absolument parfait«), die von Leibniz definiert wird als »la grandeur de la réalité positive prise precisement, en mettant à part les limites ou bornes dans les choses qui en ont«[32]. Mit anderen Worten: Absolute Vollkommenheit bedeutet soviel wie unbeschränkte Tätigkeit; Einschränkungen der Tätigkeit sind zugleich Beschränkungen der Vollkommenheit eines Wesens.

Wichtig für die spätere ästhetische Diskussion ist, daß die Vollkommenheit eines Wesens für Leibniz eine Funktion seiner Erkenntnisfähigkeit ist. Die einfachsten und unvollkommensten Perzeptionen sind unbewußt oder dunkel, sie sind nicht merklich voneinander unterschieden und gleichen einer Betäubtheit; auf der nächsten Stufe finden wir die zwar bewußte, aber verworrene oder konfuse sinnliche Wahrnehmung, die allerdings bereits mit Erinnerung verbunden ist. Auf der dritten Stufe schließlich steht die distinkte oder deutliche Erkenntnis, die mit Selbstbewußtsein und Einsicht in abstrakte Wahrheiten verbunden ist. Sinnliche Wahrnehmungen und Emotionen sind bei Leibniz in der Hinsicht aufgewertet, daß sie als eine Form der Erkenntnis erscheinen; sie sind aber immer noch der Vernunfterkenntnis untergeordnet.

Die Schönheit eines Gegenstandes ist für Leibniz zum einen abhängig von seiner Vollkommenheit, zum anderen vom perzipierenden Subjekt. Der Zusammenhang zwischen den Begriffen der Schönheit und der Vollkommenheit wird durch den Begriff der Ordnung vermittelt: Die Vollkommenheit eines Dings besteht in der »Kraft zu wirken«, und je größer diese Kraft ist, um so »mehr zeiget sich dabei *Viel aus einem und in einem*, [...]. Nun die Einigkeit in der Vielheit ist nichts anders, als die Übereinstimmung, und weil eines zu diesem näher stimmet, als zu jenem, so fließet daraus die Ordnung, von welcher alle Schönheit herkommt«[33]. Der Bezug zum perzipierenden Subjekt wird durch die Lust geschaffen. Im Einklang mit seinen erkenntnistheoretischen Grundannahmen setzt Leibniz voraus, daß auch die Lust eine Form intentionaler, gegenstandsbezogener Erkenntnis ist; er ordnet sie kategorial dem Bereich der Empfindungen zu. Was wir empfinden, wenn wir Lust fühlen, ist eine »Vollkommenheit oder Vortrefflichkeit, es sey an uns oder an etwas anders; denn die Vollkommenheit auch fremder Dinge ist angenehm, als Verstand, Tapferkeit und sonderlich Schönheit eines andern Menschen, auch wohl eines Thieres, ja gar eines leblosen Geschöpfes, Gemäldes oder Kunstwerkes« (420). Die Lust an einem schönen Ding ist also nichts anderes als die undeutliche, verworrene Erkenntnis seiner geordneten Struktur, die ihrerseits aus seiner Vollkommenheit zu erklären ist. Letztere kann im Prinzip auch deutlich oder distinkt, durch den Verstand also, erkannt werden. In diesem Fall haben wir eine vollkommene Erkenntnis von der Vollkommenheit des Dings, im Fall der ästhetischen Lust hingegen eine bloß unvollkommene Erkenntnis von seiner Vollkommenheit – wir nehmen lediglich die Ordnung wahr, ohne daß uns das ordnende Prinzip bewußt wäre. Eine der Konsequenzen dieser Konzeption besteht darin, daß Gott zwar die Vollkommenheit, nicht aber die Schönheit seiner Schöpfung erfahren kann; er kann aber wissen, daß wir Menschen sie als schön erfahren.

Leibniz macht seine Ideen in erster Linie für die Ethik fruchtbar. Denn wir können die beschrie-

---

30 GOTTFRIED WILHELM LEIBNIZ, Principes de la nature et de la grâce, fondés en raison (1718), in: Leibniz, Die philosophischen Schriften, hg. v. C. I. Gerhardt, Bd. 6 (Berlin 1885), 603.
31 LEIBNIZ, Monadologie (1714), in: ebd., 609 (Nr. 18).
32 Ebd., 613 (Nr. 41); vgl. LEIBNIZ, Essais de théodicée sur la bonté de Dieu, la liberté de l'homme et l'original du mal (1710), in: ebd., 63 f.
33 LEIBNIZ, Von der Weisheit (ca. 1690–1700), in: Leibniz' deutsche Schriften, hg. v. G. E. Guhrauer, Bd. 1 (Berlin 1838), 422.

bene Lust nicht nur an anderen Dingen, sondern auch an uns selbst, am Zustand unserer eigenen Seele haben. Auch sie kann vollkommen sein – und damit auch schön, sofern wir ihre Vollkommenheit auf unvollkommene, sinnliche Weise erkennen. Die Lust an der Vollkommenheit der eigenen Seele nennt Leibniz Freude; sie ist die Freude, die der tugendhafte, seelisch geordnete und nach außen tätige Mensch an sich selbst hat und damit die Grundlage für seine Glückseligkeit. Letztlich hat diese ihren Grund also in einer Unvollkommenheit unseres Wesens.

War bei Leibniz die Einheit in der Vielheit eher eine Folge der Vollkommenheit, deren wesentliches Merkmal die Tätigkeit war, so rückt das genannte Merkmal bei Wolff erneut ins Zentrum seiner Begriffsdefinition: Vollkommenheit ist Zusammenstimmung des Mannigfaltigen oder die innere Unterschiedenheit in Einem (»consensus in varietate, seu plurium a se invicem differentium in uno«[34]); sie ist »Zusammenstimmung des Mannigfaltigen«[35], durch welche zugleich Ordnung entsteht. Für jedes vollkommene Ding läßt sich eine »ratio determinans perfectionis«[36] angeben, ein Bestimmungsgrund dafür, daß die mannigfaltigen Teile genau diese Anordnung haben. Auf dieser Grundlage unterscheidet Wolff zwischen einer »perfectio simplex« (einfachen Vollkommenheit) und einer »perfectio composita«[37] (zusammengesetzten Vollkommenheit): Erstere liegt vor, wenn die Anordnung des Mannigfaltigen nur einen Grund hat, letztere, wenn sie mehrere Gründe hat. Der Grad der Vollkommenheit eines Dings hängt von der Menge der übereinstimmenden Dinge ab (»*Magnitudo perfectionis* est multitudo convenientiarum determinationum entis cum regulis, per quas perfectio explicatur«[38]). Wolff erläutert den Begriff der Vollkommenheit an mehreren Beispielen, z. B. am Auge, an einer Uhr und am Lebenswandel eines Menschen.[39] In allen diesen Beispielen ist die ›ratio perfectionis‹ ein Zweck; die Vollkommenheit des Dings besteht somit in seiner Funktionalität.

Wie Leibniz, so definiert auch Wolff Schönheit in Abhängigkeit vom Begriff der Vollkommenheit einerseits und der Lust andererseits: Die Schönheit kann definiert werden als die Tauglichkeit eines Gegenstandes, in uns Lust zu produzieren, oder als die Beobachtbarkeit der Vollkommenheit (»Hinc definiri potest *Pulchritudo*, quod sit rei aptitudo producendi in nobis voluptatem, vel, quod sit observabilitas perfectionis«[40]). Die enge Beziehung zwischen ›wahrnehmbarer Vollkommenheit‹ und ›Lustvermittlung‹, die Wolff hier voraussetzt, wird transparent, wenn man sich vor Augen führt, daß Lust, wie schon für Leibniz, eine Weise ist, die Vollkommenheit zu erkennen – sie ist, so Wolff, »ein Anschauen der Vollkommenheit«[41].

Auch noch für Wolff sind intellektuelle, distinkte Erkenntnisse vollkommener als die sinnlichen, undeutlichen: »demnach erwachsen die Grade der Vollkommenheit aus dem Grade der Deutlichkeit; die Grade der Deutlichkeit aber entstehen aus der Anzahl derer Dinge, die deutlich vorgestellt werden, und insonderheit dessen, was in einem Dinge deutlich vorgestellt wird«[42]. Die ästhetische Erkenntnis wird dem Gegenstand nicht wirklich gerecht, und wir werden auch uns selbst dadurch nicht gerecht, weil wir unsere ›höheren‹ Vermögen brachliegen lassen. Es ist erstrebenswert, die Vollkommenheit des Gegenstandes deutlich zu erkennen (auch wenn uns seine Schönheit damit entgleitet), indem man z. B. die Regeln, nach denen er gebildet ist, erkennt und die Art und Weise, wie jeder Teil dem gemeinsamen Zweck dient.

Baumgarten definiert Vollkommenheit in enger Anlehnung an Wolff als Übereinstimmung des Mannigfaltigen: »In perfectione plura eidem rationi conformiter determinantur. Ergo est in perfectione ordo et communes perfectionis regulae.« (In der Vollkommenheit werden mehrere Dinge so bestimmt, daß sie mit ein und demselben Grund [ratio] übereinstimmen. Also ist in der Voll-

---

34 CHRISTIAN WOLFF, Philosophia prima sive ontologia (1730), in: WOLFF, Abt. 2, Bd. 3 (1962), 390 (§ 503).
35 WOLFF, Vernünfftige Gedancken von Gott, der Welt und der Seele des Menschen, auch allen Dingen überhaupt (Deutsche Metaphysik) (1720), in: WOLFF, Abt. 1, Bd. 2 (1983), 78 (§ 152).
36 WOLFF (s. Anm. 34), 394 (§ 505).
37 Ebd., 394 (§ 507).
38 Ebd., 405 (§ 519).
39 Vgl. WOLFF (s. Anm. 35), 78 f. (§ 152).
40 WOLFF, Psychologia empirica (1732), in: WOLFF, Abt. 2, Bd. 5 (1968), 421 (§ 545).
41 WOLFF (s. Anm. 35), 247 (§ 404).
42 Ebd., 512 (§ 826).

menheit Ordnung, und es sind in ihr gemeinsame Regeln der Vollkommenheit.)[43] Kurz: »Consensus ipse est *perfectio*.«[44] (Die Übereinstimmung selbst ist Vollkommenheit.) Ebenfalls in Anlehnung an Wolff unterscheidet Baumgarten weiter zwischen einfacher und zusammengesetzter Vollkommenheit[45] sowie zwischen zwei Arten der Unvollkommenheit, dem bloßen Mangel (privative Unvollkommenheit) und dem Widerspruch.[46]

Die entscheidende Revision, die Baumgartens herausragende Stellung in der Geschichte der Ästhetik begründet, findet auf erkenntnistheoretischer Ebene statt. Während für Wolff und Leibniz die Vervollkommnung der sinnlichen Erkenntnis (zu der Wahrnehmung und Emotionen zählen) nur darin bestehen kann, daß sie in eine intellektuelle Erkenntnis überführt wird, nimmt Baumgarten an, daß die sinnliche Erkenntnis auch als solche vollkommen sein kann. Auch Baumgarten sagt explizit, daß die intellektuelle Erkenntnis der sinnlichen, ob diese nun vollkommen ist oder nicht, übergeordnet bleibt. Doch unterläuft er diese These zugleich durch die Feststellung in der *Aesthetica*, daß das Ziel der menschlichen Bildung die Vervollkommnung sowohl des oberen als auch des unteren Erkenntnisvermögens sei: »Es wird nicht das verworrene Denken empfohlen, sondern es geht darum, die Erkenntnis überhaupt zu verbessern, soweit ihr notwendigerweise ein Rest verworrenen Denkens anhaftet.« (non commendatur confusio, sed cognitio emendatur, quatenus illi necessario admixtum est aliquid confusionis.)[47] Zweifellos bedeutet diese Forderung, obgleich sie noch vor dem Hintergrund der Leibniz-Wolffschen Schulphilosophie gestellt wird, eine Aufwertung der Sinnlichkeit und Emotionalität des Menschen. Die Kehrseite ist, daß nicht mehr jeder Mensch, sofern er nur überhaupt zu sinnlicher Wahrnehmung und Emotionen fähig ist, als berufener Richter in Sachen Schönheit auftreten kann, sondern nur derjenige, der seine Sinnlichkeit vervollkommnet hat. Der in Geschmacksdingen geübte Mensch entdeckt Schönheiten, die dem ungeübten Geist entgehen. Schönheit kann daher definiert werden als die durch den Geschmack wahrgenommene Vollkommenheit der Dinge: »Perfectio phaenomenon, s. gustui latius dicto obseruabilis, est *pulcritudo*«[48].

Baumgartens Neubestimmung hat Folgen auch für die Produktionsästhetik. Eine Konsequenz aus der überkommenen Gleichsetzung von Schönheit und undeutlich erkannter Vollkommenheit war, daß man von Dingen, die der deutlichen Erkenntnis vollkommen erscheinen, vor aller ästhetischen Erfahrung und ohne jeden eigenen Schönheitssinn wissen kann, daß sie der undeutlichen Erkenntnis schön erscheinen würden. Man kann daher auch objektive Kriterien für die Produktion schöner Gegenstände nennen, und diese Gegenstände könnten auch von jemandem hergestellt werden, der selbst keinen Sinn für ihre Schönheit hat (wie etwa Gott, dessen Erkenntnisse durchgängig deutlich sind), sofern er nur imstande ist, aus mannigfaltigen Teilen ein funktionales Ganzes herzustellen. Baumgartens Theorie widerstreitet dieser Auffassung. Es gibt Vollkommenheiten und Unvollkommenheiten, die als solche von der Ratio erkannt werden, die aber ästhetisch unerheblich sind; ein Beispiel für eine solche Unvollkommenheit ist eine begriffliche Vagheit in einem poetischen Text, den die Wissenschaftler stören würde, seiner ästhetischen Wahrheit jedoch keinen Abbruch tut.[49] Hieraus folgt für die Produktionsästhetik, daß das verstandesmäßige Wissen darum, welche Gegenstände vollkommen sind, für künstlerische Tätigkeiten unzureichend ist. Entscheidend ist auch hier der Geschmack.

Wie schon erwähnt, hält Baumgarten grundsätzlich an der traditionellen Überordnung des Intellekts über die Sinne fest. In seinen Ausführungen zur ästhetischen Wahrheit unterscheidet er jedoch genauer zwischen formaler und materialer Vollkommenheit einer Erkenntnis. Je »reicher« (uberior), je »bedeutender und angemessener« (maior et dignior), je »exakter« (exactior), je »klarer und deutlicher« (clarior et destinctior), je »zuver-

---

43 BAUMGARTEN, Metaphysica (1738; Halle/Magdeburg 1779), 28 (§ 95); dt. zit. nach Anm. d. Hg. in: BAUMGARTEN (DT), 210.
44 Ebd., 26 (§ 94).
45 Vgl. ebd., 27 (§ 96).
46 Vgl. ebd., 34f. (§ 121).
47 BAUMGARTEN (DT), 4 (§ 7); dt. 5.
48 BAUMGARTEN, Metaphysica (s. Anm. 43), 248 (§ 662).
49 Vgl. BAUMGARTEN (DT), 82ff.

lässiger und gediegener« (certior et solidior) und je »leuchtender« (ardentior) eine Perzeption ist, umso vollkommener ist sie in formaler Hinsicht. Je »mehr« (plura), je »bedeutendere und gewichtigere« (maiora ac graviora) Einzelheiten der Gegenstand enthält und je »stärker« (fortioribus) die Bezüge zwischen diesen Einzelheiten sind und je »besser« (maior)[50] sie zusammenpassen, um so vollkommener ist die Perzeption in materialer Hinsicht. Durch Steigerung einer Vorstellung zu größerer Deutlichkeit wird sie formal vollkommen; durch Steigerung im Sinne von Anreicherung und Hinzufügung weiterer Merkmale wird sie material vollkommen. Menschen erreichen formal vollkommene Erkenntnisse mit Hilfe ihres Intellekts und durch Abstraktion vom Einzelnen; damit ist aber zugleich eine Einbuße an materialer Vollkommenheit verbunden. Letztere enthält vor allem die individuellen Merkmale des Gegenstandes und ist konkret, sie ist im Falle des Menschen eher der entwickelten Sinnlichkeit zugänglich.[51] Perzeptionen, die zwar in formaler Hinsicht verhältnismäßig vollkommen sind, dafür aber die materiale Vollkommenheit vermissen lassen, sind typisch für die Wissenschaft; Perzeptionen, die sowohl material als auch formal einen gewissen Vollkommenheitsgrad erreichen (›ästhetikologische Wahrheiten‹)[52], sind typisch für den Bereich der ästhetischen Erkenntnis, wobei hier jedoch die formale Vollkommenheit geringer ist als bei wissenschaftlichen Erkenntnissen. Hier deutet sich vielleicht sogar eine Vorzugsstellung des Ästhetischen gegenüber den Wissenschaften an, indem letztere einseitiger und weniger ausgewogener erscheinen als die ästhetische Erkenntnis. Auf jeden Fall plädiert Baumgarten gegenüber dem traditionell hierarchischen Schema zumindest im Blick auf den Menschen für ein Modell, in dem die entwickelte Sinnlichkeit eine gleichberechtigte Ergänzung der Ratio darstellt.

---

50 Ebd., 138 (§ 556); dt. 139, 141.
51 Vgl. ebd., 140–151 (§§ 558–565).
52 Vgl. ebd., 144 (§ 561).
53 Ebd., 10 (§ 14); dt. 11.
54 MEIER, Bd. 1 (1754), 40.
55 Vgl. ebd., 39f., 49, 51f.

Hieraus bestimmt sich für Baumgarten auch die Aufgabenstellung der Ästhetik: »Das Ziel der Ästhetik ist die Vollkommenheit (Vervollkommnung) der sinnlichen Erkenntnis als solcher. Damit aber ist Schönheit gemeint. Entsprechend ist die Unvollkommenheit der sinnlichen Erkenntnis als solcher, gemeint ist die Häßlichkeit, zu meiden.« (Aesthetices finis est perfectio cognitionis sensitivae, qua talis, […] haec autem est pulchritudo, cavenda eiusdem, qua talis, imperfectio, haec autem est deformitas)[53]. Baumgartens Ästhetik ist eine Reflexion über den Prozeß der geschmacklichen Vervollkommnung sowie über dessen natürliche Grundlage im Menschen – sie rückt damit in den Kontext der verbreiteten aufklärerischen Vorstellung von der Perfektibilität des Menschen.

In Georg Friedrich Meiers *Anfangsgründen aller schönen Wissenschaften* (1748–1750) findet sich gegenüber Baumgarten nicht viel Neues; dies gilt auch für den Begriff der Vollkommenheit. Wichtig ist Meier vor allem aufgrund seiner (selbstgewählten) Rolle als Popularisierer und Wegbereiter für Baumgartens Theorie. Auch er definiert Vollkommenheit im Sinne von Zweckmäßigkeit – wobei er andeutet, daß in anderen als ästhetischen Kontexten dem vollkommenen Gegenstand auch ein anderes Einheitsprinzip zugrunde liegen kann: »Wenn viele Dinge den hinreichenden Grund von einem enthalten, so stimmen sie mit einander überein, und diese Uebereinstimmung nent man die Volkommenheit.« Man könne »in der Aesthetick ohne Irthum behaupten, daß dieser Brenpunct ein Zweck sey«[54].

Den Zusammenhang von Schönheit und Vollkommenheit setzt Meier als eine philosophische Trivialität voraus: »Daß die Schönheit überhaupt eine Vollkommenheit sey, ist so ferne sie undeutlich oder sinlich erkant wird, ist, unter allen gründlichen Kennern der Schönheit, heute zu Tage eine so ausgemachte Sache, daß es unnöthig zu seyn scheint, davon einen weitläufigten Beweis zu führen.« (38) Was den gegenstandsbezogenen Zusammenhang betrifft, so gilt für Meier: Je mehr und je verschiedenartigere Teile ein Ding aufweist, je vollkommener es also ist, umso größer ist auch seine Schönheit.[55] Diese Vollkommenheit müsse man sich aber »mit einem male und nur im Ganzen vor[stellen], ohne eins von den andern zu unterscheiden. Und durch diese Betrachtung kan man die Schönheiten von denjenigen Vollkommenheiten unterscheiden, welche die Gegenstände des Verstandes und der Vernunft sind.«[56] Auch Meier hebt hervor, daß ein Ding, das sich der deutlichen Erkenntnis als vollkommen darstellt, deshalb nicht schon automatisch in der undeutlichen Erkenntnis als schön erscheinen wird: »Nicht eine jede Volkommenheit ist eine Schönheit [...] und eben so wenig ist, eine jede Unvolkommenheit, eine Häslichkeit.« (67) So undeutlich die Erkenntnis ist, so muß sie doch als solche eine gewisse Vollkommenheit erreichen, damit sich uns die Schönheit eines Dings erschließt – dies war Baumgartens revolutionärer Gedanke, und ihn übernimmt Meier. Die Erkenntnis ist vollkommen, wenn sie die Bedingungen der Wahrheit[57], der Klarheit und hier genauer der Lebhaftigkeit (die auf einer erhöhten Anzahl von Vorstellungen beruht)[58] sowie der Lebendigkeit – die darauf beruht, daß die Anschauung unsere Lebensgeister erhitzt[59] – erfüllt. Alle Vollkommenheiten der Erkenntnis zusammengenommen ergeben einen »schönen Geist«[60]. Wenn Meier in diesem Zusammenhang von der »Proportion« (510) der Erkenntniskräfte spricht, die beim ästhetischen Kopf gegeben seien, so klingt hier schon vieles von dem an, was dann in Kants Ästhetik wiederaufgenommen wird – allerdings unter klarer Abgrenzung von der Vollkommenheitsästhetik.

3. England

Soweit sie den Zusammenhang zwischen Vollkommenheit und Schönheit betrifft, nimmt die Debatte in England ihren Ausgang bei Anthony Ashley Cooper, Earl of Shaftesbury. Vollkommenheit hat bei Shaftesbury zum einen die Bedeutung von Ordnung; was in unübertrefflicher Weise geordnet ist, ist zugleich vollkommen: »Whatsoever in the Order of the World can be call'd *ill*, must imply a possibility in the nature of the thing to have been better contriv'd or order'd. For if it cou'd not; it is perfect, and as it shou'd be.«[61] Ordnung wiederum verweist auf ein gemeinsames Ordnungsprinzip, wobei Shaftesbury es offenläßt, ob dasselbe ein Zweck ist: »whatever Things have *Order*, the same have *Unity of Design*, and concur *in one*; are Parts constituent of *one Whole*, or are, in themselves, *intire Systems*.«[62] Ein vollkommenes Wesen ist also eines, das auf der Grundlage eines seine Teile bestimmenden Prinzips geordnet ist. Ein solches Wesen gedeiht und erhält sich selbst, was wiederum zugleich dem »private Good and Interest of his own«[63] entspricht. Alle natürlichen Wesen streben nach Vollkommenheit und erreichen sie auch, wenn nichts sie hindert: »every *particular Nature* certainly and constantly produces what is good to it self; [...] even in these Plants we see round us, every *particular Nature* thrives, and attains its Perfection, if nothing from *without* obstructs it, nor any thing *foreign* has already impair'd or wounded it: And even in this case, it does its utmost still to redeem it-self.«[64] Entwicklungsprozesse laufen also zielgerichtet auf den Zustand der Vollkommenheit zu und sind deshalb zugleich Vollendungsprozesse.

Shaftesbury zufolge nehmen wir die Ordnung eines vollkommenen Dings unmittelbar durch einen Sinn wahr: »*Nothing* surely is more strongly imprinted on our Minds, or more closely interwoven with our Souls, than the Idea or Sense of *Order* and *Proportion*.« (284) Durch diesen Sinn erfassen wir die Vollkommenheit der Natur als Ganzes, von einzelnen natürlichen Dingen, besonders auch von menschlichen Charakteren. So ist der tugendhafte Mensch einer, der durch seine Neigungen und die daraus folgenden Handlungen sowohl zum Wohl der Menschheit wie auch zu seinem eigenen Gedeihen beiträgt. Wiederum erfassen wir den Zusammenklang von Einzelnem und Gesamtsystem in erster Linie gefühlsmäßig. Der natürliche »Sense of Right and Wrong«[65] ist nur eine spezifische An-

---

56 Ebd., 41f.
57 Vgl. ebd., 53f.
58 Vgl. ebd., 56.
59 Vgl. ebd., 59f.
60 Ebd., 506.
61 SHAFTESBURY, An Inquiry concerning Virtue or Merit (1699), in: Shaftesbury, Characteristicks of Men, Manners, Opinions, Times, Bd. 2 (1714; Farnborough 1968), 9.
62 SHAFTESBURY, The Moralists, a Philosophical Rhapsody (1709), in: ebd., 285.
63 SHAFTESBURY (s. Anm. 61), 15.
64 SHAFTESBURY (s. Anm. 62), 359f.
65 SHAFTESBURY (s. Anm. 61), 40.

wendung des ›sense of order‹, das ästhetische und das ethische Beurteilungsvermögen fallen zusammen in einem einzigen Sinn für das Gute und Schöne. Anders als der Rationalismus faßt Shaftesbury diesen Sinn nicht als eine unentwickelte Vorstufe des Intellekts auf, sondern als eigenständiges Vermögen neben dem Intellekt, das zur natürlichen Ausstattung des Menschen gehört und nicht erst nach Art des Geschmacks entwickelt werden muß.

Bei Hutcheson spielt der Ausdruck ›perfection‹ terminologisch keine besondere Rolle. Doch unter den von ihm favorisierten Formeln ›Uniformity amidst Variety‹ und ›Correspondence to Intention‹ tauchen die traditionellen Merkmale der Vollkommenheit auf. Wir erleben Dinge als absolut schön, die Einheit in der Mannigfaltigkeit aufweisen, und wir erleben sie als schön, weil sie diese Einheit aufweisen: »The Figures that excite in us the Ideas of Beauty, seem to be those in which there is *Uniformity amidst Variety*.«[66] Zur absoluten Schönheit kann ergänzend eine relative oder komparative Art der Schönheit hinzutreten, die daraus erwächst, daß ein Ding einer Autorintention entspricht: Hutcheson spricht von »Beauty arising from Correspondence to *Intention*«[67]. Die relative Schönheit ist typisch für Werke der Kunst, aber auch in der als Schöpfung begriffenen Natur finden wir beide Arten von Schönheit. Angesichts der Tatsache, daß sich Hutcheson explizit als Apologet Shaftesburys versteht, scheint es nicht verfehlt, ›Uniformity amidst Variety‹ und ›Correspondence to Intention‹ als Ausdruck des Vollkommenheitsbegriffs zu verstehen.

Die Beziehung zwischen der Vollkommenheit eines Dings und seiner Schönheit ist bei Hutcheson, anders als im Rationalismus und auch bei Shaftesbury, nicht begrifflich-logischer, sondern kausaler Natur. In erster Linie ist die Schönheit eines Dings eine Funktion unseres angeborenen, durch Erziehung und Gewohnheit allenfalls zu modifizierenden ›Internal Sense of Beauty‹; sie ist in dieser Hinsicht John Lockes Ideen von sekundären Qualitäten vergleichbar[68]: »were there no Mind with a Sense of Beauty to contemplate Objects, I see not how they could be call'd beautiful«[69]. Doch schließt dies nicht aus, daß die mit Lust wahrgenommene Schönheit gleichwohl kausal von der Vollkommenheit als einer primären Qualität der Dinge abhängt. Diese primäre Qualität könnten wir natürlich auch dann feststellen, wenn uns der Schönheitssinn fehlen würde. Wir wüßten dann zumindest, daß das Ding einem Wesen, das mit diesem Sinn begabt ist, als schön erscheinen wird.

Aus Hutchesons Grundüberzeugung, der zufolge zwischen Schönheit und Vollkommenheit eine kausale, aber keine begrifflich-logische Beziehung besteht, ergeben sich weiterhin die religiösen bzw. theologischen Konsequenzen, die außerordentlich breiten Raum in seiner *Inquiry* einnehmen. Hutcheson glaubt nicht, daß wir in der ästhetischen Erfahrung die objektive Vollkommenheit der Dinge (und damit nach Ansicht der Tradition: ihren göttlichen Ursprung) gleichsam nur im Modus der Sinnlichkeit wahrnehmen. Doch wertet Hutcheson die Tatsache, daß wir Menschen ästhetische Erfahrungen machen, gleichwohl als einen Beleg dafür, daß es einen Schöpfer gibt. Daß unser ästhetischer Sinn in der Umwelt soviel Nahrung findet, daß die Natur ausgerechnet zu unserer sinnlichen Ausstattung paßt, so eine Argumentation, kann kein Zufall sein. Es kann nur so erklärt werden, daß beides auf einen Schöpfer zurückgeht.

Burke, Vertreter einer sensualistisch-subjektivistischen Ästhetik, stellt programmatisch fest (und widerspricht damit indirekt u. a. Hutcheson, natürlich auch den rationalistischen Ästhetikern Deutschlands): »Perfection [is] not the cause of *Beauty*«[70]. Er belegt dies mit Beispielen für Unvollkommenheiten, die wir als schön ansehen: Schwäche (»weakness«), Kränklichkeit (»sickness«), Not

---

66 FRANCIS HUTCHESON, An Inquiry into the Original of our Ideas of Beauty and Virtue. In Two Treatises. In Which the Principles of the late Earl of Shaftesbury are Explain'd and Defended, against the Author of the ›Fable of the Bees‹ (1725), in: HUTCHESON, Bd. 1 (1971), 15.
67 Ebd., 40.
68 Vgl. ebd., 8 ff., 10, 79 ff.; LOCKE (ESSAY), 132–143.
69 HUTCHESON (s. Anm. 66), 14.
70 EDMUND BURKE, A Philosophical Enquiry into the Origin of our Ideas of the Sublime and Beautiful; with an Introductory Discourse concerning Taste (1757), in: Burke, The Works, hg. v. J. C. Nimmo, Bd. 1/2 (1887; Hildesheim/New York 1975), 187.

bzw. der Ausdruck derselben (»distress«) und Bescheidenheit (»modesty«[71]), die laut Burke das Eingeständnis der eigenen Unvollkommenheit einschließt. Hieraus läßt sich indirekt Burkes Vollkommenheitsbegriff erschließen. Er schließt Stärke, Gesundheit und (Selbst-)Sicherheit ein. Vollkommene Dinge sollten Burke zufolge geliebt werden (werden dies aber nicht immer), während schöne Dinge per definitionem aufgrund bestimmter sinnlicher Qualitäten Liebe hervorrufen.

Anders noch als Hutcheson, Shaftesbury und der deutsche Rationalismus bestreitet Hume, oder zumindest die mit ihm oft gleichgesetzte Figur des Philo in den *Dialogues concerning Natural Religion* (1779), daß wir die Welt und die Dinge in ihr als vollkommen erfahren. Die Welt erscheint uns vielmehr unvollkommen. Der Annahme eines gegenstandsbezogenen Zusammenhangs zwischen Schönheit und Vollkommenheit ist hiermit der Boden entzogen. In Humes Ästhetik, dargelegt in *On the Standard of Taste* (1757), steht folglich auch nicht die Vollkommenheit der Objekte, sondern des Subjekts der ästhetischen Erfahrung im Vordergrund. Schönheit ist eine derivative Eigenschaft von Gegenständen, sie wird ihnen vom Beobachter verliehen. Hume bestreitet nicht, daß es bestimmte Kompositionsregeln gibt. Doch werden auch diese Regeln aus den ästhetischen Einschätzungen des Beobachters abgeleitet, deren Qualität wiederum von den geschmacklichen Fähigkeiten desselben abhängen. Damit ist dem Subjekt Raum zur ästhetischen Vervollkommnung gegeben. Wie Hume deutlich macht, fällt die menschliche Perfektion mit der Perfektion des ästhetischen Gefühls zusammen, ein Gedanke, der unabhängig davon auch bei Baumgarten auftaucht: »a quick and acute perception of beauty and deformity must be the perfection of our mental taste […]. In this case, the perfection of the man, and the perfection of the sense or feeling, are found to be united.«[72]

5. *Deutschland zwischen Baumgarten und Kant (Sulzer, Mendelssohn, Winckelmann, Moritz)*

Moses Mendelssohn steht terminologisch und gedanklich noch unter dem Einfluß des Rationalismus. Doch liegt der Zweck des Gegenstands bei jener Vollkommenheit, die für das Schöne grundlegend ist, seiner Ansicht nach im Subjekt und seinem Vergnügen. Durch diesen Gedanken erweist Mendelssohn sich als ein Vorläufer Kants. Mendelssohn unterscheidet zunächst zwischen einer körperlichen, einer himmlischen oder verständlichen, und einer irdischen oder sinnlichen Vollkommenheit. Hierunter sind, wie es die rationalistische Tradition nahelegt, nicht sowohl unterschiedliche Arten der Vollkommenheit eines Gegenstandes als vielmehr auch unterschiedliche Erkenntnisperspektiven auf seine Vollkommenheit zu verstehen. Körperliche Vollkommenheit tue sich kund durch »ein dunkeles Gefühl einer verbesserten Leibesbeschaffenheit«[73], die ihrerseits physiologische Ursachen hat. Die Seele erlangt hierbei eine »dunkle Vorstellung von der Vollkommenheit ihres Körpers« (83), die in einem physischen Wohlbefinden zum Ausdruck kommt. Himmlische Vollkommenheit ist dagegen ausschließlich durch die Vernunft zu begreifen. Sie erfordert »Uebereinstimmung, Einhelligkeit. Aus dem gemeinschaftlichen Endzwecke eines Wesens soll sich begreifen lassen, warum das Mannigfaltige so und nicht anders neben einander ist. […] Nichts muß überflüssig, nichts mißhellig, nichts mangelhaft in deinen Mannigfaltigkeiten seyn.« (59 f.) Ordnung und Einheit des Mannigfaltigen, sofern sie in die Sinne fällt, ist das Kennzeichen der irdischen oder sinnlichen Vollkommenheit, die in der Mitte zwischen der verständlichen und der rein körperlichen Vollkommenheit steht. Sie ist nicht deutlich, wie Mendelssohn in Anlehnung an Leibniz und Wolff schreibt, aber doch klar und mit der Schönheit gleichzusetzen: »Die Gleichheit, das Einerley im Mannigfaltigen ist ein Eigenthum der schönen Gegenstände. Sie müssen eine Ordnung oder sonst eine Vollkommenheit darbieten, die in die Sinne fällt, und zwar ohne Mühe in die Sinne fällt. Wenn wir eine Schönheit fühlen wollen, so wünscht unsere Seele gleichsam, sie mit Musse zu geniessen.« (58) Auch hier ist ein Zweck im Spiel, wie Mendelssohn weiter ausführt, aber der Zweck

---

71 Ebd., 188.
72 HUME, On the Standard of Taste (1757), in: HUME, Bd. 3 (1882), 270 f.
73 MOSES MENDELSSOHN, Über die Empfindungen (1755), in: MENDELSSOHN, Bd. 1 (1971), 86.

besteht lediglich darin, »die Sinne durch ein leichtes Verhältniß zu reitzen« (60). Der Zweck, auf den das Mannigfaltige bei der irdischen Vollkommenheit bezogen ist, liegt also im wahrnehmenden Subjekt und besteht im sinnlichen Vergnügen desselben. Wir finden hier Kants Unterscheidung zwischen subjektiver und objektiver Zweckmäßigkeit vorgeprägt. Der Zweck, uns zu vergnügen, kann bereits durch die Oberflächenbeschaffenheit des Gegenstandes erreicht werden, durch seine äußere Form, während ein vollkommener Gegenstand auch in seiner inneren Struktur zweckmäßig sein muß (wobei sein Zweck dann außerdem in ihm selbst liegt). Mendelssohn verdeutlicht den Unterschied an den beschnittenen Zwergbäumen in einem Obstgarten (ein Beispiel, das Kant kritisch aufgreifen wird): Ihre irdische Vollkommenheit beruht auf dem Ebenmaß und der »zirkelrunden Ordnung« (60) der Kronen, die zweckmäßig für unsere sinnliche Empfindung ist; die himmlische Vollkommenheit beruht hingegen auf dem gemeinschaftlichen Endzweck von Blättern, Zweigen, Knospen, Blüten, auf der organischen Funktion also. Wie schon Baumgarten, so behauptet auch Mendelssohn eine Unabhängigkeit der ästhetischen Lust von der wissenschaftlichen Erkenntnis der Vollkommenheit.[74] Im Blick auf die Kunst unterscheidet er außerdem zwischen der Vollkommenheit einer Darstellung und der des Dargestellten. Das Wesen der Kunst besteht Mendelssohn zufolge in einer »*künstlichen sinnlich-vollkommenen* Vorstellung, oder in einer *durch die Kunst vorgestellten sinnlichen Vollkommenheit*«; und: »diese Vorstellung durch die Kunst kann sinnlich vollkommen seyn, wenn auch der Gegenstand derselben, in der Natur weder gut noch schön seyn würde.«[75] In der Hauptsache hat der Künstler es jedoch mit der Darstellung sinnlich vollkommener oder schöner Gegenstände zu tun. Seine Aufgabe besteht hier in der Erhöhung der natürlichen Schönheit zu einer vollkommensten idealen Schönheit – zur höchsten Stufe der sinnlichen Vollkommenheit also: Was die Natur »in verschiedenen Gegenständen zerstreut hat, versammelt er [der Künstler – d. Verf.] in einem einzigen Gesichtspunkte, bildet sich ein Ganzes daraus, und bemühet sich, es so vorzustellen, wie es die Natur vorgestellt haben würde, wenn die Schönheit dieses begränzten Gegenstandes ihre einzige Absicht gewesen wäre« (435). Ganz im Sinne der Tradition vor Baumgarten (und auch im Sinne des Platonismus) hält Mendelssohn jedoch daran fest, daß die himmlische Vollkommenheit und ihre Erkenntnis höheren Wert hat und lustvoller ist als die irdische Vollkommenheit: Das Vergnügen am Schönen beruhe auf einer »Schwachheit« der Sinne, die bei komplizierten Gestalten leicht ermüden. »Wesen, die mit schärfern Sinnen begabt sind, müssen in unsern Schönheiten ein ekkelhaftes Einerley finden«[76]. Das Vergnügen an der irdischen Vollkommenheit (oder Schönheit) wird bei weitem übertroffen durch die Lust, die mit der Erkenntnis der himmlischen Vollkommenheit einhergeht: »Hier wird deine Seele von Wollust trunken, hier erlangst du die anschauende Erkenntniß einer ächten Vollkommenheit; ein Vergnügen, das sich nicht auf deine Schwachheit, das sich auf das vernünftige Bestreben nach in einander gegründeten Vorstellungen stützt.« (60)

Nur von geringer Relevanz für die Ästhetik und Kunsttheorie ist der Begriff der Vollkommenheit bei Johann Joachim Winckelmann. In seiner *Geschichte der Kunst des Altertums* (1764) bestimmt er Vollkommenheit, in Anlehnung an »die Weisen«, als »Übereinstimmung des Geschöpfes mit dessen Absichten und der Teile unter sich und mit dem Ganzen desselben«. Doch sei die Menschheit kein »fähiges Gefäß« für die Vollkommenheit, und daher müsse auch die Schönheit, zu deren »Ursachen« dieselben Weisen die Vollkommenheit erklärt haben, »unbestimmt«[77] bleiben. Winckelmann hat hier offenbar ausschließlich den gegenstandsbezogenen Zusammenhang von Schönheit und Vollkommenheit im Blick, und hier zudem lediglich die kausale Sicht dieses Zusammenhangs. Winckelmanns Einwand ist sachlich undurchsichtig; es bleibt unklar, warum der Begriff der Vollkommenheit unbegreiflich sein soll. Es scheint

---

74 Vgl. MENDELSSOHN, Rhapsodie, oder Zusätze zu den Briefen über die Empfindungen (1761), in: ebd., 389.
75 MENDELSSOHN, Hauptgrundsätze der schönen Künste und Wissenschaften (1757), in: ebd., 431.
76 MENDELSSOHN (s. Anm. 73), 59.
77 JOHANN JOACHIM WINCKELMANN, Geschichte der Kunst des Altertums (1764; Baden-Baden/Straßburg 1966), 149.

Winckelmann vor allem darum zu gehen, mögliche Angriffe auf seine eigene Grundüberzeugung abzuwehren, der zufolge die Schönheit sich einer begrifflichen Erfassung entzieht und schöne Dinge den Betrachter in erster Linie die Idee, das Ideal der Schönheit erfassen lassen. Winckelmann erweist sich mit seiner Abkehr von der Vollkommenheitsästhetik, wie auch mit seinen Anleihen beim Platonismus, als Vorreiter einer Wende, die in der Romantik und im deutschen Idealismus explizit vollzogen wird.

Auch wenn Johann Georg Sulzers enzyklopädisch angelegte *Allgemeine Theorie der schönen Künste* (1771/1774) hinter die zeitgenössische ästhetische Diskussion zurückfällt, kann seine Bestimmung des Begriffs der Vollkommenheit doch als vorbildlich klar und durchdacht gelten. Seine Ausführungen sind deshalb von Interesse, weil sie in einigen Punkten auf Kant vorausweisen, etwa durch die These, daß Vollkommenheit stets durch den Verstand und nie durch die Sinne erkannt werde. Andererseits kritisiert Kant Sulzers Idee, daß es einen Begriff von bloßer formaler Vollkommenheit geben könne. Sulzer nimmt die nach 1800 zu beobachtende Verengung des Vollkommenheitsbegriffs vorweg, indem seine allgemeine Definition von Zwecken u. ä. zunächst ganz absieht und rein evaluativ ist. Vollkommen ist Sulzer zufolge dasjenige, »was zu seiner Völle gekommen, oder was gänzlich, ohne Mangel und Ueberfluß das ist, was es seyn soll. Demnach besteht die Vollkommenheit in gänzlicher Uebereinstimmung dessen, das ist, mit dem, was es seyn soll, oder des Würklichen mit dem Idealen. Man erkennet keine Vollkommenheit, als in sofern man die Beschaffenheit einer vorhandenen Sache gegen ein Urbild, oder gegen einen, als ein Muster festgesetzen Begriff hält.«[78] Auf der Grundlage dieser Bestimmung wird verständlich, daß ein und derselbe Gegenstand unter verschiedenen Gesichtspunkten sowohl als vollkommen wie auch als unvollkommen angesehen werden kann. Jeder Gegenstand fällt unter verschiedene Begriffe, und damit auch unter verschiedene Vorstellungen davon, wie er sein soll. Ein Tier kann z. B. ein vollkommener Vertreter seiner Spezies oder auch der Tiere insgesamt sein. Wie Sulzer (terminologisch in Anlehnung an Leibniz und Wolff) feststellig, wird ein Mensch um so

mehr vollkommene Dinge in seiner Umgebung finden, je mehr deutliche Begriffe er hat, und die Menge dieser Begriffe hängt wiederum von seiner Übung im Nachdenken ab.

Bei Sulzer findet sich nichts zu dem von Baumgarten schon gut zwanzig Jahre zuvor begründeten subjektbezogenen Zusammenhang zwischen Schönheit, Vollkommenheit und ästhetischer Lust. Statt dessen begründet er erneut den gegenstandsbezogenen Zusammenhang. Man könne, so Sulzer, die Beobachtung machen, daß die Entdeckung der Vollkommenheit »natürlicher Weise mit einer angenehmen Empfindung begleitet« sei. Was die Erkenntnis der Vollkommenheit und den Grund jener Empfindung angeht, unterscheidet Sulzer zwischen zwei verschiedenen Fällen: Die Vollkommenheit mancher Gegenstände sei nur »sehr allmählig und mühsam durch deutliche Vorstellungen« (689) zu entdecken; dies gelte etwa für Uhren oder für die Lösung einer mathematischen oder philosophischen Aufgabe. Ein solches Ding gefalle uns »durch seine innere Einrichtung, wodurch es ein Instrument oder Mittel wird, irgend einen Endzweck zu erreichen«[79]. Das Ideal, von dem in der allgemeinen Definition die Rede ist, kann also durchaus ein Zweck sein – aber dies ist, anders als die Tradition es vorsah, eben nicht immer der Fall. Denn andere Gegenstände sind auf eine Weise vollkommen, die man »anschauend, ohne vollständige und allmählige Entwicklung, sinnlich erkennt und gleichsam auf einem Blik übersieht«[80]. In diesem Fall reizt »die Beschaffenheit der Gegenstände […] unsere Aufmerksamkeit; aber ehe wir sie deutlich erkennen, ehe wir wissen, was die Sachen seyn sollen, empfinden wir ein Wolgefallen daran«[81]. Nur diese Sachen sind Gegenstände des Geschmacks, und in diesem Fall bekommt die Vollkommenheit »den Namen der Schönheit«[82]. An anderer Stelle macht Sulzer deutlich, daß sich hier um den »Begriff des eigentlichen Schönen«[83], im Gegensatz zu einer »höheren Gattung

78 ›Vollkommenheit‹, in: SULZER, Bd. 4 (1794), 688.
79 ›Schön‹, in: SULZER, Bd. 4 (1794), 307.
80 SULZER (s. Anm. 78), 689.
81 SULZER (s. Anm. 79), 306.
82 SULZER (s. Anm. 78), 689.
83 SULZER (s. Anm. 79), 307.

des Schönen« (310), die auch angenehm und i. e. S. vollkommen sei, handelt. Im Gegensatz zur rationalistischen Ästhetik, und in Übereinstimmung mit Hutcheson, beharrt Sulzer darauf, daß im Falle des eigentlich Schönen die Vollkommenheit allerdings »nicht erkannt, sondern blos in ihrer Würkung empfunden« werde. Denn, wie Sulzer – darin Kant vorwegnehmend –, feststellt: »Vollkommenheit, von welcher Art sie sey, ist allemal ein Werk des Verstandes und würkt auch unmittelbar nur auf den Verstand.«[84]

Die Vollkommenheit, die bei der ästhetischen Erfahrung im Spiel ist, hat nun Sulzer zufolge nichts mit den durch einen Zweck oder einen Artbegriff gesetzten Normen zu tun, sondern ist ein »allgemeiner Begriff von der Vollkommenheit der Form«. Dieser Begriff beinhaltet, »daß die mannichfaltigen Theile in ein wolgeordnetes Ganzes sollten vereiniget werden«[85]. Das als schön empfundene Ding hat also eine Wirkung auf uns, weil es dem Ideal von gestalteten Dingen überhaupt entspricht und in diesem Sinne vollkommen ist. Diese These wird, wie angedeutet, von Kant kritisiert werden.

Daß von der Schönheit im eigentlichen Sinne eine andere (bei Sulzer ›höhere‹) Schönheit zu unterscheiden sei, wird Kant hingegen übernehmen. Im Vorgriff auf Kant stellt Sulzer fest, ein Mensch sei schön, dessen Gestalt nicht nur im eigentlichen Sinne schön ist, sondern »den, in Rücksicht auf seine ganze Bestimmung, vollkommensten und besten Menschen ankündiget«[86]. Die eigentlich schöne Gestalt soll hier das »Kleid« der »inneren Vollkommenheit und Güte« (325) sein.

Karl Philipp Moritz widerspricht der Auffassung, daß ein Gegenstand nur insofern schön und in ästhetischer Hinsicht vollkommen ist, als er eine bestimmte Wirkung auf das Subjekt hat. Das Vergnügen am Schönen ist, so seine explizit gegen Mendelssohn gerichtete These, allenfalls eine Folge, nicht aber der Zweck desselben. Moritz macht sich statt dessen erneut für den gegenstandsbezogenen Zusammenhang von Schönheit und Vollkommenheit stark. Das Schöne, so Moritz, existiert als »*in sich selbst Vollendetes*, das […] in sich ein Ganzes ausmacht«. Vollendung in sich selbst, die der ästhetischen Vollkommenheit eines Werks entspricht, setzt Moritz gleich mit »innerer Zweckmäßigkeit«[87]. Das schöne Ding, seine Existenz in der vorliegenden Gestalt, ist ein Selbstzweck, und auf ihn sind die Teile desselben bezogen. Die Vollkommenheit des Werks selbst, nicht das Vergnügen der Betrachter, soll daher auch der Zweck des künstlerischen Schaffens sein.

III. Entwertung und Rettungsversuche: Kant und die deutsche Klassik

1. Kant

In der Geschichte des Vollkommenheitsbegriffs markiert Kants kritische Philosophie einen Wendepunkt. Zwar greift Kant sowohl in ontologischen wie auch in ethischen und ästhetischen Kontexten auf den Vollkommenheitsbegriff zurück. Doch der fundierende, systembegründende Rang, den dieser vorher auf all diesen Gebieten innehatte, wird ihm nun von Kant nachhaltig bestritten. Nur in der Teleologie ist er der Sache nach weiterhin ein Schlüsselbegriff, wenngleich Kant den Ausdruck ›Vollkommenheit‹ auch hier auffallend selten verwendet und statt dessen meist von ›innerer Zweckmäßigkeit‹[88] spricht. Betrachtet man nur die Ästhetik, so ist die durch Kant gesetzte Zäsur sogar noch deutlicher. Während seine Vorgänger sich begrifflich noch im Rahmen des Rationalismus bewegen (und sich hier um eine Weiterentwicklung bemühen), legt er mit der *Kritik der Urteilskraft* (1790) die Vollkommenheitsästhetik nun auch terminologisch ad acta.

Kant unterscheidet (in seiner kritischen Phase) zwischen drei bzw. fünf verschiedenen Vollkommenheitsbegriffen, wobei die Terminologie nicht einheitlich ist: Vollkommenheit im Sinne

---

84 SULZER (s. Anm. 78), 689.
85 SULZER (s. Anm. 79), 307.
86 ›Schönheit‹, in: SULZER, Bd. 4 (1794), 324.
87 KARL PHILIPP MORITZ, Versuch einer Vereinigung aller schönen Künste und Wissenschaften unter dem Begriff des in sich selbst Vollendeten (1785), in: Moritz, Schriften zur Ästhetik und Poetik. Kritische Ausgabe, hg. v. H. J. Schrimpf (Tübingen 1962), 3, 6.
88 Vgl. z. B. KANT, Kritik der Urteilskraft (1790), in: KANT (AA), Bd. 5 (1908), 376.

von (a) Vollständigkeit, (b) Heiligkeit des Willens, (c) Zweckmäßigkeit, und hier wiederum im Sinne von Nützlichkeit sowie von innerer Zweckmäßigkeit. (a) In der 2. Auflage der *Kritik der reinen Vernunft* (1787) führt Kant den Begriff der Vollkommenheit im Kontext der Kategorienlehre ein. Vollkommenheit bedeute soviel wie »*qualitative Vollständigkeit* (Totalität)«. Sie bestehe darin, daß »die Vielheit [der Merkmale, die zu einem Begriff gehören – d. Verf.] zusammen auf die Einheit des Begriffes zurückführt«[89]. In der *Kritik der praktischen Vernunft* (1788) bezeichnet Kant diese Vollkommenheit als »theoretische«[90], in der *Kritik der Urteilskraft (Erste Einleitung)* (1790) als »ontologische«[91] und in der *Metaphysik der Sitten* (1797) als »quantitative« oder »materiale«[92] Vollkommenheit. Ein Ding ist in diesem Sinne vollkommen, wenn es die Merkmale vollständig aufweist, die zu seinem Begriff gehören.

(b) Die moralische Vollkommenheit eines Willens besteht darin, daß dieser stets dem moralischen Gesetz gemäß und aus Einsicht in dieses Gesetz, also rein vernunftbestimmt und damit autonom, handelt.[93] Sofern Kant in moralphilosophischem Kontext von Vollkommenheit spricht, hat der Ausdruck nur noch eine evaluative Bedeutung: Er bezeichnet schlicht die höchste erreichbare (moralische) Güte. Dies ist insofern ein Bruch mit der Tradition, als moralische Vollkommenheit nach Kant nicht mehr davon abhängt, daß bestimmte Zwecke erreicht oder auch nur erstrebt werden. Mit anderen Worten: Der moralische Vollkommenheitsbegriff wird aus dem teleologischen Kontext herausgelöst.

(c) Mit dem für die *Kritik der Urteilskraft* einschlägigen Vollkommenheitsbegriff knüpft Kant an die Tradition an. Vollkommenheit im allgemeinen heißt hier soviel wie »objektive Zweckmäßigkeit« oder »Gesetzmäßigkeit einer an sich zufälligen Verbindung des Mannigfaltigen«[94]. Ähnlich auch in der *Metaphysik der Sitten*: Kant spricht hier von der »zur Teleologie gehörenden« Vollkommenheit; sie bedeute die »Zusammenstimmung der Beschaffenheiten eines Dinges zu einem Zwecke«[95]. Der teleologische Vollkommenheitsbegriff spaltet sich wiederum in zwei Unterbegriffe: Dinge können zum einen einem außer ihnen liegenden Zweck

dienen; in der *Kritik der praktischen Vernunft* führt Kant entsprechend den Begriff der praktischen Vollkommenheit ein, welche »die Tauglichkeit oder Zulänglichkeit eines Dinges zu allerlei Zwekken«[96] beinhaltet. Zum anderen kann ein Ding in dem Sinne vollkommen sein, daß »sein Zweck in ihm selbst liegt (da das Mannigfaltige in ihm zueinander sich wechselseitig als Zweck und Mittel verhält)«[97]. Vollkommenheit im Sinne von innerer oder absoluter Zweckmäßigkeit steht im Mittelpunkt der *Kritik der Urteilskraft*.

Wie schon erwähnt, wendet Kant sich entschieden gegen die Tradition, indem er dem Vollkommenheitsbegriff sowohl in der theoretischen wie auch der praktischen Philosophie seine systematisch tragende Bedeutung streitig macht. Seine Kritik am ontologischen Gottesbeweis bringt den Bruch mit der traditionellen Metaphysik[98]; seine Kritik am »Prinzip der Vollkommenheit«[99] als Grundlage der Sittlichkeit richtet sich gegen die rationalistische Ethik. In systematisch tragender Rolle tritt der Vollkommenheitsbegriff bei Kant nur noch in der Teleologie auf.

Daß Schönheit, wie die rationalistische Ästhetik annahm, Vollkommenheit als Kriterium habe, lehnt Kant für sämtliche von ihm unterschiedenen Vollkommenheitsbegriffe ab. Seine Kritik richtet sich allerdings zunächst nur gegen die Annahme, daß ein logisch-begrifflicher Zusammenhang zwischen der Schönheit und der Vollkommenheit eines Gegenstands besteht. Was er ablehnt, ist »die Erklärung der [ästhetischen] – d. Verf.] Lust, als sinnlicher Vorstellung der *Vollkommenheit* eines Ge-

---

89 KANT, Kritik der reinen Vernunft (²1787), in: KANT (AA), Bd. 3 (1911), 98.
90 KANT, Kritik der praktischen Vernunft (1788), in: KANT (AA), Bd. 5 (1908), 41.
91 KANT, Kritik der Urteilskraft. Erste Einleitung (1790), in: KANT (AA), Bd. 20 (1942), 228.
92 KANT, Die Metaphysik der Sitten (1797), in: KANT (AA), Bd. 6 (1907), 386.
93 Vgl. KANT, Grundlegung zur Metaphysik der Sitten (1785), in: KANT (AA), Bd. 4 (1903), 414.
94 KANT (s. Anm. 91), 228.
95 KANT (s. Anm. 92), 386.
96 KANT (s. Anm. 90), 41.
97 KANT (s. Anm. 91), 250.
98 Vgl. KANT (s. Anm. 89), 397–403.
99 KANT (s. Anm. 93), 443.

genstandes«[100]. Kant zufolge ist diese Bestimmung unhaltbar: Wenn wir die Vollkommenheit eines Gegenstands konstatieren, dann haben wir immer schon einen Begriff davon, was er sein soll, und hiermit den Bereich rein sinnlicher Vorstellungen bereits verlassen. Sich nun als Ausweg eine Vollkommenheit ohne bestimmten Zweck vorstellen zu wollen, wie Sulzer es vorgeschlagen hatte, führt in einen Widerspruch: »Eine formale *objective* Zweckmäßigkeit aber ohne Zweck, d. i. die bloße Form einer *Vollkommenheit* (ohne alle Materie und *Begriff* von dem, wozu zusammengestimmt wird, wenn es auch bloß die Idee einer Gesetzmäßigkeit überhaupt wäre), sich vorzustellen, ist ein wahrer Widerspruch.«[101]

Kants Argument richtet sich ausschließlich gegen die rationalistische Auffassung, daß durch die ästhetische Lust die Vollkommenheit des Gegenstands erkannt wird; es wendet sich nicht gegen die Annahmen von Hutcheson und anderen, daß sie durch vollkommene Gegenstände verursacht wird. Tatsächlich scheint Kant diese Überlegung sogar zu teilen. Im Unterschied zum Erlebnis des Erhabenen ist die ästhetische Lust am Schönen an eine überschaubare und gegliederte Gestalt des Gegenstandes gebunden, und es leuchtet ein, daß vollkommene Gegenstände, die in sich zweckmäßige Ganze sind, am ehesten geeignet sind, unseren Verstand anzuregen, wenn ihre Gestalt in die Einbildungskraft aufgenommen wird. Entsprechend entnimmt Kant seine Beispiele oft der organischen Natur.

Kants Argument schließt auch nicht aus, daß in vielen, ja den meisten Fällen die Erkenntnis der Vollkommenheit eines Gegenstandes eine notwendige Bedingung für die ästhetische Lust ist. Er unterscheidet vielmehr zwischen einer freien und einer anhängenden Schönheit. Wo der Zweck des Gegenstands uns bekannt ist (z. B. bei einem Pferd oder Gebäude), würde die ästhetische Einstellung gewissermaßen blockiert und wir könnten ihn nicht als schön beurteilen, wenn er unvollkommen wäre.[102] Hier hängt also die Schönheit von der Vollkommenheit ab. ›Ideale Schönheit‹ liege überdies nur dann vor, wenn der oder die Dargestellte zugleich sittlich vollkommen erscheint.[103]

Kants Argument richtet sich darüber hinaus nicht gegen den subjektbezogenen Zusammenhang von Schönheit und Vollkommenheit. Die bei Baumgarten vollzogene Wendung hin zum Erkenntnisvermögen und seiner Zweckmäßigkeit wird auch von Kant mitgemacht. Nichts von dem, was Baumgarten über die Vervollkommnung des Geschmacks sagt, steht in offenem Widerspruch zu dem, was Kant darüber zu sagen hat. Sein Verdienst besteht hier nicht so sehr in einem Neuansatz als vielmehr darin, die Ästhetik von dem begrifflichen Ballast der Tradition und den damit verbundenen Inkonsistenzen befreit zu haben. Damit legt Kant gewissermaßen den zukunftsträchtigen Kern der Baumgartenschen Wende frei.

2. Die deutsche Klassik

In seiner *Kalligone* (1800) setzt Johann Gottfried Herder sich nicht ohne Polemik mit Kants Ästhetik auseinander. Er postuliert erneut einen logisch-begrifflichen Zusammenhang zwischen der Schönheit und der Vollkommenheit des Gegenstandes: »Die Formel der Philosophen, daß Schönheit die Darstellung, d. i. der sinnliche, zu empfindende Ausdruck einer Vollkommenheit sey, hat [...] nicht nur nichts Widersprechendes in sich; sie ist auch *wahr*«. Vollkommenheit wiederum setzt Herder gleich mit dem »Maximum in allen [...] Mitteln und Kräften«[104], die das Wesen eines Dings ausdrücken. Darüber hinaus hebt er auch die Kantische Unterscheidung zwischen dem Angenehmen und dem Schönen wieder auf, indem er das Gefühl der Vollkommenheit mit der Annehmlichkeit zusammenfallen läßt. Die Natur habe das Angenehmzweckmäßige und Zweckmäßigangenehme »in einander so genau verschmelzt, daß nur ein verwöhnter Sinn sie trennen mag« (50). In dem sinnlich angenehmen Genuß der Vollkommenheit eines Dings, so läßt sich Herders Position zusammenfassen, besteht seine Schönheit.

Friedrich Schillers Verständnis von Vollkommenheit entspricht zunächst demjenigen Kants aus

---
100 KANT (s. Anm. 91), 228.
101 KANT (s. Anm. 88), 228.
102 Vgl. ebd., 229–231 (§ 16).
103 Vgl. ebd., 231–236 (§ 17).
104 JOHANN GOTTFRIED HERDER, Kalligone (1800), in: HERDER, Bd. 22 (1880), 104.

III. Entwertung und Rettungsversuche: Kant und die deutsche Klassik

der ›Kritik der teleologischen Urteilskraft‹, indem er Vollkommenheit von Nützlichkeit abgrenzt und sie mit innerer Zweckmäßigkeit gleichsetzt: »Vollkommenheit ist Zweckmäßigkeit. Innere Zweckmäßigkeit heißt eigentlich Vollkommenheit, die wir dem Weltgebäude oder einer sittlich guten Handlung zuschreiben, die ihren Zweck in sich selbst haben.«[105] Die höchste Schönheit, so Schiller in den *Kallias*-Briefen (1793), ist die »intellectuierte« (anhängende) Schönheit, die erscheint, wo auch Vollkommenheit vorliegt, zugleich aber »die *logische* Natur ihres Objektes« überwunden wird. Der »Stoff«[106] der Schönheit (d. h. der schöne Gegenstand) müsse der Form nach vollkommen, d. h. in sich zweckmäßig sein. Die Schönheit nun sei die Form dieser Form, also die Form der Vollkommenheit eines Gegenstandes. In *Über Anmut und Würde* (1793) führt Schiller diese Idee weiter aus: Die Schönheit des menschlichen Körpers sei durch seine technische Vollkommenheit bedingt, dadurch, daß er die Zwecke erfüllt, »welche der Natur mit ihm beabsichtigt«. Dabei ist die Schönheit jedoch bloß »*eine Eigenschaft der Darstellung* dieser Zwecke, so wie sie sich dem anschauenden Vermögen in der Erscheinung offenbaren«[107].

Die Form der Vollkommenheit, die den Gegenstand zu etwas Schönem macht, bestimmt Schiller nun genauer als Freiheit. Mit einem in freier Form vollkommenen Ding haben wir es zu tun, wenn es sich »die Regel, nach der es gebildet ist, anscheinend selbst gegeben hat«[108]. In der Selbstgesetzgebung (Autonomie) besteht aber Kant zufolge, an den sich Schiller hier anschließt, die Sittlichkeit. Als ein auf freie Weise vollkommener Gegenstand ist das Schöne also zugleich ein Symbol sittlicher Vollkommenheit.[109] Allerdings schließt letztere für Schiller nicht nur ein entwickeltes Vernunftvermögen, sondern auch eine ebenso entwickelte Sinnlichkeit ein, aus denen sich im Sinne einer Kräfteresultante des »Spieltriebs«[110] ergibt. Neben der evaluativen Komponente hat sittliche Vollkommenheit für Schiller daher auch die Bedeutung von ›Vollständigkeit‹: »wir wissen, daß unter allen Zuständen des Menschen gerade das Spiel und *nur* das Spiel es ist, was ihn vollständig macht und seine doppelte Natur auf einmal entfaltet« (616f.). Ganz im Sinne der aufklärerischen Perfektibilitätslehre sieht auch Schiller in dieser menschlichen Vollkommenheit das »absolute Ideal« (623), dem die Wirklichkeit sich nur annähern kann, und identifiziert es mit dem Ideal (menschlicher) Schönheit, mit der »Schönheit in der Idee« (619).

Johann Wolfgang Goethe übernimmt im Kern Schillers Überlegungen und versucht, sie erneut für das Naturschöne fruchtbar zu machen. Unter der Vollkommenheit eines Wesens versteht Goethe nicht anders als schon Kant innere Zweckmäßigkeit, und »in diesem Sinn ist alles Lebendige vollkommen zu nennen«[111]. Doch manche Organismen, so Goethes These im Anschluß an Schiller, sind vollkommen, ohne schön zu sein. Dagegen stehen bei einem schönen Tier »die Glieder alle in einem solchen Verhältnis, daß keins das andere an seiner Wirkung hindert, ja daß vielmehr durch ein vollkommenes Gleichgewicht derselbigen Notwendigkeit und Bedürfnis versteckt, vor meinen Augen gänzlich verborgen worden, so daß das Tier nur nach freier Willkür zu handeln und zu wirken scheint. Man erinnere sich eines Pferdes, das man in Freiheit seiner Glieder gebrauchen sehen.« (22) In einer nachgelassenen Maxime heißt es ganz allgemein, ohne die Beschränkung auf Organismen: »Vollkommenheit ist schon da, wenn das Notwendige geleistet wird, Schönheit, wenn das Notwendige geleistet, doch verborgen ist«[112]. Von Diderot beeinflußt ist offenbar die Einschränkung der Formel: Nicht die scheinbar willkürliche Bewegung

---

105 FRIEDRICH SCHILLER, Aus den ästhetischen Vorlesungen (ca. 1792/1793), in: Schiller, Sämtliche Werke, hg. v. G. Fricke/H. Göpfert, Bd. 5 (München 1984), 1029.
106 SCHILLER, Kallias oder über die Schönheit. Briefe an Gottfried Körner (1793), in: ebd., 395.
107 SCHILLER, Über Anmut und Würde (1793), in: ebd., 438f.
108 SCHILLER (s. Anm. 106), 417.
109 Vgl. ebd., 400, 416.
110 SCHILLER, Über die ästhetische Erziehung des Menschen in einer Reihe von Briefen (1795), in: ebd., 616.
111 JOHANN WOLFGANG GOETHE, Inwiefern die Idee: Schönheit sei Vollkommenheit mit Freiheit, auf organische Naturen angewendet werden könne (1794), in: GOETHE (HA), Bd. 13 (^{8}1981), 21.
112 GOETHE, Maximen und Reflexionen, in: GOETHE (HA), Bd. 12 (^{9}1981), 470 (Nr. 742); vgl. ebd., 470 (Nr. 743).

als solche macht ein Tier schön, sondern die wahrgenommene Fähigkeit dazu, sofern sie nicht genutzt wird, also »*Ruhe* mit *Kraft*«[113]. Hier kommt das betrachtende Subjekt ins Spiel, dessen interpretierende Leistung und emotionale Reaktionen auf die Vollkommenheit eines Wesens konstitutiv für seine Schönheit sind.

IV. Verengung und Verdrängung des Begriffs: Romantik und deutscher Idealismus

Nach 1800 spielt das ›Denken in Kategorien der Vollkommenheit‹ nur noch eine marginale Rolle. Bereits das 18. Jh. lieferte zwei gewichtige Gründe für die Abkehr: Kants Kritik am ontologischen Gottesbeweis entzog der traditionellen Vollkommenheitsontologie den Boden. Zudem wurde seit Hume und Kant generell zwischen evaluativen und deskriptiven Urteilen unterschieden, was einen dichten Begriff wie den der Vollkommenheit in systematischer Hinsicht diskreditiert. Der Terminus gerät um 1800 aber auch aus ästhetischen und kunstphilosophischen Erwägungen heraus unter Druck. Hier fallen besonders zwei Momente ins Auge:

(a) Als vollkommen gilt seit der Romantik auch das Unabgeschlossene, Unvollständige, Fragmentarische. Dadurch verblaßt der Ausdruck und wird schließlich nur noch wertend gebraucht. (Eine gegenläufige Tendenz hierzu, die sich allerdings nicht durchsetzt, wird sich später allenfalls bei Nietzsche beobachten lassen.)

---

113 GOETHE (s. Anm. 111), 22.
114 GEORG WILHELM FRIEDRICH HEGEL, Vorlesungen über die Geschichte der Philosophie (1833–1836), in: HEGEL (TWA), Bd. 20 (1971), 451.
115 HEGEL, Enzyklopädie der philosophischen Wissenschaften im Grundrisse (1830), in: ebd., Bd. 10 (1970), 13, 12.
116 SCHOPENHAUER (s. Anm. 21), 543.
117 NOVALIS, Das Allgemeine Brouillon (1798–1799), in: Werke, Tagebücher und Briefe Friedrichs von Hardenberg, hg. v. H.-J. Mähl/R. Samuel, Bd. 2 (München/Wien 1978), 676 (Nr. 862).

(b) Ebenfalls seit der Romantik und dann verstärkt seit Hegel wird die Kunst als wesentlich historisches Phänomen begriffen. Gegenüber dem Ausdruck ›Vollkommenheit‹, der offenbar als zu statisch empfunden wird, wird nun zunehmend der Ausdruck ›Vollendung‹ bevorzugt, der explizit einen Bezug auf eine Entwicklung enthält. Traditionell galt ein vollendetes Ding zugleich als vollkommen dergestalt, daß es in sich zweckmäßig ist, und diese Implikation bleibt auch noch eine Weile erhalten. Doch auch diese begriffliche Bindung wird gelöst – dem Zustand der Vollendung kann bei Hegel allenfalls im metaphorischen Sinne noch eine quasi-organische, in sich zweckmäßige Struktur zugesprochen werden; bei Schopenhauer ist diese begriffliche Bindung dann vollständig gelöst.

Wie gründlich die Abkehr vom ›Denken in Kategorien der Vollkommenheit‹ nach 1800 ist, zeigen Bemerkungen Hegels, der von den »leeren allgemeinen Worten von Vollkommenheit, Weisheit, äußerer Zweckmäßigkeit«[114] spricht oder an anderen Stellen Vollkommenheit beiläufig als »leeres« oder »unbestimmtes«[115] Schlagwort bezeichnet. Eine ähnliche Distanz bringt auch Schopenhauer zum Ausdruck, wenn er mit Blick auf die Moralphilosophie des 18. Jh. schreibt: »›Vollkommen‹ nämlich ist beinahe nur das Synonym von ›vollzählig‹, indem besagt, daß in einem gegebenen Fall, oder Individuo, alle die Prädikate, welche im Begriff seiner Gattung liegen, vertreten, also wirklich vorhanden sind. Daher ist der Begriff der ›Vollkommenheit‹, wenn schlechthin und *in abstracto* gebraucht, ein gedankenleeres Wort, und eben so das Gerede vom ›allervollkommensten Wesen‹ u. dgl. m. Das Alles ist bloßer Wortkram.«[116] Und Novalis stellt, ebenfalls in bezug auf moralische Vollkommenheit, die rhetorisch gemeinte Frage: »Wie vermeidet man bey Darstellung des Vollkommnen die *Langeweile*?«[117]

1. Vollkommenheit ohne Zweckmäßigkeit: Die evaluative Begriffsverengung in der Romantik

Der für Friedrich Schlegels Dichtungstheorie zentrale Begriff der ›poetischen Einheit‹ weist nominell eine Reihe von Übereinstimmungen mit den deskriptiven Momenten der Vollkommenheit auf: »das Mannichfaltige muß zu innerer *Einheit* not-

IV. Verengung und Verdrängung des Begriffs: Romantik und deutscher Idealismus 391

wendig verknüpft seyn. Zu Einem muß alles hinwirken, und aus diesem Einen, jedes Andren Daseyn, Stelle und Bedeutung nothwendig folgen. Das, wo alle Teile sich vereinigen, was das Ganze belebt und zusammenhält, das Herz des Gedichtes, liegt oft tief verborgen.«[118] Im Sinne einer solchen Einheit ist alle Kunst qua Kunst vollkommen – dies zu zeigen und damit das Moderne und spezieller das Romantische gegenüber dem Klassischen aufzuwerten war ja eines der zentralen Anliegen der Romantiker.[119]

Die ›poetische Einheit‹ stellt sich bei verschiedenen Gattungen jedoch höchst unterschiedlich dar. In seinen frühesten Reflexionen, als F. Schlegel noch eine systematische Ästhetik und Kunstlehre anstrebt, unterscheidet er in dieser Hinsicht zwischen verschiedenen literarischen Formen. Die Tragödie – sei es nun die klassisch-griechische des Sophokles oder die eines Shakespeare – stellt sich im traditionellen Begriffssinn als vollkommen dar, indem sie eine »*vollkommene Organisation*«, ein »in sich abgeschloßnes Ganzes«[120] darstellt. Demgegenüber ist beispielsweise das Epos potentiell unendlich, es fließt, und seine Teile (oder Episoden) haben »für sich eignes Leben«[121]. Die strukturelle Vollendung der Tragödie fehlt dem Epos, obwohl es andererseits ebenfalls auf eine Gestaltungsidee bezogen ist, die ihm eine (wie man sagen könnte) ideelle Vollendung sichert.[122]

Die Unterscheidungen zwischen den verschiedenen Formen der künstlerischen Vollendung überträgt F. Schlegel nun auch auf das Gebiet der historischen Kunsttheorie. Mutatis mutandis werden sie auf die Dichotomie von klassischer und moderner bzw. romantischer Kunst angewandt. Die antike Poesie als Ganze sei ein »selbständiges, in sich vollendetes, vollkommnes Ganzes, [...] wo auch der kleinste Teil durch die Gesetze und den Zweck des Ganzen notwendig bestimmt, und doch für sich bestehend und frei ist«[123]. Entsprechend stellt auch August Wilhelm Schlegel von der klassischen griechischen Antike fest, ihr Menschheitsideal sei »vollkommene Einheit und Ebenmaß aller Kräfte, natürliche Harmonie«. Sie habe die künstlerische Aufgabe, Form und Stoff zu vereinen, »bis zur Vollendung gelöst«[124]. Die »ganze Masse der modernen Poesie« ist dagegen, wie F. Schlegel schreibt, »ein unvollendeter Anfang, dessen Zusammenhang nur in Gedanken zur Vollständigkeit ergänzt werden kann«[125]. Sie ist nicht nur künstlich gebildet, d. h. von philosophisch-theoretischen Erwägungen geleitet[126], sondern in ihrer Spielart des Romantischen zudem wesentlich auf das Unendliche gerichtet. Ihr einheitsstiftendes Prinzip ist also paradoxerweise die Idee der Unvollständigkeit, der Verwiesenheit auf ein Transzendentes. Diese Ausrichtung macht sich in mehreren Zügen bemerkbar: Was die Inhalte angeht, so zeigt sie sich in dem für romantische Kunst typischen Interesse am Unendlichen des Lebens und der menschlichen Naturen, an »dem unendlichen Spiele der Welt«[127]; sodann in ihrem Interesse am Subjekt, an dessen unerschöpflicher Individualität, vor allem auch an der Individualität des Schöpfers.[128] Sie zeigt sich in der Stimmung der »Sehnsucht«, die A. W. Schlegel jener des »Besitzes«, die für die klassische Kunst typisch war, entgegenstellt. Formal kann sich diese Ausrichtung in einem »gewissen Schein von Unvollendung«[129] niederschlagen. Dieser Schein, so kann man hinzufügen, ist geradezu notwendig, um die für romantische Kunst wesentliche Art der Vollkommenheit zu erreichen. Die Paradoxie wird in ähnlicher Weise auch von F. Schlegel in einem seiner *Athenäums-Fragmente* ausgesprochen: »Ein Fragment muß gleich einem kleinen Kunstwerk von der umgebenden Welt ganz abgesondert und in sich selbst

---

118 FRIEDRICH SCHLEGEL an August Wilhelm Schlegel (Ende Mai 1793), in: SCHLEGEL (KFSA), Bd. 23 (1987), 97.
119 Vgl. F. SCHLEGEL, Über das Studium der Griechischen Poesie (1795–1797), in: ebd., Bd. 1 (1979), 217–367, bes. 253–255.
120 Ebd., 296.
121 F. SCHLEGEL, Geschichte der Poesie der Griechen und Römer (1798), in: ebd., 469.
122 Vgl. ebd., 466.
123 F. SCHLEGEL (s. Anm. 119), 305.
124 AUGUST WILHELM SCHLEGEL, Vorlesungen über dramatische Kunst und Literatur. Erste Vorlesung (1809), in: A. W. Schlegel, Sämmtliche Werke, hg. v. E. Böcking, Bd. 5 (Leipzig 1846), 17.
125 F. SCHLEGEL (s. Anm. 119), 305.
126 Vgl. ebd., 231.
127 F. SCHLEGEL, Gespräch über die Poesie (1800), in: SCHLEGEL (KFSA), Bd. 2 (1967), 324.
128 Vgl. F. SCHLEGEL (s. Anm. 119), 239.
129 A. W. SCHLEGEL (s. Anm. 124), 17.

vollendet sein wie ein Igel.«¹³⁰ Der bruchstückhaften Form liegt ihre eigene Idee zugrunde, zum Beispiel die Idee, daß sie den Leser auf sich selbst zurückverweist (dies leisten die Stacheln); und diese Idee macht das Fragment in einem gewissen Sinne zu etwas ›Vollendetem‹, auch wenn es im traditionellen Sinne unvollendet sein mag.

Für Novalis, der die strenge Schlegelsche Unterscheidung zwischen natürlicher und künstlicher Bildung für unangemessen hält¹³¹, hat alle vollendete Kunst einen Bezug auf die Welt insgesamt und verweist damit aufs Unendliche: »Alles Vollendete spricht sich nicht allein – es spricht eine ganze (mit)verwandte Welt aus. Daher schwebt um das Vollendete jeder Art der Schleier der ewigen Jungfrau – den die leiseste Berührung in magischen Duft auflöst, der zum Wolkenwagen des Sehers wird.« Der Künstler selbst erfährt sein Werk, sofern es vollendet ist, als etwas Fremdes: »Mit jedem Zuge der Vollendung springt das Werk vom Meister ab in mehr, als Raumfernen – und so sieht mit dem letzten Zuge der Meister, sein vorgebliches Werk durch eine Gedankenkluft von sich getrennt – deren Weite er selbst kaum faßt«. Vor allem aber erfährt er sich als bloßes »unwissendes Organ und Eigenthum einer höhern Macht«¹³². Das Vollendete ist wiederum Durchgangsstation für das Unendliche. Selbst für das Individuum und seine innere Entwicklung gilt etwas Ähnliches: Der »vollendete Mensch« muß Novalis zufolge »gleichsam zugleich an mehreren Orten und in mehreren Menschen leben – ihm müssen beständig ein weiter Kreis und mannichfache Begebenheiten gegenwärtig seyn«¹³³.

Für die weitere Geschichte des Vollkommenheitsbegriffs ist die romantische Verwendung des Terminus insofern wichtig, als hier die Verengung auf die evaluative Bedeutung vollzogen wird. Innere Zweckmäßigkeit, Einheit im Mannigfaltigen, wie sie organischen Gestalten und nach traditioneller Auffassung auch Kunstwerken eigen war, ist nur noch eine Spielart der Vollkommenheit; ganz allgemein besteht die Vollkommenheit eines Dings in seiner Angemessenheit zu einer Idee. »Was ist aber die Vollkommenheit jedes Dings?« fragt Schelling, und er antwortet: »Nichts anders denn das schaffende Leben in ihm, seine Kraft dazuseyn.«¹³⁴ Das »allein Lebendige in den Dingen« ist aber der Begriff oder die Idee: So daß die Vollkommenheit eines konkreten Dings darin besteht, daß die Idee sich in ihm unmittelbar darstellt, daß sie »in der abgebildeten Welt durchbricht«¹³⁵, wie Schelling schreibt. Wenn er von der Schönheit feststellt, sie sei »da gesetzt, wo das Besondere (Reale) seinem Begriff so angemessen ist, daß dieser selbst, als Unendliches, eintritt in das Endliche und *in concreto* angeschaut wird« (382), dann darf man hinzufügen, daß eben dies auch seiner Definition von Vollkommenheit entspricht. ›Schönheit‹ bedeutet dasselbe wie der rein evaluativ verstandene Ausdruck ›Vollkommenheit‹. Schopenhauer bringt das neue terminologische Verständnis in anspruchsloser Weise auf den Punkt, wenn er feststellt, daß »›vollkommen seyn‹ nichts weiter heißt als ›irgendeinem dabei vorausgesetzten Begriff entsprechen‹, der also voher aufgestellt seyn muß«¹³⁶. Der rein evaluative Sinn des Ausdrucks ist auch im Spiel, wenn er für das künstlerische Genie behauptet: »Was im einzelnen vorhandene Dinge nur unvollkommen und durch Modifikationen geschwächt da ist, steigert die Betrachtungsweise des Genius zur Idee davon, zum Vollkommenen« (263).

*2. Vollendung ohne Vollkommenheit:
Von der Romantik zu Schopenhauer und Hegel*

Als folgenreich im Hinblick auf die Stellung des Vollkommenheitsbegriffs erweist sich nicht nur der wiederauflebende Platonismus, sondern auch die Historisierung der Ästhetik. Etwa seit 1750 wird der Vollkommenheitsbegriff, wie oben erwähnt, in der These von der ›unendlichen Perfektibilität des Menschen‹ geschichtsphilosophisch fruchtbar ge-

---

130 F. SCHLEGEL, Athenäums-Fragmente (1798), in: SCHLEGEL (KFSA), Bd. 2 (1967), 197 (Nr. 206).
131 Vgl. NOVALIS, Fragmente und Studien (1799–1800), in: Novalis (s. Anm. 117), 766 (Nr. 94).
132 NOVALIS (s. Anm. 117), 651 (Nr. 737).
133 NOVALIS (s. Anm. 131), 756 (Nr. 34).
134 FRIEDRICH WILHELM JOSEPH SCHELLING, Ueber das Verhältniß der bildenden Künste zu der Natur (1807), in: SCHELLING (SW), Abt. 1, Bd. 7 (1860), 294.
135 SCHELLING, Philosophie der Kunst (entst. 1802–1803), in: ebd., Abt. 1, Bd. 5 (1859), 369.
136 SCHOPENHAUER (s. Anm. 21) 542.

macht. Allmählich geraten auch die Künste in den Einzugsbereich des geschichtsphilosophischen bzw. historischen Denkens: Für sie werden nun ebenfalls Vollendungsszenarien entworfen. Wortgeschichtlich liegt dem eine bemerkenswerte Bedeutungsverschiebung zugrunde. Konnte ›vollenden‹ zunächst noch so viel wie ›beenden‹ bedeuten und damit einen rein deskriptiven Sinn haben, so hatte sich im 18. Jh. die Bedeutung von ›an ein gutes Ziel gelangen‹ durchgesetzt.[137] Im 18. Jh. wurde (der Zustand der) Vollendung gleichgesetzt mit der Vollkommenheit der betreffenden Entität, mit innerer Zweckmäßigkeit, Ganzheit und Vollständigkeit. Dies entsprach dem traditionellen, an Aristoteles geschulten Begriffsverständnis.

Ansatzweise bleibt diese begriffliche Bindung auch noch in der Romantik bestehen: Die Vollendung der Kunst liegt nach romantischem Verständnis in einer allgemeinen Versöhnung der Gegensätze, in Harmonie, oder wie es bei F. Schlegel heißt, ›Universalität‹: »Universalität ist Wechselsättigung aller Formen und aller Stoffe. Zur Harmonie gelangt sie nur durch Verbindung der Poesie und der Philosophie: auch den universellsten vollendetsten Werken der isolierten Poesie und Philosophie scheint die letzte Synthese zu fehlen; dicht am Ziel der Harmonie bleiben sie unvollendet stehn.«[138] Ob die Vollendung eine historisch reale Möglichkeit darstellt oder ein Ideal bleibt, wird unterschiedlich und zum Teil auch nicht ganz eindeutig beantwortet. In F. Schlegels Bestimmung der romantischen Poesie als einer ›progressiven Universalpoesie‹ heißt es: »Die romantische Dichtart ist noch im Werden; ja das ist ihr eigentliches Wesen, daß sie ewig nur werden, nie vollendet sein kann. [...] Sie allein ist unendlich, wie sie allein frei ist, und das als ihr erstes Gesetz anerkennt, daß die Willkür des Dichters kein Gesetz über sich leide.«[139] Novalis scheint eher dahin zu neigen, die Romantisierung der Welt als echte Zukunftsvision zu begreifen, deren Eintreten allerdings in unbestimmter Ferne liegt: »Wann und wann eher? darnach ist nicht zu fragen. Nur Geduld, sie wird, sie muß kommen die heilige Zeit des ewigen Friedens, wo das neue Jerusalem die Hauptstadt der Welt seyn wird«[140].

Bei Hegel werden die gesamte Kunst und auch die Ästhetik (als Teilgebiet der Philosophie) unter dem Gesichtspunkt ihrer Leistung für die Vollendung des Geistes betrachtet. Der traditionelle Begriff der Vollkommenheit ist demgegenüber nur von untergeordnetem Interesse. Hegel versteht ihn im überlieferten Sinne als Übereinstimmung verschiedener Organe zu einem Zweck, wobei ›Organ‹ hier im weitesten Sinne von Funktionseinheit zu nehmen ist.[141] Auch schöne Gegenstände sind vollkommen, so etwa, wenn in einem Drama »die Charaktere der verschiedenen Personen in ihrer Reinheit und Bestimmtheit durchgeführt, und [...] die verschiedenen Zwecke und Interessen, um die es sich handelt, klar und entschieden dargelegt werden«. Allerdings gehört Vollkommenheit zum Gebiet des Verstandes, der die »Unterschiede nur in selbständiger Trennung festhält«[142], und eben deshalb nicht zu den wesentlichen Bestimmungen der Schönheit.

Die Schönheit und ihre Verkörperung in der Kunst sind vielmehr von der Vollendungsgeschichte her zu verstehen, die der Geist Hegel zufolge durchläuft. Die deskriptiven Komponenten des traditionellen Vollkommenheitsbegriffs lassen sich der Vollendung allenfalls noch im metaphorischen Sinne zusprechen: Im wesentlichen bezeichnet ›Vollendung‹ den Prozeß des »Herausgehens, Sichauseinanderlegens und zugleich Zusichkommens«[143], in welchem dem Geist zu Bewußtsein kommt, was er dem Begriff nach von jeher ist. Die Kunst als ganze genommen ist eine Entwicklungsstufe auf dem Zusichkommen des Geistes. Sie läßt sich ihrerseits wieder gliedern in die drei Formen oder Entwicklungsstufen der symbolischen, klassischen und romantischen Kunst. Die klassische Kunst bringt in ihrer Gestaltungsweise »das zur Ausführung [...], was die wahrhafte Kunst ihrem Begriff nach ist« – nämlich die »Einigung des In-

---

137 Vgl. ›vollenden‹, in: GRIMM, Bd. 12/2 (1951), 620–636.
138 F. SCHLEGEL, (s. Anm. 130), 255 (Nr. 451).
139 Ebd., 183 (Nr. 116).
140 NOVALIS, Die Christenheit oder Europa (1799), in: Novalis (s. Anm. 117), 750.
141 Vgl. HEGEL (s. Anm. 115), in: HEGEL (TWA), Bd. 8 (1970), 171.
142 HEGEL, Vorlesungen über die Ästhetik (1835–1838), in: ebd., Bd. 13 (1970), 152.
143 HEGEL (s. Anm. 114), in: ebd., Bd. 18 (1981), 41.

halts und der ihm schlechthin angemessenen Gestalt«[144] – und ist daher als Kunst vollendet. Die anderen beiden Kunststufen sind daher nur von der klassischen Kunst her zu verstehen: Es »*sucht* die symbolische Kunst jene vollendete Einheit der inneren Bedeutung und äußeren Gestalt, welche die klassische in der Darstellung der substantiellen Individualität für die sinnliche Anschauung *findet* und die romantische in ihrer hervorragenden Geistigkeit *überschreitet*«[145]. In diesem Zusammenhang ist auch Hegels berühmte These vom Ende der Kunst zu lesen: Die Kunst hat mit der Romantik die ihr mögliche Vollendung erreicht und ist in diesem Sinne an ihrem Ende angelangt.[146]

Was für die Geschichte der Kunst insgesamt Gültigkeit hat, gilt Hegel zufolge schließlich auch für die einzelnen Kunstformen: Auch sie haben »in sich selbst ein Werden, einen Verlauf, der in dieser seiner abstrakteren Beziehung allen *gemeinschaftlich* ist. Jede Kunst hat ihre Blütezeit vollendeter Ausbildung als Kunst – und diesseits und jenseits ein Vor und Nach dieser Vollendung.«[147] In der griechischen Skulptur treffen die Blüte dieser Kunstform und die Vollendung der Kunst insgesamt zusammen – sie ist bei Hegel das Paradigma des vollendeten Kunstwerks.

Der Zustand der Vollendung ist bei Hegel allenfalls noch vage mit innerer Zweckmäßigkeit, dem traditionellen Attribut der Vollkommenheit assoziiert. Was sich bei Hegel andeutet, ist bei Schopenhauer bereits endgültig vollzogen: Vollendung hat hier nicht mehr die deskriptive Bedeutung von ›vollkommen werden‹. Vielmehr liegt die Vollendung in der Selbstaufhebung des Willens bzw. im Nichts. Die Situation des ästhetisch rezipierenden Subjekts ist eine Art temporärer Vorwegnahme dieser Vollendung. Damit ist der Vollendungsbegriff aus dem traditionellen Spektrum des Vollkommenheitsbegriffs mit seinem Bezug zur inneren Zweckmäßigkeit gelöst. Mit dem Ausdruck ›Vollendung‹ werden nun genetisch-historische Prozesse belegt, die auf ein beliebiges, als positiv bewertetes Ziel zulaufen, seien es nun solche der Überwindung des Willens, wie bei Schopenhauer, oder des Menschen selbst, wie später bei Nietzsche.

Sibille Mischer

V. Nietzsche und die Ausläufer des Vollkommenheitsdiskurses im 20. Jahrhundert

Bei Nietzsche läßt sich eine gegenläufige Tendenz zur evaluativen Einengung des Vollkommenheitsbegriffs beobachten. Er setzt z. B. die Vollkommenheit eines Dings oder Wesens gleich mit seiner Macht[148], wobei der Mensch Dinge als schön bezeichnet, in denen er seine Vollkommenheit und Macht widergespiegelt sieht.[149] Man kann hier sicher Anklänge an den auch schon von Leibniz aufgegriffenen Aristotelischen Begriff der ›entelecheia‹ feststellen. Doch setzt sich Nietzsches Begriffsverständnis nicht durch. Auch bei ihm hat der Vollendungsbegriff sich statt dessen aus dem traditionellen Begriffsspektrum des Vollkommenheitsbegriffs mit seinem Bezug zur inneren Zweckmäßigkeit gelöst. In diesem Sinne können »Klassiker« der Literatur (Lessing, Goethe, Schiller u. a.) als »Vollender« ästhetischer (literarischer) und intellektueller »Tugenden«[150] gelten. Und Zarathustra ›vollendet‹ den Menschen, indem er zerstörend das Bild des Übermenschen in ihm freilegt. Innerhalb des Menschlichen gibt es keine Vollendung, sie liegt vielmehr in seiner Überwindung.[151]

Nietzsche rückt die Vollkommenheit dadurch dezidiert in die ethische Perspektive, die gegenüber sich die ästhetische umgekehrt proportional verhält: je ausgeprägter die eine, desto schwächer die andere. Nicht »die Kunst der Kunstwerke« ist

---

144 HEGEL (s. Anm. 142), in: ebd., Bd. 14 (1970), 13.
145 HEGEL (s. Anm. 142), 392.
146 Vgl. ebd., 141 ff.
147 HEGEL (s. Anm. 144), 246.
148 Vgl. NIETZSCHE, Götzendämmerung (1889), in: NIETZSCHE (KGA), Abt. 6, Bd. 3 (1969), 111; vgl. auch Fragment 16 [73] (Herbst 1883), in: NIETZSCHE (KGA), Abt. 7, Bd. 1 (1977), 550.
149 Vgl. NIETZSCHE, Götzendämmerung (s. Anm. 148), 117.
150 NIETZSCHE, Menschliches, Allzumenschliches, Bd. 2 (1879), in: NIETZSCHE (KGA), Abt. 4, Bd. 3 (1967), 246 (Nr. 125).
151 Vgl. NIETZSCHE, Also sprach Zarathustra (1883–1885), in: NIETZSCHE (KGA), Abt. 6, Bd. 1 (1968), 108.

demnach »das Eigentliche«[152], sondern die des Lebens. Hegels These vom Ende der Kunst erhält damit eine Fassung, wie sie in der Folge des Historischen Materialismus durch die Kritische Theorie herausgestellt wird: Vollkommenes, gelungenes Leben bedeutete das Ende der Kunst; die Menschen wären ihrer nicht mehr bedürftig. Umgekehrt heißt das, daß das Leben, solange es Kunst gibt, nicht so ist, wie es sein sollte. Die Negativfolie für diese Verschränkung von Ethik und Ästhetik liefert, wie stets bei Nietzsche, das Christentum, denn unter der Erbsündenlehre kann die Maxime der Vervollkommnung des eigenen wie des kollektiven Lebens nicht gedeihen.

Ebenso kennt Nietzsche aber eine ›Dialektik des Vollkommenen‹, wie sie durch die Romantik, namentlich durch Novalis, thematisiert und im 20. Jh. fortgeführt wird. Er benutzt in diesem Kontext den Begriff der ›Vollständigkeit‹, den Begriff der Vollkommenheit also allein in quantitativer Hinsicht. Dies auch deshalb, weil es ihm um die Wirksamkeit, die rhetorische Dimension von Kunstwerken und Texten zu tun ist. Und in der traditionellen Rhetorik heißt ›perfectio‹ nicht mehr als ›Vollständigkeit‹, die Aufforderung, ein Ding von möglichst vielen Seiten zu betrachten und eine These durch möglichst viele Zusatzargumente zu stützen. Nietzsches aphoristische Einsicht lautet demnach, daß »mitunter« gerade das »Unvollständige« das »Wirksame« sei, weil es die Betrachter oder Leser anregt, die Sache selber »fortzubilden, zu Ende zu denken«[153]. Das Vollkommene bzw. Vollendete läßt sich demgegenüber tendenziell nur noch genießen.

Noch weniger als im ausgehenden 19. Jh. ist der Begriff der Vollkommenheit für die Ästhetik des 20. Jh. relevant. Wo er überhaupt aufgegriffen wird, werden die romantischen Auflösungs- und Umdeutungstendenzen fortgeführt. Auch die nietzscheanische Verschränkung von der Ethik wird erneut aufgegriffen. Wie stets treten in solchen allgemeinen Trends aber auch gegenläufige Elemente in Erscheinung.

So positioniert sich etwa Benedetto Croce mit einer gewissen Wiederaufnahme des traditionellen, nicht evaluativ vereinseitigten Vollkommenheitsbegriffs. Für sein Buch *Estetica come scienza dell' espressione e linguistica generale* (1902) ist zentral die These, ästhetische Tätigkeit sei Formung eines individuellen, intuitiven, anschaulichen Gefühls zu einem vollkommenen Ausdruck.[154] Kriterium dafür, ob etwas schön genannt werden kann, ist demnach die Vollkommenheit (der Form) des Ausdrucks. Schön ist speziell ein Kunstwerk immer als Ganzes, nicht in seinen Teilen; nur als unvollkommenes kennt ein Kunstwerk schöne Teile. Croces Position ist eingebettet in eine großangelegte Geistphilosophie in der Nachfolge Hegels, in der er zwei übergeordnete, in einzelnen dann vier Formen der Geistestätigkeit unterscheidet: Die theoretische Geistestätigkeit, die die (ästhetische, einem individuellen Gefühl Form gebende) Intuition und den Intellekt unter sich subsumiert, steht der praktischen gegenüber, der sich das ökonomische und ethische Wollen unterordnen. In seiner Bestimmung der Ästhetik als Theorie der Intuition bewegt Croce sich auf der durch das 18. Jh., namentlich durch Baumgarten angestoßenen Linie einer ›Logik des Individuellen‹; im ästhetischen Ausdruck vergegenwärtigt sich das Individuelle.

Auf der Linie der Romantik bewegt sich demgegenüber Walter Benjamin. Zentrales Anliegen seiner Dissertationsschrift *Der Begriff der Kunstkritik in der deutschen Romantik* (1920) ist die Durchsetzung eines Begriffs von ästhetischer Kritik, der sich generell dem dominierenden Hegelschen Verdikt über die Romantik entgegenstellt und speziell weniger in der Tradition des 18. Jh. stehenden ›Beurteilung‹ als der (unendlichen) Vollendung eines Werkes dient. ›Vollendung‹ meint hier nicht einfach ›Abschluß‹ oder ›äußerliche Ergänzung‹. Vielmehr wird das Kunstwerk selbst zum Subjekt einer unendlichen Reflexion und spricht insofern seinen eigenen Wahrheitsgehalt aus. Es kommentiert sich selbst, sei es im einzelnen Werk durch Selbstreferenz oder Referenz auf das Genre, sei es im nachfolgenden Werk. ›Reflexion‹, das sich auf sich selbst beziehende Denken, das F. Schlegel und

---

152 NIETZSCHE (s. Anm. 150), 89 f. (Nr. 174).
153 NIETZSCHE, Menschliches, Allzumenschliches, Bd. 1 (1878), in: NIETZSCHE (KGA), Abt. 4, Bd. 2 (1967), 163 f. (Nr. 178).
154 Vgl. BENEDETTO CROCE, Estetica come scienza dell' espressione e linguistica generale (1902; Bari [10]1958), 83–90.

Novalis auf das Kunstwerk anwenden[155], ist der Kern des romantischen Kritikbegriffs. Benjamin löst mit dieser Konzeption, allerdings erst postum in den 1960er Jahren, eine Neubewertung der Romantik aus. Das gilt auch hinsichtlich der Fragment-Konzeption. Auch hier arbeitet Benjamin, im Verweis u. a. auf Nietzsche, den internen Bezug zum System heraus. Fragmentarisch bzw. aphoristisch zu schreiben, ist seither kein Vorwurf mehr, sondern eher eine Auszeichnung.[156] Benjamin zitiert daher Novalis: »Nur das Unvollständige kann begriffen werden, kann uns weiter führen. Das Vollständige wird nur genossen«[157], und kommentiert dies in *Die Technik des Schriftstellers in dreizehn Thesen* (1925) mit dem berühmten Satz: »Das Werk ist die Totenmaske der Konzeption.«[158] Vollendung bedeutet auch Starre, Abschluß, Tod.

Adorno greift die romantische Tradition ebenfalls auf, verknüpft sie aber dezidierter mit der an Hegel geschulten Dialektik. Dieser zufolge kann Kunst als Medium der Wahrheit nur auftreten, wenn sie sich von der Alltagspraxis zunächst einmal rigoros absetzt – ein Topos, den Schiller in die Ästhetik-Diskussion eingeführt hat. Kunst zeichnet sich demnach durch »vollendete Zweckferne« aus, unterscheidet sich damit aber nicht durch eine »höhere Vollkommenheit«, durch eine transzendente Unfehlbarkeit vom »fehlbaren Seienden«[159]. Die »Idee der Vollkommenheit der Werke«, wie sie vor allem das 18. Jh. hervorgebracht hat, »war fragwürdig«; dennoch kann kein Werk, »bei der Strafe seiner Nichtigkeit«, sich davon »dispensieren«, denn die »Kunstwerke müssen auftreten, als wäre das Unmögliche ihnen möglich«, als könnten sie innerhalb ihres Bereichs lösen, was sich außerhalb, in der gesellschaftlichen Praxis, als unlösbar erweist. Da die Gesellschaft in der hegelianisch-marxistischen Sicht der Kritischen Theorie sich als eine Einheit von Widersprüchen erweist, kann auch die Kunst als ausdifferenzierter Teil der Gesellschaft nicht den Anspruch erheben, von diesen Widersprüchen nicht tangiert zu sein. Mit einer zusätzlichen psychoanalytischen Akzentuierung gesprochen: »Real ungeschlichtete Antagonismen lassen sich auch imaginär nicht schlichten.« (253) Gemäß der ›negativen‹, Widersprüche nicht auflösenden Dialektik Adornos ist ästhetische Vollkommenheit einerseits, wegen des Bezugs auf Versöhnung und Wahrheit, unverzichtbar, andererseits, wegen des ideologischen, die realen Widersprüche übertünchenden Aspekts, fragwürdig.

In der gegenwärtigen Philosophie und Ästhetik ist der Begriff der Vollkommenheit kaum noch in seiner ästhetischen, auffallend jedoch in seiner ethischen Bedeutung anzutreffen. Richard Rorty hat dazu am prononciertesten beigetragen. Private Selbstvervollkommnung preist er als ethisch-ästhetisches Ideal einer postmodernen bzw. postmetaphysischen und liberalen Kultur. In seinem Buch *Contingency, Irony, and Solidarity* (1989) versucht er auf diese Weise, das alte platonisch-metaphysische und christlich-theologische Unternehmen, individuelle Vollkommenheit und Gemeinschaftssinn, Selbsterschaffung und Gerechtigkeit zu verschmelzen, mit einer zeitgemäßen Alternative zu konfrontieren, die auf der liberalistischen Trennung von Privatem und Öffentlichem insistiert. Auch für ihn ist die Romantik, und in der Folge Nietzsche, ausschlaggebend, wenn es um die Etablierung des Konzepts der Selbsterschaffung geht; der Künstler wird zum gesellschaftlichen Modell. Mit der Romantik wird damit der Anspruch der Kunst auf die Position in der Kultur erhoben, die traditionell von Religion und Philosophie, seit der Aufklärung auch der Wissenschaft reklamiert wird.[160] Harold Blooms ›strong poet‹ wird zum »cultural hero«[161] des utopisch-liberalen Gemeinwesens, nicht der Krieger, der Priester, der Wilde oder der Wissenschaftler. Man kann dieses ethisch-ästhetische Ideal im Sinne Arnold Gehlens und Odo Marquards als eine der ›modernen Ersatzfunktionen des Ästhetischen‹ rubrizieren und mit der von Joseph Beuys populär gewordenen Sentenz, jeder sei ein Künstler, in die seit der Renaissance herausge-

---

155 Vgl. WALTER BENJAMIN, Der Begriff der Kunstkritik in der deutschen Romantik (1920), in: BENJAMIN, Bd. 1/1 (1974), 63 f.
156 Vgl. ebd., 41 f.
157 Ebd., 69 f.
158 BENJAMIN, Die Technik des Schriftstellers in dreizehn Thesen (1925), in: BENJAMIN, Bd. 4/1 (1972), 107.
159 THEODOR W. ADORNO, Ästhetische Theorie (1970), in: ADORNO, Bd. 7 (1970), 125 f.
160 Vgl. RICHARD RORTY, Contingency, Irony, and Solidarity (Cambridge 1989), 3.
161 Ebd., 53.

bildete Geniekonzeption stellen, die im Künstler den ›alter deus‹ erkennt.[162] Man kann es aber auch als eine bestimmte Ausprägung des Verhältnisses von Ethik und Ästhetik anerkennen, als eine ›perfektionsästhetische Ethik‹[163], die im Ästhetischen weder eine Marginalie noch ein paritätisches Element, noch gar das Fundament, sondern die Vollendung der Ethik sieht; Hans-Georg Gadamers Hermeneutik bietet als praktische Philosophie hierfür das beste Beispiel.

Doch ist der Begriff der Vollkommenheit im ästhetischen Kontext auch im 20. Jh. für Überraschungen gut. So läßt ihm der Architekt und Architekturkritiker Charles Jencks eine Reaktualisierung angedeihen, die um so überraschender wirkt, als Jencks 1975 den Ausdruck ›postmodern‹ auf die Architektur anwendet und damit der Postmoderne-Debatte einen eminenten popularisierenden Auftrieb verschafft. In seinem Aufsatz *What Is Beauty?* (2001) benennt Jencks vier Prinzipien des Schönen: erstens »intensification of patterns«[164], zweitens »pleasure of the new«, drittens »symbols of perfection« (25) und viertens »significant content«. Als vollkommen bzw. vollendet erscheint ein Objekt, wenn es den Eindruck von Transzendenz («transcendence«), Göttlichem (»divine«), Allumfassendem (»all-overness«) erweckt; die romantische Begriffstradition kommt hier erneut zum Vorschein. Die Zuschreibung von ästhetischer Vollkommenheit ist dabei abhängig von Geschmack und Kultur (»taste and culture«) und steht im Widerspruch zu den objektivistischen beiden ersten Prinzipien. Die Erfahrung von Schönheit insgesamt konzipiert Jencks daher schließlich als ein Ausbalancieren von Widersprüchen (»a unitive perception in which contradictions are balanced« – 26), die mit den genannten Prinzipien gegeben sind. So liefert Jencks ein kleines Dokument dafür, daß der Begriff der ästhetischen Vollkommenheit durchaus in der Lage ist, auch die (Debatten um die) Postmoderne zu überstehen.

Josef Früchtl

and ›entelecheia‹ in Aristotle, in: International Philosophical Quarterly 7 (1967), 101–117; BLAIR, GEORGE A., Aristotle on ›entelexeia‹: A Reply to Graham, in: American Journal of Philology 114 (1993), 91–97; COLEMAN, FRANCIS X. J., The Aesthetic Thought of the French Enlightenment (Pittsburgh 1971); CROWTHER, PAUL, The Claims of Perfection. A Revisionary Defense of Kant's Theory of Dependent Beauty, in: International Philosophical Quarterly 26 (1986), 61–74; GRAHAM, DANIEL W., The Etymology of ›entelexeia‹, in: American Journal of Philology 110 (1989), 73–80; HAUBRICH, JOACHIM, Die Begriffe ›Schönheit‹ und ›Vollkommenheit‹ in der Ästhetik des 18. Jahrhunderts (Diss. Mainz 1998); HORNIG, GOTTFRIED, Perfektibilität. Eine Untersuchung zur Geschichte und Bedeutung dieses Begriffs in der deutschsprachigen Literatur, in: Archiv für Begriffsgeschichte 24 (1980), 221–257; HURKA, THOMAS, Perfectionism (New York/Oxford 1993); JANSEN, LUDGER, Tun und Können. Ein systematischer Kommentar zu Aristoteles' Theorie der Vermögen im neunten Buch der ›Metaphysik‹ (Frankfurt a.M. u.a. 2002); KENNY, ANTHONY, Aristotle on the Perfect Life (Oxford 1992); KIVY, PETER, The Seventh Sense. A Study of Francis Hutcheson's Aesthetics And Its Influence in Eighteenth-Century Britain (1976; Oxford ²2003); MÄHL, HANS-JOACHIM, Die Idee des goldenen Zeitalters im Werk des Novalis. Studien zur Wesensbestimmung der frühromantischen Utopie und zu ihren ideengeschichtlichen Voraussetzungen (1965; Tübingen ²1994); NORTON, ROBERT E., The Beautiful Soul. Aesthetic Morality in the Eighteenth Century (Ithaca 1995); PASSMORE, JOHN, The Perfectibility of Man (New York/London 1970).

Literatur

BEHLER, ERNST, Frühromantik (Berlin/New York 1992); BEHLER, ERNST, Unendliche Perfektibilität. Europäische Romantik und Französische Revolution (Paderborn u. a. 1989); BLAIR, GEORGE A., The Meaning of ›energeia‹

162 Vgl. RÜDIGER BUBNER, Moderne Ersatzfunktionen des Ästhetischen (1986), in: Bubner, Ästhetische Erfahrung (Frankfurt a.M. 1989), 103 f.
163 Vgl. JOSEF FRÜCHTL, Ästhetische Erfahrung und moralisches Urteil. Eine Rehabilitierung (Frankfurt a.M. 1996), 25 f., 191 ff., 243 ff.
164 CHARLES JENCKS, What Is Beauty?, in: Prospect. Essays, Argument, Review (August/September 2001), 24.

Wahrheit/Wahrscheinlichkeit

(griech. ἀλήθεια, εἶκος, δοκοῦν; lat. veritas, veri similitudo; engl. truth, verisimilitude; frz. vérité, vraisemblance; ital. verità, verosimiglianza; span. verdad, verosimilitud; russ. правда, вероятность)

Einleitung; 1. Intuitive Bestimmung; 2. Die gegenwärtige Situation; 3. Liste der Bedeutungen; 4. Ein umfassendes Kriterium – unterschiedliche, komplexe Begriffe; **I. Vorgeschichte**; 1. Der zutreffende Wortlaut und die implizite ›Moral‹; 2. Idealisierende Tendenzen: Musterhaftes; 3. Empiristische Tendenzen; **II. 18. Jahrhundert**; 1. Kohärenzen; 2. Charakteristisches in der Wirklichkeitstreue; 3. Konservatives und Progressives: Idealisierungen und Subjektivierungen; 4. Die implizite ›Moral‹; **III. 19. Jahrhundert**; 1. Die romantische Tradition: Charakteristisches ohne Wirklichkeitstreue; 2. Hegel und die Seinen: Das idealistische Konzept des Musterhaften; 3. Die realistische Tradition: Charakteristisches mit Wirklichkeitstreue; 4. Implizite Aussagen und weitere Konzepte; **IV. 20. Jahrhundert**; 1. Die Moderne: Charakteristisches, mit und ohne Wirklichkeitstreue; 2. Heidegger und die Seinen: Musterhaftes; 3. Implizite Aussagen und weitere Konzepte; **Epilog: Ästhetische Wahrheit und Falschheit?**

Einleitung

1. Intuitive Bestimmung

Der Begriff der Wahrheit in Kunstwerken schließt alle diejenigen Aspekte der Kunst ein, die etwas über die Wirklichkeit aussagen. Impliziert ist damit in der Regel zweierlei: Erstens geben die Werke mit ihren jeweiligen Sujets, Formen, Farben etwas *Allgemeineres* zu erkennen, das es zu wissen lohnt; zweitens bringen sie es im Vergleich zu anderen Disziplinen wie Philosophie oder Theologie nicht propositional in Gestalt einer einzelnen wahren Aussage, sondern *auf spezifische Weise* – eben ästhetisch – zum Ausdruck: als literarisches Werk mit zahlreichen fiktionalen Aussagen, als Werk der bildenden Kunst mit Farben, als Werk der Musik mit Klängen usw. Der Begriff der ästhetischen Wahrheit besagt demnach nicht notwendig alternative

Erkenntnisse, sondern alternative Arten von Erkenntnis und deren Vermittlung.

2. Die gegenwärtige Situation

Wie der Begriff der propositionalen Wahrheit bezüglich Aussagen ist auch der Begriff der ästhetischen Wahrheit bezüglich Kunstwerken umstritten. Im Streit um die Berechtigung wie um den Inhalt des Begriffs ästhetischer Wahrheit ist lediglich seine Funktion weniger fraglich. Kunstwerke als ›wahr‹ zu bezeichnen, diente lange Zeit und dient noch heute gelegentlich dazu, sie aufzuwerten, ihren kulturellen Stellenwert zu unterstreichen. Vom 15. bis zum 17. Jh. ist es zunächst der Anspruch auf die Gleichwertigkeit einiger Künste im Verhältnis zu anderen Disziplinen und Institutionen der Gesellschaft, seit dem 18. Jh., mit Beginn der Ästhetik als Disziplin, außerdem der Anspruch auf ihre Eigenart als alternative Darstellungsweise gegenüber Begriffssystemen und seit dem 19. Jh., insbesondere mit der Romantik, zunehmend auch der Anspruch auf ihre Kritikfähigkeit. Daraus resultiert die heute verbreitete intuitive Vorstellung, daß Kunstwerke, sofern sie wahr sind, auf gleichwertige, alternative und subjektive Weise vorwiegend kritische Erkenntnisse vermitteln.

Der Begriff der Wahrheit in der Kunst ist diffus. Der Streit um die ästhetische Wahrheit dreht sich, ähnlich wie bei der propositionalen Wahrheit, vor allem um die Frage: Kann man überhaupt von Wahrheit sprechen, und wenn ja, in welchem Sinn? In der philosophischen Diskussion um die propositionale Wahrheit erhob man zunächst zahlreiche Einwände: gegen einen naiven Wirklichkeitsbegriff, gegen ein entsprechend naives Verständnis von Wahrheit als Korrespondenz zwischen Aussagen und Wirklichkeit sowie gegen die Unzulänglichkeit, Wahrheit ausschließlich als Kohärenz eines Systems von Aussagen zu verstehen. Inzwischen schafft sich eine relativierende, pragmatische Antwort zwischen metaphysischem Essentialismus und modischem Konstruktivismus Geltung: »Wahrheit wird so zu einer Angelegenheit wesentlich des *Passens* [...]. Dieses Passen ist nicht Passen-*schlechthin* (– denn ›schlechthin‹ paßt alles zu allem –), sondern *gültiges Passen* innerhalb unseres Interpretations-Horizonts und unserer Interpretations-Praxis.«[1]

---

1 HANS LENK, Interpretationswelten. Gegenwartsphilosophie jenseits von Essentialismus und Relativismus (Frankfurt a. M. 1995), 519.

Diese für propositionale Wahrheit gegebene Antwort gilt analog für zeitgenössische Konzepte ästhetischer Wahrheit genau in dem Maße, in dem es dabei um spezifische und spezifisch vermittelte Erkenntnis der Wirklichkeit geht. Damit ist die oben gestellte Frage nach wie vor in der Diskussion. Radikal negiert wird ästhetische Wahrheit etwa von Käte Hamburger mit dem Argument, daß sich Wahrheit und Interpretation ausschließen, daß also alle Versuche, Kunstwerke auf Wahrheit hin zu interpretieren, notwendig unklar und widersprüchlich sind, wie sie an Georg Wilhelm Friedrich Hegel, Martin Heidegger, Theodor W. Adorno u. a. zu zeigen versucht: »Der Begriff der ästhetischen Wahrheit ist ein in sich selbst widerspruchsvoller Begriff und insofern als Aporie zu bezeichnen.«[2] Ebenso nachdrücklich kritisiert Rüdiger Bubner, mit Verweis auf obsolet gewordene Prämissen: »Daher stellt die Krise des Werkbegriffs eine fundamentale Schwierigkeit für jede Ästhetik dar, die kraft ihres Wahrheitsanspruchs auf einen intakten Werkbegriff angewiesen ist.«[3] Eine weitere Argumentation richtet sich gegen die Reduktion der Werke auf eine kognitive und referentielle Funktion; dagegen werden andere Aspekte für relevanter erachtet, seien es emotionale Qualitäten, sei es, so Wolfgang Iser, der Akt des Erfindens als Ausdruck eines anthropologischen Bedürfnisses nach Fiktionen. Die künstlerische Freiheit, die über den Wirklichkeitsbezug hinausreicht, gilt mehr als die Ausrichtung auf Wahrheit, denn »gerade dadurch wird die fiktionale Rede bestimmten Referenzen unterworfen, während sich das Fingieren der Literatur doch als Überschreiten gesetzter Begrenzungen erweist«[4]. Jacques Derrida umschreibt in *La vérité en peinture* (1978) die Wahrheit in der Malerei in vier Kapiteln so lange, bis sie, seiner Metaphysik-Kritik gemäß, in ihrer Präsenz zwischen Anwesenheit und Abwesenheit fraglich wird: »– Ça revient de partir. / – Ça vient de repartir.«[5]

Mit Verweis auf die Schriftsteller, die selbst regelmäßig einen Wahrheitsanspruch erhoben hätten, behauptet dagegen Wolfgang Kayser eine ästhetische Wahrheit literarischer Texte[6]; eine dezidierte Position vertritt auch Hans-Georg Gadamer, wenn er, gegen den ausschließlichen Wahrheitsanspruch der Naturwissenschaften, die ästhetische Wahrheit der Werke mit Verweis auf die »Verschiedenheit des Wahrheitsanspruches, der von ihnen erhoben wird«[7], verteidigt. Während in diesen Versuchen, sogenannte realistische Darstellungen als wahre Darstellungen zu beschreiben, die monierte Verschwommenheit des Wahrheitsbegriffs offensichtlich wird, versteht man in der angelsächsischen Diskussion die Wahrheit der Kunst exakter. Dort gilt sie als implizite, ableitbare Aussage, als ausformulierbare Botschaft, d. h. zwar als ästhetisch vermittelte, aber letztlich wieder propositionale Wahrheit. Kritiker wie Monroe C. Beardsley wenden dagegen ein, es sei unklar, wie eine derartige wahre Aussage von einem Werk impliziert werden könne.[8] Nelson Goodman beschreibt im Rahmen seines Konstruktivismus die Künste als Modi der Entdeckung, Erschaffung und Erweiterung des Wissens und konzipiert am Beispiel des Mühlenangriffs von Don Quichotte zumindest für literarische Texte eine metaphorische Wahrheit, sofern die Texte mit dem Dargestellten etwas *aufzeigen*: »Don Quichotte›, taken literally, applies to no one, but taken figuratively, applies to many of us – for example, to me in my tilts with the windmills of current linguistics.«[9]

Präzise Definitionen, was der Begriff ästhetischer Wahrheit besagt, sind in diesem weiter schwellenden Streit rar. Charakteristisch für die gegenwärtige Situation ist sowohl die Auseinander-

---

2 KÄTE HAMBURGER, Wahrheit und ästhetische Wahrheit (Stuttgart 1979), 138.
3 RÜDIGER BUBNER, Über einige Bedingungen gegenwärtiger Ästhetik (1973), in: Bubner, Ästhetische Erfahrung (Frankfurt a. M. 1989), 20.
4 WOLFGANG ISER, Das Fiktive und das Imaginäre. Perspektiven literarischer Anthropologie (Frankfurt a. M. 1991), 55.
5 JACQUES DERRIDA, La vérité en peinture (Paris 1978), 436.
6 Vgl. WOLFGANG KAYSER, Die Wahrheit der Dichter. Wandlung eines Begriffs in der deutschen Literatur (Hamburg 1959).
7 HANS-GEORG GADAMER, Wahrheit und Methode (1960), in: GADAMER, Bd. 1 (1986), 168.
8 Vgl. MONROE C. BEARDSLEY, Artistic Truth, in: Beardsley, Aesthetics. Problems in the Philosophy of Criticism (1958; Indianapolis/Cambridge, Mass. ²1981), 367–399.
9 NELSON GOODMAN, Ways of Worldmaking (Indianapolis 1978), 103.

setzung als solche wie auch die Unklarheit, worüber genau gestritten wird. Darum folgt hier zunächst eine Zusammenstellung möglicher Bedeutungen von ›Wahrheit‹ in der Kunst.

3. Liste der Bedeutungen

Wer über Kunst und Wahrheit spricht, verwendet den Begriff ›Wahrheit‹ in der Regel aufgrund einer angenommenen, jeweils anders gearteten *Übereinstimmung*, und zwar im Sinne von:

(1a) zutreffend: Eine explizit formulierte Aussage oder auch ganze Darstellung ist wahr bzw. trifft zu, d. h. das Prädikat trifft auf einen benannten, wie auch immer gearteten Gegenstand zu. Weitere Synonyme: richtig, den Tatsachen entsprechend, allgemein anerkannt, gerechtfertigt behauptbar. Beispiele: Der Spruch ist wahr. Gegenteil: falsch; falls beabsichtigt: gelogen; (1b) zutreffend: Eine implizite Aussage eines Kunstwerkes ist wahr bzw. zutreffend. Weitere Synonyme: richtig, den Tatsachen entsprechend, allgemein anerkannt, gerechtfertigt behauptbar, die Moral von der Geschicht'. Beispiel: ein wahrer Lehrsatz. Gegenteil: falsch. Die Art der Übereinstimmung: Bei dieser ersten Bedeutung von wahr bzw. zutreffend wird zumindest nach dem traditionellen Korrespondenz-Konzept eine Übereinstimmung zwischen den explizit in einem Text formulierten oder impliziten Aussagen und der Wirklichkeit vorausgesetzt. So oder so handelt es sich also nicht um eine spezifisch ästhetische, sondern lediglich um eine ästhetisch vermittelte propositionale Wahrheit. Denn es geht um Aussagen, die als wahr gelten – und bisweilen auch um nicht klar davon unterschiedene Vorschriften.

(2) kohärent: Eine fiktionale Aussage oder auch eine ganze Darstellung oder auch das Dargestellte oder auch ein anderes Mittel der jeweiligen Kunst ist wahr bzw. alles erscheint stimmig oder auch schlüssig. Weitere Synonyme: zumindest dem Eindruck nach möglich oder wahrscheinlich (lat. probabilitas) oder notwendig, widerspruchsfrei und folgerichtig, plausibel, motiviert, harmonisch, innere Wahrheit. Beispiel: die Wahrheit einer Handlung oder eines Akkords. Gegenteil: ungereimt, widersprüchlich, disparat, wunderbar, phantastisch. Die Art der Übereinstimmung: Bei dieser Bedeutung von wahr bzw. kohärent wird eine Übereinstimmung als Stimmigkeit einzelner Elemente des Werkes vorausgesetzt. In diesem Sinne eines – zumindest dem Eindruck nach – kohärenten Werkes wird erstmals im 18. Jh. der Ausdruck ›ästhetische Wahrheit‹ verwendet.

(3) ähnlich: Die Darstellung oder auch das Dargestellte ist wahr bzw. ähnlich, und zwar der Wirklichkeit hinsichtlich einer mehr oder weniger großen Menge von Eigenschaften. Weitere Synonyme: naturgetreu, wirklichkeitsgetreu, wahrscheinlich (lat. verisimilitas), realistisch, naturalistisch, veristisch. Beispiel: eine Abbildung von minutiöser Wahrheit. Gegenteil: falsch, unrealistisch, wunderbar, phantastisch. Die Art der Übereinstimmung: In dieser Bedeutung von wahr bzw. ähnlich wird eine Übereinstimmung – gemäß gängigen oder sich gerade etablierenden Wahrnehmens und Wissens – zwischen zahlreichen Eigenschaften der Darstellung oder auch des Dargestellten und Eigenschaften in der Wirklichkeit vorausgesetzt.

(4) glaubwürdig: Eine Aussage oder auch ganze Darstellung oder auch das Dargestellte (oder auch eine Vorstellung) ist wahr bzw. glaubwürdig, gegebenenfalls derart, daß man die Darstellung für wahr bzw. zutreffend hält. Weitere Synonyme: einleuchtend, evident. Beispiel: Ich finde viel Wahres an dem, was er sagt. Gegenteil: unglaubwürdig. Die Art der Übereinstimmung: Bei dieser subjektivierten Bedeutung wird eine Übereinstimmung zwischen dem Werk und den subjektiven Überzeugungen vorausgesetzt. Die Begriffe der ästhetischen Wahrheit im Sinne jener Kohärenz und Glaubwürdigkeit werden – insbesondere im logozentrischen Denken – gern eins gesetzt; sie sind aber nicht identisch, denn nicht alle kohärenten Werke sind glaubwürdig und auch inkohärente Werke können glaubwürdig sein.

(5) anschaulich: Eine Aussage oder auch ganze Darstellung (oder auch eine Vorstellung) ist wahr bzw. anschaulich, lebhaft, gegebenenfalls derart, daß man das Dargestellte (oder auch das Vorgestellte) für wirklich hält. Weitere Synonyme: bildhaft, konkret, plastisch. Beispiel: die Wahrheit des Stils. Gegenteil: abstrakt, matt, trocken. Die Art der Übereinstimmung: Bei dieser subjektivierten Bedeutung wird in der Regel eine Übereinstimmung zwischen der Darstellung oder auch der evo-

zierten Vorstellung und der Wirklichkeit vorausgesetzt. Die Begriffe der ästhetischen Wahrheit im Sinne der Anschaulichkeit und jener (realistischen) Ähnlichkeit werden gleichfalls gern ineins gesetzt; sie sind aber nicht identisch, denn nicht alle realistischen Werke sind anschaulich, und auch phantastische oder auch surrealistische Werke können anschaulich sein.
(6a) wirklich: ein wahrer bzw. existierender Gegenstand. Weitere Synonyme: real. Beispiel: eine wahre Begebenheit. Gegenteil: erfunden; (6b) echt: ein Gegenstand ist wahr bzw. echt. Weitere Synonyme: tatsächlich, richtig, regelrecht, seinen Namen verdienend, ein rechter Fall von [...]. Beispiele: der wahre Täter, wahres Gold. Gegenteil: scheinbar, vermeintlich, vorgeblich, gespielt, gefälscht. Die Art der Übereinstimmung: Bei dieser Bedeutung von wahr bzw. echt wird eine Übereinstimmung zwischen einem Gegenstand und einem gegebenen Begriff vorausgesetzt, d. h. der Gegenstand fällt unter den Begriff, etwa den Begriff des Goldes, insofern als er die entsprechenden Eigenschaften hat. Da es in diesem Sinne beispielsweise auch einen wahren bzw. echten Freund in einer erfundenen Geschichte geben kann – im Unterschied zu einem Heuchler, der kein Freund ist –, ist wahr bzw. echt nicht gleichbedeutend mit wahr im Sinne von wirklich, denn der Freund ist ein echter, aber als solcher ein erfundener Freund in einer Geschichte. (6c) musterhaft: Ein Gegenstand ist wahr bzw. musterhaft. Weitere Synonyme: paradigmatisch, vollkommen, seinen Namen besonders verdienend, ein vorbildlicher Fall von [...]. Beispiele: ein wahrer Held, wahre Liebe. Gegenteil: unzureichend, schlecht. Die Art der Übereinstimmung: Bei dieser Bedeutung von wahr bzw. musterhaft wird wiederum eine Übereinstimmung zwischen einem Gegenstand und einem gegebenen Begriff vorausgesetzt: Der Gegenstand fällt gleichfalls unter einen Begriff, hat jedoch nicht nur einfach die entsprechenden Eigenschaften, sondern hat sie in besonders ausgeprägtem Maß und gegebenenfalls ergänzende Eigenschaften. Ein wahrer Freund in diesem Sinne ist zudem beispielsweise besonders geduldig und hilfsbereit, der wahre Held besonders tapfer und ausdauernd und die wahre Liebe eine besonders aufrichtige und treue Liebe und insofern musterhaft.

(7) ästhetisch charakterisierend: Das Dargestellte oder auch die Darstellung ist wahr bzw. spezifisch ähnlich, d. h. sie stimmt mit etwas in der Wirklichkeit mindestens hinsichtlich einer charakteristischen (wesentlichen, typischen) Eigenschaft überein. Weitere Synonyme: kennzeichnend, treffend, Wesentliches darstellend, Typisches darstellend. Beispiel: eine zutiefst wahre Darstellung! Gegenteil: nichtssagend, oberflächlich, Zufälliges darstellend. Die Art der Übereinstimmung: Bei dieser Bedeutung von wahr bzw. ästhetisch charakterisierend wird eine Übereinstimmung – gemäß gängigen oder sich gerade etablierenden Wahrnehmens und Wissens – zwischen Werk und Wirklichkeit mindestens hinsichtlich *einer* Eigenschaft vorausgesetzt, die charakteristisch für etwas Reales ist bzw. als solche gilt, etwa ein fragmentarisches Werk hinsichtlich des Fragmentierten modernen Lebens.

(8) wahrhaftig: Menschen oder auch Produkte des Menschen sind wahr bzw. wahrhaftig. Weitere Synonyme: aufrichtig, ehrlich, authentisch. Beispiel: Er blieb ganz wahr. Gegenteil: verlogen, falsch, unlauter. Die Art der Übereinstimmung: Bei dieser subjektivierten Bedeutung von wahr bzw. wahrhaftig, aufrichtig, wird eine Art von Übereinstimmung zwischen dem Geäußerten und den Gedanken oder auch Gefühlen und Handlungen der Person, die sich äußert, vorausgesetzt.

4. Ein umfassendes Kriterium – unterschiedliche, komplexe Begriffe

Wie die Aufzählung zeigt, ist für die Verwendung des Wortes vor allem das intuitive Kennzeichen entscheidend, daß irgendeine Art von *Übereinstimmung* vorausgesetzt wird. So können zum einen bei der Verwendung auch mehrere dieser Bedeutungen zusammenspielen, d. h. es handelt sich beim Begriff der Wahrheit in den Künsten mitunter um eine komplexe Begriffsbildung. Zum anderen sind diese jeweiligen Übereinstimmungen teils so unterschiedlich geartet – die Ähnlichkeiten zwischen Werk und Wirklichkeit, die innere Stimmigkeit der Elemente eines Werkes, die Entsprechung von Geäußertem und Gedachtem oder auch Gefühltem usw. –, daß es angemessen ist, von unterschiedlichen Begriffen der Wahrheit in den Künsten zu sprechen. Differenzen und Dominanzen lassen sich in der Begriffsgeschichte nachzeichnen.

I. Vorgeschichte

Maßgeblich für die neuzeitlichen und bis in die Gegenwart reichenden Konzeptionen der Künste und deren Wahrheit ist ihr Verhältnis zu den Wissenschaften. In der Antike gehört allein die Beschäftigung mit Musiktheorie zu den Artes liberales.[10] Ihre Zuordnung beruht auf der pythagoreischen und durch Platon weitergetragenen Vorstellung, daß sich Harmonien bzw. Intervalle als Zahlenverhältnisse darstellen lassen, also auf dem Zusammenhang von Musik und Mathematik, die ihrerseits den Zugang zur Harmonie als Charakteristikum des Universums erschloß. Dadurch ist die Beschäftigung mit Musik in einen universalen Erkenntniszusammenhang integriert, anders als Musikpraxis und -rezeption, die nicht als wissenschaftlich, aber aufgrund ihrer harmonisierenden Wirkung als moralisch nützlich gelten.[11] Im antiken Streit um den Vorrang der Philosophie stuft Platon Malerei und Dichtung als relativ wertlos ein, weil sie sich in ihren Darstellungen lediglich an der empirischen Wirklichkeit orientieren, ohne etwas zur Erkenntnis des Wahren bzw. der paradigmatischen Ideen als den metaphysischen Urbildern dieser Wirklichkeit beizutragen. Damit sind beide Künste aus dem Erkenntniszusammenhang ausgeschlossen; die Dichtung, die aufgrund ihrer ver-

meintlichen Förderung von Leidenschaft als moralisch schädlich gilt, wird zudem aus dem utopischen Staat verbannt.[12] Daß man weiterhin den Künsten einen Wahrheitsanspruch zuschreibt, unterbindet Platons Verdikt jedoch nicht.

1. Der zutreffende Wortlaut und die implizite ›Moral‹

Am Anfang steht die Wahrheit des Wortlauts poetischer Texte. In der Antike ist dieser Begriff propositionaler Wahrheit – das Zutreffen von explizit im Text formulierten Aussagen – gebräuchlich für die Werke Homers oder auch Hesiods, die die griechischen Göttermythen vermitteln. Hesiod verwendet den Begriff des Wahren in seiner *Theogonie* im ausdrücklichen Gegensatz zum Falschen; er läßt dabei die Musen selbst zu Wort kommen, die ihm anschließend die Insignien des Dichteramtes übergeben: »Ποιμένες ἄγραυλοι, κάκ' ἐλέγχεα, γαστέρες οἶον, / ἴδμεν ψεύδεα πολλὰ λέγειν ἐτύμοισιν ὁμοῖα· / ἴδμεν δ', εὖτ' ἐθέλωμεν, ἀληθεία μυθήσασθαι.« (Ihr Hirten, unbehauste, traurige Gesellen, / Nichts als Bäuche, / Wir wissen viel trügenden Schein in Fülle zu sagen, / Dem Wirklichen ähnlich, / Wir wissen aber auch, wenn es uns beliebt, / Wahres zu künden.)[13] Dieser Begriff der Wahrheit im Sinne einer zutreffenden expliziten Darstellung gilt generell in der Gattung der Lehrdichtung, sofern sie nicht vorschreibend ist, sondern in Einzeldarstellungen oder allgemeineren Formulierungen etwas, was als Wirklichkeit gilt, zutreffend beschreibt. Aristoteles gibt dann in der *Poetik* das Fiktive als definierendes Kriterium für Dichtung an.[14] In diesem Sinne argumentiert Philip Sidney, gegen Platons Kritik der Dichtung gerichtet, in seiner *Defence of Poesie* (1595): Mit dem Wortlaut der Dichtung wird etwas Fiktives beschrieben und nichts über die Wirklichkeit behauptet, also ist er weder wahr bzw. zutreffend noch falsch, ebensowenig ist er eine Lüge[15]; entsprechend formuliert Marc Antoine de Gérard de Saint-Amant 1653 im Vorwort zu *Moyse sauvé*, und auch René Le Bossu unterscheidet im *Traité du poëme épique* (1675) zwischen Lügen und Erfinden.[16] Im 17. Jh. wird der Begriff der Wahrheit des Wortlauts ausdrücklich ein Argument für Romane, sofern sie – tatsächlich oder an-

---

10 Vgl. PLATON, Rep. 7, 521c-534e.
11 Vgl. ebd., 522a; PLATON, Tim., 47b-d.
12 Vgl. PLATON, Rep. 10, 595a-608b.
13 HESIOD, Theog. 26–28; dt.: Theogonie, in: Hesiod, Sämtliche Gedichte, übers. v. W. Marg (Zürich/Stuttgart 1970), 28.
14 Vgl. ARISTOTELES, Poet. 9, 1451a36–1451b33.
15 Vgl. PHILIP SIDNEY, Defence of Poesie (1595), in: Sidney, The Prose Works, hg. v. A. Feuillerat, Bd. 3 (Cambridge 1962), 28 f.
16 Vgl. MARC ANTOINE DE GÉRARD DE SAINT-AMANT, Moyse sauvé. Idyle héroïque (1363), in: Saint-Amant, Œuvres, hg. v. J. Bailbé/J. Lagny, Bd. 5 (Paris 1979), 10; RENÉ LE BOSSU, Traité du poëme épique (1675), Bd. 2 (Den Haag ⁶1714), 72.

geblich – auf historischen Fakten beruhen.[17] Damit wird wiederum das Fiktive negiert, das sich zunehmend als das bestimmende Kriterium für Dichtung durchsetzt. Gleichfalls propositional ist die Wahrheit der impliziten Aussagen von Kunstwerken. Das Konzept ist seit der Antike gängig, verbreitet und fungiert bis in die Neuzeit als Legitimation der Künste und insbesondere von Fiktionen. Sie werden verteidigt als sinnbildliche Darstellungen, d. h. sie enthalten eine Lebensweisheit und dergleichen: eine als zutreffend geltende Aussage, die moralisch relevant ist. Dieser Begriff von Wahrheit gilt für emblematische und allegorische bzw. für allegorisch gehaltene Darstellungen, sofern sie nicht nur Begriffe, sondern Aussagen illustrieren. Er wird bereits in der antiken Homer-Allegorese verwendet, um Homer gegen die Kritik zu verteidigen, er habe die Götter falsch dargestellt (und falls absichtlich: er habe gelogen). Im antiken Streit um den Stellenwert der Literatur akzeptiert Platon diese Verteidigung nicht, mit Verweis auf die Unklarheit dieser verborgenen Aussagen: »῾Ο γὰρ νέος οὐχ οἷός τε κρίνειν ὅτι τε ὑπόνοια καὶ ὃ μή« (Denn der Jüngling ist nicht imstande zu unterscheiden, was dieser verborgene Sinn ist und was nicht)[18].

In der mittelalterlichen Dichtung ist der Begriff der Wahrheit als eine zutreffende implizite Aussage selbstverständlich. In Convivio (1303–1308) beschreibt Dante die zweite, allegorische Bedeutung innerhalb der Lehre vom vierfachen Schriftsinn: »L'altro si chiama allegorico, e questo è quello che si nasconde sotto 'l manto di queste favole, ed è una veritate ascosa sotto bella menzogna: sì come quando dice Ovidio che Orfeo facea con la cetera mansuete le fiere, e li arbori e le pietre a sé muovere; che vuol dire che lo savio uomo con lo strumento de la sua voce fa[r]ia mansuescere e umiliare li crudeli cuori, e fa[r]ia muovere a la sua volontade coloro che non hanno vita di scienza e d'arte.« (Der zweite heißt allegorischer Sinn. Er verbirgt sich unter dem Mantel dieser Erzählungen und stellt eine Wahrheit dar, die unter dem Mantel einer schönen Lüge sich verhüllt. So läßt ja auch Ovid den Orpheus mit der Laute die wilden Tiere zähmen und Bäume und Steine sich gefügig machen, das soll heißen, daß ein weiser Mann mit seiner Rede selbst harte Herzen erweichen und beu-

gen kann, daß er seinem Willen all die gefügig macht, die ein Leben ohne Wissenschaft und Kunst führen.)[19] Üblich im Zusammenhang mit diesem Begriff der Wahrheit von impliziten Aussagen sind die Bilder von einer im Wortlaut verhüllten, versteckten, verborgenen Bedeutung. Ob diese integumentum-Konzeption bei allen mittelalterlichen Texten vorauszusetzen ist, ist heute umstritten. In The Advancement of Learning (1605) formuliert Francis Bacon vom Standpunkt der wissenschaftlichen Vernunft Kritik an Phantasie und Dichtung; dabei fungiert u. a. der Begriff der Wahrheit von impliziten Aussagen in Allegorien als Argument zur Aufwertung der Dichtung.[20] Bacon verwendet ihn sogar selbst, wenn er Parabeln mit impliziten Aussagen akzeptiert.[21] Mit dieser Art von Wahrheit erfüllen Kunstwerke eine moralische Funktion, weil sie Lehren erteilen: Sie vermitteln implizit Aussagen, die als wahr bzw. zutreffend gelten und handlungsanleitend sind. Sie geben also mit Lebensweisheiten und dergleichen einen allgemeineren Sachverhalt oder Wertmaßstab zu erkennen. Mit diesem Begriff von Wahrheit gelten auch Metaphern in Texten als wahrheitsfähig. Im Rahmen der Substitutionstheorie gesehen, enthält eine metaphorische Formulierung

---

17 Vgl. PHILIPP VON ZESEN, Assenat (1670), in: Zesen, Sämtliche Werke, hg. v. F. v. Ingen, Bd. 7 (Berlin/New York 1990), 10 f.; APHRA BEHN, Oroonoko (1688), in: Behn, The Works, hg. v. J. Todd, Bd. 3 (London 1995), 57.

18 PLATON, Rep. 2, 378d; dt.: Der Staat, übers. v. F. Schleiermacher, in: Platon, Werke in acht Bänden, griech.-dt., hg. v. G. Eigler, Bd. 4 (Darmstadt 1990), 160.

19 DANTE ALIGHIERI, Convivio (1303–1308), in: Dante Alighieri, Opere minori, hg. v. C. Vasoli/D. De Robertis, Bd. 1/2 (Mailand/Neapel 1988), 113 f.; dt.: Das Gastmahl, übers. v. C. Sauter (München 1965), 50.

20 Vgl. FRANCIS BACON, The Advancement of Learning (1605), in: BACON, Bd. 3 (1859), 343 f.

21 Vgl. ebd., 344 f.; HENRY REYNOLDS, Mythomystes wherein is a Short Survay is Taken of True Poesy (London 1632), 30 ff.; JOHN MILTON, The Reason of Church-government urg'd against ›Prelaty‹ (1641), in: Milton, The Works, hg. v. Frank A. Patterson, Bd. 3/1 (New York 1931), 239; LE BOSSU (s. Anm. 16), 20, 32, 45; AUGUST BUCHNER, Poet (1665), in: Buchner, Anleitung zur deutschen Poeterey/Poet, hg. v. M. Szyrocki (Tübingen 1966), 4.

eine explizierbare, gegebenenfalls wahre bzw. zutreffende Aussage.[22] Gerade bei diesem Begriff von Wahrheit, der lange und weithin als Legitimation fungierte, handelt es sich indessen nicht um eine ästhetische, sondern um propositionale Wahrheit: Es geht bei der impliziten ›Moral‹ um zutreffende Aussagen bzw. Vorschriften. Folglich verliert dieser Begriff der Wahrheit im Laufe des 18. Jh. seinen traditionellen Stellenwert. Je mehr die spezifisch ästhetischen Qualitäten von Kunstwerken in den Vordergrund gerückt werden, desto weiter tritt der Begriff einer propositionalen Wahrheit in den Künsten zugunsten von anderen zurück.

2. Idealisierende Tendenzen: Musterhaftes

Ebenso gängig ist ein anderer Begriff von Wahrheit in den Künsten: das Wahre im Sinne des Musterhaften, etwa die Darstellung eines wahren, musterhaften, idealen Fürsten. Kunst ist in der Neuzeit per definitionem Idealisierung, Nachahmung der *schönen* Natur. Im Neuplatonismus der Renaissance ist es vor allem die Idee des Schönen selbst, das metaphysische Urbild wahrer bzw. musterhafter Schönheit, das zum Ideal erhoben wird. Als wahr in diesem Sinn gilt indes jedes musterhafte Beispiel, d. h. ein Gegenstand, der unter einen intuitiv vorausgesetzten Begriff fällt und die entsprechenden Eigenschaften in besonders ausgeprägtem Maß und gegebenenfalls ergänzende Qualitäten hat (etwa das Ideal eines Fürsten nach Maßgabe des normativen Begriffs davon, wie ein Fürst zu sein hat). Die antiken Referenzen sind (1) Platons Lehre der Ideen als transzendente paradeigmata, als Urbilder, als das einzig Wahre gegenüber der unzureichenden irdischen Wirklichkeit; (2) Aristoteles' Beispiel von Homers Heerführer Achill; (3) Horaz' Vers von den Exempeln und (4) Cicero, der – im Anschluß an Platon – seinen Entwurf eines idealen Redners mit dem gedanklichen Entwurf eines Künstlers vergleicht.[23] Demnach orientiert sich ein Künstler an einem Urbild im Himmel oder einem immanenten Potential der Natur und entwickelt eine entsprechende ideale Vorstellung, die seine Arbeit leitet. Besonders in diesem ›idealistischen‹ Verständnis entstehen Kunstwerke unter normativen Voraussetzungen. Sie zeigen nicht ein Abbild der Wirklichkeit, sondern anhand versammelter idealer Eigenschaften ein Inbild, einen wahren bzw. musterhaften Fall, ein normativ wirkendes Paradigma. Zu diesem Konzept des Wahren gehört notwendig das Prinzip der Auswahl (electio). Nach Maßgabe der idealen Vorstellung im Kopf des Künstlers werden nur schöne und gute Elemente ausgewählt und künstlerisch gestaltet: Die Kunst zeigt vollendet, was die Natur ihrerseits nicht vollendet hat.

So schreibt Angelo Segni in *Ragionamento sopra le cose pertinenti alla poetica* (1581), daß die Dichtung nicht etwas Reales darstellt, sondern etwas der Idee Entsprechendes: »La poesia congiugne l'vna parte & l'altra, narrando cose state ò presenti, non come sono ò furono, ma simili all'Idee« (Die Poesie verbindet das eine mit dem anderen, erzählt Vergangenes und Gegenwärtiges, nicht wie es war oder ist, sondern der Idee entsprechend; so sei sie »vera per l'Idee«, le quali ella esprime«[24] (wahr durch die Idee, die sie darstellt). Und ebenso Torquato Tasso in seiner *Apologia in difesa della Gerusalemme liberata* (1585): »Dunque il poeta non guasta la verità, ma la ricerca perfetta, supponendo in luogo della verità dei particolari quella degli universali, i quali sono idee«[25] (Dann verdirbt der Dichter die Wahrheit nicht, sondern [unter-]sucht sie in Vollkommenheit; anstelle der Wahrheit der Einzelheiten diejenigen des Allgemeinen setzend, welches die Idee ist) – ein ursprünglich platonischer Begriff des Wahren bzw. Musterhaften, den noch Giambattista Vico im 18. Jh. verwenden und dazu den wahren bzw. musterhaften Helden aus Tassos *Gerusalemme liberata* (1581) als Beispiel anführen wird. Giovanni Fabrini spricht im Kommentar seiner Horaz-Ausgabe (1566), ganz im Sinn der Fürstenlehre der Renaissance, von »der

---

22 Vgl. DOMINIQUE BOUHOURS, La manière de bien penser dans les ouvrages d'esprit (1687; Paris 1715), 21 f.
23 Vgl. PLATON, Symp., 212a; PLATON, Rep. 6, 484c; 508e; PLATON, Phaidr., 249d; PLATON, Parm., 130b; 132d; ARISTOTELES, Poet. 15, 1454b8–14; HORAZ, Ars 317; CICERO, Or. 9.
24 AGNOLO SEGNI, Ragionamento sopra le cose pertinenti alla poetica (Florenz 1581), 66.
25 TORQUATO TASSO, Apologia in difesa della Gerusalemme liberata (1585), in: Tasso, Prose, hg. v. E. Mazzali (Mailand/Neapel 1959), 435.

Idee des wahren Fürsten« (la idea del vero principe[26]). Mit der Darstellung des einen oder anderen Wahren bzw. Musterhaften erfüllen Kunstwerke wiederum eine moralische Funktion, weil sie Vorbilder zeigen. Sie diktieren mit musterhaften Beispielen einen allgemeineren Wertmaßstab. In dieser Konzeption sind Kunstwerke nicht mit impliziten Aussagen, sondern mit dem Gezeigten selbst, also auf ästhetische Weise, geschmacksbildend und handlungsanleitend.

Giovanni Paolo Lomazzo hebt in *Idea del tempio della pittura* (1590) die »vera bellezza in una donna et in un uomo«[27] (die wahre bzw. musterhafte Schönheit einer Frau und eines Mannes) hervor und argumentiert in gängiger Weise für die Malerei als geschmacksbildende Kunst. Giovanni Pietro Bellori verbindet in *L'idea del pittore, dello scultore e dell'architetto* (1664) die idealisierenden mit den empiristischen Tendenzen der Renaissance. Er kritisiert die »naturalisti«, die ohne eine vorausgesetzte ideale Vorstellung die Wirklichkeit kopieren. Dagegen setzt er »la vera idea« (die wahre Idee) als ein aus der Wirklichkeit abstrahiertes Ideal, das er mit der Forderung der Wahrscheinlichkeit verbindet: Die Darstellung »unisce il vero al verisimile delle cose sottoposte all'occhio« (vereinigt die Wahrheit mit der Wahrscheinlichkeit aller Dinge, die dem Augensinn unterstellt sind)[28]. Die künstlerische Auswahl und Gestaltung ist demnach eine Abstraktion als Konzentration auf das Wesentliche, d. h. im idealisierenden Verständnis auf ideale Eigenschaften, die einen wahren bzw. musterhaften Gegenstand konstituieren. Dabei hält sich die Idealisierung insoweit an die Wirklichkeit, als sie im Rahmen des empirischen Möglichen bleibt, dabei stimmig und schlüssig ist. Das antike Beispiel im Zusammenhang mit der idealisierenden Position ist der Maler Zeuxis, für dessen Darstellung einer musterhaften Frau, fünf Jungfrauen – ihrer jeweils schönsten Partien wegen – Modell standen. Dieser Begriff des Wahren bzw. Musterhaften ist maßgebend für die Parteigänger Michelangelos, Nicolas Poussins wie auch Raffaels, der in einem (zumindest unter seinem Namen überlieferten) Brief an den Grafen Baldassare Castiglione beschreibt, wie die Auswahl eines Modells gemäß einer idealen Vorstellung vonstatten geht: »& le dico, per di pingere una bella, mi bisognaria veder piu belle,

con questa conditione, che V. S. si trovasse meco a far scelta del meglio. Ma essendo carestia, e de' buoni giudicij, e di belle donne, io mi servo di certa Idea, che viene nella mente.« (Übrigens muß ich euch sagen, daß ich, um eine Schöne zu malen, deren mehrere sehen müßte; und zwar unter der Bedingung, daß Ew. Herrl. sich bei mir befände, um einer Auswahl der jeweils allerschönsten [Körperteile] zu treffen. Da nun aber immer Mangel an richtigem Urteil wie an schönen Frauen ist, bediene ich mich einer gewissen Idee, die in meinem Geist entsteht.)[29]

Die klassische Identifizierung der Wahrheit mit dem Guten und Schönen ist so zu verstehen, daß das Wahre im Sinne des Musterhaften damit gleichgesetzt wird. Zwar wird diese Auffassung durch die zunehmende Forderung nach Wirklichkeitstreue in ihrer Bedeutung relativiert, doch spielt sie weiterhin in idealistischen Theorien eine Rolle.

3. Empiristische Tendenzen

Entscheidend für die weitere Entwicklung der Künste seit der Renaissance ist der Begriff der Wahrheit bzw. Ähnlichkeit, eine Übereinstimmung zwischen dem Dargestellten und der Wirklichkeit: Wirklichkeitstreue in ihrer medienabhängigen Ausprägung, die sogenannte Nachahmung der Natur. Die empiristischen Tendenzen, die dieses Konzept befördern, zeigen sich in dem Postu-

---

26 GIOVANNI FABRINI, L'opere d'Oratio, poeta lirico. Commentate da G. Fabrini (1566; Venedig 1623), 381r=385r.

27 GIOVANNI PAOLO LOMAZZO, Idea del tempio della pittura (1590), in: Lomazzo, Scritti sulle arti, hg. v. R. P. Ciardi, Bd. 1 (Florenz 1973), 270.

28 GIOVANNI PIETRO BELLORI, L'idea del pittore, dello scultore e dell'architetto (1664), in: Bellori, Le vite de' pittori, scultori et architetti moderni (1672), hg. v. E. Borea (Turin 1976), 22, 21, 14; dt.: Die Idee des Künstlers, übers. v. K. Gerstenberg (Berlin 1939), 21, 12.

29 Vgl. RAFFAEL (?) an den Grafen Baldassare Castiglione (entst. 1520?), zit. nach JOHN SHEARMAN, Castiglione's Portrait of Raphael, in: Mitteilungen des Kunsthistorischen Institutes in Florenz 38 (1994), 70; dt.: Die Kunstliteratur der italienischen Renaissance. Eine Geschichte in Quellen, übers. [nach Vorlage v. E. Guhl] hg. v. U. Pfisterer (Stuttgart 2002), 164f.

lat, daß das Dargestellte empirisch möglich und wahrscheinlich sein soll; d. h. es verbleibt im Rahmen der Naturgesetze und liegt in seiner jeweiligen Abfolge nahe, weil es folgerichtig aus der Disposition einer Gestalt für bestimmte Handlungen hervorgeht, also kohärent ist, oder auch weil dergleichen tatsächlich regelmäßig geschieht, also gängig ist. Die Renaissance hat hier zwei antike Bezugspunkte. Zum einen Aristoteles, der – in Absetzung von Platons Kritik – die Dichtung über die Geschichtsschreibung stellt, weil sie Allgemeineres darstelle: »ἡ μὲν γὰρ ποίησις μᾶλλον τὰ καθόλου, ἡ δ' ἱστορία τὰ καθ' ἕκαστον λέγει. Ἔστιν δὲ καθόλου μέν, τῷ ποίῳ τὰ ποῖα ἄττα συμβαίνει λέγειν ἢ πράττειν κατὰ τὸ εἰκὸς ἢ τὸ ἀναγκαῖον« (denn die Dichtung teilt mehr das Allgemeine, die Geschichtsschreibung hingegen das Besondere mit. Das Allgemeine besteht darin, daß ein Mensch von bestimmter Beschaffenheit nach der Wahrscheinlichkeit oder Notwendigkeit bestimmte Dinge sagt oder tut)[30]. Im komplexen Begriff der Wahrscheinlichkeit sind mit den Merkmalen der Kohärenz und der Ähnlichkeit, insbesondere der Ähnlichkeit hinsichtlich charakteristischer Eigenschaften bzw. Verhaltensweisen, Logik und

30 ARISTOTELES, Poet. 9, 1451b6–9; dt.: Poetik, griech.-dt., hg. u. übers. v. M. Fuhrmann (Stuttgart 1994), 29–31.
31 HORAZ, Ars 338; dt.: Das Buch von der Dichtkunst, in: Horaz, Sämtliche Werke, lat.-dt., hg. v. H. Färber, übers. v. W. Schöne (München ¹¹1993), 565.
32 MARCO GIROLAMO VIDA, De arte poetica (1517)/ Von der Dichtkunst, lat.-dt., in: Die christlich-lateinische Muse, hg. u. übers. v. J. Aigner, Bd. 2 (München 1827), 78 f.
33 Vgl. LODOVICO CASTELVETRO, Poetica d'Aristotele vulgarizzata e sposta (1570), hg. v. W. Romani, Bd. 1 (Rom/Bari 1978), 251 f.; GIOVANNI BATTISTA PIGNA, Poetica Horatiana (Venedig 1561), 79; PIERRE DE RONSARD, Au Lecteur [zu: Franciade] (1572), in: Ronsard, Œuvres complètes, hg. v. J. Céard/D. Ménager/M. Simonin, Bd. 1 (Paris 1993), 1181–1186, 1182; TASSO, Discorsi del poema eroico (1594), in: Tasso, Prose (s. Anm. 25), 512.
34 JEAN CHAPELAIN, Lettre ou discours de M. Chapelain à Monsieur Faverau, conseiller du Roy en sa cour des Aydes portant son opinion sur le poeme d'Adonis du chevalier Marino (1623), in: GIOVAN BATTISTA MARINO, Tutte le opere, hg. v. G. Pozzi, Bd. 2 (Mailand 1976), 24.
35 SAINT-AMANT (s. Anm. 16), 10.

Lebenserfahrung verbunden. Dramen geben demnach mit einer stimmigen und schlüssigen Darstellung einen allgemeineren menschlichen Sachverhalt konkret zu erkennen. Sie zeigen mit charakteristischen Verhaltensweisen, wie die eine oder andere Art von Menschen ist. Der andere Bezugspunkt ist Horaz, der alles Chimärische in der Dichtung kritisiert und statt dessen eine Orientierung an der Wirklichkeit verlangt, insofern das Dargestellte im Rahmen des empirisch Möglichen bleibt: »ficta voluptatis causa sint proxima veris« (Was zur Belustigung erdichtet ist, muß der Wirklichkeit möglichst nahe kommen)[31]. Demgemäß fordert Marco Girolamo Vida in De arte poetica (1517): »quando non semper vera profamur / Fingentes, saltem sint illa simillima veris.« (wann nicht Wahrheit immer das Lied erfüllt, / wenigstens stets das Erdichtete sei ganz ähnlich dem Wahren.)[32] Unter Berufung auf Aristoteles wird die Wahrscheinlichkeit in der Dichtung immer wieder gegen die Wahrheit des Wortlauts in der Geschichtsschreibung abgegrenzt, etwa von Lodovico Castelvetro in Poetica d'Aristotele vulgarizzata e sposta (1570)[33]. Vor allem im klassizistischen Frankreich des 17. Jh. favorisiert man das Konzept der Wahrscheinlichkeit, in dem rationalistische und empiristische Tendenzen wie auch die zeitgenössische Moral zusammenfinden. Die Forderung der inneren Folgerichtigkeit orientiert sich an der realen Häufigkeit entsprechender Handlungen und an zeitgemäßen moralischen Maßstäben: tugendhaftes Verhalten gilt als wahrscheinlich. So schreibt 1623 Jean Chapelain zu Giovan Battista Marinos allegorischem Epos Adone: »cette vray-semblance estant une representation de choses commes elles doivent avenir«[34]. Dabei beanspruchen die Autoren für die Literatur jedoch keine Wahrheit, sondern lediglich Wahrscheinlichkeit, auch, um dem traditionellen Vorwurf der Lüge auszuweichen: »une menterie n'est point menterie quand on ne la veut pas faire passer pour une vérité«[35].

Gelegentlich wird jedoch die Wahrscheinlichkeit bzw. Folgerichtigkeit – mit Berufung auf die Vernunft – auch schon als Wahrheit bezeichnet. In seiner Mitte des 16. Jh. entstandenen und posthum veröffentlichten Trattatelli di vario argomento notiert Sperone Speroni: »La poesia è forse del falso in effetto, perchè in effetto non fu mai; ma è del vero per ragione, perchè per ragione dovea esser così« (Die Dichtung mag tatsächlich von Falschem handeln, weil es tatsächlich nicht existiert; aber vom Wahren durch die Vernunft, weil es durch die Vernunft so sein könnte), ergänzt dann aber: »La poesia è imitazione del vero, e simulacro del vero, ed imagine del vero. Dunque non è verità; perchè la verità non è imagine del vero«[36] (Die Dichtung ist eine Nachahmung der Wahrheit, ein Nachstellen von Wahrheit, ein Bild der Wahrheit. Sodann ist sie nicht die Wahrheit, weil die Wahrheit kein Bild der Wahrheit ist). Das Schwanken zwischen dem Zu- und Absprechen der Wahrheit ist bezeichnend für die begriffsgeschichtliche Situation: Der Begriff einer vernunftgemäßen poetischen Wahrheit, d. h. Wahrscheinlichkeit bzw. Folgerichtigkeit, setzt sich erst allmählich durch. Ohne Vorbehalt verwendet ihn Gabriele Zinano in seinem Traktat *Il sogno, overo della poesia* (1590). Er greift die Aristotelische Unterscheidung von energeia und dynamis bzw. Akt und Potential auf und unterscheidet zwei Weisen der Wahrheit: »Il vero in duoi modi s'intende, ò in atto, ò in potenza«[37] (Die Wahrheit versteht man in zwei Weisen, entweder als aktuelle bzw. tatsächliche [Wahrheit der Geschichtsschreibung – d. Verf.] oder als potentielle [Wahrheit der Dichtung – d. Verf.]). Das heißt, das Dargestellte ist mit der Disposition der jeweiligen Gestalt und den jeweiligen Umständen vereinbar und darin begründet, also folgerichtig, kohärent, und mit dieser Auszeichnung als ›potentielle Wahrheit‹ wird die Dichtung von Zinano als gleichwertige ›scienza‹ im erweiterten Kanon der Freien Künste neben den praktischen Fertigkeiten (Dialektik, Grammatik, Rhetorik, Ethik, Ökonomie, Politik, Geschichtsschreibung) plaziert. Ebenso differenziert William Davenant im Vorwort zu seinem Epos *Gondibert* (1650): »But by this I would imply, that Truth narrative, and past, is the Idoll of Historians, (who worship a dead thing) and truth operative, and by effects continually alive, is the Mistress of Poets, who hath not her existence in matter, but in reason.«[38] Davenant ordnet die Dichtung anderen einflußreichen Institutionen der Gesellschaft (Religion, Militär, Politik, Rechtsprechung) zu. Im übrigen beruft er sich nicht nur theoretisch auf die zeitgemäßen Werte der Vernunft und der Erfahrung, sondern auch praktisch: In *Gondibert* verzichtet er auf die Darstellung von Übernatürlichem.

Das Argument der Wahrscheinlichkeit wird ergänzt durch ihre Auszeichnung als Wahrheit, um die Dichtung zu einer gleichwertigen Disziplin aufzuwerten, eine Strategie, die als eine Antwort auf die Herausforderung durch das neue, wissenschaftliche Weltbild, zu deuten ist. Schließlich bestimmt François Hédelin d'Aubignac in seiner *Pratique du théâtre* (1657) eine Wahrheit der Handlung: »J'appelle donc verité de l'Action Theatrale l'histoire du Poëme Dramatique, entant qu'elle est considerée comme véritable, & que toutes les choses qui s'y passent sont regardées comme étant véritablement arrivées, ou aiant dû arriver.«[39] Damit ist im Laufe der Zeit eine suggestive Bedeutung von ›wahr‹ in bezug auf fiktionale Texte lanciert. ›Wahrheit‹ wird zur Metapher für Wahrscheinlichkeit bzw. für die Folgerichtigkeit einer Darstellung, die nun im Zuge der empiristischen Tendenzen zunehmend an der realen Häufigkeit gemessen wird: D'Aubignac gibt dazu das Beispiel, daß der Tod eines Helden durch Schlaganfall zwar möglich, aber nicht wahrscheinlich sei.[40]

In der Malerei werden die empiristischen Tendenzen und damit besonders der Begriff der Wahrheit bzw. Ähnlichkeit in derselben Weise wesentlich. So erklärt sich beispielsweise nach der Konstruktion der Perspektive, für die besonders Leon Battista Alberti in seiner Abhandlung *De pictura* (1435) eintritt, die Größe einer Gestalt auf einem Gemälde nicht mehr aus ihrem spirituellen Wert, sondern aus ihrem Standpunkt im Raum: eine Orientierung an der Wahrnehmung, von der nur bedeutsame Gestalten wie Maria und Gott mitunter noch ausgenommen werden. Ihr außerordentli-

---

36 SPERONE SPERONI, Trattatelli di vario argomento (entst. Mitte 16. Jh.), in: Speroni, Opere, hg. v. M. Forcellini/N. Dalle Laste, Bd. 5 (1740; Manziana 1989), 426.
37 GABRIELE ZINANO, Il sogno, overo della poesia (Reggio 1590), 11, 21; vgl. ZINANO, Discorso della tragedia (Reggio 1590), 14.
38 WILLIAM DAVENANT, Preface to Gondibert (1650), in: Davenant, Gondibert, hg. v. D. F. Gladish (Oxford 1971), 10f.
39 FRANÇOIS HÉDELIN D'AUBIGNAC, La pratique du théâtre (1657), Bd. 1 (Amsterdam 1715), 35f. (1, 7).
40 Vgl. ebd., 66 (2, 2).

cher Status kommt darin zum Ausdruck, daß sie jenseits von Gesetzen der Perspektive abgebildet werden. Auch wenn nach wie vor die idealisierenden Tendenzen bei der Wahl der Sujets und deren Darstellung maßgeblich bleiben, argumentiert Leonardo da Vinci in seinem *Trattato della pittura* (entst. 1490–1498) im Sinne der Wahrheit bzw. Ähnlichkeit für den Vorrang der Malerei: Sie sei »scientia« (Wissenschaft), »imitatrice di tutte l'opere evidenti di natura« (Nachahmerin aller sichtbaren Naturwerke), und enthält insofern mehr Wahrheit: »La pittura rappresenta al senso con più verità e certezza le opere di natura, che non fanno le parole, o' le lettere« (Die Malerei stellt die Werke der Natur dem Verständnis und der Empfindung mit mehr Wirklichkeit und Bestimmtheit vor, als es Worte oder Schriftzüge tun)[41]. Sie ist wahrer bzw. ähnlicher hinsichtlich der Oberflächen, Formen (d. h. zumindest der Konturen) und Farben. Vor dem Hintergrund der kanonischen Artes liberales wird Wahrheit (im Sinne von sichtbarer Ähnlichkeit) zu einem Argument für die Aufwertung der Malerei. Um der Übereinstimmung zwischen Werk und Wirklichkeit willen benutzt man Camera obscura und Spiegel als Hilfsmittel. Die Niederländer gehen dabei im Detailrealismus am weitesten.

Der Begriff der Wahrheit bzw. Ähnlichkeit wird bis 1700 und darüber hinaus fortgesetzt, während die Ähnlichkeit selbst schließlich auch auf Kosten der Schönheit zunimmt: Wirklichkeitstreue hat gegenüber der Idealisierung Vorrang. Joachim von Sandrart erwähnt in seiner *Teutschen Academie* (1675) die ›Wahrheit‹ der Farben bei Caravaggio.[42] Roger de Piles beschreibt in seinen *Cours de peinture par principes* (1708) einerseits jenes idealisierte Wahre bzw. Musterhafte mit dem Verweis auf das Prinzip der Auswahl: »Le vrai idéal est un choix de diverses perfections qui ne se trouvent jamais dans un seul modèle«; demgegenüber steht die Wahrheit im Sinne der Ähnlichkeit bzw. Wirklichkeitstreue, die er favorisiert: »Le vrai simple que j'appelle le premier vrai est une imitation simple et fidèle«[43]. Das antike Beispiel im Zusammenhang mit diesem empiristischen Konzept der Naturnachahmung liefert wiederum Zeuxis mit seiner wirklichkeitsgetreuen Abbildung von Trauben, die von Vögeln für reale Früchte gehalten werden. Der Begriff der Wahrheit bzw. Ähnlichkeit in diesem Exempel ist richtungsweisend für die Anhänger Caravaggios, Tizians, Rubens und Rembrandts.

Beginnend mit der Renaissance zeigen sich die empiristischen Entwicklungen auch in der Musik. Deren Verbindungen zur Mathematik und zur ›Harmonie der Welt‹ lockern sich zugunsten neuer Schwerpunkte. Drei Inhalte motivieren die Rede von einer Wahrheit der Musik: (1) die Darstellung von mehr oder weniger umfassenden Wirklichkeitsstrukturen; (2) die Darstellung von Klängen oder Bewegungen in der Wirklichkeit; (3) die Darstellung von Gefühlen. Die entscheidende Verlagerung zur Darstellung von Klängen, Bewegungen und Gefühlen vollzieht sich nach ersten Kompositionen im 16. Jh. (etwa Clément Janequins *Le chant des oyseaux* und *La Guerre/Bataille de Marignan*) um 1600, vor allem im Einflußbereich der Florentiner *Camerata*. Musik wird die Wirklichkeit mittels Klängen, Lautstärke, Art und Höhe von Tönen als charakteristische Kennzeichen von Gefühlen angepaßt. Gioseffo Zarlino formuliert in *Instituioni harmoniche* (1558) noch traditionell: »il Soggetto della Musica è il Numero sonoro.« (Der Gegenstand der Musik ist die klingende Zahl.)[44] Sein Schüler Vincenzo Galilei, Vater Galileo Galileis und Mitglied der *Camerata*, fordert in seinem *Dialogo della musica antica e della moderna* (1581) von der Musik die »Darstellung von Gefühlen« (espressione dell'affetto[45]). Claudio Monteverdi entwickelt seine ›seconda pratica‹ und schreibt im Vorwort zu seinem *Quinto libro di Madrigali* (1605)

---

41 LEONARDO DA VINCI, Libro di pittura/Das Buch von der Malerei (entst. 1490–1498, ersch. 1651), ital.-dt., hg. u. übers. v. H. Ludwig, Bd. 1 (Wien 1882), 8/9, 16/17, 10/11.
42 Vgl. JOACHIM VON SANDRART, Teutsche Academie (1675), in: Joachim von Sandrarts Academie der Bau-, Bild- und Mahlerey-Künste von 1675. Leben der berühmten Maler, Bildhauer und Baumeister, hg. v. A. R. Peltzer (München 1925), 276.
43 ROGER DE PILES, Cours de peinture par principes (1708; Nîmes 1990), 29, 34.
44 GIOSEFFO ZARLINO, Istitutioni harmoniche (1558; Venedig 1573), 35; dt.: Theorie des Tonsystems. Das erste und zweite Buch der ›Istitutioni harmoniche‹ (1573), übers. v. M. Fend (Frankfurt a.M. 1989), 97.
45 VINCENZO GALILEI, Dialogo della musica antica e della moderna (1581), hg. v. F. Fano (Mailand 1947), 104.

gegen die traditionelle kontrapunktische und rein harmonische Musik: »il moderno Compositore fabrica sopra li fondamenti della verità«[46] (der moderne Komponist arbeitet auf dem Boden der Wahrheit). Dem folgt eine zunehmende Ablösung der Musik vom Kontext der Mathematik und ihre Anbindung an die sprachlichen Disziplinen der Artes liberales, insbesondere an die Rhetorik; die Malerei und die Dichtung werden ihrerseits aufgewertet. Im Zeichen der neuzeitlichen empiristischen Orientierung an Sinneserfahrungen und damit im Zeichen des Begriffs der Wahrheit im Sinne von Ähnlichkeit bzw. Wirklichkeitstreue rücken die Künste allmählich zusammen.

II. 18. Jahrhundert

Wie sich am Sensualismus und an Alexander Gottlieb Baumgartens *Aesthetica* (1750/1758) ablesen läßt, gewinnen im 18. Jh. die Sinneseindrücke des Menschen einen neuen Stellenwert. Die Spannung zwischen idealisierenden und empiristischen Tendenzen in den Künsten nimmt zu. Man relativiert zunehmend den Vorrang des Wahren bzw. Musterhaften, das als dargestelltes Ideal immer auch schön ist. Statt dessen dominieren andere Konzepte spezifisch ästhetischer Wahrheit: die Kohärenz eines Werkes, sofern sie sinnlich, d. h. durch Wahrnehmung oder konkrete Vorstellung, erfaßt wird und die Wirklichkeitstreue. In dieser konzeptionellen Schwerpunktverlagerung von der Idealisierung zur Charakterisierung entsteht schließlich der moderne Begriff ästhetischer Wahrheit im Sinne einer ästhetischen Charakterisierung der Wirklichkeit. Verbreitung finden Darstellungen derjenigen Eigenschaften, die als wesentlich und charakteristisch für etwas gelten, demnach die ästhetische Eigenart von Kunstwerken betonen. Dagegen verliert das Konzept der impliziten Aussagen seinen hohen Stellenwert fast völlig.

1. Kohärenzen

Bereits 1675 schreibt Nicolas Boileau in seiner *Epistre IX* prägnant: »Rien n'est beau que le Vrai.«[47] Der Satz läßt die Deutung des Wortes von der Wahrheit sowohl im Sinne impliziter zutreffender Aussagen als auch im Sinne der Kohärenz zu. Das Vergleichsmoment der Stimmigkeit, das Schönheit und Wahrheit verbindet, wird im Zuge der Aufklärung strenger gefaßt: Kunstwerke gelten als spezifisch wahr, wenn sie in sinnlicher Form logischen Kriterien genügen, d. h. wenn sie zumindest dem Eindruck nach kohärent sind, widerspruchsfrei und folgerichtig. Shaftesbury schreibt in *A Notion of the Historical Draught* (1713) anläßlich einer Herkules-Darstellung, es sei zwar historisch nicht überliefert, aber es sei eine »*Poetick truth*«[48], daß Herkules in jungen Jahren mit eigenen Händen einen Löwen getötet hat: »'Tis here that the *historical Truth* must of necessity indeed give way to that which we call *Poëtical*, as being govern'd not so much by *Reality*, as by *Probability*, or *plausible Appearance*.« (108) Shaftesburys Begriff der poetischen Wahrheit ist, ähnlich wie schon bei Zinano, der Begriff der Wahrheit bzw. Wahrscheinlichkeit im Sinne von Kohärenz, unter einer mythologischen Voraussetzung. Nach allem, was man von Herkules und seiner Kraft weiß, ist laut Shaftesbury das Dargestellte stimmig und schlüssig: Nichts sei »contrary and incompatible« (86). Dementsprechend sind alle diejenigen Kunstwerke, die harmonisch sind, wahr, wie aus Shaftesburys Bestimmung in den *Miscellaneous Reflections* (1711) hervorgeht: »That what is *Beautiful* is *Harmonious* and *Proportionable*: What is Harmonious and Proportionable, is *True*; and what is at once both *Beautiful* and *True*, is, of consequence, *Agreeable* and *Good*?«[49] In neuplatonischer Tradition stehend, ist Harmonie für Shaftesbury das Vergleichsmoment, das Epistemisches, Ästhetisches und Moralisches verbindet. Er identifiziert Wahrheit im Sinne von Kohärenz bzw.

---

46 CLAUDIO MONTEVERDI, Il quinto libro de Madrigali a cinque voci [Vorwort] (1605), in: Monteverdi, Lettere, dediche e prefazioni, hg. v. D. de' Paoli (Rom 1973), 392; vgl. MONTEVERDI [an Anonymus] (22. 10. 1633 u. 2. 2. 1634), in: ebd., 320–322, 325–328.
47 NICOLAS BOILEAU-DESPRÉAUX, Epistre IX (1675), in: BOILEAU, 134.
48 SHAFTESBURY, A Notion of the Historical Draught or Tablature of the Judgement of Hercules (1713), in: SHAFTESBURY, Abt. 1, Bd. 5 (2001), 82.
49 SHAFTESBURY, Miscellaneous Reflections (1711), in: SHAFTESBURY, Abt. 1, Bd. 2 (1989), 222.

Harmonie mit dem Schönen und Guten. Dieser Begriff von Wahrheit hat im 18. Jh. zwei Varianten: zunächst (a) im Zuge der Aufklärung eine – analog zur logischen Kohärenz – sinnlich erfaßte Kohärenz und anschließend (b) im Zuge des Klassizismus eine organische, intuitiv erfaßte Kohärenz bzw. Harmonie.

(a) Jenseits von Empirie und ausdrücklich auf den sinnlichen Eindruck bezogen dient der Begriff der Wahrheit bzw. Kohärenz dem Schweizer Johann Jacob Bodmer in seiner *Critischen Abhandlung von dem Wunderbaren* (1740) zur Rechtfertigung des Wunderbaren in der Dichtung im allgemeinen und in John Miltons *Paradise Lost* (1667) im besonderen. Bodmer argumentiert mit Gottfried Wilhelm Leibniz, mit dem Prinzip der Widerspruchsfreiheit und des zureichenden Grundes, sofern sie sinnlich erfaßt werden: »Demnach ist dieses poetisch Wahre nicht ohne eine gewisse Vernunft und Ordnung; es hat für die Phantasie und die Sinne seinen zureichenden Grund, es hat keinen Widerspruch in sich, ein Stück davon gründet sich in dem andern.«[50] Der Begriff der poetischen Wahrheit bei Bodmer und Johann Jacob Breitinger ist der Begriff der Widerspruchsfreiheit und Folgerichtigkeit, zumindest in der Wahrnehmung oder konkreten Vorstellung. Die sogenannten möglichen Welten sind eine Metapher für sinnlich erfaßte Kohärenz. Sie wird, als sogenannte poetische Wahrheit, zum Argument für die Poetik des Wunderbaren: Logik und Phantasie verbinden sich zur Logik der Phantasie, um Wunderbares zu rechtfertigen, sofern es kohärent ist. Im berühmten Streit mit Johann Christoph Gottsched gibt es zumindest in dieser Hinsicht keine Differenz, denn prinzipiell akzeptiert auch Gottsched unter der Voraussetzung wunderbarer Umstände alles Mögliche, d. h. alles,

was kohärent ist: »Setzt man dieses zum voraus; so läßt sich hernach alles übrige hören.«[51] Dieser Begriff von Wahrheit bzw. Kohärenz dient außerdem zur Rechtfertigung und Aufwertung von Hyperbeln, d. h. für das sprachliche Indiz eines Affekts. Bodmer konzipiert in seinen *Critischen Betrachtungen über die poetischen Gemählde* (1741) den Charakter einer literarischen Gestalt als logische Kohärenz; so könne eine emotional motivierte Übertreibung relativ zum gesamten Charakter und zum jeweiligen Zustand der Gestalt wahr bzw. schlüssig sein. Bodmer nennt sie »eine hypothetische Wahrheit in Absicht auf die Beschaffenheit und das Befindniß derjenigen, denen sie zugeschrieben werden«[52]. Ebenso argumentiert Jean-François Marmontel in seiner *Poétique françoise* (1763) und im *Encyclopédie*-Artikel ›Vérité relative‹ (1787).[53] Kohärenz, als sogenannte hypothetische oder relative Wahrheit, wird auch zum Argument für die Poetik des Ausdrucks: Logik und Empfindsamkeit verbinden sich zur Logik des Affektausdrucks, um Hyperbeln auszuzeichnen, sofern sie schlüssig sind. In diesem Sinne der Kohärenz verwenden Baumgarten und sein Schüler Georg Friedrich Meier erstmals das Wort von der ästhetischen Wahrheit. Ausgehend von den in der Aufklärung favorisierten Prinzipien der Widerspruchsfreiheit und des zureichenden Grundes schreibt Baumgarten in § 424 seiner *Aesthetica*: »Iam omnino reor liquidum esse veritatem metaphysicam [...], nunc obversari intellectui potissime in spiritu, dum est in distincte perceptis ab eodem, *logicam strictius dictam*, nunc obversari analogo rationis et facultatibus cognoscendi inferioribus, vel unice, vel potissium, *aestheticam*.« (Ich glaube nämlich, daß folgendes eindeutig feststeht: Die metaphysische Wahrheit [...] zeigt sich bald dem Verstand im rein geistigen Sinne, dann nämlich, wenn sie in dem von Verstand deutlich vorgestellten Objekten enthalten ist; wir nennen sie dann auch die logische Wahrheit im engeren Sinne; bald ist sie Gegenstand des der Vernunft analogen Denkens und der unteren Erkenntnisvermögen, und zwar ausschließlich oder nur zur Hauptsache; dann nennen wir sie die ästhetische Wahrheit.)[54] Diese sinnlich erfaßte Kohärenz grenzt Meier dann in *Anfangsgründe aller schönen Künste und Wissenschaften* (1748) klar gegen die metaphysische und logische Wahrheit ab und schreibt:

---

50 JOHANN JACOB BODMER, Critische Abhandlung von dem Wunderbaren in der Poesie und dessen Verbindung mit dem Wahrscheinlichen (Zürich 1740), 47; vgl. BREITINGER, Bd. 1 (1740), 60 f.
51 GOTTSCHED (DICHTKUNST), 153.
52 BODMER, 464, 489.
53 Vgl. JEAN-FRANÇOIS MARMONTEL, Poétique françoise (Paris 1763), 105; MARMONTEL, ›Vérité relative‹, in: DIDEROT (ENCYCLOPÉDIE), Suppl.bd. 4 (1777), 983 f.
54 BAUMGARTEN (DT), 52/53 f.

»Folglich, in so fern man, in einer Sache und in der Vorstellung derselben, nichts falsches, ungereimtes, und widersprechendes gewahr wird: es sey nun, daß der Verstand und die Vernunft dergleichen finden kann oder nicht, wenn man es nur durch die untern Kräfte der Seele nicht entdecken kann, und wenn überdies das, was vorgestelt wird, schön gedacht werden kann: insofern ist eine solche Vorstellung aesthetisch wahr.«[55] Daß ein Werk ästhetisch wahr ist, heißt demnach: Es ist zumindest dem Eindruck nach kohärent.

(b) In der zweiten Hälfte des 18. Jh. wird dieser Begriff der Wahrheit bzw. Kohärenz im Zeichen vitalistischen Denkens auf andere Weise verwendet. Die Kohärenz wird nicht mehr analog zur Logik, sondern organologisch aufgefaßt als Harmonie. Schon Denis Diderot vergleicht in seinem *Encyclopédie*-Artikel ›Composition‹ (1753) die Teile eines Bildes mit den Gliedern eines Tieres.[56] Beeinflußt von Johann Gottlieb Herders vitalistischem Denken, beschreibt Johann Wolfgang Goethe in *Von deutscher Baukunst* (1772) sein Erlebnis des Straßburger Münsters: »Hier steht sein Werk [das des Baumeisters Erwin von Steinbach – d. Verf.], tretet hin und erkennt das tiefste Gefühl von Wahrheit und Schönheit der Verhältnisse«, Verhältnisse, die Goethe intuitiv als »ein lebendiges Ganzes«[57] wahrgenommen haben will. So heißt es noch im späteren Selbstkommentar: »ich hatte doch die innern Proportionen des Ganzen gefühlt«[58]. In *Wahrheit und Wahrscheinlichkeit* (1798) grenzt Goethe im Zeichen des Klassizismus diesen Begriff der organischen Kohärenz bzw. Harmonie, das »Kunstwahre«[59], ab gegen den Begriff der Ähnlichkeit bzw. Wirklichkeitstreue, das »Naturwahre«. Dieses organisch Stimmige und Schlüssige ist auch bei Friedrich Schiller (*Über das Pathetische*, 1793) mitzudenken. Wie schon Zinano schildert er im Rahmen der Aristotelischen Gegenüberstellung von Geschichtsschreibung und Literatur die poetische Wahrheit als Kohärenz aufgrund der vorausgesetzten Disposition: »Die poetische Wahrheit besteht aber nicht darinn, daß etwas wirklich geschehen ist, sondern darinn, daß es geschehen konnte, also auch in der innern Möglichkeit der Sache.«[60] Johann Nikolaus Forkel beschreibt in seiner *Allgemeinen Geschichte der Musik* (1788) die »Wahrheit und Richtigkeit«[61] einer Komposition im Sinne ihrer

Harmonie. Der Begriff der Wahrheit im Sinne einer organischen Kohärenz suggeriert also eine Erkenntnis, wo es sich um eine favorisierte Gestaltung in der Kunst handelt. Verglichen mit dem Konzept der propositionalen Wahrheit zeigt sich bei diesem prominenten Begriff mithin ein vergleichbares Problem: So wie es bei den zutreffenden impliziten Aussagen zwar um Erkenntnisse, aber nicht um etwas spezifisch Ästhetisches geht, so geht es in diesem Fall zwar um etwas spezifisch Ästhetisches, aber nicht um Erkenntnis. Die Kohärenz bzw. Harmonie eines Werkes *als solche*, zumal dann, wenn sie im Zeichen der Autonomieästhetik ausdrücklich gegen etwaige Bezüge zur Wirklichkeit abgegrenzt wird, gibt nichts zu erkennen.

2. *Charakteristisches in der Wirklichkeitstreue*

Das moderne, bis in die Gegenwart reichende Konzept ästhetischer Wahrheit mit einem regelrechten Erkenntnisaspekt findet sich – in seiner metaphysischen Version – verbunden mit der Kohärenz bei Baumgarten. Einerseits traditionell ausgerichtet, stellt Baumgarten an ein literarisches Werk jene Forderung der Kohärenz, und traditionell ist auch Baumgartens metaphysisch ästhetische Vorstellung, daß ein Werk mit dieser Art von Ganzheit eine Analogie zur Harmonie der Welt bildet. In seinen *Meditationes philosophicae de nonnullis ad poema pertinentibus* (1735) schreibt er im § 68 mit Verweis auf diese tradierte Vorstellung: »Dudum observatum, poetam quasi factorem sive creatorem esse, hinc poema esse debet quasi mundus. Hinc κατ' ἀναλογίαν de eodem tenenda, quae de mundo philosophis patent.« (Schon längst wurde

---

55 MEIER, Bd. 1 (1754), 187f.
56 Vgl. DENIS DIDEROT, ›Composition‹, in: DIDEROT (ENCYCLOPÉDIE), Bd. 3 (1753), 772.
57 JOHANN WOLFGANG GOETHE, Von deutscher Baukunst (1773, recte 1772), in: GOETHE (WA), Abt. 1, Bd. 37 (1896), 149f., 147.
58 GOETHE, Von deutscher Baukunst 1823, in: ebd., Abt. 1, Bd. 49/2 (1900), 166.
59 GOETHE, Über Wahrheit und Wahrscheinlichkeit. Ein Gespräch (1798), in: ebd., Abt. 1, Bd. 47 (1896), 262.
60 FRIEDRICH SCHILLER, Über das Pathetische (1793), in: SCHILLER, Bd. 20 (1962), 218.
61 JOHANN NIKOLAUS FORKEL, Allgemeine Geschichte der Musik, Bd. 1 (Leipzig 1788), 24.

beobachtet, daß der Dichter gewissermaßen ein Schaffender oder Schöpfer sei. Daher muß ein Gedicht gleichsam eine Welt sein; daher muß in Analogie von ihm beachtet werden, was von der Welt durch die Philosophen offenbar ist.)[62] Neu ist allerdings, wie angeführt, daß er in seiner *Aesthetica* in diesem Zusammenhang ausdrücklich eine ›veritas aesthetica‹ (ästhetische Wahrheit)[63] als sinnlich erfaßte Kohärenz beschreibt. Sein Konzept der ästhetischen Wahrheit verbindet die Aspekte der Kohärenz und der Korrespondenz: Ein Werk ist ästhetisch wahr genau dann, wenn es der Wirklichkeit zumindest in der wesentlichen Hinsicht der Kohärenz ähnlich ist, d. h. es stimmt mit der Welt in genau der charakteristischen Eigenschaft überein, kohärent bzw. harmonisch zu sein. Es ist ästhetisch wahr nicht nur, insofern es kohärent ist, sondern auch, insofern es als solches isomorph ist: Seine Gestalt gibt mit der Harmonie ein metaphysisches Charakteristikum der Welt zu erkennen.

Die empirische Version dieses Begriffs ästhetischer Wahrheit entwickelt sich im Rahmen der zunehmend emphatischen Forderung nach mehr Wahrheit im Sinne von Ähnlichkeit oder Wirklichkeitstreue der Künste ohne Idealisierungen. Nachdem bereits im 16. und 17. Jh. Zinano, Davenant und d'Aubignac die Wahrscheinlichkeit des Dargestellten in der Literatur ›vero in potenza‹, ›operative truth‹ und ›verité de l'Action‹ nannten, bezeichnet sie Lodovico Antonio Muratori in *Della perfetta poetica italiana* (1706), wieder gilt die Aristotelische Gegenüberstellung von Geschichtsschreibung und Dichtung, als »vero universale«[64]

---

62 BAUMGARTEN, Meditationes philosophicae de nonnullis ad poema pertinentibus (1735)/Philosophische Betrachtungen über einige Bedingungen des Gedichts, lat.-dt., hg. u. übers. v. H. Paetzold (Hamburg 1983), 56/57.
63 Vgl. BAUMGARTEN (DT), 52/53–72/73 (§§ 423–444).
64 LODOVICO ANTONIO MURATORI, Della perfetta poetica italiana (1706), in: G. Falco/F. Forti (Hg.), Dal Muratori al Cesarotti, Bd. 1 (Napoli 1964), 80.
65 PIETRO DE' CONTI DI CALEPIO an Johann Jacob Bodmer (17. 6. 1731), in: Calepio, Lettere a J. J. Bodmer, hg. v. R. Boldini (Bologna 1964), 140; dt.: BODMER, Brief-Wechsel von der Natur des Poetischen Geschmackes (1736; Stuttgart 1966), 105.
66 CHRISTOPH MARTIN WIELAND, Geschichte des Agathon (1766), in: WIELAND (AA), Bd. 6 (1937), 3.

(allgemeine Wahrheit). Pietro de' Conti di Calepio schreibt 1731 in einem Brief an Bodmer über denselben Vergleich: »quella espone la verità naturale, questa l'artificiale«, und Bodmer überträgt ins Deutsche: »Diese stellet uns die natürliche Wahrheit vor, jene die künstliche«[65]. Im Laufe des Jahrhunderts wird die Wahrscheinlichkeit als sogenannte Wahrheit zunehmend an empirische Bedingungen gebunden. So beansprucht Christoph Martin Wieland im Vorbericht zur *Geschichte des Agathon* (1766) für seinen Roman – wie schon Bodmer unter Zuhilfenahme des Leibnizschen Prinzips vom zureichenden Grund – die Wahrheit oder Wahrscheinlichkeit im Sinne von empirischer Möglichkeit, Folgerichtigkeit und realer Häufigkeit: »Die Wahrheit, welche von einem Werk, wie dasjenige ist, so wir den Liebhabern hiermit vorlegen, gefordert werden kann, besteht darin: daß alles mit dem Laufe der Welt übereinstimme; daß die Charaktere nicht bloß willkührlich nach der Fantasie oder den Absichten des Verfassers gebildet, sondern aus dem unerschöpflichen Vorrathe der Natur selbst hergenommen seyen; daß in der Entwicklung derselben sowohl die innere als die relative Möglichkeit, die Beschaffenheit des menschlichen Herzens, die Natur einer jeden Leidenschaft, mit allen den besonderen Farben und Schattierungen, welche sie durch den Individualcharakter und die Umstände jeder Person bekommen, aufs genaueste beybehalten, das Eigene des Landes, des Ortes, der Zeit, in welche die Geschichte gesetzt wird, niemahls aus den Augen verloren, und, kurz, daß alles so gedichtet sey, daß sich kein hinlänglicher Grund angeben lasse, warum es nicht gerade so, wie es erzählt wird, hätte geschehen können.«[66] Der Bruch mit der nach wie vor gängigen Idealisierung, auch bei der Darstellung von Wahrscheinlichem, deutet sich Mitte des 18. Jh. an; favorisiert werden nun realistische, zunächst noch im Typenhaften verbleibende Charakterisierungen. In Johann Elias Schlegels *Abhandlung, daß die Nachahmung der Sache, der man nachahmet, zuweilen unähnlich werden müsse* (1745), in Charles Batteux' *Les beaux arts réduits à un même principe* (1746) und in Richard Hurds' Horaz-Kommentar *Notes on the Art of Poetry* (1749) zeigt sich eine symptomatische Doppeldeutigkeit, die sich aus dem Changieren zwischen idealisierenden und empiristischen Tendenzen ergibt: Das an Zeuxis' Inbild einer Frau angelehnte Beispiel einer schönen Venus (Schlegel), das Zeuxis-Beispiel selbst (Batteux) und der Bezug zu Platons Ideenlehre (Hurd) weisen noch auf eine Auswahl und Gestaltung um des Wahren oder Musterhaften willen; doch die Beispiele von Typen wie dem Geizigen, dem Heuchler und der Widerspenstigen (Schlegel), das Beispiel des Molièreschen Misanthropen (Batteux) und der Bezug zum Aristotelischen Allgemeinen sowie die Betonung von ›extensive knowledge of practical life‹ (Hurd) weisen bereits auf eine Auswahl und Gestaltung um der Wahrheit oder ästhetischen Charakterisierung willen. Dargestellt werden sollen Eigenschaften, die tatsächlich für einen Typ Mensch charakteristisch sind.[67] Hurd formuliert ausdrücklich, daß es sich dabei um eine Ähnlichkeit im Hinblick auf etwas Allgemeineres handelt, d. h. eine Übereinstimmung von Gestalten und Menschen hinsichtlich charakteristischer Eigenschaften: »that general and universally striking likeness, which is demanded to the full exhibition of poetical truth.«[68] Gotthold Ephraim Lessing, der in seiner *Hamburgischen Dramaturgie* (1768) ausführlich Hurd zitiert, übersetzt hier: »die höhere allgemeine Aehnlichkeit, die zur Vollendung der poetischen Wahrheit erfordert wird«[69]. Die Doppeldeutigkeit von Idealisierung und Charakterisierung löst Lessing entschieden auf und versteht Hurds Begriff der poetischen Wahrheit ganz im Sinne einer ästhetischen Charakterisierung, d. h. als Konzept einer Darstellung von Menschen, wie sie tatsächlich sind. Zeitgleich lobt Diderot in seiner *Éloge de Richardson* (1762) dessen Briefromane, die sich im Inhalt an Menschen halten, unter Ausschluß des Feen-Reichs: »Le monde où nous vivons est le lieu de sa scène: le fond de son drame est vrai.«[70] In *Paradoxe sur le comédien* (1770) erklärt er, inwiefern eine literarische Schilderung von Menschen wahr oder ästhetisch charakterisierend ist: »ce sont leurs traits les plus généraux et les plus marqués«[71]. Die typisierende Darstellung beruht wie die Idealisierung ausdrücklich auf einer Auswahl und Gestaltung (»ajouter ou retrancher«[72]), d. h. jedoch nicht mehr Darstellung idealer, sondern tatsächlich charakteristischer Eigenschaften. In diesem Verständnis sind die literarischen Gestalten realen Menschen vor allem hinsichtlich allgemein charakteristischer Eigenschaften ähnlich. In zeitgemäßer Fortschreibung der Aristotelischen Aufwertung der Literatur zeigen literarische Texte demnach mit wahrscheinlichen Handlungen charakteristische Verhaltensweisen von Menschen. Damit ist die Beschreibung der Literatur trotz ihres fiktionalen Status als spezifisch wahrheitsfähig etabliert.

Weiterhin wird die Individualisierung betont. Jakob Michael Reinhold Lenz kritisiert in seinen *Anmerkungen übers Theater* (1774) die tradierte idealisierende und typisierende Darstellung zugunsten einer differenzierteren Darstellung: »Genauigkeit und Wahrheit«[73]. Schiller, der sich in *Über naive und sentimentalische Dichtung* (1795) selbst als Idealisten beschreibt, gibt als Kriterium für Realisten »jene individuelle Wahrheit und Lebendigkeit«[74] an, d. h. sowohl Ähnlichkeit zwischen Werk und Wirklichkeit hinsichtlich jeweiliger, differenzierter Eigenschaften der Gestalten als auch Anschaulichkeit.

Jean-Baptiste Du Bos kritisiert in seinen *Réflexions critiques sur la poésie et sur la peinture* (1719) die gegen besseres Wissen verstoßende Darstellung einer irrealen mythologischen Gottheit in der bildenden Kunst und plädiert für das empirisch Mögliche.[75] Diderot bezieht sich in *Salon de 1763* auf

---

67 Vgl. JOHANN ELIAS SCHLEGEL, Abhandlung, daß die Nachahmung der Sache, der man nachahmet, zuweilen unähnlich werden müsse (1745), in: Schlegel, Ausgewählte Werke, hg. v. W. Schubert (Weimar 1963), 482; BATTEUX (1746), 27.
68 RICHARD HURD, Notes on the Art of Poetry (1749), in: Hurd, The Works, Bd. 1 (1811; New York 1967), 258.
69 GOTTHOLD EPHRAIM LESSING, Hamburgische Dramaturgie (1768), in: LESSING (LACHMANN), Bd. 10 (1894), 182.
70 DIDEROT, Éloge de Richardson (1762), in: Diderot, Œuvres complètes [Édition chronologique], Bd. 5 (Paris 1970), 129.
71 DIDEROT, Paradoxe sur le comédien (1770), in: ebd., Bd. 10 (Paris 1971), 452.
72 Ebd., 450.
73 JAKOB MICHAEL REINHOLD LENZ, Anmerkungen übers Theater (1774), in: Lenz, Werke und Briefe, hg. v. S. Damm, Bd. 2 (München/Wien 1987), 653.
74 SCHILLER, Über naive und sentimentalische Dichtung (1795), in: SCHILLER, Bd. 20 (1962), 456.
75 Vgl. DU BOS, Bd. 1 (1770), 191–202.

Étienne Falconets *Pygmalion*-Skulptur und beschreibt die Ähnlichkeit, die im Vergleich zur Malerei bei Skulpturen noch größer ist, bis zur Illusion von Wirklichkeit: »Non, ce n'est pas du marbre [...]. Combien de vérité sur ces côtes! quels pieds!«[76] Herder schreibt im *Vierten Kritischen Wäldchen* von 1769 ausdrücklich: »wahre *Ähnlichkeit*, und also *Nachahmung*, und also *Wahrheit* der Kunst«[77], eine Ähnlichkeit, die er in seinem Aufsatz *Plastik* (1778) als noch gesteigerte tastbare Wahrheit bzw. Wirklichkeitstreue von Skulpturen beschreibt. Mit dem leitenden Begriff der Wahrheit oder Ähnlichkeit wird in der bildenden Kunst emphatisch der Standard der Wirklichkeitstreue in puncto Formen, Farben, Inhalten bis hin zur Illusion von Dreidimensionalität etabliert. Diese Entwicklung führt schließlich zum Begriff der Wahrheit im Sinne einer Charakterisierung, die die klassizistische Idealisierung zumindest relativiert, was außer bei Guiseppe Spallettis *Saggio sopra la bellezza* (1764) bei Aloys Hirt am deutlichsten wird. In seinem *Versuch über das Kunstschöne* (1797) betont er die künstlerische Auswahl und Gestaltung, doch das Prinzip läuft nicht auf die traditionelle Idealisierung hinaus, sondern auf die Darstellung eines ›Typus‹ mit je charakteristischen Eigenschaften.[78] In *Laokoon* (1797) beschreibt Hirt, worin »Bedeutung und Wahrheit« in den Werken der antiken Künstler bestehen: »sie erfanden oder abstrahierten vielmehr aus der Natur die individuellsten Formen für jedes Alter, für jedes Geschlecht, für jeden Stand, für jede Verrichtung«[79]. Kunstwerke, sofern sie wahr sind, stellen demnach auf differenzierte Weise Eigenschaften dar, die tatsächlich charakteristisch für etwas sind, seien sie individuell charakte-

ristisch für eine bestimmte Person, seien sie allgemeiner charakteristisch für eine Art von Menschen, so bei der Darstellung eines Menschen *als* alten Menschen, »mit eingebogenen Knieen und vorgesenktem Haupte; mit runzlichter Haut über dem Körper«[80]. Hirt macht zwar weiterhin in klassischer Tradition die Einheit zur Bedingung und spricht auch von Wahrheit im Sinne der Kohärenz[81], aber in der Kategorie des Charakteristischen zeichnet sich der moderne Begriff der Wahrheit im Sinne einer Darstellung tatsächlich charakteristischer Eigenschaften bereits ab.

Für die Musik gilt Wahrheit oder Ähnlichkeit zwischen Werk und Wirklichkeit im 18. Jh. in zweifacher Hinsicht. Zum einen ist sie Darstellung der Außenwelt, von Klängen, Bewegungen, menschlichen Charakteren, zum anderen Darstellung von Gefühlen – häufig unter ausdrücklicher Angabe des Gegenstandes, d. h. Programmusik. Du Bos schreibt auch der Musik eine Wahrheit der Nachahmung zu, und zwar bei der Darstellung von Gefühlsbekundungen und von natürlichen Geräuschen, etwa einem Gewitter. »Il est donc une vérité dans les récits des Opera; & cette vérité consiste dans l'imitation des tons, des accens, des soupirs, & des sons qui sont propres naturellement aux sentimens contenus dans les paroles. [...] La vérité de l'imitation d'une symphonie consiste dans la ressemblance de cette symphonie avec le bruit qu'elle prétend imiter.«[82] Für Johann Mattheson ist Musik gleichfalls nicht mehr eine sonore Art der Mathematik, sondern eine Sprache der Gefühle. In der Vorrede zu *Der vollkommene Capellmeister* (1739) nennt er sie »Klangrede« und bemerkt mit Bezug auf das Monochord, mit dem Pythagoras Intervalle als Zahlenverhältnisse bestimmte: »Das liebe Monochord vermag keine einzige *musikalische* Wahrheit darzuthun; wohl aber einige *harmonikalische* von mittelmäßiger Wichtigkeit«[83]. Der Affektenlehre folgend, liegen für Mattheson die Wahrheitsbedingungen der Musik vor allem in bestimmten Gefühlen, die mit bestimmten Klängen dargestellt werden. Entsprechend beschreibt Forkel die Musik im Sinne einer »wahren Ton- oder Empfindungssprache«. Die Verbindung von Musik und Rhetorik fortsetzend, konzipiert er die Musik als Sprache der Gefühle mit ihren Tönen exakt in Analogie zur regelrechten Sprache

---

76 DIDEROT, Salon de 1763, in: Diderot (s. Anm. 70), Bd. 5 (Paris 1970), 383–469, 463.
77 JOHANN GOTTFRIED HERDER, Viertes Wäldchen (1769), in: HERDER, Bd. 4 (1878), 156.
78 Vgl. ALOYS HIRT, Versuch über das Kunstschöne, in: Die Horen 11 (1797), 7. Stück, 26, 35.
79 HIRT, Laokoon (1797), in: Die Horen 12 (1797), 10. Stück, 23.
80 Ebd., 13.
81 Vgl. HIRT (s. Anm. 78), 32.
82 DU BOS, Bd. 1 (1770), 470 f.
83 JOHANN MATTHESON, Der vollkommene Capellmeister (Hamburg 1739), 17, 25.

mit ihren diversen kennzeichnenden Prädikaten: »So wie nun in der Sprache zur vollständigen Bezeichnung einer Sache, mehrere Worte von verschiedenen Bedeutungen erforderlich sind, wodurch die Eigenschaften und die jedesmalige Beziehung, in der sie uns eben erscheint, kenntlich gemacht werden können, eben so müssen auch zur vollständigen Bezeichnung einer Empfindung mehrere Töne von verschiedener innerer Bedeutung gebraucht werden.«[84] Der naheliegende Gedanke an die dafür notwendige Konventionalisierung der jeweiligen Zeichen wird gelegentlich ausdrücklich negiert. Während Forkel Musik als Ausdruck von Gefühlen eines Volkes beschreibt, preist Michel-Paul Guy de Chabanon sie in *Observations sur la musique* (1764) als eine so wahrheitsgemäße wie universale Sprache der Gefühle: »Tout ce que nous avons établi jusqu'à présent, tend à considérer la Musique comme une langue universelle, dont les principes & les effets ne sont pas fondés sur quelques conventions particulières, mais émanent directement de l'organisation humaine, & de celle de plusieurs animaux.«[85] Die Vorstellung der Musik als ›Klangmalerei‹ von Natureindrücken ablösend, beansprucht diese Ausdrucksästhetik eine Wahrheit bzw. eine genaue Charakterisierung von allgemein verbreiteten Gefühlen: eine musikalische Darstellung ihrer charakteristischen Eigenschaften bzw. Verläufe. Dieser Schritt von der Darstellung der Außenwelt gleichsam zur Darstellung der emotionalen Innenwelt zeigt sich beispielsweise auch in Ludwig van Beethovens Anweisung zu seiner 6. *Sinfonie* (1807/1808): ›Mehr Ausdruck der Empfindung als Malerei.‹ Inwieweit Musik Gefühle tatsächlich in bestimmter Weise charakterisieren kann, wird im 19. Jh. ausführlich diskutiert.

Insgesamt gesehen werden die Künste im 18. Jh. vermehrt im Zeichen der Wahrheit im Sinne von Ähnlichkeit bzw. Wirklichkeitstreue, auf Kosten der Idealisierung konzipiert; parallel dazu etabliert sich der moderne Begriff der Wahrheit bzw. Charakterisierung: als ›vero universale‹ (Muratori), ›verità artificiale‹ (Calepio), ›künstliche Wahrheit‹ (Bodmer), ›veritas aesthetica‹ (Baumgarten), ›poetical truth‹ (Hurd), ›poetische Wahrheit‹ (Lessing) oder einfach als das, was auf der Bühne wahr, ›vrai‹ (Diderot), ist. Kunstwerke sind demnach ästhetisch wahr oder ästhetisch charakterisierend genau dann, wenn das Dargestellte oder auch die Darstellung, jene Eigenschaften hat und vermittelt, die als charakteristisch für das entsprechende Reale gelten.

3. Konservatives und Progressives: Idealisierungen und Subjektivierungen

In dieser Entwicklung bleibt der normative Begriff des Wahren oder Musterhaften nach wie vor erhalten, verliert aber, als Zeichen der Idealisierung, an Wichtigkeit. Was die Dichtung angeht, verwendet am klarsten Vico den Begriff des Wahren oder Musterhaften, wenn er in *Principi di una scienza nuova d'intorno alla comune natura delle nazioni* (1725) über Geschichten berühmter Personen schreibt: »Le quali sono *verità d'idea* in conformità del merito di coloro de' quali il volgo le finge; e in tanto sono false talor in fatti, in quanto al merito di quelli non sia dato ciò di che essi son degni. Talché, se bene vi si rifletta, il vero poetico è un vero metafisico, a petto del quale il vero fisico, che non vi si conforma, dee tenersi a luogo di falso. Dallo che esce questa importante considerazione in ragion poetica: che 'l vero capitano di guerra, per esemplo, è 'l Goffredo che finge Torquato Tasso; tutti i capitani che non si conformano in tutto e per tutto a Goffredo, essi non sono veri capitani di guerra.« (Diese sind *Wahrheiten der Idee nach*, in Übereinstimmung mit dem Verdienst derer, von denen das gemeine Volk sie erfindet; und sie sind manchmal in Wirklichkeit falsch, aber nur insofern, als dem Verdienst jener nicht zuerkannt wird, wessen sie sie würdig sind. So ist, wenn man es richtig bedenkt, das poetische Wahre ein metaphysisch Wahres, verglichen mit welchem das physisch Wahre, das nicht damit übereinstimmt, für falsch erachtet werden muß. Daraus folgt diese wichtige Bemerkung für die poetische Theorie: daß der wahre Heerführer zum Beispiel der Gottfried ist, den Torquato Tasso ersinnt; und alle Heerführer,

---

84 FORKEL (s. Anm. 61), 9.
85 MICHEL-PAUL GUY DE CHABANON, Observations sur la musique et principalement sur la metaphysique de l'art (1764; Genf 1969), 98.

die nicht in allem und durchaus mit Gottfried übereinstimmen, sind nicht wahre Heerführer.)[86] Demnach ist das poetisch Wahre etwas poetisch dargestelltes Musterhaftes, beispielsweise der musterhafte Heerführer in Tassos *Gerusalemme liberata*. In den Konzeptionen der bildenden Kunst ist der Begriff des Wahren oder Musterhaften bestimmend für die gängige Bevorzugung italienischer (Raffael, Michelangelo) gegenüber niederländischer Künstler (Rubens, Jordaens). Johann Joachim Winckelmann zitiert in *Gedancken über die Nachahmung der Griechischen Werke in der Mahlerey und Bildhauer-Kunst* (1755) bezeichnenderweise den angeblich aus Raffaels Feder stammenden Brief an Castiglione; entsprechend setzt er die griechische Kunst als Maßstab, während er die Niederländer, wie schon Bellori, als ›Naturalisten‹ kritisiert.[87] Von diesem Standpunkt aus, kann der Begriff der Wahrheit oder Ähnlichkeit auch eine Abwertung implizieren. So nimmt Joshua Reynolds in seinen *Discourses* (1769–1799) die im 19. Jh. erfolgende Kritik der Photographie als unkünstlerische Kopie ohne Auswahl und Gestaltung vorweg, wenn er den italienischen idealisierenden Malern den Vorzug gibt und die Fähigkeiten der niederländischen Künstler mit denen eines technischen Gerätes gleichsetzt: »If we suppose a view of nature represented with all the truth of the *camera obscura*, and the same scene represented by a great Artist, how little and mean will the one appear in comparison of the other.«[88] Vom favorisierten sogenannten Großen Stil, der auf Auswahl und idealisierender Gestaltung beruht, spricht Reynolds als einer »truth of *general* nature«, und damit vom Wahren oder Musterhaften, das er im Sinne eines metaphysischen Prinzips und Potentials der Natur, ganz der klassischen Tradition gemäß, mit dem Schönen identifiziert: »this beauty or truth«[89]. Ende des 18. Jh. nennt Goethe in seinem kunsttheoretischen Aufsatz *Einfache Nachahmung der Natur, Manier, Stil* (1789) die einfache Nachahmung ›Wahrheit‹ im Sinne von bloßer Ähnlichkeit, während der Stil-Begriff hier zwischen Idealisierung und Charakterisierung changiert: Er umfaßt sowohl die harmonisierende Idealisierung zu etwas Musterhaftem, das für die Weimarer Klassik generell kennzeichnend bleibt, und die Charakterisierung – im Sinne einer regelrechten Erkenntnisleistung, die Goethe indes nicht Wahrheit nennt – als Darstellung des Wesentlichen, demnach eine Darstellung allgemein charakteristischer Eigenschaften von etwas. Die Erkenntnisleistung der Kunst beruhe darauf, »daß sie die Eigenschaften der Dinge und die *Art*, wie sie bestehen, genau und immer genauer kennen lernt, daß sie die Reihe der Gestalten übersieht, und die verschiedenen charakteristischen Formen neben einander zu stellen und nachzuahmen weiß: dann wird der *Stil* der höchste Grad, wohin sie gelangen kann«[90].

Neben den Idealisierungen zeigt sich im 18. Jh. auch eine Tendenz zur Subjektivierung im Verständnis ästhetischer Wahrheit. Wahrheit im Sinne der Anschaulichkeit eines Textes beschreibt Breitinger in seiner *Critischen Dichtkunst* (1740): »Die alten Kunst-Lehrer haben diese lebhafte Deutlichkeit eben darum ἐνέργειαν und Evidentiam genennet«, eine Lebhaftigkeit, die er als das »poetische Wahre«[91] bezeichnet. Die darin zum Ausdruck kommende Aufwertung der Phantasie findet sich dann prononciert bei Madame de Staël, die im *Essai sur les fictions* (1795) den literarisch vermittelten Eindruck nicht nur als eine Wahrheit neben anderen, sondern als die einzige Wahrheit der Literatur beschreibt: »la seule vérité d'une fiction, l'impression qu'elle produit«[92].

---

86 GIAMBATTISTA VICO, La scienza nuova seconda giusta l'edizione del 1744, in: Vico, Opere, hg. v. F. Nicolini, Bd. 4/1 (Bari ⁴1953), 90 (Art. XLVII); dt.: Prinzipien einer neuen Wissenschaft über die gemeinsame Natur der Völker, übers. v. V. Hösle/C. Jermann, Bd. 1 (Hamburg 1990), 109.
87 Vgl. JOHANN JOACHIM WINCKELMANN, Gedancken über die Nachahmung der Griechischen Werke in der Mahlerey und Bildhauer-Kunst (1755), in: Winckelmann, Kleine Schriften, Vorreden und Entwürfe, hg. v. W. Rehm (Berlin 1968), 34f., 37.
88 JOSHUA REYNOLDS, 13. Discourse (1786), in: Reynolds, The Works, hg. v. E. Malone, Bd. 1 (London 1797), 280.
89 REYNOLD, 7. Discourse (1776), in: ebd., 146, 159.
90 GOETHE, Einfache Nachahmung der Natur, Manier, Stil (1789), in: GOETHE (WA), Abt. 1, Bd. 47 (1896), 80.
91 BREITINGER, Bd. 1, 66f.
92 ANNE LOUISE GERMAINE DE STAËL, Essai sur les fictions (1795), in: De Staël, Œuvres complètes, Bd. 1 (Genf 1967), 69.

Von der Wahrheit im Sinne von Glaubwürdigkeit handelt Schiller in *Über die tragische Kunst* (1792). Für die »Wahrheit« eines Eindrucks durch ein Theaterstück setzt er voraus: »*Aehnlichkeit* zwischen uns und dem leidenden Subjekt. [...] Eine Vorstellung also, welche wir mit unsrer Form zu denken und zu empfinden übereinstimmend finden«, so folgert er, »nennen wir *wahr*.«[93] Wahrheit ist hier nicht die Übereinstimmung des Dargestellten mit der Wirklichkeit, sondern beruht auf der Übereinstimmung mit dem Publikum, dem alles einleuchtet oder glaubwürdig erscheint.

Diese Subjektivierungen zeigen sich auch in demjenigen Begriff der Wahrheit in der Literatur, der im Zuge der Ausdrucks- und schließlich der Genieästhetik etabliert wird: Wahrheit im Sinne von Wahrhaftigkeit. Friedrich Gottlieb Klopstock beschreibt in *Von der Darstellung* (1779) das »genau Wahre« als den »genau wahren Ausdruck der Leidenschaft«[94]. Für diese Wahrhaftigkeit ist die Übereinstimmung zwischen den Gefühlen und ihrem sprachlichen Ausdruck kennzeichnend, eine Übereinstimmung, die als Angemessenheit nach Maßgabe der tradierten und neu reflektierten rhetorischen Mittel zu verstehen ist.

4. Die implizite ›Moral‹

Um 1700 werden poetische Texte, insbesondere Dramen und Epen, zunehmend als fiktionale Darstellungen verstanden, deren Wortlaut nicht mit der Wirklichkeit korreliert. Wie zuvor bereits Sidney, Saint-Amant und Le Bossu, so unterscheiden nun weitere Autoren ausdrücklich zwischen Lügen und Erfinden, etwa Du Bos: »Ce qui seroit un mensonge dans l'histoire de Charles VII, ne l'est pas dans le Poëme de la Pucelle.«[95] Dabei wird der Vorwurf der Lüge weiterhin erhoben.[96] Einen Anspruch auf die Wahrheit des geschriebenen Wortes wird vor allem in didaktisch ausgerichteten Romanen bis ans Ende des Jahrhunderts und darüber hinaus geltend gemacht. Er unterstreicht die moralische Relevanz, die die Wiedergabe einer angeblich realen Begebenheit hat. So wird im Vorbericht zu Therese Hubers Roman *Die Familie Seldorf* (1795/1796) die »Authenticität«[97] der Geschichte behauptet. Gängiger ist der Begriff der Wahrheit im Sinne von zutreffenden impliziten Aussagen, die sogenannte ›Moral von der Geschicht‹. Am nachlassenden Stellenwert dieses Konzepts ist die begriffsgeschichtliche Entwicklung noch einmal ablesbar. Nach Gottsched enthalten zwar nicht nur Fabeln, sondern auch Epen und Theaterstücke zutreffende Aussagen[98], gemäß Georg Christoph Lichtenberg Feenmärchen[99], nach Lessing, der sie für Theaterstücke leugnet, zumindest noch Fabeln[100], laut Christoph Joseph Sucro, auch philosophische Gedichte, selbst wenn dort »uneigentliche Ausdrücke«[101] (Tropen) zu finden sind. Doch derartige Funktionalisierungen der Literatur zur Vermittlung moralischer, philosophischer oder wissenschaftlicher Aussagen sind vom Standpunkt der ästhetischen Eigenart und Autonomie der Kunst zunehmend der Kritik ausgesetzt.

Im Diskurs der bildenden Kunst ist das allegorische Verständnis zwar noch anzutreffen, etwa wenn Winckelmann in seiner *Erläuterung der Gedanken von der Nachahmung der griechischen Werke in der Malerey und Bildhauerkunst* (1756) die »Wahr-

---

93 SCHILLER, Über die tragische Kunst (1792), in: SCHILLER, Bd. 20 (1962), 160 f.
94 FRIEDRICH GOTTLIEB KLOPSTOCK, Von der Darstellung (1779), in: Klopstock, Ausgewählte Werke, hg. v. K. A. Schleiden (München 1962), 1034; vgl. HERDER, Fragment einer Abhandlung über die Ode (1764), in: HERDER, Bd. 32 (1899), 61–85, 73; JUSTUS MÖSER, Über die deutsche Sprache und Literatur (1781), in: Möser, Sämtliche Werke, hg. v. der Akademie der Wissenschaften zu Göttingen, Bd. 3 (Osnabrück 1986), 82.
95 DU BOS, Bd. 1 (1770), 248.
96 Vgl. HUME (TREATISE), 120 f.
97 L. F. HUBER [d. i. THERESE HUBER], Die Familie Seldorf (1795/1796; Hildesheim/New York/Zürich 1989), III.
98 Vgl. GOTTSCHED (DICHTKUNST), 148 f., 160 f.
99 Vgl. GEORG CHRISTOPH LICHTENBERG, Sudelbücher J 711, in: LICHTENBERG, Bd. I (1968), 755.
100 Vgl. LESSING, Abhandlungen von den Fabeln (1759), in: LESSING (LACHMANN), Bd. 7 (1893), 418; ANTOINE HOUDART DE LA MOTTE, Discours sur la Fable (1719), in: Houdart de la Motte, Les paradoxes littéraires ou Discours écrits par cet académicien sur les principaux genres de poèmes (Paris 1859), 160.
101 CHRISTOPH JOSEPH SUCRO, Abhandlung von philosophischen Gedichten (1747), in: Sucro, Kleine deutsche Schriften, hg. v. G. Ch. Harles (Coburg 1770), 19.

heit«[102] erwähnt, die ein Gemälde vermittle. Aber auch hier gilt, was insgesamt die Geschichte des Konzepts im 18. Jh. kennzeichnet: Lange Zeit ein ausschlaggebendes Argument für die Künste, verliert der Begriff der Wahrheit im Sinne zutreffender impliziter Aussagen zusehends an Überzeugungskraft, denn es handelt sich nicht um eine spezifisch ästhetische, sondern um propositionale Wahrheit. Dieses Wahrheitsverständnis kann um so weniger als Auszeichnung dienen, je mehr die ästhetische Eigenart der Künste betont wird. Im 19. Jh. spielt es zwar gelegentlich noch eine Rolle, führt aber insgesamt im Zeichen des dominierenden Konzepts einer ästhetischen Wahrheit ein Schattendasein.

III. 19. Jahrhundert

Die idealisierenden und empiristischen Tendenzen setzen sich im 19. Jh. gewandelt fort. Die Unterscheidungen zwischen Sentimentalischem und Naivem bzw. zwischen Phantastischem und Empiristischem (Schiller), zwischen Phantasmisten und Kopisten (Goethe), zwischen Nihilisten und Materialisten (Jean Paul) um 1800 weisen auf die Tendenzen der Zeit. Der etablierte Begriff der Wahrheit im Sinne einer ästhetischen Charakterisierung kommt darin gleichermaßen zur Geltung, wird aber an unterschiedliche Bedingungen geknüpft, während mit dem Idealismus der Begriff der Wahrheit im Sinne der Musterhaftigkeit noch einmal zu Ehren kommt und vor allem den deutschen Realismus beeinflußt.

1. Die romantische Tradition: Charakteristisches ohne Wirklichkeitstreue

Die Romantik konzipiert die Wahrheit der Künste im Sinne des etablierten Begriffs als ästhetische Charakterisierung und zwar tendenziell gelöst von den Bedingungen der Wirklichkeitstreue und der Wahrscheinlichkeit. Die romantische Aufwertung der Phantasie führt zu einer literaturgeschichtlich einflußreichen Kritik an der gewohnheitsmäßigen Wahrnehmung der Wirklichkeit bis hin zum moralisch politischen Anspruch auf Weltveränderung durch Kunst. Novalis entwickelt in seinen *Fragmenten* (entst. 1795–1800) ein tradiertes Konzept metaphysisch ästhetischer Wahrheit in romantischer Auffassung, die in der Formulierung anklingt:»Je poetischer, je wahrer.«[103] Die romantische Poetisierung besteht darin, in einem Werk alles in vorzugsweise analoge (statt kausale) Beziehungen zueinander zu setzen, um so eine organologisch verstandene Ganzheit zu schaffen:»Alle Wahrheit besteht in *innerer, eigner* Harmonie und Concordanz – Coincidenz«[104]. Eine derartige Kohärenz eines Werkes ist demnach eine Charakterisierung der Welt, die in ihrer modernen Disparatheit dazu disponiert ist, bedingt durch die einheitsstiftende Weltseele erneut ein kohärenter oder harmonisch gegliederter Organismus zu werden. Adam Müller wählt in seinen Vorlesungen *Von der Idee der Schönheit* (1807/1808) dafür das prägnante metaphysische Bild vom Tanz des Werkes wie der Welt:»Welches menschliche Werk die Natur dieses Tanzes hat, von dem kann man sagen, daß es wahrhaft *gemacht* sei: der Macher möge übrigens für sich gestaltet sein wie er wolle; ich erkenne ihn im Werke eben an der ruhigen Bewegung in der streitenden Bewegungen. Ein solches Werk ist auch *wahr, ohne alle Täuschung und Lüge*«[105]. Im Sinne einer ästhetisch-metaphysischen Charakterisierung stellen derartige Werke in ihrer isomorphen Gestaltung eine charakteristische Eigenschaft der Welt dar: ihre dynamische Harmonie bzw. ihre Disposition dafür. Kennzeichnend für die romantische Konzeption ist zudem der Originalität der Darstellung. William Wordsworth schreibt im Vorwort zur zweiten Auflage seiner epochemachenden *Lyrical Ballads* (1800), daß gewöhnliche Dinge in einem ungewöhnlichen Aspekt dargestellt wer-

---

102 WINCKELMANN, Erläuterung der Gedanken von der Nachahmung der griechischen Werke in der Malerey und Bildhauerkunst; und Beantwortung des Sendschreibens über diese Gedanken (1756), in: Winckelmann (s. Anm. 87), 119.
103 NOVALIS, [Vorarbeiten zu verschiedenen Fragmentsammlungen] (entst. 1795–1800), in: NOVALIS, Bd. 2 (1981), 647.
104 NOVALIS, Das Allgemeine Brouillon (entst. 1798–1799), in: NOVALIS, Bd. 3 (1983), 438.
105 ADAM MÜLLER, Von der Idee der Schönheit (1807/1808), in: Müller, Kritische, ästhetische und philosophische Schriften, hg. v. W. Schröder/W. Siebert, Bd. 2 (Neuwied/Berlin 1967), 46.

den müßten[106], und Samuel Coleridge erklärt in Biographia literaria (1817), warum: »to give the charm of the novelty to things of every day, and to excite a feeling analogous to the supernatural, by awaking the mind's attention from the lethargy of custom […] the film of familiarity«[107]. Die ausgelöste Veränderung der Wahrnehmung gilt als Erkenntnis aufgrund einer neuartigen Charakterisierung der Wirklichkeit. Allerdings beschreibt Wordsworth die Wahrheit der Literatur nach wie vor anhand der Aristotelischen Gegenüberstellung: »its object is truth, not individual, and local, but general, and operative«[108]. Im Begriff der ›operative truth‹ klingt der barocke Autor Davenant an. Tatsächlich bezieht sich Coleridge auf ihn, während er präzisiert, »that the persons of poetry must be clothed with generic attributes«[109]. Damit zeigt sich erneut die genauere Bestimmung des Begriffs ästhetischer Wahrheit als ästhetische Charakterisierung: Mit gewohnten Darstellungsweisen brechend, stellt Literatur gerade dadurch Wesentliches dar, daß sie mindestens eine charakteristische Eigenschaft eines Menschen oder der Welt aufzeigt. Demgegenüber klingt in John Keats berühmtem Vers »Beauty is truth, truth beauty«[110] aus dem Gedicht Ode on a Grecian Urn (1820) der Begriff der Wahrheit als Kohärenz/Harmonie an.

Jene Außergewöhnlichkeit spielt eine zentrale Rolle in Charles Baudelaires ästhetischer Konzeption, die er in seiner Monographie über Edgar Allan Poe (Edgar Allan Poe: Sa vie et ses ouvrages, 1852) entwickelt. Namentlich die Folgerichtigkeit in Poes Erzählungen (»les mailles de ce réseau tressé par la logique«[111]) hebt er hervor. Der in der Ästhetik des Wunderbaren vorgebrachte Begriff der Wahrheit bzw. Kohärenz kehrt in der Ästhetik des Phantastischen wieder und spielt darin eine entscheidende Rolle hinsichtlich der Wirkung: Phantastische Texte sind erst und vor allem durch die Folgerichtigkeit glaubwürdig und damit wirkungsvoll. So wie sie laut Baudelaire eine ungewöhnliche, charakteristische Eigenschaft des Menschen – seine Bösartigkeit – vermitteln, so gesteht er in Le salon de 1859 auch der Malerei die ästhetisch vermittelnde Erkenntnis ungewöhnlicher Betrachtungsweisen zu: »On pourrait dire que, doué d'une plus riche imagination, il [Eugène Delacroix – d. Verf.] exprime surtout l'intime du cerveau, l'aspect étonnant des choses«[112].

Seinerseits an die Musik anschließend, konzipiert auch Stéphane Mallarmé in Crise de vers (1895) für die Literatur eine Möglichkeit der »vérité«[113] jenseits von einzelnen sprachlichen Bedeutungen. Er faßt die im Ästhetizismus aufgewertete formale Kohärenz metaphysisch, wenn er beschreibt, was die Musik damit vermittelt: »telle ébauche de quelqu'un des poëmes immanents à l'humanité ou leur originel état« (367). Dementsprechend ist ein literarischer Text ästhetisch wahr, sofern er mit seiner sprachmagischen Beziehungsvielfalt eine charakteristische Eigenschaft der Welt demonstriert: ihre Disposition für eine vielfältige Verbundenheit, eine universale Verbundenheit, die Mallarmé in La musique et les lettres (1894) gegenüber der modernen Wirklichkeit als »autre chose« bezeichnet, worauf die Literatur wie der Beweis eines Postulats – des Postulats allgemeiner Verbundenheit – bezogen ist: »Quant à moi, je ne demande pas moins à l'écriture et vais prouver ce postulat.«[114]

Mit besonderem Augenmerk auf die bildende Kunst gibt August Wilhelm Schlegel in seinen 1801 bis 1804 gehaltenen Vorlesungen über schöne Literatur und Kunst mittels einer Anekdote zu bedenken, daß die ›Wahrheit des Scheins‹ bzw. die Wirklichkeitstreue der Kunst, auf Konventionen be-

---

106 Vgl. WILLIAM WORDSWORTH, Preface to the second edition of the Lyrical Ballads (1800), in: Wordsworth, The Poetical Works, hg. v. E. de Selincourt, Bd. 2 (Oxford 1944), 386.
107 SAMUEL COLERIDGE, Biographia literaria (1817), in: COLERIDGE, Bd. 7/2 (1983), 7.
108 WORDSWORTH (s. Anm. 106), 394.
109 COLERIDGE (s. Anm. 107), 46.
110 JOHN KEATS, Ode on a Grecian Urn (1820), in: Keats, The Poems, hg. v. J. Stillinger (London 1978), 373.
111 CHARLES BAUDELAIRE, Edgar Allan Poe: Sa vie et ses ouvrages (1852), in: BAUDELAIRE, Bd. 2 (1976), 283.
112 BAUDELAIRE, Salon de 1859, in: ebd., 636.
113 STÉPHANE MALLARMÉ, Crise de vers (1895), in: Mallarmé, Œuvres complètes, hg. v. H. Mondor/G. Jean-Aubry (Paris 1945), 364.
114 MALLARMÉ, La musique et les lettres (1894), in: ebd., 647.

ruhe: In einer Gemäldeausstellung wunderten sich Besucher aus China über die dunklen Stellen, die sie nicht als wirklichkeitsgetreue Darstellung von Schatten sahen, sondern als entstellende Flecken.[115] Wirklichkeitstreue ist demnach kein allgemein festzulegendes Phänomen, sondern ein Eindruck, der durch kulturell geprägte Sehgewohnheiten entsteht.

An propositionaler Wahrheit orientiert ist dagegen John Ruskins Begriff der Wahrheit bzw. Charakterisierung, den er Anfang der 40er Jahre des 19. Jh. in *Modern Painters* entwickelt. Ruskin unterscheidet drei Punkte: Erstens betrifft Wahrheit in seinem Sinne nicht nur Materielles, worauf die Wirklichkeitstreue beschränkt bleibt; zweitens setzt sie keine extensive Ähnlichkeit wie bei der Wirklichkeitstreue voraus; drittens geht es bei der Wahrheit jeweils um *eine* Eigenschaft, die zutreffend dargestellt wird.[116] Ruskins Bestimmung faßt den Begriff der ästhetischen Wahrheit bzw. Charakterisierung regelrecht als malerische ›Zuschreibung‹ von Prädikaten im Sinne einer Übereinstimmung von einzelnen, allerdings charakteristischen Eigenschaften. Sein Beispiel ist die Darstellung eines Baums, die zwei spezifische Merkmale von Ästen betont: »In a tree, for instance, it is more important to give the appearance of energy and elasticity in the limbs which is indicative of growth and life, than any particular character of leaf« (154). Ähnlich begreift Vincent van Gogh in einem Brief an seinen Bruder Theo den Begriff der Wahrheit, wenn er über die eigenen Bilder schreibt: »afwijkingen, omwerkingen, veranderingen van de werkelijkheid, dat het mochten worden, nu ja – leugens, als men will – maar waarder dan de letterlijke waarheid.« (Abweichungen, solche Umwandlungen, Änderungen der Wirklichkeit, daß daraus – wenn man so will – Lügen werden möchten, nun ja, aber Lügen, die wahrer sind als die buchstäbliche Wahrheit.)[117] Der Bruch mit der gewohnheitsmäßigen Wahrnehmung führt bei van Gogh und nach ihm zur Abstraktion. Zusehends unabhängig von der Wirklichkeitstreue wird das Typische eines Gegenstandes, einer Landschaft, eines Menschen betont. Der Kunstschriftsteller Conrad Fiedler wendet sich in seiner Schrift *Moderner Naturalismus und künstlerische Wahrheit* (1881) gegen die zeitgenössischen naturalistischen Darstellungen mit dem Argument der abstrahierenden Auswahl und vertritt vehement den Begriff der ästhetischen Wahrheit bzw. der ästhetischen Charakterisierung.[118]

Arthur Schopenhauer beansprucht in *Die Welt als Wille und Vorstellung* (1819) speziell für die Musik eine Wahrheit im Sinne einer ästhetisch-metaphysischen Charakterisierung der Welt. Im § 52 verweist er auf die charakteristische Eigenschaft (›Hinsicht‹), in der Musik und Welt übereinstimmen: »Dennoch liegt der Vergleichungspunkt zwischen der Musik und der Welt, die Hinsicht, in welcher jene zu dieser im Verhältnis der Nachahmung oder Wiederholung steht, sehr tief verborgen.«[119] Diese charakteristische Eigenschaft ist der metaphysische Wille. »Die Musik ist also keineswegs, gleich den andern Künsten, das Abbild der Ideen; sondern *Abbild des Willens selbst*, dessen Objektivität auch die Ideen sind: deshalb eben ist die Wirkung der Musik so sehr viel mächtiger und eindringlicher, als die der andern Künste: denn diese reden nur vom Schatten, sie aber vom Wesen.« (304) Musik ist demnach ästhetisch wahr, insofern sie mit der Welt hinsichtlich dieses Charakteristikums übereinstimmt: Sie bringt den metaphysischen Willen zur Darstellung. An den romantischen Topos des Unaussprechlichen anschließend, vertritt Richard Wagner in *Über Franz Liszts Symphonische Dichtung* (1857) ebenfalls die musikalisch differenzierte Wahrheit bzw. Charakterisierung in der Programmusik, wie Hector Ber-

---

115 Vgl. AUGUST WILHELM SCHLEGEL, Vorlesungen über schöne Literatur und Kunst (entst. 1801–1804), in: A. W. Schlegel, Kritische Ausgabe der Vorlesungen, hg. v. E. Behler/F. Jolles, Bd. 1 (Paderborn u. a. 1989), 254.
116 Vgl. JOHN RUSKIN, Modern Painters (1843), in: Ruskin, The Complete Works, Bd. 20 (New York 1894), 95 f.
117 VINCENT VAN GOGH an Theo van Gogh (Juli 1885), in: H. v. Crimpen/M. Berends-Albert (Hg.), De brieven van Vincent van Gogh, Bd. 3 (Den Haag 1990), 1347; dt.: Briefe an seinen Bruder, hg. v. J. G. van Gogh-Bonger, übers. v. L. Klein-Diepold, Bd. 2 (1928; Frankfurt a. M. 1988), 688.
118 Vgl. CONRAD FIEDLER, Moderner Naturalismus und künstlerische Wahrheit (1881), in: Fiedler, Schriften über Kunst (Köln 1977), 123.
119 ARTHUR SCHOPENHAUER, Die Welt als Wille und Vorstellung (1819), in: SCHOPENHAUER, Bd. 2 (1949), 303.

lioz und Franz Liszt sie komponieren. Vor allem die Musik folge dem Prinzip der Auswahl als Abstraktion und Konzentration auf das Wesentliche, wenn sie die Gefühle darstellt, die dem programmatischen Inhalt zugehören; sie formuliere Unaussprechliches, wenn sie diese Gefühle mit einer »allerunmittelbarst bestimmenden Wahrheit« in ihren charakteristischen Zügen darstellt: »Der Musiker«, so Wagner, »sieht vom Vorgange des gemeinen Lebens gänzlich ab, hebt die Zufälligkeiten und Einzelheiten desselben vollständig auf, und sublimiert dagegen alles in ihnen Liegende nach seinem konkreten Gefühlsgehalte, der sich einzig bestimmt eben nur in der Musik geben läßt.«[120] Das Konzept der musikalischen Charakterisierung von Gefühlen stößt im 19. Jh. auf Widerspruch: Auf den grundsätzlichen Einwand, daß Musik gar keine Gefühle zum Inhalt habe, sondern ausschließlich musikalische Formen als solche, also absolute Musik sei[121], und auf die gemäßigte Kritik, daß Musik nicht bestimmte Eigenschaften von Gefühlen wie bei Freude, Trauer, Sehnsucht usw. wiedergeben könne, sondern unbestimmt bleibe, was schon E.T.A. Hoffmann für die Instrumentalmusik behauptet hat.[122]

2. Hegel und die Seinen: Das idealistische Konzept des Musterhaften

Der Idealismus hat auf die deutschsprachigen Kunstkonzeptionen großen Einfluß. Das zentrale idealistische Konzept der Wahrheit in den Künsten ist das des Wahren bzw. Musterhaften. Es relativiert die realistischen Tendenzen zugunsten idealisierender Darstellungen. Schelling umschreibt in seiner *Philosophie der Kunst* (1802–1805) in zahlreichen Gegenüberstellungen – Unendliches und Endliches, Urbild und Abbild, Licht und Materie, Allgemeines und Besonderes, Ideales und Reales – immer wieder das Verhältnis zwischen einem vorausgesetzten Begriff und einem entsprechend wahren bzw. musterhaften Gegenstand. Im traditionellen Sinne faßt Schelling die Voraussetzung der künstlerischen Arbeit als eine Sache des »Göttlichen« transzendent, als das »Innere der Natur« immanent und bezüglich des Künstlers als »Urbild seiner Anschauung«[123] mental. Im Unterschied zur Wirklichkeitstreue ist die Wahrheit der Kunst, so

Schelling, »die Wahrheit der *Idee* nach«; er identifiziert ein solches Paradigma bzw. den jeweiligen musterhaften Gegenstand folglich, wieder in klassischer Tradition, mit dem Schönen: »absolute Schönheit in der Kunst ist auch die rechte und eigentliche Wahrheit« (384 f.). Zuvor hatte er das Verhältnis von Begriff und wahren bzw. musterhaften Gegenstand erläutert: »Schönheit ist da gesetzt, wo das Besondere (Reale) seinem Begriff so angemessen ist, daß dieser selbst als Unendliches eintritt in das Endliche und *in concreto* angeschaut wird.« (382) Schön ist ein Gegenstand, wenn er unter einen vorausgesetzten Begriff fällt und die entsprechenden Eigenschaften in besonders ausgeprägtem Maß hat. Die überlieferten Beispiele für dieses Wahre in den Künsten – der musterhafte Heerführer oder Fürst – werden im 19. Jh. von zeitgemäßen, bürgerlichen Beispielen abgelöst: die wahre bzw. musterhafte Frau, insbesondere als vollkommene Mutter, oder auch der wahre Freund. So unterscheidet Hegel in der *Enzyklopädie der philosophischen Wissenschaften im Grundrisse* (1817) zwischen der propositionalen Wahrheit und dem Wahren bzw. Musterhaften und gibt dafür u. a. das Beispiel vom wahren Staat, dessen Gegenteil ein »schlechter Staat«[124] sei. Sein normatives Konzept des Wahren bzw. Musterhaften findet sich bereits in der *Logik* (1812)[125] und schließlich in seiner *Ästhetik* (1835–1838): »So ist denn nur die dem Begriff gemäße Realität eine wahre Realität, und zwar wahr, weil sich in ihr die Idee selber zur Existenz

---

120 RICHARD WAGNER, Über Franz Liszts Symphonische Dichtung (1857), in: Wagner, Dichtungen und Schriften, hg. v. D. Borchmeyer, Bd. 8 (Frankfurt a. M. 1983), 32, 35.
121 Vgl. EDUARD HANSLICK, Vom Musikalisch-Schönen (Leipzig 1854), 32.
122 Vgl. HUGO RIEMANN, Das formale Element in der Musik (1880), in: Riemann, Präludien und Studien. Gesammelte Aufsätze zur Aesthetik, Theorie und Geschichte der Musik, Bd. 1 (Leipzig 1895), 41 f.
123 FRIEDRICH WILHELM JOSEPH SCHELLING, Philosophie der Kunst (enst. 1802–1803), in: SCHELLING (SW), Bd. 5 (1859), 385, 524.
124 GEORG WILHELM FRIEDRICH HEGEL, Enzyklopädie der philosophischen Wissenschaften im Grundrisse (1817), in: HEGEL (TWA), Bd. 8 (1986), 86.
125 Vgl. HEGEL, Logik (1812): in: ebd., Bd. 6 (1986), 499.

bringt.«[126] Die Idee ist verwirklicht in wahren bzw. musterhaften Gegenständen. Auf diesem Konzept beruht Hegels Bestimmung der Kunst, »welche die Wahrheit in Weise sinnlicher Gestaltung für das Bewußtsein hinstellt« (140), und die des Schönen als »das sinnliche *Scheinen* der Idee« (151).

Daß Kunstwerke wahr sind, heißt demnach, daß sie etwas Wahres konkret darstellen, also musterhafte Fälle von etwas sind: Inbilder von Liebe, Trauer, Freundschaft, die in klassischer Tradition zugleich als schöne Beispiele für Liebe, Trauer, Freundschaft gedacht werden. Die musterhaften Gegenstände der Kunst werden in der Regel verstanden als konkret gewordene platonische Ideen, d. h. etwas entspricht in seinen Eigenschaften auf eminente Weise einem vorausgesetzten Begriff. Friedrich Theodor Vischer, Theodor Mundt und Moriz Carrière geben mit der *Sixtinischen Madonna* (1514) von Raffael, mit einer leidenden Madonna auf einer Passionsdarstellung Michelangelos und mit Shakespeares *Romeo and Juliet* (1597) Beispiele für eine wahre bzw. musterhafte Frau, für musterhaftes Schmerzempfinden und für eine musterhafte Liebe.[127] In Theodor Fontanes Forderung in *Unsere lyrische und epische Poesie seit 1848* von 1853, künstlerisch »das *Wahre*«[128] darzustellen, verbinden sich realistische und idealistische Ansprüche auf Wirklichkeitstreue und Musterhaftigkeit. Folglich schließt er für Literatur und Malerei die Darstellung von sozialem Elend aus: Es entspricht nicht dem vorausgesetzten, normativen Begriff von Leben, gehört also nicht zum wahren bzw. musterhaften Leben und somit grundsätzlich nicht in die Kunst. Der traditionsreiche Begriff des Wahren bzw. Musterhaften in den Künsten erhält im 19. Jh. in der Regel seinen außerordentlichen Stellenwert als wertkonservative Strategie gegen die Folgen der Modernisierung (u. a. Industrialisierung, Entwicklung der Städte, negativ eingestufter Einfluß der Naturwissenschaften). Das Konzept ermöglicht es, künstlerisch dargestellte Vorbilder als etwas Wahres auszuzeichnen und (höhere) Erkenntnis zu suggerieren, wo es sich tatsächlich um tradierte normative Voraussetzungen handelt.

Eine progressive Variante dieser idealistischen Konzeption präsentiert Karl Gutzkow in seinem Aufsatz *Wahrheit und Wirklichkeit* (1835). Er setzt dabei eine revolutionäre Disposition der Wirklichkeit voraus, die der Schriftsteller als Prophet erfaßt und darstellt: »Die poetische Wahrheit offenbart sich nur dem Genius. Dieser lauscht niedergestreckt auf dem Boden der Wirklichkeit, und hört wie in den innersten Getrieben der Gemüther eine embryonale Welt mit keimendem Bewußtsein wächst. […] Es baut sich eine Wahrheit der Dichtung auf, der in den uns umgebenden Constitutionen nichts entspricht, eine ideelle Opposition, ein dichterisches Gegentheil unsrer Zeit«[129]. Die Dichtung stellt folglich das Wahre bzw. etwas Musterhaftes dar, das in der Wirklichkeit nicht zu finden ist, weil es sich in ihr noch nicht entwickelt hat, aber bereits angelegt ist. Im Roman *Die Ritter vom Geiste* (1850/1851) versinnbildlicht Gutzkow seine These mit dem Beispiel des Ritterbundes, der mit seinen fortschrittlichen Werten eine wahre bzw. musterhafte Gemeinschaft im kleinen und zugleich ein Paradigma für die liberale Gesellschaft darstellt.

In der Nachfolge des politischen Idealismus schildert Franz Mehring in *Der heutige Naturalismus* (1893) eine anti-kapitalistische Disposition der Gesellschaft und vertritt die These, daß ein literarischer Text, der diese Disposition als verwirklichte darstellt oder zumindest andeutet, »Schönheit und Wahrheit«[130] habe, d. h. er zeigt das wahre bzw. ein musterhaftes Zusammenleben. Eine Relativierung erfahren derartige Exempel durch die ›Ästhetik des

---

126 HEGEL, Vorlesungen über die Ästhetik (1835–1838), Bd. 1, in: ebd., Bd. 13 (1986), 151.
127 Vgl. FRIEDRICH THEODOR VISCHER, Das Symbol (1887), in: Vischer, Kritische Gänge, hg. v. R. Vischer, Bd. 4 (München 1922), 429; THEODOR MUNDT, Aesthetik. Die Idee der Schönheit und des Kunstwerks im Lichte unserer Zeit (Berlin 1845), 76 f.; MORIZ CARRIÈRE, Aesthetik. Die Idee des Schönen und ihre Verwirklichung im Leben und in der Kunst, Bd. 1 (1859; Leipzig 1885), 25, 277.
128 THEODOR FONTANE, Unsere lyrische und epische Poesie seit 1848 (1853), in: Fontane, Sämtliche Werke, hg. v. E. Gross, Bd. 21/1 (München 1963), 13.
129 KARL GUTZKOW, Wahrheit und Wirklichkeit (1835), in: Phönix, H. 174 (1835) [Literaturblatt Nr. 29 v. 25. 7. 1835] (Frankfurt a. M. 1971), 694.
130 FRANZ MEHRING, Der heutige Naturalismus (1893), in: Mehring, Gesammelte Schriften, hg. v. T. Höhle/H. Koch/J. Schleifstein, Bd. 11 (Berlin 1961), 133.

Häßlichen‹, die mit dem Schönen in den Künsten bricht und den Begriff des Wahren bzw. Musterhaften wertneutral fortsetzt. Karl Rosenkranz beschreibt in der *Ästhetik des Häßlichen* (1853) Auswahl und Gestaltung als Konzentration auf das Wesentliche, sofern sie Häßliches betrifft.[131] In der Nachfolge von Rosenkranz gibt Max Schasler in seiner *Kritischen Geschichte der Aesthetik* (1872) u. a. das »Ideal eines Betteljungen«[132] als Beispiel. Ein Sujet, das bislang als Vorbild nicht geeignet gewesen ist, findet nun Anerkennung in der philosophischen Theorie. Damit ist der Begriff des Wahren bzw. Musterhaften in den Künsten jenseits jeglicher Idealisierung wertfrei gefaßt.

3. Die realistische Tradition: Charakteristisches mit Wirklichkeitstreue

Die empiristischen Tendenzen werden im 19. Jh. durch die Entwicklung der Naturwissenschaften gestärkt. Im Realismus und Naturalismus wird dementsprechend die Wahrheit im Sinne der Ähnlichkeit bzw. Wirklichkeitstreue zur Voraussetzung der Wahrheit im Sinne der Charakterisierung gemacht. Die Forderung der Ähnlichkeit zwischen Werk und Wirklichkeit betrifft nun neue Themenbereiche, die Wirklichkeitstreue wird extensiv und intensiv entwickelt. Mit dieser Forderung setzen sich vor allem Literatur und Malerei der Kritik aus, das künstlerische Prinzip der Auswahl und Gestaltung als Konzentration auf Wesentliches bzw. Charakteristisches zu vernachlässigen.

Die konfliktreiche Situation kündigt sich bereits in Victor Hugos *Préface de Cromwell* (1827), im Übergang von der Romantik zum Realismus, an. Hugo kritisiert die Bevorzugung des Schönen mit dem Argument, daß alles darzustellen sei, Schönes und Häßliches, Erhabenes und Groteskes; in diesem Sinne fordert er: »La nature donc! La nature et la vérité!«[133] Der Anspruch auf Wahrheit im Sinne der Wirklichkeitstreue enthält die Forderung, keine Auswahl aufgrund ästhetischer oder moralischer Vorbehalte zu treffen, ein Programm, das in den großen Romanzyklen des 19. Jh. umgesetzt wird. Stendhal konstatiert in einem Brief an Honoré de Balzac vom 28./29. Oktober 1840 beim Lesepublikum eine allgemeine Erwartung von »*petits faits vrais*«[134]. Er verwendet in seinem Roman *Le rouge et le noir* (1830) die gängige Spiegel-Metapher in bezeichnender Weise: »Un roman est un miroir qui se promène sur une grande route.«[135] Der Topos vom Werk als Spiegel erhält hier den besonderen Akzent, daß die Darstellung nicht von der Entscheidung des Künstlers bestimmt wird, sondern von der Zufälligkeit, mit der die Phänomene vorbeiziehen. Diese Tendenz klingt auch in George Eliots programmatischer Äußerung im essayistischen 17. Kapitel ihres Romans *Adam Bede* (1859) an. Sie erhebt die im 18. Jh. als ›Naturalisten‹ kritisierten niederländischen Maler mit ihren Genrebildern zum Maßstab für die Literatur: »It is for this rare, precious quality of truthfullness that I delight in many Dutch paintings, which lofty-minded people despise.«[136] Julian Schmidt rezipiert in *Der neueste englische Roman und das Princip des Realismus* (1856) die englische Literatur und betont: »Bei den neuen Princip handelt es sich nicht mehr um die innere, sondern um die äußere Wahrheit, nicht um die Uebereinstimmung mit sich selbst, sondern um die Uebereinstimmung mit der sogenannten Wirklichkeit.«[137] Schmidts vorbehaltliche Formulierung erklärt sich daraus, daß auch er von einer Disposition der Wirklichkeit als einer angelegten Entwicklungstendenz ausgeht, die es vor allem darzustellen gelte. Im Namen jener weithin geforderten Wahrheit bzw. Wirklichkeitstreue wird gegen die Romantik zudem der Vorwurf der

---

131 Vgl. ROSENKRANZ, 43; VISCHER, Bd. 1 (1922), 279, 367.
132 MAX SCHASLER, Kritische Geschichte der Aesthetik. Grundlegung für die Aesthetik als Philosophie des Schönen und der Kunst, Bd. 1 (Berlin 1872), 461.
133 VICTOR HUGO, Préface de Cromwell (1827), in: Hugo, Théâtre complet, hg. v. J.-J. Thierry/J. Mélèze, Bd. 1 (Paris 1963), 435.
134 STENDHAL an Honoré de Balzac (28./29. 10. 1840), in: Stendhal, Correspondance, hg. v. H. Martineau/ V. Del Litto, Bd. 3 (Paris 1968), 402.
135 STENDHAL, Le rouge et le noir (1830), in: Stendhal, Romans et nouvelles, hg. v. H. Martineau, Bd. 1 (Paris 1952), 557; vgl. ebd., 228.
136 GEORGE ELIOT [d. i. MARY ANN EVANS], Adam Bede (1859), in: Eliot, The Works [Cabinet Edition], Bd. 3/1 (Edinburgh/London 1878), 268.
137 JULIAN SCHMIDT, Der neueste englische Roman und das Princip des Realismus, in: Die Grenzboten 15 (1856), H. 4, 467f.

Lüge erhoben.[138] Ein traditioneller und bereits entkräfteter Vorwurf wird nun gewandelt fortgesetzt, um damit einen nicht auf Wirklichkeitstreue verpflichteten Stil zu kritisieren. In diesem Sinne gibt Otto Brahm schließlich in der Eröffnungsnummer der Zeitschrift *Freie Bühne für modernes Leben* (1890) die naturalistische Losung aus: »das eine Wort: Wahrheit; und Wahrheit, Wahrheit«[139].

Zwei Wahrheitsansprüche stehen einander gegenüber: einerseits der Anspruch auf eine vorbehaltlose, umfassende und bis ins Detail gehende Wirklichkeitstreue, andererseits der Anspruch auf die Darstellung von Wesentlichem bzw. von charakteristischen Eigenschaften, also die ästhetische Charakterisierung, die auf Auswahl und Gestaltung beruht. Dabei hat das künstlerische Auswählen und Gestalten das sogenannte Typische als allgemeineren Aspekt von Handlungsverläufen und Gestalten zum Ziel. Im Unterschied zum 18. Jh. wird dieser allgemeinere Aspekt der Wahrscheinlichkeit unter dem Einfluß der Milieutheorie Hippolyte Taines als Notwendigkeit gefaßt. Der dargestellte Handlungsverlauf soll nicht nur möglich und unter den vorausgesetzten, empirischen Umständen naheliegend sein, sondern aufgrund sozialer Gesetzmäßigkeiten unumgänglich. Die Betonung der Determination nimmt unter dem Einfluß der Naturwissenschaften weiter zu. Er zeigt sich am stärksten bei Émile Zola, der in *Le roman expérimental* (1879) die Literatur an Verfahren naturwissenschaftlichen Experimentierens ausrichtet. Der zentrale Begriff der Wahrheit in seinem Essay betrifft jedoch nicht die Wirklichkeitstreue, sondern die Hypothese, die der Roman bewahrheiten soll, d. h. Zola konzipiert Romane im Namen der Wahrheit als Gedankenexperimente mit einer zutreffenden impliziten Aussage.[140] In deutschsprachigen Konzeptionen wird die Wahrscheinlichkeit streng als Notwendigkeit gefaßt: bei Carrière traditionell im Sinne des Leibnizschen Prinzips vom zureichenden Grund[141], bei Otto Ludwig als Kausalität in Regelfällen[142], bei Wilhelm Bölsche erneut mit dem Vergleich von Literatur und Mathematik[143] und bei Hermann Conradi mit Betonung der kausalen Determination.[144] Aufgrund der anhaltenden idealistischen Tendenz wird in Deutschland der Schritt vom Realismus zum Naturalismus im engeren Sinne, d. h. die Darstellung bisher tabuisierter Themen wie soziales Elend oder Sexualität und naturwissenschaftlich beeinflußte Betonung der Determination in der Handlung, erst relativ spät, in fortwährender Auseinandersetzung mit dem Werk Zolas vollzogen.

Der Begriff des Typischen bzw. Charakteristischen bei der Darstellung literarischer Gestalten erhält sein Profil durch die Forderung der Wirklichkeitstreue wie auch durch den Einfluß der naturwissenschaftlichen Taxonomie: Darstellung charakteristischer Eigenschaften bei zunehmend individualisierten Figuren. Balzac beschreibt im Brief vom 25. Oktober 1834 an Éveline Hanska-Rzewuska seine Gestalten als »les *individualités* typisées« und »les *types* individualisés«[145], und in seinem *Avant-propos* zur *Comédie humaine* (1842) heißt es im Sinne des Totalitätsanspruchs: »la somme des types«[146]; Charles Dickens favorisiert in seinem Vorwort zu *Oliver Twist* (1841) am Beispiel der Nancy die Wahrheit der Figuren bzw. die Charakterisierung von Menschen auf Kosten der Wahrscheinlichkeit: »It is useless to discuss whether the conduct and character of the girl seems natural or unnatural, probable or improbable, right or wrong.

---

138 Vgl. FONTANE (s. Anm. 128), 13.
139 OTTO BRAHM, ›Freie Bühne für modernes Leben‹. Zum Beginn (1890), in: Brahm, Kritische Schriften, hg. v. P. Schlenther, Bd. 1 (Berlin ²1915), 285.
140 Vgl. ÉMILE ZOLA, Le roman expérimental (1879), in: Zola, Œuvres complètes, hg. v. H. Mitterand, Bd. 10 (Paris 1986), 1178.
141 Vgl. CARRIÈRE (s. Anm. 127), 591.
142 Vgl. OTTO LUDWIG, Keine Tugendhelden. Tragische Formel Shakespeares (entst. 1857/1858), in: Ludwig, Gesammelte Schriften, hg. v. E. Schmidt/A. Stern, Bd. 5 (Leipzig 1891), 68.
143 Vgl. WILHELM BÖLSCHE, Die naturwissenschaftlichen Grundlagen der Poesie. Prolegomena einer realistischen Aesthetik (1887), hg. v. J. J. Braakenburg (München 1976), 25.
144 Vgl. HERMANN CONRADI, Poesie und Philosophie (1887), in: Conradi, Gesammelte Schriften, hg. v. G. W. Peters, Bd. 2 (München/Leipzig 1911), 53.
145 BALZAC an Éveline Hanska-Rzewuska (25. 10. 1834), in: Balzac, Lettres à Madame Hanska, hg. v. R. Pierrot, Bd. 1 (Paris 1967), 270.
146 BALZAC, La comédie humaine. Avant-propos (1842), in: Balzac, La comédie humaine, hg. v. P.-G. Castex, Bd. 1 (Paris 1976), 18.

It is *true*.«[147] Gustave Flaubert, der in seinen Briefen die Gestaltung, die Phantasie und das neutrale Erzählen zu Voraussetzungen der Wahrheit im Sinne der Charakterisierung erklärt, schreibt am 14. August 1853 an Louise Colet, seine Emma Bovary »souffre et pleure dans vingt villages de France«[148]. Ähnlich wie Dickens' Nancy im Sinne des etablierten Begriffs ästhetischer Wahrheit, hat sie Eigenschaften, die für viele Frauen in der französischen Provinz charakteristisch sind. Taine beschreibt in *Philosophie de l'art* (1882) die Kunst allgemein als Darstellung einer Eigenart im Sinne klassifizierender Eigenschaften, die etwas charakterisieren und von anderem unterscheiden: »un certain *caractère essentiel*«[149]. Henry James erklärt in *Art of Fiction* (1884) in Verbindung mit dem Prinzip der Auswahl: »a selection whose main care is to be typical«[150]. Für Wilhelm Scherer ist die »Typisirung, ein Act der Generalisirung, also ein Verfahren, das auch in der Wissenschaft begegnet«[151]. Friedrich Engels spricht in seinem, im Zusammenhang mit der Widerspiegelungstheorie vielzitierten Brief vom April 1888 an Margaret Harkness, von »typischen Charakteren unter typischen Umständen«[152]. Als charakteristisch gelten nicht nur zeitlose Eigenschaften des Menschen oder einer Art von Menschen, sondern auch zeitgebundene Eigenschaften einer Gesellschaftsschicht, Berufsgruppe usw.

In der Malerei wird der Realismus prominent von Gustave Courbet vertreten, zunächst in seinem Manifest zur Ausstellung 1855 im ›Pavillon du Réalisme‹. In einem programmatischen Brief vom 25. Dezember 1861 nennt er die Malerei, die sich ohne Idealisierung auf Empirisches beschränkt, »un art essentiellement *concret*«[153]. Pierre-Joseph Proudhon bescheinigt in *Du principe de l'art et de sa destination sociale* (1865) den Gemälden Courbets »vérité«[154], Wahrheit im Sinne von Ähnlichkeit bzw. Wirklichkeitstreue bis ins Detail, und versteht Courbets vorbehaltlose Darstellung von Menschen aus den unteren Gesellschaftsschichten als sozial motivierte Darstellung. Der sich abzeichnende Konflikt zwischen dem empiristischen Anspruch auf Wahrheit im Sinne der Ähnlichkeit bzw. detailgenauen Wirklichkeitstreue einerseits und dem künstlerischen Prinzip der Auswahl und Gestaltung anderseits, spitzt sich zu durch das Auftreten eines neuen Mediums: der Photographie. Von Joseph Nicéphore Niépce und Louis Jacques Mandé Daguerre in den 20er Jahren des 19. Jh. entwickelt, feiert man die Photographie, da sie auch flüchtigste Aspekte der konkreten Wirklichkeit festhalten und zu erkennen geben kann; aus dem gleichen Grund schmäht man sie zugleich als unkünstlerisch. Denn, so der Vorwurf, ein Photo entstehe kausal durch Lichteinwirkung und nicht intentional durch menschliche Auswahl und Gestaltung, gebe also auch unwesentliche Details wieder. Die sich unter dem Stichwort vom ›mechanischen Abbild‹ zum Topos entwickelnde Kritik, die sich gegen alle als allzu wahllos wirklichkeitsgetreu angesehenen Kunstwerke richtet, wird durch den Hinweis relativiert, daß in der Photographie medienspezifisch ausgewählt und gestaltet wird: bei der Entscheidung für ein Motiv, einen Blickwinkel, einen Aufnahmemoment, einen Ausschnitt und bei den Verfahren des Papierabzugs und des Gummidrucks mit malerischen Effekten. Robert Monier de La Sizeranne beantwortet die Frage im Titel seiner Schrift *La photographie est-elle un art?* (1897) mit ja und rückt die Photographie in die Nähe der Malerei. Er begründet dies mit der ›malerischen Stimmigkeit‹, die beim Entwickeln auf Kosten von De-

---

147 CHARLES DICKENS, The Author's Preface to the third Edition of ›Oliver Twist‹ (1841), in: J. Butt/K. Tillotson (Hg.), The Clarendon Dickens, Bd. 1 (Oxford 1966), LXV.
148 GUSTAVE FLAUBERT an Louise Colet (14. 8. 1853), in: FLAUBERT, Bd. 13 (1974), 383.
149 HIPPOLYTE TAINE, Philosophie de l'art (1882; Paris ⁷1901), 33.
150 HENRY JAMES, The Art of Fiction (1884), in: James, The House of Fiction. Essays on the Novel, hg. v. L. Edel (London 1957), 38.
151 WILHELM SCHERER, Poetik (1888), hg. v. G. Reiß (Tübingen 1977), 150.
152 FRIEDRICH ENGELS an Margaret Harkness [Entwurf] (April 1888, aus dem Engl. übers.), in: MEW, Bd. 37 (1967), 42; vgl. KARL MARX an Ferdinand Lasalle (19. 4. 1859), in: MEW, Bd. 29 (1963), 590–593; ENGELS an Lasalle (18. 5. 1859), in: MEW, Bd. 29 (1963), 600–605.
153 GUSTAVE COURBET, [Offener Brief an seine Freunde] (25. 12. 1861), in: Courbet. Raconté par lui-même et par ses amis, hg. v. P. Courthion, Bd. 2 (Genf 1950), 205.
154 PIERRE-JOSEPH PROUDHON, Du principe de l'art et de sa destination sociale (Paris 1865), 188.

tails hervorgerufen werden kann: »la vérité de la science est une vérité de détail; la vérité de l'art est une vérité d'ensemble«[155]. In ihrer künstlerischen Arbeit halten auch andere ›Realisten‹ an den Prinzipien Auswahl und Gestaltung fest, bei aller geforderten Wirklichkeitstreue. Champfleury betont in L'aventurier Challes (1854), eine auf höchstmögliches »Vrai« angelegte Darstellung in der Literatur und Malerei sei keine einfache »imitation«, sondern immer »interprétation«[156]. In der italienischen Literatur wird der Naturalismus u. a. von Luigi Capuana vertreten und findet als ›Verismo‹ seine Entsprechung auch in der Musik.[157] Die Inhalte der Oper werden der sozialen Wirklichkeit ähnlicher, etwa bei der Darstellung des sogenannten einfachen Volkes, wofür der veristische Einakter Cavalleria rusticana (1890) von Pietro Mascagni nach einem Text von Giovanni Verga ein Musterbeispiel ist.

In realistischen und naturalistischen Konzeptionen wird also der Erkenntniswert der Künste von ihrer Wirklichkeitstreue abhängig gemacht. Er beruht jedoch im engeren Sinne auf der Darstellung des vermeintlich Typischen: ein Aspekt der Darstellung, der mit dem Begriff der Wahrheit im Sinne der Charakterisierung gefaßt wird. Daraus ergibt sich die gängige metaphysische Unterscheidung in Wirklichkeit und höhere Wahrheit, Oberfläche und Tiefe usw.

4. Implizite Aussagen und weitere Konzepte

Das Konzept der Wahrheit im Sinne einer zutreffenden impliziten Aussage spielt im 19. Jh. keine ausschlaggebende Rolle mehr, ist aber nach wie vor zu finden, zunächst in der Romantik. Der Unterschied zur traditionellen Auffassung zeigt sich in drei Aspekten: Erstens handelt es sich in romantischen Entwürfen nicht nur um bereits bekannte Aussagen, wie bei kursierenden Lebensweisheiten, wissenschaftlichen Erkenntnissen usw., sondern um etwas Neues, das der schöpferische Künstler in die Welt setzt.[158] Zweitens handelt es sich nicht allein um formulierbare Aussagen, sondern, gemäß dem Topos vom Unaussprechlichen, auch um unbestimmte, in der Regel metaphysische Vorstellungen, formuliert in Tropen wie Metaphern oder Allegorien, die im Unterschied zur traditionellen Vorstellung als nicht explizierbar gelten.[159] Und drittens handelt es sich nicht nur um intendierte Implikationen, sondern sie können auch ausschließlich interpretierte sein.[160] In der Linie der internationalen Rezeption, die von der kontinentalen Romantik über Poe zu Baudelaire und zum europäischen Ästhetizismus und Symbolismus führt, werden implizite Aussagen grundsätzlich kritisiert. Um der Autonomie und um des Schönen willen, wendet sich Poe in The Poetic Principle (1850) gegen diese »heresy of The Didactic«[161], Baudelaire übernimmt dann seine Kritik.[162] Das Konzept der zutreffenden impliziten Aussagen findet in der ästhetizistischen Tradition keine Verwendung. In Positionen, die der Romantik und dem Ästhetizismus kritisch gegenüberstehen, werden implizite Aussagen gelegentlich noch vorausgesetzt. Hegel fragt in der Ästhetik, ob die Belehrung im Sinne des Horazischen prodesse »explizite oder implizite im Kunstwerk enthalten«[163] sei. Zola beschreibt den naturalistischen Roman als literarisches Gedankenexperiment, das eine Hypothese, also eine implizite Aussage, bewahrheiten soll.[164] Fontane schließlich sieht in jedem bedeu-

---

155 ROBERT MONIER DE LA SIZERANNE, La photographie est-elle un art?, in: Revue des deux mondes 144 (1897), 589.
156 CHAMPFLEURY [d. i. JULES-FRANÇOIS-FÉLIX FLEURY-HUSSON], L'aventurier Challes (1854), in: Champfleury, Le réalisme (1857; Genf 1967), 91 f.
157 Vgl. GIUSEPPE VERDI an Giulio Ricordi (20. 11. 1880), in: P. Petrobelli (Hg.), Carteggio Verdi – Ricordi 1880–1881 (Parma 1988), 69 f.
158 Vgl. AUGUST WILHELM SCHLEGEL, Ueber die Künstler, ein Gedicht von Schiller (1790), in: A. W. SCHLEGEL, Sämmtliche Werke, hg. v. E. Böcking, Bd. 7 (Leipzig 1846), 4 f.
159 Vgl. FRIEDRICH SCHLEGEL, Gespräch über die Poesie (1800), in: SCHLEGEL (KFSA) II, Bd. 2 (1967), 324.
160 Vgl. NOVALIS, Vermischte Bemerkungen [Blüthenstaub] (1798), in: NOVALIS, Bd. 2 (1981), 470; ADAM MÜLLER, Vorlesungen über die deutsche Wissenschaft und Literatur (1806), in: Müller (s. Anm. 105), Bd. 1 (Neuwied/Berlin 1967), 118.
161 EDGAR ALLAN POE, The Poetic Principle (1850), in: Poe, The Complete Works, hg. v. J. A. Harrison, Bd. 14 (New York 1902), 271.
162 Vgl. BAUDELAIRE (s. Anm. 111), 262.
163 HEGEL (s. Anm. 126), 76; vgl. HORAZ, Ars 333.
164 Vgl. ZOLA (s. Anm. 140), 1178.

tenden literarischen Werk eine implizite Aussage.[165] Auch der subjektivierte Begriff der Wahrheit im Sinne von Wahrhaftigkeit – speziell bei der Darstellung eines Gefühls – wird weiter fortgesetzt. So schreibt Wilhelm Müller in *Über die neueste lyrische Poesie der Deutschen* (1827) über ein Gedicht Ludwig Uhlands, dieses sei »von ergreifender Wahrheit der Empfindung«[166]. Auch die Anschaulichkeit bzw. die illusionistische Kraft der Literatur wird weiterhin als Wahrheit ausgezeichnet, etwa wenn Franz Grillparzer bekundet, seiner Ansicht nach sei die hervorgerufene »Täuschung gleichfalls eine Wahrheit«[167] oder wenn Otto Ludwig festlegt, worüber man in der Literatur erfreut sei: »immer über die Wahrheit, über die lebendige Gegenwart des Objektes in unsrer Einbildungskraft«[168].

Für die Entwicklung im 19. Jh. ist demnach kennzeichnend, daß sich der Begriff der ästhetischen Wahrheit im Sinne einer ästhetischen Charakterisierung etabliert, sei diese gebunden an oder unabhängig von Wirklichkeitstreue und Wahrscheinlichkeit. Allerdings bleiben andere Wahrheitsbegriffe weiterhin präsent.

IV. 20. Jahrhundert

Die empiristischen und die idealistischen Tendenzen seit der Renaissance wie auch die realistischen und die romantischen Tendenzen des 19. Jh. kehren im 20. Jh. zurück. Wieder ist es ein neues Medium, der Film, das als Reflexionsgegenstand und Reibungsfläche dient. Gegenüber stehen sich auf der einen Seite realistische Positionen (in Filmen von Louis Lumière und Theorien von André Bazin und Siegfried Kracauer), auf der anderen ›phantastische‹ und formalistische Standpunkte (in Filmen von Georges Méliès und Theorien von Rudolf Arnheim, Sergej M. Ejzenstejn und Béla Balázs). In der Pluralität der Positionen und Stile des beginnenden 20. Jh. dominiert bald ein Wahrheitsbegriff im Sinne der ästhetischen Charakterisierung, in der Regel dezidiert unabhängig von Wirklichkeitstreue und Wahrscheinlichkeit. Hingegen wird das Wort ›Wahrheit‹ zunächst gemieden: erstens aufgrund seines inflationären Gebrauchs im Naturalismus und zweitens aufgrund der implizierten Allgemeingültigkeit, die man im neu entstandenen Bewußtsein der Relativität aller Erkenntnis nicht mehr ohne weiteres beansprucht. Das Konzept der ästhetischen Wahrheit bzw. Charakterisierung in den Künsten wird allerdings über diese Erkenntniskritik hinweg in relativierter Fassung fortgesetzt und ist bis heute, teils mit absolutem, meist mit relativem Geltungsanspruch, gängig.

1. *Die Moderne: Charakteristisches, mit und ohne Wirklichkeitstreue*

Bezeichnend für die zahlreichen anti-naturalistischen Positionen der klassischen Moderne ist der Anspruch, durch weitere Abstraktion, durch Reduktion und Deformation etwas Wesentliches darzustellen, d. h. die eine oder andere charakteristische Eigenschaft in der Darstellung besonders hervorzuheben, sei diese favorisierte Eigenschaft metaphysisch oder empirisch. Um nur einige dieser zahlreichen Positionen zu nennen: In Filippo Tommaso Marinettis Manifest zur futuristischen Literatur, *Manifesto tecnico della letteratura futurista* (1912), ist es die allgemeine, nur intuitiv wahrzunehmende Eigenschaft der Verbundenheit, die es um der ästhetischen Wahrheit willen gerade in der Vereinzelung der Wörter, mit »sehr ausgedehnten Analogien« (analogie vastissime) als »das Leben der Materie« (la vita della materia)[169] darzustellen gilt.

---

165 Vgl. FONTANE, [Rez.] Gustav Freytag, Soll und Haben (1855), in: Fontane (s. Anm. 128), 225.
166 WILHELM MÜLLER, Über die neueste lyrische Poesie der Deutschen (1827), in: Müller, Werke, Tagebücher und Briefe, hg. v. M.-V. Leistner, Bd. 4 (Frankfurt a. M. 1981), 313.
167 FRANZ GRILLPARZER, [Tagebücher und literarische Skizzenhefte: Zur Kunstlehre (entst. 1820/1821)], in: Grillparzer, Sämtliche Werke, hg. v. A. Sauer, Bd. 2/7 (Wien 1914), 345.
168 LUDWIG, Dichterische Objektivität (entst. 1858–1860), in: Ludwig (s. Anm. 142), Bd. 6 (Leipzig 1891), 36.
169 FILIPPO TOMMASO MARINETTI, Manifesto tecnico della letteratura futurista (1912), in: L. De Maria/L. Dondi (Hg.), Marinetti e i futuristi (Mailand 1994), 79; dt.: Technisches Manifest der futuristischen Literatur, übers. v. Jean-Jacques, in: H. Schmidt-Bergmann (Hg.), Futurismus. Geschichte, Ästhetik, Dokumente (Reinbek b. Hamburg 1993), 283.

Kasimir Edschmid spricht in *Expressionismus in der Dichtung* (1917) bezüglich des visionären, reduzierenden expressionistischen Stils generell vom »Wesen: das Einfache, das Allgemeine, das Wesentliche«[170]. Richard Huelsenbeck betont im *Dadaistischen Manifest* (1918) die Eigenschaft des Chaotischen der modernen Wirklichkeit, des »Durcheinanderjagens aller Dinge« und konstatiert ein »simultanes Gewirr von Geräuschen, Farben und geistigen Rhythmen«[171]. Für den Dadaismus beansprucht Raoul Hausmann in *Was will der Dadaismus in Europa?* (1919) eine »exakte Wahrheit«, insofern er als »Gleichnis« die Eigenschaften der »Verworrenheit und Sinnlosigkeit der Realität«[172] zeige. Yvan Goll akzentuiert in *Das Wort an sich. Versuch einer neuen Poetik* (1921), einem Manifest des Zenitismus, eine charakteristische Eigenschaft, die offenkundig im 21. Jh. ihre Relevanz nicht verloren hat: »Form muß der adäquate, innerlich wie äußerlich begründete *Ausdruck eines Zeitinhaltes* sein. / Die heutige Form ist eine Vertikale. / Unsere Zeit ist steil. Wir bewegen uns nach oben.

[170] KASIMIR EDSCHMID, Expressionismus in der Dichtung (1917), in: Die neue Rundschau 29 (1918), 368.
[171] RICHARD HUELSENBECK, Dadaistisches Manifest (1918), in: Huelsenbeck (Hg.), Dada. Eine literarische Dokumentation (Reinbek b. Hamburg 1964), 28.
[172] RAOUL HAUSMANN, Was will der Dadaismus in Europa? (1919), in: Hausmann, Bilanz der Feierlichkeit. Texte bis 1933, hg. v. M. Erlhoff (München 1982), 98.
[173] YVAN GOLL, Das Wort an sich. Versuch einer neuen Poetik, in: Die neue Rundschau 32 (1921), 1082.
[174] ANDRÉ BRETON, Manifeste du surréalisme (1924), in: Breton, Œuvres complètes, hg. v. M. Bonnet u. a., Bd. 1 (Paris 1988), 322.
[175] VIRGINIA WOOLF, Modern Fiction (1925), in: Woolf, The Essays, hg. v. A. McNeillie, Bd. 4 (London 1994), 162.
[176] ÉDOUARD DUJARDIN, Le monologue intérieur. Son apparition, ses origines, sa place dans l'œuvre de James Joyce (1931), in: Dujardin, Les lauriers sont coupés suivi de Le monologue intérieur, hg. v. C. Licari (Rom 1977), 237.
[177] WASSILY KANDINSKY, Über das Geistige in der Kunst (1912; Bern/Bümpliz ⁴1952), 71.
[178] FRANZ MARC, [Aufzeichnungen (...) über das Tierbild und über ›Das Groteske‹ (1911/1912)], in: Marc, Schriften, hg. v. K. Lankheit (Köln 1978), 100.

Wir sind Aeroplane. In Wolkenkratzern leben die Lifts immer senkrecht. Telegraphenstangen und Antennen und Schlote. Wir nähern uns dem Zenit. / Steil müßte unsere Sprache sein: steil, schmal, steinern, wie ein Obelisk.«[173] Texte sind demzufolge nur dann ästhetisch wahr, wenn sie in ihrer Darstellung die Eigenschaft des Vertikalen, als Charakteristikum der modernen Lebensform, aufweisen. Im *Manifeste du surréalisme* (1924) verteidigt André Breton die surrealistische Literatur als eine alternative ›recherche de la vérité‹. Sie soll für den Menschen charakteristischen Eigenschaft der Irrationalität, wie sie sich etwa in Träumen und im Begehren manifestiert, besondere Geltung verschaffen: »N'est-ce pas à nous, qui déjà en vivons, de chercher à faire prévaloir ce que nous tenons pour notre plus ample informé?«[174] Ähnliches fordert Virginia Woolf in *Modern Fiction* (1925), wenn sie – mit Blick auf James Joyce und die literarische Form des inneren Monologs – von den »dark places of psychology«[175] spricht und damit das mäandernde menschliche Bewußtsein mit seinen komplexen, disparaten und inkohärenten Eigenschaften meint; auch nach Édouard Dujardin (*Le monologue intérieur*, 1931) gilt es die Irrationalität des Bewußtseinsstroms darzustellen, wobei er das Prinzip der Auswahl in der Darstellung des inneren Monologs betont: »le choix n'est pas fait sous le signe de la logique rationale«[176].

In seiner Schrift *Über das Geistige in der Kunst* (1912) bemerkt Wassily Kandinsky, daß das künstlerisch auswählende und gestaltende »Bloßlegen des inneren Klanges« im Bild, das »ein Element der göttlichen Sprache«[177] sei, die Eigenschaft des Universal-Harmonischen zu erkennen gebe. Franz Marc orientiert sich, wie Ruskin, am Begriff der propositionalen Wahrheit: »Ich kann aber auch ein Bild malen wollen: ›das Reh fühlt‹. Wie unendlich feinere Sinne muß ein Maler haben, das zu malen! Die Ägypter haben es gemacht. Oder die ›Rose‹. Manet hat sie gemalt. Die Rose ›blüht‹, wer hat das ›Blühen‹ der Rose gemalt? Die Inder. Das *Prädikat*. [...] Man gibt das Prädikat der stillen Natur«[178]. In diesem Sinne versucht Marc mit seinen von der Sinneswahrnehmung abweichenden Farben und Formen – wie mit sprachlichen Prädikaten – an Tieren oder auch Wäldern deren übersinnlichen Eigenschaften aufzuzeigen: »Wir werden nicht mehr den Wald und das Pferd malen, wie sie uns gefallen oder scheinen, sondern wie sie wirklich sind, wie sich der Wald oder das Pferd selbst fühlen, ihr absolutes Wesen, das hinter dem Schein lebt, den wir nur sehen«[179]. In Henri Matisses *L'exactitude n'est pas la vérité* (1947) ist es ebenfalls eine darzustellende »vérité essentielle« im Sinne eines »caractère commun«[180]. In Béla Balázs *Der Film* (1949) ist das Dargestellte durch Montage allgemein »keine Wirklichkeit mehr, sondern Sinn, also Wahrheit (- oder Lüge)«, d. h. es fungiert aufgrund charakteristischer Eigenschaften als »Beispiel und Symbol der gesamten lebendigen Wirklichkeit«[181].

Am Beispiel der Nacht hebt Claude Debussy Darstellungsmöglichkeiten der Musik hervor, die eben nur diese habe. Das Charakteristische einer Nacht, »l'atmosphère«[182], sei ausschließlich mit impressionistischer Musik wahrheitsgemäß zu vermitteln. Im Anschluß an Arnold Schönbergs Kritik an der musikalischen Darstellung von Gefühlen geht es Igor Strawinsky erneut um die Darstellung umfassender Wirklichkeitsstrukturen. In *Poétique musicale* (entst. 1939/1940) beschreibt er die Musik als »royaume de l'ordre«[183], die als solche die Eigenschaft der verborgenen, auf Analogien beruhenden Harmonie der Welt aufzeige: eine universale Harmonie, die Strawinsky im Sinne des Klassizismus mit dem Schönen und Guten identifiziert.

Durch die Fülle der Positionen und Stile der klassischen Moderne zieht sich ein roter Faden: der Anspruch auf die Wahrheit der Künste im Sinne einer ästhetischen Charakterisierung. Demgemäß werden jeweils bestimmte Eigenschaften – das Chaotische, Harmonische, Absurde, Atmosphärische, Vertikale, Irrationale und anderes mehr – als besonders charakteristisch für Menschen, Tiere und Situationen, für das moderne Leben oder für die Welt insgesamt deklariert: charakteristische Eigenschaften als ›Wesenheiten‹, die in den Werken, wenn sie ästhetisch wahr sind, inhaltlich oder formal zur Darstellung kommen.

Seit Mitte des 20. Jh. setzt sich dieser etablierte Begriff der Wahrheit bzw. Charakterisierung in den Kunsttheorien weiter fort, beispielsweise in der sogenannten Widerspiegelungstheorie, die im Rahmen des sozialistischen Realismus wirklichkeitsgetreue Darstellungen favorisiert, ohne sie zu verabsolutieren. Georg Lukács setzt sich polemisch vom Expressionismus ab; statt dessen führt er die Tradition des Realismus fort, die er nun politisch fundiert. In seiner *Einführung in die ästhetischen Schriften von Marx und Engels* (1945) plädiert er für die »Treue der Wirklichkeit gegenüber« und beschreibt mit dieser Bedingung die ästhetische Wahrheit bzw. Charakterisierung als Darstellung von ›Typus‹ und ›Wesen‹ im engeren Sinne von »wesentlichen Zügen«[184]: Eigenschaften, die als charakteristisch gelten für eine Gesellschaft, wie im Fall der bürgerlich kapitalistischen Gesellschaft die charakteristischen Eigenschaften, daß sie von ökonomischen Verhältnissen und von deren Gesetzmäßigkeiten, also von Klassenkonflikten, bestimmt sei. Unter Berufung auf Marx sieht Lukács auch in phantastischen Erzählungen von Hoffmann und Balzac diese »wesentlichen Momente« (222) dargestellt. Er beschränkt die Konzeption der Widerspiegelung im allgemeinen und den Begriff der Wahrheit bzw. Charakterisierung im besonderen nicht strikt auf wirklichkeitsgetreue und wahrscheinliche Darstellungen. Das heißt, die Darstellung mag realistisch oder phantastisch sein; entscheidend für ihre ästhetische Wahrheit ist, ob sie jene charakteristischen Eigenschaften der Gesellschaft aufzeigt oder nicht, und das kann mit einer phantastischen Darstellung (z. B. in einer Karikatur) sogar deutlicher geschehen als in einem realistischen Text. Der ideologische Aspekt der Widerspiegelungstheorie ergibt sich – ähnlich wie bei Gutzkow und Mehring – aus einer politischen Voraussetzung: Zumindest die mitteleuropäischen Gesellschaften seien dafür disponiert, sozialistisch

---

179 FRANZ MARC, [Aufzeichnungen (…). Thesen über die ›abstrakte‹ Kunst und über ›Grenzen der Kunst‹ (1912/1913)], in: ebd., 112.
180 HENRI MATISSE, L'exactitude n'est pas la vérité (1947), in: Matisse, Écrits et propos sur l'art, hg. v. D. Fourcade (Paris 1972), 172 f.
181 BÉLA BALÁZS, Der Film (Wien 1949), 186.
182 CLAUDE DEBUSSY, Concerts Colonne. – Société des nouveaux concerts (1913), in: Debussy, Monsieur Croche et autres écrits, hg. v. F. Lesure (1971; Paris 1987), 246.
183 IGOR STRAWINSKY, Poétique musicale (Dijon 1945), 104, 114.
184 GEORG LUKÁCS, Einführung in die ästhetischen Schriften von Marx und Engels (1945), in: LUKÁCS, Bd. 10 (1971), 218, 220 f.

zu werden, eine Tendenz, die Lukács in *Kunst und objektive Wahrheit* (1934) als »eine der Wirklichkeit selbst innewohnende treibende Kraft« beschreibt. Lukács' dynamische Konzeption geht demnach von drei miteinander verbundenen Wesenszügen bzw. charakteristischen Eigenschaften der Gesellschaften aus: Sie werden erstens wesentlich durch ökonomische Verhältnisse und deren Gesetzmäßigkeiten konstituiert, d. h. sie sind zweitens von Klassenkonflikten bestimmt, also sind sie drittens für eine Entwicklung zum Sozialismus disponiert. In dieser dynamischen, zukunftsorientierten Konzeption erscheinen »Parteinahme«[185] im Sinne des Sozialismus und Wahrheit in der Kunst miteinander vereinbar: Unter der ideologischen Voraussetzung einer sozialistischen Disposition der zeitgenössischen Wirklichkeit gilt es als wahrscheinlich und als charakteristisch für sie, sich zum Sozialismus zu entwickeln; folglich gilt ein Werk als wahr im Sinne von ästhetisch charakterisierend, wenn es Aspekte dieser angelegten Entwicklung darstellt.

Ähnlich politisch motiviert ist Bertolt Brechts Konzept ästhetischer Wahrheit. Nach der Machtübernahme der Nationalsozialisten in Deutschland schreibt Brecht im Exil zunächst über *Fünf Schwierigkeiten beim Schreiben der Wahrheit* (1934/1935), d. i. die Schwierigkeit, so *mutig* zu sein, die Wahrheit trotz ihrer Unterdrückung zu schreiben, so *klug* zu sein, sie trotz ihrer Verhüllung zu erkennen, so *geschickt* zu sein, sie im politischen Engagement einsetzen zu können, so *urteilskräftig* zu sein, für ihre Wirkung die richtigen Menschen zu finden, und so *listig* zu sein, sie bei diesen zu verbreiten.[186] Der an diesen Ansprüchen orientierte Begriff ästhetischer Wahrheit, wie Brecht ihn von den 30er Jahren bis in die 50er Jahre im *Messingkauf* entwickelt, ist mit Lukács' Konzeption vergleichbar. Die Nähe zeigt sich etwa in der Forderung, durch verfremdendes Spiel die charakteristischen Eigenschaften der Gesellschaft mit ihren ökonomischen Verhältnissen, ihren Klassenkonflikten und ihrem Entwicklungspotential bewußt zu machen. Allerdings ist für Brecht die Entwicklungstendenz zum Sozialismus nicht selbstverständlich. In der Notiz *Bedingung der Erkenntnis* (ca. 1951) setzt er das Wort von der »›Selbstbewegung‹«[187] vorbehaltlich in einfache Anführungszeichen. Kennzeichnender als die jeweilige Unterschiedlichkeit der sozialistisch orientierten Konzeptionen ästhetischer Wahrheit ist jedoch eine Gemeinsamkeit, gleichsam ihr Axiom: Charakteristisch für die gegebenen Gesellschaften seien ›Widersprüche‹, d. h. Konflikte. Weitere poetologische Programme zeichnen sich dadurch aus, diese charakteristische Eigenschaft zu differenzieren. So nennt Volker Braun in *Es genügt nicht die einfache Wahrheit* (1966) neben den Konflikten zwischen Klassen auch die Konflikte zwischen dem einzelnen und der Gesellschaft, die Konflikte im einzelnen selbst und die neuartigen Konflikte zwischen den politischen Führungskräften und den geführten Staatsangehörigen während des sozialistischen Umwälzungen: Konflikte, die um einer komplexeren ästhetischen Wahrheit willen in der aktuellen Literatur zur Darstellung kommen sollen.[188] Unabhängig von ideologischen, zukunftsgerichteten Voraussetzungen wird die Verbindung von ästhetischer Wahrheit im Sinne der Charakterisierung und Wirklichkeitstreue von John Hospers in *Meaning and Truth in the Arts* (1946) unter der Bezeichnung »true to things«, »to life« oder »to human nature«[189] vertreten. Im Deutschen ist dafür der Ausdruck ›Lebenswahrheit‹ gebräuchlich.

Derart realistische Tendenzen zeigen sich im 20. Jh. nachhaltig in theoretischen Positionen zu Photographie und Film. Im Sinne des Begriffs der Wahrheit bzw. Wirklichkeitstreue kritisiert Siegfried Kracauer in seiner *Theory of Film* (1960) ausdrücklich das Prinzip der Auswahl und Gestaltung. Der Film mit seiner besonderen Affinität zum Zufälligen gibt auch unbeachtete Aspekte einer konkreten Wirklichkeit zu erkennen, die durch die

---

185 LUKÁCS, Kunst und objektive Wahrheit (1934), in: LUKÁCS, Bd. 4 (1971), 621.
186 Vgl. BERTOLT BRECHT, Fünf Schwierigkeiten beim Schreiben der Wahrheit (1934/1935), in: BRECHT (BFA), Bd. 21/1 (1993), 74–89.
187 BRECHT, Bedingung der Erkenntnis (ca. 1951), in: BRECHT (BFA), Bd. 23 (1993), 142.
188 Vgl. VOLKER BRAUN, Es genügt nicht die einfache Wahrheit (1966), in: Braun, Es genügt nicht die einfache Wahrheit. Notate (Frankfurt a. M. 1981), 19 f.
189 JOHN HOSPERS, Meaning and Truth in the Arts (Chapel Hill 1946), 162 f.; vgl. dagegen RENÉ WELLEK, What Reality?, in: S. Hook (Hg.), Art and Philosophy. A Symposium (New York 1966), 156.

IV. 20. Jahrhundert   431

Relativität alles Wissens, durch die Entwicklung der Naturwissenschaften und die zunehmende Abstraktheit des modernen Lebens an Wert gewinnt.

Unter diesen Bedingungen ist der Film »the redemption of physical reality«, denn »along with photography, film is the only art which exhibits its raw material«[190]. André Bazin macht in *Défense de Rossellini* (1962), einer Apologie des italienischen Neorealismus im Film, gleichfalls die Wirklichkeitstreue zur Voraussetzung, betont jedoch das Prinzip der Auswahl und Gestaltung um der Wahrheit bzw. der Charakterisierung willen: »Respecter le réel n'est pas en effet accumuler les apparences, c'est au contraire le dépouiller de tout ce qui n'est pas l'essentiel«[191]. Noch Roland Barthes hält in *La chambre claire* (1980) durch die kritische Reflexion hindurch am Begriff der Wirklichkeitstreue und der Evidenz von Photographien fest, favorisiert indes auch das Konzept der ästhetischen Charakterisierung. Barthes beschreibt in diesem Sinne das Photo eines ehemaligen Sklaven (»l'essence de l'esclavage est ici mise à nu«) und ein Photo seiner Mutter, dem er »vérité« bescheinigt, insofern es deren individuell charakteristischen Eigenschaften wie »innocence« und »douceur«[192] zu erkennen gibt. Im 20. Jh. wird dieser Begriff der ästhetischen Wahrheit bzw. Charakterisierung jenseits der Unterscheidungen in realistische oder phantastische, fiktionale oder wirklichkeitsbezogene, professionell künstlerische oder amateurhafte Darstellungen allgemein anerkannt, etwa von Susan Sontag. In ihrem Essay *On Photography* (1977) schreibt sie über Ghitta Carells artifizielle Photographien von Generälen, Aristokraten und Schauspielern der Mussolini-Ära, diese offenbaren »a hard, accurate truth about them«[193], d. h. sie geben den für diese Personen charakteristischen Stilisierungswillen zu erkennen. Sontag schätzt die Erkenntnisleistung des Mediums Photographie jedoch gering ein: erstens – im Anschluß an Brechts Kritik –, weil die charakteristischen Eigenschaften der modernen Wirklichkeit nicht so sehr im Sichtbaren, sondern vor allem in Funktionen zu finden seien; und zweitens, weil der Darstellungscharakter der Photographie in jedem Fall augenblicksbezogen bleibe.[194]

In *Philosophy in a New Key* (1942) verbindet Susanne K. Langer das traditionelle Musikverständnis – Musik als Darstellung von Gefühlen – mit Ernst Cassirers Symboltheorie. Kompositionen seien »›true‹ to the life of feeling«[195], wenn die musikalischen Verlaufsformen mit Verlaufsformen menschlichen Erlebens übereinstimmen: eine Ähnlichkeit hinsichtlich der Formen, die als musikalische Bedeutungen weniger präskriptiv als sprachliche Bedeutungen sind, aber menschliche Erlebnisweisen ästhetisch charakterisieren können. Adorno beschreibt in seiner *Philosophie der neuen Musik* (1949) die Kompositionen der neuen *Wiener Schule* als Darstellung von Wirklichkeitsstrukturen: Auch unpopuläre Kompositionen wie die Schönbergs »ähneln zugleich der Wesensstruktur dessen sich an, wogegen sie stehen«[196]. Seine Beispiele für diese Wahrheit als Charakterisierung sind: die reglementierte Konsequenz in der künstlerischen Gestaltung – etwa nach Maßgabe der Zwölftontechnik als »Bild der repressiven Gesellschaft« (109); die konzeptionsbedingten Unstimmigkeiten in einer Komposition, die damit »Zeugnis ablegt von den Widersprüchen der Welt« (119); und »das artifizielle Moment« in der Musik von Strawinsky als »Gewinn an Wahrheit« (170), insofern als es zeige, daß zeitgenössisches menschliches Handeln im allgemeinen artifiziell ist, d. h. nicht mehr ursprünglich, spontan, sondern gesellschaftlich vermittelt. Adornos Konzept der ästhetischen Wahrheit ist komplex bis hin zur Unverständlichkeit. Ganz abgesehen vom dialektischen Stil liegt die Ursache dafür darin, daß es gleich drei gängige Begriffe von Wahrheit verbindet: Kohärenz, Charak-

---

190 SIEGFRIED KRACAUER, Theory of Film. The Redemption of Physical Reality (1960; Princeton, N. J. 1997), 300, 302; dt.: Theorie des Films. Die Errettung der äußeren Wirklichkeit (1964), in: KRACAUER, Bd. 3 (1973).
191 ANDRÉ BAZIN, Défense de Rossellini, in: Bazin, Qu'est-ce que le cinéma?, Bd. 4 (Paris 1962), 159.
192 ROLAND BARTHES, La chambre claire. Note sur la photographie (1980), in: Barthes, Œuvres complètes, hg. v. É. Marty, Bd. 3 (Paris 1995), 1131, 1158 f.
193 SUSAN SONTAG, On Photography (New York 1977), 59.
194 Vgl. ebd., 23 f., 111 f.
195 SUSANNE K. LANGER, Philosophy in a New Key. A Study in the Symbolism of Reason, Rite, and Art (1942; Cambridge, Mass. ³1963), 243.
196 THEODOR W. ADORNO, Philosophie der neuen Musik (1949), in: ADORNO, Bd. 12 (1975), 24.

terisierung und Musterhaftigkeit.[197] In seiner *Ästhetischen Theorie*, die 1970 posthum erschien, finden sie sich prägnant vereint in der Formulierung: »Der Wahrheitsgehalt ist nicht außerhalb der Geschichte, sondern deren Kristallisation in den Werken.«[198] Das Wort von der Kristallisation der Geschichte in Kunstwerken beschreibt diese Werke im Sinne der Kohärenz als konsequent durchgearbeitete Produkte, die als solche historisch symptomatisch sind und zwar sowohl in deskriptiver als auch in normativer Hinsicht. Einerseits stimmen die Werke als Kristallisation mit der historischen Wirklichkeit überein und sind insofern ästhetisch wahr, denn sie geben – im Sinne der ästhetischen Charakterisierung – mit den Eigenschaften der Form gesellschaftliche Zustände ihrer Entstehungszeit zu erkennen (z. B. mit einer strengen Form wie der Zwölftontechnik den Zwang einer rigide organisierten Gesellschaft). Andererseits unterscheiden sie sich als Kristallisation auch von diesen historischen Tatsachen, sind deren Negation, Antithese, denn sie sind als konsequent durchgearbeitete Gebilde in sich kohärent, und sie vertreten – im Sinne der Musterhaftigkeit – auch das Wahre, d. h. nicht nur historische Tatsachen, sondern auch alternative Werte: etwa in einer eigenwilligen Technik den Wert der Freiheit im Gegensatz zu jenem Zwang. In Adornos Wahrheitsverständnis kehrt also das metaphysisch-ästhetische Konzept der Isomorphie von Werk und Wirklichkeit historisch gefaßt wieder und ist verbunden mit dem Konzept des Musterhaften.

In der angelsächsischen analytischen Tradition präzisiert Beardsley in *Aesthetics* (1958), ähnlich wie Ruskin, erstmals ausführlicher den gängig gewordenen Begriff der Wahrheit bzw. Charakterisierung. Beardsley unterscheidet zwischen »*indexical*« und »*characterizing parts*«[199], zwischen indexikalischen Aspekten, die den Gegenstand bestimmen, und charakterisierenden Aspekten, die ihn kennzeichnen. Bei der ästhetischen Wahrheit eines Kunstwerkes gehe es nicht darum, daß es im einzelnen etwas über einen Gegenstand sage, sondern etwas zeige. Einem Gegenstand werden über seine Darstellung charakteristische Eigenschaften ästhetisch zugeschrieben und zwar solche Eigenschaften, der der entsprechende Gegenstand tatsächlich hat. Dabei handle es sich laut Beardsley um »a likeness« (375), eine Übereinstimmung zwischen Werk und Wirklichkeit. Allerdings liege es bei den Rezipienten, zu entscheiden, ob die Charakterisierung des Dargestellten auf etwas Entsprechendes in der Wirklichkeit zutrifft oder nicht. Beardsley schließt hier sowohl realistische oder auch phantastische Werke mit ein, während abstrakte Kunst und Musik nicht ästhetisch wahr sein können, da sie keinen identifizierbaren Gegenstand haben, dem sie darstellerisch Eigenschaften zuschreiben.[200] Eine ähnliche Bestimmung der Wahrheit bzw. Charakterisierung findet sich erneut bei Goodman, ergänzt um emphatisch formulierte Konsequenzen für die menschliche Erkenntnis. Im präzisierenden Anschluß an sein Buch *Languages of Art* (1968) beschreibt Goodman in *Ways of Worldmaking* anhand des schon erwähnten Beispiels von Don Quichotte, daß zumindest literarischen Texten eine »*metaphorical truth*«[201] zukommen kann. Zwar werden in der Regel fiktive Gestalten dargestellt, aber einige ihrer Charakteristika sind bei ›realen‹ Menschen zu finden. Damit wertet Goodman die Künste neben der Philosophie und den Wissenschaften zu einem alternativen Erkenntnismedium auf.

2. Heidegger und die Seinen: Musterhaftes

Der auf Platon zurückgehende, in der Renaissance wieder aufgenommene, bei Vico, Schelling und Hegel wie den Hegelianern vertretene Begriff des Wahren bzw. Paradigmatischen, Musterhaften, ist im 20. Jh. nicht völlig verschwunden. Im Expressionismus wird das Konzept des wahren bzw. musterhaften Menschen propagiert, ausdrücklich

---

197 Vgl. ALBRECHT WELLMER, Wahrheit, Schein, Versöhnung. Adornos ästhetische Rettung der Modernität, in: L. v. Friedburg/J. Habermas (Hg.), Adorno-Konferenz 1983 (Frankfurt a. M. 1983), 138–176.
198 ADORNO, Ästhetische Theorie (1970), in: ADORNO, Bd. 7 (1970), 200.
199 BEARDSLEY (s. Anm. 8), 372.
200 Vgl. ebd., 385 f.; dagegen MANFRED BIERWISCH, Musik und Sprache. Überlegungen zu ihrer Struktur und Funktionsweise, in: Jahrbuch Peters. Aufsätze zur Musik 1 (1978 [1979]), 59 f.
201 GOODMAN (s. Anm. 9), 103 f.

mit Rekurs auf Platon etwa bei Georg Kaiser.²⁰² Heidegger geht ebenfalls von diesem Begriff des Wahren bzw. Musterhaften aus. Er unterscheidet in *Vom Wesen der Wahrheit* (1931/1932), ähnlich wie Hegel, zwischen einer propositionalen Wahrheit, d. h. einer Wahrheit von Aussagen, und einer Wahrheit der Dinge: ein Begriff, den er auf das griechische alétheia im Sinne von Unverborgenheit zurückführt. Heidegger gibt das Beispiel des wahren Goldes, d. h. echtes Gold, das unter den Begriff von Gold fällt, weil es die entsprechende Eigenschaft hat (relative Atommasse: 196,967), und, wie Hegel, das Beispiel des wahren Freundes, d. h. eines musterhaften Freundes, der unter den Begriff der Freundschaft fällt und die entsprechenden Eigenschaften in besonders ausgeprägtem Maß und gegebenenfalls ergänzende Eigenschaften hat.²⁰³ Am Beispiel eines van Gogh-Gemäldes, das ein paar Bauernschuhe zeigt, heißt es in *Der Ursprung des Kunstwerkes* (1935/1936), im Bild »geschieht die Wahrheit« als »Offenbarwerden des Zeugseins des Schuhzeuges«²⁰⁴. Da der Begriff des Zeugs nach Heidegger vor allem durch die Merkmale der Dienlichkeit und Verläßlichkeit bestimmt ist (vgl. 18 ff.), sind die dargestellten Schuhe, die diese Eigenschaften in besonders ausgeprägtem Maß haben, wahres bzw. musterhaftes Zeug und damit ein Paradigma für Zeug. In klassischer Tradition identifiziert Heidegger diesen Begriff des Wahren mit dem Schönen: »*Schönheit ist eine Weise, wie Wahrheit als Unverborgenheit west.*« (43) Gadamer schließt in *Wahrheit und Methode* (1960) an Heidegger an und verwendet den Begriff Wahrheit teils als Charakterisierung, teils als Musterhaftes. Die künstlerische Arbeit orientiert sich demnach an einer Idee, die durch eine platonisch gedachte »Wiedererkenntnis«²⁰⁵ seitens des Künstlers die »Verwandlung ins Wahre« (118) bedingt. Am Dargestellten werden durch Auswahl und Gestaltung (»weglassen und hervorheben«, 120) die entsprechenden Eigenschaften solchermaßen betont, daß es etwas Wahres bzw. Musterhaftes wird. Das Wahre in diesem Sinne ist also nichts zeitlos Wesentliches, sondern etwas Musterhaftes in dem Maße, in dem es einem historisch vorausgesetzten Begriff entspricht, sei es dem vorausgesetzten Begriff von Heerführer, Fürst, Frau, Freund, Staat, Liebe oder auch ›Zeug‹. Kritisch und mit ausdrücklichem Verweis auf seine

Normativität reflektiert Franz Fühmann in *Vor Feuerschlünden* (1982) dieses Wahre in der Kunst und seinen Stellenwert bei der Apologie des wahren bzw. musterhaften Helden oder – während der Gründungsphase der DDR – des wahren Vaterlandes.²⁰⁶ Dieser Begriff des Wahren bzw. Musterhaften hat seinen hohen Stellenwert in den Kunsttheorien des 20. Jh. hauptsächlich durch den Funktionswandel der Kunst eingebüßt. Die Kunst bestätigt nicht mehr kursierende Konzepte durch Darstellung von Idealen, vielmehr stellt sie diese kritisch in Frage und wird zunehmend eine ästhetische Charakterisierung der Wirklichkeit jenseits von gegebenen Konzeptualisierungen.

3. Implizite Aussagen und weitere Konzepte

Der Begriff der Wahrheit im Sinne von impliziten zutreffenden Aussagen ist im 20. Jh. erneut in angelsächsischen Kunstkonzeptionen aufgegriffen worden: um der Klarheit willen, aber auf Kosten der Eigenart des Wahrheitsbegriffs, denn es handelt sich dabei um die propositionale Wahrheit von implizierten und erst in der Deutung formulierten Aussagen.²⁰⁷ Adorno, der entschieden an der Nichtbegrifflichkeit des Ästhetischen festhält, deutet in seiner *Ästhetischen Theorie* (1970) eine derartige Formulierbarkeit zumindest als regulative Idee an: »die fortschreitend sich entfaltende Wahrheit des Kunstwerks ist keine andere als die des philosophi-

---

202 Vgl. GEORG KAISER, Der kommende Mensch oder Dichtung und Energie (1922), in: Kaiser, Werke, hg. v. W. Huder, Bd. 4 (Frankfurt a.M./Berlin/Wien 1971), 567–571.
203 Vgl. HEIDEGGER, Vom Wesen der Wahrheit. Zu Platons Höhlengleichnis und Theätet (1931/1932), in: HEIDEGGER, Bd. 34 (1988), 3, 118.
204 HEIDEGGER, Der Ursprung des Kunstwerks (1935/1936), in: HEIDEGGER, Bd. 5 (1977), 43.
205 GADAMER (s. Anm. 7), 120.
206 Vgl. FRANZ FÜHMANN, Vor Feuerschlünden. Erfahrung mit Georg Trakls Gedicht (Rostock 1982), 97 f.
207 Vgl. MORRIS WEITZ, Does Art tell the Truth?, in: Philosophy and Phenomenological Research 3 (1942/1943), 344 f.; BEARDSLEY (s. Anm. 8), 409–419; D. HUGH MELLOR, On literary truth, in: Ratio. An International Journal of Analytic Philosophy 10 (1968), 153, 165 f.; GOTTFRIED GABRIEL, Fiktion und Wahrheit. Eine semantische Theorie der Literatur (Stuttgart-Bad Cannstatt 1975), 94 ff.

schen Begriffs«. Die vom Kunstwerk konkret vermittelte charakteristische Eigenschaft von etwas wird demnach auf den Begriff gebracht und in Form einer Aussage formuliert, »der Idee nach jedenfalls«[208]. Adornos Beschreibung der ästhetischen Wahrheit bzw. Charakterisierung sieht zumindest theoretisch vor, daß aus der ästhetischen Erkenntnis eine begriffliche Erkenntnis wird. Diese Überführung in eine Formulierung beschreibt nachdrücklich Stein Haugom Olsen in *The Structure of Literary Understanding* (1978): »In general, it is the case that for a reader to understand what features a character or a sequence of events presents to him as typical, he must, at least in principle, be able to formulate his understanding in a statement about these typical features«[209]. Während ein Werk die eine oder andere charakteristische Eigenschaft eines Gegenstandes beispielhaft zeigt und so konkret zu erkennen gibt, wird demnach in einer Interpretation und Applikation diese Eigenschaft des Gegenstandes sprachlich benannt.

Auch der Begriff der Wahrheit im Sinne der Kohärenz bzw. Harmonie ist im 20. Jh. gelegentlich noch anzutreffen, insbesondere in der Tradition des Ästhetizismus. Paul Valéry läßt in seinem Dialog *Eupalinos ou l'architecte* (1921) Sokrates sagen: »Mais la Musique et l'Architecture nous font penser à tout autre chose qu'elles mêmes«; dieses andere ist in der Tradition, die auch der Architektur eine Wahrheit zuschreibt, eine harmonische Ordnung der Welt, »la formation de l'univers«, »son ordre et stabilité«, eine Ordnung, die auch in der Musik als Wahrheit erlebt wird: »Elle se changeait«, erinnert sich Sokrates, »en vérités animées«[210]. Das Konzept ›Wahrheit als Kohärenz‹ nimmt Valéry schließlich auch für die ›poésie pure‹ in Anspruch; in *Calepin d'un poète* (1928) heißt es: »Un poème vaut ce qu'il contient de *poésie pure*, c'est-à-dire de vérité extra-ordinaire; de parfaite adaption dans le domaine parfaitement inutile«, und er beschreibt sie genauer als inhaltliche und formale Stimmigkeit: »combinaison de choses« und »de sons«[211]. Den Begriff der einleuchtenden Kohärenz läßt Gottfried Benn, der üblicherweise den Stil gegen die Wahrheit ausspielt, für die Literatur gelten. In seiner *Einleitung* (1951) zur deutschen Übersetzung von Wystan H. Audens Gedicht *The Age of Anxiety, a baroque Eclogue* (1947) schreibt er: »Wenn Wahrheit heißt: einen evidenten Zusammenhang zwischen den Bestandteilen bilden, liegt hier Wahrheit vor auf weiter Fläche, 60 Seiten, und einbruchssicher.«[212] In seiner *Philosophie der neuen Musik* denkt Adorno über »Wahrheit und Falschheit von Akkorden«[213] nach, während er auf die Relativität dieses Begriffs der Wahrheit bzw. Stimmigkeit hinsichtlich der geltenden künstlerischen Prinzipien hinweist: Kompositionen, die unter traditionellen harmonikalischen Voraussetzungen falsch klingen, können, gemessen an neuen Voraussetzungen wie der Zwölftontechnik, wahr bzw. kohärent sein, und bei der entsprechenden Hörgewohnheit auch stimmig klingen. Darüber hinaus spielt der subjektiviertere Begriff der Wahrheit bzw. Wahrhaftigkeit oder auch Aufrichtigkeit (z. B. im Anspruch auf die Authentizität der Literatur) eine nicht unerhebliche Rolle und wird etwa von Jürgen Habermas und Franz Koppe vertreten.[214]

Der Begriff der ästhetischen Wahrheit im Sinne einer ästhetischen Charakterisierung hat sich im 20. Jh. intuitiv und reflektiert etabliert, während weiterhin andere Wahrheitskonzepte, wenn auch mit deutlich geringerem Stellenwert, verwendet werden. Auffallend häufig ist eine ästhetische Charakterisierung in Selbstkommentaren von Künstlern präsent, wenn diese die ästhetische Wahrheit als Darstellung allgemeiner Charakteristika schildern. Dazu abschließend vier Beispiele aus vier verschiedenen Bereichen: 1979 beschreibt Joseph Beuys seine Arbeiten und Werkstoffe vor dem Hintergrund der Eigenschaften ›warm‹ und ›organisch‹. Ein Material wie Honig sei Zeichen für die

---

208 ADORNO (s. Anm. 198), 197.
209 STEIN HAUGOM OLSEN, The Structure of Literary Understanding (Cambridge/London 1978), 73.
210 PAUL VALÉRY, Eupalinos ou l'architecte (1921), in: VALÉRY, Bd. 2 (1960), 106 f.
211 VALÉRY, Calepin d'un poète (1928), in: VALÉRY, Bd. 1 (1957), 1453 f.
212 GOTTFRIED BENN, W. H. Auden: ›Das Zeitalter der Angst‹ [Einleitung] (1951), in: Benn, Sämtliche Werke, hg. v. G. Schuster, Bd. 5 (Stuttgart 1991), 216.
213 ADORNO (s. Anm. 196), 40.
214 Vgl. JÜRGEN HABERMAS, Theorie des kommunikativen Handelns, Bd. 1 (Frankfurt a. M. 1981), 85; FRANZ KOPPE, Kunst und Bedürfnis, in: W. Oelmüller (Hg.), Kolloquium Kunst und Philosophie, Bd. 1 (1981), 77 f.

»evolutionäre Grundsubstanz« der Wärme und sein Werk *Honigpumpe* (1977) eine ästhetische Charakterisierung von realen Zirkulationssystemen als »organischer Stoffkreislauf« oder »organischer Geldkreislauf«[215]. Günter Grass kommentiert den Mythos von Sisyphos unter dem Aspekt der Vergeblichkeitserfahrung und sieht in Literatur mit märchenhaften Zügen Wahrheit, insofern sie charakteristische Dispositionen von Menschen, wie die gelegentliche Vergeblichkeit ihres Tuns, zeige.[216] Der Filmregisseur Wim Wenders hält einen Film für gelungen, »wenn in einer ganz einfachen ruhigen Darstellung von etwas Alltäglichem plötzlich etwas ganz Allgemeingültiges [d. h. die charakteristische Eigenschaft – d. Verf.] sichtbar wird«[217]. Schließlich nennt der Komponist Wolfgang Rihm das Fragmentarische, das ein hervorstechendes Merkmal des modernen Lebens und Erlebens sei, »ein großes Wahrheitsmoment«[218] der Musik.

Epilog: Ästhetische Wahrheit und Falschheit?

Nach ersten Vorläufern etabliert sich Mitte des 18. Jh. der Begriff einer an Wirklichkeitstreue und Wahrscheinlichkeit gebundenen Wahrheit in den Künsten, der im 19. Jh. auch ohne diese beiden Merkmale fortgesetzt wird und im 20. Jh. mit oder ohne sie verbreitet ist: der Begriff einer ästhetischen Charakterisierung der Wirklichkeit. Daß ein Kunstwerk wahr ist, heißt demnach, das Dargestellte oder auch die Darstellung hat und vermittelt (präsentiert, zeigt) konkret mindestens eine Eigenschaft, die im Rahmen gängigen oder sich gerade etablierenden Wahrnehmens und Wissens als charakteristische Eigenschaft von etwas gilt. Anders gesagt: Kunstwerke geben auf ästhetische Weise etwas zu erkennen, indem sie in ihrem Inhalt oder auch in ihrer Form *ein Beispiel* geben für etwas real Existierendes: Der jeweilige Gegenstand hat tatsächlich diese oder jene charakteristische Eigenschaft. Damit ist freilich weder Höhepunkt noch Ende, sondern lediglich eine Station in der Begriffsgeschichte benannt. Die Eigenart der ästhetischen Erkenntnis besteht darin, daß die Bedingung des ästhetischen Zutreffens nicht konventionsgebunden sind wie bei Aussagen, sondern daß es sich um eine punktuelle Ähnlichkeit zwischen Werk und Wirklichkeit handelt: eine Übereinstimmung hinsichtlich mindestens einer charakteristischen Eigenschaft des jeweiligen Gegenstandes. Darum können phantastische Werke ebenso ästhetisch wahr sein wie realistische, die mit der Wirklichkeit in vielerlei Hinsichten, bis hin zu relativ nebensächlichen Details, übereinstimmen.

Aufgrund der Funktion des Wortes ›Wahrheit‹, die Künste aufzuwerten, wurde sein degradierendes Gegenteil, die Falschheit, in der Regel vernachlässigt. Wer aber für die Wahrheit der Künste plädiert, muß ihre etwaige Falschheit zumindest einkalkulieren – nicht notwendigerweise die Lüge, aber den Irrtum. Im Sinne jenes Begriffs der ästhetischen Wahrheit bzw. Charakterisierung ist es zwar nicht üblich, aber möglich, Kunstwerke zu verifizieren bzw. zu falsifizieren, mit anderen Worten, die Erkenntnisleistung eines Werkes zu prüfen. Die entsprechende Praxis ist zwar voraussetzungsreich, weil sie sich stets im Rahmen gängiger oder sich gerade etablierenden Wahrnehmens und Wissens vollzieht, aber sie ist an sich leicht nachvollziehbar und liegt der unreflektierten Rede von der Wahrheit bzw. Charakterisierung regelmäßig zugrunde. Man fragt sich, ob mindestens eine konkret vermittelte (präsentierte, gezeigte) Eigenschaft des Dargestellten oder auch der Darstellung tatsächlich eine charakteristische Eigenschaft von etwas Entsprechendem in der Wirklichkeit ist. Falls dem so ist, läßt sich genauer sagen, *inwiefern* ein Kunstwerk wahr bzw. charakterisierend ist, ob die Charakterisierung trivial oder aufschlußreich ist usw. Aus der Eigenart von Kunstwerken überhaupt und insbesondere von abstrakten oder musikalischen Werken ergibt es sich, daß die Frage häufig

---

215 VOLKER HARLAN, Was ist Kunst? Werkstattgespräch mit Beuys (Stuttgart 1986), 68, 55.
216 Vgl. GÜNTER GRASS, Literatur und Mythos (1981), in: Grass, Werkausgabe, hg. v. V. Neuhaus/D. Hermes, Bd. 16 (Göttingen 1997), 23.
217 WIM WENDERS, Das Wahrnehmen einer Bewegung. Gespräch mit Tanja Gut (1988), in: Wenders, The Act of Seeing. Texte und Gespräche (Frankfurt a. M. 1992), 55.
218 WOLFGANG RIHM, Fragment und Wahrheit (1988), in: Rihm, Ausgesprochen. Schriften und Gespräche, hg. v. U. Mosch (Winterthur 1997), 207.

nur mit weiteren Interpretationsvoraussetzungen oder gar nicht zu beantworten ist. Entweder bleibt der entsprechende Geltungsbereich unbestimmt (einige oder alle Menschen, eine Kultur, das moderne Leben, die ganze Welt usw.) oder die jeweilige Eigenschaft bleibt unklar oder beides. Diese Fraglichkeiten sprechen nicht gegen den Versuch, den gängigen Begriff der ästhetischen Wahrheit bzw. Charakterisierung zumindest dort reflektiert zu verwenden, wo genauere Bestimmungen möglich und zumindest plausibel sind. Damit ist in der gegenwärtigen Situation eine Unklarheit beseitigt, der Streit aber gewiß nicht beendet.

Burghard Damerau

Kunstwerke bezogen? Überlegungen im Anschluß an Roman Ingarden, in: Literaturwissenschaftliches Jahrbuch der Görres-Gesellschaft, N. F. 22 (1981), 325–335; WEINRICH, HARALD, Linguistik der Lüge. Kann Sprache die Gedanken verbergen? (Heidelberg 1966).

Nachbemerkung der Herausgeber

Burghard Damerau ist am 5. Juni 2002 in Berlin verstorben. Der redaktionell bearbeitete Text konnte von ihm nicht mehr imprimiert werden.

Literatur
CHARPA, ULRICH, Künstlerische und wissenschaftliche Wahrheit. Zur Frage der Ausgrenzung des ästhetischen Wahrheitsbegriffes, in: Poetica 13 (1981), 327–344; DA-MERAU, BURGHARD, Literatur und andere Wahrheiten. Warum wir ohne Bücher nicht sein wollen (Berlin 1999); FRANZ, MICHAEL, Wahrheit in der Kunst. Neue Überlegungen zu einem alten Thema (Berlin/Weimar 1984); FRANZ, MICHAEL, ›... der ganze universelle Zusammenhang dieses Bruchstücks ...‹ (Heine). Zur Geschichte des Wahrheitsbegriffs in Ästhetik und Kunsttheorie, in: Ästhetische Grundbegriffe. Studien zu einem historischen Wörterbuch, hg. v. K. Barck/M. Fontius/W. Thierse (Berlin 1990), 415–451; GABRIEL, GOTTFRIED, Fiktion und Wahrheit. Eine semantische Theorie der Literatur (Stuttgart-Bad Cannstatt 1975); GABRIEL, GOTTFRIED, Über Bedeutung in der Literatur. Zur Möglichkeit ästhetischer Erkenntnis, in: Gabriel, Zwischen Logik und Literatur. Erkenntnisformen von Dichtung, Philosophie und Wissenschaft (Stuttgart 1991), 2–18; HAMBURGER, KÄTE, Wahrheit und ästhetische Wahrheit (Stuttgart 1979); KAYSER, WOLFGANG, Die Wahrheit der Dichter. Wandlung eines Begriffs in der deutschen Literatur (Hamburg 1959); KOPPE, FRANZ (Hg.), Perspektiven der Kunstphilosophie. Texte und Diskussion (Frankfurt a. M. 1991); LAMARQUE, PETER/OLSEN, STEIN HAUGOM, Truth, Fiction, and Literature. A Philosophical Perspective (Oxford 1994); MITCHELL, WILLIAM J., The Reconfigured Eye. Visual Truth in the Post-Photographic Era (Cambridge, Mass./London 1992); RAPAPORT, HERMAN, Is there Truth in Art? (Ithaca, N. J. 1997); SCHEIBLE, HARTMUT, Wahrheit und Subjekt. Ästhetik im bürgerlichen Zeitalter (Bern 1984); SCHLAFFER, HEINZ, Poesie und Wissen. Die Entstehung des ästhetischen Bewußtseins und der philologischen Erkenntnis (Frankfurt a.M. 1990); SEILER, BERND W., Die leidigen Tatsachen. Von den Grenzen der Wahrscheinlichkeit in der deutschen Literaturgeschichte seit dem 18. Jahrhundert (Stuttgart 1983); STRUBE, WERNER, Was heißt ›Wahrheit‹, auf

Wahrnehmung

(griech. αἴσθησις; lat. perceptio; engl. perception; frz. perception; ital. percezione; span. percepción; russ. восприятие)

Vorbemerkung; I. Aktuelle Debatten; 1. Wahrnehmung und Gehirnforschung; 2. Wahrnehmung und Systemtheorie; **II. Die Zäsur in der Sinneswahrnehmung am Beginn der Neuzeit; III. Die Sinne im Prisma der Aufklärung; IV. Wahrnehmung wird meßbar: Das 19. Jahrhundert; V. Der Rückgang auf die Lebenswelt und die neuen Medien im 20. Jahrhundert**

Vorbemerkung

Bezeichnend für den komplexen Charakter des Wahrnehmens ist die Fülle sprachlicher Komposita, die allein in der deutschsprachigen Literatur des 20. Jh. begegnet: Neben ›Wahrnehmungserfahrung‹, ›Wahrnehmungswelt‹ bzw. ›Wahrnehmungsfeld‹ und ›Wahrnehmungshorizont‹ finden sich ›Wahrnehmungsmodernisierung‹, ›Wahrnehmungslenkung‹ oder ›Wahrnehmungstechnologien‹, ferner ›Wahrnehmungskonstanz‹, ›Wahrnehmungsanomalie‹ oder ›Wahrnehmungsstabilisierung‹, aber auch ›Wahrnehmungsglaube‹ und ›Wahrnehmungskritik‹. Das Wort wird also gleichzeitig auf die Raumdimension, auf die Zeitdimension und auf die Sozialdimension bezogen, was signalisiert, daß der Begriff auf einer relativ abstrakten Ebene operiert und zugleich auch für individuelle Prozesse in Anspruch genommen werden kann.

In der Liste der im Artikelkopf angegebenen sprachlichen Äquivalente weicht der Bedeutungsumfang in der Neuzeit und in der Antike erheblich voneinander ab. In der griechischen Philosophie steht ›aisthesis‹ nicht nur für ›Wahrnehmung‹, sondern auch für ›die Sinne‹ und ›Empfinden‹. Eine ausdrückliche Unterscheidung zwischen ›Wahrnehmung‹ (perception) und ›Empfindung‹ (sensation) wurde erst im 18. Jh. von dem Schotten Thomas Reid vorgenommen. In dieser Tradition stellt Rudolf Eisler am Beginn des 20. Jh. Empfindung, die nur »ein Erleben eines relativ einfachen Bewußtseinsinhalts« bezeichnet, der Wahrnehmung gegenüber, verstanden als »die Auffassung, Deutung eines Empfindungskomplexes […] als ›Repräsentant‹ eines (bestimmten) Gegenstandes, die (konkrete) Beziehung von Empfindungsinhalten auf einen Gegenstand«[1]. Auf der Grundlage der Empfindungen der verschiedenen Sinnesorgane verbindet die ganzheitliche Wahrnehmung, urteilt die *Europäische Enzyklopädie zu Philosophie und Wissenschaften* 1990, die gelieferten Daten über die Gegenstände in ihren Relationen und Dimensionen »mit neuen, in den Empfindungen nicht enthaltenen sekundären (räumlich-zeitlichen) und tertiären (ästhetischen) Qualitäten«[2]. Reid ist als Begründer der Philosophie des ›common sense‹ in die Geschichte eingegangen.[3] Dieser Grundbegriff der von der Schottischen Schule vertretenen Erkenntnistheorie geht auf Aristoteles zurück.[4] Im selben Zeitraum bildet der deutsche Philosoph Baumgarten aus dem gleichen griechischen Wort das Kunstwort ›Ästhetik‹, um ein neues philosophisches Aufgabenspektrum zu beschreiben.

Wenn neben dem Basisbegriff ›Ästhetik/ästhetisch‹[5] ein weiterer Artikel zu ›Wahrnehmung‹ in ästhetischer Dimension aufgenommen ist, dürfte die Vorstellung leitend gewesen sein, daß zwischen beiden Begriffen wichtige Unterschiede bestehen. In der Tat entsteht ›Ästhetik‹ als ein Spätling in der philosophischen Terminologie, als Reaktion auf die von Descartes ausgegangene Abwertung der Sinnesvermögen, während ›Wahrnehmung‹ als der »Urmodus der *sinnlichen Anschauung*«[6] von Anbeginn Teil der Erkenntnistheorie ist. Auch spätere Differenzierung oder Aufnahme neuer Bedeutungskomponenten ändern nichts daran, daß ›Wahrnehmung‹ auf Grund seiner starken Position in der Geschichte des Denkens von den Fortschritten der Physiologie, der Psychologie und Neurologie in den vergangenen beiden Jahrhunderten ganz anders betroffen werden mußte als ›Ästhetik‹. Eine ›Krise der Wahrnehmung‹ betrifft andere Bereiche und löst deshalb andere Alarmsignale aus als eine ›Krise der Ästhetik‹. Die kühne These, »Ästhetische Wahrnehmung heißt zweimal dasselbe: aisthesis, ›war-nemen‹«[7], formuliert in der Periode emphatischer Aisthesis-Debatten am Ausgang des vergangenen Jahrhunderts, greift daher entschieden zu kurz. Um diese Auffassung zu verdeutlichen, ist die Diskussion über Wahrnehmung zunächst in zwei wissenschaftlichen Disziplinen zu betrachten, die von Hause aus mit ästhetischen Fragen eigentlich wenig zu tun zu haben scheinen.

I. Aktuelle Debatten

1. Wahrnehmung und Gehirnforschung

Der Zuwachs an Wissen über das Gehirn, dessen Entwicklung und Funktionen zu erforschen Sache der Evolutions- und Neurobiologie ist, beinhaltet

---

1 ›Wahrnehmung‹, in: EISLER, Bd. 3 (1930), 472.
2 MICHAEL STADLER, ›Wahrnehmung‹, in: SANDKÜHLER, Bd. 4 (1990), 766.
3 Vgl. THOMAS REID, An Inquiry into the Human Mind, on the Principles of Common Sense (1764; London 1785), 18–20, 36–38, 368 f. u. ö.
4 Vgl. JÜRGEN MITTELSTRASS, ›Common sense‹, in: MITTELSTRASS, Bd. 1 (1980), 409; ARISTOTELES, An. 3, 1, 425a27.
5 Vgl. KARLHEINZ BARCK/JÖRG HEININGER/DIETER KLICHE, ›Ästhetik/ästhetisch‹, in: Barck u. a. (Hg.), Ästhetische Grundbegriffe. Historisches Wörterbuch in sieben Bänden, Bd. 1 (Stuttgart/Weimar 2000), 308–400.
6 BERNHARD WALDENFELS, ›Wahrnehmung‹, in: H. Krings/H. M. Baumgartner/C. Wild (Hg.), Handbuch philosophischer Grundbegriffe, Bd. 3 (München 1974), 1669.
7 DIETMAR KAMPER [unveröffentl. Manuskript zum Thema Wahrnehmung, 1998].

für die Geisteswissenschaften ein bemerkenswertes Potential an Negationen und läßt klassische Streitfragen der philosophischen Tradition in einem neuen Licht erscheinen. Das gilt von der Vorstellung der Seele als tabula rasa. Bei den alten Griechen war πίναξ ἄγραφος die Bezeichnung für wachsüberzogene Schreibtafeln ohne Schriftzüge und wurde von Platon und Aristoteles als Metapher in philosophischen Zusammenhängen verwendet, nachdem schon Aischylos im *Prometheus* die Wendung für das »Eingraben« der Erlebnisse in die »Tafeln der Sinne« (ἣν ἐγγράφου σὺ μνήμοσιν δέλτοις φρενῶν[8]) gebraucht hatte. Von Locke und dem Sensualismus wird die Vorstellung der ›tabula rasa‹ wiederaufgenommen, um gegen die cartesianische Annahme der angeborenen Ideen eine begriffsfreie Basis der Erkenntnis zu behaupten, der allein durch die Sinne Erfahrung zuwachsen könne. Demgegenüber ist die Gehirnforschung inzwischen sicher, daß Babys nicht nur mit einem angeborenen Konzept von Zahlen, einem Unterscheidungssinn für lebendige Organismen und mit Grunddispositionen für Sprache zur Welt kommen. Grundsätzlich tritt »das Gehirn eines jungen Menschen […] von sich aus aktiv an die Umwelt heran und stellt seine Fragen«[9], die ihm genetisch mitgegeben wurden.

Ebenso gründlich wird durch die neuere Hirnforschung mit dem von einzelnen geisteswissenschaftlichen Disziplinen gepflegten Wunschdenken über den Vorrang spezieller Wahrnehmungssysteme aufgeräumt. Wenn die Musikwissenschaft den Zeitpunkt für gekommen hält, die Ohren »an die Stelle eines Augen-Primats zu setzen«[10], unterstützt von einer Philosophie ästhetischen Denkens, für das »auditive Phänomene […] mindestens ebenso wichtig wie visuelle«[11] sein sollen, so wird dabei von den Gegebenheiten des menschlichen Gehirns abstrahiert. Für die Hirnforschung ist es ausgemacht: Sehen ist die Fähigkeit, »welche die größte Menge an Informationen zu verarbeiten vermag«[12], weshalb im Gehirn jene Areale, die sich mit dem Sehen befassen, »von allen Sinnesorganen den meisten Platz beanspruchen. Und zwar massiv mehr als alle anderen«[13].

Konfrontiert mit den Befunden der Hirnforscher, wird auch einigen Träumen der Medientheorie der Boden entzogen. Ihr Anspruch, »einen Bereich der Wahrnehmung« zu analysieren, »der neben die klassische Opposition von philosophischer Ästhetik (Kunst) und menschlicher Sinneswahrnehmung (aisthesis) tritt: Wahrnehmung *durch* Medien, also die genuin mediale Wahrnehmung – ein Bereich aisthetischer Erfahrung, den erst die technischen Medien erschließen, als Emanzipation von der Exklusivität menschlicher Sinne«[14], argumentiert ausgehend von fragwürdigen Unterscheidungen. Mit Hilfe von Teleskop und Mikroskop vermag der Mensch zweifellos sehr viel mehr Phänomene zu beobachten, als ihm durch seine Primärerfahrungen zugänglich sind. Doch auch bei Zuhilfenahme solcher Instrumente nimmt er die »Welt nur durch die Filter von Sinnessystemen wahr, und das Sosein dieser Systeme ist durch die phylogenetische Entwicklung determiniert«[15]. Das Bezogensein auf unsere Sinnesorgane gilt nicht bloß für angeblich direkt das Gehirn stimulierende Errungenschaften wie die sogenannten ›Mind Machines‹, sondern prinzipiell für alle neuen Medien und betrifft auch McLuhans idealisierende Konzeption: »Today, after more than a century of electric technology, we have extended our central nervous system itself in a global embrace, abolishing both space and time as far as our planet is concerned.« Mit dem Konzept der ›neuronalen Netze‹ beruht McLuhans Prognose, die »final phase of the extensions of man« stehe in Ge-

---

8 AISCHYLOS, Prom. 789.
9 WOLF SINGER in: ›In der Bildung gilt: Je früher, desto besser‹ (Gespräch, 1999), in: Singer, Ein neues Menschenbild? Gespräche über Hirnforschung (Frankfurt a. M. 2003), 115.
10 HERMANN DANUSER, Musik und die Ohren der Wissenschaft, in: Gegenworte 9 (2002), 22.
11 WOLFGANG WELSCH, Zur Aktualität des ästhetischen Denkens (1989), in: Welsch, Ästhetisches Denken (Stuttgart 1990), 46.
12 HANS DAUCHER in: Unser Gehirn: Ein Produkt der Erziehung? (Gespräch, 1998), in: Singer (s. Anm. 9), 99.
13 SINGER in: ebd., 100.
14 WOLFGANG ERNST, Der anästhetische Blick? Wahrnehmung durch Medien, in: K. Hirdina/R. Reschke (Hg.), Ästhetik. Aufgabe(n) einer Wissenschaftsdisziplin (Berlin 2004), 72.
15 SINGER in: Wahrnehmen ist das Verifizieren von vorausgeträumten Hypothesen (Gespräch, November/Dezember 1993), in: Singer (s. Anm. 9), 72.

stalt der »technological simulation of consciousness«[16] unmittelbar bevor, noch auf Annahmen einer Zeit, »in der noch keinerlei konkrete Vorstellungen über die Reaktionsformen des Nervengewebes entwickelt waren«[17]. Sobald McLuhans Ideen ›medientheoretisch‹ näher ausgeführt sind, wofür das folgende Zitat aus den 90er Jahren exemplarisch ist, zeigt sich sofort ihre Unhaltbarkeit: »Der Fernschreiber funktioniert als künstlicher Mund, d[ie] Telephonmembran implementiert das Ohr, Drähte die Nervenstränge, die photographische Platte ersetzt die Netzhaut, und der Film rekonstruiert die Wirklichkeit als neurologischer Datenfluß. Die Bedingung der neuen Medien liegt also in der physiologischen Analysierbarkeit und physikalischen Rekonstruierbarkeit des Zentralnervensystems«[18].

Gehirn und Rückenmark werden hier noch reduktionistisch als Reiz-Reaktions-Maschine gesehen, und die Beschreibung der neuen Medien erfolgt durch einen an organischen Analogien orientierten Blick, der weniger erfaßt als projiziert. Demgegenüber äußern die Naturwissenschaftler sich deutlich bescheidener, wenn sie feststellen, es beim Gehirn »mit einem komplexen dynamischen System zu tun [zu] haben, für dessen Analyse [...] noch längst nicht alle Werkzeuge zur Verfügung«[19] stünden. Und die technische ›Rekonstruierbarkeit‹ des menschlichen Gehirns, mit seinen ca. 100 Milliarden Nervenzellen das komplizierteste System, von dem man Kenntnis hat, gilt hierbei noch am Beginn des 21. Jh. als Hirngespinst. Denn dieses Roboterwesen müßte »mit der Umwelt interagieren und – vor allem – die Folgen seines Tuns *bewerten* können«. »Das hervorstechende Merkmal des Menschen« bildet nach ihren Erkenntnissen aber »nicht so sehr die abstrakte Intelligenz (hierin mögen uns Computer schon jetzt überlegen sein), sondern die Fähigkeit zu komplexer Handlungsplanung und zur Selbstbewertung, die beide ihre Wurzeln in der Handlungsautonomie haben. Wie diese technisch zu verwirklichen sein könnten (und nicht bloß per Computersimulation!), weiß bisher kein Mensch«[20].

Das Konzept von Wahrnehmung, mit dem die Hirnforscher arbeiten, scheint auf den ersten Blick in ästhetischer Hinsicht völlig irrelevant. Aus naturwissenschaftlicher Perspektive entwickelt, steht es mit der Bedeutung »durch Sinnesorgane zur Kenntnis nehmen, bemerken«[21], die das Wort Wahrnehmung im Deutschen seit dem 16. Jh. hat, in eklatantem Widerspruch. Denn so *unmittelbar* uns die Wahrnehmung subjektiv erscheint, aus der ›Dritte-Person-Perspektive‹ ist sie bereits gefilterte und gestaltete Erfahrung, der unbewußt bleibende Überprüfungs- und Vergleichungsprozesse mit im Gedächtnis abgespeicherten Erfahrungen vorausgegangen sind. Deshalb die scheinbar paradoxen Begriffsbestimmungen: »Wahrnehmung *ist* Interpretation, *ist* Bedeutungszuweisung«[22], oder: »Wahrnehmung ist die Selbstbeschreibung des Gehirns«, oder noch pointierter: »Wir können Wahrnehmungen nicht selbst wahrnehmen. Wir sind Wahrnehmungen«[23].

Wie tief diese Ansicht gleichwohl in ästhetische Wertungen hineinreichen könnte, ist noch wenig erforscht, obwohl der von Kant beobachtete »Übergang vom Sinnenreiz zum habituellen moralischen Interesse« bei der Bezeichnung schöner Gegenstände der Natur und/oder der Kunst einen wichtigen Ansatzpunkt hätte bieten können: »Wir nennen Gebäude oder Bäume majestätisch und prächtig, oder Gefilde lachend und fröhlich; selbst

16 HERBERT MARSHALL MCLUHAN, Understanding Media. The Extensions of Man (London 1964), 3.
17 OLAF BREIDBACH in: HANS ULRICH RECK, Sprache und Wahrnehmung an Schnittstellen zwischen Menschen und Maschinen. Gespräch (1997), in: Kunst- und Ausstellungshalle der Bundesrepublik Deutschland (Hg.), Der Sinn der Sinne (Göttingen 1998), 252.
18 NORBERT BOLZ, Abschied von der Gutenberg-Galaxis. Medienästhetik nach Nietzsche, Benjamin und McLuhan, in: J. Hörisch/M. Wetzel (Hg.), Armaturen der Sinne. Literarische und technische Medien 1870 bis 1920 (München 1990), 154.
19 SINGER in: Wer deutet die Welt? (Gespräch, 7. 12. 2000), in: Singer (s. Anm. 9), 23.
20 GERHARD ROTH, Die Zukunft des Gehirns, in: Gegenworte 10 (2002), 19f.
21 ›Wahrnehmung‹, in: Wolfgang Pfeifer u. a. (Hg.), Etymologisches Wörterbuch des Deutschen, Bd. 3 (Berlin 1989), 1931.
22 ROTH, Die Selbstreferentialität des Gehirns und die Prinzipien der Gestaltwahrnehmung, in: Gestalt theory: An International Multidisciplinary Journal 7 (1985), 236.
23 Ebd., 242.

Farben werden unschuldig [...] genannt«[24], und dies deshalb, weil sie analogische Empfindungen erregen. »Die unbestreitbare Stimmungsfärbung der Natur«, schließt der Kunsthistoriker Hilmar Frank an Kants Problemstellung an, »ist stammesgeschichtliches Erbe des Menschen: Die unmittelbare, unwillentliche Bedeutungswahrnehmung ist eine elementarästhetische Unterscheidung des Zuträglichen vom Unzuträglichen, deren die menschliche Existenz zu ihrer Orientierung und Daseinsbewältigung bedarf.« Aus der Analyse von Darstellungen des Rheinfalls bei Schaffhausen im 18. Jh. in Wort und Bild ergibt sich der Befund, »daß sich die Bewunderer des Rheinfalls in der erregten erhabenen Stimmung einig sind und doch zugleich die verschiedensten Botschaften vernehmen«, weil auf die vage Stimmung, der die »Reflexe einer existentiellen Fragestellung« zugrunde liegen, »bestimmtere Bedeutungen aufmoduliert werden«[25] können.

Die Kluft, die zwischen der wissenschaftlichen Beschreibung der Hirnprozesse und unserem subjektiven Erleben besteht, könnte demnach radikaler scheinen, als sie es ist: Für unser Bewußtsein ist allerdings das Wahrnehmens-Erleben dominierend: Die Wirklichkeit ist für uns *unmittelbar* vorhanden, und nichts kann uns daran hindern, »die Welt *direkt* mit unseren Augen, unseren Ohren und unseren Händen wahrzunehmen«[26]. Es ist diese Unhintergehbarkeit der lebensweltlichen Überzeugungen, die für die historische Darstellung die Orientierung zu geben hat.

2. Wahrnehmung und Systemtheorie

Einen hohen Stellenwert besitzt der Begriff der Wahrnehmung auch in der von Niklas Luhmann ausgearbeiteten ›Systemtheorie‹, vorzüglich durch seine strikte Unterscheidung von der Kommunikation. Das ist bei einem Soziologen nicht überraschend, ist jedoch, »was die Ästhetik als akademische Disziplin betrifft, Neuland«[27]. In deutlicher Bezugnahme auf die Diskussion der Neurologen und in Abgrenzung davon versteht Luhmann ›Wahrnehmung‹ als »Spezialkompetenz« (14) des Bewußtseins. Ausgeschlossen ist damit, »daß Nervensysteme wahrnehmen können« (17). Erst aus dieser Unterscheidung zweier unterschiedlicher Systemarten erklärt sich nach Luhmann, »daß das Bewußtsein Wahrnehmungen unter dem Eindruck der *Unmittelbarkeit* verarbeitet, während tatsächlich das Gehirn hochselektive, qualitativ rechnende, rekursiv operierende, daher immer vermittelte Operationen durchführt« (17f.). Bedeutsamer ist in unserem Zusammenhang, wie der Systemtheoretiker das System der Kunst verortet. Indem er Kunst als »funktionales Äquivalent« zur Sprache bzw. als »indirekte Kommunikation« auffaßt, rückt er sie in die entscheidende Funktionsstelle, wo Kunst »eine strukturelle Kopplung von Bewußtseinssystemen und Kommunikationssystemen« (36) erreichen und bewirken kann. Für die mit Unterscheidungen operierende Systemtheorie – »Das Bewußtsein kann nicht kommunizieren, die Kommunikation kann nicht wahrnehmen« (82) – kann zwar auch die Kunst die Trennung von psychischen und sozialen Systemen nicht aufheben, was nach der Theorie ›autopoietischer Systeme‹[28] deren operative Schließung nicht zuläßt, aber, so Luhmann: »Kunst macht Wahrnehmung für Kommunikation verfügbar [...]. *Und gerade das gibt der Kunst ihre Bedeutung*« (82).

Es ist hier nicht nötig, das von Luhmann in dem Kapitel ›Wahrnehmung und Kommunikation: Zur Reproduktion von Formen‹ versammelte Aufgebot an abstrakten Theoriefiguren und die Veränderungen der Begriffe ›Form‹ und ›Welt‹ im einzelnen zu betrachten. Für die Partizipation verschiedener psychischer Systeme wird die Voraussetzung gemacht: »Während man in Wahrnehmen mit ungeformten Unterscheidungen auskommt, setzt Kommunikation Formbildung voraus« (50). Subjektivität und Mitteilungsfähigkeit individueller Wahrnehmung werden also zusammengebracht, wenn Formbildung als soziales Phänomen auftritt.

---

24 IMMANUEL KANT, Kritik der Urteilskraft (1790), in: KANT (AA), Bd. 5 (1908), 354.
25 HILMAR FRANK, Schauspiel der Natur – Inszenierung der Natur, in: E. Fischer-Lichte/J. Schönert (Hg.), Theater im Kulturwandel des 18. Jahrhunderts. Inszenierung und Wahrnehmung von Körper – Musik – Sprache (Göttingen 1999), 401.
26 ROTH (s. Anm. 22), 232.
27 NIKLAS LUHMANN, Die Kunst der Gesellschaft (Frankfurt a.M. 1995), 29.
28 Vgl. ebd., 84–91.

Der weitreichende Theorieansatz, der »gegen die Baumgarten/Kant-Tradition« die Formen der Teilnahme »primär von der Wahrnehmung und nur sekundär vom denkenden Beurteilen« erfassen will, bleibt in seinen konkreten Bestimmungen aber erstaunlich konservativ: Daß man Kunstwerke »im Bewußtsein ihrer ›Einmaligkeit‹ immer wieder anders wahrnehmen kann«, da Wahrnehmungen »intersubjektiv verschieden« (69) sind, ist sowenig eine Überraschung wie das Postulat, Wahrnehmen als gelungene Kommunikation mache »ein Wahrnehmen des Wahrnehmens« (70) erforderlich, was anders formuliert besagt, ästhetisches Bewußtsein sei als eine ausgezeichnete Form der Anschauung von Gegenwart zu verstehen. Nicht origineller scheint die Bemerkung, Kunstwahrnehmung zeichne »ein eigenständiges Verhältnis von Redundanz und Varietät« aus, wodurch ein Oszillieren »zwischen Überraschung und Wiedererkennen« möglich werde. Weil die Kunst nach Luhmann gerade »die Spezialisierung auf dieses Problem« sucht, ist damit zugleich das Kriterium gefunden, was »sie vor dem normalen Wegarbeiten leichter Irritationen in den Wahrnehmungen des Alltagslebens« (228) auszeichne.

Es wird deutlich geworden sein, daß bei diesen Begriffsunterscheidungen moderne autonome Kunst im Blickpunkt steht. Das ist unübersehbar, wenn es heißt, daß das Kunstwerk, obwohl »*ausschließlich* als Mittel der Kommunikation hergestellt«, diesen Herstellungszweck »durch einen *zweckentfremdeten Gebrauch von Wahrnehmungen*« (41) zu erreichen suche, oder noch prägnanter: »Offenbar sucht die Kunst ein anderes, nichtnormales, irritierendes Verhältnis von Wahrnehmung und Kommunikation, *und allein das wird kommuniziert*« (42). Daß unter solchen Bedingungen Kommunikation auch gelingt, wird vorausgesetzt, ist aber gerade für die moderne Kunst problematisch. Im Rückblick auf die Malerei des 20. Jh. läßt sich ihre Entstehung nämlich auch beschreiben »als Übergang von einer Bildlichkeit, die den Betrachter durch eine ungeahnte Sinnigkeit gleichsam ›überwältigen‹ will, zu einer solchen, die den Betrachter durch eine ungeahnte Unsinnigkeit gleichsam ›verstören‹ will«. Eine Kommunikation bzw. ihr rechtes Verstehen verlange daher, argumentiert der Philosoph Wolfram Hogrebe, »eine

Kunstlehre des Umgangs mit Unverständlichem«, da moderne Kunst die gleiche »Fraglichkeitsdisposition«[29] aufweise, wie sie für das Verhältnis unserer frühen Vorfahren zur Natur charakteristisch war. Für dieses Verhältnis beruft sich Hogrebe auf Hegels Diktum über die alten Griechen, diese »horchten [...] auf das Gemurmel der Quellen und fragten, was das zu bedeuten habe«[30]. »Ebenso«, konstatiert Hogrebe, »nehmen unsere Zeitgenossen die Werke der modernen Kunst wahr, achten auf ihre bizarren Gestaltungen und fragen, was das zu bedeuten hat«[31].

II. Die Zäsur in der Sinneswahrnehmung am Beginn der Neuzeit

Die Hauptetappen der Entwicklung menschlicher Wahrnehmung in der Frühzeit liegen für uns im Dunkel. Die eindringliche Rekonstruktion, die Hans Blumenberg versuchte, rückt gerade das, was von Kritikern als »Tyrannei des Auges«[32] über alle anderen Sinnesmodalitäten bezeichnet wird, mit Nachdruck in den Blick. »Wir werden schwerlich erfassen, was es bedeutete und was dazu gehörte, das für die akute Notdurft des Lebens Überflüssige und Beiläufige überhaupt wahrzunehmen, den Blick aus der Sphäre der biologischen Signale herauszuerheben und das Unerreichbare in die Aufmerksamkeit hineinzuziehen. Sterne zu sehen, ist ein Inbegriff des Mehr, das der Mensch als Nebenprodukt seines aufrechten Ganges zu seiner bedrängenden Alltäglichkeit hinzuzufügen vermochte. Anders als der flüchtige und gelegentliche, aber auch anders als der auf Positionskataloge und Photographie vertrauende Blick zum gestirnten Himmel muß die frühe menschliche Wahrneh-

---

29 WOLFRAM HOGREBE, Mimesis und Mantik, in: Wissenschaftskolleg zu Berlin. Arbeitsvorhaben der Fellows 2004/2005 (Berlin 2004), 59 f.
30 GEORG WILHELM FRIEDRICH HEGEL, Vorlesungen über die Philosophie der Geschichte (gehalten 1822–1823), in: HEGEL (TWA), Bd. 12 (1970), 289.
31 HOGREBE (s. Anm. 29), 60.
32 FRIEDRICH NIETZSCHE, Nachgelassene Fragmente. Herbst 1885, in: NIETZSCHE (KGA), Abt. 7, Bd. 3 (1974), 439.

mung vorgestellt werden als Insistenz von langem Atem, der noch die langsamen Verrückungen der Planeten als Bahnfiguren sich einprägen und der Prospekt der Lichtpunkte sich zu einer Landschaft von deutlichen Konfigurationen aufgliedert.« Mit einiger Sicherheit ist davon auszugehen, daß unter den glänzenden Sternbildern des orientalischen Himmels »physiognomische Wahrnehmung« übergegangen ist in die »angespannte Beobachtung, Feststellung der Periodizitäten, Fixierung der Überlieferung«[33].

Charakteristisch für die Griechen und Römer ist dann die Ausbildung einer engen Verbindung zwischen geozentrischer Kosmologie und einer Anthropologie, die in der Himmelsbetrachtung den Gegenstand reiner Theorie, da absoluter Distanz zum Menschen erkennt. Wie Kant hervorhebt, war es Seneca, der bedeutendste Stoiker der römischen Kaiserzeit, von dem die Idee klassisch formuliert wurde, »daß ohne den Menschen die ganze Schöpfung eine bloße Wüste, umsonst und ohne Endzweck sein würde«[34]. Die zentrale kosmische Stellung des Menschen, argumentiert Seneca, enthülle die Position, an welche die Natur, die »betrachtet und nicht nur mit einem flüchtigen Blick bedacht [...] werden« wolle (spectari voluisse, non tantum aspici), uns gestellt habe: »in ihre Mitte hat sie uns gestellt und uns den Rundblick auf alles geschenkt; und sie hat dem Menschen nicht nur den aufrechten Gang gegeben, sondern hat ihm auch in der Absicht, ihm die Beobachtung bequem zu machen, damit er die Gestirne auf ihrer Bahn vom Aufgang bis zum Untergang verfolgen und seinen Blick mit dem All kreisen lassen könne, den Kopf obenauf angebracht und auf einen biegsamen Hals gesetzt« (in media nos sui parte constituit et circumspectum omnium nobis dedit; nec erexit tantummodo hominem, sed etiam habilem contemplationem factura, ut ab ortu sidera in occasum labentia prosequi posset et vultum suum circumferre cum toto, sublime fecit illi caput et collo flexili inposuit)[35]. Bei dieser Liaison zwischen menschlichem Selbstbewußtsein und Kosmos ist die Unmittelbarkeit des Augenscheins die selbstverständliche Grundlage. Daß diese Haltung, für die später der Begriff ›geozentrische Religiosität‹ gebildet wurde[36], uns heute nicht mehr möglich ist, bestätigt die von Walter Benjamin in einem anderen Zusammenhang getroffene Feststellung: »Innerhalb großer geschichtlicher Zeiträume verändert sich mit der Daseinsweise der menschlichen Kollektiva auch die Art und Weise ihrer Sinneswahrnehmung«[37]. Wir haben die Fähigkeit verloren, die Mythen am Himmel anzusiedeln oder in der Milchstraße eine Ordnung wahrzunehmen, weil wir sofort an die Entfernungen, die unvorstellbaren Lichtjahre denken müssen.

Die entscheidende Veränderung im Verhältnis zwischen Anschauung und theoretischem Denken, die seit der Antike eine Einheit gebildet hatten, gehört in die Geschichte der Kopernikus-Rezeption. Kepler hat in einem für sein Buch *Mysterium cosmographicum* (1596) geschriebenen, aus Zensurgründen aber erst in der Einleitung seines Hauptwerks *Astronomia nova* (1610) gedruckten Kapitel zusammenfassend beschrieben und erklärt, »warum sich denn für alle Menschen die Sonne zu bewegen scheint und nicht die Erde. Uns kommt nämlich die Sonne klein, die Erde dagegen groß vor. Auch wird die Bewegung der Sonne [...] nicht direkt wahrgenommen, sondern nur durch Überlegung, insofern sich nach einiger Zeit ihr Abstand von den Bergen ändert« (cur adeo omnibus hominibus Sol moveri videatur, non vero Terra: scilicet cum Sol parvus appareat, Terra vero magna; neque Solis motus comprehendatur visu ob tarditatem apparentem, sed ratiocinatione solum, ob mutatam post tempus aliquod propinquitatem ad montes)[38]. Kepler hat darüber hinaus die Schwierigkeit des heliozentrischen Modells der Planetenbewegungen im

---

33 HANS BLUMENBERG, Die Genesis der kopernikanischen Welt (1975; Frankfurt ³1996), 14.
34 KANT (s. Anm. 24), 442.
35 SENECA, De otio 5, 4; dt.: Über die Muße, lat.-dt., hg. u. übers. v. G. Krüger (Stuttgart 1996), 13.
36 Vgl. ERNST GOLDBECK, Der Mensch und sein Weltbild im Wandel vom Altertum zur Neuzeit. Gesammelte kosmologische Abhandlungen (Leipzig 1925), 22.
37 WALTER BENJAMIN, Das Kunstwerk im Zeitalter seiner technischen Reproduzierbarkeit, 2. [recte 3.] Fassung (1936–1939), in: BENJAMIN, Bd. I/2 (1974), 478.
38 JOHANNES KEPLER, Astronomia nova (1610), in: Kepler, Gesammelte Werke, hg. v. M. Caspar, Bd. 3 (München 1937), 30; dt.: Neue Astronomie, übers. u. eingel. v. M. Caspar (München 1929), 30.

Hinblick auf einige Bibelpassagen dadurch zu entschärfen gewußt, daß er sie als Probleme der Sprache bzw. bildlicher Redeweise erklärte.»Da wir mit dem Gesichtssinn die meisten und wichtigsten Erfahrungen in uns aufnehmen« (cum oculorum sensu plurima et potissima addiscamus), gibt er den ängstlich an den Worten hängenden Frommen zu bedenken, »ist es für uns nicht möglich, unsere Redeweise von diesem Gesichtsinn abzuziehen. So gibt es täglich viele Vorkommnisse, wo wir uns unserem Gesichtssinn folgend ausdrücken, wenn wir auch ganz gut wissen, daß sich die Sache selber anders verhält« (impossibile nobis esse, ut sermonem nostrum ab hoc oculorum sensu abstrahamus. Itaque plurima quotidie incidunt, ubi cum oculorum sensu loquimur, etsi certo scimus rem ipsam aliter habere). So folge der Vers des Vergil »Fahren wir vom Hafen weg, so entweichen Länder und Städte« (Provehimur portu, Terraeque urbesque recedunt), der gleichen Typik von Wahrnehmung wie das Wort von Jesus zu Petrus »Fahre hinaus auf die hohe See‹, wie wenn das Meer höher wäre als die Küste« (Duc in altum: quasi mare sit altius littoribus)[39]. Um von den Menschen verstanden zu werden, rede die Bibel »über die gewöhnlichen Dinge (in denen sie nicht die Absicht hat, die Menschen zu belehren) mit den Menschen auf menschliche Weise«, nämlich »den menschlichen Sinnen entsprechend« (Jam vero et sacrae literae, de rebus vulgaribus [in quibus illarum institutio non est homines instruere] loquuntur cum hominibus, humano more, [...] quoque cum sensibus loquatur humanis)[40]. Auch der berühmte Sonnenstillstandsbefehl des Josua ist Keplers Interpretation zufolge »nur innerhalb der Grenzen der Optik und der Astronomie« (tantum intra limites Optices et Astronomiae) ein Problem, das »deswegen aber nicht darüber hinaus in das Gebiet des menschlichen Verkehrs hineingreift« (nec ideo se extrorsum in usum hominum efferat)[41]. Was die kopernikanische Reform unverändert gelassen hatte, war also die Sprache des Alltags. Noch heute reden wir vom Aufgang und Untergang der Gestirne und deuten unsere Sinneserfahrung weiterhin ptolemäisch. So gesehen, brachten die Erkenntnisse und Entdeckungen des 16. und 17. Jh. zunächst nur partielle Veränderungen gegenüber der bis dahin durch Jahrtausende herrschenden Unmittelbarkeit.

Naturwissenschaftliche Arbeit besaß in ihrer heroischen Periode aber noch in einer ganz anderen Richtung theologische Aspekte. Die christliche Lehre unterschied neben der Offenbarung in der Bibel die Offenbarung Gottes in der Natur selbst, was in dem Begriff der natürlichen Theologie seinen Niederschlag gefunden hatte. Entscheidend für die für Kepler maßgebliche protestantische Schultheologie waren Stellen wie die des Apostels Paulus an die Römer: »Denn Gottes unsichtbares Wesen, das ist seine ewige Kraft und Gottheit, wird seit der Schöpfung der Welt ersehen aus seinen Werken, wenn man sie wahrnimmt« (τὰ γὰρ ἀόρατα αὐτοῦ ἀπὸ κτίσεως κόσμου τοῖς ποιήμασιν νοούμενα καθορᾶται, ἥ τε ἀίδιος αὐτοῦ δύναμις καὶ θειότης)[42]. Wenn Köpfe wie Kepler sich der Aufgabe stellten, »Gottes Wirken in der Natur zu erkennen und mit dem Verständnis ihrer gesetzmäßigen Harmonie sein Werk zu verherrlichen«, so konnten sie dies »als ein Nachgehen des Schöpfungsweges Gottes«[43] betrachten.

Mit dem Pathos des Entdeckers des Fernrohrs hat Galileo Galilei die Zäsur in der Sinneswahrnehmung in einer Art von autobiographischem Bekenntnis auf den Punkt gebracht, indem er die ›Lesbarkeit der Welt‹ (Blumenberg) zur universalen Aufgabe der Naturforscher erklärte, als er über die Ablösung des ptolemäischen durch das kopernikanische Weltsystem schrieb: »Die ganze Wissenschaft verbieten, was wäre das anderes, als hundert Stellen der heiligen Schriften zuwiderzuhandeln, die uns lehren, wie der Ruhm und die Größe des Höchsten wunderbar in allen seinen Werken erkannt wird und in göttlicher Weise in dem offenen Buch des Himmels zu lesen ist?« (Il proibir tutta la scienza, che altro sarebbe che un reprovar cento luoghi delle Sacre Lettere, i quali ci insegnano come la gloria e la grandezza del sommo Iddio mi-

---

39 Ebd., 28; dt. 28 f.
40 Ebd., 29; dt. 29.
41 Ebd., 30; dt. 30.
42 PAULUS, Röm. 1, 20; dt. in: Die Bibel. Das Neue Testament (rev. Fassung d. Übers. v. M. Luther von 1984) (Berlin/Altenburg ²1990), 297.
43 WERNER HEISENBERG, Die Einheit der naturwissenschaftlichen Weltbildes (1942), in: Heisenberg, Gesammelte Werke, hg. v. W. Blum/H.-P. Dürr/H. Rechenberg, Bd. 1 (München 1984), 164.

rabilmente si scorge in tutte le sue fatture, e divinamente si legge nell'aperto libro del cielo?)[44] Und weiter führt er aus: »Man glaube nicht, daß es, um die tiefen Begriffe zu fassen, die in jenen Karten des Himmels geschrieben stehen, genügt, den Glanz der Sonne und der Sterne in sich aufzunehmen und ihren Auf- und Niedergang zu betrachten: denn dies alles liegt auch vor den Augen der Tiere und vor denen des ungebildeten Haufens offen zutage. Hinter dem allen aber verbergen sich so tiefe Geheimnisse und so erhabene *Gedanken,* daß die Mühen und Nachtwachen von Hunderten und Hunderten der schärfsten Geister in tausendjähriger Forscherarbeit sie noch nicht völlig zu durchdringen vermochten. So ist das, was der bloße Sinn des Sehens uns gibt, so gut wie Nichts im Vergleich zu den Wundern, die der Verstand der Verständigen am Himmel entdeckt.« (Né sia chi creda che la lettura degli altissimi concetti, che sono scritti in quelle carte, finisca nel solo veder lo splendor del Sole e delle stelle e 'l lor nascere ed ascondersi, che è il termine sin dove penetrano gli occhi dei bruti e del vulgo; ma vi son dentro misteri tanto profondi e concetti tanto sublimi, che le vigilie, le fatiche e gli studi di cento e cento acutissimi ingegni non gli hanno ancora interamente penetrati con l'investigazioni continuate per migliaia e migliaia d'anni. [...] così quello che 'l puro senso della vista rappresenta, è come nulla in proporzion dell'alte meraviglie che, mercé delle lunghe ed accurate osservazioni, l'ingegno degl'intelligenti socorge nel cielo.)[45]

Wie einfach das Galileische Fernrohr gewesen sein mag, das die Schärfe des Gesichtsinnes »dreißig- und vierzigmal zu vergrößern« ermöglicht haben soll (di poter perfezionar la nostra vista co 'l multiplicarla [...] 30 e 40)[46], es war der erste und entscheidende Schritt auf dem Wege ›medialer Wahrnehmung‹, auf dem in den folgenden Jahrhunderten für den Menschen die vertraute Lebenswelt und die wissenschaftlichen Weltmodelle immer stärker auseinanderführen sollten. Blumenberg hat die Bedeutung so zusammengefaßt: »Die Heraufkunft des Fernrohrs, später dann die der Photographie, schließlich die Ersetzung der optischen Objektivierung durch andersartige Methoden wie die der Spektroskopie und andersartige Informationsquellen wie die der Radioastronomie, das alles liegt in der Konsequenz des ersten Schrittes, das Auge in seiner natürlichen Fähigkeit zum Himmelsanblick ins Unrecht zu setzen und ihm nur den ästhetischen Rest übrig zu lassen«[47]. Der Keim zu der Idee vom Menschen als Mängelwesen war gelegt, sobald zum ersten Mal der Nachweis gelungen war, daß der Gesichtssinn von der »Natur dem Menschen nicht in solcher Vollkommenheit verliehen« worden war (il senso della vista, il quale da natura non è stato conceduto a gli uomini tanto perfetto)[48], wie das möglich und erstrebenswert schien. Mit Unterscheidungen wie ›nicht direkt wahrnehmbar, sondern nur durch Überlegung‹ (Kepler) bzw., in schärferer Formulierung, der zwischen dem ›bloßen Sinn des Sehens‹ im Gegensatz zu den nur dem ›Verstand der Verständigen‹ (Galilei) möglichen Entdeckungen am Himmel war das Problem des Wahrnehmens in eine Schlüsselposition gelangt. Für die radikale Skepsis gegenüber der sinnlichen Wahrnehmung, wie sie Descartes dann vertrat, lieferten Galileis Erkenntnisse eine wesentliche Grundlage.

III. Die Sinne im Prisma der Aufklärung

Wenn das 18. Jh. für die Leistungen der einzelnen Sinne insgesamt ein unvergleichliches Interesse gezeigt hat und an seinem Ende in Frankreich nicht zufällig der Begriff ›Sensualismus‹ für die metaphysikkritische Position in der Erkenntnistheorie ge-

---

44 GALILEO GALILEI an Cristina di Lorena Granduchessa di Toscana (1615), in: Galilei, Opere, hg. v. F. Flora (Mailand 1953), 1026 f.; dt. zit. nach: Galilei, Schriften, Briefe, Dokumente, hg. v. A. Mudry, übers. v. M. Köster, Bd. 1 (Berlin 1987), 31.
45 Ebd., 1027; dt. zit. nach: ERNST CASSIRER, Das Erkenntnisproblem in der Philosophie und Wissenschaft der neueren Zeit (1906), Bd. 1 (Berlin 1911), 272.
46 GALILEI, Dialogo dei massimi sistemi (1632), in: Galilei, Opere (s. Anm. 44), 700; dt.: Dialog über die beiden Hauptsächlichen Weltsysteme, in: Galilei, Schriften, Briefe, Dokumente (s. Anm. 44), 298.
47 BLUMENBERG, Die Genesis der Kopernikanischen Welt (1975; Frankfurt a. M. ²1985), 53.
48 GALILEI (s. Anm. 46).

III. Die Sinne im Prisma der Aufklärung 445

bildet wird, blieb es in der Wertung im einzelnen deutlich der philosophischen Tradition verpflichtet. In einem 1732 in Paris aufgeführten Drama war der Wettstreit der Sinne das Thema. In der Konkurrenz zwischen Auge und Ohr um den ersten Platz, jenes mit einem Fernrohr, dieses mit einem Sprachrohr versehen, während den anderen Sinnen mechanische Attribute fehlen, kann das Gesicht seinen Anspruch nicht nur mit der Unermeßlichkeit seines Herrschaftsgebiets – »l'Univers« – untermauern, sondern auch auf die in seinem Zeichen stehenden Wissenschaften und Künste verweisen: »De régir, de guider les Sciences sublimes, / Les Arts lui doivent tous des tributs légitimes; / Elle [la Vue – d. Verf.] conduit leurs mains, décide de leur prix«[49].

In der Tat ist das Auge für die Arbeit der Wissenschaft wie für die Praxis der Künste und Handwerke das führende Erkenntnisorgan: Naturwissenschaftliche Demonstrationen und Experimente, anatomische und physiologische Forschungen folgen theoriegeleiteter Augenwahrnehmung, und die Tätigkeiten der Gewerbe, zerlegt in ihre hauptsächlichen Momente, d. h. Arbeitsgegenstände, -mittel und -verfahren, werden auf den Tafelbildern der Enzyklopädie bzw. dem *Schauplatz der Künste und Handwerke* (1762–1805) – wie bezeichnenderweise die deutsche Übersetzung des frz. Standardwerkes *Descriptions des arts et métiers* (45 Bde., 1761–1789) lautet – fürs Auge dargestellt und erklärt.

In den Augen der Wissenschaft, die in den Akademien des Absolutismus neue Wirkungsstätten bekommen hatte, zeichneten sich die menschlichen Sinnesorgane vor allem durch ihre Dürftigkeit aus. Verglichen mit den Möglichkeiten der Mathematik, die Frequenzen schwingender Saiten aus Durchmesser und Spannung berechnen und darstellen konnte, war auch das Gehör weit davon entfernt, ›vollkommen‹ zu sein. In einem Bericht über eine Arbeit Joseph Sauveurs, der für die Wissenschaft der Vibrationen die Bezeichnung Akustik eingeführt hatte, konstatierte der Sekretär der Académie Royale des Sciences, Bernard le Bovier de Fontenelle, in dieser vergleichenden Sicht: »La Géométrie pure ne roule que sur des idées de l'Esprit qui n'est jamais obligé de s'arrêter, & de-là vient que la précision de la Géométrie n'a point de limites, mais celles des Mathématiques mixtes en a nécessairement, parce qu'elles roulent sur des effets bornés de la matière, ou dépendent des Organes grossiers de nos sens«[50]. Die von den ›groben Organen unserer Sinne‹ veranlaßten Überlegungen konnten Mathematiker zu scheinbar überraschenden Beschäftigungen führen. Newton mußte sich mit der Natur der Farbe beschäftigen, weil das Schillern der Bilder, das die astronomischen Objektive zeigten, sorgfältigen Messungen der Gestirne im Wege stand. Was so durch die Arbeiten zur Optik und Akustik herausgearbeitet wurde, war die klare Unterscheidung zwischen einer durch methodische Experimente objektivierbaren Wirklichkeit und den menschlichen Wahrnehmungen, zwischen der Natur des Lichtes und den Phänomenen der Farbe, zwischen Schall und Ton. Der Jesuit Louis-Bertrand Castel, berühmt als Erfinder des Farbenklaviers, auf dem beim Anschlagen einer Taste mit dem Erklingen des Tons zugleich die vermeintlich entsprechende Farbe erschien, hat diese unterschiedlichen Bereiche klar auseinandergehalten: Seine Idee chromatischer Musik, so erläutert Castel 1735 im Rückblick, sei die letzte Konsequenz, »à laquelle aboutissoit [...] le fil géométrique de l'*Analogie* que j'établissois alors, d'après *Kircher*, entre le Son & la lumière, entre le Ton & la couleur, entre la Musique & la Peinture ou le *Coloris*«[51]. Joachim Gessinger hat den Passus so kommentiert: »Diese dreifache Annäherung – die Analogie zwischen der physikalischen Natur des Lichts und des Schalls, ihrer wahrgenommenen Form als Farbe und Ton und ihrer Kunstform als Malerei und Musik – verweist auf einen theoretischen Rahmen, der physikalische, wahrnehmungsphysiologische und epistemologische Aspekte vereinigt und deutet zugleich

---

49 LOUIS FUZELIER, Le procès des sens (Paris 1732), 24.
50 BERNARD LE BOVIER DE FONTENELLE, in: Mémoires de l'Académie Royale des Sciences (Paris 1713), 71, zit. nach Joachim Gessinger, Auge und Ohr. Studien zur Erforschung der Sprache am Menschen 1700–1850 (Berlin/New York 1994), 535.
51 LOUIS-BERTRAND CASTEL, Nouvelles Expériences d'Optique & d'Acoustique, in: Mémoires pour l'histoire des Sciences & des beaux Arts [Journal de Trévoux] (1735), 1444.

die neue, wahrnehmungsästhetische Dimension an.«[52]

In einem 1749 geschriebenen musiktheoretischen Abschnitt des *Essai sur l'origine des langues* hat Rousseau vehement gegen die »fausse analogie entre les couleurs et les sons«[53] protestiert und dabei nicht nur auf die grundlegenden Unterschiede beider Sinne verwiesen: »Le champ de la musique est le tems, celui de la peinture est l'espace.« Gegenüber der augenfälligen Entsprechung zwischen den Winkeln der Strahlenbrechung und der Schwingungszahl des klingenden Körpers lautet Rousseaus Einwand: »cette analogie est de raison, non de sensation« (420); doch nur auf unsere Wahrnehmung komme es an. Deutlich wird an diesen Überlegungen, wie das ›Augenclavicimbel‹[54] neben Bewunderung vor allem Abwehr wegen seiner mechanischen Effekte erregte. Solche seelenlosen, vom mathematischen Kalkül bestimmten Kunstexperimente haben ästhetische Reflexion, wenn nicht im eigentlichen Sinne auf den Plan gerufen, so doch deutlich intensiviert.

Castels synästhetisches Experimentieren hat darüber hinaus eine Problemstellung verschärft. In der Tradition des ›sensus communis‹ war Wahrnehmung lange Zeit als Grundnenner für die einzelnen Sinne gebraucht worden. Die Unterscheidung zwischen dem, was allen oder doch mehreren Sinnen »gemeinschaftlich« und jenem, was »das Eigentümliche«[55] eines Einzelsinnes ausmacht, ist nicht nur bis zu Goethes Farbenlehre ein wichtiger Aspekt gewesen. Noch heute wird diesem Gesichtspunkt Rechnung getragen, wenn zwischen ›Wahrnehmung, akustische/auditive/visuelle‹ und ›Wahrnehmung, sinnliche‹ differenziert wird.[56] Seitdem die neuere Hirnforschung die distributive Organisation des Gehirns und das »Fehlen eines singulären Koordinationszentrums«[57] nachgewiesen hat, ist freilich die überkommene Vorstellung von einem Ort, wo alles zusammenläuft, obsolet geworden. Das gilt für »the mind's Presenceroom«[58], von dem bei Locke die Rede ist, wie für die von Diderot in *Le rêve de d'Alembert* (1769) gebrauchte berühmte Metapher vom Bewußtsein als der Spinne im Zentrum ihres Netzes, wenn er den Arzt Bordeu die Ansicht vertreten läßt: »la conscience n'est qu'en un endroit. [...] elle ne peut être que dans un endroit, au centre commun de toutes les sensations, là où est la mémoire, là où se font les comparaisons«[59]. Demgegenüber betont die neuere Hirnforschung: »Die Ergebnisse der vielen [...] Sinnesfunktionen werden parallel an die ebenfalls zahlreichen exekutiven Zentren weitergegeben«, und aus dem Zusammenspiel der verteilten Prozesse »entstehen dann auf geheimnisvolle Weise kohärente Wahrnehmungen, koordiniertes Verhalten und letztlich auch Bewußtsein«. Mit »Bindungsproblem«[60] wird die neue Situation beschrieben, die aus dem Verzicht auf ein »oberstes Wahrnehmungszentrum«, auf eine »höchste Wahrnehmungsinstanz«[61], entstanden ist. Dieser empirische Nachweis einer nicht hierarchisch operierenden Funktionsweise des Gehirns wird von seiten der Philosophie anerkannt, verbunden allerdings mit dem Hinweis, daß der Beobachtung einzelner Gehirne und Erlebens-Subjekte die gesamte Dimension, die seit Hegel als objektiver Geist bezeichnet wird, notwendig entzogen bleibt, und verbunden mit der Kritik an den Hirnforschern, über den »Unterschied« hinwegzusehen »zwischen dem ›Subjekt‹ im Sinne des diskursiven (vernünftigen) Selbstbewußtseins, wie es von Individuen aktualisiert werden kann, und dem, was man ›Geist‹ nennt, also einer institutionell gestützten und in der Schriftsprache Selbstreferentialität entfaltenden Mentalität, die soziokulturell gesehen Individuen

---

52 GESSINGER (s. Anm. 50), 119.
53 JEAN-JACQUES ROUSSEAU, Essai sur l'origine des langues (entst. 1755–1761), in: ROUSSEAU, Bd. 5 (1995), 419.
54 Vgl. GEORG PHILIPP TELEMANN, Beschreibung der Augen-Orgel oder des Augen-Clavicimbels, so der berühmte Mathematicus und Jesuit zu Paris, Herr Pater Castel, erfunden und ins Werk gerichtet hat (Hamburg 1739).
55 GOETHE, Zur Farbenlehre. Historischer Theil (1810), in: GOETHE (WA), Abt. 2, Bd. 3 (1893), 12.
56 Vgl. GESSINGER (s. Anm. 50), 776.
57 SINGER, Wir benötigen den neuronalen Code (Gespräch, 24. 8. 2000), in: Singer (s. Anm. 9), 42.
58 LOCKE (ESSAY), 121.
59 DENIS DIDEROT, Le rêve de d'Alembert (1769), in: DIDEROT (ASSÉZAT), Bd. 2 (1875), 168.
60 SINGER (s. Anm. 57), 41 f.
61 ROTH, Die Welt, in der wir leben, ist konstruiert [Gespräch, 1992], in: F. Rötzer (Hg.), Vom Chaos zur Endophysik (München 1994), 179.

und deren Generationen aktuell und geschichtlich zu übergreifen vermag«[62].

Ein auffälliger Zug der französischen Aufklärungsliteratur ist die intensive Diskussion sensualistischer Erkenntnisprobleme am Beispiel von Gestalten mit unvollständigem Sensorium. Diderot hat mit Blick auf die lange Zeit als anthropologisches Faktum angesehene Fünfzahl sogar eine Gesellschaft in Betracht gezogen, wo jeder auf einen einzigen Sinn reduziert wäre, um auf die zentrale Bedeutung sprachlicher Verständigung hinzuweisen: »Ce serait, à mon avis, une société plaisante, que celle de cinq personnes dont chacune n'aurait qu'un sens; il n'y a pas de doute que ces gens-là ne se traitassent tous d'insensés«[63]. Zu dieser Textgruppe gehören Diderots *Lettre sur les aveugles* (1749) und *Lettre sur les sourds et les muets* (1751), vor allem aber Condillacs *Traité des sensations* (1754). Nach dem Blinden und dem Taubstummen betritt bei dem radikalen Sensualisten Condillac eine menschliche Statue die Bühne, der erst sukzessive die einzelnen Sinne verliehen werden. Das Verfahren des Sinnesreduktion ist bei diesem gedanklichen Experiment systematisch durchgeführt: Das gesamte Sensorium ist gleichsam ausgelagert und wird dann in der Statue wieder zusammengesetzt. Mit dieser Neufassung der Ovidischen Metamorphose von dem Bildhauer Pygmalion, der sich in die Statue, das Werk seiner Hände, verliebt und erlebt, wie Venus ihr Leben verleiht, will Condillac seine Grundthese veranschaulichen, daß aus Sinneswahrnehmung durch Transformation alle geistigen Tätigkeiten hervorgehen: »Le jugement, la réflexion, les désirs, les passions, etc. ne sont que la sensation même qui se transforme différemment«[64].

Einen besonderen Status hat bei Condillac der Tastsinn erhalten, weil er allein zu Reflexion und Selbstbewußtsein befähigt. Nur er kann den eigenen Körper im Unterschied zu anderen Körpern wahrnehmen und so ein Bewußtsein vom Ich und dem Anderen ermöglichen. Die epistemologische Überlegenheit des Auges war freilich auch vor Condillac nicht unbestritten gewesen. Leibnizens *Nouveaux essais sur l'entendement humain*, als Antwort auf Lockes großes Buch noch zu dessen Lebzeiten geschrieben, auf Grund des späten Erscheinens 1765 aber eine Wirkung erst *nach* Condillac

entfaltend, strebten in der idealen Tradition der griechischen *Theoria* nach *klaren* und *deutlichen* Ideen als Ziel des Erkennens. Grundlage dafür sind bei Leibniz jedoch die »petites perceptions«, die das Erkennen grundieren, als auditive Eindrücke aber oft gar nicht bewußt wahrgenommen werden: »C'est ainsi que l'accoutumance fait que nous ne prenons pas garde au mouvement d'un moulin ou à une chute d'eau, que nous avons habité tout auprès depuis quelque temps«[65]. Die durch das Ohr wahrgenommene Welt ist phänomenal nicht wie beim Auge etwas Gegenüberliegendes, ein Objekt, sondern etwas Umgebendes. »Klang ist sphärisch, Leibnizens Welt ist sphärisch und kontinuierlich.«[66] In einer Passage der ›Préface‹, in der Leibniz seine philosophischen Grundüberzeugungen formuliert, heißt es über ›diese kleinen Wahrnehmungen‹: »Ce sont elles qui forment [...] ces impressions que des corps environnants font sur nous, qui enveloppent l'infini, cette liaison, que chaque être a avec tout le reste de l'univers. On peut même dire qu'en conséquence de ces petites perceptions le présent est gros de l'avenir et chargé du passé.«[67]

Ein radikaler Angriff auf den Augenprimat findet sich erst bei Herder, der »dem Sehsinn allein die Oberflächenwahrnehmung«[68] zuerkennt, ihm damit Wahrnehmung von Raum und Tiefe bestreitet und das Gefühl mit dem Argument auf den ersten Rang erhebt, dieses sei »die solideste, profondste, erste Hand der Seele. Das Auge ist Trug und Oberfläche«[69]. Damit schien ein Umsturz in

---

62 HANS PETER KRÜGER, Das Hirn im Kontext exzentrischer Positionierungen. Zur philosophischen Herausforderung der neurobiologischen Hirnforschung, in: Deutsche Zeitschrift für Philosophie 52 (2004), H. 2, 273.
63 DIDEROT, Lettre sur les sourds et muets (1751), in: DIDEROT (ASSÉZAT), Bd. 1 (1875), 353.
64 ÉTIENNE BONNOT DE CONDILLAC, Traité des sensations (1754), in: Condillac, Œuvres complètes, Bd. 3 (Paris 1798), 50.
65 GOTTFRIED WILHELM LEIBNIZ, Nouveaux essais sur l'entendement humain (entst. 1704, ersch. 1765; Paris 1965), 38.
66 JÜRGEN TRABANT, Mithridates im Paradies. Kleine Geschichte des Sprachdenkens (München 2003), 180.
67 LEIBNIZ (s. Anm. 65), 39.
68 GESSINGER (s. Anm. 50), 76.
69 JOHANN GOTTFRIED HERDER, Studien und Entwürfe zur Plastik (1769), in: HERDER, Bd. 8 (1892), 97.

der Hierarchie der Sinne eingeleitet, bei dem das Ohr als »ein *inneres* Gefühl«[70] und der Seele am nächsten vor allem als »*der erste Lehrmeister der Sprache*«[71] eine zentrale Bedeutung erhielt. Aus der Sicht der deutschen Aufklärung wurde jetzt auch die Statuentheorie des Sensualismus mit kritischen Kommentaren versehen. Johann Jakob Engel, Verfasser der *Ideen zu einer Mimik* (1785/1786), veröffentlichte 1784 unter dem Titel *Die Bildsäule* einen ironischen Nachruf. Das ganze Modell der Gestaltung des Wahrnehmungs- und Erkenntnisprozesses ist ihm eine Fehlkonstruktion: »Eine Seele, die sich fühlen, betasten läßt; eine Seele die eine Figur hat; wie widersinnig!« Gegenüber dem kuriosen Versuch, den Menschen als leere Hülle vorzustellen, die dann mit einzelnen Wahrnehmungselementen gefüllt wird und alsbald mit philosophischen Sentenzen aufwarten kann, wird die ganze Diskrepanz zwischen sinnlichen Eindrücken und intellektuellen Fähigkeiten herausgestellt: »Sprache, noch vor geöffnetem Ohr! Bewußtsein gleich auf die erste Rührung eines der dunkelsten Sinne! Fertigkeit in Räsonnement und Rede, noch ehe die mindeste Uebung da war! [...] Tiefe Metaphysik über ein paar verworrne, armselige Geruchsideen; ... welch ein Haufen von Abgeschmacktheiten«[72]. Mendelssohn schlug in die gleiche Kerbe, indem er weitgehend George Berkeles Gedanken aufgriff, jeder Sinn besitze seinen eigenen Dialekt. Seine Kritik galt vor allem der Übertragung eines an Körpern gewonnenen Vokabulars auf nicht-optische und nicht-taktile Wahrnehmungen: »Was sollen wir aber zur Vergeßlichkeit derjenigen sagen, die nicht nur alle übrigen Sinne in Gefühl und Gesicht verwandeln, und so zu sagen den Schall sehen, und den Geruch betasten wollen, sondern auch alle *übersinnliche* Begriffe des Menschen, alle Wirkungen und Verrichtungen des Verstandes und Witzes, der Vernunft und der Einbildungskraft, durch Abänderungen der sichtbaren und fühlbaren Eigenschaften der Dinge [...] erklären zu können glauben? Ein feines Gewebe von Fasern, welche ineinander verschlungen sind, und welche die Schwingungen und Bebungen, worin sie von äußern Gegenständen gesetzt werden, sich einander harmonisch mittheilen, dieses sind die Materialien, aus welchen sie eine ganze Geisterwelt erbauen wollen«[73]. Die zeitgenössischen Erkenntnisse der Physiologie über das Nervensystem sind hier durchaus zur Kenntnis genommen. Der ganze Reichtum menschlicher Leistungen in der Geschichte von Philosophie und Literatur, Wissenschaft und Kunst soll deshalb aber nicht zur Disposition gestellt sein.

Die Frage, welche Veränderungen der Begriff der Wahrnehmung im Aufklärungsjahrhundert erfahren hat, ist nicht ganz einfach zu beantworten. Als fester Bestandteil der traditionellen philosophischen Terminologie ist Wahrnehmung, folgt man Blumenberg, ohnehin »nur zu langsamsten Bedeutungsverschiebungen fähig«. Auch der konstante Wortkörper scheint für diese elementare Trägheit der Zeugnismittel zu sprechen, in denen der »Wandel der Wirklichkeitsauffassung sich [...] zur Artikulation bringen kann«[74]. Nicht überzeugen kann das scharfe Urteil: »Unter sensualistischem Vorzeichen verliert Wahrnehmung Eigenstand und Eigenrecht«[75]. Worauf die Anatomie der Sinne hinzielte, war die ›science de l'homme‹, wie es bald in Frankreich hieß, während für Deutschland charakteristischer ist, wie Karl Philipp Moritz, Goethes Intimus in Rom, in den *Grundlinien zu einer Gedankenperspektive* (1789) ausgehend vom Sehen Ordnung in ›die ganze Geisterwelt‹ (Mendelssohn) zu bringen suchte: »Wir sehen gerade durch, und die Gegenstände reihen und ordnen sich von selber. / Wir sehen das Entferntere nicht unmittelbar, sondern durch das Nähere. / Das Entferntere scheint uns *klein*, in Vergleichung mit dem Nähern – oder, insofern wir es uns, wie auf der Fläche ei-

---

70 HERDER, Kritische Wälder. Oder Betrachtungen über die Wißenschaft und Kunst des Schönen. Viertes Wäldchen (entst. 1769, ersch. 1846), in: HERDER, Bd. 4 (1878), 110.
71 HERDER, Abhandlung über den Ursprung der Sprachen (1772), in: HERDER, Bd. 5 (1891), 48.
72 JOHANN JAKOB ENGEL, Die Bildsäule (1784), in: Engel, Schriften, Bd. 1 (Berlin 1801), 347, 346 f.
73 MENDELSSOHN, Bildsäule. Ein psychologisch-allegorisches Traumgesicht (1784), in: Berlinische Monatsschrift 4 (1784), 152.
74 BLUMENBERG, Licht als Metapher der Wahrheit. Im Vorfeld philosophischer Begriffsbildung (1957), in: Blumenberg, Ästhetische und metaphorologische Schriften, hg. v. A. Haverkamp (Frankfurt a. M. 2001), 140 f.
75 WALDENFELS (s. Anm. 6), 1670.

nes Gemäldes, ebenso nahe wie das Nähere denken; oder es mit dem Nähern gleichsam in *eine Reihe* stellen. / Daher kommt es, daß die Ferne *zusammendrängt*. / Die Gegenstände nähern sich in der Entfernung immer mehr der bloßen *Idee* von den Gegenständen; das Gesicht nähert sich immer mehr der Einbildungskraft, je weiter der Gesichtskreis wird. / Daher sind wir imstande, uns die Gegend wie ein Gemälde, und das Gemälde wie die Gegend zu denken.«[76]

Das optische Wahrnehmen steht hier im Mittelpunkt, und es geht einmal um den Zusammenhang der durch die Zentralperspektive geprägten Tafelmalerei und ihrer Rückwirkung auf die ästhetische Wahrnehmung von Natur, vor allem aber um die Möglichkeit, spezifisch menschliche Vermögen wie Einbildungskraft oder abstrahierendes Denken mit räumlicher Ferne bzw. Horizonterweiterung in Verbindung zu bringen und damit erklärbar zu machen. Übertragen in die moderne Sprache der kybernetischen Anthropologie, erkennt und beschreibt Moritz, daß »die Menschen auf eine Weise sehen, die im bewusst nicht steuerbaren Umgang mit *Relationen* [Hervorh. v. Verf.] und nicht im Abgleich mit fixen, also statisch vorgegebenen Mustern besteht«[77]. Auch das beim Wahrnehmungsprozeß konstitutive Moment der Bewegung ist herausgestellt, wenn Moritz mit unübersehbarem Aufklärungsgestus fortfährt: »Wir wandeln die Allee hinunter; das Zusammengedrängte erweitert sich, wie wir uns nach und nach ihm nähern; die Wirklichkeit tritt wieder in ihre Rechte. / Wo das Auge durch nichts gehindert wird, da sehen wir Wölbung und Fläche.- / Das Höchste, was uns erscheinen kann, ist die Wölbung – über diese kann uns nichts erscheinen; denn die Wölbung ist über allem.«[78]

Vom Himmel, vom Unterschied zwischen Oben und Unten ist keine Rede mehr, wenn darüber nachgedacht wird, wie sich mit der Bewegung des Menschen auf der Erde seine geistigen Fähigkeiten ausgebildet haben könnten.

IV. Wahrnehmung wird meßbar: Das 19. Jahrhundert

Das 19. Jh. ist die Epoche, in der »the new methods of experimental science elaborated in the seventeenth-century revolution were to be extended over the whole range of human experience«[79]. Es bildet, wie Hans Robert Jauß einen Gedanken Benjamins interpretierte, »mit dem nicht bewältigten Urerscheinen der Technik [...] als Urgeschichte des Kommenden die ›Antike‹ unserer Moderne!«[80] Das verdeutlicht auch die weitere Begriffsentwicklung von Wahrnehmung.

Das Wort ›psychomètre‹ ist ein Neologismus der Aufklärung, der 1764 von Bonnet gebildet wurde. Könnte die Zahl der richtigen Folgerungen, die verschiedene Personen aus dem gleichen Grundsatz ableiten, überlegte der Genfer Naturforscher, nicht zur Konstruktion eines ›Seelenmessers‹ dienen, »à la construction d'un *Psychomètre*; & ne peut-on pas présumer qu'un jour on mesurera les Esprits comme on mesure les Corps?«[81] Was im 18. Jh. im Horizont künftiger Entwicklung aufscheint, wurde im 19. schrittweise zur Realität. Seit 1842 bezeichnet ›psychométrie‹ im Französischen Verfahren, psychische Phänomene nach Intensität, Dauer und Frequenz zu messen. Voraussetzung dafür war ein für die Wahrnehmung fundamentaler Vorgang, der mit dem Aufstieg der physiologischen Optik einherging. Während die geometrische Optik des 17. und 18. Jh. von den Eigenschaften des Lichts, seiner Brechung und Reflexion ausging, analysierte die neue Optik den Sehvorgang in seiner anatomischen und körperli-

---

76 KARL PHILIPP MORITZ, Grundlinien zu einer Gedankenperspektive (1789), in: Moritz, Werke, hg. v. H. Günther, Bd. 3 (Frankfurt a. M. 1981), 165.
77 STEFAN RIEGER, Kybernetische Anthropologie. Eine Geschichte der Virtualität (Frankfurt a. M. 2003), 96.
78 MORITZ (s. Anm. 76).
79 JOHN DESMOND BERNAL, Science in History (1954; Harmondsworth 1969), 504.
80 HANS ROBERT JAUSS, Spur und Aura, in: H. Pfeiffer/ Jauss/F. Gaillard (Hg.), Art social und art industriel (München 1987), 33.
81 CHARLES BONNET, Contemplation de la nature (1764), in: Bonnet, Œuvres d'histoire naturelle et de philosophie, Bd. 4 (Neuchatel 1781), 132 f.

chen Komplexität. Höhepunkt dieser seit 1810 sich entwickelnden neuen Auffassung war das Erscheinen des *Handbuchs der physiologischen Optik*, das Hermann von Helmholtz 1856–1866 in drei Bänden herausgab. Schon 1850 war es Helmholtz gelungen, die Nervenleitungsgeschwindigkeit zu messen. Hatte man bis dahin geglaubt, Reizauslösung und Reizwahrnehmung seien im Gehirn simultane Ereignisse, berechnete Helmholtz die Dauer der Reizleitung auf ca. 27 m/sec, was in die Wahrnehmung den Zeitfaktor einführte.[82] Der im *Handbuch* abgedruckte Querschnitt durch die Schichten der Retina bzw. der Netzhaut, von Helmholtz als Teil des Nervensystems erkannt, zeigte Licht nicht mehr, wie in der geometrischen Optik, als geradlinigen Strahl zwischen zwei Punkten, sondern als Form lichtartiger Energie, die auf einen Wald von Rezeptoren trifft, um eine Vielzahl von Prozessen auszulösen. Da die Lichtrezeptoren im menschlichen Auge an der Rückwand der Retina, hinter den Blutgefäßen, lokalisiert sind, konnte Helmholtz demonstrieren, daß sogar Blutgefäße der eigenen Netzhaut und andere sogenannte entoptische Phänomene bemerkbar waren.[83] Wenn der Körper beim Wahrnehmen eigentlich präsent war, in der alltäglichen Seherfahrung aber daraus entfernt wurde, mußte offenbar eine selektive Aufmerksamkeit existieren, die alle Sinnesempfindungen ausschloß, die für die Kenntnis der Welt irrelevant schienen.

Unmittelbar relevant für die Entwicklung der modernen Malerei war die Entdeckung von der Inhomogenität des Sehfelds. Nachdem das Sehfeld Jahrhunderte hindurch als homogener Schnitt durch einen Kegel dargestellt worden war, führten seit etwa 1850 einsetzende Forschungen zu der Erkenntnis, daß Farben wie Rot und Grün dem peripheren Sehfeld unzugänglich sind und dieses Sehfeld durch komplexe Augenbewegungen aufgebaut wird. Wilhelm Wundt, der in Leipzig 1879 das erste Institut für experimentelle Psychologie errichtete, entwickelte ein einflußreiches Schema, indem er zwischen ›Blickfeld‹ und ›Blickpunkt‹ unterschied. Objekte an der Peripherie verbleiben in unaufhebbarer Unbestimmtheit, während eine deutliche Wahrnehmung nur im Zentrum des Bewußtseinsfokus stattfindet.[84] Das war ein topographisches Modell, das allerdings durch den ständig wechselnden Inhalt des Blickpunkts charakterisiert ist, durch »the movement of this content from focal point to the margins of awareness or the reverse«[85].

Das damit gestellte Problem, die Frage nach dem Verhältnis zwischen Wahrnehmung und Aufmerksamkeit, hat am Jahrhundertausgang Maler wie Seurat oder Cézanne beschäftigt, im Nachdenken über das Musikhören als eine Zeitkunst aber schon viel frühere Spuren hinterlassen. Wilhelm Heinrich Wackenroder, dessen *Herzensergießungen eines kunstliebenden Klosterbruders* (1797) und *Phantasien über die Kunst* (1799) in chronologischer Nähe zur Wiener Klassik »die romantische Musikästhetik« in »Umrissen skizzierten«[86], hatte im November 1792 notiert: »Ich fühle es sehr, wie die Töne, wenn man sie mit ganzer Seele aufnimmt, die Nerven ausdehnen, spannen und erschlaffen«[87]. Etwas früher hatte er eine noch wesentlich genauere Beschreibung zu Papier gebracht: »Wenn ich in ein Konzert gehe, find' ich, daß ich immer auf zweierlei Art die Musik genieße. Nur die eine Art des Genusses ist die wahre: sie besteht in der aufmerksamsten Beobachtung der Töne und ihrer Fortschreitung; in der völligen Hingebung der Seele in diesen fortreißenden Strom von Empfindungen; in der Entfernung und Abgezogenheit von jedem störenden Gedanken und von allen fremdartigen sinnlichen Eindrücken. Dieses gei-

---

82 Vgl. HERMANN VON HELMHOLTZ, Messungen über den zeitlichen Verlauf der Zuckung animalischer Muskeln und die Fortpflanzungsgeschwindigkeit der Reizung in den Nerven (1850), in: Helmholtz, Wissenschaftliche Abhandlungen, Bd. 2 (Leipzig 1883), 764–843; JONATHAN CRARY, Suspensions of Perception: Attention, Spectacle, and modern Culture (Cambridge, Mass. u. a. 1999), 310.
83 Vgl. HELMHOLTZ, Handbuch der physiologischen Optik (1856–1866), Bd. 1 (Hamburg/Leipzig ³1909), 22–27.
84 Vgl. WILHELM WUNDT, Grundzüge der physiologischen Psychologie (1874), Bd. 2 (Leipzig ⁶1910), 566 ff.
85 CRARY (s. Anm. 82), 294.
86 CARL DAHLHAUS, Musik zur Sprache gebracht. Musikästhetische Texte aus drei Jahrhunderten (München/Kassel 1984), 180.
87 WILHELM HEINRICH WACKENRODER an Ludwig Tieck (29. 11. 1792), in: Wackenroder, Werke und Briefe, hg. v. F. von der Leyen, Bd. 2 (Jena 1910), 122.

IV. Wahrnehmung wird meßbar: Das 19. Jahrhundert

zige Einschlürfen der Töne ist mit einer gewissen Anstrengung verbunden, die man nicht allzulange aushält. [...] Die andre Art, wie die Musik mich ergötzt, ist gar kein wahrer Genuß derselben, kein passives Aufnehmen des Eindrucks der Töne, sondern eine gewisse Tätigkeit des Geistes, die durch die Musik angeregt und erhalten wird. Dann höre ich nicht mehr die Empfindung, die in dem Stücke herrscht, sondern meine Gedanken und Phantasien werden gleichsam auf den Wellen des Gesanges entführt und verlieren sich oft in entfernte Schlupfwinkel. Es ist sonderbar, daß ich, in diese Stimmung versetzt, auch am besten über Musik als Ästhetiker nachdenken kann, wenn ich Musik höre: es scheint, als rissen sich da von den Empfindungen, die das Tonstück einflößt, allgemeine Ideen los, die sich mir dann schnell und deutlich vor die Seele stellen«[88]. Die geschilderte ›völlige Hingebung der Seele‹ ist hier der religiös gefärbte neue, romantische Zug, wohingegen das aktivsynthetische Musikhören, die »Zugangsweise zur Musik«[89], an eine nachgeordnete Stelle getreten ist.

Das Problem der ohnehin begrenzten individuellen Aufmerksamkeitsspanne mußte sich in verschärfter Form stellen, wenn es sich um gewaltige Werke wie Wagners Opern handelte. Nietzsche konnte sich keinen Menschen denken, »der den dritten Akt von ›Tristan und Isolde‹ ohne Beihülfe von Wort und Bild, rein als ungeheuren symphonischen Satz zu percipiren imstande wäre, ohne unter einem krampfartigen Ausspannen aller Seelenflügel zu verathmen«. Das sind Schopenhauersche Gedanken, auf den Nietzsche deutlich verweist, wenn er im folgenden Satz mit einer kühnen Metapher davon spricht, »wie hier das Ohr gleichsam an die Herzkammer des Weltwillens gelegt«[90] sei. Ging man mit Schopenhauer davon aus, nur Instrumentalmusik als »unmittelbare Objektivation und Abbild der ganzen Willens«[91] gelten zu lassen, mußte der Wagners Musikdramatik als ein Irrweg erscheinen.

Für die »höchsten Produktionen« der Musik hatte Schopenhauer, dessen Wirkung nicht auf die zünftige Philosophie, aber auf die Welt der Künstler bedeutend war, die Forderung erhoben, daß sie,»um gehörig aufgefaßt und genossen zu werden, den ganzen, ungetheilten und unzerstreuten

Geist verlangen, damit er sich ihnen hingebe und sich in sie versenke, um ihre so unglaublich innige Sprache ganz zu verstehn«, um dann polemisch fortzufahren: »Statt dessen dringt man, während einer so höchst komplicirten Opern-Musik, zugleich durch das Auge auf den Geist ein, mittelst des buntesten Gepränges, der phantastischesten Bilder und der lebhaftesten Licht- und Farben-Eindrücke; wobei noch außerdem die Fabel des Stückes ihn beschäftigt. Durch dieses Alles wird er abgezogen, zerstreut, betäubt und so am wenigsten für die heilige, geheimnisvolle, innige Sprache der Töne empfänglich gemacht«[92].

Mit der Forderung nach dem ›ganzen, ungeteilten und unzerstreuten Geist‹ taucht hier ein ästhetisches Wertkriterium auf, das in der Substantivform ›Zerstreuung‹ in Deutschland zur Kennzeichnung moderner Subjektivität in der ersten Hälfte des 20. Jh. Karriere machen sollte, auf die hier am Beispiel Benjamins vorgegriffen werden muß. In dessen großem Essay *Das Kunstwerk im Zeitalter seiner technischen Reproduzierbarkeit* (1936), der das wahrnehmungstheoretisch Neue der technischen Medien herausarbeiten sollte, ist die These von der geschichtlichen Veränderbarkeit der Sinneswahrnehmung zwar häufig wiederholt, überzeugende historische Exempla zu geben ist der Autor jedoch schuldig geblieben. So vage, wie der Hinweis auf die von Alois Riegl als Ergebnis der Völkerwanderung entdeckte spätrömische Kunstindustrie und ihre von der klassischen Antike abweichende »andere Wahrnehmung«[93] ausgefallen ist, so eigentümlich diffus bleibt die inspirierte Berufung auf jene aktuellen »Aufgaben, welche in geschichtlichen Wendezeiten dem menschlichen Wahrnehmungsapparat gestellt« würden, die durch »Ge-

---

88 WACKENRODER an Tieck (5. 5. 1792), in: ebd., 11 f.
89 HEINRICH BESSELER, Das musikalische Hören der Neuzeit (1959), in: Besseler, Aufsätze zur Musikästhetik und Musikgeschichte, hg. v. P. Gülke (Leipzig 1978), 119.
90 NIETZSCHE, Die Geburt der Tragödie (1872), in: NIETZSCHE (KGA), Abt. 3, Bd. 1 (1972), 131.
91 ARTHUR SCHOPENHAUER, Die Welt als Wille und Vorstellung (1819), in: SCHOPENHAUER, Bd. 2 (²1949), 304.
92 SCHOPENHAUER, Parerga und Paralipomena (1851), Bd. 2, in: SCHOPENHAUER, Bd. 6 (³1972), 460.
93 BENJAMIN (s. Anm. 37), 478.

wöhnung bewältigt« würden und gleichwohl »kanonischen Wert« (505) haben sollen.
Was mit dem wenig glücklichen Wort ›Gewöhnung‹ gemeint ist, ist der seit Ende des 19. Jh. anhaltende Anpassungsdruck an die Erneuerung der Perzeptionsmittel. Für diesen Vorgang ist der Film mit seinen neuartigen Verfahren der Zeitraffung und -dehnung, des Schnitts und der Montage, die sich bewußter Wahrnehmung entziehen, in der Tat ein signifikantes Beispiel, wohingegen die Architektur, für Benjamin »von jeher der Prototyp eines Kunstwerks, dessen Rezeption in der Zerstreuung und durch das Kollektivum erfolgt« (504), mit diesem Prozeß der Moderne nichts zu tun hat. Auch vom Bedürfnis her gesehen, läßt sich das beständige des Menschen nach einer Unterkunft mit dem sporadischen oder jedenfalls temporär begrenzten nach Unterhaltung im Film nur gewaltsam in eine Reihe stellen, ein Widerspruch, der auch in der abschließenden Zusammenfassung nicht behoben ist, wenn es heißt: »Die Rezeption in der Zerstreuung, die sich mit wachsendem Nachdruck auf allen Gebieten der Kunst bemerkbar macht und das Symptom von tiefgreifenden Veränderungen der Apperzeption ist, hat am Film ihr eigentliches Übungsinstrument. In seiner Chockwirkung kommt der Film dieser Rezeptionsform entgegen« (505). Zuvor war der Chockwirkung im Film die Funktion zugeschrieben, daß sie »wie jede Chockwirkung durch gesteigerte Geistesgegenwart aufgefangen sein will« (503), was nicht nur zu dem auf den Architekturgebrauch bezogenen Begriff der ›Gewohnheit‹ ein bizarrer Widerspruch ist, sondern vor allem Benjamins eigentlichem Ziel zuwiderläuft, nämlich den Begriff der ›Kontemplation‹ oder ›Sammlung‹ und ›Konzentration‹ als Moment der Kunstrezeption definitiv außer Kurs zu setzen. Gegenüber ›Kontemplation‹[94] ist »gesteigerte Geistesgegenwart« (503) ein Komparativ.
Während Benjamin in diesem Essay durch die angestrebte Herabstufung des Denkvermögens in der Rezeption zu einer überzogenen Apologie der ›Zerstreuung‹ gelangte, die ›tiefgreifenden Verän-

derungen der Apperzeption‹ aber nur verbal behaupten, nicht an der begriffsgeschichtlichen Entwicklung aufzeigen konnte, kam der amerikanische Kunsthistoriker Jonathan Crary inzwischen zu der fundamental entgegengesetzten Ansicht, daß die moderne Zerstreuung »can only be understood through its reciprocal relation to the rise of attentive norms and practices«[95]. Indem er Aufmerksamkeit und Zerstreuung nicht als wesentlich verschiedene Zustände, sondern als einem dynamischen Kontinuum angehörig begreift, erscheint das im späten 19. Jh. auftauchende moderne Problem der Zerstreuung nicht länger als »a disruption of stable or ›natural‹ kinds of sustained, value-laden perception that had existed for centuries«, sondern als »an *effect*, and in many cases a constituent element, of the many attempts to produce attentiveness in human subjects«[96]. Dieser Ansatz trägt dem Aufkommen der ›Kultur des Spektakels‹ Rechnung, die in städtischen Räumen mit Riesenrad, Luftschaukeln usw. seit den 1880er Jahren um ein breites Publikum warb. Er erfaßt jene zahlreichen Faktoren, die damals mehr Bewegung ins psychische Leben brachten, wie Panoramen und Frühformen des Kinos, Orte also, an denen eine Automatisierung der Wahrnehmung einsetzte, vermag aber auch der modernen Fließbandproduktion vorausgegangene Zerlegung der Arbeitsabläufe zu integrieren. Ein folgenreicher Vorgang war die Sequenz-Photographie *The Horse in Motion* des Amerikaners Eadweard Muybridge von 1878/1879, eine Apparatur, die den Sehvorgang aufspaltete und wieder zusammensetzte und durch die Produktion der konsekutiven Bilder die Grenzen der menschlichen Wahrnehmung auch bei der Erfassung schneller Bewegungsabläufe nachwies. Durch Muybridges schnelle Kameraverschlüsse wurden in das Gebiet der Wahrnehmung mechanische Geschwindigkeiten eingeführt, die ganz neue Möglichkeiten erschlossen, Bewegung und Zeit zu quantifizieren und den menschlichen Körper zu mechanisieren, sobald die getesteten Reaktionszeiten für die Rationalisierung von Arbeitsprozessen angewendet wurden.
Daß diese neue Reiz-Reaktion-Konstellation, von Crary charakterisiert als »a generalized attentive expectancy and kinetic adaptation to machine speeds [...] that differed dramatically from those of

---
94 Vgl. ebd., 504 f.
95 CRARY (s. Anm. 82), 1.
96 Ebd., 49.

IV. Wahrnehmung wird meßbar: Das 19. Jahrhundert

the body«[97], und die Reizüberflutung überhaupt vielfach mit großer Sorge registriert worden sind, kann nicht überraschen. Gabriel de Tarde, am Jahrhundertende der führende Soziologe in Frankreich, beschrieb die Folgen der durchaus disparaten Eindrücke mit den Worten:»toutes les fois qu'un homme vit dans un milieu animé, dans une société intense et variée, qui lui fournit des spectacles et des concerts, des conversations et des lectures toujours renouvelés, il se dispense par degrés de tout effort intellectuel; et, s'engourdissant à la fois et se surexcitant de plus en plus, son esprit [...] se fait somnambule. C'est là l'état mental propre à beaucoup de citadins. Le mouvement et le bruit des rues, les étalages des magasins, l'agitation effrénée et impulsive de leur existence, leur font l'effet de passes magnétiques. Or, la vie urbaine, n'est-ce pas la vie sociale concentrée [...]?«[98] Das Problem der ›Überreizung‹ in Verbindung mit dem Phänomen der Massensubjektivität gab zu den düstersten Dekadenzprognosen Anlaß. So äußerste Charles Féré, Autor von *Sensation et mouvement* (1887):»Le besoin d'excitation augmente à mesure que l'individu ou la race s'affaiblit. Chaque excitation nouvelle laisse à sa suite un épuisement proportionnel, de sorte qu'elle contribue en fin de compte à précipiter la dégénérescence.«[99] Und die Diagnosen wurden nicht ermutigender, wenn die neuen physiologischen Erkenntnisse mit alten, ideologisch negativ besetzten Schlagworten in Verbindung gebracht wurden. Für den Arzt Jean-Martin Charcot bestand kein Zweifel, daß »les mouvements qui traduiront à l'extérieur ces actes de cérébration inconsciente se distingueront par leur caractère automatique, purement mécanique en quelque sorte. Alors c'est vraiment, dans toute sa simplicité, *l'homme machine* rêvé par De la Mettrie, que nous avons sous les yeux«[100].

Wie weit am Jahrhundertausgang der Begriff der Wahrnehmung sich von den philosophischen Vorstellungen entfernt hatte, die, sich abgrenzend von dem Glauben, die materielle Welt werde unmittelbar wahrgenommen, einstmals auf Grund der Entdeckung der Analogie zwischen der Anatomie des Auges und der Camera obscura von den ›Bildern‹, »qui se forment sur le fonds de l'œil«[101] gesprochen bzw. Wahrnehmung als Modell für das Bewußtsein genommen hatten (so daß Locke pro-

grammatisch im Sinne des Empirismus formulieren konnte: »To ask, *at what time a Man has first any Ideas*, is to ask, when he begins to perceive; having Ideas, and Perception being the same thing«[102]), das kann eine Äußerung des französischen Soziologen Durkheim verdeutlichen, der 1893 in *De la division du travail social* schrieb:»Une représentation n'est pas, en effet, une simple image de la réalité, une ombre inerte projetée en nous par les choses; mais c'est une force qui soulève autour d'elle tout un tourbillon de phénomènes organiques et psychiques. Non seulement le courant nerveux qui accompagne l'idéation rayonne dans les centres corticaux autour du point où il a pris naissance et passe d'un plexus dans l'autre, mais il retentit dans les centres moteurs où il détermine des mouvements, dans les centres sensoriels où il réveille des images«[103]. An die Stelle eines passiven Beobachters, den das Modell der Camera obscura stets implizit oder explizit voraussetzte, war »das Modell von der unbewußten Tätigkeit«[104] getreten, das der neueren ›Philosophie der Wahrnehmung‹ als das zweite große Modell gilt. Bei diesem Modell sind die Empfindungen der entscheidende Ausgangspunkt, denn der»bedeutsamste Fortschritt, den die Physiologie der Sinnesorgane in neuerer Zeit gemacht« hatte, war, wie Helmholtz 1855 urteilte, Johannes Müllers Lehre von den spezifischen Sinnesenergien:»Danach hängt die Qualität unserer Empfindungen, ob sie Licht, Wärme, Ton oder Geschmack usw. sei, nicht ab von dem wahrgenommenen äußeren Objekte, sondern von dem

---

97 Ebd., 309.
98 GABRIEL DE TARDE, Les lois de l'imitation (1890; Paris ²1895), 91.
99 CHARLES FÉRÉ, Dégénérescence et criminalité, in: Revue philosophique de la France et de l'étranger 24 (1887), 357.
100 JEAN-MARTIN CHARCOT, Leçons sur les maladies du système nerveux, hg. v. J. Babinski u. a., in: Charcot, Œuvres complètes, Bd. 3 (Paris 1887), 337.
101 RENÉ DESCARTES, La dioptrique (1637), in: DESCARTES, Bd. 6 (1902), 114.
102 LOCKE (ESSAY), 108.
103 EMILE DURKHEIM, De la division du travail social (1893; Paris ¹⁰1978), 64.
104 LAMBERT WIESING, Einleitung, in: Wiesing (Hg.), Philosophie der Wahrnehmung. Modelle und Reflexionen (Frankfurt a. M. 2002), 36.

Sinnesnerven, welcher die Empfindung vermittelt«[105], wofür Helmholtz »Unterschied in der *Modalität der Empfindung*«[106] sagen und in Umlauf setzen sollte.

Was diese Befunde als Konsequenz nahelegten, war der Zeichencharakter der Empfindungen, was Helmholtz 1878 in *Die Tatsachen in der Wahrnehmung* so formulierte: »Unsere Empfindungen sind eben Wirkungen, welche durch äußere Ursachen in unseren Organen hervorgebracht werden, und wie eine solche Wirkung sich äußert, hängt natürlich ganz wesentlich von der Art des Apparates ab, auf den gewirkt wird. Insofern die Qualität unserer Empfindung uns von der Eigentümlichkeit der äußeren Einwirkung, durch welche sie erregt ist, eine Nachricht gibt, kann sie als ein *Zeichen* derselben gelten, aber nicht als ein *Abbild*. Denn vom Bilde verlangt man irgendeine Art der Gleichheit mit dem abgebildeten Gegenstande«[107].

Wenn die Dinge so standen, konnte das vor allem für die Malerei nicht ohne Konsequenzen bleiben. Paul Cézanne, der anerkannte Ahnherr der modernen Malerei, äußerte in diesem Sinne: »Un tableau ne représente rien, ne doit rien représenter d'abord que des couleurs«[108]. Der irritierte Betrachter durfte hinfort moderne Bilder als ›Zeichen‹ betrachten, und wovon sie auch immer eine ›Nachricht‹ geben sollten oder wollten, das hatte er durch eigene Gedanken herauszufinden.

---

105 HELMHOLTZ, Über das Sehen des Menschen (1855), in: Helmholtz, Philosophische Vorträge und Aufsätze, hg. v. H. Hörz/S. Wollgast (Berlin 1971), 57 f.
106 HELMHOLTZ, Die Tatsachen in der Wahrnehmung (1878), in: ebd., 252.
107 Ebd., 255.
108 PAUL CÉZANNE, in: Joachim Gasquet, Cézanne [Gespräche] (Paris 1921), 104.
109 Vgl. CRARY (s. Anm. 82), 46.
110 BURKHART STEINWACHS, Geisteswissenschaften und Medien, in: Wolfgang Frühwald u. a., Geisteswissenschaften heute. Eine Denkschrift (Frankfurt a. M. 1991), 142.
111 CRARY (s. Anm. 82), 156.

V. Der Rückgang auf die Lebenswelt und die neuen Medien im 20. Jahrhundert

Vom Beginn des 21. Jh. gesehen, wird das Sinnesamalgam, das der Wahrnehmungsbegriff zusammenfaßt, im vergangenen Jahrhundert durch zwei unterschiedliche Wissenschaften dominiert. In der ersten Hälfte gibt es Tendenzen der Flucht vor den physiologischen Einsichten beim Neukantianismus oder Formalismus, die sich auf Modi von Betrachten und Lesen konzentrieren, die von körperlichen Prozessen abstrahieren.[109] Die entscheidenden und produktiven Impulse kommen dagegen von Phänomenologie, Einfühlungstheorie und Gestalttheorie, an deren Prinzipien die moderne Gehirnforschung anschließt. In der zweiten Hälfte rücken, nachdem der Bannspruch der Frankfurter Schule gegen die Kulturindustrie seine Wirkung verloren hatte, die Massenmedien wie die neuen Medien in den Blickpunkt eines breiteren theoretischen Interesses, und am Jahrhundertausgang wird auf das griechische Wort ›Aisthesis‹ im weiten Sinn von Wahrnehmung zurückgegriffen, um der Emanzipation von Ästhetik und Philosophie ein prägnantes Losungswort zu geben. Die Frage, welche Folgen die neuen Technologien für die Wahrnehmung und deren Strukturveränderungen bringen, läßt sich als »ein Beitrag zur *Technikfolgenabschätzung*«[110] verstehen, wenn die ›Begegnung‹ der modernen elektronischen Kultur mit dem einige zehntausend Jahre alten physiologischen Apparat des Menschen im Blickpunkt steht. Der Begriff Wahrnehmung erhält damit eine anthropologische Dimension, und seine Entwicklung scheint die vorausgegangene Rückbesinnung auf die Lebenswelt unter anderen Vorzeichen fortzuführen.

Eine ganzheitliche Reaktion auf den von der Physiologie beschriebenen Charakter sensorischer Wahrnehmung war der um 1890 von Christian von Ehrenfels veröffentlichte Aufsatz *Über Gestaltqualitäten*. Seine Grundidee, daß bestimmten Formen ›Gestaltqualitäten‹ zukommen, »that are unrelated to the qualities of their individual sensory components«[111], erläuterte der Wiener Psychologe am klassischen Beispiel der Melodie. Eine Melodie ist nicht lediglich die Reihe ihrer Einzeltöne, sondern wird durch eine ganzheitliche Gestalt organisiert. Auch bei ihrer Transposition in eine andere Tonart mit anderen Tönen bleibt das Prinzip der Melodie erhalten und erkennbar.[112] Während Ehrenfels die Gestaltpsychologie des 20. Jh. darauf aufmerksam machte, im Wahrnehmungsgeschehen auf jene Strukturen zu achten, die sich der Atomisierung entziehen, betonte der Münchener Psychologe Theodor Lipps, dessen Namen mit der Einfühlungstheorie verbunden ist, die aktiven Momente beim Sehen. Zu einem historischen Zeitpunkt, als die Architektur mit der Eisenkonstruktion der bis dahin vorherrschenden anthropomorphen, an Körpererfahrung und Proportion orientierten Tektonik zu entwachsen begann und die additive Bauweise aufkam, so daß »die einzelnen Geschosse eines Bauwerks beliebig gegeneinander ausgewechselt werden können, ohne seine Erscheinung zu verändern«[113], bemerkte Lipps zur ästhetischen Wirkung anthropomorpher Tektonik: »Das Dasein der Säule selbst, so wie ich es wahrnehme, erscheint mir unmittelbar und in dem Momente, in dem ich es wahrnehme, als bedingt durch mechanische Ursachen, und diese mechanischen Ursachen erscheinen mir unmittelbar unter dem Gesichtspunkte eines menschenähnlichen Thuns. Vor meinen Augen scheint die Säule sich zusammenzufassen und aufzurichten, also ähnlich zu verhalten, wie ich es tue, wenn ich selbst mich zusammenfasse und aufrichte, oder der Schwere und natürlichen Trägheit meines Körpers zum Trotze zusammengefaßt und aufrecht verharre. Ich kann die Säule gar nicht wahrnehmen, ohne dass mir in dem Wahrgenommenen unmittelbar diese Thätigkeit enthalten zu liegen scheint«[114]. Eine Betrachtung der Säule erfolgt demnach ohne die aktive, umformende Tätigkeit des Subjekts. Das Modell der unbewußten Empfindungstätigkeit war auf fruchtbaren Boden gefallen.

Ganz im Zeichen der deutschen Gestaltpsychologie stand 1933 der junge Merleau-Ponty mit dem Antrag auf Unterstützung seines Dissertationsthemas *Le primat de la perception et ses conséquences philosophiques*. Es ist der früheste, erst spät im Druck bekannt gewordene Text, dessen Titel ein ganzes Forschungsprogramm enthält. Selbstbewußt nennt Merleau-Ponty die »sensations« der herkömmlichen Psychologie eine »hypothèse gratuite«[115], eine Behauptung, für die er in *La phéno-*

ménologie de la perception die Begründung gibt: »Elle [die Empfindung – d. Verf.] appartient au domaine du constitué et non pas à l'esprit constituant«[116], d. h. als elementarer Anfang der Wahrnehmung ist sie erst eine späte Erkenntnis der Wissenschaft, wozu Merleau-Ponty die Erläuterung hinzufügt: »La perception n'est pas une science du monde, ce n'est pas même un acte, une prise de position délibérée, elle est le fond sur lequel tous les actes se détachent et elle est présupposée par eux«[117]. Zentral ist für Merleau-Ponty die Verflechtung des Körpers in die Wahrnehmung, weshalb er Wahrnehmung als Präsenzbewußtsein bestimmt: »le monde est cela que nous percevons«[118]. Unverhohlen stellt er die Kunst über die Wissenschaft und vertritt in der Nachfolge Husserls die Devise: »Le premier acte philosophique serait [...] de revenir au monde vécu en deçà du monde objectif, puisque c'est en lui que nous pourrons comprendre le droit comme les limites du monde objectif«[119].

Den von der Phänomenologie beschriebenen Weltausschnitt, an den sich der Mensch phylogenetisch einigermaßen angepaßt hat, nennt die evolutionäre Erkenntnistheorie inzwischen ›Mesokosmos‹[120], wohingegen naturwissenschaftliche Erkenntnis diese Welt der mittleren Dimensionen in

---

112 Vgl. CHRISTIAN VON EHRENFELS, Über Gestaltqualitäten (1890), in: Ehrenfels, Philosophische Schriften, hg. v. R. Fabian, Bd. 3 (München/Wien 1988), 128–167.
113 LOTHAR KÜHNE, Gegenstand und Raum. Über die Historizität des Ästhetischen (Dresden 1981), 150.
114 THEODOR LIPPS, Raumästhetik und geometrisch-optische Täuschungen (Leipzig 1897), 6 f.
115 MAURICE MERLEAU-PONTY, Projet de travail sur la nature de la perception (entst. 1933; ersch. 1972), in: Merleau-Ponty, Le primat de la perception et ses conséquences philosophiques (Paris 1996), 12.
116 MERLEAU-PONTY, Phénoménologie de la perception (Paris 1945), 47.
117 Ebd., V.
118 Ebd., XI.
119 Ebd., 69; vgl. WALDENFELS, Phänomen und Struktur bei Merleau-Ponty, in: Waldenfels, In den Netzen der Lebenswelt (1985; Frankfurt a.M. ²1994), 56–75.
120 Vgl. GERHARD VOLLMER, Wieso können wir die Welt erkennen? Neue Argumente zur Evolutionären Erkenntnistheorie (2000), in: K. Richter (Hg.), Evolutionstheorie und Geisteswissenschaften (Erfurt 2001), 33 f.

Richtung des besonders Kleinen, des besonders Großen und des besonders Komplizierten überschreitet. Die Physik, die einst im Mesokosmos begann, hat diesen seit langem hinter sich gelassen und spricht »nicht mehr von Farben, sondern von Frequenzen, Wellenlängen, Energien«[121], sie verwendet besondere Meßinstrumente, um atomare Strahlung nachzuweisen. Es scheint evident und greift doch zu kurz, wenn es über all diese unserer unmittelbaren Wirklichkeitserfahrung nicht zugänglichen Prozesse, auch wenn sie vom Menschen selbst hervorgebracht werden, heißt, sie seien, sobald sie »für uns mit den Sinnen nicht wahrnehmbar« sind, »ästhetisch unrelevant«[122]. Denn nicht nur, was mit den Sinnen wahrnehmbar ist, wird im 20. Jh. durch die neuen Technologien und Medien zum Problem. Auch die Menschen selbst verändern sich, nur daß sie es nicht so recht bemerken.

Paul Valéry, der große Franzose, dessen kulturanalytische Texte denen Benjamins wie Adornos zeitlich vorausgehen und beider Tendenzen noch vereinen, hat seine letzte Diagnose 1937 in dem Artikel Notre destin et les lettres niedergelegt. Das von den Menschen im 20. Jh. erreichte Handlungspotential übertrifft ihre Adaptionskräfte, die zivilisatorischen Errungenschaften übersteigen bei weitem das Maß, »qui est utile à la vie«. Die sich rasant veränderten Bedingungen sind so komplex, instabil und unübersichtlich, daß jede Vorausschau in die Zukunft unmöglich geworden, jeder Versuch sozialer Planung absorbiert werde »comme un sable mouvant absorbe les forces de l'animal qui

---

121 Ebd., 36.
122 GÜNTER MAYER, Statement zum Kolloquium der Leibniz-Sozietät, in: Sitzungsberichte der Leibniz-Sozietät 25 (1998), H. 6, 51.
123 PAUL VALÉRY, Notre destin et les lettres (1937), in: VALÉRY, Bd. 2 (1960), 1059.
124 Vgl. MICHEL FOUCAULT, Les mots et les choses. Une archéologie des sciences humaines (Paris 1966), 398.
125 VALÉRY (s. Anm. 123), 1061.
126 Ebd., 1062.
127 REINHART KOSELLECK, Historia Magistra Vitae. Über die Auflösung des Topos im Horizont neuzeitlich bewegter Geschichte (1967), in: Koselleck, Vergangene Zukunft. Zur Semantik geschichtlicher Zeiten (Frankfurt a. M. ²1992), 65, 64.

s'aventure sur lui«[123], ein Bild, das Foucault verschärfen und an den Schluß von Les mots et les choses (1966) stellen sollte, wo es seine Sprengkraft entfaltete.[124] Um seiner Stimme mehr Gewicht zu geben, bedient sich Valéry der Gestalt Mephistos als eines »observateur«[125], um den »chers hommes« die Augen dafür zu öffnen, daß man sie garstigen Versuchen unterziehe, um etwa herauszufinden, wie menschliche Organe auf große Geschwindigkeiten und niedere Drucke reagieren oder in welchem Maß sich ihr Blut an stark kohlenstoffhaltige Luft adaptiert. Pausenlos würden ihr Intellekt und ihre Sensibilität durch inkohärente Nachrichten überschüttet und überreizt: »vos sens doivent absorber, sans un jour de repos, autant de musique, de peinture, de drogues, de boissons bizarres, de spectacles, de déplacements, de brusques changements d'altitude, de température, d'anxiété politique et économique, que toute l'humanité ensemble, au cours de trois siècles, ne pouvait absorber jadis!« (1062). Sinnesphysiologisch betrachtet, sind alle Anregungen nur Reize, und Mephistos bedrohliche Botschaft lautet: Ihr seid ›Versuchskaninchen‹, »de simples sujets d'expériences extravagantes« (1061). Jeder Wissenschaftler, der im Labor Experimente anordne, dosiere, kontrolliere und interpretiere, wisse um die nachfolgenden Wirkungen auf die Menschen. Über diesen Zustand der Entfremdung läßt Valéry Mephisto erklären: »Mais la mode, l'industrie, mais les forces combinées de l'invention et de la publicité vous possèdent« (1062). Das am meisten Beunruhigende der Diagnose ist für Valéry der Verlust einer verläßlichen Vorausschau. Selbst der Teufel ist nicht mehr in der Lage, etwas vorherzusagen: »L'avenir est comme le reste: il n'est plus ce qu'il était. [...] Nous avons perdu nos moyens traditionnels d'y penser et de prévoir: c'est le pathétique de notre état«[126]. Die Geschichtstheorie erklärt das Phänomen inzwischen mit dem »Gesetz der Acceleration« und nennt es euphemistisch »offene Zukunft«[127], während eine kritische Bilanz der wichtigsten Medientheorien des 20. Jh. von »Zukunftsunklarheit« spricht und in dieser Unklarheit ein spezifisches Korrelat der Expansion der elektronischen Medien erkennt, ein Befund, der allen Zukunftsprognosen der Medientheorie systematisch den Boden entziehe, »insofern Medien ihrer

Theorie materialiter und epistemologisch immer schon voraus sind«[128].

Valérys Beschreibung verschiedener Aspekte am Fieberwahn des Modernisierungsprozesses ist nicht als Kulturkritik mißzuverstehen. Auch die andere Seite, die neuen Medien und die durch den technologischen Fortschritt eingetretenen Veränderungen der menschlichen Beziehung zu Raum und Zeit werden in den Blick genommen und an einer exemplarischen Situation erläutert: »Après votre dîner, et dans le même instant de votre perception ou de votre durée, vous pouvez être par l'oreille à New York (et bientôt, par la vue), tandis que votre cigarette se fume et se consume à Paris«. Valéry nennt diese paradoxe Situation »une dislocation«[129], ein Auseinanderfallen der Sinne, das nicht ohne Konsequenzen sein werde. Was 1937 noch als Paradoxie irritierte, scheint inzwischen ein alltäglicher Vorgang geworden, von dem Beruhigung ausgehen kann. So erinnert sich die Erzählerin in einem modernen Prosatext: »Auch jetzt kehrte meine Fassung zurück, indem ich drei Vorgänge wahrnahm, die nichts miteinander zu tun hatten, außer in meinem Kopf, wo sie sich miteinander verknüpften, um mich zu besänftigen.«[130] Und sogar komische Seiten lassen sich dem Phänomen abgewinnen, wenn der Mensch mit allen Sinnen in Betracht kommt. Für Liebende, durch den Atlantik getrennt, kann auch die Kommunikation durch das Telephon ein unbefriedigender Zustand sein. In einem neuen Roman heißt es: »Am meisten leide sie, hatte sie einmal am Telephon gesagt, an der Ungleichzeitigkeit. Bei ihm ist es Nacht, bei ihr überhaupt nicht. Das tat ihr weh! Stell dir vor unsere Sinne, unser La Mettrie, und dann sechs Stunden Differenz!«[131]

Valéry unterscheidet sich von allen seinen medienästhetischen Nachfolgern darin, daß er die konstatierte »crise de l'imprévu« mit der Anpassungsfähigkeit des menschlichen Organismus in Beziehung setzt. Wenn das Auge sich an veränderte Lichtintensität adaptieren kann, war es in bestimmtem Maße auf Modifikation angelegt, »il prévoyait quelque imprévu«. Es ist deshalb nicht nur »un organe de vision, mais un instrument doué de prévision«[132]. Verallgemeinert lasse dieses Beispiel auf einen bestimmten Spielraum, auf ein Anpassungsvermögen bei Geist, Organismus wie Gesellschaft schließen. Mit dem Verlust einer Perspektive auf die künftigen Generationen und eine Nachwelt beim Autor sieht Valéry eine Wandlung auf der Werkebene heraufkommen. An die Stelle von für die Dauer gearbeiteten Werken treten der Effekt, das Neue, die Überraschung, was mit der technischen Umstellung auf Radioübertragung und Plattenaufnahme korrespondiert. Die absehbaren Konsequenzen berühren den Wahrnehmungsbegriff in seinem Kern, in dem für die Beanspruchung der einzelnen Sinne ein neues Spiel beginnt. In kurzer Zeit wird eine mündliche Literatur, »orale et auditive« die geschriebene Literatur ablösen. Die Entwicklung einer »vision à distance« werde der Literatur darüber hinaus ganze Bereiche durch »une représentation visuelle« entziehen, und nicht nur Landschaften und Portraits, die durch Bilder mit entsprechender Musikbegleitung wirkungsvoller zu inszenieren seien. Am problematischsten sind für Valéry die absehbaren Folgen für die »littérature abstraite«: Denn Wissenschaft und Philosophie benötigen einen anderen Rhythmus, Reflexion brauche die Präsenz des Textes und »la possibilité de le manœuvrer à loisir« (1072). Dagegen solle der moderne Erzähler nicht wie Jules Vernes Kapitän Nemo in seinem Nautilus auf der Orgel Bach oder Händel spielen lassen, ohne jede Ahnung von einer »musique des ondes« oder »une esthétique encore inconnue« (1073), sondern seine Vorahnungen und paradoxen Sichtweisen bei den modernsten Wissenschaften suchen. Ein Beispiel für »un fantastique vraiment moderne« (1074) sei etwa eine Person, die durch bloße Gesten oder Blicke auf einen Apparat beträchtliche Wirkungen in der Ferne auslöse, was fast als Magie erscheine und doch längst Wirklichkeit sei.

Von diesem ›Programm‹, das nur Derivate der modernen Physik beschreibt, ist die Frage nach dem Verhältnis von Mündlichkeit und Schrift-

---

128 WOLFGANG HAGEN, Gegenwartsvergessenheit. Lazarsfeld – Adorno – Innis – Luhmann (Berlin 2003), 120 f., 123.
129 VALÉRY (s. Anm. 123), 1064.
130 WILHELM GENAZINO, Die Obdachlosigkeit der Fische (Hamburg 1994), 76.
131 MARTIN WALSER, Der Augenblick der Liebe (Reinbek b. Hamburg 2004), 237.
132 VALÉRY (s. Anm. 123), 1065.

lichkeit seit den 50er Jahren von kanadischen Medienhistorikern in Toronto (Harold A. Innis, McLuhan) aufgenommen und in Forschungen zur Entwicklung der Kommunikation in oral organisierten Gesellschaften von der Antike bis zur Gegenwart ausgebaut worden. Für das Problem der Entwicklung der Phantasie hat sich der 1929 in Amerika geprägte Begriff ›Science Fiction‹ für wissenschaftlich-phantastische Literatur durchgesetzt, während Valérys Forderung nach einer »imagination [...] élémentaire« (1073) wohl weniger auf das Universum und die Begegnung mit Außerirdischen als auf die Genealogie der menschlichen Sinne im Horizont der Evolutionstheorie zielte, eine Richtung, in die der Satz weist, den er Physikern nahezubringen suchte: »la rétine devait avoir ses idées à elle sur la lumière«, womit Forschungen nicht über die Sinnesorgane, sondern über die »organes des sens« gemeint sind. Für die Zukunft des Geistes hält Valéry verschiedene Szenarios für denkbar. Einerseits eine Dekadenz, wie am Ende der Antike, ausgelöst durch ungeheuerliche Verwüstungen der zivilisierten Teile des Globus oder eine ungünstige Wandlung der wichtigsten intellektuellen Tugenden, verursacht durch die Fortschritte einer rein konsumtiven Verbreitung der Geistesfrüchte unter Verwendung der »méthodes industrielles« (1075), wofür wenig später Horkheimer und Adorno den Begriff der Kulturindustrie prägen. Aber auch ohne das Eintreten solcher Katastrophen lasse die Evolutionstheorie erwarten, daß in einigen Jahrhunderten eine völlig neue Welt existiere, »caractérisé par la préexistence et l'intervention de grandeurs prodigieusement différentes, de dimension et des vitesses très éloignées les unes des autres; et que les notions les plus abstraites, celles qui ne sont aujourd'hui que des symboles mathématiques sans images, deviendront intuitives aux esprits des hommes de ce temps-là« (1076).

Valérys tastender Blick auf das weitere ›Schicksal‹ unterstellt eine fortschreitende Transformation der Menschheit und zeigt die Schwierigkeiten, in die das Problem der Wahrnehmung damit gerät. Eine Theorie der Geschwindigkeit wird nach 1970 Paul Virilio als Wissenschaft der ›Dromologie‹ zu begründen versuchen[133], während das Inbezugsetzen von Wahrnehmung und Bewegung Vertreter des radikalen Konstruktivismus zu der Ansicht führen wird: »Es sind die durch Bewegung hervorgebrachten *Veränderungen* des Wahrgenommenen, die wir wahrnehmen«[134], womit das historisch am Ausgang des 19. Jh. aufgetretene Problem erneut sich stellt, das durch die Konstruktion nichtreferentieller Wahrnehmungsmodelle aufgeworfen wird. So unumstritten inzwischen der Grundgedanke der evolutionären Erkenntnistheorie ist, »daß auch der Denk- und Erkenntnisapparat als menschliches Organ ein Evolutionsprodukt ist«[135], über den Fortgang klaffen die Vorstellungen weit auseinander. Für die Entwicklung des Wahrnehmungsbegriffs in der zweiten Hälfte des vorigen Jahrhunderts, in der die modernen Kommunikationstechnologien Telephon, Rundfunk, Film, Fernsehen, Bildschirmtext, um einige zu nennen, durch permanente Innovation zum ökonomisch am stärksten wachsenden Industriezweig aufrückten, wurde die »Bezugsetzung«[136] zwischen Mensch und Apparat seiner Sinne zum Schlüsselproblem. Hans Ulrich Reck hat es 1998 mit wünschenswerter Deutlichkeit formuliert: »Sind Sinne – unter der Voraussetzung, daß wir vom seichten Diskurs vermuteter Fremdbestimmung von Menschen durch Maschinen erst einmal absehen wollen – medial überhaupt, grundsätzlich oder graduell, erweiterbar? Gibt es analog zu Jean-Jacques Rousseaus Naturzustand der Gesellschaft einen für Artefakte verbindlichen Naturbestand der Sinne? Wie ist Sinnlichkeit medial ausdehnbar für eine solche Natur des Sozialen?«[137]

Worauf diese verblüffende Frage zielt – verblüffend angesichts der Tatsache, daß homo sapiens mit seinen Grundmerkmalen wie mit seinem Kognitionsapparat seit 30000 Jahren unverändert blieb –, ist die Haupttendenz in der Theorie der neuen Medien, die sich unter dem Eindruck des rasanten Aufstiegs der Kybernetik vollzog. In der

---

133 Vgl. PAUL VIRILIO, Vitesse et politique. Essai de dromologie (Paris 1977).
134 HEINZ VON FOERSTER, ›Wahrnehmen‹ wahrnehmen, in: Jean Baudrillard u.a., Philosophien der neuen Technologie (Berlin 1989), 36.
135 CARL F. GETHMANN, ›Erkenntnistheorie, evolutionäre‹, in: MITTELSTRASS, Bd. 1 (1980), 578.
136 FOERSTER (s. Anm. 134), 34.
137 RECK (s. Anm. 17), 267.

V. Der Rückgang auf die Lebenswelt und die neuen Medien im 20. Jahrhundert

von Norbert Wiener so getauften neuen Wissenschaft war »the problem of sensory prosthesis – the problem of replacing the information normally conveyed through a lost sense by information through another sense still available«[138] – wichtig geworden. Während Wiener von konkreten Sinnen sprach, gefiel sich der neue Mediendiskurs vor allem in metaphorischer Rede: »Fern-Sehen ist ein Organ des Menschen geworden«[139], verkündete 1990 eine *Theorie der neuen Medien* und nannte als die beiden Grundvorgänge des Medienzeitalters »die Entäußerung des Zentralnervensystems in den neuen Medien« und den »Transfer des Bewußtseins in den Computer durch elektronische Simulation«[140]. Der geistige Vater dieses Diskurses war McLuhan, Gründer des Instituts für Kultur und Technologie in Toronto, dessen Buch *Understanding Media* (1964) zwei Fundamentalsätze der Medientheorie in allgemeinen Umlauf brachte, wonach ein Charakteristikum aller Medien einmal darin besteht, daß der ›Inhalt‹ eines Mediums jeweils ein anderes Medium ist, während der andere Satz »the medium is the message«[141] tendenziell eine Abschottung der Medientheorie gegenüber kunstästhetischen Fragen nach sich zog. Von McLuhan stammt auch der fatale Satz, der nun unaufhörlich wie ein ›Leitmotiv‹, als »persistent theme«, wiederkehren sollte, »that all technologies are extensions of our physical and nervous systems« (90). In diesem Sinne heißt es bei ihm: »With the telephone, there occurs the extension of ear and voice that is a kind of extra sensory perception. With television came the extension of the sense of touch or of sense interplay that even more intimately involves the entire sensorium.« (265 f.) An die Stelle des ›Primats der Wahrnehmung‹, wie sie Merleau-Ponty verfochten hatte, trat ein Streit um den Primat zwischen den Sinnesvermögen, und ›Primat der Taktilität‹ hieß fortan die Parole für alle, die an der Spitze des Zeitgeistes marschieren wollten, so als gehöre das Verfahren der Bildabtastung beim Fernsehen zur natürlichen Grundausstattung des Menschen, während das Abtasttheorem des Elektroingenieurs Harry Nyquist sich dem nachrichtentechnischen Problem gestellt hatte, »wie oft in einer Zeiteinheit auf eine Vorlage zurückgegriffen werden muss«, um ihrer »Informationsdichte gerecht zu werden«[142].

Ganz anders als in dieser tonangebenden Medientheorie, für die McLuhan »ein ursprüngliches Verhältnis der Synästhesie, die Taktilität eines *interplay of senses*« an den Ursprung projiziert hatte, so daß die »integrative Funktion der Medien« nun als »fundamental«[143] gefeiert werden konnte, erscheint diese Stufe der Synästhesie in der Sicht der Prähistoriker. Für den französischen Paläontologen André Leroi-Gourhan, der ähnlich wie Valéry in der Wahrung eines Spielraums der Imagination das entscheidende Kriterium sieht, bildet die Entwicklung zur audiovisuellen Integration Anlaß tiefer Besorgnis. Während Photographie, Phonographie und Stummfilm den Spielraum zwischen »l'image imposée et l'individu« bewahrten und die herkömmlichen Bedingungen nicht merklich änderten, mobilisieren Tonfilm und Fernsehen »en même temps la vision du mouvement et l'audition c'est-à-dire qui entraînent la participation passive de tout le champ de perception. La marge d'interprétation individuelle se trouve excessivement réduite puisque le symbole et son contenu se confondent dans un réalisme qui tend vers la perfection et puisque d'autre part la situation réelle ainsi recréée laisse le spectateur hors de toute possibilité d'intervention active. Il s'agit donc d'une situation différente à la fois de celle d'un Néanderthalien puisque la situation est totalement subie et de celle d'un lecteur puisqu'elle est totalement vécue, en vision comme en audition. Sous ce double aspect les techniques audio-visuelles s'offrent réellement comme un état nouveau dans l'évolution humaine, et un état qui porte directement sur le plus propre de l'homme. […] La situation qui tend à s'établir représenterait donc un perfectionnement puisqu'elle économiserait l'effort d'›imagination‹ (au sens étymologique)«[144].

---

138 NORBERT WIENER, Cybernetics or Control and Communication in The Animal and The Machine (1948; Paris ²1961), 142.
139 BOLZ, Theorie der neuen Medien (München 1990), 86.
140 BOLZ, Einleitung, in: N. Bolz/F. A. Kittler/G. C. Tholen (Hg.), Computer als Medium (München 1994), 9.
141 MCLUHAN (s. Anm. 16), 7.
142 RIEGER (s. Anm. 77), 86 f.
143 BOLZ (s. Anm. 139), 134.
144 ANDRÉ LEROI-GOURHAN, Le geste et la parole, Bd. 1: Technique et langage (Paris 1964), 295 f.

Es bleibt eine Aufgabe der Wissenschaftsgeschichte des 20. Jh., zu erklären, weshalb »fast alle neuzeitlichen Theorien der Technologie, von Bergson bis McLuhan, die Technologie als Wahrnehmungstheorie, als Ausdehnung unserer Sinnesorgane [...] interpretieren«[145]. Und es gehört wohl in diesen Zusammenhang, wenn in der vorletzten Dekade des Jahrhunderts in geisteswissenschaftlichen Disziplinen »das Interesse an einer neu konzipierten Wahrnehmungstheorie« »Konjunktur«[146] hatte und ›Aisthesis materialis‹ als Suchwort eingeführt wurde, um die sich wandelnden Beziehungen zwischen ›Wahrnehmung und Geschichte‹ zu kennzeichnen.

Offenbar ist dieser Vorgang im Theoriebereich auch von einer Bedeutungsveränderung des Wortes in der Literatursprache begleitet. Bei dem Büchnerpreisträger des Jahres 2004, Wilhelm Genazino, kann man lesen: »Literatur ist der Versuch, mit einem Schmerz zu sprechen«[147], und das heißt, zunächst »muss ich den Schmerz erst einmal wahrnehmen«[148]. Damit wird eine vor 250 Jahren eingeführte Unterscheidung rückgängig gemacht, die Thomas Reid damals so begründete: »The same mode of expression is used to denote sensation and perception; and therefore we are apt to look upon them as things of the same nature. Thus, *I feel a pain*; *I see a tree*: the first denoteth a sensation, the last a perception«. Diese Differenzierung zwischen subjektiver Empfindung, die kein Objekt hat, und Wahrnehmung eines Gegenstandes, »which may exist whether it be perceived or not«[149], beschreibt phänomenologisch eine grundlegende Unterscheidung, die heute ihre Funktion zu verlieren scheint.

So verwirrend der Rückblick auf die Wandlungen des Begriffs Wahrnehmung in den letzten 50 Jahren sich ausnehmen mag, für den Menschen gilt: »Mammifère comme beaucoup d'autres, s'il possède un appareil cérébral de complexité unique, on ne lui connaît pas d'organes de perception qu'il ne partage avec le reste des Mammifères.«[150] Das entscheidende Moment, wodurch sich die Welt »d'un homme actuel moyen qui puise toute connaissance à travers les livres, les journaux, la télévision et qui reçoit prédécesseur le reflet d'un monde dilaté aux proportions de l'univers«, von der Welt seiner prähistorischen Vorgänger unterscheidet, ist, daß diese nun in erheblichem Maße zu einer Welt »des images«[151] geworden ist. Was Valéry als ›dislocation‹, McLuhan später als ›extensions‹ der Sinne bezeichnete, erscheint in einer Perspektive, die das enge Wechselverhältnis von Technik und Sprache beachtet, als ›Ablösung‹: »L'outil quitte précocement la main humaine pour donner naissance à la machine: en dernière étape, parole et vision subissent, grâce au développement des techniques, un processus identique. Le langage qui avait quitté l'homme dans les œuvres de sa main par l'art et l'écriture marque son ultime séparation en confiant à la cire, à la pellicule, à la bande magnétique les fonctions intimes de la phonation et de la vision.«[152] Was diesem notwendig fragmentarischen Rückblick insgesamt abzunehmen ist, ist der Abbruch der von Benjamin begonnenen Forschungen über die geschichtlichen Variablen der menschlichen Wahrnehmung«[153]. Eine Medienwissenschaft, die ihre »Entlastung [...] von ästhetischen Fragen«[154] durch die Ästhetik reklamiert, mag sich auf das ›Message‹-Theorem berufen, auf Benjamin als Medienästhetiker dagegen nicht.

---

145 PETER WEIBEL, Territorium und Technik, in: Jean Baudrillard u. a., Philosophien der neuen Technologie (Berlin 1989), 90.
146 BERNHARD J. DOTZLER, ›Galilei's Teleskop‹. Zur Wahrnehmung der Geschichte der Wahrnehmung, in: Dotzler/E Müller (Hg.), Wahrnehmung und Geschichte. Markierungen zur Aisthesis materialis (Berlin 1995), 21.
147 GENAZINO, Die Unberechenbarkeit der Worte, in: Genazino, Der gedehnte Blick (München/Wien 2004), 15.
148 GENAZINO, zit. nach ANDREA KÖHLER, Die Scham, das Warten, die Komik, der Schmerz. Ein Besuch bei dem diesjährigen Büchnerpreisträger Wilhelm Genazino, in: Neue Zürcher Zeitung, Nr. 248 (23./24. 10. 2004), 45.
149 REID (s. Anm. 3), 367 f.
150 LEROI-GOURHAN (s. Anm. 144), Bd. 2: La mémoire et les rythmes (Paris 1965), 95.
151 Ebd., 257.
152 LEROI-GOURHAN (s. Anm. 144), 300.
153 BENJAMIN, Ein deutsches Institut freier Forschung (1938), in: BENJAMIN, Bd. 3 (1972), 523.
154 ERNST (s. Anm. 14), 72.

Martin Fontius

Literatur
BARCK, KARLHEINZ u. a. (Hg.), Aisthesis. Wahrnehmung heute oder Perspektiven einer anderen Ästhetik (Leipzig 1990); BLUMENBERG, HANS, Die Genesis der kopernikanischen Welt (1975; Frankfurt a. M. ³1996); CRARY, JONATHAN, Suspensions of Perception: Attention, Spectacle, and Modern Culture (Cambridge, Mass. u. a. 1999); DOTZLER, BERNHARD J./MÜLLER, ERNST (Hg.), Wahrnehmung und Geschichte. Markierungen zur Aisthesis materialis (Berlin 1995); GESSINGER, JOACHIM, Auge und Ohr. Studien zur Erforschung der Sprache am Menschen 1700–1850 (Berlin 1994); JAY, MARTIN, Downcast Eyes. The Denigration of Vision in Twentieth-Century French Thought (Berkeley u. a. 1993); LEROI-GOURHAN, ANDRÉ, Le geste et la parole (Paris 1964); MENKE, CHRISTOPH, Wahrnehmung, Tätigkeit, Selbstbewusstsein: Zur Genese und Dialektik der Ästhetik, in: M. Kern/R. Sonderegger (Hg.), Falsche Gegensätze. Zeitgenössische Positionen zur philosophischen Ästhetik (Frankfurt a. M. 2002), 19–48; WIESING, LAMBERT (Hg.), Philosophie der Wahrnehmung. Modelle und Reflexionen (Frankfurt a. M. 2002).

Warenästhetik/Kulturindustrie

Einleitung; I. Kulturindustrie; 1. Brecht, Benjamin und Adorno; 2. Die ›Dialektik der Aufklärung‹; a) Ambivalenz der autonomen Kunst; b) Die kulturindustrielle Produktionsweise; c) Ideologisierung der Rezipienten; II. Warenästhetik; III. Konkurrierende Theorien; 1. Cultural Studies; 2. Medientheorie; 3. Neostrukturalistische Semiotik; IV. Aktualität von Warenästhetik und Kulturindustrie

Einleitung

Konnte Marx als selbstverständlich voraussetzen, daß sich der Reichtum unserer Gesellschaften in Form einer »ungeheuren Warensammlung«[1] darbietet, so drängt sich heute eine ähnliche Anhäufung ästhetischer Reize auf, die in der einen oder anderen Weise dem Warenabsatz dienen. Die Gestalt und Präsentation der Gebrauchsgüter, die Medien der Verständigung und die Anlage der kulturellen Produktion sind zuinnerst von dem Imperativ durchdrungen, potentielle Kunden zum Kauf anzuregen. Doch auch die Ausbreitung von ästhetischen Strategien, Erfahrungen und Verhaltensweisen, die nicht direkt in diesem Funktionskontext stehen, ist von dessen Gesetzmäßigkeiten geprägt. Der politische Einsatz sinnlicher Arrangements bedient sich bei den Techniken der Werbung, die künstlerischen Avantgarden orientieren sich an Plakaten und Verpackungen, die Stilisierung des privaten Erscheinungsbildes und Verhaltens dient neben der Distinktion zusehends der Durchsetzung auf dem Aufmerksamkeitsmarkt. Ohne die kapitalistische Reorganisation der Erscheinungswelt wären weder Lifestyle noch Dadaismus und ebensowenig Faschismus denkbar. Licht in die Zusammenhänge dieser wirkmächtigen Dimension des Ästhetischen haben zwei marxistische Begriffe gebracht: Wolfgang Fritz Haugs Konzeption der Warenästhetik analysiert die funktionalen Grundlagen von Produktgestaltung und Werbung; Horkheimer und Adorno erkunden unter dem Titel Kulturindustrie die Kommerzialisierung der genuin ästhetischen, zum Anschauen und Anhören gemachten Güter. Von früheren und konkurrierenden Theorien der Verflechtung von ästhetischer Praxis, industrieller Produktion und Verwertungslogik heben sie sich nicht allein durch ihre grundbegriffliche Bezugnahme auf Marx ab; hinzu kommt auch die Frage, wie die Individuen durch diesen Nexus in eine kapitalistisch bestimmte Sozialordnung eingegliedert werden.

Den Ansatzpunkt von Haugs Kritik der Warenästhetik, die er später zu einer ›systematischen Einführung‹ ausarbeitet[2], bildet ein handlungslogisches Problem, das im Kapital von Marx aufgeworfen, aber nicht weiter geklärt wird: Tauschproduktion setzt ein Interesse an den hergestellten Gebrauchswerten voraus, diese jedoch lassen sich erst nach dem Kauf erproben. »Die Waren müssen sich [...] als Werte realisieren, bevor sie sich als Gebrauchswerte realisieren können. Andererseits müssen sie sich als Gebrauchswerte bewähren, bevor sie sich

---

[1] KARL MARX, Zur Kritik der Politischen Ökonomie (1859), in: MEW, Bd. 13 (1961), 15.
[2] Vgl. WOLFGANG FRITZ HAUG, Kritik der Warenästhetik (Frankfurt a. M. 1971); HAUG, Warenästhetik und kapitalistische Massenkultur (I): ›Werbung‹ und ›Konsum‹. Systematische Einführung in die Warenästhetik (Berlin 1980).

als Werte realisieren können.«³ Prekär wird die Wechselvoraussetzung besonders dann, wenn immer neue Produkte auf einen anonymen Markt drängen. In einer solchen Situation ist, so Haugs Schlußfolgerung, ein »Gebrauchswertversprechen« vonnöten, das die prospektiven Konsumenten zum Kauf motiviert; und als dessen Träger kommt, so seine Grundannahme, vor allem die sinnliche »Oberfläche«⁴ der Ware in Frage, die bereits vor dem realen Gebrauch zugänglich ist. Hieraus ergeben sich unmittelbar zwei Merkmale des warenästhetischen »Funktionskreises« (52): Die Gestaltung der Kaufanreize wird »der Entwicklung ästhetischer Techniken im allgemeinen gewaltige Impulse« (49) geben und zudem gezielt auf die Psyche der Konsumenten ausgreifen. »Diejenige Erscheinung wird eher ankommen, die intimer auf die Bedürfnisstruktur des Adressaten eingeht.« (52) An Gewicht verliert hingegen die Kompetenz, sich mittels »realer Gebrauchswertkenntnisse« (47) ein Bild von der angebotenen Ware zu machen. So verdrängt die suggestive Erscheinung einerseits die eigentätige Prüfung, andererseits durchsetzt sie den öffentlichen Raum und die private Imagination mit Bildern von Erfüllung, Glück und gutem Leben, die keinen anderen Zweck haben als Firmenpropaganda.

Haugs Begriffsschema beerbt eine längere Reihe marxistischer Analysen von Massenkultur und -beeinflussung. Der ästhetische Ausgriff auf die Bedürfnisstrukturen der Konsumenten und die entsprechende Schwächung ihrer Urteilskompetenzen wurden hier allerdings vorrangig im Bereich der kulturellen Produktion attackiert. Horkheimer

und Adorno, deren Polemik am bekanntesten geworden ist, tragen dem Machtgefälle zwischen Konzernen und Abnehmern bereits terminologisch Rechnung. »In unseren Entwürfen war von Massenkultur die Rede. Wir ersetzten den Ausdruck durch ›Kulturindustrie‹, um von vornherein die Deutung auszuschalten, die den Anwälten der Sache genehm ist: daß es sich um etwas wie spontan aus den Massen selbst aufsteigende Kultur handle [...]. Während die Kulturindustrie [...] unleugbar auf den Bewußtseins- und Unbewußtseinsstand der Millionen spekuliert, denen sie sich zuwendet, sind die Massen nicht das Primäre, sondern Sekundäres, Einkalkuliertes; Anhängsel der Maschinerie.«⁵ Die Argumentation unterscheidet sich dadurch von den Ausführungen Haugs, daß es prinzipiell um ästhetische Waren geht. Ihre Glücksverheißungen sollen kein Gebrauchsgut jenseits der Erscheinung verherrlichen. Damit wird jedoch um so problematischer, daß sie unmittelbare Erfüllung suggerieren, statt primär auf ästhetisches Gelingen abzuzielen; das »Moment der Selbständigkeit [...], das Philosophie [...] unterm ästhetischen Schein begriff, wird verloren«⁶. Insofern ist der ›Gebrauchswert‹ kultureller Güter auch nicht deshalb bedroht, weil ihre Erscheinungsqualitäten in den Warenkreislauf treten, sondern weil sie sich zusehends in Versprechungen erschöpfen. Da das kulturindustrielle Produkt »unablässig den Genuß, den es als Ware verheißt, auf die bloße Verheißung reduziert, so fällt es selber schließlich mit der Reklame zusammen«⁷.

Die polemische Anlage der Konzeptionen hat dazu geführt, daß sie bald selbst Kritik auf sich zogen. In der Folge hat sich der wissenschaftliche common sense von beiden Theorien abgewendet, durch stetig wiederholte Verwerfungsakte bei Horkheimer und Adorno, durch stilles Vergessen bei Haug. Die Frontlinien verlaufen dabei jeweils ähnlich. Die Machtlosigkeit, die Horkheimer, Adorno und Haug den Adressaten kapitalistischer Ästhetik zuschreiben, hat dazu geführt, daß man sie häufig als Theoretiker einer lückenlosen Manipulation wahrnimmt. Auch wohlwollende Interpreten sehen im Modell der Kulturindustrie einen »Manipulationszusammenhang« dargestellt, der »perfekt«⁸ anmutet; weniger wohlwollende sprechen von dessen »Fetischisierung«⁹. Hier wie im

---

3 MARX, Das Kapital (1867–1894), Bd. 1, in: MEW, Bd. 23 (1962), 100.
4 HAUG, Einführung (s. Anm. 2), 45.
5 THEODOR W. ADORNO, Résumé über Kulturindustrie (1963), in: ADORNO, Bd. 10/1 (1977), 337.
6 ADORNO, Das Schema der Massenkultur [Manuskript 1942], in: ADORNO, Bd. 3 (1981), 299.
7 MAX HORKHEIMER/ADORNO, Dialektik der Aufklärung. Philosophische Fragmente (1947), in: ebd., 185.
8 MICHAEL KAUSCH, Kulturindustrie und Populärkultur. Kritische Theorie der Massenmedien (Frankfurt a. M. 1988), 92.
9 WINFRIED FLUCK, Populäre Kultur. Ein Studienbuch zur Funktionsbestimmung und Interpretation populärer Kultur (Stuttgart 1979), 25.

Feld der Warenästhetik hat man es für nötig befunden, die Rationalität der Adressaten stärker zu gewichten. Sicher, die »Werbung [...] arbeitet unaufrichtig«, aber sie »setzt voraus, daß das vorausgesetzt wird«[10], und die kapitalistische Massenkultur füge sich, weil sie immer auch Impulse des Publikums aufnehme, weniger in die Herrschaftsformen als in die »Demokratisierungsprozesse der Moderne«[11] ein. Eng mit diesen Einwänden verbunden ist die Kritik, die Opposition zur Kulturindustrie zeuge von einem »unacceptable elitism«[12] und Haugs Verteidigung der echten Gebrauchswerte sei rückschrittlich. Weitaus anstößiger als Warenästhetik und Kulturindustrie selbst ist inzwischen ihre Skandalisierung.

Zur Prüfung der Einwände wird ein doppeltes Vorgehen hilfreich sein. Zum einen kann die historische Situierung der jeweiligen Konzeptionen genauer vor Augen führen, von welchen anderen Möglichkeiten sie sich abheben und welche Richtung sie einschlagen. Zum anderen ist zu sehen, welche Alternativen später entwickelt worden sind. Das Ensemble dieser Gegenvorschläge bildet gewissermaßen die Wirkungsgeschichte der Begriffe. Abschließend wird dann verfolgt, inwiefern die Problematik von Warenästhetik und Kulturindustrie gleichwohl (auch über die engere Begriffsgeschichte hinaus) präsent bleibt.

Vorab ist jedoch die terminologische Ausgangslage zu klären. Die antithetische Komposition der Begriffe Kultur-Industrie und Waren-Ästhetik, die jeweils zwei vermeintlich unvereinbare Sphären zusammenführt, erscheint dann weniger anstößig als in den späteren Debatten. Im Verlauf des 19. Jh. bildet sich ein breites semantisches Feld heraus, in dem sich Partikel aus dem Feld von Kunst und Kultur umstandslos mit solchen aus dem Bereich von Produktion, Technik und Wirtschaft verbinden. Am wenigsten spezifisch ist hier wohl der deutsche, formal Horkheimer und Adorno sehr nahe Begriff der Kunstindustrie, der sich schlicht auf Kunstgewerbe bzw. angewandte Kunst bezieht. Er zielt nicht zwingend auf die moderne Industrieproduktion. Semper etwa möchte ihn schon auf die »einfacheren Werke der Kunst« anwenden, »an welchen diese sich am frühesten bethätigte, [...] den Schmuck, die Waffen, die Gewebe, die Töpferwerke, den Hausrath«[13], und Alois Riegl geht immerhin zurück bis zur ›spätrömischen Kunstindustrie‹.[14] Den marxistischen Termini näher kommt der französische Sprachgebrauch, der im Anschluß an die Enzyklopädisten die technische und praktisch-moralische Seite der ›arts‹, ihren gesellschaftlichen Nutzen gegenüber ihrer ästhetischen Autonomie betont.[15] Der Begriff des ›art industriel‹ bezeichnet hier sowohl »les applications des beaux-arts aux œuvres industrielles« als auch »inversement la multiplication des œuvres d'art par les procédés industriels«[16]. Freilich bespricht auch Semper die Weltausstellungen, in deren Kontext am intensivsten vom art industriel die Rede ist, und auch die französischen Texte verlegen ihn zuweilen aus der zeitgenössischen Luxusproduktion in Antike und Frühgeschichte.[17] Die Klage über die Kommerzialisierung und Standardisierung einstmals freier Kunst wird seit den 1830er Jahren besonders im Bereich der ›littérature industrielle‹

10 NIKLAS LUHMANN, Die Realität der Massenmedien (Opladen 1995), 36.
11 KASPAR MAASE, Grenzenloses Vergnügen. Der Aufstieg der Massenkultur 1850–1970 (Frankfurt a. M. 1997), 16.
12 BILL RYAN, Making Capital from Culture (Berlin/ New York 1992), 146.
13 GOTTFRIED SEMPER, Der Stil in den technischen oder tektonischen Künsten oder Praktische Ästhetik (1860/1863), Bd. 1 (München ²1878), IX.
14 Vgl. ALOIS RIEGL, Spätrömische Kunstindustrie (1901; Wien ²1927).
15 Vgl. BURKHART STEINWACHS, Epistemologie und Kunsthistorie. Zum Verhältnis von ›arts et sciences‹ im aufklärerischen und positivistischen Enzyklopädismus, in: B. Cerquiglini/H. U. Gumbrecht (Hg.), Der Diskurs der Literatur- und Sprachhistorie (Frankfurt a. M. 1983), 90–101.
16 CHARLES LABOULAYE, L'Art industriel ou les beaux-arts considérés dans leurs rapports avec l'industrie moderne (Paris 1887), 3.
17 Vgl. GEORG MAAG, Kunst und Industrie im Zeitalter der ersten Weltausstellungen. Synchronische Analyse einer Epochenschwelle (München 1986), 72ff.; KARLHEINZ BARCK, Kunst und Industrie bei Léon de Laborde und Gottfried Semper. Differente Aspekte der Reflexion eines epochengeschichtlichen Funktionswandels der Kunst, in: H. Pfeiffer u. a. (Hg.), Art social und art industriel. Funktionen der Kunst im Zeitalter des Industrialismus (München 1987), 241–268.

geführt, etwa durch Sainte-Beuve.[18] Während diese Diskussion auf die Kulturindustrie vorausweist, dokumentiert der vermutlich erste Beleg für den verwandten Begriff ›esthétique industrielle‹ ein Bewußtsein des Phänomens, das Haug später als Warenästhetik analysiert: der ästhetischen Konditionierung der Konsumenten. Die fortgeschrittene Industrie vermag den Konsumentengeschmack zu leiten: »Il faut dire que […] ce n'est que lorsqu'elle est arrivée à un assez haut degré d'avancement, qu'elle s'exerce à régler le goût sans l'asservir, en mettant de l'ordre et une sage réserve dans l'art de varier les formes de ses produits. Ceci est le principal objet de ce qu'on peut appeler l'*esthétique industrielle*.«[19] Im Kontext ist allerdings noch ein reziprokes, auf persönlicher Anerkennung fußendes Verhältnis von ›Manufacturier‹ und Konsumenten umrissen.

Generell lavieren die begrifflichen Kopplungen von Kunst und Industrie bis ins frühe 20. Jh. zwischen neuen Entwürfen einer industriellen Gesellschaft und der Restitution kunsthandwerklicher Ideale. Als Thorstein Veblen in der Auseinandersetzung mit der Arts-and-Crafts-Bewegung ein Programm ernsthaft kunstindustrieller Produktion entwirft, muß er sich dafür vom üblichen, an John Ruskin und William Morris anschließenden Begriff der industrial art absetzen: Solange die Absicht »to humanize and beautify industry and to bring art into the everyday work of the industrial classes« an einen »return to handicraft methods«[20] gebunden werde, sei sie zum Scheitern verurteilt.

18 Vgl. CHARLES AUGUSTIN SAINTE-BEUVE, De la littérature industrielle, in: Revue des deux mondes, 4. S., 19 (1839), 675–691.
19 GÉRARD JOSEPH CHRISTIAN, Vues sur le système général des opérations industrielles, ou Plan de Technonomie (Paris 1819), 146.
20 THORSTEIN VEBLEN, Arts and Crafts, in: The Journal of Political Economy 11 (1902/1903), 108.
21 Vgl. DETLEF PEUKERT, Die Weimarer Republik. Krisenjahre der klassischen Moderne (Frankfurt a.M. 1987); JANET WARD, Weimar Surfaces: Urban Visual Culture in 1920s Germany (Berkeley/Los Angeles/London 2001), 11 f.
22 SIEGFRIED KRACAUER, Lichtreklame (1927), in: KRACAUER, Bd. 5/2 (1990), 19; vgl. KRACAUER, Das Ornament der Masse (1927), in: ebd., 59.
23 KRACAUER, Lichtreklame (s. Anm. 22), 21.

»The ›industrial art‹ methods are too costly for general business purposes, and the ›industrial art‹ products are (in point of fact) too expensive for general consumption«. Voraussetzung für eine »modern, that is to say democratic, culture« sei vielmehr eine Anpassung an den »machine process« (109), den »thoroughly standardized output of goods« und an »habits of thought«, die gleichfalls zusehends »machine made« sind: »Industrial art«, therefore, which does not work through and in the spirit of machine technology is, at the best, an exotic.« (110) Um eine derart durchmechanisierte ästhetische Produktion und die ästhetische Führung der Konsumenten zum zentralen gesellschaftlichen Ordnungsfaktor werden zu lassen, war die Ausweitung des Kunstgewerbes zur Massenkultur vonnöten.

I. Kulturindustrie

Der konzeptuelle Horizont Horkheimers und Adornos ist wesentlich durch die Sozialtheorien und -philosophien der Weimarer Republik geprägt. Den Begriff der Kulturindustrie (und indirekt auch den der Warenästhetik) präfiguriert hier vor allem der Gegensatz zwischen einer hochmodernen, oberflächenbetonten Zerstreuungskultur für die urbanen Massen und einem reaktiven Pathos von Tiefe, gebildeter Individualität und substantieller Gemeinschaft. Im Hintergrund steht eine ungekannte Expansion massenkultureller Aktivitäten. Inmitten der insgesamt schwachen Nachkriegskonjunktur bringen Kinos, Tanzlokale, Revuetheater und Zeitschriften Umsatz und Gewinn wie nie zuvor.[21] Die zeitgenössische Debatte thematisiert die kapitalistische Dimension der Entwicklung freilich nur sporadisch; »Lichtreklame«[22], »billige Sensationen«[23] und »amerikanische Geschäftsmethoden« bleiben Oberflächenphänomene unter anderen wie etwa »Boulevards« (20), »Autoschwärmen« (19) und »Menschenmassen« (21). Besonders auffällig ist das Desinteresse bei den konservativen Autoren, welche die gesamte Entwicklung ablehnen. Wenn etwa Gottfried Benn sein Mißfallen an der zeitgenössischen Vergnügungskultur äußert, polemisiert er vorrangig gegen amerikanische Seelenlosigkeit: »Die ganze junge deutsche Literatur seit 1918 arbeitet mit dem Schlagwort Tempo, Jazz, Kino, Übersee, technische Aktivität, bei betonter Ablehnung aller seelischen Probleme. [...] Ich persönlich bin gegen Amerikanismus. Ich bin der Meinung, daß die Philosophie des rein utilitaristischen Denkens, des Optimismus à tout prix, des ›keep smiling‹, des dauernden Grinsens auf den Zähnen, dem abendländischen Menschen und seiner Geschichte nicht gemäß ist.«[24] Vom Textduktus her ähneln Passagen wie diese auffällig den späteren Ausführungen Horkheimers und Adornos, etwa derjenigen, die kulturindustriell konditionierten Massen könnten sich unter »personality [...] kaum mehr etwas anderes« vorstellen »als blendend weiße Zähne und Freiheit von Achselschweiß und Emotionen«[25]. Bei genauerer Betrachtung zeigt sich jedoch, daß sie viel eher an die modernistische Linie des Weimarer Diskurses anknüpfen – weil dort die Logik kapitalistischer Wirtschaft und Politik Thema ist.

1. Brecht, Benjamin und Adorno

Eine der schärfsten Analysen der »unaufhörlich und unhinderbar Kunst produzierenden Industrie«[26] bringt Bertolt Brecht zu Papier, nachdem er den Prozeß um die Verfilmung seiner *Dreigroschenoper* verloren hat – die bereits investierten 800000 Reichsmark der Nero-Film wiegen schwerer als seine vertraglich festgeschriebenen Mitwirkungsrechte. Statt sich nun resigniert von der Kommerzkultur abzuwenden, listet er begeistert die Möglichkeiten der »neuen Apparate« (464) auf. Sie zentrieren sich um die Abschaffung des innengeleiteten bürgerlichen Individuums. Sofern sich kulturelle Produktion nicht mehr als »Ausdruck einer Persönlichkeit« (485), sondern prinzipiell arbeitsteilig vollzieht, wird an der Stelle des frei flottierenden Intellektuellen ein zielgerichtet wirkendes »Kollektiv« (478) vorstellbar; die Montage des Films aus äußerlich standardisierten »Typen« und »Situationen« ermöglicht »verwendbare Aufschlüsse über menschliche Handlungen im Detail« (465), und die Behandlung der Zuschauer als Konsumentenmasse macht das Gewohnte disponibel: »in dieser Tendenz wirkt der

Kapitalismus, indem er bestimmte Bedürfnisse in Massenmaßstab heraustreibt, organisiert und automatisiert, schlechthin revolutionierend« (477). Sämtliche Aspekte – Kollektivierung der Kulturproduktion, Standardisierung des Kulturprodukts, Konditionierung des Publikums – werden in die Darstellung Horkheimers und Adornos eingehen, freilich mit umgekehrten Vorzeichen. Eine direkte Vorbereitung ihrer Kritik findet sich bei Brecht nur an einem Punkt: In dem Gedanken, daß die Trennung von Arbeit und Freizeit allemal der Arbeitswelt dient. Wo Kultur allein Erholung gewährleisten soll, ist sie bereits »im Interesse der Produktion der Nichtproduktion gewidmet« (475 f.); sie bildet ein »System zur Reproduktion der Arbeitskraft« (475). Die Bemerkung trifft in den frühen 1930er Jahren noch in einem stärkeren Sinn zu, als Brecht selbst es sieht: Vom italienischen Faschismus bis zur französischen Volksfrontregierung organisieren die europäischen Staaten eine Freizeitkultur, die der nationalen Bevölkerung Arbeitsmoral, Gemeinschaftssinn und Folgebereitschaft einpflanzen soll.[27]

Walter Benjamin setzt sich von eben diesen Disziplinarstrategien ab, indem er neben der Kollektivierung der Kultur auch noch die »Zerstreuung« ihres Publikums begrüßt. »Der vor dem Kunstwerk sich Sammelnde versenkt sich darein« – und ist daher seiner auratischen Suggestion unterworfen. »Dagegen versenkt die zerstreute Masse ihrerseits das Kunstwerk in sich«[28] – und wird daher immun gegen Versuche, sie unter einer leitenden Ideologie zu vereinigen. Zerstreuung ist mithin einer derjenigen »neu in die Kunsttheorie eingeführten Begriffe«, die dadurch gekennzeichnet sein sollen, »daß sie für die Zwecke des Faschismus völlig un-

---

24 GOTTFRIED BENN, Über den amerikanischen Geist (1928), in: Benn, Ges. Werke in acht Bänden, hg. v. D. Wellershoff, Bd. 7 (München 1975), 1658.
25 HORKHEIMER/ADORNO (s. Anm. 7), 191.
26 BERTOLT BRECHT, Der Dreigroschenprozeß. Ein soziologisches Experiment (1931), in: BRECHT (BFA), Bd. 21 (1992), 449.
27 Vgl. MAASE (s. Anm. 11), 179–195.
28 WALTER BENJAMIN, Das Kunstwerk im Zeitalter seiner technischen Reproduzierbarkeit (3. Fassung, entst. 1936–1939), in: BENJAMIN, Bd. 1/2 (1974), 504.

brauchbar sind« (473). So entwickelt Benjamin eine politische Rezeptionstheorie kapitalistischer Massenkultur, die grundsätzlich zustimmend ausfällt. Seine Attacke auf die »Filmindustrie«, welche die Massen mit »illusionären Vorstellungen und [...] zweideutigen Spekulationen« (494) abspeise, bleibt insofern argumentativ folgenlos. Statt dessen wird allgemein erläutert, weshalb sich die Masse im Kinosaal fortschrittlicher verhält als vor einem Picasso: Die »von vornherein durch ihre [...] Massierung« (497) bestimmten Zuschauer fungieren als prüfendes Kollektiv, das gleichsam das produzierende ergänzt. Weil arbeitsteilig und standardisiert hergestellt wird, weiß jeder ein wenig Bescheid; die in der Aufnahme zusammenhangloser Reize trainierte »Chockrezeption«[29] garantiert ein bewußtes Verhältnis zum Gezeigten an Stelle eines einfühlenden; und in der Masse kontrollieren sich die einzelnen gegenseitig. Daher fallen im Kino »kritische und genießende Haltung des Publikums zusammen«[30]. Unklar bleibt freilich, ob diese Struktur die faschistische Ästhetisierung des Krieges, welche die »Menschheit [...] ihre eigene Vernichtung als ästhetischen Genuß ersten Ranges erleben läßt«[31], vollständig ausschließt. Karl Kraus hatte bereits vor dem 1. Weltkrieg von einer »Welt« gesprochen, »die ihren Untergang ertrüge, wenn ihr nur seine kinematographische Vorführung nicht versagt bliebe«[32].

Adorno mißtraut den Thesen, daß die Auflösung bürgerlicher Subjektivität den Kapitalismus bedrohen und die Zerstreuung den Faschismus aufhalten könne. Der Brief, den er Benjamin auf die Zusendung des Kunstwerkaufsatzes hin schreibt, moniert ein »blindes Vertrauen auf die Selbstmächtigkeit des Proletariats« im Kinosaal und schlägt überdies eine »völlige Liquidierung der Brechtischen Motive«[33] im Text vor. Der Grund ist eine Akzentverschiebung: Die marktkritischen Einschränkungen, die Brecht und Benjamin in ihrer enthusiastischen Beschreibung des neuen Mediums gemacht hatten, bestimmen für Adorno das Wesen der neuen Kulturprodukte. Wenn das Kollektiv faktisch eher der Vermeidung von Zuständigkeiten als der Bündelung von Kompetenzen dient und das Filmkapital mittels »Starkultus« den »Zauber der Persönlichkeit« eher »konserviert«[34] als demontiert, kann sich nur »*wenig* von [...] all dem Fortgeschrittenen« durchsetzen, das in der Filmtechnik angelegt ist; »vielmehr wird [...] die Wirklichkeit infantil *aufgebaut* und dann ›abphotographiert‹«[35]. Hier wie im Jazz, über den er 1936 selbst arbeitet, vermutet Adorno eine fatale Verknüpfung von modernistischer Oberfläche und reaktionärer Tiefenstruktur, erneuerten Technologien und althergebrachten Darstellungsmustern. Im Gehalt der Werke ergänzen sich entsprechend die Schattenseiten der alten Individual- und neuen Kollektivkultur, Pseudosubjektivität und Zwangsgemeinschaft. Während Synkope und Starkult eine »Individualität« repräsentieren, »die in Wahrheit keine ist, sondern bloß deren sozial produzierter Schein«, evozieren der durchgehaltene Marschrhythmus und das aufwendige Kollektivwerk »eine ebenso fiktive Gemeinschaft, die durch nichts anderes sich bildet als durch Gleichrichtung von Atomen unter auf sie ausgeübtem Zwang«[36]. Hiermit ist zugleich der Ort bezeichnet, an dem Adornos Theorie der Massenkultur ansetzt: Er schließt von der Struktur der Kulturprodukte unmittelbar auf die politische und ökonomische Ordnung des zentralisierten Kapitalismus. Sie machen die Bejahung dieser Ordnung zugleich schmackhaft und unausweichlich. Dieser methodische Ansatz bedingte und prägte auch den Konflikt mit Paul Lazarsfelds empirischem ›Critical Communication Research‹, an dem Adorno in seinen frühen New Yorker Jahren mitwirkte.[37]

---

29 BENJAMIN, Über einige Motive bei Baudelaire (1939), in: ebd., 614.
30 BENJAMIN (s. Anm. 28), 497.
31 Ebd., 508.
32 KARL KRAUS, Apokalypse (1908), in: Kraus, Schriften, hg. v. C. Wagenknecht, Bd. 4 (Frankfurt a. M. 1989), 10.
33 ADORNO an Benjamin (18. 3. 1936), in: Adorno/Benjamin, Briefwechsel 1928–1940, hg. v. H. Lonitz (Frankfurt a. M. 1994), 171, 173.
34 BENJAMIN (s. Anm. 28), 492.
35 ADORNO (s. Anm. 33), 173.
36 ADORNO, Über Jazz (1937), in: ADORNO, Bd. 17 (1982), 92.
37 Vgl. WOLFGANG HAGEN, Mediendialektik. Zur Archäologie eines Scheiterns, in: R. Maresch (Hg.), Medien und Öffentlichkeit. Positionierungen, Symptome, Simulationsbrüche (München 1996) 44–53; KAUSCH (s. Anm. 8), 34–52.

2. Die ›Dialektik der Aufklärung‹

Seine bekannteste und detaillierteste Ausarbeitung erfährt der Begriff der Kulturindustrie im gleichnamigen Kapitel der erstmals 1944 (mimeographierte Publikation) bzw. 1947 (Erstdruck) erschienenen *Dialektik der Aufklärung*.[38] Regelmäßig wird es als Beweis für eine elitäre Haltung herangezogen, die mittlerweile, in pluralistischen Zeiten, mit der Aufweichung der Differenz von high und low culture obsolet sei.[39] Anders als es diese wirkmächtige Rezeptionslinie nahelegt, spielen die Autoren jedoch hohe Kunst nicht einfach gegen niederes Vergnügen aus. Statt dessen begreifen sie die Produkte der Kulturindustrie, deren einzelne »Elemente [...] es längst vor dieser gegeben«[40] hat, als konsequente Fortsetzung der autonomen Kunst.[41] Deren grundsätzlich ambivalente Struktur wiederum wird erst mit dem Aufstieg der Kulturindustrie in aller Deutlichkeit sichtbar (a). Entscheidende Voraussetzung für den Übergang von der autonomen Kunst zur Kulturindustrie ist die Entwicklung der kapitalistischen Produktionsweise, weg vom freien Unternehmertum und Warenverkehr hin zum Monopol. Den Kulturgütern teilt sich diese Transformation auf zweierlei Weise mit. Zum einen wird ihre standardisierte und mechanisierte Herstellung möglich, erforderlich und die Regel (b). Für die Rezeption hingegen nehmen die Autoren an, daß die von dieser Werkstruktur transportierten Gehalte die veränderte Sozialordnung einzuüben helfen (c).

a) Ambivalenz der autonomen Kunst
Der prinzipielle Unterschied zwischen den Produkten der Kulturindustrie und denen der autonomen Kunst ergibt sich aus dem Gegensatz einer stillgestellten und einer ausgetragenen Dialektik. Während letztere die Spannungen, die in der gesellschaftlichen Realität bestehen, in sich aufnimmt und austrägt, arrangieren die Produkte der Kulturindustrie eine falsche Harmonie; statt ästhetisch verdichteter Gegensätze herrscht »trübe Identität«[42].

Damit verschiebt sich zunächst die ästhetische Kategorie des Stils. Der kulturkonservative Vorwurf, Massenkultur sei stillos, wird durch deren tatsächliche Normierung widerlegt: »Die Kultur-

industrie legt, wie ihr Widerpart, die avancierte Kunst, durch die Verbote positiv ihre eigene Sprache fest, mit Syntax und Vokabular.« (149) Sie deckt derart – als Wahrheit über die Kunst – auf, daß die »Vorstellung vom Stil als bloß ästhetischer Gesetzmäßigkeit« (151) nie wirklich zugetroffen hatte, weil sich in seinen Regeln stets der »Gehorsam gegen die gesellschaftliche Hierarchie« (152) verbarg. Im Gegensatz zur Kunst tilgt sie jedoch das Andere dieser Gewalt, die stilistisch bezwungenen Materialqualitäten und Ausdrucksimpulse. An die Stelle dieser Dialektik tritt mit der Kulturindustrie das Zusammenspiel technischer Erfordernisse und pseudonatürlichen, routinierten Spezialistentums. Im virtuosen Umgang mit dem Apparat, der laut Benjamin »Revanche« und »Triumph« der »Menschlichkeit«[43] im technischen Zeitalter bezeugt, äußert sich für Horkheimer und Adorno lediglich der vom »Ideal des Natürlichen«[44] verschleierte »Zwang des technisch bedingten Idioms« (150). Zweite Natur wird zum Apriori: »Die stereotype Übersetzung von allem, selbst dem noch gar nicht Gedachten ins Schema der mechanischen Reproduzierbarkeit übertrifft die Strenge und Geltung jedes wirklichen Stils« (148f.).

Eine Hauptursache hierfür liegt in der wachsenden Selbstverständlichkeit, mit der Kultur für

---

38 Vgl. GUNZELIN SCHMID NOERR, Nachwort des Herausgebers, in: Horkheimer, Ges. Schriften, hg. v. A. Schmid/G. Schmid Noerr, Bd. 5 (Frankfurt a.M. 1987), 423–452; MICHAEL DE LA FONTAINE, Der Begriff der künstlerischen Erfahrung bei Theodor W. Adorno (Frankfurt a.M. 1977), 113–115; WINFRIED SCHRÖDER/HEINZ HOHENWALD, Annäherung an das Problemfeld ›Kulturindustrie‹, in: K. Barck/M. Fontius/W. Thierse (Hg.), Ästhetische Grundbegriffe. Studien zu einem historischen Wörterbuch (Berlin 1990), 461ff.
39 Vgl. UMBERTO ECO, Apocalittici e integrati. Comunicazioni di massa e teorie della cultura di massa (Mailand 1965), 5–24.
40 HORKHEIMER/ADORNO (s. Anm. 7), 156.
41 Vgl. EVA GEULEN, Das Ende der Kunst. Lesarten eines Gerüchts nach Hegel (Frankfurt a.M. 2002), 128–135.
42 HORKHEIMER/ADORNO (s. Anm. 7), 151.
43 BENJAMIN, Das Kunstwerk im Zeitalter seiner technischen Reproduzierbarkeit (1. Fassung, entst. 1935), in: BENJAMIN, Bd. I/2 (1974), 450.
44 HORKHEIMER/ADORNO (s. Anm. 7), 149.

Märkte hergestellt wird. Der Schritt von der Kunst zur Kulturindustrie vollzieht sich in dem Moment, wo jene »ihrer eigenen Autonomie abschwört, sich stolz unter die Konsumgüter einreiht« (180). Nicht daß Kunst zur Ware wird, macht den entscheidenden Unterschied aus, sondern daß sie nichts anderes mehr ist als Ware – oder, wie die weitere Argumentation zeigt, Propaganda. Autonom sind die Kulturgüter, solange sie gegen die Gesetze des Marktes, denen sie als Ware zugleich unterstehen, ihre ästhetische Eigenlogik behaupten. Gesellschaftlich beruht diese geduldete Autonomie auf zwei Bedingungen. Zum einen lockert die strukturelle Anonymität des Marktes die Abhängigkeit des Künstlers vom Auftraggeber und dessen Zwekken. Zum anderen wird stillschweigend angenommen, daß die Nützlichkeit der Kunst, ihre gesellschaftliche Zweckmäßigkeit, gerade auf ihrer Freiheit vom Reich der Zwecke beruht. Sie verlagert das unreglementierte Glücksverlangen, das für die materielle Praxis von Produktion und Reproduktion niedergehalten werden muß, in den separierten Bereich von Schein und Spiel. Der Bürger widmet sich der Kunst nach getaner Arbeit; in ihr konstituiert und reflektiert sich sein bürgerliches Selbstverständnis jenseits ökonomischer Imperative; in ihr darf er ganz Mensch sein. Die Kulturindustrie deckt den zweideutigen Sachverhalt auf, daß Kulturgenuß dabei nicht nur als Selbstzweck, sondern auch als Ersatzbefriedigung erscheint – und überführt ihn in Eindeutigkeit: »Indem das Kunstwerk ganz dem Bedürfnis sich angleicht, betrügt es die Menschen vorweg um eben die Befreiung vom Prinzip der Nützlichkeit, die es leisten soll.« (181) Das Vergnügen, das sich in der Rezeption der Kunstwerke einstellte, ohne daß sie sich darauf verpflichten ließen, wird in der Kulturindustrie zum kalkulierbaren Prinzip. Was damit an spontaner Lust und gestalterischer Freiheit verlorengeht, wird durch den Genuß des ›Tauschwerts‹, von »Dabeisein und Bescheidwissen, Prestigegewinn anstelle der Kennerschaft« (181) ersetzt. So vollendet sich die Ökonomisierung der Kulturgüter.

Bürgerliche Kunst ist jedoch kein zu restituierendes Ideal. Ihr Ernst ist zwar als Einspruch gegen den allgemeinen Imperativ, sich zu amüsieren, ästhetisch im Recht. Gesellschaftlich schließt er aber jene unterprivilegierten Klassen von der Kunst aus, die angesichts des Ernstes ihrer Lage Zerstreuung bitter nötig haben. Daraus bezieht die sogenannte leichte Kunst ihr Existenzrecht – sie dient als Korrektiv der ernsten. »Die Spaltung selbst ist die Wahrheit: sie spricht zumindest die Negativität der Kultur aus, zu der die Sphären sich addieren.« (157) Dieses Wahrheitsmoment verflüchtigt sich, wenn Kunst in die Konsumsphäre überführt wird. Die »unversöhnlichen Elemente der Kultur, Kunst und Zerstreuung« (157), zugleich deren äußerste Pole, werden in der Kulturindustrie ihrer gesellschaftlichen Exzentrizität beraubt und zum Mainstream zusammengeführt. Ernste Kunst sieht sich in den Strudel leeren Vergnügens hinabgezogen, das wiederum durch ihr Prestige aufgewertet werden soll. Ästhetische Sublimierung, die »fulfillment as a broken promise«[45] (so die weiterführende Übersetzung von »Erfüllung als gebrochene«[46]) gestaltet, und entfesseltes Amusement, das im lustvollen Unsinn kulminiert, weichen dem »gehobenen Vergnügen« (165) der Kulturindustrie. So können sich im Kulturleben schließlich auch keine kritischen Haltungen mehr einnisten. Während etwa die bürgerlich begriffene Kategorie des Tragischen den »Gegensatz des Einzelnen zur Gesellschaft« (177) verarbeitete, bemüht die kulturindustrielle nur noch das Schema von Abweichung und »gerechter Strafe« (175).

b) Die kulturindustrielle Produktionsweise
Diese Umstellung des Kulturellen fügt sich für Horkheimer und Adorno sowohl in den zentralisierten Kapitalismus der USA als auch in die totalitären Wirtschaftsformen des nationalsozialistischen Deutschlands und der Sowjetunion. Mit Friedrich Pollock nehmen sie in allen drei Kontexten eine neue herrschende Gruppe wahr, »which has resulted from a merger of the most powerful vested interests, the top ranking personnel in industrial and business management, the higher strata of the state bureaucracy (including the military) and the leading figures of the victorious party's bureau-

---

45 HORKHEIMER/ADORNO, Dialectic of Enlightenment, übers. v. J. Cumming (New York 1972), 140.
46 HORKHEIMER/ADORNO (s. Anm. 7), 162.

I. Kulturindustrie

cracy«[47]. Diese neue Herrschaftsform läßt die Kulturindustrie systematisch zwischen kommerziellem Kalkül und semi-öffentlichen Funktionen lavieren; der Rundfunk etwa kann sowohl die Botschaften der Konzerne als auch diejenigen des Führers verbreiten. So erklärt sich die »cultural ›convergence theory‹ of *Dialectic of Enlightenment*, in which a Hollywood and New Deal USA is structurally characterized as bearing a family likeness to Hitlerian Germany«[48].

In der kulturellen Produktion kommt der neuen Sozialordnung besonders das Ineinander von Technisierung und arbeitsteiliger Kommandostruktur entgegen. Zwar bestimmen einzelne Medien ihrer »objektiven Beschaffenheit nach«[49] die Strukturen der kulturellen Wahrnehmung und Äußerung, doch diese Beschaffenheit selbst wird in analysierbaren und auch anders möglichen Prozessen hergestellt. So ist es z. B. nicht selbstverständlich, daß sich im Bereich des Rundfunks keine »Apparatur der Replik […] entfaltet« (143) hat und daß die »schlagartige Einführung des Tonfilms« (147) die Unterordnung der Produzenten unter das Firmenkapital vervollständigt. Entwicklungen dieser Art sind »keinem Bewegungsgesetz der Technik als solcher aufzubürden, sondern ihrer Funktion in der Wirtschaft« (142). Damit geht die Möglichkeit verloren, technische Neuerungen der ästhetischen Rationalität dienstbar zu machen, wie sie etwa in Bachs kompositorischer Aneignung der temperierten Stimmung zu beobachten war. Sobald die Kulturproduzenten in ein Kollektiv eingebunden sind, das unter der Oberaufsicht einer profitorientierten Firmenleitung ein Massenpublikum bedient, müssen sie sich dem technischen Apparat einfügen, der seinerseits Herrschaft verkörpert. Darüber hinaus kehrt sich das Verhältnis des Apparats zu den Produkten um: Ihr Erfolg hängt nicht weiter von der Attraktivität dessen ab, was er präsentiert, sondern daß *er* es präsentiert, verleiht dem Präsentierten seine Bedeutung. »Schön ist, was immer die Kamera reproduziert.« (171)

Alles in allem geht die Abhängigkeit der Kulturtechnologien von den Verhältnissen der kulturindustriellen Produktion für Horkheimer und Adorno so weit, daß sich die Differenz zwischen den einzelnen Medien verschleift. ›Technik‹ ist unter diesen Bedingungen wesentlich die kapitalistische Organisation vereinzelter Spezialleistungen. Sie »integriert alle Elemente der Produktion, von der auf den Film schielenden Konzeption des Romans bis zum letzten Geräuscheffekt«, sie »ist der Triumph des investierten Kapitals. Seine Allmacht den enteigneten Anwärtern auf jobs als die ihres Herrn ins Herz zu brennen, macht den Sinn aller Filme aus, gleichviel welches plot die Produktionsleitung jeweils aussieht.« (145)

c) Ideologisierung der Rezipienten

Damit ist die letzte und schwierigste These der Autoren ausgesprochen: daß die Beziehung der Kulturindustrie auf das Publikum wesentlich darin besteht, es auf die Erfordernisse der neuen Produktionsordnung einzuschwören. Sie unterstelle »alle Zweige der geistigen Produktion in gleicher Weise dem einen Zweck […], die Sinne der Menschen vom Ausgang aus der Fabrik am Abend bis zur Ankunft bei der Stechuhr am nächsten Morgen mit den Siegeln jenes Arbeitsganges zu besetzen, den sie den Tag über selbst unterhalten müssen« (152 f.). Dergestalt übertrifft die integrative Logik des Kapitalismus im Kulturellen bei weitem seine dissoziativen Tendenzen. Freilich bleibt die Frage zu beantworten, warum die Rezipienten die vorgegebene Ideologie ohne weiteres annehmen – warum mit anderen Worten die »böse Liebe des Volks zu dem, was man ihm antut, […] der Klugheit der Instanzen noch« (155) vorauseilt.

Grundsätzlich nehmen die Autoren hierzu keine einfache Fernsteuerung, sondern einen »Zirkel von Manipulation und rückwirkendem Bedürfnis« (142) an. Spezifisch leiten sie die Ideologisierung der Rezipienten zunächst aus der technisch und verkaufsstrategisch bedingten Form der Kulturprodukte ab. Die Standardisierung, Reproduzierbarkeit und Dauerpräsenz kommerzialisierter Ästhetik induziert bereits als solche die genormten Wahrnehmungs- und Verhaltensweisen, die in Arbeit

---

47 FRIEDRICH POLLOCK, State Capitalism: Its Possibilities and Limitations (1941), in: Studies in Philosophy and Social Science 9 (1941), 201.
48 FREDRIC JAMESON, Late Marxism: Adorno, or, The Persistence of the Dialectic (London/New York 1990), 154.
49 HORKHEIMER/ADORNO (s. Anm. 7), 148.

und Politik gebraucht werden. So überträgt sich etwa die Aufhebung des Unterschieds zwischen Original und Kopie, die Benjamin dem Film ablas, auf die Menschen, die mit ihm leben. »Der Filmstar, in den man sich verlieben soll, ist in seiner Ubiquität von vornherein seine eigene Kopie [...], und die Mädchengesichter aus Texas gleichen schon als naturwüchsige den arrivierten Modellen, nach denen sie in Hollywood getypt würden.«

(162) Auch die zweite zentrale Figur von Benjamins Filmtheorie, die Bewältigung zusammenhangsloser Eindrücke, trägt dazu bei, Normierung als unausweichlich hinzunehmen: Sie fordert »Promptheit, Beobachtungsgabe, Versiertheit« und blockiert zugleich »Spontaneität«, »denkende Aktivität« und »Einbildungskraft« (148). An die Stelle der derart verdrängten Subjektkompetenzen treten die vorgefertigten Schemata der Kulturindustrie.

Das gilt nun aber nicht nur für die Formen, sondern auch für die Inhalte ihrer Produkte. Da in ihnen die kritische Arbeit der Form wegfällt, finden die Ideologeme der herrschenden Sozialordnung ungefiltert Eingang in die Massenkulturgüter. Den »ablösbar« und »fungibel« gewordenen ästhetischen »Einzelmomenten« (187) wird unvermittelt ein vorgegebener Inhalt oktroyiert, etwa »die Karriere eines Erfolgreichen, der alles als Illustration und Beweisstück dienen soll, während sie doch selbst nichts anderes als die Summe jener idiotischen Ereignisse ist« (147). Bevorzugt geht es dabei um Inhalte, denen die Form der Werke bereits entgegenkommt. Die bürgerliche Erfolgsgeschichte erweist sich rasch als überholt, wenn die individuelle Selbsterhaltung vom unberechenbaren, aber allmächtigen Wirtschafts- und Machtsystem abgelöst wird: Den Rezipienten wird signalisiert, daß »selbst das bürgerliche Glück keinen Zusammenhang mit dem berechenbaren Effekt ihrer eigenen Arbeit mehr hat. Sie verstehen den Wink. Im Grunde erkennen alle den Zufall, durch den einer sein Glück macht, als die andere Seite der Planung«

(168) – je perfekter sie funktioniert, desto irrelevanter werden die beteiligten einzelnen.

Weshalb die Deckung von Form und Inhalt, Produktion und Rezeption, den Kulturgütern und den funktionalen Erfordernissen der Sozialordnung freilich absolut und unausweichlich wird, können Adorno und Horkheimer nicht schlüssig erklären. Mal verweisen sie auf »die gemeinsame Entschlossenheit der Exekutivgewaltigen« (143), mal auf »den wirtschaftlichen Zwang« (190), insgesamt aber wird kaum gefragt, weshalb die Kulturindustrie »System« und »einstimmig« (141) ist, einen verbindenden »Sinn« (145) hat und einem einheitlichen »Zweck« (153) dient. Ihre Theorie mag die Kapitalisierung von Kultur beleuchten und sogar ökonomistische Züge haben; insgesamt folgt sie jedoch der Hegelschen Konzeption eines logisch kohärenten Welt- und Zeitgeistes. Das geschlossene System der Kulturindustrie ist nicht nur real vorgefunden, sondern auch theoretisch vorausgesetzt.

II. Warenästhetik

Zwischen Horkheimer/Adorno und Haug steht die Entfaltung der consumer society in der Nachkriegszeit. Zur öffentlichen Präsenz der Werbung treten Supermärkte, periodische Erneuerungen des Produktsortiments und eine kaufkräftige Jugendkultur. Die Analysen kapitalistischen Alltagslebens reflektieren diese Entwicklung auf zweierlei Weise. Zum einen bilden die »Critique of Popular Culture« und die »Critique of Advertising«[50] parallele Argumentationsstrukturen aus. In der kulturellen Produktion wie in der Präsentation der sonstigen Konsumgüter brandmarkt man die Manipulation der Abnehmer, die Konditionierung ihrer Bedürfnisse, die Nivellierung ihrer Lebensformen und die Herstellung einer profitfunktionalen Bilderwelt. Zum anderen nehmen die Kritiker häufig selbst eine Annäherung beider Bereiche an. Bereits Horkheimer und Adorno sehen in ihrer ästhetischen Analyse »Reklame und Kulturindustrie« miteinander »verschmelzen«, weil hier wie dort »die Normen des Auffälligen und doch Vertrauten, des Leichten und doch Einprägsamen, des Versierten und doch Simplen« den »als zerstreut oder wi-

---

50 JIB FOWLES, Advertising and Popular Culture (Thousand Oaks, Cal./London/Neu Delhi 1996), 53, 60; vgl. DIRK REINHARDT, Von der Reklame zum Marketing. Geschichte der Wirtschaftswerbung in Deutschland (Berlin 1993), 4–6.

derstrebend vorgestellten Kunden«[51] überwältigen sollen; Henri Lefèbvre, der stärker von der beworbenen Konsumgesellschaft ausgeht, kommt zu einem äquivalenten Ergebnis: »La Publicité devient [...] la poésie de la Modernité, le motif et le prétexte des spectacles les plus réussis. Elle capture l'art, la littérature, l'ensemble des signifiants disponibles et des signifiés vacants. Elle devient art et littérature.«[52] Haugs zentrale Einsicht besteht darin, daß die fragliche Ästhetik nicht von der klassischen Kunsttheorie aus zu begreifen ist. Gegenüber Horkheimer und Adorno behandelt er den sinnlichen Schein nicht mehr vorrangig als Überbauphänomen, das eine ökonomisch-soziale Entwicklung ›reflektiert‹, sondern als funktionalen Bestandteil wirtschaftlicher Prozesse. Seine Analyse beginnt bei »im Tauschverhältnis keimhaft angelegten Funktionen« und zielt auf »Ausbildungen des Monopolkapitals«[53], die ästhetische Gestaltung und Erfahrung notwendig voraussetzen. Schon der einfachste Tauschakt wird durch den sinnlichen Eindruck der Ware vermittelt, und noch die marktbeherrschenden Konzerne wären nicht ohne den Einsatz von Markennamen, Werbung und ästhetischen Neuerungen denkbar. Im zweiten Bereich kann Haug sogar unmittelbar auf ökonomische Theorien zurückgreifen. Den Bezugsrahmen steckt Paul A. Barans und Paul M. Sweezys Analyse des ›Monopolkapitalismus‹, der zentralisierten Ökonomie der kapitalistischen Nachkriegsstaaten ab. Die Konzentration des Kapitals, die sie wie Pollock, Horkheimer und Adorno feststellen, kommt ihrer Ansicht nach unter anderem durch ästhetische Techniken der ›Verkaufsförderung‹ zustande und ist nur durch deren kontinuierlichen Einsatz aufrechtzuerhalten. Bereits 1905 wird die enorme Bedeutung von Warenzeichen (»trade marks«) wahrgenommen: »any maker of a worthy product can lay down the lines of a demand that [...] will become, in some degree, a monopoly«[54] – nur dieser Produzent stellt ein Gut mit diesem Namen und diesem Aussehen her. Haug nennt diesen Vorgang dann ästhetische »Monopolisierung«[55] eines Gebrauchswerts. Des weiteren treten die Eigner solcher Marken in einen Verdrängungswettbewerb, der bei den verschiedenen Gestaltungen qualitativ gleicher Produkte einsetzt, vor allem mit den ästhetischen Mitteln der Werbung ausgetragen wird und erfolgreich entschieden ist, sobald im öffentlichen Bewußtsein Cola als Coke oder Liebstöckelextrakt als Maggi figuriert. »Es gibt Warengattungen, für die den Menschen in den gegenwärtigen kapitalistischen Gesellschaften keine Gebrauchswertbegriffe mehr zur Verfügung stehen.«[56] Schließlich können die einmal marktbeherrschenden Produkte nur dann die erforderliche Nachfrage erzielen, wenn ständige, nicht zuletzt ästhetische Neuerungen die in Gebrauch befindlichen Güter vorzeitig veralten lassen und das Bedürfnis nach anderen anstacheln. Baran und Sweezy unterstreichen die Bedeutung der Verkaufsförderung: »the sales effort which used to be a mere adjunct of production [...] increasingly invades factory and shop, dictating what is to be produced«. »In this respect, as in others, the sales effort turns out to be a powerful antidote to monopoly capitalism's tendency to sink into a state of chronic depression.«[57] Haug muß dann nur noch zuspitzen: »Solange Faschismus und Krieg« nicht die Produktion treiben, »solange ist in einer oligopolistisch strukturierten kapitalistischen Gesellschaft die ästhetische Innovation fest verankert«[58]; komplementär entspringt die Beschleunigung der »ästhetischen Veraltung [...] dem Interesse des oligopolistisch verfaßten Kapitals in der Situation der Marktsättigung«[59].

Haugs Ansatz ermöglicht eine einheitliche Bestimmung der verschiedenen Strategien ästhetischer Verkaufsförderung. Diesseits der ›ästhetischen Grenze‹, die zwischen der Präsentation der Ware und ihrem Genuß nach Erwerb verläuft, lassen sich die vielversprechende und unverwechselbare Gestaltung des Warenkörpers und seiner Verpackung, die Einrichtung von Verkaufsräumen, die Etablie-

---

51 HORKHEIMER/ADORNO (s. Anm. 7), 187.
52 HENRI LEFÈBVRE, La vie quotidienne dans le monde moderne (Paris 1968), 202 f.
53 HAUG, Kritik (s. Anm. 2), 8.
54 Zit. nach DAVID M. POTTER, People of Plenty (Chicago 1954), 170.
55 HAUG, Kritik (s. Anm. 2), 26.
56 Ebd., 28.
57 PAUL A. BARAN/PAUL M. SWEEZY, Monopoly Capital: An Essay on the American Economic and Social Order (1966; Harmondsworth 1968), 133, 135.
58 HAUG, Kritik (s. Anm. 2), 54.
59 HAUG, Einführung (s. Anm. 2), 165.

rung von Produktmarken, die Bewerbung konkreter Güter und die Pflege von corporate identities beobachten. Kritisch wird die Analyse dadurch, daß Haug zudem die gesellschaftlichen Effekte dieses Bündels ästhetischer Strategien untersucht. Es befördert nicht nur die Konzentration des Kapitals, sondern auch eine diesem gemäße Transformation der Lebenswelt. Erstens geht der Schein der Gebrauchswertversprechen zuweilen auf Kosten der realen Gebrauchswerte, zweitens dominieren die Glücksverheißungen, die mit Warenkörper und Produktmarken verknüpft werden, Sinnlichkeit und Sinnhorizont der Konsumentenmassen, und schließlich saugt die warenästhetische Dynamik systematisch alternative Gestaltungsimpulse, Lebensweisen und Kulturformen auf. Mit dem letzten Argument nähert sich Haug wieder der Annahme Adornos und Horkheimers, daß die Ästhetik der Tauschgesellschaft auf totale Integration hinauslaufe – wofür nun allerdings nicht mehr Zwang verantwortlich gemacht wird, sondern Attraktion.

Die Gebrauchswerte leiden vor allem dann, wenn die Warenästhetik direkt am Warenkörper ansetzt: wenn Tomaten roter, Mehl und Reis weißer, Stoffe hochwertiger aussehen sollen – oder auch wenn Traditions-, Umwelt- und Modebewußtsein den entgegengesetzten Trend hervorrufen. Das jeweilige »qualitative Gebrauchswertversprechen« steht freilich nur eingeschränkt zur Disposition, seine Ausweitung »grenzt an Warenfälschung« (81); ebenso tendiert das »quantitative Gebrauchswertversprechen« (87), das besonders durch (überdimensionierte) Verpackungen transportiert wird, zum schlichten Betrug. Haug reproduziert in diesen Feldern im wesentlichen das – oft kauf- und im Extremfall justizrelevante – Alltagsbewußtsein der Konsumenten. Und er bleibt dabei einseitig auf einen engen Gebrauchswertbegriff konzentriert. Während er nachvollziehbar zeigt, wo Grenzen des Konsumentenwissens über die ›eigentliche‹ Beschaffenheit der Ware liegen – der vereinzelte Käufer steht dem ästhetisierten Angebot gewissermaßen begriffslos gegenüber, erst Verbraucherverbände und -schutzgesetze können

seine Stellung stärken –, spart er die Frage aus, inwiefern warenästhetische Anreize in reale Gebrauchswerte übergehen – schließlich wird das Aussehen von Speisen und Kleidung auch nach dem Kauf genossen.

Haug bleibt jedoch nicht bei der einfachen Entgegensetzung von Sein und Schein stehen. Im Gegensatz zu Verführungs- und Verschwendungskritikern wie Vance Packard, die dann im Zweifelsfall doch ›Mißbräuche‹ einer an sich legitimen Einrichtung anprangern, geht es ihm darüber hinaus um die »Modellierungen der menschlichen Sinnlichkeit« (113), die das System der Produktgestaltung und Werbung ganz ordnungsgemäß vollzieht. Grundsätzlich hält er fest, daß Warenästhetik immer auf eine Steuerung von Verhalten durch vorbewußte, eben sinnliche Impulse abzielt. Werner Sombarts Charakterisierung ihrer Methoden als »innerer Zwangsmittel« sei vom »Standpunkt ›freier Subjektivität‹« aus nur zuzustimmen: »Die Beherrschung des Ästhetischen ermöglicht die Produktion solcher Erscheinungen, die in die subjektive Sinnlichkeit der Adressaten eingreifen und diese sich [...] unterwerfen.« (50) Konkret bedeutet das zunächst, daß jede gelungene Lancierung eines neuen Produktes sinnliche Erfahrungen und Erwartungen verschiebt. Das Bedürfnis nach blendend weißen Zähnen und der Freiheit von Achselschweiß entspringt wesentlich den Kampagnen der Kosmetikindustrie. Nahezu allgegenwärtig werden solche Verschiebungen durch die bestimmende Form ihrer Verbreitung, die »Versachlichung des Gebrauchswertversprechens« (109) im »Werbebild« (113). Denn Werbung schafft komplexe Zeichen, die das abstrakte Fixum des Markenartikels mit Versprechen jeglicher Art zu verbinden erlauben. Wer Gauloises raucht, ist unkonventionell, wer Martini trinkt, erotisch, und Jacobs verspricht ein harmonisches Familienleben. Haug analysiert diese Struktur als einen Fall von Roland Barthes' Theorie des ›mythischen Zeichens‹, in dem einer bereits etablierten Verknüpfung von Signifikant und Signifikat (etwa einem Bild bestimmter Zigaretten) eine neue Bedeutung (etwa Freiheit) unterlegt wird.[60] »Das Warenbild wird zum ›mythischen‹ Bedeutungsmaterial degradiert; dies geschieht dadurch, daß es mit [...] Zeichen befriedigender Dinge zusammenmontiert wird [...] zu einem Su-

---

60 Vgl. ROLAND BARTHES, Mythologies (Paris 1957), 215–235.

perzeichen für das, was erstrebenswert im umfassend sozialen Sinn ist.«[61]

Die Bestände des Erstrebenswerten findet die Werbeästhetik vor; sie prägt sie jedoch zumindest in zweierlei Hinsicht gravierend um: Zum einen bleibt nichts, was als gut gilt (und sei es die Sensibilität für das Elend der Welt), unverknüpft mit Bildern des Konsums, und zum anderen wird nunmehr jeder alltäglichen Verrichtung ein ideales Muster vorgeschaltet. Man kann annehmen und erleben, daß der ständige Kontakt mit Zeichen dieser Art nicht allein die Kauforientierungen der Adressaten prägt. Für Haug »wird das Individuum bemüht sein […], die Vorbilder nachzubilden. Sein Auftreten, seine dingliche Ausstattung, seine Sprech- und Verhaltensweisen werden zu Signifikanten der Signifikate« – der Formen guten Lebens –, »wie sie die Superzeichen der Warenästhetik vorgeben«[62]. Die Einsicht in diese Vorbildfunktion hat Haug und an ihn anschließende Autoren ähnlich wie Horkheimer und Adorno dazu geführt, auf die Nutzung der kapitalistischen Ästhetik im Faschismus hinzuweisen.[63]

Unter demokratischen Bedingungen erlangen die warenästhetischen Vorbilder ihre Wirkung gerade deshalb, weil sie nicht einfach in Marketingabteilungen und Werbebüros erfunden werden. Sie schöpfen vielmehr Neuerungen ab, die spontan andernorts entstehen. Die ästhetischen Innovationen, die für die beständige Variation und Erweiterung der Produktpalette – paradigmatisch im Bereich der Mode – und die immer wieder neuen Reize der Werbung – die auch in gesättigte Aufmerksamkeitsmärkte eindringen muß – vonnöten sind, speisen sich aus den Randzonen des Normalen. Sie finden ihre Impulse in den Jugend- und Subkulturen, deren Mitglieder ästhetische Abweichung zu ihrem zentralen Lebensinhalt gemacht haben (und darüber hinaus stetig unverbrauchte Lebensformen und Wertstandards entwickeln). »Auf engem Raum zusammengedrängt, durch intensive Beziehungssuche und permanenten Zerfall von Beziehungen gekennzeichnet, abgeschnitten von den Kriterien einer Produktionskultur, entwickeln solche Subkulturen ähnliche Züge und eine ähnliche Dynamik der Distinktion – und ähnliche Ausstrahlungskraft -« wie der der »höfischen Gesellschaft […]. Die Art und Weise des Sich-Kleidens, Sich-Einrichtens, Sich-Verhaltens, des Aussehens, der Haltung, des Tanzens usw. entscheiden nun über die Verteilung von Chancen sexueller Beziehungen, über Anerkennung und Integration. Die geballte Wucht der diese Gruppen bewegenden ungesättigten Triebkräfte richtet sich nun auf die Ausbildung sozialästhetischer Besonderheiten.«[64] Berücksichtigt man zusätzlich, daß die Ausbreitung der Subkulturen gerade durch die Angebote der Warenästhetik entscheidende Anstöße erhält (wie das etwa Jost Hermand für die entstehende Popkultur der späten 1960er Jahre gezeigt hat)[65], schließt sich der Kreis. Seine Fatalität besteht darin, daß unterschiedslos alle, auch antikapitalistische Ästhetiken und Lebensformen zum Reservoir der warenästhetischen Innovation werden. Die Kultivierung des Gebrauchten, Billigen und Häßlichen in Punk etwa hat die Modegestaltung ungemein angeregt. Haug steht am Beginn einer geschichtlichen Phase, in der Abweichung nicht mehr, wie das Horkheimer und Adorno wahrnahmen, ausgeschaltet und korrigiert wird, sondern in der sie als notwendige Bedingung kapitalistischer Reproduktion erkannt und eingegliedert ist.

III. Konkurrierende Theorien

1. Cultural Studies

Dieser Unterschied ist allerdings kaum mehr wahrgenommen worden. Die theoretischen Verschiebungen, welche die Autorität Horkheimers und Adornos unterminiert haben, sind weithin auch

---

61 HAUG, Einführung (s. Anm. 2), 182.
62 Ebd., 183.
63 Vgl. HAUG, Kritik (s. Anm. 2), 39f., 169–173; GERHARD VOIGT, Goebbels als Markentechniker, in: Haug u. a., Warenästhetik. Beiträge zur Diskussion, Weiterentwicklung und Vermittlung ihrer Kritik (Frankfurt a. M. 1975), 231–260; PETER REICHEL, Der schöne Schein des Dritten Reiches. Faszination und Gewalt des Faschismus (München/Wien 1991), 21–45.
64 HAUG, Einführung (s. Anm. 2), 156.
65 Vgl. JOST HERMAND, Pop International. Eine kritische Analyse (Frankfurt a. M. 1970).

dafür verantwortlich, daß gegen Ende der 1970er Jahre die Rezeption Haugs sozusagen abbricht. Dirk Reinhardt vermutet sogar eine ursächliche Verbindung beider Vorgänge: Die Frankfurter »Gesellschafts- und Kulturkritik« sei aufgrund ihrer Mißachtung der Kulturkonsumenten »entschieden in die Defensive gedrängt« worden – und habe Haug trotz seiner »Betonung von Faktoren wie Sinnlichkeit und Bedürfnis [...] mit in den Abwärtssog«[66] gerissen. In Wahrheit war dieser Abwärtssog durch mehr bestimmt als durch eine bloße Aufwertung der Rezipienten. Doch diese bildet sicher einen zentralen Ansatzpunkt für die Kritik der Kulturindustriethesen – etwa bei Bourdieu und Jauß.[67] Am prominentesten vollziehen die Cultural Studies diese Wendung; mitunter werden sie geradezu als Korrektiv der Kritischen Theorie wahrgenommen. »Die Vertreter der Cultural Studies sind in der Regel keine Bildungsbürger wie Horkheimer und Adorno, sondern viele kommen aus den unteren Schichten [...]. Diese Herkunft [...] prägt den Ansatz bis heute und macht ihn sensibel für die Handlungsfähigkeit von Nicht-Intellektuellen, so z. B. von Arbeitern, Jugendlichen und Konsumenten der Populärkultur, insbesondere für Einstellungen, Vergnügen und Praktiken, die der Logik und Integrationskraft der Kulturindustrie zuwiderlaufen.«[68] Eine direkte Auseinandersetzung findet freilich kaum statt. Die ersten Analysen, die am *Center for Contemporary Cultural Studies* entstehen, fallen noch in die Rezeptionslücke zwischen dem wenig verbreiteten Erstdruck der *Dialektik der Aufklärung* von 1947 und ihrer ersten Neuauflage 1969; eine englische Übersetzung lag erst 1972 vor. Daher lassen sich zunächst nur schwankende Differenzen in der Zugangsweise beobachten: Raymond Williams, der mit der Kulturkritik seiner Zeit von der »observable badness of so much widely distributed popular culture«[69] ausgeht, hält gleichwohl den Schluß auf entsprechende Rezeptionsweisen für unzulässig, weil er die Verachtung der Konsumenten impliziere; ein Autorenteam der nächsten Generation attackiert die Kritik an der »mass culture« als pure Beschränktheit (»a field distinctive for its bottomless mediocrity«) und beobachtet statt dessen »Resistance through Rituals«[70]; die Autoren müssen sich dabei freilich auch von ihrem Mentor Richard Hoggart absetzen, der in seinen Massenkulturstudien noch »a high degree of passive acceptance«[71] festgestellt hatte. Gegen Ende der 1970er Jahre dringt dann allmählich der Begriff der Kulturindustrie, oft im unverfänglicheren Plural als ›cultural industries‹ übersetzt, ins Vokabular der Schule vor und ermöglicht klarere Abgrenzungen. Bekannt geworden ist vor allem Stuart Halls These, die Kritiker der Kulturindustrie müßten deren Rezipienten als Idioten, als ›cultural dopes‹ behandeln. Eine solche Haltung hebe zwar vielleicht das Selbstgefühl derer, welche die »cultural industries« als »agencies of mass deception« denunzieren, eigne sich aber nicht »as an adequate account of cultural relationships; and even less as a socialist perspective«[72].

Die Gegenperspektive orientiert sich an der Kulturtätigkeit des Publikums. Hall betont, daß dessen ›decodierende‹ Aktivität die ursprüngliche ›Kodierung‹ des Produkts prinzipiell ebenso bestätigen wie ablehnen oder auch abwandeln kann. Das letztere, die ›negotiated version‹, stellt für Hall den Regelfall dar, so daß eine zentrale Steuerung der Rezipienten von vornherein nicht anzunehmen ist.[73] John Fiske verortet eben hier den Um-

---

66 REINHARDT (s. Anm. 50), 9.
67 Vgl. HANS ROBERT JAUSS, Das kritische Potential ästhetischer Bildung, in: J. Rüsen u. a. (Hg.), Die Zukunft der Aufklärung (Frankfurt a. M 1988), 226.
68 RAINER WINTER, Spielräume des Vergnügens und der Interpretation. Cultural Studies und die kritische Analyse des Populären, in: J. Engelmann (Hg.), Die kleinen Unterschiede. Der Cultural-Studies-Reader (Frankfurt a. M. 1999), 36.
69 RAYMOND WILLIAMS, Culture is Ordinary (1958), in: Williams, Resources of Hope: Culture, Democracy, Socialism (London/New York 1982), 12.
70 JOHN CLARKE u. a., Subcultures, Cultures and Class: A Theoretical Overview, in: S. Hall/T. Jefferson (Hg.), Resistance Through Rituals: Youth Subcultures in Postwar Britain (London 1975), 19.
71 RICHARD HOGGART, The Uses of Literacy: Aspects of Working-Class Life with Special Reference to Publications and Entertainments (London 1957), 278.
72 STUART HALL, Notes on Deconstructing the Popular, in: R. Samuel (Hg.), People's History and Socialist Theory (London/Boston/Henley 1981), 232.
73 Vgl. HALL, Encoding, Decoding, in: S. During (Hg.), The Cultural Studies Reader (London/New York 1993), 516.

schlag von Kulturindustrie in Popularkultur: »In capitalist societies, popular culture is made out of those cultural commodities that a large number of the various and shifting formations of the people have chosen as the resource from which to make meanings that are pertinent to their social position and in the making of which they can find pleasure.«[74]

Völlig fremd war Adorno diese Perspektive nicht. Ihre Möglichkeit ergibt sich für ihn daraus, daß sich in den Kulturwaren Indoktrination und Lockung verbinden. »Die offiziellen Modelle sind überlagert von inoffiziellen, welche für die Attraktion sorgen [...]. Um die Kunden zu fangen, ihnen Ersatzbefriedigungen zu verschaffen, muß die inoffizielle, wenn man will, heterodoxe Ideologie vielfach breiter und saftiger ausgemalt werden, als dem fabula docet bekömmlich ist«[75]. In der Folge könne man dann etwa in bisher konservativen Gesellschaften ein ungeahnt freizügiges Verhalten junger Paare beobachten. Die Poplinke wird radikaler vermuten, daß sich das aufgereizte »Begehren« der Konsumenten zu einem habituellen »Aufbegehren« gegen die herrschenden Mächte und Ordnungsprinzipien«[76] auswachsen kann.

Die Rebellionsimpulse sind freilich nicht immer umwälzend. Wenn etwa Fiske in Quiz- und Partnersuchshows im Fernsehen eine Befreiung der Hausfrauen (die aus der Küche in die Öffentlichkeit treten) und der weiblichen Sexualität (die nun endlich gleichberechtigt erscheint) angelegt sieht, wirkt nicht nur seine Rede von Widerstand und ›empowerment‹ übertrieben. Er kümmert sich vor allem ebensowenig um das reale Verhalten der Rezipienten wie Adorno und entwickelt lediglich harmlosere Vermutungen über die Produkte. Selbst wo er empirische Untersuchungen anführen kann, fehlt ihm jedoch eine Begrifflichkeit für die Warenästhetik der Kulturgüter. Weder erlaubt seine simple Entgegensetzung von ›Financial Economy‹ und ›Cultural Economy‹ eine Rekonstruktion des Prozesses, in dem die Massierung ästhetischer Versprechen die Sinnlichkeit der Rezipienten umprägt, noch sieht er, daß Prozesse ästhetischer Innovation und kulturellen Wandels zu den bestgepflegten Ressourcen der marktbeherrschenden Konzerne zählen. Anders könnte er kaum behaupten: »The power of the people to influence the industry [...] is [...] the origin of cultural innovation.«[77] Diese Schwäche ist symptomatisch für die Cultural Studies insgesamt. Sie überschätzen die Kulturkonsumenten, weil sie deren theoretische Vernachlässigung einzig auf unlautere Motive zurückführen.

2. Medientheorie

Auch die gegenwärtige Medientheorie steht zur Kritik der Kulturindustrie in einem äußerst polemischen Verhältnis. Der scharfe Ton gehört dabei zur Sache, da es immer auch um Wissenschaftspolitik geht. Der Diskurs der Kritischen Theorie sei derart hegemonial gewesen, daß anläßlich der Medienrevolution längst fällige Revisionen ausgeblieben seien; statt dessen habe sich das simple, die Logik und Funktionsweise der Medien grundsätzlich verfehlende Manipulationsmodell der Kritischen Theorie durchgehalten – so lautet der allgemeine Tenor. Kritische Theorie gilt als überholt, aber einflußreich. Allenfalls Brecht und Benjamin werden als Vorläufer akzeptiert, immer mit dem Hinweis, daß gerade ihre Impulse systematisch verdeckt wurden. Erst Enzensberger habe explizit mit »Medien- und Technikfeindschaft« gebrochen, »welche, vermittelt über die ›Betrugstheorie‹ der re-immigrierten US-Exilanten Horkheimer/Adorno, in die Köpfe der westdeutschen Nachkriegsintellektuellen eingewandert war und deren Handlungsstrategien mehr als dreißig Jahre beeinflußt, ja, gelähmt hatte«[78]. Enzensbergers Verdienste um die Reaktualisierung Benjamins im besonderen und die Konstitution einer Medientheorie

---

74 JOHN FISKE, Popular Television and Commercial Culture: Beyond Political Economy, in: G. Burns/ R. P. Thompson (Hg.), Television Studies: Textual Analysis (New York/Westport/London 1989), 25 f.
75 ADORNO, Filmtransparente (1966), in: ADORNO, Bd. 10/1 (1977), 356.
76 CHRISTIAN HÖLLER, Widerstandsrituale und Pop-Plateaus. Birmingham School, Deleuze/Guattari und Popkultur heute, in: T. Holert/M. Terkessidis (Hg.), Mainstream der Minderheiten. Pop in der Kontrollgesellschaft (Berlin/Amsterdam 1996), 60.
77 FISKE (s. Anm. 74), 30.
78 RUDOLF MARESCH, Mediatisierung: Dispositiv der Öffentlichkeit 1800/2000, in: Maresch (s. Anm. 37), 9.

im allgemeinen dürften unstrittig sein. Die Unterstellung aber, die eigentlichen Adressaten seiner Kritik seien Horkheimer und Adorno gewesen, legt ihm etwas in den Mund, das sich erst die gegenwärtige Medientheorie so zurechtgelegt hat. Der angeblich lähmende Einfluß hat Enzensberger nämlich nicht davon abgehalten, in seiner Kritik des Magazins *Der Spiegel* auf Adornos »Arbeiten zur Kulturindustrie«[79] zu verweisen. Ebensowenig lastet er »das Fehlen einer Wissenschaft von der Massenkommunikation« der Kritischen Theorie an; er sieht vielmehr »die Struktur, das innere Gesetz der mass media«[80] in Ansätzen von Adorno und Günther Anders aufgeklärt. Sein Konzept der ›Bewußtseins-Industrie‹ schließlich präsentiert Enzensberger zwar als Gegenentwurf zu dem der Kulturindustrie, akzentuiert es jedoch gerade nicht medientheoretisch. »Die Natur der sogenannten Massenmedien kann aber von ihren technologischen Voraussetzungen und Bedingungen her nicht erschlossen werden«; vielmehr komme es auf ihren »gesellschaftlichen Auftrag«[81] an. In *Baukasten zu einer Theorie der Medien* (wo der Hauptgegner wieder nicht Adorno ist, sondern Lukács) vermutet Enzensberger sogar, daß sich über »die objektiv subversiven Möglichkeiten der elektronischen Medien [...] beide Seiten im internationalen Klassenkampf einig«[82] sind. Daß dieser Ansatz tatsächlich die Grundlage einer anspruchsvollen Medientheorie bilden könne, wurde bereits 1972 von Baudrillard bezweifelt: »Au mieux, donc, l'hypothèse Enzensberger ne ferait que combler l'immense retard pris par la théorie marxiste classique.« Ansonsten hält Baudrillard Enzensberger für eher medienblind, weil er von einer äußeren Fesselung prinzipiell unbegrenzter Kommunikationsmöglichkeiten ausgehe. Baudrillard selbst nimmt dagegen an, die Medien seien »la censure dans leur opération même: pas besoin de métasystème. Ils ne cessent donc pas d'être totalitaires«[83].

Insofern ist es konsequenter, Enzensberger in den Rahmen einer Verfallsgeschichte einzuordnen, an deren Ende – in der Person Alexander Kluges – »die Analyse der ›Bewußtseinsindustrie‹ [...] an den Ort ihres ursprünglichen Aprioris, der Verwerfung von Technik«, zurückkehrt. Und die zu ziehende Konsequenz lautet: »Nach nunmehr einem guten halben Jahrhundert wäre aus dem Scheitern des Versuchs zu lernen, die Entwicklung der Neuen Medien als dialektischen Prozeß des Geistes zu begreifen, der nach den Mustern immanent idealistischer oder historisch materialistischer Figuren gedacht ist.«[84] Fluchtpunkt der technophilen Medientheorie ist hingegen die ›Austreibung des Geistes‹. Er wird als Effekt schlechthin gegebener medialer Techniken verstanden; noch die Analyse von deren sozialen Funktionen bei Horkheimer und Adorno erscheint als ›inhaltistische‹ Verirrung: »wenn jeder Begriff vom Code ausbleibt und Programme statt dessen als Waren auftreten, muß die kulturkritische Analyse notwendig auf Inhalte hereinfallen«[85]. Mit der »Verschiebung der Kritik auf die Hardware und die non-diskursive Software der Medien selbst«[86] verabschieden die Medientheoretiker nicht allein die Frankfurter Schule, sondern alle, die aus ihrer Sicht einem ideologiekritischen Ansatz verhaftet bleiben: »Im Unterschied zu cultural studies will Medienarchäologie [...] Medienkultur also nicht auf gesellschaftliches Verhalten von Medien reduzieren, sondern ihre kul*turtechnischen* Anteile aufdecken.«[87] Tatsächlich tritt ›gesellschaftliches Verhalten‹ zusehends in den Hintergrund. Wird zuletzt postuliert, daß Medien selbsttätig Bedeutung setzen, Sinn produzieren und sich selbst programmieren, verliert darüber hinaus

---

79 HANS MAGNUS ENZENSBERGER, Die Sprache des Spiegel (1957), in: Enzensberger, Einzelheiten I. Bewußtseins-Industrie (Frankfurt a. M. 1962), 82.
80 ENZENSBERGER, Bildung als Konsumgut. Analyse der Taschenbuch-Produktion (1958), in: ebd., 158.
81 ENZENSBERGER, Bewußtseins-Industrie (1962), in: ebd. 6, 8.
82 ENZENSBERGER, Baukasten zu einer Theorie der Medien, in: Kursbuch, H. 20 (1970), 173.
83 JEAN BAUDRILLARD, Requiem pour les media (1972), in: Baudrillard, Pour une critique de l'économie politique du signe (Paris 1972), 202, 224.
84 HAGEN (s. Anm. 37), 61, 62.
85 FRIEDRICH KITTLER, Copyright 1944 by Social Studies Association, Inc., in: S. Weigel (Hg.), Flaschenpost und Postkarte. Korrespondenzen zwischen Kritischer Theorie und Poststrukturalismus (Köln/Weimar/Wien 1995), 186.
86 WOLFGANG ERNST, Medienanatomie statt Kulturkritik, in: J. Fohrmann/A. Orzessek (Hg.), Zerstreute Öffentlichkeiten (München 2002), 146.
87 Ebd., 156.

der Begriff des Mediums selbst seine Funktion.[88] »Statt Techniken an Leute anzuschließen, läuft das absolute Wissen als Endlosschleife.«[89] So kehrt der zunächst vertriebene Geist als Metaphysik der Hardware wieder.

3. Neostrukturalistische Semiotik

Im Feld der neostrukturalistischen Semiotik, der dritten theoretischen Großkonkurrenz zu Warenästhetik und Kulturindustrie, vollzieht sich die Konfrontation weniger direkt. Ihr Ansatzpunkt deckt sich in etwa mit demjenigen Haugs; wie er untersucht sie die Umwälzung von Lebensweisen und Verständnishorizonten durch Massenkonsum und Werbung. Im Gegensatz zu ihm geht sie jedoch nicht von gleichsam objektiv bestimmten Bedürfnissen aus, die durch den ›Schein‹ der Gebrauchswertversprechen eingespannt und modelliert werden, sondern untersucht als Material der warenästhetischen Formung kulturelle Codes der Differenz und Distinktion. Eine ähnliche Wendung zum »symbolischen, ›sozialen‹ Gebrauchswert« wurde auch in der deutschen Diskussion um Haugs Modell eingefordert: »Das Interesse am neuesten Automobil speist sich weniger aus [...] technischer Untauglichkeit des alten Fahrzeugs als vielmehr aus der zusätzlichen Gebrauchswertbestimmung, den sozialen Status des Besitzers symbolisch zu signalisieren.«[90] Die französische Theorie ist hier insofern radikaler, als sie sich ausschließlich auf den Zeichencharakter von Warenästhetik und Konsum konzentriert.

Gegen 1970, knapp vor der Kritik der Warenästhetik, erscheinen in Frankreich drei Bücher, die der Analyse der kapitalistischen (Konsum-)Kultur eine neue methodische Wendung geben: Guy Debords Société du spectacle (1967), Henri Lefèbvres La vie quotidienne dans le monde moderne (1968) und Jean Baudrillards Société de consommation (1970). Die entscheidende Operation Lefèbvres besteht darin, aus der Struktur der Werbung auf die Zeichengeleitetheit der Konsumtion zu schließen. Wie später Haug greift er dabei zunächst auf Barthes' Mythenanalyse zurück; eine beliebige Aftershave-Werbung verbindet erstens heterogene Bild- und Textelemente zu einem Superzeichen, restituiert dabei zweitens überkommene Leitbilder (»na-

turalité, virilité, virilité face à la nature, naturalité du viril«[91]) und gibt derart drittens umfassende Lebensanweisungen. Lefèbvres Schlußfolgerung freilich unterscheidet sich von den Grundüberlegungen Haugs: Konsumiert werden unter solchen Bedingungen, so seine These, vor allem Zeichen. »Tout objet de consommation devient signe de consommation. Le consommateur se nourrit des signes: ceux de la technique, de la richesse, du bonheur, de l'amour. Les signes et significations supplantent le sensible.« (205 f.) Die ›Modellierung‹ der Sinnlichkeit‹ durch die Ästhetik der Warenpräsentation fällt damit bei Lefèbvre aus dem Rahmen der Untersuchung; sie kann höchstens noch als Nebeneffekt thematisiert werden.

Baudrillard setzt dieses Ergebnis bereits voraus: »ainsi le système de la consommation n'est pas fondé en dernière instance sur le besoin et la jouissance, mais sur un code de signes (d'objets/signes) et de différences«[92]. Politisch dienen diese Differenzen laut Baudrillard dazu, antagonistische Beziehungen in harmlose Verschiedenheit umzuwandeln; ökonomisch sieht er sie wie Haug als Verkaufsanreize, die für das Monopolkapital überlebenswichtig sind – »puisque la différence ›consommée‹ dont se repaît l'individu est aussi un des secteurs clefs de la production généralisée« (128). Baudrillard überträgt diese Einsichten auch auf den Sektor der industrialisierten Kulturproduktion. Statt dort jedoch die Einübung konformer Haltungen aufzudecken, bemerkt er eine Vergleichgültigung der medial präsentierten Realität: »Toute la matière du monde, toute la culture traitée industriellement« reduziere sich auf ein »matériel de signes, d'où toute valeur événementielle, culturelle ou politique s'est évanouie« (190). Debord hatte bereits einige Jahre vorher die radikalstmögliche

---

88 Vgl. SIEGFRIED J. SCHMIDT, Technik – Medien – Politik. Die Erwartbarkeit des Unerwartbaren, in: R. Maresch/N. Werber (Hg.), Kommunikation, Medien, Macht (Frankfurt a.M. 1999), 109 ff.
89 KITTLER, Grammophon. Film. Typewriter (Berlin 1986), 8.
90 RAINER PARIS, Kommentar zur Warenästhetik, in: Haug u. a. (s. Anm. 63), 89.
91 LEFÈBVRE (s. Anm. 52), 203.
92 BAUDRILLARD, La société de consommation, ses mythes, ses structures (1970; Paris 1974), 110.

Konsequenz aus dieser Beobachtung gezogen: Das ›Spektakel‹ der kommerziellen Scheinproduktion wird für ihn im fortgeschrittenen Kapitalismus zur bestimmenden Wirklichkeit: »la réalité surgit dans le spectacle, et le spectacle est réel. Cette aliénation réciproque est l'essence et le soutien de la société existante.«[93] Berühmter als dieser Ansatz selbst ist seine semiologische Übersetzung durch Baudrillard geworden. Bereits 1970 spricht er von der »abolition du signifié et *tautologie du signifiant*«[94] in den Medien der Konsumgesellschaft; mit seinem Hauptwerk *L'échange symbolique et la mort* (1978) weitet er die Diagnose dann zu einer allgemeinen Theorie spätmoderner Repräsentationsverhältnisse aus. Als Vehikel fungiert dabei ein weiteres klassisches Phänomen aus dem Funktionskreis der Warenästhetik: die Mode. Ihre ›Signifikanten‹ haben grundsätzlich keinen Bezug mehr auf Bezeichnetes. Die Gesamtanalyse läßt jedoch die ökonomische Funktionsweise der verselbständigten Differenzen hinter sich. Sie zielt statt dessen auf die allgemeine These, daß die Selbstbezüglichkeit von Zeichensystemen, Techniken der Simulation und referenzlosen ›Simulakren‹ total wird: »de medium en medium le réel se volatilise«[95]. Die Ansätze zu einem differenzierteren Verständnis von Gebrauchswerten sind damit ebenso verschenkt wie Möglichkeiten, die Fiktionalisierung der Weltwahrnehmung durch die

Werbeästhetik von Film und Fernsehen zu begreifen. Was sich statt dessen im Auslaufhorizont von Baudrillards Totalisierung ansiedelt, ist eine Kulturaffirmation, die der älteren Kulturkritik bis in den Gestus gleicht – außer in puncto Unterscheidungsvermögen: »Wichtiger als die Propaganda der Waren ist die Diffusion des Gefühls, in einer Medienwirklichkeit zu leben. […] Und wir alle weben lustvoll an diesem Schleier mit.«[96]

IV. Aktualität von Warenästhetik und Kulturindustrie

Dies sind nicht die einzigen Linien der Auseinandersetzung. An die Stelle des polemischen Begriffs Warenästhetik treten Neologismen, die das Beeinflussungswissen der Hersteller als Gestaltungs- oder sogar als Verständigungskompetenz artikulieren – Produktkultur, Visual Culture, Medienästhetik, ästhetische Kommunikation, Kommunikationsdesign und Gesellschaftskommunikation; dem Skandalwort Kulturindustrie zieht man im selben Zug wieder die neutralere ›Massenkultur‹ vor. Parallel zur Verdrängung der kritischen Begriffe hat sich in der jüngsten Vergangenheit eine beispiellose Expansion der Realitäten vollzogen, auf die sie abzielen. Theoretiker, die weiterhin von den cultural industries sprechen, haben (wie wohl zuerst Valéry[97]) bemerkt, daß diese inzwischen zu ›Schlüsselindustrien‹ aufgestiegen sind. Selbst die große Systemkrise der frühen 1970er Jahre, die heute als Anfang vom Ende der fordistischen Produktionsweise diskutiert wird, hat die Ausweitung der Kulturmärkte nicht aufgehalten[98] – die ›postfordistischen‹ Strategien des Outsourcing[99] auf der einen und des ›dream of synergy‹[100] auf der anderen Seite haben freilich auch in der kulturellen Produktion Fuß gefaßt. Ein ähnliches Wachstum ist im Bereich der Produktgestaltung und des Marketing zu beobachten, wo die Erschöpfung traditioneller Markenstrategien in den frühen 1990er Jahren hauptsächlich zur Entwicklung neuartiger Imagepolitiken geführt hat.[101] Strukturell wurde festgestellt, daß die Bereiche von Warenästhetik und Kulturindustrie einander immer näher rücken. »As other culture sector firms become increasingly like advertis-

---

93 GUY DEBORD, La société du spectacle (1967; Paris 1987), 12.
94 BAUDRILLARD (s. Anm. 92), 191.
95 BAUDRILLARD, L'échange symbolique et la mort (Paris 1976), 112.
96 NORBERT BOLZ, Weltkommunikation. Über die Öffentlichkeit der Werbung, in: Maresch (s. Anm. 37), 88.
97 Vgl. PAUL VALÉRY, Notion générale de l'art (1935), in: VALÉRY, Bd. 1 (1957), 1411 f.
98 Vgl. BERNARD MIÈGE, The Capitalization of Cultural Production (New York/Bagnolet 1989), 21.
99 Vgl. SCOTT LASH/JOHN URRY, Economies of Signs and Space (London/Thousand Oaks, Cal./Neu Delhi 1994), 116–119.
100 Vgl. KEITH NEGUS, The Production of Culture, in: P. du Gay (Hg.), Production of Culture/Cultures of Production (London/Thousand Oaks, Cal./Neu Delhi 1997), 84–92.
101 Vgl. NAOMI KLEIN, No Logo: Taking Aim at the Brand Bullies (New York 1999), 8–26.

ing, advertising is itself becoming more like a culture industry.«[102] Für diesen Eindruck kann man eine ganze Reihe von Gründen anführen. Zunächst werden immer mehr Waren mit ästhetischen und symbolischen Gebrauchswerten angereichert, während die traditionellen Kulturgüter zusehends in konsumtive Gesamtangebote eingebettet sind. Weiterhin bedient sich verstärkt die Werbung bei der Kunst und die Kunst bei der Werbung. Schließlich multiplizieren sich die Verflechtungen zwischen den Institutionen kultureller Öffentlichkeit und denen ästhetischer Absatzförderung.

Mit der ersten Entwicklung wird die Aufgabe akut, die Entgegensetzung zwischen Gebrauchswerten und warenästhetischem Schein zu relativieren, die Haugs Texte nahelegen. Eine Ergänzung ist hier deswegen schwierig, weil ästhetisch-symbolische Produktqualitäten immer schon in den Gebrauch eingingen. Wenn etwa Gernot Böhme zur Aktualisierung Haugs vorschlägt, neben Tauschwert und Gebrauchswert auch den »Inszenierungswert« von Waren zu beachten, hat er bei näherer Betrachtung doch nur altbekannte Phänomene wie das »Statussymbol«, »Ausstellungsstücke«[103] und »Nippes«[104] im Sinn. Weiter dürfte die Strategie führen, direkt bei den Insignien der Warenästhetik anzusetzen. Wenn sich die Unternehmen zusehends von der Herstellung eines bestimmten Produkts auf die Pflege eines globalen Markenimages umorientieren und sich bei ihren Abnehmern die Zurschaustellung von Firmenlogos einbürgert, wird »the brand as experience, as lifestyle«[105] vertrieben und konsumiert. Die umgekehrte Bewegung auf denselben Fluchtpunkt zu ist wesentlich unter dem Titel ›Design‹ diskutiert worden, der Reintegration der Kulturgüter in Gebrauchskontexte – etwa als Raumdekoration oder Klangtapete.

Wie sich die formale Syntax der Kulturgüter bei derjenigen der Warenästhetik bedienen kann, wurde – nach frühen Anläufen im Kontext des Dadaismus – erstmals in der Pop-art extensiv erprobt. Andy Warhol hat damit das Programm verbunden, die Reste autonomer Gestaltung systematisch zu tilgen: »Business Art is a much better thing to be making than Art Art, because Art Art doesn't support the space it takes up, whereas Business Art does. (If Business Art doesn't support its own space it goes out-of-business.)«[106] Seither hat das Spiel mit der Warenästhetik einen festen Platz im Vokabular avancierter Kunst. Die Kulturindustrie hat sie ohnehin seit jeher integriert. Nicht nur prägen Diskontinuität, Eingängigkeit und Vertrautheit die Produkte beider Sphären, auch das Branding hat sein Äquivalent im Kultursystem: »heute ist jede Großaufnahme der Filmschauspielerin zur Reklame für ihren Namen geworden, jeder Schlager zum plug seiner Melodie«[107]. Wenig anderes sagen zeitgenössische Fachleute wie der Vertreter der British Phonographic Industry Peter Scaping, der von Strategien des Typs »selling the artist as a brand«[108] spricht. Auf der anderen Seite hat sich mit der langjährigen Konkurrenz um Aufmerksamkeit die ästhetische Schulung und Reputation der Marketingfachleute gesteigert; seit den 1980er Jahren liest man vermehrt die These, daß »Werbung selbst zur Kunst wird«[109].

Institutionell verbinden sich Warenästhetik und Kulturproduktion schließlich in Medien und Veranstaltungen, die sich (überwiegend) aus Werbeerträgen finanzieren. Bereits Karl Kraus hatte den redaktionellen Teil der Zeitung als Beigabe zum Anzeigenteil definiert; Adorno und Horkheimer bemerken in amerikanischen Illustrierten, daß »der flüchtige Blick« beides »kaum mehr unterscheiden«[110] kann; heute illustriert diese Annahmen ein Privatfernsehen, das sein Programm als Werbung für die Werbeblöcke einsetzt. Der Konzeptkünstler Richard Serra hat folgerichtig auf einem Fernsehmonitor die Botschaft eingeblendet: »You are the product of t. v. / You are delivered to the advertiser

---

102 LASH/URRY (s. Anm. 99), 139.
103 GERNOT BÖHME, Aisthetik. Vorlesungen über Ästhetik als allgemeine Wahrnehmungslehre (München 2001), 21.
104 Ebd., 160.
105 KLEIN (s. Anm. 101), 21.
106 ANDY WARHOL, The Philosophy of Andy Warhol (From A to B and Back Again) (New York/London 1975), 144.
107 HORKHEIMER/ADORNO (s. Anm. 7), 187.
108 Zit. nach LASH/URRY (s. Anm. 99), 137.
109 MARK SIEMONS, Schöne neue Gegenwart. Über Kultur, Moral und andere Marketingstrategien (Frankfurt a. M./New York 1993), 54.
110 HORKHEIMER/ADORNO (s. Anm. 7), 186.

who is the customer.«[111] In Phänomenen wie dem Musikvideo ist die Grenze zwischen der Werbung, die »auf ein anderes Produkt verweist«, und der konsumierbaren »Sache selbst«[112] dann gar nicht mehr klar zu ziehen. Dieser Verschmelzung von Warenästhetik und Kulturindustrie zum Horizont aller kulturellen Praxis entsprechend, haben die Intellektuellen ihre Haltungen neu adjustiert. Die einfachste Reaktion besteht in einer mehr oder minder provokativen Bejahung der neuen Realität, wie sie sich von der Pop-Literatur bis zu Norbert Bolz' *Konsumistischem Manifest* (2002) zieht. Eine differenziertere Variante bieten Autoren, die den kauffunktionalen Schein für ›subversive‹ Politiken des Andersseins und der Ironie umnutzen wollen. Der Sympathie für eine »Kulturindustrie« des »Pop«[113], die seit den 1960er Jahren den »Kampf gegen die Disziplinierungen des Alltagslebens« (13) katalysiert, steht dabei allerdings wie bei Haug die Einsicht in die Verwertbarkeit der Abweichung entgegen: »Wo sich Dissidenz einmal des Konsums bediente«, bedient »sich nun der Konsum der Dissidenz« (6). Auch die ironische Haltung zu kulturellen Vorgaben, die sich an den konstitutiv unerfüllbaren Versprechen der Warenästhetik geschult hat, ist vielfach kritisiert worden. Zum einen setzt sie zumindest dem Konsumimperativ keinen Widerstand entgegen (»zwangshafte Mimesis […] an die zugleich durchschauten Kulturwaren«[114] nannten das Horkheimer und Adorno), und zum anderen eignet sie sich ausgezeichnet als Distinktionsmerkmal für Intellektuelle, die sich angesichts der verwischten High-low-Differenz noch feine Unterschiede erhalten wollen.[115]

Schwierigkeiten dieser Art machen es einleuchtend, daß sich nach der Akzeptanzwelle der 1980er und 1990er Jahre wieder die Opposition zum Komplex Warenästhetik-Kulturindustrie ausbreitet. Naomi Klein, die hierzu einen einflußreichen Beitrag geliefert hat, schildert zum einen die sozialen Verwerfungen, welche die neue Markenästhetik anrichtet: »The lavish spending in the 1990s on marketing, mergers and brand extensions has been matched by a never-before-seen resistance to investing in production facilities and labor« – statt dessen setzte man auf Sweat-Shops und Billiglohnländer. Zum anderen macht sie aber gerade die sinnliche Omnipräsenz des Kapitals in seinen Logos als Ansatzpunkt eines neuen Widerstands aus: »as more people discover the brand-name secrets of the global logo web, their outrage will fuel the next big political movement, a vast wave of opposition squarely targeting transnational corporations, particularly those with very high name-brand recognition.«[116] Diese Empörung wird freilich nicht verhindern, daß Klein als »neuer Star der Globalisierungsgegner«[117] die Kassen der Bertelsmann-Gruppe füllt – und daß sich die Formierung persönlicher wie politischer Identität immer enger mit der Selbstdarstellung als Marke verbindet.

Mark Napierala/Tilman Reitz

Literatur

COOK, DEBORAH, The Culture Industry Revisited: Theodor W. Adorno on Mass Culture (Lanham 1996); HAUG, WOLFGANG FRITZ u. a., Warenästhetik. Beiträge zur Diskussion, Weiterentwicklung und Vermittlung ihrer Kritik (Frankfurt a. M. 1975); HOLERT, TOM/TERKESSIDIS, MARK (Hg.), Mainstream der Minderheiten. Pop in der Kontrollgesellschaft (Berlin 1996); JAMESON, FREDRIC, Reification and Utopia in Mass Culture, in: M. Hardt/K. Weeks (Hg.), The Jameson Reader (1979; Oxford/Malden, Mass. 1992), 123–148; KAUSCH, MICHAEL, Kulturindustrie und Populärkultur. Kritische Theorie der Massenmedien (Frankfurt a. M. 1988); KELLNER, DOUGLAS, Kulturindustrie und Massenkommunikation. Die Kritische Theorie und ihre Folgen, übers. v. H. Fliessbach, in: W. Bonß/A. Honneth (Hg.), Sozialforschung als Kritik (Frankfurt a. M. 1982), 482–515; LASH, SCOTT/URRY, JOHN, Economies of Signs and Space (London/Thousand Oaks, Cal./Neu Delhi 1994); LINDNER, BURKHARDT, Technische Reproduzierbarkeit und

---

111 RICHARD SERRA, Television Delivers People (1973), zit. nach ROSALIND KRAUSS, ›A Voyage on the North Sea‹: Art in the Age of the Post-Medium Condition (London 2000), 31.
112 DIEDRICH DIEDERICHSEN, MTV und andere. Neue Gattung, neues Medium oder neues Produkt?, in: D. Majetkowski/F. Kittler (Hg.), Literatur im Informationszeitalter (Frankfurt a. M./New York 1996), 219.
113 TOM HOLERT/MARK TERKESSIDIS, Einführung in den Mainstream der Minderheiten, in: Holert/Terkessidis (s. Anm. 76), 12.
114 HORKHEIMER/ADORNO (s. Anm. 7), 191.
115 Vgl. MAASE (s. Anm. 11), 238.
116 KLEIN (s. Anm. 101), 196, XVIII.
117 CLAUDIA RIEDEL, Keine Macht den Marken, in: Die Zeit [›Leben‹] (15. 3. 2001), 4 f.

Kulturindustrie. Benjamins ›Positives Barbarentum‹ im Kontext (1978), in: Lindner (Hg.), Walter Benjamin im Kontext (1978; Frankfurt a.M. ²1985), 180–223; LÖ-WENTHAL, LEO, Adorno und seine Kritiker (entst. 1978), in: Löwenthal, Schriften, hg. v. H. Dubiel, Bd. 4 (Frankfurt a.M. 1984), 59–73; MAASE, KASPAR, Grenzenloses Vergnügen. Der Aufstieg der Massenkultur 1850–1970 (Frankfurt a.M. 1997); MIÈGE, BERNARD, The Capitalization of Cultural Production (New York/Bagnolet 1989); REXROTH, TILLMANN (Hg.), Warenästhetik – Produkte und Produzenten. Zur Kritik einer Theorie W. F. Haugs (Kronberg i. Ts. 1974); SCHRÖDER, WINFRIED/ HOHENWALD, HEINZ, Annäherung an das Problemfeld ›Kulturindustrie‹, in: K. Barck/M. Fontius/W. Thierse (Hg.), Ästhetische Grundbegriffe. Studien zu einem historischen Wörterbuch (Berlin 1990), 452–473; STEINERT, HEINZ, Kulturindustrie (Münster 1998).

Weiblichkeit

(engl. femininity; frz. féminité; ital. femminilità; span. feminidad; russ. женственность)

Einleitung: ›Weibliche Ästhetik‹. Die aktuelle Konstellation; I. ›Querelle des femmes‹: Vorstufen einer Ästhetik des Weiblichen als Ausgrenzung; 1. Der Bildstatus des Weiblichen – von der Dämonisierung zur ›Naturalisierung‹; 2. Weiblichkeit im rationalistischen Diskurs; **II. Aufklärung: Konturen der Konstruktion/Erfindung ästhetischer Weiblichkeit;** 1. Weiblichkeit und Empfindsamkeit; 2. Weiblichkeit als Schein, Lüge, Travestie; 3. Geschlechtsspezifische ästhetische Distinktionen; 4. Die Versöhnungsfunktion der ›schönen Seele‹; **III. Die romantische Wende: Der Roman als ›weibliche Dichtart‹. Weiblichkeit, Poesie und Kunst; IV. Weiblichkeit als Paradigma moderner Ästhetik?** 1. Die Aufwertung männlicher Weiblichkeit; 2. Weiblichkeit und Revolution; 3. Die ästhetische Überhöhung ›weiblicher Natur‹. Weiblichkeit als Artefakt; 4. Ästhetik und Erotik. Weiblichkeit als Erlösung; 5. Geschlechtermetaphysik und Kunstproduktion; 6. ›Das Rätsel der Weiblichkeit‹

Einleitung: ›Weibliche Ästhetik‹. Die aktuelle Konstellation

Die Kategorie Weiblichkeit stand in den letzten dreißig Jahren im Zentrum feministischer Theoriebildung, der Frauen- und Geschlechterforschung. Zunächst ermöglichte die Beschäftigung mit dem sozial-kulturellen Konstrukt des ›gender‹ (im Unterschied zu ›sex‹, dem biologischen Geschlecht) eine Verständigung über hierarchische Systeme gesellschaftlicher und geschlechtlicher Beziehungen. Aufgrund der Unzulänglichkeiten existierender Theoriegebäude entstand über die Kritik am Androzentrismus in Politik, Kultur und Wissenschaft ein neuer Anspruch auf ein bestimmtes Definitionsfeld.

Als eine objektive Bezugsreihe strukturieren Genderkonzepte die Wahrnehmung sowie die konkrete und symbolische Organisation allen gesellschaftlichen Lebens.[1] Ausgehend von der Genderkategorie, scheiden sich feministische Theorien an der Bestimmung von Weiblichkeit; an deren jeweiliger Konzeption orientiert sich der Zugang zu gesellschaftlichen und ästhetischen Phänomenen wie die Praxis feministischer Kunstausübung.

Die Formierung feministischer Bewegungen erfolgte in den 1970er Jahren im Zuge politischer Protestbewegungen über den Diskurs der Befreiungsbewegungen. Die Unterdrückung der Frau in der Gesellschaft schien durch das Aufdecken patriarchalischer Machtstrukturen und den grundlegenden Wandel der Geschlechterverhältnisse aufhebbar. Die Suche nach kulturgeschichtlichen Spuren verdrängter Weiblichkeit und nach Ausdrucksformen einer spezifisch ›weiblichen Ästhetik‹ jenseits der patriarchalischen Weiblichkeitsbilder wurde zum Thema theoretischer und künstlerischer Aktivitäten von Frauen. Hinter den Trugbildern des ›schönen Scheins‹ schien sich die verborgene Wahrheit der Frau als ›Selbst‹ zu enthüllen. In dieser ersten Phase feministischer Analysearbeit führte die Kritik an den mythischen und kunstförmigen Strukturierungen der historisch überlieferten Weiblichkeitsbilder (Ästhetik der Weiblichkeit) zu einer neuen Variante des Mythos der Aufklärung oder zu einer Remythisierung in Anlehnung an Matriarchatsmythen oder ›Sekundärmythen‹, die in der Umkehrung männlicher Spiegelbilder eine Positivierung des Weiblichkeitsbegriffs an-

---

[1] Vgl. PIERRE BOURDIEU, Le sens pratique (Paris 1980), 111–134.

strebten.² Mit Simone de Beauvoirs *Le deuxième sexe* (1949) und Kate Milletts *Sexual Politics* (1969) sowie einem essentialistischen Konzept von ›weiblicher Erfahrung‹ und ›weiblicher Gruppenidentität‹ (›cultural feminism‹) wurde der literarische Kanon des etablierten Wissenschaftssystems in seiner androzentristischen Fassung kritisiert und durch die Wiederentdeckung der von Frauen geschriebenen Werke einer Revision unterzogen. Die Kritik an der Ideologie einer angeblich objektiven Wissenschaft, die in Wahrheit die Perspektive des einen Geschlechts, die ›männliche Optik‹, repräsentiert, führte in der inhaltsanalytischen Lesart angloamerikanischer Prägung dazu, daß Weiblichkeitsbilder in Texten männlicher Autoren zu den realen Erfahrungen von Frauen bzw. zur Kulturgeschichte von Frauen in Beziehung gesetzt und ob ihres ideologisch projektiven und repressiven Charakters angeklagt wurden.

Herbert Marcuse verknüpfte mit dem Begriff Weiblichkeit ein Hoffnungsversprechen der Befreiung – Weiblichkeit als Garantin der Utopie.³ Im Unterschied zu traditionellen Weiblichkeitsprojektionen, in denen die Frau als minderwertig und marginalisiert entworfen wurde, sah er in den Zuschreibungen des kulturellen Feminismus Kontrasttugenden wie »Sensibilität, Rezeptivität, Sinnlichkeit«; »Spuren«, die der kapitalistischen Herrschaft des Leistungsprinzips entgegenstehen und eine »revolutionäre, subversive«⁴ Macht hervorbringen können. Peter Gorsen, der die sexologisch bzw. biologisch argumentierende Geschichtsbetrachtung in bezug auf die Diskriminierung und Behinderung weiblicher Kreativität analysiert, kommt in einer idealisierten Synthese, in der Weiblichkeit als Korrektiv normativer männlicher Herrschaft fungiert, zur Aufhebung der Geschlechterungleichheit. Er plädiert für ein »Projekt des feministischen Androgynismus«, das in einem »Modell des emanzipierten androgynen weiblichen Menschen die Synthese von weiblich und männlich *in jedem Menschen*«⁵ anstrebt.

Mit der Kritik an solchen essentialistischen Ansätzen und mit der Denaturalisierung weiblicher Geschlechtsidentität geriet das Verhältnis von Weiblichkeit und Ästhetik ins Zentrum der Aufmerksamkeit, wobei vor allem zwei Auffassungen von Weiblichkeit diskutiert werden. Aus psychoanalytischer Perspektive wird Weiblichkeit als Nicht-Identität oder Mangel gefaßt und aus poststrukturalistischer Sicht – dem nicht unbedingt widersprechend – als Maskerade oder Travestie.⁶

Hatte der ›cultural feminism‹, indem er zwar die männlichen Definitionen der Weiblichkeit, nicht aber das Definiert-Werden des weiblichen Körpers als solches in Frage stellte, eine ahistorische, essentialistische Vorstellung von Weiblichkeit und alternativer ›weiblicher Kultur‹ entwickelt, verwarfen poststrukturalistische Feministinnen prinzipiell die Möglichkeit, Weiblichkeit zu bestimmen, und traten den langen Weg der Dekonstruktion sämtlicher Diskurse an, in denen Weiblichkeit funktionalisiert wird.⁷ In dieser Perspektive erscheinen das Subjekt und ›die Anderen‹ als ebenso konstruiert wie die binäre relationale Beziehung zwischen den scheinbar ontologischen Kategorien ›männlich‹ und ›weiblich‹, die durch das epistemische Regime der Heterosexualität hervorgebracht und als Begriffe verdinglicht werden.⁸

Die differenztheoretische Kritik am Egalitätskonzept einer ›authentischen Weiblichkeit‹ beruft sich auf die von Freud und Jacques Lacan entwickelte Konstruktion der Geschlechterdifferenz auf einer unbewußt symbolischen Ebene bzw. in der Sprache, in Vorstellungen und Wahrnehmungen.⁹

---

2 Vgl. SIGRID WEIGEL, Topographien der Geschlechter. Kulturgeschichtliche Studien zur Literatur (Reinbek b. Hamburg 1990), 21.
3 Vgl. HERBERT MARCUSE, Counterrevolution and Revolt (Boston, Mass. 1972), 74–78.
4 MARCUSE im Gespräch mit S. Bovenschen/M. Schuller, in: J. Habermas u. a., Gespräche mit Herbert Marcuse (Frankfurt a. M. 1978), 75.
5 PETER GORSEN, Frauen und Frauenbilder in der Kunstgeschichte, in: G. Nabakowski/H. Sander/Gorsen (Hg.), Frauen in der Kunst, Bd. 2 (Frankfurt a. M. 1980), 177.
6 Vgl. JUDITH BUTLER, Gender Trouble (New York/London 1990).
7 Vgl. LINDA ALCOFF, Cultural Feminism versus Post-Structuralism: The Identity Crisis in Feminist Theory, in: Signs. Journal of Women in Culture and Society 13 (1988), 405–436.
8 Vgl. BUTLER (s. Anm. 6), X.
9 Vgl. JACQUES LACAN, Le Séminaire, livre 11: Les quatre concepts fondamentaux de la psychanalyse (entst. 1964; Paris 1973), 221–223.

Das Bild von Weiblichkeit hat somit immer eine imaginäre Funktion, die der männlichen symbolischen Ordnung unterworfen ist. Das Interesse an der Bedeutungskonstitution von Weiblichkeit geht zum einen auf die negative Bestimmung der Weiblichkeit bei Freud als Projektion des Mangels, der Verkümmerung, der Kehrseite des einen Geschlechts (Penisneid) zurück, zum anderen auf die Bedeutung des Bildes für die Ich-Bildung des Subjekts bei Lacan und auf dessen Theorie der Sprache als Schlüssel für die geschlechtliche Identitätsbildung: »Il y suffit de comprendre le stade du miroir *comme une identification* au sens plein que l'analyse donne à ce terme: à savoir la transformation produite chez le sujet, quand il assume une image, – dont la prédestination à cet effet de phase est suffisamment indiquée par l'usage, dans la théorie, du terme antique d'*imago*.«[10] Wenn weibliche Subjektivität innerhalb patriarchalischer Kultur keine eigene Repräsentation hat, sondern immer als Gegensatz zum Männlichen gedacht und dem Männlichen subsumiert wurde, dann ist kein positives Bild von Weiblichkeit zu bestimmen, außer in der Negation als vielschichtige, nicht-identische Weiblichkeit. In dieser Auffassung gibt es Weiblichkeit nur in der Differenz gegenüber der phallisch bestimmten Männlichkeit sowie in der Differenz gegenüber sich selbst.[11]

Von französischen Theoretikerinnen wurden Begriffe wie ›parler femme‹, ›écriture féminine‹ oder ›femme effet‹ entwickelt, die alle darauf verweisen, daß die Weiblichkeit als das Unbewußte, Verdrängte, die symbolische Ordnung aufrechterhält und ›weibliches Schreiben‹ nur jenseits der verbindlichen Normen ›rechten Schreibens‹ in der Distanz zu bestimmten Aussageformen entstehen kann.[12]

Die Ableitung des Begriffs ›weibliches Schreiben‹ aus der Kritik am männlichen Logik-, Sprach- und Zeichenbegriff ist für die theoretischen Positionen bei Hélène Cixous, Luce Irigaray und Julia Kristeva zentral. In den hierarchischen Identitätskonstruktionen männlich/weiblich der symbolischen Ordnung werden Definitionspraktiken der gesamten abendländischen Kultur erkannt: »Cette opposition à la femme se distribue à l'infini dans toutes les oppositions qui organisent la culture. C'est l'opposition classique, duelle, hiérarchi-

sée. Homme/Femme, ça dit aussi, automatiquement, grand/petit, supérieur/inférieur [...] ça dit haut ou bas, ça dit Nature/Histoire, ça dit transformation/inertie. En fait toute la théorie de la culture, toute la théorie de la société, toute l'ensemble des systèmes symboliques – c'est-à-dire tout ce qui s'organise en tant que discours, l'art, la religion, la famille, le langage, tout ce qui nous prend, tout ce qui nous fait – tout est organisé à partir d'oppositions hiérarchisées«[13]. Cixous kritisiert die in der Freudschen Libidotheorie lediglich als Mangel am Phallisch-Symbolischen entfaltete Weiblichkeit, indem sie die dem Symbolischen vorausgehende Triebbewegung durch Metaphern wie die des Flüssigen, des Blutes, des Gesangs, der Stimme benennt, die dann die Merkmale einer Ästhetik der Schrift, einer ›weiblichen Schrift‹ ausmachen.[14] Weibliche Lust und weiblicher Körperausdruck werden – in Analogie zur Körperlichkeit der Hysterikerin – mit einem subversiven, vom Körper ausgehenden ›weiblichen Schreiben‹ identifiziert. »Et avec quelle force dans leur fragilité: [...] Elles n'ont pas sublimé. [...] Elles ont habité furieusement ces corps somptueux: admirables hystériques qui ont fait subir à Freud tant de voluptueux et inavouables moments [...]. C'est toi, Dora, toi, indomptable le corps poétique, la vraie ›maitresse‹ du Signifiant.«[15] Da Weiblichkeit hier im Präödipalen und Männlichkeit im Ödipalen verankert wird, verbleibt auch dieser Ansatz zur Positivierung der Weiblichkeit im Schema binärer Oppositionen.

Luce Irigarays Konzept von Weiblichkeit basiert auf einer an Lacan angelehnten Fassung des Metonymiebegriffs als eines Gegenverfahrens: Einem metaphorischen, abbildenden und darstellenden

---

10 LACAN, Le stade du miroir comme formateur de la fonction du Je (1949), in: Lacan, Écrits (Paris 1966), 94.
11 Vgl. LACAN, La signification du phallus (1958), in: ebd., 685–695.
12 Vgl. EVA WANIEK, (K)ein weibliches Schreiben, in: Die Philosophin 5 (1992), 49.
13 HÉLÈNE CIXOUS, Le sexe ou la tête?, in: Les Cahiers du GRIF [Groupe de Recherche et d'Information Féministes], H. 13 (Okt. 1976), 6.
14 Vgl. CIXOUS, Sorties, in: CATHERINE CLÉMENT/CIXOUS, La jeune née (Paris 1975), 115ff., 148f., 169–186.
15 Ebd., 176.

Schreiben wird ein metonymisches konfrontiert, das berührt, teilnimmt, verschiebt. Das Metonymische durchbricht verfestigte Sinnsysteme und Sinnhierarchien und zielt auf die Einbeziehung vergessener und unterdrückter Diskursformen. Der christliche mystische Diskurs sei der einzige Diskurs des Abendlandes, den die Frauen gehalten haben. »Il y a là quelque chose à interroger [...] qu'il conviendrait de déprendre de toute soumission aux lois de la discursivité.«[16] Die Dekonstruktion des abendländischen Diskurses von Plato bis Freud dechiffriert, wie die Identität des männlichen Subjekts über die Funktionalisierung der Geschlechterdifferenz konstituiert wird.[17] Als eine Figur der Differenz begründet Weiblichkeit hier keine weibliche Identität, sondern ein subversives Moment, das Identität durchkreuzt. Das ›Durchqueren‹ männlicher Diskurse als eine mimetische Bewegung betont im Unterschied zur Dekonstruktion Derridas die Materialität und Körperlichkeit dieses lustvollen Verfahrens »d'une retraversée du miroir qui sous-tend toute spéculation«[18]. Auf der Suche nach dem Ort der Weiblichkeit in der Subjektkonstitution wird Weiblichkeit hier nicht mehr mit der präödipalen Phase oder mit dem Unbewußten gleichgesetzt; vielmehr gilt es, den herrschenden Diskurs aus der Perspektive der Frau zu durchbrechen, durch ›parler femme‹ und auf dem einzigen Weg, der historisch der Weiblichkeit zugesprochen wird: dem mimetischen.[19] Frauen können diesen historisch überlieferten Ort einnehmen, weil Weiblichkeit immer einen Zustand der Verstellung, der Maskerade bezeichnet, der durch ›Ent-stellung‹ die verdrängte Differenz und ihre Funktionalisierung zum Zwecke männlicher Identitätsbildung zum Vorschein bringt. Frau und Weiblichkeit sind also doppelt verortet: Sie nehmen eine Funktion im Symbolischen ein, sind an der männlichen Kultur beteiligt und zugleich ausgegrenzt.[20]

Im Unterschied zu vorausgehenden Diskussionen über ›weibliche Ästhetik‹ ist Weiblichkeit hier nicht mehr an das Geschlecht der Autorin oder an ästhetische Gegenstände gebunden, sondern auf die Ebene eines Verfahrens, einer mimetischen Schreibweise verlagert, in der Weiblichkeit als ein »excès, dérangeant« erscheint. Weiblicher ›Stil‹ und weibliche ›Schrift‹ entziehen sich der Privilegierung des Blicks, der dem Bildstatus der Weiblichkeit in sprachlichen und visuellen Repräsentationssystemen eingeschrieben ist. Der weibliche ›Stil‹ hingegen »résiste à, et fait exploser, toute forme, figure, idée, concept, solidement établis«[21]. Auf diese Weise funktioniert Weiblichkeit als ›Speculum‹, einerseits als Instrument der organischen Introspektion und andererseits als Spekulationsobjekt des Mannes, die die Frau als sein eigenes negatives Spiegelbild konstruiert. Als ›Anderes‹ ist die Weiblichkeit das verkehrte Selbst, das Gleiche des Mannes. »C'est croire, par exemple, qu'il faille *devenir* une femme, qui plus est ›normale‹, alors que l'homme serait d'entrée de jeu homme. Il n'aurait qu'à accomplir son être-homme, tandis que la femme aurait à devenir une femme normale, c'est-à-dire à entrer dans la *mascarade de la féminité*. Le complexe d'Œdipe féminin, c'est finalement l'entrée de la femme dans un système de valeurs qui n'est pas le sien, et où elle ne peut ›apparaître‹ et circuler qu'enveloppée dans les besoins-désirs-fantasmes des autres – hommes.«[22]

In späteren Schriften allerdings erfährt Weiblichkeit bei Irigaray eine zunehmende Positivierung, wenn sie beispielsweise das ›Rätsel der Weiblichkeit‹ (Freud) mit den weiblichen Lippen analogisiert.[23] Mit der stärkeren Einbeziehung mythologischer und religiöser Metaphorik steht das Weibliche für »gardiennes de la chair«[24],

---

16 LUCE IRIGARAY/CATHERINE CLÉMENT, La femme, son sexe, et le langage, in: La Nouvelle Critique. Politique, marxisme, culture, N. S. 82 (1975), 37.
17 Vgl. IRIGARAY, Speculum de l'autre femme (Paris 1974).
18 IRIGARAY, Pouvoir du discours, subordination du féminin (1975), in: Irigaray, Ce sexe qui n'en est pas un (Paris 1977), 75.
19 Vgl. ebd., 73 f.
20 Vgl. WEIGEL, Der schielende Blick. Thesen zur Geschichte weiblicher Schreibpraxis, in: I. Stephan/ Weigel (Hg.), Die verborgene Frau: Sechs Beiträge zu einer feministischen Literaturwissenschaft (Berlin 1983), 83–137.
21 IRIGARAY (s. Anm. 18), 76.
22 IRIGARAY, Questions (1977), in: ebd., 132.
23 Vgl. IRIGARAY, Éthique de la différence sexuelle (Paris 1984), 24; IRIGARAY, Le genre féminin (1985), in: Irigaray, Sexes et parentés (Paris 1987), 129; IRIGARAY, Le geste en psychanalyse (1985), in: ebd., 114 f.
24 IRIGARAY, Le corps-à-corps avec la mère (1980), in: Irigaray, Sexes (s. Anm. 23), 31.

›Mütterlichkeit‹[25] und letztendlich für das ›Göttliche‹.[26] Auf der Skepsis gegenüber allem weiblichen Schreiben zu beharren und es dennoch programmatisch weiterzutreiben ist kennzeichnend für Positionen innerhalb der Diskussion um ›weibliche Ästhetik‹, die »die ›Ortlosigkeit‹ der Frau in eine konstruktive, nomadisierende Utopie verwandeln« und »das Ausgeschlossensein aus der symbolischen Ordnung‹ als Transformation der symbolischen (logozentrischen) in die semiotische (polyloge) Ordnung verstehen«. Und wie Renate Lachmann 1983 in ihren *Thesen zu einer weiblichen Ästhetik* weiter formuliert, müsse man »das ›Nichtdefinierte‹ als Vorteil des *anderen* Blicks begreifen, der das Definierte aber anders und neu sehen kann«[27]. Wie bereits Silvia Bovenschen 1979 in ihrer bahnbrechenden Studie über die ›imaginierte Weiblichkeit‹ fordert, ist die »Auseinandersetzung mit den Sprachformen, den Zeichensystemen und den Bildwelten, den Symbolen und den Formen des Verhaltens und der Kommunikation«[28] die erste Bedingung für die Suche nach einer anderen weiblichen Ästhetik jenseits binärer Modelle, Sprach- und Diskurshierarchien.

Aus deren Kritik leitet die Semiotikerin und Psychoanalytikerin Julia Kristeva die Entwicklung eines ›polylogischen‹ Feldes ab.[29] Weiblichkeit ist für sie ebenfalls an die geschlechtsspezifische Identitätsbildung durch den Spracherwerb gebunden und nur in einem mimetischen Verfahren lesbar. Sie führt deshalb in die Bezeichnungspraxis neben den Begriffen der Metapher und der Metonymie den Vorgang der ›Transposition‹ ein, als »possibilité du procès signifiant de passer d'un système de signes en un autre, de les échanger, de les permuter«[30]. Kristeva untersucht auf diese Weise die Bedeutungskonstruktionen von Weiblichkeit im literarischen, philosophischen und psychoanalytischen Diskurs. Zunächst entziffert sie den Weiblichkeitsbegriff aus dem Freud-Lacanschen Diskurs geschlechtlicher Identitätsbildung. Die präödipale Phase, die jeglicher Geschlechterdifferenz vorausgeht, wird als die ›chora sémiotique‹ (von griech. χώρα, chōra – geschlossener Raum, Mutterleib) bezeichnet.[31] Das Semiotische funktioniert in der Modalität von Sinngebungsprozessen und ist deshalb nur im Symbolischen theoretisch faßbar damit empirisch nicht zu isolieren. Es ist also kein Zustand, der positiv besetzt werden kann. »Cette explosion du sémiotique dans le symbolique, loin d'être une négation de la négation, une *Aufhebung* qui supprimerait la contradiction engendrée par le thétique, pour instaurer à sa place une positivité idéale-restauratrice de l'immédiateté pré-symbolique, – est une transgression de la position, une réactivation à rebours de la contradiction qui a instauré cette position même.«[32] Die ›chora sémiotique‹ bildet die brüchige und heterogene Dimension der Sprache, analog einem rhythmischen Pulsieren, dem Rhythmus von Stimme und Geste. So bewegt sich die Schreibpraxis von Frauen in einem archäologischen Abtragen erstarrter Bedeutungen unserer Kultur, in einem Zer-Schreiben der herrschenden Diskurse, um den »ontologischen Ort des Nichts«[33], den die Weiblichkeit in der Dialektik von gleichzeitiger An- und Abwesenheit historisch besetzt hat, zu dechiffrieren. Kristeva entwickelt keine Theorie der Weiblichkeit, all ihre Bestimmungen sind relational und strategisch zu verstehen. Mit der Subversion aller Identitäten, auch der Geschlechtsidentität, stellt Kristeva jegliche Idee einer weiblichen Schreibweise oder des ›parler femme‹ in Frage. Weiblichkeit ist in ihrer Theorie eine kulturelle Konstruktion, die das bezeichnet, was von der patriarchalischen symbolischen Ordnung marginalisiert wird, und sie zeigt mit ihren Untersuchungen von männlichen Avantgarde-Künstlern, daß auch Männer in der symbo-

25 Vgl. ebd., 19–34.
26 Vgl. IRIGARAY, Femmes divines (1984), in: ebd., 67–86.
27 RENATE LACHMANN, Thesen zu einer weiblichen Ästhetik, in: C. Opitz (Hg.), Weiblichkeit oder Feminismus? Beiträge zur interdisziplinären Frauentagung, Konstanz 1983 (Weingarten 1984), 191.
28 SILVIA BOVENSCHEN, Die imaginierte Weiblichkeit. Exemplarische Untersuchungen zu kulturgeschichtlichen und literarischen Präsentationsformen des Weiblichen (Frankfurt a. M. 1979), 95.
29 Vgl. JULIA KRISTEVA, Polylogue (Paris 1977), 8.
30 KRISTEVA, La révolution du langage poétique (Paris 1974), 60.
31 Vgl. ebd., 22–30; KRISTEVA, De ce côté-ci, in: Kristeva, Des chinoises (Paris 1974), 32 ff.
32 KRISTEVA (s. Anm. 30), 68.
33 EVA MEYER, Zählen und Erzählen. Für eine Semiotik des Weiblichen (Wien/Berlin 1983), 73.

lischen Ordnung als marginal konstruiert werden können. Wenn, wie Cixous und Irigaray herausgearbeitet haben, Weiblichkeit als Mangel, Negativität, Chaos und Dunkelheit, als Nicht-Sein definiert wird, dann ermöglicht es Kristevas Bestehen auf der Marginalität, diese Unterdrückung der Weiblichkeit als eine Frage der Positionalität und nicht der Essenz anzugeben.[34] Das Konzept der Positionalität, das die Konstruiertheit des Körpers und seiner geschlechtlichen Identitäten zum Zentrum hat, führten die amerikanischen Wissenschaftlerinnen Teresa de Lauretis, Donna J. Haraway und Judith Butler in die feministische Theorie ein. So verweist die Biologin Haraway entschieden auf die Konstruktion von Weiblichkeit in multinationalen wissenschaftlichen und technologisch vermittelten sozialen, kulturellen und technischen Systemen und stellt dem die Utopie einer Cyborg-Identität als Vorlage für das Leben in einer hochtechnisierten Welt entgegen.[35] Aus der Perspektive farbiger Frauen wurde die feministische Dekonstruktion des bewußtseinsphilosophischen Subjektbegriffs mit Männlichkeit, Vernunft, Logos, Rationalität als Zentrum und der Markierung der Weiblichkeit als Differenz, Marginalität und Alterität als unreflektierte Position einer hegemonialen weißen Theorie kritisiert, denn was aus einer Perspektive marginal wirkt, kann aus einer anderen unterdrückend zentral erscheinen.[36]

Zusammenfassend ist festzuhalten, daß mit Einführung der ›gender‹-Kategorie die Begriffe Weiblichkeit und Männlichkeit als kulturelle Konstruktionen ausgewiesen werden konnten, die nie als rein binäre Figuren auftreten, sondern immer durch andere Hierarchisierungskategorien der Differenz (Rasse, Ethnie, Klasse) gebrochen sind und vielfältige Subjektpositionen bezeichnen. Als Gestalt der Differenz werden mögliche Existenzformen der Weiblichkeit in der Subversion des Symbolischen, in der Maskerade, der Parodie oder der Travestie entwickelt. Der Begriff der Maskerade geht auf eine kulturgeschichtliche Gleichsetzung zurück, bei der Weiblichkeit in eins gesetzt wird mit der Hysterikerin und mit der angeblichen Lügenhaftigkeit und Falschheit der Frau.[37] Lacan nimmt den Begriff der Maskerade auf, um Weiblichkeit »als Resultat des Begehrens sowie als Projektion des Begehrens eines Anderen«[38] zu formulieren. Er verschweigt in seinen Schriften allerdings die Urheberin des Begriffs Maskerade in der psychoanalytischen Theorie. Der Aufsatz der englischen Psychoanalytikerin Joan Riviere *Womanliness as a Masquerade* erschien zuerst 1929 im *International Journal of Psychoanalysis*. Riviere betrachtete ›masquerade‹ als ein Zeichen verfehlter Weiblichkeit, als das Mittel, eine von der Frau ›usurpierte‹ Männlichkeit zu verbergen. »The reader may now ask how I define womanliness or where I draw the line between genuine womanliness and the ›masquerade‹. My suggestion is not, however, that there is any such difference; whether radical or superficial, they are the same thing.«[39] Für Lacan hingegen ist Maskerade der symbolische Ausdruck für Sexualität und weibliche Nicht-Identität. »Si paradoxale puisse sembler cette formulation, nous disons que c'est pour être le phallus, c'est-à-dire le signifiant du désir de l'Autre, que la femme va rejeter une part essentielle de la féminité, nommément tous ses attributs dans la mascarade. C'est pour ce qu'elle n'est pas qu'elle entend être désirée en même temps qu'aimée.«[40]

Der Ansatz von Riviere und seine verschwiegene Übernahme durch Lacan bzw. die Umdeutung durch Irigaray, bei welcher ›Maskerade‹ Weiblichkeit als Uneigentliches der Frau und den Eintritt in die symbolische Ordnung zeigt, haben sich für die Weiterentwicklung der Diskussion um

---

34 Vgl. TORIL MOI, Sexual-Textual Politics: Feminist Literary Theory (London/New York 1985), 163–167.
35 Vgl. DONNA JEANNE HARAWAY, ›Gender‹ for a Marxist Dictionary: The Sexual Politics of a Word (1987), in: Haraway (Hg.), Simians, Cyborgs and Women. The Reinvention of Nature (New York 1991), 141; HARAWAY, A Cyborg Manifesto: Science, Technology, and Socialist-Feminism in the Late Twentieth Century (1985), in: ebd., 149–181.
36 Vgl. GAYATRI C. SPIVAK [im Gespräch mit J. Hutnyk/S. McQuire/N. Papastergiadis], Strategy, Identity, Writing (1986), in: S. Harasym (Hg.), The Post-Colonial Critic. Interviews, Strategies, Dialogues (New York/London 1990), 35–49.
37 Vgl. LILIANE WEISSBERG, Vorwort, in: Weissberg (Hg.), Weiblichkeit als Maskerade (Frankfurt a.M. 1994), 8 f.
38 Ebd., 8.
39 JOAN RIVIERE, Womanliness as a Masquerade, in: International Journal of Psychoanalysis 10 (1929), 306.
40 LACAN (s. Anm. 11), 694.

›weibliche Ästhetik‹ als außerordentlich produktiv erwiesen. Das Verhältnis von Weiblichkeit und Ästhetik und damit die ästhetische Konstruktion ›Weiblichkeit‹ gerieten ins Zentrum der Aufmerksamkeit. Nicht die Wiederentdeckung einer verborgenen ›authentischen‹ Weiblichkeit, sondern die Repräsentationsformen von Weiblichkeit im Bild und in der Betrachterinnenperspektive wurden in ihrem ästhetischen Konstruktionscharakter in feministischen Kunst- und Filmtheorien erforscht[41], bis hin zu neuen Sichten auf die Alltagsästhetik und das, was zuvor unter Kitsch firmierte. Bereits Bovenschen hatte in ihrem Aufsatz *Über die Frage: gibt es eine ›weibliche‹ Ästhetik?* auf die »vorästhetischen Räume«[42] des Alltags verwiesen, in denen weibliche Kreativität sich entfalten konnte. Auch Andreas Huyssens Beobachtung, daß Kitsch und Massenkultur häufig mit Weiblichkeit in eins gesetzt werden[43], weist darauf hin, daß Weiblichkeit immer als ein Medium zur Repräsentation eines bestimmten Prinzips fungiert und daß diese Repräsentation einen ästhetischen Konstruktionscharakter aufweist. Betont wird der Bildstatus der Weiblichkeit als Maskerade.[44] Feministische Künstlerinnen heute arbeiten mit den geronnenen Weiblichkeitbildern, so daß Vexierbilder der Weiblichkeit entstehen, die durch den Verweischarakter ihre Inszeniertheit betonen (z. B. die Fotos von Cindy Sherman). »Die Sphären von Ästhetik und Weiblichkeit werden sowohl vom feministisch orientierten, postmodernen Denken als auch von den oben genannten Künstlerinnen als kongruent betrachtet. Ästhetik ist damit nicht mehr Mittel zum Zweck der Repräsentationspraxis von Weiblichkeit, sondern Weiblichkeit ist Kunst. Damit entfällt der instrumentelle Charakter sowohl des Ästhetischen wie des ›Weiblichen‹. Beide sind weder Gegenstand noch Ziel des Denkens und Handelns, sondern bilden seine Voraussetzung.«[45]

Wenn Weiblichkeit und damit auch Männlichkeit zu freischwebenden Artefakten geworden und somit nicht mehr an einen Körper gebunden sind, hat das eine grundlegende theoretische Umorientierung der Relation zwischen sex und gender zur Folge, die vor allem durch Judith Butlers *Gender Trouble* (1990) eingeleitet wurde. Das ›genealogische Projekt‹ verabschiedet in der Dezentrierung sozialer Identitäten den Dualismus zwischen Weiblich-

keit und Männlichkeit und setzt auf die Differenz, auf das Verschieben und Gleiten von Bedeutungen und damit auf diskursive Praktiken, die die Bedeutungen herstellen.[46] Butler argumentiert, daß sich die kulturellen Konstrukte von Weiblichkeit nicht an einen vordiskursiven Körper heften. »Taken to its logical limit, the sex/gender distinction suggests a radical discontinuity between sexed bodies and culturally constructed genders. Assuming for the moment the stability of binary sex, it does not follow that the construction of ›men‹ will accrue exclusively to the bodies of males or that ›women‹ will interpret only female bodies.«[47] Damit wird die Travestie zu einer entscheidenden Geschlechterbestimmung, weil ›Natürlichkeit‹ durch diskursiv eingeschränkte performative Akte konstituiert wird, die den Körper in der Kategorie von sex hervorbringen. Sowohl sex als auch gender werden als kategoriale und regulierende Fiktionen ausgewiesen, da sie selbst vielfältige Schauplätze von Bedeutungen sind. Mit der Mannigfaltigkeit ihrer

---

41 Vgl. LAURA MULVEY, Visual Pleasure and Narrative Cinema (1973), in: M. G. Durham (Hg.), Media and Cultural Studies (Malden, Mass. u. a. 2001), 393–404; MARY A. DOANE, Film and the Masquerade: Theorizing the Female Spectator, in: Doane, Femmes Fatales: Feminism, Film Theory, Psychoanalysis (New York/ London 1991), 17–32.
42 BOVENSCHEN, Über die Frage: gibt es eine ›weibliche‹ Ästhetik?, in: Ästhetik und Kommunikation 7 (1976), H. 25, 72.
43 Vgl. ANDREAS HUYSSEN, Mass Culture as Woman. Modernism's Other, in: T. Modleski (Hg.), Studies in Entertainment: Critical Approches to Mass Culture (Bloomington/Indianapolis 1986), 188–207.
44 Vgl. SIGRID SCHADE, Cindy Sherman oder die Kunst der Verkleidung, in: J. Conrad/U. Konnertz (Hg.), Weiblichkeit in der Moderne. Ansätze feministischer Vernunftkritik (Tübingen 1986), 229–243; SILVIA EIBLMAYR, Die Frauen als Bild. Der weibliche Körper in der Kunst des 20. Jahrhunderts (Berlin 1993); KATHARINA SYKORA, Weibliche Kunst-Körper. Zwischen Bildersturm und Erlösungspathos, in: W. Welsch (Hg.), Die Aktualität des Ästhetischen (München 1993), 94–115.
45 SYKORA, Pandora oder L'Eve future. Ästhetisches Denken und der Kunstcharakter des Weiblichen, in: Die Philosophin 5 (1992), 14.
46 Vgl. KATHY E. FERGUSON, Interpretation and Genealogy, in: Signs 16 (1991), H. 2, 323 f.
47 BUTLER (s. Anm. 6), 6.

Konstruktionen biete sich die Möglichkeit, mit der Eindeutigkeit zu brechen. Konfigurationen der Geschlechtsidentität nehmen die Stelle des ›Wirklichen‹ ein und können »consolidate and augment their hegemony through that felicitous self-naturalization« (33). Die Forderung nach einer nicht binär operierenden Theorie kommt auf den Begriff der ›Maskerade‹ zurück. »Does it [masquerade] serve primarily to conceal or repress a pregiven femininity, a feminine desire which would establish an insubordinate alterity to the masculine subject and expose the necessary failure of masculinity? Or is masquerade the means by which femininity itself is *first* established, the exclusionary practice of identity formation in which the masculine is effectively excluded and instated as outside the boundaries of a feminine gendered position?« (48)

Das Modell der Zweigeschlechtlichkeit als ›natürliches‹ wurzelt in einer performativ erzeugten heterosexuellen Matrix und entstand historisch mit der Aufklärung, in der das bis dahin vorherrschende ›Eingeschlechtsmodell‹, das Männlichkeit und Weiblichkeit einen sozialen Rang, einen Platz in der Gesellschaft zuwies, durch eine klare Politik des biologischen Unterschieds der Geschlechter abgelöst wurde. Bis zum 17. Jh. war der Körper, im Gegensatz zu heutigen Vorstellungen von sex und gender, noch eine soziologische und keine ontologische Kategorie: So schlägt Thomas W. Laqueur vor, daß »in these pre-Enlightenment texts, and even some later ones, *sex*, or the body, must be understood as the epiphenomenon, while *gender*, what we would take to be a cultural category, was primary or ›real‹«[48].

Die Bezeichnung des Geschlechts machte sich nicht am Körper, sondern an Kleidung und Kostüm als »vorrangig sozialem Zeichen im Sinne eines ständischen Ordnungsprinzips«[49] fest. Erst mit der für die bürgerliche Gesellschaft konstitutiven Trennung der öffentlichen von der privaten Sphäre vollzog sich eine diskursive Umbewertung des Geschlechterverhältnisses, als Grundvoraussetzung für die neue Ordnung. Mit der privaten Sphäre entstand somit ein Bereich, in dem ›Natürlichkeit‹ gegen die ›Künstlichkeit‹ des öffentlichen Raumes abgegrenzt wurde. Dabei werden Mode, Luxus und Eitelkeit, wie im Frankreich des 18. Jh., zu Krisenzeichen der ausgedienten Monarchie, so daß im antimonarchischen Diskurs Adel und Weiblichkeit gegen die befreite männliche Republik gesetzt werden. »Der korrupten, verweichlichten, kurz: effeminierten Monarchie tritt eine auf Tugend eingeschworene männliche Republik entgegen.«[50]

Mit der Diskursivierung des Körpers als ›Wesen‹, ›Essenz‹ qua ›Natürlichkeit‹, wird »ein ästhetisches Prinzip durch ein moralisches«[51] ersetzt. Weiblichkeit figurierte als Verkörperung des ›anderen Geschlechts‹, was bedeutete, nicht von Natur aus frei und selbst-bestimmt, mit sich identisch zu sein wie der Mann, sondern durch ›Natur‹ von sich selbst als ›Anderes‹ entfremdet, für andere, den Mann und die Familie bestimmt: das moralische Geschlecht.[52]

An diesem historischen Schnittpunkt setzt der Begriff des ›weiblichen Kunst-Körpers‹ ein, denn zur selben Zeit, »als der anatomische Körper zur Repräsentationsinstanz für das ›wahre, natürliche Wesen‹ einer Person wurde, spaltete sich eben dieser anatomische Körper in den biologischen Gegensatz männlich und weiblich auf. [...] Diese Einführung eines biologischen Gegensatzes der Geschlechter geschah ganz im Einklang mit der nun als Polarität definierten sozialen Geschlechterdifferenz, die das Weibliche zunehmend dem Privaten und das Männliche der Öffentlichkeit zuordnete. Diese Aufteilung erst ermöglichte im selben Zuge die Delegation der Repräsentation des Konstrukts Leib=Natur=Wahrheit in den ›privatisierten‹ Körper der Frau.«[53]

---

48 THOMAS W. LAQUEUR, Making Sex: Body and Gender from the Greeks to Freud (Cambridge, Mass. 1990), 8; vgl. KATHARINE PARK, The Rediscovery of the Clitoris, in: D. Hillman/S. Mazzio (Hg.), The Body in Parts. Fantasies of Corporeality in Early Modern Europe (New York/London 1997), 171–193.
49 SYKORA (s. Anm. 44), 95.
50 BARBARA VINKEN, Mode nach der Mode. Kleid und Geist am Ende des 20. Jahrhunderts (Frankfurt a.M. 1993), 16.
51 JUTTA BRÜCKNER, Das Kostüm der Nacktheit, in: Frauen und Film. Maskerade, H. 38 (1985), 80.
52 Vgl. LIESELOTTE STEINBRÜGGE, Das moralische Geschlecht. Theorien und literarische Entwürfe über die Natur der Frau in der französischen Aufklärung (Weinheim/Basel 1987).
53 SYKORA (s. Anm. 44), 97 f.

Da sich die Begriffe Körper, Natur und Weiblichkeit somit vor die wahrnehmbare Realität geschoben haben, waren sie gleichzeitig in der Lage, neue Realitäten zu produzieren, die nun wiederum nach begrifflichen Fixierungen verlangten. »Es war eine ›Kunstnatur‹, ein ›Kunstkörper‹, eine ›Kunstrealität‹ entstanden – und nicht zuletzt eine ›Kunstfrau‹ und das ›Kunst-Ich‹, ein Körper gewordenes ›ICH‹. Jeder Begriff, soweit er sinnlich wahrnehmbare Realität bezeichnet, enthält also nicht nur zwei Vorstellungen, sondern sogar zwei Realitäten. Es gibt also die ›Frau‹ als ›unvollständiges‹ Geschlechtswesen, es gibt das Bild der ›Frau‹ als Abstraktion, und es gibt die ›Kunstfrau‹, die dem abstrakten Bild angepaßt wurde und leibliche Realität geworden ist.«[54]

Mit den unterschiedlichen De- und Refigurationen von Weiblichkeit sind hierarchische Bewertungen von Menschenrechten, Vernunftkompetenz und Kreativität verbunden. Im Folgenden soll den verschiedenen Bedeutungsebenen des Konstrukts Weiblichkeit nachgegangen werden, auch um Verdrängungen offenzulegen, die sich in den jeweiligen Codierungen des Begriffs verbergen. Die Begriffsgeschichte von Weiblichkeit ist somit auch die der historischen Konstituierung des Subjekt- und Identitätsbegriffs. Die historische Genese der Geschlechterdifferenz ergibt, daß Männlichkeit und Weiblichkeit nicht Wesenheiten sind, sondern als zwei Seiten einer Differenz figurieren, die erst im gegenseitigen Aufeinanderbezogensein zustande kommt. Weiblichkeit hat den Part, als ›anderes‹ zu fungieren, das nicht das Eigentliche, Identische ist. Bei der Rekonstruktion der Begriffs- und Bedeutungsgeschichte von Weiblichkeit stehen somit nicht die ›Frau‹ oder richtige und falsche Repräsentationen der Frau im Zentrum, sondern die Analyse und Dekonstruktion von Theorien und Repräsentationssystemen, in denen Weiblichkeit als bildlich-sprachliche Figuration von Bedeutung zirkuliert. In ihrer Referenzlosigkeit ist Weiblichkeit eine Figur der Ent-stellung, »die paradoxe Allegorie einer selbst nicht repräsentierbaren Differenz, ›Allegorie des Lesens‹ par excellence und im doppelten Sinne, weil Personifikation der allegorischen Paradoxie der Darstellung«[55].

I. ›Querelle des femmes‹: Vorstufen einer Ästhetik des Weiblichen als Ausgrenzung

1. Der Bildstatus des Weiblichen – von der Dämonisierung zur ›Naturalisierung‹

Der Begriff Weiblichkeit verweist auf eine bis in die Antike zurückgehende Praxis der Polarisierung von Kultur und Natur, Verstand und Gefühl, Geist und Körper und auf die damit einhergehende Festlegung der ›weiblichen Natur‹ auf Irrationalität (Aristoteles) und Schönheit, Natürlichkeit und Scham (Agnolo Firenzuola), auf Kunst und Poesie (Friedrich Schlegel), Immoralität und Häßlichkeit (Schopenhauer), Einfühlsamkeit bzw. Gefühlsintensität (Rousseau, Kant), auf ein Mangelwesen (Freud) bzw., im phallogozentrischen Symbolsystem, eine Nicht-Existenz (Lacan).

Die im philosophischen und ästhetischen Diskurs bis ins 20. Jh. wirksamen Dichotomien – Männlich/Weiblich, das Eine/das Andere, Innen/Außen, Subjekt/Objekt, Sprache/Komplexität – sind Begriffe und Kategorien der männlichen Subjektkonstitution, die über *imaginierte Weiblichkeit* erfolgt. Weiblichkeit als Phantom *männlicher Einbildungskraft*, inszeniert in einer Serie von Bildern, verweist somit letztlich auf Konstruktionen von Männlichkeit.[56]

Als symbolische Repräsentationen in einem komplexen Bedeutungssystem geben sie Auskunft über das, was Kultur als das Menschliche/Männliche im Sinne einer normativen Realität und das Andere, Verworfene konstituiert. Weiblichkeit als das kulturell Andere des Mannes ist eine Konstruktion, ein differentielles Moment, in dem oft gegensätzliche Begriffe zusammenfallen (das Gute, Reine, Schöne und das Gefährliche, Dämonische). Somit ist die zentrale Funktion der Weiblichkeit die des Bildes. Weiblichkeit als ein

---

54 CHRISTINA VON BRAUN, Nicht-Ich. Ich-Nicht. Logik, Lüge, Libido (Frankfurt a.M. 1985), 17.
55 VINKEN, Dekonstruktiver Feminismus – eine Einleitung, in: Vinken (Hg.), Dekonstruktiver Feminismus. Literaturwissenschaft in Amerika (Frankfurt a.M. 1992), 20.
56 Vgl. ELISABETH BRONFEN, Over Her Dead Body: Death, Feminity and the Aesthetic (Manchester 1992), 260–267.

durch den Blick des männlichen Subjekts konstruiertes Bild ist einerseits Bild der Differenz, des Mangels, das bedrohlich auf die Gefahr verweist, die vom weiblichen Körper ausgeht, und andererseits beruhigendes Bild von Weiblichkeit als Phantasiegebilde männlichen Begehrens.

Wenn es in Begriffsgeschichte um die diachrone und synchrone Interpretation von Leitbegriffen geht, die die Strukturen geschichtlicher Bewegung und Ereigniszusammenhänge erhellt, so ist im Zusammenhang mit dem Weiblichkeitsbegriff hinreichend Aufschluß über Bilder des kollektiven Imaginären einer Epoche, als »Kristall des Totalgeschehens«, zu erhalten: »Geschichte zerfällt in Bilder, nicht in Geschichten.«[57]

In der europäischen Geschichte wurde die Dämonisierung und Ausgrenzung der Weiblichkeit mit den Hexenpogromen des 16. und 17. Jh. endgültig besiegelt. Mit dem 1487 von den Inquisitoren Heinrich Institoris (alias Kramer) und Jacob Sprenger verfaßten *Malleus Maleficarum* (wörtlich: Hammer der Schadensstifterinnen, mit der Vertauschung des männlichen ›maleficorum‹ mit dem weiblichen ›maleficarum‹) und den zahlreichen darauf folgenden Traktaten sowie den verhängnisvollen Hexenverfolgungen, die in der ›Frühen Neuzeit‹ stattfanden (in den drei Jahrhunderten zwischen 1500 und 1800, in denen sich die moderne säkulare rationalistische Denk- und Lebensweise herausbildete), prägte sich ein kulturelles Deutungsmuster für Weiblichkeit aus, das in seinem bildlichen und begrifflichen Status ein wesentlicher Bestandteil europäischer Kultur- und Ästhetikgeschichte wurde. Die Projektion der entfesselten weiblichen Sinnlichkeit setzte eine Bedeutungsgeschichte in Gang, die sich in philosophische, ästhetische, politische und moralische Diskurse einschrieb und die mit den gleichzeitig existierenden Präsentationsformen von Weiblichkeit in Gestalt der Heiligen und als Schönheit die Genese bürgerlicher Subjektkonstituierung begleitete.

---
57 WALTER BENJAMIN, Das Passagen-Werk (entst. 1927–1940), in: BENJAMIN, Bd. 5/1 (1982), 575, 596.
58 Vgl. NICOLAS MALEBRANCHE, De la recherche de la vérité (1674), in: Malebranche, Œuvres complètes, hg. v. G. Rodis-Lewis, Bd. 1 (Paris 1979), 176.

Einigkeit bestand zwischen Dämonologen, Aufklärern, Anthropologen und Medizinern darin, daß Weiblichkeit ›Natur‹ repräsentiere, was mit der Moralisierung des weiblichen Körpers einherging – als Ort der Schönheit und ›Natürlichkeit‹. In der zweiten Hälfte des 17. Jh. begannen Mediziner den minderwertigen, weil unersättlichen weiblichen Körper in einen neuen Makel umzudeuten, in dem sie die weiblichen ›Dünste‹, die Melancholie und den Wahnsinn entdeckten und somit die Dämonisierung der weiblichen Seele einführten, denn nach Nicolas Malebranche galt mehr und mehr als erwiesen, daß die verfolgten und ermordeten Frauen keine Hexen waren, sondern nur arme, geistesgestörte Geschöpfe.

Von Malebranche stammt die für das Jahrhundert maßgebliche Bestimmung der Einbildungskraft und ihrer gefährlichen Wirkungen als Sinnesverwirrungen und Täuschungen. Im zweiten Buch (*De l'imagination*) seines dreibändigen Werkes *De la recherche de la vérité* (1674) erfährt die radikalste Kritik der Imagination innerhalb des Cartesianischen Rationalismus eine geschlechtsspezifische Wendung. Aus der männlichen Vernunft sind nicht nur das Ästhetische, sondern auch die Weiblichkeit ausgegrenzt. Besonders Frauen seien durch ihren Körperbau, die ›Feinheit ihrer Fibern‹ den Gefahren der Einbildungskraft ausgeliefert. Bei ihnen führe die starke Einbildungskraft zur Nachahmung als dem Vermögen, durch Teilhabe an anderen Bewegungen und Sprachen dieselben nachzuvollziehen. Malebranche illustriert das am Beispiel des jungen Mädchens, das zusieht, wie ein Mann zur Ader gelassen wird, und danach tagelang Schmerzen genau an den Stellen hat, wo die Saugnäpfe saßen.[58] »Cette délicatesse des fibres se rencontre ordinairement dans les femmes, et c'est ce qui leur donne cette grande intelligence, pour tout ce qui frappe les sens. C'est aux femmes à décider des modes, à juger de la langue, à discerner le bon air et les belles manières. Elles ont plus de science, d'habileté et de finesse que les hommes sur ces choses. Tout ce qui dépend du goût est de leur ressort, mais pour l'ordinaire elles sont incapables de pénétrer les vérités un peu difficiles à découvrir. Tout ce qui est abstrait leur est incompréhensible.« (200f.) Auch die Tatsache, daß Gemütskrankheiten ansteckend seien, ist dem Vermögen der Einbildungskraft geschuldet. So haben Wahnbilder von Frauen, ihre Einbildung und vor allem ihre Besessenheit, Einfluß auf Mißgeburten. »Il est vrai que cette communication du cerveau de la mère avec celui de son enfant, a quelquefois de mauvaises suites, lorsque les mères se laissent surprendre par quelque passion violente.« (181) Die weibliche (wandernde) Gebärmutter galt noch bis zum 17. Jh. als Sitz der Hysterie, sie wurde dann durch eine Theorie der Körpersäfte, ›vapeurs‹, ersetzt. Die Theorie der besonderen weiblichen Nervenfasern war der Ausgangspunkt des Übergangs von einer Pathologisierung zur Psychiatrisierung der Weiblichkeit. »Die Imaginatio ist im Laufe des 17. und frühen 18. Jahrhunderts wohl in keiner anderen Funktion so intensiv beansprucht worden wie zur Erklärung eigentümlicher Geburten. Praktische Bedürfnisse mögen hier bestimmend gewesen sein, ideengeschichtlich gesehen darf man nicht vergessen, daß die Imaginationslehre als solche zum Teil in der Gebärmutter wurzelt.«[59] Mit der weiblichen Hysterie wird im medizinischen und philosophischen Diskurs die Einbildungskraft verurteilt, denn sie entzieht sich der Kontrolle des vernünftigen und moralischen männlichen Individuums.[60] Der weibliche Körper ist der Projektions- und Austragungsort für die aus der Vernunft abgedrängten menschlichen Vermögen; so galt die Hysterie als ein der Einbildungskraft entsprungenes Phantasieprodukt. Dieser beunruhigende Aspekt des Weiblichkeitsbegriffs wird im folgenden durch die biologische ›Naturalisierung‹ der Weiblichkeit (scheinbar) stillgelegt. Das Männliche avanciert im bürgerlichen Subjektbegriff zur Norm des Menschlichen, und das Weibliche wird qua Geschlecht als von dieser Norm abweichend qualifiziert. Die Rede über Weiblichkeit vollzieht sich immer in einem ästhetischen Diskurs, auch und gerade wenn sie in anderen Diskursen geführt wird.

2. *Weiblichkeit im rationalistischen Diskurs*

Die Simultaneität der Debatten um die ›Natur der Literatur‹ und die weibliche Gelehrsamkeit in der ›Querelle des femmes‹ war eine entscheidende Voraussetzung für die Herausbildung eines modernen Literaturbegriffs.[61]

Mit Christine de Pisan und ihrem engagierten Eintreten für die kreativen Fähigkeiten des weiblichen Geschlechts im Streit um den *Roman de la Rose* (13. Jh.) von Guillaume de Lorris und Jean de Meung beginnt im literarischen Bereich die frühneuzeitliche ›Querelle des femmes‹.[62] Sie war die erste Schriftstellerin, die aus ihrer Tätigkeit einen Beruf machte und deren Werk ihre Nachfolgerinnen sowie einige männliche Verteidiger des weiblichen Geschlechts, um die Neuinterpretation der ersten drei Kapitel des Buches *Genesis* und eine positive Darstellung der Mariologie im Sinne weiblicher Selbstentfaltung jenseits einseitiger Betonung von Demut und Niedrigkeit Verdienste erwarb. In ihrer Exegese im Werk *Epistre au Dieu d'Amours* (1399) ist auch die Frau nach dem Bilde Gottes geschaffen, aus feinerer Materie als der aus Staub geschaffene Mann. Die Grenzen zwischen Männlich und Weiblich waren in erster Linie politische, wobei rhetorische Aussagen über geschlechtliche Verschiedenheit und sexuelle Lust den Vorrang vor biologischen hatten (zwei politisch soziale Geschlechter). Theorien der Egalität, die eine Gleichheit des intellektuellen und moralischen Niveaus beider Geschlechter behaupteten, basieren auf der Anwendung der Naturrechtslehre auf das Geschlechterverhältnis. Noch ist der instabilere weibliche Körper eine Spielart des stabilen männlichen Körpers. In den apologetischen Schriften wird ein Kanon weiblicher Tugenden aufgestellt, der die traditionelle Misogynie nur verkehrt und trotz aller weiblicher Heldentaten eine spezifisch weibliche Natur kreiert. Weibliche Bildung ist der Natur der Frauen angemessen und kann diese zur besseren Erfüllung ihrer familiä-

---

59 ESTHER FISCHER-HOMBERGER, Krankheit Frau. Zur Geschichte der Einbildungen (1979; Darmstadt/Neuwied 1984), 25.
60 Vgl. HARTMUT BÖHME/GERNOT BÖHME, Das Andere der Vernunft. Zur Entwicklung von Rationalitätsstrukturen am Beispiel Kants (Frankfurt a.M. 1985), 421 f.
61 Vgl. TIMOTHY J. REISS, The Meaning of Literature (Ithaca/London 1992), 218.
62 Vgl. ELISABETH GÖSSMANN, Eva, Gottes Meisterwerk, in: Gössmann (Hg.), Das wohlgelahrte Frauenzimmer (München 1984), 13; ANGELIKA EBRECHT (Hg.), Gelehrsamkeit und kulturelle Emanzipation (Stuttgart 1996).

ren Pflichten befähigen. Mit Charles Perraults *L'apologie des femmes* (1694) steht die Diskussion um die Bildungsfähigkeit der Frauen im literarischen Kontext der ›Querelle des anciens et des modernes‹.

Gegen die der aristotelischen Philosophie, insbesondere der Scholastik, inhärente These der weiblichen Minderwertigkeit setzte der Cartesianer François Poulain de la Barre Vorstellungen weiblicher Inferiorität einem methodischen Zweifel aus. Er war der erste, der Ende des 17. Jh. im Rahmen der cartesianischen Philosophie eine systematische Begründung der ›égalité‹ der Frau entwickelte. In seinem vielbeachteten Werk *De l'égalité des deux sexes*. *Discours physique et morale* (1673) stellt er die These auf, daß der Verstand kein Geschlecht habe und alle menschlichen Individuen in der Lage seien, ihre Fähigkeiten ohne Beschränkungen zu verwirklichen. Ausgehend von dem Prinzip völliger Gleichheit der Geschlechter, forderte er gleiche Rechte und Bildung für die Frauen. Den Ursprung der Ungleichheit sieht er in männlicher Unterdrückung begründet: »elles [les femmes – d. Verf.] n'ont été assujetties que par la loy du plus fort et [...] ce n'a pas esté faute de capacité naturelle ni de merite qu'elles n'ont point partagé avec nous ce qui élève nostre Sexe au dessus du leur«[63]. Für Poulain de la Barre gab es einen Urzustand vor der Unterdrückung des weiblichen Geschlechts, die erst mit dem Gesellschaftszustand und der beginnenden Arbeitsteilung zwischen den Geschlechtern einsetzte. Gesellschaftliche Hierarchien und konstatierbare Unterschiede sind nicht das Werk der Natur, sondern Ergebnis unterschiedlicher sozialer Praxen und damit verbundener unterschiedlicher Bildung. In der geschlechtsspezifischen Erziehung werde die Unterdrückung der Frau abgesichert.

In seiner programmatischen Schrift *De l'éducation des dames pour la conduite de l'esprit dans les sciences et dans les mœurs* (1674) wird die Bildung der Frauen für ebenso nützlich wie die der Männer erachtet: »par la mesme raison que les ouvrages qui se font pour les hommes servent également aux femmes, n'y ayant qu'une methode pour instruire les uns & les autres, comme estans de mesme espece«[64]. Mit den Salons, in denen Frauen zu Adressatinnen frühaufklärerischer Theorien wurden, konstituierten sich innerhalb der höfischen Gesellschaft bereits Strukturen bürgerlicher Öffentlichkeit, auf die Poulain de la Barre mit seiner Konzeption zur Institutionalisierung weiblicher Bildung reagierte. Frauen kam in den Salons eine eigenständige Rolle in der Verbreitung und Kommunikation aufklärerischer Theorien zu. Bereits vor Poulain veröffentlichte Marie le Jars de Gournay, Editorin der *Essais* Montaignes, den sie anfänglich von seinen negativen Meinungen über das weibliche Geschlecht abbringen konnte, ihre moralphilosophischen Schriften über die Gleichheit der Geschlechter. Die Schrift *Égalité des hommes et des femmes* (1622) wurde in die Sammelausgabe ihrer Traktate von 1641 (*Avis ou les Présents de la Demoiselle de Gournay*) aufgenommen.[65] Die Geschlechtslosigkeit der menschlichen Seele ist ihr das Fundament der Gleichheit der Geschlechter, denn das Menschsein eines jeden Individuums ist ihr wichtiger als die Zugehörigkeit zu einem beiden Geschlechter, denen die menschliche Natur gemeinsam ist.[66] Die Damen der Salonkultur, die Regentinnen, die ›Amazonen‹ der Fronde oder die Ordensfrauen hatten sich jenseits von Recht und Ordnung einen eigenen Raum geschaffen. Die galanten Gesprächsspiele und die Konversation des Salons übten die Frauen in der Kunst der Mündlichkeit, die sie zur Mündigkeit befähigte.[67] Was sich an den Orten der Salonkultur entfaltete und mit Theorien der ›égalité‹ gestützt wurde, drohte schon bald vom Konservatismus vereinnahmt zu werden. Die von Satire (Nicolas Boileau-Despréaux), Moralistik (Jean de La Bruyère) oder Tragödie (Jean Racine) entfaltete Typologie der Weiblichkeit beschwor einen Begriff von der Natur der Weiblichkeit, wonach das Schreiben von Frauen

---

63 FRANÇOIS POULAIN DE LA BARRE, De l'égalité des deux sexes. Discours physique et morale (1673; Paris 1984), 20.
64 POULAIN DE LA BARRE, De l'éducation des dames (Paris 1674), [nicht pag. ›Avertissement‹].
65 Vgl. MARIE LE JARS DE GOURNAY, Égalité des hommes et des femmes (1622), in: de Gournay, Fragments d'un discours féminine, hg. v. E. Dezon-Jones (Paris 1988), 109–127.
66 Vgl. GÖSSMANN (s. Anm. 62), 28.
67 Vgl. RENATE BAADER, Das Frauenbild im literarischen Frankreich (Darmstadt 1988), 12.

keinen Werkcharakter annehmen konnte, weil es nicht als Kreation galt und demzufolge Frauen auch nicht ›auctores‹ werden konnten. Daß die in der ›Querelle‹ befürwortete weibliche Gelehrsamkeit immer im Zusammenhang mit familiären Erziehungsaufgaben gesehen wurde, belegt der Band *La gallerie des femmes fortes* (1647) des jesuitischen Autors Pierre Le Moyne. Als Produzentinnen nicht anerkannt, vom Schreiben verbannt, werden Frauen über das Konzept weiblicher Gelehrsamkeit zu idealen Konsumentinnen der dominanten männlichen Kultur stilisiert. Ihrer Natur angemessene Aufgaben liegen in ästhetisch abgewerteten kulturellen Formen, wie der Arbeit an Zeitschriften oder dem Briefeschreiben.

Von den Schriften deutscher Autoren zur ›Querelle des femmes‹ sind bisher nur diejenigen von internationaler Wirkung erfaßt, so die *Declamatio de nobilitate et praecellentia foeminei sexus* (1529) von Heinrich Cornelius Agrippa von Nettesheim.[68] Ihr folgten in regelmäßigen Abständen Abhandlungen über die weibliche Gelehrsamkeit, etwa Anna Maria von Schurmanns *Logische Dissertation über die Fähigkeiten des weiblichen Geschlechts in Sachen der Gelehrsamkeit und schönen Wissenschaften* (1641) oder die Dissertation der ersten zur Promotion zugelassenen Frau Deutschlands, Dorothea Christiane Leporin-Erxlebens *Gründliche Untersuchung der Ursachen, die das weibliche Geschlecht vom Studium abhalten* (1742), bis zu der im Kantschen Freundeskreis entstandenen Schrift *Über die bürgerliche Verbesserung der Weiber* (1793) von Theodor Gottlieb von Hippel.

Die ›Gelehrte‹ wurde zu einem Kulturtypus, jedoch nicht zu einer Repräsentationsfigur der Weiblichkeit in der Ästhetik, so wie es dem Typus der Empfindsamen zuteil wurde. Bovenschen verweist darauf, daß die Bildproduktion, die sich stets an den Weiblichkeitsbegriff heftet, am Typus der weiblichen Gelehrsamkeit äußerst gering entwickelt war.[69] Die Gräfin Orsina in Lessings Trauerspiel *Emilia Galotti* bringt es auf den Begriff: »Wie kann ein Mann ein Ding lieben, das, ihm zum Trotze, auch denken will? Ein Frauenzimmer, das denkt, ist eben so ekel als ein Mann, der sich schminket.«[70]

Im Konzept weiblicher Gelehrsamkeit der Frühaufklärung, mit dem zum ersten Mal das Verhältnis von Weiblichkeit, Ästhetik und Poetik in einen diskursiven Zusammenhang gebracht wurde, war die mannigfache Bildfunktion der Weiblichkeit in einer tugendhaften und vernünftigen Figur von Weiblichkeit zunächst stillgelegt worden. Die für die aufklärerische Ästhetik als Wissenschaft von der Sinneswahrnehmung charakteristische Trennung von Verstand und Ästhetik im Rahmen einer Hierarchie der ›Fakultäten‹, wie sie Baumgarten in seiner *Aesthetica* (1750–1758) vornahm, war das Ergebnis der seit dem 17. Jh. vollzogenen Unterscheidung zwischen männlichem Verstand als kulturschaffendem und weiblichem Verstand als rezipierendem und konsumierendem. Die geschlechtsspezifisch differenzierten Zivilisationsfolgen für die bürgerliche Subjektkonstitution werden nicht nur in den nervösen und leiblichen, sondern auch in ihren soziologischen und ästhetischen Dimensionen verhandelt; die luxurierende Lebensform ›verwöhnter Frauen‹, der Müßiggang wird mit der konstitutionellen Durchlässigkeit, als Fehlen der Widerständigkeit gegen eindringende Reizfluten bürgerlicher Kultur, erklärt.[71] »Tout le corps féminin est sillonné par les chemins obscurs mais étrangement directs de la sympathie.«[72] Weiblichkeit avanciert somit in der Vernetzung unterschiedlichster Diskurse zu einem Artefakt, entsprungen aus der männlichen Einbildungskraft.

Erst im 18. Jh. wird der bis dahin als graduell gedachte Unterschied zwischen den Geschlechtern durch die moderne Wahrnehmung von Geschlechtsidentität ersetzt, eine Wahrnehmung der Männlich-Weiblich-Opposition als binäre und des Körpers als Quelle für Wissen über das ›Selbst‹. Die gleichzeitige Sexualisierung des weiblichen Körpers und seine Fokussierung als Verstellung, Lüge, Travestie setzte historisch zu einem Zeit-

---

68 Vgl. HEINRICH CORNELIUS AGRIPPA, Declamatio de nobilitate et praecellentia foeminei sexus (Antwerpen 1529); dt.: Vom Adel und Fürtreffen Weibliches Geschlechts, übers. v. J. Herold (o. O. [Frankfurt a. M.], o. J. [um 1540]).
69 Vgl. BOVENSCHEN (s. Anm. 28), 81.
70 GOTTHOLD EPHRAIM LESSING, Emilia Galotti (1772), in: LESSING (LACHMANN), Bd. 2 (1886), 428.
71 Vgl. BÖHME/BÖHME (s. Anm. 60), 118.
72 MICHEL FOUCAULT, Histoire de la folie à l'âge classique (Paris 1972), 311.

punkt ein, als die bürgerliche ›scientia sexualis‹ zwischen »quatre grands ensembles stratégiques« zu unterscheiden begann, »qui développent à propos du sexe des dispositifs spécifiques de savoir et de pouvoir«: »Hystérisation du corps de la femme«, »Pédagogisation du sexe de l'enfant«, »Socialisation des conduites procréatrices« und »Psychiatrisation du plaisir pervers«[73]. Die in Frankreich Mitte des 18. Jh. bereits diskutierte Theorie der Nervenfasern, der ›vapeurs‹ sowie der Sympathie – Empfindungsfähigkeit, Phantasie, Sensibilität –[74], mithin die Zuordnung von Weiblichkeit zum rational nicht kontrollierten Empfinden münden in der Vorstellung moralischer Porosität des weiblichen Körpers der Hysterikerin. »In der Hysterie der Frau wird diskreditiert, was die vernünftigen, moralisch und leiblich zusammengenommenen Männer des Bürgertums fürchteten: die Einbildungskraft und die Sympathie, die betroffen machen. So wird der hysterische Leib der Frauen, wiewohl selbst ein Phantasma der männlichen Ärzte, moralisiert: er ist bis in den Tonus der Nerven hinein das Andere der Vernunft.«[75] Der Verweis auf das anatomische, natürliche Geschlecht, auf die ›Natur des Geschlechts‹, läßt den weiblichen Körper zur Maske werden, die stets für etwas anderes steht, aber immer in einen komplexen Normalisierungsdiskurs des weiblichen Geschlechtscharakters eingebunden bleibt. Das aus der bürgerlichen Vernunft institutionell und symbolisch ausgegrenzte Weibliche tritt im Zentrum der Ausgrenzung als ›Rätsel der Weiblichkeit‹ oder als Phänomen des Unheimlichen immer wieder hervor und droht innerhalb rationaler Strukturen das Schema binärer Oppositionen zu durchbrechen.

73 FOUCAULT, Histoire de la sexualité, Bd. 1 (Paris 1976), 137 f.
74 Vgl. PIERRE ROUSSEL, Système physique et moral de la femme ou tableau philosophique de la constitution, de l'état organique, du tempérament, des mœurs et des fonctions propres au sexe (Paris 1775); ANTOINE-LÉONARD THOMAS, Essai sur le caractère, les mœurs et l'esprit des femmes dans les différens siècles (Paris 1772).
75 BÖHME/BÖHME (s. Anm. 60), 119.
76 CHARLES DE MONTESQUIEU, Lettres persanes (1721), in: Montesquieu, Œuvres complètes, hg. v. R. Caillois, Bd. 1 (Paris 1949), 185 (Lettre 38).

Auch der moralpädagogische Diskurs der weiblichen Gelehrsamkeit steht im Zeichen der Moralisierung als Weg der Affektbeherrschung, Phantasiekontrolle und Verdrängung des Leibes und somit der Subsumtion des Sinnlichen unter die regulative Funktion vernünftiger Urteile. Die gezügelte Sinnlichkeit in der vernünftigen Figur von Weiblichkeit – ›la femme sensible‹ – beschreibt Montesquieu in den *Lettres persanes* (1721): »C'est une autre question de savoir si la Loi naturelle soumet les femmes aux hommes. Non, me disoit l'autre jour un philosophe très galant: La Nature n'a jamais dicté une telle loi. L'empire que nous avons sur elles est une véritable tyrannie; elles ne nous l'ont laissé prendre que parce qu'elles ont plus de douceur que nous, et par conséquent plus d'humanité et de raison«[76]. Der Harem erscheint als Sinnbild europäischer männlicher Projektionen, die, bei aller Kritik an französischen Zuständen, in ihrer Ambivalenz in den Weiblichkeitsbegriff eingehen: erzwungene Keuschheit und tatsächliche Sittenlosigkeit. Tugend und Liebe als Schein der persischen Frauen werden erst durch den Harem zu wahrer Tugend und Sittsamkeit geführt.

Im bildungspolitischen Erziehungsprogramm der deutschen ›Moralischen Wochenschriften‹ war es ebenfalls der Tugenddiskurs, mit dem alle Bildelemente dämonischer Weiblichkeit und damit alle Elemente der Häresie und des Bösen zum Verschwinden gebracht werden sollten. Doch all jene Bereiche, die bisher das Signum der Weiblichkeit trugen, traten in säkularisierter Form wieder ans Tageslicht – als Affekte, Phantasien und Träume, von denen eine Gefahr in Gestalt der Unterwanderung der Vernunftmoral ausging. In der Wochenschrift *Die vernünftigen Tadlerinnen* (1725/ 1726), die die Kopplung von Vernunft und Moral gegen Dämonologie und Ketzertum setzte, läßt der Herausgeber Johann Christoph Gottsched die drei fiktiven Herausgeberinnen Calliste, Phyllis und Iris mit Christian Thomasius den Mann würdigen, der als einer der ersten Vertreter der bürgerlichen Rationalität die Hexenverfolgungen mit naturrechtlichen und sozialethischen Argumenten verurteilte und maßgeblichen Anteil an dem Edikt Friedrich Wilhelms I. aus dem Jahr 1714 hatte, das die Beendigung der Hexenverfolgung in Preußen einleitete. »Wir haben, Gott Lob! dieses Joch all-

II. Aufklärung: Konturen der Konstruktion/Erfindung ästhetischer Weiblichkeit

mählich vom Halse geschüttelt: und ein großer Mann, in unserer Vaterstadt, hat nicht wenig zur Verbannung dieses Aberglaubens beygetragen; da er, durch seine vernünftigen Schriften, einen großen Teil von Europa von unzähligen Poltergeistern, Zaubereyn und Teufelskünsten befreyt hat.«[77] Die Metaphern (Poltergeister, Teufelskünste), die in den ›Moralischen Wochenschriften‹ für die mörderische Stigmatisierung der Weiblichkeit verwendet und für überwundenen Obskurantismus gehalten wurden, fielen hinter die differenzierten Erklärungsmuster eines Thomasius, die auf Ketzereinflüsse und pantheistische Naturmystiker rekurrierten, weit zurück. Wie sich das Verwerfliche immer wieder gegen die tugendhafte Weiblichkeit durchsetzt und unter vernünftige Kontrolle gebracht werden muß, ist an den Traumdarstellungen Gottscheds in den *Vernünftigen Tadlerinnen* ablesbar. So heißt es im 22. Stück: »Träume sind Träume! Das ist, unordentliche Vorstellungen unserer Gemüter, welche entstehen, wenn die Phantasie sich im Schlafe an keine Regeln der Vernunft bindet [...]. Ich erinnere aber alle Träumer und Träumerinnen, alle Traumdeuterinnen, daß sie mit den Zauberern, Tagewählern und Zeichendeutern in eine Rolle gehören, welche Gott im alten Testament unter dem Volke ausgerottet wissen wollte.«[78]

Widersprüche und Zweideutigkeiten lassen die neue Moral als einen rhetorischen Effekt erkennen, denn in der »Visualisierung der neuen Idee tugendhafter vernünftiger Weiblichkeit, die sich konzeptuell so gut fassen läßt, geschieht Ungewolltes«[79]. In einem Traum über eine Frauenrepublik läßt Weiblichkeit sich als Synonym für unkontrollierte Sinnlichkeit entziffern.»Artigkeit und Höflichkeit waren Wörter, die mit den dadurch bedeuteten Sachen ganz aus der Mode gekommen waren [...]. Auf allen Straßen sah man unzählige Stücke von zerbrochenen Spiegeln liegen: denn man bediente sich derselben nicht mehr [...]. Ich konnte es mir fast nicht einbilden, daß diese unartigen Creaturen, die ich überall vor mir sah, Frauen seyn sollten.«[80] Wenn Weiblichkeit keine Projektionsfläche mehr für Tugend und Sittsamkeit bietet, zerbrechen die Spiegel, und die als gebannt geglaubten Repräsentationen des Sinnlichen und der Wünsche scheinen wieder auf. In den War-

nungen vor erotischen Ausschweifungen wird der weibliche Körper als Maskerade lesbar. Mit der Eindeutigkeit des rationalistischen Entwurfs weiblicher Gelehrsamkeit konnten die als überwunden gedachten Masken des Dämonischen, Rätselhaften, Unbewußten nicht abgestreift werden.

II. Aufklärung: Konturen der Konstruktion/Erfindung ästhetischer Weiblichkeit

1. Weiblichkeit und Empfindsamkeit

Mitte des 18. Jh. begann sich in Frankreich und in den 1880er Jahren in Deutschland die Basis-Semantik der Weiblichkeitsdiskurse deutlich zu verändern. Ausgangspunkt war nun die unterschiedliche Biologie zweier Geschlechter und die daran anknüpfende Geschlechterpolitik. In der *Encyclopédie* (1751–1780) von Diderot und d'Alembert war das cartesianische Egalitätsdenken, das Gleichheitspostulat der Rationalisten durch die Aufwertung des Gefühls unter dem Einfluß der englischen Sensualisten endgültig verlassen worden. Werner Krauss verweist darauf, daß die Empfindsamkeit als Weiterentwicklung aufklärerischen Denkens verstanden werden muß, weil sie eine Versöhnung des im Rationalismus dichotomisch begriffenen Verhältnisses von Gefühl und Vernunft anstrebte.[81] Doch das wissenschaftlich etablierte Deutungsschema der Geschlechterdifferenz zeigt, wie der aufklärerische Diskurs über die Empfindungen und die Sinnlichkeit gerade geschlechtsspezifisch sehr unterschiedliche Bewertungen hervorbrachte und der Begriff Weiblichkeit eine Remythisierung erfuhr. Wurde bereits im Verlauf der ›Querelle des

---

77 JOHANN CHRISTOPH GOTTSCHED, Die vernünftigen Tadlerinnen (1725/1726), in: Gottsched, Werke, hg. v. E. Reichel (Berlin 1902), 257.
78 Ebd., 197.
79 BOVENSCHEN (s. Anm. 28), 101.
80 GOTTSCHED (s. Anm. 77), 49.
81 Vgl. WERNER KRAUSS, Über die Konstellation der deutschen Aufklärung (1961), in: Krauss, Studien zur deutschen und französischen Aufklärung (Berlin 1963), 309–399.

femmes‹, beispielsweise von Anne Thérèse Marquise de Lambert in ihrer Schrift *Réflexions sur les femmes* (1727), von einem besonderen weiblichen Geschmack und besonderen weiblichen Qualitäten wie Sensibilität und Einfühlungsvermögen gesprochen, so zeichnet sich hier bereits die Aufwertung des Gefühls und dessen unterschiedliche Verteilung auf die Geschlechter ab. Das weibliche Gefühl steht noch nicht im Widerspruch zur Vernunft, die weibliche Vernunft ist eher umgekehrt der männlichen überlegen: »chez les femmes, les idées s'offrent d'elles-mêmes, et s'arrangent plutôt par sentiment que par réflexion: la nature raisonne pour elles, et leur en épargne tous les frais.«[82] In den Artikeln ›Femme (Anthropologie)‹ und ›Femme (Morale)‹ der *Encyclopédie* erscheint die Frau als etwas Separates des Allgemein-Menschlichen, als »femelle de l'homme«[83]. Die Unterscheidung von menschlicher Natur und Geschlechtsnatur konstituiert eine Asymmetrie von männlicher und weiblicher Natur und legt die gesellschaftliche Nützlichkeit der Frau in ihrer biologischen Besonderheit fest. Die den Frauen zugeschriebene weibliche Natur ist unvereinbar mit Naturbeherrschung, die ein Spezifikum menschlicher Vernunft darstellt und im Artikel ›Homme‹ – »un être [...] qui paroît être à la tête de tous les autres animaux sur lesquels il domine«[84] – ausgewiesen wird. Der Weiblichkeitsbegriff ist in dem anthropologischen Modell, in dem Menschliches mit Männlichem gleichgesetzt wird, eine ›systematische Leerstelle‹ und kann somit, wie Friederike Hassauer-Roos betont, zum »Gegenstand von Imaginationen und Projektionen«[85] werden.

Mit der biologischen Determination weiblicher Natur wird Weiblichkeit in zunehmendem Maße auf die weibliche Reproduktionsfähigkeit reduziert; zugleich wird mit dem Begriff auf die Gefährlichkeit weiblicher Sexualität hingewiesen. So heißt es im Artikel ›Mariage‹, daß ›les filles‹ nicht davor zurückschreckten, Männer anzugreifen, um ihre wilden Leidenschaften zu befriedigen. »Dèslors emportées hors d'elles-mêmes, elles perdent de vûe toutes les lois de la pudeur, de la bienséance, cherchent par toutes sortes de moyens à assouvir la violence de leur passion; elles ne rougissent point d'attaquer les hommes, de les attirer par les postures les plus indécentes & les invitations les plus lascives.«[86]

Eine spezifisch weibliche Moral wird im Artikel ›Femme (Morale)‹ im Zusammenhang mit den mondänen Salons imaginiert, die in der Geschichte einer der wenigen Freiräume weiblicher künstlerischer Kreativität waren. Das Bedrohliche der Weiblichkeit wird nicht nur in ungezügelten Leidenschaften, sondern vor allem in der *Fähigkeit zur Verstellung* gesehen: »elle sait donner à la volupté toutes les apparences du sentiment, à la complaisance tous les charmes de la volupté. Elle sait également & dissimuler des desirs & feindre des sentimens, & composer des ris & verser des larmes. Elle a rarement dans l'ame ce qu'elle a dans les yeux; elle n'a presque jamais sur les levres, ni ce qu'elle a dans les yeux, ni ce qu'elle a dans l'ame.«[87] »Il en est de l'ame des *femmes* comme de leur beauté; il semble qu'elles ne fassent appercevoir que pour laisser imaginer.« Daraus folgt: »Qui peut definir les *femmes*? Tout à la vérité parle en elles, mais un langage équivoque.« (472)

Weiblichkeit als Tugend wird als rhetorischer Effekt bestimmt, der im Ausschlußverfahren konstituiert: »son bonheur est d'ignorer ce que le monde appelle *les plaisirs*, sa gloire est de vivre ignorée. Renfermée dans les devoirs de *femme* & de mere, elle consacre ses jours à la pratique des vertus obscures: occupée du gouvernement de sa famille, elle regne sur son mari par la complaisance, sur ses enfans par la douceur, sur ses domestiques par la bonté [...]. Elle a un caractere de reserve & de dignité qui la fait respecter, d'indulgence & de

---

82 ANNE THÉRÈSE MARQUISE DE LAMBERT, Réflexions sur les femmes (1727), in: Marquise de Lambert, Œuvres morales, hg. v. M. de Lescure (Paris 1883), 154.
83 PAUL-JOSEPH BARTHEZ, ›Femme (Anthropologie)‹, in: DIDEROT (ENCYCLOPÉDIE), Bd. 6 (1756), 468.
84 DIDEROT, ›Homme‹, in: ebd., Bd. 8 (1765), 256.
85 FRIEDERIKE HASSAUER-ROOS, Das Weib und die Idee der Menschheit. Überlegungen zur neueren Geschichte der Diskurse über die Frau, in: B. Cerquiglini/H. U. Gumbrecht (Hg.), Der Diskurs der Literatur- und Sprachhistorie (Frankfurt a. M. 1982), 428.
86 JEAN-JOSEPH MENURET DE CHAMBAUD, ›Mariage (Médec. Diete.)‹, in: DIDEROT (ENCYCLOPÉDIE), Bd. 10 (1765), 116.
87 JOSEPH-FRANÇOIS-ÉDOUARD DE CORSEMBLEU DE DESMAHIS, ›Femme (Morale)‹, in: ebd., Bd. 6 (1756), 474.

sensibilité qui la fait aimer [...]; elle répand autour d'elle une douce chaleur, une lumiere pure qui éclaire & vivifie tout ce qui l'environne.« (475) Mit der sensualistischen Aufwertung der Sinneswahrnehmung für die menschliche Erkenntnis wird die rational-intellektuelle auf die sinnesphysiologische Ebene verlagert; somit gerät die physische Konstitution des weiblichen Geschlechts zu einer entscheidenden Determinante ihrer Verstandesfähigkeiten.[88] Die begrenzten intellektuellen Kompetenzen der Frau werden mit der ›natürlichen‹ Schwäche ihrer Organe begründet: »foiblesse naturelle de leurs organes, d'où résulte leur beauté; [...] l'inquiétude de leur caractère, qui tient a leur imagination; [...] la multitude & la variété des sensations, qui fait une partie de leurs graces«[89]. Der Begriff Weiblichkeit wird vor diesem Hintergrund mit den ästhetischen Kategorien Schönheit (beauté) und Einbildungskraft (imagination) konnotiert. »Les spectres, les enchantemens, les prodiges, tout ce qui sort des loix ordinaires de la nature, sont leur ouvrages & leurs délices. Leur ame s'exalte & leur esprit est toujour plus près de l'enthousiasme.«[90]

Weibliche Wesen sind demnach von unmittelbaren Sinneseindrücken beherrscht, die ihr Erkenntnisvermögen einschränken und eine spezifische weibliche Moral zur Folge haben. Laqueur verweist in diesem Zusammenhang auf die komplizierten Konstruktionen von männlichen und weiblichen Körpern, die nicht allein auf Beobachtung und einer Vielzahl gesellschaftlicher und kultureller Vorgaben für die naturwissenschaftliche Praxis basieren, sondern auf einer »aesthetics of representation« bzw. auf einer »aesthetics of anatomical difference«[91]. Männliche und weibliche Körper sind somit selbst Artefakte innerhalb eines historischen Repräsentationssystems. In die Aussagen über das biologische Geschlecht sind von Anfang an kulturelle Bedeutungen eingeschrieben, die die sexuelle Differenz auf einer vertikalen Hierarchieachse zur Grundlage der Gesellschaftsordnung werden ließen. Der weibliche Körper wurde mit Bedeutungen aufgeladen, um eine neue soziale Ordnung mit getrennten öffentlichen und privaten Räumen und damit einhergehenden spezifischen Fähigkeiten und Vermögen zu rechtfertigen. Die einzige Kunstausübung, zu der das weibliche Geschlecht durch seine ›Natur‹ einen Zugang hat, ist das Theaterspiel. In Jean-Baptiste Du Bos' *Réflexions critiques sur la poésie et sur la peinture* (1719) wird das Theaterspielen mit einer spezifischen weiblichen Gefühlsqualität begründet. »Comme les femmes ont une sensibilité plus soudaine, & qui est plus à la disposition de leur volonté, que la sensibilité des hommes; comme elles ont, pour parler ainsi, plus de souplesse dans le cœur que les hommes, elles réussissent mieux que les hommes à faire ce que Quintilien exige de tous ceux qui veulent se mêler de déclamer. Elle se touchent plus facilement qu'eux, des passions qu'il leur plaît d'avoir. En un mot, les hommes ne se prêtent pas d'aussi bonne grâce que les femmes, aux sentimens du personnage qu'ils veulent jouer.«[92]

2. Weiblichkeit als Schein, Lüge, Travestie

Das der weiblichen Natur zugeschriebene Vermögen der Verstellung ist auch für Diderot der Entstehungsgrund für weibliches Begehren und für die Familie. Bei Diderot klingt bereits an, was dann in Rousseaus Gesellschaftstheorie ausführlicher entfaltet wird: die ›natürliche‹ Schamhaftigkeit der Frau als moralischer Schleier, der ihre Gerissenheit und sexuelle Zügellosigkeit verhüllt.

Diderot reagiert mit *Sur les femmes* (1772) auf die Schrift des Historikers Antoine-Léonard Thomas *Essai sur le caractère, les mœurs et l'esprit des femmes dans les différens siècles* (1772) und dessen nicht stringente Zuordnung von Weiblichkeit und unkontrolliertem weiblichen Begehren. »Mais il a voulu que son livre ne fût d'aucun sexe; et il n'y a malheureusement que trop bien réussi. C'est un hermaphrodite, qui n'a ni le nerf de l'homme ni la mollesse de la femme.«[93] Diderot stellt in seinem Essay die weibliche Hysterie – ›vapeurs‹ – ins Zentrum seiner Überlegungen. Die Anomalitäten weiblicher Imaginationen als Ergebnis mangelnder Beherrschung der eigenen Sinnlichkeit gehören zu

---

88 Vgl. STEINBRÜGGE (s. Anm. 52), 48.
89 THOMAS (s. Anm. 74), 82.
90 Ebd., 84.
91 LAQUEUR (s. Anm. 48), 164, 163.
92 DU BOS, Bd. 1 (1770), 437 f.
93 DENIS DIDEROT, Sur les femmes (1772), in: DIDEROT (ASSÉZAT), Bd. 2 (1875), 251.

diesem ›Krankheitsbild‹, das er als ein Moment weiblicher Sexualität beschreibt. Indem er Frauen und Wilde begrifflich analog setzt, verortet er Weiblichkeit im Diskurs der Aufklärung als Ort des Anderen, des aus der bürgerlichen Rationalität Verdrängten und Ausgeschlossenen. Äußerlich seien die Frauen zwar »plus civilisées que nous«, doch innerlich »elles sont restées de vraies sauvages« (260). Liebesleidenschaft, Eifersucht, Aberglaube, Zorn, Raserei seien bei ihnen ins Maßlose gesteigert. »Organisées tout au contraire de nous, le mobile qui sollicite en elles la volupté est si délicat, et la source en est si éloignée, qu'il n'est pas extraordinaire qu'elle ne vienne point ou qu'elle s'égare.« (252) Die Erwähnung der preußischen Dichterin Anna Louisa Karsch – Paradigma des empfindsamen Kulturtypus – erfolgt im Zusammenhang mit Krankheit und fehlgeleiteter Einbildungskraft, die er auf die Natur der weiblichen Geschlechtsorgane zurückführt und für das gesamte weibliche Geschlecht verallgemeinert. »La femme porte au dedans d'elle-même un organe susceptible de spasmes terribles, disposant d'elle, et suscitant dans son imagination des fantômes de toute espèce. C'est dans le délire hystérique qu'elle revient sur le passé, qu'elle s'élance dans l'avenir, que tous les temps lui sont présents. C'est de l'organe propre à son sexe que partent toutes ses idées extraordinaires. [...] Rien de plus contigu que l'extase, la vision, la prophétie, la révélation, la poésie fougueuse et l'hystérisme.« (255) Das ganze Erkenntnisvermögen der Frauen wird bestimmt durch die Spezifik ihrer Geschlechtsorgane. »Fixez, avec le plus de justesse et d'impartialité que vous pourrez, les prérogatives de l'homme et de la femme; mais n'oubliez pas que, faute de réflexion et de principes, rien ne pénètre jusqu'à une certaine profondeur de conviction dans l'entendement des femmes; que les idées de justice, de vertu, de vice, de bonté, de méchanceté, nagent à la superficie de leur âme.« Ähnlich wie die Wilden im Diskurs der Aufklärung in ihrer größeren Naturnähe als noch nicht ›Zivilisierte‹ konstruiert werden, leitet sich die Bestimmung von Weiblichkeit aus ihrer gefährlichen ›Natur‹ ab. Die von Diderot entworfene Disposition der Weiblichkeit zur Hysterikerin, zur Pythia und zur Wilden grenzt die weibliche Sexualität aus dem rationalen Diskurs aus und verortet sie im Bereich des ›Mystère‹: »Le symbole des femmes en général est celle de l'Apocalypse, sur le front de laquelle il est écrit: Mystère.« (260) Um den bedrohlichen Ausbruch der Natur im Weib einzudämmen, wird im männlichen Diskurs über den weiblichen Geschlechtscharakter die ›Schamhaftigkeit‹ als weibliche Natur konzipiert. Die Hauptenergie bei der Konzeptualisierung des weiblichen Geschlechtscharakters mit den Begriffen Schamhaftigkeit, Anmut, Unschuld, Tugend gilt nun ab Mitte des 18. Jh. der Eindämmung weiblicher Sexualität sowie der Furcht vor ihrem Ausbruch. Das Vermögen der weiblichen Verstellung ist somit ein Effekt der paradoxen Konstruktion von Künstlichkeit und Natürlichkeit im Diskurs weiblicher Natur. Kulturelle Bedeutungen und soziale Bestimmungen werden in den Naturzustand eingelagert.

Die geschichtsphilosophisch und ästhetisch tonangebende Weiblichkeitstheorie für Frankreich und auch für Deutschland wurde von Rousseau in seinem Erziehungsroman Émile ou de l'éducation (1761) entwickelt. »Il n'y a nulle parité entre les deux séxes quant à la consequence du sexe. Le male n'est mâle qu'en certains instans, la femelle est femelle toute sa vie ou du moins toute sa jeunesse«[94]. Das Weibliche wird ergänzend zum Männlichen in einer engen Kopplung von Physischem und Moralischem konzipiert; eine Adaption männlicher Fähigkeiten durch die Frauen und damit eine Vermischung der Geschlechter würde eine Gefahr für die Stabilität der Ordnung bedeuten: »je parle de cette promiscuité civile qui confond par tout les deux séxes dans les mêmes emplois, dans les mêmes travaux, et ne peut manquer d'engendrer les plus intolérables abus; je parle de cette subversion des plus doux sentimens de la nature, immolés à un sentiment artificiel qui ne peut subsister que par eux« (700). Die Gefahr besteht in der ›Verweichlichung‹ der Männer. Die das Männliche ergänzende Weiblichkeit konstituiert sich bei Rousseau durch die ›Ansicht der Natur‹ und durch das Urteil der Männer. »Par la loi même de la nature les femmes, tant pour elles que pour leurs enfans, sont à la merci des jugemens des hommes«

---

[94] JEAN-JACQUES ROUSSEAU, Émile ou de l'éducation (1761), in: ROUSSEAU, Bd. 4 (1969), 697.

(702), und »du soin des femmes dépend la prémiere éducation des hommes; des femmes dépendent encore leurs mœurs, leurs passions, leurs gouts, leurs plaisirs, leur bonheur-même. Ainsi toute l'éducation des femmes doit être rélative aux hommes. Leur plaire, leur être utiles, se faire aimer et honorer d'eux, les élever jeunes, les soigner grands, les conseiller, les consoler, leur rendre la vie agréable et douce« (703). Der Erziehung Émiles zu Freiheit von äußerem Zwang und zur Entscheidungsfreiheit gegenüber steht bei Sophie die Notwendigkeit zum Zwang und die Unterordnung unter den Mann im Zentrum. »Elles seront toute leur vie asservies à la gêne la plus continüelle et la plus sévére, qui est celle des bienseances: il faut les exercer d'abord à la contrainte, afin qu'elle ne leur coûte jamais rien, à dompter toutes leurs fantaisies pour les soumettre aux volontés d'autrui.« (709)

Die Ambivalenz des Rousseauschen Weiblichkeitsbegriffs wird in dem Moment deutlich, wo er über die gefährliche Macht der weiblichen Redefähigkeit, über die erotische Anziehungskraft und die Verführungslist der Frauen spricht. All diese die weibliche Tugend bedrohenden Eigenschaften sieht er in dem Berufsstand der Schauspielerinnen verkörpert, die den Einfluß der Frauen auf die soziale Ordnung erweitern und damit die Fähigkeit besitzen, die Ordnung der Geschlechter durcheinanderzubringen. In seiner berühmten *Lettre à M. d'Alembert* (1758) heißt es über den Sittenverderb und die durch das Theater angerichteten Zerrüttungen: »L'amour est le régne des femmes. [...] Un effet naturel de ces sortes de piéces est donc d'étendre l'empire du *Séxe*, de rendre des femmes et des jeunes filles les preceptrices du public, et de leur donner sur les spectateurs le même pouvoir qu'elles ont sur leurs amans. Pensez-vous, Monsieur, que cet ordre soit sans inconvenient, et qu'en augmentant avec tant de soin l'ascendant des femmes, les hommes en seront mieux gouvernés? / Il peut y avoir dans le monde quelques femmes dignes d'être écoutées d'un honnête homme; mais est-ce d'elles, en général, qu'il doit prendre conseil, et n'y auroit-il aucun moyen d'honorer leur sexe, à moins d'avilir le nôtre?«[95] Er bezieht sich auf die subalterne Rolle der Frau in der Polis, wo man mit Ehrfurcht über ihre Tugenden schwieg. »Ils avoient pour maxime que le pays où les mœurs étoient les plus pures, étoit celui où l'on parloit le moins des femmes et que la femme la plus honnête étoit celle dont on parloit le moins.« (44 f.) Indem Rousseau hier die verheerenden Effekte der weiblichen Rhetorik für die männliche Identität beschreibt, wird deutlich, welche Repräsentationsfunktion die Weiblichkeit im Gesellschaftszustand innehat. Weiblichkeit als Anderes oder Fremdes ist eine Projektionsfläche für die Konstituierung des Einen, der männlichen Identität. In der ästhetischen Erfahrung des Theaters – Rousseau bedient sich nicht zufällig der Geschlechterdifferenz für seine Polemik gegen die aristotelische Ästhetik – wird die Spiegelfunktion der Weiblichkeit aufgelöst und die ›natürliche‹ Geschlechterdifferenz als sozialer und kultureller Effekt ausgestellt. Wenn die Differenz der Geschlechter zur Konsolidierung des einen Geschlechts aufgehoben wird, gerät das Weibliche zu einem Moment der Zerstörung des Männlichen. Die ›naturwüchsigen‹ Konstruktionen Weiblich und Männlich verlieren den Anschein der Natur und werden als symbolisch vermittelte Rolle ausgestellt. »Sur la Scéne, c'est pis encore. Au fond, dans le monde elles ne savent rien, quoiqu'elles jugent de tout: Mais au théatre, savantes du savoir des hommes, philosophes, grace aux auteurs, elles écrasent notre Séxe de ses propres talens et les imbeciles Spectateurs vont bonnement apprendre des femmes ce qu'ils ont pris soin de leur dicter. [...] Parcourez la pluspart des piéces modernes, c'est toujours une femme qui sait tout, qui apprend tout aux hommes; [...] La Bonne est sur le théatre, et les enfans sont dans le parterre.« (45)

Wo der Schein regiert, legt die Liebe die Maske der Tugend an und verwirft die Hierarchie der Geschlechter.[96] Die Kunst der Weiblichkeit besteht darin, ihre Kunst auf dem Theater eben nicht als Natur, sondern als Kunst auszustellen. In der Weiblichkeit wird eine bedrohliche Fiktion abge-

---

95 ROUSSEAU, À M. d'Alembert [...]: Sur son Article ›Genève‹ dans le VIIe Volume de l'›Encyclopédie‹ et particulièrement, sur le projet d'établir un ›théâtre de comédie‹ en cette Ville (1758), in: ROUSSEAU, Bd. 5 (1995), 43 f.
96 Vgl. CHRISTINE GARBE, Die ›weibliche‹ List im ›männlichen‹ Text. Jean-Jacques Rousseau in der feministischen Kritik (Stuttgart/Weimar 1992), 76–113.

wehrt, die eine Gefahr für die ›natürliche‹ Ordnung der Gesellschaft mit sich führt.

Die Bestimmung weiblicher Verstellungen im ›Kampf der Geschlechter‹ ist eine bekannte Metaphorik in den Liebesdiskursen des 17. und 18. Jh. Rousseau knüpft an die Tradition der Galanterie an, wenn er das Geschlechterverhältnis in den Begriffen von Angriff und Verteidigung beschreibt: »et ne voulant plus souffrir de séparation, faute de pouvoir se rendre hommes, les femmes nous rendent femmes. / Cet inconvenient qui dégrade l'homme, est très grand partout; mais c'est surtout dans les Etats comme le nôtre qu'il importe de le prévenir. Qu'un Monarque gouverne des hommes ou des femmes, cela lui doit être assés indifférent pourvû qu'il soit obéi; mais dans une République, il faut des hommes.«[97] Weiblichkeit ist im antimonarchistischen Diskurs Rousseaus als ein Effekt des Diskurses von der Frau zu lesen, der sich als Funktion in der Reflexion des Mannes über sich selbst und über die Republik konstituiert.[98]

Das von Rousseau behauptete schrankenlose unersättliche weibliche Begehren – hier durch die Schamhaftigkeit reguliert – wird beim Marquis de Sade spielerisch und grausam inszeniert und, ebenso wie die Tugend, als Schein und Maskerade enthüllt: »ce n'est pas le sacrifice qu'on fait de ses sens à la vertu qui rend heureux: sans doute il ne peut y avoir de félicité dans une telle contrainte. Ce qui conduit au vrai bonheur n'est donc que l'apparence de cette vertu où les préjugés ridicules de l'homme ont condamné notre sexe.«[99]

---

97 ROUSSEAU (s. Anm. 95), 92.
98 Vgl. VINKEN, Alle Menschen werden Brüder. Republik, Rhetorik, Differenz der Geschlechter, in: Lendemain, H. 71/72 (1993), 116.
99 DONATIEN ALPHONSE FRANÇOIS DE SADE, La nouvelle Justine, ou les malheurs de la vertu (1787/1797), in: De Sade, Œuvres complètes, hg. v. A. Le Brun/J.-J. Pauvert, Bd. 6 (Paris 1987), 46.
100 JOHANN GOTTLIEB FICHTE, Grundlage des Naturrechts nach Prinzipien der Wissenschaftslehre (1796/1797), hg. v. F. Medicus (Hamburg 1979), 302.
101 Ebd., 307.
102 Vgl. BERNHARD J. DOTZLER, ›Seht doch, wie ihr vor Eifer schäumet …‹. Zum männlichen Diskurs über Weiblichkeit um 1800, in: Jahrbuch der Dt. Schillergesellschaft 30 (1986), 361.

Die rhetorische Verfassung der Weiblichkeit ging somit in den philosophischen Diskurs ein, hier allerdings als bürgerlich-rechtliche Unmündigkeit, so daß sich schreibende Frauen häufig hinter der Maske eines Pseudonyms verbergen mußten. In seinen *Grundlagen des Naturrechts nach Prinzipien der Wissenschaftslehre* (1796/1797) definiert Johann Gottlieb Fichte die Frau als das ›zweite Geschlecht‹ und ordnet es dem ersten, dem männlichen Geschlecht, nach: »Das zweite Geschlecht steht der Natureinrichtung nach um eine Stufe tiefer, als das erste; es ist Objekt einer Kraft des ersteren.«[100] Hatten sich Olympe de Gouges *Déclaration des droits de la femme et de la citoyenne* (1791), Mary Wollstonecrafts *A Vindication of the Rights of Women* (1791/1793) oder in Deutschland Hippels *Über die bürgerliche Verbesserung der Weiber* schon kritisch mit dem einseitigen männlichen Zuschnitt der Menschenrechte auseinandergesetzt und die politische und rechtliche Gleichstellung der Frauen gefordert, ist es bei Fichte erneut die Natur des Weibes, die sich dem Willen des Mannes zu beugen hat. Damit hört die Frau auf, »das Leben eines Individuums zu führen; ihr Leben ist Teil seines Lebens geworden«[101]. In einer rhetorischen Operation wird Weiblichkeit bei Fichte zu einer leidenschaftslosen Figur, die über die Transformation sexuellen Begehrens in unterwürfige Liebe zur edlen weiblichen Seele stilisiert wird.

Unter diesen diskursiven Konditionen vermochte es die Literatur von Frauen auch nicht, sich unter einer autonomen weiblichen Autorschaft zu etablieren. 1771 erschien anonym die *Geschichte des Fräuleins von Sternheim*. *Von einer Freundin derselben aus Original-Papieren und anderen zuverlässigen Quellen gezogen*, die von Wieland herausgegeben und mit Vorrede und Anmerkungen versehen wurde. Die Frau wird als anonym-namenlose mit ihrer Heldin identisch gesetzt und in einer Art ›Selbstlesbarkeit‹ als Leserin konstituiert.[102] Die Weiblichkeitskonstrukte der Zeit nehmen in der Bestimmung des Schreibens von Frauen Wirklichkeit an. Es handelte sich um geistige Schöpfungen, die nicht nach ihrem literarischen Wert bemessen wurden, sondern nach ihrem moralpädagogischen Nutzen. »In den Frauenromanen geht die Propaganda für diese eine Art von weiblicher Schönheit mit dem Verzicht auf ein

Bild von sich selbst einher. Dafür stehen zunächst die expliziten Verbote, den Spiegel zu gebrauchen [...]. Mit dem Bild von sich ist den Heldinnen auch ihre Wahrnehmung und die Beschreibung der eigenen Schönheit aus der Hand genommen. Sie kehrt auf dem Weg über ein vorgeformtes Bild von Schönheit zu ihnen zurück, ein Weg, der zudem auch über den männlichen Blick geführt hat.«[103]

3. Geschlechtsspezifische ästhetische Distinktionen

Kant schließt in seiner *Anthropologie in pragmatischer Hinsicht* (1798) nicht nur die Gelehrte geschlechtsontologisch aus der Aufklärung aus, er reduziert auch den Kulturtypus der Empfindsamen: »Weibliche Tugend oder Untugend ist von der männlichen nicht sowohl der Art als der Triebfeder nach sehr unterschieden. – Sie soll *geduldig*, Er muß *duldend* sein. Sie ist *empfindlich*, Er *empfindsam*.«[104] Für Kants Weiblichkeitsbegriff sind seine Bestimmungen des Eherechts als eines Verhältnisses von Herrschaft und Unterwerfung aufschlußreich. »Zur Einheit und Unauflöslichkeit einer Verbindung ist das beliebige Zusammentreten zweier Personen nicht hinreichend; ein Theil mußte dem andern *unterworfen* und wechselseitig einer dem andern irgendworin überlegen sein, um ihn beherrschen oder regieren zu können. [...] Ein Theil muß im *Fortgange der Cultur* auf heterogene Art überlegen sein: der Mann dem Weibe durch sein körperliches Vermögen und seinen Muth, das Weib aber dem Manne durch ihre Naturgabe sich der Neigung des Mannes zu ihr zu bemeistern; da hingegen im noch uncivilisirten Zustande die Überlegenheit blos auf der Seite des *Mannes* ist.«[105]

In der vorkritischen Schrift *Beobachtungen über das Gefühl des Schönen und Erhabenen* (1764) leitet Kant aus dem biologischen Geschlechterunterschied ästhetische Distinktionen ab. Den Charakter des Schönen zu erhöhen ist der eigentliche Beziehungspunkt des weiblichen Geschlechts, während das Erhabene unter den männlichen Eigenschaften das Kennzeichen seiner Art sei. Die weiblichen Empfindungen sind teilnehmend, gutherzig und mitteilend und ziehen das Schöne dem Nützlichen vor: »Kurz, sie enthalten in der menschlichen Natur den Hauptgrund der Abstechung der schönen Eigenschaften mit den edlen und verfeinern selbst das männliche Geschlecht.«[106] Ebenso wie Rousseau, Schiller, Goethe und Herder kritisiert Kant den Typus der weiblichen Gelehrsamkeit, denn damit werden die Vorzüge getilgt, die dem weiblichen Geschlecht eigentümlich sind; »mühsames Lernen« und »peinliches Grübeln«[107] läßt die Reize schwinden. »Es scheinet eine boshafte List der Mannspersonen zu sein, daß sie das schöne Geschlecht zu diesem verkehrten Geschmacke haben verleiten wollen.«[108] Bei der Erziehung des weiblichen Geschlechts sei darauf zu achten, daß dessen moralisches Gefühl, nicht das Gedächtnis erweitert wird. »Der Inhalt der großen Wissenschaft des Frauenzimmers ist vielmehr der Mensch und unter den Menschen der Mann. Ihre Weltweisheit ist nicht Vernünfteln sondern Empfinden.« (230)

Der von Kant projizierte Weiblichkeitsbegriff läßt unter den Kategorien ›schöne Tugend‹, ›Reinlichkeit‹ und ›Schamhaftigkeit‹ ein weibliches Begehren durchscheinen, dessen Stillegung die Voraussetzung für das Funktionieren der Geschlechterordnung gewährleistet. Was sich dahinter verbirgt, ist die Angst vor dem Verlust der Männlichkeit, denn in Ermangelung der geschlechtsspezifischen Grundsätze »sieht man Männer Weiblichkeiten annehmen« (242). Die Kopplung von Schönheit und Tugend im Weiblichkeitsbegriff kann nur gelingen, wenn sie über Schamhaftigkeit vermittelt wird. »Die Schamhaftigkeit ist ein Geheimnis der Natur sowohl einer Neigung Schranken zu setzen, die sehr unbändig ist und, indem sie den Ruf der Natur für sich hat, sich immer mit guten sittlichen Eigenschaften zu vertragen scheint, wenn sie gleich ausschweift.« (234) Die Bestimmungen der Weiblichkeit, die Kant in der *Anthro-*

---

103 HELGA MEISE, Die Unschuld und die Schrift. Deutsche Frauenromane im 18. Jahrhundert (Berlin/Marburg 1983), 158.
104 IMMANUEL KANT, Anthropologie in pragmatischer Hinsicht (1798), in: KANT (AA), Bd. 7 (1917), 307.
105 Ebd., 303.
106 KANT, Beobachtungen über das Gefühl des Schönen und Erhabenen (1764), in: KANT (AA), Bd. 2 (1905), 229.
107 KANT, Bemerkungen zu den Beobachtungen des Schönen und Erhabenen (1763/1764), in: KANT (AA), Bd. 20 (1942), 89.
108 KANT (s. Anm 106), 230.

pologie in pragmatischer Hinsicht entfaltet, stimmen im wesentlichen mit denen der vorkritischen empirischen Schriften überein. Die Frage nach dem Zweck der Natur bei der Einrichtung von Weiblichkeit wird klar mit der »Erhaltung der Art«, der »Kultur der Gesellschaft und Verfeinerung derselben«[109] beantwortet. Kant entwickelt seine philosophische Anthropologie aus der empirischen Psychologie, als eine analytische Wissenschaft, die durch die Beobachtung und Beschreibung menschlichen Verhaltens zur Welterkenntnis gelangen soll. Das zentrale Erkenntnisinteresse der philosophischen Anthropologie Kants gilt – im Unterschied zu der systematischen transzendentalen Fragestellung der drei Kritiken – der weiblichen Eigentümlichkeit: »Daher ist in der Anthropologie die weibliche Eigenthümlichkeit mehr als die des männlichen Geschlechts ein Studium für den Philosophen. Im rohen Naturzustande kann man sie eben so wenig erkennen, als die der Holzäpfel und Holzbirnen, deren Mannigfaltigkeit sich nur durch Pfropfen oder Inoculieren entdeckt; denn die Cultur bringt diese weiblichen Beschaffenheiten nicht hinein, sondern veranlaßt sie nur sich zu entwikkeln, und unter begünstigenden Umständen kennbar zu werden.« (303)

In Kants Bestimmungen hat das weibliche Geschlecht weder den Status eines Rechts- noch eines Vernunftsubjekts: War es im »rohen Naturzustande« das »Hausthier« (304) des Mannes, so kann die Weiblichkeit in entwickelteren Gesellschaftsformen zur Verfeinerung der Kultur beitragen. Die Natur stattete das weibliche Geschlecht zum Beherrscher des männlichen aus, durch seine »Sittsamkeit, Beredtheit in Sprache und Mienen«. Als Ornament des bürgerlichen Alltags gelangen die Frauen zwar »nicht zur Moralität selbst, doch zu dem, was ihr Kleid ist, dem gesitteten Anstande, der zu jener die Vorbereitung und Empfehlung ist« (306). Die durch Tugend und Sittsamkeit unter Kontrolle gehaltene, ständig auszubrechen drohende weibliche Sinnlichkeit verkörpert somit den zügellosen Teil der Einbildungskraft, die Phantasie. »Wir spielen oft und gern mit der Einbildungskraft; aber die Einbildungskraft (als Phantasie) spielt eben so oft und bisweilen sehr ungelegen auch mit uns.« (175)

Eine als Sittenwächterin imaginierte Weiblichkeit, mit der die Leidenschaften ebenso wie die Einbildungskraft unter Kontrolle gehalten werden, ist bei Kant deutlich in ihrer sozialtechnologischen Funktion im Diskurs um die Moralisierung der Menschheit markiert. Geschlechterrollen sind mit der Künstlichkeit ihres Konstruktionscharakters behaftet, denn Kant verweist auf die weibliche Fähigkeit zur Verstellung und Täuschung und damit auf die ›Kunst zu scheinen‹. Wenn Kant das ›Schöne‹ als Attribut der weiblichen Physis (schönes Geschlecht), des Verstandes (schöner Verstand) und der moralischen Qualität (schöne Tugend) klassifiziert, verläßt er den Bereich interesselosen Schauens zugunsten einer pragmatischen Ausrichtung: der Ausformung des weiblichen Geschlechtscharakters als sittliches Naturwesen zum Genuß eines männlichen Betrachters. Bei allen Eigenschaften, die Kant dem weiblichen Geschlecht zuschreibt – die Macht weiblicher Reize, Schamhaftigkeit und Bescheidenheit –, handelt es sich um ein Gesellschaftsspiel des schönen Scheins, in dem die ›Frauenzimmer‹ die Hauptakteurinnen sind und unter dem Zeichen der Weiblichkeit ein Artefakt verkörpern. In Kants *Bemerkungen zu den Beobachtungen des Schönen und Erhabenen* werden die ontologischen Setzungen seiner eigenen Weiblichkeitstheorie als ›schöner Schein‹ demaskiert, denn mit dem »Charakter des Schönen stimmt sehr zusammen die *Kunst zu scheinen*. […] Das weibliche Geschlecht besitzt diese Kunst in hohem Grade welches auch unser gantzes Glük macht. Dadurch ist der betrogene Ehemann glüklich«[110]. Das Frauenzimmer kann sich »vortrefflich verstellen u. ist mit allen Eigenschaften ausgerüstet« um das jederzeit zu scheinen was es seyn soll«[111].

Wenn Weiblichkeit den Schein verkörpert, kann die auf dem Unterschied basierende Geschlechterdramaturgie ins Wanken geraten. Frauen können, etwa im galanten Diskurs, ebenso Männlichkeit annehmen wie Männer – eine Infragestellung ihrer Identität – Weiblichkeit. Um die Angst vor Zuständen der Vermischung zu unterbinden, wird die künstliche Natur der Weiblichkeit moralpädagogisch funktionalisiert, indem Kant sie zu einer

---

[109] KANT (s. Anm. 104), 305 f.
[110] KANT (s. Anm. 107), 61.
[111] Ebd, 89.

II. Aufklärung: Konturen der Konstruktion/Erfindung ästhetischer Weiblichkeit

natürlichen Kunst stilisiert. Die hierarchisch angeordneten ästhetischen Vermögen produktiver Bildungskraft und rezeptiver Empfindungskraft werden auch von Karl Philipp Moritz geschlechtsspezifisch interpretiert, was theoretisch den Ausschluß der Frauen aus der ästhetischen Produktion bedeutete. »In dem Empfindungsvermögen bleibt also stets die Lücke, welche nur durch das Resultat der Bildungskraft sich ausfüllt. Bildungskraft und Empfindungsfähigkeit verhalten sich zueinander wie Mann und Weib.«[112] Das Kunstwerk ist bei Moritz in sich selbst gegründet als eine Naturschöpfung zweiten Grades durch das Genie. Es hat seine Berechtigung zuallererst für das Genie als Medium seiner ›Bildungskraft‹ und erst sekundär für die ›Einbildungskraft‹ der Rezipienten. Der Rezeptionsakt ist nicht mehr auf ein am Handeln ausgerichtetes Mitleid orientiert, sondern auf statische Kontemplation und die mit ihr verbundene Verfeinerung der Seele.

4. Die Versöhnungsfunktion der ›schönen Seele‹

In der Ästhetik Schillers hat der Weiblichkeitsbegriff die Funktion der Versöhnung zwischen Sinnlichkeit und Vernunft, Pflicht und Neigung. Schillers Konzept der ästhetischen Erziehung ist über die Veredelung des Menschen auf die politische Freiheit gerichtet. Die Aufhebung des Gegensatzes zwischen Sinnlichkeit und Vernunft kommt der schönen Kunst zu bzw. der ›schönen Seele‹, wie der Aufsatz *Ueber Anmuth und Würde* (1793) zeigt. Anmut wird im Anschluß an Shaftesburys Begriff der ›moral grace‹ als Ausdruck der ›schönen Seele‹ bestimmt, Würde als Ausdruck einer erhabenen Gesinnung. Die ästhetische Inszenierung von Weiblichkeit gründet auch hier auf den ambivalenten Momenten unbeschadeter Naturnähe und damit größerer Anfälligkeit für Zivilisationsschäden, da der Weiblichkeit die Verstandeskompetenz zur Freiheit, mit der der Mann die Natur überschreitet, nicht gegeben ist. Als unbewußte Harmonie verkörpert Weiblichkeit das Bild einer unzerstörten verlorenen Ganzheit, das mit dem Naiven parallelisiert wird. Schiller verwendet den Begriff Weiblichkeit hier in einem anthropologischen Verständnis; in seinen geschichtsphilosophisch-poetologischen Reflexionen, in denen er die Kategorien ›naiv‹ und ›sentimentalisch‹ zur Unterscheidung von Dichtungsweisen entwickelt, hat Weiblichkeit keinen Ort mehr. In *Ueber naive und sentimentalische Dichtung* (1795) heißt es: »Dem andern Geschlecht hat die Natur in dem naiven Charakter seine höchste Vollkommenheit angewiesen. Nach nichts ringt die weibliche Gefallsucht so sehr als nach dem *Schein des Naiven*; Beweis genug, wenn man auch sonst keinen hätte, daß die größte Macht des Geschlechts auf dieser Eigenschaft beruhet. Weil aber die herrschenden Grundsätze bey der weiblichen Erziehung mit diesem Charakter in ewigem Streit liegen, so ist es dem Weibe im moralischen eben so schwer wie dem Mann im intellektuellen mit den Vortheilen der guten Erziehung jenes herrliche Geschenk der Natur unverloren zu behalten«[113].

Aus der naiven Denkart folgt für Schiller notwendigerweise auch ein naiver Ausdruck in Worten und Bewegungen, die einen wichtigen Bestandteil der Grazie bilden. Weiblichkeit verbleibt im Status des Medialen, auch wenn es aufgewertet und unter das Primat des Sinnlichen gestellt wird. Schiller beruft sich in *Ueber Anmuth und Würde* (1793) auf die griechische Mythologie, in der Venus, die von Grazien begleitet wird, den Gürtel der Anmut trägt. Anmut als eine ästhetische Kategorie repräsentiert eine bewegliche Schönheit, die an den Subjekten zufällig erscheinen kann. Deshalb muß sich Anmut in die Eigenschaft einer Person verwandeln, damit jeder Verdacht des Scheins und damit der Künstlichkeit ausgeschlossen ist. »Willkührlichen Bewegungen allein kann also Anmuth zukommen, aber auch unter diesen nur denjenigen, die ein Ausdruck *moralischer* Empfindungen sind. Bewegungen, welche keine andere Quelle als die Sinnlichkeit haben, gehören bey aller Willkührlichkeit doch nur der Natur an, die für sich allein sich nie bis zur Anmuth erhebet. Könnte sich die Begierde mit Anmuth, der Instinkt mit Grazie äußern, so würden Anmuth und

---

112 KARL PHILIPP MORITZ, Über die bildende Nachahmung des Schönen (1788), in: Moritz, Schriften zur Ästhetik und Poetik, hg. v. H. J. Schrimpf (Tübingen 1962), 81.
113 FRIEDRICH SCHILLER, Ueber naive und sentimentalische Dichtung (1795), in: SCHILLER, Bd. 20 (1962), 425.

Grazie nicht mehr fähig und würdig seyn, der Menschheit zu einem Ausdruck zu dienen.«[114] So gerinnt Anmut in Schillers Ästhetik zu einer Kategorie, die eine Versöhnung zwischen der bürgerlichen Pflicht und der Sinnlichkeit ermöglichen soll. Die Vermittlung in dieser Dramaturgie fällt der ›schönen Seele‹ zu: »Eine schöne Seele nennt man es, wenn sich das sittliche Gefühl aller Empfindungen des Menschen endlich bis zu dem Grad versichert hat, daß es dem Affekt die Leitung des Willens ohne Scheu überlassen darf, und nie Gefahr läuft, mit den Entscheidungen desselben im Widerspruch zu stehen. Daher sind bey einer schönen Seele die einzelnen Handlungen eigentlich nicht sittlich, sondern der ganze Charakter ist es. Man kann ihr auch keine einzige darunter zum Verdienst anrechnen, weil eine Befriedigung des Triebes nie verdienstlich heißen kann. Die schöne Seele hat kein andres Verdienst, als daß sie ist. Mit einer Leichtigkeit, als wenn bloß der Instinkt aus ihr handelte, übt sie der Menschheit peinlichste Pflichten aus [...]. In einer schönen Seele ist es also, wo Sinnlichkeit und Vernunft, Pflicht und Neigung harmoniren, und Grazie ist ihr Ausdruck in der Erscheinung.« (287f.)

In Schillers ästhetischem Erziehungsprogramm wird die Anmut dem weiblichen Geschlecht zugeschrieben bzw. wird ein weibliches Begehren projiziert und in den Dienst eines ästhetischen Programms gestellt. Die von Schiller ausgeführte größere Empfänglichkeit des ›weiblichen Baus‹ für äußere Eindrücke galt in der Dämonologie als Stütze für den Vorwurf, daß sich Frauen vom Teufel schneller verführen lassen. »Der zärtere weibliche Bau empfängt jeden Eindruck schneller und läßt ihn schneller wieder verschwinden.« (288) Während für das männliche Individuum der ästhetische Raum als Spiegel für die Totalität menschlicher Freiheit dient, weil es sich in der ästhetischen Anschauung als Repräsentant des universalen autonomen Selbst begreifen kann, in dem es sich mit dem idealen Ego identifiziert, wird dem weiblichen Geschlecht ausschließlich der rezeptive Platz zugewiesen, denn in Schillers ästhetischem Modell transformiert Kunst den narrativen Bereich in einen Ort männlicher Selbstbestimmung. »Das andre Geschlecht kann und darf, seiner Natur und seiner schönen Bestimmung nach, mit dem Männlichen nie die *Wissenschaft*, aber durch das Medium der Darstellung kann es mit demselben die *Wahrheit* theilen. Der Mann läßt es sich noch wohl gefallen, daß sein Geschmack beleidigt wird, wenn nur der innere Gehalt den Verstand entschädigt. Gewöhnlich ist es ihm nur desto lieber, je härter die Bestimmtheit hervortritt, und je reiner sich das innere Wesen von der Erscheinung absondert. Aber das Weib vergiebt dem reichsten Inhalt die vernachläßigte Form nicht, und der ganze innre Bau seines Wesens giebt ihm ein Recht zu dieser strengen Foderung. Dieses Geschlecht, das, wenn es auch nicht durch Schönheit herrschte, schon allein deswegen das schöne Geschlecht heißen müßte, weil es durch Schönheit beherrscht wird, zieht alles, was ihm vorkommt, vor den Richterstuhl der Empfindung, und was nicht zu dieser spricht oder sie gar beleidigt, ist für dasselbe verloren. Freylich kann ihm in diesem Kanal nur die Materie der Wahrheit, aber nicht die Wahrheit selbst überliefert werden, die von ihrem Beweis unzertrennlich ist.«[115] Die Verbindung von Verstandeskompetenzen und sinnlichem Vermögen, die erst die ästhetische Repräsentation ermöglichen, ist dem weiblichen Geschlecht von ›Natur‹ aus nicht gegeben, ermöglicht aber dem Mann, die ästhetische Anschauung über den medialen Charakter der Weiblichkeit zu steigern. »Das Geschäft also, welches Natur dem andern Geschlecht nicht bloß nachließ, sondern verbot, muß der Mann doppelt auf sich nehmen, wenn er anders dem Weibe in diesem wichtigen Punkt des Daseyns auf gleicher Stuffe begegnen will. Er wird also so viel, als er nur immer kann, aus dem Reich der Abstraktion, wo Er regiert, in das Reich der Einbildungskraft und Empfindung hinüber zu ziehen suchen, wo das Weib zugleich Muster und Richterinn ist. Er wird, da er in dem weiblichen Geiste keine dauerhaften Pflanzungen anlegen kann, so viele Blüthen und Früchte, als immer möglich ist, auf seinem eigenen Feld zu erzielen suchen, um den schnell verwelkenden Vorrath auf dem andern desto öfter erneu-

---

114 SCHILLER, Ueber Anmuth und Würde (1793), in: ebd., 254.
115 SCHILLER, Ueber die nothwendigen Grenzen beim Gebrauch schöner Formen (1795), in: SCHILLER, Bd. 21 (1963), 16f.

ern, und da, wo keine natürliche Ärnte reift, eine künstliche unterhalten zu können. Der Geschmack verbessert – oder verbirgt – den natürlichen Geistesunterschied beyder Geschlechter, er nährt und schmückt den weiblichen Geist mit den Produkten des männlichen, und läßt das reizende Geschlecht empfinden, wo es nicht gedacht, und genießen, wo es nicht gearbeitet hat.«[116]

Den medialen Status erhält Weiblichkeit erst durch die begriffliche Reflexion ›weibliche Natur‹. Die Implikationen des qua ›weibliche Natur‹ konstruierten Begriffs ›Anmut‹ – Beweglichkeit, Nicht-Identität, Triebkraft – in Schillers Ästhetik zeigen, daß es sich hier weniger um einen Bereich ›natürlicher‹ Weiblichkeit handelt, sondern eher um einen rätselhaft-künstlichen. Damit werden Argumentationsmuster angedeutet, die im 19. Jh. das Verhältnis von Weiblichkeit und Ästhetik bestimmen und die Weiblichkeit in den Raum des Nicht-Identischen verweisen.[117]

III. Die romantische Wende: Der Roman als ›weibliche Dichtart‹. Weiblichkeit, Poesie und Kunst

Die projektive Erhöhung und Verrätselung einer ›weiblichen Natur‹ in den Begriffen Schönheit, Anmut, Tugend, Sittsamkeit signalisiert im 18. Jh. die Wiederkehr des Mythos als künstliche Natur unter dem Schleier der Jungfräulichkeit. Die aus der Antike überlieferten kunstförmigen mythischen Strukturen von Weiblichkeit sind sowohl Medien spezifischer Sichtweisen von Politik, Moral und Kunst als auch identitätsstiftende Konfigurationen und verknüpfen sich mit der kulturellen Neubestimmung der Geschlechterdifferenz in der Moderne.

Friedrich Schlegel geht insbesondere in den Texten *Über die weiblichen Charaktere in den griechischen Dichtern* (1794) und *Über die Diotima* (1795) bei seiner Bestimmung von Weiblichkeit als poetisches Ideal auf die Griechen und die griechische Mythologie zurück. Im Bilde der Weiblichkeit bei den Griechen, das er in seiner Herausbildung, Vollendung und Ausartung und damit als Belehrung über den sittlichen Zustand des Geschlechts präsentiert, liest er die Schönheit im weiblichen Charakter, die trotz der Geringschätzung des weiblichen Geschlechts in diesem Zeitalter allgemeine Denkart, in zarten und schönen Zügen aus ›reiner Weiblichkeit‹ entsprungen war. Ihre Tugend ist freie Natur, ihre Einfalt ist vollendet und ihre Anmuth göttlich – keine »durch Bildung zerstörte Weiblichkeit«[118]. »Der weibliche Charakter wird so oft nicht verstanden, eben weil es die Natur des Weibes ist, seine Seele zu verhüllen, wie seine Reize; selbst die offenste weibliche Hingebung ist leise. Aus diesem Hange und dem Unbewußtsein der Unschuld entspringt weibliche Naivität; welche in der Nausikaa, durch den Zusatz von Reiz und Güte zur Schönheit erhoben ist.« (51) In den Göttinnen der griechischen Mythologie sind die Macht weiblicher Reize und die Bande weiblicher Liebe verkörpert. »Das poetische Ideal des weiblichen Charakters«, das »bei den Griechen im Sophokles seine Vollkommenheit erreicht« (58) hat, korrespondiert mit dem Poesiebegriff Schlegels, für den die griechische Poesie die reine Kunst des Schönen, des Reichtums, der Harmonie und Vollendung sowie der sittlichen Liebe darstellt. Mit dem Verschwinden der Sittlichkeit geht weibliche Zügellosigkeit und Verderbtheit in den Stücken des Aristophanes einher. Die List der Weiber, sich als Männer zu verkleiden und sich des Marktplatzes und der Regierung zu bemächtigen, ist die Ursache für das Schwinden der Sittlichkeit aus dem öffentlichen Leben und aus der Dichtkunst. »Das Schöne hörte auf, Zweck der Poesie zu sein; und der sittliche Mensch war nicht mehr ihr Gegenstand. [...] das Moralische lag nunmehr ganz außerhalb dem Gebiete der Poesie« (68 f.). In der Diotima-Studie geht er historischen Frauenfiguren nach, die Anteil an der Bildung und dem öffentlichen Leben hatten, und erbringt den Nachweis, daß die Hetären nicht die einzigen unter die-

---

116 Ebd., 17.
117 Vgl. SIGRID SCHADE, ›Anmut‹: weder Natur noch Kunst. Zur Formation einer Körpersprache im 18. Jahrhundert, in: G. Dane u. a. (Hg.), Anschlüsse. Versuche nach Michel Foucault (Tübingen 1985), 75 ff.
118 FRIEDRICH SCHLEGEL, Über die weiblichen Charaktere in den griechischen Dichtern (1794), in: SCHLEGEL (KFSA), Bd. 1 (1979), 50.

sen Frauen waren und daß mit der Diotimafigur Tendenzen zum Vorschein kommen, an denen die Reinigung der modernen Sitten sich orientieren soll. Schlegels historische Abhandlungen über die griechische Weiblichkeit sind zweifellos Vorstufen zu der spekulativen, die romantische Kunsttheorie begründenden Schrift *Über das Studium der griechischen Poesie* (1795–1796).
In der *Lucinde* (1798) und in dem Brief *Über die Philosophie*. An Dorothea (1799) entwickelt Schlegel ganz im Gegensatz zum zeitgenössischen Diskurs einen Weiblichkeitsbegriff, der von Überhöhungs- und Verschmelzungsphantasien geprägt ist. Erst die Vermischung der historisch fixierten starren Geschlechtscharaktere (»Nur selbständige Weiblichkeit, nur sanfte Männlichkeit, ist gut und schön.«[119]) bedeutet ihm die »Allegorie auf die Vollendung des Männlichen und Weiblichen zur vollen ganzen Menschheit«[120].

In Polemik gegen Rousseau, der das weibliche Geschlecht der Bildungsfähigkeit und der Kunstausübung für unfähig erklärte, und auch gegen die anthropologischen Abhandlungen *Über die männliche und die weibliche Form* (1795) und *Über den Geschlechtsunterschied* (1794) Wilhelm von Humboldts,

---

119 SCHLEGEL, Über die Diotima (1795), in: ebd., 93.
120 SCHLEGEL, Lucinde (1799), in: SCHLEGEL (KFSA), Bd. 5 (1962), 13.
121 WILHELM VON HUMBOLDT, Über die männliche und die weibliche Form (1795), in: HUMBOLDT, Bd. 1 (1903), 344.
122 SCHLEGEL, Ideen (1800), in: SCHLEGEL (KFSA), Bd. 2 (1967), 269 (Nr. 127).
123 SCHLEGEL, Philosophische Fragmente. Erste Epoche. II: Zur Philosophie (1797), in: SCHLEGEL (KFSA), Bd. 18 (1963), 115 (Fr. 1041).
124 SCHLEGEL, Über die Philosophie. An Dorothea (1799), in: SCHLEGEL (KFSA), Bd. 8 (1975), 49.
125 SCHLEGEL (s. Anm. 120), 72.
126 SCHLEGEL, Fragmente zur Poesie und Litteratur. II. und Ideen zu Gedichten (1799), in: SCHLEGEL (KFSA), Bd. 16 (1981), 267 (Fr. 158).
127 SCHLEGEL, Ideen zu Gedichten (1798), in: ebd., 216 (Nr. 151).
128 Ebd. (Nr. 154).
129 SCHLEGEL, Beilage: Zur Physik (ca. 1802/1803), in: SCHLEGEL (KFSA), Bd. 18 (1963), 559 (Nr. 116).
130 GARBE, Fiktionen des weiblichen Begehrens. Eine Re-Vision des sexuellen Diskurse von J.-J. Rousseau und F. Schlegel, in K. Rick (Hg.), Das Sexuelle, die Frauen und die Kunst, Bd. 2 (Tübingen 1987), 113.

---

der den Schematismus ›männlich‹ und ›weiblich‹ im aristotelischen Dualismus von Form und Stoff weiterschrieb (»Die Masse durch Form zu besiegen«[121]), ist Schlegels Theorie der Weiblichkeit ein Diskurs, der sich jeder eindeutigen Definition entzieht. In Analogie zu Begriffen der Biologie, der Physik, der Chemie und des Vegetabilischen gerät Weiblichkeit in den *Lyceums-* und *Athenäums-Fragmenten* zur Metapher für Poesie, Religion, Philosophie und Liebe. Das »Wesen« der Weiblichkeit ist »Poesie«[122], und: »Die Weiblichkeitslehre ein integranter Theil der grotesken Aesthetik.«[123] Die Sprengung der traditionellen Geschlechterrollen und aller Formen der Sprachkunst setzte einen unabgeschlossenen Prozeß der Bedeutungsproduktion frei, eine »verschwenderische Fülle«[124], die wie die Weiblichkeit den Namen »das Unbestimmte«[125] trägt. »Alles läßt sich so nehmen und behandeln und die Kunst der Wollust besteht eben darin, und ist also weit *mehr* als Kunst. Sinn fürs Unendliche im Veget[abilischen] Animal[ischen]. <Eigentl[iche] Poesie des Lebens.>«[126] Wir finden bei Schlegel ähnlich wie bei Schiller den Entwurf eines unersättlichen weiblichen Begehrens und seiner schamhaften Verhüllung, jedoch wird es in Schlegels Theorie der Weiblichkeit positiviert. »Die Frauen haben mehr Genie zur Wollust, die Männer treiben sie als Kunst. Die Frauen sind immer wollüstig und sinds unendlich.«[127] »Frauen sind ganz kalt oder ganz unersättlich; die besten beides und steig[en] von einem allmählich zum andern. [...] Die Schamhaftigkeit der Frauen hängt mit der Unersättlichkeit ihrer Wollust zusammen; *alles Unendliche schämt sich.*«[128] Und in einer anderen Notiz vermerkt Schlegel, »<innere> Selbstvernichtung <= Tod> unter d[er] Oberfläche d.[er] Wollust« sei »Charakter des Weibes«[129]. Die Schamhaftigkeit ist bei Schlegel strukturelles »Merkmal der Sprache selbst«[130] und nicht wie bei Rousseau Merkmal der sexuellen Natur der Frau. Ein Teil der Wahrheit bleibt in den sprachlichen Repräsentationen stets verborgen, wird schamhaft verhüllt.

Das Grenzüberschreitende gehört ebenso zur Weiblichkeit wie zur romantischen Poesie, die Schlegel als ›progressive Universalpoesie‹ konzipiert und deren höchster Ausdruck der Roman ist. Hatte Schlegel bereits in dem *Brief über die Philoso-*

phie die Begriffe Religion und Liebe als Medien eines weiblichen Begehrens nach Universalität und Unendlichkeit entworfen, so sind es in den Fragmenten Tod, Liebe und Wollust, die dem Roman wie auch der Weiblichkeit eine Steigerung ins Unendliche ermöglichen.»Die Theorie des Sterbens gehört zum Roman wie die Theorie der Wollust und der Weiblichkeit.«[131] »Der ganze Rom[an] weiblich«[132]. »Vielleicht ist d[er] Roman eine *weibliche* Dichtart, wenn man die π[Poesie] als animalisches Universum betrachtet.«[133] Die Poesie hat in Schlegels romantischem Verständnis eine ebenso integrative Funktion wie das Weibliche, beide vereinen Dichtung, Philosophie, Gelehrsamkeit und Rhetorik und sind gleichsam Potenzierungsformeln geistiger und sinnlicher Praxis. Bei Schlegel ist Weiblichkeit somit eine ästhetische Figur, die mit dem Poesiebegriff in eins gesetzt wird.»Mysterien sind weiblich; sie verhüllen sich gern, aber sie wollen doch gesehen und erraten sein.«[134] Er spricht von der »Weiblichkeit der Darstellungsart« als einer verhüllenden Rede, denn die Rhetorik der Weiblichkeit liege »eben so und noch weit mehr in dem was nicht gesagt wird, und nur von Weibern nicht, als in d.[en] Feinheiten die nur sie sagen können.«[135] Mit den Begriffskombinationen durchbricht Schlegel die eindeutigen Setzungen von Weiblichkeit, wie sie zur selben Zeit im Geschlechterdiskurs zur Abwehr ›falscher‹, effeminierter französischer Zivilisation und im Einsatz für eine maskuline deutsche Kultur instrumentalisiert wurden.[136]

IV. Weiblichkeit als Paradigma moderner Ästhetik?

1. Die Aufwertung männlicher Weiblichkeit

Im Zusammenhang mit der romantischen Aufwertung der Imagination zum Organ der Poesie, vor allem durch Schlegel und Novalis, wurde Weiblichkeit zu einer imaginären produktiven Kraft. Die semantisch entgegengesetzten Begriffe von Weiblichkeit und Tod erweisen sich in den Poesiekonzepten der genannten Autoren als identisch. Die so idealisierte Weiblichkeit wurzelt in der unheimlichen Simultaneität, mit der sie gleichzeitig als Schleier des Todes erkannt und verkannt wird; beides liefert rhetorische Bilder für die Präsenz des Todes im Leben. Die widersprüchlichen kulturellen Kodierungen von Weiblichkeit als Natur, lebensspendende Mutter, Ganzheit, Harmonie wie auch als unkontrollierte Leidenschaft und Tod verweisen darauf, daß die einzige Stabilität, die den verschiedenen Weiblichkeitsbegriffen zugrunde liegt,»the site of uncanny ambivalence«[137] ist.

Novalis ging es um die »Wechselvollendung des Bilds und des Begriffs – Ein vereinigtes Hinein- und Herauswircken – wodurch in einem Nu der Gegenstand und sein Begriff fertig wird«[138]. Für Novalis war der Tod der Geliebten, ihre Vereinnahmung in die poetische Inspiration eine Belebung der Toten, mit der er eigene Visionen männlicher Weiblichkeit und eine künstlich produzierte Erotik hervorbrachte. Drei Monate lang verzeichnete er in einem Tagebuch seine genauen Reaktionen auf den Tod Sophie von Kühns. Im Juli 1798 notiert er:»Verbindung, die auch für den Tod geschlossen ist – ist eine Hochzeit – die uns eine Genossin für die Nacht giebt. Im Tode ist die Liebe, am süßesten; für den Liebenden ist der Tod eine Brautnacht – ein Geheimnis süßer Mysterien.«[139]

---

131 SCHLEGEL (s. Anm. 127), 215 (Nr. 140).
132 SCHLEGEL, Philosophische Fragmente. Zweite Epoche. I. (1798. Sommer), in: SCHLEGEL (KFSA), Bd. 18 (1963), 268 (Fr. 886).
133 SCHLEGEL, Ideen zu Gedichten (1798), in: SCHLEGEL (KFSA), Bd. 16 (1981), 210 (Nr. 85).
134 SCHLEGEL (s. Anm. 122), 269 (Nr. 128).
135 SCHLEGEL (s. Anm. 127), 217 (Nr. 167).
136 Vgl. ERNST B. BRANDES, Ueber die Weiber (Leipzig 1787); BRANDES, Betrachtungen über das weibliche Geschlecht und dessen Ausbildung in dem geselligen Leben, 3 Bde. (Hannover 1802); JACOB M. MAUVILLON, Mann und Weib nach ihren gegenseitigen Verhältnissen geschildert. Ein Gegenstück zu der Schrift ›Ueber die Weiber‹ (Leipzig 1791); CARL FRIEDRICH POCKELS, Versuch einer Charakteristik des weiblichen Geschlechts. Ein Sittengemälde des Menschen, des Zeitalters und des geselligen Lebens, 5 Bde. (Hannover 1797–1802).
137 BRONFEN (s. Anm. 56), 66.
138 NOVALIS an August Wilhelm Schlegel (12. 1. 1798), in: NOVALIS, Bd. 4 (1975), 245.
139 NOVALIS, Betrachtung (1798), in: ebd., 50.

Christina von Braun hat darauf hingewiesen, daß Novalis' Neigung, in der keuschen, vergeistigten Liebe mehr als in der sinnlichen die erotische Erfüllung zu suchen, ihn als männlichen Hysteriker kennzeichnet, zu einem Zeitpunkt, wo die männliche Hysterie noch nicht zur Mode geworden war wie später zu Lebzeiten von Flaubert, Mallarmé, Baudelaire, Huysmans, Oscar Wilde und den Surrealisten.[140] Novalis' Konzept der ›Poetisierung der Wissenschaft‹ und seine ›Liebesdialektik‹ sind darauf gerichtet, das Unwirkliche Wirklichkeit werden zu lassen. »Alles Sichtbare haftet am Unsichtbaren – Das Hörbare am Unhörbaren – Das Fühlbare am Unfühlbaren. Vielleicht das Denkbare am Undenckbaren –.«[141] Dieses Wechselspiel von Vergeistigung und Versinnlichung hat zur Folge, daß die »Beleibung oder Materialisierung der Idee, die er propagiert, untrennbar ist von der gleichzeitigen Bemühung um die Entleibung alles Sichtbaren, Sinnlichen, Lebendigen – eine Bemühung, die den Schlüssel zur Destruktivität des männlichen Hysterikers darstellt«[142]. Denn die Verwandlung seiner Braut in eine Idee, in eine Vision oder Projektionsfläche des aus sich heraus geschaffenen männlichen Frau-Seins – die schmerzlich lustvolle Effeminierung – ist keine Begegnung mit dem Unbekannten, sondern eine gewaltsame künstliche Produktion und damit Besetzung des ›dunklen Kontinents‹. Der hier vollzogene Prozeß einer Verwandlung der Weiblichkeit in eine Metapher männlicher Weiblichkeit zeigt eindrucksvoll, wie das Bild der Weiblichkeit als Spiegelbild und Mittel zur Selbstfindung funktioniert und wie alle Rede von Weiblichkeit sich in einem ästhetischen Diskurs vollzieht.

Mit der Verschmelzung der Grenze zwischen Natur und Kunst sind Erotik und Weiblichkeit zu künstlich produzierten Phantasmen geworden. Mit den ästhetischen Konnotationen, die den Weiblichkeitsbegriff konturieren, vollzog sich im 19. Jh. eine Umwertung des Bildes der Hexe: Die einst ihrer unersättlichen Sexualität wegen Tod und Unheil brachte und auf dem Scheiterhaufen brennen mußte, wurde zu einem Symbol für Lebendigkeit, zu einer Quelle der Lust und echten ›Frau-Seins‹.[143] Mit dieser rhetorischen Geschlechterumwandlung erfährt Weiblichkeit keine Neubewertung; eher handelt es sich um eine Aufwertung männlicher Weiblichkeit. Hier geht es nicht mehr um die Selbstauslöschung der Weiblichkeit im Rousseauschen Sinne als reines Medium männlicher Menschwerdung, sondern um die Inanspruchnahme der Weiblichkeit für künstlerische Kreativität des männlichen Hysterikers. Mit den projektiven Weiblichkeitsbildern wirkt ein Mechanismus, der die strikte Trennung zwischen Weiblich und Männlich produziert und zugleich aufrechterhält. Weiblichkeit ist also einerseits im Gesellschaftszustand konstitutiv für die männliche Subjektbildung und Kunstproduktion, andererseits ist es gerade das Scheinhafte, Rhetorische als das Konstituierende des Bildes, was die Ambivalenz in der Funktionsweise der Weiblichkeitsbilder ausmacht. Es unterstützt die männliche Symbol- und Wahrnehmungsbildung und bedroht sie zugleich. In der Identifikation von Weiblichkeit und Natur sind beide quasi domestiziert, haben ihre Andersartigkeit und Bedrohlichkeit verloren. Dagegen zeugen Bilder grausamer blutgieriger Weiblichkeit (Carmen, Salomé, Medusa, Lulu) von Strategien der Angstabwehr und der Bannung einer mit der Rhetorik verbundenen Gefahr der Zersetzung. Der Kulturtypus des männlichen Hysterikers mit der Zelebrierung eigener Gebrechlichkeit und gleichzeitiger Zerstörungslust gehört ebenso zu dieser Strategiebildung, wie die erneuerte Spiegelfunktion der Weiblichkeit in der Auslöschung der Differenz für männliche Phantasiebildung vereinnahmt wird. Nicht zuletzt deshalb qualifiziert Novalis Rousseaus Philosophie als weiblich: »Die Ehe ist für die Politik, was der Hebel für die Maschinenlehre. Der Staat besteht nicht aus einzelnen Menschen, sondern aus Paaren und Gesellschaften. Die Stände der Ehe sind die Stände des Staats – Frau und Mann. Die Frau ist der sog[enannte] *ungebildete* Theil. Es giebt ein Ideal dieses *Stands* – Rousseau sah es ausschließlich in der Apologie des

---

140 Vgl. CHRISTINA VON BRAUN, Die schamlose Schönheit des Vergangenen: Zum Verhältnis von Geschlecht und Geschichte (Frankfurt a. M. 1989), 58.
141 NOVALIS, Studien zur Bildenden Kunst (1798/1799), in: NOVALIS, Bd. 2 (1965), 650.
142 BRAUN (s. Anm. 140), 59.
143 Vgl. JULES MICHELET, La sorcière (1862), hg. v. R. Mandrou (Paris 1964), 21–34.

Naturmenschen. Rousseaus *Philosophémen* sind überhaupt weibliche Philosophie oder Theorie der Weiblichkeit – Ansichten aus dem weiblichen Gesichtspuncte. Jezt ist die Frau Sklavin geworden.«[144]

2. Weiblichkeit und Revolution

Wie bereits in der Französischen Revolution repräsentierte Weiblichkeit im nationalen Diskurs der Revolution von 1848 nationale und politische Ziele. In den Weiblichkeitsbegriff der Emanzipationstheoretikerin Louise Otto Peters gehen Elemente des essentialistischen ästhetischen weiblichen Geschlechtscharakters ein, und somit werden weibliche Tugenden wie Wärme, Hingabe, Liebe und Aufopferung vom Haus auf die Öffentlichkeit der Gesamtgesellschaft übertragen. »Das Ewig-Weibliche, das jetzt nur in der Liebe der einzelnen Individuen [...] den liebenden Mann ›hinanzieht‹ zu höherer Veredelung [...] muß in der Menschheit zur Geltung gebracht werden, damit es nicht nur die Einzelnen, sondern die ganze Menschheit ›hinanziehe‹ [...] zum Ziel der Vollendung.«[145]

In der Phase der Industrialisierung und Durchsetzung der kapitalistischen Produktions-, Distributions- und Konsumtionsweise entstand in Frankreich ein idealisierter Weiblichkeitsbegriff im Mythos der Hausfrau und der Kurtisane. »La courtisane est la parure de la civilisation capitaliste. [...] tant que le Capital restera le maître des consciences et le rémunérateur des vices et des vertus, la marchandise d'amour sera la plus précieuse et les élus du Capital abreuveront leur cœur à la coupe glaciale des lèvres peintes de la courtisane.«[146] Die Neubestimmung der Liebe vollzog sich über die Familie einerseits als Korrektiv zur industriellen Entwicklung und andererseits im Zusammenhang mit der kapitalistischen Warenästhetik. ›Ménagère‹ oder ›courtisane‹ sind Normierungen des bürgerlichen Weiblichkeitsbegriffs und gleichsam Konsumsymbole. Der Mann erschafft sich im Zuge der Konstituierung der bürgerlichen industriellen Gesellschaft die Frau als männliche Weiblichkeit, als idealisiertes Selbst des Mannes. »La femme est une réceptivité. De même qu'elle reçoit de l'homme l'embryon, elle en reçoit l'esprit et le devoir.«[147] Charles Fouriers Utopien richteten sich gegen den Kult der Hausfrau und der Kurtisane und die damit einhergehende Logik industrieller Entwicklung. Für Fourier war es der Entwicklungsgrad der Frau, den er zum Maßstab für den Entwicklungsstand der Gesellschaft und für den ›Fortschritt‹ erhob.[148] Seine Verteidigungen des weiblichen Geschlechts und die Forderung nach prinzipieller rechtlicher und politischer Gleichheit, auf die sich Karl Marx berief, basierten auf der angestrebten Vereinigung von Erotik und Ökonomie. Fourier wollte die Trennung von Sinnlichkeit und Produktion aufheben und sah im Unterschied zu Proudhon und auch zu Marx das oberste Glück der menschlichen Gesellschaft nicht im industriellen Fortschritt, sondern in der Triebbefriedigung, im Luxus und in der Lust. Damit entwickelte er ein Gesellschaftsmodell, in dem gesellschaftliche und geschlechtliche Arbeitsteilung aufgehoben waren und die Bedürfnisse, Neigungen und Leidenschaften als Maßstab die Produktion regulierten. Die ästhetische Dimension des Weiblichkeitsbegriffs liegt in der Verkörperung des Lustversprechens und der damit verbundenen Projektion von Erotik, mit der alle patriarchalischen traditionellen Lebensbereiche, einschließlich der Ehe, aufgesprengt werden, jenseits von Triebverzicht und Staatsunterordnung. Sein erotisches Hauptwerk *Le nouveau monde amoureux* (1816–1820) konnte zu seinen Lebzeiten nicht erscheinen.

Paul Lafargue, der sich in seinen kulturhistorischen Studien auf der Suche nach Befreiungstraditionen den Schöpfungsmythen und den Anfängen der patriarchalischen Familie zuwandte, entfaltet ebenso einen mythen- und kunstförmig strukturierten Weiblichkeitsbegriff, wenn er die Verachtung der Männer und Götter für die Rolle der

---

144 NOVALIS, Das Allgemeine Brouillon (1798/1799), in: NOVALIS, Bd. 3 (1969), 470f. (Nr. 1106).
145 LOUISE OTTO PETERS, Das Ewig-Weibliche, in: Die Frauen-Zeitung: Ein Organ für die höheren weiblichen Interessen, H. 45 (23. 11. 1851), 323.
146 PAUL LAFARGUE, La religion du capital (1887; Castelnau-le-Lez 1995), 55 f.
147 PIERRE-JOSEPH PROUDHON, De la justice dans la révolution et dans l'église (1858, ²1860), Bd. 4 (Paris 1990), 1982.
148 Vgl. CHARLES FOURIER, Théorie des quatre mouvements (1808), in: Fourier, Œuvres complètes, Bd. 1 (Paris 1971), 132.

Frau bei der Zeugung und die männliche Usurpation der weiblichen Rolle, etwa die Verwandlung von Zeus in eine Frau, thematisiert. »Die Gegenwart des Adlers, seines symbolischen Vogels, sollte den durch die Verkleidung hervorgerufenen Anschein des Weiblichen vervollständigen, dem Jupiter den Charakter der Mutter verleihen.«[149] Basierend auf der Annahme einer höheren biologischen Vitalität der Weiblichkeit, nimmt Lafargue für die Fortentwicklung der Menschheit in Anlehnung an die Ideen Fouriers über die Befreiung der Frau eine mögliche Rückkehr zum Matriarchat in den Blick. »Mutterschaft und Liebe werden es der Frau ermöglichen, jene hohe Position wiederzuerringen, die sie in primitiven Gesellschaften innehatte, und die in den Legenden und Mythen der antiken Religionen in Erinnerung geblieben ist.«[150]

In den frühen sozialistisch/kommunistischen Entwürfen wird die ästhetische Dimension des Weiblichkeitsbegriffs (die angeblichen Tugenden, die besondere Biologie) zum politischen Grundsatz erhoben. Das revolutionäre Postulat einer programmatischen Weiblichkeit, die Imagination einer erlösenden Weiblichkeit gingen einher mit radikaler Kritik gesellschaftlicher Produktions- und Eigentumsfragen. »Die verbotene Tür aufreißen, die in die freie Luft führt auf einen Weg liebevoller, innigerer und folglich auch glücklicherer Beziehungen zwischen den Geschlechtern, kann nur eine grundlegende Änderung der menschlichen Psyche – eine Bereicherung ihrer ›Liebespotenzen‹. Letzteres verlangt mit unausweichlicher Gesetzmäßigkeit die grundlegende Umformung der sozialökonomischen Beziehungen, kurz, den Übergang zum Kommunismus«[151], schrieb 1920 Aleksandra M. Kollontaj.

3. Die ästhetische Überhöhung ›weiblicher Natur‹. Weiblichkeit als Artefakt

Während in der Kunstproduktion der ästhetisch-technische Konstruktionscharakter von Weiblichkeit ausgestellt wird (Auguste de Villiers de l'Isle-Adam, *L'ève future*, 1886), ist in den Geschlechterontologien der philosophischen und ästhetischen Theoriebildung eine zunehmende Subsumtion des Weiblichkeitsbegriffs unter naturgeschichtliche Kategorien von ›Ganzheitlichkeit‹, ›Harmonie‹ und ›Einheit‹ zu beobachten, denen selbst ästhetischer Charakter verliehen wird. In Hegels *Phänomenologie des Geistes* (1807) repräsentiert das Weibliche die Familie, die ›natürliche Sittlichkeit‹ oder das ›göttliche Gesetz‹, während der Mann das Gemeinwesen, das ›menschliche Gesetz‹ verkörpert. Mit der Konstituierung der Weiblichkeit als ›natürliches‹, aber bewußtloses Wesen wird in Hegels Text ursprüngliches Verdrängen der Weiblichkeit als Voraussetzung des Gemeinwesens lesbar, denn dieses basiert auf dem Vergessen des Todes, dessen Hüterin die Frau ist, um die sich Metaphern des ›Dunklen‹, ›Nicht-Bewußten‹ ranken.[152] »Das menschliche Gesetz also in seinem allgemeinen Dasein, das Gemeinwesen, in seiner Betätigung überhaupt die Männlichkeit, in seiner wirklichen Betätigung die Regierung, *ist*, *bewegt* und *erhält* sich dadurch, daß es die Absonderung der Penaten oder die selbständige Vereinzelung in Familien, welchen die Weiblichkeit vorsteht, in sich aufzehrt und sie in der Kontinuität seiner Flüssigkeit aufgelöst erhält. Die Familie ist aber zugleich überhaupt sein Element, das einzelne Bewußtsein allgemeiner betätigender Grund. Indem das Gemeinwesen sich nur durch die Störung der Familienglückseligkeit und die Auflösung des Selbstbewußtseins in das allgemeine sein Bestehen gibt, erzeugt es sich an dem, was es unterdrückt und was ihm zugleich wesentlich ist, an der Weiblichkeit überhaupt seinen inneren Feind.«[153]

---

149 LAFARGUE, Der Mythus von der unbefleckten Empfängniß – Ein Beitrag zur vergleichenden Mythologie, in: Die neue Zeit: Revue des geistigen und öffentlichen Lebens. Wochenschrift der Deutschen Sozialdemokratie 11/1 (1892/1893), 848.
150 LAFARGUE, La question de la femme (1904); dt.: Die Frauenfrage, übers. v. E. Spiola, in: Lafargue, Geschlechterverhältnisse. Ausgewählte Schriften, hg. v. F. Keller (Hamburg 1995), 174.
151 ALEKSANDRA M. KOLLONTAJ, Novaja moral' i rabočij klass (Moskau 1918); dt.: Die neue Moral und die Arbeiterklasse (Berlin 1920), 51.
152 Vgl. G. W. F. HEGEL, Phänomenologie des Geistes (1807), in: HEGEL (TWA), Bd. 3 (1972), 328–342; SCHULLER, Literarische Szenerien und ihre Schatten. Orte des ›Weiblichen‹ in literarischen Produktionen (1979), in: Schuller, Im Unterschied: Lesen, Korrespondieren, Adressieren (Frankfurt a. M. 1990), 47–66.
153 HEGEL (s. Anm. 152), 352.

Die gefährlichen und bedrohlichen Effekte dieser symbolischen Aneignung von Weiblichkeit sind in den ästhetischen Konstruktionen von Weiblichkeit aufgehoben (Clemens von Brentano, *Godwi* [1801]); Josef Freiherr von Eichendorff, *Marmorbild* [1819]; E.T.A. Hoffmann, *Der Sandmann* [1817]).

Die Zeichen für Weiblichkeit und Männlichkeit sollten wieder mit einem ›natürlichen‹ Körper verschmelzen, um den Kulturcharakter der weiblichen Domestizierung als naturgegeben erscheinen zu lassen. Mit der Trennung von Erwerbs- und Familienleben und dem Kult der Privatheit wurde die Familie zunehmend als Hort des Glücks und der Mitmenschlichkeit apostrophiert. Indem Weiblichkeit in der Figur der desexualisierten Mutter auf physische und psychische Regenerierung des Männlichen reduziert wird, können damit die in den ästhetischen Bildern aufscheinenden Momente grausamer und verführerischer Weiblichkeit gebannt werden. Die in medizinischen und sexologischen Schriften entwickelte These von der mangelnden weiblichen Libido, wie sie beispielsweise von dem Nervenarzt Richard von Krafft-Ebing in seinem Werk *Psychopathia sexualis* (1886) vertreten wird, steht nur scheinbar im Widerspruch zur triebentfesselten sinnlichen Weiblichkeit: »Ohne Zweifel hat der Mann ein lebhafteres geschlechtliches Bedürfnis als das Weib. Folge leistend einem mächtigen Naturtrieb, begehrt er von einem gewissen Alter an ein Weib [...]. Anders ist das Weib. Ist es geistig normal entwickelt und wohlerzogen, so ist sein sinnliches Verlangen ein geringes. Wäre dem nicht so, so müßte die ganze Welt ein Bordell und Ehe und Familie undenkbar sein. Jedenfalls sind der Mann, welcher das Weib flieht, und das Weib, welches dem Geschlechtsgenuß nachgeht, abnorme Erscheinungen.«[154] Die relative Aufwertung der weiblichen Bildungsfähigkeit in moralpädagogischen Schriften[155] ist stets an den Geschmacksvorstellungen des Mannes ausgerichtet: Das Bild der ›unterweisenden Mutter‹ im 19. Jh. steht im diskursiven Zusammenhang mit der moralisierenden Erziehungsliteratur des 18. Jh., in der die ›unterweisende Mutter‹ die Nachfolge des ›Hausvaters‹ antritt: »Aber Gott bewahre uns vor einer Gehülfinn ohne alle Bildung! Es ist für einen gebildeten Mann keine grössere Strafe und Pein auf Gottes Erdboden, als, – mit Ehren zu melden,

ein Klotz von Weibe. Und, wenn die Frau noch so viel Geld hat, noch so wohlschmeckend kocht, und noch so fleissig spinnt, und sie hat kein Gefühl für Wahres, Grosses und Schönes, und sie kann mit uns darüber nicht sympathisiren, und wir können nichts über küchliches und über spinnrockiges [...] mit ihr reden; so ist sie den ganzen Tag für uns nichts mehr, als eine – Wanduhr, die wir bisweilen schlagen, oder singen hören, und diese Vorstellung macht uns sogar ihres nächtlichen Niessbrauchs bald überdrüssig.«[156]

Die musische Ausbildung als schmückende Beigabe des Naturberufs Hausfrau und liebende Gattin steht gleichsam für die moralpädagogische Funktionalisierung ästhetischen Denkens als Regulativ für Verhaltensweisen. Als ein Beispiel für die Aufnahme, Modifizierung und widersprüchliche Mischung von Weiblichkeitscodierungen, die seit dem frühen 18. Jh. virulent waren, sei hier nur Christian Oesers *Weihgeschenk für Frauen und Jungfrauen. Briefe über ästhetische Bildung weiblicher Jugend* erwähnt (bekannt auch unter dem Titel *Weihgeschenk für Frauen und Jungfrauen. Briefe über die Hauptgegenstände der Ästhetik*), das seit 1838 in zahlreichen Auflagen erschien und die Lebens- und Kunstanschauungen ganzer Generationen heranwachsender Bürgertöchter prägte. In dieser popularisierenden Aufarbeitung philosophischer Ästhetik und ihrer geschlechtsspezifischen Segmentierungen wird ›weibliche Natur‹ ebenfalls ästhetisch überhöht und in Beziehung zu weiblichen Göttinnen der Antike gesetzt. Das weibliche Prinzip als vollendete Harmonie ist in den Göttinnen Juno, Minerva, Venus-Aphrodite als das Wahre, Gute und Schöne in der edelsten Form verkörpert. An-

---

154 RICHARD VON KRAFFT-EBING, Psychopathia sexualis. Mit besonderer Berücksichtigung der konträren Sexualempfindungen (1886; München 1993), 12.
155 Vgl. THEODOR GOTTLIEB VON HIPPEL, Über die bürgerliche Verbesserung der Weiber (1792; Vaduz, Liechtenstein 1981); BETTY GLEIM, Erziehung und Unterricht des weiblichen Geschlechts: ein Buch für Eltern und Erzieher (Leipzig 1810); GLEIM, Ueber die Bildung der Frauen und die Behauptung ihrer Würde in den wichtigsten Verhältnissen ihres Lebens: ein Buch für Jungfrauen, Gattinnen und Mütter (Bremen u. a. 1814).
156 POCKELS (s. Anm. 136), Bd. 2 (Hannover 1798), 321 f.

dererseits verhindere die Anomalität weiblicher Imaginationen weibliche künstlerische Produktivität; demzufolge sei auch die Auswahl der anzuschauenden Kunstobjekte eingeschränkt:»Denn so wie vom Weibe Sinnlichkeit, Zartheit, Sanftmuth und Anmuth gefordert werden, um das häusliche Leben harmonisch zu beseligen, muß auch bei dessen Unterricht, besonders in den Künsten immer auf das Zarte, Klare und Nette gesehen werden.«[157] Der Gleichzeitigkeit von moralpädagogischer und ästhetischer Instrumentalisierung von Weiblichkeit und damit von ›Natur‹ und Artefakt liegt zugrunde, daß die historisch als Gegensätze betrachteten Kategorien von ›Künstlichkeit‹ und ›Natürlichkeit‹ im Weiblichkeitsbegriff kongruent werden. Die Reaktualisierung antiker Mythen und das darin produzierte Bilderrepertoire von Weiblichkeit geht auf unterschiedlichen Ebenen in die Theorie- und Kunstproduktion ein: als Reproduktion, als Fortschreibung, als Zitat, Reinszenierung oder Allegorisierung – die Verkörperung der Stadt als Frau –, was Walter Benjamin in seinem *Passagen-Werk* (entst. 1927–1940) und in *Charles Baudelaire. Ein Lyriker im Zeitalter des Hochkapitalismus* (entst. 1938–1940) veranlaßte,»Weiblichkeit als Allegorie der Moderne«[158] zu apostrophieren, situiert in Paris, der Hauptstadt des 19. Jh.

Das ›Bild der Venus‹ mit seinem künstlerisch-mythischen Ursprung in der Pygmalionerzählung ist in der Kunstgeschichte von derselben ambivalenten Bildproduktion gezeichnet.»Die behauptete Mehrdeutigkeit der Weiblichkeit sowie der Schein des Kunstwerkes bedrohen gleichermaßen die Integrität der platonischen Idee«; der weibliche Körper steht als Ausdruck für eine doppelt bewertete Natur, sowohl als »Zeichen für Reinheit als auch für Sünde«. »*Venus Pudica* oder *Nuda Veritas* sind die symptomatischen Bilder der Frau, die gerade an jenem Punkt auftauchen, wo ein Repräsentationssystem an die Grenze von Fragwürdigkeit und Unvollkommenheit stößt, wo sein Wahrheitsanspruch nicht mehr zu halten ist.«[159]

Wenn also der Schein, das Nicht-Identische zu konstitutiven Elementen weiblicher Subjektivität werden, so verwandelt sich Weiblichkeit in einen vieldeutigen Diskurs, in eine poetische Strategie, die den konstativen Diskurs unterläuft.»Das Denken und Sprechen in Kostümierungen«[160] kann Weiblichkeit als ein Paradigma moderner Ästhetik bezeichnet werden, in der seit dem 19. Jh., beginnend mit Schlegel, der Boden der Geschichtsphilosophie verlassen wird. Ironie sowie das Spiel mit dem Doppelsinn und der Zweideutigkeit der Sprache sind keine Merkmale einer Ästhetik der Repräsentation, sondern einer nicht subjektzentrierten Ästhetik, einer Arbeit am Unbewußten und in der Sprache. In Nietzsches ästhetischer Theorie verbirgt sich im Kunstwerk ebensowenig eine vorgängige Idee oder Realität, wie es unter der Maske die ›wahre Frau‹ gibt. In dieser Dialektik zwischen Maske und Schein ist sowohl die Kunst als auch die Weiblichkeit zu lesen.»*Vita femina*. – Die letzten Schönheiten eines Werkes zu sehen – dazu reicht alles Wissen und aller guter Wille nicht aus; es bedarf der seltensten glücklichen Zufälle, damit einmal der Wolkenschleier von diesen Gipfeln für uns weiche [...]. Ich will sagen, dass die Welt übervoll von schönen Dingen ist, aber trotzdem arm, sehr arm an schönen Augenblicken und Enthüllungen dieser Dinge. Aber vielleicht ist diess der stärkste Zauber des Lebens: es liegt ein golddurchwirkter Schleier von schönen Möglichkeiten über ihm, verheissend, widerstrebend, schamhaft, spöttisch, mitleidig, verführerisch. Ja, das Leben ist ein Weib!«[161] In Nietzsches Ästhetik wird der Schein zum Realitätsprinzip der Kunst erhoben und die »Kunst, als die *gute* Wille zum Scheine« (140) erklärt. In der Täuschung liegt die Wahrheit des Scheins, was ebenfalls für die Weiblichkeit zutrifft, denn: »Endlich die *Frauen*: [...] *müssen* sie nicht zu allererst und -oberst Schauspielerinnen sein? [...] Was kommt immer dabei heraus? Dass sie ›sich geben‹, selbst noch, wenn sie – sich geben. ... Das Weib so artistisch ...« (291). Und in der Vorrede

---

157 CHRISTIAN OESER [d.i. TOBIAS GOTTFRIED SCHRÖER], Weihgeschenk für Frauen und Jungfrauen. Briefe über ästhetische Bildung weiblicher Jugend (1838; Leipzig ²1840), 114.
158 WEIGEL, Zur Weiblichkeit imaginärer Städte, in: I. Stephan/S. Weigel (Hg.), Wen kümmert's, wer spricht. Zur Literatur- und Kulturgeschichte von Frauen in Ost und West (Köln 1991), 127.
159 EIBLMAYR (s. Anm. 44), 68f.
160 GARBE (s. Anm. 130), 113.
161 FRIEDRICH NIETZSCHE, Die fröhliche Wissenschaft (1882), in: NIETZSCHE (KGA), Abt. 5, Bd. 2 (1973), 248f.

zur 2. Ausgabe der *Fröhlichen Wissenschaft* von 1887 vermerkt Nietzsche das Grauen, das sich um den Weiblichkeitsbegriff wölbt: »Vielleicht ist die Wahrheit ein Weib, das Gründe hat, ihre Gründe nicht sehn zu lassen. Vielleicht ist ihr Name, griechisch zu reden, Baubo?« (20) Mit der Hypostasierung des ›Scheinens‹ des Scheins« polemisiert Nietzsche gegen eine Ästhetik der Identifizierung und Projektion von Selbstwahrnehmung.

Für den Weiblichkeitsbegriff ist hier entscheidend, daß sich im 19. Jh. die aus dem Diskursensemble des 18. Jh. kommenden anthropologischen Fragestellungen nach dem Körper, nach Leib und Seele, nach Identität, Endlichkeit und Sterblichkeit/Tod zunehmend mit ästhetischen Fragen nach dem Funktionieren der Zeichen verbinden. Die Erkenntnis, daß Zeichen und Modell nicht identisch sind, geht einher mit dem Verlust verbürgter Bedeutungs- und Sinnbeziehungen und neuen Verbindungen von ästhetischem und medizinischem Diskurs, denn beiden ist das Deuten von Zeichen eigen.[162] Die von der Philosophie und Ästhetik auf die Weiblichkeit projizierte Spaltung des Subjekts in das Bild der Heiligen (Maria, Madonna) und der Hexe/Hure findet im 19. Jh. eine konsequente Fortschreibung im Bild der Hysterikerin und der Femme fatale, denn die Kehrseite der Idealisierung der Weiblichkeit ist immer ihre Abwertung und kulturelle Ausgrenzung. Wie das Künstliche als das ›Über-Natürliche‹ in der Herausbildung der Femme fatale kultiviert wird, zeigt der inhärente Weiblichkeitsbegriff, mit dem die Liebe, etwa bei Leopold von Sacher-Masoch, genüßlich als destruktives, todbringendes Herrschaftsritual zelebriert wird. »Und dieses Weib, dieses seltsame Ideal aus der Ästhetik des Häßlichen, die Seele eines Nero im Leibe einer Phryne, kann ich mir nicht ohne Pelz denken. [...] Leiden, grausame Qualen erdulden, erschien mir fortan als ein Genuß, und ganz besonders durch ein schönes Weib, da sich mir von jeher alle Poesie, wie alles Dämonische im Weibe konzentrierte. Ich trieb mit demselben einen förmlichen Kultus.«[163]

4. Ästhetik und Erotik. Weiblichkeit als Erlösung

Der ästhetische Diskurs über Weiblichkeit verdichtet sich um die Jahrhundertwende im Zusammenhang mit kulturgeschichtlichen, sexualwissenschaftlichen und naturwissenschaftlichen Erkenntnissen in der psychologisch-anthropologischen Studie *Geschlecht und Charakter* (1903) von Otto Weininger, der sich mit dieser Arbeit an der Universität Wien habilitierte. Das Buch des Juden und Antisemiten Otto Weininger ist in seinen misogynen Grundaussagen zugleich ein beeindruckendes Dokument jüdischen Selbsthasses. Auf Kant, Jean Paul und Schelling aufbauend, weist Weininger in einer hierarchisch strukturierten Idealtypologie von Männlich (M) und Weiblich (W) nach, daß sich in jedem Menschen Anteile von M und W vermischen.[164] Die Übertragung der abstrakten Konstruktion W – sittlich und seelisch minderwertig, amoralisch, kein eigenes Ich, identisch mit Sexualität, Sünde – auf die reale Frau bringt somit Weiblichkeit erst hervor, denn das Weib sei »Nichts« (403), »Nicht-Sinn« (404), »Materie, die jede Form annimmt« (399). »Das vollkommen weibliche Wesen kennt weder den logischen noch den moralischen Imperativ, und das Wort Gesetz, das Wort Pflicht, Pflicht gegen sich selbst, ist das Wort, das ihm am fremdesten klingt. Also ist der Schluß vollkommen berechtigt, daß ihm auch die übersinnliche Persönlichkeit fehlt. *Das absolute Weib hat kein Ich.*« (239 f.)

Die realitätskonstitutive Funktion des Begriffs ist für Weininger eine des männlichen Prinzips, was er exemplarisch mit seiner kantischen ›Deduktion der Weiblichkeit‹ vorführt, wobei er in nuce die Phantasmen der abendländischen Kultur Revue passieren läßt. Männer können nach Weininger weibliche Züge annehmen, Frauen bleiben immer dem Prinzip Weiblichkeit verpflichtet, »wenn auch diese Weiblichkeit unter einer Menge verkleidender Hüllen vor dem Blicke der Person selbst, nicht nur der anderen, oft genug sich verbarg« (242). Die unbegriffliche Natur und die Nicht-Identität des Weiblichen werden in eine strukturelle Analogie

---

162 Vgl. RITA WÖBKEMEIER, Erzählte Krankheit. Medizinische und literarische Phantasien um 1800 (Stuttgart 1990).
163 LEOPOLD VON SACHER-MASOCH, Venus im Pelz (1869; Frankfurt a. M. 1968), 43.
164 Vgl. OTTO WEININGER, Geschlecht und Charakter. Eine prinzipielle Untersuchung (1903; Wien [8]1906), 61–78.

zur modernen Kunst (›formlose Kunst‹) gesetzt. Weiblichkeit existiert nur in Abhängigkeit von Männlichkeit: »*Sie* ist das beste Medium, M ihr bester Hypnotiseur.« (268)

Weiningers Auseinandersetzung mit Philosophiegeschichte, zeitgenössischer Psychologie und moderner Frauenbewegung führt zur radikalen Differenzbestimmung der Geschlechter und zu einem Weiblichkeitsbegriff, der auf Verdopplung und Vervielfältigung beruht, denn »das absolute Weib ist zerlegbar«, während der Mann über einen festen »Wesenskern« verfügt, der keine Zergliederung zuläßt. »W ist ein Aggregat und daher dissoziierbar, spaltbar.« (277)

Der Fall Weininger zeigt mit großer Anschaulichkeit, wie eng projektives Denken und Wahrnehmen der Geschlechterdifferenz mit der Begriffsbildung zusammenhängen. Das reichhaltige Material an kulturgeschichtlichen Projektionen von Weiblichkeit wird aufgerufen, variiert und in den ästhetischen Diskurs der Jahrhundertwende eingebunden. »Das Weib als die Sphinx! Ein ärgerer Unsinn ist kaum je gesagt worden, ein ärgerer Schwindel nie aufgeführt worden. Der Mann ist unendlich rätselhafter, unvergleichlich komplizierter.« (277) Um die Unbestimmtheit des Weiblichkeitsbegriffs zu begründen, wird das Sittlichkeitsideal des Weiblichen zerstört, das als Effekt den Geschlechterdiskurs der klassischen deutschen Ästhetik beherrschte. »Wie kann nun aber eine Frau, wenn sie an sich seelenlos ist, Seele beim Manne perzipieren, wie seine Moralität beurteilen, da sie selbst amoralisch ist […]?« (279)

Weiblichkeit als Nicht-Identität steht bei Weininger einerseits für Sexualität als bewußtlose Wollust und lebensfeindliches Prinzip[165], dem er andererseits als eine weitere Projektion die Liebe entgegensetzt: »Alles, was man selbst sein möchte und nie ganz sein kann, auf ein Individuum häufen, es zum Träger aller Werte machen, das heißt lieben.« (326) In dem beschriebenen Projektionscharakter gehen Erotik und Ästhetik eine enge Verbindung ein, denn die Sittlichkeit des Weibes ist nichts anderes als die ›Introjektion‹ der Seele des Manns in das Weib. »Die Schönheit des Weibes ist nur sicht-

bar gewordene Sittlichkeit, aber diese Sittlichkeit ist selbst die des Mannes, die er, in höchster Steigerung und Vollendung, auf das Weib transponiert hat. […] Wie die Liebe ein neues Weib für den Mann schafft statt des realen Weibes, so schafft die Kunst, die Erotik des Alls, aus dem Chaos die Formenfülle im Universum; und wie es keine Naturschönheit gibt ohne Form, ohne Naturgesetz, so auch keine Kunst ohne Form, keine Kunstschönheit, die nicht ihren Regeln gehorcht.« (326 f.) »Die Kunst schafft also die Natur, und nicht die Natur die Kunst.« (328) Nur in der asexuellen, unsinnlichen Liebe kommt das tiefste geistige Wesen zum Ausdruck. »Darum sucht der Künstler so oft das Weib, um das Kunstwerk schaffen zu können.« (332) So vollendet sich in der Liebe »die Parallele zwischen der Grausamkeit der Erotik und der Grausamkeit der Sexualität« (334), denn jeder Koitus ist dem Mord verwandt, weil die Liebe zu einem Weib nur möglich ist, wenn sich diese Liebe um die wirklichen Eigenschaften und Bedürfnisse der Geliebten nicht kümmert, sondern in schrankenloser Willkür an die Stelle der psychischen Realität des geliebten Wesens eine ganz andere Realität setzt. Insofern ist die Liebe ein Akt der Grausamkeit gegen das Weib, »dem sie die Verstellung und den Schein, die vollkommene Kongruenz mit einem ihr fremden Wunsche, gebieterisch aufnötigen möchte« (335). Erotik und Weiblichkeit sind als von Weininger beschriebenen Sinne ästhetische Konstruktionen, obwohl er gerade davon spricht, daß Weiblichkeit bloß sexuell ist. Da nach Kant die ästhetische und die ethische Funktion nur von einem Subjekt mit freiem Willen ausgeübt werden kann und das Weib keinen freien Willen besitzt, kann ihm auch nicht die Fähigkeit verliehen werden, Schönheit in den Raum zu projizieren, weil Weiblichkeit bereits Projektion ist (universelle Sexualität, Koitus, Kuppelei, Koketterie, Verlogenheit). Damit hat Weininger trotz der misogynen Grundstruktur seiner Argumentation Weiblichkeit mit äußerster Prägnanz als Maskerade, als einen rhetorischen Effekt beschrieben. Eingebunden in eine Erlösungstheorie, sind das Weibliche und das Jüdische abgespaltene Selbstprojektionen, die den Maßstab nationaler und sexueller Identität bildeten. Beides trug dazu bei, daß das Buch *Geschlecht und Charakter*, dessen Verfasser sich

---

[165] Vgl. ebd., 307.

mit dreiundzwanzig Jahren das Leben nahm, eine außergewöhnliche Wirkung auf die Intelligenz der Kaiserzeit und bis weit in das 20. Jh. hinein ausübte. Zu den Rezipienten zählten Sigmund Freud, Ludwig Wittgenstein, Oswald Spengler, James Joyce, Robert Musil, Hermann Broch, Stefan Zweig, Karl Kraus, Franz Kafka.[166] In einem Nachruf von August Strindberg in der *Fackel* wird die männliche Schöpfung von Weiblichkeit als die Materialisierung einer zur Natur gewordenen Idee, hervorgehoben. »Es war, in wenig Worten, dieses bekannte Geheimnis, das *Otto Weininger* auszusprechen wagte; es war diese Entdeckung des Wesens und der Natur des Weibes, die er in seinem männlichen Buche über ›Geschlecht und Charakter‹ mitteilte, und die ihm das Leben kostete. Ich lasse einen Kranz auf sein Grab legen, weil ich sein Gedächtnis ehre als das eines tapferen männlichen Denkers.«[167]

5. Geschlechtermetaphysik und Kunstproduktion

Zu Beginn des 20. Jh. steht das Verhältnis von Weiblichkeit als Naturpotenz und Kunst im Zentrum zahlreicher kulturgeschichtlicher Untersuchungen: Die Codierung der Geschlechterdifferenz im ästhetischen Diskurs ist Gegenstand der kulturphilosophischen Diskussion: Mit Karl Scheffler, Eduard Fuchs (*Die Frau in der Karikatur* [1906] und *Geschichte der erotischen Kunst* [1906]) sowie Georg Simmel wird der Weiblichkeitsbegriff erneut einer essentialistischen Setzung unterzogen. Die erotische und ästhetische Perspektive des Begriffs, der die weibliche Sündhaftigkeit als naturgegebene und als Quelle aller korrumpierenden Sinnlichkeit ausstellt, wird in der kulturphilosophischen Diskussion überlagert, in der die weibliche ›Natur‹ zur Trägerfigur männlicher Harmonie- und Einheitssehnsüchte stilisiert wird. Simmels bedeutende Leistung einer geschlechtsspezifischen Relativierung historisch gewordener Normen und Kategorien und seine Erkenntnis, daß die Kultur der Menschheit nichts Geschlechtsloses ist, »daß sie keineswegs in reiner Sachlichkeit jenseits von Mann und Weib steht«, geht einher mit einer sentimentalischen Wertschätzung von ›Natur‹ und ›Natürlichkeit‹: »Vielmehr, unsere Kultur ist, mit Ausnahme ganz weniger Provinzen, durchaus

männlich. Männer haben die Industrie und die Kunst, die Wissenschaft und den Handel, die Staatsverwaltung und die Religion geschaffen, und so tragen diese nicht nur objektiv männlichen Charakter, sondern verlangen auch zu ihrer immer wiederholten Ausführung spezifisch männlicher Kräfte.« Auf der Suche nach Kriterien einer spezifisch weiblichen Kultur, jenseits männlicher Normen und Spezialisierungen, kommt er jedoch auf die Kultivierung und Verfeinerung der mit der männlichen Leistungsfähigkeit verbundenen objektiven Kultur zurück. »Die ganze Tiefe und Schönheit des weiblichen Wesens, durch die es vor dem männlichen Geiste als seine Erlösung und Versöhnung steht, gründet sich in dieser Einheitlichkeit, diesem organischen, unmittelbaren Zusammenhang der Persönlichkeit mit jeder ihrer Äußerungen, dieser Unteilbarkeit des Ich, die nur ein alles oder nichts, kennt. Die wunderbare Beziehung, die die weibliche Seele noch zu der ungebrochenen Einheit der Natur zu haben scheint und die die ganze Formel ihres Daseins von dem vielspältigen, differenzierten, in die Objektivität aufgehenden Mann scheidet – eben diese trennt sie auch von der auf sachlicher Spezialisierung ruhenden Arbeit unserer Kultur.«[168] Erst der Einbruch der Frauen in die Tätigkeitskreise des Mannes bringe Gefahren für den Erhalt der großen weiblichen Kulturleistung, für das Haus, hervor. Der Weiblichkeitsbegriff wird auch hier in seiner ästhetischen Funktion entfaltet, wenn in diesem Modell das Ideal einer objektiven Kultur mit der Nuance

---

166 Vgl. GISELA BRUNDE-FIRNAU, Wissenschaft von der Frau? Zum Einfluß von Otto Weiningers ›Geschlecht und Charakter‹ auf den deutschen Roman, in: W. Paulsen (Hg.), Die Frau als Heldin und Autorin: Neue kritische Ansätze zur deutschen Literatur (Bern/München 1979), 136–149; URSULA LINK-HEER, Das Zauberwort ›Differenz‹ – Dekonstruktion und Feminismus, in: H. Bublitz (Hg.), Das Geschlecht der Moderne. Genealogie und Archäologie der Geschlechterdifferenz (Frankfurt a. M./New York 1998), 49–70.
167 AUGUST STRINDBERG, Idolatrie, Gynolatrie. Ein Nachruf (1903), übers. v. E. Schering, in: Die Fackel 5 (1903), H. 144, 3.
168 GEORG SIMMEL, Weibliche Kultur (1902), in: Simmel, Schriften zur Philosophie und Soziologie der Geschlechter, hg. v. H.-J. Dahme/K. C. Köhnke (Frankfurt a. M. 1985), 162.

weiblicher Produktivität bereichert wird: »der Verfeinerungsprozeß, der den ästhetischen Geschmack schon hier und da von krassen Kontrasten zu milden Abtönungen, von gewaltsamen Extremen der Formen und der Äußerungen zu sanften Hebungen und Senkungen geführt hat, ohne daß wir darum die Unterschiede, die die größeren Gemeinsamkeiten der Erscheinungen noch bestehen lassen, weniger lebhaft und reizvoll empfänden – dieser Verfeinerungsprozeß wird sich auf die weiteren Kulturgebiete fortzusetzen haben, wenn bei einer weiblichen Kultur die volle Stärke des Reizes, den die Spannweite zwischen dem männlichen und weiblichen Prinzip entfaltet, weiterleben soll.«[169] Männlichkeit hat hier den Status eines »Relativitätswesens«: »so ist auch seine Geschlechtlichkeit nur eine in der ersehnten oder vollzogenen Relation zu der Frau entwickelte«, denn die Frau schließt ihre »Geschlechtlichkeit unmittelbar in sich«[170] ein. Da die gesamte Begriffsbildung unserer Kultur wegen der sozialen Prärogative des Mannes – »all diese Kategorien sind zwar gleichsam ihrer Form und ihrem Anspruch nach allgemein menschlich, aber in ihrer tatsächlichen historischen Gestaltung durchaus männlich« (200) – auf die männliche Färbung seelischer Vorgänge eingestellt ist, erscheint die Weiblichkeit mehr in der Anschauung als im Begriff, und dies ist für Simmel »einer der Gründe, wenngleich ein negativer, aus denen die Frau schon von Natur dem Kunstwerk verwandt erscheint« (214). Die Verrätselung des Weiblichkeitsbegriffs vollzieht sich in dem »dunklen Bewußtsein, daß diese Wesen [die Frauen – d. Verf.] fester, vollständiger, einheitlicher in ihrem Sein stehen« und »daß ihnen […] die verborgene unbenennbare Einheit des Lebens, der Natur, der Welt der eigene Wurzelgrund ist« (218).

Die von Simmel mit analytischer Schärfe entwickelte Ambivalenz der ›Doppelheit‹ bestehender normativer Maßstäbe bei der Bewertung von Weiblichkeit – als männliche, übergeschlechtlich objektive und als genau entgegengesetzte, spezifisch weibliche – geht in Schefflers Theorie über *Die Frau und die Kunst* zugunsten einer eindeutigen ontologischen Bestimmung von Weiblichkeit als passive harmonische Geschlossenheit verloren. Erneut wird die im Weiblichkeitsbegriff ausgetragene doppelt bewertete Natur als verdrängte Wildnis mit den Bildern des Schreckens und des Grauens und als ordnungsstiftende Tendenz mit Erlösungs- und Harmoniesehnsüchten, wie es sich am extremsten bei Otto Weininger zeigte, in klare, männliche Produktivität stimulierende Dispositionen aufgelöst. »Das männliche Individuum aber wird in seiner partikularischen Tätigkeit notwendig einseitig und entfernt sich weit von der Harmonie. Von der unbewußten Harmonie der Frau entfernt er sich, weil er sie aufopfern muß, um wollend zu werden, was sie willenlos ist«[171]. Der weiblichen Anlage zur Übereinstimmung und Zuständigkeit kann sich die Frau nur auf die Gefahr der Selbstvernichtung hin entziehen. In dieser Geschlechtermetaphysik wird der Weiblichkeitsbegriff natur- und gattungsgeschichtlich definiert und zum Trägerprinzip männlicher Harmonie- und Einheitssehnsüchte. »Die ganz wirklich weibliche Harmonie muß auf einseitig starkes Streben verzichten; und für den Mann ist die Harmonie überhaupt nur symbolisch vorhanden, nur als Idee. Die passive Harmonie der Frau heißt Natur, die bewußte und gewollte des Mannes heißt Kultur.« (20) Der Zustand der harmonischen Geschlossenheit wird beispielsweise verlassen, wenn Frauen männliche Züge annehmen und in der Kunst aktiv werden. Die Folgen sind Verkümmerungen, Krankhaftigkeit oder Hypertrophie des Geschlechtsgefühls, Perversionen oder Impotenz, denn der weibliche Körper determiniert den Geist, und die weibliche biologische Natur ist Mütterlichkeit, nicht die Kunst. »Ihre Harmonie stammt aus der Urmütterlichkeit ihres Wesens; wird die Einheit schaffende Anlage im Seelischen zerstört, so muß das notwendig auf ihr Geschlechtsgefühl zurückwirken« (93). Der Weiblichkeitsbegriff ist das idealisierte weibliche Prinzip, das mit einer Projektion von Kunst analogisiert wird. »Zu solchen Symbolen werden ihm [dem Mann – d. Verf.] das Kunstwerk und die Frau. Das Kunstwerk ist ihm symbolisch für die ideale, bewußt erstrebte Harmonie, weil darin die jeweiligen Ergebnisse

---

169 Ebd., 173.
170 SIMMEL, Das Relative und das Absolute im Geschlechterproblem (1911), in: ebd., 208.
171 KARL SCHEFFLER, Die Frau und die Kunst (Leipzig 1908), 18.

der Kulturarbeit anschaulich niedergelegt sind, [...] die Frau wird dem Manne symbolisch, weil sie ihm die Natureinheit verkörpert. Wenn er die Frau erhebt und vergöttert, so wendet er sich rückwärts der schönen Ruhe zu, woraus er hervorgegangen ist und worin er ein Gegenbild seines, das heißt: des allgemeinen Endziels erblickt.« (22 f.)

War der weibliche Körper bei Weininger als ein Mangel an Form, als vulnerable Natur an der Grenze des Gestaltlosen gezeichnet, so gilt er in der Schefflerschen Weiblichkeitstheorie ebenfalls als vereinnahmtes Material, als ›natürlicher‹ Rohstoff. In der ästhetischen Selbstbespiegelung gehen von Schefflers Weiblichkeitsbegriff Projektionen auf den weiblichen Körper aus, die ihn aus einer regressiven Einheitsperspektive als das ›schöne Geschlecht‹, als künstlerisches Objekt erscheinen lassen, überformt, idealisiert, mystifiziert. Die kulturellen Konsequenzen einer derartigen Geschlechterpolarität, auf die das Kunstschöne und das Naturschöne projiziert werden, sind künstlerische und wissenschaftliche Werthierarchien, die weibliche Kreativität in künstlerische Zweitklassigkeit und Epigonentum übersetzen und sich als Behinderungen und Diskriminierungen einzelner Künstlerinnen durch die gesamte Kulturgeschichte ziehen.[172] Als Modell, »Anregerin und Resonator des männlichen Drangs zur Vollkommenheit« (81) erschöpft sich für Scheffler die Rolle der Frau als codierte Weiblichkeit im Kunstprozeß.

Kreative schöpferische Männlichkeit hat komplementäre Weiblichkeit zur Voraussetzung, die der rhetorischen Inszenierung männlicher ›Essenz‹ dient. Die radikale Abwehr gegenüber einer Weiblichkeit, die sich dem Status reiner Medialität entzieht, resultiert aus der Krise der männlichen Identität. Denn mit der zunehmenden Präsenz von Frauen auf dem Arbeitsmarkt im Zuge des I. Weltkrieges sowie im Bereich der Kunst und Kultur ging ein Umbau in den Geschlechterverhältnissen einher, der herrschende Bilder von Männlichkeit in ihrer ›Eigentlichkeit‹ in Frage stellte.

Die geschlechtsspezifische Differenzierung künstlerischer Kreativität in einen aktiven männlichen und einen statischen weiblichen Pol ist in der Kunst- und Literaturgeschichte bis zu ersten Ansätzen feministischer Wissenschaftskritik weitgehend unreflektiert reproduziert worden. Die kritische Auseinandersetzung mit diesen Projektionen und Stereotypen ›natürlicher Weiblichkeit‹ bei Rosa Mayreder oder später Lu Märten (*Die Künstlerin. Eine Monographie*, 1919) ist in der Kultur- und Kunstgeschichte bis weit in die 1970er Jahre hinein verdrängt und vergessen worden. Mayreders Analyse zielt nicht nur auf die sexuellen und erotischen Phantasien, die den Weiblichkeitsbegriff beispielsweise in anthropologisch-physiologischen Schriften, etwa den bekannten Werken *La donna delinquente* (1876) von Cesare Lombroso und Guglielmo Ferrero sowie *Man and Woman: a Study of Human Secondary Sexual Characters* (1894) von Havelock Henry Ellis, konturieren, sondern bezieht neben der Betrachtung von Weiblichkeitsmustern gleichermaßen den Begriff der Männlichkeit und seine historischen Veränderungen in die Untersuchung ein.[173] Männlichkeit und Weiblichkeit sind in dieser Perspektive »bloße Kulturprodukte«, »nichts Feststehendes und Abgeschlossenes«[174], noch sind sie aus biologischen organischen Bestimmungen zu erklären. Die reglementierenden Normen, die geschlechtlichen Identitäten erst hervorbringen[175], sind der methodische Ausgangspunkt dieser weiträumigen kulturhistorischen Untersuchung: »die Stellung des weiblichen Geschlechtes in der sozialen Ordnung wird durch die Erotik des herrischen Mannes geschaffen. Unzweideutig verraten die allgemeinen Bestimmungen und Vorstellungen, denen das weibliche Geschlecht untersteht, welche Art Mann es ist, die damit ihren Bedürfnissen und Forderungen praktischen Ausdruck verliehen hat.«[176] ›Männlichkeit‹ gilt ihr als »großmäulige Maske«, »die in den Dramen der kriegerischen Männlichkeit getragen wurde«; Männer liebten es, »mit den Schwertern

---

172 Vgl. ebd., 78.
173 Vgl. ROSA MAYREDER, Der Kanon der schönen Weiblichkeit, in: Mayreder, Zur Kritik der Weiblichkeit. Essays (1905; Jena/Leipzig ²1907), 199–209; MAYREDER, Von der Männlichkeit, in: ebd., 102–138.
174 MAYREDER, Grundzüge, in: ebd., 23 f.
175 Vgl. MAYREDER, Die Tyrannei der Norm, in: ebd., 85–101.
176 MAYREDER, Einiges über die starke Faust, in: ebd., 212.

zu rasseln, die ihre friedlichen Hände längst nicht mehr handhaben können«[177].

6. ›Das Rätsel der Weiblichkeit‹

Sigmund Freud, der mit seiner Theorie der Weiblichkeit einen prägenden Einfluß auf den ästhetischen Weiblichkeitsbegriff im 20. Jh. ausübte, schreibt im Jahre 1932 in Vorbereitung einer Vorlesung mit dem Titel ›Die Weiblichkeit‹: »Über das Rätsel der Weiblichkeit haben die Menschen zu allen Zeiten gegrübelt [...]. Auch Sie werden sich von diesem Grübeln nicht ausgeschlosen haben, insoferne Sie Männer sind; von den Frauen unter Ihnen erwartet man es nicht, sie sind selbst dieses Rätsel.«[178]

Die erneute Verrätselung von Weiblichkeit im Rahmen einer Theorie der Psychoanalyse, die

---

177 Ebd., 223.
178 SIGMUND FREUD, Neue Folge der Vorlesungen zur Einführung in die Psychoanalyse (1933), in: FREUD (GW), Bd. 15 (1944), 120.
179 Vgl. FREUD, Drei Abhandlungen zur Sexualtheorie (1905), in: FREUD (GW), Bd. 5 (1942), 33–145; FREUD, Die infantile Genitalorganisation (1923), in: ebd., Bd. 13 (1940), 291–298; FREUD, Über die weibliche Sexualität (1931), in: ebd., Bd. 14 (1948), 517–537.
180 FREUD (s. Anm. 178), 135; vgl. ebd., 122 f.
181 Vgl. JANINE CHASSEGUET-SMIRGEL, Psychoanalyse der weiblichen Sexualität, übers. v. G. Osterwald (Frankfurt a. M. 1974), 22–25.
182 Vgl. KAREN HORNEY, Die Verleugnung der Vagina. Ein Beitrag zur Frage der spezifisch weiblichen Genitalängste (1933), in: Horney, Die Psychologie der Frau (Frankfurt a. M. 1984), 96–110; ERNEST JONES, Die phallische Phase, übers. v. K. Jones, in: Internat. Zeitschr. f. Psychoanalyse 19 (1933), H. 3, 322–357; JONES, Über die Frühstadien der weiblichen Sexualentwicklung, übers. v. E. Homburger, in: ebd., 21 (1935), H. 3, 331–341.
183 Vgl. CHRISTA ROHDE-DACHSER, Expedition in den dunklen Kontinent: Weiblichkeit im Diskurs der Psychoanalyse (Berlin/Heidelberg 1991), 58–63.
184 Vgl. ROLAND BARTHES, Mythologies (Paris 1957), 7.
185 Vgl. HUMBERTO R. MATURANA/FRANCISCO J. VARELA, El árbol del conocimiento: Las bases biológicas del entendimiento humano (Santiago 1984); dt.: Der Baum der Erkenntnis. Die biologischen Wurzeln der menschlichen Erkenntnis, übers. v. K. Ludewig (Bern/München/Wien 1987).
186 ROHDE-DACHSER (s. Anm. 183), 58.

dem Imaginären und dem Unbewußten für die Organisation der Geschlechterdifferenz große Bedeutung beimißt, erfolgt bei Freud in verschiedenen Phasen.[179] In ›Die Weiblichkeit‹ behandelt Freud das Problem der Bisexualität und problematisiert die Zuschreibungen aktiv und passiv an männlich und weiblich. »Normale Weiblichkeit«[180] ist an den Verzicht aktiver Sexualität in der phallischen Phase gebunden.[181] Die Kritik an einem über den Kastrationskomplex definierten Weiblichkeitsbegriff setzte bereits zu Lebzeiten Freuds ein.[182] Renate Schlesier (Konstruktionen der Weiblichkeit bei Sigmund Freud, 1981) und Christa Rohde-Dachser unternehmen den Versuch, die der Psychoanalyse eingeschriebenen Geschlechtermythen vom ›Rätsel Weib‹ oder vom ›dunklen Kontinent‹ mit den eigenen Mitteln der Psychoanalyse aufzuklären. Die Theorie der Weiblichkeit bei Freud basiert selbst auf unbewußten Phantasien über die Geschlechterdifferenz, die zur Aufrechterhaltung der Geschlechteridentität dienen.[183] Das in Freuds Texten zu beobachtende Driften zwischen Metaphern und Wesensaussagen, Phantasie und Realität sowie das den analytischen Text begleitende Netz von Assoziationen münden stets in die binären Konstruktionen männlich/weiblich als zentrale psychische Strukturprinzipien, wobei ein für die Geschichte der Weiblichkeitskonstruktionen bekanntes Muster der Umwandlung von Geschichte in ›Natur‹ sichtbar wird – oder, mit Roland Barthes gesprochen: die Mythenfunktion macht den Begriff ›natürlich‹.[184] Die unbewußten Phantasien gehören dem kollektiven Unbewußten als Teil des kollektiven Imaginären an, dessen kulturelle Muster unsere Vorstellungen von Männlichkeit und Weiblichkeit strukturieren. Unbewußte Phantasien haben die Funktion der Wunscherfüllung und der Identitätsgarantie und sind gleichzeitig Muster zur Konstituierung von ›Wirklichkeit‹, die sich nicht mit den üblichen Mitteln nicht objektivieren läßt, denn sie dient der Aufrechterhaltung ihrer psychischen Organisation (ihrer Autopoiese).[185]

In Freuds Weiblichkeitstheorie ist ein Szenario unbewußter Phantasien enthalten, in dem die Frau als kastriertes Mangelwesen auftritt und so ein Leben lang auf die »narzißtische Restitution durch einen ›Penisträger‹ angewiesen«[186] ist. Die so konstituierte Weiblichkeit erscheint als eine zentrale Phantasiefigur des Mannes, als Negativ des Mannes, um die zahlreiche Wünsche und Abwehrängste kreisen. Die über Abwehroperationen (Spaltung, Projektion, Verleugnung, Idealisierung und Entwertung) produzierten Phantasiegebilde können als ›Deckphantasien‹ bezeichnet werden, die den Zweck haben, »ängstigendere Phantasien zu verdecken«: »Freuds Theorie der Weiblichkeit läßt sich auf diesem Hintergrund auch als die unbewußte Suche nach Denk- und Wahrnehmungsidentität für die Phantasie von der ›kastrierten Frau‹ [...] interpretieren.« (60) Die Abwehrkonstellationen zeigen, daß es sich bei der Projektion von Weiblichkeit um abgespaltene Imagines des männlichen Selbst, um ein ›internes Anderes‹ handelt, das als weiblicher Gegenpol konstruiert wird, um die Differenz der Geschlechter aufrechtzuerhalten. In dieser Lesart können Weiblichkeitsmythen als männliche Phantasien beschrieben werden, die kollektive Verwerfungen einer Gesellschaft, wie das nicht Lebbare, aus der männlichen Selbstrepräsentanz Ausgeschlossene, das Verpönte oder auch Ersehnte auf die Weiblichkeit projizieren und somit eine kulturell akzeptierte Gestalt gewonnen haben. Beispiele solcher auf Abwehrphantasien konstruierten Weiblichkeitsimagines sind die bereits beschriebenen Bilder der Madonna, der Femme fatale, der Mutter, der Hexe/ Hure. Projektionen der Weiblichkeit als Natur, als Bild des Grauens, des Todes und der Verheißung haben als kollektives Imaginäres die Kultur und Kunstgeschichte mit ›Kunstfrauen‹, Artefakten von Weiblichkeit bevölkert, die auch einen festen Platz im weiblichen Imaginären besetzen und zur weiblichen Identitätsbildung beitragen. Als unbewußte Phantasien in wissenschaftlichen Theorien[187] und als künstlerische Gestaltungen sind sie Bestandteil des Symbolsystems einer jeden Kultur, sie sind nicht im Begriff zu bannen und changieren zwischen Theorie und Ästhetik. Mit der Verschränkung von Bio- und Informationstechnologien wird die Repräsentation der Geschlechterdifferenz in immer höherem Maße ästhetisch organisiert. Damit bildet die Erkenntnis, daß Weiblichkeit nicht in Idealbildern definiert wird, sondern selbst Kunst ist, eine Möglichkeit, der ›Wirklichkeit‹ von Weiblichkeit zu lesen.[188]

Weiblichkeit als Maskerade, Travestie, Crossdressing, Virtual Reality, Parodie und Imitation sind Stichworte einer Medienästhetik, die die Grenzen des ›Natürlichen‹ und ›Künstlichen‹ als wechselseitiges Referenzmodell spielerisch aufhebt und die Geschlechterdifferenz in ihrer scheinbaren ›Natürlichkeit‹ ausstellt. Die 200jährige Verknüpfung von Weiblichkeit mit der Naturmetapher wird beispielsweise in den drag-Darstellungen durch Parodie entnaturalisiert, wobei es nicht zwangsläufig zu einer Subversion der herrschenden Geschlechternormen führen muß, denn ›drag‹ kann ebensogut im Dienst der Entnaturalisierung wie der Reidealisierung heterosexueller Normen stehen. Weiblichkeit wird somit für viele Künstlerinnen ein subversives Verfahren, mit dem, wie die Arbeiten Valie Exports zeigen, elektronische und digitale Medien genutzt werden können, um die Strukturen und Mechanismen der Produktion von Weiblichkeitsbildern zu verschieben. Denn:»Das Spiel mit der Identität der Frau, mit den von der Kultur geschaffenen Bildern und Codes weiblicher Identität, ist ja ein Hauptstrang der feministischen Ästhetik der siebziger und achtziger Jahre. [...] Deswegen bin ich an den postmodernen Theorien der Subversion des Subjekts interessiert, da ich alte Subjektvorstellungen, die zur Unterdrückung der Frau beigetragen haben, auflösen möchte«[189]. Zeichen, Bilder und Medien werden zum Gegenstand künstlerischer Inszenierungen gemacht, was die Arbeiten der Künstlerinnen Dara Birnbaum, Jenny Holzer, Barbara Kruger, Luise Lawler, Sherrie Levine, Mary Kelly oder Cindy Sherman ebenso zeigen wie die Autorinnen Elfriede Jelinek oder Ginka Steinwachs. »Few have produced new, ›positive‹ images of a revised femininity; to do so would simply supply and thereby prolong the life of the existing representational apparatus. [...] Most of these artists, however, work with the existing repertory of cultural imagery – not because they ei-

---

187 Vgl. ELVIRA SCHEICH, Naturbeherrschung und Weiblichkeit. Denkformen und Phantasmen der modernen Naturwissenschaften (Pfaffenweiler 1993).
188 Vgl. SYKORA (s. Anm. 45), 14.
189 VALIE EXPORT [im Gespräch mit S. Rogenhofer/F. Rötzer], Mediale Anagramme, in: Kunstforum International, Bd. 97 (1988), 156.

ther lack originality or criticize it – but because their subject, feminine sexuality, is always constituted in and as representation, a representation of difference. It must be emphasized that these artists are not primarily interested in what representations say about women; rather, they investigate what representation *does* to women«[190].

Dorothea Dornhof

Literatur
ALTHOFF, GABRIELE, Weiblichkeit als Kunst. Die Geschichte eines kulturellen Deutungsmusters (Stuttgart 1991); ANGERER, MARIE-LUISE/PETERS, KATHRIN/SO-FOULIS, ZOË (Hg.), Future Bodies. Zur Visualisierung von Körpern in Science und Fiction (Wien/New York 2002); BERNARDAC, MARIE-LAURE (Hg.), Féminimasculin. Le sexe de l'art [Ausst.-Kat.] (Paris 1995); BETTINGER, ELFI/FUNK, JULIKA (Hg.), Maskeraden. Geschlechterdifferenz in der literarischen Inszenierung (Berlin 1995); BRAUN, CHRISTINA VON, Versuch über den Schwindel. Religion, Schrift, Bild, Geschlecht (Zürich 2001); BRENNAN, TERESA, The Interpretation of the Flesh. Freud and Femininity (London u.a. 1992); BUTLER, JUDITH, Excitable Speech. A Politics of the Performative (New York 1997); CADUFF, CORINA/WEIGEL, SIGRID (Hg.), Das Geschlecht der Künste (Köln/Weimar/Wien 1995); CALLE, MIREILLE (Hg.), Du Féminin [Mit Beiträgen von H. Cixous, J. Derrida, P. Lacoue-Labarthe u.a.] (Québec 1992); DORNHOF, DOROTHEA, Weiblichkeit als Paradigma moderner Ästhetik, in: M. Brügmann/M. Kublitz-Kramer (Hg.), Textdifferenzen und Engagement. Feminismus-Ideologiekritik-Poststrukturalismus (Pfaffenweiler 1993), 173–183; DEVEREUX, GEORGES, Femme et Mythe (Paris 1982); ECKER, GISELA, Differenzen. Essays zu Weiblichkeit und Kultur (Dülmen-Hiddingsel 1994); EIBLMAYR, SILVIA, Die Frau als Bild. Der weibliche Körper in der Kunst des 20. Jahrhunderts (Berlin 1993); HALBERSTAM, JUDITH, Female Masculinity (Durham 1998); HELDUSER, URTE, Zum Engendering ästhetischer Theorien, in: Helduser/D. Marx/T. Paulitz/K. Pühl (Hg.), Under construction?: konstruktivistische Perspektiven in feministischer Theorie und Forschungspraxis (Frankfurt a.M./New York 2004), 236–247; HÉRITIER, FRANÇOISE, Masculin/Féminin. La Pensée de la Différence (Paris 1996); HOFFMANN-CURTIUS, KATHRIN/WENK, SILKE (Hg.), Mythen von Autorschaft und Weiblichkeit im 20. Jahrhundert (Tübingen 1996); LEHNERT, GERTRUD (Hg.), Mode, Weiblichkeit und Modernität (Dortmund 1998); LINDNER, INES/SCHADE, SIGRID/WENK, SILKE/WERNER, GABRIELE (Hg.), Blickwechsel. Konstruktionen von Männlichkeit und Weiblichkeit in Kunst und Kunstgeschichte (Berlin 1989); LUMMERDING, SUSANNE, ›Weibliche‹ Ästhetik? Möglichkeiten und Grenzen der Subversion von Codes (Wien 1994); PASERO, URSULA/GOTTBURGSEN, ANJA (Hg.), Wie natürlich ist Geschlecht? Gender und die Konstruktion von Natur und Technik (Wiesbaden 2002); SCHAPS, REGINA, Hysterie und Weiblichkeit. Wissenschaftsmythen über die Frau (Frankfurt a.M. 1992); STEPHAN, INGE/SCHILLING, SABINE/WEIGEL, SIGRID (Hg.), Jüdische Kultur und Weiblichkeit in der Moderne (Köln/Weimar/Wien 1994); USSHER, JANE M., Fantasies of Femininity. Reframing the Boundaries of Sex (New Jersey 1997); WEBER, INGEBORG (Hg.), Weiblichkeit und weibliches Schreiben. Poststrukturalismus. Weibliche Ästhetik. Kulturelles Selbstverständnis (Darmstadt 1994); WEISSBERG, LILIANE (Hg.), Weiblichkeit als Maskerade (Frankfurt a.M. 1994); WENK, SILKE, Versteinerte Weiblichkeit. Allegorien in der Skulptur der Moderne (Köln 1995).

Werk

(griech. ἔργον; lat. opus; engl. work; frz. œuvre; ital. opera; span. obra; russ. произведение)

Einleitung: Zur Krise des Kunstwerks und seines Begriffs; I. Die Grundlegung des ästhetischen Werkbegriffs; 1. Werkhaftigkeit und Technizität der Tragödie nach Aristoteles; 2. Autorschaft und Geistigkeit des Werks der Kunst in der römisch-lateinischen Kunsttheorie; 3. Der künstlerische Arbeitsprozeß in der Werklehre der Renaissance; II. Der Kunstwerkbegriff der Werkästhetik; 1. Vom Werk der Kunst zum Kunstwerk; 2. Die klassisch-romantische Bestimmung des Kunstwerks als Totalität der Phantasie; 3. Der Begriff des Kunstwerks als der Künste; 4. Das Kunstwerk als objektivierte Anschauungsform; III. Kunstwerk und Gesellschaft; 1. Das Kunstwerk im gesellschaftlichen Leben; 2. Das Kunstwerk als Medium geschichtlicher Erfahrung; 3. Die Kunst der Gesellschaft, ihr Werk und seine Rezeption; 4. Werk, Performanz und Inszenierung

Einleitung: Zur Krise des Kunstwerks und seines Begriffs

Die außerordentliche sprachgeschichtliche Stabilität des Wortes Werk auf der Ebene des Lautes wie der Bedeutung zeichnet es als einen zentralen Be-

---

[190] CRAIG OWENS, The Discourse of Others: Feminists and Postmodernism, in: H. Foster (Hg.), The Anti-Aesthetic. Essays on Postmodern Culture (Washington 1983), 71.

griff der europäischen Sprachen aus; die modernen Formen ›Werk‹ und ›work‹ haben sich kaum mehr vom altgriech. ›ἔργον‹ entfernt als die romanischen Formen ›œuvre‹, ›opera‹ und ›obra‹ vom lat. ›opus‹ – bzw. von dessen Nebenform ›opera‹, die wie das ahd. ›arabeit‹ Arbeit mit Mühsal und Sorge homonymisiert. (Die Differenz zwischen opus und opera ist bis heute in der französischen Unterscheidung zwischen dem männlichen œuvre als Gesamtwerk eines Künstlers und dem weiblichen als dem Einzelwerk und seiner Produktion erhalten.) In allen diesen Sprachen umfaßt der Begriff sämtliche Formen menschlicher Tätigkeit und Arbeit, insbesondere als abgeschlossene Einheiten (›Tagwerk‹) oder vollendete Taten (›gute/schlechte Werke‹) – wobei der Akt und sein Resultat im älteren Sprachgebrauch durchweg als Einheit aufgefaßt werden. Eine weitreichende metaphorische Ausweitung hat dieser die Sphäre zweckvermittelter menschlicher Tätigkeit umreißende Begriff durch die Rede von den ›Werken der Natur‹ und die Interpretation der Welt als ›Gottes Werk‹ erfahren; zudem brachte die alteuropäische Handwerkskultur eine metonymische Erweiterung der Wortbedeutung auf den Werkstoff, das Werkzeug wie die Apparaturen verschiedenster Gewerbe und, seit dem 17. Jh., auch auf den Ort des Werkens mit sich.[1] Hierbei handelt es sich eher um eine Hybridisierung des Begriffs als um seine geschichtliche Entwicklung; zu vermerken ist schließlich die Tendenz des modernen Sprachgebrauchs, mit ›Werk‹ zuallererst Gegenständlichkeit zu verbinden.

Auch die charakteristischen historischen Ausprägungen im kunstspezifischen Gebrauch des Wortes – Aristoteles' Bestimmung des Werks der Kunst als einer Einwirkung auf den Rezipienten, die spätantik-mittelalterliche als Realisierung eines Geistigen, schließlich Leon Battista Albertis Beschreibung des Werks als Resultat eines komplexen Arbeitsprozesses (I, 1–3) – erschließen unterschiedliche Aspekte des Kunstwerks, ohne sich in eine kohärente Entwicklungsgeschichte seines Begriffs zu fügen. Der allgemeinen neuzeitlichen Tendenz zur Verdinglichung des Werkbegriffs entspricht im Bereich der Kunst die Dominanz seines in kunsthistorischer Sammlung, Ordnung und Erschließung verwirklichten museal-dokumentarischen Aspekts: Noch jeder Künstler, so wenig auch die Fixierung endgültiger Werke intendiert haben mag, wird mit ›Werkausgaben‹, ›Werkkatalogen‹ oder ›Werkschauen‹ geehrt, die seine Hinterlassenschaften zum ›Lebenswerk‹ vereinen. Die am Beispiel der improvisierend-aufführungsbezogenen Arbeitsweise Shakespeares demonstrierte Nachträglichkeit der Redaktion frühneuzeitlicher Dramenskripte zu literarischen Werken[2] relativiert zwar die sich gerade auch auf diese Stücke beziehende Vorstellung eines ›universal canon‹ von sakrosankten, für jeden Menschen dieser Erde relevanten Hauptwerken der Kunst[3], mindert aber nicht die eminente Bedeutung solcher Fixierung und Kanonisierung für die Integration künstlerischer Leistungen ins kulturelle Gedächtnis. In der Spannung zwischen der Kritik an jeder nachträglichen Vereinheitlichung und Glättung fragmentarischer, variantendurchsetzter oder wesentlich prozessualer Arbeiten und dem Willen, sie doch zugänglich und damit tradierbar zu machen, steht heute fast jede Werkedition. In diesem Zusammenhang fällt unter die Kategorie des Werks, was in gegenständlicher Form zu bewahren ist, stellt sich Werkhaftigkeit als eine Frage der Archivierbarkeit dar: Führte die Notenschrift, die die Fixierung mehrstimmiger Kompositionen erlaubte, zur Applikation des Werkbegriffs auf die Musik, wie sie dann in der dieser Kunst eigentümlichen Opus-Zählung auf die Spitze getrieben wurde, so gestatten die technischen Aufzeichnungsmöglichkeiten des 20. Jh., von dem ›Werk‹ auch eines Interpreten klassischer Musik oder eines Jazz-Improvisators zu sprechen.

Im Gegensatz zum Begriff des Werkes handelt es sich bei dem auf ihm aufbauenden des Kunstwerks um eine außerordentlich theoriegeladenes Konzept, das eine fast schon dramatisch zu nennende historische Entwicklung genommen hat. Das Wort ›Kunstwerk‹ läßt sich erstmals in der frühen Neuzeit als Synonym für ›Kunstarbeit‹ nachweisen. In Aufklärung und Pietismus bedeutet es das ›künstliche‹ Menschenwerk im Gegensatz zum Werk der

---

1 Vgl. ›Werk‹, in: GRIMM, Bd. 14/1/2 (1960), 328; WOLFGANG PFEIFER u. a., Etymologisches Wörterbuch des Deutschen (München ⁵2000), 1558 f.
2 Vgl. WILLIAM B. WORTHEN, Shakespeare and the Authority of Performance (Cambridge 1997).
3 Vgl. HAROLD BLOOM, The Western Canon (New York 1994), 38.

Natur, bis es Ende des 18. Jh. seine definitive Bestimmung als Produkt des sich von Technik und Wissenschaft absondernden Bereichs der schönen Kunst erhält[4]: Auf diese bezogen ist es *Kunst*-Werk und als Objekt der diese ›Kunst‹ konstituierenden und reflektierenden ›Ästhetik‹ Kunst-*Werk* (II, 1).

In dieser doppelten Bestimmtheit wurde ›Kunstwerk‹ zum Inbegriff dessen, was Kunst nach klassisch-romantischer Ästhetik leisten kann und soll: eine ganzheitliche Darstellung der im Handeln und Erkennen als gegensätzlich erfahrenen Momente des Lebens (II, 2). Dieses werkästhetische Konzept eines Subjekt und Objekt der Erfahrung in sich vermittelnden absoluten Objekts wird im Laufe des 19. Jh. allgemeinverbindlich, auch das Performative musikalischer oder schauspielerischer Aufführungen als Realisierung eines Werks gedeutet (II, 3). Noch in jüngerer Zeit werden Kunst und Kunstwerk als synonyme, sich wechselseitig erklärende und einschließende Begriffe behandelt[5] und scheint die Bedingung der Möglichkeit einer philosophischen Ästhetik in der Integrität des Kunstwerkbegriffs zu bestehen – d. h. in dem Axiom, daß die Kunst ihre Möglichkeiten und Ansprüche in ihren Werken realisiert.[6] Wird der derart aufgewertete oder, mit Wolfgang Thierses

4 Vgl. ›Kunstwerk‹, in: GRIMM, Bd. 5 (1873), 2735 f.
5 Vgl. ARMIN MÜLLER u. a., ›Kunst, Kunstwerk‹, in: RITTER, Bd. 4 (1976), 1357–1434.
6 Vgl. RICHARD DIAN WINFIELD, Systematic Aesthetics (Gainesville, Fla. 1995), 187.
7 Vgl. WOLFGANG THIERSE, ›Das Ganze aber ist das, was Anfang, Mitte und Ende hat.‹ Problemgeschichtliche Beobachtungen zur Geschichte des Werkbegriffs, in: K. Barck/M. Fontius/W. Thierse (Hg.), Ästhetische Grundbegriffe. Studien zu einem historischen Wörterbuch (Berlin 1990), 381 f.
8 Vgl. DONALD J. OLSEN, The City as a Work of Art: London, Paris, Vienna (New Haven 1986); WILHELM SCHMID, Philosophie der Lebenskunst (Frankfurt a. M. 1998), 71–80; BARBARA AULINGER, Die Gesellschaft als Kunstwerk. Fiktion und Methode bei Georg Simmel (Wien 1999); BETTINA POHLE, Kunstwerk Frau. Inszenierungen von Weiblichkeit in der Moderne (Frankfurt a. M. 1998).
9 Vgl. GERHARD PLUMPE, Ästhetische Kultur und technische Moderne. Zur Wertung der Photographie in der Ästhetik nach Hegel, in: Plumpe, Der tote Blick. Zum Diskurs der Photographie in der Zeit des Realismus (München 1990), 15–52.

Wort, emphatisierte Begriff[7] außerhalb des Bereichs der Kunst gebraucht, dann, um Gegenstände anderer zivilisatorischer Bereiche, das Buch, den Garten, die Stadt, ›als Kunstwerk‹ in die Nähe der prestigeträchtigen Kunst zu rücken, um, wie in der Rede vom ›Leben als Kunstwerk‹, eine allgemeine Realisierung der in der Kunst nur scheinhaft verwirklichten Totalität von Erfahrung und Praxis einzufordern oder die ›Gesellschaft als Kunstwerk‹ zum Gegenstand einer ästhetischen, ihren inneren Verweisungs- und Bedeutungszusammenhängen nachgehenden Analyse und Darstellung zu machen.[8]

Der Komplex der sich gegenseitig begründenden Begriffe Kunst, Kunstwerk und Ästhetik blieb das ganze 19. Jh. hindurch kunsttheoretisch und -praktisch produktiv; je mehr jedoch die soziohistorische Bedingtheit der bürgerlichen Kunstpraxis vor Augen trat, desto stärker geriet die Kunstwerkästhetik als Theorie dieser Praxis in die Defensive. Ein erstes Symptom der Krise des Kunstwerks und seines Begriffs waren die zunächst in der bildenden Kunst auftretenden sezessionistischen Bewegungen, die eine gerade auch die Werkidee betreffende Entfremdung zwischen der sozialen Institution Kunst und dem zeitgenössischen künstlerischen Schaffen manifestierten; auf andere Weise zeigte das neue Medium Fotografie Grenzen der Schulästhetik auf, die, gleichgültig ob sie diese Produktionsform als Kunst anerkannte oder nicht, keinen angemessenen theoretischen Zugang zu den ihr eigentümlichen ästhetischen Potenzen und Rezeptionsformen eröffnete.[9] Schließlich hatte der wissenschaftliche Positivismus mit seinem Anspruch, die Kunstwerke aus ihrem soziohistorischen und biographischen Kontext zu erklären, und seiner Theorie der Naturgegründetheit künstlerischer Formen und ästhetischer Wirkungen die Kunst nicht mehr vom Werk her, sondern ihre Werke als Resultate einer allgemeinen und gesetzmäßig ablaufenden Produktionsweise betrachtet. Auf diese Relativierung des Werkbegriffs folgte im Fin de siècle seine Ideologisierung, wobei einerseits die Gesetzlichkeit und lebensgestaltende Macht künstlerischer Arbeit, andererseits die unhintergehbare Verwiesenheit des Werks auf den Geist seines Produzenten behauptet wurde – das beide Forderungen erfüllende Kunstgenie figurierte als Exempel ›arischer‹ Kulturstiftung.[10] In der von Denkern wie Theodor Lipps, Croce oder Collingwood systematisch ausgeführten Theorie des Kunstwerks als Intuitionsausdruck, als Medium des im hervorbringenden Genie begründeten und von diesem nicht zu lösenden Gehalt, wurde es im Geiste Nietzsches und Georges zum Antidoton der Produktionsformen und Nivellierungstendenzen der modernen Industriegesellschaft erklärt. Als »Hydra der Schulästhetik mit ihren sieben Köpfen: Schöpfertum, Einfühlung, Zeitentbundenheit, Nachschöpfung, Miterleben, Illusion und Kunstgenuß«[11] geißelte Benjamin diese die Attribute der Produktion und Rezeption eines bestimmten Typs von Kunstwerken als zeitenthobene ästhetische Werte hypostasierende Verfallsform der Werkästhetik.

In drei großen Wellen der Revolte und Kritik haben Künstler und Kunsttheoretiker des 20. Jh. den Geltungsanspruch der Kunstwerkästhetik zurückgedrängt. Den Anfang machten die Avantgardebewegungen der 10er und 20er Jahre, ihr Publikum mit Aktionen und Produkten schockierend, die das überlieferte Kunstverständnis unterliefen. An die Stelle der Zelebrierung von Werken traten provokativ-übermütige Manifeste eines neuen Kunst- und Realitätsbegriffs, die Destruktion der überkommenen ästhetischen Sinnwelt durch zufällig-anarchische Rekombination ihrer aus den konventionellen Zusammenhängen gerissenen Elemente oder auch pure Gewalt: Die italienischen Futuristen sahen im Krieg, seiner Vernichtungskraft und Mobilisierung modernster Technik gegen alles Bestehende den Verbündeten in ihrem in den Faschismus führenden Kampf gegen die Tradition.[12] Die russische Revolutionskunst erprobte jenseits der bürgerlichen Kunstgattungen Möglichkeiten einer konstruktiven Mitwirkung am gesellschaftlichen Neuordnungsprozeß in Propaganda und Produktionskunst, öffentlichen Festen, der Etablierung neuer Kommunikationsformen und Organisation künstlerischer Betätigungsmöglichkeiten für Arbeiter und Bauern. Die Lehrer des Bauhauses schließlich verbanden die Entwicklung von Konzepten ästhetischer Umweltgestaltung mit hochrangiger Werkproduktion, das Kunstwerk so in den Kontext eines weitergehenden ästhetischen und gesellschaftlichen Reformvorhabens stellend

(III, 1). Zwar fanden diese Experimente mit der auf quantitative Größe und Repräsentativität setzenden Kulturpolitik der totalitären Systeme ein Ende, aber das Verhältnis zu Kunst und Kunstwerk war sachlicher geworden, kritischer gegenüber den Umständen der Tradierung der Werke wie den Konventionen ihrer Rezeption, nüchterner in der Frage nach ihrem Gehalt. Eine ganze Generation von Kunsttheoretikern arbeitete in der Folge daran, die Kunst auch dort, wo sie sich als Werk gegen den gesellschaftlichen Lebensprozeß abgrenzt, in ihrem Verhältnis zu diesem zu erschließen: Das Konzept des Kunstwerks hatte seine Selbstverständlichkeit als quasi naturgegebene künstlerische Produktionsform verloren und konnte nun in seinem geschichtlichen Wandel auf den soziohistorischen Prozeß bezogen werden.

Auf die Zurückweisung des spätbürgerlichen Kults des Kunstwerks folgte in einer zweiten Welle der Kritik die immanente Sprengung des Kunstwerkkonzepts. Im Namen einer sich der Lebenswelt öffnenden Ästhetik entwickelten junge, von fernöstlicher Philosophie und Kunst beeinflußte amerikanische Künstler seit den 1940er Jahren ein künstlerisches Ethos der Intentionslosigkeit, reiner Aufmerksamkeit im Hier und Jetzt ohne Sinnzusammenhang und Vorstellungsobjekt; dafür, wie sie ihren Standort zwischen Ost und West in einer strategischen Aushebelung der Konstituentien der Werkkunst artikulierten, war ihnen das Anti-Werk Marcel Duchamps Modell.[13] In seinem offenen, experimentellen Spiel mit dem Prozeß der Werkkonstitution und -rezeption integrierte John Cage Zufallsoperationen in den Kompositionsprozeß und den Interpretationsvorgang, weitete Freiräume der Improvisation derart aus, daß von einer Identi-

10 Vgl. JOCHEN SCHMIDT, Geschichte des Genie-Gedankens in der deutschen Literatur, Philosophie und Politik 1750–1945, Bd. 2 (Darmstadt 1985), 169–232.
11 WALTER BENJAMIN, Literaturgeschichte und Literaturwissenschaft (1931), in: BENJAMIN, Bd. 3 (1972), 286.
12 Vgl. MANFRED HINZ, Die Zukunft der Katastrophe. Mythische und rationalistische Geschichtstheorie im italienischen Futurismus (Berlin 1985).
13 Vgl. DIETER DANIELS, Duchamp und die anderen. Der Modellfall einer künstlerischen Wirkungsgeschichte der Moderne (Köln 1992).

tät des zugrundeliegenden Werks nicht mehr zu sprechen ist, und arbeitete mit Tempobezeichnungen wie ›so schnell‹ bzw. ›so langsam wie möglich‹, die in den *Freeman Etudes* (1981/1990) den Violinisten zu immer kompakterer Ausführung kompliziertester Klangereignisse drängen, in *Organ²/ ASLSP* (As slow as possible) (1987) hingegen das nun in Halberstadt begonnene Projekt einer den Zeitraum von 639 Jahren füllenden Aufführung anregten. Diese neue, sich als Fluxus-Bewegung international organisierende Avantgarde integrierte nach dem Vorbild Dadas verschiedene Kunstformen in einmaligen Happenings, deren Relikte und Dokumentationen zwar nicht als Kunstwerke für sich stehen, aber zuweilen neben ihrem Verweischarakter über hohe ästhetische Prägnanz verfügen. Durch eine an den Konstruktivismus anschließende Reduktion des Werks auf einfachste, häufig seriell eingesetzte Formen oder auf ein lediglich beschriebenes, skizziertes Konzept haben dann Minimal und Conceptual Art innerhalb der bildenden Kunst das werkästhetische Ausdrucks- und Gestaltungsdenken auf die konzeptionellen Fragen der Materialauswahl, Dimensionierung, Flächen- und Raumgestaltung sowie des Verhältnisses zwischen der künstlerischen Idee und ihrer (potentiellen) Realisierung zurückgeführt. Solche Inszenierung der Konstituentien und Bedingungen von Kunst hat in deren Institutionen ein besonders dankbares Objekt gefunden − wie etwa bei einer 2001 mit dem Turner-Preis bedachten Installation, die sich auf das regelmäßige An- und Ausschalten der Beleuchtung des Ausstellungsraums beschränkt. Der Künstler ohne Werk, ein alter Topos der Kunstliteratur[14], konnte so in die Domäne der Werkkunst, das Museum, eindringen.

14 Vgl. ALEXANDRA PONTZEN, Künstler ohne Werk. Modelle negativer Produktionsästhetik in der Künstlerliteratur von Wackenroder bis Heiner Müller (Berlin 2000).
15 Vgl. MAX IMDAHL, Probleme der Pop Art (1968), in: Imdahl, Gesammelte Schriften, hg. v. G. Boehm, Bd. 3 (Frankfurt a. M. 1996), 233−246.
16 INGE BAXMANN, Wahrnehmung In-Between. Überlegungen zu einer Ästhetik der Performance, in: Weimarer Beiträge 41 (1995), H. 1, 29−47.
17 Vgl. KARLHEINZ STIERLE, Werk und Intertextualität (1983), in: Stierle, Ästhetische Rationalität. Kunstwerk und Werkbegriff (München 1996), 199−210.

Unbeeindruckt von den Experimenten auch der Neoavantgarde, blieb die Vermittlung der Tradition bis hin zur als Werkkunst kanonisierten ›klassischen Moderne‹, nicht anders als der größere Teil zeitgenössischer Produktion, werkfixiert. Zwischen der ungebrochenen Orientierung an Bild und Skulptur und der Ästhetik medial vermittelter Alltagskultur agierte die Pop-art auf eine Art und Weise, die den Werkbegriff scheinbar unangetastet ließ, aber banalisierte. Durch Mimesis an die populäre Kultur wurde die Authentizität des Werks in Frage gestellt, die Vergrößerung und Typisierung schon an sich simpler Signale (Comic, Produktaufkleber, auf das Typische reduzierte Starphysiognomien) verlieh ihm eine rätselhafte Appellstruktur. Die Werkform wurde als Chance ergriffen, die anspruchslosen und daher unkritisierten ›Werke‹ der Alltagskultur zu verfremden, sie durch künstlerische Bearbeitung einem zweiten Blick auf ihre Reizschemata auszusetzen.[15] Die die reflexive Brechung der Ästhetik des Banalen durch eine Strategie ihrer Unterwanderung, der Vermischung von Hoch- und Populärkultur überlagernde postmoderne Kunst trägt die Provokation weiter in das Innere der Gebilde hinein. Durch Konstruktions- und Stilbrüche spielt sie das Verhältnis zwischen Text bzw. materieller Gegenständlichkeit und imaginativer Aneignung aus: Der Rezipient wird auf die Automatismen seiner eigenen Deutungsleistung gestoßen und das Werk damit zum sich jeder Identifizierbarkeit entziehenden Proteus. Die Dramaturgie postmoderner Inszenierungen des Ästhetischen läßt sich geradewegs, wie anhand einiger Performances von John Cage/Merce Cunningham, Robert Wilson und Laurie Anderson gezeigt worden ist, als eine systematisch die Möglichkeit werkhafter Sinneinheit hintertreibende Desorganisation des herangezogenen Materials erklären.[16] Solche Desintegration ästhetischer Gegenständlichkeit zugunsten einer Arbeit mit verschiedenen, sich überlagernden und durchkreuzenden Kontexten steht im Zusammenhang der kunst- wie literaturtheoretischen Diskussion intertextueller Bezüge auch in klassischen Werken[17]; praktisch wie theoretisch wird so das auf Totalität und Sinneinheit zielende Konzept des Kunstwerks von einer neuen, auf ›dissémination‹, freie Rekombinierbarkeit des Details und lustvoll-anarchische Zerstreuung des

Sinns setzenden Methode der Rezeption unterwandert.[18] Wie es Derrida in seinem für die mehr immanent-dekonstruktive Textinterpretation bahnbrechenden Kommentar zum Konflikt zwischen Sprach- und Schrifttheorie in Rousseaus *Essai sur l'origine des langues* herausgearbeitet hat, steht alle Repräsentation in einer ›différance‹ zwischen dem Anspruch auf Präsentation eines Sinns und seiner Zurücknahme durch das Faktum seiner Repräsentation.[19] Dementsprechend konnte jegliche Behauptung einer Einheit des Sinns in der Kunst unter Ideologieverdacht gestellt, mit Susan Sontag als autoritäre Setzung einer aus dem Werk nicht verbindlich abzuleitenden, den Rezipienten bevormundenden Deutung kritisiert werden.[20] Mit dem Auslegungsmonopol der Sachverständigen geriet auch jedweder künstlerische Anspruch auf Wegweisung, das Vertrauen auf die normative Kraft zukunftsweisender Materialgestaltung ins Wanken. In der Architektur, über die das geschichtsphilosophische Postmoderne-Konzept in die ästhetische Diskussion einwanderte, entspricht der Dekonstruktion werkhafter Sinneinheit zugunsten kontextgebundener Bedeutungsprozesse das von Charles Jencks formulierte Prinzip der Doppelkodierung: Postmoderne Architektur verbinde in der Konfrontation der modern-konstruktiven mit einer extrovertiert-sprachähnlichen Logik die konträren Zugangsweisen von Fach- und Laienpublikum.[21] Wenn Jencks sich dabei auf das romantische Konzept einer selbst disparates Material zur Sinneinheit organisierenden Phantasie beruft, versetzt er bezeichnenderweise das Subjekt dieser Leistung von der Seite des hervorbringenden Genies auf die der Adressaten.[22] Diese von Peter Bürger als Resultat der avantgardistischen Kunstentwicklung gedeutete Verlagerung der traditionell entscheidenden Bestimmung des ästhetischen Werkbegriffs, seiner Einheit oder Ganzheit, vom Produkt zu seiner Rezeption,[23] die Einsicht, daß diese ästhetische Einheit nie zwingend am Werk zu verifizieren ist, welches sich vielmehr als spannungsvolle Einheit divergierender Momente darstellt, die erst in der ästhetischen Erfahrung integriert werden, führte zu immer radikaleren rezeptionsästhetischen Positionen bis hin zur lapidaren Feststellung, daß die aktive sinnliche und geistige Aneignung des Kunstwerks durch den Betrachter »partie intégrante de cette œuvre«[24] sei; das Kunstwerk wird zur dynamischen, immer wieder anders zu erfahrenden Struktur, in deren Wahrnehmung und Deutung sinnliche und symbolische Aktivitäten des Rezipienten auf verschiedenste Art mit unterschiedlichen Ergebnissen zusammenwirken: »je ne considère pas deux fois la même chose de la même manière, ni dans cette chose le même aspect – le même objet.«[25]

Die Revolte der Künstler des 20. Jh. gegen die Normen der Kunstwerkästhetik hat offensichtlich auch den Begriff des Kunstwerks angegriffen; die Mehrzahl der sich damit beschäftigenden Wissenschaftler sieht als einzig mögliche Antwort darauf eine entsprechende ›Öffnung‹ oder ›Erweiterung‹ dieses Begriffes, da sein Inhalt in letzter Instanz von der realen Entwicklung der Kunst abhängig sei.[26] Hierfür beispielhaft ist Stefan Morawskis umständliche Herleitung einer Definition des Kunstwerks als eines Gegenstands, »der wenigstens eine minimale expressive Struktur unmittelbar sinnlich oder mittelbar in der Anschauung (semantisiert) gegebener Qualitäten besitzt, dessen Struktur relativ autonom ist, d. h. herausgenommen aus einer authentischen Wirklichkeit«[27]. Bereits im Post-

---

18 Vgl. ROLAND BARTHES, De l'œuvre au texte, in: Revue d'esthétique 24 (1971), 225–232.
19 Vgl. JACQUES DERRIDA, De la grammatologie (Paris 1967), 235–445.
20 Vgl. SUSAN SONTAG, Against Interpretation and Other Essays (New York 1966).
21 Vgl. CHARLES JENCKS, Late Modern Architecture and Other Essays (London 1980); dt.: Spätmoderne Architektur. Beiträge über die Transformation des Internationalen Stils, übers. v. N. v. Mühlendahl-Krehl (Stuttgart 1981), 7f., 19, 21, 32.
22 Vgl. ebd., 183.
23 Vgl. PETER BÜRGER, Theorie der Avantgarde (Frankfurt a. M. 1974), 77.
24 GÉRARD GENETTE, L'œuvre de l'art, Bd. 2 (Paris 1997), 188.
25 Ebd., 233.
26 Vgl. PAUL ZIFF, Was es heißt zu definieren, was ein Kunstwerk ist (1953), in: D. Henrich/W. Iser (Hg.), Theorien der Kunst (Frankfurt a. M. 1982), 524–550; THIERSE (s. Anm. 7), 410.
27 STEFAN MORAWSKI, Ein Versuch zur Bestimmung des Begriffs ›Kunstwerk‹, in: Zeitschrift für Ästhetik und allgemeine Kunstwissenschaft, N. F. 14 (1969), 169.

skript folgt ihre Revision: Angesichts aktuellster künstlerischer Entwicklungen könne nicht mehr von Expression, sondern nur noch von ›individueller Intervention‹ als genetischem Grund des Kunstwerks gesprochen werden und sei die Mitwirkung des Betrachters als konstitutiver Bestandteil des Werkgeschehens zu berücksichtigen.[28] An diese produktions- und rezeptionsästhetischen Öffnungen des Kunstwerkkonzepts knüpft eine weitere auf seinen strategischen und programmatischen Kontext hin an. Schließt die den klassischen Werkbegriff fortschreibende juristische Definition des Kunstwerks als »persönliche geistige Schöpfung, die [...] durch formgebende Tätigkeiten hervorgebracht ist und vorzugsweise für die Anregung des Gefühls durch Anschauung bestimmt ist« (§ 2 UrhG) große Teile der Avantgardeproduktion aus dem Kreis schutzwürdiger Kunstwerke aus[29], so wird vorgeschlagen, auch die die Konzeption eines avantgardistischen Kunstwerks bestimmende und im Zusammenhang der Äußerungen des Künstlers zu erschließende künstlerische ›Fundamentalkonzeption‹ als schöpferische Leistung im Sinne des Urheberrechts anzuerkennen: »Damit stellt sich auch das einzelne ready-made von Duchamp rechtlich als eine ›Schöpfung‹ dar.«[30] Die Frage, ob Dinge, die nur in bestimmten interpretativen Kontexten ästhetischen Sinn haben, nicht einer anderen Kategorie künstlerischer Tätigkeit als der des schöpferischen Kunstwerks zugehören, stellt sich innerhalb dieses Diskurses, der rechtliche Schutzwürdigkeit a priori an Werkhaftigkeit bindet, nicht.

Kunsthistorisch wird die Avantgarde als eine Bewegung beschrieben, die die Grenzen der Konzepte der Kunst und des Werkes immer weiter nach vorne (oder wohin?) verschiebt; derart relativiert, verflüchtigt sich der Werkbegriff in eine Negativität, die nichts mehr zu begreifen erlaubt. So führt man etwa die Performance als Abkömmling der ›Anti-Kunst‹ der historischen Avantgarden ein, für die der ›traditionelle Werkbegriff‹ nicht mehr gelte, sondern der ›Prozeßcharakter‹ Vorrang habe: »Der zeitlosen Dauer des abgeschlossenen Werks setzt die Musikperformance ihr ephemeres Erscheinen, ihre Durchlässigkeit zum Leben hin entgegen.«[31] Zugleich wird aber für diese Kunst reiner Präsenz der Werkbegriff offensiv reklamiert: »Die Musikperformance, wie die Performance überhaupt, realisiert sich als Kunstwerk [...] im Moment der Aufführung. Sie lebt in der erinnernden Erzählung, in der mündlichen Überlieferung, in Gestalt sekundärer Dokumente fort.«[32] Daß dieser historisierte Kunstwerkbegriff inhaltlich nur noch durch das zu bestimmen ist, was er nicht mehr sein soll, legt es nahe, ›Kunstwerk‹ von allen seinen neuzeitlichen Assoziationen zu lösen und auf seine archaische Wurzel zurückzuführen: »Das indogermanische uerg hatte die Bedeutung von ›tun, Arbeit‹ – nicht die des dabei entstandenen Objekts. Kunst ist ein Prozeß, lebt von der interpersonalen Kommunikation zu einer Zeit an einem Ort, von plötzlichen Enzym- und Hormonausschüttungen, von Aktionen und Reaktionen.«[33] Wer von dem ›Werk‹ einer Kunst spricht, mag in Anlehnung an den älteren Gebrauch des Wortes an so etwas denken – in bezug auf den seit seiner Einführung in die Ästhetik ein Objekt voraussetzenden Begriff des ›Kunstwerks‹ ist diese Umdeutung jedoch gewaltsam und irreführend. Offensichtlich leidet die Diskussion über die ›Öffnung‹ oder ›Erweiterung‹ des Kunstwerkbegriffs darunter, daß sie die These der modernen Ästhetik, neue Kunst müsse, um ästhetisch noch nicht festgelegtes, aber gesellschaftlich authentisches Material erobern zu können, an der Grenze zwischen Kunst und Nicht-Kunst operieren[34], mit dem Problem der Bestimmung dessen, was ein Kunstwerk sei, konfundiert.

---

28 Vgl. ebd., 177 f.
29 Vgl. CHRISTINE FUCHS, Avantgarde und erweiterter Kunstbegriff. Eine Aktualisierung des Kunst- und Werkbegriffs im Verfassungs- und Urheberrecht (Baden-Baden 2000), 127 ff.
30 Ebd., 153.
31 BARBARA BARTHELMES/MATTHIAS OSTERWOLD, Musik Performance Kunst, in: Akademie d. Künste, Berlin (Hg.), Klangkunst (München/New York 1996), 238.
32 Ebd., 234.
33 ROLF SACHSSE, Von der Mediokrität der Medien oder: Wieviel Megabyte machen ein Kunstwerk?, in: H. Belting/S. Gohr (Hg.), Die Frage nach dem Kunstwerk unter den heutigen Bildern (Ostfildern/ Stuttgart 1996), 113.
34 Vgl. THEODOR W. ADORNO, Ästhetische Theorie (1970), in: ADORNO, Bd. 7 (⁴1984), 262 ff.

Droht das kunstgeschichtliche Konzept zunehmender Entgrenzung des Kunstwerkbegriffs denselben von jeder inhaltlichen Bestimmtheit zu entblößen, so verspricht die die einschlägige angelsächsische Literatur beherrschende ontologische Diskussion dem Begriff Halt zu geben. Auf der Suche danach, was das Kunstwerk als Kunstwerk ist, wird zwischen seiner materiellen Basis als Träger, seiner sinnlich-anschaulichen Struktur als eigentlichem physischen Objekt der Wahrnehmung und seiner imaginativen Verlebendigung als ästhetischem oder intentionalem Objekt unterschieden; man unterteilt die Künste in autographische, in denen das Werk als einmaliger materieller Gegenstand existiert, multiple, die eine Serie gleichartiger Gegenstände hervorbringen und allographische, deren Werke schriftlich fixiert werden und durch Buch- oder Notendruck beliebig reproduzierbar sind. Sind die weitergehenden Streitfragen – ob das autographische Kunstwerk mit seinem materiellen Träger identisch oder als prinzipiell kopierbare physische Erscheinung eines ›Typus‹ zu denken ist, ob eine Serie dementsprechend eine Serie weitgehend identischer Werke oder eine Reihe von Realisierungen ein und desselben Werkes darstellt und das musikalische Werk Typus ›richtiger‹ Aufführungen oder zu interpretierender Notentext ist, ob die fixierte Gestalt des Werks ausreicht, um seine Identität zu sichern, oder der Kunstgegenstand erst durch Aufnahme in den ästhetischen Diskurs zum Kunstwerk ›transfiguriert‹ wird, ob der Wandel in Sprache, Rezeptionskonvention und Kunstverständnis in der Geschichte den Sinngehalt des immer wieder neu zu realisierenden Kunstwerks verändert und neben der Struktur eines Kunstwerks auch das Wissen um Ort und Zeit seiner Entstehung für seine künstlerische Bedeutung eine Rolle spielt, ob schließlich die physische Korruption der Werke der bildenden Kunst nur die äußere Seite ihres geschichtlichen Lebens darstellt oder sie zu anderen Werken macht – nicht zu entscheiden, so sind die zugrundeliegenden begrifflichen Unterscheidungen analytisch nicht ohne Nutzen.[35] Da hier jedoch nicht diskutiert wird, was ein Kunstwerk ist, sondern nur, inwiefern das, was den Beteiligten als Kunstwerk in den Sinn kommt, als Entität identifizierbar ist, gibt diese Diskussion für die Abgrenzung des Werkbegriffs selbst nicht viel her und wäre auch an jeder anderen Klasse kultureller Produkte aufzuziehen.[36]

Zudem setzt der Versuch, einen die materielle und geistige Seite des Kunstwerks integrierenden Begriff desselben zu definieren, etwas voraus, das durch die kunsthistorische Einsicht in die historische Relativität der Deutung von Werken und die Erfahrung moderner, auf die Deutungspraxis reflektierender Kunst in Frage gestellt ist: daß es eine organische Einheit von Gestalt und Gehalt, materieller Erscheinung und Werksinn gibt. Und selbst wenn man von dieser organischen Einheit des Kunstwerks ausgeht, gilt es Fichtes Resignation vor der Aufgabe ihrer wissenschaftlichen Erklärung und begrifflichen Fixierung zu bedenken: »Was nun jene organische Einheit eines Kunstwerks sey, die vor allen Dingen erst verstanden und begriffen werden müsse; frage mich keiner, der es nicht schon weiß.«[37] Der ›dogmatische Zug‹ aller zeitgenössischen Vorschläge zur Lösung des Problems der Beziehung der »realen Basis möglicher ästhetischer Erfahrungen« zum »objektiv-nichtwirklichen Sinngeflecht buchstäblicher und metaphorischer Eigenschaften«[38], aber auch jeder Entscheidung für die Identifikation des Kunstwerks mit einer dieser beiden Seiten läßt jedenfalls Fichtes Zurückhaltung als weise erscheinen. Man wird daher nicht umhinkommen, zwischen dem Kunstwerk als mit sich identischem Gegenstand der Wahrnehmung und als angeeignetem Objekt der Vorstellungskraft zu

35 Vgl. RICHARD WOLLHEIM, Art and its Objects. An Introduction to Aesthetics (New York u.a. 1968); CLAUDIA RISCH, Die Identität des Kunstwerks. Studien zur Wechselwirkung von Identitätskrisen und ontologischem Status des Kunstwerks (Bern/Stuttgart 1986), 72–109; JOSEPH MARGOLIS u.a., ›Ontology of Art‹, in: M. Kelly (Hg.), Encyclopedia of Aesthetics, Bd. 3 (New York/Oxford 1998), 389–402.
36 Vgl. MARGOLIS, Interpretation Radical but non Unruly: The New Puzzle for the Arts and History (Berkeley 1995).
37 JOHANN GOTTLIEB FICHTE (1806), Grundzüge des gegenwärtigen Zeitalters (1806), in: Fichte, Gesamtausgabe, hg. v. R. Lauth u.a., Abt. I, Bd. 8 (Stuttgart-Bad Cannstatt 1991), 267.
38 GÜNTHER PATZIG, Über den ontologischen Status von Kunstwerken, in: F. W. Korff (Hg.), Redliches Denken. Festschrift für G.-G. Grau (Stuttgart 1981), 126.

unterscheiden und es als in diesen beiden Hinsichten wesentlich nichtidentisches Objekt zu setzen. Innerlich vermittelt sind beide Seiten allein im Akt der Rezeption, wenn das Werk zum Erfahrungsraum wird. Daß es dabei seinem Betrachter bzw. Leser als eine ganze Welt erscheinen kann, hat Wilhelm von Humboldt damit erklärt, daß es sich ihm als ein Verweisungszusammenhang von Darstellung und Dargestelltem öffnet.[39] Diese innere Reflexivität oder Differenz des Kunstwerks ist keineswegs von den Kategorien der Darstellung und der Totalität des Werkes als einer ganzen Welt abhängig; als dynamisches Reflexionsverhältnis wird sie vielmehr immer wieder neu gedeutet und diskutiert.[40]

Mehr Erfolg als der Versuch, einen Begriff von dem her zu bestimmen, was erst durch ihn begriffen wird, verspricht im allgemeinen seine Einkreisung durch Gegen- und Oberbegriffe; so ist das Kunstwerk als Kunst zunächst von »natürlichen, handwerklich oder industriell hergestellten Dingen sowie von Instrumenten zu religiösen, politischen, moralischen, pädagogischen Zwecken«[41] unterschieden. Seine vom *Lexikon der Ästhetik* als ›fakultativ‹ eingeführten weiteren Merkmale wie Material, Darstellung, Autonomie, Form und Symbolcharakter kommen mehr oder weniger allen künstlerischen Erscheinungen zu; daß sie auch nicht dazu dienen, das Kunstwerk als Werk einzugrenzen, belegt der in dieser Reihe mitlaufende ›Werkcharakter‹. Ihn kreist Thierse mittels der Oppositionen von ›Werk‹ und ›Handeln‹, ›fixiertem Kommunikat‹ und ›unendlichem Prozeß der Kommunikation‹, von ›begrenzter Gestalt‹, ›künstlerischem Ergebnis‹ und ›unfixiertem Prozeß‹, ›Improvisation‹ ein.[42] Nach diesen Unterscheidungen ist das Kunstwerk ein als Gegenstand ästhetischer Erfahrung konzipiertes, abgeschlossenes und auf Dauer fixiertes Produkt künstlerischer Tätigkeit. Als Werk der Kunst wird es nicht nur von anderen, ephemeren Kunstformen abgegrenzt, sondern auch vom Kontinuum der künstlerischen Tradition, in der es steht, etwa seiner Gattung.[43] Schließlich macht seine Beständigkeit es zum Objekt eines geschichtlichen Aneignungsprozesses, wobei sein Kunstwerkstatus allein in immer wieder erneuerter ästhetischer und nicht nur historischhermeneutischer Erfahrung erhalten bleibt, wie Stierle gegen Gadamers Hermeneutik betont.[44] Doch mehr noch als die »nie zu ihrem Ende kommende Auslegung« eines kontinuierlich sich anreichernden »Verstehenspotentials«[45] dürfte die Neutralisierung alles schon Verstanden-Habens in der Rückwendung auf das Werk in seiner Buchstäblichkeit und Materialität als spezifisches Merkmal ästhetischer Erfahrung gelten – gerade hierin liegt die Chance, das Kontinuum der Erfahrung zu durchbrechen, etwas Neues sich ereignen zu lassen, das die Art und Weise sinnlicher wie geistiger Erfahrung selbst betrifft, sie verändert.

Das Kunstwerk in diesen Zusammenhängen seiner Produktion, Erscheinungsweise und Rezeption als Gegenstand einer besonderen Form ästhetischer Kommunikation begrifflich zu bestimmen heißt einerseits – im Unterschied zu Versuchen, aus der Avantgarde eine neue Ästhetik abzuleiten, die die Werkästhetik als universale Theorie ablöst[46] –, einen Kernbestand der klassischen Werkästhetik zur Beschreibung von Kunstwerken und ihrer aktuellen Erfahrung zu retten. Und es heißt auf der anderen Seite, im Gegensatz zum universellen Anspruch der traditionellen Werkästhetik und ihrer jüngsten ›Erweiterungen‹ von der Faktizität nichtwerkhafter Kunst auszugehen (III).

---

39 Vgl. WILHELM VON HUMBOLDT, Ueber Göthes Hermann und Dorothea (1798), in: HUMBOLDT, Bd. 2 (1904), 135 ff.
40 Vgl. RUTH SONDEREGGER, Einheit und Differenz des Kunstwerks, [Rez.] B. Hilmer, Scheinen des Begriffs/ G. Seubold, Das Ende der Kunst, in: Deutsche Zeitschrift für Philosophie 47 (1999), 701–705.
41 WOLFHART HENCKMANN, ›Kunstwerk‹, in: Lexikon der Ästhetik, hg. v. W. Henckmann/K. Lotter (München 1992), 144.
42 Vgl. THIERSE (s. Anm. 7), 410 f.
43 Vgl. ebd., 381.
44 Vgl. STIERLE, Ästhetische Erfahrung im Zeitalter des historischen Bewußtseins, in: W. Oelmüller (Hg.), Das Kunstwerk (Paderborn 1983), 19, 30.
45 STIERLE, Krise und Aktualität des Werkbegriffs, in: Stierle, Ästhetische Rationalität. Kunstwerk und Werkbegriff (München 1997), 20.
46 Vgl. SABINE SANIO, Alternativen zur Werkästhetik. John Cage und Helmut Heißenbüttel (Saarbrücken 1999); DIETER MERSCH, Ereignis und Aura. Untersuchungen zu einer Ästhetik des Performativen (Frankfurt a. M. 2002).

I. Die Grundlegung des ästhetischen Werkbegriffs

1. Werkhaftigkeit und Technizität der Tragödie nach Aristoteles

Der Grund aller Werkästhetik ist von Aristoteles gelegt worden. Er hat als erster künstlerische Äußerungen in dem Sinne als Werke bestimmt, daß sie, bewußt und planvoll produziert, eine bestimmte Funktion erfüllen: Als ἔργα (erga) verdanken sie sich einem zielgerichteten Hervorbringen, dem ποίειν (poiein), im Gegensatz zum sozialen Handeln, dem πράττειν (prattein).[47] Ἔργον ἐποίχεσθαι (ergon epoichesthai) ist im Altgriechischen, wie das lateinische ›opus facere‹, eine stehende Wendung und bedeutet ›etwas betreiben‹, den Vollzug einer Arbeit. Das alleinstehende ποιεῖσθαι (poieisthai), ›machen‹ im umfassendsten Sinne, ursprünglich auch dem handwerklichen, hat dem Dichter wie der Dichtkunst und ihrem Produkt den Namen gegeben: ποιητής (poiētēs), ποίησις (poiēsis) und ποίημα (poiēma). Diese Bezeichnung ersetzte das bei Homer und Pindar noch vorherrschende Wort ἀοιδός (aoidos), Sänger, und markiert so die Verselbständigung der dichterischen Gestaltung gegenüber der μουσική (mousikē), deren Begriff im archaischen Hellas den gesamten Bereich der Festkultur – Tanz, Lied und Mime – umfaßte. Galten diese Ausdrucksformen ursprünglich als im gemeinschaftlichen Vollzug realisiert, so benannten die Pythagoreer erstmals ihre emotionale Wirkung auf ein Publikum: als ψυχαγωγία (psychagōgia), Seelenführung.[48] Diese sich auf die Musen berufenden und der Inspiration bedürftigen Praktiken standen im Gegensatz zur τέχνη (technē), dem vormodernen Begriff der ›Kunst‹ als rationales Verfahren. Dieser galt in den ›architektonischen‹ Künsten, Baukunst, Plastik und Handwerk, als erfüllt; der τεχνίτης (technitēs) produziert ein τέχνημα (technēma) oder eben ἔργον (ergon)[49], nach Sokrates bringt er etwas Wirkliches und Zweckmäßiges nach einer Urform, dem εἶδος (eidos), hervor.[50] Bildhauer und Architekt befolgten nach den Begriffen der Zeit lediglich bestehende Muster und Schönheit gewährleistende Regeln, die auf die jeweilige Bauaufgabe im Sinne einer ›eurhythmischen‹ Ordnung zu applizieren

waren.[51] In diesem begrifflichen Kontext bedeutete die Benennung der Dichtung als poiēsis, menschliche Produktion, ihre Herausnahme aus dem Kreis der performativen Musenkünste, wobei sie jedoch als geistig-freie Hervorbringung von der bildkünstlerisch-handwerklichen Sphäre materieller Arbeit abgesetzt blieb.

Findet sich das Wort ergon im Zusammenhang mit Dichtung zunächst lediglich in beiläufigen Formulierungen wie »ἔργον πλεῖστον« (dies Stück, das mir wohl die meiste Mühe gemacht)[52], so wendet es Aristoteles im Zuge einer allgemeinen Theorie der Künste erstmals systematisch auf die Dicht- und Musenkunst an: »διὸ καὶ κρίνουσιν ἄμεινον οἱ πολλοὶ καὶ τὰ τῆς μουσικῆς ἔργα καὶ τὰ τῶν ποιητῶν· ἄλλοι γὰρ ἄλλο τι μόριον, πάντα δὲ πάντες.« (Daher beurteilen ja auch die Vielen die Werke von Musikern und Dichtern am besten, nämlich der eine diese, der andere jene Seite an denselben und alle zusammen das Ganze.)[53] Steht diese Aussage im krassen Gegensatz zur neueren Auffassung über die Beurteilung von Kunstwerken, so liegt dies darin begründet, daß Aristoteles als ergon nicht das in seiner Individualität sich nur langsam erschließende Kunstwerk in dem uns geläufigen Sinn bezeichnet, sondern dessen durch technē hervorgebrachte Wirkung – das ist der methodische Ansatz seiner Poetik: »πόθεν ἔσται τὸ τῆς τραγῳδίας ἔργον [...] νῦν εἰρημένοις.« (was der Tragödie zu ihrer Wirkung er-

---

47 Vgl. ARISTOTELES, Eth. Nic. 6, 4, 1140a1–23.
48 Vgl. WŁADYSŁAW TATARKIEWICZ, Historia estetyki (1962–1967); dt.: Geschichte der Ästhetik, übers. v. A. Loepfe, Bd. 1 (Basel/Stuttgart 1979), 108.
49 Vgl. FRANZ PASSOW, Handwörterbuch der Griechischen Sprache, Bd. 2/1 (Leipzig 1852), 978; TATARKIEWICZ (s. Anm. 48), 35.
50 Vgl. PLATON, Krat., 389c-398b.
51 Vgl. GÖTZ POCHAT, Geschichte der Ästhetik und Kunsttheorie. Von der Antike bis zum 19. Jahrhundert (Köln 1986), 32, 37.
52 ARISTOPHANES, Nub. 524; dt.: Die Wolken, übers. v. L. Seeger, in: Aristophanes, Sämtliche Komödien, hg. v. O. Weinreich, Bd. 1 (Zürich 1952), 145.
53 ARISTOTELES, Pol. 3, 11, 1281b7–10; dt.: Politik, übers. v. F. Susemihl/N. Tsouyopoulos (1994; Reinbek b. Hamburg 2003), 150 f.

gon] verhilft, das soll nunmehr [...] dargetan werden.)⁵⁴ In Aristoteles' Begriff des Werks der Dichtung ist die archaisch weite Bedeutung von ›Werk‹ im Sinne eines Wirkens mit der der Sphäre handwerklich-städtischer Zivilisation zugehörigen Bedeutung des gegenständlichen, aus Teilen zusammengesetzten Arbeitsprodukts verbunden; als ›Teile‹ der Tragödie benennt er die verschiedenen Formelemente oder Mittel der Darstellung⁵⁵, die Abschnitte der Aufführung⁵⁶ sowie die Geschehnisse, aus denen die Handlung zusammengesetzt ist.⁵⁷ Dabei wird der funktionale oder mediale Aspekt in der Ausarbeitung des tragischen Werks durchgängig hervorgekehrt: als Kunst (technē) ist Dichtung nicht zuerst ›Werkproduktion‹⁵⁸, sondern ein Wirken, das jedoch – im Gegensatz etwa zu dem des Mediziners – gegenständlicher Vermittlung bedarf; und als Hervorbringung (poiēsis) führt sie zu Produkten, die – im Gegensatz etwa zu denen des Handwerkers – nicht ein bestimmtes Bedürfnis des Menschen, sondern ihn selbst in seiner Emotionalität und seinem Selbstverständnis angehen. Der von weiten Teilen der Forschung auf Aristoteles zurückprojizierte Gegensatz von ergon und energeia als dem von Werk und Wirkendem, Gegenständlichkeit und unmittelbarer Kommunikation⁵⁹, setzt dagegen die erst in der Neuzeit vollzogene Verdinglichung des Werkbegriffs und eine Umdeutung der energeia voraus, die bei Aristoteles als reine, selbstgenügsame Tätigkeit gegen das zweckmäßige, sich im Werk (das kein Gegenstand zu sein braucht) erfüllende Tun bestimmt ist⁶⁰, als Wirklichkeit und Wirksamkeit aber gegen die erst

noch zu realisierende Möglichkeit, die δύναμις (dynamis).⁶¹ Um als Zusammengesetztes eine einheitliche, bestimmte Wirkung erzielen zu können, bedarf das von Aristoteles in der *Poetik* nicht Werk, sondern Gedicht, Drama und Tragödie genannte tragische Gedicht eines Einheitskriteriums: Es sei »Nachahmung einer in sich geschlossenen und ganzen Handlung« (τελείας καὶ ὅλης πράξεως [...] μίμησιν). Weiter heißt es: »Ὅλον δέ ἐστιν τὸ ἔχον ἀρχὴν καὶ μέσον καὶ τελευτήν. [...] ὥστε δεῖ καθάπερ ἐπὶ τῶν σωμάτων καὶ ἐπὶ τῶν ζῴων ἔχειν μὲν μέγεθος, τοῦτο δὲ εὐσύνοπτον εἶναι, οὕτω καὶ ἐπὶ τῶν μύθων ἔχειν μὲν μῆκος, τοῦτο δὲ εὐμνημόνευτον εἶναι.« (Ein Ganzes ist, was Anfang, Mitte und Ende hat. [...] Demzufolge müssen, wie bei Gegenständen und Lebewesen eine bestimmte Größe erforderlich ist und diese übersichtlich sein soll, so auch die Handlungen eine bestimmte Ausdehnung haben, und zwar eine Ausdehnung, die sich dem Gedächtnis leicht einprägt.)⁶² In dieser Beschreibung des Dramas als einer Art Organismus sind wesentliche Momente des von Karl Philipp Moritz im 18. Jh. formulierten modernen Kunstwerkbegriffs gegeben: Einheit, innere Zweckmäßigkeit, Angemessenheit für die menschliche Empfindungs- und Vorstellungskraft. Aristoteles entwickelt diese Kriterien jedoch im Kontext einer allgemeinen Theorie nicht des Kunstwerks, sondern der Tragödie – indem er ihre Gattungsform aus den Bedingungen der Erfüllbarkeit eines bestimmten sozialen Zweckes, ihres ›Werks‹, der Katharsis der Leidenschaften ableitet: einer Freisetzung und Befreiung von Gefühlen, die das Publikum angesichts des Schicksals des Protagonisten durchlebt. » Ἔστιν οὖν τραγῳδία μίμησις πράξεως σπουδαίας καὶ τελείας [...], δι' ἐλέου καὶ φόβου περαίνουσα τὴν τῶν τοιούτων παθημάτων κάθαρσιν.« (Die Tragödie ist Nachahmung einer guten und in sich geschlossenen Handlung [...], die Jammer und Schaudern hervorruft und hierdurch eine Reinigung von derartigen Erregungszuständen bewirkt.)⁶³ Die Form der Tragödie folge aus der Einheit ihrer Handlung, und diese – die verschiedenen Ebenen dieser Theorie vermittelnde – Handlungseinheit sei sowohl in dem Zweck der Tragödie, eine einheitliche Gefühlsbewegung zu provozieren, als auch in

---

54 ARISTOTELES, Poet. 13, 1452b29f.; dt.: Poetik, griech.-dt., hg. u. übers. v. M. Fuhrmann (Stuttgart 1994), 37–39; vgl. ebd., 6, 1450a31.
55 Vgl. ebd., 6, 1450a7–15; 12, 1452b14f.
56 Vgl. ebd., 12, 1452b15–18.
57 Vgl. ebd., 7, 1450b21–23; 13, 1452b28–30.
58 Vgl. THIERSE (s. Anm. 7), 385.
59 Vgl. ebd., 387, 391; WILHELM SEIDEL, Werk und Werkbegriff in der Musikgeschichte (Darmstadt 1987), IX.
60 Vgl. ARISTOTELES, Eth. Nic. 1, 1, 1094a1–18.
61 Vgl. ARISTOTELES, Metaph. 9, 1–10, 1045b27–1052a11.
62 ARISTOTELES, Poet. 7, 1450b24–1451a6; dt. 25–27.
63 Ebd., 6, 1449b24–28; dt. 19.

der zumindest potentiellen Einheit ihres ›Gegenstandes‹, der mythischen Erzählung⁶⁴, begründet. Seine Transformation in eine abgeschlossene theatralische Handlung stellt den Mythos als Mythos erst rein heraus, er ist nicht allein Material, sondern zugleich telos, Ziel der dichterischen Gestaltung.⁶⁵ (Entsprechend schreibt Aristoteles auch nicht mehr die gesamte mythische Dichtung Homer als sagenhaftem Sänger zu, sondern spricht ihn als Autor der *Ilias* und *Odyssee* an, dessen ›Werk‹ es gewesen sei, eine ungeordnete Tradition in einheitlich-wirkungsvolle Erzählungen umzuformen.⁶⁶) Die formale Einstimmigkeit der Tragödie im Sinne der Wirkung und die materiale Einheit in bezug auf die Handlung sind so ineinander begründet: Zwischen diesen beiden Polen, der realistischen Fiktion und der sozialen Funktion, entfaltet sich das tragische Gedicht. Hat sich die Werkästhetik des 18. Jh. auf Aristoteles' Konzept der Handlungseinheit berufen, so wandte sie sich strikt gegen ihre zweckorientierte Begründung oder versuchte, dieselbe zu verschleiern⁶⁷; aber gerade darin, das rational-technische Werkverständnis der Handwerke mit dem musischen Konzept psychagogisch-emotionaler Wirkung zur Idee einer ästhetischen Technologie verbunden zu haben, besteht die wichtigste ästhetikgeschichtliche Leistung der *Poetik*.

Aristoteles' Kunsttheorie ist Teil einer philosophischen Integration von Natur, Mensch und Kultur in einen gemeinsamen Kosmos, den das mimetische, nachahmende Kunstwerk sowohl abbildet als auch funktional ergänzt. Diese Immanenztheorie der Welt und der Kunst in der Welt war nicht allein Position, Grundlegung der abendländischen Metaphysik, sondern auch Negation, Antithese zu älteren Vorstellungen spiritueller Transzendenz der Musenkünste, wie sie von Platon diskutiert worden waren – wobei dieser das von seinem Schüler ausgebaute Zweckmäßigkeitstheorem vorbereitete: »Ἆρ' οὖν […] τούτων ἕνεκα κυριωτάτη ἐν μουσικῇ τροφή, ὅτι μάλιστα καταδύεται εἰς τὸ ἐντὸς τῆς ψυχῆς ὅ τε ῥυθμὸς καὶ ἁρμονία, καὶ ἐρρωμενέστατα ἅπτεται αὐτῆς φέροντα τὴν εὐσχημοσύνην, καὶ ποιεῖ εὐσχήμονα« (So ist also […] die Erziehung durch Musik darum die vorzüglichste, weil der Rhythmus und die Harmonie am meisten in das Innerste der Seele dringt und am stärksten sie erfaßt und Anstand bringt und anständig macht)⁶⁸. Diesen Ansatz aus dem *Staat* Platons übernimmt Aristoteles in seine *Politik* und erweitert die anzuerkennenden musikalischen Wirkungen um die Erholung und die Katharsis.⁶⁹ Letztere beruhe darauf, daß die von der jeweiligen Musik angesprochenen Affekte in jeder Seele bereitliegen, aber in verschiedener Stärke – wer nun für einen bestimmten Affekt besonders empfänglich sei, lasse sich von der entsprechenden Musik besonders stark ergreifen, um danach eine gewisse ›Reinigung‹, ›Entspannung‹ und ›Erholung‹ zu verspüren und in eine ausgeglichene Stimmung zurückzufinden.⁷⁰ Auch die Schlußpointe des Platonischen *Staates* präludiert der Tragödientheorie des Aristoteles, indem sie alles auf die Frage zuspitzt, ob die von Sokrates kritisierte Scheinhaftigkeit sich werkhaft objektivierender Nachahmung vielleicht auch durch besondere, für die Polis förderliche Wirkungen gerechtfertigt werden könnte.⁷¹ Der in diesem Zusammenhang erzählte Lebenswahlmythos läßt erkennen, welche Funktion Platon der nachahmenden Poesie zugedacht hatte: »Ταύτην γὰρ δὴ ἔφη τὴν θέαν ἀξίαν εἶναι ἰδεῖν, ὡς ἕκασται αἱ ψυχαὶ ᾑροῦντο τοὺς βίους· ἐλεινήν τε γὰρ ἰδεῖν εἶναι καὶ γελοίαν καὶ θαυμασίαν.« (Dieses Schauspiel […] sei sehenswert gewesen, wie jede Seele sich ihre Lebensweise gewählt habe; denn der Anblick habe Mitleid, Lachen und Bewunderung erregt.)⁷² Dies sind eben die emotionalen Reaktionen, die Aristoteles den Hauptgattungen der einzelne Handlungen zu einheitlichen

---

64 Vgl. ebd., 8, 1451a30–32.
65 Vgl. ebd., 6, 1450a22f.; 7, 1450b32f.
66 Vgl. ADA B. NESCHKE, Zur Vorgeschichte des sprachlichen Kunstwerks. Das ›Werk‹ Homers bei Lessing, Herder und Aristoteles, in: Oelmüller (s. Anm. 44), 89–92.
67 Vgl. JOHANN WOLFGANG GOETHE, Nachlese zu Aristoteles' Poetik (1827); in: GOETHE (HA), Bd. 12 (⁹1981), 342–345.
68 PLATON, Rep. 3, 401d; dt.: Der Staat, übers. v. W. S. Teuffel/W. Wiegand, in: Platon, Sämtliche Werke, hg. v. E. Loewenthal, Bd. 2 (Heidelberg 1982), 102f.
69 Vgl. ARISTOTELES, Pol. 8, 7, 1341b36–1342b3.
70 Vgl. ebd., 1342a4–8.
71 Vgl. PLATON, Rep. 10, 607c.
72 Ebd., 619e-620a; dt. (s. Anm. 68), 405.

›Mythen‹ zusammenfassenden Dichtkunst, Tragödie, Komödie und Epos, zuordnet.[73] Aristoteles' systematische Verbindung von mimetischem und technischem Kunstbegriff ermöglichte schließlich eine neue begriffliche Benennung und Durchdringung der darstellenden Künste als einer Disziplineneinheit, die im Unterschied zum Kanon der Musenkünste Historie und Astronomie ausschloß und die musenlose Malerei mit Dichtung, Musik und Tanz vereinte: Unterschieden seien diese *mimetischen* Künste in den Objekten, den Medien und den Arten der Nachahmung.[74] Diese Gruppenbildung konnte sich in der Antike jedoch nie gegen den die Tradition fortschreibenden Bildungskanon durchsetzen. Schon gar nicht war an einen Brückenschlag zur ›architektonischen‹ (den ›banausischen‹ Erwerbskünsten zugehörigen) Plastik zu denken. Das in Stein gehauene Werk, das die Zeiten überdauert und ewigen Ruhm zu stiften vermag, galt zwar als Prestigeobjekt par excellence, sein Produzent aber nahm als Handwerker – im Gegensatz zum Dichter, der dasselbe Ziel ohne körperliche Arbeit erreicht – eine untergeordnete soziale Stellung ein.[75] Noch der Römer Vitruv, der die Theorie der Architektur in ständiger Bezugnahme auf die rhetorische, poetische und musiktheoretische Tradition entwickelte und den leitenden Architekten als jemanden beschrieb, der in den freien Künsten bewandert sei und dessen »Prüfung und Beurteilung [...] alle Werke [unterliegen], die von den anderen

73 Vgl. ARISTOTELES, Poet. 5, 1449a32–37; 24, 1460a 11–18.
74 Vgl. ebd., 1–3, 1447a8–1448b3.
75 Vgl. ARNOLD HAUSER, Sozialgeschichte der Kunst und Literatur (1953; München 1967), 118–125.
76 VITRUV, De architectura libri decem 1, 1, 1; dt.: Zehn Bücher über Architektur, lat.-dt., übers. v. C. Fensterbusch (1964; Darmstadt [4]1987), 23.
77 Vgl. CICERO, Off. I, 150 f.; SENECA, Epist. 88, 3–18.
78 Vgl. OVID, Met. 2, 5; PLINIUS, Nat. 35, 73 f.; PHILOSTRATOS D. Ä., Vita Apollonii 6, 19; dt.: Das Leben des Apollonios von Tyana, griech.-dt., hg. u. übers. v. V. Mumprecht (München/Zürich 1983), 646–651.
79 Vgl. ROLF KLOEPFER, Medienästhetik. Polysensitivität – Semiotik und Ästhetik. Ein Versuch, in: R. Bohn/ E. Müller/R. Ruppert (Hg.), Ansichten einer künftigen Medienwissenschaft (Berlin 1988), 75–89.
80 CHARLES SEGAL, Tragédie, oralité, écriture, übers. v. V. Giroud, in: Poétique 50 (1982), 132.

Künsten geschaffen werden« (cuius iudicio probantur omnia quae ab ceteris artibus perficiuntur opera)[76], vermochte der Architektur nicht den Makel des Erwerbsmäßigen zu nehmen. Unter den Philosophen folgte nur Cicero seinem Ansinnen, die Baukunst in den Kreis der freien Künste aufzunehmen; bei Seneca findet sich noch die Malerei unter ihnen, jedoch nur, soweit sie dilettantisch, zur Bildung und nicht zum Broterwerb, ausgeübt wird.[77] Wo Autoren der Kaiserzeit zum Lob bildender Kunst ansetzen, betonen sie, wie kostbarstes Material durch das ›opus‹, die Kunstarbeit, noch übertroffen wird, die Erfindungskraft des Künstlers in indirekter, andeutender Darstellung oder seine Niegesehenes zur Anschauung bringende Phantasie – die Schmach materieller Arbeit überspielend, ohne sie in Frage zu stellen.[78] So ließ soziale Hierarchisierung den Gegensatz zwischen der Bildung des Vornehmen dienenden ›artes liberales‹ und den erwerbsmäßig betriebenen ›artes mechanicae‹ bis in die Renaissance fortleben.

Platon und Aristoteles gingen auf der Suche nach der Rationalität der Kunst von der in der griechischen Kultur vorherrschenden Performanzerfahrung des Musischen aus und rationalisierten ihr emotional-dynamisches, ›psychagogisches‹ Wirkungspotential: Das Gefühl, das ein künstlerischer Akt hervorruft, sei als Möglichkeit im Menschen angelegt und bedürfe allein eines ihm entsprechenden aktiven oder passiven Vollzugs, um ausgelebt zu werden. Indem die Kunst so auf der Gegebenheit des leiblichen Menschen begründet wurde, gelang es, eine ihr eigene Rationalität, die nicht die wissenschaftlich-philosophische selbst ist, zu erschließen. Es handelt sich dabei um die technische Rationalität ästhetisch vermittelter Seelenführung, die die Theorie als Grundlage, Kriterium und Zweck produktiver künstlerischer Tätigkeit faßt und die heute etwa in der Theorie der Medienkünste wieder angeschlossen wird.[79] Diese Rationalisierung künstlerischer Wirkung stand im Zusammenhang eines allgemeinen kunstpraktischen Dominanzwechsels vom Performativen zum Werkhaften, den im Theater an der Trennung von Aufführenden und Publikum zur schriftlichen Fixierung der Texte festzumachen ist. Deutet man die Tragödie wie Charles Segal als Interaktion »entre cultures orale et écrite«[80], so setzt sie die Schrift nicht allein als Bedingung der Möglichkeit ihrer Komplexität, sondern auch als Problemgehalt voraus: Ihre dialogische Textualität, hinter der sich der Dichter verbirgt, erscheint dann nicht allein als technisches Mittel der Aufführung, sondern auch als Ausdruck einer Infragestellung der ἀλήθεια (alētheia, Wahrheit), des offenbaren und durch Tradition verbürgten Wissens, durch die Schrift mit ihren Effekten der Ironie, Paradoxie und Mehrdeutigkeit.[81] Diese Akzentuierung der Tragödie als Textgeschehen wird von Aristoteles gestützt, wenn er feststellt, daß ihre Wirkung von der schauspielerischen Performanz, dem institutionellen Rahmen und der sozialen Dynamik einer öffentlichen Aufführung unabhängig sei.[82] Der theatralische Prozeß ist in die lesbaren Formen des Monologs, Dialogs und Chorgesangs eingegangen und wird tendenziell durch den Text ersetzt – seine nichtliterarischen Bestandteile, Musik, Tanz und Inszenierung, erscheinen dagegen als unwesentlich. Ist die Werkhaftigkeit der Tragödie im Text beschlossen, so bedarf dieser, um als Werk im aristotelischen Sinne wirken zu können, jedoch zumindest der Lektüre – und ganz ohne diese Dimension seiner performativen Aneignung ist das Kunstwerk als Kunstwerk nicht denkbar.

Einmal in den Bereich der Dichtung eingeführt, wurde ›Werk‹ allerdings bald – in Analogie zum Wortgebrauch der bildenden Kunst – zum Synonym für die Schrift (scriptura), das Produkt bzw. den Produktionsprozeß der Poesie. Im literarischen Diskurs der römischen Kaiserzeit ist diese Bedeutung von ›opus‹ selbstverständlich. Auch die Rhetorik bestimmt ihr ›Werk‹ nicht mehr als Wirkungszweck – bei Aristoteles das Auffinden und Zur-Geltung-Bringen des Überzeugenden[83] –, sondern als Produkt, das mit dem lebendigen Körper verglichene »bona oratio«[84]. Für die Epik des Mittelalters hat Paul Zumthor diese mit der entwickelten Schriftkultur der klassischen Antike etablierte Gleichsetzung von literarischem Text und dichterischem Werk zurückgewiesen: Allein die Exekution des niemals endgültig fixierten Textes mit ihren musikalischen und mimisch-gestischen Anteilen könne als das ›Werk‹ dieser Kunst angesprochen werden: »L'œuvre [est] ce qui est poétiquement communiqué, ici et maintenant: texte, sonorités, rhythmes, éléments visuels; le terme embrasse la totalité des facteurs de la performance. [...] Du texte, la voix, en performance, tire l'œuvre.«[85] Die dichterische Performanz, die Zumthor ausdrücklich als unwiederholbaren Akt, als »œuvre d'art unique«[86] bezeichnet, zum ›eigentlichen‹ Werk zu erklären heißt allerdings, eine kategoriale Differenz zwischen dem Ephemeren und der Werkhaftigkeit zugleich zu behaupten und zu negieren. Der Werkbegriff ist ja auf das Musische bezogen worden, um das der jeweiligen Performanz zugrundeliegende Allgemeine, Gleichbleibende zu erfassen, und er hat in dieser Tendenz auf das Objektive schließlich zur Identifikation des Dichtwerks mit dem literarischen Text geführt. Historisch wie systematisch angemessener als die Erhebung der Performanz zum Werk wäre daher, sie gegen den Absolutismus der modernen Werkästhetik als eigenständige, nicht auf Texte zu reduzierende Realisierungsform des Ästhetischen zu begreifen. Es brauchte dann auch nicht entschieden zu werden, ob ein bestimmter mittelalterlicher Text noch Notat, Hilfe performativer Praxis oder schon literarisches Werk sei: Textliche Werkhaftigkeit und performative Realisierung schließen sich weder gegenseitig aus, noch lassen sie sich aufeinander reduzieren. Das meinte – schon vor aller Werkästhetik – Platon, wenn er die Performanz des Rhapsoden als eine Leistung qualifizierte, die in keiner Weise dem jeweils vorgetragenen Hymnus abzuleiten sei, sondern – gleichursprünglich mit diesem – unmittelbarer göttlicher Inspiration bedürfe.[87]

2. Autorschaft und Geistigkeit des Werks der Kunst in der römisch-lateinischen Kunsttheorie

Zur Zeit des Römischen Imperiums ist Dichtung kaum mehr in gemeinschaftlicher, dem Kultus naher ästhetischer Praxis begründet, sondern stiftet eine exklusive, künstliche Gemeinschaft zwischen

---

81 Vgl. ebd., 136ff., 154.
82 Vgl. ARISTOTELES, Poet. 6, 1450b16–19.
83 Vgl. ARISTOTELES, Rhet. 1, 2, 1355b26–29.
84 QUINTILIAN, Inst. 2, 14, 5 u. 7, Praef., 2.
85 PAUL ZUMTHOR, La lettre et la voix. De la ›littérature‹ médiévale (Paris 1985), 246.
86 Ebd., 269.
87 Vgl. PLATON, Ion, 542a-b.

Autor und Leser. Es entsteht eine literarische Öffentlichkeit, distanziert von Gesellschaft und Politik; der Aspekt der Vermittlung menschlich-geistiger Gehalte zwischen Gebildeten in halb-privater Kommunikation tritt in den Vordergrund: »scire velis, mea cur ingratus opuscula lector / laudet ametque domi, premat extra limen iniquus:/ non ego ventosae plebis suffragia venor / […] non ego nobilium scriptorum auditor et ultor / grammaticas ambire tribus et pulpita dignor.« (Wissen möchtest du vielleicht, warum meine kleinen Schöpfungen des Lesers Undank erfahren: zwar Beifall und Neigung im stillen Daheim, draußen aber rücksichtslose Herabsetzung. Ich treibe keinen Stimmenfang. […] Ich bin nicht zu haben als Hörer gefeierter Tagesschriftsteller […], bin zu stolz für Bittgänge bei der Kritikerzunft und ihren Lehrstühlen.)[88] Zeitkritik und Rückzug ins Private, Ewigkeitsanspruch und Individualismus gehören in der Horazischen Lyrik ebenso zusammen wie bei den Historikern des Kaiserreichs. Der Autor steht im Zentrum dieser Dichtung, die daher ihm und nicht mehr dem Besungenen Unsterblichkeit verleiht: »Exegi monumentum […] / Non omnis moriar multaque pars mei / vitabit Libitinam; usque ego postera / crescam laude recens, dum Capitolium / scandet cum tacita virgine pontifex.« (Hochauf schuf ich ein Mal […] Nein, ich sterbe nicht ganz, über das Grab hinaus / Bleibt mein edleres Ich; und in der Nachwelt noch / Wächst mein Name, so lang als mit der schweigenden / Jungfrau zum Kapitol wandelt der Pontifex.)[89] Kunstfertigkeit und Individualität stehen als Grundwerte dieser Kunstliteratur in einem Verhältnis, das sich im Begriff des Artistischen fassen läßt[90]: Der Autor exponiert seine Persönlichkeit in einem Werk, dessen Artifizialität Ausweis seines Dichtertums ist.

Pseudo-Longins Schrift *Über das Erhabene* dokumentiert die entsprechende Rezeptionshaltung, indem sie das Problem der moralischen Konstitution des Autors in den Mittelpunkt aller Lektüre und Kritik stellt: Das Erhabene als das Begeisternde und Beeindruckende einer Schrift sei in letzter Instanz Ausdruck der seelischen Größe ihres Urhebers.[91] Es werden auffällige Passagen der Klassiker kritisch kommentiert, aber keine Werkkonzeptionen oder Gattungsprobleme erörtert. Diese, Poetik und Rhetorik vermischende, Stilkritik steht im Zusammenhang einer allgemeinen Nivellierung des Unterschiedes beider Künste, die ihre klassischen öffentlichen Anwendungsfelder, Forum und Feier, verloren hatten und nun gemeinsam den Stoff literarischer Bildung in einem Unterricht abgaben, der in erster Linie die Kenntnis der ›auctores‹ als klassischer Vorbilder vermittelte. Die christliche Hermeneutik radikalisierte diesen Zugang zur Literatur im Interesse theologisch-dogmatischer Verbindlichkeit: Jedes einem Autor zugeschriebene Buch, das hinsichtlich der vertretenen Meinungen, stilistisch oder dem qualitativen Niveau nach aus dem Œuvre herausfalle oder gar Anachronismen zeitige, müsse aus dem Katalog seiner Werke ausgeschlossen werden.[92] Wird das Werk hier als zu bewahrender und weitervermittelnder Logos im Sinne der Autoraussage und Zeugniskraft bestimmt, so fordert Augustinus für Musik und bildende Kunst eine entsprechende Aufhebung des Ästhetischen ins Geistige im Sinne des allgemeinen, die Welt nach Zahl und Maß ordnenden Logos: Die Schönheit eines Körpers könne als eine wesensmäßige Einheit kein körperliches Phänomen sein, sondern werde im Geiste geschaut. Auf seine äußere Gestalt beschränkt, gilt das Werk der Kunst als sündig; nur soweit es in seiner rationalen Ordnung Zeichen göttlicher Weisheit und Objekt verstandesmäßiger Erkenntnis ist, vermag Augustinus es zu rechtfertigen.[93] Diese Neugründung der Kunst im göttlichen Logos war nicht allein Ausdruck kirchlichen Kontrollstrebens,

---

88 HORAZ, Epist. I, 19, 35 ff.; dt.: Briefe, in: Horaz, Sämtliche Werke, lat.-dt., übers. v. H. Färber/W. Schöne (München/Zürich ¹⁰1985), 497.
89 HORAZ, C. 3, 30, 1 ff., dt.: Oden, in: ebd., 171; vgl. OVID, Met. 15, 871 ff.
90 Vgl. RUTH DÖLLE-OELMÜLLER, Diskussionsbeitrag zu W. Oelmüller, Zu einem nicht nur ästhetischen Werkbegriff, Protokoll der Diskussion vom 1. 6. 1982, in: Oelmüller (s. Anm. 44), 215.
91 Vgl. PSEUDO-LONGINOS, De sublimitate 33, 1–5.
92 Vgl. MICHEL FOUCAULT, Qu'est-ce qu'un auteur? (1969), in: Foucault, Dits et écrits (1954–1988), hg. v. D. Defert/F. Ewald, Bd. 1 (Paris 1994), 801 f.
93 Vgl. AURELIUS AUGUSTINUS, De vera religione 30, 54–31, 57; 32, 59 f.; dt.: Über die wahre Religion, lat.-dt., hg. v. K. Flasch, übers. v. W. Timme (Stuttgart 1983), 91–97; 101–103.

sondern lag ganz in der Tendenz spätantiker Philosophie, welche sich als Dynamisierung und Konkretisierung des Geistigen beschreiben läßt. Und die Verhältnisbestimmung des Schöpfers bzw. des Schaffenden zu seinem Werk steht im Zentrum dieser Entwicklung.

Seit Platons *Timaios* war die Figur des weltschaffenden Demiurgen in der antiken Bildungswelt fest verankert – er schuf die Dinge nach ihren ewigen Ideen, ebenso eine objektive Ordnung reproduzierend wie der nach Mustern produzierende Handwerker. Dagegen erschafft der Gott der Juden und der Christen die Welt als Manifestation seiner Individualität und Substantialität aus dem Nichts heraus. Diese beiden Traditionen verbindet Philon von Alexandria, wenn er die Weltordnung als geistige Form interpretiert, die Gott mittels des Logos der sündigen Materie eingegeben hat: »οὐδὲν γὰρ τῶν τεχνικῶν ἔργων ἀπαυτοματίζεται· τεχνικώτατον δὲ καὶ ἐπιστημονικώτατον ὅδε ὁ κόσμος, ὡς ὑπό τινος τὴν ἐπιστήμην ἀγαθοῦ καὶ τελειο-τάτου πάντως δεδημιουργῆσθαι.« (Denn kein kunstvolles Werk entsteht von selbst; das kunst- und weisheitsvollste aber ist unsere Welt, sie muss daher von einem wohlerfahrenen und durchaus vollkommenen Werkmeister gebildet sein.)[94] Auch hier erscheint die Weltschöpfung als Analogon zur Kunst, aber nun nicht mehr in der Form anonymen Handwerks, sondern in der der souveränen, die geistige Potenz des Künstlers verkörpernden Erfindung. Die neuplatonische Kosmologie vollendend, unterscheidet Plotin nicht mehr kategorial zwischen Gott und dem Logos als seinem Mittler, sondern konzipiert das Verhältnis von Geist und Materie als Stufenfolge von Vermittlungsformen und dynamisiert die Formwerdung der Welt wie des Kunstwerks zu einem geistigen Prozeß. Dabei tritt der Geist als Prinzip der Welt, das sich in der ständigen Aktivität der Naturwesen und Menschen realisiere, zugleich in der Rolle des Subjekts wie des Objekts, des Formgebenden wie des Geformten auf.[95] Produziert der Künstler, wie Plotin bemerkt, im allgemeinen das Bewußtsein des in ihm wirkenden Geistes, so ist er ebenso zweideutig zugleich als dessen Verkörperung wie Medium bestimmt.[96] Auf der Seite des Werks liegt eine entsprechende Doppelung darin, daß es einerseits Materialisierung der Form sei, andererseits aber auf das geistige Wesen der Kunst verweise, in welchem mehr Schönheit liege als in jedem ihrer Werke.[97] Der schöne Gegenstand könne nicht einfach die geordnete Materie sein, welche, weil sie keine gänzlich der Idee entsprechende Formung zulasse, immer häßlich bleibe; schön sei er vielmehr, da er dem Betrachtenden als Realisierung der Idee, als »ein Übereinstimmendes«, zu ihm Passendes, Verwandtes« (σύμφωνον καὶ συναρμόττον καὶ φίλον)[98], erscheine. Nur in dieser Doppelheit von realisierter Form und symbolischer Funktion ist Plotins Begriff des Schönen zu verstehen: »προσιὸν οὖν τὸ εἶδος τὸ μὲν ἐκ πολλῶν ἐσομένων μερῶν ἓν συνθέσει συνέταξέ τε καὶ εἰς μίαν συντέλειαν ἤγαγε καὶ ἓν τῇ ὁμολογίᾳ πεποίηκεν, ἐπείπερ ἓν ἦν αὐτὸ ἕν τε ἔδει τὸ μορφούμενον εἶναι ὡς δυνατὸν αὐτῷ ἐκ πολλῶν ὄντι· ἵδρυται οὖν ἐπ' αὐτοῦ τὸ κάλλος ἤδη εἰς ἓν συναχθέντος καὶ τοῖς μέρεσι διδὸν ἑαυτὸ καὶ τοῖς ὅλοις« (Die Idee tritt also hinzu; das was durch Zusammensetzung aus vielen Teilen zu einer Einheit werden soll, das ordnet sie zusammen, bringt es in ein einheitliches Gefüge und macht es mit sich eins und übereinstimmend, da ja sie selbst einheitlich ist und das Gestaltete, soweit ihm, das aus Vielem besteht, möglich ist, auch einheitlich sein soll; ist es dann zur Einheit gebracht, so thront die Schönheit über ihm und teilt sich den Teilen so gut wie dem Ganzen)[99]. Dieses gegen die bis dahin bildende Kunst beherrschende Ästhetik objektiver Symmetrie und organischer Zusammenstimmung formulierte Modell der Kunstproduktion und -rezeption bedeutet »einen entscheidenden Wendepunkt in der ästhetischen

---

94 PHILON, De specialibus legibus, lib. 1, De monarchia, 4, in: Philon, Opera quae supersunt, hg. v. L. Cohn, Bd. 5 (1906; Berlin ²1962), 9; dt.: Ueber die Einzelgesetze, 1. Buch, Ueber die Alleinherrschaft Gottes, übers. v. I. Heinemann, in: Philon, Die Werke in deutscher Übersetzung, hg. v. L. Cohn u. a., Bd. 2 (1910; Berlin ²1962), 21.
95 Vgl. PLOTIN, Enneades 5, 9, 3; dt.: Schriften, griech.-dt., hg. u. übers. v. R. Hader u. a., Bd. 1a (Hamburg 1956), 107.
96 Vgl. ebd., 4, 3, 18; dt. Bd. 2a (Hamburg 1962), 209–211.
97 Vgl. ebd., 5, 8, 1; dt. Bd. 3a (Hamburg 1964), 35–37.
98 Ebd., 1, 6, 3; dt. Bd. 1a, 9.
99 Ebd., 1, 6, 2; dt. 7.

Auffassung. [...] Plotin verlangt, daß die äußere Gestalt des Schönen bedingt sei durch ein Innerliches, ein Geistiges.«[100] Hiermit sieht Oskar Walzel erstmals einen allgemeinen, alle Künste umfassenden Begriff des Kunstwerks ausgesprochen – und darin, daß Plotin dieses wechselseitige Bedingungsverhältnis zwischen Geist und Gestalt im Unterschied zu Augustinus als sich in der Rezeption des Kunstwerks perennierend behauptet, bereitet er zugleich die Einsicht in seine für die ästhetische Erfahrung so grundlegende wie unaufhebbare Doppelheit vor: einerseits materieller Gegenstand der Wahrnehmung, andererseits Objekt der inneren Vorstellung zu sein.

Die Auffassung, daß alles materiell Realisierte eine geistige Form voraussetzt, auf die es innerlich bezogen bleibt, ist die gemeinsame Basis von Neuplatonismus und christlicher Theologie[101]; letztere verfügt aber zudem im Gedanken des persönlichen Schöpfergottes, der sich im Menschen sein Ebenbild geschaffen hat, über eine den antiken Dualismus von objektivem Geist und individualisierender Materie unterwandernde Konzeption produktiver Arbeit als persönlicher geistiger Hervorbringung. Hatte Augustinus noch die Bedeutung der Kunst mit dem Argument depotenziert, daß sie als Werk menschlichen Machens lediglich Abglanz der Schönheit des göttlichen Schöpfungswerks sein könne[102], so wurde doch das Verhältnis von Gotteswerk und Menschenwerk in immer neuen Allegorien parallelisiert. Wenn der Mensch auch, wie

100 OSKAR WALZEL, Gehalt und Gestalt im Kunstwerk des Dichters (Berlin 1923), 149 f.
101 Vgl. GÜNTER BANDMANN, Mittelalterliche Architektur als Bedeutungsträger (Berlin 1951), 14–23.
102 Vgl. AUGUSTINUS (s. Anm. 93), 52, 101; dt. 169.
103 Vgl. DIONYSIUS AREOPAGITA, De coelesti hierarchia 2, 1–5; BASILEUS VON CAESAREA, Homiliae in Hexaemeron 3, 10.
104 ATHANASIUS, Oratio contra gentes 35, in: MIGNE (PG), Bd. 25 (1857), 69; dt. zit. nach TATARKIEWICZ (s. Anm. 48), Bd. 2 (Basel/Stuttgart 1980), 33; vgl. Weish. 13, 5.
105 GUILLAUME DE CONCHES, In Timeum, zit. nach Rosario Assunto, Die Theorie des Schönen im Mittelalter, übers. v. C. Baumgart (Köln 1963), 152.
106 Vgl. POCHAT (s. Anm. 51), 130 f.; OVID, Met. 159.
107 Vgl. THEODULF VON ORLÉANS, Opus Caroli Regis contra synodum (Libri Carolini) 3, 23, in: MIGNE (PL), Bd. 98 (1851), 1164.

Pseudo-Dionysius bekräftigt, nicht aus dem Nichts zu schaffen vermag, so deute sein Werk doch in seinem Gemachtsein auf Gott als den Schöpfer des Kosmos.[103] Damit wird denkbar, daß der Künstler sich im Werk ähnlich zum Ausdruck bringt wie Gott in der Schöpfung. Athanasius formuliert: »Ἐκ γὰρ τῶν ἔργων πολλάκις ὁ τεχνίτης καὶ μὴ ὁρώμενος γινώσκεται« (In den Werken nämlich erkennt man vielfach den Künstler, auch wenn er selbst nicht sichtbar ist)[104]. Der Künstler äußert sich nicht im Werk, aber als seine Entäußerung kündet es von ihm. Aber erst im Mittelalter finden sich Formulierungen, die zwanglos den Gedanken individueller Autorschaft und Aussage mit dem geistiger Schöpfung verbinden: »formalis causa mundi est, quia juxta eam creator mundum formavit. Ut enim faber volens aliquid fabricare prius illud in mente disponit, postea, quesita materia, juxta mentem suam operatur« (Durch die gestaltende Ursache hat der Schöpfer die Welt geschaffen; wie nämlich ein Handwerker, der etwas anfertigen will, es zuerst in seinem Geist beschließt und dann das Material nimmt und nach seiner Idee bearbeitet)[105]. Es ist eine neue Wertschätzung technischen Schaffens, die im Hintergrund der aufstrebenden Handwerkskultur steht: Geistliche widmen sich den mechanischen Künsten, und hervorragende Handwerker nehmen den ursprünglich für die notwendige Naturanlage etwa des Redners stehenden, aber schon von Ovid auf die mehr handwerkliche Erfindungsgabe des Daedalus bezogenen Begriff des ingeniums für sich in Anspruch[106] – ein Wortgebrauch, der sich bis zum modernen ›Ingenieur‹ durchzieht. Allerdings galt seit dem Bilderstreit die die Kunst in ihrer Freiheit einschränkende Formulierung des zweiten Nicäischen Konzils, daß der schöpferische Teil der Kirchenkunst als *ingenium* und *traditio* nicht den ausführenden Künstlern, sondern allein den Kirchenvätern und den geistlichen Sachwaltern ihres Denkens zukomme.[107] Von ihnen stammen die Aufträge und Bildprogramme der immer wichtiger werdenden Sakralkunst, die sie lassen, wie der Vorsteher der fränkischen Königsabtei St. Denis Abt Suger, den eigenen Namen auf den Widmungsinschriften verewigen. Er, der seine Kirche zum ersten und prächtigsten Bau des Reiches zu machen gedachte, zieht, ablesbar in einer Portalinschrift der 1140

I. Die Grundlegung des ästhetischen Werkbegriffs

nach Erweiterungsarbeiten geweihten Abtei, erstmals den Werkbegriff und die theologisch-mystische Schönheitsspekulation des Mittelalters zu einer Theorie des kirchlichen Kunstwerks zusammen[108]: »Aurum nec sumptus operis mirare laborem. / Nobile claret opus, sed opus, quod nobile claret, / Clarificet mentes, ut eant per lumina uera / Ad uerum lumen, ubi Christus ianuna uera. / [...] Mens hebes ad uerum per materialia surgit / Et demersa prius hac visa luce resurgit.« (bewundere das Gold – nicht die Kosten! – <und> die Leistung dieses Werkes! / Edel erstrahlt das Werk, doch das Werk, das da edel erstrahlt, / soll die Herzen erhellen, so daß sie durch wahre Lichter / zu dem wahren Licht gelangen, wo Christus die wahre Tür ist. / [...] Der schwerfällige Geist erhebt sich mit Hilfe des Materiellen zum Wahren, / und obwohl er zuvor niedergesunken war, ersteht er neu, wenn er dieses Licht erblickt hat.)[109] Strahlende Pracht kostbarer Materialien in Kirchenbau und -ausstattung gelten Suger in seiner Apologie aufwendigsten Schmuckes als Vorschein des immateriellen Reichs Gottes.[110] In der Lichtmetaphorik dieser Zeilen klingen bislang allein auf Gott, seine Geschöpfe und ihre getreuen Abbilder bezogene Formulierungen des Pseudo-Dionysius an, dessen Schriften im 9. Jh. dem Namenspatron der Abtei St. Denis zugeschrieben und dortselbst ins Lateinische übersetzt worden waren.

Die großen Antipoden hochscholastischer Summenliteratur, Alexander von Hales und Thomas von Aquin, stimmen in ihrer Bestimmung des Schönen als des Guten, das schon in der Wahrnehmung und nicht erst in bezug auf den Willen oder das Gefühl gefällt, überein.[111] Der Franziskaner Alexander hält jedoch an der mystischen Bestimmung der ›claritas‹ als Abglanz »claritatis lucis aeternae«[112] fest, wogegen der Dominikaner Thomas sie als Effekt der sinnlichen Erscheinung interpretiert, nämlich der glänzenden Farbe: So bezieht er die mehr das Sehen als das gesehene Objekt betreffenden Eindrücke des ›Strahlenden‹ und der ›Klarheit‹ in die Bestimmung des schönen Dinges ein.[113] Seine Kriterien der Schönheit sind allerdings – was für die gesamte Theologie des Schönen gilt – nicht speziell für Werke der Kunst formuliert, sondern schließen das Naturschöne mit ein; und wo Thomas ausdrücklich die Kunst behandelt, meint er alle technische Produktion, als deren einziges Kriterium die Zweckmäßigkeit des Produktes gilt.[114] Speziell auf bildliche Darstellungen beziehen sich die Bemerkungen, daß das Vergnügen an ihnen naturgegeben sei, weshalb sie, nachdem sie durch die Geschicklichkeit der Künstler an Ausdruck gewonnen hätten (espressive factas), für den Kult der Gottheit verwendet worden seien, und daß das einen häßlichen Gegenstand vollkommen darstellende Bild schön genannt werde.[115] Zu dem hiermit angesprochenen Verhältnis des Bildes zu seiner Abbildungsfunktion heißt es bei Alexander: »Si ut picturam, secundum hoc figura consideratio in ipsa re secundum se; si ut imago, secundum hoc ducit ad aliud cuius est imago.«[116] (Geht die Betrachtung auf das Bild als gemachtes, meint sie das Ding, wie es an sich ist; geht sie auf den Inhalt des Bildes, so führt sie auf etwas anderes, dessen Bild es ist.) Mit dieser auf Aristoteles zurückgehenden Unterscheidung[117]

---

108 Vgl. ERWIN PANOFSKY, Introduction, in: Panofsky, Abbot Suger on the Abbey Church of St.-Denis and Its Art Treasures (Princeton, N. J. 1946), 1–37; dt.: Abt Suger von St. Denis, übers. v. W. Höck, in: Panofsky, Sinn und Deutung in der bildenden Kunst (Köln 1978), 125–166.
109 ABT SUGER VON ST.-DENIS, De administratione (entst. um 1150), in: Suger, Ausgewählte Schriften, lat.-dt., hg. u. übers. v. A. Speer/G. Binding (Darmstadt 2000), 324/325 (Abs. 174).
110 Vgl. ebd., 344/345 (Abs. 224).
111 Vgl. THOMAS VON AQUIN, Summa theologica 2/1, q. 27, a. 1; ALEXANDER VON HALES, Summa theologica, Bd. 1 (Quaracchi 1924), 162b (Lib. 1, Nr. 103).
112 ALEXANDER VON HALES (s. Anm. 111), 73a (Lib. 1, Nr. 46).
113 Vgl. THOMAS VON AQUIN (s. Anm. 111), 1, q. 39, a. 8.
114 Vgl. ebd., 1, q. 91, a. 3; ANDREAS SPEER, Kunst und Schönheit. Kritische Überlegungen zur mittelalterlichen Ästhetik, in: I. Craemer-Ruegenberg/Speer (Hg.), Scientia und ars im Hoch- und Spätmittelalter (Berlin/New York 1994), 945–966.
115 Vgl. THOMAS VON AQUIN (s. Anm. 111), 2/2, q. 94, a. 4, 3; ebd., 1, q. 39, a. 8.
116 ALEXANDER VON HALES (s. Anm. 111), Bd. 2 (Quaracchi 1928), 49b (Lib. 2, Nr. 40); vgl. BONAVENTURA VON BAGNOREGIO, Commentaria in quatuor libros sententiarum Magistri Petri Lombardi 1, dist. 3, p. 1, a. 1, q. 2 und dist. 31, p. 2, a. 2, q. 1.
117 Vgl. ARISTOTELES, De memoria et reminiscentia 450b19–25.

versucht der Lehrer Bonaventuras das gerade für die Mystik zentrale Motiv der Gottesebenbildlichkeit der Schöpfung zu präzisieren: Göttliches ist von dem, was als Bild Gottes erscheint, nicht substantiell, sondern nur seiner Abbildungsfunktion gemäß auszusagen. Diese dialektische Klärung mittelalterlicher Allegorese lenkt die Aufmerksamkeit auf das Spannungsverhältnis zwischen der Faktizität des Werkes und dem in ihm Bedeuteten. Nicht mehr die ontologische Differenz zwischen dem Schönen und dem an ihm teilhabenden Artefakt begründet die Transzendenz des Kunstwerks, sondern die so unaufhebbare wie ungreifbare semiotische Differenz zwischen der Darstellung und dem Dargestellten – oder, für alle, auch die mechanischen, Künste gesprochen, zwischen dem Intendierten und dem Realisierten. Damit gerät die Produktion des Werks, der Prozeß seiner Hervorbringung durch das Subjekt, in den Fokus der Kunstphilosophie. In der sukzessiven Realisierung seiner geistigen Vorstellung exemplifiziert der Künstler nach Bonaventuras *De reductione artium ad theologiam* den christlichen Glauben: »Producit autem artifex exterius opus assimilatum exemplari interiori eatenus, qua potest melius [...]. Considerantes igitur illuminationem artis mechanicae quantum ad operis egressum, intuebimur ibi Verbum generatum et incarnatum, id est Divinitatem et humanitatem et totius fidei integritatem.« (Nun schafft der Künstler aber draußen das Werk so ähnlich er nur irgend kann nach dem Urbild, das er in

sich hat. [...] Betrachtet man so die Erleuchtung der mechanischen Kunst als Entstehen des Werkes, so finden wir dort das gezeugte und fleischgewordene Wort, d. h. die Gottheit und die Menschlichkeit und die Vollständigkeit des ganzen Glaubens.)[118]

Gegen Ende des Mittelalters trat die Figur des Künstlers aus dem Schatten anonymen Handwerks. Insbesondere die Mystik und die weltliche Dichtung der Zeit setzten auf den Ausdruck individueller Erfahrung und Wesensart: »als ein bilde lobet sînen meister, der im îngedrücket hât alle die kunst, die er in sînem herzen hât und ez im sô gar glîch gemachet hât«[119]. Im Gegensatz zur Auffassung spätantiker Poetik figuriert der Autor dabei nicht als Subjekt einer Rede, sondern, wie der bildende Künstler, als eine Art Hohlform seines Werks: Im Geiste des Hervorbringenden konzipiert, erscheint es als dessen Abdruck oder Bild. Die *Poetria nova* Galfreds von Vinsauf gibt entsprechende Anweisungen zum Arbeitsprozeß: »Opus totum prudens in pectoris arcem / Contrahe, sitque prius in pectore quam sit in ore. / Mentis in arcano cum rem digesserit ordo, / Materiam verbis veniat vestire poesis.« (Vorsorglich sollst du das Werk in deinem Busen bewahren, / Leben schon soll es im Herzen, noch es' die Lippen verkünden. / Ist dann, im Geiste geboren, aufs beste alles gefüget, / Komme die Dichtkunst herbei, um den Stoff in die Worte zu kleiden.)[120] Das Werk muß im Innern reifen, um als Ganzes hervortreten zu können. Es verdankt sich weniger dem Autor in seiner unmittelbaren Individualität als einem natur- bzw. gottgegebenen ›impetus ingenii‹.[121] Nach der Lehre des florentinischen Neuplatonismus fungiert dieses ingenium als Bindeglied zwischen dem Menschen und den ewigen Ideen; eine Auffassung, die Dürers Begriff des Werks als Entäußerung der ›inneren Ideen‹ seines Autors prägte: »Dann ein guter Maler ist inwendig voller Figur, und obs müglich wär, daß er ewiglich lebte, so hätt er aus den inneren Ideen, dovan Plato schreibt, allbeg etwas Neus durch die Werk auszugießen.«[122] Der Begriff der Idee verliert in diesem Zusammenhang allerdings den Sinn des Objektiven, Ewigen und bedeutet, wie bei Vasari, das aus der Erfahrung gewonnene allgemeine, ›idealisierte‹ Anschauung des Wirklichen oder auch das Vorstellungsvermögen

---

118 BONAVENTURA, De reductione artium ad theologiam 12; dt. zit. nach Assunto (s. Anm. 105), 182.
119 MEISTER ECKHART, Predigt 19, in: Meister Eckhart, Predigten, hg. u. übers. v. J. Quint (Stuttgart 1958), 318.
120 GALFRED VON VINSAUF, Poetria nova (entst. um 1210), V. 58–61, zit. nach Assunto (s. Anm. 105), 169; vgl. DANTE ALIGHIERI, Convivio (1304–1308); dt.: Das Gastmahl, übers. v. T. Ricklin, in: Dante, Philosophische Werke, ital.-dt., hg. v. R. Imbach u. a., Bd. 4/4 (Hamburg 2004), 79–81 (Buch 4, Kap. 10, 10f.).
121 Vgl. FRANCESCO PETRARCA, De vita solitaria (entst. 1346), hg. v. M. Noce (Mailand 1992), 96, 98.
122 ALBRECHT DÜRER, Lob der Malerei (Entwurf 1512), in: Dürer, Schriften und Briefe, hg. v. E. Ullmann (Leipzig 1989), 153.

I. Die Grundlegung des ästhetischen Werkbegriffs

selbst[123]: Idea, inventio und ingenium werden nahezu ununterscheidbar und tragen als geistige Momente des Produktionsprozesses keinen vom Werk mehr zu trennenden Sinn in sich.

3. Der künstlerische Arbeitsprozeß in der Werklehre der Renaissance

Die klassische Antike hatte Werkkunst als Technik weltimmanent interpretiert; Aristoteles zufolge vervollständigt sie entweder das Naturgegebene oder ahmt es nach.[124] Ähnlich verstand das Mittelalter Kunst als Nachahmung der göttlichen Schöpfung im Sinne einer erkenntnisgeleiteten Befolgung ihrer Prinzipien bzw. Verfahrensweise (operatio).[125] Indem es jedoch alles Geschaffene nicht nur als funktionalen Teil einer Ordnung, des Kosmos, sondern auch als Entäußerung des Schaffenden deutete, gab es dem überlieferten technischen Kunstbegriff eine schöpfungstheoretische Wendung. Die spezifisch ästhetische Vermittlungsleistung der Kunst wurde dabei allein in der wechselseitigen Angemessenheit von Logos und sinnlicher Erscheinung gesehen. Das Werkhafte der Werke, ihre materielle Ausführung, betrachtete die mittelalterliche Kunsttheorie als ein rein technisches Problem. Diese Auffassung treibt die als ›objektive Werkästhetik‹ (Wilhelm Dilthey) oder ›ergologische Ästhetik‹ (Wilhelm Perpeet) bezeichnete Kunsttheorie der Renaissance, wenn sie sich von der Theologie des Schönen löst und die Schönheit selbst unter technischen Kategorien faßt, in Richtung einer ästhetischen Technologie und ihres kunstspezifischen, ›ästhetischen Werkbegriffs‹ über sich hinaus.[126]

Das neue Werkverständnis artikuliert der selbst als Architekt, Maler und Bildhauer tätige Kunsttheoretiker Alberti. Konzeption und Ausführung stehen nach seiner Überzeugung nicht im Verhältnis sachlicher Angemessenheit, sondern ästhetischer Einheit, wie Oskar Bätschmann zusammenfaßt: »Das große *opus* ist das Produkt aus dem Ingenium und den künstlerischen Tätigkeiten, die mit der Hand ausgeführt werden.«[127] Daher weist Alberti auch, obwohl er in seiner Architekturtheorie eng an Vitruv anschließt, nicht wie dieser der Baukunst, sondern der Malerei die Führungsrolle unter den bildenden Künsten zu: Die unmittelbare Einheit von Idee und Ausführung mache die Freiheit und den besonderen Reiz, ja die Lust (voluptas) der Malkunst aus, wogegen die Architektur aus den Rissen und der Ausführung nur ›zusammengesetzt‹ sei.[128] Diese Idee ästhetischer Werkeinheit verbindet die antike Ganzheitsforderung mit der Problematik der Komposition des Ganzen aus einer Reihe von qualitativ unterschiedenen und nacheinander auszuführenden Elementen. Was Aristoteles als Kriterium der Handlungseinheit der Tragödie formuliert hatte, daß kein Teil des Geschehens umgestellt oder weggenommen werden könne, ohne daß sich der Charakter des ganzen Stückes ändere[129], wird bei Alberti als ›concinnitas‹ zum Kriterium des Kunstschönen in seiner Gesamterscheinung. Durch diesen Begriff, der in der Rhetorik die Stimmigkeit der Teile einer Rede zueinander, die abgerundete Kunstform des Ganzen bezeichnet, ersetzt er Vitruvs auf objektive Maßverhältnisse abzielende ›symmetria‹: »ut sit pulchritudo quidem certa cum ratione concinnitas universarum partium in eo cuius sint: ista ut addi aut diminui aut immutari possit nihil quin improbabilius reddat« (daß die Schönheit eine bestimmte gesetzmäßige Übereinstimmung aller Teile, was immer für einer Sache, sei, die darin besteht, daß man weder etwas hinzufügen noch hinwegnehmen oder verändern könnte, ohne es weniger gefällig zu

---

123 Vgl. PANOFSKY, Idea. Ein Beitrag zur Begriffsgeschichte der älteren Kunsttheorie (1924; Berlin ⁷1993), 32 ff.
124 Vgl. ARISTOTELES, Phys. 2, 3, 199a15–20.
125 Vgl. THOMAS VON AQUIN, Summa contra gentiles 3, 10.
126 Vgl. STIERLE, Das System der schönen Künste im ›Purgatorio‹ von Dantes ›Commedia‹ (1996), in: Stierle (s. Anm. 17), 396 f.
127 OSKAR BÄTSCHMANN, Einleitung, in: Leon Battista Alberti, Das Standbild. Die Malkunst. Grundlagen der Malerei, lat.-dt., hg. u. übers. v. O. Bätschmann/ C. Schäublin (Darmstadt 2000), 73.
128 Vgl. ALBERTI, De pictura (entst. 1436, ersch. 1540), Kap. 26–29, in: ebd., 236–246; ALBERTI, De re aedificatoria (entst. 1452, ersch. 1485; München 1975), fol. 4r-v (Buch 1, Kap. 1); dt.: Zehn Bücher über die Baukunst, übers. v. M. Theuer (1912; Darmstadt 1991), 19 f.
129 Vgl. ARISTOTELES, Poet. 8, 1451a32–35.

machen)[130]. Und er wendet ihn zugleich auch auf die Malerei an:»Ex superficierum compositione illa elegans in corporibus concinnitas et gratia exstat, quam pulchritudinem dicunt.« (Aus der Komposition der Flächen entsteht, im Falle von Körpern, jene erlesene Harmonie und Zierde, die man ›Schönheit‹ nennt.)[131] Auch die für die Plastizität wichtige Verteilung von Weiß und Schwarz sei eine Frage der concinnitas, wogegen das Bild im Ganzen den Kriterien der Schönheit des Dargestellten, der Mannigfaltigkeit und der Angemessenheit im Ausdruck unterstellt wird.[132] Die Einheit des gelungenen Bildwerks ist Produkt eines komplexen Kompositionsprozesses und der sorgfältigen Abstimmung seiner verschiedenen Teile aufeinander.»Est autem compositio ea pingendi ratio qua partes in opus picturae compununtur.« (›Komposition‹ heißt das kunstgerechte Verfahren beim Malen, wodurch Teile zu einem Werk der Malerei zusammengefügt werden.)[133] Im Zusammenhang dieser Analyse des Arbeitsprozesses erscheint das ›Werk‹ der Kunst erstmals unzweideutig als Produkt im Gegensatz zum produzierenden Verfahren: Das in sich stimmige Tafelbild setze eine umsichtige Vorbereitung durch Entwürfe voraus, die mittels geometrischer Verfahren auf das für die Öffentlichkeit bestimmte Werk (›publicus opus‹) projiziert werden; wenn nun der Maler die Hand an das Werk lege, habe er mit größter Sorgfalt vorzugehen, die für den Erfolg von nicht geringerer Be-

deutung als das ingenium sei – langwierige Überarbeitungen jedoch ließen das Bild altern.[134] Seine Kompositionslehre entwickelt Alberti in Analogie zur rhetorisch-grammatischen, vom Wort über den Satz bis zur Periode fortschreitenden Lehre der Textkomposition, wie Michael Baxandall es gegen die auf spätere Entwicklungen zurückgehende Deutung der malerischen compositio als Übersetzung der rhetorischen dispositio plausibel gemacht hat[135]:»Primae igitur operis partes superficies, quod ex his membra, ex membris corpora, ex illis historia, ultimum illud quidem et absolutum pictoris opus perficitur.« (Die ersten Teile des Werkes sind also die Flächen, weil aus diesen die Glieder, aus den Gliedern die Körper, aus diesen der ›Vorgang‹ zur Vollendung gebracht werden – der ›Vorgang‹ als das letzte und eigentlich vollkommene Werk des Malers.)[136] Praktisch das gesamte bildnerische Gestalten von den einfachen körperlichen Elementen über die Menschendarstellung bis zur Situationsschilderung als dem ›höchsten Werk‹ des Malers (ultimum et absolutum pictoris opus), das als ›großes Gemälde‹ in der Einheit von compositio und inventio durch das Thema belehrt, durch die Affekte bewegt und die Schönheit erfreut, wird von der Komposition beherrscht. Sie ist zwar neben ›circumscriptio‹ (linearer Umriß) und ›color‹ bzw. ›luminum receptio‹ (Modellierung der Körper im farbigen Licht)[137] nur ein Teil der Malkunst – der mittlere –, aber für die ästhetische Integrität des Bildes schlechthin entscheidende.[138] So wird das Kunstschöne nicht mehr aus objektiven Ordnungen oder zu erzielenden Wirkungen abgeleitet, sondern systematisch als Effekt der inneren Geschlossenheit und Harmonie des Werkes herausgearbeitet. Für die sukzessive »Autonomisierung« der ästhetischen Sphäre«[139], die die Kunstentwicklung der Renaissance grundiert, ist dies ein entscheidender, weit über die Theorie der Malerei hinauswirkender Schritt.

Die rein ästhetische Fassung des Einheitsbegriffs der neuen Kunstlehre ist auch daran kenntlich, daß er nicht mehr, wie in der Antike, mimetisch begründet wird – sei es in der Einheit einer Handlung, einer Bewegung oder eines Körpers. Vielmehr führte man Albertis Kompositionskonzept bald in Richtung einer der bildimmanenten Ver-

---

130 ALBERTI, De re aedificatoria (s. Anm. 128), fol. 93v (Buch 6, Kap. 2); dt. 293.
131 ALBERTI, De pictura (s. Anm. 128), 256/257 (Kap. 35).
132 Vgl. ebd., 282/283 (Kap. 46), 266/267 (Kap. 40), 270/271 (Kap. 41 f.).
133 Ebd., 256/257 (Kap. 35).
134 Vgl. ebd., 304–310/305–311 (Kap. 59–61).
135 Vgl. MICHAEL BAXANDALL, Giotto and the Orators. Humanistic Observers of Painting in Italy and the Discovery of Pictorial Composition 1350–1450 (London 1971), 130–135.
136 ALBERTI, De pictura (s. Anm. 128), 256/257 (Kap. 35).
137 Vgl. JULIUS SCHLOSSER, Die Kunstliteratur. Ein Handbuch zur Quellenkunde der neueren Kunstgeschichte (Wien 1924), 109.
138 Vgl. ALBERTI, De pictura (s. Anm. 128), 246/247 (Kap. 31).
139 PANOFSKY (s. Anm. 123), 29.

hältnisse – Gegensätze (contrapposti), Mannigfaltigkeit (varietas) und Flächenaufteilung (compartizione) – betonenden dispositiven Ordnung weiter.[140] Naturwahrheit ist der Renaissance Voraussetzung der Kunst, aber nicht ihr Ziel: »Die regulative Bedeutung dieses Postulats [der Naturnachahmung – d. Verf.] zielt darauf ab, Naturerscheinungen zu ›schönen‹ Erscheinungen umzuformen. Der bildenden Kunst gelingt das durch Umfunktionierung der Naturerscheinungen zu neutralen Modell-Erscheinungen.«[141] Ein wichtiges Mittel hierfür besteht in der von Alberti als wissenschaftliche Basis der Malerei durchgesetzten euklidischen Geometrie, die das Gegenständliche technisch auf die Fläche zu projizieren erlaubte.[142] Albertis Erfindung eines Instruments zur perspektivischen Projektion vergleicht Vasari in seiner Darstellung der Kunstentwicklung der Renaissance mit derjenigen des Buchdrucks.[143] Die der Mathematik verwandte Zeichnung erklärt er zum Hauptmittel der Naturbeherrschung und Bildgestaltung: »il disegno, padre delle tre arti nostre [...] cava di molte cose un giudizio universale simile a una forma overo idea di tutte le cose della natura, la quale è regolarissima [verbessert für ›singolarissima‹ von Erwin Panofsky[144]] nelle sue misure [...] si può conchiudere che esso disegno altro non sia che una apparente espressione e dichiarazione del concetto che si ha nell'animo, e di quello che altri si è nella mente imaginato e fabricato nell'idea.« (Der Disegno, der Vater unserer drei Künste [...], schöpft aus vielen Dingen ein Allgemeinurteil, gleich einer Form oder Idee aller Dinge der Natur, die in ihren Maßen überaus regelmäßig ist. [...] so darf man schließen, daß der Disegno nichts anderes sei, als eine anschauliche Gestaltung und Klarlegung jenes Bildes, das man im Sinn hat und das man im Geist sich vorstellt und in der Idee hervorbringt.)[145] Als ›arti del disegno‹ faßt Vasari schließlich Malerei, Plastik und Architektur zur Dizipineneinheit der bildenden Künste zusammen, befördert ihre Trennung von den Handwerksgilden und ihren institutionellen Zusammenschluß zur 1563 in Florenz gegründeten *Accademia del Disegno*. Die Zeichnung repräsentiert für die Künstler der Zeit den wissenschaftlichen Aspekt ihrer Arbeit; sie hatte eine fortschreitende Rationalisierung aller Künste, die immer genauere Planbarkeit ihrer Werke ermöglicht. Dabei befreite sich die entwerfende Hand zunehmend von den zwischen Entwurf und Produkt stehenden handwerklichen Prozeduren: Der Übergang vom Mosaik zum Fresko als Kirchenschmuck, die anschließende Entwicklung der Tafelbildmalerei zur Leitkunst der Epoche dokumentieren eine schrittweise Eroberung und Durchsetzung immer leichter modulierbarer Medien für eine der Freiheit entwerfender Zeichnung sich annähernde Darstellungsweise. Der Wert der Materialien – Edelstein, Goldgrund, Lapislazulblau – wurde dabei von dem der Bilderfindung und ihrer Ausführung überlagert.[146]

Die in der Perspektivik zum Gestaltungsprinzip erhobene Konzentration auf die immanente Ordnung und ästhetische Geschlossenheit der Bildkonstruktion als Illusion eines Blickes bedeutet vice versa den möglichst konsequenten Ausschluß von Außenbezügen: Die Bedeutung des Geschehens und der beteiligten Figuren muß durch die kompositorische Umsetzung der *historia* artikuliert werden. Sehen und Sichtbarkeit werden zum unhinterfragbaren Maß der Kunst erhoben, so wie sich auch die neue Naturwissenschaft gegen alles Buchwissen auf die sinnliche Erfahrung beruft. »Die Malerei verbreitet sich über Flächen, Farben

140 Vgl. CHARLES HOPE, ›Composition‹ from Cennini and Alberti to Vasari, in: P. Taylor/F. Quiviger (Hg.), Pictorial Composition from Medieval to Modern Art (London/Turin 2000), 27–44.
141 WILHELM PERPEET, Das Kunstschöne. Sein Ursprung in der italienischen Renaissance (Freiburg/München 1987), 262; vgl. PANOFSKY (s. Anm. 123), 25.
142 Vgl. BÄTSCHMANN (s. Anm. 127), 59–72.
143 Vgl. GIORGIO VASARI, Le vite de' più eccellenti pittori scultori ed architettori, hg. v. R. Bettarini/P. Barocchi, Bd. 3 (Testo) (Florenz 1971), 286; dt.: Die Lebensbeschreibungen der berühmtesten Architekten, Bildhauer und Maler, übers. v. A. Gottschewski, hg. v. A. Gottschewski/G. Gronau, Bd. 3 (Straßburg 1906), 235 f.
144 Vgl. PANOFSKY (s. Anm. 123), 96.
145 VASARI (s. Anm. 143), Bd. 1 (Testo) (Florenz 1966), 111; dt. zit. nach Wolfgang Kemp, Disegno. Beiträge zur Geschichte des Begriffs zwischen 1547 und 1607, in: Marburger Jahrbuch für Kunstwissenschaft 19 (1974), 226.
146 Vgl. BAXANDALL, Painting and Experience in Fifteenth Century Italy. A Primer in the Social History of Pictorial Style (Oxford 1972), 14 ff.

und Figuren sämmtlicher, von der Natur geschaffenen Dinge« (La pittura s'estende nelle superfitie, colori e figure di qualonque cosa creata dalla natura)[147], und kein Schriftsteller solle sich in Dinge einmischen, »die mit den Augen zu tun haben, um sie über die Ohren zu leiten, denn darin ist [...] das Werk des Malers weit überlegen« (e non t'impacciare di cose appartenenti alli occhi col farle passare per li orecchi, perchè sarai superato di gran lungo dall'opera del pittore)[148].

Leonardo da Vincis Lob der Malerei stützt sich über diese sinnliche Kompetenz hinaus auf die schon bei Cennino Cennini vom Maler geforderte Phantasie: Diese sei gemeinsam »mit der Ausführung der Hand« in der Lage, »nie gesehene Dinge zu erfinden und sie festzuhalten« (e fermarle con la mano, dando a dimostrare quello che non è)[149]. Selbst über die Poesie erhebt sich die Malerei nach Leonardo in ihrer Potenz, frei Imaginiertes als wirklich vorzustellen.[150] Um ihre Überlegenheit auch über die Plastik zu begründen, spielt er sogar die alte Bestimmung des Werkhaften der Kunst als Dimension niederer materieller Arbeit gegen den Bildhauer aus.[151] Auf der anderen Seite belegt er den besonderen Wert malerischer Werke mit ihrer materiellen Identität und Einmaligkeit: »questa non s'improntà, come si fa la scultura, della quale

tal'è l'impressa, qual è l'origgine, in quanto alla virtù dell'hopera; questa non fa infiniti figliuoli, come fa li libri stampati.« (Sie [die Malerei – d. Verf.] läßt sich nicht abformen, wie eine Sculptur, bei der, was das Verdienst des Werks anlangt, der Abguss dem Original gleichsteht; sie zeugt keine endlose Nachkommenschaft wie die gedruckten Bücher.)[152] Als sinnlich-freie Materialisierung des forschenden Geistes steht die Malerei in erhobener Mitte zwischen der rein geistig-zeichenhaften Poesie und der zu sehr im Material sich abarbeitenden Skulptur; in ihrer Verbindung von imaginativer Freiheit, täuschender Natürlichkeit und wissenschaftlich-technischem Forschungsdrang ermögliche sie eine umfassende Vermählung von Subjekt und Objekt: »Muovesi l'amante per la cosa amata, come il senso colla sensibile, e con / seco s'unisce e fassi una cosa medesima. / L'opera è la prima cosa che nasce dell'unione.« (Es bewegt sich der Liebende zum Geliebten wie der Sinn zum Sinnlich-Wahrnehmbaren und vereint sich mit ihm, so daß sie beide eins werden. / Das Werk ist das erste, was aus dieser Vereinigung geboren wird.)[153] Indem Michelangelo die Skulptur als Entbergung eines Inneren aus seiner Gefangenschaft im Körperlichen auf Seiten des Steins wie des Künstlers deutet, wertet er die Auseinandersetzung des Bildhauers mit seinem Material zu einem entsprechenden Akt der Begegnung auf.[154] Neuartig an dieser Wendung des pseudo-dionysischen Motivs, die im Stein inwendig schon vorhandene Figur nur zu befreien[155], ist der Gedanke einer ursprünglichen und nicht – wie es die herrschende Vorstellung bis zum Ende des 18. Jh. blieb – abbildlichen Realisierung der Idee im Material.[156] Dennoch stellen diese Sentenzen Leonardos und Michelangelos nur eine vertiefte Variante des Grundgedankens der Renaissanceästhetik dar: daß der Gehalt eines Kunstwerks Produkt ausschließlich der künstlerischen Arbeit sei.

Das die Kunst dieser Epoche beherrschende Ideal kompositorischer Einheit unterscheidet sich sowohl von der am Organischen orientierten antiken Einheitsvorstellung des plastischen Körpers als auch von der aristotelisch-dramaturgischen, dem inneren Gefühlsverlauf folgenden Einheit der Phasen einer Handlung. Diese neue, den künstlich-illusionären Wahrnehmungsraum und seine ästhe-

---

147 LEONARDO DA VINCI, [Trattato della Pittura]/Das Buch von der Malerei (entst. ca. 1490–1498; ersch. 1651), ital.-dt., hg. u. übers. v. H. Ludwig, Bd. 1 (Wien 1882), 14/15.
148 LEONARDO, Scritti scelti, hg. v. A. M. Brizio (Turin 1952), 508; dt.: Sämtliche Gemälde und die Schriften zur Malerei, hg. v. A. Chastel u. übers. v. M. Schneider (München 1990), 154.
149 CENNINO CENNINI, Il libro dell'arte (entst. um 1390, ersch. 1821; Vicenza 1971), 4; dt.: Das Buch von der Kunst oder Tractat der Malerei, übers. v. A. Ilg (Wien 1871), 4; vgl. FLAVIUS PHILOSTRATUS (s. Anm. 78).
150 Vgl. LEONARDO (s. Anm. 147), 22 ff.
151 Vgl. ebd., 74 ff.
152 Ebd., 10/11.
153 LEONARDO, Philosophische Tagebücher, ital.-dt., übers. v. G. Zamboni (Hamburg 1958), 102/103.
154 Vgl. MICHELAGNIOLO BUONARROTI, Die Dichtungen, hg. v. C. Frey (Berlin ²1964), 90 (Nr. 84, entst. nach 1544?).
155 Vgl. PSEUDO-DIONYSIOS, Mystica theologica 2, in: MIGNE (PG), Bd. 3 (1857), 1025.
156 Vgl. PANOFSKY (s. Anm. 123), 68.

sche Organisation in den Vordergrund stellende Einheitsidee[157] war für die Malerei von besonderer Bedeutung, stellte jedoch auch die anderen Künste auf eine neue Grundlage. Die ästhetische Einheit der Komposition ist Unterpfand der Plausibilität der Welt, zu welcher der Künstler seine Gegenstände fügt, sie ist, wie Pico della Mirandola in bezug auf die Dichtung ausführt, Einheit des Mannigfaltigen: »ogni volta che più cose diverse concorrono a constitutione d'una terza, la quale nasce dalla debita mistione e temperamento fatto di quelle varie cose; *ille decor* che resulta di quella proportionata commistione si chiama bellezza« (jedes Mal [...], wenn mehrere verschiedene Dinge zur Bildung eines dritten zusammentreffen, das aus der geziemenden Mischung und der hervorgebrachten Übereinstimmung jener mannigfachen Dinge entsteht. Jenen Schmuck, der aus jenem proportionierten Gemisch hervorgeht, nennt man Schönheit.)[158] Zwischen dem aristotelischen Konzept der unmittelbaren Handlungseinheit des Dramas und der offenen, pluralen Poetik Ariosts und Boiardos vermittelnd, entwickelte Tasso seine Idee des epischen Kunstwerks: Aus einer Vielheit von Episoden zusammengesetzt, die zwar folgerichtig, aber lose, nicht zwingend dramatisierend, sondern lediglich ›harmonisch‹ miteinander verknüpft sind, vermittele es das Bild einer ganzen Welt. Dies sei das Ziel des ›großen Dichters‹, »il quale non per altro divino è detto se non perché, al supremo Artefice nelle sue operazioni assomigliandosi, della sua divinità viene a participare« (der eben deshalb göttlich heißt, weil er sich in seinen Werken dem höchsten Künstler nähert und damit an seiner Göttlichkeit teilhat)[159]. Die Analogie von Gott und Künstler hatte das Mittelalter auf verschiedensten Ebenen durchgeführt – nie aber in dem Sinne, daß der Künstler als ›secundus deus‹ (Cusanus) oder ›alter deus‹ (Alberti, Scaliger) eine ganze Welt schaffe.[160] Diese Verbindung von Werkbegriff und Weltbegriff ist Resultat erst der Kompositionskunst der Renaissance.

II. Der Kunstwerkbegriff der Werkästhetik

1. Vom Werk der Kunst zum Kunstwerk

Für den Allgemeinbegriff Kunstwerk steht bis weit in die Neuzeit hinein allein das Wort ›Werk‹, wie es bisher in den Quellen erschien: ergon, opus, opera. Als Werk einer Kunst gilt dabei jedes Werk jeglicher Kunst, gleichgültig ob der Malerei, Dichtung, Töpferei oder Medizin. Auch das lateinische artificium und italienische artificio beziehen sich sowohl auf die Kunst wie ihr Werk, in beiden Fällen die Kunstfertigkeit betonend und ohne ein begriffliches Verweisungsverhältnis zwischen Kunst und Werk zu etablieren – ebenso wie das englische artifact, das archäologische Funde als Werke wie Werkzeuge technischer Praktiken bezeichnet und zur Benennung der technisch-materiellen Basis des Kunstwerks in die ästhetische Diskussion eingeführt wurde.[161] Dagegen ist es das Neue am im 18. Jh. geprägten Begriff des ›Kunstwerks‹, daß in ihm Kunst und Werk aufeinander bezogen werden. Er nimmt aus der Menge der Werke diejenigen heraus, die der Kunst im heutigen Sinne angehören, und aus den Erscheinungsweisen dieser Kunst die werkartig organisierten: nicht im Sinne einer Schnittmenge, sondern in dem einer idealen Erfül-

157 Vgl. BERND GROWE, Modernität und Komposition. Zur Krise des Werkbegriffs in der französischen Malerei des 19. Jahrhunderts, in: Oelmüller (s. Anm. 44), 159–161.
158 GIOVANNI PICO DELLA MIRANDOLA, Commento sopra una canzone d'amore/Kommentar zu einem Lied der Liebe (entst. 1486, ersch. 1519), ital.-dt., hg. u. übers. v. T. Bürklin (Hamburg 2001), 80/81–82/83 (Buch 2, Kap. 8).
159 TORQUATO TASSO, Discorsi dell'arte poetica e del poema eroico (1587; Bari 1964), 36; Über die Dichtkunst, insbesondere das Heldenepos, in: Tasso, Werke und Briefe, übers. v. E. Staiger (München 1978), 771.
160 Vgl. NIKOLAUS VON KUES, De beryllo/Über den Beryll (entst. 1456, ersch. 1488), lat.-dt., hg. v. K. Bormann (Hamburg ³1987), 8/9 (Kap. 6); ALBERTI, De pictura (s. Anm. 128), 236/237 (Kap. 25); JULIUS CAESAR SCALIGER, Poetices libri septem/Sieben Bücher über die Dichtkunst (1561), lat.-dt., hg. u. übers. v. L. Deitz, Bd. 1 (Stuttgart-Bad Cannstadt 1994), 70/71 (I, 1).
161 Vgl. RANDALL R. DIPERT, Artifacts, Art Works, and Agency (Philadelphia 1993).

lung aller Kunst und aller werkhaften Gestaltung im so bestimmten Kunstwerk. (Wurde der Begriff lange nur im Deutschen durch ein eigenes Wort ausgedrückt, so hat seine aktuelle Diskussion auch im Englischen die Neuprägung ›artwork‹ neben die traditionelle Genitivkonstruktion ›work of art‹ treten lassen.) Wie ›Werk‹ hatte das seit dem 16. Jh. nachweisbare Wort ›Kunstwerk‹ zunächst sowohl die ›Kunstarbeit‹ als auch ihr Produkt bezeichnet[162], bis sein Begriffsinhalt im späten 18. Jh. auf gegenständliche, »ganz nach Zwecken eingerichtete Produkte«[163] eingeschränkt wurde, wie Kant es im Gegensatz zum ›effectus‹, dem Resultat äußerlicher Kausalität, und analog zur physiko-theologischen Rede von der Welt als Inbegriff aller Zweckmäßigkeit definierte. Nachdem Lessing, der unterschiedslos von den ›Werken‹ der Malerei und der Poesie, aber von ›Kunstwerken‹ nur bezüglich der von ihm systematisch der Dichtung entgegengesetzten bildenden Kunst sprach, gefordert hatte, »daß man den Namen der Kunstwerke nur denjenigen beylegen möchte, in welchen sich der Künstler wirklich als Künstler zeigen können, bey welchen die Schönheit seine erste und letzte Absicht gewesen«[164], und Herder diesen ästhetisch spezifizierten Begriff des Kunstwerks auf die Literatur übertragen hatte[165], etablierte Karl Philipp Moritz in seinem *Versuch einer Vereinigung aller schönen Künste und Wissenschaften unter dem Begriff des in sich selbst Vollendeten* von 1785 das ›schöne Kunstwerk‹ als systematischen Oberbegriff der Produkte aller schönen Künste.[166] Die kunsttheoretische Durchsetzung dieses Begriffs ging mit derjenigen des Begriffs der Kunst als eines autonomen Bereichs des Ästhetischen einher, woraus schließlich die moderne Bedeutung von ›Kunstwerk‹ als Produkt ausschließlich dieser Kunst resultierte.

Seit der Renaissance war dieser Begriffswandel durch verschiedenste Versuche, ein System der schönen Künste zu etablieren, vorbereitet worden. Die bildenden Künstler distanzierten sich vom bürgerlichen Handwerk, um ihre Arbeit auf das prestigeträchtigere Niveau der Wissenschaft und humanistischen Bildung zu heben – das Niveau ihrer Auftraggeber.[167] So vermieden sie die Verwendung des Wortes ›Meisterwerk‹ für ihre Produkte, das noch die *Encyclopédie* d'Alemberts ausschließlich im Sinne des handwerklichen Meisterstücks erläuterte[168]; erst nach vollzogener Trennung der schönen Kunst vom nützlichen Handwerk und Etablierung des modernen Kunstwerkbegriffs konnte das Wort den noch heute gebräuchlichen Sinn des künstlerischen Ausnahmewerkes annehmen[169], die Kunst sogar als das wahre Refugium alter Handwerkskultur gedeutet werden.[170] Aber nicht allein die Frage des sozialen Status hatte zur Entfremdung des Künstlers vom Handwerk und seinem traditionellen Kunstbegriff, der ars, geführt, sondern auch die ihm immanente Idee der Perfektionierbarkeit, die den kunsthistorischen Diskurs von Giorgio Vasari bis Charles Perrault beherrschte[171]: Da galt der Fortschritt der schönen Künste als integraler Bestandteil des zivilisatorischen Fortschritts, Kunst als perfektionierbares Mittel zur Erfüllung im wesentlichen gleichblei-

---

162 Vgl. ›Kunstwerk‹, in: GRIMM, Bd. 5 (1873), 2735 f.
163 IMMANUEL KANT, Über den Gebrauch teleologischer Prinzipien in der Philosophie (1788), in: KANT (WA), Bd. 9 (1977), 166; vgl. KANT, Kritik der Urteilskraft (1790), in: KANT (WA), Bd. 10 (1974), 401 (§ 85); KANT, Prolegomena zu einer jeden künftigen Metaphysik, die als Wissenschaft wird auftreten können (1783), in: KANT (WA), Bd. 5 (1977), 236 (§ 58).
164 GOTTHOLD EPHRAIM LESSING, Laokoon: oder über die Grenzen der Mahlerey und Poesie (1766), in: LESSING (LACHMANN), Bd. 9 (1893), 66 f.
165 Vgl. JOHANN GOTTFRIED HERDER, Erstes kritisches Wäldchen (1769), in: HERDER, Bd. 3 (1878), 162 f.
166 Vgl. KARL PHILIPP MORITZ, Über den Begriff des in sich selbst Vollendeten – An Herrn Moses Mendelssohn (1785), in: MORITZ, Bd. 2 (1981), 543–548.
167 Vgl. PAUL OSKAR KRISTELLER, Origins of Aesthetics: Historical and Conceptual Overview; in: Encyclopedia of Aesthetics, hg. v. M. Kelly, Bd. 3 (New York/Oxford 1998), 416–428.
168 Vgl. DENIS DIDEROT, ›Chef d'œuvre‹, in: DIDEROT (ENCYCLOPÉDIE), Bd. 3 (1753), 273.
169 Vgl. HANS BELTING, Das unsichtbare Meisterwerk. Die modernen Mythen der Kunst (München 1998), 26 ff.
170 Vgl. BERNHARD SCHUBERT, Der Künstler als Handwerker. Zur Literaturgeschichte einer romantischen Utopie (Königstein/Taunus 1986).
171 Vgl. HANS-ROBERT JAUSS, Ästhetische Normen und geschichtliche Reflexion in der ›Querelle des Anciens et des Modernes‹, in: Charles Perrault, Parallèle des anciens et des modernes en ce qui regarde les arts et les sciences (1688–1697), hg. v. H.-R. Jauß (München 1964), 8–81.

bender gesellschaftlicher Funktionen und das Werk als Dokument und Muster des jeweiligen Standes der Kunstfertigkeit. Die Antithese zu diesem rationalistischen Kunstbegriff wurde im Rückgriff auf den Begriff des ingeniums formuliert, der mit der phantasia-Thematik verknüpft wurde und sich seit dem 17. Jh. in den Volkssprachen mit dem die Göttlichkeit, auch den Wahnsinn des Künstlers anzeigenden genius amalgamierte: Zu den klassischen Attributen des ingeniums, der Fähigkeit zur geistigen Erkenntnis und zur Erfindung im Sinne des Auffindens und richtigen Kombinierens des Angemessenen, trat jetzt als entscheidende Komponente die seit Giordano Bruno und Sir Philip Sidney offensiv vertretene freie imaginative Schöpferkraft des poetischen ›Genies‹.[172] Im Gegensatz zum öffentlich hervortretenden Gelehrten, der sich als bürgerliche Person äußert, sich auf Autoritäten beruft und seine Texte als schriftliche Rede dem Publikum übergibt, schöpfe das ›Originalgenie‹ aus seiner Natur Neues und stehe jenseits aller Regeln des Diskurses.[173] Daher könne der Kritiker seinen Autor nur auslegen, nicht aber maßregeln[174], daher sei das geniale Werk unüberbietbar: »Unnachahmlich und über allen Schein von Nachahmlichkeit erhaben ist das Werk des reinen Genius. Unsterblich ist alles Werk des Genies, wie der Funke Gottes, aus dem es fließt.«[175]

Die Durchsetzung des Geniebegriffs hing eng mit der Autonomisierung der schönen Literatur zusammen, ihrer Ablösung aus dem Milieu humanistischer Gelehrsamkeit und ihrer ökonomischen Neubegründung auf dem Bücherverkauf – wobei England eine führende Rolle zukam.[176] Die nach dem Copyright-Gesetz (1709), das noch in der Tradition regionalen Privilegienwesens das Buch gegen irreguläre Vervielfältigung, aber nicht die Rechte des Autors schützte[177], beginnende Diskussion urheberrechtlicher Neuregelung des Buchhandels nahm den Schöpfungsbegriff der Genielehre juristisch auf, wobei der Unterschied zwischen genialem und gelehrt-diskursivem Schreiben im Interesse einer Durchsetzung der Autorenrechte für jede Art der Schriftstellerei nivelliert wurde: Für Autoren aller Art wurde geltend gemacht, niemand werde leugnen, daß das, »was ihre eigne erfindungskraft hervorgebracht, ihr unermüdeter fleiß in gute ordnung zusammen gesetzt, ihr

eigen sey«[178]. Fichte konzediert, daß im allgemeinen das »Recht des Käufers, das Gekaufte nachzumachen«, so weit gehe wie die »physische Möglichkeit [...], es sich zuzueignen; und diese nimmt ab, je mehr das Werk von der Form abhängt, welche wir uns nie eigen machen können. Diese Gradazion geht [...] von der gemeinen Studierlampe bis zu Korregio's Nacht.«[179] Im Falle des Buchhandels ergebe sich jedoch aus der Möglichkeit der technischen Reproduktion geistiger Produkte die Notwendigkeit eines besonderen Urheberschutzes. (In England galt seit 1774 das eigentlich urheberrechtliche Verlagsrecht der Autoren, in Frankreich wurde es, ausdrücklich auch Komponisten und Maler einschließend, im Erscheinungsjahr der Schrift Fichtes erlassen, und in Deutschland galt es nach verlagsrechtlichen Vorformen und neben einer parallel weitergeführten Privilegienpraxis in Preußen seit 1837, im Bund seit 1845.) Folgerichtig wurde mit der Durchsetzung industrieller Mas-

172 Vgl. GIORDANO BRUNO, De gli eroici furori (1585), in: Bruno, Opere, hg. v. A. Wagner, Bd. 2 (Leipzig 1830), 314f. (I, 1); SIR PHILIP SIDNEY, An Apology for Poetry or The Defence of Poesy (1595), hg. v. G. Shepherd (Manchester 1973), 100f.

173 Vgl. JEAN-FRANÇOIS DE SAINT-LAMBERT, ›Génie‹, (Philosophie & Littér.)‹, in: DIDEROT (ENCYCLOPÉDIE), Bd. 7 (1757), 582–584.

174 Vgl. KLAUS L. BERGHAHN, Ein Pygmalion seines Autors. Herders idealer Kritiker, in: M. Bollacher (Hg.), Herder. Geschichte und Kultur (Würzburg 1994), 152.

175 JOHANN CASPAR LAVATER, Physiognomische Fragmente, zur Beförderung der Menschenkenntniß und Menschenliebe, Bd. 4 (Leipzig/Winterthur 1778), 82.

176 Vgl. JOHN BREWER, The Pleasures of Imagination. English Culture in the Eighteenth Century (London 1997).

177 HEINRICH BOSSE, Autorschaft ist Werkherrschaft. Über die Entstehung des Urheberrechts aus dem Geist der Goethezeit (Paderborn 1981), 8.

178 JOHANN ABRAHAM BIRNBAUM, Eines Aufrichtigen Patrioten Unpartheyische Gedancken über einige Quellen und Wirckungen des Verfalls der itzigen Buch-Handlung [...] (Schweinfurt 1733), 44, zit. nach Bosse (s. Anm. 177), 34.

179 FICHTE, Beweis der Unrechtmäßigkeit des Büchernachdrucks (1793), in: Fichte (s. Anm. 37), Abt. 1, Bd. 1 (Stuttgart-Bad Cannstatt 1964), 419.

senfertigung auch das Design ›gemeiner Studierlampen‹ zum Gegenstand urheberrechtlichen Schutzes.

Dem Urheberrecht entspricht eine Art Urheberpflicht: Finden sich in den Werkverträgen der Renaissance (etwa in dem 1488 geschlossenen Vertrag zwischen Domenico Ghirlandaio und einem Florentiner Prior) Festlegungen darüber, was der beauftragte Künstler ›eigenhändig‹ zu malen habe[180], so führt die genieästhetische Identifikation von Werk und Autor dazu, daß überhaupt keine Delegation untergeordneter Arbeitsschritte mehr akzeptiert wird: Das Recht auf die gesamte reproduktive Verbreitung eines Werks und der Kult um Handschrift und Original sind gleichermaßen im Prinzip genialer Autorschaft begründet. Nimmt man allerdings die juristische Interpretation des Kunstwerks als geistige Schöpfung wörtlich, gefährdet dies die besondere Rolle des Originals: »Wenn man die geistige Idee [...] als den eigentlichen, dem Urheber allein vertrauten geistigen Urzustand des Werkes annimmt, so ist die gegenständliche Ausführung des Werkes, das sichtbare Original, bereits die erste Vervielfältigung.«[181] Das Werk wird so auf seine dem Autor entsprungene

und allein ihm zugehörige ›geistige Substanz‹ zurückgeführt, auf »den Geist des Verfassers, der die variierende Zahl der Vervielfältigungen zur Einheit seines Werks integriert«[182]. Der neue Stellenwert dieser integrativen Funktion der Autorposition äußert sich auch in einer zunehmend biographischen Deutung literarischer Werke. Wo diese Personalisierung des Werkbegriffs die Rezeption eines Schriftstellers beherrscht – wie bei Voltaire, Byron, Goethe oder Thomas Mann – übertrifft das Interesse an den unmittelbaren Lebensäußerungen des Autors in seinem Œuvre leicht dasjenige an seinen Kunstwerken: In der Einheit von Leben und Werk erscheint das Genie selbst als das eigentliche Kunstwerk.[183] Ein ›Kunstwerk‹ allerdings, dem keine ästhetische Erfahrung korrespondiert. Eine entsprechende Gefährdung auch der Produktion wirklicher Kunstwerke durch den Anspruch auf Genialität wurde im romantischen Topos des ›Künstlers ohne Werk‹ reflektiert; am Werk verzweifelt dieser fiktive Künstler, weil alle Werkhaftigkeit etwas Unfreies in seine Kunst trage (Wackenroder), die Vision ohnehin jeder Realisierung überlegen sei (Tieck) und er sich mit dem Werk zwangsläufig in die Niederungen der Gesellschaft begebe (E. T. A. Hoffmann).[184] Letztendlich zielen diese Gedankenspiele auf die Frage, ob nicht »der Immerbegeisterte seine hohen Phantasien [...] als einen festen Einschlag kühn und stark in dieses irdische Leben einweben [muß], wenn er ein wahrer Künstler seyn will? – Ja, ist diese unbegreifliche Schöpfungsmacht nicht etwas überhaupt ganz anderes, und [...] etwas noch Wundervolleres, noch Göttlicheres, als die Kraft der Phantasie?«[185]

Zu einem positiven Begriff des Kunstwerks gelangte die autorfixierte Genieästhetik, wo sie die Idee einer vollständigen und freien Entwicklung des Menschen am Kunstwerk selbst entwickelte. Shaftesbury übertrug sein auf den Kosmos, die Lebewesen und die Persönlichkeit des Menschen bezogenes Ideal organischer Ganzheitlichkeit auf das Kunstwerk, welches »must be a whole, by itself, complete, independent«[186]. Im Gegensatz zur funktionalen Einheit eines Mechanismus würde solch natürliche Ganzheit auf der »mutual dependency« ihrer Teile, ja ihrem »sympathising«[187] beruhen und als freie Realisierung einer ›inneren

180 Vgl. BAXANDALL (s. Anm. 146), 6.
181 EKKEHARD GERSTENBERG, Die Urheberrechte an Werken der Kunst, der Architektur und der Photographie (München 1968), 60.
182 BOSSE (s. Anm. 177), 15; vgl. ebd., 26; PLUMPE, Kunst und juristischer Diskurs, in: J. Fohrmann/H. Müller (Hg.), Diskurstheorie und Literaturwissenschaft (Frankfurt a. M. 1988), 338.
183 Vgl. RAIMAR STEFAN ZONS, Über den Ursprung des literarischen Werks aus dem Geist der Autorschaft, in: Oelmüller (s. Anm. 44), 112.
184 Vgl. PONTZEN (s. Anm. 14).
185 WILHELM HEINRICH WACKENRODER, Herzensergießungen eines frommen Klosterbruders (1797), in: Wackenroder, Sämtliche Werke und Briefe. Historisch-kritische Ausgabe, hg. v. S. Vietta/R. Littlejohns, Bd. 1 (Heidelberg 1991), 144.
186 ANTHONY ASHLEY COOPER SHAFTESBURY, Sensus Communis. An Essay on the Freedom of Wit and Humour (1709), in: Shaftesbury, Characteristics of Men, Manners, Opinions, Times, etc., hg. v. J. M. Robertson, Bd. 1 (London 1900), 94.
187 SHAFTESBURY, The Moralists. A Philosophical Rhapsody (1709), in: ebd., Bd. 2 (London 1900), 65, 100.

II. Der Kunstwerkbegriff der Werkästhetik

Form‹ erscheinen.[188] Diese Auffassung der Schönheit als Stand der lebendigen Natur kodifizierte Alexander Pope in seiner klassizistischen Bestimmung des schönen Werks als Organismus, und als naturwüchsiges Gewächs deutet es Edward Young: »An Original may be said to be of a vegetable nature; it rises spontaneously from the vital root of Genius; it grows, it is not made«[189]. Wie alles Organische von Natur aus seine Form realisiert, könne auch das Werk der Kunst organisch werden, wenn der Schriftsteller sein Genie frei von allen Regeln und Vorbildern als eine Art natürliche Produktivkraft freisetzt: »For there is a Mine in man, which must be deeply dug ere we can conjecture its contents.«[190] Die Enzyklopädisten schreiben dem aus der Fülle der Natur schöpfenden Werk des Genies eine kulturelle Erneuerungsfunktion zu.[191] Herder sieht diese in der mythenbildenden, die Vorstellungs- und Gefühlswelt konstituierenden Funktion der poetischen Einbildungskraft begründet[192], und Goethe feiert das Genie als die Fähigkeit, das Empfinden seines Volkes in einem organischen Werk zum Ausdruck zu bringen: »der Halbgott [greift], wirksam in seiner Ruhe, umher nach Stoff, ihm seinen Geist einzuhauchen«, »die zerstreuten Elemente in ein lebendiges Ganzes« zusammenzufügen, um derart »eine Empfindung […] zum charakteristischen Ganzen«[193] zu schaffen. Den nachgeborenen Betrachter könne solch ein Kunstwerk »in den Zustand der Zeit und der Individuen versetzen, die sie hervorbrachten«[194]. Unklar bleibt dabei, wie das Kunstwerk zugleich ein in sich gegründetes, organisches ›Ganzes‹ und das Medium einer ›Empfindung‹ sein kann.

Hier hatte die Kunsttheorie der Aufklärung in ihrem Anliegen vorgearbeitet, den Reiz des Imaginären mit dem Anspruch der Vernunft auf Wahrheit und Richtigkeit zu vermitteln. Der besondere Wert ästhetischer Vermittlung des Vernünftigen wurde darin gesehen, daß sinnlich-anschauliche Vorstellungen Gefühl und Willen unmittelbarer beeinflußen könnten, als es die ›distinkte‹ begriffliche Erkenntnis vermag.[195] Baumgarten bestimmt den Gegenstandsbereich der von ihm begründeten philosophischen Ästhetik als ›sensitive Erkenntnis‹, womit die sinnlicher Wahrnehmung nahen Vorstellungen (nicht die sinnliche Wahrnehmung selbst) im Gegensatz zu logischer Erkenntnis gemeint sind. Die Klarheit und Richtigkeit der zwischen Sinnlichkeit, Gefühl und Verstand vermittelnden ›ästhetischen‹ Vorstellungen konnte dann als rationale Durchdringung der Seele gedeutet werden. Bei dem Aufklärung und Geniegedanken vermittelnden Mendelssohn heißt es, daß die Werke des Genies als »Werke der menschlichen Erfindung«[196] »sichtbare Abdrücke von den Fähigkeiten des Künstlers« sind, »seine ganze Seele anschauend zu erkennen« geben und eine »Vollkommenheit des Geistes«[197] darstellen. Im Rekurs auf den aristotelischen Werkbegriff bestimmt Lessing darauf die ›Handlung‹ einer Dichtung als Inbegriff der in ihr angelegten prozessual-intellektuellen Erfahrung.[198] Das literarische Werk deutet er als Gegenstand eines Lernprozesses, wobei imaginative Produktion, objektive Struktur und innere Bewegung des Rezipienten in ein neues Verhältnis zueinander gesetzt werden: Weder quasi-sinnliche Anschaulichkeit noch Seelenausdruck sei das letzte Ziel des hervorbringenden Genies, sondern das »die Theile der gegenwärtigen Welt versetzet, vertauscht, verringert, vermehrt, um sich ein eigenes Ganze dar-

---

188 Vgl. ERNST CASSIRER, Freiheit und Form. Studien zur deutschen Geistesgeschichte (1916; Darmstadt ⁴1975), 81 ff.
189 EDWARD YOUNG, Conjectures on Original Composition. In a Letter to the Author of Sir Charles Grandison (1759; Leeds 1966), 12.
190 Ebd., 45.
191 Vgl. SAINT-LAMBERT (s. Anm. 173), 582–584.
192 Vgl. OTTO PÖGGELER, Idealismus und neue Mythologie, in: K. R. Mandelkow/K. von See (Hg.), Europäische Romantik I (Wiesbaden 1982), 179–204.
193 JOHANN WOLFGANG GOETHE, Von deutscher Baukunst (1772), in: GOETHE (HA), Bd. 12 (⁹1981), 12 f.
194 Vgl. Italienische Reise (1816–1829), in: GOETHE (HA), Bd. 11 (⁹1981), 545.
195 Vgl. HORST-MICHAEL SCHMIDT, Sinnlichkeit und Verstand. Zur philosophischen und poetologischen Begründung von Erfahrung und Urteil in der deutschen Aufklärung. Leibniz, Wolff, Gottsched, Bodmer und Breitinger, Baumgarten (München 1982).
196 MOSES MENDELSSOHN, Über die Hauptgrundsätze der schönen Künste und Wissenschaften (1757), in: Mendelssohn, Schriften zur Philosophie, Ästhetik und Apologetik, hg. v. M. Brasch, Bd. 2 (Leipzig 1881), 144.
197 Ebd., 149.
198 Vgl. JAN-PETER PUDELEK, Der Begriff der Technikästhetik und ihr Ursprung in der Poetik des 18. Jahrhunderts (Königstein/Taunus 2000), 115 ff.

aus zu machen«[199], sondern die Verfolgung einer bestimmten seelischen Fertigkeit als das Gesetz des jeweiligen künstlerischen Ganzen – und diese werde im Nachvollzug des Kunstwerks beim Rezipienten angeregt, geübt, erweitert.[200] In diesem Zusammenhang stößt Lessing auf die dem modernen Kunstwerkbegriff eigene Dialektik von Werk und Kunst, spricht von der ›Kunst des Werkes‹ als dem besonderen, durch Analyse aufzudeckenden Verfahren desselben.[201]

Die Parallelität von produktivem Verfahren und rezeptiven ›Fertigkeiten‹ verfolgt Lessing bis auf die basale Ebene ästhetischer Semiose, wobei er von dem Problem der intellektuellen Synthese der Teile eines Werkes zum Ganzen ausgeht: »Der Poet [...] will die Ideen, die er in uns erwecket, so lebhaft machen, daß wir in der Geschwindigkeit die wahren sinnlichen Eindrücke ihrer Gegenstände zu empfinden glauben, und in diesem Augenblicke der Täuschung, uns der Mittel, die er dazu anwendet, seiner Worte bewußt zu seyn aufhören.«[202] Ebenso würden die Teile des Gemäldes, die nicht nacheinander, sondern nebeneinander gegeben sind, vom Betrachter in einer »so erstaunlichen Schnelligkeit« zusammengesetzt, daß man scheinbar unmittelbar zum »Begriff von dem Ganzen« gelange, »welcher nichts mehr als das Resultat von den Begriffen der Theile und ihrer Verbindung ist«[203]. So führt Lessing das poetologische Konzept dramatischer Handlungseinheit mit dem bildkünstlerischen der Einheit in der Mannigfaltigkeit zu seiner Idee der im (re-)produzierenden Intellekt begründeten Werkeinheit zusammen. Hier schließt Klopstock an, wenn er die durch Dichtung hervorgerufene Gemütsbewegung als tatsächliche Bewegung der Seele zwischen ihren einzelnen, jeweils von bestimmten dichterischen Vorstellungsarten angesprochenen Vermögen erklärt[204] und so plausibel machen kann, daß das ›poetische Denken‹ in seiner Bewegung zwischen den Vorstellungsarten nicht nur den jeweiligen Gegenstand von allen Seiten seiner Empfindbarkeit her beleuchtet, sondern dadurch auch die seelische Organisation der Empfindung selbst fördert. Für jedes Werk der *Darstellung*, gleichgültig ob ästhetischen, historischen oder rhetorischen Zuschnitts, das zugleich mit dem Gegenstand des Denkens dieses selbst beschreibt, gelte im Gegensatz zu den Abhandlungen der Wissenschaften, daß es nicht durch ein neueres zu ersetzen sei: Daß die besondere Erfahrung eines Individuums in seiner Struktur fixiert ist, läßt es die Zeiten überdauern.[205]

Ihre kunstphilosophische Fassung findet die Idee einer Darstellung, in der Äußeres und Inneres, Gegenstand und Gefühl, sinnliches Medium und seelische Bewegung so auseinander hervorgehen, daß sich ihre Zurückführung auf Vorgegebenes – sei es ein gesellschaftlicher Zweck, eine künstlerische Norm oder sein Autor – verbietet, in Moritz' Begriff des schönen Kunstwerks. Vollendet sei es, wie er gegen Mendelssohn argumentiert, allein in sich selbst und nicht in bezug auf irgendeine andere Vollkommenheit[206]: »ich muß an einem schönen Gegenstande nur um seiner selbst willen Vergnügen finden; zu dem Ende muß aber der Mangel an äußeren Zweckmäßigkeit durch seine innere Zweckmäßigkeit ersetzt sein; der Gegenstand muß etwas in sich selbst Vollendetes sein.«[207] Die Kantische Formel für das Kunstwerk, ›Zweckmäßigkeit ohne Zweck‹, ist hier vorgeprägt – als Artikulation eines

---

199 LESSING, Hamburgische Dramaturgie, 34. Stück (1767), in: LESSING (LACHMANN), Bd. 9 (1893), 325.
200 Vgl. LESSING, Hamburgische Dramaturgie, 77. Stück (1768), in: LESSING (LACHMANN), Bd. 10 (1894), 113 f.; LESSING an Mendelssohn (18. 12. 1756), in: Lessing/Mendelssohn/Friedrich Nicolai, Briefwechsel über das Trauerspiel, hg. v. J. Schulte-Sasse (München 1972), 80.
201 Vgl. LESSING (s. Anm. 164), 156 f.
202 Ebd., 101; vgl. STIERLE, Das bequeme Verhältnis. Lessings Laokoon und die Entdeckung des ästhetischen Mediums, in: G. Gebauer (Hg.), Das Laokoon-Projekt. Pläne einer semiotischen Ästhetik (Stuttgart 1984), 23–58.
203 LESSING (s. Anm. 164), 102.
204 Vgl. WILHELM GROSSE, Studien zu Klopstocks Poetik (München 1977), 107–110.
205 Vgl. FRIEDRICH GOTTLIEB KLOPSTOCK, Gelehrtenrepublik (1774), in: Klopstock, Ausgewählte Werke, hg. v. K. A. Schleiden, Bd. 2 (München/Wien 1981), 880; WINFRIED MENNINGHAUS, ›Darstellung‹. Friedrich Gottlob Klopstocks Eröffnung eines neuen Paradigmas, in: C. L. Hart Nibbrig (Hg.), Was heißt ›Darstellen‹? (Frankfurt a. M. 1994), 205–226.
206 Vgl. ALESSANDRO COSTAZZA, Schönheit und Nützlichkeit. Karl Philipp Moritz und die Ästhetik des 18. Jahrhunderts (Bern u. a. 1996), 79 ff.
207 MORITZ (s. Anm. 166), 546.

II. Der Kunstwerkbegriff der Werkästhetik 549

neuen Typs ästhetischer Erfahrung: »und eben dies Verlieren, dies Vergessen unsrer selbst, ist der höchste Grad des reinen und uneigennützigen Vergnügens, welches uns das Schöne gewährt.«[208] Die rational nicht mehr auflösbare geistig-seelische *Organisation* seiner Elemente ist die zentrale inhaltliche Bestimmung des von Moritz formulierten Begriffs des Kunstwerks – allein in diesem abstrakten, von allem Symmetrie- und Proportionsdenken gelösten, den systemtheoretischen Organisationsbegriff Leibniz' und Lamberts voraussetzenden Sinne spricht die Werkästhetik vom ›organischen Kunstwerk‹.[209] Als freies, alle Möglichkeiten und Bezugsebenen seiner Kunst in Anspruch nehmendes Produkt enthalte ein jedes die ganze Kunst[210], und in seiner immanenten Organisation und Selbstreferentialität erfordere es eine Rezeptionsweise, die über das ›Werk selbst‹ die »bloße Subjektivität und deren Zustände«[211] fahren lasse: Alle die Unhintergehbarkeit und Integrität des Kunstwerks gefährdenden Instanzen sind zu Momenten seines Begriffes geworden.

2. *Die klassisch-romantische Bestimmung des Kunstwerks als Totalität der Phantasie*

Kaum eine der einzelnen inhaltlichen Bestimmungen des Kunstwerks bei Moritz ist wirklich neu: weder die die rationalistisch-aufklärerische Tradition fortschreibende innere Zweckmäßigkeit noch seine seit Shaftesbury und Vico geforderte Freiheit von äußeren Zwecken; weder die die Ästhetik der Aufklärung begründende Beziehung der Kunst auf die Einbildungskraft[212] noch die von Diderot, Lessing und Klopstock angeregte Behandlung des Verhältnisses zwischen Bezeichnendem und Bezeichneten in der künstlerischen Vermittlung von Vorstellungen.[213] Neu und von epochaler Bedeutung ist dagegen die Konsequenz, die Moritz aus dem von allen äußeren Zwecken und Normen gelösten Begriff des Kunstwerks zog: daß dieser absolute Begriff auch aus keiner auf anderen Instanzen begründeten Kunsttheorie mehr abgeleitet werden dürfe, sondern die ganze Ästhetik aus ihm heraus entwickelt werden müsse. Darin ist er Begründer der Kunstwerkästhetik. Ging Moritz zunächst noch im Rahmen des utilitaristischen Kunstverständnisses der Aufklärung davon aus, daß das

Kunstwerk als solches des Betrachters bedürfe[214], so heißt es in der verbindlichen Formulierung seiner Hauptschrift, daß das Schöne seinen höchsten Zweck schon in seiner Entstehung, der Erfahrung des Werdens des Werks auf seiten des Künstlers erfülle.[215] Das jenseits aller Willkür Entstandene entziehe sich jeder von außen herangetragenen Erklärung, es erkläre sich selbst[216] – ästhetische Kommentare könnten daher allein »nähern Aufschluß über das Ganze und die Notwendigkeit seiner Teile geben«[217]. Dazu sei es nötig, »in dem Werke selbst den Gesichtspunkt aufzufinden, wodurch alles Einzelne sich erst in seiner notwendigen Beziehung auf das Ganze darstellt, und wodurch es uns erst einleuchtet, daß in dem Werke weder etwas überflüssig sei, noch etwas mangle«[218]. Die Totalität des Kunstwerks als solche erschließt sich erst in seiner Aneignung, seiner die Teile und das Ganze immer vollständiger aufeinander beziehenden Reproduktion durch die Einbildungskraft.

Dieser Kunstwerkbegriff stellt nicht das Postulat einer sich durch ›Sublimierungen‹ und ›Ersatzlösungen‹ von den sozialen und politischen Zielsetzungen der Aufklärungsästhetik lösenden Kunst dar[219], sondern eine anthropologisch und kulturtheoretisch eingebettete Konzeption eines bestimmten, auf die besondere soziokulturelle Situa-

---

208 Ebd., 545.
209 Vgl. ULRICH GAIER, Hölderlin und die Theorie der Organisation. Eine Skizze, in: Text und Kritik. Sonderband Friedrich Hölderlin (1996), 51–61.
210 Vgl. GOETHE, Über Laokoon (1797), in: GOETHE (HA), Bd. 12 (^{9}1981), 56.
211 HEGEL (ÄSTH.), 77.
212 Vgl. MORITZ, Über die bildende Nachahmung des Schönen (1788), in: MORITZ, Bd. 2 (1981), 554–559.
213 Vgl. MORITZ, Vorlesungen über den Stil (1793), in: MORITZ, Bd. 3 (1981), 635; MORITZ, Versuch einer deutschen Prosodie (1786), in: ebd., 490; MORITZ, Die Signatur des Schönen (1788), in: MORITZ, Bd. 2 (1981), 584.
214 Vgl. MORITZ (s. Anm. 166), 544.
215 Vgl. MORITZ (s. Anm. 212), 564.
216 Vgl. MORITZ, Die Signatur des Schönen (s. Anm. 213), 581.
217 Ebd., 588.
218 MORITZ, Bestimmung des Zwecks einer Theorie der schönen Künste (entst. 1789, ersch. 1795), in: ebd., 593.
219 Vgl. THIERSE (s. Anm. 7), 401 ff.

tion seiner Zeit bezogenen Wirkungspotentials der Kunst. Als Vordenker einer ökologischen Ästhetik setzt Moritz die ›bildende‹ Aneignung der lebendigen Natur ihrer bewußtlosen Vernutzung entgegen: »der Mensch [...] faßt zugleich alles, was seiner Organisation sich unterordnet, durch die unter allen am hellsten geschliffne, *spiegelnde* Oberfläche seines Wesens, in den Umfang seines Daseins auf, und stellt es [...] verschönert außer sich wieder dar. / Wo nicht, muß er das, was um ihn her ist, durch *Zerstörung* in den Umfang seines wirklichen Daseins ziehn, und verheerend um sich greifen«[220].

Darin, daß es den menschlichen Weltbezug als solchen manifestiert und kultiviert, ist die Souveränität des Kunstwerks gegenüber allen Zwecken in der Welt begründet, zugleich aber seine Relativität auf den Menschen. Es müsse nicht wirklich »ein für sich bestehendes Ganze« sein, »als vielmehr nur wie ein für sich bestehendes Ganze, *in unsere Sinne fallen,* oder von unsrer *Einbildungskraft umfaßt werden*« (558), weshalb »unsre *Empfindungswerkzeuge* dem Schönen wieder sein *Maß* vor[schreiben]. / Sonst würde freilich der Zusammenhang der ganzen Natur, welcher zu sich selber, als zu dem größten uns denkbaren Ganzen, die meisten Beziehungen in sich faßt, auch für uns das höchste Schöne sein, wenn derselbe nur einen Augenblick von unsrer Einbildungskraft umfaßt werden könnte.« (559f.) Da dies nicht der Fall sei, bedürfe es zur Förderung des Sinns für lebendige Ganzheit einer Kunst, die das wirkliche Schöne der Vorstellungskraft als Kunstschönes vermittle. Diesen Vermittlungsprozeß zeichnet Moritz in den Verhältnissen des Kunstwerks zum ›höchsten Schönen der Natur‹, dessen ›Abdruck‹ es sei[221], zum hervorbringenden Genie und zum Rezipienten nach, wobei höchstmögliche Organisation auf allen Seiten dieses Beziehungsgeflechts das entscheidende Kriterium darstellt. Shaftesburys Idee einer freien und ganzheitlichen Organisation alles Lebendigen auf der Erde liegt Moritz' Begriff des Kunstwerks als Konstruktionsprinzip wie Erfahrungsgehalt zugrunde, ohne daß er sie in ihm realisiert sieht – vielmehr fungiert es als Vorschein und Organon der Realisierung dieser Idee im gesellschaftlichen Leben.[222]

Dieser ethischen Perspektive entspricht es, daß die Empfänglichkeit für Schönheit auf seiten des Künstlers in seiner »Tatkraft«[223] liege, die allein die für die Sinnlichkeit wie die Einbildungskraft unfaßbare »allumströmende Natur« ahne, wodurch »notwendig eine Unruhe, ein Mißverhältnis zwischen den sich wägenden Kräften« (562) entstehe. Ihre Empfindung des Ganzen der Natur könne die Tatkraft »*nach sich selber, aus sich selber* [...] in einen Brennpunkt fassen«, indem sie »irgend einen sichtbaren, hörbaren, oder doch der Einbildungskraft faßbaren Gegenstand [wählt], auf den sie den Abglanz des höchsten Schönen im verjüngenden Maßstabe überträgt« (563). Diese ›bildende Nachahmung des Schönen‹ realisiert sich jenseits aller abbildlichen Naturnachahmung als eine das Werk wie den Künstler bildende Artikulation seines ›Organs‹, seiner inneren Organisation, welche Schönheit unabhängig von sinnlicher Ähnlichkeit zu reproduzieren vermag[224]: »Worte können daher das Schöne nicht eher beschreiben, als bis sie in der bleibenden Spur, die ihr vorübergehender Hauch auf dem Grunde der Einbildungskraft zurückläßt, *selbst wieder zum Schönen werden.*«[225] Moritz' Auffassung des Kunstwerks als Organon der Menschenbildung ist Grundlage der Weimarer Klassik: »Die höchsten Kunstwerke, die wir kennen, zeigen uns: Lebendige, hochorganisierte Naturen«[226]. Der nachahmende Künstler dringe in seiner Phantasietätigkeit »sowohl in die Tiefe der Gegenstände als in die Tiefe des eigenen Gemüts« und bringe, »wetteifernd mit der Natur, etwas Geistig-Organisches« hervor, das »natürlich zugleich und übernatürlich erscheint«[227]. Und auch Kant schließt an Moritz an, wenn er die in der Aufklärung diskutierte Lust des Kunstrezipienten zum Effekt der die im Werk angelegten Verhältnisse und Ideen nach-

---

220 MORITZ (s. Anm. 212), 569.
221 Vgl. ebd., 560.
222 Vgl. COSTAZZA (s. Anm. 206), 50, 165 ff.
223 MORITZ (s. Anm. 212), 561.
224 Vgl. NORBERT RATH, Kunst als ›zweite Natur‹. Einige Konsequenzen der Ablösung des Nachahmungsgedankens in der klassischen Ästhetik, in: Oelmüller (s. Anm. 44), 94–103.
225 MORITZ (s. Anm. 212), 584.
226 GOETHE (s. Anm. 210), 56.
227 GOETHE, Einleitung in die Propyläen (1798), in: GOETHE (HA), Bd. 12 (⁹1981), 42.

II. Der Kunstwerkbegriff der Werkästhetik 551

vollziehenden Urteilskraft erklärt[228] und so das ästhetische Vergnügen in den thematischen Kontext der Totalität der Erfahrung stellt – denn die besondere Funktion der Urteilskraft bestehe darin, die »Möglichkeit der Erfahrung als eines Systems« (26) zu begründen.

Entscheidet nach Kant allein der Geschmack als das die formalen Verhältnisse des Vorgestellten reproduzierende Verstandesvermögen über die Schönheit eines Werks, so beruhe dessen Gehalt auf ›moralischen Ideen‹, ohne welche Kunst allein der ›Zerstreuung‹ dienen könnte.[229] Idee und Geschmack verbinden sich in der Genie voraussetzenden ›ästhetischen Idee‹, von der es heißt, daß der »Verstand, durch seine Begriffe, nie die ganze innere Anschauung der Einbildungskraft, welche sie mit einer gegebenen Vorstellung verbindet« (285 [§ 57]), erreichen könne; die die Verstandesgrenzen überwindende Vermittlung von moralischem Gefühl und Sinnlichkeit bilde wiederum den Geschmack zu einer »bestimmten unveränderlichen Form« (301 [§ 60]) fort. Ihre ästhetischen Ideen hat die produktive Einbildungskraft im Kunstwerk als ›Symbol des Sittlichen‹[230] der Natur gemäß zu organisieren, ohne sich selbst ganz zu verleugnen: »An einem Produkte der schönen Kunst muß man sich bewußt werden, daß es Kunst sei, und nicht Natur; aber doch muß die Zweckmäßigkeit in der Form desselben von allem Zwange willkürlicher Regeln so frei scheinen, als ob es ein Produkt der bloßen Natur sei.« (240 [§ 45]) Suchte Kant im Kunstwerk die Versöhnung von naturgemäßer Form und geistigem Gehalt, so erhob Schiller die formale Organisation des Werks als Modell humaner Ganzheitlichkeit zu seinem wesentlichen ästhetischen Gehalt: »In einem wahrhaft schönen Kunstwerk soll der Inhalt nichts, die Form aber alles thun; denn durch die Form allein wird auf das Ganze des Menschen, durch den Inhalt hingegen nur auf einzelne Kräfte gewirkt. [...] nur nur die Form ist wahre ästhetische Freyheit zu erwarten.«[231] Ästhetische Erziehung heiße, die »Totalität in unsrer Natur, welche die Kunst zerstört hat, durch eine höhere Kunst wieder herzustellen«[232], die im bürgerlichen Alltag getrennten Seelenvermögen im ›ästhetischen Zustand‹ der Beschäftigung mit einem Kunstwerk wieder zusammenzuführen.[233] Immer deutlicher wurde allerdings das

Desiderat einer begrifflichen Logik, die es im Gegensatz zu den abstrakten Verhältnissen von Teil und Ganzem oder Form und Inhalt erlaubte, die allgemein postulierte immanente Vermitteltheit und Prozessualität des Kunstwerks an ihm selbst zu entwickeln. In seiner Studie *Ueber Göthes Hermann und Dorothea* (1798) leitet Wilhelm von Humboldt die Form des poetischen Kunstwerks daraus ab, wie in ihm Subjekt und Objekt vermittelt sind: »Der Dichter kann daher die Totalität, nach der er strebt, auch auf diese doppelte Weise erreichen, indem er entweder den Kreis der Objecte oder den Kreis der Empfindungen durchläuft, die sie hervorbringen.«[234] Diese beiden klassischen Methoden subjektiver und objektiver Darstellung gingen in der gegenwärtigen Poesie unter dem Zeichen einer »vollkommen Herrschaft der dichterischen Einbildungskraft« (135) ineinander über, wodurch ein virtueller »Mittelpunkt« entstehe, »von welchem nach allen Seiten hin Stralen ins Unendliche ausgehen« (136) und alle Gegenständlichkeiten und Empfindungen zu einer Welt der Phantasie zusammenschießen. Die Totalität des ästhetischen ›Symbols‹ wird zum Effekt einer Phantasietätigkeit, in der alles Objektive auf ein Subjekt und alle Subjektivität auf ein Objekt verweise.

Diese Idee einer Subjektivität und Objektivität vermittelnden Totalität liegt dem Werkbegriff wie dem Systemgedanken des spekulativen Idealismus zugrunde; sie entsprang der Hoffnung, im Geiste die Widersprüche und Barrieren der zeitgenössischen Wissenschaft, Religion und Gesellschaft auflösen zu können. Anders als die moderne Wissenschaft und Moral, die das Subjekt seinem Gegenstand oder Ziel entgegensetzen, soll die Poesie es nach dem im Kreise Hölderlins, Schellings und Hegels entstandenen *Ältesten Systemprogramm des deutschen Idealismus* (1795/1796) mit dem Objekt

---

228 Vgl. KANT, Kritik der Urteilskraft (1790), in: KANT (WA), Bd. 10 (1974), 240 (§ 44).
229 Vgl. ebd., 289–294 (§ 58) u. 264f. (§ 52).
230 Vgl. ebd., 294–299 (§ 59).
231 FRIEDRICH SCHILLER, Ueber die ästhetische Erziehung des Menschen in einer Reihe von Briefen (1795), in: SCHILLER, Bd. 20 (1962), 382 (22. Brief).
232 Ebd., 328 (6. Brief).
233 Vgl. ebd., 379 (22. Brief).
234 HUMBOLDT (s. Anm. 39), 134.

seiner Anschauung in einer bewußt gestalteten, dynamischen *Mythologie* versöhnen – wogegen die eher gewachsene, statische der antiken Welt vom Kopf der Jenaer Frühromantik, Friedrich Schlegel, als »Kunstwerk der Natur«[235] bezeichnet wird. Nicht das verbindliche Symbol, sondern progressive Symbolisierung sei das Wesen der Kunst, die, mit den Worten seines Bruders August Wilhelm, »entweder für ein Geistiges eine äußere Hülle« sucht oder »ein Äußeres auf ein unsichtbares Inneres«[236] bezieht und damit als wechselseitige Reflexion des Äußeren im Inneren und des Inneren im Äußeren bestimmt ist: »Die unpoetische Ansicht der Dinge ist die, welche mit den Wahrnehmungen der Sinne und den Bestimmungen des Verstandes alles an ihnen für abgetan hält; die poetische, welche sie immerfort deutet und eine figürliche Unerschöpflichkeit in ihnen sieht.«[237] Wahre Unendlichkeit setze allerdings im Leben wie in der Kunst eine »Selbstbeschränkung« voraus, die für den »Menschen wie den Künstler«[238] das Höchste und Notwendigste sei. Am Werk wirke sie als Begrenzung durch die Form: »Gebildet ist ein Werk, wenn es überall scharf begrenzt, innerhalb der Grenzen aber grenzenlos […] ist, wenn es sich selbst ganz treu, überall gleich, und doch über sich selbst erhaben ist.«[239] In diesem Programm einer Vergeistigung der Kunst qua Reflexion ist die Ironie der Romantik, ihr Begriff des Romans als einer die traditionellen Gattungsformen der Literatur integrierenden offenen Form und ihr Konzept der Kunstkritik als Vollendung des Werks durch weiterführende Reflexion begründet; vereint erscheinen diese Motive in Friedrich Schlegels Wilhelm-Meister-Kritik: »Die gewöhnlichen Erwartungen von Einheit und Zusammenhang täuscht dieser Roman ebensooft als er sie erfüllt. Wer aber echten systematischen Instinkt, Sinn für das Universum, jene Vorempfindung der ganzen Welt hat, die Wilhelmen so interessant macht, fühlt gleichsam überall die Persönlichkeit und lebendige Individualität des Werks, und je tiefer er forscht, je mehr innere Beziehungen und Verwandtschaften, je mehr geistigen Zusammenhang entdeckt er in demselben.«[240]

Im Gegensatz zum Reflexionsdenken der Schlegels fundiert Novalis die poetische Symbolisierungsleistung in einer ursprünglichen Identität des Subjekts und Objekts poetischer Produktion. Die wahre, in der ›Idee eines Ganzen‹ begründete Einheit des Kunstwerks[241] entspringe der freien Tätigkeit der Phantasie: »Das Genie sagt aber so dreist und sicher, was es in sich vorgehen sieht weil es nicht in seiner Darstellung und also auch der Darstellung nicht [in] ihm befangen ist, sondern seine Betrachtung und das Betrachtete frey zusammenzustimmen, zu Einem Wercke frey sich zu vereinigen scheinen.«[242] Trete jedes Kunstwerk als »*sichtbares* Produkt eines Ich«[243] hervor, so bilde der Künstler als Produzent eine künstliche »Autor (Künstler) Natur« aus: »Die Naturationen dieser Natur sind Kunstwercke – Kunstwerck entsteht aus künstl[icher] Natur.«[244] In der Arbeit wird das Ich zur reinen Funktion des Werks geläutert: »Mit jedem Zug der Vollendung springt das Werck vom Meister ab […]. Der Künstler gehört dem Wercke und nicht das Werck dem Künstler.«[245] Die Ausarbeitung des Kunstwerks ist der Prozeß seiner Ablösung vor allem unvermittelt Persönlichen, zugleich aber auch der Offenbarung verborgenster Interessen und Motive des Autors. Zwar könne »das Kunstwerk nie richtig erkannt werden […], ohne daß man zugleich auf die künstlerische Tätigkeit

---

235 FRIEDRICH SCHLEGEL, Gespräch über die Poesie (1800), in: SCHLEGEL (KFSA), Bd. 2 (1967), 318.
236 F. SCHLEGEL, Vorlesungen über die Philosophie des Lebens (1827), in: SCHLEGEL (KFSA), Bd. 10 (1969), 232; vgl. AUGUST WILHELM SCHLEGEL, Die Kunstlehre (entst. 1801–1802), in: Schlegel, Kritische Schriften und Briefe, hg. v. E. Lohner, Bd. 1 (Stuttgart 1963), 82.
237 A. W. SCHLEGEL (s. Anm. 236), 81.
238 F. SCHLEGEL, Kritische Fragmente (1797), in: SCHLEGEL (KFSA), Bd. 2 (1967), 151 (Nr. 37).
239 F. SCHLEGEL, Fragmente (1798), in: ebd., 215 (Nr. 297).
240 F. SCHLEGEL, Über Goethes Meister (1798), in: ebd., 134.
241 Vgl. NOVALIS, Philosophische Studien der Jahre 1795/1796, in: NOVALIS, Bd. 2 (^{2}1965), 277; NOVALIS, Fragmente und Studien (1799–1800), in: NOVALIS, Bd. 3 (^{2}1968), 569.
242 NOVALIS, Blüthenstaub (1798), in: NOVALIS, Bd. 2 (^{2}1965), 418.
243 NOVALIS, Philosophische Studien (s. Anm. 241), 282.
244 NOVALIS, Das Allgemeine Brouillon (1798/1799), in: NOVALIS, Bd. 3 (^{2}1968), 365.
245 Ebd., 411.

II. Der Kunstwerkbegriff der Werkästhetik 553

sieht«, aber diese darf nach Solger nicht mit dem bewußten Machen des Künstlers verwechselt werden: Ihm »entsteht das Kunstwerk mehr, als es von ihm gemacht wird. Er lernt seinen vollen Vorsatz und seine Idee selbst erst dann ganz kennen, wenn das Kunstwerk vollendet ist.«[246] In der Terminologie Schellings reflektiert es als Produkt einer »sogleich freien und notwendigen Tätigkeit« die »Identität der bewußten und der unbewußten Tätigkeit«[247] des Künstlers. Und allein in der Kunst werde diese Einheit willensmäßig gestaltender und passiv-wahrnehmender Tätigkeit des menschlichen Geistes erfahrbar: »Die Intelligenz wird also in einer vollkommenen Anerkennung der im Produkt ausgedrückten Identität, als einer solchen, deren Princip in ihr selbst liegt, d. h. sie wird in einer vollkommenen Selbstanschauung enden. [...] Aller Trieb zu produciren steht mit der Vollendung des Produkts stille, alle Widersprüche sind aufgehoben, alle Räthsel gelöst.« Begründet sei diese ästhetische Überwindung des Subjekt-Objekt-Gegensatzes in der ursprünglichen Einheit des Seins, dem Absoluten, »welches den allgemeinen Grund der prästabilierten Harmonie zwischen dem Bewußten und dem Bewußtlosen erhält. Wird also jenes Absolute reflektirt aus dem Produkt, so wird es der Intelligenz erscheinen als etwas, das über ihr ist, und was selbst entgegen der Freyheit zu dem, was mit Bewußtseyn und Absicht begonnen war, das Absichtslose hinzubringt.«[248]

Für Schelling ist das in sich abgeschlossene Kunstwerk zugleich Moment einer größeren, kulturgeschichtlichen Ordnung: »Nur in der Geschichte der Kunst offenbart sich die wesentliche innere Einheit aller Kunstwerke«[249]. Mit ihrer Idee der Geschichte als Offenbarung des Geistes in seiner Totalität geht die Philosophie der Kunstgeschichte als neuer Interpretationsrahmen der Kunst aus den tiefsten Intentionen der Werkästhetik hervor. Hegel resümiert in seinen Berliner *Vorlesungen zur Ästhetik* (ersch. 1835–1838) die Geschichte der Kunst und ihrer Theorie als Geschichte des Prinzips künstlerischer Darstellung – das einzelne Werk wird dabei streng auf seine jeweilige Gegenwart bezogen, in seinem Gehalt historisiert: »Das allgemeine Bedürfnis zur Kunst also ist das vernünftige, daß der Mensch die innere und äußere Welt sich zum geistigen Bewußtsein als einen Gegenstand zu erheben hat, in welchem er sein eigenes Selbst wiedererkennt.«[250] Diese Objektivationspotenz beruhe auf der von der Kunst gehaltenen »*Mitte* zwischen der unmittelbaren Sinnlichkeit und dem ideellen Gedanken« (81); diese Mitte sei keine des Maßes oder Ausgleichs, sondern das Wesen der ursprünglichen Kunstproduktion: »die Seiten des Sinnlichen und Geistigen müssen im künstlerischen Produzieren eins sein« (82), »das Sinnliche des Kunstwerks soll nur Dasein haben, insofern es für den Geist des Menschen [...] existiert« (79). Hieraus leitet Hegel, die kunsttheoretische Diskussion seiner Zeit kritisch zusammenfassend, die Grundbestimmungen des Kunstwerks ab: daß es durch menschliche Tätigkeit zuwege gebracht, dem Sinnlichen entnommen und für den Sinn des Menschen gemacht sei[251]; gegen jeden äußeren ›Endzweck‹ der Kunst stehe »zu behaupten, daß die Kunst die *Wahrheit* in Form der sinnlichen Kunstgestaltung zu enthüllen, jenen versöhnten Gegensatz [von Sein und Sollen, Besonderem und Allgemeinem, Sinnlichkeit und Geist – d. Verf.] darzustellen berufen sei und somit ihren Endzweck in sich, in dieser Darstellung und Enthüllung selber habe« (96). Diese Versöhnung leiste die Phantasie, die ihren Inhalt je nach Kunstgattung als Gestalt, Tonfolge oder Rede ergreift: »Sie ist das Vernünftige, das als Geist nur ist, insofern es sich zum Bewußtsein tätig hervortreibt, doch, was in sich trägt, erst in sinnlicher Form vor sich hinstellt« (83) und zu »einer organischen Totalität« (884) oder einem »in sich unendlichen Organismus« (899) ausgestaltet und abschließt. Die besonderen historischen Formen der Kunst ergeben sich nach Hegel aus einer Abfolge jeweils grundlegender »Verhältnisse von Idee und Gestalt« (113), ausgehend von der symbolischen Hinweisung der Gestalt auf die Idee in den frühen Hochkulturen über ihre

---

246 SOLGER, 122.
247 FRIEDRICH WILHELM JOSEPH SCHELLING, System des transscendentalen Idealismus (1800), in: SCHELLING (SW), Abt. 1, Bd. 3 (1858), 349.
248 Ebd., 615.
249 SCHELLING, Philosophie der Kunst (entst. 1802–1803), in: SCHELLING (SW), Abt. 1, Bd. 5 (1859), 211.
250 HEGEL (ÄSTH.), 76.
251 Vgl. ebd., 74.

vollständige Durchdringung in der klassischen Antike bis zur »gedoppelten Totalität des in sich selber seienden Subjektiven und der äußeren Erscheinung« (496) in der romantischen Kunstform der christlich-germanischen Epoche. Diese geschichtliche ›Bildung der Form‹ der Kunst sei von der Entwicklung ihres Inhalts nicht zu trennen[252]: »Die Vollendung der Idee als Inhalts erscheint deshalb ebensosehr auch als die Vollendung der Form; und die Mängel der Kunstgestalt erweisen sich umgekehrt gleichmäßig als ein Mangel der Idee, die innere Bedeutung für die äußere Erscheinung ausmacht und in ihr sich selber real wird.« (310)

Hegels geschichtsphilosophisch-dialektische Konzeption des Verhältnisses von Form und Inhalt erlaubt es ihm, so nüchtern wie elegant die poetologischen, psychologischen, ästhetischen und kulturphilosophischen Motive der bisherigen Werkästhetik zu vermitteln – wobei er nicht den von Moritz gesetzten Rahmen sprengt: daß das Kunstwerk eine von und für die Einbildungkraft gestaltete Totalität sei. War diese bei Moritz als ein Utopisches entworfen, so stellt sie sich bei Hegel als bloße Objektivierung, bestenfalls subjektive Durchdringung der jeweils gegebenen geistig-sozialen Welt dar. Die ästhetische Vermittlungsleistung der Phantasie hatte mit ihrer künstlerischen Realisierung und kunsttheoretischen Anerkennung ihren Stachel wie ihr Versprechen weitgehend eingebüßt.

Auf der Grundlage der von Johann Dominik Fiorillo und Carl Friedrich von Rumohr eingeführten quellenkritischen Methode wurde die ästhetische Metatheorie Kunstgeschichte zur selbständigen akademischen Disziplin historischer Forschung. Aus der allgemeinen Überzeugung, daß Kunst als »Ausdruck der physischen und geistigen,

sittlichen und intellectualen Eigenthümlichkeiten des Volkes«[253], als »Spiegelung« der »Factoren des Volkslebens […] nach ihrem wesentlichen Gehalte« (XII) aufzufassen sei, zog Carl Schnaase die Folgerung, daß sie auch nur durch »Einsicht in diese Bedingungen ihres Ursprungs völlig verstanden« (X) werden könne; und dementsprechend hat Georg Gottfried Gervinus den Prozeß der nationalen Bewußtwerdung Deutschlands zur Folie der von ihm als eigenständige Wissenschaft begründeten Literaturgeschichte gemacht. Das einzelne Werk sei im Hinblick auf die Zeit seiner Entstehung mit ihren »Ideen, Bestrebungen und Schicksalen«, seinen »Wert für die Nation« und seine »Wirkung in Mitwelt und Nachwelt«[254] zu untersuchen und zu bewerten. Als Ausdruck seiner Zeit geht es in die Gesamtheit aller authentischen, durch einen einheitlichen ›Stil‹ gekennzeichneten Werke einer Epoche ein. Ihn bestimmt Gottfried Semper im allgemeinen als »Übereinstimmung einer Kunsterscheinung mit ihrer Entstehungsgeschichte«[255], im besonderen aber als Resultante des jeweiligen Zweckes sowie der persönlichen, technischen und materiellen Voraussetzungen der Produktion. Die Zurichtung des Kunstwerks zum Objekt historisch-philologischer Forschung und Einordnung vollendet der Positivismus mit seinem Programm einer quasi naturwissenschaftlichen Erklärung der Werke aus ihren Entstehungsbedingungen: Als solche hatte Hippolyte Taine Rasse, Milieu und Evolutionsmoment aufgestellt; Wilhelm Scherer prägte später die Trias des Ererbten, Erlebten und Erlernten. Motivgeschichte und Biographismus waren die Hauptmethoden zur Vermittlung von Werk und Geschichte, bis Ferdinand Brunetière in seiner methodischen Herausarbeitung der Wirkzusammenhänge zwischen den Werken den literaturwissenschaftlichen Formalismus vorbereitete.

3. Der Begriff des Kunstwerks und die Künste

Mit der Werkästhetik hat die Erfahrung des einzelnen, über Reproduktionen (Stiche, Abgüsse, Buch- und Notendruck) allgemein verfügbar gemachten Kunstwerks für das Kunstverständnis eine neue Bedeutung gewonnen, die sich in einem beispiellosen Kult des Meisterwerks äußerte. Der Anspruch auf »Einzigartigkeit, Lebendigkeit, Origina-

---

252 Vgl. ebd., 430.
253 CARL SCHNAASE, Geschichte der bildenden Künste, Bd. 1 (Düsseldorf 1843), IX.
254 GEORG GOTTFRIED GERVINUS, Prinzipien einer deutschen Literaturgeschichtsschreibung (1833), in: Gervinus, Schriften zur Literatur (Berlin 1962), 5; vgl. GERVINUS, Aus der Geschichte der poetischen Nationalliteratur der Deutschen (1835–1842), in: ebd., 156.
255 GOTTFRIED SEMPER, Über Baustile (1869), in: Semper, Wissenschaft, Industrie und Kunst, hg. v. M. H. Wingler (Mainz/Berlin 1966), 107.

lität, Intensität und unhintergehbarer Realpräsenz des Kunstwerks«[256] löste die überlieferten, handwerklich begründeten Regeln und Kriterien der Kunstpraxis ab und stieß eine die traditionellen Grenzen der Künste überwindende poetologisch-ästhetische Diskussion an, einen Ideentransfer zwischen ihnen, der die Entwicklung der Kunst bis heute prägt – auch und gerade dort, wo die Grenzen der Werkkunst durch Aktivierung nichtwerkhafter Traditionen übertreten werden.[257] Dieser interdisziplinäre Zug ist der Kunstwerkästhetik seit ihrer Genese im ästhetischen Diskurs des 18. Jh. eingeschrieben: Stand dieser im Zeichen einer unbestrittenen Vorherrschaft der Literatur, die als erste Kunstform konsequent den Schritt von der Auftrags- und Gelegenheitskunst zur warenförmigen Distribution vollzog und in einer Reihe prägender Schriftstellerpersönlichkeiten dichterische mit ästhetischen und kulturpolitischen Ambitionen verband, so stammt der diesen Diskurs krönende Begriff des Kunstwerks aus der bildenden Kunst und wurde auch lange als ihr Erbteil bewußt gehalten – zusammen mit dem nicht weniger bedeutenden Epochenbegriff der ›Bildung‹: »bildende Künstler müssen sich zuletzt dergestalt über das Gemeine erheben, daß die ganze Volkgemeinde in und an ihren Werken sich veredelt fühle«[258]. Die Plastik der Antike erschien Johann Jakob Breitinger als Vorbild aller ästhetischen Volksbildung und war erst recht dem Klassizismus eines Winckelmann, Goethe oder Moritz Inbegriff der Idee der Bildung des Menschen durch die Kunst – eine Vorstellung, die sich in zahlreichen Interpretationen des Pygmalion-Mythos verbreitete.[259]

Als Manifestation der entwickelten Persönlichkeit wurde die an der Skulptur bewunderte organische Ganzheitlichkeit und Anschaulichkeit zum Stilideal auch der Literatur. Dagegen stand Herders Idee der Dichtung als auf die Seele des Rezipienten wirkender Ausdruck der Leidenschaften. James Harris' allgemeine Entgegensetzung von energeia und ergon in den Prinzipien der sukzessiv-performativen und räumlich-werkhaften Künste aufnehmend[260], deutete er die im Vollzug wirkende ›Energie‹ der Zeitkunst als dynamische ästhetische Wirkkraft im Gegensatz zur statischen Totalität des in sich ruhenden Bildwerks: »jedes Ganze Eines Gedichts, ist das Ganze Eines Kunstwerks. / Nur da die Malerei *ein Werk* hervorbringt, das während der Arbeit noch nichts, nach der Vollendung Alles ist, und zwar in dem Ganzen des Anblicks Alles: so ist die Poesie Energisch, das ist, während ihrer Arbeit muß die Seele schon alles empfinden; nicht wenn die Energie geendigt ist, erst zu empfinden anfangen«[261]. Mit dieser kategorischen Entgegensetzung von dichterischer und bildkünstlerischer Werkhaftigkeit konnte Herder sich nicht durchsetzen, wohl aber mit seiner Interpretation des ›Poetischen‹ als seelischer Substanz und Wirkkraft. Über die Grenzen der Dichtung hinaus stand es in der Folge für den seelisch wirksamen Phantasiegehalt eines Kunstwerks, wie es Thierse an Heinrich Christoph Kochs dreibändigem *Versuch einer Anleitung zur Composition* (1762–1793) beobachtet:»Der für den Werkbegriff bisher grundlegende Begriff der Poiesis (das Machen und Herstellen eines Werkes) wandelt sich zu dem der Poesie als dem ›inneren Charakter‹, dem ›Geist der Tonstücke‹, dem ›Ausdruck des Tongemäldes‹. Musikalische Poesie erscheint […] als Ausdruck des Genies.«[262] So sprechen die Romantiker auch von der ›Poesie‹ eines Gemäldes, wenn sie seinen imaginativen Gehalt meinen.[263] Und Tiecks Sternbald verfolgt ein der Herderschen ›Energie‹ entsprechendes Konzept des Bildes als reiner Ausdruck des »Zustands meiner Seele«, den es beim Betrachter zu »wecken«[264]

---

256 PONTZEN (s. Anm. 14), 391.
257 Vgl. WALZEL, Die wechselseitige Erhellung der Künste (Berlin 1917); ADORNO, Die Kunst und die Künste (1967), in: ADORNO, Bd. 10/1 (1977), 432–453.
258 BREITINGER, Bd. 1 (1740), 4.
259 Vgl. INKA MÜLDER-BACH, Im Zeichen Pygmalions. Das Modell der Statue und die Entdeckung der ›Darstellung‹ im 18. Jahrhundert (München 1998).
260 Vgl. JAMES HARRIS, A Dialogue Concerning Art (1744), in: Harris, Three Treatises (1744; London ²1765), 30–36 (§ 4), 39 (§ 5), 44 (§ 6); NESCHKE (s. Anm. 66), 88 ff.
261 HERDER (s. Anm. 165), 158.
262 THIERSE (s. Anm. 7), 394; vgl. CARL DAHLHAUS, Gefühlsästhetik und musikalische Formenlehre, in: Deutsche Vierteljahrsschrift für Literaturwissenschaft und Geistesgeschichte 41 (1967), 507–512.
263 Vgl. F. SCHLEGEL, Lessings Gedanken und Meinungen (1804), in: SCHLEGEL (KFSA), Bd. 3 (1975), 78.
264 LUDWIG TIECK, Franz Sternbalds Wanderungen (1798), hg. v. A. Anger (Stuttgart 1979), 32.

gelte – wobei er daran verzweifelt, daß die produktive ›Stimmung‹, deren malerische Umsetzung die klassischen Kategorien der Malerei, ›Handlung‹ und ›Komposition‹, überflüssig mache, nicht so lange andauert, »als wir an einem Werk arbeiten«[265]. Das Problem, die ›poetische Eingebung‹ werkhaft zu vollenden, erscheint dabei keineswegs als Besonderheit oder Defizit der Malerei, sondern als allgemeines Problem der Kunst. Der Aspekt der Poiesis ist also keineswegs durch den der Genialität ersetzt worden; er wurde nur nicht mehr als das ›Poetische‹, das nun für den genialischen Gehalt stand, sondern als das werkhaft Beständige eines Kunstwerks angesprochen. Und der Begriff des Kunstwerks schließt seitdem – wie auch der späte Herder anerkennt[266] – mit der Werkhaftigkeit zugleich das Poetische oder Energische ein.

Die besondere Rolle der Plastik für die Kunstwerkästhetik wird in der geschichtsphilosophischen Konstruktion der Hegelschen *Ästhetik* als deren klassizistisches Moment reflektiert. Setzt sie die Entwicklungsstufen der Kunst in Korrelation zu den einzelnen Kunstgattungen, so heißt es von der Skulptur der klassischen Antike, daß sie den Gedanken der Selbstbildung durch Selbstentäußerung im Sinnlichen am direktesten und objektivsten umgesetzt habe. Dieses ›klassische Kunstideal‹ sei auf die Herrschaft der ›äußerlichen‹ Kunstform Architektur gefolgt und von den ›innerlichen‹ Künsten der Romantik, Dichtung, Malerei und Musik, abgelöst worden.[267] Auch sie unterständen noch

der menschenbildenden Dialektik von werkhafter Entäußerung und Selbsterkenntnis, doch in einer subjektivierten, vom Gedanken beherrschten Form, durch welche die Kunst an Innerlichkeit gewinne, was sie an objektiver Verbindlichkeit verliere – woraus die berüchtigte Prognose des nahenden Endes der Kunst folgt: »Dadurch erhalten wir als Endpunkt des Romantischen überhaupt die Zufälligkeit des Äußeren wie des Inneren und ein Auseinanderfallen dieser Seiten, durch welches die Kunst selbst sich aufhebt und die Notwendigkeit für das Bewußtsein zeigt, sich höhere Formen, als die Kunst zu bieten imstande ist, für das Erfassen des Wahren zu erwerben.«[268] Was Hegel dabei übersieht, auch kaum schon überblicken konnte, sind die neuen Perspektiven und Gehalte, die sich im 19. Jh. aus der künstlerischen Arbeit an der Darstellung selbst und ihren Medien ergaben. Bislang hatte die materielle Grundlage einer Kunst lediglich als das – wenn auch eigene Forderungen stellende und besondere Möglichkeiten bietende – Medium des Ausdrucks von Ideen und Gedanken interessiert, als Mechanismus, »ohne welchen der Geist, der in der Kunst frei sein muß und allein das Werk belebt, gar keinen Körper haben und gänzlich verdunsten würde«[269]. Und die Romantik hatte zwar mit der Erkenntnis der produktiven Wechselwirkung zwischen Medium, Bedeutung und Ausdruck in der Dichtung[270] und der Interpretation der Malerei als ›Kunst des Sehens‹, die »das Medium alles Sichtbaren selbst zum Gegenstande«[271] habe, eine darüber hinausgehende Perspektive eröffnet, aber in ihrer Thematisierung des ästhetischen Mediums durchweg am Primat der Phantasie und des poetischen Gehaltes festgehalten.[272] Erst mit der Erhebung der Musik zum Paradigma der Werkkunst wurde ein neues Verständnis der Medialität der Kunst gewonnen.

Verkörperte die Plastik im Pandämonium der Künste seit jeher das Prinzip unvergänglich werkhafter Objektivität, so die Musik das entgegengesetzte vorüberghehende Wirkung. Die von Friedrich Schiller wie Friedrich Schlegel postulierte Vereinigung dieser Extreme der Kunst war das zentrale Problem der klassisch-romantischen Theorie wie Praxis musikalischer Komposition.[273] In ihr vollzog sich eine epochale Umdeutung der

---

265 Ebd., 342.
266 Vgl. HERDER, Kalligone. Vom Erhabenen und vom Ideal (1800), in: HERDER, Bd. 22 (1880), 301, 316.
267 Vgl. HEGEL (ÄSTH), 124f.
268 Ebd., 505.
269 KANT, Kritik der Urteilskraft (s. Anm. 163), 402 (§ 43).
270 Vgl. A. W. SCHLEGEL (s. Anm. 236), 12, 89, 103, 225.
271 A. W. SCHLEGEL, Die Gemählde. Gespräch, in: Athenäum 2 (1799), 64; vgl. ROLAND RECHT, ›... das Sehen eine Kunst‹, in: H. Belting/S. Gohr (Hg.), Die Frage nach dem Kunstwerk unter den heutigen Bildern (Ostfildern/Stuttgart 1996), 89–98.
272 Vgl. A. W. SCHLEGEL (s. Anm. 236), 103.
273 Vgl. SCHILLER (s. Anm. 231), 381 f. (22. Brief); F. SCHLEGEL (s. Anm. 263), 75.

II. Der Kunstwerkbegriff der Werkästhetik   557

traditionell den artes liberales angehörigen Musik, die als Prinzip harmonischer Verhältnisse Gegenstand reiner Theorie, der musica theoretica, gewesen war und als Gesetz performativer Praxis im Regelwerk der musica practica bestanden hatte.[274] Von dieser Praxis hatte es geheißen, daß sie zu keinem Produkt führe, sondern allein im Moment der Ausführung Dasein habe: »Vox, quando fit, est, sed cum facta est, non est.«[275] (Der Stimmklang ist da, solange er hervorgebracht wird, aber nicht mehr, wenn er hervorgebracht ist.) Der mit der Entwicklung der Notenschrift verbundene Fortschritt kompositorischer Möglichkeiten führte zur Aufwertung des Notentextes vom reinen Hilfsmittel der ›operatio‹ zum selbständigen ›opus‹, wie er erstmals vom deutschen Humanisten Johannes Tinctoris tituliert wird: Die Werke der großen Komponisten seien Gegenstand seines *Liber de arte Contrapuncti* (1477), nicht die Kontrapunktik als abstraktes Regelwerk.[276] Ein halbes Jahrhundert später führte Nicolaus Listenius seine Kompositionslehre als *musica poetica* neben den traditionellen Disziplinen der musica theoretica und practica ein; Komposition bringe ein »opus perfectum et absolutum«[277] hervor, das den Tod des ›artifex‹ überdauere. Zunächst im Gegensatz zu dem bei Listenius im Sinne einer musikalischen Regelpoetik eher technisch gefaßten Begriff des musikalischen Werks interpretierte die Empfindsamkeit Musik als »Nachahmung menschlicher Affekte«[278], wie es am reinsten in der Fantasie umgesetzt wurde. Am Ende des 18. Jh. verknüpfte Christian Gottfried Körner in seiner Apologie der Instrumentalmusik die beiden Theoreme der Werkhaftigkeit und der unmittelbaren Expressivität der Musik: Sie wie etwa Kant auf den »Trieb, sein Daseyn zu verkündigen«, zu reduzieren sei, zumindest ihren neueren Erscheinungen gegenüber, nicht angemessen. In der »Periode der Darstellung« schaffe der Komponist vielmehr ein »für sich bestehendes Werk«[279], und zwar als Charakterdarstellung, die Vorübergehend-Sinnliches mit Gleichbleibend-Ethischem verbinde und so die ›Ideenwelt‹ des Publikums bereichere. Hiermit ist die musikalische Komposition als geistig-kompositorische Verdichtung eines seelischen Ausdrucksgehaltes und als Kunstwerk im vollen Sinne der Werkästhetik konzipiert.

Das instrumentalmusikalische Kunstwerk stellte darin, daß es frei von jeglicher literarischen oder abbildlichen Bedeutung war, das bis dahin herrschende Verständnis des geistigen Gehaltes eines Kunstwerks in Frage. War die Ästhetik des 18. Jh. in aller Selbstverständlichkeit vom Konzept des Vorstellungsbildes ausgegangen, so entdeckte die Romantik Musik als eine Kunst, in der das Mechanische unmittelbar ins Geistige übergeht[280] und die daher die »unendliche Sehnsucht« reiner auszudrücken vermag als selbst die Dichtung: »Jede Leidenschaft – Liebe – Haß – Zorn – Verzweiflung etc. wie die Oper sie uns gibt, kleidet die Musik in den Purpurschimmer der Romantik, und selbst das im Leben Empfundene führt uns hinaus aus dem Leben in das Reich des Unendlichen.«[281] Durch ihre unmittelbar sinnliche, nicht über Bedeutung vermittelte Emotivität und ihre immanente Logik ermöglicht die Musik eine vollständige Schließung der seelischen Dynamis zur ›unendlichen‹ Einheit des Werkes, in ihr begründen sich Gegensatz, Entwicklung und Ganzheit in ihren formalen Verhältnissen unmittelbar auseinander, wie E. T. A. Hoffmann in seiner Besprechung der 5. Symphonie Beethovens zu zeigen suchte: »so sind es auch die

274 Vgl. ALBRECHT RIETHMÜLLER, Stationen des Begriffs Musik, in: F. Zaminer/T. F. Ertelt (Hg.), Ideen zu einer Geschichte der Musiktheorie. Einleitung in das Gesamtwerk (Darmstadt 1985), 72 f.
275 JEHAN DE MURS, Musica practica, in: M. Gerbert (Hg.), Scriptores ecclesiastici de musica sacra potissimum, Bd. 3 (1784; Hildesheim 1963), 292a.
276 Vgl. FRIEDER REMPP, Elementar- und Satzlehre von Tinctoris bis Zarlino, in: F. Zaminer (Hg.), Italienische Musiktheorie im 16. und 17. Jahrhundert. Antikenrezeption und Satzlehre (Darmstadt 1989), 193.
277 NICOLAUS LISTENIUS, Musica (Wittenberg 1537), fol. 3v.
278 REMPP (s. Anm. 276), 50 f.
279 Vgl. CHRISTIAN GOTTFRIED KÖRNER, Über Charakterdarstellung in der Musik (1795), in: W. Seifert (Hg.), C. G. Körner. Ein Musikästhetiker der deutschen Klassik (Regensburg 1960), 149 f.; vgl. KANT, Kritik der Urteilskraft (s. Anm. 163), 269 (§ 53).
280 Vgl. WACKENRODER, Die Wunder der Tonkunst (1799), in: Wackenroder (s. Anm. 185), 206.
281 ERNST THEODOR AMADEUS HOFFMANN, Beethovens Instrumentalmusik (1813), in: Hoffmann, Fantasie- und Nachtstücke, hg. v. W. Müller-Seidel (München 1960), 42 f.; vgl. DAHLHAUS, Die Musik des 19. Jahrhunderts (Laaber 1980), 13–21.

Zwischensätze und die beständigen Anspielungen auf das Hauptthema, welche dartun, wie der Meister das Ganze mit allen den charaktervollen Zügen nicht allein im Geist auffaßte, sondern auch durchdachte«[282]. In der romantischen »Zuspitzung des musikalischen Werkbegriffs zur Idee der absoluten Musik«[283] erscheint das musikalische Kunstwerk als reinste, das Diesseits transzendierende Manifestation der Kunst, die nicht wie die anderen Künste »nur vom Schatten«, sondern vom »Wesen«[284] rede.

Eduard Hanslick formuliert schließlich den Begriff des musikalischen Kunstwerks in voller Entsprechung zu dem des plastischen, indem er die musikalische Ordnung des Nacheinander über den Formbegriff verräumlicht: »Die Thätigkeit des Componisten ist eine in ihrer Art *plastische* und jener des bildenden Künstlers vergleichbar. Eben so wenig als dieser darf der Tondichter mit seinem Stoff unfrei verwachsen sein, denn gleich ihm hat er ja sein (musikalisches) Ideal objectiv hinzustellen, zur reinen Form zu gestalten.«[285] Gegen die Orientierung an der »specifisch-musikalischen Gefühlserregung« (69) fordert er eine »reine Anschauung« der musikalischen Formen, »contemplatives« (77) Hören um der Musik selbst willen. Wobei die Komposition als »Product« (81) streng von ihrer Aufführung zu unterscheiden sei: »Das Tonwerk wird geformt, die Aufführung erleben wir.« (57) Was aber wird geformt, wenn der Komponist im Gegensatz zu den anderen Künstlern nicht-Vorhandenes ›umbilde‹, sondern alles ›neu erschaffe‹?[286] Nach Hanslick ist die musikalische Form nicht von ihrem Inhalt zu trennen, sondern »Inhalt *und* Form, Stoff und Gestaltung, Bild und Idee [sind] in dunkler, untrennbarer Einheit verschmolzen« (99). Der Komponist arbeite in seiner Phantasie schon immer mit den Formen, die als unmittelbares Medium seines Geistes erscheinen: »Die Formen, welche sich aus *Tönen* bilden, sind [...] sich von innen heraus gestaltender Geist.« (34) Ästhetische Form wird hier als Ausdruck der ›Ideen‹ des Künstlers, als »*Entäußerung* der Subjectivität« (53) individualisiert und zum wesentlichen Gehalt des Werks erklärt.

Die an der Musik gewonnene Orientierung am aus seiner eigenen Logik heraus zum Sprechen zu bringenden ästhetischen Medium verbindet sich bei dem Dichter Edgar Allan Poe mit einer Poetik der Materialkonstruktion. Gegen den genieästhetischen Kult der Phantasie bestimmt er sie nüchtern als Fähigkeit zur innovativen, stimmigen und stimmungsvollen Konzeption, die sich durch einen ›under-‹ oder ›suggestive‹ ›current of meaning‹ empfehle.[287] Der Dichter schaffe nie etwas wirklich Neues, sondern erfinde nur »*novel* combinations among those forms of beauty which already exist«, und dies auf allen Ebenen seines Materials, Sinn, Klang und Rhythmus: »its effect will depend [...] upon the perfection of its finish, upon the nice adaptation of its constituent parts, and especially, upon what is rightly termed by Schlegel the unity or totality of interest«[288]. Die Einheit des Werks wird zur Frage der wirkungsvollen Verknüpfung gegebener Elemente, wie Poe es demonstriert, wenn er die Auswahl und Kombination der inhaltlichen und formalen Elemente seines *Raven* (1845) als »construction of the effect« darstellt: »the work proceeded, step by step, to its completion with the precision and rigid consequence of a mathematical problem«[289]. Nicht mehr die geistige Vermitteltheit aller Momente des Werks als seine innere Organisation ist das Ziel, sondern seine konstruktive Ökonomie in der Kombination wesentlich unterschiedener ästhetischer Dimensionen. Baudelaire, der auf eigene Weise den Kult der ›sensibilité‹ mit einem Realismus des Abseitigen, Schockierenden verband, feierte Poe dafür, mit seinem konstruktiven Ansatz den literarischen Stil entpersonalisiert,

---

282 HOFFMANN, [Rez.] Ludwig van Beethoven, 5. Sinfonie (1810), in: Hoffmann, Schriften zur Musik, hg. v. F. Schnapp (München 1963), 43.
283 DAHLHAUS, Ästhetik und Musikästhetik, in: Dahlhaus/H. de la Motte-Haber (Hg.), Systematische Musikwissenschaft (Laaber 1982), 103.
284 ARTHUR SCHOPENHAUER, Die Welt als Wille und Vorstellung (1818), in: SCHOPENHAUER, Bd. 2 (³1972), 304 (§ 52).
285 EDUARD HANSLICK, Vom Musikalisch-Schönen (Leipzig 1854), 53.
286 Vgl. ebd., 91.
287 Vgl. EDGAR ALLAN POE, Fancy and Imagination (1840), in: Poe, Poems and Essays, hg. v. A. Lang (London 1927), 282f., 285f.
288 POE, Longfellow's Ballads (1843), in: ebd., 271, 274f.
289 POE, The Philosophy of Composition (1846), in: ebd., 164, 166.

II. Der Kunstwerkbegriff der Werkästhetik 559

zum ›Werkzeug‹ seiner Kunst gemacht zu haben.[290] Das Kunstwerk nennt Baudelaire ›machine‹, so wie es Valéry später als »mécanisme à impressioner un public, à faire surgir les émotions et se répondre les images«[291] bezeichnen wird. Technik und Kalkül beruhen nach Baudelaire auf allgemeinen Regeln geistiger Organisation, die es erlauben, den ›Traum‹ des Künstlers in eine kommunizierbare Welt zu übersetzen.[292] Diese Regeln gehen der Logik des musikalischen Tonsystems entsprechend aus dem jeweiligen Material der Kunst hervor, wie er mit Bezug auf die Wechselwirkung der Farben eines Bildes feststellt.[293] Die Kunst bleibt bei alledem Domäne der Einbildungskraft, welche sich jedoch am Material der Empirie zu bewähren habe: »L'imagination […] décompose toute la création, et, avec les matériaux amassés et disposés suivant des règles dont on ne peut trouver l'origine que dans le plus profond de l'âme, elle crée un monde nouveau, elle produit la sensation du neuf.«[294] Dort, wo der Begriff des Materials am meisten befremdet, im Bereich der Phantasie, zeigt er am deutlichsten seine über die Probleme des jeweiligen künstlerischen Handwerks hinausgehende ästhetische Relevanz: Er rührt an die gesellschaftliche Vorgeprägtheit, Bedeutsamkeit, Konkretheit der Sinn- und Formelemente, aus denen der Künstler sein Werk bildet, wodurch dieses, wie Baudelaire an Delacroix' Werk entwickelt, seine Epoche atmosphärisch exakt auszudrücken vermag.[295] Mit Poe versteht er die Phantasietätigkeit nicht mehr als spontane Schöpfung, sondern als Moment ästhetischer Konstruktionsarbeit: Auf allen Ebenen entzünde sie sich an ihrem konkreten Material und übersetze die Atmosphäre ihres Umfelds oder Milieus ins Werk. Wobei die als Möglichkeiten direkter Wahrnehmung und Umsetzung des spezifisch Modernen besonders geschätzten schnellen, beiläufigen Arbeitsweisen der Karikatur und Skizze den Begriff des Kunstwerks an seine Grenzen führen: »La modernité, c'est le transitoire, le fugitif, le contingent, la moitié de l'art, dont l'autre moitié est l'éternel et l'immuable.«[296] Die Opposition von ergon und energeia kehrt hier als diejenige von Ewigkeitsanspruch und Augenblicksbezogenheit der Kunst wieder. Manet übersetzt Baudelaires Programm einer Kunst, die das Unstete mit dem Ewigen verschränkt, in die Malerei, wenn er durch perspektivische Verfremdung und Verselbständigung der Lokalfarben das Detail für sich stehen läßt, den homogenen Bildraum zugunsten inhaltlich motivierter konstruktiver Bezüge zurücknimmt und den Blick immer wieder auf die bemalte Bildoberfläche stoßen läßt.[297] Dieses Bildkonzept reflektiert nicht allein die Flüchtigkeit moderner Perzeption, sondern entspricht auch einer neuen, von Ruskin artikulierten Idee des (Bild-)Sehens als eines aktiven Wahrnehmungsgeschehens[298], nach der die Einheit des Werks nicht mehr in der Dialektik von sinnlicher Erscheinung (= sinnlich vermittelter Vorstellung) und geistigem Gehalt begründet ist, sondern in der sich vermittelten Einheit von Wahrnehmung und Vorstellung – und die ästhetische Erziehung des Menschen zumindest partiell in eine Erziehung zur aisthēsis umgedeutet wird. Die Auseinandersetzung mit der Wahrnehmung selbst, dem Elementaren optischer Eindrücke, radikalisierte Monet in seiner Reduktion des Motivs auf ein Kaleidoskop fast plastisch gestalteter Farbflekken, die den akademischen Kompositionsbegriff vollends außer Kraft setzte.[299] Seine Methode, vorübergehende Eindrücke spontan zu erfassen und

---

290 Vgl. CHARLES BAUDELAIRE, Edgar Allan Poe. Sa vie et ses ouvrages (1856), in: BAUDELAIRE, Bd. 2 (1976), 274.
291 PAUL VALÉRY, Introduction à la Methode de Léonard de Vinci (1894), in: VALÉRY, Bd. 1 (1957), 1185.
292 Vgl. BAUDELAIRE, Salon de 1859, in: BAUDELAIRE, Bd. 2 (1976), 626.
293 Vgl. ebd., 625 f.
294 Ebd., 620 f.
295 Vgl. BAUDELAIRE, L'œuvre et la vie d'Eugène Delacroix (1863), in: ebd., 756–760 (Kap. 5).
296 BAUDELAIRE, Le Peintre de la vie moderne (1863), in: ebd., 695.
297 Vgl. GROWE (s. Anm. 157), 174; FOUCAULT, La peinture de Manet (entst. 1971, ersch. 1989; Paris 2004).
298 Vgl. WOLFGANG KEMP, John Ruskin. Leben und Werk (Frankfurt a. M. 1987), 105 ff.
299 Vgl. GOTTFRIED BOEHM, Die Krise der Repräsentation. Die Kunstgeschichte und die moderne Kunst, in: L. Dittmann (Hg.), Kategorien und Methoden der deutschen Kunstgeschichte 1900–1930 (Stuttgart 1985), 126.

umzusetzen, sprengt spätestens im Fall seiner verschiedenen Lichtverhältnissen nachgehenden Bildserien die Grenzen der Tafelbildmalerei; eine Alternative zu ihr entwickelt er in den für einen bestimmten Ausstellungsort geschaffenen *Nymphéas* (entst. 1890–1926), die nahtlos aneinandergefügt ganze Raumovale ausfüllen, eine Mittelstellung zwischen dem Kunstwerk als Objekt der Betrachtung und der Installation als Raum einer Aneignungsbewegung einnehmen. Die Emanzipation der sinnlichen Erfahrung terminierte darin, ästhetische Erfahrung auf die Wahrnehmung und Kombination isolierter Reize, Kunst auf Sinnlichkeit zu reduzieren: In seinem Anspruch, Maltechnik unmittelbar aus der Theorie des Sehens abzuleiten, beschrieb der Neoimpressionismus bzw. ›Divisionismus‹ die Grenzen eines rein optischen Begriffs der Malerei.[300] Cézanne arbeitete dagegen an einer Verschränkung von optischer Annäherung an das Gegenständliche und bildtragender Strukturierung des Farbmaterials. In der Spannung zwischen diesen beiden Polen ereigne sich die ›réalisation‹ des Kunstwerks als ästhetischer Gegenstand eigenen Rechts: »Peindre, ce n'est pas copier servilement l'objectif, c'est saisir une harmonie entre des rapports nombreux, c'est les transposer dans une gamme à soi, en les développant suivant une logique neuve et originale.«[301] In der Dichtung Mallarmés führt eine entsprechende Auskonstruktion der internen klanglichen und semantischen Bezüge des Wortmaterials zur Abkehr vom Grundmuster sprachlicher Kommunikation[302]: »L'œuvre pure

implique la disparition élocutoire du poète, qui cède l'initiative aux mots, par le heurt de leur inégalité mobilisés; ils s'allument de reflets réciproques comme une virtuelle traînée de feux sur des pierreries, remplaçant la respiration perceptible en l'ancien souffle lyrique ou la direction personnelle enthousiaste de la phrase.«[303] Der Heros der modernen Lyrik projektierte ein Buch, das dieser Gedichtstruktur entsprechend aus einer Folge von auf verschiedensten Ebenen kontrastierenden Texten bestehen sollte, die in beliebiger Reihenfolge und auf unterschiedlichste Sinnzusammenhänge hin zu lesen wären.[304]

Die Geschichte der Werkästhetik ist die Geschichte einer Dynamisierung des Werkkonzeptes zuerst auf der Ebene der Vorstellungen, dann auch auf der der Wahrnehmungsmomente und des medialen Materials; ging sie vom Werkbegriff der bildenden Kunst, insbesondere der Plastik aus, so hat gerade diese Kunstform für die weitere Entwicklung der Werkkunst und ihrer Theorie kaum mehr eine Rolle gespielt. Jeder Versuch einer Dynamisierung ihrer Formen oder Freisetzung ihres Materials mußte sie schnell – wie es bei Rodin zu beobachten ist – an die Grenzen ihrer Möglichkeiten führen. Daher hat Conrad Fiedler im Gedankenaustausch mit dem Bildhauer Adolf von Hildebrand das Dynamische der Plastik in die künstlerische Tätigkeit selbst verlegt: »Während wir meinten, daß jene mechanische Tätigkeit des Bildens von einem geistigen Prozeß des Vorstellens abhängig sei, begreifen wir nun, daß jede Möglichkeit eines Fortschrittes in der Entwicklung der Vorstellungen abhängig ist von jener mechanischen Tätigkeit.«[305] Bildnerische Darstellung sei eine auf die Wahrnehmung reagierende Ausdrucksbewegung mit dem Zweck, »jene allgemeinen und unbestimmten Vorgänge, auf die unsere gesamte Wahrnehmung einer sichtbaren Welt hinausläuft, zu immer bestimmteren und faßbareren Ausdrucksmitteln zu entwickeln« (194). In der Reproduktion einer Anschauung aus seinem Inneren heraus erhebe der Künstler die ungeordnete Erfahrung der Natur über geistige und körperliche Bewegung vermittelt zur ›Sichtbarkeit‹ und trage so zu einem erhöhten ›Wirklichkeitsbewußtsein‹ bei. »Alle seine Begabung, all seine Genialität, entwickelt sich erst in diesem äußerlich wahrnehmbaren Tun,

---

300 Vgl. JOHN REWALD, Post-Impressionism from Van Gogh to Gauguin (New York 1956); dt.: Von Van Gogh bis Gauguin: die Geschichte des Nachimpressionismus, übers. v. U. Lampe/A. Wagner, überarb. v. K. Gutbrod (Köln 1967), 46–89.
301 PAUL CÉZANNE an seinen Sohn (undat.), zit. nach Bernard Dorival, Paul Cézanne (Paris 1948), 103.
302 Vgl. FOUCAULT, La folie, l'absence d'œuvre (1964), in: Foucault (s. Anm. 92), 418 f.
303 STÉPHANE MALLARMÉ, Crise de vers (1897), in: Mallarmé, Œuvres complètes, hg. v. H. Mondor/G. Jean-Aubry (Paris 1945), 366.
304 Vgl. JACQUES SCHERER (Hg.), Le ›livre‹ de Mallarmé (Paris 1957).
305 CONRAD FIEDLER, Der Ursprung der künstlerischen Tätigkeit (1887), in: Fiedler, Schriften über Kunst (Köln 1977), 188.

in dem sich nicht die Darstellung, sondern die Entstehung der künstlerischen Vorstellungswelt vollzieht.« (196) Daher sei »Kunst [...] so gut Forschung wie die Wissenschaft, und die Wissenschaft ist so gut Gestaltung wie die Kunst«[306]. Seine Umkehrung des klassischen Bedingungsverhältnisses von Werk und Kunsttätigkeit führt Fiedler dahin, die Kommunizierbarkeit der im Werk manifestierten künstlerischen Erfahrung zu negieren: »Aber nicht an das Vorhandensein der Kunstwerke ist jenes gesteigerte Wirklichkeitsbewußtsein gebunden, sondern an die Tätigkeit, in der sich die Entstehung dessen vollzieht, was wir ein Kunstwerk nennen. Die Kunstwerke sind an und für sich toter Besitz; sie nützen dadurch, daß sie als ein kleiner Zuwachs zu dem sichtbar Vorhandenen hinzukommen, der Entwicklung des Bewußtseins gar nichts.«[307] So dankbar die kunstwissenschaftliche Theoriebildung der Jahrhundertwende Fiedlers Anregungen zum Verhältnis von leiblicher Organisation und bildnerischer Gestaltung aufgenommen hat, so entschieden hat sie seine Rückkehr zum unvermittelten Dualismus von ergon und energeia abgelehnt.[308]

4. Das Kunstwerk als objektivierte Anschauungsform

Das organisierende Prinzip der idealistischen Ästhetik war die Phantasie; über sie waren Idee, Anschauung und Kunstproduktion systematisch vermittelt. Wer nun wie Bernhard Bolzano forderte, anstelle der Idee des Schönen das Kunstwerk zum Ausgangspunkt der Kunstwissenschaft zu machen[309], mußte der Werkbeschreibung eine Ebene jenseits geistiger Vorstellungen erst einmal erschließen. Dies gelang durch eine fortschreitende Substantialisierung des Formbegriffs, der bei Kant als an sich unerkennbares Medium ästhetischer Produktion wie Rezeption eine so zentrale wie abstrakte Rolle gespielt hatte. Insbesondere August Wilhelm Schlegels Analysen und Deutungen der romanischen Literaturgattungen begründeten einen wissenschaftlichen Begriff der Kunstform als Träger eines konkreten geistigen Gehalts[310], und bei Semper heißt es schließlich, daß die »Formen der Kunst, so gut wie diejenigen der Gesellschaft, [...] notwendigerweise Resultate eines Prinzips oder einer ursprünglichen Idee [sind], welche

schon vor ihnen bestanden haben mußte«[311]. Im Anschluß an Johann Friedrich Herbarts These, daß das Material in der Kunst zufällig und nur seine formalen Verhältnisse ästhetisch relevant seien, bestimmte Robert Zimmermann schließlich die ›allgemeine Kunstwissenschaft‹ als ›Formwissenschaft‹ und das Kunstwerk als Summe seiner formalen Verhältnisse[312] – ähnlich wie Viktor Šklovskij später vom Werk als Summe seiner Verfahren sprechen wird. Hiermit erscheint die Form als Inhalt, sie steht für die wahrnehmbare und physiopsychologisch oder kulturhistorisch zu erläuternde ästhetische Besonderheit des Werks.

Dem freien künstlerischen Formschaffen ordnete Alois Riegl einen eigenen Trieb zu, das auf eine »befriedigende Gestaltung seines (des Menschen) Verhältnisses [...] zur sinnlich wahrnehmbaren Erscheinung der Dinge«[313] gehende ›Kunstwollen‹, dessen jeweilige charakteristische Ausprägung in der ›Weltanschauung‹ einer Zeit beschlossen sei. In seiner Rekonstruktion der spätantiken Stilentwicklung von einer körperlich-taktil zu einer optisch aufgefaßten Räumlichkeit demonstrierte er, wie sehr ästhetische Wahrnehmung nicht allein sinnesphysiologisch bedingt ist, sondern auch kulturell geformt wird, und auf welch abstraktem Niveau solch weitgehend unbewußten Formprozesse stattfinden. Auf einem entsprechen-

---

306 FIEDLER, Über Beurteilung von Werken der bildenden Kunst (1876), in: ebd., 54.
307 FIEDLER (s. Anm. 305), 204.
308 Vgl. IMDAHL, Marées, Fiedler, Hildebrandt, Riegl, Cézanne. Bilder und Zitate (1963), in: Imdahl (s. Anm 15), 42–113.
309 Vgl. BERNHARD BOLZANO, Über den Begriff des Schönen (1843; Frankfurt a. M. 1972), 123 f.
310 Vgl. WALZEL (s. Anm. 100), 182 ff.
311 SEMPER, Die vier Elemente der Baukunst. Ein Beitrag zur vergleichenden Baukunde (Braunschweig 1851), 103.
312 Vgl. ROBERT ZIMMERMANN, Zur Reform der Ästhetik als exakter Wissenschaft (1862), in: Zimmermann, Studien und Kritiken zur Philosophie und Ästhetik, Bd. 1 (Wien 1870), 227; WOLFHART HENCKMANN, Probleme der allgemeinen Kunstwissenschaft, in: L. Dittmann (Hg.), Kategorien und Methoden der deutschen Kunstgeschichte 1900–1930 (Stuttgart 1985), 277 ff.
313 Vgl. ALOIS RIEGL, Spätrömische Kunstindustrie (1901; Darmstadt 1992), 401.

den Abstraktionsniveau hat Heinrich Wölfflin die stilistischen Optionen der neuzeitlichen Kunst aus dem völkerpsychologisch und historisch begründete ›Sehformen‹ reflektierenden Gegensatz von offenem und geschlossenem Stil entwickelt.[314] Diese Formen sind mehr der ›ästhetischen Einfühlung‹ denn objektivierender Analyse zugänglich, wie dies Theodor Lipps ausführte und Emil Utitz seinem Konzept der Kunstwissenschaft zugrunde legte.[315] Auch Hermann Cohens neukantianische Ästhetik geht vom Gefühl als dem die Kunst begründenden Moment des sich im Menschen objektivierenden, realitätsschaffenden Geistes aus; sofern der Geist sich *als Mensch* fühle, müsse »*die Objektivierung* [...] *in das Objekt übergehen*. Der Mensch bildet nur den Methodenbegriff der Objektivierung; das Kunstwerk allein ist das Objekt der Erzeugung [...], und es macht das Ideal zur Wirklichkeit«[316]. In seiner *Philosophie der symbolischen Formen* (1923–1929), die Sprache, Mythos und Wissenschaft in ihrer Funktion als weltbildende ›symbolische Formen‹ der Kultur untersucht, interpretiert Ernst Cassirer Formgestaltung als dialektischen Prozeß: »Das Ich drückt nicht nur seine eigene, ihm von Anfang an gegebene Form den Gegenständen auf, sondern es findet diese Form erst in der Gesamtheit der Wirkungen, die es auf die Gegenstände übt und die es von ihnen zurückempfängt.«[317] Für alle symbolischen Formen gelte, daß sich die Identität des Bewußtseins in ihnen durch das Tun und im Tun konstituiere und daß diese ›Energie‹ eine für die jeweilige symbolische Form spezifische ›Funktion‹ voraussetze: »Sie sind somit nicht verschiedene Weisen, in denen sich ein an sich Wirkliches dem Geiste offenbart, sondern sie sind die Wege, die der Geist in seiner Objektivierung, d. h. in seiner Selbstoffenbarung verfolgt.«[318] Das Prinzip der Kunst liege nun darin, daß in ihr »die Bildwelt, der Geist der bloßen Sach- und Dingwelt gegenüberstellt, eine rein immanente Geltung und Wahrheit« gewinne: »Damit erst formt sich die Welt des Bildes zu einem in sich geschlossenen Kosmos [...]. Und nun erst vermag auch der Geist zu ihr ein wahrhaft freies Verhältnis zu finden.«[319] Geht der ästhetische Formprozeß auf die Durchdringung und Objektivierung der vorgegebenen Sinnwelt, so erscheint das Kunstwerk als Supersymbol des symbolischen Formenschatzes seiner Zeit.

Wie die Weltanschauung im Kunstwerk mit seiner materiellen Erscheinung vermittelt ist, verfolgt Roman Ingarden in seiner Ontologie des Kunstwerks.[320] Dabei spielt der Begriff des *ästhetischen Objekts* eine zentrale Rolle, welcher, um von der materiellen Gegebenheit unterschiedene Erscheinungsform des Werkes als Gegenstand des Bewußtseins zu bezeichnen, von Waldemar Conrad und dem Neukantianer Broder Christiansen in die Kunsttheorie eingeführt worden war[321] und von Ingarden als kunstspezifische Variante des ›intentionalen Objekts‹ Husserls interpretiert wird. Der Sinn des literarischen Kunstwerks entfalte sich von der Ebene des »Wortlaute und der auf ihnen sich konstituierenden Lautgebilde höherer Stufe« über die der »Bedeutungseinheiten«, der »schematisierten *Ansichten* und Ansicht-Kontinuen«[322] und der »dargestellten Gegenständlichkeiten« (26) bis zum »Höhepunkt« des literarischen Kunstwerks, »der Offenbarung der metaphysischen Qualitäten. Das eigentlich Künstlerische liegt aber in der *Weise* dieser Offenbarung« (303 f.). Damit sind insbesondere die stilistischen Eigenart eines Werkes ausmachenden, seine Inhalte mit Gefühl und Weltan-

---

314 Vgl. HEINRICH WÖLFFLIN, Kunstgeschichtliche Grundbegriffe. Das Problem der Stilentwicklung in der neueren Kunst (1915), hg. v. H. Faensen (Dresden 1983).
315 Vgl. EMIL UTITZ, Grundlegung der allgemeinen Kunstwissenschaft, Bd. 2 (Stuttgart 1920), 4.
316 HERMANN COHEN, Ästhetik des reinen Gefühls, Bd. 1 (Berlin 1912), 212; vgl. GERD WOLANDT, Transzendentale Elemente in der Kunstphilosophie und in der Kunstgeschichte. Zur Geschichte der Kunsttheorie 1900–1930, in: Dittmann (s. Anm. 299), 225 ff., 238 ff.
317 ERNST CASSIRER, Philosophie der symbolischen Formen (Berlin 1923–1929), Bd. 2 (1925; Darmstadt [10]1994), 239.
318 Ebd., Bd. 1 (1923; Darmstadt [10]1994), 9.
319 Ebd., Bd. 2, 34.
320 Vgl. ROMAN INGARDEN, Das literarische Kunstwerk (Halle 1931), VI f.
321 Vgl. WALDEMAR CONRAD, Der ästhetische Gegenstand. Eine phänomenologische Studie, in: Zeitschrift für Ästhetik und allgemeine Kunstwissenschaft 3 (1908), 78 f.; BRODER CHRISTIANSEN, Philosophie der Kunst (Hanau 1909).
322 INGARDEN (s. Anm. 320), 25 f.

schauung verbindenden ›paratgehaltenen Ansichten‹ gemeint.³²³ »Die dem Leser in der Lektüre aufgezwungenen Ansichten können nämlich nie als echt wahrnehmungsmäßige Ansichten, sondern lediglich in der Phantasiemodifikation aktualisiert werden, obwohl sie im Werke selbst im allgemeinen als wahrnehmungsmäßige bestimmt sind.« (276) Auf die Wahrnehmung dieser Anschauungsformen ziele die kunstspezifische Rezeptionsweise, die ›ästhetische Einstellung‹.³²⁴ In der Bedeutungsstruktur des Werkes festgelegt, erschließen sie sich dem Leser qua ›Konkretisation‹ des gegebenen Textes, wobei Ingarden darauf besteht, daß diese Bedeutungsstruktur als Summe der ›intentionalen Gegenstände‹ des Werkes im wesentlichen festgelegt sei – allein im Hinblick auf die schon von Baudelaire angesprochenen Unbestimmtheitsstellen sei von einem Leben des Kunstwerks, seiner Veränderbarkeit in der Geschichte zu sprechen.³²⁵ Eine entsprechend strenge Ableitbarkeit des ästhetischen Objekts aus der sinnlichen Erscheinung des Werks behauptet Ingarden für die Verhältnisse zwischen musikalischer Komposition, Aufführung und Hörerlebnis sowie zwischen Gemälde, Bild und Bildkonkretisation – wo die Aneignungsweisen dagegen ungleichartig und unkontrollierbar ablaufen wie im Falle des architektonischen Werks, sieht er dessen Kunstcharakter in Frage gestellt.³²⁶ Diese Identifikation des Kunstwerks mit dem Resultat seiner geistigen Aneignung ist nicht nur ontologisch fragwürdig³²⁷, sondern bedeutet in letzter Instanz auch, die Erfahrung des Kunstwerks auf Sinnverstehen zu reduzieren.

Phänomenologische und neukantianische Ansätze verbindend, bestimmt Nicolai Hartmann die Kunst als eigentliche Objektivation des Geistes zwischen seinen ›bedingten‹ Äußerungen in Sprache und Technik. Sie symbolisiere ihn in seiner jeweiligen historisch konkreten Gestalt: »Der künstlerisch Schauende, das das Kunstwerk der Vergangenheit vor sich hat, erfaßt nicht nur unvermittelt dessen geistigen Gehalt, er wird vielmehr auch selbst von ihm erfaßt, wird in seiner Art zu sehen umgestellt. Er nimmt im Schauen etwas der geistigen Haltung desjenigen Geistes an, der das Werk produziert hat.«³²⁸ Der Gehalt eines Werkes erschließe sich – wie es für alle symbolischen Objektivationen gelte – einer »höheren Schau eines Nichtwahrnehmbaren«³²⁹, die auf der Wahrnehmung des Realgegenstandes aufbaue: »Im Werk als solchem sind die geformte Materie und der geistige Gehalt durch die Formung der ersteren miteinander verbunden; aber nicht an sich, sondern nur für den lebenden Geist« (85). Daher versteht Hartmann den ästhetischen Gegenstand nicht wie Ingarden als ›Konkretisation‹ des Kunstwerks schlechthin, sondern als Funktion seiner Aneignung: Er bestehe »nur relativ auf ein empfangendes Subjekt […]. Und weit stärker als seine Erkennbarkeit ist die Angleichung an ihn: der Betrachter kann durch die Macht des Werkes in die Anschauungsweise des Künstlers hineingezogen, von ihr erfaßt und umgebildet werden.« (86) Gerade die auch von Ingarden behauptete Möglichkeit einer mimetischen Aneignung des Kunstwerks, einer partiellen Anverwandlung des Rezipienten an die im Werk gestaltete Strukturierung der Realität, verbietet es, von einem ein für allemal feststehenden ästhetischen Objekt zu sprechen. Denn das Kunstwerk ist einerseits mimetisch polyvalent, es bietet verschiedenste Ebenen und Anknüpfungspunkte der Identifikation, und andererseits geht der mimetische Prozeß auf alles andere als die Etablierung eines fixierbaren ästhetischen Objekts. Oder mit den Worten Hartmanns zum Werk als ›Symbol‹: »nur der Vordergrund, das materielle, sinnliche Gebilde, ist real, der erscheinende Hintergrund, der geistige Gehalt, ist irreal« (89).

Der geisttheoretisch-formalistische Symbolbegriff ist in der gegenwärtigen Ästhetik von einem semiotischen abgelöst worden. Schon der junge Valéry hatte von einer ›logique imaginative‹ der

---

323 Vgl. ebd., 285, 292, 295.
324 Vgl. ebd., 295 f.
325 Vgl. ebd., 257; BAUDELAIRE, Richard Wagner et ›Tannhäuser‹ à Paris (1861), in: BAUDELAIRE, Bd. 2 (1976), 781 f.
326 Vgl. INGARDEN, Untersuchungen zur Ontologie der Kunst: Musikwerk, Bild, Architektur, Film (Tübingen 1962).
327 Vgl. RICHARD WOLLHEIM, Eine Anmerkung zur materiellen Objekthypothese (1980), in: Wollheim, Objekte der Kunst (Frankfurt a. M. 1982), 167–173.
328 NICOLAI HARTMANN, Das Problem des geistigen Seins (Berlin/Leipzig 1933), 359 f.
329 HARTMANN, Ästhetik (Berlin 1953), 75.

Symbole gesprochen, deren im Geist konkretisierte Zusammenhänge das Kunstwerk materialisiere, und der Kunst die Aufgabe der Prüfung, subjektiven Neuaneignung und Vermittlung der kulturellen Symbole an das Publikum zugewiesen.[330] Nelson Goodman untersucht die verschiedenen Formen symbolischer Sinnkonstitution in den Künsten, wobei er das Schwergewicht auf die pragmatische Funktionsfähigkeit der Symbole legt[331]; er sieht das Kunstwerk als Bedeutungssystem, das ›gelesen werden muß‹, nicht um verstanden zu werden, sondern um dem Rezipienten eine ›Reorganisation‹ seiner Welt »in terms of works and works in terms of the world«[332] zu ermöglichen. Die ›ästhetische Einstellung‹ ermögliche Selbsterkenntnis, und in diesem Sinne erfüllen die neben der Sinnlichkeit (über die verschiedenen Möglichkeiten der ›Repräsentation‹ = ›Denotation‹) in die Erfahrung von Kunstwerken einfließenden Emotionen (über den Ausdruck = ›Exemplifikation‹) eine ›kognitive Funktion‹.[333] Da Goodman Kunstrezeption als eine Tätigkeit versteht, deren Sinn in der Durchdringung der im Werk verwendeten Symbole liegt, identifiziert er das Werk mit der Erscheinungsform, in der es dem Rezipienten entgegentritt: das Werk der Malerei mit dem individuellen Objekt, das der Druckgraphik mit einer ›Klasse von Objekten‹, das der Literatur mit dem beliebig reproduzierbaren Text-›Charakter‹ und das der Musik mit der Klasse der äußerlich korrekten Exekutionen des Notentextes (wobei besonders die letztgenannte Identifizierung nicht ohne Aporien ist[334]); entsprechend sei das Drama eine »compliance-class of performances«[335] und der Tanz mangels zuverlässiger Notationsmöglichkeit eine werklose Kunst. Das als Megasymbol begriffene Kunstwerk (auch die bildliche ›Repräsentation‹ stelle einen Fall symbolischer Kommunikation dar) gilt Goodman nicht mehr als symbolischer Ausdruck eines in seiner Besonderheit zu reproduzierenden individuellen oder kollektiven Geistes, sondern als im Prozeß kultureller Symbolbildung und Welterzeugung stehendes und immer wieder neu zu erfahrendes und prüfendes Symbolsystem.[336]

III. Kunstwerk und Gesellschaft

1. Das Kunstwerk im gesellschaftlichen Leben

Eine Hauptleistung der Ästhetik des 19. Jh. war die Explikation ästhetischer Erfahrung als Erfahrung konkreter Kunstwerke. Die ungemeine Produktivität dieses Ansatzes führte allerdings zur Etablierung des Dogmas, daß alle Kunst auf Werke gehe, deren Sinn ein für allemal in ihnen beschlossen liege. Kein anderes Zeitalter hat praktisch wie theoretisch derart streng zwischen dem Autor eines Werkes und dem bloß ›nachschöpferischen‹ Interpreten unterschieden wie das bürgerliche, keines den Spielraum der Interpretation so stark eingeschränkt, den Kult des Originals als ursprüngliches und einmaliges Werk derart durchgesetzt: vom Urheberrecht über die Abwertung aller schmückenden Kunst bis zur Institutionalisierung des Denkmalschutzes, der einen ›freien Blick‹ auf das historische Kunstwollen ermöglichen sollte.[337] Allerdings zeichneten sich in der zweiten Hälfte des Jahrhunderts erste Tendenzen ab, das Dogma der ästhetischen Immanenz des Kunstwerks zu sprengen: sei es in Wagners Konzeption des Gesamtkunstwerks als einer neuen Form des Kults oder in Sempers Fundierung der freien Künste auf Kunsthandwerk und Architektur als der ›Mutter aller Künste‹ und der von ihm vorangetriebenen Kunstgewerbereform. Das einzelne Werk wurde wieder als integraler Bestandteil der Gesamtheit weltgestaltender Produktion begriffen und der Begriff des Kunstwerks auf Bereiche der Kunst und

---

330 Vgl. VALÉRY (s. Anm. 291), 1194.
331 Vgl. NELSON GOODMAN, Languages of Art. An Approach to a Theory of Symbols (1968; Indianapolis ²1976), 258.
332 Ebd., 241.
333 Vgl. ebd., 248.
334 Vgl. RISCH (s. Anm. 35), 118 ff.
335 GOODMAN (s. Anm. 331), 210.
336 Vgl. GOODMAN, Words, Works, Worlds (1975), in: Goodman, Ways of Worldmaking (Indianapolis 1978), 1–22.
337 Vgl. ERNST BACHER, Alois Riegl und die Denkmalpflege; in: Bacher (Hg.), Kunstwerk oder Denkmal? Alois Riegls Schriften zur Denkmalpflege (Wien/Köln/Weimar 1995), 22.

Technik angewandt, die längst aus dem Kanon der schönen Künste herausgefallen waren: »Um den Stadtbau als Kunstwerk kümmert sich eben heute fast Niemand mehr, sondern nur als technisches Problem. Wenn dann nachträglich die künstlerische Wirkung den gehegten Erwartungen in keiner Weise entspricht, stehen wir verwundert und rathlos da.«[338] Der Kunstsoziologe Wilhelm Hausenstein versprach sich von einer gesellschaftlichen Reintegration der Kunst nach dem Vorbild der mittelalterlichen Bauhütten die Rückkehr zu »jener großen Gegenseitigkeit zwischen Form und Form, zwischen Kunstwerk und Demos, die man Typik nennt«[339]. Forderte Camillo Sitte, daß das Straßensystem einer Stadt ›anschaubar‹ werden solle, und suchte Hausenstein nach einer Kunst, die den ›Typus‹ ihrer Zeit für ihre Zeit zum Ausdruck bringe, wird die Problematik solch unvermittelter Applikation ästhetischer und kunsthistorischer Kategorien auf zeitgenössische Praxis nur zu deutlich.

Stand ›Werk‹ im ästhetisch-kulturkritischen Diskurs seit Ruskin für eine der ›technischen‹ Massenproduktion entgegengesetzte handwerklich-künstlerische Fertigungsweise[340], so förderte der industrienahe Werkbund die Integration maschineller Produktion in das Kunsthandwerk. In der Bauhausprogrammatik repräsentiert der Werkbegriff den Anspruch auf eine architektonische Gesamtformung des Technischen, die kaum mehr in einzelnen Produkten zu realisieren sei: Ziel ist das ›Einheitskunstwerk‹, der die Unterscheidung zwischen dekorativer und monumentaler Kunst aufhebende ›große Bau‹.[341] Die Frage war aber, wie an diesem großen Bau, der als ganzer nie Gegenstand einer künstlerischen oder auch politischen Planung werden konnte, zu arbeiten sei. Der Architekt Rudolf Schwarz legte Prinzipien eines offenen Prozesses planerischer Zielbestimmung dar, der sich nicht an überkommene ästhetische Vorstellungen orientieren sollte, sondern an aktuellen Bedürfnissen: »Vorschauende Arbeit müßte beachten, daß in der kommenden Stadt wahrscheinlich ganz andere Wirklichkeiten nach Schauplätzen verlangen werden als in der heutigen Geschäftsstadt. Eben dadurch, daß sich kein absolutes Verhältnis der Werkinhalte finden läßt, bleibt der kommende Sinn der großen Stadt, und das heißt wohl des Werks überhaupt, unbestimmbar; das macht alle große Formungsarbeit ungeheuer unsicher und zwingt immer wieder dazu, neue Pläne aufzustellen.«[342] Die Werkhaftigkeit der modernen Stadt ist nicht auf planbare Anschaulichkeit, sondern offene Prozessualität, die reine Erschließung und Aneignung von Lebensraum gegründet.

Das Verhältnis von künstlerischer Gestaltung und technischer Produktion war thematischer Ausgangspunkt auch der produktionistischen und konstruktivistischen Theorien der russischen Avantgarde: »Искусство кончено! Ему нет места в людском трудовом аппарате. Труд, техника, организация! Переоценка функций человеческой деятельности, связь каждого усилия с общим размахом общественных задач – вот идеология нашего дня.« (Die Kunst ist am Ende! Sie hat keinen Platz im Mechanismus der menschlichen Arbeit. Arbeit, Technik, Organisation! Die Neubewertung der Funktionen menschlicher Tätigkeit, die Verbindung jeder Anstrengung mit dem gemeinschaftlichen Schwung der gesellschaftlichen Aufgaben – das ist die Ideologie unserer Zeit.)[343] Organisiert werden sollte nicht mehr das Kunstwerk, sondern das gesellschaftliche Leben durch »ingenieursmäßige Umorientierung der Künstler« (инженеризацией художников), »Vergesellschaftung der Industrie« (обобществлением индустрии) und »wissenschaftliche Be-

---

338 CAMILLO SITTE, Der Städtebau nach seinen künstlerischen Grundsätzen (Wien 1889), 90.
339 WILHELM HAUSENSTEIN, Die Kunst und die Gesellschaft (Brüssel 1916), 93.
340 Vgl. JOHN RUSKIN, The Nature of Gothic, in: Ruskin, The Stones of Venice, Bd. 2 (1853; London 1911), 149–228.
341 Vgl. WALTER GROPIUS, Rede bei der 1. Ausstellung von Schülerarbeiten des Bauhauses (Juni 1919), in: D. Schmidt (Hg.), Manifeste Manifeste. 1905–1933 (Dresden 1965), 237f.
342 RUDOLF SCHWARZ, Werkziele (entst. um 1928), in: Schwarz, Wegweisung der Technik und andere Schriften zum Neuen Bauen 1926–1961 (Braunschweig/Wiesbaden 1979), 85.
343 ALEKSEJ GAN, Konstruktivizm (Moskau 1922), 48; vgl. VARVARA STEPANOVA/ALEKSANDR RODČENKO, Produktivistenmanifest (1921), dt. zit. nach Heinrich Klotz, Kunst im 20. Jahrhundert (München 1994), 30.

herrschung der Lebensformen« (научным овладением бытовыми формами)³⁴⁴. Werkartige Strukturen wurden zugunsten offener Kommunikations- und Produktionsformen in Agitprop, Fest, literarischer und filmischer Reportage zurückgedrängt. Die Wirkungsweise des varietéhaft-dadaistischen ›Theaters der Attraktionen‹ Sergej M. Ėjzenštejns deutete Sergej M. Tret'jakov als »eine Reihe von Impulsen [...], die [...] auf die Psyche des Publikums ausgesandt werden«³⁴⁵, und aller Aufwand Ėjzenštejnscher Filmkunst sei »lediglich Baumaterial, aus dem der Ingenieur-Regisseur mit größter Erfindungslust die kompliziertesten und einfachsten Instrumente herstellt, mit deren Hilfe er den Riesenwanst des Auditoriums operiert – verjüngend, Muskeln schaffend, die Empfindungen befeuernd«³⁴⁶. Dem Programm einer im Produktionsprozeß aufgehenden, die »rationale Organisation des Materials im Sinne der sozialen Bedürfnisse« (рациональной организацией материала, в плане социальных потребностей)³⁴⁷ leistenden Kunst gab Tret'jakov eine an die Aufklärungspoetik erinnernde Wendung: »Kunst für alle – nicht als Produkt, das man konsumiert, sondern als Fertigkeit, etwas zu produzieren« (искусство всем – не как продукт потребления, но как производственное умение)³⁴⁸. Durch Rückführung der Werke auf die in ihnen manifeste Fertigkeit konnte klassische Werkkunst konstruktivistisch umfunktioniert werden: Die Lektüre eines modernen Gedichtes bedeute, »das Material noch einmal zu bewältigen, sich die Methoden des konstruktiven Umgangs des Dichters mit dem Werk anzueignen« (повторное преодоление материала, усвоение приемов конструктивного подхода поэта к слову)³⁴⁹. Und die an Cézanne anknüpfende Malerei erschließe sich dem Betrachter als ›Konstruktionszeichnung‹, wenn er »die Verbindung der Farben, Linien und Oberflächen, den Weg der künstlerischen Konstruktion, Materialorganisation und Gliederung der Elemente [verfolgt], die den Effekt der Spannung des Materials und der Kraft erzeugen«³⁵⁰.

Diese Verselbständigung der Komposition, ihre Interpretation als Manifestation allgemeingültiger Grundsätze der Gestaltung, ist die gemeinsame konstruktivistische Tendenz der internationalen Avantgarde dieser Zeit: »Der Drang, rein das Kompositionelle zu offenbaren, die künftigen Gesetze unserer großen Epoche zu entschleiern, ist die Kraft, die den Künstler auf verschiedenen Wegen zu einem Ziel zu streben zwingt.«³⁵¹ Apollinaire stellte heraus, daß die autonome Gestaltungsweise des Kubismus die Schaffung einer neuen Realität intendiere, und er feierte Picasso als neuen Menschen, der Ordnung im Weltall schaffe.³⁵² Die Verbindung der Idee des ›rein gestalteten Kunstwerks‹ mit einem gesellschaftsverändernden Anspruch war Programm auch der mit den Bauhauskünstlern und den russischen Konstruktivisten vielfältige Beziehungen unterhaltenden holländischen Künstlergruppe De Stijl: »Wir müssen begreifen, daß Kunst und Leben keine voneinander getrennten Gebiete sind. [...] Wir fordern [...], daß unsere Umwelt nach schöpferischen Gesetzen aufgebaut werde, die sich von einem feststehenden Prinzip ableiten [...]. Diese Gesetze [...] führen zu einer neuen

---

344 BORIS ARVATOV, Iskusstvo i organizacija byta (1926), in: Arvatov, Ob agitacionnom i proizvodstvennom iskusstve (Moskau 1930), 83; dt.: Kunst und Organisation der Umwelt, in: Arvatov, Kunst und Produktion, hg. u. übers. v. H. Günther/K. Hielscher (München 1972), 64.
345 SERGEJ M. TRET'JAKOV, Teatr attrakcionov (1924); dt.: Theater der Attraktionen, in: Tret'jakov, Gesichter der Avantgarde, hg. u. übers. v. F. Mierau (Berlin/Weimar 1991), 72.
346 TRET'JAKOV, Ėjzenštejn – režissër-inžener (1926); dt.: Eisenstein – der Regisseur als Ingenieur, in: ebd., 74.
347 TRET'JAKOV, Otkuda i kuda? Perspektivy futurizma, in: LEF (1923), H. 1, 196; dt.: Woher und wohin? Perspektiven des Futurismus, in: Tret'jakov (s. Anm. 345), 43.
348 Ebd., 198; dt. 46.
349 TRET'JAKOV, Knige (1921), in: Tret'jakov, Jasnyš. Stichi 1919–1921 (Cita 1922), 5; dt.: Wortkonstrukteur, in: Tret'jakov (s. Anm. 345), 87.
350 TRET'JAKOV/NIKOLAJ ASEEV, Chudožnik Pal'mov (1922); dt.: Die Arbeit Viktor Palmows, in: ebd., 8.
351 WASSILY KANDINSKY, Über die Formfrage (1912), in: C. Hünecke (Hg.), Der Blaue Reiter. Dokumente einer geistigen Bewegung (Leipzig 1991), 136.
352 Vgl. GUILLAUME APOLLINAIRE, Die moderne Malerei (1913), in: H. Düchting (Hg.), Apollinaire zur Kunst (Köln 1989), 194; APOLLINAIRE, Les peintres cubistes. Méditations esthétiques (Paris 1913).

plastischen Einheit.«³⁵³ Arnold Gehlen nimmt einen Einfluß des Neukantianismus auf diese Konzepte zielgerichteter Weltgestaltung durch Formarbeit an und interpretiert moderne Malerei dementsprechend als künstlerische Umsetzung impliziter Ästhetik, experimentelle Arbeit an der ›Rationalität des Auges‹ und Hebung des optisch Unbewußten.³⁵⁴ Dazu transformiert er Daniel-Henry Kahnweilers Begriff der ›peinture conceptuelle‹ in den der ›peinture conceptionnelle‹, die »eine Bildauffassung bedeuten soll, in die eine Überlegung eingegangen ist, welche erstens den Sinn der Malerei, *ihren Daseinsgrund gedanklich legitimiert* und zweitens aus dieser bestimmten Konzeption heraus *die bildeigenen Elementardaten definiert*«³⁵⁵. Heinz Paetzold, der Gehlens Ansatz nach dem angeblichen »Scheitern der politischen Ästhetik«³⁵⁶ aufgreift, ersetzt das Kunstwerk als ästhetischen Grundbegriff durch die Reflexion als »Einsicht in die Struktur der Sinneswahrnehmung«³⁵⁷. Auf der anderen Seite betont er im Unterschied zu Gehlen die Leiblichkeit der bildenden Kunst, »die Korrektur, die eine Idee erfährt, indem sie dem Zusammenspiel von Auge und Hand (Malerei) unterworfen wird«³⁵⁸. Diese Ganzheitlichkeit des ästhetischen Werkprozesses jedoch führt nach Valérys Einsicht über alle Konzeption und Reflexion hinaus an die Grenzen des intellektuell Faßbaren: »dans la production de l'œuvre, l'action vient au contact de l'indéfinissable.«³⁵⁹ Der Künstler erfahre das eigene Werk als eine Art Partitur, deren Sinn und Bedeutung ihm selbst erst über die Reaktionen anderer zugänglich wird: »Ce n'est pas en moi que l'unité réelle de mon ouvrage se compose.«³⁶⁰ Auch heißt es: »Toute œuvre est l'œuvre de bien d'autres choses qu'un ›auteur‹.«³⁶¹ Nur vielfach gebrochen und vermittelt sind die Konzeptionen des Autors in seinem Werk präsent, und einmal publik gemacht, geht es seine eigenen Wege. In der Simultaneität seiner Wahrnehmbarkeit ist es etwas anderes geworden als das, was es im Prozeß seiner Genese war: »Chef-d'œuvre, merveilleuse machine à faire mesurer toute la distance et la hauteur […] entre ce qu'il faut pour faire un ouvrage, et ce qui dans un coup d'œil, dans un contact, est donné.« (675) Valérys besonderes Interesse am Akt der Gestaltung führt ihn dahin, die Arbeit des Skulpteurs selbst als »œuvre d'art«³⁶² zu benennen.

Die angelsächsische Kunsttheorie orientierte sich traditionell stärker an der Frage, welche lebenspraktischen Fähigkeiten und Konzepte Kunst vermittelt – Ezra Pound sprach als Wortführer der Londoner Avantgarde davon, daß der Dichter seine Sprache in einem brauchbaren Zustand zu erhalten, d. h. an die aktuelle Erfahrung anzupassen habe.³⁶³ T. S. Eliot erweitert diesen Ansatz in *Tradition and the Individual Talent* (1917) um die Dimension des in den Werken implizierten Kultur- und Kunstbegriffs: Die kulturelle Hierarchie ästhetischer Werte werde mit jedem neuen Werk umgeformt, und mit dieser habe es der Dichter in seiner Arbeit zuallererst zu tun.³⁶⁴ Das Kunstwerk erscheint so als Eingriff ins Traditionsgeschehen, als kritisch bewahrende Formulierung des aktuellen kulturellen Status quo. Ivor Armstrong Richards bezieht die Organisation ästhetischer wie ethischer Werte in einem Kunstwerk auf das Gleichgewicht und die Reaktionsfähigkeit des menschlichen Nervensystems: Die Erfahrungen des Künstlers, »which give value to his work, represent conciliations of impulses which in most minds are still con-

---

353 THEO VAN DOESBURG/CORNELIUS VAN EESTEREN, Auf dem Weg zum kollektiven Bauen, Kommentar zu Manifest V (1923), übers. v. H. Korssakoff-Schröder, zit. nach U. Conrads (Hg.), Programme und Manifeste zur Architektur des 20. Jahrhunderts (Braunschweig/Wiesbaden 1981), 63.
354 Vgl. ARNOLD GEHLEN, Zeit-Bilder. Zur Soziologie und Ästhetik der modernen Malerei (1960; Frankfurt a. M. ³1972), 59, 62, 73, 129.
355 Ebd., 75.
356 HEINZ PAETZOLD, Ästhetik der neueren Moderne. Sinnlichkeit und Reflexion in der konzeptionellen Kunst der Gegenwart (Stuttgart 1990), 127 f.
357 Ebd., 63; vgl. 56 f.
358 Ebd., 133.
359 VALÉRY, Première leçon du cours de poétique (1938), in: VALÉRY, Bd. 1 (1957), 1357.
360 VALÉRY, Au sujet du cimetière marin (1933), in: ebd., 1506.
361 VALÉRY, Rhumbs (1926), in: VALÉRY, Bd. 2 (1960), 629.
362 VALÉRY, Mon buste (1935), in: ebd., 1362.
363 Vgl. MIRIAM HANSEN, Ezra Pounds frühe Poetik und Kulturkritik zwischen Aufklärung und Avantgarde (Stuttgart 1979), 7 ff.
364 Vgl. THOMAS STEARNS ELIOT, Tradition and the Individual Talent (1917), in: Eliot, Selected Essays (1932; London ³1951), 17.

fused, intertrammelled, and conflicting. His work is the ordering of what in most minds is disordered.«[365] Die optimale geistig-sinnliche Organisation einer Erfahrung ist auch für den Pragmatisten John Dewey das Ziel künstlerischer Gestaltung: »Order, rhythm and balance, simply means that energies significant for experience are acting at their best.«[366] Kunst sei »the most universal form of language« (270); »works of art are the only media of complete and unhindered communication between man and man« (105). Diese Kommunikation werde allerdings durch den üblichen Umgang mit Kunstwerken erschwert, der sie aus dem pragmatischen Kontext ihrer Entstehung löse und ihre Bedeutung für die ›reale Lebensführung‹ ignoriere.[367] Dagegen fordert auch Dewey eine Rezeptionshaltung aktiver Nachschöpfung: »But with the perceiver, as with the artist, there must be an ordering of the elements of the whole that is in form, although not in details, the same as the process of organization the creator of the work consciously experienced. Without an act of recreation the object is not perceived as a work of art.« (54)

Vor dem Hintergrund der Dynamisierung des Werkbegriffs durch die Avantgarde untersuchte der russische Formalismus Dichtung als Verfahren, auf eine besondere Art und Weise mit dem Medium Sprache umzugehen. Die Literarizität (literaturnost'), der spezifische Kunstcharakter oder die ›artistische Funktion‹ (Gérard Genette) der Dichtung im Gegensatz zu ihren biographischen und geistigen Hintergründen, sei alleiniger Gegenstand der den Objektivitätsanspruch und die Methode der strukturalen Linguistik teilenden formalistischen Poetik.[368] Sie setzt Mallarmés Konzept einer vor allem in den Qualitäten und Beziehungen ihres Sprachmaterials begründeten ›poésie pure‹ voraus, stellt es aber im Anschluß an Broder Christiansen in ein produktives Verhältnis zur gesellschaftlichen Sprachpraxis: Die besondere Qualität eines lyrischen Gedichts bestehe in ›Differenzempfindungen‹, die den wie Sinneseindrücke wahrgenommenen Differenzen des poetischen Sprachgebrauchs zur gewöhnlichen Sprache.[369] Nach Šklovskij wird die Sprache im Wortkunstwerk durch ihre besondere Organisation zum Gegenstand bewußter Wahrnehmung und das Beschriebene durch seine verfremdende Darstellung neu gesehen und nicht nur wiedererkannt. Für alle Formelemente des Kunstwerks gelte zudem, daß sie stets auf dem Hintergrund und auf dem Wege der Assoziierung mit anderen Kunstwerken wahrgenommen würden: »jedes Kunstwerk wird geschaffen als Parallele und Gegensatz zu einem vorhandenen Muster. *Eine neue Form entsteht nicht, um einen neuen Inhalt auszudrücken, sondern um eine alte Form abzulösen, die ihren Charakter als künstlerische Form bereits verloren hat*« (всякое вообще произведение искусства создается как параллель и противоположение какому-нибудь образцу. *Новая форма является не для того, чтобы выразить новое содержание, а для того, чтобы заменить старую форму, уже потерявшую свою художественность*)[370]. Durch ›Verfremdung‹ lege der Künstler seine Verfahren bloß, die der Rezipient dann ›als Kunst‹ wahrnehmen könne: »die Kunst ist ein Mittel, das Machen einer Sache zu erleben; das Gemachte hingegen ist in der Kunst unwichtig.« (искусство есть способ пережить делание вещи, а сделанное в искусстве не важно.)[371] Verfolgte Šklovskij in seiner Entgegensetzung von ›Automatisierung‹ und ›Lebendigkeit‹ vorwiegend Phänomene literarischer Ironisierung und Parodie, wie sie in der futuristischen Dichtung Vladimir Majakovskijs eine prominente Rolle

---

365 IVOR ARMSTRONG RICHARDS, Principles of Literary Criticism (1924), hg. v. J. Constable (London/New York 2001), 56.
366 JOHN DEWEY, Art as Experience (New York 1934), 185.
367 Vgl. ebd., 3.
368 Vgl. ROMAN JAKOBSON, Novejšaja russkaja poėsija. Nabrosok pervyj. Viktor Chlebnikov (entst. 1919; ersch. 1921), in: Texte der russischen Formalisten, russ.-dt., Bd. 2, hg. v. W.-D. Stempel (München 1972), 30; dt.: Die neueste russische Poesie. Erster Entwurf. Viktor Chlebnikov (1921), übers. v. R. Fieguth, in: ebd., 31.
369 Vgl. VIKTOR ŠKLOVSKIJ, Svjaz' priemov sjužetosloženija s obščimi priemami stilja (1916), in: Texte der russischen Formalisten, russ.-dt., Bd. 1, hg. v. J. Striedter (München 1969), 50/52; dt.: Der Zusammenhang zwischen den Verfahren der Sujetfügung und den allgemeinen Stilverfahren, übers. v. R. Fieguth, in: ebd., 51/53.
370 Ebd., 50; dt. 51.
371 ŠKLOVSKIJ, Iskusstvo, kak priem (1916), in: ebd., 14; dt.: Kunst als Verfahren, übers. v. R. Fieguth, in: ebd., 15.

spielten, so behandelte Jurij Tynjanov Lyrik als Kunst ›dynamischer Konstruktion‹: Durch Überlagerung und Verzahnung klanglicher, rhythmischer und semantischer Muster hebe sie den linearen Charakter der Sprache auf und erneuere ihre Semantik aus der sinnlichen Erfahrung heraus.[372] Jakobson wird dieses Vorgehen später als Projektion des Prinzips der Äquivalenz von der Achse der (im Verhältnis des Wortes zu seiner Bedeutung begründeten) Selektion auf die (die Beziehung der Worte zueinander betreffende) Achse der Kombination bestimmen; dieses die Aufmerksamkeit von der Bedeutung der Worte auf ihre lautlichen und sonstigen Beziehungen untereinander lenkende Verfahren sei im grundlegenden ästhetischen Prinzip des Parallelismus, der Schaffung interner Bezüge durch variierende Wiederholung, begründet.[373] Das Spiel der Wörter, Figuren und grammatischen Formen untereinander aktiviert linguistische Beziehungen zwischen ihnen und Bedeutungsnuancen an ihnen, die in der alltagssprachlichen Einstellung auf die Semantik ausgeblendet werden – aber auch die Semantik einer Dichtung kann, wie in seiner gemeinsam mit Claude Lévi-Strauss verfaßten Analyse eines Baudelaire-Gedichts, in eine Struktur latenter Bedeutungsfelder und -bezüge aufgelöst und so als Oberfläche hintergründiger Verfahren der Bedeutungsverschiebung und -verdichtung interpretiert werden.[374]

Die Erneuerung und Differenzierung sprachlich-literarischer Verfahren durch Dichtung kann nur in konkreten Vergleichen mit der Alltagssprache oder zwischen Dichtungen erläutert werden, wie sie Šklovskij und Ejchenbaum zu einer Reihe von literarischen Verfahren und Gattungen durchgeführt haben. Diese Verfahren systematisierend, fordert Tynjanov, die Differenzqualität eines ›literarischen Faktums‹ zugleich aus seinem synchronen Bezug zur Alltagssprache und aus seinem diachronen Bezug zu anderen Werken abzuleiten, seinem Ort in der ›literarischen Reihe‹, die wiederum in Korrelation zu anderen Reihen der gesellschaftlichen Entwicklung stehe.[375] Abgeschlossen wurde diese Überführung der synchronen und diachronen Differenzverhältnisse eines literarischen Werkes in ein funktional geordnetes ›System von Systemen‹ durch das methodische Postulat, »daß jedes System notwendig als Evolution vorliegt und ande-

rerseits die Evolution zwangsläufig Systemcharakter besitzt« (что каждая система дана обязательно как эволюция, а с другой стороны, эволюция носит неизбежно системный характер)[376]. Hiervon ausgehend, nimmt der tschechische Strukturalismus den Begriff des ästhetischen Objekts auf und integriert ihn in die semiotische Begrifflichkeit der strukturalen Linguistik, um das bislang ausgesparte Verhältnis der Struktur eines Werks zu seinem Bedeutungsgehalt zu artikulieren. Das Kunstwerk wird als ein aus materiellem Gegenstand und ästhetischem Objekt zusammengesetztes Zeichen definiert, das in der Regel qua Bezeichnung einer Sache die normale, ›kommunikative‹ Zeichenfunktion erfülle, als Kunstwerk jedoch durch eine weitere, ›autonome‹, selbstreflexiv-formbezügliche Zeichenfunktion bestimmt sei, in der es nichts anderes als sich selbst bedeute.[377] Nach dem wechselnden Gewichtungsverhältnis zwischen der kommunikativ-realistischen und der autonom-formbezüglichen Funktion (die später ›ästhetische Funktion‹ oder ›poeti-

---

372 Vgl. JURIJ TYNJANOV, Problema stichotvornogo jazyka (1924; Moskau 1965); dt.: Das Problem der Verssprache. Zur Semantik des poetischen Textes, übers. v. I. Paulmann (München 1977).

373 Vgl. JAKOBSON, Linguistics and Poetics (1960), in: T. A. Sebeok (Hg.), Style in Language (Cambridge 1960), 350–377; MENNINGHAUS, Unendliche Verdopplung. Die frühromantische Grundlegung der Kunsttheorie im Begriff absoluter Selbstreflexion (Frankfurt a. M. 1987), 7–29.

374 Vgl. JAKOBSON/CLAUDE LÉVI-STRAUSS, ›Les chats‹ de Charles Baudelaire (1962), in: L'Homme. Revue française d'anthropologie 2 (1962), H. 1, 5–21.

375 Vgl. TYNJANOV, O literaturnoj ëvoljucii (1927), in: Tynjanov, Archaisty i novatory (Leningrad 1929), 35, 39 ff.; dt.: Über die literarische Evolution (1927), übers. v. H. Imendörffer, in: Striedter (s. Anm. 369), 441, 449 ff.

376 JAKOBSON/TYNJANOV, Problemy izučenija literatury i jazyka (1928), in: Stempel (s. Anm. 368), 388; dt.: Probleme der Literatur- und Sprachforschung, übers. v. R. Fieguth/I. Paulmann, in: ebd., 389.

377 Vgl. JAN MUKAŘOVSKÝ, Umění jako semiologicky fakt (entst. 1934, ersch. 1936), in: Mukařovský, Studie z Estetiky (Prag 1966), 88; dt.: Kunst als semiologisches Faktum (1936), in: Mukařovský, Kapitel aus der Ästhetik, übers. v. W. Schamschula (Frankfurt a.M. 1970), 146; KVĚTOSLAV CHVATÍK, Artefakt und ästhetisches Objekt, in: Oelmüller (s. Anm. 44), 51–53.

sche Funktion‹ genannt wird),»den fortdauernden Pendelschwingungen der Beziehung zur Realität«[378], lasse sich die gesamte Geschichte der Kunst periodisieren. Da sich das Kunstwerk in seiner Bedeutung auf eine sich historisch wandelnde Wahrnehmungs-, Sinn- und Kunstwelt, das ›Kollektivbewußtsein‹, bezieht, setze es in verschiedenen historischen Kontexten unterschiedliche Sinnpotentiale frei: »ein und dasselbe ›materielle‹ Werk entspricht [...] im Verlauf seines [...] Wirkens nacheinander einer ganzen Reihe von ästhetischen Objekten.«[379]

Im Gegensatz zu dieser Autonomisierung und Relativierung der Zeichenfunktion des Kunstwerks thematisiert die parallel in Amerika entwickelte Kunstsemiotik das Kunstwerk vornehmlich als Vermittler von Bedeutung. Im Anschluß an die pragmatistische und verhaltenstheoretische Ästhetik bestimmte es Charles W. Morris als ein ›ikonisches‹ (seinem Denotat ›ähnliches‹ bzw. den eigenen Zeichenträger mitdenotierendes) Zeichen, dessen zentrale, ›pragmatische‹ Funktion sich in seinem ›Interpretanten‹, seiner Wirkung auf den Interpreten erfülle. Diese bestehe in der Vermittlung von ›Werten‹ qua Beziehung des Denotats (der dargestellten Inhalte) auf allgemeine menschliche Interessen; indem das Werk existierende Werte zitiere, ordne und ändere, schaffe es neue ›Wertstrukturen‹ und repräsentiere eine geistige Organisation der Welt, die der Rezipient sich bewußt aneignen könne.[380] Diese Wertstruktur ist zwar hochgradig vermittelt konzipiert – sie baue sich im Prozeß ästhetischer Wahrnehmung als ›Gesamtzeichen‹ auf einer Menge sich wechselseitig relativierender und bestimmender, aus dem allgemeinen semiotischen Repertoire (Codes, Sprachen) stammenden Teilzeichen auf und biete daher dem Interpreten einen weiten Auslegungsspielraum –, aber Mukařovskýs These, daß gerade die Wirkung des Kunstwerks, der für die pragmatische Theorie zentrale Interpretant, vom jeweiligen Hintergrund, vor dem es wahrgenommen wird, abhänge, stellt die Idee einer ästhetischen Repräsentation von Werten grundsätzlich in Frage. Morris sieht dagegen die wertvermittelnde Funktion eines Werkes lediglich dadurch bedingt, ob es rezipiert wird oder nicht:»The interpreter will naturally seek and prefer those poems most in accord with his own valuative attitudes, but even in them his own impulses will be somewhat modified and somewhat differently organized«[381]. So erscheint die Wirkung des Kunstwerks als Resultante der im Werk objektivierten ›Valuation‹ des Dargestellten und der ihr entgegenkommenden ›valuativen Einstellung‹ des Rezipienten, der objektive Gehalt aber – wie in Ingardens Theorie der im Kunstwerk fixierten individuellen ›Einstellungen‹ – als prinzipiell unabhängig von seiner subjektiven Wirkung. Wenn die neuere Kunstsemiotik und Informationsästhetik das Verhältnis zwischen objektiver Struktur und subjektiver Wirkung des Kunstwerks dialektischer faßt, dann unter der die ursprüngliche Intention Šklovskijs wiederaufnehmenden Voraussetzung, daß jede unmittelbare Wirkung Moment eines wegen der Ambiguität des Ästhetischen unabschließbaren Interpretationsprozesses ist, der immer wieder auf das Werk in seiner Buchstäblichkeit zurückkommt und dessen einzige allgemein festzustellende Wirkung in der Reflexion der im Werk verwendeten Codes besteht.[382]

In der *Theory of Literature* (1949) des Tschechen René Wellek und des Amerikaners Austin Warren fließen die Traditionen des osteuropäischen Strukturalismus, der pragmatischen Ästhetik und des von Eliot und Richards begründeten New Criticism mit seiner Methode des ›close reading‹, aber auch deutscher form- und stilbezogener Deutungsmethoden und der französischen ›explication de texte‹ zu einer allgemeinen, die Literaturwissenschaft der Nachkriegszeit begründenden Literaturtheorie und Deutungsmethodik zusammen. Dieser integrative bzw. ekklektizistische Ansatz wird deutlich etwa in der Erläuterung der Struktur des Kunstwerks wahlweise als Einheit von Form und

---

[378] MUKAŘOVSKÝ (s. Anm. 377), 88; dt. 147.
[379] MUKAŘOVSKÝ, Umění (1943), in: Mukařovský (s. Anm. 377), 139; dt.: Kunst, in: Mukařovský, Kunst, Poetik, Semiotik, übers. v. E. u. W. Annuß (Frankfurt a. M. 1989), 108.
[380] Vgl. CHARLES W. MORRIS, Esthetics and the Theory of Signs, in: The Journal of Unified Science 8 (1939), 135 ff., 144 ff.
[381] MORRIS, Signs, Language, and Behavior (New York 1946), 138.
[382] Vgl. UMBERTO ECO, La struttura assente (Mailand 1968), 100 f.; dt.: Einführung in die Semiotik, übers. v. J. Trabant (München 1972), 165 ff.

Inhalt, »so far as they are organized for aesthetic purposes«, oder als System von Zeichen, »serving a specific aesthetic purpose«[383]. Den Widerspruch zwischen der differentiell-rezeptionsästhetischen strukturalistischen und der denotativ-werttheoretischen pragmatistischen Werksemiotik versuchen die Autoren in der Definition des Kunstwerks als einer objektiv fixierten »structure of norms« (151) aufzulösen, die im jeweiligen ästhetischen Erlebnis des Kunstwerks nur partiell, relativ auf die besonderen Voraussetzungen des Rezipienten, ›realisiert‹ werde: »A work of art is ›timeless‹ only in the sense that, if preserved, it has some fundamental structure of identity since its creation [...]. It has a development which [...] is nothing but the series of concretizations of a given work of art in the course of history« (156). So gerät die Prozessualität des Kunstwerks auch auf der Seite seiner fortschreitenden geschichtlichen Aneignung ins Gesichtsfeld der Literaturwissenschaft. Im Bereich der Kunstgeschichte hatte das Warburg-Institut den Anspruch auf Rekonstruktion des ursprünglichen Sinns der Bildsprache insbesondere der Renaissance mit demjenigen einer darüber hinausgehenden geschichtlichen Deutung verbunden. Nach Panofskys wirkungsmächtiger Skizze dieser Methode fundiert die verschüttete Hintergründe historischer Bildmotive eruierende ikonographische Beschreibung eines Werkes die ikonologische Interpretation seiner ›symbolischen Werte‹, die es als Ausdruck oder ›Symptom‹ seiner Zeit und Kultur lesen lassen.[384]

Immanente Strukturanalyse und kontextuell abgesicherte Sinndeutung bildeten die methodische Grundlage der sich nach dem 2. Weltkrieg international durchsetzenden ›werkimmanenten‹ Methode – wobei man glaubte, in einer teils zirkulär, teils stufenweise vorgehenden ›Kunst der Interpretation‹ den Königsweg detailliert nachzuvollziehender Rekonstruktion des Kunstwerks und den Schlüssel zu seiner angemessenen ›Auslegung‹ gefunden zu haben. Das Postulat, daß das Werk am besten aus sich selbst heraus verstanden werden könne, impliziert allerdings, daß das vollkommene mit sich selbst »in allen Aspekten übereinstimmt«, was Staiger den »Stil«[385] des jeweiligen, als in sich abgeschlossene Welt verstandenen Werkes nennt: Insofern ist seiner Zuspitzung werkimmanenter Methode ein entschiedener ästhetischer Klassizismus eigen. Moderne, in sich gebrochene Kunstwerke deuteten Hans Sedlmayr oder Hugo Friedrich, die aus bestimmten formalen Eigenarten der Kunst einer Zeit ihre ›Struktur‹ ableiteten, um diese zum Ausdruck der allgemeinen geistigen oder seinsmäßigen Struktur ihrer Epoche zu erklären, als Symptom oder Entsprechung einer zerrissenen Welt.[386] Auch der kultursemiotische Ansatz Jurij M. Lotmans, Kunst als Moment des kulturellen ›Textes‹, des semiotischen Prozesses einer Gesellschaft und ihr Werk als ein ›Modell‹ der ›Welt‹ zu verstehen, das sein Sprachmaterial ebenso in eine ›sekundäre Sprache‹ umkodiert, wie es vom Rezipienten wiederum in seine Welt umkodiert wird, verliert die ursprüngliche Intention des Formalismus auf das differentielle Verhältnis des einzelnen Kunstwerks zu seiner Umwelt aus den Augen. Um hier weiterzukommen, bedarf es einer methodischen Einführung des erfahrenden, konzipierenden und gestaltenden Subjekts, das sich in seinem Werk zur Welt verhält – wie es schon im Zentrum der literaturgeschichtlichen Darstellungen Šklovskijs und Tynjanovs gestanden hat.

2. Das Kunstwerk als Medium geschichtlicher Erfahrung

Verwendet die klassische Kunstsoziologie soziologische Kategorien und Kausalverhältnisse zur Erklärung von Kunstwerken, so hat Georg Simmel eine Tradition soziologischer Werkauslegung begründet, die ästhetische Kategorien soziologisch wendet, das Gesellschaftliche nicht als Bedingung,

---

383 RENÉ WELLEK/AUSTIN WARREN, Theory of Literature (London 1949), 141.
384 Vgl. PANOFSKY, Iconography and Iconology: An Introduction to the Study of Renaissance Art (1939), in: Panofsky, Meaning in the Visual Arts (New York 1957), 26–54; dt.: Ikonographie und Ikonologie. Eine Einführung in die Kunst der Renaissance, in: Panofsky, Sinn und Deutung in der bildenden Kunst, übers. v. W. Höck (Köln 1975), 36–67.
385 EMIL STAIGER, Die Kunst der Interpretation, in: Neophilologus 35 (1951), 4.
386 Vgl. HANS SEDLMAYR, Der Verlust der Mitte. Die bildende Kunst des 19. und 20. Jahrhunderts als Symbol der Zeit (Salzburg 1948); HUGO FRIEDRICH, Die Struktur der modernen Lyrik. Von Baudelaire bis zur Gegenwart (Hamburg 1956).

sondern als Formgehalt und Fluidum des Kunstwerks erschließt. Die innige Verbindung von Kunst und Soziologie ist Grundlage seines gesamten Werks: Allein durch eine künstlerisch-darstellende Methode sieht er die Möglichkeit gegeben, gesellschaftliche Totalität zu veranschaulichen, nicht durch kausale Erklärungen, sondern durch exemplarische Skizzierung der Sinnbezüge zwischen den Momenten gesellschaftlichen Lebens.[387] Für das Bewußtsein der Moderne von sich selbst sei ein Verhältnis distanzierter Selbstwahrnehmung konstitutiv, das als wesentlich ästhetisches Verhältnis in der Kunst zu sich komme[388] und den genetischen Ursprung des Konzeptes des in sich und nach außen abgeschlossenen Kunstwerks darstelle.[389] In dieser Distanzierungsfunktion seien die Wechselwirkung der Teile eines Kunstwerks und das Faktum, daß es sich sein inneres Gesetz selbst gebe, begründet.[390] So stehen moderne Gesellschafts- und Kunsterfahrung in engster Beziehung zueinander und kann Kunst als Prägung der Formen, in denen das »unendliche Sein der Menschheit«[391] lebt und wirkt, verstanden werden. An diese Konzeption der ästhetischen Form als Korrelat sozialer Lebensformung schließt der junge Lukács an: »Das wirklich Soziale aber in der Literatur ist: die Form.«[392] Kunstform wird hier nicht allein als Ausdruck einer Weltanschauung oder als in sozialen Praktiken begründetes Verfahren interpretiert, sondern als im Subjekt wirkende Vermittlungsinstanz: »Die Form ist seelische Realität, sie nimmt lebendig teil am Seelenleben, und als solche spielt sie ihre Rolle nicht nur als auf das Leben wirkender und die Erlebnisse umgestaltender, sondern auch als vom Leben gestalteter Faktor.«[393] Von hier führt ein direkter Weg zur Behandlung der Kunstwerke als Quelle geschichtlicher Erkenntnis durch den Marxisten Lukács: »Je mehr uns eine künstlerische Formgebung in die Lage versetzen kann, die durch sie gestalteten, in ihr dargestellten konkreten menschlichen Beziehungen unmittelbar zu erleben, um so sicherer ist der Fortbestand des betreffenden Kunstwerks.«[394]

Wesen und Erscheinung seiner Epoche gestalte der Künstler in ihrem »lebendigen dialektischen Prozeß« zu einem *Typus*, in dem »alle hervorstehenden Züge jener dynamischen Einheit, in welcher die echte Literatur das Leben widerspiegelt, in ihrer widersprüchlichen Einheit zusammenlaufen, daß sich in ihm diese Widersprüche [...] zu einer lebendigen Einheit verflechten«[395]. Dieses Typische ist auch eine Frage der literarischen Technik, die »in jedem echten Werk [...] neu geboren werden muß, im Sinne jenes besonderen Blickpunkts, von welchem aus die reproduzierte Wirklichkeit ästhetisch organisiert wird«[396]. Das epistemologische Verhältnis des Werkinhalts zur dargestellten gesellschaftlichen Totalität erläutert Lukács mittels der Kategorien der Einzelheit, Besonderheit und Allgemeinheit: Konzentriere sich die künstlerische Widerspiegelung der Realität im Gegensatz zur wissenschaftlichen, die das Allgemeine erschließe, auf das Besondere, Typische, so finde ein »Aufheben der Allgemeinheit und Einzelheit in die Besonderheit«[397] statt. Im Werk erscheine diese Besonderheit als »Mittelpunkt eines Bewegungsspielraums«[398], der für die Einheit von Stil, Ton und Stimmung verantwortlich sei. Das einzelne Kunstwerk sei aber nicht allein durch sein Abbildungsverhältnis zur gesellschaftlichen Wirklichkeit bestimmt, sondern stehe zudem in einem Konstitutionsverhältnis zu seiner Kunstgattung. Diese stelle ihm gegenüber nicht einfach einen ›Allgemeinbe-

---

387 Vgl. AULINGER (s. Anm. 8), 236.
388 Vgl. GEORG SIMMEL, Soziologische Aesthetik (1896), in: Simmel, Gesamtausgabe, hg. v. O. Rammstedt, Bd. 5 (Frankfurt a. M. 1992), 197–214.
389 Vgl. SIMMEL, Der Bildrahmen. Ein ästhetischer Versuch (1902), in: Simmel, Vom Wesen der Moderne, hg. v. W. Jung (Hamburg 1990), 251 ff.
390 Vgl. SIMMEL, Zur Gesetzmäßigkeit im Kunstwerk, in: Logos. Internationale Zeitschrift für Philosophie der Kultur 7 (1918), 213–223.
391 SIMMEL, Der Siebente Ring (1909), in: Simmel (s. Anm. 389), 220.
392 GEORG LUKÁCS, Entwicklungsgeschichte des modernen Dramas (1912), übers. v. D. Zalán, in: LUKÁCS, Bd. 15 (1981), 10.
393 Ebd., 12.
394 LUKÁCS, Literatur und Kunst als Überbau (1951), in: LUKÁCS, Bd. 10 (1969), 455.
395 LUKÁCS, Einführung in die ästhetischen Schriften von Marx und Engels (1946), in: ebd., 220 f.
396 LUKÁCS, Zur Konkretisierung der Besonderheit als Kategorie der Ästhetik (1956), in: LUKÁCS, Bd. 10 (1969), 696.
397 LUKÁCS, Das Besondere als zentrale Kategorie der Ästhetik (1956), in: ebd., 673.
398 Ebd., 680.

griff‹ dar, sondern sei selber in ihrem Umfang und Begriffsinhalt Resultat der Einzelwerke: Es herrsche ein Verhältnis »wechselseitiger Inhärenz«[399] zwischen Werk und Gattung. So stehe das einzelne Kunstwerk sowohl im Horizont der Totalität der Kunst als auch in demjenigen der Weltgeschichte: »Wenn das einzelne schöpferische Subjekt dem einzelnen zu schaffenden Werk gegenüber sich eine […] Demiurgenrolle anmaßt, so handelt es sich keineswegs um eine unbegründete Aufblähung seiner selbst, sondern um die innere, abgekürzte und konzentrierte Reproduktion des Weges der menschlichen Gattung: die Gegenstände, die in der ästhetischen Widerspiegelung abgebildet und festgehalten werden, sind ja formal wie inhaltlich Ergebnisse dieses Prozesses.«[400]

Im Gegensatz zu Lukács' Realismus hat Ernst Bloch das utopische Potential der Kunst in den Vordergrund gestellt; jede Erneuerung in der Kunst deutet er als einen Anfang, in dem »das Genie neu wie ein metaphysischer Einbruch ist«[401]. Seine dem Expressionismus nahe Musiktheorie sucht das Antizipierte, noch nicht Gestaltete, die auf Neues weisenden Brüche in den Werken: »es ist […] das geschaute Wesen, das sich seinen Körper baut« (180). Methodisch verfolgt Bloch eine »von selber schöpferische, nicht nur kommentierende, sondern spontane, spekulative Ästhetik, jenseits aller Material- und Konstruktionsversperrung«, denn »erst in dieser ihrer Deutung errichtet sich die wahrhaft ›absolute‹ Musik« (187). Aktive Weiterdeutung und Eingriff in den Rezeptionsprozeß als Vorgang kulturellen Werdens bleiben auch im marxistischen Theoriekontext die Grundkonzepte seines Denkens: Als Moment des weltgestaltenden Potentials menschlicher Technik und Organisation trage die Kunst in jeder ihrer Realisierungen Hoffnungen und Visionen in sich, die das bloße Sosein der Gestalten der sozialen Welt als ›Vor-Schein‹ möglicher Wirklichkeit ›überbieten‹: »Utopie als Objektbestimmtheit, mit dem Seinsgrad des Realmöglichen, erlangt so an dem schillernden Kunstphänomen ein besonderes reiches Problem der Bewährung.«[402] Hierbei sieht Bloch das Utopische der Literatur und Malerei – im Gegensatz zur ›sprengenden‹, ›exzentrischen‹ Musik[403] – in der künstlerischen »Ausgestaltung«, dem Zu-Ende-Denken oder »Ans-Ende-Treiben« (247), das

auf eigene Weise die »Autarkie scheinhafter Abgeschlossenheit« organischer Werkhaftigkeit zurücknehme: »alle große Kunst [zeigt] das Wohlgefällige und Homogene ihres werkhaften Zusammenhangs überall dort gebrochen, aufgebrochen, vom eigenen Bildersturm aufgeblättert, wo die Immanenz nicht bis zur formal-inhaltlichen Geschlossenheit getrieben ist, wo sie sich selber als noch fragmenthaft gibt« (252).

Walter Benjamin läßt die klassisch hermeneutischen Deutungsformen wie auch Blochs rhapsodisches Vorgehen mit seinem Konzept einer sowohl historisierenden wie aktualisierenden Kritik hinter sich, die sich nicht in der Erkenntnis des Vergangenen – auch nicht des Utopischen daran – erschöpft, sondern als immer wieder neue Schichten des Werkes erschließende (Selbst-)Kritik der Gegenwart an ihm auf die »Wahrheit der Werke«[404] zielt. Im Wahlverwandtschaften-Aufsatz realisiert er diesen Anspruch in der Auseinandersetzung mit einer Bildungstradition, die noch immer in Goethes ›Kult der Bedeutsamkeit‹, dem mythischen Bann seines Denkens, befangen sei.[405] Schon die Methode steht im diametralen Gegensatz zum bildungsbürgerlichen Kunstwerkverständnis: »Kritik ist Mortifikation der Werke. Nicht Steigerung des Bewußtseins in ihnen (Romantisch!) sondern Ansiedlung des Wissens in ihnen.«[406] Erfahrung des Werks heißt hier nicht, in es einzugehen und sich seine Anschauungsformen ›aufzwingen‹ zu lassen, sondern es als Medium geschichtlicher Selbstreflexion zu nutzen, nicht seinem Schein als der schö-

---

399 LUKÁCS, Die Eigenart des Ästhetischen, in: LUKÁCS, Bd. 11 (1963), 639.
400 Ebd., 644.
401 ERNST BLOCH, Geist der Utopie (1918), in: BLOCH, Bd. 16 (1971), 97.
402 BLOCH, Das Prinzip Hoffnung (entst. 1938–1947; ersch. 1954–1959), in: BLOCH, Bd. 5 (1959), 247.
403 Vgl. ebd., 248.
404 WALTER BENJAMIN, Ankündigung der Zeitschrift: Angelus Novus (1922), in: BENJAMIN, Bd. 2/1 (1977), 242.
405 Vgl. BENJAMIN, Goethes Wahlverwandtschaften (entst. 1924/1925), in: BENJAMIN, Bd. 1/1 (1974), 154.
406 BENJAMIN an Bernhard Rang (9. 12. 1923), in: BENJAMIN, Bd. 1/3 (1974), 889; vgl. BENJAMIN, Der Ursprung des deutschen Trauerspiels (1928), in: BENJAMIN, Bd. 1/1 (1974), 211 ff.

nen Totalität zu erliegen, sondern seine verborgene Moralität zu erkennen: »Was diesem Schein Einhalt gebietet, das Leben bannt und der Harmonia ins Wort fällt ist das Ausdruckslose.«[407] Ist die Totalität des Kunstwerks Effekt seiner Reproduktion durch die Phantasie, so steht das Ausdruckslose, das über das Werk selbst Hinausweisende, im Horizont moralischer Entscheidung und Kritik – ebenso wie seine im Zusammenhang gesellschaftlicher Organisation zu situierende Technik politischer Kritik unterliegt, was Benjamin in den 30er Jahren entwickelt.[408] Als gemeinsamen Anspruch der in einer »Kritik des bürgerlichen Bewußtseins« qua »Selbstkritik«[409] konvergierenden ästhetischen Studien des nach Amerika emigrierten Instituts für Sozialforschung formuliert er schließlich, »an den Werken der Literatur und Kunst die Technik der Produktion einerseits, die Soziologie der Rezeption andererseits aufzuweisen. Sie kommen so an Gegenstände heran, die sich einer Kritik vom bloßen Geschmack her nicht leicht erschließen.« (525) Dabei sei insbesondere der Zusammenhang der »geschichtlichen Variablen der menschlichen Wahrnehmung« (523) mit der Organisation des gesellschaftlichen Lebens von Interesse, da in ihm auch die Art und Weise der Erfahrung von Kunstwerken begründet sei: »Tagtäglich macht sich unabweisbarer das Bedürfnis geltend, des Gegenstandes aus nächster Nähe im Bild, vielmehr im Abbild, in der Reproduktion, habhaft zu werden. Und unverkennbar unterscheidet sich die Reproduktion [...] vom Bilde. Einmaligkeit und Dauer sind in diesem so eng verschränkt wie Flüchtigkeit und Wiederholbarkeit in jener. Die Entschälung des Gegenstandes aus seiner Hülle, die Zertrümmerung der Aura, ist die Signatur einer Wahrnehmung, deren ›Sinn für das Gleichartige in der Welt‹ so gewachsen ist, daß sie es mittels der Reproduktion auch dem Einmaligen abgewinnt.«[410]

Die Werke der Kunst würden im Lichte der Erfahrung ihrer technischen Reproduzierbarkeit nicht mehr als eine Art absolutes Gegenüber des Rezipienten aufgefaßt.[411] Als »Montage, von der jedes einzelne Bestandstück die Reproduktion eines Vorgangs ist, der ein Kunstwerk weder an sich ist, noch in der Photographie ein solches ergibt« (364), stelle das Filmkunstwerk vielmehr eine ästhetische Verabsolutierung dieses Prinzips der Reproduktion dar. Was hierbei reproduziert wird, sind ›Testleistungen‹ der Darsteller vor der Apparatur der Filmaufnahme: »Das Interesse an dieser Leistung ist riesengroß. Denn eine Apparatur ist es, vor der die überwiegende Anzahl der Städtebewohner in Kontoren und in Fabriken während der Dauer des Arbeitstages ihrer Menschlichkeit sich entäußern muß. Abends füllen dieselben Massen die Kinos, um zu erleben, wie der Filmdarsteller für sie Revanche nimmt, indem *seine* Menschlichkeit (oder was ihnen so erscheint) nicht nur der Apparatur gegenüber sich behauptet, sondern sie dem eigenen Triumph dienstbar macht.« (365) Die scheinbare Simplizität des Gedankens sollte nicht über seine kritische Spitze hinwegtäuschen: daß das Verhältnis zwischen Publikum und Star, wie es hier erscheint, ein durchaus unfreies ist, eines der »Selbstentfremdung« (369). Aber der Film stelle sich immerhin der Aufgabe, ein neues »Gleichgewicht zwischen den Menschen und der Apparatur herzustellen« (375), an durch die technischen Veränderungen hervorgerufenen neuen Wahrnehmungsformen zu gewöhnen: »So ist die filmische Darstellung der Realität für den heutigen Menschen darum die unvergleichlich bedeutungsvollere [gegenüber der Malerei – d. Verf.], weil sie den apparatfreien Aspekt der Wirklichkeit, den er vom Kunstwerk zu fordern berechtigt ist, gerade auf Grund ihrer intensivsten Durchdringung mit der Apparatur gewährt.« (374) Die auf das reine Zeigen reduzierte Filmtechnik stehe am Ende einer allmählichen Ersetzung des im Ritual begründeten auratischen ›Kultwerts‹ des Kunstwerks durch seinen ›Ausstellungswert‹.[412] Noch das ›l'art pour l'art‹ und die Theorien des ›reinen Kunst‹ seien in ihrer metaphysischen Aufladung des Kunstwerks

---

407 BENJAMIN, Über ›Schein‹ [Notizen aus der Entstehungszeit des Wahlverwandtschaften-Aufsatzes], in: BENJAMIN, Bd. 1/3 (1974), 832.
408 Vgl. BENJAMIN, Der Autor als Produzent (entst. 1934), in: BENJAMIN, Bd. 2/2 (1977), 683–701.
409 BENJAMIN, Ein deutsches Institut freier Forschung (1938), in: BENJAMIN, Bd. 3 (1972), 522.
410 BENJAMIN, Das Kunstwerk im Zeitalter seiner technischen Reproduzierbarkeit (1936), in: BENJAMIN, Bd. 7/1 (1989), 355.
411 Vgl. ebd., 352 ff.
412 Vgl. ebd., 358.

III. Kunstwerk und Gesellschaft

Theologie gewesen; erst die Fundierung der Kunst auf Politik löse sie aus diesem Zusammenhang.[413] Dabei ist an eine Ausrichtung der künstlerischen Arbeit an der Aufgabe gedacht, die neuen Medien gesellschaftlicher Kommunikation und Organisation zu nutzen und in kritischer Reflexion mitzugestalten[414] – diese Politisierung der Kunst sei die einzige Alternative zur Ästhetisierung der Politik, ihrer Inszenierung nach überkommenen Ordnungsvorstellungen im Faschismus.

Aus dem gleichen Jahr wie die erste Fassung des Kunstwerkaufsatzes Benjamins stammt Heideggers *Ursprung des Kunstwerkes*. Hier wird die Wahrheit des Kunstwerks aus seiner Verschränkung von allegorischer und symbolischer Struktur abgeleitet: »Allein dieses Eine am Werk, was ein Anderes offenbart [als Allegorie – d. Verf.], dieses Eine, was mit einem Anderen zusammenbringt [als Symbol – d. Verf.], ist das Dinghafte am Kunstwerk.«[415] Es lasse sich weder die Bedeutung des Kunstwerks von seiner materiellen Basis trennen, noch seine Form vom Stoff, da es in sich dynamischen Prozeß darstellt: »Im Werk ist, wenn hier eine Eröffnung des Seienden geschieht in das, was und wie es ist, ein Geschehen der Wahrheit am Werk.« (30) Dies werde in der Moderne allerdings durch den »Umtrieb« des Ausstellungswesens verdeckt, das die Werke ihrem »Wesensraum« (36) entreiße und das Werkhafte der Werke in Frage stelle: »Das Werk gehört als Werk einzig in den Bereich, der durch es selbst eröffnet wird. Denn das Werksein des Werkes west und west nur in solcher Eröffnung.« (37) Als Diagnose entspricht dies Benjamins Bemerkungen über den Weg von der griechischen immobilen und im Kultwert begründeten Kunst zum in der Neuzeit dominierenden Ausstellungswert. Entwickelt er jedoch die aktuelle Situation des Kunstwerks aus dem Gegensatz zwischen der gegenwärtigen und der klassischen, die antike Handwerkstechnik und politisch-religiöse Organisation reflektierenden Kunstpraxis, so fordert Heidegger eine Wiederbelebung der Zusammenhänge und Kräfte, in denen die antike Kunst einmal für ihr »geschichtliches Volk« (37) weltgestaltend gewirkt habe. Wesenszüge solchen Werkseins seien die »Aufstellung einer Welt« und das »Herstellen der Erde« (42 f.): »Das Gegeneinander von Welt und Erde ist ein Streit. […] Indem das Werk eine Welt aufstellt und die Erde herstellt, ist es eine Anstiftung dieses Streites.« (46) Welt im vollen Sinne sei diese gesellschaftlich gestiftete ›Welt‹ nur dann, wenn sie als Entbergung ihres Anderen, der naturhaft-unverfügbaren ›Erde‹, erfahren wird: »Dieses Herauskommen und Aufgehen selbst und im Ganzen nannten die Griechen frühzeitig die Φύσις. Sie lichtet zugleich jenes, worauf und worin der Mensch sein Wohnen gründet. Wir nennen es die *Erde*.« (38) Das Urbild dieser Gedanken ist im griechischen Sakralbau zu sehen: »Der Tempel gibt in seinem Dastehen den Dingen erst ihr Gesicht und den Menschen erst die Aussicht auf sich selbst.« (39) Und genau so seien im »entwerfenden Sagen« (75) der Dichtung »einem geschichtlichen Volk die Begriffe seines Wesens, d. h. seiner Zugehörigkeit zur Welt-Geschichte vorgeprägt« (76), werde die Wahrheit »den kommenden Bewahrenden, d. h. einem geschichtlichen Menschentum zugeworfen« (77). In einer gewissen Distanz zu diesem Glauben an die Bestimmbarkeit des Politischen durch das künstlerisch Entworfene hat der späte Heidegger die Relevanz der Kunst für die Gegenwart grundsätzlich in Frage gestellt: »Wir haben *nicht mehr* einen *wesentlichen* Bezug zur Kunst. Wir haben *noch nicht* einen wesentlichen Bezug zur Technik.«[416] Was und wie Kunst im Zeitalter des ›Gestells‹, einer Technik reiner Verfügbarmachung, sein könne, müsse erst noch beantwortet werden.[417]

Nicht im Kontext vorgegebener gesellschaftsphilosophischer Konzeptionen hat Adorno Kunst interpretiert, sondern als Probe auf diese: »Der Wahrheitsgehalt der Kunstwerke ist die objektive Auflösung des Rätsels eines jeden einzelnen. […] Der ist allein durch philosophische Reflexion zu gewinnen. Das, nichts anderes rechtfertigt Ästhe-

---

413 Vgl. ebd., 356 f.
414 Vgl. BENJAMIN (s. Anm. 408).
415 MARTIN HEIDEGGER, Der Ursprung des Kunstwerkes (entst. 1935/1936; Stuttgart 1995), 10.
416 HEIDEGGER, Technik und Kunst – Ge-stell (1950), in: W. Biemel/F.-W. v. Herrmann (Hg.), Kunst und Technik. Gedächtnisschrift zum 100. Geburtstag von Martin Heidegger (Frankfurt a. M. 1989), XIII.
417 Vgl. BOEHM, Im Horizont der Zeit. Heideggers Werkbegriff und die Kunst der Moderne, in: ebd., 263 ff.

tik.«[418] Dieser methodische Ansatz sei nicht mit dem werkimmanenter Analyse zu verwechseln, die,»einmal Waffe künstlerischer Erfahrung gegen die Banausie, als Parole mißbraucht wird, um von der verabsolutierten Kunst die gesellschaftliche Besinnung fernzuhalten« (269). Kunstwerke seien die »ihrer selbst unbewußte Geschichtsschreibung ihrer Epoche« (272). Ihre Erfahrung ist aber keine unvermittelt geschichtliche, sondern setzt das aktuale, emotional engagierte Subjekt voraus.[419] Zwischen den Polen soziologisch-philosophischer Reflexion und unmittelbaren Erlebens vollzieht sich die historische Erkenntnis der Werke: »In Geschichte entsteigen wechselnde Gehalte dem Werk, und allein das verstummte Werk besteht für sich selber.«[420] Das Benjaminsche Konzept geschichtsphilosophisch-mortifizierender Kritik verbindet Adorno mit der Tradition ästhetisch wertender Kunstkritik, indem er einen positiven Begriff der Aktualität eines Kunstwerks als den seiner immanenten technischen Fortschrittlichkeit formuliert: »Den Schauplatz eines Fortschritts in Kunst liefern nicht ihre einzelnen Werke sondern ihr Material. Denn dies Material ist nicht [...] naturhaft unveränderlich und jeder Zeit identisch gegeben. In den Figuren vielmehr, in denen es dem Komponisten begegnet, hat Geschichte sich niedergeschlagen. [...] Fortschritt heißt nichts anderes als je und je das Material auf der fortgeschrittensten Stufe seiner geschichtlichen Dialektik ergreifen.«[421] Allein auf der immanenten ›Dialektik des Materials‹ beruhe die über das Werk entscheidende ›Stimmigkeit‹ desselben, wie er es an der rational kontrollierten Kompositionsweise der Schönberg-Schule entwickelt: »Erst in der Unterwerfung unters technische Diktat des Werkes lernt es der beherrschte Autor beherrschen.«[422]

Die Idee eines kunstimmanenten, aber als Vorbild gesellschaftlicher Organisation relevanten technischen Fortschritts ist grundlegend für Adornos Theorie einer im Gegensatz sowohl zur ›regressiven‹ Massenkultur wie zur sinnentleerten Tradition stehenden fortschrittlichen Kunst, deren »Isolierung [...] gesellschaftlich produziert und nur durch die Veränderung der Gesellschaft rückgängig zu machen«[423] sei. Der Stand der Kunst, den ein Künstler vorfindet, wird zu seinem Material eben dort, wo er an ihm arbeitet, ihn durch Organisation verändert: »Die Spuren in Material und Verfahrungsweisen, an die jedes qualitativ neue Werk sich heftet, sind Narben, die Stellen, an denen die voraufgegangenen Werke mißlangen.«[424] Entspricht der Stand des Materials demjenigen der gesellschaftlichen Praxis, so läßt sich seine Reorganisation im gelungenen Werk auf ihre Veränderbarkeit beziehen. Das Signum der zeitgenössischen Kunst sei die Unmöglichkeit des geschlossenen Werks: »Was nämlich aus dem auratischen oder geschlossenen Kunstwerk im Zerfall wird, hängt ab vom Verhältnis seines eigenen Zerfalls zur Erkenntnis. Bleibt er blind und bewußtlos, so gerät es in die Massenkunst technischer Reproduktion. [...] Als erkennendes aber wird das Kunstwerk kritisch und fragmentarisch. [...] Das geschlossene Kunstwerk ist das bürgerliche, das mechanische gehört dem Faschismus an, das fragmentarische meint im Stande der vollkommenen Negativität die Utopie.«[425] Diese ästhetische Negativität kann sich in konstruktiver Selbstaufhebung des Werks, einer in sich geschichtlichen Entfaltung seines Materials, äußern:»Die Signatur von Bergs Musik ist, daß sie vermöge des Akts ihrer permanenten Selbstproduktion, dadurch, daß der Schaffensprozeß gleichsam zum Gebilde an sich wird, zum Nichts transzendiert.«[426] Alle besonderen ästhetischen Kategorien empfangen erst der historischen Entwicklung des künstlerischen Materials her ihren konkreten Sinn und werden auch von daher kritisierbar – selbst die zentrale des Kunstwerks: »Die Konzeption Stockhausens, elektronische Werke, die nicht im herkömmlichen Sinne

---
418 ADORNO (s. Anm. 34), 193.
419 Vgl. ebd., 261.
420 ADORNO, Schubert (1928), in: ADORNO, Bd. 17 (1982), 24; vgl. ebd., 20; ADORNO, Nachtmusik (1929), in: ebd., 52, 55 f.
421 ADORNO, Reaktion und Fortschritt (1930), in: ebd., 133; vgl. ADORNO, Zur Krisis der Musikkritik (1935), in: ADORNO, Bd. 20/2 (1986), 746 f.
422 Ebd., 755.
423 ADORNO, Zur gesellschaftlichen Lage der Musik (1932), in: ADORNO, Bd. 18 (1984), 730.
424 ADORNO (s. Anm. 34), 59.
425 ADORNO, Philosophie der neuen Musik (1949), in: ADORNO, Bd. 12 (1975), 119 f.
426 ADORNO, Berg. Der Meister des kleinsten Übergangs (1968), in: ADORNO, Bd. 13 (1971), 373.

notiert sind, sondern sogleich in ihrem Material ›realisiert‹ werden, könnten mit diesem ausgelöscht werden, ist großartig als die einer Kunst von emphatischem Anspruch, die doch bereit wäre, sich wegzuwerfen.«[427] Die Tendenz zeitgenössischer avantgardistischer Kompositionen, nicht mehr der Logik der produktiven Einbildungskraft zu folgen, kein geistiges Ganzes mehr zu evozieren, ihr Verzicht auf ein Subjekt der Expression wie der Konstruktion stelle die für die gesamte Werkästhetik grundlegende Symmetrie von Werkproduktion und -rezeption in Frage.[428] Ist das Kunstwerk aber nicht mehr als ein in sich sinnvolles Ganzes entworfen, sondern reine Manifestation einer ins Offene stoßenden Produktivität, so kann es nur noch – auch wo die äußere Werkform gewahrt bleibt – als besondere und sich direkt auf das gesellschaftliche Umfeld beziehende Produktions- oder Verhaltensweise aufgefaßt und verstanden werden.

3. Die Kunst der Gesellschaft, ihr Werk und seine Rezeption

Den Versuch der Avantgarde, Kunst nach ihrer im späten 19. Jh. durchgesetzten Etablierung als abgesonderter Bereich spezifisch ästhetischer Erfahrung »in Lebenspraxis zurückzuführen«, beschreibt Peter Bürger als Eintritt des »gesellschaftlichen Teilsystems Kunst in das Stadium der Selbstkritik« – wobei als Institution Kunst »sowohl der kunstproduzierende und -distribuierende Apparat als auch die zu einer gegebenen Epoche herrschenden Vorstellungen über Kunst bezeichnet werden, die die Rezeption von Werken wesentlich bestimmen«[429]. Die dadaistischen und surrealistischen Verfahren nichtorganischer Kunstproduktion wie Collage und Montage, Zitat und Verfremdung, objet trouvé und Readymade zielten darauf, ein neues Verhältnis der Kunst zur Realität zu etablieren: »Weder erzeugt das avantgardistische Werk einen Gesamteindruck, der eine Sinndeutung erlaubt, noch läßt der möglicherweise sich einstellende Eindruck im Rückgang auf die Einzelteile sich klären, da diese nicht mehr einer Werkintention untergeordnet sind. Diese Versagung von Sinn erfährt der Rezipient als Schock. Ihn intendiert der avantgardistische Künstler, weil er darin die Hoffnung knüpft, der Rezipient werde durch diesen Entzug von Sinn auf die Fragwürdigkeit seiner eigenen Lebenspraxis und die Notwendigkeit, diese zu verändern, hingewiesen.« (108) Nicht ganz klar ist dabei, ob der Sinn des unorganischen Werks allein in der provokanten Negation von Sinn besteht oder ob es an sich ein neues Verhältnis zur Realität ausdrückt. Erscheint es in seiner Negation eines »bestimmten Typus von Einheit« (77) als Alternative zum symbolischen Werkbegriff, so richte sich die »avantgardistische Manifestation« (68) gegen die Kunst überhaupt: »Nicht aus der Form-Inhalt-Totalität der einzelnen von Duchamp signierten Gegenstände läßt sich der Sinn seiner Provokationen ablesen, sondern einzig aus dem Gegensatz von serienmäßig produziertem Objekt einerseits und Signatur und Kunstausstellung andererseits.« (71) In solchen Readymades sieht die Kunstgeschichte seit George Dickie das Exempel dafür, daß ein Gegenstand allein dadurch, daß man ihn als Kunstwerk anerkennt, zu einem solchen werde.[430] Arthur C. Danto wendet dagegen am Beispiel der *Fountain* Duchamps (1917/1964) ein, daß sich der informierte Betrachter dann an den ästhetischen Qualitäten dieses Urinals aufhalten müßte. Nicht als Kunstwerk im traditionellen Sinne einer »aesthetic appreciation« werde es anerkannt, sondern als Objekt von künstlerischer Bedeutung, »object-as-artwork«[431]. Durch eine ›künstlerische Handlung‹ sei es vom ›realen Ding‹ zum Kunstwerk transformiert worden.[432] Schon Duchamp selbst sah sich vor das Problem gestellt, seine Readymades vor der ›suchtbildenden Droge Kunst‹, also ihrer Rezeption *als* Kunstwerke, zu bewahren[433] – in ihrem widersprüchlichen Verhältnis zur Kunst stehen sie dafür,

---

427 ADORNO (s. Anm. 34), 265.
428 Vgl. ADORNO, Vers une musique informelle (1961), in: ADORNO, Bd. 16 (1978), 494.
429 BÜRGER (s. Anm. 23), 28 f.
430 Vgl. DANIELS (s. Anm. 13), 166 ff.
431 ARTHUR C. DANTO, The Appreciation and Interpretation of Works of Art, in: Danto, The Philosophical Disenfranchisement of Art (New York 1986), 33, 44.
432 Vgl. DANTO, The Transfiguration of the Commonplace. A Philosophy of Art (Cambridge 1981), 5 f.
433 Vgl. MARCEL DUCHAMP, Apropos of ›Readymades‹ (1961), in: Duchamp, The Essential Writings, hg. v. M. Sanouillet/E. Peterson (London 1975), 142.

daß die Reflexion der Funktionsweise der Kunst als gesellschaftlicher Institution konstitutiver Bestandteil der künstlerischen Tätigkeit geworden ist. Die Avantgarde der zweiten Jahrhunderthälfte geht davon aus, daß der von ihr aufrechterhaltene Anspruch, in gesellschaftliche Praxis einzugreifen, nur über eine planmäßige Veränderung der Kunst zu erfüllen sei. Ihre »sozialen Ziele« wolle sie durch »stufenweise Eliminierung der Schönen Künste«, insbesondere soweit diese als »Vehikel des Künstler-Egos«[434] fungieren, erreichen. Behauptet Bürger, daß diese Neoavantgarde »die Avantgarde als Kunst [institutionalisiert] und [...] damit die genuin avantgardistischen Intentionen«[435] negiert, so übersieht er, wie sie darin, daß sie zielgenau an den Problemen der gesellschaftlichen Vermittlung von Kunst ansetzt, diese effektiver und nachhaltiger revolutioniert, als es der ursprünglichen Avantgarde gelungen war. Hierfür steht etwa die Arbeit John Cages, der ein von fernöstlichen Anregungen gespeistes Ethos reiner Aufmerksamkeit und Intentionslosigkeit in einer äußerst reduzierten, aber nicht destruktiven Kunst umzusetzen versuchte.[436] »I began to see / that the separation of / mind and ear had / spoiled the / sounds / , – / that a clean slate / was necessary. / This made me / not only contemporary / , but / ›avantgarde.‹ / I used noises / . / They had not been in- / tellectualized; the / ear could hear them / directly and didn't / have to go through any / abstraction a- / bout them / .«[437]

So heißt es in dem Theorie-Text *Lecture on Nothing*, dessen zeitliche Organisation, semantische Schleifen und Ergebnislosigkeit auf eine entsprechende Umwendung der Aufmerksamkeit des Publikums vom Sinn auf das Sprechen und die Realisierung der Hör-Situation zielt: »If anybody / is sleepy / , / let him go to sleep / .« (119f.) In seiner poetischen Produktion realisiert Cage dieses Ziel durch Destruktion der Syntax; systematisches Untergraben jedes fixen Gegenstandsbezugs der Kunst ist sein Programm[438], und methodisch umgesetzt wird es durch Freilegung der Qualitäten des für sich stehenden Materials, der Momentanität einer Situation, der reinen Beobachtung dessen, ›whatever happens to happen‹: »Therefore, everything seen – every object, that is, plus the process of looking at it – is a Duchamp.«[439] Auch Cages musikalische Aufführungstexte und -regeln folgen einer »inneren Logik der Nicht-Produktion von Werken oder der Produktion von Nicht-Werken«[440] und erlauben eine immense Varietät der Exekution: Unter dem Prinzip der ›indeterminacy of a composition with respect to its performance‹[441] ermöglichen sie das musikalische Ereignis, geben ihm einen Kontext, ohne es zu determinieren.

Hatte Cage am Black Mountain College mit Schülern wie Allan Kaprow und George Brecht Aktionsformen entwickelt, in denen durch Einbau des Zufalls und Einbeziehung des Publikums jede monologische wie vergegenständlichende Tendenz konterkariert wurde, so orientierte sich die stärker vom Künstler dirigierte Fluxus-Kunst am Vollzugshaften musischer Performanz: ›Fluxus‹ steht für die einer Musik ähnliches Ins-Fließen-Bringen aller Momente einer Situation, womit zugleich bedeutet ist, daß auch die traditionelle Rahmung der Performanz ins Fließen gebracht wird, Aufführungskunst durch Performance als neue Kunstform ersetzt und ein Geschehen inszeniert wird, das von sich aus die Frage evoziert, was daran Kunst und was soziale Aktion ist und wie sich beides zueinander verhält.[442] Es sind Inszenierungen der Kunst selbst, die als solche um so reiner hervortreten, je stärker das Inszenierte sich dem Nullpunkt nähert: »Der horror vacui ist das Grundmotiv für die Entscheidung aller Kunst. Zen kennt dem Menschen diesen horror vacui nehmen. Wenn man stark genug wäre, dann hätte man vor dem Vakuum keine

---

434 GEORGE MACIUNAS an Tomas Schmit (Januar 1964), in: J. Becker/W. Vostell (Hg.), Happenings. Fluxus, Pop Art, Nouveau réalisme (Hamburg 1965), 199.
435 BÜRGER (s. Anm. 23), 80.
436 Vgl. JOHN CAGE, The Future of Music: Credo (entst. 1937, ersch. 1958), in: Cage, Silence. Lectures and Writings (1961; Middletown, Conn. 1967), 3–6.
437 CAGE, Lecture on Nothing (entst. 1949), in: ebd., 116.
438 Vgl. SANIO (s. Anm. 46), 92.
439 CAGE, 26 Statements re Duchamp (1963), in: Cage, A Year From Monday. New Lectures and Writings (Middletown, Conn. 1967), 70.
440 SANIO (s. Anm. 46), 128.
441 Vgl. CAGE, Composition as Process (1958), in: Cage (s. Anm. 436), 35 ff.
442 Vgl. KELLY DENNIS, ›Performance Art‹, in: Kelly (s. Anm. 35), 467.

Angst mehr.«[443] Im Abbau der konventionellen künstlerischen Vermittlungsformen sah der in der amerikanischen wie der europäischen Happening-Kunst präsente Nam June Paik eine Möglichkeit, auf ein Nichts reiner Gegenwärtigkeit zurückzukommen. Joseph Beuys funktionierte das Happening zu einer Art öffentlicher Diskussionsveranstaltung um und verstand es als Beitrag zu einer neuen, ganzheitlichen Art politischer Organisation, die er ›soziale Plastik‹ nannte und als sein eigentliches ›Kunstwerk‹ apostrophierte.[444] Aus Duchamps Erkundung des Sachverhalts, »daß das Kunstleben ein künstliches Ding ist, das eigentlich in keinem Zusammenhang steht mit dem menschlichen Tun im ganzen, sondern nur in der Isolierung und durch die Isolierung funktioniert«, wolle er nicht nur ›stilistische‹ Konsequenzen ziehen, sondern grundlegende: Daraus, daß das normale Industrieprodukt im Kunstraum Kunst werde, gehe hervor, »daß real der Künstler derjenige ist, der das Industrieprodukt gemacht hat«[445]. Verlagere sich der Schwerpunkt der Tätigkeit des professionellen Künstlers von der unmittelbaren Poiesis in Richtung auf ihre Reflexion und strategische Neubestimmung, so sei die gesellschaftliche Poiesis der einzig denkbare reale Gegenstand dieser Reflexion und Reorganisation: »Eigentlich gehört alles der Aktionskunst an, die man überhaupt nicht fixieren kann. Sie findet an irgend einer Stelle, oftmals auf der Straße statt. Man weiß nicht wohin die Substanz fließt, wo sie genommen wird, wie sie verarbeitet wird. [...] Über manche Aktionen gibt es kaum Berichte. Sie haben aber stattgefunden. Sie haben ihre Wirkung gehabt.«[446] Materielle Überbleibsel solcher Aktionen hat Beuys zu musealen Installationen zusammengefügt, in denen sich werkartige Abgeschlossenheit und Dichte mit inszenatorischer Pointe und quasi dokumentarischem Verweischarakter auf das zugrundeliegende Ereignis vermischen: »Man könnte [...] sagen, daß alle diese Produkte auch sich beziehen auf ein Inneres; also daß der Erkenntnis=Vorgang, der ja überhaupt im Mittelpunkt meiner ganzen Arbeit steht [...] das Thema darstellt.«[447] Das Werk erscheint mehr als Spur eines um den Künstler zentrierten Prozesses ästhetisch-sozialer Kommunikation und Erkenntnis, als daß es ihn verkörpern könnte – diesen Aspekt der Kunst hat Beuys hervorgehoben und auf eigene Art umgesetzt, aber auch er läßt sich, wie der von Duchamp erkundete seiner gesellschaftlichen Definition, auf alles Kunstwerk beziehen.

Im Bereich zwischen Skulptur und Architektur hat die Minimal Art die Ästhetik der Intentionslosigkeit und des Alltagsmaterials werkhaft realisiert.[448] Sie arbeitet mit raumfüllenden Objekten, die ihrem Material und seiner glatten, großflächigen Bearbeitung nach industrienah wirken und in einem eigentümlichen Spannungsverhältnis zwischen ihrem symbolischen Wert – daß sie als Kunstwerke konzipiert wurden – und ihrer technoiden Ausstrahlung stehen: Die Arbeit des Künstlers ist kaum mehr am Objekt, sondern nur noch an dessen Erfindung festzumachen. Eine radikalere Umsetzung dieser Tendenz verfolgt die Conceptual Art, die in Opposition zum ›Formalismus‹ und ›Ästhetizismus‹ der abstrakten Malerei den Vorrang intellektueller Konzeption und Reflexion vertritt.[449] Ihr Ausgestalter Joseph Kosuth deutet sie gar als Erbe der klassischen Philosophie: Da deren Hypothesen und Aussagen jeden Bezug zum aktuellen wissenschaftlichen Bewußtseinsstand verloren hätten, könnten die metaphyischen Probleme nur noch in der Kunst als nicht-behaupteter Artiku-

443 NAM JUNE PAIK, Werke 1946–1976 [Ausst.-Kat.] (Köln 1976), 52.
444 Vgl. JOSEPH BEUYS [im Interview mit G. Krug u. T. Schröder], ›Junge war der Marx bekloppt!‹, in: Welt am Sonntag (3. 10. 1976), 30.
445 BEUYS im Interview mit Dieter Koepplin (1. 12. 1976), in: Koepplin/C. Tisdall (Hg.), Joseph Beuys. The Secret Block for a Secret Person in Ireland [Ausst.-Kat.] (Basel 1977), 26.
446 BEUYS im Interview mit Annelie Pohlen (23. 11. 1977), in: Heute Kunst, Nr. 21 (Februar/April 1978), 17.
447 BEUYS im Interview mit Helmut Rywelski (18. 5. 1970), in: Beuys, Heute ist jeder Mensch Sonnenkönig (Köln 1970), o. Pag.
448 Vgl. GREGOR STEMMRICH, Vorwort, in: Stemmrich (Hg.), Minimal Art. Eine kritische Retrospektive (Dresden/Basel 1995), 11–30.
449 Vgl. SOL LEWITT, Paragraphs on Conceptual Art (1967), in: G. de Vries (Hg.), Über Kunst. Künstlertexte zum veränderten Kunstverständnis nach 1965 (Köln 1974), 176ff.

lationsform behandelt werden.⁴⁵⁰ In seiner Verabschiedung des ästhetischen Kunstbegriffs, seiner Reduktion des Gehalts eines Werks auf seine Bedeutung für die Kunst selbst, beruft auch er sich auf Duchamp⁴⁵¹: »What makes an artist [...] important is what he has contributed to the history of ideas.«⁴⁵² Jede künstlerische Aussage (›proposition‹) erfülle eine ›Funktion‹ im Kontext des Gesamtwerks, das sich wiederum auf den der Kunst überhaupt beziehe; diese stelle als eine ›Idee‹ der Künstler einer Zeit eine kulturelle ›Information‹ dar.⁴⁵³ »Objects are conceptually irrelevant to the condition of art. This is not to say that a particular ›art investigation‹ may or may not employ objects, material substances, etc. within the confines of its investigation.«⁴⁵⁴ Es ist ein gewisser kunsttheoretischer Akademismus, der Versuch einer praktischen Umsetzung institutionstheoretischer und kultursemiotischer Gedanken, der im Hintergrund dieser ›Dematerialisation‹ der Kunst um 1970 steht.⁴⁵⁵ Überlagert und ersetzt die Konzeptkunst das anschaubare Werk durch Texte, Skizzen, Dokumentationen geplanter oder durchgeführter Projekte, so erkundet sie den Entwurfs- oder Möglichkeitscharakter des Kunstwerks.

Danto leitet aus diesen Experimenten der Avantgarde die Forderung ab, die kritische Leitvorstellung einer ›aesthetic objecthood‹ endgültig aufzugeben: »the structure of artworks is of a piece with the structure of rhetoric, and [...] it is the office of rhetoric to modify the minds and then the actions of men and women by co-opting their feel-

ings.«⁴⁵⁶ Die Arbeit der Concept-Künstlerin Jenny Holzer, die rätselhaft appellative Platitüden plakativ in den öffentlichen Raum stellt, wirkt wie ein sarkastischer Kommentar zu dieser recht eindimensionalen Sicht künstlerischer Kommunikation. Kosuth selbst hat inzwischen die rein intellektualistische Programmatik der frühen Conceptual Art als szientistisch kritisiert.⁴⁵⁷ Im nachhinein sieht er ihre Funktion darin, bislang ›internalisierte‹ Teile der künstlerischen Tätigkeit ›externalisiert‹, sie explizit und damit erforschbar gemacht zu haben.⁴⁵⁸ Diese Erschließungsarbeit gelte es nun in einem neu definierten Verhältnis zur Gesellschaft fortzusetzen: »the artist's activity is not outside, but a mapping of an internalizing cultural activity in his own society« (121). Der Künstler stehe mitten im gesellschaftlichen Leben, und seine Arbeit stelle eine direkte, erschließende Arbeit am kulturell Unbewußten dar. Begründet ist die Möglichkeit dieser Verlagerung künstlerischer Selbstreflexion in den Raum gesellschaftlicher Praxis in der »pervasiveness of ›artistic-like‹ activity in human society« (120) – eine Einsicht, die zwar nicht die Institutionentheorie der Kunst überhaupt, wohl aber ihren Absolutheitsanspruch in Frage stellt.

Auch die neo- bzw. poststrukturalistische Literaturtheorie verfolgt einen Begriff der Literatur als sozialer Praxis, die im einzelnen Werk auf besondere Art und Weise realisiert und reflektiert wird. In seiner Theorie der ›écriture‹, die vom klassischen Erzählformen wie Autorenpositionen aushebelnden ›nouveau roman‹ ausgeht, hat Roland Barthes entwickelt, wie die Auseinandersetzung mit ihrem gesellschaftlich vorgeprägten Medium literarische Werke in ihrem Innersten bestimmt: Da jede Schreibweise eine bestimmte Form (ideologischer) Sinnproduktion darstelle, erscheint das Schreiben selbst als Agieren im sozialen Raum.⁴⁵⁹ Aber nicht nur der Schriftsteller entscheidet sich in seinem Schreiben für eine bestimmte Ethik der Sprachverwendung, sondern auch der Leser in seinem Lesen für eine solche Literaturverwendung; so habe er die Wahl, ein Buch als ›Werk‹ zum Gegenstand hermeneutischen Sinnverstehens zu machen oder als ›Text‹ zum Anlaß spielerisch-anarchischer Sinnproduktion zu nehmen: »l'œuvre fonctionne elle-même comme un signe général et il est normal qu'elle figure une catégorie institu-

---

450 Vgl. JOSEPH KOSUTH, Art after Philosophy (1969), in: Kosuth, Art after Philosophy and After. Collected Writings 1966–1990 (Cambridge, Mass./London 1991), 24.
451 Vgl. ebd., 18 f.
452 KOSUTH, Context Text (1969), in: ebd., 84.
453 Vgl. ebd., 87; KOSUTH (s. Anm. 450), 23.
454 KOSUTH (s. Anm. 450), 26.
455 Vgl. LUCY ROWLAND LIPPARD (Hg.), Six Years. The Dematerialisation of the Art Object from 1966 to 1972 (New York 1973).
456 DANTO, The Philosophical Disenfranchisement of Art, in: Danto (s. Anm. 431), 21.
457 Vgl. KOSUTH, The Artist as Anthropologist (1975), in: Kosuth (s. Anm. 450), 118.
458 Vgl. ebd., 119.
459 Vgl. BARTHES, Le degré zéro de l'écriture (1953); Paris 1965), 8 ff.

tionelle de la civilisation du Signe. Le Texte, au contraire, pratique le recul infini du signifié. Le texte est dilatoire; son champ est celui du signifiant«[460]. Die Differenz zwischen Werk und Text sei nicht zuerst eine des Objekts, sondern eine der Methode, und die textbezogene ziele auf konsequente Zerstückelung des Werks: »Le Texte n'est pas coexistence de sens, mais passage, traversée; il ne peut donc relever d'une interprétation, même libérale, mais d'une explosion, d'une dissémination.«[461] In seiner Abkehr von dem Konzept der Werkeinheit rekurriert Barthes auf die im klassischen Strukturalismus ausgeblendeten Konzepte des produzierenden und rezipierenden Subjekts, das er in der Tradition psychoanalytischer Theorie jedoch als fragmentierte, offene und widersprüchlich-dynamische Struktur deutet. Diesen Zusammenhang von Poetik und Psychoanalyse hat Julia Kristeva in *La révolution du langage poétique* (1974) expliziert. Als dynamisch-*semiotische* Manifestation körperlich-unbewußter Triebenergie bestimme sich die poetische Sprache gegen die herrschende, statisch-*symbolische* Sprachordnung, die sie sowohl voraussetzt als auch relativiert.[462] Das literarische Kunstwerk erscheint demnach als Feld einer perennierenden ›Metamorphose‹, wie Gérard Genette mit Malraux postuliert[463], oder, wie im Kafka-Buch von Gilles Deleuze und Félix Guattari, als ›Rhizom‹ von Textverzweigungen, die entstünden, wo Ausdruck die Form zerbreche: Im Werk selbst wird das gesellschaftlich-subversive, das dynamisch-transformative Potential der Kunst aufgesucht und nicht mehr aus der Differenz des einzelnen Werkes zur vorausliegenden Produktion und ideologischen Ordnung abgeleitet.

Die immanente Dynamik und unabschließbare Transformativität des insbesondere modernen Kunstwerks hat Umberto Eco zu der These geführt, daß dieses nicht nur in wechselnden Rezeptionszusammenhängen unterschiedlich aufgefaßt werden könne, sondern prinzipiell auf aktive, ergebnisoffene interpretatorische Aneignung angelegt sei – wobei auch er gegen den ›orthodoxen Strukturalismus‹ betont: »Das Modell eines offenen Kunstwerks gibt nicht eine angebliche objektive Struktur der Werke wieder, sondern die Struktur einer Rezeptionsbeziehung.« (il modello di un' opera aperta non riproduce una presunta struttura oggettiva delle opere, ma la struttura di un rapporto fruitivo.)[464] Die moderne Poetik der Suggestivität, Überdeterminiertheit und Ambiguität lasse das Kunstwerk in dem Sinne ›offen‹, wie es eine Diskussion sein könne: Die erwartete Lösung müsse »aus der bewußten Mitarbeit des Publikums hervorgehen« (deve venire dal concorso cosciente del pubblico – 37; dt. 41). Im Gegensatz zum geschlossenen ›Kosmos-Kunstwerk‹ werde das offene niemals in derselben Weise rezipiert[465] – dafür ermögliche dem Rezipienten die Erfahrung des eigenen Interpretationsaktes:»Und der Interpretierende, der, im gleichen Augenblick, in dem er sich dem Spiel der freien Beziehungen überläßt, die das Werk ihm suggeriert, immer wieder zum Gegenstand zurückkehrt, um in ihm die Gründe für die Suggestion, das dieser Anstrengung zugrunde liegende Können zu finden, genießt dann nicht allein sein persönliches Abenteuer, sondern die Eigenart des Werkes, dessen ästhetische Qualität.« (E l'interprete che, nel momento stesso in cui si abbandona al gioco delle relazioni libere suggerite, ritorna continuamente all'oggetto per trovare in esso le ragioni della suggestione, la maestria della provocazione, in quel punto non gode piú solo la propria avventura personale, ma gode la qualità propria dell'opera, la sua qualità estetica. – 174; dt. 183 f.) Gadamer vermittelt eine entsprechende Konzentration auf den ›Akt des Lesens‹ (Iser) mit der kulturphilosophisch begründeten Hermeneutik kontinuierlich-subjektzentrierter Weltaneignung:»Das Pantheon der Kunst ist nicht eine zeitlose Gegenwärtigkeit, die sich dem reinen ästhetischen Bewußtsein darstellt, sondern die Tat eines geschichtlich sich sammelnden und versammelnden Geistes. [...] Sofern wir in der Welt dem Kunstwerk und in dem einzelnen Kunstwerk einer Welt begegnen, bleibt dieses nicht ein fremdes Universum [...].

---

460 BARTHES (s. Anm. 18), 227.
461 Ebd., 228.
462 Vgl. JULIA KRISTEVA, La révolution du langage poétique (Paris 1974).
463 Vgl. GENETTE (s. Anm. 24), 188.
464 ECO, Opera aperta. Forma e indeterminazione nelle poetiche contemporanee (Mailand 1962), 13; dt.: Das offene Kunstwerk, übers. v. G. Memmert (Frankfurt a. M. 1973), 15.
465 Vgl. ebd., 42 f., 50 f.; dt. 46 f., 55.

Vielmehr lernen wir uns in ihm verstehen, und das heißt, wir heben die Diskontinuität und Punktualität des Erlebnisses in der Kontinuität unseres Daseins auf.«[466] Diese Integration des Diskontinuierlichen im Prozeß subjektiver Erfahrung legt Jauß seinem an die tschechische Literaturtheorie anknüpfenden Konzept einer modernen Literaturgeschichtsschreibung zugrunde.[467] Die ästhetisches Vergnügen hervorrufende – oder auch verhindernde – Differenz zwischen Publikumserwartung und Werkerfahrung ist dann entweder, bei zeitgenössischer Literatur, in der gezielten Abweichung des Autors gegenüber dem literarischen ›Erwartungshorizont‹ seiner Zeit begründet[468] oder, im Falle etwa mittelalterlicher Literatur, Effekt einer durch die geschichtliche Distanz gegebenen ›Alterität‹ der Werke.[469]

Die Möglichkeit, das Kunstwerk überhaupt als etwas Fremdes wahrzunehmen, hängt nicht nur von der Leistung und Erfahrung des Individuums, sondern entscheidend auch von der institutionellen und medialen Präsentation des Werks ab: In diesem Kontext erscheint es als Moment eines gesellschaftlichen Distributionsprozesses. Und nicht der unwichtigste Teil dieses Prozesses wird von der ›Kulturindustrie‹ (Adorno) organisiert, für die ›Kunstwerk‹ eine Grundeinheit ökonomischer Verwertbarkeit darstellt. En masse werden die Werke in multimediale Erlebnisräume integriert, zu den großen musealen Inszenierungen der Kunst herbeizitiert, so daß das einzelne »zum bloßen Moment der Einmaligkeit eines bestimmten Ausstellungsereignisses zu schrumpfen droht«[470] – ebenso wie es in Radio und Fernsehen ins Kontinuum des Sendeflusses eingeht. Künstler reagieren darauf mit Gegeninszenierungen, die etwa in Rauminstallationen den Rezipienten in eine in ihren ästhetischen Reizmomenten ausgefeilte Situation, eine künstliche Umwelt führen, die durch Einspielungen von Ton und Bild zur ungreifbaren Erlebnislandschaft wird. »Der Ort für das Künstlerische ist trotz Museen, Galerien und Kunstbetrieb nicht gegeben. Der Künstler muß diesen Ort selber schaffen. Es ist der Ort, wo er sein Werk schafft. Dieses Werk ist aber nichts anderes als dieser Ort.«[471] Christos Verpackungskunst stellt das Spiel mit der medialen Vermittlung einer Aktion von ihrer Planung über die Durchführung bis zu ihrer Dokumentation eine Form der Auseinandersetzung mit dem Funktionieren der Institution Kunst in der Informationsgesellschaft dar, die die Mechanismen dieser Mediengesellschaft so sehr bedient, wie sie sich ihrer bedient. Auch bei der die neuesten Möglichkeiten der Medientechnik eruierenden Computerkunst werden ästhetische Konzeption und technischer Apparat ununterscheidbar.[472] Sie etabliert eine neue Art ästhetischer Erfahrung, in der »die Größen von Künstler, Werk und Betrachter tendenziell miteinander konvergieren«[473]. Der Rezipient tritt in ein Geschehen ein, das er selbst mitbestimmt und daher kaum mehr als objektive Struktur zu rekonstruieren vermag. Am einzelnen ›Werk‹ zeigt sich hier, was zwar im allgemeinen gilt, aber sonst nicht so deutlich vor Augen tritt: Ob und inwiefern es Kunst ist, hängt wesentlich davon ab, was der Rezipient aus dem Angebot macht.[474]

So beschäftigt sich auch die aktuelle kommunikationstheoretische Ästhetik weniger damit, was das einzelne Werk als Inhalt kommuniziert, als damit, in welchen medialen und institutionellen Vermittlungszusammenhängen es erscheint, wie es

---

466 HANS-GEORG GADAMER, Wahrheit und Methode. Grundzüge einer philosophischen Hermeneutik (1960; Tübingen ⁵1986), 102.
467 Vgl. HANS ROBERT JAUSS, Ästhetische Erfahrung und literarische Hermeneutik (Frankfurt a. M. 1982), 26.
468 Vgl. JAUSS, Literaturgeschichte als Provokation der Literaturwissenschaft (Konstanz 1967), 31 ff.
469 Vgl. JAUSS (s. Anm. 467), 673 ff.
470 JOSEF FRÜCHTL/JÖRG ZIMMERMANN, Ästhetik der Inszenierung. Dimensionen eines künstlerischen, kulturellen und gesellschaftlichen Phänomens, in: Früchtl/Zimmermann (Hg.), Ästhetik der Inszenierung (Frankfurt a. M. 2001), 42.
471 THOMAS HUBER, Der Duft des Geldes [Ausst.-Kat.] (Zürich 1992), 69.
472 Vgl. PETER ZEC, Das Medienwerk. Ästhetische Produktion im Zeitalter der elektronischen Kommunikation, in: F. Rötzer (Hg.), Digitaler Schein. Ästhetik der elektronischen Medien (Frankfurt a. M. 1991), 100–113.
473 OLIVER GRAU, Virtuelle Kunst in Geschichte und Gegenwart. Visuelle Strategien (Berlin 2000), 214.
474 Vgl. HELMUT SCHANZE, Vom Werk des Autors zum Werk des Nutzers, in: Schanze/P. Ludes (Hg.), Qualitative Perspektiven des Medienwandels (Opladen 1997), 189–197.

dort wirkt und wie es sich selbst in seinem Status als Kunstwerk kommuniziert[475] – wobei sie meint, dabei einen bestimmten basalen ›Code‹ ästhetischer Kommunikation voraussetzen zu müssen: die Differenz zwischen schön und häßlich, interessant und uninteressant oder Kunst und Nicht-Kunst.[476] Mit den Mitteln der Informations- und Systemtheorie hat Niklas Luhmann die die Avantgarde reflektierende Institutionentheorie in eine allgemeine Soziologie der neuzeitlichen Kunst überführt. Als gesellschaftlicher Bereich des »Herstellens und Erlebens von Kunstwerken«[477] entwickele sich die Kunst seit der Renaissance zu einem ›autopoietischen System‹, dessen Identität die Einheit all seiner Strukturen, Prozesse und funktionalen Elemente begründe – was erklärt, daß der moderne Künstler sich in seiner Arbeit zuerst mit dem System Kunst auseinanderzusetzen hat, sich nur in diesem und mit Bezug auf dieses zu positionieren vermag.[478] Jede Handlung im Kontext der Kunst wird notwendig auf ihr Ganzes bezogen und von ihm her gedeutet: »Die Alternative wäre: das System zu verlassen.« (623) Daher kann diese Theorie als Ausführung des Gedankens gelesen werden, »daß im Stadium der ›Postmoderne‹ alle ästhetischen Prozesse letztlich nur Inszenierungen einer als selbstbezügliches System der Kommunikation sich reproduzierenden ›Kunst der Gesellschaft‹ sind«[479]. Luhmann geht allerdings auch von einer Funktion des Systems Kunst für die anderen sozialen Teilsysteme aus: Diese bestehe in der »Konfrontierung der (jedermann geläufigen) Realität mit einer anderen Version derselben Realität«[480]. Das Interpretationsprodukt Kunstwerk sichere als »letzte, nicht weiter dekomponierbare Einheit des Kunstsystems« ein »Mindestmaß an Einheitlichkeit und Wechselbezüglichkeit« der auf es bezogenen Kommunikation: »Alter versteht in gewissen Grenzen, was Ego erlebt, wenn er ein Kunstwerk [...] sich aneignet. [...] Das Kunstwerk vereinheitlicht ihre Kommunikation. Es organisiert ihre Beteiligung. Es reduziert, obwohl es ein höchst unwahrscheinlicher Tatbestand ist, die Beliebigkeit der absehbaren Einstellungen. Es reguliert die Erwartungen.« (627) Die Ebene, auf der sich Kunstwerke aufeinander und auf die Welt beziehen, sei ihr Stil[481], den Luhmann im Anschluß an den kunsthistorischen Formalismus als Inbegriff der Kommunizierbarkeit von Wahrnehmung durch formale Organisation des Objekts interpretiert.

Für die Gegenwart beobachtet er allerdings eine Aufweichung stilistischer Ordnung in Richtung einer nur noch die eigene Gegenwart organisierenden Logik von ›Differenz und Verfremdung‹[482], eine Überlagerung der formalen Gestaltung durch intellektuelle Reflexion: »daß über Kunst geredet und geschrieben wird, trägt wesentlich zur Stabilisierung und Destabilisierung ihrer Autopoiesis bei – bis hin zu der Merkwürdigkeit, daß die Frage des Kunstbegriffs und das Ausprobieren seiner Grenzen die Kunst der Avantgarde, also die Formsuche auf der Ebene der Kunstwerke selbst, zu beeinflussen begann«[483]. In dieser Infragestellung des Kunstwerkkonzepts sieht Luhmann wie Bürger »ein neues Niveau der Selbstbeschreibung des Kunstsystems erreicht, eben die Einführung der Negation des Systems (und nicht nur: der Kalkulierbarkeit einzelner Formen) ins System« (474). Diese Selbstkritik führe zu ästhetischen Phänomenen, die auf der Grundlage des systemtheoretisch-formalen Kunstwerkbegriffs kaum mehr zu beschreiben sind: »Wieso ein Kunstwerk überhaupt ein Kunstwerk ist, bleibt, abgesehen von der bloßen Behauptung, rätselhaft – so als ob es gälte, mit eben dieser Rätselhaftigkeit die Unbeobachtbarkeit der Welt zu symbolisieren.« (476) Diese von Bürger bis Luhmann vertretene Interpretation nichtwerkhaf-

---

475 Vgl. SIEGFRIED J. SCHMIDT, Der Kopf, die Welt, die Kunst. Konstruktivismus als Theorie und Praxis (Wien/Köln/Weimar 1992); PLUMPE, Ästhetische Kommunikation der Moderne, 2 Bde. (Opladen 1993); SCHANZE/LUDES (s. Anm. 474).
476 Vgl. PLUMPE, Probleme der Theorie ästhetischer Kommunikation, in: Plumpe (s. Anm. 475), Bd. 2, 292–304.
477 NIKLAS LUHMANN, Das Kunstwerk und die Selbstreproduktion der Kunst, in: H. U. Gumbrecht/K. L. Pfeiffer (Hg.), Stil. Geschichten und Funktionen eines kulturwissenschaftlichen Diskurselements (Frankfurt a. M. 1986), 622.
478 Vgl. ebd., 623.
479 FRÜCHTL/ZIMMERMANN (s. Anm. 470), 32.
480 LUHMANN (s. Anm. 477), 624.
481 Vgl. ebd., 646.
482 Vgl. ebd., 658.
483 LUHMANN, Die Kunst der Gesellschaft (Frankfurt a. M. 1995), 91.

ter Kunst als immanente Negation des Begriffs des Kunstwerks hat in der aktuellen Situation, die ein Nebeneinander avancierter Werkkunst und anderer künstlerischer Arbeitsformen kennt, jede Plausibilität verloren: die Problematik ihrer Werkhaftigkeit ist von der der Kunst entkoppelt worden.

4. *Werk, Performanz und Inszenierung*

Der kunsttheoretische Werkbegriff hat sich in einer Reihe methodischer und ontologischer Aspekte entfaltet, die zwar in ihrer Begründungsfunktion für allgemeine Theorien der Kunst nacheinander und zum Teil auch gegeneinander artikuliert worden sind, aber im integrierenden Rückblick gemeinsam für den aktuellen Stand des Begreifens von Kunstwerken stehen. Als Werk seiner Kunst und Moment einer bestimmten sozialen Praxis ist das Kunstwerk zugleich Agent und Produkt einer kommunikativen *Technik*, und zwar einer spezifisch ästhetischen: in den Gegebenheiten menschlicher Wahrnehmung fundiert, ermöglicht sie die Aktivierung von Erfahrungsverarbeitungsprozessen. Zweitens ist es Produkt eines *Autors* und damit zugleich dessen Medium; weder aus den Regeln seiner Produktion noch aus einer objektiven Wahrheit hinreichend ableitbar, vermittelt es die Sensibilität und den Geist seines Autors. Drittens ist es ein nach außen abgeschlossenes und in seinen Grenzen unter ästhetischen Gesichtspunkten ausgearbeitetes *Ganzes*: Im Gegensatz zu Entwurf und Skizze gelangt der Künstler in produktiver Auseinandersetzung mit dem werdenden Werk zu einem Verhältnis aller seiner Elemente, in dem Gesamteindruck und Detail aufeinander abgestimmt sind – gleichgültig, ob in einer eher offenen oder geschlossenen, organischen oder fragmentierten Form. Als Gegenstand der Ästhetik ist das Kunstwerk zunächst sinnlich wahrnehmbares Objekt, zugleich aber Gegenstand der *Imagination*: Es will nicht nur für sich wahrgenommen werden, sondern vor dem inneren Auge ausgemalt, mit eigenem verglichen, als modellhafte Weltvorstellung gedeutet und erinnert werden. Im Gegensatz zu Pretiosen steht es nicht nur für sich, seine Materialien und die in es investierte Arbeit, sondern auch für einen geistigen Gehalt; auf diesen verweist es aber auch nicht, wie ein ikonisches oder konventionelles Zeichen, als auf etwas schlechthin anderes, sondern der Gehalt entfaltet sich im Reflexionsverhältnis zwischen der sinnlichen Erscheinung und der geistigen Aneignung des Werks. Als sinnlich wahrnehmbarer Gegenstand ist es weiterhin materielles Konstrukt; das *Material* fungiert im Kunstwerk nicht allein als Mittel der Konstruktion, sondern in seiner Eigenschaft als Element der Sprache, Bild- oder Klangwelt seiner Zeit auch als Träger konkreter Bedeutungen, Konventionen und ästhetischer Erfahrungen, die durch seine künstlerische Verarbeitung artikuliert, verdichtet oder verfremdet werden. Der poietische Prozeß schließt sich in der das Werk organisierenden, das Verhältnis seiner Teile zueinander regulierenden *Form* oder konstruktiven Logik ab, die als Form der Anschauung oder Gesetz einer inneren Rekonstruktion des Werkes verstanden werden kann. Schließlich ist die Wahrnehmung des Kunstwerks durch die soziale Situation bedingt, in die es hineinstößt und von deren Offenheit sein Schicksal abhängt. Das Werk steht nicht für sich allein und ist nicht voraussetzungslos zu rezipieren, sondern wird in bestimmten *Kontexten* produziert, präsentiert und kommentiert und besetzt in seiner Besonderheit einen bestimmten Ort im Kosmos der Kunst wie des Lebens – den gesellschaftlichen Ort des Kunstwerks an seinen immanenten, ästhetischen Qualitäten zu erforschen bedeutet, sich mit der symbolischen wie ästhetischen Verfaßtheit seiner wie der eigenen Welt auseinanderzusetzen.

Im Überblick über die Geschichte des Kunstwerkbegriffs wird deutlich, daß sich in ihm zuvorderst die Subjekt-Objekt-Beziehung in ihrer weltkonstituierenden Funktion reflektiert: Indem das Kunstwerk für den Rezipienten eine ganze Welt evoziert, ist es Objektivierung dieser *Gegenstandsbeziehung* selbst. Beobachtet man, in welchen Zusammenhängen das Kunstwerkkonzept sich – lange vor der eigentlichen Kunstästhetik – durchgesetzt hat, so ist seine Fundierung in der Architektur, den zivilisatorischen Raum gegenständlich gestaltenden Handwerken unübersehbar, und seine aktuelle Krise vor dem Hintergrund der Zurückdrängung konkreter Gegenstandsbeziehungen zugunsten informationeller Prozesse in unserer Welterfahrung verständlich. Ist die Werkkunst im Handwerk begründet, so baut sie in ihrer Ausprä-

III. Kunstwerk und Gesellschaft

gung als Kunst auf einer Tradition nichtwerkhafter ästhetischer Praxis, der musischen Urform künstlerischer *Performanz*, auf, die sich als Kultus in der Welt, Vermittlung zwischen Göttern und Menschen im gemeinschaftlichen Vollzug symbolischer körperlicher Bewegungen und Äußerungen realisierte. Diese Musenkunst gehörte einer Gesellschaftsformation an, die sich zuallererst über Subjekt-Subjekt-Beziehungen definierte; Funktionen der Selbstdarstellung und Selbsterfahrung sozialer Gruppen erfüllen die performativen Künste in Oper, Theater und Konzert bis heute. Überlagert wird die Kunstwerkästhetik in der aktuellen Kunst von einer Ästhetik der *Inszenierung*, die auf der Ebene der Mechanismen gesellschaftlicher Selbstwahrnehmung und Kommunikation arbeitet: Dies betrifft die Vermittlungsweisen von Kunst als Kunst und realisiert sich in Handlungen, die das jeweils verwendete Medium künstlerisch aktualisieren, umfunktionieren oder überhaupt erst schaffen. In diesem Zusammenhang gewinnt die Nominaldefinition des Kunstwerks neuen Sinn: Es ist ein *Werk* der Kunst im Gegensatz zu einer Performanz oder Inszenierung, ästhetisches Produkt im Gegensatz zu Vollzug und Kontextsetzung. Wenn das Kunstwerk auch seinen Status als Inbegriff der Kunst verloren hat, wird es in seiner spezifischen Potenz der Vergegenständlichung menschlicher Objektbeziehung der Informationsgesellschaft ebensowenig zum Opfer fallen, wie die performative Kunstübung in ihren spezifischen zwischenmenschlichen Potenzen dem Werkkonzept zum Opfer gefallen ist.

Die systematische Trennung zwischen performativen und werkhaften Künsten ist nicht neu, bislang aber nur im Hinblick auf eine Unterteilung der *Künste* und nicht ihrer konkreten Vermittlungsformen diskutiert worden. Das Englische kennt den Begriff der ›performing arts‹, der in der Tradition der antiken musikē die Künste der Aufführung, Musik, Theater, Tanz, umfaßt und so noch heute Ausgangspunkt systematischer ästhetischer Forschungen ist.[484] Auch das Wort ›performance‹ deckt im Englischen die ganze Bandbreite dieser Künste bis hin zu modernen Improvisationsformen ab, wogegen es als Fremdwort im Deutschen allein mit der avantgardistischen Kunst der Happenings, Events usw. verbunden wird, die englisch ›performance art‹ heißt.[485] (Weshalb das englische ›performance‹ auch besser durch eine eigenständige Ableitung aus dem Lateinischen, ›Performanz‹, zu übersetzen ist.) Das Verhältnis dieser unterschiedlichen Kunstformen zum Werkbegriff wurde erstmals im 18. Jh. diskutiert: Harris unterschied zwischen Künsten, die ein ergon herstellen, und solchen, die ihre energeia ausstellen, und Karl Heinrich Heydenreich gruppierte die Künste in solche, die auf Hervorbringung, also Werke, aus sind, und andere, die in ihrer Ausübung aufgehen.[486] Vorausgesetzt ist dabei, daß in einem Kunstereignis verschiedene künstlerische Disziplinen zusammenwirken können: So steht noch bei Hegel neben dem vom Werkbegriff dominierten Verständnis des Theaterstücks eine ausdrückliche Anerkennung der performativen Eigenart der Bühnenaufführung im allgemeinen und der Schauspielkunst im besonderen.[487] Ausgerechnet die für die Theoriebildung des 18. Jh. wichtigste Kunst vermochte das System jedoch nicht eindeutig zuzuordnen: Die Frage, ob die Dichtung Werkkunst oder eine energetische sei, blieb bis ins 20. Jh. heftig umstritten.[488] Vollends versagt das Differenzierungsprinzip, wenn man es auf das bezieht, was hervorgebracht oder ausgeübt wird: In der Theateraufführung verbindet sich nicht allein Werkhaftes mit Performativem, auch die Aufführung selbst kann in gewissem Sinne als ›organisches Wesen‹ (Konstantin S. Stanislavskij) oder als ›Œuvre d'art vivant‹ (Adolph Appia) interpretiert werden. Noch Nietzsches auf die ästhetische Vollzugs- wie Rezeptionsform sich beziehende Unterscheidung zwischen der apollinischen Bildkunst und der dionysisch-rauschhaften Kunst leiblicher Ekstase wird man nur im Sinne archetypischer Extreme verstehen können, die in realer Kunst ineinander verschränkt erscheinen.

---

484 Vgl. PAUL THOM, For an Audience. A Philosophy of the Performing Arts (Philadelphia 1993).
485 Vgl. PHILIP A. ALPERSON, ›Performance‹, in: Kelly (s. Anm. 35), 464–466; DENNIS, ›Performance Art‹, in: ebd., 466–474.
486 Vgl. KARL HEINRICH HEYDENREICH, System der Ästhetik, Bd. 1 (Leipzig 1790), 215 f.
487 Vgl. HEGEL (ÄSTH.), 1060 ff.
488 Vgl. THEODOR A. MEYER, Das Stilgesetz der Poesie (1901; Frankfurt a. M. 1990).

In neuerer Zeit wird wieder die Eigenständigkeit etwa theatralischer Performanz gegenüber dem schriftlichen Werk betont – in der Praxis des Regietheaters ebenso wie in der von Derrida gegen die Dominanz der Schriftkultur ins Feld geführten Theatertheorie Antonin Artauds.[489] »Rather than reproducing the work, stage performance produces it anew«[490], heißt es etwa bei William B. Worthen. Auch in bezug auf die komponierte Musik steht die ausschließliche Orientierung am Anspruch auf ›Werktreue‹ in der Kritik. Kurt Blaukopf denunziert ihn als angesichts der Bedingungen musikalischer Aufführungspraxis nie einlösbare ›Ideologie‹ künstlerischen ›Schöpfertums‹, die durch die das gegenwärtige Musikleben dominierende Herstellung von Tonkonserven vollends ad absurdum geführt werde: Bei solchen Aufnahmen handele es sich um ›Bearbeitungen‹ des Werks im vollen Sinne des Wortes.[491] Aber auch unabhängig von diesem besonderen Problem ist bisher noch jeder Versuch gescheitert, das komplizierte und vielfältig vermittelte Verhältnis zwischen dem Notentext, seiner Aufführung und ihrer Rezeption auf einen integralen und verbindlichen Begriff des Kunstwerks zu bringen.[492] Als ganzheitliche, körperlich-geistige Kommunikation zwischen Aufführenden und Publikum beruht das Performative auf dem gemeinschaftlichen, ereignishaften Vollzug des künstlerischen Aktes im Gegensatz zur für das Werk konstitutiven Differenz zwischen Produktion und Rezeption.[493] Es findet dabei im Gegensatz zur Inszenierung – die der Aufführung in vorgängigen Entscheidungen ihren äußeren wie inneren Rahmen gibt – in simultan-sympathetischer Einheit von Aktion und Reaktion statt. Im Unterschied allerdings zur traditionellen Performanz, die im institutionellen Rahmen etwa einer Kultur musikalischer Improvisation auf gegebenen Grundlagen ohne werkhafte Strukturierung und bewußte inszenatorische Kontextualisierung realisiert werden kann, ist die neue Kunstform der Performance von vornherein aus der Verbindung performativer, (anti-)werkhafter und inszenatorischer Arbeitsebenen entstanden und erkundet die Möglichkeiten künstlerischer Selbstinszenierung eines von der Leiblichkeit des Künstlers ausgehenden und die Grenzen zwischen Kunst und Leben beschreibenden Geschehens: »Performance ist ein lebendiges Bild, in dem der Künstler selbst eine zentrale Stellung einnimmt. Seine physische Präsenz gewährleistet subjektive Erfahrung, der Rahmen, in dem er agiert, deutet auf eine allgemein erkennbare Situation. [...] Performance ist immer authentisch: die Personen sind ausschließlich sie selbst – Zeit und Raum sind grundsätzlich real.«[494] Gerade diese Authentizität erklärt, von welch entscheidender Wichtigkeit für die Performance ihre Selbstinszenierung als Kunst ist – andernfalls verlöre sie, wie in ihrer Interpretation als reines ›Ereignis‹, ihre Differenz zum Realen: »Das Ereignis läßt sich nicht inszenieren, es entsteht gleichsam aus der Mitte der Texte, Zeichen und Sensorien.«[495]

Als eine ›Kunst sui generis‹ ist das *Inszenatorische* erst in der modernen Kunst hervorgetreten.[496] Als sozialer Kontext der Kunst, der ihre Realisierungs- und Funktionsweise programmiert, begleitet es aber alle Kunst – in Form selbstverständlicher Tradition, institutioneller Festlegungen oder individueller Entscheidungen. Inszenierung wird gemeinhin die Arbeit des Theaterregisseurs genannt; er schafft kein ein für allemal fixiertes Werk und tritt auch selbst nicht als Aufführender in Erscheinung, sondern nutzt und entwickelt die Möglichkeiten seiner Schauspieler wie der Bühne dazu, einen Text oder ein Thema auf eine bestimmte Art und Weise, in einer bestimmten Tendenz einem bestimmten Publikum zu präsentieren. Die Verselbständigung dieser Arbeit ergab sich im frühen 19. Jh. aus einer Krise der Institutionen des Theaters: An die Stelle verbindlicher Aufführungstraditionen trat die Intendanten-Dramaturgie, die zwischen

---

489 Vgl. DERRIDA, Le théâtre de la cruauté (1966), in: Derrida, L'écriture et la différence (1967; Paris 1979), 341–368.
490 WORTHEN (s. Anm. 2), 8.
491 Vgl. KURT BLAUKOPF, Werktreue und Bearbeitung. Zur Soziologie der Integrität des musikalischen Kunstwerks (Karlsruhe 1968) 9, 25 f., 37 ff.
492 Vgl. RISCH (s. Anm. 35).
493 Vgl. MERSCH, Vom Werk zum Ereignis. Zur ›performativen Wende‹ in der Kunst, in: Mersch (s. Anm. 46), 151–244.
494 ELISABETH JAPPE, Performance, Ritual, Prozeß (München 1995), 10.
495 MERSCH (s. Anm. 493), 232; vgl. ebd., 240 ff.
496 Vgl. FRÜCHTL/ZIMMERMANN (s. Anm. 470), 45.

Werk und Publikum, Tradition und Gegenwart zu vermitteln hatte.[497] Allgemein gesehen besteht Inszenierung darin, die Aufführung für das Publikum nachvollziehbar zu motivieren; vom eigenen Interesse an Stück, Schauspielern und Aufführungsort ausgehend eine Konzeption zu entwickeln und so im Detail umzusetzen, daß sie in der Aufführung lesbar wird – wobei zwischen dem Akt des ›In-Szene-Setzens‹ durch den Regisseur und dem Dramaturgie, Bühnenbildnerei, Maske, Kostüm, Lichtregie und Choreographie umfassenden integralen Akt der Realisierung einer Inszenierung unterschieden wird.[498] Auch kann man die ereignishaft-performative Aufführung der ausgearbeiteten Inszenierung als in sich geschlossenem und wiederholt zu realisierendem werkhaften Konzept entgegensetzen[499] – wobei die etwa von Vsevolod È. Mejerchol'd betonte ständige Fortsetzung der Inszenierungsarbeit bis zur letzten Aufführung zu bedenken wäre.[500] Als eigenständige ästhetische Potenz – und nicht als quasi-werkhafte Vorstellung der Totalität einer prinzipiell nicht werkhaften theatralischen Aufführung – ist das Inszenatorische weder an Bühne noch an Schauspieler gebunden. Es stellt einen Schlüssel auch für die ästhetische Bestimmung der Architektur dar, die von der Werkästhetik stets nur am Rande, als Grenzfall der Kunst, behandelt wurde: Heidegger geht in diese Richtung, wenn er den antiken Tempel als entbergendes ›Aufstellen einer Welt‹ interpretiert, und insbesondere die Postmoderne hat den Sinn für die Funktion der Architektur, öffentlichen Raum zu inszenieren, geweckt. Diese für sich zu betrachtende inszenatorische Ebene der Kunst kann als Arbeit mit und an den Medien sozialer Kommunikation aufgefaßt werden und steht als solche im Mittelpunkt der ihre Sujets ausstellenden Medienkünste. Auch in ihnen geht es um die Bestimmung des Themas, die Wahl der Einstellungen, die Zusammenführung der Ausschnitte, die Art und Weise, wie das Gezeigte vermittels des technischen Apparates in Szene gesetzt wird, um an Wirklichkeit zugänglich zu werden.

Im Gegensatz zu Performanz und Inszenierung zeichnet sich das *Werk* in erster Linie durch seine Objektivität und Beständigkeit aus: Es ist weder unmittelbarer Akt, noch ein medial vermittelter Prozeß des Zeigens, sondern ein Gegenstand, den der Rezipient sich selbständig zu erschließen hat. Werke sind daher zunächst die Produkte der Künste, die dem Publikum nichts vorspielen, sondern etwas vorstellen, das es frei, im eigenen Zeitmaß und mit frei gewähltem Blickpunkt betrachten kann. In den Zeitkünsten ist von Werken dort die Rede, wo der zeitliche Prozeß revidierbar erscheint, durch Wiederhol- und Unterbrechbarkeit der erkennenden Analyse zugänglich wird[501]: in Form einer Notation, die der Aufführung zugrunde liegt, oder eines technischen Trägers, der identische Projektionen garantiert, wie etwa im Film. Gerade hier wird aber deutlich, wie die ästhetischen Vermittlungsformen Performanz, Inszenierung und Werkhaftigkeit im Zusammenspiel von Schauspiel, Einstellung und Schnitt kombiniert werden können und dann nur noch als Aspekte einer komplexen künstlerischen Präsentation zu unterscheiden sind.

Jan-Peter Pudelek

Literatur
BELTING, HANS, Das unsichtbare Meisterwerk. Die modernen Mythen der Kunst (München 1998); BENSCH, GEORG, Vom Kunstwerk zum ästhetischen Objekt. Zur Geschichte der phänomenologischen Ästhetik (München 1994); BOSSE, HEINRICH, Autorschaft ist Werkherrschaft. Über die Entstehung des Urheberrechts aus dem Geist der Goethezeit (Paderborn 1981); DAHLHAUS, CARL, Über den Zerfall des musikalischen Werkbegriffs (1971), in: Dahlhaus, Schönberg und andere (Mainz 1978), 279–290; FUCHS, CHRISTINE, Avantgarde und erweiterter Kunstbegriff. Eine Aktualisierung des Kunst- und Werkbegriffs im Verfassungs- und Urheberrecht (Baden-Baden 2000); GADAMER, HANS-GEORG, Der Kunstbegriff im Wandel, in: D. Guderian (Hg.), Technik und Kunst (Düsseldorf 1994), 12–26; GENETTE, GÉRARD, L'œuvre de

497 Vgl. ANDRÉ VEINSTEIN, La mise en scène théâtrale et sa condition esthétique (Paris 1955); BERNARD DORT, Théâtre réel (Paris 1971).
498 Vgl. PATRICE PAVIS, Der Metatext der Inszenierung, in: K. Lazarowicz/C. Balme (Hg.), Texte zur Theorie des Theaters (Stuttgart 1991), 349–358.
499 Vgl. GUIDO HISS, Der theatralische Blick. Einführung in die Aufführungsanalyse (Berlin 1993).
500 Vgl. VSEVOLOD È. MEJERCHOL'D, Die Kunst des Regisseurs (entst. 1927), übers. v. M. Schilow/H. Hawemann/K. Fend, in: Lazarowicz/Balme (s. Anm. 498), 328–333.
501 Vgl. STIERLE, Das Zeit-Werk. Text und Vollzug in Sprache und Musik, in: Stierle (s. Anm. 45), 177–190.

l'art, 2 Bde. (Paris 1994/1997); LUHMANN, NIKLAS, Das Kunstwerk und die Selbstreproduktion der Kunst, in: H. U. Gumbrecht/K. L. Pfeiffer (Hg.), Stil (Frankfurt a. M. 1986), 620–672; MARGOLIS, JOHN, What, after all, is a Work of Art? Lectures in the Philosophy of Art (University Park, Pa. 1999); MERSCH, DIETER, Ereignis und Aura. Untersuchungen zu einer Ästhetik des Performativen (Frankfurt a. M. 2002); MÜLLER, HANS-JOACHIM, Das Kunstwerk im Zeitalter seiner technischen Generierbarkeit, in: F. Rötzer (Hg.), Digitaler Schein. Ästhetik der elektronischen Medien (Frankfurt a. M. 1991), 548–569; MÜLLER, WERNER, Kunstwerk, Kunstgeschichte und Computer (München 1987); OELMÜLLER, WILLI (Hg.), Kolloquium Kunst und Philosophie, Bd. 3 [Das Kunstwerk] (Paderborn u. a. 1983); PATZIG, GÜNTHER, Über den ontologischen Status von Kunstwerken, in: F. W. Korff (Hg.), Redliches Denken. Festschrift für G. G. Grau (Stuttgart 1981), 114–129; PONTZEN, ALEXANDRA, Künstler ohne Werk. Modelle negativer Produktionsästhetik in der Künstlerliteratur von Wackenroder bis Heiner Müller (Berlin 2000); RISCH, CLAUDIA, Die Identität des Kunstwerks. Studien zur Wechselwirkung von Identitätskrisen und ontologischem Status des Kunstwerks (Bern/Stuttgart 1986); SANIO, SABINE, Alternativen zur Werkästhetik. John Cage und Helmut Heißenbüttel (Saarbrücken 1999); SCHANZE, HELMUT, Vom Werk des Autors zum Werk des Nutzers, in: Schanze/ P. Ludes (Hg.), Qualitative Perspektiven des Medienwandels (Opladen 1997), 189–197; SCHEIBE, SIEGFRIED (Hg.), Zu Werk und Text. Beiträge zur Textologie (Berlin 1991); SEIDEL, WILHELM, Werk und Werkbegriff in der Musikgeschichte (Darmstadt 1987); STIERLE, KARL-HEINZ, Ästhetische Rationalität. Kunstwerk und Werkbegriff (München 1996); THIERSE, WOLFGANG, ›Das Ganze aber ist das, was Anfang, Mitte und Ende hat.‹ Problemgeschichtliche Beobachtungen zur Geschichte des Werkbegriffs; in: K. Barck/M. Fontius/W. Thierse (Hg.), Ästhetische Grundbegriffe. Studien zu einem historischen Wörterbuch (Berlin 1990), 378–414; THOMET, URSULA, Kunstwerk – Kunstwelt – Weltsicht. Arthur C. Dantos Philosophie der Kunst und der Kunstgeschichte (Bern u. a. 1999); WIORA, WALTER, Das musikalische Kunstwerk (Tutzing 1983); WOLLHEIM, RICHARD, Art and its Objects. Second Edition. With Six Supplementary Essays (Cambridge 1980); WOLTERSTORFF, NICHOLAS, Works and Worlds of Art (Oxford 1980); ZALOSCER, HILDE, Visuelle Beschwörung, autonomes Kunstwerk, Ideograph. Eine Begriffserklärung (Wien/ Köln/Weimar 1997); ZEC, PETER, Das Medienwerk.

1 LUDWIG WITTGENSTEIN, Lectures on Aesthetics (gehalten 1938), in: Wittgenstein, Lectures & Conversations on Aesthetics, Psychology and Religious Belief, hg. v. C. Barrett (Oxford 1966), 11; dt.: Vorlesungen über Ästhetik, in: Vorlesungen und Gespräche über Ästhetik, Psychologie und Religion, hg. v. C. Barrett, übers. v. E. Bubser (Göttingen 1968), 33.

Ästhetische Produktion im Zeitalter der elekronischen Kommunikation, in: F. Rötzer (Hg.), Digitaler Schein. Ästhetik der elektronischen Medien (Frankfurt a. M. 1991), 100–113; ZIFF, PAUL, The Task of Defining a Work of Art, in: Ziff, Philosophic Turnings – Essays in Conceptual Appreciations (Ithaca, N. Y. 1966), 21–46; dt.: Was es heißt zu definieren, was ein Kunstwerk ist, übers. v. J. Kulenkampff, in: D. Henrich/W. Iser (Hg.), Theorien der Kunst (Frankfurt a. M. 1982), 524–550.

Wertung/Wert

(griech. τιμή; lat. aestimatio; engl. evaluation, value; frz. évaluation, valeur; ital. valutazione, valore; span. evaluación, valor; russ. оценка, ценность)

Einleitung: Ist Wertung eine notwendige Bedingung von Kunst?; I. Der Wertbegriff; 1. Wortgeschichte; 2. Hauptaspekt und Problematisierung der Darstellung; a) Erschließungsprobleme; b) Werttheorien und Wertbegriffe in Wissenschaften und Philosophie; c) Wertsubjektivismus und -objektivismus; d) Axiologische Grundbegriffe; **II. Begriffsgeschichte und historische Schwerpunkte;** 1. Strategien und Voraussetzungen; 2. Ausdrucks- versus Mimesistheorie; 3. Die Autonomie des Ästhetischen; 4. Der ästhetische Wert im Spannungsfeld zwischen deutschen Systemphilosophien und den aufkommenden Wissenschaften; a) Psychologismus versus Systemphilosophie; b) Von den Ideen der Vernunft zum Reich der Werte; 5. Angelsächsische und analytische Tradition; a) Kognitivismus; b) Nonkognitivismus; **Zusammenfassung**

Einleitung: Ist Wertung eine notwendige Bedingung von Kunst?

»You might think Aesthetics is a science telling us what's beautiful – almost too ridiculous for words. I suppose it ought to include also what sort of coffee tastes well.«[1] Läßt sich Kunst definieren, ohne auf die Begriffe ›Wert‹ und ›ästhetische Wertung‹ zurückzugreifen? Diese Frage wird im Anschluß an Kant zumeist verneint. Urteile zur Kunst dieser Auffassung zufolge notwendigerweise wer-

Einleitung: Ist Wertung eine notwendige Bedingung von Kunst?

tend.[2] Es sei zwar möglich, daß man ein Kunstwerk bloß beschreibt, doch was man da beschreibt, ist der Träger (Bildträger, Text, Tonfolge usw.), nicht aber das Werk. Eine wahre oder richtige Werkbeschreibung enthalte dagegen notwendigerweise zumindest implizit wertende Komponenten. Die Gründe dafür variieren von Theorie zu Theorie. All diesen Ansätzen gemeinsam ist jedoch eine funktionalistische Auffassung von Kunst.

Für den Funktionalisten besitzt die Kunst – entweder faktisch oder normativ[3] – eine jeweils bestimmte Funktion. Der Wert bzw. der ästhetische Wert des Kunstwerks bemesse sich daran, in welchem Grade das Kunstwerk dieser Funktion genügt. Ein Objekt, das nicht einmal im geringsten Grade dieser Funktion genüge, sei kein Kunstwerk und besäße keinen ästhetischen Wert. Theorien dieser Art definieren also die Kunst über ihre Funktion, und die Funktion ist gleichzeitig Wertmaßstab der Kunst. Selbst kantianische Positionen können unter dieses Modell subsumiert werden: Hier ist es die Funktion von Kunstwerken, interesseloses Wohlgefallen zu erzeugen und das freie Spiel der Einbildungskraft zu ermöglichen. Der Wert eines Kunstwerks oder der durch das Werk verursachten Vorstellung sei um so höher, je besser das betreffende Werk die Funktion der Kunst erfülle.

Nichtfunktionalistische Theorien sind der Institutionalismus, der Subjektivismus und ein Minimalplatonismus (der sich auf die nichtssagende Behauptung beschränkt, daß Kunstwerke an der Idee des Kunstwerks teilhaben[4]). Für den Subjektivisten erhält ein Objekt seinen Kunststatus allein aufgrund der subjektiven Entscheidung des Betrachters. Objektiv zwingende Gründe dafür gebe es dagegen nicht. Diese wahllose und bloß subjektive Erhebung von Objekten zu Kunstwerken widerspricht jedoch der Praxis. Nicht jeder kann zu jeder Zeit solch eine Erhebung vornehmen.

Für den Institutionalisten hingegen sind Kunstwerke Artefakte, die ihren Kunststatus durch eine Institution (die Kunstwelt) verliehen bekommen, ungeachtet möglicher Funktionen der Werke.[5] Der Institutionalismus unterscheidet daher strikt zwischen Fragen zur Definition von Kunstwerken und Fragen zum ästhetischen Wert.[6] Beide hätten nichts miteinander zu tun und sollten deshalb nicht miteinander vermischt werden.

Für den Funktionalisten sind Institutionalismus und Subjektivismus von vornherein zum Scheitern verurteilt, da sie das Wesen der Kunst, d. h. die jeweils geforderte Funktion und damit implizit den ästhetischen Wert, in ihre Definitionen nicht mit einschließen. Der Institutionalist wendet dagegen ein, daß eine Definition nicht das Wesen der Kunst treffen muß, sondern nur den Zweck besitzt, Kunstwerke von Nichtkunstwerken zu unterscheiden. Er leugnet nicht, daß weite Bereiche der Kunst, ihre Bedeutung, ihre soziale oder kognitive Relevanz usw., von seiner Definition nicht berücksichtigt werden. Jedoch sei dies nicht die Aufgabe einer Definition der Kunst: »Probably most people look to a definition of art in the hope of finding an account of the value and importance of art. The interest and worth of the philosophy of art lies in its facilitating just such an account.«[7]

Gegen den Institutionalismus läßt sich einwenden, daß die Erhebung von Artefakten zu Kunstwerken durch die Kunstwelt Gründe braucht und diese letztlich im Einklang mit der Funktion der Kunst stehen müssen.[8] Der paradigmatische Werktyp in dieser Diskussion ist das Ready-made. Nicht jeder Flaschentrockner ist ein Kunstwerk, sondern nur diejenigen, die den Kunststatus verliehen bekommen haben (Institutionalismus), bzw. nur die-

---

2 Vgl. KARLHEINZ LÜDEKING, Wahrnehmung und Wohlgefallen, in: F. Koppe (Hg.), Perspektiven der Kunstphilosophie (Frankfurt a. M. 1991), 217–239.
3 Vgl. DAVID NOVITZ, ›Function of Art‹, in: D. E. Cooper (Hg.), A Companion to Aesthetics (Oxford 1992), 163.
4 Vgl. CARL DAHLHAUS, Analyse und Werturteil (Mainz 1970), 19 f.
5 Vgl. GEORGE DICKIE, Defining Art, in: American Philosophical Quarterly 6 (1969), 254.
6 Vgl. DICKIE, Evaluating Art (Philadelphia 1988), IX.
7 STEPHEN DAVIS, Definitions of Art (London 1991), 46.
8 Vgl. RICHARD WOLLHEIM, The Institutional Theory of Art (1980), in: Wollheim, Art and Its Objects (Cambridge 1980), 157–166; ARTHUR DANTO, The Art World Revisited: Comedies of Similarity (1990), in: Danto, Beyond the Brillo Box. The Visual Arts in Post-Historical Perspective (New York 1992), 33–53.

jenigen, die als Kunstwerk funktionieren (Funktionalismus). Wie aber kann der Institutionalist rechtfertigen, daß er den einen Flaschentrockner zu einem Kunstwerk erhebt und den anderen nicht? Nach funktionalistischer Auffassung entlarvt sich der Institutionalismus an dieser Stelle als purer Subjektivismus, da er grundlos den einen Flaschentrockner zum Kunstwerk erhebt und den anderen nicht. Die Lösung dieses Problems bietet nach funktionalistischer Auffassung ein Wertbegriff, der dem Wert und der Funktion des Readymades gerecht wird. Ob so ein Wertbegriff zu finden ist, sei dahingestellt.

Festzuhalten bleibt, daß der Institutionalismus die einzig ernstzunehmende Theorie ist, die eine Kunstdefinition anbietet, ohne dabei auch nur implizit auf die Begriffe Wert und ästhetische Wertung zurückzugreifen. Alle anderen Theorien und die damit einhergehenden Definitionsversuche der Kunst fußen dagegen auf einem Funktionalismus und damit auf dem Wertbegriff. Die Unterschiede in den verschiedenen funktionalistischen Theorien lassen sich gerade an ihren divergierenden Konzeptionen des ästhetischen Wertes aufzeigen.

---

9 Vgl. ›Wert‹, in: GRIMM, Bd. 14/1/2 (1960), 444f.
10 Ebd., 460.
11 Vgl. ADAM SMITH, An Inquiry into the Nature and Causes of the Wealth of Nations (1776), in: Smith, The Glasgow Edition of the Works and Correspondence, hg. v. A. L. MacFie u. a., Bd. 2/1 (Oxford 1976), 47–71 (1, 5–6).
12 Vgl. HERMANN LOTZE, Grundzüge der Ästhetik (entst. 1856–1865, ersch. 1884; Leipzig ²1888), 10–24 (§§ 8–20); KARL KÖSTLIN, Aesthetik (Tübingen 1869), 173–180, 288f., 952–954.
13 Vgl. ›Wert‹, in: BROCKHAUS, Bd. 16 (¹⁴1895), 645f.; HELMUT KUHN, Werte – Eine Urgegebenheit, in: H. G. Gadamer/P. Vogler (Hg.), Neue Anthropologie, Bd. 7 (Stuttgart 1975), 343–373.
14 Vgl. ALFRED TARSKI, The Semantic Conception of Truth and the Foundations of Semantics (1944), in: H. Feigl/W. Sellars (Hg.), Readings in Philosophical Analysis (New York 1949), 60f.; dt.: Die semantische Konzeption der Wahrheit und die Grundlagen der Semantik, übers. v. J. Sinnreich, in: G. Skirbekk (Hg.), Wahrheitstheorien (Frankfurt a.M. 1977), 152–154; RICHARD M. HARE, The Language of Morals (1952; Oxford 1964), 1–3.

I. Der Wertbegriff

1. Wortgeschichte

Die etymologischen Ursprünge des Begriffs Wert sind unklar.⁹ Wahrscheinlich handelt es sich um eine »gemeingermanische substantivierung des adjektivs wert«¹⁰. Als theoretischer Begriff wird ›value‹ im 18. Jh. von Adam Smith verwendet.¹¹ Der Begriff Wert ist eine Ableitung von ›werten‹ und ›Wertschätzung‹. Er findet sich bereits in der Umgangssprache des 17. Jh. Die Begriffe Wertung und ästhetischer Wert stammen als theoretische Begriffe aus dem 19. Jh.¹² (Im *Brockhaus* von 1895 finden sich jedoch unter dem Eintrag ›Wert‹ noch keine Bemerkungen zu den Begriffen ›Wertung‹ und ›ästhetischer Wert‹, sondern nur solche zum volkswirtschaftlichen und ganz knapp zum juristischen Wert.¹³)

2. Hauptaspekt und Problematisierung der Darstellung

a) Erschließungsprobleme
Erste theoretische Ausarbeitungen des Wertbegriffs finden sich in der zweiten Hälfte des 19. Jh. (z.B. bei Hermann Lotze und Alexius Meinong). Die Problemstellung jedoch, auf die der Wertbegriff in der Ästhetik Antwort geben sollte, ist beinahe so alt wie die Philosophie selbst. Daher muß eine historische Aufarbeitung bei den Wurzeln der Philosophie beginnen. Dies ist jedoch nicht unproblematisch, da bereits im Versuch eines historischen Überblicks Wertung voraussetzt. Fragen, Richtungen und Autoren werden aufgrund von Wertungen ausgegrenzt oder in das Zentrum der Untersuchung gerückt. Dabei wird auf Begriffe zurückgegriffen, die selbst Objekte der Untersuchung sind. So sind z.B. die Begriffe ›subjektiv‹ und ›objektiv‹ begriffliche Voraussetzung einer solchen Untersuchung, und gleichzeitig sind sie ihr Gegenstand, da sich fast jede komplexere Werttheorie auf sie stützt.
Um nicht bereits an dieser Stelle der angeblichen Unvermeidbarkeit des hermeneutischen Zirkels zu begegnen, ist es geraten, möglichst scharf zwischen Objekt- und Metasprache zu unterscheiden. (Inwieweit dieses Unterfangen strikt durchführbar ist, sei dahingestellt.¹⁴) Zu diesem Zweck

wird im ersten Teil des Artikels der allgemeine philosophische Rahmen abgesteckt, und es werden die begrifflichen Voraussetzungen für den zweiten, den historischen Teil geschaffen.

b) Werttheorien und Wertbegriffe in Wissenschaften und Philosophie
Eine Annäherung an die Begriffe Wertung und Wert ist nicht zuletzt deshalb so schwierig, weil beide nur vor dem Hintergrund allgemeiner und spezieller Wertproblematiken zu verstehen sind. Eine Untersuchung muß daher den Wertbegriff in seinen unterschiedlichen Verwendungen, d. h. u. a. in der Philosophie, Volkswirtschaft, Psychologie und den Geschichts- und Kulturwissenschaften, berücksichtigen. In der Philosophie findet der Wertbegriff seinen Standort zumeist in der Ethik. Übergreifende Werttheorien, die einen allgemeineren Anspruch erheben, sind dagegen seltener anzutreffen. Ausnahmen bilden u. a. neukantianische Wertphilosophien[15], Ansätze innerhalb der analytischen Sprachphilosophie[16] sowie soziologische Untersuchungen zur Axiologie[17].

Es stellt sich gleichwohl die prinzipielle Frage, ob so etwas wie eine allgemeine Werttheorie überhaupt möglich ist und die verschiedenen Bereiche nicht ganz eigene und unvergleichbare Wertbegriffe besitzen. So scheint z. B. der Wertbegriff der Theologie nicht mit den Wertbegriffen der Mathematik und Logik (z. B. Funktions- oder Wahrheitswert) vergleichbar zu sein. Vertritt man eine derartige Auffassung der Inkommensurabilität der Werte auch in bezug auf die Ästhetik, dann verengt sich der zu untersuchende Bereich drastisch, und man kann sich sogleich den Begriffen Wertung und Wert zuwenden. Es zeigt sich jedoch, daß eine ästhetische Werttheorie nur dann sinnvoll betrieben werden kann, wenn man allgemeinaxiologische und somit metatheoretische Überlegungen einbezieht und zudem Ergebnisse zur Wertfrage aus anderen Wissenschaften berücksichtigt.

Ein typisches Beispiel dafür ist das Problem der Verallgemeinerung von Werturteilen, zu dem zwei Positionen eingenommen werden können. Entweder wird die extreme Auffassung, die sogenannte Singularitätsthese[18], vertreten, daß nämlich Wertung aufgrund des genuinen Charakters der Kunst immer einmalig und unvergleichbar ist: »when in Aesthetics one moves from the particular to the general, one is travelling in the wrong direction«[19]. Oder es wird versucht, genuine Gründe zu verallgemeinern.[20] Gleiche Probleme tauchen beispielsweise bei der Schärfe als Wertkriterium für Messer nicht auf. Ein Grund dafür ist, daß wir die Güte von Messern nach ihrer Funktion bemessen. Ein Funktionalismus dieser Art läßt sich mit John Leslie Mackie folgendermaßen bestimmen: »We can then offer a general definition of ›good‹: *such as to satisfy requirements (etc.) of the kind in question.*«[21] Im Falle von Messern und anderen Artefakten scheint diese Definition zu überzeugen. Wenn man sie jedoch auf das ethisch Gute oder das ästhetisch Gute (=Schöne?) anwendete, würde sie wohl nur von wenigen akzeptiert.[22] Jedoch kann aus solchen intuitiven Unterscheidungen nicht geschlossen werden, eine Untersuchung zu ästhetischen Werten stehe außerhalb der allgemeinen Wertdiskussion. Vielmehr gilt, daß Unterschiede der erwähnten Art nur vor dem Hintergrund allgemeinerer oder fachspezifischer Werttheorien zu verstehen sind. Erwähnt seien z. B. Ausdruckstheorien, die den

---

15 Vgl. HEINRICH RICKERT, System der Philosophie. Erster Teil: Allgemeine Grundlegung der Philosophie (Tübingen 1921), 101–162; JONAS COHN, Wertwissenschaft (Stuttgart 1932).
16 Vgl. ZDZISŁAW NAJDER, Values and Evaluations (Oxford 1975).
17 Vgl. CLYDE KLUCKHOHN u. a., Values and Value-Orientations in the Theory of Action: An Exploration in Definition and Classification, in: T. Parsons/E. A. Shils (Hg.), Toward a General Theory of Action (Cambridge, Mass. 1951), 388–433.
18 Vgl. JÖRG ZIMMERMANN, Sprachanalytische Ästhetik. Ein Überblick (Stuttgart-Bad Cannstatt 1980), 169.
19 STUART HAMPSHIRE, Logic and Appreciation (1952), in: W. Elton (Hg.), Aesthetic and Language (New York 1954), 169.
20 Vgl. MONROE C. BEARDSLEY, On The Generality of Critical Reasons, in: The Journal of Philosophy 59 (1962), 477–486; BEARDSLEY, The Discrimination of Aesthetic Enjoyment, in: The British Journal of Aesthetics 3 (1963), 291–300.
21 JOHN LESLIE MACKIE, Ethics: Inventing Right and Wrong (Harmondsworth 1977), 55 f.
22 Vgl. COLIN LYAS, The Evaluation of Art, in: O. Hanfling (Hg.), Philosophical Aesthetics: An Introduction (Oxford/Cambridge, Mass. 1992), 353–355.

Wert der Kunst in ihrer emotionalen Wirkung sehen und sich dabei auf allgemeinere psychologische Theorien berufen. Ein anderer Fall sind platonistische oder marxistische Kunsttheorien, die den Wert der Kunst aus allgemeineren Werten ihrer jeweiligen Theorie ableiten.

Nicht nur in diesem Zusammenhang zeigt sich, daß eine Untersuchung zur Geschichte der ästhetischen Begriffe Wertung und Wert auf allgemeine werttheoretische Überlegungen zurückgreifen muß. Zu diesem Zweck wird im folgenden der Kernbereich einer jeden wissenschaftlichen Auseinandersetzung mit dem ästhetischen Begriff der Wertung oder des Wertes, nämlich die Philosophie der Werte vorgestellt.

Werttheorien oder Axiologien im engeren Sinn sind Theorien, die sich eigenständig und schwerpunktmäßig mit dem Begriff Wert befassen. Theorien dieses Zuschnitts sind traditionellerweise in der Ökonomie und Philosophie anzutreffen. Im 20. Jh. finden sie sich auch verstärkt in der Anthropologie, Soziologie und Psychologie. Ungeachtet der Vielzahl und Verschiedenartigkeit werttheoretischer Reflexionen zeigt sich, daß die meisten Impulse für axiologische Theorien aus dem Bereich der Moralphilosophie kommen.

Grundlage der Moralphilosophie wie auch anderer werttheoretischer Reflexionen sind jedoch letztlich der Wertbegriff und seine verschiedenen Gebrauchsarten in der Alltagssprache. Erst vor diesem Hintergrund erhalten die unterschiedlichen philosophischen Wertbegriffe ihre Plausibilität. Drei grundlegende Gebrauchsarten des Wertbegriffs sind in der Alltagssprache und somit in der Philosophie auszumachen[23]:

(1) Wert im Singular wird als abstrakter Begriff verwendet, der sich (a) im engeren Sinne auf Begriffe wie gut, wünschenswert oder lohnend bezieht und (b) im weiteren Sinne alle Sorten der Güte, Richtigkeit, Schönheit, Wahrheit, Heiligkeit usw. umfaßt. Wert kann sich zudem nur auf die Werte einer Skala (z. B. Größen- oder Qualitätsangabe) beziehen. In seinem weitesten Gebrauch wird Wert als Artbezeichnung (generic noun) benutzt, die sich auf alle Arten nichtdeskriptiver Prädikate bezieht.[24] Im engeren Sinne dagegen bezieht er sich auf wertende Prädikate innerhalb bestimmter Bereiche (z. B. Ethik oder Ästhetik). (2) Wert wird als konkrete Bezeichnung verwendet. Ein Gebrauch dieser Art liegt z. B. dann vor, wenn von Gegenständen oder Sachverhalten gesagt wird, daß sie wertvoll oder wünschenswert sind. Von philosophischer Seite (Max Scheler und Nicolai Hartmann) steht dahinter oftmals der Gedanke, daß Wert ein allgemeiner Begriff von der Art wie ›Farbe‹ ist, der sich wiederum untergliedern läßt analog zu den Farbprädikaten ›blau‹ oder ›gelb‹. (3) Schließlich wird ›werten‹ als Verb gebraucht. So sagt man z. B.: ›X wertet Y‹, ›Z bewertet U‹, ›X wertet V ab‹ usw. Mit Sätzen dieser Art werden meistens Wertungsakte oder Werturteile beschrieben. Für manche Philosophen haben diese Akte und Urteile ihre Gültigkeit allein im Bereich der Moralphilosophie[25], für andere werden dagegen Wertungen in unterschiedlichsten Bereichen vorgenommen.[26] Für Dewey muß dabei zwischen bewußten Wertungen (Werten, Urteilen usw.) und unbewußten (Mögen- Lieben usw.) unterschieden werden.[27] Kognitivisten sind hingegen meistens der Auffassung, daß Wertungen notwendigerweise auf bewußten Interessen und Entscheidungen beruhen.

Wenn man versucht, die verschiedenen Werttheorien zu klassifizieren, ist es sinnvoll, zunächst die unterschiedlichen methodischen Ansätze zu explizieren. Dazu bietet sich folgende grobe Klassifizierung an: (1) Normative Werttheorien wollen Werte begründen oder postulieren. (2) Deskriptive Werttheorien untersuchen vorhandene Normen- und Wertesysteme. Weiterhin sind (a) ontologisch motivierte Werttheorien an Fragen zum ontologischen Status von Werten interessiert. Typische Vertreter finden sich meistens im Neukantianismus, aber auch

---

23 Vgl. WILLIAM K. FRANKENA, ›Value and Valuation‹, in: EDWARDS, Bd. 8 (1967), 229f.
24 Vgl. RALPH BARTON PERRY, General Theory of Value: Its Meaning and Basic Principles Construed in Terms of Interest (New York u. a. 1926); PERRY, Realms of Value: A Critique of Human Civilization (Cambridge, Mass. 1954).
25 Vgl. CLARENCE I. LEWIS, An Analysis of Knowledge and Valuation (La Salle, Ill. 1946).
26 Vgl. HARE (s. Anm. 14); JOHN DEWEY, Theory of Valuation (Chicago 1939); NAJDER (s. Anm. 16).
27 Vgl. DEWEY (s. Anm. 26), 19–33.

I. Der Wertbegriff

in neueren Debatten zum moralischen Realismus.

(b) Erkenntnistheoretisch motivierte Werttheorien richten ihr Augenmerk im besonderen auf die Frage, wie sich Werte erkennen lassen. Dies kann so weit gehen, daß ein spezielles Vermögen zum Erkennen der Werte angenommen wird. (c) Begrifflich motivierte Werttheorien entstanden im Anschluß an den sogenannten ›linguistic turn‹ in der Sprachphilosophie. Ihren Schwerpunkt bilden Untersuchungen zum Gebrauch und Status von Werturteilen. Sie sind weniger an den substantiellen Eigenschaften von Werten interessiert als an einer metasprachlichen Reflexion über die unterschiedlichen Sprachen und Systeme, in denen Werturteile und Werte von Bedeutung sind. Die vorgeschlagene Klassifizierung muß als heuristische verstanden werden, da es natürlich zahlreiche Überschneidungen zwischen den aufgezählten Theorien gibt.

c) Wertsubjektivismus und -objektivismus

Quer zu der vorgeschlagenen methodologischen Klassifizierung verläuft die fundamentale Unterscheidung zwischen Wertobjektivismus und Wertsubjektivismus. Vertreter der ersten Auffassung behaupten z. B., daß Werte reale Gegenstände oder objektiv erfaßbare Eigenschaften sind. Subjektivisten (z. B. Nietzsche, Christian von Ehrenfels und Dewey) sind dagegen der Ansicht, daß Werte oder der Begriff des Wertes immer nur auf das erfahrende Subjekt hin bestimmbar seien. Wie jedoch noch zu sehen sein wird, ist die Unterscheidung zwischen Subjektivismus und Objektivismus, obwohl für die Wertdiskussion oftmals als grundlegend vorausgesetzt, alles andere als eindeutig. Es erklärt sich daraus, daß die Bedeutung der Begriffe subjektiv und objektiv unklar ist. In neuerer Zeit geht die Tendenz in der Axiologie deshalb auch dahin, diese Unterscheidung nicht mehr als prinzipielle und fundamentale anzusehen.

Die Problemlage wird dadurch noch komplizierter, daß mit der Subjektiv-objektiv-Unterscheidung häufig ontologische Fragestellungen einhergehen. So sind Wertrealisten gleichzeitig Wertobjektivisten, weil sie davon ausgehen, daß Werte in einem jeweils näher zu spezifizierenden Sinne real und intersubjektiv erfaßbar seien. Starke ontologische Wertrealisten nehmen daher ein eigenes reales Reich der Werte an. Ein schwacher Wertrealismus oder Wertempirismus versucht dagegen die ontologische Fragestellung zu umgehen und behauptet nur, daß die Existenz von Werten eine empirische Tatsache sei. Der klassische Vertreter für den Wertempirismus ist Hume. Wertidealisten vertreten demgegenüber häufig die These, daß wir eher aus erkenntnistheoretischen Gründen so etwas wie die Idee oder ein Reich von Werten annehmen müssen. Beispiele sind Heinrich Rickert und Nicolai Hartmann, wobei letzterer ein eigenständiges ›irreales‹ Reich der Werte annimmt, das ›intuitiv‹ erkannt wird.

Eine weitere häufig anzutreffende Theorie ist der Wertfunktionalismus, der von der Annahme ausgeht, daß Werte Mittel für bestimmte Zwecke sind. Werte werden hier immer funktional im Hinblick auf bestimmte Zwecke bestimmt. Funktionalistische Werttheorien sind überdies häufig monistisch, d. h. es wird ein höchster Wert angenommen, und alle Werte werden funktional diesem untergeordnet. So ist z. B. der Marxismus der Auffassung, daß Werte Resultat von historisch-gesellschaftlich entstandenen Produktionsverhältnissen sind. Für Sozialdarwinisten dagegen besitzt etwas nur deshalb Wert, weil sich damit Bedürfnisse befriedigen lassen bzw. das Überleben sichern läßt. Utilitaristen wiederum setzen Werte von Gegenständen oder Sachverhalten mit deren Nutzen gleich, d. h. je höher der Nutzen, desto höher ist der Wert. Andere bestimmen den Wert als Funktion von Interessen: »a thing – any thing – has value or is valuable, in the original and generic sense when it is the object of an interest – any interest. Or, whatever is object of interest is ipso facto valuable«[28].

Gegen den Funktionalismus, dem der Gedanke zugrunde liegt, daß Werte sich immer in einer Mittel-Zweck-Relation konstituieren, wird von ›holistischer‹ Seite[29] eingewendet, daß eine Untersuchung sich zuerst auf allgemeine Werte konzentrieren müsse, da diese die Bedingung von Mittel-Zweck-Relationen seien. Diese grundlegende

---

28 PERRY, Realms of Value (s. Anm. 24), 2 f.
29 Vgl. DEWEY (s. Anm. 26), 24 f.

Auseinandersetzung geht auf Aristoteles zurück.[30] Eine andere Form der Kritik am Funktionalismus stellen hedonistische Werttheorien dar. Ihnen liegt folgender Gedanke zugrunde: »all experiences which are intrinsically good are pleasant and vice versa, and [...] they are intrinsically good because and only because they are pleasant«[31]. Hedonisten in diesem Sinn sind u. a. Epikur, Hume, Bentham, John Stuart Mill, Henry Sidgwick, Ernst Julius Wilhelm Schuppe, von Ehrenfels und Meinong. Werte können für Hedonisten nicht funktionalistisch hinsichtlich eines höchsten Gutes (z. B. bei Aristoteles εὐδαιμονία [eudaimonia, Glückseligkeit], bei Augustinus Gott) oder einer bestimmten Anzahl von höchsten Gütern (Platon, George Edward Moore, Scheler) bestimmt werden, sondern fallen mit dem Angenehmen zusammen.

Eine weitere zentrale Frage betrifft den erkenntnistheoretischen Status von Werturteilen. Dabei werden zwei entgegengesetzte Positionen vertreten: Der Kognitivismus behauptet, daß sich Werte rational begründen ließen, was der Nonkognitivismus leugnet. Hauptauslöser dieser Diskussion ist die sprachanalytische Moralphilosophie, die entweder dafür plädiert, Werturteilen einen rationalen Charakter zuzuschreiben, oder die Ansicht vertritt, Werturteile drückten nur Gefühle oder Einstellungen der Sprecher aus.

Kognitivisten lassen sich in Naturalisten und Intuitionisten einteilen: Für Naturalisten sind Werturteile verkleidete empirische Aussagen, die sich auf nichtevaluative reduzieren lassen. Für Wertur-

teile gelte daher, daß sie nicht weniger wahr oder falsch seien als emprische Aussagen allgemein. Hinzu käme, daß sie damit ebenso Erkenntnis über die Welt vermitteln könnten wie empirische Aussagen. Ziel des Naturalismus ist es, Definitionen für Wertaussagen zu finden. Dabei sind nach Michael Kienecker drei Varianten zu unterscheiden[32]: (1) Für Objektivisten läßt sich der wertende Begriff in einem jeweiligen Kontext durch nichtwertende deskriptive Ausdrücke ersetzen. So läßt sich zum Beispiel ›gut‹ in der Aussage ›X ist ein gutes Messer‹ durch ›scharf, handlich und stabil‹ ersetzen. Die Schwierigkeit für den Objektivisten ist es, für jeweilige Kontexte passende Ersetzungen zu finden bzw. zu akzeptieren, daß z. B. das Wort gut in unterschiedlichen Kontexten völlig unterschiedlich verwendet wird (es also keinen Bedeutungskern bzw. keine Familienähnlichkeit aufweist). Aufgrund dieser Schwierigkeiten behaupten (2) naturalistische Subjektivisten, daß ›X ist gut‹ gleichbedeutend ist mit ›Ich besitze X gegenüber eine positive Einstellung.‹[33] ›Gut‹ beschreibt mithin eine positive Einstellung und für Kienecker damit einen psychologischen Zustand, den der Sprecher gegenüber einer Sache oder einem Sachverhalt einnimmt. (3) Statistischer Naturalismus: ›Gut‹ bedeutet soviel wie ›wird allgemein als positiv beurteilt‹. Hinter dieser Formulierung steht der Gedanke, daß das Gute eine statistische Größe ist, die z. B. durch Fragebögen ermittelt werden kann.[34] »Allen drei Varianten ist gemeinsam, daß in diesen naturalistischen Definitionsvorschlägen das Definiendum *gut* durch ein solches Definiens ersetzt wird, das einen überprüfbaren empirischen Sachverhalt beschreibt.«[35]

Sinnvoll und üblich ist es außerdem, zwischen ästhetischem und künstlerischem Wert zu unterscheiden. In der ästhetischen Tradition im Anschluß an Baumgarten war es dabei üblich, daß der ästhetische Wert weiter gefaßt wird und den künstlerischen einschließt. So kann z. B. bei ›Werken‹ der Natur nur von ästhetischen, nicht aber von künstlerischen Werten gesprochen werden. In jüngster Zeit findet sich jedoch die gegenläufige Tendenz: Der künstlerische Wert wird als ›additiver‹ Wert betrachtet, d. h. zusammengesetzt aus ästhetischen, sozialen, monetären und anderen Werten: »aesthetic value must be *one* of the artistic

---

30 Vgl. ARISTOTELES, Eth. Nic. 1, 1, 1094a1–26; GERHARD SEEL, Wert und Wertrangordnung in der Aristotelischen Güterlehre. Zu EN 1, 1, 1094a1–26, in: Archiv für Geschichte der Philosophie 63 (1981), 253–288.
31 FRANKENA (s. Anm. 23), 231.
32 Vgl. MICHAEL KIENECKER, Prinzipien literarischer Wertung. Sprachanalytische und historische Untersuchungen (Göttingen 1989), 34–36.
33 Vgl. PERRY, Realms of Value (s. Anm. 24), 100.
34 Vgl. MAX BENSE, Einführung in die informationstheoretische Ästhetik (Reinbek b. Hamburg 1969), 66–70.
35 KIENECKER (s. Anm. 32), 36.

I. Der Wertbegriff

values that the work instantiates«[36]. (In diesen Kontext gehört auch die Frage, ob das Naturschöne dem Kunstschönen vorausgeht oder umgekehrt.[37])

Es empfiehlt sich, im weiteren drei Typen von Wertungen auseinanderzuhalten: (1) Wertungen über Kunsttheorien, (2) Wertungen über die Kunst und (3) Wertungen in der Kunst. Wertungen des ersten Typs entsprechen etwa der folgenden: ›Die Mimesistheorie ist eine verfehlte Kunsttheorie‹, solche des zweiten Typs diesen: ›Der *Zauberberg* ist ein langweiliger Roman‹ oder ›Jazz ist keine Musik‹. Wertungen vom dritten Typ sind keine expliziten Werturteile über andere Werke, sondern Wertungen, die sich in Werken zeigen. In Donald Judds minimalistischen Werken zeigt sich z. B., daß er es nicht für angemessen (wertvoll) hielt, zu seiner Zeit Werke im faschistischen Stile Arno Brekers zu schaffen.

Der erste Typ von Wertungen ist hauptsächlich in metatheoretischen Diskursen anzutreffen. Aber auch dort wird ästhetisch gewertet: Die Theorie soll elegant sein, sie soll sich auf ein schlichtes Vokabular gründen usw. Hinzu kommt, daß metatheoretische Wertungen über andere Kunsttheorien oftmals nur verständlich sind, wenn man sie als Ausdruck einer konkurrierenden Kunsttheorie versteht, z. B. wenn der Avantgardist äußert: ›Heute kann man nicht mehr im Stile Raffaels malen.‹ Schließlich muß bedacht werden, daß auch metatheoretische Überlegungen nicht ex nihilo argumentieren, sondern meistens aufgrund von ästhetischen Vorlieben und Intuitionen. Der zweite Typ von Wertungen ist der allgemein gebräuchlichste, er wird daher im folgenden im Vordergrund stehen. Der dritte Typ ist dann relevant, wenn man die Auffassung vertritt, daß Kunstwerke Produkte bzw. selbst wertorientierte Handlungen sind und daher Werte ausdrücken.[38]

Weitere und zentrale Fragen lauten: Wie ist das Verhältnis von ästhetischem Wert und anderen Werten bestimmt? Und wie stehen die ästhetischen Werte der einzelnen Werke zum allgemeinen Wert der Kunst? Es herrscht z. B. keine Einigkeit darüber, ob ein allgemeiner ästhetischer Wert der Kunst existiert, und wenn, ob er sich additiv oder interaktiv aus den Werten der einzelnen Werke zusammensetzt.[39] Für Anhänger der ›Singularitätsthese‹ dagegen erübrigt sich diese Fragestellung, da ihnen die ästhetischen Werte der einzelnen Kunstwerke als nicht miteinander vergleichbar gelten.

Wichtig sind in diesem Zusammenhang überdies die Begriffe funktional und Funktionalismus. Für Funktionalisten besitzt die Kunst eine Funktion, an der sich der ästhetische Wert des einzelnen Werks bemißt bzw. dem das Werk genügen muß. Dabei ist zu unterscheiden zwischen normativen und deskriptiven Funktionalisten. Für die ersteren muß sich das Werk an bestimmten Funktionen orientieren und sie erfüllen, damit es einen ästhetischen Wert erlangt. Für die deskriptiven Funktionalisten dagegen besitzt die Kunst de facto (d. h. als notwendige Bedingung) diese Funktionen. Der Besitz der Funktionen muß aber weder einen ästhetischen Wert noch überhaupt einen Wert haben.[40]

Auch der deskriptive Funktionalist muß zugestehen, daß das Erfüllen der Funktionen zumindest für jeweilige Gruppen von Menschen einen Wert darstellt. (So wird der Marxist, der die Ansicht vertritt, daß in der bürgerlichen Gesellschaft die Kunst die Funktion hat, der arbeitenden Bevölkerung ihre wahren Interessen zu verschleiern, auch zugeben, daß für das bürgerliche Lager die Kunst einen Wert besitzt, wenn er auch persönlich diesen Wert nicht anerkennt.) Unter der Position des deskriptiven Funktionalismus können also auch solche Theorien subsumiert werden, die der Funktion der Kunst keinen Wert zuschreiben, aber anerken-

---

36 NICK ZANGWILL, The Beautiful, the Dainty and the Dumpy, in: The British Journal of Aesthetics 35 (1995), 318; vgl. TOMAS KULKA, The Artistic and the Aesthetic Value of Art, in: The British Journal of Aesthetics 21 (1981), 336–350.
37 Vgl. DAVID CARRIER, Art without its Objects?, in: The British Journal of Aesthetics 19 (1979), 53–62; DAVIS (s. Anm. 7), 143–147.
38 Vgl. CHARLES W. MORRIS, Signification and Significance: A Study of the Relations of Signs and Values (Cambridge, Mass. 1964), 19–26; HANS LENK, Von Deutungen zu Wertungen (Frankfurt a. M. 1994), 191–203; NAJDER (s. Anm. 16), 64 f.; GREGORY CURRIE, An Ontology of Art (New York 1989).
39 Vgl. FRANZ BRENTANO, Vom Ursprung sittlicher Erkenntnis (Leipzig 1889), 28.
40 Vgl. NOVITZ (s. Anm. 3), 163.

nen, daß Kunstwerke de facto für bestimmte Personen oder Gruppen Wert besitzen.

Der Funktionalismus in beiden Spielarten ist zudem mit hierarchischen Werttheorien vereinbar. Hierarchien können hierbei in der Kunst selbst auftreten (z. B. welche Kunstgattung den höchsten Wert besitzt; oder die einzelnen Gattungen sind selbst wieder hierarchisch gegliedert), gleichzeitig wird aber die Kunst als Ganzes ebenfalls in hierarchische Ordnungen eingegliedert (z. B. bei Platon oder im Marxismus und Pragmatismus). Deutlich wird dies u. a. in Tugendethiken, die versuchen, die Kunst in ein allgemeines ethisches System einzuordnen (z. B. bei Aristoteles, Hume und Rousseau). Andersgeartete Hierarchien bilden erkenntnistheoretische Reflexionen, in denen zwar die Kunst einen Wahrheitsanspruch (und damit einen Wert) besitzt, dieser aber denjenigen anderer Wissenschaften untergeordnet, gleichgestellt (z. B. Shaftesbury: »All *Beauty* is Truth«[41], Baumgarten, Hegel) oder übergeordnet ist (z. B. Schopenhauer, Heidegger).

In diesem Zusammenhang ist es sinnvoll, die folgende von Zdzisław Najder entwickelte Terminologie einzuführen:

d) Axiologische Grundbegriffe

(1) Axiologischer Wert: »M is an axiological value if and only if M is a judgement, ascribing the quality of valuableness to objects, properties, or states of affairs, and constituting within the given valuesystem a final justification of other judgements of the system.«[42] Aus diesem Prinzip entwickelt Najder die Begriffe des quantitativen und des attributiven Wertes.

(2) Quantitativer Wert: »Quantitative value is a quantity of substance, or a measurable degree of a property, to which substance or property the quality of valuableness is attributed within the given system of evaluation W, on the basis of a value-principle.« (64)

(3) Attributiver Wert: »Any object P or property A, to which a value-principle, accepted within the given system of evaluation W, ascribes the quality of valuableness, is an attributive value or has value in the attributive sense, within this value-system.« (64 f.)

Unter judgement in (1) darf nicht ein explizit sprachlich ausgedrücktes Werturteil verstanden werden, sondern ein Relationsbegriff, der die Beziehung, die zwischen Objekten, Sachverhalten usw. und der Eigenschaft ›wertvoll sein‹ besteht, bezeichnet und konstituiert.[43] Der Vorteil der Najderschen Explikation liegt darin, daß sie für metatheoretische Problemstellungen offen ist und nicht zu ontologischen Annahmen verpflichtet. Es bleibt also offen, welchen Entitäten Wert zugeschrieben wird und durch wen und wie (subjektiv oder objektiv) dies geschieht. So können sich axiologische Werte nach Najder gleichermaßen auf Zustände (soziale Gerechtigkeit, Glück usw.), Einstellungen (Treue) oder Relationen (Harmonie, Wahrsein) beziehen. Zudem sind Werte immer abhängig von Wertsystemen und können in diesem Sinne keine absoluten Werte sein.

Neben diesem theoretischen axiologischen Wertbegriff entwickelt Najder einen weiteren, den motivationalen axiologischen Wertbegriff, dessen Anwendungsbereich Handlungen und Verhaltensweisen umfaßt. Unter dem motivationalen Wert ist »the strongest or ultimate motivational factor in X's behaviour«[44] zu verstehen. Werte in diesem Bereich haben somit Motivationsfunktion für unser Verhalten und Handeln.[45]

Die beiden unterschiedlichen axiologischen Werte entsprechen zwei Verwendungsweisen des Begriffs Wertung: Im theoretischen Gebrauch sind Wertungen Akte von Zuschreibungen, die Objekten die Eigenschaften ›wertvoll‹ oder ›wertlos‹ zuweisen. Im motivationalen Gebrauch sind es Arten von nichtsprachlichem Präferenzverhalten. In beiden Fällen bezeichnet Wertung die Realisierung von axiologischen Werten. (Die Unterscheidung zwischen theoretischen und motivationalen axiologischen Wertbegriffen findet sich in behavioristischer Ausformung bei Charles W. Morris wieder.[46])

---

41 SHAFTESBURY, An Essay on the Freedom of Wit and Humour (1709), in: SHAFTESBURY, Abt. 1, Bd. 3 (1992), 120.
42 NAJDER (s. Anm. 16), 63 f.
43 Vgl. SABINE WINKO, Wertungen und Werte in Texten (Braunschweig 1991), 36.
44 NAJDER (s. Anm. 16), 64.
45 Vgl. LENK (s. Anm. 38).
46 Vgl. MORRIS (s. Anm. 38), 19.

II. Begriffsgeschichte und historische Schwerpunkte

1. Strategien und Voraussetzungen

Wie eingangs erwähnt, beginnt die eigentliche Geschichte des ästhetischen Wertbegriffs erst im 19. Jh. Die Problematik geht jedoch auf die Antike zurück. Es ist u. a. die Frage nach der Funktion von Kunst, hinter der sich der ästhetische Wertbegriff verbirgt. Versucht man, seine Geschichte nachzuzeichnen, fallen drei grundsätzliche Strategien auf: Erstens versucht die Philosophie, den ästhetischen Wert auszugrenzen. D. h., der ästhetische Wert besteht in Eigenschaften oder Merkmalen, die anderen Werten nicht zukommen. Strategien dieser Art orientieren sich zumeist an Kants Begriff der Interesselosigkeit.[47] Ihr Leitspruch ist: l'art pour l'art. Sie vertreten die Auffassung, daß die Ästhetik »es nur mit den Eigenwerten von Kunst und ästhetischen Erscheinungen zu tun«[48] hat und daher nicht oder nur schwerlich in eine allgemeine Hierarchisierung bzw. axiologische Konzeption einbezogen werden kann.

Zweitens wird die Kunst und mit ihr der ästhetische Wert in dem Sinne funktionalisiert, daß entweder der Kunst allgemein jeder Wert abgesprochen (z. B. von Platon oder Rudolf Carnap) oder sie allgemeineren Konzeptionen untergeordnet wird (z. B. bei Hegel und seinen Nachfolgern oder psychoanalytischen Theorien). Arthur Danto spricht in diesem Zusammenhang von einer ›Entmündigung der Kunst‹.[49]

Drittens steht der ästhetische Wert gleichberechtigt neben anderen Werten und unterscheidet sich von ihnen nur in der Art seines Zustandekommens. Erinnert sei an klassizistische cartesianische Theorien oder an kognitivistische. Ein typischer Vertreter dieser Auffassung in neuerer Zeit ist Nelson Goodman. Für ihn muß sich die Kunst ebenso wie die Wissenschaft an Hand ihrer erkenntnisvermittelnden Leistungen bewerten lassen. Die Nähe von Wissenschaft und Kunst (auch in der Wertfrage) wird gerade von wissenschaftstheoretischer Seite betont.[50]

Die Antike kannte nur funktionale Auffassungen der Kunst. Kunst sei für den einzelnen oder die Gemeinschaft entweder (1) wertlos, weil ihre Funktion schädlich sei: »Und darum sind wir in unserem guten Recht, wenn wir ihn [den nachahmenden Dichter – d. Verf.] nicht aufnehmen in einen Staat, der sich einer guten Verfassung erfreuen soll. Denn er weckt und nährt diesen niedrigen Teil der Seele und verdirbt durch dessen Kräftigung ihren vernünftigen Teil« (καὶ οὕτως ἤδη ἂν ἐν δίκῃ οὐ παραδεχοίμεθα εἰς μέλλουσαν εὐνομεῖσθαι πόλιν, ὅτι τοῦτο ἐγείρει τῆς ψυχῆς καὶ τρέφει καὶ ἰσχυρὸν ποιῶν ἀππόλλυσι τὸ λογιστικόν)[51]. Oder (2) die Kunst sei wertvoll, weil ihre Funktion für den Staat bzw. idealen Staatsbürger förderlich sei. Diese Auffassung wird u. a. von Aristoteles und Cicero vertreten: »So sieht man denn, daß es ein Lehrfach [die Dichtung – d. Verf.] gibt, worin man die Söhne nicht des Nutzens der Notdurft wegen unterweist, sondern darum, weil dieses Fach eines freien Mannes würdig und schön ist.« (ὅτι μὲν τοίνυν ἐστὶ παιδεία τις ἣν οὐχ ὡς χρησίμην παιδευτέον τοὺς υἱεῖς οὐδ᾽ ὡς ἀναγκαίαν ἀλλ᾽ ὡς ἐλευθέριον καὶ καλήν, φανερόν ἐστιν)[52]. Mit den positiven oder negativen Funktionszuschreibungen gehen fast immer Hierarchisierungsversuche einher.[53] Aristoteles kommt dabei das Verdienst zu, als erster eine argumentativ begründete Werthierarchie entwickelt

---

47 Vgl. DICKIE (s. Anm. 6), 15–37 (Kap. 2).
48 WOLFHART HENCKMANN, ›Wert, ästhetischer und künstlerischer‹, in: Henckmann/K. Lotter (Hg.), Lexikon der Ästhetik (München 1992), 258.
49 Vgl. DANTO, The Philosophical Disenfranchisement (1984), in: Danto, The Philosophical Disenfranchisement of Art (New York 1986), 1–21.
50 Vgl. PAUL FEYERABEND, Wissenschaft als Kunst (Frankfurt a. M. 1984); THOMAS S. KUHN, Objectivity, Value-Judgment, and Theory Choice (entst. 1973); dt.: Objektivität, Werturteil und Theoriewahl, in: Kuhn, Die Entstehung des Neuen, hg. v. L. Krüger, übers. v. H. Vetter (Frankfurt a. M. 1978), 421–445; KUHN, Comment on the Relation of Science and Art, in: Comparative Studies in Society and History 11 (1969), 403–412; dt.: Bemerkungen zum Verhältnis von Wissenschaft und Kunst, in: ebd., 446–460.
51 PLATON, Rep. 10, 605b; dt.: Der Staat, übers. v. O. Apelt (Leipzig 1923), 404.
52 ARISTOTELES, Pol. 8, 3, 1338a33–32; dt.: Politik, übers. v. E. Rolfes (Leipzig 1922), 280; vgl. CICERO, Nat. 2, 147 f.
53 Vgl. PLATON, Prot., 317b-320c; SENECA, Epist. 21, 1–11.

zu haben.[54] Als höchstes Gut setzt Aristoteles nicht einen höchsten absoluten Wert, sondern ein für den Menschen höchstes Gut, das seine Handlungen leiten soll. Dieses Gut ist der axiologische Wert, an dem sich auch die Funktion und damit der Wert der Kunst messen muß. Die Kunst wird hierbei der Dialektik und deren Aufgabengebiet zugeordnet.[55] Ein weiteres wichtiges Merkmal antiker Kunsttheorien ist, daß sie im Anschluß an Platon zumeist dem Mimesispostulat verpflichtet sind und ihr Wert sich daher nach der gelungenen Nachahmung bemißt.[56] Als axiologischer Wert rückt jedoch in der weiteren Entwicklung verstärkt der Begriff der Schönheit in den Blickpunkt der Diskussion.

Für Plotin, dessen Überlegungen gerade für die byzantinischen Kunstauffassungen prägend sind, ist die Schönheit identisch mit dem Einen und gehört somit zu dem höchsten Wert: »Sieht er [der Betrachter des Einen – d. Verf.] nun also Jenes, welches allen Dingen die Schönheit spendet, sie ihnen mitteilt so daß es dabei in sich verharrt und seinerseits nichts empfängt, und verweilt er in der Schau dieses Hohen und genießt seiner und wird ihm ähnlich, was für eines Schönen bedarf er da noch? Denn dies selber, da es in höchstem Maße Schönheit ist und ursprüngliche Schönheit, macht die welche es lieben schön und macht sie liebenswert.« (εἰ οὖν ἐκεῖνο, ὃ χορηγεῖ μὲν ἅπασιν, ἐφ' ἑαυτοῦ δὲ μένον δίδωσι καὶ οὐ δέχεταί τι εἰς αὐτό, ἴδοι, μένων ἐν τῇ θέᾳ τοῦ τοιούτου καὶ ἀπολαύων αὐτοῦ ὁμοιούμενος, τίνος ἂν ἔτι δέοιτο καλοῦ;

---

54 Vgl. ARISTOTELES, Eth. Nic. 1, 1, 1094a1–26; SEEL (s. Anm. 30), 255 f.
55 Vgl. ARISTOTELES, Rhet. 1, 1, 1354a1–6.
56 Vgl. ARISTOTELES, Phys. 2, 2, 194a21–22.
57 PLOTIN, Enneades 1, 6, 7; dt.: Schriften, hg. u. übers. v. R. Harder u. a., Bd. 1 (Hamburg 1956), 19–21.
58 Vgl. ebd., 5, 8, 10.
59 Vgl. VIKTOR V. BYČKOV, Plotins Theorie des Schönen als eine der Quellen der Byzantinischen Kunst, in: Zeitschrift für Ästhetik und allgemeine Kunstwissenschaft 28 (1983), 26–31.
60 Vgl. HANS BELTING, Bild und Kult. Eine Geschichte des Bildes vor dem Zeitalter der Kunst (München 1990).
61 Vgl. DEWEY (s. Anm. 26), 2 f.
62 NIKLAS LUHMANN, Die Ausdifferenzierung des Kunstsystems (Bern 1994), 17.

τοῦτο γὰρ αὐτό, μάλιστα κάλλος ὂν αὐτὸ καὶ τὸ πρῶτον, ἐργάζεται τοὺς ἐραστὰς αὐτοῦ καλοὺς καὶ ἐραστοὺς ποιεῖ.)[57] An anderer Stelle siedelt Plotin die Schönheit zwar eine Stufe tiefer als das Eine an.[58] Prägend für die weitere Entwicklung des christlichen Schönheits- und damit Wertbegriffs jedoch ist, daß die verschiedenen Ausformungen der Schönheit selbst wieder eine Hierarchie bilden. Auf der untersten Stufe steht die sinnlich wahrnehmbare Schönheit, gefolgt von der geistigen und schließlich der noetischen Schönheit, die im Erfassen des Einen, der Allursache besteht.[59] Plotins Hierarchie ist für die christliche Wertauffassung der Kunst u. a. deshalb bestimmend, weil (1) die sinnliche Schönheit der geistigen klar untergeordnet wird und (2) Gott an die Stelle des Einen rückt und die Funktion und damit der Wert der Kunst sich letztlich danach bemißt, inwieweit es ihr gelingt, dessen Schönheit nachzuahmen.[60]

Gleichwohl verlor das Wertproblem als eigenständige Frage für die christliche und mittelalterliche Kunstauffassung an Relevanz, da die Kunst rein theologisch funktionalisiert wurde.[61] Dies änderte sich jedoch mit der Renaissance u. a. aus folgenden Gründen: (1) Philosophieinterne Neuorientierungen lösten theologische Fragestellungen zunehmend ab und ermöglichten damit neue Funktionszuschreibungen für Kunst. (2) Im Zuge der aufkommenden Naturwissenschaften erlangten die ›schönen‹ Künste in Abgrenzung von den ›mechanischen‹ ihr eigenes Aufgabengebiet. Werte wie Rationalität und wissenschaftliche Überprüfbarkeit gewannen an Bedeutung. Eine Aufgabe der schönen Künste bestand nun darin, das Naturschöne nachzuahmen. (3) Mit der Wiederentdeckung der Antike entwickelte sich ein historisches Bewußtsein in bezug auf die Kunst und damit eine historisch motivierte Wertordnung (z. B. Vasaris Viten 1550 und 1568). (4) Durch die Entfaltung des Kunstmarktes gegen Ende des 17. Jh. entstand zudem eine neue Wertproblematik: »So wird das System des Patronage [...] durch einen Kunstmarkt ersetzt. [...] Preise werden beobachtet und verglichen. Expertisen sind gefragt, vor allem für die Zuschreibung von Kunstwerken und für die Unterscheidung von Original und Kopie. Dies führt zum Begriff des Kenners«[62], dessen Aufgabe die finanzielle und ästhetische Wertung des Kunstwerks ist.

2. *Ausdrucks- versus Mimesistheorie*

Der entscheidende Ausgangspunkt neuzeitlicher Kunsttheorien war Descartes' Rationalismus. Sein Ideal einer mathesis universalis[63] sollte auch in der Kunst Anwendung finden. Die Kunst in ihrer höchsten Form ist der Vernunft – und damit der Objektivität – nicht weniger unterworfen als die Wissenschaft. Gesucht wurde das richtige und ›wahre‹ Prinzip zur Nachahmung der Natur. Dementsprechend lautete der Titel des Hauptwerks von Charles Batteux: *Les beaux Arts réduits à un même Principe* (1746). In eine ähnliche Richtung gehen Boileaus *Réflexions critiques sur quelques passages du Rheteur Longin* (1694) und François Hédelin d'Aubignacs *La Pratique du Theatre* (1657). Die Vernunft bzw. die Wahrheit war der höchste Wert, dem auch die Kunst und mit ihr die Schönheit genügen mußte.[64]

Für die heutige Diskussion ist das klassizistische rationalistische Programm noch insofern aktuell, als es Vorläufer aller deduktiven ästhetischen Programme ist, die von der Annahme ausgehen, daß sich der Wert aus wertfreien bzw. implizit wertenden Eigenschaften eines Dinges deduzieren läßt oder auf sie reduziert werden kann.[65] Das Programm des Klassizismus verlor jedoch parallel zum Aufkommen des Geschmacksbegriffs an Bedeutung. Auslöser waren (1) die ›Querelle des anciens et du modernes‹, der Streit um den Vorrang – höheren Wert – der antiken oder modernen Dichtung[66], und (2) ein von Locke geprägter Sensualismus, der die theoretischen Grundlagen für die Ablösung des Mimesispostulates – und der damit einhergehenden Werttheorie – durch die Ausdruckstheorie bereitstellte.

(1) Charles Perrault versuchte, die ›Querelle‹ mit Hilfe einer Konzeption des vernünftigen Geschmacks zu entschärfen. Der vernünftige Geschmack zeigt sich nach Perrault darin, daß er das Schöne unabhängig von Ort und Zeit beurteilt und nicht wie die Phantasie aufgrund augenblicklicher Launen.[67] Gegen diesen rationalistischen Objektivismus argumentiert Jean-Baptiste Du Bos, wenn er, bezugnehmend auf Locke, die Unmittelbarkeit der ästhetischen Erfahrung betont. Nicht mehr die Kennerschaft ist gefragt, sondern die unmittelbare »décision du sentiment«[68] bestimmt den Wert des Kunstwerks: »Aller ästhetische Genuß verdankt seine Entstehung gewissen Reaktionen, die der Anblick des Kunstwerks im Beschauer hervorbringt. Er fühlt sich von dem Kunstwerk mitgerissen und hingerissen; er fühlt sich in seine Bewegung aufgenommen und von ihr dahingetragen. Je stärker diese Bewegung ist, je intensiver wir sie mitfühlen, um so vollkommener ist das Ziel erreicht, auf das der Künstler ausgeht.«[69]

Abweichend von der allgemeinen Tendenz, hält Diderot an einer, wenn auch modifizierten, Mimesistheorie fest. Für ihn bemißt sich der Wert der Kunst weiterhin an ihren nachahmerischen Qualitäten. Nachahmung bezieht sich jedoch bei ihm nicht auf wahrnehmbare Gegenstände, sondern auf das Idealmodell (»modèle idéal de la beauté«[70], auch »modèle primitif« [370] oder »premier modèle« [11]), das seinen Bereich nicht in der Wirklichkeit hat, sondern allein das Produkt des Genies ist. Diderot lehnt sich in seiner Konzeption an Platons Ideenlehre an.[71]

(2) Grundlegend für die Ausdruckstheorie in ihren verschiedenen Varianten ist ein subjektivistisch geprägtes Verständnis des ästhetischen Wertes bzw. der Funktion der Kunst. Die Kunst wird nicht mehr an ihren mimetischen Qualitäten gemessen, sondern daran, inwieweit sie moralische und damit ›innere‹ geistige Schönheit zum Ausdruck bringt:

---

63 Vgl. RENÉ DESCARTES, Regulae ad directionem ingenii (entst. 1628?, ersch. 1701), in: DESCARTES, Bd. 10 (1908), 377f. (Regula 4).
64 Vgl. ERNST CASSIRER, Die Philosophie der Aufklärung (Tübingen 1932), 373–397.
65 Vgl. CURRIE (s. Anm. 38), 17–26; LYAS (s. Anm. 22), 354.
66 Vgl. HANS ROBERT JAUSS, Ästhetische Normen und geschichtliche Reflexion in der ›Querelle des anciens et des modernes‹, in: C. Perrault, Parallèle des anciens et des modernes en ce qui regarde les arts et les sciences, hg. v. Jauß (München 1964), 8–64.
67 Vgl. CHARLES PERRAULT, Parallele des Anciens et des Modernes, Bd. 2 (Paris 1690), 48 f.
68 DU BOS, Bd. 2 (1770), 340.
69 CASSIRER (s. Anm. 64), 433.
70 Vgl. DIDEROT, Salon of 1767, in: DIDEROT (ASSÉZAT), Bd. 11 (1876), 13.
71 Vgl. ebd., 9–12.

»And here you have unawares discover'd that *third Order of Beauty*, which forms not only such as we call mere *Forms*, but even *the Forms which form*. For we our-selves are notable Architects in Matter, and can shew lifeless Bodys brought into Form, and fashion'd by our own hands: but that which fashions even Minds themselves, contains in it-self all the Beautys fashion'd by those Minds; and is consequently the Principle, Source, and Fountain of all *Beauty*.«[72]

Die Subjektivierung der Kunsttheorien vollzog sich vor dem Hintergrund der Ablösung des Cartesischen Rationalismus durch einen skeptisch geprägten Sensualismus, für den die kritische Zusammenfassung der Lockeschen Lehre durch Leibniz steht: »nihil est in intellectu, quod non fuerit in sensu«[73] (nichts ist im Geist, was nicht vorher in den Sinnen war). Locke knüpft dabei an Galileis Unterscheidung zwischen objektiven (bei Locke: primären) und subjektiven (sekundären) Qualitäten an.[74] Die primären sind unsere geistigen Ebenbilder von den realen Dingen, während die sekundären überhaupt keine Ähnlichkeit mit den Dingen aufweisen: »the *Ideas of primary Qualities* of Bodies, *are Resemblances* of them, and their Patterns do really exist in the Bodies themselves; but the *Ideas*, *produced* in us *by* these *Secondary Qualities*, have *no resemblance* of them at all.«[75] Der entscheidende Unterschied zwischen beiden Qualitäten ist, daß nur die primären real sind, während die sekundären lediglich subjektiv in unseren Sinnen existieren. Lockes Unterscheidung war für die weitere Entwicklung bestimmend, weil ästhetische Qualitäten zumeist als sekundäre Qualitäten im Sinne Lockes verstanden wurden.[76] Damit verband sich die Vorstellung, daß ästhetische Urteile sich niemals auf dieselbe Art wie Urteile in den Naturwissenschaften oder der Mathematik begründen bzw. verifizieren ließen, weil sich wissenschaftliche Urteile im Gegensatz zu ästhetischen auf primäre Qualitäten bezögen. Das Stichwort, unter dem diese Fragestellung im 18. Jh. abgehandelt wird, lautet sensus communis (Shaftesbury, Joseph Addison und Francis Hutcheson). Dem sensus communis fällt die Aufgabe zu, zwischen mathematischer Gewißheit und subjektiver Willkür in ästhetischen Urteilen zu vermitteln.

Wegbereiter für die Begriffe Wert und ästhetische Wertung auf fast jedem Gebiet sind die englische Aufklärung und die Schottische Schule. Dies gilt gleichermaßen für die Erkenntnistheorie, die aufkommenden Wissenschaften der Psychologie und Ökonomie sowie die Moral- und Kunstphilosophie. Das entscheidende Merkmal in all diesen unterschiedlichen Bestrebungen ist eine antimetaphysische Grundhaltung und prowissenschaftliche Einstellung. Dieser Glaube an die Wissenschaft und ihre Methode findet sich insbesondere bei Hume. In Anschluß an Addisons psychologistische Untersuchungen zum Schönheitsbegriff[77] versucht Hume mit Hilfe seiner empirischen Methode eine Erklärung für die Tatsache zu geben, daß unterschiedliche Geschmacksurteile existieren. Die Ausgangsfrage in seinem Aufsatz *Of the Standard of Taste* (1757) lautet: Sind Urteile des Geschmacks subjektiv und daher beliebig? Hume verneint diese Frage, da für ihn ein ›Prinzip der natürlichen Gleichheit‹ existiert: »Whoever would assert an equality of genius and elegance between *Ogilby* and *Milton*, or *Bunyan* and *Addison*, would be thought to defend no less an extravagance, than if he had maintained a mole-hill to be as high as *Teneriffe* [...]. Though there may be found persons, who give the preference to the former authors; no one pay attention to such a taste; and we pronounce without scruple the sentiments of these pretended critics to be absurd and ridiculous. The principle of the natural equality of tastes is then totally forgot«. Dieses Prinzip ist aber nur ein psychologisches und beruht nicht auf a priori gegebenen ›Kompositionsregeln‹, die für alle Kunstwerke

---

72 SHAFTESBURY, The Moralists, A Philosophical Rhapsody (1709), in: SHAFTESBURY, Abt. 2, Bd. 1 (1987), 336.
73 LEIBNIZ an Friedrich Wilhelm Bierling (19. 11. 1709), in: Leibniz, Die philosophischen Schriften, hg. v. C. I. Gerhardt, Bd. 7 (Berlin 1890), 488; vgl. LOCKE (ESSAY), 162f. (2, 11, 17).
74 Vgl. GALILEO GALILEI, Il Saggiatore (1623), in: Galilei, Opere, hg. v. F. Flora (Mailand/Neapel 1953), 311 f. (48).
75 LOCKE (ESSAY), 137 (2, 8, 15).
76 Vgl. LYAS (s. Anm. 22), 369–377; WITTGENSTEIN (s. Anm. 1), 9 f.; dt. 30 f.
77 Vgl. JOSEPH ADDISON, The Spectator, No. 409 (19. 6. 1712), in: Addison u. a., The Spectator, hg. v. G. G. Smith, Bd. 3 (London/New York 1951), 270–273.

gelten würden. Solche Regeln kann es nach Hume nicht geben, da sie den ›Gesetzen der Ästhetik‹ widersprechen, die sich darin zeigen, daß es Schönheiten gibt, die den allgemeinen Kompositionsregeln nicht genügen. Hume vertritt die Auffassung, daß die ›Regeln der Kunst‹ Erfahrungsregeln sind, die mit Hilfe von empirischen Methoden, d. h. experimentell, entdeckt werden können. Für dieses Experiment sind Menschen nötig, deren Empfindungsvermögen mit größter ›Feinheit‹ ausgestattet ist: »One obvious cause, why many feel not the proper sentiment of beauty, is the want of that *delicacy* of imagination, which is requisite to convey a sensibility of those finer emotions.«[78]

Ein Empfindungsvermögen dieser Art ist für Hume eine wünschenswerte Eigenschaft (analog zu Tapferkeit und anderen ethischen Eigenschaften, bei denen schon der Begriff normative Implikationen besitzt) und kann durch Übung gesteigert werden (Voraussetzung ist jedoch ›gesunde Vernunft‹). Besitzt ein Mensch solch feines Empfindungsvermögen, kann er ein Kunstwerk nach den ›Regeln des Geschmacks‹ richtig (wert)schätzen. (Weitere empiristische Begründungsversuche sind der assoziationspsychologische Ansatz von Alexander Gerard und der sozialpsychologische von Henry Home.[79])

Der Begriff Wert bzw. value als theoretischer Begriff findet sich explizit erstmals in der ›labour theory‹ von Adam Smith, der zufolge der Wert einer Ware (absolute value) sich nach den Arbeitskosten bemißt.[80] Smith' sogenannte klassische Werttheorie ist von größter Bedeutung für die Begriffe Wert und ästhetische Wertung, da in ihr die historischen Wurzeln des Wertbegriffs zu finden sind. Sie gilt als objektive Wertlehre, weil nach ihr der Güterwert von subjektiven Wertvorstellungen der Wirtschaftssubjekte unbeeinflußt bleibt und daher unabhängig von der Nachfrage der Güter ist. Der Wert eines Gutes werde vielmehr allein von den Kosten (Arbeitsmühen, Zinsen usw.) bestimmt, die für seine Herstellung aufzubringen seien. Die klassische Werttheorie ist keine in sich abgeschlossene Theorie, sondern beruht in ihrem Kern auf der Idee, daß Gebrauchswert und Tauschwert voneinander unabhängig sind. Zum Beispiel hat bis heute in unseren Breiten Wasser keinen hohen Tauschwert, aber gleichwohl einen hohen Gebrauchs-

wert. Offensichtlich kann die von Smith entwickelte Werttheorie nicht Preise und Wertschätzung im aufkommenden Kunstmarkt des 18. Jh. erklären[81], da die Arbeitsmühen, die zum Erschaffen eines Kunstwerks notwendig sind, zu Smith' Zeiten für den künstlerischen Wert nicht mehr bestimmend sind. Dieses Defizit volkswirtschaftlicher Werttheorien versuchten ästhetische Werttheorien auszugleichen. Erfolgreich war die Taktik, eine Autonomie des Ästhetischen einzufordern und dabei weite Bereiche der Kunst als Gebrauchs- oder Trivialkunst auszugrenzen – Kunst also, die eine bestimmte Funktion hatte und damit eine feste Preisbildung im Sinne von Smith' klassischer Werttheorie ermöglichte.[82]

3. Die Autonomie des Ästhetischen

Ebenso wie in Großbritannien wurden in Deutschland rationalistische und mimetische Konzepte durch subjektivistische abgelöst. So schreibt Johann Georg Sulzer: »Der Ton und der Fall des Verses ist nicht für den Verstand, sondern für das Herz. Dieses beschäfftiget sich blos mit seinen Empfindungen«[83]. Eine andere Strategie wählt Baumgarten. Er unterscheidet zwischen oberem und unterem Erkenntnisvermögen, wobei das letztere den Bereich der Ästhetik absteckt: »Die Ästhetik (als Theorie der freien Künste, als untere Erkenntnislehre, als Kunst des schönen Denkens und als Kunst des der Vernunft analogen Denkens) ist die Wissenschaft der sinnlichen Erkenntnis.« (*Aesthetica* [theoria liberalium artium, gnoseologia inferior, ars pulcre cogitandi, ars analogi rationis,] est

---

78 DAVID HUME, Of the Standard of Taste (1757), in: HUME, Bd. 3 (1875), 269, 272.
79 Vgl. ALEXANDER GERARD, An Essay on Taste (Edinburgh 1759); HENRY HOME, Elements of Criticism (London 1762).
80 Vgl. SMITH (s. Anm. 11), 47–71 (I, 5–6).
81 Vgl. LUHMANN (s. Anm. 62), 15 ff.
82 Vgl. DAHLHAUS (s. Anm. 4), 20; RENATE VON HEYDEBRAND, ›Wertung, literarische‹, in: K. Kanzog/A. Masser (Hg.), Reallexikon der deutschen Literaturgeschichte, Bd. 4 (Berlin/New York ²1984), 843.
83 ›Lebendiger Ausdruk‹, in: SULZER, Bd. 3 (1793), 162.

scientia cognitionis sensitiuae.)[84] Wichtig ist, daß dieses untere Erkenntnisvermögen einen eigenständigen Bereich mit einer eigenständigen Begrifflichkeit darstellt. So gibt es für Baumgarten neben der logischen Wahrheit noch eine ästhetische (veritas aesthetica), die der ersteren nicht unterlegen ist.[85] Die ästhetische Wahrheit bezieht sich nach Baumgarten auf die Vollkommenheit und Fülle der ästhetischen Erfahrung und nicht auf die Abstraktion. Eine Vollkommenheit in diesem Sinne kann aber nur durch das untere Erkenntnisvermögen repräsentiert werden und nicht durch das höhere, die Vernunft.[86] Obwohl bei Baumgarten die Begriffe Wert und ästhetische Wertung noch nicht vorkommen, ist seine Konzeption grundlegend, da erst durch seine *Ästhetik* ein eigenständiger Bereich (zwischen Objektivismus und Subjektivismus) konstituiert wird, in dem analog zum Wahrheitsbegriff ein eigenständiger ästhetischer Wertbegriff seinen Platz finden kann.

Diese neugewonnene Autonomie des Ästhetischen wird von Kant weiterentwickelt. Für ihn liegt das Richtmaß für die Beurteilung (Wertung) der Schönheit »in uns selbst«[87]. Damit soll aber kein Subjektivismus begründet[88], sondern nur der Vorstellung widersprochen werden, daß die Schönheit ein absoluter Wert sei, unabhängig vom menschlichen Denken. Schön ist für Kant nicht ein Ding an sich, sondern nur unsere »*Vorstellung* von einem Dinge«[89]. Der normative Aspekt kommt nun dadurch zur Geltung, daß im ästhetischen Urteil ›X ist eine schöne Vorstellung von Y‹ implizit die Forderung liegt, daß jeder, der die Vorstellung X besitzt, sie als schön zu bezeichnen hat.[90] Funktional ist die Kantische Auffassung insofern, als die schöne Kunst »für sich selbst zweckmäßig ist, und, obgleich ohne Zweck, dennoch die Kultur der Gemütskräfte zur geselligen Mitteilung befördert«[91]. Kant bettet seine Ästhetik somit in seine praktische Philosophie ein und unterscheidet sie von den Wissenschaften aufgrund der Form ihrer Urteile.[92] »Schön ist das, was ohne Begriff allgemein gefällt.«[93] Schöne Kunst ist im Gegensatz zu den mechanischen Künsten *frei* und in diesem Sinne Teil der praktischen Philosophie.[94]

4. Der ästhetische Wert im Spannungsfeld zwischen deutschen Systemphilosophien und den aufkommenden Wissenschaften

Die entscheidende Figur für die Ästhetik des 19. Jh. ist Kant, da jede ernstzunehmende ästhetische Theorie vor dem Hintergrund seiner Überlegungen entwickelt wurde. Die Gründe sind: (1) Kant wird unterstellt, daß er eine strikte Autonomie des Ästhetischen vertritt. (2) Sein Genie- und sein Originalitätsbegriff sind Grundlage der historischen Sichtweise. (3) Seine Transzendentalphilosophie ist die Vorlage der nachfolgenden idealistischen Systemphilosophien.

Neben Kant sind zudem psychologische und volkswirtschaftliche Ansätze für den ästhetischen Wert von Bedeutung. Hier ist im besonderen die Österreichische Schule der Werttheorie zu nennen, die zum einen auf den volkswirtschaftlichen Studien zum Wertbegriff von Carl Menger (*Grundsätze der Volkswirtschaftslehre*, 1871) aufbaute und zum anderen auf Franz Brentanos Vortragstext *Vom Ursprung sittlicher Erkenntnis* (1889). Meinong und von Ehrenfels, zwei Brentanoschüler, suchten im Anschluß daran eine allgemeine Axiologie zu entwickeln.[95]

In Fichtes systemphilosophischem Ansatz hat die Kunst die Funktion, zwischen Endlichem und

---

84 BAUMGARTEN, Bd. 1 (1750), 1 (§ 1); BAUMGARTEN (DT), 2.
85 Vgl. ebd., 269 f., 363 f. (§§ 424, 561).
86 Vgl. ebd., 359–367 (§§ 555–565); URSULA FRANKE, Kunst als Erkenntnis. Die Rolle der Sinnlichkeit in der Ästhetik des Alexander Gottlieb Baumgarten (Wiesbaden 1972), 1.
87 IMMANUEL KANT, Kritik der Urteilskraft (1790), in: KANT (WA), Bd. 10 (1974), 293 (§ 58).
88 Vgl. ANDREW WARD, ›Judgement, Aesthetic‹, in: Cooper (s. Anm. 3), 244 f.
89 KANT (s. Anm. 87), 246 (§ 48).
90 Vgl. ebd., 155 f. (§§ 18 f.).
91 Ebd., 240 (§ 44).
92 Vgl. ZIMMERMANN, ›Ästhetik‹, in: U. Ricklefs (Hg.), Fischer Lexikon Literatur (Frankfurt a. M. 1996), 121.
93 KANT (s. Anm. 87), 134 (§ 9).
94 Vgl. ebd., 237–240 (§§ 43 f.).
95 Vgl. ALEXIUS MEINONG, Psychologisch-ethische Untersuchungen zur Werttheorie (1894), in: Meinong, Werke, hg. v. R. Haller/R. Kindinger, Bd. 3 (Graz 1968), 1–244; CHRISTIAN VON EHRENFELS, System der Werttheorie (1897/1898), in: Ehrenfels, Philosophische Schriften, hg. v. R. Fabian, Bd. 1 (München 1982), 201–593.

Unendlichem zu vermitteln.[96] Gedanken dieser Richtung, d. h. eine metaphysische Erhöhung der Kunst, sind typisch für die romantische und spekulative Kunstphilosophie.[97] Kunst wird zum Zeichen und Ausdruck der höchsten Idee (›Wert‹). Zusammenfassend heißt das: An die Stelle der Mimesistheorie tritt eine »Darstellung der Urbilder«[98]. In dieser – schwer überprüfbaren – Leistung spiegelt sich der Wert der Kunst und zeigt sich ihre Konkurrenz zur Philosophie.

Hegel schließt sich dieser modifizierten Mimesistheorie an. Die Funktion der Kunst besteht nicht darin, die Natur nachzubilden, sondern »der Inhalt der Kunst« ist »die Idee, ihre Form die sinnliche bildliche Gestaltung«[99]. Aufgrund dieser Funktion ist das Kunstschöne für Hegel auch höher einzuschätzen als das Naturschöne.[100] Das Schöne der Kunst ist für Hegel »gestaltete Geistigkeit« (119), Ausdruck des absoluten Geistes, der Wahrheit selbst. Im geschichtsphilosophischen Rahmen von Hegels Denken ist die Kunst seiner Zeit als Verwirklichung des absoluten Geistes abgeschlossen, und die Philosophie habe »die schöne Kunst überflügelt« (57). Dieses historische Hierarchisierungsmodell wendet Hegel zudem auf die Kunst selbst an, indem er die Architektur dem Morgenland, die Skulptur der griechischen Antike und die Malerei, Musik und Poesie der Neuzeit zuschreibt.[101] Festzuhalten ist: Obwohl der Begriff des ästhetischen Wertes bei Hegel noch nicht entwickelt ist, bietet Hegel ein historisches Hierarchisierungsmodell an, mit dessen Hilfe der Kunst selbst und theoretisch jedem einzelnen Kunstwerk sein Platz und damit sein Wert zugeschrieben wird. Im Anschluß an Hegel versucht die nachidealistische Ästhetik, den Wert des Erhabenen, Häßlichen, Tragischen, Komischen usw. innerhalb des Systems der Ästhetik festzulegen.[102]

Lotze bemüht sich in seinem ästhetischen Ansatz, die idealistische und die formalistische Ästhetik (Herbart) zu überwinden bzw. die von Hegel inspirierte Philosophie Christian Hermann Weißes um eine psychologische Betrachtungsweise zu ergänzen.[103] Die Grundlage bildet Lotzes Metaphysik, in der von »drei Anfängen unserer Erkenntnis« die Rede ist, die das Geflecht der Wirklichkeit zusammensetzen. Der erste Anfang besteht in den »allgemeinen Gesetzen«, der zweite in den »Anschauungen«, die uns die tatsächlichen Züge der Welt darstellen, und der dritte in unseren »Ideen des Wertvollen«[104], jener »höchsten Werthe alles Guten, Schönen und Seligen«, die »von uns als die tieffste Wahrheit der Wirklichkeit verehrt« werden. Die Schwierigkeit für den Menschen liege nun darin, daß er kein Wissen darüber erlangen könne, wie die drei Anfänge miteinander verwoben seien. Gleichwohl hält Lotze fest, »daß ihre Dreiheit nur Einheit sei in dem Höchsten«[105], nämlich im Reich der Wertideen: In dem, »was sein soll«, liegt für Lotze der Grund dessen, »was ist«[106], d. h., der unendliche Wert des Guten gibt den Erscheinungen und Gesetzen ihre Formen. Der Schönheit und damit der Kunst kommt die Aufgabe zu, diese Offenbarung zu leisten[107], denn erkennen lassen sich diese Zusammenhänge nicht. (Ein Problem der Lotzeschen Philosophie ergibt sich daraus, daß die Schönheit dem Reich der Werte zugeordnet

---

96 Vgl. JOHANN GOTTLIEB FICHTE, Das System der Sittenlehre nach den Principien der Wissenschaftslehre (1798), in: Fichte, Sämmtl. Werke, hg. v. I. H. Fichte, Bd. 4 (Berlin 1845), 353–356 (3, § 31).
97 Vgl. FRIEDRICH SCHLEGEL, Gespräch über die Poesie (1800), in: SCHLEGEL (KFSA), Bd. 2 (1967), 284–351; JEAN PAUL, Vorschule der Ästhetik (1804), in: JEAN PAUL (HKA), Abt. I, Bd. II (1935); SOLGER.
98 SCHELLING, Philosophie der Kunst (entst. 1802–1803), in: SCHELLING (SW), Abt. I, Bd. 5 (1859), 386.
99 HEGEL (ÄSTH.), 108.
100 Vgl. ebd., 74.
101 Vgl. ebd., 124 f.
102 Vgl. KARL ROSENKRANZ, Aesthetik des Häßlichen (Königsberg 1853); JOHANNES VOLKELT, Die Ästhetik des Tragischen (München 1897); FRIEDRICH THEODOR VISCHER, Das Schöne und die Kunst. Zur Einführung in die Aesthetik, hg. v. R. Vischer (Stuttgart 1898).
103 Vgl. FRITZ KÖGEL, Lotzes Ästhetik (Göttingen 1886), 12.
104 LOTZE, Mikrokosmos. Ideen zur Naturgeschichte und Geschichte der Menschheit. Versuch einer Anthropologie (1856–1864), hg. v. R. Schmidt, Bd. 3 (Leipzig ⁶1923), 457.
105 LOTZE, Geschichte der Aesthetik in Deutschland (München 1868), 198.
106 LOTZE, System der Philosophie. Metaphysik (Leipzig 1879), 604.
107 Vgl. LOTZE (s. Anm. 104), Bd. I (Leipzig ⁶1923), 271–278.

ist, gleichzeitig jedoch das Bindeglied zwischen den drei Reichen sein soll). Für Schopenhauer verhält sich die Funktion der Kunst analog zur Funktion der Philosophie; beide arbeiten darauf hin, »das Problem des Daseyns zu lösen«[108]. Dies zeige sich in Folgendem: »Jedes Kunstwerk ist [...] eigentlich bemüht, uns das Leben und die Dinge so zu zeigen, wie sie in Wahrheit sind, aber, durch den Nebel objektiver und subjektiver Zufälligkeiten hindurch, nicht von Jedem unmittelbar erfaßt werden können. Diesen Nebel nimmt die Kunst hinweg.« (464) Auch Schopenhauer ist somit Anhänger einer modifizierten Mimesistheorie. Der Zweck der Kunst bestehe darin, uns die »Erkenntniß der *Ideen* der Welt (im Platonischen Sinn)« (466) zu erleichtern. Die Musik beantwortet »die Frage: ›Was ist das Leben?‹« »tiefer als alle andern« (463) Künste. Sie ist daher in der Hierarchie der Künste am höchsten angesiedelt. Noch höher steht allein die Philosophie, da nur sie eine »bleibende und auf immer genügende Beantwortung« (464) der Frage nach dem Leben und Dasein geben kann. Explizit findet sich der Wertbegriff in Schopenhauers Kritik an Kants absolutistischem Wert- bzw. Zweckbegriff: »Jeder *Werth* ist eine Vergleichungsgröße, und sogar steht

er nothwendig in doppelter Relation: denn erstlich ist er *relativ*, indem er *für* Jemanden ist, und zweitens ist er *komparativ*, indem er im Vergleich mit etwas Anderm, wonach er geschätzt wird, ist.«[109] Auch für Nietzsche eröffnet die Kunst einen Zugang zum »innersten Kern der Dinge«[110]. Für den Wertbegriff wichtiger als Nietzsches kunsttheoretische sind jedoch seine werttheoretischen Überlegungen bzw. das Diktum von der ›Umwertung aller Werte‹. Nietzsche kennt den Wertbegriff aus der Nationalökonomie und aus Schopenhauers Kritik an Kant. Er verstärkt Schopenhauers Relationismus zu einem Relativismus: »Also am *Streben* mißt sich der Werth der Dinge, für den *gar nicht Strebenden* giebt es *keine Werthe*«[111]. Nietzsche geht sogar so weit, alles Wirkliche als Werte aufzufassen.[112] Ein Grund dafür ist, daß das Praktische höher schätzt als das Theoretische: Sein wird zum Wert-Sein. Die Tätigkeit des Subjekts ist ein ständiges Neubewerten oder eben ein Umwerten. Es gibt keine Tatsachen, sondern nur Interpretationen (Wertungen): »Werthe legte erst der Mensch in die Dinge, sich zu erhalten, – er schuf erst den Dingen Sinn, einen Menschen-Sinn! [...] Schätzen ist Schaffen: [...] Wandel der Werte, – das ist Wandel der Schaffenden.«[113] Nietzsche löst schließlich die prinzipielle Unterscheidung zwischen Subjekt und Welt auf: Alles Seiende ist als Schätzendes ›Subjekt‹ und als Geschätztes ›Objekt‹. Die Welt besteht aus diesen beiden Elementen, und in ihnen drückt sich der »Wille zur Macht«[114] aus. »Subjekt‹ des Wertens ist also ein jeweiliger ›Wille zur Macht‹«[115]. Das ist Nietzsches ›dynamischer Relativismus‹, und in diesem Sinne ist Nietzsches Umwertung aller Werte nicht als eine bloße Neubewertung zu sehen, sondern als dynamischer Prozeß.[116]

a) Psychologismus versus Systemphilosophie
Konträr zu systemphilosophischen Ansätzen und der Philosophie Nietzsches stehen positivistische Theorien, die sich auf Psychologie und Evolutionslehre gründen. Vorläufer des Psychologismus des 19. Jh. sind zum einen die englischen Sensualisten und Empiristen und zum anderen in Deutschland Mendelssohn, Herder und Karl Heinrich Heydenreich, die sich teilweise auf Baumgarten berufen.[117]

---

108 ARTHUR SCHOPENHAUER, Die Welt als Wille und Vorstellung (1819), in: SCHOPENHAUER, Bd. 3 (²1949), 463.
109 SCHOPENHAUER, Die beiden Grundprobleme der Ethik (1841), in: SCHOPENHAUER, Bd. 4 (²1950), 161.
110 FRIEDRICH NIETZSCHE, Die Geburt der Tragödie (1872), in: NIETZSCHE (KGA), Abt. 3, Bd. 1 (1972), 99.
111 NIETZSCHE, Nachgelassene Fragmente von Anfang 1875 bis Frühling 1876, in: NIETZSCHE (KGA), Abt. 4, Bd. 1 (1967), 209.
112 Vgl. NIETZSCHE, Nachgelassene Fragmente. Herbst 1885 bis Herbst 1887, in: NIETZSCHE (KGA), Abt. 8, Bd. 1 (1974), 323.
113 NIETZSCHE, Also sprach Zarathustra (1883–1885), in: NIETZSCHE (KGA), Abt. 6, Bd. 1 (1968), 71.
114 Ebd., 70.
115 JÖRG SALAQUARDA, Umwertung aller Werte, in: Archiv für Begriffsgeschichte 22 (1978), 161.
116 Vgl. ebd., 162.
117 Vgl. MOSES MENDELSSOHN, Ueber die Hauptgrundsätze der schönen Künste und Wissenschaften

II. Begriffsgeschichte und historische Schwerpunkte 605

Der Psychologismus muß als Gegenbewegung zu idealistischen Ansätzen verstanden werden. Er wendet sich gegen »den Versuch, das objective Wesen des Schönen begrifflich festzustellen, und von hier aus das System der Ästhetik zu entwickeln«[118]. Fechner will den Begriff »des sog. objectiv Schönen durch den Begriff dessen, was mit Rücksicht auf seine Beziehung zum Guten unmittelbar gefallen *soll*« (IV), ersetzen. Dazu beschreitet er den entgegengesetzten Weg zu »Schelling, Hegel und selbst [...] Kant«, welche »die Richtung von Oben [...] eingeschlagen haben«. Fechner geht nicht vom Begriff des Schönen aus, sondern nimmt den »Weg von Unten« und versucht, im »Gebiet des Gefallens und Missfallens« (2) den Boden für eine Ästhetik zu finden: »schön im *weitesten* Sinne« heißt für ihn »Alles, woran sich die Eigenschaft findet, *unmittelbar* [...] Gefallen zu erwecken« (15). Fechners Programm besteht nun darin, ästhetische Gesetze zu entdecken, die beschreiben, welche Eigenschaften dieses Gefallen verursachen. Eine solche Eigenschaft stellt für Fechner einen geistigen, d. h. »associirten Eindruck« dar, »der sich mit dem eigenen oder directen« (89) verbindet. Sein Beispiel ist eine Orange, die gegenüber einer orangefarbenen Holzkugel Assoziationen zu Italien usw. hervorruft. Diese Assoziationen sind subjekt- sowie kulturabhängig und in diesem Sinne nicht objektiv. Gleichwohl kann nach Fechner so etwas wie das »Princip der ästhetischen Mitte« beobachtet werden. Hierunter versteht er bei Größen und Formen einen »mittleren Werth«, der ästhetisch bevorzugt wird. Dieser »Normalwerth« ist nicht das arithmetische Mittel, »sondern der Werth, von dem die Abweichungen um so seltner werden, je grösser sie im Verhältniss zu demselben sind«[119]. Fechner sucht dann an den Formaten von Galeriebildern nachzuweisen, daß sie seinem Prinzip der ästhetischen Mitte genügen.[120] Gegen diese Versuche Fechners und Adolf Zeisings, den Wert des goldenen Schnitts zu belegen, wendet sich Lotze.[121]
  Eine Weiterentwicklung erfährt die psychologistische Werttheorie bei Bolzano und Brentano.[122] Für letzteren ist etwas gut, wenn die Liebe dazu richtig ist.[123] In diesem Sinne ist Brentanos Theorie objektivistisch, da sie davon ausgeht, »that our evaluations are like judgements or beliefs in being either *correct* or *incorrect*«[124]. Zudem erarbeitet Brentano eine Wertehierarchie, an deren Spitze das höchste praktische Gut, das größte kollektive Gut, steht.[125]
  Eine sehr ausgearbeitete und vielfältig modifizierte Axiologie in Anlehnung an Brentanos Überlegungen entwickelt Meinong.[126] Er verfolgt das Ziel, »die Ethik auf eine allgemeine Werttheorie und diese auf psychologische Untersuchungen der Werterlebnisse zu gründen«[127]. Dazu nimmt er ein Gebiet der ›Werttatsachen‹ an, durch das eine ›Wertlinie‹ verläuft, die das Gute und das Schlechte trennt. Diese beiden Gebiete unterteilt Meinong mit Hilfe einer von ihm entwickelten protoformalen Sprache.[128] Ontologisch betrachtet, sind dabei für Meinong Werte »Gegenstände höherer Ordnung« und hierin »ästhetischen Gegenständen«[129] gleich: Die »ästhetischen Gegenstände sind Gegenstände höherer Ordnung, und zwar ideale, so daß die ihnen angemessene Erkenntnisweise in der Tat nur apriorisch sein kann« (454). Dieses unpersönlich Apriorische kann jedoch »nur auf dem Um-

---

(1757), in: Mendelssohn, Ästhetische Schriften in Auswahl, hg. v. O. F. Best (Darmstadt 1974), 173-197; JOHANN GOTTFRIED HERDER, Vom Erkennen und Empfinden der menschlichen Seele (1778), in: HERDER, Bd. 8 (1892), 165–235; KARL HEINRICH HEYDENREICH, System der Aesthetik (Leipzig 1790).
118 GUSTAV THEODOR FECHNER, Vorschule der Ästhetik, Bd. 1 (Leipzig 1876), III.
119 Ebd., Bd. 2 (Leipzig 1876), 260.
120 Vgl. ebd., 273–314.
121 Vgl. LOTZE (s. Anm. 105), 306.
122 Vgl. BERNHARD BOLZANO, Über den Begriff des Schönen. Eine philosophische Abhandlung (1843), in: Bolzano, Untersuchungen zur Grundlegung der Ästhetik, hg. v. D. Gerhardus (Frankfurt a. M. 1972), 1–118; BOLZANO, Über die Einteilung der schönen Künste. Eine ästhetische Abhandlung (1849), in: ebd., 119–173; BRENTANO (s. Anm. 39).
123 Vgl. BRENTANO (s. Anm. 39), 17.
124 RODERICK M. CHISHOLM, Brentano and Intrinsic Value (Cambridge 1986), 3.
125 Vgl. BRENTANO (s. Anm. 39), 29.
126 Vgl. MEINONG (s. Anm. 95).
127 Zit. nach RUDOLF KINDINGER, Vorwort, in: Meinong (s. Anm. 95), VIII.
128 Vgl. MEINONG (s. Anm. 95), 123–174.
129 Vgl. MEINONG, Über emotionale Präsentation (1917), in: ebd., 391.

wege über das Persönliche« (460), d.h. über Wertungen mit induktivem Status erschlossen werden.

Fortführungen des Psychologismus finden sich in den subjektivistischen Einfühlungsästhetiken von Karl Köstlin, Theodor Lipps und Johannes Volkelt[130]: »Schönheit eines Objektes ist nicht eine Eigenschaft des Objektes, wie Grün oder Blau, sondern sie ist dies, daß in dem Objekt ein Akt der ästhetischen Wertung begründet liegt. Solcher Akt kann aber niemals anderswo als in einem Bewußtsein vorkommen.«[131]

b) Von den Ideen der Vernunft zum Reich der Werte
Die neukantianischen Philosophiekonzepte, und hier im besonderen jene der südwestdeutschen Schule, beziehen sich neben Kant vor allem auf Lotze. Dabei verwandeln die Neukantianer die »Kantischen Vernunftideen in geltende Werte«, und nicht nur die Windelbandsche Lehre wird zu einer »Umsetzung [...] der Lotzeschen Metaphysik«[132], d.h., das Reich der Werte wird zur Grundlage all unserer Erfahrung und somit zum Zentrum der philosophischen Auseinandersetzung. Dieser Gedanke ist gleichermaßen verpflichtend für die neukantianische Ästhetik wie auch für das von Rickert inspirierte Webersche Modell der Soziologie als verstehender Handlungswissenschaft, die sich eben mit subjektiven Wertmaßstäben der handelnden Individuen zu befassen hat.[133]

Der Ästhetik kommt jedoch im Neukantianismus eine größere Bedeutung zu als der Soziologie, da sie neben Logik und Ethik den dritten Systemteil der Philosophie bildet: »Als Disziplin der Transzendentalphilosophie hat sie die Bedingung der Möglichkeit für eine besondere Gerichtetheit des Bewußtseins auf Gegenstände zu analysieren. Das Bewußtsein kommt freilich für den Neukantianismus nur in seiner Reinheit in Betracht, d.h. sofern es sich zur Höhe reiner Idealität erhebt als Geltungswert und Geltungsbewußtsein.«[134] Untersuchungen zum faktischen Bewußtsein seien dagegen nicht Aufgabe der Philosophie, sondern der empirischen Psychologie. Dies ist auch der entscheidende Punkt, an dem sich die Kunsttheorie des Neukantianismus vom Psychologismus abhebt. Nicht empirische Untersuchungen sind Thema der Ästhetik, sondern das Wertbewußtsein als Grundlage des Ästhetischen. Die Schwierigkeit für den Neukantianismus besteht darin, das ästhetische Wertbewußtsein vom ethischen, religiösen usw. abzugrenzen.

Innerhalb des Neukantianismus ist im besonderen hinsichtlich der Wertfrage die südwestdeutsche Schule von größerer Bedeutung als die Marburger, die sich mehr mit der Naturphilosophie beschäftigte.[135] Die Begründer der südwestdeutschen Schule sind Windelband und Rickert. Windelbands Ästhetik übernimmt im wesentlichen die Kants. Windelband kommt jedoch das Verdienst zu, die Kantsche Ästhetik gegen die seinerzeit dominierende psychologische verteidigt zu haben. Rickert hat dagegen eine eigenständige Theorie entwickelt, die von Leonore Kühn stark überarbeitet wurde.[136] Broder Christiansen versucht in seiner *Philosophie der Kunst* (1909), Rickerts Grundbegriffe der Ethik auf die Ästhetik zu übertragen, was darin gipfelt, daß er die Kunst als Mittel sieht, sittliche Ideen zu ergreifen. In Christiansens Arbeit wie auch in Hermann Cohens *Ästhetik des reinen Gefühls* (1912) wird explizit der Begriff des ästhetischen Wertes thematisiert.

Anfang und Programm der südwestdeutschen Schule bildet Windelbands Straßburger Rektoratsrede von 1894, in welcher der Gegensatz von Naturwissenschaft und Geschichte thematisiert wird.

---

130 Vgl. KÖSTLIN (s. Anm. 12); THEODOR LIPPS, Ästhetik. Psychologie des Schönen und der Kunst (Hamburg/Leipzig 1903/1906); LIPPS, Ästhetik, in: Paul Hinneberg (Hg.), Die Kultur der Gegenwart, Teil 1, Abt. 6: Systematische Philosophie (Leipzig 1907), 349–388; VOLKELT, System der Ästhetik (München 1905–1914).
131 LIPPS, Ästhetik, in: Hinneberg (s. Anm. 130), 349.
132 ERNST TROELTSCH, Der Historismus und seine Probleme (Tübingen 1922), 552.
133 Vgl. MAX WEBER, Ueber einige Kategorien der verstehenden Soziologie (1913), in: Weber, Ges. Aufsätze zur Wissenschaftslehre (Tübingen ⁴1973), 427–438.
134 HANS-LUDWIG OLLIG, Der Neukantianismus (Stuttgart 1979), 146.
135 Vgl. PETER MAERKER, Die Ästhetik der südwestdeutschen Schule (Bonn 1973), 21.
136 Vgl. LEONORE KÜHN, Die Autonomie der Werte. Grundbegriffe und Methode autonomer Wertbetrachtung (Berlin 1926).

Die Philosophie ist für Windelband die »*Wissenschaft vom Normalbewußtsein*. Sie durchforscht das empirische Bewußtsein, um festzustellen, an welchen Punkten darin jene normative Allgemeingiltigkeit hervorspringt.«[137] Philosophie sei »immer ein stark und bewußt werthaftes Denken«[138] und somit Axiologie.

Auch Erkenntnistheorie gilt Windelband als Wertwissenschaft. Wahr sind Vorstellungen dann, wenn sie gedacht werden sollen, denn über allem Denken schwebt ein absolutes Sollen.[139] Die Ästhetik ist eine eigenständige philosophische Diziplin und steht neben der Erkenntnistheorie sowie über der Ethik. Zu dieser Stellung kommt es, weil der ästhetische Wert im Sinne Kants Ausdruck des interesselosen Wohlgefallens ist und daher nicht ein Begehren zum Grunde hat. Windelband setzt sich damit explizit von Fechners Konzeption einer ›Ästhetik von unten‹ ab. Für ihn »ist die Aesthetik von oben eine begriffliche Untersuchung« und als solche »Teil der philosophischen Wertlehre«[140].

Von einem Erkenntnisurteil unterscheidet sich das ästhetische in folgenden Punkten: Erstens ist es mit Kant Ausdruck »interesselosen Wohlgefallens« (365). Zweitens ist es zwar kein logisches oder begriffliches Urteil, aber es besitzt ganz im Sinne Kants subjektive und gefühlsmäßige Allgemeingültigkeit: »es gibt *keine ästhetischen Imperative*, wie es logische oder moralische gibt, sondern wir können nur eine Kritik des ästhetischen Verhaltens in dem Sinne gewinnen, daß wir uns auf die Möglichkeit und die Bedingungen der *allgemeinen Mitteilbarkeit* des ästhetischen Urteils besinnen« (371). Drittens ist der Wert, der im ästhetischen Urteil ausgedrückt wird, wenn es auch nicht transzendental begründet werden kann, jedem Menschen zugänglich. Viertens ist das reine Geschmacksurteil das Kantsche zwecklos zweckmäßige »*Spiel der beiden Erkenntnisvermögen*, Sinnlichkeit und Verstand« (373).

Auch für Rickert besteht das wesentliche Problem darin, den Bereich des ästhetischen Wertes von anderen abzugrenzen bzw. zu bestimmen. Dazu unterscheidet Rickert drei Gegenstandsbereiche: (1) die z. B. in der Religion erfaßte vollendete, »voll-endliche Totalität«, (2) die etwa Erkenntnis und Ethos zugängliche unvollendete, »un-endliche Totalität« und (3) die an der Kunst, einem Bemühen um Teilvollendung illustrierte »voll-endliche Partikularität«[141]. Die Philosophie umfaßt alle drei, und ihr Objekt ist das »Voll-endliche« (20). Das Voll-endliche läßt sich in das Reale – das Physische sowie das Psychische – und das Reich der irrealen Werte unterteilen.[142] Rickert setzt dieses Reich des transzendenten Sollens (der Werte) an die Stelle von Kants transzendenter Wirklichkeit. Es ist strikt von der Realität zu unterscheiden: »Werte lassen sich als Werte überhaupt nicht verwirklichen, und wo wir von ›Wertverwirklichung‹ sprechen, ist das stets cum grano salis zu verstehen.« (113) Verbunden werden die Reiche des Wirklichen und der Werte durch das »Akterlebnis (259). Es verbindet sie »als ursprüngliches Ineinander von realem Sein und irrealer Geltung im wertenden Subjektakt« (296). Dieser Akt ist nicht als Denken, sondern als Werten zu verstehen.

Das Gebiet der Ethik unterscheidet Rickert wie Emil Lask von dem der Ästhetik dadurch, daß es »ausschließlich auf der Besonderheit des der Werthaftigkeit gegenüberstehenden Verhaltens« fußt und in ihm »*ausschließlich* Werte des Verhaltens, Subjektswerte gibt«[143]. Es sind nur personale Werte, die nicht zum Gebiet der transzendenten Werte der Ästhetik und des Theoretischen gehören. Die Werte der Ästhetik haften – im Gegensatz zur Ethik – nicht an Personen, sondern an Sachen, es sind ›asoziale Werte‹. Dabei ist das reale Material ablösbar und austauschbar, während der ästhetische Gehalt als irrealer und geltender Gehalt identisch bleibt. Er hat keine soziale Funktion. Die Kunst ist in sich geschlossen und weist nicht über sich hinaus. In Kunstwerken, und nicht wie bei Kant im Naturschönen, findet die Philosophie »die ästhetischen Werte am reinsten ausgeprägt«[144]. Eine

---

137 WILHELM WINDELBAND, Was ist Philosophie? (1882), in: Windelband, Präludien, Bd. 1 (Tübingen 1921), 46.
138 WINDELBAND, Einleitung in die Philosophie (Tübingen 1914), 34.
139 Vgl. MAERKER (s. Anm. 135), 28.
140 WINDELBAND (s. Anm. 138), 369.
141 Vgl. RICKERT (s. Anm. 15), 379.
142 Vgl. ebd., 73, 112–121.
143 EMIL LASK, Zum System der Logik (entst. 1910–1915), in: Lask, Ges. Schriften, hg. v. E. Herrigel, Bd. 3 (Tübingen 1924), 98.
144 RICKERT (s. Anm. 15), 337.

Aufgabe der Ästhetik ist es, diese ästhetischen Werte zu erkennen. Sie unterscheidet sich dabei von der Erkenntnistheorie dadurch, daß sie die Werte nicht im »Un-endlichen« findet, sondern in der »voll-endlichen Partikularität«[145] des Kunstwerks.

Jonas Cohn knüpft an die Rickertsche Axiologie an.[146] Für ihn ist die Ästhetik eine kritische Wertwissenschaft, welche »die besondere Art von Werten zu untersuchen hat, die im Schönen und der Kunst herrschen«[147]. Dies könne weder durch die Soziologie (Ernst Grosse) noch durch die Psychologie (Fechner, Lipps) geleistet werden, da diese den Wertgesichtspunkt bereits selbst voraussetzten.[148] Nach Cohn muß jedes Werturteil drei notwendige Bestimmungen enthalten: »Zunächst muss ein Bewertetes da sein, welches also logisches Subjekt des Urteils ist. [...] Zweitens wird ein Wert beigelegt. Dieser Wert kann von verschiedener Art sein. [...] Drittens wird für das Urteil eine bestimmte Art der Geltung in Anspruch genommen.« (17f.) Diese drei Bestimmungen werden hinsichtlich des ästhetischen Werturteils von Cohn folgendermaßen spezifiziert: Das Bewertete ist ein »unmittelbar anschauliches Erlebnis« und kein Begriff. Hinzu kommt, daß ästhetische Werte – ganz im Sinne Kants – zweckfrei (»intensiv«, 23) sind. Eine Modifikation erfahren ästhetische Werte insofern, als es »sich bei ihnen [...] um Herstellung einer [...] Kulturgemeinschaft« (38) handelt. Wesentlich ist dem ästhetischen Wert dabei, daß er Gestalt- und Ausdruckswert ist, der dadurch zustande kommt, daß Kunstwerke »rein intensiv nachgelebt werden können« (74) und müssen, da das »Ästhetische als rein intensive Mitteilung« (228) verstanden wird.

Ausgangspunkt der Überlegungen Christiansens ist die Frage nach dem »Gesetz des Schönen«. Zu dieser Frage »drängt der oft und peinlich empfundene Streit der ästhetischen Wertungen«[149]. Eine Antwort soll die Ästhetik geben. Christiansen führt dazu die Unterscheidung zwischen »autonomen und heteronomen Werten« ein. Erstere sind im Subjekt begründet, letztere sind »Fremdgesetze« (6). Hinzu kommt, daß autonome Werte »den Grundtrieben des Subjekts« (15) entspringen. Die Subjektivität wird nun insofern aufgehoben, als autonome Werte »im Wesensgrund des Menschen angelegt sind« und »ihm schlechthin und bedingungslos gültig sein« (20) müssen. Dagegen sind »heteronome Wertungsverfahren« (27) erlernbar. Ästhetische Werte sind nach Christiansen autonome Werte, »denn es ist ein inneres Erlebnis, wodurch sich etwas als Schönheitswert kundgibt« (30). Von diesem Werten ist das Verstehen eines Werkes zu unterscheiden. Christiansen führt dazu ein Zweiebenenmodell ein. Auf der einen Seite steht das intersubjektiv zugängliche Kunstwerk, auf das sich das Verstehen bezieht, auf der anderen das ästhetische Objekt, das nur im Subjekt existiert und »Produkt der nachschaffenden Synthese« (41) des Rezipienten ist. Fortführungen der neukantianischen Ästhetik und damit der Begriffe Wert und ästhetische Wertung finden sich zudem bei Hartmann, der einen paradigmatischen Wertidealismus vertritt, und Wilhelm Sturmfels, für den Kunstwerke durchs »Urteilen im Gefühl«[150] geschaffen werden.

Gegen transzendentale Wertbegründungen, wie sie vom Neukantianismus entwickelt wurden, wenden sich marxistische Werttheorien. Ausgangspunkt dieser Theorien ist die Kritik an den klassischen volkswirtschaftlichen Theorien, die versuchen, den Unterschied zwischen Tausch- und Gebrauchswert durch natürliche Eigenschaften zu erklären. Für marxistische Theorien ist der Warenwert vielmehr Ergebnis gesellschaftlicher Gegebenheiten und Ausdruck des Warencharakters der Produktion. Den Kapitalisten interessiere lediglich der Tauschwert und nicht der Gebrauchswert. Nur an diesem Tauschwert bemesse sich für den Kapitalisten der Wert der Arbeitskraft des Arbeiters. Für den Marxismus sind jedoch die Reproduktionskosten des Arbeiters die Faktoren, die den Wert bestimmen. Darunter sind in etwa die Kosten zu verstehen, die der Arbeiter zur Bestreitung seines

---

145 Ebd., 20, 379; vgl. MAERKER (s. Anm. 135), 54ff.
146 Vgl. COHN (s. Anm. 15).
147 COHN, Allgemeine Ästhetik (Leipzig 1901), 7.
148 Vgl. ebd., 10–12.
149 BRODER CHRISTIANSEN, Philosophie der Kunst (Hanau 1909), 3.
150 WILHELM STURMFELS, Grundprobleme der Ästhetik (München/Basel 1963), 22; vgl. NICOLAI HARTMANN, Ästhetik (Berlin 1953), 322–363.

Lebensunterhalts braucht, d. h. der »Wert seiner gewohnheitsmäßigen Lebensmittel«[151]. Inwiefern dieser historisch-ökonomische Wertbegriff auf den ästhetischen Wert übertragbar ist, war anfangs umstritten bzw. stand nicht zur Diskussion. Eine eigenständige marxistische Kunst- und im Anschluß daran ästhetische Werttheorie entstand erst in den 30er Jahren des 20. Jh.[152], und dies im besonderen aufgrund der politischen Entwicklungen in der Sowjetunion. Kunst ist nach marxistisch-leninistischer Auffassung ein gesellschaftliches Produkt auf ökonomischer Grundlage. Dabei bleibt sie insofern mimetisch, als sie eine »spezifische Art und Weise der Widerspieglung der Wirklichkeit in ihrer Bedeutung für den Menschen einer historisch-konkreten Gesellschaftsordnung« sei. Gleichzeitig ist die Kunst »Bestandteil des ideologischen Überbaus«[153], mithin parteilich und dient der jeweils herrschenden Klasse. In diesem Sinne vertritt die marxistische Kunsttheorie einen normativen Anspruch. Der Wert der Kunst bzw. eines Kunstwerks ist durch seine gesellschaftliche Funktion bestimmt, und er unterscheidet sich in dieser Hinsicht nicht von anderen ›historisch objektiven‹ gesellschaftlichen Werten.[154] Im Falle des real existierenden Sozialismus bestand die Funktion der Kunst in der »Festigung der marxistisch-leninistischen Weltanschauung«[155].

Das Problem für den Marxismus besteht darin, den ästhetischen Wert zum einen in eine allgemeine Werthierarchie einzubetten und zum anderen als eigenständigen Begriff zu bestimmen, ohne auf ›bürgerliche Ideologie‹ zurückzugreifen, welche die Ästhetik als die Wissenschaft des Schönen bestimmt.[156] Eine hierzu vorgeschlagene Definition lautet, bei der Ästhetik habe man es mit der »Wissenschaft von der ästhetischen Aneignung der Wirklichkeit durch den Menschen« (наукой об эстетическом освоении человеком действительности)[157] zu tun. Daher muß das wertende Individuum untersucht werden, dessen Wertungen auf dem »Widerspruch zwischen Gebrauchswert und Gestaltwert«[158] aufbauen. Der Gestaltwert im Ästhetischen bezieht sich auf die Gestalt von Zeichen unter zeitweiliger Nichtberücksichtigung ihres »materiellen und kommunikativen Gebrauchs«. Er beruht wiederum auf dem Widerspruch von Eigen- und Ausdruckswert. Ersterer ist im wesentlichen sinnlich subjektiv, letzterer sozial bestimmt. Diese Widersprüchlichkeit auf den verschiedenen Ebenen soll garantieren, daß der »ästhet. Wert [...] nicht als Dingeigenschaft, sondern nur als spezifisches gesellschftl. Verhältnis zu begreifen«[159] ist.

Von dieser dogmatischen marxistischen Auffassung, die sich auch in vielen Kunstprodukten des sozialistischen Realismus widerspiegelt, sind linkshegelianische Ansätze wie die von Bloch, Lukács, Adorno und Marcuse zu unterscheiden, welche die Funktion der Kunst in ihrem utopischen Moment sehen, das gleichzeitig die Autonomie der Kunst sichert. Die beiden Erstgenannten entwickeln ihre Positionen in Gegenschaft zur Philosophie und damit Werttheorie der südwestdeutschen Schule.[160]

Während marxistische Ansätze den ästhetischen Wert zumindest in Anlehnung an den Warenwert oder in Auseinandersetzung mit ihm bestimmen, beruhen Werte nach Auffassung von phänomenologischen Werttheorien auf bestimmten intentionalen Akten. Husserl, der Begründer der Phänomenologie, entwickelte seine Logik und Urteilslehre im Anschluß an Brentano. Für ihn ist ein

151 KARL MARX, Das Kapital. Kritik der politischen Ökonomie (1867–1894), in: MARX (MEW), Bd. 23 (1962), 563.
152 Vgl. ERWIN PRACHT, Die Kategorien ästhetischer Wertung gründlicher erforschen, in: Weimarer Beiträge 26 (1980), H. 10, 45.
153 ›Kunst‹, in: HARALD BÜHL u. a. (Hg.), Kulturpolitisches Wörterbuch (Berlin 1970), 329.
154 Vgl. HANS KOCH, Werte des Sozialismus und der sozialistischen Kultur, in: Weimarer Beiträge 26 (1980), H. 10, 9.
155 Ebd., 10.
156 Vgl. MOISSEJ S. KAGAN, Lekcii po marksistsko-leninskoj éstetike (1963–1966; Leningrad ²1971), 14 f.; dt.: Vorlesungen zur marxistisch-leninistischen Ästhetik, übers. v. U. Kuhirt u. a. (Berlin ³1974), 12 f.
157 Ebd., 15; dt. 13.
158 ›Wert, der (ästhetische, künstlerische)‹, in: Lexikon der Kunst, hg. v. L. Alscher u. a., Bd. 5 (Leipzig 1978), 573, 575.
159 Ebd., 575; vgl. RITA SCHOBER, Zur Frage der Bewertung von Literatur, in: Weimarer Beiträge 26 (1980), H. 10, 27–31.
160 Vgl. GEORG LUKÁCS, Die Subjekt-Objekt-Beziehung in der Aesthetik, in: Logos 7 (1917–1918), 1–39; ERNST BLOCH, Geist der Utopie (München/Leipzig 1918), 246.

Wert »das volle intentionale Korrelat des wertenden Aktes«[161]. Auf diesen Wertbegriff stützt sich Scheler, für den »alle unsere Welt- und Grundbegriffe auf ihre letzten und wesensmäßigen Erlebnisgrundlagen zurückgeführt werden«[162]. Dabei unterscheidet Scheler zwischen »Wertdingen«[163] und »wertvollen Dingen«. Wertvolle Dinge im weiten Sinne sind Dinge, die rein zufällig einen Wert tragen. Ein Wertding ist dagegen ein solches, das erst »durch die Einheit einer Wertqualität konstituiert ist«. Es stellt somit »eine ›dinghafte‹ Einheit von Wertqualitäten, resp. Wertverhalten dar, die in einem bestimmten Grundwert fundiert ist«[164]. Diese Grundwerte sind weder subjektiv noch im kantianischen oder neukantianischen Sinne objektiv, sondern ihr Wesen ist echte »Gegenständlichkeit«. Gleichwohl besteht eine Hierarchie bzw. »Rangordnung der Werte«[165]. Aufgrund der Gegenständlichkeit der Werte kommt es jedoch zur »Notwendigkeit und Unvermeidlichkeit der Wertevernichtung«[166], und zwar durch das Tragische (Nietzsches ›Umwertung aller Werte‹). Das Tragische unterscheidet sich vom Moralischen dadurch, daß es nicht auf einem »Wahlakt«, sondern auf einer »Wahlsphäre«[167] gründet. Das so bestimmte Tragische darzustellen ist Aufgabe der Kunst.

Gegen diesen ›dingorientierten‹ Wertbegriff Schelers wendet sich Hartmann.[168] Werte bzw. ›Güterwerte‹ beziehen sich für ihn nicht nur auf Dinge, sondern etwa auch auf »das Glück und die Macht«[169]. Von den Güterwerten seien jedoch sittliche und ästhetische Werte zu unterscheiden. Ihnen komme der Güterwert nur anhängenderweise zu.[170] Ästhetische Werte seien zwar »ausschließlich Werte des Gegenstandes«[171], aber der ästhetische Gegenstand bedürfe – im Gegensatz zum Erkenntnisgegenstand – zu seiner Existenz des Aktes, dessen Inhalt er sei. Er sei damit »nur Gegenstand, nur ›Objekt für ein Subjekt‹«. In dieser Subjektbezogenheit unterschieden sich ästhetische Werte von sittlichen, die »nämlich durchaus Werte eines Ansichseienden« (315) seien. Gleichwohl bleiben ästhetische Werte »gebunden an ein real Ansichseiendes, ja an ein Materielles (an den Ton, das Wort, die Farbe, die Raumform des Marmors)« (316). Hartmann vertritt folgendes Zweiebenenmodell: Ästhetische Werte sind Maßstäbe (axiologische Werte), die den Wertcharakter (den attributiven qualitativen Wert) von materiellen Gegebenheiten bestimmen, aber gleichfalls unberührt an sich bestehen. Sie »haften an einer Hintergrundsschicht«, die »in der Tat nicht real« (317) ist, und bedürfen im Gegensatz zu platonischen Auffassungen zu ihrer Existenz des »Erscheinens in einem Realen« (318). Den Hartmannschen Ansatz führt Dietrich von Hildebrand fort.[172]

Roman Ingarden differenziert zwischen künstlerischen und ästhetischen Werten und unterscheidet phänomenologisch drei Ebenen: »1. materiale und formale, in sich selbst ästhetisch neutrale Momente, unter welchen aber Momente zu unterscheiden sind, die eine Bedeutung für die Konstituierung der ästhetisch valenten Qualitäten haben,

---

161 EDMUND HUSSERL, Ideen zu einer reinen Phänomenologie und phänomenologischen Forschung, Bd. 1 (1913), in: HUSSERL, Bd. 3/1 (1971), 76.
162 MAX SCHELER, Vorrede zur ersten Auflage (1915), in: Scheler, Vom Umsturz der Werte, in: Scheler, Ges. Werke, Bd. 3 (Bern 1955), 7.
163 SCHELER, Der Formalismus in der Ethik und die materiale Wertethik. Neuer Versuch der Grundlegung eines ethischen Personalismus (1913/1916), in: ebd., Bd. 2 (Bern/München ⁶1980), 42.
164 Ebd., 43.
165 SCHELER, Das Ressentiment im Aufbau der Moralen (1912), in: Scheler (s. Anm. 162), 124, 63.
166 SCHELER, Zum Phänomen des Tragischen (1914), in: ebd., 161.
167 Ebd., 168.
168 Vgl. WŁODZIMIERZ GALEWICZ, Wert und Gut. Zum phänomenologischen Wertpluralismus, in: Archiv für Begriffsgeschichte 33 (1990), 273.
169 Vgl. HARTMANN (s. Anm. 150), 333.
170 Vgl. HARTMANN, Ethik (Berlin/Leipzig 1926), 133 f., 144–153.
171 HARTMANN, Über die Stellung der ästhetischen Werte im Reich der Werte überhaupt (1926), in: Hartmann, Kleinere Schriften, Bd. 3 (Berlin 1958), 314.
172 Vgl. DIETRICH VON HILDEBRAND, Metaphysik der Gemeinschaft. Untersuchung über Wesen und Wert der Gemeinschaft (1930), in: Hildebrand, Gesammelte Werke, Bd. 4 (Stuttgart u. a. 1975); HILDEBRAND, Graven Images: Substitutes for True Morality (New York 1957); dt.: Substitute für wahre Sittlichkeit, übers. v. K. Mertens, in: ebd., Bd. 7 (Regensburg 1974), 11–188; HILDEBRAND, Liturgie und Persönlichkeit (1933), in: ebd., 189–297; HILDEBRAND, Die Umgestaltung in Christus (1940), in: ebd., Bd. 10 (Regensburg 1971); HILDEBRAND, Ästhetik, 1. Teil, in: ebd., Bd. 5 (Stuttgart u. a. 1977).

II. Begriffsgeschichte und historische Schwerpunkte 611

die also *künstlerisch* wertvoll sind. / 2. Momente, und insbesondere Qualitäten, die sich auf den ersten aufbauen und ästhetisch valent sind und / 3. den ästhetischen Wert selbst, der in sich ebenfalls qualitativ bestimmt ist«[173]. Künstlerische Werte seien zunächst neutral gegeben. Auf ihnen baue sich ein System von ästhetisch valenten (positiven oder negativen) Qualitäten auf, das Grundlage für die dritte Ebene, jene der ästhetischen Werte, sei.[174] Die dritte Ebene beruhe auf den ästhetischen Einstellungen, die neutrale Elemente in ästhetisch wertvolle verwandelten. Wie sich diese drei Ebenen präzise voneinander abheben bzw. welche Folgerungsbeziehungen existieren, bleibt unklar.[175] Ein Grund dafür ist, daß Ingarden »vitale Werte«, die immer »relational« seien, von »Kulturwerten«[176] unterscheidet, die nicht relational seien. Künstlerische wie ästhetische Werte zählt Ingarden zu den Kulturwerten. Dies hindert ihn jedoch nicht daran, zu behaupten, daß ästhetischer Wert »nie ein selbständig existierender Gegenstand« ist und somit »— streng gesprochen — nie ein Subjekt von Eigenschaften und in diesem Sinne ein Gegenstand sein«[177] kann.

5. Angelsächsische und analytische Tradition

Weichenstellend für die Überlegungen zum ästhetischen Wertbegriff in der angelsächsischen Philosophie sind die Arbeiten von Moore und Frege. Obwohl beide sich nicht explizit mit dem ästhetischen Wertbegriff auseinandersetzen, sind ihre philosophischen Positionen für die nachfolgende Beschäftigung mit der Ästhetik in der angelsächsischen und analytischen Philosophie bestimmend. Beiden gemein ist eine antinaturalistische Auffassung. Während jedoch Moore einen Kognitivismus bzw. Intuitionismus vertritt (a), beruht für Frege der ästhetische bzw. »dichterische Wert«[178] nicht auf mit Wahrheitsanspruch verknüpften Gedanken, sondern auf subjektivem Ausdruck. Freges nonkognitivistische Auffassung wurde im besonderen vom logischen Positivismus beibehalten und führte zum Emotivismus (b).

a) Kognitivismus

Historischer Ausgangspunkt von Kognitivismus und Intuitionismus ist Moores Kritik an naturalistischen Theorien, die sich eines naturalistischen Fehlschlusses (»naturalistic fallacy«[179]) schuldig machten. Ein Fehlschluß liege deshalb vor, weil evaluative Aussagen sich nicht ohne Bedeutungsverschiebung in deskriptive Äußerungen übersetzen oder auf sie reduzieren ließen und umgekehrt aus deskriptiven Prämissen nicht evaluative Aussagen gefolgert werden könnten. Der Begriff des naturalistischen Fehlschlusses geht zwar auf Moore zurück, doch wurde das Problem bereits von Hume thematisiert.[180] Moore und andere Intuitionisten versuchen den naturalistischen Fehlschluß dadurch zu umgehen, daß Aussagen von der Form ›X ist gut‹ zwar weiterhin ein Wahrheitswert zugeordnet werden kann, aber nicht deshalb, weil die Aussagen empirisch überprüfbar seien, sondern aufgrund ihrer Selbstevidenz. Aussagen dieser Form seien selbstevident, da wir intuitiv ihre Wahrheit bzw. Falschheit erkennten.[181]

Gegen den Intuitionismus läßt sich zumindest folgendes einwenden: (1) Er geht davon aus, daß sich Werturteile nicht weiter analysieren lassen. Solch ein Wertabsolutismus läßt sich jedoch nicht rechtfertigen, da zumeist zwischen einem neutralen »sachlichen Gehalt«[182] und dem »eigentlichen

---

173 ROMAN INGARDEN, Das Problem des Systems der ästhetisch valenten Qualitäten (1965), in: Ingarden, Erlebnis, Kunstwerk und Wert. Vorträge zur Ästhetik 1937–1967 (Tübingen 1969), 182.
174 Vgl. INGARDEN, Vom Erkennen des literarischen Kunstwerks (Tübingen 1968), 86–88; CLAUDIA RISCH, Die Identität des Kunstwerks (Bern 1986), 42–53.
175 Vgl. RISCH (s. Anm. 174), 44.
176 INGARDEN, Zum Problem der ›Relativität‹ der Werte (1947), in: Ingarden (s. Anm. 173), 93.
177 INGARDEN, Was wir über die Werte nicht wissen (1966), in: ebd., 109.
178 Vgl. GOTTLOB FREGE, Der Gedanke. Eine logische Untersuchung (1918), in: Frege, Logische Untersuchungen, hg. v. G. Patzig (Göttingen ²1976), 36.
179 GEORGE EDWARD MOORE, Principia ethica (Cambridge 1903), 10 u. ö.
180 Vgl. HUME, A Treatise of Human Nature (1739–1740), in: HUME, Bd. 2 (1874), 233–246 (3, 1, 1); FRANKENA, The Naturalistic Fallacy, in: Mind 48 (1939), 464–477.
181 Vgl. KIENECKER (s. Anm. 32), 39–42; WINKO (s. Anm. 43), 45.
182 VICTOR KRAFT, Die Grundlagen einer wissenschaftlichen Wertlehre (1937; Wien 1951), 17.

Wertcharakter« (18) unterschieden werden kann: »Durch die Analyse der Wertbegriffe in die beiden Komponenten: einen neutralen Sachgehalt und den eigentlichen Wertcharakter, ist nun auch die Grundlage für eine sachgerechte Systematik der Werte gegeben.« (19) So lassen sich, wie das Beispiel des guten Messers zeigt, sehr wohl häufig Gründe für ein Werturteil angeben. (2) Wenn sich für Wertintuitionen nicht argumentieren läßt, erübrigt sich jede weitere Auseinandersetzung über Werturteile. Dies entspricht aber offensichtlich nicht unserer Praxis; daher ist der Intuitionismus keine adäquate (deskriptive) Theorie. Letztlich stellt sich die Frage, ob es dem Intuitionisten gerechtfertigterweise überhaupt möglich ist, so etwas wie einen Kognitivismus zu vertreten, wenn er sich bloß auf Intuitionen in Wertdiskursen berufen kann. (3) Zudem setzt sich jeder Intuitionismus dem Vorwurf aus, daß der korrekte Gebrauch sprachlicher Ausdrücke sich durch Intuitionen überhaupt nicht sinnvoll begründen läßt.[183] (4) Der Intuitionismus gewinnt seine Überzeugungskraft nur aus seiner kritischen Haltung gegenüber dem Naturalismus (und dem diesem angeblich innewohnenden naturalistischen Fehlschluß). Es lassen sich jedoch noch andere Werttheorien vertreten, denen nicht der Makel des naturalistischen Fehlschlusses anhaftet. Hierzu zählen u. a. nonkognitivistische Theorien.

b) Nonkognitivismus
Nonkognitivisten – seien sie nun im Lager der analytischen Philosophie oder etwa der Existenzphilosophie zu finden – vertreten die Auffassung, daß Werturteile nicht Aussagen sind, die irgendwelchen Sachverhalten irgendwelche Eigenschaften zuschreiben, sondern eine radikal andere Funktion haben. Repräsentative Vertreter sind Ayer, Russell, Charles L. Stevenson und Carnap: »But actually a value statement is nothing else than a command in a misleading grammatical form«[184]. Hinzuzurechnen sind aber auch Existentialisten wie z. B. Sartre. Für sie sind Werturteile nur Ausdruck (expression) von Haltungen, Emotionen usw. Eine Schwierigkeit für den Nonkognitivismus ist es, den Bereich des Rationalen vom Irrationalen im axiologischen Diskurs an Hand eines praktikablen Kriteriums zu trennen.

Eine der ausformuliertesten Versionen des Nonkognitivismus ist der Emotivismus, bei dem sich zwei Phasen unterscheiden lassen[185]: Der frühe und radikale Emotivismus behauptet, daß Werturteile »purely ›emotive‹«[186] seien und keinerlei deskriptiven Inhalt besäßen: »Our contention is simply that, in our languages, sentences which contain normative ethical [und somit auch ästhetische – d. Verf.] symbols are not equivalent to sentences which express psychological propositions, or indeed empirical propositions of any kind.«[187] Andrew Ward spricht hinsichtlich des frühen Emotivismus von primitivem Subjektivismus (»simple subjectivism«[188]): Das ästhetische Urteil wird demnach im Idealfall nur durch das Wohlgefallen oder Mißfallen bestimmt, das ein Objekt im jeweiligen Betrachter hervorruft. In der späteren Fassung dagegen, z. B. bei Stevenson, werden Werturteilen rhetorische Funktionen zugeordnet wie z. B. die Absicht, seinen Gesprächspartner überzeugen zu wollen.[189]

Theoretische Grundlage des Emotivismus ist zumeist der logische Positivismus bzw. dessen Verifikationstheorie, die verkürzt lautet: Die Bedeutung eines Satzes ist die Methode seiner Verifikation. Aus dieser Prämisse leiten logische Positivisten ab, daß es nur zwei Arten von sinnvollen Sätzen gebe, nämlich empirisch verifizierbare Erfahrungssätze und die tautologischen Sätze der Mathematik und Logik. Werturteile haben demgegenüber keine ve-

---

183 Vgl. WITTGENSTEIN, Philosophische Untersuchungen (1953), in: Wittgenstein, Werkausgabe, Bd. 1 (Frankfurt a. M. 1984), 337 (Nr. 186).
184 RUDOLF CARNAP, Philosophy and Logical Syntax (London 1935), 24.
185 Vgl. KIENECKER (s. Anm. 32), 42–52; GÜNTHER GREWENDORF/GEORG MEGGLE, Zur Struktur des metaethischen Diskurses, in: Grewendorf/Meggle (Hg.), Seminar: Sprache und Ethik. Zur Entwicklung der Metaethik (Frankfurt a. M. 1974), 14–18.
186 ALFRED J. AYER, Language, Truth and Logic (1936; London 1970), 108.
187 Ebd., 105.
188 Vgl. WARD (s. Anm. 88), 244.
189 Vgl. CHARLES L. STEVENSON, The Emotive Meaning of Ethical Terms, in: Mind 46 (1937), 14–31; STEVENSON, Ethics and Language (New Haven 1947).

rifizierbare Bedeutung im genannten Sinne, und daher ist jeder Kognitivismus zum Scheitern verurteilt.[190] Evaluative Begriffe sind »pseudo-concepts and consequently indefinable«[191]. Ihre wichtigste Funktion ist es, die Empfindungen[192] oder subjektiven Einstellungen[193] eines Sprechers gegenüber einem Sachverhalt zu artikulieren und einen Hörer dazu zu bewegen, diese Empfindungen oder Einstellungen zu übernehmen. Der Emotivismus darf aber nicht mit einem (naturalistischen) Subjektivismus verwechselt werden, da er nicht davon ausgeht, daß Werturteile Beschreibungen von subjektiven Zuständen sind.[194] Daher kann es auch keinerlei sinnvollen Streit darüber geben, ob Werturteile wahr oder falsch sind: »Aesthetic terms are used in exactly the same way as ethical terms. Such aesthetic words as ›beautiful‹ and ›hideous‹ are employed, as ethical words are employed, not to make statements of facts, but simply to express certain feelings and evoke certain response. It follows, as in ethics, that there is no sense in attributing objective validity to aesthetic judgements, and no possibility of arguing about questions of value in aesthetics.«[195]

Die Schwäche emotivistischer Theorien besteht u.a. darin, daß sie dazu führen, aus der Ethik und Ästhetik eine Form persuasiver Rhetorik zu machen. Dagegen läßt sich, wie von Richard M. Hare im Bereich der Moralphilosophie getan, einwenden, daß zwischen Werturteilen, die sich auf Moralprinzipien berufen, und bloßem Überreden bedeutende Unterschiede bestehen.[196] Emotivisten verkürzen den evaluativen Diskurs ungerechtfertigt auf den Ausdruck von Emotionen.[197] Werturteile geraten so in die Nähe des Irrationalen oder Willkürlichen. Die Stärke des Emotivismus ist es, daß er den kommunikativen Charakter von Werturteilen bewahrt, weil er u.a. die Absichten des Sprechers mit einbezieht. Sie ersetzen für den Emotivisten gewissermaßen den Begründungsanspruch, den kognitivistische und gemäßigt nonkognitivistische Theorien aus der sprachlichen Form von Werturteilen ableiten. Fraglich ist jedoch, ob ein gelungenes Werturteil allein darin besteht, daß die Absicht geglückt ist, einen Hörer zu überzeugen bzw. eine Einstellung zu übernehmen. Die Schwäche des Emotivismus liegt nach allgemeiner Einschätzung[198] darin, daß er den kognitiven Aspekt von Werturteilen leugnet und damit dem Problem nicht gerecht wird. Diese Schwäche auszugleichen versuchen pragmatisch und sprachanalytisch orientierte Werttheorien, die sich vor allem an Überlegungen des späten Wittgenstein und Austins anschließen.

Für pragmatische Werttheorien bestehen Werturteile nicht nur aus einer emotiven und/oder deskriptiven Komponente, sondern gewinnen ihre Bedeutung erst in einem weiteren − pragmatischen − Kontext. Vertreter einer pragmatischen Wertauffassung sind Dewey und in jüngster Zeit Richard Shusterman. Für Dewey besteht der Fehler von Kognitivismus und Nonkognitivismus darin, daß beide ungerechtfertigterweise das Emotive strikt vom Kognitiven trennen: »the split between the affectional and the cognitive« is probably one of the chief sources of the maladjustments and unendurable strains from which the world is suffering«[199]. Dewey versucht, in seiner eigenen Theorie die Fehler des Emotivismus (der die »value-expressions« als »purely ejaculatory« [7] auffasse) und Platonismus (»it is doubly absurd to suppose that valuation-propositions in a *distinctive* sense can exist«, 20) zu vermeiden und schlägt eine behavioristisch-pragmatische Variante vor. Für ihn werden Werte innerhalb bestimmter Beobachtungskontexte Personen zugeschrieben, ohne daß deshalb auf intrinsische oder letzte Werte zurückgegriffen werden muß.[200] Für Dewey existieren höchstens bestimmte, unter Umständen realisierbare Endziele (»ends-in-view«, 25), die bewertet werden. Ziele von Phantasien oder Tagträumen sind keine Endziele, weil für sie nicht gilt, sie seien »formed in terms of actual conditions serving as means of their actualization« (35). Bedeutsam ist Deweys Ansatz

---

190 Vgl. GREWENDORF/MEGGLE (s. Anm. 185), 14 f.
191 AYER (s. Anm. 186), 113.
192 Vgl. ebd., 142 f.
193 Vgl. STEVENSON, The Emotive Meaning (s. Anm. 189).
194 Vgl. AYER (s. Anm. 186), 109.
195 Ebd., 113.
196 Vgl. HARE (s. Anm. 14), 12−16.
197 Vgl. GREWENDORF/MEGGLE (s. Anm. 185), 16.
198 Vgl. KIENECKER (s. Anm. 32), 51 f.
199 DEWEY (s. Anm. 26), 65.
200 Vgl. ebd., 24−33.

u. a. auch deshalb, weil er sehr genau die unterschiedlichen Redeweisen untersucht, in denen Wertausdrücke vorkommen, und dabei eng verwandte Begriffe (z. B. Mittel, Interesse, Wünschbarkeit, Ziele, Zwecke usw.) mit berücksichtigt. Nahe verwandt mit pragmatischen Ansätzen und im angelsächsischen Sprachraum lange Zeit maßgebend sind Sprechakttheorien. Sie stützen sich zumeist auf Ausführungen Wittgensteins und im besonderen auf die Arbeiten von Austin und Searle. In der Sprechakttheorie gehört das Bewerten zu den ›illokutionären Akten‹. Indem ein Sprecher einen Satz äußert, vollzieht er neben einem ›propositionalen Akt‹ der Prädikation (›lokutionär‹) zudem einen illokutionären Akt, z. B. wenn er fragt, behauptet oder eben bewertet: »To perform a locutionary act is in general [...] also and *eo ipso* to perform an *illocutionary* act«[201].

Unter den Begriff ›bewerten‹ fallen hierbei Sprechakte wie Werturteile oder Wertaussagen, die sich von anderen Sprechakthandlungen dadurch unterscheiden, daß sie sich auf Werte (Wertmaßstäbe, axiologische Werte o. ä.) beziehen. Die Form der Wertung ist die Prädikation. Einem Objekt wird von einem Sprecher aufgrund eines axiologischen Wertes ein Prädikat zugeschrieben. Diese Zuschreibung wird als Sprachhandlung aufgefaßt. Inwieweit diese Handlung bewußt sein muß, darüber gehen die Meinungen auseinander.[202] Eine andere Frage ist, ob mit dieser Handlung die Absicht einhergeht, einen Hörer zu überzeugen, bzw. ob der Hörer tatsächlich überzeugt werden muß. Im letzteren Fall wären Werturteile perlokutionäre Sprachhandlungen.[203] Festzuhalten als ein entscheidendes Merkmal sprechakttheoretischer Ansätze ist, daß bei Werturteilen zwischen deskriptiver und evaluativer Komponente unterschieden wird – ein Gedanke, der auf Victor Kraft zurückgeht[204].

Bei genauerer Betrachtung fällt jedoch auf, daß die Sprechakttheorie das grundlegende Problem, wie Wertungen – Handlungen des Bewertens – zu rechtfertigen sind, genausowenig zu lösen vermag wie traditionelle Theorien. Offensichtlich stehen rein induktive oder deduktive Begründungsstrategien wie z. B. in der Mathematik oder den Naturwissenschaften nicht zur Verfügung. Dies schließt gleichwohl das Interesse daran nicht aus, daß die Rechtfertigung für Wertaussagen bestimmten Argumentations- und Rationalitätsbedingungen erfüllen sollte. Dergleichen wurde in der sogenannten ›praktischen Semantik‹[205] im Anschluß an die Spätphilosophie Wittgensteins und im besonderen mit dem Begiffs des Sprachspiels versucht.[206]

Hervorzuheben sind die Überlegungen von Monroe Beardsley, Frank Sibley und Paul Ziff. Eine der ausgearbeitetsten Theorien ist Beardsleys Funktionalismus, der sich gegen die Singularitätsthese richtet, welcher zufolge Zuschreibungen von ästhetischen Werteigenschaften oftmals singulär und nicht verallgemeinerbar sind. Es ist z. B. der Fall denkbar, daß wir einem Werk aufgrund seiner Komplexität und Einheit einen hohen Wert, aber einem anderen Werk, das dieselben intrinsischen Eigenschaften besitzt, einen niedrigeren Wert zuschreiben. Erinnert sei z. B. an Fälschungen, Ready-mades usw., die, obwohl vom Original durch die Wahrnehmung häufig nicht unterscheidbar, einen niedrigeren ästhetischen Wert als das Original besitzen. Außerdem können die jeweiligen ästhetischen Werte von verschiedenen Kunstwerken – anders als etwa monetäre Werte – nur bedingt miteinander verglichen werden. So wäre es fragwürdig, ein Lied aus dem 15. Jh. mit einem der zeitgenössischen Werke der Konzeptkunst hinsichtlich seines ästhetischen Wertes zu vergleichen.[207] (Vertreter der Singularitätsthese übersehen jedoch zumeist, daß es sehr wohl Konventionen in der Beurteilung gibt, die nicht nur singulär auf ein

---

201 JOHN L. AUSTIN, How to Do Things with Words (1962; Oxford 1965), 98; vgl. HARE (s. Anm. 14), 118; JOHN R. SEARLE, Speech Acts: An Essay in the Philosophy of Language (Cambridge 1969), 54–71; ZIMMERMANN (s. Anm. 18), 169 f.; KIENECKER (s. Anm. 32), 60–64; WINKO (s. Anm. 43), 54–56.
202 Vgl. WERNER HOLLY, Sind Bewertungen ansteckend? Bemerkungen zu Sagers Aufsatz über Bewertung, in: Zeitschrift für germanistische Linguistik 10 (1982), 58–62.
203 Vgl. AUSTIN (s. Anm. 201), 108–119.
204 Vgl. KRAFT (s. Anm. 182), 12–19.
205 Vgl. STEPHEN TOULMIN, The Uses of Argument (Cambridge 1958); WINKO (s. Anm. 43), 151 f.
206 Vgl. GÜNTHER ÖHLSCHLÄGER, Linguistische Überlegungen zu einer Theorie der Argumentation (Tübingen 1979), 99.
207 Vgl. JOHN A. PASSMORE, The Dreariness of Aesthetics, in: Mind 60 (1951), 318–335.

Kunstwerk anzuwenden sind.[208]) Beardsley will dagegen zeigen, daß Wertungen verallgemeinerbar sind, und vertritt einen erkenntnistheoretischen Wertobjektivismus, den er in einem Dreiebenenmodell situiert.[209] Auf der obersten Ebene ist der objektive ästhetische Wert angesiedelt, der sich an den drei Grundkategorien Einheit, Komplexität und Intensität mißt, die auf der mittleren Ebene liegen. Auf der untersten Stufe sind die nichtästhetischen deskriptiven Eigenschaften zu finden. Kunstwerke, die ästhetische Erfahrungen hervorrufen, welche den drei Kategorien bestmöglich genügen, besäßen einen hohen ästhetischen Wert: »'X has aesthetic value‹ means ›X has the capacity to produce an aesthetic experience of fairly great magnitude (such an experience having value).«[210] Beardsley vertritt somit eine »instrumentalistische Definition des ästhetischen Wertes«[211]. Eine Schwierigkeit für das Modell von Beardsley besteht darin, die logischen und ontologischen Zusammenhänge zwischen den Ebenen zu begründen.

Stärker sprachanalytisch orientiert und kritisch an ein Dreiebenenmodell angelehnt sind die Ansätze von Ziff und Sibley. Für Ziff kann es keine objektiven Geschmacksregeln geben, die zwischen Urteilen auf den drei Ebenen vermitteln. Seiner Auffassung nach kann bestenfalls durch Versuch und Irrtum gelernt werden, wie ein Werk richtig anzusehen ist: »To say a painting is a good painting is here simply to say it is worth contemplating«, und zwar »for its own sake«[212]. Sibleys Interesse ist insbesondere darauf gerichtet, zu untersuchen, welchen Regeln ästhetische Begriffe unterliegen und wie sie erlernt werden. Er lehnt dabei das Dreiebenenmodell prinzipiell ab, da ästhetische Urteile nie allein aufgrund von nichtästhetischen Bedingungen gefällt werden könnten: »If we want someone to agree that a color is red we may take it into a good light and ask him to look; if it is viridain we may fetch a color chart and make him compare [...]. But the ways we get someone to see aesthetic qualities are different. [...] We cannot prove by argument that something is graceful; but this is no more puzzling than our inability to prove, by using the methods, metaphors, and gestures of the art critic, that it will be mate in ten moves.«[213] Wie aber können wir dann ästhetisches Urteilen erlernen? Sibley schlägt vor, den Erwerb der ästhetischen Begrifflicheit mit dem Erlernen von Metaphern zu vergleichen.[214]

Ein prinzipielles Problem für Anhänger des Dreiebenenmodells besteht darin, sich auf der einen Seite dem Verdacht des naturalistischen Fehlschlusses zu entziehen und auf der anderen den intuitiven Kern, nämlich den Gedanken, daß ästhetische von nichtästhetischen Eigenschaften abhängig sind, zu bewahren. Eine Lösung für dieses Problem bietet nach Auffassung einiger Philosophen der Begriff der psychophysischen Supervenienz.[215] Mit seiner Hilfe soll gezeigt werden, wie Abhängigkeit ohne Reduktion bzw. Deduktion möglich ist unter Beibehaltung folgender Bedingungen: (1) Kovarianz: Wenn die Basiseigenschaften ununterscheidbar sind, dann sind es auch die supervenierenden Eigenschaften, aber nicht umgekehrt. (2) Abhängigkeit: Supervenierte Eigenschaften sind durch ihre Basiseigenschaften determiniert. (3) Nichtreduzierbarkeit: Supervenienz steht in keinem Widerspruch dazu, daß die supervenienten Eigenschaften nicht auf ihre Basiseigenschaften reduziert werden können.[216] Diese Bedingungen werden von Jaegwon Kims Definition erfüllt: A superveniert auf B genau dann, wenn »notwendigerweise gilt: teilen x und y alle Eigenschaften in B,

---

208 Vgl. WINKO (s. Anm. 43), 53.
209 Vgl. BEARDSLEY, Aesthetics: Problems in the Philosophy of Criticism (New York 1958), 456–464.
210 Ebd., 531.
211 ZIMMERMANN (s. Anm. 18), 172; vgl. DICKIE (s. Anm. 6), 53–80 (Kap. 4).
212 PAUL ZIFF, Reasons in Art Criticism (1958), in: J. Margolis (Hg.), Philosophy Looks at the Arts: Contemporary Readings in Aesthetics (New York 1962), 161.
213 FRANK SIBLEY, Aesthetic Concepts, in: The Philosophical Review 68 (1959), 445.
214 Vgl. ebd., 448 f.
215 Vgl. JERROLD LEVINSON, Aesthetic Supervenience, in: The Southern Journal of Philosophy, Suppl. zu 22 (1984), 93–110; ZANGWILL, The Creative Theory of Art, in: American Philosophical Quarterly 32 (1995), 307–323.
216 Vgl. ACHIM STEPHAN, Wie unplausibel ist der nichtreduktive Materialismus?, in: H. Pape (Hg.), Kreativität und Logik. Charles S. Peirce und das philosophische Problem des Neuen (Frankfurt a. M. 1994), 315.

dann teilen x und y alle Eigenschaften in A, d. h. Ununterscheidbarkeit hinsichtlich B enthält Ununterscheidbarkeit bezüglich A.«[217] Zangwill überträgt Kims Supervenienzbegriff auf den ästhetischen Wert und gelangt damit zu folgendem Modell: »We have a three layered cake. Aesthetic properties depend [supervenieren – d. Verf.] on non-aesthetic properties. But also, *within* the aesthetic, verdictive properties [oberste Ebene – d. Verf.] depend on substantive aesthetic properties [mittlere Ebene – d. Verf.].«[218] Die Kunst des Betrachters besteht nach Zangwill darin, zu erkennen, auf welchen nichtästhetischen Eigenschaften die materiellen (substantive) oder formellen (verdictive) supervenieren.

Das um den Begriff der Supervenienz modifizierte Dreiebenenmodell bietet also den Vorteil, sich nicht dem Vorwurf des naturalistischen Fehlschlusses auszusetzen und trotzdem eine Abhängigkeit zwischen den drei Ebenen zu garantieren. Es teilt jedoch mit den zuvor dargestellten Dreiebenenmodellen einen grundlegenden Mangel: Die Ebenen lassen sich nicht klar auseinanderhalten. Es zeigt sich, »daß sich im konkreten Anwendungskontext deskriptive, interpretative und evaluative Argumente kaum definitiv voneinander trennen lassen«[219].

Eine Weiterentwicklung der Überlegungen Sibleys und eine tiefergehende Kritik am Dreiebenenmodell findet sich bei Colin Lyas. Er teilt Sibleys Auffassung, daß ästhetische Urteile und damit auch ästhetische Werturteile nicht ›objektiv‹ deduktiv oder induktiv aus nichtästhetischen abgeleitet werden können. Daraus folge aber nicht, daß sie ›subjektive Urteile‹ seien, die sich bloß auf ›innere‹ Zustände u. ä. bezögen. Lyas schlägt vielmehr vor, Hume zu folgen, der ästhetische Urteile mit Farb- und Wahrnehmungsurteilen vergleicht, bei denen ebenfalls keine Einigkeit darüber besteht, zu welcher Art von Urteilen sie gehören.[220] Zum einen sind sie objektiv in dem Sinne, daß sie allgemein intersubjektiv überprüfbar sind, zum anderen hängen sie extrem von unseren physiologischen Dispositionen ab (man denke z. B. an Farbenblinde). Lyas folgert daraus: »the colour language rests in the end on a kind of agreement in judgement«[221]. Und Analoges trifft auf Wertungen zu, die ebenso wie Farburteile Wahrnehmungsurteile sind: »The objectivity of aesthetics is the objectivity of an observational, perceptual language.« (374 f.) Die Analogie versagt jedoch insofern, als, während bei Farburteilen eher unterschiedliche physiologische Dispositionen für konträre Urteile verantwortlich sind, es bei ästhetischen kulturelle sind. Beide Arten von Urteilen sind aber deshalb weder streng subjektiv noch streng objektiv. Lyas verwirft daher die Dichotomie und schlägt vor, die beiden Begriffe eher »as two poles of a spectrum« (377) anzusehen. Die Brisanz der Überlegungen von Lyas liegt darin, daß Wertungen zu Wahrnehmungsurteilen werden und als solche ihren evaluativen Kern verlieren. Wertungen und die Zuschreibung von ästhetischem Wert werden zu deskriptiven Urteilen. Teilt man Lyas' modifiziert naturalistische Auffassung, dann folgt daraus, daß die Ästhetik, verstanden als normative Wissenschaft, weitgehend ihre Berechtigung verliert.

Zusammenfassung

Ein allgemein akzeptierter ästhetischer Wertbegriff liegt nicht vor. Gleichwohl sind die Begriffe Wert und ästhetische Wertung von zentraler Bedeutung, auch für die Kunsttheorien, die sich nicht explizit und ausführlich mit ihnen auseinandersetzen (und deshalb keinen Eingang in diesen Artikel gefunden haben). Die Gründe dafür sind: (1) Jeder ernstzunehmende Versuch einer Definition der Kunst muß zur Wertfrage Stellung nehmen. (2) Jede Interpretation von Kunstwerken setzt nach Auffassung der meisten Theorien Wertungen voraus. (3) Fragen zum Wert der Kunst sind von zentraler Bedeutung für die Bestimmung der sozialen Rolle all derer, die für, mit und von der Kunst leben.

Jakob Steinbrenner

---

217 Ebd., 316; vgl. JAEGWON KIM, Concepts of Supervenience, in: Philosophy and Phenomenological Research 45 (1984/1985), 158, 163 f.
218 ZANGWILL (s. Anm. 36), 324 f.
219 ZIMMERMANN (s. Anm. 18), 174.
220 Vgl. HUME (s. Anm. 78), 275 f.
221 LYAS (s. Anm. 22), 373.

Literatur

BOURDIEU, PIERRE, La distriction. Critique sociale du jugement (Paris 1979); BRADY, EMILY/LEVINSON, JERROLD (Hg.), Aesthetic Concepts: Essays After Sibley (Oxford 2001); BUDD, MALCOLM, Values of Art: Pictures, Poetry and Music (London 1995); CARROLL, NOËL, Beauty and the Genealogy of Art Theory, in: Philosophical Forum 22 (1991), 307–334; DAVIS, STEPHEN, Definitions of Art (London 1991); DICKIE, GEORGE, Evaluating Art (Philadelphia 1988); KIENECKER, MICHAEL, Prinzipien literarischer Wertung. Sprachanalytische und historische Untersuchungen (Göttingen 1989); LÜDEKING, KARL-HEINZ, Analytische Philosophie der Kunst (Frankfurt a. M. 1988); LYAS, COLIN, The Evaluation of Art, in: O. Hanfling (Hg.), Philosophical Aesthetics: An Introduction (Oxford/Cambridge, Mass. 1992), 349–380; NAJDER, ZDZISLAW, Values and Evaluations (Oxford 1975); OTTO, MARCUS, Ästhetische Wertschätzung. Bausteine zu einer Theorie des Ästhetischen (Berlin 1993); PIECHA, ALEXANDER, Die Begründbarkeit ästhetischer Werturteile (Paderborn 2002); STECKER, ROBERT, Artworks: Definition, Meaning, Value (Pennsylvania 1997); WINKO, SIMONE, Wertungen und Werte in Texten. Axiologische Grundlagen und literaturwissenschaftliches Rekonstruktionsverfahren (Braunschweig/Wiesbaden 1991); ZEMBYLAS, TASOS, Kunst oder Nichtkunst (Wien 1997).

Widerspiegelung/Spiegel/Abbild

(griech. κάτοπτρον, εἰκών, εἴδωλον; lat. speculum, imago; engl. reflection, mirror, image; frz. reflet, miroir, image; span. reflejo, espejo, imagen; ital. rispecchiamento, specchio, immagine; russ. отражение, зеркало, отображение)

Einleitung: Zur Aktualität und Problematik des Widerspiegelungstheorems; I. Über die Termini Widerspiegelung und Abbildung; II. Zur metaphysischen Herkunft der Spiegelmetapher; 1. Das Beispiel früher Kulturen (China, Altägypten); 2. Griechische Antike; a) Paradigma Schild des Achill: Dekor, Mimesis, Deutung; b) Paradigma Narziß: Selbstbegegnung; 3. Spiegel und Mimesis: Die Verdoppelungsproblematik (Platon und Aristoteles); 4. Mittelalter: Analogia entis als Spiegelverhältnis; 5. Die Spiegelmetapher als philosophisches Weltsymbol (Leibniz); III. Spiegel und Imitatio in der Neuzeit: Antikes Erbe und neuzeitliche Kunsttheorie; 1. Das Prinzip der Imitatio: Ontische und ontologische Mimesis; 2. Die Metapher des Spiegels; a) Komödie; b) Theatrum mundi; c) Paradigma Hamlet: Selbsterkenntnis der Zeit im Spiel der Kunst; d) Die realismustheoretische Wende der Spiegelmetapher und der Roman; e) Der Spiegel als Metapher des Subjekts: Selbstrepräsentation und Selbsterkenntnis; f) Paradigma ›Marionettentheater‹: Der Spiegel als Medium der Künstlichkeit und Selbstentfremdung; IV. Das Mimesisprinzip vom ausgehenden 18. Jahrhundert zur Moderne: Nicht ›Ende einer Denkform‹, sondern ihre Transformation; 1. Goethe; a) Paradigma Faust: Der Spiegel als ›phaenomenon bene fundamentum‹; b) ›Wiederholte Spiegelung‹ und die Dialektik des Symbols; 2. Subjektästhetik, Heterokosmos, Mimesis: Ambivalenzen des romantischen Bewußtseins; 3. Subjektverlust, Kunstmetaphysik und Ästhetizismus: Zur Krise der modernen Kunst; a) Paradigma Dorian Gray: Der Spiegel als Entlarver des falschen Lebens; 4. Der wandernde Spiegel: Realismus als ästhetisches Prinzip; V. Widerspiegelung als Fundamentalkategorie im Marxismus

Einleitung: Zur Aktualität und Problematik des Widerspiegelungstheorems

»Spieglein, Spieglein an der Wand, wer ist die Schönste im ganzen Land?«[1] fragt die Königin im

---

[1] JACOB GRIMM/WILHELM GRIMM, Schneewittchen und die sieben Zwerge, in: J. Grimm/W. Grimm, Kinder- und Hausmärchen (1812; Darmstadt 1955), 144.

Märchen vom Schneewittchen. Sie fragt den Spiegel, in den sie blickt und aus dem heraus sie sich selbst antwortet. Neid und Eifersucht sind um so quälender, als sie der Selbsterkenntnis entspringen. Altgriechische Weisheit hat das Motiv der Selbstkritik in einen moralischen Appell gewendet: »εἰς κάτοπτρον [...] ἐμβλέψαντα δεῖ, εἰ μὲν καλὸς φαίνηι, καλὰ ποιεῖν· εἰ δὲ αἰσχρός, τὸ τῆς φύσεως ἐλλιπὲς διορθοῦσθαι τῆι καλοκαγαθίαι.« (Sieh in den Spiegel: wenn du schön aussiehst, mußt du auch Schönes tun; wenn häßlich, mußt du den Mangel der Natur durch Edelsein ausgleichen.)[2], sagte nach der Überlieferung des Demetrios von Phaleron Bias, den man zu den sieben Weisen zählte. In unserer Zeit hat Jacques Lacan der metaphorischen Auslegung des Spiegelverhältnisses als Selbsterkenntnis einen entwicklungspsychologisch präzisen Sinn gegeben: »Le petit d'homme à un âge où il est pour un temps court, mais encore pour un temps, dépassé en intelligence instrumentale par le chimpanzé, reconnaît pourtant déjà son image dans le miroir comme telle. [...] Cet acte, en effet, loin de s'épuiser comme chez le singe dans le contrôle une fois acquis de l'inanité de l'image, rebondit aussitôt chez l'enfant en une série de gestes où il éprouve ludiquement la relation des mouvements assumés de l'image à son environnement reflété, et de ce complexe virtuel à la

réalité qu'il redouble, soit à son propre corps et aux personnes, voire aux objets, qui se tiennent à ses côtés.«[3] In dieser Funktion, den Vermittlungsprozeß des Subjekts mit sich selbst und der Welt zu vergegenständlichen, besitzt die Widerspiegelungsbeziehung eine alle theoretischen Systematisierungen übergreifende und überdauernde Ausdruckskraft. Das erklärt die Persistenz der Metapher im wissenschaftlichen und literarischen Sprachgebrauch, die durch keine semantische oder ideologiekritische Destruktion beeinträchtigt wird. Das gilt objektiv-metaphysisch – »l'universo diventa un grande teatro degli specchi dove qualsiasi cosa riflette e significa tutte le altre« (das Universum wird zu einem großen Spiegeltheater, in dem jedes Ding alle anderen spiegelt und bedeutet)[4]; es gilt subjektiv-transzendental – »da Subjektivität sich nicht in einer Weise begründet, die begrifflichen Ansprüchen genügt, bleibt sie auf das Sprachbild verwiesen«[5]; es gilt dialektisch – »Reflektierendes und Reflektiertes sind nicht verschieden, als wären sie bloß Sehendes und Gesehenes, im Spiegelblick der iterativen Reflexion sind sie eins, das allein in sich selbst unterschieden ist«[6]. Dem Anathema Richard Rortys zum Trotz bleibt Spiegelung ein unausrottbarer konzeptioneller Topos.[7]

Überblickt man den Gebrauch der Spiegelmetapher in den hermeneutischen Disziplinen, so fällt die Häufung im Bereich von Literatur- und Kunstwissenschaft auf; kann die Verwendung der Metapher in der Ideologietheorie geradezu als Indiz für eine methodologische Orientierung genommen werden, die durch marxistische Ansätze beeinflußt ist, so scheint sie in Diskursen über Kunst ubiquitär. Udo Schöning nennt sie einen »Topos« »in Reflexionen über Kunst«. »Dieser Topos begegnet sowohl bei klassisch-antiken Autoren als auch im aktuellen Feuilleton; er ist als landläufige, mehr oder weniger verblaßte Metapher ebenso im Gebrauch wie als Begriff der marxistischen Theorie.«[8] Die weite Verbreitung der Metapher im Reden über Kunst mag ihren Grund darin haben, daß Spiegelung ein Ausdrucksverhältnis par excellence ist und daß Kunst es immer mit der Gestaltung eines Ausdrucks von Weltverhältnissen zu tun hat; das ist übereinstimmende Grundlage aller Kunsttheorien. Auch die freie Fantasieschöpfung ist nicht ›weltlos‹, sondern drückt ein – wie auch immer singulär-

---

2 BIAS, Spr. 2, in: Die Fragmente der Vorsokratiker, hg. u. übers. v. H. Diels/W. Kranz, Bd. 1 (Berlin [7]1954), 65; dt.: Leben und Meinungen der sieben Weisen, griech./lat.-dt., hg. u. übers. v. B. Snell (1938; München [3]1952), 103.
3 JACQUES LACAN, Le stade du miroir comme formateur de la fonction du Je (1949), in: Lacan, Ecrits (Paris 1966), 93.
4 UMBERTO ECO, Due modelli d'interpretazione, in: Eco, I limiti dell'interpretazione (Mailand 1990), 44; dt.: Das Irrationale gestern und heute (1987), in: Eco, Über Spiegel und andere Phänomene, übers. v. B. Kroeber (München 1990), 15.
5 RALF KONERSMANN, Lebendige Spiegel (Frankfurt a. M. 1991), 27.
6 JOACHIM SCHICKEL, Spiegelbilder (Stuttgart 1975), 71.
7 Vgl. RICHARD RORTY, Philosophy and the Mirror of Nature (Princeton 1979), 12 f.
8 UDO SCHÖNING, Literatur als Spiegel. Zur Geschichte eines kunsttheoretischen Topos in Frankreich von 1800 bis 1860 (Heidelberg 1984), 1.

subjektives – Weltverhältnis des Künstlers aus und wird vom Rezipienten in sein (subjektives) Weltverständnis übersetzt; das Sein des Menschen ist phänomenologisch je schon ›In-der-Welt-sein‹.[9] Dabei ist einschränkend in Rechnung zu stellen, daß die Grundkategorien realistischer, gar materialistischer Ästhetik – und dazu gehört neben Mimesis, Widerspiegelung und Abbild auch die Metapher des Spiegels – im gegenwärtigen Denken wenig Konjunktur haben. Die in Philosophie, Kultur- und Gesellschaftswissenschaften heute herrschenden Diskurse stehen dem impliziten Realismus der genannten Kategorien kritisch, um nicht zu sagen polemisch gegenüber. Herrschendes Denken heute – der ›Geist der Zeiten‹, mit Goethes *Faust* zu reden – ist geprägt von einem offensiven Antirealismus, ganz gleich, ob sich dieser nun analytisch, konstruktivistisch oder dekonstruktivistisch begründet. Im Zentrum der Offensive stehen gerade programmatisch realistische, vor allem marxistische Positionen und Traditionen. Zur Verteidigung des philosophischen Realismus nun lassen sich begründete Argumente ins Feld führen. Erstens: Der triumphalistisch sich gebärdende Antirealismus kaschiert eine im Kern politisch-ideologisch determinierte Position durch erkenntnistheoretische, linguistische, logische oder ontologische Argumentationen (je nachdem), hat die harte Begründung in der Sache aber nie geleistet – so daß auch hier das »Geist der Zeiten« nichts anderes ist als »im Grund der Herren eigner Geist, / In dem die Zeiten sich bespiegeln«[10]. Zweitens ist der philosophische Realismus mit der unausweichlichen Welthaftigkeit des Bewußtseins zu verteidigen: mit dem materiellen In-der-Welt-sein des Menschen als nicht hintergehbarem Ontologikum – dem Tatbestand der Reproduktion des individuellen Lebens als prinzipiell nicht-falsifizierbarem Datum.

Auf der ontologischen Grundlage der Welthaftigkeit des Menschen ist ein Kunstwerk als Ausdruck eines äußeren oder inneren (psychischen) Sachverhalts durch eine Darstellung zu verstehen, die den Sinn dieses Sachverhalts wiedergeben soll. ›Ausdrücken‹ ist hier terminologisch streng gebraucht, so wie Leibniz es formulierte: »Une chose *exprime* une autre (dans mon langage) lorsqu'il y a un rapport constant et reglé entre ce qui se peut dire de l'une et de l'autre. C'est ainsi qu'une projection de perspective exprime son geometral.«[11] Für den Vorgang des Ausdrückens wird die Metapher ›spiegeln‹ oder ›widerspiegeln‹, für die Struktur der Ausdrucksbeziehung ›Spiegel‹ benutzt. Bei Bevorzugung der mit dem physikalischen Spiegelungsvorgang verbundenen Konnotation der Visualität tritt dafür auch der Begriff ›Abbild‹ ein, der jedoch eine Spezifikation gegenüber dem allgemeinen Gehalt der Spiegelmetapher vornimmt (was oft bei der ungenauen Verwendung beider Begriffe nicht beachtet wird). Die Beschreibung des Vorgangs des Ausdrückens führt auf Prozeß und Resultat der Mimesis.

Nicht nur ist das Verständnis von Mimesis aufs engste mit der ästhetischen Theorie von Widerspiegelung/Abbildung verknüpft, die Metapher des Spiegels ist in vielen Phasen ihrer Geschichte auf ein Wortfeld bezogen, in dem der Begriff der Mimesis bzw. seine Derivate (imitatio, imitation, Nachahmung usw.) eine dominante Rolle spielen. Eine begriffsgeschichtliche Rekonstruktion von Widerspiegelung und Spiegel (die von einer bloßen Wortgeschichte methodisch streng zu unterscheiden ist) kann ohne Berücksichtigung des semantischen Felds, in dem die untersuchten Kategorien jeweils stehen, gar nicht geschrieben werden. Aus diesem Grund wird der vorliegende Artikel, vor allem an den Knotenpunkten der begriffsgeschichtlichen Entwicklung, relativ ausführlich auf das umgebende Wortfeld der untersuchten Kategorien zu sprechen kommen müssen.

Der Gebrauch der Spiegelmetapher ist so universell wie die menschliche Geistestätigkeit. Zu allen Zeiten, in allen Kulturen, auf allen Ebenen von der Alltagssprache über Mythos und Poesie bis zur Wissenschaftssprache und Philosophie wurden die Wörter spiegeln, widerspiegeln, Spiegel, Spiegelung in übertragenem Sinne benutzt. Der Spiegel ist neben seiner Gebrauchsfunktion ein Symbol-

---

9 Vgl. MARTIN HEIDEGGER, Sein und Zeit (1927; Tübingen [17]1993), 52–59.
10 JOHANN WOLFGANG GOETHE, Faust. Der Tragödie Erster Theil (ersch. 1808), in: GOETHE (WA), Abt. I, Bd. 14 (1887), 35.
11 GOTTFRIED WILHELM LEIBNIZ an Antoine Arnauld (9. 10. 1687), in: Leibniz, Die philosophischen Schriften, hg. v. C. I. Gerhardt, Bd. 2 (Berlin 1879), 112.

ding par excellence. Die entspechende Begriffsgeschichte würde durch Belege erstickt werden, käme es ihr auf Vollständigkeit an. Zudem würde es die ubiquitäre und unscharfe Verwendung der Metapher schwer machen, ihr einen präzisen terminologischen Gehalt zuzuschreiben, der doch gemeint ist, wenn sie zur Charakterisierung eines *begriffenen* Verhältnisses dienen soll. Es kommt also darauf an, den Terminus von den Stellen her zu erhellen, wo er reflektiert gebraucht wird; es zeigt sich, daß dies nicht nur verbal (und also schon begrifflich ›verarbeitet‹) der Fall ist, sondern auch in der unmittelbaren Darstellung von Spiegelverhältnissen in der bildenden Kunst. Und die Begriffsgeschichte ist eine ›Knotenlinie‹ (Hegel)[12], an deren Knotenpunkten Entwicklungsschübe der Begriffsstruktur festgemacht werden können.

I. Über die Termini Widerspiegelung und Abbildung

Die Spiegelmetapher läßt sich bis in die frühesten schriftlichen Zeugnisse aller Kulturen zurückverfolgen, anhand der Funktion und Bedeutung von Kultgeräten auch darüber hinaus. Als Terminus dagegen tritt das Wort ›Widerspiegelung‹ erst spät auf und wird zu einem erkenntnistheoretisch und kunsttheoretisch programmatischen Begriff in der marxistischen Theorie ausgebaut. Widerspiegelung bezeichnet dann drei verschiedene, aber genetisch und begrifflich miteinander zusammenhängende Sachverhalte:

1. die aus der Wechselwirkung der materiellen Entitäten hervorgehende Eigenschaft der gesamten Materie, der zufolge jede materielle Entität in den Veränderungen dieser oder jener ihrer Eigenschaften, dieses oder jenes ihrer Zustände die Besonderheiten der Einwirkungen anderer materieller Entitäten, denen sie ausgesetzt ist, reproduziert bzw. transformiert;

2. die Übereinstimmung von Bewußtseinsinhalten und -produkten mit den von ihnen gemeinten objektiv-realen Sachverhalten, so daß aufgrund der von den Bewußtseinsinhalten ausgehenden Handlungssteuerung die Wirklichkeit zielgerichtet veränderbar bzw. in der Wirklichkeit ein zweckmäßiges Verhalten möglich ist[13];

3. die Abhängigkeit ideeller oder institutioneller Komplexe (des sog. Überbaus) von der auf den Produktionsverhältnissen einer Gesellschaft beruhenden ökonomisch-politischen Ordnung (der sog. Basis), der zufolge es möglich ist, den Typus und in gewissen Grenzen auch die Spezifizität von Ideologien und Institutionen den ökonomischen Prozessen und Strukturen zuzuordnen, aus denen sie entspringen[14].

Soll Widerspiegelung terminologisch präziser als Ausdruck einer Homomorphie oder Isomorphie[15] gebraucht werden, so muß der Übertragungsmodus der Metapher genau geprüft werden; zu berücksichtigen ist dabei, daß die metaphorische Verwendung eines Bildes immer nur auf partielle Identitäten, auf Wesenszüge und Strukturgleichheiten gerichtet sein kann. In diesem Sinne soll Widerspiegelung nun allerdings als eine *exakte* Metapher aufgefaßt werden und die Widerspiegelungstheorie als eine genau bestimmte Aussage zu einer dialektischen materialistischen Ontologie und Erkenntnistheorie gelten.[16]

Die drei Widerspiegelungskonzepte beziehen sich offensichtlich auf drei verschiedene ontologische Ebenen. Das erste Konzept entwirft ein universelles Weltmodell im Rahmen einer allgemeinen Dialektik der Natur; das zweite charakterisiert das erkenntnistheoretische, anthropologische und psychologische Verhältnis von Sein und Denken (Bewußtsein); das dritte benennt das ideologische Verhältnis von gesellschaftlichem Sein und Be-

---

12 Vgl. GEORG FRIEDRICH WILHELM HEGEL, Die Wissenschaft der Logik (1812), in: HEGEL (TWA), Bd. 5 (1970), 412, 435–438, 442.
13 Vgl. DIETER WITTICH, Marxistisch-leninistische Erkenntnistheorie (Berlin 1978), 120 ff.
14 Vgl. KARL MARX, Zur Kritik der politischen Ökonomie (entst. 1857), in: MEW, Bd. 13 (1971), 8 ff.; ANTONIO GRAMSCI, Quaderni del carcere (entst. 1929–1936), hg. v. V. Gerratana, Bd. 1 (Turin 1975), 871 ff.
15 Vgl. ALFRED KOSING, Die Erkenntnis der Welt, in: [Autorenkollektiv], Marxistisch-leninistische Philosophie (Berlin 1979), 138.
16 Vgl. HANS HEINZ HOLZ, Widerspiegelung (Bielefeld 2003); JOS LENSINK, Zur theoretischen Struktur der marxistischen Philosophie, in: D. Losurdo/H. J. Sandkühler (Hg.), Philosophie als Verteidigung des Ganzen der Vernunft (Köln 1988), 15 ff.

wußtsein. Im Einteilungsschema der traditionellen philosophischen Systematik ist die Widerspiegelungstheorie in erster Hinsicht eine metaphysische, in zweiter Hinsicht eine Theorie des subjektiven Geistes (und als solche begründend für die Erkenntnistheorie) und in dritter Hinsicht eine Theorie des objektiven Geistes (und als solche begründend für eine Lehre der Institutionen und anderer geschichtlicher Objektivationen). In der zweiten und dritten Bedeutung wird sie auch zu einer Theorie der Konstitution ästhetischer Gegenstände und Rezeptionsweisen; in der ersten Bedeutung ist Widerspiegelung/Spiegelung eine weit verbreitete poetische Metapher.

Obwohl die Grenzen zwischen den beiden Begriffsfeldern Widerspiegelung und Abbildung auch im philosophischen Sprachgebrauch meist fließend bleiben, ist mit philosophischer Strenge doch auf den Unterschied abzuheben, daß Widerspiegelung eine strukturelle Entsprechung zwischen der Realität des Gegenstandes und der Fiktion einer Realität in der Repräsentation, zwischen Wirklichkeit und Schein meint; diese Entsprechung wird in Analogie zum logisch-ontologischen Verhältnis der Spiegelung gedacht. Dagegen meint Abbildung eine mehr oder weniger genaue Wiedergabe (oder Wiederholung) einer Sache oder eines Sachverhalts mit dem Anspruch einer phänomenalen oder eidetischen Ähnlichkeit. Widerspiegelung bezeichnet mithin eine strukturell-ontologische, Abbildung eine phänomenal-ontische Beziehung.

Begriffsgeschichtlich ist für den Gebrauch der Termini in der Kunsttheorie allerdings zu beachten, daß Widerspiegelung immer ein polyvalenter, mehrdimensionaler Begriff gewesen ist, der oft unscharf, ja diffus verwendet wurde. Er gehört mit ›Abbild‹, ›Abbildung‹, ›Imitatio‹, ›Mimesis‹, ›Nachahmung‹ und ›Repräsentation‹ zu einem kategorialen Wortfeld. Bedeutungsdifferenzen zwischen den einzelnen Termen sind dabei nirgendwo in einer akzeptierten Weise systematisch begründet oder auch nur konventionell festgelegt. Was Widerspiegelung jeweils bedeutet hat, hing stark vom argumentativen Kontext ebenso wie von ontologischen, methodologischen und politisch-ideologischen Vorannahmen derer ab, die den Begriff gebrauchten. Wenn der Terminus im historischen Rückblick behandelt wird, sollte daher besser von einem programmatischen Konzept oder vom Widerspiegelungsgedanken gesprochen werden; eine ausgearbeitete Kategorie mit systematischem philosophischem Status liegt eigentlich nur in der marxistischen Ästhetik vor, insbesondere in den systematischen Werken von Georg Lukács (für die Literatur)[17] und von Hans Heinz Holz (für die bildende Kunst)[18].

Allen Gebrauchsformen des Widerspiegelungskonzepts sind gewisse strukturelle Grundzüge gemeinsam. Da wäre zunächst der grundlegende Gesichtspunkt eines programmatischen Materialismus zu nennen. Widerspiegelung bezieht Ästhetisches auf empirisch gegebene, materiell existente Wirklichkeit zurück. Der Widerspiegelungsgedanke expliziert die Wirklichkeitsbeziehung der Künste, er behauptet eine grundlegende Bindung oder zumindest partielle Determiniertheit von Kunst durch eine vorgängig gegebene Wirklichkeit, eine Referenzbeziehung von Widerspiegelung und Widergespiegeltem, Abbildung und Abgebildetem, mimetischer Form und mimetischem Gegenstand. Im ontologischen Sinne bezeichnen Widerspiegelung, Abbildung, Mimesis usw. immer ein Sekundäres gegenüber einem vorgegebenen Primären. Sie behaupten einen Bezug zwischen beidem einschließlich der Denkmöglichkeit, daß das zunächst Sekundäre einen höheren Wahrheitsgehalt besitzt als das Primäre, etwa deshalb, weil es erst die verborgene Wahrheit primär gegebener Realitäten ans Licht hebt.

Dieter Schlenstedt hat in einem Resümee der Geschichte des Widerspiegelungskonzepts herausgearbeitet, daß zwischen den in der Widerspiegelungsbeziehung aufeinander bezogenen Gegebenheiten Übereinstimmungen bestehen, die »Ergebnis der vermittelnden Tätigkeit oder Prozesse« sind, Resultate des »Übersetzungen der einen in die andere Gegebenheit«, »ein Vorgang, in dem zwischen den beiden Gegebenheiten Invarianzen entstehen«[19]. Nur in bezug auf diese Struktur lasse

---

17 Vgl. GEORG LUKÁCS, Die Eigenart des Ästhetischen, in: LUKÁCS, Bd. 11 (1963) u. Bd. 12 (1963).
18 Vgl. HOLZ, Philosophische Theorie der bildenden Künste, 3 Bde. (Bielefeld 1996–1997).
19 DIETER SCHLENSTEDT, Problemfeld Widerspiegelung, in: Schlenstedt u. a., Literarische Widerspiegelung (Berlin/Weimar 1981), 20.

sich ein Begriff von Widerspiegelung und ein Widerspiegelungstheorem in der bisherigen Kunsttheorie sinnvoll präzisieren.

Hans Heinz Holz/Thomas Metscher

II. Zur metaphysischen Herkunft der Spiegelmetapher

1. Das Beispiel früher Kulturen (China, Altägypten)

Der Gebrauch des Spiegels als Symbol*ding* reicht bis in die Frühzeit der Kulturen zurück, und schon in diesem Dinggebrauch liegt seine Verwendung als Begriffssymbol, d. h. sein metaphorischer Gebrauch beschlossen. Aus China sind seit frühester Zeit zahlreiche Kultspiegel überliefert, die als Symbolgegenstände bei zeremoniellen religiösen Handlungen gebraucht wurden, auch als Grabbeigaben oder zum Aufhängen in Tempeln bestimmt waren; über ihren Sinn sagt die beziehungsreiche Ornamentik aus, die die Rückseite dieser Spiegel ziert. Aufschlußreich ist das sog. LTV-Muster: In der Mitte der runden Spiegelrückseite findet sich ein aus vier T-förmigen Armen gebildetes Kreuz, ein altes Erdsymbol mit der Zentrierung auf die Mitte. Radial sind am Rand des Spiegelrunds in gleichmäßigen Abständen abwechselnd je vier L- und V-förmige Figuren angeordnet. Die V-förmigen Zeichen deuten die vier Weltgegenden an, die rechtwinkligen L sind ein Bewegungsmotiv, das an die uns geläufige Gestalt des Sonnenrades erinnert und wohl auch auf die Sonnenbewegung um die im Zentrum gedachte Erde hinweist. In dieser Zuordnung zueinander stellen diese ornamentalen Zeichen ein umfassendes Weltsymbol dar, mit Erde und Himmelsrund, Weltgegenden und Mitte, Bewegung und Ruhe, Spannung und Ausgleich. Die Ordnung von Erdmitte und Weltgegenden in den Himmelsrichtungen ist die zeichenhafte Formulierung der unmittelbaren Raumerfahrung, wie

sie noch von Immanuel Kant in seinem Aufsatz *Von dem ersten Grunde des Unterschieds der Gegenden im Raume* (1768) analysiert wird. Die Hinzufügung des Sonnenmotivs evoziert die Zeit (Tageszeit, Jahreszeit) und die natürliche Gesetzlichkeit des Weltlaufs, des Kosmos, dem nach dem Prinzip der universellen Harmonie das Tun der Menschen entsprechen muß. Damit wird die Funktion des Spiegels erläutert, seine kultische Verwendung geklärt. Denn im Spiegel wird die Vielheit aufgefangen in *einem* Bilde, das virtuell den Raum darstellt und doch reell gerafftes Abbild des räumlich Seienden ist. Die Welt als das Ganze, in dem die vielen Einheiten vermittelt und vereinigt sind und ihr Wandel einer strengen Ordnung unterliegt – das ist der Sinn dieses Symbols, in dem der religiös-kultische Zweck mit einem weltlich-metaphysischen Sinn koinzidiert.

In der chinesischen Wortemblematik[20] wird das Zeichen für ›Spiegel‹ (jian) mit dem Zeichen für ›umfassen‹ (tong) verbunden und damit die Symbolik der Kultspiegel terminologisch fortgesetzt. Wie in Europa die Metapher dann auch als Buchtitel auftaucht – zum Beispiel *Sachsenspiegel, Fürstenspiegel, Narrenspiegel* oder enzyklopädisch noch beziehungsvoller *speculum mundi* (Weltspiegel) –, so auch in zahlreichen Werken chinesischer Autoren. Berühmtes Beispiel ist das *Zu-zhi tong-jian (Allgemeiner Spiegel des Regierens)* von 1084, eine für den Gebrauch des Kaisers hergestellte Zusammenfassung der viel umfangreicheren Reichsannalen, die die Geschichte Chinas chronologisch festhielten. Der Titel wurde vom Kaiser selbst gewählt. Der klassische Dichter-Philosoph Zhu Xi (1130–1200) verfaßte die *Grundzüge eines umfassenden Spiegels (Tong-jian gang-mu)*, der Gattungsbegriff ›gang-jian‹ (Annaten) bedeutet so viel wie ›Hauptleine der Spiegelungen‹. Man hat den Spiegel als »Symbol des Wissensdranges«[21] gedeutet – eine zu enge Interpretation, da sie nur die Subjektseite des Erkenntnisverhältnisses in den Blick nimmt. Dagegen hat Joachim Schickel für den großen dialektischen Philosophen Mo Di (ca. 470–390) gezeigt, daß bei ihm das Licht und der Spiegel wie das Wissen als Medium behandelt werden, in dem der Anblick oder das Bild eines Gegenstandes erscheint. Der Spiegel – das Ding, das die Beziehung von Ganzem und erkennendem (auffassendem) Einzelnem

---

20 Vgl. SCHICKEL, Große Mauer, große Methode: Annäherungen an China (Stuttgart 1968), 133 ff.
21 HERMANN KÖSTER, Symbolik des chinesischen Universismus (Stuttgart 1958), 94.

symbolisiert – wird hier schon als Metapher für den »dialektischen Selbstunterschied zwischen Wissendem und Gewußtem«, für die »spekulative Einheit von Einheit und Mannigfaltigkeit«[22] gebraucht. Schon in der mythologischen Verwendung des Symbols zeigte sich sein weltlicher Gehalt an. Der Spiegel diente als Anschauungsbild für das unanschauliche Ganze der Welt, auch für die das Ganze konstituierende innerweltliche Gesetzlichkeit, den Naturzusammenhang. Das Symbolisatum liegt hier ganz außerhalb der Sphäre des erlebenden Subjekts als eine Wirklichkeit, die im Symbol erscheint und so faßbar wird. Als ›gesunkenes Kulturgut‹ gelangt der Spiegel in den Bereich der Magie. »Dem Volksglauben nach macht der Spiegel Geister sichtbar, und bis heute gibt es sog. Zauberspiegel, auf deren Rückseite seltsame Muster erscheinen, wenn sie richtig gehalten werden. Blumen werde man sehen, wenn die Sonne darauf scheint, und einen Hasen bei Mondeslicht, sagt ein alter Text. [...] Buddhistische Priester benutzten ihn, um den Gläubigen zu zeigen, in welcher Gestalt sie wiedergeboren würden. Sieht einer hinein und kann seinen Kopf nicht erkennen, deutet das seinen bevorstehenden Tod an. [...] So wie ein heiler Spiegel Eheglück symbolisiert, so deutet ein zerbrochener die Trennung an, oftmals Scheidung. In zahlreichen Novellen zerbricht der Mann, der sich auf lange Zeit von seiner Frau trennen muß, einen Spiegel; jeder behält einen Teil. Er ist das Erkennungszeichen, wenn die Trennung so lange währt, daß sich die Partner nicht mehr erkennen«[23].

Immer hängt der Symbolgebrauch mit Weisen des Erkennens zusammen. Erkennen ist die Wiederholung eines Äußeren, Anderen im eigenen Bewußtsein; gleichsam eine Verdopplung der Sache, dieselbe in zweifacher Weise, im Unterschied von sich selbst. Die dialektische Theorie wird dafür die Formel von der Identität von Identität und Nichtidentität bzw. die Kategorie des Selbstunterschieds prägen. Wiederholung ist Mimesis, und mimetisch verfährt die Magie. Im altägyptischen Totenkult wird der Spiegel zum Symbol des Mediums, in dem sich das Leben wiederholt, d. h. im Totenreich erneuert wird.[24] Auf Statuen in Grabbezirken ist die Formel: ›der das Leben wiederholt‹

zu finden. Aus dem Phänomen der Selbstnachahmung, die in den Bewegungen des Kindes vor dem Spiegel eingeübt wird, leitet Elias Canetti, der dafür auch reiches ethnologisches Material in Anspruch nimmt, die höhere Stufe der imitatio, die Verwandlung, ab, indem das Kopieren in die eigene innere Daseinsverfassung ein-gebildet wird.[25]

Hans Heinz Holz

2. Griechische Antike

Ganz im kultisch-darstellenden Bereich, dem des virtuellen Nachvollzugs einer mythisch vorgegebenen und vorbildlichen Wirklichkeit, hält sich zunächst das antike Verständnis des Widerspiegelns, Abbildens. Anders als in China hat hier die Symbolik primär keinen erkenntnistheoretischen und metaphysischen Sinn, sondern ist von vornherein praktisch-zeremoniell und ästhetisch und hat von dieser Orientierung aus die gesamte spätere europäische Kunsttheorie beeinflußt. Das Verständnis von Widerspiegelung entfaltet sich in Griechenland am kultischen Charakter der Mimesis und in engem Anschluß an die Praxis der Dramendichtung und -aufführung. Vom Stammwort μῖμος (mimos) leiten sich her: μιμεῖσθαι (mimeisthai), μίμησις (mimēsis), μίμημα (mimēma), μιμητής (mimētēs), μιμητικός (mimētikos). ›Mimeisthai‹ bedeutet ›darstellen‹, ›ausdrücken‹, ›ähnlich machen‹, ›nachahmen‹, umschließt also eine Weite der Bedeutung, gegenüber der das lat. ›imitari/imitatio‹ eine Verengung darstellt.[26] ›Mimos‹ und ›mimētēs‹ bezeichnen Personen, die die Mimesis vollziehen, ›mimēma‹ das Ergebnis mimetischen Handelns. ›Mimēsis‹ ist die Handlung selbst. ›Mimētikos‹ verweist auf etwas zur Mimesis Fähiges:

---

22 SCHICKEL (s. Anm. 20), 309.
23 WOLFRAM EBERHARD, Lexikon chinesischer Symbole (Köln 1983), 271 f.
24 Vgl. CHRISTA MÜLLER, ›Spiegel‹, in: Lexikon der Ägyptologie, hg. v. W. Helck/W. Westendorf, Bd. 5 (Wiesbaden 1984), 1147 f.
25 Vgl. ELIAS CANETTI, Masse und Macht (Hamburg 1980), 424 ff.
26 Vgl. HERMANN KOLLER, ›Mimesis‹, in: RITTER, Bd. 5 (1980), 1396–1399.

den mimetischen Gegenstand.²⁷ Im Kern der frühen wortgeschichtlichen Stufe steht der Gedanke einer sinnlichen Vergegenwärtigung von etwas, was nicht unmittelbar gegeben ist, sich nicht von sich her zeigt bzw. sich der alltäglichen Wahrnehmung entzieht. Das vergegenwärtigte Etwas kann dabei als Naturkraft, Dämon, Gott oder Seele vorgestellt werden. In der Mimesis in diesem ursprünglichen Sinne liegt eine wesentliche Differenz zur Spiegelung, die ja an die Gegenwart des im Spiegel erscheinenden Objekts außerhalb des Spiegels gebunden ist. Dagegen ist die Beziehung auf Totalität der Spiegelung und der Mimesis gemeinsam: Wie der Spiegel prinzipiell alles ihm Gegenüberstehende abbildet, so intendiert die Mimesis eines Gegebenen oder eines Vollzugs die Ganzheit eines Seins oder Geschehens.

a) Paradigma Schild des Achill: Dekor, Mimesis, Deutung
Einen dem chinesischen Weltsymbol analogen Gebrauch der Spiegelmetapher finden wir in bereits literarisch hochentwickelter Form in dem ältesten überlieferten Text der europäischen Literatur, Homers Ilias. Im 18. Gesang wird erzählt, wie Hephaistos, der hinkende Gott, Schmied, Handwerker und Künstler, einen Schild für Achilleus verfertigt. Dieser Schild ist seiner Funktion nach ein pragmatischer Gegenstand. Er wird geschmiedet für die Schlacht. Neben seine pragmatische Funktion tritt aber eine zweite, die ästhetische, und zwar in der doppelten Bedeutung von Schmücken

27 Vgl. GUNTER GEBAUER/CHRISTOPH WULF, Mimesis. Kultur – Kunst – Gesellschaft (Reinbek b. Hamburg 1992), 44.
28 HOMER, Il. 18, 478; dt.: Ilias, übers. v. T. v. Scheffer (Leipzig 1938), 447.
29 Vgl. ebd., 18, 478–483.
30 Ebd., 18, 482.
31 HEGEL, Vorlesungen über die Ästhetik (1835–1838), in: HEGEL (TWA), Bd. 15 (1970), 344.
32 HOMER, Il. 18, 604 f.; dt. 452.
33 Vgl. KLAUS HOLZKAMP, Gesellschaftlichkeit des Individuums (Köln 1974), 17 ff.
34 Vgl. THOMAS METSCHER, Herausforderung dieser Zeit (Düsseldorf 1989), 170 ff.; WOLFGANG HEISE, Die Wirklichkeit des Möglichen. Dichtung und Ästhetik in Deutschland 1750–1850 (Berlin/Weimar 1990), 7 ff.

und Spiegeln: Dekor und Mimesis. Das von Hephaistos gemachte Ding ist ein »gewaltiger« (μέγα) und »hiebfester« (στιβαρόν)²⁸ Schild, doch zugleich ist es ein mit Bildern geschmücktes, schön gestaltetes Werk.²⁹ Was in den »schönen Gebilden« (δαίδαλα)³⁰ sich zeigt, ist die in 180 Hexametern beschriebene »Totalität der Nationalanschauung«³¹. Die Bilder des Schilds entwerfen ein in sich geschlossenes, umfassendes Abbild einer Lebensganzheit. Sie reicht von der himmlischen und irdischen Natur über die materielle Arbeit (das Pflügen des Ackers, das Mähen des Saatfelds, die Lese im Weinberg) bis zum täglichen Leben der Stadt, schließt Krieg, Tod und Gewalt ebenso ein wie Feier, Festlichkeit und Tanz. Das die Sequenz abschließende Bild ist das des »göttlichen Sängers« selbst, der auf festlichem Tanzplatz, inmitten des tanzenden Volks, »laut zur Leier« sein Lied singt (μετὰ δέ σφιν ἐμέλπετο θεῖος ἀοιδὸς / φορμίζων)³². Hier wird das Abbilden der Wirklichkeit als ästhetischer Akt noch einmal reflektiert – Reflexion der Reflexion.

Homers Erzählung vom Schild des Achill bezeugt, was einer materialistischen Ästhetik als Ursprung des Kunstwerks (zumindest als einer seiner Ursprünge) gelten kann: Die dekorative Anreicherung einer Werkzeugform in Verbindung mit dem mimetischen Moment.³³ Im Schild des Achill fallen die Akte des Schmückens und des darstellenden Gestaltens zusammen. Sie werden vollzogen als Teile ein und derselben Handlung, sind Dimensionen der gleichen Vergegenständlichung. In einem Bild werden pragmatische, dekorative und mimetische Funktion zusammengefaßt.³⁴

Die Fixierung des Problems auf die Mimesis oder Imitatio einer Handlung oder eines Urbilds (Eidos, Archetyp, Simulacrum) trägt in den Widerspiegelungs- als Abbildverhältnis die Spannung einer zweigliedrigen Relation. Die Abbildseite ist durch das Subjekt, das in den Spiegel schaut und das Bild wahrnimmt, vermittelt. Die Subjektivität im Abbildungsverhältnis hat auf der Seite der Rezeption Ovid artikuliert: Der Schild des Achill stellt die Welt objektiv dar, aber subjektiv kann die Erkenntnis des Bedeuteten versagen. Beim Streit um Achills Waffen nach dessen Tod läßt Ovid den Odysseus gegen Aias sagen: »Kennt er die Bilder des Schildes doch nicht« (neque enim clipei caelamina novit)³⁵. »Fordert die Waffen zu tragen und kann ihren Sinn nicht begreifen!« (postulat, ut capiat, quae non intellegit, arma!) (13, 295; dt. 481). Ein Abbild ist nicht einfach da, es muß als solches und in seinem Sinn aufgefaßt werden.

Damit entspringt im Zentrum der Abbildbeziehung das Problem der Reflexivität und mithin das eigentliche Widerspiegelungsproblem. In der menschlichen Gattungsgeschichte läßt sich der Vorgang der Individualgeschichte, wie Lacan ihn beschrieben hat, wiederfinden. Die Erfahrung des Spiegels wird »la matrice symbolique où le je se précipite en une forme primordiale, avant qu'il ne s'objective dans la dialectique de l'identification à l'autre«³⁶. Im Mythos des Narziß stellt die antike Dichtung die Geburt des Reflexionsvorgangs dar; Ovid hat diese Deutung ausgearbeitet.

b) Paradigma Narziß: Selbstbegegnung
Oft erzählt wurde die Geschichte von dem schönen spröden Knaben Narkissos, der in einem klaren Gewässer sein Spiegelbild erblickt, sich in sich selber verliebt und vor Verzweiflung stirbt, weil er sich nicht mit sich selbst vereinigen kann, und das Bild entschwindet, sobald er ihm zu nahe kommt oder in es eintaucht.

Ovid hat der Spiegelstruktur des Narzißthemas durch Verdoppelung eine besondere Wendung gegeben: Er führte in die Fabel der Selbstliebe und des Selbsterkennens ein gegenläufiges Geschehen ein, die Verwandlung der Nymphe Echo in eine körperlose Stimme, die nur die letzten Silben der von ihr vernommenen Sätze zu wiederholen vermag. Echo wird bei Ovid zum akustischen Spiegel – zum Topos einer Spiegeltäuschung. »Nun verdoppelt Echo der Redens Ende und trägt nur die Worte zurück, die sie vorher gehört hat« (tamen haec in fine loquendi ingeminat voces auditaque verba reportat)³⁷.

Was Ovid vorführt, ist die Entstehung des semantischen Spiegel-Scheins, die Verkehrung der Wort-Bedeutung. Dieselben Wörter, von Echo verkürzt zurückgespiegelt, verweisen auf ein Entgegengesetztes. Wahrheit und Täuschung sind Momente desselben Verhältnisses und entwirren sich erst, wenn dieses als eine dialektische Reflexionsform begriffen wird.

Narziß macht seine Erfahrung des Spiegels auf einer höheren Ebene. Dasselbe teilt sich nicht

mehr in zwei Entgegengesetzte, sondern ist dasselbe als Realität und als Bild; der Schein besteht darin, das Bild für die Realität zu halten. Daß das Spiegelbild Realität vortäuscht, ist möglich, weil sein Dasein mit der Realität (zweifach des Bespiegelten und des Spiegels) notwendig simultan verknüpft ist. Die Bewegung des Bildes, wenn ich mich selbst bewege, läßt mich erkennen, daß ich verdoppelt bin als Erscheinung. Der Augenblick der Erkenntnis kommt, es ist der Augenblick der Selbsterkenntnis: »Der da bin Ich! Ich erkenne! Mein eigenes Bild ist's!« (iste ego sum: sensi, nec me mea fallit imago) (3, 463; dt. 111). Und physisch bin ich mir kein Gegenüber, meinen Körper kann ich nicht als Gegenstand erreichen: »Könnte ich scheiden doch von meinem Leibe!« (o utinam a nostro secedere corpore possem) (3, 467; dt. 111). Die Reflexion aber, das Auseinandertreten in zwei, die Entäußerung und Entzweiung muß *ausgehalten* werden. Daß ich im Anderen mich selbst erkenne und doch es als ein Anderes *an*erkenne, ist der Kern des Spiegelverhältnisses. Nur im Begriff dieser Differenz verliert der Schein seinen trügerischen Charakter und wird Erscheinung der Sache selbst. Der Spiegel enthält und zeigt das Prinzip der Erkenntnis seines Wesens; er ist Selbstverhältnis an sich und Medium des Selbstverhältnisses für uns. Narziß verfehlt, von den Sinnen betört, den Begriff und zerstört sich selbst. Es gibt keine unio mystica von Selbst und Welt, sondern nur die Dialektik des Einen und des Anderen.³⁸

3. *Spiegel und Mimesis: Die Verdoppelungsproblematik (Platon und Aristoteles)*

Die Bedeutung der Mimesis ist bereits früh von der Philosophie erkannt worden. Als erster verwendet Platon den Begriff in einem philosophischen Sinn.³⁹ Er dient ihm zur Kritik des Wahrheitsanspruchs der Dichtung. Diese gilt ihm, gleich den anderen Künsten, als Nachahmung dritten

---

35 OVID, Met. 13, 291; dt.: Metamorphosen, lat.-dt., übers. v. E. Rösch, hg. v. N. Holzberg (Zürich/Düsseldorf 1996), 481.
36 LACAN (s. Anm. 3), 94.
37 OVID, Met. 3, 368 f.; dt. 107.
38 Vgl. PLATON, Parm., 166c.
39 Vgl. KOLLER (s. Anm. 26), 1396.

Rangs der Ideen: Abbild von Abbildern. Der Künstler ist bloßer Nachbildner.[40] In seiner Diskussion der Bedeutung des Künstlers im politischen Gemeinwesen unterscheidet er zwischen drei Arten von Produzenten: dem Wesensbildner (das ist der göttliche Verfertiger von Urbildern oder Ideen, im Beispiel Platons: dem »Verfertiger des wahrhaft seienden Bettgestells« (ὄντως κλίνης ποιητής)[41], dem Werkbildner (das ist der materielle Produzent, im Beispiel der Tischler) und dem Künstler als dem bloßen Nachbildner. Dieser produziert nicht, sondern reproduziert lediglich die Produktionen anderer. So vermag er zwar alles zu kopieren, doch seine Kopien sind nur »Schattenbild« (εἴδωλον) und »Erscheinung« (φαντάσματα), »nicht Wirkliches« (οὐκ ὄντα)[42]. Kunst ist leere Imitatio und damit wesenloser Schein. Sie ist ein Spiegel, aber ein solcher, der nur verdoppelt, was empirisches Dasein hat. »Am schnellsten aber wirst du wohl, wenn du nur einen Spiegel nehmen und den überall herumtragen willst, bald die Sonne machen und was am Himmel ist, bald die Erde, bald auch dich selbst und die übrigen lebendigen Wesen und Geräte und Gewächse, und alles, wovon soeben die Rede war. – Ja scheinbar, sagte er, jedoch nicht in Wahrheit seiend.« (τάχιστα δέ που, εἰ 'θέλεις λαβὼν κάτοπτρον περιφέρειν πανταχῇ· ταχὺ μὲν ἥλιον ποιήσεις καὶ τὰ ἐν τῷ οὐρανῷ, ταχὺ δὲ γῆν, ταχὺ δὲ σαυτόν τε καὶ τἆλλα ζῷα καὶ σκεύη καὶ φυτὰ καὶ πάντα ὅσα νυνδὴ ἐλέγετο. / Ναί, ἔφη, φαινόμενα, οὐ μέντοι ὄντα γέ που τῇ ἀληθείᾳ.)[43] So begründet er auf die radikalste mögliche Weise die Theorie ihrer Unwahrheit – »Gar weit also von der Wahrheit ist die Nachbildnerei; und deshalb, wie es scheint, macht sie auch alles, weil sie von jedem nur ein

---

40 Vgl. PLATON, Rep. 10, 595a–608b.
41 Ebd., 597d; dt.: Der Staat, übers. v. F. Schleiermacher/D. Kurz, in: Platon, Werke, griech.-dt., hg. v. G. Eigler, Bd. 4 (Darmstadt 1990), 801.
42 Ebd., 599a; dt. 805.
43 Ebd., 596d-e; dt. 797.
44 Ebd., 598b; dt. 803.
45 Vgl. PLATON, Tim., 29c-d; 45b-d.
46 Vgl. PLATON, Rep. 7, 514a–517e.
47 Vgl. ebd., 500e–501c.
48 Vgl. PLATON, Tim., 52a.
49 Vgl. ebd., 50c–52d.

Weniges trifft und das im Schattenbild« (Πόρρω ἄρα που τοῦ ἀληθοῦς ἡ μιμητική ἐστιν καί, ὡς ἔοικεν, διὰ τοῦτο πάντα ἀπεργάζεται, ὅτι σμικρόν τι ἑκάστου ἐφάπτεται, καὶ τοῦτο εἴδωλον)[44] – und damit eine Tradition, die, mit wechselnden Begründungen, bis in ideologiekritische und dekonstruktivistische Theorien der Gegenwart reicht.

Platons Konzeption des Mimetischen ist jedoch keineswegs so eindeutig, wie es den Anschein hat. So wird in den Spätschriften, in denen er die Struktur der Dialektik erörtert, der Abbildhaftigkeit der Darstellung durchaus ihr Recht gelassen. Denn wie die sinnlich erfahrene Welt sich zeigt, ist sie selbst ein Abbild der im Geist des Schöpfer-Demiurgen erblickten Ordnung der Seienden, während wir, was ›durchaus annehmbar‹ ist, in bildhafter Rede ein Abbild des Abbilds geben.[45] Wahrheit im strengen Sinne kommt nur den Begriffen zu, nicht den Bildern der Gegenstände, doch gibt es Begriffsinhalte, die nicht anders als in bildhafter Rede vergegenständlicht werden können. Die mimetische Leistung der Künste bleibt gleichwohl im Vorhof der Erkenntnis, und wer ihre ›uneigentliche‹ Darstellungsweise (δόξα, doxa) als ›eigentliche‹ Wahrheit (ἀλήθεια, alētheia) nimmt, gibt sich einer Täuschung hin (wie die Vögel, die auf dem Bilde des Apelles die Körner picken wollten). Bei dieser Einschätzung der Spiegelung als Täuschung – auch wir sprechen (logisch ungenau) vom ›Vorspiegeln falscher Tatsachen‹ – bleibt Platon in seinem Erziehungsprogramm stehen und hält sich damit an das ontologische Erkenntnismodell des ›Höhlengleichnisses‹[46]. Auf der Ebene der praktischen Philosophie, der Erziehung für den besten Staat hat sein Verdikt gegen die Kunst über Jahrtausende hinweg gewirkt. Wo Platon aber ontologisch reflektiert, sucht er einen Weg, um auch die Erscheinungen als Kundgabe der Seienden fundieren zu können. Schon im Staat schildert er den Entwurf der rechten Verfassung nach dem Muster des Gemäldes, das der Maler nach einer von ihm erschauten Idee gestaltet.[47] Im Timaios bestimmt er dann den Ort, das das wahre und beständige Sein im Bilde des Werdens erscheint, und diesen Ort (χώρα[48], chora) beschreibt er mit den Strukturmerkmalen des Spiegels.[49] Kunst, die spiegelt, ist dann mehr als Nachahmung der Erscheinungswelt. Sie ist ›Heuristik‹ des normativen Gehalts, der dem Begriff der erscheinenden Seienden eigen ist. Aristoteles befreit die Mimesistheorie vom metaphysischen Ballast der Ideenlehre Platons. Mimesis ist für ihn Nachvollzug des wirklichen welthaften Seienden und seiner Verhältnisse. In Replik auf Platons Kritik arbeitet er den kulturell produktiven Charakter der Mimesis heraus und begründet den Wahrheitscharakter der Künste. Er begreift das Mimetische als Fundament der Künste und erkennt zugleich seine grundlegende Bedeutung beim Aufbau der menschlichen Kultur. So unterscheidet sich der Mensch von anderen Lebewesen dadurch, daß er im besonderen Maße zur Mimesis fähig ist. Diese Fähigkeit setzt ihn in den Stand, künstlerisch zu produzieren und künstlerisch Produziertes lustvoll wahrzunehmen.[50] Mimetisch sind alle Künste, die Kunstarten unterscheiden sich nach den Medien, den Gegenständen und den Modi der Mimesis.[51] Der Begriff der ›Mimesis der Praxis‹ bindet Drama wie Epos an gesellschaftliche Handlungen[52] und bildet bis heute die Grundlagenbestimmung des kunsttheoretischen Realismus. Dabei tritt, gegenüber den älteren Mimesisauffassungen[53], ein neues Moment hinzu. Das Drama wird an den Möglichkeitsmodus von Wirklichkeit gebunden: Es ist aufdeckende Darstellung menschlicher Möglichkeiten[54] – nicht Mimesis dessen, »was wirklich geschehen ist« (τὰ γενόμενα), sondern dessen, »was geschehen könnte« (οἷα ἂν γένοιτο)[55]. Auf diese Weise vermag das Drama, wie jede andere Kunst, »das im Dasein Bedeutsame, das ›Allgemeine‹ hervorzuheben, und ist daher ›philosophischer‹ als eine auf partikuläre Geschehnisse bezogene Geschichtsschreibung«[56]. Das meint, daß Kunst eine eigenständige Erkenntnisleistung vollzieht, daß sie fähig ist, die ›Wahrheit der Wirklichkeit‹ freizulegen.[57] Auch in der Gegenstandsbestimmung ästhetischer Mimesis gewinnt die *Poetik* eine bis dahin nicht erreichte Prägnanz. Der anthropozentrische Charakter von Kunst wird scharf akzentuiert. Gegenstand der Mimesis ist die Wirklichkeit in bezug auf den Menschen. ›Praxis‹ meint menschliche, vom Ethos bestimmte Handlung, Handlung »in der ihr eigens zukommenden Möglichkeit, gut, schlecht oder durchschnittlich zu sein«[58]. Die in der *Poetik* entfaltete Mimesistheorie

der Künste – sie soll realismustheoretisch genannt werden – wird durch den in der *Physik* angesprochenen Mimesisbegriff ontologisch untermauert. Mimesis ist hier Begriff menschlichen Herstellens (τέχνη, technē). Der Mensch vollendet Werke der Natur, die in dieser unvollendet geblieben sind (ars perfectoria), oder er schafft Neues nach Maßgabe des in der Natur wirkenden entelechischen Prinzips – in Nachahmung der internen Gesetze der Natur (ars imitatoria).[59] Alles menschliche Herstellen, das gesamte Werk der Zivilisation erfolgt demnach im Rahmen der Natur und ihrer Gesetze – ja ist ein Herausarbeiten von in der Natur angelegten Möglichkeiten. Mit den Begriffen ars perfectoria und ars imitatoria ist eine Unterscheidung getroffen, die dem für die Kunstauffassung der Neuzeit konstitutiven Prinzip der imitatio naturae zugrunde liegt. In diesem wird Kunst zugleich als ›Verbesserung‹ des Natürlichen (idealisierte Natur) und als Neuschöpfung gedacht, in Analogie zum Schöpfungsprinzip der Natur. Vorgebildet zugleich ist die für die Neuzeit gleichfalls grundlegende

---

50 Vgl. ARISTOTELES, Poet. 4, 1448b4–1449a31.
51 Vgl. ebd., 1, 1447a13–18; 3, 1448a24–25.
52 Vgl. ebd., 2, 1448a1.
53 Vgl. KOLLER (s. Anm. 26), 1397.
54 Vgl. ERNESTO GRASSI, Die Theorie des Schönen in der Antike (Köln 1962), 126 ff.; WILHELM GIRNUS, Zweitausend Jahre Verfälschung der aristotelischen ›Poetik‹ (1969), in: Girnus, Wozu Literatur? (Leipzig 1976), 184–200; FRIEDRICH TOMBERG, Mimesis der Praxis und abstrakte Kunst. Ein Versuch über die Mimesistheorie (Neuwied/Berlin 1968), 112 f.
55 ARISTOTELES, Poet. 9, 1451a36–37; dt.: Poetik, griech.-dt., übers. u. hg. v. M. Fuhrmann (Stuttgart 1982), 29.
56 MARTIN FONTIUS, Das Ende einer Denkform. Zur Ablösung des Nachahmungsprinzips im 18. Jahrhundert, in: Schlenstedt u. a. (s. Anm. 19), 207; vgl. STEPHAN KOHL, Realismus. Theorie und Geschichte (München 1977), 70; TOMBERG, ›Mimesis‹, in: SANDKÜHLER, Bd. 3 (1990), 420; ARISTOTELES, Poet. 9, 1451b4–8.
57 Vgl. JOHN D. BOYD, The Function of Mimesis and Its Decline (Cambridge, Mass. 1968), 25; KOHL (s. Anm. 56), 30 f.; JOSEPH HUBERT REINKENS, Aristoteles über Kunst, besonders über Tragödie: Exegetische und kritische Untersuchungen (Wien 1870), 15; ARISTOTELES, Poet. 9, 1451b8–12.
58 GRASSI (s. Anm. 54), 127 f.; vgl. ARISTOTELES, Poet. 2, 1448a1–1448a6.
59 Vgl. ARISTOTELES, Phys. 2, 8, 199a15–17.

Unterscheidung von Imitatio der natura naturata und Imitatio der natura naturans. In letzterem Fall fungiert das in der Natur angelegte formstiftende Prinzip selbst als normgebende Kraft für das künstlerische Schaffen. Diese Auffassung bleibt, über eine Reihe von Transformationen, bis in die Moderne hinein gültig.[60] In der aristotelischen Mimesisauffassung hat die für die Geschichte der neuzeitlichen Kunsttheorie grundlegende Unterscheidung ihre Basis, wonach mit *ontologischer* Mimesis die Mimesis der inhärenten Gesetzlichkeit des Seienden (aristotelisch gesprochen seiner formbildenden Muster oder ›entelechischen Prinzipien‹), mit *ontischer* Mimesis die Mimesis des gegebenen Seienden, der phänomenalen Welt, mit *realismustheoretischer* Mimesis die Mimesis agierender und interagierender Menschen gemeint ist.

Für Aristoteles besteht der Wahrheitsgehalt des Kunstwerks nicht in der Richtigkeit des Faktischen, sondern in der logischen Notwendigkeit oder eidetischen Normativität des Fiktiven. Damit wird die Erfindungskraft des Künstlers in die Mimesiskonzeption hineingeholt. Die Differenz zwischen nachahmendem Bewußtsein und entgegenstehender Wirklichkeit, zwischen Abbild und eigentlichem Sein wird verringert. Es bleibt aber eine Gattungsverschiedenheit zwischen Kunst und Wirklichkeit, solange das Prinzip der Mimesis, das die Entsprechung von Urbild und Abbild bestimmbar macht, nicht angegeben wird und es bei der Behauptung bleibt, das Bild sei eine Nachahmung oder Spiegelung des Gegenstandes.

Hans Heinz Holz/Thomas Metscher

4. Mittelalter: Analogia entis als Spiegelverhältnis

Diesen Schritt vollzieht die Ausarbeitung des Analogieverhältnisses im Mittelalter. Dem Bewußtsein reicht das unvermittelte Auseinander seiner selbst und der Welt nicht mehr. Dem Denkenden wird bewußt, daß das Denken die Welt reproduziert; daß es sie abbildet – sei es auch nur im Symbol, das ihm die prinzipiell seine Erfahrung übersteigenden Gegenstände aufschließt. So schildert Avicenna – in der Wiedergabe durch Ibn Tufail (12. Jh.) – den Stufenweg der Erkenntnis, die zu Gott aufsteigt – wobei in Vorwegnahme späterer Entwicklungen Gott und Welt schon weithin ineinander übergehen –, und er läßt diese Erkenntnis den Gipfel erreichen, wenn »man zu der Erkenntnis gelangt, ›wo das Geheimnis einem polierten Spiegel gleicht, der Seite der Wahrheit gegenübergestellt«[61]. Damit ist die Welt (und mit ihr Gott) in den Menschen aufgenommen, der Mensch zugleich ganz in die Welt und in Gott eingegangen. Eine ähnliche Auslegung des Erkenntnisweges, der schließlich zur Geburt Gottes in der Seele führt, finden wir bei Meister Eckhart, der die Aufnahme des Wahrnehmungsbildes in die Seele in gleicher Weise beschreibt, wie man den Spiegelungsvorgang schildern könnte, ohne daß hier explizit die Spiegelmetapher auftaucht: »in dem werke der vernunftikeit ist eine bewegunge ûzerre dinge zuo der sêle unde von der bewegunge wirt der selben dinge bild in die sêle gedrücket unde gebildet«[62].

Im mittelalterlichen Denken, sowohl dem christlichen wie dem islamischen, gehen die zwei Seiten der Spiegelmetapher, für Totalität wie für Erkenntnis zu stehen, ineinander über, sie schlagen ineinander um und verschmelzen zu einem in sich widersprüchlichen Konzept. In der doppelten Bedeutungsfunktion – der Zusammenfassung vom Vielen zur Einheit eines Ganzen einerseits und der Erkenntnis eines Gegenüberstehenden andererseits – wird der Spiegel sowohl zur Metapher der Welt als auch des Subjektseins. Beide Aspekte sind im Bildcharakter des Spiegelbildes angelegt. Im Hinblick auf das Subjekt-Objekt-Verhältnis nun erweist sich die Spiegelmetapher als ambivalent. Einmal bezeichnet sie das Eingehen der Außenwelt ins Bewußtsein, zum anderen die allseitige Reflexion

---

60 Vgl. BIRGIT RECKI, Mimesis: Nachahmung der Natur. Kleine Apologie eines mißverstandenen Leitbegriffs, in: Kunstforum international, H. 114 (1991), 116–126.
61 IBN TUFAIL, Hajj ibn Jaqzan, der Naturmensch. Ein philosophischer Robinson-Roman aus dem arabischen Mittelalter, übers. v. J. G. Eichhorn, hg. v. S. Schreiner (Leipzig/Weimar 1963), 7f.
62 MEISTER ECKHART, Predigt 67, 2, in: Meister Eckhart, Werke, hg. v. F. Pfeiffer (1857; Göttingen 1924), 214; vgl. ERNST VON BRACKEN, Meister Eckhart und Fichte (Würzburg 1943), 251 ff.

von allem in allem. So kann die Metapher für jede Art ›Geistiges‹ stehen, in dem sich die Welt ›sammelt‹, sie begriffen und abgebildet wird, mithin als Ausdruck für die Einheit des Vielen in der Erkenntnis; sie kann aber auch stehen für den universalen äußeren Zusammenhang der Welt selbst, die als materielle Einheit begriffen wird, so wie im Spiegel das Viele Eines ist – und beide Verwendungen kommen oft gleichzeitig vor und gehen ineinander über. Die doppelte Auslegbarkeit der Spiegelmetapher hat in der mittelalterlichen Philosophie und Theologie einen widersprüchlichen Befund hervorgebracht: sowohl wird Gott als ein Spiegel der Welt bezeichnet wie auch die Welt als ein Spiegel Gottes.

Bei Nikolaus von Kues gewinnt die Metapher noch gesteigerte Bedeutung. Er sagt von Gott, er sei »ein lebender Spiegel der Ewigkeit, d. h. die Gestalt der Gestalten« (quasi sis speculum aeternitatis vivum, quod est forma formarum). Und weiter: »Blickt jemand in diesen Spiegel, so sieht er seine Gestalt in der Gestalt der Gestalten, die der Spiegel ist.« (In quod speculum dum quis respicit, videt formam suam in forma formarum, quae est speculum.)[63] Damit wird Gott, so sehr er doch jenseitig als der ›verborgene Gott‹, verstanden ist, entsubstantialisiert und zu einem reinen Strukturbegriff umgedeutet. Ein Gott, der nichts anderes ist als Spiegel und Gestalt aller Gestalten und der somit sein inhaltliches Sein nur als Reflexion dessen besitzt, was ihm an Weltlichem entgegentritt, hat seine personale Divinität schon weitgehend verloren. Cusanus sieht das wohl selbst, denn er nimmt diese extreme Formulierung im Fortgang seines Gedankens wieder zurück: »Doch das Gegenteil davon ist wahr. Was er [d. h. der in den Spiegel Blickende – d. Verf.] in jenem Spiegel der Ewigkeit sieht, ist nicht Darstellung, sondern die Wahrheit, deren Darstellung er, der Sehende, selbst ist« (Licet contrarium illius sit verum, quia id, quod videt in illo aeternitatis speculo non est figura, sed veritas, cuius ipse videns est figura) (ebd.). Aber diese Antithese ist nun auch wieder nicht allein gültig; die ›eigentliche‹ Rede vom Spiegel-sein Gottes wird nicht einfach umgekehrt und zur ›uneigentlichen‹ Rede‹. Es ist nicht nur Schein, daß Gott Abbild der Welt ist. Vielmehr muß er als Spiegelbild und als Urbild zugleich verstanden werden, als die dia-

lektische Einheit jenes paradoxen Sachverhalts, daß er sein inhaltliches Sein vom weltlichen Seienden her empfängt und doch die Wahrheit und der Seinsgrund ist, in dem jene Seienden umfangen sind. »Also ist die Darstellung in Dir, mein Gott, die Wahrheit und das Urbild von allem und allem einzelnen, das ist oder sein kann« (Figura igitur in te Deus meus est veritas et exemplar omnium et singulorum, quae sunt aut esse possunt) (ebd.).

Eine dreifache Bestimmung Gottes, in sich paradox und widerspruchsvoll, wird so gegeben: Einmal ist Gott Abbild alles Weltlichen, das sich in ihm spiegelt; zum zweiten ist er die Wahrheit, das wahrhafte Sein (ontōs on), als welches der ›bloßer Akt‹ ist – der ›actus purus‹ aber wird als reine Spiegelung gedeutet, weil ihn die Wirklichkeit des Seienden nicht behaftet, die Materialität der Welt in ihm aufgehoben ist – sozusagen als Spiegel ohne Gegenstände, was aber nichts wäre; zum dritten schließlich ist Gott Urbild, d. h. ›reine Möglichkeit‹ (potentia), die der extreme Gegenpol zur Verwirklichung ist – und dies ist eben spiegelgemäß, denn der Spiegel ist reine Möglichkeit des Spiegels, wenn und solange es keine Gegenstände gäbe, die sich in ihm spiegeln würden. Eine solche Umschreibung des Göttlichen, die aus dem Denken der Mystik erwächst, muß im Felde philosophischen, rationalen Denkens über sich selbst hinaustreiben, um ihre Aporie aufzuheben. In der Auflösung der Paradoxie wird ihr Sinn verweltlicht und die Metapher terminologisch brauchbar.

5. Die Spiegelmetapher als philosophisches Weltsymbol (Leibniz)

In der Säkularisierung des mystisch-religiösen Gebrauchs der Metapher wird der Spiegel zum Strukturbild des In-seins, und dieses ist als die Seinsweise alles Weltlichen bestimmt. Damit wird die Spiegelmetapher zu einem philosophischen Weltsymbol. In dieser Bedeutung hat Leibniz die Rede vom Spiegel aufgegriffen und als erster in systematischer

---

[63] NIKOLAUS VON KUES, De visione dei/Die Gottes-Schau (1453), in: Nikolaus, Philosophisch-theologische Schriften, lat.-dt., hg. v. L. Gabriel, übers. v. D. u. W. Dupré, Bd. 3 (Wien 1967), 160/161.

Form zum Schlüssel des Seinsverständnisses im allgemeinen gemacht.[64] Die Monade ist ihm Spiegel der ganzen Welt, die Welt als ganze aber wieder nur das Inbild aller Repräsentationen in den einzelnen Monaden. Gott wird nunmehr mit der Welt gleichgesetzt, so zum Beispiel im *Discours de Métaphysique* 9: »De plus toute substance est comme un monde entier et comme un miroir de Dieu ou bien de tout l'univers, qu'elle exprime chacune à sa façon«[65].

Die Spiegelmetapher wird somit zum universalen Strukturtitel für das Universum als Gesamtheit aller weltlichen Seienden. Spiegelung von Welt in der Monade wird terminologisch als ›repraesentatio mundi‹ bezeichnet. In der Spiegelung wird das Gespiegelte als eines zusammengefaßt und das Wesentliche der Verbindung seiner Teile sichtbar (ein Aspekt, der die Metapher dann in hohem Maße auch für die Seinsweise des Kunstwerks gelten läßt). Der Spiegel wird als Sammelpunkt aller Kraftlinien verstanden, die aus der Welt auf das individuelle Seiende einströmen und es in seiner Individualität bestimmen. Da jede Monade durch ihren jeweiligen Standort bestimmt ist, gibt es nie zwei völlig gleichartige Substanzen, d. h. Spiegelbilder von der Welt, wie es ja auch nie zwei Spiegel geben kann, die – obwohl sie dasselbe spiegeln mögen – identische Spiegelbilder hervorbrächten. In der Perspektivität der Spiegelung wird bei Leibniz die Einzigartigkeit der Individuen begründet. Da nun jede Monade völlig bestimmt ist durch die sich in ihr vollziehende Spiegelung von Welt, ist jede Substanz als Ergebnis des Weltganzen anzusehen. Jedes Individuum bezieht seinen Seinsgehalt und Seinssinn aus der Totalität der wirklichen diesseitigen Welt, die in ihm zur Darstellung kommt. Der universale Zusammenhang der Repräsentationen, d. h. die Struktur der Welt als ganzer, wird schließlich als ›monas monadum‹, als Spiegel aller Spiegel mit dem Begriff Gottes gleichgesetzt. Damit ist Gott in seinem durch die Spiegelmetapher ausgedrückten Sein als Struktur- und Ganzheitsbegriff völlig ins Weltliche hineingezogen.

Die Universalität und Ambiguität in der Verwendung der Spiegelmetapher – ihre ›Lesbarkeit‹ in zwei Richtungen: die Welt als Spiegel Gottes, Gott als Spiegel der Welt – hat ihren systematischen Grund in der metaphysischen Denkfigur der ›analogia entis‹. Wenn das Absolute, Gott, nur gedacht werden kann in Analogie zur Welt, deren Attribute er gesamthaft in eminenter Weise als »aliquid quo nihil maius cogitari potest« (etwas […], über dem nichts Größeres gedacht werden kann)[66] in sich vereinigt – und wenn die Welt umgekehrt nur zu begreifen ist in Entsprechung zur Einheit und Ganzheit von allem in Gott, als ›Gedanke Gottes‹, so ist in der Symmetrie der Glieder des Analogieverhältnisses die Struktur des Spiegels angelegt; und wie Gott nur analog der von Menschen erfahrenen Seinswirklichkeit zu denken ist, so ist die transempirische Ganzheit von Welt nur in der Form einer absoluten Idee zu denken, deren Momente in der empirischen Wirklichkeit erfaßt werden. Bei welchem der beiden Glieder der Analogie man einsetzt, das andere Glied erweist sich jeweils als Spiegelbild des ersten.

Die Spiegelmetapher arbeitet mit einem Analogieverhältnis, dessen Glieder symmetrisch zueinander stehen. Im gesamten vormodernen Denken – bis in die Renaissance – wird die Analogie als eine Denkfigur gebraucht, die semantische Genauigkeit des Vergleichs erstrebt, um eine exakte Aussage über den Sinn von Sachverhalten zu ermöglichen. Platon hat das im *Philebos* an der Explikation des ontologischen Sinns der Kategorie des Guten vorgeführt.[67] Unter dem Einfluß des seit der mittelalterlichen Rezeption kanonischen Vorbilds antiken Analogiedenkens vollzieht sich auch noch in der frühen Neuzeit der Umgang mit der Spiegelmetapher – wie andererseits die spätere Kritik an der Metapher am wissenschaftstheoretischen Postulat der Meßgenauigkeit orientiert ist und die Entsprechung von Sache und Spiegelbild als Abbildungs-

---

64 Vgl. HOLZ, Das Widerspiegelungstheorem, in: Jeroen Bartels u. a., Dialektik als offenes System (Köln 1986), 73 ff.
65 LEIBNIZ, Discours de Métaphysique (1686), in: Leibniz, Philosophische Schriften, lat./frz.-dt., hg. u. übers. v. H. H. Holz u. a., Bd. 1 (Frankfurt a. M. 1986), 76–78.
66 ANSELM VON CANTERBURY, Proslogion 2; dt.: Proslogion, lat.-dt., hg. u. übers. v. F. S. Schmitt (Stuttgart-Bad Cannstatt 1962), 85.
67 Vgl. HOLZ, Genauigkeit – was ist das?, in: Berichte zur Wissenschaftsgeschichte 25 (2002), H. 2, 81–92.

treue versteht. Damit verschiebt sich die Funktion der Metapher, die nun nicht mehr als ein exakter Terminus gilt, sondern als eine poetische Versinnlichung, die einen weiten Beliebigkeitsspielraum zuläßt. In dieser aufgelockerten Form wird der Widerspiegelungsbegriff in der neuzeitlichen Kunsttheorie zu einem Moment des weiter zu fassenden Konzepts der Mimesis. Vermittelt durch den scholastischen Gebrauch der Analogie, zu deren theoretischem Aspekt die Imitatio Christi die ethische Parallele bildet, gehen die Bedeutungsfelder von Widerspiegelung, Mimesis und Imitatio eine Symbiose ein.

Hans Heinz Holz

III. Spiegel und Imitatio in der Neuzeit: Antikes Erbe und neuzeitliche Kunsttheorie

Die neuzeitliche Begriffsgeschichte von Widerspiegelung und Spiegel kann ohne Berücksichtigung des ästhetiktheoretischen Denkens der Antike, insbesondere des platonisch-aristotelischen Erbes nicht geschrieben werden. Seitdem auch die *Poetik* des Aristoteles in der Renaissance wieder bekannt wurde[68], kommt dabei dem Mimesisbegriff eine Schlüsselrolle zu.[69] Trotz seines terminologisch relativ seltenen Vorkommens (wortgeschichtlich dominieren Spiegel, lat. imitatio und angeschlossene Termini; bereits im klassischen Latein wird das Mimesiskonzept der *Poetik* mit ›imitatio naturae‹ und ›imitatio vitae‹ wiedergegeben[70]) spielt er in die Ausformungen der Spiegelmetapher wie in die Bedeutungsschichten des Imitatiobegriffs in einem solch starken Maß hinein, daß ohne Bezug auf ihn beide in ihren vielschichtigen semantischen Ausprägungen nicht verstanden werden können. In diesem Zusammenhang erhält die Differenz zwischen Wort- und Begriffsgeschichte eine besondere Bedeutung. Terminologisch steht im neuzeitlichen Denken bis zum Ende des 18. Jh. das Wortfeld Spiegel/Imitatio/Nachahmung (und seine nationalsprachlichen Entsprechungen) im Vordergrund. In diesem Wortfeld werden die verschiedenen Bedeutungen des Mimesisbegriffs tradiert, oft in assoziativer oder impliziter Zuordnung und mit fluktuierender Semantik, deren Kern interpretatorisch erschlossen werden muß. Folgende Gesichtspunkte seien dazu notiert:

– Der *phänomenal-ontische* Mimesisbegriff (Kunst als ›ars imitatoria‹ der ›natura naturata‹) begründet als kritischer Begriff den Topos der Dichtung als Lüge und wesenloser Schein (Platon), der bis in die radikal ideologiekritischen und dekonstruktivistischen Kunstauffassungen der Gegenwart hinein seine eigene unabgeschlossene Traditionslinie hat. Als positiver Begriff (aristotelischer Provenienz) begründet er ontisch-realistische und naturalistische Kunstauffassungen, die, insbesondere im Bereich von bildender Kunst und Literatur, über verschiedene Transformationen hinweg zu den Hauptlinien neuzeitlicher Kunsttheorie, wie der Geschichte der Künste selbst, zu rechnen sind.

– Der *realismus-* oder *handlungstheoretische* Mimesisbegriff aristotelischer Herkunft (Kunst als Mimesis der Praxis) bindet Kunst an die Möglichkeitskategorie gesellschaftlicher Handlung: Kunst legt, in dargestellten Handlungen und über interagierende Individuen, Wirklichkeit im Spielraum ihrer Möglichkeiten frei. Ontologisch und erkenntnistheoretisch wird Kunst damit auf die Dialektik von Wesen und Erscheinung bezogen: Die mimetischen Handlungen zeigen, was in der Welt der Erscheinungen wesentlich ist. Eine solche Auffassung bildet die Grundlage der großen europäischen Literatur (heute: der Weltliteratur) bis in unsere Tage; sie spielt formativ in die anderen Künste hinein. Ihre klassischen Paradigmen sind Drama und Roman.

– Der *ontologische* Mimesisbegriff begreift Kunst (in der Unterscheidung von ›ars imitatoria‹ und ›ars perfectoria‹) als nachahmende Gestaltung der strukturellen (inneren) Verfassung der physis (des Kosmos) bzw. als Herstellen von Neuem nach Maßgabe der in der physis wirkenden Kräfte (natura naturans) oder des der Natur inhärenten Ma-

---

68 Vgl. FONTIUS (s. Anm. 56), 198f.; ERNST ROBERT CURTIUS, Europäische Literatur und lateinisches Mittelalter (1948; Bern ³1961), 542.
69 Vgl. HANS-JOACHIM LOTZ, Die Genese des Realismus in der französischen Literarästhetik (Heidelberg 1984), 183 ff.
70 Vgl. ebd., 198.

ßes. Neben der realistischen (aristotelischen) steht die idealistische (pythagoreisch-platonisch-neuplatonische) Variante, die Kunst und Schönheit als Abbildung (bzw. symbolischen Schein) der ewigen Schönheit der Ideen, auch Ausdruck kosmischer Harmonien versteht. Varianten ontologischer Mimesis sind in der neuzeitlichen Geschichte der Künste und Kunsttheorie bis in die Moderne nachweisbar. Die Vorstellung der ars perfectoria als ›gesteigerter Natur‹ liegt dem klassischen Begriff der ›belle nature‹ zugrunde: ›Imitatio naturae‹ bedeutet hier Herausarbeiten idealtypischer Muster in der natürlich-gesellschaftlichen Welt.

In den Zusammenhang des Denkmusters ontologischer Mimesis gehört die Vorstellung des Künstlers als ›alter deus‹. Sie ist Grundlage des neuzeitlichen Begriffs des Genies. Kunst wird hier gedacht als Schöpfung nicht *nach* der Natur, sondern *wie* die Natur: in Analogie zu ihrem Produktionsverfahren. Dieser Vorstellungskomplex hat zweifache Wurzeln: im Begriff der ars imitatoria als Nachahmung der natura naturans, aber auch in der auf Platon zurückgehenden Figur des inspirierten Künstlers mit den zugeordneten Begriffen des Enthusiasmus und des Erhabenen (der enthusiastisch ergriffene Künstler bringt kein Chaos, sondern ›Göttliches‹, also Kosmisch-Gesetzliches zum Ausdruck).

Festzuhalten als Erbe des antiken Mimesisbegriffs ist die Unterscheidung von Nachahmung, Darstellung und Ausdruck im Mimesisbegriff selbst[71], wobei sich Nachahmung (Imitatio) auf ontische wie ontologische Mimesis (in der Vielzahl ihrer Varianten) beziehen kann, Darstellung vorrangig den realismus-(handlungs)theoretischen Mimesisbegriff meint, Ausdruck die Gestaltung psychischer Prozesse. Nur in der Triade Nachahmung/Darstellung/Ausdruck ist der Begriff der Mimesis wirkungsgeschichtlich im vollen Umfang rekonstruierbar.

Zum antiken Erbe gehört weiter die für den neuzeitlichen Humanismus charakteristische Vorstellung von Mimesis/Imitatio als Relation zwischen Texten: die Nachahmung von (literarischen, künstlerischen) Vorbildern als Bedingung des Schaffens von Neuem, so vor allem im Verhältnis der lateinischen zur griechischen Kultur, in der frühen Neuzeit im Verhältnis zu antiken Texten und Werken.

In der erläuterten Komplexität bildet das mimesistheoretische Substrat die Grundlage des neuzeitlichen kunsttheoretischen Denkens. Die Transformationen, die dieses Substrat bis in die Moderne hinein erfährt, sind oft von solcher Qualität und Schärfe, daß der Anschein eines radikal Neuen entstehen kann (so bei der scheinbaren Substitution des Imitatioprinzips durch den Geniebegriff zum Ende des 18. Jh.); erst dem Röntgenblick des begriffsgeschichtlichen Archäologen erschließt sich die Verbindung mit dem Überlieferten. Erschwerend wirkt sich aus, daß der *mimesistheoretische Komplex* wortgeschichtlich, wie oben angezeigt, in wechselnden Termini tradiert wird. Dominant sind zwei Grundkategorien: Spiegel (als Metapher) und Imitatio (als Begriff), meist in der Fassung von ›imitatio naturae‹ (bzw. den nationalsprachlichen Äquivalenten). ›Imitatio‹ ist Grundprinzip kunsttheoretischen Denkens bis weit ins 18. Jh. hinein und steht auf weite Strecken für das griechische Mimesis (als dessen Übersetzung), für das aber gleichfalls die Metapher des Spiegels eintreten kann. Die Termini fluktuieren, decken dabei zugleich eine enorme Vielschichtigkeit von Bedeutungen ab. Diese bezieht sich nicht allein auf die Termini Spiegel und Imitatio selbst, sondern, in der Grundformel ›imitatio naturae‹, auch auf den Naturbegriff, der physis, ideale Natur, aber auch menschliche Natur und Wirklichkeit bedeuten kann.

Zu sprechen ist von einem auf das antike mimesistheoretische Substrat zurückgehenden begriffsgeschichtlichen Reservoir. Die semantischen Transformationen, die es in der Geschichte neuzeitlichen Denkens durchläuft, haben als Hauptstufen die frühe Neuzeit, insbesondere die Renaissance; dann das ausgehende 18. und das 19. Jh. (Klassik, Romantik, Realismus) und schließlich die Moderne (ausgehendes 19. und 20. Jh.). Diese Stufen markieren Umschichtungen, Weiterentwicklungen, qualitative Veränderungen des Reservoirs mimesistheoretischen Denkens.

---

71 Vgl. KOLLER, Die Mimesis in der Antike. Nachahmung, Darstellung, Ausdruck (Bern 1954).

1. Das Prinzip der Imitatio: Ontische und ontologische Mimesis

Für die Kunstauffassung der Renaissance sind zwei sich ergänzende Gesichtspunkte wesentlich: die enge Verbindung zwischen Kunst und humanistischer Gelehrsamkeit auf der einen Seite und zwischen Kunst und Naturwissenschaft auf der anderen. Dies tritt am deutlichsten in Person und Werk Leon Battista Albertis hervor. Seine Schriften über die Grundlagen der drei visuellen Künste weiten die Betrachtung von Malerei, Bilderhauerkunst und Architektur zu einer allgemeinen Theorie der Natur aus, »which grounds and supports the mathematical investigation of empirical reality«[72]. Albertis Theorie der bildnerischen Darstellung beruht auf dem Prinzip der Imitatio. »Per questo sempre ciò che vorremo dipignere piglieremo dalla natura, e sempre torremo le cose più belle.« (Darum werden wir immer alles, was wir malen wollen, der Natur entnehmen, und stets werden wir die schönsten Dinge auswählen.)[73] Imitatio ist hier zu verstehen als ontische Mimesis: Als »Nachahmung natürlicher Dinge und Dingverhältnisse«[74] faßt Leonardo dieses Prinzip in der Metapher des Spiegels. Während die Malerei »die rechte Nachahmerin der natürlichen Figuren aller Dinge« (uera imitatrice delle naturali figure di tutte le cose)[75] ist, hat der Geist des Malers »dem Spiegel zu gleichen, der sich stets in die Farbe des Gegenstandes wandelt, den er zum Gegenüber hat, und sich mit soviel Abbildern erfüllt, als der ihm entgegen stehenden Dinge sind.« (L'ingegno del pittore uol esser' a similitudine dello specchio, il quale sempre si trasmuta nel colore di quella cosa, ch'egli ha per obbietto, e di tante similitudini s'empie, quante sono le cose, che li sono contraposte.)[76] Diese Auffassung stellt die Künste an die Seite der empirischen Wissenschaft: Kunst wie Wissenschaft sind Abbildungen der natura naturata, der Welt in der Vielfalt ihrer Erscheinungen. Der Künstler, der die Erscheinungen nachahmt, schafft nach dem inneren Maß der Dinge, bildet ihre entelechischen Formprinzipien nach; schafft wie die Natur, in Analogie zu den in ihr wirkenden Gesetzen. Deshalb kann Leonardo die Natur als ›Lehrmeisterin‹ der Maler (maestra de' pittori)[77] bezeichnen und Dürer sagen: »Dan warhaftig steckt dy kunst jn der natur.

Wer sÿ raws kann reissen, der hat sÿ.«[78] Die Verbindung von ontischer und ontologischer Mimesis in der klassischen Renaissancetheorie kommt in Albertis *Della pittura* (entst. 1435/1436) sehr klar zum Ausdruck. In seiner Auffassung ist das perspektivische Bild »a proportional or geometric picture of nature, representing not so much the sensory ›stuff‹ of visual experience as the proportional structure of what is viewed«[79]. Die Nachahmung erfolgt mit Hilfe der geometrischen Analogie.

Das gleiche Prinzip der proportionalen Nachahmung wandte Alberti auch auf Skulptur und Architektur an, wobei die Statue auf den organischen Körper, die Architektur aber auf die Natur als Ganzes bezogen wird. Der proportionale Plan des Gebäudes stellt den Plan des Kosmos dar. Er ahmt den Aufbau des Hauses der Welt, des Universums, nach. Die Architektur ist so ontologische Mimesis in reinster Gestalt. Schönheit, als universales Gesetz, leitet die Natur bei der Erschaffung ihrer Formen ebenso wie den Künstler bei der Komposition der seinen. Aus diesem Grund muß der Künstler in der Nachahmung der Natur die gleichen Mittel wie die Natur selbst gebrauchen, ja er muß gleichen Regeln (Gesetzen) folgen, denen auch die Natur unterliegt. Ontische und ontologische Mi-

---

72 JOAN GADOL, The Unity of the Renaissance: Humanism, Natural Science and Art, in: C. H. Carter (Hg.), From the Renaissance to the Counter-Reformation (New York 1965), 36.
73 LEON BATTISTA ALBERTI, Della pittura/Über die Malerei (entst. 1435/1436), ital.-dt., hg. u. übers. v. O. Bätschmann/S. Gianfreda (Darmstadt 2002), 158/159.
74 HOLZ, Philosophische Theorie der bildenden Künste, Bd. 1 (Bielefeld 1996), 143; vgl. FONTIUS (s. Anm. 56), 200f.
75 LEONARDO DA VINCI, Libro di pittura/Das Buch von der Malerei (entst. ca. 1490–1498; ersch. 1651), ital.-dt., hg. u. übers. v. H. Ludwig, Bd. 1 (Wien 1882), 44/45.
76 Ebd., 110; dt. 111; vgl. HOLZ (s. Anm. 74), 143.
77 Vgl. LEONARDO (s. Anm. 75), 522.
78 ALBRECHT DÜRER, Die Lehre von menschlicher Proportion (1528), in: Dürer, Schriftlicher Nachlaß, hg. v. H. Rupprich, Bd. 3 (Berlin 1969), 286f.; vgl. ERWIN PANOFSKY, The Life and Art of Albrecht Dürer (Princeton 1971), 279.
79 GADOL (s. Anm. 72), 37.

mesis – Imitatio der natura naturata und der natura naturans – sind hier zur Deckung gebracht.

Im Begriff der natura naturans als schöpferischer Urkraft ist ein Prinzip angesprochen, das, in subjektivistischer Wende, in Spätaufklärung und Romantik dominant wird: die Idee des Künstlers als Schöpfers (homo creator). Ihr liegt eine Analogiebildung zugrunde: Der Gedanke der schöpferischen Natur wird auf den Künstler selbst übertragen. Dieser kann dann als ›zweiter Schöpfer‹ (alter deus) erscheinen. Kunst ist Heterokosmos, eine ›zweite Natur‹, geschaffen in einem der Erschaffung der Welt durch Gott analogen Akt.[80] So vergleicht bereits Julius Caesar Scaliger, der angesehenste Dichtungstheoretiker der Renaissance, die Leistung des Dichters mit der göttlichen Schöpfung. Der Dichter schafft »nicht nur eine zweite Natur, sondern auch noch mehr Lebensschicksale« und macht sich dadurch »gewissermaßen zu einem zweiten Gott« (et naturam alteram et fortunas plures etiam ac demum sese istoc ipso perinde ac deum alterum efficit). Die Dichtkunst »scheint [...] die Dinge [...] wie ein zweiter Gott zu erschaffen« (poetica [...] videtur sane res ipsas [...] velut alter deus condere)[81]. In An Apology for Poetry (1595) stellt Philip Sidney die Hervorbringungen der Dichtung noch über die der Natur.[82] Im Gegenzug dazu vertritt Thomas Hobbes die Auffassung: »Beyond the actuall workes of nature a Poet may now go; but beyond the conceaved possibility of nature never.«[83]

Die humanistische Lehre der Nachahmung antiker Werke findet in der Renaissance im Zusammenhang mit dem Imitatio-naturae-Prinzip ihre Begründung: In den antiken Vorbildern habe die Naturnachahmung bereits eine so ideale Form erreicht, daß es nicht mehr nötig sei, die Natur selbst nachzuahmen; vielmehr genüge es, dies mit Blick auf ihre idealtypischen Abbilder zu tun. So empfiehlt etwa Scaliger den Epikern, statt auf die Natur selbst auf deren vollkommenes Bild in Vergils Aeneis zurückzugreifen.[84] Ähnlich argumentiert Giulio Camillo Delminio (Della imitazione, um 1530), wenn er sagt, daß »in der antiken Figur bereits alle schönen Dinge vereint« seien (nella figura antica [...] si veggon già tutte le belle cose unite[85]), der spätere Künstler also nicht mehr die verschiedenen von der Natur hervorgebrachten Individuen nachzuahmen brauche, sondern allein ihre ideale Gestalt.

Auf den Vorstellungsbereich von Mimesis als ars perfectoria gehen alle Auffassungen zurück, die das Prinzip der Imitatio naturae in der Weise auslegen, daß Kunst die Natur so darstelle, wie sie sein soll, d. h. wie sie idealiter ist. Dies gilt insbesondere für die klassizistische Doktrin der ›belle nature‹. Der europäische Klassizismus verstand die Natur, die im Kunstwerk zu erscheinen habe, als ›allgemeine Natur‹, d. h. konzentriert auf ihre Konstanten und Gesetzmäßigkeiten und abstrahiert von jeder historischen, geographischen und personalen Individualität. So schreibt Samuel Johnson: »Nothing can please many, and please long, but just representations of general nature.« Shakespeare sei deshalb, »above all writers, at least above all modern writers, the poet of nature; the poet that holds up to his readers a faithful mirrour of manners and of life. [...] In the writings of other poets a character is too often an individual; in those of Shakespeare it is commonly a species.«[86] Die präzise Wiedergabe empirischer Welt verbot sich in Hinblick auf das Programm der Idealisierung dargestellter Natur, wie es in klassischer Form von Batteux vertreten wurde. In ihm werden ›Natur‹ und ›Vernunft‹ zu sich annähernden Begriffen. Kunst stellt Wahrheit dar durch Annäherung an die ›belle nature‹. Deren

---

80 Vgl. MEYER H. ABRAMS, The Mirror and the Lamp: Romantic Theory and the Critical Tradition (New York 1953), 272 ff.
81 JULIUS CAESAR SCALIGER, Poetices libri septem/Sieben Bücher über die Dichtkunst (1561), lat.-dt., hg. u. übers. v. L. Deitz, Bd. 1 (Stuttgart-Bad Cannstatt 1994), 70–72/71–73; vgl. BUCK, Humanismus. Seine europäische Entwicklung in Dokumenta und Darstellungen (Freiburg 1989), 208.
82 Vgl. PHILIP SIDNEY, An Apology for Poetry (1595), hg. v. G. Shepherd (New York ²1973), 100 f.; BUCK (s. Anm. 81), 208 f.
83 THOMAS HOBBES, Answer to Davenant's Preface to ›Gondibert‹ (1650), in: William Davenant, Gondibert, hg. v. D. F. Gladish (London 1971), 51.
84 Vgl. BUCK (s. Anm. 81), 209.
85 GIULIO CAMILLO DELMINIO, Della imitazione (um 1530), in: B. Weinberg (Hg.), Trattati di Poetica e Retorica del Cinquecento, Bd. 1 (Bari 1970), 177.
86 SAMUEL JOHNSON, Preface to Shakespeare (1765), in: Johnson, Prose & Poetry (Oxford 1922), 121.

III. Spiegel und Imitatio in der Neuzeit: Antikes Erbe und neuzeitliche Kunsttheorie 635

Definition lautet bei Batteux: »Ce n'est pas le vrai qui est; mais le vrai qui peut être, le beau vrai, qui est représenté comme s'il existoit réellement, & avec toutes les perfections qu'il peut recevoir.«[87] ›La belle nature‹ ist also »nature improved‹, or ›heightened‹, or ›refined«‹ »in opposition to ›real nature«‹[88], oder, mit den Worten David Humes, »nature drawn with all her graces and ornaments«[89]. »Poetry«, so James Beattie, »must be, not according to real nature, but according to nature improved to that degree, which is consistent with probability, and suitable to the poet's purpose. And hence it is that we call Poetry, *an imitation of nature.*«[90]

Glaubwürdigkeit und Wahrscheinlichkeit (vraisemblance) setzen, als Kriterien des klassizistischen Ideals, der Idealisierung die Grenze, weitere Grenzziehungen bilden ›decorum‹ und guter Geschmack. Stilistische Grundorientierung ist die enge Anlehnung an antike Vorbilder. Seinen entschiedensten Vertretern – von Thomas Rymer (der für die Verwendung des Chors in der englischen Tragödie plädiert[91]) bis Voltaire und Friedrich dem Großen – galt, anders als Dr. Johnson, schon Shakespeare als Barbar. Der Naturbegriff des Klassizismus meint eine ›zeitlose‹, weil immer gleiche, idealtypisch-anthropomorph aufgefaßte Natur. Begriffsgeschichtlich formuliert er ein essentialistisches Extrem. Die Konkreta der Welt sind ihm fremd. Das menschliche Wesen ist ihm ein dem Menschen innewohnendes Abstraktum. Damit aber wird deutlich, daß die klassizistische Doktrin der Naturnachahmung nur eine (im Gehalt reduzierte) Variante des neuzeitlichen Imitatio-naturae-Prinzips darstellt.

2. Die Metapher des Spiegels

Die neuzeitliche Spiegelmetapher hat, neben der antiken, eine christliche Wurzel, an deren Ursprung das Wort des Apostel Paulus steht: »Wir sehen jetzt mittels eines Spiegels, undeutlich, dann aber von Angesicht zu Angesicht« (βλέπομεν γὰρ ἄρτι δι' ἐσόπτρου ἐν αἰνίγματι, τότε δὲ πρόσωπον πρὸς πρόσωπον)[92]. Hier liegt der Gedanke zugrunde, daß Gott dem Menschen nur mittelbar, im Spiegel seiner Schöpfung erscheint.[93] Im Verlauf der Überlieferung wird diese Auffassung mit dem neuplatonischen Gedanken des Weltspiegels vermittelt. So ist für Plotin die Materie der Spiegel, der das Licht (d. h. den Logos) reflektiert.[94] Der biblisch-neuplatonische Gebrauch der Metapher fließt in mystisches Denken ein. Die Geschöpfe, sagt Heinrich Seuse mit Paulus, »sind als ein spiegel, in dem got widerluhtet.‹ Und dis bekennen heisset ein speculieren.«[95] »Die Seele als ›stiller‹ und ungetrübter Spiegel der [...] das Bild Gottes in der unio mystica in sich aufnimmt und zurückstrahlt – das ist die in orientalischer und spätantiker Mystik vorgeformte, im Grundsätzlichen fast überall gleiche Symbolsetzung.« Dabei ist die Seele mehr als das bloß passive Abbild eines Urbildes, zwischen Abbild und Urbild kann sich ein Verhältnis aktiver Kommunikation konstituieren. »Gott und Menschenseele, Schöpfer und Geschöpf stehen wie zwei aufgestellte Spiegel einander gegenüber, deren Kraftströme hin und wieder fließen.«[96] Diese dialektische Deutung der mystischen Spiegelmetapher erbt sich vom späten Mittelalter bis zu den mystischen Strömungen des Barock und 18. Jh. fort. Eine Schlüsselrolle spielt hier Jakob Böhme, der das Sinnbild sprachkräftig in immer neuen Wendungen variiert. Für die Dichtung des Angelus Silesius ist das mystisch-dialektische Spiegelsymbol, auch in der Übertragung ins Aku-

---

[87] BATTEUX (1746), 27.
[88] ABRAMS (s. Anm. 80), 35.
[89] DAVID HUME, Of Simplicity and Refinement in Writing (1742), in: HUME, Bd. 3 (1875), 240.
[90] JAMES BEATTIE, An Essay on Poetry and Music, as They Affect the Mind (1762), in: Beattie, Essays (Edinburgh/London 1778), 93 f.
[91] Vgl. THOMAS RYMER, A Short View of Tragedy: Its Original, Excellency and Corruption: With some Reflections on Shakespear, and other Practitioners for the Stage (London 1693), 1 f.
[92] 1. Kor. 13, 12.
[93] Vgl. KONERSMANN, Spiegel und Bild. Zur Metaphorik neuzeitlicher Subjektivität (Würzburg 1988), 76 f.
[94] Vgl. ebd., 82.
[95] HEINRICH SEUSE, Vita (entst. um 1362/1363; ersch. 1482), in: Seuse, Deutsche Schriften, hg. v. K. Bihlmeyer (Stuttgart 1907), 172 [Kap. 50].
[96] AUGUST LANGEN, Zur Geschichte des Spiegelsymbols in der deutschen Dichtung, in: Germanisch-Romanische Monatsschrift 28 (1940), 270.

stische – als Echospiel –, gleichermaßen zentral. Das Echospiel findet sich in der mystischen wie in der weltlichen Dichtung und wird von der deutschen Romantik aufgenommen. Kristallisationspunkt der verschiedenen geistigen Strömungen, die in der Spiegelmetapher sich treffen, ist die Idee des »lebendigen Spiegels«[97] – Leibniz' »mirroir vivant«[98]. Über das 18. Jh. fließt seine mystische Variante in zunehmend säkularisierter, schließlich psychologisierter Form in das ästhetische Denken des Sturm und Drang, insbesondere die Ausformung des Geniebegriffs ein: als Bild für Empfängnis und Werden des Kunstwerks in der Seele des Dichters.[99] Von dort gelangt es zu Friedrich Leopold Stolberg, Winckelmann, Jean Paul und in die deutsche Romantik. Stolberg spricht von der »stillen, freudespiegelnden Seele« des Dichters und vergleicht diese einem Meer, »wo Ideen und Empfindungen bald hin und her wogen, bald in spiegelnder Fläche ruhen«[100]. Bei Jean Paul wird der Spiegel zum Symbol der Liebenden (»Ihre Herzen standen wie offne Spiegel gegeneinander«[101]) wie auch der Künstlerseele. Die ästhetiktheoretisch gewendete mystische Spiegelmetapher findet sich noch bei Adalbert Stifter, wenn dieser schreibt: »Der wahre Künstler bringt ohne Wissen das Göttliche, wie es sich in seiner Seele spiegelt, in sein Werk«[102] – eine Formel, die sich deutlich als Scharnier von traditionell mystischer und modern psychologischer Auffassung zu erkennen gibt. Endgültig betreten ist der Boden einer psychologisch-realistischen, an materialistische Positionen anschließenden Auffassung von Kunst, Mensch und Welt, wenn Gottfried Keller im *Grünen Heinrich* (1854/1855) die Metapher des Spiegels durch den Begriff des Widerspiegelns ersetzt: »die Welt ist innerlich ruhig und still, und so muß es auch der Mann sein, der sie verstehen und als ein wirkender Teil von ihr sie widerspiegeln will«[103].

Für die frühe Neuzeit läßt sich eine weite Verbreitung der Spiegelmetapher in einer überaus großen Zahl von Bedeutungsvarianten behaupten. So hatte der Spiegel – Leonardo nennt ihn den »maestro de' pittori« (Lehrer der Maler)[104] – Leitbildfunktion in den Künstlerästhetiken der Renaissancemalerei, erfreute sich aber auch in den Poetiken besonderer Beliebtheit.[105] Ulrich Suerbaum konstatiert für das elisabethanische England den Spiegel – »die beliebteste und markanteste Metapher der elisabethanischen Zeit« – als besonderes Bild für die Korrespondenzen im metaphysischen Aufbau der Welt. »In zahllosen Kontexten [...] kommen die Begriffe *mirror* und *glass* vor. Die Welt besteht aus Spiegeln. Benachbarte Kreaturen spiegeln einander. Jedes Wesen spiegelt in erhöhter, reinerer Form die Eigenarten der rangniederen Wesen, in verblaßter, schwächerer Form die Eigenschaften höherer Wesen. Korrespondenzen können auch Teile der Schöpfung miteinander verbinden, die ihrem *degree* nach weit auseinanderliegen.«[106] Detailreich hat Herbert Grabes den Nachweis geführt, daß der Spiegel in England bis ins 17. Jh. die zentrale Metapher der Weltauslegung war, »das zentrale Modell für das Weltverständnis jener Zeit«. Die Spiegelmetapher war so verbreitet, »daß man sie mit Recht als ›Modemetapher‹ ansprechen kann«[107]. Grabes weist eine große Vielfalt im Gebrauch der Metapher nach, wobei er Abweichungen zwischen England

---

97 KONERSMANN, ›Spiegel‹, in: RITTER, Bd. 9 (1995), 1380.
98 LEIBNIZ, Les principes de la philosophie ou la Monadologie (1714), in: Leibniz (s. Anm. 65), 464.
99 Vgl. LANGEN (s. Anm. 96), 271.
100 FRIEDRICH LEOPOLD STOLBERG, Ueber die Ruhe nach dem Genuß und ueber den Zustand des Dichters in dieser Ruhe (1780), in: Stolberg, Gesammelte Werke, Bd. 10 (Hamburg 1827), 386, 389.
101 JEAN PAUL, Titan (1800), in: JEAN PAUL (MILLER), Abt. 1, Bd. 3 (1961), 515.
102 ADALBERT STIFTER, Schriften über Literatur, Politik und Kunst. Aus den Besprechungen der Ausstellungen des oberösterreichischen Kunstvereins (1853), in: Stifter, Werke, hg. v. G. Wilhelm, Bd. 6 (Berlin/Leipzig 1926), 186.
103 GOTTFRIED KELLER, Der grüne Heinrich (1854/1855), in: Keller, Gesammelte Werke, Bd. 3 (Stuttgart/Berlin 1917), 13.
104 LEONARDO (s. Anm. 75), 398; dt. 399; vgl. SCHÖNING (s. Anm. 8), 16.
105 Vgl. SCHÖNING (s. Anm. 8), 10.
106 ULRICH SUERBAUM, Das elisabethanische Zeitalter (Stuttgart 1989), 486.
107 HERBERT GRABES, Speculum, Mirror und Looking-Glass. Kontinuität und Originalität der Spiegelmetapher in den Buchtiteln des Mittelalters und der englischen Literatur des 13.–17. Jahrhunderts (Tübingen 1973), 10, 9.

und den anderen europäischen Kernländern konstatiert.[108] Dabei unterscheidet er vier Grundtypen: 1. Als *faktischer Spiegel* bildet dieser ab, was ist (auch bezogen auf Kompendien und Enzyklopädien). 2. Als *exemplarischer Spiegel* zeigt er etwas, was sein soll bzw. nicht sein soll (Warnbilder und Vorbilder im Sinn von ›Vices and Virtues‹; hat als Sünden-, Narren- und Vanitasspiegel entlarvende Funktion). 3. Als *prognostischer Spiegel* zeigt er, was erst sein wird. 4. Als *phantastischer Spiegel* zeigt er, was nur im Spiegel selbst oder in der Phantasie des Dichters existiert. Dabei bietet der Typus des exemplarischen Spiegels nicht nur die frühesten, sondern auch die weitaus meisten Belege. Als metaphorische Träger fungieren Universum und Welt, Gott, Engel und Ideen, Schrifttum und Kunst (das Buch, Historiographie und historische Dichtung, Lyrik, Satire, Drama, bildende Kunst), an ausgezeichneter Stelle auch der Mensch (die Gesamtperson, der Körper, Geistig-Seelisches, menschliches Tun und menschliches Geschick). »In der Literatur finden wir ein Spiegelbild des menschlichen Lebens, der Geschichte und der kulturellen, sozialen und politischen Situation« (124 f.), in der Regel moralisierend-didaktisch getönt. Der gespiegelte Gegenstand ist gleichfalls äußerst vielfältig. Im Spiegel kann Sichtbares und Verborgenes erscheinen: Welt, Mensch, Schönheit, das Selbst, Stimmungen und Gedanken, Transzendentes (Gott) und Exemplarisches. In magischen Spiegeln zeigt sich räumlich und zeitlich Entferntes, Zukunft und Vergangenheit. Die Wirkungen des Spiegels können Erkenntnis, Täuschung und Verwandlung, Korrektur des Äußeren wie der Seele sein. Den Spiegeln werden oft Trägergestalten beigegeben, mit dem Ziel der Charakterisierung, meist Figuren allegorisch-mythologischer Bedeutung: Venus, Luxuria, die Sirenen, Philautia, Superbia, Vanitas, Frau Welt und Fortuna, Vitia, Prudentia, Sapientia, Veritas. Der Spiegel erscheint auch als Attribut Marias und der Jungfräulichkeit. Der Gebrauch der Spiegelmetapher ist im hohen Maß konventionell geregelt. Grabes nennt drei Ursachen für die konstante Bevorzugung der Metapher: das Prinzip der Imitatio, das Analogiedenken und die poetisch bestimmte Ethik, der Glaube an die moralische Besserung durch Erkenntnis. Hinzu kommt als kulturgeschichtlicher Grund die weite Verbreitung von Glasspiegeln seit ihrer Wiederentdeckung im 12. Jh.[109]

a) Komödie

Eine weitreichende Geltung für die Poetik, insbesondere die Entwicklung wirklichkeitsbezogener Dichtungstheorien in der Renaissance erlangt der Terenzkommentar des Aelius Donatus. Dieser berichtet, daß Cicero die Lebensnähe der Komödie hervorgehoben habe: »comoediam esse Cicero ait imitationem uitae, speculum consuetudinis, imaginem ueritatis«[110] (Die Komödie ist Cicero zufolge Nachahmung des Lebens, Spiegel der Gewohnheit und Bild/Abbild der Wahrheit). ›Consuetudo‹ bezieht sich auf Sitten und Gebräuche, das gewöhnliche, alltägliche, sog. ›niedere‹ Leben, in einem soziologischen wie ästhetisch-stilkritischen Sinn (in weiten Teilen der neuzeitlichen Poetik sind Epos und Tragödie als ›hohe‹ Gattungen im Sinne der Ständeklausel auch sprachlich, als genera dicendi, strikt von den ›niederen‹ Gattungen, der Komödie und – zu einem späteren Zeitpunkt – dem Roman getrennt. Die hier niedergelegte Programmatik wird dann von sich konstituierenden neuzeitlichen Roman aufgenommen und weitergeführt: Alle hier genannten Elemente gehen in die Programmatik des Romans ein, der sich von seinen frühen Formen an als Darstellung des empirischen Daseins, des Alltäglichen und Gewöhnlichen versteht, der an einen naturalistischen Wahrheitsbegriff gebunden ist. Neben Cicero schreibt Donatus die Spiegelmetapher auch Livius Andronicus zu, den er Schöpfer der lateinischen Tragödie und Komödie nennt. Dieser habe den Vergleich wie folgt begründet: »aitque esse comoediam cotidianae uitae speculum, nec iniuria. nam ut intenti speculo ueritatis liniamenta facile per imaginem colligimus, ita lectione comoediae imitationem uitae consue-

---

108 Vgl. ebd., 76 f.
109 Vgl. ebd., 240 f.
110 AELIUS DONATUS, Commentum Terenti, hg. v. P. Wessner, Bd. 1 (Leipzig 1902), 22 (Excerpta de comoedia 5, 1); vgl. LOTZ (s. Anm. 69), 191; GRABES (s. Anm. 107), 109; NEVILLE COGHILL, The Basis of Shakespearian Comedy (1899), in: A. Ridler (Hg.), Shakespeare Criticism 1935–1960 (London 1963), 201–227.

tudinisque non aegerrime animaduertimus.«[111] (Ihm zufolge ist die Komödie ein Spiegel des alltäglichen Lebens, kein Schimpf. Denn wie wir bei Betrachtung des Spiegels mühelos die Züge der Wahrheit wie ein Bild aufnehmen, so bemerken wir bei Lektüre der Komödie unschwer die Nachahmung des Lebens und der Gewohnheit.) Bedeutsam ist hier Donatus' Erläuterung der Spiegelmetapher durch das adjektivische ›cotidiana‹ zum Substantiv ›uita‹. »Gerade als Abbild des alltäglichen Lebens wird die Komödie in der Literarästhetik seit der Renaissance in starkem Gegensatz zum Epos und zur Tragödie stehen [...]. Dadurch entwickelt sich dann in der Neuzeit die Komödie neben dem Roman zur bedeutendsten literarischen Darstellungsform der konkreten Wirklichkeit.« Ein

---

111 AELIUS DONATUS (s. Anm. 110), 23 (Excerpta de comoedia 5, 5).
112 LOTZ (s. Anm. 69), 192.
113 Vgl. PELETIER DU MANS, L'art poétique (1555; Genf 1971), 186.
114 JEAN DE LA TAILLE, Les corrivaus. Comédie (entst. 1562; ersch. 1573), hg. v. D. L. Drysdall (Paris 1974), 57.
115 BEN JONSON, Every Man out of his Humour (1599), in: Ben Jonson, hg. v. C. H. Herford/P. Simpson, Bd. 3 (Oxford 1927), 432.
116 JOHNSON (s. Anm. 86), 123.
117 PIERRE DE RONSARD, Au lecteur apprentif [Préface de la ›Franciade‹, 1587], in: Ronsard, Œuvres complètes, hg. v. P. Laumonier, Bd. 7/1 (Paris 1914), 79.
118 JACQUES GRÉVIN, Brief discours pour l'intelligence de ce théâtre (1561), in: Grévin, César, hg. v. E. S. Ginsberg (Genf 1971), 92.
119 Vgl. LOPE DE VEGA, El arte nuevo de hacer comedias en este tiempo (1609), in: Vega, Obras escogidas, Bd. 2 (Madrid 1953), 888.
120 MIGUEL DE CERVANTES, El ingenioso hidalgo Don Quijote de la Mancha (1605/1615), in: Cervantes, Obras completas, hg. v. A. Valbuena (Madrid 1956), 1033; dt.: Don Quijote de la Mancha, in: Cervantes, Gesamtausgabe, hg. u. übers. v. A. M. Rothbauer, Bd. 2 (Stuttgart 1964), 26.
121 Ebd., 1252f.; dt. 594.
122 Vgl. ANTONIO S. MINTURNO, De poeta (Venedig 1559), 44; MINTURNO, L'arte poetica (o. O. 1564), 116.
123 MELCHIORRE CESAROTTI, Ragionamento sopra il diletto della tragedia (1762), in: Cesarotti, Opere scelte, Bd. 1 (Mailand 1820), 300.
124 MOLIÈRE, La critique de ›L'école des femmes‹ (1663), in: Molière, Œuvres complètes, hg. v. G. Couton, Bd. 1 (Paris 1971), 536.

Zentralbegriff der späteren Theorie des ästhetischen Realismus, die ›vérité‹, wird von Donatus bereits genannt. Die Fügung ›imitationem uitae‹ ist »Reflex der aristotelischen Mimesislehre«[112]. Der Spiegeltopos erfreut sich in den Poetiken der Renaissance besonderer Beliebtheit. Peletier du Mans benutzt ihn in bezug auf das dargestellte Personal[113], desgleichen Jean de la Taille mit Wendung zum Publikum: »Au reste elle [seine Komödie – d. Verf.] vous representera comme en un miroir le naturel & la façon de faire d'un chascun du populaire: comme des vieillards, des jeunes gens, des serviteurs, des filles de bonne maison & autres.«[114] Ben Jonson spricht von einem Spiegel, »as large as is the stage whereon we act«[115]. Die Auffassung wird nicht nur für die Komödie vertreten. Wenn Samuel Johnson im 18. Jh. Shakespeare dafür rühmt, »that his drama is the mirrour of life«[116], so meint er damit fraglos beide Gattungen des Dramas. Bereits Ronsard will die Auffassung des Dramas als Spiegel für Tragödie und Komödie angewendet wissen: Beide seien »comme mirouers de la vie humaine«[117]. Ein argumentativer Topos von internationaler Verbreitung ist, über Donatus' Vermittlung, die Berufung auf Cicero: so in der Komödiendefinition des französischen Arztes und Dichters Jacques Grévin (»Ciceron l'appelle imitation de vie, mirouer des coustumes, et image de verité«[118]), in Spanien bei Lope de Vega, der gleichfalls Donatus-Cicero zitiert.[119] Auf dieselbe Autorität stützt sich auch der Priester in Cervantes' *Don Quijote* (1605/1615), dessen Titelheld »luz y espejo de toda la caballería andante« (Leuchte und Vorbild der ganzen fahrenden Ritterschaft)[120] genannt wird, in seiner Argumentation gegen die Ritterromane und Schauspiele. Sie entsprächen nicht Ciceros Forderung, »espejo de la vida humana, ejemplo de las costumbres e imagen de la verdad« (ein Spiegel des menschlichen Lebens, ein Vorbild der Sitte und ein Abbild der Wahrheit)[121] zu sein. In Italien beruft sich Antonio S. Minturno auf Cicero.[122] Melchiorre Cesarotti wendet die Spiegelmetapher auf die Tragödie an und nennt sie »uno specchio dei pericoli nostri«[123] (einen Spiegel unserer Fährnisse). Bei Molière ist die Metapher gleichfalls belegt, so in der Wendung »miroirs publics«[124]. Molières Herausgeber, Jean Vivot und Charles Varlet de la Grange, greifen 1682 die Metapher auf, um Molières Verdienst, auf unterhaltende Weise zur Besserung der Menschen beigetragen zu haben, auszudrücken.[125]

b) Theatrum mundi
In diesen argumentativen Zusammenhang gehört auch die Vorstellung, das Theater als Spiegel der Welt zu sehen, bzw. – als ihre Umkehrung – der Gedanke, daß die ganze Welt eine Bühne sei (die sog. Schauspielmetapher): »All the world's a stage, / And all the men and women merely players«[126]. Beide Formen gehören in den topologischen Fundus frühneuzeitlicher Theaterauffassung. Dabei ist auch die Schauspielmetapher, ihrer Bedeutungsstruktur nach, eine verdeckte Spiegelmetapher. Sie setzt Existenz und Konzept eines als Spiegel der Welt begriffenen Theaters voraus. Sie ist die spiegelbildliche Umkehrung der Auffassung vom Theater als Spiegel der Welt. Von dieser Struktur her gewinnt sie den anthropologisch-metaphysischen Sinn, den sie in ihrer gesamten Geschichte besessen hat.

Der Gedanke des Welttheaters fließt der Neuzeit aus antiken wie christlich-mittelalterlichen Quellen zu. Ernst Robert Curtius führt ihn auf Platon zurück. Bei den Kynikern ist der Vergleich des Menschen mit einem Schauspieler ein häufig gebrauchtes Klischee.[127] Horaz sieht im Menschen eine Marionette. Zu diesem Zeitpunkt ist der Begriff ›mimus vitae‹ sprichwörtlich geworden. Er findet sich bei Seneca, Paulus und Clemens Alexandrinus. Bei diesem wird der Kosmos als Bühne gesehen. Eine »Komödie des Menschengeschlechts« nennt Augustinus »dieses ganze, von Versuchung zu Versuchung führende Leben« (Mimus est enim generis humani tota uita tentationis)[128] – ein Gedanke, den Dante im Titel seines Hauptwerks, La Divina Commedia (entst. 1307–1321; ersch. 1472), aufnimmt. »Σκηνὴ πᾶς ὁ βίος καὶ παίγνιον.« (Ganz ist das Leben Bühne und Spiel)[129], dichtet in epigrammatischer Zuspitzung Augustinus' ägyptischer Zeitgenosse Palladas. In seinem 1159 veröffentlichten Hauptwerk Policraticus schreibt Johannes von Salisbury: »comedia est uita hominis super terram«[130], wobei es unentschieden sei, ob dieses Spiel Komödie oder Tragödie genannt werden solle. Sein Schauplatz ist der ganze Erdkreis. Gott und Engel sehen als Publikum dem Treiben der Menschen zu: Aus der ›scena vitae‹ ist das ›theatrum mundi‹ geworden. Der Name des Globe, des bekanntesten Theaters in Shakespeares London, nimmt gleichfalls Bezug auf die Metapher, wie auch Shakespeare in As You Like It den Policraticus zitiert[131], der 1595 neu erschienen war. Im Spanien des 17. Jh. ist die Metapher ein Gemeinplatz. Sie findet sich bei Cervantes[132], Baltasar Gracián (in der Wendung ›el gran teatro del universo‹)[133] und steht im Zentrum der Begriffswelt Calderóns. In dessen bekanntestem Stück La vida es sueño (1635) spricht der gefangene Sigismund vom ›großen Welttheater‹ (»gran teatro del mundo«) und meint damit die ganze Wirklichkeit, den »weiten Erdenrund«[134]. Gelegentlich übernimmt das Schicksal die Rolle des Regisseurs; ein Gedanke, der sich in abgewandelter Form in der Gestalt Prosperos in Shakespeares The Tempest (entst. 1610?) wiederfindet. Dabei macht Calderón, dies ist der große Gegensatz zu Shakespeares Diesseitsorientierung, das von Gott gelenkte ›theatrum mundi‹ zum Vorwurf eines sakral-metaphysischen Dramas. Im Faust (›Prolog im Himmel‹, ›Vorspiel auf dem Theater‹) greift Goethe bewußt auf diese Tradition zurück und gibt ihr eine ironisch-humanistische, im Kern geschichtsphilosophische Wende, während Hugo von Hofmannsthal

---

125 Vgl. ANONYMOUS [JEAN VIVOT/CHARLES VARLET DE LA GRANGE], Préface, in: Molière, Les Œuvres, Bd. 1 (Paris 1682), a ij f.
126 SHAKESPEARE, As You Like It (um 1600), 2. Akt, 7. Sz., V. 139f.
127 Vgl. CURTIUS (s. Anm. 68), 148–154.
128 AUGUSTINUS, Enarratio in psalmum 127, 15, in: CCHR (L), Bd. 40 (1956), 1878; dt. zit. nach Curtius (s. Anm. 68), 148.
129 Zit. nach Curtius (s. Anm. 68), 148.
130 JOHANNES VON SALISBURY, Policraticus 3, 8, in: CCHR (L), Bd. 118 (1993), 191.
131 Vgl. SHAKESPEARE (s. Anm. 126), 2. Akt, 7. Sz., V. 137ff.
132 Vgl. CERVANTES (s. Anm. 120), 1309f.; dt. 740f.
133 Vgl. BALTASAR GRACIÁN, El criticón (1631–1657), hg. v. E. Cantarino (Madrid 1998), 75–85, 838f. (parte 1, crisi 2 u. parte 3, crisi 12).
134 PEDRO CALDERÓN DE LA BARCA, La vida es sueño (1635), hg. v. C. Morón (Madrid 1987), 145; dt.: Das Leben ein Traum, übers. v. J. D. Gries (Leipzig 1964), 129.

in seinen Salzburger Dramen (*Jedermann* [1911] und *Das Salzburger große Welttheater* [1922]) das theozentrische Drama des späten Mittelalters und Calderóns zu erneuern versucht.

c) Paradigma Hamlet: Selbsterkenntnis der Zeit im Spiel der Kunst
Eine entscheidende Wende erhält der Gedanke des Theaters als Spiegel der Welt in seiner Ausgestaltung durch Shakespeare. Bei diesem transformiert sich die Theatrum-mundi-Idee zum Konzept eines ganz und gar diesseitigen, Volkstheater und Humanismus verbindenden, geschichtlich-realistischen Welttheaters.[135] Beeinflußt, wie vermutet werden kann, von der dynamischen Kunstauffassung Sidneys[136], schreibt Shakespeare dem Spiegel, der das Theater ist, die realismustheoretische Bedeutung des Mimesisbegriffs der aristotelischen *Poetik* zu. Weiter treten als neue Momente die Geschichtlichkeit des gespiegelten Gegenstands und des Akts der Spiegelung selbst wie der Gesichtspunkt geschichtlicher Selbsterkenntnis hinzu.

Kern und Konzentrat der Theaterauffassung Shakespeares ist Hamlets Rede an die Schauspieler in *Hamlet*. In ihrem Mittelpunkt steht die bekannte Definition vom Zweck des Spielens: »the purpose of playing, whose end, both at the first and now, was and is to hold as 'twere the mirror up to nature; to show virtue her feature, scorn her own image, and the very age and body of the time his form and pressure«[137]. Zweck des Spielens ist, so die Grundbestimmung, der Natur den Spiegel vorzuhalten. Wie so oft, greift Shakespeare hier auf konventionelle Vorstellungen zurück, gibt ihnen aber einen neuen Sinn. Hier ist es der seit dem klassischen Latein eingeführte Begriff der imitatio naturae bzw. imitatio vitae (als Übersetzung der aristotelischen Vorstellung der Mimesis der Praxis[138]), verbunden mit dem in der Theaterliteratur der Renaissance gleichfalls weit verbreiteten Gedanken, »daß der dramatische Spiegel die Laster und Torheiten zeigen und auf diese Weise verbessern will«[139]. ›Natur‹ meint hier nicht ›physis‹, das Ganze des Seienden oder Natur außer uns, sondern die Natur, die wir selbst sind: menschliche Natur, Wirklichkeit des Menschen, menschlich-gesellschaftliche Welt und Handlung (der Bezug von ›nature‹ auf menschliche Natur ist nach dem *Oxford Universal Dictionary* seit dem Mittelenglischen belegt[140]). Das Spiel des Theaters spiegelt »die verdeckte Wirklichkeit des Menschen« aus. Es ›zeigt‹: deckt auf, was sich dem gewöhnlichen Bewußtsein entzieht, es ist »Instrument der Erkenntnis«[141], zeigt der Tugend ihr Aussehen, dem Laster sein Bild. Es ist eine Erkenntnis also in der Modalität von Wertakten: Sie nimmt Stellung, ergreift Partei. So sehr Shakespeare mit dieser Pointierung Neuland betritt, sein Ausgangspunkt ist die traditionelle Vorstellung vom »Drama als einem in moralisierender Absicht Selbsterkenntnis vermittelnden, ›exemplarischen‹ Spiegel«[142] – die radikal neue Bedeutung gewinnt er erst in einem weiteren Gedankenschritt, wenn er vom ›Zeitalter‹ spricht als dem Gegenstand, den der Spiegel des Schauspiels zeigt. Gezeigt wird ein historisches Konkretum: ›das Alter und der Körper der Zeit‹, die geschichtliche Gestalt der Epoche. In Shakespeares Geschichtlichkeit reflektierendem Realismus[143], im spiegelnden Spiel des Theaters wird das menschliche Wesen als »ensemble der gesellschaftlichen Verhältnisse«[144] erfahrbar; und es sind die Schauspieler, die diesen Vorgang des zeigenden Aufdeckens, als einer Form des Erkennens, besorgen. Bereits in der ersten Schauspielerszene nennt Hamlet sie »the abstracts and brief chronicles of the time« – den »Spiegel und die abgekürzte Chronik

---

135 Vgl. METSCHER, Shakespeare und die Renaissance (Hamburg 1995), 289–310.
136 Vgl. SIDNEY (s. Anm. 82).
137 SHAKESPEARE, Hamlet (entst. um 1600), 3. Akt, 2. Sz., V. 20–24.
138 Vgl. LOTZ (s. Anm. 69), 198.
139 GRABES (s. Anm. 107), 108 f.; vgl. SCHÖNING (s. Anm. 8), 10.
140 Vgl. ›Nature‹, in: The Oxford Universal Dictionary. Illustrated, hg. v. C. T. Onion, Bd. 2 (Oxford ³1961), 1312.
141 WOLFGANG ISER, Das Spiel im Spiel. Formen dramatischer Illusionen bei Shakespeare, in: K. L. Klein (Hg.), Wege der Shakespeare-Forschung (Darmstadt 1971), 225, 224.
142 GRABES (s. Anm. 107), 229.
143 Vgl. HEISE, Shakespeare – ein Beispiel des Realismus, in: Weimarer Beiträge 23 (1977), H. 9, 5–26.
144 MARX, Thesen über Feuerbach 1 (entst. 1845; erschienen 1888), in: MEW, Bd. 3 (1969), 6.

des Zeitalters«[145], wie August Wilhelm Schlegel klug übersetzt.

Mit Shakespeares ganz von der Idee der Geschichtlichkeit bestimmten Theaterauffassung wird der traditionell-metaphysische forma-Begriff historisiert. Die Epoche, das Zeitalter selbst erkennt sich in den Spielen der Kunst im Stand des von ihr erreichten Grads der Humanität (daß sie sich im *Hamlet* als barbarisch erkennt, gehört zur Dialektik von Shakespeares Text). Das Wesen einer Zeit zu zeigen – in diesem gleichbleibenden Ziel (›end‹), das sich in den Veränderungen der Zeit als Zweck des Schauspiels, einst und jetzt (›both at the first and now‹), durchhält, ist die hohe Aufgabe des Theaters ausgesprochen und vindiziert.

d) Die realismustheoretische Wende der Spiegelmetapher und der Roman
Die realismustheoretische Dramendefinition der Aristotelischen *Poetik*, die als begrifflicher Kern der Shakespeareschen Ausformung des Spiegelgedankens zugrunde liegt, hat in der europäischen Dramentheorie auch in der Zeit nach Shakespeare ihren festen Platz behaupten können – im 18. Jh. wird sie, vermittelt durch die Theorie der Komödie und die Welttheateridee, in den Selbstverständigungsprozeß des sich konstituierenden realistischen Romans einbezogen. Ein charakteristischer Gesichtspunkt der Transformation des Aristotelischen Mimesisgedankens in der frühen Neuzeit ist seine Verbindung mit der Kernformel der *Ars poetica* des Horaz: »aut prodesse volunt aut delectare poetae« (Sinnbelehrend will Dichtung wirken oder herzerfreuend)[146]. Eine solche Verbindung gehört zum Kernbestand der Komödientheorie, sie findet sich aber auch bei Sidney, wo der Akt der Mimesis an die Zielsetzung von Lehre und Vergnügen gebunden wird (»Poesy [...] is an art of imitation, for so Aristotle termeth it in his word *mimesis*, that is to say, a representing, counterfeiting, or figuring forth – to speak metaphorically, a speaking picture; with this end, to teach and delight«[147], und sie findet sich bei John Dryden (»a play ought to be, *A just and lively image of human nature, representing its passions and humours, and the changes of fortune to which it is subject, for the delight and instruction of mankind*«[148]). In *Tom Jones* (1749) hat Henry Fielding die Schauspielmetapher aufgenommen und aus-

drücklich mit der Aristotelischen Dramendefinition in Beziehung gesetzt: »The World hath been often compared to the Theatre; and many grave Writers, as well as the Poets, have considered human Life as a great Drama [...]. It may seem easy enough to account for all this, by reflecting that the theatrical Stage is nothing more than a Representation, or, as *Aristotle* calls it, an Imitation of what really exists«[149]. In seiner programmatischen Reflexion spielt Fielding, nicht ohne ironische Verfremdungen, die Konnotationen der traditionellen Metapher durch, um sie am Ende mit der Handlung seines eigenen Romans zu verbinden. Reklamiert werden also Schauspielmetapher und Mimesisprinzip als grundlegend für den neuen realistischen Roman. Ihre Gültigkeit, als Begründungsprinzipien eines ästhetischen Realismus, gehen vom Drama (vorrangig, doch nicht ausschließlich der Komödie) über auf den Roman als die literarische Hauptform des bürgerlichen Zeitalters. Sie gehen in die theoretischen Diskurse ein, die die Geschichte des realistischen Romans vom 18. Jh. bis in unsere Tage hinein begleiten.

e) Der Spiegel als Metapher des Subjekts: Selbstrepräsentation und Selbsterkenntnis
In der Gesellschaft der Neuzeit wird die Kategorie des Subjekts bekanntlich zur Zentralkategorie; und Subjektivität gilt als Grundprinzip der Moderne überhaupt. Subjektivität wird zum Signum der neuzeitlichen bürgerlichen Kultur, und sie wird zum Signum der Künste in dieser Kultur – zu ihrem, neben dem Mimesisprinzip (und in span-

---

145 SHAKESPEARE (s. Anm. 137), 2. Akt, 2. Sz., V. 520; dt.: Hamlet, übers. v. A. W. Schlegel, in: Shakespeare, Sämmtliche Werke, Bd. 4 (Stuttgart o. J. [1874]), 353.
146 HORAZ, Ars 333; dt.: Das Buch von der Dichtkunst, übers. v. W. Schöne, in: Horaz, Sämtliche Werke, lat.-dt., hg. v. H. Färber/W. Schöne (München/Zürich ⁹1982), 251.
147 SIDNEY (s. Anm. 82), 101.
148 JOHN DRYDEN, An Essay of Dramatic Poesy (1668), in: E. D. Jones (Hg.), English Critical Essays (16th–18th Century) (Oxford 1956), 110f.
149 HENRY FIELDING, The History of Tom Jones. A Foundling (1749), hg. v. F. Bowers, Bd. 1 (London 1974), 323f.

nungsvoller Verbindung mit diesem), zweiten konstituierenden ästhetischen Prinzip. In diesem Zusammenhang treten Kunstformen in den Vordergrund, die, schon von der Gattung her, auf Subjektivität als Prinzip aufbauen (wie Lyrik und Musik) oder die Darstellung des menschlichen Subjekts zu ihrem Gegenstand haben (wie in der Skulptur die menschliche Gestalt, in der Malerei Porträt und Selbstporträt) oder menschliche Welt als Welt interagierender sozialer Subjekte abbilden. Charakteristisch für die neuzeitliche Kunst ist das Zusammentreffen von Mimesisprinzip und Subjektprinzip. So wird auch in den traditionell mimetischen, sog. ›objektiven‹ Formen – Drama und Roman – seit Shakespeare und Cervantes das Prinzip der Subjektivität dominant. Die Formengeschichte des neuzeitlichen Romans, bis hin zu seiner Krise in der Moderne, ist als Geschichte der Subjektformen der epischen Erzählung – als Transformationsgeschichte des epischen Subjekts – zu rekonstruieren.

Die Bedeutung der Subjektkategorie in der bürgerlichen Kultur zeigt sich nicht zuletzt darin, daß die für ästhetische Selbstrepräsentation zentrale Metapher des Spiegels zur Kernmetapher wird, an der sich Formierung und Krise des neuzeitlichen Subjekts paradigmatisch ablesen lassen.[150] Die für die bürgerliche Gesellschaft auf weite Strecken charakteristische Subjektform – die Figur des Einzelnen als autonome, selbstidentische Subjektivität – wird in den Künsten nicht nur affirmiert, sondern gerade auch in ihrer Problematik freigelegt.

Der Gedanke, den Spiegel als Medium der Selbsterkenntnis zu sehen, geht auf Platon zurück.[151] Bei Augustinus erhält er die Bedeutung einer »unabschließbaren Selbstbefragung«, im christlichen Sinn einer »zugleich enthüllenden und verbergenden Spiegelung«[152], da nur Gott die wahre Bedeutung des Selbst kenne. Mit dem Beginn der frühen Neuzeit wird Selbstrepräsentation zunehmend zum Medium der Selbsterkenntnis, oder auch: die Betrachtung der Welt wird zum Spiegel, in dem wir unserer selbst gewahr werden. So schreibt Montaigne in seinem *Essai* über die Kindererziehung: »Ce grand monde [...], c'est le miroüer où il nous faut regarder pour nous connoistre de bon biais.«[153] Wir können nicht umhin, uns vor uns selbst hinzustellen: »die Vernunft vor die Vernunft«[154]. Folgerichtig wird die biographische Aufzeichnung das Vehikel der Erkenntnis von Ich und Welt – eine Einsicht, die der großen biographischen und autobiographischen Literatur der kommenden Jahrhunderte eingeschrieben bleibt. Sie wird am Beginn von Rousseaus *Confessions* zitiert und von der Einmaligkeit des Ich selbst her verschärft begründet.[155] Rousseau zeichnet von sich »le seul portrait d'homme, peint exactement d'après nature et dans toute sa vérité«; so kann die Mimesis seiner selbst als eines unvergleichlichen Individuums zugleich zur »pièce de comparaison«[156] für das Studium des Menschen im allgemeinen werden, und sie spielt in die Idee des exemplarischen Individuums hinein, die Goethes *Dichtung und Wahrheit* (1812) leitet. Der reflexive Selbstbezug als Konstitutivum des modernen Ich wird bereits in Shakespeares *Hamlet* thematisiert (nicht zufällig erkannten Goethe und die Romantiker in Shakespeares Protagonisten den Prototypus des in die Krise geratenen modernen Subjekts). Zentral für diesen Zusammenhang ist der Aufstieg des Selbstbildnisses zum autonomen Bild in der Renaissance, mit der früh feststellbaren Aufspaltung in ein empirisches und ein transzendentales Subjekt[157], weiter die Selbstthematisierung von Künstler und Kunst im Kunstwerk selbst, in Malerei, Skulptur und Literatur (seit dem angehenden 18. Jh. ebenfalls in der Musik: Glucks *Orfeo ed Euridice* [1762] kommt hier eine Schlüsselrolle zu). Auch in dieser Entwicklung bleibt der Bezug zur Spiegelmetapher gewahrt. So hat Jan van Eyck be-

---

150 Vgl. METSCHER, Ästhetik und Selbstrepräsentation, in: H. J. Sandkühler (Hg.), Selbstrepräsentation in Natur und Kultur (Frankfurt a. M. 2000), 189–217.
151 Vgl. KONERSMANN (s. Anm. 5), 75 f.
152 JÖRG ZIMMERMANN, Mimesis im Spiegel: Spekulative Horizonte des Selbstporträts, in: Kunstforum 114 (1991), 107.
153 MICHEL DE MONTAIGNE, De l'institution des enfans (1580), in: MONTAIGNE, Bd. 1 (1906), 204.
154 KONERSMANN (s. Anm. 5), 34.
155 Vgl. BERNARD GAGNEBIN/MARCEL RAYMOND, Introduction à ›Les Confessions‹, in: ROUSSEAU, Bd. 1 (1959), XXX f.
156 JEAN-JACQUES ROUSSEAU, Les Confessions (1782), in: ebd., 3.
157 Vgl. ZIMMERMANN (s. Anm. 152), 108.

reits 1434 im *Porträt des Ehepaars Arnolfini* seine eigene Spiegelung neben der des Brautpaares im runden Wandspiegel festgehalten, ohne freilich den Raum des Bildes zu sprengen. Dies geschieht erst in Velázquez' *Las Meninas* (1656), wo kraft des Einsatzes einer vielschichtigen Spiegelung die impliziten Realitätsverweise die explizite Darstellung zu den Seiten hin wie nach vorn transzendieren, so daß der Rahmen als zufällige Begrenzung erscheint. Auf Grund seiner hochreflexiven Struktur ist *Las Meninas* »ein Porträt über das Malen eines Porträts« (портретом о портрете, картиной о картине) genannt und mit Cervantes' *Don Quijote* als »Roman über einen Roman« (романе о романе) verglichen worden: »die Lichtung der Tür, der Spiegel, die Bilder an der Wand und das Bild selbst« (пролет двери, зеркало, картины на стене и сама картина) gelten Michail V. Alpatov als »Stufen der künstlerischen Materialisierung« (стадии живописного воплощения)[158].

Mit Ralf Konersmann läßt sich festhalten, daß der Spiegel »das Modell bereit[hält], in dem Subjektivität *vorzüglich* in Worte gefaßt wird«[159], und daß er im Rahmen der nahezu zwei Jahrhunderte währenden Stabilität der Metapher zur »fixen Größe der bürgerlichen Weltformel«[160] wird. Mit der Ausbildung der bürgerlichen Gesellschaft aber, und damit auch dem Hervortreten ihrer Widersprüche auf der sozialen wie der psychischen Ebene, verzeichnen Kunst und Literatur, nicht zuletzt auch in der Metapher des Spiegels, »die Versehrungen des Subjekts«[161]. Bei Goethe, in der Romantik und bei Kleist wird diese Krise manifest.

Die Einsicht, daß die Spiegelungen des Spiegels nicht nur Wahrheit repräsentieren, sondern auch täuschen können, ist ein alter Gedanke. Bekanntlich diente schon bei Platon die Metapher als Beispiel dafür, daß unsere Erkenntnis, sofern sie Mimesis der empirischen Welt ist, nur den äußerlichen Schein der Dinge abbildet, also Trug und Unwahrheit ist. In der frühen Neuzeit gibt Francis Bacon dem Vergleich des Verstandes mit einem Spiegel eine erkenntniskritische Wende, indem er auf die in der menschlichen Natur selbst verwurzelten Trugbilder, die »idola tribus« (Idole des Stammes) verweist: »Estque intellectus humanus instar speculi [...], qui suam naturam naturae rerum immiscet, eamque distorquet et inficit.« (Der menschliche Verstand gleicht ja einem Spiegel, der [...] seine Natur mit der der Dinge vermischt, sie entstellt und schändet.)[162] Und noch Louis Jaucourt in der *Encyclopédie* warnt vor dem »miroir magique, qui défigure les objets, & ne présente que des ombres ou des monstres«[163]. Mit dem Problematischwerden der Idee der prästabilierten Harmonie gerät auch die von Cusanus bis Leibniz gültige Vorstellung des lebendigen Spiegels in die Krise. So attackiert Shaftesbury den Spiegel als »Ugly Instrument«[164], und Lessing stellt die Frage, ob »das Bild von mir im Spiegel nichts als eine leere Vorstellung von mir« sei, »weil es nur das von mir hat, wovon Lichtstrahlen auf seine Fläche fallen«[165]. Zur Kritik des Mediums tritt im Verlauf des 18. Jh. zunehmend die Krise des gespiegelten Gegenstands: Ich und Welt. In besonders prägnanter Form tritt sie in Kleists Aufsatz *Über das Marionettentheater* (1810) hervor.

Thomas Metscher

f) Paradigma ›Marionettentheater‹: Der Spiegel als Medium der Künstlichkeit und Selbstentfremdung
Der Spiegel, das Medium der Reflexion, wird zur Metapher der Verunsicherung und Entfremdung: Mich im Spiegel erkennend, verliere ich meine natürliche Unschuld; ich verhalte mich nicht mehr so, wie es in mir angelegt ist, sondern in der Ab-

---

158 MICHAIL V. ALPATOV, Ètjudy po istorii zapadnoevropejskogo iskusstva (Moskau ²1963), 251; dt.: Studien zur Geschichte der westeuropäischen Kunst, übers. v. M. Bräuer-Pospelova (Köln 1974), 221.
159 KONERSMANN (s. Anm. 5), 33.
160 KONERSMANN (s. Anm. 93), 43.
161 KONERSMANN (s. Anm. 5), 41.
162 FRANCIS BACON, Novum organon (entst. 1620), lat.-dt., hg. v. W. Krohn, Bd. 1 (Hamburg 1990), 100 f.
163 LOUIS CHEVALIER DE JAUCOURT, ›Préjugé‹, in: DIDEROT (ENCYCLOPÉDIE), Bd. 13 (1765), 284.
164 SHAFTESBURY, Soliloquy or Advice to an Author (1710), in: Shaftesbury, Characteristicks of Men, Manners, Opinions, Times, Bd. 1 (London ²1714), 205.
165 GOTTHOLD EPHRAIM LESSING, Die Erziehung des Menschengeschlechts (1780), in: LESSING (LACHMANN), Bd. 13 (1897), 431.

sicht, scheinbar unabsichtlich eine Wirkung hervorzurufen. In diesem Widerspruch zerbricht meine ursprüngliche Identität. Kleist gibt im *Marionettentheater* (1810) drei Beispiele: die Tänzer, die die Gelöstheit der Gliederpuppe nicht erreichen können; den Jüngling, der die Anmut einer Bewegung nicht willentlich zu wiederholen vermag; den geübten Fechter, dem der tapsige Bär überlegen ist. Die Beispiele kreisen ein »Paradox«[166] ein. Die Materie, die ihren Bewegungsgesetzen folgt, hat eine größere Freiheit, als die bewußte Anstrengung sie zu geben vermag; die Künstlichkeit der reflektierten Natur ist »Ziererei«, die »erscheint, [...] wenn sich die Seele (vis motrix) in irgend einem andern Punkte befindet, als in dem Schwerpunkte der Bewegung« (341). Der Jüngling, um die Lieblichkeit seiner Gebärden bemüht, »fing an, tagelang vor dem Spiegel zu stehen; und immer ein Reiz nach dem anderen verließ ihn« (344).

Alle drei Fälle besagen dasselbe. Das Bewußtsein hemmt uns, weil es uns in Distanz zu uns versetzt. In der Reflexion erscheine ich mir selbst, als wäre ich ein anderer; indem ich mich ins Spiegelbild entäußere, bin ich meinem ursprünglichen Wesen, meiner Spontaneität entfremdet. Bewußtheit ist Spaltung des Selbst, »seitdem wir von dem Baum der Erkenntnis gegessen haben« (342). Erst »das letzte Kapitel von der Geschichte der Welt« wird die Aufhebung der Entfremdung bringen, wenn wir »wieder von dem Baum der Erkenntnis essen« (345) – also Reflexion der Reflexion vollziehen. Das wäre dann, wie Marx fünfunddreißig Jahre später sagt, »der Naturalismus des Menschen«, der aber zugleich der »Humanismus der Natur«[167] sein müßte – Mensch und Natur sich wechselseitig als Spiegel zueinander verhaltend.

Hans Heinz Holz

---

166 HEINRICH VON KLEIST, Über das Marionettentheater (1810), in: KLEIST, Bd. 2 (⁷1984), 342.
167 MARX, Ökonomisch-philosophische Manuskripte (entst. 1844), in: MEW, Bd. 40 (1985), 538.
168 Vgl. DIETER HENRICH, Kunst und Natur in der idealistischen Ästhetik, in: H. R. Jauß (Hg.), Nachahmung und Illusion (München ²1983), 128; FONTIUS (s. Anm. 56), 232, 236.
169 HENRICH (s. Anm. 168), 133.

IV. Das Mimesisprinzip vom ausgehenden 18. Jahrhundert zur Moderne: Nicht ›Ende einer Denkform‹, sondern ihre Transformation

Nach verbreiteter Auffassung wird das Mimesisprinzip der antik-frühneuzeitlichen Überlieferung mit dem ausgehenden 18. Jh. – in den romantischen Theorien wie im kunstphilosophischen Denken des deutschen Idealismus – zu Grabe getragen.[168] Solch theoretischen Grabreden ist zu widersprechen. Dabei soll unbestritten sein, daß sich mit dem ausgehenden 18. Jh. eine höchst radikale Umschichtung der überlieferten ästhetischen Grundvorstellungen vollzieht – und in deren Mitte stand das Mimesisprinzip in Gestalt des Imitationaturae-Konzepts. Zugleich aber läßt sich zeigen, daß die neuen Vorstellungen – und nicht zuletzt die Idee von Kunst als »Darstellen einer ›Wahrheit‹ durch Subjektivität«[169] – im frühneuzeitlichen Denken bereits angelegt waren und im Prinzip ontologischer Mimesis ihren Grund hatten. Sicher, die Begründungen änderten sich, und was im überlieferten Denken ein Moment innerhalb eines Ensembles von Momenten war, tritt jetzt in den Mittelpunkt – freilich sollte nur von einer Transformation überkommenen Gedankenguts, nicht aber von Ende und Neuanfang gesprochen werden. In die Krise gerät das klassische Renaissance-Ideal, ein metaphysischer Begriff von Welt, Mensch und Kunst, der die Einheit von ontischer und ontologischer Mimesis wie die geometrische Begründung dieser Einheit möglich machte, insbesondere aber das klassizistische Derivat dieses Ideals – der Begriff einer allgemeinen und schönen Natur –, in dem die Einheit von ontischer und ontologischer Mimesis zugunsten letzterer zurücktrat, Kunst zudem auf das sozial-hierarchische Prinzip des ›Decorum‹ sowie die Regeln eines gesellschaftlich eingeschränkten, nämlich höfisch-aristokratischen ›Geschmacks‹ zurechtgestutzt wurde. Auf der anderen Seite aber wird das Problem der Einheit von ontischer und ontologischer Mimesis im Denken der deutschen Klassik, vor allem Goethes, auf neuer Stufe wieder aufgenommen (von dorther fließt es, als Moment schöpferischen Anstoßes, in die emanzipatorischen Kunstbewegungen der frühen 19. Jh. ein). Selbst das klassizistische

Programm gewinnt im historischen Umkreis der Französischen Revolution einen neuen Sinn (von Jacques-Louis David bis Friedrich Schinkel), begründet durch eine neue (auf Rousseau zurückgehende) Interpretation des Begriffs der allgemeinen Natur. Idealisierende Kunstformen (in denen Vorstellungen einer ars perfectoria fortexistieren) spielen durchaus eine Rolle in den Künsten des 19. Jh., vor allem in Oper, Skulptur und Malerei. Zwar gilt mit Blick auf die romantische Bewegung, auf Lyrik und Instrumentalmusik, daß das Imitatio-naturae-Prinzip wie auch alle Konzepte, die Kunst auf die Abbildung externer Realitäten und quantitativer Regularitäten (im Sinne ontischer Mimesis) festlegen, in die Krise geraten und gegenüber dem Prinzip der Subjektsetzung zurücktreten. Aber in Programm und Praxis des realistischen Romans, der just mit der Wende vom 18. zum 19. Jh. seinen weltweiten Siegeszug beginnt, feiert das Prinzip realismustheoretischer Mimesis eine glanzvolle Wiederauferstehung; wie dann auch der Naturalismus, als Extremform realistischer Kunst, im Sinn einer Wiederkehr des Prinzips ontischer Mimesis, bezogen auf das positiv Gegebene, insbesondere das ›Milieu‹ einer sozialen Welt, zu deuten ist. Und mit gutem Grund gilt der Naturalismus als Schaltstelle des Übergangs vom 19. Jh. zur Moderne.

Die Grundtendenzen der begriffsgeschichtlichen Transformation lassen sich klar ausmachen. In deren Zusammenhang gehört auch der von Udo Schöning reich dokumentierte Tatbestand, daß »in der französischen ästhetischen Diskussion von Beginn der Frühromantik um 1800 bis zum vorläufigen Ende der Realismusdebatte um 1860 [...] eine signifikante Häufung der Spiegelmetapher«[170] zu konstatieren ist. Realismus und Subjektivität werden zu Grundprinzipien der Kunst im 19. Jh. und blieben es bis in die Moderne hinein, wo sich abermals eine radikale Transformation der ästhetischen Prinzipien und Bedeutungen vollzieht, Subjekt und Realität in die Krise geraten, an die Stelle der homophonen Organisation des Werks die polyphone tritt – mit dem Resultat eines neuen Begriffs von Realismus und Subjektivität, nicht mit deren Ende.

Ein erster entscheidender Schub zur Überwindung des reduktiven (klassizistischen) Imitatio-Konzepts war im 18. Jh. auf dem Boden der Musiktheorie erfolgt[171], und auch in Dramaturgie und Theorie des Theaters entwickelt sich zunehmend die Absage an frühaufklärerische und klassizistische Nachahmungstheorien, die in Lenz' *Anmerkungen übers Theater* (1774), in der Dramentheorie des Sturm und Drang insgesamt, insbesondere aber in der Shakespeare-Rezeption von Lessing bis Goethe sich durchsetzt. Mit steigender Emphase wird der Dichter als »Schöpfer«, »Verfertiger« und »Bildner«[172] verstanden. Eine Schlüsselrolle in der Formulierung dieses Gedankens spielt Goethes *Prometheus*: »Hier sitz' ich, forme Menschen / Nach meinem Bilde«[173]: Der Mensch ist Schöpfer seiner selbst, Kunst paradigmatische Selbstschöpfung. In diesen Zusammenhang gehört, wenn Wilhelm von Humboldt als »vollkommen objektive Definition der Kunst« die Bestimmung postuliert, diese sei »die Darstellung der Natur durch die Einbildungskraft«[174]. Der Konnex zwischen ontologischer Mimesis und Subjektivitätsprinzip (die Einbildungskraft als Vermögen des Subjekts bringt die Darstellung der Natur erst hervor) wird hier deutlich. Auch Formen romantischer Ästhetik, die Kunst als Subjektsetzung verstehen, setzen in repräsentativen Fällen ein ontologisch Allgemeines voraus, das den empirischen Subjekten vorausliegt.

In seiner ontologischen wie realismustheoretischen Dimension reicht das Mimesisprinzip selbst in das ästhetische Denken der klassischen deutschen Philosophie hinein. So greift Kant auf den ontologischen Mimesisbegriff (Mimesis als Nachschaffen der natura naturans) zurück, wenn er Genie als »angeborne Gemütsanlage (ingenium)« definiert, »*durch welche* die Natur der Kunst die Regel giebt«[175]. Der Künstler ahmt nicht die Dinge in

---

170 SCHÖNING (s. Anm. 8), 1 f.
171 Vgl. FONTIUS (s. Anm. 56), 214 ff.
172 Ebd., 212.
173 GOETHE, Prometheus (entst. 1773), in: GOETHE (WA), Abt. I, Bd. 2 (1888), 78.
174 WILHELM VON HUMBOLDT, Ueber Göthes ›Hermann und Dorothea‹ (1798), in: Humboldt, Werke in 5 Bänden, hg. v. A. Flitner/K. Giel, Bd. 2 (Darmstadt 1961), 145.
175 KANT, Kritik der Urteilskraft (1790), in: KANT (AA), Bd. 5 (1908), 307 (§ 46).

der Natur, d. h. in der natura naturata nach, sondern die Handlungen der natura naturans, die Operationen der Physis.[176] Diese Unterscheidung hatten bereits Bodmer und Breitinger getroffen, wenn sie die Einführung des Wunderbaren in der Kunst damit begründeten, daß es sich dabei um die ›Nachahmung‹ der natura naturans gemäß den Gesetzen von Vernunft und Offenbarung handele, und damit dann auch (im Widerspruch zu Gottsched) die Darstellung möglicher Welten in der Kunst rechtfertigten.[177] Auf den konstitutiven Unterschied zwischen natura naturata und natura naturans als den Gegenständen künstlerischer Nachahmung verweist noch Schelling in der Schrift *Über das Verhältnis der bildenden Künste zu der Natur* von 1807.[178] Schiller begründet in *Über naive und sentimentalische Dichtung* (1795–1796) die unterschiedlichen Arten sentimentalischer Dichtung, wie überhaupt den Unterschied zwischen sentimentalisch und naiv, aus den Differenzen im Verhältnis von Wirklichkeit und Kunst.[179] Die Spiegelmetapher verwendet er an einer weltanschaulichen Schlüsselstelle (nämlich im Rahmen der für die Ausbildung historisch-ästhetischen Denkens in Deutschland zentralen Homerrezeption) in dem Gedicht *Die vier Weltalter*, wo es über Homer als Urbild des Dichters heißt:»Ihm gaben die Götter das reine Gemüth, / Wo die Welt sich, die ewige, spiegelt, / Er hat alles gesehn, was auf Erden geschieht, / Und was uns die Zukunft versiegelt.« Mit Bezugnahme auf die Homerische Schildmetapher, heißt es über das mimetische Tun des Dichters weiter:»Und wie der erfindende Sohn des Zeus / Auf des Schildes einfachem Runde / Die Erde, das Meer und den Sternenkreis / Gebildet mit göttlicher Kunde, / So drückt er ein Bild des unendlichen All / In des Augenblicks flüchtig verrauschenden Schall.«[180] Der mimetische Akt verleiht dem Augenblick Dauer: Es ist signifikant, daß die Metapher des Augenblicks hier den gleichen, oder doch einen sehr ähnlichen, Sinn besitzt wie bei Goethe, in dessen Gedicht *Das Göttliche* über den Menschen gesagt wird:»Er unterscheidet, / Wählet und richtet; / Er kann dem Augenblick / Dauer verleihen«[181]. Dem Augenblick Dauer verleihen, das ist die Arbeit der Kunst.

Auch in Hegels Theorie der Handlung in den *Vorlesungen zur Ästhetik* (1835–1838) ist der Mimesisbegriff der Aristotelischen *Poetik* präsent. So entwirft die kategoriale Reihe Weltzustand – Situation – Handlung ein Modell der Struktur gesellschaftlich-geschichtlichen Handelns, das mit Blick auf Aristoteles als mimetisches Modell verstanden werden kann.[182] Die Theorie der Handlung kongruiert mit der in der *Ästhetik* gegebenen Grundbestimmung der Kunst als »sinnliches Scheinen der Idee«[183]: Kunst ist anschauendes Begreifen von Welt. Goethes Denken fußt auf der Aristotelischen, von Leibniz und Spinoza weiterentwickelten Vorstellung der Wirklichkeit als eines ganzheitlichen, gesetzmäßig verfaßten Zusammenhangs, dem eine ewig seiende, ›göttlich‹ genannte ursprüngliche Kraft immanent. Menschliches Sein ist ein Teil (Attribut) der umfassenden Natur. In diesem Sinn »ruht der *Stil*«, im Unterschied zur ›einfachen Nachahmung‹, »auf den tiefsten Grundfesten der Erkenntniß, auf dem Wesen der Dinge, in so fern uns erlaubt ist es in sichtbaren und greiflichen Gestalten zu erkennen«[184]. Ja, die literarischen Gattungen selbst – Lyrik, Epik und Drama – werden ontologisch verstanden als ›Naturformen‹: d. h. entelechische ›Urformen‹ (archetypische Muster), die in der Natur der Sache ihren Grund ha-

---

176 Vgl. JACQUES DERRIDA u. a., Mimesis des articulations (Paris 1975), 67; RECKI (s. Anm. 60), 119.
177 Vgl. BREITINGER, Bd. I (1740), 53–77; SUSI BING, Die Naturnachahmungstheorie bei Gottsched und den Schweizern und ihre Beziehung zu der Dichtungstheorie der Zeit (Würzburg 1934), 7; KOHL (s. Anm. 56), 67.
178 Vgl. RECKI (s. Anm. 60), 119; LOTHAR KNATZ, Die Philosophie der Kunst, in: H. G. Sandkühler (Hg.), F. W. J. Schelling (Stuttgart 1988), 119–121.
179 Vgl. METSCHER (s. Anm. 135), 24–36.
180 FRIEDRICH SCHILLER, Die vier Weltalter (1803), in: SCHILLER, Bd. 2/1 (1983), 193 f.
181 GOETHE, Das Göttliche (1783), in: GOETHE (WA), Abt. 1, Bd. 2 (1888), 84.
182 Vgl. METSCHER, Kunst als sozialer Prozeß (Köln 1977), 49–125; METSCHER, ›Tätigkeit, ästhetische‹, in: SANDKÜHLER, Bd. 4 (1990), 521–523.
183 HEGEL, Vorlesungen über die Ästhetik (1835–1838), in: HEGEL (TWA), Bd. 13 (1970), 151.
184 GOETHE, Einfache Nachahmung der Natur, Manier, Stil (1789), in: GOETHE (WA), Abt. 1, Bd. 47 (1896), 80.

ben und sich in der Dichtung aller Völker historisch ausbilden.[185] Die Auffassung von Kontinuität und Geltung des Mimesisprinzips wird von Birgit Reckis Untersuchung zum Prinzip der Naturnachahmung auch mit Blick auf die Moderne bestätigt.[186] Recki argumentiert gegen die Vorstellung, daß das Prinzip der Naturnachahmung auf die Abbildung der »Vorderseite der Dinge«[187] zu reduzieren sei und argumentiert, daß die klassische Moderne »keineswegs antimimetisch« sei. ›Natur‹ freilich sei hier nicht auf den Naturbegriff der Newtonschen Physik, als »Ensemble der meßbaren und nach mechanischen Gesetzen bestimmbaren Dinge« zu beschränken, sondern meine den »Inbegriff der wirkenden Kräfte, in deren Gesetzmäßigkeiten eingelassen wir auch uns selbst noch vorfinden«[188]. Nur die Nachahmung der natura naturata lege die Kunst auf ein naturalistisches Programm fest. Die Nachahmung der natura naturans meine allein das Prinzip, wie die Natur zu arbeiten. Es sei auch dort noch anwendbar, wo von Autonomie der Kunst die Rede ist.[189] Klees Diktum, »Kunst gibt nicht das Sichtbare wieder, sondern macht sichtbar«[190], wird für ein solches Mimesiskonzept in Anspruch genommen. Klees Blick sei auf die »formenden Kräfte« in der Natur gerichtet, seine Intention, »geheim Erschautes«[191] sichtbar machen. Auch Kandinsky verlasse zwar die »›Haut‹ der Natur, aber nicht ihre Gesetze«[192], und sein Wort »Werkschöpfung ist Weltschöpfung«[193] begreife Kunst in Analogie zur Natur, als Schöpfungsvorgang gleich der Natur, nicht als ihren Gegensatz.

1. Goethe

Goethes Weltanschauung als einen produktivpragmatischen Synkretismus zu charakterisieren meint die Vielschichtigkeit und hochgradige, stets sinnlich-gegenständlich orientierte Komplexität eines Denkens, das sich nicht systematisch aus gesetzten Prinzipien entfaltet, sondern die Geschichte des Denkens selbst – philosophisch, wissenschaftlich, theologisch, mythologisch, literarisch – als ein Reservoir von Materialien ansieht, aus dem das für einen bestimmten Zweck Dienliche zu übernehmen und diesem Zweck gemäß zu gebrauchen, meist zu verändern ist. Das unerhört Schöpferische und Neue bestand gerade in der Kühnheit des Gebrauchs dieser Materialien, vor allem in ihrem werkorientierten literarisch-ästhetischen Gebrauch. Dabei beruht dieser Pragmatismus, so wenig systematisch er in der Durchführung ist, in einem hohen Maß auf grundlegenden, rational einsehbaren Ideen. Die Grundpfeiler von Goethes Weltanschauung sind mit großer Deutlichkeit identifizierbar. So ist es vor allem die Tradition des ontologischen Realismus, der er sich verbunden wußte; die Positionen, von denen er sich abstößt, sind der mechanische Materialismus Newtons und des 18. Jh., der Idealismus in seiner exzessiv subjektivistischen Gestalt (Kant schätzte und studierte er), alle Formen religiöser Orthodoxie, vor allem die christliche. »Der Mensch ist als wirklich in die Mitte einer wirklichen Welt gesetzt«, schreibt er in den *Maximen und Reflexionen*, »und mit solchen Organen begabt, daß er das Wirkliche und [...] das Mögliche erkennen und hervorbringen kann«[194].

Die menschlich-geschichtliche Welt ist Teil der natürlichen, doch im Sinn der produktiven Herausbildung einer zweiten Natur innerhalb und in den Grenzen der ersten; Kultur, mit Herder, die Art und Weise, wie der Mensch »durch Nachah-

---

185 Vgl. GOETHE, Noten und Abhandlungen zum besseren Verständnis des West-Östlichen Divans (1819), in: GOETHE (WA), Abt. 1, Bd. 7 (1888), 118–120.
186 Vgl. RECKI (s. Anm. 60).
187 GOTTFRIED BOEHM, Das neue Bild der Natur. Nach dem Ende der Landschaftsmalerei, in: M. Smuda (Hg.), Landschaft (Frankfurt a. M. 1986), 91.
188 RECKI (s. Anm. 60), 118 f.
189 Vgl. ebd., 119.
190 PAUL KLEE, Schöpferische Konfession (1920), in: Klee, Schriften, Rezensionen und Aufsätze, hg. v. C. Geelhaar (Köln 1976), 118.
191 KLEE, Über die moderne Kunst (1924; Bern 1979), 43, 49.
192 WASSILY KANDINSKY, [Interview mit Karl Nierendorf] (1937), in: Kandinsky, Essays über Kunst und Künstler (Stuttgart 1955), 203.
193 KANDINSKY, Rückblicke (1913), in: Kandinsky 1901–1913 (Berlin 1913), XIX.
194 GOETHE, Maximen und Reflexionen über Literatur und Kunst, in: GOETHE (WA), Abt. 1, Bd. 42/2 (1907), 143.

mung, Vernunft und Sprache«[195] sein Leben meistert, mit dem Ziel, »die Humanität und Kultur unsres Geschlechts tiefer zu gründen und weiter zu verbreiten«[196]. Denn im Rahmen und in den Grenzen der natürlichen Welt kommt dem Menschen eine Sonderstellung zu. Der Mensch ist das einzige Wesen, das sich zu dem übrigen Seienden, wie zu sich selbst, reflexiv verhält. Innerhalb solcher Auffassung von Natur, Mensch und menschlicher Welt ist die Metapher des Spiegels verortet. Seine zentrale Rolle in Goethes Denken ist unbestritten, so umstritten seine Auslegung im einzelnen ist.

a) Paradigma Faust: Der Spiegel als ›phaenomenon bene fundamentum‹
In der Szene ›Anmutige Gegend‹, der prologischen Eröffnung des *Faust 2*, begrüßt der aus heilendem Schlaf erwachende Faust den neuen Tag im Zeichen der aufgehenden Sonne. Deren »ewiges Licht« erweckt die im Dunkel liegende Welt und gibt ihr Farben und Formen zurück, spendet »neuen Glanz und Deutlichkeit«, verwandelt »um mich her die Runde« zum »Paradies«[197]. Es ist das Licht, das diese Kraft der Verwandlung besitzt, die Sonne selbst, die Quelle des Lichts (hier spielt platonische Lichtmetaphysik, insbesondere die scholastische Lehre von Gott als ›prima lux‹ hinein) hat die Wirkung einer Blendung. Außerstande, den Anblick der Sonne zu ertragen, wendet Faust sich ab. Er blickt zurück auf die Erde, deren ›Schleier‹ vor den blendenden Strahlen der Sonne Schutz gewährt. Aus dieser Erfahrung – sie ist im strengen Sinn eine metaphysische Erfahrung zu nennen – zieht er den folgenreichen Schluß: »So bleibe denn die Sonne mir im Rücken! / Der Wassersturz, das Felsenriff durchbrausend, / Ihn schau' ich an mit wachsendem Entzücken. / Von Sturz zu Sturzen wälzt er jetzt in tausend, / Dann abertausend Strömen sich ergießend, / Hoch in die Lüfte Schaum an Schäume sausend. / Allein wie herrlich, diesem Sturm ersprießend, / Wölbt sich des bunten Bogens Wechseldauer, / Bald rein gezeichnet, bald in Luft zerfließend, / Umher verbreitend duftig kühle Schauer. / *Der* spiegelt ab das menschliche Bestreben. / Ihm sinne nach, und du begreifst genauer: / Am farbigen Abglanz haben wir das Leben.«[198]

Im Zentrum des Texts steht die Metapher des Spiegels, die hier in verschiedenen Varianten erscheint: als Schleier, Wassersturz mit Regenbogen, farbiger Abglanz – letztere bereits eine begriffliche Verallgemeinerung des metaphorischen Sinns. Dieser hat ästhetik- und erkenntnistheoretische, anthropologisch-ontologische und metaphysische Dimensionen; in einem solchen Maß, daß der Text in seiner Rezeptionsgeschichte alle diese Auslegungen erfuhr. Seine Kernbedeutung ist dabei prägnant genug: Faust kann den Anblick der Sonne nicht ertragen. Die Unmittelbarkeit des Absoluten ist ihm versagt. Er wird gezwungen, sich der Erde zuzuwenden, der Welt der Spiegelungen, der realen Reflexion: phänomenale Welt, in deren Brechungen allein das Absolute uns zugänglich ist. Der Wassersturz ist Metapher des Lebens selbst[199], dem der das Licht reflektierende Regenbogen zugehört. So kann dieser – genauer: die Widerspiegelungsrelation, die er ausdrückt: die Einheit von Wassersturz und Regenbogen – zum umfassenden Symbol des anthropologischen Orts werden, den der Mensch im Ganzen des Seienden einnimmt. Die ideengeschichtlichen Bezüge sind deutlich genug: Kants erkenntniskritische Apologie der notwendigen Phänomenalität unseres Welterkennens spielt hier hinein, doch mit radikaler anthropologisch-ontologischer Wendung; stärker aber noch Leibniz' Lehre der repraesentatio mundi, nach der das Allgemeine nur perspektivisch in der Gestalt des Besonderen, und damit als ›phaenomenon‹ erscheint –, aber ›bene fundamentum‹. Der Gedanke der Hinwendung zur (substantiell fundierten) erscheinenden Welt als dem Ort menschlichen Handelns – der Tätigkeit und Selbstverwirklichung – wird in Fausts Monolog geradezu programmatisch affirmiert.

---

[195] JOHANN GOTTFRIED HERDER, Ideen zur Philosophie der Geschichte der Menschheit (1784–1791), in: HERDER, Bd. 13 (1887), 367.
[196] Ebd., Bd. 14 (1909), 239.
[197] GOETHE, Faust. Der Tragödie Zweiter Theil (1831/1832), in: GOETHE (WA), Abt. 1, Bd. 15 (1888), 6.
[198] Ebd., 7.
[199] Vgl. GOETHE, Faust. Der Tragödie Erster Theil (ersch. 1808), in: GOETHE (WA), Abt. 1, Bd. 14 (1887), 163–169; HILMAR FRANK, Joseph Anton Koch. Der Schmadribachfall. Natur und Freiheit (Frankfurt a. M. 1995).

Das Absolute ist dem Menschen unvermittelt nicht zugänglich, so wenig ihm das absolute Innere der Natur, Spinozas natura naturans, die ›vis primitiva‹ als schöpferische Urkraft ohne Vermittlungen zugänglich ist. Zugänglich ist ihm allein die Welt der Erscheinungen, und das Absolute einzig auf dem Weg scheinhafter – symbolischer – Vermittlungen: über den Spiegelcharakter der Erscheinungen selbst. Mit erkenntnistheoretischer Wende hat Goethe diesen Gedanken im *Versuch einer Witterungslehre* (1825) ausgesprochen, wenn er resümiert, daß wir das Wahre »nur im Abglanz, im Beispiel, Symbol, in einzelnen und verwandten Erscheinungen« schauen; »wir werden es gewahr als unbegreifliches Leben und können dem Wunsch nicht entsagen, es dennoch zu begreifen«[200]. Von dieser Sicht her liegt der Gedanke nahe (er wird im Helena-Akt von *Faust 2* durchgespielt), die Schönheit, das Phänomen des Ästhetischen als höchste Form der Erscheinung zu begreifen. Die Kunst (nicht, wie Hegel es sah, die Philosophie) ist dann auch die höchste Gestalt der Wahrheit. Sie ist Spiegelung, in der uns das Absolute zugleich zugänglich und abwesend ist.

b) ›Wiederholte Spiegelung‹ und die Dialektik des Symbols
Ein Grundbegriff Goethes ist der der ›wiederholten Spiegelungen‹. Darin, »daß wiederholte sittliche Spiegelungen das Vergangene nicht allein lebendig erhalten, sondern sogar zu einem höheren Leben emporsteigern«, heißt es in dem Aufsatz *Wiederholte Spiegelungen* (1823), gleichen sie den »entoptischen Erscheinungen«, »welche gleichfalls von Spiegel zu Spiegel nicht etwa verbleichen, sondern sich erst recht entzünden«. Man gewinnt auf diese Weise »ein Symbol […] dessen, was in der Geschichte […] sich mehrmals wiederholt hat und noch täglich wiederholt«[201]. Der Spiegel fungiert hier als Metapher einer gesteigerten Erkenntnis.

Im Kontext von Goethes naturwissenschaftlichen Studien wächst ihm eine naturontologische, schließlich kosmologisch-metaphysische Bedeutung zu. Diese wird manifest in Goethes Begriff von Visualität, die in seiner Auffassung der medialen Stellung des Auges ihr Zentrum hat. Das Auge (in Goethes Denken gewinnt es, über seinen organisch-faktologischen Sinn hinaus, den einer

strengen Metapher) ist »Instrument *und* Zeugnis, ja Produkt der kosmischen Ordnung selbst – nicht nur als deren Gegenüber, sondern auch als deren Teil. Im Auge wird eine aller Weltzuwendung vorausliegende und von dieser nur zu bestätigende harmonische Weltordnung sinnfällig«[202], der wir uns allenfalls durch Analogie nähern können. Goethes Auge ist ein Spiegel: Im Auge »spiegelt sich von außen die Welt, von innen den Menschen«, so in einer Aufzeichnung aus dem Jahr 1805. »Die Totalität des Innern und Äußern wird durchs Auge vollendet.«[203] Das innere, entelechische »Gesetz« der Natur, bleibt »geheim«, »ein heiliges Rätsel«[204], ihm nähern wir uns durch Spiegelung und (die gleichfalls dem Prinzip der Spiegelung gehorchende) Analogie. »Jedes Existierende ist ein Analogon alles Existierenden«[205], bestätigen die *Betrachtungen im Sinne der Wanderer* – das Leibnizsche Echo ist unüberhörbar.

Dem Gedanken der dialektischen Doppeldeutigkeit des menschlichen Wesens, zugleich im Klaren und im Trüben zu sein (in einem existentiell-anthropologischen wie erkenntnistheoretisch-epistemologischen Sinn), hat Goethe in einem Julie von Egloffstein gewidmeten Gedicht – *An Julien* – Ausdruck gegeben. Dessen zweite Strophe lautet:»Spiegel hüben, Spiegel drüben, / Doppelstellung, auserlesen; / Und dazwischen ruht im Trüben / Als Krystall das Erdewesen.«[206] Die Lehre der entoptischen Farben klingt an, die besagt, daß diese Farben durch Einfall atmosphärischen Lichts, gelenkt durch die allmähliche Vermehrung der Spiegel, sichtbar werden. Die zwischen den Spiegeln durch ›wiederholte Spiegelung‹ aufleuchtenden Farben entwickeln sich, so fand Goethe experimentell bestätigt, »nach dem allgemeinen, längst

---

200 GOETHE, Versuch einer Witterungslehre (1825), in: GOETHE (WA), Abt. 2, Bd. 12 (1896), 74.
201 GOETHE, Wiederholte Spiegelungen (1823), in: GOETHE (WA), Abt. 1, Bd. 42/2 (1907), 56f.
202 Ebd., 192.
203 GOETHE, Das Auge (1805), in: GOETHE (WA), Abt. 2, Bd 5/2 (1906), 12.
204 GOETHE, Die Metamorphose der Pflanzen (1798), in: GOETHE (WA), Abt. 1, Bd. 1 (1887), 199.
205 GOETHE, Betrachtungen im Sinne der Wanderer (1829), in: GOETHE (BA), Bd. 11 (1963), 316.
206 GOETHE, Entoptische Farben. An Julien (1827), in: GOETHE (WA), Abt. 1, Bd. 3 (1890), 101.

bekannten, noch aber nicht durchaus anerkannten, ewigen Gesetz der Erscheinungen in und an dem Trüben«[207]. Der Mensch, in Goethes Rätselgedicht, erscheint, selbst Kristall (in klarer Durchsichtigkeit, aber auch: selbst spiegelnd; ›Kristall‹ assoziiert Spiegel, Klarheit, Festigkeit, Dauerhaftigkeit, auch Schönheit), zwischen Spiegel gestellt: im Trüben ruhend, in und an dem gleichwohl, kraft der wiederholten Spiegelungen, ungesehene Farben hervortreten. Am Spiegel »scheint die Vielfalt der Welt überhaupt erst auf«[208]. Zugleich markiert er die unüberschreitbare Grenze der Selbstreflexion.

Zum ontologischen Garanten der Spiegelordnung in Goethes Denken avanciert der Begriff des Symbols. Mit ihm versucht Goethe die dialektische Struktur des Spiegelgedankens – daß der Spiegel Offenbarung eines sich dem begrifflichen Zugriff Entziehenden ist, daß er deshalb zugleich enthüllt und verbirgt – in seiner sowohl ästhetiktheoretisch-anthropologischen wie erkenntnistheoretischen Bedeutung zu fassen. Ausdrücklich spricht er davon, daß ein Symbol »spiegelt«[209]. »Wahre Symbolik« ist ihm die »lebendig-augenblickliche Offenbarung des Unerforschlichen«[210]. Das Symbol liegt offen zutage und ist zugleich »geheimnisvoll am lichten Tag«. Es verwandelt »die Erscheinung in Idee, die Idee in ein Bild, und so, daß die Idee im Bild immer unendlich wirksam und unerreichbar bleibt und, selbst in allen Sprachen ausgesprochen, doch unaussprechlich bliebe«[211]. Es »ist die Sache, ohne die Sache zu sein, und doch die Sache; ein im geistigen Spiegel zusammengezogenes Bild, und doch mit dem Gegenstand identisch«[212]. Die Idee – das Wahre, das Absolute – ist im Bild allein zugänglich, außerhalb des Bildes unzugänglich und unaussprechlich. Im Bild ist sie anwesend und abwesend zugleich, und in dieser Doppeldeutigkeit *be-greifbar*. In diesem Sinn ist auch das Symbol eine Gestalt des Logos und nicht nur der theoretische Begriff; die einzige seiner Gestalten, die das Absolute auszudrücken vermag. So ist das Symbol der Ort – der einzig angemessene Ort – metaphysischer Erfahrung. Die Struktur des Symbols nun besitzt die Dichtung, denn diese ist dadurch ausgezeichnet, »im Besondern das Allgemeine« zu schauen, und die wahre Symbolik ist dort, wo »das Besondere das Allgemeine repräsentiert«[213]. Ein solches Konzept löst ein, was bereits der junge Goethe in einem Brief an Friedrich Heinrich Jacobi vom 21. 8. 1774 als sein poetisches Programm – »alles schreibens anfang und Ende« – begriff: »die Reproduktion der Welt um mich, durch die innre Welt die alles packt, verbindet, neuschafft, knetet und in eigner Form, Manier, wieder hinstellt«[214]. Das Symbol ist »die Sache, ohne die Sache zu sein, und doch die Sache; ein im geistigen Spiegel zusammengezogenes Bild, und doch mit dem Gegenstand identisch«[215]. So bleibt Totalität – innere und äußere Welt – nur im »farbigen Abglanz« des Spiegels zugänglich – des Mediums, das zugleich enthüllt und verbirgt –, zugänglich aber doch. Bis zuletzt blieb Goethe sich treu – war er, was er von Beginn an war: »Ich bin«, hat er an Schiller am 27. 4. 1798 geschrieben, »als beschauender Mann ein Stockrealiste«, »bei jeder Art von Tätigkeit, ich darf beinah sagen, vollkommen idealistisch«[216].

2. Subjektästhetik, Heterokosmos, Mimesis: Ambivalenzen des romantischen Bewußtseins

Die »Abkehr vom Grundsatz der Naturnachahmung« in der deutschen Romantik ist allgemein akzeptierte Auffassung der Forschung. Seit Mitte des 18. Jh. tritt in Deutschland die Vorstellung zu-

---

207 GOETHE, Die entoptischen Farben (1808/1810), in: GOETHE (WA), Abt. 2, Bd. 5/1 (1897), 268.
208 KONERSMANN (s. Anm. 5), 223.
209 GOETHE, Gespräch mit Eckermann (23. 10. 1828), in: Johann Peter Eckermann, Gespräche mit Goethe in den letzten Jahren seines Lebens (1836/1848; Berlin/Weimar 1982), 599.
210 GOETHE (s. Anm. 194), 151 f.
211 GOETHE, Maximen und Reflexionen über Kunst und Kunstgeschichte, in: GOETHE (BA), Bd. 18 (1972), 638.
212 GOETHE, Philostrats Gemählde und Antik und Modern (1816/1832), in: GOETHE (WA), Abt. 1, Bd. 49/1 (1898), 142.
213 GOETHE (s. Anm. 194), 146, 151.
214 GOETHE an Friedrich Heinrich Jacobi (21. 8. 1774), in: GOETHE (WA), Abt. 4, Bd. 2 (1887), 186 f.
215 GOETHE, Nachträgliches (entst. 1816–1832), in: GOETHE (WA), Abt. 1, Bd. 49/1 (1898), 142.
216 GOETHE an Schiller (27. 4. 1798), in: Goethe, Briefwechsel mit Friedrich Schiller, hg. v. K. Schmid (Stuttgart/Zürich/Salzburg 1964), 564.

rück, »Natur als *natura naturata* und Nachahmung als Wiedergabe von Naturgegebenem auszulegen. Mehr und mehr sah man vor allem die Dichtung als Werk an, […] in dem sich auch die schöpferische Macht des Menschen und die Reflexion auf diese schöpferische Macht erweist.«[217] Bei Jean Paul tritt ein utopisches Moment in die kunsttheoretischen Überlegungen ein: Dichtung wird zum antizipierenden Spiegel. Sie sei »kein platter Spiegel der Gegenwart, sondern der Zauberspiegel der Zeit, welche nicht ist«[218] – wie überhaupt sentimentalisch-romantische Dichtung durch einen »Sinn der Zukunft« (60) ausgezeichnet sei. Dichtung ist Heterokosmos: »die einzige *zweite* Welt in der hiesigen«« (30). In ihr wird eine doppelte Natur dargestellt: die wechselseitige Spiegelung von objektiver und subjektiver Wirklichkeit; Jean Pauls Dichtungsbegriff schließt »die Mediatisierung aller Widerspiegelung etablierter Wirklichkeit ein«[219]. Die Spiegelmetapher verwendet auch Wackenroder – sie findet sich in der Romantik häufiger als allgemein angenommen wird. So nennt er Natur und Kunst »zwei magische Hohlspiegel […], die mir *alle Dinge der Welt sinnbildlich abspiegeln*, durch deren Zauberbilder hindurch ich *den wahren Geist aller Dinge erkennen und verstehen lerne*«[220]. Für August Wilhelm Schlegel ist Kunst Poiesis, die er gegen die Mimesis ausspielt (*Vorlesungen über schöne Litteratur und Kunst*). Poiesis, als Seinsgrund alles Ästhetischen, ist »freye schaffende Wirksamkeit der Fantasie«, die Umwandlung alles Naturgegebenen nach den Gesetzen des menschlichen Geistes. Nicht die Natur gibt der Kunst die Regel, sondern »der Mensch ist in der Kunst Norm der Natur«[221]. An diesem Punkt, im Extrem der romantischen Subjektästhetik, scheint in der Tat eine radikale Umkehr kunsttheoretischen Denkens vollzogen. Kunst will hier als reine Subjektsetzung verstanden werden, ihre Prinzipien sollen keinen anderen Grund haben als die autonome menschliche Subjektivität. In diesem Gesichtspunkt liegt der Keim der folgenreichen Auffassung (sie öffnet die Tür zur Kunstmetaphysik der Moderne), welche Kunst zum *metaphysicum* par excellence hypostasiert: zum sinnstiftenden Absolutum in einer sinnentleerten Welt. So ist für Novalis die Poesie »das ächt absolut Reelle. Dies ist der Kern meiner Phil[osophie]. Je poetischer, je wahrer«[222]. Hier,

wie auch bei Friedrich Schlegel, avanciert die poetische Phantasie zum Weltprinzip. »Keine Poesie, keine Wirklichkeit«[223], konstatiert dieser lakonisch. In einer solchen Konstruktion werden Naturnachahmung und Dichtung zu absoluten Antithesen. In Anlehnung an die Kantische Terminologie spricht Novalis von der ›transzendentalen Poesie‹, welche »die Gesetze der *symbolischen Construktion* der transscendentalen Welt begreift«[224]. Dichtung soll »ästhetisches Modell der produktiven […] Operationen […] des transzendentalen Ich werden«[225]. Es ist das Programm einer absoluten Poesie. Das Paradigma solcher Poesie ist keine Gestalt der Dichtung mehr, sondern die Musik. Für Friedrich Schlegel ist sie Kunst schlechthin: »Jede K[unst] hat μουσ [musikalische] Princ[ipien] und wird vollendet selbst Musik«[226]. »Der Geist«, assistiert Tieck in den *Phantasien über die Kunst* (1797/1798), »kann sie nicht mehr als Mittel, als Organ brauchen, sondern sie ist Sache selbst«. Die Töne können »für sich in einer abgeschlossenen Welt leben«[227]. Die Musik, heißt das, ist autonom, absolute Produktion und Konstruktion. In der Bestimmung des Gegenstandes der Musik freilich greift Friedrich Schlegel, ohne sich der Tragweite dieses Rückgriffs, wie es scheint, bewußt zu sein, auf das Argu-

217 WOLFGANG PREISENDANZ, Zur Poetik der deutschen Romantik 1: Die Abkehr vom Grundsatz der Naturnachahmung, in: H. Steffen (Hg.), Die deutsche Romantik. Poetik, Formen und Motive (Göttingen 1967), 54, 56.
218 JEAN PAUL, Vorschule der Ästhetik (1804), in: JEAN PAUL (MILLER), Abt. 1, Bd. 5 (1963), 447.
219 PREISENDANZ (s. Anm. 217), 60.
220 WILHELM HEINRICH WACKENRODER/LUDWIG TIECK, Phantasien über die Kunst, für Freunde der Kunst (Hamburg 1799), 29.
221 A. W. SCHLEGEL, Vorlesungen über schöne Litteratur und Kunst (1801–1804), in: Deutsche Literaturdenkmale des 18. und 19. Jh., hg. v. J. Minor, Bd. 1 (Heilbronn 1884), 10, 104.
222 NOVALIS, Über Goethe. Nr. 473 (1798), in: NOVALIS, Bd. 2 (²1965), 647.
223 FRIEDRICH SCHLEGEL, Athenäumsfragment 350 (1798), in: SCHLEGEL (KFSA), Bd. 2 (1967), 227.
224 NOVALIS, Logologische Fragmente, Nr. 48 (1798), in: NOVALIS, Bd. 2 (²1965), 536.
225 PREISENDANZ (s. Anm. 217), 63.
226 F. SCHLEGEL, Ideen zu Gedichten (1798), in: SCHLEGEL (KFSA), Bd. 16 (1981), 213.
227 WACKENRODER/TIECK (s. Anm. 220), 120f., 119.

ment ontologischer Mimesis zurück, wenn er diesen Gegenstand als ›Leben‹ bestimmt:»Das Objekt d[er] *Musik* ist das *Leben*«, wie überhaupt das »Leben, ewiges Leben« »der wahre Gegenstand der Fantasie«[228] sei. Ausdrücklich verwendet Schlegel in diesem Zusammenhang die Begriffe der ›Nachbildung‹ und ›Allegorie‹:»Alle heiligen Spiele der Kunst sind nur ferne Nachbildungen von dem unendlichen Spiele der Welt, dem ewig sich selbst bildenden Kunstwerk. [...] alle Schönheit ist Allegorie.«[229] In seiner Definition des Begriffs romantischer Universalpoesie kommt er auf die Spiegelmetapher zurück, wenn er sagt, nur die romantische Universalpoesie könne »gleich dem Epos ein Spiegel der ganzen umgebenden Welt, ein Bild des Zeitalters werden. Und doch kann auch sie am meisten zwischen dem Dargestellten und dem Darstellenden, frei von allem realen und idealen Interesse auf den Flügeln der poetischen Reflexion in der Mitte schweben, diese Reflexion immer wieder potenzieren und wie in einer endlosen Reihe von Spiegeln vervielfachen«[230]. Das moderne Kunstwerk vermag die Leistung des alten, Darstellung der Totalität der Welt und Bild des Zeitalters zu sein, dann zu erfüllen, wenn es die Qualität eines unendlichen Reflexionsprozesses besitzt. Höchste Moderne – die in einer endlosen Reihe von Spiegelungen sich potenzierende Subjektivität – und klassische Mimesistheorie gehen

hier eine bedeutsame Symbiose ein. Dabei aber beweist sich unabweisbar die Kraft des Mimesisgedankens. Ein analoges Beispiel einer solchen Symbiose findet sich bei A. W. Schlegel, wenn dieser sich gegen Aristoteles' Konzept der Nachahmung wendet, Kunst als »freye umbildende Darstellung« bestimmt und den Begriff der künstlerischen Genialität mit Hilfe eines Spiegelkonzepts erläutert, das unverkennbar in Leibnizschem Denken seinen Grund hat: »wegen der durchgängigen Wechselbestimmung aller Dinge«, schreibt er, »ist jeder Atom Spiegel des Weltalls. Der Mensch ist aber das erste uns bekannte Wesen, das nicht blos für eine fremde Intelligenz Spiegel des Weltalls wäre, sondern weil seine Thätigkeit in sich zurück geht, es auch für sich selbst seyn kann. Die Klarheit nun, der Nachdruck, die Fülle, die Allseitigkeit, womit sich das Weltall in einem menschlichen Geiste abspiegelt, und womit sich wiederum dieses Abspiegeln in ihm spiegelt, bestimmt den Grad seiner künstlerischen Genialität, und setzt ihn in den Stand, eine Welt in der Welt zu bilden«[231]. In der ›Vorerinnerung‹ seiner *Geschichte der klassischen Literatur* (1803) schreibt er:»wie in der Natur so auch in der Kunst jede echte, vollständige und deutlich umgrenzte Einheit ein Spiegel des großen Ganzen«[232]. In den Ausführungen zu Kants *Kritik der Urteilskraft* kommt er auf das natura-naturans-Konzept zurück, wenn er von der »schaffenden Natur« als von der »großen universellen Künstlerin«[233] spricht.

In solchen Widersprüchen und Ambivalenzen – dem Sprung vom extremen Subjektivismus zur klassischen Idee der Mimesis – nimmt die romantische Theorie vieles von der Moderne vorweg. Sie tut es, am produktivsten vielleicht, im Motiv der Antizipation. So findet Jean Pauls Wort: die Dichtung »malt auf der Vorhang der Ewigkeit das zukünftige Schauspiel; sie ist [...] Spiegel [...] der Zeit, welche nicht ist«[234], sein Echo in Kafkas Notiz »Kunst ist ein Spiegel, der ›vorausgeht‹ wie eine Uhr«[235].

Die Idee der Dichtung (verallgemeinert: der Kunst) als Heterokosmos – als ›zweite Natur‹, »created by the poet in an act analogous to God's creation of the world«[236] – ist der Kerngedanke des romantischen Subjektivitätsprinzips: Das künstlerische Ich kommt erst dort im vollen Umfang zu sich selbst, wo seine Produktionen absolute Schöp-

---

228 F. SCHLEGEL, Ideen zu Gedichten (1798), in: SCHLEGEL (KFSA), Bd. 16 (1981), 218, 225.
229 F. SCHLEGEL, Gespräch über die Poesie (1800), in: SCHLEGEL (KFSA), Bd. 2 (1967), 324.
230 F. SCHLEGEL, Athenäumsfragment 116 (1798), in: SCHLEGEL (KFSA), Bd. 2 (1967), 182f.
231 A. W. SCHLEGEL, Über das Verhältniss der schönen Kunst zur Natur (entst. 1802, ersch. 1808), in: W. Jaeschke (Hg.), Früher Idealismus und Frühromantik: Der Streit um die Grundlagen der Ästhetik (1795–1805) (Hamburg 1995), 330, 334.
232 A. W. SCHLEGEL, Geschichte der klassischen Literatur (1803), in: Schlegel, Kritische Schriften und Briefe, hg. v. E. Lohner, Bd. 3 (Stuttgart u.a. 1964), 13.
233 Ebd., Bd. 2 (Stuttgart u.a. 1962), 98.
234 JEAN PAUL (s. Anm. 218), 447.
235 GUSTAV JANOUCH, Gespräche mit Kafka. Aufzeichnungen und Erinnerungen (Frankfurt a.M./Hamburg 1961), 100.
236 ABRAMS (s. Anm. 80), 272.

fung sind. Die entschiedensten Äußerungen der deutschen Romantiker sind unmißverständlich von dieser Auffassung getragen; sie spielt deutlich genug auch in die romantischen Versionen der Spiegelmetapher hinein. Dabei ist der Gedanke weder auf die deutsche Romantik beschränkt, noch ist er von der Romantik erfunden worden; vielmehr ist er über lange geschichtliche Vermittlungen in die Romantik gelangt. Wie stark er im Grundansatz mit dem Prinzip ontologischer Mimesis kollaboriert, läßt sich sehr deutlich an A. W. Schlegels *Vorlesungen über schöne Litteratur und Kunst* von 1801–1804 studieren. Die Kunst, heißt es dort, müsse die produktive Kraft der Natur nachahmen: »Sie soll wie die Natur selbständig schaffend, organisirt und organisirend, lebendige Werke bilden, die nicht erst durch einen fremden Mechanismus, wie etwa eine Penduluhr, sondern durch inwohnende Kraft [angestoßen werden – d. Verf.] [...]. Auf diese Weise hat Prometheus die Natur nachgeahmt, als er den Menschen aus irdischen Thon formte, und ihn mit einem von der Sonne entwandten Funken belebte«.[237] In der *Biographia Literaria* nimmt Coleridge den Gedanken auf und verleiht ihm mit der Unterscheidung von primärer und sekundärer Imagination eine zusätzliche Differenzierung. »Primary Imagination« ist originäre Schöpferkraft: »a repetition in the finite mind of the eternal act of creation in the infinite I am. The secondary Imagination I consider as an echo of the former [...] differing only in degree, and in the mode of its operation«[238] – im Kern eine subjektivistische Variante der alten Idee der natura naturans: die Vorstellung eines sich unaufhörlich in das sinnlich wahrnehmbare Weltall fortzeugenden Gottes. »This creative process is reflected in the primary imagination by which all individual minds develop out into their perception of this universe, and it is echoed again in the secondary, or re-creative imagination which is possessed only by the poet of genius«[239].

Auch für Shelley ist Dichtung »the expression of the imagination«, »connate with the origin of man«[240]; ›imagination‹, als höchstes geistiges Vermögen, der Vernunft (reason) übergeordnet. Ein Gedicht ist »the very image of life expressed in its eternal truth« (210), Dichter sind »the institutors of laws, and the founders of civil society« (207). Dich-

tung ist die höchste der Künste, denn Sprache »is a more direct representation of the actions and passions of our internal being [...] than colour, form, or motion«. Die Sprache, im Unterschied zu allen anderen künstlerischen Medien, »is arbitrarily produced by the imagination and has relation to thoughts alone«. So ist sie »as a mirror which reflects [...] the light«, die Medien der anderen Künste dagegen nur wie eine Wolke, die das Licht abschwächt (»as a cloud that enfeebles«, 208). Sie ist das paradigmatische Vermögen menschlicher Totalität, und zwar im Hinblick auf Zeit und Raum. Aus diesem Grund sind für Shelley die Dichter »the mirrors of the gigantic shadows which futurity casts upon the present«, »the trumpets which sing to battle«, »the unacknowledged legislators of the world« (233).

Die auf dem Prinzip ästhetischer Subjektivität aufbauende Idee von Kunst als Heterokosmos ist der Grund, vor dem die romantischen Theorien in unterschiedlichen Varianten die auch für sie offenkundig unverzichtbare Spiegelmetapher durchspielen. In *On Poetry in General* (1818) kombiniert William Hazlitt den Spiegel mit einer Lampe, um zu demonstrieren, wie der Dichter eine Welt widerspiegelt, die bereits in ein von ihm selbst projiziertes emotionales Licht getaucht ist. »The light of poetry not only a direct but also a reflected light, that while it shows the object, throws a sparkling radiance on all around it.«[241] Das Bild der Licht werfenden Lampe (es ist neuplatonischer Herkunft) ist bei den englischen Romantikern eine beliebte Metapher für die Tätigkeit des schöpferischen Geistes.[242] Die Lampe freilich als simplen Gegensatz zur Spiegelmetapher aufzufassen, wäre eine Fehlinterpretation: Deutlich genug ist sie als Reflexionsmetapher zu identifizieren. Sie benennt

237 A. W. SCHLEGEL (s. Anm. 221), 102.
238 SAMUEL TAYLOR COLERIDGE, Biographia literaria (1800–1815), hg. v. G. Watson (London 1906), 167.
239 ABRAMS (s. Anm. 80), 283.
240 PERCY BYSSHE SHELLEY, A Defence of Poetry (1821), in: Shelley, Selected Poetry and Prose, hg. v. A. Macrae (London/New York 1991), 205.
241 WILLIAM HAZLITT, On Poetry in General (1818), in: Hazlitt, Complete Works, Bd. 5 (London/Toronto 1930), 3.
242 Vgl. ABRAMS (s. Anm. 80), 60.

Selbstreflexivität als Grund der poetischen Schöpfung. Der Gedanke der Dichtung als Selbstoffenbarung avanciert zum Leitmotiv der Dichtungsauffassung des späten 18. wie des 19. Jh. So sind für Thomas Carlyle Shakespeares Werke »so many windows, through which we see a glimpse of the world that was in him«[243]: Der Heterokosmos der Kunst wird zur Offenbarung der Persönlichkeit.

Der ›Dichtergeist‹ als Spiegel nicht der Natur, sondern der inneren Welt des Dichters – diese Auffassung ist durchaus kompatibel mit dem Begriff eines literarischen Realismus. So schreibt Heine: »Wie aber der Riese Antäus unbezwingbar stark blieb, wenn er mit dem Fuße die Mutter Erde berührte, und seine Kraft verlor, sobald ihn Herkules in die Höhe hob, so ist auch der Dichter stark und gewaltig, solange er den Boden der Wirklichkeit nicht verläßt«, um zugleich festzustellen: »In dem Dichtergeiste spiegelt sich nicht die Natur, sondern ein Bild derselben, das dem getreuesten Spiegelbilde ähnlich, ist dem Geiste des Dichters eingeboren; er bringt gleichsam die Welt mit zur Welt, und wenn er [...] zum Bewußtsein seiner selbst gelangt, ist ihm jeder Teil der äußeren Erscheinungswelt gleich in seinem ganzen Zusammenhang begreifbar: denn er trägt ja ein Gleichbild des Ganzen in seinem Geiste, er kennt die letzten Gründe aller Phänomene, die dem gewöhnlichen Geiste rätselhaft dünken, und auf dem Wege der gewöhnlichen Forschung nur mühsam, oder gar nicht, begriffen werden«[244]. Der emphatische Künstlerbegriff der romantischen Tradition wird bei Heine verbunden mit dem realistischen Gedanken wirklichkeitszugewandter Kunst. Dichtung ist Reflexion der Reflexion: Widerspiegelung der im ästhetischen Subjekt widergespiegelten Welt. Weil dieses aber ein Bild der Welt in seinem Innern trägt, ist die Dichtung auch ein treues, gleichwohl subjektiv-perspektivisch gebrochenes Bild der Welt. In den Zusammenhang der Auffassung, daß in der Kunstproduktion, aus der Tiefe des Subjektiven heraus, eine andere Welt geschaffen wird, die höchste Objektivität verkörpert und Wirklichkeit in der Darstellung spiegelt, gehören auch Rilkes Gedanken zu Rodin. So schreibt er zum »monumentalen Prinzip« von dessen Kunst: »Mit solchen Mitteln konnte er weithin sichtbare Dinge schaffen, Dinge, die nicht nur von der allernächsten Luft umgeben waren, sondern von dem ganzen Himmel. Er konnte mit einer lebendigen Fläche, wie mit einem Spiegel, die Fernen fangen und bewegen, und er konnte eine Gebärde, die ihm groß schien, formen und den Raum zwingen, daran teilzunehmen.«[245]

3. Subjektverlust, Kunstmetaphysik und Ästhetizismus: Zur Krise der modernen Kunst

Die Krise der Kunst, die seit dem ausgehenden 19. Jh. alle ästhetischen Formen erfaßt, ist Ausdruck der Krise der Gesellschaft, in der die Künste stehen. In diese Krise sind sämtliche Kategorien der bürgerlichen Kultur hineingerissen, nicht zuletzt die ästhetischen. Dies gilt gerade auch für die traditionellen Werkformen und die Begriffe, mit denen sie verstanden werden. Subjektivität als ästhetisches Prinzip wird problematisiert und demontiert, es verfällt der programmatischen Kritik. Die Figur des autonomen Ich löst sich auf und zerbricht. Sie wird ersetzt durch eine Vielzahl von Subjektformen, eine Pluralität der Subjektkategorie selbst, die sich nicht auf eine Figur vereinheitlichen läßt. Sie reicht von der entfremdeten, deformierten, leeren Subjektivität der Beckettschen Dramen und Romane zum sozialen oder kollektiven Subjekt bei Brecht und Peter Weiss; der deutlichste Gegensatz zum autonomen Individuum traditioneller Kunst sind insgesamt jene Subjektformen, in denen das Ich sich nur in der Dialektik zum Anderen hat. Nach wie vor aber gilt, daß das Schicksal des menschlichen Subjekts in den Künsten ablesbar wird, wir uns in ihnen seiner vergewissern.

Der Gedanke der Kunst als Heterokosmos wirkt, nicht zuletzt über die Vermittlung Baudelai-

---

243 THOMAS CARLYLE, On Heroes, Hero-Worship, and the Heroic in History (1841), in: Carlyle, The Works, hg. v. H. D. Traill, Bd. 5 (London 1897), 110.
244 HEINRICH HEINE, Die romantische Schule (1835), in: Heine, Werke und Briefe, hg. v. H. Kaufmann, Bd. 5 (Berlin 1961), 97, 469.
245 RAINER MARIA RILKE, Auguste Rodin (1902/1908; Wiesbaden 1949), 65.

res, weit in die Moderne hinein.[246] In unterschiedlichen Varianten findet sich die Heterokosmosidee in der Ästhetik der klassischen Moderne. So verbirgt sich in der Auffassung von Wyndham Lewis, daß der Künstler nicht die Natur nachahmen, sondern ihr gleich werden müsse, wolle er sein Ziel nicht verfehlen[247], die alte Vorstellung, daß der Künstler *wie* die Natur und damit eine ›zweite Natur‹ schaffe. Eine klassische Variante ist T. S. Eliots Theorie des Kunstwerks als »objective correlative«[248]. Zu ihr gehört der Gedanke einer Totalität und Einheit künstlerischer Tradition von Homer bis in die Gegenwart[249], der jedes neue Werk sich einzugliedern hat. Sie findet sich in der auf Nietzsche zurückgehenden Formmetaphysik Gottfried Benns[250]: Form als Totalisation, als autonomer, kommunikationsloser Ausdruck des Geistes, einzige Sinninstanz in einer sinnentleerten Welt. Und sie findet sich, mit ausdrücklichem Bezug auf die Spiegelmetapher, in W. H. Audens poetologischer Dichtung *The Sea and the Mirror* (entst. 1941–1947). ›Sea‹ und ›mirror‹ stehen für Wirklichkeit und Kunst. »You yourself, we seem to remember«, schreibt Auden (mit ›you‹ ist Shakespeare gemeint), »have spoken of the conjured spectacle as a ›mirror held up to nature‹, a phrase [...] indicative at least of one aspect of the relation between the real and the imagined, *their mutual reversal of value* [Hervorh. v. Verf.]«[251]. Umkehrung der Werte meint, daß nicht mehr die Natur (im Sinne materieller Wirklichkeit) das ontologische Erste ist, sondern die Kunst. Die See, als Metapher für Wirklichkeit, steht für Chaos (»unrectored chaos«[252]). Zugleich steht sie für die Welt der Gegenwart, die charakterisiert ist durch Negativität und Entfremdung: Unordnung, Ortlosigkeit, Kommunikationsverlust, Zerbrechen kultureller und psychischer Identitäten, individuelle und soziale Pathologie sind Attribute der Moderne als einer Gesellschaft, in der noch der Traum von Versöhnung ›Teil unserer Strafe‹ sei, die Differenz zwischen Tod und Leben getilgt. Im unversöhnbaren Gegensatz zum Chaos der wirklichen Welt verkörpert die Kunst das Prinzip der Ordnung, einzige Garantin eines metaphysischen Sinns. So avanciert sie zum innerweltlichen Absolutum, ja zum verborgenen *theologicum*. Als ein solches fungiert sie als absolute ethische Instanz: Sie ist Gericht, das über das falsche Leben richtet. Audens Text ist symptomatisch für die Kunstmetaphysik der ästhetischen Moderne. Die Grundargumentation findet sich bei einer Vielzahl von Autoren und läßt sich noch im ästhetischen Denken des späten Adorno nachweisen.

Eine weitere Form der Krisenerfahrung von bürgerlicher Gesellschaft und Kunst und zugleich Gestalt der ins Existentielle gewendeten Kunstmetaphysik ist der Ästhetizismus des ausgehenden 19. Jh. – kunsttheoretisch ein später Abkömmling der romantischen Heterokosmosidee sowie der Versuch, die Idee des Subjekts in der Figur der sich selbst genießenden ästhetischen Existenz zu retten. Dem Ästhetizismus ist Kunst – umfassender noch: eine ästhetisierte Daseinsweise – die einzige wahre Wirklichkeit; Wirklichkeit jenseits der als leer durchschauten bürgerlichen Welt, jenseits aber auch jeder moralischen Verantwortung – ›jenseits von Gut und Böse‹.

a) Paradigma Dorian Gray: Der Spiegel als Entlarver des falschen Lebens

Mit *The Picture of Dorian Gray* (1890/1891) hat Oscar Wilde den Ästhetizismus, den er selbst in Teilen seiner persönlichen Existenz repräsentierte, einer erbarmungslosen Kritik unterzogen. Der Roman erzählt die Geschichte des jungen, schönen Dorian Gray, der, zum hedonistischen Selbst-

---

246 Vgl. HUGO FRIEDRICH, Die Struktur der modernen Lyrik. Von Baudelaire bis zur Gegenwart (Hamburg 1956); KARLHEINZ BARCK, Baudelaires Ästhetik der Modernität. Widerspiegelung und Vergegenständlichung als Probleme einer Poetik, in: Schlenstedt (s. Anm. 19), 291–358.
247 Vgl. TIMOTHY MATERER, Vortex – Pound. Eliot and Lewis (London 1979), 109.
248 THOMAS STEARNS ELIOT, Hamlet (1919), in: Eliot, Selected Prose (Harmondsworth 1953), 107.
249 Vgl. ELIOT, Tradition and the Individual Talent (1919), in: ebd., 23 ff.
250 Vgl. GOTTFRIED BENN, Nach dem Nihilismus (1932), in: Benn, Das Hauptwerk, hg. v. M. Schlüter, Bd. 2 (Wiesbaden/München 1980), 62–72.
251 WYSTEN HUGH AUDEN, The Sea and the Mirror (entst. 1941–1947), in: Auden, For the Time Being (London 1966), 39.
252 Ebd., 33.

genuß verführt, ewige Jugend und Schönheit begehrt. Der Wunsch, statt seiner möge sein Bildnis altern, wird ihm erfüllt. Als Preis ist er bereit, seine Seele zu geben. Die darauf folgende Geschichte Dorians ist die eines sich steigernden psychischen und moralischen Verfalls. Die ästhetische Daseinsform, die er verkörpert, erfüllt sich in ausschweifendem Genuß. Sie geht über Leichen. Den von ihm verschuldeten Selbstmord einer jungen Schauspielerin stilisiert er zu einem Theaterstück von »terrible beauty of a Greek tragedy«[253]. Er erstickt sein Gewissen und führt ein Leben monomanen Daseinsgenusses. Den Maler seines Bildnisses, der seinen Verfall erkennt, ermordet er. Zuletzt tötet er sich selbst, als er auf sein Bildnis einsticht, um dieses zu zerstören.

Dieses Bildnis ist der Schlüssel zum Verständnis Dorians, des Texts, der tragischen Ironie, mit der Wilde just das als barbarisch dekuvriert, was er als Person vertritt: den Ästhetizismus. Denn das Bild zeigt Dorian Gray unbestechlich die Wahrheit über sich selbst, verzeichnet treulich seine physische, psychische und moralische Deformation – es ist »diary of my life from day to day« (154). »It held the secret of his life, and told his story« (91). In seinem Bildnis findet das schuldhafte Ich sich erkannt und gerichtet. Der Spiegel der Kunst ist die vergegenständlichte Gestalt des Gewissens, und das Gewissen *ist* nur in dieser vergegenständlichten Form. »Gold hair, blue eyes, and rose-red lips – they all were there. It was simply the expression that had altered. That was horrible in its cruelty. [...] His own soul was looking out at him from the canvas and calling him to judgment.« (119)

So ist Wildes Roman eine Apotheose der Wahrheitsauffassung der Kunst – die Kunst ist höchste Erkenntnis, höchste Gestalt ethischen Selbstbewußtseins, und damit zugleich die erbarmunglose Selbstdenunziation des Ästhetizismus. Sie entlarvt das Falsche des schönen Scheins der ästhetischen Existenz. »I shall show you my soul. You shall see the thing that you fancy only God can see« (153), verkündet er dem entsetzten Maler, bevor er ihn, der zum Zeugen wird, ersticht. Das Bild ist »mirror of his soul«, ein »unjust mirror« (222) wie er sich einzureden versucht, um dann doch die unabänderliche Gerechtigkeit des Urteils zu erkennen. Im Versuch, das gegenständlich gewordene Gewissen zu töten, bringt er sich selbst um. Als die Diener in die verschlossene Dachkammer eindringen, finden sie das Bild an der Wand, das ihren Herrn in seiner Jugend und Schönheit zeigt, auf dem Boden aber den bis zur Unkenntlichkeit entstellten Leichnam. Der Spiegel der Kunst führt den hedonistischen Narziß zur Selbsterkenntnis – die er nicht erträgt und die doch Teil seiner selbst ist, weil der Spiegel er selbst ist als sein anderes Ich, als Seele und Gewissen; das Andere, dessen Besitz allein dem zersplitterten Ich seine Identität zurückgeben könnte. So ist der Akt der Zerstörung des Spiegel-Ichs identisch mit Selbstzerstörung.

4. Der wandernde Spiegel: Realismus als ästhetisches Prinzip

Im Rückblick auf die Geschichte der Künste, ihrer Theorien und Programmatiken erscheint der Realismus als die dominierende Formation schlechthin, wobei mit ›Realismus‹ keine besondere Stilrichtung, Epoche oder Kunstform, sondern ein ästhetisches Prinzip gemeint ist. Als solches betrifft der Realismus »das Verhältnis von Werk und Wirklichkeit, den Wirklichkeitsgehalt des Werks. Realistisch ist [...] ein Kunstwerk, in dem [...] eine wesentliche Wirklichkeit ausgedrückt ist«[254]. Grundkriterium des Realismus ist somit die künstlerische Weltentdeckung.[255]

Realistische Kunst ist ›Interpretation durch Darstellung‹[256], wobei diese Darstellung in den unterschiedlichsten materialen Medien erfolgen kann. Prinzipiell ist realistische Kunst in allen Künsten möglich, doch sind die ästhetischen Hauptformen des Realismus in der Neuzeit Roman, Drama, Malerei, Skulptur, später auch Film und Fotografie. Vor allem aber der Roman hat sich von seinen

---

253 OSCAR WILDE, The Picture of Dorian Gray (1890/1891), hg. v. I.. Murray (London/New York/Toronto 1974), 100.
254 HOLZ (s. Anm. 74), 135.
255 Vgl. LOTZ (s. Anm. 69), 197.
256 Vgl. ERICH AUERBACH, Mimesis. Dargestellte Wirklichkeit in der abendländischen Literatur (1946; Bern ⁴1967), 515.

IV. Das Mimesisprinzip vom ausgehenden 18. Jahrhundert zur Moderne

frühen Formen an dem Prinzip des Realismus unaufkündbar verschrieben.[257] Er entsteht in Opposition zum Antirealismus der aristokratischen romance-Tradition[258] im Zusammenhang mit der sich ausbildenden bürgerlichen Gesellschaft, und zwar als deren paradigmatische literarische Form.[259] In zeitlicher Versetzung hat er sich bis zur Mitte des 19. Jh. in allen europäischen Kernländern als diese Form durchgesetzt. Seine Entstehung wird begleitet von intensiv geführten programmatischen Reflexionen; in diesem Zusammenhang wächst der Spiegelmetapher eine neue Bedeutung zu.

Das auf den aristotelischen Mimesisbegriff zurückgehende Prinzip des ästhetischen Realismus hat in der neuzeitlichen Geschichte der Künste verschiedene Traditionslinien, je nach den Kunstarten und Gattungen, in deren Zusammenhang es auftritt. Es verbirgt sich in sehr unterschiedlichen Terminologien. Wenn Herder sagt, Shakespeare spreche »die Sprache aller Alter, Menschen und Menschenarten, ist Dollmetscher der Natur in all ihren Zungen«, so meint dies, daß in Shakespeare die Totalität menschlicher Welt zu Worte kommt: »eine Welt Dramatischer Geschichte, so groß und tief wie die Natur«[260]. Gleiches gilt für Goethe, wenn er Shakespeares Theater »einen schönen Raritäten Kasten« nennt, »in dem die Geschichte der Welt vor unsern Augen an dem unsichtbaaren Faden der Zeit vorbeywallt«[261]. Der ›Kasten‹ (= ›Guckkasten‹) tritt hier an die metaphorische Stelle des ›Spiegels der Welt‹. Shakespeare, so Goethe in *Shakespeare und kein Ende!* (1815), sei der ›Verschwätzer‹ der Geheimnisse des Weltgeists: »Shakespeare gesellt sich zum Weltgeist; er durchdringt die Welt wie jener; beiden ist nichts verborgen; aber wenn des Weltgeists Geschäft ist, Geheimnisse vor, ja oft nach der That zu bewahren, so ist es der Sinn des Dichters, das Geheimnis zu verschwätzen und uns vor, oder doch gewiß in der That zu Vertrauten zu machen.« Die Wirklichkeit aufdeckende Funktion der Dichtung – Kunst als höchste Erkenntnisform – wird hier in prägnante Worte gefaßt. Die verborgene Wahrheit der Wirklichkeit, in der gewöhnlichen Welt ein ›Geheimnis‹, offenbart sich in Shakespeares Kunst – »das Geheimniß muß heraus, und sollten es die Steine verkünden«[262].

Früh wurde die Verbindung der Romanform mit der empirischen Welt der Fakten von den Romanautoren selbst erkannt. Defoe pries *Robinson Crusoe* (1719/1720) als »a just History of Fact« ohne »any Appearance of Fiction«[263]. »Der englische Roman der Frühaufklärung gründet seinen Wahrheitsanspruch auf die Behauptung, daß die Erzählung eine verläßliche Wiedergabe des Selbsterlebten darstelle«[264]. So unterstellt selbst Swift *Gulliver's Travels* (1726) der (freilich ironischen) Fiktion des selbsterlebten Reiseberichts.[265] Alain René Le Sages *Gil Blas* (1715–1735) soll »représenter la vie telle qu'elle est«[266]. Sogar der englische Schauerroman stellt den programmatischen Anspruch, aller »invention« zum Trotz »the possibility of the facts« und »truth«[267] zu vertreten. In Deutschland würdigt Johann Heinrich Merck »des würklich sinnlichen Menschen«[268] Gabe zu sehen und zu erzählen, und Herder sah selbst »Homers

---

257 Vgl. THEODOR W. ADORNO, Noten zur Literatur I (Frankfurt a. M. 1958), 61; ARNOLD KETTLE, Introduction to the English Novel, Bd. 1 (London 1972), 32.
258 Vgl. KETTLE (s. Anm. 257), 25–36.
259 Vgl. ADORNO (s. Anm. 257), 61; WERNER KRAUSS, Zur französischen Romantheorie des 18. Jahrhunderts (1963), in: Jauß (s. Anm. 168), 69.
260 HERDER, Shakespear (1773), in: HERDER, Bd. 5 (1891), 219, 221.
261 GOETHE, Zum Shakespeares Tag (1771), in: GOETHE (WA), Abt. 1, Bd. 37 (1896), 133.
262 GOETHE, Shakespeare und kein Ende! (1815), in: GOETHE (WA), Abt. 1, Bd. 41/1 (1902), 55.
263 DANIEL DEFOE, Preface to Robinson Crusoe (1719), in: W. F. Greiner (Hg.), English Theories of the Novel, Bd. 2 (Tübingen 1970), 26.
264 ISER, Möglichkeit und Illusion im historischen Roman, in: Jauß (s. Anm. 168), 135.
265 Vgl. JONATHAN SWIFT, Gulliver's Travels (1726), in: Swift, Gulliver's Travels and Selected Writings in Prose and Verse, hg. v. J. Hayward (London 1990), 5–8.
266 ALAIN RENÉ LE SAGE, Histoire de Gil Blas de Santillane (1715–1735), in: Le Sage, Œuvres (Paris 1876), 15.
267 HORACE WALPOLE, The Castle of Otranto (1763; London 1950), 8, 6.
268 JOHANN HEINRICH MERCK, Ueber den Mangel des Epischen Geistes in unserm lieben Vaterland (1778), in: E. Lämmert (Hg.), Romantheorie 1620–1880. Dokumentation ihrer Geschichte in Deutschland (Frankfurt a. M. 1988), 159.

Gedichte« als »Romane in ihrer Art«[269] an. Zunehmend gewann die Auffassung an Boden, daß sich die Nachahmung statt des Allgemeinen und Idealen der Erschließung des Einzelnen anzunehmen hat. Das Nachahmungsprinzip war der Idealisierungsformel nicht mehr unterstellt.

Theoriegeschichtlich freilich war das Idealisierungsproblem damit keineswegs vom Tisch, es stellte sich vielmehr auf neuer Ebene, so etwa in der deutschen Klassik. Wilhelm von Humboldt bezeichnet es als »die allgemeinste Aufgabe aller Kunst«, »das Wirkliche in ein Bild zu verwandeln«[270], was bedeute, »diese ungeheure Masse einzelner und abgerissener Erscheinungen in eine ungetrennte Einheit und ein organisiertes Ganzes zu verwandeln« (140). Damit aber hebt der Künstler »die Natur aus den Schranken der Wirklichkeit empor und führt sie in das Land der Ideen hinüber«, seine »Individuen in Ideale« (143) umschaffend. In den Zusammenhang der sich international konstituierenden Romantheorie gehört der von Schelling und Friedrich Schlegel unternommene Versuch, den Empirismus des modernen Romans mit der philosophischen Reflexion zu versöhnen. So schreibt Schelling in der *Philosophie der Kunst*, der Roman »soll ein Spiegel der Welt, des Zeitalters wenigstens, sein«, um fortzufahren: »und so zur partiellen Mythologie werden«. Der Roman sei »die letzte Läuterung des Geistes, [...] die Frucht, jedoch mit Blüten gekrönt«[271].

»Die Annäherung der Theorie des Romans an das, was wir Realismus nennen«, geht nach Werner Krauss in Frankreich auf das frühe 18. Jh. zurück. Bereits bei Helvétius »erscheint der Roman [...] als ein jeweiliger Reflex der Zeitverhältnisse«[272]. Kriterium der wahren Romankunst wird die Geschichtlichkeit. Dieser Gesichtspunkt – Geschichtlichkeit – wird tragend in der Ausbildung des historischen Romans, die paradigmatisch in England erfolgt. Sie ist eng mit der Frage nach Wirklichkeitsgebundenheit der Romanwelt verknüpft. Um sein Ziel, die »Darstellung menschlicher Erfahrung« zu erreichen, sah sich Fielding genötigt, »die Unmittelbarkeit des Wirklichen aufzuwerten«, stand damit aber vor dem Problem, »die Prinzipien menschlichen Verhaltens deutlich zu machen«[273], weil sich Wirklichkeit nach Fieldings Auffassung dem unmittelbaren Zugriff der Darstellung entzieht. Es ist Aufgabe des »Genius«, im »Labyrinths of Nature«[274] zwischen dem Schein und den Wesensformen der Dinge zu unterscheiden. Zu diesem Zweck werden »Humanity« (die Tugenden, die die Wesensform des menschlichen Verhaltens bilden), »Learning« und »Experience«[275] angerufen. Über Fielding führt die Linie zum historischen Roman Scotts. Gemäß seiner Theorie stellt sich »historische Wirklichkeit als eine vom jeweiligen Standort des Augenzeugen abhängige räumliche und zeitliche Schichtung der Vergangenheit dar«[276], als Summe also der perspektivischen Spiegelungen, die ihren Grund haben in der »foundation in fact«[277]. Historische Vergangenheit wird in »subjektiven Spiegelungen vergegenwärtigt«[278]. Das Prinzip der imitatio naturae ist durch das der imitatio historiae ersetzt.

»Der Weg, auf dem der Roman zu einer eigenen Theorie gelangte, [...] ist ein Kapitel in der Geschichte der Auslegungen, das das Nachahmungsprinzip zwischen Klassik und Moderne erfuhr.« In dieser Geschichte geht es um »Wahrheit und Wahrscheinlichkeit romanhafter Mimesis«. Diderot gründet seine neue Apologie des Romans darauf, daß dieser »nicht mehr eine romanhaft-unwirkliche Fiktion [...], sondern ein wahres Abbild der uns umgebenden, geschichtlich-alltäglichen Welt geschaffen habe«[279]. In diesem Zusammenhang rückt das lebenswahre kleine Detail in den Rang eines Kernkriteriums für die Erzeugung einer vollkommenen Wirklichkeitsillusion. Dabei ist die ästhetische Wahrscheinlichkeit den »vérités de dé-

---

269 HERDER, Briefe zur Beförderung der Humanität (1796), in: HERDER, Bd. 18 (1883), 110.
270 HUMBOLDT (s. Anm. 174), 137.
271 SCHELLING, Philosophie der Kunst (entst. 1802/1803), in: SCHELLING (SW), Abt. 1, Bd. 5 (1859), 676.
272 KRAUSS (s. Anm. 259), 62 f.
273 ISER (s. Anm. 264), 136.
274 FIELDING (s. Anm. 149), Bd. 2 (London 1974), 685.
275 Ebd., 687.
276 ISER (s. Anm. 264), 146.
277 WALTER SCOTT, Waverley, or 'Tis Sixty Jears Since (1805–1814), hg. v. E. Rhys (London 1906), 447.
278 ISER (s. Anm. 264), 156.
279 HANS ROBERT JAUSS, Nachahmungsprinzip und Wirklichkeitsbegriff in der Theorie des Romans von Diderot bis Stendhal, in: Jauß (s. Anm. 168), 157 f.

tail«[280] nachzuordnen, deren Wahrheit »aus der Übereinstimmung mit der Erfahrung des Lebens entspringt«[281]. Diderot variiert das platonische Höhlengleichnis in dem Sinn, daß der Dichter das Licht in die Höhle trägt, nicht um eine idealere und schönere Natur hinter der Wirklichkeit des Lebens, sondern um »le cours général des choses qui m'environnent«[282] zu enthüllen. Kunst ist Sichtbarmachen des im Alltag Verborgenen. Diderots Apologie des Romans wird von Madame de Staël fortgesetzt, wenn bei ihr dem Roman im Vergleich mit Drama und Geschichtsschreibung der »Vorrang in der *imitation du vrai*« zukommt, er ihr als höchste Form der Wahrheit gilt. Für Victor Hugo ist es die Aufgabe des neuen Romans, »das Leben in seiner Totalität darzustellen«. Das Wort ›drame‹ avanciert »zum Inbegriff des Lebens selbst«[283]; der historische Roman, als »roman dramatique«[284], ist universales Kunstwerk. Für Hugo bezeichnet der Begriff des Realen (»le réel«[285]) »ungleich mehr als das ›Wirkliche‹ der alltäglichen Umwelt, nämlich das umfassende Ganze der als Schöpfung verstandenen Welt«[286], es wird »in Analogie zur Totalität des Lebens als totale Poesie des Dramas gefaßt«[287].

Nichts kennzeichnet Stendhals Wende zum antiromantischen »aktualistischen Roman«[288] mehr als dessen Devise: »Facta, facta, nihil praeter facta«, von der er glaubte, daß sie eines Tages zum »épigraphe de tout ce qu'on écriva sur l'homme«[289] werden könne. Das Nachahmungsprinzip seiner Romane entwickelt er »mit Vorliebe von der Spiegelmetapher aus«[290]. Bereits im Vorwort zu *Armance* stellt er die rhetorische Frage: »Est-ce leur faute si des gens laids ont passé devant ce miroir? De quel parti est un miroir?«[291], um den Einbezug des Häßlichen und Gewöhnlichen in den Roman zu rechtfertigen, und im 49. Kapitel von *Le Rouge et le Noir* findet sich die berühmt gewordene Passage: »un roman est un miroir qui se promène sur une grande route. Tantôt il reflète à vos yeux l'azur des cieux, tantôt la fange des bourbiers de la route. Et l'homme qui porte le miroir dans sa hotte sera par vous accusé d'être immoral! Son miroir montre la fange, et vous accusez le miroir! Accusez bien plutôt le grand chemin où est le bourbier, et plus encore l'inspecteur des routes qui laisse l'eau croupir et le bourbier se former.«[292] Stendhal ent-

wickelt hier das Prinzip einer bewußt auswählenden und zugleich aleatorischen Spiegelung unter dem Gesichtspunkt des »Evokativen und Suggestiven«. Seine realistische Methode verknüpft »den Verismus möglichst scheinloser Wirklichkeitsdarstellung mit dem Kunstideal der perspektivischen Auswahl und des evokativen Details«[293]. Der »wandernde Blickpunkt«[294] ist der des Autors/Erzählers; erst mit Gustave Flaubert setzt sich die »fausseté de la perspective«[295] als Prinzip der Darstellung, damit der personale Roman durch und macht die vollkommene »impersonalité de l'œuvre«[296] möglich. Die Tendenz zur Verselbständigung des Spiegels ist jedoch unübersehbar. Das aleatorische Moment bedeutet den Versuch, den Akt der Spiegelung jeder Manipulation zu entziehen.[297]

Stendhals Gebrauch der Spiegelmetapher ist nicht statisch, sondern funktional. Im dritten Vorwort zu *Lucien Leuwen* erscheint das Publikum als Kranker, der sich im Spiegel des Buches erkennt,

---

280 DIDEROT, Eloge de Richardson (1761), in: Diderot, Œuvres esthétiques, hg. v. P. Vernière (Paris 1988), 35.
281 JAUSS (s. Anm. 279), 161 f.
282 DIDEROT (s. Anm. 280), 31.
283 JAUSS (s. Anm. 279), 164, 171.
284 VICTOR HUGO, Sur Walter Scott, à propos de ›Quentin Durward‹ (1823), in: Hugo, Œuvres complètes. Philosophie I (Paris 1882), 251.
285 HUGO, Préface de ›Cromwell‹ (1827), in: Hugo, Théâtre complet, hg. v. R. Purnal/J.-J. Thierry/J. Mélèze, Bd. 1 (Paris 1963), 425.
286 JAUSS (s. Anm. 279), 172.
287 SCHÖNING (s. Anm. 8), 144.
288 JAUSS (s. Anm. 279), 173.
289 STENDHAL, Histoire de la peinture en Italie (1817), in: Stendhal, Œuvres complètes, hg. v. V. Del Litto/E. Abravanel, Bd. 27 (Genf 1969), 64.
290 JAUSS (s. Anm. 279), 174.
291 STENDHAL, Armance (1827), in: Stendhal (s. Anm. 289), Bd. 5 (Genf 1971), 5.
292 STENDHAL, Le Rouge et le Noir (1830), in: ebd., Bd. 2 (Genf o. J.), 224.
293 JAUSS (s. Anm. 279), 175 f.; vgl. SCHÖNING (s. Anm. 8), 116 f.
294 JAUSS (s. Anm. 279), 176.
295 GUSTAVE FLAUBERT an Mme Roger des Genettes (1ère quinzaine d'octobre 1879), in: Flaubert, Correspondances, Bd. 8 (Paris 1930), 309.
296 FLAUBERT an Mlle Leroyer de Chantepie (18. 3. 1857), in: ebd., Bd. 4 (Paris 1927), 164.
297 Vgl. SCHÖNING (s. Anm. 8), 117.

diese Erkenntnis jedoch abwehrt und den Spiegel zertrümmert.[298] Er hat die Metapher des Spiegels nicht nur in bezug auf den Roman, sondern auch in bezug auf Musik und Malerei verwendet. So bezeichnet er eine Landschaft Constables als »miroir de la nature«[299], weil der Maler kein Ideal habe, und in seinem Buch über Rossini sagt er über den singenden Italiener: »Son chant est, si l'on veut, comme un miroir dans lequel il s'observe«[300]. Die zentrale Rolle, die der Spiegel im ästhetischen Denken Stendhals spielt, erklärt sich durch Gebrauch und Verbreitung der Metapher als Mittel ästhetischer Selbstverständigung in Frankreich zwischen 1800 und 1860 insgesamt.[301] Schöning konstatiert für diese Zeit ein Überwiegen produktionsästhetischer Überlegungen. Die Spiegelmetapher wurde durch verschiedene Wörter ausgedrückt, die wichtigsten sind ›miroir‹, ›réflexion‹, ›reflet‹ sowie die Verben ›réfléchir‹ und ›refléter‹. Dabei ist ›miroir‹ konkreter als ›réflexion‹ und ›reflet‹ und die davon abgeleiteten Verben. Daher wurden Spiegelungsweise und Spiegelbild meist mit der Metapher des ›miroir‹ erfaßt, wogegen für den Vorgang häufiger auf ›réflexion‹ und ›reflet‹ bzw. die entsprechenden Verben zurückgegriffen wurde.[302] Die Studie demonstriert die Fähigkeit der Spiegelmetapher (hier: eines metaphorischen Wortfelds), eine große Zahl von Bedeutungsdifferenzierungen auch im Rahmen eines theoretischen Diskurses – des Redens über ästhetische Pro-

grammatik und Selbstverständigung – auszudrükken.

Die Kulmination des Programms der Darstellung einer aktuellen gesellschaftlichen Welt, die zugleich umfassend, im Detail genau, in den Handlungen wahrscheinlich und in den Charakteren typisch ist, stellt die *Comédie Humaine* Balzacs dar. Zum Zweck der Darstellung der ganzen Gesellschaft wendet der Autor das Verfahren des ›Typisierens‹ an: »Il y a des situations qui se représentent dans toutes les existences, des phases typiques, et c'est là l'une des exactitudes que j'ai le plus cherchées.«[303] Der ›totale Gegenstand‹ der Darstellung erfordert also einmal die ›szientifische‹ Methode seiner Bearbeitung, zugleich aber auch die Transformation des Erzählers selbst, der vom Geschichtenerzähler zum ›Geschichtserzähler‹ avanciert – das intendierte Werk nennt Balzac so lang wie eine Weltgeschichte.

Das Programm umfassender Wirklichkeitsdarstellung, die immer auch eine »Bewußtmachung von Wirklichkeit«[304] bedeutet, hat der literarische Realismus – im Roman, im Drama, später auch in der Lyrik – über zahlreiche Transformationen hinweg in einer Vielzahl theoretischer wie formaler Varianten bis in unsere Tage beibehalten: über den Objektivismus des personalen Romans, den Positivismus der naturalistischen Bewegung, die großen Formen moderner Epik – von Joyce bis Weiss und Toni Morrison –, den ›magischen Realismus‹ der Lateinamerikaner, den Neorealismus großer Teile gegenwärtiger Weltliteratur. Für diesen Zusammenhang ist es nicht zufällig, daß am Beginn der Moderne gerade der Naturalismus steht, in dem der Naturbegriff eine Resurrektion erfährt.[305] Zu Recht stellt Peter Bürger fest, daß die ästhetische Moderne nicht auf den Subjektausdruck eingeschränkt werden darf, »sondern gerade auch das (seiner Intention nach objektivistische) Eindringen der Fülle des Wirklichen ins Kunstwerk als Merkmal der Moderne«[306] zu begreifen ist. In diesen Zusammenhang gehört das Credo des jungen Joyce: »Welcome, O life. I go to encounter for the millionth time the reality of experience and to forge in the smithy of my soul the uncreated conscience of my race«[307] ebenso wie Virginia Woolfs programmatische Aussage: »A writer has to keep his eye upon a model that moves, that

---

298 Vgl. STENDHAL, Lucien Leuwen. Troisième préface (1836), in: Stendhal (s. Anm. 289), Bd. 9 (Genf o. J.), 7.
299 STENDHAL, Salon de 1824, in: ebd., Bd. 47 (Genf 1972), 47.
300 STENDHAL, La vie de Rossini (1824), in: ebd., Bd. 22 (Genf 1968), 10.
301 Vgl. SCHÖNING (s. Anm. 8), 1 f.
302 Vgl. ebd., 272 f.
303 HONORÉ DE BALZAC, La Comédie Humaine: Avant-Propos (1842; Paris 1935), 14.
304 ANNA SEGHERS an Georg Lukács (28. 6. 1938), in: LUKÁCS, Bd. 4 (1971), 351.
305 Vgl. ARNO HOLZ, Die Kunst. Ihr Wesen und ihre Gesetze (Berlin 1891), 117.
306 PETER BÜRGER, Prosa der Moderne (Frankfurt a. M. 1988), 29.
307 JAMES JOYCE, A Portrait of the Artist as a Young Man (1916; New York 1956), 253.

changes, upon an object that is not one object but innumerable objects. Two words alone can cover all that a writer looks at – they are, human life.«[308] Strukturell ist die ästhetische Moderne zwischen die – oft in einem Werk zusammentretenden – Extreme von Subjektivismus und Objektivismus, Wirklichkeitszuwendung und Abstraktion gespannt.

In keinem anderen Werk der literarischen Moderne wird die Intention auf Totalität in der gleich radikalen Form vertreten und eingelöst wie in Peter Weiss' *Ästhetik des Widerstands* (1975–1981). Bereits formal ist der Text eine höchste Gestalt kultureller Synthesis: als Einheit von Romanform, ästhetischer Theorie, Werkinterpretation, Kunstkritik, Geschichtsschreibung und politischer Theorie, strukturell von Avantgarde und Realismus; sein Gegenstand ist Zeitgeschichte als Geschichte der Arbeiterbewegung und des proletarischen Widerstands in der Zeit des Faschismus, die Geschichte Europas und die Geschichte der Welt.[309] Der Schlüssel zu dieser umfassenden Synthesis liegt im Konzept der umfassenden epistemischen Leistung der Künste, das die *Ästhetik des Widerstands* als Text ästhetisch exemplifiziert und zugleich theoretisch erläutert.[310]

Nach dieser Konzeption ist die Kunst die Form höchster epistemischer Synthesis: Sie allein ist imstande, ästhetisches, begrifflich-wissenschaftliches und alltagspraktisches Wissen in *einer* epistemischen Form zusammenzuschließen. Dabei bleibt der Kern der Kunstauffassung von Weiss mimetisch-wirklichkeitsbezogen. In der Erfahrung der Künste tritt den Betrachtenden ein »dauerhaftes Wirklichkeitsbild«[311] entgegen. »Gesteigerte Wirklichkeit« (177), »Bilder der Welt« (185) sind neben »Abbildung« (351), »Spiegelung« (76), »Spiegeln« (55) synonym verwendete Grundwörter für die mimetische Orientierung der *Ästhetik des Widerstands*. Die Einheit des Mannigfaltigen in der ästhetischen Erfahrung wird explizit mit dem Spiegelbegriff erläutert, wenn es heißt: »Ebensowenig wie wir die Vorstellung akzeptierten von einer exklusiven Kunst, die für spezifisch Gebildete geschaffen war, konnten wir uns damit begnügen, daß es eine auf die arbeitende Klasse besonders zugeschnittene künstlerische Sprache geben müsse [...]. In den Übergängen von einer Stilart zur an-dern, in einer plötzlichen Befreiung der Bewegung, der Gestik, der Farbe, ließen sich soziale Umwälzungen ablesen, doch immer war in der Mannigfaltigkeit der Spiegelungen, der visuellen Konzentrationen, eine Einheit zu finden, alles gab einander Nahrung, befragte, antwortete einander, und nichts war so entlegen, daß es nicht verständlich wäre.« (76) Weiss' Kunstauffassung ist auch im politischen Sinn unzweideutig marxistisch. Der Gesichtspunkt, unter dem Kunst in der *Ästhetik des Widerstands* erscheint, ist der proletarischer Selbstbefreiung. Kunst ist Konstitution des Selbstbewußtseins der Gattung in proletarischer Perspektive, Verlautbarung des Standpunkts der Unterdrückten: als Sinnartikulation, kulturelle Identitätsfindung, Widerstandsform, utopische Antizipation, Kraft der Befreiung. Zur Bedingung der Befreiung gehört, den Herrschenden die kulturelle Hegemonie streitig zu machen: der Kampf um den Besitz des kulturell Überlieferten, und zu diesem gehört an erster Stelle das überlieferte Wissen aller Wissensformen. Die Aneignung des Überlieferten dient dem Zweck, die proletarischen Subjekte selbst in den Stand autonomer Produzenten zu setzen, der Ausbildung umfassender produktiver Fähigkeiten, nicht zuletzt auch des Vermögens zur künstlerischen Produktion. Kunst eröffnet für Weiss historische Distanz und erschließt zugleich die Erkenntnis der Gegenwart in historischer Perspektive. Sie ist Abbild der besonderen geschichtlichen Welt, in der sie entsteht, und zugleich Modell eines unabgeschlossenen Geschehens. Sie enthält unverjährte Bilder nach vorn. Ja sie vermag zum Medium der revolutionären Veränderung selbst zu werden, und zwar gerade in ihrer Einheit von Wirklichkeitsdurchdringung und

---

308 VIRGINIA WOOLF, The Leaning Tower (1940), in: Woolf, The Moment and Other Essays (London 1952), 105.
309 Vgl. METSCHER, Ästhetik des Widerstands, in: Metscher, Der Friedensgedanke in der europäischen Literatur. Studien zum Verhältnis von Literatur und Humanität (Fischerhude 1984), 165–198.
310 Vgl. HEEWON LEE, Kunst, Wissen und Befreiung. Zu Peter Weiss' Ästhetik des Widerstands (Frankfurt a. M. u. a. 2001), 41–45.
311 PETER WEISS, Ästhetik des Widerstands, Bd. 1 (Frankfurt a. M. 1976), 86.

visionärer Schau. Sie ist »eine ständige, überall vorhandene Kraft zur Erneurung« (78).

Thomas Metscher

V. Widerspiegelung als Fundamentalkategorie im Marxismus

Zu einer elaborierten Theorie wurde das Widerspiegelungskonzept erst in der Philosophie des Marxismus. Widerspiegelung ist ein Terminus, der nicht allein für ästhetische Sachverhalte gebraucht wird; vielmehr ist der ästhetische Widerspiegelungsbegriff, der die Struktur des mimetischen Charakters des Kunstwerks benennt, eine Spezifikation des allgemeineren erkenntnistheoretischen und dieser wieder ist ein Moment eines ontologischen Theorems[312]; in dieser weiteren und grundlegenden Fassung entwirft das Widerspiegelungstheorem ein Modell, dem gemäß das Verhältnis von Denken und Sein, von Geist und Natur begriffen werden kann. Als Modell erhebt es nicht den Anspruch auf Abbildhaftigkeit, sondern auf Strukturisomorphie.

Eine rationale Konstruktion der Totalität kann nirgends anders als bei der *Idee* des Gesamtzusammenhangs anfangen (als ein Apriori, das die Bedingung möglicher Erfahrung, einschließlich der Erfahrung der Praxis ausmacht); und sie muß das Prinzip der Verknüpfung der Einzelnen entwickeln, um an dem noch unbestimmten Ganzen die Formbestimmungen seiner Differenziertheit und damit den Grund der Mannigfaltigkeit aufscheinen zu lassen. In einem dialektischen Weltmodell muß also die Pluralität der Substanzen mit der Einheit der Welt so verbunden sein, daß das Ganze als Grund der Singularität jedes seiner Teile und jeder Teil als Bedingung des Ganzen erscheint. Das Weltmodell des Widerspiegelungstheorems konstruiert mithin die Totalität der Seienden als materielles Verhältnis. Die unendliche Bewegtheit der materiellen Welt erscheint aber im Spiegel des Begriffs als Werden des Wissens, und das Denken, das ja die ideelle Tätigkeit der einzelnen innerweltlich seienden Denkenden ist, erscheint dann als Widerspiegelung der materiellen Welt, die dialektischen Formbestimmungen des Denkens erscheinen als Spiegelformen des materiellen Weltprozesses. Die Widerspiegelungstheorie liefert so das Modell für den dialektischen Begriff von Welt als Totalität materieller Verhältnisse und damit zugleich den Grund für den besonderen Widerspiegelungscharakter des Denkens im Verhältnis zum Sein. Und da die materiellen Verhältnisse Vergangenes als Bedingung des Gegenwärtigen und Mögliches (und damit Zukünftiges) als reales Moment komplexer Relationen und als Bedingung ihrer Bewegtheit enthalten, kann bewußte Widerspiegelung sich auch auf die zeitlich-modalen Dimensionen von Erinnerungen, Antizipationen und Fiktionen (deren Gegenstände insgesamt scheinbar nicht real im Sinne von faktisch präsent sind) erstrecken.

Der kategoriale Aufbau des Widerspiegelungsmodells in der marxistischen Philosophie – der einzigen, die überhaupt systematisch mit dem Widerspiegelungsbegriff gearbeitet hat – ist nie hinreichend untersucht worden. Widerspiegelung wurde – wenn nicht bloß als eine lockere Metapher – als Terminus nur in gnoseologischer Funktion gebraucht. (Eine Ausnahme bildet Todor Pavlov, der aber der Ästhetik keine Aufmerksamkeit schenkt.[313])

Trotz dieser Verkürzung um die ontologische Dimension spielt das Widerspiegelungskonzept in der ästhetischen Theorie des Marxismus eine entscheidende Rolle. Widerspiegelung ist traditionell eine ihrer grundlegenden Kategorien. Nicht zuletzt deshalb ist gegenüber marxistischen Ästhetiken häufig der Vorwurf eines ›Rückfalls‹ in ›vorkritische‹ Positionen erhoben worden. Solche Vorwürfe sind wenig sachhaltig. Denn wenn auch die idealistische Ästhetik »auf die radikalste mögliche Weise«[314] die Lehre von Kunst als Abbildung beendet und das Imitatio-Prinzip außer Kraft setzt, wi-

---
312 Vgl. HOLZ, ›Widerspiegelung‹, in: SANDKÜHLER, Bd. 4 (1990), 825–844.
313 Vgl. TODOR PAVLOV, Die Widerspiegelungstheorie. Grundfragen der dialektisch-materialistischen Erkenntnistheorie, übers. v. E. John (Berlin 1973); HOLZ, Die Universalisierung der Widerspiegelung, in: Deutsche Zeitschrift für Philosophie 38 (1999), H. 3, 2345 ff.
314 HENRICH (s. Anm. 168), 128.

derlegt sie damit nicht ein Widerspiegelungskonzept, das Kunst als Wirklichkeitsdarstellung im Sinne des Aristotelischen Mimesisbegriffs begreift. Ja dieser wirkt in das idealistische Denken hinein, er wird von ihm aufgenommen und transformiert. Und es dürfte nur konsequent sein, daß ein Denken vom Typ des dialektischen Materialismus, das den Idealismus auf die Füße stellen möchte, sich des verborgenen Realismus idealistischen Philosophierens im besonderen Maß versichert. Zudem ist es vom ureigenen Ansatz des Marxschen Denkens bei »sinnlich-menschlicher Tätigkeit, Praxis«[315] her nur konsequent, wenn Kunst als gegenständliche Wirklichkeitsform, ihr fundamentaler Weltbezug also (und damit auch das Widerspiegelungskonzept) in den Mittelpunkt des theoretischen Interesses tritt. Zwar läßt sich von einem einheitlichen Widerspiegelungskonzept innerhalb des Denkens des Marxismus weder historisch noch aktuell sprechen, doch können wir von Transformationen reden, die der Widerspiegelungsgedanke in der Geschichte dieses Denkens durchlaufen hat.

Für Marx gehören die Künste in die strukturellen Zusammenhänge von Basis und Überbau.[316] Sie partizipieren wie alle Überbauformen am Grundcharakter von Widerspiegelung, verstanden als dialektische Kategorie, die den Gesichtspunkt der Tätigkeit notwendig einschließt. In der Perspektive dieses Ansatzes sind Literatur und Künste ein distinkter Teil der Kultur einer gegebenen gesellschaftlichen Formation in historisch wechselnder (nicht universal festzulegender) Form, Bedeutung und Funktion. Marx spricht den Künsten hohe Bedeutung zu. Jede Reduktion des Ästhetischen auf außerästhetische (ökonomische, soziale, politische) Faktoren läuft seinem Denken zuwider. Kunst und Literatur sind für ihn zugleich »a means of expression« und »a means of self-constitution« – Medien von Mimesis und kultureller Bildung. »Man not only labours to satisfy his physical needs and urges, but also forms according to the laws of beauty. Literature, therefore, answers a human need and like the other arts creates and shapes the senses by which it is enjoyed.«[317]

In einer grundlegenden Studie zur Geschichte des Widerspiegelungstheorems unterscheidet Dieter Schlenstedt drei historische Stufen, in denen sich der »Umbau« des Widerspiegelungsgedan-

kens«[318] innerhalb des marxistischen Denkens vollzog: der soziologischen, der gnoseologischen und der sozialfunktional-kommunikativen. Die erste Stufe ist auf das Verhältnis soziologischer Äquivalenz orientiert. Ihr klassischer Vertreter ist Georgij V. Plechanov, der Widerspiegelung als Ausdruck der sozialen Psyche versteht.[319] Plechanovs Konzept, das auf der Grundlage des Gedankens einer zwischen ökonomisch/politisch-sozialer Ordnung und ästhetischer Widerspiegelung stehenden sozialen Psyche auch heute noch ausbaufähig erscheint, wurde Anlaß zu vulgärsoziologischen Verengungen, die marxistisches Nachdenken über Kunst über weite Strecken belastet haben. Bereits Lenin argumentiert wider den soziologischen Reduktionismus, wenn er in seinen Tolstoj-Arbeiten hervorhebt, daß es zwischen Psyche und Weltanschauung eines großen Künstlers einerseits und seinem Werk andererseits zwar vielfältige Verbindungslinien, doch keine Deckung oder Parallelität gibt. Der »geniale Künstler« (гениальный художник) schafft »unvergleichliche Bilder« (несравненные картины)[320]. Er »wußte […] so viele große Fragen aufzurollen« (сумел поставить […] столько великих вопросов)[321] und vermittelt neue Erkenntnisse.

Gegen den Soziologismus gerichtet war die »mittlere Phase der marxistischen ästhetischen Re-

---

315 MARX (s. Anm. 144), 5.
316 Vgl. MARX, Zur Kritik der Politischen Ökonomie (1859), in: MEW, Bd. 13 (1969), 8 f.
317 SIEGBERT S. PRAWER, Karl Marx and World Literature (Oxford 1976), 404.
318 SCHLENSTEDT (s. Anm. 19), 47.
319 Vgl. GEORGIJ V. PLECHANOV, Isk[usstvo] s t[očki] z[renija] m[aterialističeskogo] o[b''jasnenija] ist[orii] (entst. 1903), in: Plechanov, Iskusstvo i literatura (Moskau 1948), 309–313; dt.: [Die] K[unst] vom St[and]p[unkt] [der] m[aterialistischen] E[rklärung] [der] Gesch[ichte], in: Kunst und Literatur, übers. v. J. Harhammer (Berlin 1955), 334–339.
320 VLADIMIR IL'IČ LENIN, Lev Tolstoj, kak zerkalo russkoj revoljucii (1908), in: Lenin, O L. N. Tolstom (Moskau 1969), 18; dt.: Leo Tolstoi als Spiegel der russischen Revolution, in: Lenin, Über Leo Tolstoi, hg. u. übers. v. E. Nowak (Berlin 1953), 8.
321 LENIN, L. N. Tolstoj (1910), in: ebd., 24; dt.: L. N. Tolstoi, in: ebd., 19.

flexion«[322], in welcher der Widerspiegelungsgedanke eine neue Ausprägung erfährt. Er wird jetzt als »Abbildfunktion (die kognitive und mimetische Beziehung Werk-Wirklichkeit)«[323] interpretiert und programmatisch in den Rahmen der Erkenntnistheorie des dialektischen Materialismus gestellt. Der bedeutendste Vertreter dieser oft als ›gnoseologisch‹ bezeichneten Richtung marxistischer Ästhetik war Lukács, so sehr dieser in seinem Spätwerk eine einseitig gnoseologische Orientierung überwindet. In den Schriften der 30er Jahre freilich überwiegt bei Lukács die Tendenz, Kunst in Analogie zur Wissenschaft als ein Herausarbeiten des Wesens aus dem Geflecht der Erscheinungen zu verstehen und bedeutende (›realistische‹) Kunst auf die geschlossene Werkform festzulegen, in der die Wiederherstellung des Konkreten in einer unmittelbaren sinnlichen Evidenz einzig möglich sei. Der Realismusbegriff dieser Phase hat seinen Kern im Begriff eines »künstlerisch versinnbildlichten Wesens«[324]. Realistische Kunst ist Darstellung des Typus, in dem sich das Konkrete und Gesetzmäßige, das Bleibend-Menschliche und das Geschichtlich-Bestimmte, das Individuelle und das Gesellschaft-Allgemeine vereinigen. In *Kunst und objektive Wahrheit* (1934) stellt Lukács das Wahrheitsproblem in den Mittelpunkt der Erörterung. Sein Ausgangspunkt ist Lenins Wahrheitsbegriff in den *Konspekten zu Hegels ›Logik‹* (1914), wo Wahrheit als Resultat eines Abstraktionsprozesses aufgefaßt wird, der von der Praxis ausgehend zu dieser zurückführt (»von der lebendigen Anschauung«

---

322 SCHLENSTEDT (s. Anm. 19), 64.
323 ROBERT WEIMANN, Einleitung, in: Weimann (Hg.), Realismus in der Renaissance. Aneignung der Welt in der erzählenden Prosa (Berlin/Weimar 1977), 7.
324 LUKÁCS, Einführung in die ästhetischen Schriften von Marx und Engels (1945), in: Lukács, Beiträge zur Geschichte der Ästhetik (Berlin 1954), 209.
325 LENIN, Konspekt knigi Gegelja ›Nauka logiki‹ (1914), in: Lenin, Polnoe sobranie sočinenij, Bd. 29 (Moskau ⁵1958), 152; dt.: Konspekte zu Hegels ›Logik‹, in: Lenin, Werke, hg. v. Institut f. Marxismus-Leninismus beim Zentralkomitee der SED, Bd. 38 (Berlin 1976), 160.
326 Ebd., 153; dt. 160.
327 LUKÁCS, Kunst und objektive Wahrheit (1934), in: W. Henckmann (Hg.), Ästhetik (Darmstadt 1979), 351 f.

[от живого созерцания] über »Abstraktion« [абстракция][325] zur »Praxis« [к практике] als der »dialektische Weg« [диалектический путь][326] der Erkenntnis objektiver Realität). Lukács postuliert die Identität des Gegenstandes wissenschaftlicher und künstlerischer Widerspiegelung und sieht das Spezifische der letzteren in der unterschiedlichen Methode. Ziel großer Kunst sei es, »ein Bild der Wirklichkeit zu geben, in welchem der Gegensatz von Erscheinung und Wesen, von Einzelfall und Gesetz, von Unmittelbarkeit und Begriff usw. so aufgelöst wird, daß beide […] für den Rezeptiven eine unzertrennbare Einheit bilden: Das Allgemeine erscheint als Eigenschaft des Einzelnen und des Besonderen, das Wesen wird sichtbar und erlebbar in der Erscheinung, das Gesetz zeigt sich als spezifisch bewegende Ursache des speziell dargestellten Einzelfalles«[327]. Die Grundtheoreme von Lukács' ästhetischem Denken zu diesem Zeitpunkt sind hier versammelt: das Theorem des geschlossenen Werks (Selbstreferentialität und »abgeschlossene Unmittelbarkeit« des Kunstwerks) und der »eigenen Welt« (352 f.) der Werke, die Vorstellung des Scheins der Abgeschlossenheit der Kunstwelt gegenüber der Realität und schließlich als Zentrum des Wahrheitstheorem. Sein Kern ist keine simple Abbildrelation (im Sinne naturalistischer Imitatio), die auf empirische Genauigkeit oder Treue der Details geht, sondern die Auffassung, daß der geschlossenen, gestalteten Totalität des Kunstwerks ein Weltmodell ersteht, das als Ganzes die »wesentlichen, objektiven Bestimmungen« (355) des von ihm gestalteten Stück Lebens in richtig proportioniertem Zusammenhang widerspiegelt. Es handelt sich um eine Korrespondenztheorie zweiter Ordnung, nicht um das Konzept empirischer, unmittelbarer Adäquanz. Totalität des Kunstwerks heißt in diesem Zusammenhang intensive Totalität, sie ist also nicht an Extension oder Totalität der Details gebunden. Angelegt ist hier bereits die spätere Kategorie der *Evokation*: im Erlebnis des Rezipienten wird der Schein einer solchen ästhetischen Welt-Totalität erzeugt, die wesentliche Züge der Wirklichkeit erfahrbar (»nacherlebbar«, 355) werden. Angelegt ist weiter die Kategorie der *Besonderheit* als »unmittelbare Einheit des Einzelnen und des Allgemeinen«, durch die der ästhetische Schein als »Schein des

Lebens« allererst konstituiert wird. Die »eigene Welt« (356) der Werke existiert stets im Modus der Besonderheit. Die Einheit des Einzelnen und Allgemeinen wird erklärt als »Erfassen des Konkreten« bzw. ästhetische »Wiederherstellung des Konkreten [...] in einer unmittelbaren sinnlichen Evidenz« (365). Die Wahrheit der Kunst hat ihre Seinsweise also im Modus der Besonderheit. Das bedeutet, sie existiert in keiner anderen Gestalt als in der ästhetischen Form. Die Form erst und sie allein begründet die ästhetisch notwendige Konkretheit einer künstlerischen Werkwelt. Form aber existiert in der Kunst nie ohne Inhalt. Das Kunstwerk ist in künstlerische Form verwandelter Inhalt: die totale Transformation von Inhalt in Form. »Die Form ist nichts anderes als die höchste Abstraktion, die höchste Art der Kondensierung des Inhalts« (370).

Leistung und Grenzen dieser Position liegen auf der Hand (für ihre kritische Einschätzung ist Lukács' Briefwechsel mit Seghers nach wie vor unverzichtbar[328]). Trotz einer am wissenschaftlichen Wissen orientierten Tendenz wird sie nicht als simpler Hegelianismus abzutun sein. Sicher war es Lukács' Absicht, »die idealistische Vorstellung von Wesensversinnbildlichung [...] umzuinterpretieren«[329], doch besteht keine Veranlassung, darüber die Nase zu rümpfen. Ein solcher Versuch ist ein weder leichtes noch geringzuschätzendes Unternehmen, wenn man den Idealismus so ernst nimmt, wie es Marx, Engels und Lenin taten, ja er formuliert ein im Grunde bis heute nicht umfassend eingelöstes Programm. Bei all ihren Begrenzungen ist zu konstatieren, daß auch die mittlere, widerspiegelungstheoretisch orientierte Position von Lukács starke, im Kern nie zwingend widerlegte Argumente enthält, gerade gegenüber den heute dominanten antirealistischen Diskursen in der ästhetischen Theorie. Vollends verabschiedet wird die gnoseologische Orientierung im ästhetischen Denken von Lukács im Hauptwerk seiner späten Schaffensphase, in der *Eigenart des Ästhetischen* (1963). Hier tritt, als Grundterminus mit systematischer Funktion, der Mimesisbegriff an die Stelle der Widerspiegelungskategorie. Dies ist programmatisch im Sinne der ontologisch-anthropologischen Wende, die Lukács in seinem späten Denken vollzieht[330]; Anthropologie verstanden im

Sinn einer ›Ontologie des gesellschaftlichen Seins‹.[331] Für den späten Lukács ist Mimesis eine allgemeine Fähigkeit menschlichen bewußten Seins. Motor der zivilisatorischen Entwicklung und der Herausbildung der Formen der Mimesis ist die im Prozeß materieller Reproduktion verankerte, auf dem Fundament menschlicher Arbeit fußende Entwicklung der Sinne, in deren arbeitsteiligem Vollzug sich die Grundformen menschlicher Zivilisation herausbilden und mit ihnen als ihre Bedingung die Formen der Mimesis. Bereits im Arbeitsprozeß ist Mimesis eine Elementartatsache menschlichen Lebens. Von der materiellen Produktion ausgehend, konzipiert Lukács im Anschluß an Marx die Entwicklung der menschlichen Sinne als Arbeit der ganzen Weltgeschichte. In diesem Zusammenhang kommt der Mimesis als allgemeiner Fähigkeit menschlichen Seins eine Schlüsselrolle zu: als elementarer Mimesis in Alltag und Arbeit, als theoretischer Mimesis in Wissenschaft und Philosophie, als ästhetischer Mimesis in den Künsten. Magie, Mythos und Religion bilden Zwischenstufen in der Herausbildung dieser fundamentalen Mimesisformen. Ästhetische Mimesis ist weltschaffende Mimesis: Produktion von Wirklichkeitsmodellen in der ästhetischen Form je individueller Werkwelten; Form, in welcher historische Welt, d. i. menschliches Leben, seiner selbst ansichtig wird, der Mensch sich als ›Mensch ganz‹ erfährt, erfühlt und erkennt. Kunst »spricht die Wahrheit der historischen Moments für das Leben der Menschen aus«[332]. In der »Universalität des Ästhetischen«, dem weltgeschichtlichen »Pluralismus der Künste und Werke« (851) gelangen die Menschen erst zum Bewußtsein ihrer selbst, ihrer Welt und ihres historischen Orts.

328 Vgl. LUKÁCS, Ein Briefwechsel mit Anna Seghers (1938/1939), in: LUKÁCS, Bd. 4 (1971), 345–376.
329 SCHLENSTEDT (s. Anm. 19), 75.
330 Vgl. GERHARDT PASTERNACK, Georg Lukács. Späte Ästhetik und Literaturtheorie (Königstein 1985); PASTERNACK (Hg.), Zur späten Ästhetik von Georg Lukács. Materialien eines Bremer Symposiums (Frankfurt a. M. 1990).
331 Vgl. LUKÁCS, Zur Ontologie des gesellschaftlichen Seins (1971–1986), in: LUKÁCS, Bd. 13/1 (1984).
332 LUKÁCS, Die Eigenart des Ästhetischen, in: LUKÁCS, Bd. 11/1 (1963), 849.

In den theoretischen Kontroversen seit 1945 ist der Widerspiegelungsgedanke als Zentrum materialistischer Kunst- und Literaturtheorie auch innerhalb der materialistischen Denktradition zunehmend zur Zielscheibe kritischer Angriffe geworden. Die theoretisch weitreichendste Kritik wurde dabei von der Kritischen Theorie vorgetragen[333]; scharfe Kritik wurde jedoch auch von anderen Positionen her, so denen einer ›materialistischen Literaturanalyse‹[334] im Umfeld des strukturalistischen Marxismus artikuliert. Heute ist die Ablehnung des Widerspiegelungskonzepts nahezu Allgemeingut ästhetischer Theoriebildung – die Linie läuft über *Tel Quel* bis in den Poststrukturalismus jeglicher Spielart. Von allen Tendenzen unterschieden, die auf ersatzlose Streichung des Widerspiegelungskonzepts hinauslaufen, ist der Versuch, durch eine sozialfunktional-kommunikative Umorientierung die Aufmerksamkeit auf funktionale Zusammenhänge im Widerspiegelungsprozeß selbst zu lenken. In Opposition zur gnoseologischen Orientierung rückt jetzt der »Literaturprozeß als Ganzes«[335] in den Mittelpunkt der Theorie. Im Zuge dieser theoretischen Transformation war als Prinzip durchzusetzen, »daß literarische Gegebenheiten nicht nur Resultate ihrer Bedingungen, Ergebnisse ihrer Produziertheit sind, daß sie in vielfältige kommunikative Beziehungen eintreten, angefangen von den unmittelbaren Aufnahmeakten über deren Funktionen unter bestimmten Distributions- und Rezeptionsbedingungen bis hin zu den Wirkungen, die sie im individuellen, kollektiven und gesellschaftlichen Leben erzielen« (115). Dabei wird das Kriterium realistischer Kunst »nicht mehr im Typischen, sondern in der realistischen Funktion« gesehen: im Wert einer Kunst, »die Realität erkennbar macht und im Menschheitsprozeß produktive Wirkungen erlangen kann« (117). Für Wolfgang Heise ist Realismus eine soziale Abbildqualität, die sich erst in kommunikativen Prozessen, vermittelt über Artefakte, erschließt. Kriterium für Realismus ist kein bestimmtes Formideal, sondern der Beitrag zum Gewinn von Freiheit im Sinn von Befreiungsmöglichkeit eigener Kräfte, der Konstitution eines Selbstbewußtseins, das den Menschen als Subjekt seiner Geschichte begreift, ein Beitrag zur Mithilfe bei der Umwälzung der Verhältnisse, in denen die Menschen erniedrigt, entrechtet, geknechtet werden[336]; eine Auffassung, die mit der des späten Lukács durchaus kompatibel ist. Heises bedeutende Leistung liegt in der Konkretisierung der Gegenstandsbeziehung und Funktion ästhetischer Widerspiegelung; so in der Klärung des Verhältnisses von Subjekt und Objekt gesellschaftlichen Handelns als Aufgabe der Literatur, in deren Bestimmung als Organ kollektiver Selbsterkenntnis und Selbstformung historisch bestimmter Subjektivität. Dies steht durchaus in einer von Wilhelm Girnus vorgezeichneten, dann auch von anderen Theoretikern beschrittenen Linie. So faßt Girnus als spezifischen Gegenstand der Kunst nicht die Wirklichkeit schlechthin, sondern »die subjektive Beziehung des Gesellschaftswesens Mensch zur objektiven Realität«[337]. Programmatisch greift Girnus bei dem Versuch, eine Theorie subjektzentrierter Widerspiegelung zu entwickeln, auf den Aristotelischen Begriff der Mimesis der Praxis zurück.

Die Ergebnisse dieser in der DDR zentrierten Diskussion sind, da sie mit dem Zusammenbruch des Landes gewaltsam abgebrochen wurde, nur schwer zu resümieren. Doch läßt sich sagen, daß der theoretischen Reflexion ein weites Feld erschlossen wurde, das in den gegenwärtigen, stark vom Poststrukturalismus bestimmten ästhetischen Theorien auch in der Problemstellung kaum erfaßt ist. Beispiele für solche Problemfelder sind der Versuch von Michael Franz, die Sinnstruktur ge-

---

333 Vgl. ADORNO, Erpreßte Versöhnung (1958), in: ADORNO, Bd. 11 (1974), 251–280; BÜRGER, Was leistet der Widerspiegelungsbegriff in der Literaturwissenschaft?, in: Das Argument, H. 90 (Berlin 1975), 200–228; METSCHER, Ästhetische Erkenntnis und Realistische Kunst, in: Das Argument, H. 90 (Berlin 1975), 229–258.
334 Vgl. HELENA ANDERS/NIKOLAUS REHLING, Zum Beispiel ›Mutter Courage‹, in: Alternative 106 (1976), 10–21; GERHARD PLUMPE, Ästhetik oder Theorie literarischer Praxis?, in: Alternative 106 (1976), 2–9; Redaktionskollektiv Alternative, Zehn Thesen zur materialistischen Literaturanalyse, in: Alternative 106 (1976), 45 f.
335 SCHLENSTEDT (s. Anm. 19), 113.
336 Vgl. WOLFGANG HEISE, Zur Grundlegung der Realismustheorie durch Marx und Engels, in: Weimarer Beiträge 22 (1976), H. 2, 99–120.
337 GIRNUS, Betrachtungen zur ›Ästhetik‹ von Georg Lukács (1966), in: Girnus (s. Anm. 54), 223.

V. Widerspiegelung als Fundamentalkategorie im Marxismus

schichtlich-gesellschaftlicher Lebensrealität als Kern des Kunstästhetischen zu begründen[338], die Ausarbeitung der Wertkategorie für die Ästhetik durch John Erpenbeck, die richtungsweisenden Beiträge zum Problem ästhetischer Wahrheit in den Arbeiten von Heise, Jürgen Kuczynski, Franz und Erpenbeck[339] sowie Schlenstedts Vorschlag einer ›sozialfunktionalen‹ Lösung des Widerspiegelungsproblems in der Literatur.

Die Rekonstruktion der komplexen, in sich differenzierten und oft kontroversen Geschichte materialistischer ästhetischer Theorie in der Form eines Dreistufenmodells kann als erste Orientierung gelten, erfaßt freilich nur bestimmte, wenn auch oft dominierende Tendenzen in der Geschichte dieser Theorie. Es ist zudem mit seiner Orientierung auf Literaturwissenschaft stark disziplinär eingeschränkt. Es berücksichtigt zu wenig, daß wesentliche Impulse für eine materialistische ästhetische Theorie von disziplinär ungebundenen Autoren wie Gramsci und Benjamin, Philosophen wie Bloch und Adorno, praktizierenden Schriftstellern wie Brecht, Peter Hacks und Weiss ausgingen. Von ihnen kamen viele der produktivsten Gedanken zu einem materialistischen Kunstbegriff.

So läßt sich das kunsttheoretische Denken Brechts auf keines der drei Modelle festlegen. Brecht faßt den Literaturprozeß (und dies ist verallgemeinerbar für alle Künste) als einen Vorgang produktiver, sinnlich-gegenständlicher Tätigkeit, der sowohl ›soziologisch‹ als auch ›gnoseologisch‹ und ›sozialfunktional‹ determiniert ist. Künstlerische Tätigkeit ist eine Praxisform, eine bestimmte Art von Fertigkeit: die »Geschicklichkeit, Nachbildungen vom Zusammenleben der Menschen zu verfertigen, welche ein gewisses Fühlen, Denken und Handeln der Menschen erzeugen können, das der Anblick oder die Erfahrung der abgebildeten Wirklichkeit nicht in gleicher Stärke und Art erzeugen«[340]. Es geht um die Fähigkeit zu einer bestimmten Art gegenständlicher Produktion: dem Herstellen von Werken (im Sinne ästhetischer Gegenstände), welche auf der Seite des Rezipienten eine Veränderung des emotionalen und kognitiven Vermögens, schließlich die Handlungsfähigkeit bewirken. Literatur ist also doppelte Produktion, Produktion von Kunstwerken (›Nachbildungen‹) zum Zweck der Produktion von Subjektvermö-

gen. Brecht arbeitet mit zunehmender theoretischer Reife den aktiven Part des Rezipienten heraus. In seiner eigenen dramatisch-theatralischen Produktion versuchte er, diesen durch Einsatz vielfältiger Mittel – zu denen zentral die der Verfremdung gehören: Techniken der Textproduktionen wie der theatralischen Aktion – zu stimulieren. Seine Grundauffassung war, daß die »Abbildungen […] vor dem Abgebildeten, dem Zusammenleben der Menschen«[341] zurücktreten müssen. In diese lebensweltliche Praxis soll der Zuschauer mit der Bereitschaft zur Veränderung, d. h. mit einer produktiven praktischen Haltung, in diesem Sinne politisch, entlassen werden.

Im Denken Brechts ist der Widerspiegelungsbegriff vermittelndes Glied einer als prozessual verstandenen ästhetischen Struktur, die aus den Momenten Produzent, Werk und Rezipient besteht und als funktional gerichteter, kommunikativer Vorgang gedacht wird. Das Werk hat dabei den Charakter eines Abbilds mit bestimmten gegenständlichen Eigenschaften und bestimmten (an diese Eigenschaften gebundenen) Funktionen. Die Dialektik von Determiniertheit und Determination, die Brecht 1940 in einer Eintragung in seinem *Arbeitsjournal* als Eigenschaft künstlerischer Tätigkeit festhält, wird ausdrücklich an den Widerspiegelungsbegriff gebunden. »Das Dichten muß als menschliche Tätigkeit angesehen werden, als gesellschaftliche Praxis mit aller Widersprüchlichkeit, Veränderlichkeit, als geschichtsbedingt und geschichtemachend. Der Unterschied liegt zwischen ›widerspiegeln‹ und ›den Spiegel vorhalten‹«[342] – ein deutliches Echo von Hamlets Rede an die

---

338 Vgl. MICHAEL FRANZ, Ästhetische Wertung und Wahrheitsanspruch der Künste, in: E. Pracht (Hg.), Ästhetik der Kunst (Berlin 1987), 267–387.
339 Vgl. HEISE/JÜRGEN KUCZYNSKI, Bild und Begriff. Studien über die Beziehungen zwischen Kunst und Wissenschaft (Berlin/Weimar 1975); FRANZ, Wahrheit in der Kunst (Berlin/Weimar 1984); JOHN ERPENBECK, Was kann Kunst? Gedanken zu einem Sündenfall (Halle/Leipzig 1979).
340 BERTOLT BRECHT, Der Messingkauf (entst. 1937–1951), in: BRECHT, Bd. 16 (1967), 644.
341 BRECHT, Kleines Organon für das Theater (1948), in: BRECHT, Bd. 16 (1967), 700.
342 BRECHT, Journal, Finnland (22. 8. 1940), in: BRECHT (BFA), Bd. 26 (1994), 418.

Schauspieler und die in ihr ausgedrückte Vorstellung des ›Vorhaltens‹ des Spiegels als Tätigkeit eines aufdeckenden Zeigens. Auf genau diese Tätigkeit, als Arbeit des Theaters, kommt Brecht im Lied des Stückschreibers (entst. 1938–1941) zurück: »Ich bin ein Stückschreiber. Ich zeige / Was ich gesehen habe«[343], und in einem anderen seiner Theatergedichte, Über das Urteilen (entst. 1938–1941), variiert er die Termini ›darstellen‹ und ›nachbilden‹ als Synonyme für das zeigende Handeln der theatralischen Mimesis: »Ihr Künstler, die ihr zu Lust und zu Kummer / Euch dem Urteil der Zuschauer ausliefert, laßt euch / bewegen nun / Auszuliefern von nun an dem Urteil der Zuschauer auch / Die Welt, die ihr darstellt. // Darstellen sollt ihr, was ist; aber auch / Was sein könnte und nicht ist und günstig wär, sollt ihr / andeuten / Wenn ihr darstellt, was ist. Denn aus eurer Nachbildung / Lerne der Zuschauer das, was da nachgebildet, behandeln. / Dieses Lernen sei lustvoll. Als eine Kunst / Werde das Lernen gelehrt, und auch das Behandeln der / Dinge und Menschen / Lehret als Kunst, und Kunst auszuüben ist lustvoll.«[344]

»Theater besteht darin«, heißt es im Kleinen Organon für das Theater (1948), »daß lebende Abbildungen von überlieferten oder erdachten Geschehnissen zwischen Menschen hergestellt werden, und zwar zur Unterhaltung«[345] – eine programmatische Variation der Grundformel der Aristotelischen Theatertheorie, die das Drama als Mimesis der Praxis bestimmt und die Brecht einmal mehr an die Formel des Horaz[346] koppelt – ›Lehrtheater‹ und ›Vergnügungstheater‹ werden als Einheit gese-

hen. Mit begrifflicher Strenge verstand er den künstlerischen Prozeß als einen dialektischen. So konstatiert er die genetische Priorität des Inhalts vor der Form, spricht zugleich aber der Form, verstanden im Sinn eines Ensembles ästhetischer Mittel, die zentrale Funktion in der Artikulation, Konturierung und Kommunikation des zu vermittelnden Inhalts zu. Die Form bearbeitet den Inhalt, nur durch sie wird er ästhetisch real, zugleich ist sie Bedingung seiner Kommunikation und besonderen Wirkung. Wie die ästhetische Konkretion formal eingelöst wird, ist Brecht zufolge hochgradig verschieden und in einem prinzipiellen Sinn theoretisch nicht festlegbar.[347]

Einen Beitrag mit neuen, wichtigen Gesichtspunkten im marxistischen Diskurs um Widerspiegelung lieferten Etienne Balibar und Pierre Macherey. Widerspiegelung heißt bei ihnen die »détermination« des Bewußtseins, der »pensée« par la réalité matérielle, qui la précède et lui reste toujours irréductible«[348]. In dieser Sicht ist es konsequent, die Kategorie nicht auf Realismus, sondern auf Materialismus zu beziehen: »La catégorie de reflet [...] ne relève pas du réalisme, mais du matérialisme« (39). Der Widerspiegelungsbegriff ermögliche es allgemein, »de désigner l'indice de réalité de la littérature« (20). Nach Balibar und Macherey sind Literatur und Kunst freilich nie direkt auf materielle Wirklichkeit bezogen, sondern allein auf die Wirklichkeit von Ideologien: Das Verhältnis von Literatur und Wirklichkeit ist ein solches von literarischer Praxis und Ideologie. Mit großer Entschiedenheit akzentuieren sie den dialektischen Charakter literarischer Tätigkeit innerhalb der ideologischen Prozesse. Die Literatur ist in der Lage, in den »procès de détermination« (29) einander widersprechender Ideologien, ideologischer Praxis und Institutionen einzugreifen. Kritisch wenden sie sich gegen die u. a. von Lukács vertretene) These vom Totalitätscharakter des künstlerischen Werks.[349] ›Totalität‹ gilt ihnen als ideologisches Konstrukt. Der literarische Text sei vielmehr Resultat widersprüchlicher, sich überlagernder Prozesse und deshalb mit Notwendigkeit unvollständig, disparat, inkohärent. Die ihm als Wirklichkeit zugrundeliegenden Widersprüche könnten in der Ideologie nicht gelöst werden. Wo eine Lösung vorliegt, sei diese imaginären

---

343 BRECHT, Lied des Stückschreibers (entst. 1938–1941), in: BRECHT, Bd. 9 (1967), 789.
344 BRECHT, Über das Urteilen (entst. 1938–1941), in: BRECHT, Bd. 9 (1967), 773.
345 BRECHT (s. Anm. 341), 663.
346 Vgl. HORAZ (s. Anm. 146).
347 Vgl. BRECHT, Weite und Vielfalt der realistischen Schreibweise (1938), in: BRECHT (BFA), Bd. 22 (1993).
348 ETIENNE BALIBAR/PIERRE MACHEREY, Préface, in: Renée Balibar/Geneviève Merlin/Gilles Tret, Les français fictifs: Le rapport des styles littéraires au français national (Paris 1974), 21.
349 Vgl. MACHEREY, Pour une théorie de la production littéraire (Paris 1966).

Charakters. Dies äußert sich in Verschleißungen, Selektionen, Substitutionen von Wirklichkeitsmaterial. Die literarischen Produktionen seien deshalb »nicht unter dem Aspekt ihrer illusionären Einheit, sondern unter dem Aspekt ihrer materialhaften Verschiedenheit, Widersprüchlichkeit, der ungleichmäßig gelösten Konflikte zu analysieren«[350].

Die Lösung ideologischer Widersprüche, die der Text in seinen Kohärenzversuchen entwirft, habe daher den Charakter der Inszenierung einer Lösung. Auf diese Weise aber werde in der Literatur Distanz erzeugt, werde Ideologie durchsichtig gemacht. Medium dieses Vorgangs ist die das Ideologische selbst übersteigende literarische Form. Der ästhetische Text ist so nie einfaches Abbild. Er ist zu befragen nicht nur im Hinblick auf das unmittelbar Ausgesagte, die explizite Artikulation, auch auf das Implizite, Nicht-Gesagte, Verschwiegene, ja ist zugleich auf die Bedingungen hin zu analysieren, die die Textaussage erst möglich gemacht haben, auf die Fragen hin, auf die der Text reagiert.

Hans Heinz Holz/Thomas Metscher

Literatur
ABRAMS, MEYER HOWARD, The Mirror and the Lamp: Romantic Theory and the Critical Tradition (London/Oxford/New York 1953); BRÖTJE, MICHAEL, Der Spiegel der Kunst (Stuttgart 1990); BÜRGER, PETER, Was leistet der Widerspiegelungsbegriff in der Literaturwissenschaft?, in: Das Argument, H. 90 (1975), 200–228; DANTO, ARTHUR COLEMAN, The Transfiguration of the Commonplace: a Philosophy of Art (Cambridge, Mass. u. a. 1981); ECO, UMBERTO, Sugli specchi e altri saggi (Mailand 1985); dt.: Über Spiegel und andere Phänomene, übers. v. B. Kroeber (München 1990); ERPENBECK, JOHN, Was kann Kunst? Gedanken zu einem Sündenfall (Halle/Leipzig 1979); FRANZ, MICHAEL, Wahrheit in der Kunst (Berlin u. a. 1984); GRABES, HERBERT, Speculum, Mirror und Looking-Glass. Kontinuität und Originalität der Spiegelmetapher in den Buchtiteln des Mittelalters und der englischen Literatur des 13.–17. Jahrhunderts (Tübingen 1973); HART NIBBRIG, CHRISTIAAN, Spiegelschrift: Spekulationen über Malerei und Literatur (Frankfurt a. M. 1987); HEISE, WOLFGANG, Zur Grundlegung der Realismustheorie durch Karl Marx und Friedrich Engels, in: E. Pracht u. a. (Hg.), Ästhetik der Kunst (Berlin 1987), 500–522; HEISE, WOLFGANG, Die Wirklichkeit des Möglichen. Dichtung und Ästhetik in Deutschland 1750–1850 (Berlin/Weimar 1990); HOLZ, HANS HEINZ, Dialektik und Widerspiegelung (Köln 1983); HOLZ, HANS HEINZ, Philosophische Theorie der bildenden Künste, 3 Bde. (Bielefeld 1996–1997); HOLZ, HANS HEINZ, Widerspiegelung (Bielefeld 2003); JAUSS, HANS ROBERT (Hg.), Nachahmung und Illusion (1964; München 1983); JÜRGENS, MARTIN, Moderne und Mimesis (Münster 1988); KONERSMANN, RALF, Spiegel und Bild. Zur Metaphorik neuzeitlicher Subjektivität (Würzburg 1988); KONERSMANN, RALF, Lebendige Spiegel. Die Metapher des Subjekts (Frankfurt a. M. 1991); LOTZ, HANS-JOACHIM, Die Genese des Realismus in der französischen Literarästhetik (Heidelberg 1984); METSCHER, THOMAS u. a. (Hg.), Mimesis und Ausdruck (Köln 1999); METSCHER, THOMAS, Ästhetik und Selbstrepräsentation, in: H. J. Sandkühler (Hg.), Selbstrepräsentation in Natur und Kultur (Frankfurt a. M. u. a. 2000), 189–217; METSCHER, THOMAS, Mimesis (Bielefeld 2001); RECKI, BIRGIT, Mimesis: Nachahmung der Natur. Kleine Apologie eines mißverstandenen Leitbegriffs, in: Kunstforum international, H. 114 (1991), 116–126; SCHLENSTEDT, DIETER, u. a. (Hg.), Literarische Widerspiegelung. Geschichtliche und theoretische Dimensionen eines Problems (Berlin 1981); SCHMID, MANFRED HERMANN, Musik als Abbild. Studien zum Werk von Weber, Schumann und Wagner (Tutzing 1981); SCHOBER, RITA, Abbild, Sinnbild, Wertung: Aufsätze zur Theorie und Praxis literarischer Kommunikation (Berlin/Weimar 1982); SCHÖNING, UDO, Literatur als Spiegel. Zur Geschichte eines kunsttheoretischen Topos in Frankreich von 1800 bis 1860 (Heidelberg 1984); WEIMANN, ROBERT, Mimesis und die Bürde der Repräsentation. Der Poststrukturalismus und das Produktionsproblem in früheren Texten, in: Weimarer Beiträge 31 (1985), 1061–1099; ZIMMERMANN, JÖRG, Mimesis im Spiegel: Spekulative Horizonte des Selbstportraits, in: Kunstforum international, H. 114 (1991), 106–115.

---

350 SCHLENSTEDT (s. Anm. 19), 135.

Wirkung/Rezeption

(griech. ἐνέργεια, δύναμις; lat. effectus, receptio; engl. effect, reception; frz. effet, réception; ital. effetto, ricezione; span. efecto, recepción; russ. воздействие, рецепция)

Einleitung; I. **Die antike Rhetorik und das aristotelische Wirkungskonzept der Katharsis;** II. **Wirkungsästhetische Ansätze im 18. Jahrhundert;** 1. Empirismus und Assoziationspsychologie: Imaginationsaktivierung durch Schönes und Erhabenes; 2. Kants Ästhetik der reflektierenden Urteilskraft; 3. Schillers Spieltheorie und idealistische Wirkungsästhetik; III. **Romantik und 19. Jahrhundert;** 1. Die Dominanz der Autonomie- und Genieästhetik; 2. Goethes ambivalentes Verhältnis zur Wirkung der Kunst; 3. Edgar Allan Poes Theorie des kalkulierten literarischen Effekts; IV. **Wirkungs- und Rezeptionsästhetik im 20. Jahrhundert;** 1. Jean-Paul Sartre: Der Pakt zwischen Autor und Leser; 2. Zur Vorgeschichte der Rezeptionsästhetik; 3. Gadamers Hermeneutik und das wirkungsgeschichtliche Bewußtsein; 4. Hans Robert Jauß: Literaturgeschichte und Rezeptionsästhetik; 5. Unbestimmtheit als Wirkungsbedingung: Wolfgang Isers ›Appellstruktur‹ und die Phänomenologie Roman Ingardens; 6. Kritische Reaktionen; 7. ›Der Akt des Lesens‹ als Theorie ästhetischer Wirkung; 8. Wirkungsästhetik und ›Reader-Response Criticism‹

Einleitung

»Die Rezeptionsästhetik gehört zu den Theorien, die sich mit einer neuen Fragestellung so erfolgreich durchgesetzt haben, daß im nachhinein unverständlich wird, warum ihre Probleme jemals Probleme waren.« Mit dieser Feststellung eröffnet Hans Robert Jauß seine problemgeschichtliche Rückschau auf die Vorgeschichte der *Konstanzer Schule* der Wirkungs- und Rezeptionsästhetik, deren Leistung darin gesehen wird, einen Paradigmenwechsel in der Literaturwissenschaft eingeleitet zu haben, der eine weltweite Resonanz gefunden hat. »Rezeption als methodischer Begriff erscheint nach 1950 zunächst in der Jurisprudenz, der Theologie und der Philosophie. Er zeigt dort eine Umorientierung der historischen Forschung an, die sich von dogmatischen Vorgaben des Positivismus wie des Traditionalismus befreite und unter analogen hermeneutischen Prinzipien eine neue Historik zu entwickeln begann. Eine vergleichbare Umorientierung der herkömmlichen Philologien ging seit 1967 von dem neuen Konzept einer Rezeptions- und Wirkungsästhetik aus. Sie forderte, die Geschichte der Literatur und der Künste nunmehr als einen Prozeß ästhetischer Kommunikation zu begreifen, an dem die drei Instanzen von Autor, Werk und Empfänger (Leser, Zuhörer oder Betrachter, Kritiker oder Publikum) gleichermaßen beteiligt sind. Das schloß ein, den Rezipienten als Empfänger und Vermittler, mithin als Träger aller ästhetischen Kultur, endlich in sein historisches Recht einzusetzen – ein Recht, das ihm in der Geschichte der Künste vorenthalten blieb, solange sie im Banne der traditionellen Werk- und Darstellungsästhetik stand.«[1]

Jauß zielt mit dem Begriff der Rezeption auf die aktive Rolle des »verstehenden Bewußtseins als Subjekt der ästhetischen Erfahrung«. Die »Interaktion von Wirkung und Rezeption« versteht er so, »daß Wirkung das vom Text bedingte, Rezeption das vom Adressaten bedingte Element der Konkretisation benennt. So bleiben die Implikation des Textes und die Explikation des Adressaten, der implizite und der historische Leser, aufeinander angewiesen und kann der Text auch über den aktuellen Rezeptionsvorgang hinaus als Kontrollinstanz der Interpretationen der Kontinuität seiner Erfahrung gewährleisten.« (17) Die Betonung der konstitutiven Rolle des Lesers im Prozeß der literarischen Kommunikation ist bei Jauß eng mit dem Konzept der Rezeptionsgeschichte verbunden. Im Gegensatz zur hermeneutisch orientierten Rezeptionsgeschichte bedient sich die empirische Rezeptionsforschung des methodischen Instrumentariums der Sozialwissenschaften, um »die Aufnahme und Wirkungsgeschichte eines Kunstwerkes, eines Autors oder einer literarischen Mode bei einzelnen Lesern, bei sozial, historisch oder altersmäßig definierten Lesergruppen«[2] zu untersuchen.

---

1 HANS ROBERT JAUSS, Die Theorie der Rezeption – Rückschau auf ihre unerkannte Vorgeschichte (Konstanz 1987), 5.
2 ACHIM BARSCH, ›Rezeptionsforschung, empirische‹, in: A. Nünning (Hg.), Metzler Lexikon Literatur- und Kulturtheorie (Stuttgart/Weimar ²2001), 551.

Im Umkreis literaturwissenschaftlicher Wirkungs- und Rezeptionsästhetik werden Wirkung und Rezeption zu zentralen methodischen Begriffen einer Kunstwissenschaft, die der Einsicht folgt, daß »das Kunstwerk [...] als intentionales Gebilde für Betrachter konzipiert«[3] ist und diese immer schon im Bilde vorgesehen sind. Demzufolge unterscheidet Wolfgang Kemp die werkorientierte Rezeptionsästhetik von anderen Formen kunstwissenschaftlicher Rezeptionsforschung, insbesondere von der Betrachter- oder Publikumsforschung. »Die Rezeptionsästhetik hat [...] (mindestens) drei Aufgaben: (1) Sie muß die Zeichen und Mittel erkennen, mit denen das Kunstwerk in Kontakt zu uns tritt; sie muß sie lesen im Hinblick (2) auf ihre sozialgeschichtliche und (3) auf ihre eigentlich ästhetische Aussage.« (22 f.) »Sie erarbeitet die (inneren) *Rezeptionsvorgaben* mit allen [...] Konsequenzen für die Eigengestalt des Werkes, für die Werk-Betrachter-Beziehung, für die Konstituierung des Betrachtersubjekts. Sie hat sich aber auch um die *Zugangsbedingungen* zu kümmern, die dem Werk in Architektur, Funktionszusammenhang, Rezeptionssituation gesetzt waren oder sind.« (24)

Über den literatur- und kunstwissenschaftlichen Diskurs hinaus hat der Begriff Rezeption als Fachterminus auch Eingang gefunden in andere Disziplinen, wie z. B. die Jurisprudenz. »Nach dem Begriff der Rechtshistoriker ist Rezeption die freiwillige Aufnahme überwiegender Bestandteile einer fremden Rechtsordnung durch ein Volk ohne seine Überwältigung durch ein anderes.« Der bedeutendste Fall »war die gegen Ende des Mittelalters und zu Beginn der Neuzeit stattfindende Aufnahme des römischen Rechts [...] in Europa und vor allem in Deutschland«[4]. In der juristischen Hermeneutik ist nach 1950 ein weiterer Rezeptionsbegriff üblich geworden. »>Konkretisation‹ (statt ›Subsumtion‹), verstanden als fortschreitende (auch: rechtsschöpferische) Auslegung von Gesetzesnormen, die ein konkreter Fall bei der Rechtsfindung erfordern kann.«[5]

Die Einbringung des Begriffes Rezeption in die Philosophie- und Wissenschaftsgeschichte ist, Jauß zufolge, dem 1958 erschienenen Aufsatz *Epochenschwelle und Rezeption* von Hans Blumenberg zu verdanken.[6] »Der Umbruch vom Alten zum Neuen ist nicht schon an historischen Zäsuren, sondern erst an dem [...] post rem sich abzeichnenden Limes von ›Epochenschwellen‹ erkennbar; [...] Ein Ereignis wie die kopernikanische Wende wird erst eigentlich durch die geschichtliche Arbeit seiner Vorbereitung und seiner Rezeption ›epochemachend‹; ein Mythos gewinnt seine geschichtliche Kraft von Anbeginn aus seiner Rezeption«[7].

Im »Leben und Denken der christlichen Kirche« gewinnt die Rezeptionsthematik – nach Auskunft der *Theologischen Realenzyklopädie* – in ihrer kirchengeschichtlichen wie theologischen Dimension in zunehmendem Maße an Bedeutung. »Mit dem II. Vatikanischen Konzil [...] setzte [...] eine intensive Beschäftigung mit den Vorgängen und Vorstellungen von Rezeption ein«, die »heute als ein umfassender, mehrschichtiger Begriff verstanden werden muß, der zur Bezeichnung unterschiedlicher historischer und theologischer Prozesse im Leben einer Kirche und in den Beziehungen zwischen Kirchen verwandt wird«. Dabei »müßte die Unterscheidung z. B. zwischen einer [...] ›klassischen‹ Form (Rezeption von kirchlichen oder konziliaren Entscheidungen) [...] und einer neueren, ökumenischen Sicht und Verwendung des Rezeptionsbegriffs [...] noch weiter differenziert werden«[8].

Die fachspezifische Verwendung der beiden Termini Wirkung und Rezeption, wie sie vor allem in den Konzepten der Wirkungs- und Rezeptionsästhetik sowie der Rezeptionsgeschichte zum Ausdruck kommt, ist in ihrer sachlichen Aussage entweder durch den umgangssprachlichen Gebrauch weitgehend gedeckt oder hat als Fachterminologie in die Wörterbücher der deutschen, englischen und französischen Gegenwartssprache Eingang ge-

---

3 WOLFGANG KEMP, Kunstwissenschaft und Rezeptionsästhetik, in: Kemp (Hg.), Der Betrachter ist im Bild. Kunstwissenschaft und Rezeptionsästhetik (1985; Berlin 1992), 20.
4 DIETMAR SCHANBACHER, ›Rezeption, juristische‹, in: RITTER, Bd. 8 (1992), 1006, 1004.
5 JAUSS, ›Rezeption, Rezeptionsästhetik‹, in: ebd., 998.
6 Vgl. HANS BLUMENBERG, Epochenschwelle und Rezeption, in: Philosophische Rundschau 6 (1958), 94–120.
7 JAUSS (s. Anm. 5), 998.
8 GÜNTHER GASSMANN, ›Rezeption I‹, in: TRE, Bd. 29 (1998), 132.

funden. So finden sich etwa im *Duden* unter den Bedeutungen des Wortes ›Rezeption‹ folgende Bestimmungen: »1. Auf-, Übernahme fremden Gedanken-, Kulturguts: die Rezeption des römischen Rechts. 2. verstehende Aufnahme eines Kunstwerks, Textes durch den Betrachter, Leser od. Hörer«[9]; ›Rezeptionsästhetik‹ sei eine »Richtung in der modernen Literatur-, Kunst- und Musikwissenschaft, die sich mit der Wechselwirkung zwischen dem, was ein Kunstwerk an Gehalt, Bedeutung usw. anbietet, u. dem Erwartungshorizont sowie der Verständnisbereitschaft der Rezipienten befasst«[10], und ›Rezeptionsgeschichte‹ die »Geschichte der Rezeption eines Kunstwerks innerhalb eines größeren Zeitraums«[11]. Schließlich findet man zu »Wirkungsgeschichte, die (Literaturw.): literaturgeschichtliche Darstellung der Rezeption eines Werkes«[12].

Angesichts der Konjunktur des Begriffes Rezeption wird inzwischen schon seine fachspezifische Unschärfe moniert. »In den Literaturwissenschaften kommt dem Begriff seit den sechziger Jahren eine zentrale Bedeutung zu, ohne daß Rezeption eindeutig oder gar verbindlich terminologisiert wird.«[13] Zur mangelnden Präzision trägt überdies bei, daß der Begriff der ästhetischen und künstlerischen Erfahrung »seit den 70er Jahren [...] zunehmend durch den [...] der Rezeption ersetzt«[14] wird.

Schaut man sich demgegenüber den historischen Sprachgebrauch an, wie ihn etwa das Grimmsche Wörterbuch vom 19. Jh. dokumentiert, so wird man feststellen, daß der Begriff Rezeption überhaupt nicht erscheint, während Wirkung als

---

9 ›Rezeption‹, in: Duden. Das große Wörterbuch der deutschen Sprache in zehn Bänden, Bd. 7 (Mannheim u. a. ³1999), 3193.
10 ›Rezeptionsästhetik‹, in: ebd., 3193 f.
11 ›Rezeptionsgeschichte‹, in: ebd., 3194.
12 ›Wirkungsgeschichte‹, in: ebd., Bd. 10 (³1999), 4532.
13 GEORG BOLLENBECK, ›Rezeption‹, in: SANDKÜHLER, Bd. 4 (1990), 141.
14 WOLFHART HENCKMANN, ›Erfahrung, ästhetische und künstlerische‹, in: Henckmann/K. Lotter (Hg.), Lexikon der Ästhetik (München 1992), 49.
15 ›Wirkung‹, in: GRIMM, Bd. 14/2 (1960), 600.
16 ›Effect‹, in: ebd., Bd. 3 (1862), 32.
17 ›Wirkung‹, in: HEBENSTREIT, 867.
18 ›Effekt‹, in: ebd., 211.

ästhetischer Terminus eher eine periphere Rolle spielt und zudem weitgehend synonym mit ›Eindruck‹ verwendet wird. So finden wir zu ›Wirkung‹ (Abschnitt C 3d) u. a. folgende Begriffsbestimmung: »von dingen, die einen geistigen oder gefühlsmäszigen einflusz ausüben, wie reden, bücher, kunstwerke u.s.w., bes. auch entsprechend wirken [...] hinsichtlich des subjektiven eindrucks auf geschmack und urteil«[15]. Moniert wird in diesem Zusammenhang die Bevorzugung des Begriffes ›Effekt‹: »EFFECT, m. nach dem franz. *effet*, wird auch von guten schriftstellern sehr mit unrecht unserm *erfolg*, wirkung oder andern ausdrükken vorgezogen.«[16] In einer anderen Quelle findet sich eine aufschlußreiche qualitative Abstufung von Wirkung und Effekt. »Wirkung«, so die 1843 erschienene *Encyclopädie der Aesthetik*, ist »in ästhetischer Hinsicht der unmittelbare Eindruck, den ein Kunstwerk auf den Beobachter hervorbringt«, insbesondere »eine Wirkung auf Gefühl und Geschmack«[17]. Zu dem Querverweis »Effekt« wird folgende Erklärung geboten: »lat. effectus, us, Wirkung, Erfolg, im guten Sinn eine große Wirkung, welche eine Rede, ein Gedicht, Drama, Musikstück, Bildwerk auf Zuhörer und Beschauer hervorbringt. Der Dichter, Musiker, bildende Künstler u. dergl. kann auf diese Wirkung mit Absicht hinarbeiten, [...], nur darf sein Streben weder in die Augen fallen, noch die Harmonie der einzelnen Theile verletzen. In einem weiteren, gleichsam tadelnden Sinn ist von Effekt in Beziehung auf ein Kunstwerk die Rede, welches nicht mehr durch seinen gediegenen Inhalt und durch einfache Darstellung anzieht, sondern schon auf das Publikum, auf die in demselben herrschende Geschmacksrichtung berechnet ist [...]. Es [...] strebt auch wohl durch Anwendung ungewöhnlicher, dem wahren Künstler durchaus entfernt liegender Mittel nach einem Erfolge, der Knalleffekt (s. d.) genannt wird, und mit dem verwerflichen Coup de fouet, und coup de théâtre (s.dd.) in gleicher Linie steht.«[18]

Im französischen Sprachgebrauch ist Wirkung als ästhetischer Fachterminus nur in einem sehr eingeschränkten Sinne von Bedeutung gewesen. So zeigt die Definition in der *Encyclopédie* des 18. Jh., daß »effet« primär verwendet wurde, um Eindrücke der Malerei zu beschreiben: »EFFET, *terme de Peinture* [...] L'*effet*, en Peinture, est pour le spectateur cette volupté, ce plaisir qu'il cherche & qu'il s'attend à ressentir. Pour l'artiste l'*effet* est le concours des différentes parties de l'art, qui excite dans l'esprit de celui qui voit un ouvrage, le sentiment dont le peintre étoit rempli en le composant. [...] on entend plus particulièrement par le mot *effet*, une expression grande, majestueuse, forte«. »Un peintre d'*effet*, est ordinairement un homme de génie«[19].

Im allgemeinen Sprachgebrauch der Gegenwart besitzt der Begriff ›réception‹ keine ästhetischen Konnotationen, während die Verwendung von ›effet‹ zur Beschreibung von wirkungs- und rezeptionsästhetischen Phänomenen relativ unspezifisch bleibt. So findet sich z. B. der Eintrag »Vive impression que l'on cherche à produire sur autrui par des procédés artistiques ou simplement artificieux«[20], oder folgende Definition: »Impression esthétique recherchée par l'emploi de certaines techniques.«[21] Konsultiert man indes fachspezifische Nachschlagewerke, dann ergibt sich insofern ein differenzierteres Bild, als die beiden Begriffe in mehr oder weniger direktem Bezug zur rezeptionsästhetischen Diskussion in Deutschland bestimmt werden. »En esthétique, l'effet est la réaction provoquée par une œuvre d'art chez le spectateur, l'auditeur, le lecteur.«[22] Der Eintrag zu »réception/réceptivité« liest sich wie ein Musterbeispiel fachterminologischer Entlehnung: »Emprunté à l'allemand, répandu surtout par le livre de Hans Robert Jauss: Pour une esthétique de la réception (1978), l'emploi du terme de ›réception‹ est récent dans l'esthétique française. On distingue par ailleurs des esthétiques de la réception (théories de la réceptivité, analyses de la façon dont certaines œuvres ont été accueillies au moment de leur parution et au cours de l'histoire; exemples: Kant, M. Dufrenne, H. R. Jauss) et des esthétiques de la production. [...] Ce qui caractérise la réceptivité esthétique, c'est sa liberté fondamentale. [...] On insiste depuis un certain temps sur le caractère créateur de la réceptivité; il s'agit d'une ›création guidée‹«[23].

In der englischen Sprache ist der Gebrauch des Begriffes ›effect‹ zur Bezeichnung ästhetischer Phänomene seit dem 18. Jh. in folgender Bedeutung belegt: »A (pleasing or remarkable) combination of colour or form in a picture, a landscape, etc. Also of music. [...] The impression produced on a beholder, hearer, or reader, *esp.* by a work of art or literature; sometimes = *general effect*, the impression produced by a picture, building, etc., viewed as a whole.«[24] Neu hinzugekommen ist in den letzten Jahrzehnten folgender Bedeutungsaspekt: »Lighting, sound, etc., used to enhance a play, film, broadcast, etc.; the means of producing this. Freq. in pl.«[25]. Demgegenüber wird ›reception‹ als ästhetischer Spezialbegriff nur in Wendungen wie ›reception theory‹ oder ›reception aesthetics‹, d. h. als Äquivalent der entsprechenden deutschen Begrifflichkeit benutzt[26], während »reception« im allgemeinen Sprachgebrauch nur im Sinne von »the action of learning or understanding«[27] Verwendung findet.

Die Probleme, mit denen sich die historische Rekonstruktion des Begriffspaares Wirkung und Rezeption konfrontiert sieht, hängen nicht nur mit der Tatsache zusammen, daß die offenkundig so naheliegende Frage nach der ästhetischen Erfahrung und der produktiven Rolle des Rezipienten von Kunst und Literatur angesichts der Dominanz einer mimetisch orientierten Werkästhetik lange Zeit lediglich von peripherer Bedeutung gewesen ist. Die Schwierigkeiten sind vielmehr darin begründet, daß die Theorie der Rezeption nicht nur – um an die eingangs zitierte ›Rückschau‹ von Jauß anzuknüpfen – eine weitgehend ›unerkannte‹, sondern auch – so ließe sich ergänzend feststellen –

---

19 ›Effet, terme de Peinture‹, in: DIDEROT (ENCYCLOPÉDIE), Bd. 5 (1755), 406f.
20 ›Effet‹, in: Grand Larousse de la langue française en six volumes, Bd. 2 (Paris 1972), 1494.
21 ›Effet‹, in: J. Rey-Debove/A. Rey (Hg.), Le Nouveau Petit Robert (Paris 1994), 721.
22 ›Effet‹, in: SOURIAU, 636.
23 ›Réception/réceptivité‹, in: ebd., 1206; vgl. MAX ROY, ›Réception‹, in: P. Aron/D. Saint-Jacques/A. Viala (Hg.), Le Dictionnaire du Littéraire (Paris 2002), 495.
24 ›Effect‹, in: OED, Bd. 5 (1989), 79.
25 ›Effect‹, in: L. Brown (Hg.), The New Shorter Oxford English Dictionary on Historical Principles, Bd. 1 (Oxford 1993), 786.
26 Vgl. ROBERT C. HOLUB, ›Reception Aesthetics‹, in: M. Kelly (Hg.), Encyclopedia of Aesthetics, Bd. 4 (New York/Oxford 1998), 110.
27 ›Reception‹, in: Brown (s. Anm. 25), Bd. 2 (Oxford 1993), 2500.

eine schwer erkennbare Vorgeschichte besitzt. Erschwerend wirkt dabei vor allem der Umstand, daß Wirkung und Rezeption selbst in jenen Argumentationszusammenhängen, in denen die Bewußtseinsaktivität des Rezipienten ins Blickfeld kommt, als theoriekonstitutive Begriffe kaum eine Rolle spielen. So werden beispielsweise in ästhetischen Diskursen des 18. Jh. immer wieder Kunsterfahrungen des aufnehmenden Subjekts unter Begriffen wie Empfindung, Eindruck, Wohlgefallen, Geschmack, Sentiment und Vergnügen zur Sprache gebracht, ohne allerdings unter Kategorien wie Wirkung und Rezeption subsumiert oder gar ins Zentrum einer als solchen eigens deklarierten Wirkungs- und Rezeptionstheorie gerückt zu werden. Aus dieser Situation zieht der vorliegende Rekonstruktionsversuch die Konsequenz, sich bei der Spurensuche nicht lediglich auf den Nachweis des ausdrücklichen Gebrauchs der beiden Leitbegriffe Wirkung und Rezeption zu beschränken, vielmehr begriffs- und problemgeschichtliche Vorgehensweise miteinander zu kombinieren. Es sollen demnach auch jene Ansätze mit berücksichtigt werden, die eine nach heutigem Verständnis wirkungs- und rezeptionsästhetische Orientierung erkennen lassen, obgleich sie – wie beispielsweise die englischen Theorien des 18. Jh. – terminologisch nicht explizit als Wirkungstheorien konzipiert sind.

I. Die antike Rhetorik und das aristotelische Wirkungskonzept der Katharsis

Die Vorgeschichte des heutigen Verständnisses der beiden korrelativen Begriffe Wirkung und Rezeption läßt sich bis in die antike Rhetorik und die *Poetik* des Aristoteles zurückverfolgen. So ist die Erzeugung kognitiver und affektiver Wirkungen

---

28 Vgl. GERT UEDING/BERND STEINBRINK, Grundriß der Rhetorik. Geschichte – Technik – Methode (Stuttgart ²1986), 258.
29 ARISTOTELES, Poet. I, 1447a8–12; dt.: Poetik, griech.-dt., hg. u. übers. v. M. Fuhrmann (Stuttgart 1982), 5.

ein konstitutives Merkmal der Rhetorik, definierte diese sich doch als Theorie und Praxis situationsbezogener und zweckorientierter sprachlicher Einwirkung auf Zuhörer oder Leser mit Hilfe erlernbarer Strategien der Belehrung, Überredung und emotionalen Beeinflussung.[28] Das in den antiken Lehren der Redekunst herausgebildete rhetorische Wirkungsschema lebt nicht nur weiter im Trivium der mittelalterlichen ›artes liberales‹, sondern auch im Grundriß neuzeitlicher Rhetoriklehrbücher. Die Wirkungsfunktionen der Rede finden überdies Eingang in all jene Regelpoetiken, die in ihrer Systematik von der Antike über die Renaissance bis zum Klassizismus dem Modell der Rhetorik nachgebildet sind. Erst in der sich im 18. Jh. neu etablierenden Disziplin der Ästhetik verliert der rhetorische Wirkungsbegriff an Bedeutung für den dichtungstheoretischen Diskurs. In einer sich als Wahrnehmungslehre verstehenden Ästhetik, der es darum geht, die durch sinnliche Erfahrung gewonnenen Erkenntnisse in den Künsten zu erfassen, scheinen solche pragmatischen Zwecke wie Gefühlserregung und Willensbeeinflussung das Spezifische der Kunsterfahrung zu verfehlen. Unter den Vorzeichen der Autonomie- und Genieästhetik wird eine durch rhetorische Mittel induzierte Rezipientenbeeinflussung vollends als kunstfremdes Phänomen diskreditiert. Hingegen knüpft die Literaturwissenschaft unserer Zeit an die Tradition der Rhetorik an, indem beispielsweise Wayne C. Booth die Analyse sprachlicher Darstellungsstrategien im Hinblick auf die durch sie erzeugten literarischen Wirkungen zum Programm seiner *Rhetoric of Fiction* (1961) erhebt.

In der *Poetik* des Aristoteles – gleichsam der Prototyp einer Wirkungsästhetik – sind Reflexionen über Kunst und Literatur überliefert, die in der abendländischen Philosophiegeschichte wohl zum ersten Male wirkungs- und rezeptionsästhetische Überlegungen zur Sprache bringen. »Von der Dichtkunst selbst und von ihren Gattungen, welche Wirkung eine jede hat [...], wollen wir hier handeln« (Περὶ ποιητικῆς αὐτῆς τε καὶ τῶν εἰδῶν αὐτῆς, ἥν τινα δύναμιν ἕκαστον ἔχει, [...] λέγωμεν)[29]. Von vornherein wird deutlich, daß die Erörterung der Qualitäten eines Kunstwerks sich nicht in erster Linie auf den Charakter der dargestellten Gegenstände bezieht, vielmehr werden

I. Die antike Rhetorik und das aristotelische Wirkungskonzept der Katharsis

Strukturmerkmale, Gattungsleistungen und ästhetischer Wert von Epos und Tragödie im Hinblick auf Wirkungsaspekte wie Identifikation, Glaubwürdigkeit und Wahrscheinlichkeit diskutiert. Da Aristoteles – im Gegensatz zu Plato – der Kunst eine anthropologisch begründete positive Erkenntnisfunktion zumißt, führt dies zu einer Modifikation des Mimesis-Begriffs, indem nunmehr sogar die Darstellung des Möglichen zum Zwecke der Wirkungserzeugung an Bedeutung gewinnt.

Die Tragödie, die in der aristotelischen Gattungspoetik durchweg als absoluter Maßstab gilt, aber auch das Epos wenden sich an die Leidenschaftlichkeit des Menschen und rufen jene Wirkungsaffekte ›eleos‹ und ›phobos‹ hervor, die seit Gotthold Ephraim Lessing durch den Ausdruck ›Mitleid‹ und ›Furcht‹ wiedergegeben, mit dem Übersetzungsvorschlag von Manfred Fuhrmann jedoch durch die Begriffe ›Jammer‹ und ›Schaudern‹ ersetzt werden. Wenn Dichtung ergreifen und erschüttern soll, dann sind derartige affektive Wirkungen insoweit unschädlich, als sie eine mit Lust verbundene Katharsis verursachen. Da an ethische Voraussetzungen gebunden, erfüllen die durch Kunst herbeigeführten Erregungszustände die Doppelfunktion von sittlicher Läuterung und psycho-physischer Therapie.

Obgleich die spezifischen Auswirkungen der Affektreinigung weitgehend unbestimmt bleiben, wird doch die Lehre der durch Jammer und Schauder erzeugten Katharsis zum wirkungsmächtigsten Element der aristotelischen Poetik. Es ist charakteristisch für ihre Rezeptionsgeschichte, daß sie zwar in den Regelpoetiken des europäischen Klassizismus starke Beachtung findet[30] und das Wirkungskonzept der Katharsis in den verschiedensten Tragödientheorien fortlebt, sie jedoch keine eigenständige kontinuierliche Tradition der Wirkungsästhetik begründet. Gleichwohl hat die abendländische Rezeption des aristotelischen Gedankengutes ihre Spuren selbst in der Musikästhetik hinterlassen. So ist etwa in der Mitte des 15. Jh. Johannes Tinctoris in seinen Schriften darum »bemüht, die *Wirkung* von Musik auf das menschliche Subjekt zu beschreiben« (intende invece offrire definizioni che richiamino gli *effetti* della musica sul soggetto percipiente), wobei das aufgeführte Register der »Wirkungen und Aufgaben der Tonkunst [...] durchweg auf die Regungen des Gefühls abzielt« (effetti prodotti dall'arte dei suoni [...] viene riportato alla funzione di stimolo emotivo)[31]. Die musikalische Affektenlehre beschäftigt sich bis in das 20. Jh. hinein mit der Frage nach den kathartisch-therapeutischen Effekten von Musik sowie den Möglichkeiten ihrer »Einwirkung auf das Willensvermögen des Menschen«[32].

Das berühmteste deutsche Dokument des dichtungstheoretischen Aristotelismus ist Lessings *Hamburgische Dramaturgie* (1767–1768), deren programmatische Absicht auf eine theoretische Fundierung des bürgerlichen Trauerspiels zielt. Lessing läßt in seiner Berufung auf Aristoteles nur noch die beiden Affekte »Mitleid und Furcht« gelten, während sowohl Entsetzen wie auch Bewunderung als Wirkungsphänomene verworfen werden. Die dramatische Erregung bestimmter Empfindungen soll »der Verwandlung der Leidenschaften in tugendhafte Fertigkeiten«[33] dienen. Im Sinne des Aufklärungsideals »*Der mitleidigste Mensch ist der beste Mensch*« bestimmt sich der tugendfördernde Wirkungszweck der Tragödie: »sie soll unsre Fähigkeit, Mitleid zu fühlen, erweitern«[34].

Die Kategorie der Wirkung spielt indes nicht nur eine Rolle in Lessings Dramentheorie, sondern auch in Überlegungen zur Wirkung unterschiedlicher Künste. Im Rahmen der Kunst- und Gattungstheorie unternimmt er im *Laokoon* (1766) eine Differenzierung der Künste auf semiotischer Basis, indem Malerei als statische Raumkunst und Poesie als dynamische Zeitkunst im Hinblick auf die von ihnen verwendeten Mittel oder Zeichen – »jene nämlich Figuren und Farben in dem Raume,

---

30 Vgl. MANFRED FUHRMANN, Einführung in die antike Dichtungstheorie (Darmstadt 1973), 174ff.
31 ENRICO FUBINI, L'estetica musicale dall'Antichità al Settecento (Turin 1976), 106; dt.: Geschichte der Musikästhetik. Von der Antike bis zur Gegenwart, übers. v. S. Kienlechner (Stuttgart/Weimar 1997), 80f.
32 HANS HEINZ DRÄGER, ›Musik-Ästhetik‹, in: MGG, Bd. 9 (1961), 1004.
33 GOTTHOLD EPHRAIM LESSING, Hamburgische Dramaturgie. Stück 78 (1768), in: Lessing, Gesammelte Werke in 10 Bänden, hg. v. P. Rilla, Bd. 6 (Berlin 1954), 396, 399.
34 LESSING an Friedrich Nicolai (November 1756), in: ebd., Bd. 9 (Berlin 1957), 77f.

diese aber artikulierte Töne in der Zeit«[35] – unterschieden werden. Beide Künste beruhen also auf verschiedenartigen Zeichensystemen, wobei die Einsicht in die unterschiedliche Darstellungsleistung der Künste eng mit wirkungsästhetischen Überlegungen verbunden ist. Nur das ist den je kunstspezifischen Möglichkeiten angemessen, was in seiner Wirkung die Rezeptionsaktivität nicht beeinträchtigt. »Kann der Künstler von der immer veränderlichen Natur nie mehr als einen einzigen Augenblick [...] brauchen, [...] so ist es gewiß, daß jener einzige Augenblick [...] nicht fruchtbar genug gewählet werden kann. Dasjenige aber nur allein ist fruchtbar, was der Einbildungskraft freies Spiel läßt.« Aus diesem Grunde gilt es auch, die Darstellung affektiver Extremzustände zu vermeiden, denn »dem Auge das Äußerste zeigen, heißt der Phantasie« durch die Fixierung auf das sinnlich Wahrnehmbare »die Flügel binden« (28).

II. Wirkungsästhetische Ansätze im 18. Jahrhundert

1. Empirismus und Assoziationspsychologie: Imaginationsaktivierung durch Schönes und Erhabenes

Während in den Gattungspoetiken die Wirkung von Literatur vordefiniert und an die erfolgreiche Anwendung erlernbarer Regeln und präskriptiver Muster gebunden ist, kommt im 18. Jh. mit Alexander Gottlieb Baumgartens folgenreicher Bestimmung der Ästhetik als einer »Wissenschaft, wie etwas sensitiv zu erkennen ist« (scientiam sensitive quid cognoscendi)[36], ein Verständnis von Wirkung in den Blick, das die durch Natur, Kunst und Literatur vermittelten Erfahrungen in Zusammenhang bringt mit der aktiven Rolle des aufnehmenden Subjekts.

Im Umkreis des englischen Empirismus, der die sinnliche Erfahrung als Quelle aller Erkenntnis in den Mittelpunkt philosophischer Überlegungen rückt, bildet sich ein Diskurs heraus, der die Wahrnehmung als ästhetisches Sinn privilegiert und die durch schöne und erhabene Objekte hervorgerufenen Eindrücke und Empfindungen unter Kategorien wie Geschmack, Gefühl und Vergnügen zu fassen sucht. So unterscheidet Joseph Addison in seiner Essayserie *The Pleasures of the Imagination* (1712) die ›Primärvergnügen‹, die durch die Ansicht von Großem, Neuem und Schönem – bzw. durch die Kombination dieser Qualitäten – im Betrachter ausgelöst werden, von den »Secondary Pleasures of the Imagination«[37]. Diese resultieren aus den Vorstellungen, die durch Wiedererinnerung an Gesehenes bzw. durch bildliche und literarische Vergegenwärtigung abwesender oder fiktiver Gegenstände evoziert werden. Die stärkere Inanspruchnahme der Einbildungskraft steigert die Empfindungsintensität der ›sekundären Vergnügen‹. So vermag die Macht, die die Worte auf die Einbildungskraft haben, eine Vielzahl individueller Assoziationen freizusetzen, zu Vergleichen und Analogien mit typenmäßig bereits Vertrautem zu motivieren sowie die Emotionen in einer Weise anzusprechen, die das lesende Subjekt zu Selbstreflexionen veranlaßt.[38]

In *A Philosophical Enquiry into the Origin of Our Ideas of the Sublime and Beautiful* (1757) thematisiert Edmund Burke die durch schöne und erhabene Gegenstände hervorrufbaren Empfindungen wie »love and astonishment«[39]. Die Dichotomisierung des Schönen und Erhabenen (»one being founded on pain, the other on pleasure«, 604) gründet in einem triebpsychologischen Dualismus sowie einer physiologisch konzipierten Lust-Unlust-Psychologie. Die beiden ästhetischen Phänomene werden daher in Beziehung zu unterschiedlichen Zuständen des Nervensystems wie auch im Hinblick auf den Gegensatz von Gesellschafts- und Selbsterhaltungstrieb erklärt. Der Theorie der wechselseitigen

---

35 LESSING, Laokoon oder über die Grenzen der Malerei und Poesie (1766), in: ebd., Bd. 5 (Berlin 1955), 155.
36 ALEXANDER GOTTLIEB BAUMGARTEN, Meditationes philosophicae de nonnullis ad poema pertinentibus/ Philosophische Betrachtungen über einige Bedingungen des Gedichtes, lat.-dt., hg. u. übers. v. H. Paetzold (Hamburg 1983), 84/85.
37 JOSEPH ADDISON, [On the Pleasures of the Imagination], in: The Spectator, Nr. 411 (21. 6. 1712), hg. v. G. Smith, Bd. 3 (London/New York 1967), 277.
38 Ebd., Nr. 416 (27. 6. 1712), 292.
39 EDMUND BURKE, A Philosophical Enquiry into the Origin of Our Ideas of the Sublime and Beautiful (1757/²1759; New York 1971), 341.

Einwirkung von Körper und Seele zufolge produziert Schönes und Erhabenes nicht nur Bewußtseinsinhalte, sondern äußert sich auch in genau beobachtbaren körperlichen Symptomen, wie z. B. Erhöhung oder Nachlassen der Nervenanspannung. Da der menschliche Selbsterhaltungstrieb durch das Erhabene angesprochen wird, liegt dessen überwältigende Wirkung – »Astonishment [...] is the effect of the sublime in its highest degree« (96) – nicht zuletzt darin, daß sie auch physischen Ausdruck findet.

Es ist charakteristisch für Burkes empiristisch-sensualistische Ästhetik, daß Wirkung als ästhetische Kategorie in ihr eine ambivalente Rolle spielt. So wird einerseits die Allgemeinheit und Gleichförmigkeit der psycho-physischen Reaktionsmechanismen betont, andererseits aber auch deutlich gemacht, daß der Rückschluß hiervon auf die ästhetische Beschaffenheit eines Werkes nur dann zulässig ist, wenn die individuellen Voraussetzungen des rezipierenden Subjekts Berücksichtigung finden. Da die Geschmackserfahrungen in der Physiologie der Sinne fundiert sind, kann zwar von der Allgemeinheit des ›taste‹ als Bewertungsinstanz ästhetischer Phänomene ausgegangen werden, gleichzeitig ist jedoch die subjektbedingte Unterschiedlichkeit der Geschmacksurteile offenkundig. Geschmackskultivierung und damit Veränderbarkeit der Rezeptionsbedingungen sind in Burkes Überlegungen durchaus vorgesehen, welche Konsequenzen sich daraus indes für eine als konstant angenommene psycho-physische Wirkung des Schönen und Erhabenen ergeben, wird nicht weiter bedacht.

Die *Elements of Criticism* (1762) des Schotten Henry Home, Lord Kames, stellen den breit angelegten Versuch dar, die assoziationspsychologischen Spekulationen der Empiristen in den Entwurf einer systematischen Ästhetik einzubeziehen. So geht es in dem Kapitel ›Emotions Caused by Fiction‹ darum, »by what means fiction hath such influence on the mind«[40]. Es ist die zentrale These von Kames, daß die gefühlsmobilisierende Kraft der Sprache sich in dem Maße realisiert, wie es ihr gelingt, jene lebhaften Eindrücke hervorzurufen, die unabdingbar sind für ein als »ideal presence« charakterisiertes Illusionserlebnis. In jenem labilen Bewußtseinszustand des »waking dream« (108) der

sowohl durch die Erinnerung wie auch durch die Vergegenwärtigungsleistung verbaler Repräsentation herbeigeführt werden kann, erleben wir Personen und Ereignisse in unserer Vorstellung auf so lebendige Weise, als ob sie uns wahrnehmungsmäßig präsent seien. Wenn emotionale Aktivierung abhängig ist von der Lebhaftigkeit der Vorstellungsbilder, dann ist in dieser Hinsicht »fable [...] more successful than history« (116), ermöglicht doch die mit Wiederholungseffekten operierende Fiktion eine stärkere Wirkung.

Die von der Assoziationspsychologie David Hartleys und David Humes inspirierten *Essays on the Nature and Principles of Taste* (1790) von Archibald Alison geht aus von einer Definition des Geschmacks als jener »Faculty of the human Mind, by which we perceive and enjoy, whatever is *Beautiful* or *Sublime* in the works of Nature or Art«[41]. Da die Assoziationsfähigkeit ein Strukturmoment des Bewußtseins ist, wird ihre Aktivierung durch ›Geschmacksobjekte‹ des Schönen und Erhabenen zum Gradmesser für die Intensität der »Emotions of Taste« (IX). Die Feststellung, daß Geschmacksobjekte nicht nur Vorstellungen erzeugen, die sich nach dem assoziativen Prinzip der Ähnlichkeit verknüpfen lassen, sondern überdies noch Gefühlsempfindungen hervorrufen, eröffnet einen Zugang sowohl zur Bestimmung der Eigenart und Komplexität ästhetischen Vergnügens wie auch zur Erklärung der unterschiedlichen Ausprägungen des Geschmacks angesichts identischer Objekte. Das Geschmacksgefühl setzt die aus der Wahrnehmung resultierenden einfachen Empfindungen voraus, schließt jedoch in seiner komplexen Inanspruchnahme der Einbildungskraft auch jenes als »Delight« bezeichnete Vergnügen mit ein, »which is felt, *when the Imagination is employed in the prosecution of a regular train of Ideas of Emotion.*« (121)

Es verbindet die hier skizzierten Theorieansätze, daß die angesprochenen Wirkungsüberlegungen an außerästhetische Zwecke und Begründungen zurückgebunden bleiben. Für Addison etwa erfüllt die als Vergnügen empfundene Aktivierung der Imagination nicht nur therapeutische Funktionen,

---

40 HOME, Bd. 1 (⁶1785), 105.
41 ARCHIBALD ALISON, Essays on the Nature and Principles of Taste (London 1790), VII.

vielmehr dient die Kultivierung des Geschmacks dem gesellschaftspolitischen Erziehungsideal eines »Man of a Polite Imagination«[42]. Überdies erklärt er – im Anschluß an deistische Argumentationsmuster – die Empfindungsfähigkeit der menschlichen Seele zum Erkenntnisinstrument göttlicher Weisheit und Güte. Lord Kames beantwortet seinerseits die Frage nach der Finalursache der durch Fiktionen ausgelösten Wirkung mit dem Hinweis auf die Förderung individueller Tugendhaftigkeit und die Festigung des sozialen Zusammenhalts.[43]

2. Kants Ästhetik der reflektierenden Urteilskraft

Für das theoretische Problem ästhetischer Wirkung spielt Immanuel Kants *Kritik der Urteilskraft* (1790) insofern eine besondere Rolle, als der Geltungsanspruch ästhetischer Urteile untersucht und damit Wirkungsphänomene im Zusammenhang einer systematischen Begründung der Ästhetik thematisiert werden, ohne daß der Terminus Wirkung selbst im Kantschen Gedankengang theoriekonstitutiv würde. So besteht das »Große und Neue von Kants Ästhetik […] darin, daß sie zum erstenmal in der Geschichte der Philosophie streng systematisch ein eigenes Gebiet, einen eigenartigen Zustand des menschlichen Gemüts für das Ästhetische abgrenzt«[44], ein zwischen dem Erkenntnis- und Begehrungsvermögen enthaltenes »Seelenvermögen«[45].

Mit der zentralen Ausgangsfrage, »ob und wie ästhetische Urteile a priori möglich sind« (297), d. h. unabhängig von jedweder empirischen Erfahrung, wird von vornherein deutlich, daß sich die Kantsche Untersuchung gegen die sensualistisch geprägte Wirkungsästhetik angelsächsischer Provenienz wendet. Nun läßt allerdings die Aussage eines ästhetischen Urteils, ein Gegenstand sei schön oder erhaben, dessen Anspruch auf Allgemeingültigkeit und Notwendigkeit insofern problematisch

erscheinen, als ja Geschmacksurteile keine Erkenntnisurteile sind, »mithin nicht logisch, sondern ästhetisch, worunter man dasjenige versteht, dessen Bestimmungsgrund *nicht anders* als *subjektiv* sein kann«. Sie bezeichnen keine Eigenschaften des Objekts, vielmehr jenen Zustand, »in der das Subjekt, wie es durch die Vorstellung affiziert wird, sich selbst fühlt« (279). Die Konsequenz daraus ist, daß »es kann« (463), womit Kant der *Aesthetica* (1750/1758) von Baumgarten eine dezidierte Absage erteilt. Nun kann es zwar, so die Argumentation Kants, »keine objektive Geschmacksregel« (313) geben, aber dennoch darf das ästhetische Urteil aufgrund seiner »allgemeinen Mitteilbarkeit« (298) so etwas wie subjektive Allgemeingültigkeit beanspruchen.

Ausschlaggebend für die Gewinnung des richtigen Geschmacksbegriffes, »nämlich als einer bloß reflektierenden ästhetischen Urteilskraft« (446) ist dabei der grundsätzliche Unterschied zwischen dem Angenehmen (»*was den Sinnen in der Empfindung gefällt*«, 281) und dem Schönen (»*was in der bloßen Beurteilung* […] *gefällt*«, 405). Während das Vergnügen am Angenehmen mit Interesse verbunden ist, so ist der Geschmack am Schönen ein »uninteressiertes und *freies* Wohlgefallen« (287). Zusammenfassend definiert Kant: »Wir haben ein Vermögen der bloß ästhetischen Urteilskraft, ohne Begriffe über Formen zu urteilen, und an der bloßen Beurteilung derselben ein Wohlgefallen zu finden, welches wir zugleich jedermann zur Regel machen, ohne daß dieses Urteil sich auf einem Interesse gründet, noch ein solches hervorbringt.« (397) Zwar ist die Lust im ästhetischen Urteil »auf keinerlei Weise praktisch, […] hat aber doch Kausalität in sich«, insofern sie nämlich darauf aus ist, »den Zustand der Vorstellung selbst und die Beschäftigung der Erkenntniskräfte ohne weitere Absicht zu *erhalten*« (302). Der Anschauungsgegenstand vermittelt den Eindruck einer paradoxen »Zweckmäßigkeit […] ohne Zweck« (299), der allein aus jenem »freien Spiel der Erkenntnisvermögen« (296) erwächst, das wir als harmonisch und zweckmäßig empfinden.

Die »bloß subjektive (ästhetische) Beurteilung des Gegenstandes, oder der Vorstellung, *wodurch* er gegeben wird, geht nun im Geschmacksurteil

---

[42] ADDISON (s. Anm. 37), 278.
[43] Vgl. HOME (s. Anm. 40), 121.
[44] KARL VORLÄNDER, Einleitung des Herausgebers, in: I. Kant, Kritik der Urteilskraft (1790), hg. von K. Vorländer (Hamburg 1974), XVIII f.
[45] IMMANUEL KANT, Kritik der Urteilskraft (1790), in: Kant, Werke in sechs Bänden, hg. v. W. Weischedel, Bd. 5 (Darmstadt 1957), 249.

»vor der Lust an demselben vorher, und ist der Grund dieser Lust an der Harmonie der Erkenntnisvermögen« (296). Dies ist für die Forderung nach Zustimmung zum Geschmacksurteil insofern entscheidend, als die »Belebung beider Vermögen (der Einbildungskraft und des Verstandes) zu *unbestimmter*, aber doch [...] einhelliger Tätigkeit [...] die Empfindung« ist, »deren allgemeine Mitteilbarkeit das Geschmacksurteil postuliert« (297 f.). Ein reines Geschmacksurteil also »sinnet jedermann Beistimmung an« (320), da ja überhaupt »nur unter der Voraussetzung, daß es einen Gemeinsinn gebe«, worunter die »Wirkung aus dem freien Spiel unsrer Erkenntniskräfte« verstanden wird, das »Geschmacksurteil gefällt werden« (321) kann. Da »die Lust am Schönen« keine »Lust des Genusses«, sondern der »bloßen Reflexion« ist, muß sie »notwendig bei jedermann auf den nämlichen Bedingungen beruhen, weil sie subjektive Bedingungen der Möglichkeit einer Erkenntnis überhaupt sind. [...] Eben darum darf auch der mit Geschmack Urteilende [...] die subjektive Zweckmäßigkeit, d. i. sein Wohlgefallen am Objekte jedem andern ansinnen, und sein Gefühl als allgemein mitteilbar [...] annehmen« (388).

In der *Kritik der Urteilskraft*, so läßt sich resümieren, spielt der Begriff der Wirkung insofern eine Rolle, als die ästhetische Urteilskraft als »sensus communis aestheticus« (391) das Zusammenspiel jener Erkenntnisvermögen reflektiert, die durch die »Zweckmäßigkeit der Form« (303) im Rezeptionsbewußtsein aktiviert werden. Ästhetische Empfindung ist eben nicht als bloßer Sinneneindruck, »sondern als die Wirkung einer Beurteilung der Form im Spiele vieler Empfindungen« anzusehen« (428). Wirkungsphänomene geraten indes auch noch über das Konzept der ästhetischen Idee in den Blick. Dieses gewinnt zwar im Kantschen Argumentationsgang seine Bedeutung in erster Linie im Hinblick auf den Geniegedanken, indem »das Vermögen der Darstellung *ästhetischer Ideen*« (413) geradezu zum Definitionsmerkmal des Genies als »Günstling der Natur« (419) gemacht wird, allerdings kommt auch die rezeptionsstimulierende Potenz der ästhetischen Idee zur Sprache. Als »*inexponible* Vorstellung der Einbildungskraft« (448) ist sie dadurch charakterisiert, daß sie »viel zu denken veranlaßt« (413), »ohne daß ihr doch irgend ein bestimmter Gedanke, d. i. Begriff adäquat sein kann, die folglich keine Sprache völlig erreicht und verständlich machen kann« (414). Eine ästhetische Idee kann »der Einbildungskraft einen Schwung geben« (416), sie ist imstande »das Gemüt zu beleben, indem sie ihm die Aussicht in ein unabsehliches Feld verwandter Vorstellungen eröffnet.« (415 f.) In diesem Zusammenhang finden sich bei Kant auch Hinweise darauf, die unterschiedlichen Künste »nach der Wirkung, die sie auf die Einbildungskraft tun, zu beurteilen« (426). Hervorgehoben wird dabei vor allem »die Dichtkunst, in welcher sich das Vermögen ästhetischer Ideen in seinem ganzen Maße zeigen kann« (415).

Für die Wirkungsgeschichte der Kantschen Ästhetik ist es insgesamt kennzeichnend, daß »aus Kants Wende zu einer Ästhetik der reflektierenden Urteilskraft« keine »traditionsbildende Theorie der Rezeption als der Erfahrung des aufnehmenden Subjekts hervorgegangen«[46] ist. Es sind vielmehr Formulierungen wie »Genie ist das Talent (Naturgabe), welches der Kunst die Regel gibt«[47], die dafür verantwortlich sind, daß Kantsche Positionen immer wieder in den Traditionszusammenhang der romantischen Genieästhetik gerückt werden.

3. Schillers Spieltheorie und idealistische Wirkungsästhetik

Die Auseinandersetzung mit den ästhetischen Überlegungen Kants vermittelt die entscheidenden Impulse für Friedrich Schillers Programmschrift *Ueber die ästhetische Erziehung des Menschen in einer Reihe von Briefen* (1795). Die Kantsche Auffassung, wonach das Schöne »Symbol des Sittlichguten«[48] sei, führt in Schillers ästhetischer Spieltheorie zu einer in anthropologische und geschichtsphilosophische Reflexionen eingebetteten idealistischen Wirkungsästhetik. Nach der Enttäuschung menschheitlicher Freiheitshoffnungen durch die Französische Revolution richten sich Schillers Erwartungen auf das Humanisierungspotential der Kunst. Ihr wächst nun die Aufgabe zu, einen ästhetischen Erziehungsprozeß einzuleiten, der jene

---

46 JAUSS (s. Anm. 1), 18.
47 KANT (s. Anm. 45), 405.
48 Ebd., 461.

»Totalität des Charakters« schaffen soll, die die Voraussetzung ist, um das utopische Ziel zu erreichen, »den Staat der Noth mit dem Staat der Freyheit zu vertauschen«[49]. Da »nur aus dem ästhetischen, nicht aber aus dem physischen Zustande der moralische sich entwickeln kann« (385), gibt es »keinen andern Weg, den sinnlichen Menschen vernünftig zu machen, als daß man denselben zuvor ästhetisch macht« (383). Der schönen Kunst fällt daher die Aufgabe zu, den für den Menschen als konstitutiv gesehenen Dualismus von Natur und Geist zu überwinden. Zentral ist in diesem Zusammenhang die anthropologische Annahme eines Spieltriebs, der den Menschen auszeichnet und eine imaginative Synthese von Sinnlichem und Rationalem zu leisten vermag. Da »unter allen Zuständen des Menschen gerade das Spiel und *nur* das Spiel es ist, was ihn vollständig macht, und seine doppelte Natur auf einmal entfaltet« (358), wird es für Schiller zum Wesensmerkmal des Menschseins. »Denn«, so die Kernthese, »der Mensch spielt nur, wo er in voller Bedeutung des Worts Mensch ist, und *er ist nur da ganz Mensch, wo er spielt.*« (359)

Wenn »die verschiedenen Künste *in ihrer Wirkung auf das Gemüth* einander immer ähnlicher werden« (381), so ist damit vor allem eine Wirkung gemeint, die aus der Vollendung der Form erwächst. »In einem wahrhaft schönen Kunstwerk soll der Inhalt nichts, die Form aber alles thun; denn durch die Form allein wird auf das Ganze des Menschen, durch den Inhalt hingegen nur auf einzelne Kräfte gewirkt. […] nur von der Form ist wahre ästhetische Freyheit zu erwarten.« Selbst »Künste des Affekts« sind »um so vollkommener […], je mehr sie auch im höchsten Sturme des Affekts die Gemüthsfreyheit schonen«, ist doch »der unausbleibliche Effekt des Schönen […] Freyheit von Leidenschaften.« (382) Da der schöne Schein seine Existenz »dem Menschen als vorstellendem Subjekte« (401) verdankt, zeugt nichts so sehr von innerer wie äußerer Freiheit wie die Freude am schönen Schein. Sie ist zweckfreier Genuß dessen, was die souveräne Einbildungskraft hervorbringt. »Ein Gemüth, das sich am Scheine weidet, ergötzt sich schon nicht mehr an dem, was es empfängt, sondern an dem, was es thut.« Dieses produktive Moment des Interesses am ästhetischen Scheine ist »ein entschiedener Schritt zur Kultur. […] denn solange die Noth gebietet, und das Bedürfniß drängt, ist die Einbildungskraft mit strengen Fesseln an das Wirkliche gebunden; erst wenn das Bedürfniß gestillt ist, entwickelt sie ihr ungebundenes Vermögen.« (399) Sie ist dann in der Lage, Alternativen zum Bestehenden zu entwerfen und Möglichkeiten künftiger Entwicklung zu antizipieren. »Auf den Flügeln der Einbildungskraft verläßt der Mensch die engen Schranken der Gegenwart, in welche die bloße Thierheit sich einschließt, um vorwärts nach einer unbeschränkten Zukunft zu streben« (390). Schillers Bildungsideal kommt auch in der »schönen Schreibart«[50], seinem Stilideal philosophischer Prosa zum Ausdruck. Indem sie »sinnliche und geistige Kräfte« (14) in Einklang bringt, beabsichtigt sie damit die gleiche Wirkung wie auch die ästhetische Erziehung. So gilt für die »schöne Diktion« (9) des Schriftstellers, der ja »allgemein gefallen *will*«, daß er »die Freiheit der Phantasie respecktiren« und »das logische Geräthe verbergen« muß, »wodurch er den Verstand seines Lesers lenckt«[51].

Schillers anthropologisch fundierte Spieltheorie schreibt der Kunst in mehrfacher Hinsicht eine humanisierende Wirkung zu. Da das Kunstwerk in der Verschmelzung von Stoff und Form eine Synthese von Materie und Geist repräsentiert, geschieht in der ästhetischen Erfahrung jene Harmonisierung und damit gegenseitige Freisetzung von Gefühl und Vernunft, in der für Schiller die Bestimmung des Menschen liegt. Die im Kunsterlebnis ermöglichte Versöhnung von Sinnlichkeit und Intellekt, das freie und harmonische Zusammenspiel von Geist und Natur fördert dabei jenen ästhetischen Erziehungsprozeß, der den Weg bereiten soll sowohl für die sittliche Wandlung des Einzelnen als auch für den anzustrebenden Vernunftstaat. Wenn der Mensch im zweckfreien Genuß des schönen Scheins zu sich selber kommt, dann hat dies auch eine utopische Dimension. Da der

---

49 FRIEDRICH SCHILLER, Ueber die ästhetische Erziehung des Menschen in einer Reihe von Briefen (1795), in: SCHILLER, Bd. 20 (1962), 318.
50 SCHILLER, Ueber die nothwendigen Grenzen beim Gebrauch schöner Formen (1795), in: SCHILLER, Bd. 21 (1963), 8.
51 SCHILLER an Friedrich Christian von Augustenburg (21. 9. 1793), in: SCHILLER, Bd. 26 (1992), 320 f.

Antagonismus der Grundtriebe im ästhetischen Erleben versöhnt zu sein scheint, gelangt der Einzelne auf diese Weise zur Erfahrung »einer vollständigen Anschauung seiner Menschheit«[52]. Er erlebt, was er als ein »in sich selbst vollendetes Ganzes« (364) sein könnte, wenn sich denn jenes Verhältnis des freien Spiels auf Dauer stellen ließe. In Schillers Abhandlung verselbständigt sich schließlich die im Kunsterlebnis mögliche Totalitätserfahrung zur Humanitätsutopie des ästhetischen Staates. »Mitten in dem furchtbaren Reich der Kräfte und mitten in dem heiligen Reich der Gesetze baut der ästhetische Bildungstrieb unvermerkt an einem dritten fröhlichen Reiche des Spiels und des Scheins, worin er dem Menschen die Fesseln aller Verhältnisse abnimmt, und ihn von allem, was Zwang heißt, sowohl im physischen als im moralischen entbindet.« (410)

III. Romantik und 19. Jahrhundert

1. Die Dominanz der Autonomie- und Genieästhetik

Die dichtungstheoretischen Schriften der deutschen Romantik stehen ganz unter dem Primat der Autonomie-, Inspirations- und Genieästhetik. Wirkungs- und rezeptionsästhetische Überlegungen kommen dabei nur indirekt in den Blick. So ist zwar die schöpferische Einbildungskraft des künstlerischen Genies von herausragender Bedeutung, dessen Produkte bedürfen aber immerhin auch der Empfänglichkeit und Produktivität von Leser und Betrachter, können sie doch nur so angemessen aufgefaßt werden. Symptomatisch hierfür ist Friedrich Schlegels Idealbild des Lesers als mitschaffendem Seelenverwandten des Autors: »Der synthetische Schriftsteller konstruiert und schafft sich einen Leser, wie er sein soll; er denkt sich denselben nicht ruhend und tot, sondern lebendig und entgegenwirkend. [...] Er will keine bestimmte Wirkung auf ihn machen, sondern er tritt mit ihm in das heilige Verhältnis der innigsten Symphilosophie oder Sympoesie.«[53] Auch in den Prosatexten etwa von Joseph von Eichendorff, Ludwig Tieck und Novalis finden sich immer wieder selbstreflexive Kommentare und Hinweise auf die Rolle des Lesers und die ihm zugedachten Imaginationsleistungen.

Die Ästhetik des 19. Jh. ist weitgehend dominiert von der Vorstellung des deutschen Idealismus, Kunst sei autonom und diene keinem äußeren Zweck. Ist Schönheit, dem berühmtem Diktum Hegels zufolge, »das sinnliche Scheinen der Idee«[54], dann ist Kontemplation der Wahrheit dem autonomen Kunstwerk einzig angemessene Einstellung. Die Frage nach der spezifischen Wirkung von Literatur bleibt daher allenfalls peripher oder nährt sogar den Verdacht kunstfremder Effekthascherei.

2. Goethes ambivalentes Verhältnis zur Wirkung der Kunst

Im Gegensatz zu Schillers *Briefen zur ästhetischen Erziehung* sind Goethes literatur- und kunsttheoretische Schriften den Leitvorstellungen der Naturnachahmung sowie der klassizistischen Harmonie- und Genieästhetik verpflichtet. Obwohl die Kategorien Wirkung und Rezeption keine zentrale, geschweige denn eine systembildende Rolle spielen, findet sich jedoch in Goethes Schriften eine Reihe von Bemerkungen, die aufschlußreich sind im Hinblick auf die unterschiedliche Bewertung der ästhetischen und der moralisch-ethischen Wirkung von Kunst und Literatur. So distanziert sich Goethe in der *Nachlese zu Aristoteles' Poetik* (1827) ganz entschieden von der wirkungspoetischen Deutung der Katharsis, indem er sie als »aussöhnende Abrundung«[55] der Dramenhandlung autonomieästhetisch umdefiniert. Gegenüber der außerästhetischen Wirkung der schönen Künste zeigt sich Goethe ausgesprochen skeptisch, indem er

---

52 SCHILLER (s. Anm. 49), 353.
53 FRIEDRICH SCHLEGEL, Kritische Fragmente. Nr. 112 (1797), in: SCHLEGEL (KFSA), Abt. 1, Bd. 2 (1967), 161.
54 GEORG WILHELM FRIEDRICH HEGEL, Vorlesungen über die Ästhetik (1835–1838), in: HEGEL (TWA), Bd. 13 (1970), 151.
55 JOHANN WOLFGANG GOETHE, Nachlese zu Aristoteles' Poetik (1827), in: Goethe, Werke. Jubiläumsausgabe in sechs Bänden, hg. v. F. Apel u. a., Bd. 6 (Frankfurt a. M. 1998), 355.

etwa die Forderung des Aristoteles, »die Musik zu sittlichen Zwecken bei der Erziehung« (356) zu benutzen, ablehnt. »Die Musik aber, so wenig als irgend eine Kunst, vermag auf Moralität zu wirken« (357). Wirkung entfaltet sich für Goethe im Nachvollzug des kunstvoll Dargestellten, keineswegs jedoch mit dem Ziel einer sittlichen Vervollkommnung durch Kunst.

Goethes Zweifel an der praktischen Wirksamkeit von Kunst und Literatur betrifft allerdings nicht in gleicher Weise die ästhetische. So finden sich etwa Hinweise auf imaginationsaktivierende Momente der Malerei, wobei aber der Vorrang des Dargestellten nie in Frage steht: »Das schlechteste Bild kann zur Empfindung und zur Einbildungskraft sprechen, indem es sie in Bewegung setzt, los und frei macht, und sich selbst überläßt; das beste Kunstwerk spricht auch zur Empfindung, aber eine höhere Sprache, die man freilich verstehen muß; es fesselt die Gefühle, und die Einbildungskraft, es nimmt uns unsre Willkür, [...] wir sind genötigt, uns ihm hinzugeben, um uns selbst von ihm, erhöht und verbessert, wieder zu erhalten.«[56]

Wenn im Hinblick auf den epischen Dichter eher pauschal die Rede davon ist, daß er »sich überhaupt an die Imagination wendet«[57], so wird schließlich im Falle William Shakespeares die vorstellungsanregende Wirkung seiner dramatischen Sprache zum Maßstab künstlerischer Größe wie auch zur Voraussetzung seines Erfolgs als Theaterdichter. »Wir springen mit ihm von Lokalität zu Lokalität, unsere Einbildungskraft ersetzt alle Zwischenhandlungen, die er ausläßt, ja wir wissen ihm

---

56 GOETHE, Einleitung in die ›Propyläen‹ (1798), in: ebd., 225.
57 GOETHE/SCHILLER, Über epische und dramatische Dichtung (1827), in: ebd., 207.
58 GOETHE, Shakespear und kein Ende! (1815/1826), in: ebd., 307.
59 EDGAR ALLAN POE, [Rez.] Nathaniel Hawthorne, Twice-Told Tales, Boston 1842 (1842), in: Poe, Essays and Reviews, hg. v. G. R. Thompson (New York ⁵1984), 572.
60 POE, The Philosophy of Composition (1846), in: ebd., 14.
61 POE (s. Anm. 59), 571.
62 POE (s. Anm. 60), 15.
63 POE (s. Anm. 59), 571.

Dank daß er unsere Geisteskräfte auf eine so würdige Weise anregt.«[58]

3. Edgar Allan Poes Theorie des kalkulierten literarischen Effekts

Im Umkreis einer von genieästhetischen Vorstellungen geprägten Kunst- und Literaturauffassung stellt Poe ›unity of effect‹ oder ›impression‹ ausdrücklich in den Mittelpunkt seiner poetologischen Reflexionen. Er gehört damit zu den wenigen Autoren des 19. Jh. sowohl in Europa wie in den USA, die als Vorläufer einer genuinen Wirkungs- und Rezeptionstheorie gelten können. Angeregt durch Philosophie und Dichtungstheorie der deutschen und englischen Romantik, entwickelt Poe seine Überlegungen nicht in Form einer systematisch ausgearbeiteten Theorie ästhetischer Wirkung, sondern in Essays wie *The Philosophy of Composition* (1846), *The Rationale of Verse* (1848), *The Poetic Principle* (1850) und in zahlreichen Rezensionen. Vor allem seine Besprechung von Nathaniel Hawthornes Kurzgeschichtensammlung *Twice-Told Tales* (1842) liefert zentrale Einsichten zur Formulierung einer genrespezifischen Theorie der Short Story. Poes wirkungsorientiertes Werkverständnis geht von der Forderung aus, den künstlerischen Kompositionsvorgang von vornherein so anzulegen, daß die funktionale Kombination aller Mittel und Verfahren auf die Erzielung eines durch Originalität beeindruckenden »preconceived effect«[59] ausgerichtet ist. Poe distanziert sich denn auch von der genieästhetischen Mystifikation des Schaffensprozesses als Ausdruck von »fine frenzy« oder »ecstatic intuition«[60], indem er sich in der Rekonstruktion des Entstehungsprozesses seines bekanntesten Gedichtes *The Raven* (1845) um den Nachweis bemüht, »that the work proceeded, step by step, to its completion with the precision and rigid consequence of a mathematical problem« (15).

Die für die Hervorbringung einer »intense or enduring impression«[61] unabdingbare »totality, or unity, of effect«[62] kommt nur durch einen Text zustande, der »a certain duration or repetition of purpose«[63] praktiziert, zugleich aber auch einen Rezeptionsvorgang ermöglicht, der frei bleibt von störenden Außeneinflüssen. Die Kürze eines Textes wird daher zu einer entscheidenden Voraussetzung ästhetischer Wirkung. Neben dem Gedicht ist es vor allem »the short prose narrative«, das dem künstlerischen Genius seine besten Entfaltungsmöglichkeiten bietet und überdies die effektivste Form der Leserlenkung garantiert: »During the hour of perusal the soul of the reader is at the writer's control.« Ebenso wie beim Gedicht ist die Einheitlichkeit der Wirkung im Falle der Kurzgeschichte das Ergebnis des kalkulierten Einsatzes der zur Auswahl stehenden Mittel: »In the whole composition there should be no word written, of which the tendency, direct or indirect, is not to the one pre-established design.« (572)

Zu den wichtigsten Verfahren literarischer Prosa, einen geschlossenen Eindruck hervorzurufen, zählt für Poe die Illusionserzeugung durch Wahrscheinlichkeit. So bescheinigt er Daniel Defoes *Robinson Crusoe* (1719), die Aufmerksamkeit des Lesers derart in Anspruch zu nehmen, daß dieser sich während der Lektüre weder seiner selbst noch des zur Illusionsbildung unabdingbaren »potent magic of verisimilitude«[64] bewußt werde. Wie sehr Poe in seinen Überlegungen Wirkungsaspekte in den Vordergrund rückt, zeigt sich nicht zuletzt in seiner Erwartung, daß es in Zukunft selbstverständlich werden könnte, weniger den Produktionsaufwand als die von Texten hervorgebrachte Wirkung zum Gradmesser ihrer literarischen Qualität zu machen.[65] Mit seiner programmatischen Vorstellung, daß die poetische Produktion ein auf Wirkung hin angelegter Akt kühl planender Rationalität sei, inspiriert Poe Charles Baudelaires lyrische Kompositionsmethode des »calcul«[66] und wird damit zu einem Wegbereiter der literarischen Moderne.

IV. Wirkungs- und Rezeptionsästhetik im 20. Jahrhundert

Fragen der Wirkung und Rezeption von Literatur und Kunst werden in der zweiten Hälfte des 20. Jh. in verstärktem Maße zum Gegenstand literatur- und kunstwissenschaftlicher Theoriebildung, wobei auf unterschiedliche methodische Orientierungen und Ansätze der ersten Jahrhun-

derthälfte zurückgegriffen wird. Die beiden korrelativen Begriffe dienen insbesondere im Zusammenhang einer texttheoretisch fundierten Wirkungs- und Rezeptionsästhetik dazu, die durch den Kunstcharakter von Literatur ausgelösten Erfahrungsprozesse ins Blickfeld zu rücken. Seit 1967 ist es vor allem die sogenannte *Konstanzer Schule*, die in deutlicher Frontstellung gegen traditionelle Formen der Produktions- und Darstellungsästhetik »die Konstitution, Um- und Neubildung von Sinn bei der Aufnahme des ästhetischen Objekts wie in der Geschichte seiner Rezeption«, systematisch zu beschreiben versucht. Ihr Ziel ist, »die Leistung der ästhetischen Tätigkeit zum einen im Spielraum des *impliziten* Lesers (W. Iser), zum andern im Horizontwandel des Verstehens und Auslegens – der Arbeit des *historischen* Lesers (H. R. Jauss) – zu erfassen«[67]. Als einer der »Wegbereiter des geschichtlich-hermeneutischen Paradigmas der Rezeptions-Theorie« (1002) wird dabei u. a. Sartre gesehen.

1. Jean-Paul Sartre: Der Pakt zwischen Autor und Leser

Vor dem Erfahrungshintergrund des 2. Weltkrieges formuliert Sartre in seinem vielbeachteten Essay *Qu'est-ce que la littérature?* (1948) ein existentialistisch geprägtes Plädoyer für das gesellschaftliche und politische Engagement des Schriftstellers und der Literatur. Unter der Maxime der ›littérature engagée‹ werden wirkungs- und rezeptionsästhetische Überlegungen zum Verhältnis von Autor, Literatur und Leser entwickelt, die an die französische Tradition von Literatur als öffentlichem Gespräch anknüpfen. »Il n'est donc pas vrai qu'on écrive pour soi-même«[68], so Sartre, »il n'y a d'art

---

64 POE, [Rez.] Daniel Defoe, The Life and Surprising Adventures of Robinson Crusoe, of York, Mariner: with a Biographical Account of Defoe, New York 1836 (1836), in: ebd., 202.
65 Vgl. POE, [Rez.] Nathaniel Hawthorne, Twice-Told Tales, Boston 1842, Mosses from an Old Manse, New York 1846 (1847), in: ebd., 584.
66 CHARLES BAUDELAIRE, La genèse d'un poème (1859), in: BAUDELAIRE, Bd. 2 (1976), 343.
67 JAUSS (s. Anm. 5), 998.
68 JEAN-PAUL SARTRE, Qu'est-ce que la littérature? (Paris 1948), 54.

que pour et par autrui« (55). Dem Leser ist von vornherein eine aktive Rolle zugedacht. Erfinden muß er »dans un perpétuel dépassement de la chose écrite«, »ce que l'auteur ne dit pas« (57). Die Formel »la lecture est création dirigée« besagt überdies, daß der Autor zwar den Leser führt, für diesen indes das potentiell unerschöpfliche Werk »n'existe qu'au niveau exact de ses capacités«.

Da das produktive Schaffen des Autors »ne peut trouver son achèvement que dans la lecture« (58), ist der schöpferische Mitvollzug des Lesers von entscheidender Bedeutung. »Tout ouvrage littéraire est un appel«, lautet eine der Kernaussagen Sartres. »Ainsi l'écrivain en appelle à la liberté du lecteur pour qu'elle collabore à la production de son ouvrage.« (59) Verlangt wird nicht »l'application d'une liberté abstraite, mais le don de toute sa personne«. Diese Hingabe ist im Verhältnis der Wechselseitigkeit begründet. »Ainsi la lecture estelle un exercice de générosité« (64), »un pacte de générosité entre l'auteur et le lecteur; chacun fait confiance à l'autre, chacun compte sur l'autre, exige de l'autre autant qu'il exige de lui-même.« (70)

Es ist charakteristisch für Sartres Rezeptionsästhetik avant la lettre, daß sie eine dezidiert politische Dimension besitzt, erkennt er doch »au fond de l'impératif esthétique [...] l'impératif moral« (79). Zwar gilt, »l'exigence de l'écrivain s'adresse en principe à *tous* les hommes« (87), zugleich spricht er aber als »médiateur par excellence« (98) ganz konkret »à ses contemporains« (88). Da der Autor seinen Leser wählt, heißt dies, »tous les ouvrages de l'esprit contiennent en eux-mêmes l'image du lecteur auquel ils sont destinés« (92). Sartre begnügt sich deshalb auch nicht mit einer allgemeinen Beschreibung der Leserrolle. In dem Kapitel ›Pour qui écrit-on?‹, »das einen knappgefaßten Überblick über die Geschichte der französischen Literatur unter dem Gesichtspunkt ›Der Schriftsteller und sein Publikum‹ vermittelt«, liefert er vielmehr schon »eine kleine ›Literaturgeschichte des Lesers‹, wenigstens im Abriß«[69]. Für Sartre ist Literatur »par essence prise de position«[70]. »Chaque livre propose une libération concrète à partir d'une aliénation particulière« (90f.). Der Schriftsteller ist daher verpflichtet, »de prendre parti contre toutes les injustices« (343). Im Hinblick auf die Gesellschaft gilt, »l'écrivain lui présente son image [...] ainsi l'écrivain donne à la société *une conscience malheureuse*« (104). Das ehrgeizige Ziel, »d'agir sur l'opinion de nos concitoyens« (343 f.), setzt freilich voraus, daß der Autor sich seine potentiellen Adressaten und deren Lesebedürfnis allererst schafft. Angesprochen werden soll letzten Endes keine soziologisch genau umrissene Zielgruppe, sondern vielmehr der Leser guten Willens, der – ganz im Sinne Kants – den Menschen in jedem Fall »comme fin absolue« und nicht als »moyen« (330) behandelt. Sartres Bekenntnis zu einer Literatur, die Autor und Leser gleichermaßen für die Freiheit engagiert, ist somit ein Aufruf zur Verteidigung der humanen Existenz des Menschen. »Le monde peut fort bien se passer de la littérature. Mais il peut se passer de l'homme encore mieux.« (357)

2. Zur Vorgeschichte der Rezeptionsästhetik

Neben Sartre reklamiert Jauß eine Vielzahl von Namen, Ansätzen und Positionen für die Vorgeschichte seiner Rezeptionsästhetik, die – ganz im Sinne seiner hermeneutischen Grundorientierung – als »Vorgeschichte erst aus der Nachgeschichte einer eingetretenen Wende voll erkennbar werden kann«[71]. Der Rückblick erfaßt dabei Prinzipien der Bibelexegese, der hermeneutischen Tradition und der jüdischen Kabbala sowie literarische Zeugnisse und kritische Äußerungen, die den keineswegs geradlinigen Weg der Emanzipation des bürgerlichen Lesers dokumentieren. Dies reicht von Michel de Montaignes essayistische Selbsterkundung über Samuel Johnsons Plädoyer für den ›common sense‹ und Lessings für den miturteilenden Leser, von seelenkundlichen Ansätzen der Empfindsamkeit bis hin zur poetischen Theorie Paul Valérys und seiner Forderung nach einer »histoire vraie de la lecture«[72]. Die Spurensuche stößt ferner am Ende des 19. Jh. auf französische Vertre-

---

[69] HARALD WEINRICH, Für eine Literaturgeschichte des Lesers, in: Merkur 21 (1967), 1029 f.
[70] SARTRE (s. Anm. 68), 334.
[71] JAUSS (s. Anm. 5), 996 f.
[72] VALÉRY (CAHIERS), Bd. 2 (1974), 1197.

ter einer rezeptionspsychologischen Literaturkritik (Jean-Marie Guyau, Émile Hennequin), die Postulierung einer ›lecture créatrice‹ (Charles Péguy, Antoine Thibaudet u. a.) sowie auf die Literatursoziologie mit ihren unterschiedlichen Ausrichtungen und Fragestellungen (z. B. Levin Ludwig Schücking, Robert Escarpit, Gunter Grimm).[73] Von den Positionen jener ›Vorgeschichte‹, die Jauß – angesichts des internationalen Echos der Rezeptionsästhetik – im nachhinein rekonstruiert, bildet die philosophische Hermeneutik Hans-Georg Gadamers den ausdrücklichen Bezugrahmen der eigenen Rezeptionstheorie. Für deren Konzipierung haben ferner Einsichten des russischen Formalismus und des Prager Strukturalismus impulsgebend gewirkt.

3. Gadamers Hermeneutik und das wirkungsgeschichtliche Bewußtsein

In *Wahrheit und Methode* (1960) entwickelt Gadamer die ›Grundzüge einer philosophischen Hermeneutik‹ (so der Untertitel des Buches), indem er in Anknüpfung an die Fundamentalontologie von *Sein und Zeit* (1927) »nach den Konsequenzen« fragt, »die Heideggers grundsätzliche Ableitung der Zirkelstruktur des Verstehens aus der Zeitlichkeit des Daseins für die geisteswissenschaftliche Hermeneutik hat«[74]. Diese ist darum bemüht – so Gadamer –, »der Geschichtlichkeit des Verstehens gerecht zu werden« (250), wozu dessen Vorstruktur wie auch der mit der Situiertheit allen Verstehens gegebene Horizontcharakter gehört. Nun macht es gerade »die geschichtliche Bewegtheit des menschlichen Daseins aus, daß es [...] niemals einen wahrhaft geschlossenen Horizont« besitzt. »Der Horizont ist vielmehr etwas, in das wir hineinwandern und das mit uns mitwandert.« (288) Da ein literarisches Werk an einen historischen Ort gebunden ist, wird es für den gegenwärtigen Leser nur verstehbar, wenn der Vergangenheitshorizont, in dem es steht, erschlossen wird, dabei jedoch zugleich zum Bewußtsein kommt, inwieweit die Hinwendung zur Vergangenheit durch den eigenen Gegenwartshorizont, durch die von Tradition und Autorität vermittelten sprachlichen und kulturellen Vorurteile und Vorverständnisse geprägt ist.

»Das wirkungsgeschichtliche Bewußtsein« ist, Gadamer zufolge, »etwas anderes [...] als die Erforschung der Wirkungsgeschichte, die ein Werk hat, [...] daß es vielmehr ein Bewußtsein des Werkes selbst ist und insofern selber Wirkung tut« (324). Es ist »Bewußtsein der hermeneutischen *Situation*«, also derjenigen »Situation, in der wir uns gegenüber der Überlieferung befinden, die wir zu verstehen haben« (285). Wirkungsgeschichtliches Bewußtsein ist daher Selbstaufklärung des Hermeneuten über die Geschichtlichkeit seines Verstehens. Wenn wir eine »historische Erscheinung zu verstehen suchen, unterliegen wir immer bereits den Wirkungen der Wirkungsgeschichte« (284), insofern als der Fragehorizont vergangener Auslegungen in die jeweils neue eingeht. So gesehen ist in allem Verstehen, »ob man sich dessen ausdrücklich bewußt ist oder nicht, die Wirkung dieser Wirkungsgeschichte am Werke« (285). Für Gadamer gibt es »niemals den Leser, der, wenn er seinen Text vor Augen hat, einfach liest, was dasteht. In allem Lesen geschieht vielmehr eine Applikation, so daß, wer einen Text liest, selber noch in dem vernommenen Sinn darin ist. [...] Immer wird es so sein, daß die Sinnlinie, die sich ihm beim Lesen eines Textes zeigt, notwendig in einer offenen Unbestimmtheit abbricht.« (323) Die sinnschöpferische Kreativität des Lesers, die hier anklingt, wird indes sehr schnell eingeschränkt und zurückgebunden an eine durch verbindliche Geltung der Tradition bestimmte »Teilhabe am gemeinsamen Sinn« (276), denn »*das Verstehen ist selber nicht so sehr als eine Handlung der Subjektivität zu denken, sondern als Einrücken in ein Überlieferungsgeschehen*« (274f.). Ganz im Gegensatz hierzu betont Jauß, der in seinem Plädoyer »für eine hermeneutische Wiedergewinnung der Literaturgeschichte«[75] ausdrücklich an Gadamer anknüpft, die aktive Rolle des Lesers im Rezeptionsprozeß.

---

73 Vgl. JAUSS (s. Anm. 5), 999–1002.
74 HANS-GEORG GADAMER, Wahrheit und Methode (1960; Tübingen ²1965), 250.
75 RAINER WARNING, Rezeptionsästhetik als literaturwissenschaftliche Pragmatik, in: Warning (Hg.), Rezeptionsästhetik. Theorie und Praxis (München 1975), 23.

4. Hans Robert Jauß: Literaturgeschichte und Rezeptionsästhetik

In der kulturellen Umbruchsituation der 1960er Jahre ist die Konstanzer Antrittsvorlesung von Jauß, *Was heißt und zu welchem Ende studiert man Literaturgeschichte* (1967), die provokativ gemeinte Antwort – so denn auch der Titel der revidierten Fassung *Literaturgeschichte als Provokation der Literaturwissenschaft* (1970) – auf »die aktuelle Herausforderung der Literaturwissenschaft […], das im Streit der marxistischen und der formalistischen Methode offengebliebene Problem der Literaturgeschichte wieder aufzugreifen«[76]. Beide »verkürzen die Literatur« um »die Dimension ihrer Rezeption und Wirkung«, »die unabdingbar zu ihrem ästhetischen Charakter wie auch zu ihrer gesellschaftlichen Funktion gehört« (126). In sieben programmatischen Thesen plädiert Jauß für eine rezeptions- und wirkungsästhetisch orientierte Literaturgeschichte, die Ästhetik und Geschichte nicht als unüberbrückbare Gegensätze begreift und sowohl die marxistische Forderung nach historischer Vermittlung wie auch die Einsichten der Formalisten im Bereich der ästhetischen Wahrnehmung berücksichtigt.

Eine zentrale Rolle für die methodische Neubegründung der Literaturgeschichtsschreibung spielt der Begriff der Rezeption, also die »aktive Aneignung eines Werkes über die Vermittlung vorausliegender Aneignungen, das heißt seiner Rezeptionsgeschichte«[77]. Da »die Geschichtlichkeit der Literatur […] nicht auf einem post festum erstellten Zusammenhang ›literarischer Fakten‹ beruht, »sondern auf der vorgängigen Erfahrung des literarischen Werkes durch seine Leser«, muß auch der um Verstehen und Einordnung bemühte Literarhistoriker »selbst immer erst wieder zum Leser werden«[78]. So wie jedes Werk erst im Vergleich mit schon gelesener Literatur zum literarischen Ereignis wird, vermag es auch nur dann weiterzuwirken, wenn »es bei den Nachkommen noch oder wieder rezipiert wird« (130). In diesem Zusammenhang wird der Begriff des Erwartungshorizontes, der – terminologisch aus den Sozialwissenschaften entlehnt – Gadamers Horizontvorstellung modifiziert, zu einem konstitutiven Element der Rezeptionstheorie. So kann ein Leser »ein neues Werk sowohl im engeren Horizont seiner literarischen Erwartung als auch im weiteren Horizont seiner Lebenserfahrung wahrnehmen« (133). Die »Objektivierbarkeit« dieser Erwartungshorizonte wird dabei zum entscheidenden Problem einer Literaturgeschichte, die in der »Analyse der literarischen Erfahrung des Lesers […] dem drohenden Psychologismus« (130) entgehen will.

Als »Idealfall der Objektivierbarkeit« bieten sich solche Werke, »die den durch eine Gattungs-, Stil- oder Formkonvention geprägten Erwartungshorizont ihrer Leser […] eigens evozieren«. Aber auch bei nichtexpliziter Thematisierung kann er aus »der immanenten Poetik der Gattung, […] aus den impliziten Beziehungen zu bekannten Werken der literarhistorischen Umgebung« sowie »aus dem Gegensatz von Fiktion und Wirklichkeit« (132) gewonnen werden. Aus der »Art und Weise, in der ein literarisches Werk […] die Erwartungen seines ersten Publikums einlöst, übertrifft, enttäuscht oder widerlegt«, ergeben sich Kriterien »für die Bestimmung seines ästhetischen Wertes« (133). Es ist nicht selten der Fall, daß ein Werk trotz oder gerade wegen der Radikalität seiner Erwartungsenttäuschungen als großes Kunstwerk unerkannt bleibt, da es das Verständnis der ersten Leser gleichsam überfordert. Für spätere Leser wird die ästhetische Distanz »in dem Maße verschwinden […], wie die ursprüngliche Negativität des Werkes zur Selbstverständlichkeit geworden und selbst als nunmehr vertraute Erwartung in den Horizont künftiger ästhetischer Erfahrung eingegangen ist« (134). Aufgrund des Horizontwandels kann das fragliche Werk als Klassiker anerkannt werden, als ein Werk also, das nun selbst auf maßgebliche Weise zur Etablierung eines neuen Erwartungshorizontes beigetragen hat.

Die rezeptionsästhetische Theorie muß »die Geschichtlichkeit der Literatur in dreifacher Hinsicht berücksichtigen: diachronisch im Rezeptionszusammenhang der literarischen Werke […], synchronisch im Bezugssystem der gleichzeitigen Lite-

---

[76] JAUSS, Literaturgeschichte als Provokation der Literaturwissenschaft (1970), in: ebd., 126.
[77] WARNING (s. Anm. 75), 23.
[78] JAUSS (s. Anm. 76), 128.

ratur wie in der Abfolge solcher Systeme« (140) und schließlich im »Verhältnis der immanenten literarischen Entwicklung zum allgemeinen Prozeß der Geschichte«. Zur Formulierung dieser Zusammenhänge bedient sich Jauß der hermeneutischen Logik von Frage und Antwort, des formalistischen Prinzips der literarischen Evolution sowie der von Roman Jakobson und Jurij Tynjanov auf die Literatur angewandten Erkenntnisse der strukturalen Linguistik. Im entscheidenden »Schritt von einer Rezeptionsgeschichte der Werke zur ereignishaften Geschichte der Literatur zeigt sich diese« (141) nicht nur als ein dynamischer Vermittlungsprozeß von Produktion und Rezeption, sondern auch als ein Vorgang der Lösung hinterlassener und der Formulierung neuer Probleme.

Den russischen Formalisten kommt das Verdienst zu, durch ein Konzept wie ›Kunst als Verfahren‹[79] die durch Verfremdungseffekte bewirkte Entautomatisierung der Wahrnehmung[80] zum Thema gemacht zu haben. Allerdings ist bei den Formalisten, so Jauß, auch die Tendenz zu beobachten, Kunst aus ihrem historischen Kontext zu lösen und eine L'art pour l'art-Ästhetik zu favorisieren. Durch ihre Aufmerksamkeit für die Veränderungen künstlerischer Verfahren lenkt die formalistische Theorie zwar den Blick auf den Zusammenhang einer literarischen Reihe, allerdings reichen Opposition oder Variation ästhetischer Mittel nicht als Erklärungsmomente literarischer Evolution oder gar ihrer Beziehung zu gesellschaftlichen Veränderungen aus. Um die Funktion eines Textes in seiner diachronen Reihe zu bestimmen, »muß der Interpret«, so der hermeneutische Einwand von Jauß, »seine eigene Erfahrung ins Spiel bringen«, denn »Literaturgeschichte als ›literarische Evolution‹ setzt den geschichtlichen Prozeß ästhetischer Rezeption und Produktion bis zur Gegenwart des Betrachters als Bedingung der Vermittlung aller formalen Gegensätze oder ›Differenzqualitäten‹ voraus«[81]. Zur Verdeutlichung des literarischen Strukturwandels plädiert Jauß für eine Methode der synchronen Schnitte, tritt doch »die Geschichtlichkeit der Literatur [...] gerade an den Schnittpunkten von Diachronie und Synchronie zutage« (146). Welche Werke nun »den Prozeßcharakter der ›literarischen Evolution‹ in ihren geschichtsbildenden Momenten und epochalen Zäsuren« (148) zum Ausdruck bringen, darüber entscheidet schließlich die Wirkungsgeschichte.

In der letzten seiner Thesen spricht sich Jauß für eine Literaturgeschichte aus, die die »gesellschaftsbildende Funktion der Literatur« (149) betont, indem sie die möglichen Rückwirkungen literarischer Erfahrungen auf das gesellschaftliche Verhalten des Lesers in den Blick bringt. Es wird damit deutlich, wieweit die Rezeptionsästhetik an der Aufbruchstimmung der 60er Jahre partizipiert. »Die Kluft zwischen Literatur und Geschichte, zwischen ästhetischer und historischer Erkenntnis, wird überbrückbar, wenn die Literaturgeschichte nicht einfach den Prozeß der allgemeinen Geschichte im Spiegel ihrer Werke ein weiteres Mal beschreibt, sondern wenn sie im Gang der ›literarischen Evolution‹ jene im eigentlichen Sinn *gesellschaftsbildende* Funktion aufdeckt, die der mit anderen Künsten und gesellschaftlichen Mächten konkurrierenden Literatur in der Emanzipation des Menschen aus seinen naturhaften, religiösen und sozialen Bindungen zukam.« (154)

5. Unbestimmtheit als Wirkungsbedingung: Wolfgang Isers ›Appellstruktur‹ und die Phänomenologie Roman Ingardens

Während im Theorieentwurf von Jauß der Begriff der Rezeptions- dem der Wirkungsgeschichte vorgeordnet ist, sind in Isers ebenso einflußreicher Konstanzer Antrittsvorlesung *Die Appellstruktur der Texte* (1970) die Interpretations- und Sinnpotentiale von Texten und damit ihre wirkungsästhetische Dimension von primärem Interesse. »Bedeutungen literarischer Texte werden überhaupt erst im Lesevorgang generiert«, so die zentrale Aussage, »sie sind das Produkt einer Interaktion von Text und Leser«[82].

---

79 Vgl. VIKTOR ŠKLOVSKIJ, Iskusstvo, kak priem (1916)/Die Kunst als Verfahren, übers. v. R. Fieguth, in: J. Striedter (Hg.), Texte der russischen Formalisten, russ.-dt., Bd. 1 (München 1969), 2–35.
80 Vgl. ebd., 14/15, 30/31.
81 JAUSS (s. Anm. 76), 143.
82 WOLFGANG ISER, Die Appellstruktur der Texte. Unbestimmtheit als Wirkungsbedingung literarischer Prosa (1970, ⁴1974), in: Warning (s. Anm. 75), 229.

Es gehört zu den Eigenheiten literarischer Texte, daß sie ihre Gegenstände durch die schrittweise Entfaltung der von Ingarden so genannten »schematisierten Ansichten«[83] hervorbringen. Für seine Analyse der »elementaren Wirkungsbedingungen literarischer Texte«[84] greift Iser hiermit auf ein Konzept der phänomenologischen Ästhetik Ingardens zurück. Diese hat mit ihren Überlegungen zum Schichtenaufbau des literarischen Werkes, seiner Seinsweise als intentionales Gebilde sowie mit den Unterscheidungen von Kunstwerk und ästhetischem Gegenstand, von Werk und Konkretisation anregend gewirkt für die Fragestellungen der Rezeptions- und Wirkungsästhetik. So thematisiert Ingarden in *Vom Erkennen des literarischen Kunstwerks* (1968) unter den Begriffen Aktualisierung, Konkretisierung und Konkretisation Probleme der Rezeption literarischer Werke. Dabei geht er von der Erkenntnis aus, daß die in ihnen dargestellte Gegenständlichkeit, im Gegensatz zur allseitigen Bestimmtheit realer Wahrnehmungsgegenstände, zahlreiche Unbestimmtheitsstellen aufweist. Begründet ist dies in der Eigenart sprachlicher Darstellungsmittel, Gegenstände immer nur in selektiver Schematisierung, jedoch nie in ihrer vollen Anschaulichkeit vergegenwärtigen zu können. In der Konkretisierung des literarischen Werkes spielt daher die Auffüllung der zahlreich vorkommenden Unbestimmtheitsstellen eine wesentliche Rolle.

›Unbestimmtheit als Wirkungsbedingung literarischer Prosa‹ formuliert nicht nur als Untertitel bereits die Kernthese der *Appellstruktur*, sondern läßt zugleich deutlich werden, daß Isers Problemskizze an die Argumentation Ingardens anknüpft, indem sie die aus dem schematischen Charakter literarischer Gegenständlichkeit sich ergebende Dialektik von Bestimmtheit und Unbestimmtheit als entscheidende Voraussetzung ästhetischer Wirkung betont. Da jede Ansicht den Gegenstand in einem Aspekt bestimmt, gleichzeitig jedoch die Relation dieser Aspekte unformuliert bleibt, entstehen somit Leerstellen, die nun ihrerseits einen »Auslegungsspielraum« für die Beziehbarkeit der Aspekte eröffnen und damit dem Leser »einen Anteil am Mitvollzug und an der Sinnkonstitution des Geschehens« (236) gewähren.

Im *Akt des Lesens* (1976) wird Iser deutlich machen, daß der Unterschied zwischen Leer- und Unbestimmtheitsstelle nicht nur terminologischer, sondern auch konzeptioneller Art ist. So wird es zwar als Verdienst Ingardens gesehen, »mit dem Konkretisationsbegriff […] dem Werk die notwendige Rezeptionsstruktur hinzugewonnen«[85] zu haben, allerdings auch kritisch vermerkt, durch das Festhalten an den »klassischen Normen der Harmonieästhetik als Referenz der richtigen Konkretisation« (280) seien Unbestimmtheitsstellen »nur Suggestionsreize einer letztlich undynamisch gedachten Komplettierung und wohl kaum Bedingung für die vom Leser zu schaltende Wechselbeziehung zwischen den schematisierten Ansichten bzw. den Darstellungsperspektiven des Textes.« (279 f.)

6. Kritische Reaktionen

Die programmatischen Schriften von Iser und Jauß rufen in der Methodendiskussion der 70er Jahre ein lebhaftes, wenngleich nicht unkritisches Echo hervor.[86] In den kontroversen Reaktionen auf die Rezeptionsästhetik von Jauß ist vor allem die Vorstellung von der Objektivierbarkeit des Erwartungshorizontes wegen ihrer hermeneutische Inkonsequenz kritisiert worden. Von Literaturwissenschaftlern der DDR wurde das provokative Moment der Rezeptionsästhetik in ihrer Abkehr von der Darstellungs- und Produktionsästhetik gesehen sowie in ihrem Anspruch, die Erklärungsdefizite von Marxismus und Formalismus auszugleichen. Bedenklich erschien vor allem die Tendenz zur völligen Subjektivierung der Textaufnahme wie auch zur Relativierung der Literaturgeschichte. Der Vorstellung eines Deutungsaktivität freisetzenden Wirkungspotentials wurde das

---

83 ROMAN INGARDEN, Das literarische Kunstwerk (1931; Tübingen ³1965), 270.
84 ISER (s. Anm. 82), 230.
85 ISER, Der Akt des Lesens. Theorie ästhetischer Wirkung (München 1976), 279.
86 Vgl. MANFRED NAUMANN u. a., Gesellschaft – Literatur – Lesen. Literaturrezeption in theoretischer Sicht (Berlin/Weimar 1973); ISER, Replik: Im Lichte der Kritik, in: Warning (s. Anm. 75), 325–352; ROBERT C. HOLUB, Reception Theory: A Critical Introduction (London/New York 1984).

Konzept der »Rezeptionsvorgabe«[87] entgegengesetzt, das die Interpretationsmöglichkeiten von vornherein als begrenzt ansieht. Eine Auffassung wie die von der »sukzessiven Entfaltung eines im Werk angelegten, in seinen historischen Rezeptionsstufen aktualisierten Sinnpotentials«[88] lief auf die Negierung einer objektiven Textbasis hinaus, so der Einwand, während das Konzept eines fortwährenden Wandels des Vergangenheitshorizontes die Gefahr in sich barg, den Zugang zur Geschichte dem Zufall und der Beliebigkeit auszuliefern. Fragwürdig erschien außerdem das offenkundige Unvermögen der Rezeptionstheorie, Bewertungskriterien bereitzustellen, um angesichts der Vielfalt unterschiedlicher Rezeptionen die Legitimität der jeweiligen Interpretation beurteilen zu können. Sowohl Jauß wie auch Iser sahen sich dem Vorwurf ausgesetzt, in ihren Theorieentwürfen zwar den Leser in den Mittelpunkt zu stellen, in ihren abstrakten Modellierungen von Rezeptionsprozessen jedoch der sozialen und politisch-ideologischen Prägung des Leserverhaltens viel zu wenig Beachtung geschenkt zu haben. So beziehe sich ihr ästhetischer Erfahrungsbegriff primär auf den Umgang mit Literatur, er vernachlässige die Dimension sozialer Praxis und betreibe damit eine Idealisierung der Wirkungsmöglichkeiten von Literatur, die ihre soziale Funktion letztendlich eher verschleiere als erhelle.

Der durch diese Einwände ausgelöste Diskussionsprozeß findet seine Fortsetzung in *Ästhetische Erfahrung und literarische Hermeneutik* (1977, revidiert und erweitert 1982), obgleich das Opus magnum von Jauß aus begriffsgeschichtlicher Perspektive nur in einem eingeschränkten Sinne als Weiterentwicklung der Rezeptionstheorie zu sehen ist. Zur Leitorientierung dient nunmehr der Begriff der ästhetischen Erfahrung. In kritischer Auseinandersetzung mit Theodor W. Adornos ›Ästhetik der Negativität‹[89] wird der Versuch einer Rehabilitation des ästhetischen Genusses unternommen. Eine Reihe von Fallbeispielen dient der Verdeutlichung der historischen Manifestationen von ästhetischer Erfahrung in ihren drei Grundfunktionen der Poiesis, Aisthesis und Katharsis. In *Wege des Verstehens* (1994) schließlich plädiert Jauß für eine dem Dialog verpflichtete literarische Hermeneutik, die sich offenhält für die vielfältigen Möglichkeiten, Zugänge des Verstehens zu eröffnen.

7. ›Der Akt des Lesens‹ als Theorie ästhetischer Wirkung

Die von Iser in der *Appellstruktur* angesprochenen Probleme werden in *Der Akt des Lesens* aufgegriffen und zu einer »Theorie ästhetischer Wirkung« ausgearbeitet. »Da ein literarischer Text seine Wirkung erst dann zu entfalten vermag, wenn er gelesen wird, fällt eine Beschreibung dieser Wirkung weitgehend mit einer Analyse des Lesevorgangs zusammen. [...] Im Lesen erfolgt eine Verarbeitung des Textes, die sich durch bestimmte Inanspruchnahmen menschlicher Vermögen realisiert. Wirkung ist daher weder ausschließlich im Text noch ausschließlich im Leserverhalten zu fassen; der Text ist ein Wirkungspotential, das im Lesevorgang aktualisiert wird. Textpol und Leserpol sowie die sich zwischen ihnen ereignende Interaktion bilden daher den Grundriß, der die im Lesen sich entfaltende Wirkung literarischer Texte theoretisierbar machen soll.«[90] Der vorgelegte Theorieentwurf hat den Charakter einer Konstruktion, die »die intersubjektive Diskutierbarkeit individueller Sinnvollzüge des Lesens sowie solche der Interpretation fundieren helfen« (8) soll. Deren Aufgabe kann es also nicht länger sein, »ein Werk zu erklären«, sondern »die Bedingung seiner möglichen Wirkung« (36) freizulegen.

In der Auseinandersetzung mit den Einwänden, die traditionellerweise gegen eine leserorientierte Perspektive erhoben worden sind, diskutiert Iser zunächst eine Reihe alternativer Leserkonzepte und setzt ihnen – als terminologisches Pendant zu Booth' ›implied author‹ (aus *The Rhetoric of Fiction*) – »die den Texten eingezeichnete Struktur des impliziten Lesers« entgegen, d. h. »die Gesamtheit der Vororientierungen, die ein fiktionaler Text seinen möglichen Lesern als Rezeptionsbedingungen anbietet« (60). Im Unterschied zur Leserfiktion »be-

---

87 NAUMANN (s. Anm. 86), 35.
88 JAUSS (s. Anm. 76), 138f.
89 Vgl. THEODOR W. ADORNO, Ästhetische Theorie (1970), in: ADORNO, Bd. 7 (1970).
90 ISER (s. Anm. 85), 7.

zeichnet die Leserrolle die den Empfängern der Texte vorgezeichnete Konstitutionsaktivität« (62).

Ausgehend von der Überlegung, daß »die Leistung der Fiktion auf ihrer Funktion beruht«, wird ein funktionsgeschichtliches Textmodell der Literatur entworfen, das auf einer Kommunikationsstruktur basiert, bei der Fiktion und Wirklichkeit nicht länger als Opposition erscheinen. »Statt deren bloßes Gegenteil zu sein, teilt Fiktion uns etwas über Wirklichkeit mit.« Wenn es nicht mehr darum gehen soll, was Fiktion »bedeutet, sondern was sie bewirkt« (88), dann richtet sich das Interesse auf die pragmatische Dimension des Textes. Der an dieser Stelle erfolgende Rückgriff auf die Sprechakttheorie läßt indes deutlich werden, daß deren Modell die Besonderheit fiktionaler Rede deshalb nicht voll erfaßt, weil ihr gerade der vorgegebene Situationsbezug normaler Sprachhandlungen fehlt. Charakteristisch für die literarische Kommunikation ist die erst im Lesevorgang stattfindende »*Situationsbildung fiktionaler Texte*« (101), die sich »über die ständigen Rückmeldungen der im Leser erzeugten Wirkungen« (111) stabilisiert.

Der Begriff des Repertoires fiktionaler Texte erlaubt eine Differenzierung der in der *Appellstruktur* getroffenen Feststellung, Literatur stelle Wirklichkeit nicht dar, sondern sei eine Reaktion auf sie. Durch das Repertoire werden außertextuelle Bezugssysteme aufgerufen, die sich als Mischung aus vorangegangener Literatur sowie aus sozialen und kulturellen Normen präsentieren. Aufgrund ihrer fiktionalen Umorganisation erfahren diese Normen nunmehr signifikante Veränderungen. Zum einen werden sie infolge der Herauslösung aus ihrem bisherigen lebensweltlichen Verwendungszusammenhang, der als Bezugshintergrund gleichwohl weiterhin parat gehalten wird, entpragmatisiert. Zum anderen wird durch das Einrücken der Repertoire-Elemente in einen Fiktionszusammenhang »die Beziehungsfähigkeit der wiederkehrenden Normen bzw. der Konventionsbestände« frei-

gesetzt, »die im alten Kontext durch ihre Funktion gebunden waren« (116). Die für die kommunikative Absicht eines Textes unabdingbare »Umorganisation relevanter Bezugsfelder« (7) ist Aufgabe der Textstrategien. Wenn sie jene Bahnen vorzeichnen, »durch die die Vorstellungstätigkeit gelenkt und damit der ästhetische Gegenstand im Rezeptionsbewußtsein hervorgebracht werden kann« (154), dann ist es zum einen die Vordergrund-Hintergrund-Beziehung und zum anderen die – terminologisch der Phänomenologie[91] entlehnte – Interaktionsstruktur von Thema und Horizont, welche die Erfahrungsbedingungen des Textes entwerfen.

Mit seiner funktionsgeschichtlichen Hypothese, daß der fiktionale Text einen Eingriff in die Sinnsysteme seiner Umwelt darstellt, greift Iser Einsichten der Systemtheorie Niklas Luhmanns auf. Es kennzeichnet Literatur, daß sie »ihren Ort auf den Grenzen der Sinnsysteme«[92] hat und ihre Funktion aus deren »Geltungsschwächen« gewinnt. Entweder »riegelt sie das System von umweltstörenden Einbrüchen ab« oder sie deckt Probleme auf »bzw. reagiert […] auf den von den Systemen erzeugten Problemüberhang« (131). Indem er aufdeckt, »worin wir befangen sind« (124), erfüllt der fiktionale Text seine Funktion der »imaginären Bewältigung defizitärer Realitäten« (143).

›Phänomenologie des Lesens‹ bildet ein für die Wirkungsästhetik zentrales Kapitel, insofern hier mit Hilfe phänomenologischer Kategorien die sich im Lesevorgang vollziehenden Prozesse der Gegenstands- und Sinnkonstitution thematisiert werden. Um das Zusammenspiel von Text und Leser im zeitlichen Verlauf der Lektüre zu beschreiben, argumentiert Iser mit der Vorstellung des wandernden Blickpunktes. »Ist der Leser als ständig sich verschiebender Punkt im Text, so ist ihm dieser jeweils nur in Phasen gegenwärtig«. Da die »Gegenständlichkeit des Textes mit keiner ihrer Erscheinungsweisen im stromzeitlichen Fluß der Lektüre identisch« (178) ist, läßt sich ihre Ganzheit nur durch die Syntheseleistungen des Bewußtseins gewinnen. Indem der wandernde Blickpunkt »dem Leser erlaubt, den Text in die Beziehungsvielfalt seiner Perspektiven aufzufächern« (192), wird es möglich, »ein Beziehungsnetz zu entfalten, das in den artikulierten Leseaugenblicken potenti-

---

91 Vgl. ALFRED SCHÜTZ, Das Problem der Relevanz (Frankfurt a. M. 1971), 30 f., 36 ff.; SCHÜTZ/THOMAS LUCKMANN, Strukturen der Lebenswelt (Neuwied/Darmstadt 1975); ARON GURWITSCH, The Field of Consciousness (Pittsburgh ²1964).
92 ISER (s. Anm. 85), 122.

ell immer den ganzen Text parat zu halten vermag« (193).

Der Erfassungsmodus des wandernden Blickpunktes hat gewichtige Konsequenzen für die Realitätseffekte fiktionaler Texte, was damit zusammenhängt, daß wir »im Lesen auf das« reagieren, »was wir selbst hervorgebracht haben«. Indem uns der Text »durch unsere Reaktionen gegenwärtig« ist, vermögen wir ihn »wie ein reales Geschehen zu erfahren« (210). Durch Konsistenzbildung gewinnt der Sinn des Werks selbst Geschehenscharakter.

Im Anschluß an die Sartresche Definition der Vorstellung als einer Bewußtseinsart, die Abwesendes oder Nicht-Existierendes vergegenwärtigt (*L'imaginaire* [1940]), wird der Lesevorgang als ein Prozeß der Vorstellungsbildung beschrieben, der nicht ohne Auswirkungen auf das rezipierende Subjekt bleibt. »Indem wir uns etwas vorstellen, sind wir zugleich in der Präsenz des Vorgestellten« (225), was aber auch heißt, »eine gewisse Irrealisierung zu erleben« (226f.). Besteht ein Moment ästhetischer Wirkung darin, daß »im Vorstellungsbild eine Irrealisierung des Lesers« (227) geschieht, so ein anderes in dessen Selbstkonstituierung; liegt doch in der »Formulierung des Unformulierten immer zugleich die Möglichkeit [...], uns selbst zu formulieren und dadurch das zu entdecken, was unserer Bewußtheit bisher entzogen schien« (255).

Der letzte Teil der Wirkungstheorie (»Interaktion von Text und Leser«, 257) erweitert und differenziert die in der *Appellstruktur* angesprochene Funktion der Leerstelle im Hinblick auf andere Formen der Unbestimmtheit wie Negation und Negativität. Wenn es so ist, daß »das Nicht-Gesagte konstitutiv für das« ist, »was der Text sagt, so bewirkt seine ›Formulierung‹ durch den Leser eine Reaktion auf die manifesten Positionen des Textes, die in der Regel fingierte Realitäten darstellen« (283). Generell läßt sich sagen, daß »Leerstellen und Negationen [...] bestimmte Aussparungen bzw. virtuell gebliebene Themen auf der syntagmatischen und der paradigmatischen Achse des Textes« (348) markieren. Indem die Leerstellen eine ausgesparte Beziehung der Textperspektiven anzeigen, »geben sie die Beziehbarkeit der bezeichneten Positionen für die Vorstellungsakte des Lesers frei« (284) und ermöglichen durch die Transformation der Segmente die Bildung des imaginären Gegenstandes. Leerstellen stecken indes nicht nur im Repertoire des Textes, sondern ebenso in den Strategien.

Art und Ausmaß der durch Leerstellen und Negationen ermöglichten »Beteiligung des Lesers am Vollzug des Textgeschehens« (314) erlauben nicht nur Rückschlüsse auf die ästhetische Qualität fiktionaler Texte, sondern lassen sich auch historisch differenzieren, wie Iser in *Der implizite Leser: Kommunikationsformen des Romans von Bunyan bis Beckett* (1972) in einer Reihe von Einzelanalysen demonstriert. Dabei spielen Vorkommen und Verteilung unterschiedlicher Negationen eine entscheidende Rolle. »Primäre und sekundäre Negationen bilden das Kommunikationsrelais im Text, durch das sich die Negation des Bekannten in eine Erfahrung des Lesers zu übersetzen vermag.« (341) Während primäre Negationen themenspezifisch sind, da sie sich vorwiegend auf das Repertoire beziehen und ein virtuell gebliebenes Thema markieren, ist die Relevanz der sekundären Negationen funktionsspezifisch. Im Prinzip kommen beide Negationstypen immer in Mischungsverhältnissen vor, allerdings überwiegen in den selbstreflexiven Texten der modernen Literatur die sekundären Negationen. Charakteristisch hierfür sind die ›Minusverfahren‹, die »erwartbare Verfahren aufrufen, um sie [...] durch das Löschen ihrer in der Erzähltradition gefestigten Funktion [...] in eine Leerstelle zu verwandeln« (322).

Als »Konstituens der Kommunikation« wird schließlich die als »Ermöglichungsstruktur« (354) fungierende Negativität genannt. »Leerstellen und Negationen bewirken insofern eine eigentümliche Verdichtung in fiktionalen Texten, als sie durch Aussparung und Aufhebung nahezu alle Formulierungen des Textes auf einen unformulierten Horizont beziehen.« (348) Diese Doppelung des formulierten Textes durch Unformuliertes wird als Negativität bezeichnet und in ihren Funktionen wie folgt resümiert: »Im Blick auf den Textpol erscheint Negativität als der virtuelle Brennpunkt, dem die entwertete Geltung der sichtbar gemachten Realität entspringt. Als das Unformulierte ist sie die konstitutive Leere des Textes. Im Blick auf den Rezeptionspol erscheint Negativität als das noch Unbegriffene.« (353)

In Isers Schriften, die nach dem *Akt des Lesens* erschienen sind, steht die Wirkungstheorie nicht länger im Vordergrund des Interesses. Wenn nunmehr die anthropologische Dimension der Literatur in den Mittelpunkt rückt, dann werden damit Probleme zum Gegenstand der Theoriebildung, die in den früheren wirkungsästhetischen Überlegungen immer schon mitangesprochen waren. Die in der *Appellstruktur* eher beiläufig gestellte Frage »Was aber verleitet nun den Leser immer wieder dazu, sich auf die Abenteuer der Texte einzulassen?«[93] wird von ihm in *Das Fiktive und das Imaginäre* (1991) mit dem Entwurf einer literarischen Anthropologie beantwortet. Sie fragt danach, inwieweit das für Literatur konstitutive Zusammenspiel des Fiktiven und des Imaginären Einsichten in die Fiktionsbedürftigkeit des Menschen eröffnet.

8. Wirkungsästhetik und ›Reader-Response Criticism‹

Die Auseinandersetzung mit den hermeneutisch und phänomenologisch geprägten Theorieangeboten der *Konstanzer Schule* wie auch mit anderen leserorientierten Ansätzen, die unter dem Oberbegriff des ›Reader-Response Criticism‹ zusammengefaßt werden, fand in den USA in einem Diskussionszusammenhang statt, der weitgehend von Poststrukturalismus und Dekonstruktivismus dominiert wurde. Wenn daraus kontroverse Auffassungen über den Charakter des Lesens, die Konzeption des Lesers und über die Autorität der Interpretation entstanden[94], dann sind es gerade diese Differenzen, die die verschiedenen Varianten des ›Reader-Response Criticism‹ miteinander verbinden. So wird z. B. das Lesen aus ganz unterschiedlichen Blickwinkeln thematisiert. Entweder betont man die zeitliche Dauer der Lektüre, das Produkt dieses Prozesses in Form einer Interpretation oder aber die psychischen und sozialen Motivationen des Lesens.

Die Frage nach dem Rezipienten wird im Prinzip entweder durch die Option für einen empirischen Leser oder für ein hypothetisches Konstrukt beantwortet. Die Entscheidung für den empirischen Leser führt dazu, seine historische, soziale und kulturelle Situierung in den Blick zu rücken und danach zu fragen, ob und inwieweit die dadurch geprägte Rezeption sich empirisch fassen und mit Hilfe sozialwissenschaftlicher Erkenntnisse objektivieren läßt. Eine solche Forschungsperspektive wirft indes Fragen und Probleme auf, die nicht nur methodologischer, sondern im Hinblick etwa auf die kontroverse Natur von ›race‹, ›class‹ und ›gender‹ auch politisch-ideologischer Art sind. Andererseits sehen sich jene Ansätze, die mit abstrakten Modellierungen der Leserrolle operieren – sei dies nun der ideale, informierte, intendierte, implizite oder Modell-Leser[95] – mit der brisanten Frage nach der Autorität von Interpretationen konfrontiert. Was sind die Kriterien, mit deren Hilfe sich das Resultat von Sinnvollzügen bewerten läßt, und worin sind sie begründet? Wenn Textstrukturen als Lenkungs- und Kontrollinstanzen für die Interpretationsaktivität geltend gemacht werden, dann wird dem die Fragwürdigkeit vermeintlich objektiv beschreibbarer Strukturen entgegengehalten. Von poststrukturalistischer und dekonstruktivistischer Seite kommt in diesem Zusammenhang der Hinweis auf die Vieldeutigkeit und Instabilität sprachlicher Zeichen sowie auf die destabilisierende Kraft der Rhetorik. Sind nicht die ›vorgegebenen‹ Textmomente, so der Einwand, ihrerseits bereits das Resultat einer durch bestimmte theoretische Vorannahmen gesteuerten Hinsicht?

Wenn immer wieder die aktive Rolle des Lesers hervorgehoben wird, dann läßt sich fragen, ob nicht dessen kreativen Fähigkeiten durch die Rückbindung an textuelle Restriktionen künstliche Fesseln angelegt werden. Oder besteht nicht doch eher Grund zur Befürchtung, wie die Vertei-

---

93 ISER (s. Anm. 82), 249.
94 Vgl. u. a. PETER J. RABINOWITZ, Reader-Response Theory and Criticism, in: M. Groden/M. Kreiswirth (Hg.), The Johns Hopkins Guide to Literary Theory and Criticism (Baltimore/London 1994), 606–609; SUSAN R. SULEIMAN/INGE CROSMAN (Hg.), The Reader in the Text: Essays on Audience and Interpretation (Princeton 1980); JANE P. TOMPKINS (Hg.), Reader-Response Criticism: From Formalism to Post-Structuralism (Baltimore 1980).
95 Vgl. UMBERTO ECO, Lector in Fabula. La cooperazione interpretativa nei testi narrativi (Mailand 1979); dt.: Lector in fabula. Die Mitarbeit der Interpretation in erzählenden Texten, übers. v. H.-G. Held (München 1987).

diger textbasierter Leserkonzeptionen meinen, daß die Preisgabe interpretationsregulierender Mechanismen schließlich im Chaos der »free-wheeling mis-readers«[96] endet? Wie läßt sich die Spannung zwischen Freiheit und Begrenztheit bei der Interpretation von Texten lösen?

Fragen dieser Art werden aller Voraussicht nach in der literaturwissenschaftlichen Diskussion auch in Zukunft noch für Kontroversen sorgen. Es ist zu erwarten, daß die in den 60er und 70er Jahren formulierten Rezeptions- und Wirkungstheorien vor allem bei der Frage nach dem kommunikativen Potential von Fiktionen weiterhin eine produktive Rolle spielen werden. Wenn Peter J. Rabinowitz im Rückblick auf den Erfolg des leserorientierten Ansatzes das allgemeine Fazit zieht, »it has certainly altered the terms in which critical conversations are framed«, so gilt dies sicherlich auch für jene ästhetischen Ansätze, für die die Begriffe Wirkung und Rezeption von konstitutiver Bedeutung sind. »Indeed, given its impact among theorists of all persuasions – semioticians, Marxists, feminists, deconstructionists, rhetoricians – the turn toward the reader may well be the single most profound shift in critical perspective of the post-war years.«[97]

torical Power (Ithaca, NY 1989); NISSLMÜLLER, THOMAS, Rezeptionsästhetik und Bibellese (Regensburg 1995); PHELAN, JAMES, Reading People, Reading Plots: Character, Progression, and the Interpretation of Narrative (Chicago u. a. 1989); RABINOWITZ, PETER J., Before Reading: Narrative Conventions and the Politics of Interpretation (Ithaca, NY 1987); SCHOBER, RITA, Abbild, Sinnbild, Wertung: Aufsätze zur Theorie und Praxis literarischer Kommunikation (Berlin 1982); STEIG, MICHAEL, Stories of Reading: Subjectivity and Literary Understanding (Baltimore u. a. 1989); STIERLE, KARLHEINZ, Text als Handlung. Perspektiven einer systematischen Literaturwissenschaft (München 1975); TURK, HORST, Wirkungsästhetik. Theorie und Interpretation der literarischen Wirkung (München 1976); WEBER, HEINZ-DIETER (Hg.), Rezeptionsgeschichte oder Wirkungsästhetik (Stuttgart 1978); WEIMANN, ROBERT, ›Rezeptionsästhetik‹ oder das Ungenügen an der bürgerlichen Bildung: Zur Kritik einer Theorie literarischer Kommunikation, in: R. Weimann (Hg.), Kunstensemble und Öffentlichkeit (Halle 1982), 85–133; ZIMA, PETER V., Literarische Ästhetik. Methoden und Modelle der Literaturwissenschaft (1991; Tübingen ²1995), 215–263.

Hermann Josef Schnackertz

Literatur
BENNETT, ANDREW (Hg.), Readers and Reading (London/New York 1995); BRENNER, PETER J., Das Problem der Interpretation. Eine Einführung in die Grundlagen der Literaturwissenschaft (Tübingen 1998), 101–131; CULLER, JONATHAN, The Pursuit of Signs. Semiotics, Literature, Deconstruction (Ithaca/London 1981); ECO, UMBERTO, I limiti dell'interpretazione (Mailand 1990); dt.: Die Grenzen der Interpretation, übers. v. G. Memmert (München 1992); FISH, STANLEY, Is There a Text in This Class? The Authority of Interpretive Communities (1980; Cambridge, Mass. ¹¹2000); FREUND, ELIZABETH, The Return of the Reader. Reader-Response Criticism (London/New York 1987); GRIMM, GUNTER, Rezeptionsgeschichte: Grundlegung einer Theorie (München 1977); GROEBEN, NORBERT, Rezeptionsforschung als empirische Literaturwissenschaft (Kronberg, Ts. 1977); HOHENDAHL, PETER UWE (Hg.), Sozialgeschichte und Wirkungsästhetik: Dokumente zur empirischen und marxistischen Rezeptionsforschung (Frankfurt a. M. 1974); HOLUB, ROBERT C., Crossing Borders: Reception Theory, Poststructuralism, Deconstruction (Madison, Wisc. 1992); LOBSIEN, ECKHARD, Kunst der Assoziation (München 1999); MAILLOUX, STEVEN, Rhe-

---

96 WAYNE C. BOOTH, Critical Understanding: The Powers and Limits of Pluralism (Chicago 1979), 230.
97 RABINOWITZ, ›Other Reader-Oriented Theories‹, in: P. Brooks/H. B. Nisbet/C. Rawson (Hg.), The Cambridge History of Literary Criticism, Bd. 8 (Cambridge 1995), 403.

Witz

(griech. σύνεσις, σκῶμμα; lat. ingenium, facetiae, iocus; engl. wit, joke; frz. esprit, mot d'esprit, bon mot; ital. spirito, scherzo; span. ingenio, chiste; russ. остроумие, шутка, анекдот)

Einleitung: Grundzüge der aktuellen Diskussion; 1. Die Ambiguität des Begriffs Witz; 2. Zur Ausgrenzung der Textsorte Witz; 3. Zur Historisierung der philosophisch-ästhetischen Kategorie Witz (esprit, wit); **I. Französische Klassik und europäische Aufklärung: Der Witz als Talent und seine Bereiche (Gesellschaft, Kunst, Wissenschaft);** 1. Witz wird ästhetischer Grundbegriff; 2. Konvergenzen von esprit, wit und Witz; 3. Differenzen zwischen esprit, wit und Witz; 4. Der sinnliche Witz (Baumgarten und Meier); 5. Lessing und Sulzer; 6. Lichtenberg und Kant; **II. Die klassisch-romantische Epoche: Vom Witz als Prinzip des Wissens zum Witz als kulturideologischem Klischee;** 1. Von der Aufklärung zur Frühromantik; 2. Jean Paul; 3. Witz als kulturideologisches Klischee; **III. 19. Jahrhundert: Vom Witz als Talent und Struktur zum Witz als komischem Text – Genese der Ambiguität des Witzbegriffs;** 1. Heine und Wienbarg; 2. Jeitteles, Hebenstreit, Vischer und Eduard von Hartmann; 3. Kuno Fischer und Schopenhauer; **IV. Von der Ästhetik zur Anthropologie und Kulturtheorie: Neue Ansätze in der Witzforschung des 20. Jahrhunderts;** 1. Theodor Lipps und Bergson; 2. Freud; 3. Unzulängliche Rezeption der Freudschen Witztheorie; 4. Plessner und Preisendanz; 5. Michael Böhler und Gottfried Gabriel; **Zusammenfassung**

---

1 Vgl. KARL N. RENNER, ›Witz‹, in: Reallexikon der deutschen Literaturgeschichte, hg. v. W. Kohlschmidt u.a., Bd. 4 (Berlin/New York ²1984), 925 f.; RALF SIMON, ›Witz‹, in: Reallexikon der deutschen Literaturwissenschaft, hg. v. K. Weimar u.a., Bd. 3 (Berlin/New York 2003), 862.
2 Vgl. LUTZ RÖHRICH, Der Witz. Figuren, Formen, Funktionen (Stuttgart 1977), 6–28; PETER KÖHLER, ›Witz‹, in: Sonja Hilzinger u.a., Kleine literarische Formen in Einzeldarstellungen (Stuttgart 2002), 259–271.
3 Vgl. BERNHARD MARFURT, Textsorte Witz. Möglichkeiten einer sprachwissenschaftlichen Textsorten-Bestimmung (Tübingen 1977).
4 Vgl. WOLFGANG RIEDEL, ›Witz‹, in: Literaturlexikon, hg. v. W. Killy, Bd. 14 (Gütersloh/München 1993), 495 f.
5 WOLFGANG PREISENDANZ, Über den Witz (Konstanz 1970), 8.

Einleitung: Grundzüge der aktuellen Diskussion

1. Die Ambiguität des Begriffs Witz

Im gegenwärtigen Sprachgebrauch bezeichnet der Begriff Witz vor allem eine sehr kurze, auf einen Lacheffekt angelegte anonyme Erzählung mit dualem Aufbau: Ein Witz besteht aus einer knappen Geschichte, deren Darbietungsform meist szenisch-dialogisch ist, und einer – den Lacheffekt auslösenden – Pointe, die den Zielpunkt der Geschichte bildet.[1] Als Indiz für den problematischen definitorischen Status dieser Art von Witz kann man es werten, daß die Literaturwissenschaft bis heute zögert, ihr den gleichen Rang zuzugestehen wie anderen Formen von Kurzprosa. Im Unterschied z.B. zu Anekdote, Fabel, Schwank und Fazetie ist der Witz als Erzählform bislang – von vereinzelten Ansätzen abgesehen[2] – nicht Gegenstand gattungsgeschichtlicher oder gattungstheoretischer Untersuchungen. Problematisch scheint selbst die Bezeichnung des Witzes als ›Gattung‹ oder ›Genre‹; die Literaturwissenschaft wählt statt dessen häufig im Anschluß an die Linguistik den ästhetisch und historisch indifferenten Begriff der ›Textsorte‹[3], wofern sie nicht auch, um der anonymen Autorschaft von Witzen und ihrer mündlichen Verbreitung Rechnung zu tragen, auf den der Volkskunde entlehnten Begriff der angeblich vorliterarisch-naturpoetischen ›einfachen Form‹ zurückgreift.[4]

Zur Erklärung für den problematischen definitorischen Status des Witzes mag man auf den Eindruck verweisen, der Witz als »sprachliche Struktur, als Ausdrucksform, als Text« habe »im Grunde keine Geschichte«[5]; eine solche könne es nur vom Begriff des Witzes geben. Die Begriffsgeschichte legt jedoch die entgegengesetzte Vermutung nahe: Der Versuch, die systematische Definition des Witzes als Textsorte oder Gattung von der Geschichte des Witzbegriffs zu trennen, läuft Gefahr, die essentielle Ambiguität zu verdecken, die dieser Begriff bis heute im Deutschen hat; in ihr liegt ein wichtiger Grund für die Problematik des Versuchs, den Witz als Gattung oder Textsorte auszugrenzen. Selbst die älteste Bedeutungsschicht des Begriffs – althochdeutsch wizze und wizzî, mittelhochdeutsch witz(e) beziehen sich auf den Bereich des Verstandes, vor allem auf erworbenes Verstandeswissen[6] – macht sich heute noch in Komposita wie Mutterwitz und Aberwitz geltend. Auch die spezifisch ästhetische Bedeutung, die der Begriff seit dem 17. Jh. unter dem Einfluß von französisch esprit und englisch wit annimmt – er bezeichnet fortan die subjektive Anlage zu geistreichen Einfällen und zur Wahrnehmung verborgener Ähnlichkeiten, einen dieser Anlage entsprechenden sprachlichen Stil, schließlich eine poetische und philosophische Weise der Welterfassung – ist nach wie vor lebendig, etwa in Wendungen wie ›(viel) Witz haben‹ oder in dem Neologismus Spielwitz, der in Sportreportagen zu hören und zu lesen ist.[7] Diese subjektive Anlage, Rede- und Schreibweise oder Weise der Welterfassung war und ist nicht auf den Bereich des Komischen (d. h. des Lächerlichen, sofern es Gegenstand ästhetischer Einstellung ist[8]) beschränkt, wenngleich sie komische Effekte erzielen kann. Im 19. Jh. erfolgt zwar insofern ein Bedeutungswandel, als die heute dominierende Bedeutung des Witzes als komischer Textsorte oder Gattung zunehmend in den Vordergrund tritt.[9] Die Einschränkung auf den Bereich des Komischen und die Ersetzung der produzierenden Kraft durch den von ihr produzierten Text – die möglichen Gründe dafür müssen weiter unten noch zur Sprache kommen – signalisieren jedoch keine definitive Bedeutungsverengung, sondern bewirken die Ambiguität des Begriffs: »*Witz* [...] kann *sowohl* das Phänomen meinen (also das *Witzige*) *als auch* die Struktur, die Anlage dazu – also das französische ›*esprit*‹.«[10] Dadurch unterscheidet sich das deutsche Nomen von seinen Korrelaten in den anderen europäischen Sprachen: Diese verfügen über jeweils zwei Termini oder zwei Gruppen von Termini, um einerseits den Witz als geistige Anlage, geistreichen Stil oder als Weise der Welterfassung, andererseits den Witz als einzelnen Text zu bezeichnen. So entsprechen dem deutschen ›Witz‹ im Englischen die beiden Begriffe wit und joke und im Französischen die beiden Begriffsgruppen esprit, ingéniosité einerseits und mot d'esprit, trait d'esprit, histoire drôle, plaisanterie, bon mot andererseits. Die Pluralität der Begriffe, die das Französische für den Witz als Text bereitstellt, mag man als Indiz dafür werten, daß der

Witz als geistige Anlage oder Weise der Welterfassung sich nicht nur in einer einzigen Textsorte objektiviert.

Im deutschsprachigen Raum tendieren jedoch die linguistische und die literaturwissenschaftliche Forschung gegenwärtig dahin, sich entweder auf die systematische Ausgrenzung der Textsorte Witz oder auf die Bedeutung und Funktion zu konzentrieren, die Witz als philosophisch-ästhetische Kategorie in Aufklärung und Romantik hatte. Diese Differenzierung zwischen systematischer und historischer Forschung wird der essentiellen Ambiguität, die der Begriff im Deutschen hat, so lange nicht gerecht, wie ihr nicht Versuche gegensteuern, Berührungspunkte zwischen dem Witz als Text und dem Witz als Anlage, Stil oder Weise der Welterfassung aufzuzeigen, d. h. zwischen der heute dominierenden und der älteren, aber nicht verdrängten Bedeutung des Begriffs, die sogar – möglicherweise wegen des zunehmenden Einflusses des Englischen auf das Deutsche – wieder an Gewicht zu gewinnen scheint. Nach solchen Berührungspunkten zu suchen läge um so näher, als es offenbar schwierig ist, in den beiden voneinander getrennten Forschungsbereichen verengende semantische Festlegungen des Begriffs zu vermeiden und zu konsensfähigen Ergebnissen

---

6 Vgl. BERNHARD BECKMANN, ›Witz‹, in: GRIMM, Bd. 14/2 (1960), 861 f.; JOST TRIER, Der deutsche Wortschatz im Sinnbezirk des Verstandes (1931; Heidelberg ²1973), 38, 76, 246, 300–304; KARL-OTTO SCHÜTZ, Witz und Humor, in: W. Schmidt-Hidding (Hg.), Humor und Witz (München 1963), 162–165; ›Witz‹, in: WOLFGANG PFEIFER u. a., Etymologisches Wörterbuch des Deutschen, Bd. 3 (Berlin 1989), 1986; OTTO F. BEST, Der Witz als Erkenntniskraft und Formprinzip (Darmstadt 1989), 5–7.
7 Vgl. ›Witz‹, in: Duden. Das große Wörterbuch der deutschen Sprache in zehn Bänden, Bd. 10 (Mannheim u. a. ³1999), 4540 f.; ›Spielwitz‹, in: ebd., Bd. 8 (Mannheim u. a. ³1999), 3648 f.
8 Vgl. MARKUS WINKLER, ›Komik, das Komische I‹, in: UEDING, Bd. 4 (1998), 1167.
9 Vgl. BECKMANN (s. Anm. 6), 885–888.
10 ALBERT WELLEK, Zur Theorie und Phänomenologie des Witzes (1949), in: Wellek, Witz, Lyrik, Sprache. Beiträge zur Literatur- und Sprachtheorie mit einem Anhang über den Fortschritt der Wissenschaft (Bern/München 1970), 14.

zu gelangen, wie im folgenden knapp angedeutet sei.

2. *Zur Ausgrenzung der Textsorte Witz*

Wissenschaftliches Interesse an der Textsorte Witz bekunden vor allem die Psychologie, die Soziologie, die Volkskunde und seit den 1970er Jahren in besonderem Maße die Linguistik, in ihrem Gefolge vereinzelt auch die Literaturwissenschaft. Für die Psychologie ist der Witz Ausdruck unterdrückter oder unbewußter Wünsche und Ängste sowie eine Strategie zu ihrer Bewältigung. In der Soziologie und in der Volkskunde kommen seine gesellschaftliche Funktion sowie seine Rolle als Erzählform zur Sprache. Die Linguistik behandelt ihn als Textstruktur und als Kommunikationsmittel. Stellt man die von diesen Disziplinen jeweils implizit vorausgesetzten oder explizit formulierten systematischen Definitionen der Gattung oder Textsorte zusammen, so ergibt sich ein konfuses Bild, wie z. B. die divergierenden Aussagen zum »markanten Schlußstein des Witzes«[11], der Pointe, vor Augen führen: Sie wird bestimmt als eine Überlagerung von Denkebenen[12], Aussagen[13] oder Normen[14], als die polarisierende »Zuordnung von sprachlicher Bezeichnung und bezeichneten Korrelaten«[15], die »über ein mehrdeutiges Textelement« erfolgende Verbindung »zweier miteinander (mindestens teilweise) unvereinbarer Isotopien«[16], als »relativ abruptes Ende des Witzes«[17] oder als dessen »Sinnbezug«[18]. Selbst die Beschränkung der Untersuchungsperspektive auf eine bestimmte Untergattung wie den Witz über Irre und Psychiater erlaubt es offenbar nicht zu bestimmen, »welche Mittel notwendig sind, um eine Pointe ›gut‹ und ›gelungen‹ erscheinen zu lassen«[19].

In einer exempelkasuistischen Studie wird aus solchen definitorischen Schwierigkeiten und aus der offenkundigen Historizität der Bildung und des Verstehens von Pointen die Folgerung gezogen, daß diese »sich den Bedingungen des wissenschaftlichen Labors«[20] entziehen. Eine andere Studie nimmt hingegen dergleichen definitorische Schwierigkeiten zum Anlaß, »Witze als *Texte*, die sich in einer *Witzsituation* als *Sprechakte* manifestieren«[21], zum Gegenstand eines ›wissenschaftstheoretischen Experiments‹ zu machen, in dessen Verlauf sich die deontische Logik als wichtigstes Analyseinstrument erweist. Hier droht das Streben nach empirischer Präzision die ästhetische Qualität des Untersuchungsgegenstandes gänzlich aus dem Blickfeld geraten zu lassen. Doch auch die an die Ästhetiken des 19. Jh. anknüpfenden Versuche, den Witz aus dem Komischen herzuleiten – er wird z. B. als »*vergeistigte* Komik«[22], Sprachkomik[23] oder »pointierte Form der Komik«[24] definiert – verleihen der Textsorte kein deutlicheres Profil. Das gilt ebenfalls für die vielfachen Bemühungen, den Witz durch den Vergleich mit anderen Formen von Kurzprosa wie den eingangs bereits genannten (denen man noch Wortspiel, Sprich-

---

11 HANNJOST LIXFELD, Arbeitstexte für den Unterricht: Witz (1978; Stuttgart 1993), 52.
12 Vgl. HANS HÖRMANN, Semantische Anomalie, Metapher und Witz oder ›Schlafen farblose grüne Ideen wirklich wütend?‹, in: Folia linguistica 5 (1971), 327.
13 Vgl. WINFRIED ULRICH, Semantische Turbulenzen: Welche Kommunikationsformen kennzeichnen den Witz?, in: Deutsche Sprache 5 (1977), 314; ULRICH, Ansätze zu einer Textsorten-Semantik am Beispiel des Witzes, in: Sprache erkennen und verstehen. Akten des 16. Linguistischen Kolloquiums Kiel 1981, Bd. 2 (Tübingen 1982), 188–195.
14 Vgl. HERMANN BAUSINGER, Formen der ›Volkspoesie‹ (1968; Berlin ²1980), 139 f.
15 PREISENDANZ (s. Anm. 5), 30.
16 MARFURT (s. Anm. 3), 103.
17 RÖHRICH (s. Anm. 2), 10.
18 WELLEK (s. Anm. 10), 19.
19 UWE HENDRIK PETERS/JOHANNE PETERS, Irre und Psychiater: Struktur und Soziologie des Irren- und Psychiaterwitzes (München 1974), 31.
20 NORBERT NEUMANN, Vom Schwank zum Witz. Zum Wandel der Pointe seit dem 16. Jahrhundert (Frankfurt a. M./New York 1986), 145; vgl. RALPH MÜLLER, Theorie der Pointe (Paderborn 2003).
21 Vgl. ANDRÁS KERTÉSZ, Grundlagenprobleme einer Theorie des Witzes. (Ein wissenschaftstheoretisches Experiment), in: Z. Kanyó (Hg.), Simple Forms/Einfache Formen (Szeged 1982), 169–175.
22 WELLEK (s. Anm. 10), 17.
23 Vgl. WILLY SANDERS, Wortspiel und Witz, linguistisch betrachtet, in: H. Beckers/H. Schwarz (Hg.), Gedenkschrift für Jost Trier (Köln 1975), 212; JÜRGEN MACHA, Sprache und Witz. Die komische Kraft der Wörter (Bonn 1992), 15, 19–22.
24 PETER WENZEL, Von der Struktur des Witzes zum Witz der Struktur. Untersuchungen zur Pointierung in Witz und Kurzgeschichte (Heidelberg 1989), 21.

wort und Rätsel hinzufügen könnte) zu definieren.

Die oft hervorgehobene Schwierigkeit solcher Abgrenzungsversuche, die offenbar vor allem daher rührt, »daß es sich bei all diesen Erzählformen um sogenannte ›Pointetypen‹ handelt«[25], läßt sich selbst durch historische Überlegungen nicht überzeugend beheben: Die Auffassung etwa, der Schwank sei eine ältere, der Witz eine jüngere, erst im 19. Jh. aufkommende Gattung[26], fußt auf der problematischen Voraussetzung, daß Begriffs- und Gattungsgeschichte parallel verlaufen, und sie sieht sich mit der Tatsache konfrontiert, daß schon in der Antike Witze gesammelt und – bei Cicero und Quintilian – ansatzweise im Hinblick auf den grundlegenden Unterschied zwischen Wort- und Gedankenwitz eingeteilt wurden.[27] Somit läßt sich mit guten Gründen auch die der genannten entgegengesetzte Auffassung vertreten, der Witz gehöre »zu den ältesten und unverwüstlich volkstümlich komischen Genres«[28].

Ein weiteres Indiz für die Problematik der Versuche, eine Gattung oder Textsorte Witz systematisch auszugrenzen, ist die verwirrende Vielfalt der Arten, Witze zu gruppieren, d. h. bestimmten Witztypen zuzuordnen. Röhrich führt acht mögliche Arten an[29], die in der Praxis vielfach miteinander kombiniert werden. Röhrich weist auch auf den »festen Platz«[30] hin, den der Witz als Text in der modernen Industriegesellschaft habe. Das wirft die Frage auf, in welchem Maße die wissenschaftlichen Versuche, den Begriff des Witzes auf die Bedeutung Textsorte festzulegen, selbst ein Reflex der kulturindustriellen »Transposition der Kunst in die Konsumsphäre«[31] sind.

3. Zur Historisierung der philosophisch-ästhetischen Kategorie Witz (esprit, wit)

Im deutschsprachigen Raum ist es vor allem die Literaturgeschichte, die sich für den Witz als philosophische und ästhetische Kategorie des 18. Jh. interessiert. Im Vordergrund steht dabei die Frage nach der Beziehung zwischen ›Witz‹ und irrationalistischen Gegenvorstellungen wie ›Herz‹ und ›Genie‹. Paul Böckmann spricht vom aufklärerischen ›Formprinzip des Witzes‹, das von der symbolisch verfahrenden ›literarischen Ausdruckshaltung‹ Klopstocks und des Sturm und Drang abgelöst worden sei[32]; er konzediert indes, daß der Begriff des Witzes als der »eigentlichen Gabe des Dichters [...] zum eigentlichen Vorläufer der Genievorstellung«[33] geworden sei. Eric Blackall und Carl Hill teilen die Auffassung, daß ›Witz‹ eine Leitvorstellung des Rationalismus der Frühaufklärung war, die verabschiedet werden mußte, als man in irrationalen Kräften die Grundlage des literarischen Schaffens zu erblicken begann.[34] Den Schriften der Aufklärer – beispielsweise Alexander Gottlieb Baumgartens, Georg Friedrich Meiers und Lessings – ist jedoch zu entnehmen, daß der Begriff Witz durchaus auch auf den affektiven Bereich bezogen werden konnte.

Vor diesem Hintergrund stellt schon Alfred Baeumler – freilich selbst mit irrationalistischer Tendenz[35] – die Opposition von Witz und Genie in Frage und legt den Akzent auf ihren Zusammenhang: »Der Begriff der Seelenkraft des Witzes (ingenium) enthält den Keim zu dem bedeutungs-

---

25 NEUMANN (s. Anm. 20), 143.
26 Vgl. RÖHRICH (s. Anm. 2), 8–10; BAUSINGER (s. Anm. 14), 137; PETER KÖHLER, Nachwort, in: Köhler (Hg.), Das Witzbuch (Stuttgart 1993), 266.
27 Vgl. ANDREAS THIERFELDER, ›Philogelos‹, in PAULY, Suppl.-Bd. 11 (1968), 1062–1068; CICERO, De or. 2, 218–289 (bes. 239, 244, 248, 252); QUINTILIAN, Inst. 6, 3.
28 MARTIN FONTIUS, ›Witz‹, in: C. Träger (Hg.), Wörterbuch der Literaturwissenschaft (Leipzig 1986), 578.
29 Vgl. RÖHRICH (s. Anm. 2), 5; WERNER R. SCHWEIZER, Der Witz (Bern/München 1964), 28.
30 RÖHRICH (s. Anm. 2), 10; vgl. BEST (s. Anm. 6), 125.
31 MAX HORKHEIMER/THEODOR W. ADORNO, Dialektik der Aufklärung (Amsterdam 1947), 161.
32 Vgl. PAUL BÖCKMANN, Das Formprinzip des Witzes in der Frühzeit der deutschen Aufklärung, in: Jahrbuch des Freien Deutschen Hochstifts (1932/33), 52–130; BÖCKMANN, Formgeschichte der deutschen Dichtung, Bd. 1 (Hamburg 1949), 628–668.
33 BÖCKMANN, Formgeschichte (s. Anm. 32), 509.
34 Vgl. ERIC A. BLACKALL, The Emergence of German as a Literary Language, 1700–1775 (1959; Ithaca, N. Y./London ²1978), 389–391, 426–436; CARL HILL, The Soul of Wit: Joke Theory from Grimm to Freud (Lincoln/London 1993), 11–36.
35 Vgl. HANS OTTO HORCH/GEORG MICHAEL SCHULZ, Das Wunderbare und die Poetik der Frühaufklärung. Gottsched und die Schweizer (Darmstadt 1988), 50f.

vollsten ästhetischen Begriffe des 18. Jh. überhaupt, dem *Geniebegriff*. Witz, Metapher und Genie gehören für das Gefühl des 18. Jh. zusammen. Das Verbindende liegt im Moment der Erfindung.«[36] Auch Jochen Schmidt erblickt im »Aspekt des Neuen«[37] eine »wichtige Gemeinsamkeit des Witzbegriffes und des Genie-Begriffes« (35 f.), hält jedoch letztlich an der Opposition der beiden Begriffe fest: Im Unterschied zum Witz sei »Genie […] nicht die rationale Methode, Neues durch eine bisher nicht dagewesene Kombination verschiedener Elemente zu konstruieren, sondern […] Ursprung, Originalität. Nicht um das Finden, sondern um das Entstehen des Neuen geht es beim Genie.« (36) Schmidt bekräftigt dementsprechend die Auffassung, das »ältere konstruktive und mechanische Modell« des Witzes sei nach der Jahrhundertmitte dem »generativen und organischen Modell« des Genies gewichen, und deshalb, merkt er an, degeneriere der Witz »in der zweiten Hälfte des 18. Jahrhunderts zu unserer heutigen ganz anderen Bedeutung« (37).

Otto F. Best bemüht die alten Nationalklischees des deutschen Sonderwegs oder ›Sonderbewußtseins‹ und des Gegensatzes zwischen der deutschen Wertvorstellung ›Gemüt‹ und der französischen Wertvorstellung ›esprit‹, um den Übergang vom ›Modell‹ des Witzes zum ›Modell‹ des Genies und das Absinken des Witzes »auf die tiefere Ebene des bloß Unterhaltungsorientierten«[38] zu erklären. Die Diskreditierung des Witzes durch die Deutschen hänge mit ihrem Versuch zusammen, deutsche ›Kultur‹ von französischer ›Zivilisation‹ abzugrenzen[39]: »mit der Abwertung alles Französischen und dem Aufkommen des Sturm und Drang gerät der Begriff ›Witz‹ in Mißkredit. Die junge Generation wählte zu ihrem Ideal das Genie.«[40] Solche Simplifikationen halten jedoch den Tatsachen nicht stand: Zum einen suchten die Aufklärer der Pejoration von ›Witz‹ durch dessen Abgrenzung vom französischen ›esprit‹ entgegenzuwirken. Zum anderen kam Kritik am Mißbrauch des esprit auch aus Frankreich. So warnt z. B. Voltaire vor dem »faux-esprit«, dem »faux bel-esprit« und dem »esprit déplacé«[41].

Die Periodisierung der Literatur- und Ideengeschichte des 18. Jh. am Leitfaden der Opposition von ›Witz‹ und ›Genie‹ (oder anderen irrationalistischen Vorstellungen) läuft ebenfalls Gefahr zu simplifizieren. Aus wort- und begriffsgeschichtlicher Perspektive erweist sich die Beziehung zwischen beiden Konzepten als höchst kompliziert, wie schon daraus erhellt, daß ›Witz‹ im damaligen philosophischen Sprachgebrauch als Übersetzung des mit ›Genie‹ etymologisch verwandten lateinischen Terminus ingenium fungiert und umgekehrt die psychologischen, rhetorischen und pädagogischen Auseinandersetzungen über die Leistungen des Ingeniums die Aufnahme des Gallizismus Genie in die deutsche Bildungssprache des 18. Jh. vorbereiten.[42] Es ist aufschlußreich, daß Kant ›ingenium‹ sowohl mit ›Genie‹ als auch mit ›Witz‹ übersetzt: Genie sei »die angeborne Gemüthsanlage (ingenium), *durch welche* die Natur der Kunst die Regel giebt«[43]; »Witz (ingenium)« sei das »Vermögen«, »zum Besondern das Allgemeine auszudenken«[44]. Die doppelte Inanspruchnahme des Ingeniums muß als Perspektivierung und Relativierung der Opposition beider Begriffe gewertet werden. Gegen ein simplifizierendes Verständnis dieser Opposition und der historischen Ablösung von ›Witz‹ durch ›Genie‹ spricht auch die immense Aufwertung, die ›Witz‹ in Teilen der Romantik und bei Jean Paul erfährt – ein Themenbereich, zu dem inzwischen eine Reihe von

---

36 ALFRED BAEUMLER, Das Irrationalitätsproblem in der Ästhetik und Logik des 18. Jahrhunderts bis zur Kritik der Urteilskraft (1923; Darmstadt ²1967), 155 f.
37 JOCHEN SCHMIDT, Die Geschichte des Genie-Gedankens in der deutschen Literatur, Philosophie und Politik 1750–1945, Bd. 1 (Darmstadt 1985), 36.
38 OTTO F. BEST, Volk ohne Witz. Über ein deutsches Defizit (Frankfurt a. M. 1993), 175.
39 Vgl. ebd., 18.
40 Ebd., 71.
41 VOLTAIRE, ›Esprit‹, (Philos. & Belles-Lettr.)‹, in: DIDEROT (ENCYCLOPÉDIE), Bd. 5 (1755), 974b; ›Esprit‹, in: Voltaire, Dictionnaire philosophique (1764), in: VOLTAIRE, Bd. 19 (1879), 12.
42 Vgl. EBERHARD ORTLAND, ›Genie‹, in: K. Barck u. a. (Hg.), Ästhetische Grundbegriffe, Bd. 2 (Stuttgart/Weimar 2001), 663–665; HARALD WEINRICH, ›Ingenium‹, in: RITTER, Bd. 4 (1976), 360–363.
43 IMMANUEL KANT, Kritik der Urtheilskraft (1790), in: KANT (AA), Bd. 5 (1908), 307 (§ 46).
44 KANT, Anthropologie in pragmatischer Hinsicht (1798), in: KANT (AA), Bd. 7 (1907), 201 (§ 44).

Einzeluntersuchungen vorliegt.⁴⁵ In der Frühromantik decken sich die Bedeutungen von Witz und Genie sogar weitgehend. Und schließlich wird die These von der definitiven Verengung und Pejoration des Witzbegriffs wiederum der Ambiguität nicht gerecht, die der Begriff im Deutschen nach wie vor oder in zunehmendem Maße erneut hat.

Weit verbreitet ist die Meinung, daß heute »die Ästhetik nicht an die Begriffsbestimungen des 18. Jh.s anknüpfen«⁴⁶ kann. Aber die Fortdauer der älteren Bedeutung von Witz als Anlage, Stil oder Weise der Welterfassung weist auf ein kontinuierliches philosophisches Anliegen hin, das für den Begriff und seine Geschichte im Deutschen charakteristisch ist; man könnte es als Suche nach einem generativen oder sogar transzendentalen Konzept des Witzes bezeichnen. Dieses Anliegen wird sowohl von der einseitigen systematischen Ausgrenzung der Textsorte als auch von der vorschnellen Historisierung der philosophisch-ästhetischen Kategorie verfehlt. Durchaus bedacht wird es hingegen in Untersuchungen, deren Perspektive eine kulturwissenschaftlich-anthropologische ist: So führt die Analyse witziger Texte bei Freud auf das Konzept der Witzarbeit, bei Helmuth Plessner auf jenes der Witzigkeit, bei Michael Böhler auf das des Witzverfahrens. Und in jüngster Zeit bindet Gottfried Gabriel die Erörterung des Verhältnisses zwischen wissenschaftlicher und ästhetischer Weltauffassung an die aufklärerische und romantische Diskussion über den Witz als Talent und Erkenntnisvermögen zurück. Diesen Denkmodellen entsprechend, wird der Akzent im folgenden weniger auf die Brüche als auf das Kontinuierliche in der Geschichte des Begriffs Witz gelegt. (Dabei kann nur eine kleine Auswahl von Belegen zitiert werden; eine umfassendere Dokumentation bieten die Monographien von Best und Hill, die freilich in weiten Teilen dem durchaus problematischen Witz-Artikel des Grimmschen *Wörterbuchs* verpflichtet sind.)

I. Französische Klassik und europäische Aufklärung: Der Witz als Talent und seine Bereiche (Gesellschaft, Kunst, Wissenschaft)

1. *Witz wird ästhetischer Grundbegriff*

Um die Wende vom 17. zum 18. Jh. wird ›Witz‹ durch die Berührung mit ›esprit‹ und ›wit‹ zum ästhetischen Grundbegriff. Als eine Norm der klassischen französischen Kultur, deren Träger die literarisch-gesellschaftliche Öffentlichkeit des Ancien régime (›la cour et la ville‹) war⁴⁷, bedeutet ›esprit‹ seit der zweiten Hälfte des 17. Jh. das gesellige Talent zu lebhaften, unterhaltsamen und überraschenden Einfällen:»L'esprit est donc, en général, cette faculté qui voit vite, brille et frappe.«⁴⁸ Dieser ›esprit‹, dessen ästhetische Qualität mit der Zusammensetzung ›bel esprit‹ hervorgehoben, aber auch schon früh – etwa in Molières Komödie *Les Femmes savantes* (1672) – verspottet wurde, war wie ›galanterie‹, ›politesse‹ und ›bon sens‹ Teil des humanistischen Bildungsideals der ›honnêteté‹.⁴⁹ Als Talent zur kultivierten Ausdrucksweise beinhaltete

---

45 Vgl. u. a. WALTRAUD WIETHÖLTER, Witzige Illuminationen. Studien zur Ästhetik Jean Pauls (Tübingen 1979); MICHAEL MOERING, Witz und Ironie in der Prosa Heinrich von Kleists (München 1972); WILHELM SOLMS, Der poetische Witz in Brentanos ›Märchen von dem Witzenspitzel‹, in: Hessische Blätter für Volks- und Kulturforschung, N. F. 18 (1985), 45–56; FABRIZIO CAMBI, ›Geist‹ und ›Witz‹ in der Ästhetik Jean Pauls, in: Jahrbuch der Jean-Paul-Gesellschaft 29 (1994), 93–110; ERNST BEHLER, Ironie und literarische Moderne (Paderborn u. a. 1997), 182–212; BETTINE MENKE, Jean Pauls Witz. Kraft und Formel, in: Deutsche Vierteljahrsschrift für Literaturwissenschaft und Geistesgeschichte 76 (2002), 201–213.
46 RENNER (s. Anm. 1), 924.
47 Vgl. ERICH AUERBACH, Das französische Publikum des 17. Jahrhunderts (München 1933).
48 ANTOINE DE RIVAROL, De l'Homme intellectuel et moral, ou Discours préliminaire du nouveau Dictionnaire de la langue française (1797), in: Rivarol, Œuvres complètes, Bd. 1 (Paris 1808); 126; vgl. ›Esprit‹, in: PETER-ECKHARD KNABE, Schlüsselbegriffe des kunsttheoretischen Denkens in Frankreich von der Spätklassik bis zum Ende der Aufklärung (Düsseldorf 1972), 189–195.
49 Vgl. AUERBACH (s. Anm. 47), 12 f., 24 f., 32.

sein Wirkungsbereich neben der Literatur (lettres) auch die Gesprächskunst (conversation) und die Politik, insbesondere die Diplomatie, wie der Jesuitenpater Dominique Bouhours in seinen *Entretiens d'Ariste et d'Eugène* hervorhebt.[50] Einen langen und folgenreichen französisch-deutschen Literaturstreit löste Bouhours mit seiner Behauptung aus, »que le bel esprit [...] ne s'accommode point du tout avec les tempéraments grossiers et les corps massifs des peuples du Nord«. Als Beispiel dient Deutschland: »on n'y connaît point notre bel esprit, ni cette belle science qui ne s'apprend point au collège et dont la politesse fait la principale partie«[51]. In den gereizten Reaktionen deutscher Autoren auf diese Behauptung zeigt sich eine gewisse Unsicherheit, wenn es darum geht, ein geeignetes deutsches Äquivalent für den französischen Terminus und die damit gemeinte Sache zu finden (Gottsched weist noch 1760 darauf hin, daß es problematisch sei, das vieldeutige Wort ›esprit‹ mit ›Witz‹ zu übersetzen[52]): ›Geist‹ konkurriert zeitweise mit ›Witz‹, soweit man den französischen Terminus nicht einfach unübersetzt läßt.[53] In Christian Wernickes Epigramm *Auf den witzigen Burrhus* (d. i. Bouhours) z. B. wird die Verneinung der »lächerlichen Frage«[54], »ob es *müglich / Vor ei-*

nem Deutschen sey ein Bel-esprit zu sein«, ironisch mit dem Hinweis ad absurdum geführt, »Dass uns ein *Bel-esprit*, ein *Greiff* und *Elephant* / Auf gleiche Weise sind bekant: / Denn, wenn man einen *Bel-esprit* / Aus Franckreich in *Person* auf Deutschem Boden sieht; / So glaubt man allezeit, dass er ein *Antichrist,* / Ein *Gauckler,* oder *Gaudieb* ist.«[55]

Auf anderem Wege sucht Voltaire der wertenden Feststellung, die Deutschen hätten keinen ›esprit‹, ihre polemische Spitze zu nehmen. Nach einer ausführlichen Darlegung der Gründe dafür, daß die brillanten Hervorbringungen des ›esprit‹ in Werken, die belehren oder – wie die Tragödie – durch das Erhabene rühren sollen, fehl am Platz seien, daß sie vielmehr nur zu den »petits ouvrages de pur agrément«[56] paßten, zeigt er, wie man Bouhours' abschätziges Urteil über die Deutschen entsprechend umwerten kann: »C'est en ce sens que le P. Bouhours aurait eu raison de faire entendre [...] que les Allemands ne prétendaient pas à l'esprit, parce qu'alors leurs savants ne s'occupaient guère que d'ouvrages laborieux et de pénibles recherches, qui ne permettaient pas qu'on y répandît des fleurs, qu'on s'efforçât de briller, et que le bel esprit se mêlât au savant.«[57]

Trotzdem fand der Streit noch manche Fortsetzung, auch bei den Aufklärern selbst. Lessing, in dessen kritischen Schriften der Begriff Witz zumindest zeitweise eine herausragende Bedeutung erlangt, definiert ihn 1751 ganz im Sinne der Wolffschen Schulphilosophie als »Fertigkeit die Übereinstimmung der Dinge gewahr zu werden«, grenzt ihn jedoch gleichzeitig vom »berüchtigten Witze«[58] der Franzosen ab, den er später in *Minna von Barnhelm* karikiert, indem er ihn von einer Komödienfigur, dem lächerlichen Hochstapler Riccaut de la Marlinière, verkörpern und zum Instrument betrügerischen Glücksspiels degradieren läßt: »Tous les gens d'esprit aiment le jeu à la fureur.«[59] Auch Lichtenberg antwortet auf »die berühmte Frage [...]: si un allemand peut avoir de l'esprit«, indem er den deutschen Witz vom französischen esprit abzugrenzen sucht: »Wäre ich in Paris zugegen gewesen, so hätte ich gesagt, distinguendum est zwischen esprit im französischen Verstand und esprit in deutschen, nehmen sie es [im] ersten Verstand, hätte ich höflich gesagt, sage ich quod non, nehmt Ihrs aber in dem Verstand, worin wir und

---

50 Vgl. DOMINIQUE BOUHOURS, Entretiens d'Ariste et d'Eugène (1671), hg. v. R. Radouant (Paris 1920), 170–173.
51 Ebd., 181.
52 Vgl. JOHANN CHRISTOPH GOTTSCHED, Vorrede, in: Claude Adrien Helvétius, Discurs über den Geist des Menschen, übers. v. J. G. Forkert (Leipzig/Liegnitz 1760), [nicht pag., 6. Abs.].
53 Vgl. BECKMANN (s. Anm. 6), 871–873.
54 CHRISTIAN WERNICKE, Auf den witzigen Burrhus (1704), in: Wernicke, Epigramme, hg. v. R. Pechel (Berlin 1909), 340 [Anm. d. Autors zu seinem Epigramm].
55 Ebd.
56 VOLTAIRE, ›Esprit‹ (s. Anm. 41), 7.
57 Ebd., 10; vgl. VOLTAIRE, ›Esprit, (Philos. & Belles-Lettr.)‹ (s. Anm. 41), 974a.
58 GOTTHOLD EPHRAIM LESSING, Das Neueste aus dem Reiche des Witzes (1751), in: LESSING (GÖPFERT), Bd. 3 (1972), 83, 92.
59 LESSING, Minna von Barnhelm oder das Soldatenglück (1767), in: LESSING (GÖPFERT), Bd. 1 (1970), 668 (4. Aufz., 2. Auftr.).

die Engländer Witz und Wit nehmen, so wolt ich, daß euch die schwarzen Husaren hätten, ihr Roßbacher Schelmen.«⁶⁰ Wie die Anspielung auf die Schlacht bei Roßbach bezeugt, war der französisch-deutsche Streit um den esprit für antifranzösische Ressentiments anfällig. Schon Wernicke bringt in dem zitierten Epigramm auf Bouhours seine Hoffnung zum Ausdruck, »es werde die Zeit noch einst kommen, da wir Deutsche in uns selber gehen, unsere Hände gebrauchen, und *diesen vermessenen Nachbarn noch einmahl bessern Witz lehren werden*«⁶¹. Lessings und Lichtenbergs Versuch, ›Witz‹ von ›esprit‹ abzugrenzen, ist indes auch als Ausdruck des Bemühens zu werten, der Pejoration des Begriffs entgegenzuwirken, die vor allem von theologischen, später auch von philosophischen Kreisen betrieben wurde.

2. Konvergenzen von esprit, wit und Witz

So gesehen, ist Lichtenbergs Äußerung ein Beleg dafür, daß die Begriffe esprit, wit und Witz ein identisches Anliegen der europäischen Aufklärung bezeichneten.⁶² Tatsächlich konvergierten ihre intensionalen Bedeutungen weitgehend.⁶³ Die Fähigkeit zur schnellen Hervorbringung des Neuen, Überraschenden, Brillanten und Feinsinnigen, die in den französischen Definitionen hervorgehoben wird (»un rapport délicat entre deux idées peu communes«⁶⁴), ist auch für die in den deutschen Begriff Witz eingehenden englischen Definitionen ausschlaggebend: Hobbes bestimmt wit als eine Vergnügen bereitende, sowohl »fancy« als auch »judgment« beinhaltende »tenuity and agility of spirits«⁶⁵ oder »*celerity of imagining*, that is, swift succession of one thought to another; and *steady direction* to some approved end«⁶⁶; nach Locke besteht wit in »the assemblage of *Ideas*, and putting those together with quickness and variety, wherein can be found any resemblance or congruity, thereby to make up pleasant Pictures, and agreeable visions in the Fancy«⁶⁷. Während Hobbes die Urteilskraft (judgment) als Teil von wit versteht, ist sie nach Lockes Überzeugung dem wit entgegengesetzt, insofern sie die Fähigkeit sei, die Vorstellungen voneinander zu trennen.⁶⁸ Diese Meinungsverschiedenheit wird auch in der französischen Diskussion ausgetragen: Bouhours z.B. besteht darauf, daß der wahre »bel esprit« von »bon sens« und »jugement« unzertrennlich und nicht mit »je ne sais quelle vivacité qui n'a rien de solide«⁶⁹ zu verwechseln sei; ähnlich äußert sich La Rochefoucauld: »On s'est trompé lorsqu'on a cru que l'esprit et le jugement étaient deux choses différentes: le jugement n'est que la grandeur de la lumière de l'esprit«⁷⁰. Für Voltaire hingegen ist wie für Locke die Verbindung von esprit und jugement eher eine Norm als eine Gegebenheit. Das geht aus seiner Kritik am Mißbrauch des esprit sowie aus seiner Bemerkung hervor, der esprit sei von »jugement, génie, goût, talent, pénétration, étendue, grâce, finesse« verschieden, müsse aber von alledem etwas haben; dann könne man ihn als »raison ingénieuse«⁷¹ bezeichnen.

Einigkeit besteht also in der Überzeugung, daß es einen Ausgleich zwischen esprit und jugement, wit und judgment geben muß, ganz gleich, ob ein solcher Ausgleich als etwas Gegebenes oder aber Aufgegebenes zu verstehen ist. Darin zeigt sich eine Nähe zur klassischen Rhetorik, die für alle aufklärerischen Bemühungen um die Definition der Wertvorstellung esprit, wit und auch Witz gemeinsam ist. Quintilian lehrte, daß das ingenium,

---

60 LICHTENBERG, Sudelbücher, in: LICHTENBERG, Bd. 1 (1968), 420f. (Heft E, Nr. 339); vgl. ebd., 419 (Heft E, Nr. 335).
61 WERNICKE (s. Anm. 54), 341 [Anm. d. Autors].
62 Vgl. BÖCKMANN, Formgeschichte (s. Anm. 32), 509–512.
63 Vgl. WILLIAM VAN O'CONNOR/LOWRY NELSON, ›Wit‹, in: The New Princeton Encyclopedia of Poetry and Poetics, hg. v. A. Preminger u.a. (Princeton, N.J. 1993), 1374.
64 VOLTAIRE, ›Esprit‹ (s. Anm. 41), 3.
65 THOMAS HOBBES, Human Nature (1650), in: HOBBES (ENGL), Bd. 4 (1840), 56 (10, 4).
66 HOBBES, Leviathan (1651), in: HOBBES (ENGL), Bd. 3/1 (1839), 56 (1, 8).
67 LOCKE (ESSAY), 156 (2, 11, 2).
68 Vgl. ebd.
69 BOUHOURS (s. Anm. 50), 151.
70 FRANÇOIS DE LA ROCHEFOUCAULD, Réflexions ou Sentences et Maximes morales (1664), in: La Rochefoucauld, Œuvres complètes, hg. v. L. Martin-Chauffier/J. Marchand (Paris 1957), 420 (Nr. 97).
71 VOLTAIRE, ›Esprit, (Philos. & Belles-Lettr.)‹ (s. Anm. 41), 973b; VOLTAIRE, ›Esprit‹ (s. Anm. 41), 9; vgl. HOME, Bd. 1 (1762), 28.

das in das Gebiet der inventio gehöre, sich mit dem für die dispositio zuständigen iudicium verbinden müsse, weil es ansonsten zu Fehlern wie dem Weithergeholten und Extravaganten führe.[72] Die Definitionen des mit esprit, wit und Witz bezeichneten Talents sind diesem Begriff des ingenium verpflichtet, wie nicht nur aus den häufigen Hinweisen auf das lateinische Wort, sondern auch daraus erhellt, daß man stets den richtigen, d. h. von der Urteilskraft beaufsichtigten Gebrauch des Talents von seinen manieristischen Auswüchsen abzugrenzen strebt. Ohne strengen »Unterricht«, schreibt Gottsched mit pädagogischem Elan, bleibe die »natürliche Gabe« des Witzes »ein ungebautes Feld, das nur wilde Pflanzen hervortreibet«[73]. Noch Kant bezeichnet den Witz als eines der »Talente, die [...] in mancher Absicht einer Disciplin bedürfen«[74]. Voltaire warnt vor dem barock-preziösen, gesuchten ornatus und Pointenstil des

»esprit déplacé«[75]; er knüpft damit wie Gottsched an Boileau[76] und vor allem an Pope an, der die spitzfindige Ausdrucksweise eines ungezügelten Witzes mit dem Begriff ›conceit‹ (spanisch concepto und conceto, italienisch concetto) bezeichnet und vom wahren Witz abgrenzt: »Some to *Conceit* alone their Taste confine, / And glitt'ring Thoughts struck out at ev'ry Line; / Pleas'd with a Work where nothing's just or fit; / One glaring Chaos and *wild Heap* of Wit«. »*True Wit* is *Nature* to Advantage drest, / What oft was *Thought*, but ne'er so well *Exprest*«[77].

Zur Erläuterung sei angemerkt, daß ›wit‹ in England seit der Renaissance eine geistige und soziale Wertvorstellung war.[78] Was jedoch im 16. und 17. Jh. als wit Geltung erlangte – ein manieristischer Stil, der auffällige Wirkungen erzielen und seinem Autor Ansehen verschaffen sollte –, wurde von der englischen Aufklärung als false wit, als leere Form ohne Substanz gebrandmarkt. True wit hatte Inhalt statt Form, Schlichtheit statt Verzierung, Unterhaltung und Belehrung statt Effekthascherei zu sein.[79] Popes Kritik am ungezügelten Witz zielt vor allem auf die barocke Bildlichkeit der später so genannten ›metaphysischen‹ englischen Dichter des 17. Jh.; seine aufklärerische Durchdringung des Witzbegriffs manifestiert sich zugleich in der Bindung von ›wit‹ an die mit der universal gültigen Vernunft gleichgesetzte Natur, die durch das Medium der Urteilskraft den Witz zu zügeln habe: »Nature to all things fix'd the Limits fit, / And wisely curb'd proud Man's pretending Wit«. »First follow *Nature*, and your Judgment frame / By her just Standard, which is still the same«[80]. In ähnlicher Weise unterscheidet Addison, der sich direkt auf Lockes Definition von wit und judgment bezieht, zwischen »true Wit« als einer Vergnügen bereitenden, überraschenden »Resemblance and Congruity of Ideas« und »false Wit« als bloßer »Resemblance of Words«[81] (die Unterscheidung zwischen ›wahrem‹ und ›falschem‹ Witz ist, das sei angemerkt, ein Gemeinplatz der Frühaufklärung[82]); aus beiden zusammengesetzt sei »mixt Wit«[83] als »Composition of Punn and true Wit« (191), deren Vollkommenheitsgrad davon abhänge, ob die Ähnlichkeit mehr zwischen den Gedanken oder aber mehr zwischen den Worten bestehe. Die zugleich aufklärerisch-pädagogische und klassizisti-

---

72 Vgl. QUINTILIAN, Inst. 8, 3, 56; 10, 1, 130.
73 GOTTSCHED, Versuch einer Critischen Dichtkunst, Bd. 1 (1730), in: Gottsched, Ausgewählte Werke, hg. v. J. Birke u. a., Bd. 6/1 (Berlin/New York 1973), 153 (2, 12).
74 KANT, Kritik der reinen Vernunft (1781), in: KANT (AA), Bd. 3 (1904), 467 (B 738).
75 VOLTAIRE, ›Esprit‹ (s. Anm. 41), 12.
76 Vgl. NICOLAS BOILEAU-DESPRÉAUX, L'Art poétique (1674), in: BOILEAU, 165 f. (Chant 2, V. 103–138).
77 ALEXANDER POPE, An Essay on Criticism (1711), in: Pope, The Twickenham Edition of the Poems, hg. v. J. Butt, Bd. 1 (London/New Haven 1961), 271 f., 272 f. (V. 289–292, 297 f.).
78 Vgl. WILLIAM G. CRANE, Wit and Rhetoric in the Renaissance: The Formal Basis of Elizabethan Prose Style (New York 1937), 84–96; WOLFGANG SCHMIDT-HIDDING, Wit and Humour, in: Schmidt-Hidding (s. Anm. 6), 74–77.
79 Vgl. JOSEPH ADDISON, The Spectator, No. 58–63 (7.–12. 5. 1711), in: Addison u. a., The Spectator, hg. v. G. G. Smith, Bd. 1 (London/New York 1958), 176–198; JOHN DENNIS, Preface to ›Miscellanies in Verse and Prose‹ (1693), in: Dennis, The Critical Works, hg. v. E. N. Hooker, Bd. 1 (Baltimore 1939), 7; JOHN GAY, The Present State of Wit (1711), in: D. F. Bond (Hg.), Essays on Wit, Bd. 3 (Ann Arbor 1947), 6.
80 POPE (s. Anm. 77), 244 f., 246 (V. 52 f., 68 f.).
81 ADDISON (s. Anm. 79), No. 62 (11. 5. 1711), 190.
82 Vgl. BECKMANN (s. Anm. 6), 882 f.
83 ADDISON (s. Anm. 79), No. 62 (11. 5. 1711), 190.

sche Tendenz dieser Ausführungen bekundet sich schließlich darin, daß Addison unter Berufung auf Bouhours und Boileau einen »natural Way of Writing« preist, dessen unübertroffene Modelle die Werke der »Ancients« (192) – in erster Linie Vergils – seien.

Als ästhetisches Talent und als Stil wird auch der Witz von der Aufklärung auf die Horazische Norm des ›utile dulci, prodesse et delectare‹ verpflichtet[84]; er soll nicht nur unterhalten, sondern auch im bürgerlichen Sinne nützlich sein, wie wiederum Addison hervorhebt: Ein Produkt des Witzes sei »useless when it has no moral under it, and pernicious when it attacks any thing that is either unblamable or praiseworthy«[85]. In Deutschland betont z. B. Georg Friedrich Meier den »Nutzen« einer »wohlgerathenen Untersuchung der Schertze«[86] – diesen Begriff verwendet Meier für den Witz als komischen Text –, aber er fügt einschränkend hinzu, ein Scherz sei »gottloß, wenn er den Pflichten gegen GOtt zuwieder; grob, unhöflich, bäurisch, wenn er die Pflichten der Höflichkeit übertrit; unanständig wenn er den Pflichten der Wohlanständigkeit widerspricht u. s. w.«[87]. Auch Johann Georg Sulzer meint: »Zu viel Witz [...] macht, daß das, was nützlich seyn sollte, blos angenehm wird.«[88] In ähnlicher Weise warnt noch Adolph von Knigge vor dem »luxuriösen Witz«, der uns davon abhalte, »unsre Denkkraft auf wahrhaftig nützliche Gegenstände zu verwenden«, und uns statt dessen dazu verführe, »nur den Genuß des Augenblicks«[89] zu suchen. Das Argument der möglichen Nützlichkeit des Witzes war vor allem in der Auseinandersetzung mit theologischen Kreisen von Bedeutung. Der Pastor Johann Melchior Goeze z. B. wirft Lessing vor, mit der »Übertragung der Theaterlogik, auf den theologischen Kampfplatz« den irreligiösen »Witzlingen«[90] gedient zu haben. An anderer Stelle beanstandet er Lessings »beständig spielenden, und unsern Herzen so reizenden Witz«, der den Zweck habe, die Leser »in einer beständigen Verblendung und Trunkenheit der Seele zu erhalten«[91]. Lessing hingegen betont schon früh die persuasive Nützlichkeit des Witzes in religiösen Angelegenheiten: Dem irreligiösen Witz sei nur Witz gewachsen, wie der poetische Witz bezeuge, dem sich Klopstocks *Messias* verdanke.[92]

3. Differenzen zwischen *esprit*, *wit* und *Witz*

Trotz der oben angedeuteten Konvergenz der Bedeutungen von *esprit*, *wit* und *Witz* bleiben Differenzen zwischen den drei Begriffen bestehen. So war ›esprit‹ ein unscharfer Begriff, wie Voltaire mit Esprit hervorhob: »Enfin, je vous parlerais de toutes les différentes façons de montrer de l'esprit si j'en avais davantage.«[93] Eine gewisse semantische Unschärfe war auch für ›wit‹ charakteristisch, wie z. b. daraus erhellt, daß der Begriff in Popes *Essay on Criticism*, in dem er über vierzigmal verwendet wird, mindestens sechs verschiedene Bedeutungen annimmt.[94] Eine vergleichbare Unschärfe weist ›Witz‹ in der aufklärerischen Philosophie, Ästhetik und Kritik des deutschsprachigen Raums nicht auf. Denn hier orientiert sich die Diskussion an Christian Wolffs Definition des Witzes als »Leichtigkeit die Aehnlichkeiten wahrzunehmen«[95]. Diese Definition erinnert an den wit-Begriff John Lockes[96], doch macht sich in ihr insofern auch die alte Beziehung des deutschen Wortes auf den Bereich der Ratio bemerkbar, als nach Wolff produk-

---

84 Vgl. HORAZ, Ars 333 f., 343 f.; WINKLER, ›Nützlich‹, in: Barck u. a. (s. Anm. 42), Bd. 4 (Stuttgart/Weimar 2002), 566–573.
85 ADDISON, Freeholder, No. 45 (1716), in: R. C. Boys (Hg.), Essays on Wit, Bd. 1 (Ann Arbor 1946), 324; vgl. RICHARD BLACKMORE, An Essay upon Wit (1717), in: ebd., 200–202.
86 GEORG FRIEDRICH MEIER, Gedanken von Schertzen (Halle 1744), 5 (§ 3).
87 Ebd., 29 (§ 22).
88 ›Witz‹, in: SULZER, Bd. 4 (1794), 738b.
89 ADOLPH FREIHERR VON KNIGGE, Über den Umgang mit Menschen (1788), hg. v. C. Stephenson (Berlin/München 1966), 207.
90 JOHANN MELCHIOR GOEZE, Etwas Vorläufiges gegen des Herrn Hofrats Lessings mittelbare und unmittelbare feindselige Angriffe [...] (1778), in: LESSING (GÖPFERT), Bd. 8 (1979), 170.
91 GOEZE, Lessings Schwächen (1788), in: ebd., 216.
92 Vgl. LESSING (s. Anm. 58), 103.
93 VOLTAIRE, ›Esprit‹ (s. Anm. 41), 3.
94 Vgl. WILLIAM EMPSON, The Structure of Complex Words (London 1964), 84–100; WILLIAM K. WIMSATT JR./CLEANTH BROOKS, Literary Criticism: A Short History (New York 1957), 240.
95 CHRISTIAN WOLFF, Vernünfftige Gedancken von Gott, der Welt und der Seele des Menschen [...] (1719), Bd. 1 (Halle ⁹1743), 223 (§ 366).
96 Vgl. BÖCKMANN, Formgeschichte (s. Anm. 32), 508.

tiver Witz »aus einer Scharfsinnigkeit und guten Einbildungs-Kraft und Gedächtniß entstehet«[97]. Dabei wird Scharfsinnigkeit als »die erste Art der Vollkommenheit des Verstandes« bestimmt; »demnach ist einer um soviel scharffsinniger, je mehr er in einer Sache, die er sich vorstellet, entdecken kann als der andere« (527 [§ 850]). Wie die »Kunst zu schliessen« ist der scharfsinnige Witz eine notwendige Bedingung des »Erfindens« (223 [§ 366]). Nach Auffassung des Wolff-Schülers Gottsched ist dieser Witz »in allen Ständen und Lebensarten sehr zu brauchen«; deshalb sollten »sich alle Menschen darnach bestreben«[98]. Wolff interessiert sich vor allem für das Erfinden im Bereich der exakten Wissenschaften; nur nebenher spricht er vom Witz bei den »Poeten, Rednern, Pickelheringen und so weiter«[99], deren »Ingenium« (der lateinische Begriff wird wie üblich dem deutschen ›Witz‹ gleichgesetzt) oft nur »ein gemeines« sei – dann nämlich, wenn es ihm an »Scharffsinnigkeit«[100] fehle, so daß es nur an der sinnlichen Oberfläche der Dinge hafte. Witz ist demnach bei Wolff primär kein ästhetischer, sondern ein intellektualistisch-vermögenspsychologischer Begriff.

Den poetischen Witz wertet allen voran Gottsched in seiner *Critischen Dichtkunst* beträchtlich auf, indem er den rationalistischen Witzbegriff Wolffs auf Leitvorstellungen der klassischen antiken Poetik und Rhetorik bezieht. Als die »Gemüthskraft, welche die Aehnlichkeiten der Dinge leicht wahrnehmen, und also eine Vergleichung zwischen ihnen anstellen kann«[101], hat der Witz bei Gottsched zwei Hauptaufgaben, die jeweils den rhetorischen Kategorien der inventio und der elocutio entsprechen. Insofern die anzustrebende »poetische Wahrscheinlichkeit nichts anders« ist »als die Aehnlichkeit des Erdichteten, mit dem, was wirklich zu geschehen pflegt« (255 [6, 1]), ist der Witz Teil der inventio: Ohne Witz kann der Dichter seine Aufgabe, »ein geschickter Nachahmer aller natürlichen Dinge« (147 [2, 5]) zu sein, nicht erfüllen. Andererseits äußert sich der Witz auf der Ebene der elocutio in sämtlichen Tropen und Figuren, die auf einem Ähnlichkeitsprinzip basieren, wie z. B. in Metapher, Allegorie, Gleichnis und anderen ›verblümten Redensarten‹[102]. Sie alle sind »Einfälle« (427 [11, 6]), die aus dem »Witz« als der spezifisch »poetischen Art zu denken« (426) entstehen; ihre Angemessenheit hängt von der Gattung ab, in der sie verwendet werden (in der Elegie oder der Tragödie z. B. ist der Anteil dieser Art von Witz sehr begrenzt).[103]

4. Der sinnliche Witz (Baumgarten und Meier)

Im Zuge von Alexander Gottlieb Baumgartens Begründung der Ästhetik als Wissenschaft der sinnlichen Erkenntnis (»scientia cognitionis sensitiuae«[104]) wandelt sich die Extension des Begriffs. Die Wolffische Schulphilosophie unterscheidet generell zwischen einem oberen (rationalen) – Verstand und Vernunft – und einem niederen (sinnlichen) Erkenntnisvermögen. Während jedoch Wolff und Gottsched den Witz dem oberen Bereich zuweisen – er sei »eine Fertigkeit des Verstandes«[105], schreibt Gottsched –, postulieren Baumgarten und sein Schüler Georg Friedrich Meier, daß es Witz auch im Bereich der unteren, sinnlichen Erkenntnis gebe, die der Vernunfterkenntnis analog sei. Baumgarten hält zwar an der Definition des Witzes als Fähigkeit, die Übereinstimmungen der Dinge wahrzunehmen, fest: »Habitus identitates rerum observandi est *ingenium strictius dictum*«, wobei er den hervorgehobenen Teil dieser Definition selbst mit »Witz in engerer Bedeutung«[106] übersetzt. Doch fügt er hinzu, daß dem Witz als Vermögen der deutlichen Verstandeserkenntnis auf der Ebene der undeutlichen sinnlichen Erkenntnis das »ingenium sensitivum« (der sinnliche Witz) als

---

97 WOLFF (s. Anm. 95), 532 (§ 858).
98 GOTTSCHED, Erste Gründe der gesammten Weltweisheit, Praktischer Theil (1734), in: Gottsched (s. Anm. 73), Bd. 5/2 (Berlin/New York 1983), 319, 320 (§ 479).
99 WOLFF (s. Anm. 95), Bd. 2 (Frankfurt a. M. ⁴1740), 188 (§ 113).
100 Ebd., 528 (§ 320).
101 GOTTSCHED (s. Anm. 73), 152 (2, 11).
102 Vgl. ebd., 319–350 (Kap. 8).
103 Vgl. GOTTSCHED, Versuch einer Critischen Dichtkunst, Bd. 2 (1730), in: ebd., Bd. 6/2 (Berlin/New York 1973), 112 (4, 1), 328 (10, 25).
104 BAUMGARTEN, I (§ 1); vgl. MEIER (s. Anm. 86), 9f. (§ 6).
105 GOTTSCHED (s. Anm. 98), 319 (§ 479); vgl. WOLFF (s. Anm. 95), 534 (§ 862).
106 BAUMGARTEN, Metaphysica (1739; Halle ⁷1779), 204 (§ 572).

»inferior facultas identitates rerum cognoscendi«[107] (das untere Vermögen, die Übereinstimmungen der Dinge zu erkennen) analog sei.

Auch dies mag man als Ausdruck des aufklärerischen Bemühens werten, das, was sich der Ratio entzieht – in diesem Falle ist es der Bereich der ›undeutlichen‹ sinnlichen Vorstellungen – rational zu durchdringen. Doch zeichnet sich hier insofern ein grundlegender Wandel des Begriffs ab, als offenbar erst das Postulat eines ›sinnlichen Witzes‹ die Aufmerksamkeit der Philosophie auf den Witz als Lachen erregenden Text lenkt: Meier spricht vom »Schertz« als einer »sinnlichen Vorstellung und Rede«, die »durch den sinnlichen Witz und Scharfsinnigkeit gewürckt« werde. Als solche Rede gehöre der Scherz ins Gebiet der Poetik und Rhetorik (wie schon Cicero und Quintilian festgestellt hätten) und darüber hinaus der Ästhetik, »dieses gantzen Inbegriffs der schönen Wissenschaften«[108]. Da der Scherz vom sinnlichen Witz abhänge, seien seine »Vollkommenheiten, in so fern sie undeutlich und auf eine sinnliche Art erkannt werden, [...] Schönheiten und die Unvollkommenheiten [...] Häßlichkeiten«[109]. Hier wird also – im deutschsprachigen Raum offenbar zum ersten Mal – die Beziehung zwischen dem Witz als Fähigkeit und dem Witz als komischem Text philosophisch begründet. Wenig später hebt auch Henry Home (Lord Kames) hervor, das Nomen wit bezeichne einerseits überraschende scherzhafte Gedanken und Ausdrücke – Witze als Texte –, andererseits das Talent zur Erfindung solcher Gedanken und Ausdrücke.[110] Zur Bezeichnung des Textes verwendet Meier allerdings nicht den Begriff ›Witz‹ – dieser bedeutet auch bei ihm allein den Witz als Vermögen –, sondern die Begriffe ›Scherz‹, ›Spaß‹, ›sinnreicher Einfall‹.[111] Das ist terminologisch konsequent, da, wie bereits deutlich wurde, im Denken der deutschen Aufklärung der Witz als Vermögen keineswegs nur für Scherze zuständig war, sondern für alles Schöne. In diesem Sinne bemerkt auch Meier: Der Witz hat »einen nähern Einfluß in die Erzeugung aesthetischer Gedanken, und kein schöner Geist kan ohne einem ausgebesserten Witze gedacht werden«[112]. Da Schönheit, wie Baumgarten und Meier lehren[113], eine ›Vollkommenheit‹ ist, die in der sinnlich empfundenen Übereinstimmung der Teile mit dem Ganzen besteht, sollen alle »Uebereinstimmungen der Dinge, alle Aehnlichkeiten, Gleichheiten, Proportionen [...] der Gegenstand seiner [des Witzes – d. Verf.] Beschäftigungen seyn«[114].

Um die Mitte des 18. Jh. ist also der Begriff des Witzes, sofern er sich auf den ›sinnlichen‹ Witz bezieht, ein Schlüsselbegriff der Ästhetik, die nach damaligem Verständnis auch die beurteilende Kritik einschließt.[115] Literarische Schriften werden ›Werke des Witzes‹ genannt.[116] Das »Reich des Witzes« erstreckt sich aber nicht nur auf die Literatur und die Kritik, sondern es umfaßt, wie Lessing 1751 schreibt, alle »schönen Wissenschaften und freien Künste«[117]. In dem Maße jedoch, in dem sich Lessing der semiotischen Differenzen zwischen Dichtung und bildender Kunst bewußt wird, verengt sich bei ihm der Geltungsbereich des Witzes, wie im folgenden angedeutet sei.

5. *Lessing und Sulzer*

Den Rang eines Schlüsselbegriffs hat ›Witz‹ bei Lessing allenfalls in den frühen kritischen Schriften, wie die bereits zitierten Äußerungen belegen.

---

107 Ebd., 235 f. (§ 640).
108 MEIER (s. Anm. 86), 10 (§ 6); vgl. ebd., 21 (§ 16).
109 Ebd., 10 f. (§ 7).
110 Vgl. HOME, Bd. 2 (1762), 58.
111 Vgl. MEIER (s. Anm. 86), 2, 8, 11, 75 f. (§§ 1, 4 f., 7, 56) u. ö.
112 MEIER, Bd. 2 (1755), 328 (§ 399).
113 Vgl. BAUMGARTEN, 6–11 (§§ 14–27); MEIER, Bd. 1 (1754), 40 (§ 24).
114 MEIER, Bd. 2, 329 f. (§ 400).
115 Vgl. MEIER (s. Anm. 86), 11 (§ 7).
116 Vgl. FRIEDRICH GOTTLIEB KLOPSTOCK, Von der heiligen Poesie (1755), in: Klopstock, Sämmtl. Werke, Bd. 10 (Leipzig 1855), 226; LESSING, Beiträge zur Historie und Aufnahme des Theaters (1750), in: LESSING (GÖPFERT), Bd. 3 (1972), 355, 356; LESSING, Vorrede zu G. E. Lessings Schriften, Dritter Teil (1755), in: ebd., 522; LESSING, Briefe, die neueste Literatur betreffend (1759–1765), in: ebd., Bd. 5 (1973), 160 (48. Brief); LESSING, Zerstreute Anmerkungen über das Epigramm [...] (1771); in: ebd., 455; LICHTENBERG (s. Anm. 60), 372 (Heft E, Nr. 147); ebd., Bd. 2 (1971), 154 (Heft G, Nr. 113); FRIEDRICH SCHILLER, Ueber naive und sentimentalische Dichtung (1795–1796), in: SCHILLER, Bd. 20 (1962), 436.
117 LESSING (s. Anm. 58), 83.

Eine gewisse Wichtigkeit behält der Begriff später in der wirkungsästhetischen Poetik der Tragödie, die Lessing in den *Briefen, die neueste Literatur betreffend* skizziert: Da der Witz im sinnlich-affektiven Bereich angesiedelt ist, kann er nach Lessings Überzeugung auch im Trauerspiel Anwendung finden. Dafür spricht aus seiner Sicht, daß Christian Weiße, der Verfasser witziger anakreontischer Gedichte, auch Tragödien schreibt. Der tragische Dichter müsse seine Personen so sprechen lassen, wie wirkliche Personen unter tragischen Umständen sprechen – mit Witz nämlich, d. h. auf eine überraschende, aber zugleich evidente und allgemein menschliche Weise ›Ähnlichkeiten gewahr werdend‹. So gesehen, ist »Schmerz […] witzig; wenn derjenige anders witzig ist, der das sagt, was ihm die Umstände in den Mund legen. Demnach denke nur auch der Dichter vor allen Dingen darauf, seine Personen, so zu reden, in eine witzige Situation zu setzen, und er kann gewiß sein, daß alle der Witz, den ihnen diese Situation gibt, nicht nur untadelhaft, sondern höchst pathetisch sein wird.« Hier weist der Begriff Witz keine Spur der heute gängigen Konnotation des Komischen auf; er verbindet sich aber durchaus schon mit der heute ebenfalls gängigen Vorstellung von Texten und Textstrukturen: Lessing spricht von den »witzigen Ausdrücken des Schmerzes und der Betrübnis«[118].

Später, in der *Hamburgischen Dramaturgie*, spielt Lessing, wie es scheint, das Genie gegen den Witz aus. Die Kritik am ›Unnatürlichen‹ der Handlung in Corneilles Tragödie *Rodogune* (1647) führt auf die folgenden grundsätzlichen Überlegungen: »Das Genie können nur Begebenheiten beschäftigen, die in einander gegründet sind, nur Ketten von Ursachen und Wirkungen. […] Der Witz hingegen, als der nicht auf das in einander Gegründete, sondern nur auf das Ähnliche oder Unähnliche gehet, wenn er sich an Werke waget, die dem Genie allein vorgesparet bleiben sollten, hält sich bei Begebenheiten auf, die weiter nichts mit einander gemein haben, als daß sie zugleich geschehen. Diese mit einander zu verbinden, ihre Faden so durch einander zu flechten und zu verwirren, daß wir jeden Augenblick den einen unter dem andern verlieren, aus einer Befremdung in die andere gestürzt werden: das kann er, der Witz; und nur das«: »das Genie liebt Einfalt; der Witz, Verwicklung.«[119] Wie Jochen Schmidt hervorhebt, bezieht sich diese Witz-Kritik auf den barocken Witz Corneilles. Da überdies das Genie hier ein rational organisiertes sei, bekunde sich in der zitierten Äußerung durchaus Nähe zu Gottscheds Rationalismus.[120] Dennoch ist festzuhalten, daß der Begriff Witz hier den Rang eingebüßt hat, den er um die Mitte des 18. Jh. in der aufklärerischen Ästhetik besaß.

Der tiefere Grund dafür ist vermutlich in der Semiotik des *Laokoon* zu suchen: Wenn die Horazische Formel ›ut pictura poesis‹, d. h. die Auffassung von der Dichtung als ›redendem Gemälde‹, falsch ist, weil die ›konsekutive‹ poetische Rede dem Nacheinander von Handlungen, nicht aber dem Nebeneinander von Körpern am angemessensten ist (»die Zeitfolge ist das Gebiete des Dichters, so wie der Raum das Gebiete des Malers«[121]), dann muß der Witz, der seiner Definition nach die Gleichzeitigkeit von Ungleichartigem evoziert, seinen Rang als poetologischer Schlüsselbegriff verlieren.[122] Im nachgelassenen Material zum *Laokoon* notiert Lessing dementsprechend: »die erdichteten Wesen nach allen ihren Attributen der Malerei beschreiben, […] dünkt mich ein kindischer, gotischer, mönchischer Witz«[123]. Dennoch liegt es Lessing fern, den Witz generell aus der Dichtung verbannen zu wollen. Daß Witz nicht eine Tragödienhandlung strukturieren soll – auch darin stimmt Lessing mit Gottsched überein –, ist mit seiner Präsenz in poetischen Mikrostrukturen (›witzigen Äußerungen‹) durchaus vereinbar und schließt nicht aus, daß er eine grundlegende Be-

---

118 LESSING, Briefe, die neueste Literatur betreffend (s. Anm. 116), 262 (81. Brief).
119 LESSING, Hamburgische Dramaturgie (1767–1768), in: LESSING (GÖPFERT), Bd. 4 (1973), 368, 369 (30. Stück).
120 Vgl. SCHMIDT (s. Anm. 37), 87–89.
121 LESSING, Laokoon: oder über die Grenzen der Malerei und Poesie (1766), in: LESSING (GÖPFERT), Bd. 6 (1974), 116.
122 Vgl. CHRISTINE GOULDING, From ›Witz‹ Culture to Cult of Genius: Lessing and Eighteenth-Century Aesthetics, in: Monatshefte für deutschsprachige Literatur und Kultur 92 (2000), 114–117.
123 LESSING, Aus dem Nachlaß: Laokoon, in: LESSING (GÖPFERT), Bd. 6 (1974), 625.

deutung in der Komödie erlangt[124] und in Kleinformen wie dem Epigramm behält: Noch in den *Zerstreuten Anmerkungen über das Epigramm* (1771) differenziert Lessing – ganz im Sinne der Frühaufklärung – zwischen »wahrem« und »falschem Witz«[125]. Bei Lessing verändert sich also nicht der Inhalt, sondern der Umfang des Begriffs. In seinen späteren kritischen Schriften ist der Witz nur noch eine von vielen literarischen Techniken, die dem Genie zur Verfügung stehen.[126]

Um dieselbe Zeit nennt auch Johann Georg Sulzer die Gabe des Witzes »eine der Grundlagen des zur Kunst nöthigen Genies«[127]. In dem Bemühen, allein die ästhetische Qualität und Produktivität des Witzes zu bestimmen, grenzt ihn Sulzer stärker als seine Vorgänger vom analytischen (›zergliedernden‹) Verstand ab und bestimmt ihn als »lebhafte Einbildungskraft«, die es vermag, die »Lebhaftigkeit« (737a) einer Vorstellung zu erhöhen, indem sie diese Vorstellung mit anderen, ähnlichen oder kontrastierenden Vorstellungen kombiniert. Ähnlich wie Wolff schreibt Sulzer, der Witz sei »erfinderisch« (737f.); doch anders als Wolff meint er damit nicht das Entdecken objektiv gegebener Zusammenhänge; im Gegenteil: Der Witz dringe »nicht tief in die Sachen hinein«, es gehe ihm vielmehr um den anziehenden »Schein« (737a), und um diesen zu produzieren, suche er »alles herbey zu rufen, was zur Belebung der Hauptvorstellung dienet«. Er sei also »eines der Hauptmittel, einem Gegenstand, der an sich nicht Reizung genug hätte, ästhetische Kraft zu geben« (738a). Hier zeigt sich, daß Sulzer die Aufgabe des Witzes letztlich auf die Bereitstellung von ornatus im Bereich der elocutio reduziert, sosehr er zunächst die Spontaneität und Produktivität des Witzes hervorkehrt.

6. Lichtenberg und Kant

Die Beziehung zwischen Witz und Erfindung kommt auch in Lichtenbergs *Sudelbüchern* häufig zur Sprache. Bei Lichtenberg ist jedoch der Umfang des Begriffs insofern erheblich weiter als bei den bisher erwähnten Autoren, als er die verschiedenen Anwendungsbereiche des Begriffs – kultivierte Ausdrucksweise und Bildung, exakte Wissenschaften, Ästhetik und Poetik – zu einem

Bereich zusammenfaßt. Es geht Lichtenberg nicht nur um den schriftstellerischen oder künstlerischen Witz, sondern auch um den Witz im »gemeinen Leben«[128]; vor allem aber geht es ihm – wie Wolff – um die Beziehung zwischen Witz und Wissenschaft, insbesondere um den Witz als Voraussetzung von wissenschaftlicher ›Erfindung‹, d. h. Entdeckung. Der auf Schriftsteller gemünzte Satz »Witz ist ohne Wissenschaft nicht möglich« (Bd. 1, 499 [Heft F, Nr. 263]), in dem die von der Aufklärung übernommene Norm des *poeta doctus* nachwirkt, läßt sich nämlich umkehren: »Alle Erfindungen gehören dem Zufall zu, die eine näher die andre weiter vom Ende, sonst könnten sich vernünftige Leute hinsetzen und Erfindungen machen so wie man Briefe schreibt. Der Witz hascht näher oder ferner vom Ende eine Ähnlichkeit, und der Verstand prüft sie und findet sie richtig, *das ist Erfindung*. So war Sir Isaac Newton.« (633 [Heft F, Nr. 1195]) »Der Witz ist der *Finder* (Finder) und der Verstand der Beobachter.« (Bd. 2, 297 [Heft J, Nr. 1620])

Von Wolffs Deduktion der Beziehung zwischen Witz und Erfindung unterscheiden sich solche Bemerkungen insofern, als in ihnen das zufällige, sich rationaler Kontrolle entziehende Moment der ›witzigen‹ Produktivität hervorgekehrt und außerdem – wie bei Sulzer, aber ohne die Einschränkung auf den Bereich des Ästhetischen – die nichtmimetische Qualität dieser Produktivität betont wird: »Ohne Witz wäre eigentlich der Mensch gar nichts, denn Ähnlichkeit in den Umständen ist ja alles was uns zur wissenschaftlichen Erkenntnis bringt, wir können ja bloß nach Ähnlichkeiten ordnen und behalten. Die Ähnlichkeiten liegen nicht in [den] Dingen, vor Gott gibt es keine Ähnlichkeiten. Hieraus folgt freilich der Schluß, daß je vollkommener der Verstand ist, desto geringer ist der Witz, oder es muß Seelen-Einrichtungen geben, die so gespannt werden können, wie manche Waagen (wieder Witz) daß man sie so wohl zum

---

124 Vgl. GOULDING (s. Anm. 122), 119.
125 LESSING, Zerstreute Anmerkungen (s. Anm. 116), 467.
126 Vgl. GOULDING (s. Anm. 122), 120.
127 SULZER (s. Anm. 88), 738a.
128 LICHTENBERG (s. Anm. 60), Bd. 2 (1971), 436 (Heft K, Nr. 200).

Genau- als Roher-wiegen gebrauchen kann.« (Bd. 1, 788 [Heft J, Nr. 959]) Die bildsprachliche Fortsetzung der philosophischen Überlegung zur Beziehung zwischen Witz und Verstand ist insofern ›wieder Witz‹, als sie eine ›frappierende‹ und ›einleuchtende‹ Ähnlichkeit zwischen geistig-seelischen Kräften und Waagen produziert.[129] (An anderer Stelle imaginiert Lichtenberg den Scharfsinn als ›Vergrößerungsglas‹ und den Witz als ›Verkleinerungsglas‹ und gelangt derart zu einem auf Nietzsche vorausdeutenden Perspektivismus der Erkenntnis.[130])

Für Lichtenbergs Witzbegriff ist also nicht nur die Erweiterung des Begriffsumfangs charakteristisch, sondern auch die Übersetzung der Begriffsdefinition in witzige Form: Der Stil demonstriert, wovon die Rede ist. Beide Momente, das inhaltliche und das formale, machen die Affinität zwischen Lichtenbergs ›Witz‹ und dem der Frühromantiker und Jean Pauls aus. Diese Affinität darf indes nicht übersehen lassen, daß Lichtenberg – anders als die Romantiker – die Solidität der ›Erfindungen‹ des Witzes durchaus skeptisch beurteilt: »Der große Kunstgriff kleine Abweichungen von der Wahrheit für die Wahrheit selbst zu halten, worauf die ganze Differential-Rechnung gebaut ist, ist auch zugleich der Grund unsrer witzigen Gedanken, wo oft das Ganze hinfallen würde, wenn wir die Abweichungen in einer philosophischen Strenge nehmen würden.« (Bd. 1, 9 [Heft A, Nr. 1]) Nicht nur Skepsis, sondern tiefes Mißtrauen gegenüber der gefährlichen Verwechslung des Ästhetischen mit dem Wissenschaftlichen, die der Witz herbeiführen kann, kommt in Lichtenbergs Auseinandersetzung mit Lavaters Physiognomik zum Ausdruck: »Wollten wir die Leute, von denen wir nach dem ersten Anblick urteilen, alle durch jahrlangen, genauen Umgang prüfen, ich glaube, es würde der Physiognomik ärger ergehen, als der Astrologie. Einbildungskraft und Witz kommen hierbei gefährlich zu statten, daher sind die tiefsten Denker gemeiniglich die schlechtesten Physiognomen. Sie sind mit einer flüchtigen Ähnlichkeit nicht so leicht befriedigt, da der flüchtige Physiognome in jedem Dintenfleck ein Gesicht und in jedem Gesicht eine Bedeutung findet.«[131] Dieser scharfsinnigen Kritik am pseudowissenschaftlichen Mißbrauch des Witzes läßt sich entnehmen, daß der Begriff bei Lichtenberg auch dort, wo er ihn auf den Bereich der Wissenschaft bezieht, eine ästhetische Kraft oder Einstellung bezeichnet.

In der Ästhetik selbst spielt der Begriff Witz nach 1770 und bis zur Frühromantik allenfalls eine untergeordnete Rolle. Kant spricht in der *Kritik der Urtheilskraft* nur nebenbei vom Witz als einem seltenen »Talent«, das erforderlich sei, um andere zum Lachen zu bringen. Für seine Analyse des Lachens dienen ihm zwar Witze als Beispiele, aber wie Georg Friedrich Meier bezeichnet er sie als ›Scherze‹. Im Unterschied zu Meier will er sie »eher zur angenehmen, als schönen Kunst gezählt«[132] wissen. In der *Anthropologie in pragmatischer Hinsicht* ist nicht mehr von Scherzen die Rede, sondern von »Witzwörtern (bons mots)«[133] – eine Bezeichnung, die später Schopenhauer aufgreift und die auch in der Dichtung seit der klassisch-romantischen Epoche belegt ist.[134] Derart akzentuiert Kant nun den Zusammenhang zwischen dem Witz als Text und dem Witz als Talent, das er hier im Sinne der rationalistischen Schulphilosophie als – von der Urteilskraft ›einzuschränkendes‹ – »Verähnlichungsvermögen« definiert, »welches dem Verstande (als dem Vermögen der Erkenntniß des Allgemeinen), so fern er die Gegenstände unter Gattungen bringt, angehört.« ›Witz‹ ist hier also ebensowenig wie »Sagacität« und »Originalität« im Denken (das Genie)«, die beiden anderen »Talente im Erkenntnißvermögen«[135], ein ästhetischer Grundbegriff. Dennoch bezeichnet der Begriff eine *ästhetische* Kraft oder Einstellung, wie aus den Merkmalen des ›Gefälligen‹, ›Angenehmen‹, ›Beliebten‹, ›Aufmunternden‹ und ›Spielerischen‹ her-

---

129 Vgl. ebd., Bd. 2, 159 (Heft G, Nr. 137).
130 Vgl. ebd., Bd. 1, 302 (Heft D, Nr. 469), 536 (Heft F, Nr. 559), 556 (Heft F, Nr. 700).
131 LICHTENBERG, Über Physiognomik; wider die Physiognomen (1777), in: LICHTENBERG, Bd. 3 (1972), 283.
132 KANT (s. Anm. 43), 334, 332 (§ 54); vgl. WOLFGANG RITZEL, Kant über den Witz und Kants Witz, in: Kant-Studien 82 (1991), 102–109.
133 KANT (s. Anm. 44), 221 (§ 55).
134 Vgl. BECKMANN, ›Witzwort‹, in: GRIMM, Bd. 14/2 (1960), 903.
135 KANT (s. Anm. 44), 220 (§ 54).

vorgeht.[136] Indem Kant die kognitive Funktion dieser Kraft oder Einstellung, d. h. ihre Funktion im ›Erkenntnisvermögen‹ beschreibt, wirft er wie Lichtenberg die Frage nach dem Verhältnis zwischen ästhetischer und wissenschaftlicher Einstellung zur Wirklichkeit auf – eine Frage, für deren Beantwortung das frühromantische Witzkonzept radikale Antworten bereitstellt.

II. Die klassisch-romantische Epoche: Vom Witz als Prinzip des Wissens zum Witz als kulturideologischem Klischee

1. Von der Aufklärung zur Frühromantik

Fragt man, inwiefern der Übergang von der Aufklärung zur Frühromantik in der Geschichte des Begriffs Witz eine Zäsur markiert, so wird man zunächst feststellen, daß sich die intensionale Bedeutung des Begriffs nicht verändert: Witz bedeutet weiterhin ein ›Verähnlichungsvermögen‹. So bezeichnet Novalis den Witz als »Princip der Verwandschaften«[137], und Friedrich Schlegel formuliert pointiert: »Witz ist logische Geselligkeit.«[138] So wie Lichtenberg bemerkt, ein »witziger Gedanke«[139] könne nur frappieren, wenn die Ähnlichkeit, die er geltend mache, jedermann im Grunde überraschend naheliege, formuliert auch Schlegel, wiederum in witziger Form: »Manche witzige Einfälle sind wie das überraschende Wiedersehen zwei befreundeter Gedanken nach einer langen Trennung.« Durchaus aufklärerisch ist ebenfalls Schlegels Warnung vor gewolltem Witz, d. h. »Witzelei«[140]. Die Betonung des schöpferischen, produktiven Moments des Witzes – der »Witz ist schöpferisch – er *macht* Ähnlichkeiten«[141], notiert Novalis – kann ebenfalls nicht als distinktives Merkmal der frühromantischen Begriffsbildung betrachtet werden. Zwar ist sie gegen die Bindung des Witzes an das Nachahmungspostulat gerichtet, für die z. B. Pope und Gottsched eintreten, aber sie findet sich ansatzweise schon bei Sulzer, noch deutlicher bei Lichtenberg. Und Novalis' kühne Verbindung von Witz und Leidenschaft – »Witz zeigt ein gestörtes Gleichgewicht an – [...] Den stärksten Witz hat die Leidenschaft«[142] – erinnert

an Lessings Bemerkungen zum pathetischen Witz der Tragödie.

An die Aufklärung knüpft die Frühromantik auch dann an, wenn sie den Zusammenhang von Witz und Wissenschaft akzentuiert. Dabei erweitert sie aber in einem für die Aufklärung undenkbaren Maße die Extension des Begriffs; der Witz wird im Bereich des Wissens zumindest tendenziell eine absolute, d. h. von der disziplinierenden Urteilskraft losgelöste Produktivität, ja sogar das Prinzip allen Wissens. Schlegel deutet dies – die Differenz zwischen Witz und Genie aufhebend – schon im 9. Lyceumsfragment an: »Witz ist unbedingt geselliger Geist, oder fragmentarische Genialität.«[143] Deutlicher spricht er denselben Gedanken zu Beginn des 220. Athenaeumsfragments aus: »Ist aller Witz Prinzip und Organ der Universalphilosophie, und alle Philosophie nichts andres als der Geist der Universalität, die Wissenschaft aller sich ewig mischenden und wieder trennenden Wissenschaften, eine logische Chemie: so ist der Wert und die Würde jenes absoluten, enthusiastischen, durch und durch materialen Witzes, worin Baco und Leibniz, die Häupter der scholastischen Prosa, jener einer der ersten, dieser einer der größten Virtuosen war, unendlich. Die wichtigsten wissenschaftlichen Entdeckungen sind *bonmots* der Gattung. Das sind sie durch die überraschende Zufälligkeit ihrer Entstehung, durch das Kombinatorische des Gedankens, und durch das Barocke des hingeworfenen Ausdrucks. Doch sind sie dem Gehalt nach freilich weit mehr als die sich in Nichts auflösende Erwartung des rein poetischen Witzes. Die besten sind *echappées de vue* ins Unendliche.« Der ›rein poetische‹ Witz ist, wie seine Assoziation mit dem Barocken vermuten läßt, der sich in ver-

---

136 Vgl. ebd., 220–222 (§§ 54 f.).
137 NOVALIS, Vermischte Bemerkungen (1797–1798), in: NOVALIS, Bd. 2 (³1981), 434 (Nr. 57).
138 FRIEDRICH SCHLEGEL, Kritische Fragmente (1797), in: SCHLEGEL (KFSA), Bd. 2 (1967), 154 (Nr. 56).
139 LICHTENBERG (s. Anm. 60), Bd. 2, 159 (Heft G, Nr. 137).
140 SCHLEGEL, Fragmente (1798), in: SCHLEGEL (KFSA), Bd. 2 (1967), 171, 170 (Nr. 37, 32).
141 NOVALIS, Das Allgemeine Brouillon (entst. 1798–1799), in: NOVALIS, Bd. 3 (³1983), 410 (Nr. 732).
142 NOVALIS (s. Anm. 137), 424 (Nr. 30).
143 SCHLEGEL (s. Anm. 138), 148 (Nr. 9).

balen Spitzfindigkeiten, Wortspielen, ›conceits‹ usw. erschöpfende Witz. Er wird hier dem ›materialen‹, philosophisches Wissen stiftenden Witz gegenübergestellt. Dennoch hängen beide miteinander zusammen, wie die Bezeichnung der Produkte des materialen Witzes als ›bons mots‹ und die Charakterisierung von ›witzigen‹ Philosophen wie Bacon und Leibniz als ›Virtuosen‹ (später in demselben Fragment als »synthetisierende Genies«[144]) unterstreicht: Auch der philosophische Witz ist eine ästhetische Kraft oder Einstellung; die witzige ›Universalphilosophie‹ ist zugleich die im 116. Athenaeumsfragment definierte ›Universalpoesie‹. Wie bei Lichtenberg wird die Zufälligkeit der wissenschaftlichen Entdeckungen des Witzes hervorgekehrt, doch anders als bei Lichtenberg (oder Kant) fehlt das Mißtrauen gegenüber den möglichen Gefahren der Verwechslung des Ästhetischen mit dem Wissenschaftlichen. Denn wie das frühromantische Mythoskonzept hat auch das frühromantische Witzkonzept die Tendenz, die ›ästhetische Weltauffassung‹ der »wissenschaftlichen«[145] nicht an die Seite zu stellen, sondern die wissenschaftliche der ästhetischen einzuverleiben. Der Abstand des frühromantischen Witzkonzepts von dem der Aufklärung erhellt ferner daraus, daß es sich treffend mit der Definition des ›metaphysischen‹ Witzes, den Samuel Johnson den Dichtern

des 17. Jh. vorwarf, charakterisieren ließe: »a kind of ›discordia concors‹; a combination of dissimilar images, or discovery of occult resemblances in things apparently unlike«[146]. Die von Johnson monierte metaphysische Tendenz kehrt bei Schlegel in der witzigen Formulierung wieder, die ›bonmots‹ des ›materialen Witzes‹ seien ›echappées de vue ins Unendliche‹.

In seinen Kölner Vorlesungen (1804–1805) systematisiert Schlegel die in den Fragmenten verstreuten Gedanken zum Witz, indem er diesen – nun mit deutlich ontologischer und mystischer Tendenz – als »eine Form des *abgeleiteten fragmentarischen Bewußtseins*« definiert und metaphorisch als »Blitz aus der unbewußten Welt, die für uns immer neben der bewußten besteht«[147], bezeichnet. Als »eine Verbindung und Mischung des Bewußten und Unbewußten«[148] sei das fragmentarische Bewußtsein ein Medium anschauender Erkenntnis der »unendlichen [...] Fülle«, die einen der beiden Bestandteile der »Vollkommenheit« bilde. »Es läßt sich zeigen, daß, je größer die Fülle ist, die er umfaßt, je entfernter die Gegenstände, die er verbindet, desto höher und kombinatorischer der Witz ist.« (403) In seiner höchsten Bedeutung sei er »das höchste Prinzip des Wissens« (404). Unvermittelt und knapp fügt Schlegel hinzu, der Witz müsse sich zuletzt der »Herrschaft des *Verstandes*« (405) fügen. Das liest sich zunächst wie ein Zugeständnis an die rhetorische und aufklärerische Tradition, bedeutet aber vermutlich allegorisch den Verstand der katholischen Theologie.[149] Dessen unerachtet weisen einige Formulierungen Schlegels auf die Witztheorie von Freud voraus, und sie ähneln dem Konzept des Witzes, das Fichte in seinen gleichzeitigen Vorlesungen über *Die Grundzüge des gegenwärtigen Zeitalters* entwirft.[150]

Doch nicht nur im Bereich der Theorie des Bewußtseins, sondern auch im Bereich der Theorie poetischer Stile und Epochen bezeichnet der Begriff Witz bei Schlegel eine Art der Welterfassung; vor allem in dieser literaturtheoretischen Funktion berührt sich der Begriff – ähnlich wie später bei Solger[151] – mit dem der Ironie. Beiden gemeinsam ist die Beziehung zum Begriff des Fragments, das als Form das Unübersteigbare der Grenze zwischen dem Endlichen und dem Unendlichen vermittelt.[152] ›Ironie‹ akzentuiert dank des Bedeutungs-

---

144 SCHLEGEL (s. Anm. 140), 200 (Nr. 220).
145 GOTTFRIED GABRIEL, Logik und Rhetorik der Erkenntnis. Zum Verhältnis von wissenschaftlicher und ästhetischer Weltauffassung (Paderborn u.a. 1997), 107.
146 SAMUEL JOHNSON, The Lives of the English Poets: Cowley (1779), in: Johnson, The Works, Bd. 7 (Oxford 1825), 15 f.
147 SCHLEGEL, Die Entwicklung der Philosophie in zwölf Büchern (entst. 1804–1805), in: SCHLEGEL (KFSA), Bd. 12 (1964), 393; vgl. SCHLEGEL, Ideen (1800), in: SCHLEGEL (KFSA), Bd. 2 (1967), 258 (Nr. 26).
148 SCHLEGEL, Entwicklung (s. Anm. 147), 393.
149 Vgl. JEAN-JACQUES ANSTETT, Einleitung, in: SCHLEGEL (KFSA), Bd. 12 (1964), XIII.
150 Vgl. JOHANN GOTTLIEB FICHTE, Die Grundzüge des gegenwärtigen Zeitalters (1806), in: Fichte, Sämmtl. Werke, hg. v. I. H. Fichte, Bd. 7 (Berlin 1846), 74–76.
151 Vgl. SOLGER, 230f., 241–245.
152 Vgl. BEHLER (s. Anm. 45), 188.

merkmals der Negation das Moment der Endlichkeit, ›Witz‹ hingegen dank der Bedeutungsmerkmale des Kombinatorischen und der Fülle das Moment des Unendlichen. Beide Begriffe – ›Witz‹ wird übrigens von Schlegel mehr als doppelt so häufig verwendet wie ›Ironie‹[153] – fungieren als Kategorien, mit denen sich die ›romantische‹ Poesie von der ›klassischen‹ abgrenzen läßt: Schlegel erblickt eine der ›Bestimmungen‹ der ›romantischen‹ Poesie darin, den Witz zu »poetisieren«[154], und er illustriert die »Ähnlichkeit« zwischen Mythologie und Witz mit dem Hinweis auf »jenen großen Witz der romantischen Poesie, der nicht in einzelnen Einfällen, sondern in der Konstruktion des Ganzen sich zeigt, und den unser Freund uns schon so oft an den Werken des Cervantes und des Shakespeare entwickelt hat«[155].

2. *Jean Paul*

Auch das umfangreiche Kapitel, das Jean Paul in seiner *Vorschule der Ästhetik* dem Witz widmet, zeichnet sich durch ein witziges Sprechen über den Witz aus. Berühmt wurde insbesondere die den Gedankengang des Kapitels leitende metaphorische Bezeichnung des ästhetischen Witzes: Dieser sei »der verkleidete Priester, der jedes Paar kopuliert«[156]. Versucht man, aus den zahlreichen bildsprachlichen Evokationen, die das Kapitel enthält, aber auch aus seinen definitorischen Teilen den Inhalt und Umfang von Jean Pauls Witzbegriff zu erschließen, so zeigt sich, daß sich dieser Begriff zwar punktuell mit dem frühromantischen berührt, seiner kritischen Tendenz nach aber an die aufklärerischen Begriffsbestimmungen anknüpft. Indem Jean Paul zwischen dem »Witz im weitesten« Sinne, nämlich dem »Vergleichen überhaupt«, und dem ästhetischen Witz als »Witz [...] in engerem Sinne« (171) unterscheidet und eine Reihe daran anknüpfender begrifflicher Differenzierungen vornimmt, rückt er von der entdifferenzierenden frühromantischen Erhöhung des Witzes zum Prinzip des Wissens und von der damit einhergehenden Ästhetisierung der philosophisch-wissenschaftlichen Welterfassung ab. Denn er verfolgt andere Ziele als die Frühromantiker: Erstens will er im klar umrissenen Bereich des Ästhetischen die »Witzarten« (473) bestimmen und auf

diesem Wege den Schriftstellern Regeln für die Verwendung des Witzes als geselliger Kraft geben; das Kapitel ist, so gesehen, eine Rhetorik und Stilistik des Witzes. Zweitens will er von der »Notwendigkeit deutscher witziger Kultur« (199) überzeugen und dadurch nicht nur zur kulturellen, sondern auch zur politischen Emanzipation in Deutschland beitragen.

Jean Paul stimmt Schlegels Bestimmung des Witzes als »fragmentarische Genialität«[157] zwar insofern zu, als der Begriff Witz im weiteren, d. h. nicht im ästhetischen Sinn, auf die spontan erfindende »Kraft zu *wissen*« abhebe und daher ehemals »das ganze Genie«[158] bedeutet habe. (In Jean Pauls eigenem Sprachgebrauch sind Witz und Genie zwar nicht identisch, aber doch nur dem Grad nach verschieden.[159]) Von dieser – der ältesten Bedeutungsschicht des Wortes entsprechenden – intensionalen Bedeutung des Begriffs grenzt er jedoch sogleich dessen extensionale Bedeutung ab: »Hingegen in Rücksicht der Objekte tritt ein dreifacher Unterschied ein. Der Witz, aber nur im engern [d. h. ästhetischen – d. Verf.] Sinn, findet das Verhältnis der Ähnlichkeit, d. h. teilweise Gleichheit, unter größere Ungleichheit versteckt; der Scharfsinn findet das Verhältnis der Unähnlichkeit, d. h. teilweise Ungleichheit, unter größere Gleichheit verborgen; der Tiefsinn findet trotz allem Scheine gänzliche Gleichheit.« (171 f.) Dieser Dialektik entsprechend, kann bei Jean Paul allein der Tiefsinn »als ein höherer göttlicher Witz bei dem letzten Wesen der Wesen ankommen und [...] sich ins höchste *Sein* verlieren« (173). Der ästhetische Witz bleibt zwar eine Weise der Welterfassung, aber anders als bei Schlegel ist er nicht absolut; seine Erfindungen werden vom Scharfsinn als dem »Witz der zweiten Potenz« (172) negiert, und das höchste, metaphysische Wissen verdankt sich nicht ihm, sondern dem Tiefsinn, der ästhetische Witz

---

153 Vgl. ebd.
154 SCHLEGEL (s. Anm. 140), 182 (Nr. 116).
155 SCHLEGEL, Gespräch über die Poesie (1800), in: SCHLEGEL (KFSA), Bd. 2 (1967), 318.
156 JEAN PAUL, Vorschule der Ästhetik (1804), in: JEAN PAUL (MILLER), Abt. 1, Bd. 5 (1963), 173.
157 SCHLEGEL (s. Anm. 138), 148 (Nr. 9).
158 JEAN PAUL (s. Anm. 156), 171.
159 Vgl. ebd., 49–56.

und Scharfsinn in sich aufhebt, selbst indes nicht ästhetisch ist.

Nachdem Jean Paul auf diese Weise den Bereich des ästhetischen Witzes ausgegrenzt hat, unterscheidet er zwischen dem »unbildlichen Witz«, an dem der »Verstand« (173), und dem »bildlichen«, an dem die »Phantasie« (182) maßgeblich beteiligt sei. Dabei verschiebt sich die Aufmerksamkeit vom Witz als Talent auf den Witz als Text: Aus dem unbildlichen Witz leitet Jean Paul die Beziehung des Witzes zum Komischen, die Kürze witziger Äußerungen und die Tropen Metonymie und Synekdoche her, aber auch Wortfiguren wie die figura etymologica und Gedankenfiguren wie die Antithese und die Anspielung (›Feinheit‹)[160], aus dem bildlichen hingegen die Tropen Metapher und Allegorie sowie bestimmte Formen des Wortspiels.[161] Zu den Gründen des »Gefallens am Wortspiele« zählt Jean Paul »die daraus vorleuchtende Geistes-Freiheit, welche imstande ist, den Blick von der Sache zu wenden gegen ihr Zeichen hin« (194). Damit wird das Wortspiel zum Indiz des kulturkritischen Potentials, das der Witz entfalten kann: Er »erweist sich als Methode par excellence, Sprache zu entpragmatisieren, d. h. sie eindeutiger Determinierbarkeit innerhalb eines bestimmten Zweckzusammenhangs zu entziehen«[162]. Das selbstgenügsame Spiel des Witzes, »der ohnehin nichts darstellen will als sich selber«[163], kann also zum Mittel der Kritik am verfestigenden Systemdenken werden – vor allem in Deutschland, dem es an »witziger Kultur« mangele: »Alle Nationen bemerken an der deutschen, daß unsere Ideen wand-, band-, niet- und nagelfest sind« (199). Der tendenziell alles mit allem gleichsetzende Witz kann sogar eine revolutionär-emanzipatorische Kraft entfalten: »Zu neuen Ideen gehören durchaus *freie*; zu diesen wieder *gleiche*; und nur der Witz gibt uns Freiheit, indem er Gleichheit vorher gibt« (200). Dies nicht etwa, weil er positiv für bestimmte Inhalte eintritt, sondern im Gegenteil wegen seiner Gleichgültigkeit gegen alle Inhalte: »Der Witz – das Anagramm der Natur – ist von Natur ein Geister- und Götter-Leugner, er nimmt an keinem Wesen Anteil, sondern nur an dessen Verhältnissen; er achtet und verachtet nichts; alles ist ihm gleich, sobald es gleich und ähnlich wird« (201).

3. Witz als kulturideologisches Klischee

Indem Jean Paul derart die Gesellschaft zum wichtigsten Wirkungsbereich der ›Kraft‹ des Witzes erklärt, grenzt er sich implizit wiederum von Schlegel ab, dem zufolge es »ein großer Irrtum« ist, »den Witz bloß auf die Gesellschaft einschränken zu wollen«[164]; zugleich knüpft er explizit an die frühaufklärerische Debatte in Frankreich und England an, die der kultivierenden Wirkung des Witzes im gesellschaftlichen Bereich besondere Aufmerksamkeit schenkte. Indem er aber den Mangel einer befreienden Witzkultur in Deutschland mit der Fülle einer solchen Kultur in Frankreich (oder auch England) kontrastiert[165], trägt er, ohne es zu wollen, zur Verfestigung der klischeehaften Opposition bei, die im Zuge des Bouhours ausgelösten Streits entstand und, wie Otto F. Bests Rede von den Deutschen als ›Volk ohne Witz‹ bezeugt, sich bis heute hält. Es ist aufschlußreich, daß Mme de Staël sich auf Jean Paul beruft, um ihrer Gegenüberstellung von lebhaft-geselligem französischen esprit (»Geist«[166] in der deutschen Übersetzung von 1814) und abgeschiedenem, originellem deutschen Tiefsinn (»puissance du travail et de la réflexion«[167]) Gewicht zu verleihen: Jener gedeihe in einer letztlich egalitären Kultur der Geselligkeit und des guten Geschmacks, die Unterschiede zwischen gehobenem Bürgertum und Adel aufhebenden Politik verdanke; dieser hingegen setze einen Mangel an Geselligkeit voraus, der wiederum mit der rückständigen feudalstaatlich-partikularistischen Organisation Deutschlands zusammenhänge.[168] Obwohl es Mme de Staël fernliegt, den einen auf Kosten des anderen zu loben – ganz im Gegenteil drängt

---

160 Vgl. ebd., 173–182.
161 Vgl. ebd., 182–196.
162 WIETHÖLTER (s. Anm. 45), 20.
163 JEAN PAUL (s. Anm. 156), 198; vgl. ebd., 201.
164 SCHLEGEL (s. Anm. 140), 239 (Nr. 394).
165 Vgl. JEAN PAUL (s. Anm. 156), 200 f. u. ö.
166 MME DE STAËL, Über Deutschland, übers. v. F. Buchholz/S. H. Catel/J. E. Hitzig (1814), hg. v. M. Bosse (Frankfurt a. M. 1985), 28 (1, 2).
167 MME DE STAËL, De l'Allemagne (1810), hg. v. J. de Pange/S. Balayé, Bd. 1 (Paris 1958), 42 (1, 2).
168 Vgl. ebd., 42–63 (1, 2), 158–180 (1, 11).

sie auf eine Begegnung und wechselseitige Bereicherung der beiden antinomischen Kulturen[169] –, trägt auch sie wesentlich zur Verfestigung der klischeehaften Opposition des witzigen Nationalcharakters der Franzosen und des originell-tiefsinnigen der Deutschen bei.

Wie verbreitet dieses Klischee in der klassisch-romantischen Epoche war, mögen einige Äußerungen belegen, in denen der Witz als Talent mit dem französischen Nationalcharakter assoziiert und deshalb als etwas sei es dem deutschen Wesen, sei es dem Schönen Fremdes aufgefaßt und abgewertet wird: Herder z. B. spricht davon, »daß es im ganzen Europa keine verschiedenere Denk- und Mundarten gebe, als die Französische und Deutsche«; folglich gebe es auch für die Deutschen keine »schimpflichere Sklaverei, als die Dienstbarkeit unter Französischem Witz und Geschmack, in Französischen Wortfesseln«[170]. In diesem Sinne bemerkt auch Schiller, daß »alle sogenannten Werke des Witzes ganz mit Unrecht poetisch heißen, ob wir sie gleich lange Zeit, durch das Ansehen der französischen Litteratur verleitet, damit vermenget haben«[171]. Auf den satirischen Witz von Voltaires Epos *La Pucelle d'Orléans* (1762) zielt sein Vers: »Krieg führt der Witz auf ewig mit dem Schönen«[172]. Ähnlich heißt es in einem Gedichtentwurf: »Denn der Witz hat mit dem Schönen / Mit dem Hohen nichts gemein!«[173] Hier werden das Schöne und das Hohe insofern mit dem Deutschen assoziiert, als die Deutschen im Unterschied zu Briten und Franzosen es nach Schillers Überzeugung verstehen, »das jugendlich / griechische und das modern ideelle«[174] auszudrücken. Eine antifranzösische Stoßrichtung hat folglich auch Schillers Behauptung, bei den Griechen habe die Poesie »noch nicht mit dem Witze gebuhlt«[175].

Eichendorff wirft Wieland vor, er wolle mit seiner Dichtung »klarmachen [...], daß es für den Menschen überhaupt nichts erreichbar Höheres, Großes und Edles gebe, welches er daher überall, wo es seiner Theorie hindernd in den Weg tritt, als bloße Illusion der Schwärmerei dem Witz und Spott der französischen Salonweisheit preisgibt«[176]. Bei E. T. A. Hoffmann bekennt einer der Serapions-Brüder, ihm sei »der eigentlich echt französische Witz im höchsten Grade fatal«[177]. Selbst Heine, der dieser Tendenz zur Pejoration des Witzbegriffs nicht folgt, vielmehr als Mittler zwischen deutscher und französischer Kultur wirken und darin Mme de Staël überbieten will, kann sich nicht dem Einfluß der klischeehaften Vorstellung vom frivolen französischen Witz entziehen: »Der Lessingsche Witz gleicht nicht jenem *Enjouement*, jener *Gaité*, jenen springenden *Saillies*, wie man hier zu Land dergleichen kennt. Sein Witz war kein kleines französisches Windhündchen, das seinem eigenen Schatten nachläuft; sein Witz war vielmehr ein großer deutscher Kater, der mit der Maus spielt, ehe er sie würgt.«[178] Um der Pejoration des Witzbegriffs entgegenzuwirken, sieht sich Heine hier genötigt, den deutschen vom französischen Witz abzugrenzen, wie dies bereits Lessing und Lichtenberg versuchten; dabei verfällt er in einen Ton des Renommierens, der auch an anderen Stellen auffällt, an denen er den Gegensatz zwischen französischer und deutscher Kultur evoziert.[179]

Auch Hegel greift diesen Gegensatz auf, verleiht ihm aber im Rahmen seiner grundsätzlichen Kritik der falsch verstandenen Originalität und des subjektiven Humors eine ganz andere Bedeutung. Hegel verwirft nämlich generell den Witz, inso-

---

169 Vgl. ebd., Bd. 3 (Paris 1959), 351–353 (2, 31).
170 JOHANN GOTTFRIED HERDER, Briefe zu Beförderung der Humanität (1793–1797), in: HERDER, Bd. 18 (1883), 160 (111. Brief).
171 SCHILLER (s. Anm. 116), 436.
172 SCHILLER, Voltaires Püçelle und die Jungfrau von Orleans (1801), in: SCHILLER, Bd. 2/1 (1983), 129.
173 SCHILLER, Deutsche Größe (entst. 1801), in: ebd., 434.
174 Ebd., 432.
175 SCHILLER, Ueber die ästhetische Erziehung des Menschen in einer Reihe von Briefen (1795), in: SCHILLER, Bd. 20 (1962), 321 (6. Brief).
176 JOSEPH VON EICHENDORFF, Geschichte der poetischen Literatur Deutschlands (1857), in: Eichendorff, Werke, hg. v. A. Hillach u. a., Bd. 3 (München 1976), 692.
177 ERNST THEODOR AMADEUS HOFFMANN, Die Serapions-Brüder (1819–1821), hg. v. W. Müller-Seidel/ W. Segebrecht (München 1963), 759.
178 HEINRICH HEINE, Zur Geschichte der Religion und Philosophie in Deutschland (1835), in: HEINE (DA), Bd. 8/1 (1979), 73.
179 Vgl. WINKLER, Mythisches Denken zwischen Romantik und Realismus. Zur Erfahrung kultureller Fremdheit im Werk Heinrich Heines (Tübingen

fern er »schlechte Partikularität« ist, d. h. die rein subjektive »Willkür bloßer Einfälle«[180] im Unterschied zu einer Subjektives und Objektives ›zusammenschließenden‹[181] Darstellungsweise: »Denn den vernünftigen Lauf der Sache stets zu unterbrechen, willkürlich anzufangen, fortzugehen, zu enden, eine Reihe von Witzen und Empfindungen bunt durcheinanderzuwürfeln und dadurch Karikaturen der Phantasie zu erzeugen ist leichter, als ein in sich gediegenes Ganzes im Zeugnis des wahren Ideals aus sich zu entwickeln und abzurunden.«[182] Hier sei angemerkt, daß um dieselbe Zeit auch William Hazlitt »mere wit, as opposed to reason or argument« tadelt, weil solcher Witz in nichts anderem bestehe als »striking out some casual and partial coincidence which has nothing to do, or at least implies no necessary connection with the nature of the things, which are forced into a seeming analogy by a play upon words, or some irrelevant conceit«[183].

Ähnlich äußert sich Goethe an einer Stelle, an der er zum »Geist« der orientalischen Dichter anmerkt: »Jene Dichter haben alle Gegenstände gegenwärtig und beziehen die entferntesten Dinge leicht aufeinander, daher nähern sie sich auch dem, was wir Witz nennen; doch steht der Witz nicht so hoch, denn dieser ist selbstsüchtig, selbstgefällig, wovon der Geist ganz frei bleibt«[184]. Und in den *Wanderjahren* grenzt Goethe die substanzlose Subjektivität des Witzes von der »Analogie« ab: die ›Hingabe‹ an jenen sei nur eine »Verirrung«[185] von dieser.

Hegels analoge Witzkritik zielt in erster Linie auf Jean Paul: Dessen Humor überrasche »oft durch die Tiefe des Witzes und Schönheit der Empfindung, ebensooft aber auch in entgegengesetzter Weise durch barocke Zusammenstellungen von Gegenständen, welche zusammenhanglos auseinanderliegen und deren Beziehungen, zu welchen der Humor sie kombiniert, sich kaum entziffern lassen«[186]. Bei Jean Paul »tötet eine Metapher, ein Witz, ein Spaß, ein Vergleich den anderen, man sieht nichts werden, alles nur verpuffen«. Das Humoristische dieser Art mache bei den Franzosen »im allgemeinen wenig Glück, bei uns mehr, und wir sind toleranter gegen Abirrungen«[187]. Der Witz wird also auch bei Hegel der unnatürlichen Oberflächlichkeit bezichtigt, aber seine Oberflächlichkeit wird nicht mehr als Merkmal des französischen Nationalcharakters bestimmt. Die zuletzt zitierte Bemerkung beinhaltet sogar eine Kritik der klischeehaften Opposition von französischem Witz und deutschem Geist, zu der, wie gesagt, namhafte Autoren der klassisch-romantischen Epoche beitrugen.

Die oben angeführten Belege für dieses Klischee bezeugen, daß der Begriff des Witzes, insofern er ein geselliges Talent bezeichnete, im Zuge der Ausbildung des deutschen Nationalbewußtseins ein Teil des rhetorischen Instrumentariums werden konnte (aber nicht, wie Best meint, mußte), mit dem sich der fremde französische Nationalcharakter definieren und – meist in polemischer Absicht – vom deutschen abgrenzen ließ. Wurde der Begriff derart instrumentalisiert, stand dem ein kulturwissenschaftliches und kulturkritisches Potential der ideologischen Tendenz Platz, kulturelle Unterschiede zwischen den Nationen als Wesensunterschiede absolut zu setzen, anstatt sie auf historische oder geographisch-klimatische Faktoren zurückzuführen. Die Opposition zwischen französischem Witz und deutschem Geist mündete schließlich in die zwischen westlicher ›Zivilisation‹ und deutscher ›Kultur‹ ein.[188]

1995), 144; WINKLER, ›… exilirt in eine fremde Sprache‹ – Zu einigen Unterschieden zwischen den deutschen und den französischen Fassungen von Heines Schriften über Deutschland, in: U. Stadler (Hg.), Zwiesprache. Beiträge zur Theorie und Geschichte des Übersetzens (Stuttgart/Weimar 1996), 119.
180 GEORG WILHELM FRIEDRICH HEGEL, Vorlesungen über die Ästhetik (1835–1838), in: HEGEL (TWA), Bd. 13 (1970), 381.
181 Vgl. ebd., 380.
182 Ebd., 381.
183 WILLIAM HAZLITT, Lectures on the English Comic Writers (1819), in: Hazlitt, The Collected Works, hg. v. A. R. Waller/A. Glover, Bd. 8 (London 1903), 19.
184 GOETHE, Noten und Abhandlungen zu besserem Verständnis des West-östlichen Divans (1819), in: GOETHE (HA), Bd. 2 (^{15}1994), 165.
185 GOETHE, Wilhelm Meisters Wanderjahre (1821), in: GOETHE (HA), Bd. 8 (^{13}1994), 301 (›Betrachtungen im Sinne der Wanderer‹, Nr. 120).
186 HEGEL (s. Anm. 180), 382.
187 Ebd., Bd. 14 (1970), 230.
188 Vgl. BEST (s. Anm. 6), 113 f.

III. 19. Jahrhundert: Vom Witz als Talent und Struktur zum Witz als komischem Text – Genese der Ambiguität des Witzbegriffs

Hegels Witzkritik ist ein wichtiger Beleg für eine philosophisch motivierte Pejoration des Witzbegriffs, die von anderen ideologisch mißbraucht wurde. Sie belegt außerdem jenen Bedeutungswandel, der die Ambiguität des Begriffs nach sich zog: In Hegels Sprachgebrauch bezeichnet das Nomen *Witz* sowohl das Talent (›Tiefe des Witzes‹) als auch die Produkte des Talents, d. h. die witzigen Äußerungen (›eine Reihe von Witzen‹). Hegel macht sich, so ist zu vermuten, die Ambiguität des Begriffs zunutze und trägt zu ihrer Verfestigung bei, um (wie Hazlitt und Goethe) den Witz als Talent abzuwerten: Das Okkasionelle, Substanzlose, das der einzelnen witzigen Äußerung anhaftet, soll auf den Witz als Talent und Struktur zurückfallen.

Zwar finden sich bereits im 18. Jh. vereinzelt Belege für die Verwendung des Nomens zur Bezeichnung einer witzigen Äußerung[189], doch bis ins erste Jahrzehnt des 19. Jh. dominiert das (oben bei Meier und Kant nachgewiesene) Bemühen um terminologische Differenzierung zwischen dem Witz als Vermögen, Talent oder Struktur und dem Witz als einzelnem Text. Johann Christoph Adelung gibt 1801 die zweite Bedeutung noch nicht an[190]; zehn Jahre später hingegen ist sie bei Campe neben der ersten aufgeführt.[191] Die terminologische Ambiguität des Begriffs ist fortan für die Definitionen charakteristisch, die in die deutschen Wörterbücher und Konversationslexika des 19. Jh. eingehen; dabei wird der zweiten Bedeutung keineswegs größeres Gewicht eingeräumt als der ersten.[192] Auch im poetischen Sprachgebrauch ist das Nebeneinander beider Bedeutungen fortan häufig belegt. In Kleists *Anekdote aus dem letzten Kriege* z. B. ist eingangs die Rede davon, daß ein Trommler den seit Bestehen der Erde vielleicht »ungeheuersten Witz [...] gemacht«[193] habe, und dann wird dieser Witz erzählt. Bei Kleist wird ›Witz‹ aber ebenfalls im Sinne von Talent oder sogar – entsprechend der ältesten Bedeutungsschicht des Wortes – im Sinne von Verstand gebraucht: »Dies Abenteu'r macht meinen Witz zu Schanden«[194], sagt der erste Feldherr in *Amphitryon*.

1. Heine und Wienbarg

Zahlreiche Belege für das Nebeneinander beider Bedeutungen bieten auch Heines Werke und Briefe: Bereits in der *Harzreise* ist mehrfach vom Witz als Text die Rede, z. T. in immer noch geläufigen Verbindungen wie ›Witze reißen‹[195], und noch in der nachgelassenen späten Verserzählung *Bimini* erscheint der Witz als Talent; er geht dort in die allegorische Beschreibung der Dichtung als Schiff ein: »Schiffsjung ist der Witz, der flinke«[196]. Eine Reflexion über den Witz, die für die Ambiguität des Begriffs besonders aufschlußreich ist, findet sich in einem Brief Heines an Moses Moser; Anlaß dieser Reflexion ist die feuilletonistische Witzproduktion des humoristischen Schriftstellers und Journalisten Moritz Gottlieb Saphir[197]: »Der Saphir von dem Du sprichst scheint noch sehr ungeschliffen zu seyn. Ich habe kürzlich eine bagatell von ihm im Gesellsch*after* gelesen. Witz in seiner Isolirung ist gar nichts werth. Nur dann ist mir der Witz erträglich wenn er auf einem ernsten Grunde

---

189 Vgl. BECKMANN (s. Anm. 6), 886f.
190 Vgl. ›Witz‹, in: ADELUNG, Bd. 4 (1801), 1586f.
191 Vgl. ›Witz‹, in: JOACHIM HEINRICH CAMPE, Wörterbuch der Deutschen Sprache (1807–1811), Bd. 5 (Braunschweig 1811), 749.
192 Vgl. ›Witz‹, in: ALBERT SCHIFFNER, Allgemeines deutsches Sach-Wörterbuch aller menschlichen Kenntnisse und Fertigkeiten oder Universal-Lexikon aller Künste und Wissenschaften, Bd. 10 (Meißen 1836), 418; ›Witz‹, in: Allgemeine deutsche Real-Encyclopädie für die gebildeten Stände. Conversations-Lexikon (BROCKHAUS), Bd. 15 (Leipzig ⁹1848), 365f.; ›Witz‹, in: Meyers Konversations-Lexikon, Bd. 17 (Leipzig/Wien ⁵1897), 828f.; ›Witz‹, in: Brockhaus' Konversations-Lexikon, Bd. 16 (Leipzig/Berlin/Wien ¹⁴1895), 802.
193 HEINRICH VON KLEIST, Anekdote aus dem letzten Kriege (1810), in: KLEIST, Bd. 2 (⁷1984), 268.
194 KLEIST, Amphitryon (1807), in: KLEIST, Bd. 1 (⁷1984), 307 (V. 1957).
195 Vgl. HEINE, Die Harzreise (1824), in: HEINE (DA), Bd. 6 (1973), 129; HEINE, Deutschland. Ein Wintermährchen (1844), in: HEINE (DA), Bd. 4 (1985), 128 (Caput XVI).
196 HEINE, Bimini (entst. 1852–1853), in: HEINE (DA), Bd. 3/1 (1991), 367.
197 Vgl. WULF WÜLFING, Folgenreiche Witze: Moritz Gottlieb Saphir, in: Rhetorik. Ein internationales Jahrbuch 12 (1993), 73–83.

ruht. Darum trifft so gewaltig der Witz Börnes, Jean Pauls und des Narren im Lear. Der gewöhnliche Witz ist bloß ein Niesen des Verstandes, ein Jagdhund der dem eigenen Schatten nachläuft, ein rothjäckiger Affe der sich zwischen zwey Spiegeln begafft, ein Bastard den der Wahnsinn mit der Vernunft im Vorbeyrennen auf öffentlicher Straße gezeugt, – nein! Ich würde mich noch bitterer ausdrücken, wenn ich mich nicht erinnerte daß wir beide selbst uns zu Zeiten herablassen einen Witz zu reißen.«[198] Den vier (wiederum witzigen) metaphorischen Bezeichnungen und den Kennzeichnungen ›Bagatelle‹, ›Witz in seiner Isolierung‹ und ›gewöhnlicher Witz‹ ist die abwertende Tendenz gemeinsam: Witz als einzelner Text, der um seines unterhaltsam-komischen Effektes willen produziert und veröffentlicht wird, ist unbedeutend, unoriginell, trivial oder auch unnatürlich (›Bastard‹); poetisch bedeutend und nicht auf den Bereich des Lächerlichen eingeschränkt ist allein der Witz als Talent und Struktur. Den »trockenen Leuten in der Welt […], die den Witz gern proscribiren möchten«, hält Heine an anderer Stelle entgegen: »Mag immerhin der Witz zu den niedrigsten Seelenkräften gehören, so glauben wir doch, daß er sein Gutes hat. […] Seitdem es nicht mehr Sitte ist, einen Degen an der Seite zu tragen, ist es durchaus nöthig, daß man Witz im Kopfe habe. […] Jener Angriffswitz, den Ihr Satyre nennt, hat seinen guten Nutzen in dieser schlechten, nichtsnutzigen Zeit. […] vor dem Uebermuth des Reichthums und der Gewalt schützt Euch nichts – als der Tod und die Satyre.«[199]

Anders als Hegel sucht Heine also den Witz als ›nützliches‹ Talent oder als Struktur gegen den ›nur‹ unterhaltsamen Witz als komischen Text in Schutz zu nehmen. Er verwickelt sich damit in einen Selbstwiderspruch, der für eine bis zu Karl Kraus und Alfred Kerr reichende Reihe von Autoren charakteristisch ist: Einerseits wurden sie selbst durch ihre gelungenen Witze, vor allem Wortwitze, bekannt, andererseits griffen sie Kollegen an, die sich ebenfalls durch die Produktion solcher Witze auszeichneten, und suchten die Angegriffenen in eine auf Saphir zurückgehende, vermeintlich anrüchige Traditionslinie zu stellen.[200] Hier verfestigt sich die Pejoration des Begriffs vom Witz als Text – vor allem, sofern es sich um den später als Kalauer bezeichneten Wortwitz handelt: Besonders ihm haftet das Stigma des Oberflächlichen, nur an der Ausdrucksseite der Zeichen Haftenden, Täuschenden und sogar Unsittlichen an.[201] In Heines Versuch, sich von Saphir abzugrenzen, manifestiert sich somit der Unterschied zwischen der von ihm und anderen vertretenen jungdeutschen ›Witzkultur‹, die an die Aufklärung anknüpfte, und einer biedermeierlichen ›Spaßkultur‹, die eher auf das Rokoko zurückging. Beiden gemeinsam war jedoch ein vom Rhetorikunterricht bestimmter Bildungshorizont und die Verwurzelung in der Epoche der Restauration.[202]

Die bei Heine und anderen nachweisbare Abwertung des Witzes als einzelnen Textes, insbesondere des Wortwitzes, ist zweifellos die Fortsetzung der von der klassischen Rhetorik begründeten, von der Aufklärung erneuerten Kritik am ›falschen‹ oder ›deplazierten‹ Witz, mit dem Hegel den Witz als Talent und Struktur zu identifizieren suchte. Ein anderer Faktor der Abwertung war vermutlich die massenhafte Verbreitung von Witzen in Periodika, die in der ersten Hälfte des 19. Jh. einsetzte. Die journalistische Witzproduktion von Saphir, einem »der erfolgreichsten Erneuerer der Witzkultur des Rokoko«[203] in der ›Biedermeierzeit‹, ist dafür ebenso symptomatisch wie die im Laufe der Jahrzehnte rapide zunehmende Herstellung von Unterhaltungs- und Witzblättern (die Münchner *Fliegenden Blätter* z. B. erschienen ab 1844).[204] Für sie und ihre Inhalte, zu denen Witze (im weiteren Sinne) zählten, war auch in der nachidealistischen theoretischen Ästhetik kein Platz (gewiß auch wegen der Nachwirkung von Goethes unverhohlener Antipathie gegen jenes Zeit-

---

198 HEINE an Moses Moser (1. 7. 1825), in: HEINE (HSA), Bd. 20 (1970), 205.
199 HEINE, Die deutsche Literatur von Wolfgang Menzel (1828), in: HEINE (DA), Bd. 10 (1993), 241.
200 Vgl. WÜLFING (s. Anm. 197), 78.
201 Vgl. ebd., 79 f.
202 Vgl. FRIEDRICH SENGLE, Biedermeierzeit, Bd. 1 (Stuttgart 1971), 453 f., 191.
203 Ebd., Bd. 2 (Stuttgart 1977), 75.
204 Vgl. ALFRED ESTERMANN, ›Literaturzeitschriften‹, in: Killy (s. Anm. 4), 47 f.

schriftenwesen, das dem Geschmack des Massenpublikums entgegenkam[205]).

So mag es zu erklären sein, daß die Ästhetiker der Zeit mit dem Nomen Witz nur das Talent, nicht zugleich auch den nur unterhaltsamen Text bezeichnen wollen. Ludolf Wienbarg verteidigt in seinen *Ästhetischen Feldzügen*, einem bedeutenden jungdeutschen Manifest, den Witz als eine der »angeborenen geistigen Gaben« gegen seine Verachtung seitens der tonangebenden gesellschaftlichen Schichten, indem er betont, der Witz müsse eine ernsthafte Zielsetzung haben: »Nur wenn der Witz sich mit edlerem Vermögen paart, wenn er phantasiereichen und gemütvollen Menschen zu Gebote steht, wenn er einem Jean Paul dient, Himmel und Erde, Vergangenheit und Zukunft miteinander zu verknüpfen, kann er dem ernsteren Deutschen gefallen: um uns am Witze nicht zu ärgern, muß der Charakter des Witzigen nicht ärgerlich sein, um uns am Spiel des Witzes zu ergötzen, müssen wir ihn über der Tiefe des Ernstes schweben sehen. Das ist auch die Natur des deutschen Witzes, der an Zweideutigkeiten und Wortspielen wenig Geschmack findet«[206]. (Schon Friedrich Bouterwek unterstreicht in seiner *Aesthetik*, das »Komische« sei zwar »eine Gattung des *Witzigen*«, doch bringe der Witz als »das Vermögen glücklicher Einfälle, das heißt, treffender und überraschender Verbindungen von Begriffen«[207] auch »*ernsthafte* Einfälle«[208] hervor.) Das Lob Jean Pauls wird in den *Ästhetischen Feldzügen* jedoch gleich darauf mit der Feststellung eingeschränkt, die Schlagkraft seines Witzes habe unter dem Übermaß seiner Phantasie gelitten; Wienbarg spricht von Jean Pauls »wildgewordenen Witzen«[209] – eine Formulierung, die an die aufklärerischen Bemühungen um Disziplinierung des Witzes erinnert und zugleich wiederum belegt, daß der Witz als einzelner Text, sofern er überhaupt ins Blickfeld der theoretischen Ästhetik rückt, abgewertet wird. Wienbarg erklärt schließlich Heines Witz zum Muster eines den Erfordernissen der Zeit angemessenen, d.h. einer klaren politischen Zielsetzung verpflichteten Witzes und fügt ganz im Sinne Heines hinzu: »Der Witz unserer neuen Prosa ist nicht mehr ein reiner Phantasiewitz, sondern Charakterwitz, er ist unserer heutigen Prosa, ich meine unserm heutigen Bürgerstande, unsere bürgerliche Freiheit.«[210]

2. Jeitteles, Hebenstreit, Vischer und Eduard von Hartmann

Der bei Heine und Wienbarg zu beobachtende Versuch, dem Begriff des Witzes die Würde des vermögenspsychologisch-ästhetischen Grundbegriffs zu erhalten oder zurückzugeben, ist auch und a fortiori für jene Ästhetiker charakteristisch, die wie der konservative Ignaz Jeitteles und der Junghegelianer Wilhelm Hebenstreit der Erneuerung der ›Witz-‹ und ›Spaßkultur‹ des 18. Jh. im Zeitalter der Restauration distanziert oder kritisch gegenüberstanden. In ihren ästhetischen Nachschlagewerken sind beide ausschließlich um eine Präzisierung der Definition des Witzes als der Fähigkeit, Ähnlichkeiten aufzufinden, bemüht; dabei bleiben sie weitgehend Jean Pauls Definition der extensionalen Bedeutung des Begriffs verpflichtet. Uneins sind sie sich allenfalls in der Bestimmung der Beziehung zwischen Witz und Komik: Während Jeitteles den Witz als die »Fähigkeit« charakterisiert, »Lächerlichkeiten aufzufinden und sie scherzhaft überraschend abzuspiegeln«[211], betont Hebenstreit, als »Sache des Talents« könne sich der Witz »überall geltend machen im Leben, wie in der Erkenntniß und in der Kunst, *ernst* und *erheiternd*«[212].

Friedrich Theodor Vischer hingegen subsumiert den Begriff des Witzes unter den des Komischen – eine Tendenz, die sich schon bei Jean Paul abzeichnete und die den Sprachgebrauch bis heute bestimmt –, doch auch seine Definition gilt allein dem Witz als einem »Verfahren«[213]. Dieses bestehe darin, daß die Subjektivität den komischen Wider-

---

205 Vgl. SIEGFRIED SEIFERT, ›Zeitschrift‹, in: B. Witte (Hg.), Goethe-Handbuch, Bd. 4/2 (Stuttgart/Weimar 1998), 1209–1213.
206 LUDOLF WIENBARG, Ästhetische Feldzüge (1834; Berlin/Weimar 1964), 190, 192.
207 FRIEDRICH BOUTERWEK, Aesthetik (1806), Bd. 1 (Göttingen ³1825), 174.
208 Ebd., 175.
209 WIENBARG (s. Anm. 206), 192.
210 Ebd., 193.
211 ›Witz‹, in: JEITTELES, Bd. 2 (1837), 432.
212 ›Witz‹, in: HEBENSTREIT, 868.
213 FRIEDRICH THEODOR VISCHER, Aesthetik oder Wissenschaft des Schönen, Bd. 1 (Reutlingen/Leipzig 1846), 418 (§ 192).

spruch ins Innere verlege: Zu einem gegebenen Gegenstand hole sie »aus der unendlichen Welt des Vorstellbaren durch einen Sprung, welcher Sache des unmittelbaren, ahnenden Ergreifens ist und diesem Reflections-Acte den ästhetischen Charakter gibt, eine Vorstellung aus einem ganz entlegenen Kreise herbei und wirft sie mit der des vorliegenden Gegenstandes plötzlich in Einen Gedankenzusammenhang« (419 [§ 193]). Auch Vischer beruft sich auf Jean Paul, doch versucht er, die intensionale Bedeutung von dessen Witzbegriff – Witz als spontan erfindende Kraft zu wissen – gegen die extensionale – Witz als ein bestimmtes Vergleichungsverfahren – geltend zu machen: »Das Unmethodische, richtiger die ausdrückliche Opposition gegen das methodische Denken, welche in dem Fluge zu einer völlig entlegenen Vorstellung liegt, deren Herbei-Bringung zuerst als volle Zweckwidrigkeit erscheint: dies macht den Witz zu einer ästhetischen Kraft im Gebiete des Komischen.« (421) Es fällt auf, daß Vischer zu den Merkmalen des Witzes die »Kürze« (422) und die »Pointe« zählt: Diese sei »der Moment, wo zugleich die ganze Spannung der abstoßenden Fremdartigkeit des herbeigezauberten Gegenglieds und zugleich der Zauber der Einheit in die Augen springt« (421 f.). Vischer bestimmt nun aber die Merkmale der Kürze und Pointe nicht, wie es naheläge, als Manifestationen der ›Kraft‹ des Witzes im Witz als einzelnem komischem Text. Auch er wehrt also in einer für die theoretische Ästhetik des 19. Jh. typischen Weise die Ambiguität des Begriffs ab: Er drängt das Bedeutungsmerkmal ›Witz als (trivialer) Text‹ zurück, um ›Witz‹ als ästhetischen Grundbegriff zu retten – selbst dort, wo er de facto vom Witz als einzelnem Text spricht.

Dieselbe Tendenz läßt sich in der epigonalen und synkretistischen *Ästhetik* von Eduard von Hartmann beobachten. Auch in ihr wird der Witz als eine »Unterart des Komischen und insofern eine Modifikation des Schönen«[214] bestimmt. Als solche sei er »in formeller Hinsicht Aufdeckung ei-

---

214 EDUARD VON HARTMANN, Ästhetik (1887), in: Hartmann, Ausgewählte Werke, Bd. 4 (Leipzig 1899), 360.
215 KUNO FISCHER, Ueber den Witz (1871; Heidelberg ²1889), 17.

ner vorher für das Bewusstsein latenten Beziehung, in sachlicher Hinsicht Enthüllung eines dem Objekt anhaftenden Unlogischen, welches mit dem Wesen und der Bestimmung desselben in Widerspruch steht, ohne als solches vorher geahnt zu sein«. Hartmann sucht zwar seine Witzdefinition auch auf »den Wortwitz oder Klangwitz oder Schriftwitz« auszudehnen – sie müßten »zu den wirklichen Witzen gerechnet« (358) werden –, aber er behauptet zugleich, daß diese Witzarten dazu verleiteten, das nur formale »Spielen mit Aehnlichkeiten oder Kontrasten auch da noch fortzusetzen, wo der komische Inhalt fehlt« (359). Dann aber verlassen sie ihm zufolge das Gebiet des Komischen und folglich auch der Ästhetik und dürfen »nur uneigentlich zum Witz gerechnet« (358) werden, für den gelte, »daß es die wahre und wesentliche Natur des Objekts ist, welche sich in der blossgelegten Beziehung offenbart« (359).

3. Kuno Fischer und Schopenhauer

Hartmann trägt also deutlicher als Vischer der Ambiguität des Witzbegriffs Rechnung, aber er verwickelt sich – wie Heine in dem angeführten Brief an Moser – in Widersprüche, weil er den Begriff aus einem normativen System der Ästhetik, in dem für die Ambiguität kein Platz ist, zu deduzieren sucht. Ähnlich verfährt Kuno Fischer, der den Witz als eine »Vorstellungsart« definiert, »der die erzeugende und mittheilende Kraft des *Komischen* inwohnt«[215]. Die komische »Vorstellungsweise« sei »rein ästhetischer Art« (18), d. h. »spielend« (23) und »blos betrachtend« (24). Fischer unterscheidet zwischen dem »Urphänomen des Komischen«, das im »Contrast« (39) zwischen einem als unfrei vorgestellten Gegenstand und uns selbst bestehe, und dem Komischen des Witzes, das sich keinem direkten Objektbezug verdanke: Der Witz sei nämlich eine »gedankenerhellende Kraft«, da er nicht die Objekte vorstelle, sondern die Vorstellungen selbst; er reflektiere und urteile über sie in der Weise, daß ein komischer Kontrast entspringe: »Das Urtheil, welches den komischen Contrast erzeugt, ist der Witz« (49). Dieses Urteil sei wie alles ästhetische Verhalten »spielend« (51); es sei die »Gabe [...], gute Einfälle zu haben« (52 f.). Hier manifestiert sich insofern deutlich die Ambiguität des Witzbegriffs, als Fischer das mit dem Begriff Gemeinte einerseits als einzelnes ›Urteil‹ (und nicht ›Urteilskraft‹), andererseits als ›Gabe‹ bezeichnet. Hingegen werden bei ihm anders als bei Vischer das Unvermittelt-Plötzliche des Witzes, das sich in der »Pointe« (55) vollziehe, und seine Kürze eindeutig als Merkmale der einzelnen witzigen ›Einfälle‹ bestimmt; Fischer spricht in diesem Zusammenhang von »einem [...] Witz« (57) oder ›Witzen‹.[216]

Doch in Fischers systematischer Darstellung der Formen des Witzes macht sich wiederum die Abwertung des Witzes als Text und die ihr entsprechende Reduktion der Ambiguität des Begriffs auf die Bedeutung ›Witz als Talent‹ geltend. Fischer versucht nämlich, jene Formen als Stufen der Entwicklung des Witzes als ›Gabe‹ zu beschreiben; dabei postuliert er eine aufsteigende Linie, die von »Klangwitz und Wortspiel« über den »Mutterwitz« (96), d.h. die »Naturgabe« des »intellectuellen Witzes« (98), zum epigrammatischen und satirischen Witz führe und der Regel gehorche: »je spielender [...] das Urtheil und je urtheils- oder gedankenvoller das Spiel, um so höher steht der Witz« (73). Fischer projiziert somit die beiden unterschiedlichen Bedeutungsebenen des Begriffs auf eine einzige Ebene. Auch dieses – logisch gesehen unzulässige – Verfahren gehorcht dem Wunsch, den Witz als ästhetische ›Gabe‹ gegen deren Manifestationen in Schutz zu nehmen, die insofern, als sie unterhaltsam sind, mit den überkommenen ästhetischen Normen unvereinbar sind. So verwundert es nicht, daß er am Ende seiner Abhandlung den Begriff des Witzes in dem des versöhnlichen Humors aufzuheben sucht: Erst im Humor vollende sich »die ästhetische Freiheit« (149).

Fischer stellt indes psychologische Betrachtungen zur Triebfeder des Witzes an, die aus dem Bereich der Ästhetik herausführen: Wie jede »komische Betrachtungsweise« (61) entspringe der Witz »aus dem freien und erhöhten Selbstgefühl«, und er wirke »steigernd auf dasselbe zurück« (62). Dabei könne das Selbstgefühl »auch dadurch erhöht werden, daß es *gereizt* wird und gegen den Angriff sich wehrt und aufrichtet« (67). Eine »Art ›Kampf um das Dasein‹« bilde dann »den Witz als geistiges Organ« (68) aus. Dieser Übergang von der Ästhetik zur Psychologie markiert einen Bruch in Fischers Abhandlung und weist auf die anthropologischen Witztheorien des 20. Jh. voraus.

Konsequent vollzogen wird die Abkehr von der ästhetischen Witztheorie jedoch schon bei Schopenhauer: Er kommt nicht im ästhetischen, sondern im erkenntnistheoretischen Teil seines philosophischen Hauptwerks auf den Witz zu sprechen. Die Theorie des Lächerlichen (nicht des Komischen), aus der er den Begriff des Witzes deduziert, ist Teil der Theorie der Welt als – dem Satz vom Grunde unterworfener – ›Vorstellung‹. Nach Schopenhauer ist es die fundamentale »Inkongruenz der anschaulichen und der abstrakten Erkenntniß«, in der das Lachen wurzelt, denn dieses entstehe »jedesmal aus nichts Anderm, als aus der plötzlich wahrgenommenen Inkongruenz zwischen einem Begriff und den realen Objekten, die durch ihn [...] gedacht worden waren«[217]. Der Witz sei eine Subkategorie des Lächerlichen, weil er, »als Geistesfähigkeit, ganz allein in der Leichtigkeit« bestehe, »zu jedem vorkommenden Gegenstande einen Begriff zu finden, unter welchem er allerdings mitgedacht werden kann, jedoch allen andern darunter gehörigen Gegenständen sehr heterogen ist«[218]. Zur Erläuterung zitiert Schopenhauer eine Fülle von gelungenen »Witzworten« (100), d.h. Witzen im heute dominierenden Sinn. Er kann das tun, weil er hier auf die Normen der systematischen Ästhetik – auch seiner eigenen – nicht Rücksicht zu nehmen braucht. Als einer der ersten erkennt er vielmehr, daß unser Vergnügen an dem, was (wie der Witz) Lachen erregt, in der Wahrnehmung des »Konflikts« (107) des Angeschauten mit dem Gedachten wurzelt: »Dieser Sieg der anschauenden Erkenntniß über das Denken erfreut uns. Denn das Anschauen ist die ursprüngliche, der thierischen Natur unzertrennliche Erkenntnißweise, in der sich Alles, was dem Willen unmittelbares Genügen giebt, darstellt: es ist das Medium der Gegenwart, des Genusses und der Fröhlichkeit: auch ist dasselbe mit keiner Anstrengung verknüpft.« (107f.) Diese Überlegung nimmt

---
216 Vgl. ebd., 65.
217 ARTHUR SCHOPENHAUER, Die Welt als Wille und Vorstellung (1819), in: SCHOPENHAUER, Bd. 2 (^{3}1972), 70 (§ 13).
218 Ebd., Bd. 3 (^{3}1972), 105 (Kap. 8).

einen Grundgedanken der Freudschen Witztheorie vorweg.

Der Bruch in Fischers Abhandlung hingegen ist, wie sich rückblickend erweist, das Symptom eines Dilemmas, mit dem sich im 19. Jh. jede normativästhetische Witztheorie konfrontiert sah. Wie oben deutlich wurde, akzentuierten die journalistische ›Witzkultur‹ und die Witzkritik namhafter Autoren wie Goethe und Hegel die Ambiguität des Begriffs: Über dem Witz als unterhaltsamem, Lachen erregenden ›trivialen‹ Text konnte oder sollte der Witz als Talent und Struktur in Vergessenheit geraten. Die Ästhetiker des 19. Jh. griffen diesen Bedeutungswandel insofern auf, als sie den Witz mehr und mehr dem Komischen zuordneten. Zugleich aber waren sie bemüht, dem Witz die Würde des ästhetischen Grundbegriffs zu erhalten oder zurückzugeben. Ihr Versuch, den Begriff des Witzes aus dem des Komischen und dieses aus der höchsten ästhetischen Norm zu deduzieren, geriet zum Kompromiß zwischen der Norm und dem ›trivialen‹ Phänomen, das jedoch de facto nicht mit der Norm vereinbar war. Das bezeugen die dem deduktiven Verfahren entsprechenden Versuche, die Ambiguität des Begriffs durch dessen Reduktion auf die Norm zu eliminieren. Diese selbst wurde darstellungsästhetisch als ›das Schöne‹ oder wirkungsästhetisch als ›Spiel‹ bestimmt und blieb in beiden Fällen obsoleten subjektphilosophischen Vorstellungen von Ganzheit und Harmonie verpflichtet. Letztlich konnte also die systematische, epigonale Ästhetik weder dem Inhalt noch dem Umfang des Witzbegriffs gerecht werden. Dieses Unvermögen hatte eine Neuorientierung der wissenschaftlichen Beschäftigung mit dem Witz zur Folge: Um die Wende vom 19. zum 20. Jh. wurde sie in umfassende und neuartige anthropologisch-kulturwissenschaftliche Fragestellungen einbezogen.

IV. Von der Ästhetik zur Anthropologie und Kulturtheorie: Neue Ansätze in der Witzforschung des 20. Jahrhunderts

1. Theodor Lipps und Bergson

Symptomatisch für die erwähnte Neuorientierung sind zwei Theorien ganz unterschiedlicher Provenienz: Theodor Lipps' *Komik und Humor* und Henri Bergsons *Le rire*. Lipps definiert den Witz zwar noch im Sinne der Ästhetiker des 19. Jh. als »subjektive Komik«, aber er betont zugleich die Ambiguität des Begriffs: Zu unterscheiden sei »zwischen dem Witz als Eigenschaft und dem Witz als Vorgang oder Leistung, dem Witz, den der Witzige *hat*, und demjenigen, den er *macht*«[219]. Vor allem auf den zweiten kommt es Lipps an: Eine »Aussage« werde zum Witz, wenn wir ihr »eine Bedeutung mit psychologischer Notwendigkeit zuschreiben, und indem wir sie ihr zuschreiben, sofort auch wiederum absprechen«. Der das Gefühl der Komik hervorrufende innere Vorgang bestehe hier immer in »dem unvermittelten Übergang von jenem Leihen, Fürwahrhalten, Zugestehen zum Bewusstsein oder Eindruck relativer Nichtigkeit«[220]. Diese Beobachtung ist Kants Definition des Lachens als »Affect aus der plötzlichen Verwandlung einer gespannten Erwartung in nichts«[221] verpflichtet; zugleich aber kündigt sie das Freudsche Theorem vom Witz als erspartem Hemmungsaufwand an. Denn die Kürze des Witzes – ein Merkmal, das schon Jean Paul, Friedrich Theodor Vischer und Kuno Fischer hervorhoben – gibt Lipps Anlaß zu der Beobachtung, daß der Witz das, »was er sagt, nicht immer in wenig, aber immer in zu wenig Worten« sage, »d. h. in Worten, die nach strenger Logik или gemeiner Denk- und Redeweise dazu nicht genügen«[222].

Auf das Freudsche Ersparnistheorem weist auch Henri Bergsons Beobachtung voraus, der Witz als Text (»mot d'esprit«[223]) enthalte in sich eine komische Szene; zwischen dem Komischen und dem Witzigen bestehe also dieselbe Beziehung wie zwischen einer ausgeführten und einer flüchtig angedeuteten Komödienszene.[224] Bemerkenswert ist nun aber, daß Bergson den Witz als Talent (esprit) nicht auf das Komische reduziert: Nur sekundär sei der Witz »une certaine disposition à esquisser en

---

219 THEODOR LIPPS, Komik und Humor. Eine psychologisch-ästhetische Untersuchung (Hamburg/Leipzig 1898), 78.
220 Ebd., 85.
221 KANT (s. Anm. 43), 332 (§ 54).
222 LIPPS (s. Anm. 219), 90.
223 HENRI BERGSON, Le rire. Essai sur la signification du comique (1900), in: Bergson, Œuvres, hg. v. A. Robinet (Paris 1959), 437, 438.
224 Vgl. ebd., 439.

passant des scènes de comédie« (437f.); primär sei er hingegen »une certaine manière *dramatique* de penser«. Der über dieses Talent verfügende »homme d'esprit« behandle seine Vorstellungen (»idées«, 437) nicht wie beliebige Symbole, sondern er stifte Dialogbeziehungen zwischen ihnen, als seien sie Personen. Bergsons knappe Bemerkungen erinnern an die aufklärerischen und romantischen Bestimmungen des Witzes als Kombinationsvermögen, Kraft der Geselligkeit usw., so wie auch seine Differenzierung zwischen dem Witz und dem Komischen an die Begriffsbestimmungen von Aufklärung und Romantik anknüpft. Dieselben Merkmale von Bergsons Witzbegriff und seine knappen Beobachtungen über das Verhältnis zwischen dem Komischen und dem kindlichen Spiel[225] oder dem Komischen und dem Traum[226] weisen zugleich voraus auf Freuds wenige Jahre nach *Le rire* veröffentlichte Abhandlung, die grundlegend für die Fortsetzung der Debatte wurde und es bis heute geblieben ist.

2. Freud

Von neueren Versuchen, eine einzige Textsorte Witz systematisch auszugrenzen und dadurch die Extension und die Intension des Witzbegriffs auf die eingangs erwähnte Bedeutung zu reduzieren, hebt sich Freuds Abhandlung jedoch deutlich ab. Als Witze bezeichnet Freud nicht nur jene kurzen Geschichten mit dualem Aufbau, die der heute dominierenden Witzdefinition mehr oder weniger entsprechen, sondern auch Anekdoten, Wortspiele, Kalauer, Bonmots, scherzhafte Metaphern usw., d. h. alle Formen von Kurzprosa, die beim Leser oder Hörer eine Lust erregen, deren Anzeichen das Lachen ist.[227] Wenn er zwischen einzelnen Witzformen unterscheidet, z. B. zwischen »Wortwitz« (85) und »Gedankenwitz« (88) – eine Unterscheidung, die sich schon bei Cicero und Quintilian findet –, so verfolgt er nicht etwa das Ziel, Merkmale von Textsorten aufzulisten. Vielmehr kommt es ihm dabei allein auf die Ermittlung der »möglichen Techniken des Witzes« (85) an, d. h. auf die Mittel der unbewußten »Witzarbeit« (85, 89 u. ö.), deren Struktur mit derjenigen der Traumarbeit weitgehend übereinstimme: »Verdichtung mit Ersatzbildung« erweise sich als »Kern der Technik des Wortwitzes«, während »die Verschiebung, die Denkfehler, der Widersinn, die indirekte Darstellung, die Darstellung durchs Gegenteil« (85) die Techniken des Gedankenwitzes seien. Das beiden Gemeinsame sei eine »Tendenz zur Ersparnis« (44). Witze, Witztechniken und Witzarbeit sind demnach die Ebenen eines generativen Witzmodells, das die Ambiguität des Witzbegriffs begründet und zugleich terminologisch überwindet: Freud überführt den Begriff des Witzes als Gabe, Vermögen oder Talent explizit in den der ›Witzarbeit‹[228], und aus dieser läßt er die Witztechniken hervorgehen, die sich in den einzelnen Witzen konkretisieren.

Indem sein Modell der Ambiguität des Witzbegriffs Rechnung trägt, unterscheidet es sich nicht nur von den späteren Versuchen, den Witz auf eine Textsorte zu reduzieren, sondern auch vom normativen Witzkonzept der systematischen Ästhetik des 19. Jh. Jene Versuche lassen den Witz als Talent oder – mit Freud zu reden – ›Arbeit‹, d. h. Komplex von »Denkvorgängen« (169) weitgehend außer acht; umgekehrt ist im Witzkonzept der systematischen Ästhetik kein Platz für den Witz als einzelnen Text, weil es von der Lust daran in Frage gestellt wird. Freud verwirft daher dieses Konzept[229] und stellt die von der Ästhetik des 19. Jh. als substanzlos verachteten oder sogar verdrängten Formen des Wortwitzes an den Anfang seiner Überlegungen.[230] Der wichtigste Grund für diese radikale Umorientierung ist sein Konzept der Psychogenese des Witzes, die deutlich mache, »daß die Lust des Witzes aus dem Spiel mit Worten oder aus der Entfesselung des Unsinns stammt« (124), d. h. aus der »freien Verwendung von Worten und Gedanken« (129f.). Um diese beim Kind noch offen zutage tretende Lust, deren »Quellen« (123) beim Erwachsenen die genannten Techniken des Witzes sind, gegen den Einspruch der kritischen, kulturschaffenden Vernunft zu schützen, verleiht

---

225 Vgl. ebd., 419.
226 Vgl. ebd., 476–478.
227 Vgl. SIGMUND FREUD, Der Witz und seine Beziehung zum Unbewußten (1905), in: FREUD (SA), Bd. 4 (Frankfurt a. M. 1970), 92, 129, 139–142.
228 Vgl. ebd., 132.
229 Vgl. ebd., 90f.
230 Vgl. ebd., 47.

der Scherz, die zweite Stufe der Psychogenese des Witzes, dem bloßen Spiel eine Bedeutung, die freilich belanglos ist.[231] Der eigentliche Witz, die dritte Stufe, unterscheidet sich vom Scherz dadurch, daß in ihm an die Stelle der belanglosen Bedeutung ein ernsthafter, von den Witztechniken unabhängiger Gehalt tritt, dem die ursprüngliche Lust des Witzes nur noch als »Einkleidung« (88) dient. Dieser Gehalt ist meist nicht harmlos, sondern sei es obszön, sei es aggressiv (z. B. politisch-satirisch, religionskritisch, blasphemisch usw.) und als solcher eine von der Kultur unterdrückte oder verdrängte ›Tendenz‹. Der tendenziöse Witzgehalt sucht »die Witzverkleidung, weil er durch sie sich unserer Aufmerksamkeit empfiehlt, uns bedeutsamer, wertvoller erscheinen kann, vor allem aber, weil dieses Kleid unsere Kritik besticht und verwirrt« (125). Die »Wirkungsweise des tendenziösen Witzes« läßt sich demnach auf die folgende Formel bringen: »Er stellt sich in den Dienst von Tendenzen, um vermittels der Witzeslust als Vorlust durch die Aufhebung von Unterdrückungen und Verdrängungen neue Lust zu erzeugen.« (129) Beide Arten von Lust, die »Spiellust« und die »Aufhebungslust«, können von »Ersparung an psychischem Aufwand« (130), genauer »ersparten Hemmungsaufwand« (219), abgeleitet werden.

Pragmatische Überlegungen zum tendenziösen Witz, an dem drei Personen beteiligt seien – die den Witz erzählende Person, die Person, gegen die sich die Tendenz richte, und die zuhörende Person[232] – erlauben es Freud, die schwierige Aufgabe der Abgrenzung der Witzarbeit von der Traumarbeit zu lösen. Wenngleich die Techniken beider ›Arbeiten‹ weitgehend übereinstimmen, unterscheiden sich Witz und Traum grundlegend in ihrem »sozialen Verhalten«: Anders als der Witz, »die sozialste aller auf Lustgewinn zielenden seelischen Leistungen«, ist der Traum nicht an die Bedingung der Verständlichkeit gebunden; er ist im Gegenteil ein vollkommen »asoziales seelisches Produkt« (167). Zwar legt das oft beobachtete Merkmal des Witzes, ein plötzlicher »Einfall« (157) zu sein, es nahe, die Witzarbeit wie die Traumarbeit ins Unbewußte zu verlegen, dessen Quelle das Infantile ist: »Der Gedanke, der zum Zwecke der Witzbildung ins Unbewußte eintaucht, sucht dort nur die alte Heimstätte des einstigen Spieles mit Worten auf. Das Denken wird für einen Moment auf die kindliche Stufe zurückversetzt, um so der kindlichen Lustquelle wieder habhaft zu werden.« (159) Nach Freud ist es aber dieses Momentane der unbewußten Bearbeitung, was den Witz vom Traum unterscheidet: Die Traumarbeit bedient sich derselben Mittel wie die Witzarbeit, überschreitet jedoch unter dem Druck des kritischen Einspruchs der Vernunft die Grenzen der Verständlichkeit, die der »Anwendung« dieser Mittel »im bewußten Denken gezogen sind«; der Witz hingegen »schafft [...] nicht Kompromisse wie der Traum, er weicht der Hemmung nicht aus, sondern er besteht darauf, das Spiel mit dem Wort oder dem Unsinn unverändert zu erhalten, beschränkt sich aber auf die Auswahl von Fällen, in denen dieses Spiel oder dieser Unsinn doch gleichzeitig zulässig (Scherz) oder sinnreich (Witz) erscheinen kann«, d. h. auf Manifestationen des »Sinnes im Unsinn«. In semantischer Hinsicht ist es demnach seine »Doppelseitigkeit und Doppelzüngigkeit« (161), die ihn vom Traum unterscheidet, und in psychologischer Hinsicht die Zielsetzung: Er dient dem »Lusterwerb«, der Traum der »Unlustersparnis« (168). Es sei angemerkt, daß die Worte, mit denen Freud das Momentane, Plötzliche des Witzes beschreibt und begründet, Friedrich Schlegels Charakterisierung des Witzes als »Blitz aus dem unbewußten Welt« und »Mischung des Bewußten und Unbewußten«[233] auffallend ähnlich sind, wie überhaupt die Produktivität, die Freud der Witzarbeit zuschreibt, an manche Aperçus der Frühromantiker und Lichtenbergs erinnert.

Pragmatische Überlegungen es wiederum, die es Freud erlauben, die Beziehung zwischen dem Witz und dem Komischen nuancierter zu bestimmen, als dies den Ästhetikern des 19. Jh. möglich war. Freud zufolge unterscheidet sich das Komische vom Witz einerseits durch seine kommunikative Struktur – es »kann sich mit nur zwei Personen begnügen, der einen, die das Komische findet, und der zweiten, an der es gefunden wird«[234] –, andererseits durch seine psychische Lo-

---

[231] Vgl. ebd., 122–124.
[232] Vgl. ebd., 95.
[233] SCHLEGEL, Entwicklung (s. Anm. 147), 393.
[234] FREUD (s. Anm. 227), 169.

kalisation: Die Quelle der Lust am Komischen ist nicht das Unbewußte, sondern »die Vergleichung zweier Aufwände [...], die wir beide dem Vorbewußten zuordnen müssen« (193); die Lust resultiert hier »aus erspartem Vorstellungs(Besetzungs)aufwand« (219). Freud trägt aber zugleich der Beziehung des Witzes zum Komischen Rechnung, indem er den Witz als »Beitrag zur Komik aus dem Bereich des Unbewußten« (193) bezeichnet. Witz und Komisches wiederum stimmen mit dem Humor, dessen Lust aus »erspartem Gefühlsaufwand« resultiere, darin überein, daß sie als psychische Tätigkeiten auf die Wiederherstellung einer kindlichen Lust zielen, »welche eigentlich erst durch die Entwicklung dieser Tätigkeit verlorengegangen ist« (219).

Aus begriffsgeschichtlicher Perspektive läßt sich zusammenfassend feststellen, daß es Freud gelingt, die meisten der bis dahin hervorgekehrten Merkmale sowohl des Witzes als Text – insbesondere Kürze, Pointenbildung und Lacheffekt – als auch des Witzes als Talent, Struktur und Weise der Welterfassung miteinander zu verknüpfen, indem er diese Merkmale in einen umfassenden Deutungsrahmen stellt, der für sprach- oder kommunikationswissenschaftliche und kulturanthropologische Gesichtspunkte nicht weniger offen ist als für psychoanalytische. Zwar vernachlässigt er im Zuge seiner Abkehr von der Ästhetik des 19. Jh. die ästhetische Qualität des Witzes. Sie kommt aber implizit zur Sprache: Freud wertet zahlreiche literarische Quellen aus, zeigt Berührungspunkte zwischen Witz und Ironie auf[235], und er bestimmt, wie erwähnt, die primäre Lust des Witzes als Spiel und die Funktion, die dieses Spiel im tendenziösen Witz erlangt, als ›Einkleidung‹ – eine Bezeichnung, die an die bildsprachlichen Verfahren der Allegorie und Travestie denken läßt. Vor allem aber hat die Witzarbeit eine poetisch-produktive Qualität, wie bereits deutlich wurde.

3. Unzulängliche Rezeption der Freudschen Witztheorie

Daß Freuds Theorie durchaus die Grundlage für eine Ästhetik des Witzes bereitstellt, dokumentiert auch Theodor Reiks Versuch, Parallelen zwischen dem künstlerischen, insbesondere dichterischen Schaffen und dem Witz aufzuzeigen: Die beiden eigentümliche Lust stammt nach Reik aus zwei Quellen, nämlich aus den jeweiligen Techniken (d.h. formalen Eigentümlichkeiten) und den davon verborgenen und zugleich vermittelten »geheimen Tendenzen«[236]. Beiden gemeinsam sei auch die Beziehung zur verdrängten magisch-mythischen ›Allmacht des Wortes‹; der Witz gehöre wie die Kunst ›jenem Zwischenreich an, das sich zwischen der wunschversagenden Realität und der wunscherfüllenden Phantasie einschiebt« (90). Auch hier setzt die psychoanalytische Theorie des Witzes frühromantische Gedankengänge fort; sei an Friedrich Schlegels Spekulationen über die ›Ähnlichkeit‹ zwischen Mythologie und Witz erinnert.

Reik führt einige der Gedanken Freuds aus oder ergänzt sie. Im übrigen aber ist festzustellen, daß Freuds Theorie des Witzes bis heute zumindest im deutschsprachigen Raum noch nicht die Resonanz gefunden hat, die ihr angemessen wäre; vor späteren Untersuchungen zeichnet sie sich insbesondere durch die bislang unübertroffene Tiefe und Fülle der Gesichtspunkte aus, die sie miteinander verbindet. So wirkt André Jolles' morphologische Bestimmung des Witzes als naturpoetische ›einfache Form‹ vor dem Hintergrund der Freudschen Einsichten in die »Doppelseitigkeit und Doppelzüngigkeit«[237] des Witzes merkwürdig anachronistisch. Andererseits läßt Jolles' Beschreibung der komplexen ›Geistesbeschäftigung‹, aus der sich der Witz ergebe – auch er sucht nach einem generativen Witzmodell –, durchaus an einige Merkmale des Freudschen Begriffs der ›Witzarbeit‹ denken. Die »litterarische Form Witz« bedeute insofern eine »Zweieinheit«, als ein und derselbe Witz zweierlei leiste: Er ›entbinde‹, d.h. verspotte, ein ›unzulängliches‹ kulturelles ›Gefüge‹ (erinnert sei an Freuds Begriff der aggressiven oder obszönen Tendenz), und zugleich befreie er als ›Scherz‹ (wie bei Freud die ›Spiellust‹) den Geist von einer »allgemeinen Spannung«[238]. Der Witz ist nach Jolles »nicht nur

---

235 Vgl. ebd., 71, 162 f.
236 THEODOR REIK, Lust und Leid im Witz (Wien 1929), 65.
237 FREUD (s. Anm. 227), 161.
238 ANDRÉ JOLLES, Einfache Formen. Legende, Sage, Mythe, Rätsel, Spruch, Kasus, Memorabile, Märchen, Witz (1930; Tübingen ⁴1968), 258.

eine Form, die eine andere Form mit negativem Vorzeichen wiederholt, sondern er ist immer auch zu gleicher Zeit durch seine doppelte Funktion eine Form, die selbständig schafft«[239]. Einer Vertiefung dieser Gedanken stehen jedoch der Begriff der einfachen Form wie auch Jolles' mystifizierende Diktion und sein gänzlicher Verzicht auf eine Auseinandersetzung mit der Forschungsliteratur im Wege. Die spätere volkskundliche Forschung, in der Jolles' Morphologie der ›einfachen Formen‹ intensiv rezipiert wurde, hat zwar im Zuge ihrer sozialwissenschaftlichen Neuorientierung den Akzent auf den Konflikt der Normenbereiche, die im Witz aufeinandertreffen, gelegt (d. h. auf den von Jolles als ›Spott‹ bezeichneten Aspekt des Witzes)[240], dabei aber den Begriffsumfang auf die Textsorte eingeschränkt und derart die Ambiguität des Begriffs verfehlt.

Daß in Deutschland die adäquate Auseinandersetzung mit Freuds Theorie zumindest bis zum Ende des Dritten Reiches vom herrschenden Antisemitismus verhindert wurde, belegt der umfangreiche Witz-Artikel des *Deutschen Wörterbuchs* der Brüder Grimm in beklemmender Weise. Der den Artikel enthaltende Band erschien 1960, die ihn enthaltende Lieferung erfolgte jedoch bereits 1939. Bis heute ist der Artikel, der von Bernhard Beckmann verfaßt wurde, eine wichtige Quelle der begriffsgeschichtlichen Forschung. Um so schwerer fällt ins Gewicht, daß in ihm kein einziger der jüdischen Autoren, die zur Geschichte des Witzes und des Witzbegriffs maßgeblich beitrugen, zitiert wird: weder Heine, Saphir, Börne und Karl Kraus noch Freud und Reik (um nur einige zu nennen). Im Vorwort zu dem 1960 erschienenen Band werden solche völlig inakzeptablen, ja beschämenden Auslassungen nicht selbstkritisch eingestanden. Und wie es scheint, wurde bis heute nicht bedacht, daß sie einer Verfälschung der Begriffsgeschichte gleichkommen. Jedenfalls sind sie der Grund dafür, daß die Ambiguität, die der Begriff im Deutschen hat, in dem Artikel nicht zureichend dokumentiert ist; denn es waren ja u. a. Heine und Freud, die diese Ambiguität beachteten.

An der Ausklammerung Freuds und der jüdischen Tradition der Reflexion über den Witz leidet auch Joachim Ritters 1940 veröffentlichter, 1974 wiederabgedruckter Aufsatz *Über das Lachen*, der im übrigen kulturtheoretisch aufschlußreich ist. Ritter behandelt den Witz als eine Form des Komischen, das in einer »doppelten Bewegung« entstehe: »einmal im Hinausgehen über die jeweils gegebene Ordnung zu einem von ihr ausgeschlossenen Bereich, und zweitens darin, daß dieser ausgeschlossene Bereich in und an dem ihn ausschließenden Bereich selbst sichtbar gemacht wird«[241]. Der Witz lenke den Blick auf diese »geheime Beziehung«. Seine komische Kraft beziehe er nie unmittelbar aus dem stofflichen Bereich, sondern aus der Anspielung. In ihr »wird etwas herbeigerufen, was der Stoff, für den Ernst unsichtbar, an sich trägt: die Zugehörigkeit zu einer Lebensordnung«. Die Anspielung ziele letztlich auf die sich in der Pointe verdichtende »Verschmelzung« von ausschließender Ordnung und ausgeschlossenem Stoff. Ritter nimmt also die Einsicht in die Konfliktstruktur des Komischen im allgemeinen und des Witzes im besonderen zurück: Er postuliert, daß jene »geheime Beziehung« (77) auf die »Identität eines Entgegenstehenden und Ausgegrenzten mit dem Ausgrenzenden« (78) ziele; um die Herstellung einer solchen Identität nämlich gehe es letztlich im Komischen. Auch diese idealistische Position wirkt vor dem Hintergrund der Freudschen Einsicht in die ›Doppelseitigkeit‹ und Doppelzüngigkeit‹ des Witzes anachronistisch. Die Ausklammerung Freuds hat überdies wiederum zur Folge, daß die Ambiguität des Witzbegriffs nicht angemessen reflektiert wird: Ähnlich wie Jolles identifiziert auch Ritter den Witz als Talent, Struktur und Weise der Welterfassung mit dem Komischen.

4. *Plessner und Preisendanz*

Demgegenüber besteht Helmuth Plessner in seiner Abhandlung *Lachen und Weinen* (1941), deren Grundgedanken aus dem kritischen Dialog u. a. mit Bergson, Freud und Reik hervorgehen (Pless-

---
[239] Ebd., 259.
[240] Vgl. BAUSINGER (s. Anm. 14), 132–135; LIXFELD (s. Anm. 11), 52 f., 57 f.; RÖHRICH (s. Anm. 2), 29–31.
[241] JOACHIM RITTER, Über das Lachen (1940), in: Ritter, Subjektivität. Sechs Aufsätze (Frankfurt a. M. 1974), 74.

ner lebte im Exil, konnte diese Autoren daher zitieren), auf dem Unterschied zwischen Komik und Witz. Ausgangspunkt seiner Überlegungen ist jedoch das beiden Gemeinsame: Vom Standpunkt der philosophischen Anthropologie, den Plessner explizit von dem für ihn sekundären der Ästhetik abhebt[242], erweist sich, daß Komik und Witz zum Genus von Lachen und Weinen gehören. Lachen und Weinen wiederum zeigen beide »einen Verlust der Beherrschung, ein Zerbrechen der Ausgewogenheit zwischen Mensch und physischer Existenz« (273) an; sie sind also »Ausdrucksformen einer Krise« (211), die in der »exzentrischen Position« (236) des Menschen angelegt ist, d. h. in seiner – ihn vom Tier unterscheidenden – »Gegenstellung zum Körper und Inbegriffenheit durch den Körper« (239). Auf diese Doppeldeutigkeit des menschlichen Daseins »als Körperleib« und »im Körperleib« (240) führt Plessner dann die Bergsonschen Kategorien der Analyse des Komischen – »Wiederholbarkeit, Umkehrbarkeit, Doppelsinnigkeit« (294) – zurück: Die ihnen gemeinsame Bedeutung sei weniger, wie Bergson meinte, ein Mechanisches, das an Lebendigem haftet (»Du mécanique plaqué sur du vivant«[243], als vielmehr die mit der exzentrischen Position des Menschen gegebene »*Gegensinnigkeit*, die gleichwohl *als Einheit* sich vorstellt und hingenommen werden will«[244]. Auch der Witz wurzelt in der exzentrischen Position, als »Ausdrucksform« (304) ist er Plessner zufolge aber gekennzeichnet durch »Doppelsinnigkeit als Mehrsinnigkeit, die Gegensatz oder Widerspruch einschließt« (306). Das dem Witz eigene Prinzip, das der Komik fehle, sei Pointiertheit: »Eine Form finden, im Sagen verschwiegen etwas anzudeuten, heißt witzig reden. [...] Nur auf die Überlagerung mehrfachen Sinnes, d. h. auf die Möglichkeit, durch sprachlichen Ausdruck in verschiedener Richtung auf etwas gebracht zu werden, kommt es beim Witz an. [...] Die Überlagerung und Überschneidung ist das Wesentliche, und die Überschneidungs*stelle* verstehen wir als Pointe.« (311 f.)

In diesem Zusammenhang stößt Plessner auf die Ambiguität des Witzbegriffs. Während er zunächst hervorhebt, es gehe ihm um den Witz »nicht als Gabe«, sondern als »Ausdrucksform« (304), sieht er sich wenig später veranlaßt, die Ausdrucksform auf die ›Gabe‹ der Witzigkeit zurückzuführen: »Im Einzelfall mag es schwer sein, Einstimmigkeit darüber zu erlangen, ob ein witziger Ausspruch unter die *literarische* Kategorie des Witzes fällt. [...] Witzigkeit dagegen ist eine Art und Weise des Redens, die unverkennbar weiter greift als der literarische Formbereich ›Witz‹.« (312 f.) In der Witzigkeit zeigt sich ein Aspekt der exzentrischen Position des Menschen, nämlich sein »doppeltes Verhältnis zur Sprache«: »in ihr zu reden und gegen sie zu reden«. Als »Vertreter für Witzigkeit«, d. h. generativ, kann der Witz demnach wie folgt definiert werden: »Ein an den Ausdruck gebundenes und gewiesenes Verstehen verselbständigt sich *gegen* ihn *durch* Bindung und Verweisung an ihn.« (313) Von solcher »Sinnüberschneidung« (315) gehe die erheiternde Wirkung aus.

Mit Nachdruck würdigt Plessner die generative Ausrichtung von Freuds Theorie[245], doch gegen die These, der mit der Erheiterung einhergehende Lustgewinn sei *generell* auf unbewußt geleisteten ersparten Hemmungsaufwand zurückzuführen, wendet er ein: »Kürze als Sparsamkeit in Worten wird durchweg vermehrten Aufwand, vermehrte Intensität an Verständnis, Aufmerksamkeit, Einsicht, Schwungkraft der Phantasie verbrauchen, beim Schöpfer des Witzes wie bei seinen Hörern.« (320) Die dem Witz wesentliche Kürze sei eine Hemmung, die der Hörer überwinden solle. Es sei also nicht erforderlich, unbewußte Hemmungen geltend zu machen, »um aus ihrer Durchbrechung den lustvollen Gewinn an frei werdendem Kraftüberschuß zu erklären«. Dieser Überschuß ergebe sich vielmehr aus dem »Doppelspiel, eine Schwierigkeit zu schaffen, die sich selbst überwindet« (321).

Mit einem an Plessner erinnernden Argument wendet sich auch Wolfgang Preisendanz gegen das Freudsche Ersparnistheorem: Die Lust am Witz sei nicht auf ersparten sprachlich-intellektuellen, sondern im Gegenteil auf den vom Witz verlangten

---

242 Vgl. HELMUTH PLESSNER, Lachen und Weinen. Eine Untersuchung der Grenzen menschlichen Verhaltens (1941), in: Plessner, Ges. Schriften, hg. v. G. Dux u. a., Bd. 7 (Frankfurt a. M. 1982), 213, 291.
243 BERGSON (s. Anm. 223), 405.
244 PLESSNER (s. Anm. 242), 294.
245 Vgl. ebd., 317, 320.

und »im Kapieren aufgebrachten intellektuellen Aufwand«, also auf einen »überwundenen Widerstand«[246] zurückzuführen. Preisendanz läßt freilich außer acht, daß Freud von erspartem *Hemmungsaufwand* spricht; das Motiv für diese ungenaue und verkürzende Wiedergabe des Freudschen Theorems ist darin zu suchen, daß Preisendanz am Witz letztlich nur die sprachlich-intellektuelle »Aussagetaktik« (18) – die von Freud so genannte ›Einkleidung‹ –, nicht aber der mögliche tendenziöse Gehalt interessiert. Der Witz bestehe in einer »Leerstelle, die richtig zu besetzen uns die Pointe auffordert« (26f.). In der Pointe erblickt Preisendanz das distinktive Merkmal des Witzes als »Textsorte« oder »sprachliches Genre« (8). Er definiert sie u. a. rezeptionsästhetisch als »eine plötzliche Erwartungserfüllung, die uns erkennen läßt, daß das Unerwartete dieser Erwartungserfüllung daher kommt, daß wir uns in bezug auf das Erwartbare von einem anderen Kontext leiten ließen, als ihn der Witz virtuell mit sich führt« (27). Die Pointe ist indes kein distinktives Merkmal der Textsorte Witz, wie eingangs bereits deutlich wurde. So verwundert es nicht, daß Preisendanz sich im Zuge seiner Konzentration auf die Pointe veranlaßt sieht, den Akzent seiner Analyse vom Witz als Textsorte auf den Witz als »witzige Denkstruktur« (18) zu verschieben. Derart macht sich auch bei ihm die Ambiguität des Witzbegriffs geltend. Dieser aber kann allein eine anthropologische und kulturtheoretische Gesichtspunkte einbeziehende Untersuchungsperspektive gerecht werden.

5. Michael Böhler und Gottfried Gabriel

Eine solche umfassende Perspektive entwirft Michael Böhler in einem Aufsatz von 1981. Hier wird die den Gedankengang leitende literatursoziologische Perspektive mit ästhetischen, sprach- und kommunikationswissenschaftlichen sowie philosophischen Aspekten verknüpft; dabei kommen sowohl witzige Texte aller Art – lyrische, erzählende, dramatische – als auch der Witz als Talent, Stil und Weise der Welterfassung – Böhler spricht vom »Witzverfahren«[247] – zur Sprache. Ausgangspunkt der Überlegungen ist ein kritischer Rückblick auf jene von Platon bis Bergson und Freud reichende Tradition der Reflexion über das Lachen, die dessen aggressive und degradierende Tendenz hervorhebt. Böhler stellt die Richtigkeit dieser – auch die gegenwärtige Debatte über das Komische noch beeinflussenden – Einschätzung des Lachens in Frage, indem er im Witz, den er als eine Manifestation des Komischen versteht[248], eine systemüberschreitende Integrationskraft nachweist. Der Nachweis erfolgt auf den Ebenen der witzigen Sprachverwendung, des Witzerzählens und des Komischen.

Schon auf der Ebene der witzigen Sprachverwendung (Böhler zitiert Beispiele aus dem Bereich der Nonsenspoesie) erweist sich das Witzverfahren als »systemtransgredierender Integrationsprozeß«: Regelverletzungen, »Dysfunktionalitäten« (360) innerhalb eines sprachlichen Subsystems (z.B. des lautlichen) werden durch den Übergang in ein zweites Subsystem (z.B. das lexematische) oder in ein Systemganzes sinnvoll, oder sie werden neutralisiert. Derselbe Integrationsvorgang lasse sich auch auf der pragmatischen Ebene des Witzerzählens nachweisen: Im Erzählvorgang werde zwischen »Witzerzähler und -hörer ein Interaktionssystem mit einem normativen Gefüge aufgebaut, das die im Witz exponierten Verhaltenskonflikte und Dysfunktionalitäten im Kraftfeld widerstreitender Systeme aufhebt und in sich integriert« (364). Im »Witztext« (365) sei es die Pointe, die den Prozeß auslöse, der dem Witz als »systemtransgredierendem Integrationsverfahren« (364f.) entspreche und gehorche; das Lachen bestätige und bekunde die »soziale Integration innerhalb der an der Interaktion des Witzerzählens beteiligten Gruppe« (365). Hier wie auch im Komischen der Komödie habe der »mit Aggressionen verbundene Dissoziationsvorgang [...] lediglich auxiliären Funktionscharakter« (367). Die Integrationstendenz des Witzes gebe auch ein Kriterium zur Beurteilung der Qualität des Witzes ab: »Der gute Witz hat eine universalistische Integrationstendenz, der schlechte Witz ist dagegen in seiner Integrationsreichweite be-

---

[246] PREISENDANZ (s. Anm. 5), 25.
[247] MICHAEL BÖHLER, Die verborgene Tendenz des Witzes. Zur Soziodynamik des Komischen, in: Dt. Vierteljahrsschrift für Literaturwissenschaft und Geistesgeschichte 55 (1981), 358; vgl. ebd., 362, 365 u. ö.
[248] Vgl. ebd., 357.

schränkt und partikularistisch« (370). Im Komischen schließlich gewinnt nach Böhler die im guten Witz nachweisbare universalistische Integrationstendenz eine philosophisch-religiöse Bedeutung.[249] Indem Böhler dem Witz eine Tendenz zur Integration, nicht aber zur Verschmelzung der konfliktträchtigen Systeme, Normen, Gruppen usw. zuspricht, vermeidet er die idealistische Teleologie der ›Identität‹, die sich bei Ritter geltend machte. Auch wird er mit der Unterscheidung zwischen Witztext und Witzverfahren der Ambiguität des Witzbegriffs gerecht. Allerdings wäre die Ambiguität des Begriffs nicht nur auf die Tradition der Reflexion über das Komische, sondern auch und vor allem auf die Geschichte des Witzbegriffs zu beziehen. Diese nämlich schärft den Blick dafür, daß die integrative Tendenz des Witzes im analogischen Denken verwurzelt ist, das, wie Gottfried Gabriel überzeugend dargelegt hat, den Kern einer der wissenschaftlichen Weltauffassung entgegengesetzten ästhetischen bildet: »Im Erkenntnisvermögen des Witzes manifestiert sich die analogisch-ästhetische, im Erkenntnisvermögen des Scharfsinns [genauer: des iudicium, der Urteilskraft – d. Verf.] die logisch-wissenschaftliche Weltauffassung.«[250] Gabriel macht auf die historische Tiefe des aktuellen Konflikts zwischen beiden Weltauffassungen aufmerksam, indem er der Tradition des logisch-wissenschaftlichen Denkens eine Tradition des witzig-analogischen Denkens gegenüberstellt. Die witzig-analogische Reihe reicht von der Rhetorik über die Frühromantik und Jean Paul bis hin zu Nietzsche, Freud und den Dekonstruktivisten. Konstitutiv seien für sie vor allem zwei Gedanken: der metaphysische, »daß letztlich alles mit allem zusammenhängt« (107), und der ästhetische, daß die Metapher als Produkt des Erkenntnisvermögens Witz eine erkenntnisvermittelnde Kraft habe.[251] Gabriel erinnert in diesem Zusammenhang an die zwischen beiden Traditionen vermittelnde alte Forderung nach einem Ausgleich zwischen Witz und Urteilskraft (ingenium und iudicium, esprit und jugement, wit and judgment). Derart verleiht er seinen eigenen systematischen Überlegungen ein historisches Fundament: Auch heute sei aus erkenntnistheoretischen und anthropologischen Gründen ein »ausgewogenes Verhältnis« zwischen der ästhetischen und der wissenschaftlichen Weltauffassung zu fordern. »Mit der historischen Rückbindung systematisch gemeinter Überlegungen an die Unterscheidung von ›Scharfsinn‹ und ›Witz‹ sollte nicht einer Wiederbelebung der umstrittenen Theorie der Erkenntnis*vermögen* das Wort geredet werden, sondern ins Bewußtsein zurückgerufen werden, daß die Tradition ganz selbstverständlich davon ausgegangen ist, daß dem Menschen, der *nur* logisch oder *nur* analogisch zu denken ›vermag‹, etwas fehlt. Führt die Übertreibung des logischen Denkens zu leeren Distinktionen, so endet die Übertreibung des analogischen Denkens in blinder Ideenflucht, im Chaos freier Assoziationen, ja im Irr-Sinn.« (114) Gabriels philosophische Reflexion über die Grenzen der beiden heteronomen Weltauffassungen ist also ein weiterer Beleg für die Aktualität der älteren, aber nicht verdrängten Bedeutung des Witzbegriffs.

Zusammenfassung

Die Ambiguität, die der Begriff Witz im Deutschen hat, war Ausgangspunkt der vorangehenden Überlegungen. Es zeigte sich, daß die Forschung der letzten Jahrzehnte häufig dahin tendierte, dieser Ambiguität auszuweichen, indem sie entweder die systematische Ausgrenzung einer einzigen, ›ästhetisch‹ indifferenten Textsorte Witz anstrebt oder aber aus historischer Perspektive die philosophisch-ästhetische Kategorie Witz und deren Manifestationen bei einzelnen Autoren untersucht. Eine solche Differenzierung droht indes die Bedeutung, die der Begriff Witz im Deutschen hat, auf zwei voneinander getrennte Bereiche zu verteilen und derart den Blick auf die Ambiguität des Begriffs zu verstellen. Denn diese geht aus dem Ineinander beider Bereiche hervor: Der Begriff Witz bezeichnet im Deutschen sowohl ein Spektrum von Textarten (nicht nur eine einzige, schnell konsumierbare), denen die Merkmale des Geistreichen, Vergnüglichen, der Kürze, pointenhaften

---
249 Vgl. ebd., 371–378.
250 GABRIEL (s. Anm. 145), 101.
251 Vgl. ebd., 108–110.

Zuspitzung usw. gemeinsam sind, als auch einen dementsprechenden Rede-, Denk- oder Schreibstil, wo nicht gar das den Stil und die Texte produzierende Talent (›Witzarbeit‹, ›Witzigkeit‹, ›witzige Denkstruktur‹, ›Witzverfahren‹). Keineswegs hat die jüngere, heute dominierende Bedeutung (Witz als Text) die ältere (Witz als Stil oder Talent) verdrängt; gegen die weitverbreitete These einer solchen Verdrängung spricht z. B. der metaphorische Gebrauch des Begriffs in einem Kompositum wie Spielwitz. Vor allem aber ist es die beide Bereiche umfassende Grundbedeutung der überraschenden, Vergnügen bereitenden Verbindung des Entlegenen, die der Festlegung des Begriffs auf die Bezeichnung einer einzigen Textsorte widerstrebt.

Beim Durchgang durch die Begriffsgeschichte war also auf die Genese der Ambiguität des Witzbegriffs zu achten, und zugleich galt es, mögliche Gründe für das Ausweichen vor dieser Ambiguität aufzuzeigen.

In der europäischen Aufklärung bezeichnet der Begriff eine Fähigkeit und den ihr entsprechenden Denk-, Rede- und Schreibstil. Das Deutsche weicht von diesem Sprachgebrauch nicht ab; es knüpft vielmehr an die französischen und englischen Definitionen an. Allerdings entfaltet der Begriff bereits in der Aufklärung ein Konfliktpotential, das auch für die Genese der Ambiguität, die später zum charakteristischen Merkmal seiner Verwendung im Deutschen wird, von Bedeutung ist: In dem französisch-deutschen Streit über die Frage, ob der esprit den Deutschen generell abgehe, werden antifranzösische Ressentiments laut, die dann, im Zuge der Ausbildung des deutschen Nationalbewußtseins, der Pejoration des Witzbegriffs Vorschub leisten. Namhafte Autoren der klassisch-romantischen Epoche (nicht jedoch die Frühromantiker) machen den Witz zum klischeehaften Attribut des Französischen als des kulturell Fremden und Überfremdenden. Das Nationalklischee ist eingebunden in die Opposition zwischen deutschem Geist und französischem Witz, die in diejenige zwischen deutscher Kultur und französischer Zivilisation mündet. Angelegt ist die Pejoration des Witzbegriffs auch in der von den Aufklärern geführten Auseinandersetzung um die richtige Bestimmung des Verhältnisses zwischen Witz und Urteilskraft, ingenium und iudicium – eine Auseinandersetzung, die bis in den aktuellen Konflikt zwischen logisch-wissenschaftlicher und ästhetischer Weltauffassung nachwirkt und ein Indiz dafür ist, daß der Begriff Witz Übergänge zwischen dem ästhetischen und dem logisch-wissenschaftlichen Bereich markiert. Die Aufklärung ringt noch um ein ausgewogenes Verhältnis zwischen den ›Vermögen‹ des Witzes und der Urteilskraft; die Frühromantik hingegen macht den Witz zum Prinzip des Wissens und der Kunst und ordnet ihm die Urteilskraft unter. Hegel stellt diese Wertung vom Kopf auf die Füße und benutzt die seit dem Beginn des 19. Jh. im Deutschen belegte Ambiguität des Begriffs – dieser bezeichnet fortan auch den vom Talent produzierten Text –, um den Witz als Weise der Welterfassung, Talent und Struktur zu diskreditieren: Auf diesen sollen die dem Witz als Text anhaftenden Konnotationen des Unernsten, Oberflächlichen, nur Unterhaltsamen übertragen werden.

In der Ambiguität des Begriffs Witz, deren Genese vermutlich mediengeschichtliche Gründe hat, in der sich aber auch die Bemühung um ein generatives Witzkonzept konkretisiert, kehrt also ein Konflikt der wertenden Einstellungen zum Witz als Talent wieder. Die Wurzeln dieses Konflikts sind, wie angedeutet, teils ideologischer, teils philosophischer Natur. Die normative Ästhetik des 19. Jh. weicht jedoch der Ambiguität und folglich auch dem Konflikt aus, indem sie den Begriff auf seine ältere Bedeutung festzulegen sucht; für den Witz als Text ist in ihrem System kein Platz. Doch auch heute noch hat er in der Literaturwissenschaft keinen guten Stand. Das rührt von seiner Präsenz in der Alltagskommunikation und den Massenmedien her; dem Witz haftet um so mehr das Stigma des Trivialen an, als sein Unterhaltungswert unbestreitbar, sein didaktischer Wert hingegen umstritten ist. Das Interesse der Literaturwissenschaft gilt deshalb, wie gesagt, vor allem dem Witz als einem wichtigen ästhetischen Grundbegriff der Aufklärung und der Romantik. Dieser Rückzug auf die noblere, aber vermeintlich vergangene Bedeutung des Begriffs erweist sich rückblickend als Fortsetzung der in der Ästhetik des 19. Jh. nachgewiesenen Tendenz, die intensionale und extensionale Bedeutung des Begriffs zu verengen. Aus dem genau entgegengesetzten Grund wehrt die um Ausgrenzung einer ästhetisch indifferenten Textsorte Witz bemühte Forschung die Ambiguität des Begriffs ab; sie drängt das Bedeutungsmerkmal ›Witz als ästhetisches Talent‹ oder ›ästhetische Struktur‹ zurück, weil in der Ästhetik für den Witz als ›trivialen‹, okkasionellen Text kein Platz war. Gegen solche einseitigen, verengenden Festlegungen des Begriffsumfangs und -inhalts müssen die anthropologisch-kulturtheoretischen Neuansätze der Forschung des 20. Jh. geltend gemacht werden. Denn ihnen ist die Suche nach einem generativen Witzkonzept gemeinsam; allein ein solches Konzept wäre der Ambiguität des Begriffs angemessen. Allerdings hatten gerade diese Neuansätze darunter zu leiden, daß die wissenschaftliche Auseinandersetzung mit der jüdischen Tradition des Nachdenkens über den Witz vorübergehend unterdrückt wurde. Auch das führt rückblickend vor Augen, wie ideologieanfällig die Beschäftigung mit dem Witz war und vielleicht immer noch ist. Woran es nach wie vor fehlt, ist eine von alten und neuen Vorurteilen befreiende Anthropologie und Kulturtheorie des Witzes, die alle Bedeutungen, die dem Begriff im Laufe seiner Geschichte zuteil wurden, berücksichtigen müßte, anstatt ihn auf bestimmte Bedeutungen festzulegen. Denn jene Bedeutungen haben sich nicht abgelöst, sondern überlagert: Witz ist, wie im vorangehenden deutlich wurde, ein zugleich logisch-erkenntnistheoretischer, rhetorischer, ästhetischer, psychologischer, kulturtheoretischer, sprachwissenschaftlicher, aber auch technischer (›Spielwitz‹) Begriff; er speist sich also aus heteronomen Zeichenordnungen. Die mit dem Begriff gemeinte ›Gabe‹ oder ›Arbeit‹ oder ›Struktur‹, die sich in einzelnen witzigen Texten manifestiert, schafft Verbindungen zwischen diesen Zeichenordnungen oder zwischen heteronomen Ebenen innerhalb der einzelnen Ordnungen: In überraschender und Vergnügen bereiteter Weise macht sie auf die zwischen den Ordnungen und Ordnungsebenen bestehenden Konflikte aufmerksam, in denen sich letztlich die »Konflikte der Kultur und die Antinomien des Kulturbegriffs«[252] artikulieren. Vergnügen bereitet sie indes nur, weil sie zugleich den Wunsch nach einer Überwindung der Konflikte zum Ausdruck bringt.

Markus Winkler/Christine Goulding

Literatur
BAUSINGER, HERMANN, Formen der ›Volkspoesie‹ (1968); Berlin ²1980); BEHLER, ERNST, Ironie und literarische Moderne (Paderborn u. a. 1997); BEST, OTTO F., Der Witz als Erkenntniskraft und Formprinzip (Darmstadt 1989); BEST, OTTO F., Volk ohne Witz. Über ein deutsches Defizit (München 1993); BLACKALL, ERIC A., The Emergence of German as a Literary Language, 1700–1775 (1959; Ithaca, N. Y./London ²1978); BÖCKMANN, PAUL, Formgeschichte der deutschen Dichtung (Hamburg 1949); BÖHLER, MICHAEL, Die verborgene Tendenz des Witzes. Zur Soziodynamik des Komischen, in: Dt. Vierteljahrsschrift für Literaturwissenschaft und Geistesgeschichte 55 (1981), 351–378; GABRIEL, GOTTFRIED, Logik und Rhetorik der Erkenntnis. Zum Verhältnis von wissenschaftlicher und ästhetischer Weltauffassung (Paderborn u. a. 1997); GOULDING, CHRISTINE, From ›Witz‹ Culture to Cult of Genius: Lessing's Witz and Eighteenth-Century Aesthetics, in: Monatshefte für deutschsprachige Literatur und Kultur 92 (2000), 111–122; HIEBEL, HANS, Witz und Metapher in der psychoanalytischen Wirkungsästhetik, in: Germanisch-Romanische Monatsschrift, N. F. 28 (1978), 129–154; HILL, CARL, The Soul of Wit: Joke Theory from Grimm to Freud (Lincoln/London 1993); HÖRMANN, HANS, Semantische Anomalie, Metapher und Witz oder ›Schlafen farblose grüne Ideen wirklich wütend?‹, in: Folia linguistica 5 (1971), 310–330; KERTÉSZ, ANDRÁS, Grundlagenprobleme einer Theorie des Witzes. (Ein wissenschaftstheoretisches Experiment), in: Z. Kanyó (Hg.), Simple Forms/Einfache Formen (Szeged 1982), 169–274; LIXFELD, HANNJOST, Witz und soziale Wirklichkeit: Bemerkungen zur interdisziplinären Witzforschung, in: Fabula 25 (1984), 183–213; MACHA, JÜRGEN, Sprache und Witz. Die komische Kraft der Wörter (Bonn 1992); MARFURT, BERNHARD, Textsorte Witz. Möglichkeiten einer sprachwissenschaftlichen Textsorten-Bestimmung (Tübingen 1977); MÜLLER, RALPH, Theorie der Pointe (Paderborn 2003); PREISENDANZ, WOLFGANG, Über den Witz (Konstanz 1970); RÖHRICH, LUTZ, Der Witz. Figuren, Formen, Funktionen (Stuttgart 1977); SCHMIDT, JOCHEN, Die Geschichte des Genie-Gedankens in der deutschen Literatur, Philosophie und Politik 1750–1945, Bd. 1 (Darmstadt 1985); SCHMIDT-HIDDING, WOLFGANG (Hg.), Humor und Witz (München 1963); SCHWEIZER, WERNER R., Der Witz (Bern/München 1964); ULRICH, WINFRIED, Semantische Turbulenzen: Welche Kommunikationsformen kennzeichnen den Witz?, in: Deutsche Sprache 5 (1977), 313–334; WELLEK, ALBERT, Zur Theorie und Phänomenologie des Witzes (1949); in: Wellek, Witz, Lyrik, Sprache. Beiträge zur Literatur- und Sprachtheorie mit einem Anhang über den Fortschritt der Wissenschaft (Bern/München 1970), 13–42.

---

[252] ERNST CASSIRER, Philosophie der symbolischen Formen (1923–1929), Bd. 1 (Darmstadt ²1953), 13.

Wunderbar

(griech. θαυμάσιος; lat. mirus, admirandus, mirabilis; engl. admirable, marvellous, wonderful; frz. admirable, merveilleux; ital. ammirabile, meraviglioso; span. admirable, maravilloso; russ. чудесное)

Einleitung: Wiederkehr des Wunderbaren? I. Mythologie und Wortgeschichte; II. Das Wunderbare als Zeichen kultureller Alterität. Der Kolumbus-Effekt; III. Thaumatopoietik und admiratio – Staunen und Bewundern: Das Wunderbare wird Begriff; 1. Die ›Querelle du merveilleux‹ in Italien und Frankreich; 2. Die Erfindung des Wunderbaren; 3. Das Wunderbare als Erfindung: Die Maschinenbücher und ihre ›Wunder‹; IV. Pathos des Wunderbaren; V. ›Ästhetische Thaumaturgie‹ und ›äußerste Staffel des Neuen‹ – das Wunderbare als Begriff der Neugier in Ästhetik und Poetik der Aufklärung; 1. ›A new province of writing‹; 2. Das Wunderbare in der Naturforschung; VI. Das ›absolut Wunderbare‹ in der Perspektive der deutschen Frühromantik; VII. Spiritismus und ›merveilleux scientifique‹ im 19. Jahrhundert; VIII. Surrealistische Revisionen; IX. Transatlantische Visionen – das ›real maravilloso americano‹; Schluß: Die andere Ästhetik des Wunderbaren

Einleitung: Wiederkehr des Wunderbaren?

›Wunderbar‹ ist in allen europäischen Sprachen in den entsprechenden Termini ein Allerweltswort, um Gefühle und Empfindungen der Überraschung, des Staunens, der Begeisterung und Ehrfurcht, aber auch der Neugierde wie im engl. ›to wonder‹ (z. B. ›I wonder what this is‹) auszudrükken. Bewunderung und Neugierde gehen als starke emotionale Reaktionen mit dem Gebrauch des zum substantivierten Adjektiv promovierten Terminus ›das Wunderbare‹ einher. Zunächst als Antipode des Schönen diskutiert, wurde das Wunderbare durch die ›Totalisierung‹ des Schönen als

1 FRANZ ROSENZWEIG, Der Stern der Erlösung (1921; Frankfurt a. M. 1990), 103 f.
2 CARL SCHMITT, Politische Theologie. Vier Kapitel zur Lehre von der Souveränität (1922; Berlin ⁷1996), 43.
3 ERNST BLOCH, Wunder und Wunderbares. Augenblick als Fußpunkt der Nike, in: BLOCH, Das Prinzip Hoffnung, Bd. 3 (Berlin 1959), 413, 419.

ästhetischer Begriff mißachtet und verdrängt. Die Aufklärung, die das Wunderbare der Schwärmerei zuordnete, trug das Ihre dazu bei, daß mit der Kritik an den »Wundern [als] des Glaubens liebstem Kinde« ein Naturbegriff dominant wurde, der »heute dem allgemeinen Bewußtsein die Freude am Wunderbaren verdirbt«[1]. Carl Schmitt, der in der *Politischen Theologie* (1922) »alle prägnanten Begriffe der modernen Staatslehre« als »säkularisierte theologische Begriffe« beschreibt, stellt Wunder in Analogie zum Ausnahmezustand: »Der Ausnahmezustand hat für die Jurisprudenz eine analoge Bedeutung wie das Wunder für die Theologie.«[2] Der marxistische Philosoph Ernst Bloch setzt einen anderen Akzent: »Wunder sind die *Anzeichen* des kommenden Endes. [...] Aber zum Unterschied vom Aberglauben des Wundermachens ist der Glaube ans Wunderbare von vornherein einer der Hoffnung, ja des Paradoxes, und keine objektivreale Feststellung.«[3] In Blochs *Prinzip Hoffnung* (Bd. 3, 1959) bezeichnet das Wunderbare einen Einspruch gegen die Entfremdung, ist im Begriff des Sprungs in der Vision von Revolutionserwartung präsent: »Genau der Begriff des Sprungs ist vom Wunder her gelernt worden; in einer rein mechanischen Kausalwelt, in einer dem Wunder in jeder Form kontrastierenden, hatte der Sprungbegriff daher keinen Platz, wohl aber in einer nicht mehr statisch, auch nicht mehr finit begriffenen.« (416) »Das Wunderbare ist der Lichtblitz des Subjekts als des Objekts, neben dem kein entfremdetes mehr existiert und worin Subjekt wie Objekt gleichzeitig aufgehört haben, getrennt zu sein.« (419) Im 20. Jh. haben die französischen Surrealisten das Wunderbare als ästhetischen Begriff rehabilitiert und neu bestimmt als einen Weg zu Erfindungen, als eine der ›dialectique de la recherche‹ (Louis Aragon) zugehörige Kategorie. Als Erkundung im Ungewissen war ihnen das Wunderbare so selbstverständlich wie heute der französischen Mediävistik seine kompensatorische Funktion unumgänglich. Jacques Le Goff zufolge ist das Wunderbare als ästhetische Kategorie an eine kompensatorische Funktion gebunden, die sich geschichtlich verschieden manifestiert hat: »Le merveilleux est un contrepoids à la banalité et à la régularité quotidiennes. Mais ce contrepoids s'ordonne et fonctionne différemment selon les sociétés et les époques. [...] Face à l'humanisme qu'on a appelé chrétien, ou, selon les époques, carolingien, roman, gothique, face à un humanisme qui s'appuie sur l'exploitation croissante d'une vision anthropomorphe de Dieu, il y a eu, autour du merveilleux, une certaine forme de résistance culturelle.«[4] Die von der Frage nach der Alterität mittelalterlicher Kulturen motivierte neue Mediävistik[5] hat das Wunderbare nicht nur als eine Kategorie kultureller Alterität entdeckt, sondern auch als eine gleichsam anthropologische Konstante westlicher Kultur aktualisiert: »I think it possible that the new generation of scholars, seeking on the eve of the second millenium a Middle Ages filled with monsters and marvels, may have a salutory impact. [...] We may well find that, in the Middle Ages as in the waning twentieth century, *admiratio* and *stupor* are reactions not only to the other but also to the self.«[6] Was Sigfried Giedion 1948 als ein Kapitel ›anonymer Geschichte‹ erinnerte, galt in Deutschland lange als irrationalistische Gefahr: »Das Bestreben, die Erfindung in den Dienst des Wunderbaren zu stellen, lebte über den Islam bis ins achtzehnte Jahrhundert weiter. Nicht die neuen Spinnmaschinen bildeten die Sensation des späten achtzehnten Jahrhunderts, sondern die Androiden, Automaten in menschlicher Gestalt, die sich bewegten, Instrumente spielten, mit menschlicher Stimme redeten oder schrieben und zeichneten.«[7] Pierre Jaquet-Droz, aus einer Schweizer Uhrmacherdynastie stammender Konstrukteur einer schreibenden Maschine, die er *L'Écrivain* nannte, ließ den Androiden bei der öffentlichen Vorführung 1774 nicht von ungefähr das Wort ›merveilleux‹ schreiben:

Merveilleux

Ce mot à été écrit par l'authomate écrivain de M: Jaquet Droz à la Chaux de Fond le 21e Juin 1774.

Musée d'art et d'histoire, Neuchâtel (Suisse)

›Le dégoût des merveilles‹ notierte Paul Valéry als Folge eines ›ennui de l'extrême‹: »La ›civilisation‹ moderne fait connaître l'ennui de l'extrême – la facilité de l'énorme – monotonie de la surprise, le dégoût des merveilles. [...] Quoi de plus vulgaire que ces effets d'étonnement? Il ne faut s'étonner que des choses les plus ordinaires, et se créer une sensibilité assez subtile pour réagir.«[8] Das Wunderbare mutet noch immer verdächtig an, so daß seine jüngst proklamierte Wiederkehr nur um den Preis einer ›Befreiung von der Fron des Nützlichen‹ denkbar schien: »Die Befreiung von der Fron des Nützlichen scheint besondere Energien entbunden zu haben, die erst seit der Mitte des achtzehnten Jahrhunderts den nützlichen Künsten zugeführt wurden und zu deren unvergleichlichen Aufstieg beitrugen. Die Folge davon waren schlechte Amalgamierungen des Wunderbaren und des Nützlichen, meist auf Kosten des Schönen, das nun den Platz einnahm, den ehedem das Wunderbare allein besetzt hatte. [...] Bemerkt man die ungeahnten Dimensionen, die sich heute in den Schaltkreisen der Geräte täglichen Gebrauchs verbergen [...], dann ahnt man, welche Kluft zwischen Nutzung und Angebot sich allenthalben auftun wird. [...] Wenn nicht nur jeder jede Information bekommen, sondern auch noch unbegrenzt produzieren und zugänglich machen kann, dann gibt es keine Möglichkeit mehr, durch Gebrauch zu prüfen, was die Dinge sind. In dieser Perspektive kann man mit einer Wiederkehr des Wunder-

---

4 JACQUES LE GOFF, Un autre Moyen Âge (Paris 1999), 461 f.
5 Vgl. PAUL FREEDMAN/GABRIELLE M. SPIEGEL, Medievalisms Old and New: The Rediscovery of Alterity in North American Medieval Studies, in: The American Historical Review 103 (1998), 677–704.
6 CAROLINE WALKER BYNUM, Miracles and Marvels: The Limits of Alterity, in: F. J. Felten/N. Jaspert unter Mitarb. v. S. Haarländer (Hg.), Vita Religiosa im Mittelalter: Festschrift für Kaspar Elm zum 70. Geburtstag (Berlin 1999), 817.
7 SIGFRIED GIEDION, Mechanization takes Command. A Contribution to Anonymous History (New York 1948); dt.: Die Herrschaft der Mechanisierung. Ein Beitrag zur anonymen Geschichte, hg. v. H. Ritter (Hamburg 1994), 54.
8 PAUL VALÉRY, [Cahier 29, entst. 1945], in: VALÉRY (CAHIERS), Bd. 2 (1974), 1550.

baren rechnen, freilich unter einem anderen Namen.«[9] Das Wunderbare oszilliert in verschiedenen Diskursen und Wissensbereichen im Grenzraum von biblischem Wunder und ästhetischem Wunderbaren zwischen einer »Wiedergeburt des hermetischen Wissens«[10] als der anderen Seite des modernen wissenschaftlichen Denkens und der Faszination vor den Wundern der Technik. Der »hermetische Irrationalismus«, konstatierte Umberto Eco, emigriert »einerseits zu Mystikern und Alchemisten, andererseits zu Dichtern und Philosophen, von Goethe bis Nerval und Yeats, von Schelling bis Franz von Baader, von Heidegger bis C. G. Jung. [...] Kürzlich hat Gilbert Durand zu beweisen versucht, daß die gesamte Kultur der letzten Jahrzehnte – einschließlich eines Großteils der wissenschaftlichen Kultur – nicht unter dem Zeichen des griechischen Rationalismus stehe, sondern unter dem des hermetischen Modells.«[11] Technische Erfindungen und ihre Inszenierung als ›Wunder der Technik‹ werden auch als ästhetische wahrnehmbar, gemessen an einem Begriff des Wunderbaren, dem die Erfindung und das Erfinderische ursprünglich eingeschrieben sind: »Yet,

9 HENNING RITTER, Die Wiederkehr des Wunderbaren, in: H.-J. Simm (Hg.), Insel-Almanach auf das Jahr 2000. Gedanken zum 20. Jahrhundert (Leipzig/Frankfurt a. M. 1999), 172 f.
10 UMBERTO ECO, Das Irrationale, in: Universitas 43 (1988), H. 5, 528.
11 Ebd., 529.
12 JOY KENSETH, The Age of the Marvelous: An Introduction, in: Kenseth (Hg.), The Age of the Marvelous (Hanover, N. H. 1991), 55.
13 MARIE-FRANÇOISE CHRISTOUT, Le merveilleux et le ›théâtre du silence‹ en France à partir du XVIIe siècle (Paris 1965), 14.
14 GEORGES BATAILLE, L'expérience intérieure (1943), in: Bataille, Œuvres complètes, Bd. 5 (Paris 1965), 13 f.
15 JUTTA EMING, Funktionswandel des Wunderbaren. Studien zum ›Bel Inconnu‹, zum ›Wigalois‹ und zum ›Wigalois vom Rade‹ (Trier 1999), 18.
16 LORRAINE DASTON/KATHERINE PARK, Wonders and the Order of Nature 1150–1750 (New York 1998), 329.
17 NIKLAS LUHMANN, Gesellschaftsstruktur und Semantik. Studien zur Wissenssoziologie der modernen Gesellschaft, Bd. 4 (Frankfurt a. M. 1995), 57.

when we survey our own culture and consider its fascination with things both large and small (skyscrapers and microchips), with spectacular human accomplishment (the landing on the moon or the prodigious talent of a child violonist), with the discoveries made by the space probe *Voyager*, with the special effects of movies, and with fireworks, parades, and extraordinary technological inventions, than it seems that a love for the marvelous has not been extinguished but is, rather, still very much with us.«[12] Als affektive Kategorie, spielerisch und verführerisch gleichermaßen – »le merveilleux conquiert en séduction ce qu'il perd en créance«[13] –, wäre das Wunderbare Teil einer ›expérience intérieure‹ (Georges Bataille), ohne die das Leben wunderbar nur für Auserwählte, das der Masse aber »privée de merveilleux«[14] wäre.

Die Begriffsgeschichte des Wunderbaren wird sich mit der Frage auseinandersetzen, ob »das Wunderbare [...] eine Konstante der abendländischen Geschichte [ist], das psychologisch als ein grundlegendes Bedürfnis des Eskapismus aufzufassen ist«[15], oder ob es nicht eher als ›merveilleux réel‹, als Wunderbares im Alltag, den Blick hinter den Spiegel eröffnet. Anders gefragt: Sind das Wunderbare und das Rationale definitiv als unvereinbar seit der europäischen Aufklärung in unserem Bewußtsein verankert, weil mit dem ›anti-marvelous‹ der Aufklärung »the star of the marvelous had indeed waned, if not completely vanished«[16]? Oder ist das ästhetisch Wunderbare nicht vielmehr als subversiver Störenfried integraler Bestandteil einer Dialektik der Aufklärung und bleibt in der Tradition seiner Doppelbedeutung von Bewunderung (admiratio) und ›außergewöhnlich‹ »das genaue Gegenstück zu ihrem berühmt gewordenen Bruder, dem methodischen Zweifel des Denkens, vielleicht das weibliche Gegenstück: der Mann denkt, die Frau staunt«[17]?

I. Mythologie und Wortgeschichte

Platon nennt im Dialog *Theaitetos* an der Stelle, wo Sokrates die »Verwunderung«, wie Schleiermacher den griechischen Terminus ›to thaumazein‹ über-

I. Mythologie und Wortgeschichte

setzt, als den »Anfang der Philosophie« beschreibt, auch den zugrundeliegenden primordialen Mythos: »Denn gar sehr ist dies der Zustand eines Freundes der Weisheit, die Verwunderung; ja es gibt keinen andern Anfang der Philosophie als diesen, und wer gesagt hat, Isis sei die Tochter des Thaumas, scheint die Abstammung nicht übel getroffen zu haben.« (μάλα γὰρ φιλοσόφου τοῦτο τὸ πάθος, τὸ θαυμάζειν· οὐ γὰρ ἄλλη ἀρχὴ φιλοσοφίας ἢ αὕτη, καὶ ἔοικεν ὁ τὴν Ἶριν Θαύμαντος ἔκγονον φήσας οὐ κακῶς γενεαλογεῖν.)[18] Aristoteles' Definition im ersten Buch der *Metaphysik* ist mit dieser Bestimmung Platons identisch: »Denn Verwunderung war den Menschen jetzt wie vormals der Anfang des Philosophierens, indem sie sich anfangs über das nächstliegende Unerklärte verwunderten, dann allmählich fortschritten und auch über Größeres Fragen aufwarfen, z. B. über die Erscheinungen an dem Mond und der Sonne und den Gestirnen und über die Entstehung des Alls. Wer sich aber über eine Sache fragt und verwundert, der glaubt sie nicht zu kennen.« (διὰ γὰρ τὸ θαυμάζειν οἱ ἄνθρωποι καὶ νῦν καὶ τὸ πρῶτον ἤρξαντο φιλοσοφεῖν, ἐξ ἀρχῆς μὲν τὰ πρόχειρα τῶν ἀπόρων θαυμάσαντες, εἶτα κατὰ μικρὸν οὕτω προϊόντες καὶ περὶ τῶν μειζόνων διαπορήσαντες, οἷον περί τε τῶν τῆς σελήνης παθημάτων καὶ τῶν περὶ τὸν ἥλιον καὶ περὶ ἄστρων καὶ περὶ τῆς τοῦ παντὸς γενέσεως. ὁ δ' ἀπορῶν καὶ θαυμάζων οἴεται ἀγνοεῖν.)[19] Thaumas ist in der griechischen Mythologie ein Sohn des Pontos und der Gaia und gehört zu den Gottheiten des Meeres. Aus der Verbindung mit Elektra, einer der Ozeaniden, stammt Isis, die Götterbotin und Verkörperung des Regenbogens. Der Berliner Religionswissenschaftler Klaus Heinrich hat den affektiven Kern im griechischen Ursprung des Begriffs betont: »Unwillkürlich müssen wir daran denken, daß Platon das pathos des Philosophen und den Anfang der Philosophie mit dem Begriff thaumazein, ›Staunen‹, definieren wird. Es ist eine der großen Verkehrungen der griechischen Philosophie, wenn dieses ›Staunen‹ mit weltoffenem Augenaufschlag versehen wird, und so wie in der Moderne, als ein ›positives Verhalten‹ zur Welt ausgelegt wird, es möglich mache, alles gläubig staunend auf- und hinzunehmen. Nein, dieses ›Staunen‹ ist etwas Schreckliches und wird von Platon mit unangenehmen Empfindungen und verwirrenden Erfahrungen zusammengebracht: mit ›Wehenschmerzen‹, ›Schwindelgefühl‹ und ›Erstarren‹. [...] Mit diesem pathos des thaumazein fängt alle Philosophie an, deren Witz es gerade ist, sich nicht auf das einzulassen, was schwindelig und erstarren macht, sondern sich, so wie die Isis (der Regenbogen und die Götterbotin), eine Tochter des Thaumas, aus der verwirrenden Tiefe den Bogen zum Himmel schlägt, zur Sphäre der Ideen zu erheben, die kein Mehr und kein Weniger kennen, sondern fest und unveränderbar sind.«[20]

Die platonische Assoziation des Staunens und der Verwunderung mit dem Affektiven (des Pathos) und dem Nicht-Wissen, die Zuordnung des thaumazein zur aisthesis prägt die Begriffsgeschichte des Wunderbaren als ein Bedeutungskontinuum. »Wahrnehmbares und Wahrnehmung werden erklärt als die Bewegungsarten Wirken und Leiden, Wahrnehmung ist Leiden, *aisthesis* ist *paschein*. [...] Nicht nur Sinneseindrücke also, sondern auch psychische Regungen, Affekte, umfaßt der Begriff *aisthesis*. Eine besondere Art der Wahrnehmung als ›Erleiden von Eindrücken‹, als *paschein*, ist daher auch die *thaumazein*.«[21] Aristoteles hält diesen Zusammenhang fest, wenn er im 9. Kapitel der *Poetik* dem Wunderbaren eine willkommene Steigerung kathartischer Affekte in der Tragödie zuschreibt[22] und im 24. Kapitel formuliert: »Das Wunderbare bereitet Vergnügen. Ein Beweis dafür ist, daß jedermann übertreibt, wenn er eine Geschichte erzählt, in der Annahme, dem Zuhörer hiermit einen Gefallen zu erweisen.« (τὸ δὲ

---

18 PLATON, Tht., 155d; dt.: Theaitetos, in: Platon, Werke, griech.-dt., hg. v. G. Eigler, übers. v. F. Schleiermacher, Bd. 6 (Darmstadt 1990), 45; vgl. RENATE SCHLESIER, Das Staunen ist der Anfang der Philosophie, in: H. Böhme/K. Scherpe (Hg.), Literatur und Kulturwissenschaften. Positionen, Theorien, Modelle (Reinbek b. Hamburg 1996), 47–59.
19 ARISTOTELES, Metaph. 1, 2, 982b12–18; dt.: Aristoteles, Metaphysik, griech.-dt., hg. v. H. Seidl, übers. v. H. Bonitz/Seidl, Bd. 1 (Hamburg 1989), 13.
20 KLAUS HEINRICH, Vom Bündnis Denken: Religionsphilosophie (Basel/Frankfurt a. M. 2000), 30f.
21 STEFAN MATUSCHEK, Über das Staunen. Eine ideengeschichtliche Analyse (Tübingen 1991), 19.
22 Vgl. ARISTOTELES, Poet., 1452a1–11.

θαυμαστὸν ἡδὺ· σημεῖον δέ, πάντες γὰρ προστιθέντες ἀπαγγέλλουσιν ὡς χαριζόμενοι.)[23] Ebenso Platon, wenn er im *Theaitetos* vom Staunen spricht,»meint er ein Staunen darüber, daß im Flusse der Sinnesdinge überhaupt etwas existiert; Philosophie ist die Schau des wahrhaft Sehenden. Aristoteles spricht zwar Platons Sprache, aber sein *thaumazein* ist die intellektuelle Neugierde, und Philosophie ist für ihn die nüchterne Analyse der Seinselemente«[24].

Für die Wortgeschichte relevant ist die griechische Übersetzung der Bibel, die den Terminus ›Wunder‹ nur in Verbindung mit dem des Zeichens kennt:»Das hebr. Wort für Wunder ist 'ôt = ›Zeichen‹, das auf göttliches Wirken hinweist. Im konkreten irdischen Geschehen wird, wenn es als Wunder aufgefaßt wird, göttliche Wirksamkeit erfaßt. Wie dieses Erfassen seitens des Menschen zustande kommt, deutet ein anderes hebr. Wort für Wunder an: pælæ', das von der Wurzel pala' ›wunderbar sein‹ kommt. Danach muß es sich also um ein Geschehen handeln, das ein numinoses Sich-Wundern erweckt, wie es ja auch im deutschen Wort Wunder gemeint ist. Der gleiche Zusammenhang liegt beim griech. θαυμάσιον und lat. miraculum vor (von θαυμάζειν bzw. mirari ›sich wundern‹). Das Sanskritwort für Wunder ist âshcaryam.«[25] In der Semantik der biblischen Wortgeschichte besteht von ihrem hebräischen Ursprung her ein enger Zusammenhang mit ›Zeichen‹, so daß die biblische Wendung ›Zeichen und Wunder‹ im *Neuen Testament* zwar nicht verbatim in der hebräischen Bibel belegt, aber sinngemäß und der Sache nach enthalten ist. Auf Wunder weisende Zeichen haben die Funktion zu überzeugen. Es sind »extraordinary and surprising events which God brought about in order to demonstrate His power and will in particular situations, when men had to be convinced. A sign can be given as proof of prophecy.«[26]

Die frühe Wortgeschichte des Wunderbaren außerhalb des biblischen Kanons und der theologischen Dogmatik ist durch die terminologischen und semantischen Differenzen zwischen der lateinisch-romanischen Terminologie einerseits und der germanischen andererseits kompliziert. In den romanischen Sprachen differenzieren sich etwa seit dem 12. Jh. lat. ›admiratio‹ und ›mirabilia‹ (neben ›prodigium‹) zu frz. ›merveille‹, span. ›maravilla‹, ital. ›meraviglia‹ sowie zu mittelengl. ›marveyle‹. ›Miraculum‹ wird generell für den Bereich der biblischen Wunder reserviert, im Deutschen auch als Neologismus – ›Mirakel‹ – gebräuchlich.»Im gegensatz zum weiteren semantischen feld von fr. *merveille* bringt fr. *miracle* das eingreifen einer göttlichen macht zum ausdruck und begann seit der 2. hälfte des 12. jhs. in diesem kirchensprachlichen bereich afr. *vertu* zu verdrängen.«[27] Das deutsche Wort ›Wunder‹ (ahd. ›wuntar‹) wie das englische ›wonder‹ gehen etymologisch auf eine indo-europäische Wurzel ›nen‹ in der Bedeutung von ›begehren‹ zurück. Die deutsche Sprache unterscheidet terminologisch nicht wie die englische zwischen ›miracle‹ (lat. ›miraculum‹) und ›marvellous‹ (lat. ›mirabilis‹). Engl. ›marvellous‹ »is a heavier word than the Saxon equivalent ›wonder‹ –, a little more wonderful than ›wonderful‹. In Spencer's sentence, ›wonderful‹ cannot be substituted for ›marvellous‹ without a loss of emphasis.«[28] Zum deutschen Adjektiv ›wunderbar‹ bemerkt das Grimmsche *Wörterbuch*:»um 1500 sprachläufig werdend; […] gleichbedeutend neben bereits ahd., noch lange zeit viel geläufigerem *wunderlich*, von dem es sich hinsichtlich seiner bedeutungen erst in jüngerem gebrauch fühlbarer distanziert. weit gebräuchlicher als *wunderbar* ist übrigens vom frühen 16. jh. bis zum ende des 17. jhs. die doppelsuffixige bildung *wunderbarlich*, erst dann kehrt sich das verhältnis um. an der älteren glossierungen für *admirandus, (ad)mirabilis, mirus, mirificus, mirandus, miraculosus* schlieszt sich um 1700 eine lexikalische praxis, die, für die gleichen lat. wörter, *wunderbar, wunder-*

---
23 Ebd., 1460a17–18; dt.: Poetik, griech.-dt., hg. u. übers. v. M. Fuhrmann (Stuttgart 1982), 83.
24 INGEMAR DÜRING, Aristoteles. Darstellung und Interpretation seines Denkens (Heidelberg 1966), 272.
25 GUSTAV MENSCHING, ›Wunder. I. Religionsgeschichtlich‹, in: RGG, Bd. 6 (1962), 1831 f.
26 JACOB LICHT, ›Miracle‹, in: Encyclopedia Judaica, Bd. 12 (Jerusalem 1971), 73.
27 ›Miraculum, wunder‹, in: WALTHER VON WARTBURG, Französisches etymologisches Wörterbuch, Bd. 6/2 (Basel 1967), 148.
28 BENJAMIN P. KURTZ, Studies in the Marvellous (1910; New York 1972), 10.

barlich, wunderlich, wundersam und *wunderhaft* bedeutungsgleich nebeneinanderstellt«[29].

Le Goff hat neuerdings auf einen den Ableitungen aus ›admiratio‹, ›mirabilis‹, ›miraculum/ miraculosus‹ gemeinsamen indo-europäischen (oder sanskritischen) Stamm ›mir‹ hingewiesen, der eine visuelle und visionäre Bedeutung anzeigt, die in frz. ›mirer‹ aus lat. ›mirari‹ in der Bedeutung von ›etwas mit Bewunderung anschauen‹, visieren, »regarder attentivement, contempler, admirer«[30] sprachlich repräsentiert ist. Le Goff verweist auf Pierre Mabille, der als erster 1940 in seinem Buch *Le miroir du merveilleux*, einem Grundbuch surrealistischer Ästhetik, auf die Spiegelfigur und das Spektakuläre im Begriff des Wunderbaren aufmerksam gemacht hat. Le Goff sieht in der semantischen und kulturgeschichtlichen Differenz zwischen ›miraculeux‹ und ›merveilleux‹ das Indiz einer mittelalterlichen kulturgeschichtlichen Spannung zwischen christlicher Gelehrtenkultur und Volkskultur. Das Wunderbare (le merveilleux) weise demzufolge gegenüber dem christlich-biblischen Komplex mittelalterlicher Kultur auf ältere antike und heidnische Vorstellungswelten, woraus Le Goff die These ableitet, »que le christianisme a peu créé dans le domaine du merveilleux«[31]. Le Goffs Unterscheidung einer biblischen von einer paganen und gnostischen Tradition des Wunderbaren in der europäischen Kultur des Mittelalters entspringt der scholastischen Philosophie, die grundsätzlich mit Augustinus die *Mirakel* als von Gott inspirierte Wunder von den *Mirabilien* innerweltlicher Enormität unterscheidet. Wunder geschehen »gegen die Natur« (contra naturam)[32]. Albertus Magnus unterscheidet »zwischen *mirabilia*, Ereignissen exzeptionellen Charakters, die noch im Rahmen natürlichen Geschehens erklärbar und verstehbar sind, und *miracula*, die ausschließlich auf ein direktes Eingreifen Gottes zurückgeführt werden«[33].

Das Wunderbare (le merveilleux) läßt sich verstehen als Markierung von Differenzen in einer christlichen Kultur im Zeichen einer »Monopolisierung des Wunderbaren durch das Christentum, die seit dem Humanismus und der Aufklärung nach und nach rückgängig gemacht wurde«[34].

II. Das Wunderbare als Zeichen kultureller Alterität. Der Kolumbus-Effekt

Kolumbus' Beschreibungen der später Amerika getauften Neuen Welt markieren diese als eine ›wunderbare Neue Welt‹ und vermitteln sie den Adressaten, den katholischen Königen Fernando und Isabel als den Auftraggebern des Unternehmens, als ›neue Welt des Wunderbaren‹. Kolumbus' Verwendung des Adjektivs ›maravilloso‹ und des Substantivs ›maravilla‹ im Bordbuch und im ersten Brief aus der Neuen Welt an Luis de Santángel, Schatzmeister der spanischen Krone, bezeichnen den Vergleich des Neuen mit dem Bekannten und die Unterschiede zwischen beiden. Das Tertium comparationis ist immer die bekannte eigene Welt und ihre Repräsentation im Bewußtsein und Gedächtnis, vor allem die von biblischen Wundern und der Wunderwelt in Marco Polos Reiseberichten, die Kolumbus gelesen hatte, geprägt. ›Maravilloso‹ wird zu einem Terminus, mit dem eine durch den Augenschein beglaubigte Alterität sprachlich akzentuiert wird, die als fremd immer auf ein Eigenes rückbezogen ist. Für diese sprachlich-semantische Funktion des adjektivischen Terminus im frühen Diskurs über die geographischen Entdeckungen gilt generell, was Michel de Certeau über Jean de Lérys Brasilienreise (1578) notiert hat: »Le merveilleux, marque visible de l'altérité, ne sert pas à poser d'autres vérités ou un autre discours, mais au contraire à fonder un langage sur sa capacité *opératoire* de ramener l'extériorité au ›même‹.«[35] Gegen-

---

29 ›Wunderbar‹, in: GRIMM, Bd. 14/2 (1960), 1841.
30 LE GOFF (s. Anm. 4), 456.
31 Ebd., 457; vgl. ANNIE DUCHESNE, Miracles et merveilles chez Gervais de Tilbury, in: Miracles, prodiges et merveilles au Moyen Âge. XXVe Congrès de la SHMS, Orléans 1994 (Paris 1995), 151–158.
32 AUGUSTINUS, Civ. 21, 8, 2; dt.: Augustinus, Der Gottesstaat/ De civitate Dei, lat.-dt., hg. u. übers. v. C. J. Perl, Bd. 2 (Paderborn u. a. 1979), 671 f.
33 BERNHARD BRON, Das Wunder. Das theologische Wunderverständnis im Horizont des neuzeitlichen Natur- und Geschichtsbegriffs (Göttingen 1975), 15.
34 PETER DINZELBACHER, Mirakel oder Mirabilien? Heilige und unheilige Anorexie im ausgehenden Mittelalter, in: D. Schmidtke (Hg.), Das Wunderbare in der mittelalterlichen Literatur (Göttingen 1994), 208.
35 MICHEL DE CERTEAU, L'écriture de l'histoire (Paris 1975), 237.

über dem dualistischen Weltbild der Scholastik, wie es die Chansons de geste in der »Gegenüberstellung zweier Welten, die das Gute und das Böse erkennbar konfrontiert«[36], verkörpern, zeigen Kolumbus' Texte, das Bordbuch und die Briefe, einen doppelten Perspektivenwechsel an. Sie beschreiben erstens nicht wie die Chansons de geste die eigenen Taten und die der Entdecker und Konquistadoren als ›maravilloso‹, sondern die fremde Neue Welt als Realwunder. Zum andern wird das Wunderbare sprachlich zu einem Faktor der Repräsentation emotionaler Reaktionen auf beobachtete und wahrgenommene Differenzen zwischen Erwartung und Erfahrung. Stephen Greenblatt, der Kolumbus' Fahrten als den Beginn eines »century of intense wonder« und das Wunderbare als Grundbegriff »of the representational practices that the Europeans carried with them to America«[37] analysiert hat, erklärt diesen Perspektivenwechsel durch die semantische Struktur im Begriff des Wunderbaren: »Such terms, which recur in philosophy from Aristotle through the seventeenth century, made wonder an almost inevitable component of the discourse of discovery, for by definition wonder is an instinctive recognition of difference, the sign of heightened attention, a sudden surprise of the soul, as Descartes puts it, in the face of the new.« (20) Greenblatt beschreibt die Funktion des Wunderbaren in Kolumbus' Texten als Säkularisierung des mittelalterlichen Mirakulösen – »the marvelous takes the place of the miraculous« (79) – und als Indiz für die Eröffnung der die europäische Kulturgeschichte des 16. Jh., von Italien ausgehend, kontrapunktierenden Debatten über eine spezifische ›Ästhetik des Wunderbaren‹: »Virtually all of these aesthetic categories are implicit in Columbus' insistent use of the marvelous« (80).

Das Wunderbare als ästhetischer Differenzbegriff – ebenso wie die Vorstellung von Amerika nach der Entdeckung als Schauplatz einer ›Thaumatographia naturalis‹[38] oder (in einer bis in die Indianer-Romantik reichenden Tradition) als Projektionsraum von »résurgences des merveilles médiévales revues par une imagination baroque«[39] – hat seinen eigentlichen neuzeitlichen Ursprung in dieser transatlantischen Konfrontation zwischen Alter und Neuer Welt. Kolumbus als Leser von Plinius' *Naturgeschichte*, von Marco Polos Reiseberichten und von höfischen Romanen transformiert die darin präsenten antiken und christlichen Bilder des Staunens in eine neue Nomenklatur des Wunderbaren. ›Wunderbar‹ wird in seinem Diskurs mit ›diverso‹ (verschieden) konnotiert, einem Adjektiv, das erst seither zu einer den Bedeutungshorizont des Wunderbaren definierenden Bestimmung wurde. Er beschreibt »pajaritos de tantas maneras y tan diversas de las nuestras que es maravilla«[40] (so viele Vogelarten und so verschieden von unsern, daß es ein Wunder ist). Eine weitere Differenz wird durch das Adjektiv ›disforme‹ (formlos, unförmig) bezeichnet, das später als Synonym zu ›feo‹ (häßlich) in den spanischen Sprachgebrauch eingeht: »árboles muy disformes de los nuestros [...] y tan disforme que es la mayor maravilla del mundo« (59; von unseren Bäumen so unförmig unterschiedene, daß es das größte Wunder der Welt ist). ›Disforme‹ erscheint auch als Substantiv ›deformidad‹, die die Bewunderung (admiración) durch ihre Schönheit herausfordert: »Hay palmas de seis o ocho maneras, que es admiración verlas, por la deformidad hermosa de ellas«[41] (Es gibt sechs oder acht Palmenarten, deren Anblick durch ihre schöne Unförmigkeit Bewunderung erregt). Diese rhetorische Figur der ›deformidad hermosa‹, der schönen Unförmigkeit oder schönen Formlosigkeit, weist ebenso wie die des ›diverso‹, des Unterschiedlichen, Gelegentlichen oder Alltäglichen (wie in der späteren, heute üblichen Bedeutung von ›Fait divers‹), auf semantische Merkmale, die der Begriff des Wunderbaren seither mit sich führt und die in geschichtlich je

---

36 ERICH KÖHLER, Ideal und Wirklichkeit in der höfischen Epik. Studien zur Form der frühen Artus- und Gralsdichtung (1956; Tübingen ³2002), 111.
37 STEPHEN GREENBLATT, Marvelous Possessions. The Wonder of the New World (Oxford 1992), 14, 8.
38 Vgl. JAN JONSTON, Thaumatographia naturalis, in 10 classes distincta (Amsterdam 1632).
39 BERNADETTE BUCHER, La sauvage aux seins pendants (Paris 1977), 23.
40 CHRISTOPH KOLUMBUS, Diario de navegación (1492; Havanna 1961), 67.
41 KOLUMBUS, Der erste Brief aus der Neuen Welt (1493), lat.-dt., mit dem span. Text des Erstdrucks, übers., kommentiert u. hg. v. R. Wallisch (Stuttgart 2000), 44.

unterschiedlichen Kontexten seinen Gebrauch prägen.⁴² Bis zu Kolumbus war der Orient eine Hauptquelle des Wunderbaren. Nach 1492 wird im Blick auf die Entdeckungen neuer Welten und auf die Erfindungen der Wissenschaften und der Technik das Wunderbare zu einem zwischen den Kunstwelten der *Thaumatopoietik* und den Maschinen der *Organopoietik* vermittelnder Begriff. Insofern ist eine von Sebastian Münster überlieferte Bemerkung der Reyes Católicos über Kolumbus berechtigt, der zufolge dieser weniger ein ›Almirante‹ (Admiral), sondern vielmehr ein ›Admirans‹ (Bewunderer) zu nennen wäre.⁴³ Wahrnehmung und Beschreibung der amerikanischen Alterität als ›wunderbar‹ bringt die ursprüngliche Einstellung des Kolumbus und der anderen Entdecker nach ihm in eine Krise, insofern »sie die neue Welt mit Elementen des Wissens über die ihnen vertraute Welt interpretierten«⁴⁴. Die Erfindung der Neuen Welt als Diskurs impliziert die Naturalisierung der Begriffe des Wunders und des Wunderbaren,»die jetzt gerade eben jener Natur zugeschrieben werden, deren Durchbrechung und Übermächtigung zuvor die theologische Zeugnisqualität des Wunders ausmachte«⁴⁵.

III. Thaumatopoietik und admiratio – Staunen und Bewundern: Das Wunderbare wird Begriff

Die neuere Kultur- und Wissenschaftsgeschichte hat die Periode der Spätrenaissance und des Barock als das ›Jahrhundert des Wunderbaren‹ beschrieben: »The word marvel (*meraviglia* in Italian, *merveille* in French, *Wunder* in German) was widely applied to anything that lay outside the ordinary, especially when it had the capacity to excite the particular emotional responses of wonder, surprise, astonishment or admiration. [...] The vogue for the marvellous was both long-lived and remarkably widespread.«⁴⁶ Auf diesem europäischen Schauplatz, der auch einer der interkonfessionellen Kämpfe, Kriege und Volkserhebungen war, ist das nachtridentinische Italien Zentrum und Inkubationsraum eines modernen poetischen Begriffs des Wunder-

baren, der dann zu einem ästhetischen erweitert wird. In der durch die lateinische und dann auch italienische Übersetzung der *Poetik* des Aristoteles fast zeitgleich mit den Debatten auf dem Tridentinischen Konzil (1545–1563) ausgelösten Welle poetologischer Aristoteles-Kommentare, die sich direkt oder indirekt auf den Zustand und die Perspektiven zeitgenössischer Poesie bezogen, wird das Wunderbare, ›il meraviglioso‹, als Leit- und Differenzbegriff einer neuen Poetik entwickelt und diskutiert. Es wird zum Stein des Anstoßes für die katholische Kirche, die an einem dogmatischen Aristotelismus festhielt, um ihr Weltbild einer geschlossenen Natur- und Daseinsordnung zu sichern. Darin waren keine anderen als die durch die Bibel und die Heiligenlegenden sanktionierten Wunder vorgesehen. Die Erfindung neuer Wunder und die admiratio überhaupt galten als christliches Ärgernis, um so mehr als die mit dem Buchdruck ermöglichte Verbreitung literarischer Erzeugnisse profanen Inhalts wie z. B. die Ritterromane in einer Allgemeinheit von Lesern die kirchliche Rechtgläubigkeit in Frage stellen konnten. Die auf dem Konzil zu Trient vereinbarte ›Regula IX‹ indizierte z. B. außer Wetterberichten alle nichtchristlichen Prophetien und Formen von Magie und Wunder, von Spektakeln usw. und verbot ihre künstlerische Darstellung: »Alle Schriften über Geomantie, Hydromantie, Aeromantie, Pyromantie, Oniromantie, Chiromantie, Nekromantie,

---

42 Vgl. ANTONIO GÓMEZ-MORIANA, Christoph Colomb et l'invention de l'›Indien‹, in: L'›Indien‹, instance discursive. Actes du colloque de Montréal 1991, sous la direction de A. Gómez-Moriana/D. Trottier (Quebec 1993), 19–35; BEATRIZ PASTOR, Discurso narrativo de la conquista de América (Havanna 1983).
43 Vgl. DASTON/PARK (s. Anm. 16), 147.
44 HANS ULRICH GUMBRECHT, Wenig Neues in der Neuen Welt. Über Typen der Erfahrungsbildung in spanischen Kolonialchroniken des XVI. Jahrhunderts, in: W.-D. Stempel/K. Stierle (Hg.), Die Pluralität der Welten. Aspekte der Renaissance in der Romania (München 1987), 235; vgl. LEONARDO OLSCHKI, Storia letteraria delle scoperte geografiche. Studi e ricerche (Florenz 1937).
45 HANS BLUMENBERG, Paradigmen zu einer Metaphorologie (1960; Frankfurt a. M. 1998), 80.
46 KENSETH (s. Anm. 12), 25.

oder in welchen Sacrilegien, Zaubereien, Augurien oder magische Beschwörungen enthalten sind, werden ganz und gar verworfen.« (Libri omnes et scripta geomantiae, hydromantiae, aeromantiae, pyromantiae, onomantiae, chiromantiae, necromantiae, sive in quibus continentur sortilegia, veneficia, auguria, auspicia, incantationes artis magicae, prorsus rejiciuntur.)[47] Die zentrale Frage, deren Erörterung in den poetologischen Debatten den Begriff des Wunderbaren bestimmt, war eine doppelte: Wie läßt sich das Wunderbare mit dem aristotelischen Prinzip der Wahrscheinlichkeit vereinbaren, das der Kirche als ideologische und poetologische Haftung der gesellschaftlichen Ordnung galt, und wie kann das Wunderbare als Darstellung von und als Suche nach Neuem an die Tradition angeschlossen werden? Beide Fragen wurden im 16. und 17. Jh. mit immer neuen Akzenten und Argumenten diskutiert. Sie lassen sich im Blick auf die Begriffsgeschichte des Wunderbaren zwischen den beiden Polen eines ›merveilleux chrétien‹ und einer von Leibniz als ›drôle de pensée‹ beschriebenen Erfindungskunst im Zeichen des Wunderbaren charakterisieren und beschreiben.

1. Die ›Querelle du merveilleux‹ in Italien und Frankreich

Die Kontroverse wurde ausgelöst durch Torquato Tassos christliche Epen *La Gerusalemme conquistata* (1575) und *La Gerusalemma liberata* (1581), auf die sich die französische ›Querelle du merveilleux‹ im

Siècle classique der französischen Kulturgeschichte bezieht. Als einer der ersten hat im Kontext der Aristoteles-Kommentare Antonio Sebastiano Minturno in seiner 1559 in Venedig erschienenen Poetik *De Poeta* das aristotelische ›thaumazein‹ für die Poetik aktualisiert, indem er es mit der kathartischen Läuterung durch Furcht und Mitleid verband. Damit berief er sich auf das 9. Kapitel der *Poetik*, das dem Wunderbaren auch in der Tragödie eine Staunen erregende Wirkung zuschreibt.[48] Minturno, der am Konzil von Trient teilgenommen hatte, schrieb der Poesie eine wichtige staatsbürgerliche Funktion zu und sah in der admiratio eine Möglichkeit, sie zu verwirklichen. Er bezog sich mit seiner Poetik auf eine breite Diskussion, in der admiratio und das Wunderbare auch als ein rhetorisches Verfahren der Erfindung verstanden wurde, als Darstellung von Wissen durch Vergnügen. Damit war das Wunderbare nicht nur mit der Wahrscheinlichkeit der Poetik verbunden, sondern auch mit der anderen antiken Funktion, Staunen als Quelle von Wissen, admiratio als Neugier.[49] Die Verknüpfung des Wunderbaren mit der Katharsis wird in dem klassischen Aristoteles-Kommentar von Lodovico Castelvetro in seiner *Poetica d'Aristotele* (1570) vertreten, wo er erklärt, »welches Wunderbare die Handlung erschreckender und mitleiderregender macht« (qual maraviglia faccia l'attione piu spaventevole, & piu compassionevole[50]). Der Umbau des poetischen Neo-Aristotelismus zu einer neuen Theorie mit Hilfe des Wunderbaren, von Gerhard Schröder ausführlich dargestellt[51], führt über die Suche nach Vermittlungen zwischen Wahrscheinlichkeit und Wunderbarem zur Trennung zwischen den beiden Begriffen bis zur Behauptung ihrer prinzipiellen Unvereinbarkeit, die sprachlich repräsentiert wird durch die Substantivierung des Adjektivs: ›il meraviglioso‹ (das Wunderbare) ist eine italienische Erfindung des Cinquecento.

Der Begriff gewinnt seine Konturen im Kontext der Debatten über die aristotelische Poetik in dreierlei Hinsichten und auf drei semantischen Feldern. Hinsichtlich der Glaubwürdigkeit (credibile), der Bewunderung (ammirazione) und hinsichtlich des Neuen und seiner Entdeckung bzw. Erfindung. Alle drei semantischen Horizonte unterwandern und zersetzen das Dogma der poetischen Wahr-

---

47 PIUS IV., Index librorum prohibitorum [...] (1564), in: F. H. Reusch (Hg.), Die ›Indices librorum prohibitorum‹ des 16. Jahrhunderts (Tübingen 1886), 249; dt.: Der Index Pius' IV. vom J. 1564, in: Reusch (Hg.), Der Index der verbotenen Bücher. Ein Beitrag zur Kirchen- und Literaturgeschichte, Bd. 1 (Bonn 1883), 388.
48 Vgl. ARISTOTELES, Poet. 1452a.
49 Vgl. MARVIN T. HERRICK, Some Neglected Sources of ›admiratio‹, in: Modern Language Notes 62 (1947), 222-226.
50 LODOVICO CASTELVETRO, Poetica d'Aristotele vulgarizzata e sposta (1570; München 1967), 123.
51 Vgl. GERHARD SCHRÖDER, Logos und List. Zur Entwicklung der Ästhetik in der frühen Neuzeit (Königstein/Ts. 1985).

scheinlichkeit, indem das Wunderbare auf Bereiche und Erfahrungen ausgedehnt wird, die außerhalb der Ordnung der Natur (praeter naturam) als ein Unerklärbares liegen. Eine utopische Dimension kommt damit in die Debatten über das Wunderbare, die das Mögliche und das Unmögliche, auch wenn es unwahrscheinlich ist, legitimiert unter der Voraussetzung, daß es glaubwürdig ist.

Iacopo Mazzoni hat in seiner Dante aktualisierenden Poetik die Ablösung von der Rhetorik im Zeichen des Wunderbaren als Merkmal einer neuen ›poesia fantastica‹ bezeichnet. Der Rhetorik als einer Kunst mündlicher Rede fehle die Anschaulichkeit, die der schriftgebundenen Poesie wesentlich ist, ein Unterschied, mit dem sich die Kommentatoren der *Poetik* auf Aristoteles' Feststellung beriefen, daß das Wunderbare vorzüglich im Epos seinen Platz habe, weniger in der Tragödie: »Bislang sind wir zu dem Schluß gelangt, Gegenstand der phantastischen Dichtung sei das Unwahre, doch insofern es glaubhaft und wunderbar ist; [...] Wir kamen zu dem *Glaubhaften* als dem wahren Gegenstand des Dichters, da Aristoteles wünscht, dieser möge eher ein sorgsam Suchender und mehr um das Glaubhafte als um das Mögliche bemüht sein und folglich eher als das Unmögliche das Unglaubwürdige meiden. [...] Gegenstand der Poetik ist also das Glaubhafte, sei es möglich oder nicht, und das Unglaubwürdige, sei es möglich oder nicht, muß ganz und gar abgelehnt werden. [...] Dann sprachen wir mit dem folgenden Wort vom *Wunderbaren*, um zu zeigen, daß das Glaubhafte in der Dichtung nicht mit dem der Rhetorik übereinstimmt, sondern davon abweicht, da das Glaubhafte der Dichtung notwendig mit dem Wunderbaren verbunden sein muß, während diese Verbindung beim Glaubwürdigen der Rhetorik nicht nötig ist.« (Si è concluso fin'ora che l'oggetto della poesia fantastica sia il falso, ma in quanto ch'egli è credibile e meraviglioso; [...] Si è giunta quell'altra voce *credibile*, perché questo è il vero oggetto del poeta, volendo Aristotele ch'egli sia più diligente cercatore, e più curante del credibile ch'egli non è del possibile. E per conseguente, ch'egli fugga più l'incredibile che l'impossibile. [...] È dunque l'oggetto della poetica il credibile, siasi o non siasi possibile, e l'incredibile deve in tutto esser rifiutato, siasi o non siasi possibile. [...]

Si è detto poi nella seguente parola *maraviglioso*, per dimostrare che il credibile poetico non è il medesimo con quello della retorica, ma differente, poiché necessariamente bisogna che il credibile della poetica sia congiunto colla maraviglia, la qual congiunzione non è necessaria nel credibile della retorica.[52])

In den von Tassos Epen ausgelösten folgenreichen Debatten über das ›merveilleux chrétien‹ hat dieser selbst zu verschiedenen Zeiten mit zwei theoretischen Texten Stellung bezogen. Hier wird das Wunderbare zum ersten Mal als substantiviertes Adjektiv von der dogmatischen Vorschrift des Wahrscheinlichen unterschieden, ohne daß dieses jedoch, wie später bei Francesco Patrizi und Giambattista Marino, grundsätzlich in Frage gestellt würde. Diese Promotion des adverbialen und adjektivischen ›meraviglioso‹ zu einem substantivischen Grundbegriff ist die theoretische Fixierung des Wunderbaren zur Repräsentation des Unmöglichen, Unerklärbaren, Bewundernswerten als solchen. Es ist auch die sprachliche Markierung des Unterschiedes und des Gegensatzes zwischen religiösen und weltlichen Wundern: »Das Wunder wird zum Wunderbaren«[53]!

2. Die Erfindung des Wunderbaren

Das Zugeständnis an die Wahrscheinlichkeit in Tassos Position war angesichts des Wunderverbots des Tridentinischen Konzils auch eines an die kirchliche Rechtgläubigkeit. Im ersten der *Discorsi dell'arte poetica* (1570) diskutiert Tasso den Unterschied der antiken Mythen von der christlichen Religion als einen der im Laufe der Zeiten verlorenen (oder überwundenen) Glaubwürdigkeit. Zu ihrer Zeit wurden die Mythen von den Menschen geglaubt so wie jetzt die biblischen Wunder. Beide sind auf ihre je eigene Weise wunderbar: »Wenn wir nicht auf sie eingehen, fehlt uns das Wunderbare. Wenn wir auf sie eingehen, verliert das Gedicht, in dieser Hinsicht, an Wahrscheinlichkeit.« (se non vi ricorriamo mai, viene a mancarvi il meraviglioso; se vi ricorriamo, resta privo il poema in

---

52 IACOPO MAZZONI, La difesa di Dante (1575). Passi scelti, hg. v. N. Bonifazi (Urbino 1982), 65 f.
53 EMING (s. Anm. 15), 13.

quella parte del verisimile.)⁵⁴ Der Trick in Tassos Argumentation führt das Wunderbare als Verbindung mit dem Wahrscheinlichen in einer geschichtlich vergleichenden Perspektive ins Feld, wodurch es die Wahrscheinlichkeit als poetisch universale Norm historisiert. Tasso reflektiert diesen Trick selbst als einen ganz neuen Gedanken, wenn er das Wunderbare in seiner Version als noch unsicher vermerkt: »Denn Menschen unserer Tage kann nicht wahrscheinlich vorkommen, was sie nicht nur für falsch, sondern für unmöglich halten. [...] Wie sehr dies Wunderbare (sofern es den Namen überhaupt verdient), das zu den Jupitern und Apollen und den anderen Heidengöttern gehört, nicht nur von aller Wahrscheinlichkeit weit entfernt, sondern sogar kalt und albern und kraftlos ist, kann auch der mit mäßiger Einsicht Begabte leicht feststellen, wenn er solche auf die Unwahrheit des antiken Glaubens gegründete Dichtungen liest. Ganz verschiedener Art, [...] ist das Wunderbare und das Wahrscheinliche, so verschieden, daß es fast Gegensätze sind. Und doch ist dies wie jenes im Gedicht vonnöten. Zur hohen Dichtung gehört es aber, beides miteinander zu verbinden.« (perché non può esser verisimile a gli uomini nostri quello ch'è da lor tenuto non solo falso, ma impossibile [...]. E quanto quel maraviglioso (se pur merita tal nome) che portan seco i Giovi e gli Apolli e gli altri numi de' Gentili sia non solo lontano da ogni verisimile, ma freddo ed insipido e di nissuna virtù, ciascuno di mediocre giudicio se ne potrà facilmente avvedere leggendo que' poemi che sono fondati sovra la falsità dell'antica religione. Diversissime sono [...] queste due nature, il maraviglioso e 'l verisimile, ed in guisa diverse che sono quasi contrarie fra loro: nondimeno l'una e l'altra nel poema è necessaria; ma fa mestieri che arte di eccellente poeta sia quella che insieme le accoppi – 354; dt. 740f.).

Ein Vierteljahrhundert später, kurz vor seinem Tod, hat Tasso in den *Discorsi del poema eroico* (1594) in einer den platonischen Begriff des ›thaumazein‹ aktualisierenden Weise seinen Begriff des Wunderbaren zu einer Vision des Realen (oder der Wirklichkeit) auf einer breiten Straße des Unvorhersehbaren gesteigert: »Daher werde ich es bei diesen verschiedenen Ansichten mit denjenigen halten, die sich, wenn die Wege auseinandergehen, nur auf eine kurze Strecke trennen und sich dann wieder auf der Heerstraße zusammenfinden, die zu einem hohen Ziel führt oder zu irgendeiner vornehmen Stadt voller prächtiger und königlicher Häuser und geschmückt mit Tempeln und Palästen und anderen königlichen und wunderbaren Bauwerken.« (perciò che in questa diversità di parere io imiterò coloro i quali ne la divisione de le strade sogliono dividersi per breve spazio, e poi tornano a congiungersi ne l'amplissima strada, la qual conduce a qualche altissima meta o ad alcuna nobilissima città piena di magnifiche e di reali abitazioni ed ornata di templi e di palazzi e d'altre fabriche reali e maravigliose.⁵⁵)

Tassos Reflexionen über das Wunderbare zeigen ihn als eine Übergangsfigur, die den Begriff vom rein Gegenständlichen der Stoffwunder ablöst und ihn als subjektives Wunderempfinden und Stilprinzip poetischer Sprache erörtert und praktiziert. Tasso hat mit der »ersten kohärenten Theorie des christlichen Wunderbaren«⁵⁶ die barocke Sprachreflexion der ›acutezza‹ (span. agudeza), des Scharfsinns, vorbereitet, die im 17. Jh. in Italien und Spanien zu einem Grundbegriff promoviert wird. Die neuere Forschung hat die admiratio-Theorie zu Recht als ein entscheidendes Kapitel im geschichtlichen Prozeß der Moderne identifiziert: »Der Begriff der ›maraviglia‹ gewinnt seine dominierende Bedeutung im 16. Jh. als Quintessenz einer Erfahrungsform, die der rationalistischen entgegengesetzt ist und die nach Tasso nicht einfach als unwahr abgetan werden kann: die Erfahrung der Dinge nicht als Teil eines größeren Zusammenhangs, der ihre sinnliche Einmaligkeit und Konkretheit vergessen läßt, sondern als seien sie neu und man habe sie noch nie gesehen.«⁵⁷

---

54 TORQUATO TASSO, Discorsi dell'arte poetica e in particolare sopra il poema eroico (1570), in: Tasso, Prose, hg. v. E. Mazzali (Mailand/Neapel 1959), 353; dt.: Über die Dichtkunst, insbesondere das Heldenepos, in: Tasso, Werke und Briefe, übers. v. E. Staiger (München 1978), 740.
55 TASSO, Discorsi del poema eroico (1594), in: ebd., 729; vgl. ULRICH LEO, Torquato Tasso. Studien zur Vorgeschichte des Secentismo (Bern 1951).
56 REINHARD KRÜGER, Zwischen Wunder und Wahrscheinlichkeit. Die Krise des französischen Versepos im 17. Jahrhundert (Marburg 1986), 101.
57 Ebd., 80.

III. Thaumatopoietik und admiratio – Staunen und Bewundern: Das Wunderbare wird Begriff

Wie weit Ende des 16. Jh. in Italien der Begriff des Wunderbaren die neo-aristotelische Poetik aufgelöst und zersetzt hatte, das läßt sich an der wohl bedeutendsten anti-aristotelischen Schrift des Cinquecento ermessen, an Francesco Patrizis in kritischem Dialog mit Tasso konzipierter Schrift *Della poetica* (1587). Patrizi, der als Platoniker eine neue Philosophie auf der »theoretischen Vorrangstellung der Mathematik gegenüber der Physik«[58] aufbauen wollte, hat seine kohärente Theorie des Wunderbaren im zweiten Band der Poetik unter dem Titel *La deca ammirabile* in zehn Büchern dargelegt. Der Text blieb unbekannt und wurde erst 1949 von Paul Oskar Kristeller entdeckt und 1969 zum ersten Mal publiziert.[59] Patrizi gilt zu Recht als der vehementeste Anti-Aristoteliker unter den Renaissancepoetologen, der gegen die Nachahmungstheorie »sein umfangreiches, von der Vorstellung des ›furor poeticus‹ genährtes Konzept des poetisch Wunderbaren aufbietet«[60]. Das Wunderbare ist Inbegriff der Poesie, und der Dichter als sein Erfinder ist »Schöpfer des Wunderbaren« (facitore del mirabile[61]). Diese »Verschwisterung von *meraviglia* und *poesia*«[62], die Ablösung des Thaumaturgen durch den gottgleichen Poeten als einen Erfinder, konzentriert der Text der *Deca ammirabile* in einem durch affektive Intensität gesteigerten Wunderbaren, in einer zwischen Vernunft und Affekt vermittelnden dritten Kraft, dem »*Wunderungsvermögen*« (*potenza ammirativa*[63]). Der Poet ist einer der »drei von Platon angenommenen Weltenschöpfer: Gott, Natur, Künstler [...]. Wenn auch kein Gott, so hat er doch Göttliches an sich« (tre facitori universali, che pose Platone: Dio, natura, huom' artista. [...] se bene egli non è Dio, tiene almeno del divino – 285). Der emphatische Dichterbegriff Patrizis wird unterstrichen durch die Einführung einer semantischen Unterscheidung zwischen ›il mirabile‹ und ›il maraviglioso‹, wodurch Patrizi eine Bewegung zwischen Anlaß und Richtung, zwischen Ursprung und Ziel des Wunderbaren angibt. Er setzt voraus, »daß das Wunderbare jenes ist, was die Griechen *thaumaston* und *thaumasion* und wir mit den Lateinern *ammirabile*, *ammirando* und zumeist *maraviglioso* nennen, als jenes, was Verwunderung hervorbringt« (che il mirabile sia quello che i Greci dissono *thaumaston* e *thaumasion*, e noi co' Latini *ammirabile* e *ammirando* e di più *maraviglioso*, come

quello che la maraviglia partorisce – 297). Das Wunderbare wird nicht mehr wie bei Tasso im Verhältnis zum Wahrscheinlichen und durch seine Glaubwürdigkeit bestimmt, die ihm beide im Wege stünden. Der eigentliche Ort des Wunderbaren ist das Ungewisse und Unglaubwürdige, »weil das Glaubhafte keine Verwunderung bewirken kann [...], und als unumstößlicher Schluß daraus sei festgelegt, daß die Poesie das Unglaubwürdige zum Gegenstand hat, weil dieses die wahre Grundlage des Wunderbaren ist« (perchè il credibile non può operare maraviglia [...]. E sia stabilita per ferma conclusione che la poesia habbia per oggetto lo incredibile, perchè questo è il vero fondamento del meraviglioso – 307). Patrizi ist der erste, der das Wunderbare auch anthropologisch bestimmt und der sich dieser seiner Innovation ganz bewußt ist: Das Wunderbare gehört ihm zufolge zur Grundausstattung des Menschen. Es ist eine Passion, wie sie dann erst wieder Descartes diskutieren wird: »Gewiß scheint uns, daß das Wunderbare im Gedicht ebenso beschaffen sein muß wie der Geist oder der Verstand im Menschen. [...] Und ebenso wie der Verstand seine Geistesblitze und seine Regungen vom Kopf aus zu allen anderen, den größeren wie den kleineren, den wichtigeren wie den weniger wichtigen Gliedern aussendet, so muß das Wunderbare von seinem Hauptsitz, der Hauptsache oder der Hauptfigur aus, die Bewegungen seiner Wunder zu allen anderen Sachen oder Figuren des Gedichts [...] aussenden« (Certamente a noi pare che il mirabile tale dea essere nel poema, quale è la mente, o la ragione, nell'huomo. [...] E sì come la ragione dal capo manda suoi spiriti e suoi moti per tutte l'altre e maggiori, e minori, e principali, e meno principali membra, così il mirabile dal suo capo, cosa o persona principale, haverà a mandare per tutte l'altre e cose, e persone del

---

58 PAUL OSKAR KRISTELLER, Platonismus in der Renaissance (1955), in: Kristeller, Humanismus und Renaissance, hg. v. E. Keßler, Bd. 1 (München 1974), 65.
59 Vgl. FRANCESCO PATRIZI, La deca ammirabile (1587), in: Patrizi, Della poetica, hg. v. D. A. Barbagli, Bd. 2 (Florenz 1969).
60 MATUSCHEK (s. Anm. 21), 144.
61 PATRIZI (s. Anm. 59), 271.
62 MATUSCHEK (s. Anm. 21), 144.
63 PATRIZI (s. Anm. 59), 361.

poema [...] i moti delle sue meraviglie – 329 f.).

Mit dieser aisthetischen und zugleich anthropologischen Bestimmung des Wunderbaren schließt Patrizi den Begriff an die platonische Tradition des Wunderbaren als einer Quelle der Erkenntnis an. Seine Poetik endet mit einem sprachlichen Taufakt, der das Wunderbare als Erregung von Staunen, von ›lo stupore‹ bezeichnet: »Um nun mit dem ganzen Zusammenhang des Wunders abzuschließen, sagen wir, daß es eine Bewegung des Wunderungsvermögens ist, daß es zustande kommt, wenn wir etwas kennenlernen, und mit voller Kenntnis der Ursachen endet und daß es aus sich heraus Zweifel, Glaube, Unglaube und Freude hervorbringt. Ist eine Sache sonderbar und neu, übersteigt es seine gewöhnliche Natur *und ist eigentlich nicht mehr Wunder, sondern Staunen zu nennen.*« (Conchiudendo adunque il fatto tutto della maraviglia, diciamo lei essere moto della ammirativa, nascente da notizia, e cessante in tutto conoscenza piena delle cagioni, e producente di sè dubbio, e credenza, e miscredenza, e dilettanza. La quale per istrana novità di fatto così sormonta l'ordinaria sua natura, che *perdendo suo proprio nome di maraviglia prende nome di stupore* – 368 [Hervorh. v. Verf.]).

Damit hat Patrizi den Begriff eingeführt, der das Grundprinzip der admiratio-Theorie des Barock benennt: ›stupore‹ als ein intensives Staunen, das zwischen Erschrecken und Bewunderung oszilliert. ›Far stupir‹ wird im 17. Jh., von Italien ausgehend, zum zunächst auf die Poesie und die Poetik bezogenen Merkmal einer kulturellen Epochendifferenz, an deren Grenzen das Wunderbare als ein über die Poesie hinausweisender Begriff der Verschiebung und der Entkanonisierung hierarchischer Ordnung gedacht und praktiziert wird.

---

64 WERNER KRAUSS, Marino, Dichter und Gestalt (1934), in: Krauss, Das wissenschaftliche Werk, hg. v. W. Bahner u. a., Bd. 3 (Berlin/New York 1997), 312.
65 GIAMBATTISTA MARINO, La Murtoleide. Fischiate del cavalier Marino (Frankfurt a. M. 1626), 39.
66 Vgl. ÉTIENNE BINET, Essay des merveilles de nature et des plus nobles artifices. Pièce très-nécessaire à tous ceux qui font profession d'éloquence (Besançon 1622); GÉRARD GENETTE, Mots et merveilles, in: Genette, Figures I (Paris 1966), 171–183.
67 MARINO, Adone (1623), hg. v. M. Pieri, Bd. 1 (Bari 1975), 280.

Marino ist dafür eine Leitfigur. Er hat mit dem aufsehenerregenden Poem *Adone* (1623), einem außerhalb Italiens zu Unrecht vergessenen »ungeheuren Gesang der Wollust«, der »in der Darstellung der sinnlichen Liebe [seinen] zentralen Gegenstand fand«[64], die antike Mythologie ohne Rücksicht auf das ›merveilleux chrétien‹ aktualisiert. In 11 Canti und 9000 Versen war ein poetisches Reich des Wunderbaren entstanden, das Patrizis Konzept vom Dichter als ›facitore del mirabile‹ in die Praxis umsetzte. Marinos theoretische Position wird in verkürzter Form meist mit einer als sein poetisches Credo gelesenen Strophe aus einem auf einen Dichterstreit bezogenen Sonett zitiert, mit dem Marino sich mit seinem poetischen Kontrahenten Murtola auseinandersetzte: »Der Zweck des Dichters ist das Wunderbare / Vom ausgezeichneten und nicht vom plumpen sprech' ich / Wer nicht zum Staunen bringen kann, soll in den Stall zum Striegeln.« (È del Poeta il fin la merauiglia / Parlo dell'eccellente, non del goffo, / Chi non sà far stupir vada alla striglia.[65])

Mit dem *Adone* wird das Wunderbare thematisch nicht nur auf den Schauplätzen eines kosmogonischen Roadmovie, den der Held in der Begleitung Merkurs der Venus durchläuft; es wird auch Stilprinzip, um durch ›lo stupore‹ die Leser zu erregen. Während zur selben Zeit in Frankreich der Jesuit Étienne Binet die Wunder der Natur in sprachlichen Entsprechungen in einer rhetorischen Enzyklopädie als Wunder der Sprache, als ›nobles artifices‹[66] registrierte, wurde Marino über Italien hinaus schulbildend als Namensgeber des ›Marinismus‹, der das Wunderbare wie Kolumbus als Staunen erregende Entdeckung neuer Welten feiert: »Er gleicht dem Bezähmer des Ozeans / als er, die Brust von Staunen übervoll, / in fernen Weltgegenden erstmals / neue Wunder und unbekannte Völker sah.« (Somiglia il domator de l'Oceano / quando, d'alto stupore ingombro il petto, / vide primero in región remote / meraviglie novelle, e genti ignote.[67])

Reflexiv wird das Wunderbare im Zeichen poetischen Enthusiasmus, des ›furor poetico‹, zu einem Merkmal des poetischen Stils: »In jenes marmorne und klare Becken / ließ Phoebus so viel von seiner Anmut fließen, / daß er darin die poetische Kraft / seines wunderbaren und heiligen Furors faßte.«

(Febo poi tanto di sua grazia infuse / In quel marmoreo e limpido lavacro / Che la virtù poetica vi chiuse / Del suo furor meraviglioso e sacro. – 490)

Der 10. Gesang – Le maraviglie – mobilisiert das gesamte Arsenal der griechisch-römischen Mythologie in der Form einer allegorischen Kosmogonie, deren einziges Thema die Wunder der neuen Wissenschaften sind. Dem Canto vorangestellt ist eine Vorschau, die diesen kosmogonischen Schauplatz des Wunderbaren als ein ›Haus der Künste‹ beschreibt. Die Wunder der Technik wie das Teleskop – »ein wundersames Instrument, durch welches, was fern ist, nah erscheint« (ammirabile stromento per cui ciò ch'è lontan, vicino appare – 548) – sind ebenso erstaunlich und bewundernswert wie die der Kunst, die eine wunderbare neue Welt aus dem Nichts erzeugen wie die Architektur – »ein größeres Wundermittel« (istromento maggior di meraviglie – 581) – oder wie Malerei und Skulptur: »Und hier sind noch zwei Schwestern, die werten Töchter / sowohl der Zeichnung als auch der Symmetrie. / Die eine weiß mit schönen Farben auf Leinwand oder Holz / aus nichts erstaunliche Wunder zu bilden. / Die andere, die an Fleiß und Talent / nicht ihresgleichen [...] hat, / versteht es wahrlich, dem Stein, Metall, Gips und dem Wachs / mit ihrem Werkzeug Seele zu geben.« (Ecco altre due sorelle, e del Disegno / e de la Simmetria pregiate figlie. / L'una con bei colori in tela o in legno / sa di nulla formar gran meraviglie. / L'altra, che ne l'industria e ne l'ingegno / Non ha [...] chi la somiglie, / sa dar col ferro al sasso anima vera, / al metallo, a lo stucco, ed a la cera. – 570)

Marino hat das Wunderbare als neuen Stil von den Vorschriften der Nachahmungslehre getrennt und den Dichter als einen Kolumbus auf dem Feld der Sprache verstanden, der »einen neuen Himmel und eine neue Erde entdecken wird, [...] neue Lichter und neue Dinge« (scoprirà novo cielo e nova terra [...] novi luci, e nove cose – 549).

Mit dem 10. Gesang über die Wunder im Reich des Merkur, die von den im System der sieben freien Künste repräsentierten Wissenschaften und Künsten erfunden werden, stellt der Adone das poetisch Wunderbare als eine Kategorie der Zukunft – »zu prophezeien künftige Dinge« (vaticinar cose future – 569) – und poetischer Erfindung dar. Im ›Prozeß der theoretischen Neugierde‹ (Hans Blumenberg), den Francis Bacon zur selben Zeit in England in The Advancement of Learning (1605) unter die Orientierung einer »Thinking faculty«[68] stellt, eröffnet Marino mit dem Adone die komplementäre Perspektive einer ›Kunst der Unterscheidung‹. Als deren Merkmale hat Jean Chapelain, der die Pariser Erstausgabe des Adone besorgte und mit einer Einleitung begleitete, ›diversité‹ als diffuses Spektrum poetischer Gegenstände und stilistisches Mittel zur Erregung von Leidenschaften benannt. ›Diversité‹ wird von Chapelain am Beispiel des Adone als konstitutiv für den Begriff des Wunderbaren eingeführt und prägt ihn seither bis zu Victor Ségalens Esthétique du divers (1904) und dem Wunderbaren der Surrealisten.

›Diversité‹ ist in biblischer Tradition ein Zeichen der Strafe Gottes, man denke nur an die Folgen des Babylonischen Turmbaus. In der Prodigien-Literatur des 16. Jh. ist die ›diversité des choses‹ Zeichen göttlicher Allmacht, die auch als das Unbekannte der Neuen Welt und monströse Abweichungen umfassend dargestellt wird: »Ainsi entendu, la diversité peut aisément inclure les races d'hommes monstrueux.«[69] Kolumbus hatte die ›diversidad‹ der amerikanischen Flora und Fauna als wunderbar bezeichnet, und Montaigne, dessen Essais (1580) einen neuen Begriff von der Verschiedenheit der Dinge beinhalten[70], hat die kolonisatorische Eroberung Amerikas als eine Verletzung der Gleichheit aller Völker in ihrer Verschiedenheit kritisiert. Im Überraschenden und Unerwarteten der écriture des Adone, als ›poème de la paix‹ selbst neu und ohne Vergleich, sind ›diversité‹ und ›merveilleux‹ in Chapelains Kommentar auf eine Weise verbunden, die die Wunder einer Objektwelt mit der Erfindung von Wunderwelten stilistisch verbindet: »La nature du suject produict le merveilleux lors que par un enchainsement de causes non forcées ny appellées de dehors on voit resulter des

---

68 FRANCIS BACON, The Advancement of Learning (1605), in: BACON, Bd. 4 (1858), 325.
69 JEAN CÉARD, La nature et les prodiges. L'insolite au XVIe siècle en France (Genf 1977), 275.
70 Vgl. ebd., 387; JEAN PIERRE CAMUS, Les diversitez. Contenant 10 livres divisez en 2 tomes (Paris 1612).

evenemens ou contre l'attente ou contre l'ordinaire. […] C'est en cette partie veritablement qu'il a transporté la diversité et la merveille, lesquelles les autres poëtes recherchent dans l'invention des choses seulement.«[71] Das Diverse, im ›Fait divers‹ der Zeitungen bis heute gebräuchlich, bezeichnet das Verschiedene und Unterschiedene, das Unerwartete und Fremde, das Ungewohnte und Unbeglaubigte. Mit all diesen Facetten weist es immer auf das Neue, das, wenn es sich mit dem Vergnügen verbindet, eine Quelle des Wunderbaren sein kann.

›Far stupir‹, um Hörer und Leser in Spannung zu versetzen, wird mit der von Marino beschrittenen Wende von einem gegenständlichen zu einem stilistischen Begriff des Wunderbaren, der als admiratio auf der Seite der Rezipienten und als ›acutezza‹ des ›concetto‹ auf der Seite der Produzenten diskutiert wird. Die von Patrizi eröffnete Perspektive wird nach Marino in Italien durch Emanuele Tesauro und in Spanien durch Baltasar Gracián zu einer poetischen Kulturtechnik ausgebaut, die Bewunderung durch sprachliche List und Witz erzeugt. Tesauro, der »bedeutendste Theoretiker des literarischen Barock in Italien«[72], nennt in seiner Poetik *Il cannocchiale aristotelico* (1654) Bewunderung für das Neue und Großartige – »Bewunderung: die nichts anderes ist als eine starke Reflexion über die Neuheit oder Größe des Gegenstandes« (l'Ammiratione: laquale altro non è, che vna gagliarda Riflessione sopra la nouità, ò grandezza dell'Obietto) – als Ziel aller »Kunst der acutezza« (Arte dell'Argutezza[73]), deren Kern eine Theorie der Metapher ist. Die mit Witz und Scharfsinn (acutezza) erzeugten Metaphern unterscheiden die Sprache der erfinderischen Menschen von der des Volkes und sind der eigentliche Quell alles Wunderbaren: »Und das ist die schnelle und leichte Lehre, aus der uns Vergnügen entsteht: wenn der Geist des Zuhörers in einem Wort *ein ganzes Theater der Wunder* zu sehen vermeint.« (Et questo è quel veloce & facile insegnamento da cui ci nasce il diletto: parendo alla mente di chi ode, vedere in vn Vocabulo solo, *vn pien teatro di merauiglie*.« – 267 [Hervorh. v. Verf.])

Als eine »Maschine, ästhetische Lust zu erzeugen«[74] hat Tesauros aristotelisches Fernrohr seine Entsprechung (und sein Vorbild) in Athanasius Kirchers Metaphernmaschine und in der Bildfixiertheit der von der Gegenreformation geprägten katholischen Länder.[75] Durch kühne Metaphern eröffnete neue Zusammenhänge und überraschende Kombinationen steigern das Wunderbare: »Und zwar jene [Figur], die wir auf Griechisch ›Thauma‹, also ›Das Wunderbare‹ nennen können: welches in einer Repräsentation von zwei nahezu unvereinbaren und deshalb über die Maßen wunderbaren Begriffen besteht« (Questi e quegli, che grecamente chiamar possiamo *Thavma*, cioè, *il mirabile*: ilqual consiste in vna *Rappresentation di due Concetti*, quasi 'ncompatibili, & perciò oltremirabili[76]).

Die agudeza-Theorie Graciáns, die durch unbedingte Favorisierung sprachlicher Erfindungskunst »une subversion de l'esthétique aristotélicienne«[77] ist, setzt das Wunderbare mit der Erfindung als Schritt vom Möglichen zum Unmöglichen in eins: »Es genügt nicht, über das Mögliche zu reden, wenn man es nicht aufs Unmögliche ausweitet. […] Die Fruchtbarkeit der Erfindungsfähigkeit ist wunderbar, denn sie kann ihre Gedanken auf die eine oder andere fiktive Weise ausdrücken.« (Poco es ya discurrir lo posible, si no se trasciende a lo imposible. […] Prodigiosa es la fecundidad de la inventiva, pues halla uno y otro modo de ficción para exprimir su pensamiento.[78]) Gracián hat mit dieser Wendung die in Spanien durch die von der

---

71 JEAN CHAPELAIN, Lettre ou discours de M. Chapelain à Monsieur Faverau, conseiller du Roy en sa cour des Aydes, portant son opinion sur le poeme d'Adonis du chevalier Marino (1623), in: Marino, Tutte le opere, hg. v. G. Pozzi, Bd. 2 (Mailand 1976), 27, 39.
72 AUGUST BUCK, Einleitung, in: Emanuele Tesauro, Cannocchiale aristotelico (1654), hg. v. A. Buck (Bad Homburg v. d. H./Berlin/Zürich 1968), XIV.
73 TESAURO, ebd., 217, 3.
74 SCHRÖDER (s. Anm. 51), 149.
75 Vgl. SERGE GRUZINSKI, La guerre des images de Christoph Colomb à ›Blade Runner‹ (1492–2019) (Paris 1990).
76 TESAURO (s. Anm. 72), 446.
77 BENITO PELEGRÍN, La rhétorique élargie au plaisir, in: Baltasar Gracián, Art et figures de l'esprit, hg. u. übers. v. B. Pelegrín (Paris 1983), 65.
78 GRACIÁN, Agudeza y arte de ingenio (1648), hg. v. E. Ovejero y Maury (Madrid 1929), 120, 338.

Kirche bekämpften Ritterromane, die ›Libros de caballería‹, besonders problematische Debatte über die Legitimation eines von den Kriterien der Wahrscheinlichkeit befreiten Wunderbaren unterlaufen. In der klassischen spanischen Poetik des Neo-Aristotelismus, in Alonso López Pincianos *Philosophia antigua poética* (1596), die die Ritterromane als ganz und gar unglaubwürdige ›reine Erfindung‹ (›ficción pura‹) brandmarkt, stehen das Wunderbare und das Wahrscheinliche darum in einem kaum aufzuhebenden Gegensatz. »Parece que tienen contradicción lo admirable y lo verisímil«[79] (zwischen Wunderbarem und Wahrscheinlichem scheint ein Gegensatz zu sein), hatte Cervantes im *Don Quijote* (1605) in dem berühmten Kapitel über die Kritik an den Ritterromanen geschrieben, allerdings die Einheit von Bewunderung und Vergnügen als für die weltlichen »obras de ficción« (Werke der Erfindung) unverzichtbar festgehalten. Was den *Don Quijote* als den ersten modernen Roman und die acutezza/agudeza-Traktate Tesauros und Graciáns im Spiegel des Wunderbaren miteinander verbindet, das ist der darin sich ankündigende Umbau der Rhetorik zur Ästhetik. Die epistemische Funktion, die das Wunderbare auf diesem europäischen Schauplatz einnimmt, hat zu tun mit der Opposition zum Begriff der Wahrscheinlichkeit (und mit der Unvereinbarkeit damit). Rhetorische ›technē‹ als »Umsetzung der Wirklichkeit in Worte bzw. der realen Welt in die Welt der Zeichen«[80] bleibt unter Wahrung angenommener Universalität von Sprache und Wissen dem Bereich des Möglichen verhaftet und schließt das Unmögliche als das immer Unglaubwürdige aus. Rhetorik ist, wie Hans-Georg Gadamer formulierte, »die Logik der Wahrscheinlichkeit«[81]. Insofern eröffnet das Wunderbare in der Reflexionsgeschichte der Poetik in der frühen Neuzeit mit seinem Zentrum im Italien des Cinquecento und Seicento ein neues und anderes Register als das durch die antike Tradition von Rhetorik und Poetik überlieferte. Das Wunderbare, das in der Rhetorik keine Stelle hatte, wird über die Poetiken der Renaissance und des Barock zu einem den Bereich der Poetik überschreitenden Faktor der Reflexion über die moderne Subjektproblematik, die dann mit Baumgarten die Erfindung der Ästhetik prägt. »Aesthetics is not a theory of the production of effective or persuasive discourse; it is a theory of ›sensate cognitions‹ and of the signs that convey them. [...] The insistence on the originating power of subjectivity is incompatible with rhetorical doctrine.«[82]

3. Das Wunderbare als Erfindung: Die Maschinenbücher und ihre ›Wunder‹

Komplementär zum Wunderbaren im Rahmen der Auseinandersetzungen mit der neo-aristotelischen Poetik wird das Wunderbare im 16./17. Jh. zu einer metaphorischen Figur im Rahmen technischer Reflexion in Gestalt einer Thaumatopoietik, die als Anweisung zur Herstellung künstlicher Maschinen, von ›Wundern ohne Glauben‹, die Maschinenbücher des Barock bestimmt. Ansgar Stöcklein hat in seiner Beschreibung der *Leitbilder der Technik* (1969) gezeigt, wie in den Lehrbüchern über die zwei Bereiche der Mechanik, der Organopoietik als der Lehre von den Kriegsmaschinen und der Thaumatopoietik oder Ars automatica als der Lehre von den Nutzmaschinen, die in der Rhetorik kodifizierte Erfindungskunst (Ars inveniendi), durch Begriffe des Wunderbaren, der ›Wundergernekeit‹ (Georg Philipp Harsdörffer) semantisch verbunden sind.[83] ›Curiositas‹, Neugier, Neubegierde oder Neuheit, ist darin das Merkmal einer »wunderwirkenden Kunst«, von der Caspar Schott in der *Technica curiosa* (1664) schreibt: »Keine Effekte rufen im Gefühl des Menschen größere Bewunderung hervor als die von der Mechanik oder Maschinenkunde bewirkten. [...] Mit

---

79 MIGUEL DE CERVANTES, Don Quijote de La Mancha (1605), hg. v. F. Rico (Barcelona 1998), 47.
80 GONSALV K. MAINBERGER, Rhetorische Techne (Nietzsche) in der psychoanalytischen Technik (Freud). Prolegomena zur Rationalität der Psychoanalyse, in: J. Figl (Hg.), Von Nietzsche zu Freud. Übereinstimmungen und Differenzen von Denkmotiven (Wien 1996), 71.
81 HANS-GEORG GADAMER, Wahrheit und Methode. Grundzüge einer philosophischen Hermeneutik (1960; Tübingen ⁶1990), 280.
82 JOHN BENDER/DAVID WELLBERY, The Ends of Rhetoric. History, Theory, Practice (Stanford 1990), 18 f.
83 Vgl. ANSGAR STÖCKLEIN, Leitbilder der Technik. Biblische Tradition und technischer Fortschritt (München 1969).

746 Wunderbar

Recht bezeichneten daher die Alten von allen Künsten und Wissenschaften die Mechanik als Θαυματοποιητική, das heißt als Urheberin von Wundern.« (Effectuum omnium [...] nulli sunt qui majorem in hominum animis pariunt admirationem, quàm qui è Mechanica, seu Machinaria Mathesi proficiscuntur. [...] Meritò ergo Mechanicam Antiqui Θαυματοποιητικὴν, hoc est, miraculorum effectricem, inter omnes Artes atq; Scientias appellarunt.[84]) John Wilkins, der anglikanische Bischof, bezeichnet das Wunderbare der Technik als ›Mathematical Magick‹: »This whole Discourse I call *Mathematical Magick* [...] in allusion to vulgar opinion, which doth commonly attribute all such strange operations unto the power of Magick; For which reason the Ancients did name this Art Θαυματοποιητικ, or *Mirandorum Effectrix*.«[85]

Die Verbindung des poetischen Wunderbaren mit dem technisch Wunderbaren als einer Kunst der Erfindung bringt das Neue gegen seine scholastische Verdächtigung als ein Ziel von Erfindung zur Geltung. »Curiosum‹ ist eines der Modeworte in der Literatur des 17. Jahrhunderts. In zahlreichen Texten wird ein ›opus curiosum‹ verheißen. Eine ›Physica curiosa‹, eine ›Technica curiosa‹ u. dgl. erscheinen. Als ›curios‹ gelten Ölpressen, Bratenwender, Schleifräder mit Wasserantrieb, usw. ›Curios‹ ist das ehrende Prädikat für die neuen Erfindungen und für die Menschen, die sie hervorbringen, verstehen und fördern. ›Curiosus‹ will der Autor des Maschinenbuches sein und als ›curiosi‹ rühmt er seine Leser und Patrone.«[86]

Die Auf- und Neuwertung der curiositas geschieht weniger im Namen und im Interesse der Wahrheitsfindung, sondern eher als ein intellektuelles Vergnügen und als eine Passion, wie sie Patrizi in Italien beschrieben hatte. »La curiosité n'institue donc pas tant une épistémologie de la raison, dont le but serait la recherche de la vérité, qu'une aspiration du cœur, orientée vers la satisfaction d'un désir. [...] Mais ce n'est pas seulement la découverte, c'est l'activité scientifique elle-même qui est cause de joie.«[87]

Curiositas und admiratio als Quellen eines Sieges der Kunst über die Natur konnten sogar durch naturwissenschaftlich-technische Quellen der Antike legitimiert werden. Eine im 16./17. Jh. einflußreiche Quelle, die das Wunderbare auf eine andere Tradition als der Poetik bezieht, ist die Aristoteles zugeschriebene Schrift *Mechanica* aus dem 4. Jh. v. Chr., die seit ihrer Übersetzung und Kommentierung 1517 von Italien aus in Westeuropa bekannt und verbreitet war. Der Text nennt eine Doppelbedeutung des Wunderbaren, die Wahrnehmung von etwas Unbekanntem und ein durch Staunen Erfundenes, die als Aporie und Paradoxon in den Begriff der admiratio des Barock übernommen werden. In der dt. Übersetzung von Friedrich Theodor Poselger: »Wunderbar erscheint, was zwar naturgemäß erfolgt, wovon aber *die Ursache* (das Aition) sich nicht offenbart; desgleichen, was gegen die Natur geschieht, durch Kunst, für menschliches Bedürfniß. [...] Soll daher etwas gegen die Natur *geschehen* (bewerkstelligt werden), so bietet es, wegen der Schwierigkeit, eine Aporie dar, und fodert künstliche Behandlung. Wir verstehen daher unter *Mechanä* den Theil des Kunstfleißes, der zur Auflösung solcher Aporieen verhilft« (Θαυμάζεται τῶν μὲν κατὰ φύσιν συμβαινόντων, ὅσων ἀγνοεῖται τὸ αἴτιον, τῶν δὲ παρὰ φύσιν, ὅσα γίνεται διὰ τέχνην πρὸς τὸ συμφέρον τοῖς ἀνθρώποις. [...] ὅταν οὖν δέῃ τι παρὰ φύσιν πρᾶξαι, διὰ τὸ χαλεπὸν ἀπορίαν παρέχει καὶ δεῖται τέχνης. διὸ καὶ καλοῦμεν τῆς τέχνης τὸ πρὸς τὰς τοιαύτας ἀπορίας βοηθοῦν μέρος μηχανήν)[88].

Das Heterogene als Zeichen und Quelle des Wunderbaren zugleich ist nicht nur eine Definition der Metapher, es könnte auch als Programm der admiratio-Theorie stehen. Galt die Thaumato-

---

84 CASPAR SCHOTT, Technica curiosa (Nürnberg 1664), 367, 369.
85 JOHN WILKINS, To the Reader, in: Wilkins, Mathematical Magick or, The Wonders That May be Performed by Mechanicall Geometry (1648; London 1695), [unpag.].
86 STÖCKLEIN (s. Anm. 83), 101.
87 HERBERT H. KNECHT, Le fonctionnement de la science baroque: le rationnel et le merveilleux, in: ›Le discours scientifique du baroque‹. Actes de la Xe session internationale d'étude du baroque (Montauban 1987), 56.
88 PSEUDO-ARISTOTELES, Mechanica, 847a11–20; dt.: Mechanische Probleme, übers. v. F. T. Poselger, in: Abhandlungen d. mathematischen Klasse der Kgl. Akad. d. Wiss. zu Berlin. Aus dem Jahre 1829 (Berlin 1832), 75.

poietik als »eine Kunst, wunderbare Erscheinungen hervorzubringen, als eine Art von Taschenspielerei«[89], wie Poselger 1829 in Berlin am Ende der Kunstperiode im Geist der Wunderkritik der Aufklärung meinte, so zeigen neuere Forschungen über die Verbindungen zwischen neuzeitlicher Wissenschaft und magisch-holistischen Denkweisen[90], über die Physikotheologie als produktive Reaktion auf die kopernikanische Kränkung[91] oder über ›wunderbare Wissenschaften‹[92], daß der von Italien im Cinquecento/Seicento ausgehende Begriff eines ästhetisch Wunderbaren *vor* der Aufklärung und *vor* der Engführung auf Spezialprobleme unter der Frage, ob ein sowieso nicht mehr mögliches modernes christliches Epos wunderbare Gegenstände, Phänomene und Ereignisse behandeln könne (oder dürfe), etwas anderes war. In der admiratio-Theorie bilden »Kunst und Wissenschaft eine unauflösliche Einheit«[93].

Das von Leibniz 1675 in einem knappen, aber programmatischen Text mit dem Titel *Drôle de pensée* als Spiel- und Denkregeln einer ›Académie du plaisir‹ entworfene Theater des Wunderbaren, eine ›Verbindung von Schaustellung und Forschung‹ (Horst Bredekamp), kann am Ende einer hundertjährigen Bewegung als zukunftsweisende Vision einer alle Bereiche des Wissens, des naturwissenschaftlichen, technischen, künstlerischen und alltäglichen, auf erfinderische und lustvolle Weise inszenierenden Thaumatopoietik verstanden werden. Der in Paris geschriebene Text schlägt »in erstaunlicher Weise [...] eine Brücke zwischen Jahrmarktsrummel und Wissenschaft, Spiel und Nutzen«[94]. Die Vision eines »théâtre de la nature et de l'art«, ein von Bacons Utopie der *Nova Atlantis* (1627) inspiriertes Riesenspektakel von »métamorphoses merveilleuses«[95], imaginiert das technisch Wunderbare in Gestalt von »toutes sortes de merveilles optiques« (563), die auf öffentlichen Plätzen wie auf Jahrmärkten zur Schau gestellt werden sollen »pour la satisfaction publique, et pour l'acroissement des sciences« (565). Es ist eine das Theater und die Oper zum Vorbild nehmende Messe der Erfinder und der Erfindungen in einer Zeit, »où le savoir, prenant enfin les mathématiques pour modèle, dépasse le chaos de l'empirisme et l'ordre trop facile du conceptualisme. [...] La science se cherche elle-même [...]. Leibniz prélude ici à l'encyclopédie.«[96] Leibniz hat das Wunderbare in diesem Text als Zentrum einer »dialectique du sérieux et du frivole qui ordonne la sphère existentielle du Baroque«[97] in Bewegung gesetzt. Die performative Explosion des Wunderbaren als theatralische Thaumaturgie wird auch in den *Nouveaux essais* (1703) als Dispositiv einer »nouvelle espèce de logique« festgehalten, die Leibniz als spielerische Erfindungskunst und »jeux de hasard« denkt: »et generalement je souhaiterois qu'un habile Mathematicien voulût faire un ample ouvrage bien circonstancié et bien raisonné sur toute sorte de jeux, ce qui seroit de grand usage pour perfectionner l'art d'inventer, l'esprit humain paroissant mieux dans les jeux que dans les matieres les plus serieuses.«[98]

89 FRIEDRICH THEODOR POSELGER, Über Aristoteles Mechanische Probleme, in: ebd., 64.
90 Vgl. FRANCES A. YATES, Giordano Bruno and the Hermetic Tradition (Chicago/London 1964).
91 Vgl. BLUMENBERG, Der Prozeß der theoretischen Neugierde (Frankfurt a. M. 1980); RUTH GROH/DIETER GROH, Weltbild und Naturaneignung. Zur Kulturgeschichte der Natur (Frankfurt a. M. 1996).
92 Vgl. ANDREAS GIPPER, Wunderbare Wissenschaft. Literarische Strategien naturwissenschaftlicher Vulgarisierung in Frankreich (München 2002).
93 Ebd., 33.
94 ARNO VICTOR NIELSEN, Gottfried Wilhelm von Leibniz, in: Wunderkammer des Abendlandes. Museum und Sammlung im Spiegel der Zeit [Ausst.-Kat.], hg. v. d. Kunst- und Ausstellungshalle der Bundesrepublik Deutschland in Bonn (Bonn 1994), 120; vgl. HORST BREDEKAMP, Die Fenster der Monade. Gottfried Wilhelm Leibniz' Theater der Natur und Kunst (Berlin 2004), 237–246.
95 GOTTFRIED WILHELM LEIBNIZ, ›Drôle de pensée‹, touchant une nouvelle sorte de ›représentation‹ (1675), in: Leibniz, Sämtliche Schriften und Briefe, hg. v. der Akad. d. Wiss. der DDR, Reihe 4, Bd. 1 (Berlin 1983), 586.
96 YVON BELAVAL, Une ›Drôle de pensée‹ de Leibniz, in: La nouvelle revue française 6 (1958), H. 70, 755.
97 KNECHT (s. Anm. 87), 70.
98 LEIBNIZ, Nouveaux essais sur l'entendement humain (entst. 1703–1705), in: Leibniz, Philosophische Schriften, frz.-dt., Bd. 3/2, hg. u. übers. v. W. v. Engelhardt/H. H. Holz (Frankfurt a. M. ²1986), 514.

IV. Pathos des Wunderbaren

Die beiden Traditionen, die antike des Staunens als Antrieb zum Wissen und die poetologische der Neuzeit als Anweisung zur Herstellung von Werken, kommen im Vorfeld der europäischen Aufklärung auf den Prüfstand philosophischer und poetologischer Reflexion. In einer europaweit geführten Debatte über den Vorbildcharakter der Antike hat das Wunderbare eine zentrale Rolle gespielt. Die Polemik der Parteigänger der Moderne gegen die Antike-Verehrer war nicht zuletzt auch eine Diskussion um den Ort und den Status des Wunderbaren in der Kultur des Wissens.[99]

Zwei Texte waren dabei von zentraler Bedeutung: Descartes' *Les passions de l'âme* (1649) und Nicolas Boileaus kommentierte Übersetzung (*Traité du Sublime*, 1674) von Longinus' *Peri hypsous* (Vom Erhabenen). Sie reflektieren auf unterschiedliche Weise die Bewunderung (admiratio) und das Wunderbare als eine anthropologische Kategorie. Descartes führt die Admiration im § 53 über ›L'ordre et le dénombrement des passions‹ seines Traktats als die erste unter allen Leidenschaften ein, die durch die Spannung zwischen Neuheit und Abweichung motiviert werde. Sie ist darum unter allen Leidenschaften einzigartig, weil sie keinen Gegenbegriff kennt: »*L'Admiration*. Lors que la premiere rencontre de quelque objet nous surprent, & que nous le jugeons estre nouveau, ou fort different de ce que nous connoissions auparavent, ou bien de ce que nous supposions qu'il devoit estre, cela fait que nous l'admirons & en sommes estonnez. Et pour ce que cela peut arriver avant que nous connoissions aucunement si cet objet nous est convenable, ou s'il ne l'est pas, il me semble que l'Admiration est la premiere de toutes les passions. Et elle n'a point de contraire, à cause que, si l'objet qui se presente n'a rien en soy qui nous surprene, nous n'en sommes aucunement émeus, & nous le considerons sans passion.«[100] In den §§ 70–78 zählt Descartes zu den Ursachen der Admiration ›nouveauté‹ und ›extraordinaire‹. Als ›rare‹ werden Dinge bewertet und unterschieden von »choses que nous avons sceuës« (384). Im Rückgriff auf das antike thaumazein betont Descartes die Unverzichtbarkeit von Admiration, »pour ce que cela nous dispose à l'acquisition des sciences« (385). Die Admiration stiftet Aufmerksamkeit für das Neue und Seltene, das nur durch Admiration im Gedächtnis haften bleibt. Gefahr droht ihr vom routinierten Staunen kultischer Verehrung, von einem gereizten und exzessiven Bestaunen: »l'Estonnement est un exces d'admiration, qui ne peut jamais estre que mauvais.« (383) Descartes' Theorie der Admiration formuliert eine subjektbezogene Position, die sich im Unterschied zu den anderen Leidenschaften von Werturteilen freihält und nüchtern auf die »conoissance de la chose qu'on admire« (381) konzentriert bleibt: »Et les autres passions peuvent servir pour faire qu'on remarque les choses qui paroissent bonnes ou mauvaises; mais nous n'avons que l'admiration pour celles qui paroissent seulement rares. Aussi voyons nous que ceux qui n'ont aucune inclination naturelle à cette passion, sont ordinairement fort ignorans.« (384)

Mit den Bestimmungen der Admiration als einer affektiven Wahrnehmung durch das Außergewöhnliche (l'extraordinaire) und Seltene (rare) repräsentiert Descartes' Schrift in der Begriffsgeschichte des Wunderbaren dessen admirative Seite. Die *Passions de l'âme*, in neueren Forschungen als Dokument einer ›sensualistischen Wende‹[101] in der Geschichte der Philosophie gelesen, enthält mit dem erkenntnistheoretischen Primat affektiver Wahrnehmung auch »eine implizite Ästhetik«[102].

Mit dieser Wende in der Begriffsgeschichte wird das Wunderbare in Frankreich in der 2. Hälfte des 17. Jh. auf dem Höhepunkt der Doctrine classique zu einem Faktor der ›Querelle du merveilleux‹.[103] Deren Hintergrund bildete ein gesellschaftlicher Funktionswandel: Der Kriegsadel, verdrängt durch die von kulturgeschichtlicher Legitimation besessene absolute Monarchie und ihrem Amtsadel, träumte von einer verschwundenen episch-aben-

---

99 Vgl. GIPPER (s. Anm. 92), 35.
100 RENÉ DESCARTES, Les passions de l'âme (1649), in: DESCARTES, Bd. 11 (1967), 373; vgl. LUHMANN (s. Anm. 17), 55–100.
101 Vgl. ULRICH RICKEN, Sprache, Anthropologie, Philosophie in der französischen Aufklärung (Berlin 1984), 11–35.
102 KRÜGER (s. Anm. 56), 135.
103 Vgl. VICTOR DELAPORTE, Du merveilleux dans la littérature française sous le règne de Louis XIV (Paris 1891).

teuerlichen Welt. In diesen Debatten intervenierte der Präzeptor der Doctrine classique, Boileau, mit seiner *Art poétique* (1674) und mit seiner Longinus-Übersetzung.

Boileau, der als der Parteigänger der Anciens im 3. Gesang der *Art poétique* scharf das ›merveilleux chrétien‹ kritisierte – »de la foy d'un chrétien les mystères terribles / D'ornemens égayés ne sont point susceptibles«[104] –, hat mit der Longinus-Übersetzung eine dazu überraschend konträre Position bezogen, die zu Descartes' Verständnis der Admiration komplementär ist.[105] Zum ersten Mal in der Geschichte des Begriffs vergleicht Boileau das Wunderbare mit dem Erhabenen, bestimmt das eine durch das andere, setzt ›sublime‹ und ›merveilleux‹ als einander gleich in Beziehung, indem er schon den Titel von Longinus' Traktat durch einen Untertitel ergänzt: *Traité du Sublime, ou Du merveilleux dans le discours, traduit du grec de Longin*.

Boileaus Übersetzung ist eine aktualisierende Übertragung des Originals in den kulturellen Kontext der Gegenwart. Das ausführliche Vorwort zeigt die Überschreitung des Rahmens der Beredsamkeit und des Stilideals der Klassik an. Das Erhabene und das Wunderbare sind mehr und anderes als lediglich ein Stilproblem. Durch die Substantivierung der Adjektive ›sublime‹ und ›merveilleux‹, die noch dadurch betont wird, daß beide Termini mit Majuskeln ausgezeichnet werden, sowie durch mehrere Synonyme wie ›extraordinaire‹ und ›surprise‹, erläutert Boileau die Differenz zwischen erhabenem Stil und einer Leidenschaft des Wunderbaren: »Il ne reste plus, pour finir cette Preface, que de dire ce que Longin entend par le Sublime. [...] Il faut donc sçavoir que par Sublime, Longin n'entend pas ce que les Orateurs apelent le stile sublime: mais cet extraordinaire et ce merveilleux qui frappe dans le discours, et qui fait qu'un ouvrage enleve, ravit, transporte. Le stile sublime veut toujours de grands mots; mais le Sublime se peut trouver dans une seule pensée, dans une seule figure, dans un seul tour de paroles. Une chose peut être dans le stile Sublime, et n'estre pourtant pas Sublime, c'est-à-dire n'avoir rien d'extraordinaire ni de surprenant. [...] Il faut donc entendre par Sublime dans Longin, l'Extraordinaire, le Surprenant, et comme je l'ai traduit, le Merveilleux dans le discours.«[106]

Boileaus pathetische und affektive Charakterisierung des ›sublime/merveilleux‹ geht über Descartes hinaus, weil er das Außerordentliche als ungewisses Ereignis positiv bewertet. Es ist etwas, das geschieht und nicht immer schon da war oder ist. Das ›sublime/merveilleux‹ wird als unbedingt kontext- und subjektbezogen aufgefaßt, wie Boileau später in der *Réflexion X* (1709) in einer Antwort auf die Kritik an seiner Übersetzung präzisiert hat: »que le Sublime n'est pas proprement une chose qui se prouve et qui se demonstre; mais que c'est un Merveilleux qui saisit, qui frappe, et qui se fait sentir. [...] pour bien juger du Beau, du Sublime, du Merveilleux dans le Discours, il ne faut pas simplement regarder la chose qu'on dit, mais la personne qui la dit, la maniere dont on la dit, et l'occasion où on la dit: enfin qu'il faut regarder *non quid sit, sed quo loco sit*.«[107] Schließlich steigerte Boileau das aus dem Zusammenhang rhetorischer Stilebenen herausgelöste ›sublime/merveilleux‹, indem er dem substantivierten Adjektiv noch ein Aktiv-Suffix anhängt und dieses auf die einfache Sprache des Sermo humilis[108] hin ausweitet. Es findet sich »souvent dans les paroles les plus simples, et dont la simplicité mesme fait quelquefois la sublimité«. Die Bibel biete dafür das beste Beispiel: »c'est que tout y est dit sans exageration, et avec beaucoup de simplicité; puisque c'est cette simplicité mesme qui en fait la sublimité.«[109]

Der begriffsgeschichtliche Vergleich Descartes/Boileau zeigt nicht nur die unterschiedliche Perspektivierung der beiden Dimensionen des Wunderbaren, je nachdem in welcher Diskursordnung sie erscheinen. Er zeigt auch einen Unterschied

---

104 NICOLAS BOILEAU-DESPRÉAUX, L'art poétique (1674), in: BOILEAU, 173.
105 Vgl. CARSTEN ZELLE, Die doppelte Ästhetik der Moderne. Revisionen des Schönen von Boileau bis Nietzsche (Stuttgart/Weimar 1995).
106 BOILEAU-DESPRÉAUX, Traité du sublime ou du merveilleux dans le discours (1674), in: BOILEAU, 338.
107 BOILEAU-DESPRÉAUX, Réflexion X ou réfutation d'une dissertation de Monsieur Le Clerc contre Longin (1709), in: BOILEAU, 546, 551 f.
108 Vgl. ERICH AUERBACH, Sacrae scripturae sermo humilis (1941), in: Auerbach, Gesammelte Aufsätze zur romanischen Philologie (Bern/München 1967), 21–26.
109 BOILEAU-DESPRÉAUX (s. Anm. 107), 547, 550.

zwischen Philosophie und Poetik. Descartes behandelt die ›passions‹ als Philosoph, den emotionale Denkweisen interessieren. Daher steht die ›admiration‹ an der Spitze und wird vom stupiden ›étonnement‹ abgegrenzt. Boileau denkt als Poet und poetologischer Gesetzgeber, für den die Antike das Modell bleibt und den das ›merveilleux‹ als ein Darstellungsproblem interessiert.

In den hundert Jahren zwischen Patrizis *Deca ammirabile* und Boileaus Longinus-Übersetzung avancierte das Wunderbare zunächst in der Poetik, dann mit Descartes im neuzeitlichen philosophischen Denken und mit Leibniz' Vision einer neuen Logik der Erfindung zu einem immer neu befragten Stein des Anstoßes in einer Welt des Umbruchs zwischen Renaissance und Aufklärung: »Ce serait dans les années charnières 1670 que s'opérerait, en particulier avec la promotion théorique du ›je ne sais quoi‹, une étonnante tentative d'intégration de la théorie du merveilleux et de la fantaisie dans le dispositif de la représentation qui en constituerait simultanément le comble et l'interrogation immanente.«[110]

V. ›Ästhetische Thaumaturgie‹ und ›äußerste Staffel des Neuen‹ – das Wunderbare als Begriff der Neugier in Ästhetik und Poetik der Aufklärung

Die aus den Kontroversen um die Poetik hervorgegangene »semantische Assoziation von ›Neuheit‹ und ›Gefallen‹«[111] hat dem Wunderbaren Geltung auch über den Bereich der Poetik hinaus zugewiesen. Als Komplementärbegriff zum Schönen orientiert es die produktive Einbildungskraft auf die Entdeckung von Neuem. »Den Stoff staunenswert und neu machen« (Far mirabile, e nuova la Materia), schreibt Lodovico Antonio Muratori in seiner in ganz Europa rezipierten Poetik *Della perfetta poesia italiana* (1706). Anfang des 18. Jh. wird »jenes Neue, Seltene, Außergewöhnliche und Wunderbare« (quel nuovo, raro, straordinario, e maraviglioso) zum Kriterium der Schönheit und der Neugier: »Das Wirklich Neue und Wunderbare; wohlwissend, daß die Neuheit die Mutter der Verwunderung ist und diese die Mutter des Vergnügens. [...] Das eigentlich Schöne der Dichtung besteht in der Neuheit und im Wunderbaren.« (Il Vero nuovo, e maraviglioso; ben sapendo, che la novità è madre della maraviglia, e questa è madre del diletto. [...] Il Bello preciso della Poesia consiste nella Novità, e nel Meraviglioso.[112]) In solcher auf Vergnügen und Neuheit gerichteten Perspektive verliert die Unterscheidung wahr/falsch noch einmal ihre Gültigkeit: »In der Dichtung sucht man daher nicht nach dem Wahren, sondern will nur, daß sie wunderbare Gegenstände vor Augen stellt, gleich, ob wahr oder falsch.« (Non si cerca adunque il vero della Poesia, ma solamente far immaginare oggetti maravigliosi; sieno veri, o falso, non importa.[113]) In Frankreich hat Fontenelle die Unterscheidung zwischen einem falschen und einem wahren Wunderbaren in den *Entretiens sur la pluralité des mondes* (1686) als einen Gegensatz zwischen Ignoranz und ›je ne sais quoi‹, zwischen Unwissen und Nichtwissen charakterisiert: »Assez de gens ont toujours dans la tête un faux merveilleux, enveloppé d'une obscurité qu'ils respectent.«[114] Davon zu unterscheiden wäre ein »vrai merveilleux«, das in der »diversité infinie« der Natur zu suchen sei. »Tout ce que vous me dites

---

110 LOUIS MARIN, Le sublime dans les années 1670: Un ›je ne sais quoi‹?, in: S. Zebouni (Hg.), Actes de Baton Rouge (Paris u. a. 1986), 191; vgl. ›Le sublime‹ [Themenheft], in: Revue d'histoire littéraire de la France 86 (1986), H. 1; NEIL HERTZ, Lecture de Longin, in: Poetique 15 (1973), 292–306.
111 LUHMANN, Die Ausdifferenzierung des Kunstsystems (Bern 1994), 43.
112 LODOVICO ANTONIO MURATORI, Della perfetta poesia italiana (1706), hg. v. A. Ruschioni, Bd. 10 (Mailand 1971), 112, 105 f.
113 Ebd., 123.
114 BERNARD LE BOVIER DE FONTENELLE, Entretiens sur la pluralité des mondes (1686), in: Fontenelle, Œuvres complètes, hg. v. G. B. Depping, Bd. 2 (1818; Genf 1968), 11; vgl. FONTENELLE, De l'origine des fables (1724), in: ebd., 388–398; JEAN-RAOUL CARRÉ, La philosophie de Fontenelle ou le sourire de la raison (Paris 1932).

V. ›Ästhetische Thaumaturgie‹ und ›äußerste Staffel des Neuen‹ – Aufklärung   751

là«, sagt die Marquise de G. in dem Dialog mit dem Philosophen über die Frage, ob es auf dem Mond und den Planeten Leben gibt, »est merveilleusement vain et vague, je ne vois qu'un grand je ne sais quoi où je ne vois rien«[115].

Zum ersten Mal in der Geschichte des Begriffs wird das Wunderbare als eine besondere Denkfigur der Erkenntnis mit deren aisthetischer, auf Bereiche der Sinneswahrnehmung gerichteten Kunst verbunden durch Alexander Gottlieb Baumgarten in seinen Schriften zur Begründung der Ästhetik zwischen 1735 und 1750. Baumgarten nannte diese Verbindung »*thavmatvrgia aesthetica*« (ästhetische Hervorbringung des Wunderbaren), die als ein Dispositiv im Bereich der ›cognitio sensitiva inferior‹ eine zwischen gelehrtem und alltäglichem Wissen vermittelnde Kultur der Neugierde, wie man sagen könnte, zum Ziel hat. Im § 808 der *Aesthetica* sind mit novitas, curiositas und admiratio die drei in Baumgartens Ästhetik den Begriff des Wunderbaren kennzeichnenden Bedeutungfelder benannt: »Das Licht der Neuheit erleuchtet die Wahrnehmungen in ausgezeichneter Weise […]. Das Schauen der Neuheit, die *Bewunderung*, erregt die Neugier, […] die Neugier erregt die Aufmerksamkeit, […] und die Aufmerksamkeit wirft auf die lebendig auszumalende Sache ein neues Licht. […] Daher rufen die schön darzustellenden Sachen, weil sie anschaulich gemacht werden müssen, durch die Neuheit rechte Bewunderung hervor, durch die Bewunderung klareren Erkenntniseifer, und schließlich klarere Aufmerksamkeit durch den Erkenntniseifer und die deutlichere Sache durch die Verknüpfung mit dem Erkennen. Die *ästhetische* Vermittlerrolle der Neuheit, durch diese die Bewunderung, durch diese der Neugier und durch diese der Aufmerksamkeit wird von uns der Kürze willen *Thaumaturgie* genannt.« (Lux nouitatis perceptiones illustrat egregie […]. Nouitatis intuitus, *admiratio* curiositatem excitat, […] curiositas attentionem, […] attentio ad rem viuide sibi pingendam nouam lucem affert. […] Pulcre hinc cogitanda, quando illustranda sunt, […] bene sistuntur admirationem nouitate, clarius cognoscendi studium admiratione, tandem attentionem studio clarius rem cognoscendi conciliantia. Conciliatio nouitatis, per hanc admirationis, per hanc curiositatis, per hanc attentionis *aesthetica*, breuitatis

caussa, dicatur a nobis *thavmatvrgia*.[116]) Georg Friedrich Meier hat in kommentierenden Paraphrasen zu Baumgarten das Wunderbare eine ›ästhetische Farbe‹ genannt: »Die Verwunderung ist eine anschauende Erkentnis der Neuigkeit, folglich müßen die neuen Gedanken eine Verwunderung erwecken können, oder sie müssen *wunderbar* seyn, wenn sie um der Neuigkeit willen lebhaft werden sollen. Folglich ist das Wunderbare eine der lichtesten und hellesten aesthetischen Farben. Das Wunderbare kan also in allen schönen Gedanken stat finden, sie mögen niedrig oder erhaben seyn. […] Die Kunst, das Neue und das Wunderbare in schönen Gedanken zu erhalten, und die Neubegierde samt der Verwunderung zu erwecken, wird die aesthetische Thaumaturgie genant (Thaumaturgia aesthetica).«[117] Meiers Eindeutschung von admiratio durch ›Verwunderung‹ hat unter den deutschen Aufklärern eine Diskussion über die mit diesem Terminus verbundenen semantischen Differenzen ausgelöst. Moses Mendelssohn, der gegenüber Baumgarten eine anti-aisthetische Position vertrat, sah in einer Rezension von Baumgartens *Aesthetica Pars altera* (1758) in dem Terminus ›Verwunderung‹ eine unzulässige und irreführende Konjunktion von Neuheit/Neugierde mit dem religiös oder übernatürlich konnotierten Wunderbaren: »Wo wir nicht irren, so haben diese Weltweisen das *Neue*, das *Wunderbare* und das *Bewundernswürdige*, (*novum, mirabile, admirabile*) mit einander vermengt. Eine Sache ist neu, wenn wir sie entweder noch gar nicht, oder noch nie von dieser Seite erkannt haben. Sie ist *wunderbar*, wenn sie *übernatürlich* ist, und ästhetisch *wunderbar*, wenn sie dem *schönen Verstande (analogo rationis) übernatürlich* scheinet. Hingegen *bewundernswürdig* ist sie nicht eher, als wenn wir eine gute Eigenschaft, eine Vollkommenheit an derselben wahrgenommen, die unsere Erwartung übertrifft. *Verwundern* und *bewundern* sind im Deutschen von eben so verschiedener Bedeutung, als im Lateinischen *mirari* und *admirari*. Man verwundert sich über eine Sache, die dem Laufe der Natur zuwider zu seyn scheinet. Man *bewundert* hingegen nur erhabene

115 FONTENELLE, Entretiens (s. Anm. 114), 6, 45.
116 BAUMGARTEN, Bd. 2 (1758), 550f. (§ 808).
117 MEIER, Bd. 1 (²1754), 332.

Dinge, an denen wir eine vorzügliche Vollkommenheit wahrnehmen. Der Gegenstand ist in jenem Falle *wunderbar* oder *verwundernswürdig*; in diesem aber müßte er *bewundernswürdig* genannt werden.«[118] Mit dieser seit Mendelssohn und Lessing im Deutschen eingeführten terminologischen und semantischen Unterscheidung im Begriff des Wunderbaren wurde zunächst ein Gedanke Baumgartens und Meiers nicht wahrgenommen, der als eine Störung im Regelsystem der Ästhetik steht. Meier hat ihn die ›Erfindungskunst‹ genannt: »Wer was neues denken will, der muß etwas erfinden, und die Erfindungskunst ist noch ein ungebautes Feld in dem Lande der Wahrheit.«[119] Diese Übertragung der rhetorischen und poetologischen inventio als ein Kunstgriff auf das Denken als Erfindungskunst zeigt genau jene Zone der Überschreitung, die Mendelssohn als die Schranke der Baumgartenschen Ästhetik monierte. »Eine Aesthetik also, deren Grundsätze bloß entweder *a priori* geschlossen, oder die bloß von der Poesie und Beredsamkeit abstrahirt worden sind, muß in Ansehung dessen, was sie hätte werden können, wenn man die Geheimnisse aller Künste zu Rathe gezogen hätte, ziemlich eingeschränkt und unfruchtbar seyn.«[120] Die regellose Welt des Wunderbaren verleiht der Kategorie des Zufalls Sprengkraft. Das Wunderbare nimmt die Gestalt des Paradoxen an, z. B. als ein ›häßliches Schönes‹: »Das Wunderbare, wenn es unwahrscheinlich ist, oder doch anfänglich so zu seyn scheint, ist Paradox (paradoxum). – Folglich ist das Paradoxe mehrentheils eine Häßlichkeit schöner Gedanken.«[121] Es wäre eine utopische Funktion des Wunderbaren, die zirkulären Modi des Kriteriums der Wahrscheinlichkeit, die Haftung durch die Unveränderlichkeit der Wirklichkeit, zu überschreiten. Dies scheint nach der theoretischen Legitimierung des christlichen Epos in der Tasso-Frage im aufgeklärten Zeitalter der Wunder-Kritik eine zukunftsweisende Rolle der Reflexionen über das Wunderbare als eine ästhetischen Kategorie zu sein. Jean François Marmontels fünfzehn Spalten langer Artikel ›Vraisemblance‹ im 4. Supplementband der *Encyclopédie* (1777) markiert diese begriffsgeschichtliche Transformation, indem er die Wahrscheinlichkeit einfach wie das Wunderbare definiert in dessen Bedeutung als Vermittlung von Alltags- und Zukunftswissen: »En général le grand art d'employer le merveilleux est de le mêler avec la nature, comme s'ils ne faisoient qu'un seul ordre de choses, & comme s'ils n'avoient qu'un mouvement commun. […] C'est dans ce passage facile, dans cette intime liaison du familier & du merveilleux que consiste la *vraisemblance*.«[122]

Die paradoxe Formel eines ›unwahrscheinlichen Wahrscheinlichen‹ kennzeichnet auch die zeitgleich mit Baumgartens ästhetischer Thaumaturgie entstandene Poetik der Schweizer Johann Jacob Bodmer und Johann Jacob Breitinger, der einzigen, »die ganz im Zeichen des Wunderbaren steht«[123].

Breitinger setzte in seiner *Critischen Dichtkunst* (1740) das Wunderbare als Gegenpolarität zur Wahrscheinlichkeit und steigerte es mit dem ›Neuen und Ungemeinen‹ durch einen Taufakt zur Avantgarde der Poesie: »Nach dem Grade dieser Entfernung [von der Wahrheit – d. Verf.] wächst und verstärkt sich die Verwunderung, die durch das Gefühl dieser Neuheit in uns entstehet; wenn denn die Entfernung soweit forgehet, bis eine Vorstellung unsern gewöhnlichen Begriffen, die wir von dem ordentlichen Laufe der Dinge haben, entgegen zu stehen scheinet. So verliert sie den Namen des Neuen und erhält an dessen Statt den Namen des Wunderbaren. […] Demnach ist das Wunderbare in der Poesie die äußerste Staffel des Neuen, da die Entfernung von dem Wahren und Möglichen sich in einen Widerspruch zu verwandeln scheinet.«[124] Breitingers Poetik des Wun-

---

118 MOSES MENDELSSOHN, [Rez.] A. G. Baumgarten, Aestheticorum Pars altera (1758), in: MENDELSSOHN, Bd. 4 (1977), 273 f.
119 MEIER (s. Anm. 117), 334.
120 MENDELSSOHN, [Rez.] G. F. Meier, Auszug aus den Anfangsgründen aller schönen Künste und Wissenschaften (1758), in: MENDELSSOHN, Bd. 4 (1977), 199.
121 MEIER (s. Anm. 117), 339.
122 JEAN FRANÇOIS MARMONTEL, ›Vraisemblance‹, in: DIDEROT (ENCYCLOPÉDIE), Supplément, Bd. 4 (1777), 1003.
123 KARL-HEINZ STAHL, Das Wunderbare als Problem und Gegenstand der deutschen Poetik des 17. und 18. Jahrhunderts (Frankfurt a.M. 1975), 182; vgl. STAHL, ›Wunderbare, das/Phantastische, das‹ in: RITTER, Bd. 12 (2004), 1071–1077.
124 BREITINGER, Bd. 1, 130.

derbaren ist wie die seines Kompagnons Bodmer eine »psychologisch fundierte Wirkungspoetik, in der alle nur rationalen Aspekte den emotionalen untergeordnet sind«[125]. Diesen wirkungsästhetischen Aspekt nennt Breitinger auch das ›Wundersame‹: »Durch den Glantz einer verwundersamen Neuheit« bildet sich eine Kultur der »Aufmunterung zur Tugend und guten Sitten«[126]. Breitinger allegorisiert das Wunderbare und nennt es »ein vermummtes Wahrscheinliches« (132), dessen Maske gleichwohl durchsichtig bleibt: »es verkleidet die Wahrheit in eine gantz fremde aber durchsichtige Maßke, sie den achtlosen Menschen desto beliebter und angenehmer zu machen.« Lessing hat Breitingers Vermummungstheorie an ihrer Anwendung auf die Tierfabeln kritisiert, weil diese sich mit dem Wunderbaren als dem ›Schein der Unmöglichkeit‹ nicht erklären ließen: »Diese anscheinende Unmöglichkeit also gehöret zu dem Wesen des Wunderbaren; [...] denn das Wunderbare muß sich auf diesen Schein der Unmöglichkeit gründen.«[127]

Als kritische Poetiken konzipiert, sind die Schriften Bodmers und Breitingers von dem Bestreben getragen, das von der Einbildungskraft als »Schatzmeisterin der Seele« betreute »Reich des Wunderbaren« als eine komplementäre Triebkraft der Aufklärung gegen die ebenso aufklärerische Diffamierung als »abgeschmackte theatralische Hexereyen«[128] zu verteidigen. John Miltons *Paradise Lost* (1667), von Bodmer übersetzt, war das Medium dieser Verteidigung im Namen des Wunderbaren vor der »Neigung der Deutschen zu philosophischen Wissenschaften und abgezogenen Wahrheiten. Diese macht unsere Deutschen seit einiger Zeit so vernünftig und so schließend, daß sie zugleich matt und trocken werden; die Lustbarkeiten des Verstandes haben ihr gantzes Gemüthe eingenommen, und diese unterdrucken die Lustbarkeiten der Einbildungskraft.«[129] Der von Voltaire u. a. an Miltons Poem als ebenso unglaubwürdig wie ungewöhnlich kritisierte ›Krieg im Himmel‹ gilt Bodmer dagegen als mustergültige Darstellung des Wunderbaren. Kern seines Begriffs als ›äußerste Staffel des Neuen‹ und ›Entzücken des Gemüths‹ ist die Ablösung der Poetik von der Rhetorik, was dadurch angezeigt wird, daß fast alle Schriften der Schweizer das Adjektiv ›critisch‹ im Titel füh-

ren. »Mit einem Worte, die Wohlredenheit überhaupt hat zu ihrer Haupt-Absicht, den Willen zu lencken; die Historie unterrichtet das Gedächtniß; und die Poesie befleisset sich das sinnliche Ergetzen der Phantasie zu verschaffen. Die Wohlredenheit ist ungestüm und gewaltübend, wie ein Tyrann; die Historie ist aufmercksam und aufrichtig, wie ein Zeuge; und die Poesie ist entzückend und wunderthätig, wie eine Zauberinn.«[130] Mit dieser Allegorie unterscheidet Bodmer das Reich des Wunderbaren, in dem die Sinne herrschen, vom Reich der Wahrheit und gibt ihm eine utopische Bedeutung. »Alleine, da diese gegenwärtige Welt nicht nothwendig so ist, wie sie jetzo eingerichtet ist, daß sie nicht anderst könnte eingerichtet seyn, und da alle Geschöpfe darinnen ihrer Gestalt, Zahl, Ordnung nach, sowohl der Zeit als des Raumes halber, eine blosse Zufälligkeit haben, so sind eben so viele andre Welten möglich, als vielmahl die Beschaffenheit, und Ordnung des gegenwärtigen Zusammenhanges kan geändert werden.« (13) Jener Unterschied zwischen Wirklichkeit und Möglichkeit, dessen sich Bodmer zufolge die Einbildungskraft bedient, führt an die Grenze des Glaubwürdigen und Wahrscheinlichen und muß vor dem »Abgrunde des Abentheurlichen« (15) durch »die Weißheit des Verstandes« (14) bewahrt werden. Ist das Wunderbare mit dieser Warnung ein rational gebremstes[131], so fungiert es in der Poetik der Schweizer als Übertragung der in Italien, Frankreich und England erreichten Konfigu-

---

125 STAHL, Das Wunderbare als Problem (s. Anm. 123), 174.
126 BREITINGER, Bd. 1, 296.
127 GOTTHOLD EPHRAIM LESSING, Abhandlungen von dem Wesen der Fabel (1759), in: Lessing, Gesammelte Werke in zehn Bänden, hg. v. P. Rilla, Bd. 4 (Berlin 1955), 48 f.
128 JOHANN CHRISTOPH GOTTSCHED, ›(Das) Wunderbare‹, in: GOTTSCHED, 1665 f.
129 JOHANN JACOB BODMER, Critische Abhandlung von dem Wunderbaren in der Poesie und dessen Verbindung mit dem Wahrscheinlichen. In einer Vertheidigung des Gedichts Joh. Miltons Verlohrenen Paradieses (Zürich 1740), 5.
130 BODMER, 128.
131 Vgl. HANS OTTO HORCH/GEORG-MICHAEL SCHULZ, Das Wunderbare und die Poetik der Frühaufklärung. Gottsched und die Schweizer (Darmstadt 1980), 48.

ration der admiratio-Theorie auf deutsche Verhältnisse, die von der Vormacht des Wolffschen Rationalismus in Sachen Poetik und Ästhetik beherrscht werden.

Ob »im Insistieren auf dem Wunderbaren, auf dem, was *fremd, seltsam und neu* ist, der Anfang eines besonderen, deutschen Weges zur romantischen Poetik zu entdecken ist«[132], läßt sich im Blick auf die vergleichende Geschichte des Wunderbaren zwischen europäischer Renaissance und Aufklärung präzisieren, wenn man im interkulturellen Begriffstransfer des Wunderbaren unterschiedliche Antworten auf eine (oder mehrere) gemeinsame epochengeschichtliche Konstellation(en) annimmt. Was die Schweizer, die ja ausdrücklich die italienische, englische und französische Diskussion reflektieren, aus dieser vorgängigen Geschichte aktualisieren, ist das Wunderbare als ein Mittel der Erfindungskunst, jenen »*Fairy Way of Writing*«[133], den Joseph Addison in seinen *Spectator*-Essays (1712) über »the Pleasures of Imagination«[134] als Modus poetischer Erfindung benannt hat. In der Admiration sind Künste und Wissenschaften durch analoge Ziele ihrer Protagonisten verbunden, die man jetzt im Anschluß an die Schweizer in Deutschland ›Originalgenies‹ zu nennen beginnt: »Neue Gedanken können freylich nur von einem Genie hervorgebracht werden, was die Gabe hat, die Dinge von neuen Seiten zu betrachten und da zu sehen, wo andere blind waren; das ist von einem *OriginalGenie*.«[135]

Nicht im Gegenwind zur Aufklärung, sondern auf der Höhe ihrer Fragestellungen hat Herder der Debatte über das Wunderbare im Epos eine zeitgemäße Richtung gewiesen: »Aber wo bekomme ich das *Wunderbare*, das *Göttliche* her, in unsern Gott- Götter- und Wunderlosen Zeiten?‹ Wer so fragt, dem ist die epische Muse nie erschienen. Sind, seitdem Griechen lebten, nicht Wunder genug entdeckt? Erfanden *Newton, Dollond, Herschel* ihre Fernröhre vergeblich? Und auf unserer Erde, umschifften kühne Weltumsegler sie umsonst? wagte *Cook* sich umsonst bis an die Pforte des Südpols? Sahen die *Forster*, die *Bougainville* nichts Neues, nichts Wunderbares? Und im Reich der Kräfte, haben die Magnet, die Electricität, der Galvanismus keine neuen Ansichten der Dinge verliehn? [...] Im Drange des Systems selbst sind manche ihrer Darstellungen so neu-poëtisch, daß sie gleichsam rufen, zur Handlung mit Empfindung beseelt zu werden.«[136] Die Bezeichnung ›neu-poetisch‹ für die wissenschaftlichen und technischen Erfindungen und Entdeckungen, die Herder 1803 in den Horizont der Poesie rückt, schließt nicht nur an die Tradition des thaumazein, sondern auch an Fontenelles ›merveilleux réel‹ an. Die Kontroverse über Newtons Spektralzerlegung des Lichts, über dessen *Opticks* (1704) und Goethes Farbenlehre ist ein in der Wissenschaftsgeschichte und in der Begriffsgeschichte des Wunderbaren paradigmatischer Fall. Er zeigt das Wunderbare als Korrektiv einer »abstrakten, das lebendige Anschauung entzogenen Naturbeherrschung«[137]. Goethe sprach vom ›Allgewöhnlichen‹. »Wundervoll möcht' ich sie nennen, diese Übergänge in der Natur, wenn nicht das Wunderbare in der Natur eben das Allgewöhnliche wäre«[138] – so erinnert Johannes Daniel Falk eine Goethe-Sentenz, Heinrich Voß eine weitere: »Der ist ein Tölpel [...], der sich nicht verwundern kann«[139]. Das ästhetisch Wunderbare der Kunst steht in Opposition zum physischen und metaphysischen Wunderbaren, wie Wilhelm Traugott Krug

---

132 WOLFGANG PREISENDANZ, Die Auseinandersetzung mit dem Nachahmungsprinzip in Deutschland und die besondere Rolle der Romane Wielands (›Don Sylvio‹, ›Agathon‹), in: Jauß (Hg.), Nachahmung und Illusion (München 1969), 76.
133 JOSEPH ADDISON, The Spectator, Nr. 419 (1. 7. 1712), in: Addison u. a., The Spectator, hg. v. G. G. Smith, Bd. 3 (London/New York 1958), 299.
134 ADDISON, The Spectator, Nr. 411 (21. 6. 1712), in: ebd., 277.
135 RIEDEL, 172.
136 JOHANN GOTTFRIED HERDER, Vom letzten Ziel des epischen Gedichts (1803), in: HERDER, Bd. 24 (1886), 299.
137 WERNER HEISENBERG, Die Goethesche und die Newtonsche Farbenlehre im Lichte der modernen Physik (1941), in: H. Mayer (Hg.), Goethe im 20. Jahrhundert. Spiegelungen und Deutungen (Hamburg 1967), 418.
138 GOETHE gegenüber Johannes Daniel Falk (30. 6. 1809), in: Goethes Gespräche. Eine Sammlung zeitgenössischer Berichte aus seinem Umgang auf Grund der Ausgabe und des Nachlasses von F. Frhr. v. Biedermann, erg. u. hg. v. W. Herwig, Bd. 2 (Zürich/Stuttgart 1969), 458.
139 GOETHE gegenüber Heinrich Voß (13. 2. 1804), in: ebd., Bd. 1 (Zürich/Stuttgart 1965), 916.

in dem entsprechenden Eintrag seines *Allgemeinen Handwörterbuchs der philosophischen Wissenschaften* notiert hat, worin man den Übergang von einem engeren poetologischen zu einem weiten ›ästhetischen Wunderbaren‹ bemerken kann: »Denn wo das menschliche Wissen aufhört – und wie beschränkt ist dasselbe! – da mischt sich gern die Zaubergöttin Phantasie in's Spiel. Darum nennt man das Wunderbare in Bezug auf die schöne Kunst das *ästhetische*, zum Unterschiede von dem *physischen* oder *metaphysischen*, welches weit höhere Ansprüche macht. – Für wunderbar sagt man auch *wundervoll*, wenn man etwas recht bewundern will.«[140] Diese Unterscheidung eines ästhetischen und eines physischen Wunderbaren und der Vergleich zwischen den damit bezeichneten Gegenständen und Vorstellungen, die Krug in den 30er Jahren des 19. Jh., rückblickend auf die Reflexionsgeschichte der Aufklärung, mit der Bezeichnung des ›ästhetischen Wunderbaren‹ als in den allgemeinen Sprachgebrauch eingegangen bilanzierte, ist ein Indiz für die Differenzierung des Wunderbaren um die Mitte des 18. Jh. in zwei Richtungen: auf die Theorie des Romans und auf den Erkenntnisprozeß in der Naturforschung.

1. ›A new province of writing‹

Im Roman als der modernen Kunstform, deren Autoren sich seit Cervantes *Don Quijote* ihre eigene Theorie bauen, weil der Roman in der antiken Poetik nicht vorkommt, wird das Wunderbare zum reflexiven Begriff einer neuen Schreibweise. Henry Fielding eröffnet das 8. Buch seines Bildungsromans *The History of Tom Jones. A Foundling* (1749) mit: »A wonderful large Chapter concerning the Marvellous; being much the longest of all our introductory Chapters«. Nach Marino ist Fielding der erste, der sich als Romancier einer »new species of writing« versteht, »of that Species of Writing which is called the Marvellous«[141]. Dabei ist sich Fielding der Gefahren bewußt, die mit einer die Grenzen des Wunderbaren zu weit überschreitenden Imagination verbunden sein können. Die zwei als neue Provinzen des Wunderbaren eingeführten Bereiche, Geister und privates Leben – »the only supernatural Agents which can in any Manner be allowed to us Moderns are Ghosts«

(339); »but we who deal in private Character« (402) –, werden in ihren Möglichkeiten an die Glaubwürdigkeit gebunden, wobei Fielding ›the Marvellous‹, ›the Miraculous‹ und ›the Wonderful‹ synonym gebraucht. Das ›truly Marvellous‹ erzeuge beim Lesen Überraschung, Aufmerksamkeit und Vergnügen: »within these few Restrictions, I think, every writer may be permitted to deal as much in the Wonderful as he pleases; nay, if he thus keeps within the Rules of Credibility, the more he can surprise the Reader, the more will engage his Attention, and the more he will charm him.« (406)

Fünf Jahre später wird Horace Walpole im Bewußtsein der Erfindung einer ›new species of romance‹ mit der ›Gothic novel‹ *The Castle of Otranto* (1764) das Wunderbare an zwei Traditionen anschließen und damit zwischen Aufklärung und Romantik eine Brücke in der Begriffsgeschichte schlagen: an die durch Boileau eingeleitete und in England durch Edmund Burke erweiterte Tradition des Erhabenen/Sublimen, und an Shakespeare. »The Gothic revision of the sublime begins with *The Castle of Otranto*.«[142] Gegen Voltaires Shakespeare-Kritik verteidigt Walpole, daß »that great master of nature, Shakespeare, was the model I copied«[143] – und erinnert mit »this *air* of the *miraculous*«[144] ausdrücklich an die Tradition des italienischen Cinquecento. Walpole ist auch der erste, der das Wunderbare mit dem Traum verbindet. Die Erfindung wunderbarer Traumwelten im aktualisierenden Gewand der Ritterromane – »I almost think there is no wisdom comparable to that of exchanging what is called the realities of life into dreams«[145] – wurde von Walter Scott in einem Essay über *The Castle of Otranto* als »joined together

---

140 ›Wunderbar‹, in: KRUG, Bd. 4 (1834), 553.
141 HENRY FIELDING, The History of Tom Jones. A Foundling (1749), hg. v. F. Bowers, Bd. 1 (Oxford 1974), 395.
142 DAVID B. MORRIS, Gothic Sublimity, in: New Literary History 16 (1985), H. 2, 302.
143 HORACE WALPOLE, The Castle of Otranto. Preface to the Second Edition (1767), in: Walpole, The Works, Bd. 2 (Hildesheim/New York 1975), 8.
144 WALPOLE, The Castle of Otranto. Preface to the First Edition (1764), in: ebd., 4.
145 WALPOLE an George Montagu (5. 1. 1766), in: Walpole, Correspondence, Bd. 2 (London 1837), 329.

to excite a corresponding sensation of supernatural awe, if not of terror«[146] charakterisiert. Als eine Funktion des Wunderbaren sieht Scott, ein Bewunderer E. T. A. Hoffmanns, Walpoles Beitrag zu einer ›romantic narrative‹, deren Begriff in den ›German phantasmagoria‹ gipfelt:»The bold assertion of the actual existence of phantoms and apparitions seems to us to harmonise much more naturally with the manners of feudal times, and to produce a more powerful effect upon the reader's mind, than any attempt to reconcile the superstitious credulity of feudal ages with the philosophic scepticism of our own, by referring those prodigies to the operation of fulminating power, combined mirrors, magic lanthorns, trap-doors, speaking trumpets, and such like apparatus of German phantasmagoria.«[147]

Das Wunderbare als Triebkraft einer ›Maschine der Erfindung‹ (»the machinery is invention«[148]) setzt über die Verbindung mit dem Erhabenen in der Natur und als geschichtliche Erfahrung das Staunen als eine Leidenschaft frei. Das Wunderbare als leidenschaftliche Erregung des Staunens (astonishment) hatte in England Edmund Burke als eine Steigerung der ›admiration‹ definiert:»The passion caused by the great and sublime in *nature*, when those causes operate most powerfully, is Astonishment; and astonishment is that state of the soul, in which all its motions are suspended, with some degree of horror. [...] Astonishment, as I have said, is the effect of the sublime in the highest degree; the inferior effects are admiration, reverence and respect.«[149]

---

146 WALTER SCOTT, Introduction [zu: The Castle of Otranto] (1811), in: E. F. Bleiler (Hg.), Three Gothic Novels (New York 1966), 9.
147 Ebd., 12.
148 WALPOLE (s. Anm. 144), 5.
149 BURKE, 57.
150 CHRISTOPH MARTIN WIELAND, Ueber den Hang der Menschen an Magie und Geistererscheinungen zu glauben (1796), in: Wieland, Sämmtliche Werke, hg. v. J. G. Gruber, Bd. 32 (Leipzig 1825), 140, 126, 133.
151 WIELAND, Swedenborg's Offenbarungen und der thierische Magnetismus und Somnambulismus (1787), in: Wieland, Werke, hg. v. H. Düntzer, Bd. 10 (Th. 32) (Berlin 1879), 399.

Die Reflexivität des Wunderbaren im Roman ist das Indiz eines veränderten Begriffs und macht das Wunderbare selbst zu einem Faktor der Aufklärung. Christoph Martin Wielands Roman *Der Sieg der Natur über die Schwärmerey oder Die Abenteuer des Don Sylvio von Rosalva. Eine Geschichte worin alles Wunderbare natürlich zugeht* (1764) unterscheidet Schwärmerei als »lächerlichen Mißbrauch, der in unsern Tagen von dem Hang der Menschen zum Wunderbaren und Uebernatürlichen gemacht wird« von dem Wunderbaren der Dichter, »welchen mit dem Wunderbaren die reichste Quelle von Erfindung und Interesse genommen würde«. Wissenschaftlicher Fortschritt und Aufklärung haben den ›Kreis der Möglichkeiten‹ erweitert und einen ›Abgrund von fysischen Wundern‹ geschaffen: »Seitdem die unersättliche Wißbegierde mit geschärften Sinnen in alle Elemente eingedrungen ist; seitdem uns die Vergrößerungsgläser einen Abgrund von fysischen Wundern, wovon niemand zuvor die mindeste Vorstellung hatte, aufgeschlossen haben; [...] seitdem haben auch unsere Begriffe vom Wunderbaren und Natürlichen, Möglichen und Unmöglichen, eine merkliche Veränderung erleiden müssen.«[150] Am Beispiel von Lavaters Experimenten mit dem Magnetismus und Emanuel Swedenborgs Studien über Somnambulismus, den »beiden seltsamsten Hobby-horses, worauf sich die Liebhaber des Wunderbaren seit einigen Jahren herumtummeln«[151], beschreibt Wieland die mit der Aufklärung entstandenen neuen Schauplätze des Wunderbaren, auf denen auch die Naturforscher sich mit Hilfe des Wunderbaren ihrer Orientierung im Unbekannten und Ungewissen versichern.

2. Das Wunderbare in der Naturforschung

In Leipzig wurde in den 40er Jahren des 18. Jh. in einer gelehrten Gesellschaft von Naturforschern eine Debatte über das Thema der Tierseele unter den Begriff des Wunderbaren gestellt. Das Neue in wissenschaftlichen Experimenten, vergleichende Beobachtungen über Ähnlichkeiten und Unterschiede zwischen Tier und Mensch wurden als Aufmerksamkeit erregende wunderbare Phänomene beschrieben, die sich noch nicht mit bekannten Begriffen erklären lassen: »Endlich fehlte uns die Hauptbenennung, unter welcher wir die gewählten Arten vorstellen könnten. Nach vielen Fragen, Antworten und Einwürfen, schien uns der Name Wunderbar hierzu am bequemsten zu seyn. Denn ein jeglicher unter uns hatte sich eine Eigenschaft abzuhandeln gewählet, welche dadurch, daß man nicht weis, wie sie möglich ist, eine Aufmerksamkeit erwecket, und den Verstand zum Nachdenken antreibt, woher sie ihren Ursprung haben, und wie sie entstehen mag. Wir werden ihnen demnach, hochzuehrende Herren, das Wunderbare in den Seelen der Thiere beschreiben.«[152] Hier wird das Wunderbare als Bereich des Nicht-Wissens und zugleich als Methode zu seiner Beschreibung mit einem populärwissenschaftlichen Akzent dadurch versehen, daß es die Aufmerksamkeit vergesellschaftet, d. h. zum Mitmachen und Mitdenken anregt. »So gar die geringsten Leute unter den Ungelehrten fragen nach der Ursache, wenn man ihnen die Wirkung beschreibet, deren Ursprung verborgen ist. Plato und Aristoteles halten die Verwunderung für den Anfang der Weltweisheit. Es hat auch die Erfahrung in allen Zeiten gelehret, daß die Menschen durch die Verwunderung angetrieben werden, das Verborgene in der Natur zu erforschen. Und ich werde nicht irren, wenn ich sage, daß die Verwunderung eine Eigenschaft der menschlichen Seele sey, welche kein Thier in dergleichen Grade hat.«[153] Die Leipziger Debatte, die zur selben Zeit und am selben Ort stattfindet, wo in den 1740er Jahren über die Poetik Bodmers und Breitingers diskutiert wird, zeigt mit der Unterscheidung zwischen einem Wunderbaren der Poetik und der Naturkunde eine generelle Tendenz in der Bewegung der Aufklärung.

Mit dem Übergang (und dem Zusammenhang) vom Wunderbaren der Poetik zum Wunderbaren der Naturkunde wird ein allgemeiner anthropologischer Begriff des Wunderbaren von dem des ›merveilleux chrétien‹ und des ›faux merveilleux‹ unterschieden. In der *Encyclopédie* hat ihn Diderot in seinem Artikel ›Pythagorisme‹ (1765) als Kennzeichen einer von der Wunderkritik unterschiedenen und zu unterscheidenden populären Vorstellung bezeichnet: »On prétend, & avec juste raison, que le peuple aime le merveilleux; je crois cette maxime d'une vérité beaucoup plus générale, & que l'homme aime le merveilleux. Moi-même, je me surprends à tout moment sur le point de m'y livrer.«[154] Indem er die Liebe zum Wunderbaren als zur kognitiven Grundausstattung des Menschen gehörend verallgemeinert, führt er Descartes' Theorie der Admiration als erster unter den Leidenschaften weiter.

Aus dem Umkreis der zu dieser französischen Tradition komplementären physiko-theologischen Bewegung in Deutschland gibt es ein programmatisches Zeugnis. In dem populärwissenschaftlich orientierten *Hamburgischen Magazin*, inspiriert von Barthold Heinrich Brockes, Hamburger Ratsherr und Autor eines neunbändigen Werkes über *Irdisches Vergnügen in Gott, bestehend in Physicalisch- und Moralischen Gedichten* (1721 ff.), erscheint 1748 im ersten Heft ein anonymer Essay mit dem Titel *Gedanken über das wahrhaft Wunderbare in der Naturforschung*. Der Autor fragt nach dem der »Begierde zum Wunderbaren«, wie sie sich in der poetischen Tradition von Homer bis zu Tasso und Milton ausdrücke, eigentlich zugrundeliegenden Begriff: »Es ist wohl nicht der Mühe werth, den Begriff des Wunderbaren einigermaßen feste zu setzen, und zu zeigen, was eigentlich diesen prächtigen Namen verdient. Meine Absicht soll bloß bei der Naturlehre stehen bleiben, und man wird also nicht von mir zu lernen verlangen, ob Miltons Teufel und Tassos Zaubereyen wunderbar sind.«[155] Zwei Momente nennt der Text als Kernbedeutungen des Wunderbaren in der Naturkunde. Geschmack in der Lehre – »der gute Geschmack zieht in der Naturlehre, wie in der Dichtkunst, das Einfache und Natürliche dem Gekünstelten vor« – und »sinnliche Begierde« (7) als Triebkraft der Bewunderung. Was hier Mitte des 18. Jh. in einem der Popularphilosophie zuzurechnenden Text zur Sprache

---

152 JOHANN HEINRICH WINKLER, Das Wunderbare in den Seelen der Thiere, in einer Gesellschaft guter Freunde abgehandelt (Leipzig 1744), nicht pag. [10].
153 Ebd., 94 f.
154 DENIS DIDEROT, ›Pythagorisme‹, in: DIDEROT (ENCYCLOPÉDIE), Bd. 13 (1765), 621.
155 [ANONYMUS], Gedanken über das wahrhaft Wunderbare in der Naturforschung, in: Hamburgisches Magazin, oder gesammelte Schriften, zum Unterricht und Vergnügen, aus der Naturforschung und den angenehmen Wissenschaften überhaupt, Bd. 1 (Hamburg/Leipzig 1748), 1 f.

kommt, ist eine Beziehung zwischen Wissen, Nicht-Wissen und Fiktion, die das Wunderbare wie schon Leibniz aus ihrem ursprünglichen Kontext in der Poetik herauslöst und als Begriff einer Erfindungskunst reflektiert. Damit kommt in die Geschichte des Begriffs ein Akzent und eine Wendung, die dann im 19. Jh. als ›merveilleux scientifique‹ reflektiert wird. Das Wunderbare präzisiert die Dialektik der Aufklärung – »l'âge des Lumières, ce siècle d'or du merveilleux scientifique«[156]. Die Reflexion über das Wunderbare in der Naturkunde ist die popularphilosophische Vorbereitung der Problemstellungen, die dann als Theorie der reflektierenden Urteilskraft von Kant entwickelt werden. In der *Anthropologie in pragmatischer Hinsicht* (1798) nennt Kant als ein von der ›Logik der Schulen‹ nicht behandeltes Problem die »Nachforschungsgabe«, worunter er die im Begriff des Wunderbaren überlieferten Bestimmungen versteht: »Um etwas zu entdecken (was entweder in uns selbst oder anderwärts verborgen liegt), dazu gehört in vielen Fällen ein besonderes Talent, Bescheid zu wissen, wie man gut suchen soll: eine Naturgabe, *vorläufig zu urtheilen (iudicii. praevii)*, wo die Wahrheit wohl möchte zu finden sein; den Dingen auf die Spur zu kommen und die kleinsten Anlässe der Verwandtschaft zu benutzen, um das Gesuchte zu entdecken oder zu erfinden. Die Logik der Schulen lehrt uns nichts hierüber.«[157] Mit dem Wunderbaren, verstanden als leidenschaftliches Gefühl, betritt man Neuland und Bereiche des Imaginären. Das Wunderbare steht nicht mehr wie in den zurückliegenden Debatten über poetische Wahrscheinlichkeit unter dem Zwang, sich vor der Wirklichkeit zu legitimieren, es ist (und schafft) eine Wirklichkeit eigener Art. In Louis Sébastien Merciers Eintrag ›Amour du Merveilleux‹ im ersten Band seines *Tableau de Paris* (1781) sind ganz in diesem Sinne die imaginären und wunderbaren Vorstellungen und Erfindungen eine wirkliche Welt. Erforschung (investigation) und Imagination sind im Medium des Wunderbaren vermittelt. Das Imaginäre *ist* das Wunderbare! »L'activité de l'esprit humain qui s'indigne de son ignorance, cette ardeur de connoître & de pénétrer les objets par les propres forces de l'entendement; ce sentiment confus que l'homme porte en lui-même, & qui le détermine à croire qu'il a le germe des plus hautes connoissances, voilà ce qui précipite des imaginations contemplatives dans cette investigation des choses invisibles; plus elles sont voilées, plus l'homme foible & curieux appelle les prodiges & se confie aux mystères. Le monde imaginaire est pour lui le monde réel.«[158]

Wie in den Romanen Fieldings, Walpoles und Wielands, werden auch bei Mercier mit dem Wunderbaren verschiedene Wirklichkeitsbegriffe registriert. Die Störungen im Wirklichkeitsbegriff des Menschen der Neuzeit, wie sie das Wunderbare anzeigt und bewirkt, hat Hans Blumenberg als die Folge einer typisch ästhetischen Einstellung erklärt. Die Regellosigkeit und die Konfusion, das Kontingente, die das Wunderbare mit sich führt, sind »eine Zweideutigkeit, die sich in der bangen Frage äußern könnte, ob nicht das, was die Konsistenz des Wirklichkeitsbewußtseins zu durchbrechen vermöchte, das in einem strengeren Sinne Wirkliche wäre. Mit dieser Zweideutigkeit, mit der die theoretische Einstellung des Wissenschaftlers nichts anfangen kann, weil sie der methodisch entfaltete Ausdruck jener Anstrengung der Ökonomie und ihrer Leistungsfähigkeit ist, arbeitet die ästhetische Einstellung«[159].

VI. Das ›absolut Wunderbare‹ in der Perspektive der deutschen Frühromantik

Als ästhetische Einstellung in diesem Sinne einer Verteidigung des Inkommensurablen und Außergewöhnlichen ist »die Auseinandersetzung mit dem Wunderbaren das Kernstück aller Romantik«[160]. Friedrich Schlegel hat Shakespeare als das

---

156 JACQUES CHOUILLET, L'esthétique des lumières (Paris 1974), 104.
157 IMMANUEL KANT, Anthropologie in pragmatischer Hinsicht (1798), in: KANT (AA), Bd. 7 (1907), 223.
158 LOUIS SÉBASTIEN MERCIER, Tableau de Paris, Bd. 1 (Hamburg/Neuchatel 1781), 270 f.
159 BLUMENBERG, Vorbemerkungen zum Wirklichkeitsbegriff, in: Mainzer Akad. d. Wiss., Abhandl. d. geistes- und sozialwiss. Kl., Nr. 4 (1973), 9.
160 NORBERT MILLER, Ansichten vom Wunderbaren. Über deutsche und europäische Romantik, in: Kleist-Jahrbuch 1 (1980 [1982]), 114.

VI. Das ›absolut Wunderbare‹ in der Perspektive der deutschen Frühromantik 759

Vorbild des Wunderbaren in einer über den Bereich poetischer Maschinen hinausreichenden Bedeutung genannt und als ›absolutes Wunderbares‹ beschrieben: »Die moderne Poesie geht entweder auf *absolute Fantasie* – oder auf *absolute Lust* – *absoluten Schmerz* – *absolute Mimik* (Shakspeare) – *absolutes Pathos* – *absolute Form* (Shakspeare) (*Absoluten* Enthusiasm – *absolute* Kunst – *absolute* Wissenschaft pp., überhaupt das *Absolute*. Absolutes Wunderbares.«[161] Ludwig Tieck nannte *Shakspeare's Behandlung des Wunderbaren* (1793) in dem gleichnamigen Essay, den er seiner Übersetzung von *The Tempest* voranstellte, die emblematische Figur des Wunderbaren.[162] An der ›wunderbaren Welt‹ von Shakespeares Dramen zeigt Tieck, daß diese die aristotelische Begrenzung des Wunderbaren in der Tragödie gerade dadurch dementieren, daß Shakespeare dem Wunderbaren ohne Bezug zur Wirklichkeit ein Eigenrecht einräumt, womit das Kriterium der Wahrscheinlichkeit hinfällig wird. Shakespeares Dramen setzen »die Regeln der Ästhetik, mit allen Begriffen unsers aufgeklärteren Jahrhunderts« außer Kraft und die »theatralischen Effekte« im *Hamlet*, *Macbeth* oder im *Midsummer Night's Dream* haben durch perfekte Täuschung und durch den Bezug zu den »Vorstellungsarten des Volkes«[163], durch die Verbindung des Seltsamen mit dem Abenteuerlichen und Lächerlichen eine Wahrscheinlichkeit eigener Ordnung. »Wir verlieren in einer unaufhörlichen Verwirrung den Maßstab, nach dem wir sonst die Wahrheit zu messen pflegen; eben weil nichts Wirkliches unsere Aufmerksamkeit auf sich heftet, verlieren wir [...] die Erinnerung an die Wirklichkeit [...]. Das Wunderbare wird uns jetzt gewöhnlich und natürlich: weil wir von der wirklichen Welt gänzlich abgeschnitten sind, so verliert sich unser Mißtrauen gegen die fremdartigen Wesen, und nur erst beim Erwachen werden wir überzeugt, daß sie Täuschung waren.« (44f.) Tiecks proliferierende Semantik eines »fürchterlich Wunderbaren« im Zeichen Shakespeares, die Kopplung von fürchterlich/lächerlich, von Lachen/Entsetzen, von lächerlich/gräßlich, von Schrecken/Schauder/Grauen lotet die Reichweite des Wunderbaren nach allen Richtungen des Burkeschen ›sublime‹ aus, die beim Zuschauer (eher als beim Leser) einen unerwarteten »Schwindel der Seele« (66) hervorrufen. Die Erweiterung des Wunderbaren zum Tragischen verleiht auch der admiratio die Bedeutung des Erschreckens: »Alles Unbegreifliche, alles, wo wir eine Wirkung ohne eine Ursache wahrnehmen, ist es vorzüglich, was uns mit Schrecken und Grauen erfüllt: – ein Schatten, von dem wir keinen Körper sehen, eine Hand, die aus der Mauer tritt und unverständliche Charaktere an die Wand schreibt, ein unbekanntes Wesen, das plötzlich vor mir steht, und eben so plötzlich wieder verschwindet. Die Seele erstarrt bei diesen fremdartigen Erscheinungen [...]; die Phantasie durchläuft in einer wunderbaren Schnelligkeit tausend und tausend Gegenstände, um endlich die Ursache der unbegreiflichen Wirkung herauszubringen, sie findet keine befriedigende [...]. Auf diese Art entsteht der Schauder, und jenes heimliche Grausen, das uns im Macbeth und Hamlet befällt: ein Schauder, den ich einen Schwindel der Seele nennen möchte« (65f.).

Jean Paul hat das Wunderbare im § 5 der *Vorschule der Ästhetik* (1804) über den ›Gebrauch des Wunderbaren‹ in ähnlicher Weise als Inbegriff der Poesie und als Ausdruck »unserer Geisterfurcht« in einem hölzernen Leben voll Mechanik« bezeichnet: »Alles wahre Wunderbare ist für sich poetisch.«[164] Als »Gefühl des Geisterreichs oder der Geisterfurcht« ist das romantisch Wunderbare Einspruch gegen eine »sargenge, erdkalte, spießbürgerliche Prose-Welt«[165], wie Jean Paul an anderer Stelle schreibt. Die Präsenz von Geistererscheinungen »mitten im Maschinenreiche der Sinne« ist als »das Unbegreifliche eigentlich der Kern und Wort des All und der Erkenntnis«. Der ›neue Schauder‹ ist von ›alter Furcht‹ zu unterscheiden. »Der Verfasser dieses hat schon an anderen Orten gezeigt,

---

161 FRIEDRICH SCHLEGEL, Literary Notebooks 1797–1801, hg. v. H. Eichner (London 1957), 41.
162 Vgl. HEINRICH BOSSE, The Marvellous and Romantic Semiotics, in: Studies in Romanticism 14 (1975), 211–234.
163 LUDWIG TIECK, Shakspeare's Behandlung des Wunderbaren (1793), in: Tieck, Kritische Schriften, Bd. 1 (Leipzig 1848), 37, 38, 39.
164 JEAN PAUL, Vorschule der Ästhetik (1804), in: JEAN PAUL (MILLER), Abt. 1, Bd. 5 (1963), 45f., 44.
165 JEAN PAUL, [Vorrede] Friedrich L. F. von Dobeneck, Des deutschen Mittelalters Volksglauben und Heroen-Sagen (1815), in: ebd., Abt. 2, Bd. 3 (1978), 627, 529.

daß die Furcht vor einer sogenannten Geistererscheinung – freilich ein Widerspruch, Geist und doch Erscheinung, aber ein scheinbarer, denn der Geist ist die Spiegelfolie der Spiegelgestalt – von jeder anderen Furcht nicht im Grade nur, sondern in der Art abweiche. Es ist ein neuer Schauder, aber keine alte Furcht.«[166]

Wie Jean Paul hat auch Novalis das Wunderbare mit dem Poetischen identifiziert: »Die Poesie muß nie der Hauptstoff, immer nur das Wunderbare seyn.«[167] Der »Hang zum Wunderbaren und Geheimnißvollen [...] als Streben – nach *unsinnlichen* – *geistigen* Reitz« läßt sich Novalis zufolge mit Formen der Magie vergleichen: »Überall liegt eine grammatische Mystik, wie mir scheint zum Grunde – die sehr leicht das erste Erstaunen über *Sprache* und *Schrift* erregen konnte. (Die wilden Völker halten die Schrift noch jezt für Zauberey.)«[168] ›Hang zum Wunderbaren‹, Streben nach ›unsinnlichen Reizen‹ meint hier eine nicht-repräsentative, nicht nach Regeln vorgeordnete und zu erlernende Darstellungsweise, sozusagen aus erster Hand: »Aller Sinn ist *repraesentativ* – *symbolisch* – ein Medium. Alle Sinnenwahrnehmung ist aus der 2ten Hand.«[169] Muster solchen Wunderbaren sind die Märchen als Schauplatz ›ächter Naturanarchie‹: »Ein Mährchen ist eigentlich wie ein Traumbild – ohne Zusammenhang – Ein *Ensemble* wunderbarer Dinge und Begebenheiten«[170]. »Nichts ist mehr gegen d[en] Geist des Mährchens – als ein moralisches Fatum – ein gesezlicher Zusammenhang – Im Mährchen ist ächte Naturanarchie.« (438) Die

---

166 Ebd., 627.
167 NOVALIS, Fragmente und Studien (1799–1800), in: NOVALIS, Bd. 3 (1960), 640.
168 NOVALIS, Das Allgemeine Brouillon. Materialien zur Enzyklopädistik (1789–1799), in: ebd., 267.
169 NOVALIS, Poëticismen (1798), in: NOVALIS, Bd. 2 (1960), 550.
170 NOVALIS (s. Anm. 167), 454.
171 NOVALIS, Die Christenheit oder Europa (1799), in: NOVALIS, Bd. 3 (1960), 516.
172 JEAN PAUL (s. Anm. 165), 631.
173 Vgl. MARTIN BLANKENBURG, Der ›thierische‹ Magnetismus in Deutschland. Nachrichten aus einem Zwischenreich, in: Robert Darnton, Der Mesmerismus und das Ende der Aufklärung in Frankreich, übers. v. Blankenburg (Berlin/Frankfurt a. M. 1986), 191–228.

Vertreibung des Wunderbaren durch eine, wie Novalis schreibt, »patholog[ische] Phil[osophie]«, deren »abs[oluter] Trieb nach Vollendung und Vollst[ändigkeit]« (384), die von Vorurteilen bestimmte Verachtung aufgeklärter Gelehrter »alles dessen, was nicht gelehrt oder gelernt werden kann (Hieher ihr Religions und Wunderhaß – ihr Dichterhaß etc.)« (414), kritisiert Novalis an den Reformen des Erziehungswesens in Deutschland als geschichtsvergessenes Allmachtsdenken: »In Deutschland betrieb man dieses Geschäft gründlicher, man reformirte das Erziehungswesen, man suchte der alten Religion einen neuern vernünftigen, gemeinern Sinn zu geben, indem man alles Wunderbare und Geheimnißvolle sorgfältig von ihr abwusch; alle Gelehrsamkeit ward aufgeboten um die Zuflucht zur Geschichte abzuschneiden, indem man die Geschichte zu einem häuslichen und bürgerlichen Sitten- und Familien-Gemählde zu veredeln sich bemühte. [...] Das gemeine Volk wurde recht mit Vorliebe aufgeklärt, und zu jenem gebildeten Enthusiasmus erzogen, und so entstand eine neue europäische Zunft: die Philantropen und Aufklärer. Schade, daß die Natur so wunderbar und unbegreiflich, so poetisch und unendlich blieb, allen Bemühungen sie zu modernisiren zum Trotz.«[171]

Als Schauplatz und Medium des Zufalls wird das Wunderbare den Romantikern wie Novalis und Jean Paul zum Anlaß der Kritik an »der hochmütigen Leichtgläubigkeit der Aufklärer an eine gedankenlose Leichtgläubigkeit ganzer Jahrhunderte und Völker«. Gegen die dominanten Fortschrittstheorien der Aufklärung setzen die Romantiker mit dem Wunderbaren ein kulturelles Alteritätsbewußtsein, das zum ersten Mal auch das nicht schriftlich überlieferte Erbe und Gedächtnis bedenkt: »Ganze Jahrhunderte voll mündlicher Überlieferungen und ganze Foliobände voll schriftlicher liegen als verfallene Schachte vor uns, des neuen Befahrens ebenso würdig als bedürftig. [...] Kann es ein Feld des Wissens geben, worin nichts als Beete voll Unkraut blühten?«[172] Jean Paul setzt die Welt des Wunderbaren mit dem Reich des Traums auf eine Weise in Beziehung, die Erkenntnisse der zeitgenössischen Sinnesphysiologie, des Galvanismus und Magnetismus berücksichtigt[173] und den »wunderbaren Übergang vom

Schlafe ins Bewußtsein und von dem träumerischen in das Wachen« als Ort und Medium des Wunderbaren beschreibt. In dem Essay *Blicke in die Traumwelt* (1814) unterscheidet er »Vorstellbilder« (als Wachträume) von »Empfindbildern« (als Traumbilder im Schlaf). An der Schnittstelle zwischen dem »*Bilderkabinett* der Phantasie« und dem »*Wachsfigurenkabinett* des Traums« zeige sich in Werken der Kunst der »Unterschied zwischen einer gelesenen, vorgestellten oder erinnerten Landschaft und zwischen einer geträumten«[174] als der zwischen bewußt-kontrollierter und unbewußt-willkürlicher. »Der letzte Unterschied zwischen Vorstellung und Empfindbild ist der, daß du zwar nach Willkür eine bestimmte Reihe Vorstellungen kannst vorüberziehen heißen, daß du aber nicht vermagst das Aufsteigen bestimmter Empfindbilder aus dem dunklen Geister-Abgrunde zu befehlen oder zu verwehren« (1023). Jean Pauls Traumtheorie ermöglicht die Beschreibung des Wunderbaren als einer Kategorie des Imaginären im Übergang von Träumen zum Bewußtsein und im Grenzbereich von Schein und Sein. Damit löst Jean Paul die von Baumgartens ästhetischer Thaumaturgie intendierte Aufwertung der niederen sinnlichen Formen der Wahrnehmung und Erkenntnis theoretisch und (in seinen einem neuen ästhetischen Prinzip folgenden Romanen) auch praktisch ein, indem er auf dem von den Deutschen »so romantisch« angebauten »Gottesacker des Schauerlichen«[175] das hierarchische Arrangement der Wahrnehmungs- und Erkenntnisweisen umstürzt. Für Jean Paul gilt, was im italienischen Cinque- und Seicento vorbereitet worden war: Das Wunderbare ist kein Gegenstand in erster Linie, es ist der Begriff des Möglichen selbst! Die Inflation des Wunderbaren zu Beginn des 19. Jh., wie sie in Deutschland Christian August Vulpius' zweibändige *Bibliothek des Romantisch Wunderbaren* (1805) oder das in der Tradition der barocken Kuriositäten- und Raritätenkabinette stehende *Museum des Wundervollen oder Magazin des Außerordentlichen in der Natur, der Kunst und Menschenleben* (1803 ff.) repräsentieren, versammeln unter dem Wunderbaren Phänomene zu einem Repertorium aus Bereichen, in denen die Neugier als Kuriosum, das Diverse als Fait divers bar ihrer begrifflichen Schärfe nur noch modisch präsentiert werden.

VII. Spiritismus und ›merveilleux scientifique‹ im 19. Jahrhundert

Der Begriff ›merveilleux scientifique‹, dem in anderen Ländern die Bezeichnung ›Science-fiction‹, in Deutschland oft auch ›utopische Literatur‹ entspricht, stammt von Maurice Renard, einem Kritiker und Autor der symbolistischen Generation. Renard charakterisierte damit »un *genre* nouveau«[176] von Romanen, die man später auch in Frankreich als utopische bezeichnete. Sein am 9. Oktober 1909 in der damals renommierten Pariser Zeitschrift *Le Spectateur* erschienener Essay *Du roman merveilleux-scientifique et de son action sur l'intelligence du progrès* ist durch die mit diesem Titel angezeigte Perspektive für die Begriffsgeschichte des Wunderbaren interessant. Renard kehrt die traditionelle darstellungsästhetische Fragestellung ›Wie erscheint Wissenschaft in Literatur?‹[177] um und thematisiert das Wunderbare als eine zwischen Literatur und Wissenschaft vermittelnde Kategorie romanesker Darstellung. Renard beruft sich auf den Physiker Henri Poincaré, dem zufolge Poesie und Wissenschaft einem analogen Erkenntnisstreben folgen: »la vraie science lors qu'elle s'attaque à l'inconnu, ne procède pas autrement que la poésie«[178]. H. G. Wells, Auguste Villiers de l'Isle-Adam, Robert Louis Stevenson und Edgar Allan Poe nennt er als die eigentlichen Begründer einer neuen literarischen Gattung: »Edgar Poe, avec deux contes seulement, *La vérité sur le cas de M. Valdemar* et *Les souvenirs de M. Auguste Bedloe*, fonda le roman merveilleux-scientifique pur.«[179] Der Begriff, eigentlich ein Oxymoron, erfaßt in Renards Text die Gleichzeitigkeit von Phänomenen wie H. G. Wells' Roman *The Invisible Man* (1897) und

---

174 JEAN PAUL, Blicke in die Traumwelt (1814), in: JEAN PAUL (MILLER), Abt. 2, Bd. 2 (1976), 1022.
175 JEAN PAUL (s. Anm. 165), 630.
176 MAURICE RENARD, Du roman merveilleux-scientifique et son action sur l'intelligence du progrès, in: Le Spectateur (9. 10. 1909), 246.
177 Vgl. HUBERT MATTHEY, Essai sur le merveilleux dans la littérature française depuis 1800 (Paris 1915).
178 MAURICE RENARD, Le merveilleux scientifique et la ›Force mystérieuse‹ de P.-H. Rosny aîné, in: La vie (15. 6. 1914), 545.
179 RENARD (s. Anm. 176), 247.

die Erfindung der Röntgenstrahlen. Das Unbekannte und das Ungewisse unterscheiden, wie Renard in einer Wendung zum Wunderbaren als einer Denkweise schreibt, »le raisonnement merveilleux-scientifique du raisonnement scientifique«.

Daher seine Frage: »Mais puisqu'il s'agit d'un merveilleux-*scientifique*, comment pourrions-nous concilier ces exigences, d'aspect contradictoire, qui veulent que nous prenions nos sujets à la fois dans la science et dans ce qui n'est pas la science?« (250) Das ›merveilleux-scientifique‹ ist in dieser Sicht nicht nur Indiz dafür, daß »l'arc électrique puisse seul remplacer la lampe éteinte d'Aladin«[180], es ist auch Warnzeichen gegenüber den Folgen wissenschaftlich-technischen Fortschritts: »L'influence du roman merveilleux-scientifique sur une telle conception du progrès est considérable. Avec une force convaincante puisée à même la raison, il nous dévoile brutalement tout ce que l'inconnu et le douteux nous réservent peut-être, – tout ce qui peut nous venir de désagréable ou d'horrible du fond de l'inexpliqué.« (259) Diese fortschrittskritische Perspektive unterscheidet Renards Essay von dem ›meraviglioso futurista‹, das Marinetti zur selben Zeit als Kernbegriff auf die Fahnen des Futurismus schrieb und als eine Ästhetik des Variété-Theaters konzipierte: »Das Variété-Theater als Ausstellung unzähliger erfinderischer Kräfte bringt ganz natürlich das hervor, was ich das futuristische Wunderbare nenne, ein Produkt des modernen Mechanismus.« (Il Teatro di Varietà, essendo una vetrina rimuneratrice d'innumerevoli sforzi inventivi, genera naturalmente ciò che io chiamo il *meraviglioso futurista*, prodotto dal meccanismo moderno.[181])

Was Renard am Ende des 19. Jh. anhand von utopischen Romanen als neue Gattung des ›merveilleux scientifique‹ destillierte und verallgemeinerte, war das Resümee verschiedener literarischer und populärwissenschaftlicher Einstellungen und Verarbeitungen von Phänomenen aus dem Bereich der Psychowissenschaften, des utopischen Sozialismus und des Okkultismus. Auch die Gesellschaftstheorien des utopischen Sozialismus in Frankreich reflektierten das Wunderbare als eine Kraft des Imaginären. Charles Fourier räumte dem Wunderbaren in seiner Utopie eine zentrale Funktion ein, die es mathematisch fundierte. Die im Begriff der Wunderbaren enthaltene Ungewißheit wird gewissermaßen als eine mathematische Gleichung mit Unbekannten übersetzt: »Le *merveilleux*. Tout en est empreint dans la théorie sociétaire, malgré qu'elle soit étayée de calculs strictement arithmétiques. […] Ainsi, dans cette nouvelle science, comme dans ses résultats, on verra toujours l'arithmétique en alliance avec le merveilleux, et j'ai dû donner ce titre à la Notice […], qui donne quelques tableaux des bénéfices de gestion sociétaire.«[182]

Das ›merveilleux scientifique‹ oszilliert im 19. Jh. zwischen Fiktion und Wissenschaft und wird nicht mehr als ›faux merveilleux‹ pejorativ diskutiert, sondern als ernstzunehmendes Problem einer ›science occulte‹: »Dans les récits merveilleux, tout ne peut pas être mensonge et illusion. La crédulité a son terme, et l'invention le sien. Etudions l'homme, non dans ses traditions trompeuses, mais dans ses habitudes constantes.«[183] Die Bedeutung des Wunderbaren in diesem Zusammenhang ergibt sich aus dem Deutungsanspruch der positivistischen Wissenschaften, die alles sogenannte Übernatürliche und Spirituelle ausgrenzten. Die ›sciences occultes‹ besetzten diese Leerstelle durch Verbindungen zwischen ›merveilleux scientifique‹ und ›merveilleux spirite‹ unter dem Dach einer *raison du spiritisme*, »révélant à l'homme l'économie de son organisation, l'initiant à la connaissance de ses destinées«[184].

Das spektakuläre Ereignis, das in ganz Europa ein »débordement imprévu de la passion du merveilleux«[185] hervorrief, waren Mitte des Jahrhunderts die Berichte über Tischerücken, die sog. ›tables tournantes‹ und Klopfzeichen aus der Ge-

---

180 RENARD (s. Anm. 178), 546.
181 FILIPPO TOMMASO MARINETTI, Il Teatro di Varietà (1913), in: Marinetti, Teoria e invenzione futurista, hg. v. L. De Maria (Mailand ⁵2001), 81 f.
182 CHARLES FOURIER, Traité de l'association domestique-agricole (1822), in: Fourier, Œuvres complètes, Bd. 2 (1842; Paris 1966), 58 f.
183 EUSÈBE SALVERTE, Des sciences occultes ou essai sur la magie, les prodiges et les miracles (Paris 1829), 5.
184 Vgl. MICHEL BONNAMY, La raison du spiritisme (Paris 1868), V.
185 LOUIS FIGUIER, Histoire du merveilleux dans le temps moderne, Bd. 1 (Paris 1860), V.

meinde Hydesville im Staate New York.¹⁸⁶ Sie lösten eine Debatte über ihren Wahrheitsgehalt und über die ›Realität‹ von Halluzinationen, hypnagogischen Visionen, über Geister und Wiedergänger in Träumen und über telepathische Kommunikation aus, in die sich in Frankreich Victor Hugo einschaltete.¹⁸⁷ Die scheinbare Durchbrechung von Naturgesetzen, im Begriff des Wunderbaren von Anfang an verankert, wurde als Herausforderung des positivistischen Wissenschaftsbegriffs verstanden. In einer der ersten europäischen Reaktionen auf die Berichte aus Hydesville wurde die Annahme eines transzendenten Wunderbaren einer »explication naturelle du prétendu surnaturel«¹⁸⁸ unterzogen. »Le problème du surnaturel, tel que le moyen âge l'a posé et tel qu'on le pose de nouveau, n'est pas de ceux qu'il est permis de dédaigner.«¹⁸⁹ Louis Figuier, der bedeutendste Wissenschaftspopularisator des 19. Jh. in Frankreich, reagierte auf das »mouvement de 1854, où le merveilleux avait pris corps dans les tables tournantes« mit einer Historisierung des Wunderbaren, an deren Ende seine wissenschaftliche Auflösung steht: »La négation du merveilleux, telle est donc la conclusion philosophique à tirer de ce livre, qui pourrait s'appeler le merveilleux expliqué.«¹⁹⁰ Interessant ist Figuiers Erklärung der spiritistischen Mode als eine populäre Reaktion auf die etwa zeitgleiche Erfindung des Telegrafen und des Morsealphabets. Technische Erfindungen wie diese, experimentelle Methoden in Psychologie und Medizin wie der Somatismus Jean Martin Charcots, die Hypnose sowie biometrische und ikonographische Aufzeichnungen von Erregungszuständen wurden als neue Quellen eines Wunderbaren und einer »symbiose entre science et spiritisme« registriert, der zufolge »le merveilleux ne se développe pas à l'écart des savoirs sûrs: il entretient au contraire avec eux les rapports les plus intimes et les plus complexes. Il naît des savoirs et il en produit.«¹⁹¹ Voraussetzung dieser Beziehungen zwischen Wissenschaft und Okkultismus war die Unterscheidung zwischen religiösem und wissenschaftlichem Spiritismus, zwischen »le Spiritisme-Religion, qui est un ensemble de croyances et de pratiques chères à beaucoup de gens« und »Spiritisme-Science, simple hypothèse destinée à expliquer certaines phénomènes relevant de l'observation«¹⁹². Die Terminologie und die metaphorische Semantik, mit der spiritistische und wissenschaftlich-technische Phänomene beschrieben werden, ist oft identisch. ›Fluidum‹ bezeichnet sowohl den elektrischen Strom wie die atmosphärische Umwelt von Körperreaktionen und das ›Klima‹ in Hypnosen. Auch der Begriff des Mediums selbst im Bereich der Metapsychologie wie der technischen Kommunikation (Telefon, Morsen, Signale) bezeichnet die unsichtbare und wunderbare Verbindung zwischen einem An- und einem Abwesenden. Mit dem von dem englischen Psychologen Frederic W. H. Myers zur Unterscheidung parapsychologischer Phänomene von ihrer theologischen Deutung als übernatürlich (surnaturel) eingeführten Terminus ›supranormal‹¹⁹³ wurden Bestimmungen des Wunderbaren wie ›unwillkürlich‹, ›unvorhersehbar‹, ›in den Ursachen unbekannt‹ auf den psychologischen Begriff ›Medium‹ übertragen. In der anglo-amerikanischen Psychologie zuerst, in Frankreich dann durch den Psychologen der Sorbonne Pierre Janet mit seinem Buch L'automatisme psychologique (1889), einer Quelle des Surrealismus, und vor allem durch den Genfer Psychologen Théodore Flournoy wurde dieser psychologische Begriff des Mediums durch den Automatismus erklärt: »Le

186 Vgl. ENNO NIELSEN (Hg.), Das Große Geheimnis. Die merkwürdigsten der guten Glaubens erzählten Fälle aus dem weiten Gebiet des Übersinnlichen vom Anfang des vorigen Jahrhunderts bis zum Weltkrieg (Ebenhausen b. München 1923).
187 Vgl. GUSTAVE SIMON (Hg.), Chez Victor Hugo. Les tables tournantes de Jersey. Procès-verbaux des sèances (Paris 1923).
188 AGÉNOR ÉTIENNE DE GASPARIN, Des tables tournantes, du surnaturel en général et des esprits (Paris 1855), 483.
189 Ebd., XII.
190 FIGUIER (s. Anm. 185), VII, IX.
191 MICHEL PIERSSEN, Le merveilleux psychique au tournant du siècle, in: G. Chandes (Hg.), Le merveilleux et la magie dans la littérature (Paris 1992), 75.
192 THÉODORE FLOURNOY, Des Indes à la planète Mars. Étude sur un cas de somnambulisme avec glossolalie (Paris/Genf ²1900), 393.
193 Vgl. ebd., 341 f.; FREDERIC W. H. MYERS, Human Personality and Its Survival of Bodily Death (1903; Charlottesville 2001); JEAN STAROBINSKI, Freud, Breton, Myers, in: Starobinski, La relation critique. L'œil vivant (Paris 1970), 320–341.

mot de *medium* s'applique dans les milieux spirites à tout individu qui est censé pouvoir servir d'intermédiaire entre les vivants et les esprits des morts ou autres. Comme c'est un inconvénient, pour l'explication scientifique des faits, d'employer une terminologie impliquant des affirmations dogmatiques discutables, les psychologues anglais et américains, gens pratiques, substituent volontiers au mot de *médium* celui d'*automatiste*, qui ne préjuge rien et désigne simplement les personnes présentant des phénomènes d'automatisme – c'est-à-dire involontaires et souvent ignorés du sujet, quoique empreints d'intelligence – où les spirites voient l'intervention des esprits désincarnés (songes significatifs, hallucinations véridiques, écriture mécanique, dictées par la table, etc).«[194]

Das Wunderbare als ein Medium existiert nur, wenn es Gestalt annimmt, Form wird, als ›récit‹, mündlich oder schriftlich überlieferter Bericht. Die 1882 in London gegründete *Society for Psychical Research* beauftragte ein *Literary Commitee* mit der Sammlung und Archivierung zeitgenössischer Zeugnisse über ›supranormale‹ Fakten, die unter dem Titel *Phantasms of the Living* (1886) publiziert wurden und eines der umfangreichsten Repertorien des ›merveilleux scientifique‹ darstellen.[195] In diesen Zusammenhängen wurde das Wunderbare im 19. Jh. zu einem wahrnehmungspsychologisch aufgeladenen Begriff ästhetischer Praxis im weiten Sinn, in der spiritistische Geistergespräche, visionäre Halluzinationen und poetische Texte wie die Arthur Rimbauds den Einspruch des ›Dilettanten des Wunders‹ (Carl Einstein) gegen den als ruinös betrachteten Positivismus ins Feld führten, weil dieser »alle Kräfte zerstört, die über das Menschliche hinausgehen«[196].

VIII. Surrealistische Revisionen

Die Surrealisten haben das Wunderbare als ›merveilleux quotidien‹ zu einem Gegenbegriff der Schönheit ausgebaut. In einem der ersten surrealistischen Texte über das Wunderbare und den psychischen Automatismus, der die in der Pariser Gruppe der Surrealisten seit 1919 praktizierten Versuche mit der Aufzeichnung von Träumen und Visionen reflektiert, hat Breton das Wunderbare sogleich im Unterschied zu den im »feuchten Hinterzimmer des Spiritismus«[197] praktizierten Verfahren markiert: »Il va sans dire qu'à aucun moment, du jour où nous avons consenti à nous prêter à ces expériences, nous n'avons adopté le point de vue spirite. En ce qui me concerne je me refuse formellement à admettre qu'une communication quelconque existe entre les vivants et les morts.«[198] Zwei Jahre später, im ersten *Manifest des Surrealismus*, wird das Wunderbare von Breton als jede Schönheitsästhetik aufhebender (oder aufsaugender) Grundbegriff des Surrealismus eingeführt: »Pour cette fois, mon intention était de faire justice de la *haine du merveilleux* qui sévit chez certains hommes, de ce ridicule sous lequel ils veulent le faire tomber. Tranchons-en: le merveilleux est toujours beau, n'importe quel merveilleux est beau, il n'y a même que le merveilleux qui soit beau.«[199] Der letzte Satz in Bretons Roman *Nadja* (1928) wiederholt diese Programmerklärung, der zufolge das Wunderbare an die Stelle der Schönheit tritt: »La beauté sera *convulsive* ou ne sera pas.«[200] Bretons Plädoyer für eine unbedingte Historisierung des Wunderbaren nennt zwei emblematische aktuelle Beispiele, die den surrealistischen Begriff des Wunderbaren verkörpern: die romantischen Ruinen und die Figur des modernen Mannequins. Beide sind darin exemplarisch, weil sie die spannungsvolle Einheit von Gegensätzen darstellen. Die Ruinen – Geschichte und Natur – als Figuren der Vergänglichkeit, das Mannequin als Figur der Verdinglichung: »Le merveilleux n'est pas le même à

---

194 FLOURNOY (s. Anm. 192), XI.
195 Vgl. EDMUND GURNEY/MYERS/FRANK PODMORE, Phantasms of the Living, 2 Bde. (London 1886).
196 CARL EINSTEIN, Bebuquin oder Die Dilettanten des Wunders (1907/1912), hg. v. E. Kleinschmidt (Stuttgart 1985), 17.
197 WALTER BENJAMIN, Der Sürrealismus. Die letzte Momentaufnahme der europäischen Intelligenz (1929), in: BENJAMIN, Bd. 2/1 (1977), 298.
198 ANDRÉ BRETON, Entrée des médiums (1922), in: Breton, Œuvres complètes, hg. v. M. Bonnet u. a., Bd. 1 (Paris 1988), 276; vgl. ›Merveilleux et surréalisme‹ [Themenheft], in: Mélusine 20 (2000).
199 BRETON, Manifeste du surréalisme (1924), in: ebd., 319.
200 BRETON, Nadja (1928), in: ebd., 753.

toutes les époques; il participe obscurément d'une sorte de révélation générale dont le détail seul nous parvient: ce sont les *ruines* romantiques, le *mannequin* moderne ou tout autre symbole propre à remuer la sensibilité humaine durant un temps.«[201] Die Historisierung des Wunderbaren und seine Konturierung zu einem von der Tradition der Poetik und der Genieästhetik befreiten ästhetischen Grundbegriff steht im Zeichen einer ›Zerschlagung des Ästhetischen‹, die Walter Benjamin in seinen Vorarbeiten zum Surrealismus-Essay als ein surrealistisches Indiz für eine anthropologisch fundierte ›andere‹ Ästhetik gesehen hat: »Gewiß ist der Surrealismus als solcher kaum imstande, sehr bedeutende Werke aufzuweisen. Dafür stellt er evidenter als jede konkurrierende Bewegung die Zerschlagung des Aesthetischen dar, jene doppelte Bindung ans Kreatürlich-Animalische einerseits und ans Materialistisch-Politische andererseits«[202]. Das Wunderbare als ›merveilleux moderne‹ im Sinne des Surrealismus ist begriffsgeschichtlich ein prinzipieller Neuansatz. Die Konzepte repräsentativer Kunst und ästhetischen Genusses werden in dreifacher Hinsicht überwunden. Intermundien wie das Unbewußte, Träume, Formen sogenannten primitiven Denkens erscheinen als wunderbare Schauplätze, auf denen die dualistischen Denkweisen rationalistischer Logik überwunden werden könnten. In der Kombination des Wunderbaren mit der Alltagskultur, mit magischen und rituellen Praktiken fungiert es als Manifestation kultureller Alterität im Gegensatz zu allen Hochkulturen. Indiz dieser surrealistischen Konfiguration des Wunderbaren ist seine Erläuterung durch einen Terminus, der in der Semantik der französischen Surrealisten als Synonym für das Wunderbare steht: das ›insolite‹, dessen Bedeutungsradius vom Ungewöhnlichen bis zum Ungeheuerlichen reicht. Louis Aragon hat es zuerst in der *Préface à une mythologie moderne* seines surrealistischen Romans *Le paysan de Paris* (1926) als »perception de l'insolite« ins Zentrum einer »science de la vie« gerückt, die im »merveilleux quotidien«[203] ihre Triebkraft hätte. In der ersten Zeitschrift der Surrealisten (*La révolution surréaliste*) hat er das Wunderbare als notwendig unerhörten (insolite) Einspruch oder als Störfaktor gegen eine widerspruchslos hingenommene Realität bestimmt: »La réalité est l'absence apparente de contradiction. Le merveilleux, c'est la contradiction qui apparaît dans le réel. – Où le merveilleux perd ses droits commence l'abstrait.«[204] Die Reflexionen über einen neuen Begriff des Wunderbaren in der 2. Hälfte der 1920er Jahre im Kreise der Pariser Surrealisten bringt Aragon mit seiner dem Œuvre Max Ernsts gewidmeten Theorie der Collage in dem Essay *La peinture au défi* (1930) auf den Punkt, indem er ›l'insolite‹ und ›le quotidien‹ koppelt und mit dem Werk und der emblematischen Figur Lautréamonts in eine geschichtliche Beziehung bringt: »Il appartenait au surréalisme de faire le point du merveilleux en 1930. [...] Et si tout ce qui est ainsi extraordinairement ordinaire trouve par hasard quelqu'un pour en ressortir l'insolite, le paralysant insolite, on tiendra ce quelqu'un pour un malade. [...] Le merveilleux doit être fait par tous et non point par un seul. Cette transcription de la pensée ducassienne explique et détermine ce qui vient d'être dit avec tant de langueurs.«[205]

In dem von Aragon abgesteckten Rahmen kann man zwischen 1929 und 1940 drei zueinander komplementäre Positionen unterscheiden, die von Michel Leiris, Breton und Mabille entwickelt und repräsentiert werden. Leiris, der im 4. Band (*Frêle bruit*, 1976) seiner als Bio-Fiktion angelegten Autobiographie *La règle du jeu* (1948 ff.) eine ausführliche Bilanz des Wunderbaren aus dem Geiste des Surrealismus vorgelegt hat[206], ist auch einer seiner ersten Historiker. Auf Beschluß des von Antonin Artaud geleiteten *Bureau de recherches surréalistes* erhält er am 27. Januar 1925 den Auftrag, »de s'occuper de la constitution d'un Glossaire du Merveilleux et d'un répertoire des Idées surréalistes, en collationnant les notices (soit sur les livres où le merveilleux est en jeu, soit sur les inventions et idées surréalistes) que chacun devra lui remettre

---

201 BRETON (s. Anm. 199), 321.
202 BENJAMIN, [Paralipomena zu Surrealismus, entst. 1928–1929], in: BENJAMIN, Bd. 2/3 (1977), 1035.
203 LOUIS ARAGON, Le paysan de Paris (1926), in: Aragon, L'œuvre poétique, Bd. 3 (Paris 1974), 90.
204 ARAGON, Idées, in: La révolution surréaliste 3 (1925), 30.
205 ARAGON, La peinture en défi (1930), in: Aragon (s. Anm. 203), Bd. 5 (Paris 1975), 63, 59, 92.
206 Vgl. MICHEL LEIRIS, Frêle bruit (Paris 1976), 323–379.

dans la mesure de ses moyens.«²⁰⁷ Das Ergebnis seiner Recherche ist der zweiteilige *Essai sur le merveilleux* (1926), den Leiris für Jacques Doucet, den bibliophilen Mäzenaten der Surrealisten, anfertigte. Leiris, der als Ethnologe Ende der 1920er Jahre zum Bataille-Kreis gehörte und in den 1930er Jahren einer der Mitgründer des *Collège de sociologie* war²⁰⁸, gibt dem Wunderbaren von vornherein einen sowohl enzyklopädischen als auch anthropologischen Zuschnitt, »une encyclopédie de tout ce qui échappe au sens commun«; eine »extension maxima«, die über »le domaine de l'écriture«²⁰⁹ hinausweist. Als eine mögliche Quelle nennt er das ›merveilleux quotidien‹, »qu'Apollinaire captera dans les antennes de ses étonnants *Calligrammes*« (70) sowie die Wissenschaften in ihren »récentes découvertes de la science (géométrie non-euclidienne, théorie d'Einstein, etc.)« (73) und »les films comiques américains« (77). In seiner fragmentarischen Recherche aktualisiert Leiris den Bedeutungshorizont des Wunderbaren als eine durch keine ›logique stupide‹ begrenzte Denkkraft und Fähigkeit zum ›émerveillement‹, zur Bewunderung, in dessen französischen Terminus ›admiration‹ und ›merveilleux‹ verschmolzen sind. Leiris ruft das Wunderbare als »une direction dans l'esprit de l'homme« (46) in Erinnerung, das weniger als Gegensatz zur Vernunft, sondern vielmehr als ihre

---

207 [Sitzungsprotokoll v. 27. 1. 1925], in: P. Thévenin (Hg.), Bureau de recherches surréalistes. Cahier de la permanence, octobre 1924 – avril 1925 (Paris 1988), 117.
208 Vgl. JAMES CLIFFORD, On Ethnographic Surrealism, in: Clifford, The Predicament of Culture. Twentieth-Century Ethnography, Literature and Art (Cambridge, Mass./London 1988), 117–186; DENIS HOLLIER (Hg.), Le collège de sociologie 1937–1939 (1979; Paris 1995).
209 LEIRIS, Essai sur le Merveilleux dans la litterature occidentale (1926), in: Leiris, Le merveilleux, hg. v. C. Maubon (Paris 2000), 48, 47.
210 LEIRIS, A propos du ›Musée des sorciers‹, in: Documents 2 (1929), 109.
211 Vgl. LUCIEN LÉVY-BRUHL, La mentalité primitive (Paris 1922); LÉVY-BRUHL, L'âme primitive (Paris 1927).
212 LEIRIS (s. Anm. 210), 116.
213 Vgl. FLORIAN NELLE, Versuch über das Wunderbare, in: Weimarer Beiträge 43 (1997), H. 2, 177.
214 LEIRIS (s. Anm. 209), 46.

andere Seite und als ihr Störenfried die ›désordre dans l'ordre‹ verkörpert. Es ist wie auch sonst bei den Surrealisten eine Weise obsessiven und konvulsivischen Denkens, aus dem jede Behaglichkeit, jedes harmonisierende Wohlbefinden ausgeschlossen sind, womit das Wunderbare heute als ›Sensation‹ weitgehend und überall als ein Begriff heruntergekommener Erlebniszonenkultur identifiziert wird. In einem Essay über das Pariser *Musée des sorciers* für die Zeitschrift *Documents* hat Leiris die Metapher »le Merveilleux, aveuglant météore de révolte …«²¹⁰ als Orientierung für die Analyse von Formen prälogischen Denkens, sogenannter ›mentalités primitives‹ geprägt. Etwa zur selben Zeit hatte der Soziologe Lucien Lévy-Bruhl, dessen Arbeiten von den Surrealisten aufmerksam registriert wurden, in einer nicht-darwinistischen Perspektive das eurozentrische Konzept primitiver Kultur kritisiert.²¹¹ Gegen den positivistischen Wissensbegriff, dem zufolge primitives Denken prälogisches Denken sei, das durch den Prozeß der Aufklärung überwunden wurde (oder werden müsse), setzt Leiris mit dem Wunderbaren einen anderen (integralen) Begriff von ›science humaine‹: Das passionierte Studium des Wunderbaren »peut ainsi participer à l'élaboration de cette *science humaine et se reconnaissant comme telle*, science de l'homme, faite par l'homme et pour l'homme, qu'il est nécessaire de substituer sans tarder à la science abstraite, morte, inhumaine et par conséquent incomplète dont nous subissons depuis trop longtemps le poids«²¹². Leiris' Aufzählung der Felder, auf denen das Wunderbare zu finden wäre, bleibt jedoch überraschend literaturzentristisch; Film und Kino, mit denen Philippe Soupault 1928 die Zeit der Wunder aufs Neue beginnen lassen wollte²¹³, werden nicht in Betracht gezogen; »puisque pour nous le Merveilleux ne bien peut plus une direction dans l'esprit de l'homme qu'un groupe de faits ou de perceptions à caractères nettement déterminés, nous sommes naturellement amenés à l'envisager de préférence dans ses manifestations écrites«²¹⁴.

Breton hat das Wunderbare als nicht-mimetische schriftliche Aufzeichnung von Erfahrungen in den Grenzbereichen von ›vie intérieure‹ und ›vie extérieure‹ gegen die zeitgenössischen marxistischen Kulturkonzepte als ein Korrektiv behauptet. In der gegen Pierre Naville geschriebenen Streitschrift

Légitime défense (1926) steht der ›appel au merveilleux‹ im Zeichen einer revolutionären Utopie: »il n'est personne de nous qui ne souhaite le passage du pouvoir des mains de la bourgeoisie à celles du prolétariat. En attendant, il n'en est pas moins nécessaire, selon nous, que les expériences de la vie intérieure se poursuivent et cela, bien entendu, sans contrôle extérieur, même marxiste.«[215] Aragon hatte im Wunderbaren das vom Christentum unterdrückte und verdrängte Bild der Freiheit entziffert – »A travers ces siècles terrorisés par la croix et l'enfer, le merveilleux est l'image clinique de la liberté humaine«[216] –, und Breton konkretisierte sein Konzept 1936 mit Bezug auf die geschichtliche Situation (Faschismus in Deutschland, spanischer Bürgerkrieg) und betonte gegen die »mode intellectuelle récente, d'inspiration soi-disant révolutionnaire«, den »mécanisme de *sublimation*«, durch Freuds »enrichissement psychique indéniable«[217] als Funktion des Wunderbaren legitimiert. Den Titel des Essays – *Le merveilleux contre le mystère* – bezog Breton auf den von ihm in der Geschichte des französischen poetischen Symbolismus des 19. Jh. konstruierten Gegensatz zwischen die affektive Magie der Sprache betonenden Poeten und denen, die mit Mallarmé ihre artifizielle, kalkulierte Seite favorisierten. Die willkürliche Entgegensetzung zweier poetischer Richtungen oder Schulen des Symbolismus gibt dem Wunderbaren auch eine sprachpsychologische Basis als ein Mittel, »de faire un sort exubérant à la valeur émotionelle des mots« (657). Bretons surrealistische Lektüre von Texten Baudelaires, Rimbauds, Edmund Cros', Tristan Corbières, Jules Laforgues, Germain Nouveaus, Alfred Jarrys und vor allem Lautréamonts, »le grand serrurier de la vie moderne« (656), entziffert ein Gesetz des Wunderbaren – »une loi de l'abandon pur et simple au *merveilleux*«–, worin »la seule source de communication éternelle entre les hommes« (658) liege. Die als Ziel surrealistischer poetischer Praxis geforderte »élaboration du *mythe collectif* propre à notre époque«[218] setzt das Wunderbare als *latenten* Ausdruck einer Epoche gegen ihren *manifesten*: »Nous contestons formellement qu'on puisse faire œuvre d'art, ni même, en dernière analyse, œuvre utile en s'attachant à n'exprimer que le *contenu manifeste* d'une époque. Ce que, par contre, le surréalisme se propose est l'expression de son *contenu latent*.« (665)

Mabille, mit den Surrealisten verbundener Arzt und autodidaktischer Anthropologe, war 1945/1946 Kulturattaché auf Haiti, bereiste die Karibik und war mit dem Kubaner Alejo Carpentier seit dessen Parisaufenthalt in den 30er Jahren befreundet. Mit seinem Œuvre ist Mabille auch der wichtigste Vermittler zwischen dem surrealistischen Wunderbaren und dem ›real maravilloso americano‹. In mehreren Aufsätzen, die er in der 2. Hälfte der 30er Jahre in der vom Surrealismus inspirierten Zeitschrift *Minotaure* publizierte, skizzierte Mabille ein ›royaume du merveilleux‹ als Schauplatz, auf dem visionäre Formen einer Volkskultur zu allen Zeiten als komplementär und Korrektiv zu denen der Hochkultur präsent waren: »En effet, la marche de l'Humanité montre que les progrès, les découvertes tant artistiques que scientifiques se sont toujours développés grâce aux voyants, tendant le royaume du merveilleux. Il paraît être plus fructueux d'explorer celui-ci que de le rejeter.«[219] Mit dem begrifflichen Instrumentarium der Freudschen Psychoanalyse und der französischen Religionssoziologie (Émile Durkheim, Maurice Halbwachs, Marcel Mauss) entwirft Mabille eine Theoriegeschichte des kollektiven Unbewußten, in der wie in einer »véritable géologie spirituelle« versunkene, vergessene und verdrängte Formen eines ›automatisme social‹ als ein kulturelles Erbe der Menschheit lagern: Aberglauben, Berichte über Sitten und Gebräuche, Legenden und Rituale, religiöse und pagane Zeremonien. Mabille beschreibt sie als eine Schatzkammer populärer Voreingenommenheiten, zu denen er in polemischer Anspielung auf die Kritik der Aufklärung an den Vorurteilen eine *Préface à l'Éloge des préjugés populaires* (1935) schreibt. Sie sind Gegenstand einer Folklore im genauen Sinn des Begriffs: »La

---

215 BRETON, Legitime défense (1926), in: Breton (s. Anm. 198), Bd. 2 (Paris 1992), 292.
216 ARAGON (s. Anm. 205), 62.
217 BRETON, Le merveilleux contre le mystère (1936), in: Breton (s. Anm. 198), Bd. 3 (Paris 1999), 655.
218 BRETON, Limites non-frontières du surréalisme (1937), in: ebd., 667.
219 PIERRE MABILLE, Notes sur le symbolisme, in: Minotaure (1936), H. 8, 1.

haute science étant cachée, c'est au folklore ›science du peuple‹ que nous demanderons le chemin du royaume merveilleux.«[220] Mabille unterscheidet zwischen zwei Bereichen einer Kultur des Unbewußten, einem ›inconscient viscéral‹ und einem ›inconscient d'oubli‹. Zu diesem gehören alle unwillkürlichen oder automatisierten Handlungen, die immer einen Bedeutungshorizont des Wunderbaren bilden können: »Les survivances sont les superstitions, les coutumes, les usages, les pratiques. Superstition de *super-stare*, ce qui reste après l'oubli, ce qui surnage. Ce sont gestes ou jugements dont on a égaré le sens et qui continuent.«[221] Mabille hat die Reichweite des von Aragon eingeführten Begriffs des ›merveilleux quotidien‹ auf eine Kulturanthropologie ausgedehnt. Wie Breton reflektiert er das Problem, wie die Beziehungen zwischen ›vie intérieure‹ und ›vie extérieure‹, zwischen unbewußter Innenwelt der Träume und bewußt wahrgenommener Außenwelt zu denken wären: »Le point de beaucoup le plus important est la liaison de ces symboles avec la réalité extérieure.«[222] Der hinter dieser Frage stehende (Alb)Druck kam aus der Tradition der klassizistischen Poetik, die das Wunderbare immer am Dogma der Wahrscheinlichkeit gemessen hatte, und aus deren Aufhebung (Aufbewahrung) in den Abbildkonzepten der verschiedenen Realismustheorien. Vor diesem theoriegeschichtlichen Hintergrund hat Mabille mit dem Wunderbaren die traditionellen Konzepte der Repräsentation revidiert, indem er zeigte, daß das über den Begriff des kollektiven Unbewußten definierte Wunderbare nicht in irgendeiner Außenbeziehung zu denken wäre, sondern immer schon als Teil einer ineinander verwobenen Innen-Außen-Welt: »En effet le pays du merveilleux se trouve toujours être situé de l'autre côté du miroir et relégué dans un domaine virtuel. Je dis qu'il est temps de mettre un terme à l'exploitation intolérable qui a été faite des phénomènes de la réflexion optique. Il est urgent de proclamer que Mystère et Merveilleux ne sont pas en dehors mais dans les choses et dans les êtres, les uns et les autres se transformant à chaque instant, unis qu'ils sont par des liens continus.«[223]

Im Februar 1940 erschien Mabilles *Le miroir du merveilleux*, ein Buch über das Wunderbare als Grundbegriff einer Kulturgeschichte des Imaginären. Mabille versammelt darin ein enzyklopädisches Textkorpus, das Beispiele von den australischen Mythen bis zu Texten der Surrealisten enthält und kommentiert. Mabilles These, daß das in einem ›royaume du merveilleux‹ lagernde Wunderbare aus schriftlich und bildlich überlieferten Mythen, Legenden, Erzählungen, Märchen als Ausdruck und Zeichen eines kollektiven Unbewußten zu verstehen und zu lesen sei, relativiert die Annahme einer einheitlichen kulturgeschichtlichen Evolution der Menschheit. Gegen den damals herrschenden ethnologischen Evolutionismus des 19. Jh., dem zufolge die Entwicklung von Kultur und Gesellschaft einer einheitlichen, progressiv zu denkenden universalen Entwicklung folge, setzt Mabille die dreidimensionale Figur des Wunderbaren als »merveilleux populaire«, »merveilleux collectif« und »merveilleux social«[224]. Die ›unité du merveilleux populaire« unterscheidet die Völker und Rassen, »toutes égales en théorie« (40). »Nous aurons alors donné du merveilleux un témoignage renouvelé (19). [...] Par un singulier paradoxe, plus l'humanité étend son savoir et sa maîtrise sur le monde, plus elle se sent étrangère à la vie de cet univers, plus aussi elle sépare les besoins de l'être des données de l'intelligence. Une antinomie définitive semble aujourd'hui exister entre la démarche du merveilleux et celle des sciences. (32) [...] Un tel morcellement, une telle volonté analytique cesseront.« (33) Es sind Formen einer säkularisierten Religiosität, wie sie Mabille im rituellen Synkretismus des haitianischen Vodou beispielhaft verkörpert sieht. Mehr noch denn Religionssubstitut ist das Wunderbare in Mabilles Neufassung »fait religieux véritable«[225].

---

220 MABILLE, Le miroir du merveilleux (1940; Paris 1962), 37.
221 MABILLE, Préface à l'Éloge des préjugés populaires, in: Minotaure (1935), H. 6, 2.
222 MABILLE (s. Anm. 219), 2.
223 MABILLE, Miroirs, in: Minotaure (1938), H. 11, 66.
224 MABILLE (s. Anm. 220), 40, 51, 33.
225 MABILLE, Préface, in: Louis Maximilien, Le vodou haïtien. Rite radas-canzo (1945; Port-au-Prince ²1960), XV.

IX. Transatlantische Visionen – Das ›real maravilloso americano‹

Nach Kolumbus wurde Amerika noch einmal Schauplatz und Projektionsfläche des Wunderbaren – im 20. Jh. aber in umgekehrter Perspektive. Paris war Inkubationsort eines Begriffstransfers, über dessen Stationen das Wunderbare zum kulturellen Inbegriff des spanischen Amerika und dann zu einem Axiom postkolonialer Identitätsfindung überhaupt avancierte. Zu den Mittelsmännern gehörten lateinamerikanische Intellektuelle, die in den 1920er/1930er Jahren in Paris lebten[226], und Surrealisten, die nach der Okkupation Frankreichs durch die deutsche Wehrmacht ins Exil gingen. Die Karibik, Kuba und die französischen Überseebesitztümer Martinique und Haiti vor allem, Mexiko und Brasilien waren in den 40er Jahren Zentren einer literarischen Kultur, die als eine Sphäre des Wunderbaren reflektiert und beschrieben wurde.

Der Begriffstransfer und die Transformation des Wunderbaren aus südamerikanischer Perspektive läßt sich in drei Etappen nachzeichnen und an drei Orten festmachen: an der von Aimé Césaire im April 1941 in Fort-de-France auf Martinique gegründete Zeitschrift *Tropiques*, die bis September 1945 in 14 Heften erschien; an den Programmtexten des Kubaners Carpentier, seiner Theorie des lateinamerikanischen Romans und seinem Manifest des ›real maravilloso americano‹; an dem von dem haitianischen Romancier Jacques Stéphen Alexis in den 50er Jahren entwickelten Konzept eines ›réalisme merveilleux des Haïtiens‹.

Die Zeitschrift *Tropiques*, die bis 1943 unter Zensurkontrolle durch die Vichy-Regierung stand, akzentuierte das surrealistische Wunderbare als ›merveilleux social‹ und interpretierte es als Begriff absoluter Freiheit. In einem Manifest über das Wunderbare erklärte René Ménil, Poet, Lehrer und Mitherausgeber: »Le merveilleux est l'image de notre liberté absolue.«[227] Mit der poetischen Maxime, das Wunderbare als utopischen Entwurf, als Imagination der Zukunft zu praktizieren, zog die Zeitschrift eine klare Grenze zu den nostalgischen Indigenismuskonzepten damaliger Intellektueller in Lateinamerika, die, wie beispielsweise der chilenische Romancier Francisco Contreras, die Völker Lateinamerikas als mit einer eschatologischen Intuition für das Wunderbare begabt beschrieben: »Wie bei allen primitiven Gesellschaften gibt es bei den hispanoamerikanischen Völkern die wache Intuition für das Wunderbare, d. h. die Gabe, mehr oder weniger figürliche Beziehungen zum Unbekannten, Mysteriösen und Unendlichen zu *finden*.« (Como todas las sociedades primitivas, los pueblos hispanoamericanos tienen la intuición muy despierta de lo maravilloso, esto es, el don de *encontrar* vínculos más o menos figurados con lo desconocido, lo misterioso, lo infinito.[228])

Carpentier reflektiert das Problem lateinamerikanischer Intellektueller seit den Unabhängigkeitsbewegungen in erster Linie als ein Sprachproblem. Wie kann eine sich als Avantgarde verstehende Intelligenz ihre Isolierung vom Publikum überwinden, wie kann sie eine Sprache finden, in der sich das Singuläre amerikanischer Landschaft, Geschichte und Mythologie ausdrücken läßt? Seit dem 19. Jh. »l'intellectuel de notre Amérique se trouve douloureusement divorcé du milieu qui l'entoure. Il parle un langage qui n'a rien de commun avec le langage de son public. Le poète est un poète maudit non par attitude littéraire, mais tout simplement parce qu'il est seul; absolument seul, et ne trouve pas les moyens de se rendre intelligible.«[229] Carpentiers Forderung nach einer ›réforme du langage‹ als Voraussetzung für die Beschreibung lateinamerikanischer Wirklichkeiten im Roman hat ihr Zentrum im Wunderbaren als einem ästhetischen Prinzip, das die ›wunderbare Wirklichkeit‹ Lateinamerikas mit einer neuen Schreibweise des Wunderbaren verbindet. Rückblickend hat er seine Haiti-Reise 1943 als die Initialzündung des von ihm erfundenen und geprägten Begriffs ›real maravilloso americano‹ erinnert: »Darum sage ich, daß mir ein erster Begriff des wunderbaren Wirklichen in den Sinn kam, als ich Ende 1943 das Glück hatte, das Reich Henri Chri-

---

226 Vgl. NELLE, Atlantische Passagen. Paris am Schnittpunkt südamerikanischer Lebensläufe zwischen Unabhängigkeit und kubanischer Revolution (Berlin 1996).
227 RENÉ MÉNIL, Introduction au merveilleux, in: Tropiques 3 (1941), 13.
228 FRANCISCO CONTRERAS, El pueblo maravilloso. Novela (1924; Paris 1927), 6.
229 ALEJO CARPENTIER, L'évolution culturelle de l'Amérique latine, in: Tropiques 12 (1945), 219.

stophes zu besuchen – diese so poetischen Ruinen von Sans Souci. [...] Ich erkannte die Möglichkeit, gewisse Synchronismen über die Zeiten hinweg zu finden, dies mit jenem zu verbinden, das Gestern mit dem Heute.« (Por ello diré que una primera noción de lo real maravilloso me vino a la mente cuando, a fines del año 1943, tuve la suerte de poder visitar el reino de Henri Christophe – las ruinas, tan poéticas, de Sans Souci. [...] Vi la posibilidad de establecer ciertos sincronismos posibles, americanos, recurrentes, por encima del tiempo, relacionando esto con aquello, el ayer con el presente.[230]) 1944 hat Carpentier dann zum ersten Mal das Wunderbare als einen ästhetisch neu konfigurierten Begriff lateinamerikanischer Identität unter Berufung auf Mabille beschrieben und von dem ›merveilleux‹ der Surrealisten deutlich unterschieden:»Das Tragische – und Wunderbare – des lateinamerikanischen Romans liegt darin, daß er ein Land beackert, das nie zuvor von einem Federpflug umbrochen worden war. Sagt ein europäischer Romancier: ›eine Pinie, eine Eiche, eine Zypresse‹, gibt er uns mit einem einzigen Wort ein genaues Bild. Aber sprecht mir andererseits von einem Trompetenbaum, von einer Ceiba, einem Chago, von einem mit anderen verwachsenen Mangobaum! [...] Oder von einem bescheidenen Aromo, von unendlich zarten Blättern, die im Frühling die Hände gelb färben und die Luft mit ihrem Tempelgeruch tränken! Ein bewundernswerter französischer Schriftsteller – Pierre Mabille –, der vor kurzem nach Havanna kam, sagte uns: – Auf Martinique habe ich meine erste amerikanische Nacht verbracht. Überrascht und erstaunt angesichts einer für mich neuen Natur, wollte ich sie meinem Sohn in einem Brief beschreiben. Unmöglich. Ich fand keine Bilder und keine visuellen Erinnerungen, um von den Yagrumas, den kleinen Kaimanen, von jenen Kakteen zu erzählen, die ich plötzlich beim Mondschein entdeckte. Wie soll ich denn z.B. einem ›europäischen‹ Leser die Eigenschaft eines Ceibabaums beschreiben? [...] Da fehlen mir die Bezugspunkte.« (Lo trágico – y lo magnífico – de la novela latinoamericano está en que se adentra en tierras que nunca rompió el arado de la pluma. Cuando un novelista europeo dice:›un pino, una encina, un ciprés‹ nos ofrece, con una simple palabra, una imagen precisa. Habladme, en cambio, de un órgano, de una ceiba, de un chago, de un mangle con otras prendidas de sus raíces! [...] O de un modesto aromo, de hojas infinitamente delicadas, que tiñe las manos de amarillo, en primavera, y perfuma la brisa con su olor a templo! Un admirable escritor francés – Pierre Mabille – que estuvo recientemente en La Habana, nos decía: – Pasé en la Martinica mi primera noche americana. Sorprendido y admirado por el espectáculo de una naturaleza nueva, quise describírsela a mi hijo en una carta. Me fue imposible. No encontré imágenes ni remembranzas visuales para hablarle de aquellas yagrumas, de aquellos caimitos, de aquellos cactos que se me revelaron, de pronto, a la luz de la luna. ¿Cómo quiere usted que ofrezca a un lector ›europeo‹ la calidad de un tronco de ceiba, por ejemplo? [...] Me faltan puntos de referencia.[231])

Im Vorwort zu dem Roman *El reino de este mundo* (1949), das als Manifest des ›real maravilloso americano‹ gilt, hat Carpentier dann aus dieser amerikanisch-wirklichen Perspektive die Differenzen zum Wunderbaren der Surrealisten mit einem Argument bekräftigt, das schon Leiris 1929 mit der Warnung vor einem »merveilleux purement mécanique«[232] nannte:»Wenn man das Wunderbare an den Haaren herbeiziehen will, werden die Thaumaturgen zu Bürokraten.« (Pero, a fuerza de querer suscitar lo maravilloso a todo trance, los taumaturgos se hacen burócratas.[233]) Carpentiers Manifest nennt die Anfänge einer Entwicklung, in deren Verlauf das Wunderbare zu einer »identitätsstiftenden Kategorie der postkolonialen Literatur überhaupt«[234] wird. Im Spiegel einer euro-amerikanischen Differenz schließt er das Wunderbare in einem geschichtlichen Rekurs an die admiratio-Theorie des Barock und an die surrealistische Kritik am Schönheitsbegriff idealistischer Ästhetik an. Mit diesem Rekurs bringt Carpentier jene semantische Präzisierung des Wunderbaren ins Spiel, die Aragon als erster 1924

---

230 CARPENTIER, De lo real maravillosamente americano, in: Carpentier, Tientos y diferencias (Mexiko 1964), 128 f.
231 CARPENTIER, Novelas de América, in: Información (3. 6. 1944), 5.
232 LEIRIS, [Tagebucheintrag, 22. 5. 1929], in: Leiris, Journal 1922–1989, hg. v. J. Jamin (Paris 1992), 177.
233 CARPENTIER, El reino de este mundo. Prólogo (1949), in: Carpentier, Dos novelas (Havanna 1979), 8.
234 NELLE (s. Anm. 226), 180.

eingeführt hatte: das ›insolite‹, das als das Unvordenkliche und Ungeheuerliche eine moderne Form des Sublimen ist:»Amerika, Kontinent der Symbiosen, Mutationen, Erschütterungen und Rassenmischungen, war seit jeher barock. [...] Mit diesen Elementen im Blick bringt ein jeder seinen Baroquismo ein und wir begegnen dem, was ich das wirklich Wunderbare genannt habe. Aber da gibt es dann wieder einen neuen Sprachenstreit. Das Wort *wunderbar* hat mit der Zeit und durch den Gebrauch seine eigentliche Bedeutung verloren und zwar so weitgehend, daß die Worte *wunderbar, das Wunderbare* eine so große begriffliche Konfusion mit sich führen, wie es auch bei den Worten *barock* und *Klassizismus* der Fall ist. [...] Mithin müssen wir einen Begriff des Wunderbaren festhalten, der es nicht immer gleich mit dem Schönen verbindet. Das Häßliche, das Unförmige, das Schreckliche können auch wunderbar sein. *Alles Ungeheuerliche ist wunderbar.* [...] Das wirkliche Wunderbare nun, das ich verteidige, und das ist eben unser Wunderbares, ist jenes, dem wir im Rohzustand, latent und allgegenwärtig in allem Lateinamerikanischen begegnen. Hier ist das Ungeheuerliche alltäglich, es war immer alltäglich. Die Ritterromane wurden in Europa geschrieben, aber in Amerika wurden sie gelebt.« (América, continente de simbiosis, de mutaciones, de vibraciones, de mestizajes, fue barroca desde siempre. [...] Con tales elementos en presencia aportándole cada cual su barroquismo, encontramos directamente con lo que yo he llamado lo *real maravilloso*. Y aquí se plantea una nueva querella de lenguaje. La palabra *maravilloso* ha perdido con el tiempo y con el uso su verdadero sentido, y lo ha perdido hasta tal punto, que se produce, con la palabra *maravilloso, lo maravilloso*, una confusión de tipo conceptual tan grande, como la que se forma con la palabra *barroco* o con la palabra *clasicismo*. [...] Por lo tanto, debemos establecer una definición de lo maravilloso que no entrañe esta noción de que lo maravilloso es lo admirable porque es bello. Lo feo, lo deforme, lo terribile, también pueden ser maravilloso. *Todo lo insólito es maravilloso.* [Hervorh. v. Verf.] [...] Lo real maravilloso, en cambio, que yo defiendo, y es lo real maravilloso nuestro, es el que encontramos al estado bruto, latente, omnipresente en todo lo latinoamericano. Aquí lo insólito es cotidiano, siempre fue cotidiano. Los libros de caballería

se escribieron en Europa, pero se vivieron en América.[235]) Auch die dritte Route eines Begriffstransfers des Wunderbaren führt über den karibischen Raum. Jacques Stéphen Alexis, der haitianische Romancier, der mit seinem Roman *Les arbres musiciens* (1957) in Europa bekannt wurde, trägt im September 1956 auf dem ersten *Congrès international des écrivains et artistes noirs* in der Pariser Sorbonne *Prolégomènes à un manifeste du réalisme merveilleux des Haïtiens* vor, die das Wunderbare als einen ästhetischen Kampfbegriff gegen einen westlichen ›impérialisme culturel‹ begründen. Alexis argumentiert als Marxist im Horizont kultureller und politischer Entkolonialisierung, deren Manifest Aimé Césaire 1955 geschrieben hatte, bevor er sich mit Léopold Sedar Senghor der *Négritude*-Bewegung anschloß.[236] Alexis argumentiert als Gegner der *Négritude* und definiert das Wunderbare als Konzept einer »cultural alchemy of the past« und »a counter-culture of the imagination«[237]. Das Wunderbare einer haitianischen *École du réalisme merveilleux* bezeichnet in Alexis' Version einen ethnisch-kulturellen Synkretismus, der die Traditionen des Westens in sich aufnimmt und umbaut: »Il nous semble en effet que l'art haïtien comme l'art des autres peuples d'origine nègre se différencie beaucoup de l'art occidental qui nous a enrichi. Ordre, beauté, logique et sensibilité contrôlée, nous avons reçu tout cela mais nous entendons le dépasser. L'art haïtien présente en effet le réel avec son cortège d'étrange, de fantastique, de rêve, de demi-jour, de

---

235 CARPENTIER, Lo barroco y lo real maravilloso (1975), in: Carpentier, Razón de ser (Caracas 1976), 61, 65f., 68; vgl. WALTER MOSER, ›Barock‹, in: K. Barck u.a. (Hg.), Ästhetische Grundbegriffe, Bd. 1 (Stuttgart/Weimar 2000), 578–618; ALEXIS MÁRQUEZ RODRÍGUEZ, Lo barroco y lo real-maravilloso en la obra de Alejo Carpentier (Mexiko 1982); CARLOS RINCÓN, Über Alejo Carpentier und die Poetik des amerikanisch Wunderbaren, in: Nuestra América (1977), 13–22.

236 Vgl. AIMÉ CÉSAIRE, Discours sur le colonialisme (1955; Paris ⁵1970); KARSTEN GARSCHA, ›Négritude/Black Aesthetics/créolité‹, in: Barck (s. Anm. 235), Bd. 4 (Stuttgart/Weimar 2002), 498–537.

237 J. MICHAEL DASH, Marvellous Realism – The Way out of Négritude, in: Caribbean Studies 13 (1974), H. 4, 69, 66.

mystère et de merveilleux; la beauté des formes n'y est pas en quelque domaine que ce soit une donnée convenue, une fin première, mais l'art haïtien y atteint par tous les biais, même celui de ladite laideur. L'Occident de filiation gréco-latine tend trop souvent à l'intellection, à l'idéalisation, à la création de canons parfaits, à l'unité logique des éléments de sensibilité, à une harmonie préétablie, notre art à nous tend à la plus exacte représentation sensuelle de la réalité, à l'intuition créatrice, au caractère, à la puissance expressive.« Alexis zitiert das gesamte begriffliche Instrumentarium der damaligen marxistischen Widerspiegelungstheorie des sozialistischen Realismus, dessen eurozentrische Blindheit er mit dem Wunderbaren in Frage stellt: »Cet art démontre la fausseté des thèses de ceux qui rejettent le merveilleux sous prétexte de volonté réaliste, en prétendant que le merveilleux serait seulement l'expression des sociétés primitives.«[238] Das Plädoyer für einen nationalen ›wunderbaren Realismus‹ ist in Alexis' Version der begriffsgeschichtlich paradoxe Versuch, das Wunderbare über die marxistische Widerspiegelungstheorie an Konzepte des Realismus und des Abbilds zurückzubinden, an deren Überwindung alle theoretische Reflexion über das Wunderbare von Anfang an arbeiteten. Dessen ungeachtet ist Alexis' Vision eines ›sozialen Realismus‹ – »le Réalisme Merveilleux des Haïtiens est donc partie intégrante du Réalisme Social«[239] – mit dem *magischen Realismus*[240] verbunden und auch in Europa als Chance eines neuen Realismus verstanden worden – so z. B. von Heiner Müller 1979 in einer Reflexion über Postmoderne und Politik:»Vielleicht kommt in anderen Kulturen anders wieder, bereichert diesmal durch die technischen Errungenschaften der Moderne, was in den von Europa geprägten dem Modernismus voraufging: ein sozialer Realismus, der die Kluft zwischen Kunst und Wirklichkeit schließen hilft, die *Kunst ohne Anstrengung, mit der Menschheit auf Du*, von der Leverkühn träumt, bevor ihn der Teufel holt, eine neue Magie, heilend den Riß zwischen Mensch und Natur. Die Literatur Lateinamerikas könnte für diese Hoffnung stehn.«[241]

Schluß: Die andere Ästhetik des Wunderbaren

Eine Technik des Schönen kennt die Philosophiegeschichte nicht:»Das Schöne wurde in der älteren Philosophie mit Hilfe von Begriffen erkannt und entzog sich dabei zum größten Teil der sinnlichen Wahrnehmung.«[242] Im Kontext der Postmoderne wurde das Schöne immer schon als affirmativer Grundbegriff der Ästhetik entziffert (»The beautiful has come to seem an agent of repression«[243]), bis dann Elaine Scarry seine Rehabilitierung verkündete, ohne den Einspruch des Wunderbaren zu bedenken.[244] Das Wunderbare hingegen ist seit den Ursprüngen des Begriffs immer wieder auch als eine Technik bestimmt worden. Die Reflexion des modernen Begriffs hat das als ein Kontinuum der Bedeutungsgeschichte und sogar als ein wesentliches Merkmal festgehalten. Das Wunderbare als »le domaine de la *phantasia sibi permissa*, constituant une sorte de technique de l'impossible«[245]. Es ist in der Geschichte ästhetischen Denkens immer unscharfe Begriff, ein ›fuzzy concept‹, der die Sinnlichkeit und die Passion reklamiert und in die Ästhetik zurückholt. Auffällig ist in Deutschland (im Unterschied zu Frankreich, Italien und England) sein Verschwinden aus der ästhetischen Reflexion nach der Romantik, von der das Wort ›wunderschön‹ als verbilligte Gesprächsmünze nur noch einen blassen Abglanz vermittelt. Ein Grund

---

238 JACQUES STÉPHEN ALEXIS, Du réalisme merveilleux des Haïtiens, in: Présence Africaine. Revue culturelle du monde noir 8/9/10 (1956), 263.
239 Ebd., 268.
240 Vgl. WOLFGANG KLEIN, ›Realistisch/Realismus‹, in: Barck (s. Anm. 235), Bd. 5 (Stuttgart/Weimar 2003), 149–197.
241 HEINER MÜLLER, Der Schrecken, die erste Erscheinung des Neuen. Zu einer Diskussion über Postmodernismus in New York (1979), in: Müller, Rotwelsch (Berlin 1982), 95 f.
242 HEINER MÜHLMANN, Die Natur der Kulturen. Entwurf einer kulturgenetischen Theorie (Wien/New York 1996), 127.
243 RONALD PAULSON, Versions of a Human Sublime, in: New Literary History 16 (1985), 428.
244 Vgl. ELAINE SCARRY, On Beauty and Being Just (Princeton/Oxford 1999).
245 PIERRE-MAXIME SCHUHL, L'imagination et le merveilleux. La pensée et l'action (Paris 1969), 7.

dafür könnte die besondere Technikfaszination der Deutschen sein:»The ultimate triumph of curiosity over wonder was an essential component in the hegemony of the technological world view in the modern era.«[246] Heidegger hat im § 36 ›Die Neugier‹ von *Sein und Zeit* (1927) den Triumph der Neugier über das Wunderbare als einen Gegensatz behauptet, womit das Wunderbare im Kern seines Begriffs entleert ist, der ja gerade Neugier als Merkmal des Wunderbaren reflektiert: »Die Grundverfassung der Sicht zeigt sich an einer eigentümlichen Seinstendenz der Alltäglichkeit zum ›Sehen‹. Wir bezeichnen sie mit dem Terminus *Neugier*, der charakteristischerweise nicht auf das Sehen eingeschränkt ist und die Tendenz zu einem eigentümlichen vernehmenden Begegnenlassen der Welt ausdrückt. [...] Die Neugier hat nichts zu tun mit dem bewundernden Betrachten des Seienden, dem θαυμάζειν, ihr liegt nicht daran, durch Verwunderung in das Nichtverstehen gebracht zu werden, sondern sie besorgt ein Wissen, aber lediglich um gewußt zu haben.«[247]

Die destruktiven Folgen politisch nicht beherrschter Technik im Atomzeitalter haben dem Wunderbaren als einem Begriff der Erfindungskunst schließlich den Kredit in der Öffentlichkeit entzogen.»Contemplation of the bomb transforms admiration for inventors, engineers, and scientists into fear and mistrust.«[248] Immerhin ist der Publikumserfolg von Michael Endes ganz im Zeichen des Wunderbaren konzipierter Phantasie *Die unendliche Geschichte* (1979) und der Harry-Potter-Serie als wirklich Wunderbares »aux couleurs de l'enfance lié étroitement au désir«[249] vielleicht ein Versprechen auf eine künftige Ästhetik des Wunderbaren:»Autrefois situé aux confins de la religion, le merveilleux occupe aujourd'hui les marges de la science.«[250]

Karlheinz Barck

Literatur

BOHN, WILLARD, The Rise of the Surrealism. Cubism, Dada, and the Pursuit of the Marvelous (New York 2002); BRUSATIN, MANLIO, Arte della meraviglia (Turin 1986); CAMACHO, JORGE/CÁRDENAS, AGUSTÍN, Pèlerinage aux sources du merveilleux (Paris 1998); DASTON, LORRAINE/PARK, KATHERINE, Wonders and the Order of Nature 1150–1750 (New York 1998); D'HAUTERIVE, ERNEST, Le merveilleux au XVIIIe siècle (Paris 1902);

L'étrange et le merveilleux dans l'Islam médiéval. Actes du colloque tenu au Collège de France à Paris, en mars 1974 (Paris 1978); HABERMAS, REBEKKA, Wunder, Wunderliches, Wunderbares. Zur Profanisierung eines Deutungsmusters in der Frühen Neuzeit, in: R. van Dülmen (Hg.), Armut, Liebe, Ehre. Studien zur historischen Kulturforschung (Frankfurt a.M. 1988), 38–66; HANCOCK, GEOFF, Magic or Realism. The Marvellous in Canadian Fiction, in: The Canadian Forum 65 (1986), H. 755, 23–35; HATHAWAY, BAXTER, Marvels and Commonplaces. Renaissance Literary Criticism (New York 1968); KURTZ, BENJAMIN P., Studies in the Marvellous (1910; New York 1972); LANZA, DIEGO/LONGO, ODDONE (Hg.), Il meraviglioso e il verosimile tra antichità e medioevo (Florenz 1989); MERTON, ROBERT K./BARBER, ELINOR, The Travels and Adventures of Serendipity. A Study in Sociological Semantics and the Sociology of Science (Princeton/Oxford 2004); MESLIN, MICHEL (Hg.), Le merveilleux. L'imagination et les croyances en occident (Paris 1984); MIROLLO, JAMES V., The Aesthetics of the Marvelous: The Wondrous Work of Art in a Wondrous World, in: J. Kenseth (Hg.) The Age of the Marvelous (Hanover, N.H. 1991), 61–79; ONIANS, JOHN, ›I wonder ...‹. A Short History of Amazement, in: Onians (Hg.), Sight & Insight. Essays on Art and Culture in Honour of E.H. Gombrich at 85 (London 1994), 11–33; PLATT, PETER G., Reason Diminished. Shakespeare and the Marvelous (Lincoln/London 1997); REIG, DANIEL (Hg.), L'île des merveilles. Mirage, miroirs, mythe. Colloque de Cerisy (Paris/Montreal 1997); RILEY, EDWARD C., Aspectos del concepto de ›admiratio‹ en la teoría literaria del Siglo de Oro, in: Studia philologica. Homenaje ofrecido a Dámaso Alonso, Bd. 3 (Madrid 1963), 173–183; SCHMIDTKE, DIETRICH (Hg.), Das Wunderbare in der mittelalterlichen Literatur (Göttingen 1994); STAHL, KARL-HEINZ, Das Wunderbare als Problem und Gegenstand der Poetik im 17. und 18. Jahrhundert (Frankfurt a.M. 1975); TODOROV, TZVETAN, Introduction à la littérature fantastique (Paris 1970); VINCENT, BERNARD, 1492 – L'année admirable (Paris 1991); WALKER BYNUM, CAROLINE, Metamorphosis and Identity (New York 2001); WOLFZETTEL, FRIEDRICH (Hg.), Das Wunderbare in der arthurischen Literatur. Probleme und Perspektiven (Tübingen 2003).

---

246 MARTIN JAY, Downcast Eyes. The Denigration of Vision in Twentieth-Century Thought (Berkeley/Los Angeles/London 1993), 271.
247 MARTIN HEIDEGGER, Sein und Zeit (1927; Tübingen [16]1986), 170, 172.
248 DAVID E. NYE, American Technological Sublime (Cambridge, Mass./London 1994), 255.
249 ELIE-GEORGES HUMBERT/MICHEL MESLIN, Permanence du merveilleux, in: Meslin (Hg.), Le merveilleux. L'imaginaire et les croyances en occident (Paris 1984), 215 f.
250 JEAN-BRUNO RENARD, Le merveilleux et l'homme contemporain, in: ebd., 44.

Zeitalter/Epoche

(griech. αἰών, γένος, ἐποχή; lat. saeculum, aetas; engl. era, age, epoch; frz. siècle, âge, époque; ital. era, età, epoca; span. siglo, era, época; russ. век, эпоха)

Einleitung: Nach den epochalen Ansprüchen der Moderne; I. Welt- und Zeitalter; 1. Sequenzen des Mythos. Göttliche Zeitmaße von Hesiod bis Ovid; 2. Daniels Prophetien: Reiche und Zeitalter; II. Epochē: Die antike Skepsis; III. Dogmatische Altersstufen. Die aetates des Augustinus; IV. Die Epochen auszählen. Zur Chronologie des 16. und 17. Jahrhunderts; V. Die Renaissance der antiken Skepsis; VI. Aufklärung: Die einzige Geschichte; VII. Genie der Goethezeit. Deutsche Epochenkonzepte 1760–1810; VIII. Zeitdiagnostik nach 1789: Erneuerte ›Querelle‹ und historisierte Revolution; IX. Historismus und Kulturgeschichte; X. Wiederkunft, Verkleidung, Stil, Generation: Epochenbildung 1870–1930; XI. Nach 1945. Epochentheorien zweiter Ordnung

Einleitung: Nach den epochalen Ansprüchen der Moderne

Zeitalter/Epoche ist eine Kippfigur zwischen zwei Konzepten von Geschichte. Das eine beansprucht, Geschichte abzubilden, versammelt Phänomene als synchrone und bestimmt sie als eine Epochensignatur, die sie von den Phänomenen anderer Zeiten unterscheidet. Es tendiert zum Denken in Entwicklungen und Fortschritten, die durch mehr oder minder trennscharfe Zeitbarrieren voneinander abgesetzt sind und eine Skala der Avanciertheit an die Hand geben. Das andere, konstruktive Konzept nimmt auf, was im 16. und 17. Jh. als der rhetorisch-didaktische Orientierungsnutzen der Epocheneinteilungen bekannt war. Es betont, daß Epochen zuallererst im Bewußtsein derer entstehen, die sie wahrnehmen und beschreiben. In zweiter Reflexion kehrt es diese Vorstellung gegen

---

1 Vgl. JEAN-FRANÇOIS LYOTARD, La condition postmoderne (Paris 1979), 54–68.
2 UTZ RIESE, ›Postmoderne/postmodern‹, in: K. Barck u.a. (Hg.), Ästhetische Grundbegriffe, Bd. 5 (Stuttgart/Weimar 2003), 3.

sich selbst und postuliert, daß auch die in solchem (zeitgleich oder retrospektiv sich einstellenden) Epochenbewußtsein vorgenommenen Epocheneinteilungen von einer akuten geschichtlichen und lokalen Situation angestoßen und konditioniert sind. Mit der Globalisierung der Geschichtsauffassung und der Öffnung der Literatur- und Kulturwissenschaften zur Alltags-, Mentalitäten-, Technik- und Mediengeschichte wie zur Geschichte der Aisthesis kommt dieses zweite Modell so zur Geltung, daß sich darüber die konventionelle universal- und stilgeschichtliche Distinktion aufeinanderfolgender Epochen auflöst. Die Ansprüche der Moderne (Progreß, Zeitgenossenschaft, Autonomie) finden sich den ironischen Dehierarchisierungen der Postmoderne ausgesetzt, und zwar so, daß diese nicht einfach auf jene folgen, sondern die Idee einer sich steigernd-entwickelnden Abfolge überhaupt diskreditieren sollen.

In Lyotards Entwertung der ›grands récits‹ ist der modernen Geschichtsauffassung die Fortschrittsperspektive abhanden gekommen. Wenn die beiden Metanarrative, die seit dem frühen 19. Jh. die Legitimation und Strukturierung moderner Wissensinstitutionen dominierten, nämlich die französische Vorstellung einer staatlich organisierten Selbstbefreiung des unterrichteten Volks und die deutsche einer persönlichkeitsbildenden, dadurch staatsförderlichen Entfaltung des Wissens unter der Ägide der alle Disziplinen übergreifenden Philosophie, nicht mehr geglaubt werden (können)[1], verlieren die darin investierten Zukunftsversprechen ihre Eignung, den Geschichtsverlauf auszurichten und epochal einzuteilen. Die im Zeichen dieser Ungläubigkeit stehende Postmoderne »unterzieht die Idee einer progredierenden wie progressiven Abfolge historischer [...] Epochen einer Subversion«[2]. Dekonstruktiv ist diese Subversion darin, daß sie selbst den Befund, es sei nun mit aller Epochalisierung vorbei, nicht erlaubt, sondern auf der unlösbaren Ambivalenz eines sowohl logischen wie sequentiellen Verhältnisses zwischen Moderne und Postmoderne besteht. Letzteres soll zugleich die immer mitlaufende, immer schon vorgegebene basale Selbstkritik und entscheidende Verschärfung der Moderne wie auch deren Nachfolgerin sein: »Das ›Post-‹ mag [...] eine Epochenzäsur ins Unbestimmte hinein implizieren, tendenziell verweist es eher auf das, was der Moderne zugeschrieben wurde, auf Gegenwärtiges« (5).

Mit dem Progreß der allgemeinen Geschichte ist demnach auch die Entwicklungslogik der Kultur verschwunden. An die Stelle der Idee einer errungenen oder verfehlten Avanciertheit, die einzelnen Kunstwerken und ganzen Kunstbewegungen und Kulturen ihren Rang zuwies, tritt ein Denken in Räumen, in denen die verschiedensten hybriden Manifestationen bei-, durch- und ineinander koexistieren. Seither stellt sich die Frage, ob es »unter den Auspizien einer postmodernen Verräumlichung von Geschichte trotzdem noch ästhetische Perioden« (22) gibt.

Die postmoderne Komplexion der Periodisierung hat auch die historiographischen Fächer ereilt. Postmoderne, als Diskreditierung der Moderne, verstanden sie auch als Diskreditierung des ›Modern Age‹, der Neuzeit. Dabei hatten sie sich an dem massiven Schema einer Epocheneinteilung abzuarbeiten, welches zumal in Deutschland die humanistische Trias Antike – Mittelalter – Neuzeit tendenziell als dialektischen Dreischritt auffaßte, jedenfalls dazu neigte, diese neuere Zeit – sei es kultur-ästhetisch als glanzvolle Renaissance, sei es kulturprotestantisch als Identifikation mit der Reformation – zu favorisieren. Zudem lag die Bindung des Epochenbegriffs an die Neuzeit schon in deren Selbstkonstitution und Legitimierung beschlossen. Blumenberg hat das als Thesenidentität von Neuzeit und Epochenbewußtsein beschrieben.[3] Neben dieser begriffshistorischen Relativierung haben die Arbeiten Bachtins und der französischen und amerikanischen Mentalitätenhistoriker auch eine Relektüre (und Problematisierung des Begriffs) der frühen Neuzeit initiiert. Ein jüngerer Band über diese Zeit beginnt mit den Worten: »Die Geschichtstheorie der letzten Jahrzehnte hat den Epochenbegriff radikal entontologisiert. [...] Diese anti-essentialistische Sicht des Epochenbegriffs ist heute in allen historisch arbeitenden Disziplinen etabliert.«[4] Was bleibt, ist eine »rein instrumentelle und pragmatische Funktion«[5] von Epochenbegriffen. Sie sind Konstruktionen.[6]

Das Problem der epochalisierenden Stilgeschichte läßt sich als ausdruckssemantisches beschreiben. Sowie Epochennamen zugleich Epochenbegriffe werden und neben datierten Zeitidentifikationen auch ästhetische Charaktere denotieren sollen, kommt es zu einer »Verwechslung von Epochennamen mit Stilbegriffen«, »wie sie in älteren Epochentheorien Regel ist«[7]. Die Namen erheben sich zu Sammelnamen, prätendieren eine durchgängige Geltung, die für die damit belegte Zeit allererst zu beweisen wäre, und werden dabei zugleich auf irritierende Weise historisch übertragbar. Auch diese Erfahrung führte den Philosophiehistoriker Kurt Flasch bei seinem Projekt einer historischen Neuvernetzung mittelalterlichen Denkens zu einer Generalabsage an den Begriff Epoche: »Epocheneinteilungen sind Relikte einer früheren Weise regionaler und sektoraler Selbstvergewisserung; [...] sie vereinheitlichen Zeiten, Regionen, Lebensfelder oder Sektoren; sie enthalten einen Überschuß an Ent-Historisierung und Ent-Regionalisierung. [...] Sie enthalten Wertungen und Idealisierungen, Anschwärzung und Anpreisung; sie sind selbst ideologische Produkte oder jedenfalls extrem anfällig für Ideologisierung.«[8] Wüßte er nicht um die Vergeblichkeit dieses Wunsches, er schlüge vor, »die nächsten 30 Jahre die Ausdrücke ›Epoche‹, ›Mittelalter‹ und ›Neuzeit‹ nicht mehr zu gebrauchen. [...] Der Begriff Epoche hatte seine Zeit, seine Zeit ist um.«[9] Gegen die

---

3 Vgl. HANS BLUMENBERG, Die Epochen des Epochenbegriffs, in: Blumenberg, Die Legitimität der Neuzeit (1966; Frankfurt a. M. 1988), 542 f.

4 RENATE DÜRR/GISELA ENGEL/JOHANNES SÜSSMANN, ›Einleitung‹, in: Dürr/Engel/Süßmann (Hg.), Eigene und fremde Frühe Neuzeiten. Genese und Geltung eines Epochenbegriffs (München 2003), 1.

5 ULRICH MUHLACK, Die Frühe Neuzeit als Geschichte des europäischen Staatensystems, in: ebd., 23.

6 Vgl. ACHIM MITTAG, Die Konstruktion der Neuzeit in China. Selbstvergewisserung und die Suche nach Anschluß an die moderne Staatengemeinschaft, in: ebd., 141–161; MICHAEL TITZMANN, ›Epoche‹, in: K. Weimar (Hg.), Reallexikon der deutschen Literaturwissenschaft, Bd. 1 (Berlin/New York 1997), 477.

7 ERIC ACHERMANN, Epochenbegriffe und Epochennamen. Prolegomena zu einer Epochentheorie, in: P. Wiesinger u. a. (Hg.), Akten des 10. Internationalen Germanistenkongresses Wien 2000 ›Zeitenwende – Die Germanistik auf dem Weg ins 21. Jahrhundert‹, Bd. 6 (Bern 2002), 20.

8 KURT FLASCH, Philosophie hat Geschichte, Bd. 1: Historische Philosophie. Beschreibung einer Denkart (Frankfurt a. M. 2003), 142.

9 Ebd., 134.

Extrapolation und Absolutierung eines regionalen Bildes zum Typus der gesamten (nationalen, europäischen, globalen) Landschaft setzt Flasch, nicht unähnlich der Mentalitätengeschichte und der ›microstoria‹, die Beachtung »feinerer Strukturen« und »regional exakterer Markierungen«[10]. Strukturen und Markierungen scheinen unumgänglich. Als Formen der Veranschaulichung zeitlicher Abläufe haben sie die Wandlungen, Um- und Entwertungen des Epochenbegriffs überlebt. Wieviel ist das?

I. Welt- und Zeitalter

1. Sequenzen des Mythos. Göttliche Zeitmaße von Hesiod bis Ovid

»Die Griechen frugen zuerst und zuletzt nach dem *Logos* des *Kosmos*, aber nicht nach dem *Herrn* der *Geschichte*.«[11] Dem erzählend-erklärenden Blick ihrer Mythologie erschien Geschichte als zyklischperiodisch wiederkehrende, insofern auch als eine allzeitlich-räumlich präsente: »In den griechischen und römischen Mythologien und Genealogien wird die Vergangenheit als immerwährender Ursprung ver-gegenwärtigt«[12]. Die Weltalter-Mythen der Griechen und Römer sind Narrationen von der Abfolge der menschlichen Geschlechter und vom Wandel ihres Verhältnisses zu den Göttern. Hesiods *Theogonie* und die *Werke und Tage* erzählen den Ursprung der Welt als Genealogie der olympischen Götter und die Geschichte der menschlichen Weltalter als Genealogie der nunmehr lebenden Menschheit. Daher nennt Hesiod die Geschichte

---
10 Ebd., 142.
11 KARL LÖWITH, Weltgeschichte und Heilsgeschehen. Die theologischen Voraussetzungen der Geschichtsphilosophie (1949; Stuttgart u. a. [7]1979), 14.
12 Ebd., 15.
13 HESIOD, Erg. 106, 109 u. ö.; dt.: Theogonie. Werke und Tage, gr.-dt., hg. u. übers. v. A. v. Schirnding (München/Zürich 1991), 91 u. ö.
14 Vgl. ebd., 108.
15 Vgl. ebd., 156–174.
16 VERGIL, Ecl. 4, 4–8.

dieser Entwicklung λόγος (logos, »Sage«) und jede einzelne ihrer Phasen γένος (genos, »Geschlecht«)[13]. Einer unvordenklichen Herkunfts- und Wesensgleichheit der Götter und Menschen[14] folgt eine absteigende Sequenz von Geschlechtern, deren Qualitätsdegression an den ihnen beigegebenen Benennungen nach Metallen ablesbar ist: Gold, Silber, Erz, Eisen. Merkwürdig unterbrochen wird dieser Verfall durch das Geschlecht der Heroen[15], das sich zwischen das erzene und das eiserne schob, den Sturz der gegenwärtigen »fünften Männer« (πέμπτοισι [...] ἀνδράσιν) (173 f., dt. 95) noch tiefer erscheinen läßt. Allerdings fällt Hesiod ab Vers 180 in ein futurisches Reden, das auf absehbar-unabsehbare Zeit die zunehmende Verderbnis der fünften Menschen in Aussicht stellt – bis schließlich auch Αἰδώς (Aidos, »heilige Ehrfurcht«) und Νέμεσις (Nemesis, »heilige Rache«) (199, dt. 97) die Menschheit verlassen und zu den Göttern heimkehren.

Hesiods Erzählung fluchtet nicht auf ein erlösendes Telos der Geschichte. Vielmehr scheint sie zunächst, wie die biblische Geschichte vom Sündenfall und in Nähe zum Mythos von Prometheus und Pandora, den gesunkenen, zu Arbeit und Mühsal verurteilten Zustand der jetztlebenden Menschen zu begründen. Immerhin deutet man den Hesiodischen Aidos seit dem hellenistischen Dichter Aratos von Soloi als Figuration der Astraia, jener mythischen Sternenjungfrau, die bei Ovid als Inkarnation der Gerechtigkeit und eines wiederkehren sollenden Goldenen Zeitalters erscheinen wird.

Intrikat verschränkt Vergils 4. *Ekloge* Ursprung und Ziel der Geschichte. Sie feiert die Wiederkehr der ›Jungfrau‹ (»virgo«), die Wiederkehr der ›saturnischen Herrschaft‹ (»Saturnia regna«) als Ereignis der ›letzten Zeit‹ (»Ultima [...] aetas«), von der der cumäische Sibylle kündet, für die ›ganze Ordnung der Jahrhunderte‹ (»magnus [...] saeclorum [...] ordo«). Das Gedicht, 40 v. Chr. entstanden und später häufig zur Christus-Prophetie umgetauft, besingt einen Knaben, mit dessen Geburt das ›eiserne Zeitalter‹ (»ferrea [regna – d. Verf.]«)[16] endet, aber zugleich der Ablauf der ganzen Zeitreihe, zusammengedrängt in die Spanne seiner Mannwerdung, wiederholt wird. Die hier entworfene mythische Naturgeschichte hat Vergil in den *Georgica*[17] wie in der *Aeneis*[18] beiläufig expliziert. Das erste Buch von Ovids Epos kontaminiert die Hesiodische Kosmogonie mit einem differenzierten Vergilschen Weltalter-Schema. Am Ende der Schöpfung von Himmel und Erde aus dem uranfänglichen Chaos ersteht der Mensch, und mit ihm beginnt die ›erste goldene‹ Saturnische Zeit (»Aurea prima [...] aetas«)[19]. Sie kennt weder List noch Furcht und Sorge, kein Gesetz, keine Instrumente (weder des Krieges noch der Musik) und keinen Besitz, in ihr herrscht ewiger Frühling. Mit der Thronbesteigung Jupiters wird die Menschheit und ihre Zeit silbern: »argentea proles, / auro deterior« (»das Silberne Alter, / minderen Wertes als Gold«)[20]. Das Menschenleben wird mühevoll, an die Stelle des einfachen Sammelns der Früchte tritt der Ackerbau. Dem zweiten silbernen folgt das ›dritte eherne Zeitalter‹ (»Tertia [...] aenea proles« – 1, 125), das schon die Waffen liebt, aber erst dem letzten, »vom Eisen harten« (»de duro est ultima [proles – d. Verf.] ferro«) (1, 127; dt. 13), das Kriegführen überläßt. Dieses ist auf doppelte Weise ein Kind des Bergbaus, denn es kämpft mit Eisen um Gold.[21] Die paradiesische Substanz des ersten tritt unters harte Gesetz des letzten Zeitalters. Die Motivverschmelzung von Gold und Eisen zeitigt Blutvergießen, und wie bei Hesiod verläßt die ikonographisch mit Goldfarben konnotierte Astraia als Letzte der olympischen Götter die Erde.[22] Ovid hat damit allerdings nicht nur eine melancholische Verfallsgeschichte in Gang gebracht, sondern auch den Reigen der Metamorphosen.

2. Daniels Prophetien: Reiche und Zeitalter

Beobachtungen der natürlichen (kosmisch-tellurischen) Abläufe, Spekulationen über die Dauer der Tages- und Jahreszeiten sowie Verfahren, ihnen Regelmäßigkeit zuzusprechen, lassen sich bereits den ersten Hirtenvölkern unterstellen. Eine theologisch-theoretische Aufladung dieser Überlegungen verdankt der Westen den altorientalischen Religionen. »Die Ueberzeugung, [...] daß die Weltära [...] in bestimmte Unterperioden zerfalle, und diese Perioden ihre von Gott gesetzten Herrscher und Gewalten haben, [...], daß alles kommen müsse, wenn seine Zeit sich erfüllt habe, genug,

diese Gesamtanschauung vom *Weltverlauf als einem Drama in bestimmten Akten stammt aus der spätbabylonischen Religion* und ihren astronomisch bestimmten Theorien.«[23] Ingeniös lokalisiert dieser Befund das Prinzip einer Unterteilung nach Zeitaltern im Interferenzfeld zwischen menschlicher Observation der Natur einerseits, kultisch-kultureller Strukturierung von Lebenszeit andererseits. In der orientalischen Vergottung der Könige verschmelzen drei der allezeit gebräuchlichsten megastrukturellen Bestimmungen von Zeit: 1. die religiöse (göttliche Fristen), 2. die (gottverfügte) natürliche tellurisch-astronomische Perioden (insofern diese mit Regentschaften verkoppelt, häufig durch Kometen oder andere Naturerscheinungen markiert sind) und 3. die autoritäre der Zählung nach Regierungsjahren.

Die Propheten des Alten Testaments entwarfen Geschichte von ihrem Ende her. Sie sprachen im Modus eines antizipierend-thetischen Präsens oder des Futurs von dem, was »zur letzten Zeit«[24] geschehen werde. Die letzte, endgültige Wendung der Dinge von Sündhaftigkeit ins Gottgemäße, Überfluß in Einfachheit, Zwietracht und Krieg in ewigen Frieden gibt dem Geschehen Struktur und Sinn. Alle Gesellschafts- und Staatsverhältnisse verschwinden, wenn der Messias Gericht hält und seine Herrschaft, sein Königreich anbricht, »von nun an bis in Ewigkeit«[25]. Dem ethnisch beschränkten Geschichtsdenken der griechischen Antike, dessen fernster Horizont ein wiederzuerlangendes Goldenes Zeitalter und dessen kreisförmige Progressionsfigur der Äon war: »ein Weltalter im Zyklus von Weltuntergang und Welterneue-

---

17 Vgl. VERGIL, Georg. 2, 123 ff.; 3, 538.
18 Vgl. VERGIL, Aen. 7, 793–795.
19 OVID, Met. 1, 89; vgl. ebd., 1, 113.
20 Ebd., 113; dt.: Metamorphosen, lat.-dt., hg. u. übers. v. E. Rösch (München/Zürich ¹³1992), 13.
21 Vgl. ebd., 1, 141 f.
22 Vgl. ebd., 1, 149 f.
23 WILHELM BOUSSET/HUGO GRESSMANN, Die Religion des Judentums im spätthellenistischen Zeitalter (Tübingen ³1926), 506; vgl. ebd., 502 f.
24 Jes. 2, 2, in: Die Bibel oder die ganze Heilige Schrift des Alten und Neuen Testaments nach der deutschen Übersetzung Martin Luthers (Stuttgart 1964), 660.
25 Jes. 9, 6, in: ebd., 666.

rung«[26], tritt der futurisch ausgerichtete Idealismus der Propheten gegenüber.[27] Mit den alttestamentarischen Prophetien begegnet die für die jüdisch-christliche Geschichtsauffassung charakteristische Osmose von Narration und Historia, ›story‹ und ›history‹. Sie stellt sich ein, sobald eine Erzählung, parabolisch-allegorisch, als geschichtstheoretische ausgelegt wird. Bevorzugte Textbasis hierfür ist, seit der Antike und bis ins 17. Jh., der doppelte Bericht des Propheten Daniel von den vier Weltreichen (Mitte 2. Jh. v. Chr.). Die von Daniel dem König vorgestellte Traumfigur ist eine seltsam montierte menschenähnliche Gestalt: »Des Bildes Haupt war von feinem Golde, seine Brust und seine Arme waren von Silber, sein Bauch und seine Lenden waren von Erz, / seine Schenkel waren Eisen, seine Füße eines Teils Eisen und eines Teils Ton.«[28] Gegenläufig dazu, wie dieses Bild vom Kopf abwärts aufgebaut wurde, zerstört es ein vom Himmel herabfallender Stein von den tönernen Füßen her.[29]

Daniel expliziert dieses Traumgesicht als Allegorie der absteigenden Abfolge von vier Königreichen. Deren erstes (das derzeitige Nebukadnezars) sei golden, das nächstfolgende silbern, das dritte ehern, das vierte eisern-hart, aber auch unglücklich und unbeständig gemischt aus Eisen und Ton, daher dem Auseinanderbrechen geweiht.[30] Dann aber zur »Zeit solcher Königreiche wird der Gott des Himmels ein Königreich aufrichten, das nimmermehr zerstört wird; und sein Königreich wird auf kein ander Volk kommen. Es wird alle diese Königreiche zermalmen und verstören; aber es selbst wird ewiglich bleiben« (Dan. 2, 44). Damit ist das Muster der Geschichte und ihrer Zeitalter-

Einteilung gesetzt: als Narration plus Auslegung. Der prophetische Modus der Auslegung bindet das Futurum seiner Verkündigungssprache an das Imperfektum der Traum-Nacherzählung. Die Theologen haben das Buch Daniel als Musterapokalypse bezeichnet, aber es ist auch, konzeptionell wie strukturell, ein Muster heilsgeschichtlicher Historiographie.

Die erste Erzählung Daniels wird indes im selben Buch durch weitere überschrieben, nämlich ausgefüllt, modifiziert und eingeklammert. Das 7. Kapitel bietet Daniels Traum von vier gewaltigen Tieren, von denen die ersten drei chimärenhaftfurchterregend aus verschiedenen Bestien zusammengesetzt sind: ein Löwe mit Adlerflügeln, ein Bär mir drei Zähnen/Rippen im Maul, ein Panther (oder Leopard) mit vier Flügeln und Köpfen. Unvergleichlich in seiner Schrecklichkeit scheint das vierte Tier. Bald wächst ihm ein elftes Horn, das Augen und ein Maul hat. Vor dem göttlichen Gericht, das nun anbricht, hält es große Reden, ist aber schon dem Urteil verfallen, das in den Büchern, die aufgetan wurden, feststeht.[31] Nach dem Gericht erklären ein Engel und der Gott selbst dem Propheten das Geträumte: »Diese vier großen Tiere sind vier Reiche, so auf Erden kommen werden.« (Dan. 7, 17) Das vierte wird »alle Lande fressen« (Dan. 7, 23), sein 11. König (symbolisiert im 11. Horn) »den Höchsten lästern« (Dan. 7, 25). Dies aber wird das Gericht herbeiführen und ins von Gott eingesetzte Reich des Menschensohns münden: »und sein Königreich hat kein Ende« (Dan. 7, 14).

Für Dionysios von Halikarnassos und Appian waren die vier historischen Reiche die der Assyrer, der Meder, der Perser und der Makedonen (Alexanders und seiner Nachfolger), das nunmehrige fünfte aber, das der Römer, der glückliche Gipfel und Abschluß der Reichs(wechsel)geschichte.[32] Der Kirchenvater Hippolytus (ca. 170–220) optierte hingegen dafür, im Imperium Romanum das dem Untergang geweihte vierte Reich zu sehen, welches nun durch das christliche Gottesreich abgelöst werden solle.[33] Diese Auffassung bleibt in der Patristik der folgenden zwei Jahrhunderte dominant: Das 1. Reich ist das assyrische (bei Hippolytus das babylonische), das 2. das medisch-persische oder nur erst das persische (bei Orosius das

---

[26] HERMANN COHEN, Die Religion der Vernunft aus den Quellen des Judentums (1919; Frankfurt a. M. 1929), 292.
[27] Vgl. ebd., 305 f.
[28] Dan. 2, 32 f., in: Die Bibel (s. Anm. 24), 836.
[29] Vgl. Dan. 2, 35.
[30] Vgl. Dan. 2, 37–43.
[31] Vgl. Dan. 7, 10 f.
[32] Vgl. JOHN WARD SWAIN, The Theory of the Four Monarchies. Opposition History under the Roman Empire, in: Classical Philology 35 (1940), 13 f.
[33] Vgl. BRIAN CROKE, Porphyry's Anti-Christian Chronology, in: The Journal of Theological Studies, N. S. 34 (1983), 174 f.; vgl. SWAIN (s. Anm. 32), 18–21.

mazedonische), das dritte das Alexanderreich (bei Orosius das ptolemäisch-karthagische), das vierte das römische.

Aus dem Römerbrief des Paulus folgerte die christliche Dogmatik eine Teilung der Weltzeit in drei Abschnitte von je 2000 Jahren: die heidnische Zeit vor dem Gesetz (oder unter dem Naturgesetz), die von Adam bis Moses, die jüdische Zeit unter dem Gesetz, die von Moses bis Christus dauerte, und die christliche unter der Gnade, die mit Christi Erlösung angebrochen sei. Für die kanonische Theologie ist damit »die bleibende und vertiefte Periodenteilung der christlichen Geschichtsphilosophie geschaffen«[34]. Die Zählung nach (Doppel-)Jahrtausenden benennt solche Vorstellung nach der lateinischen bzw. griechischen Vokabel für 1000 als millenaristische bzw. chiliastische. Die Dreizahl wiederum impliziert die Sechszahl der Schöpfungstage und die Siebenzahl der durch den göttlichen Ruhetag vollendeten Woche. Daniel hatte auch diese Zahl aufgenommen als Erinnerung an die bei Jeremia angekündigten 70 Jahre, in denen Jerusalem wüst liegen wird.[35]

II. Epochē: Die antike Skepsis

Das altgriechische Wort ἐποχή (epochē, übersetzt: Anhalt[en]) hat die Diskurse der Antike sowohl durchlaufen wie verklammert. Polybios bezeichnet damit, den Aufstieg des römischen Imperiums beschreibend, eine Phase des Waffenstillstands.[36] In der Bedeutung Sonnenfinsternis[37], Moment einer Konstellation[38], Berechnungs-Nullpunkt für die Messung einer Umlaufbahn[39] wurde epochē zu einem Terminus der Astronomie und Astrologie. Hier bewies sie ihre Eignung, Zeitabläufe sowohl zu markieren wie zu sistieren, sie an Haltepunkten festzustellen wie zu Zeiträumen zu spatialisieren. Die antike Musiktheorie kennt epochē als Phase der Vibration eines Tons[40], die antike Medizin als Stockung der gastrischen Säfte[41] und den Zurückhaltung des Samens[42].

Der philosophische Gebrauch des Epochenbegriffs[43] findet sich bei Platon in seiner Formulierung vom Anhalten (ἐπέχειν, epechein) der Rede (καὶ ἐπέσχον τοῦ λόγου, »und hielt mit der Rede

an mich«[44]). Vieldiskutiert ist, ob schon die Sokratische Lehre skeptisch (antidogmatisch) und also mit dem skeptischen Begriff der epochē (Suspension des theoretischen Urteils) vereinbar ist. Immerhin lassen sich sowohl die Aporie, in die Sokrates die vorschnellen Meinungen seiner Gesprächspartner auflöst, als auch seine Weisheit zu wissen, daß er nichts wisse, als (wenn auch instabile, taktische, vorläufige) epochē-affine Haltungen beschreiben. Dagegen sprechen allerdings der Unterschied zwischen Aporie und epochē sowie das Übergewicht dogmatischer Implikationen und Konklusionen in Platonischen Schriften.[45] Zur emphatisch verfochtenen Methode wird die epochē bei den Skeptikern. Ein anonym gebliebener Autor wird sie später ephektikoi (ἐφεκτικοί) nennen: die, die ihr Urteil zurückhalten (ἐπέχειν, epechein). Pyrrhon von Elis (ca. 360–270 v. Chr.), der als Begründer dieser Schule gilt, vermachte ihr den Namen Pyrrhonismus. Daß Pyrrhon keine schriftliche Lehre hinterließ, hat man seiner skeptischen Einstellung

---

34 ALOIS DEMPF, Sacrum Imperium. Geschichts- und Staatsphilosophie des Mittelalters und der politischen Renaissance (München/Berlin 1929), 77.
35 Vgl. Dan. 9, 2; Jer. 25, 11 f.
36 Vgl. POLYBIOS, Historia 38, 11, 2.
37 Vgl. PLUTARCH, Moralia, 923b.
38 Vgl. PLUTARCH, Romulus 12, 9.
39 Vgl. PTOLEMAIOS, Almagest 3, 9.
40 Vgl. NIKOMACHOS VON GESARA, Harmonikon encheiridion, Kap. 3, in: Musici scriptores Graeci. Aristoteles, Euclides, Nicomachus, Bacchius, Gaudentius, Alypius et melodiarum veterum quidquid exstat, hg. v. K. von Jan (Leipzig 1895), 235–265, bes. 241, Z. 10.
41 Vgl. GALEN, De sanitate tuenda 5, in: Galen, Opera omnia, hg. v. C. G. Kühn, Bd. 6 (Leipzig 1823), 315.
42 Vgl. GALEN, De locis affectis 6, in: ebd., Bd. 8 (Leipzig 1824), 420.
43 Vgl. MARTIN HOSSENFELDER/ULRICH CLAESGES/ MANFRED RIEDEL, ›Epochē‹ u. ›Epoche, Epochenbewußtsein‹, in: RITTER, Bd. 2 (1972), 594–596 u. 596–599.
44 PLATON, Lys. 210e-211a; dt.: Lysis, übers. v. K. Schöpsdau/H. Müller, in: Platon, Werke, hg. v. G. Eigler, Bd. 1 (Darmstadt 1977), 210.
45 Vgl. CHRISTOPHER J. SHIELDS, Socrates among the Skeptics, in: P. A. Vander Waerdt (Hg.), The Socratic Movement (Ithaca/New York/London 1994), 341–366; JULIA ANNAS, Plato the Skeptic, in: ebd., 309–340, bes. 332 f., 338.

zugute gehalten. Diese soll ihn vom Fixieren seiner Gedanken abgehalten haben. Über den nach Rom geflüchteten Philon von Larissa gelangt die skeptische Terminologie der neuen Akademie zu dessen Schüler Cicero. Dieser latinisiert und verbreitet diese Vorstellung durch die definitorische Übersetzung: »ἐποχή id est adsensionis retentio« (ἐποχή [...], also die Zurückhaltung der Zustimmung)[46]. Die dialogische Spannung, aus der die epochē hervorgeht, jenen Austrag einander diametral widersprechender oder unweigerlich ausschließender Gründe, deren gleiche Stärke (Aequipollenz/Isosthenie) auf die Einsicht führen soll, zwischen ihnen, ja allgemein zwischen wahren und falschen Vorstellungen sei nicht zu entscheiden, faßt Cicero in die Formel, schon in Platons Schriften hielten sich viele einander widersprechende Argumente die Waage: »in utramque partem multa disseruntur«[47]. Fast alles, was sich heute über die wiederbelebte Schule der Skeptiker in Erfahrung bringen läßt, steht in den gegen Ende des 2. Jh. entstandenen Schriften des Sextus Empiricus. Sextus' *Pyrrhoneion Hypotyposeon* preist die Skeptiker als Fortwährend-Suchende: ζητοῦσι δὲ οἱ σκεπτικοί (»Die Skeptiker aber suchen noch.«)[48] Dieses Suchen unterscheide sie von den Dogmatikern und Akademikern, und es steht in einem komplexen Verhältnis zum skeptischen Ziel der ruhigen Unbekümmert- und Unangefochtenheit.[49] Plastisch spricht Sextus von einer ›Dynamis‹ (δύναμις) des Antithetischen, einer ›Stasis des Denkens‹ (στάσις διανοίας) angesichts einander widersprechender Gründe.[50] Daß er von epochē bevorzugt am Ende eines Gedankengangs spricht, heißt aber nicht, sie sei bei ihm die definitive conclusio. Vielmehr verwendet Sextus zumeist das Verb epechein (ἐπέχειν) und präsentiert dieses Anhalten als ein aktives, immer neu ansetzendes, immer neu zu bewährendes, als »Ausgangszustand« der philosophischen Überlegung: »Wie komme ich aus der Epochē heraus?«[51]

Statt irgend etwas zum sicheren metaphysischen Grund der Dinge zu nehmen, hält sich Sextus' idealtypischer Skeptiker an die bloßen Erscheinungen: die Vorgaben der Natur, die im Moment ihrer Wirkung nicht zu befragende Kraft der Eindrücke und Erlebnisse, die Konventionen von Gesetz und Herkommen und die Lehren der ›Künste‹ (τεχνῶν).[52] Kurz: der Skeptiker hält sich an seine eigene Erfahrung. Von da her verdiente Sextus seinen Beinamen des Empirikers. Diskursgeschichtlich steht er damit in Verbindung mit zeitgenössischen medizinischen Schulen, die aitiologische Axiome zugunsten praktischer Autopsie und fallweiser Diagnose und Therapie zurückstellten.[53] Am Schluß seiner *Hypotyposeon* beschreibt Sextus die Skepsis als ein Medikament gegen die Voreiligkeit der Dogmatik. Je stärker einer davon befallen sei, desto stärker seien die skeptischen Sätze zu dosieren, mit denen er behandelt werden müsse.[54] Sie sollen Purgativen ähneln, die mit dem Abzuführenden selbst ausgeschieden werden.[55]

III. Dogmatische Altersstufen. Die aetates des Augustinus

Wie im Judentum die Zeit der Weltgeschichte theologisch bestimmt wurde nach den Einschnitten der Thora und der jüdischen Religionsgeschichte (Gesetz und Alter Bund, Neuer Tempel, 1. Tempel, 2. Tempel, 1. Exil, 2. Exil, 3. Exil, Diaspora), versuchten die christlichen Geschichtstheoretiker immer wieder eine neue oder wenigstens klarere Identifikation, Berechnung und Füllung der vier Reiche und/oder der drei 2000-Jahres-Zeitalter. Ihre Kalkulation bestimmte bis ins 17. Jh. einen wesentlichen Teil der europäischen Chronologie und christlichen Vorstellungen von Schöp-

---

46 CICERO, Ac. 1, 59; dt.: Lucullus, in: Cicero, Hortensius. Lucullus. Academici libri, lat.-dt., hg. v. L. Straume-Zimmermann/F. Broemser/O. Gigon, übers. v. F. Broemser/O. Gigon/A. Stein (München/Zürich 1990), 175.
47 CICERO, Ac. 2, 46.
48 SEXTUS EMPIRICUS, Pyrrhōneioi hypotheseis 1, 3; dt.: Grundriß der pyrrhonischen Skepsis, hg. u. übers. v. M. Hossenfelder (1985; Frankfurt a.M. ⁴2002), 3.
49 Vgl. ROBERT J. HANKINSON, The Sceptics (London 1995), 155.
50 Vgl. SEXTUS EMPIRICUS (s. Anm. 48), 1, 8; 1, 10.
51 MALTE HOSSENFELDER, Einleitung, in: Sextus Empiricus (s. Anm 48), 55, 54.
52 Vgl. SEXTUS EMPIRICUS (s. Anm 48), 1, 23.
53 Vgl. HANKINSON (s. Anm. 49), 225–236.
54 Vgl. SEXTUS EMPIRICUS (s. Anm. 48), 3, 280f.
55 Vgl. ebd., 1, 206; 2, 188.

fungsdauer und Apokalypse. Dazu mußte zuerst, im Neuen Testament und in der Patristik, die biblische Geschichte und Prophetie der Juden zur Basis einer christlichen eingeebnet werden. In der Offenbarung des Johannes begegnen die vier Tiere aus Daniel 7, 3–7 wieder als zu einem einzigen zusammengeballt, das der Antichrist ist.[56] Die ca. 212–221 entstandenen *Chronologiae* des Julius Africanus übernahmen dann die Aufgabe, die Begebnisse des Alten Testaments an die im Imperium dominante Zeitrechung der griechischen und römischen Geschichte anzuschließen.[57] Die maßgebliche Weltalterdogmatik aber besorgte Augustinus. Er verwarf die zyklische Geschichtsauffassung der heidnischen Antike und machte gegen sie den Advent Christi als ein alles entscheidendes, irreversibles Neues geltend.[58] Die Altersstufen des Menschen (sein »zeitlicher Werdegang«: »dispensatio [...] temporalis«[59]) von der Kindheit zum Verfall numeriert Augustin nach der Zahl der sechs Schöpfungstage, überdeckt und überbietet sie aber sogleich mit den sieben Lebensstadien des geistigen Menschen. Dessen Weg mündet, anders als der des körperlichen, nicht in den Tod, sondern ins ewige neue Leben, in eine sabbathgleiche überzeitliche Ruhe und Glückseligkeit. Weihe verleiht Augustin der Vokabel ›aetas‹ dadurch, daß er erst diesem neuen geistigen Menschen »seine geistlichen Altersstufen« (quasdam spiritales aetates suas)[60] zuspricht und, bei der Ausweitung dieser Zweimenschenlehre aufs Menschengeschlecht, dessen Schicksal am Jüngsten Tag durch »die Schnittpunkte der Zeitalter« (aetatum [...] articulos)[61] bestimmt sein läßt. In Augustins späterer Schrift *De Genesi contra Manichaeos* werden die sieben Schöpfungstage sowohl mit den sieben Stadien des Menschen als auch mit den sieben aetates der Geschichte von Adam bis zur Wiederkehr Christi verbunden.[62] Die Sequenz dieser Zeitalter ist aber keine lineare. Augustinus' historische Allegorie der Genesis versteht die aetates als ungleiche und unterteilt sie durch zwei kategoriale Barrieren. In *De vera religione* unterscheidet er die (geschichtliche) Menschheit in die Meute der Unfrommen, das Gottesvolk von Adam bis zu Johannes dem Täufer und das Gottesvolk des Neuen Testaments. In *De Genesi* zeichnet sich eine Dreiteilung in die Generationen von Adam bis Noah, von Noah bis Chri-

stus und von Christus bis zu dessen Rückkehr ab. Exegetisch fortgeführt hat der Kirchenvater dieses Schema schließlich im *Enchiridion ad Laurentium*, wo er die menschlichen Lebensstadien mit einer Sequenz und Hierarchie von heilstheologischen Zuständen der Heiden, Juden und Christen identifizierte: »Harum quatuor differentiarum prima est ante Legem, secunda sub Lege, tertia sub gratia, quarta in pace plena atque perfecta.« (Von diesen vier verschiedenen Zuständen fällt der erste vor das Gesetz, der zweite unter das Gesetz, der dritte unter die Gnade und der vierte in den vollen und vollkommenen Frieden.)[63] Da der vierte Zustand, der befriedete nach dem Jüngsten Tag, nicht mehr der Geschichte angehört, haben viele nachaugustinische christliche Historiker die Weltdauer in die drei Stadien vor dem Gesetz, unter dem Gesetz und unter der Gnade eingeteilt.

Es wäre widersinnig und anachronistisch, in der Augustinischen Alterslehre eine Theorie der Weltgeschichte zu sehen. Sie ist vielmehr eschatologische Geschichtstheologie, hat alles rein Historische immer schon entwertet zugunsten des Heilsgeschehens.[64] Sie hat Zeit verinnerlicht, und wenn Augustin von »diesem Jahrhundert« (hoc saecu-

---

56 Vgl. Apk. 13.
57 Vgl. JULIUS AFRICANUS, Chronologiae, in: MIGNE (PG), Bd. 10 (1857), 63–94.
58 Vgl. LÖWITH (s. Anm. 11), 14, 15, 148–153.
59 AURELIUS AUGUSTINUS, De vera religione 26, 48; dt.: Über die wahre Religion, lat.-dt., übers. v. W. Thimme (Stuttgart 1983), 79; vgl. LÖWITH (s. Anm. 11), 157f.; BERNHARD KÖTTING/WILHELM GEERLINGS, ›Aetas‹, in: Augustinus-Lexikon, hg. v. C. Mayer, Bd. 1 (Basel 1986–1994), 150–158.
60 AUGUSTINUS, De vera religione 26, 49; dt. 81.
61 Ebd., 27, 50; dt. 85; vgl. ebd., 25, 46.
62 Vgl. AUGUSTINUS, De Genesi contra Manichaeos 1, 23, 35–41.
63 AUGUSTINUS, Enchiridion ad Laurentium sive de fide, spe et charitate 31, 118; dt.: Enchiridion, in: Augustinus, Ausgewählte Schriften, Bd. 8, übers. v. P. Mitterer (München 1925), 499.
64 Vgl. LÖWITH (s. Anm. 11), 148–159; REINHART KOSELLECK, Geschichte, Geschichten und formale Zeitstrukturen (1973), in: Koselleck, Vergangene Zukunft. Zur Semantik geschichtlicher Zeiten (Frankfurt a.M. 1979), 138–140; KOSELLECK, Zur historisch-politischen Semantik asymmetrischer Gegenbegriffe (1975), in: ebd., 234–238.

lum)⁶⁵ spricht – in einer Weise, welche die spätere französische Synonymisierung von siècle und époque vorzubereiten scheint –, meint er die Zeit des »irdischen Staates« (terrena civitas)⁶⁶, der endlich vom Gottesstaat (civitas Dei) abgelöst werden soll. Periodisierungen wie Augustins Weltalter- und aetates-Lehre »bestimmen immer wieder«, so Koselleck, »die eigene Situation nach allgemein unterstellten Ausgangs- und Endlagen. Insofern sind sie transhistorische Interpretamente«⁶⁷.

IV. Die Epochen auszählen. Zur Chronologie des 16. und 17. Jahrhunderts

Im 16. Jh. machten sich die Chronologen an die immense Aufgabe, die neuerschlossenen Quellen und Formeln zur Zeitzählung der antiken Völker miteinander ins Verhältnis zu setzen. Anthony Grafton nennt ihre Koryphäen »polymaths whose learned Latin book [...] had made the calendar systems and basic epochs of the ancient world the subject of one of the great encyclopaedic disciplines of late humanism«⁶⁸. Den Gelehrten des 16. und 17. Jh. war dies selbstverständlich: kein Kalender ohne eine Skala von Einsatzpunkten, von denen aus er Zeiteinheiten, ja die Zeit überhaupt zu zählen pflegt, keine solche Epoche ohne den Anspruch, einen kalendarischen Rhythmus zu begründen.

Das Wort ›Epocha‹ kannte der Humanismus daher vor allem im Plural (Epochae) als einen Terminus der Chronologie. Enzyklopädisch war diese in ihrem Bemühen, mithilfe verfeinerter Philologie, erweiterter Textkenntnis (vor allem auch der orientalischen Zeugnisse) und anhand verbesserter

---

65 AUGUSTINUS, Civ. 20, 8; vgl. ebd., 15, 22; 20, 16.
66 Ebd., 19, 17; vgl. ebd., 15, 22.
67 KOSELLECK, Geschichte, Geschichten (s. Anm. 64), 139.
68 ANTHONY GRAFTON, Joseph Scaliger. A Study in the History of Classical Scholarship, Bd. 2 (Oxford 1993), 21; vgl. ebd., 6.
69 Ebd., 137.
70 PAULUS CRUSIUS, Liber, De Epochis seu æris temporum et imperiorum (Basel 1578), 1.

und vermehrter Daten der Himmelsbeobachtung die verschiedenen Zeitzählungen alpha-numerisch kompatibel zu machen. Der Begriff ›Epoche‹ hält hierbei Verbindung zu seinem astronomischen Ursprung. In Fortsetzung der sich abzeichnenden Verselbständigung und Säkularisierung der Geschichtsschreibung war die avancierteste Tradition in dieser Chronologie »largely German and Protestant by the 1570s«⁶⁹. Unter den vielen Werken ist eines hervorzuheben, das früh, lange vor John Greaves' *Epochae celebriores* (1650), die Epochen (verstanden im Sinne der Chronologie) zum Titelbegriff wählte: Paulus Crusius' *Liber, De Epochis seu æris temporum et imperiorum* (1578).

Crusius eröffnete sein Buch, das mit dem Abgleich astronomischer und chronologischer Daten seit der Antike befaßt war, mit einem Verweis darauf, wie wichtig und nützlich hierfür der Begriff der Epoche sei: »Da keine Jahresfolge zustande kommen kann, ohne frühere und spätere Zeiten zu einem festgesetzten Grenzpunkt in Beziehung zu setzen, bedarf es für die Aufstellung einer Chronologie offenbar eines sicheren und glänzenden Ausgangspunktes (der griechisch als Epoche, arabisch als Taric und in der Volkssprache als Ära bezeichnet wird), von dem aus die übrigen Jahre in den nachfolgenden wie den vorausgegangenen Jahrhunderten in beiden Richtungen gezählt werden.« (Cum annorum series nulla consistere possit, ubi non conferuntur ad præfixum terminum priora aut posteriora tempora; manifestum est, in describenda Chronologia, constituendum esse certum & illustre quoddam principium (id Epocha Græcé, Taric Arabicé, Æra uulgò nominatur.) à quo numerentur reliqui anni, uel in consequentia secula, uel in præcedentia, uel in utranq. partem.)⁷⁰ Vergleichsweise früh optiert der Jenaer Historiker und Mathematiker für eine Zählung der geschichtlichen Jahre, und zwar vorwärts wie rückwärts, ab Christi Geburt. Sie ist seine diesseitige Epoche (im Sinne von Zeitnullpunkt): »wir gehen gewissenhaft und klug vor, wenn wir sämtliche Weltalter grundsätzlich zur Leidensgeschichte Christi, von der das Wohl der menschlichen Gattung abhängt, ins Verhältnis setzen und, indem wir die Jahreszahlen von dieser Epoche aus rückwärts wie vorwärts bestimmen, alle Weltreiche zu verknüpfen suchen. Denn sie ist das älteste Zeitalter der Christen.« (pié simul

& prudenter agemus, si omnia mundi tempora, principaliter ad passionem Christi, qua salus humano generi parta est, referamus, ac numeris annorum ab hac Epocha retrò & porrò descriptis, omnia mundi regna alligare conemur. Haec enim est Christianorum antiquissima aera). Tatsächlich ist dem Band eine Auflistung verschiedener Kalender im Verhältnis zum Julianischen angehängt: »Es folgt eine durch den Julianischen Kalender trefflich aufgeschlüsselte vergleichende Zusammenstellung der verschiedenen Epochen« (Sequitur collatio diuersarum epocharum inter se, per annos Iulianos luculenter exposita)[71].

Vermutlich gab Crusius' Buch den entscheidenden Anstoß für das Hauptwerk der seinerzeitigen Chronologie: Joseph Justus Scaligers Opus novum de emendatione temporum (1583; Nachauflagen 1593, 1598, 1629). Das Neue an Scaligers Arbeit ergab sich aus ihrer Materialbreite und Methodensynthese. Es bewährte sich gegenüber den alten Vorgaben, die die Chronologie an religiöse Dogmen zurückzubinden hatten.[72] Im Vorwort zur Neuauflage seines Buches im Jahre 1598 betonte er, daß es ihm um die genauere Bestimmung der zivilen (weltlichen) Zeiten und Zeitrechnungen gehe.[73] Insofern war er ein Freigeist.[74] Was die vorherigen Chronologen getan hatten: Momente der Geschichte mit solchen des tellurisch-kosmischen Geschehens zu verknüpfen und dadurch wechselseitig zu datieren, leistet der Autor von De emendatione temporum durch Schärfung, Perspektivierung, Berichtigung solcher historisch-astronomischen Epochen. Darin besteht die erste Hälfte seines Werks. Scaliger erklärt das durch eine Definition des Begriffs Epoche: »das Werk von der Verbesserung der Chronologie zerfällt in zwei Teile. Im ersten geht es um die Untersuchung der Epochen […]. Wie es nun Bezeichnungen der Epoche und Titel der Zeitalter gibt, so muß es auch eigene γνωρίσματα (Kennzeichen) und Charakteristika jener Epochen geben. Von diesen Charakteristika sind die einen natürlich, die anderen politisch. Die natürlichen ergeben sich aus dem Stand der beiden Gestirne, mithin aus dem Sonnen- und dem Mondzyklus, die politischen aus Verordnungen wie Steuererhebungen und Sabbatjahren. Ohne diese Anhaltspunkte wäre alle Mühe in solchen Fragen vergeblich.« (emendationis duae partes sunt. Prior versatur circa epocharum inuestigationem […]. Iam quemadmodum Epochae sunt notationes, & tituli temporum, ita ipsarum epocharum quaedam debent esse propria γνωρισματα & characteres: quorum characterum alij sunt naturales, alij ciuiles. Naturales quidem a rationibus vtriusque sideris, vnde nati cycle Solaris, & Lunaris: ciuiles ab instituto, cuiusmodi indictiones & anni Sabbatici: sine quibus in harum rerum tractatione omnis conatus irritus.)[75] Er spezifiziert hier eine Übersetzung, die der Grammatiker Censorinus in der 1. Hälfte des 3. Jh. gegeben hatte. War in dessen De die natali die epochē zu »titulus« oder »index«[76] geworden, so nun bei Scaliger zu ›notationes‹, ›characteres‹ und ›gnōrísmata‹. Den Moment, von dem ab eine Zeitzählung gilt (und der ihr allererst Zählbarkeit und Anspruch auf Gültigkeit verschafft), bezeichnet Scaliger als Zeichen: als Einritzung, Beschriftung und Aufschrift, Markierung, Erkennungszeichen. Denn wie die Chorographen die Strecke zwischen zwei Städten zählten, indem sie diese nach räumlichen Maßeinheiten berechneten, so die Chronologen das Intervall zwischen zwei Zeitpunkten durch Bestimmung von Einheiten temporaler Erstreckung. Die zeitlichen Epochen entsprechen demnach den Grenzen oder konventionell fixierten Mittelpunkten der Städte, dann aber auch den zählbaren Stadien zwischen ihnen. Als dividierte oder kleinere Einheiten stecken sie zugleich die somit gewonnenen iterativ verwendbaren Zeit-Strecken-Einheiten ab. Indem sich aus den Epochen nicht nur der einmalige, sondern auch der immer wiederkehrende Einsatzpunkt der Zeitzählung ableiten läßt (die jedesmalige 1. Sekunde, 1. Minute usw.), changiert ihr Begriff zwischen dem eines punktuellen terminus a quo und dem einer Erstreckung.

---

71 Ebd., 1 f., 150.
72 Vgl. GRAFTON (s. Anm 68), 347.
73 Vgl. JOSEPH JUSTUS SCALIGER, Opus novum de emendatione temporum (Genf 1629), I.
74 Vgl. GRAFTON (s. Anm 68), 324.
75 SCALIGER (s. Anm. 73), I f.; vgl. GRAFTON (s. Anm. 68), 649.
76 CENSORINUS, De die natali 21, 6, in: Censorinus, Betrachtungen zum Tag der Geburt, lat.-dt., hg. v. K. Sallmann (Leipzig 1988), 86.

V. Die Renaissance der antiken Skepsis

Die Wiederentdeckung von Sextus Empiricus im 16. und 17. Jh. ließ den spätantiken Philosophen des Pyrrhonismus als »le divin Sexte« und endlich, in der Zeit der Frühaufklärung, als »the father of modern philosophy«[77] erscheinen. Im 16. Jh. verbreitete sich in der europäischen Philosophie eine »crise pyrrhonienne«[78]. Die Glaubensspaltung hatte die institutionelle Einheit des theologischen Diskurses zerrissen, die humanistische Rekapitulation der antiken Welt die bisherigen kulturellen und intellektuellen Vorstellungen und Praktiken gesprengt. Diese Prozesse fanden ihren stärksten Ausdruck in Montaignes *Essais*.

Montaignes ausdrücklichste Berufung auf die Skepsis steht in seiner *Apologie de Raimond Sebond* (1580). Pyrrhonist sein heißt für Montaigne: epochē praktizieren. Er rückt die Anhänger Pyrrhons mit ihrem Verfahren zusammen und spricht von »Pyrrho & autres Skeptiques ou Epechistes«[79]. Den Neologismus ›Epechistes‹ hat Montaigne aus epochē/epechein gebildet. In immer neuen Umschreibungen übersetzt er diese Worte mit »laisser [les choses – d. Verf.] en suspens«[80], »surceance de iugement«[81], »entière & très-parfaicte surceance *et suspention* de iugement« (230), »demeurer en suspens«, »suspendre sa persuasion« (228). Deutlich akzentuiert er dabei, wie schon Sextus, das Verb stärker als den Nominalbegriff. So charakterisiert

er die antiken Skeptiker dadurch, daß sie dieses Verb in einem Sprechakt verwenden – wie eine Rechtsperson, die Veto, oder wie ein Priester, der Absolvo sagt. »Leur [der Skeptiker – d. Verf.] mot sacramental, c'est ἐπέχω , c'est-à-dire ie soutiens, ie ne bouge.« (229 f.) Diese Erklärung läßt sich als identifizierende Reihung lesen, aber auch als correctio, schließlich als Verkettung von Subjekt- und Objektsatz: ›je soutiens: (que) je ne bouge‹. Ihre spitzeste Pointe liegt im paradoxen Gebrauch des Verbs ›soutenir‹. Intransitiv, bezeichnet es hier nicht das Durchhalten, Festhalten, Verteidigen einer Meinung, These oder Position, sondern im Gegenteil das Sich-Zurückhalten von jeglicher Meinung, These, Position. Diese Haltung mag auch Montaignes eigene gewesen sein. In seine Bibliothek hatte er die Aufschrift ἐπέχω eingravieren lassen. Das Wort scheint ihm wichtig und unübersetzbar gewesen zu sein.

Explizit verabschiedet und für unerreichbar erklärt hat Montaigne indes nicht das Konzept der epochē, sondern das Ziel einer Ataraxie, die über das Prinzip skeptischen Generalzweifels erhaben wäre. So hätten es, wie Montaigne in Rückprojektion seiner Auffassung erläutert, auch die antiken Skeptiker nicht gemeint: »Les Pyrrhoniens, quand ils disent le souuerain bien c'est l'Ataraxie, qui est l'immobilité du iugement, ils ne l'entendent pas dire d'vne façon affirmatiue; mais le mesme bransle de leur ame qui leur faict fuir les précipices & se mettre à couuert du serein, celuy la mesme leur presente cette fantasie & leur en faict refuser vne autre.« (333 f.) Die Ataraxie wäre demnach einerseits eine ›fantasie‹ wie andere auch, andererseits ein wenngleich wiederum nur eingebildetes Gebot der Selbsterhaltung. Vor allem aber verschmilzt sie mit der epochē, die bisher als Mittel zu ihrer Erreichung angesehen wurde. Mag für den antiken Skeptiker gelten: »ce n'est pas l'épokè qu'il cherche, c'est l'ataraxie«[82] – Montaigne definiert die Ataraxie wie die epochē: als Stillstand des Urteils. Allerdings als einen paradoxen Stillstand, der aus der permanenten Erregung des menschlichen Empfindens resultiert, wenn nicht in ihr besteht: ›le mesme bransle‹.

Die Figur des Schwankens und Bebens aller Wahrnehmungs-, Denk- und Urteilsakte durchzittert Montaignes *Essais* (gerade auch die *Apolo-*

---

77 RICHARD HENRY POPKIN, The History of Scepticism from Erasmus to Spinoza (Berkeley/Los Angeles/London 1979), 19; vgl. CHARLES B. SCHMITT, The Rediscovery of Ancient Skepticism in Modern Times, in: M. Burnyeat (Hg.), The Skeptical Tradition (Berkeley/Los Angeles/London 1983), 225–251.
78 POPKIN (s. Anm. 77), 41, 43, 52, 150 u. ö.; vgl. ebd., 110 f.
79 MICHEL DE MONTAIGNE, Apologie de Raimond Sebond (1580), in: MONTAIGNE, Bd. 2 (1919), 225 (2, 12).
80 MONTAIGNE, C'est folie de rapporter le vray et le favx a nostre svffusance (1580), in: MONTAIGNE, Bd. 1 (1906), 234.
81 MONTAIGNE (s. Anm. 79), 227.
82 FRÉDÉRIC BRAHAMI, Le scepticisme de Montaigne (Paris 1997), 63; vgl. BRAHAMI, Le travail du scepticisme. Montaigne, Hume, Bayle (Paris 2001), 70.

gie[83]) so stark, daß sie ihr essayistisches Vorgehen und Verfaßtsein aus ihr begründen: »Le monde n'est qu'vne branloire perenne. Toutes choses y branlent sans cesse: [...] Ie ne peints pas l'estre. Ie peints le passage: non vn passage d'aage en autre, ou, comme dict le peuple, de sept en sept ans, mais de iour en iour, de minute en minute. [...] Si mon ame pouuoit prendre pied, ie ne m'essaierois pas, ie me resoudrois: elle est tousiours en apprentissage & en espreuue.«[84] Essais schreiben heißt, sich versuchen, sich ausprobieren in der verunsichernden Nähe zur schwindelerregenden Welt. Dieser tentative Gestus ist der der Montaigneschen epochē, einer skeptischen minutiösen Aufzeichnung des gerade Befundenen, das, trotz und aufgrund seines prekären und transitorischen Charakters, als nicht feststehen könnende Wahrheit im Notat festgehalten wird.

Der Essayist hat das Sokratische Wissen ums eigene Nicht-Wissen, die skeptische epochē und sein, Montaignes, eigenes Prinzip des zweifelnden Fragens enggeführt. Deutlich akzentuiert er am Begriff der epochē dessen Zugehörigkeit zur skeptischen Haltung der unablässigen Suche und dynamisiert dadurch das Moment des Stillstands bis zu dessen Umschlag ins Gegenteil: Stillstand als Unentwegtheit. Skeptische epochē wird zur Negation des ›arrêt‹, d. h. aller jener Aussageweisen, die sich anmaßen, über Wahrheit ein für allemal zu verfügen. So sind die Skeptiker die wahren Philosophen, weil sie aus Liebe zur Weisheit immer weiter suchen: »Il y a, disent ils, et urai et faus, et y a en nous dequoi le chercher, mais non pas dequoi l'arreter«[85]. Die Abfolge der philosophischen Dominanzen seit der Antike beweist, daß noch jedes System, das einmal in Geltung gestanden hat, schließlich diskreditiert worden ist. Montaigne sieht keinen Grund, diesen Wandel als einen Erkenntnisfortschritt auszugeben. Vielmehr verschmelzen bei ihm die Skepsis gegenüber den ›nouvelletés‹ (der New Science, der Neuen Welten sowie der neuen – lutherischen und calvinistischen – Glaubenslehren) mit der Skepsis gegenüber den antiken Überzeugungen. In Gang gekommen scheint ein Überholungs- und Entwertungsprozeß, der auch das gerade errungene neue Wissen immer schneller so gründlich außer Kurs setzen wird, wie es das ihm vorangegangene diskreditiert hat. Antik daran

scheint der Rückgriff auf die sokratisch-skeptischen Prinzipien des Nicht-Wissens, das über dem Wissen stehe, und der Zweifel, die das derzeit Evidente unweigerlich außer Geltung setzen werden.

Doch der Weg des in den _Essais_ begründeten Pyrrhonismus – Richard Henry Popkin nennt ihn »one of the crucial forces in the formation of modern thought«[86] – führte zunächst anderswohin: in die Kontroverstheologie, zur Emanzipation der New Science und zum Libertinismus. Pierre Charron und Jean-Pierre Camus verbreiteten in der ersten Hälfte des 17. Jh. den Pyrrhonismus Montaignescher Prägung als katholischen Fideismus, als Logik und Gebot einer Glaubensergebung im Angesicht unerreichbarer Vernunftgewißheit.[87] Unter Rücknahme der von Montaigne dynamisierten skeptischen Grundbegriffe rühmt der Libertin François De La Mothe Le Vayer die »excellente ἐποχή«[88] dafür, daß sie ihm das Seelenglück der Ataraxie bereite.

Zum heute meistbeachteten Skeptiker dieser Zeit wurde Pierre Gassendi. Des jungen Gassendi _Exercitationes paradoxicae adversus Aristoteleos_ (1624) rückten dem Wissenschafts- und Weisheitsbegriff der Aristoteliker auf pyrrhonistische Art zuleibe.[89] Das wissenschaftshistorisch Epochale an Gassendis Darlegung ist, daß er, wohl auch als Leser Bacons, Welterkenntnis auf das Feld der Erscheinungen (res apparentes) und Erfahrungen (experientiae) ver-

---

83 Vgl. MONTAIGNE (s. Anm. 79), 317, 358 f., 363 f., 366 f. u. ö.
84 MONTAIGNE, Dv repentir (1588), in: MONTAIGNE, Bd. 3 (1919), 20 f.
85 MONTAIGNE (s. Anm. 79), 231.
86 POPKIN (s. Anm. 77), 54.
87 Vgl. ebd., 55–65.
88 FRANÇOIS DE LA MOTHE LE VAYER, Cincq dialogues faites à l'imitation des Anciens [Dela philosophie sceptique, Dioalogues 60–61] (1630), zit. nach RUTH WHELAN, The Wisdom of Simonides: Bayle and La Mothe Le Vayer, in: Popkin/A. Vanderjagt (Hg.), Scepticism and Irreligion in the Seventeenth and Eighteenth Centuries (1990; Leiden/New York/Köln 1993), 252.
89 Vgl. PIERRE GASSENDI, Exercitationes paradoxicae adversus Aristoteleos (1624), in: Gassendi, Dissertations en forme de paradoxes contre les Aristotéliciens, lat.-fr., hg. u. übers. v. B. Rochot (Paris 1959), 439–441 (Buch 2).

weist.⁹⁰ Anders als bei Sextus ist sein Empirismus prä-szientifisch gefaßt, behält aber durch seine Betonung des Erscheinenden eine passivische Note.

In Gassendis posthum (1658) veröffentlichtem Hauptwerk, dem *Syntagma philosophicum*, findet sich der skeptische Impuls des jungen Antiaristotelikers aufgehoben zu einer Kasuistik epistemologischer Grenzziehungen, welche den empirisch erfaßten Phänomenen einen zwar eingeschränkten, aber zu szientifischer Erkenntnis genügenden Status einräumen.⁹¹ Gassendi zeigte, daß die Wahrheit der empirisch-experimentellen Naturwissenschaft vom skeptischen Zweifel unangetastet bleibt, solange sie ihren Wahrheitsanspruch unter Vorbehalt stellt. Diese Position weist auf Hume voraus.

Es entspricht Pierre Bayles Überzeugung, daß alle Überlieferung eine zu sichtende Ansammlung von Lügen und Mythologemen ist, wenn in seinem *Dictionnaire historique et critique* (1696/1697) das Wort ›époque‹ nicht als eines der Historie aufgegriffen wird, sondern eher als ein Instrument zur skeptisch-kritischen Entwertung der überlieferten positiven Dogmen. Zwar ist es kein bloßes Lippenbekenntnis, wenn Bayle versichert, eine Übersteigerung der »dix moyens de l'époque« hätte die antiken Pyrrhonisten in ein Labyrinth geführt, in dem sie sich in ihren eigenen »subtilités«⁹² verfangen hätten. Doch sind diese Subtilitäten für Bayle Ausdruck, Konsequenz und Kehrseite einer philosophischen Anstrengung, die dem menschlichen Geist Ehre macht: »Quand on est capable de bien comprendre tous les moyens de l'époque qui ont été exposés par Sextus Empiricus, on sent que cette logique est le plus grand effort de subtilité que

---

90 Vgl. ebd., 509–511; ebd., 503–507 u. ö.
91 Vgl. POPKIN (s. Anm. 77), 101–109, bes. 142–150; RALPH WALKER, Gassendi and Skepticism, in: Burnyeat (s. Anm. 77), 319–336.
92 PIERRE BAYLE, ›IIIe Éclaircissement‹, in: BAYLE, Bd. 15 (1820), 311; vgl. POPKIN/RICHARD A. WATSON/JAMES E. FORCE (Hg.), The High Road to Pyrrhonism (San Diego 1980); WHELAN, The Wisdom of Simonides, in: Popkin/Vanderjagt (s. Anm. 88), 230–253; BRAHAMI, Le travail du scepticisme (s. Anm. 82), 99–164.
93 BAYLE, ›Pyrrhon‹, in: BAYLE, Bd. 12 (1820), 106; ebd., 101; vgl. BRAHAMI, Le travail du scepticisme (s. Anm. 82), 120.
94 BAYLE (s. Anm 93), 101 f.

l'esprit humain ait pu faire«⁹³. Solche Auszeichnung charakterisiert das Tun des Skeptikers nicht nur als historische, sondern auch als allezeit kritische, daher beispielhafte Verstörung weltanschaulicher Doxai. Insofern daraus die Einsicht in die subjektive Begründung der opponierenden Lehren, mithin über-dogmatische Toleranz und Gewissensfreiheit abzuleiten wäre, ist Bayles Verständnis der Epoche sozial bestimmt und nicht, wie in der skeptischen und neoskeptischen Schule, eine exklusive Attitude.

Zudem hat Bayle die epoché der antiken Skeptiker mit der Philosophie des methodischen Zweifels enggeführt: mit den Lehren Descartes' und der seiner nächsten Gegner (Gassendi) und Nachfolger (Port Royal, Malebranche). So erfindet Bayle einen Disput zweier Abbés, von denen einer, als »bon philosophe«, schlankweg behauptet: »Arcésilas s'il revenait dans le monde, et s'il avait à combattre nos théologiens, serait mille fois plus terrible qu'il ne l'était aux dogmatiques de l'ancienne Grèce«⁹⁴, und sich dazu auf eine Konvergenz des Cartesianismus mit der antiken Skepsis beruft: »Je renonce« – so der hier von Bayle vorgeschobene freidenkerische Abbé – »aux avantages que la nouvelle philosophie vient de procurer aux pyrrhoniens. A peine connait-on dans nos écoles le nom de Sextus Empiricus; les moyens de l'époque qu'il a proposés si subtilement n'y étaient pas moins inconnus que la terre australe, lorsque Gassendi en a donné un abrégé qui nous a ouvert les yeux. Le cartésianisme a mis la dernière main à l'œuvre« (102). Das ist bescheiden gesagt, denn mindestens ebensosehr ist es hier Bayles schreibende Hand, die durch Erweiterung des cartesischen Prinzips des Zweifels und der cartesischen Einsicht in die Subjektivität der Wahrnehmungen die Basis der cartesischen Physik, den Lehrsatz von der Ausdehnung als Definiens der materiellen Welt, auszuhebeln ansetzt. Bayle entwickelt aus der jüngsten philosophischen Literatur die Lehre der in ihr nur unvollständig und implizit restituierten Skepsis: »que tous les moyens de l'époque qui renversent la réalité des qualités corporelles renversent la réalité de l'étendue. […] Les nouveaux philosophes, quoiqu'ils ne soient pas sceptiques, ont si bien compris les fondemens de l'époque par rapport aux sons, aux odeurs, au froid et au chaud, […] etc. qu'ils enseignent que toutes ces qualités sont des perceptions de notre âme, et qu'elles n'existent point dans les objets de nos sens. Pourquoi ne dirions-nous pas la même chose de l'étendue?«[95] Johann Christoph Gottsched hat die Ambivalenz, mit der Bayles *Dictionnaire* von den ›subtilités‹ der skeptischen Philosophie spricht, als zweischneidig empfunden und dieses Wort distanzierend mit »Spitzfindigkeit(en)«[96] übersetzt. Die Entsprechungen, die Gottsched für Bayles ›époque‹ verwendet, bekunden implizit, daß dieser philosophische Terminus im damaligen Deutsch weder geläufig war noch durch Gottsched dort angesiedelt werden sollte. Daher macht er den Prozeß der Einbürgerung der Vokabel – von der anderen Rheinseite aus – rückgängig, indem er Bayles Wendung von den ›moyens de l'époque‹ als »Mittel der ἐποχή«[97] wiedergibt. An zwei anderen Stellen spricht der Übersetzer statt dessen von den »Mitteln der Zurückhaltung« und den »Mitteln zur Ungewißheit«[98]. Dort schließlich, wo Bayle die ›époque‹ erwähnt, setzt Gottsched den »Zweifel« und das »Stillschweigen«[99] ein. Tendenziell hat er damit quietistisch beschwichtigt, was Bayle vermutlich als eine Haltung der diskursiven und moralischen Dynamik beschrieben hatte.

VI. Aufklärung: Die einzige Geschichte

Das Vorwort von Jacques Bénigne Bossuets *Discours sur l'histoire universelle à Monseigneur le Dauphin* (1681), überschrieben: ›Dessein général de cet ouvrage: sa division en trois parties‹[100], enthält eine praktische Rechtfertigung und Definition des Begriffs Epoche. Der Kleriker präpariert seinen universalgeschichtlichen *Discours* ad usum Delphini und betont dementsprechend den didaktischen Nutzen von Epochalisierungen. Wie in seinen Predigten und Trauerreden beherrscht und reflektiert er seinen Gegenstand als rhetorischen. Jeder ›honnête homme‹, so hebt der *Discours* an, müßte sich schämen, kenne er nicht »les changemens mémorables« der Geschichte. Damit sich aber die vielen Geschichten nicht im Geiste seines Schützlings verwirrten und die *eine* Universalgeschichte in ihnen erkennbar und überschaubar bleibe, scheint es

dem Autor, wie er dem Dauphin erklärt, vordringlich,»de vous représenter distinctement, mais en raccourci, toute la suite des siècles«[101]. Wie Scaliger, nur mit deutlichem pädagogischem Ton, beschreibt Bossuet die Epochen als Topoi (und damit auch die Topoi als Epochen), indem er spatiale Abmessungspunkte mit temporalen analogisiert:»de même que, pour aider sa mémoire dans la connoissance des lieux, on retient certaines villes principales, autour desquelles on place les autres, chacune selon sa distance: ainsi, dans l'ordre des siècles, il faut avoir certains temps marqués par quelque grand événement auquel on rapporte tout le reste. / C'est ce qui s'appelle ÉPOQUE, d'un mot grec qui signifie *s'arrêter*, parce qu'on s'arrête là, pour considérer comme d'un lieu de repos tout ce qui est arrivé devant ou après, et éviter par ce moyen les anachronismes, c'est-à-dire cette sorte d'erreur qui fait confondre les temps.«[102] Didaktisch-klarer geht es nicht: anschauliche Begründung, analogische Ableitung aus dem Einsichtigeren und Bekannten, sacht-mahnende Erinnerung an die Fehler, die mit dem zu lernenden Konzept vermieden werden, einprägende Rede vom Einprägenswerten, typographisch akzentuiert durch Hervorhebung der Schlüsselbegriffe.

Während Bossuets *Discours* noch einmal versuchte, die Universalgeschichte in ein den biblischen Prophetien abgelesenes Schema einzufügen, erwies nicht nur die chinesische Geschichte des Père Greslon, sondern die ganze chronologische

---

95 BAYLE, ›Zénon‹, in: BAYLE (s. Anm. 92), 44 f.
96 BAYLE, ›Pyrrho‹, in: Bayle, Historisches und Critisches Wörterbuch [...], übers. v. J. C. Gottsched u. a., Bd. 3 (Leipzig 1743), 749, 746; BAYLE, ›Character der Pyrrhonier‹, in: ebd., Bd. 4 (Leipzig 1744), 640.
97 BAYLE, ›Character der Pyrrhonier‹, in: ebd., Bd. 4, 640; BAYLE, ›Carneades‹, in: ebd., Bd. 2 (Leipzig 1742), 61.
98 BAYLE (s. Anm. 96), 749, 746.
99 BAYLE, ›Arcesilaus‹, in: ebd., Bd. 1 (Leipzig 1741), 288; BAYLE, ›Carneades‹, in: ebd., Bd. 2 (Leipzig 1742), 61.
100 JACQUES BÉNIGNE BOSSUET, Discours sur l'histoire universelle à Monseigneur le Dauphin (1681), in: Bossuet, Œuvres complètes, hg. v. F. Lachat, Bd. 24 (Paris 1864), 260.
101 Ebd., 261.
102 Ebd., 262.

Literatur des 17. Jh. die Schwierigkeit der ihr gestellten Aufgabe, die nunmehr entdeckten ältesten Überlieferungen aus Ägypten und China mit der christlichen Zeitrechnung kompatibel zu machen.[103] Dabei wird sich, zum Beispiel in Fontenelles *De l'origine des fables* (1724), der griechisch-römische Begriff des Altertums raumzeitlich so sehr entgrenzen, daß er seine eurozentrische Klassizität verliert.[104] Was Werner Krauss als die für die Geschichtsauffassung des 18. Jh. grundlegende »Liquidation der klassisch-humanistischen Geschichtskonzeption«[105] beschrieben und durch die Kritik an der individualpsychologisch-höfisch ausgerichteten historischen Novellistik des Abbé de Saint-Réal belegt hat[106], stabilisierte sich ab den späten 1680er Jahren durch die ›Querelle‹ und das neue, traditionale Vorgaben und Gebote sprengende Selbstbewußtsein, das die ›modernes‹ in ihr geltend machten.

Indem der frühaufklärerische »Bruch mit den als Vorurteile entlarvten Überlieferungen [...] erst die Zuwendung der Aufklärung zu ihrer geschichtlichen Sendung und damit den Anbruch einer geschichtlichen Selbsterkenntnis [ermöglichte]«[107], spezifiziert und konstituiert sich diese Aufklärung als die erste Epoche, die in einem säkularen Sinn »geschichtliches Selbstbewußtsein und echtes Geschichtsverständnis«[108] verknüpft. Erstmals versteht sich damit eine Epoche der europäischen Geschichte welthistorisch, d. h. nicht, wie im 10., 12. und 16. Jh., als Endzeit in einem Heilsgeschehen, sondern als Phase des Aufbruchs in einen gestaltbar-offenen, progressiv vorgestellten Horizont – den sich die ›Äternisten‹ um Nicolas Fréret als einen von ewiger Weltdauer vorstellten.[109]

Ein Hauptzeuge der neuen, das Kollektivsingular Menschheit zum Subjekt einsetzenden Geschichtsauffassung, ist François Cartaud de la Villate, der Autor eines *Essai historique et philosophique sur le goût* (1736). Cartaud fokussiert nämlich »auf die typischen Einstellungen der Epochen, auf die Errungenschaften der Allgemeinheit, auf die anonymen Leistungen der geschichtemachenden Gemeinschaft«[110] Das impliziert Abkehr von der Dynastie- und Hofgeschichte, von der Geschichte hervorgehobener Einzelakteure und privilegierter Staatsaktionen und statt dessen Zuwendung zu einer (sehr von fern der ›histoire des mentalités‹ sich nähernden) »Geschichte der menschlichen Sensibilität«: »Zum erstenmal war die Innenseite der Geschichte zur Geltung gekommen.«[111] Cartauds Geschichte des Geschmacks verbindet die sensualistische Ästhetik Du Bos'scher Prägung mit dem Geschichtsbild des dritten Standes, und zwar vor allem im Medium eines literarhistorischen Abrisses.[112]

Der *Essai* strukturiert die von ihm durchlaufene Kulturgeschichte der Menschheit vom Alten Ägypten bis zum Frankreich des frühen 18. Jh. nach Etappen, die nicht einfach einander ablösende Epochen sind, sondern eine gewisse Logik und Typik ihrer Aufeinanderfolge und – über Zeitsprünge hinweg sich einstellenden – Parallelität haben. Cartaud folgt hier der Methode Fontenelles, der aus den frühzeitlichen Dokumenten Chinas, Ägyptens und des archaischen Griechenlands eine »innere Einheit des archaischen Stils« (89) entwickelt hatte und César Chesneau du Marsais im *Essai sur les préjugés* (1750) die »innere Stileinheit aller bisher durchlebten und erlittenen Perioden der Geschichte« (97) entdecken lassen wird. Zwar bezeichnet Cartaud sein für die Aufklärung charakteristisches Verfahren, eine demythologisierende Ursprungserzählung freizulegen als eines des »remonter jusqu'à la première époque des dévelo-

---

103 Vgl. WERNER KRAUSS, Der Jahrhundertbegriff im 18. Jahrhundert. Geschichte und Geschichtlichkeit in der französischen Aufklärung, in: Krauss, Das wissenschaftliche Werk, hg. v. W. Bahner/M. Naumann/H. Scheel, Bd. 2 (Berlin/Weimar 1987), 47; vgl. KRAUSS, Cartaud de la Villate und die Entstehung des geschichtlichen Weltbildes in der Frühaufklärung, in: ebd., Bd. 1 (Berlin/Weimar 1991), 80 f.
104 Vgl. KRAUSS, Cartaud de la Villate und die Entstehung (s. Anm. 103), 89.
105 KRAUSS, Der Jahrhundertbegriff (s. Anm. 103), 46; vgl. KRAUSS, Cartaud de la Villate und die Entstehung (s. Anm. 103), 74.
106 Vgl. KRAUSS, Der Jahrhundertbegriff (s. Anm. 103), 46 f.
107 KRAUSS, Der Jahrhundertbegriff (s. Anm. 103), 44; vgl. ebd. 26.
108 Ebd., 46.
109 Vgl. ebd., 49.
110 KRAUSS, Cartaud de la Villate und die Entstehung (s. Anm 103), 109, 100.
111 Ebd., 106.
112 Vgl. ebd., 103, 100.

pemens de l'esprit humain«[113]. Doch distanziert er sich sogleich vom üblichen Gebrauch des Begriffs ›époque‹. Die aus der mythischen Überlieferung ableitbaren Epochen seien »si flottantes«[114], aber auch die von den modernen Gelehrten festgesetzten scheinen unglaubwürdig, da die Verfahren der Chronologen an derselben Arbitrarität kranken wie die der antiken naiven Himmelsbeobachter: »la chronologie, c'est une science où l'on fixe les époques comme les anciens fixoient le lever du Soleil sur les eaux de l'Océan«. Der epochen-bestimmenden neueren Chronologie wird die Herkunft ihrer Termini aus der alten Astronomie angekreidet, die ihrerseits einem mythischen Weltbild (vom weltumfließenden Okeanos) verhaftet scheint. Spöttisch diskreditiert er die Argumente von Petavius, Scaliger u. a. »quand ils se traitent réciproquement de visionaires, et prennent la liberté de se donner le démenti sur la même époque« (204).

Tatsächlich sind die von Cartaud skizzierten Epochen, dem Geschichtsbild dieses Autors wie dem Gegenstand seiner Schrift folgend, eher Stile, Zustände, Stadien der menschlichen Geschmacksgeschichte. Das Philosophische des *Essais* besteht wesentlich darin, daß Cartaud diese Epochen nicht nur narrativ addiert, sondern auch deduziert, analysiert, rubriziert. Vom Menschen am Beginn aller Gesellschaftsentwicklung schreibt er: »Quelqu'en soit l'époque, dans cet état il étoit au-dessus des bienséances et de l'opinion.« (205) Allerdings ist Cartaud weit davon entfernt, diesen Urzustand prä-rousseauistisch zu verklären. Am glücklichsten sind die Menschen »quand il sçavent faire concourir leur industrie à des secours mutuels« und nicht »épars dans les campagnes« in den »tems éloignés du siècle d'or« (322). Cartauds Entzauberung des Mythischen – hier des Mythos vom Goldenen Zeitalter – äußert sich terminologisch in einer sowohl laxen wie konsequenten Durchmischung der Ausdrücke ›siècle‹ und ›époque‹, die sich aneinander neutralisieren, als neutralisierte neu, schwächer, stilgeschichtlich gefüllt werden. Gerade die im 18. Jh. aufkommende Äquivokation von ›siècle‹ und ›Regierungszeit‹ verweigert Cartaud, wenn er definiert: »le Régne d'Auguste fut l'époque du beau langage« (243). Die Wendung vom »génie du siècle« (254) dagegen weist in eine andere Richtung, indem sie der deutschen Debatte um 1800 expandierende Rede vom Zeitgeist vorbereitet. Das im Renaissancismus des 19. Jh. als prototypische Epoche gefeierte 16. Jh. gilt hier als grobungebildet: »ce siécle imbécille« (249). Bevorzugt bindet Cartaud seine Jahrhundertzuweisungen an bekannte Namen (Terenz, Quintilian, Augustin, Ronsard)[115], Epochenzuweisungen an spezifizierende Abstracta (Epochen der Tyrannei, der Züchtigkeit, des Ruhms).[116] Das Perikleische Zeitalter nennt er in einem Atemzug »ce siécle si éclairé, [...] cette époque de la gloire d'Athénes« (217). Im aufgeklärten Jahrhundert hat das klassische Griechenland sah der Autor das seine gespiegelt. Henri IV, die repräsentative Figur der später verklärten französischen Renaissance, hätte sich »dans un siécle plus éclairé« (326) nicht zu Bluttaten erniedrigen (also dem Konfessionskonflikt Tribut zollen) müssen. Kein Zweifel, daß Cartaud damit das Jahrhundert-Zeitalter meint, das er zuvor als »notre siécle« für sich und seine Mitstreiter reklamiert hatte.

Die *Scienza Nuova* des Giambattista Vico gilt als »Die Grundlegung des geschichtsphilosophischen Epochenbegriffs«[117]. Mit Epochen im engsten Wortsinne kann Vico indessen aus dreierlei Gründen nichts anfangen. Erstens interessieren ihn Epochen mehr im (noch nicht durchgesetzten) Sinn von Zeiträumen denn im (traditionellen) von Zeitschwellen, zweitens sind die von ihm bezeichneten Wende- und Umschlagpunkte der Geschichte nicht durchweg ereignishaft-augenblickliche, sondern eher allmähliche Übergänge, und drittens teilt er den durch die christliche Dogmatik eingeführten Grundsatz der Irreversibilität und Einmaligkeit epochenbestimmender (heilsrelevanter) Ereignisse nur bedingt, übernimmt ihn jedenfalls

---

113 FRANÇOIS CARTAUD DE LA VILLATE, Essai historique et philosophique sur le goût (1736), in: Krauss (Hg.), Cartaud de la Villate. Ein Beitrag zur Entstehung des geschichtlichen Weltbildes in der französischen Frühaufklärung, Bd. 1 (Berlin 1960) 203.
114 Ebd., 204.
115 Vgl. ebd., 231, 239, 246, 252 u. ö.
116 Vgl. ebd., 209, 212, 217 u. ö.
117 BURKHART STEINWACHS, Epochenbewußtsein und Kunsterfahrung. Studien zur geschichtsphilosophischen Ästhetik an der Wende vom 18. zum 19. Jahrhundert in Frankreich und Deutschland (München 1986), 27.

nicht in seine Binnengliederung des Geschichtsverlaufs.

Vicos Bedeutung für die Zeitaltertheorien der Poesie muß man in drei Momenten begründet sehen: »in seinem Begriff der Epoche als synchroner Interdependenz aller Lebensbereiche; [...] in seiner Theorie der diachronen Abfolge dreier Evolutionsschritte und [...] in seiner Historisierung des Poetischen«[118]. Poesie, verstehend-schöpferisches und daher verstehbares schaffendes Vermögen, steht bei Vico am Anfang aller menschlichen Institutionen. Daher gibt es für ihn, wie nachher für die deutschen Frühromantiker, eine poetische Physik so gut wie eine poetische Astronomie, Geographie und Chronologie – eine Chronologie übrigens, die Vico zur Einsetzung eines chronologischen Kanons berechtigt (»stabiliamo questo canone cronologico«[119]), mit dem er die Kalkulationen von Scaliger, Petavius und Zunftgenossen außer Kraft setzt. Das archaisch-poetische Moment wirkt in allen folgenden Entwicklungen der Diskurse, Prozeduren und Disziplinen fort. Gleichwohl haben solche Entwicklungen distinkte Stadien. In jedem herrscht ein alle Bereiche der gleichzeitigen Kultur durchziehender ›Epochenstil‹.[120] Dieses Konzept weist voraus auf die Zeitdiagnostik um 1800 und auf die historistische Stilgeschichte des 19. Jh. Auerbach entwickelte es aus Vicos Begriff eines ›senso comune‹, dessen Aufgabe es sei, »die Einheit der jeweiligen Epochen, den ›Geist der Zeiten‹ zu integrieren«[121].

Die stileinheitlichen Stadien folgen aufeinander nach dem »Schema der zyklischen Wiederkehr der drei Zeitalter«[122]. Den Zeitaltern der Götter, der Heroen und schließlich der Menschen entsprechen dreierlei Herrschaftsformen (die theokratische, die aristokratische und die republikanische oder monarchische) und dreierlei (heilige, symbolische und profane) Sprachen und Schriften. Der Lauf (›corso‹) ihrer Abfolge bezeichnet jedoch keinen Fortschritt, da er zugleich retrograd ist, eine Rückkehr zu neuer Barbarei impliziert und schließlich in eine solche umschlägt – wodurch der ›corso‹ zum ›ricorso‹ wird. Zwar ist mit dem Heilsgeschehen am Kreuz diesem iterativen Prozeß sein Ziel, in einen christlichen ›mondo civile‹ zu münden, vorgegeben, doch überzeichnet Vico diese Linie durch die Kreisbewegung seiner corsi und ricorsi. Daraus resultiert die merkwürdige Kompromißform einer »zivilen Theologie«[123], die alle Geschichte sowohl als menschliche Tat wie als providentielle Steuerung und göttliches Geschehenlassen versteht. Dennoch läßt der vichianische Blick auf primordiale Zeiten die biblische hinter den Homerischen Welt verschwinden. Selbst dort, wo Vico die moderne (im Sinn von: nach-heidnische) Zeit beschreibt, »sagt er nichts über Jesus Christus als den Wendepunkt der Weltgeschichte«[124]. Nicht nur übergeht er damit die Augustinische aetates-Lehre, er leugnet (wenn auch e silentio) die epochale Bedeutung der Inkarnation. Statt dessen betreibt (und begründet) er mit der Konstruktion eines heroischen Zeitalters, das er aus seiner Homer-Lektüre entwickelt, eine »ästhetische Wissenschaft im Bann des geschichtlichen Bewußtseins«[125].

Das Elusive der *Scienza Nuova* zeigt sich allerdings auch daran, daß sie einen stabilen Begriff des Zeitalters verweigert. Gerade weil Vicos Zeitalter wiederkehrende sind, tendieren sie zu Typen. Ihnen fehlt das Singuläre der späteren Stilgeschichten. Vico statuiert eine »storia ideale eterna«[126]. Zwar betreibt auch er eine »Individuation der Epochen [...], aber er faßt den Charakter einer jeden konsequent nur als bestimmte Stufe eines immer wiederkehrenden Entwicklungsganges«[127]. Auerbachs Vico-Übersetzung von 1924 hat diese Doppelbestimmung als Verlauf einerseits, als Strukturmoment andererseits zu fassen versucht, indem sie von »drei Typen von Zeitepochen« und »eigent-

---

118 STEINWACHS (s. Anm. 117), 30.
119 GIAMBATTISTA VICO, Principj di una Scienza Nuova d'intorno alla comune natura delle nazioni (1725; ³1744), in: Vico, Tutte le Opere, Bd. 1, hg. v. F. Flora (Mailand/Verona 1957), 377 (2, 12).
120 Vgl. STEINWACHS (s. Anm. 117), 31.
121 ERICH AUERBACH, Vico und der Volksgeist (1955), in: Auerbach, Gesammelte Aufsätze zur romanischen Philologie (Bern/München 1967), 247; vgl. STEINWACHS (s. Anm. 117), 32.
122 STEINWACHS (s. Anm. 117), 43; vgl. LÖWITH (s. Anm. 11), 124–128.
123 LÖWITH (s. Anm. 11), 123; vgl. ebd., 128.
124 Ebd., 122.
125 STEPHAN OTTO, Giambattista Vico. Grundzüge seiner Philosophie (Stuttgart u.a. 1989), 111.
126 VICO (s. Anm. 119), 105; vgl. AUERBACH (s. Anm 121), 245f.
127 AUERBACH (s. Anm. 121), 246.

lichen Zeittypen« spricht, wo im italienischen Original von »tre sètte di tempi« und »sètte proprie«[128] die Rede ist. Entsprechen hier die Zeitepochen den ›tempi‹, so umfaßt die deutsche Vokabel im so überschriebenen Kapitel auch die ganze Wendung ›setta de' tempi‹. Aus Vicos »Ed è l'ultima setta de' tempi della giurisprudenza romana« wird bei Auerbach: »Dies ist die letzte Epoche der römischen Jurisprudenz«[129]. Diese Übersetzung hat ihr Recht daran, daß in diesen (aus Vico abzuleitenden, wenngleich bei ihm unter diesem Titel nicht begegnenden) Epochenbegriff das Moment des Typischen eingegangen ist.

Dort, wo Zeitalter nicht immer auch Theorie, Typik und Typologie des Zeitalters meint, verwendet Vico das Wort ›età‹. Auch dieses ist hier, durchaus im Sinne der in der *Scienza Nuova* entwickelten Drei-Stufen-Lehre, in erster Linie ein ästhetisch-poetisches Konstrukt. Vico zufolge stellt seine neue Wissenschaft »ein System des natürlichen Rechts auf, das [...] durch die drei Zeitalter hindurch fortschreitet, die nach der Überlieferung der Ägypter während der ganzen vor ihnen abgelaufenen Weltzeit aufeinander gefolgt sind« (un sistema del diritto natural [...] che procede [...] per le tre età che gli egizi ci lasciaron detto aver camminato per tutto il tempo del mondo corso loro dinanzi)[130]. Die Raffinesse dieser Stelle liegt darin, daß Vico hier beiläufig und im unscheinbaren Modus des Partizips seinen Schlüsselbegriff des ›corso‹ einführt und zugleich seiner Auffassung der Zeitalter die höchstmögliche und denkbar dunkel-erhabene Anciennität verschafft. Die drei Zeitalter, »das Zeitalter der Götter [...], das Zeitalter der Heroen [...], das [...] Zeitalter der Menschen« (l'età degli dèi; [...] l'età degli eroi; [...] l'età degli uomini)[131] leiten sich her aus der Vorzeit der altägyptischen Theokratie.

Auerbach übersetzt »età« konsequent mit »Zeitalter«[132], beschränkt den Terminus der Epoche auf den gedrängten, fast den jüngsten Zustand bezeichnenden Moment der »ultime circostanze de' fatti«, die bei ihm »die Verhältnisse dieser letzten Epoche«[133] sind. Für die bisherigen Mißverständnisse über die Anfangszeiten der Menschheit macht Vico den unbewußten Anachronismus der Gelehrten verantwortlich, der »da' loro tempi illuminati, colti e magnifici« ausgegangen seien. Bei

Auerbach heißt es, sie hätten von »ihrer eigenen erleuchteten, gebildeten und großartigen Epoche aus«[134] geurteilt. Das kann nicht Vicos Begriff sein, mußte es auch nicht sein, eben weil er fixe Begriffe meidet und durch die Dynamik von und in Begriffsfeldern (età, setta, tempi, secolo) aufsprengt bzw. ersetzt.

Der Göttinger Historiker Johann Christoph Gatterer hat in seiner *Einleitung in die synchronistische Universalhistorie* (1771) abermals den didaktisch-rhetorischen Strukturierungswert von Epochalisierungen angeführt, welche bei ihm indes, anders als noch bei Bossuet, von theologischen Rücksichten freigestellt sind. Die Dominanz der französischen Theoriesprache bezeugend, spricht Gatterer von Epoquen, bietet aber sogleich eine deutsche Übersetzung für dieses Wort an: »Ich bringe die ganze Universalhistorie unter vier *Epoquen*. Man muß der Ruhepunkte nicht zuviel machen«[135]. Epochen sind für Gatterer sowohl (rhetorisch) memorabel wie (ästhetisch-gemäldehaft) anschaulich: »Zu Epoquen muß man nur die Begebenheiten, welche in jeder Art Geschichte die merkwürdigsten sind, in der Universalhistorie also die allermerkwürdigsten, das ist, diejenigen, deren Einfluß in das Ganze am größten ist, auswählen.«[136] Dieses gemäß der Größe seines Gegenstands, der Universalgeschichte, verschärfte Kriterium führt den Historiker darauf, sie in vier

---

128 VICO (s. Anm. 119), 478 (4, 11); dt.: Die neue Wissenschaft über die gemeinschaftliche Natur der Völker, übers. v. E. Auerbach (München 1924), 367, 368.
129 Ebd., 478; dt. 367.
130 VICO (s. Anm. 119), 28 (›Idea dell'opera‹); dt.: Prinzipien einer neuen Wissenschaft über die gemeinsame Natur der Völker, übers. v. V. Hösle/C. Jermann, Bd. 1 (Hamburg 1990), 29.
131 Ebd., 45 (1, 1); dt. (Hösle) 49.
132 Ebd., 28, 32; dt. (Auerbach) 64f., 68.
133 Ebd., 34; dt. (Auerbach) 70.
134 Ebd., 80 (1, 2); dt. (Auerbach) 75.
135 JOHANN CHRISTOPH GATTERER, Einleitung in die synchronistische Universalhistorie: zur Erläuterung seiner synchronistischen Tabellen, Bd. 2 (Göttingen 1771), 3 f.; vgl. KOSELLECK, ›Neuzeit‹. Zur Semantik moderner Bewegungsbegriffe (1977), in: Koselleck (s. Anm. 64), 317f.
136 GATTERER (s. Anm. 135), 4.

Epochen aufzuteilen: die Schöpfung der Welt, den Ursprung der Nationen im Jahre der Welt 1809, die Völkerwanderung im 5. Jh. und Columbus' Amerika-Landung von 1492.[137] Erstaunlicher noch als die säkulare Überspringung von Christi Geburt und Passion ist hierbei die Korrelierung und Begründung jeder dieser vier Epochen mit einer jeweils »eigenen Gattung von *Erkenntnisquellen der historischen Wahrheit*, von welcher man dem Zeitalter selbst, zur Erleichterung des Gedächtnisses, einen *Beynamen* geben kann.« (4) Das erste Zeitalter sei das der historischen Notmittel und Profanskribenten, das zweite das der biblischen und klassischen Geschichtsschreiber, das dritte das der Urkundenschreiber und Chronisten, das vierte schließlich das der ›Aesthetiker‹ (Stilhistoriker), Kritiker und Pragmatisten.[138]

Sein panoramatisches Tableau der Universalgeschichte verdeckt Gatterer allerdings sogleich mit kleinteiligeren alternativen Gruppierungen. Offensichtlich ist ihnen aufgegeben, die wichtigsten Aspekte, die durch die vier Epochen nicht berücksichtigt werden konnten, nachzutragen. So unterteilt er die Geschichte auch in eine (Synchronizität zulassende) Sequenz von acht herrschenden Nationen, die einen Teil der alten vier Reiche in sich aufnimmt.[139] Und gleich darauf handelt er »von den 12 größern Weltbegebenheiten, die in den Specialgeschichten Epoquen machen«. Hier erläutert Gatterer die Abstufung, die er durch die Unterscheidung zwischen merkwürdigsten und allermerkwürdigsten Begebenheiten eingeführt hatte. Sie entspricht der zwischen einer Universal- und den vielen Spezialgeschichten: »Unter dem Namen der größern *Weltbegebenheiten* verstehe ich diejenigen, die in den Specialgeschichten von der Wichtigkeit sind, daß man sie zu Epoquen gebrauchen kann. Ich [...] beschreibe sie hier kürzlich, weil sie nebst dem, was bisher von den 4 Epoquen der Universalhistorie und von den 8 herrschenden Nationen gesagt worden ist, dazu dienen, daß man sich zum voraus die ganze Universalhistorie, wie in einem allgemeinen Gemählde, vorstellen kann« (23).

Der Rest dieses Kapitels ist eine Hauptquelle für die im damaligen Deutsch zu beobachtende allmähliche Verbreitung der Rede vom Epochenmachen.[140] Beides jedoch, die Epochen der Spezialgeschichten wie das, was sie zu solchen Epochen gemacht haben soll, treten hier nicht großspurig, sondern genau eine Nummer kleiner auf als die Zeitalter der Universalgeschichte. Der Sinn seiner Rede vom ›Epoque machen‹ changiert zwischen der Zuweisung von Bedeutsamkeit und der Feststellung sachlicher Gliederbarkeit, (behauptbarer) Einheitlichkeit, d. h. der Kontiguität bzw. Abgrenzbarkeit von Zeitabschnitten. Daß Christi Geburt unter die zwölf Weltbegebenheiten zu zählen sei, zwingt Gatterer zu der ungewöhnlich konfessionellen Begründung: Er tue das, weil die christliche Religion »erstlich eine der 4 Hauptreligionen ist, deren Ursprung folglich eine Epoque in der Religionsgeschichte macht: zweitens weil sie die anständigsten und heilsamsten Begriffe von Gott und vom Gottesdienst unter die Menschen [...] brachte« (27). Viel strukturaler verbindet er die Entwicklung des Buchdrucks mit der türkischen Eroberung Konstantinopels, die viele griechische Gelehrte zur Flucht nach Italien zwang: »Diese beyden Begebenheiten machen eine Epoque in der Gelehrten= und Kunstgeschichte« (31).

Die schematische Zuordnung solcher Weltbegebenheiten zu den vier universalhistorischen Epochen bestätigt (und schwächt) noch einmal deren Syntheseleistung. Daten des Heilsgeschehens oder jedenfalls, aufklärerisch, der Religionsgeschichte, stehen hier neben solchen der Technik- und Kulturgeschichte (Entwicklung des Ackerbaus, der Viehzucht, der schönen Künste), der Außenpolitik (Bündnischarakter des europäischen Staatensystems seit dem 16. Jh.) und der intellektuellen Geschichte (»Neue Philosophie, im 17ten und 18ten Jahrhundert [33]: Kopernikus, Francis Bacon, Descartes, Leibniz, Newton und Christian Wolff), kurz der Diskurse. Gatterers Universalgeschichte, ihr Wechseln zwischen Unifikations- und Diversifikationsverfahren kann so als paradigmatisch gelten für jene Singularisierung der (einen) Geschichte, die Koselleck als wesentlichen Konzeptionsschub in der deutschen Geschichtswissenschaft

---

137 Vgl. ebd.
138 Vgl. ebd., 10f.
139 Vgl. ebd., 11–22.
140 Vgl. ebd., 23, 27, 29, 30, 31, 34.

ab Mitte des 18. Jh. herausgearbeitet hat.[141] Für die Epochalisierung bedeutet das, daß die meisten Epochenmarkierungen, die sich aus Sicht der (Spezial-) Geschichten anbieten, bei der Vereinheitlichung zur Geschichte eingeschmolzen werden, sich allerdings unterhalb dieser abstraktesten Ebene als gemachte und zu machende wieder in Erinnerung bringen.

Buffons *Époques de la nature* (1779) haben in mindestens dreierlei Hinsicht Epoche gemacht. Sie halfen, den Begriff Epoche sowohl durchzusetzen wie bevorzugt auf Zeiträume statt Zeitraumgrenzen zu beziehen. Und sie popularisierten seine Anwendung auf die Naturgeschichte. Seine Epochen und sein Epochenbegriff vermitteln zwischen (Konzepten von) Konstanz und Veränderung der Natur. Sie meinen Zeiträume eher als Zeitgrenzen, bezeichnen aber zugleich die Übergänge zwischen Zeiträumen: »en l'observant de prés [la nature – d. Verf.], on s'apercevra […] qu'enfin, autant elle paroît fixe dans son tout, autant elle est variable dans chacune de ses parties; & si nous l'embrassons dans toute son étendue, nous ne pourrons douter qu'elle ne soit aujourd'hui trés-différente de ce qu'elle étoit au commencement & de ce qu'elle est devenue dans la succession des temps: ce sont ces changemens divers que nous appelons ses époques.«[142] Daß diese Veränderungen bei der naturhistorischen Darstellung im Begriff der Epochen zusammengedrängt und dramatisiert werden, begründet Buffon mit dessen Strukturierungsleistung für die Disposition und Didaxe seiner Lehre. Übersichtlich und anschaulich wird diese erst dort, wo sie aus ›âges‹ – eben ›époques‹, aus längstens unmerklichen Verschiebungen spektakulär abgesteckte Etappen macht: »Comme dans l'Histoire civile, on consulte les titres, on recherche les médailles, on déchiffre les inscriptions antiques, pour déterminer les époques des révolutions humaines, & constater les dates des évènemens moraux: de même, dans l'Histoire Naturelle, il faut fouiller les archives du monde, tirer des entrailles de la terre les vieux monuments, recueillir leurs débris, & ressembler en un corps de preuves tous les indices des changemens physiques qui peuvent nous faire remonter aux différens âges de la Nature. C'est le seul moyer de fixer quelques points dans l'immensité de l'espace, & de placer un certain nombre de pierres numéraires sur la route éternelle du temps. Le passé est comme la distance; notre vue y décroît, & s'y perdroit de même, si l'Histoire & la Chronologie n'eussent placé des fanaux, des flambaux aux points les plus obscurs«[143].

Buffons Epochenbegriff behauptet sich hier zwischen denjenigen Bossuets einerseits, Vicos andererseits. Mit jenem teilt er den Sinn für den pädagogischen Nutzen der Epocheneinteilung, mit dieser die Tendenz zur Säkularisation tiefer Vergangenheitsräume, die er allerdings nicht kultur-, sondern naturgeschichtlich erschließt. Wenn Buffon nach einem ersten Durchgang durch seine geogonischen Epochen auf den Unterschied seiner Naturgeschichte zur zivilen Geschichte zurückkommt, betont er die folgenreiche Umstellung dieses Terminus, der nun, seinem hier vorgestellten neuen Gegenstand gemäß, statt eines momenthaften Zeitpunkts die Periode einer gewissen Dauer anzeigen soll. Die heutige Verwendung des Worts zeichnet sich ab: »voilà six époques dans la succession des premiers âges de la Nature; six espaces de durée, dont les limites quoiqu'indéterminées, n'en sont pas moins réelles; car ces époques ne sont pas comme celles de l'Histoire civile, marquées par des points fixes, ou limitées par des siécles & d'autres portions du temps que nous puissions compter & mesurer exactement; néanmoins nous pouvons les comparer entr'elles, en évaluer la durée relative, & rappeler à chacune de ces périodes de durée, d'autres monumens & d'autres faits qui nous indiqueront des dates contemporaines, & peut-être aussi quelques époques intermédiaires & subséquentes.«[144]

Der italienische Naturforscher Alberto Fortis veröffentlichte 1786 eine Broschüre, die Buffons Theorie an der Unhaltbarkeit ihrer Periodisierungen (»insussistenza di cotali divisioni e sistemi«[145])

---

141 Vgl. KOSELLECK, ›Geschichte, Historie‹, in: KOSELLECK, Bd. 2 (1975), 647–653.
142 BUFFON, Époques de la Nature, in: Buffon, Histoire naturelle générale et particulière, Bd. 6 (Paris 1779), 3.
143 Ebd., 1 f.
144 Ebd., 28.
145 ALBERTO FORTIS, Delle ossa d'elefanti e d'altre curiosità naturali de' monti di Romagnano nel Veronese […] (Vicenza 1786), 14.

zu entkräften strebt. Dem Autor der *Époques* konzediert sie zwar, daß er die Liebhaber der Eloquenz und der Poesie auf seiner Seite und aus der Naturgeschichte ein Modethema gemacht habe.[146] Als strenger Wissenschaftler, der hier Buffons Ideen prüft, sieht sich Fortis aber geneigt, »di non credere ammissibili l'Epoche del Sig. Co: di Buffon« (78). Zum harschen Schluß zückt der Italiener noch ein »fatto, che [...] distrugge le gratuite asserzioni su le quali il Conte di Buffon ha creduto di stabilire la sua Poetica Ipotesi, e le sue seducenti *Epoche della Natura*.« (83) Nicht ihre Abweichung vom theologischen, sondern ihre Einpassung in den höfischaristokratischen Diskurs (donjuanesker Wohlredenheit) gereicht dem Grafen Buffon hier zum Makel. Poetische Hypothesen- und verführerische Epochenbildung sind parallelisiert und also gleichermaßen zu meiden. Das ist der Tenor nicht nur des Italieners.

Immerhin jedoch hatten in Johann Reinhold Forsters Rezension der *Époques* die drei generischen Modi des Buffonschen Buches: der schöne Ausdruck, die systematische Anlage und der hypothetische Zugriff noch eine wechselseitige Verstärkung seines literarischen und wissenschaftlichen Werts garantiert. In einem »wunderschönen Roman«[147] fand er eine »uns neuscheinende schöne Hypothese« (153), die glücklich mit der impliziten Lehre der skythischen Mythen übereinstimme. In seltsamer Verklammerung einer klassizistischen mit der deutschen Ästhetik der 1770er Jahre schien ihm der kosmogonische Romancier gar »ein Genie der ersten Grösse« (153 f.).

Georg Forster, der Sohn Johann Reinholds, hatte dagegen in den Ersten gehört, die Buffons Werk abfällig als Roman bezeichneten.[148] Bei der Übersetzung seines Titels schwankt der Kritiker noch auf eine für das damalige Deutsch charakteristische Weise zwischen französischer und deutscher Orthographie und Intonation. Mal spricht er von den »dummen Epoques«[149], mal schlichtweg von »Buffon's *Epochen*«[150]. Somit belegt gerade auch der Sprachgebrauch des *Époques*-Verächters, wie dieses Buch den deutschen Ausdruck Epochen gebräuchlicher zu machen half. Im Jahre 1787 aber beruft sich Forster bereits wie selbstverständlich – freilich, da er hier Fortis' Broschüre referiert, mit den schon bekannten Vorbehalten – auf »die Epochen des Hrn. von Buffon«[151].

Bei der Verbreitung dieses deutschen Worts half die Übersetzung des Buffonschen Werks. Anonym 1781 erschienen, übersetzt sie Buffons Titelbegriff pünktlich und terminologisch streng mit ›Epochen‹. Sie ist darin so konsequent, daß sie Zeit(alter) und Epoche, Begriffe, die zunehmend austauschbar werden sollten, getrennt hält als Übersetzungen von ›âge‹ einerseits, ›époque‹ andererseits.[152] So macht sie aus Buffons oben zitiertem Satz: »voilà six époques dans la succession des premiers âges de la Nature; six espaces de durée« die Wendung: »dies sind *die sechs Epochen* in den ersten Zeitaltern der Natur; sechs Perioden der Dauer«[153].

Und doch hat Buffon im deutschsprachigen Raum weder den Epochenbegriff ganz einheimisch machen noch ihn an das Gebiet der Naturgeschichte und Geologie/Geogonie binden können. Die Anthropozentrik der deutschen Aufklärung und Klassik verglich die Zeugnisse der Erdvergangenheit gern mit »einem verloschenen Gemählde [...] oder jenen Überbleibseln alter Denkmäler, deren ausgewitterte, in unbekannten Charakteren geschriebene Aufschriften

---

146 Vgl. ebd., 70 f.
147 JOHANN REINHOLD FORSTER an Georg Christoph Lichtenberg. Ueber Büffins Epochen der Natur (20. 10. 1779), in: Göttingisches Magazin der Wissenschaften und Litteratur 1 (1780), 1. Stück, 140.
148 Vgl. GEORG FORSTER an Joseph Banks (27. 6. 1779), in: G. Forster, Werke. Sämtliche Schriften, Tagebücher, Briefe, Bd. 13 (Berlin 1978), 211; vgl. WOLF LEPENIES, Georg Forster als Anthropologe und Schriftsteller, in: Lepenies, Autoren und Wissenschaftler im 18. Jahrhundert. Buffon, Linné, Winckelmann, Georg Forster, Erasmus Darwin (München/Wien 1988), 134.
149 G. FORSTER an Johann Karl Philipp Spener (30. 6. 1779), in: Forster (s. Anm. 148), 213.
150 G. FORSTER an J. R. Forster (24. 10. 1779), in: ebd., 250.
151 G. FORSTER, [Rez.] Alberto Fortis, Delle ossa ... (1787), in: ebd., Bd. 11 (Berlin ²1992), 111; vgl. G. FORSTER, Cook, der Entdecker (1789), in: Forster (s. Anm. 148), Bd. 5 (Berlin 1985), 195.
152 Vgl. BUFFON (s. Anm. 142), 1, 27; dt.: Epochen der Natur, übers. v. J. F. Hackmann, Bd. 1 (St. Petersburg 1781), 3, 43.
153 BUFFON (s. Anm. 142), 28; dt. 45.

VII. Genie der Goethezeit. Deutsche Epochenkonzepte 1760–1810

den Scharfsinn der Alterthumsforscher peinigen«[154]. Mit resignativer Einsicht in die bleibende Anziehungskraft der hierdurch angeregten Hypothesen und Mystifikationen folgert Wieland:»Die Dichter waren hier in ihrem wahren Elemente« (92).

Als Diskurs, der für die Einteilung dieser ungeheuren Vergangenheit zuständig ist, bestimmt der selbstkritische Romancier die Chronologie – und namentlich, wenngleich mit Einwänden gegen ihre Resultate – die Chronologie Joseph Scaligers.[155] Die Thesen und Verfahren dieser Disziplin populärwissenschaftlich referierend, listet Wieland die »Haupt-Epochen« der Erd- und Menschheitsgeschichte auf, nicht ohne dem seltsamen Terminus eine Fußnote anzuhängen, die nachdrücklich zu Protokoll gibt, wie fremd er der deutschen Sprache von 1785/1786 noch ist:»Das Wort Epoche, oder, wie es gewöhnlicher ausgesprochen wird, *Epoke*, ist ein in die meisten Europäischen Sprachen aufgenommenes griechisches Wort, und wird in zweyfachem Sinne gebraucht: nehmlich bald für einen merkwürdigen *Zeitpunkt* (dahin die Redensart *Epoke machen* gehört) bald für den *Zeitraum*, der zwischen zwey merkwürdigen Zeitpunkten verflossen ist.« In der auffälligen Wiederholung des Attributs ›merkwürdig‹ verzeichnet Wieland nicht nur den traditionellen didaktischmnemotechnischen Wert des Begriffs, sondern auch dessen Unvertrautheit – jedenfalls für die Leserschaft der *Allgemeinen Damenbibliothek*, in der sein Aufsatz erschien. Er relativiert hier den Terminus, indem er ihn nämlich erstens, wie zitiert, erläutert, zweitens herunterbricht und synonymisiert (wenn er auf »sechs kleinere Epoken oder Zeitläuffe« (93) zu sprechen kommt) und drittens orthographisch-phonetisch unscharf hält, indem er seine französische Prägung betont durch die Schreibung ›Epoke‹, die er (oder auch sein Setzer) wiederum mit den Varianten ›Epoche‹ und ›Epocke‹ abwechseln läßt.[156] Als wolle er Wieland kommentieren, vermerkt Adelung, der die Vokabel wenig später ganz traditionell chronologischkalendarisch definiert, über deren Verwendung in der seinerzeitigen deutschen Schriftsprache: »Wenn einige das Wort Epōke schreiben und sprechen, so geschiehet das nach dem Franz. Epoque.«[157]

VII. Genie der Goethezeit. Deutsche Epochenkonzepte 1760–1810

Wielands Bemerkung zeigt, wie lange das Wort Epoche dem deutschen Diskurs fremd geblieben war. Zedlers einschlägiger Lexikonartikel von 1732 bietet kaum mehr als einen Abgleich von 25 verschiedenen Zählungen der geschichtlichen Zeit und bezeugt so das Verharren des Worts in der Sphäre der lateinischen Gelehrtensprache. ›Epocha‹ heißt Zedlers Stichwort, nicht anders als schon bei Schottelius, der es 1663 als Übersetzung aus dem Griechischen eingeführt hatte. Verdeutscht und häufiger genutzt wird die Vokabel erst im letzten Drittel des 18. Jh. Ihre Verwendung ist zentriert um die Verbmetapher des ›Epochemachens‹, eine Nachbildung des französischen Ausdrucks ›faire époque‹. Diese Vorstellung ist Ausdruck wie Produkt der Genieästhetik. So rekapitulieren die Literaturbriefe von 1765 die Frage,»ob derjenige allein den Namen eines Genies verdient, der eine Epoche macht, d. i. der eine Kunst oder Wissenschaft zu ihrer Vollkommenheit bringt«[158]. Allerdings verhindert gerade die Bindung der Genievorstellung ans Geschichtsträchtige, daß solche Genies auf die Sphäre der Schönen Künste beschränkt bleiben. Gedacht sind sie hier als Entsprechungen der englischen ›man of genius‹, zu denen Newton mit gleichem Recht gehörte wie Shakespeare. Mit skeptischer Zurückhaltung gegenüber dem Geltungsanspruch des französischen Geschmacks hat dann Lessing von der Voltaireschen *Semiramis* be-

---

154 CHRISTOPH MARTIN WIELAND, Das Nöthigste von der Chronologie (1786), in: WIELAND, Abt. I, Bd. 23 (1969), 91 f.
155 Vgl. ebd., 93, 97 u. 99 f.
156 Vgl. ebd., 91–101.
157 ›Epóche‹ in: ADELUNG, Bd. I (²1793), 1846.
158 FRIEDRICH GABRIEL RESEWITZ, Philosophische Abhandlung von Genie, in: Briefe, die neueste Litteratur betreffend, Theil 22 (Berlin/Stettin 1765), 43 (317. Brief, 14. 3. 1765); vgl. WILHELM FELDMANN, Modewörter des 18. Jahrhunderts II, in: Zeitschrift für Deutsche Wortforschung 6 (1904/1905), 316; WILFRIED BARNER, Über das Negieren von Tradition. Zur Typologie literaturprogrammatischer Epochenwenden in Deutschland, in: R. Herzog/R. Koselleck (Hg.), Epochenschwelle und Epochenbewußtsein (München 1987), 8.

richtet, das Stück habe auf der dortigen Bühne »gewissermaaßen Epoche«[159] gemacht.

Implizit sind die deutschen Epochenspekulationen Erkundungen des eigenen nationalkulturellhistorischen und historischen Standorts und Stellenwerts. Diese Rückbindung – auch Provinzialisierung – erscheint als Vorbild wie Gegenpol der Wendung, mit der Goethe den Begriff Epoche, der bei ihm fast neunhundertmal belegt ist[160], den Dimensionen seiner Biographie einfügt. Epoche entsteht für Goethe durch Literatur und ist in allem Epischen impliziert, so daß sie überall ins Spiel kommt, wo der Schriftsteller schreibt und erzählt.

Daher kann er Anfang 1789 in einer der *Odyssee* nachgestellten Zeichnung Carraccis »die verschiednen Epochen des Gedichtes«[161] (nämlich des Homerischen Epos) wiederfinden. Und daher preist sein Sonett *Epoche* die »Ankunft«[162] seiner geliebten Herrin, also eine sinnliche Überbietung und Umkehrung sowohl des christlichen Advents wie auch der petrarkistischen Sublimation von Liebe zur irdischen Versagung.

Solche Subjektivierung des historischen Epochenbegriffs ist zugleich eine Objektivierung der eigenen Biographie. Im Maße, wie sich Goethe selbst historisch wurde und er zu den literarischen Erscheinungen seiner eigenen Jugend den Abstand eines Historikers oder gar Geologen einhielt, bezeichnete er seine eigene literarische Vorgeschichte und Mitwelt als Epoche(n). Goethes Reduktion des Epochenbegriffs ist auto-biographisch, d. h. individuell und literarisch. Identifikation von Welt- und Lebensgeschichte, von Biographie und Poesie ist der Plan von *Dichtung und Wahrheit*. Hier um-

reißt Goethe das Feld, in dem er sich als Autobiograph behauptet: »Die literarische Epoche, in der ich geboren bin, entwickelte sich aus der vorhergehenden durch Widerspruch.«[163] Durch solchen Widerspruch bestreitet Goethe, im Abstand von 40 Jahren noch einmal im Namen des jungen *Werther*-Autors sprechend, den bis dato erschienenen deutschen Schriften einen Anspruch auf nationalliterarischen Rang. Doch dient dieser heterogene Einheitszustand zugleich als Kontrastfolie der ihn ereignishaft überragenden glücklichen Einzelprodukte: so daß »schon in dieser Epoche genialische Werke entsprangen« (72 f).

Goethe identifiziert die seinerzeitige Opposition charakterlos-fader Kultur und epochal-genialer Individualleistungen mit dem eigenen Frühwerk und gesteht, im Umgang mit Gleichgesinnten sei ihm bewußt worden, »daß der erste Schritt, um aus der wässerigen, weitschweifigen, ›nullen Epoche‹ sich herauszuretten, nur durch Bestimmtheit, Präcision und Kürze gethan werden könne« (88). Mit der paradox-grellen »Antihyperbel«[164] von der ›nullen Epoche‹ hat er sich die Basis seiner schriftstellerischen Laufbahn erschrieben: Traditionslosigkeit, die es ihm auferlegte und erlaubte, sich selbst und damit Epoche und damit die Epoche zu seiner eigenen zu machen.

Im 12. Buch von *Dichtung und Wahrheit* wird Goethe auf die literarische Fronde dieser Jahre zurückkommen. Hiernach war sie rücksichtslos – was auch heißt: ohne Reflexion und historische Kenntnisse, und anmaßend – was auch heißt: selbstbewußt-produktiv: »aus diesem Nehmen und Geben, welches […], ohne irgend einen theoretischen Leitstern, von so viel Jünglingen […] ohne Rücksichten getrieben wurde, entsprang jene berühmte, berufene und verrufene Literarepoche, in welcher eine Masse junger genialer Männer, mit aller Muthigkeit und aller Anmaßung, […] hervorbrachen, durch Anwendung ihrer Kräfte manche Freude, manches Gute, durch den Mißbrauch derselben manchen Verdruß und manches Übel stifteten«[165]. Das Historische ist hier ästhetisiert, die Zeit der Literarhistorie naturalisiert zur Jahreszeit, die Zugehörigkeit des Schreibers zu diesem Literatur-Mai wiederum historisiert. Politisch-kulturelle Entwicklung, innere und publizistische Biographie haften aneinander. Wenn Goethe von Epochen der

---

159 GOTTHOLD EPHRAIM LESSING, Hamburgische Dramaturgie (1767/1768), in: LESSING (LACHMANN), Bd. 9 (1893), 225.
160 Vgl. ELKE UMBACH, ›Epoche‹, in: Goethe-Wörterbuch, Bd. 3/1 (Stuttgart/Berlin/Köln 1998), 222–226.
161 JOHANN WOLFGANG GOETHE an J. F. Meyer (Ende Januar 1789), in: GOETHE (WA), Abt. 4, Bd. 9 (1891), 73.
162 GOETHE, Epoche (entst. 1807/1808, ersch. 1827), in: GOETHE (WA) Abt. 1, Bd. 2 (1888), 18.
163 GOETHE, Dichtung und Wahrheit (1811–1833), in: GOETHE (WA), Abt. 1, Bd. 27 (1889), 72.
164 BARNER (s. Anm. 158), 9.
165 GOETHE (s. Anm. 163), Abt. 1, Bd. 28 (1890), 117.

deutschen Geschichte spricht, unterteilt er sie nach den Resultaten ihrer Verwertung im eigenen literarischen Schaffen. Zwischen alter (Ritter-) und neuer (empfindsamer Duodez-) Zeit liegt dann nicht mehr als das eine Jahr zwischen 1773 und 1774. Was den Autor damals anregte, »war die ältere Epoche, in welche das Leben Götzens von Berlichingen fällt, und die neuere, deren unglückliche Blüthe im Werther geschildert ist«[166].

Daß Goethes Bindung seiner Jugendzeit an einen Nullzustand topisch bleiben sollte, zeigt einer seiner Briefe aus dem Jahre 1826. Um sich und seinem Korrespondenten ein Urteil über die jüngere deutsche Malerei zu ersparen, schützt er eine Inkompetenz vor, die ihm aus den ungünstig-kargen Umständen seiner ästhetischen Sozialisation geblieben sein sollte: »Bedenken Sie, daß in meiner Kindheit und Jugend Malerey und Bildhauerkunst in Deutschland fast null waren und daß über Frankreich die Epoche der Boucher's, Watteau's and Lancret waltete«[167]. Im eigenen Land gab es demnach so gut wie keine Kunst und im kulturhegemonialen Nachbarland eine nichtige, die die Deutschen leider zum Vorbild nehmen mochten. Ob Goethe, wenn er von der Kunstepoche seiner Jugend spricht, die Literatur betrachtet oder die Malerei und Bildhauerei – jedesmal erfindet er einen Nullzustand, von dem sich der spätere Dichterfürst abstoßen und abheben kann: als Begründer der deutschen Dichtung und Wiedererweckung antiker Kunst.

VIII. Zeitdiagnostik nach 1789: Erneuerte ›Querelle‹ und historisierte Revolution

Goethes Verfahren, den Begriff der Epoche am Paradigma der eigenen Lebens-, Lektüre- und Schreiberfahrung auszurichten, implizierte einen Einspruch gegen die Vielzahl von historischen Ereignissen und geschichtsphilosophischen Deutungen, welche die Französische Revolution ausgelöst hatte. Goethe ist in diesen Chor erst spät eingetreten, dann aber mit entschiedenem Anspruch. In der 1822 erschienenen *Campagne in Frankreich* zitiert er, was er am Abend der Kanonade von Valmy einer Schar von Kriegern der alliierten antirevolutionären Armee gesagt haben will: »Von hier und heute geht eine neue Epoche der Weltgeschichte aus, und ihr könnt sagen, ihr seid dabei gewesen.«[168]

Goethe verwendet den Begriff hier griechisch-skeptisch. Epochal ist die Kanonade, weil sie unentschieden endete, die Konfliktparteien als gleichstarke erwies. Gemessen an der voreiligen Zuversicht der deutschen Truppen, die mit den französischen bald fertig zu werden glaubten, war dieser Ausgang überraschend. Daher ist dieses Epochal-Unentschiedene zugleich ein Epochal-Neues, entstanden nach dem neuen Rekrutierungsprinzip der Gleichheit (der ›levée en masse‹). Die politische Gleichheit, die sich in der Kanonade bewährte, hat Goethe auf ein Gleichheitsmaß naturaler wie historischer Zeit abgebildet – oder abgebildet gefunden. Im Jahr darauf hätten preußische Offiziere bei der Belagerung von Mainz respektvoll »seiner vormaligen Weissagung« – vom 19./20. September 1792 – gedacht: »Wunderbar genug sah man diese Prophezeiung nicht etwa dem allgemeinen Sinn, sondern dem besonderen Buchstaben nach genau erfüllt, indem die Franzosen ihren Kalender von diesen Tagen an datiren.«[169] Goethes Dictum koinzidierte mit der Selbstinterpretation der Revolution, die am 21. September die Monarchie abgeschafft und die republikanische Zeitzählung eingeführt hatte. Es paßte ideal zur revolutionären Identifikation von Natur, Vernunft und Egalität, daß der Wechsel zum demokratischen System genau am Tag der herbstlichen Tagundnachtgleiche eingeläutet wurde. Zu seiner Zeiterkenntnis befähigt den Autor Goethe, daß er sich im historisch-politischen Getümmel epochē-haft skeptisch verhält, weil nämlich vor der Geschichte

---

166 Ebd., 149.
167 GOETHE, Konzept eines Briefes an Carl Friedrich Philipp von Martius (18. 2. 1826), in: G. KURSCHEIDT/N. OELLERS/E. RICHTER, Sechs unbekannte Briefe Goethes, in: Goethe-Jahrbuch, Bd. 119 (Weimar 2002), 196.
168 GOETHE, Campagne in Frankreich (1822), in: GOETHE (WA), Abt. 1, Bd. 33 (1898), 75; vgl. GOETHE an C. v. Knebel (27. 9. 1792), Abt. 4, Bd. 10 (1892), 26.
169 GOETHE, Belagerung von Mainz (1822), in: GOETHE (WA), Abt. 1, Bd. 33 (1892), 275.

»der Dichter [...] seiner Natur nach unparteiisch sein und bleiben muß«[170].

Während Goethe den Epochenbegriff zugleich privat- und naturgeschichtlich faßte, war dieser schon in das geschichtsphilosophische Denken integriert worden. Der passive Beobachterstatus, in dem sich die deutschen Zeitgenossen der Französischen Revolution fixiert fanden, begründete ab den 1790er Jahren eine Serie von Reflexionen über den Richtungssinn, die Sequenzierung und Typisierung der Geschichte. Enttäuschung und Ermüdung angesichts des Revolutionsverlaufs, dann auch der vielen seitherigen Zeitenwechsel lassen 1802 einen anonymen deutschen Autor notieren, die Wendung vom Epochemachen sei eines der Schlagwörter der neuesten Zeit. Die Epoche ist an der Zeit. Zeitgeist, Geist der Zeit werden zu Modevokabeln, und sowie sich ein gewisser Abstand zur Revolution einstellte, rivalisierten literarische, publizistische und geschichtsphilosophische Zeitdiagnostik um die Bestimmung des Zeitgemäßen. Die Frage nach dem Charakter der 1789 beendeten alten und angebrochenen neuen Zeit verhandelte Klopstock in einem Gedicht, das zuerst unter dem Titel *Die Epoken* (1793/1794) erschien, später mit *Die Denkzeiten* überschrieben wurde.[171] Empört über die Terreur beklagt Klopstock den logisch-zeitlichen Hiat zwischen kosmopolitischer Rede und gewaltsamer Tat.

Für viele Autoren bis zu Heine mit seinem Wort vom Ende der Kunstperiode ist Zeitdiagnostik eine Frage der Ästhetik. So für den Schiller der ästhetischen Schriften und den Friedrich Schlegel des Aufsatzes *Über das Studium der griechischen Poesie* (1795–1797). Sie fragen nicht nur nach Stilcharakter, Funktion und Perspektive zeitgenössischer Kunstproduktion, sondern erkennen auch an der Abfolge der (dialektisch interferierenden) Stiltypen (naiv-sentimentalisch, klassisch-romantisch) die Signatur vergangener, gegenwärtiger und kommender Epochen. Ihre Bestimmung jetziger und künftiger ästhetischer Wirkung liest sich als Wiederaufnahme der französischen ›Querelle‹ unter verändertem Blickwinkel.[172] Nicht der Glanz des ›siècle classique‹, sondern der Umschlag des philosophischen Jahrhunderts in die Französische Revolution, nicht die kulturelle Legitimation, sondern die konstitutionelle Abschaffung der Bourbonenherrschaft grundiert diese Debatten. Die seit den 1680er Jahren verhandelte Frage nach der Überbietbarkeit der antiken Kultur wird reformuliert als Problem der Dynamik und Korrelation von Epochen der Kunst einerseits, der Gesellschaft andererseits sowie der stimmigen Rekonstruktion ihrer Verläufe.[173]

Im *Studium*-Aufsatz erscheint Schlegel als ein Streiter, der nicht mehr, wie in der ersten ›Querelle‹, die moderne Naturwissenschaft emanzipieren, sondern vor Augen führen will, was der »modernen Poesie«, »der Poesie unsres Zeitalters fehlt«[174]. Schlegel erklärt solches Manko aus dem Abstand der modernen zur alten Poesie und Kunst. Er bestimmt für jede dieser beiden Zeitwelten ihre spezifischen Prinzipien, beschreibt die jeweilige innere Logik ihrer Entwicklung und sucht sie mit der Idee einer einheitlichen Geschichte zu vermitteln.[175] Bevorzugtes Objekt, Medium und Subjekt der Schlegelschen Epochentypologien ist dabei die Poesie – Poesie als Inbegriff von Reflexion, Kunst, tätiger Einbildungskraft. Die markanteste Stelle, an der Schlegel diesen Terminus verwendet, heißt bezeichnenderweise ›Epochen der Dichtkunst‹ und ist Teil des *Gesprächs über die Poesie* (1800). Schlegels Epochen sind Epochen der dichterischen Formgeschichte, von Formen, die stil- und zeitcharakteristisch waren und in wechselnden Verläufen quer zu den kanonischen Sequenzierungen und Kategorisierungen der Literargeschichte wie der Gattungspoetik verlaufen. Formpräferenzen bezeichnen die Zeit, nicht umgekehrt. So ist im Hellenismus das

---

170 GOETHE, Campagne in Frankreich (s. Anm. 168), 269.
171 Vgl. FRIEDRICH KLOPSTOCK, Die Denkzeiten (1793/1794), in: Klopstock, Werke, hg. v. R. Hamel, Bd. 3 (Berlin/Stuttgart 1883), 189–191.
172 Vgl. HANS ROBERT JAUSS, Schlegels und Schillers Replik auf die ›Querelle des Anciens et des Modernes‹, in: Jauß, Literaturgeschichte als Provokation (Frankfurt a. M. ³1973), 67–106; MARKUS WINKLER, La dinstinction entre les modernes et les anciens chez Constant, Schiller et Frédéric Schlegel, in: Études de lettres [Lausanne] 4 (1981), H. 4, 59–84.
173 Vgl. STEINWACHS (s. Anm. 117), 158.
174 FRIEDRICH SCHLEGEL, Über das Studium der griechischen Poesie (1795–1797), in: SCHLEGEL (KFSA), Bd. 1 (1979), 217.
175 Vgl. STEINWACHS (s. Anm. 117), 100f.

Idyllion »eine eigentümliche Form dieses Zeitalters«[176]. Statt einer stolzen Monumental- bieten Schlegels Epochen eine hochbewegliche kritische Kunstgeschichte, die in wechselnden Tempi bald ganze Jahrhunderte überspringt, bald in einigen Shakespeareschen Dramen eine distinkte »letzte Epoche« (301) dieses Autors ausmacht. Die Digression endet damit, daß Schlegel seinen Zeitgenossen Goethe zu einem Klassiker der romantischen Poesie, zum Inbegriff aller vergangenen und Muster aller künftigen Kunstepochen aufstellt: »Goethes Universalität gab einen milden Widerschein von der Poesie fast aller Nationen und Zeitalter; [...] Es fehlt nichts, als daß die Deutschen [...] dem Vorbilde folgen, was Goethe aufgestellt hat« (302 f.).

Die Fortentwicklung, auf die Schlegel das ästhetische Denken seiner Zeit zutreiben zu wollen scheint, ist jedoch weder einfach steuerbar noch einfach verständlich. Zumal mit der Vorstellung einer quasi eigendynamischen Bildung hat er »dem Bildungsbegriff die Last der Vermittlung des historisch-systematischen Zusammenhangs der Epochen«[177] aufgebürdet. Auch das frühromantische Projekt, der eigenen Zeit den Stempel aufzudrükken – das erste, künftige Avantgarden vorprägende Beispiel einer Kunstbewegung, die sich und ihre Gegenwart programmatisch selbst benennt – weicht gegen 1800 einer Mischung aus Irritation und Resignation. Was bei Schlegel blieb, war das Streben, das Jetzt dadurch zu verändern, daß er seine epochale Herleitung und Bestimmung disponibel hält durch ein »ständiges Ummodeln von Epochenmodellen und Experimentieren mit Periodenreihen«[178].

Wie Friedrich Schlegel wird Kant sich gegen 1800 am einschüchternden Glauben an die Klassizität der Antike abarbeiten und im Kontext der zweiten, deutschen ›Querelle‹ am einnehmenden »Vorurtheil des *Alterthums*« das allgemeine »*Vorurtheil des Ansehens des Zeitalters*«[179] exemplifizieren. Ebensogut kennt er Epoche als Terminus der Zeitrechnungslehre, warnt jedoch vor einer »bedenklichen Zahlen-Kabbala in Ansehung der wichtigsten Epochen der heiligen Chronologie«, durch die manche »mystische Epoche«[180] hervorgerechnet werde. Den weltlichen Epochen scheint er eine gewisse Rationalität zuzuerkennen[181], nennt Scaliger jedoch als prototypischen Polyhistor, der nicht, wie Newton und Leibniz, »der Mann« sei, »in Allem Epoche zu machen, was er unternimmt«[182]. Der Schwerpunkt von Kants Verwendung des Begriffs Epoche lag aber in der Naturgeschichte. Wie ein Zitat des Buffonschen Titels wirkt seine Rede von der oder jener »Epoche der Natur«[183]. Gemeint sind die Etappen der kosmisch-tellurischen Geschichte. Wo Kant das Wort auf die Geschichte des einzelnen Menschen, einzelner Völker oder der Menschheit überträgt, hält es Verbindung zu seiner naturgeschichtlichen Herkunft. Zumal in der Menschheitsgeschichte sieht er sowohl einen Teil, ein Analogon wie ein symmetrisches Gegenüber der natürlichen. Die »menschliche Natur« sei fähig zur teilnehmenden Antizipation, weshalb sie »selbst in Ansehung der allerentferntesten Epoche, die unsere Gattung treffen soll, nicht gleichgültig zu sein«[184] vermöge. Dem einzelnen Menschenleben schreibe Kants Anthropologie drei Zeitalter zu, in denen es Geschicklichkeit, Klugheit und endlich Weisheit erlange.

Kants Zeitalter-Definition ist wesentlich eine Umpolung des ›siècle philosophique‹ vom Pariserischen ins Preußische. »Unser Zeitalter«, heißt es in der Vorrede zur *Kritik der reinen Vernunft*, »ist das eigentliche Zeitalter der Kritik«[185]. Die von Kant vertretene kritische Philosophie ist das bestimmte und bestimmende definitorische Zentrum der Gegenwart, »in diesem philosophischen und kriti-

176 SCHLEGEL, Gespräch über die Poesie (1800), in: SCHLEGEL (KFSA), Bd. 2 (1967), 294.
177 STEINWACHS (s. Anm. 117), 106.
178 Ebd., 111.
179 IMMANUEL KANT, Logik (1800), in: KANT (AA), Bd. 9 (1923), 79.
180 KANT, Streit der Facultäten (1798), in: KANT (AA), Bd. 7 (1907), 62.
181 Vgl. KANT, Kritik der reinen Vernunft (²1787), in: KANT (AA), Bd. 3 (1904), 545.
182 KANT, Anthropologie in pragmatischer Hinsicht (1798), in: KANT (AA), Bd. 7 (1907), 226.
183 KANT (s. Anm. 181), 326; vgl. KANT (s. Anm. 182), 327.
184 KANT, Idee zu einer allgemeinen Geschichte in weltbürgerlicher Absicht (1784), in: KANT (AA), Bd. 8 (1912), 27.
185 KANT, Kritik der reinen Vernunft (1781), in: KANT (AA), Bd. 4 (1903), 9; vgl. KANT (s. Anm. 179), 33.

schen Zeitalter«[186]. Zwischen diesen Aussagen aus seiner ersten und zweiten Kritik ist Kant in *Beantwortung der Frage: Was ist Aufklärung?* noch deutlicher geworden: »Leben wir jetzt in einem *aufgeklärten* Zeitalter? [...] Nein, aber wohl in einem Zeitalter der *Aufklärung*. [...] dieses Zeitalter [ist] das Zeitalter der Aufklärung, oder das Jahrhundert *Friederichs*.«[187] Musterhaft bezeugt diese Bestimmung sowohl die Interferenz der Termini Jahrhundert und Epoche/Zeitalter wie Kants Bemühung, die Mitte seines Zeitalters ideengeographisch von West- nach Nordosteuropa zu verschieben – und zwar namentlich, wenn schon nicht zu dem Königsberger Philosophen selbst, so zu dessen König. Die Charakterisierung des »denkenden Zeitalters«[188] hat bei Kant allemal regulativen Sinn. Das sich immer mehr aufklärende, kritische, denkende zu werden, ist jedenfalls der »Beruf dieses Zeitalters«[189].

Die griffigsten Epochenbestimmungen Kants finden sich in seinen Schriften zur Französischen Revolution. Kant hat eine davon, den *Streit der Facultäten* (1789), Carl Friedrich Stäudlin gewidmet, dessen *Geschichte und Geist des Skeptizismus* (1794)

---

186 KANT, Kritik der praktischen Vernunft (1788), in: KANT (AA), Bd. 5 (1908), 14.
187 KANT, Beantwortung der Frage: Was ist Aufklärung? (1784), in: KANT (AA), Bd. 8 (1912), 40; vgl. CLAUDIA SCHRÖDER, ›Siècle de Frédéric II‹ und ›Zeitalter der Aufklärung‹. Epochenbegriffe im geschichtlichen Selbstverständnis der Aufklärung (Berlin 2002).
188 KANT, Prolegomena zu einer jeden künftigen Metaphysik (1783), in: KANT (AA), Bd. 4 (1903), 380.
189 KANT, Recension von Gottlieb Hufeland's Versuch über den Grundsatz des Naturrechts (1786), in: KANT (AA), Bd. 8 (1912), 130.
190 Vgl. CARL FRIEDRICH STÄUDLIN, Geschichte und Geist des Skepticismus vorzüglich in Rücksicht auf Moral und Religion, Bd. 1 (1794), 6f., 9 u. ö.; POPKIN, Some Thoughts about Stäudlin's ›History and Spirit of Skepticism‹, in: J. van der Zande/Popkin (Hg.), The Skeptical Tradition around 1800. Skepticism in Philosophy, Science, and Society (Dordrecht/London 1998), 339–342.
191 Vgl. KANT (s. Anm. 181), 21f.
192 KANT (s. Anm. 179), 31.
193 JOHANN GOTTLIEB FICHTE, Die Grundzüge des gegenwärtigen Zeitalters (1806), hg. v. A. Diemer (Hamburg ⁴1978), 20; vgl. ebd., 144.
194 Ebd., 21.
195 Vgl. ebd., 75, 79f., 83, 131f., 128f. u. ö.

---

den Königsberger Philosophen freisprach von der Komplizenschaft mit einem Vulgärskeptizismus, der Ratlosigkeit und Amoralität anzuempfehlen scheine. Stäudlin setzt Kant auch von der in Hume kulminierenden neueren Skepsis ab und betont dagegen das Konstruktive seiner Erkenntniskritik wie das Bindende seiner Ethik. Während er die antike epochē terminologisch konsequent mit ›Zurückhaltung‹ übersetzt[190], bestätigt er Kants Positionierung der Kritik in der stabilen Mitte zwischen den traditionellen Antagonisten Skeptizismus und Dogmatismus.[191] Dankbar ist Kant dieser Darstellung seiner Philosophie gefolgt, indem er die epochē wie Stäudlin übersetzte und dabei zugleich die ganze antike Skepsis historisierte: »Fängt man die Epoche der antiken Skepsis mit dem Pyrrho an, so bekommt man eine ganze Schule von Skeptikern, die [...] es zur obersten Maxime alles philosophischen Vernunftgebrauchs machten: auch selbst bei dem größten Scheine der Wahrheit sein Urtheil zurückzuhalten«[192].

Den Moment, an dem der deutsche Idealismus demonstrativ, laut und mit exoterischer Prätention auf das Forum der Zeitdiagnostik hinaustritt, markieren Fichtes *Grundzüge des gegenwärtigen Zeitalters* (1806). In diesen Vorträgen ist das Zeitalter sowohl philosophischer Term wie allegorischer Akteur. Für Fichte liegt der Geschichte ein Plan zugrunde. Dieser will, »daß die Gattung [...] sich zum reinen Abdruck der Vernunft ausbilde«, und er »zerteilt sich in fünf Hauptepochen«[193]. Hauptaugenmerk der Fichteschen Schrift ist die Charakterisierung der Gegenwart. Der Philosoph bestimmt sie als die dritte der fünf Epochen und befindet, sie sei »das Zeitalter der absoluten Gleichgültigkeit gegen alle Wahrheit, und der völligen Ungebundenheit ohne eigenen Leitfaden: der Stand der vollendeten Sündhaftigkeit«[194]. Indes ist an der Bestimmung nicht festzuhalten. Fichtes erste Zeitdiagnose eröffnet eine Reihe immer neuer Definitionen der Gegenwart als des Zeitalters der leeren Wissenschaftlichkeit, des spöttischen Witzes, der Vielschreiberei, einer neuen Schwärmerei, des vertriebenen Aberglaubens und der verfehlten wahren Religion.[195]

Obwohl alle seinerzeitigen Zeitdiagnosen, und zumal Fichtes folgende Teilrevision der *Grundzüge* in seinen *Reden an die deutsche Nation* (1808), in der

Nachbarschaft von Hegels *Phänomenologie* (1807) und ihres Anspruchs, Philosophie sei ihre Zeit in Gedanken gefaßt, stehen, scheint der Berliner Geschichtsphilosoph selbst die Begriffe des Zeitalters und der Epoche zu meiden. In den abschließenden Paragraphen seiner Rechtsphilosophie nennt er 1820 die Weltgeschichte »die aus dem *Begriffe* nur seiner Freiheit [der des Geistes – d. Verf.] nothwendige Entwickelung der *Momente* der Vernunft«[196]. Als Verlaufsbeschreibung bevorzugt er die Rede von den immer höhersteigenden »Stufen der Entwickelung« (449 [§ 346]), nämlich eben der geistig-geschichtlichen. Diese Idee wird nach dem Muster alter Translationstheorien gefaßt und strukturiert die Geschichte nach Epochen: »Dem Volke, dem solches Moment als *natürliches* Princip zukommt, ist die Vollstreckung desselben [...] übertragen. Dieses Volk ist in der Weltgeschichte, für diese Epoche – *und es kann* [...] in ihr nur Einmal Epoche machen, das Herrschende.« (449 [§ 347]) Aus dem Epochenbegriff der Genieästhetik, der das Genie als Epochemachendes definierte, wird der einer Weltgeschichte, die einen Reigen abwechselnd dominanter Volksgeister darstellt. Zugleich ist auch Hegels Translationsidee, wie bei Daniel und in der mittelalterlichen Danielauslegung, in vier Reiche gegliedert, die auf pauschale Weise dem behaupteten ethnischen Charakter der Epochensequenz entsprechen.

Das orientalische, das griechische, das römische und das germanische Reich[197] bestimmen, nunmehr zu Welten umbenannt, den vierteiligen Aufbau seiner *Vorlesungen über die Philosophie der Geschichte* (1837). Sie schließen mit einer epochalen Würdigung der Französischen Revolution: »nun [...] erst ist der Mensch dazu gekommen zu erkennen, daß der Gedanke die geistige Wirklichkeit regieren solle. [...] Alle denkenden Wesen haben diese Epoche mitgefeiert.«[198] Mit Epoche bezeichnet Hegel hier, alter griechischer Wortbedeutung folgend, den Einschnitt, den die Revolution als philosophische Tat bedeuten soll. Sie verwirkliche den Satz des Anaxagoras, »der Verstand überhaupt, oder die Vernunft, regiere diese Welt« (37), einen Gedanken, den Hegel eingangs vorgestellt hatte als einen, der »Epoche in der Geschichte des menschlichen Geistes macht« (38). Diese, durch Anaxagoras' Wort vom νοῦς verbundene, Stellen bieten die

emphatischste Hegelsche Verwendung des Begriffs Epoche.

Sonst präferiert Hegel eine blassere Terminologie, spricht von Gestalten, Ordnungen, Perioden und Prinzipien der Geschichte. Auf die zuletzt genannte, alliterierende Formel bringt er gleich im ersten Absatz seines Vorlesungstextes dasjenige, das er in der Rechtsphilosophie als Stufen beschrieben hatte. Dort nämlich habe er »die Principien oder Perioden« (25) angegeben, in welche die Betrachtung der Weltgeschichte zerfalle. Die Prinzipien sind der Einheitsgrund, aus dem die Perioden sich entwickeln. Sie emanieren daher aus dem einen einzigen Prinzip, das die Fundamentalprämisse der Hegelschen Geschichtsphilosophie ist: »Die Weltgeschichte stellt nun den *Stufengang* der Entwickelung des Princips, dessen *Gehalt* das Bewußtseyn der Freiheit ist, dar. [...] Diese Stufen sind die Grundprincipien des allgemeinen Processes« (92).

In der Vorstellung des Prozesses erscheint noch einmal die von Hegel geschätzte Schillersche Formel, die Weltgeschichte sei das Weltgericht. Weiter ausgebildet hat er auch die Metapher von den Stufen, die nun explizit auf den Stufengang der Geschichte verweisen.[199] Der Prozeß wird zum Progreß der Geschichte, zum Gang – eine Vokabel, die Hegel immer wieder in den Worten Vor-, Rück-, Unter- und Übergang umspielt. Im Grunde sind alle diese Gänge Gedankengänge, weil hier Geschichte als bewußtwerdendes Sich-Beggnen des Weltgeistes gedacht ist und alles, was Hegels Parameter (Staatlichkeit, Volksgeist, Freiheitsbegriff) verfehlt, per definitionem aus ihr ausgegrenzt bleibt. Daher ist Hegels Diegese jedweder Abfolge (ob in mythischen oder geschichtlichen Erzählungen) eine Selbsterklärung des Geistes, dessen Momente und Sequenzen nur aus dem Gebiet der Logik in ein Zeitverhältnis übersetzt worden sind.

---

196 GEORG WILHELM FRIEDRICH HEGEL, Grundlinien der Philosophie des Rechts (1821), in: HEGEL (GLOCKNER), Bd. 7 (1964), 447 (§ 342).
197 Vgl. ebd., 452–455 (§ 354–358).
198 HEGEL, Vorlesungen über die Philosophie der Geschichte (ersch. 1837), in: HEGEL (GLOCKNER), Bd. 11 (1949), 557 f.
199 Vgl. ebd., 88, 92, 101 u. ö.

IX. Historismus und Kulturgeschichte

In den 1820er Jahren schwindet allmählich der Funktionswert des ästhetisch-geschichtsphilosophischen Denkens und seiner Epochentypologien.[200] An ihre Stelle tritt ein allerdings inkonsequentes »System von Begriffen« (Epochenbegriffen), »in das man die Kulturgeschichte Europas fortan auf lange Zeit hinaus fassen wird«[201]. Sozialgeschichtlich läßt sich »the prevalence of periodization in the nineteenth century« erklären aus dem bürgerlichen Streben, die seit 1789 entfesselte Geschichte in feste Gehäuse mit wiedererkennbaren Fassaden und gemessenen Nachbarschaften einzuschließen: »periods [...] domesticate historical change and insert revolutions into a reassuring pattern«[202]. So wird »das 19. Jahrhundert [...] der Zeitraum, in dem die historische Zeit erstmals unter der Anschauungsform epochaler Differenzierung erfahren wird«[203]. Drastisch-distanzierter rekapitulierte Blumenberg eine »Aufschwellung des Begriffs« – der Epoche, zumal der neuen Epoche – »durch den Historismus aus seinem Bedürfnis, sich mit den großen Phrasierungen des Geschichtsverlaufs historische Individualitäten zu schaffen«[204].

Exemplarisch hierfür ist die Durchsetzung des Epochenbegriffs Renaissance. Diejenigen Unterströmungen der französischen Aufklärung, die das Mittelalter nicht als finsteres verwarfen, hatte Madame de Staëls *De la littérature* (1800) so fortgeführt, daß die Renaissance als Zeit glücklicher Ernte und Verbreitung einer schon in den vorherigen Jahrhunderten herangereiften zivilisatorischen Mission erschien.[205] Der Übergang vom Konzept der Renaissance als Epochenschwelle (zwischen Mittelalter und Neuzeit) zum Epochennamen Renaissance läßt sich auf die Jahre 1820–1830 datieren.[206] Die Bourbonen brauchten eine Filiation, mit der ihre Königsherrschaft Anciennität und Popularität beanspruchen konnte. Besser als die Ludwige eignete sich hierfür der beliebte Henri IV, dessen Pariser Standbild 1818 neu aufgestellt wurde. Inzwischen wirkten die im Napoleonischen Italienfeldzug geraubten Kunstwerke auf den Geschmack der Louvrebesucher. 1824 stellte die neugegründete Galerie d'Angoulême nachantike Plastiken aus und erhob damit die französischen Skulpturen des 16. Jh. zur kanonischen modernen Antwort auf die antiken Statuen.

Charles Augustin de Sainte-Beuves *Tableau historique et critique de la poésie française et du théâtre français au seizième siècle* (1828) geht den Schritt zur »absoluten Epochenbezeichnung der Renaissance« (474). Das Wort dient nun »zur Bezeichnung eines epochalen Zeitraums« (475). Der Epochenname sichert die Einheit des unter ihm Befaßten. Wie tief aktuelle Perspektiven und Interessen in seine Kodifikation hineinspielen, zeigt die bei Sainte-Beuve, Hegel und den Schlegel-Brüdern begegnende Figur, wonach die Romantik eine Renaissance der Renaissance sei.[207] Der in der europäischen Romantik sich entfaltende historische Roman konstituiert sich als korrelatives Medium der neuerfundenen Epochenräume. Von hier aus übernehmen nationalhistorisch-panoramatische Genres die Aufgabe, dem liberalen Bürgertum seine eigene Herkunft vorzuerzählen. Jules Michelets Darstellung von *La Renaissance*, 1854 als 7. Band seiner *Histoire de France* publiziert, gilt als »ein großer Versuch, das Wesen dieser Epoche neu zu denken, neu zu sehen, ihre innere Dynamik zu begreifen. Ihre suggestive Kraft der Vergegenwärtigung ist geschult an den neuen Techniken des historischen Romans.«[208]

Für die Methodologie der historistischen Epochenfindung sah sich vor allem die deutsche Geschichtswissenschaft zuständig. Die Verspätung, Zersplitterung und Marginalität der Entwicklung in den deutschsprachigen Ländern verwandelte sie

---

200 Vgl. STEINWACHS (s. Anm. 117), 215.
201 JOHAN HUIZINGA, Das Problem der Renaissance, in: Huizinga, Wege der Kulturgeschichte. Studien, übers. v. W. Kaegi (München 1930), 101.
202 CLAUDIO GUILLÉN, Second Thoughts on Currents and Periods, in: P. Demetz/T. Greene/L. Nelsen, Jr. (Hg.), The Disciplines of Criticism. Essays in Literary Theory, Interpretation, and History (New Haven/London 1968), 493.
203 KARLHEINZ STIERLE, Renaissance. Die Entstehung eines Epochenbegriffs aus dem Geist des 19. Jahrhunderts, in: Herzog/Koselleck (s. Anm. 158), 454.
204 BLUMENBERG (s. Anm. 3), 531.
205 Vgl. STIERLE (s. Anm. 203), 462–465; STEINWACHS (s. Anm. 117), 62–86.
206 Vgl. STIERLE (s. Anm. 203), 465 u. 480.
207 Vgl. ebd., 475 u. 477.
208 Ebd., 489.

in geschichtstheoretische und universalhistorische Konzepte, die den lokalen Verhältnissen eine ebenso spektakuläre wie spekulative Zentralposition verschaffen sollten. In den Vorträgen *Über die Epochen der neueren Geschichte* (1854) brachte Leopold von Ranke seine Auffassung von historischer Individualität auf »die klassische Formel des Historismus«[209], jede Epoche sei unmittelbar zu Gott. Der Historiker rechtfertigt die vor Gott liegende Universalgeschichte gegen den Anspruch, sie sollte überall und in jeder Hinsicht voranschreiten. Am Beispiel der »Kulturepochen«[210] Asiens will er belegen, daß die Entwicklungen rückläufig sein können. Die bei Friedrich Schlegel aufgekommene Korrelation zwischen Zeitalter und Tendenz überführt Ranke aus dem Gebiet der Gegenwartsdiagnostik in das der historischen Rekapitulation: »In jeder Epoche der Menschheit äußert sich also eine bestimmte große Tendenz« (58), wobei er diese Tendenzen als geistige versteht. Aus der Allgemeinheit dieser Epochendefinition folgt sogleich, daß alle Epochen gleich sind. Bestünde nämlich der geschichtliche Fortschritt darin, »daß in jeder Epoche das Leben der Menschheit sich höher potenziert […], so würde das eine Ungerechtigkeit der Gottheit sein« (59). Was nicht sein kann: »Ich aber behaupte: jede Epoche ist unmittelbar zu Gott, und ihr Wert beruht gar nicht auf dem, was aus ihr hervorgeht, sondern in ihrer Existenz selbst, in ihrem Eigenen selbst.« (59f.) Da Ranke gegen nationalistische Verengungen auf einem universalhistorischen Ansatz bestand, aber zur Hegelschen Geschichtsphilosophie Distanz hielt, mußte er die Singularität und Korrespondenz aller Epochen betonen. Womit er »jede theoretische Grundlegung der Weltgeschichte ablehnte und allein über die Epochenuntersuchungen zur universalgeschichtlichen Gesamtschau zu kommen suchte«[211]. Die Epoche war ihm Paradigma und Maximum des Generellen und Generalisierbaren in der Geschichte: »Das die gleichzeitig lebenden Einzelnen zusammenfassende Allgemeine ist nun aber die Epoche und macht ihren Charakter aus.«[212]

Drei Jahre nach Rankes Vorträgen las Johann Gustav Droysen an der Berliner Universität zum ersten Mal einen Kursus, den er in erster Fassung 1858 unter dem Titel *Historik* veröffentlichte. Droysen nähert sich dem Thema der Epochen konsequent historisch und rekonstruiert die frühesten Denkschritte, die das »Bedürfnis der zeitlichen Folge« gezeitigt haben müßte. Aus diesem soll, orientiert und gemessen »an den großen periodischen Erscheinungen des siderischen Himmels«[213], die Chronologie hervorgegangen sein. Droysen skizziert die Geschichte dieses Fachs und betont den für die Universalgeschichte großen Wert des Verfahrens, »den ganzen Bereich unseres historischen Wissens in dasselbe chronologische Netz einzuzeichnen«[214]. Dieselbe Metapher hat er in den Paralipomena zur *Historik* verwendet, um neben dem Nutzen auch die Arbitrarität epochaler Markierungen zu illustrieren. Als allgemein bekannt statuiert er, »daß es in der Geschichte so wenig Epochen gibt wie auf dem Erdkörper die Linien des Äquators und der Meridiankreise, daß es nur Betrachtungsformen sind, die der denkende Geist dem empirisch Vorhandenen gibt, um es desto gewisser zu fassen«[215]. Völlig subjektiv scheint Droysen der Geist, der sich diese Betrachtungsformen wählt, aber nicht. Geprägt von der Hegelschen Geschichtsphilosophie, hat Droysen versucht, deren Thesen in den Spezifika des historischen Prozesses nachzuweisen. Seine Epochen-

---

209 HELMUT BERDING, Leopold von Ranke, in: H.-U. Wehler (Hg.), Deutsche Historiker (1971; Göttingen 1973), 9.

210 LEOPOLD VON RANKE, Über die Epochen der neueren Geschichte, in: Ranke, Aus Werk und Nachlaß, hg. v. W. P. Fuchs/T. Schieder, Bd. 2 (München/Wien 1971), 56.

211 GERHARD LOZEK, Der Epochenbegriff bei Ranke, in: W. J. Mommsen (Hg.), Leopold von Ranke und die moderne Geschichtswissenschaft (Stuttgart 1988), 179.

212 RANKE, Vorlesungseinleitungen [50. Neuere Geschichte seit dem Anfang des 17. Jahrhunderts (28. 10. 1867–10. 3. 1868) [Einleitung]], in: Ranke (s. Anm. 210), Bd. 4 (München/Wien 1975), 414; vgl. LOZEK (s. Anm. 211), 179.

213 JOHANN GUSTAV DROYSEN, Historik. Vorlesungen über Enzyklopädie und Methodologie der Geschichte (1858), hg. v. R. Hübner (München ³1958), 146.

214 Ebd., 147.

215 DROYSEN, Ungedruckte Materialien zur ›Historik‹ [3. Die Epochen der Geschichte] (1857), in: Droysen, Texte zur Geschichtstheorie, hg. v. G. Birtsch/J. Rüsen (Göttingen 1972), 20.

definition erscheint wie eine historisierende Verdoppelung, Konkretion, Überschreibung der *Phänomenologie*: »Die Geschichte ist das Bewußtwerden und Bewußtsein der Menschheit über sich selbst. / Die Epochen der Geschichte sind nicht die Lebensalter dieses Ich der Menschheit [...], sondern Stadien seiner Selbsterkenntnis, Welterkenntnis, Gotterkenntnis.«[216]

In einem ›Die Epochen der Geschichte‹ überschriebenen Abschnitt, der in den Text der *Historik* nicht einging, hat Droysen solche Finalbestimmungen konfessionshistorisch entfaltet. Hier erscheint die Antike als Übergang einer »ethnischen Weltepoche«[217], in der wechselnde Völker blindlings und vergebens nach solchem Bewußtsein strebten, zur »neuen Weltepoche« des Christentums. Daher hebt er die nachchristliche Weltgeschichte auf die Ebene einer Religionstypologie, deren implizite Hierarchie mit der Zeit die logische Überlegenheit des Christentums herausstellen mußte. Der Spannung zwischen den thetisch-hermeneutischen Vorgaben der Geschichtsphilosophie und den wimmelnden Spezifika des Geschichtsverlaufs war sich Droysen durchaus bewußt: »Jene großen Epochen sind nur die ersten großen Umrisse. Es liegt mir ob, aus dem Allgemeinen zum Besonderen fortzuschreiten, anzugeben, wie sich innerhalb jener großen Gruppierungen die Bewegung vollzieht, ihr Ergebnis sich konstatiert.«[218]

Das hat die Geschichtsschreibung des 19. Jh. vor allem da getan, wo sie sich den materialen Details

---

216 DROYSEN (s. Anm. 213), 357.
217 DROYSEN, Ungedruckte Materialien [3. Die Epochen] (s. Anm. 215), 21.
218 DROYSEN, Ungedruckte Materialien [4. Die Bewegung und das Bewegte] (1857), in: Droysen, Texte (s. Anm. 215), 25.
219 STIERLE (s. Anm. 203), 491.
220 JACOB BURCKHARDT, Die Kultur der Renaissance in Italien. Ein Versuch, hg. v. K. Hoffmann (1859; Stuttgart 1985), 3.
221 Vgl. AUGUST BUCK (Hg.), Renaissance und Renaissancismus von Jacob Burckhardt bis Thomas Mann (Tübingen 1990).
222 LÖWITH, Jacob Burckhardt (1936), in: Löwith, Sämtliche Schriften, hg. v. H. Stichweh, Bd. 7 (Stuttgart 1984), 312.
223 BURCKHARDT (s. Anm. 220), 117.

und Kopräsenzen der Kulturgeschichte öffnete. Zu den Kanonisierungsstationen der Vorstellung von der Renaissance zählt »Burckhardts epochemachendes Werk der Kulturgeschichtsschreibung«[219] *Die Cultur der Renaissance in Italien* (1859). Burckhardt wollte die »geistigen Umrisse einer Kulturepoche«[220] geben und bestimmte mehr als ein halbes Jahrhundert das Renaissance-Bild des mitteleuropäischen Bürgertums.[221] Er präsentierte diese Renaissance als das bessere Andere seiner Zeit. Individualität und Individualismus der hier gezeichneten Zeit sind so prägend, daß sie als Nach- und Vorbild anderer Epochen erscheinen. Sichtbar wird dabei, was Löwith mit einem andernorts verwendeten Burckhardtschen Begriff beschrieb als das »jezuweilen Ewige‹, das eine Epoche in ihren Werken in allverständlichen Bildern des Daseins gestaltet«[222]. In seinem berühmtesten Buch äußert sich das darin, daß Burckhardt als Spezifikum der Renaissance die Verschränkung des antiken mit dem Volksgeist der Italiener beschreibt. In diesem »Bündnis zwischen zwei weit auseinanderliegenden Kulturepochen desselben Volkes«[223] kleidete sich die »Äußerungsweise« der neuen Zeit so sehr in die Formsprache der antiken Welt, daß ohne deren – ästhetischen – Anteil die »Renaissance‹ [...] nicht die hohe, weltgeschichtliche Notwendigkeit gewesen [wäre], die sie war«. Die Substantialisierung der lokalen und temporalen Charakteristika macht diese disponibel, lockert ihre Bindung an einen sie bezeichnenden Zeitort. Die italienische Renaissance findet sich zum markanten, sowohl fortwirkenden wie unübertroffenen Beginn einer mit ihr eröffneten Epoche modifiziert. Burckhardts Vorzugsepoche sollte zugleich dreierlei sein: allzeitlich, nämlich Summe von Antike, Mittelalter und Moderne, einmalig-vorbildlich und Anfang der jetzt noch andauernden (neuzeitlichen) Epoche. Die italienische Renaissance müßte daher die »Führerin unseres Weltalters heißen« (383). Burckhardts Klage über die »kurze Herrlichkeit der Renaissance« (299) – seiner italienischen Renaissance, die er gegen 1530 enden sieht – ist wohl auch ein melancholischer Einspruch gegen den Fortschrittsoptimismus des 19. Jh.

Für die geschichtswissenschaftliche Detailarbeit der positivistischen Universitätshistoriker mußte die von Burckhardt vorgeführte thetische Setzung und ästhetische Aufladung der Epochenbegriffe zunehmend problematisch erscheinen. Als Johan Huizinga gegen 1930 die Wirkung von *Die Cultur der Renaissance* rekapitulierte, beschrieb er eine Unzahl von Überzeichnungen, Verwischungen, Ausweitungen des Burckhardtschen Werks. Als diesem seine »zeitliche Begrenzung der Renaissance«[224] angelastet wurde, begann eine heftige Debatte um die Ursprünge und Charakteristika dieser Zeit. Sie wurde bis ins 12. Jh. zurückdatiert, entschiedener vom Bezug zur Antike abgelöst, für verschiedene Räume verschieden angesetzt.

X. Wiederkunft, Verkleidung, Stil, Generation: Epochenbildung 1870–1930

Eine archaische, übergeschichtliche Antike bot Nietzsche auf gegen den Historismus und den Fortschrittsglauben seiner Zeit. Ihnen begegnet er mit der Lehre von der ewigen Wiederkunft, die auch auf die christliche von der Ankunft des Herrn zielte. In der unzeitgemäßen Betrachtung *Vom Nutzen und Nachtheil der Historie für das Leben* (1874) charakterisiert er die in der Erinnerung Lebenden durch ihr Zurückschrecken vor der Frage, »ob sie die letzten zehn oder zwanzig Jahre noch einmal zu durchleben wünschten«. Denn diese »historischen Menschen glauben, dass der Sinn des Daseins im Verlaufe eines *Prozesses* immer mehr ans Licht kommen werde«. Wogegen der »überhistorische Mensch« »nicht im Prozesse das Heil sieht«, weil für ihn »die Welt in jedem einzelnen Augenblicke fertig ist und ihr Ende erreicht«[225]. Diese Vorstellung verschärft sich in der *Fröhlichen Wissenschaft* (1882) zur Zumutung eines Dämons, der befindet: »Dieses Leben, wie du es jetzt lebst und gelebt hast, wirst du noch einmal und noch unzählige Male leben müssen««[226]. Die schlechte Unendlichkeit der Höllenstrafe, die den Verdammten in dem Zustand festhält, der als Charakter und Summe seiner Existenz erscheint, dynamisiert der Philosoph zum Gebot eines rein diesseitigen Lebens, das ein für allemal richtig zu leben ist. Insofern es auch retrospektiv unter Wiederholungszwang stehen mag, einem vorgegebenen Vorbild nur nachgelebt sein mag, verlangt dieser Imperativ die Hinnahme des eigenen Selbst und Schicksals.

Zu Zarathustra wird schließlich gesagt: »*du bist der Lehrer der ewigen Wiederkunft –*, das ist nun *dein* Schicksal!«[227] Die Inszenierung dieser Zuweisung durch die Tiere, ihre, wie Zarathustra sagt, Drehorgeln und ihr Leier-Lied lassen diese Lehre als Rondo, jedenfalls in eine musikalische, das »noch einmal«[228] als ein *da capo* erscheinen. Der Kunst (der Kunstrezeption, den Festen und der Praxis des philosophischen Schreibens) »hat Nietzsche offenbar die Möglichkeit einer positiven Erfahrung der Wiederkunft abgelesen«[229]. Allerdings inhäriert ihren Reprisen das belebende Moment der Variation, das der ewigen Wiederkunft fehlt.[230] Daher vielleicht schweigt Zarathustra auf diese Charakterisierung. Denn ob die Tiere, die in der unzeitgemäßen Betrachtung als erinnerungslos vorgestellt wurden, seinen Satz »Ich, Zarathustra, der Fürsprecher des Lebens, […] des Leidens, […] des Kreises« verstehen konnten, steht dahin. Zarathustras »abgründlichster Gedanke«[231] bleibt ein innerer Widerspruch. Zwar ist »die neue Ewigkeit, die Nietzsche als Antichrist wiederentdeckte, […] die alte des kosmischen Kreislaufs der Heiden«[232], doch antichristlich-christlich begegnet er ihr mit dem ethischen Gebot, sie zu wollen und zu lieben.[233]

Die induktiver gewonnenen *Principien der wissenschaftlichen Periodenbildung*, die der Berliner Germanist Richard M. Meyer 1901 vorstellte, verblüffen durch ihren strukturalen Blick auf die Formimplikationen von Epochalisierungen. Meyers Artikel,

---

224 HUIZINGA (s. Anm. 201), 108.
225 FRIEDRICH NIETZSCHE, Vom Nutzen und Nachtheil der Historie für das Leben (1874), in: NIETZSCHE (KGA), Abt. 3, Bd. 1 (1972), 251.
226 NIETZSCHE, Die fröhliche Wissenschaft (1882), in: NIETZSCHE (KGA), Abt. 5, Bd. 2 (1973), 250.
227 NIETZSCHE, Also sprach Zarathustra. Ein Buch für Alle und Keinen (1883–1885), in: NIETZSCHE (KGA), Abt. 6, Bd. 1 (1968), 271.
228 NIETZSCHE (s. Anm. 226), 309 [5. Buch, Aphorismus 374].
229 GÜNTER FIGAL, Nietzsche. Eine philosophische Einführung (Stuttgart 1999) 264.
230 Vgl. ebd., 264–267.
231 NIETZSCHE (s. Anm. 227), 267.
232 LÖWITH (s. Anm. 11), 201.
233 Vgl. ebd., 204 f.

vor kurzem als »der früheste germanistische Beitrag zum Epochenproblem«[234] rehabilitiert, spricht nicht von Epochen, sondern von »Perioden«[235], die zuerst aus den Daten der Annalistik entwickelt worden, aber unweigerlich schwankend und uneinheitlich geblieben seien. Es lohne sich, »den langsamen Sieg des Periodisierungsprincips einmal systematisch [zu] untersuchen« (8). »›Historischer Sinn‹« (11) habe die isolierten Notationen der Annalistik sprengen[236], schließlich den »Glauben an die Stetigkeit aller Entwicklung« verbreiten müssen. Ihre Zerlegung in einzelne Perioden bringe »sowohl die Kontinuität als die Variabilität« der Geschehnisse »sinnfällig zum Ausdruck«. Meyer bescheinigt solcher Ausdrucksfindung eine sachgerechte, heuristische, theoriebildende und eine quasi-naturgesetzliche Qualität. Eine »Zerlegung in Perioden« leiste »für die Geisteswissenschaften, was die vom Puls selbst diktierten Aufzeichnungen der Herzschläge nach dem System eines *du Bois-Reymond* für die Physiologie leisten« (11). Dieses Konzept findet sich differenziert durch eine typologisierende Sicht, die historisch wechselnde sowie verfahrenstechnische divergente Prämissen und Modelle der Periodisierung nebeneinanderstellt.[237]

Hauptkriterium von Meyers Bewertung von Periodisierungsprinzipien ist das der sinnlich-anschaulichen Stimmigkeit: »Das Verhältnis der Perioden untereinander ist wesentlich von ästhetischen Rücksichten abhängig. / Die Perioden korrespondieren miteinander sozusagen nur auf dem Umweg über das Ganze.« Der Leser wird sich »leicht ein Gesamtbild der Gliederung einprägen, und die Rücksicht hierauf macht eine ästhetische Prüfung der Perioden wünschenswert« (39). Dem Ausdrucks- und Proportions-Ästhetischen dieser Auffassung liegt eine rhetorische Ansicht der »Periodenverkleidung« (14), des Ornatus der Perioden-Rede, zugrunde. Wiederholt spricht Meyer, einen Begriff der Rhetorik aufnehmend, von der Disposition der Periodeneinteilung.[238] Ästhetische und rhetorische Betrachtungsweise konvergieren in einer tendenziell physiologisch gedachten Vorstellung von der rhythmusinduzierten Wirkung der Periodisierungen: »auch die *Zahl* der Perioden [ist] [...] nach ästhetischen Gesichtspunkten zu regeln. Eine einfache, durch ein paar Punkte klar festgelegte Linie entspricht dem rhythmischen Bedürfnis des Menschen« (40).

Nach 1914/1918 verschärfte sich durch die Umbruchserfahrung des Weltkriegs der sowohl phänomenologische wie avantgardistische Impuls, die Welt durch einen Rückbau der konventionellen menschlichen Wahrnehmungs- und Denkkonstruktionen neu aufzufassen. Zur gleichen Zeit, da die Studien Pierre Couissins den antiken Begriff der epochē zu restituieren beginnen, entwickelt Edmund Husserl eine neue Fassung davon. Freilich wahrt Husserls epochē als Moment der phänomenologischen Reduktion Anschluß an die antidogmatisch-private, erkenntniskritisch-individualisierende Bedeutung des antiken Terminus: als »›Einklammerung des Weltglaubens‹, ›Enthaltung von jedem Seinsurteil‹«, »Bewußtwerdung doxischer Erlebnisse meines naiven Vollzugsich«[239] und − als zweite, thematische epochē − als Ausblendung aller Bestimmungen der phänomenalen Welt, die in ihrem Sinn auf andere Subjekte verweisen.[240]

Das Erleben des Weltkriegs, der ökonomischen, technologischen und medialen Konditionierungen von Gesellschaft und Wahrnehmung, die messianistischen Geschichtsvorstellungen der 1910er und 1920er Jahre und das Aufkommen der Mentalitätengeschichte mußten den Glauben an die Gleichmäßigkeit, Stetigkeit, Allgemeingültigkeit eines historischen Fortschritts erschüttern. Gefaßt wurde diese Erschütterung in der Formel von der Gleich-

---

234 ULRICH BREUER, Dezennien als Einheiten der Literaturgeschichte (am Beispiel der 70er Jahre), in: Wiesinger (s. Anm. 7), 134.
235 RICHARD M. MEYER, Principien der wissenschaftlichen Periodenbildung. Mit besonderer Rücksicht auf die Litteraturgeschichte, in: Euphorion. Zeitschrift für Literaturgeschichte 8 (1901), 5.
236 Vgl. ebd., 21.
237 Vgl. ebd., 31−36 u. ö.
238 Vgl. ebd., 16, 41 f.
239 ELISABETH STRÖKER, Das Problem der ἐποχή in der Philosophie Edmund Husserls, in: Analecta Husserliana 1 (1971), 176.
240 Vgl. KAREL KUYPERS, Die Wissenschaft vom Menschen und Husserls Theorie von zwei Einstellungen, in: ebd., 186−196; ANTONIO F. AGUIRRE, Natürlichkeit und Transzendentalität. Der skeptisch-genetische Rückgang auf die Erscheinung als Ermöglichung der Epoché bei Edmund Husserl (Köln 1968).

zeitgkeit des Ungleichzeitigen[241], – ein Begriff, der das Muster der zeitgeschichtlichen Selbsterkenntnis seit der Französischen Revolution zu bezeichnen vermag.[242] Auch das Epochalisierungsschema der Geistesgeschichte sah sich um 1930 mit seiner Begrenztheit konfrontiert. Der Germanist Herbert Cysarz vermochte es nur durch einen nationalindividualistischen Zirkelschluß zu rechtfertigen. »Das Heil der literarischen Periodenbildung« liege »in jener Auswahl und Verwebung echter Periodizitätselemente, die der äußersten Fülle des Individuellen als solchen die äußerste Fülle der [...] Bezüge gesellt«[243]. Und auf dem ersten internationalen Kongreß über Literarhistorie erklärte der Komparatist Philippe van Tieghem die methodologischen Probleme dieses Faches aus den Herausforderungen der traditionellen Nationalphilologie und Kulturgeschichte.[244] Jene finde sich bestritten durch die Vergleichende Literaturwissenschaft einerseits, eine Regionalisierung des Blicks auf geschichtliche Schulen und Entwicklungen andererseits, während diese die konventionelle »*répartition en périodes (Periodisierung)*«[245] gegen das Modell einer geschichtlichen Skalierung nach literarischen Generationen zu behaupten habe.

XI. Nach 1945.
Epochentheorien zweiter Ordnung

Dort, wo Epochenspekulation nach dem Zweiten Weltkrieg und der ihn begleitenden Rhetorik des Epochalen wieder aufkam, war sie in den Status der kritischen Reflexion ihrer eigenen Geschichtlichkeit eingetreten und verpflichtet auf eine Vermittlung mit dem Wechsel der bisherigen Modelle von Epochalisierung. Rekapitulationen der jüngeren und jüngsten geschichtlichen Abschnitte entstanden zunächst vor allem in den Niederladen und der Schweiz. Hier war es leichter, an das Denken Burckhardts einerseits, Huizingas andererseits anzuknüpfen. Ihre Ansätze führte der Basler Historiker Werner Kaegi weiter. 1930 war seine Übersetzung von Huizingas Studien *Wege der Kulturgeschichte* erschienen, und im folgenden Jahrzehnt publizierte er seine vielfach auf Burckhardt rekurrierenden *Historischen Mediationen*.[246]

In *Das Problem der Perioden in der Literaturgeschichte* (1948) – einer Arbeit, die dann »lange Zeit als das gewissermaßen letzte Wort der Wissenschaft zu einem abgetanen, überlebten Problem erschien«[247] – registriert der Niederländer Hubert Paul Hans Teesing eine gewisse Ratlosigkeit der epochalisierenden jüngeren Geistesgeschichte. Zumal ihre deutschen Vertreter hätten sich »um die immer schärfere Herausarbeitung und immer feinere Differenzierung der Epochen bemüht«, damit allerdings auch die »Einseitigkeiten und Gefahren«[248] ihrer Methode bloßgelegt. An ihr Ende gekommen scheint damit eine Auffassung, die bis in die 1920er Jahre hinein einer »Metaphysizierung der literarischen Epochenbegriffe«[249] betrieben habe. Dieser Tendenz begegnete ab dem folgenden Jahrzehnt eine vielfältige Typologisierung geschichtlicher (und in ihrer Typik wiederkehrender)

---

241 Vgl. WILHELM PINDER, Das Problem der Generation in der Kunstgeschichte Europas (Berlin 1926), 11–22; SIEGFRIED KRACAUER, Die Angestellten. Kulturkritischer Essay (1930; Leipzig/Weimar 1981), 66; ERNST BLOCH, Erbschaft dieser Zeit (1935), in: BLOCH, Bd. 4 (1962), 104–126.

242 Vgl. KOSELLECK (s. Anm. 64), 137 u. ö.; KOSELLECK (s. Anm. 135), 336 u. ö.

243 HERBERT CYSARZ, Das Periodenprinzip in der Literaturwissenschaft, in: E. Ermatinger (Hg.), Philosophie der Literaturwissenschaft (Berlin 1930), 103 f.

244 PHILIPPE VAN TIEGHEM, La question des méthodes en histoire littéraire, in: Bulletin of the International Committee of Historical Sciences 14, Bd. 4 (1932), 7–12; vgl. VAN TIEGHEM, Tendances nouvelles en histoire littéraire (Paris 1930).

245 VAN TIEGHEM, La question (s. Anm. 244), 9; vgl. JULIUS PETERSEN, Die literarischen Generationen, in: Ermatinger (s. Anm. 243), 130–187.

246 Vgl. WERNER KAEGI, Historische Meditationen, 2 Bde. (Zürich 1942/1946).

247 ERNST RIBBAT, Epoche als Arbeitsbegriff der Literaturgeschichte, in: W. Müller-Seidel (Hg.), Historizität in Sprach- und Literaturwissenschaft (München 1974), 172.

248 HUBERTUS PAUL HANS TEESING, Das Problem der Perioden in der Literaturgeschichte (Groningen/Batavia 1948), 3; vgl. TEESING, ›Periodisierung‹, in: W. Kohlschmidt/W. Mohr (Hg.), Reallexikon der deutschen Literaturgeschichte, Bd. 3 (Berlin/New York ²1977), 74–80.

249 TEESING, Das Problem der Perioden (s. Anm. 248), 101.

Phänomene. Solche Versuche, besonders die von Teesing ausführlich dargelegten Modelle der Generationenfolge[250], führten aber leicht zu einer »extremsten Entleerung des Epochenbegriffs« (46). Für Teesing »ist der Generationsbegriff mehr heimisch in der Theorie der Literaturgeschichte als in dieser selbst« (73). »Wir möchten […] nicht nach Generationen periodisieren, sondern umgekehrt nur dann von einer Generation sprechen, wenn sie in der Geistesgeschichte […] eine neue Periode eröffnet.« (73 f.) Der Duktus seiner Thesenbildung ist tentativ. Endlich bekennt Teesing, seinen Zweck erreicht zu haben, »wenn dem Leser das Periodenproblem in der Literaturgeschichte […] als noch ein wenig problematischer erscheint« (139), und kommt zu dem ernüchternden Resultat, daß »die Grundlagen für eine stilgeschichtliche Periodisierung noch nicht erarbeitet sind« (127).

Im Zuge ihrer Politisierung haben die historisch-philologischen Fächer in den 1960er Jahren Geschichts- und damit operationale Epochen- und Fortschrittstheorien eingefordert. So beklagte Jost Hermand 1966, damit eine »neue Phase in der deutschen Diskussion«[251] eröffnend, die Blindheit einer Literaturwissenschaft, die sich einer Beschränkung auf einzelne Werke verschrieben habe.[252] »Momentan scheinen die Anti-Historiker immer noch in der Übermacht zu sein. […] Die Epochenerkenntnis wird […] als ein müßiges Spiel von Gliederungs- und Etikettenspezialisten angeprangert.« (300) Ein gewisses Verständnis mit dieser Position bekundet Hermand angesichts der Geschichte seines Fachs. War die »Geschichte der Epochenstile […] zugleich eine Geschichte des modernen Historismus« (289) und zumal eines Historismus, der seit 1895 bis in die 1920er Jahre in der Synthetisierung nationalkultureller, sozialpsychologischer und stilintuitiver Wesenheiten schwelgte, dann war mit der geistesgeschichtlichen Übersteigerung des historischen Positivismus »die große Stunde der Epochenstile gekommen« (290). Diese Stunde endete indes, als durch die Inflationierung der Stiletiketten die Willkür zutage trat, mit der sie Phänomene homogenisieren und bis zur rein-typischen formalisieren. Dieser Entwicklung hält Hermand entgegen, daß für die künftige Literaturwissenschaft »auch der Stil- und Epochenbegriff wieder eine sinnvolle Funktion erhalten (könnte)«. Statt der Klischees der Geistesgeschichte zu rehabilitieren, möge man sich »um eine aufrichtige Neudefinition aller bisherigen Epochenbegriffe bemühen« (301).

Später plädierte er, spezifischer, für Epochengliederungen, die »stets auf zwei verschiedenen Ebenen« operieren: »der Ebene des Polit-Ökonomischen […] und auf der Ebene des Künstlerischen«[253]. Wobei auf der ersten Ebene die Richtung vorgegeben scheint, die Manifestationen auf der zweiten zu epochalen machen zu können: »Denn wichtig am Ästhetischen ist doch letztlich nur das, was sich […] nach vorn entscheidet, das heißt sich im progressiven Sinne ›epochal‹ verhält.«[254] Zurückhaltender formulierte 1974 ein anderer Germanist, darin, daß die »Epochenbegriffe […] in den alten Literaturgeschichten […] an die Dimension der realhistorischen Kollektivität aller Aktionen und Produktionen erinnert« hätten, begründe sich »auch heute noch ihre Unentbehrlichkeit«[255]. Diese Stellungnahmen verweisen auf die Überzeugung der damaligen bundesdeutschen Literaturwissenschaft, daß Literatur historisch und Geschichte, auch Literargeschichte, sozialhistorisch zu erforschen sei.

Den Fortschritt, nach dem sie suchten und periodisierten, leugnet die Postmoderne. Als dieses Wort in der englisch-amerikanischen Debatte der 50er Jahre aufkam, deutete sich seine Konsequenz, Epochalisierung zu diskreditieren, allenfalls erst an. Der Oxforder Historiker Arnold Joseph Toynbee sprach 1954 von einem »post-Modern Age of Western history«[256], verband dieses Konzept aber nur vage mit der kolonialen Expansion der westlichen Mächte seit den 1870er Jahren. Sein Befund ist zu-

---

250 Vgl. ebd., 45 f. u. 57–96.
251 RIBBAT (s. Anm. 247), 173.
252 Vgl. JOST HERMAND, Vom Nutzen und Nachteil literarischer Epochenbegriffe, in: Monatshefte für deutschen Unterricht 58 (1966), 289–309.
253 HERMAND, Der Streit um den Epochenbegriff, in: Hermand, Stile, Ismen, Etiketten. Zur Periodisierung der modernen Kunst (Frankfurt a. M. 1978), 11.
254 Ebd., 12.
255 RIBBAT (s. Anm. 247), 178.
256 ARNOLD J. TOYNBEE, A Study of History, Bd. 9 (London/New York/Toronto 1954), 235 u. 260.

gleich makrostrukturell – auf die Neuzeit (Modern Age) folge das ›post-Modern Age‹ – wie zeitdiagnostisch, da im Englischen das Wort age häufig – von Wystan Hugh Audens *Age of Anxiety* (1947) bis zur heutigen Rede vom Computer, Digital oder Information Age – zur Umschreibung eines gegenwärtigen Zustands verwendet wird. Weiterhin scheint seine Universalgeschichte an die Kontinuität ihres Gegenstands wie die Homogenität ihrer Periodisierungsbegriffe zu glauben – Prämissen, die Lévi-Strauss auch mit einem Hinweis auf die Ungleichbehandlung der Epochen durch die Historiker attackieren wird.[257]

Umfassender und konkreter, als Verselbständigung und Selbstdesavouierung der aufklärerischen Ideale und deren verfehlte Umsetzung in Formen instrumenteller Rationalität und Massenkultur, beschrieb der Soziologe Charles Wright Mills 1959 das Ende des Modern Age und den Beginn eines postmodernen Zeitalters, den er die vierte Epoche (»Fourth Epoch«[258]) nannte. Der kulturelle Begriff der Postmoderne ergab sich in den USA in der Mitte der 60er Jahre aus der Begegnung mit einer Kunst, die nicht mehr mit den Kriterien eines aus Europa adaptierten ›modernism‹ zu fassen war.[259] Seither umfaßt Postmoderne die drei Bedeutungen Postmodernism, Postmodernity und Postmodern Age, wobei der kulturelle Begriff (Postmodernism) die beiden gesellschafts-historischen zu einem Denken in nicht-linear progredierenden Zeitstrukturen, tendenziell zu Verräumlichungen in Beziehung setzt: mit dem größten weltanschaulichen Nachdruck in der Vorstellung eines posthistoire-Zustands, der die Variationspotentiale der Geschichte erschöpft sieht (Arnold Gehlen) oder alle gesellschaftlichen Prozesse der Welt im westlichen Liberalismus terminieren sieht (Francis Fukuyama).

Heutige Theoretisierungen der Begriffe Epoche und Zeitalter setzen an dem des ›posthistoire‹ an und zunehmend auch am Luhmannschen der Evolution.[260] Dieser verleugnet nicht, aus der Biologie in die Sozialtheorie gekommen zu sein. Die Verabschiedung der Vorstellungen des Fortschritts, des Stilpurismus und des Anachronismus-Verbots, die den Umschlag von Moderne zur Postmoderne kennzeichnet, findet sich in der Systemtheorie aufgehoben zum Konzept einer Evolution, die zwar unumkehrbar sei, aber keinen Progreß, sondern eine Abfolge immer neuer Verschiebungen der System-Umwelt-Grenze markiert. Luhmanns Auffassung ist auch von den Literarhistorikern aufgenommen worden.[261] Wie sie sich immer selbst mitbeschreibt, allemal erklärt, warum sie die zeitgemäße Theorie und der derzeitige Endstadium des von ihr beschriebenen Verlaufs darstellt, so hat der Germanist Gerhard Plumpe seine *Epochen moderner Literatur* (1995) aus dem Befund abgeleitet, nun, nach dem Ende der emphatischen Repräsentationsansprüche an die Dichtung, könnte »die Stunde einer nüchternen Bilanzierung des Sinns oder Unsinns des Epochentitels ›Klassik‹ gekommen sein«[262] – und aller Epochenbegriffe. Sie sollten sich »als Ergebnis einer spezifisch literaturwissenschaftlichen Konstruktion«[263], als intrinsische, in ihren Epochenbenennungen konsequente und homogene Systematisierung ergeben.[264] Das ist nicht unskeptisch: Der Epochenbegriff bleibt im Subsystem, hält sich zurück. Und wozu?

Justus Fetscher

---

257 Vgl. CLAUDE LÉVI-STRAUSS, La pensée sauvage (Paris 1962), 343.
258 CHARLES WRIGHT MILLS, The Sociological Imagination (1959; London/Oxford/New York 1968), 166; vgl. dazu RIESE/MAGISTER (s. Anm. 2), 14.
259 Vgl. RIESE/MAGISTER (s. Anm. 2), 21.
260 Vgl. HANS ULRICH GUMBRECHT/URSULA LINKHEER (Hg.), Epochenschwellen und Epochenstrukturen im Diskurs der Literatur- und Sprachhistorie (Frankfurt a. M. 1985); darin bes. NIKLAS LUHMANN, Das Problem der Epochenbildung und die Evolutionstheorie, in: ebd., 11–33; LUHMANN, Paradigmenwechsel in der Systemtheorie. Ein Paradigma für Fortschritt?, in: Herzog/Koselleck (s. Anm. 158), 305–322.
261 Vgl. DIETRICH SCHWANITZ, Verselbständigung von Zeit und Strukturwandel von Geschichten. Zum Zusammenhang zwischen temporalen Paradigmenwechsel und Literaturgeschichte, in: Gumbrecht/Link-Heer (s. Anm. 260), 89–109; GERHARD PLUMPE, Systemtheorie und Literaturgeschichte. Mit Anmerkungen zum deutschen Realismus im 19. Jahrhundert, in: ebd., 251–264.
262 PLUMPE, Epochen moderner Literatur. Ein systemtheoretischer Entwurf (Opladen 1995), 27.
263 Ebd. 29.
264 Vgl. ebd. 29f., 58, 64.

Literatur

BARTHES, ROLAND, Le Neutre. Cours au Collège de France (1977–1978), hg. v. T. Clerc (Paris 2002), 251–256 [Kap. ›Donner congé‹]; BLUMENBERG, HANS, Die Epochen des Epochenbegriffs, in: Blumenberg, Die Legitimität der Neuzeit (1966; Frankfurt a. M. 1988), 531–557; COUISSIN, PIERRE, L'origine et l'évolution de l'ἐποχή, in: Revue des études grecques 42 (1929), 373–397; DILLER, HANS/SCHALK, FRITZ, Studien zur Periodisierung und zum Epochenbegriff (Mainz 1972); DÜRR, RENATE/ENGEL, GISELA/SÜSSMANN, JOHANNES (Hg.) Eigene und fremde Frühe Neuzeiten. Genese und Geltung eines Epochenbegriffs (München 2003); HERZOG, REINHART/KOSELLECK, REINHART, Epochenschwellen und Epochenbewußtsein (München 1987); GUMBRECHT, HANS ULRICH/LINK-HEER, URSULA (Hg.), Epochenschwellen und Epochenstrukturen im Diskurs der Literatur- und Sprachhistorie (Frankfurt a. M. 1985); FLASCH, KURT, ›Epoche‹, in: Flasch, Historische Philosophie. Beschreibung einer Denkart, Bd. 1 (Frankfurt a. M. 2003), 129–153; HERMAND, JOST, Der Streit um den Epochenbegriff, in: Hermand, Stile, Ismen, Etiketten. Zur Periodisierung der modernen Kunst (Frankfurt a. M. 1978), 7–16; KOSELLECK, REINHART, Vergangene Zukunft. Zur Semantik geschichtlicher Zeiten (Frankfurt a. M. 1979); KRAUSS, WERNER, Der Jahrhundertbegriff im 18. Jahrhundert. Geschichte und Geschichtlichkeit in der französischen Aufklärung, in: Krauss, Das wissenschaftliche Werk, hg. v. W. Bahner/M. Naumann/H. Scheel, Bd. 2 (Berlin/Weimar 1987), 21–61; POR, PETER/RADNOTI, SÁNDOR (Hg.), Stilepochen. Theorie und Diskussion. Eine interdisziplinäre Anthologie von Winckelmann bis heute (Frankfurt a. M. u. a. 1990); POT, JOHAN HENDRIK JACOB VAN DER, De periodisering der geschiedenis. Een overzicht der theorieën ('s-Gravenhage 1951); ROSENBERG, RAINER, Epochen, in: H. Brackert/J. Stückrath (Hg.), Literaturwissenschaft. Ein Grundkurs (Reinbek b. Hamburg 1992), 269–279; SCHLOBACH, JOCHEN, Zyklentheorie und Epochenmetaphorik. Studien zur bildlichen Sprache der Geschichtsreflexion in Frankreich von der Renaissance bis zur Frühaufklärung (München 1980); STEINWACHS, BURKHART, Epochenbewußtsein und Kunsterfahrung. Studien zur geschichtsphilosophischen Ästhetik an der Wende vom 18. zum 19. Jahrhundert in Frankreich und Deutschland (München 1986); WELLEK, RENÉ, ›Periodization in Literary History‹, in: Dictionary of the History of Ideas. Studies of Selected Pivotal Ideas, hg. v. P. P. Wiener, Bd. 3 (New York 1973), 481–486; WIESINGER, PETER u. a. (Hg.), Akten des 10. Internationalen Germanistenkongresses Wien 2000 ›Zeitenwende – Die Germanistik auf dem Weg ins 21. Jahrhundert‹, Bd. 6: Epochenbegriffe: Grenzen und Möglichkeiten/ Aufklärung – Klassik – Romantik/ Die Wiener Moderne (Bern 2002); ZIMMERMANN, BERNHARD, Epochen in der Literaturgeschichtsschreibung, in: H. A. Glaser (Hg.), Deutsche Literatur zwischen 1945 und 1995. Eine Sozialgeschichte (Bern/Stuttgart/Wien 1997), 713–724.